Großkommentare der Praxis

Wieczorek/Schütze

Zivilprozessordnung und Nebengesetze

Großkommentar

4., neu bearbeitete Auflage

begründet von
Dr. Bernhard Wieczorek
weiland Rechtsanwalt beim BGH

herausgegeben von
Professor Dr. Dr. h.c. Rolf A. Schütze
Rechtsanwalt in Stuttgart

Dreizehnter Band
Teilband 2
Brüssel Ia-VO

Bearbeiter:
ErwG., Art. 1–3: Götz Schulze
Art. 4–7 Nr. 1: Martin Gebauer
Art. 7 Nr. 2, 3, 5–7: Christoph Thole
Art. 7 Nr. 4, Art. 25–34: Matthias Weller
Art. 8: Thomas Garber/Matthias Neumayr
Art. 9: Thomas Garber
Vor 10–16, Vor 17–19, Art. 10–19:
    Carl Friedrich Nordmeier
Art. 20–23: Felipe Temming
Art. 24, 58–60: Christoph Kern
Art. 35, 61–65: Florian Eichel
Vor Art. 36–57, Art. 36–44: Florian Loyal
Art. 45–57: Jens Haubold
Art. 66–71, 72–81, Anh. I, II, III: Thomas
    Garber/Matthias Neumayr
Art. 71a–71d: Matthias Neumayr

DE GRUYTER

Stand der Bearbeitung: Mai 2018

Zitiervorschlag: z.B.: Wieczorek/Schütze/*Loyal* Art. 37 Brüssel Ia-VO Rdn. 4

ISBN 978-3-11-056609-3
e-ISBN (PDF) 978-3-11-056776-2
e-ISBN (EPUB) 978-3-11-056632-1

Library of Congress Control Number: 2012540671

Bibliografische Information der Deutschen Nationalbibliothek
Die Deutsche Nationalbibliothek verzeichnet diese Publikation in der Deutschen
Nationalbibliografie; detaillierte bibliografische Daten sind im Internet über
http://dnb.d-nb.de abrufbar.

© 2019 Walter de Gruyter GmbH, Berlin/Boston
Datenkonvertierung und Satz: jürgen ullrich typosatz, Nördlingen
Druck und Bindung: Hubert & Co. GmbH & Co. KG, Göttingen

www.degruyter.com

Die Bearbeiter der 4. Auflage

Professor Dr. **Hans-Jürgen Ahrens**, Universität Osnabrück, Richter am OLG Celle a.D.
Professor Dr. **Dorothea Assmann**, Universität Potsdam
Dr. **David-Christoph Bittmann**, Richter am LG Kaiserslautern, z.Zt. Wissenschaftlicher Mitarbeiter beim Bundesgerichtshof
Professor Dr. **Wolfgang Büscher**, Vorsitzender Richter am Bundesgerichtshof a.D., Honorarprofessor Universität Osnabrück
Professor Dr. **Florian Eichel**, Universität Bern
Univ.-Professor Dr. **Thomas Garber**, Karl-Franzens-Universität Graz
Professor Dr. **Martin Gebauer**, Universität Tübingen, Richter am OLG Stuttgart
Uwe Gerken, Vorsitzender Richter am OLG Oldenburg a.D.
Professor, Dr. **Helge Großerichter**, Rechtsanwalt, Honorarrichter, Honorarprofessor Ludwig-Maximilians-Universität, München
Sabine Hartmann, wissenschaftliche Mitarbeiterin, Universität Kiel
Jens Joachim Haubold, Rechtsanwalt, Stuttgart
Professor Dr. Dres. h.c. **Burkhard Hess**, Universitäten Heidelberg und Luxemburg, Direktor des Max Planck Institute for International, European and Regulatory Procedural Law, Luxemburg
Sabine Hufschmidt, Rechtsanwältin/Mediatorin (zertifiziert), Universität Potsdam
Professor Dr. **Volker Michael Jänich**, Universität Jena, Richter am OLG Jena
Professor Dr. **Christoph A. Kern**, LL.M. (Harvard), Universität Heidelberg, Direktor des Instituts für ausländisches und internationales Privat- und Wirtschaftsrecht
Dr. **Ferdinand Kruis**, Rechtsanwalt, München
Dr. **Florian Loyal**, Priv.-Doz., Universität Tübingen
Professor Dr. **Wolfgang Lüke**, LL.M. (Chicago), Technische Universität Dresden, Direktor des Instituts für Ausländische und Internationale Rechtsangleichung, Richter am OLG Dresden a.D.
Professor Dr. **Heinz-Peter Mansel**, Universität Köln, Direktor des Instituts für internationales und ausländisches Privatrecht
Univ.-Professor Dr. **Matthias Neumayr**, Senatspräsident des OGH, Universität Salzburg
Dr. **Carl Friedrich Nordmeier**, Richter am LG Frankfurt am Main
Professor Dr. **Dirk Olzen**, Universität Düsseldorf
Professor Dr. **Christoph G. Paulus**, LL.M. (Berkeley), Humboldt-Universität zu Berlin
Professor Dr. Dr. h.c. mult. **Hanns Prütting**, Universität zu Köln, Direktor des Instituts für Verfahrensrecht (1986–2006)
Dr. **Hartmut Rensen**, Richter am OLG Köln
Dr. **Fabian Reuschle**, Richter am LG Stuttgart
Professor Dr. **Mathias Rohe**, M.A., Universität Erlangen, Richter am OLG Nürnberg a.D.
Dr. **Stephan Salzmann**, Dipl.-Kfm., Rechtsanwalt, Steuerberater, München
Dr. **Christoph Schreiber**, Akademischer Rat, Universität Erlangen-Nürnberg
Professor Dr. **Klaus Schreiber**, Universität Bochum
Professor Dr. **Götz Schulze**, Universität Potsdam, Richter am OLG Potsdam
Professor Dr. Dr. h.c. **Rolf A. Schütze**, Rechtsanwalt, Stuttgart, Honorarprofessor Universität Tübingen
Professor Dr. **Stefan Smid**, Universität Kiel
Dr. **Frank Spohnheimer**, Akademischer Rat, Fernuniversität Hagen
Professor Dr. **Felipe Temming**, LL.M. (LSE), Leibniz Universität Hannover
Professor Dr. **Christoph Thole**, Universität zu Köln, Direktor des Instituts für Verfahrensrecht und Insolvenzrecht
Professor Dr. **Roderich C. Thümmel**, LL.M. (Harvard), Rechtsanwalt, Stuttgart, Honorarprofessor Universität Tübingen
Dr. **Eyk Ueberschär**, Referent und Justitiar, Lehrbeauftragter, Universität Potsdam
Professor Dr. **Barbara Völzmann-Stickelbrock**, FernUniversität Hagen
Dr. **Andreas Wax**, Maître en Droit, Rechtsanwalt, Stuttgart
Professor Dr. **Matthias Weller**, Mag. rer. publ., Universität Bonn

Bearbeiterverzeichnis

Professor Dr. **Stephan Weth**, Universität des Saarlandes
Dr. **Wolfgang Winter**, Rechtsanwalt, München
Professor Dr. **Mark Zeuner**, Rechtsanwalt/Insolvenzverwalter Hamburg, Honorarprofessor Universität Kiel

Inhaltsübersicht

Abkürzungsverzeichnis —— **XI**
Verzeichnis der abgekürzt zitierten Literatur —— **XXVII**

VERORDNUNG (EU) Nr. 1215/2012 DES EUROPÄISCHEN PARLAMENTS UND DES RATES
vom 12. Dezember 2012
über die gerichtliche Zuständigkeit und die Anerkennung und Vollstreckung
von Entscheidungen in Zivil- und Handelssachen
Brüssel Ia-VO

Erwägungsgründe —— **1**

KAPITEL I
Anwendungsbereich und Begriffsbestimmungen
  Art. 1 [Anwendungsbereich] —— **10**
  Art. 2 [Begriffsbestimmungen] —— **45**
  Art. 3 [Begriff „Gericht"] —— **52**

KAPITEL II
Zuständigkeit

ABSCHNITT 1
Allgemeine Bestimmungen
  Art. 4 —— **53**
  Art. 5 —— **69**
  Art. 6 —— **71**

ABSCHNITT 2
Besondere Zuständigkeiten
  Art. 7 —— **79**
  Art. 8 —— **133**
  Art. 9 —— **162**

ABSCHNITT 3
Zuständigkeit für Versicherungssachen
  Einl. zu Art. 10–16 —— **166**
  Art. 10 —— **172**
  Art. 11 —— **182**
  Art. 12 —— **189**
  Art. 13 —— **192**
  Art. 14 —— **207**
  Art. 15 —— **211**
  Art. 16 —— **223**

ABSCHNITT 4
Zuständigkeit bei Verbrauchersachen
- Einl. zu Art. 17–19 — **232**
- Art. 17 — **238**
- Art. 18 — **276**
- Art. 19 — **281**

ABSCHNITT 5
Zuständigkeit für individuelle Arbeitsverträge
- Art. 20 — **285**
- Art. 21 — **346**
- Art. 22 — **392**
- Art. 23 — **395**

ABSCHNITT 6
Ausschließliche Zuständigkeiten
- Art. 24 — **402**

ABSCHNITT 7
Vereinbarung über die Zuständigkeit
- Art. 25 [Zulässigkeit und Form von Gerichtsstandsvereinbarungen] — **414**
- Art. 26 [Zuständigkeit infolge rügeloser Einlassung] — **443**

ABSCHNITT 8
Prüfung der Zuständigkeit und der Zulässigkeit des Verfahrens
- Art. 27 [Erklärung der Unzuständigkeit in Fällen des Art. 24] — **449**
- Art. 28 [Erklärung der Unzuständigkeit von Amts wegen in sonstigen Fällen] — **451**

ABSCHNITT 9
Anhängigkeit und im Zusammenhang stehende Verfahren
- Art. 29 [Konkurrierende Rechtshängigkeit] — **453**
- Art. 30 [Im Zusammenhang stehende Verfahren] — **461**
- Art. 31 [Priorität bei ausschließlicher Zuständigkeit] — **465**
- Art. 32 [Anrufung eines Gerichts] — **473**
- Art. 33 [Aussetzung/Einstellung eines Verfahrens wegen desselben Anspruchs] — **478**
- Art. 34 [Aussetzung/Einstellung bei in Zusammenhang stehenden Verfahren] — **478**

ABSCHNITT 10
Einstweilige Maßnahmen einschließlich Sicherungsmaßnahmen
- Art. 35 — **484**

KAPITEL III
Anerkennung und Vollstreckung
    Vorb. zu Art. 36–57 —— **517**

ABSCHNITT 1
Anerkennung
    Art. 36 [Anerkennung von Entscheidungen] —— **521**
    Art. 37 [Vorlegung der Entscheidungsausfertigung und der Bescheinigung] —— **540**
    Art. 38 [Aussetzung des Verfahrens] —— **542**

ABSCHNITT 2
Vollstreckung
    Art. 39 [Vollstreckbarkeit einer Entscheidung] —— **545**
    Art. 40 [Sicherungsmaßnahmen] —— **552**
    Art. 41 [Recht des ersuchten Mitgliedstaats] —— **554**
    Art. 42 [Vorlegung von Urkunden] —— **557**
    Art. 43 [Zustellung der Bescheinigung; Übersetzung der Entscheidung] —— **560**
    Art. 44 [Beschränkung oder Aussetzung der Vollstreckung] —— **563**

ABSCHNITT 3
Versagung der Anerkennung und Vollstreckung

UNTERABSCHNITT 1
Versagung der Anerkennung
    Art. 45 —— **565**

UNTERABSCHNITT 2
Versagung der Vollstreckung
    Art. 46 —— **625**
    Art. 47 —— **636**
    Art. 48 —— **647**
    Art. 49 —— **649**
    Art. 50 —— **653**
    Art. 51 —— **657**

ABSCHNITT 4
Gemeinsame Vorschriften
    Art. 52 —— **668**
    Art. 53 —— **677**
    Art. 54 —— **688**
    Art. 55 —— **699**
    Art. 56 —— **704**
    Art. 57 —— **706**

KAPITEL IV
Öffentliche Urkunden und gerichtliche Vergleiche
    Art. 58 —— **708**
    Art. 59 —— **713**
    Art. 60 —— **716**

Inhaltsübersicht

KAPITEL V
Allgemeine Vorschriften
- Art. 61 —— **717**
- Art. 62 —— **718**
- Art. 63 —— **721**
- Art. 64 —— **725**
- Art. 65 —— **726**

KAPITEL VI
Übergangsvorschriften
- Art. 66 —— **734**

KAPITEL VII
Verhältnis zu anderen Rechtsinstrumenten
- Art. 67 —— **745**
- Art. 68 —— **749**
- Art. 69 —— **752**
- Art. 70 —— **753**
- Art. 71 —— **755**
- Art. 71a —— **770**
- Art. 71b —— **772**
- Art. 71c —— **774**
- Art. 71d —— **775**
- Art. 72 —— **776**
- Art. 73 —— **778**

KAPITEL VIII
Schlussvorschriften
- Art. 74 —— **781**
- Art. 75 —— **782**
- Art. 76 —— **785**
- Art. 77 —— **802**
- Art. 78 —— **802**
- Art. 79 —— **804**
- Art. 80 —— **806**
- Art. 81 —— **806**

ANHANG
- Anhang I —— **808**
- Anhang II —— **812**
- Anhang III —— **814**

Abkürzungsverzeichnis

€	Euro
a.A.	anderer Ansicht
A.C.	The Law Reports, Appeal Cases
a.E.	am Ende
a.F.	alter Fassung
a.M.	anderer Meinung
aaO	am angegebenen Ort
Abk.	Abkommen
ABl.	Amtsblatt
abl.	ablehnend(e/er)
Abs.	Absatz
Abschn.	Abschnitt
Abt.	Abteilung
abw.	abweichend
AbzG	Abzahlungsgesetz
AcP	Archiv für die civilistische Praxis [Band (Jahr) Seite]
ADSp.	Allgemeine Deutsche Spediteurbedingungen
AEUV	Vertrag über die Arbeitsweise der Europäischen Union
AG	Aktiengesellschaft, auch Amtsgericht, auch Ausführungsgesetz, auch Die Aktiengesellschaft, Zeitschrift für das gesamte Aktienwesen (Jahr, Seite)
AGB	Allgemeine Geschäftsbedingungen
AGBG	Gesetz zur Regelung des Rechts der Allgemeinen Geschäftsbedingungen
AGS	Anwaltsgebühren spezial
AHK	Alliierte Hohe Kommission
ähnl.	ähnlich
AktG	Aktiengesetz
AktO	Aktenordnung
All E.R.	All England Law Reports
Allg.	Allgemein (e/er/es)
Allg.M.	allgemeine Meinung
Alt.	Alternative
Am. J. Comp. L.	American Journal of Comparative Law
Am. J. Int. L.	American Journal for International Law
AMBl BY	Amtsblatt des Bayerischen Staatsministeriums für Arbeit und soziale Fürsorge
AMG	Arzneimittelgesetz
amtl.	amtlich
ÄndVO	Änderungsverordnung
AnfG	Anfechtungsgesetz
Anh.	Anhang
Anl.	Anlage
Anm.	Anmerkung
AnwBl	Anwaltsblatt
AO	Abgabenordnung
AöR	Archiv des öffentlichen Rechts
AP	Arbeitsrechtliche Praxis, Nachschlagewerk des Bundesarbeitsgerichts
App.	„Corte d'appello (Italien); Cour d'appel (Belgien, Frankreich)"
Arb. Int.	Arbitration International
ArbG	Arbeitsgericht
ArbGG	Arbeitsgerichtsgesetz
ArbR	Arbeit und Recht
ArbuR	Arbeit und Recht
Art.	Artikel
art.	Article

Abkürzungsverzeichnis

AuA	Arbeit und Arbeitsrecht
Aufl.	Auflage
AUG	Auslandsunterhaltsgesetz
ausf.	ausführlich
AusfG	Ausführungsgesetz
AusfVO	Ausführungsverordnung
Ausg.	Ausgabe
ausl.	ausländisch
AuslInvestmG	Gesetz über den Vertrieb ausländischer Investmentanteile und über die Besteuerung der Erträge aus ausländischen Investmentanteilen
AVAG	Anerkennungs- und Vollstreckungsausführungsgesetz
AWD	Außenwirtschaftsdienst des Betriebsberaters
AWG	Außenwirtschaftsgesetz
BAföG	Bundesausbildungsförderungsgesetz
BAG	Bundesarbeitsgericht
BAGE	Entscheidungen des Bundesarbeitsgerichts, Amtliche Sammlung
BAnz.	Bundesanzeiger
BauR	Baurecht
bay.	bayerisch
BayObLG	Bayerisches Oberstes Landesgericht
BayObLGZ	Entscheidungen des Bayerischen Obersten Landesgerichts in Zivilsachen, Amtliche Sammlung
BayVBl.	Bayerische Verwaltungsblätter
BB	Betriebs-Berater
BBergG	Bundesberggesetz
BBl.	Bundesblatt der Schweizerischen Eidgenossenschaft
Bd.	Band
Bearb.	Bearbeitung
BeckOK	Beck'scher Online-Kommentar
BeckRS	Beck-Rechtsprechung
BEG	Bundesentschädigungsgesetz
begr.	begründet
Beil.	Beilage
Bek.	Bekanntmachung
belg.	belgisch
Bem.	Bemerkung(en)
Ber.	Bericht
ber.	berichtigt
BerDGVR	Berichte der Deutschen Gesellschaft für Völkerrecht
bes.	besonders
Beschl.	Beschluss
bestr.	bestritten
betr.	betreffend
BeurkG	Beurkundungsgesetz
BezG	Bezirksgericht
BfA	Bundesanstalt für Arbeit
BFH	Bundesfinanzhof
BFH/NV	Sammlung der Entscheidungen des Bundesfinanzhofs
BFHE	Sammlung der Entscheidungen und Gutachten des Bundesfinanzhofs
BFH-PR	Entscheidungen des Bundesfinanzhofs für die Praxis der Steuerberatung
BG	Bundesgericht (Schweiz)
BGB	Bürgerliches Gesetzbuch
BGBl.	Bundesgesetzblatt
BGE	Entscheidungen des schweizerischen Bundesgerichts, Amtliche Sammlung

BGH	Bundesgerichtshof
BGHR	Systematische Sammlung der Entscheidungen des BGH
BGHZ	„Entscheidungen des Bundesgerichtshofs in Zivilsachen; Amtliche Sammlung der Rechtsprechung des Bundesgerichtshofs"
BinSchG	Binnenschifffahrtsgesetz
BinSchVerfG	Gesetz über das gerichtliche Verfahren in Binnenschifffahrtssachen
Bl.	Blatt
BMF	Bundesministerium der Finanzen
BNotO	Bundesnotarordnung
BörsG	Börsengesetz
BPatG	Bundespatentgericht
BR(-Drucks.)	Bundesrat(-sdrucksache)
BRAGO	Bundesgebührenordnung für Rechtsanwälte
BRAK-Mitt.	Bundesrechtsanwaltskammer Mitteilungen
BRAO	Bundesrechtsanwaltsordnung
Breith.	Sammlung von Entscheidungen aus dem Sozialrecht. Begr. v. Breithaupt
brit.	britisch
Brüssel I-VO	Verordnung (EG) Nr. 44/2001 des Rates vom 22. Dezember 2000 über die gerichtliche Zuständigkeit und die Anerkennung und Vollstreckung von Entscheidungen in Zivil- und Handelssachen, EuGVVO a.F.
Brüssel Ia-VO	Verordnung (EU) Nr. 1215/2012 des europäischen Parlaments und des Rates vom 12. Dezember 2012 über die gerichtliche Zuständigkeit und die Anerkennung und Vollstreckung von Entscheidungen in Zivil- und Handelssachen (Neufassung)
BSG	Bundessozialgericht
BSGE	Entscheidungen des Bundessozialgerichts, Amtliche Sammlung
BSHG	Bundessozialhilfegesetz
bspw.	beispielsweise
BStBl.	Bundessteuerblatt
BT(-Drucks.)	Bundestag(-sdrucksache)
Buchst.	Buchstabe
BVerfG	Bundesverfassungsgericht
BVerfGE	Entscheidungen des Bundesverfassungsgerichts, Amtliche Sammlung
BVerfGG	Gesetz über das Bundesverfassungsgericht
BVerwG	Bundesverwaltungsgericht
BVerwGE	Entscheidungen des Bundesverwaltungsgerichts, Amtliche Sammlung
BW	Baden-Württemberg
BWNotZ	Mitteilungen aus der Praxis, Zeitschrift für das Notariat in Baden-Württemberg
BYIL	The British Yearbook of International Law
bzw.	beziehungsweise
C.A.	Court of Appeal (England)
C.M.L.R.	Common Market Law Reports
Cahiers dr. europ.	Cahiers de droit européen
Cass. (Italien) S.U.	Corte di cassazione, Sezioni Unite
Cass. Civ. (com., soc.)	„Cour de Cassation (Frankreich/Belgien); Chambre civile (commerciale, sociale)"
Cc (cc)	„Code civil (Frankreich/Belgien/Luxemburg); Codice civile (Italien)"
ch.	Chapter
Ch.D.	Chancery Divison
CIM	„Convention internationale concernant le transport des marchandises par chemins de fer; Internationales Übereinkommen über den Eisenbahnfrachtverkehr"
CISG	Convention on the International Sale of Goods (Wiener Übereinkommen über Verträge über den internationalen Warenkauf)
CIV	Einheitliche Rechtsvorschriften für den Vertrag über die internationale Eisenbahnbeförderung von Personen und Gepäck (Anlage A zum COTIF)

Abkürzungsverzeichnis

Civ. J. Q.	Civil Justice Quarterly
Clunet	Journal du droit international (Frankreich)
CML Rev.	Common Market Law Review
CMR	Übereinkommen über den Beförderungsvertrag im internationalen Straßenverkehr
COTIF	Übereinkommen über den internationalen Eisenbahnverkehr
Cour sup.	Cour supérieure de justice (Luxemburg)
CPC, cpc	„Codice di procedura civile (Italien); Code de procédure civile (Frankreich/Belgien/Luxemburg)"
CPO	Civilprozeßordnung
CPR	Civil Procedure Rules
CR	Computer und Recht
d.i.p.	Droit international privé
D.S.	Receuil Dalloz Sirey
d.h.	das heißt
DAR	Deutsches Autorecht
das.	daselbst
DAVorm	Der Amtsvormund
DB	Der Betrieb (Jahr, Seite)
Dem. Rep.	Demokratische Republik
ders./dies./dass.	der-, die-, dasselbe
DGVZ	Deutsche Gerichtsvollzieherzeitung
DGWR	Deutsches Gemein- und Wirtschaftsrecht
diff.	differenzierend
Dir. Com. Scambi int.	Diritto communitario negli scambi internazionali
Dir. Comm. Int.	Diritto del commercio internationale
DIS	Deutsche Institution für Schiedsgerichtsbarkeit
DiskE	Diskussionsentwurf
Diss.	Dissertation
DJ	Deutsche Justiz, Zeitschrift für Rechtspflege und Rechtspolitik
DJT	Deutscher Juristentag
DJZ	Deutsche Juristenzeitung
DNotV	Zeitschrift des Deutschen Notarvereins
DNotZ	Deutsche Notarzeitschrift (früher: Zeitschrift des Deutschen Notarvereins, DNotV)
doc.	Document
DöV	Die öffentliche Verwaltung
DR	Deutsches Recht
DRiZ	Deutsche Richterzeitung
DRpfl	Der Deutsche Rechtspfleger
Drucks.	Drucksache
DRZ	Deutsche Rechts-Zeitschrift
DStR	Deutsches Steuerrecht
DStZ	Deutsche Steuerzeitung
dt.	deutsch
DTA	Datenträgeraustausch
DtZ	Deutsch-Deutsche Rechtszeitschrift
DuR	Demokratie und Recht
DVBl.	Deutsches Verwaltungsblatt
DVO	Durchführungsverordnung
DZWIR	Deutsche Zeitschrift für Wirtschafts- und Insolvenzrecht
E	Entwurf
E.C.C.	European Commercial Cases
ecolex	ecolex – Fachzeitschrift für Wirtschaftsrecht

EDV	Elektronische Datenverarbeitung
EFG	Entscheidungen der Finanzgerichte
EFTA	European Free Trade Association
EG	„Einführungsgesetz; Europäische Gemeinschaft"
EG-BewVO	Europäische Beweisaufnahmeverordnung
EGBGB	Einführungsgesetz zum Bürgerlichen Gesetzbuch
EGGVG	Einführungsgesetz zum Gerichtsverfassungsgesetz
EGMR	Europäischer Gerichtshof für Menschenrechte
EG-PKHVV	EG-Prozesskostenvordrucksverordnung
EGStGB	Einführungsgesetz zum Strafgesetzbuch
EGV	Vertrag zur Europäischen Gemeinschaft
EGZPO	Einführungsgesetz zur Zivilprozessordnung
EheG	Ehegesetz
Einf.	Einführung
EinfG	Einführungsgesetz
EingV	Einigungsvertrag
Einl.	Einleitung
EMRK	(Europäische) Konvention zum Schutze der Menschenrechte und Grundfreiheiten
ENA	Europäisches Niederlassungsabkommen
entspr.	entsprechend
Entw.	Entwurf
EO	Österreichische Exekutionsordnung
ErbbauVO	Verordnung über das Erbbaurecht
Erg.	Ergebnis
Erl.	Erläuterungen
ESA	Europäisches Übereinkommen über die Staatenimmunität
EStG	Einkommensteuergesetz
EU	Europäische Union
EÜ	(Genfer) Europäisches Übereinkommen über die internationale Handelsschiedsgerichtsbarkeit
EuAÜ	Europäisches Rechtsauskunftsübereinkommen
EuBagatellVO/ EuBagVO	Verordnung (EG) Nr. 861/2007 des Europäischen Parlaments und des Rates vom 11. Juli 2007 zur Einführung eines europäischen Verfahrens für geringfügige Forderungen
EuBVO	Verordnung (EG) Nr. 1206/2001 des Rates vom 28. Mai 2001 über die Zusammenarbeit zwischen den Gerichten der Mitgliedstaaten auf dem Gebiet der Beweisaufnahme in Zivil- oder Handelssachen
EuErbVO	Verordnung (EU) Nr. 650/2012 des Europäischen Parlaments und des Rates vom 4. Juli 2012 über die Zuständigkeit, das anzuwendende Recht, die Anerkennung und Vollstreckung von Entscheidungen und die Annahme und Vollstreckung öffentlicher Urkunden in Erbsachen sowie zur Einführung eines Europäischen Nachlasszeugnisses
EuGH	Europäischer Gerichtshof
EuGHE	Entscheidungen des Gerichtshofs der Europäischen Gemeinschaft, Amtliche Sammlung
EuGüVO	Verordnung (EU) 2016/1103 des Rates vom 24. Juni 2016 zur Durchführung einer Verstärkten Zusammenarbeit im Bereich der Zuständigkeit, des anzuwendenden Rechts und der Anerkennung und Vollstreckung von Entscheidungen in Fragen des ehelichen Güterstands
EuGVÜ	Brüsseler EWG-Übereinkommen vom 27.9.1968 über die gerichtliche Zuständigkeit und die Vollstreckung gerichtlicher Entscheidungen in Zivil- und Handelssachen
EuGVVO (a.F.)	Verordnung (EG) Nr. 44/2001 des Rates vom 22. Dezember 2000 über die gerichtliche Zuständigkeit und die Anerkennung und Vollstreckung von Entscheidungen in Zivil- und Handelssachen, Brüssel I-VO
EuGVVO (n.F.)	Verordnung (EU) Nr. 1215/2012 des europäischen Parlaments und des Rates vom 12. Dezember 2012 über die gerichtliche Zuständigkeit und die Anerkennung und

Abkürzungsverzeichnis

	Vollstreckung von Entscheidungen in Zivil- und Handelssachen (Neufassung), Brüssel Ia-VO
EuInsVO	Verordnung (EU) 2015/848 des Europäischen Parlaments und des Rates vom 20. Mai 2015 über Insolvenzverfahren
EuInsVO a.F.	Verordnung (EG) Nr. 1346/2000 des Rates vom 29. Mai 2000 über Insolvenzverfahren
EuKontPfVO	VO (EU) Nr. 655/2014 v. 15.5.2014 zur Einführung eines Verfahrens für einen Europäischen Beschluss zur vorläufigen Kontenpfändung im Hinblick auf die Erleichterung der grenzüberschreitenden Eintreibung von Forderungen in Zivil- und Handelssachen
EuMahnVO	Verordnung (EG) Nr. 1896/2006 des Europäischen Parlaments und des Rates vom 12. Dezember 2006 zur Einführung eines Europäischen Mahnverfahrens
EuPartVO	Verordnung (EU) 2016/1104 des Rates vom 24. Juni 2016 zur Durchführung der Verstärkten Zusammenarbeit im Bereich der Zuständigkeit, des anzuwendenden Rechts und der Anerkennung und Vollstreckung von Entscheidungen in Fragen güterrechtlicher Wirkungen eingetragener Partnerschaften
EuR	Europarecht
EuroEG	Euro-Einführungsgesetz
Europ. L. Rev.	European Law Review
EuÜHS	Europäisches Übereinkommen über die Handelsschiedsgerichtsbarkeit 1961
EuUhVO	Verordnung (EG) Nr. 4/2009 des Rates vom 18. Dezember 2008 über die Zuständigkeit, das anwendbare Recht, die Anerkennung und Vollstreckung von Entscheidungen und die Zusammenarbeit in Unterhaltssachen
EuVTVO	Verordnung (EG) Nr. 805/2004 des Europäischen Parlaments und des Rates vom 21. April 2004 zur Einführung eines europäischen Vollstreckungstitels für unbestrittene Forderungen
EuZPR	Europäisches Zivilprozessrecht
EuZustVO/EuZuVO	Verordnung (EG) Nr. 1393/2007 des Europäischen Parlaments und des Rates vom 13. November 2007 über die Zustellung gerichtlicher und außergerichtlicher Schriftstücke in Zivil- oder Handelssachen in den Mitgliedstaaten („Zustellung von Schriftstücken") und zur Aufhebung der Verordnung (EG) Nr. 1348/2000 des Rates
EuZVR	Europäisches Zivilverfahrensrecht
EuZW	Europäische Zeitschrift für Wirtschaftsrecht
EV	Vertrag zwischen der Bundesrepublik Deutschland und der Deutschen Demokratischen Republik über die Herstellung der Einheit Deutschlands – Einigungsvertrag –
evtl.	eventuell
EVÜ	Europäisches Schuldvertragsübereinkommen
EWG	Europäische Wirtschaftsgemeinschaft
EWGV	Vertrag zur Gründung der Europäischen Wirtschaftsgemeinschaft
EWiR	Entscheidungen zum Wirtschaftsrecht
EWIV	Europäische wirtschaftliche Interessenvereinigung
EWR	Europäischer Wirtschaftsraum
EWS	Europäisches Wirtschafts- und Steuerrecht
EzA	Entscheidungssammlung zum Arbeitsrecht
EzFamR aktuell	Entscheidungssammlung zum Familienrecht aktuell
f.	folgend(e)
FA	Fachanwalt Arbeitsrecht [Zeitschrift]
FamFG	Gesetz über das Verfahren in Familiensachen und in den Angelegenheiten der Freiwilligen Gerichtsbarkeit
FamG	Familiengericht
FamR	Familienrecht
FamRÄndG	Familienrechtsänderungsgesetz
FamRZ	Zeitschrift für das gesamte Familienrecht
FamS	Familiensenat
ff.	folgende
FG	„Finanzgericht; Festgabe; Freiwillige Gerichtsbarkeit"

FGG	Gesetz über die Angelegenheiten der freiwilligen Gerichtsbarkeit
FGO	Finanzgerichtsordnung
FGPrax	Praxis der Freiwilligen Gerichtsbarkeit
FLF	Finanzierung, Leasing, Factoring
Fn.	Fußnote
Foro it.	Foro italiano
FoVo	Forderung & Vollstreckung
franz.	französisch
FS	Festschrift
Fundst.	Fundstelle(n)
FuR	Familie und Recht
G.	Gesetz
g.E.	gegen Ende
GA	Generalanwalt
Gaz. Pal.	La Gazette du Palais (Frankreich)
GBBerG	Grundbuchbereinigungsgesetz
GBl	Gesetzblatt
GBO	Grundbuchordnung
GbR	Gesellschaft bürgerlichen Rechts
geänd.	geändert
GebrMG	Gebrauchsmustergesetz
gem.	gemäß
GenfA	Genfer Abkommen zur Vollstreckung ausländischer Schiedssprüche 1927
GenfP	Genfer Protokoll über die Schiedsklauseln 1923
GenG	Genossenschaftsgesetz
GeschMG	Geschmacksmustergesetz
GewO	Gewerbeordnung
GG	Grundgesetz für die Bundesrepublik Deutschland
ggf.	gegebenenfalls
ggü.	gegenüber
Giur it.	Giurisprudenza italiana
GK	Großkommentar
GKG	Gerichtskostengesetz
GmbH	Gesellschaft mit beschränkter Haftung
GmbHG	Gesetz betreffend die Gesellschaften mit beschränkter Haftung
GmbHR	GmbH-Rundschau
GmS-OGB	Gemeinsamer Senat der obersten Gerichtshöfe des Bundes
GPR	Zeitschrift für das Privatrecht der Europäischen Union
gr.	griechisch
GrS	Großer Senat
Gruchot	Beiträge zur Erläuterung des Deutschen Rechts, begründet v. Gruchot
GRUR	Gewerblicher Rechtsschutz und Urheberrecht
GS	Gedächtnisschrift
GSZ	Großer Senat in Zivilsachen
GVBl.	Gesetz- und Verordnungsblatt
GVBl. RhPf.	Gesetz- und Verordnungsblatt Rheinland-Pfalz
GVG	Gerichtsverfassungsgesetz
GVGA	Geschäftsanweisungen für Gerichtsvollzieher
GVKostG	Gesetz über die Kosten der Gerichtsvollzieher
GVO	Gerichtsvollzieherordnung
GWB	Gesetz gegen Wettbewerbsbeschränkungen
H	Heft
H.C.	High Court

Abkürzungsverzeichnis

H.L.	House of Lords
H.R.	Hoge Raad (Niederlande)
h.M.	herrschende Meinung
HaftpflG	Haftpflichtgesetz
HausTWG	Haustürwiderrufsgesetz
HBÜ	Haager Übereinkommen über die Beweisaufnahme im Ausland in Zivil- und Handelssachen
Hdb.	Handbuch
HessVGRspr	Rechtsprechung der Hessischen Verwaltungsgerichte
HGB	Handelsgesetzbuch
HinterlO	Hinterlegungsordnung
Hinw.	Hinweis
HKO	Haager Landkriegsordnung
hL	herrschende Lehre
HmbGVBl.	Hamburger Gesetz- und Verordnungsblatt
HO	Hinterlegungsordnung
HRR	Höchstrichterliche Rechtsprechung
Hrsg./hrsg.	Herausgeber, herausgegeben
Hs	Halbsatz
HZPA	Haager Zivilprozessabkommen 1905
HZPÜ	Haager Übereinkommen über den Zivilprozess
HZÜ	Haager Übereinkommen über die Zustellung gerichtlicher und außergerichtlicher Schriftstücke im Ausland in Zivil- oder Handelssachen
i.Zw.	im Zweifel
i.A.	im Auftrag
i.d.F.	in der Fassung
i.d.R.	in der Regel
i.d.S.	in dem/diesem Sinne
i.E.	im Ergebnis
i.e.S.	im engeren Sinne
i.H.v.	in Höhe von
i.R.v.	im Rahmen von
i.S.d.	im Sinne des
i.S.v.	im Sinne von
i.Ü.	im Übrigen
i.V.m.	in Verbindung mit
i.w.S.	im weiteren Sinne
ICC	International Chamber of Commerce (Internationale Handelskammer)
ICLQ	The International and Comparative Law Quarterly
IGH	Internationaler Gerichtshof
ILM	International Legal Materials
ILR	International Law Reports
insb.	insbesondere
int.	international
IPRax	Praxis des Internationalen Privat- und Verfahrensrechts
IWB	Internationale Wirtschaftsbriefe
IWF	Internationaler Währungsfonds
IZPR	Internationales Zivilprozessrecht
IZVR	Internationales Zivilverfahrensrecht
J. Bus. L.	The Journal of Business Law (England)
J. Int. Arb.	Journal of International Arbitration
JA	Juristische Arbeitsblätter
JbEuR	Jahrbuch Europarecht

JbIntR	Jahrbuch für internationales Recht
JBl.	„Justizblatt; Juristische Blätter (Österreich)"
JbRR	Jahrbuch für Rechtssoziologie und Rechtstheorie
JFG	Jahrbuch für Entscheidungen in Angelegenheiten der freiwilligen Gerichtsbarkeit und des Grundbuchrechtes
JMBl.	Justizministerialblatt
JMBlNrw	Justizministerialblatt von Nordrhein-Westfalen
JN	Jurisdiktionsnorm (Österreich)
JOR	Jahrbuch für Ostrecht
JPS	Jahrbuch für die Praxis der Schiedsgerichtsbarkeit
JR	Juristische Rundschau
Judicium	Vierteljahresschrift für die gesamte Zivilrechtspflege
JURA	Juristische Ausbildung
JurBüro	Das juristische Büro
JurTag(s)	Juristentag(es)
JuS	Juristische Schulung
Justiz	Die Justiz, Amtsblatt des Justizministeriums Baden-Württemberg
JVBl	Justizverwaltungsblatt
JVEG	Justizvergütungs- und Entschädigungsgesetz
JW	Juristische Wochenschrift
JZ	Juristenzeitung
KAGG	Gesetz über Kapitalanlagegesellschaften
Kap.	Kapitel
KG	Kammergericht, Kommanditgesellschaft
KGaA	Kommanditgesellschaft auf Aktien
KGBl.	Blätter für Rechtspflege im Bezirk des Kammergerichts in Sachen der freiwilligen Gerichtsbarkeit, in Kosten-, Stempel- und Strafsachen
KO	Konkursordnung
KonsulG	Konsulargesetz
KostO	Kostenordnung
KostRÄndG	Kostenrechtsänderungsgesetz
KrG	Kreisgericht
krit.	kritisch
KTS	Zeitschrift für Konkurs-, Treuhand- und Schiedsgerichtswesen (Jahr, Seite)
KV	Kostenverzeichnis
KWG	Gesetz über das Kreditwesen
LAG	„Gesetz über den Lastenausgleich; auch Landesarbeitsgericht"
Lb	Lehrbuch
LG	Landgericht
Lit.	Buchstabe
LJ	The Law Journal (England)
LJV	Landesjustizverwaltung
LM	Nachschlagewerk des Bundesgerichtshofs, hrsg. v. Lindenmaier und Möhring
LMK	Lindenmaier-Möhring – Kommentierte BGH-Rechtsprechung, hrsg. v. Pfeiffer
LQR	Law Quarterly Review
LS	Leitsatz
LSG	Landessozialgericht
LuftfzRG	Gesetz über Rechte an Luftfahrzeugen
LuftVG	Luftverkehrsgesetz
LUG	Gesetz betr. das Urheberrecht an Werken der Literatur und der Tonkunst (LiteratururheberG)
LugÜ I	Lugano-Übereinkommen über die gerichtliche Zuständigkeit und die Vollstreckung gerichtlicher Entscheidungen in Zivil- und Handelssachen vom 16. September 1988

Abkürzungsverzeichnis

LugÜ II	Lugano-Übereinkommen über die gerichtliche Zuständigkeit und die Vollstreckung gerichtlicher Entscheidungen in Zivil- und Handelssachen vom 30.10.2007
lux.	luxemburgisch
LwAnpG	Gesetz über die strukturelle Anpassung der Landwirtschaft an die soziale und ökologische Marktwirtschaft in der Deutschen Demokratischen Republik (Landwirtschaftsanpassungsgesetz)
LwVfG	Gesetz über das gerichtliche Verfahren in Landwirtschaftssachen
LZ	Leipziger Zeitschrift für Deutsches Recht
m.	mit
m. ausf. N.	mit ausführlichen Nachweisen
m.w.N.	mit weiteren Nachweisen
maW	mit anderen Worten
MDR	Monatsschrift für Deutsches Recht
MittBayNot.	Mitteilungen des Bayerischen Notarvereins
MittRhNotK	Mitteilungen der Rheinischen Notarkammer
MittRuhrKn	Mitteilungen der Ruhrknappschaft Bochum
Mot.	Motive
MSA	Haager Minderjährigenschutzabkommen
MünchArbR	Münchener Handbuch zum Arbeitsrecht
MünchKomm	Münchener Kommentar zur Zivilprozessordnung
MünchKomm-BGB	Münchener Kommentar zum BGB
MünchKomm-InsO	Münchener Kommentar zur Insolvenzordnung
MuW	Markenschutz und Wettbewerb (Jahr, Seite)
N.C.p.c.	Nouveau Code de procédure civile
n.F.	„neue Fassung; neue Folge"
Nachw.	Nachweis(e/n)
Nds.Rpfl	Niedersächsische Rechtspflege
NdsVBl	Niedersächsische Verwaltungsblätter
NEhelG	Gesetz über die rechtliche Stellung der nichtehelichen Kinder
NJOZ	Neue Juristische Online-Zeitschrift
NJW	Neue Juristische Wochenschrift
NJW-CoR	Computerreport der Neuen Juristischen Wochenschrift
NJWE WettR	NJW-Entscheidungsdienst Wettbewerbsrecht
NJW-RR	Neue Juristische Wochenschrift – Rechtsprechungsreport Zivilrecht
Nordic J Int L	Nordic J Int L
NotBZ	Zeitschrift für die notarielle Beratungs- und Beurkundungspraxis
Nov.	Novelle
Nr.	Nummer
NRW	NW Nordrhein-Westfalen
NTS	NATO-Truppenstatut
NVwZ	Neue Zeitschrift für Verwaltungsrecht
NZA	Neue Zeitschrift für Arbeitsrecht
NZA-RR	Neue Zeitschrift für Arbeitsrecht – Rechtsprechungsreport
NZG	Neue Zeitschrift für Gesellschaftsrecht
NZI	Neue Zeitschrift für das Recht der Insolvenz und Sanierung
NZM	Neue Zeitschrift für Mietrecht
o.	oben
OFD	Oberfinanzdirektion
öffentl.	öffentlich
OGH	Oberster Gerichtshof (für die britische Zone, Österreich)
OGHZ	Entscheidungen des Obersten Gerichtshofs für die britische Zone in Zivilsachen
öGZ	(österr.) Gerichts-Zeitung

OHG	Offene Handelsgesellschaft
öJBl	Österreichische Juristische Blätter
ÖJZ	Österreichische Juristen-Zeitung
OLG	Oberlandesgericht
OLG-NL	OLG-Rechtsprechung Neue Länder
OLGR	OLG-Report: Zivilrechtsprechung der Oberlandesgerichte
OLGRspr	Die Rechtsprechung der Oberlandesgerichte auf dem Gebiete des Zivilrechts
OLGZ	Entscheidungen der Oberlandesgerichte in Zivilsachen
OrderlagerscheinV	Orderlagerscheinverordnung
ÖRiZ	Österreichische Richterzeitung
österr.	österreichisch
OVG	Oberverwaltungsgericht
PA	Patentamt
PAngV	Preisangabenverordnung
PatAnwO	Patentanwaltsordnung
PatG	Patentgesetz
PersV	Die Personalvertretung
PflVG	Pflichtversicherungsgesetz
PKH	Prozesskostenhilfe
PKHRL	Prozesskostenhilfe-Richtlinie
ProdHG	Produkthaftungsgesetz
Prot.	Protokoll
ProzRB	Der Prozess-Rechts-Berater
PStG	Personenstandsgesetz
PStV	Personenstandsverordnung
RabelsZ	Zeitschrift für ausländisches und internationales Privatrecht
RAG	Reichsarbeitsgericht
Rb.	Rechtsbank (Niederlande)
Rbeistand	Der Rechtsbeistand
RBerG	Rechtsberatungsgesetz
RdA	Recht der Arbeit
RdL	Recht der Landwirtschaft (Jahr, Seite)
Rdn.	Randnummer
Recht	Das Recht, Rundschau für den Deutschen Juristenstand
RefE	Referentenentwurf
RegBl	Regierungsblatt
RegE	Regierungsentwurf
ReichsschuldenO	Reichsschuldenordnung
Rev. int y integr	Revista internacional y de la integración
RFH	„Reichsfinanzhof; amtliche Sammlung der Entscheidungen des RFH"
RG	Reichsgericht
RGBl	Reichsgesetzblatt
RGes.	Reichsgesetz
RGRK	Reichsgerichtsrätekommentar
RGSt	„Entscheidungen des Reichsgerichts in Strafsachen (1.1880–77.1944; Band, Seite)"
RGZ	„Entscheidungen des Reichsgerichts in Zivilsachen; amtliche Sammlung der Reichs-gerichtsentscheidungen in Zivilsachen"
Rh.-Pf	Rheinland-Pfalz
RIDC	Revue internationale de droit comparé
Riv. dir. int.	Rivista di diritto internazionale privato e processuale
RIW	Recht der Internationalen Wirtschaft
RL	Richtlinie

Abkürzungsverzeichnis

ROW	Recht in Ost und West
Rpfl.	Der Deutsche Rechtspfleger
RpflG	Rechtspflegegesetz
Rs	Rechtssache
Rspr.	Rechtsprechung
RuS	Recht und Schaden
RuStAG	Reichs- und Staatsangehörigkeitsgesetz
RVG	Rechtsanwaltsvergütungsgesetz
RzW	Rechtsprechung zum Wiedergutmachungsrecht
s.	siehe
S.	Seite/Satz
S.C.	Supreme Court
s.a.	siehe auch
s.o.	siehe oben
s.u.	siehe unten
SaBremR	Sammlung des bremischen Rechts
SachenRBerG	Sachenrechtsbereinigungsgesetz
Sachg	Sachgebiet
SächsVBl	Sächsische Verwaltungsblätter
SAE	Sammlung arbeitsrechtlicher Entscheidungen der Vereinigung der Arbeitgeberverbände
ScheckG	Scheckgesetz
SchiedsVZ	Zeitschrift für Schiedsverfahren
SchlHA	Schleswig-Holsteinische Anzeigen
SchRegO	Schiffsregisterordnung
SchRG	Schiffsregistergesetz
SchuldR	Schuldrecht
schw.	schweizerisch
SchwJbIntR	Schweizer Jahrbuch für Internationales Recht
Sch-Ztg	Schiedsmannszeitung
Sec.	Section
SeeArbG	Seearbeitsgesetz
SeemG	Seemannsgesetz
Sess.	Session
SeuffArch	Seufferts Archiv für Entscheidungen der obersten Gerichte in den deutschen Staaten
SeuffBl	Seufferts Blätter für Rechtsanwendung in Bayern
SGB	Sozialgesetzbuch
SGG	Sozialgerichtsgesetz
SJZ	Süddeutsche Juristenzeitung
sog.	sogenannte
SozG	Sozialgericht
Sp.	Spalte
SRÜ	Seerechtsübereinkommen der VN von 1982
StAZ	Zeitschrift für Standesamtswesen
StB	Der Steuerberater
StGB	Strafgesetzbuch
StIGH	Ständiger Internationaler Gerichtshof
StPO	Strafprozessordnung
str.	strittig
StRK	Steuerrechtsprechung in Karteiform. Höchstgerichtliche Entscheidungen in Steuersachen
stRspr.	ständige Rechtsprechung
StuB	Steuern und Bilanzen
StuW	Steuer und Wirtschaft

StVG	Straßenverkehrsgesetz
StVZO	Straßenverkehrs-Zulassungs-Ordnung
Suppl.	Supplement
SZIER	Schweizer Zeitschrift für internationales und europäisches Recht
T.P.R.	Tijdschrift voor Privaatrecht (Niederlande)
teilw.	teilweise
ThürBl	Blätter für Rechtspflege in Thüringen und Anhalt
Tit.	Titel
TranspR	Transportrecht
TRG	Gesetz zur Neuregelung des Fracht-, Speditions- und Lagerrechts
Trib.	„Tribunal; Tribunale"
Trib. com.	Tribunal de commerce (Belgien/Frankreich)
u.a.	und andere(m)
u.Ä.	und Ähnliche(s)
u.U.	unter Umständen
Übers.	Übersicht
Übk.	Übereinkommen
UFITA	Archiv für Urheber-, Film-, Funk- und Theaterrecht
UmweltHG	Umwelthaftungsgesetz
UN	United Nations
unstr.	unstreitig
UNTS	United Nations Treaty Series
UNÜ	New Yorker UN-Übereinkommen über die Anerkennung und Vollstreckung ausländischer Schiedssprüche vom 10. Juni 1958
UNUVÜ	New Yorker UN-Übereinkommen über die Geltendmachung von Unterhaltsansprüchen im Ausland vom 20. Juni 1956
Urt.	Urteil
usw.	und so weiter
UWG	Gesetz gegen den unlauteren Wettbewerb
v.	versus
VA	Versicherungsaufsicht
VAG	Gesetz über die Beaufsichtigung der privaten Versicherungsunternehmen und Bausparkassen (Versicherungsaufsichtsgesetz)
Var.	Variante
verb.	verbunden(e)
VerbrKrG	Verbraucherkreditgesetz
Verf.	Verfassung
VerfGH	Verfassungsgerichtshof
VerglO	Vergleichsordnung
Verh.	Verhandlungen
VerlG	Gesetz über das Verlagsrecht
VerlR	Verlagsrecht
VermA	Vermittlungsausschuss
VerschG	Verschollenheitsgesetz
VersR	Versicherungsrecht, Juristische Rundschau für die Individualversicherung
VerwAO	Verwaltungsanordnung
Vfg	Verfügung
VG	Verwaltungsgericht
VGH	Verwaltungsgerichtshof
vgl.	vergleiche
VIZ	Zeitschrift für Vermögens- und Immobilienrecht
VO	Verordnung

Abkürzungsverzeichnis

VOB/B	Verdingungsordnung für Bauleistungen Teil B
VOBl	Verordnungsblatt
Voraufl.	Vorauflage
Vorb.	Vorbemerkung
vorl.	vorläufige(r)
VR	Verwaltungsrundschau
VV	Vergütungsverzeichnis
VVaG	Versicherungsverein auf Gegenseitigkeit
VVG	Gesetz über den Versicherungsvertrag (Versicherungsvertragsgesetz)
VwGO	Verwaltungsgerichtsordnung
VwVfG	Verwaltungsverfahrensgesetz
VwVG	(Bundes-)Verwaltungsvollstreckungsgesetz
VZS	Vereinigte Zivilsenate
W.L.R.	Weekly Law Reports
w.N.	weitere Nachweise
WahrnG	Gesetz über die Wahrnehmung von Urheberrechten und verwandten Schutzrechten (Urheberrechtswahrnehmungsgesetz)
Warn.	Rechtsprechung des Bundesgerichtshofs in Zivilsachen, als Fortsetzung der von Otto Warneyer hrsg. Rechtsprechung des Reichsgerichts
WarnRspr	Warneyer, Rechtsprechung des Reichsgerichts, soweit sie nicht in der amtlichen Sammlung der Entscheidungen des RG abgedruckt ist, hrsg. v. Warneyer
WBÜ	Washingtoner Weltbankübereinkommen für Investitionsstreitigkeiten
WEG	Gesetz über das Wohnungseigentum und das Dauerwohnrecht (Wohnungseigentumsgesetz)
WertpBG	Wertpapierbereinigungsgesetz
WG	Wechselgesetz
WiB	Wirtschaftsrechtliche Beratung
WieDÜ	Wiener Übereinkommen 1961 (Diplomaten)
WieKÜ	Wiener Übereinkommen 1963 (Konsuln)
WiGBl	Gesetzblatt der Verwaltung des Vereinigten Wirtschaftsgebiets
WM	Wertpapier-Mitteilungen
WRP	Wettbewerb in Recht und Praxis
WuB	Entscheidungssammlung zum Wirtschafts- und Bankrecht
WÜD	Wiener Übereinkommen über diplomatische Beziehungen
WÜK	Wiener Übereinkommen über konsularische Beziehungen
WuM	Wohnungswirtschaft und Mietrecht
WuW	Wirtschaft und Wettbewerb
WVRK	Wiener Übereinkommen über das Recht der Verträge
WZG	Warenzeichengesetz
Yb. Eurp. L.	Yearbook of European Law
Yb. PIL	Yearbook of Private International Law
z.B.	zum Beispiel
z.T.	zum Teil
ZAkDR	Zeitschrift der Akademie für Deutsches Recht
ZAP	Zeitschrift für die Anwaltspraxis
ZBB	Zeitschrift für Bankrecht und Bankwirtschaft
ZBinnSch	Zeitschrift für Binnenschifffahrt
ZBlFG	Zentralblatt für die freiwillige Gerichtsbarkeit und Notariat
ZBlJugR	Zentralblatt für Jugendrecht und Jugendwohlfahrt
ZBR	Zeitschrift für Beamtenrecht
ZEuP	Zeitschrift für Europäisches Privatrecht (Jahr, Seite)

ZfA	Zeitschrift für Arbeitsrecht
ZfB	Zeitschrift für Betriebswirtschaft
ZfG	Zeitschrift für Gesetzgebung
ZfRV	Zeitschrift für Rechtsvergleichung (Österreich)
ZfS	Zeitschrift für Schadensrecht (Jahr, Seite)
ZfSH	Zeitschrift für Sozialhilfe
ZGB	Zivilgesetzbuch (DDR/Schweiz)
ZGR	Zeitschrift für Unternehmens- und Gesellschaftsrecht
ZHR	Zeitschrift für das gesamte Handelsrecht und Wirtschaftsrecht
Ziff.	Ziffer
ZIP	Zeitschrift für Wirtschaftsrecht und Insolvenzpraxis
ZIR	Niemeyers Zeitschrift für internationales Recht
ZLR	Zeitschrift für Luftrecht und Weltraumrechtsfragen
ZMR	Zeitschrift für Miet- und Raumrecht
ZnotP	Zeitschrift für die Notarpraxis
ZöffR	Zeitschrift für öffentliches Recht
ZPO	Zivilprozessordnung
ZPOuaÄndG	Gesetz zur Änderung der Zivilprozeßordnung und anderer Gesetze
ZPR	Zivilprozessrecht
ZRHO	Rechtshilfeordnung in Zivilsachen
ZRP	Zeitschrift für Rechtspolitik
ZS	Zivilsenat
ZSEG	Gesetz über die Entschädigung von Zeugen und Sachverständigen
ZSR	Zeitschrift für Schweizer Recht
zust.	zustimmend
ZustDG	EG-Zustellungsdurchführungsgesetz
ZustErgG	Zuständigkeitsergänzungsgesetz
ZustRG	Zustellreformgesetz
zutr.	zutreffend
ZVersWiss	Zeitschrift für die gesamte Versicherungswissenschaft
ZVG	Gesetz über die Zwangsversteigerung und die Zwangsverwaltung (Zwangsversteigerungsgesetz)
ZVglRWiss	Zeitschrift für vergleichende Rechtswissenschaft
ZVI	Zeitschrift für Verbraucher- und Privat-Insolvenzrecht
zzgl.	zuzüglich
ZZP	Zeitschrift für Zivilprozess
ZZPInt	Zeitschrift für Zivilprozess International

Verzeichnis der abgekürzt zitierten Literatur

Abel	Zur Nichtigkeitsklage wegen Mängeln der Vertretung im Zivilprozeß, 1995
Aden	Internationale Handelsschiedsgerichtsbarkeit, 2. Aufl. 2002
Adolphsen	Zivilprozessrecht, 5. Auflage 2016
Anders/Gehle	Das Assessorexamen im Zivilrecht, 13. Auflage 2017
AK/*Bearbeiter*	Alternativkommentar zur Zivilprozeßordnung, hrsg. v. Ankermann/Wassermann, 1987
Bachmann Fremdwährungsschulden	Fremdwährungsschulden in der Zwangsvollstreckung, 1994
Bamberger/Roth/*Bearbeiter*	Beck'scher Online-Kommentar zum BGB, Stand: 1.11.2017, 44. Edition
Baumann/Brehm	Zwangsvollstreckung, 2. Aufl. 1982
Baumbach/Lauterbach/Albers/*Hartmann*	Baumbach/Lauterbach/Albers/Hartmann, Zivilprozessordnung, 76. Aufl. 2018
Baur Studien	Studien zum einstweiligen Rechtsschutz, 1967
Baur/Stürner/Bruns	Zwangsvollstreckungsrecht, 13. Aufl. 2006
Becker-Eberhard/Gaul/Schilken ZVR	Zwangsvollstreckungsrecht, 12. Aufl. 2010
BeckOK ZPO/*Bearbeiter*	Beck'scher Online-Kommentar ZPO, Stand: 1.3.2018, 28. Edition
BeckOK BGB/*Bearbeiter*	Beck'scher Online-Kommentar BGB, Stand: 1.11.2017, 44. Edition
Bernhardt	Das Zivilprozeßrecht, 3. Aufl. 1968
Besse	Die Vergemeinschaftung des EUGVÜ, 2001
Blomeyer ZPR	Zivilprozeßrecht, Erkenntnisverfahren, 2012
Blomeyer VV	Zivilprozeßrecht, Vollstreckungsverfahren, 1975
Böhm	Ungerechtfertigte Zwangsvollstreckung und materiellrechtliche Ausgleichsansprüche, 1971
Borges/Meents/*Bearbeiter*	Borges/Meents Cloud Computing Rechtshandbuch, 1. Auflage 2016
Bork Insolvenzrecht	Einführung in das Insolvenzrecht, 8. Aufl. 2017
Brox/Walker	Zwangsvollstreckungsrecht, 11. Aufl. 2018
Bruns ZPR	Zivilprozeßrecht, 2. Aufl. 1979
Bruns/Peters ZVR	Zwangsvollstreckungsrecht, 3. Aufl. 1987
Bülow Kreditsicherheiten	Recht der Kreditsicherheiten, 9. Aufl. 2017
Bunge	Zivilprozess und Zwangsvollstreckung in England und Schottland, 2. Aufl. 2005
Burgstaller/Neumayr/u.a./*Bearbeiter* IZVR	Internationales Zivilverfahrensrecht: 20. Lieferung Loseblattsammlung Stand: Dezember 2016
Calliess/Ruffert/*Bearbeiter*	EUV/AEUV Das Verfassungsrecht der Europäischen Union mit Europäischer Grundrechtecharta-Kommentar, 5. Auflage 2016
Czernich/Kodek/Mayr/*Bearbeiter*	Europäisches Gerichtsstands- und Vollstreckungsrecht Brüssel Ia-Verordnung (EuGVVO 2012) und Übereinkommen von Lugano 2007, 4. Aufl. 2015
Dasser/Oberhammer/*Bearbeiter*	Lugano-Übereinkommen (LugÜ) Kommentar, 2. Auflage 2011
Dörner	Kommentar EuGVVO, 7. Aufl. 2017
ErfK/*Bearbeiter*	Erfurter Kommentar zum Arbeitsrecht, 18. Aufl. 2018
Fasching	Lehrbuch des österreichischen Zivilprozeßrechts, 2. Aufl. 1990
Fasching/Konecny/*Bearbeiter* ZPG Band	Kommentar zu den Zivilprozessgesetzen – Band V/1 u. V/2, Internationales Zivilprozessrecht (EuGVVO, EuBVO, §§ 39, 39a JN, §§ 63 bis 73, 283, 291a bis 291c ZPO) 2. Aufl. 2011
Frank/Helms	Erbrecht, 7. Aufl. 2018
Furtner Urteil im Zivilprozess	Das Urteil im Zivilprozeß, 5. Aufl. 1985

Verzeichnis der abgekürzt zitierten Literatur

Furtner Vorläufige Vollstreckbarkeit	Die vorläufige Vollstreckbarkeit, 1953
Gaul/Schilken/ Becker-Eberhard ZVR	Zwangsvollstreckungsrecht, 12. Aufl. 2010
Gaupp/Stein	Die Zivilprozeßordnung für das deutsche Reich, 5. Aufl. 1902
Gebauer/Wiedmann	Zivilrecht unter europäischem Einfluss, 2. Aufl. 2010
Geimer Anerkennung	Anerkennung ausländischer Entscheidungen in Deutschland, 1995
Geimer IZPR	Internationales Zivilprozessrecht, 7. Aufl. 2014
Geimer/Schütze Internationale Urteilsanerkennung	Internationale Urteilsanerkennung, Bd. I/1 1983, Bd. I/2 1984, Bd. II 1982
Geimer/Schütze/ Bearbeiter IRV	Internationaler Rechtsverkehr in Zivil- und Handelssachen, Loseblattsammlung, hrsg. v. Geimer/Schütze, Stand: 55. Ergänzungslieferung 06/2018
Geimer/Schütze EuZVR	Europäisches Zivilverfahrensrecht, 3. Aufl. 2010
Gerhardt	Vollstreckungsrecht, 2. Aufl. 2012
Gerlach Ungerechtfertigte Zwangsvollstreckung	Ungerechtfertigte Zwangsvollstreckung und ungerechtfertigte Bereicherung, 1986
Glossner/Bredow/Bühler	Das Schiedsgericht in der Praxis, 3. Aufl. 1990
Gloy/Loschelder/Erdmanns	Handbuch des Wettbewerbsrechts, 4. Aufl. 2010
Gottwald Gutachten 61. DJT	Empfehlen sich im Interesse eines effektiven Rechtsschutzes Maßnahmen zur Vereinfachung, Vereinheitlichung und Beschränkung der Rechtsmittel und Rechtsbehelfe des Zivilverfahrensrechts?: Gutachten A für den 61. Deutschen Juristentag/erstattet von Peter Gottwald. – München, 1996
Götz Zivilrechtliche Ersatzansprüche	Zivilrechtliche Ersatzansprüche bei schädigender Rechtsverfolgung, 1989
Grunsky/Jacoby	Zivilprozessrecht, 15. Aufl. 2016
Grunsky Grundlagen	Grundlagen des Verfahrensrechts, 2. Aufl. 1974
Häsemeyer Schadenshaftung	Schadenshaftung im Zivilrechtsstreit, 1979
Hahn/Mugdan	Die gesamten Materialien zu den Reichsjustizgesetzen, Neudruck 1983 unter: *Hahn/Mugdan* Die gesamten Materialien zu den Reichs-Justizgesetzen; Band 2 Materialien zur Zivilprozeßordnung Abt. 1, Hrsg. *Stegemann*, 2. Aufl. 1881; Band 2 Materialien zur Zivilprozeßordnung Abt. 2, Hrsg. *Stegemann*, 2. Aufl. 1881; Band 8 Materialien zum Gesetz betr. Änderungen der Zivilprozeßordnung, Gerichtsverfassungsgesetz und Strafprozeßordnung, fortgesetzt von *Mugdan*, 1898
Hahn/Stegemann	Die gesamten Materialien zu den Reichsjustizgesetzen, 2. Band, Die gesammelten Materialien zur Civilprozeßordnung und dem Einführungsgesetz zu derselben vom 30.1.1877, 1. und 2. Abt. 1881, Neudruck 1983 unter dem Titel: *Hahn/Mugdan*, Die gesamten Materialien zu den Reichs-Justizgesetzen, Bd. 2
Hellhake	Einstweilige Einstellung der Zwangsvollstreckung nach §§ 707, 719 Abs. 1 ZPO in direkter und analoger Anwendung, 1998
Hellwig Lehrbuch	Lehrbuch des deutschen Zivilprozeßrechts, Band 1 (1903), Band 2 (1907), Band 3 (1909)
Hellwig System	System des deutschen Zivilprozeßrechts, 2 Bände, 1912
Hertel Urkundenprozess	Der Urkundenprozeß unter besonderer Berücksichtigung von Verfassung (rechtliches Gehör) und Vollstreckungsschutz, 1992
Schlosser/Hess EuZPR	Europäisches Zivilprozessrecht, 4. Aufl. 2015
HK-ZPO/*Bearbeiter*	Zivilprozessordnung, Handkommentar, hrsg. v. Saenger, 7. Aufl. 2017
HK-ZV/*Bearbeiter*	Kindl/Meller-Hannich/Wolf (Hrsg.), Gesamtes Recht der Zwangsvollstreckung, Handkommentar, 3. Aufl., 2016
Jaeckel lex fori	Die Reichweite der lex fori im internationalen Zivilprozeßrecht, 1995

Verzeichnis der abgekürzt zitierten Literatur

Jauernig/*Bearbeiter*	Bürgerliches Gesetzbuch, 16. Aufl. 2015
Jauernig/Hess ZPR	Zivilprozessrecht, 30. Aufl. 2011
Jauernig/Berger ZVR	Zwangsvollstreckungs- und Konkursrecht, 23. Aufl. 2010
Kallmann	Anerkennung und Vollstreckung ausländischer Zivilurteile und Vergleiche, 1946
KassKomm/*Bearbeiter* SGB IV	Kasseler Kommentar Sozialversicherungsrecht SGB I, SGB IV, SGB V, SGB VI, SGB VII, SGB X, SGB XI, Loseblatt-Ausgabe, 97. Auflage 2018
Kegel/Schurig IPR	Internationales Privatrecht, 9. Aufl. 2004
Kerwer Erfüllung	Die Erfüllung in der Zwangsvollstreckung, 1996
Keßler Vollstreckbarkeit	Die Vollstreckbarkeit und ihr Beweis gem. Art. 31 und 47 Nr. 1 EuGVÜ, 1998
Kindl/Meller-Hannich/Wolf/*Bearbeiter*	Gesamtes Recht der Zwangsvollstreckung, Handkommentar, 3. Aufl. 2016
KK-KapMuG/*Bearbeiter*	Kölner Kommentar zum Kapitalanleger-Musterverfahrensgesetz (KapMuG), hrsg. v. Hess/Reuschle/Rimmelspacher, 2. Aufl. 2014
KK-WpÜG/*Bearbeiter*	Kölner Kommentar zum Wertpapiererwerbs- und Übernahmegesetz (WpÜG) hrsg. v. Hirte/v. Bülow, 2. Aufl. 2010
Knöringer Assessorklausur	Die Assessorklausur im Zivilprozess, 16. Aufl. 2016
Koch	Unvereinbare Entscheidungen i.S.d. Art. 27 Nr. 3 und 5 EuGVÜ und ihre Vermeidung, 1993
Kondring	Die Heilung von Zustellungsmängeln im internationalen Zivilrechtsverkehr, 1995
Kreindler/Schäfer/Wolff	Schiedsgerichtsbarkeit. Kompendium für die Praxis, 2006
Kropholler/von Hein	Europäisches Zivilprozessrecht, 9. Aufl. 2011
Lachmann	Handbuch für die Schiedsgerichtspraxis, 3. Aufl. 2008
Lackmann	Zwangsvollstreckungsrecht, 10. Aufl. 2013, die 11. Aufl. erscheint 2018
Langendorf	Prozessführung im Ausland und Mängelrüge im ausländischen Recht, 1956 ff.
Lenenbach	Die Behandlung von Unvereinbarkeiten zwischen rechtskräftigen Zivilurteilen nach deutschem und europäischem Zivilprozessrecht, 1997
Linke/Hau IZPR	Internationales Zivilverfahrensrecht, 6. Aufl. 2015
Lionnet/Lionnet	Handbuch der internationalen und nationalen Schiedsgerichtsbarkeit, 3. Aufl. 2005
Lippross/Bittmann	Zwangsvollstreckungsrecht, 12. Aufl. 2017
Lörcher/Lörcher	Das Schiedsverfahren – national und international – nach neuem Recht, 2. Aufl. 2001
Lüke ZPR	Zivilprozessrecht, 10. Aufl. 2011
Maier	Handbuch der Schiedsgerichtsbarkeit, 1979
Martiny	Handbuch Anerkennung ausländischer Entscheidungen nach autonomem Recht, in: Handbuch des Internationalen Zivilverfahrensrechts, Bd. III/1, 1984
Mayr/Czernich	Europäisches Zivilprozessrecht, 2006
Maurer Einstweilige Anordnungen	Einstweilige Anordnungen in der Zwangsvollstreckung nach Einlegung zivilprozessualer Rechtsbehelfe, 1981
Merkt	Abwehr der Zustellung von „punitive damages"-Klagen, 1995
Müller	Grenzüberschreitende Beweisaufnahme im Europäischen Justizraum, 2004
MünchAnwHbArbR/*Bearbeiter*	Münchener Anwaltshandbuch Arbeitsrecht, 4. Auflage 2017
MünchArbR/*Bearbeiter*	Münchener Handbuch zum Arbeitsrecht, Individualarbeitsrecht I und II + Kollektives Arbeitsrecht I und II, 4. Auflage 2018
MünchKomm/*Bearbeiter*	Münchener Kommentar zur ZPO, 5. Aufl. 2017

Verzeichnis der abgekürzt zitierten Literatur

MünchKomm/*Bearbeiter*	Münchener Kommentar zur ZPO, 2. Aufl. 2002 5. Aufl. 2017
MünchKomm-BGB/*Bearbeiter*	Münchener Kommentar zum BGB, 7. Aufl. 2015
MünchKomm-FamFG/*Bearbeiter*	Münchener Kommentar zum FamFG, §§ 1–491 IZVR EuZVR Gesetz über das Verfahren in Familiensachen und in den Angelegenheiten der freiwilligen Gerichtsbarkeit (FamFG) mit Internationalem und Europäischem Zivilverfahrensrecht in Familiensachen, 3. Auflage 2018
MünchKomm-InsO/*Bearbeiter*	Münchener Kommentar zur Insolvenzordnung, 3. Aufl. 2015
Musielak/Voit Grundkurs	Grundkurs ZPO, 13. Aufl. 2016
Musielak/Voit/*Bearbeiter*	Kommentar zur Zivilprozessordnung, 15. Aufl. 2018
Nagel/Gottwald IZPR	Internationales Zivilprozessrecht, 7. Aufl. 2013
Niederelz Rechtswidrigkeit	Die Rechtswidrigkeit des Gläubiger- und Gerichtsvollzieherverhaltens in der Zwangsvollstreckung unter besonderer Berücksichtigung der Verhaltensunrechtslehre, 1974
Nikisch ZPR	Zivilprozeßrecht, 2. Aufl. 1952
NK-GA/*Bearbeiter*	Boecken/Düwell/Diller/H. Hanau (Hrsg.) Gesamtes Arbeitsrecht, Kommentar, Bd. 2, 2016
Oberhammer/*Bearbeiter*	Schweizerische Zivilprozessordnung, 2. Aufl. 2013
Oetker/*Bearbeiter*	Handelsgesetzbuch, 5. Auflage 2017
Oetiker/Weibel/*Bearbeiter*	Basler Kommentar, Lugano-Übereinkommen (LugÜ), 2. Auflage 2016
Palandt/*Bearbeiter*	Bürgerliches Gesetzbuch, 77. Aufl. 2018
Paulus ZPR	Zivilprozessrecht, 6. Aufl. 2017
Paulus/Peiffer/Peiffer	Europäische Gerichtsstands- und Vollstreckungsverordnung (Brüssel Ia), Sonderdruck aus Geimer/Schütze, IRZH, 2017
Pecher Schadensersatzansprüche	Die Schadensersatzansprüche aus ungerechtfertigter Vollstreckung, 1967
Pfennig	Die internationale Zustellung in Zivil- und Handelssache, 1998
Prütting/Gehrlein/*Bearbeiter*	ZPO, 10. Aufl. 2018
Pukall/Kießling ZPR	Der Zivilprozess in der Praxis, 7. Aufl. 2013
Rauscher/*Bearbeiter*	Europäisches Zivilprozess- und Kollisionsrecht (EGVollstrTitelVO, EG-MahnVO, EG-BagatellVO, EG-ZustVO 2007, EG-BewVO, EG-InsVO), 4. Aufl. 2015
Raeschke-Kessler/Berger	Recht und Praxis des Schiedsverfahrens, 4. Aufl. 2007
Reithmann/Martiny/*Bearbeiter*	Internationales Vertragsrecht, 8. Aufl. 2015
Riezler IZPR	Internationales Zivilprozeßrecht und prozessuales Fremdenrecht, 1949 (Nachdruck 1995)
Rosenberg/Schwab/Gottwald ZPR	Zivilprozessrecht, 17. Aufl. 2010
von Sachsen Gessaphe	Zwangsvollstreckungsrecht, 2014
Saenger/*Bearbeiter*	Zivilprozessordnung, Handkommentar, hrsg. v. Saenger, 7. Aufl. 2017
Saenger Einstweiliger Rechtsschutz	Einstweiliger Rechtsschutz und materiellrechtliche Selbsterfüllung, 1998
Schack	Einführung in das US-amerikanische Zivilprozessrecht, 4. Aufl. 2011
Schack IZVR	Internationales Zivilverfahrensrecht, 7. Aufl. 2017
Schellhammer	Zivilprozess, 15. Aufl. 2016
Schilken ZPR	Zivilprozessrecht, 7. Aufl. 2014
Schlosser	Das Recht der internationalen privaten Schiedsgerichtsbarkeit, 2. Aufl. 1989
Schlosser ZPR I	Zivilprozeßrecht I, Erkenntnisverfahren, 2. Aufl. 1991
Schlosser ZPR II	Zivilprozeßrecht II, Zwangsvollstreckungs- und Insolvenzrecht, 1984
Schlosser/Hess	EU-Zivilprozessrecht: EuZPR, EuGVVO, EuVTVO, EuMahnVO, EuBagVO, HZÜ, EuZVO, HBÜ, EuBVO, EuKtPVO, 4. Aufl. 2015
Schmidt	Europäisches Zivilprozessrecht in der Praxis, 2004
Schönke/Kuchinke ZPR	Zivilprozeßrecht, 9. Aufl. 1969

Verzeichnis der abgekürzt zitierten Literatur

Scholz	Das Problem der autonomen Auslegung des EuGVÜ, 1998
Schröder	Internationale Zuständigkeit, 1988
Schuschke/Walker/*Bearbeiter*	Vollstreckung und Vorläufiger Rechtsschutz – Kommentar, 6. Aufl. 2016
Schütze Schiedsverfahren	Ausgewählte Probleme des deutschen und internationalen Schiedsverfahrensrechts, 2006
Schütze Schiedsgericht und Schiedsverfahren	Schiedsgericht und Schiedsverfahren, 6. Aufl. 2016
Schütze DIZPR	Deutsches Internationales Zivilprozessrecht unter Einschluss des Europäischen Zivilprozessrechts, 2. Aufl. 2005
Schütze RV	Rechtsverfolgung im Ausland, 5. Aufl. 2016
Schütze/Tscherning/Wais	Handbuch des Schiedsverfahrens, 2. Aufl. 1990
Schwab/Walter	Schiedsgerichtsbarkeit, 7. Aufl. 2005
Simons/Hausmann/*Bearbeiter*	unalex Kommentar Brüssel I-Verordnung, Kommentar zur VO (EG) 44/2001 und zum Übereinkommen von Lugano, 1. Aufl. 2012
Staudinger/*Bearbeiter*	Kommentar zum BGB
Stein/Jonas/*Bearbeiter*	ZPO, 22. Aufl. 2002 ff./23. Aufl. 2014 ff.
Stein/Jonas/*Pohle*	ZPO, 19. Aufl. 1964–1975
Stein/Jonas/*Bearbeiter*[20]	ZPO, 20. Aufl. 1977–1989
Stein/Jonas/*Bearbeiter*[21]	ZPO, 21. Aufl. 1993–1999
Stickelbrock	Inhalt und Grenzen richterlichen Ermessens im Zivilprozeß, 2002
Stolz Einstweiliger Rechtsschutz	Einstweiliger Rechtsschutz und Schadensersatzpflicht, 1948
Thomas/Putzo/*Bearbeiter*	ZPO, 38. Aufl. 2017
Vogg Einstweiliger Rechtsschutz	Einstweiliger Rechtsschutz und vorläufige Vollstreckbarkeit, 1991
Vorwerk/Wolf/*Bearbeiter*	Kapitalanleger-Musterverfahrensgesetz 2007
Waldner	Der Anspruch auf rechtliches Gehör, 2. Aufl. 2000
Walker Einstweiliger Rechtsschutz	Der einstweilige Rechtsschutz im Zivilprozeß und im arbeitsgerichtlichen Verfahren, 1993
Werner Rechtskraft	Rechtskraft und Innenbindung zivilprozessualer Beschlüsse im Erkenntnis- und summarischen Verfahren, 1983
Wolf	Gerichtliches Verfahrensrecht, 1978
Wolf/Neuner	Allgemeiner Teil des Bürgerlichen Rechts, 11. Aufl. 2016
Zeiss/Schreiber ZPR	Zivilprozessrecht, 12. Aufl. 2014
Zimmermann	Zivilprozessordnung, 10. Aufl. 2015
Zöller/*Bearbeiter*	Kommentar zur ZPO, 32. Aufl. 2018

Erwägungsgründe

Verordnung (EU) Nr. 1215/2012 des Europäischen Parlaments und des Rates vom 12. Dezember 2012 über die gerichtliche Zuständigkeit und die Anerkennung und Vollstreckung von Entscheidungen in Zivil- und Handelssachen

DAS EUROPÄISCHE PARLAMENT UND
DER RAT DER EUROPÄISCHEN UNION –

gestützt auf den Vertrag über die Arbeitsweise der Europäischen Union, insbesondere auf Artikel 67 Absatz 4 und Artikel 81 Absatz 2 Buchstaben a, c und e,
auf Vorschlag der Europäischen Kommission,
nach Zuleitung des Entwurfs des Gesetzgebungsakts an die nationalen Parlamente,
nach Stellungnahme des Europäischen Wirtschafts- und Sozialausschusses,[1]
gemäß dem ordentlichen Gesetzgebungsverfahren,[2]
in Erwägung nachstehender Gründe:

(1) Am 21. April 2009 hat die Kommission einen Bericht über die Anwendung der Verordnung (EG) Nr. 44/2001 des Rates vom 22. Dezember 2000 über die gerichtliche Zuständigkeit und die Anerkennung und Vollstreckung von Entscheidungen in Zivil- und Handelssachen[3] angenommen. Dem Bericht zufolge herrscht allgemein Zufriedenheit mit der Funktionsweise der genannten Verordnung, doch könnten die Anwendung bestimmter Vorschriften, der freie Verkehr gerichtlicher Entscheidungen sowie der Zugang zum Recht noch weiter verbessert werden. Da einige weitere Änderungen erfolgen sollen, sollte die genannte Verordnung aus Gründen der Klarheit neu gefasst werden.

(2) Der Europäische Rat hat auf seiner Tagung vom 10./11. Dezember 2009 in Brüssel ein neues mehrjähriges Programm mit dem Titel „Das Stockholmer Programm – Ein offenes und sicheres Europa im Dienste und zum Schutz der Bürger"[4] angenommen. Im Stockholmer Programm vertritt der Europäische Rat die Auffassung, dass der Prozess der Abschaffung aller zwischengeschalteten Maßnahmen (Exequaturverfahren) während des von dem Programm abgedeckten Zeitraums fortgeführt werden sollte. Gleichzeitig sollte die Abschaffung der Exequaturverfahren von einer Reihe von Schutzvorkehrungen begleitet werden.

(3) Die Union hat sich zum Ziel gesetzt, einen Raum der Freiheit, der Sicherheit und des Rechts zu erhalten und weiterzuentwickeln, indem unter anderem der Zugang zum Recht, insbesondere durch den Grundsatz der gegenseitigen Anerkennung gerichtlicher und außergerichtlicher Entscheidungen in Zivilsachen, erleichtert wird. Zum schrittweisen Aufbau eines solchen Raums hat die Union im Bereich der justiziellen Zusammenarbeit in Zivilsachen, die einen grenzüberschreitenden Bezug aufweisen, Maßnahmen zu erlassen, insbesondere wenn dies für das reibungslose Funktionieren des Binnenmarkts erforderlich ist.

---

1 ABl. C 218 vom 23.7.2011, S. 78.
2 Standpunkt des Europäischen Parlaments vom 20. November 2012 (noch nicht im Amtsblatt veröffentlicht) und Beschluss des Rates vom 6. Dezember 2012.
3 ABl. L 12 vom 16.1.2001, S. 1.
4 ABl. C 115 vom 4.5.2010, S. 1.

(4) Die Unterschiede zwischen bestimmten einzelstaatlichen Vorschriften über die gerichtliche Zuständigkeit und die Anerkennung von Entscheidungen erschweren das reibungslose Funktionieren des Binnenmarkts. Es ist daher unerlässlich, Bestimmungen zu erlassen, um die Vorschriften über die internationale Zuständigkeit in Zivil- und Handelssachen zu vereinheitlichen und eine rasche und unkomplizierte Anerkennung und Vollstreckung von Entscheidungen zu gewährleisten, die in einem Mitgliedstaat ergangen sind.

(5) Diese Bestimmungen fallen in den Bereich der justiziellen Zusammenarbeit in Zivilsachen im Sinne von Artikel 81 des Vertrags über die Arbeitsweise der Europäischen Union (AEUV).

(6) Um den angestrebten freien Verkehr der Entscheidungen in Zivil- und Handelssachen zu verwirklichen, ist es erforderlich und angemessen, dass die Vorschriften über die gerichtliche Zuständigkeit und die Anerkennung und Vollstreckung von Entscheidungen im Wege eines Unionsrechtsakts festgelegt werden, der verbindlich und unmittelbar anwendbar ist.

(7) Am 27. September 1968 schlossen die seinerzeitigen Mitgliedstaaten der Europäischen Gemeinschaften auf der Grundlage von Artikel 220 vierter Gedankenstrich des Vertrags zur Gründung der Europäischen Wirtschaftsgemeinschaft das Übereinkommen von Brüssel über die gerichtliche Zuständigkeit und die Vollstreckung gerichtlicher Entscheidungen in Zivil- und Handelssachen, dessen Fassung danach durch die Übereinkommen über den Beitritt neuer Mitgliedstaaten zu diesem Übereinkommen[5] geändert wurde („Brüsseler Übereinkommen von 1968"). Am 16. September 1988 schlossen die seinerzeitigen Mitgliedstaaten der Europäischen Gemeinschaften und bestimmte EFTA-Staaten das Übereinkommen von Lugano über die gerichtliche Zuständigkeit und die Vollstreckung gerichtlicher Entscheidungen in Zivil- und Handelssachen[6] („Übereinkommen von Lugano von 1988"), das ein Parallelübereinkommen zu dem Brüsseler Übereinkommen von 1968 darstellt. Am 1. Februar 2000 wurde das Übereinkommen von Lugano von 1988 auf Polen anwendbar.

(8) Am 22. Dezember 2000 nahm der Rat die Verordnung (EG) Nr. 44/2001 an, die das Brüsseler Übereinkommen von 1968 im Verhältnis der Mitgliedstaaten zueinander mit Ausnahme Dänemarks hinsichtlich der Hoheitsgebiete der Mitgliedstaaten ersetzt, die in den Anwendungsbereich des AEUV fallen. Mit dem Beschluss 2006/325/EG des Rates[7] schloss die Gemeinschaft mit Dänemark ein Abkommen über die Anwendung der Bestimmungen der Verordnung (EG) Nr. 44/2001 in Dänemark. Das Übereinkommen von Lugano von 1988 wurde durch das am 30. Oktober 2007 von der Gemeinschaft, Dänemark, Island, Norwegen und der Schweiz in Lugano unterzeichnete Übereinkommen über die gerichtliche Zuständigkeit und die Anerkennung und Vollstreckung von Entscheidungen in Zivil- und Handelssachen[8] („Übereinkommen von Lugano von 2007") geändert.

(9) Das Brüsseler Übereinkommen von 1968 gilt weiter hinsichtlich der Hoheitsgebiete der Mitgliedstaaten, die in seinen territorialen Anwendungsbereich

---

5 ABl. L 299 vom 31.12.1972, S. 32; ABl. L 304 vom 30.10.1978, S. 1; ABl. L 388 vom 31.12.1982, S. 1; ABl. L 285 vom 3.10.1989, S. 1; ABl. C 15 vom 15.1.1997, S. 1. Siehe konsolidierte Fassung in ABl. C 27 vom 26.1.1998, S. 1.
6 ABl. L 319 vom 25.11.1988, S. 9.
7 ABl. L 120 vom 5.5.2006, S. 22.
8 ABl. L 147 vom 10.6.2009, S. 5.

fallen und die aufgrund der Anwendung von Artikel 355 AEUV von der vorliegenden Verordnung ausgeschlossen sind.

(10) Der sachliche Anwendungsbereich dieser Verordnung sollte sich, von einigen genau festgelegten Rechtsgebieten abgesehen, auf den wesentlichen Teil des Zivil- und Handelsrechts erstrecken; aufgrund der Annahme der Verordnung (EG) Nr. 4/2009 des Rates vom 18. Dezember 2008 über die Zuständigkeit, das anwendbare Recht, die Anerkennung und Vollstreckung von Entscheidungen und die Zusammenarbeit in Unterhaltssachen[9] sollten insbesondere die Unterhaltspflichten vom Anwendungsbereich dieser Verordnung ausgenommen werden.

(11) Für die Zwecke dieser Verordnung sollten zu den Gerichten der Mitgliedstaaten auch gemeinsame Gerichte mehrerer Mitgliedstaaten gehören, wie der Benelux-Gerichtshof, wenn er seine Zuständigkeit in Angelegenheiten ausübt, die in den Anwendungsbereich dieser Verordnung fallen. Daher sollten Entscheidungen dieser Gerichte gemäß dieser Verordnung anerkannt und vollstreckt werden.

(12) Diese Verordnung sollte nicht für die Schiedsgerichtsbarkeit gelten. Sie sollte die Gerichte eines Mitgliedstaats nicht daran hindern, die Parteien gemäß dem einzelstaatlichen Recht an die Schiedsgerichtsbarkeit zu verweisen, das Verfahren auszusetzen oder einzustellen oder zu prüfen, ob die Schiedsvereinbarung hinfällig, unwirksam oder nicht erfüllbar ist, wenn sie wegen eines Streitgegenstands angerufen werden, hinsichtlich dessen die Parteien eine Schiedsvereinbarung getroffen haben.

Entscheidet ein Gericht eines Mitgliedstaats, ob eine Schiedsvereinbarung hinfällig, unwirksam oder nicht erfüllbar ist, so sollte diese Entscheidung ungeachtet dessen, ob das Gericht darüber in der Hauptsache oder als Vorfrage entschieden hat, nicht den Vorschriften dieser Verordnung über die Anerkennung und Vollstreckung unterliegen.

Hat hingegen ein nach dieser Verordnung oder nach einzelstaatlichem Recht zuständiges Gericht eines Mitgliedstaats festgestellt, dass eine Schiedsvereinbarung hinfällig, unwirksam oder nicht erfüllbar ist, so sollte die Entscheidung des Gerichts in der Hauptsache dennoch gemäß dieser Verordnung anerkannt oder vollstreckt werden können. Hiervon unberührt bleiben sollte die Zuständigkeit der Gerichte der Mitgliedstaaten, über die Anerkennung und Vollstreckung von Schiedssprüchen im Einklang mit dem am 10. Juni 1958 in New York unterzeichneten Übereinkommen über die Anerkennung und Vollstreckung ausländischer Schiedssprüche („Übereinkommen von New York von 1958") zu entscheiden, das Vorrang vor dieser Verordnung hat.

Diese Verordnung sollte nicht für Klagen oder Nebenverfahren insbesondere im Zusammenhang mit der Bildung eines Schiedsgerichts, den Befugnissen von Schiedsrichtern, der Durchführung eines Schiedsverfahrens oder sonstigen Aspekten eines solchen Verfahrens oder für eine Klage oder eine Entscheidung in Bezug auf die Aufhebung, die Überprüfung, die Anfechtung, die Anerkennung oder die Vollstreckung eines Schiedsspruchs gelten.

(13) Zwischen den Verfahren, die unter diese Verordnung fallen, und dem Hoheitsgebiet der Mitgliedstaaten muss ein Anknüpfungspunkt bestehen. Gemeinsame Zuständigkeitsvorschriften sollten demnach grundsätzlich dann Anwendung finden, wenn der Beklagte seinen Wohnsitz in einem Mitgliedstaat hat.

---

[9] ABl. L 74 vom 27.3.1993, S. 74.

(14) Beklagte ohne Wohnsitz in einem Mitgliedstaat sollten im Allgemeinen den einzelstaatlichen Zuständigkeitsvorschriften unterliegen, die im Hoheitsgebiet des Mitgliedstaats gelten, in dem sich das angerufene Gericht befindet. Allerdings sollten einige Zuständigkeitsvorschriften in dieser Verordnung unabhängig vom Wohnsitz des Beklagten gelten, um den Schutz der Verbraucher und der Arbeitnehmer zu gewährleisten, um die Zuständigkeit der Gerichte der Mitgliedstaaten in Fällen zu schützen, in denen sie ausschließlich zuständig sind, und um die Parteiautonomie zu achten.

(15) Die Zuständigkeitsvorschriften sollten in hohem Maße vorhersehbar sein und sich grundsätzlich nach dem Wohnsitz des Beklagten richten. Diese Zuständigkeit sollte stets gegeben sein außer in einigen genau festgelegten Fällen, in denen aufgrund des Streitgegenstands oder der Vertragsfreiheit der Parteien ein anderes Anknüpfungskriterium gerechtfertigt ist. Der Sitz juristischer Personen muss in der Verordnung selbst definiert sein, um die Transparenz der gemeinsamen Vorschriften zu stärken und Kompetenzkonflikte zu vermeiden.

(16) Der Gerichtsstand des Wohnsitzes des Beklagten sollte durch alternative Gerichtsstände ergänzt werden, die entweder aufgrund der engen Verbindung zwischen Gericht und Rechtsstreit oder im Interesse einer geordneten Rechtspflege zuzulassen sind. Das Erfordernis der engen Verbindung soll Rechtssicherheit schaffen und verhindern, dass die Gegenpartei vor einem Gericht eines Mitgliedstaats verklagt werden kann, mit dem sie vernünftigerweise nicht rechnen konnte. Dies ist besonders wichtig bei Rechtsstreitigkeiten, die außervertragliche Schuldverhältnisse infolge der Verletzung der Privatsphäre oder der Persönlichkeitsrechte einschließlich Verleumdung betreffen.

(17) Der Eigentümer eines Kulturguts im Sinne des Artikels 1 Nummer 1 der Richtlinie 93/7/EWG des Rates vom 15. März 1993 über die Rückgabe von unrechtmäßig aus dem Hoheitsgebiet eines Mitgliedstaats verbrachten Kulturgütern[10] sollte eine auf Eigentum gestützte Zivilklage gemäß dieser Verordnung zur Wiedererlangung dieses Gutes vor dem Gericht des Ortes, an dem sich das Kulturgut zum Zeitpunkt der Anrufung des Gerichts befindet, erheben können. Solche Klagen sollten nach der Richtlinie 93/7/EWG eingeleitete Verfahren unberührt lassen.

(18) Bei Versicherungs-, Verbraucher- und Arbeitsverträgen sollte die schwächere Partei durch Zuständigkeitsvorschriften geschützt werden, die für sie günstiger sind als die allgemeine Regelung.

(19) Vorbehaltlich der in dieser Verordnung festgelegten ausschließlichen Zuständigkeiten sollte die Vertragsfreiheit der Parteien hinsichtlich der Wahl des Gerichtsstands, außer bei Versicherungs-, Verbraucher- und Arbeitsverträgen, wo nur eine begrenztere Vertragsfreiheit zulässig ist, gewahrt werden.

(20) Stellt sich die Frage, ob eine Gerichtsstandsvereinbarung zugunsten eines Gerichts oder der Gerichte eines Mitgliedstaats materiell nichtig ist, so sollte sie nach dem Recht einschließlich des Kollisionsrechts des Mitgliedstaats des Gerichts oder der Gerichte entschieden werden, die in der Vereinbarung bezeichnet sind.

(21) Im Interesse einer abgestimmten Rechtspflege müssen Parallelverfahren so weit wie möglich vermieden werden, damit nicht in verschiedenen Mitglied-

---

[10] ABl. L 74 vom 27.3.1993, S. 74.

staaten miteinander unvereinbare Entscheidungen ergehen. Es sollte eine klare und wirksame Regelung zur Klärung von Fragen der Rechtshängigkeit und der im Zusammenhang stehenden Verfahren sowie zur Verhinderung von Problemen vorgesehen werden, die sich aus der einzelstaatlich unterschiedlichen Festlegung des Zeitpunkts ergeben, von dem an ein Verfahren als rechtshängig gilt. Für die Zwecke dieser Verordnung sollte dieser Zeitpunkt autonom festgelegt werden.

(22) Um allerdings die Wirksamkeit von ausschließlichen Gerichtsstandsvereinbarungen zu verbessern und missbräuchliche Prozesstaktiken zu vermeiden, ist es erforderlich, eine Ausnahme von der allgemeinen Rechtshängigkeitsregel vorzusehen, um eine befriedigende Regelung in einem Sonderfall zu erreichen, in dem es zu Parallelverfahren kommen kann. Dabei handelt es sich um den Fall, dass ein Verfahren bei einem Gericht, das nicht in einer ausschließlichen Gerichtsstandsvereinbarung vereinbart wurde, anhängig gemacht wird und später das vereinbarte Gericht wegen desselben Anspruchs zwischen denselben Parteien angerufen wird. In einem solchen Fall muss das zuerst angerufene Gericht das Verfahren aussetzen, sobald das vereinbarte Gericht angerufen wurde, und zwar so lange, bis das letztere Gericht erklärt, dass es gemäß der ausschließlichen Gerichtsstandsvereinbarung nicht zuständig ist. Hierdurch soll in einem solchen Fall sichergestellt werden, dass das vereinbarte Gericht vorrangig über die Gültigkeit der Vereinbarung und darüber entscheidet, inwieweit die Vereinbarung auf den bei ihm anhängigen Rechtsstreit Anwendung findet. Das vereinbarte Gericht sollte das Verfahren unabhängig davon fortsetzen können, ob das nicht vereinbarte Gericht bereits entschieden hat, das Verfahren auszusetzen.

Diese Ausnahmeregelung sollte nicht für Fälle gelten, in denen die Parteien widersprüchliche ausschließliche Gerichtsstandsvereinbarungen geschlossen haben oder in denen ein in einer ausschließlichen Gerichtsstandsvereinbarung vereinbartes Gericht zuerst angerufen wurde. In solchen Fällen sollte die allgemeine Rechtshängigkeitsregel dieser Verordnung Anwendung finden.

(23) Diese Verordnung sollte eine flexible Regelung enthalten, die es den Gerichten der Mitgliedstaaten ermöglicht, vor den Gerichten von Drittstaaten anhängige Verfahren zu berücksichtigen, wobei insbesondere die Frage, ob eine in einem Drittstaat ergangene Entscheidung in dem betreffenden Mitgliedstaat nach dem Recht dieses Mitgliedstaats anerkannt und vollstreckt werden kann, sowie die geordnete Rechtspflege zu berücksichtigen sind.

(24) Bei der Berücksichtigung der geordneten Rechtspflege sollte das Gericht des betreffenden Mitgliedstaats alle Umstände des bei ihm anhängigen Falles prüfen. Hierzu können Verbindungen des Streitgegenstands und der Parteien zu dem betreffenden Drittstaat zählen wie auch die Frage, wie weit das Verfahren im Drittstaat zu dem Zeitpunkt, an dem ein Verfahren vor dem Gericht des Mitgliedstaats eingeleitet wird, bereits fortgeschritten ist, sowie die Frage, ob zu erwarten ist, dass das Gericht des Drittstaats innerhalb einer angemessenen Frist eine Entscheidung erlassen wird.

Dabei kann auch die Frage geprüft werden, ob das Gericht des Drittstaats unter Umständen, unter denen ein Gericht eines Mitgliedstaats ausschließlich zuständig wäre, im betreffenden Fall ausschließlich zuständig ist.

(25) Unter den Begriff einstweilige Maßnahmen einschließlich Sicherungsmaßnahmen sollten zum Beispiel Anordnungen zur Beweiserhebung oder Beweissicherung im Sinne der Artikel 6 und 7 der Richtlinie 2004/48/EG des Europäischen Parlaments und des Rates vom 29. April 2004 zur Durchsetzung der Rechte des

geistigen Eigentums[11] fallen. Nicht mit eingeschlossen sein sollten Maßnahmen, die nicht auf Sicherung gerichtet sind, wie Anordnungen zur Zeugenvernehmung. Die Anwendung der Verordnung (EG) Nr. 1206/2001 des Rates vom 28. Mai 2001 über die Zusammenarbeit zwischen den Gerichten der Mitgliedstaaten auf dem Gebiet der Beweisaufnahme in Zivil- oder Handelssachen[12] sollte hiervon unberührt bleiben.

(26) Das gegenseitige Vertrauen in die Rechtspflege innerhalb der Union rechtfertigt den Grundsatz, dass eine in einem Mitgliedstaat ergangene Entscheidung in allen Mitgliedstaaten anerkannt wird, ohne dass es hierfür eines besonderen Verfahrens bedarf. Außerdem rechtfertigt die angestrebte Reduzierung des Zeit- und Kostenaufwands bei grenzüberschreitenden Rechtsstreitigkeiten die Abschaffung der Vollstreckbarerklärung, die der Vollstreckung im ersuchten Mitgliedstaat bisher vorausgehen musste. Eine von den Gerichten eines Mitgliedstaats erlassene Entscheidung sollte daher so behandelt werden, als sei sie im ersuchten Mitgliedstaat ergangen.

(27) Für die Zwecke des freien Verkehrs von gerichtlichen Entscheidungen sollte eine in einem Mitgliedstaat ergangene Entscheidung in einem anderen Mitgliedstaat selbst dann anerkannt und vollstreckt werden, wenn sie gegen eine Person ohne Wohnsitz in einem Mitgliedstaat ergangen ist.

(28) Enthält eine Entscheidung eine Maßnahme oder Anordnung, die im Recht des ersuchten Mitgliedstaats nicht bekannt ist, so wird diese Maßnahme oder Anordnung, einschließlich des in ihr bezeichneten Rechts, soweit möglich an eine Maßnahme oder Anordnung angepasst, mit der nach dem Recht dieses Mitgliedstaats vergleichbare Wirkungen verbunden sind und die ähnliche Ziele verfolgt. Wie und durch wen diese Anpassung zu erfolgen hat, sollte durch die einzelnen Mitgliedstaaten bestimmt werden.

(29) Die unmittelbare Vollstreckung ohne Vollstreckbarerklärung einer in einem anderen Mitgliedstaat ergangenen Entscheidung im ersuchten Mitgliedstaat sollte nicht die Achtung der Verteidigungsrechte beeinträchtigen. Deshalb sollte der Schuldner die Versagung der Anerkennung oder der Vollstreckung einer Entscheidung beantragen können, wenn er der Auffassung ist, dass einer der Gründe für die Versagung der Anerkennung vorliegt. Hierzu sollte der Grund gehören, dass ihm nicht die Gelegenheit gegeben wurde, seine Verteidigung vorzubereiten, wenn die Entscheidung in einer Zivilklage innerhalb eines Strafverfahrens in Abwesenheit ergangen ist. Auch sollten hierzu die Gründe gehören, die auf der Grundlage eines Abkommens zwischen dem ersuchten Mitgliedstaat und einem Drittstaat geltend gemacht werden könnten, das nach Artikel 59 des Brüsseler Übereinkommens von 1968 geschlossen wurde.

(30) Eine Partei, die die Vollstreckung einer in einem anderen Mitgliedstaat ergangenen Entscheidung anficht, sollte so weit wie möglich im Einklang mit dem Rechtssystem des ersuchten Mitgliedstaats in der Lage sein, im selben Verfahren außer den in dieser Verordnung genannten Versagungsgründen auch die im einzelstaatlichen Recht vorgesehenen Versagungsgründe innerhalb der nach diesem Recht vorgeschriebenen Fristen geltend zu machen. Allerdings sollte die Anerkennung einer Entscheidung nur versagt werden, wenn mindestens einer der in dieser Verordnung genannten Versagungsgründe gegeben ist.

---

[11] ABl. L 157 vom 30.4.2004, S. 45.
[12] ABl. L 174 vom 27.6.2001, S. 1.

(31) Solange ein Verfahren zur Anfechtung der Vollstreckung einer Entscheidung anhängig ist, sollten die Gerichte des ersuchten Mitgliedstaats während des gesamten Verfahrens aufgrund einer solchen Anfechtung, einschließlich dagegen gerichteter Rechtsbehelfe, den Fortgang der Vollstreckung unter der Voraussetzung zulassen können, dass die Vollstreckung einer Beschränkung unterliegt oder eine Sicherheit geleistet wird.

(32) Um den Schuldner über die Vollstreckung einer in einem anderen Mitgliedstaat ergangenen Entscheidung zu unterrichten, sollte die gemäß dieser Verordnung ausgestellte Bescheinigung – erforderlichenfalls zusammen mit der Entscheidung – dem Schuldner innerhalb einer angemessenen Frist vor der ersten Vollstreckungsmaßnahme zugestellt werden. In diesem Zusammenhang sollte als erste Vollstreckungsmaßnahme die erste Vollstreckungsmaßnahme nach einer solchen Zustellung gelten.

(33) Werden einstweilige Maßnahmen, einschließlich Sicherungsmaßnahmen, von einem Gericht angeordnet, das in der Hauptsache zuständig ist, so sollte ihr freier Verkehr nach dieser Verordnung gewährleistet sein. Allerdings sollten einstweilige Maßnahmen, einschließlich Sicherungsmaßnahmen, die angeordnet wurden, ohne dass der Beklagte vorgeladen wurde, nicht gemäß dieser Verordnung anerkannt und vollstreckt werden, es sei denn, die die Maßnahme enthaltende Entscheidung ist dem Beklagten vor der Vollstreckung zugestellt worden. Dies sollte die Anerkennung und Vollstreckung solcher Maßnahmen gemäß einzelstaatlichem Recht nicht ausschließen. Werden einstweilige Maßnahmen, einschließlich Sicherungsmaßnahmen, von einem Gericht eines Mitgliedstaats angeordnet, das für die Entscheidung in der Hauptsache nicht zuständig ist, sollte die Wirkung dieser Maßnahmen auf das Hoheitsgebiet des betreffenden Mitgliedstaats gemäß dieser Verordnung beschränkt werden.

(34) Um die Kontinuität zwischen dem Brüsseler Übereinkommen von 1968, der Verordnung (EG) Nr. 44/2001 und dieser Verordnung zu wahren, sollten Übergangsvorschriften vorgesehen werden. Dies gilt auch für die Auslegung des Brüsseler Übereinkommens von 1968 und der es ersetzenden Verordnungen durch den Gerichtshof der Europäischen Union.

(35) Um die internationalen Verpflichtungen, die die Mitgliedstaaten eingegangen sind, zu wahren, darf sich diese Verordnung nicht auf von den Mitgliedstaaten geschlossene Übereinkommen in besonderen Rechtsgebieten auswirken.

(36) Unbeschadet der Pflichten der Mitgliedstaaten nach den Verträgen sollte diese Verordnung nicht die Anwendung der bilateralen Übereinkünfte und Vereinbarungen berühren, die vor dem Inkrafttreten der Verordnung (EG) Nr. 44/2001 zwischen einem Drittstaat und einem Mitgliedstaat geschlossen wurden und in dieser Verordnung geregelte Angelegenheiten betreffen.

(37) Um sicherzustellen, dass die im Zusammenhang mit der Anerkennung oder Vollstreckung von Entscheidungen, öffentlichen Urkunden und gerichtlichen Vergleichen nach dieser Verordnung zu verwendenden Bescheinigungen stets auf dem neuesten Stand sind, sollte der Kommission die Befugnis übertragen werden, gemäß Artikel 290 AEUV Rechtsakte hinsichtlich Änderungen der Anhänge I und II dieser Verordnung zu erlassen. Es ist besonders wichtig, dass die Kommission bei ihren vorbereitenden Arbeiten angemessene Konsultationen auch auf Expertenebene durchführt. Bei der Vorbereitung und Ausarbeitung delegierter Rechtsakte sollte die Kommission dafür sorgen, dass die einschlägigen Dokumente dem Europäischen Parlament und dem Rat gleichzeitig, rechtzeitig und auf angemessene Weise übermittelt werden.

(38) Diese Verordnung steht im Einklang mit den Grundrechten und Grundsätzen, die mit der Charta der Grundrechte der Europäischen Union anerkannt wurden, insbesondere mit dem in Artikel 47 der Charta verbürgten Recht auf einen wirksamen Rechtsbehelf und ein unparteiisches Gericht.

(39) Da das Ziel dieser Verordnung auf der Ebene der Mitgliedstaaten nicht hinreichend verwirklicht werden kann und besser auf Unionsebene zu erreichen ist, kann die Union im Einklang mit dem Subsidiaritätsprinzip nach Artikel 5 des Vertrags über die Europäische Union (EUV) tätig werden. In Übereinstimmung mit dem in demselben Artikel genannten Grundsatz der Verhältnismäßigkeit geht diese Verordnung nicht über das zur Erreichung dieses Ziels erforderliche Maß hinaus.

(40) Das Vereinigte Königreich und Irland haben sich gemäß Artikel 3 des dem EUV und dem seinerzeitigen Vertrag zur Gründung der Europäischen Gemeinschaft beigefügten Protokolls über die Position des Vereinigten Königreichs und Irlands an der Annahme und Anwendung der Verordnung (EG) Nr. 44/2001 beteiligt. Gemäß Artikel 3 des dem EUV und dem AEUV beigefügten Protokolls Nr. 21 über die Position des Vereinigten Königreichs und Irlands hinsichtlich des Raums der Freiheit, der Sicherheit und des Rechts haben das Vereinigte Königreich und Irland mitgeteilt, dass sie sich an der Annahme und Anwendung dieser Verordnung beteiligen möchten.

(41) Gemäß den Artikeln 1 und 2 des dem EUV und dem AEUV beigefügten Protokolls Nr. 22 über die Position Dänemarks beteiligt sich Dänemark nicht an der Annahme dieser Verordnung und ist weder durch diese Verordnung gebunden noch zu ihrer Anwendung verpflichtet; dabei steht es Dänemark jedoch gemäß Artikel 3 des Abkommens vom 19. Oktober 2005 zwischen der Europäischen Gemeinschaft und dem Königreich Dänemark über die gerichtliche Zuständigkeit und die Anerkennung und Vollstreckung von Entscheidungen in Zivil- und Handelssachen[13] frei, die Änderungen der Verordnung (EG) Nr. 44/2001 anzuwenden –

HABEN FOLGENDE VERORDNUNG ERLASSEN:

Schrifttum

Anweiler Die Auslegungsmethoden des Gerichtshofs der Europäischen Gemeinschaften, 1997; *Gruber* Methoden des internationalen Einheitsrechts, 2004; *Hager* Rechtsmethoden in Europa, 2009; *Hess* Methoden der Rechtsfindung im Europäischen Zivilprozessrecht, IPRax 2006, 348; *Linhart* Internationales Einheitsrecht und einheitliche Auslegung, 2005; *Martens* Methodenlehre des Unionsrechts, 2013; *Nehne* Methodik und allgemeine Lehren des europäischen Internationalen Privatrechts, 2012; *Hager* Rechtsmethoden in Europa, 2014; *Jung* Spezifika der europäischen Methodenlehre, in: Clavora/Garber (Hrsg.), Das Vorabentscheidungsverfahren in der Zivilgerichtsbarkeit, 4. Österreichische Assistententagung zum Zivil- und Zivilverfahrensrecht, 2014, S. 17; *Mankowski* EuGVVO, Brüssel Ia-VO und Spezialübereinkommen, TranspR 2014, 129; *Riesenhuber* (Hrsg.) Europäische Methodenlehre: Handbuch für Ausbildung und Praxis, 3. Aufl. 2015; *Streinz* Die Auslegung des Gemeinschaftsrechts durch den EuGH – Eine kritische Betrachtung, ZEuS 2004, 387; *Zedler* Mehrsprachigkeit als Methode. Der Umgang mit dem sprachlichen Egalitätsprinzip im Unionsrecht, 2015.

---

13 ABl. L 299 vom 16.11.2005, S. 62.

Übersicht

Überblick
I. Integrale Erwägungsgründe —— 1
II. Funktion der Erwägungsgründe —— 3
III. Aussagegehalt —— 5

Überblick

I. Integrale Erwägungsgründe. Die Voranstellung von Erwägungsgründen ist eine 1 legistische Gestaltungsform, die die deutsche Rechtstradition in dieser Form nicht kennt. Die gesetzgebenden Institutionen des EU-Verordnungsgebers (Parlament und Rat) geben hierin gem. Art. 296 AEUV (ex Art. 253 EUV) wesentliche Aspekte des rechtspolitischen Hintergrunds der Verordnung wieder, die zu ihrem Erlass geführt haben (Vorläufer und Entstehung der Verordnung, Motive, leitende Gedanken, Interpretationsvorgaben, Kompetenzen).[14] Die durchnummerierten Gründe ähneln einer offiziellen Gesetzesbegründung, sie sind aber durch die Einbindung zwischen die Einleitungsformel und die Gesetzesregeln ein integraler Bestandteil des EU-Rechtsaktes.[15] Sie bilden einen Bestandteil desselben und nehmen an dessen Geltung teil, ohne dass ihr normativer Status geklärt ist.[16]

Die Anordnung der Erwägungsgründe folgt der sachlichen Gliederung des Rechts- 2 akts. So folgen auf Erwägungen zum Anwendungsbereich, solche betreffend die internationale Zuständigkeit (die allgemeine, besondere und ausschließliche Zuständigkeit) sodann über die Litispendenz usf. Die Reihung entwickelt damit keine eigene, rechtlich verwertbare Systematik, sondern sie bildet den Regelungsinhalt in einigen Kernfragen ab. Eigenständige Bedeutung erlangen sie dort, wo auf den verfügenden Teil der Verordnungsbestimmungen Bezug genommen wird. Eingerahmt werden diese Erwägungen durch Bezugnahmen auf Vorläufer und deren rechtspolitische Leitideen (Erwägungsgründe (1)–(8)) sowie in die Einbettung in höherrangiges Recht (Grundrechtscharta, Subsidiarität und Verhältnismäßigkeit, Anwendungsvorbehalte, Erwägungsgründe (38)–(41).

II. Funktion der Erwägungsgründe. Die Erwägungsgründe begründen die wich- 3 tigsten Bestimmungen des verfügenden Teils des Rechtsakts. Sie dürfen aber einerseits keine normativen Regeln enthalten und andererseits auch nicht als politische Willensbekundungen verstanden werden.[17] Gleichwohl entwickeln sie in beiderlei Hinsicht Bedeutung für die Auslegung und Fortbildung der Verordnungsbestimmungen. Zugleich kontextualisieren sie die Vorschriften der Verordnungen und grenzen sie ab. Damit tragen die Erwägungsgründe zu einem möglichst einheitlichen Verständnis der Verordnung bei. Sie können unter dem sprachlichen Egalitätsprinzip der 28 Mitgliedstaaten[18] dessen Gleichlauf begünstigen und auch die anwendungsrechtliche Durchsetzungskraft des Unionsrechts (effet utile) sichern.

---

14 *Anweiler* Die Auslegungsmethoden des Gerichtshofs der Europäischen Gemeinschaften, S. 253; *Hess* IPRax 2006, 348, 354.
15 EuGH Rs C-162/09, ECLI:EU:C:2010:592 – Lassal, Rdn. 50; EuGH Rs C-298/00 P, ECLI:EU:C:2004:240 – Italien ./. Kommission Rdn. 97; *Martens* Methodenlehre des Unionsrechts, S. 178; *Jung* Spezifika der europäischen Methodenlehre, in: Clavora/Garber (Hrsg.), Das Vorabentscheidungsverfahren in der Zivilgerichtsbarkeit, S. 17, 22.
16 *Rühl* IPRax 2014, 41, 43. Zum Verhältnis der Erwägungsgründe zu den Normen *Mankowski* TranspR 2014, 129, 132.
17 Gemeinsamer Leitfaden des Europäischen Parlaments, des Rates und der Kommission für Personen, die an der Abfassung von Rechtstexten der Europäischen Union mitwirken (2015), S. 31.
18 *Zedler* Mehrsprachigkeit als Methode, passim.

4 Der EuGH nimmt auf die Erwägungsgründe regelmäßig zur Auslegung und Interpretation der Rechtsakte des Sekundärrechts Bezug, ohne dabei aber deren normativen Status zu reflektieren.[19] Die Annahme, dass die Erwägungsgründe nicht verbindlich seien, ist eine oft bemühte rhetorische Klarstellung. Es liegt vielmehr nahe, die Erwägungsgründe ihrerseits auch unter Beachtung der Mehrsprachigkeit auszulegen und als autorisierte Auslegungshilfe der Verordnungsbestimmungen zwingend zu berücksichtigen. Ihre Aussagen lassen sich daher nur begründet überwinden. Zugleich dürfen die Erwägungsgründe jedoch nicht als Ersatzgesetzgebung missverstanden werden. Die Auslegungsgrenzen können durch sie nicht verschoben werden.

5 **III. Aussagegehalt.** Auf den Aussagegehalt der einzelnen Erwägungsgründe wird in den Erläuterungen der jeweiligen Vorschriften Bezug genommen, worauf hier nur verwiesen werden kann.

KAPITEL I
Anwendungsbereich und Begriffsbestimmungen

Artikel 1
[Anwendungsbereich]

(1) Diese Verordnung ist in Zivil- und Handelssachen anzuwenden, ohne dass es auf die Art der Gerichtsbarkeit ankommt. Sie gilt insbesondere nicht für Steuer- und Zollsachen sowie verwaltungsrechtliche Angelegenheiten oder die Haftung des Staates für Handlungen oder Unterlassungen im Rahmen der Ausübung hoheitlicher Rechte (acta iure imperii).
(2) Sie ist nicht anzuwenden auf:
a) **den Personenstand, die Rechts- und Handlungsfähigkeit sowie die gesetzliche Vertretung von natürlichen Personen, die ehelichen Güterstände oder Güterstände aufgrund von Verhältnissen, die nach dem auf diese Verhältnisse anzuwendenden Recht mit der Ehe vergleichbare Wirkungen entfalten,**
b) **Konkurse, Vergleiche und ähnliche Verfahren,**
c) **die soziale Sicherheit,**
d) **die Schiedsgerichtsbarkeit,**
e) **Unterhaltspflichten, die auf einem Familien-, Verwandtschafts- oder eherechtlichen Verhältnis oder auf Schwägerschaft beruhen,**
f) **das Gebiet des Testaments- und Erbrechts, einschließlich Unterhaltspflichten, die mit dem Tod entstehen.**

Schrifttum

Althammer/Wolber Grenzüberschreitende Vollstreckung deutscher Ordnungsgeldbeschlüsse in Europa und nationale Vollstreckungsverjährung, IPRax 2016, 51; *Andrae* Der sachliche Anwendungsbereich der Europäischen Güterrechtsverordnung, IPRax 2018, 221; *dies.* Erneut zum Begriff „eheliche Güterstände", IPRax 2017, 526; *Arnold* Zur Trennung des öffentlichen vom privaten Rechts – Vollstreckung von Ordnungsgeldern im europäischen Justizraum, ZEuP 2012, 315; *Brinkmann* Der Aussonderungsstreit im inter-

---

[19] So etwa allgemein *Anweiler* Die Auslegungsmethoden des Gerichtshofs der Europäischen Gemeinschaften, S. 253.

nationalen Insolvenzrecht – Zur Abgrenzung zwischen EuGVVO und EuInsVO, IPRax 2010, 324; *Czernich* Anerkennung gerichtlicher Aufhebungsentscheidungen in Schiedssachen in Europa: Kleine Renaissance der bilateralen Anerkennungs- und Vollstreckungsabkommen, in: Schütze (Hrsg.), FS Geimer, 2017, S. 45; *Dickler* Schiedsgerichtsbarkeit und Reform der EuGVVO, 2015; *Domej* Alles klar? – Bemerkungen zum Verhältnis zwischen staatlichen Gerichten und Schiedsgerichten unter der neu gefassten EuGVVO, in: Adolphsen (Hrsg.), FS Gottwald, 2014, S. 97; *Dutta* Zur Frage der staatlichen Haftung der Bundesrepublik Deutschland für Kriegshandlungen im Zweiten Weltkrieg gegen die griechische Zivilbevölkerung im Anwendungsbereich der europäischen Zuständigkeitsrechts, ZZPInt 11 (2006), 208; *Eichenhofer* Die Rechtsprechung des EuGH zum Europäischen koordinierenden Sozialrecht, JZ 2005, 558; *R. Geimer* Los Desastres de la Guerra und das Brüssel I-System, IPRax 2008, 225; *ders.* Die Reichweite der Bereichsausnahme zu Gunsten der Schiedsgerichtsbarkeit in Art. 1 Abs. 2 lit. d EuGVVO n.F., in: Büscher u.a. (Hrsg.), FS Ahrens, 2016, 501; *ders.* Vertragsbruch durch Hoheitsakt: „Once a trader, not always a trader" – Immunitätsrechtlicher Manövrierspielraum für Schuldnerstaaten? IPRax 2017, 344; *Haas/Brunner* Art. 1 Abs. 2 lit. b LugÜ im Spiegel der Schweizer Rechtsprechung, in: Frankhauser u.a. (Hrsg.), FS Sutter-Somm, 2016, S. 169; *Hess/Pfeiffer/Schlosser* The Brussels I Regulation 44/2001, Application and Enforcement in the EU, 2008; *Hess* Schiedsgerichtsbarkeit und europäisches Zivilprozessrecht, JZ 2014, 538; *Kindler* Prozessführungsverbote zwischen Brüssel Ia und Schiedsgerichtsbarkeit, in: Schütze (Hrsg.), FS Geimer, 2017, S. 321; *Kindler/Sakka* Die Neufassung der Europäischen Insolvenzverordnung, EuZW 2015, 460; *Knöfel* Zum Begriff „Zivil- und Handelssachen" im Europäischen Zivilprozessrecht, GPR 2015, 251; *Kohler* Abschied von der autonomen Auslegung des Begriffs „Zivil- und Handelssachen" in Art. 1 EuGVVO?, IPRax 2015, 52; *ders.* Sonderstellung staatseigener Unternehmen im europäischen Zivilprozessrecht, IPRax 2015, 500; *Koops* Der Rechtskraftbegriff der EuGVVO, IPRax 2018, 11; *Lorz* Ausländische Staaten vor deutschen Zivilgerichten, 2017; *Lund* Der Rückgriff auf das nationale Recht zur europäisch-autonomen Auslegung normativer Tatbestandsmerkmale in der EuGVVO, IPRax 2014, 140; *Mansel/Thorn/R. Wagner* Europäisches Kollisionsrecht 2016: Brexit ante portas?, IPRax 2017, 1; *dies.* Europäisches Kollisionsrecht 2017: Morgenstunde der Staatsverträge?, IPRax 2018, 121; *Mankowski* Schiedsgerichte und die Rom I-VO, RIW 2018, 1; *Pfeiffer* Die Fortentwicklung des Europäischen Zivilprozessrechts durch die neue EuGVO, ZZP 127 (2014), 409; *ders.* Staatenimmunität bei Staatsanleihen, IWRZ 2018, 76; *Piekenbrock* Klagen und Entscheidungen über Insolvenzforderungen zwischen LugÜb, EuGVVO und EuInsVO, ZIP 2017, 2067; *H. Roth* Vollstreckungsbefehle kroatischer Notare und der Begriff „Gericht" in der EuGVVO und der EuVTVO, IPRax 2018, 41; *Sandrock* Schuldenschnitte fremder Staaten vor deutschen Gerichten, RIW 2016, 549; *Schack* Europäische Rechtskraft, in: Schütze (Hrsg.), FS Geimer, 2017, S. 611; *Schütze* Die Vorlageberechtigung von Schiedsgerichten an den EuGH, SchiedsV 2007, 121; *G. Schulze* Zur Privatisierung von Polizeiaufgaben, in: Hascher u.a. (Hrsg.), Sicherheit und Freiheit – 12. Deutsch-französisches Juristentreffen, 2018, S. 1; *Spickhoff* Zur Qualifikation der nichtehelichen Lebensgemeinschaft, in: Michaels/Solomon (Hrsg.), Liber Amicorum Schurig, 2012, S. 285; *Stadler/Klöpfer* EuGH-Rechtsprechung zur EuGVVO aus den Jahren 2015 und 2016, ZEuP 2017, 890; *B. Steinbrück* Die Unterstützung ausländischer Schiedsverfahren durch staatliche Gerichte, 2009; *Stoffregen* Grenzüberschreitende Vollstreckung von Ordnungsgeldern, WRP 2010, 839; *Thole* Vis attractiva concursus europaei? Die internationale Zuständigkeit für insolvenzbezogene Annexverfahren zwischen EuInsVO, EuGVVO und autonomem Recht, ZEuP 2010, 904; *ders.* Die Reichweite des Art. 22 Nr. 2 EuGGVO bei Rechtsstreitigkeiten über Organbeschlüsse, IPRax 2011, 541; *Viarengo* The Removal of Maintenance Obligations from the Scope of Brussels I, in: Pocar/Viarengo/Villata (Hrsg.), Recasting Brussels I, 2012, S. 29; *von Hein* Betreuungsrechtliche Genehmigungserfordernisse zur Veräußerung von Immobilien – Internationale Zuständigkeit und anwendbares Recht, IPRax 2015, 198; *R. Wagner* Staatenimmunität in zivilrechtlichen Verfahren. Ein Blick auf jüngere Urteile des EuGH, IGH und EGMR, RIW 2013, 851; *ders.* Staatenimmunität und internationale Zuständigkeit nach der EuGVVO. Hinweise für die Rechtspraxis, RIW 2014, 260; *ders.* Konturen eines Gemeinschaftsinstruments zum internationalen Güterrecht unter besonderer Berücksichtigung des Grünbuchs der Europäischen Kommission, FamRZ 2009, 269; *Wedemann* Die Qualifikation von Ehegatteninnengesellschaften, ehebezogenen Zuwendungen und familienrechtlichen Kooperationsverträgen, IPRax 2016, 252; *Weller/Grotz* Staatsnotstand bei Staatsanleihen, JZ 2015, 989; *Wolber* Der Begriff des „Gerichts" im europäischen Zivilprozessrecht am Beispiel kroatischer Notare, EuZW 2017, 680; *R. Wolff* New York Convention on the Recognition and Enforcement of Foreign Abitral Awards – Commentary, 2012; *Zedler* Mehrsprachigkeit als Methode. Der Umgang mit dem sprachlichen Egalitätsprinzip im Unionsrecht, 2015.

Art. 1 Brüssel Ia-VO — Kapitel I. Anwendungsbereich und Begriffsbestimmungen

Übersicht

- I. Überblick — 1
  1. Sachlicher Anwendungsbereich — 1
  2. Vorläuferregelungen — 7
  3. Interpretation — 13
  4. Konkurrenzen — 15
- II. Zivil- und Handelssache (Abs. 1 S. 1) — 18
  1. Zivilsache — 18
  2. Prozessuale Fragen — 20
  3. Gericht — 24
- III. Keine Zivil- und Handelssache (Abs. 1 S. 2) — 26
  1. Abgrenzung zu öffentlich-rechtlichen Streitigkeiten — 26
     - a) Zusammenhang mit der Ausübung hoheitlicher Befugnisse — 29
     - b) Fehlender Zusammenhang — 31
  2. Abgrenzung zu Staatshaftungsklagen für acta iure imperii (fehlende Gerichtsbarkeit) — 38
  3. Einzelfälle — 40
     - a) Klagen gegen Privatpersonen
       - aa) Keine Zivil- und Handelssache — 41
       - bb) Zivil- und Handelssache bejaht — 42
     - b) Klagen gegen den Staat
       - aa) Keine Zivil- und Handelssache — 43
       - bb) Zivil- und Handelssache bejaht — 44
- IV. Bereichsausschlüsse (Negativkatalog, Abs. 2) — 45
  1. Art. 1 Abs. 2 lit. a — 49
     - a) Personenstand — 50
     - b) Rechts- und Handlungsfähigkeit — 55
     - c) Gesetzliche Vertretung natürlicher Personen — 58
     - d) Güterrecht — 59
  2. Art. 1 Abs. 2 lit. b — 69
     - a) Direkte Ableitung aus dem Insolvenzrecht und enge Verknüpfung mit dem Insolvenzverfahren — 72
     - b) Ausgenommene Verfahren — 78
     - c) Nicht ausgenommene Verfahren — 79
  3. Art. 1 Abs. 2 lit. c — 80
     - a) Ausgenommene Gegenstände — 81
     - b) Nicht ausgenommene Gegenstände — 83
  4. Art. 1 Abs. 2 lit. d — 90
     - a) Ausgenommene Verfahren vor staatlichen Gerichten — 96
       - aa) Klagen betreffend die Bildung und Durchführung des Schiedsverfahrens — 98
       - bb) Verfahren betreffend erlassene Schiedssprüche und deren Wirkungen — 100
     - b) Nicht ausgenommene Verfahren vor staatlichen Gerichten — 101
       - aa) Zurückweisung oder Übergehen der Schiedseinrede — 102
       - bb) Einstweilige Verfügungsverfahren — 110
       - cc) Anti-suit-injunction — 111
       - dd) Weitere im Zusammenhang stehende Verfahren — 114
     - c) Von der Anerkennung und Vollstreckung ausgenommene Entscheidungen — 116
       - aa) Feststellungsurteile — 117
       - bb) Prozessurteile — 118
  5. Art. 1 Abs. 2 lit. e — 121
  6. Art. 1 Abs. 2 lit. f — 126
     - a) Ausgenommene Gegenstände — 130
     - b) Nicht ausgenommene Gegenstände — 135

I. Überblick

1. Sachlicher Anwendungsbereich. Der sachliche Anwendungsbereich der Verordnung ergibt sich zunächst inhaltlich aus den von der VO umfassten Regelungsmaterien. Sie gilt für die internationale und zum Teil auch für die örtliche Zuständigkeit des angerufenen Gerichts einschließlich von Verfahrenskollisionen (Kapitel II) sowie für die Anerkennung und Vollstreckung von ausländischen Urteilen, gerichtlichen Vergleichen und öffentlichen Urkunden (Kapitel III u. IV). Diese Regelungskomplexe werden durch

Art. 1 Abs. 1 S. 1 positiv und durch Abs. 1 S. 2 und Abs. 2 negativ (Ausschlüsse) sachlich bestimmt.

Ausgangspunkt der positivrechtlichen Bestimmung ist der prozessuale Begriff der **2** Zivil- und Handelssache, der von einer Zuordnung zu einem Rechtsweg (Gerichtsbarkeit) losgelöst ist.[1] Für dessen Bestimmung kommt es weder auf die Art der Gerichtsbarkeit (streitige oder freiwillige) noch auf Sonderzuweisungen (Handelsgerichte, Arbeitsgerichte, Sozialgerichte, Finanzgerichte) an. Vielmehr erfolgt die Subsumtion unter diesen prozessualen Begriff nach materiell-rechtlichen Kriterien.[2]

Die erklärte Loslösung von der Gerichtsbarkeit im Hinblick auf die Bestimmung der **3** Zivil- und Handelssachen meint auch die schiedsbefangenen Ansprüche, insoweit als sie nicht im Negativkatalog der Bereichsausnahmen ausdrücklich ausgenommen worden sind (s. näher Erl. zu Abs. 2 lit. d).

Der Negativkatalog lässt sich unterscheiden nach abdrängenden Zuweisungen **4** (Steuer- und Zoll, verwaltungsrechtliche Angelegenheiten), dem Ausschluss der Gerichtsbarkeit (Staatshaftung für acta iure imperii) (Abs. 1 S. 2) und ausgeschlossenen fest umrissenen Sachbereichen (sog. Bereichsausnahmen, Abs. 2 lit. a–f).

Überlagert werden die Regeln der Verordnung durch die am 1.3.2002 (Inkrafttreten **5** der Brüssel I-VO) bereits bestehenden völkerrechtlichen Übereinkommen für spezielle Rechtsgebiete (Art. 71, s. Erl. dort).

Daraus ergibt sich ein sachlicher Zuschnitt, der einerseits aus kompetenziellen Notwendigkeiten des Art. 81 AEUV („Zivilsachen") und andererseits als Ergebnis von politischen Kompromissen im Rahmen des Gesetzgebungsverfahrens zu verstehen ist.[3] Die erforderliche juristische Trennschärfe kann danach nicht unterstellt werden. Sie wird sich, so die Hoffnung, erst im Laufe der Zeit durch den EuGH und die mitgliedstaatliche Rechtsprechung entwickeln. **6**

2. Vorläuferregelungen. Der sachliche Anwendungsbereich entspricht dem der **7** Vorläuferregelungen weitestgehend. Den Ausgangspunkt bildet der nahezu textidentische Art. 1 des EuGVÜ, das 1968 als völkerrechtlicher Vertrag[4] geschaffen wurde und von dem die Verordnung ihren Arbeitstitel „Brüssel" ableitet. Das EuGVÜ galt in der Fassung des vierten Beitrittsübereinkommens vom 29.11.1996[5] bis zum Inkrafttreten der Brüssel I-VO. Mit Art. 1 der Brüssel Ia-VO ist Art. 1 der Brüssel I-VO mit wenigen Besonderheiten wortgleich übernommen worden.

Der Ausschluss der Gerichtsbarkeit für die Staatshaftung bei hoheitlicher Tätigkeit **8** (acta iure imperii) ist zur Klarstellung eingefügt worden; sie war bereits unter den Vorgängerregeln praktiziert worden. Die Gerichtsbarkeit ist der in der VO geregelten Zuständigkeitsregulierung vorgelagert.

Der Ausschluss für eheliche Güterstände ist in Abs. 2 lit. a um Güterstände erweitert **9** worden, die vergleichbare Wirkungen entfalten (betr. gleichgeschlechtliche Partnerschaften).

Herausgenommen und in der EuUntVO selbständig geregelt, wurden die Unterhalts- **10** sachen (Art. 5 Nr. 2 Brüssel I-VO, s. Abs. 2 lit. e).

---

1 Saenger/*Dörner* Art. 1 EuGVVO Rdn. 5.
2 *Kropholler/von Hein* Art. 1 EuGVVO Rdn. 11; Rauscher/*Mankowski* Art. 1 Brüssel Ia-VO Rdn. 2.
3 Rauscher/*Staudinger* Einl. Brüssel Ia-VO Rdn. 4.
4 Übereinkommen über die gerichtliche Zuständigkeit und die Vollstreckung gerichtlicher Entscheidungen in Zivil- und Handelssachen v. 27.9.1968.
5 Abgedruckt ABl. EG 1998 L 27, S. 3 und in Jayme/Hausmann, IPR-Texte, bis 10. Aufl. 2000 unter Nr. 50.

11 Gestrichen wurde die in Art. 1 Abs. 3 Brüssel I-VO aufgenommene Erklärung, wonach das Königreich Dänemark nicht unter den Begriff „Mitgliedstaat" fiel.[6]

12 Art. 1 des Lugano Übereinkommens[7] entspricht Art. 1 Brüssel I-VO. Die parallele Rechtsentwicklung ist durch das Auslegungsprotokoll zum LugÜ zwar nicht sichergestellt, aber ermöglicht eine deutliche Abgrenzung.[8] So ist im Rahmen der Auslegung des LugÜ der Rechtsprechung des EuGH zur Brüssel Ia-VO, zur Brüssel I-VO und zum EuGVÜ nur „gebührend Rechnung zu tragen" (Art. 1 Protokoll 2 LugÜ). Das LugÜ hat die sachliche Zuständigkeit für Unterhaltssachen weiter geführt und hält hierfür den besonderen Gerichtsstand des Art. 5 Nr. 2 LugÜ bereit.[9]

13 **3. Interpretation.** Für die Interpretation können die Erl. und die Rechtsprechung zu Art. 1 der Brüssel I-VO und Art. 1 des EuGVÜ herangezogen werden. Die Erwägungsgründe (7) und (8) zeigen die hiesige Verordnung als Fortschreibung aus den Vorgängerregeln. Art. 1 der Verordnung ist auslegungsbezogen zu Art. 1 Brüssel I-VO als gleichwertig anzusehen.[10] Die Methodik der Auslegung folgt eigenen unionsrechtlichen Grundsätzen, die sich von den nationalen (deutschen) Methoden wesentlich unterscheiden, was insbesondere die Mehrsprachigkeit unter einem sprachlichen Egalitätsprinzip[11] betrifft als auch die anwendungsrechtliche Durchsetzungskraft des Unionsrechts durch den effet utile.[12] Ferner liegt die Letztentscheidung über Auslegungsfragen (einschließlich deren Methode) für die VO nach Art. 267 AEUV beim EuGH.

14 Zu beachten ist schließlich das Kohärenzgebot in der Auslegung hinsichtlich der begrifflichen Gemeinsamkeiten mit den kollisionsrechtlichen VOen Rom I und II (s. Erwägungsgrund (7) der Rom I und II-VO).

15 **4. Konkurrenzen.** Parallel möglich bleibt die Anerkennung und Vollstreckung einer mitgliedstaatlichen Entscheidung über eine unbestrittene Forderung nach Maßgabe der EuVTVO.[13] Die Brüssel Ia-VO wird durch die speziellere EuVTVO nicht verdrängt. Der Gläubiger hat also die Wahl. Er darf aber nicht aus beiden vollstrecken (Art. 20 Abs. 2 EuVTVO).

16 Dagegen ist eine erneute Leistungsklage im Inland anstelle einer Anerkennung und Vollstreckung der ausländischen Entscheidung unzulässig.[14] Nur wenn die ausländische Entscheidung nicht anerkannt wird, bleibt diese Möglichkeit bestehen.

---

6 Aufgrund des textgleichen Abkommens zwischen der Europäischen Gemeinschaft und dem Königreich Dänemark über die gerichtliche Zuständigkeit und die Anerkennung und Vollstreckung von Entscheidungen in Zivil- und Handelssachen v. 19.10.2005 (ABl. EU 2005 L 299, S. 62) mit Anpassung an die Brüssel Ia-VO (ABl. EU 2014 L 240, S. 1).
7 Luganer Übereinkommen über die gerichtliche Zuständigkeit und die Anerkennung und die Vollstreckung gerichtlicher Entscheidungen in Zivil- und Handelssachen vom 30.10.2007.
8 Siehe etwa bezüglich des Schweizer Bundesgerichts, *Haas/Brunner* FS Sutter-Somm, S. 169, 170 f.
9 Zu weiteren Abweichungen s. Rauscher/*Mankowski* Art. 1 Brüssel Ia-VO Rdn. 183–185.
10 St. Rspr. EuGH Rs C-551/15, ECLI: EU:C:2017:193 – Pula Parking, Rdn. 31; EuGH Rs C-417/15, ECLI:EU:C:2016:881 – Schmidt, Rdn. 26 (zu Art. 24 Nr. 1 UAbs. 1 Brüssel Ia-VO); EuGH Rs C-12/15, ECLI:EU:C:2016:449 – Universal Music, Rdn. 22.
11 *Zedler* Mehrsprachigkeit als Methode, passim.
12 Rauscher/*Staudinger* Einl. Brüssel Ia-VO Rdn. 35; Geimer/Schütze/*Peiffer*/Peiffer IRV, Einf. EuGVVO Rdn. 112–116; s. näher *Hess* Methoden der Rechtsfindung im Europäischen Zivilprozessrecht, IPRax 2006, 348–363; *Riesenhuber* in: Riesenhuber (Hrsg.), Europäische Methodenlehre, 3. Aufl. 2015, Die Auslegung, § 10 Rdn. 4 und passim.
13 VO (EG) 805/2004 des Europäischen Parlaments und des Rates vom 21.4.2004 zur Einführung eines europäischen Vollstreckungstitels für unbestrittene Forderungen (ABl. EU 2004 L 143, S. 15).
14 EuGH Rs C-42/76, ECLI:EU:1976:168 – De Wolf, Rdn. 9 f.; Rauscher/*Leible* Art. 2 Brüssel Ia-VO Rdn. 4.

Ferner ist die Brüssel Ia-VO gegenüber dem mitgliedstaatlichen Recht vorrangig und abschließend. Dieses darf weder Erschwernisse einführen (effet utile) noch darf es im sachlichen Anwendungsbereich der Verordnung (s. Art. 1) unter erleichterten Bedingungen die Anerkennung und Vollstreckung vorsehen. Ein Günstigkeitsprinzip gilt insoweit nicht (mehr), weil die Begünstigung eine wertungswidrige Benachteiligung der Gegenseite bedeuten würde.[15]

II. Zivil- und Handelssache (Abs. 1 S. 1)

1. Zivilsache. Die zentrale sachliche Zuständigkeit besteht in Zivil- und Handelssachen. Die VO definiert diesen Begriff nicht. Erwägungsgrund (10) Hs. 1 zeigt, dass hinter der prozessualen Ausdrucksweise („Sache") das materielle Zivil- und Handelsrecht steht. Der inhaltlichen Deutung liegt demnach ein materiell-rechtliches Verständnis zugrunde, das in einem zweiten Schritt prozessual durch den Streitgegenstand konkretisiert wird. Auch für die inhaltliche Bestimmung und Abgrenzung ist nicht ein nationales Recht (lex fori) maßgeblich, sondern es ist eine EU-autonome Begriffsbildung vorzunehmen, die eine einheitliche Anwendung in allen Mitgliedstaaten gewährleistet und damit unabhängig von den nationalen Rechtsordnungen erfolgt.[16] Ferner hat sich die inhaltliche Deutung an den Zielsetzungen der Brüssel Ia-VO und deren Systematik zu orientieren[17] und es sind die allgemeinen Rechtsgrundsätze, die sich aus der Gesamtheit der nationalen Rechtsordnungen ergeben, zu berücksichtigen.[18] Die autonome Auslegung müsste idealerweise daher auch eine rechtsvergleichende Betrachtung aller Zivil- und Handelsrechte der Mitgliedstaaten einbeziehen.[19] Praktisch bilden sich die Kriterien aber durch die Rechtsprechung des EuGH auf Grundlage der Schlussanträge der Generalanwälte und die diese begleitenden (nationalen) Rechtswissenschaften in einem punktuellen Verfahren heraus. Es werden unsystematisch rechtsvergleichende Aspekte aufgenommen, was auch im Ergebnis als „kasuistischer Ansatz des EuGH" zu kritisieren ist.[20] Gleichwohl bietet die rechtsvergleichende Umschau eine Legitimation, nationale Verständnisse und hilfreiche Typisierungen in die Interpretation zurückhaltend miteinzubeziehen.[21] Die autonome Begriffsbildung darf aber damit nicht insgesamt in Frage gestellt werden.[22]

Der Begriff „Zivil- und Handelssache" ist grundsätzlich weit auszulegen und soll sich nach Erwägungsgrund (10) Hs. 1 „auf den wesentlichen Teil des Zivil- und Handels-

---

15 Siehe näher Rauscher/*Leible* Art. 2 Brüssel Ia-VO Rdn. 3; *Schlosser/Hess* Art. 2 EuGVVO Rdn. 11; *Schlosser/Hess* Art. 27 EuVTVO Rdn. 1.
16 St. Rspr. seit EuGH Rs C-29/76, ECLI:EU:C:1976:137 – Eurocontrol.
17 St. Rspr. EuGH Rs C-551/15, ECLI: EU:C:2017:193 – Pula Parking, Rdn. 42; EuGH Rs C-222/15, ECLI:EU:C:2016:525 – Hőszig, Rdn. 29; EuGH Rs C-47/14, ECLI:EU:C:2015:574 – Holtermann, Rdn. 37; EuGH Rs C-29/76, ECLI:EU:C:1976:137 – LTU; Rauscher/*Staudinger* Einl. Brüssel Ia-VO Rdn. 35.
18 EuGH Rs C-551/15, ECLI: EU:C:2017:193 – Pula Parking, Rdn. 33; EuGH Rs C-523/14, ECLI:EU:C:2015:722 – Aannemingsbedrijf Aertssen, Rdn. 29; zurückgehend auf EuGH Rs C-29/76, ECLI:EU:C:1976:137 – Eurocontrol.
19 Rauscher/*Mankowski* Art. 1 Brüssel Ia-VO Rdn. 2; Geimer/Schütze/*Peiffer/Peiffer* IRV, Einf. EuGVVO Rdn. 21. Das waren zur Zeit von EuGH Rs C-29/76, ECLI:EU:C:1976:137 – Eurocontrol nur sechs Mitgliedstaaten, sind aber jetzt 27 + 1.
20 *Stadler/Klöpfer* ZEuP 2017, 890, 894 unter Verweis auf die Schlussanträge des GA *Wahl* v. 7.4.2016 – EuGH Rs C-102/15, ECLI:EU:C:2016:607 – Gazdasági Versenyhivatal, Rdn. 36.
21 Zutreffend Thomas/Putzo/*Hüßtege* Art. 1 EuGVVO Rdn. 3; zust. *H. Roth* IPRax 2018, 41, 42; *Kohler* IPRax 2015, 52, 53 („naturgemäß [sind] auch Elemente und Lösungen der nationalen Rechte zu berücksichtigen und gegebenenfalls aufzunehmen").
22 *Kohler* IPRax 2015, 52, 54 krit. zu EuGH Rs C-49/12, ECLI:EU:C:2013:545 – Sunico und EuGH Rs C-645/11, ECLI:EU:C:2013:228 – Sapir; ebenso *Pfeiffer* ZZP 127 (2014) 409, 413.

rechts erstrecken".[23] Die Zweiteilung in Zivil- und Handelsrecht geht von einer zivilrechtlichen Gesamtbetrachtung aus, die sich gegen das öffentliche Recht einschließlich des Strafrechts abgrenzt.[24] Insbesondere werden diejenigen handelsrechtlichen Aspekte ausgeschlossen, die als öffentliches Wirtschaftsrecht zwar eine Nähe zum Zivilrecht haben, jedoch hoheitlich geordnet sind. Im Ergebnis hat der Begriff Handelssache damit keine eigenständige Bedeutung und geht im Begriff der Zivilsache auf.[25]

20   **2. Prozessuale Fragen.** Die Qualifikation des Rechtsstreits als Zivil- und Handelssache erfolgt verfahrensbezogen sowohl im Rahmen der Zuständigkeitsprüfung als auch für die Anerkennung und Vollstreckung.[26] Der sachliche Anwendungsbereich der Verordnung gilt nicht nur für die Gerichtsstände der Verordnung, sondern ebenso für die weiteren Regelungsbereiche, insbesondere die Anerkennung und Vollstreckung ausländischer Titel. Hieraus entstehen Fragen über das Verhältnis der Regelungskomplexe zueinander. Eine Bindungswirkung der erststaatlichen Entscheidung besteht für das Anerkennungsverfahren insoweit nicht. Die Feststellung der Anwendbarkeit der Verordnung erfolgt für das jeweilige Verfahren getrennt von Amts wegen. Gelangt das zweitstaatliche Gericht zu der Auffassung, dass eine Zivil- und Handelssache nicht vorliegt, so entscheidet es nach seinem nationalen, ggf. völkervertraglich geregelten, Anerkennungs- und Vollstreckungsrecht.

21   Stellt das zweitstaatliche Gericht fest, dass zwar eine Zivil- und Handelssache im Hinblick auf eine Anspruchsgrundlage vorliegt, für eine andere aber nicht, so weist es die Klage in Bezug auf die nicht erfasste Anspruchsgrundlage als unzulässig ab.

22   Die Einordnung der Streitigkeit als Zivil- und Handelssache ergibt sich aus dem Klägervortrag.[27] Einwendungen des Beklagten, die auf eine ausgeschlossene, namentlich auf eine öffentlich-rechtliche Streitigkeit hinweisen, prüft das angerufene Gericht.[28] Wendet etwa der Beklagte ein, die Klage sei aufgrund seiner Immunität (acta iure imperii) als unzulässig abzuweisen, so entscheidet das angerufene Gericht der Hauptsache darüber auf Grundlage der VO.[29] Das gilt auch dann, wenn der Beklagte einwendet, es liege eine Zivil- und Handelssache vor. Entsprechend ist die Klage aus einer Bürgschaft, die eine Zollschuld sichert, auch dann als Zivil- und Handelssache einzuordnen, wenn der Bürge Einwendungen gegen die Zollschuld erhebt.[30] Wird gegen die Geltendmachung eines zivilrechtlichen Anspruchs, dessen Erlöschen durch eine Immunität beanspruchende staatliche Gesetzgebung (Schuldenschnitt) eingewandt, so ist eine isolierte Behandlung des zivilrechtlichen Anspruchs nicht mehr sinnvoll möglich. Anspruch und Einwendung sind untrennbar miteinander verknüpft.[31]

23   Die Bildung eines unionalen Streitgegenstands- und Rechtskraftbegriffs ist eine eigenständige prozessuale Fragestellung, die in der Verordnung und auch von Art. 1

---

23   Das zeigt die Grundlinie der Rechtsprechung, die freilich schwankt, s. *Hess* EuZPR, S. 247 ff., 252; *Kohler* IPRax 2015, 52, 53 f.; Zöller/*Geimer* Anh. I Art. 1 EuGVVO Rdn. 29.
24   Siehe *Arnold* ZEuP 2012, 315, 317 f.
25   Geimer/Schütze/*Peiffer*/*Peiffer* IRV, B Vor I Art. 1 VO (EU) Nr. 1215/2012, Rdn. 6 (Unterfall der Zivilsache).
26   Schlosser/*Hess* Art. 1 EuGVVO Rdn. 10.
27   Geimer/Schütze/*Peiffer*/*Peiffer* IRV, B Vor I Art. 1 VO (EU) Nr. 1215/2012, Rdn. 17.
28   Zöller/*Geimer* Anh. I Art. 1 EuGVVO Rdn. 29 (Gesamtbetrachtung des Streitgegenstands).
29   Dagegen ist bei der Zustellung die Immunitätsfrage noch nicht zu entscheiden, s. EuGH, Rs C-226/13, u.a., ECLI:EU:C:2015:383 – Fahnenbrock
30   EuGH Rs C-266/01, ECLI:EU:C:2003:282 – Préservatrice Foncière TIARD, Rdn. 41.
31   BGH 8.3.2016 BGHZ 209, 191, Rdn. 24 = BeckRS 2016, 06590; OLG Köln, 1.9.2017 6 U 186/16, Rdn. 30–32, ECLI:DE:OLGK:2017:0901.6U186.16.00 = BeckRS 2017, 140827.

nicht explizit geregelt ist, sondern vom EuGH entwickelt wird.[32] Dabei ist aber grundsätzlich von einer getrennten Betrachtung des Anwendungsbereichs einschließlich der in Abs. 2 ausgeschlossenen Sachbereiche und der Rechtskraftfrage auszugehen.[33]

3. Gericht. Ungeschriebene Voraussetzung des sachlichen Anwendungsbereichs nach Art. 1 Abs. 1 ist die Entscheidung durch ein staatliches Gericht. Die Begriffsdefinitionen des Art. 2 setzen einen formellen Gerichtsbegriff voraus, ohne ihn inhaltlich zu konkretisieren. Er ist euroautonom zu bestimmen, was sich schon aus den Gleichstellungen in Art. 3 ergibt. Dort werden „für die Zwecke dieser Verordnung" der ungarische Notar und das schwedisches Beitreibungsamt „als Behörden" einem Gericht funktionell gleichgestellt. Zugleich folgt aus der expliziten Gleichstellung, dass der Verordnung kein weiter, nur funktioneller Gerichtsbegriff zugrunde liegt, wie etwa in Art. 3 Abs. 2 EuErbVO oder Art. 62 LugÜ, sondern ein institutionell eigenständiger unionsrechtlicher Gerichtsbegriff. Schiedssprüche fallen schon deshalb und nicht erst aufgrund Art. 1 Abs. 2 lit. d nicht unter die Verordnung.[34] 24

Der EuGH hat erstmals[35] in seinen Entscheidungen Pula Parking[36] und Zulfikarpašić[37] den Gerichtsbegriff am Beispiel kroatischer Notare in Ansätzen präzisiert.[38] Diese handeln nicht als „Gericht" im Sinne des Art. 1, wenn sie nach kroatischem Recht einen Vollstreckungsbefehl auf der Grundlage einer „glaubwürdigen Urkunde" erlassen. Der EuGH stellt auf die Gewähr für Unabhängigkeit und Unparteilichkeit des Entscheidungsträgers ab und verlangt, dass ein Verfahren einen kontradiktorischen Charakter aufweisen muss.[39] Eine spätere Widerspruchsmöglichkeit bei einem Gericht genügt dafür nicht. Der Beklagte bzw. Schuldner muss also im Verfahren angehört worden sein. Das steht in einem gewissen Widerspruch zur Regelung in Art. 2 Abs. 2 S. 2 lit. a, wonach ex parte-Entscheidungen über einstweilige Maßnahmen auch dann von der Verordnung erfasst werden, wenn dem Beklagten die Entscheidung, welche die Maßnahmen enthält, (erst) vor der Vollstreckung zugestellt worden ist. Auch hat es der EuGH in der Rs Mærsk[40] ausreichen lassen, dass die Gläubiger gegen einen gerichtlichen Beschluss erst nachträglich Rechtsmittel einlegen konnten.[41] Hinzu kommt, dass die Tätigkeit eines Notars einer richterlichen Tätigkeit zumindest aus deutscher Sicht durchaus gleichgestellt werden könnte.[42] Dennoch ist den Entscheidungen des EuGH zuzustimmen. Die Bestim- 25

---

[32] Zur Rechtskraft klageabweisender Prozessurteile s. EuGH Rs C-456/11 ECLI:EU:C:2012:719 – Gothaer Allgemeine Versicherung, Rdn. 40 f., abl. Anm. *H. Roth* IPRax 2014, 136, 138 f.; *Koops* IPRax 2018, 11 ff.
[33] Zutreffend *Koops* IPRax 2018, 11, 15 ff., 21.
[34] *Schlosser/Hess* Art. 1 EuGVVO Rdn. 23a unter Verweis auf den „Heidelberg-Report"; *Hess/Pfeiffer/Schlosser*, The Brussels I Regulation 44/2001, Rdn. 105 ff.
[35] Schlussanträge GA *Bobeck* v. 27.10.2016, Rs C-551/15, ECLI:EU:C:2016:825 – Pula Parking, Rdn. 94 Fn. 49.
[36] EuGH Rs C-551/15, ECLI: EU:C:2017:193 – Pula Parking.
[37] Zum Gerichtsbegriff in Bezug auf einen Europäischen Vollstreckungstitel der EuVTVO: EuGH Rs C-484/15, ECLI: EU:C:2017:199 – Zulfikarpašić.
[38] Zu beiden Verfahren *Wolber* EuZW 2017, 680, 682 f.
[39] EuGH Rs C-551/15, ECLI:EU:C:2017:193 – Pula Parking, Rdn. 54; EuGH Rs C-484/15, ECLI: EU:C:2017:199 – Zulfikarpašić, Rdn. 40 (zu Art. 3 Abs. 1 EuVTVO) m. zust. Anm. *H. Roth* IPRax 2018, 41; Rauscher/*Leible* Art. 2 Brüssel Ia-VO Rdn. 15 mwN.
[40] EuGH Rs C-39/02, ECLI:EU:C:2004:615 – Mærsk.
[41] Zutreffend *H. Roth* IPRax 2018, 41, 43.
[42] *H. Roth* IPRax 2018, 41, 42 f. unter Verweis auf BverfGE 131, 130 = NJW 2012, 2639 Rdn. 44 und BGHZ 196, 271 = NJW 2013, 1605 Rdn. 18 ff.

mung eines funktionell weiten Gerichtsbegriffs ist eine Aufgabe des Gesetzgebers, auf den dieser sich bislang aber nicht verständigen konnte.[43]

III. Keine Zivil- und Handelssache (Abs. 1 S. 2)

26 **1. Abgrenzung zu öffentlich-rechtlichen Streitigkeiten.** Art. 1 Abs. 1 S. 2 stellt klar, dass Klagen in öffentlich-rechtlichen Angelegenheiten vom Anwendungsbereich der Verordnung ausgeschlossen sind. Die Aufzählung von Steuer- und Zollsachen, verwaltungsrechtlichen Angelegenheiten sowie die Staatshaftung im Rahmen der Ausübung hoheitlicher Rechte ist exemplarisch gemeint[44] und vor dem Hintergrund der fehlenden Trennung von Privat- und öffentlichem Recht im angelsächsischen Recht zu verstehen.

27 Für eine einheitliche Abgrenzung stellt der EuGH auf die Natur der zwischen den Parteien bestehenden Rechtsbeziehung sowie auf den Gegenstand des Rechtsstreits ab.[45] Aus der Natur der Rechtsbeziehung lassen sich Streitigkeiten ausschließen, die als Charakteristikum ein Über-/Unterordnungsverhältnis (Subordinationsverhältnis) aufweisen, während bei Gleichordnung eine Zivilsache vorliegt.[46] Damit soll bei Streitigkeiten zwischen Privatrechtssubjekten stets eine Zivilsache anzunehmen sein,[47] was in Anbetracht einer fortschreitenden Privatisierung von öffentlichen Aufgaben,[48] jedoch nicht zwingend sein dürfte.

28 Auf den Gegenstand des Rechtsstreits lässt sich aus der Grundlage oder aus dem Ursprung der geltend gemachten Forderung auf eine Zivilsache schließen, wenn zivilrechtliche Ansprüche im Zivilrechtsweg verfolgt werden und der Staat keine Befugnisse wahrnimmt, die von denen zwischen Privatpersonen abweichen.[49] Die dabei zu berücksichtigenden allgemeinen Rechtsgrundsätze aus der Gesamtheit der nationalen Rechtsordnungen (s.o. Rdn. 5) erlauben einen vorsichtigen Rückgriff auf nationales Recht, so dass etwa die zu § 13 GVG und § 40 VwGO ergangene Rechtsprechung und die sog. Interessentheorie richtungsweisend sein können. Danach gehört ein Rechtsverhältnis dem Privatrecht an, wenn der Zweck der das Rechtsverhältnis beherrschenden Rechtsnormen dem Individualinteresse des Einzelnen dient.[50] Dagegen stellt es keine sinnvolle Abstraktion dar, in Anlehnung an den euroautonomen Streitgegenstandsbegriff auf den Schwerpunkt des Rechtsstreits abzustellen.[51] Dadurch wäre keine Klarheit zu gewinnen,[52] zumal keine Kriterien für die Festlegung eines Schwerpunktes zu dieser Frage

---

43 EuGH Rs C-551/15, ECLI:EU:C:2017:193 – Pula Parking, Rdn. 55; zutreffend *H. Roth* IPRax 2018, 41, 43f.
44 *Stoffregen* WRP 2010, 839, 841.
45 EuGH Rs C-302/13, ECLI:EU:C:2014:2319 – flyLAL, Rdn. 26; EuGH Rs C-102/15, ECLI:EU:C:2016:607 – Gazdasági Versenyhivatal, Rdn. 31; EuGH Rs C-645/11, ECLI:EU:C:2013:228 – Sapir, Rdn. 32.
46 *Schlosser/Hess* Art. 1 EuGVVO Rdn. 10; Geimer/Schütze/*Peiffer/Peiffer* IRV, B Vor I Art. 1 VO (EU) Nr. 1215/2012, Rdn. 23.
47 *Schlosser/Hess* Art. 1 EuGVVO Rdn. 10.
48 Etwa in Bezug auf Beliehene, vgl. *G. Schulze* Die Privatisierung von Polizeiaufgaben, in: Hascher u.a. (Hrsg.) Sicherheit und Freiheit, S. 1–16; *Schlosser/Hess* Art. 1 EuGVVO Rdn. 12; *Geimer/Schütze/Peiffer/Peiffer* IRV, B Vor I Art. 1 VO (EU) Nr. 1215/2012, Rdn. 27.
49 EuGH Rs C-167/00, ECLI:EU:C:2002:555 – Verein für Konsumenteninformation, Rdn. 30; EuGH Rs C-266/01, ECLI:EU:C:2003:282 – Préservatrice Foncière TIARD, Rdn. 30.
50 Thomas/Putzo/*Hüßtege* Art. 1 EuGVVO Rdn. 3; zust. *H. Roth* IPRax 2018, 41, 42.
51 Schlussanträge GA *Bot* v. 9.12.2014, Rs C-226/13, u.a., ECLI:EU:C:2014:2424 – Fahnenbrock, Rdn. 63ff., 71.
52 Zutreffend Zöller/*Geimer* Anh. I Art. 1 EuGVVO Rdn. 18.

existieren und eine Schwerpunktbildung in den schwierigen gemischten Fällen nicht vorhersehbar wäre.

a) Zusammenhang mit der Ausübung hoheitlicher Befugnisse. Entscheidend 29 für die Ausgrenzung von öffentlich-rechtlichen Streitigkeiten ist ein näher zu bestimmender Zusammenhang mit der Ausübung hoheitlicher Befugnisse. Die Anforderungen an einen anwendungsschädlichen Zusammenhang sind bislang noch nicht trennscharf herausgearbeitet worden. Er ist im Grenzbereich durch eine Einzelfallanalyse zu klären. Für die Frage, ob ein Rechtsgebiet in den Anwendungsbereich der Verordnung fällt, müssen dazu das zwischen den Parteien des Rechtsstreits bestehende Rechtsverhältnis bestimmt und die Grundlage der erhobenen Klage sowie die Modalitäten ihrer Erhebung geprüft werden.[53] Im Schrifttum wird dabei eine staatenfreundliche Tendenz des EuGH beobachtet, wonach bei Klagen gegen die öffentliche Hand die Kriterien strenger gehandhabt werden als bei Klagen des Staates gegen Private.[54] In den Kriterien bildet sich dies nicht ab und lässt sich auch nicht sinnvoll aus diesen ableiten.

Dieser Unschärfe wird durch die Bildung von Fallgruppen begegnet, die ständig wei- 30 terentwickelt werden. So ist ein ausreichender, den Anwendungsbereich ausschließender Zusammenhang anzunehmen, wenn der Anspruch seinen Ursprung in einer hoheitlichen Tätigkeit hat, etwa bei Schadenersatzansprüchen wegen Kriegshandlungen.[55] Das gilt ebenso für die Beitreibung von Gebühren, die eine Privatperson einer öffentlichen – staatlichen oder internationalen Stelle – schuldet, insbesondere wenn die Inanspruchnahme aufgrund einseitiger Festsetzung der öffentlichen Stelle erfolgt.[56] Ebenfalls keine Zivilrechtssache liegt in der Verhängung einer Geldbuße durch eine Verwaltungsbehörde wegen Verstoßes gegen nationale Wettbewerbsregeln. Das soll auch für die Klage der Wettbewerbsbehörde wegen ungerechtfertigter Bereicherung nach einer Erstattung gelten.[57] Der eingeschlagene Zivilrechtsweg bleibt hier unbeachtlich.[58] Kein ausreichender Zusammenhang liegt dagegen vor, wenn öffentlicher Parkraum privat bewirtschaftet wird und zivilrechtliche Forderungen aus der Verletzung von Parkverstößen geltend gemacht werden.[59]

b) Fehlender Zusammenhang. Nicht ausreichend und damit für die Bestimmung 31 des Zusammenhangs mit der Ausübung hoheitlicher Befugnisse irrelevant sind dagegen folgende Aspekte:

Ist im Rahmen einer zivilrechtlichen Streitigkeit eine öffentlich-rechtliche Vorfrage 32 zu klären, bleibt es bei der Anwendbarkeit der Verordnung. Unerheblich ist dabei, ob die öffentlich-rechtliche Vorfrage durch das erkennende Gericht selbst oder durch ein ande-

---

53 EuGH Rs C-551/15, ECLI: EU:C:2017:193 – Pula Parking, Rdn. 34; EuGH Rs C-102/15, ECLI:EU:C:2016:607 – Gazdasági Versenyhivatal, Rdn. 33; EuGH Rs C-645/11, ECLI:EU:C:2013:228 – Sapir, Rdn. 34; EuGH Rs C-49/12, ECLI:EU:C:2013:545 – Sunico, Rdn. 35.
54 *Pfeiffer* ZZP 127 (2014), 409, 411 ff.; *Knöfel* GPR 2015, 251, 254; Geimer/Schütze/*Peiffer*/*Peiffer* IRV, B Vor I Art. 1 VO (EU) Nr. 1215/2012, Rdn. 25.
55 EuGH Rs C-292/05, ECLI:EU:C:2007:102 – Lechouritou Rdn. 37; zust.: *R. Wagner* RIW 2013, 851, 852 f., 856; *Dutta* ZZPInt 11 (2006), 208; *Geimer* IPRax 2008, 225.
56 EuGH Rs C-29/76, ECLI:EU:C:1976:137 – Eurocontrol, Rdn. 4.
57 EuGH Rs C-102/15, ECLI:EU:C:2016:607 – Gazdasági Versenyhivatal, Rdn. 42.
58 EuGH Rs C-102/15, ECLI:EU:C:2016:607 – Gazdasági Versenyhivatal, Rdn. 39 („ändert nichts").
59 EuGH Rs C-551/15, ECLI: EU:C:2017:193 – Pula Parking, Rdn. 39; EuGH Rs C-484/15, ECLI:EU:C:2017:199 – Zulfikarpašić, Rdn. 50.

res Gericht (auf Vorlage) zu entscheiden ist.[60] Desgleichen begründet eine zivilrechtliche Vorfrage, die im Rahmen einer öffentlich-rechtlichen Streitigkeit entsteht, nicht die sachliche Anwendbarkeit der Verordnung.[61]

33 Macht eine öffentliche Stelle durch eine Behörde Rückforderungen aus ungerechtfertigter Bereicherung vor den Zivilgerichten geltend, so handelt es sich auch dann um eine Zivilsache, wenn die irrtümliche Zuvielzahlung auf einer gesetzlichen Wiedergutmachungsregelung beruht, die staatliches Unrecht durch Verfolgungen eines totalitären Regimes ausgleicht.[62] Dagegen ist der Zivilrechtsweg unmaßgeblich, wenn sich die Rückforderung der Behörde aus einer Anspruchsgrundlage im Zusammenhang mit einer Wettbewerbsbuße ergibt.[63]

34 Liegt im Falle einer objektiven Klagehäufung hinsichtlich eines Streitgegenstandes die sachliche Zuständigkeit vor, für einen anderen dagegen nicht, so findet die Verordnung isoliert nur auf jenen Klagegegenstand Anwendung. Jedes Prozessrechtsverhältnis ist mithin gesondert daraufhin zu prüfen, ob es unter die Verordnung fällt.[64]

35 Bei konkurrierenden Anspruchsgrundlagen (sog. Anspruchskonkurrenz) ist entscheidend, auf welche das Gericht seine Entscheidung stützt. Handelt es sich dabei um eine zivilrechtliche Anspruchsgrundlage, die in den sachlichen Anwendungsbereich der Verordnung fällt, so entscheidet das nationale Prozessrecht, ob das Gericht auch über die parallele Anspruchsgrundlage, die nicht in den sachlichen Anwendungsbereich fällt, mitentscheiden kann.[65] Ist das nicht der Fall, so ist die Klage insoweit als unzulässig abzuweisen.[66]

36 Nach Art. 1 Abs. 1 S. 1 a.E. kommt es auf die Art der Gerichtsbarkeit nicht an. Ohne Bedeutung ist daher die nationale Zuweisung zu einer bestimmten Gerichtsbarkeit. So führt eine nationale Zuweisung einer öffentlich-rechtlichen Streitigkeit an die Zivilgerichte, wie die Haftung für Amtspflichtverletzungen, selbst dann nicht zur Anwendung der VO, wenn die Haftungsgrundlage im materiellen Zivilrecht, wie etwa in § 839 BGB, geregelt ist.[67]

37 Ferner kommt es nicht auf die Klage- oder Verfahrensart an (Verbandsklage, Beweisverfahren, einstweiliger Rechtsschutz) und auch nicht darauf, worin die Sachentscheidung liegt.[68] Daher liegt auch bei Klagen von Verbraucherschutzorganisationen auf Unterlassung der Verwendung bestimmter Vertragsklauseln eine Zivilsache im Sinne von Art. 1 vor. Ihr Gegenstand liegt auf privatrechtlichem Gebiet.[69]

38 **2. Abgrenzung zu Staatshaftungsklagen für acta iure imperii (fehlende Gerichtsbarkeit).** Nach Art. 1 Abs. 1 S. 2 a.E. stellen ebenso Klagen von und gegen einen ausländischen Staat dann keine Zivil- und Handelssachen dar, wenn der Staat „für Handlungen oder Unterlassungen im Rahmen der Ausübung hoheitlicher Rechte (acta

---

60 EuGH Rs C-420/07, ECLI:EU:C:2009:271 – Apostolides, Rdn. 45; *Schlosser/Hess* Art. 1 EuGVVO Rdn. 6; Geimer/Schütze/*Peiffer/Peiffer* IRV, B Vor I Art. 1 VO (EU) Nr. 1215/2012, Rdn. 23.
61 Geimer/Schütze/*Peiffer/Peiffer* IRV, B Vor I Art. 1 VO (EU) Nr. 1215/2012, Rdn. 16.
62 EuGH Rs C-645/11, ECLI:EU:C:2013:228 – Sapir, Rdn. 38.
63 EuGH Rs C-102/15, ECLI:EU:C:2016:607 – Gazdasági Versenyhivatal, Rdn. 39.
64 EuGH Rs C-120/79, ECLI:EU:C:1980:70 – De Cavel II, Rdn. 7 ff.; Rauscher/*Mankowski* Art. 1 Brüssel Ia-VO Rdn. 44.
65 Geimer/Schütze/*Peiffer/Peiffer* IRV, B Vor I Art. 1 VO (EU) Nr. 1215/2012, Rdn. 16.
66 *Kropholler/von Hein* Art. 1 EuGVVO Rdn. 20; Geimer/Schütze/*Peiffer/Peiffer* IRV, B Vor I Art. 1 VO (EU) Nr. 1215/2012, Rdn. 20.
67 Zöller/*Geimer* Art. 1 EuGVVO Rdn. 17.
68 Zu Unrecht verneint das OLG München, 12.9.2011, 29 W 1634/11, IPRspr. 2011, Nr. 241, S. 619 daher die Anwendung der VO im Verfahren auf Verwendung von Verkehrsdaten im Sinne von § 101 Abs. 9 UrhG.
69 EuGH Rs C-167/00, ECLI:EU:C:2002:555 – Verein für Konsumenteninformation, Rdn. 30.

iure imperii)" in Anspruch genommen werden soll.[70] Für diese Klagen fehlt aufgrund der insoweit geltenden völkerrechtlichen Immunität bereits die Gerichtsbarkeit.[71] Klagen gegen ausländische Staaten im Rahmen von deren privatwirtschaftlicher Tätigkeit (acta iure gestionis) bleiben dagegen der Verordnung unterworfen.[72] Die erforderliche Abgrenzung soll sich mangels völkerrechtlicher Unterscheidungsmerkmale grundsätzlich nach der lex fori richten.[73] Durchaus nahe läge es jedoch, diese Frage dem EuGH vorzulegen, der – wie bereits für den Anwendungsbereich der EuZVO n.F. für die grenzüberschreitende Zustellung[74] – eine einheitliche EU-autonome Auslegung des völkerrechtlichen Begriffs im Sinne der Verordnung und damit zur Bestimmung von deren Anwendungsbereichs geben kann.

39 Nach den Präzisierungen des BGH richtet sich die Abgrenzung nicht nach dem Motiv oder Zweck der staatlichen Tätigkeit und auch nicht nach dem Zusammenhang mit hoheitlichen Aufgaben des Staates. Maßgebend für die Unterscheidung soll vielmehr die Natur der staatlichen Handlung oder des entstandenen Rechtsverhältnisses sein.[75] Entscheidend sei, ob der ausländische Staat in Ausübung der ihm zustehenden Hoheitsgewalt und damit öffentlich-rechtlich oder wie eine Privatperson, also privatrechtlich, tätig geworden ist.[76] Die immunitätsgeschützte staatliche Handlung kann auch in ein durch diesen Staat privatwirtschaftlich begründetes Grundverhältnis eingreifen[77] und immunisiert nachträglich ebenso Klagen aus vertraglichen Primär- und Sekundäransprüchen der Vertragsgläubiger.[78] Dabei ist es ausreichend, dass eine Entscheidung über die Rechtmäßigkeit der staatlichen Handlung inzident erforderlich ist. Auf den prozessualen Streitgegenstand kommt es ebenso wenig an wie auf eine Beteiligung des Staates. Danach werden staatliche Eingriffe in vertragliche privatrechtliche Rechtsbeziehungen, etwa durch den späteren Erlass eines Gesetzes wie im Falle des Schuldenschnitts Griechenlands, insgesamt von einer gerichtlichen Kontrolle außerhalb des Erlassstaates freigestellt (Fall der überholenden Immunität).[79] Diese für den Gläubiger harte Konsequenz ist aus Rücksicht vor der völkerrechtlichen Immunität bis zur Grenze

---

70 Zur terminologischen Entwicklung der Norm *R. Wagner* RIW 2014, 260, 263.
71 *R. Wagner* RIW 2014, 260, 262.
72 Daran würde auch die Erhebung der Einrede des Staatsnotstandes als allgemeine Regel des Völkerrechts (Art. 25 GG) nichts ändern; in Bezug auf argentinische Staatsanleihen verneinend BGH 24.2.2015, BeckRS 2015, 06140 = NJW 2015, 2328 Rdn. 11.
73 BVerfG 17.3.2014, NJW 2014, 1723 Rdn. 21; BGH 8.3.2016, BGHZ 209, 191 = BeckRS 2016, 06590 Rdn. 15, (unter Rdn. 13 wird eine Vorlage an den EuGH abgelehnt).
74 EuGH Rs C-226/13, u.a., ECLI:EU:C:2015:383 – Fahnenbrock (Immunität in Bezug auf griechische Staatsanleihen verneint). Jedoch stellt sich bei der Zustellung die Immunitätsfrage in diesem Verfahrensstadium noch nicht bzw. in einem anderen Licht, zutr. *Schinkels* LMK 2015, 371692 („rechtsaktautonom").
75 BGH 8.3.2016 BGHZ 209, 191, Rdn. 14; bestätigt durch BGH 19.12.2017, NJW 2018, 854 = BeckRS 2017, 139435 Rdn. 17; zust. Musielak/Voit/*Stadler* Art. 1 EuGVVO n.F. Rdn. 4; krit. *Geimer* IPRax 2017, 344, 347.
76 BGH 8.3.2016, BGHZ 209, 191 = BeckRS 2016, 06590 Rdn. 14, im Anschluss an BVerfG 30.4.1963 BVerfGE 16, 27, 61 f.; BAG, 14.2.2013 BAGE 144, 244 Rdn. 15; BAG 10.4.2013 NJW 2013, 2461 Rdn. 15.
77 BGH 19.12.2017 Rdn. 22, NJW 2018, 854 = BeckRS 2017, 139435; BGH 8.3.2016 Rdn. 17, BGHZ 209, 191 = BeckRS 2016, 06590; dagegen noch OLG Oldenburg 18.4.2016 ECLI:DE:OLGOL:2016:0418.13U43.15.0A, BeckRS 2016, 7146 = IPRax 2017, 373 und OLG Köln 12.5.2016 – 8 U 44/15 ECLI:DE:OLGK:2016:0512.8U44.15.0A, BeckRS 2016, 09602 = IPRax 2017, 378; ebenso *Geimer* IPRax 2017, 344, 345 f.
78 BGH 19.12.2017 NJW 2018, 854 = BeckRS 2017, 139435 Rdn. 25; zust. *Pfeiffer* IWRZ 2018, 76, 78; abl. Anm. *M. J. Müller* NJW 2018, 857; Anm. *Mankowski* WuB 2018, 185.
79 Abl. *Geimer* IPRax 2017, 344 („Es gibt keine überhohlende Immunität").

des völkerrechtlich ebenso anerkannten Verbots der entschädigungslosen Enteignung[80] hinzunehmen. Noch nicht abschließend geklärt ist dagegen die Frage, ob ein ausdrücklich erklärter Immunitätsverzicht des Schuldnerstaates, eine missachtete Stabilisierungsklausel oder eine Umschuldungsklausel („collective action clause") unter dem Gesichtspunkt von Treu und Glauben eine abweichende Beurteilung rechtfertigen könnten.[81] Dagegen führt der Einwand des Staatsnotstandes als allgemeiner Regel des Völkerrechts (Art. 25 GG) nicht zur Unzulässigkeit der Klage,[82] ggf. aber zur Abweisung wegen „force majeure".[83] Der Privatrechtssektor muss in Bezug auf die Begründung einer auch nur mittelbaren Vertragspartnerschaft zu einem Staat jedenfalls gewarnt werden.[84]

40 3. Einzelfälle. Zu den Strukturvorgaben können die Einzelfälle nicht immer eindeutig zugeordnet werden. Einteilen lassen sich diese nach der Parteirolle und der Verneinung oder Bejahung einer Zivil- und Handelssache:

a) Klagen gegen Privatpersonen

41 aa) Keine Zivil- und Handelssache. Klagen gegen Privatpersonen durch öffentliche Stellen, die im Rahmen der Ausübung hoheitlicher Tätigkeiten entstehen, sind regelmäßig keine Zivil- und Handelssachen.[85] Entsprechend ist der sachliche Anwendungsbereich der Verordnung nicht eröffnet für:
- die Durchsetzung von Gebühren für die Flugüberwachung und Flugsicherungsdienste;[86]
- die Durchsetzung von Gebühren für die Erteilung einer Baugenehmigung;[87]
- die Durchsetzung von Parkgebühren einer Gemeinde, die als Steuerforderung gegen den KFZ-Halter durchgesetzt werden.[88] Anders aber für privatrechtlich begründete Parkgebühren der öffentlichen Hand oder dazwischengeschalteter Intermediäre;[89]
- die Durchsetzung eines Bußgelds wegen Zuwiderhandlung gegen Vorschriften des Straßenverkehrs;[90]
- die kraft hoheitlicher Befugnis selbst titulierte Notarkostenrechnung.[91] Anders aber bei Durchsetzung sonstiger Honoraransprüche, etwa von Rechtsanwälten, Steuerberatern ua.;[92]

---

80 Zu Recht krit. *Geimer* IPRax 2017, 344, 347.
81 In der Konsequenz eher nicht; bejahend aber *Pfeiffer* IWRZ 2018, 76, 77.
82 Betreffend argentinische Staatsanleihen verneinend BGH v. 24.2.2015 – XI ZR 193/14, Rdn. 11 BeckRS 2015, 06140 = NJW 2015, 2328.
83 Näher *Weller/Grotz* JZ 2015, 989, 993 ff.(vorübergehendes Leistungsverweigerungsrecht aus § 275 Abs. 3 BGB analog)
84 Krit. Anm. *M. J. Müller* NJW 2018, 857 (Rückkehr zur überkommenen Konzeption von „Staatsschulden als Ehrenschulden"); *Pfeiffer* IWRZ 2018, 76, 78 empfiehlt ein Ausweichen auf die Schiedsgerichtsbarkeit.
85 Tendenzaussage s. Geimer/Schütze/*Pfeiffer*/*Peiffer* IRV, B Vor I Art. 1 VO (EU) Nr. 1215/2012, Rdn. 25; Musielak/Voit/*Stadler* Art. 1 EuGVVO n.F. Rdn. 2.
86 EuGH Rs C-29/76, ECLI:EU:C:1976:137 – Eurocontrol.
87 VG Schleswig-Holstein, 30.10.1990, 2 A 240/89, NJW 1991, 1129.
88 AG Münster 23.11.1994 IPRspr.1994, Nr. 146, S. 333.
89 EuGH Rs C-551/15, ECLI: EU:C:2017:193 – Pula Parking, Rdn. 39; EuGH Rs C-484/15, ECLI:EU:C:2017:199 – Zulfikarpašić, Rdn. 50.
90 OLG Brandenburg 25.1.2017 DAR 2017, 334, 335 (zu Art. 1 Abs. 1 LugÜ).
91 *Schlosser/Hess* Art. 1 EuGVVO Rdn. 12; *Kropholler/von Hein* Art. 1 EuGVVO Rdn. 7.
92 BGH 22.9.2005 IPRspr. 2005, Nr. 156, S. 428, Rdn. 4; Geimer/Schütze/*Pfeiffer*/*Peiffer* IRV, B Vor I Art. 1 VO (EU) Nr. 1215/2012, Rdn. 27; *Nagel/Gottwald* § 3 Rdn. 24.

- die Durchsetzung einer Kostenerstattung für hoheitliche Hilfe der Polizei oder anderer Verwaltungsbehörden zu Gunsten Privater;[93]
- Rückzahlungsansprüche des öffentlichen Sozialhilfeträgers aufgrund einer gesetzlichen Rückgriffsbefugnis. Anders aber, wenn die Sozialbehörde privatrechtliche Unterhalts- oder Erbansprüche auf sich übergeleitet hat und diese gegen die Privatperson durchsetzt.[94]

bb) Zivil- und Handelssache bejaht. *Bejaht wurde eine Zivil- und Handelssache für:* 42
- die Klage des Fiskus gegen den Bürgen einer besicherten Steuerforderung;[95]
- die Durchsetzung von Schadensersatzansprüchen wegen entgangener Steuern, wenn der Haftungsgrund zivilrechtlich ausgestaltet ist und der Fiskus nicht in einer öffentlich-rechtlichen Sonderbeziehung, sondern wie ein privater Gläubiger vorgeht, etwa aus einer Geschäftsführerhaftung wegen Insolvenzverschleppung als Ersatz für ausgefallene Steuerforderungen;[96]
- die Durchsetzung von Zwangsmitteln und Ordnungsgeldern, die der Durchsetzung von zivilrechtlichen Ansprüchen dienen (bspw. §§ 888, 890 ZPO),[97] wobei die staatliche Administration und die Vereinnahmung der Gelder durch den Staat unschädlich sind[98] und ebenso für
- deliktischen Schadensersatz des Fiskus aus der Beteiligung an einem Umsatzsteuerkarussell;[99]
- Ansprüche aus privatrechtlichen Verträgen, die die öffentliche Hand zur Erfüllung ihrer Aufgaben und Ziele abgeschlossen hat. Dies betrifft einerseits das fiskalische Handeln des Staates (Beschaffungsgeschäfte) als auch sonstiges privatwirtschaftliches Handeln (Verkehrswege, Einrichtungen usf.) wie auch Streitigkeiten im Zusammenhang mit Exportbürgschaften;[100]
- die Rückforderung überzahlter Entschädigungsleistungen aus ungerechtfertigter Bereicherung auf zivilrechtlicher Grundlage.[101] Anders aber für die Rückforderung einer Kartellbehörde für gezahlte Zinsen auf eine verhängte Geldbuße aus Wettbewerbsverstößen.[102] Zwar ist die Rechtsgrundlage hier ebenso zivilrechtlich ausgestaltet (ungerechtfertigte Bereicherung), jedoch ist die Zinsleistung untrennbar mit der verhängten Kartellbuße verknüpft.[103]

---

[93] EuGH Rs C-814/79, ECLI:EU:C:1980:291 – Rüffer, Rdn. 9 (Bergung eines Wracks aus einer Wasserstraße).
[94] EuGH Rs C-271/00, ECLI:EU:C:2002:656 – Baten, Rdn. 28 ff.
[95] EuGH Rs C-266/01, ECLI:EU:C:2003:282 – Préservatrice Foncière TIARD, Rdn. 41; EuGH Rs C-265/02, ECLI:EU:C:2004:77 – Frahuil, Rdn. 18 ff.
[96] OLG Stuttgart, 30.12.2010 ECLI:DE:OLGSTUT:2010:1230.5W71.09.0A = BeckRS 2012, 24206; bestätigt ohne Auseinandersetzung durch BGH, 8.11.2012 BeckRS 2012, 24175.
[97] Krit. *Althammer/Wolber* IPRax 2016, 51, 52.
[98] EuGH Rs C-406/09, ECLI:EU:C:2011:668 – Realchemie, Rdn. 41 f.; zust. *Giebel* NJW 2011, 3568; BGH 25.3.2010 BGHZ 185, 124 = NJW 2010, 1883 Rdn. 1 ff.
[99] EuGH Rs C-49/12, ECLI:EU:C:2013:545 – Sunico, Rdn. 41.
[100] *Schlosser/Hess* Art. 1 EuGVVO Rdn. 12; Geimer/Schütze/*Peiffer/Peiffer* IRV, B Vor I Art. 1 VO (EU) Nr. 1215/2012, Rdn. 39 f.
[101] EuGH Rs C-645/11, ECLI:EU:C:2013:228 – Sapir, Rdn. 38; zust. *Lund* IPRax 2014, 140, 142.
[102] EuGH Rs C-102/15, ECLI:EU:C:2016:607 – Gazdasági Versenyhivatal, Rdn. 39.
[103] Zustimmend *Wurmnest* EuZW 2016, 782, 784.

b) Klagen gegen den Staat

43 **aa) Keine Zivil- und Handelssache.** Klagen von Privatpersonen (natürliche und juristische) gegen die öffentliche Hand fallen nicht unter die Verordnung, sofern staatliche Stellen in Ausübung hoheitlicher Gewalt gehandelt haben („acta iure imperii", s.o.). Das Merkmal Zivil- und Handelssache ist zu verneinen, für
- Klagen aus Amtshaftungs- bzw. Staatshaftungsansprüchen. Das umfasst die nationale (§ 839 BGB, Art. 34 GG) ebenso wie die unionsrechtliche Staatshaftung (Art. 340 Abs. 2 AEUV), jedoch nur insoweit auch hoheitlich gehandelt wurde. Unbeachtlich ist dabei die Eigenschaft des Handelnden als Beamter, Beliehener oder Verwaltungshelfer;[104]
- Schadensersatzklagen wegen Kriegshandlungen;[105]
- Klagen aus Staatsanleihen soweit die zugrundeliegenden Ansprüche durch eine (nachträgliche) staatliche Gesetzgebung ausgelöst wurden.[106]

44 **bb) Zivil- und Handelssache bejaht.** *Bejaht wurde eine Zivil- und Handelssache für:*
- die Klage eines Schülers gegen den Träger einer öffentlichen Schule wegen der Verletzung einer Aufsichtspflicht im Rahmen eines Schulausfluges. Die Aufsichtspflicht hat der EuGH als privatrechtsgleich eingestuft und den Anwendungsbereich des EuGVÜ für eröffnet gesehen;[107]
- die Klage eines griechischen Lehrers an einer in Deutschland belegenen Schule gegen den griechischen Staat auf Lohnzahlung;[108]
- die Klage aus Staatsanleihen weil und soweit diese auf der privatrechtlichen Tätigkeit des Staates (Kapitalaufnahme durch Emission auf dem Privatmarkt) beruhen.[109] Die konkrete Ausgestaltung der Ausgabeform ist insoweit ohne Bedeutung;[110]
- die Klage auf Schadensersatz aus kartellrechtlichen Gründen gegen ein Staatsunternehmen.[111]

IV. Bereichsausschlüsse (Negativkatalog, Abs. 2)

45 Wird eine Klage auf Rechtsfragen gestützt, die in die von Abs. 2 lit. a–f aufgelisteten Sachrechtsgebiete fallen, ist die Verordnung nicht anwendbar. Maßgeblich ist der Streitgegenstand der Klage. Die Ausschlusswirkung greift mithin nur dann, wenn die bezeichneten Sachgebiete den Gegenstand des Rechtsstreits bilden.[112] Soweit die Rechtsbereiche

---

[104] EuGH Rs C-172/91, ECLI:EU:C:1993:144 – Sonntag, Rdn. 21 ff.; Geimer/Schütze/*Peiffer/Peiffer* IRV, B Vor I Art. 1 VO (EU) Nr. 1215/2012, Rdn. 34.
[105] EuGH Rs C-292/05, ECLI:EU:C:2007:102 – Lechouritou, Rdn. 37; näher s. *R. Wagner* RIW 2013, 851, 852f.
[106] BGH 8.3.2016 BGHZ 209, 191 = BeckRS 2016, 06590 Rdn. 14; BGH 19.12.2017 ECLI:DE:BGH:2017:191217UXIZR796.16.0 = NJW 2018, 854, Rdn. 19 f. Teilweise abweichend (Anwendungsbereich eröffnet jedenfalls für vertragliche Rückzahlungsansprüche) OLG Köln 12.5.2016 IPRax 2017, 378; OLG Oldenburg 18.4.2016, ECLI:DE:OLGOL:2016:0418.13U43.15.0A = IPRax 2017, 373.
[107] EuGH Rs C-172/91, ECLI:EU:C:1993:144 – Sonntag, Rdn. 23.
[108] EuGH Rs C-135/15, ECLI:EU:C:2016:774 – Nikiforidis, Rdn. 19; Schlussentscheidung BAG 26.4.2017 BeckRS 2017, 119890, Rdn. 17 f.
[109] BGH 8.3.2016 BGHZ 209, 191 = BeckRS 2016, 06590 Rdn. 14; BGH 19.12.2017 ECLI:DE:BGH:2017:191217UXIZR796.16.0 = NJW 2018, 854, Rdn. 19 f.
[110] A.A.: *Sandrock* RIW 2016, 549, 551 ff.; Geimer/Schütze/*Peiffer/Peiffer* IRV, B Vor I Art. 1 VO (EU) Nr. 1215/2012, Rdn. 36–38.
[111] EuGH Rs C-302/13, ECLI:EU:C:2014:2319 – flyLAL, Rdn. 37; zust. *Kohler* IPRax 2015, 500.
[112] *Jenard*-Bericht, ABl. EG 1979 Nr. C 59, S. 1, 10 u. 34.

nur vorfrageweise betroffen sind oder als präjudizielle Rechtsverhältnisse eine Rolle spielen, schließt dies die Anwendung der Verordnung nicht aus.[113] Allerdings lassen sich Haupt- und Vorfrage oder die Präjudizialität nicht nach den jeweiligen nationalen Streitgegenstandslehren lege fori beantworten und auch der sich entwickelnde weite unionale Streitgegenstandsbegriff mit einer Schwerpunktbetrachtung lässt sich nicht schematisch übertragen.

Vor diesem Hintergrund ist es eine von Art. 1 nicht beantwortete Frage, ob eine Entscheidung auch über die (sachlich an sich ausgeschlossene) Vorfrage in Rechtskraft erwächst und damit rechtskräftige Entscheidungen außerhalb des Anwendungsbereichs der Verordnung ermöglicht werden, was nicht allein aus kompetenziellen Erwägungen heraus problematisch erscheint.[114] Der EuGH hat mit Ausnahme einer Entscheidung zu dem daraufhin angepassten Art. 24 Nr. 4[115] eine Rechtskrafterstreckung auf Vorfragen bislang verneint.[116] Jedoch ist ein unionaler weiter Rechtskraftbegriff in der Rechtsprechung des EuGH angelegt[117] und wird durch eine enge Interpretation der Ausschlusstatbestände vermehrt auftreten. **46**

Die ausgenommenen Sachrechtsgebiete des Abs. 2 lit. a–f lassen sich in einem Regel-Ausnahme-Verhältnis verstehen.[118] Danach sind die Bereichsausschlüsse grundsätzlich als Ausnahmen eng auszulegen. Das lässt sich ansatzweise aus Erwägungsgrund (10) Hs. 1 herauslesen:[119] **47**

> „Der sachliche Anwendungsbereich dieser Verordnung sollte sich, von einigen genau festgelegten Rechtsgebieten abgesehen, auf den wesentlichen Teil des Zivil- und Handelsrechts erstrecken; [...]."

Gleichwohl liegt in der Öffnung für den „wesentlichen Teil des Zivil- und Handelsrechts" nicht mehr als eine Tendenzaussage. Ferner ist die Prämisse, wonach die herausgenommenen Rechtsgebiete „genau festgelegt" seien, eher ein rechtspolitischer Wunsch als eine legistische Tatsache. Über Regel und Ausnahme muss daher jeweils für jeden Bereichsausschluss gesondert entschieden werden. Eine allgemeine Regel, die eine enge Auslegung der Bereichsausschlüsse gebieten würde, besteht jedenfalls nicht.[120] **48**

1. Art. 1 Abs. 2 lit. a – Personenstand, Rechts- und Handlungsfähigkeit, gesetzliche Vertretung natürlicher Personen, Güterstände (ehelich und eheglich). Die unter lit. a versammelten Sachbereiche bzw. Sachrechtsfragen schließen personen- und **49**

---

113 EuGH Rs C-417/15, ECLI:EU:C:2016:881 – Schmidt, Rdn. 25; *Schlosser/Hess* Art. 1 EuGVVO Rdn. 6; Zöller/*Geimer* Art. 1 EuGVVO Rdn. 30; Rauscher/*Mankowski* Art. 1 Brüssel Ia-VO Rdn. 33.
114 Vgl. nur *Schack* FS Geimer, S. 611, 614 f.
115 Zu Art. 16 Nr. 4 EuGVÜ: EuGH Rs C-4/03, ECLI:EU:C:2006:457 – GAT, Rdn. 26, 29, 30.
116 EuGH Rs C-295/95, ECLI:EU:C:1997:168 – Jacky Farrell, Rdn. 21–25; EuGH Rs C-190/89, ECLI:EU:C:1991:319 – Marc Rich, Rdn. 19–21; zu Art. 22 Nr. 2 EuGVVO a.F.: EuGH Rs C-144/10, ECLI:EU:C:2011:300 – Berliner Verkehrsbetriebe, Rdn. 35 ff., zust. *Thole* IPRax 2011, 541, 547; EuGH Rs C-372/07, ECLI:EU:C:2008:534 – Hassett u. Doherty, Rdn. 22–26, zust. *Sujecki* EuZW 2008, 665, 667 f.
117 Zur Rechtskraft klageabweisender Prozessurteile s. EuGH Rs C-456/11, ECLI:EU:C:2012:719 – Gothaer Allgemeine Versicherung, Rdn. 40 f., abl. Anm. *H. Roth* IPRax 2014 136, 138 f.; *Koops* IPRax 2018, 11 ff.
118 So noch EuGH Rs C-143/78, ECLI:EU:C:1979:83 – De Cavel I, Rdn. 10. Zeitnahe Anpassung durch EuGH Rs C-120/79, ECLI:EU:C:1980:70 – De Cavel II, Rdn. 12; EuGH Rs C-220/95, ECLI:EU:C:1997:91 – Van den Boogaard, Rdn. 27.
119 EuGH Rs C-649/16, ECLI:EU:C:2017:986 – Peter Valach, Rdn. 25; EuGH Rs C-641/16, ECLI:EU:C:2017:847 – Tünkers France, Rdn. 19; EuGH Rs C-157/13, ECLI:EU:C:2014:2145 – Nickel & Goeldener, Rdn. 22 (Anm. *Thole* IPRax 2015, 396, 397).
120 A.A.: Zöller/*Geimer* Anh. I Art. 1 EuGVVO Rdn. 29.

güterrechtliche Fragen vom Anwendungsbereich der Verordnung aus. Die einzelnen Sachrechtsfragen lassen sich teilweise als Verweise auf speziellere und insoweit vorrangige Regeln lesen. Allen Sachgebieten unter lit. a ist eigen, dass sie sich nur auf natürliche Personen beziehen und auf die parallelen Fragen in Bezug auf juristische Personen und Personenvereinigungen (Gesellschaften und Vereine) nicht anzuwenden sind.[121] Ferner dürfen die genannten Sachbereiche nicht lediglich als Vorfragen oder präjudizielle Rechtsverhältnisse eine Rolle spielen.[122] Das ist allerdings im Hinblick auf die mitunter weite Auslegung des EuGH auch der Ausschlusstatbestände[123] nicht gesichert und muss daher einzelfallbezogen anhand der sachlichen Nähe des Streitgegenstands zum Ausschlusstatbestand entschieden werden.

50 a) **Personenstand.** Von lit. a erfasst und damit von der Anwendung der Brüssel Ia-VO ausgenommen sind Streitigkeiten über personenstandsrechtliche Fragen, insbesondere familienrechtliche Statusfragen.[124] So sind Verfahren ausgeschlossen, die das Bestehen einer Elternschaft (Vaterschaft und Mutterschaft einschließlich der Mehrelternschaften, Annahme als Kind) und weitere Kindschaftssachen (Sorgerecht, Umgangsrecht, Besuchsrechte) einschließlich Schutzmaßnahmen zum Gegenstand haben. Vorrangig gelten insoweit die unionsrechtlichen Verordnungen EuEheVO 2001[125] und 2005[126] sowie die völkervertraglichen Regeln des KSÜ,[127] MSA[128] und des ErwSÜ.[129] Die Abgrenzung folgt dabei den sachlichen und zeitlichen Anwendungsbereichen dieser Rechtsakte.

51 Gleiches gilt für den Bereich der Ehesachen (Eheschließung, Trennung, Scheidung, Trennung von Tisch und Bett, Eheaufhebung, Eheschutzverfahren) und weiterer Verfahren der freiwilligen Gerichtsbarkeit (Betreuungssachen, Entmündigung, Todeserklärung, Verschollenheitsverfahren). Sachbezogen vorrangig gelten für ihren jeweiligen Anwendungsbereich das KSÜ sowie die EuSchutzMVO.[130]

52 Jedoch ist darauf zu achten, dass eine direkte Ableitung und ein enger rechtlicher Bezug zu der Personenstandssache und dem damit verbundenen Status vorliegt. Mitumfasst von lit. a ist danach etwa die Anordnung von Zwangsgeld gegen den Personensor-

---

121 Geimer/Schütze/*Peiffer/Peiffer* IRV, B Vor I Art. 1 VO (EU) Nr. 1215/2012, Rdn. 49; MünchKomm/*Gottwald* Art. 1 VO (EU) 1215/2012 Rdn. 12; *Schlosser/Hess* Art. 1 EuGVVO Rdn. 15; Kropholler/*v. Hein* Art. 1 EuGVVO Rdn. 22.
122 EuGH Rs C-417/15, ECLI:EU:C:2016:881 – Schmidt, Rdn. 25.
123 EuGH Rs C-143/78, ECLI:EU:C:1979:83 – De Cavel I, Rdn. 10. Zeitnahe Anpassung durch EuGH Rs C-120/79, ECLI:EU:C:1980:70 – De Cavel II, Rdn. 12; EuGH Rs C-220/95, ECLI:EU:C:1997:91 – van den Boogaard, Rdn. 27.
124 Saenger/*Dörner* Art. 1 EuGVVO Rdn. 8; Thomas/Putzo/*Hüßtege* Art. 1 EuGVVO Rdn. 9; Musielak/Voit/*Stadler* Art. 1 EuGVVO n.F. Rdn. 4.
125 VO (EG) Nr. 1347/2000 des Rates v. 29.5.2000 über die Zuständigkeit und die Anerkennung und Vollstreckung von Entscheidungen in Ehesachen und in Verfahren betreffend die elterliche Verantwortung für die gemeinsamen Kinder der Ehegatten (ABl. EG 2000 L 160, S. 19).
126 VO (EG) Nr. 2201/2003 des Rates v. 27.11.2003 über die Zuständigkeit und die Anerkennung und Vollstreckung von Entscheidungen in Ehesachen und in Verfahren betreffend die elterliche Verantwortung und zur Aufhebung der Verordnung (EG) Nr. 1347/2000 (ABl. EU 2003 L 338, S. 1).
127 Haager Übereinkommen über die Zuständigkeit, das anzuwendende Recht, die Anerkennung, Vollstreckung und Zusammenarbeit auf dem Gebiet der elterlichen Verantwortung und der Maßnahmen zum Schutz von Kindern v. 19.10.1996.
128 Haager Übereinkommen über die Zuständigkeit der Behörden und das anzuwendende Recht auf dem Gebiet des Schutzes von Minderjährigen v. 5.10.1961.
129 Haager Übereinkommen über den internationalen Schutz von Erwachsenen v. 13.1.2000.
130 VO (EU) Nr. 606/2013 des Europäischen Parlaments und des Rates v. 12.6.2013 über die gegenseitige Anerkennung von Schutzmaßnahmen in Zivilsachen (ABl. EU 2013 L 181, S. 4).

geberechtigten zur Durchsetzung des Umgangsrechts des Vaters, weil die Zwangsanordnung akzessorisch zum Umgangsrecht als der ausgeschlossenen Materie anzusehen ist.[131] Dagegen soll lit. a nicht auch Scheidungsvereinbarungen erfassen, die nur anlässlich der Scheidung die vermögensrechtlichen Folgen betreffen.[132]

Ebenso erfasst werden vom Ausschlusstatbestand personenstandsrechtliche Fragen im Zusammenhang mit der Staatsangehörigkeit, insbesondere der Erwerb oder Verlust einer Staatsangehörigkeit, soweit diese Fragen nicht ohnehin als öffentlich-rechtliche Streitigkeit ausgeschlossen sind.[133] 53

Keine Bedeutung hat die prozessuale Behandlung dieser Verfahren in den nationalen Prozessrechten, etwa ob über sie im Verbund entschieden wird oder eine Abtrennung erfolgt.[134] 54

b) Rechts- und Handlungsfähigkeit. Von lit. a erfasst und damit von der Anwendung der Brüssel Ia-VO ausgenommen sind die Rechts- und Handlungsfähigkeit einer natürlichen Person. In der englischen Sprachfassung zusammengefasst als „legal capacity" bezeichnet. Darunter fällt daher auch die kollisionsrechtlich gleichgestellte, aber eigens ausgewiesene Geschäftsfähigkeit der natürlichen Person (Art. 13 Rom I-VO, Art. 7 u. 12 EGBGB).[135] Es geht mithin um fehlende oder beschränkte Geschäftsfähigkeiten und diese sind regelmäßig mit der ebenso ausgeschlossenen Frage der gesetzlichen Vertretung sowie den zugehörigen Genehmigungserfordernissen verknüpft. 55

Lit. a erfasst danach etwa das gerichtliche Genehmigungsverfahren für Verfügungen einer geschäftsunfähigen Person über unbewegliches Vermögen, weil das Genehmigungserfordernis und damit das hierzu erforderliche Verfahren eine unmittelbare Folge der Geschäftsunfähigkeit ist.[136] Betreuungsrechtliche Genehmigungserfordernisse werden wie im IPR (s. Art. 3 lit. f und g, Art. 13 Abs. 1 ErwSÜ, Art. 24 Abs. 3 EGBGB) dem Betreuungsrecht zugeordnet und nicht dem (dinglichen) Rechtsgeschäft für das das Genehmigungserfordernis besteht. Das gilt auch dann, wenn – wie im deutschen Betreuungsrecht – die Zustimmung des Betreuers auch ohne eine Einschränkung der Geschäftsfähigkeit des Betreuten erforderlich ist.[137] Gegenstand derartiger ausgeschlossener Verfahren ist ihr Charakter als Schutzmaßnahme.[138] 56

Der Ausschluss nach lit. a greift daher nicht ein, wenn das Genehmigungserfordernis nicht selbst den Gegenstand des Verfahrens bildet, sondern lediglich eine Vorfrage im Verfahren über die Folgen des von der Genehmigung betroffenen Rechtsgeschäfts, etwa über den Bestand und die Wirksamkeit eines Vertrages, betrifft. In diesen Fällen bleibt es bei der Anwendung der Brüssel Ia-VO.[139] 57

---

131 EuGH Rs C-4/14, ECLI:EU:C:2015:563 – Bohez, Rdn. 35 ff.; i.Erg. zust. *Hau* IPRax 2017, 470, 471 f.
132 Siehe EuGH Rs C-120/79, ECLI:EU:C:1980:70 – De Cavel II, Rdn. 6 ff.; Rauscher/*Mankowski* Art. 1 Brüssel Ia-VO Rdn. 52; Saenger/*Dörner* Art. 1 EuGVVO Rdn. 8.
133 Für eine analoge Anwendung *Schlosser/Hess* Art. 1 EuGVVO Rdn. 5.
134 *Schlosser/Hess* Art. 1 EuGVVO Rdn. 15; Rauscher/*Mankowski* Art. 1 Brüssel Ia-VO Rdn. 52.
135 Rauscher/*Mankowski* Art. 1 Brüssel Ia-VO Rdn. 53; Thomas/Putzo/*Hüßtege* Art. 1 EuGVVO Rdn. 10; Schlussanträge GAin *Kokott* 7.6.2016, Rs C-417/15, ECLI:EU:C:2016:535 – Schmidt, Rdn. 22 ff.
136 EuGH Rs C-386/12, ECLI:EU:C:2013:633 – Schneider, Rdn. 26; zust. *v. Hein* IPRax 2015, 198, 199.
137 *von Hein* IPRax 2015, 198, 199.
138 EuGH Rs C-386/12, ECLI:EU:C:2013:633 – Schneider, Rdn. 25 f.; Rauscher/*Mankowski* Art. 1 Brüssel Ia-VO Rdn. 56; Geimer/Schütze/*Peiffer*/*Peiffer* IRV, B Vor I Art. 1 VO (EU) Nr. 1215/2012, Rdn. 51.
139 *von Hein* IPRax 2015, 198, 200; Rauscher/*Mankowski* Art. 1 Brüssel Ia-VO Rdn. 56; Thomas/Putzo/*Hüßtege* Art. 1 EuGVVO Rdn. 11; *Hausmann*/Odersky § 9 Rdn. 32.

58 **c) Gesetzliche Vertretung natürlicher Personen.** Von lit. a erfasst und damit von der Anwendung der Brüssel Ia-VO ausgenommen sind ferner die Vertretungsbefugnisse der Eltern für ihre Kinder, Fragen der elterlichen Sorge, die von der Brüssel IIa-VO erfasst werden und ebenso Betreuer- und Pflegerbestellungen.[140] Lit. a schließt auch hier nur die das Vertretungsrecht unmittelbar betreffenden Verfahren aus, nicht auch die das Hauptgeschäft betreffenden Verfahren für die die Vertretung nur eine Vorfrage darstellt.

59 **d) Güterrecht.** Von lit. a erfasst und damit von der Anwendung der Brüssel Ia-VO ausgenommen sind Verfahren mit Bezug zu ehelichen und diesen gleichgestellten Güterständen. Die Abgrenzung erfolgt über den anwendungsschädlichen Zusammenhang der Klage zur Ehe oder zu den gleichgestellten Verhältnissen in Bezug auf das Güterrecht. Im euroautonom zu bestimmenden Begriff des Güterrechts geht es um Vermögensausgleiche und Rechte an Vermögensgegenständen, die sich unmittelbar aus der rechtlichen Sonderbeziehung ergeben. Keine Rolle spielt, ob die Entstehung des Güterstands auf Vertrag oder Gesetz beruht.[141]

60 Maßstabbildend dürfte insoweit der Anwendungsbereich der EuGüVO[142] werden (ab 29.1.2019 in Kraft). Art. 1 Abs. 2 EuGüVO ist auf eheliche Güterstände anzuwenden und versteht nach Art. 3 lit. a EuGüVO darunter „sämtliche vermögensrechtlichen Regelungen, die zwischen den Ehegatten und in ihren Beziehungen zu Dritten aufgrund der Ehe oder der Auflösung der Ehe gelten."[143] Im Auslegungsverbund mit den Rom I und II-VOen kann aber auch auf die entsprechenden Ausschlussklauseln dort (Art. 1 Abs. 2 lit. c Rom I-VO; Art. 1 Abs. 2 lit. b Rom II-VO) und die dazu ergangene Rechtsprechung verwiesen werden.[144] Im Unterschied zum Unterhaltsrecht, das nach Art. 1 Abs. 2 lit. e der Brüssel Ia-VO ausgeschlossen ist, aber noch von der Brüssel I-VO erfasst wurde, spielen Bedürfnis und Leistungsfähigkeit der Parteien[145] für die Einordnung zum Güterrecht keine Rolle.

61 Der EuGH fasst den erforderlichen Zusammenhang zwischen Klagegegenstand und Güterrecht weit und sieht ebenso alle Klagen aus vermögensrechtlichen Beziehungen, die sich unmittelbar aus der Ehe oder aus ihrer Auflösung ergeben,[146] für ausgeschlossen an. So sah er eine Teilungsklage aus einem ehebedingt zu Miteigentum erworbenen Gegenstand auch nach Abschluss des Scheidungsverfahrens für von lit. a erfasst an.[147] Diese Rechtsprechung wird man dahin zu deuten haben, dass bereits im Vorgriff auf die ab dem 29.1.2019 in Kraft tretende EuGüVO (s. Art. 69), deren Anwendungsbereich für den Ausschluss der Brüssel Ia-VO maßgeblich ist.[148] Entsprechend werden auch Hausratsver-

---

140 Zöller/*Geimer* Anh. I Art. 1 EuGVVO Rdn. 30; Saenger/*Dörner* Art. 1 EuGVVO Rdn. 8; Rauscher/*Mankowski* Art. 1 Brüssel Ia-VO Rdn. 53.
141 Rauscher/*Mankowski* Art. 1 Brüssel Ia-VO Rdn. 57; Kropholler/*von Hein* Art. 1 EuGVVO Rdn. 26; Geimer/Schütze/*Peiffer/Peiffer* IRV, B Vor I Art. 1 VO (EU) Nr. 1215/2012, Rdn. 54.
142 VO (EU) Nr. 2016/1103 des Rates v. 24.6.2016 zur Durchführung einer Verstärkten Zusammenarbeit im Bereich der Zuständigkeit, des anzuwendenden Rechts und der Anerkennung und Vollstreckung von Entscheidungen in Fragen des ehelichen Güterstands (ABl. EU 2016 L 183, S. 1).
143 Siehe dazu *Andrae* IPRax 2018, 221.
144 Krit. dazu aber *Andrae* Internationales Familienrecht, 2014, § 3 Rdn. 210 ff.; 230 ff.
145 EuGH Rs C-220/95, ECLI:EU:C:1997:91 – Van den Boogaard, Rdn. 22; zur paradigmatischen Funktion dieser Vermögensverteilung *G. Schulze* Bedürfnis und Leistungsfähigkeit im internationalen Unterhaltsrecht, 1998, S. 87 ff.
146 EuGH Rs C-143/78, ECLI:EU:C:1979:83 – De Cavel I, Rdn. 7; EuGH Rs C-25/81, ECLI:EU:C:1982:116 – C.H.W., Rdn. 9; EuGH Rs C-67/17, ECLI:EU:C:2017:459 – Iliev, Rdn. 28.
147 EuGH Rs C-67/17, ECLI:EU:C:2017:459 – Iliev, Rdn. 29 f.
148 *Mankowski* IPRax 2017, 541, 549; *Mansel/Thorn/Wagner* IPRax 2018, 121, 133 f.; *Dimmler* FamRB 2018, 3.

teilungsverteilungsverfahren nach lit. a vom Anwendungsbereich der Brüssel Ia-VO ausgenommen[149] und richtigerweise auch Ausgleichsforderungen aus geleisteten Kreditverbindlichkeiten in Bezug auf die Ehewohnung ebenso wie Ersatzansprüche für die Nutzung der Ehewohnung.[150] Im Vorgriff auf den weiten Anwendungsbereich der EuGüVO sollte entsprechendes für Ausgleichsforderungen aus einer stillschweigend vereinbarten Ehegatteninnengesellschaft gelten, die nach dem hierauf anwendbaren Recht funktional einem güterrechtlichen Ausgleich entsprechen.[151]

Gleiches gilt für gesamtschuldnerische Ausgleichsansprüche, sofern die gemeinsam begründeten Schulden einen Bezug zur Ausgestaltung der ehelichen Lebensverhältnisse hatten, sei es, dass sie das alltägliche Zusammenleben betrafen oder bei der Trennung zum Tragen kamen.[152] **62**

Der erforderliche enge Zusammenhang zum Güterrecht und damit ein Ausschluss nach lit. a dürfte ebenso zu bejahen sein für den Verkauf von Anteilen am ehelichen Gemeinschaftsgut, für Grundstückszuweisungen unter Ehegatten oder für Ansprüche aus der Vermögensverwaltung kraft gesetzlichen Güterrechts.[153] **63**

Kein ausreichender Zusammenhang liegt jedoch vor, wenn die Rechtsbeziehung unter den Ehegatten nicht durch das Eheleben oder das Güterrecht beeinflusst ist, sondern auch unabhängig und ohne inneren Bezug zur Ehe vorgenommen worden ist. Daher bleibt die Brüssel Ia-VO anwendbar für Schenkungen unter Ehegatten,[154] ausdrückliche (gewöhnliche) Ehegatteninnengesellschaften,[155] Auftrags- oder Geschäftsbesorgungsverträge und Arbeitsverträge unter Ehegatten.[156] Das gilt entsprechend auch für Fälle in denen nur ein wirtschaftlicher Zusammenhang besteht, etwa wenn ein Ehegatte einen Vermögensgegenstand veräußert, um mit dem Erlös den anderen auszuzahlen.[157] **64**

Für Ansprüche aus einem Verlöbnisbruch, etwa die Rückforderung von Verlobungsgeschenken, gilt die Brüssel Ia-VO. Lit. a schließt diesen Fragenkreis schon deshalb nicht aus, weil im Vorfeld zur Eheschliessung güterrechtliche Aspekte keine Rolle spielen.[158] **65**

Eine tendenziell weite Auslegung der lit. a legt dagegen nahe, dass die Vermögensfolgen einer Ehe (außer dem Unterhaltsrecht, s. lit. e) insgesamt vom Ausschlustatbestand erfasst werden, so dass auch Verfahren des Versorgungsausgleichs ausgenommen sind.[159] **66**

---

149 *Schlosser/Hess* Art. 1 EuGVVO Rdn. 16; Rauscher/*Mankowski* Art. 1 Brüssel Ia-VO Rdn. 58; Thomas/Putzo/*Hüßtege* Art. 1 EuGVVO Rdn. 11.
150 **A.A.:** OGH 27.5.2015 IPRax 2017, 515 ff.; zu Recht ablehnend *Andrae* IPRax 2017, 526, 528 f.
151 So nach dem deutschen Recht. Zur akzessorischen Anknüpfung an das Güterrechtsstatut im Rahmen der schuldvertraglichen Ausweichklausel des Art. 28 Abs. 5 EGBGB a.F., BGH 10.6.2015 IPRax 2016, 287 Rdn. 18 f.; zust. *Wedemann* IPRax 2016, 252, 255 f.; *Schlosser/Hess* Art. 1 EuGVVO Rdn. 16.
152 Anders noch BGH 26.9.2007, NJW 2007, 3564 („ehebedingtes Darlehen").
153 *Schlosser/Hess* Art. 1 EuGVVO Rdn. 16; Rauscher/*Mankowski* Art. 1 Brüssel Ia-VO Rdn. 58 f.; Kropholler/*von Hein* Art. 1 EuGVVO Rdn. 27.
154 Rauscher/*Mankowski* Art. 1 Brüssel Ia-VO Rdn. 59.
155 Saenger/*Dörner* Art. 1 EuGVVO Rdn. 9; **a.A.:** Geimer/Schütze/*Peiffer*/*Peiffer* IRV, B Vor I Art. 1 VO (EU) Nr. 1215/2012, Rdn. 57.
156 Thomas/Putzo/*Hüßtege* Art. 1 EuGVVO Rdn. 11; Rauscher/*Mankowski* Art. 1 Brüssel Ia-VO Rdn. 59; Saenger/*Dörner* Art. 1 EuGVVO Rdn. 9; Kropholler/*von Hein* Art. 1 EuGVVO Rdn. 27.
157 Rauscher/*Mankowski* Art. 1 Brüssel Ia-VO Rdn. 58.
158 MünchKomm/*Gottwald* Art. 1 VO (EU) 1215/2012 Rdn. 16; Geimer/Schütze/*Peiffer*/*Peiffer* IRV, B Vor I Art. 1 VO (EU) Nr. 1215/2012, Rdn. 60; Rauscher/*Mankowski* Art. 1 Brüssel Ia-VO Rdn. 61; **a.A.:** *Geimer*/Schütze Art. 1 EuGVVO a.F. Rdn. 114.
159 Rauscher/*Mankowski* Art. 1 Brüssel Ia-VO Rdn. 58; Kropholler/*von Hein* Art. 1 EuGVVO Rdn. 27; Thomas/Putzo/*Hüßtege* Art. 1 EuGVVO Rdn. 11; *Hausmann*/Odersky § 12 Rdn. 8; Mansel/Thorn/*Wagner* IPRax 2017, 1, 5.

67 Die Ausnahme der lit. a gilt auch für Partnerschaften mit eigenem Güterrechtsregime. Das zielt auf den Anwendungsbereich der vorrangigen EuPartVO,[160] so dass vermögensrechtliche Ausgleichsansprüche unter gleichgeschlechtlichen eingetragenen Partnerschaften wie auch gleichgeschlechtlichen Ehen von lit. a erfasst werden.[161]

68 Umstritten ist, ob die lit. a entsprechend auch die vermögensrechtlichen Ausgleichsansprüche unter Partnern nichtehelicher bzw. faktischer Lebensgemeinschaften[162] vom Anwendungsbereich der Brüssel Ia-VO ausnimmt. Sofern die geltend gemachten Ansprüche einen inneren Bezug zum gemeinschaftlichen Zusammenleben aufweisen, spricht die funktionelle Parallelität für deren Herausnahme.[163] Allerdings werden die ungebundenen Formen des Zusammenlebens – unabhängig vom Geschlecht der Partner der nichtehelichen Lebensgemeinschaft – von der EuPartVO nicht erfasst (s. Erwägungsgrund (16) EuPartVO). Ferner dürfte ein Gleichlauf der faktischen Gemeinschaften zu den verrechtlichten Gemeinschaften dem Distanzgebot widersprechen, sofern man ein solches aufrechterhalten will. Insoweit spricht mehr für die herrschende Meinung, die die Brüssel Ia-VO für anwendbar hält.[164]

69 **2. Art. 1 Abs. 2 lit. b – Konkurse, Vergleiche und ähnliche Verfahren.** Das unter der Bezeichnung „Konkurse, Vergleiche und ähnliche Verfahren" zusammengefasste Sachgebiet meint die Herausnahme von Insolvenzverfahren. Gemeint sind damit Verfahren nach mitgliedstaatlichem Recht, die nach dem EuGH[165]

> „auf der Zahlungseinstellung, der Zahlungsunfähigkeit oder der Erschütterung des Kredits des Schuldners beruhen und ein Eingreifen der Gerichte beinhalten, das in eine zwangsweise Liquidation der Vermögenswerte des Schuldners oder zumindest in eine Kontrolle der Gerichte mündet."

70 Der Ausschlusstatbestand folgt dem Anwendungsbereich der damit abgegrenzten und insoweit vorgehenden EuInsVO. Das betrifft den von Art. 1 Abs. 1 EuInsVO 2000[166] genannten Anwendungsbereich für Verfahren die bis zum 25.6.2017 eröffnet wurden und inhaltsgleich für die mit Wirkung für Verfahren ab 26.6.2017 in Kraft getretene Neufassung Art. 1 Abs. 1 EuInsVO 2015[167] (s. Art. 84).

71 Die erfassten Gesamtverfahren sind in einem Anhang A der beiden Verordnungen aufgeführt (für Deutschland: Konkurs-, gerichtliches Vergleichs-, Gesamtvollstreckungs- und Insolvenzverfahren),[168] wobei diese Listen nicht abschließend sind (Erwägungs-

---

160 VO (EU) Nr. 2016/1104 des Rates v. 24.6.2016 zur Durchführung der Verstärkten Zusammenarbeit im Bereich der Zuständigkeit, des anzuwendenden Rechts und der Anerkennung und Vollstreckung von Entscheidungen in Fragen güterrechtlicher Wirkungen eingetragener Partnerschaften (ABl. EU 2016 L 183, S. 30).
161 Saenger/*Dörner* Art. 1 EuGVVO Rdn. 9.
162 Zum Begriff und Erscheinungsformen: NK-BGB/*Andrae* Anh. II zu Art. 13 EGBGB Rdn. 1 ff.; Hausmann/Odersky § 13 Rdn. 96 ff.; *Spickhoff* in: Michaels/Solomon (Hrsg.), S. 285, 287 ff.
163 Rauscher/*Mankowski* Art. 1 Brüssel Ia-VO Rdn. 61; Baumbach/Lauterbach/Albers/*Hartmann* Art. 1 EuGVVO Rdn. 6. **a.A.:** h.M. (s. nachfolgende Fn.).
164 Geimer/Schütze/*Peiffer/Peiffer* IRV, B Vor I Art. 1 VO (EU) Nr. 1215/2012, Rdn. 60; MünchKomm/*Gottwald* Art. 1 VO (EU) 1215/2012 Rdn. 16; Saenger/*Dörner* Art. 1 EuGVVO Rdn. 9; Schlosser/Hess Art. 1 EuGVVO Rdn. 16; *Geimer*/Schütze Art. 1 EuGVVO a.F. Rdn. 114; Kropholler/*von Hein* Art. 1 EuGVO Rdn. 27a; *R. Wagner* FamRZ 2009, 269, 270.
165 EuGH Rs C-133/78, ECLI:EU:C:1979:49 – Gourdain, Rdn. 4.
166 VO (EG) Nr. 1346/2000 des Rates v. 29.5.2000 über Insolvenzverfahren (ABl. EG 2000 L 160, S. 1).
167 VO (EU) Nr. 2015/848 des Europäischen Parlaments und des Rates v. 20.5.2015 über Insolvenzverfahren (ABl. EU 2015 L 141, S. 19).
168 Neugefasst durch: VO (EU) 2017/353 des Europäischen Parlaments und des Rates vom 15.2.2017 zur Ersetzung der Anhänge A und B der VO (EU) 2015/848 (ABl. EU 2017 L 57, S. 19).

grund (7) S. 4 EuInsVO 2015) und insbesondere auch Einzelverfahren, die vor, während oder nach dem Insolvenzverfahren durchgeführt werden und im unmittelbaren Zusammenhang zum Gesamtverfahren stehen, erfasst und damit hier ausgeschlossen werden. Besondere Probleme bereitet die Einordnung insolvenzrechtlicher Annexverfahren in den Anwendungsbereich entweder der Brüssel Ia-VO oder der EuInsVO.[169]

a) Direkte Ableitung aus dem Insolvenzrecht und enge Verknüpfung mit dem Insolvenzverfahren. Legislatives Ziel ist ein lückenloses Ineinandergreifen der Brüssel Ia-VO und der EuInsVO. Erwägungsgrund (7) S. 3 EuInsVO 2015 lautet: **72**

> „Die vorliegende Verordnung ist so auszulegen, dass Rechtslücken zwischen den beiden vorgenannten Rechtsinstrumenten [Brüssel Ia-VO und EuInsVO] so weit wie möglich vermieden werden. [...]"

Für die Abgrenzung der Anwendungsbereiche ergibt sich daraus eine normative Auslegungsleitlinie[170] mit dem Ziel, Rechtsschutzlücken zu vermeiden.[171] Der EuGH spricht von spiegelbildlichen Anwendungsbereichen[172] (Lückenlosigkeitsdoktrin),[173] wobei jedoch bei einem Ausschluss der Brüssel Ia-VO und der Eröffnung des Anwendungsbereichs der EuInsVO (Art. 3) eine Konzentrationswirkung eintritt, weil das forum concursus eine ausschließliche Zuständigkeit begründet. Bei aller Vagheit dieses Argumentationstopos lässt sich aus Erwägungsgrund (10) Hs. 1 der Brüssel Ia-VO herauslesen, dass diese tendenziell weit, während die Bereichsausschlüsse tendenziell eng auszulegen sind.[174] Entsprechend ist auch nach Erwägungsgrund (6) der EuInsVO 2000 und 2015 der Anwendungsbereich dieser Verordnungen begrenzt, woraus ebenso eine enge Auslegung für die Abgrenzung der Anwendungsbereiche folgen soll.[175] S. 1 des Erwägungsgrundes (6) der EuInsVO 2015 lautet: **73**

> „(6) Diese Verordnung sollte Vorschriften enthalten, die die Zuständigkeit für die Eröffnung von Insolvenzverfahren und für Klagen regeln, die sich direkt aus diesem Insolvenzverfahren ableiten und eng damit verknüpft sind. [...]"

Die Rechtsprechung des EuGH rekurriert für die Abgrenzung auf die zwei genannten Kriterien, die ihrerseits auf der Kodifikation der früheren EuGH-Rechtsprechung (sog. Gourdain-Formel)[176] beruht: (1) die unmittelbare (direkte) Ableitung der den Klagen **74**

---

169 *Piekenbrock* ZIP 2014, 2067, 2071 f.
170 *Schlosser*-Bericht zum EuGVÜ, ABl. EWG 1979 C 59/71, Nr. 53.
171 *Schlosser/Hess* Art. 1 EuGVVO, Rdn. 19 u. 21 d.
172 EuGH Rs C-213/10 ECLI:EU:C:2012:215 – F-Tex, Rdn. 21, 29, 48; EuGH Rs C-649/16, ECLI:EU:C:2017:986 – Peter Valach, Rdn. 24; EuGH Rs C-641/16, ECLI:EU:C:2017:847 – Tünkers France, Rdn. 18.
173 Bezogen auf den *Schlosser*-Bericht zum EuGVÜ, ABl. EWG 1979 C 59/71, Nr. 53; *Mankowski* NZI 2018, 46, 47 („Die Doktrin des lückenlosen Aneinanderschmiegens ist bereits 40 Jahre alt."), zur Gordain-Formel EuGH Rs C-133/78, ECLI:EU:C:1979:49 – Gourdain s. nachfolgend.
174 EuGH Rs C-292/08, ECLI:EU:C:2009:544 – German Graphics, Rdn. 22 ff.; Rauscher/*Mankowski* Art. 1 Brüssel Ia-VO Rdn. 2; Musielak/Voit/*Stadler* Art. 1 EuGVVO n.F. Rdn. 3; Geimer/Schütze/*Peiffer/Peiffer* IRV, B Vor I Art. 1 VO (EU) Nr. 1215/2012, Rdn. 46; Zöller/*Geimer* Anh. I Art. 1 EuGVVO Rdn. 29.
175 EuGH Rs C-649/16, ECLI:EU:C:2017:986 – Peter Valach, Rdn. 25; EuGH Rs C-641/16, ECLI:EU:C:2017:847 – Tünkers France, Rdn. 18; EuGH Rs C-157/13, ECLI:EU:C:2014:2145 – Nickel & Goeldener Spedition, Rdn. 21 f. (Anm. *Thole* IPRax 2015, 396, 397).
176 Ausgehend von EuGH Rs C-133/78, ECLI:EU:C:1979:49 – Gourdain; s. Geimer/Schütze/*Peiffer/Peiffer* IRV, B Vor I Art. 1 VO (EU) Nr. 1215/2012, Rdn. 64; Musielak/Voit/*Stadler* Art. 1

zugrundeliegenden Ansprüche und der damit verbundenen Pflichten. Entscheidend soll dabei die insolvenzrechtliche Rechtsgrundlage bzw. der insolvenzrechtliche Ursprung der als verletzt gerügten Pflichten sein.[177] Kriterium (2) ergänzt dies um das eher vage Erfordernis einer engen Verknüpfung mit dem Insolvenzverfahren. Die hinreichende Enge des Zusammenhangs zwischen der gerichtlichen Klage und dem Insolvenzverfahren soll sich aus dem Einfluss ergeben, den die Pflichtverletzung auf das Insolvenzverfahren haben kann.[178] Paradefall für eine solche hinreichende Enge ist die Insolvenzanfechtung.[179] Nicht ausreichend ist dagegen die Beteiligung eines Insolvenzverwalters an dem Rechtsstreit als alleiniger Bezugspunkt zu einem Insolvenzverfahren.[180]

75 Als materielle Leitlinie für die direkte Ableitung und die enge Verknüpfung kann gelten, dass alle in Art. 7 Abs. 2 EuInsVO 2015 aufgelisteten Aspekte insolvenzrechtlich einzuordnen sind und ergänzt werden durch die insolvenzrechtliche Qualifikation lege fori (Art. 7 Abs. 1 EuInsVO 2015).[181] Die EuInsVO verweist dagegen für alle insolvenzferneren Annexsachen durch Art. 32 Abs. 2 EuInsVO 2015 auf die Brüssel Ia-VO. Zu beachten ist dabei aber stets, dass Verfahren, die nicht unter die EuInsVO fallen nur dann von der Brüssel Ia-VO erfasst werden, wenn deren Anwendungsbereich auch im Übrigen erfasst ist, also eine Zivilsache und keine Steuer- oder Verwaltungssache vorliegt.

76 Der Ausschluss nach lit. b umfasst auch Verbraucherinsolvenzverfahren, auf die sich die EuInsVO erstreckt (Erwägungsgrund (10) S. 3 EuInsVO 2015).

77 Ebenso werden Verfahren des einstweiligen Rechtsschutzes von der EuInsVO erfasst,[182] so dass sie aus dem Anwendungsbereich der Verordnung fallen und auch insoweit ein gespaltenes Regime vermieden wird.

78 **b) Ausgenommene Verfahren.** Von lit. b erfasst und damit von der Anwendung der Brüssel Ia-VO ausgenommen sind folgende Verfahren:
- die deliktische Schadensersatzklage gegen Mitglieder eines Gläubigerausschusses wegen ihres Verhaltens bei der Abstimmung über einen Sanierungsplan (Ablehnung) im Insolvenzverfahren;[183]
- die Rückforderungsklage des Verwalters aus Insolvenzanfechtung;[184]
- die Klage betreffend den Umfang der Verfügungsbefugnis des Insolvenzverwalters über Gegenstände der Masse;[185]

EuGVVO n.F. Rdn. 6; MünchKomm/*Gottwald* Art. 1 VO (EU) 1215/2012 Rdn. 19; krit. *Mankowski* NZI 2014, 922.
177 EuGH Rs C-157/13, ECLI:EU:C:2014:2145 – Nickel & Goeldener Spedition, Rdn. 27. Bejaht etwa für die Verpflichtung der Beteiligten im Sanierungsverfahren, im gemeinsamen Interessen aller Gläubiger vorzugehen, EuGH Rs C-649/16, ECLI:EU:C:2017:986 – Peter Valach, Rdn. 32–36; verneint für das unlautere geschäftliche Verhalten einer Übernehmerin eines Geschäftsbereichs aus einer insolvenzrechtlichen Veräußerung, EuGH Rs C-641/16, ECLI:EU:C:2017:847 – Tünkers France, Rdn. 26f.
178 Bejaht etwa für das pflichtwidrige Verhalten des Gläubigerausschusses im Sanierungsverfahren in Bezug auf ein nachfolgendes Insolvenzverfahren, EuGH Rs C-649/16, ECLI:EU:C:2017:986 – Peter Valach, Rdn. 37f.; verneint für unlautere Geschäftspraktiken einer Übernehmerin eines Geschäftsbereichs aus einer insolvenzrechtlichen Veräußerung, EuGH Rs C-641/16, ECLI:EU:C:2017:847 – Tünkers France, Rdn. 30f.
179 EuGH Rs C-339/07, ECLI:EU:C:2009:83 – Christopher Seagon.
180 EuGH Rs C-292/08, ECLI:EU:C:2009:544 – German Graphics, Rdn. 33.
181 Rauscher/*Mankowski* Art. 1 Brüssel Ia-VO Rdn. 64; Musielak/Voit/*Stadler* Art. 1 EuGVVO n.F. Rdn. 6.
182 Rauscher/*Mankowski* Art. 1 Brüssel Ia-VO Rdn. 64; *Kindler/Sakka* EuZW 2015, 460, 461.
183 EuGH Rs C-649/16, ECLI:EU:C:2017:986 – Peter Valach, Rdn. 25.
184 EuGH Rs C-339/07, ECLI:EU:C:2009:83 – Christopher Seagon; bei in Deutschland eröffneten Insolvenzverfahren verbunden mit einem Notgerichtsstand bei einem Anspruchsgegner ohne inländischen Gerichtsstand, BGH 29.5.2009 NJW 2009, 2215 (§ 19a ZPO analog).
185 EuGH Rs C-111/08, ECLI:EU:C:2009:419 – SCT Industri.

- die Klage des Insolvenzverwalters gegen die Geschäftsführer der Insolvenzschuldnerin auf Rückzahlung von Zahlungen nach Eintritt der Insolvenzreife;[186]
- die französische Klage *en comblement du passif social* des Insolvenzverwalters gegen die Führungskräfte der Gesellschaft.[187]

c) Nicht ausgenommene Verfahren. Von lit. b nicht erfasst und damit vom Anwendungsbereich der Brüssel Ia-VO nicht ausgenommen sind folgende Verfahren: **79**
- die Klage wegen unlauteren wettbewerblichen Verhaltens der Erwerberin eines aus der Insolvenz veräußerten Geschäftsbetriebs;[188]
- die Schadensersatzklage gegen Gesellschafter oder Führungskräfte der insolventen Gesellschaft außerhalb und nach Abschluss des Insolvenzfahrens;[189]
- die Klage aus vom Verwalter abgetretenen Anfechtungsansprüchen eines Dritten;[190]
- die Wirksamkeit eines Vergleichs, den der Insolvenzverwalter mit einem Dritten zur Abgeltung von Anfechtungsansprüchen abgeschlossen hat;[191]
- die auf die Erbringung einer Beförderungsleistung gestützte Klage eines insolventen Unternehmens;[192]
- die auf einen Eigentumsvorbehalt an der Kaufsache gestützte Klage eines Verkäufers gegen einen insolventen Käufer bei Belegenheit der Sache im Mitgliedstaat der Insolvenzverfahrenseröffnung.[193]

3. Art. 1 Abs. 2 lit. c – Soziale Sicherheit. Die von der Anwendung ausgeschlossene **80** „soziale Sicherheit" ist ein euroautonom zu bestimmender Begriff.[194] Die Ausnahme betrifft den politisch sensiblen Bereich der Sozialfürsorge und wird in vielen Mitgliedstaaten öffentlich-rechtlich geregelt. Die Grenzziehung lässt sich wie ein verdeckter Verweis auf Art. 48 AEUV und die EU-vereinheitlichten Regelungen auf diesem Gebiet lesen.[195]

a) Ausgenommene Gegenstände. Ausgenommen sind danach die in Art. 3 Abs. 2 **81** der Verordnung (EG) Nr. 883/2004[196] (zuvor Art. 4 Verordnung (EWG) Nr. 1408/1971)[197] aufgeführten Gegenstände soweit sie das unmittelbare Verhältnis zwischen dem Leistungsträger (Sozialversicherung) und dem Berechtigten betreffen.[198] Das sind Leistungen bei Krankheit (kassenärztliche Heilfürsorge, Krankengeld); bei Mutterschaft und gleichgestellte Leistungen bei Vaterschaft; Leistungen bei Invalidität; Leistungen bei Alter; Leistungen an Hinterbliebene; Leistungen bei Arbeitsunfällen und Berufskrankheiten;

---

186 EuGH Rs C-295/13, ECLI:EU:C:2014:2410 – H (Haftung nach § 64 GmbHG).
187 EuGH Rs C-133/78, ECLI:EU:C:1979:49 – Gourdain, Rdn. 5 f.
188 EuGH Rs C-641/16, ECLI:EU:C:2017:847 – Tünkers France, Rdn. 32.
189 EuGH Rs C-147/12, ECLI:EU:C:2013:490 – ÖFAB.
190 EuGH Rs C-213/10, ECLI:EU:C:2012:215 – F-Tex SIA; krit. *Kern* LMK 2012, 333271.
191 BGH 27.4.2010 BGHZ 185, 241 = NJW 2010, 2442.
192 EuGH Rs C-157/13, ECLI:EU:C:2014:2145 – Nickel & Goeldener Spedition, Rdn. 28 ff.
193 EuGH Rs C-292/08, ECLI:EU:C:2009:544 – German Graphics, Rdn. 32 f.
194 EuGH Rs C-271/00, ECLI:EU:C:2002:656 – Baten, Rdn. 42; Saenger/*Dörner* Art. 1 EuGVVO Rdn. 11.
195 *Schlosser*/Hess Art. 1 EuGVVO Rdn. 22; Musielak/Voit/*Stadler* Art. 1 EuGVVO n.F. Rdn. 7; Rauscher/*Mankowski* Art. 1 Brüssel Ia-VO Rdn. 95.
196 VO v. 29.4.2004 zur Koordinierung der Systeme der sozialen Sicherheit (ABl. EU 2004 L 166, S. 1); siehe dazu *Eichenhofer* JZ 2005, 558 ff.
197 VO v. 14.6.1971 zur Anwendung der Systeme der sozialen Sicherheit auf Arbeitnehmer und Selbständige sowie auf deren Familienangehörige, die innerhalb der Gemeinschaft zu- und abwandern (ABl. EG 1971 L 149, S. 2) zuletzt geändert duch Art. 1 ÄndVO (EG) 592/2008 (ABl. EU 2008 L 177, S. 1).
198 Saenger/*Dörner* Art. 1 EuGVVO Rdn. 11.

Sterbegeld; Leistungen bei Arbeitslosigkeit; Vorruhestandsleistungen; Familienleistungen.[199]

82 Von lit. c erfasst und damit vom Anwendungsbereich der Brüssel Ia-VO ausgeschlossen sind danach Klagen aus Leistungsansprüchen des Berechtigten gegen die Sozialversicherung.[200] Das gilt auch für Ansprüche der Sozialversicherung auf Rückgewähr von zu Unrecht gezahlten Sozialleistungen gegen den Berechtigten, nicht aber für den Regress gegen Dritte aufgrund einer Legalzession ohne Einräumung besonderer Befugnisse.[201] Soweit dem Sozialleistungsträger allerdings weitergehende Rechte und Zwangsmittel zur Verfügung stehen als einer Privatperson, scheidet die Anwendung der Brüssel Ia-VO bereits deshalb aus, weil schon keine Zivilsache vorliegt (Art. 1 Abs. 1 S. 1).[202]

83 **b) Nicht ausgenommene Gegenstände.** Nicht von lit. c erfasst und damit der Brüssel Ia-VO unterworfene Zivilsachen sind Klagen betreffend das Verhältnis zu den privaten Kranken- und Berufsunfähigkeitsversicherungen.[203] Sie unterfallen dem in den Art. 8–14 geregelten Versicherungsvertragsrecht.

84 Nicht von lit. c erfasst werden ferner sonstige Leistungen von Sozialkassen, etwa witterungsbedingtes Ausfallgeld und Sondervergütungen, wie Weihnachtsgratifikationen.[204]

85 Streitigkeiten zwischen Ehegatten über die Berechtigung zum Versorgungsausgleich werden nicht von lit. c, wohl aber von lit. a erfasst (s.o.).[205]

Prätendentenstreitigkeiten über Ansprüche gegen den Sozialversicherungsträger werden von lit. c nicht erfasst.[206] Ebenso nicht erfasst sind Streitigkeiten über die Behandlung von Kindergeld als Unterhaltsleistung.[207]

86 Ferner fallen nicht unter lit. c Klagen des Sozialversicherungsträgers gegen den Schädiger, unabhängig davon, ob es sich um einen Direktanspruch oder um einen auf diesen im Rahmen einer Legalzession übergegangenen Anspruch handelt.[208]

87 Schließlich sind auch Regressklagen des Sozialversicherers wegen erbrachter Unterhaltsleistungen gegen den vorrangig Unterhaltsverpflichteten nicht vom Ausschluss nach lit. c erfasst.[209]

88 Als staatliche Leistungen ebenso nicht ausgeschlossen sind Klagen bezüglich der Ausbildungsförderung (BAföG).[210]

89 Ebenfalls nicht ausgeschlossen sind Klagen zwischen Arbeitergeber und Sozialversicherungsträger. So fallen Klagen betreffend die Beitragspflichten des Arbeitgebers ge-

---

199 *Schlosser/Hess* Art. 1 EuGVVO Rdn. 22.
200 Geimer/Schütze/*Peiffer/Peiffer* IRV, B Vor I Art. 1 VO (EU) Nr. 1215/2012, Rdn. 93.
201 Zöller/*Geimer* Anh. I Art. 1 EuGVVO Rdn. 67; Kropholler/*von Hein* Art. 1 EuGVVO Rdn. 40; Saenger/*Dörner* Art. 1 EuGVVO Rdn. 11; **a.A.**: Rauscher/*Mankowski* Art. 1 Brüssel Ia-VO Rdn. 97.
202 EuGH Rs C-271/00, ECLI:EU:C:2002:656 – Baten, Rdn. 36 f.; Rauscher/*Mankowski* Art. 1 Brüssel Ia-VO Rdn. 97; *Geimer*/Schütze Art. 1 EuGVVO a.F. Rdn. 143.
203 Rauscher/*Mankowski* Art. 1 Brüssel Ia-VO Rdn. 101; Zöller/*Geimer* Anh. I Art. 1 EuGVVO Rdn. 68.
204 Rauscher/*Mankowski* Art. 1 Brüssel Ia-VO Rdn. 95.
205 Rauscher/*Mankowski* Art. 1 Brüssel Ia-VO Rdn. 58; Kropholler/*von Hein* Art. 1 EuGVVO Rdn. 27; Thomas/Putzo/*Hüßtege* Art. 1 EuGVVO Rdn. 11; *Hausmann*/Odersky § 12 Rdn. 8; *Mansel/Thorn/Wagner* IPRax 2017, 1, 5.
206 *Schlosser/Hess* Art. 1 EuGVVO Rdn. 22; Rauscher/*Mankowski* Art. 1 Brüssel Ia-VO Rdn. 98.
207 MünchKomm/*Gottwald* Art. 1 VO (EU) 1215/2012 Rdn. 23.
208 *Jenard*-Bericht, ABl. EG 1979 Nr. C 59, S. 1, 12 f.; Saenger/*Dörner* Art. 1 EuGVVO Rdn. 11.
209 EuGH Rs C-271/00, ECLI:EU:C:2002:656 – Baten, Rdn. 46.
210 EuGH Rs C-433/01, ECLI:EU:C:2004:21 – Freistaat Bayern, Rdn. 21.

genüber dem Sozialhilfeträger, etwa aufgrund von Tarifverträgen[211] oder zur Sicherung von Urlaubsansprüchen[212] in den Anwendungsbereich der Verordnung. Entsprechend fallen auch Klagen aus Betriebsrentenansprüchen eines Arbeitnehmers, die dieser gegen den Arbeitgeber als Schuldner geltend macht, in den Anwendungsbereich der Verordnung.[213] Ebenso sind Klagen aus Ansprüchen eines Handelsvertreters wegen einer (Alters-)Versorgung, die dieser gegen den Unternehmer geltend macht, nicht ausgeschlossen.[214]

4. Art. 1 Abs. 2 lit. d – die Schiedsgerichtsbarkeit. Der Ausschluss der Schiedsgerichtsbarkeit aus dem Anwendungsbereich der Brüssel Ia-VO ist umfassend zu verstehen. Anders als in Art. 1 Abs. 2 lit. e Rom I-VO, der lediglich die Schiedsvereinbarung von dem kollisionsrechtlichen Regime ausnimmt,[215] zielt die Herausnahme der Schiedsgerichtsbarkeit im Prozessrecht auf eine klare Trennung gegenüber der staatlichen Gerichtsbarkeit.[216] Erwägungsgrund (12) Abs. 1 S. 1 stellt dies lapidar fest: 90

„Diese Verordnung sollte nicht für die Schiedsgerichtsbarkeit gelten."

Die in Art. 1 Abs. 1 S. 1 Hs. 2 vorgenommene Abstraktion nach der Art der Gerichtsbarkeit erfasst auch die Schiedsgerichtsbarkeit. Schiedssprüche (nationale, internationale, handelsrechtliche, investitionsschutzrechtliche, usf.) können prinzipiell Entscheidungen eines Gerichts im Sinne der Verordnung sein, denn sonst hätte lit. d insoweit keine eigenständige Bedeutung.[217] 91

Neben den Verfahren vor Schiedsgerichten, den Schiedssprüchen und Schiedsentscheidungen, werden darüber hinaus im Grundsatz auch solche staatlichen Verfahren von lit. d ausgeschlossen, deren Gegenstand das Schiedsverfahren ist,[218] insbesondere soweit sie eine dienende Funktion für das Schiedsverfahren als Hauptsacheverfahren haben. Zwischen den staatlichen Verfahren und den Schiedsverfahren greifen entsprechend auch die Litispendenzregeln nach Art. 29 ff. nicht.[219] 92

Gleichzeitig sind die Schiedsgerichte ihrerseits nicht an die Verordnung gebunden oder ihren Wirkungen etwa bezüglich der Litispendenz ausgesetzt. Sie müssen eine ausschließliche Zuständigkeit staatlicher Gerichte, etwa nach Art. 24, nicht beachten. Erläutert und eingegrenzt wird die Trennlinie näher im Erwägungsgrund (12). 93

Ebenso ausgenommen vom Anwendungsbereich der Verordnung sind diejenigen Regelungsbereiche, die das New Yorker UNÜ[220] umfasst (Schiedsvereinbarungen, Aufhebung von Schiedssprüchen, Anerkennung und Vollstreckung von Schiedsentscheidun- 94

---

211 LAG Hessen 12.2.2007 IPRax 2008, 131 Rdn. 18.
212 BAG 15.2.2012 IPRspr. 2012, Nr. 212, S. 512 = BeckRS 2012, 69241, Rdn. 23.
213 *Schlosser/Hess* Art. 1 EuGVVO Rdn. 22; *Nagel/Gottwald* IZPR § 3 Rdn. 28; *Rauscher* Internationales Privatrecht, 2017, Rdn. 1700.
214 BGH v. 15.12.2016, ECLI:DE:BGH:2016:151216UVIIZR221.15.0, Rdn. 27, NJW-RR 2017, 229.
215 Zutreffend *Mankowski* RIW 2018, 1, 2.
216 *Hess* JZ 2014, 538.
217 Zutreffend Rauscher/*Mankowski* Art. 1 Brüssel Ia-VO Rdn. 158–160; **a.A.:** *Schlosser/Hess* Art. 1 EuGVVO Rdn. 23a unter Verweis auf den „Heidelberg-Report"; *Hess*/Pfeiffer/Schlosser, The Brussels I Regulation 44/2001, Rdn. 105 ff.
218 EuGH Rs C-190/89 ECLI:EU:C:1991:319 – Marc Rich, Rdn. 26; EuGH Rs C-536/13 ECLI:EU:C:2015:316 – Gazprom, Rdn. 29.
219 *Geimer* in: FS Ahrens, S. 501, 508; Geimer/Schütze/*Peiffer*/Peiffer IRV, B Vor I Art. 1 VO (EU) Nr. 1215/2012, Rdn. 102.
220 New Yorker UN-Übereinkommen über die Anerkennung und Vollstreckung ausländischer Schiedssprüche v. 10.6.1958 (BGBl. 1961 II, S. 122).

gen).²²¹ Lediglich klarstellend²²² ist daher der durch Art. 73 Abs. 2 ausdrücklich erklärte Vorrang des UNÜ sowie des Genfer EuÜ²²³ gegenüber der VO.

95 Lit. d entspricht wortgleich den Vorgängerregelungen in Art. 1 Abs. 2 Nr. 4 EuGVÜ und der Brüssel I-VO. Im Zuge der Überarbeitung und Neufassung der VO entbrannte ein heftiger Streit über den fortbestehenden Ausschluss der Schiedsgerichtsbarkeit und über eine sachgerechte Abgrenzung.²²⁴ Auch die im Kommissionsentwurf²²⁵ vorgeschlagene Regelung über parallel geführte Verfahren (Art. 29 Abs. 4 KE) wurde nicht übernommen. Es bleibt danach Raum für die Anrufung eines staatlichen Gerichts zur Torpedierung eines schiedsgerichtlichen Verfahrens, wobei das Schiedsgericht das Verfahren fortsetzen kann und die Wirkungen dann von den Vollstreckungsregeln abhängen.²²⁶ Erwägungsgrund (12) beschreibt und spiegelt das Ergebnis dieser Auseinandersetzung wider. Seine normative Bedeutung zeigt sich an vielen Stellen. Die Erwägungsgründe entfalten jedoch keine rechtliche Bindungswirkung²²⁷ und es entsteht insoweit eine normtheoretische Grauzone.²²⁸

96 **a) Ausgenommene Verfahren vor staatlichen Gerichten.** Von lit. d ausgenommen werden; insbesondere die das Schiedsverfahren regulatorisch unterstützenden staatsgerichtlichen Verfahren²²⁹ und sog. Hilfstätigkeiten der staatlichen Gerichte (Fälle des § 1050 ZPO), wodurch der staatliche Justizgewährungsanspruch verwirklicht wird.²³⁰ Sie sind, ohne abschließend zu sein, mit Beispielen in Erwägungsgrund (12) Abs. 4 genannt:

> „Diese Verordnung sollte nicht für Klagen oder Nebenverfahren insbesondere im Zusammenhang mit der Bildung eines Schiedsgerichts, den Befugnissen von Schiedsrichtern, der Durchführung eines Schiedsverfahrens oder sonstigen Aspekten eines solchen Verfahrens oder für eine Klage oder eine Entscheidung in Bezug auf die Aufhebung, die Überprüfung, die Anfechtung, die Anerkennung oder die Vollstreckung eines Schiedsspruchs gelten."

97 Gruppenweise geordnet sind danach folgende staatsgerichtliche Verfahren vom Anwendungsbereich der Verordnung ausgeschlossen:

98 **aa) Klagen betreffend die Bildung und Durchführung des Schiedsverfahrens**
Ausgenommen sind Klagen wie
– die Ernennung und Abberufung von Schiedsrichtern;²³¹

---

221 Wolff/*Quinke* Art. VII Rdn. 110 ff.
222 *Schlosser*/*Hess* Art. 73 EuGVVO Rdn. 7 (wegen der Bereichsausnahme in Art. 1 Abs. 2 lit. d ohne Regelungsgehalt).
223 Genfer Europäisches Übereinkommen über die internationale Handelsschiedsgerichtsbarkeit v. 21.4.1961 (BGBl. 1964 II, S. 426).
224 Näher Rauscher/*Mankowski* Art. 1 Brüssel Ia-VO Rdn. 104–113; *Geimer* FS Ahrens, S. 501, 503.
225 Vorschlag für eine Verordnung des Europäischen Parlaments und des Rates über die gerichtliche Zuständigkeit und die Anerkennung und Vollstreckung von Entscheidungen in Zivil- und Handelssachen, KOM (2010) 748 endg.
226 *Domej* in: FS Gottwald, S. 97, 100.
227 EuGH Rs C-136/04 ECLI:EU:C:2005:716 – Deutsches Milch-Kontor, Rdn. 32.
228 Rauscher/*Mankowski* Art. 1 Brüssel Ia-VO Rdn. 114 f. („legislative Ersatzgesetzgebung"); *Geimer* FS Ahrens, S. 501, 503 („Flucht in die Erwägungsgründe"); krit. ebenso *Hess* JZ 2014, 538, 540.
229 *B. Steinbrück* Die Unterstützung ausländischer Schiedsverfahren durch staatliche Gerichte, passim (rechtsvergleichend für Deutschland, Österreich, Großbritannien, Schweiz, Frankreich, USA).
230 *Geimer* in: FS Ahrens, S. 501, 512 ff.
231 EuGH Rs C-190/89 ECLI:EU:C:1991:319 – Marc Rich, Rdn. 29; EuGH Rs C-391/95, ECLI:EU:C:1998:543 – Van Uden Maritime, Rdn. 32; OLG Hamburg 21.9.1995 NJW-RR 1996, 510.

- die Bestimmung des Schiedsortes;[232]
- die ergänzende Fristbestimmung;[233]
- die Vorabentscheidung zu einzelnen materiell-rechtlichen Fragen;[234]
- die Anfechtung von Zwischenentscheiden;[235]
- die Verfahren bzw. Maßnahmen im Auftrag des Schiedsgerichts oder der Schiedsparteien (Zustellung von Schriftstücken, Durchführung von Beweisaufnahmen, Stellung von Behördenersuchen).[236]
- Vorabentscheidungsersuchen des Schiedsgerichts über die Auslegung des Unionsrechts an den EuGH gehören ungeachtet der Frage, ob eine Vorlageberechtigung besteht,[237] ebenfalls zu den von der Verordnung ausgenommenen Verfahren.

99

bb) Verfahren betreffend erlassene Schiedssprüche und deren Wirkungen. 100
Ausgenommen sind ferner Verfahren wie
- die Aufhebung des Schiedsspruches;[238]
- die Anfechtung des Schiedsspruches;
- die Bestätigung des Schiedsspruches;
- die Anerkennung und Vollstreckbarerklärung von Schiedssprüchen;
- die Feststellung der Nichtanerkennung von Schiedssprüchen;
- die vorläufigen Sicherungsanordnungen für die Zwangsvollstreckung aus Schiedssprüchen.

b) Nicht ausgenommene Verfahren vor staatlichen Gerichten. Von lit. d nicht er- 101
fasst und damit dem Regelungsregime der Verordnung unterworfen bleiben dagegen
Verfahren, die zwar auf das Schiedsverfahren Bezug nehmen oder in einem Zusammenhang zu ihm stehen, aber eigenständig sind.

aa) Zurückweisung oder Übergehen der Schiedseinrede. Erwägungsgrund (12) 102
Abs. 1 S. 2 schränkt den Ausschluss nach lit. d generell dahin ein, dass eine Entscheidung über die Wirksamkeit und über die Erheblichkeit einer Schiedsabrede auch durch das staatliche Gericht nach der Verordnung entschieden werden kann:

> „Sie [die Verordnung] sollte die Gerichte eines Mitgliedstaats nicht daran hindern, die Parteien gemäß dem einzelstaatlichen Recht an die Schiedsgerichtsbarkeit zu verweisen, das Verfahren auszusetzen oder einzustellen oder zu prüfen, ob die Schiedsvereinbarung hinfällig, unwirksam oder nicht erfüllbar ist, wenn sie wegen eines Streitgegenstands angerufen werden, hinsichtlich dessen die Parteien eine Schiedsvereinbarung getroffen haben."

Hat das Gericht über die Schiedsabrede in der Einredesituation (Fall des § 1032 103
Abs. 1 ZPO) und damit als Vorfrage zu entscheiden, bleibt es jedoch nur dann bei der

---

[232] Geimer/Schütze/*Geimer* Art. 1 EuGVVO a.F. Rdn. 154; *Czernich* in: FS Geimer, S. 45, 52.
[233] BGH 14.4.1988 BGHZ 104, 178 = NJW 1988, 3090.
[234] Zum englischen Recht (statement of special case): Zöller/*Geimer* Art. 1 EuGVVO Rdn. 69; *Geimer* in: FS Ahrens, S. 501, 515.
[235] BGH 9.8.2016 IPRax 2017, 614, 615 (§ 1040 Abs. 3 S. 2 ZPO).
[236] Geimer/Schütze/*Peiffer*/*Peiffer* IRV, B Vor I Art. 1 VO (EU) Nr. 1215/2012, Rdn. 103; MünchKomm/*Gottwald* Art. 1 VO (EU) 1215/2012 Rdn. 30.
[237] Gegen eine Vorlageberechtigung privater Schiedsgerichte: EuGH Rs C-102/81 ECLI:EU:C:1982:107 – Nordsee, Rdn. 113; *Schütze* SchiedsVZ 2007, 121, 122; **a.A.:** *Axtmann* Die Vorlageberechtigung von Sportschiedsgerichten zum Europäischen Gerichtshof nach Art. 267 AEUV, 2016, S. 238ff.
[238] Krit. *Czernich* in: FS Geimer, S. 45, 51.

Anwendung der Verordnung, wenn das staatliche Gericht die Einrede zurückweist, sei es, weil es die Schiedsabrede für unwirksam, unerfüllbar oder auf den geltend gemachten Klageanspruch für nicht anwendbar[239] hält. Lit. d greift nicht ein. Erwägungsgrund (12) Abs. 3 S. 1 stellt dies wie folgt klar:

> „Hat hingegen ein nach dieser Verordnung oder nach einzelstaatlichem Recht zuständiges Gericht eines Mitgliedstaats festgestellt, dass eine Schiedsvereinbarung hinfällig, unwirksam oder nicht erfüllbar ist, so sollte die Entscheidung des Gerichts in der Hauptsache dennoch gemäß dieser Verordnung anerkannt oder vollstreckt werden können."

104 Das Klageverfahren ist damit unter Anwendung der Verordnung weiterzuführen, weil und soweit der in der Hauptsache geltend gemachte Anspruch in den sachlichen Anwendungsbereich der Verordnung fällt.[240] Die Entscheidung über die Wirksamkeit der Schiedsabrede war nur Vorfrage.[241] Der Anspruch ist nicht schiedsbefangen. Ein daraufhin ergehendes Sachurteil unterliegt – wie jedes andere auch – dem Anerkennungs- und Vollstreckungsregime der Verordnung. Die Anerkennung bezieht sich dann auf den Ausspruch in der Sache, nicht auch auf die inzidente Feststellung der unwirksamen Schiedsabrede.[242]

105 Dasselbe gilt auch dann, wenn das staatliche Gericht die Schiedseinrede übergeht oder es, soweit eine Einrede nach dem Prozessrecht des Forums nicht erhoben werden muss, die Schiedsabrede übersieht.[243]

106 Im Rahmen des Anerkennungsverfahrens kann einem solchen Sachurteil nicht entgegengehalten werden, die Schiedseinrede sei (doch) wirksam. Art. 45 Abs. 3 S. 1 erlaubt keine Prüfung der Zuständigkeit des Erstgerichts. Dies gilt entsprechend für den Schiedseinwand. Die Urteilsfreizügigkeit im europäischen Justizraum soll möglichst nicht beeinträchtigt werden.[244] Die Analogie darf jedoch nicht weiter gehen als zwingend erforderlich. Zu beachten sind hierbei auch die parallelen staatsvertraglichen Anerkennungsversagungsgründe des UNÜ. Daher erstreckt sich die Analogie nicht auf Art. 45 Abs. 3 S. 2. Eine Anerkennungsversagung kann deshalb auf den ordre public gestützt werden, wenn die Schiedsabrede offenkundig wirksam ist, sie im erststaatlichen Verfahren geltend gemacht wurde und dennoch unbeachtet blieb.[245] Eine offensichtliche Missachtung stellt einen Verstoß gegen Art. 45 Abs. 1 lit. a dar.[246]

107 Ein zum staatsgerichtlichen Verfahren parallel laufendes Schiedsverfahren, in dem das Schiedsgericht die Schiedsabrede konträr für wirksam hält, wird nicht beeinflusst. Die Litispendenzregeln der Art. 29–32 sind auf einen Prioritätsstreit zwischen staatlichem Gericht und Schiedsgericht nicht anwendbar.[247] Der hieraus resultierende Schiedsspruch kann durch ein anderes mitgliedstaatliches Gericht nach dem UNÜ auch aner-

---

239 Rauscher/*Mankowski* Art. 1 Brüssel Ia-VO Rdn. 135.
240 EuGH Rs 190/89 ECLI:EU:C:1991:319 – Marc Rich, Rdn. 26; EuGH Rs C-536/13 ECLI:EU:C:2015:316 – Gazprom, Rdn. 29.
241 EuGH Rs 185/07, ECLI:EU:C:2009:69 – West Tankers, Rdn. 26.
242 *Kindler* in: FS Geimer, 321, 330.
243 *Schlosser/Hess* Art. 1 EuGVVO Rdn. 25; Rauscher/*Mankowski* Art. 1 Brüssel Ia-VO Rdn. 138; MünchKomm/*Gottwald* Art. 1 VO (EU) 1215/2012 Rdn. 35.
244 Hess, JZ 2014, 538, 541 (hinsichtlich der Auslegung des UNÜ).
245 Ebenso *Schlosser/Hess* Art. 1 EuGVVO Rdn. 25 (in besonders anstößigen Fällen).
246 *Kindler* in: FS Geimer, S. 321, 331 (Gebot der geordneten Rechtspflege); ähnlich *Domej* in: FS Gottwald, S. 97, 104 (nur bei einem Verstoß gegen den verfahrensrechtlichen ordre public).
247 *Dickler* Schiedsgerichtsbarkeit und Reform der EuGVVO, S. 28 f.; Geimer/Schütze/*Peiffer*/Peiffer IRV, B Vor I Art. 1 VO (EU) Nr. 1215/2012, Rdn. 102; Thomas/Putzo/*Hüßtege* Art. 1 EUGVVO Rdn. 16; Musielak/Voit/*Stadler* Art. 1 EuGVVO n.F. Rdn. 8; Rauscher/*Mankowski* Art. 1 Brüssel Ia-VO Rdn. 156.

kannt und für vollstreckbar erklärt werden. Erwägungsgrund (12) Abs. 3 S. 2 ergänzt insoweit:

> „Hiervon unberührt bleiben sollte die Zuständigkeit der Gerichte der Mitgliedstaaten, über die Anerkennung und Vollstreckung von Schiedssprüchen im Einklang mit dem am 10. Juni 1958 in New York unterzeichneten Übereinkommen über die Anerkennung und Vollstreckung ausländischer Schiedssprüche („Übereinkommen von New York von 1958") zu entscheiden, das Vorrang vor dieser Verordnung hat."

108 Dennoch muss das Schiedsgericht die materielle Rechtskraft der staatsgerichtlichen Entscheidung beachten. Ergeht das Sachurteil vor dem Schiedsspruch, ist das Schiedsgericht an die res iudicata gebunden.[248] Die Prioritätsregeln gelten auch für das staatliche Gericht im Anerkennungsverfahren. Liegt eine staatsgerichtliche Entscheidung vor, so hat diese für Gerichte desselben Mitgliedstaates Vorrang vor dem Schiedsspruch nach Art. 45 Abs. 1 lit. c. Handelt es sich um eine ausländische Entscheidung, so geht diese dem Schiedsspruch vor, wenn sie früher ergangen ist (Art. 45 Abs. 1 lit. d). Raum für die Anwendung des ordre public (Art. 45 Abs. 1 lit. a) bleibt bei dieser klaren Rechtslage nicht.[249]

109 Ebenso ist ein staatliches Gericht im Rahmen der Anerkennung des Schiedsspruchs nach dem UNÜ an eine frühere gerichtliche Entscheidung gebunden. Eine Pflicht zur Versagung der Anerkennung nach Art. II Abs. 3 UNÜ kann sich aus der Verordnung jedenfalls nicht ergeben.[250]

110 **bb) Einstweilige Verfügungsverfahren.** Die einstweiligen Verfügungsverfahren vor staatlichen Gerichten fallen auch dann in den Anwendungsbereich der Verordnung, wenn die Maßnahme der Sicherung eines schiedsbefangenen Anspruchs dient.[251] Die Zuständigkeit eines Schiedsgerichts in der Hauptsache schadet also nicht. Zur Begründung führt der EuGH an, dass die einstweilige Maßnahme nicht auf die Durchführung des Schiedsverfahrens gerichtet sei, sondern diese nur in einem eigenen parallel laufenden Verfahren unterstütze.[252] Entscheidend sei nur, dass der gesicherte Anspruch von der Verordnung erfasst werde.[253] Der auf Anspruchssicherung gerichtete Gegenstand des Verfügungsverfahrens ist von dem auf Zuerkennung des Anspruchs gerichteten Hauptsacheverfahren verschieden und die Verordnung bleibt anwendbar.[254] Dient die Maßnahme dagegen der Sicherung der Zwangsvollstreckung aus einem vorläufigen oder endgültigen Schiedsspruch greift lit. d und die Verordnung ist nicht anwendbar.

111 **cc) Anti-suit-injunction.** Die im englischen Recht zulässigen Verfahren auf Erlass von Prozessführungsverboten (anti-suit-injunction) sollten vom Anwendungsbereich der

---

[248] Geimer/Schütze/*Peiffer*/*Peiffer* IRV, B Vor I Art. 1 VO (EU) Nr. 1215/2012, Rdn. 112; Rauscher/*Mankowski* Art. 1 Brüssel Ia-VO Rdn. 157.
[249] Wie hier *Geimer* in: FS Ahrens, S. 501, 511; *Domej* in: FS Gottwald, S. 97, 107 f.; **a.A.:** *Kindler* in: FS Geimer, S. 321, 332 f.
[250] Ebenso *Domej* in: FS Gottwald, S. 97, 104.
[251] Geimer/Schütze/*Peiffer*/*Peiffer* IRV, B Vor I Art. 1 VO (EU) Nr. 1215/2012, Rdn. 122; Schlosser/Hess Art. 1 EuGVVO Rdn. 25; Thomas/Putzo/*Hüßtege* Art. 1 EuGVVO Rdn. 17.
[252] EuGH Rs C-391/95, ECLI:EU:C:1998:543 – Van Uden Maritime, Rdn. 33.
[253] EuGH Rs C-391/95, ECLI:EU:C:1998:543 – Van Uden Maritime, Rdn. 34; EuGH Rs C-261/90, ECLI:EU:C:1992:149 – Reichert u. Kockler, Rdn. 32.
[254] Brinkmann/Barth KSzW 2013, 140, 145.

Verordnung erfasst werden.[255] Dies sollte auch dann gelten, wenn sie zum Schutz von Schiedsabreden verhängt werden und dem Kläger untersagen, seine Klage vor staatlichen Gerichten zu verfolgen. Die Sicherung der ausschließlichen Zuständigkeit des Schiedsgerichts ist ein anderer Gegenstand als die Feststellung dieser Zuständigkeit. In dem auf Sicherung der Zuständigkeit gerichteten Verfahren ist die Wirksamkeit der Schiedsabrede nur Vorfrage und daher nicht nach lit. d ausgeschlossen.[256] Der EuGH hält zwar die Verordnung ausdrücklich für nicht anwendbar,[257] leitet jedoch aus ihr im Hinblick auf die praktischen Wirkungen des Prozessführungsverbots dessen Unzulässigkeit ab.[258] Er sieht hierin einen unzulässigen Eingriff in die Entscheidungshoheit jedes anderen mitgliedstaatlichen Gerichts, dass über seine Zuständigkeit selbst entscheiden können müsse. Das Verbot widerspreche damit dem Grundsatz des gegenseitigen Vertrauens in die Rechtssysteme und Rechtspflegeorgane der anderen Mitgliedstaaten.[259] Dies gelte auch dann, wenn das von einem staatlichen Gericht verhängte Prozessführungsverbot ein Schiedsverfahren sichere.[260]

112   Die Herausnahme der anti-suit-injunction zum Schutz eines Schiedsgerichts aus dem Anwendungsbereich der Verordnung nach lit. d ist dogmatisch inkonsistent, weil der effet utile und die Vermeidung einer Behinderung der unter ihrer Geltung angerufenen staatlichen Gerichte[261] aus der Verordnung selbst, und zwar aus dem Regelungsbereich der Art. 29 ff. abzuleiten sind.[262] Anwendungsbereich und Wirkungen einer Anwendung gehören jedenfalls dann funktional zusammen, wenn es keine andere Rechtsgrundlage für das Unwirksamkeitsverdikt über die anti-suit-injunction zum Schutz eines Schiedsgerichts gibt. Die unterschiedliche Einordnung wirkt sich im Ergebnis aber auch nicht aus.

113   Ob der Ausschluss nach Art. 1 Abs. 2 lit. d eingreift, wenn das Prozessführungsverbot durch ein Schiedsgericht verhängt wurde und von einem mitgliedstaatlichen Gericht anerkannt und vollstreckt werden soll, ist noch nicht abschließend geklärt. Die Anerkennung und Vollstreckung von schiedsgerichtlichen Prozessführungsverboten unterliegen jedenfalls dann allein dem nationalen Verfahrensrecht und damit ggf. dem UNÜ, wenn über sie von dem Gericht bei dem das Hauptsacheverfahren anhängig ist, entschieden werden soll. In diesem Falle verletzen sie nicht den Grundsatz des gegenseitigen Vertrauens und greifen nicht in die Zuständigkeitshoheit nach dem System der VO ein.[263] Eine dahingehende Verletzung läge jedoch vor, wenn ein mitgliedstaatliches Gericht über das schiedsgerichtliche Prozessführungsverbot zu entscheiden hätte, das sich gegen die Hauptsachezuständigkeit eines anderen mitgliedsstaatlichen Gerichts richtet.[264] Eine Klärung dieser Frage steht mithin noch aus.

---

255 Zutreffend Rauscher/*Mankowski* Art. 1 Brüssel Ia-VO Rdn. 127 sowie Fn. 687; ebenso *Geimer* in: FS Ahrens, S. 501, 505.
256 *Dickler* Schiedsgerichtsbarkeit und Reform der EuGVVO, S. 42 f.; Rauscher/*Mankowski* Art. 1 Brüssel Ia-VO Rdn. 127.
257 EuGH Rs 185/07, ECLI:EU:C:2009:69 – West Tankers, Rdn. 23.
258 EuGH Rs 185/07, ECLI:EU:C:2009:69 – West Tankers, Rdn. 28–30; Krit. *Dickler* Schiedsgerichtsbarkeit und Reform der EuGVVO, S. 16 ff.
259 EuGH Rs 159/02, ECLI:EU:C:2004:228 – Turner Rdn. 24.
260 EuGH Rs 185/07, ECLI:EU:C:2009:69 – West Tankers Rdn. 28 f.
261 *Domej* in: FS Gottwald, S. 97, 101.
262 *Geimer* FS Ahrens, S. 501, 505; Thomas/Putzo/*Hüßtege* Art. 1 EuGVVO Rdn. 18;
a.A.: Geimer/Schütze/*Peiffer*/Peiffer IRV, B Vor I Art. 1 VO (EU) Nr. 1215/2012, Rdn. 129; MünchKomm/*Gottwald* Art. 1 VO (EU) 1215/2012 Rdn. 33.
263 EuGH Rs C-536/13 ECLI:EU:C:2015:316 – Gazprom, Rdn. 37 f.
264 Zutreffend *Wais* EuZW 2015, 511, 512; zust. *Kindler* in: FS Geimer, S. 321, 327.

dd) Weitere im Zusammenhang stehende Verfahren. Von der lit. d ebenfalls 114 nicht umfasst sind lediglich in einem weiteren Zusammenhang stehende Verfahren. So fallen Honorarklagen von Schiedsrichtern,[265] Regressklagen und Schadensersatzklagen gegen Schiedsrichter oder auch der Streit über Sicherheiten für die Kosten des Schiedsverfahrens[266] unter die Verordnung.

Die Klage gegen den nicht schiedsgebundenen Streitgenossen bleibt ebenso der 115 Verordnung unterworfen wie Klagen, bei denen ein Schiedsspruch den Klagegrund bildet[267] oder bei (wiederholenden) Klagen über deren Gegenstand bereits ein Schiedsverfahren stattgefunden hat, der Schiedsspruch aber aufgrund unwirksamer Schiedsabrede aufgehoben worden ist.[268]

c) Von der Anerkennung und Vollstreckung ausgenommene Entscheidungen. 116 Von lit. d werden staatsgerichtliche Verfahren nur in Bezug auf die Anerkennungs- und Vollstreckungsregeln der Verordnung ausgeschlossen, die schiedsrechtliche Fragen als Streitgegenstand der Hauptsache beantworten. Das betrifft einmal den Fall, in dem die Schiedsunterwerfung im Wege der Feststellungsklage entschieden wird. Daneben aber auch das Prozessurteil, mit dem die Klage aufgrund einer wirksamen Schiedsabrede als unzulässig abgewiesen wird. Für beide Verfahren gelten die Zuständigkeits- und Litispendenzregeln (Art. 4 ff., Art. 29 ff.), während die Art. 36 ff. ausgeschlossen sind. Diesen Entscheidungen wird damit die Zirkulationsfähigkeit unter den Mitgliedstaaten genommen. Sie nehmen an der Urteilsfreizügigkeit nicht teil.[269] Andere mitgliedstaatliche Gerichte und auch die Schiedsgerichte sind an diese Entscheidungen folglich nur nach Maßgabe ihres eigenen Anerkennungsrechts gebunden.

aa) Feststellungsurteile. Die Klage auf (Zwischen-)Feststellung der (Un-)Wirksam- 117 keit einer Schiedsabrede ist vom Anwendungsbereich nach lit. d ausgenommen. Die Schiedsabrede ist hier der Streitgegenstand der Hauptsache (Fall des § 1032 Abs. 2 ZPO) und die staatsgerichtliche Feststellung konkurriert mit der schiedsgerichtlichen Kompetenz-Kompetenz über die Wirksamkeit der Schiedsabrede selbst zu entscheiden. Den partiellen Ausschluss nach lit. d für diese Konstellation stellt Erwägungsgrund (12) Abs. 2 klar, der lautet:

> „Entscheidet ein Gericht eines Mitgliedstaats, ob eine Schiedsvereinbarung hinfällig, unwirksam oder nicht erfüllbar ist, so sollte diese Entscheidung ungeachtet dessen, ob das Gericht darüber in der Hauptsache oder als Vorfrage entschieden hat, nicht den Vorschriften dieser Verordnung über die Anerkennung und Vollstreckung unterliegen."

bb) Prozessurteile. Hält das Prozessgericht die Schiedsvereinbarung, über die es 118 als Vorfrage zu entscheiden hat, für wirksam und weist es die Klage daher als unzulässig ab, greift der Ausschluss der lit. d. Das Prozessurteil unterliegt nicht dem Anerkennungs- und Vollstreckungsregime der Verordnung. Erwägungsgrund (12) Abs. 2 stellt die Vorfrage insoweit der Hauptfrageentscheidung gleich.

---

265 Geimer/Schütze/*Peiffer*/*Peiffer* IRV, B Vor I Art. 1 VO (EU) Nr. 1215/2012, Rdn. 105; **a.A.:** *Geimer*/Schütze Art. 1 EuGVVO a.F. Rdn. 158.
266 Rauscher/*Mankowski* Art. 1 Brüssel Ia-VO Rdn. 125; *Schlosser*/Hess Art. 1 EuGVVO Rdn. 23.
267 Rauscher/*Mankowski* Art. 1 Brüssel Ia-VO Rdn. 125; *Schlosser*/Hess Art. 1 EuGVVO Rdn. 25.
268 Zöller/*Geimer* Anh. I Art. 1 EuGVVO Rdn. 71; Geimer/Schütze/*Peiffer*/*Peiffer* IRV, B Vor I Art. 1 VO (EU) Nr. 1215/2012, Rdn. 104.
269 Rauscher/*Mankowski* Art. 1 Brüssel Ia-VO Rdn. 139.

119 Die Anwendbarkeit der Verordnung hängt bei einer Entscheidung über die Schiedsabrede als Vorfrage damit davon ab, ob das staatliche Gericht diese für wirksam und erheblich hält oder nicht. Nur das klageabweisende Prozessurteil fällt aus dem Anerkennungs- und Vollstreckungsregime der Verordnung heraus.

120 Andere mitgliedstaatliche Gerichte sind nicht daran gehindert, dieselbe Schiedsabrede als unwirksam oder unerheblich zu beurteilen und als Torpedo eine Sachentscheidung zu treffen soweit ihr nationales Anerkennungsrecht dem nicht entgegen steht.[270]

121 **5. Art. 1 Abs. 2 lit. e – Familienrechtliche Unterhaltspflichten.** Die Herausnahme von Unterhaltspflichten, die auf einem Familien-, Verwandtschafts- oder einem eherechtlichen Verhältnis oder auf Schwägerschaft beruhen, ist von der Brüssel Ia-VO neu aufgenommen worden.[271] Materiell folgte sie bereits aus der EuUntVO,[272] die mit dem exakt gleichen Wortlaut den eigenen sachlichen Anwendungsbereich umschreibt (Art. 1 Abs. 1 EuUntVO) und seit dem 18.6.2011 angewendet wird (Art. 76 UAbs. 3 EuUntVO). Damit ist auch der besondere Gerichtsstand des Art. 5 Nr. 2 Brüssel I-VO für Unterhaltssachen entfallen. Parallele Ausnahmen für Unterhaltspflichten gelten im Kollisionsrecht nach Art. 1 Abs. 2 lit. b Rom I-VO und Art. 1 Abs. 2 lit. a Rom II-VO, die nach Art. 15 EuUntVO durch das Haager Unterhaltsprotokoll (HUP)[273] geregelt werden.

122 Die Auslegung und Abgrenzung der lit. e folgt derjenigen des Art. 1 Abs. 1 EuUntVO und ist mit dieser euroautonom zu bestimmen.[274]

123 Maßgeblich ist der familienrechtliche Rechtsgrund der Unterhaltspflicht, weshalb auch vertragliche Regelungen zur Konkretisierung und Disposition über gesetzliche Unterhaltspflichten umfasst werden.[275] Bei gemischten Verträgen, die neben der Unterhaltspflicht auch anderen Zwecken dienen (Vermögensübertragung zur Auseinandersetzung von Gesellschaftsvermögen, Schenkungen udgl.), entscheidet der Schwerpunkt über die Zuordnung.[276]

124 Für den Prozesskostenvorschuss, der der Führung eines Unterhaltsprozesses dient, ist der Anwendungsbereich ebenfalls eröffnet. Er wird als Annex von lit. e erfasst.[277]

125 Nicht erfasst werden aber sonstige Unterhaltspflichten etwa aufgrund deliktischer Schädigung (Unfallrente, Leibrente). Gleichgültig ist dagegen, ob eine Rente oder eine Pauschale zu leisten ist.

126 **6. Art. 1 Abs. 2 lit. f – Erbrecht.** Verfahren auf dem Gebiet des Testaments- und Erbrechts, einschließlich von Unterhaltspflichten, die mit dem Tod entstehen, fallen aus dem Anwendungsbereich der Verordnung heraus. Damit erfolgt eine Binnenabgrenzung

---

270 *Kindler* in: FS Geimer, S. 321, 329.
271 *Viarengo* in: Pocar u.a. (Hrsg.), S. 29.
272 VO (EG) Nr. 4/2009 des Rates über die Zuständigkeit, das anwendbare Recht, die Anerkennung und Vollstreckung von Entscheidungen und die Zusammenarbeit in Unterhaltssachen (EuUnthVO) v. 18.12.2008 (ABl. 2009 L 7, S. 1).
273 Haager Protokoll über das auf Unterhaltspflichten anzuwendende Recht v. 23.11.2007 (ABl. EU 2009 L 331, S. 19).
274 Thomas/Putzo/*Hüßtege* Art. 1 EuGVVO Rdn. 13b; *Schlosser*/*Hess* Art. 1 EuGVVO Rdn. 26.
275 Rauscher/*Mankowski* Art. 1 Brüssel Ia-VO Rdn. 167; *Schlosser*/*Hess* Art. 1 EuGVVO Rdn. 26; Rauscher/*Andrae* Art. 1 EG-UntVO Rdn. 30; Thomas/Putzo/*Hüßtege* Art. 1 EuUntVO Rdn. 13b; **a.A.:** Saenger/*Dörner* Art. 1 EuGVVO Rdn. 8. Vgl. ferner *Viarengo* in: Pocar u.a. (Hrsg.), S. 29, 30.
276 *Schlosser*/*Hess* Art. 1 EuGVVO Rdn. 26.
277 MünchKomm/*Gottwald* Art. 1 VO (EU) 1215/2012 Rdn. 13; **a.A.:** *Schlosser*/*Hess* Art. 1 EuGVVO Rdn. 26 (wie hier aber Rdn. 17); *Jayme* FamRZ 1988, 793.

zu der insoweit vorrangigen EuErbVO,[278] die diesen Sachbereich abdeckt und speziell auch für jene Unterhaltspflichten gilt, die mit dem Tod entstehen. Nur insoweit (explizite Rückausnahme in Art. 1 Abs. 2 lit. e EuErbVO) geht die Herausnahme nach lit. f weiter als es bereits nach der Vorgängerregelung in Art. 1 Abs. 2 lit. a Var. 6 Brüsssel I-VO der Fall war.

Die Deckungsgleichheit des Ausnahmetatbestands mit dem Anwendungsbereich der EuErbVO ermöglicht es, die Auslegung und Abgrenzung der lit. f nach derjenigen des Art. 1 EuErbVO zu bestimmen. Auch insoweit gilt der Grundsatz der euroautonomen Auslegung.[279] Soweit die EuErbVO nach dem Ausnahmekatalog ihres Art. 1 Abs. 2 lit. a bis l keine Anwendung findet, bleibt auch die Brüssel Ia-VO nach Maßgabe des Art. 1 anwendbar. **127**

Nach ihrem Art. 84 ist die EuErbVO auf Erbfälle seit dem 17.8.2015 anwendbar. Für Verfahren, die nach dem 20.1.2015 eingeleitet worden sind (Inkrafttreten der Brüssel Ia-VO) und Erbfälle betreffen, die vor dem 17.8.2015 eingetreten sind, gilt lit. f ohne unmittelbare Bezugnahme auf die EuErbVO. Jedoch wird man insoweit in einem gedanklichen Vorgriff auch auf den Anwendungsbereich der EuErbVO abstellen und sich daher an Art. 23 EuErbVO (Umfang und Inhalt des Erbstatuts) orientieren können.[280] **128**

Das deutsche IntErbRVG[281] enthält Ausführungsvorschriften für die Verfahren vor deutschen Gerichten. **129**

a) Ausgenommene Gegenstände. Nach lit. f werden alle Verfahren, denen Ansprüche zugrunde liegen, die unmittelbar auf das Erbrecht gestützt werden, vom Anwendungsbereich der Brüssel Ia-VO ausgeschlossen. Entscheidend ist die erbrechtliche Grundlage des geltend gemachten Rechts, nicht aber seine Rechtsnatur.[282] So hat der EuGH[283] auch das dingliche Vindikationslegat als von der EuErbVO erfasst angesehen und Staaten, die wie Deutschland nur ein Damnationslegat kennen, zur Anerkennung nach Maßgabe der EuErbVO verpflichtet. Ebenso spielt der Regelungsort im nationalen Recht keine maßgebliche Rolle. Die Qualifikation erfolgt euroautonom. Der EuGH[284] ordnet den quotalen Zugewinnausgleich nach § 1371 Abs. 1 BGB dem Erbrecht zu. Dieser fällt damit ebenfalls in den Anwendungsbereich der EuErbVO. **130**

Von lit. f erfasst und damit vom Anwendungsbereich der Verordnung ausgeschlossen, sind danach Klagen auf erbrechtlicher Grundlage: **131**
– über die Wirksamkeit und die Auslegung von Testamenten und Erbverträgen;
– aus Ansprüchen und Rechten von gesetzlichen und testamentarischen Erben und Vermächtnisnehmern;
– aus Ansprüchen und Rechten von Noterben, Pflichtteilsberechtigten oder Erbprätendenten;

---

278 VO (EU) Nr. 650/2012 des Europäischen Parlaments und des Rates über die Zuständigkeit, das anzuwendende Recht, die Anerkennung und Vollstreckung von Entscheidungen und die Annahme und Vollstreckung öffentlicher Urkunden in Erbsachen sowie zur Einführung eines Europäischen Nachlasszeugnisses (EuErbVO) v. 4.7.2012 (ABl. 2012 L 201, S. 107), z.T. auch als Rom V-VO bezeichnet.
279 EuGH Rs C-218/16, ECLI:EU:C:2017:755 – Kubicka, Rdn. 50 (Vindikationslegat wird von der EuErbVO erfasst).
280 Rauscher/*Mankowski* Art. 1 Brüssel Ia-VO Rdn. 172; Thomas/Putzo/*Hüßtege* Art. 1 EuGVVO Rdn. 21.
281 Internationalen Erbrechtsverfahrensgesetz vom 29.6.2015, BGBl. I S. 1042.
282 *Schlosser/Hess* Art. 1 EuGVVO Rdn. 18; s. EuGH Rs C-558/16, ECLI:EU:C:2018:138 – Mahnkopf, Rdn. 38 ff.; zust. *Andrae* IPRax 2018, 221, 225 ff.
283 EuGH Rs C-218/16, ECLI:EU:C:2017:755 – Kubicka, Rdn. 42.
284 EuGH Rs C-558/16, ECLI:EU:C:2018:138 – Mahnkopf, Rdn. 38 ff.; zust. *Andrae* IPRax 2018, 221, 227.

- auf Auskunft und Errichtung eines Nachlassverzeichnisses;
- über Vergleiche betreffend Erbpositionen;
- auf Erbscheinerteilung;[285]
- auf Auseinandersetzung einer Erbengemeinschaft;
- aus Erbteilserwerbgeschäften.

132 Eine unmittelbare erbrechtliche Rechtsgrundlage ist ebenso dann anzunehmen, wenn aus oder gegen Trusts geklagt wird, die von Todes wegen errichtet worden sind.[286]

133 Das gilt ferner für Schenkungen von Todes wegen, die den erbrechtlichen Regeln unterliegen (Fall des § 2301 Abs. 1 BGB).[287] Miterfasst werden sollten auch diejenigen Fälle, in denen die Schenkung lediglich im Todesfall eintritt oder trotz Todesfallbedingung lebzeitig vollzogen wurde (Fall des § 2301 Abs. 2).[288] Zwar ist hier eine Abgrenzung häufig unsicher und von den nationalen Sachrechten ggf. unterschiedlich geordnet. Es überwiegt aber die Parallelität zum Erbfall, der den Vermögensübergang von Todes wegen insgesamt reguliert und damit auch die Konkurrenzen abstecken sollte.[289]

134 Auch Ansprüche mit Unterhaltscharakter unterfallen lit. f, wenn sie von Todes wegen entstehen oder kraft Gesetzes über den Tod hinaus zu leisten sind.[290] Erfasst von lit. f werden daher Vorausvermächtnisse ebenso wie Unterhaltsansprüche des überlebenden Ehegatten oder der Kinder.[291]

135 **b) Nicht ausgenommene Gegenstände.** Nicht von lit. f und damit von der VO erfasste Zivilsachen sind Klagen betreffend Schenkungen unter Lebenden und zwar auch dann, wenn sie post mortem erfüllt werden. Ebenso sind alle lebzeitigen Rechtsgeschäfte, bei denen Sachverhaltselemente über den Tod hinaus reichen (etwa aufgrund von Vollmachten) oder auch gestreckte deliktische Tatbestände (Schadenseintritt post mortem) der VO unterworfen. Sind die Schenkungen allerdings auf den Todesfall bezogen (Fall des § 2301 Abs. 2 BGB), sollten sie von der Verordnung ausgenommen werden[292] (Abgrenzung zu Rn. 133).

136 Ebenso werden Klagen des Erben gegen den Erbschaftsbesitzer oder gegen Dritte von der VO reguliert. Die erbrechtliche Anspruchsposition ist hier nur Vorfrage.[293]

137 Streitigkeiten über Nachlassverbindlichkeiten (Erblasserschulden und Erbfallschulden) gehören nicht zur lit. f und fallen unter die Verordnung.[294]

---

285 **A.A.:** Zöller/*Geimer* Anh. 1 Art. 1 EuGVVO Rdn. 75.
286 Geimer/Schütze/*Peiffer*/*Peiffer* IRV, B Vor I Art. 1 VO (EU) Nr. 1215/2012 Rdn. 154; *Schlosser*/*Hess* Art. 1 EuGVVO Rdn. 18; Rauscher/*Mankowski* Art. 1 Brüssel Ia-VO Rdn. 174.
287 Rauscher/*Mankowski* Art. 1 Brüssel Ia-VO Rdn. 175; MünchKomm/*Gottwald* Art. 1 VO (EU) 1215/2012 Rdn. 17.
288 Rauscher/*Mankowski* Art. 1 Brüssel Ia-VO Rdn. 175; **a.A.:** *Schlosser*/*Hess* Art. 1 EuGVVO Rdn. 18; Musielak/Voit/*Stadler* Art. 1 EuGVVO n.F. Rdn. 13.
289 *Schlosser*/*Hess* Art. 1 EuGVVO Rdn. 18; Musielak/Voit/*Stadler* Art. 1 EuGVVO n.F. Rdn. 13; **a.A.:** Rauscher/*Mankowski* Art. 1 Brüssel Ia-VO Rdn. 175.
290 Baumbach/Lauterbach/Albers/*Hartmann* Art. 1 EuGVVO Rdn. 13.
291 Rauscher/*Mankowski* Art. 1 Brüssel Ia-VO Rdn. 178 f.
292 *Schlosser*/*Hess* Art. 1 EuGVVO Rdn. 18; Musielak/Voit/*Stadler* Art. 1 EuGVVO n.F. Rdn. 13; **a.A.:** Rauscher/*Mankowski* Art. 1 Brüssel Ia-VO Rdn. 175.
293 *Schlosser*/*Hess* Art. 1 EuGVVO Rdn. 18; Rauscher/*Mankowski* Art. 1 Brüssel Ia-VO Rdn. 176; Geimer/Schütze/*Peiffer*/*Peiffer* IRV, B Vor I Art. 1 VO (EU) Nr. 1215/2012 Rdn. 155.
294 MünchKomm/*Gottwald* Art. 1 VO (EU) 1215/2012 Rdn. 17; Saenger/*Dörner* Art. 1 EuGVVO Rdn. 13; Thomas/Putzo/*Hüßtege* Art. 1 EuGVVO Rdn. 21; *Schlosser*/*Hess* Art. 1 EuGVVO Rdn. 18.

Artikel 2
[Begriffsbestimmungen]

Für die Zwecke dieser Verordnung bezeichnet der Ausdruck
a) „Entscheidung" jede von einem Gericht eines Mitgliedstaats erlassene Entscheidung ohne Rücksicht auf ihre Bezeichnung wie Urteil, Beschluss, Zahlungsbefehl oder Vollstreckungsbescheid, einschließlich des Kostenfestsetzungsbeschlusses eines Gerichtsbediensteten.
Für die Zwecke von Kapitel III umfasst der Ausdruck „Entscheidung" auch einstweilige Maßnahmen einschließlich Sicherungsmaßnahmen, die von einem nach dieser Verordnung in der Hauptsache zuständigen Gericht angeordnet wurden. Hierzu gehören keine einstweiligen Maßnahmen einschließlich Sicherungsmaßnahmen, die von einem solchen Gericht angeordnet wurden, ohne dass der Beklagte vorgeladen wurde, es sei denn, die Entscheidung, welche die Maßnahme enthält, wird ihm vor der Vollstreckung zugestellt;
b) „gerichtlicher Vergleich" einen Vergleich, der von einem Gericht eines Mitgliedstaats gebilligt oder vor einem Gericht eines Mitgliedstaats im Laufe eines Verfahrens geschlossen worden ist;
c) „öffentliche Urkunde" ein Schriftstück, das als öffentliche Urkunde im Ursprungsmitgliedstaat förmlich errichtet oder eingetragen worden ist und dessen Beweiskraft
   i) sich auf die Unterschrift und den Inhalt der öffentlichen Urkunde bezieht und,
   ii) durch eine Behörde oder eine andere hierzu ermächtigte Stelle festgestellt worden ist;
d) „Ursprungsmitgliedstaat" den Mitgliedstaat, in dem die Entscheidung ergangen, der gerichtliche Vergleich gebilligt oder geschlossen oder die öffentliche Urkunde förmlich errichtet oder eingetragen worden ist;
e) „ersuchter Mitgliedstaat" den Mitgliedstaat, in dem die Anerkennung der Entscheidung geltend gemacht oder die Vollstreckung der Entscheidung, des gerichtlichen Vergleichs oder der öffentlichen Urkunde beantragt wird;
f) „Ursprungsgericht" das Gericht, das die Entscheidung erlassen hat, deren Anerkennung geltend gemacht oder deren Vollstreckung beantragt wird.

Übersicht

I. Überblick —— 1
   1. Begriffsdefinitionen —— 1
   2. Auslegung —— 3
II. Begriffskatalog —— 4
   1. Art. 2 lit. a – Entscheidung eines Gerichts —— 4
     a) Entscheidung —— 5
     b) Einstweilige Verfügungsverfahren —— 11
     c) Exequatur —— 16
     d) Gericht —— 17

   2. Art. 2 lit. b – Gerichtlicher Vergleich —— 19
   3. Art. 2 lit. c – öffentliche Urkunde —— 23
   4. Art. 2 lit. d – Ursprungsmitgliedsstaat —— 28
   5. Art. 2 lit. e – ersuchter Mitgliedsstaat —— 30
   6. Art. 2 lit. f – Ursprungsgericht —— 31

Schrifttum

Frische Verfahrenswirkungen und Rechtskraft gerichtlicher Vergleiche – nationale Formen und ihre Anerkennung im internationalen Rechtsverkehr, 2006; *H. Roth* Vollstreckungsbefehle kroatischer Notare und der Begriff „Gericht" in der EuGVVO und der EuVTVO, IPRax 2018, 41; *Ulrici* Anerkennung und Vollstreckung nach Brüssel Ia, JZ 2016, 126; *Wolber* Der Begriff des „Gerichts" im Europäischen Zivilprozessrecht am Beispiel kroatischer Notare, EuZW 2017, 680.

I. Überblick

1. Begriffsdefinitionen. Begrifflichkeiten des Anerkennungsrechts werden für die Zwecke der Verordnung insgesamt einheitlich bestimmt. Sie betreffen justizielle Handlungsformen (Entscheidung, gerichtlicher Vergleich, öffentliche Urkunde) und die räumliche Zuordnung (Ursprungs- und ersuchter Mitgliedsstaat, Ursprungsgericht). In Art. 2 werden nur einzelne besonders wichtige Begriffe legaldefiniert und auch sie bedürfen der Konkretisierung und Ausformung durch die Rechtsprechung nach Maßgabe einer autonomen, von mitgliedstaatlichen Verständnissen gelösten, einheitlichen Auslegung. Für sie gelten mithin die unionsrechtlichen Auslegungsregeln einschließlich der Besonderheiten der Mehrsprachigkeit unter einem sprachlichen Egalitätsprinzip[1] als auch die anwendungsrechtliche Durchsetzungskraft des Unionsrechts durch den effet utile.[2] Die eigenständigen Definitionen verdeutlichen den euroautonomen Charakter der Verordnung und ihre auch auf eine äußere Systematisierung angelegte Struktur mit vorangestellten allgemeinen Vorschriften, einem „verfügenden" Hauptteil und Schlussbestimmungen. Eine vergleichbare Struktur weist etwa auch die EuVTVO[3] auf (Art. 4).

Bereits die Brüssel I-VO enthielt einige der Begriffsdefinitionen verteilt nach Sachzusammenhang, die nun in Art. 2 zu einem Katalog zusammen- und vorangestellt sind. Neu ist die Klarstellung des Entscheidungsbegriffs für einstweilige Verfügungsverfahren in lit. a, sowie die Aufnahme von Definitionen für einen technischen Sprachgebrauch in den lit. d–f.

2. Auslegung. Die Begriffsdefinitionen sind als Bestandteil der Verordnung bindend und werden durch die zu ihnen ergehende Rechtsprechung näher konkretisiert. Die Definitionen können im Rahmen der autonomen Auslegung anderer EU-Rechtsakte, insbesondere der EuVTVO, ebenfalls herangezogen werden. Das ausdrückliche Kohährenzgebot für die rechtsaktübergreifende Auslegung jeweils nach den Erwägungsgründen (7) der Rom I und der Rom II-VO nimmt die Brüssel Ia-VO nicht explizit auf. Es gilt aber angepasst an den Sinn und Zweck des jeweiligen EU-Rechtsakts ohnehin.

II. Begriffskatalog

1. Art. 2 lit. a – Entscheidung eines Gerichts. Die zentrale Handlungsform und damit der Hauptgegenstand für das Anerkennungs- und Vollstreckungsrecht der Verordnung ist die „Entscheidung". Sie muss von dem Gericht eines Mitgliedsstaates erlassen worden sein.[4] Drittstaatliche Entscheidungen fallen nicht in den sachlichen An-

---

[1] *Zedler* Mehrsprachigkeit als Methode, S. 138 ff.
[2] Siehe näher *Hess* Methoden der Rechtsfindung im Europäischen Zivilprozessrecht, IPRax 2006, 348–363; *Riesenhuber* in: Riesenhuber (Hrsg.), Europäische Methodenlehre, 3. Aufl. 2015, Die Auslegung, § 10 Rdn. 4 und passim.
[3] VO (EG) 805/2004 des Europäischen Parlaments und des Rates v. 21.4.2004 zur Einführung eines europäischen Vollstreckungstitels für unbestrittene Forderungen (ABl. EU 2004 L 143, S. 15).
[4] EuGH Rs C-129/92, ECLI:EU:1994:13 – Owens Bank, Rdn. 18.

wendungsbereich der Verordnung und spielen daher insoweit keine Rolle. Unter dem Terminus ist ein weites Begriffsfeld gemeint, wonach grundsätzlich alle Akte staatlicher Rechtspflege[5] umfasst werden.

a) Entscheidung. Eine „Entscheidung" liegt vor, wenn sie unabhängig von ihrer Form oder Bezeichnung eine bindende Außenwirkung hat. Nicht erfasst werden danach etwa prozessleitende Verfügungen und verfahrensrechtliche Zwischenentscheidungen (Ladungen, Beweisbeschlüsse, Hinweisbeschlüsse).[6] 5

Für Entscheidungen, die auf das Territorium des Mitgliedsstaats beschränkt sind, dessen Gerichte sie erlassen haben, findet die Verordnung keine Anwendung.[7] Die Verordnung gilt nach lit. a nur für Entscheidungen, die (potentiell) grenzüberschreitende Wirkungen entfalten. Ausgenommen sind damit Instrumente, die von ihrer gesetzlichen Ausformung nicht grenzüberschreitend angelegt sind. Beispiele sind etwa der schweizerische Zahlungsbefehl, der schweizerischer Arrest und die provisorische Rechtsöffnung,[8] die jedoch nur für das LugÜ praktisch relevant sind. 6

Auf den Entscheidungsinhalt kommt es nicht an. Auch Prozessurteile wie die Abweisung als unzulässig[9] werden erfasst. Ebenso fallen unter lit. a abgekürzte Entscheidungen (ohne Tatbestand und Entscheidungsgründe)[10] und Entscheidungen auf gemeinsamen Antrag beider Parteien ohne streitiges Verfahren.[11] 7

Keine Voraussetzung ist die materielle und formelle Rechtskraft der Entscheidung.[12] Das folgt schon aus der Aussetzungsbefugnis im Vollstreckungsverfahren bei möglichen oder eingelegten Rechtsmitteln im Erststaat nach Art. 51 Abs. 1 S. 1. Damit können auch nicht rechtskräftige Entscheidungen anerkannt und vollstreckt werden, soweit ihre Urteilswirkungen reichen. 8

Desgleichen werden Nebenentscheidungen erfasst. Lit. a zählt Entscheidungsformen und Arten beispielhaft auf (Urteil, Beschluss, Zahlungsbefehl, Vollstreckungsbescheid, Kostenfestsetzungsbeschluss). Die genannten Entscheidungsformen sind nicht abschließend zu verstehen.[13] Die Nebenentscheidungen müssen aber selbständig durch ein Gericht ergehen, wobei die Stellung der Funktionsträger innerhalb des Gerichts (Richter oder Rechtspfleger) keine Rolle spielt.[14] Die Kostenfestsetzung unterliegt vollumfänglich dem Regime der Verordnung. Das gilt auch dann, wenn das Gericht in der Hauptsache nur über einzelne von der Verordnung erfasste Gegenstände entscheidet.[15] 9

---

5 *Schlosser/Hess* Art. 2 EuGVVO Rdn. 2; Geimer/Schütze/*Peiffer/Peiffer* IRV, B Vor I Art. 2 VO (EU) Nr. 1215/2012, Rdn. 3; MünchKomm/*Gottwald* Art. 2 VO (EU) 1215/2012 Rdn. 2ff.; Saenger/*Dörner* Art. 2 EuGVVO Rdn. 2.
6 Rauscher/*Leible* Art. 2 Brüssel Ia-VO Rdn. 9ff.; MünchKomm/*Gottwald* Art. 2 VO (EU) 1215/2012 Rdn. 17ff.
7 Geimer/Schütze/*Peiffer/Peiffer* IRV, B Vor I Art. 2 VO (EU) Nr. 1215/2012, Rdn. 10.
8 *Schlosser/Hess* Art. 2 EuGVVO Rdn. 8.
9 EuGH Rs C-456/11, ECLI:EU:C:2012:719 – Gothaer Allgemeine Versicherung, Rdn. 32.
10 Für sie stellt das nationale Recht allerdings besondere Regeln auf, die grundsätzlich nicht abgekürzt werden dürfen, wenn mit einer Vollstreckung im Ausland zu rechnen ist (s. §§ 313a Abs. 4, 313b Abs. 3 ZPO).
11 BGH 15.2.2012 NJW 2012, 2113 („sheme of arrangement").
12 Geimer/Schütze/*Peiffer/Peiffer* IRV, B Vor I Art. 2 VO (EU) Nr. 1215/2012, Rdn. 6; Rauscher/*Leible* Art. 2 Brüssel Ia-VO Rdn. 7; Saenger/*Dörner* Art. 2 EuGVVO Rdn. 4.
13 Musielak/Voit/*Stadler* Art. 2 EuGVVO n.F. Rdn. 2; Rauscher/*Leible* Art. 2 Brüssel Ia-VO Rdn. 11; MünchKomm/*Gottwald* Art. 2 VO (EU) 1215/2012 Rdn. 8.
14 *Schlosser/Hess* Art. 2 EuGVVO Rdn. 5.
15 Musielak/Voit/*Stadler* Art. 2 EuGVVO n.F. Rdn. 3.

10 Dagegen wird die Gerichtskostenrechnung der Justizverwaltung oder die Festsetzung der Anwaltskosten durch die französische Anwaltskammer[16] nicht erfasst.[17] Kernmerkmal des Entscheidungsbegriffs ist die Gewährung rechtlichen Gehörs sowie die Unabhängigkeit und Unparteilichkeit des Spruchkörpers (s. nachfolgend zum Gerichtsbegriff).[18]

11 **b) Einstweilige Verfügungsverfahren.** Entscheidungen im einstweiligen Verfügungsverfahren nehmen an der Urteilsfreizügigkeit durch Anwendung der Anerkennungs- und Vollstreckungsregeln (Kapitel III) nur unter den in lit. a Abs. 2 bezeichneten Einschränkungen teil:

12 (1) Nur solche vorläufigen Entscheidungen werden erfasst, die von einem in der Hauptsache nach der Verordnung zuständigen Gericht verhängt worden sind (Abs. 2 S. 2). Soweit ein Gerichtsstand der Brüssel Ia-VO eröffnet ist, können in diesem damit auch einstweilige Maßnahmen erlassen werden, die grenzüberschreitend vollstreckbar sind. Auf die Durchführung eines Hauptsacheverfahrens kommt es nicht an. Die Verordnung ist insoweit aber nicht abschließend. Daneben können einstweilige Maßnahmen einschließlich Sicherungsmaßnahmen nach nationalem Prozessrecht angeordnet werden (s. Art. 35). So bleiben vorläufige Entscheidungen etwa durch die Gerichte am Ort der Belegenheit von Vermögensgegenständen möglich, sind aber nur territorial beschränkt für den jeweiligen Mitgliedstaat vollstreckbar.

13 (2) Nur dann werden die Entscheidungen erfasst, wenn dem Antragsgegner rechtliches Gehör eingeräumt worden ist oder ihm die Entscheidung zumindest vor der Vollstreckung zugestellt worden ist (Abs. 2 S. 2). Damit entfällt eine Anerkennung und Vollstreckung von ex parte-Entscheidungen.

14 Die Verordnung kodifiziert hiermit die Rechtsprechung des EuGH zu einstweiligen Verfügungen unter Herrschaft des EuGVÜ[19] und der Brüssel I-VO.[20] Jedoch schränkt der EuGH den Anwendungsbereich in seiner neueren Rechtsprechung weiter ein, wenn er über den Wortlaut von Abs. 2 S. 2 hinaus für den Gerichtsbegriff ein kontradiktorisches Verfahren verlangt.[21] Dann genügt weder die (nachträgliche) Zustellung der Entscheidung vor der Vollstreckung noch die Einlegung eines Rechtsmittels. Es bleibt abzuwarten, ob der EuGH dieses Erfordernis auch auf den einstweiligen Rechtsschutz erstrecken wird (s. nachfolgend).

15 Will der Gläubiger das Überraschungsmoment nutzen und seine Ansprüche sichern, so muss er in allen Mitgliedstaaten parallel vorgehen, in denen Vermögensgegenstände des Schuldners belegen sind. Besteht ein Gerichtsstand nach Maßgabe der Verordnung, so kann zunächst auch eine ex parte-Entscheidung herbeigeführt werden und nachträg-

---

[16] OLG Koblenz 5.11.1985 IPRax 1987, 24 = ECLI:DE:OLGKOBL:1985:1105.14W638.85.0A. Hingegen ist die gerichtliche Vollstreckbarerklärung des Beschlusses der französischen Anwaltskammer über die Honorarforderung eines französischen Anwalts erfasst, vgl. BGH 22.9.2015 NJW-RR 2006, 143 m. zust. Anm. *Gruber* JR 2006, 429.
[17] Geimer/Schütze/*Peiffer*/*Peiffer* IRV, B Vor I Art. 2 VO (EU) Nr. 1215/2012, Rdn. 16; Saenger/*Dörner* Art. 2 EuGVVO Rdn. 3; Rauscher/*Leible* Art. 2 Brüssel Ia-VO Rdn. 11; Thomas/Putzo/*Hüßtege* Art. 2 EuGVVO Rdn. 6.
[18] Thomas/Putzo/*Hüßtege* Art. 2 EuGVVO Rdn. 6.
[19] EuGH Rs C-99/96, ECLI:EU:C:1999:202 – Mietz, Rdn. 54; EuGH Rs C-474/93, ECLI:EU:C:1995:243 – Hengst Import, Rdn. 14; EuGH Rs C-1125/79, ECLI:EU:C:1980:130 – Denilauler, Rdn. 17 (keine ex parte-Entscheidungen).
[20] EuGH Rs C-39/02, ECLI:EU:C:2004:615 – Mærsk, Rdn. 50 ff.
[21] EuGH Rs C-551/15, ECLI:EU:C:2017:193 – Pula Parking, Rdn. 54; EuGH Rs C-484/15, ECLI:EU:C:2017:199 – Zulfikarpašić, Rdn. 40.

lich etwa durch Anordnung einer mündlichen Verhandlung rechtliches Gehör gewährt werden, so dass diese Entscheidung dann auch grenzüberschreitend vollstreckbar wird.[22]

c) Exequatur. Keine Entscheidung im Sinne der lit. a ist die (ausländische) Exequaturentscheidung. Sie kann nicht über das Regime der Brüssel Ia-VO durch eine zweite Exequaturentscheidung auch für das Inland anerkannt und vollstreckt werden (keine Exequatur der Exequatur).[23] Insbesondere soll ausgeschlossen werden, dass drittstaatliche Entscheidungen auf diesem Wege an der Urteilsfreizügigkeit teilnehmen und damit das autonome Anerkennungsrecht der Mitgliedstaaten unterlaufen. Daher hat das OLG Brandenburg die Anerkennung und Vollstreckung einer world wide freezing injunction des High Court of Justice in London zur Sicherung einer russischen Entscheidung zu Recht abgelehnt.[24] Ausländische Vollstreckungsakte, etwa die Pfändung einer Forderung,[25] können dagegen im Inland anerkannt werden.

d) Gericht. Eine Begriffsdefinition für den Gerichtsbegriff stellt die VO nicht auf. Art. 3 erweitert den Gerichtsbegriff funktional für die dort genannten Rechtsträger und Verfahren (ungarischer Notar und schwedisches Beitreibungsamt in summarischen Verfahren). Das folgt den nationalen Besonderheiten und zeigt zugleich, dass der Gerichtsbegriff der VO nicht an die Ausübung richterlicher Tätigkeit anknüpft, sondern institutionell an die Unabhängigkeit und Unparteilichkeit des Richters. Das ergibt sich auch aus den Anforderungen aus Art. 6 Abs. 1 S. 1 EMRK.[26]

Der EuGH hat in seinen Entscheidungen Pula Parking[27] und Zulfikarpašić[28] den Gerichtsbegriff am Beispiel kroatischer Notare eingeschränkt.[29] Notare böten nicht die Gewähr für Unabhängigkeit und Unparteilichkeit des Entscheidungsträgers. Ferner verlangt der EuGH, dass ein Verfahren einen kontradiktorischen Charakter aufweisen muss.[30] Die nach kroatischem Recht bestehende Widerspruchsmöglichkeit bei einem Gericht genügt dafür nicht. Der Beklagte bzw. Schuldner muss also im Verfahren angehört worden sein. Fraglich erscheint, ob der EuGH an diesem Erfordernis auch für vorläufige Entscheidungen im einstweiligen Rechtsschutz festhält. Nach Art. 2 lit. a Abs. 2 S. 2 können ex parte-Entscheidungen über einstweilige Maßnahmen auch dann von der Verordnung erfasst werden, wenn dem Beklagten die Entscheidung, welche die Maßnahmen enthält, (erst) vor der Vollstreckung zugestellt worden ist. Auch hat es der EuGH in der Rs Mærsk[31] ausreichen lassen, dass die Gläubiger gegen einen gerichtlichen Beschluss erst nachträglich Rechtsmittel einlegen konnten.[32]

---

22 *Schlosser/Hess* Art. 2 EuGVVO Rdn. 13.
23 *Schlosser/Hess* Art. 2 EuGVVO Rdn. 8.
24 OLG Brandenburg 11.7.2016, BeckRS 2016, 14937 = MDR 2016, 1171; krit. Anm. *Hau* MDR 2016, 1251, 1252.
25 *Schlosser/Hess* Art. 2 EuGVVO Rdn. 10.
26 Geimer/Schütze/*Peiffer*/*Peiffer* IRV B Vor I Art. 2 VO (EU) Nr. 1215/2012, Rdn. 9; *Schlosser/Hess* Art. 2 EuGVVO Rdn. 6; Musielak/Voit/*Stadler* Art. 2 EuGVVO n.F. Rdn. 7.
27 EuGH Rs C-551/15, ECLI:EU:C:2017:193 – Pula Parking.
28 Zum Gerichtsbegriff in Bezug auf einen Europäischen Vollstreckungstitel der EuVTVO, EuGH Rs C-484/15, ECLI:EU:C:2017:199 – Zulfikarpašić.
29 Siehe näher *H. Roth* IPRax 2018, 41; *Wolber* EuZW 2017, 680.
30 EuGH Rs C-551/15, ECLI:EU:C:2017:193 – Pula Parking, Rdn. 54; EuGH Rs C-484/15, ECLI:EU:C:2017:199 – Zulfikarpašić, Rdn. 40.
31 EuGH Rs C-39/02, ECLI:EU:C:2004:615 – Mærsk.
32 Zutreffend *H. Roth* IPRax 2018, 41, 43.

19 **2. Art. 2 lit. b – gerichtlicher Vergleich.** Die Verordnung erfasst nur den gerichtlichen Vergleich, der nach Art. 59 grenzüberschreitend vollstreckbar ist. Der Begriff ist autonom auszulegen.[33] Der Vergleich setzt ungeachtet seiner Rechtsnatur die Zustimmung des Beklagten voraus. Für das mitwirkende Gericht muss daher keine internationale Zuständigkeit nach der Verordnung bestehen.[34] Gleichwohl muss aber der sachliche Anwendungsbereich nach Art. 1 geöffnet sein.[35] Erfasst werden alle Formen des Vergleichs, an denen ein Gericht, gleich durch welchen Spruchkörper, beteiligt ist.[36] Nach dem Wortlaut ist wie folgt zu unterscheiden:

20 Vergleiche, die vor einem Gericht eines Mitgliedstaats im Laufe eines Verfahrens geschlossen sind:

Der Prozessvergleich auch soweit er im Prozesskostenhilfeverfahren oder im selbständigen Beweisverfahren durch den Richter protokolliert wurde (Fall des § 794 Abs. 1 Nr. 1 Var. 1, 3 und 4 ZPO).

Das Vergleichsurteil, in dem der Vergleich als unstreitiges Urteil tenoriert wird, nur dann, wenn es keine Rechtskraftwirkungen entfaltet.[37] Kommen dem Vergleichsurteil nach dem Recht des Urteilsstaats dagegen Wirkungen (insb. Präklusion) zu, handelt es sich um eine Entscheidung nach lit. a.

21 Erfasst werden ferner Vergleiche, die von einem Gericht eines Mitgliedstaats gebilligt worden sind, wobei Billigung nicht notwendig eine Rechtsprüfung voraussetzt.[38] Das betrifft den durch Beschluss festgestellten außergerichtlichen Vergleich (Fälle des § 278 Abs. 6 ZPO), den Vergleich vor dem Güterichter sowie den gerichtlich bestätigten Anwaltsvergleich (Fall des § 796a ZPO).

22 Keine Anwendung findet die Verordnung auf den Vergleich im Mediationsverfahren (Fall des § 278a ZPO) unabhängig davon, ob es sich um eine gerichtsinterne oder außergerichtliche Mediation handelt.[39]

23 Ebenfalls nicht erfasst werden Vergleiche, die von anderen Stellen als Gerichten (etwa Gütestellen, Fall des §§ 794 Abs. 1 Nr. 1 Var. 2 ZPO, 797a ZPO) geschlossen worden sind. Für sie erfolgt eine Anerkennung als „öffentliche Urkunde" nach lit. c.

24 **3. Art. 2 lit. c – öffentliche Urkunde.** Die dritte legaldefinierte Handlungsform ist die vom sachlichen Anwendungsbereich der Verordnung erfasste[40] öffentliche Urkunde, die von der Privaturkunde durch drei Begriffsmerkmale abgegrenzt wird:

25 Die Urkunde muss von einer Behörde oder einer staatlich dazu ermächtigten Stelle eines Mitgliedsstaats errichtet worden sein (Ursprungsmitgliedstaat im Sinne von

---

[33] Zum autonom gebildeten Begriff des Prozessvergleichs, s. EuGH Rs C-414/92, ECLI:EU:1994:221 – Solo Kleinmotoren, Rdn. 18 ff.
[34] *Schlosser/Hess* Art. 2 EuGVVO Rdn. 23 (untechnischer Sonderfall der rügelosen Einlassung im Sinne von Art. 26); Geimer/Schütze/*Peiffer/Peiffer* IRV, B Vor I Art. 2 VO (EU) Nr. 1215/2012, Rdn. 36 (bedingungslose Unterwerfung unter die Zuständigkeit des Gerichts für die Aufnahme des Vergleichs); Rauscher/*Leible* Art. 2 Brüssel Ia-VO Rdn. 21.
[35] Geimer/Schütze/*Peiffer/Peiffer* IRV, B Vor I Art. 2 VO (EU) Nr. 1215/2012, Rdn. 36; Rauscher/*Leible* Art. 2 Brüssel Ia-VO Rdn. 26; Thomas/Putzo/*Hüßtege* Art. 2 EuGVVO Rdn. 8.
[36] Saenger/*Dörner* Art. 2 EuGVVO Rdn. 9; Musielak/Voit/*Stadler* Art. 2 EuGVVO n.F. Rdn. 11.
[37] Musielak/Voit/*Stadler* Art. 2 EuGVVO n.F. Rdn. 11; Schlosser/Hess Art. 2 EuGVVO Rdn. 22; *Frische* S. 141 ff.
[38] Rauscher/*Leible* Art. 2 Brüssel Ia-VO Rdn. 24.
[39] Saenger/*Dörner* Art. 2 EuGVVO Rdn. 9; MünchKomm/*Gottwald* Art. 2 VO (EU) 1215/2012 Rdn. 26.
[40] Musielak/Voit/*Stadler* Art. 2 EuGVVO n.F. Rdn. 12; MünchKomm/*Gottwald* Art. 2 VO (EU) 1215/2012 Rdn. 31.

lit. d.⁴¹) Darunter fallen auch Konsularurkunden, die dem Entsendemitgliedstaat zuzurechnen sind.⁴²

Der Urkundeninhalt und die Unterschriften müssen zweitens von der Behörde inhaltlich geprüft worden sein (i). Nicht ausreichend ist die öffentliche Beglaubigung einer Privaturkunde.⁴³ **26**

Urkundeninhalt und Unterschriften müssen drittens „festgestellt" sein (ii). Die Urkunde muss also wirksam, d.h. nach den Regeln des Beurkundungsverfahrens im Ursprungsmitgliedstaat, errichtet worden sein.⁴⁴ Es gilt insoweit ein prozessuales Herkunftslandprinzip. Bei Verfahrensfehlern entscheidet das Beurkundungsrecht des Ursprungsmitgliedstaats.⁴⁵ Dabei wird jedoch nicht die Rechtmäßigkeit des Inhalts geprüft. **27**

4. Art. 2 lit. d – Ursprungsmitgliedstaat. Die terminologische Festlegung auf den Ursprungsstaat dient der sprachlichen Vereinfachung und entspricht dem deutschen Terminus „Erststaat". Klargestellt wird durch die Auszeichnung als Ursprungsmitgliedstaat, dass justizielle Akte aus Drittstaaten vom Anerkennungs- und Vollstreckungsregime der Verordnung nicht erfasst werden. Eine Einschränkung gilt indirekt und soweit, als drittstaatliche Entscheidungen im Rahmen von Art. 45 Abs. 1 lit. d Var. 2 ein Anerkennungshindernis bilden. **28**

Werden öffentliche Urkunden im Sinne von lit. c von einer diplomatischen Vertretung (Konsularstelle) ausgestellt, so meint Ursprungsmitgliedstaat nicht den Staat, in dem die Urkunde errichtet oder eingetragen wurde, sondern den Entsendestaat, der wiederum nur ein Mitgliedstaat und kein Drittstaat sein kann.⁴⁶ **29**

5. Art. 2 lit. e – ersuchter Mitgliedstaat. Der ersuchte Mitgliedstaat meint den Staat, in dem die von lit. a–c genannten Gerichtsentscheidungen, gerichtlichen Vergleiche und öffentlichen Urkunden von den Parteien geltend gemacht werden. Auf ein förmliches Ersuchen kommt es dabei nicht an. Der „ersuchte Mitgliedstaat" entspricht dem deutschen Begriff des „Zweitstaates" oder des „Vollstreckungsstaates". Die Auszeichnung als Mitgliedstaat macht die Selbstverständlichkeit deutlich, dass die Verordnung eine Anerkennung und Vollstreckung in Drittstaaten nicht umfasst.⁴⁷ **30**

6. Art. 2 lit. f – Ursprungsgericht. Ursprungsgericht ist das Gericht eines Mitgliedstaates, das die Entscheidung im Sinne der lit. a erlassen hat und deren Anerkennung geltend gemacht oder deren Vollstreckung beantragt wird. Die Terminologie ergänzt lit. d, ohne aber auch den gerichtlichen Vergleich zu erwähnen. Die Anerkennung von öffentlichen Urkunden erfolgt ohne einen entsprechenden Terminus (Ursprungsbehörde). Zum Gerichtsbegriff siehe oben Rdn. 19. **31**

---

41 EuGH Rs C-260/97, ECLI:EU:1999:311 – Unibank, Rdn. 14 ff. (eine Privaturkunde genügt nicht); Saenger/*Dörner* Art. 2 EuGVVO Rdn. 10; Geimer/Schütze/*Peiffer*/*Peiffer* IRV, B Vor I Art. 2 VO (EU) Nr. 1215/2012, Rdn. 36.
42 Schlosser/*Hess* Art. 2 EuGVVO Rdn. 26.
43 OLG Köln 15.10.2007 OLGR Köln 2008, 159 Rdn. 7; Musielak/Voit/*Stadler* Art. 2 EuGVVO n.F. Rdn. 12.
44 Saenger/*Dörner* Art. 2 EuGVVO Rdn. 10.
45 Saenger/*Dörner* Art. 2 EuGVVO Rdn. 10; Schlosser/*Hess* Art. 2 EuGVVO Rdn. 27.
46 Geimer/Schütze/*Peiffer*/*Peiffer* IRV, B Vor I Art. 2 VO (EU) Nr. 1215/2012, Rdn. 43.
47 Rauscher/*Leible* Art. 2 Brüssel Ia-VO Rdn. 46.

Artikel 3
[Begriff „Gericht"]

Für die Zwecke dieser Verordnung umfasst der Begriff „Gericht" die folgenden Behörden, soweit und sofern sie für eine in den Anwendungsbereich dieser Verordnung fallende Angelegenheit zuständig sind:
a) in Ungarn, bei summarischen Mahnverfahren (fizetési meghagyásos eljárás), den Notar (közjegyző),
b) in Schweden, bei summarischen Mahnverfahren (betalningsföreläggande) und Beistandsverfahren (handräckning), das Amt für Beitreibung (Kronofogdemyndigheten).

Übersicht
I. Nationale Besonderheiten – Ungarn und Schweden —— 1
II. Parallel- und Vorgängerregelungen —— 3

I. Nationale Besonderheiten – Ungarn und Schweden

1 Art. 3 öffnet die Verordnung auch für die summarischen Mahn- und Beistandsverfahren vor der schwedischen Verwaltungsbehörde (schwedisches Beitreibungsamt) und das Mahnverfahren vor dem ungarischen Notar. Die Gleichstellung gilt sowohl für die Zuständigkeit als auch für die Anerkennung und Vollstreckung von Entscheidungen. Die von diesen Entscheidungsträgern in den genannten Verfahren ausgefertigten Titel nehmen damit an der Urteilsfreizügigkeit der Verordnung teil.[1]

2 Die Vorschrift enthält keine Begriffsdefinition für den Begriff „Gericht", sondern berücksichtigt die nationalen Besonderheiten des ungarischen und schwedischen Gerichtssystems, in dem die genannten Entscheidungsträger für die genannten Verfahren „zum Zwecke dieser Verordnung" einem Gericht gleichgestellt werden.[2] Art. 3 erweitert damit die Begrifflichkeit in Art. 2 lit. a „Entscheidung eines Gerichts" punktuell für diese nationalen Besonderheiten. Er lässt sich damit nicht als Beleg für einen generell nur funktionellen Gerichtsbegriff deuten.[3]

II. Parallel- und Vorgängerregelungen

3 Eine parallele Regelung öffnet den Anwendungsbereich der Verordnung für die „gemeinsame[n] Gerichte" (Art. 71a–d). Betroffen sind hiervon das Europäische Einheitliche Patentgericht, dessen Errichtung noch von der Zustimmung Großbritanniens abhängt,[4] sowie der Benelux-Gerichtshof (s. Art. 71a Abs. 2).

---

1 Geimer/Schütze/*Pörnbacher* IRVArt. 62 VO (EG) Nr. 44/2001 Rdn. 1; Rauscher/*Staudinger* Art. 3 Brüssel Ia-VO Rdn. 1; Saenger/*Dörner* Art. 3 EuGVVO Rdn. 2; MünchKomm/*Gottwald* Art. 3 VO (EU) 1215/2012.
2 Saenger/*Dörner* Art. 3 EuGVVO Rdn. 1.
3 Geimer/Schütze/*Paulus* IRV Art. 3 VO (EU) Nr. 1215/2012 Rdn. 4; Thomas/Putzo/*Hüßtege* Art. 3 EuGVVO Rdn. 1. Vgl. insoweit auch EuGH Rs C-551/15, ECLI:EU:C:2017:193 – Pula Parking, Rdn. 56, 59.
4 Das EU-Patentgericht ist durch EPatVO [VO (EU) Nr. 1257/2012 des Europäischen Parlaments und des Rates v. 17.12.2012 über die Umsetzung der Verstärkten Zusammenarbeit im Bereich der Schaffung eines einheitlichen Patentschutzes (Abl. EU 2012 L 361, S. 1)] auf EU-Ebene reguliert. Das völkerrechtliche Übereinkommen über ein Einheitliches Patentgericht (EPGÜ, Abl. EU 2013 C 175, S. 1) bedarf noch der Zustimmung des Vereinigten Königreichs, die trotz Brexit für 2018 angekündigt ist.
Verfassungsbeschwerden sind in Karlsruhe anhängig, s. *Würtenberger/Freischem* GRUR 2018, 270.

Das schwedische Beitreibungsamt wird für die summarischen Verfahren auch von Art. 4 Nr. 7 der EuVTVO in deren Anwendungsbereich einbezogen. **4**

Die Nennung des schwedischen Beitreibungsamts in Art. 3 lit. b folgt der Vorgängerregelung in Art. 62 Brüssel I-VO. Die dortige Erweiterung in Abs. 2 auf dänische Unterhaltsbehörden ist mit dem Nachvollzug der EuUntVO durch Dänemark hinfällig geworden. **5**

Für Ungarn, das erst nach dem Inkrafttreten der Brüssel I-VO der Union beigetreten ist (1. Mai 2004), wurde die Sonderregel in lit. a der Brüssel Ia-VO neu aufgenommen. **6**

KAPITEL II
Zuständigkeit

ABSCHNITT 1
Allgemeine Bestimmungen

Artikel 4

(1) Vorbehaltlich der Vorschriften dieser Verordnung sind Personen, die ihren Wohnsitz im Hoheitsgebiet eines Mitgliedstaats haben, ohne Rücksicht auf ihre Staatsangehörigkeit vor den Gerichten dieses Mitgliedstaats zu verklagen.

(2) Auf Personen, die nicht dem Mitgliedstaat, in dem sie ihren Wohnsitz haben, angehören, sind die für Staatsangehörige dieses Mitgliedstaats maßgebenden Zuständigkeitsvorschriften anzuwenden.

Schrifttum

Berner Prorogation drittstaatlicher Gerichte und Anwendungsvorrang der EuGVVO, RIW 2017, 792; *Gebauer* Drittstaaten- und Gemeinschaftsbezug im europäischen Recht der internationalen Zuständigkeit, ZEuP 2001, 943; *ders.* Ausschließliche Gerichtsstandsvereinbarung als Aufrechnungsverbot?, IPRax 2018, 172; *Hess* Europäisches Zivilprozessrecht (2010); *Hilling* Das kollisionsrechtliche Werk Heinrich Freiherr v. Coccejis (1644–1719) (2002); *Junker* Der Gerichtsstand des Erfüllungsortes nach der Brüssel I-Verordnung im Licht der neueren EuGH-Rechtsprechung, FS Kaissis (2012), 439; *Mankowski* Die Darlegungs- und Beweislast für die Tatbestände des Internationalen Verbraucherprozess- und Verbrauchervertragsrechts, IPRax 2009, 474; *von Mehren* Adjudicatory Authority in Private International Law – A Comparative Study (2007); *Pfeiffer* Internationale Zuständigkeit und prozessuale Gerechtigkeit (1995); *Savigny* System des heutigen römischen Rechts, Band VIII (1849); *Schröder* Internationale Zuständigkeit (1971); *Schulze* Die Fremdwirkung der Vertragserklärung als dreifachrelevante Tatsache – IZVR/IPR, IPRax 2018, 26; *Vedie* Arthur T. von Mehren und das Internationale Zivilverfahrensrecht im transatlantischen Dialog (2017).

Übersicht

I. Grundlagen und Normzweck —— 1
   1. Funktion des allgemeinen Gerichtsstandes als Kompetenznorm —— 2
   2. Beklagtenwohnsitz als Schlüssel zum Anwendungsbereich der Verordnung —— 5
   3. Grundsatz des actor sequitur forum rei —— 8
      a) Beklagtenschutz
         aa) Begründungsansätze —— 9
         bb) Angeblich enge Auslegung besonderer Gerichtsstände —— 12
      b) Klägerinteressen und Zuständigkeitsklarheit —— 16
II. Systematik und Verhältnis zu anderen Gerichtsständen – „Vorbehaltlich der Vorschriften dieser Verordnung" —— 19
III. Internationalität – Mitgliedstaaten-, Drittstaaten- und reiner Inlandsbezug —— 22

- IV. Wohnsitz —— 25
    1. Natürliche Personen (Art. 62 Brüssel Ia-VO) —— 26
    2. Gesellschaften und Juristische Personen (Art. 63 Brüssel Ia-VO) —— 28
    3. Zeitpunkt —— 29
    4. Mehrere Wohnsitze —— 31
    5. Unbekannter Wohnsitz —— 32
- V. Beweislast und Beweismaß —— 33
- VI. Kein fakultativer Charakter der Wohnsitzzuständigkeit —— 34
    1. Forum non conveniens —— 35
    2. Prozessaufrechnung —— 36
    3. Derogation des Beklagtenwohnsitzes durch Vereinbarung eines drittstaatlichen Forums —— 38
    4. Gerichtsstandsvereinbarung als Aufrechnungsverbot —— 39
- VII. Örtliche und sachliche Zuständigkeit (Abs. 2) —— 40

I. Grundlagen und Normzweck

1 Art. 4 ist die zuständigkeitsrechtliche Grundnorm der Brüssel Ia-VO. Der allgemeine Gerichtsstand am Beklagtenwohnsitz fungiert als Grundsatz, auf den sich die Ausnahmen beziehen (1.). Gleichzeitig dient der Beklagtenwohnsitz als ein Anknüpfungspunkt für die Eröffnung des räumlich-persönlichen Anwendungsbereichs der Verordnung insgesamt und damit der Abgrenzung von nationalen Zuständigkeitsvorschriften bzw. von Zuständigkeitsvorschriften aus Übereinkommen mit Drittstaaten (2.). In der Konzentration auf den Beklagtenwohnsitz als Ausgangspunkt der internationalen Zuständigkeit kommt schließlich eine Wertentscheidung zum Ausdruck, die dem Kläger mehr Mobilität abverlangt als dem Beklagten (3.) In der Textgeschichte ist die Norm sprachlich an den Verordnungscharakter angepasst worden, als das Brüsseler Übereinkommen in die im Jahre 2002 in Kraft getretene Brüssel I-VO und damit in einen Akt des sekundären Gemeinschafts- bzw. heute Unionsrechts überführt wurde. Sachlich blieb die Norm seit dem EuGVÜ von 1968 unverändert.[1]

2 **1. Funktion des allgemeinen Gerichtsstandes als Kompetenznorm.** Der allgemeine Gerichtsstand des Beklagtenwohnsitzes ist denkbar weit gefasst und gilt im Rahmen des sachlichen Anwendungsbereichs der Verordnung für alle Klagen, für die nicht eine ausschließliche internationale Zuständigkeit vorgeschrieben ist. Art. 4 eröffnet die Zuständigkeit nicht nur für **Leistungs**-, sondern gleichermaßen für positive und negative **Feststellungsklagen** sowie für **Gestaltungsklagen** und für Verfahren des einstweiligen Rechtsschutzes.[2] Bei **negativen Feststellungsklagen** ist zu beachten, dass sich an der prozessualen Rolle von Kläger und Beklagtem nicht etwa dadurch etwas ändert, dass der Kläger die materielle Schuldnerposition einnimmt; er kann also nicht etwa eine Klage am eigenen Wohnsitz auf Art. 4 Abs. 1 stützen.[3] Der allgemeine Gerichtsstand kann auch die internationale Zuständigkeit für eine **Widerklage** begründen, wenn es an den Voraussetzungen des Art. 8 Nr. 3, insbesondere an der erforderlichen Konnexität fehlt, die Klage aber an einem (besonderen) Gerichtsstand erhoben wurde, der mit dem allgemeinen Gerichtsstand des Klägers/Widerbeklagten zusammenfällt.[4] Die gleiche Funktion

---
[1] *Schlosser/Hess* EuGVVO Art. 4 Vor Rdn. 1.
[2] *Schlosser/Hess* Art. 4 Rdn. 1; Zöller/*Geimer* Art. 4 Rdn. 11; Rauscher/*Leible* Art. 35 Rdn. 2.
[3] BGH 11.12.1996 BGHZ 134, 201, 205. Wohl kann er aber ggf. an einem (mit dem eigenen Wohnsitz eventuell zusammenfallenden) besonderen Gerichtsstand der Verordnung Klage erheben; für die negative Feststellungsklage am deliktischen Gerichtsstand siehe EuGH 25.10.2012, Rs C-133/11 – Folien Fischer, NJW 2013, 287, dazu *Gebauer* ZEuP 2013, 874 ff.
[4] Rauscher/*Leible* Art. 8 Rdn. 42; Kropholler/*von Hein* Art. 6 Rdn. 39.

kann im Rahmen einer **aufrechnungsweise geltend gemachten Forderung** der allgemeine Gerichtsstand übernehmen,[5] sofern man der verbreiteten (wenn auch abzulehnenden)[6] Ansicht folgt, nach der die Kognitionsbefugnis für bestrittene und inkonnexe Gegenforderungen davon abhängig sein soll, dass hypothetisch auch bei klageweiser Geltendmachung der jeweiligen Gegenforderung die internationale Zuständigkeit gegeben wäre. Auch der BGH ist dieser Ansicht früher gefolgt,[7] hat die Frage nach den Voraussetzungen der internationalen Zuständigkeit bei aufrechnungsweise geltend gemachten Forderungen später aber ausdrücklich offen gelassen,[8] nachdem der EuGH im Jahre 1995 entschieden hatte, dass die Aufrechnung als bloßes Verteidigungsmittel nicht unter Art. 8 Nr. 3 fällt und sich die Voraussetzungen der Aufrechnung nach nationalem Recht richteten.[9]

Es sind also im Hinblick auf den allgemeinen Gerichtsstand bei der **Aufrechnung zwei Situationen zu unterscheiden:** Wird die **Hauptforderung an einem besonderen Gerichtsstand** (beispielsweise dem Vertragsgerichtsstand des Art. 7 Nr. 1) **eingeklagt**, der gleichzeitig am Wohnsitz des Klägers liegt, so kann der Beklagte ohne weiteres auch mit einer inkonnexen Forderung an diesem Gerichtsstand aufrechnen. Denn selbst dann, wenn man der früheren Ansicht des BGH folgt, wonach die Gegenforderung nur dann Berücksichtigung finden kann, wenn auch bei hypothetisch klageweiser Geltendmachung der Gegenforderung das angerufene Gericht international zuständig wäre, ergibt sich ein solcher eigenständiger Kompetenztitel in der beschriebenen Konstellation aus Art. 4 Abs. 1 am allgemeinen Gerichtsstand des Klägers als Schuldner der Gegenforderung. Wird die **Hauptforderung** hingegen **am allgemeinen Gerichtsstand des Beklagten geltend gemacht**, liegt bei grenzüberschreitenden Fällen der Klägerwohnsitz notwendig in einem anderen Staat, so dass es dann auf die Beantwortung der Frage ankommt, ob es dem angerufenen Gericht gestattet ist, die Ausübung der eigenen Zuständigkeit für die zur Aufrechnung gestellte Gegenforderung von weiteren Voraussetzungen abhängig zu machen. Nach zutreffender Ansicht ist dies dem angerufenen Gericht im Anwendungsbereich des Europarechts nicht gestattet, denn die Ausübung der internationalen Zuständigkeit am Beklagtenwohnsitz erstreckt sich auch auf Verteidigungsmittel und ist nicht fakultativ (hierzu unten Rdn. 36f.).

„Allgemein" ist der Gerichtsstand des Art. 4 zunächst in dem Sinne, dass er **keinen Bezug zum Streitgegenstand voraussetzt**, während den besonderen Gerichtsständen des Art. 7 jedenfalls in typisierender Weise eine auf den Streitgegenstand bezogene Sach- und Beweisnähe und denjenigen des Art. 8 eine Konnexität zwischen mehreren Streitgegenständen zugrunde gelegt wird.[10]

2. Beklagtenwohnsitz als Schlüssel zum Anwendungsbereich der Verordnung. Neben seiner Funktion als umfassende Kompetenznorm erfüllt Art. 4 auch den Zweck einer „Anwendungsnorm".[11] Der Beklagtenwohnsitz in einem Mitgliedstaat – auch in

---

5 Rauscher/*Leible* Art. 8 Rdn. 45.
6 Rauscher/*Leible* Art. 8 Rdn. 47; *Gebauer* IPRax 1998, 79, 84ff.
7 BGH 12.5.1993 NJW 1993, 2753 = IPRax 1994, 115 m. Anm. *Geimer* 82 = ZZP 107 (1994), 221, m. Anm. *Leipold* 216.
8 So etwa BGH NJW 2014, 3156, Tz. 16. Dazu *Mankowski* JZ 2015, 50.
9 EuGH 13.7.1995, Rs C-341/93 – *Danvaern Production A/S ./. Schuhfabriken Otterbeck* EuGHE 1995, I-2053 = IPRax 1997, 114 m. Anm. *Philip* 97 = ZZP 109 (1996), m. Anm. *Mankowski* 376.
10 *Hartley* Civil Jurisdiction and Judgments in Europe (2017), 7.18.
11 Zöller/*Geimer* Art. 4 Rdn. 1.

einem anderen Mitgliedstaat als dem des angerufenen Gerichts – liefert nicht den einzigen,[12] wohl aber einen zentralen Schlüssel zur Eröffnung des Anwendungsbereichs für die Zuständigkeitsvorschriften der Verordnung insgesamt. Ist aber der Anwendungsbereich des Europarechts eröffnet, bleiben die Kompetenzvorschriften des nationalen Rechts gemäß Art. 288 Abs. 2 AEUV ausgeschlossen. Verordnungsintern wird dieser Ausschluss nationaler Zuständigkeitsnormen in dem durch den Beklagtenwohnsitz in einem Mitgliedstaat eröffneten Anwendungsbereich durch Art. 5 Abs. 1 klargestellt, der eine Eingrenzung der in Betracht kommenden Zuständigkeitsgründe auf diejenigen der Verordnung enthält. Umgekehrt gewendet finden die mitgliedstaatlichen Zuständigkeitsvorschriften – wie Art. 6 Abs. 1 zum Ausdruck bringt – grundsätzlich nur dann Anwendung, wenn der Beklagte *nicht* im Hoheitsgebiet eines Mitgliedstaates domiziliert ist.

6   Aus früheren Zeiten ist der Satz überliefert, dass sich die internationale Zuständigkeit der deutschen Gerichte aus der innerstaatlichen örtlichen Zuständigkeit ergebe.[13] Dieser Satz ist heute für den allgemeinen Gerichtsstand nach §§ 12 ff. ZPO weitgehend obsolet. Hat der Beklagte den Wohnsitz in einem Mitgliedstaat, sind im Anwendungsbereich der Verordnung alle nationalen Vorschriften zur **internationalen Zuständigkeit** komplett verdrängt. Immerhin folgt aber noch die **örtliche Zuständigkeit** aus §§ 12 ff. ZPO, wenn der Beklagte in Deutschland domiziliert ist,[14] weil Art. 4 die örtliche Zuständigkeit nicht regelt. Ergibt sich aber bei einer Klage in Deutschland gegen einen in einem anderen Mitgliedstaat domizilierten Beklagten die internationale Zuständigkeit der deutschen Gerichte aus einem besonderen Gerichtsstand der Art. 7 oder 8, so werden auch im Hinblick auf die örtliche Zuständigkeit die §§ 12 ff. ZPO grundsätzlich verdrängt, weil die meisten besonderen Zuständigkeitsbestimmungen der Verordnung auch die örtliche Zuständigkeit erfassen, indem sie auf die Gerichte „des Ortes" verweisen.[15]

7   Der Beklagtenwohnsitz in einem Mitgliedstaat eröffnet auch dann den Anwendungsbereich der Verordnung, wenn darüber hinaus keine Berührungspunkte zu weiteren Mitgliedstaaten bestehen,[16] insbesondere also auch dann, wenn der Kläger in einem Drittstaat domiziliert ist (hierzu unten Rdn. 22 ff.).

8   **3. Grundsatz des *actor sequitur forum rei*.** Die Maxime, nach der sich die Zuständigkeit nach dem Beklagten richtet und der Kläger dem Beklagten an dessen Wohnsitz zu folgen hat, ist alt.[17] Mit dem Grundsatz wird **ursprünglich** aber nicht, jedenfalls nicht in erster Linie, ein Schutz von Beklagteninteressen bezweckt, sondern es geht zunächst um die räumlich-persönliche Beschränkung der Gerichtsgewalt und darum, dass überhaupt Recht gesprochen wird, um die Frage also, wo **Gerichtszwang** in die Wege gelei-

---

12 Unabhängig vom Beklagtenwohnsitz kann die Verordnung insbesondere über ausschließliche Gerichtsstände nach Art. 24 sowie über die Prorogation eines Gerichts gemäß Art. 25 zur Anwendung gelangen. Aus dem Derogativeffekt einer solchen Vereinbarung folgt dann ggf. auch eine Ausnahme von der Kompetenz der Gerichte am Wohnsitzgerichtsstand.
13 Vgl. RG 14.11.1929 RGZ 126, 196, 199; RG 14.2.1936 RGZ 150, 265, 268; *Riezler* Internationales Zivilprozessrecht (1949), 210, 219 f.
14 Zöller/*Geimer* Art. 4 Rdn. 7.
15 Vgl. *Junker* Internationales Zivilprozessrecht, 3. Auflage (2016), § 5 Rdn. 2 ff.
16 Vgl. hierzu *Gebauer* ZEuP 2001, 943 ff.
17 Vgl. C. 3, 13, 2; D. 5, 1, 65; *Kaser/Hackl* Das Römische Zivilprozessrecht, 2. Auflage (1996), S. 246, m.w.N. zum römischen Recht.

tet werden kann.[18] Dieser Befund gilt auch für das Gemeine Recht und wird beispielsweise noch deutlich bei *Cocceji*[19] und später bei *Savigny*.[20]

a) Beklagtenschutz

aa) Begründungsansätze. Heute ist die Maxime weltweit bekannt und jedenfalls in Kontinentaleuropa **als Ausgangspunkt** im Zusammenspiel mit den besonderen Zuständigkeitsgründen weitgehend **gebilligt**.[21] Sie **versteht sich** aber **keineswegs von selbst**, und kaum überzeugend erscheinen viele Begründungsansätze, auf die sie gestützt wurde, sobald man den ursprünglichen Ansatz des „Unterworfenseins" hinter sich ließ und nach Wertungen suchte. Sie reichten von einem ausdrücklichen Rekurs auf das Rechtsgefühl, auf das Natur- und Völkerrecht, über materiellrechtliche Vorstellungen vom Kläger als „Agressor", der den *status quo* angreife,[22] bis hin zu einer Gleichsetzung mit „in dubio pro reo" oder „melior est causa possidentis".[23] Verfahrensrechtliche Erwägungen traten hinzu, die dem Kern der Interessenkollision näher kamen, von der grundsätzlichen Bevorzugung der Beklagteninteressen als Ausgleich für den Einlassungszwang,[24]

9

---

18 *Buchner* Kläger- und Beklagtenschutz im Recht der Internationalen Zuständigkeit (1998), S. 82f.; *Schröder* Internationale Zuständigkeit (1971), S. 229ff.
19 *Cocceji* Disputaio LIV. De fundata in territorio, et plurium locorum concurrente potestate, 1684, hier zitiert nach der in Frankfurt (Oder) 1696 erschienenen Ausgabe, Tit IV. (De Potestate territorio circa eandem causam vel personam concurrentium, & in specie de foro competente), § 1 (S. 42): „[...] Satis vulgata est queastio, ubi judicium agi et reus in quacunque causa conveniri debeat? Dicimus in universum, apud eum judicem, sub cujus potestate reus est: Actor enim ultro adit judicem, ut non opus in eum sit aliqua potestate, cum eam sponte subeat. At reus invitus respondet, et citatione jubetur comparere, atque in eum executio fit. In hunc ergo potestas jubendi & cogendi necessaria est, sine qua compelli jure nequit." Übersetzung nach *von Bar/Dopffel* Deutsches Internationales Privatrecht im 16. und 17. Jahrhundert, Zweiter Band (2001), S 447, 475 (die Übersetzung bezieht sich auf eine im Jahre 1722 erschienene Ausgabe, der lateinische Text ist in der hier zitierten Ausgabe von 1696 aber identisch): „Hinlänglich bekannt ist die Frage, wo Gericht gehalten und der Beklagte in welchem Prozeß auch immer belangt werden darf. Wir sagen im Allgemeinen, bei diesem Richter, unter dessen Gewalt der Beklagte steht: Der Kläger geht nämlich aus freien Stücken zum Richter, so daß gegen diesen keine Gewaltanwendung nötig ist, da er sich ihr freiwillig unterwirft. Doch der Beklagte verteidigt sich widerwillig und wird durch Vorladung zum Erscheinen befohlen, und gegen ihn geschieht die Vollstreckung. Gegen diesen also ist die Gewalt, zu befehlen und zu zwingen, notwendig, ohne die er nicht nach Recht gezwungen werden kann." Siehe hierzu auch *Hilling* Das kollisionsrechtliche Werk Heinrich Freiherr v. Coccejis (1644–1719) (2002), 25ff., S. 15ff. auch mit näheren Hinweisen zur Entstehungsgeschichte dieser Schrift, die auf eine Heidelberger Disputation aus dem Jahre 1684 zurückgeht, unter Mitwirkung des Respondenten Lubbert Erewin Iconius entstanden ist und in den folgenden Jahrzehnten mehrfach publiziert wurde. 1690 wurde *Cocceji* zum Professor primarius in Frankfurt an der Oder ernannt, nachdem er vor der Verwüstung der Pfalz durch die Franzosen im Jahre 1688 aus Heidelberg zunächst nach Württemberg geflohen und zwischenzeitlich auch einen Ruf an die Universität zu Utrecht angenommen hatte; hierzu *von Bar/Dopffel* ibidem 442f.
20 *Savigny* System VIII (1849), 72ff.
21 *Hess/Pfeiffer/Schlosser* Heidelberg Report (2008), Rdn. 145ff. In den USA spielt die Maxime jedenfalls im Ausgangspunkt keine zentrale Rolle, vgl. *Vedie* Arthur T. von Mehren, 158, mit Nachweisen.
22 *Martin Wolff* Private International Law, 2. Auflage (1950), S. 62f.; „[...] general maxim that a defendant can claim greater protection than his aggressor."
23 Ausführlich hierzu und zur Kritik *Schröder* Internationale Zuständigkeit (1971), 232ff.; *Pfeiffer* Internationale Zuständigkeit und prozessuale Gerechtigkeit (1995), 599: „Welche der Parteien der Störenfried ist, erfahren wir erst im Prozeß"; *von Mehren* Adjudicatory Authority in Private International Law (2007), 153ff.
24 Dazu auch Geimer/Schütze/*Paulus* IRV (Brüssel Ia) Art. 4, Rdn. 2; kritisch zu diesem Argument, weil der Kläger gleichermaßen zur Einlassung gezwungen wird, bereits *Schröder* Internationale Zuständigkeit (1971), 236f.; demgegenüber die Dispositionsbefugnis des Klägers über den Zeitpunkt des Rechtsstreits betonend *Pfeiffer* Internationale Zuständigkeit und prozessuale Gerechtigkeit (1995), 599f.

über das Interesse des Beklagten, darüber informiert zu sein, dass gegen ihn überhaupt ein Rechtsstreit geführt wird, bis hin zur erhöhten Vollstreckungsaussicht am Beklagtenwohnsitz,[25] die wiederum der traditionellen Begründung nahe kommt. Der EuGH meinte einmal sogar, der Zweck des allgemeinen Gerichtsstands bestehe darin, „den Beklagten zu schützen, der, weil er mit der Klage überzogen wird, generell die schwächere Partei ist."[26]

10 Wenn auch eine Reihe der in der Vergangenheit angeführten Argumente nur sehr begrenzt überzeugen konnten bzw. ambivalent waren, **liegt** der Grundsatz des Beklagtengerichtsstandes doch **klar dem System der Brüssel Ia-VO zu Grunde**, wie es auch in Erwägungsgrund 15 zum Ausdruck kommt.[27] In der Wertung ist der in diesem System (unter Einschluss der streitgegenstandsbezogenen, besonderen Zuständigkeiten) zum Ausdruck kommende *favor defensoris* vor allem auch deshalb gerechtfertigt, weil es nicht sinnvoll erschiene, dieses Zusammenspiel von Beklagtenvorzug und Klägerwahlrecht umzudrehen, ohne massiv in den Justizanspruch des Klägers einzugreifen.[28] Ein Wahlrecht des Beklagten zwischen mehreren Gerichtsständen erschiene auch schon praktisch kaum möglich.[29] Insofern erscheint der Grundsatz des *actor sequitur forum rei* heute als ein auch der Zuständigkeitsklarheit dienendes **Ergebnis einer Abwägung**.[30] Das bedeutet freilich keine auf den Einzelfall bezogene Abwägung, vielmehr kann diese Art der Abwägung als Wertungsgrundlage für das System von Grundsatz und Ausnahme dienen.

11 Wenn der so verstandene Grundsatz des *actor sequitur forum rei* tendenziell auch eher die Interessen des Beklagten zum Ausgangspunkt nimmt und zu einem leichten *favor defensoris* führt, kann seine Legitimation nicht ohne Blick auf die Klägerinteressen erfolgen. Als Abwägungsergebnis legitimiert sich der Grundsatz eben nur im Zusammenspiel mit den tendenziell den Kläger favorisierenden, besonderen Gerichtsständen und in den durch sie gewährleisteten Wahlmöglichkeiten des Klägers.[31] Ein allgemeines Prinzip des Beklagtenschutzes sollte deshalb nicht postuliert werden, ohne im gleichen Atemzug auch ein Prinzip des Klägerschutzes zu benennen. Das Abwägungsergebnis legitimiert ein **System von Grundsatz und Ausnahmen** (auch im Sinne des allgemeinen Gerichtsstandes als „Restzuständigkeit"),[32] das der Zuständigkeitsklarheit dient, **nicht aber eine allgemeine Bevorzugung von Beklagteninteressen** in der Wertung.[33] Die tendenziell den Kläger favorisierenden, besonderen Gerichtsstände verkörpern nicht

---

25 *Schröder* Internationale Zuständigkeit (1971), 236 ff.
26 EuGH 20.3.1997, Rs C-295/95 – Farrell/Long, IPRax 1998, 354, Rdn. 19 (Anmerkung *Fuchs* 327).
27 Vgl. auch EuGH 13.7.2000, Rs C-412/98 – Group Josi, NJW 2000, 3121, Rdn. 35: „Dass diese Zuständigkeitsregel ein allgemeiner Grundsatz ist – sie ist Ausdruck des Rechtssprichworts actor sequitur forum rei –, erklärt sich daraus, dass sie dem Beklagten grundsätzlich die Verteidigung erleichtert."
28 Hierzu *Pfeiffer* Internationale Zuständigkeit und prozessuale Gerechtigkeit (1995), 601 ff.
29 Vgl. *von Mehren* Adjudicatory Authority, 153, 164; *Vedie* Arthur T. von Mehren, 162.
30 *Pfeiffer* Internationale Zuständigkeit und prozessuale Gerechtigkeit (1995), 599 ff.
31 Ausführlich dazu *Pfeiffer* Internationale Zuständigkeit und prozessuale Gerechtigkeit (1995), 596 ff.; vgl. *Hess* Europäisches Zivilprozessrecht (2010), § 6 II., Rdn. 36; *Vedie* Arthur T. von Mehren, 171.
32 *Schröder* Internationale Zuständigkeit (1971), 240: „Ebenso wie man dartut, warum Klägerinteressen überwiegen, muss man auch einsichtig machen, wieso Beklagteninteressen vorgehen. Das wird dem Gleichgewicht parteilicher Zuständigkeitsinteressen zugutekommen. Zumindest sollte man sich, auch de lege lata, mit der Vorstellung vertraut machen, daß die Beklagtenzuständigkeit funktionell nur den Charakter einer Restzuständigkeit hat, faute de mieux in Anspruch genommen wird, während die Klägerzuständigkeit auf positive Reflexionen zurückzuführen ist, die ihr einen Gehalt an Solidität verheißen, der jener „im Zweifel" zugunsten der Beklagten-Ausflucht überlegen ist."
33 *Hess* Europäisches Zivilprozessrecht (2010), § 6, Rdn. 36.

selten in typisierender Weise einen weitaus stärkeren Streitgegenstandsbezug, als ihn der allgemeine Gerichtsstand am Beklagtenwohnsitz verkörpern kann.[34]

bb) Angeblich enge Auslegung besonderer Gerichtsstände. Missverständlich ist vor diesem Hintergrund allerdings die Rechtsprechung des **EuGH**. Der Gerichtshof folgert aus dem Verhältnis von Grundsatz und Ausnahme ein **Gebot, die besonderen Zuständigkeitsgründe eng auszulegen**.[35] Das ist weder theoretisch überzeugend noch entspricht es der Rechtsprechungspraxis des EuGH selbst. Das hindert den Gerichtshof freilich nicht daran, die Aussage formelhaft und ständig zu wiederholen.[36]

Bereits **methodisch verfehlt** ist das gelegentlich und auch im Laufe der Jahrhunderte immer wieder vorgetragene[37] Interpretationsgebot, Ausnahmebestimmungen eng auszulegen oder zu behaupten, sie seien einer extensiven Interpretation oder Analogie nicht zugänglich.[38] Die fehlende Überzeugungskraft einer solchen Auslegungsregel gilt gerade auch für die besonderen Gerichtsstände, sofern man in ihnen „Ausnahmen" zum „Grundsatz" des allgemeinen Gerichtsstandes sieht.[39] Denn diese Gerichtsstände sind keinesfalls „verfehlte Ausnahmeregeln",[40] die einer grundlegenden Wertung zuwiderlaufen; ihnen liegt vielmehr eine eigene *ratio*, im Rahmen des Art. 7 etwa die besondere Sach- und Beweisnähe, im Rahmen des Art. 8 ein besonderer Zusammenhang, zugrunde. Ihr „Ausnahmecharakter" hindert also keineswegs den üblichen methodischen Umgang mit diesen Normen im Rahmen ihrer *ratio*, ggf. also auch eine analoge Anwendung. Dennoch ist die Behauptung einer engen Auslegung von Ausnahmen jedenfalls als Worthülse[41] in der Rechtsprechung des EuGH fest verankert[42] und beschränkt sich auch nicht auf das Zivilprozessrecht – der Gerichtshof erstreckt die Behauptung einer engen Auslegung von Ausnahmen vielmehr auf das gesamte Unionsrecht.[43]

In einem eigenartigen Kontrast zu dem häufig wiederholten Topos von der angeblich engen Auslegung der besonderen Gerichtsstände als Ausnahmevorschriften steht die **Rechtsprechungspraxis des Gerichtshofs**, der den **besonderen Gerichtsständen** – mitunter durchaus zu Recht – einen **ausgesprochen weiten Anwendungsbe-**

---

34 Vgl. *Pfeiffer* Internationale Zuständigkeit und prozessuale Gerechtigkeit (1995), 612, 614, 616 ff.; *Hess/Pfeiffer/Schlosser* Heidelberg Report (2008), Rdn. 151, *Schröder* vorige Note; *Hess* Europäisches Zivilprozessrecht (2010), § 6, Rdn. 36; *Vedie* Arthur T. von Mehren, 163 f.
35 Vgl. bereits EuGH 27.9.1988, Rs 189/87 – Kalfelis/Schröder, Slg. 1988, 5565 Rdn. 19; EuGH 17.6.1992, Rs C-26/91 – Handte/TMCS, Slg. 1992, I-3967 Rdn. 14; später etwa EuGH 23.4.2009, Rs C-533/07 – Falco Privatstiftung/Weller-Lindhorst, Slg. 2009, I-3327 Rdn. 37; EuGH 15.11.2012, Rs C-456/11 – Gothaer Allgemeine Versicherung AG u.a./Samskip GmbH, EuZW 2013, 60, Rdn. 30.
36 Ausführlich zu dieser Wendung des Gerichtshofs als Schema *Baldus/Raff* in: Gebauer/Teichmann (Hrsg.), Europäisches Privat- und Unternehmensrecht (2016), § 3 Rdn. 63 ff.
37 Zur historischen Entwicklung des (auch in zeitlich früheren Kontexten kaum überzeugenden) Arguments, Ausnahmen seien eng zu interpretieren, während der vergangenen Jahrhunderte, vgl. *Jan Schröder* Recht als Wissenschaft, 2. Auflage 2012, S. 160 f.
38 *Bydlinski* Juristische Methodenlehre und Rechtsbegriff, 2. Auflage 1991, S. 440; *Canaris* Die Feststellung von Lücken im Gesetz, 2. Auflage 1983, S. 181; *Larenz* Methodenlehre der Rechtswissenschaft, 6. Auflage 1991, S. 355 f.
39 *Von Mehren* Adjudicatory Authority 157; *Mankowski* IPRax 2007, 404, 413.
40 Vgl. dazu *Bydlinski* Juristische Methodenlehre und Rechtsbegriff, 2. Auflage 1991, S. 440.
41 Vgl. *Schlosser/Hess* EuGVVO Vor Art. 7–9 Rdn. 3: „Wortfloskel".
42 *Mankowski* IPRax 2007, 404, 413: Standardformulierungen in der Rechtsprechung des EuGH, die man nicht als tragfähige Begründungen missdeuten dürfe.
43 *Baldus/Raff* in: Gebauer/Teichmann (Hrsg.), Europäisches Privat- und Unternehmensrecht (2016), § 3 Rdn. 63 ff., 73. *Baldus/Raff* aaO Rdn. 63 mit Fn. 161 haben alleine für den Zeitraum zwischen 2006 und 2013 mehrere Dutzend Urteile des EuGH gezählt, die diesen Topos enthalten.

reich einräumt.[44] Das gilt insbesondere für den Erfüllungsort- und den Tatortgerichtsstand nach Art. 7 Nr. 1 bzw. Art. 7 Nr. 2.[45] In der Praxis steht dem Kläger eben nicht nur ausnahmsweise, sondern sehr häufig ein besonderer Gerichtsstand oder ein Schutzgerichtsstand offen, so dass die Fälle, in denen nur am allgemeinen Gerichtsstand Klage erhoben werden kann, statistisch vielleicht eher die „Ausnahme" bilden.[46]

15   Es muss aber zwischen den **verschiedenen Bedeutungsebenen von Regel und Ausnahme** unterschieden werden. Die statistische Häufigkeit hat nichts zu tun mit dem gesetzestechnischen Verhältnis von Regel und Ausnahme, und gesetzestechnisch bildet die Klage am Beklagtenwohnsitz durchaus die Regel, unabhängig von Statistik und Wertung. Genau genommen kommen **drei Ebenen** von Regel und Ausnahme in Betracht, die in der Diskussion nicht immer hinreichend unterschieden werden: Grundsatz im Sinne einer gesetzestechnischen Regel, Grundsatz im Sinne von tatsächlicher Häufigkeit und Grundsatz im Sinne eines Prinzips, eines Optimierungsgebotes. Vor dem geschilderten Hintergrund kann aber die Judikatur des EuGH zur angeblich überragenden Bedeutung des Beklagtenwohnsitzes im Zuständigkeitssystem der Brüssel Ia-VO nicht überzeugen.[47] Sie erschwert den Umgang mit einem gesetzestechnischen Grundsatz, der im System der Brüssel Ia-VO und im Zusammenspiel mit anderen zuständigkeitsrechtlichen Mechanismen durchaus sinnvoll ist und mit dem allgemeinen Gerichtsstand jedenfalls eine „Restzuständigkeit"[48] vorhält.

16   **b) Klägerinteressen und Zuständigkeitsklarheit.** Der Grundsatz des *actor sequitur forum rei* dient keineswegs nur den Interessen des Beklagten. Die Bedeutung des Grundsatzes aus der Sicht des Klägers wird deutlich, wenn man sich den Grundsatz in **Kombination mit dem klägerischen Wahlrecht** im Falle der Eröffnung besonderer, zusätzlicher Gerichtsstände hinwegdenkt. *De lege lata* ist der Grundsatz nur im Zusammenspiel mit den tendenziell den Kläger favorisierenden, besonderen Gerichtsständen und den durch sie bedingten Wahlmöglichkeiten des Klägers zu verstehen.[49] Würde man im Falle mehrerer konkurrierender Gerichtsstände von einem Klägergerichtsstand ausgehen, aber das Wahlrecht zu Gunsten des Beklagten umkehren,[50] so würde schon alleine durch das damit eröffnete Verzögerungspotenzial der **Justizanspruch des Klägers** empfindlich beeinträchtigt.[51]

17   Nach geltendem Recht ist hingegen klar, dass dem Kläger **grundsätzlich an zumindest einem vorhersehbaren Ort ein Gerichtsstand eröffnet** ist; auch dieser Umstand dient im Sinne einer „Restzuständigkeit"[52] elementar dem Justizanspruch des Klägers.[53] Hinzu tritt schließlich noch ein weiterer Aspekt des allgemeinen Beklagtengerichtsstandes, der ebenfalls die Interessen des Klägers im Blick hat. Bei typisierender Betrachtung ist der **Vollstreckungszugriff am Wohnsitz des Beklagten** besonders er-

---

44 *Junker* FS Kaissis, 439, 442f.; Kropholler/von Hein Art. 5 Rdn. 3; *Mankowski* IPRax 2007, 404, 413; *Hess* IPRax 2012, 577; *von Mehren* Adjudicatory Authority, 164.
45 *Vedie* Arthur T. von Mehren, 164f. mit einer Reihe von Beispielen.
46 *Von Mehren* Adjudicatory Authority, 163ff.; *Vedie* Arthur T. von Mehren, 167.
47 Vgl. *Hess* Europäisches Zivilprozessrecht (2010), § 6, Rdn. 36.
48 *Schröder* Internationale Zuständigkeit (1971), 240.
49 *Pfeiffer* Internationale Zuständigkeit und prozessuale Gerechtigkeit (1995), 596ff.; vgl. *Hess* Europäisches Zivilprozessrecht (2010), § 6, Rdn. 36; *Vedie* Arthur T. von Mehren, 171.
50 Zu diesem Gedankenspiel vgl. auch *von Mehren* Adjudicatory Authority, 164.
51 *Pfeiffer* Internationale Zuständigkeit und prozessuale Gerechtigkeit (1995), 601f.
52 *Schröder* Internationale Zuständigkeit (1971), 240.
53 *Pfeiffer* Internationale Zuständigkeit und prozessuale Gerechtigkeit (1995), 602; *Vedie* Arthur T. von Mehren, 172.

folgreich.[54] Schließt der Justizanspruch des Klägers auch eine mögliche Vollstreckung mit ein,[55] so gewährt der zuständigkeitsrechtliche Grundsatz dem Kläger auch den sinnvollen Zugang zu einem vollstreckungsnahen Forum.[56] Dadurch lassen sich aus Klägersicht schließlich auch **Hindernisse vermeiden,** die sich durch die Notwendigkeit einer **grenzüberschreitenden Titeldurchsetzung** ergeben können.

Das gilt durchaus auch im Interesse eines **drittstaatendomizilierten Klägers,** der bei einer Klage am eigenen, drittstaatlichen Wohnsitz nicht in den Genuss europäischer Urteilsfreizügigkeit kommt, der sich aber zuständigkeitsrechtlich auf Art. 4 Abs. 1 berufen kann und bei erfolgreicher Klage vor den Gerichten eines Mitgliedstaates sodann in den **Genuss europäischer Urteilsfreizügigkeit** gelangt (zum Drittstaatenbezug unter Rdn. 22 ff.). 18

II. Systematik und Verhältnis zu anderen Gerichtsständen – „Vorbehaltlich der Vorschriften dieser Verordnung"

Das System von Grundsatz und Ausnahmen ist tatbestandlich bereits in den ersten fünf Wörtern des Art. 4 Abs. 1 angelegt – „vorbehaltlich der Vorschriften dieser Verordnung". Ausnahmen vom allgemeinen Gerichtsstand können sich danach bei Personen, die im Hoheitsgebiet eines Mitgliedstaats domiziliert sind, nur aus der Verordnung selbst ergeben bzw. aus Rechtsinstrumenten, denen die Verordnung selbst in ihren Art. 67 ff. Vorrang einräumt,[57] nicht hingegen aus nationalen Zuständigkeitsvorschriften.[58] 19

Innerhalb der Verordnung können sich die **Ausnahmen** vom Grundsatz des Art. 4 Abs. 1 aus den Abschnitten 2–7 des 2. Kapitels ergeben, also **aus den Art. 7–26**. Art. 5 Abs. 1 stellt klar, dass es weitere Ausnahmen, insbesondere aufgrund nationalen Zuständigkeitsrechts, nicht gibt. Innerhalb der Ausnahmen in der Verordnung lassen sich **vier Gruppen** unterscheiden:[59] Erstens die **ausschließlichen Gerichtsstände** des Art. 24 – sie gelangen „[o]hne Rücksicht auf den Wohnsitz der Parteien" zur Anwendung, verdrängen also kategorisch den allgemeinen Gerichtsstand. Zweitens die **Vereinbarungen über die Zuständigkeit** gemäß Art. 25 oder Art. 26 in Form einer Gerichtsstandsvereinbarung bzw. einer rügelosen Einlassung[60] – während die Gerichtsstandsvereinbarung für „die Parteien unabhängig von ihrem Wohnsitz"[61] die Zuständigkeit begründet (und zwar im Zweifel gemäß Art. 25 Abs. 1 Satz 2 eine ausschließliche 20

---

54 *Pfeiffer* Internationale Zuständigkeit und prozessuale Gerechtigkeit (1995), 602; siehe auch *Schröder* Internationale Zuständigkeit (1971), 237 f., der allerdings das Vollstreckungsinteresse als einen kompetenzlegitimen Aspekt in Frage stellt.
55 Hierzu *Pfeiffer* Internationale Zuständigkeit und prozessuale Gerechtigkeit (1995), 602.
56 Vgl. *Vedie* Arthur T. von Mehren, 172.
57 So folgt beispielsweise bei einer ausschließlichen Gerichtsstandsvereinbarung zu Gunsten Schweizer Gerichte die Unzuständigkeit der deutschen Gerichte bei einer Klage gegen den in Deutschland domizilierten Beklagten aus Art. 73 Abs. 1 i.V.m. Art. 64 Abs. 2 LugÜ 2007.
58 Zu der speziellen Frage, ob sich die Derogationswirkung einer Gerichtsstandsvereinbarung zugunsten eines drittstaatlichen Gerichts aus nationalem Prozessrecht ergeben kann, oder vielmehr aus einer analogen Anwendung des Europarechts folgen muss, wenn ggf. die (ansonsten nach Europarecht eröffnete) Zuständigkeit mitgliedstaatlicher Gerichte derogiert wird, siehe *Berner* Prorogation drittstaatlicher Gerichte und Anwendungsvorrang der EuGVVO, RIW 2017, 792.
59 Vgl. *Junker* Internationales Zivilprozessrecht, 3. Auflage (2016), § 8 Rdn. 2.
60 Zu der seit Jahrhunderten umstrittenen Frage, ob die rügelosen Einlassung des Beklagten als fingierte Prorogation oder als eine kompetenzbegründende Präklusion einzuordnen ist, siehe *Gebauer* Gerichtsstandsvereinbarung zu Gunsten eines drittstaatlichen Gerichts und rügelose Einlassung vor einem mitgliedstaatlichen Gericht, GPR 2016, 245 f.
61 Während die ältere Brüssel I-VO noch den Wohnsitz wenigstens einer der Parteien in einem Mitgliedstaat verlangte, verzichtet Art. 25 Abs. 1 nunmehr vollständig darauf.

Zuständigkeit), wird ein Gericht ohne Rücksicht auf den Beklagtenwohnsitz gemäß Art. 26 Abs. 1 Satz 1 „zuständig, wenn sich der Beklagte vor ihm auf das Verfahren einlässt." Drittens die **Schutzgerichtsstände** der Art. 10–23 in Versicherungs-, Verbraucher- und Arbeitsvertragssachen – sie schließen bei Klagen der als schutzwürdig angesehenen Partei den allgemeinen Gerichtsstand am Wohnsitz der anderen Partei nicht aus, sondern eröffnen zusätzlich einen Klägergerichtsstand, während umgekehrt bei Klagen der anderen Partei gegen die als besonders schutzwürdig angesehenen Partei deren Wohnsitzgerichtsstand zum ausschließlichen Gerichtsstand erhoben wird und folglich der anderen Partei Klägergerichtsstände etwa in Form der besonderen Gerichtsstände verwehrt sind. Viertens die **besonderen Gerichtsstände** der Art. 7–9. Sie begründen Wahlgerichtsstände, die dem Kläger neben dem allgemeinen Gerichtsstand des Beklagtenwohnsitzes ggf. ein zusätzliches Forum in einem anderen Mitgliedstaat einräumen.

21 Entsprechend dieser Systematik liegt es nahe, auch in der **Reihenfolge bei der Prüfung** von Gerichtsständen[62] gedanklich mit den ausschließlichen Gerichtsständen des Art. 24 zu beginnen, im negativen Fall mit den Schutzgerichtsständen fortzufahren, im negativen Fall eine rügelose Einlassung und verneinendenfalls eine (ausschließliche) Gerichtsstandsvereinbarung in Betracht zu ziehen, um wiederum im negativen Fall zu prüfen, ob der Beklagte in einem Mitgliedstaat der EU domiziliert ist.[63] Handelt es sich ggf. um den Forumstaat, folgt die Zuständigkeit aus Art. 4 Abs. 1. Handelt es sich bei dem Wohnsitzmitgliedstaat hingegen nicht um den Forumstaat, ist weiter zu prüfen, ob im Forumstaat die Voraussetzungen für eine Klage an einem der besonderen Gerichtsstände der Art. 7–9 vorliegen.

III. Internationalität – Mitgliedstaaten-, Drittstaaten- und reiner Inlandsbezug

22 Art. 4 Abs. 1 regelt nur die internationale Zuständigkeit, während andere Zuständigkeitsnormen der Brüssel Ia-VO (beispielsweise fast alle Gerichtsstände des Art. 7) als Reflex auch die örtliche Zuständigkeit mitregeln. Seit langem ist im Rahmen des Brüsseler Zuständigkeitsregimes die Frage **umstritten**, ob irgendein **grenzüberschreitender Bezug Grundvoraussetzung** für die Anwendung seiner Normen bildet und wenn ja, welcher Art dieser Bezug zu sein habe. Vor allem unter der Geltung des EuGVÜ wurde lange Zeit auch von der höchstrichterlichen Rechtsprechung in Deutschland[64] vertreten, dass auch gerade ein Bezug zu mehr als nur einem Vertrags- bzw. Mitgliedstaat zu verlangen sei.[65] Danach wäre beispielsweise die Klage eines in New York domizilierten Klägers gegen eine in Deutschland domizilierte Beklagte nicht dem Brüsseler Zuständigkeitsregime unterfallen, sondern im Hinblick auch auf die internationale Zuständigkeit der deutschen Gerichte die ZPO zur Anwendung gelangt. Da sich das **Erfordernis eines solchen Mitgliedstaatenbezuges** kaum je aus dem Wortlaut des Brüsseler Zuständigkeitsregimes ergeben hatte, wollten die Vertreter der sog. **Reduktionstheorie** die Ausklammerung lediglich drittstaatenverknüpfter Sachverhalte und umgekehrt die Voraussetzung eines Vertrags- bzw. Mitgliedstaatenbezugs im Wege einer teleologischen

---

[62] Näher zu dieser Prüfungsreihenfolge Rauscher/*Mankowski* Vorb. zu Art. 4 Rdn. 5; Gebauer/Wiedmann-*Gebauer* Zivilrecht unter europäischem Einfluss, 2. Auflage (2010), Kapitel 27 Rdn. 31; für eine etwas anders strukturierte Prüfungsreihenfolgen vgl. *Schlosser/Hess* Vor Art. 4–35 Rdn. 10 ff.
[63] Ist dies nicht der Fall, erfolgt die weitere Zuständigkeitsprüfung gemäß Art. 6 Abs. 1 nach dem nationalen Prozessrecht der *lex fori*.
[64] Vgl. etwa BGH 12.10.1989, BGHZ 109, 29 = IPRax 1990, 318 (Anmerkung *W. Lorenz* 292).
[65] Nachweise zum Streitstand auch in der ausländischen Literatur bei *Gebauer* ZEuP 2001, 949, 950 f.

Reduktion als ungeschriebene Voraussetzung in die europäischen Zuständigkeitsnormen hineinlesen.[66]

23 Die Lehre von den ungeschriebenen Anwendungsvoraussetzungen eines Bezuges zu mehr als nur einem Mitgliedstaat ist **abzulehnen**, weil sie zu schwierigen Abgrenzungsproblemen und zu Rechtsunsicherheit führt.[67] Auch der EuGH hat sich in der Rechtssache *Owuso* gegen sie ausgesprochen.[68] Schon einige Jahre zuvor hatte der Gerichtshof klargestellt, dass der Anwendung des europäischen Zuständigkeitsregimes nicht entgegensteht, dass der Kläger in einem Drittstaat domiziliert ist;[69] allerdings hatte sich in dem früheren Fall der von den Vertretern der Reduktionstheorie geforderte innereuropäische Bezug bereits daraus ergeben, dass die Beklagte in einem anderen europäischen Staat als dem ihres Wohnsitzes verklagt worden war.[70]

24 Von der Frage eines Mitgliedstaatenbezuges zu trennen ist die Frage, ob überhaupt ein grenzüberschreitender Bezug erforderlich ist, um den Anwendungsbereich zu eröffnen, oder ob – um jedwede Abgrenzungsprobleme zu vermeiden,[71] auch darauf verzichtet werden kann. Die überwiegende Ansicht hält zu Recht im Einklang mit Erwägungsgrund 3 Satz 2 an dem **Erfordernis der Internationalität** fest.[72] Auch der EuGH verlangt einen grenzüberschreitenden Bezug, ist aber bei den Umständen, die den Auslandsbezug vermitteln können, zu Recht großzügig und lässt beispielsweise die ausländische Staatsangehörigkeit des Beklagten hierfür genügen.[73] Auch wird man in zeitlicher Hinsicht großzügig sein und eine erst im Zeitpunkt der Klageerhebung bestehende Internationalität ausreichen lassen können.[74] Das betrifft vor allem Gerichtsstandsvereinbarungen und eine abredewidrige Klage vor einem derogierten Gericht in einem anderen Mitgliedstaat auch dann, wenn es sich im Zeitpunkt der Gerichtsstandsvereinbarung um einen inländischen Sachverhalt gehandelt hatte, der erst später durch die Klage eine grenzüberschreitende Qualität gewonnen hatte.[75]

IV. Wohnsitz

25 Der Wohnsitz des Beklagten im Gerichtsstaat bildet das zentrale Anknüpfungskriterium für den allgemeinen Gerichtsstand. Obwohl der gewöhnliche Aufenthalt in anderen Verordnungen auch für die Begründung der internationalen Zuständigkeit große Rele-

---

66 Zur Konkretisierung dieses Vertrags- bzw. Mitgliedstaatenbezuges durch die Vertreter der Reduktionstheorie beim allgemeinen Gerichtsstand einerseits und bei Gerichtsstandsvereinbarungen andererseits *Gebauer* ZEuP 2001, 949, 951 ff.
67 *Hess* Europäisches Zivilprozessrecht, § 5 II., Rdn. 6; Rauscher/*Staudinger* Einl Brüssel Ia-VO Rdn. 20; Rauscher/*Mankowski* Vor Art. 4 Rdn. 25 ff.; Paulus/Peiffer/Peiffer/*Paulus* Vor Art. 4 Rdn. 17 ff.; Stein/Jonas/*Gerhard Wagner* Art. 2 a.F. Rdn. 6.
68 EuGH 1.3.2005, Rs C-281/02 – Owuso, IPRax 2005, 244 (Anmerkung *Heinze/Dutta* 224).
69 EuGH 13.7.2000, Rs C-412/98 – Group Josi, IPRax 2000, 520 (Anmerkung *Staudinger* 483) = ZEuP 2001, 943 (Anmerkung *Gebauer* 949).
70 *Gebauer* ZEuP 2001, 949, 955 ff.
71 Dieses Argument liegt wohl hauptsächlich der Ansicht zugrunde, die auf einen gesondert festzustellenden Auslandsbezug verzichten möchte, vgl. Zöller/*Geimer* Art. 4 Rdn. 9; Geimer/*Schütze* Europäisches Zivilverfahrensrecht, Art. 2 a.F. Rdn. 101 f.
72 *Hess* Europäisches Zivilprozessrecht, § 5 II., Rdn. 4; Rauscher/*Staudinger* Einl Brüssel Ia-VO Rdn. 19; Rauscher/*Mankowski* Vor Art. 4 Rdn. 29 ff.; Paulus/Peiffer/Peiffer/*Paulus* Vor Art. 4 Rdn. 14.
73 EuGH 17.11.2011, Rs C-327/10 – Lindner, NJW 2012, 1199; hierzu *Grimm* GPR 2012, 87; Mansel/Thorn/*Wagner* IPRax 2013, 1, 18.
74 Allgemein zum maßgebenden Zeitpunkt für das Vorliegen der zuständigkeitsbegründenden Merkmale Paulus/Peiffer/Peiffer/*Paulus* Vor Art. 4 Rdn. 19 ff.
75 Vgl. *Matthias Weller* Keine Drittwirkung von Gerichtsstandsvereinbarungen bei Vertragsketten, IPRax 2013, 501, 502.

vanz hat, spielt er im Zuständigkeitssystem der Brüssel Ia-VO keine Rolle (wohl aber noch in Art. 5 Nr. 2 LugÜ).[76] Trotz dahin gehender Vorschläge des Heidelberg Report[77] konnte sich der Gesetzgeber nicht dazu durchringen, zum europäisch-einheitlichen Kriterium des gewöhnlichen Aufenthalts zu wechseln; die Wohnsitzbestimmung und damit auch die Bestimmung des Anwendungsbereichs der Verordnung erfolgt deshalb nach wie vor uneinheitlich.[78] Während die Brüssel I-VO einen autonomen Wohnsitzbegriff für Gesellschaften und juristische Personen im heutigen Art. 63 einführte,[79] verblieb es bis in die Gegenwart für natürliche Personen bei der Maßgeblichkeit nationalen Rechts.

26   **1. Natürliche Personen (Art. 62 Brüssel Ia-VO).** Mit einer eigenständigen Kollisionsnorm verweist Art. 62 für die Bestimmung des Wohnsitzes natürlicher Personen in einem Mitgliedstaat auf eigenes (Art. 62 Abs. 1) bzw. fremdes (Art. 62 Abs. 2) mitgliedstaatliches Recht. Wesentlich ist dabei die **Unterscheidung der Innen- und der Außenperspektive.** Prüft das Gericht Art. 4 Abs. 1 als Kompetenznorm, ist mit anderen Worten „zu entscheiden, ob eine Partei im Hoheitsgebiet des Mitgliedstaats, dessen Gerichte angerufen sind, einen Wohnsitz hat, so wendet das Gericht sein Recht an" (Art. 62 Abs. 1). Aus der Perspektive deutscher Gerichte, die ihre eigene Zuständigkeit prüfen, verweist Art. 62 Abs. 1 in dieser **Innenperspektive** also auf die §§ 7ff. BGB. Als Zuständigkeitsnorm kommt Art. 4 Abs. 1 folglich nur in der Innenperspektive des Art. 62 Abs. 1 in Betracht.

27   Hat eine Partei hingegen „keinen Wohnsitz in dem Mitgliedstaat, dessen Gerichte angerufen sind, so wendet das Gericht, wenn es zu entscheiden hat, ob die Partei einen Wohnsitz in einem anderen Mitgliedstaat hat, das Recht dieses Mitgliedstaats an" (Art. 62 Abs. 2). Diese **Außenperspektive** mit der Verweisung auf fremdes Wohnsitzrecht ist wesentlich für die Entscheidung, ob sich die eigene Zuständigkeit aus den Art. 7 bis 26 der Verordnung (und nur aus diesen Vorschriften) ergeben kann, was gemäß Art. 5 Abs. 1 voraussetzt, dass der Beklagte in einem *anderen* Mitgliedstaat domiziliert ist. Art. 4 Abs. 1 spielt in dieser Außenperspektive nicht als Kompetenz-, sondern nur als Schlüssel für die Anwendung der Verordnung eine Rolle. Fällt die Entscheidung in dieser Außenperspektive negativ aus, ist also der Beklagte auch in keinem anderen Mitgliedstaat domiziliert, so kann sich nach Art. 6 Abs. 1 die eigene Zuständigkeit aus den Vorschriften des nationalen Prozessrechts ohne die Beschränkungen des Art. 5 ergeben.

28   **2. Gesellschaften und Juristische Personen (Art. 63 Brüssel Ia-VO).** Art. 63 geht für Gesellschaften und juristische Personen einen anderen Weg und verweist nicht auf nationales Recht. Vielmehr wird im Wege einer **autonomen Bestimmung** des Wohnsitzes im Abs. 1 eine dreifache Option (satzungsmäßiger Sitz, Hauptverwaltung, Hauptniederlassung) für den allgemeinen Gerichtsstand eröffnet. Das kann zu mehreren allgemeinen Gerichtsständen im europäischen Justizraum für eine einzige Gesellschaft führen. Denn die **Anknüpfungsmomente** stehen **in keinem Stufenverhältnis** zueinander.[80] Sie entsprechen denen des Art. 54 AEUV, durch den nach den Rechtsvorschrif-

---

76 Zöller/*Geimer* Art. 4 Rdn. 2; Stein/Jonas/*Wagner* Art. 4 Rdn. 8.
77 Hess/Pfeiffer/*Schlosser* Heidelberg Report (2008), Rdn. 177.
78 *Schlosser/Hess* Art. 62 Rdn. 2; MünchKomm/*Gottwald* Art. 4 Rdn. 2.
79 Dazu *Schlosser/Hess* Art. 63 Rdn. 2.
80 Rauscher/*Staudinger* Art. 63 Rdn. 1.

ten eines Mitgliedstaats gegründete Gesellschaften in den Genuss der Niederlassungsfreiheit fallen. Das legt eine rechtsaktübergreifende Interpretation nahe. Art. 63 regelt lediglich die **internationale Zuständigkeit**, nicht hingegen die Parteifähigkeit und auch nicht die örtliche Zuständigkeit. Die Parteifähigkeit folgt aus dem Gesellschaftsstatut, das nach den (durch die Niederlassungsfreiheit überlagerten) Regeln des internationalen Gesellschaftsrechts zu bestimmen ist. Für die örtliche Zuständigkeit gilt bei einem sich aus Art. 4 Abs. 1 i.V.m. Art. 63 ergebenden deutschen allgemeinen Gerichtsstand § 17 ZPO.

3. Zeitpunkt. Die Brüssel Ia-VO schweigt zu dem maßgebenden Zeitpunkt, in dem 29 der Wohnsitz des Beklagten als zuständigkeitsbegründendes Kriterium für die Eröffnung des allgemeinen Gerichtsstandes gegeben sein muss. Sinnvoll erscheint es, diese Lücke durch Anknüpfung an die **Anrufung des Gerichts** im Sinne des Art. 32 zu schließen.[81] Dieser Zeitpunkt ist sinnvoller als derjenige der Rechtshängigkeit, denn es ist der Zeitpunkt, in dem Kläger die zuständigkeitsbegründenden Tatsachen beurteilen kann und sich auf ihr Vorliegen verlassen darf.[82]

Verlegt der Beklagte nach Klageerhebung **den Wohnsitz**, so bleibt nach dem 30 Grundsatz der *perpetuatio fori* die einmal bestehende internationale Zuständigkeit erhalten; umgekehrt reicht es für die Begründung der internationalen Zuständigkeit nach Art. 4 Abs. 1 aus, dass der Beklagte **erst im Laufe des Verfahrens** einen **Wohnsitz** im Staat des angerufenen Gerichts **begründet** hat.[83]

4. Mehrere Wohnsitze. Bestehen mehrere Wohnsitze **innerhalb der EU**, so eröffnet 31 dies dem Kläger ein Wahlrecht. Aus der Perspektive des angerufenen Gerichts besteht in diesem Fall ein Vorrang zu Gunsten des Wohnsitzes im Forumstaat; das folgt aus der Reihenfolge der beiden Absätze des Art. 62.[84] Besteht ein Wohnsitz **sowohl in einem Mitgliedstaat als auch in einem Drittstaat**, so kommt es bei Klage in einem Mitgliedstaat für die Anwendung der Brüssel Ia-VO auf den mitgliedstaatlichen Wohnsitz an.[85]

5. Unbekannter Wohnsitz. Von großer praktischer Relevanz ist der Umgang mit ei- 32 nem unbekannten Wohnsitz des Beklagten (hierzu näher Art. 6 Rdn. 7 ff.). Vor einem von Art. 6 Abs. 1 vorgesehenen Rückgriff auf nationales Zuständigkeitsrecht neigt der EuGH hier zu einer Ausdehnung des europäischen Zuständigkeitsregimes (Art. 6 Rdn. 8).[86] Das Problem stellt sich typischerweise nicht im Rahmen des Art. 4 Abs. 1 als Kompetenznorm, wenn das Gericht in Kombination mit Art. 62 Abs. 1 oder mit Art. 63 in der Innenperspektive zu prüfen hat, ob die beklagte Partei im Forumstaat domiziliert ist. In der Außenperspektive des Art. 5 und vor allem des Art. 6 tritt die Frage häufiger auf, so dass auf die dortigen Ausführungen verwiesen werden kann (Art. 6 Rdn. 7 ff.).

---

[81] Rauscher/*Mankowski* Art. 4 Rdn. 5; *Schlosser*/*Hess* Vor Art. 4 Rdn. 7; Stein/Jonas/*Wagner* Art. 2 a.F. Rdn. 12; *Paulus*/*Peiffer*/*Peiffer* Vor Art. 4 Rdn. 19 f.
[82] Rauscher/*Mankowski* Art. 4 Rdn. 5.
[83] BGH 1.3.2011, NJW 2011, 2515; *Paulus*/*Peiffer*/*Peiffer* Vor Art. 4 Rdn. 20.
[84] Rauscher/*Mankowski* Art. 4 Rdn. 8.
[85] Stein/Jonas/*Wagner* Art. 2 a.F. Rdn. 11.
[86] Zu denkbaren Alternativen Rauscher/*Mankowski* Art. 4 Rdn. 10 f.

V. Beweislast und Beweismaß

33 Die Beweislast und das Beweismaß für die zuständigkeitsbegründenden Tatsachen sind von der Brüssel Ia-VO nicht erfasst; sie unterliegen grundsätzlich der *lex fori*.[87] Nach Maßgabe des nationalen (deutschen)[88] Rechts trägt die **Partei** für die zuständigkeitsbegründenden Tatsachen die Beweislast, **welche sich darauf beruft**, dass ein bestimmter Gerichtsstand gegeben sei, in der Regel also der Kläger.[89] Die beklagte Seite kann freilich die Beweislast treffen, sofern sie geltend macht, dass ein vom Kläger angerufenes Gerichts aufgrund einer anderweitigen ausschließlichen Zuständigkeit nicht zuständig sei.[90] Praktisch bedeutsam sind bei den besonderen Gerichtsständen **Tatsachen mit einer doppelten Relevanz** sowohl auf der Ebene der Zuständigkeit als auch der Begründetheit, wenn beispielsweise aus einem „Vertrag" (hierzu *Gebauer* Art. 7 Rdn. 9) oder einer „unerlaubten Handlung" (hierzu *Thole* Art. 7 Nr. 2 Rdn. 68 ff.) geklagt wird. Die Lehre von den „doppelrelevanten Tatsachen" kann grundsätzlich auf die Zuständigkeitsvorschriften der Brüssel Ia-VO übertragen werden.[91] Sind die Tatbestandsmerkmale der jeweiligen Zuständigkeitsnorm bei einem besonderen Gerichtsstand auch auf Sachebene relevant in dem Sinne, dass die Begründetheit der Klage von ihnen abhängt, muss der Kläger ihr Vorliegen grundsätzlich nur schlüssig behaupten. Allerdings ist das Gericht nicht daran gehindert, auch Einwände des Beklagten und sonstige dem Gericht bekannte Informationen miteinfließen lassen.[92]

VI. Kein fakultativer Charakter der Wohnsitzzuständigkeit

34 Während die Parteien durch Vereinbarung bzw. rügelose Einlassung über die von der Brüssel Ia-VO vorgesehenen Gerichtsstände autonom disponieren können, gilt dies nicht für die Mitgliedstaaten: Ihnen gegenüber ist die internationale Zuständigkeit am allgemeinen Gerichtsstand nicht fakultativ, sondern zwingend.[93] Das hat zunächst Auswirkungen auf ermessensbasierte Rechtsinstitute, die den nationalen Zuständigkeitsordnungen entstammen und dem Gericht im Einzelfall ermöglichen, eine an sich gegebene Zuständigkeit nicht auszuüben (1.). Damit im Zusammenhang steht aber auch die Frage, ob es den Gerichten gestattet ist, die Prozessaufrechnung am Beklagtenwohnsitz unter besondere Voraussetzungen zu stellen (2.) oder die durch Art. 4 Abs. 1 eröffnete Zuständigkeit durch eine dem nationalen Recht unterliegende Gerichtsstandsvereinbarung zu Gunsten drittstaatlicher Gerichte zu derogieren (3.).

35 **1. Forum non conveniens.** Der allgemeine Gerichtsstand bietet sowohl dem Kläger als auch dem Beklagten eine sichere Kalkulationsgrundlage und eine Zuständigkeitsgarantie. Die nach Art. 4 Abs. 1 zuständigen Gerichte sind im Interesse der Rechtssicherheit

---

[87] Schlussanträge der Generalanwältin *Trstenjak* vom 8.9.2011 in Rs C-327/10 – Lindner, Rdn. 119 *Schlosser/Hess* Vor Art. 4 Rdn. 8; *Rauscher/Mankowski* Art. 4 Rdn. 7; *Paulus/Peiffer/Peiffer* Vor Art. 4 Rdn. 22 ff.
[88] Zur europäischen Dimension der Maxime *actori incumbit probatio* siehe *Mankowski* IPRax 2009, 474, 475.
[89] Näher *Rauscher/Mankowski* Art. 4 Rdn. 7 ff.; *Paulus/Peiffer/Peiffer* Vor Art. 4 Rdn. 22 ff.
[90] *Mankowski* IPRax 2009, 474, 475.
[91] EuGH C-375/13, Kolassa/Barclays Bank plc, Rdn. 58 ff., NJW 2015, 1581; *Mankwoski* LMK 2015, 367447; EuGH C-12/15, Universal Music International Holding/Schilling ua, Rdn. 44 f., NJW 2016, 2167; vgl. dazu *Müller* NJW 2016, 2169, 2170; *Schulze* IPRax 2018, 26 f.
[92] EuGH C-12/15, Universal Music International Holding/Schilling ua, Rdn. 45, NJW 2016, 2167.
[93] Diesen Unterschied betont zu Recht Stein/Jonas/*Wagner* Art. 2 a.F. Rdn. 3.

nicht berechtigt, einzelfallbezogen auf die Ausübung der eigenen Zuständigkeit zu Gunsten der Gerichte eines anderen Staates zu verzichten.[94] Das richtet sich im Anwendungsbereich der Brüssel Ia-VO deutlich gegen die in den Rechtsordnungen des Common Law verbreitete Doktrin des *forum non conveniens*. In der *Owusu*-Entscheidung hat sich der EuGH deutlich gegen diese Lehre auch in der Konstellation ausgesprochen, dass der Sachverhalt keine Bezugspunkte zu mehr als einem Vertrags- bzw. Mitgliedstaat aufweist; ausreichend ist vielmehr, dass die Zuständigkeit am allgemeinen Gerichtsstand nach dem Brüsseler Zuständigkeitsregime eröffnet ist.[95] Etwas anderes gilt freilich für den Fall einer Klage gegen einen Beklagten mit Wohnsitz in einem Drittstaat. Hier eröffnet Art. 6 Abs. 1 die Maßgeblichkeit des nationalen Zuständigkeitsrechts und damit auch die Möglichkeit, ermessensbasiert die Ausübung der eigenen Zuständigkeit einzuschränken, sofern das nationale Recht dies vorsieht.[96]

2. Prozessaufrechnung. Bietet der allgemeine Gerichtsstand dem Kläger wie dem Beklagten eine Zuständigkeitsgarantie, so ist es nationalen Gerichten auch verwehrt, die **Verteidigungsmöglichkeiten des Beklagten** nach selbst entwickelten Kriterien **einzuschränken**. So neigte der BGH früher auch unter dem europäischen Zuständigkeitsrecht dazu, die Kognitionsbefugnis für bestrittene und inkonnexe Gegenforderungen davon abhängig zu machen, dass hypothetisch auch bei klageweiser Geltendmachung der jeweiligen Gegenforderung die internationale Zuständigkeit gegeben wäre.[97] Später hat er die Frage nach den Voraussetzungen der internationalen Zuständigkeit bei aufrechnungsweise geltend gemachten Forderungen im Anwendungsbereich des Brüsseler Zuständigkeitsregimes ausdrücklich offen gelassen,[98] nachdem der EuGH im Jahre 1995 entschieden hatte, dass die Aufrechnung als bloßes Verteidigungsmittel nicht unter Art. 8 Nr. 3 fällt und sich die Voraussetzungen der Aufrechnung nach nationalem Recht richteten.[99] 36

Sofern diese Verweisung auf nationales Recht (richtigerweise) materiell zu verstehen ist und nicht in dem Sinne, dass nationale Gerichte eigenständige prozessuale Hürden errichten dürfen, **kann die Ausübung der eigenen Zuständigkeit** für die zur Aufrechnung gestellte Gegenforderung auch dann **nicht von weiteren Voraussetzungen abhängig gemacht werden**, wenn der Kläger in einem Drittstaat domiziliert ist und folglich bei klageweiser Geltendmachung der Gegenforderung nationales Zuständigkeitsrecht zur Anwendung gelangte.[100] Denn die Ausübung der internationalen Zuständigkeit am Beklagtenwohnsitz nach Art. 4 Abs. 1 erstreckt sich auch auf Verteidigungsmittel und ist im Anwendungsbereich des Europarechts nicht fakultativ. 37

3. Derogation des Beklagtenwohnsitzes durch Vereinbarung eines drittstaatlichen Forums. Wird am allgemeinen Gerichtsstand Klage erhoben, mag der Beklagte die internationale Zuständigkeit der Gerichte an seinem allgemeinen Gerichtsstand mit der 38

---

94 Magnus/Mankowski/*Vlas* Art. 4 Rdn. 6 ff.; Rauscher/*Mankowski* Art. 4 Rdn. 33 f.
95 EuGH 1.3.2005, Rs-C281/02 – Owusu ./. Jackson u.a., IPRax 2005, 244 (Anmerkung *Heinze/Dutta* 224).
96 Rauscher/*Mankowski* Art. 4 Rdn. 40.
97 BGH 12.5.1993 NJW 1993, 2753 = IPRax 1994, 115 m. Anm. *Geimer* 82 = ZZP 107 (1994), 221, m. Anm. *Leipold* 216.
98 So etwa BGH NJW 2014, 3156, Tz. 16. Dazu *Mankowski* JZ 2015, 50.
99 EuGH 13.7.1995, Rs C-341/93 – *Danvaern Production A/S ./. Schuhfabriken Otterbeck* EuGHE 1995, I-2053 = IPRax 1997, 114 m. Anm. *Philip* 97 = ZZP 109 (1996), m. Anm. *Mankowski* 376.
100 Auch in jüngerer Zeit hatte der BGH noch die Ansicht vertreten, dass „jedenfalls außerhalb des Anwendungsbereichs der EuGVVO" die Entscheidung über eine im Wege der Prozessaufrechnung geltend gemachte Gegenforderung der beklagten Partei voraussetze, dass das Prozessgericht auch insoweit international zuständig sei; vgl. BGH 21.1.2015, NJW 2015, 1118 = IPRax 2018, 205 m. Anm. *Gebauer* 172.

Begründung rügen, dass aufgrund einer Gerichtsstandsvereinbarung die Wohnsitzzuständigkeit abbedungen sei. Sind durch eine solche Vereinbarung die Gerichte eines anderen Mitgliedstaats prorogiert, so ergibt sich ggf. auch die Derogation aus den Bestimmungen der Brüssel Ia-VO. Steht hingegen eine Vereinbarung zu Gunsten drittstaatlicher Gerichte im Raum, die dem nationalen Prozessrecht unterliegt, so könnten sich in Europa in Abhängigkeit von der Ausgestaltung nationalen Prozessrechts unterschiedliche Derogationsvoraussetzungen einer nach Art. 4 Abs. 1 begründeten Zuständigkeit ergeben. Um eine einheitliche Reichweite des europäischen Wohnsitzgerichtsstandes zu gewähren und ihn nicht in das Belieben nationaler Zuständigkeitsvorschriften zu stellen, ist Art. 25 Brüssel Ia-VO analog heranzuziehen und verbietet sich insoweit ein Rückgriff auf nationales Prozessrecht.[101]

39 **4. Gerichtsstandsvereinbarung als Aufrechnungsverbot.** Die Gefahr einer auf nationalen Sonderwegen beruhenden Begrenzung des allgemeinen Gerichtsstands nach Art. 4 Abs. 1 lässt sich an einer Kombination der beiden letzten Aspekte veranschaulichen. Wird in Deutschland Klage am allgemeinen Gerichtsstand erhoben und möchte sich die Beklagte im Wege der Aufrechnung verteidigen, so mag die in China domizilierte Klägerin hiergegen einwenden, die Beklagte sei mit der Aufrechnung vor deutschen Gerichten ausgeschlossen, weil die Parteien für das Verhältnis, dem die Gegenforderung entstammt, die Zuständigkeit der chinesischen Gerichte vereinbart hätten. In einem ähnlichen Fall, in dem die Parteien vereinbart hatten, sich wechselseitig allenfalls am allgemeinen Gerichtsstand der anderen Seite zu verklagen,[102] verwehrte der BGH tatsächlich die Aufrechnung vor deutschen Gerichten, weil er die Gerichtsstandsvereinbarung am Maßstab des § 38 ZPO beurteilte und (zu Unrecht) Gerichtsstandsvereinbarungen im Zweifel ein Aufrechnungsverbot entnahm, ohne eine Vorlage an den EuGH in Betracht zu ziehen.[103] Das Beispiel verdeutlicht, dass Beschränkungen einer aus Europarecht folgenden Zuständigkeit auch nur aus dem Europarecht selbst und nicht aus divergierenden Kriterien des nationalen Recht zu entwickeln sind.

VII. Örtliche und sachliche Zuständigkeit (Abs. 2)

40 Im Gegensatz zu anderen Zuständigkeitsvorschriften der Verordnung bezieht sich der allgemeine Gerichtsstand nach Art. 4 Abs. 1 nur auf die internationale, nicht auch auf die örtliche Zuständigkeit. Für die Bestimmung der örtlichen Zuständigkeit ist insoweit in Deutschland auf die §§ 12ff. ZPO zurückzugreifen.

41 Die örtliche und Zuständigkeit wird allerdings theoretisch von Art. 4 Abs. 2 erfasst und beabsichtigt insofern die Vermeidung einer Diskriminierung nach der Staatsangehörigkeit. Im Forumstaat ansässige Ausländer sollen bei der örtlichen und sachlichen Zuständigkeit nicht schlechter behandelt werden als Inländer.[104] Die Norm spielt in Deutschland keine Rolle, weil die Zuständigkeitsnormen nicht nach der Staatsangehörigkeit differenzieren; auch in anderen Mitgliedstaaten scheinen keine Zuständigkeitsnormen bekannt zu sein, die dies tun, so dass Art. 4 Abs. 2 offenbar keine praktische Bedeutung hat.[105]

---

101 *Berner* RIW 2017, 792.
102 Insoweit folgte die internationale Zuständigkeit der deutschen Gerichte also nicht aus Art. 4 Abs. 1 (Art. 2 Abs. 1 a.F.), sondern aus Art. 25 (Art. 23 a.F.).
103 BGH 21.1.2015, NJW 2015, 1118 = IPRax 2018, 205 (Anmerkung *Gebauer* 172).
104 Rauscher/*Mankowski* Art. 4 Rdn. 18; Stein/Jonas/Wagner Art. 2 a.F. Rdn. 15; Magnus/Mankowski/*Vlas* Art. 4 Rdn. 16.
105 Schlosser/*Hess* Art. 4 Rdn. 3.

Artikel 5

(1) Personen, die ihren Wohnsitz im Hoheitsgebiet eines Mitgliedstaats haben, können vor den Gerichten eines anderen Mitgliedstaats nur gemäß den Vorschriften der Abschnitte 2 bis 7 dieses Kapitels verklagt werden.

(2) Gegen die in Absatz 1 genannten Personen können insbesondere nicht die innerstaatlichen Zuständigkeitsvorschriften, welche die Mitgliedstaaten der Kommission gemäß Artikel 76 Absatz 1 Buchstabe a notifizieren, geltend gemacht werden.

Übersicht

I. Einführung	2. Unbekannter Wohnsitz —— 6
1. Entstehungsgeschichte —— 1	III. Ausschluss nationaler Zuständigkeitsregeln nach Abs. 1 —— 7
2. Normzweck —— 2	IV. Regelbeispiele nach Abs. 2 —— 8
II. Personen mit Wohnsitz im Hoheitsgebiet eines Mitgliedstaats	V. Ausnahmen —— 9
1. Maßstab und Perspektive —— 3	

I. Einführung

1. Entstehungsgeschichte. In ihrer Struktur ist die Norm in Abs. 1 seit dem EuGVÜ 1968 gleichgeblieben, wurde nur redaktionell an den Verordnungscharakter angepasst. Die in Abs. 2 benannten innerstaatlichen, besonders geächteten Zuständigkeitsnormen waren ursprünglich in der Norm selbst aufgelistet, gelangten mit der Brüssel I-VO in einen Anhang I zur Verordnung und befinden sich seit der Brüssel Ia-VO in einer von der Kommission geführten Liste, die auf der Notifikation durch die Mitgliedstaaten beruht und selbst kein formeller Teil der Verordnung mehr ist.[1]

2. Normzweck. Die Norm enthält **Zuständigkeitsgarantien für privilegierte Beklagte**. Das sind Personen mit Wohnsitz in einem Mitgliedstaat. Sie werden nicht nur vor dem in Abs. 2 genannten Arsenal an exorbitanten Zuständigkeitsregeln nationaler Provenienz geschützt, sondern vor sämtlichen mitgliedstaatlichen Zuständigkeitsnormen. Die Zuständigkeitsgarantien werden dadurch gewährt, dass in einem Mitgliedstaat domizilierte Beklagte nur nach den Art. 7–26 der Verordnung „vor den Gerichten eines anderen Mitgliedstaats" verklagt werden können. Potenziell klägerfreundliche Zuständigkeitsgründe des nationalen Rechts sind also komplett verdrängt. Verdrängt sind die nationalen Zuständigkeitsnormen aber auch dann, wenn die Zuständigkeitsnormen der Brüssel Ia-VO im Einzelfall klägerfreundlicher sind.

II. Personen mit Wohnsitz im Hoheitsgebiet eines Mitgliedstaats

1. Maßstab und Perspektive. Wie Art. 4 Abs. 1 bezieht sich Art. 5 auf „**Personen, die ihren Wohnsitz im Hoheitsgebiet eines Mitgliedstaats haben**". Darin unterscheiden sich beide Normen gemeinsam von Art. 6, der voraussetzt, dass der Beklagte *keinen* Wohnsitz im Hoheitsgebiet eines Mitgliedstaats hat und gegenüber solchen Beklagten *ohne* Wohnsitz in einem Mitgliedstaat den Anwendungsbereich des nationalen Zuständigkeitsrechts des angerufenen Gerichts eröffnet.

---

[1] Rauscher/*Mankowski* Art. 5 Rdn. 4; zum LugÜ vgl. *Schlosser*/*Hess* Art. 5 Vor Rdn. 1; Paulus/Peiffer/Peiffer/*Paulus* Art. 5 Rdn. 5.

4 Die **Bestimmung des Wohnsitzes** erfolgt am **Maßstab** der Art. 62 f., und zwar gemäß Art. 62 Abs. 2 nach dem Recht des Wohnsitzstaates; bei Gesellschaften und juristischen Personen ist die Sonderbestimmung des Art. 63 zu beachten. Die **Perspektive** zur Bestimmung des Wohnsitzes ist im Rahmen des Art. 5 stets **eine externe**, denn die Prüfung erfolgt im Rahmen einer Klage „vor den Gerichten eines anderen Mitgliedstaats". Die Bestimmung des Wohnsitzes richtet sich deshalb gemäß Art. 62 Abs. 2 nach fremdem Recht. Darin unterscheidet sich die Perspektive von derjenigen eines Gerichts, das am potenziellen allgemeinen Gerichtsstand des Art. 4 Abs. 1 angerufen wird und die Bestimmung des Wohnsitzes dann dem eigenen Recht nach Art. 62 Abs. 1 entnehmen kann.

5 Legt man zugrunde, dass es in den Art. 4 und 5 gemeinsam um die positive Feststellung eines Wohnsitzes in einem Mitgliedstaat und andererseits in Art. 6 negativ um das Fehlen eines Wohnsitzes in einem Mitgliedstaat geht, lässt sich zusammenfassen, dass Art. 4 Abs. 1 als Kompetenznorm[2] eine positive Innenperspektive regelt, **Art. 5** im Binnenverhältnis zwischen zwei Mitgliedstaaten eine **positive Außenperspektive** und Art. 6 eine negative Innen- und Außenperspektive, denn die Öffnung des nationalen Zuständigkeitsrechts nach Art. 6 setzt voraus, dass der Beklagte weder im Forum noch in einem anderen Mitgliedstaat domiziliert ist.

6 **2. Unbekannter Wohnsitz.** Gerade auch in der Außenperspektive des Art. 5, in der es um die Beantwortung der Frage geht, ob der Beklagte in einem *anderen* Mitgliedstaat domiziliert ist, können sich Ungewissheiten über die Existenz eines solchen Wohnsitzes ergeben. Diese Ungewissheiten dürften hier häufiger auftauchen als in der für Art. 4 Abs. 1 typischen Situation, dass ein Gericht lediglich vor der Frage steht, ob der Beklagte im Forum domiziliert ist. Bei Zweifeln am Wohnsitz des Beklagten in einem anderen Mitgliedstaat kann auf die gleichen **Kriterien** zurückgegriffen werden wie im Rahmen des Art. 6, in dem es stets negativ um die Feststellung geht, dass der Beklagte in keinem Mitgliedstaat domiziliert ist (vgl. Art. 6 Rdn. 7 ff.).

III. Ausschluss nationaler Zuständigkeitsregeln nach Abs. 1

7 Die **Rechtsfolge** des Art. 5 Abs. 1 besteht darin, dass innerhalb des Anwendungsbereichs der Verordnung ein Numerus clausus der in Betracht zu ziehenden Gerichtsstände jenseits des Beklagtenwohnsitzes besteht und dass sich die in Betracht zu ziehenden Zuständigkeitsgründe lediglich aus den Art. 7–26 ergeben können, nicht jedoch aus nationalen Zuständigkeitsnormen der *lex fori*.[3] Ausgeschlossen sind keineswegs nur die in Abs. 2 in Bezug genommenen exorbitanten Gerichtsstände, sondern sämtliche Zuständigkeitsnormen nationaler Provenienz.[4]

IV. Regelbeispiele nach Abs. 2

8 Die normative Bedeutung des Abs. 2 ist sehr begrenzt, weil sich die Rechtsfolge bereits aus Abs. 1 ergibt.[5] Der Zweck der Auflistung besteht in einer plakativen Verabschie-

---

[2] Zur Doppelfunktion des allgemeinen Gerichtsstands in Art. 4 Abs. 1 als Kompetenznorm einerseits und als „Anwendungsnorm", nämlich als Schlüssel zum Anwendungsbereich der Verordnung andererseits siehe Art. 4 Rdn. 2 ff., 5 ff.
[3] MünchKomm/*Gottwald* Art. 5 Rdn. 1; Paulus/Peiffer/Peiffer/*Paulus* Art. 5 Rdn. 1.
[4] Rauscher/*Mankowski* Art. 5 Rdn. 1.
[5] Rauscher/*Mankowski* Art. 5 Rdn. 6; Paulus/Peiffer/Peiffer/*Paulus* Art. 5 Rdn. 4; *Schlosser/Hess* Art. 5 Rdn. 2: Selbständige Bedeutung im Rahmen des Art. 72.

dung[6] von als besonders unerwünscht angesehenen, exorbitanten nationalen Gerichtsständen, die kaum eine Verbindung zum Forumstaat voraussetzen.[7] Die Auflistung solcher Gerichtsstände macht ihre Verbreitung in den nationalen Prozessrechten deutlich (zur Geschichte der Liste Rdn. 1). Die von der Kommission veröffentlichte[8] Liste der gemäß Art. 76 Abs. 1 lit. a) notifizierten Zuständigkeitsnormen ist auch abgedruckt bei Rauscher/*Mankowski* Art. 5 Rdn. 5.

V. Ausnahmen

In der Verordnung sind zwei wesentliche Ausnahmen von dem in Abs. 1 angelegten Grundsatz des Ausschlusses anderer Zuständigkeitsregeln als der Art. 7–26 angelegt. Zum einen räumt die Verordnung in Art. 71 **staatsvertraglichen Zuständigkeitsvorschriften** einen Vorrang ein; zum anderen verweist im Rahmen des **einstweiligen Rechtsschutzes** Art. 35 auch auf nationale Zuständigkeitsgründe.[9]

9

Artikel 6

(1) Hat der Beklagte keinen Wohnsitz im Hoheitsgebiet eines Mitgliedstaats, so bestimmt sich vorbehaltlich des Artikels 18 Absatz 1, des Artikels 21 Absatz 2 und der Artikel 24 und 25 die Zuständigkeit der Gerichte eines jeden Mitgliedstaats nach dessen eigenem Recht.

(2) Gegenüber einem Beklagten, der keinen Wohnsitz im Hoheitsgebiet eines Mitgliedstaats hat, kann sich unabhängig von ihrer Staatsangehörigkeit jede Person, die ihren Wohnsitz im Hoheitsgebiet eines Mitgliedstaats hat, in diesem Mitgliedstaat auf die dort geltenden Zuständigkeitsvorschriften, insbesondere auf diejenigen, welche die Mitgliedstaaten der Kommission gemäß Artikel 76 Absatz 1 Buchstabe a notifizieren, wie ein Staatsangehöriger dieses Mitgliedstaats berufen.

Schrifttum

European Group for Private International Law (EGPIL) Proposed Amendment of Regulation 44/2001 in Order to Apply it to External Situations (Bergen, 21. September 2008), IPRax 2009, 283; *Gebauer* Gerichtsstandsvereinbarung zu Gunsten eines drittstaatlichen Gerichts und rügelose Einlassung vor einem mitgliedstaatlichen Gericht, GPR 2016, 245; *Hahn* Die gesammten Materialien zur Civilprozeßordnung und dem Einführungsgesetze zu derselben vom 30. Januar 1877, Erste Abtheilung (1880); *Hess/Pfeiffer/Schlosser* Heidelberg Report (2008); *Grimm* Brüssel I-VO: Grenzüberschreitender Bezug und unbekannter Wohnsitz des Beklagten, GPR 2012, 87; *Kohler* Erstreckung der europäischen Zuständigkeitsordnung auf drittstaatsverknüpfte Streitigkeiten, IPRax 2009, 285; *Mansel/Thorn/Wagner* Europäisches Kollisionsrecht 2012: Voranschreiten des Kodifikationsprozesses – Flickenteppich des Einheitsrechts, IPRax 2013, 1; *von Mehren* Recognition and Enforcement of Sister-State Judgments – Reflections on General Theory and Current Practice in the European Economic Community and the United States, 81 Colum. L. Rev. 1044, 1059 (1981); *ders.* Adjudicatory Authority in Private International Law – A Comparative Study (2007); *Schütze* Zur internationalen Zuständigkeit aufgrund rügeloser Einlassung, ZZP 90 (1977), 67; *Staudinger* Wer nicht rügt, der nicht gewinnt – Grenzen der stillschweigenden Prorogation nach Art. 24 EuGVVO, IPRax 2011, 548; *Vedie* Arthur T. von Mehren und das Internationale Zivilverfahrensrecht im transatlantischen Dialog (2017).

---

6 *Schlosser/Hess* Art. 5 Rdn. 2.
7 Musielak/Voit/*Stadler* Art. 5 Rdn. 4.
8 ABl. EU 2015 C 4/2.
9 Rauscher/*Mankowski* Art. 5 Rdn. 2; Paulus/Peiffer/Peiffer/*Paulus* Art. 5 Rdn. 6.

Art. 6 Brüssel Ia-VO — Kapitel II. Zuständigkeit

Übersicht

I. Entstehungsgeschichte —— 1
II. Grundlagen und Normzweck —— 3
III. Kein Wohnsitz im Hoheitsgebiet eines Mitgliedstaats —— 5
   1. Bedeutung der negativen Formulierung —— 5
   2. Zweifel am Wohnsitz des Beklagten in einem Mitgliedstaat —— 7
IV. Grundsätzliche Rechtsfolge: Maßgeblichkeit des nationalen Zuständigkeitsrechts —— 11
V. Verordnungsinterne Ausnahmen: „vorbehaltlich des Artikels 18 Absatz 1, des Artikels 21 Absatz 2 und der Artikel 24 und 25" —— 12
VI. Ausstrahlungswirkung von zuständigkeitsrechtlichen Wertungen jenseits des Anwendungsbereichs der Verordnung —— 15
VII. Extension nationaler Zuständigkeitsvorschriften gegenüber Drittstaatenbeklagten (Abs. 2) —— 17

I. Entstehungsgeschichte

1 Die Norm geht auf Art. 4 EuGVÜ 1968 zurück und ist in ihrer Struktur unverändert geblieben. Allerdings hat sie im Übergang zur Brüssel I-VO und dann nochmals zur Brüssel Ia-VO bei den „vorbehaltenen" Normen des europäischen Zuständigkeitsregimes wesentliche Erweiterungen erfahren. Im EuGVÜ von 1968 waren nur die **ausschließlichen Zuständigkeiten** nach dessen Art. 16, dem heutigen Art. 24 der Verordnung, vorbehalten. In der Brüssel I-VO waren bereits die **Gerichtsstandsvereinbarungen** in Bezug genommen, die auch dann der Verordnung unterliegen können, wenn der Beklagte nicht in einem Mitgliedstaat domiziliert ist. Die Brüssel Ia-VO behielt den Bezug auf Gerichtsstandsvereinbarungen bei, die seit der Reform des Art. 25 durch die Brüssel Ia-VO selbst dann der Verordnung unterliegen können, wenn keine der Parteien in einem Mitgliedstaat domiziliert ist (die Brüssel I-VO) setzte und das LugÜ setzt nach wie vor in Art. 23 voraus, dass wenigstens eine der Parteien in einem Mitglied- bzw. Vertragsstaat domiziliert ist). Die Brüssel Ia-VO führte außerdem in Art. 6 den Bezug auf die Art. 18 Abs. 1 und 21 Abs. 2 ein, die in **Verbrauchersachen** und bei individuellen **Arbeitsverträgen** den Anwendungsbereich der Verordnung weit ausdehnen: auch gegenüber Drittstaatenbeklagten statuiert das Europarecht hier Klägergerichtsstände; nationales Prozessrecht ist insoweit verdrängt.

2 Im Vorfeld der Revision der Brüssel Ia-VO war intensiv diskutiert worden, allgemein den Anwendungsbereich der Verordnung und insbesondere den ihrer besonderen **Gerichtsstände auch auf Drittstaatenbeklagte auszudehnen**. Das hätte den Vorteil geboten, zum einen die Maßstäbe der Ausübung internationaler Zuständigkeit in den Mitgliedstaaten vereinheitlichen und auf diese Weise auch *forum shopping* vermeiden zu können, zum anderen aber auch die massive Diskriminierung von Beklagten aus Drittstaaten zu beseitigen.[1] Verschiedene Modelle standen im Raum,[2] vor allem eine Streichung der hier kommentierten Norm in Kombination mit einer Ausdehnung der unionsrechtlichen Zuständigkeitsnormen gegenüber Beklagten mit Wohnsitz in Drittstaaten.[3] Auch im Gesetzgebungsverfahren war zunächst noch die Ausdehnung geplant,[4] der

---

[1] Rauscher/*Mankowski* Art. 6 Rdn. 8.
[2] Siehe bereits die Unterscheidung von vier Modellen bei *Pfeiffer* in *Hess/Pfeiffer/Schlosser* Heidelberg Report (2008), Rdn. 159–163; vgl. Rauscher/*Mankowski* Art. 6 Rdn. 8.
[3] Vgl. European Group for Private International Law (EGPIL), Proposed Amendment of Regulation 44/2001 in Order to Apply it to External Situations (Bergen, 21. September 2008), IPRax 2009, 283 f.; dazu *Kohler* Erstreckung der europäischen Zuständigkeitsordnung auf drittstaatsverknüpfte Streitigkeiten, IPRax 2009, 285 ff.
[4] Ausführlich dazu Magnus/Mankowski/*Vlas* Art. 6 Rdn. 4.

Kommissionsvorschlag vom 14.12.2010 sah ebenfalls die Ausdehnung vor.[5] Es war letztlich der Widerstand der Mitgliedstaaten, der dazu führte, dass alles beim Alten blieb: Man schreckte vor der Übertragung der Kompetenz für Außenbeziehungen auf die EU zurück und pochte auf die Restzuständigkeiten der nationalen Gesetzgeber zur Regelung der internationalen Zuständigkeit in den verbliebenen Konstellationen.[6]

II. Grundlagen und Normzweck

Art. 6 Abs. 1 ist eine für die Bestimmung des räumlich-persönlichen Anwendungsbereichs im Gesamtsystem der Verordnung fundamentale Norm.[7] Sie erfüllt eine **Abgrenzungsfunktion** und stellt im Zusammenspiel mit Art. 4 Abs. 1 sowie Art. 5 Abs. 1 den **Grundsatz** auf, dass nur noch die **Zuständigkeitsvorschriften** der Verordnung zur Anwendung gelangen, wenn der Beklagte in einem Mitgliedstaat domiziliert ist, und dass umgekehrt nur die nationalen Zuständigkeitsnormen zur Anwendung gelangen, die im Staat des angerufenen Gerichts gelten, wenn der Beklagte nicht in einem Mitgliedstaat domiziliert ist. Diesem Grundsatz stehen **Ausnahmen** gegenüber, die in den Artikeln zum Ausdruck kommen, die nach dem Wort „vorbehaltlich" genannt sind: Die Anwendung der ausschließlichen Gerichtsstände in Art. 24 erfolgt unabhängig vom jeweiligen Beklagtenwohnsitz, Gleiches gilt für die Beurteilung von Gerichtsstandsvereinbarungen nach Art. 25. Ein Verbrauchergerichtsstand in einem Mitgliedstaat kann sich auch dann aus der Verordnung ergeben, wenn der Unternehmer in einem Drittstaat domiziliert ist (Art. 18 Abs. 1); in Parallele dazu wird dem Arbeitnehmer auch dann ein Klägergerichtsstand nach Europarecht eingeräumt, wenn der Arbeitgeber in einem Drittstaat domiziliert ist (Art. 21 Abs. 2).

Die Abgrenzungsfunktion des Art. 6 Abs. 1 beschränkt sich allerdings auf die **Zuständigkeitsnormen** des europäischen bzw. nationalen Rechts. In dieser Beschränkung liegt gleichzeitig als Normzweck die **Klarstellung**, dass die **Anwendbarkeit der übrigen Regelungen der Verordnung jenseits der Zuständigkeitsnormen nicht durch den Wohnsitz des Beklagten in einem Mitgliedstaat beschränkt ist**.[8] Vielmehr finden die **Rechtshängigkeitsvorschriften** in den Art. 29ff. unabhängig von jedem Drittstaatenbezug der zugrunde liegenden Verfahren Anwendung, solange die Verfahren nur mitgliedstaatliche Gerichte betreffen;[9] in gleicher Weise beziehen sich die **Anerkennungsvorschriften** der Art. 36ff. auf alle mitgliedstaatlichen Entscheidungen, und eben auch dann, wenn sie gegen einen drittstaatenansässigen Beklagten ergangen sind.

III. Kein Wohnsitz im Hoheitsgebiet eines Mitgliedstaats

1. Bedeutung der negativen Formulierung. Die in Abs. 1 als grundsätzliche Rechtsfolge angeordnete Maßgeblichkeit nationalen Zuständigkeitsrechts setzt voraus, dass der Beklagte keinen Wohnsitz im Hoheitsgebiet eines Mitgliedstaats hat. Es wird nicht etwa positiv ein Wohnsitz in einem Drittstaat vorausgesetzt;[10] ein solcher könnte auch den Anwendungsbereich der Verordnung nicht verschließen, wenn zusätzlich ein Wohnsitz

---
5   Vorschlag für eine Verordnung des Europäischen Parlaments und des Rates über die gerichtliche Zuständigkeit und die Anerkennung und Vollstreckung von Entscheidungen in Zivil- und Handelssachen, KOM (2010), 748 endg., insb. Begründung S. 3f.
6   Rauscher/*Mankowski* Art. 6 Rdn. 10; Magnus/Mankowski/*Vlas* Art. 6 Rdn. 4.
7   Rauscher/*Mankowski* Art. 6 Rdn. 3.
8   Rauscher/*Mankowski* Art. 6 Rdn. 3.
9   *Kropholler/von Hein* Art. 4 Rdn. 3.
10 *Kropholler/von Hein* Art. 4 Rdn. 2; *Grimm* GPR 2012, 87, 88.

im Hoheitsgebiet eines Mitgliedsstaats bestünde. Hier zeigt sich auch der Sinn der negativen Formulierung. Bei **mehrfachem Wohnsitz** tritt die Rechtsfolge des Art. 6 Abs. 1 eben nur dann ein, wenn keiner der Wohnsitze in einem Mitgliedstaat liegt.[11]

6   Durch die negative Formulierung ist auch die Konstellation erfasst, dass der Beklagte zwar **in einem Mitgliedstaat lebt**, aber nach dessen Recht, auf das es gemäß Art. 62 ankommt, **dort (und auch in den anderen Mitgliedstaaten) keinen Wohnsitz hat**.[12]

7   **2. Zweifel am Wohnsitz des Beklagten in einem Mitgliedstaat.** Von praktisch großer Bedeutung ist der Umgang mit dem **unbekannten Wohnsitz des Beklagten** und insbesondere mit der Konstellation, dass ungewiss ist, ob der Beklagte irgendwo im Hoheitsgebiet eines Mitgliedstaates einen Wohnsitz hat. Nicht ganz leicht zu beantworten ist die Frage, ob und in welche Richtung das Europarecht an dieser Stelle ein Regel-Ausnahme-Verhältnis statuiert und ob es ggf. auch europäisch-autonome Kriterien zur „Erschütterung" einer aus einem solchen Verhältnis abgeleiteten Vermutung gibt. Gilt „im Zweifel" nach Art. 6 Abs. 1 nationales Zuständigkeitsrecht oder das Regime der Brüssel Ia-VO? Der **Wortlaut** der Norm erscheint nicht eindeutig, und merkwürdig gegensätzliche Schlussfolgerungen werden aus der (negativ gefassten) Formulierung des Tatbestands gezogen. „Hat der Beklagte keinen Wohnsitz im Hoheitsgebiet eines Mitgliedstaats [...]" – „If the defendant is not domiciled in a Member State [...]", so ist grundsätzlich nationales Zuständigkeitsrecht berufen. Man kann dies so lesen, dass es bei der Maßgeblichkeit nationalen Zuständigkeitsrechts bleibt, sofern kein mitgliedstaatlicher Wohnsitz feststellbar ist;[13] man kann die Norm aber durchaus auch so verstehen, dass die Rechtsfolge der Verweisung auf nationales Recht eben nur unter der Voraussetzung eingreift, dass der Beklagte „keinen Wohnsitz" im Hoheitsgebiet eines Mitgliedsstaats „hat".[14]

8   Der **EuGH** neigt hier zu einer **Ausdehnung des europäischen Zuständigkeitsregimes** gegenüber dem nationalen Recht und dazu, es im Falle der Ungewissheit beim europäischen Zuständigkeitsregime zu belassen, sofern sich trotz des unbekannten aktuellen Wohnsitzes des Beklagten ein auf ihn bezogener Gerichtsstand bestimmen lässt, beispielsweise an seinem letzten bekannten Wohnsitz in einem Mitgliedstaat. Innerhalb kurzer Zeit hatte der Gerichtshof zweimal Gelegenheit, zum unbekannten Wohnsitz Stellung zu nehmen. In der ersten Entscheidung wurde ein deutscher Verbraucher von einer tschechischen Bank vor einem tschechischen Gericht verklagt;[15] hier ging es um die Reichweite des Schutzgerichtsstandes für den Verbraucher im heutigen Art. 18 Abs. 2 (damals Art. 16 Abs. 2), der vorsieht, dass der in einem Mitgliedstaat domizilierte Verbraucher nur am allgemeinen Gerichtsstand verklagt werden kann. Im zweiten Fall ging es um die Abgrenzung des europäischen Deliktsgerichtsstands vom nationalen (deutschen) Deliktsgerichtsstand gemäß § 32 ZPO für den Fall, dass der Beklagte möglicherweise in einem Mitgliedstaat domiziliert ist.[16]

---

11   *Kropholler/von Hein* Art. 4 Rdn. 2.
12   *Kropholler/von Hein* Art. 4 Rdn. 2; Rauscher/*Mankowski* Art. 6 Rdn. 2.
13   Vgl. etwa *Hess* Europäisches Zivilprozessrecht (2010), § 6 II., Rdn. 38; Rauscher/*Mankowski* Art. 6 Rdn. 2: Art. 6 Abs. 1 „nur dann nicht anwendbar, wenn der Beklagte positiv feststellbar einen Sitz oder Wohnsitz in einem Mitgliedstaat hat"; *Grimm* GPR 2012, 87, 88.
14   Vgl. *Mansel/Thorn/Wagner* IPRax 2013, 1, 14.
15   EuGH 17.11.2011, Rs C-327/10 – Lindner, NJW 2012, 1199; hierzu *Grimm* GPR 2012, 87; *Mansel/Thorn/Wagner* IPRax 2013, 1, 18.
16   EuGH 15.3.2012, Rs C-292/10 – Cornelius de Visser, EuZW 2012, 381, mit Kommentierung *Bach*; dazu auch *Mansel/Thorn/Wagner* IPRax 2013, 1, 14.

9 In beiden Fällen waren die Beklagten Unionsbürger. Beide Fälle unterschieden sich vor allem dadurch, dass nur im ersten Fall der Beklagte nachweislich früher schon einmal seinen Wohnsitz in einem Mitgliedstaat gehabt hatte.[17] Auch im zweiten Fall, in dem nicht an einen früheren Wohnsitz angeknüpft werden konnte, deutete der EuGH das Tatbestandsmerkmal „kein Wohnsitz im Hoheitsgebiet eines Mitgliedstaats" dahin gehend, „dass die Anwendung der innerstaatlichen anstelle der einheitlichen Zuständigkeitsvorschriften nur dann zulässig ist, wenn das angerufene Gericht über beweiskräftige Indizien verfügt, die den Schluss zulassen, dass der Beklagte, ein Unionsbürger, der im Mitgliedstaat dieses Gerichts keinen Wohnsitz hat, einen solchen tatsächlich außerhalb des Unionsgebiets hat"; fehle es an solchen Indizien, sei die internationale Zuständigkeit eines mitgliedstaatlichen Gerichts nach der Brüssel Ia-VO gegeben, wenn die Voraussetzungen für die Anwendung einer ihrer Zuständigkeitsvorschriften, insbesondere des Deliktsgerichtsstandes, erfüllt seien.[18]

10 Danach ist **bei unbekanntem Wohnsitz des Beklagten** (mit Unionsbürgerschaft) die **Anwendbarkeit der Brüssel Ia-VO die Regel**, die **Maßgeblichkeit des nationalen Zuständigkeitsrechts die Ausnahme**, die einer auf Indizien gestützten Begründung bedarf.[19] Auch wenn die Rechtsprechungslinie des EuGH einige Fragen offen lässt, insbesondere die nach dem europäisch-autonomen Charakter des mit den „beweiskräftigen Indizien" („firm evidence") ins Feld geführten Beweismaß,[20] verdient sie aus Gründen des Beklagtenschutzes Zustimmung jedenfalls in den vom EuGH entschiedenen Fällen, in denen sich zwar aus der Unionsbürgerschaft des Beklagten nicht automatisch auf einen Wohnsitz in der Union schließen lässt, aber eine besondere Beziehung zur Union besteht, die bei typisierender Betrachtung die Wahrscheinlichkeit eines Wohnsitzes in einem Mitgliedstaat erhöht.[21]

IV. Grundsätzliche Rechtsfolge: Maßgeblichkeit des nationalen Zuständigkeitsrechts

11 Soweit der Beklagte nach dem eben zu der nicht ganz eindeutigen Tatbestandsreichweite Gesagten über keinen mitgliedstaatlichen Wohnsitz verfügt, ist die von der Norm ausgesprochene **Rechtsfolge** vergleichsweise klar: Es wird vollständig **auf nationales Zuständigkeitsrecht verwiesen**. Von dieser Verweisung auf nationales Recht können sich wiederum zwei **Ausnahmen** ergeben. Die erste Ausnahme ist **verordnungsintern** und ergibt sich aus den nach dem Wort „vorbehaltlich" in Art. 6 Abs. 1 genannten Vorschriften. Nach diesen Vorschriften kann sich die Zuständigkeit nach der Brüssel Ia-VO auch unabhängig von einem mitgliedstaatlichen Beklagtenwohnsitz ergeben (dazu Rdn. 12 ff.). Die zweite Ausnahme ist **verordnungsextern** und folgt aus dem Gesamtsystem des internationalen Zuständigkeitsrechts: **Staatsvertragliche Zuständigkeitsvorschriften** können sich gleichsam zwischen die Brüssel Ia-VO und das nationale Zuständigkeitsrecht schieben, sofern sie im Staat des angerufenen Gerichts in Kraft sind. Zu nennen sind hier beispielsweise das Haager Gerichtsstandsübereinkommen[22]

---

17 *Bach* EuZW 2012, 381 f.
18 EuGH 15.3.2012, Rs C-292/10 – Cornelius de Visser, EuZW 2012, 381, Rdn. 40 f.
19 *Bach* EuZW 2012, 381, 383; *Mansel/Thorn/Wagner* IPRax 2013, 1, 18; MünchKomm/*Gottwald* Art. 6 Rdn. 2.
20 Hierzu *Bach* EuZW 2012, 381, 383.
21 Vgl. *Bach* EuZW 2012, 381, 382 f.
22 ABl. EU 2009 L 133/1.

und – von besonderer Relevanz in allen Mitgliedstaaten – das LugÜ.[23] Das Lugano-Übereinkommen 2007 findet nach seinem Art. 64 Abs. 2 Anwendung, wenn der Beklagtenwohnsitz nicht in einem Mitgliedstaat der EU liegt, wohl aber in einem durch das LugÜ gebundenen Staat. Hat die Beklagte beispielsweise ihren Wohnsitz in Zürich, so richten sich die internationale Zuständigkeit der deutschen und die örtliche Zuständigkeit eines Gerichts etwa in München für die Klage aus unerlaubter Handlung weder nach Art. 7 Nr. 2 noch nach § 32 ZPO, sondern nach Art. 5 Nr. 3 LugÜ.

V. Verordnungsinterne Ausnahmen: „vorbehaltlich des Artikels 18 Absatz 1, des Artikels 21 Absatz 2 und der Artikel 24 und 25"

12   Die verordnungsinternen Ausnahmen von der Verweisung auf nationales Zuständigkeitsrecht als grundsätzliche Rechtsfolge des Art. 6 Abs. 1 folgen aus den Normen, die nach dem Wort „vorbehaltlich" genannt sind. Die Brüssel Ia-VO führte hier den Bezug auf die Art. 18 Abs. 1 und 21 Abs. 2 ein, die in **Verbrauchersachen** und bei individuellen **Arbeitsverträgen** den Anwendungsbereich der Verordnung weit ausdehnen: auch gegenüber Drittstaatenbeklagten statuiert das Europarecht in diesen Bereichen Klägergerichtsstände; nationales Prozessrecht ist insoweit verdrängt.

13   Vom Gerichtsstand des Beklagten ihrer Eigenart nach entkoppelt und deshalb „vorbehalten" sind auch die **ausschließlichen Zuständigkeiten** in Art. 24. Ähnliches gilt für die **Gerichtsstandsvereinbarungen** nach Art. 25. Die Abgrenzung des europäischen vom nationalen Recht zur Beurteilung von Gerichtsstandsvereinbarungen lässt sich nicht sinnvoll nach der jeweiligen Parteirolle in einem künftigen Prozess vornehmen. Während das LugÜ in seinem Art. 23 nach wie vor voraussetzt, dass wenigstens eine der Parteien in einem Vertragsstaat domiziliert ist, können seit der Reform des Art. 25 durch die Brüssel Ia-VO Gerichtsstandsvereinbarungen selbst dann der Verordnung unterliegen, wenn keine der an der Vereinbarung beteiligten Parteien in einem Mitgliedstaat domiziliert ist.

14   **Nicht ausdrücklich in Art. 6 Abs. 1 vorbehalten** ist die **rügelose Einlassung** nach Art. 26.[24] Sieht man freilich mit dem EuGH (und auch im Einklang mit Traditionen nationaler Prozessrechte)[25] in der rügelosen Einlassung eine stillschweigende, wenn auch fingierte[26] bzw. unwiderleglich vermutete[27] Vereinbarung,[28] wofür auch Wortlaut, Syste-

---

23 Zum Inhalt des Übereinkommens und seinem Verhältnis zur Brüssel Ia-VO näher Kropholler/von Hein Einleitung, Rdn. 94 ff.
24 Rauscher/*Mankowski* Art. 6 Rdn. 5; Rauscher/*Staudinger* Art. 26 Rdn. 3: „Misslicherweise fehlt der Art. 26 in dieser Aufzählung."
25 Auch der deutsche Gesetzgeber des Jahres 1877 sah in § 39 CPO eine damals schon im Wortlaut ausdrücklich so bezeichnete stillschweigende Vereinbarung: „§ 39 CPO. Stillschweigende Vereinbarung ist anzunehmen, wenn der Beklagte, ohne die Unzuständigkeit geltend zu machen, zur Hauptsache mündlich verhandelt hat." Vgl. auch *Hahn* Die gesammten Materialien zur Civilprozeßordnung und dem Einführungsgesetze zu derselben vom 30. Januar 1877, Erste Abtheilung, 1880, S. 162: „In § 39 wird ein besonderer Fall der stillschweigenden Vereinbarung hervorgehoben, welche auch in anderen Prozeßgesetzen und Prozeßgesetzentwürfen (Hannover § 19, Baden § 49, Württemberg Art. 59, Bayern Art. 39, preuß. Entw. § 36, hannov. Entw. § 27, nordd. Entw. § 76) eine spezielle Berücksichtigung gefunden hat. Wenn der Beklagte, ohne die Unzuständigkeit geltend zu machen, vor einem unzuständigen Gerichte zur Hauptsache mündlich verhandelt, so ist die Annahme gerechtfertigt, daß er sich diesem Gerichte freiwillig unterwerfe."
26 Vgl. *Rosenberg* Lehrbuch des Deutschen Zivilprozeßrechts, 2. Auflage 1929, S. 93.
27 Vgl. *Schütze* Zur internationalen Zuständigkeit aufgrund rügeloser Einlassung, ZZP 90 (1977), 67, 70.
28 EuGH 20.5.2010, Rs C-111/09 – Michal Bilas, IPRax 2011, 580, mit Anmerkung *Staudinger* 548; EuGH 17.3.2016, Rs C-175/15 – Taser International, EuZW 2016, 494. Der EuGH freilich scheint in Art. 26 nicht nur die Fiktion einer Vereinbarung, sondern auch konkret für den Einzelfall einen Ausdruck der

matik und bereits die Überschrift zu den Art. 25, 26 sprechen,[29] dann erscheint es konsequent, die Anwendungsvoraussetzungen der rügelosen Einlassung parallel laufen zu lassen zu denen einer Gerichtsstandsvereinbarung nach Art. 25. Nachdem durch die Brüssel Ia-VO bei den Gerichtsstandsvereinbarungen das vormalige Erfordernis des Wohnsitzes einer der Parteien in einem Mitgliedstaat fallen gelassen wurde, erfordert auch Art. 26 nur das Verfahren vor einem mitgliedstaatlichen Gericht unabhängig vom Wohnsitz der Parteien.[30] In systematischer Interpretation ist deshalb **auch Art. 26 in die vorbehaltenen Normen des Art. 6 Abs. 1 hineinzulesen**.[31]

VI. Ausstrahlungswirkung von zuständigkeitsrechtlichen Wertungen jenseits des Anwendungsbereichs der Verordnung

Art. 6 Abs. 1 grenzt Zuständigkeitsregime voneinander ab. Eine Eingrenzung oder Beeinflussung der nationalen Zuständigkeitsnormen innerhalb ihres eigenen Anwendungsbereichs durch das Europarecht findet nicht statt. Vielmehr gelangen die Tatbestände des nationalen Rechts zunächst nur in ihrer eigenen Ausprägung zur Anwendung.[32] 15

Dieser Befund betrifft freilich nur die europarechtliche Perspektive. Den nationalen Zuständigkeitsrechten bleiben **autonome Angleichungsmechanismen** unbenommen. Angleichungen des nationalen Zuständigkeitsrechts für Fälle mit Drittstaatenbezug an das europäische Zuständigkeitssystem finden häufiger statt und reagieren auf einen internen Angleichungsdruck innerhalb der nationalen Rechtsordnung. Zwei Beispiele aus der deutschen Rechtsprechung zur **Ausstrahlungswirkung der Brüssel Ia-VO** in Fällen, die nach Art. 6 Abs. 1 im Grunde dem nationalen Zuständigkeitsrecht unterliegen, sollen hier exemplarisch der Verdeutlichung des Phänomens dienen. Der 10. Zivilsenat des BGH übertrug in einer Entscheidung aus dem Jahre 2011 die Wertungen des europäischen Erfüllungsortgerichtsstandes (Art. 5 Nr. 1 lit. b) a.F.; heute Art. 7 Nr. 1 lit. b)) in die Interpretation des **§ 29 ZPO**.[33] Die Beklagte war im US-Bundesstaat Georgia domiziliert, so dass die internationale Zuständigkeit „jedenfalls unmittelbar" – wie der BGH ausführte – nicht aus der Brüssel Ia-VO folgte.[34] Ein wesentlicher Grund für diese prozessuale Angleichung bestand für den BGH darin, dass auch der materielle Anspruch des Fluggastes unionsrechtlich geprägt war.[35] Entsprechend sah der BGH in Anlehnung an die Rechtsprechung des EuGH zur EuGVVO auch den Abflugort in Frankfurt als Erfüllungsort im Sinne von § 29 ZPO an.[36] Ein zweites Beispiel bildet die Rechtsprechung des BGH zum Deliktsgerichtsstand des **§ 32 ZPO**, für den in ausdrücklicher Anlehnung an die Rechtsprechung des EuGH zum europäischen Deliktsgerichtsstand eine parallele Beschränkung der Kognitionsbefugnis auch in Drittstaatenkonstellationen praktiziert wird.[37] Methodisch steht 16

Parteiautonomie und eine bewusste Entscheidung der Parteien zu sehen; dazu *Gebauer* Gerichtsstandsvereinbarung zu Gunsten eines drittstaatlichen Gerichts und rügelose Einlasssung vor einem mitgliedstaatlichen Gericht, GPR 2016, 245.
29 *Staudinger* Wer nicht rügt, der nicht gewinnt – Grenzen der stillschweigenden Prorogation nach Art. 24 EuGVVO, IPRax 2011, 548, 549.
30 Rauscher/*Staudinger* Art. 26 Rdn. 3.
31 Vgl. Rauscher/*Mankowski* Art. 6 Rdn. 5; Rauscher/*Staudinger* Art. 26 Rdn. 3.
32 Rauscher/*Mankowski* Art. 6 Rdn. 1.
33 BGH 18.1.2011 – X ZR 71/10, JR 2012, 67; dazu *Staudinger* Europäisierung des § 29 Abs. 1 ZPO, JR 2012, 47.
34 BGH aaO Rdn. 17.
35 BGH aaO Rdn. 33. Ob eine Übernahme der für den europäischen Rechtsraum geltenden Wertungen auch unabhängig von dieser materiellrechtlichen Aufladung geboten erscheine, ließ der Senat hingegen ausdrücklich off; BGH aaO Rdn. 34.
36 BGH aaO Rdn. 35. Näher zur Rechtfertigung dieser Ausstrahlungswirkung *Staudinger* JR 2012, 47, 48.
37 BGH 28.2.1996 – XII ZR 181/93, NJW 1996, 1411, 1413; BGH 10.12.2002 – X ARZ 208/02, NJW 2003, 828, 830.

dieses Phänomen einer Extension europarechtlicher Wertungen durch mitgliedstaatliche Gerichte[38] und Gesetzgeber[39] im Einklang mit Art. 6 Abs. 1, weil diese Norm eine Ausstrahlung durch autonome Rechtsangleichung nicht verbietet.

VII. Extension nationaler Zuständigkeitsvorschriften gegenüber Drittstaatenbeklagten (Abs. 2)

17 Art. 6 Abs. 2 eröffnet den Anwendungsbereich der nationalen Zuständigkeitsgründe – und ausdrücklich auch der exorbitanten – für alle Kläger mit Wohnsitz im Inland gegenüber Beklagten mit Wohnsitz in einem Drittstaat. Auf die Staatsangehörigkeit kommt es dabei nicht an, selbst wenn die nationale Zuständigkeitsvorschrift an die Staatsangehörigkeit anknüpft. So kann beispielsweise ein Deutscher, der in Frankreich wohnt, über Art. 6 Abs. 2 i.V.m. Art. 14 Code civil[40] ein US-amerikanisches Unternehmen vor ein französisches Gericht ziehen, ohne dass die Streitigkeit über den Wohnsitz des Klägers hinausgehende Bezüge zu Frankreich aufweisen müsste. Umgekehrt kann sich eine französische oder auch eine türkische Klägerin, so sie in Deutschland domiziliert ist, die Klage gegen einen Beklagten mit Wohnsitz in einem Drittstaat hier grundsätzlich auf den Vermögensgerichtsstand des § 23 ZPO stützen. Dabei ist die normative Relevanz des Art. 6 Abs. 2 deutlich größer, wenn die nationale Zuständigkeitsnorm an die Staatsangehörigkeit anknüpft, denn nur dann ist die europäische Vorschrift für die Öffnung des nationalen Zuständigkeitsregimes erforderlich.

18 Die in Art. 6 Abs. 2 vorgesehene Erweiterung gilt freilich nur für Zuständigkeitsvorschriften, die im Wohnsitzstaat des Klägers gelten. Es kommt mit anderen Worten auf den Wohnsitz gerade im Gerichtsstaat an. Nicht hingegen gelten die erweiterten Gerichtsstände etwa für jede Person, die ihren Wohnsitz in irgendeinem Mitgliedstaat hat.[41] Das folgt bereits aus dem Wortlaut „in diesem Mitgliedstaat", „in that Member State".[42]

19 Art. 6 Abs. 2, der seit 1968 nur redaktionelle Änderungen erfahren hat, birgt ein vom europäischen Gesetzgeber auch im Jahre 2012 noch bewusst in Kauf genommenes Diskriminierungspotenzial gegenüber Beklagten, die in Drittstaaten domiziliert sind. Die Vorschrift ist Ausdruck einer Rücksichtslosigkeit gegenüber den Zuständigkeitsinteressen von Beklagten, die über keinen Wohnsitz im Hoheitsgebiet eines Mitgliedsstaates verfügen. Es ist die Titelfreizügigkeit kombiniert mit der Ausdehnung exorbitanter Zuständigkeitsvorschriften bei gleichzeitiger Entkoppelung der Anerkennungs- von den Zuständigkeitsregelungen im System der Brüssel Ia-VO, die deutlich diskriminierende Züge trägt und Drittstaatenbeklagten das verwehrt, worauf man bei in Mitgliedstaaten Domizilierten sorgfältig achtet. Auch das Urteil (gegen einen drittstaatlichen Beklagten), das

---

[38] Näher hierzu und mit weiteren Beispielen *Gebauer/Teichmann* in Gebauer/Teichmann (Hrsg.), Enzyklopädie Europarecht, Band 6 (2016), § 1 Rdn. 56 ff.
[39] Zu § 215 VVG und seiner Orientierung an der EuGVVO siehe etwa *Staudinger* JR 2012, 47, 48.
[40] „L'étranger, même non résidant en France, pourra être cité devant les tribunaux français, pour l'exécution des obligations par lui contractées en France avec un Français; il pourra être traduit devant les tribunaux de France, pour les obligations par lui contractées en pays étranger envers des Français."
Übersetzung nach Heinsheimer u.a. (Hrsg.), Die Zivilgesetze der Gegenwart, Band I (Frankreich), 1932, S. 5: „Der Ausländer kann, selbst wenn er sich nicht in Frankreich aufhält, vor die französischen Gerichte geladen werden wegen Erfüllung der von ihm in Frankreich gegenüber einem Franzosen eingegangenen Verbindlichkeiten; er kann vor die Gerichte in Frankreich gezogen werden wegen der Verpflichtungen, die er im Auslande gegen Franzosen eingegangen ist."
[41] OLG Stuttgart 6.8.1990, BeckRS 2010, 11747 = IPRax 1991, 179, 182, in Auseinandersetzung auch mit einer Gegenmeinung, die noch unter dem EuGVÜ die erweiterten Gerichtsstände allen Personen mit Wohnsitz in einem Vertragsstaat zur Verfügung stellen wollte.
[42] OLG Stuttgart, vorige Note.

auf autonomen und exorbitanten Zuständigkeitsvorschriften beruht, ist europaweit anzuerkennen, ohne dass gegen ein solches, den zweitstaatlichen Gerechtigkeitsvorstellungen krass widersprechendes Urteil auch nur der *ordre public* in Stellung gebracht werden dürfte, Art. 45 Abs. 3 Brüssel Ia-VO.[43]

ABSCHNITT 2
Besondere Zuständigkeiten

Artikel 7

Eine Person, die ihren Wohnsitz im Hoheitsgebiet eines Mitgliedstaats hat, kann in einem anderen Mitgliedstaat verklagt werden:
1. a) wenn ein Vertrag oder Ansprüche aus einem Vertrag den Gegenstand des Verfahrens bilden, vor dem Gericht des Ortes, an dem die Verpflichtung erfüllt worden ist oder zu erfüllen wäre;
   b) im Sinne dieser Vorschrift – und sofern nichts anderes vereinbart worden ist – ist der Erfüllungsort der Verpflichtung
      – für den Verkauf beweglicher Sachen der Ort in einem Mitgliedstaat, an dem sie nach dem Vertrag geliefert worden sind oder hätten geliefert werden müssen;
      – für die Erbringung von Dienstleistungen der Ort in einem Mitgliedstaat, an dem sie nach dem Vertrag erbracht worden sind oder hätten erbracht werden müssen;
   c) ist Buchstabe b nicht anwendbar, so gilt Buchstabe a.
2. wenn eine unerlaubte Handlung oder eine Handlung, die einer unerlaubten Handlung gleichgestellt ist, oder wenn Ansprüche aus einer solchen Handlung den Gegenstand des Verfahrens bilden, vor dem Gericht des Ortes, an dem das schädigende Ereignis eingetreten ist oder einzutreten droht;
3. wenn es sich um eine Klage auf Schadenersatz oder auf Wiederherstellung des früheren Zustands handelt, die auf eine mit Strafe bedrohte Handlung gestützt wird, vor dem Strafgericht, bei dem die öffentliche Klage erhoben ist, soweit dieses Gericht nach seinem Recht über zivilrechtliche Ansprüche erkennen kann;
4. wenn es sich um einen auf Eigentum gestützten zivilrechtlichen Anspruch zur Wiedererlangung eines Kulturguts im Sinne des Artikels 1 Nummer 1 der Richtlinie 93/7/EWG handelt, der von der Person geltend gemacht wurde, die das Recht auf Wiedererlangung eines solchen Gutes für sich in Anspruch nimmt, vor dem Gericht des Ortes, an dem sich das Kulturgut zum Zeitpunkt der Anrufung des Gerichts befindet;
5. wenn es sich um Streitigkeiten aus dem Betrieb einer Zweigniederlassung, einer Agentur oder einer sonstigen Niederlassung handelt, vor dem Gericht des Ortes, an dem sich diese befindet;
6. wenn es sich um eine Klage gegen einen Begründer, Trustee oder Begünstigten eines Trust handelt, der aufgrund eines Gesetzes oder durch schriftlich vorgenommenes oder schriftlich bestätigtes Rechtsgeschäft errichtet worden ist, vor

---

[43] Vgl. hierzu vor Jahrzehnten bereits *von Mehren* 81 Colum. L. Rev. 1044, 1059 (1981); *ders.* Rec. des Cours 167 (1980-II), S. 9, 100: „Shock becomes outrage when it is realized that the Brussels Convention, by providing in articles 28 and 34 that the test of public policy referred to in Article 27(1) may not be applied to the rules relating to jurisdiction [...] parochial and self-serving attitude". Vgl. hierzu *Vedie* S. 12f.

den Gerichten des Mitgliedstaats, in dessen Hoheitsgebiet der Trust seinen Sitz hat;

7. wenn es sich um eine Streitigkeit wegen der Zahlung von Berge- und Hilfslohn handelt, der für Bergungs- oder Hilfeleistungsarbeiten gefordert wird, die zugunsten einer Ladung oder einer Frachtforderung erbracht worden sind, vor dem Gericht, in dessen Zuständigkeitsbereich diese Ladung oder die entsprechende Frachtforderung

   a) mit Arrest belegt worden ist, um die Zahlung zu gewährleisten, oder
   b) mit Arrest hätte belegt werden können, jedoch dafür eine Bürgschaft oder eine andere Sicherheit geleistet worden ist;

diese Vorschrift ist nur anzuwenden, wenn behauptet wird, dass der Beklagte Rechte an der Ladung oder an der Frachtforderung hat oder zur Zeit der Bergungs- oder Hilfeleistungsarbeiten hatte.

Übersicht

Art. 7 Nr. 1
- I. Einführung —— 1
- II. Vertrag oder Ansprüche aus einem Vertrag —— 10
- III. Systematik und Prüfungsreihenfolge der Buchstaben a) bis c) – Vorrang von lit b) —— 26
- IV. Lokalisierung des Erfüllungsortes nach lit.a) —— 27
- V. Autonome Lokalisierung des Erfüllungsortes nach lit. b) —— 37
- VI. Funktion von lit. c) —— 52

Art. 7 Nr. 2
- I. Grundlagen und Normzweck —— 53
- II. Systematik und Verhältnis zu Art. 7 Nr. 1 —— 55
- III. Voraussetzungen —— 61
- IV. Ort des schädigenden Ereignisses —— 75
- V. Ausgewählte Fallgestaltungen —— 85

Art. 7 Nr. 3
- I. Grundlagen und Normzweck —— 110
- II. Voraussetzungen —— 112

Art. 7 Nr. 4
- I. Normzweck —— 117
- II. Entstehungsgeschichte —— 118
- III. Kulturgut —— 119
- IV. Auf Eigentum gestützter zivilrechtlicher Anspruch auf Wiedererlangung —— 120

Art. 7 Nr. 5
- I. Grundlagen und Normzweck —— 121
- II. Zweigniederlassung, Agentur und sonstige Niederlassung —— 122
- III. Streitigkeiten aus dem Betrieb —— 124

Art. 7 Nr. 6
- I. Grundlagen und Normzweck —— 126
- II. Trust —— 127
- III. Taugliche Beklagte —— 128

Art. 7 Nr. 6
- I. Grundlagen und Normzweck —— 129
- II. Voraussetzungen —— 130

Art. 7 Nr. 1

Schrifttum

Albrecht Programm über das Motiv des forum contractus (1845); *Dutta* Das Statut der Haftung aus Vertrag mit Schutzwirkung für Dritte, IPRax 2009, 293; *Franzina* La giurisdizione in materia contrattuale (2006); *Gebauer* Neuer Klägergerichtsstand durch Abtretung einer dem UN-Kaufrecht unterliegenden Zahlungsforderung?, IPRax 1999, 432; *ders.* Der Abbruch grenzüberschreitender Vertragsverhandlungen – zur Culpa in contrahendo im deutsch-italienischen Rechtsverkehr, Jahrbuch für italienisches Recht, Band 15–16 (2003), 155; *ders.* Relativität und Drittwirkung von Verträgen im Europäischen Kollisionsrecht am Beispiel der Vertragskette, FS Martiny (2014), 325; *ders.* Das Europäische Kollisionsrecht und seine Herausforderungen für den EuGH, ZVglRWiss 115 (2016), 557; *Gsell* Autonom bestimmter Gerichtsstand am Erfüllungsort nach der Brüssel I-Verordnung IPRax 2002, 484; *Hau* Die Kaufpreisklage des Verkäufers im reformierten europäischen Vertragsgerichtsstand – ein Heimspiel?, JZ 2008, 974; *Hess* Europäisches Zivilprozessrecht (2010); *Hilling* Das kollisionsrechtliche Werk Heinrich Freiherr v. Coccejis (1644–1719) (2002); *Jayme/Kohler* Europäisches Kollisionsrecht 1999 – Die Abendstunde der Staatsverträge, IPRax 1999, 401; *Junker* Der Gerichtsstand des Erfüllungsortes nach der Brüssel I-Verordnung im Licht der neueren EuGH-Rechtsprechung, FS Kaissis (2012), 439; *Lubrich* Der Gesamtschuldnerrückgriff im Zuständigkeitssystem der EuGVVO (2018); *Mankowski* Die Qualifikation der culpa in contrahendo – Nagelprobe für den Vertragsbegriff des europäischen IZPR und IPR, IPRax 2003, 127; *ders*. Die Darlegungs- und Beweislast für die Tatbestände des Internationalen Verbraucherprozess- und Verbrauchervertragsrechts, IPRax 2009, 474; *Mansel/Thorn/Wagner* Europäisches Kollisionsrecht 2016: Brexit ante portas!, IPRax 2017, 1; *Mari* Il Diritto Processuale Civile della Convenzione di Bruxelles, Band I (1999); *von Mehren* Adjudicatory Authority in Private International Law – A Comparative Study (2007); *Pfeiffer* Internationale Zuständigkeit und prozessuale Gerechtigkeit (1995); *Savigny* System des heutigen römischen Rechts, Band VIII (1849); *Schack* Der Erfüllungsort im deutschen, ausländischen und internationalen Privat- und Zivilprozessrecht (1985); *Schröder* Internationale Zuständigkeit (1971); *Schulze* Die Fremdwirkung der Vertragserklärung als dreifachrelevante Tatsache – IZVR/IPR, IPRax 2018, 26; *Stadler/Klöpfer* EuGH-Rechtsprechung zur EuGVVO aus den Jahren 2015 und 2016, ZEuP 2017, 890; *Stürner* Gerichtsstands- und Erfüllungsortvereinbarungen im europäischen Zivilprozessrecht, GPR 2013, 305; *Vedie* Arthur T. von Mehren und das Internationale Zivilverfahrensrecht im transatlantischen Dialog (2017); *Wais* Der Europäische Erfüllungsgerichtsstand für Dienstleistungsverträge (2014).

Übersicht

I. Einführung —— 1
  1. Entstehungsgeschichte —— 1
  2. Normzweck —— 3
  3. Anwendungsbereich —— 5
  4. Vertragliche Ansprüche und doppelrelevante Tatsachen —— 9
II. Vertrag oder Ansprüche aus einem Vertrag —— 10
  1. Vertragsbegriff —— 10
    a) Autonomer Maßstab —— 10
    b) Inhalt der autonomen Qualifikation —— 14
  2. Abgrenzung und Konkurrenz von vertraglichen und deliktischen Ansprüchen —— 15
  3. Einzelne Ansprüche —— 21
III. Systematik und Prüfungsreihenfolge der Buchstaben a) bis c) – Vorrang von lit. b) —— 26
IV. Lokalisierung des Erfüllungsortes nach lit. a) —— 27
  1. Maßgebliche Verpflichtung —— 29
    a) Primär und Sekundärpflichten —— 30
    b) Mehrzahl von Pflichten —— 31
  2. Bestimmung des Erfüllungsortes nach Maßgabe der lex causae —— 32
  3. Erfüllungsortvereinbarungen —— 34
  4. Realer und rechtlicher Erfüllungsort —— 36
V. Autonome Lokalisierung des Erfüllungsortes nach lit. b) —— 37
  1. Verkauf beweglicher Sachen und Erbringung von Dienstleistungen —— 37
    a) Kaufvertrag über bewegliche Sachen (1. Spiegelstrich) —— 38
    b) Erbringung von Dienstleistungen (2. Spiegelstrich) —— 39
    c) Überschneidungen und Abgrenzungen —— 40
  2. Maßgebliche Verpflichtung —— 41
  3. Erfüllungsortvereinbarungen —— 42
  4. Realer und hypothetischer Liefer- bzw. Erbringungsort —— 44
  5. Bestimmung des maßgeblichen Liefer- bzw. Erbringungsortes —— 45
    a) Hol- und Bringschuld —— 46
    b) Versendungskauf —— 47
    c) Mehrere Liefer- bzw. Erbringungsorte —— 48
  6. Liefer- bzw. Erbringungsort in einem Mitgliedstaat —— 51
VI. Funktion von lit. c) —— 52

I. Einführung

1. Entstehungsgeschichte. Der **Vertragsgerichtsstand** ist sehr alt und in den nationalen Prozessrechten weit verbreitet.[1] Erst im neunzehnten Jahrhundert wird der pro- **1**

---

[1] Zu rechtsgeschichtlichen Grundlagen und rechtsvergleichender Übersicht *Schröder* Internationale Zuständigkeit (1971), 284 ff., 300 ff.

zessuale Erfüllungsort aber **entkoppelt vom Ort des Vertragsschlusses**;[2] für *Albrecht* erscheint der Gerichtsstand des Erfüllungsortes im Jahre 1845 als „die von den Gesetzen an den Erfüllungsort unmittelbar angeknüpfte Folge."[3] Dadurch wird die Ablösung vom Ort des Vertragsschlusses vollzogen.[4] Auch für *Savigny* etwa, der seinerseits an die Arbeit von *Albrecht* anknüpft, aber den Erfüllungsort eben parallel auch für das materielle Kollisionsrecht entwickelt,[5] ist der Entstehungsort der Schuldverbindlichkeit „an sich zufällig, vorübergehend, dem Wesen der Obligation und ihrer ferneren Entwickelung und Wirksamkeit fremd".[6] Der deutsche Gesetzgeber des Jahres 1877 schließlich hatte klar den (materiellrechtlichen) Erfüllungsort im Blick, nicht etwa den Abschlussort, und er entwickelte den Erfüllungsort als Klägergerichtsstand (auch bei eventuellem Vertragsschluss im Ausland) und als Ausgleich zum Grundsatz des *actor sequitur forum rei*.[7]

2   Das **EuGVÜ 1968** konnte auf den Entwicklungen in den damals sechs Vertragsstaaten aufbauen, orientierte sich aber stark am deutschen Gerichtsstand des Erfüllungsortes, der in dieser Breite in den anderen Vertragsstaaten wohl nicht bekannt war,[8] und lautete in seinem Art. 5 Nr. 1 schlicht: „Eine Person, die ihren Wohnsitz in dem Hoheitsgebiet eines Vertragsstaats hat, kann in einem anderen Vertragsstaat verklagt werden: 1. wenn ein Vertrag oder Ansprüche aus einem Vertrag den Gegenstand des Verfahrens bilden, vor dem Gericht des Ortes, an dem die Verpflichtung erfüllt worden ist oder zu erfüllen wäre [...]." Eine neue und sehr wichtige Entwicklungsstufe im System des europäischen Zivilprozessrechts betrat die **Brüssel I-VO** mit der heute in Art. 7 Nr. 1 lit b)

---

2   Deutlich aber noch auf den Entstehungsort der Obligation abstellend etwa *Coccejii* Disputaio LIV. De fundata in territorio, et plurium locorum concurrente potestate, 1684, hier zitiert nach der in Frankfurt (Oder) 1696 erschienenen Ausgabe, Tit IV. (De Potestate territorium circa eandem causam vel personam concurrentium, & in specie de foro competente), § 17 (S. 55 f.): „Est autem locus contractus, in quo ad eam perfectionem contractus (vel negotium in quasi contractu) pervenit, ut obligatio inde oriatur: [...]." Übersetzung nach *von Bar/Dopffel* Deutsches Internationales Privatrecht im 16. und 17. Jahrhundert, Zweiter Band (2001), 447, 505 (die Übersetzung bezieht sich auf eine im Jahre 1722 erschienene Ausgabe, der lateinische Text ist in der hier zitierten Ausgabe von 1696 aber identisch): „Der Vertragsort ist aber der, an dem der Vertrag (oder das Geschäft bei einem Quasi-Vertrag) zu einer solchen Vervollkommnung gelangt, daß daraus eine Verpflichtung entsteht: [...]." Siehe hierzu auch *Hilling* Das kollisionsrechtliche Werk Heinrich Freiherr v. Coccejis (1644–1719) (2002), 27 ff.
3   *Albrecht* Programm über das Motiv des forum contractus (1845), 28. Zu seiner Bedeutung vgl. *Schröder* Internationale Zuständigkeit, 292 f.
4   Vgl. auch *Savigny* System VIII (1849), 208 f.: „Die meisten Schriftsteller haben von jeher den besonderen Gerichtsstand der Obligation an den Ort gesetzt, an welchem die Obligation entstanden ist. [...] Andere Schriftsteller dagegen haben in neuerer Zeit jenen Grundsatz aufgegeben, und den Gerichtsstand der Obligation vielmehr an den Erfüllungsort anzuknüpfen versucht."
5   *Schröder* Internationale Zuständigkeit, 293 f.: „Savigny baut auf Albrecht und gelangt zuständigkeitsrechtlich nicht einen einzigen Schritt über ihn hinaus. [...] Das Verdienst von Savigny? Er entwickelte und vollendete internationalprivatrechtlich, was zuständigkeitsrechtlich bereits vorgegeben war. Darum mochte es ihm tunlich erscheinen sein, an der Idee von der Unterwerfung kraft Parteiübereinkunft, die aus den Umständen zu erschließen war, weiterhin festzuhalten. [...]"
6   *Savigny* System VIII (1849), 207: „Nun finden wir in jeder Obligation vorherrschend und gleichförmig zwei solche sichtbare Erscheinungen, die wir als leitende ansehen könnten. Jede Obligation entsteht nämlich aus sichtbaren Thatsachen: jede Obligation wird aber auch erfüllt durch sichtbare Thatsachen; beide müssen an irgend einem Orte vorkommen. Wir können daher entweder den *Entstehungsgrund* der Obligation, oder die *Erfüllung* derselben, als Anhalt wählen, um darauf den Sitz der Obligation, so wie den besonderen Gerichtsstand derselben, zu bestimmen; entweder den Anfang oder das Ende der Obligation. Welchem von beiden Punkten werden wir nach allgemeiner Betrachtung den Vorzug geben? Nicht dem Entstehungsgrund. Dieser ist an sich zufällig, vorübergehend, dem Wesen der Obligation und ihrer ferneren Entwickelung und Wirksamkeit fremd. [...]"
7   *Schröder* Internationale Zuständigkeit (1971), 299 f.
8   *Schlosser/Hess* Art. 7 Rdn. 1a.; Stein/Jonas/*Wagner* Art. 5 a.F. Rdn. 7: „keineswegs Allgemeingut".

angelegten Konkretisierung des Erfüllungsortes durch faktische Kriterien bei Kaufverträgen und bei Dienstleistungen.

2. Normzweck. Die besonderen Gerichtsstände der Art. 7–9 begründen fakultative, 3 zusätzliche **Wahlgerichtsstände**, die dem Kläger neben dem allgemeinen Gerichtsstand am Wohnsitz ggf. ein **zusätzliches Forum** in einem anderen Mitgliedstaat eröffnen. Typisierend verbindet die **besonderen Gerichtsstände des Art. 7 die Sach- und Beweisnähe**. Die tendenziell den Kläger favorisierenden, besonderen Gerichtsstände verkörpern insofern einen weitaus stärkeren Streitgegenstandsbezug, als ihn der allgemeine Gerichtsstand am Beklagtenwohnsitz verkörpern kann.[9] Deshalb ist es jedenfalls **missverständlich**, wenn der EuGH aus ihrem „Ausnahmecharakter" in ständiger Rechtsprechung und formelhaft[10] ein **Gebot der engen Auslegung** ableiten möchte (Art. 4 Rdn. 12ff.).[11] Die Aussage steht auch in eigenartigem Kontrast zur Rechtsprechungspraxis des EuGH (Art. 4 Rdn. 14). Dennoch handelt es sich in der Normstruktur durchaus um ein althergebrachtes[12] **System von Regel und Ausnahmen**, in dem regelhaft mit dem allgemeinen Gerichtsstand auch dem Kläger jedenfalls eine „Restzuständigkeit"[13] verbleibt (Art. 4 Rdn. 15). Gleichzeitig stehen die besonderen Gerichtsstände des Art. 7 nicht nur für Sach- und Beweisnähe, sondern dem eigenen Anspruch nach auch für Rechtssicherheit und Voraussehbarkeit.[14]

Speziell der **Vertragsgerichtsstand** ist einerseits von **herausragender praktischer** 4 **Bedeutung**, andererseits aber seit dem EuGVÜ 1968 auch mit vielen **Unsicherheiten** in der Interpretation und im Wertungsgefüge prozessualer Gerechtigkeit verbunden, insbesondere bei Zahlungsklagen.[15] Das wird deutlich durch einen Blick beispielsweise in das Gesetzesverzeichnis der jährlich erscheinenden und die deutsche gerichtliche Praxis widerspiegelnden IP-Rechtsprechung mit der schieren Anzahl der Entscheidungen rund

---

9 Vgl. *Pfeiffer* Internationale Zuständigkeit und prozessuale Gerechtigkeit (1995), 612, 614, 616ff.; *Hess/Pfeiffer/Schlosser* Heidelberg Report (2008), Rdn. 151, *Schröder* vorige Note; *Hess* Europäisches Zivilprozessrecht (2010), § 6, Rdn. 36; *Vedie* Arthur T. von Mehren, 163f.
10 Ausführlich zu dieser Wendung des Gerichtshofs als Schema, das auch nicht auf das Zivilprozessrecht beschränkt ist: *Baldus/Raff* in Gebauer/Teichmann (Hrsg.), Europäisches Privat- und Unternehmensrecht (2016), § 3 Rdn. 63ff.
11 Rauscher/*Leible* Art. 7 Rdn. 3.
12 Präsent ist das System beispielsweise Ende des siebzehnten Jahrhunderts bei *Cocceji*, der ausdrücklich zwischen *forum singulare* einerseits und *universale domicilii* andererseits unterscheidet und lehrt, dass nur am allgemeinen Gerichtsstand Klage erhoben werden kann, wenn die Voraussetzungen für eine Vertrags- oder Deliktsklage nicht gegeben sind: *Cocceji* Disputaio LIV. De fundata in territorio, et plurium locorum concurrente potestate, 1684, hier zitiert nach der in Frankfurt (Oder) 1696 erschienenen Ausgabe, Tit IV. (De Potestate territorium circa eandem causam vel personam concurrentium, & in specie de foro competente), § 15 (S. 54): „Ex jam traditis constat; quoties non agitur ex contractu vel delicto, utrumque hoc forum singulare cessare, adeoque in actione personali nullum forum superesse, nisi universale domicilii. [...]." Übersetzung nach *von Bar/Dopffel* Deutsches Internationales Privatrecht im 16. und 17. Jahrhundert, Zweiter Band (2001), 447, 505 (die Übersetzung bezieht sich auf eine im Jahre 1722 erschienene Ausgabe, der lateinische Text ist in der hier zitierten Ausgabe von 1696 aber identisch): „Aus dem bereits Dargelegten steht fest: Sooft nicht aufgrund eines Vertrages oder Deliktes geklagt wird, fallen diese beiden besonderen Gerichtsstände weg, und es bleibt daher bei einer persönlichen Klage nur der allgemeine Gerichtsstand des Domizils übrig [...]." Siehe hierzu auch *Hilling* Das kollisionsrechtliche Werk Heinrich Freiherr v. Coccejis (1644–1719) (2002), 27ff., 28f.
13 *Schröder* Internationale Zuständigkeit (1971), 240.
14 *Von Mehren* Adjudicatory Authority, 54; Stein/Jonas/*Wagner* Art. 5 a.F. Rdn. 1, mit zahlreichen Nachweisen aus der Rspr. des EuGH.
15 *Schlosser/Hess* Art. 7 Rdn. 1a, zur Entstehung des EuGVÜ: „Der sich unter prozessualen Fairnessgesichtspunkten ergebenden Fragwürdigkeit dieses Gerichtsstands bei Geldleistungsansprüchen war man sich leider gar nicht bewusst gewesen."

um den Erfüllungsortsgerichtsstand, aber auch im Lichte eines externen Blicks auf das europäische Zuständigkeitssystem.[16]

5   **3. Anwendungsbereich.** Art. 7 Nr. 1 gelangt nur zur Anwendung, wenn der **Erfüllungsort in einem Mitgliedstaat** liegt. Dabei ist zu beachten, dass es Konstellationen gibt, in denen zwar der faktische Liefer- oder Erbringungsort im Sinne des lit. b) in einem Drittstaat liegt, wohl aber der Erfüllungsort im Sinne des lit. a) in einem Mitgliedstaat zu lokalisieren ist (hierzu unten Rdn. 51). Außerdem setzt Art. 7 Nr. 1 voraus, dass der Erfüllungsort in einem **anderen Mitgliedstaat** als demjenigen zu lokalisieren ist, in dem der **Beklagte domiziliert** ist. Das folgt wie bei den anderen Gerichtsständen des Art. 7 aus der Formulierung „kann in einem anderen Mitgliedstaat verklagt werden".

6   Art. 7 Nr. 1 regelt nicht nur die internationale, sondern **auch die örtliche Zuständigkeit.** Das ergibt sich aus der Formulierung „vor dem Gericht des Ortes". Dies wurde aus der Tradition des EuGVÜ als Staatsvertrag beibehalten.[17] Entsprechend werden nicht nur die nationalen Normen zur internationalen, sondern auch diejenigen zur örtlichen Zuständigkeit von Art. 7 Nr. 1 verdrängt. Im Anwendungsbereich der Norm finden also beispielsweise §§ 12ff. ZPO auch keine Anwendung zur Lokalisierung der örtlichen Zuständigkeit.

7   Für die Bestimmung des Erfüllungsortes kommt es auf **die der Klage zugrunde liegende Verpflichtung** an; eventuell aufrechnungsweise geltend gemachte **Gegenforderungen** der Beklagtenseite **aus einem anderen Rechtsverhältnis spielen dafür keine Rolle.**[18] Sie beeinflussen nicht den Erfüllungsort der Verpflichtung, welche der Klage zugrunde liegt, auch wenn dieser gemäß Art. 7 Nr. 1 lit b) einheitlich für sämtliche Verpflichtungen aus dem Vertrag zu bestimmen ist, aus dem die klägerische Forderung abgeleitet wird.[19] Davon zu unterscheiden ist die Frage, ob eine inkonnexe Gegenforderung ohne weiteres oder nur unter weiteren Voraussetzungen **aufrechnungsweise** am Erfüllungsort für die Hauptforderung im Prozess geltend gemacht werden kann (hierzu Art. 4 Rdn. 2f., 36f.). Auf die **Klageart** kommt es nicht an. Art. 7 Nr. 1 gelangt neben **Leistungsklagen** auch zur Anwendung auf positive[20] und negative[21] **Feststellungsklagen** sowie auf **Gestaltungsklagen**, die auf Vertragsauflösung gerichtet sind.[22]

8   Im Hinblick auf den **subjektiven Anwendungsbereich** des Vertragsgerichtsstands schließt ein **Personenwechsel** auf Gläubiger- oder Schuldnerseite eine Klage am Erfüllungsort ebenfalls nicht aus. Das betrifft Klagen durch oder gegen **Rechtsnachfolger** bzw. **Parteien kraft Amtes**, beispielsweise Insolvenzverwalter; denn der Geltungsgrund des besonderen Gerichtsstandes liegt in der Sach- und Beweisnähe des Gerichts, nicht hingegen in bestimmten Eigenschaften der Parteien.[23] Freilich muss für die Beteiligten der Gerichtsstand vorhersehbar bleiben, was nicht der Fall wäre, wenn gerade die Rechtsnachfolge an sich Einfluss nehmen würde auf die Lokalisierung des Erfüllungsortes; insofern muss der Erfüllungsort unwandelbar bleiben und darf bei der Abtretung nicht etwa zu einem „Zessionarsgerichtsstand" führen.[24]

---

16   Vgl. etwa *von Mehren* Adjudicatory Authority, 54; dazu *Vedie* Arthur T. von Mehren, 125f.
17   *Schlosser/Hess* Art. 7 Rdn. 1.
18   Stein/Jonas/*Wagner* Art. 2 a.F. Rdn. 11.
19   BGH 23.6.2010, NJW 2010, 3452, 3453.
20   OLG Stuttgart 7.8.1998, IPRax 1999, 103 (Anmerkung *Christian Ulrich Wolf* 82).
21   Vgl. BGH 23.6.2010, NJW 2010, 3452, 3453f.
22   Stein/Jonas/*Wagner* Art. 2 a.F. Rdn. 23.
23   Geimer/Schütze/*Paulus* Art. 7 Rdn. 14f., m.w.N.
24   *Gebauer* IPRax 1999, 432, 434f.

4. Vertragliche Ansprüche und doppelrelevante Tatsachen. Doppelrelevante 9
Tatsachen zeichnen sich dadurch aus, dass sie Bedeutung sowohl bei der Zuständigkeitsprüfung als auch auf der Ebene der Begründetheit im materiellen Recht haben.[25] Das Vorliegen eines Vertrages kann in diesem Sinne doppelrelevant sein. Zwar kann eine Klage am Vertragsgerichtsstand auch bei Streitigkeiten über Existenz und Wirksamkeit eines Vertrages[26] sowie im Falle von Rückgewähransprüchen aus einem unwirksamen Vertrag (auch beispielsweise aus Leistungskondiktion)[27] geltend gemacht werden. Aber ein Bezug zu einem Vertrag ist doch stets erforderlich. Der schlichte und bestrittene Vortrag, dass ein Vertrag geschlossen worden sei, kann zur Zuständigkeitsbegründung nicht ausreichen; vielmehr ist der Kläger schon auf der Zuständigkeitsebene gehalten, Tatsachen vorzutragen, aus denen ein Vertragsschluss gefolgert werden kann.[28] Sofern dies geschieht, muss der Vertragsschluss dann aber **erst im Rahmen der Begründetheit bewiesen** werden. Auch nach der Rechtsprechung des EuGH lässt sich die Lehre von den „doppelrelevanten Tatsachen" auf die Zuständigkeitsvorschriften und insbesondere auf die besonderen Gerichtsstände der Brüssel Ia-VO übertragen.[29]

II. Vertrag oder Ansprüche aus einem Vertrag

1. Vertragsbegriff

a) Autonomer Maßstab. Die Eröffnung des besonderen Gerichtsstands nach Art. 7 10
Nr. 1 setzt voraus, dass „ein Vertrag oder Ansprüche aus einem Vertrag den Gegenstand des Verfahrens" bilden. Das ist nicht immer leicht zu bestimmen. Das Grundproblem der hier erforderlichen **Qualifikation** liegt im Maßstab der Einordnung. Was in einem Mitgliedstaat nach sachrechtlicher Prägung herkömmlich als vertraglicher Anspruch begriffen wird, mag im nächsten Mitgliedstaat gerade nicht mit einem Vertrag assoziiert werden.

Theoretisch käme in Betracht, die **Einordnung** dem kollisionsrechtlich anwendba- 11
ren Recht, also **der *lex causae* zu überlassen**.[30] Das hätte den Vorteil, Verwerfungen ausgerechnet mit dem Recht zu vermeiden, das in der Sache zur Anwendung gelangen mag; solche Verwerfungen drohen tatsächlich und werfen wiederum Fragen eigener Art auf.[31] Doch würden bei einer Verweisung auf die *lex causae* die **Nachteile überwiegen**. Zunächst würde sich das Qualifikationsproblem in gleicher Weise auf der Ebene der materiellen, heute ebenfalls europäisch geprägten Kollisionsnormen fortsetzen.[32] Vor allem aber würde eine prozessuale Einordnung nach Maßgabe eines fremden, materiellen Rechts die nationalen Gerichte nicht nur vor besondere Herausforderungen bei der Ermittlung der jeweiligen Einordnung stellen,[33] sondern insbesondere die einheitliche An-

---

25 Ausführlich Rauscher/*Mankowski* Vor Art. 4 Rdn. 12 ff.; *Schulze* IPRax 2018, 26 f.
26 EuGH 4.3.1982, Rs 38/81 – Effer/Kantner, Slg. 1982, 1189.
27 EuGH 20.4.2016, Rs C-366/13 – Profit Investment, EuZW 2016, 419, Rdn. 55 (mit Anmerkung *Müller*).
28 Rauscher/*Leible* Art. 7 Rdn. 13.
29 EuGH 28.1.2015, Rs C-375/13 – Kolassa/Barclays Bank plc, Rdn. 58 ff., NJW 2015, 1581; Geimer/Schütze/*Paulus* Vor Art. 4 Rdn. 25; *Mankowski* LMK 2015, 367447; *Schulze* IPRax 2018, 26 f.
30 Hierzu Rauscher/*Leible* Art. 7 Rdn. 15.
31 Rauscher/*Leible* Art. 7 Rdn. 15; *Schlosser/Hess* Einleitung Rdn. 29 ff.
32 Das wäre freilich kein unüberwindbares Problem. Wer die Einordnung nach der *lex causae* betont, würde ihr dann sicherlich auch bei der Qualifikation im Rahmen der materiellen Kollisionsnormen eine besondere Bedeutung einräumen.
33 Zwar lässt sich natürlich die Ermittlung des anwendbaren Rechts auf materiellrechtlicher Ebene ohnehin nicht vermeiden. Aber in der Regel zwingt sie nicht zur Einordnung innerhalb der *lex causae* als vertraglich oder außervertraglich, was im Einzelfall durchaus schwierig sein kann.

wendung des europäischen Prozessrechts bei ganz ähnlich gelagerten Rechtsfragen ausschließen.[34] Es ist also das **Ziel eines einheitlichen Zuständigkeitsrechts**, welches gegen eine Einordnung nach Maßgabe der *lex causae* spricht.[35]

12 Zu Recht hat der EuGH deshalb bei der Vertragsqualifikation schon früh damit begonnen, einen **einheitlich-autonomen Vertragsbegriff** zu entwickeln und dies in ständiger Rechtsprechung fortgeführt.[36] Das hat freilich die **möglichen Verwerfungen mit dem anwendbaren nationalen Recht** zur Kehrseite.[37] Was sich auf der Ebene des europäischen Prozessrechts (und des materiellen Kollisionsrechts) bei autonomer Interpretation als vertraglich präsentiert, mag sich im schließlich anwendbaren Recht als außervertraglich entpuppen und umgekehrt.[38] So mag sich etwa ein dem französischen Recht unterliegender und dort als außervertraglich eingeordneter Anspruch wegen des Abbruchs von Geschäftsbeziehungen aufgrund der Regelmäßigkeit vorangegangener Transaktionen und des langen Bestands von Geschäftsbeziehungen als „stillschweigende vertragliche Beziehung" im Sinne des Europarechts entpuppen und in der Konsequenz eine Klage am Deliktsgerichtsstand ausschließen.[39] Umgekehrt mag ein dem deutschen Recht unterliegender und hier einer Sonderverbindung zugeordneter Anspruch aus *culpa in contrahendo* wegen Verletzung des Integritätsinteresses (§§ 280 Abs. 1, 241 Abs. 2, 311 Abs. 2 BGB) verfahrens- und kollisionsrechtlich auf europarechtlicher Ebene ein außervertraglicher Anspruch sein.[40] Dieser Befund **führt aber nicht zu unüberbrückbaren Verwerfungen**.[41] Denn es erscheint nicht ausgeschlossen, auf der Ebene des Sachrechts Normen wie § 278 BGB zur Anwendung zu bringen, die im nationalen Recht auf der Sonderverbindung beruhen.[42]

13 Die **besondere methodische Herausforderung** der autonomen Qualifikation auf europäischer Ebene besteht erstens darin, dass es einen mitgliedstaatenübergreifenden Vertragsbegriff ebenso wenig gibt wie überhaupt einen einheitlichen, sachrechtlichen Bezugsrahmen im europäischen Kontext.[43] Zweitens steht vor diesem Hintergrund jede autonome Qualifikation vor einem gewissen Dilemma: Einerseits verlangt die Autonomie der Interpretation Distanz und Abstraktion von den nationalrechtlichen Ausprägungen und Einordnungen eines in Frage stehenden Anspruchs – diese Unabhängigkeit zeichnet die autonome Interpretation gerade aus. Andererseits setzt eine gelungene autonome Qualifikation voraus, dass der in Bezug genommene Anspruch mit dem vielleicht besonders gelagerten Rechtsinstitut, dem er entstammt, für die Einordnung in das europäische System mit seinen Besonderheiten auch hinreichend gewürdigt und verstanden wird. Nur durch eine Analyse des Anspruchs nach seiner Herkunft im nationalen Recht und durch

---

34 Rauscher/*Leible* Art. 7 Rdn. 16.
35 Geimer/Schütze/*Paulus* Art. 7 Rdn. 24 f.
36 EuGH 22.3.1983, Rs 34/82 – Peters, Slg. 1983, 987; EuGH 17.6.1992, Rs C-26/91 – Handte, Slg. 1992 I, 3967; EuGH 27.10.1998, Rs C-51/97, Réunion européenne, Slg. 1998 I, 6511; EuGH 17.9.2002, Rs C-334/00 – Tacconi, Slg. 2002 I, 7357; EuGH 5.2.2004, Rs C-265/02 – Frahuil/Assitalia, Rdn. 22; EuGH 20.1.2005, Rs C-27/02 – Petra Engler, Slg. 2005 I, 481, IPRax 2005, 239 (mit Anmerkung *Lorenz/Unberath* 219; siehe auch *Leible* NJW 2005, 796); EuGH 28.1.2015, Rs C-375/13 – Kolossa, NJW 2015, 1581, Rdn. 37.
37 Rauscher/*Leible* Art. 7 Rdn. 15, 19.
38 Schlosser/*Hess* Art. 7 Rdn. 3a.
39 Vgl. EuGH 14.7.2016, Rs C-196/15 – Granorolo, EuZW 2016, 747 (mit Anmerkung *Landbrecht* 750).
40 Vgl. Erwägungsgrund 30 der Rom II-VO.
41 Vgl. auch Stein/Jonas/*Wagner* Art. 5 a.F. Rdn. 13.
42 Vgl. *Gebauer* FS Martiny, 325, 341; *ders.* ZVglRWiss 115 (2016), 557, 566. Demgegenüber erschiene es nicht sinnvoll, eine prozessrechtliche europäisch-autonome Qualifikation auf das materielle nationale Recht durchschlagen zu lassen, Rauscher/*Leible* Art. 7 Rdn. 19.
43 Rauscher/*Leible* Art. 7 Rdn. 14, 19; *Gebauer* ZVglRWiss 115 (2016), 557, 560 f.

die Bereitschaft, auch rechtsvergleichende Aspekte einzubeziehen,[44] verspricht die funktionale Einordnung Erfolg. Ein komplettes Ausblenden der *lex causae* wird den Anforderungen der autonomen Qualifikation dagegen nicht gerecht.[45]

b) Inhalt der autonomen Qualifikation. Zentral für die **vertragliche Einordnung** 14 ist für den EuGH das Kriterium, ob die in Frage stehende Verpflichtung **freiwillig eingegangen** wurde oder nicht.[46] Der Abschluss eines Vertrages ist hierfür allerdings nicht erforderlich[47] und schon gar nicht ein synallagmatisches Verhältnis; auch einseitig verpflichtende Rechtsgeschäfte können ausreichen.[48] Die Anwendung des Art. 7 Nr. 1 setzt auch nicht etwa eine tatsächlich vorhandene Leistungsbereitschaft des Schuldners voraus.[49] Zu fordern ist aber eine willensgesteuerte Handlung und eine autonome Entscheidung, auf der die Erklärung bzw. das Verhalten beruht.[50] Selbst eine „stillschweigende vertragliche Beziehung" kann ausreichen, wenn sie auf einem Bündel von Indizien beruht, wie langjährigen Geschäftsbeziehungen und der Regelmäßigkeit von Transaktionen.[51] Insgesamt ist dieser Vertragsbegriff sehr weit, gleichzeitig aber auch unscharf und ausfüllungsbedürftig.[52]

2. Abgrenzung und Konkurrenz von vertraglichen und deliktischen Ansprü- 15 **chen.** Von praktisch sehr großer Bedeutung ist zudem die nicht immer klare Abgrenzung vertraglicher und deliktischer Ansprüche nach Art. 7 Nr. 1 und Nr. 2. Seit langem schon sieht der Gerichtshof vertragliche Ansprüche und Ansprüche aus unerlaubter Handlung in einem **Alternativitätsverhältnis** in dem Sinne, dass der deliktische Gerichtsstand in ebenfalls autonomer Interpretation eröffnet sein kann, wenn eine Schadenshaftung geltend gemacht wird, die nicht an einen Vertrag im Sinne des Art. 7 Nr. 1 anknüpft.[53] Was Vertrag ist, ist also keine außervertragliche Haftung; „die Frage nach der vertraglichen

---

44   Vgl. beispielsweise für einen rechtsvergleichenden Ansatz in der autonomen Qualifikation EuGH 14.7.2016, Rs C- 196/15 – Granorolo, EuZW 2016, 747 (mit Anmerkung *Landbrecht* 750), Rdn. 23: „In zahlreichen Mitgliedstaaten können langjährige Geschäftsbeziehungen, die ohne schriftlichen Vertrag geknüpft wurden, grundsätzlich als Bestandteil einer stillschweigenden vertraglichen Beziehung angesehen werden, deren Verletzung zu einer vertraglichen Haftung führen kann."
45   *Gebauer* ZVglRWiss 115 (2016), 557, 564 f.
46   EuGH 17.6.1992, Rs C-26/91 – Handte, Slg. 1992 I, 3967, Rdn. 15; EuGH 27.10.1998, Rs C-51/97 – Réunion européenne, Slg. 1998 I, 6511, Rdn. 17; EuGH 17.9.2002, Rs C-334/00 – Tacconi, Slg. 2002 I, 7357, Rdn. 23; EuGH 5.2.2004, Rs C-265/02 – Frahuil/Assitalia, Slg. 2004 I, 1543, Rdn. 24; EuGH 20.1.2005, Rs C-27/02 – Petra Engler, Slg. 2005 I, 481, Rdn. 50; EuGH 28.1.2015, Rs C-375/13 – Kolossa, NJW 2015, 1581, Rdn. 39.
47   EuGH 28.1.2015, Rs C-375/13 – Kolossa, NJW 2015, 1581, Rdn. 38.
48   Geimer/Schütze/*Paulus* Art. 7 Rdn. 31.
49   EuGH 20.1.2005, Rs C-27/02 – Petra Engler, Slg. 2005 I, 481, Rdn. 59 = NJW 2005, 811, 814: „ist der Umstand allein, dass der gewerbsmäßige Verkäufer in Wahrheit nicht die Absicht hatte, den versprochenen Gewinn an den Empfänger seiner Sendung auszuzahlen, insoweit unerheblich."
50   Vgl. EuGH 14.7.2016, Rs C- 196/15 – Granorolo, EuZW 2016, 747 (mit Anmerkung *Landbrecht* 750), Rdn. 24: „Diese Verpflichtung kann stillschweigend entstanden sein, insbesondere dann, wenn dies aus eindeutigen Handlungen folgt, die den Willen der Parteien zum Ausdruck bringen"; Mankowski IPRax 2003, 127, 129; Rauscher/*Leible* Art. 7 Rdn. 20.
51   Vgl. zum Abbruch von solchen Geschäftsbeziehungen EuGH 14.7.2016, Rs C- 196/15 – Granorolo, EuZW 2016, 747 (mit Anmerkung *Landbrecht* 750).
52   Geimer/Schütze/*Paulus* Art. 7 Rdn. 30.
53   EuGH 27.9.1988, Rs 189/87 – Kalfelis, Slg. 1988, 5565, Rdn. 17 ff. = NJW 1988, 3088; EuGH 17.9.2002, Rs C-334/00 – Tacconi, NJW 2002, 3159 Rdn. 21 = IPRax 2003, 143 (Anm. *Mankowski* 127); EuGH 1.10.2002, Rs C-167/00 – Henkel, NJW 2002, 3617, Rdn. 36; EuGH 11.7.2002, Rs C-96/00 – Gabriel, NJW 2002, 2697 Rdn. 34; EuGH 13.3.2014, Rs C-548/12 – Brogsitter, NJW 2014, 1648 = IPRax 2016, 149 (Anm. *Pfeiffer* 111); EuGH 14.7.2016, Rs C- 196/15 – Granorolo, EuZW 2016, 747, Rdn. 20 (mit Anmerkung *Landbrecht* 750).

Qualifikation hat logisch wie prüfungstechnisch Vorrang."[54] Die autonome Interpretation von vertraglichen und deliktischen Ansprüchen führt in der Praxis dazu, dass **in den meisten Fällen**, in denen eine **Schadenshaftung** geltend gemacht wird, neben dem allgemeinen Gerichtsstand auch **einer der beiden besonderen Gerichtsstände potenziell zur Verfügung** steht.[55] Zwar erfasst der Deliktsgerichtsstand nicht lückenlos alle Fälle, in denen es an einem vertraglichen Anspruch im Sinne des Art. 7 Nr. 1 fehlt; so fallen etwa Gläubigeranfechtungsklagen unter keinen der beiden besonderen Gerichtsstände (vgl. *Thole* zu Art. 7 Nr. 2 Rdn. 56).[56] Die Lücke zwischen beiden Gerichtsständen ist aber jedenfalls bei Schadensersatzansprüchen kaum sichtbar.[57]

16 Das vom EuGH entwickelte Alternativitätsverhältnis bedeutet umgekehrt nicht, dass Schadensersatzansprüche nicht sowohl auf Vertrag als auch auf unerlaubter Handlung beruhen können; nur können sie insoweit nicht am deliktischen Gerichtsstand geltend gemacht werden, als sie an einen Vertrag anknüpfen. Entsprechend wichtig ist das zuständigkeitsrechtliche **Konkurrenzverhältnis**. Werden vertragliche und gleichzeitig deliktische Ansprüche geltend gemacht, so stellt sich bei diesem Konkurrenzverhältnis die Frage, ob im Vertragsgerichtsstand des Art. 7 Nr. 1 gemeinsam über deliktische Ansprüche mitverhandelt werden kann, ob mit anderen Worten eine **Annexkompetenz** bzw. ein Gerichtsstand des **Sachzusammenhangs** besteht. Der EuGH hat dazu bislang nicht klar Stellung bezogen, eine solche Annexkompetenz allerdings umgekehrt für die Geltendmachung vertraglicher Ansprüche im Deliktsgerichtsstand des Art. 7 Nr. 2 deutlich ausgeschlossen.[58]

17 Die Ablehnung einer Annexkompetenz beim Deliktsgerichtsstand führt dort zu einer **Aufspaltung des Streitgegenstands** nach materiellrechtlichen Anspruchsgrundlagen.[59] Der EuGH begründete sie im Jahre 1988 mit dem Argument, dass dem Kläger schließlich auch der allgemeine Gerichtsstand offen stehe.[60] Der BGH hat diese Aufspaltung auch für die internationale Zuständigkeit im Rahmen des § 32 ZPO (für Drittstaatenkonstellationen) übernommen.[61] Die auf deliktische Anspruchsgrundlagen am Deliktsgerichtsstand **beschränkte Kognitionsbefugnis** führt zu Problemen eigener Art[62] und hat Konsequenzen vor allem auch für die Reichweite der Rechtskraft einer am Deliktsgerichtsstand ergangenen Entscheidung.[63]

18 Akzeptiert man die Aufspaltung nach Anspruchsgrundlagen und die beschränkte Kognitionsbefugnis am Deliktsgerichtsstand (dazu *Thole* Rdn. 71), so liegt es nicht fern,

---

54 *Mankowski* IPRax 2003, 127, 128.
55 Manche Aussagen des EuGH lassen sich sogar dahin deuten, dass es sich bei jedem Schadensersatzanspruch, der nicht als vertraglicher im Sinne des Art. 7 Nr. 1 anzusehen ist, um einen deliktischen im Sinne des Art. 7 Nr. 2 handelt, vgl. EuGH 27.10.1998, Rs C-51/97 – Réunion européenne, Slg. 1998 I, 6511, Rdn. 22–24 = IPRax 2000, 210.
56 EuGH 26.3.1992, Rs C-261/90 – Reichert, BeckRS 2004, 75788.
57 *Gebauer* Jahrbuch für Italienisches Recht 15/16 (2003), 155, 167 ff.; *Mari* Il Diritto Processuale Civile della Convenzione di Bruxelles, Band I (1999), 286 ff.
58 EuGH 27.9.1988, Rs 189/87, Kalfelis, Slg. 1988, 5565.
59 *Schlosser/Hess* Vor Art. 7 Rdn. 2; Geimer/Schütze/*Paulus* Art. 7 Rdn. 45.
60 EuGH 27.9.1988, Rs 189/87, Kalfelis, Slg. 1988, 5565, Rdn. 20 f.
61 BGH 28.2.1996, NJW 1996, 1411. Anders hingegen bei der örtlichen Zuständigkeit BGH 10.12.2002, NJW 2003, 828.
62 Kritisch daher etwa *Otte* Umfassende Streitentscheidung durch Beachtung von Sachzusammenhängen, 1998, 504 ff.; *Mansel* IPRax 1989, 84, 85.
63 *Schlosser/Hess* Vor Art. 7 Rdn. 2; Geimer/Schütze/*Paulus* Art. 7 Rdn. 48; MünchKomm/*Gottwald* Art. 7 Rdn. 14; *Gebauer* Negative Feststellungsklage am Gerichtsstand der unerlaubten Handlung, ZEuP 2013, 871 ff.

die **Aufspaltung auch für den Vertragsgerichtsstand** zu befürworten.[64] Das würde auch den allgemeinen Gerichtsstand am Beklagtenwohnsitz aufwerten.[65] Allerdings ist eine Klage am allgemeinen Gerichtsstand im System der Brüssel Ia-VO nicht etwa allgemein „erwünschter" als eine Klage an besonderen Gerichtsständen. *Actor sequitur forum rei* ist zwar eine sinnvolle gesetzestechnische Regel, bedeutet aber nicht in der Wertung eine Überlegenheit gegenüber den im System vorgesehenen Ausnahmen, die sich im Gegensatz zum Beklagtenwohnsitz auch jedenfalls typisierend durch besondere Streitgegenstandsnähe auszeichnen (hierzu *Gebauer* Art. 4 Rdn. 10 ff.).[66]

Entgegen einer verbreiteten Ansicht in der Literatur[67] (ihr folgend auch *Thole* Rdn. 71) ist eine **Annexkompetenz am Vertragsgerichtsstand zu befürworten**.[68] Gewiss prägt der Vertragsanspruch in Konkurrenz mit einem deliktischen Anspruch nicht stets materiell den Rechtsstreit (*Thole* Rdn. 71).[69] Doch wird dies sehr häufig der Fall sein, und diese typische Prägung führt im materiellen Kollisionsrecht zu der in Art. 4 Abs. 3 Satz 2 Rom II-VO nahe gelegten akzessorischen Anknüpfung deliktischer Ansprüche an das Vertragsstatut, die umgekehrt im Sinne einer akzessorischen Anknüpfung vertraglicher Ansprüche an das Deliktsstatut eben nicht vorgesehen ist. Der **Gleichlauf zwischen IPR und IZVR** ist neben der Rechtssicherheit und dem **effektiven Rechtsschutz** ein wesentliches **Argument für die Zuständigkeit kraft Sachzusammenhangs am Vertragsgerichtsstand**.[70] Dabei ist zwar einzuräumen, dass die gespaltene Anknüpfung im IPR zu gravierenderen Wertungswidersprüchen führen mag als im Zuständigkeitsrecht, weil es hier dem Kläger offen steht, jedenfalls am allgemeinen Gerichtsstand die materiellrechtlichen Ansprüche selbst zusammenzuführen, falls ihm dies am Vertragsgerichtsstand verwehrt sein sollte.[71] Aber das System der Brüssel Ia-VO favorisiert entgegen missverständlicher Äußerungen des EuGH zu einem angeblichen Gebot der engen Auslegung von Ausnahmevorschriften nicht in der Wertung den allgemeinen vor den besonderen Gerichtsständen (hierzu *Gebauer* Art. 4 Rdn. 10 ff.), so dass der Kläger auch nicht durch die Drohung mit einem Mangel an Prozessökonomie und Rechtssicherheit davon abgehalten werden muss, Rechtsschutz am Vertragsgerichtsstand zu suchen. Die Frage nach der Reichweite der Kognitionsbefugnis am Gerichtsstand des Erfüllungsortes ist damit offen und sollte dem EuGH vorgelegt werden.

Dies gilt umso mehr, als der EuGH in der Entscheidung **Brogsitter** aus dem Jahre 2014[72] zwar eine eigenartige Dominanz des Vertragsgerichtsstands gegenüber dem Deliktsgerichtsstand begründete und damit die Streitfrage auch etwas entschärfte,[73] aber mit dieser Entscheidung zum Konkurrenzverhältnis der Gerichtsstände mehr neue Fragen aufwarf als alte beantwortete.[74] Zu einer sinnvollen Lösung der Konkurrenz zwischen vertraglichen und deliktischen Ansprüchen und zur Rechtssicherheit kann sie

---

64 Geimer/Schütze/*Paulus* Art. 7 Rdn. 48; Rauscher/*Leible* Art. 7 Rdn. 101; MünchKomm/*Gottwald* Art. 7 Rdn. 14.
65 *Looschelders* Internationale Zuständigkeit für Ansprüche aus Darlehen nach dem EuGVÜ, IPRax 2006, 14, 16.
66 Dabei ist zuzugeben, dass gerade Annexzuständigkeiten im Einzelfall nicht notwendig zur Entscheidung eines sach- und beweisnäheren Gerichts führen, vgl. Rauscher/*Leible* Art. 7 Rdn. 101.
67 MünchKomm/*Gottwald* Art. 7 Rdn. 14; *Looschelders* IPRax 2006, 14, 16.
68 Zum Streitstand *Mansel/Thorn/Wagner* IPRax 2015, 1, 16, mit Fn. 160.
69 Stein/Jonas/*Wagner* Art. 5 a.F. Rdn. 127.
70 Rauscher/*Leible* Art. 7 Rdn. 101; Geimer/Schütze/*Paulus* Art. 7 Rdn. 49.
71 *Looschelders* IPRax 2006, 14, 16.
72 EuGH 13.3.2014, Rs C-548/12 – Brogsitter, IPRax 2016, 149 (mit Anmerkung *Pfeiffer* 111).
73 *Mansel/Thorn/Wagner* IPRax 2015, 1, 16.
74 *Mansel/Thorn/Wagner* IPRax 2015, 1, 16.

kaum beitragen (siehe auch *Thole* Rdn. 58). **Beruht der deliktsrechtliche Vorwurf seinerseits auf einer vertraglichen Pflichtverletzung**, so soll auch der deliktische Anspruch nach der Brogsitter-Entscheidung **nur als vertraglich im Sinne des Art. 7 Nr. 1** einzustufen sein. Dem deliktischen Anspruch wird die Qualität als Vertrag im Sinne des Art. 7 Nr. 1 zuerkannt, wenn „eine Auslegung des Vertrags [...] unerlässlich erscheint, um zu klären, ob das [...] vorgeworfene Verhalten rechtmäßig oder vielmehr widerrechtlich ist."[75] Setzt der deliktische Ersatzanspruch also tatbestandlich eine Vertragsverletzung voraus, so soll er seine Qualität ändern und allein im Vertragsgerichtsstand geltend gemacht werden können.[76] Er *kann* dann also nicht nur am Vertragsgerichtsstand (oder am allgemeinen Gerichtsstand) geltend gemacht werden, sondern *muss* es auch.[77] Eigenartige Vorgreiflichkeiten auf das materielle Recht sind die Folge; die deliktische Hauptfrage wird gleichsam dem Gerichtsstand der vertraglichen Vorfrage unterworfen.[78] Ob hier alle Formen der Anspruchskonkurrenz gemeint sind, also auch solche, bei denen der deliktische Anspruch nicht vom Bestand eines Vertrags abhängt, erscheint unklar.[79] Den Gleichlauf sollte man vorzugswürdig über eine Erstreckung der Kognitionsbefugnis im Vertragsgerichtsstand herbeiführen, ohne dabei den Deliktsgerichtsstand auszuhöhlen.[80]

21   **3. Einzelne Ansprüche.** Ob ein Anspruch in einem Gesetz einer nationalen Rechtsordnung verankert ist oder nicht, erscheint für die Qualifikation als vertraglich bzw. außervertraglich irrelevant.[81] **Vertraglich** einzuordnen sind Streitigkeiten über Existenz und **Wirksamkeit** eines Vertrages[82] sowie **Rückgewähransprüche** aus einem unwirksamen Vertrag (auch beispielsweise aus Leistungskondiktion).[83] Gleiches gilt für **Erfüllungsansprüche** in Bezug auf Haupt- oder Nebenpflichten[84] sowie **Sekundäransprüche** auf Schadensersatz oder Rückerstattung. Entscheidend ist bei ihnen nicht etwa, dass sie regelmäßig gesetzlich angeordnet sind, sondern dass sie ihren Ursprung in der Verletzung einer vertraglichen Pflicht haben.[85] Vertraglich einzuordnen sind **legalzedierte (vertragliche) Ansprüche**,[86] auch die Vereinbarung über eine **Vertragsstrafe**.[87]

22   Unter Umständen kann auch der **Abbruch langjähriger Geschäftsbeziehungen** am Vertragsgerichtsstand eingeklagt werden, sofern aus einem Bündel von Indizien wie langjährigen Geschäftsbeziehungen und der Regelmäßigkeit von Transaktionen auf eine „stillschweigende vertragliche Beziehung" geschlossen werden kann.[88] Die Klage wegen vorvertraglicher Haftung im Falle des einfachen **Abbruchs von Vertragsverhandlungen** fällt dagegen nach der Rechtsprechung des EuGH mangels freiwillig eingegangener

---

[75] EuGH 13.3.2014, Rs C-548/12 – Brogsitter, Rdn. 24 f., IPRax 2016, 149.
[76] Hierzu *Mansel/Thorn/Wagner* IPRax 2015, 1, 15 f.
[77] Rauscher/*Leible* Art. 7 Rdn. 101.
[78] *Pfeiffer* IPRax 2016, 111,113; *Weller* LMK 2014, 359127.
[79] Vgl. *Weller* LMK 2014, 359127; *Mansel/Thorn/Wagner* IPRax 2015, 1, 15 f.
[80] *Mansel/Thorn/Wagner* IPRax 2015, 1, 16.
[81] EuGH 14.7.2016, Rs C- 196/15 – Granorolo, EuZW 2016, 747; Geimer/Schütze/*Paulus* Art. 7 Rdn. 37.
[82] EuGH 4.3.1982, Rs 38/81 – Effer/Kantner, Slg. 1982, 1189.
[83] EuGH 20.4.2016, Rs C-366/13 – Profit Investment, EuZW 2016, 419, Rdn. 55 (mit Anmerkung *Müller*).
[84] Geimer/Schütze/*Paulus* Art. 7 Rdn. 37.
[85] Rauscher/*Leible* Art. 7 Rdn. 32.
[86] OGH 11.5.2005, IPRax 2006, 489 (mit Anmerkung *Hau* 507).
[87] KG 25.4.2014 IPRax 2015, 90 (mit Anmerkung *Thole* 65); Kropholler/von Hein Art. 5 Rdn. 14.
[88] Vgl. zum Abbruch von solchen Geschäftsbeziehungen EuGH 14.7.2016, Rs C- 196/15 – Granorolo, EuZW 2016, 747 (mit Anmerkung *Landbrecht* 750).

Verpflichtung nicht unter den Vertragsgerichtsstand.[89] Die **Abgrenzung** wird nicht immer leicht fallen. Für den EuGH kann sich aus langjährigen Geschäftsbeziehungen und regelmäßigen Transaktionen eine vertragliche Beziehung im Sinne des Art. 7 Nr. 1 ergeben.[90] Das ist insofern eigenartig, als der nationale Anspruch aus dem französischen Code de Commerce, um dessen autonome Qualifikation es hier ging, gerade nicht ein Vertragsverhältnis im Sinn hat.[91] Damit schafft der EuGH in der Tat eine Art **europäische Rechtsgeschäftslehre** für stillschweigende Verträge zum Zweck der zivilprozessualen Einordnung nach autonomen Kriterien.[92] Unklar erscheint, ob bei Bejahung einer solchen stillschweigenden vertraglichen Beziehung für prozessuale Zwecke der vom nationalen Gericht in Betracht gezogene (und nach nationalen Kriterien deliktische) Anspruch dann gleichsam in ein vertragliches Kleid schlüpft[93] und (nur) am Vertragsgerichtsstand eingeklagt werden kann,[94] oder ob der EuGH hier letztlich nur einen prozessualen Mantel am Vertragsgerichtsstand für möglicherweise anwendbare vertragliche Ansprüche des nationalen Rechts schafft.[95]

Eine vertragliche Verpflichtung liegt auch vor bei Klagen aus **culpa in contrahendo**, soweit es zu einem Vertragsschluss gekommen ist und sofern sich der geltend gemachte Anspruch auf den Vertragsgegenstand bezieht; das gilt insbesondere bei Ansprüchen wegen der Verletzung von Aufklärungs- und Beratungspflichten; nicht vertraglich einzuordnen sind aber – selbst im Falle eines zustande gekommenen Vertrages – Ansprüche wegen der Verletzung von Schutz- und Obhutspflichten.[96] **Bindungen aus einem *letter of intent*** bzw. sich aus einem Vorvertrag ergebende Verpflichtungen können ebenfalls am Vertragsgerichtsstand eingeklagt werden.[97] Auch die **Regressklage eines Gesamtschuldners** gegen einen anderen Gesamtschuldner,[98] die sich gesamtschuldnerisch aus einem Vertrag verpflichtet hatten, ist als „vertraglicher" Anspruch nach Art. 7 Nr. 1 anzusehen.[99] 23

Im **Gesellschaftsrecht** kommt der Vertragsgerichtsstand in Betracht für Ansprüche im Zusammenhang mit der **Mitgliedschaft** (beispielsweise Mitgliedsbeiträge),[100] solange 24

---

89 EuGH 17.9.2002, Rs C-334/00 – Tacconi, Slg. 2002 I, 7357, IPRax 2003, 143 (mit kritischer Anmerkung *Mankowski* 127).
90 EuGH 14.7.2016, Rs C- 196/15 – Granorolo, EuZW 2016, 747.
91 Kritisch daher auch im Hinblick auf das Zusammenspiel mit der Entscheidung Brogsitter: *Stadler/Klöpfer* ZEuP 2017, 890, 907f.
92 *Mansel/Thorn/Wagner* IPRax 2017, 1, 14.
93 In diese Richtung wohl *Mansel/Thorn/Wagner* IPRax 2017, 1, 14: „Wird die Annahme eines Vertrags bejaht, so greift der Vertragsgerichtsstand, wird er verneint, dann offenbar der Deliktsgerichtsstand, völlig unabhängig davon, ob die anspruchsbegründende Norm überhaupt das Bestehen eines Vertrags als anspruchsbegründend voraussetzt."
94 Das wäre ggf. wohl kaum in Einklang mit dem herkömmlichen Verständnis der *Brogsitter*-Doktrin zu bringen, nach der die Auslegung des Vertrags wohl unerlässlich sein muss, um die Rechtswidrigkeit eines bestimmten Verhaltens festzustellen und den deliktischen Anspruch an den Vertragsgerichtsstand zu ziehen; vgl. *Stadler/Klöpfer* ZEuP 2017, 890, 908; insofern kritisch auch *Mansel/Thorn/Wagner* IPRax 2017, 1, 14.
95 In diesem Sinn könnte Rdn. 23 der Entscheidung EuGH 14.7.2016, Rs C- 196/15 – Granorolo, EuZW 2016, 747 zu verstehen sein, wo der EuGH ausdrücklich die nationalen Rechte in Bezug nimmt: „In zahlreichen Mitgliedstaaten können langjährigen Geschäftsbeziehungen, die ohne schriftlichen Vertrag geknüpft wurden, grundsätzlich als Bestandteil einer stillschweigenden vertraglichen Beziehung angesehen werden, deren Verletzung zu einer vertraglichen Haftung führen kann."
96 Rauscher/*Leible* Art. 7 Rdn. 30.
97 Rauscher/*Leible* Art. 7 Rdn. 32; Geimer/Schütze/*Paulus* Art. 7 Rdn. 14.
98 Hierzu monographisch *Lubrich* Der Gesamtschuldnerrückgriff im Zuständigkeitssystem der EuGVVO (2018).
99 EuGH 15.6.2017, Rs C-249/16 – Saale Kareda, RIW 2017, 504 (Anmerkung *Lubrich* LMK 2017, 394823).
100 Rauscher/*Leible* Art. 7 Rdn. 26.

es nicht um die Existenz des Vereins oder der Gesellschaft selbst geht, für die der ausschließliche Gerichtsstand des Art. 24 Nr. 2 vorgesehen ist.[101] Gleiches gilt für die **organschaftliche Sonderrechtsbeziehung** zwischen der Gesellschaft einerseits und dem Geschäftsführer bzw. dem Vorstand andererseits.[102] So können Fälle der **Geschäftsführerhaftung** unter Art. 7 Nr. 1 fallen,[103] jedenfalls sofern die *Brogsitter*-Kriterien[104] vorliegen, also die Auslegung des Vertrages unerlässlich erscheint, um klären zu können, ob das vorgeworfene Verhalten widerrechtlich erscheint.[105] Für die **Veruntreuung von Gesellschaftsvermögen** wird man entsprechend keine Zuständigkeit am Vertragsgerichtsstand bejahen können.[106] Ebenfalls einer vertraglichen Einordnung entzogen ist die **Geschäftsleiterhaftung wegen Masseschmälerung** bei einem Verstoß gegen Zahlungsverbote nach Art des § 64 Satz 1 GmbHG, der den Geschäftsführer der Gesellschaft gegenüber zum Ersatz von Zahlungen verpflichtet, die nach Eintritt der Zahlungsunfähigkeit der Gesellschaft oder nach Feststellung ihrer Überschuldung geleistet werden. Denn diese Haftung ist im Rahmen eines Insolvenzverfahrens als **insolvenzrechtlich** einzustufen, wie es der EuGH in der Entscheidung *Kornhaas* angenommen hat.[107] Außerhalb eines Insolvenzverfahrens ist die Geschäftsleiterhaftung wegen Masseschmälerung ebenfalls nicht vertraglich, sondern **deliktisch** einzuordnen, in Parallele zur **Insolvenzverschleppungshaftung**.[108] **Ausgleichs- und Schadensersatzansprüche im faktischen Konzern** sind gleichermaßen dem Vertragsgerichtsstand entzogen (und deliktisch einzuordnen);[109] wohl aber kann der **Vertragsgerichtsstand für Haftungsansprüche im Innenverhältnis** eröffnet sein, sofern ein Beherrschungs- und Gewinnabführungsvertrag existiert.[110]

25 **Nicht vertraglich** einzuordnen sind **Regressklagen des Bürgen** gegen den Hauptschuldner, soweit der Hauptschuldner niemanden zum Abschluss eines Bürgschaftsvertrages „ermächtigt" hatte.[111] **Direktklagen des Käufers** gegen den Hersteller einer Ware fallen ebenfalls nicht unter Art. 7 Nr. 1;[112] dies gilt nach der Rechtsprechung des EuGH auch für die *action directe* in Kaufvertragsketten.[113] Nicht als vertraglich zu qualifizieren sind nach überwiegender Ansicht Haftungsklagen aus Vertrag mit Schutzwirkung für

---

[101] Geimer/Schütze/*Paulus* Art. 7 Rdn. 38.
[102] Vgl. OLG München 25.6.1999, IPRax 2000, 416 (mit Anmerkung *Haubold* 375); weitere Beispiele zu den Binnenbeziehungen im Gesellschaftsrecht bei Rauscher/*Leible* Art. 7 Rdn. 26.
[103] EuGH 10.9.2015, Rs C-47/14 – Holterman Ferho Exploitatie ua/Spies von Büllesheim, EuZW 2015, 922.
[104] EuGH 13.3.2014, Rs C-548/12 – Brogsitter, Rdn. 24 f., IPRax 2016, 149.
[105] Vgl. dazu *Stadler/Klöpfer* ZEuP 2017, 890, 908 ff.
[106] *Stadler/Klöpfer* ZEuP 2017, 890, 909.
[107] EuGH 10.12.2015, Rs C-594/14 – Kornhaas/Dithmar als Insolvenzverwalter, NJW 2016, 223 (mit Anmerkung *Weller/Hübner* 225) = EuZW 2016, 155 (mit Anmerkung *Kindler* 136).
[108] Rauscher/*Leible* Art. 7 Rdn. 26, 110. Zur Insolvenzverschleppungshaftung EuGH 18.7.2013, Rs C-147/12 – ÖFAB, EuZW 2013, 703.
[109] OLG Stuttgart 30.5.2007, IPRax 2008, 433, 435 (mit Anmerkung *Schinkels* 412);
[110] OLG München 25.6.1999, IPRax 2000, 416 (mit Anmerkung *Haubold* 375); zur Differenzierung nach Konzerninnenhaftung und Konzernaußenhaftung, bei der Gläubiger des abhängigen Unternehmens Ansprüche geltend machen, siehe auch *Haubold* IPRax 2000, 375, 379 ff.; Geimer/Schütze/*Paulus* Art. 7 Rdn. 39.
[111] EuGH 5.2.2004, Rs C-265/02 – Frahuil/Assitalia, Rdn. 28, IPRax 2004, 334 (mit Anmerkung *Lorenz/Unberath* 298 und *Freitag* 305).
[112] EuGH 17.6.1992, Rs C-26/91 – Handte, Slg. 1992 I, 3967.
[113] EuGH 17.6.1992, Rs C-26/91 – Handte, Slg. 1992 I, 3967. Mittelbar bestätigt wurde diese Einordnung in EuGH 7.2.2013, Rs C-543/10 – Refcomp, Rdn. 32 ff., EuZW 2013, 316 = IPRax 2013, 552 (mit kritischer Anmerkung *Weller* 501). Dabei wird nicht hinreichend gewürdigt, dass der Anspruch im Fall der *action directe* seinen Grund mit dem Kaufvertrag, an dem der Beklagte beteiligt war, in einer freiwillig eingegangenen Verpflichtung hat; vgl. *Gebauer* FS Martiny (2014) 325 ff.

Dritte,[114] ferner **bereicherungsrechtliche Ansprüche** (mit Ausnahme der Leistungskondiktion dazu oben Rdn. 21), sowie Ansprüche aus **Geschäftsführung ohne Auftrag**.[115] Gleiches gilt für Ansprüche aus Verlöbnisbruch[116] und auf Zahlung eines urheberrechtlich „gerechten Ausgleichs".[117]

III. Systematik und Prüfungsreihenfolge der Buchstaben a) bis c) – Vorrang von lit b)

Die in **Buchstabe a)** enthaltene Anknüpfung vertraglicher Verpflichtungen an den Erfüllungsort ist **Grund- und Auffangregel** zugleich,[118] der unmittelbare Anwendungsbereich der auf das EuGVÜ 1968 zurückgehenden Regelung heute allerdings sehr beschränkt. Die wesentliche Neuerung der Brüssel I-VO gegenüber dem EuGVÜ bestand darin, dass für einen wesentlichen Teil der die Praxis beherrschenden Verträge – nämlich für Kaufverträge über bewegliche Sachen und für Dienstleistungen – der Erfüllungsort nach **Buchstabe b) einheitlich** durch den Lieferungs- bzw. den Dienstleistungsort **konkretisiert und fixiert** wird.[119] Im Rahmen des Art. 7 Nr. 1 hat **Buchstabe b) die praktisch größte Bedeutung**.[120] Das liegt an dem weiten Umfang der Norm. Die Fixierung des Erfüllungsortes erfasst alle Streitigkeiten aus dem Vertrag,[121] also nicht nur die Lieferpflicht bzw. die Dienstleistungspflicht, sondern vor allem auch die Zahlungsansprüche des Verkäufers/Dienstleistenden sowie Sekundäransprüche aus dem Vertrag. **Buchstabe b) bildet gegenüber Buchstaben a) einen selbständigen Tatbestand** mit einem sehr unterschiedlichen Ansatz bei der Lokalisierung des Erfüllungsortes.[122] Die Norm genießt in ihrem Anwendungsbereich **Vorrang vor der Lokalisierung nach Buchstabe a)**. Nur wenn es sich bei dem in Rede stehenden Vertrag nicht um einen Kaufvertrag oder um Dienstleistungen im Sinne des Buchstaben b) handelt, oder wenn bei Anwendung von Buchstabe b) der Liefer- bzw. Dienstleistungsort nicht in einem Mitgliedstaat, sondern in einem Drittstaat liegt,[123] fällt man gemäß **Buchstabe c)** zurück auf die Grundregel des Buchstaben a) mit der vom europäischen Gesetzgeber bewusst in Kauf genommenen[124] Lokalisierung des Erfüllungsortes nach Maßgabe der *lex causae*.[125]

---

114 *Dutta* Das Statut der Haftung aus Vertrag mit Schutzwirkung für Dritte, IPRax 2009, 293; **a.A.** etwa NK-*Knöfel* Art. 1 Rom II-VO Rdn. 14.
115 Vgl. Rauscher/*Leible* Art. 7 Rdn. 35. Zur GoA siehe *Dutta* Ein besonderer Gerichtsstand für die Geschäftsführung ohne Auftrag in Europa?, IPRax 2011, 134 ff.
116 BGH 28.2.1996, IPRax 1997, 187 (mit Anmerkung *Mankowski* 173), JZ 1997, 88 (mit Anmerkung *Gottwald*).
117 EuGH 21.4.2016, Rs C-572/14 – Austro-Mechana/Amazon EU, EuZW 2016, 547.
118 BGH, 22.4.2009, NJW 2009, 2606.
119 Kritisch aus damaliger Sicht *Gsell* IPRax 2002, 484.
120 Kropholler/von Hein Art. 5 a.F. Rdn. 37.
121 Vgl. EuGH 3.5.2007, Rs C-386/05 – Color Drack, NJW 2007, 1799, Rdn. 26; BGH 2.3.2006, NJW 2006, 1806, 1807.
122 *Kropholler/von Hein* Art. 5 a.F. Rdn. 28.
123 Kritisch zur Ausdehnung des Anwendungsbereichs von Buchstabe a) für den Fall, dass der Liefer- oder Dienstleistungsort außerhalb des Anwendungsbereichs der EuGVVO liegt: *Hau* IPRax 2000, 354, 360; *ders*. IPRax 2009, 44, 46; *Jayme/Kohler* IPRax 1999, 405; Kropholler/von Hein Art. 5 a.F. Rdn. 53.
124 Kropholler/von Hein Art. 5 a.F. Rdn. 30.
125 Zu Recht kritisch gegenüber diesem gespaltenen Konzept Kropholler/von Hein Art. 5 a.F. Rdn. 31.

IV. Lokalisierung des Erfüllungsortes nach lit.a)

27 Aufgrund des beschriebenen Vorrangs in der Anwendung von Buchstabe b) ist der **Anwendungsbereich von Buchstabe a) vergleichsweise klein** und wird vor allem über Buchstabe c) eröffnet. Die Geltung von Buchstabe a) setzt danach voraus, dass Buchstabe b) nicht anwendbar ist. Das aber ist der Fall, wenn keiner der in Buchstabe b) benannten und europäisch-autonom zu bestimmenden Verträge vorliegt, oder wenn die Anwendung von Buchstabe b) bei einem dort erfassten Vertrag zu einem Erfüllungsort in einem Drittstaat führen würde.

28 Da der **EuGH** auch nach der gesetzgeberischen Einführung des durch die Buchstaben a) und b) gespaltenen Konzepts **sich nicht in der Lage gesehen** hat, die Lokalisierung des Erfüllungsortes nach **Buchstabe a) im Lichte von Buchstabe b) fortzubilden**,[126] was freilich sinnvoll gewesen wäre,[127] ist die Rechtslage im Anwendungsbereich von Buchstabe a) im Wesentlichen die gleiche wie früher,[128] und es kann entsprechend auch auf die **alte Rechtsprechung** zurückgegriffen werden.

29 **1. Maßgebliche Verpflichtung.** Dazu gehört zunächst die sog. *De Bloos*-Regel. Danach kommt es für die Bestimmung des Erfüllungsortes auf **die der Klage zugrunde liegende Verpflichtung** an.[129] Es gibt also keinen einheitlichen Erfüllungsort für einen ganzen Vertrag (wie bei Buchstabe b)), sondern nur einen jeweils nach Maßgabe der konkret streitigen Verpflichtung zu ermittelnden Erfüllungsort.

30 **a) Primär und Sekundärpflichten.** Abzustellen ist bei der konkret streitigen Verpflichtung allerdings auf die primäre Hauptverpflichtung: Wird mit der Klage also beispielsweise Schadensersatz oder die Auflösung des Vertrages geltend gemacht, so ist diejenige vertragliche Verpflichtung maßgebend, deren Nichterfüllung behauptet wird.[130]

31 **b) Mehrzahl von Pflichten.** Mit dem grundlegenden Abstellen auf die konkret streitige Verpflichtung ist die Folgefrage aufgeworfen, wie der Erfüllungsort bei mehreren streitigen Verpflichtungen zu lokalisieren ist. Stehen sich hier **Nebenpflichten** und **Hauptleistungspflichten** gegenüber, so folgt das Nebensächliche nach der Rechtsprechung des EuGH der Hauptsache; die Hauptpflicht steuert insofern also auch die Zuständigkeit für Nebenpflichten aus demselben Vertrag.[131] Sind hingegen **mehrere gleichrangige Pflichten** aus einem Vertrag betroffen, so hat der EuGH eine Annexkompetenz abgelehnt,[132] was ggf. zu einer Gerichtsstandszersplitterung führen kann.

---

[126] EuGH 23.4.2009, Rs C-533/07 – Falco Privatstiftung, NJW 2009, 1865, 1867 Rdn. 43: „Eine Erweiterung des Anwendungsbereichs von Art. 5 Nr. 1 lit. b zweiter Gedankenstrich EuGVVO würde auf eine Umgehung der Absicht des Gemeinschaftsgesetzgebers in dieser Hinsicht hinauslaufen und die praktische Wirksamkeit von Art. 5 Nr. 1 lit. c und a beeinträchtigen."
[127] Sie hierzu bereits *Jayme/Kohler* IPRax 1999, 401, 405.
[128] EuGH 23.4.2009, Rs C-533/07 – Falco Privatstiftung, NJW 2009, 1865, 1867 Rdn. 46 ff.; siehe hierzu kritisch *Kropholler/von Hein* Art. 5 a.F. Rdn. 31.
[129] EuGH 6.10.1976, Rs 14/76 – De Bloos, Slg 1976, 1497.
[130] EuGH 6.10.1976, Rs 14/76 – De Bloos, Slg. 1976, 1497, unter Rdn. 13 f.; vgl. Kropholler/von Hein Art. 5 a.F. Rdn. 29.
[131] EuGH 15.1.1987, Rs 266/85 – Shenavai, IPRax 1989, 157 (Anmerkung *Schack* 139).
[132] EuGH 5.10.1999, Rs C-420/97 – Leathertex, NJW 2000, 721.

2. Bestimmung des Erfüllungsortes nach Maßgabe der lex causae. Nach der 32 Grundregel von Buchstabe a) wird der Erfüllungsort nach Maßgabe der Rechtsordnung bestimmt, die nach den **Kollisionsregeln des angerufenen Gerichts** gemäß Art. 3 ff. Rom I-VO auf den Vertrag Anwendung findet.[133] Das ist der Kern der als *Tessili-Regel* bekannt gewordenen und unter dem Staatsvertrag des EuGVÜ vom EuGH im Jahre 1976[134] entwickelten Maßgeblichkeit der *lex causae* zur **Bestimmung des Erfüllungsortes**.[135] Wird also beispielsweise in Deutschland aus einem Vertrag auf Zahlung gegen den in Italien domizilierten Zahlungsschuldner geklagt und unterliegt der Vertrag deutschem Recht, so sind die deutschen Gerichte nicht zuständig gemäß Art. 7 Nr. 1 lit. a) Brüssel Ia-VO, weil § 269 Abs. 1 BGB i.V.m. § 270 Abs. 4 BGB den Erfüllungsort am Schuldnersitz (in Italien) lokalisiert. Unterliegt der Vertrag hingegen italienischem Recht, so folgt die Zuständigkeit der deutschen Gerichte aus Art. 7 Nr. 1 lit. a) Brüssel Ia-VO, weil Art. 1182 Abs. 3 Satz 1 des italienischen Codice civile vorsieht, dass eine Geldschuld dort zu erfüllen ist, wo der Gläubiger im Zeitpunkt der Fälligkeit seinen Wohnsitz hat,[136] also die Geldschuld als Bringschuld ausgestaltet und entsprechend den Erfüllungsort für die Zahlungsverpflichtung im Gegensatz zum deutschen Recht am Gläubigersitz (im Beispiel also in Deutschland) lokalisiert. Das ist nicht nur **kompliziert**, sondern erscheint vor allem **in den prozessualen Wertungen unstimmig und zufällig**.[137] Die Aufrechterhaltung der *Tessili*-Regel durch den europäischen Gesetzgeber[138] im System der Brüssel Ia-VO kann etwa dazu führen, dass der Erfüllungsort über die Anwendung von Buchstabe c) und a) im Inland liegt, auch wenn die Anwendung von Buchstabe b) den Lieferort in einem Drittstaat lokalisieren würde (und deshalb Buchstabe b) nicht anwendbar ist).[139]

Nach der noch zum EuGVÜ entwickelten Rechtsprechung des EuGH, die aber auch 33 heute noch Bedeutung hat, wenn der Lieferort in einem Drittstaat liegt, ist das (nach den Kollisionsnormen des angerufenen Gerichts) **anwendbare materielle Recht** zur Bestimmung des Erfüllungsortes auch dann heranzuziehen, wenn es sich bei diesem materiellen Recht um **Einheitsrecht** handelt, etwa um das **UN-Kaufrecht (CISG)**.[140] Danach kann der Verkäufer wegen Art. 57 Abs. 1a CISG den Kaufpreis an seiner Niederlassung einklagen. Ohne dass das Einheitskaufrecht irgendwelche prozessualen Zwecke verfolgt, verschafft es in diesen Konstellationen dem Verkäufer einen **Klägergerichtsstand**, ohne dass sich dieser aus einem besonderen Streitgegenstandsbezug legitimieren ließe. Die Zufälligkeit solcher Ergebnisse wird noch gesteigert, wenn man im Rahmen des Einheitsrechts den Erfüllungsort im Falle einer **Abtretung** der Zahlungsforderung auch noch vom Sitz des alten Gläubigers auf den des neuen Gläubigers übergehen lässt, denn dies führte zu einem regelrechten Zessionarsgerichtsstand, der von einer Zuständigkeitsge-

---

133 EuGH 6.10.1976, Rs 12/76, Tessili, Slg. 1976, 1473 = NJW 1977, 491.
134 Der EuGH entwickelte die *Tessili*-Regel also noch vor der europäischen Vereinheitlichung der materiellen Kollisionsnormen des internationalen Vertragsrechts durch das Römische Schuldvertragsübereinkommen (EVÜ) aus dem Jahre 1980, dem Vorläufer der Rom I-VO.
135 Vgl. auch EuGH 28.9.1999, Rs C-440/97, Groupe Concorde, Slg. 1999 I, 6307.
136 Art. 1182 Abs. 3 Satz 1 C.c.: „L'obbligazione avente per oggetto una somma di danaro deve essere adempiuta al domicilio che il creditore ha al tempo della scadenza."
137 Zur Kritik vgl. Rauscher/*Leible* Art. 7 Rdn. 49 f.
138 Dazu Rauscher/*Leible* Art. 7 Rdn. 50.
139 Vgl. BGH 22.4.2009, NJW 2009, 2606. Kritisch zur gesetzgeberischen Entscheidung einer Maßgeblichkeit von Buchstabe a) für den Fall, dass der Liefer- oder Dienstleistungsort außerhalb des Anwendungsbereichs des EuGVVO liegt: *Hau* IPRax 2000, 354, 360; *ders.* IPRax 2009, 44, 46; *Jayme/Kohler* IPRax 1999, 405; Kropholler/von Hein Art. 5 a.F. Rdn. 53.
140 EuGH 29.6.1994, Rs C-288/92, Custom Made Commercial/Stawa Metallbau GmbH, Slg. 1994 I, 2913 = IPRax 1995, 31 (Anmerkung *Jayme* 13), ZEuP 1995, 655 (Anmerkung *Schack*).

rechtigkeit der *Tessili-Regel* kaum etwas übrig lässt.[141] So kann es nicht verwundern, dass die mit dieser Regel verbundene Bestimmung des Erfüllungsortes nach der *lex causae* stets erheblichen Bedenken unterlag.[142]

34 **3. Erfüllungsortvereinbarungen.** Ausdrücklich genannt sind Erfüllungsortvereinbarungen nur in Art. 7 Nr. 1 lit b) („sofern nichts anderes vereinbart worden ist"), nicht aber in Art. 7 Nr. 1 lit a). Dennoch sind sie auch im Rahmen der Grundregel von Buchstabe a) anzuerkennen.[143] Der Wortlaut der Norm hat sich hier gegenüber dem EuGVÜ nicht geändert, unter dessen Geltung der EuGH bereits früh Erfüllungsortvereinbarungen zuließ.[144] Dass aber mit der Einführung von Buchstabe b) durch die Brüssel I-VO Erfüllungsortvereinbarungen im Rahmen der Grundregel von Buchstabe a) ausgeschlossen werden sollten, erscheint vor diesem Hintergrund wenig plausibel.[145]

35 Erfüllungsortvereinbarungen unterliegen nach der Rechtsprechung des EuGH nicht der für Gerichtsstandsvereinbarungen vorgeschriebenen Form.[146] Ursprünglich wurde dies aus der Systematik des europäischen Zuständigkeitsrechts gefolgert. Während der Vertragsgerichtsstand als Wahlgerichtsstand ausgestaltet sei, müsse der als ausschließliche Gerichtsstand ausgestaltete (heutige) Art. 25 keinen Bezug zum konkreten Rechtsstreit haben.[147] Später ist der EuGH von einer allzu liberalen Linie abgerückt und fordert für sog. abstrakte Vereinbarungen des Erfüllungsortes, die letztlich nur das Ziel haben, einen besonderen Gerichtsstand zu begründen und bei denen der Erfüllungsort keinen Zusammenhang mit der Vertragswirklichkeit aufweist, die Einhaltung der formalen Voraussetzungen von Gerichtsstandsvereinbarungen.[148]

36 **4. Realer und rechtlicher Erfüllungsort.** Für vertragliche Ansprüche begründet Art. 7 Nr. 1 lit. a) eine Zuständigkeit „vor dem Gericht des Ortes, an dem die Verpflichtung erfüllt worden ist oder zu erfüllen wäre". Die Zuständigkeit hängt also nicht davon ab, dass es im Hinblick auf die maßgebende Verpflichtung bereits zu einer Erfüllungshandlung gekommen ist. Ist es aber bereits zur Erfüllung gekommen, so ist der reale Erfüllungsort maßgebend; dies setzt freilich zur Vermeidung von Manipulationsmöglichkeiten voraus, dass der Gläubiger die Leistung an diesem Ort auch als vertragsgemäß angenommen hat.[149]

V. Autonome Lokalisierung des Erfüllungsortes nach lit. b)

37 **1. Verkauf beweglicher Sachen und Erbringung von Dienstleistungen. Buchstabe b)** legt durch das faktische Kriterium des Liefer- bzw. Erbringungsortes für Kaufverträge[150] über bewegliche Sachen und für Dienstleistungen den Begriff des Erfüllungsortes selbstständig fest und fasst ihn sehr weit: Er gilt für **alle Streitigkeiten** aus dem

---

141 Vgl. *Gebauer* IPRax 1999, 432 ff.
142 Vgl. Rauscher/*Leible* Art. 7 Rdn. 49 f. mit zahlreichen Nachweisen.
143 *Kropholler/von Hein* Art. 5 a.F. Rdn. 35; Rauscher/*Leible* Art. 7 Rdn. 52.
144 EuGH 17.1.1980, Rs 56/79 – Zelger/Salinitri, IPRax 1981, 89 (Anmerkung *Spellenberg* 75).
145 Rauscher/*Leible* Art. 7 Rdn. 52.
146 EuGH 17.1.1980, Rs 56/79 – Zelger/Salinitri, IPRax 1981, 89 (Anmerkung *Spellenberg* 75).
147 Zu dieser Argumentation *Stürner* GPR 2013, 305, 311 f.; Rauscher/*Leible* Art. 7 Rdn. 53 f.
148 EuGH 20.2.1997, Rs C-106/95 – Mainschiffahrts-Genossenschaft, Sl. 1997, I-911, Rdn. 31–34; vgl. hierzu *Stürner* GPR 2013, 305, 312; Rauscher/*Leible* Art. 7 Rdn. 54.
149 BayObLG 29.6.2001, IPRspr. 2001 Nr. 146; *Kropholler/von Hein* Art. 5 a.F. Rdn. 34.
150 Die Wendung „Verkauf" beweglicher Sachen hat keine gegenüber dem „Kaufvertrag" selbständige Bedeutung; vgl. Kropholler/von Hein Art. 5 a.F. Rdn. 38.

Vertrag,[151] also vor allem auch für die Zahlungsverpflichtung des Schuldners und für Schadensersatzansprüche wegen Leistungsstörungen.[152] Da er mit den **Kaufverträgen** und den **Dienstleistungen** die wichtigsten Vertragstypen abdeckt, hat Buchstabe b) die praktisch herausragende Bedeutung.

a) Kaufvertrag über bewegliche Sachen (1. Spiegelstrich). Nicht nur der Begriff 38 des Vertrags, auch der Begriff des Kaufvertrags nach 1. Spiegelstrich ist europäisch-autonom zu verstehen.[153] Als Anknüpfungskriterium wird dabei die für den Vertrag **charakteristische Leistung** verwendet,[154] so dass sich für den EuGH der Kaufvertrag durch die Verpflichtung zur „Lieferung eines Gegenstandes" auszeichnet.[155] Der Einordnung als Kaufvertrag steht nicht entgegen, dass mit der Lieferpflicht **Dienstleistungselemente verbunden** sind.[156] Der reine Vertriebsvertrag bildet freilich keinen Kaufvertrag in diesem Sinne.[157]

b) Erbringung von Dienstleistungen (2. Spiegelstrich). Ebenfalls europäisch- 39 autonom zu bestimmen sind Verträge über Dienstleistungen; auch insoweit kommt es auf die vertragscharakteristische Leistung an.[158] Dienstleistungen sind weit und etwa deutlich weiter zu verstehen als Dienstverträge im Sinne des deutschen Rechts; typischerweise erfassen sie auch Werkverträge im Sinne des deutschen Rechts. Die **Vergabe eines Bankkredits** kann unter den Begriff der Dienstleistung fallen;[159] als Erfüllungsort ist dann der Sitz des Kreditinstituts anzusehen.[160] Der Sitz des Kreditinstituts ist in dann ggf. auch der Erfüllungsort für eine **Regressklage** eines von der Bank auf Rückzahlung des Darlehens in Anspruch genommenen Gesamtschuldners gegen den anderen Gesamtschuldner.[161] **Vertriebsverträge** können erfasst sein, wenn nicht eine Warenlieferung im Vordergrund steht.[162] Der EuGH verlangt für das Vorliegen einer Dienstleistung eine **entgeltliche Tätigkeit**,[163] allerdings muss das Entgelt nicht unbedingt in der Zahlung einer Geldsumme liegen.[164] Das Merkmal der Tätigkeit verlangt die **Vornahme positiver Handlungen** und schließt umgekehrt bloßes Unterlassen aus.[165]

c) Überschneidungen und Abgrenzungen. Fragen der Abgrenzung zwischen 40 Kauf- und Dienstleistungsverträgen stellen sich insbesondere bei Verträgen über die Lieferung herzustellender Ware bei gleichzeitigen Vorgaben des Auftraggebers zu Beschaffung, Verarbeitung und Lieferung der Ware. Von einem Kaufvertrag ist dann auszuge-

---

151 Vgl. EuGH 3.5.2007, Rs C-386/05 – Color Drack, NJW 2007, 1799, Rdn. 26; EuGH 25.2.2010, Rs C-381/08 – Car Trim, NJW 2010, 1059, Rdn. 50.
152 OGH 2.9.2003, IPRax 2004, 349 (Anmerkung *Thorn* 354); Kropholler/von Hein Art. 5 a.F. Rdn. 45.
153 EuGH 14.7.2016, Rs C-196/15 – Granorolo, NJW 2016, 3087, Rdn. 32.
154 EuGH 14.7.2016, Rs C-196/15 – Granorolo, NJW 2016, 3087, Rdn. 33.
155 EuGH 14.7.2016, Rs C-196/15 – Granorolo, NJW 2016, 3087, Rdn. 34.
156 EuGH 25.2.2010, Rs C-381/08 – Car Trim, NJW 2010, 1059, Rdn. 43.
157 EuGH 14.7.2016, Rs C-196/15 – Granorolo, NJW 2016, 3087, Rdn. 35.
158 EuGH 14.7.2016, Rs C-196/15 – Granorolo, NJW 2016, 3087, Rdn. 32f.
159 EuGH 15.6.2017, Rs C-249/16 – Saale Kareda/Stefan Benkö, RIW 2017, 504 (vgl. auch *Lubrich* LMK 2017, 394823); BGH 28.2.2012, NJW 2012, 1817.
160 EuGH vorige Note.
161 EuGH, Urteil v. 15.6.2017 – C-249/16, Saale Kareda/Stefan Benkö, RIW 2017, 504 (Anm. *Lubrich* LMK 2017, 394823).
162 EuGH 14.7.2016, Rs C-196/15 – Granorolo, NJW 2016, 3087, Rdn. 42.
163 EuGH 19.12.2013, Rs C-9/12 – Corman-Collins SA, EuZW 2014, 181, Rdn. 37.
164 EuGH 14.7.2016, Rs C-196/15 – Granorolo, NJW 2016, 3087, Rdn. 40.
165 EuGH 14.7.2016, Rs C-196/15 – Granorolo, NJW 2016, 3087, Rdn. 38.

hen, wenn die Stoffe vom Auftraggeber nicht zur Verfügung gestellt wurden und die Übergabe und Übereignung der hergestellten Ware gegen Abnahme und Bezahlung den Schwerpunkt des Vertrages bilden.[166] Eine **Abgrenzung nach dem Schwerpunkt des Vertrags** und den für den Dienstvertrag typischen Elementen ist auch bei einem langjährigen **Vermarktungsvertrag** vorzunehmen.[167]

41 **2. Maßgebliche Verpflichtung.** Anders als bei Buchstabe a) kommt es im Rahmen von Buchstabe b) nicht auf die konkret streitgegenständliche Verpflichtung für die Bestimmung des Erfüllungsortes an. Vielmehr definiert der auf die charakteristische Leistung bezogene Liefer- bzw. Leistungserbringungsort den **Erfüllungsort einheitlich für sämtliche Streitigkeiten aus dem Vertrag**, also etwa auch für den Gegenleistungsanspruch oder Sekundäransprüche.[168] Das kommt zwar im Wortlaut (auch anderer Sprachfassungen als der deutschen) nicht ganz eindeutig zum Ausdruck, liegt aber klar der Gesetzgebungsgeschichte zugrunde und ist auch mehrfach vom EuGH bestätigt worden.[169]

42 **3. Erfüllungsortvereinbarungen.** Erfüllungsortvereinbarungen gehen der gesetzlichen Bestimmung in Buchstabe b) vor („sofern nichts anderes vereinbart worden ist").[170] Sie unterliegen nach der Rechtsprechung des EuGH nicht der für Gerichtsstandsvereinbarungen vorgeschriebenen Form.[171] Ursprünglich wurde dies aus der Systematik des europäischen Zuständigkeitsrechts gefolgert. Während der Vertragsgerichtsstand als Wahlgerichtsstand ausgestaltet sei, müsse die Gerichtsstandsvereinbarung, die auch einen ausschließlichen Gerichtsstand begründen kann, keinen Bezug zum konkreten Rechtsstreit haben.[172] Später ist der EuGH von seiner ursprünglich sehr liberalen Linie abgerückt und fordert für sog. **abstrakte Vereinbarungen des Erfüllungsortes**, die letztlich nur das Ziel haben, einen besonderen Gerichtsstand zu begründen und bei denen der Erfüllungsort keinen Zusammenhang mit der Vertragswirklichkeit aufweist, die Einhaltung der **formalen Voraussetzungen** von Gerichtsstandsvereinbarungen.[173] Das ist etwa dann der Fall, wenn die Parteien einen Ort als Erfüllungsort vereinbaren, „der keinen tatsächlichen Zusammenhang mit der Vertragswirklichkeit aufweist und an dem die vertraglichen Verpflichtungen nach dem Vertrag nicht erfüllt werden können."[174] Handelt es sich hingegen um eine **konkrete Vereinbarung des Erfüllungsortes** mit Bezug zur Vertragswirklichkeit, so unterliegt die Wirksamkeit einer solchen Vereinbarung dem „anwendbaren Recht",[175] also der *lex causae* des Vertrags (vgl. Art. 12 Abs. 1 Rom I-VO).[176]

---

166 EuGH 25.2.2010, Rs C-381/08 – Car Trim, NJW 2010, 1059; vgl. auch BGH im Vorlagebeschluss vom 9.7.2008, NJW 2008, 3001, 3003.
167 EuGH 14.7.2016, Rs C-196/15 – Granorolo, NJW 2016, 3087, Rdn. 41 ff.
168 Vgl. EuGH 3.5.2007, Rs C-386/05 – Color Drack, NJW 2007, 1799, Rdn. 26; EuGH 25.2.2010, Rs C-381/08 – Car Trim, NJW 2010, 1059, Rdn. 50.
169 EuGH, vorige Note; vgl. ausführlich auch mit Nachweise aus der Entstehungsgeschichte Kropholler/von Hein Art. 5 a.F. Rdn. 45.
170 EuGH 25.2.2010, Rs C-381/08 – Car Trim, NJW 2010, 1059, Rdn. 45 ff.; *Hess* Europäisches Zivilprozessrecht (2010), § 6 Rdn. 55.
171 EuGH 17.1.1980, Rs 56/79 – Zelger/Salinitri, IPRax 1981, 89 (Anmerkung *Spellenberg* 75).
172 Zu dieser Argumentation *Stürner* GPR 2013, 305, 311 f.; Rauscher/*Leible* Art. 7 Rdn. 53 f.
173 EuGH 20.2.1997, Rs C-106/95 – Mainschiffahrts-Genossenschaft, Sl. 1997, I-911, Rdn. 31–34; vgl. hierzu *Stürner* GPR 2013, 305, 312; Rauscher/*Leible* Art. 7 Rdn. 54.
174 EuGH 14.3.2013, Rs C-419/11 – Česká spořitelna, RIW 2013, 292, Rdn. 56.
175 EuGH 14.3.2013, Rs C-419/11 – Česká spořitelna, RIW 2013, 292, Rdn. 55; OLG Stuttgart 18.4.2011, 5 U 199/10, BeckRS 2011, 16756.
176 *Kropholler/von Hein* Art. 5 a.F. Rdn. 51.

Von praktisch herausragender Bedeutung sind Erfüllungsortvereinbarungen durch 43
Inbezugnahme von Klauselwerken wie den **Incoterms**. Hier stellt sich insbesondere bei
Kaufverträgen die Frage, was „**nach dem Vertrag**" im Sinne des Art. 7 Nr. 1 Buchstabe a), erster Spiegelstrich bedeutet. Zu Recht lässt der EuGH Lieferklauseln wie EXW für
„ex works" oder entsprechende nationale Übersetzungen ausreichen, um den Lieferort
zu determinieren, wenn sich nicht aus den Umständen ergibt, dass es den Parteien gerade nicht auf die Festlegung des Lieferortes (sondern beispielsweise nur auf Kostenverteilung) ankam.[177] Entsprechendes hat auch für andere Lieferklauseln zu gelten, mit denen
umgekehrt eine Bringschuld vereinbart wird.[178]

4. Realer und hypothetischer Liefer- bzw. Erbringungsort. Auch im Rahmen von 44
Buchstabe b) hängt die Zuständigkeit nicht davon ab, ob es im Hinblick auf die maßgebende Verpflichtung (Lieferung bzw. Erbringung der Dienstleistung) bereits zu einer
Erfüllungshandlung gekommen ist oder nicht. Ist es aber **bereits zur Erfüllung gekommen**, so ist **der reale Erfüllungsort maßgebend**; dies setzt freilich zur Vermeidung
von Manipulationsmöglichkeiten voraus, dass der Gläubiger die Leistung an diesem Ort
auch **als vertragsgemäß angenommen** hat.[179] Ist es hingegen noch nicht zu einer Erfüllung gekommen, so kommt es darauf an, wo die Lieferung nach dem Vertrag hätte erfolgen bzw. die Dienstleistung erbracht werden müssen.[180]

5. Bestimmung des maßbeglichen Liefer- bzw. Erbringungsortes. Buchstabe b) 45
knüpft die Zuständigkeit an den **Ort der tatsächlichen Leistungserbringung** (soweit
bereits die Dienstleistung erbracht oder geliefert worden ist) bzw. an den Ort, an dem
nach dem Vertrag hätte geliefert bzw. die Dienstleistung hätte erbracht werden sollen.[181]
Auch diese Kriterien sind teilweise ausfüllungsbedürftig, wenn hierbei mehrere Orte in
Betracht kommen.

a) Hol- und Bringschuld. Zunächst kommt insbesondere im Rahmen einer Erfül- 46
lungsortvereinbarung in Betracht, dass die Parteien etwa über Lieferklauseln aus den
Incoterms den Lieferort selbständig festgelegt haben (vgl. oben Rdn. 42f.). Eine solche
Vereinbarung genießt grundsätzlich Vorrang.[182]

b) Versendungskauf. Der Versendungskauf, bei dem die Ware einem Transportun- 47
ternehmen übergeben wird, zeichnet sich im materiellen deutschen Recht durch ein
Auseinanderfallen des Leistungsortes einerseits und des Erfolgsortes (im Sinne des Ortes, an dem der Erfolg der Leistung eintritt) andererseits aus. Der EuGH scheint dagegen
mit dem Terminus „Versendungskauf" alle Konstellationen zu meinen, bei denen Ware
vom Verkäufer zum Käufer transportiert wird.[183] Aber auch für den **Versendungskauf** in
dem beschriebenen engeren Sinne, bei dem vor allem in Deutschland die Lokalisierung
des Lieferortes im Sinne des ersten Spiegelstriches in Art. 7 Nr. 1 Buchstabe b) früher sehr

---

177 EuGH 9.6.2011, Rs C-87/10 – Electrosteel, EuZW 2012, 603 (Anmerkung *Leible* 204); *Gebauer* LMK 2011, 322284; vgl. auch OLG Stuttgart 18.4.2011, 5 U 199/10, BeckRS 2011, 16756; *Kropholler/von Hein* Art. 5 a.F. Rdn. 48.
178 Hierzu und zu einzelnen Klauseln *Leible* EuZW 2012, 604, 605f.
179 BayObLG 29.6.2001, IPRspr. 2001 Nr. 146; *Kropholler/von Hein* Art. 5 a.F. Rdn. 34.
180 Kropholler/von Hein Art. 5 a.F. Rdn. 47.
181 EuGH 25.2.2010, Rs C-381/08 – Car Trim, NJW 2010, 1059.
182 Rauscher/*Leible* Art. 7 Rdn. 76, mit Hinweisen auch zu den einzelnen Klauseln.
183 *Leible* EuZW 2012, 604, 605.

umstritten war,[184] ist nach der Rechtsprechung des EuGH mangels einer ggf. vorrangigen Parteivereinbarung „der **endgültige Bestimmungsort**, an dem die Waren dem Käufer körperlich übergeben wurden oder hätten übergeben werden müssen", als Lieferort anzusehen.[185] Auf den Absendeort kommt es dagegen nicht an. Jedenfalls in den Konstellationen, in denen es bereits tatsächlich zu einer Lieferung gekommen ist,[186] entspricht dies auch dem typisierten Legitimationsgrund der Sach- und Beweisnähe.[187] Der EuGH betont vor allem die Vorhersehbarkeit des Kriteriums sowie den Umstand, „dass die Waren, die den materiellen Gegenstand des Vertrags bilden, sich nach der Erfüllung dieses Vertrags grundsätzlich an diesem Ort befinden müssen."[188] Insgesamt erscheinen diese Kriterien nachvollziehbar und auch praktikabler als alternative Kriterien, die sich stärker am materiellen Recht (wenn auch entkoppelt von der *lex causae*) orientieren.[189]

48   c) **Mehrere Liefer- bzw. Erbringungsorte.** Gelegentlich ist ein Vertrag an verschiedenen Orten zu erfüllen. Dann kommen mehrere Lieferorte oder aber mehrere Orte für die Erbringung der Dienstleistung in Betracht. Entweder können die mehreren Liefer- bzw. Erbringungsorte in einem Mitgliedstaat liegen (Art. 7 Nr. 1 regelt auch die örtliche Zuständigkeit), oder aber in verschiedenen Mitgliedstaaten.

49   Der Wortlaut von Buchstabe b) erfasst die Mehrzahl von relevanten Orten in keinem der beiden Spiegelstriche. Dem Wortlaut ist aber auch umgekehrt nicht zu entnehmen, dass es stets nur einen relevanten Ort geben kann.[190] Stehen mehrere Orte in Frage, kommt entweder eine **Schwerpunktbildung** oder eine **Alternativität** im Sinne eines Wahlrechts in Betracht.

50   Für **Lieferverträge** hat der EuGH beides kombiniert. Gibt es **mehrere Lieferorte in einem Mitgliedstaat**, so ist nach wirtschaftlichen Kriterien der Ort der Hauptlieferung für den Kaufvertrag festzustellen; ist dies nicht möglich, so kann der Kläger den Beklagten vor dem Gericht des Lieferorts seiner Wahl verklagen.[191] Ob sich dies auch auf mehrere Lieferorte in verschiedenen Mitgliedstaaten übertragen lässt, erscheint nicht ganz klar, aber durchaus möglich.[192] Der EuGH hat die für mehrere Lieferorte in einem Mitgliedstaat entwickelten Grundsätze bald auch auf **Dienstleistungen** und **Leistungsorte in mehreren Mitgliedstaaten** ausgedehnt in einer Konstellation, in der eine an wirtschaftlichen Kriterien ausgerichtete Schwerpunktbetrachtung mangels quantitativer Aufteilbarkeit kaum weiterführte,[193] nämlich bei der **Personenflugbeförderung**: Hier liegen zwei gleichrangige Erfüllungsorte vor; an beiden kann an Klage erhoben werden.[194] In einer anderen Konstellation zu Dienstleistungen in verschiedenen Mitglied-

---

184 Vgl. *Kropholler/von Hein* Art. 5 a.F. Rdn. 49, mit Nachweisen auch aus der italienischen Literatur und Rechtsprechung in Fn. 268 und Fn. 277.
185 EuGH 25.2.2010, Rs C-381/08 – Car Trim, NJW 2010, 1059, Rdn. 60.
186 In den anderen Konstellationen eben nicht ohne weiteres; kritisch insofern Rauscher/*Leible* Art. 7 Rdn. 80.
187 Siehe bereits *Hau* JZ 2008, 974, 977 f.
188 EuGH 25.2.2010, Rs C-381/08 – Car Trim, NJW 2010, 1059, Rdn. 61.
189 Kritisch dagegen und eher auf materiellrechtliche Wertungen (nicht hingegen auf eine Rückkehr zur *lex causae*) abstellend Rauscher/*Leible* Art. 7 Rdn. 81.
190 Rauscher/*Leible* Art. 7 Rdn. 85.
191 EuGH 3.5.2007, Rs C-386/05 – Color Drack, NJW 2007, 1799; EuZW 2007, 370 (mit Anmerkung *Leible/Reinert* 372).
192 Differenzierend hierzu und in paralleler Argumentation zu den Dienstleistungen Rauscher/*Leible* Art. 7 Rdn. 88.
193 *Leible* EuZW 2009, 571, 572.
194 EuGH 9.7.2009, Rs C-204/08 – Peter Rehder/Air Baltic Corporation, NJW 2009, 2801, EuZW 2009, 569 (Anmerkung *Leible* 571).

staaten, bei der sich ein Ort der Hauptdienstleistung aus dem Vertrag nicht entnehmen ließ, gewährte der EuGH hingegen kein subsidiäres Wahlrecht und stellte stattdessen auf den **Sitz des Leistungserbringers** ab.[195]

6. Liefer- bzw. Erbringungsort in einem Mitgliedstaat. Sowohl für Kaufverträge als auch für Dienstleistungen bezieht sich Buchstabe b) in beiden Spiegelstrichen auf den „Ort in einem Mitgliedstaat", an dem geliefert bzw. an dem die Dienstleistung erbracht wird. Liegt dieser Ort hingegen nicht in einem Mitgliedstaat sondern in einem Drittstaat, entfällt nicht etwa der Gerichtsstand des Erfüllungsortes; vielmehr ist der Erfüllungsort sodann gemäß Buchstabe c) nach Maßgabe von Buchstabe a) zu ermitteln. Auch wenn diese Systematik kaum überzeugen kann,[196] entspricht sie dem klaren Willen des europäischen Gesetzgebers.[197]

VI. Funktion von lit. c)

Wenn es sich bei dem in Rede stehenden Vertrag nicht um einen Kaufvertrag oder um Dienstleistungen im Sinne von Buchstabe b) handelt, oder wenn bei Anwendung von Buchstabe b) der Liefer- bzw. Dienstleistungsort nicht in einem Mitgliedstaat, sondern in einem Drittstaat liegt,[198] fällt man gemäß **Buchstabe c)** zurück auf die Grundregel in **Buchstabe a)** mit der vom europäischen Gesetzgeber bewusst in Kauf genommenen[199] Lokalisierung des Erfüllungsortes nach Maßgabe der *lex causae*.[200]

Art. 7 Nr. 2

Schrifttum

Ahrens Internationale Zuständigkeit für Äußerungsdelikte im Wettbewerb, WRP 2018, 17; *Basedow* Der Handlungsort im internationalen Kartellrecht – Ein juristisches Chamäleon auf dem Weg vom Völkerrecht zum internationalen Zivilprozessrecht, in: Wettbewerbspolitik und Kartellrecht in der Marktwirtschaft – 50 Jahre FIW: 1960 bis 2010 – Festschrift, 2010, 129; *Coester-Waltjen* Internationale Zuständigkeit bei Persönlichkeitsrechtsverletzungen, in: Wege zur Globalisierung des Rechts, Festsstrift für Rolf A. Schütze zum 65. Geburtstag, 1999, 175; *Foerste* Zum Gerichtsstand für negative Feststellungsklagen, in: Recht und Risiko, Festschrift für Helmut Kollhosser zum 70. Geburtstag, Bd. 2, 2004, 141; *Freitag* Internationale Prospekthaftung revisited – Zur Auslegung des europäischen Kollisionsrechts vor dem Hintergrund der „Kolassa"-Entscheidung des EuGH, WM 2015, 1165; *Huber* Ausländische Broker vor deutschen Gerichten, IPRax 2009, 134; *Kindler* Konzernhaftung zwischen Vertrag und Delikt – Die internationale Gerichtszuständigkeit bei Verstößen gegen gesellschaftsrechtliche Mitteilungspflichten (zu EuGH, 17.10.2013 – Rs C-519/12 – OTP Bank Nyilvánosan Működő Részvénytársaság ./. Hochtief Solution AG), IPRax 2014, 486;

---

195 EuGH 11.3.2010, Rs C-19/09 – Wood Floor Solutions, EuZW 2010, 378, Rdn. 41 f. (Anm. *Leible* 380); zur Unterscheidung zwischen beiden Konstellationen vgl. auch *Kropholler/von Hein* Art. 5 a.F. Rdn. 50a; Rauscher/*Leible* Art. 7 Rdn. 92.
196 *Hau* IPRax 2000, 354, 360; *ders.* IPRax 2009, 44, 46; *Jayme/Kohler* IPRax 1999, 405; *Kropholler/von Hein* Art. 5 a.F. Rdn. 53.
197 Rauscher/*Leible* Art. 7 Rdn. 93.
198 Kritisch zur Ausdehnung des Anwendungsbereichs von Buchstabe a) für den Fall, dass der Liefer- oder Dienstleistungsort außerhalb des Anwendungsbereichs der EuGVVO liegt: *Hau* IPRax 2000, 354, 360; *ders.* IPRax 2009, 44, 46; *Jayme/Kohler* IPRax 1999, 405; *Kropholler/von Hein* Art. 5 a.F. Rdn. 53.
199 *Kropholler/von Hein* Art. 5 a.F. Rdn. 30; Rauscher/*Leible* Art. 7 Rdn. 93.
200 Zu Recht kritisch gegenüber diesem gespaltenen Konzept *Kropholler/von Hein* Art. 5 a.F. Rdn. 31; Rauscher/*Leible* Art. 7 Rdn. 93.

Kubis Internationale Zuständigkeit bei Persönlichkeits- und Immaterialgüterrechtsverletzungen, 1999; *Maier* Marktortanknüpfung im internationalen Kartelldeliktsrecht, 2011; *Mankowski* Der europäische Gerichtsstand des Tatortes aus Art. 5 Nr. 3 EuGVVO bei Schadensersatzklagen bei Kartelldelikten, WuW 2012, 797; *Steinrötter* Der notorische Problemfall der grenzüberschreitenden Prospekthaftung, RIW 2015, 407; *Thole* Deliktsklagen gegen ausländische Broker und Finanzdienstleister vor deutschen Gerichten, ZBB 2011, 399; *ders.* Verbrauchergerichtsstand aufgrund schlüssiger Behauptung für eine Kapitalanlegerklage gegen die Hausbank des Anlagefonds? (zu BGH, 29.11.2011 – XI ZR 172/11), IPRax 2013, 136; *ders.* Der Kampf um den Gerichtsstand bei internationalen Anlegerklagen am Beispiel der Porsche SE, AG 2013, 73; *ders.* Die Durchgriffshaftung im Deliktsgerichtsstand des Art. 5 Nr. 3 EuGVVO, GPR 2014, 113; *ders.* Die internationale Zuständigkeit für Vertragsstrafe- und Unterlassungsklagen von Wettbewerbsverbänden (zu KG, 25.4.2014 – 5 U 113/11), IPRax 2015, 65; *ders.* Das Finanzmarktrecht im Internationalen Prozessrecht, in: Zetzsche/Lehmann, Grenzüberschreitende Finanzdienstleistungen, 2018, S. 50; *von Hein* Verstärkung des Kapitalanlegerschutzes: Das Europäische Zivilprozessrecht auf dem Prüfstand, EuZW 2011, 369; *ders.* Anmerkung zu einem Urteil des EuGH vom 28.1.2015 (C-375/13) – Zur Frage des internationalen Gerichtsstand für Ansprüche eines geschädigten Kapitalanlegers, JZ 2015, 946; *Wagner* Ehrenschutz und Pressefreiheit im europäischen Zivilverfahrens- und Internationalen Privatrecht, RabelsZ 62 (1998), 243; *Wagner/Gess* Der Gerichtsstand der unerlaubten Handlung nach der EuGVVO bei Kapitalanlagedelikten, NJW 2009, 3481; *Weller* Zur Handlungsortbestimmung im internationalen Kapitalanlegerprozeß bei arbeitsteiliger Deliktsverwirklichung, IPRax 2000, 202; *Wendelstein* Anmerkung zu EuGH, Urteil v. 13.3.2014, C-548-12, 622; *Wendenburg/Schneider* Vertraglicher Gerichtsstand bei Ansprüchen aus Delikt?, NJW 2014, 1633; *Wiesener* Der Gegendarstellungsanspruch im deutschen internationalen Privat- und Verfahrensrecht, 1998; *Wurmnest* Internationale Zuständigkeit und anwendbares Recht bei grenzüberschreitenden Kartelldelikten, EuZW 2012, 933; *ders.* International jurisdiction in competition damages cases under the Brussels I Regulation: CDC Hydrogen Peroxide, Common Market Law Review, 53 (2016), 225.

Übersicht

I. Grundlagen und Normzweck —— 53
II. Systematik und Verhältnis zu Art. 7 Nr. 1 —— 55
III. Voraussetzungen —— 61
  1. Begriff der unerlaubten Handlung —— 61
  2. Ursächlicher Zusammenhang zwischen Ereignis und Schaden —— 63
  3. Deliktstypus —— 64
  4. Klageart —— 66
  5. Prozessuale Darlegung der Voraussetzungen —— 68
  6. Reichweite (Anspruchskonkurrenz) —— 71
  7. Rechtsnachfolge —— 73

IV. Ort des schädigenden Ereignisses —— 75
  1. Handlungsort —— 76
  2. Erfolgsort —— 79
V. Ausgewählte Fallgestaltungen —— 85
  1. Produkthaftung —— 85
  2. Kartellverstöße und Wettbewerbsrecht —— 86
  3. Immaterialgüterrechte und Persönlichkeitsrechtsverletzungen —— 89
  4. Gesellschafts- und insolvenzrechtliche Haftung —— 93
  5. Geschäftsführung ohne Auftrag —— 99
  6. Kapitalanlagerecht —— 100
  7. Cloud Computing —— 109

I. Grundlagen und Normzweck

53 Der früher in Art. 5 Nr. 3 Brüssel I-VO und Art. 5 Nr. 3 EuGVÜ enthaltene Deliktsgerichtsstand begründet die internationale und die örtliche Zuständigkeit der Gerichte in einem vom Wohnsitzstaat des Beklagten (i.S.d. Art. 4) abweichenden Mitgliedstaat. Danach kann eine Person in einem anderen Mitgliedstaat als dem Wohnsitzstaat verklagt werden, „wenn eine unerlaubte Handlung oder eine Handlung, die einer unerlaubten Handlung gleichgestellt ist, oder wenn Ansprüche aus einer solchen Handlung den Gegenstand des Verfahrens bilden." Zuständig ist dann das Gericht des Ortes, „an dem das schädigende Ereignis eingetreten ist oder einzutreten droht." Damit verdrängt Art. 7 Nr. 2 das nationale Zuständigkeitsrecht. Wie alle Gerichtsstände des Art. 7 ist auch Art. 7 Nr. 2

einer Gerichtsstandsvereinbarung zugänglich. Es handelt sich um einen **besonderen Gerichtsstand**, der folglich nicht ausschließlicher Natur ist, sondern wahlweise neben anderen Gerichtsständen, insbesondere dem Beklagtengerichtsstand des Art. 4 oder dem Gerichtsstand der Streitgenossenschaft nach Art. 8 Nr. 1 zur Verfügung steht.

Anders als der Verbrauchergerichtsstand geht es dem Deliktsgerichtsstand nicht um einen spezifischen Schutz des Deliktsopfers (zur Anwendung auf negative Feststellungsklagen daher unten Rdn. 15). Der Grundgedanke ist vielmehr, dass derjenige, der einen anderen rechtswidrig schädigt, **am Ort der Tat rechenschaftspflichtig ist.**[201] Art. 7 Nr. 2 ist insoweit auch von dem Gedanken der Vorhersehbarkeit geprägt,[202] weil der Tatort für den Geschädigten nicht in gleicher Weise zufällig ist wie der Wohnort des Schädigers. Umgekehrt kann sich auch der (vermeintliche) Deliktsschädiger auf die Gerichtspflichtigkeit an diesem Ort einrichten, so dass Art. 7 Nr. 2 auch einen gerechten Ausgleich schafft.[203] Die besondere Zuständigkeit nach Nr. 2 beruht nach Auffassung des EuGH darauf, dass „eine **besonders enge Beziehung** zwischen der Streitigkeit und anderen Gerichten als denen des Ortes des Beklagtenwohnsitzes besteht, die aus Gründen einer geordneten Rechtspflege und einer sachgerechten Gestaltung des Prozesses eine Zuständigkeit dieser anderen Gerichte rechtfertigt".[204] Damit wird die Sach- und Beweisnähe des Gerichts am Ort des schädigenden Ereignisses als maßgeblicher Gesichtspunkt anerkannt.[205]

54

II. Systematik und Verhältnis zu Art. 7 Nr. 1

Der EuGH geht in ständiger Rechtsprechung davon aus, dass zwischen dem Vertragsgerichtsstand und dem Deliktsgerichtsstand eine **Alternativität** in dem Sinne besteht, dass Art. 7 Nr. 2 nur dann anwendbar ist, „wenn ein Vertrag i.S. von Nr. 1 nicht vorliegt".[206] Die Prüfung des Vertragsgerichtsstands mit seinem autonom zu verstehenden Begriff des vertraglichen Anspruchs hat Vorrang vor der Prüfung des Gerichtsstands für unerlaubte Handlungen.[207] Ein Vertrag in diesem Sinne kann auch das gesellschaftsvertragliche Verhältnis zwischen Gesellschaft und Geschäftsführer sein.[208] Da der Begriff des Vertrags ebenso wie jener der unerlaubten Handlung **unionsrechtlich autonom** verstanden wird, können jeweils auch solche Ansprüche erfasst sein, die nach nationalem Recht anders qualifiziert werden.[209]

55

Allerdings deckt der Deliktsgerichtsstand nicht etwa lückenlos sämtliche Fälle ab, in denen es an einem vertraglichen Anspruch fehlt. Beispielsweise fallen Gläubigeranfech-

56

---

201 Vgl. *J. Schröder* Internationale Zuständigkeit, 1971, S. 269; MünchKomm/*Gottwald* Art. 7 EuGVVO Rdn. 45; *Geimer/Schütze* Rdn. 201.
202 Rauscher/*Leible* Rdn. 103.
203 Rauscher/*Leible* Rdn. 103.
204 EuGH, 30.11.1976, Rs 21/76 (*Mines Potasse d'Alsace S.A.*), NJW 1977, 493 = ECLI:EU:C:1976:166 Rdn. 9/12; EuGH, 11.1.1990, Rs C-220/88 (*Dumez France*), NJW 1991, 631 = ECLI:EU:C:1990:8 Rdn. 21; EuGH, 10.6.2004, Rs C-168/02 (*Kronhofer*), NJW 2004, 2441 = ECLI:EU:C:2004:364 Rdn. 15.
205 Stein/Jonas/*Wagner* Rdn. 119.
206 U.a. EuGH, 27.9.1988, Rs 189/87 (*Kalfelis*), NJW 1988, 3088 Rdn. 19 f. m. krit. Anm. *Geimer* = ECLI:EU:C:1988:459 Rdn. 17 ff.; EuGH, 17.9.2002, Rs C-334/00 (*Tacconi*), NJW 2002, 3159 = ECLI:EU:C:2002:499 Rdn. 21 = IPRax 2003, 143 m. Anm. *Mankowski* S. 127; EuGH, 1.10.2002, Rs C-167/00 (*Henkel*), NJW 2002, 3617 = ECLI:EU:C:2002:555 Rdn. 36, 3617; EuGH, 11.7.2002, Rs C-96/00 (*Gabriel*), NJW 2002, 2697 = ECLI:EU:C:2002:436 Rdn. 34 = ZEuP 2004, 762 mit Bespr. *Staudinger*; EuGH, 13.3.2014, Rs C-548/12 (*Brogsitter*), NJW 2014, 1648 = ECLI:EU:C:2014:148 Rdn. 20.
207 *Mankowski* IPRax 2003, 127, 128.
208 EuGH, 10.9.2015, Rs C-47/14 (*Holterman Ferho Exploitatie*), NZA 2016, 183 Rdn. 70.
209 Vgl. auch BGH NJW 2011, 532 zu § 823 Abs. 2 BGB i.V.m. § 32 KWG.

tungsklagen weder unter Nr. 1 noch unter Nr. 2;[210] bei der Geschäftsführung ohne Auftrag ist die Frage ungeklärt.[211] Näher unten Rdn. 47.

57 Noch nicht abschließend geklärt ist die Bedeutung, die das *Brogsitter*-Urteil des EuGH vom 13.3.2014 für **das Verhältnis von Vertragsgerichtsstand und Deliktsgerichtsstand** hat. Dort hat das Gericht einem deliktischen Anspruch gleichwohl die Qualität als Vertrag im Sinne der Nr. 1 zuerkannt, wenn „eine Auslegung des Vertrags ... unerlässlich erscheint, um zu klären, ob das ... vorgeworfene Verhalten rechtmäßig oder vielmehr widerrechtlich ist."[212] Es sei Sache des Gerichts festzustellen, ob die Klageanträge einen Ersatzanspruch zum Gegenstand haben, dessen Grund bei vernünftiger Betrachtungsweise in einem Verstoß gegen die Rechte und Pflichten aus dem zwischen den Parteien des Ausgangsverfahrens bestehenden Vertrag gesehen werden kann, so dass dessen Berücksichtigung für die Entscheidung über die Klage zwingend erforderlich wäre".[213]

58 Das Urteil stärkt die Rechtssicherheit nicht,[214] sondern bewirkt eher das Gegenteil.[215] Nach Maßgabe des Urteils sind solche Deliktsansprüche, bei denen es – untechnisch gesprochen – zwingend auf den Vertrag ankommt, dem Vertragsgerichtsstand zugewiesen. Die Schwierigkeit liegt nun darin, zu ermitteln, wann es auf den Vertrag ankommt und wann davon die Rede sein kann, dass das vorgeworfene Verhalten als **Verstoß gegen vertragliche Verpflichtungen** angesehen werden kann. Es ist zu differenzieren.[216] Es genügt nicht, wenn der Vertrag einen Erlaubnissatz für die schädigende Handlung aufstellt, also sich z.B. der Schädiger auf einen vertraglichen Rechtfertigungsgrund, z.B. eine Einwilligung, beruft. Dann ist das vorgeworfene Verhalten kein Verstoß gegen vertragliche Pflichten, sondern umgekehrt das vorgeworfene Verhalten mit vertraglichen Rechten vereinbar. Es muss vielmehr schon bei der Pflichtenbestimmung auf Schädigerseite der Vertrag unerlässlich sein. Sonst könnten Einreden zum Wegfall des Deliktsgerichtstands führen.[217] Es reicht auch nicht, dass ein Vertragsverstoß in rein tatsächlicher Hinsicht zugleich ein Deliktsverstoß ist,[218] also Anspruchskonkurrenz besteht. In vielen Fällen kann man nämlich eine Pflichtverletzung begründen, ohne dass es auf den Vertrag ankommt.[219] Häufig werden gerade deliktische Verkehrssicherungspflichten und Pflichten zum Schutz des Integritätsinteresses in den Vertrag gespiegelt und nicht andersherum.[220] Problematisch erscheinen nach *Brogsitter* vor allem die Ummantelungsfälle,[221] in denen die Reichweite der Pflicht vom Vertrag abhängt. Im Mietvertragsrecht wird es besonders deutlich. Die Frage, ob das Beschmieren der Wände eine rechtswidrige Eigentumsverletzung ist, hängt immer davon ab, welche Rechte der Mieter haben sollte und für welche Zwecke er die Mietsache erhalten sollte – das ist aber eine Vertragsfrage. Hier scheint der *Brogsitter*-Ansatz einschlägig zu sein. Nicht überraschend ist auch, dass die Arbeitsgerichte nunmehr einen weiten Vorrang des Art. 20 auch bei deliktischer

---

210 EuGH, 26.3.1992, Rs C-261/90 (*Reichert*), BeckRS 2004, 75788 = ECLI:EU:C:1992:149 Rdn. 19.
211 Unten Rdn. 12 und 47.
212 EuGH, 13.3.2014, Rs C-548/12 (*Brogsitter*), NJW 2014, 1648 = ECLI:EU:C:2014:148 Rdn. 24 f.
213 EuGH, 13.3.2014, Rs C-548/12 (*Brogsitter*), NJW 2014, 1648 = ECLI:EU:C:2014:148 Rdn. 26.
214 So aber *Wendenburg/Schneider* NJW 2014, 1633.
215 Kritisch auch *Mansel/Thorn/R. Wagner* IPRax 2015, 1, 16; *Wendelstein* ZEuP 2015, 622, 633.
216 *Thole* in Zetzsche/Lehmann, Das Finanzmarktrecht im Internationalen Prozessrecht, 2018, 50, 52.
217 Zu diesem Problem bei Verletzungsklagen bei Immaterialgüterrechtsstreitigkeiten im Sinne des Art. 22 Nr. 4 EuGVVO a.F. = Art. 24 Nr. 4 EuGVVO n.F. EuGH, 13.7.2006, Rs C-4/03 (*GAT*), EuZW 2006, 575 = ECLI:EU:C:2006:457 Rdn. 25 ff.
218 *Weller* LMK 2014, 359127.
219 *Weller* LMK 2014, 359127.
220 MünchKomm-BGB/*G. Wagner* § 823 Rdn. 313; vgl. auch OLG Düsseldorf VersR 2012, 732 f.: „mietvertragliche Verkehrssicherungspflichten".
221 *Mansel/Thorn/R. Wagner* IPRax 2015, 1, 16.

Schädigung des Arbeitgebers erkennen, wenn der Arbeitsvertrag herangezogen werden muss, um die Widerrechtlichkeit zu klären;[222] man wird aufpassen müssen, dass nicht jede (behauptete) Beziehung zum Arbeitsvertrag künftig genügt, um Art. 7 Nr. 2 auszuschalten.

Auch Ansprüche aus **culpa in contrahendo** können nach Maßgabe des *Tacconi*-Urteils des EuGH als deliktisch zu qualifizieren sein.[223] Entgegen einem verbreiteten Missverständnis ist aber bei der Würdigung dieser Entscheidung zu berücksichtigen, dass sie sich auf einen Fall bezog, in dem der Abbruch von Vertragsverhandlungen zwischen zwei potentiellen Vertragspartner eine Schadensersatzpflicht eines Dritten begründen sollte, der Beklagte also nie selbst als Vertragspartner vorgesehen war (dazu oben Gebauer Art. 7 Rdn. 23). Daher sind klassische Fälle einer vorvertraglichen Pflichtverletzung regelmäßig dem Vertragsgerichtsstand zu unterstellen. Auch bei Behauptung eines Eingehungsbetrugs kann das *Brogsitter*-Urteil u.U. anwendbar sein.[224] 59

Im Anwendungsbereich **internationaler Übereinkommen** gemäß Art. 71 können vorrangige Vorschriften einschlägig sein. Das gilt z.B. auch für Unfälle im internationalen Straßengüterverkehr (Art. 31 CMR).[225] Besondere Bedeutung haben die vorrangigen Bestimmungen zum Gerichtsstand nach Art. 93 Abs. 5 GMVO. Danach sind Klagen i.S.d. Art. 92 GMVO bei Verletzungen von Gemeinschaftsmarken auch bei den Gerichten des Mitgliedstaats möglich, „in dem eine Verletzungshandlung begangen worden ist oder droht". Der EuGH geht davon aus, dass damit nicht der Erfolgsort, sondern nur der Handlungsort gemeint ist, so dass ein Wahlrecht nicht besteht.[226] Die Kognitionsbefugnis ist wegen Art. 98 Abs. 2 GMVO beschränkt. Entsprechendes gilt für Art. 82 Abs. 5 GGVO; die Kognitionsbefugnis ist dort ebenfalls begrenzt auf die Verletzungshandlungen, die in dem Mitgliedstaat begangen worden sind oder drohen, in dem das Gericht seinen Sitz hat, Art. 83 Abs. 2 GGVO.[227] Das Vorrangverhältnis zu Art. 7 Nr. 2 hat der EuGH in der Rs Bayerische Motoren Werke[228] auch gegen Umgehungsstrategien abgesichert. Klagen auf Feststellung der Nichtverletzung von Gemeinschaftsgeschmacksmustern können nicht im Gerichtsstand des Art. 7 Nr. 2 erhoben werden, weil die vorrangigen Regeln der GGVO in Art. 82 Abs. 5 nicht auf Art. 81 lit. b GVVO verweist. Entsprechend ist es bei Art. 101 Abs. 3 SortenschutzVO (VO 2100/94). 60

III. Voraussetzungen

1. Begriff der unerlaubten Handlung. Nr. 2 setzt eine unerlaubte Handlung voraus oder eine solche Handlung, die einer unerlaubten Handlung gleichzusetzen ist. Damit ist die unerlaubte Handlung der Zentralbegriff der Nr. 2. Der Begriff der gleichgestellten Handlung betrifft vor allem **Abwehr- und Beseitigungsansprüche** wie § 1004 BGB i.V.m. § 906 BGB und damit insbesondere auch **Immissionsabwehrklagen**, die nicht 61

---

222 LAG Niedersachen NZA-RR 2016, 611 Rdn. 29.
223 EuGH, 17.9.2002, Rs C-334/00 (*Tacconi*), NJW 2002, 3159 = ECLI:EU:C:2002:499.
224 So jedenfalls LG München, 23.3.2017 – 8 O 10059/16 – juris.
225 Vgl. auch EuGH, 4.9.2014, Rs C-157/13 (*Nickel & Goeldner Spedition GmbH*), ZIP 2015, 96 = ECLI:EU:C:2014:2145 mit Anmerkung zur Abgrenzung von Brüssel Ia und EuInsVO für diese Fälle *Thole* IPRax 2015, 396.
226 EuGH, 5.6.2014, Rs C-360/12 (*Coty Germany GmbH*), NJW 2014, 2339 Rdn. 30 ff. = ECLI:EU:C:2014:1318. Anders bei Art. 93 I-IV GMVO EuGH, 12.4.2011, Rs C-235/09 (*DHL Express SAS*), EuZW 2011, 686 Rdn. 44 ff. = ECLI:EU:C:2011:238.
227 Kritisch *Schack* Rdn. 346. Bestätigt aber jetzt durch EuGH, 13.7.2017, Rs C-433/16 (Bayerische Motoren Werke), IPRax 2018, 198.
228 EuGH, 13.7.2017, Rs C-433/16 (Bayerische Motoren Werke), IPRax 2018, 198 Rdn. 43 ff.

von Art. 24 Nr. 1 erfasst sind.[229] Der EuGH hat dies indirekt bestätigt, indem er vorbeugende Immissionsabwehrklagen nicht unter Art. 24 Nr. 1 eingeordnet hat.[230]

62 Der Begriff der unerlaubten Handlung wird nicht nach der lex causae bestimmt, sondern **autonom** ausgeformt. Aus der negativen Abgrenzung zu Nr. 1 ergibt sich bereits, dass der unerlaubten Handlung das Element der freiwillig eingegangen Verpflichtung fehlt, das der Vertrag im Sinne der Nr. 1 aufweist. Der EuGH geht in ständiger Rechtsprechung zudem davon aus, dass eine „Schadenshaftung" geltend gemacht werden muss, so dass eine unerlaubte Handlung jede Schadenshaftung ist, die nicht an einen Vertrag oder Ansprüche aus einem Vertrag im Sinne der Nr. 1 anknüpft. Darunter können eine **Reihe von Deliktstypen** und Fälle von Ersatzpflichten eingeordnet werden, die in der Rechtsprechung bereits bedeutsam geworden sind, etwa
- Persönlichkeitsrechtsverletzungen[231] und Immaterialgüterrechtsverletzungen (soweit kein Vorrang etwa der GMVO)
- Umweltschäden[232]
- Produkthaftungsfälle[233]
- Kartellschäden[234] und wettbewerbsrechtliche Verstöße[235]
- Kapitalanlagefälle[236]
- Transportschäden[237] und Straßenverkehrsunfälle[238]
- gesellschaftsrechtliche Schadensersatzpflichten, soweit kein Vorrang der EuInsVO greift[239]
- Arbeitskampfmaßnahmen.[240]

63 **2. Ursächlicher Zusammenhang zwischen Ereignis und Schaden.** Der EuGH hat zwar festgestellt, dass ein Schaden noch nicht eingetreten sein muss (dazu unten Rdn. 12), wohl aber muss ein ursächlicher Zusammenhang zwischen dem (zu befürchtenden) Schaden und dem zugrunde liegenden Ereignis festzustellen sein bzw. für das Eingreifen des Deliktsgerichtsstands schlüssig behauptet (dazu Rdn. 16) werden können.[241]

64 **3. Deliktstypus.** Der Delikttypus ist für die Einordnung unter Art. 7 Nr. 2 **unerheblich**. Es muss nicht zwingend ein Anspruch aus Verschuldenshaftung sein, sondern auch die Gefährdungshaftung bzw. eine verschuldensunabhängige Haftung ist erfasst, was etwa

---

229 Stein/Jonas/*Wagner* Rdn. 135.
230 EuGH, 18.5.2006, Rs C-343/04 (*ČEZ as*), EuZW 2006, 435 Rdn. 34 = ECLI:EU:C:2006:330 m. Anm. *Thole* IPRax 2006, 564; Stein/Jonas/*Wagner* Rdn. 135.
231 EuGH, 7.3.1995, Rs C-68/93 (*Shevill*), NJW 1995, 1881 = ECLI:EU:C:1995:61; EuGH, 25.10.2011, Rs C-509/09 und C-161/10, (*eDate Advertising GmbH*), NJW 2012, 137 = ECLI:EU:C:2011:685 und Vorlage des BGH RIW 2010, 67; OLG München NJW-RR 1994, 190; *Coester-Waltjen* FS Schütze S. 175 ff.; *Wagner* RabelsZ 62 (1998), 243. Dazu unten Rdn. 31.
232 EuGH, 30.11.1976, Rs 21/76 (*Mines Potasse d'Alsace S.A.*), NJW 1977, 493 = ECLI:EU:C:1976:166.
233 EuGH, 16.1.2014, Rs C-45/13 (*Kainz*), NJW 2014, 1166 = ECLI:EU:C:2014:7; AG Neustadt IPRspr. 1984, Nr. 133: Erfolgsort am Unfallort. Dazu unten Rdn. 33.
234 EuGH, 21.5.2015, Rs C-352/13 (*CDC*), ZIP 2015, 2043 = ECLI:EU:C:2015:335.
235 KG IPRax 2015, 90 m. Anm. *Thole* S. 65.
236 EuGH, 10.6.2004, Rs C-168/02 (*Kronhofer*), NJW 2004, 2441 = ECLI:EU:C:2004:364; EuGH, 28.1.2015, Rs C-375/13 (*Kolassa*), NJW 2015, 1581 = ECLI:EU:C:2015:37.
237 EuGH, 27.10.1998, Rs C-51/97 (*Réunion européenne SA*), EuZW 1999, 59 = ECLI:EU:C:1998:509.
238 Bericht *Jenard* ABl. (EG) 1979 Nr. C 59 S. 26 zu Art. 5 Nr. 3 und 4 EuGVÜ.
239 Dazu ausf. unten Rdn. 41 ff.
240 Vgl. auch EuGH, 5.2.2004, Rs C-168/02 (*DFDS Torline A/S*), BB 2004, 543 Rdn. 29 ff. = ECLI:EU:C:2004:74.
241 EuGH, 30.11.1976, Rs 21/76 (*Mines Potasse d'Alsace S.A.*), NJW 1977, 493 = ECLI:EU:C:1976:166 Rdn. 16; EuGH, 28.1.2015, Rs C-375/13 (*Kolassa*), NJW 2015, 1581 Rdn. 58 ff. = ECLI:EU:C:2015:37.

für das Straßenverkehrsrecht bedeutsam ist. Wie oben Rdn. 11 beschrieben, sind auch Beseitigungs- und Unterlassungsansprüche wegen einer Eigentumsbeeinträchtigung nach §§ 1004 BGB erfasst,[242] was der BGH als acte claire angesehen hat.[243] Auch presserechtliche Gegendarstellungsansprüche gehören zu dieser Gruppe.[244] Auch Aufopferungsansprüche können erfasst sein.[245] Ansprüche auf Zahlung eines „gerechten Ausgleichs" zwecks Entschädigung von Inhabern von **Urheberrechten** bei Vervielfältigungen wie z.B. im Falle der VG Wort sind Ansprüche i.S.d. Nr. 2.[246] Schadensersatzansprüche bzw. Zahlungsansprüche aus **Staatsanleihen** im Kontext eines Schuldenschnitts (Fall Griechenland) können erfasst sein, sofern man nicht Nr. 1 anwenden will. Der Anwendungsbereich des Art. 1 ist eröffnet, weil es nicht etwa an einer Zivil- und Handelssache fehlt.[247] Die Auffassung des BGH, der eine Berufung auf die Staatenimmunität zulässt,[248] überzeugt nicht.[249]

Keine unerlaubte Handlung bilden **Bereicherungsansprüche**. Sie können vertragsakzessorisch angeknüpft werden, wenn es um Fälle der Leistungskondiktion mangels wirksamen Vertrags geht. Bei klassischen Eingriffsfällen wird teilweise eine Einstellung in Nr. 2 angenommen,[250] doch wird es hier meist an der Schadenshaftung fehlen,[251] anders allerdings bei Ansprüchen nach §§ 818 Abs. 4, 819, 292, 989 BGB.[252] Zur Geschäftsführung ohne Auftrag unten Rdn. 47. 65

4. Klageart. Auf die Klageart kommt es ebenfalls nicht an. So werden nicht nur Leistungsklagen auf Ersatz eines bereits eingetretenen Schadens erfasst, sondern auch Unterlassungsklagen. Das ergibt sich auf der Erstreckung auf den Ort, an dem das schädigende Ereignis einzutreten droht. Ebenso sind auch vorbeugende Unterlassungsklagen, d.h. solche vor einer Erstbegehung erfasst, u.a. auch bei Wettbewerbsverstößen und durch Verbraucherverbände.[253] Auch bei **Unterlassungsklagen** kann die Mosaikbetrachtung greifen (dazu unten Rdn. 37).[254] Die Bestimmung des Ortes, an dem das schädigende Ereignis einzutreten droht, ist notfalls mit Indizien vorzunehmen.[255] Zu beachten ist, dass auch beim Handlungs- und Erfolgsort die Begrenzungen greifen, die der EuGH an Handlungs- und Erfolgsort anlegt, so dass Handlungsort in diesem Sinne nicht zwingend jeder potentielle Ort für einzelne untergeordnete Ausführungsakte sein muss (näher unten zum Handlungsort Rdn. 76). Bei Unterlassungsansprüchen kann unklar sein, wie sich eine „freiwillige" Unterlassungserklärung nach Abmahnung zuständigkeitsrechtlich dazu verhält. Die Praxis nimmt eine vertragliche Verpflichtung i.S.d. Nr. 1 auch dann an, wenn sich der Beklagte zu einer Unterlassung verpflichtet, zu der er gesetzlich verpflichtet ist, 66

---

242 BGH NJW 2006, 689 = VersR 2006, 566; OLG München NJW-RR 1994, 190. Ebenso *Schlosser/Hess* Rdn. 16; Rauscher/*Leible* Rdn. 111; MünchKomm/*Gottwald* Art. 7 EuGVO Rdn. 49.
243 BGH NJW 2006, 689 = VersR 2006, 566.
244 *Geimer/Schütze* Rdn. 231; *Wiesner* Der Gegendarstellungsanspruch, 1998, S. 123; *Kropholler/von Hein* Rdn. 74; Rauscher/*Leible* Rdn. 110; *Stadler* JZ 1994, 642, 648.
245 So MünchKomm/*Gottwald* Art. 7 EuGVO Rdn. 49; **a.M.** *Schlosser/Hess* Art. 7 EuGVVO Rdn. 16.
246 EuGH, 21.4.2016, Rs C-572/14 (*Austro-Mechana*) = ECLI:EU:C:2016:286 Rdn. 62 ff.
247 Vgl. EuGH, 11.6.2015, Rs C-226/13, C-245/13, C-247/13, C-578/13 (*Fahnenbrock*), ZIP 2015, 1250 = ECLI:EU:C:2015:383 zur Anwendung der ZustellVO Rdn. 50 ff.
248 BGH NJW 2016, 1659.
249 Richtig auch OLG Oldenburg ZIP 2016, 1243.
250 Rauscher/*Leible* Rdn. 112; Stein/Jonas/*Wagner* Rdn. 141.
251 *Kropholler/von Hein* Rdn. 75; *Schlosser/Hess* Rdn. 16; *W. Lorenz* IPRax 1993, 44, 45 f.
252 Vgl. auch Stein/Jonas/*Wagner* Rdn. 141.
253 OLG Dresden, 15.7.2015, U 3/15 Kart = BeckRS 2015, 17562 m. Anm. *Thole* GRUR-Prax 2015, 493; LG München BeckRS 2018, 2468 („Amazon Dash-Button").
254 BGHZ 212, 381 = NJW 2017, 827 Rdn. 19.
255 *Mankowski* EWiR 2002, 1047 (1048).

etwa nach den Regeln des UWG.[256] Eine vertraglich vereinbarte **Vertragsstrafe** kann nicht zugleich den Deliktsgerichtsstand auszufüllen, sondern ist als eigenständiger Vertrag anzusehen.[257] Allerdings ist es durchaus möglich, dass mit dem vertraglichen Anspruch auch ein deliktischer Anspruch konkurriert, der eigenständig zu beurteilen ist.[258]

67 Die Frage, ob Art. 7 Nr. 2 auch auf **negative Feststellungsklagen** anwendbar ist, war in Schrifttum und Rechtsprechung ungeklärt und umstritten.[259] Der EuGH hat mit Urteil vom 25.10.2012 in der Rs Folien Fischer die Frage entgegen den Schlussanträgen des GA[260] positiv entschieden.[261] Die knappe Argumentation des EuGH zielt im Kern darauf ab, dass der Wortlaut des Art. 5 Nr. 3 solche Klagen nicht ausschließe und dass der Gerichtsstand allein aus Sachgründen, nicht aus Gründen des Opferschutzes bestehe. Die Lokalisierung des Handlungs- oder Erfolgsorts im Gebiet des angerufenen Gerichts stelle die notwendige Beziehung zu diesem Mitgliedstaat her. Dem ist im Ergebnis zu folgen.[262] Zum Vertragsgerichtsstand des Art. 5 Nr. 1 a.F. hatte der Gerichtshof schon früh anerkannt, dass auch eine Klage auf Nichtbestehen des Vertrags im Vertragsgerichtsstand verhandelt werden kann,[263] was auch unmittelbar plausibel erscheint. Auch beim Deliktsgerichtsstand steht die Sach- und Beweisnähe des Handlungs- und Erfolgsorts im Vordergrund. Am Handlungs- und Erfolgsort kann häufig der Tathergang besser aufgeklärt werden. Zudem steht ja gerade noch nicht fest, dass der vermeintliche Schädiger wirklich eine unerlaubte Handlung begangen hat, so dass man mit einer reflexartigen Zurückweisung seines Schutzbedürfnisses zurückhaltend sein sollte. Soweit argumentiert wird, das in Art. 7 Nr. 2 verankerte Wahlrecht lasse eine zuständigkeitsrechtliche Sympathie zugunsten des Opfers erkennen, weil das idR beweisbelastete Opfer entscheiden könne, wo Sachnähe zu erwarten sei,[264] wird sachwidrig von der Beweislast auf die Zuständigkeitsfrage zurückgeschlossen.[265] Die mit der Zuständigkeitsregel verknüpfte Rechenschaftspflicht (oben Rdn. 54)[266] verwirklicht sich auch dann, wenn der vermeintliche Täter negative Feststellungsklage am Tatort erhebt. Einzelne Folgefragen, etwa bei Streudelikten, sind freilich noch ungeklärt.[267]

68 **5. Prozessuale Darlegung der Voraussetzungen.** Es liegt in der Natur des Gerichtsstands, dass das Vorliegen einer unerlaubten Handlung eigentlich vollständig geprüft werden müsste, um zu ermitteln, ob der Deliktsgerichtsstand eingreift. Damit würde indes die in der Begründetheit der Klage zu prüfenden materiell-rechtlichen Fragen bereits in die Zuständigkeitsfrage hineinspielen. Die unerlaubte Handlung ist insofern doppelrelevant, weil sie sowohl bei der Zuständigkeitsfrage als auch auf der Ebene der Begründetheit zu prüfen ist. Um eine Überfrachtung der Zuständigkeitsfrage zu verhin-

---

256 KG Berlin, 25.4.2014, 5 U 113/11 = IPRax 2015, 90.
257 LG München I, 12.12.2007, 9 O 13832/07 = ZUM-RD 2008, 309, 310 f.
258 Thole IPRax 2015, 65, 69.
259 Zum Meinungsstand BGH GRUR 2011, 554 (dazu Bischke/Brack NZG 2011, 661); Kropholler/von Hein Art. 5 EuGVO Rdn. 78; Stein/Jonas/Wagner Art. 5 EuGVVO Rdn. 113.
260 Schlussanträge GA Jääskinen, 19.4.2012, Rs C-133/11 (Folien Fischer), BeckRS 2012, 81374 = ECLI:EU:C:2012:226.
261 EuGH, 25.10.2012, Rs C-133/11 (Folien Fischer), NJW 2013, 287 = ECLI:EU:C:2012:664.
262 Thole NJW 2013, 1192, 1193. Dazu auch Thole AG 2013, 73, 77.
263 EuGH, 4.3.1982, Rs 38/81 (Effer), ECLI:EU:C:1982:79 Rdn. 6 ff.
264 So FoersteFS Kollhosser S. 141, 149 f. zu § 32 ZPO.
265 Thole NJW 2013, 1192, 1193.
266 Zum Präventionsaspekt als Staatsinteresse auch J. Schröder Internationale Zuständigkeit, 1971, S. 268, und gegen die Verknüpfung mit dem Gedanken der Opfersympathie aaO, S. 266.
267 Gebauer ZEuP 2013, 874 ff., zur Verfahrenskoordinierung von negativer Feststellungsklage und Leistungsklage, dazu bei Weller Art. 29 Rdn. 10.

dern, genügt für das Eingreifen des Deliktsgerichtsstand der **schlüssige Vortrag**, dass die behauptete Handlung eine deliktische Handlung i.S.d. Nr. 2 ist und der Ort des schädigenden Ereignisses (Handlungs- und Erfolgsort) im Bezirk des angerufenen Gerichts liegt.[268] Der Kläger muss den Beweis der Anknüpfungstatsachen nicht schon auf der Ebene der Zulässigkeit der Klage führen.

Der BGH geht davon aus, dass die Frage, welche Anforderungen an den klägerischen Vortrag zur Darlegung der internationalen Zuständigkeit zu stellen sind, nicht nach der Brüssel Ia-VO, sondern nach deutschem internationalen Prozessrecht zu beantworten sei.[269] Das wird offenbar auch im Schrifttum so gesehen.[270] Tatsächlich wurde im Schrifttum bereits[271] darauf hingewiesen, dass die Schlüssigkeitstheorie eher aus dem **Unionsrecht** gefolgert werden sollte, wie auch an den Entscheidungen Effer und aus Sanders und anderen abzuleiten war. In der Rs Kolassa hat der EuGH nunmehr deutlich gemacht, dass es im Rahmen der Zuständigkeitsprüfung „nicht erforderlich ist, zu strittigen Tatsachen, die sowohl für die Frage der Zuständigkeit als auch für das Bestehen des geltend gemachten Anspruchs von Relevanz sind, ein umfassendes Beweisverfahren durchzuführen".[272] Nach Auffassung des EuGH steht es dem angerufenen Gericht jedoch frei, seine internationale Zuständigkeit im Licht aller ihm vorliegender Informationen zu prüfen, wozu gegebenenfalls auch die Einwände des Beklagten gehören. 69

Mit dieser Entscheidung wird die Schlüssigkeitstheorie vom EuGH abgesegnet und letztlich zwar auf das nationale Recht verwiesen, wohl aber werden **unionsrechtliche Grenzen** eingezogen. Unklar bleibt die Bedeutung des Hinweises auf die Einwände des Beklagten, die „gegebenenfalls" zu prüfen sein können oder deren Einbeziehung in die Prüfung jedenfalls nicht ausgeschlossen ist. Denn nach dem deutschen Verständnis der Lehre von den doppelrelevanten Tatsachen wären nur der unstreitige und der streitige Vortrag des Klägers beachtlich.[273] Man wird die Entscheidung so verstehen müssen, dass der EuGH kein bestimmtes Konzept der doppelrelevanten Tatsachen vorgibt, eine prima facie-Prüfung nach englischem Vorbild auch möglich ist und daher für deutsche Gerichte die Einwände des Beklagten grundsätzlich nicht beachtlich sind, weil die Lehre von doppelrelevanten Tatsachen dies nicht erfordert. Ihre Einbeziehung kann aber dennoch angezeigt sein, wenn es im Lichte der Verordnungsziele zu weitreichend wäre, über plausible Einwände des Beklagten, die das Vorliegen einer unerlaubten Handlung in Frage stellen, hinwegzugehen. Im Ergebnis läuft das darauf hinaus, dass der deutsche Richter im Anwendungsbereich der Verordnung einen weitergehenden Freiraum bei der Feststellung der Schlüssigkeit genießt als im allein nationalen Kontext der Lehre von der Doppelrelevanz. 70

6. Reichweite (Anspruchskonkurrenz). Unter dem Problem der Anspruchskonkurrenz versteckt sich die Frage, ob das Gericht des Deliktsgerichtsstands auch über nichtdeliktische Ansprüche entscheiden darf. Die Frage betrifft eigenständige Ansprüche, während unbestritten ist, dass das Gericht umfassend über Vorfragen (z.B. vertragliche 71

---

268 BGHZ 98, 263, 273; BGH NJW 2005, 1435; BGHZ 171, 151 Rdn. 17; BGH IPRspr. 2011 Nr. 245, 625, 626; BGH NJW 2012, 455 Rdn. 12; Rauscher/*Leible* Rdn. 106.
269 BGH NJW 2012, 455 Rdn. 12.
270 *Kropholler/von Hein* Art. 5 EuGVO Rdn. 94; *Hess* Europäisches Zivilprozessrecht § 6 Rdn. 150; *Linke/Hau* Internationales Zivilverfahrensrecht § 4 Rdn. 159; wie hier Stein/Jonas/*Wagner* Vor Art. 2 EuGVVO Rdn. 26.
271 *Thole* IPRax 2013, 136, 139. Vgl. auch Musielak/Voit/*Stadler* Art. 4 EuGVVO Rdn. 4.
272 EuGH, 28.1.2015, Rs C-375/13 (*Kolassa*), NJW 2015, 1581 = ECLI:EU:C:2015:37 Rdn. 58 ff.
273 Vgl. Stein/Jonas/*Roth* § 1 Rdn. 17, 24.

Rechtfertigungsgründe) entscheiden darf.[274] Während die umgekehrte Fallkonstellation umstritten ist (dazu oben die Annexkompetenz bejahend *Gebauer* Art. 7 Rdn. 18), hat der EuGH in der Rs *Kalfelis* entschieden, dass das im Deliktsgerichtsstand angerufenen Gericht den Rechtsstreit ausschließlich unter deliktischen Gesichtspunkten (im Sinne der autonomen Begriffsbildung) entscheiden darf.[275] Ein Gerichtsstand des **Sachzusammenhangs** bzw. der Annexkompetenz besteht nicht. Das kann zu einer Spaltung des Streitgegenstands führen, was im Schrifttum kritisiert wird,[276] und bedeutet in der Sache vor allem auch eine Stärkung des Vertragsgerichtsstands, weil die oft konkurrierenden Ansprüche aus Vertrag und aus Deliktnicht durch Wahl zwischen Vertrags- und Deliktsgerichtsstand an das jeweils andere Forum gezogen werden können, in Abgrenzung etwa zu dem in Deutschland vorherrschenden Konzept bei § 32 ZPO.[277] In diesem Zusammenhang wird auch die Brogsitter-Entscheidung[278] relevant, die zur Einordnung von Streitigkeiten als vertraglich führen kann, was das Problem der Spaltung insoweit auf andere Wege vermindert. Im Ergebnis ist es richtig, dass die *Kalfelis*-Rechtsprechung den Deliktsgerichtsstand entsprechend begrenzt. Dafür spricht sowohl das Gebot der engen Auslegung der besonderen Gerichtsstände als auch der Umstand, dass es im europäischen Recht in stärkerem Maße als im nationalen Recht geboten ist, die (textlichen) Vorgaben der Verordnung ernst zu nehmen. Dies würde aber gefährdet, wenn deliktische Ansprüche nur wegen eines konkurrierenden Vertrags in den Vertragsgerichtsstand gebracht werden könnten. Die Reform der Brüssel I-VO zur Brüssel Ia-VO hat in Kenntnis der bisherigen Diskussion keine Änderung vorgesehen. Auch der Gerichtsstand des Sachzusammenhangs in Art. 8 Nr. 1 zeigt gerade, dass dem Verordnungsgeber Fragen von Sachzusammenhängen und Annexkompetenzen nicht fremd waren; sie sind dort dennoch begrenzt auf den Mehrparteiengerichtsstand (zur Konkurrenz unterschiedlicher Ansprüche dort ohnehin *Garber* Art. 8 Rdn. 25). Mit einer Annexkompetenz würde letztlich der Deliktsanspruch allein wegen eines damit (auf bestimmte Weise) verknüpften Vertrags dem anwendbaren Gerichtsstand entzogen, obwohl es keineswegs so ist, dass der Vertragsanspruch stets materiell den Rechtsstreit prägt.[279] Daher muss letztlich auch umgekehrt gelten, dass sowohl im Vertrags- als auch im Deliktsgerichtsstand jeweils nur über die dort beschriebenen Ansprüche entschieden werden darf. Das gilt allerdings einschließlich Nebenansprüchen wie z.B. Auskunftsansprüchen.[280]

72 Beim **Innenausgleich zwischen mehreren Gesamtschuldnern** ist der Ausgleichsanspruch nach § 426 Abs. 1 BGB (wie auch bei der cessio legis des § 426 Abs. 2 BGB) nach der Verbindlichkeit zu beurteilen, die der jeweils andere Schuldner gegenüber dem Gläubiger hat, was bei verschieden zusammengesetzten Gesamtschulden aus vertraglichen und deliktischen Verbindlichkeiten einen Unterschied machen kann.[281] **Nebenan-**

---

274 BGH NJW 1988, 1466, 1467; Stein/Jonas/*Wagner* Rdn. 128.
275 EuGH, 27.9.1988, Rs 189/87 (*Kalfelis*), NJW 1988, 3088 Rdn. 19 f. m. krit. Anm. *Geimer* = ECLI:EU:C:1988:459. Ebenso EuGH, 27.10.1998, Rs C-51/97 (*Réunion européenne SA*), EuZW 1999, 59 = ECLI:EU:C:1998:509.
276 *Otte* Umfassende Streitentscheidung durch Beachtung von Sachzusammenhängen, 1998, S. 504 ff.; *Geimer* NJW 1988, 3089, 3090; *Gottwald* IPRax 1989, 272, 273 f.; *Wolf* IPRax 1999, 82, 86; *Mansel* IPRax 1989, 84, 85.
277 BGHZ 153, 173, 176 ff. = NJW 2003, 828 f.
278 EuGH, 13.3.2014, Rs C-548/12 (*Brogsitter*), NJW 2014, 1648 Rdn. 24 f. = ECLI:EU:C:2014:148.
279 Stein/Jonas/*Wagner* Rdn. 127. Vgl. auch *Linke/Han*, IZVR, Rdn. 562; Spichhoff IPRax 2017,72.
280 EuGH, 15.1.1987, Rs 266/85 (*Shenavai*), NJW 1987, 1131 = ECLI:EU:C:1987:11; Stein/Jonas/*Wagner* Rdn. 128.
281 *Lubrich*, Der Gesamtschuldnerrückgriff im Zuständigkeitssystem der EuGVVO, 2018, S. 141 ff; 161 ff.

sprüche wie Auskunftsansprüche können ebenfalls im Deliktsgerichtsstand geltend gemacht werden.[282]

7. Rechtsnachfolge. Bei einer Einzelrechtsnachfolge durch eine vom ursprüngli- 73 chen Gläubiger vorgenommene Forderungsabtretung ändert sich der Gerichtsstand nicht.[283]

Im Anwendungsbereich des Art. 6 EuInsVO n.F. bei insolvenztypischen Annexkla- 74 gen ist aber zu beachten, dass sich die insolvenzrechtliche Qualifikation und der damit verbundene Ausschluss der Brüssel Ia-VO durch Abtretung ggf. ändern kann, wenn nicht der Insolvenzverwalter klagt, sondern der Zessionar, dem der Verwalter die Forderung abgetreten hat. So hat es der EuGH für die Abtretung eines Insolvenzanfechtungsanspruchs entschieden.[284] Es liegt nahe, dass der Gerichtshof Entsprechendes für Ansprüche aus § 64 GmbHG annehmen würde, was dann wieder den Anwendungsbereich der Brüssel Ia-VO und ggf. auch der Nr. 2 eröffnen könnte.

IV. Ort des schädigenden Ereignisses

Nr. 2 beschreibt als zuständig das Gericht des Ortes, an dem das schädigende Ereig- 75 nis eingetreten ist oder einzutreten droht. Damit wird die internationale und die örtliche Zuständigkeit festgelegt; nationale Vorschriften treten zurück. Der Begriff des schädigenden Ereignisses wird vom EuGH autonom ausgelegt. In der Mines de Potasse-Entscheidung von 1976 hat der EuGH diesen Begriff mit einem **Ubiquitätsprinzip** belegt, nach dem der Ort sowohl der Handlungs- als auch der Erfolgsort sein kann. Beide Orte können für die Zwecke des Gerichtsstands – die besondere Sach- und Beweisnähe – beachtlich sein.[285] Der Kläger (auch der negative Feststellungskläger) kann wählen. Allerdings ist zu beachten, dass die Definition und die Reichweite sowohl des Handlungs- als auch des Erfolgsorts bestimmten Eingrenzungen unterliegen (dazu im Folgenden).

1. Handlungsort. Als Handlungsort gilt der Ort des ursächlichen Geschehens.[286] 76 Folglich handelt es sich im Ausgangspunkt um den Ort, an dem der Täter gehandelt und die schadensbegründenden Aktivitäten vorgenommen hat. Das können auch mehrere Orte sein, wenn die deliktische Handlung aus mehreren abgrenzbaren Teilhandlungen an verschiedenen Orten besteht.[287] Freilich bemüht sich der EuGH, einer Proliferation der Handlungsorte entgegen zu wirken. Bei mehraktigen Delikten versucht der EuGH insoweit stets den Ort der engsten Verbindung zu dem schadensursächlichen Geschehen zu suchen.[288] Er hat sich in einer Reihe von Entscheidungen darum bemüht, nicht jeglichen untergeordneten Ausführungsort als Handlungsort anzuerkennen. Ein Beispiel gibt der Shevill-Fall, in dem der EuGH für den Fall einer persönlichkeitsverletzenden Verbreitung von Presseerzeugnissen nur den Ort der Niederlassung des Herausgebers als Handlungsort angesehen hat, nicht etwa auch den Druckort oder den Erscheinungsort.[289] Ein ähnliches Bemühen ist in der jüngeren Entscheidung Wintersteiger zu Markenrechtsverletzun-

---

282 BGH RIW 2015, 451; *Linke/Han*, IZUR, Rdn. 5.36.
283 EuGH, 18.7.2013, Rs C-147/12 (*ÖFAB*), EuZW 2013, 703 = ECLI:EU:C:2013:490 Rdn. 58; so auch EuGH, 21.5.2015, Rs C-352/13 (*CDC*), ZIP 2015, 2043 = ECLI:EU:C:2015:335 Rdn. 35.
284 EuGH, 19.4.2012, Rs C-213/10 (*F-Tex*), NZI 2012, 469 = ECLI:EU:C:2012:215.
285 EuGH, 30.11.1976, Rs 21/76 (*Mines Potasse d'Alsace S.A.*), NJW 1977, 493 = ECLI:EU:C:1976:166.
286 EuGH, 7.3.1995, Rs C-68/93 (*Shevill*), NJW 1995, 1881 = ECLI:EU:C:1995:61.
287 BGE 125 III 346, 350; *Schlosser/Hess* Rdn. 17a; Stein/Jonas/*Wagner* Rdn. 146.
288 EuGH, 7.3.1995, Rs C-68/93 (*Shevill*), NJW 1995, 1881 = ECLI:EU:C:1995:61.
289 EuGH, 7.3.1995, Rs C-68/93 (*Shevill*), NJW 1995, 1881 = ECLI:EU:C:1995:61.

gen zu vernehmen,[290] und auch bei Persönlichkeitsrechtsverletzungen und Rufschädigungen durch das Internet gilt eine Vermutung, dass das Einstellen der Internetinformationen am Sitz der Hauptverwaltung oder der verantwortlichen Niederlassung erfolgte.[291] Bei schwerer Feststellbarkeit des Handlungsorts hat der Gerichtshof in der Rs Reunion gemeint, ein Handlungsort sei nicht maßgeblich, sondern er hat ganz auf den Erfolgsort verwiesen.[292] Auch der BGH will nicht auf jede kleinste Verletzungshandlung für sich abstellen, sondern ist geneigt, eine Gesamtwürdigung vorzunehmen.[293] Vorbereitungshandlungen, die noch kein unmittelbares Ansetzen zur Verwirklichung des rechtswidrigen Verhaltens bedeuten, begründen keinen Handlungsort.[294] Bei Unterlassungen ist der Ort maßgebend, an dem die Handlung hätte vorgenommen werden müssen.[295] Näheres ist jeweils bei den unter Rdn. 33 ff. erörterten Deliktsbereichen beschrieben.

77 Unter dem Problem der **Handlungsortzurechnung** verbirgt sich das Problem, ob dem Beklagten (und ggf. im Falle der negativen Feststellungsklage dem Kläger) der Handlungsort, an dem Mittäter oder Teilnehmer des (behaupteten) Delikts gehandelt haben, zuständigkeitsrechtlich zugerechnet werden kann. Im Schrifttum wurde, ohne dass eine umfassende Diskussion entstanden wäre, eine solche Zurechnung teils bejaht,[296] teils aber auch abgelehnt.[297] Der EuGH hat in der *Melzer*-Entscheidung die Handlungsortzurechnung **abgelehnt**.[298] Der EuGH führt aus, dass es Art. 5 Nr. 3 a.F. nicht erlaube, aus dem Ort der Handlung, die einem nicht prozessbeteiligten mutmaßlichen Verursacher des Schadens angelastet wird, eine Zuständigkeit in Bezug auf die anderen Verursacher zu begründen, die nicht im Bezirk des angerufenen Gerichts tätig geworden sind. Der EuGH bemüht dafür neben allgemeinen Ausführungen zu den eng auszulegenden besonderen Gerichtsständen[299] vor allem das Argument, dass es Aufgabe des angerufenen Gerichts sei, die Anknüpfungspunkte für den Handlungsort zu ermitteln. Der Zuständigkeit am Handlungsort begründe gerade darin, dass das Gericht an diesem Ort eine Nähe zum Streitgegenstand habe und leichter Beweis aufnehmen könne.[300] Im Fall einer bloßen Zurechnung fehle es aber an einem Handeln des Beklagten in diesem Gerichtsbezirk.[301]

78 Diese Argumente überzeugen kaum.[302] Stattdessen wäre ein Konzept zu befürworten gewesen, das von einer Handlungsortzurechnung bei arbeitsteiliger Begehung der Tat ausgeht; freilich stets mit der Maßgabe, dass der Handlungsort normativ eng zu umrahmen ist. Genügen etwa Vorbereitungshandlungen für einen Handlungsort nicht, kommt eine Handlungsortzurechnung in Bezug auf diesen Ort naturgemäß nicht in Betracht. Nicht entgegen steht die *Melzer*-Entscheidung richtigerweise einer Zurechnung des Verhaltens von Verrichtungsgehilfen, wenn es um die Geschäftsherrnhaftung geht, denn

---

[290] EuGH, 19.4.2012, Rs C-523/10 (*Wintersteiger*), NJW 2012, 2175 = ECLI:EU:C:2012:220: Handlungsort bei Markenverletzung am Ort der Niederlassung des Täters (zum Key-Word-Advertising: „dort, wo über Auslösen des technischen Anzeigevorgangs entschieden wird").
[291] *Mankowski* RabelsZ 63 (1999), 203, 287; *Mansel/Thorn/Wagner* IPRax 2018, 121, 135.
[292] EuGH, 27.10.1998, Rs C-51/97 (*Réunion européenne SA*), EuZW 1999, 59 = ECLI:EU:C:1998:509 Rdn. 35.
[293] BGH EuZW 2018, 84 Rdn. 33 ff.
[294] BGHZ 40, 391 (394, 396); *Coester-Waltjen* in FS Schütze 175, 178; *Kubis* Internationale Zuständigkeit bei Urheber- und Persönlichkeitsrechtsverletzungen S. 148; Stein/Jonas/*Wagner* Rdn. 146.
[295] *Geimer/Schütze* Rdn. 252; Rauscher/*Leible* Rdn. 87; Stein/Jonas/*Wagner* Rdn. 46.
[296] *Mankowski* WuW 2012, 797, 798; *von Hein* IPRax 2006, 460, 461.
[297] Jedenfalls einschränkend *Weller* IPRax 2000, 202, 203; *Huber* IPRax 2009, 134, 135; *Maier* Marktortanknüpfung im internationalen Kartelldeliktsrecht S. 105.
[298] EuGH, 16.5.2013, Rs C-228/11 (*Melzer*) = NJW 2013, 2099 = EuZW 2013, 544.
[299] EuGH, 16.5.2013, Rs C-228/11 (*Melzer*), Rdn. 23.
[300] EuGH, 16.5.2013, Rs C-228/11 (*Melzer*), Rdn. 27.
[301] EuGH, 16.5.2013, Rs C-228/11 (*Melzer*), Rdn. 36.
[302] *Thole* in FS Schilken S. 523 (530 ff.).

Vorwurf ist hier die mangelnde Auswahl und Überwachung; insoweit dürfte der Handlungsort aber jedenfalls auch der Ausführungsort des Gehilfen sein (wenn er hinreichend bedeutsam ist), und zwar selbst dann, wenn Überwachung auch aus der Ferne möglich wäre.[303]

2. Erfolgsort. Unter einem Erfolgsort ist der Ort zu verstehen, „an dem die schädigenden Auswirkungen des haftungsauslösenden Ereignisses zu Lasten des Betroffenen eingetreten sind".[304] Auch dieses Merkmal ist **autonom** zu verstehen und vom anwendbaren nationalen Recht unabhängig. In klassischen Fällen von Verletzungen der persönlichen Integrität und von Eigentumsrechten kommt es auf die Rechtsgutverletzung an.[305] Bei einer **Produkthaftungsklage** ist gleichermaßen der Unfallort maßgeblich.[306] Bei reinen Vermögensschäden ist die Bestimmung schwieriger. Hier ist der Sitz des Geschädigten nicht „ohne weiteres" mit dem Erfolgsort identisch. Freilich lässt der EuGH auch Raum zur Abgrenzung, wenn er in der Rs *Kronhofer* formuliert, der Erfolgsort liege jedenfalls „nicht schon deshalb" am Wohnsitz des Klägers, weil der Kläger hier den finanziellen Schaden durch den Verlust der im Ausland belegenen Vermögensbestandteile zu tragen habe.[307] Allerdings wurde der Erfolgsort bei reinen Vermögensschäden in der Rs *Universal Music Holding* konkretisiert. Ein **reiner Vermögensschaden**, der sich unmittelbar auf dem Bankkonto des Klägers verwirklicht, lässt sich danach für sich genommen nicht als „relevanter Anknüpfungspunkt" qualifizieren. Der Gerichtshof grenzt ein, dass nur dann, wenn auch die anderen spezifischen Gegebenheiten des Falles zur Zuweisung der Zuständigkeit an die Gerichte des Ortes, an dem sich ein reiner Vermögensschaden verwirklicht hat, beitragen, ein solcher Schaden dem Kläger in vertretbarer Weise die Erhebung einer Klage vor diesem Gericht ermöglichen könnte. Dem entspricht in der Tendenz die Forderung im Schrifttum, bei reinen Vermögensschäden nur auf den Handlungsort abzustellen.[308] Darauf ist unten Rdn. 100 ff einzugehen.

Gesichert ist, dass es bei Nr. 2 auf den **Erstschaden** ankommt. Konkret war der Partei im einschlägigen Urteil des EuGH ein Erstschaden in einem Mitgliedstaat entstanden (Beschlagnahme von Eigenwechseln), während finanzielle Verluste als Folge der Erstschädigung in einem anderen Mitgliedstaat eintraten (Auflösung von Verträgen).[309] Mittelbare Schäden und Folgeschäden begründen einen Erfolgsort nicht.[310] Der Ort, an dem der Schaden eingetreten ist, bezeichnet nach Auffassung des Gerichtshofs allein den Ort, „an dem das haftungsauslösende Ereignis den unmittelbar Betroffenen direkt geschädigt hat".[311] Auch auf den **Ort der Schadensfeststellung** kommt es nicht an.[312] In Fällen, in denen ein Dritter wegen des einer anderen Person zugefügten Nachteils Ansprüche aufgrund der deliktischen Handlung hat (z.B. Unterhaltsansprüche bei § 844 BGB), kommt es nicht demnach nicht auf den Ort dieses mittelbaren Schadens an, sondern auf den Ort

---

303 *Thole* in FS Schilken S. 523 (536).
304 EuGH, 7.3.1995, Rs C-68/93 (*Shevill*), NJW 1995, 1881 = ECLI:EU:C:1995:61 Rdn. 28.
305 EuGH, 19.9.1995, Rs C-364/93 (*Marinari*), ECLI:EU:C:1995:289 Rdn. 16.
306 AG Neustadt IPRspr. 1984 Nr. 133.
307 EuGH, 10.6.2004, Rs C-168/02 (*Kronhofer*), NJW 2004, 2441 = ECLI:EU:C:2004:364 Rdn. 21; dies betonend auch *von Hein* EuZW 2011, 369, 371; Rauscher/*Leible* Art. 7 Rdn. 125.
308 So *Schack* Rdn. 345; Musielak/Voit/*Stadler*, Art. 7 Rdn. 19.
309 EuGH, 19.9.1995, Rs C-364/93 (*Marinari*), ECLI:EU:C:1995:289 Rdn. 17, 19 f. Ebenso OLG Düsseldorf IPRax 2001, 336, 337.
310 Stein/Jonas/*Wagner* Rdn. 156.
311 EuGH, 11.1.1990, Rs C-220/88 (*Dumez France*), NJW 1991, 631 = ECLI:EU:C:1990:8 Rdn. 21.
312 EuGH, 27.10.1998, Rs C-51/97 (*Réunion européenne SA*), EuZW 1999, 59 = ECLI:EU:C:1998:509 Rdn. 34 f.

des ursprünglichen Unfalls. Bei einem **Transport** mit mehreren Transportmitteln (See-Landtransport) ist der Ort, an dem der Schaden eingetreten ist, der Ort, an dem der tatsächliche Verfrachter die Waren auszuliefern hatte. Das ist der Ort der Erstauslieferung am Bestimmungsort des Seetransportweges.[313]

81 Beim Erfolgsort gibt es gleichsam eine natürliche Erfolgsortzurechnung, anders als beim Handlungsort. Demnach können auch Handlungen eines Mittäters oder Teilnehmers des Delikts, die sodann zu einem entsprechender Schadensverwirklichung führen, die Zuständigkeit an diesem Ort des (Erst)Schadens begründen.[314]

82 Das Wahlrecht zwischen Handlungs- und Erfolgsort bringt es mit sich, dass diese Orte bei Platzdelikten zusammenfallen, aber bei Distanz- und Streudelikten auseinanderfallen (können). Bei Streuschäden besteht die Besonderheit, dass Schäden typischerweise in einer Vielzahl von Mitgliedstaaten eintreten. Die Rechtsprechung will gerade bei Streudelikten, etwa ehrverletzenden Veröffentlichungen, die Kognitionsbefugnis der Gerichte am Erfolgsort einschränken. Der Schadensumfang, der bei dem Gericht eines Erfolgsortes geltend gemacht werden kann, will der EuGH aber mit seiner für Pressedelikte grundlegenden Shevill-Entscheidung auf den Teil des Gesamtschadens beschränken, der in dem Forumstaat verursacht wurde (sog. **Mosaiklösung**).[315] Diese Lösung ist für Persönlichkeitsrechtsverletzungen entwickelt worden, gilt aber auch für andere Streuschäden, da die Erwägungen des EuGH nicht auf die besondere Problematik von Pressedelikten begrenzt sind, sondern allgemeine Geltung beanspruchen.[316]

83 In der Entscheidung edate-Advertising zu **Persönlichkeitsrechtsverletzungen** im Internet hat der EuGH eine Dreiteilung der in Betracht kommenden Gerichtsstände vorgesehen. Während die Kognitionsbefugnis bei einer Klage am Gerichts des Mitgliedstaats, in dem der Urheber der verletzenden Inhalte niedergelassen ist, oder am Gericht des Mitgliedstaats, in dem sich der Mittelpunkt der Interessen des Verletzten befindet, nicht beschränkt ist, soll eine Klage auch vor den Gerichten jedes Mitgliedstaats erhoben werden können, in dessen Hoheitsgebiet ein im Internet veröffentlichter Inhalt zugänglich ist oder war. Damit ist der Erfolgsort gemeint, an dem das Gericht aber nur für die Entscheidung über den Schaden zuständig ist, der im Hoheitsgebiet des Mitgliedstaats dieses Gerichts verursacht worden ist.[317] Insoweit gilt das **Mosaikprinzip** auch in diesem Fall. Die Grundsätze der edate-Entscheidung hat der EuGH in der Rs *Svensk Handel AB*, der einen Fall des „cyber mobbing" betraf, weiter verfeinert. Er wendet die Grundsätze auch auf juristische Personen an. Eine juristische Person hat ihren Interessenmittelpunkt dort, wo sie den wesentlichen Teil ihrer Tätigkeit entfaltet, an dem ihr „geschäftliches Ansehen am gefestigsten" und sie den größten Teil ihrer Tätigkeit" ausübt.[318] Eine Gleichsetzung mit dem Sitz lehnt der EuGH ab. Zugleich schränkt er das Mosaikprinzip allerdings in gewisser Weise ein, weil er eine Klage am Ort eines Teilerfolgs dann überhaupt nicht zulässt,

---

313 EuGH, 27.10.1998, Rs C-51/97 (*Réunion européenne SA*), EuZW 1999, 59 = ECLI:EU:C:1998:509 Rdn. 35; *Kropholler/von Hein* Rdn. 89.
314 EuGH, 3.4.2014, Rs C-387/12 (*Hi Hotel HCF*), NJW 2014, 1793 = ECLI:EU:C:2014:215; EuGH, 3.10.2013, C-170/12 (*Pinckney*), NJW 2013, 3627 = ECLI:EU:C:2013:635; EuGH, 5.6.2014, Rs C-360/12 (*Coty Germany GmbH*), NJW 2014, 2339 = ECLI:EU:C:2014:1318 und EuGH, 21.5.2015, Rs C-352/13 (*CDC*), ZIP 2015, 2043 = ECLI:EU:C:2015:335: Allerdings muss der Erfolgsort auch bei Bündelung in einem Prozessvehikel jeweils getrennt für die einzelnen Unternehmen ermittelt werden.
315 EuGH, 7.3.1995, Rs C-68/93 (*Shevill*), NJW 1995, 1881 = ECLI:EU:C:1995:61 Rdn. 30.
316 Stein/Jonas/*Wagner* Rdn. 172 (auf andere Streudelikte); so auch *Kropholler/von Hein* Rdn. 85; *Chr. Berger* GRUR Int 2005, 465, 469; ausf. *Thum* GRUR Int. 2001, 9, 24.
317 EuGH, 25.10.2011, Rs C-509/09 und C-161/10, (*eDate Advertising GmbH*), NJW 2012, 137 = ECLI:EU:C:2011:685.
318 EuGH, 17.10.2017, Rs C-194/16 (*Svensk Handel AB*), NJW 2017, 3433 = ECLI:EU:C:2017:766.

wenn es sich bei einer Klage auf Richtigstellung oder Löschung um einen Antrag handelt, über den nur einheitlich und untrennbar entschieden werden kann. Demnach will der EuGH wegen der weltweiten Zugänglichkeit von Internetinhalten im Ergebnis eine Klage auf Ersatz eines Teilschadens in allen möglichen Jurisdiktionen vermeiden. Auch insoweit dient dies einer Vermeidung der Proliferation von Erfolgsorten und Gerichtsständen.

Gleiches gilt mutatis mutandis bei Urheberrechtsverletzungen.[319] Bei Markenverletzungen ist der Erfolgsort am Ort der Eintragung für den gesamten Schaden kognitionsbefugt.[320]

V. Ausgewählte Fallgestaltungen

1. Produkthaftung. Für die Produkthaftungsfälle hat der EuGH in der Rs Kainz entschieden, dass der maßgebliche Handlungsort am Herstellungsort liegt, nicht dort, wo das Produkt in den Verkehr gebracht oder erworben wurde. Problematisch ist, dass der Herstellungsort seinerseits unbestimmt ist, weil arbeitsteilige Produktionsprozesse mehrere Herstellungsorte begründen können.[321] Daher bedarf es weiterer Konkretisierung dahin, dass der **Herstellungsort** der maßgebliche Ort für die Produktion ist, und dass an diesem Ort mithin nicht nur für das Produkt untergeordnete Beiträge geleistet werden. Ob demgegenüber der Ort des Inverkehrbringens bessere Ergebnisse liefert,[322] ist eher fraglich, weil dann die Grenzen zum Erfolgsort verschwimmen und die Beweisnähe zu den Produktionsprozessen bei der Produkthaftung für die Anknüpfung an den Herstellungsort spricht; die Anknüpfung an den Ort des Inverkehrbringens könnte insoweit schon wegen der Vielzahl möglicher Vertriebsorte nur funktionieren, wenn man ihn auf den Ort des erstmaligen, ursprünglichen und/oder hauptsächlichen Inverkehrbringens eingrenzte, was faktisch zu einer Anknüpfung an den Sitz des Herstellers führte.

2. Kartellverstöße und Wettbewerbsrecht. Die Bestimmung des Orts des schädigenden Ereignisses bei Kartelldelikten hat vor allem durch die *CDC*-Entscheidung erste Weichenstellungen erfahren.[323] Dort hat der EuGH für den Handlungsort das oben Rdn. 11, 24 beschriebene Kausalitätserfordernis betont und entschieden, dass Handlungsort der Ort sei, an dem das betreffende Kartell definitiv gegründet oder „gegebenenfalls" eine spezifische Absprache getroffen wurde, die für sich allein als das ursächliche Geschehen für den behaupteten Schaden bestimmt werden kann.[324] Diese Aussage deutet mithin auf den Gründungsort und auf den Ort einer „spezifischen Absprache".[325] Auf den Ort der Durchführung bzw. den Marktort kommt es nicht an. Damit sind Zufälligkeiten nicht ganz ausgeschlossen, weil der Gründungsort zufällig gewählt sein kann. Den Vorbehalt mit dem Wort „gegebenenfalls" wird man dahin verstehen müssen, dass auch der Ort, an dem etwa weitere maßgebliche Absprachen getroffen oder das Kartell erneuert wurde, genügen kann. Zudem muss aber doch eine gewisse Spezifizierung auch im Hinblick auf den Ort vorliegen; es dürfen nicht mehrere Orte in verschiedenen Mitglied-

---

[319] EuGH, 3.4.2014, Rs C-387/12 (*Hi Hotel HCF*), NJW 2014, 1793 = ECLI:EU:C:2014:215; EuGH, 3.10.2013, C-170/12 (*Pinckney*), NJW 2013, 3627 = ECLI:EU:C:2013:635.
[320] EuGH, 19.4.2012, Rs C-523/10 (*Wintersteiger*), NJW 2012, 2175 = ECLI:EU:C:2012:220.
[321] Rauscher/*Leible* Rdn. 135.
[322] Rauscher/*Leible* Rdn. 135.
[323] EuGH, 21.5.2015, Rs C-352/13 (*CDC*), ZIP 2015, 2043 = ECLI:EU:C:2015:335; *Wurmnest* Common Market Law Review, 53 (2016), 225, 241 f.; zu Art. 8 Nr. 1 in diesem Zusammenhang schon *Weller* ZVglRWiss 112 (2013), S. 89.
[324] EuGH, 21.5.2015, Rs C-352/13 (*CDC*), ZIP 2015, 2043 = ECLI:EU:C:2015:335 Rdn. 43 ff.
[325] EuGH, 21.5.2015, Rs C-352/13 (*CDC*), ZIP 2015, 2043 = ECLI:EU:C:2015:335 Rdn. 46.

staaten sein.³²⁶ Vorausgesetzt ist, dass der behauptete Schaden aus dem Handeln an dem jeweiligen Ort abgeleitet wird. Daran kann es beispielsweise fehlen, wenn die Kartellabsprache nur einen bestimmten Markt betraf.³²⁷ Zu beachten ist auch, dass eine Handlungsortzurechnung nicht in Betracht kommt (oben Rdn. 77); mit der Anknüpfung an den Gründungsort wird dies aber kompensiert.

87 Hinsichtlich des Erfolgsorts wird in der Entscheidung an den Sitz des Geschädigten angeknüpft, da der geltend gemachte Schaden in den Mehrkosten aufgrund des künstlich überhöhten Preises besteht. Dieser Ort lasse sich nur für jeden einzelnen mutmaßlich Geschädigten ermitteln und liege grundsätzlich an dessen Sitz, dann allerdings anders als nach der Mosaiktheorie für den gesamten, diesem Unternehmen entstandenen Schaden.³²⁸ Beim **Missbrauch einer marktbeherrschenden Stellung** kommt es vor allem auf den Marktort an.³²⁹

88 Die *CDC*-Entscheidung beansprucht **keine generelle Geltung für Verstöße gegen das Wettbewerbsrecht** oder sonstige Verstöße gegen kartellrechtliche Normen. Es sind allgemeine Regeln anzuwenden, etwa bei einem unzulässigen Boykottaufruf.

89 **3. Immaterialgüterrechte und Persönlichkeitsrechtsverletzungen.** Bei Persönlichkeitsrechtverletzungen und Immaterialgüterrechten ist zu differenzieren. Für Persönlichkeitsrechtverletzungen durch Presseerzeugnisse gelten die Maßgaben des *Shevill*-Urteils.³³⁰ Bei Verletzungen durch Funk und Fernsehen ist Handlungsort das Sendezentrum.³³¹ Erfolgt eine Verletzungshandlung durch das Internet, gelten die Grundsätze der *edate*-Entscheidung, so dass unter Art. 7 Nr. 2 am Mittelpunkt der Interessen des Geschädigten, d.h. am dessen gewöhnlichen Aufenthalt geklagt werden kann, aber auch – mit der Mosaik-Einschränkung – am Ort, an dem der Inhalt zugänglich war.³³² Das gilt auch bei Unterlassungsansprüchen.³³³ Auch für Urheberrechtsverletzungen gilt nach dem Urteil in der Rs *Pinckney* das Mosaikprinzip, wenn in einem Mitgliedstaat geklagt wird, in dem von einer dritten Person ein Werk über eine in diesem Mitgliedstaat zugängliche Website urheberrechtswidrig veräußert wird.³³⁴ In der Rs Heidjuk hat der EuGH dies bestätigt.³³⁵ Dabei wendet sich der Gerichtshof ausdrücklich dagegen, ein Ausrichten der Website auf den jeweiligen Mitgliedstaat zu verlangen, wie dies für den Verbrauchergerichtsstand erforderlich ist (dazu *Nordmeier* Art. 17 Rdn. 48). Für **Markenrechtsverletzungen** hat der EuGH in der *Wintersteiger*-Entscheidung festgestellt, dass die Situation anders als bei den Persönlichkeitsrechtverletzungen zu beurteilen ist, weil das Markenrecht von vornherein auf ein bestimmtes Schutzland begrenzt ist, der sich aus der Eintragung ergibt; dies sei der maßgebliche Erfolgsort, und als solcher maßgeblich für eine

---

326 EuGH, 21.5.2015, Rs C-352/13 (*CDC*), ZIP 2015, 2043 = ECLI:EU:C:2015:335 Rdn. 45; siehe auch *Wurmnest* CMLR 53 (2016), 225 (241).
327 *Wurmnest* EuZW 2012, 933, 934 f.; *Basedow* in: Wettbewerbspolitik und Kartellrecht in der Marktwirtschaft, Festschrift 50 Jahre FIW, 2010, S. 129, 140 (der bei komplexen Kartellvereinbarungen auf den Erfolgsort verweist).
328 EuGH, 21.5.2015, Rs C-352/13 (*CDC*), ZIP 2015, 2043 = ECLI:EU:C:2015:335 Rdn. 51 ff. So auch OGH, 30.8.2016, 4 Ob 120/16z, BeckRS 2016, 116451 Rdn. 14.
329 Näher jetzt EuGH, 5.7.2018, Rs C-27/17 (*Lithuanian Airlines*), NZKart 2018, 357.
330 EuGH, 7.3.1995, Rs C-68/93 (*Shevill*), NJW 1995, 1881 = ECLI:EU:C:1995:61 Rdn. 30.
331 Rauscher/*Leible* Rdn. 140.
332 EuGH, 25.10.2011, Rs C-509/09 und C-161/10, (*eDate Advertising GmbH*), NJW 2012, 137 = ECLI:EU:C:2011:685. Kritisch *Linke/Han*, IZUR, Rdn. 5. 42.
333 BGH NJW 2012, 2197 Rdn. 13, 17 – *www.rainbow.at II*.
334 EuGH, 3.10.2013, Rs C-170/12 (*Pinckney*), NJW 2013, 3627 = ECLI:EU:C:2013:635 Rdn. 45.
335 EuGH, 22.1.2015, Rs C-441/13 (*Hejduk*) GRUR 2015, 296 = ECLI:EU:C:2015:28 Rdn. 27 ff.

Klage auf den gesamten Schaden.[336] Zu beachten ist der Vorrang des Art. 93 Abs. 5 GMVO (40/94) bei Gemeinschaftsmarken. Diese Norm begründet aber keine Zuständigkeit für die nach Art. 14 Abs. 2 der VO zugelassenen Klagen auf innerstaatlicher Grundlage des nationalen Lauterkeitsrechts, so dass auf die Brüssel Ia auszuweichen ist; insoweit bleibt es beim Ubiquitätsprinzip.[337]

Der Mittelpunkt der Interessen des Geschädigten spielt bei Schutzrechtsverletzungen keine Rolle, was einsichtig ist, weil das verletzte Recht und weniger die Persönlichkeit des Geschädigten im Vordergrund steht. Der Handlungsort ist dann allerdings keineswegs auf das Schutzland beschränkt, sondern kann auch in einem anderen Mitgliedstaat liegen, in dem das ursächliche Geschehen war. Bei markenrechtswidriger Werbung durch **Keyword-Advertising** ist das nicht der Ort des Erscheinens, sondern des durch den Werbenden vorgenommenen „Auslösens des technischen Vorgangs", der dann zum Erscheinen der Anzeige führt, die der Werbende für seine eigene kommerzielle Kommunikation geschaltet hat. 90

Ungeklärt war bisher, ob die Rechtsprechung des BGH zum Immaterialgüterrechtsverletzungen und Wettbewerbsverstößen mit den Vorgaben des EuGH vereinbar ist, denn der BGH hatte angenommen, die Zuständigkeit am Erfolgsort in Deutschland setze voraus, dass sich der Internetauftritt „bestimmungsgemäß im Inland auswirken soll".[338] Der BGH wollte insoweit ausdrücklich die Grundsätze der *edate*-Entscheidung nicht auf Wettbewerbsverstöße wie bei § 4 Nr. 7 UWG (Rufschädigung) übertragen, so dass es nicht auf den Mittelpunkt der Interessen des Geschädigten ankommt, sondern auf den Marktort.[339] Allerdings wäre es nicht richtig anzunehmen, dass der Marktort stets Handlungs- und Erfolgsort ist.[340] Vielmehr kann ein vom Marktort abweichender Handlungsort denkbar sein.[341] Für Markenrechtsverletzungen hat der BGH an dem Merkmal des Ausrichtens zuletzt nicht ausdrücklich festgehalten.[342] Schließlich hat der BGH in einer Entscheidung vom 21.4.2016 die **Einschränkung des bestimmungsgemäßen Auswirkens** unter dem Eindruck der Rechtsprechung des EuGH **aufgegeben**. Danach ist der Erfolgsort einer unerlaubten Handlung im Sinne von § 32 ZPO bei einer behaupteten Verletzung des Urheberrechts oder verwandter Schutzrechte durch ein öffentliches Zugänglichmachen des Schutzgegenstands über eine Internetseite im Inland belegen, wenn die geltend gemachten Rechte im Inland geschützt sind und die Internetseite (auch) im Inland öffentlich zugänglich ist; es ist dagegen nicht erforderlich, dass der Internetauftritt bestimmungsgemäß (auch) im Inland abgerufen werden kann.[343] 91

Das Mosaikprinzip will der EuGH auch bei Verstößen gegen selektive **Vertriebsvereinbarungen** mit Wiederverkaufsverboten anwenden. Hier kommt es entscheidend darauf an, dass das Recht, dessen Verletzung geltend gemacht wird, auch in dem jeweiligen Forumstaat einen Schutz entfaltet. Wenn der vom Mitgliedstaat des angerufenen Gerichts gewährte Schutz nur für das Hoheitsgebiet dieses Mitgliedstaats gilt, ist dieses Gericht somit nur für die Entscheidung über den Schaden zuständig, der im Hoheitsgebiet dieses Mitgliedstaats verursacht worden ist.[344] Zur Schadensverursachung hat der 92

---

336 EuGH, 19.4.2012, Rs C-523/10 (*Wintersteiger*), NJW 2012, 2175 = ECLI:EU:C:2012:220.
337 EuGH, 5.6.2014, Rs C-360/12 (*Coty Germany GmbH*), NJW 2014, 2339 = ECLI:EU:C:2014:1318 Rdn. 46.
338 BGH NJW 2005, 1435f. (für die Zuständigkeit aber offenlassend); BGHZ 185, 291 Rdn. 14 (Vorschaubilder); BGH NJW 2014, 2504 Rdn. 19.
339 BGH NJW 2014, 2504 Rdn. 19; Thomas/Putzo/*Hüßtege* Rdn. 31.
340 So Thomas/Putzo/*Hüßtege* Art. 7 Rdn. 31 und *Kurtz* IPRax 2004, 104, 109.
341 *Lindacher* GRUR Int 2008, 453, 454.
342 BGH IPRax 2013, 257 Rdn. 21 (offenlassend).
343 BGH, 21.4.2016, I ZR 43/14, WRP 2016, 1114, Rdn. 18.
344 EuGH, 21.12.2016, Rs C-618/15 (*Concurrence SARL*), EuZW 2017, 99 = ECLI:EU:C:2016:976.

EuGH bei dem im Streitfall relevanten Vertrieb über das Internet angenommen, im Zusammenhang mit dem Verstoß gegen eine selektive Vertriebsvereinbarung entstehe der Schaden durch den Absatzrückgang des Klägers. Der *EuGH* stellt dazu weder auf den Ort ab, an dem die fragliche Website betrieben wird noch fragt er nach der Zugänglichkeit der vertragswidrig betriebenen Website.[345]

93   **4. Gesellschafts- und insolvenzrechtliche Haftung.** Die zuständigkeitsrechtliche Zuordnung von verschiedenen Haftungsinstituten aus dem Bereich des Gesellschafts- und Insolvenzrechts ist noch nicht abschließend konsolidiert. In diesem Zusammenhang ist insbesondere der Zusammenhang mit der EuInsVO zu beachten, denn insolvenztypische Annexklagen gehören unter die Bereichsausnahme nach Art. 1 Abs. 2 lit d EuInsVO und sind daher der EuInsVO zuzuschlagen, wie in der EuInsVO-Neufassung (VO 848/2015) nunmehr in Art. 6 bestätigt wird. Danach sind die insolvenztypischen Annexklagen grundsätzlich im Insolvenzeröffnungsstaat zu erheben; zu beachten ist der Gerichtsstand des Sachzusammenhangs in Art. 6 Abs. 2 der VO 848/2015. Allerdings sind Haftungsklagen nur dann der EuInsVO zugehörig, wenn sie insolvenztypisch sind, d.h. unmittelbar aus dem Insolvenzverfahren hervorgehen und in engem Zusammenhang damit stehen, wie beispielsweise Anfechtungsklagen.

94   Im *ÖFAB*-Fall hat der EuGH entschieden, dass Klagen unter Art. 5 Nr. 3 a.F. fallen, die von einem Gläubiger einer Aktiengesellschaft erhoben werden, um zum einen ein Mitglied des Verwaltungsrats dieser Gesellschaft und zum anderen einen Anteilseigner der Gesellschaft für deren Verbindlichkeiten haftbar zu machen, weil sie es zugelassen haben, dass die Gesellschaft ihren Geschäftsbetrieb weiterführt, obwohl sie unterkapitalisiert war und einem Liquidationsverfahren unterworfen werden musste.[346] Es handelte sich jedenfalls mit Blick auf die beklagten Anteilseigner um eine **Durchgriffshaftung** auf der Grundlage des schwedischen Aktienrechts. Mit Recht wendet sich der Gerichtshof gegen eine akzessorische Anknüpfung an die Natur der jeweiligen Verbindlichkeit der Gesellschaft, deren Nichterfüllung überhaupt erst den Anlass für die Durchgriffshaftung bietet.[347] Daher kam ein Vorrang des Vertragsgerichtsstandes nicht in Betracht. Was sodann den Tatort angeht, so geht der EuGH von dem Ort aus, an dem der Geschäftsbetrieb der Gesellschaft und die damit verbundene finanzielle Lage anknüpfen. Gleichwohl sind die Aussagen des EuGH auf die streitgegenständliche Haftung beschränkt und nicht vorschnell zu verallgemeinern. Die deutsche Durchgriffshaftung im engeren Sinne, die eigentlich keine Haftung auf Schadensersatz ist, wird man allerdings ebenso wie die **Existenzvernichtungshaftung**, die Haftung nach § 826 BGB wegen Gläubigerschädigung und **materieller Unterkapitalisierung** und die gegenüber einem Gläubiger bestehende **Konzernausgleichshaftung** unter Art. 7 Nr. 2 EuGVVO einordnen können.[348]

95   Unsicher erscheint, wie bei Personengesellschaften **Ansprüche aus akzessorischer Gesellschafterhaftung** (§ 128 HGB) zu beurteilen sind. Hier spricht – so auch die Lösung im autonomen deutschen Recht[349] – viel dafür, tatsächlich an die Schuld der Gesellschaft anzuknüpfen, weil die Gesellschafterhaftung nach § 128 HGB anders als die Durchgriffshaftung nicht auf einem Verhaltensunrecht beruht. Im *OTP*-Urteil vom 17.10.2013[350] ging

---

345 *Lambrecht* EuZW 2017, 99, der meint, der EuGH stellt auf den Lieferort ab.
346 EuGH, 18.7.2013, Rs C-147/12 (*ÖFAB*), EuZW 2013, 703 = ECLI:EU:C:2013:490 m. Anm. *Thole* GPR 2014, 113.
347 Ablehnend EuGH, 18.7.2013, Rs C-147/12 (*ÖFAB*), EuZW 2013, 703 = ECLI:EU:C:2013:490 Rdn. 40 ff.
348 Für die materielle Unterkapitalisierung auch OLG Köln WM 2005, 612 (614). So auch Stein/Jonas/*Wagner* Art. 5 EuGVVO Rdn. 134; *Thole* ZEuP 2010, 904, 923 f.
349 RGZ 32, 44, 46.
350 EuGH, 17.10.2013, Rs C-519/12 (*OTP Bank*), BeckRS 2013, 82083 = ECLI:EU:C:2013:674.

es freilich um eine Haftung des Mehrheitsgesellschafters für vertragliche Gesellschaftsverbindlichkeiten, nachdem bestimmte Mitteilungspflichten nach Eintritt der Mehrheitsbeteiligung nicht erfüllt worden waren. Der EuGH lehnte die vertragliche Qualifikation mangels Rechtsbeziehung zwischen Gesellschafter und Gläubiger ab, weist aber vorsichtig auf die mögliche Inanspruchnahme des Deliktsgerichtsstands hin.[351] Dies könnte aber daran scheitern, dass keine Schadenshaftung vorliegt, jedenfalls aber die Ursächlichkeit des Verhaltens für den Schaden, denn der Verstoß gegen Mitteilungspflichten wird möglicherweise nicht ursächlich für die Nichteinbringungen der Forderung sein.[352] Dennoch ist der Deliktsgerichtsstand denkbar, wenn man darauf abstellt, dass ohne die Nichtoffenlegung die Rechtsfolge – Haftung im Liquidationsfall – nicht eingetreten wäre.

Auch die **Konzernhaftung** fällt unter Art. 7 Nr. 2.[353] Im Übrigen bleibt es aber dabei, dass **Organklagen gegen Geschäftsleiter** auch vertraglicher Natur sein können.[354] So hatte im *ÖFAB*-Fall ein Mitglied des Aufsichtsrats den beteiligten Handwerkern die Zahlung „versprochen", was für eine vertragliche Haftung spricht. Die Qualifikation der Haftung von Aufsichtsräten und anderen gesellschaftsrechtlichen Organen ist ohne schematische Lösungen zu konkretisieren. Beim Aufsichtsrat wird es idR um eine Innenhaftung gegenüber der Gesellschaft gehen (§ 116 AktG i.V.m. § 93 AktG), die man tendenziell vertraglich qualifizieren sollte (oben *Gebauer* Art. 7 Rdn. 24), und Entsprechendes gilt für die Binnenhaftung von Geschäftsleitern, freilich nur, wenn es um interne Pflichten geht, die genuin die Gesellschaft schützen sollen. 96

Besondere Aufmerksamkeit hat demgegenüber die **Haftung des Geschäftsführers** aus § 64 GmbHG erfahren.[355] Der EuGH hat diese Haftung mit Recht als insolvenzrechtlich im Sinne der EuInsVO jedenfalls für die Fälle eingeordnet, in denen der Insolvenzverwalter nach Insolvenzeröffnung die Klage erhebt.[356] Das gilt richtigerweise auch dann, wenn es noch kein Insolvenzverfahren gibt, weil es auch in diesem Fall sinnvoll ist, an den COMI anzuknüpfen. Das gilt jedenfalls für das anwendbare Recht. Was die Zuständigkeit angeht, ist in der reformierten EuInsVO (VO 848/2015) in Art. 6 nur die Zuständigkeit der Gerichte des Mitgliedstaats geregelt, in denen das Verfahren „eröffnet worden ist". Daher ist unklar, ob man Art. 6 entsprechend auch schon mit Blick auf ein prospektives Insolvenzverfahren anwenden kann, was deshalb schwierig ist, weil der COMI noch veränderlich ist. Die Alternativlösung besteht darin, vor Verfahrenseröffnung daher Art. 7 Nr. 2 anzuwenden, aber als Tatort wiederum den COMI bei Eintritt der Insolvenzreife anzusehen. Im Ergebnis spricht dann doch viel für die Anwendung des Art. 6 EuInsVO mit der Maßgabe, dass der bei Klageerhebung relevante COMI entscheidet. Praktisch relevant ist die Haftung nach § 64 GmbHG ohnedies meist erst nach Insolvenzeröffnung. Anders liegen die Dinge bei der Insolvenzverschleppungshaftung nach § 823 Abs. 2 BGB, die man eher Nr. 2 zuordnen sollte; freilich ist der Tatort auch insoweit der COMI, weil dort der Antrag hätte gestellt werden müssen. 97

---

351 EuGH, 17.10.2013, Rs C-519/12 (*OTP Bank*), Rdn. 26.
352 EuGH, 17.10.2013, Rs C-519/12 (*OTP Bank*). Sehr eng aber *Kindler* IPRax 2014, 486, 489.
353 OLG Stuttgart IPRax 2008, 433, 435; LG Kiel IPRax 2009, 164, 166 f.; **a.A.** OLG Düsseldorf IPRax 1998, 210 f.
354 EuGH, 10.9.2015, Rs C-47/14 (Holterman Ferho Exploitatie), NZA 2016, 183 Rdn. 70. Oben zu Art. 7 Nr. 1 *Gebauer* Art. 7 Rdn. 24.
355 EuGH, 4.12.2014, Rs C-295/13 (*H*), ZIP 2015, 196 = ECLI:EU:C:2014:2410 Rdn. 34 (zur Zuständigkeit nach der EuInsVO); EuGH, 10.12.2015, Rs C-594/14 (*Kornhaas*), NJW 2016, 223 = ECLI:EU:C:2015:806.
356 EuGH, 4.12.2014, Rs C-295/13 (*H*), ZIP 2015, 196 = ECLI:EU:C:2014:2410 Rdn. 34 (zur Zuständigkeit nach der EuInsVO); EuGH, 10.12.2015, Rs C-594/14 (*Kornhaas*), NJW 2016, 223 = ECLI:EU:C:2015:806 Rdn. 21.

98   Auch **Anfechtungsansprüche** wegen Rückgewähr von Gesellschafterdarlehen nach § 135 InsO fallen als insolvenzrechtliche Vorschriften unter die EuInsVO und sind daher insbesondere nicht nach Art. 24 Nr. 2 zu beurteilen.

99   **5. Geschäftsführung ohne Auftrag.** Haftungs- und Schadensersatzklagen wegen Geschäftsführung ohne Auftrag (§§ 280, 677 BGB und § 678 BGB sowie etwaige Gegenansprüche des Geschäftsführers) liegt in der Regel keine freiwillig eingegangene Verpflichtung zugrunde.[357] Anderes könnte nur gelten, soweit der Geschäftsherr die Geschäftsführung genehmigt (vgl. § 684 S. 2) und er damit gleichsam das in der Geschäftsführung liegende „Angebot" zum Vertragsschluss „annimmt".[358] Soweit man die Geschäftsführung ohne Auftrag nicht dem Vertragsgerichtsstand zuweist, könnte ein Anspruch aufgrund Schadenshaftung durchaus unter Nr. 2 eingeordnet werden, und zwar bei § 678 und §§ 677, 280 BGB (gegen den Geschäftsführer) sowie auch bei dem ausnahmsweise denkbaren Ersatz von Schäden des Geschäftsführers auf der Grundlage des § 677, § 683 S. 1, § 670.[359] Ob das beim bloßen Aufwendungsersatz gilt, ist naheliegend, aber fraglich, weil es keine echte Schadenshaftung ist.[360] Für Ansprüche gegen den Geschäftsherrn betreffend Abmahnkosten wird Nr. 2 verneint.[361]

100   **6. Kapitalanlagerecht.** Im Kapitalanlagerecht ist stets zu differenzieren, um welche Fallkonstellation es geht. Im ersten Schritt stellt sich ggf. die Abgrenzung zum Vertragsgerichtsstand. So hat der BGH in einem Fall von 2011, in dem ein **Vermögensverwaltungsvertrag** mit der Beklagten geschlossen worden war, auch den Anspruch aus § 823 Abs. 2 BGB i.V.m. § 32 KWG, also einen deliktischen Anspruch, wegen der untrennbaren Verbindung zum Vertrag – im Sinne der Rechtsprechung des EuGH in der Sache Gabriel – als vertraglich im Sinne des Verbrauchergerichtsstands eingeordnet.[362]

101   Ebenso hat der BGH in einer Entscheidung von 2011 eine vertragliche Beziehung im Sinne einer freiwillig eingegangen Verpflichtung in einem Fall bejaht, in dem eine österreichische Fondsgesellschaft ein Bankkonto bei einer österreichischen Bank unterhielt und diese Bank ihrerseits bei einer deutschen Bank ein Nostro-Konto, d.h. ein Verrechnungskonto unterhielt, auf das der deutsche Anleger seine Einlage einzahlen konnte, ohne die damals noch üblichen Auslandsüberweisungskosten u.ä. zahlen zu müssen. Damit habe, so der BGH, die österreichische Hausbank des Fonds ein Vertragsangebot an alle potentiellen Einleger gemacht und sei nicht nur Zahlstelle gewesen.[363]

102   Ansprüche gegen Organe von Vertragspartnern und gegen den Vermittler oder sonstige Intermediäre, die in den Vertrieb eingeschaltet sind, sind oft gerade nicht vertraglich zu qualifizieren, ebenso wenig wie **Ansprüche wegen Prospekthaftung und fehlerhafter Kapitalmarktinformation oder Marktmanipulation**. Sie sind allein deliktischer Natur und fallen unter Nr. 2.

103   Für **Kapitalanlagedelikte** ist im Schrifttum eine Marktortanknüpfung für die Prospekthaftung und fehlerhafte Kapitalmarktinformationen diskutiert worden.[364] Bei (sonstigen) Kapitalmarktdelikten ist das aber bisher noch nicht anerkannt[365] noch für die oft in

---

[357] BeckOK BGB/*Thole* § 677 Rdn. 178.
[358] BeckOK BGB/*Thole* § 677 Rdn. 178.
[359] BeckOK BGB/*Thole* § 677 Rdn. 179.
[360] BeckOK BGB/*Thole* § 677 Rdn. 179.
[361] OLG Köln NJOZ 2010, 900 = IPRax 2011, 174 Rdn. 6.
[362] BGH NJW 2011, 532, 534 Rdn. 23 ff.; dazu auch schon *Thole* ZBB 2011, 399, 403.
[363] BGH IPRax 2013, 164 Rdn. 17 m. Anm. *Thole* IPRax 2013, 136.
[364] *Bachmann* IPRax 2007, 77, 82; grundlegend für das IPR schon *Grundmann* RabelsZ 1990, 283, 293 ff.
[365] *Kropholler/von Hein* Art. 5 EuGVO Rdn. 86b.

Rede stehende Haftung der weltweit agierenden Finanzintermediäre überzeugend.[366] und jedenfalls nicht ohne Unsicherheit zu haben, weil Aktien häufig an einer Vielzahl von Börsen gehandelt werden[367] und unklar sein kann, welcher Handelsplatz relevant ist.[368] Allerdings hat das OLG Frankfurt für Ansprüche aus §§ 37b, c WpHG a.F. (§§ 97, 98 WpHG n.F.) an den Ort der Börse angeknüpft.[369] Tendenziell könnte es in der Tat – anders als bei Delikten der Vermittler und Anlageberater – naheliegen, für die Emittentenhaftung im Rahmen der Kapitalinformationshaftung stärker an den Handelsort der Wertpapiere anzuknüpfen. Jedenfalls kann nicht unberücksichtigt bleiben, in welchem Mitgliedstaat entsprechende Pflichten zu erfüllen waren. So können beispielsweise ausländische Emittenten in Deutschland als sog. Inlandsemittenten ad-hoc-pflichtig sein. In *Kolassa* hat der EuGH sub specie Erfolgsort ausdrücklich auf den Umstand abgestellt, dass der Prospekt in Österreich notifiziert worden war.[370] Im Ergebnis ist jedenfalls ein Handlungsort dort anzunehmen, wo die ad-hoc-Pflicht zu erfüllen ist,[371] weil das Unterlassen nur tatbestandsgemäß und ursächlich für den Schaden sein kann, wenn an diesem Ort zu veröffentlichen war. Das vermindert das Bedürfnis für eine weitergehende Marktortanknüpfung beim Erfolgsort.

Der EuGH hat in *Kolassa* zwar Hinweise gegeben, die sich zugunsten einer Markt- und Börsenortanknüpfung entwickeln lassen, im Übrigen aber der Marktortanknüpfung – ohne allerdings die Besonderheiten der Kapitalmarktinformationshaftung einzubeziehen – tendenziell eine Absage erteilt. Im Fall *Kronhofer* handelte es sich um eine (nachträgliche) Veruntreuung zuvor im Ausland angelegter Gelder. Nach Auffassung des EuGH lag der Erfolgsort als der Ort der Erstschadens bereits am Ort des dazugehörigen ausländischen Kontos des Geschädigten und nicht am Wohnort des Klägers, an dem die Vermögenseinbuße gewissermaßen nur spürbar wurde;[372] der Wohnort sei lediglich der Ort des weiteren Schadenseintritts. Der Erfolgsort liege jedenfalls „nicht schon deshalb" am Wohnsitz des Klägers, weil der Kläger hier den finanziellen Schaden durch den Verlust der im Ausland belegenen Vermögensbestandteile zu tragen habe.[373] In Zweifelsfällen ist demnach die Anknüpfung an den Ort der Vermögenszentrale nicht ausgeschlossen.[374]

104

Auf dieser Grundlage hat der BGH[375] eine **differenziertere Beurteilung** angelegt. Er unterscheidet im Wesentlichen zwischen den Veruntreuungsfällen (wie bei *Kronhofer*) und solchen, bei denen bereits die Weggabe des Kapitals schadensbegründend ist, etwa, wenn der Kapitalanlagevermittler mit Fehlinformationen zu einer von vornherein untauglichen oder betrügerisch angelegten Investition verleitet. Der BGH stellt dann auf den „Ort der Minderung des Kontoguthabens" ab.[376] Dieser Ort ist im Zweifel dort zu erkennen, wo das Konto geführt wird, d.h. am Sitz des kontoführenden Kreditinstituts.[377]

105

---

366 *Thole* AG 2013, 913, 916.
367 *Thole* AG 2013, 913, 916; *Kropholler/von Hein* Art. 5 EuGVO Rdn. 86b.
368 Beispiel mit § 33a WpHG bei *Kropholler/von Hein* Art. 5 EuGVO Rdn. 86b.
369 OLG Frankfurt EuZW 2010, 918.
370 EuGH, 28.1.2015, Rs C-375/13 (*Kolassa*), NJW 2015, 1581 = ECLI:EU:C:2015:37 Rdn. 56.
371 So auch der OGH, 7.7.2017, 6Ob18/17s, IPRax 2018, 96.
372 EuGH, 10.6.2004, Rs C-168/02 (*Kronhofer*), NJW 2004, 2441 = ECLI:EU:C:2004:364 Rdn. 21; So auch EuGH, 19.9.1995, Rs C-364/93 (*Marinari*), ECLI:EU:C:1995:289 Rdn. 16 ff.
373 EuGH, 10.6.2004, Rs C-168/02 (*Kronhofer*), NJW 2004, 2441 = ECLI:EU:C:2004:364 Rdn. 21; dies betonend auch *von Hein* EuZW 2011, 369, 371; Rauscher/*Leible* Art. 7 Rdn. 125.
374 Vgl. auch Palandt/*Thorn* Art. 4 Rom I-VO Rdn. 9 zum IPR.
375 BGH NZG 2011, 69 Rdn. 32; vgl. auch *Huber* IPRax 2015, 403, 405; *R. Wagner/Gess* NJW 2009, 3481, 3483f.
376 BGH NZG 2011, 69, 71 Rdn. 32; zur Problematik auch *R. Wagner/Gess* NJW 2009, 3481, 3483f.
377 *Thole* ZBB 2011, 399, 403.

Befindet sich das Konto am Wohnsitz des klagenden Anlegers, so ist dieser Ort dann nicht nur möglicher Handlungsort, sondern gleichzeitig auch Erfolgsort.

106 In der Rs *Kolassa* hat der EuGH die vom BGH vorgenommene Unterteilung implizit gebilligt. Dort heißt es, dass der Erfolgsort am Wohnsitz des Klägers belegen sein kann, wenn sich der Schaden unmittelbar auf dem Bankkonto des Klägers bei einer Bank im Zuständigkeitsbereich dieser Gerichte verwirklicht.[378] Das läuft konform mit dem bei Kronhofer gemachten Vorbehalt. Freilich lässt der EuGH in der Rs *Universal Music* die Verwirklichung auf dem Bankkonto gerade wegen Möglichkeit mehrerer Konten nicht genügen, wenn es sich um einen reinen Vermögensschäden handelt.[379] Andererseits wird in der Entscheidung das Urteil aus Kolassa bestätigt und mit den besonderen Umständen gerechtfertigt.[380] Man wird daraus ableiten können, dass in den Kapitalanlagefällen der Ort der Minderung des Kontoguthabens weiterhin beachtlich sein kann, dass aber in anderen Fällen reine Vermögensschäden nicht mit dem Bankkonto verknüpft sind bzw. das Konto nicht für sich genommen einen Tatort begründen kann. Das leuchtet auch ein, weil es in der Rs *Universal Music* um eine Anwaltshaftung für einen Haftungsschaden ging, der mit dem Konto nichts zu tun hatte; im Grunde lag dort der Schaden auch gar nicht im Abfluss des Geldes, sondern schon in der Belastung mit dem nachteiligen Vergleich.[381]

107 Umstritten ist die Variante, dass Verfügungsort und Geldabflussort auseinanderfallen, also der getäuschte Anleger mit Wohnsitz im Inland Geld von einem ausländischen Konto auf ein anderes ausländisches Konto transferiert.[382] Richtigerweise ist auf die Belegenheit des Kontos abzustellen, soweit diese klar geographisch abgrenzbar ist.[383] Die Bestimmung des Erfolgsorts wäre jedenfalls höchst unsicher, wenn es darauf ankäme, ob der Anleger den Vermögenstransfer von dem ausländischen Konto fernmündlich oder postalisch von seinem Wohnort aus veranlasst, oder aber den Brief mit dem Überweisungsvordruck während einer Urlaubsreise auf einer spanischen Ferieninsel auf den Weg bringt, oder er den Geldtransfer im Wege des Online-Bankings von einem beliebigen Ort vornimmt.[384]

108 Was in solchen Fällen den Handlungsort angeht, so lässt sich aus *Kolassa* ableiten, dass es auf den tatsächlichen Handlungsort ankommt, bei der Prospekthaftung und einer Haftung, die auf Fehlinformationen gestützt ist, also auf den Ort, an dem über die Ausgabe der Prospekte entschieden wurde oder die Prospekte ausgeben wurden;[385] bei einer Anlagevermittlung z.B. auch der Ort, an dem die Gespräche mit dem Anleger stattfanden. Dabei ist zu berücksichtigen, dass eine Handlungsortzurechnung nach Auffassung des EuGH nicht stattfindet; freilich schließt dies richtigerweise die Zurechnung der Handlungen des Verrichtungsgehilfen nicht aus (oben Rdn. 77 f).[386]

---

378 Kritisch *Freitag* WM 2015, 1165, 1167.
379 EuGH, 16.6.2016, C-12/15 (*Universal Music International Holding*), NZG 2016, 792 = ECLI:EU:C:2016:449 Rdn. 32, insb. auch Rdn. 38.
380 EuGH, 16.6.2016, C-12/15 (*Universal Music International Holding*) Rdn. 37.
381 EuGH, 16.6.2016, C-12/15 (*Universal Music International Holding*) Rdn. 31.
382 Vgl. *von Hein* EuZW 2011, 369, 371.
383 So bereits OLG Stuttgart RIW 1998, 809, 810 f.; *Thole* ZBB 2011, 399, 403; Rauscher/*Leible* Art. 7 Rdn. 126; so auch *Steinrötter* RIW 2015, 407, 411. Anders wohl *von Hein* JZ 2015, 946, 949; *ders.* EuZW 2011, 369, 371: Verfügungsort.
384 *Thole* ZBB 2011, 399.
385 EuGH, 28.1.2015, Rs C-375/13 (*Kolassa*), NJW 2015, 1581 = ECLI:EU:C:2015:37 Rdn. 53.
386 Auch OLG Stuttgart ZIP 2016, 840.

7. Cloud Computing.[387]Der Handlungsort bei einem **Datenverlust** ist im Zweifel der 109
Ort sein, an dem die für den Datenverlust ursächliche Panne passiert ist.[388] Auch insoweit kann die ubiquitäre Verfügbarkeit der Cloud-Dienste allerdings ein Problem sein. Geht es darum, dass bestimmte Daten, die beim Cloud-Anbieter gespeichert wurden, nicht mehr in der „Wolke" verfügbar sind, so wird man nicht umhin kommen, diese Cloud einem Server zuzuordnen.[389] Erst über diese Zuordnung kann man auch den Handlungsort lokalisieren; es sei denn man will auf den Einspeiseort abstellen.[390] Häufig wird gegenüber dem Anbieter ohnehin eine Vertragshaftung greifen und damit Nr. 1. Werden dagegen Daten von **Hackern** oder anderen externen Personen ausgespäht, so ist der Handlungsort eigentlich der Ort, von dem aus der Täter aktiv wird.[391] Auch insoweit ist aber zu unterscheiden. Geht es nämlich nicht um die Haftung des Hackers, sondern um die Haftung des Cloud-Anbieters für die mangelnde Sicherung der Daten, so ist die maßgebliche Handlung bzw. Unterlassung da zu verorten, wo Sicherung erforderlich wäre, also im Zweifel wieder am Ort des Servers. Was den Erfolgsort angeht, so spricht beim Datenverlust eines Kunden des Cloud-Anbieters die Parallele zur Einlagerung körperlicher Gegenstände dafür, dass Ort der Einlagerung den Erfolgsort (Server) darstellt.[392] Sind **mehrere Server-Standorte** betroffen und ist der Gesamtschaden des Kunden damit auf mehrere Server-Orte verteilt, so bietet es sich an, die in der **Shevill-Doktrin** vorherrschende Mosaik-Betrachtung anzuwenden und die Kognitionsbefugnis der dortigen Gerichte zu beschränken.[393] Dann bleibt dem Geschädigten die Wahl, am Sitz des Beklagten den Gesamtschaden einzuklagen oder jedenfalls bei dem Gericht, das für den Ort der Niederlassung des Cloud-Anbieters zuständig ist.[394]

Art. 7 Nr. 3

Schrifttum

Kohler Adhäsionsverfahren und Brüsseler Übereinkommen 1968, in: Schadensersatz im Strafverfahren, 1990, 74; *Leipold* Neuere Erkenntnisse des EuGH und des BGH zum anerkennungsrechtlichen ordre public, in: Festschrift für Hans Stoll zum 75. Geburtstag, 2001, 625; *Mankowski* Zivilverfahren vor Strafgerichten und die EuGVVO, in: Rechtsschutz gestern – heute – morgen, Festgabe zum 80. Geburtstag von Rudolf Machacek und Franz Matscher, 2008; *Schoibl* Adhäsionsverfahren und Europäisches Zivilverfahrensrecht, in: Historiarum ignari semper sunt pueri, Festschrift Rainer Sprung zum 65. Geburtstag, 2001, 321.

I. Grundlagen und Normzweck

Der Gerichtsstand für Adhäsionsverfahren trägt dem Umstand Rechnung, dass es 110
nach Art. 1 Abs. 1 S. 1 für das Vorliegen einer Zivil- und Handelssache nicht auf die Art

---

387 Borges/Meents/*Thole* Cloud Computing § 15.
388 Borges/Meents/*Thole* Cloud Computing § 15 Rdn. 27.
389 Borges/Meents/*Thole* Cloud Computing § 15 Rdn. 27.
390 Vgl. Rauscher/*Leible* Rdn. 142.
391 Borges/Meents/*Thole* Cloud Computing § 15 Rdn. 28.
392 Borges/Meents/*Thole* Cloud Computing § 15 Rdn. 30.
393 Borges/Meents/*Thole* Cloud Computing § 15 Rdn. 31: Siehe EuGH, 7.3.1995, Rs C-68/93 (*Shevill*), NJW 1995, 1881 = ECLI:EU:C:1995:61 Rdn. 28; für das materielle Recht *Nägele/Jacobs* ZUM 2010, 281, 283.
394 Borges/Meents/*Thole* Cloud Computing § 15 Rdn. 31.

der Gerichtsbarkeit ankommt. Es ist im manchen Mitgliedstaaten nicht unüblich, dass im Zusammenhang mit einem Strafverfahren auch zivilrechtliche Ansprüche verhandelt werden. In Deutschland ist das Adhäsionsverfahren nach §§ 403ff. StPO möglich, wird aber wenig genutzt.[395] Die zentrale Aussage von Nr. 3 ist, dass die internationale und örtliche Zuständigkeit an das Strafgericht gezogen werden kann, um Adhäsionsverfahren in Fällen, in denen der Beklagte seinen Wohnsitz in einem anderen Mitgliedstaat hat, zu ermöglichen. Nr. 3 begründet daher einen **Gerichtsstand des Sachzusammenhangs**, der als besonderer Gerichtsstand neben den allgemeinen Gerichtsstand nach Art. 4 und insbesondere den Deliktsgerichtsstand tritt. Er schafft also nur eine zusätzliche Kompetenznorm, die dann relevant wird, wenn das Strafgericht nicht am Tatort belegen ist.[396] Die Vorschrift hat aber auch eine kollisionsrechtliche Aussage, weil sie bestätigt, dass das Strafgericht nach seinem Recht tätig wird, was etwa auch die Geltung des Untersuchungsgrundsatzes und der Offizialmaxime einschließt.

111 Art. 64 schränkt die Pflicht zur Rechtsverteidigung vor einem für den Beklagten fremden, d.h. nicht seiner Staatsangehörigkeit entsprechendem Gericht ein. Die vom Strafgericht erlassenen Entscheidungen müssen unter den in dieser Vorschrift beschriebenen Voraussetzungen nicht anerkannt werden.

II. Voraussetzungen

112 **1. Klagen vor dem Strafgericht.** Es muss sich um eine Klage auf Schadensersatz oder auf Wiederherstellung des früheren Zustands handeln; damit sind Unterlassungsklagen ausgeschlossen. Auch Schmerzensgeldansprüche sind als Ansprüche auf Ersatz des immateriellen Schadens erfasst.

113 Problematisch ist das Merkmal, dass die Klage **auf eine mit Strafe bedrohte Handlung** gestützt sein muss. Auch dieses Merkmal ist autonom zu verstehen.[397] Auf die Art der Sanktion kommt es nicht an.[398] Zum Teil wird vertreten, es sei nicht entscheidend, ob es sich um deliktische Ansprüche handele, so dass auch vertragliche Schadensersatzansprüche geltend gemacht werden könnten, wenn etwa eine Vertragsverletzung zugleich auch durch die Strafjustiz verfolgt wird.[399] Dem wird entgegengetreten mit dem Argument, damit werde eine Annexkompetenz begründet, die über das nationale Recht begründet werde; daher seien nur deliktische Ansprüche gemeint.[400] Das letztgenannte Argument hinkt. Mit gleicher Münze müsste man dann auch deliktische Ansprüche ausklammern, weil zu Art. 7 Nr. 2 tatortunabhängig eine abweichende Annexkompetenz geschaffen würde. Daher sind dem Wortlaut entsprechend auch vertragliche Ansprüche von der Vorschrift gedeckt.[401]

114 **2. Internationale und örtliche Zuständigkeit des Strafgerichts, soweit nach nationalem Recht erkennen kann.** Liegen die Voraussetzungen vor, begründet Art. 7

---

[395] Vgl. die kritischen Überlegungen zu Art. 5 Nr. 4 EuGVVO a.F. bei *v. Sachsen-Gessaphe* ZZPInt 5 (2000), 219, 225ff.
[396] Bericht Jenard AbL. 1979 C 59/1 zu Art. 5 Nr. 4.
[397] Stein/Jonas/*Wagner* Rdn. 183.
[398] Schlosser/Hess Rdn. 21; MünchKomm/*Gottwald* Art. 7 EuGVO Rdn. 64; Rauscher/*Leible* Rdn. 144. Stein/Jonas/*Wagner* Rdn. 183, der aber auf den Zweck der Repression abstellt.
[399] Schlosser/Hess Rdn. 21 mit Beispiel des contempt of court.
[400] Thomas/Putzo/*Hüßtege* Rdn. 38; *Geimer/Schütze* Rdn. 288; *Kropholler/von Hein* Rdn. 97.
[401] Midland Marts Ltd. v. Hobday and others [1989] 1 W.L.R. 1143 (1146) (Ch D.).

Nr. 3 die internationale und örtliche Zuständigkeit, die allerdings von einer weiteren, aus dem nationalen Recht abgeleiteten Voraussetzung abhängt. Das Strafgericht muss nämlich nach seinem nationalen Recht über zivilrechtliche Ansprüche erkennen dürfen und es muss dasjenige Strafgericht sein, bei dem öffentliche Klage erhoben ist. Damit ist gemeint, dass ein entsprechendes Adhäsionsverfahren im nationalen Recht möglich und das Strafgericht nach innerstaatlichem Recht insoweit auch zuständig sein muss. Zugleich darf Nr. 3 nicht im Vorgriff auf das Strafverfahren geltend gemacht werden, sondern erst dann, wenn tatsächlich Anklage erhoben ist. Wann dies der Fall ist, ist nicht autonom zu bestimmen, sondern **nach dem jeweiligen Strafverfahrensrecht.**

Ist das Strafgericht nach innerstaatlichem Recht zuständig und liegen die Voraussetzungen des Nr. 3 vor, begründet Nr. 3 sodann die Zuständigkeit nach der Brüssel Ia-VO. Da folglich die Zuständigkeit mittelbar an das innerstaatliche Recht geknüpft ist, wird Nr. 3 rechtspolitisch kritisiert, weil auf diese Weise exorbitante Gerichtsstände geschaffen werden können.[402] 115

Der Verweis auf das „Erkennendürfen" nach nationalem Recht beinhaltet auch die weiteren Modalitäten des Verfahrens, also in welchem Umfang und auf welche Weise zivilrechtliche Ansprüche geltend zu machen sind.[403] Das gilt auch für die Frage, ob Beklagter auch eine Person sein kann, die im Strafverfahren nicht angeklagt ist.[404] Entscheidend ist allein, dass das innerstaatliche Recht die Adhäsion insoweit zulässt. 116

Art. 7 Nr. 4

I. Normzweck

Die Vorschrift enthält eine besondere Zuständigkeit für Herausgabeklagen aus Eigentum am Belegenheitsort beweglicher Kulturgüter im Sinne der Kulturgüterrückgaberichtlinie. Der sehr spezielle und enge Zuschnitt der Norm erinnert daran, dass im europäischen Zuständigkeitssystem kein allgemeiner Belegenheitsgerichtsstand für bewegliche Sachen vorgesehen ist.[405] Wie sonst auch muss der Beklagte seinen Wohnsitz in einem Mitgliedstaat haben. Ferner muss das Kulturgut in einem anderen Mitgliedstaat belegen sein. Ist das Kulturgut im Wohnsitzstaat des Beklagten belegen, kommt es auf 117

---

402 *Schoibl* FS Sprung S. 321, 324; *Leipold* in FS Stoll 625, 642 f.; *Mankowski* FS Machacek/Matscher S. 785, 789.
403 *Kropholler/von Hein* Rdn. 98; *Stein/Jonas/Wagner* Rdn. 185.
404 Rauscher/*Leible* Rdn. 147; a.A. *Schoibl* in FS Sprung S. 320, 328.
405 Anders etwa Art. 98 schwzIPRG im 7. Kapitel „Sachenrecht": „Bewegliche Sachen: Für Klagen betreffend dingliche Rechte an beweglichen Sachen sind die schweizerischen Gerichte am Wohnsitz oder, wenn ein solcher fehlt, diejenigen am gewöhnlichen Aufenthalt des Beklagten zuständig. Über dies sind die schweizerischen Gerichte am Ort der gelegenen Sache zuständig". Ergänzend in Art. 98a schwzIPRG ein besonderer Gerichtsstand für (nicht nur zivilrechtlich begründete und aus Eigentum erwachsende) Herausgabeansprüche von Kulturgut: „Für Klagen auf Rückführung von Kulturgut nach Artikel 9 des Kulturgütertransfergesetzes vom 20. Juni 2003 ist das Gericht am Wohnsitz oder Sitz der beklagten Partei oder am Ort, an dem das Kulturgut sich befindet, zuständig". Vgl. auch die allgemeine „in rem-jurisdiction" des US-amerikanischen Rechts (auch) für bewegliche Sachen, hierzu speziell für Kulturgüter und insoweit als Vorschlag für eine universalisierungsfähige Zuständigkeit Jennifer Anglim Kreder, Crossroads in the Great Race: Moving Beyond the International Race to Judgment in Disputes Over Artwork and Other Chattels, Harvard Int'l L J 45 (2004), 239.

Art. 7 Nr. 4 neben der allgemeinen Wohnsitzzuständigkeit nach Art. 4 nicht an. Hat der Beklagte seinen Wohnsitz in einem Drittstaat, kann er bei Belegenheit des Kulturgutes in Deutschland nach Art. 6 Abs. 1 i.V.m. § 23 ZPO in Deutschland kraft der Belegenheit der Sache verklagt werden. Bei Wohnsitz in einem Luganostaat besteht hingegen (derzeit) keine besondere Zuständigkeit am Belegenheitsort der beweglichen Sache. Zuständigkeitsbegründend, sowohl international wie örtlich, ist der Ort der Belegenheit im Zeitpunkt der Anrufung des Gerichts (perpetuatio fori). Dieser Zeitpunkt ist wohl autonom in Anlehnung an Art. 33 zu bestimmen.[406] Alternative Anknüpfungen an den Ort der Herkunft (forum originis) oder an den Ort des Abhandenkommens (forum furtis) wurden früher im Schrifttum insbesondere im Gleichlauf mit dem anwendbaren Recht (lex originis bzw. lex furti) erwogen.[407]

II. Entstehungsgeschichte

118   Der „Heidelberg Report"[408] sprach sich auf der Grundlage des deutschen und des maltesischen Länderberichts sowie der Aussprache auf der Konferenz der Länderberichterstatter zu Anwendungsproblemen der Verordnung für die Schaffung einer besonderen Zuständigkeit am Ort der beweglichen Sache aus, sofern sich die Streitigkeit auf diese bewegliche Sache bezieht, um in solchen Fällen die Nähe des Forums zu Beweismitteln und gegebenenfalls eine unmittelbare Vollstreckung der Entscheidung in die Sache zu gewährleisten.[409] Die Kommission griff dies in ihrem Vorschlag[410] in einem Art. 5 Nr. 3 auf,[411] dies innerhalb eines universalisierten, also auch Drittstaatenbeklagte erfassenden[412] Zuständigkeitssystems. Der Ratsentwurf[413] allerdings wandte sich nicht

---

[406] Stefan Leible, in Thomas Rauscher (Hrsg.), Europäisches Zivilprozess- und Kollisionsrecht Bd. I, 4. Aufl. 2015, Art. 7 Brüssel Ia-VO Rdn. 151.
[407] Eingehend und kritisch mit weiteren Nachweisen Kurt Siehr, Das Forum rei sitae in der neuen EuGVO (Art. 7 Nr. 4 EuGVO n.F.) und der internationale Kulturgüterschutz, in Normann Witzleb et al. (Hrsg.), Festschrift für Dieter Martiny zum 70. Geburtstag, 2014, S. 837, 845 ff.; für ein forum originis etwa Gerte Reichelt, Kulturgüterschutz und Internationales Verfahrensrecht, IPRax 1989, 254, 255; dies., La protection internationale des biens culturels, Unif. L. Rev. 1985, 42, 96 ff.
[408] Burkhard Hess/Thomas Pfeiffer/Peter Schlosser, The Brussels I Regulation 44/2001 – Application and Enforcement in the EU (Heidelberg Report), 2008.
[409] Thomas Pfeiffer, Heidelberg Report, S. 45 Rdn. 152 f.; vgl. auch Erik Jayme, Ein internationaler Gerichtsstand für Rechtsstreitigkeiten um Kunstwerke, in Klaus Grupp/Ulrich Hufeld (Hrsg.), Recht – Kultur – Finanzen, Festschrift für Reinhard Mußgnug (2005), S. 517, zu einem konkreten österreichischen Fall (Hinterlegung durch ein österreichisches Auktionshaus nach Prätendentenstreit zwischen schweizerischem Einlieferer und deutschen präsumtivem Eigentümer – fehlende internationale Zuständigkeit am Hinterlegungsort nach LugÜ).
[410] Europäische Kommission, Vorschlag für eine Verordnung des Europäischen Parlamentes und des Rates über die gerichtliche Zuständigkeit und die Anerkennung und Vollstreckung von Entscheidungen in Zivil- und Handelssachen vom 14.12.2010, KOM(2010) 748 endg.
[411] Art. 5 Nr. 3 des Kommissionsvorschlags lautete: „Folgende Gerichte sind zuständig: wenn es um dingliche Rechte an beweglichen Sachen geht, das Gericht des Ortes, an dem sich die Sachen befinden". Kritisch z.B. Pietro Franzina, The Proposed New Rule of Special Jurisdiction Regarding Rights in Rem in Moveable Property: A Good Option for a Reformed Brussels I Regulation?, Diritto del commercio internazionale 2011, 789.
[412] Hierzu etwa Matthias Weller, Der Kommissionsentwurf zur Reform der Brüssel I-VO, GPR 2012, 34, 37 ff. m.w.N.
[413] Rat der Europäischen Union, Vermerk des Ratsvorsitzes für den Rat v. 1.6.2012, Dok. 10609/12 JUSTCIV 209 CODEC 1495 sowie Rat der Europäischen Union, Addendum zum Vermerk, Dok.-Nr. 10609/12 ADD 1 JUSTCIV 209 CODEC 1495. Hierzu etwa Matthias Weller, Der Ratsentwurf und der Parlamentsentwurf zur Reform der Brüssel I-VO, GPR 2012, 328.

nur gegen die Universalisierung, sondern nahm auch Art. 5 Nr. 3 zurück. Stattdessen führte der Rat den nunmehr geltenden Text ein.

III. Kulturgut

Zur – schwierigen[414] – Definition von „Kulturgut" verweist die Vorschrift auf die Definition in Art. 1 Nr. 1 der Kulturgüterrückgaberichtlinie. Diese Richtlinie wurde zunächst wie im Normtext zitiert als RL 93/7/EWG erlassen,[415] jedoch zwischenzeitlich ihrerseits auch die Definition betreffend neu gefasst.[416] Den Verweis auf die Richtlinie wird man als dynamisch zu verstehen haben. Es gilt also jetzt die neu gefasste Definition in Art. 2 Nr. 1 der Richtlinie. Danach ist „Kulturgut" ein Gegenstand, der vor oder nach der unrechtmäßigen Verbringung aus dem Hoheitsgebiet eines Mitgliedstaats nach den nationalen Rechtsvorschriften oder Verwaltungsverfahren im Sinne des Artikels 36 AEUV von diesem Mitgliedstaat als ‚nationales Kulturgut von künstlerischem, geschichtlichem oder archäologischem Wert' eingestuft oder definiert wurde", ohne dass es auf die früheren Kategorien, Alters- oder Wertgrenzen im (insoweit entfallenen) Anhang der vorherigen Fassung der Richtlinie ankommt. Die hiermit für die Richtlinie erreichte Erweiterung des Anwendungsbereichs dürfte auch für Art. 7 Nr. 4 gelten. Ferner wird der Verweis eben bloße Definition sein und nicht etwa auch den Anwendungsbereich der Richtlinie im Übrigen für dort geregelte mitgliedstaatliche Herausgabeverlangen nach verwaltungsrechtlichen Maßgaben mit erfassen wollen.[417] Damit können sich z.B. auch Drittstaaten als privatrechtliche Kläger auf Art. 7 Nr. 4 berufen, ebenso Private.

119

IV. Auf Eigentum gestützter zivilrechtlicher Anspruch auf Wiedererlangung

Voraussetzung ist ferner ein „auf Eigentum gestützter zivilrechtlicher Anspruch". Dass es sich um einen zivilrechtlichen Anspruch handeln muss, folgt bereits aus dem allgemeinen sachlichen Anwendungsbereich der Verordnung nach Art. 1 Abs. 1 S. 1. Die deklaratorische Erinnerung daran soll klarstellen, dass die im Kulturgüterrecht häufigen parallelen öffentlich-rechtlichen und strafprozessualen Herausgabeansprüche nicht erfasst sind. Dass etwa Herausgabeverlangen eines Mitgliedstaates nach der Kulturgüterrückgaberichtlinie durch zivilrechtliche Herausgabeverlangen nicht berührt werden, stellt auch Erw.-Gr. 17 S. 2 nochmals klar. Nach deutscher Dogmatik steht damit der Herausgabeanspruch nach § 985 BGB im Zentrum. Funktionales Äquivalent im *common law* sind – dort typischerweise deliktisch qualifizierte – Herausgabeansprüche. Solche sind

120

---

414 Etwa Matthias Weller, Cultural Property, in Jürgen Basedow/Franco Ferrari/Giesela Rühl (Hrsg.), Encyclopedia of Private International Law, 2017 (im Erscheinen).
415 Richtlinie 93/7/EWG des Rates vom 15. März 1993 über die Rückgabe von unrechtmäßig aus dem Hoheitsgebiet eines Mitgliedstaats verbrachten Kulturgütern, Abl. EG Nr. L 74 v. 27.3.1993, S. 74–79.
416 Richtlinie 2014/60/EU des Europäischen Parlaments und des Rates vom 15. Mai 2014 über die Rückgabe von unrechtmäßig aus dem Hoheitsgebiet eines Mitgliedstaats verbrachten Kulturgütern und zur Änderung der Verordnung (EU) Nr. 1024/2012 (Neufassung) 2014/60/EU, Abl. EU Nr. L 159 v. 28.5.2014, S. 1–10.
417 Kurt Siehr, Das Forum rei sitae in der neuen EuGVO (Art. 7 Nr. 4 EuGVO n.F.) und der internationale Kulturgüterschutz, in Normann Witzleb et al. (Hrsg.), Festschrift für Dieter Martiny zum 70. Geburtstag, 2014, S. 837, 841: „Definitionsverweisung"; zustimmend Rauscher/*Leible* Art. 7 Brüssel Ia-VO Rdn. 150.

von Art. 7 Nr. 4 ebenfalls erfasst.[418] Die „Wiedererlangung" setzt nach deutschem Verständnis eine Leistungsklage voraus. Klagen gerichtet auf Feststellung bestrittenen Eigentums oder auch auf das Nichtbestehen des behaupteten Eigentums (negative Feststellungsklage) am Kulturgut gelten aber im systematischen Kontext zu Art. 7 Nr. 1 und 2 bzw. in Fortführung der dort jeweils zur Erfassung des Feststellungsklage ergangenen Rechtsprechung[419] sowie nach Sinn und Zweck als miterfasst.[420]

Art. 7 Nr. 5

Schrifttum

Günes/Freidinger Gerichtsstand und anwendbares Recht bei Konsignationslagern, IPRax 2012, 48.

I. Grundlagen und Normzweck

121 Nr. 5 begründet einen weiteren besonderen Gerichtsstand der Niederlassung. Er ergänzt den allgemeinen Gerichtsstand und die weiteren besonderen Gerichtsstände. Sinn und Zweck der Begründung einer Zuständigkeit am Ort der Niederlassung ist es, ein sach- und beweisnahes Forum zu schaffen,[421] aber auch die Geschäftspartner zu schützen, die mit der Niederlassung verkehrt hatten und denen nunmehr der Gang vor ausländische Gerichte am Hauptsitz des Unternehmens erspart werden soll.[422] Für **Aktivklagen** des Inhabers gilt Nr. 5 wegen des Schutzzweckes nicht.[423] Nr. 5 begründet kein Forum gegen die Niederlassung selbst, sondern gegen die entsprechende Trägergesellschaft am Ort der Niederlassung. Ist eine Niederlassung selbst rechts- und parteifähig, kann sie richtigerweise gleichwohl eine Niederlassung i.S.d. Nr. 5 sein, obwohl sie selbst verklagt werden könnte.[424] Problematisch ist dann allein, ob der Inhaber der Niederlassung dann überhaupt der richtige Beklagte ist (näher unten Rdn. 123).

II. Zweigniederlassung, Agentur und sonstige Niederlassung

122 Der Anknüpfungsbegriffe sind autonom zu verstehen.[425] Eine Differenzierung zwischen den einzelnen Varianten ist nicht erforderlich. Der Begriff der Niederlassung in diesem Sinne hat durch die Rechtsprechung des EuGH Konturen erfahren. Danach sind Niederlassungen „wesentlich dadurch charakterisiert, daß sie der Aufsicht und **Leitung**

---

418 Kurt Siehr, Das Forum rei sitae in der neuen EuGVO (Art. 7 Nr. 4 EuGVO n.F.) und der internationale Kulturgüterschutz, in Normann Witzleb et al. (Hrsg.), Festschrift für Dieter Martiny zum 70. Geburtstag, 2014, S. 837, 843.
419 Vgl. insbes. EuGH, Urt. v. 25.10.2012, Rs C-133/11 – *Folien Fischer.*
420 Rauscher/*Leible* Art. 7 Brüssel Ia-VO Rdn. 150.
421 Vgl. EuGH, 22.11.1978, Rs 33/78 (*Somafer SA*), BeckEuRS 1978, 67189 = ECLI:EU:C:1978:205 Rdn. 7; EuGH, 9.12.1987, Rs 218/86 (*SAR Schotte GmbH*), ECLI:EU:C:1987:536 Rdn. 16 = IPRax 1989, 96 m. Anm. *Kronke* S. 91.
422 *Schlosser/Hess* Rdn. 20; Rauscher/*Leible* Rdn. 152; *Kropholler/von Hein* Rdn. 99; Stein/Jonas/*Wagner* Rdn. 189.
423 Thomas/Putzo/*Hüßtege* Rdn. 24; Czernich/Tiefenthaler/Kodek-*Czernich* Rdn. 100; Stein/Jonas/*Wagner* Rdn. 201.
424 Stein/Jonas/*Wagner* Rdn. 193.
425 EuGH, 22.11.1978, Rs 33/78 (*Somafer SA*), BeckEuRS 1978, 67189 = ECLI:EU:C:1978:205 Rdn. 9 ff.; Rauscher/*Leible* Rdn. 155; MünchKomm/*Gottwald* Art. 7 EuGVVO Rdn. 75.

eines Stammhauses unterliegen".[426] Aus der *Somafer*-Entscheidung folgt, dass mit der Niederlassung ein „Mittelpunkt geschäftlicher Tätigkeit gemeint [ist], der auf Dauer als Außenstelle eines Stammhauses hervortritt, eine Geschäftsführung hat und sachlich so ausgestattet ist, dass er in der Weise Geschäfte mit Dritten betreiben kann, dass diese, obgleich sie wissen, dass möglicherweise ein Rechtsverhältnis mit dem im Ausland ansässigen Stammhaus begründet wird, sich nicht unmittelbar an dieses zu wenden brauchen, sondern Geschäfte an dem Mittelpunkt geschäftlicher Tätigkeit abschließen können, der dessen Außenstelle ist".[427] Aus diesen Vorgaben folgt, dass einerseits eine gewisse Unselbständigkeit, andererseits aber doch eine nach außen wirkende Selbständigkeit erforderlich ist. Während das erste Merkmal eher auf das (allerdings nach außen erkennbare) Innenverhältnis zwischen Träger und Niederlassung blickt, geht es bei dem zweiten um das Hervortreten gegenüber Dritten, die folglich einen gewissen Mittelpunkt der geschäftlichen Tätigkeit in der jeweiligen Stelle erkennen. Die Vorschrift gilt auch für **freie Berufe** und **Verbände aller Art**.[428]

Auf dieser Grundlage ist ein selbständiger Handelsvertreter gerade wegen seiner betrieblichen Selbständigkeit keine Niederlassung,[429] ebenso wenig wie ein Alleinvertriebshändler.[430] Auf Dauer angelegt sind nicht Messen oder Verkaufswägen auf Veranstaltungen.[431] Auch eine bloße Lagerhalle oder ein Warenlager genügen jedenfalls für sich genommen nicht.[432] Eine bloße Briefkasten oder eine Kontaktadresse begründen erst recht noch keine auf Dauer angelegte Tätigkeit.[433] Auf die An- und Abmeldung im Handelsregister kommt es nicht an.[434] Freilich kann sich aus **Rechtsscheingründen** eine Niederlassung ergeben, wie der EuGH in der Rs *SAR Schotte* entschieden hat, als er meinte, dass eine Niederlassung in dem Staat gegeben sei, in dem „eine in einem Vertragsstaat ansässige juristische Person in einem anderen Vertragsstaat zwar keine unselbständige Zweigniederlassung, Agentur oder sonstige Niederlassung unterhält, dort aber ihre Tätigkeiten mit Hilfe einer gleichnamigen selbständigen Gesellschaft mit identischer Geschäftsführung entfaltet, die in ihrem Namen verhandelt und Geschäfte abschließt und deren sie sich wie einer Außenstelle bedient".[435] Letztlich ist stets die Frage, wie sich das **Auftreten nach außen** darstellt. Daher können, wie bei Rdn. 121 dargestellt, auch rechtlich selbständige Gesellschaften Niederlassung der Mutter (oder einer anderen Konzerngesellschaft)[436] sein; das ist auch nicht etwa grundsätzlich ausgeschlossen.[437] Es ist die Konsequenz des Rechtsscheingedankens, dass auch eine Tochtergesellschaft an ihrer Rechtsschein-Niederlassung, die der Mutter zugehört, gerichtspflichtig werden kann.[438] Oft liegen die

---

426 EuGH, 6.10.1976, Rs 14/76 (*de Bloos*), ECLI:EU:C:1976:134 Rdn. 18 = NJW 1977, 490 m. Anm. *Geimer*; genauso EuGH, 18.3.1981, Rs 139/80 (*Blanckaert & Willems*), ECLI:EU:C:1981:70 Rdn. 12 = RIW 1981, 341 = IPRax 1982, 64.
427 EuGH, 22.11.1978, Rs 33/78 (*Somafer SA*), BeckEuRS 1978, 67189 = ECLI:EU:C:1978:205 Rdn. 12.
428 Allg. M., Stein/Jonas/*Wagner* Rdn. 194; Schlosser/*Hess* Rdn. 23 (dort auch zu internationalen Sportverbänden).
429 EuGH, 18.3.1981, Rs 139/80 (*Blanckaert & Willems*), ECLI:EU:C:1981:70 Rdn. 13; EuGH, 6.10.1976, Rs 14/76 (*de Bloos*), ECLI:EU:C:1976:134 Rdn. 23 = NJW 1977, 490 m. Anm. *Geimer*.
430 EuGH, 6.10.1976, Rs 14/76 (*de Bloos*), ECLI:EU:C:1976:134 Rdn. 20 ff.
431 Thomas/Putzo/*Hüßtege* Rdn. 40; Rauscher/*Leible* Rdn. 158.
432 Rauscher/*Leible* Rdn. 158; *Güneş/Freidinger* IPRax 2012, 48, 53.
433 Rauscher/*Leible* Rdn. 158.
434 Vgl. auch OLG Düsseldorf NJW-RR 2004, 1720.
435 EuGH, 9.12.1987, Rs 218/86 (*SAR Schotte GmbH*), NJW 1988, 625 = ECLI:EU:C:1987:536 Rdn. 17. Vgl. ferner EuGH, 19.7.2012 – C-154/11 (*Mahamdia*), NZA 2012, 935, 937, Rdn. 48.
436 Richtig Rauscher/*Leible* Rdn. 160.
437 Tendenziell so aber Rauscher/*Leible* Rdn. 160.
438 Rauscher/*Leible* Rdn. 160; MünchKomm/*Gottwald* Art. 7 EuGVVO Rdn. 82; vgl. auch LG Darmstadt BKR 2005, 287, 288.

Dinge aber rein faktisch so, dass die Konzernierung für die Streitigkeit und den Vertragsschluss keine Rolle spielt oder mehr oder weniger verborgen bleibt und daher davon auszugehen ist, dass die Gesellschaft vor Ort allein für sich selbst handelt.

III. Streitigkeiten aus dem Betrieb

124 Die Gerichtspflichtigkeit des Inhabers der Niederlassung ist nur dann gegeben, wenn die Streitigkeit aus dem Betrieb der Niederlassung stammt. Dieser Begriff ist vom EuGH konkretisiert worden.[439] Er umfasst
(1) Streitigkeiten über Rechte und Pflichten bezüglich des Betriebs der Zweigniederlassung selbst, z.B. Arbeitsrechtsprozesse mit dem dort beschäftigten Personal; nicht aber Streitigkeiten zwischen der Niederlassung und dem Inhaber der Niederlassung;[440]
(2) Streitigkeiten über Verbindlichkeiten, die von der Zweigniederlassung im Namen des Stammhauses mit Geschäftspartnern eingegangen worden sind;[441]
(3) außervertragliche Ansprüche, die aus der für Rechnung des Stammhauses ausgeübten Tätigkeit der Niederlassung entstanden sind.[442] Außervertragliche Ansprüche in diesem Sinne können deliktische Ansprüche sein (so dass Nr. 2 ebenfalls greift), aber auch bereicherungsrechtliche Ansprüche oder solche aus Geschäftsführung ohne Auftrag.[443]

125 Aus dem Betrieb kann die Streitigkeit nur entstanden sein, wenn die Niederlassung bereits im Zeitpunkt des Entstehens der Verpflichtung bestand.[444] Gemeinhin wird darüber hinaus verlangt, dass die Niederlassung noch im **Zeitpunkt der Klageerhebung** unterhalten werden muss.[445] Daran ist richtig, dass der Geschäftspartner kein schutzwürdiges Vertrauen auf ein ewiges Fortbestehen der zur Gerichtspflichtigkeit führenden Niederlassung hat. In den Fällen, in denen ohnehin nur ein Rechtsschein einer Niederlassung vom Inhaber gesetzt wurde, ist aber fraglich, ob die Auflösung des Rechtsscheins die Gerichtspflichtigkeit an diesem Ort beseitigen kann;[446] das setzt aber zumindest voraus, dass gerade gegenüber dem Kläger der Rechtsschein bis zur Klageerhebung beseitigt wurde. Soweit die Niederlassung zur Zeit der klagebegründenden Handlung noch nicht existierte, wird häufig keine betriebsbezogene Streitigkeit vorliegen.

---

[439] EuGH, 22.11.1978, Rs 33/78 (*Somafer SA*), BeckEuRS 1978, 67189 = ECLI:EU:C:1978:205 Rdn. 13.
[440] Stein/Jonas/*Wagner* Rdn. 203.
[441] Vgl. dazu LG Bremen VersR 2001, 782.
[442] EuGH, 22.11.1978, Rs 33/78 (*Somafer SA*), BeckEuRS 1978, 67189 = ECLI:EU:C:1978:205 Rdn. 13. Zu Kartellklagen bei **Missbrauch einer marktbeherrschenden Stellung** ist Beteiligung der Niederlassung erforderlich: EuGH, 5.7.2018, RS C-27/17 (*Lithuanian Airlines*), NZKart 2018, 357.
[443] Rauscher/*Leible* Rdn. 161; **a.A.** LG Baden-Baden, 10.9.2012, Az. 1 O 17/11 – juris-Rdn. 31 = BeckRS 2013, 18442.
[444] Rauscher/*Leible* Rdn. 162.
[445] BGH IPRax 2008, 128 Rdn. 25 (zu § 21 ZPO); OLG Saarbrücken RIW 1980, 796, 799; OLGR Köln 2007, 224; MünchKomm/*Gottwald* Art. 7 EuGVVO Rdn. 84; Stein/Jonas/*Wagner* Rdn. 201.
[446] So, offenlassend, OLG Saarbrücken RIW 1980, 796, 799.

Art. 7 Nr. 6

Schrifttum

Conrad Qualifikationsfragen des Trust im Europäischen Zivilprozeßrecht, 2001; *Wilske/Mayer* Der Trust als Kläger im deutschen Zivilprozess, ZIP 2012, 459.

I. Grundlagen und Normzweck

Diese Zuständigkeitsnorm begründet eine besondere Zuständigkeit und trägt dem angelsächsischen Rechtsinstitut des Trusts Rechnung.[447] Mittels eines Trusts kann nach dem im Vereinigten Königreich und in Irland geltenden Recht eine einer verdeckten Treuhand entsprechende Situation geschaffen werden, indem ein trustee eingesetzt wird, der das Recht oder Vermögen gemäß der vom settlor bestimmten Zwecksetzung und Widmung zugunsten von Begünstigten verwenden darf. Nr. 6 begründet eine Zuständigkeit bei Klagen gegen trustee, Begründer und Begünstigte am Sitz des trust; dieser Sitz kann nur mit Hilfe der Sondervorschrift in Art. 63 Abs. 3 bestimmt werden. Die Zuständigkeitsnorm begründet keine ausschließliche Zuständigkeit. Ausschließende Zuständigkeiten können vorgehen und sind insbesondere unabhängig davon einschlägig, ob ein bestimmter Gegenstand einem trust zugeordnet ist, insbesondere bei Klagen nach Art. 24 Nr. 1.

126

II. Trust

Der Begriff des trust wird **nicht autonom** bestimmt, weil die Vorschrift an das Institut des trust nach britischem und irischem Recht anknüpft.[448] Erfasst sind aber nur diejenigen trusts, die aufgrund eines Gesetzes entstehen, und zwar eines geschriebenen Parlamentsgesetzes,[449] oder kraft einer rechtsgeschäftlichen Erklärung. Davon ausgenommen sind trusts, die nach Equity-Regeln als resulting (oder implied) trusts und constructive trusts ohne entsprechenden Parteiwillen zustandekommen.[450]

127

III. Taugliche Beklagte

Nr. 6 betrifft Klagen gegen den trustee, die Begünstigten und den Begründer des trust. Trustee ist nur der trustee im technischen Sinn des britischen Rechts, nicht eine andere Person, die treuhänderische Befugnisse hat.[451] Trotz des weiten personellen Anwendungsbereichs ist einhellig anerkannt, dass Nr. 6 nach seinem Sinn und Zweck nur für Klagen im Innenverhältnis zwischen den genannten Beteiligten des trust gilt.[452] Aus dem Wortlaut geht das nicht hervor. Die Begrenzung erklärt sich daraus, dass Klagen aus dem Außenverhältnis gegen den trustee an dessen allgemeinem Gerichtsstand erhoben werden können.[453] Allerdings könnte je nach Lage der Dinge auch der trust selbst an sei-

128

---

447 Näher *Wilske/Meyer* ZIP 2012, 459.
448 Ausführlich *Conrad* Qualifikationsfragen des Trust im Europäischen Zivilprozeßrecht S. 11 m. Nachw. *Schlosser/Hess* Rdn. 25; *Rauscher/Leible* Rdn. 112; **a.M.** *Geimer/Schütze* Rdn. 326.
449 Vgl. *Kropholler/von Hein* Rdn. 120.
450 *Kropholler/von Hein* Rdn. 120.
451 *Rauscher/Leible* Rdn. 168.
452 *Stein/Jonas/Wagner* Rdn. 210.
453 Unklar *Rauscher/Leible* Rdn. 165.

nem nach Art. 4 i.V.m. Art. 63 Abs. 3 bestimmten Sitz verklagt werden; die Frage ist eine solche der Parteifähigkeit nach der lex fori, nicht der Brüssel Ia-VO. Da aber auch nach englischem Recht der trust zwar verselbständigt, aber nicht rechtsfähig ist, dürfte dies häufig auf das Gleiche hinauslaufen. Immerhin ergäbe sich, wenn man das Außenverhältnis einbezöge, die Klarstellung, dass der trust einen Sitz haben kann[454] (unabhängig von der Frage der Parteifähigkeit). Ganz überzeugend ist die Ausklammerung des Außenverhältnisses daher nicht. Soweit Nr. 6 auf das Innenverhältnis beschränkt wird, ergibt sich, dass auch **negative Feststellungsklagen** erfasst sind, weil der Beklagte insoweit gleichfalls Beteiligter des trust ist.

Art. 7 Nr. 7

Schrifttum

Egler Seeprivatrechtliche Streitigkeiten unter der EuGVVO, 2011.

I. Grundlagen und Normzweck

129   Die Zuständigkeitsnorm regelt die internationale und örtliche Zuständigkeit und geht in Art. 7 geht auf den mit dem Beitritt Großbritanniens eingefügten Art. 6a EuGVÜ zurück. Sie ergänzt Art. 7 des Seerechtsübereinkommens **zur Vereinheitlichung von Regeln über den Arrest von Seeschiffen vom 10.5.1952 und anderen speziellen Übereinkommen.** Dieses Übereinkommen eröffnet für Streitigkeiten wegen der Zahlung von Berge- und Hilfslohn eine internationale und örtliche Zuständigkeit im Arrestgerichtsstand. Art. 7 ist lückenfüllend, denn bereits in Art. 7 Abs. 1 lit. e des Seerechtsübereinkommens wird die Inanspruchnahme einer internationalen Zuständigkeit in dem Staat zugelassen, in dem ein Schiff zugunsten einer Seeforderung aus Bergung oder Hilfeleistung mit Arrest belegt worden ist. Diese Zuständigkeitsregelung trägt dem Haftungsvorrecht am Schiff Rechnung, das nach einschlägigen materiellen Regeln besteht.[455] Allerdings kann auch die Ladung oder Frachtforderung dem Vorrecht unterfallen.[456] Die Zuständigkeitsregelung in Nr. 7 erweitert die Maßgeblichkeit des Arrestgerichtsstands auch für das Haftungsvorrecht an der Schiffsladung und an Frachtforderungen. Damit ist Nr. 7 die verfahrensrechtliche Ergänzung zum materiellen Haftungsvorrecht.[457]

II. Voraussetzungen

130   Der Gerichtsstand setzt eine Streitigkeit wegen einer Zahlung von Berge- und Hilfslohn voraus, der für Bergungs- und Hilfeleistungsarbeiten gefordert wird. Der Begriff ist wie die weiteren Voraussetzungen autonom zu verstehen. Entscheidend ist der Streitgegenstand; allerdings sind auch Nebenansprüche am Gerichtsstand des Nr. 7 eröffnet.[458] Auf **negative Feststellungsklagen** des Hilfsbedürftigen ist die Regelung nicht anwend-

---

454   So auch *Wilske/Meyer* ZIP 2012, 459, 460.
455   Vgl. auch BT-Drs. 10/61 vom 13.5.1983, Rdn. 122.
456   Stein/Jonas/*Wagner* Rdn. 214.
457   Bericht Schlosser ABL. 1979 C 59/71 Rdn. 122f.
458   Stein/Jonas/*Wagner* Rdn. 217.

bar, wenn man ihr auch die Schutzrichtung zuschreibt, gerade den Anspruchsteller zu schützen.[459]

Aus dem Nachsatz ergibt sich, dass geltend gemacht werden muss, dass der Beklagte Rechte an der Ladung oder an der Frachtforderung hat oder zur Zeit der erbrachten Arbeiten hatte.[460] Der Anspruch muss tatsächlich durch das erlangte Recht an der Ladung oder Frachtforderung gesichert und sich gegen die sonstigen Berechtigten an der Sache richten.[461] Es geht damit im Ergebnis um eine letztlich dingliche Klage bzw. Vorzugsklage auf der Grundlage des materiellen Vorrechts. Vertragliche Streitigkeiten aus dem Bergungsvertrag zwischen dem Reeder und dem Hilfeleistenden fallen schon unter Nr. 1.[462]

131

Nr. 7 kennt **zwei Alternativen.** Nach lit. a) muss gerade wegen Zahlung und zu deren Sicherung ein Arrest an der Ladung oder Frachtforderung ausgebracht worden sein. Nach lit. b) werden gleichermaßen die praktisch häufigen Fälle erfasst, in denen der Arrest, der zulässigerweise möglich gewesen wäre, durch Bürgschaft oder anderweitige Sicherheitsleistung abgewendet wird.

132

Artikel 8

Eine Person, die ihren Wohnsitz im Hoheitsgebiet eines Mitgliedstaats hat, kann auch verklagt werden:
1. **wenn mehrere Personen zusammen verklagt werden, vor dem Gericht des Ortes, an dem einer der Beklagten seinen Wohnsitz hat, sofern zwischen den Klagen eine so enge Beziehung gegeben ist, dass eine gemeinsame Verhandlung und Entscheidung geboten erscheint, um zu vermeiden, dass in getrennten Verfahren widersprechende Entscheidungen ergehen könnten;**
2. **wenn es sich um eine Klage auf Gewährleistung oder um eine Interventionsklage handelt, vor dem Gericht des Hauptprozesses, es sei denn, dass die Klage nur erhoben worden ist, um diese Person dem für sie zuständigen Gericht zu entziehen;**
3. **wenn es sich um eine Widerklage handelt, die auf denselben Vertrag oder Sachverhalt wie die Klage selbst gestützt wird, vor dem Gericht, bei dem die Klage selbst anhängig ist;**
4. **wenn ein Vertrag oder Ansprüche aus einem Vertrag den Gegenstand des Verfahrens bilden und die Klage mit einer Klage wegen dinglicher Rechte an unbeweglichen Sachen gegen denselben Beklagten verbunden werden kann, vor dem Gericht des Mitgliedstaats, in dessen Hoheitsgebiet die unbewegliche Sache belegen ist.**

Schrifttum

Adolphsen Renationalisierung von Patentstreitigkeiten in Europa, IRPax 2007, 15; *Albicker* Der Gerichtsstand der Streitgenossenschaft (1996); *Althammer* Die Anforderungen an die „Ankerklage" am forum connexitatis (Art. 6 Nr. 1 EuGVVO), IPRax 2006, 558; *ders.* Die Auslegung der Europäischen Streitgenos-

---

459 Rauscher/*Leible* Rdn. 171; MünchKomm/*Gottwald* Art. 7 EuGVVO Rdn. 95; *Geimer/Schütze* Rdn. 351; a.A. Kropholler/*von Hein* Rdn. 126.
460 Kropholler/*von Hein* Rdn. 125; Stein/Jonas/*Wagner* Rdn. 218.
461 Kropholler/*von Hein* Rdn. 125; Schlosser/*Hess* Rdn. 24.
462 Stein/Jonas/*Wagner* Rdn. 218.

Art. 8 Brüssel Ia-VO — Kapitel II. Zuständigkeit

senzuständigkeit durch den EuGH – Quelle nationaler Fehlinterpretation?, IPRax 2008, 228; *ders.* Arglistiges Klägerverhalten im Europäischen Zuständigkeitsrecht (EuGVVO) – Bedarf für ein allgemeines Missbrauchsverbot?, in: GedS Konuralp (200) 122; *Auer* Die internationale Zuständigkeit des Sachzusammenhangs im erweiterten EuGVÜ-System nach Art. 6 EuGVÜ (1996); *Bacher* Zuständigkeit nach EuGVÜ bei Prozeßaufrechnung, NJW 1996, 2140; *Badelt* Aufrechnung und internationale Zuständigkeit unter besonderer Berücksichtigung des deutsch-spanischen Rechtsverkehrs (2005); *Banniza von Bazan* Der Gerichtsstand des Sachzusammenhangs im EuGVÜ, dem Lugano-Abkommen und im deutschen Recht (1995); *Binder* Welche Wirkung hat eine Konkurseröffnung auf die Anwendung von Art. 6 Nr. 1 EuGVVO?, JAP 2006/2007, 113; *Bork* Die Aufrechnung des Beklagten im internationalen Zivilverfahren, in: FS Beys I (2003) 119; *Borla-Geier* Streitgenossenschaft nach Lugano-Übereinkommen, ZZZ 16 (2007) 517; *Brand/Scherber* Art. 6 Ziff. 1 EuGVÜ und die Zuständigkeitsbestimmung nach § 36 Abs. 1 Ziff. 3 ZPO, IPRax 2002, 500; *Brandes* Der gemeinsame Gerichtsstand: die Zuständigkeit im europäischen Mehrparteienprozeß nach Art. 6 Nr. 1 EuGVÜ/LGVÜ (1998); *Brönnimann* Streitgenossenschaft und Klagenhäufung: revidiertes Lugano-Übereinkommen, IPRG und ZPO im Vergleich, in: Kren/Markus/Rodriguez Internationaler Zivilprozess 2011: Zusammenspiel des revLugÜ mit dem revSchKG und der schweizerischen ZPO (2010) 121; *Burgstaller* Prozeßverbindung, Querklage und Interventionsklage, JBl 1994, 69; *ders.* Zur Streitgenossenschaft nach der EuGVVO, Zak 2006, 289; *Busse* Aufrechnung bei internationalen Prozessen vor deutschen Gerichten, MDR 2001, 729; *Coester-Waltjen* Die Bedeutung des Art. 6 Nr. 2 EuGVÜ, IPRax 1992, 290; *dies.* Die Aufrechnung im internationalen Zivilprozeßrecht, in: FS Lüke (1997) 35; *dies.* Konnexität und Rechtsmissbrauch – zu Art. 6 Nr. 1. EuGVVO, in: FS Kropholler (2008) 747; *Dageförde* Aufrechnung und Internationale Zuständigkeit, RIW 1990, 873; *Dätwyler* Gewährleistungs- und Interventionsklage nach französischem Recht und Streitverkündigung nach schweizerischem und deutschem Recht im internationalen Verhältnis nach IPRG und Lugano-Übereinkommen unter Berücksichtigung des Vorentwurfs zu einer schweizerischen Zivilprozessordnung (2005); *Eickhoff* Inländische Gerichtsbarkeit und internationale Zuständigkeit für Aufrechnung und Widerklage (1985); *von Falkenhausen* Ausschluß von Aufrechnung und Widerlage durch internationale Gerichtsstandsvereinbarungen, RIW 1982, 386; *Frodl* Rechtssicherheit vor Arbeitnehmerschutz?, ÖJZ 2009, 935; *Gebauer* Internationale Zuständigkeit und Prozeßaufrechnung, IPRax 1998, 79; *ders.* Die Aufrechnung nach italienischem Recht vor deutschen Gerichten – prozessuale und materiellrechtliche Probleme, JbItalR 12 (1999) 31; *Geier* Die Streitgenossenschaft im internationalen Verhältnis (2005); *Geimer* Fora connexitatis: Der Sachzusammenhang als Grundlage der internationalen Zuständigkeit, WM 1979, 350; *ders.* Das Nebeneinander und Miteinander von europäischem und nationalem Zivilprozeßrecht, NJW 1986, 2991; *ders.* EuGVÜ und Aufrechnung: Keine Erweiterung der internationalen Entscheidungszuständigkeit – Aufrechnungsverbot bei Abweisung der Klage wegen internationaler Unzuständigkeit, IPRax 1986, 208; *ders.* Zur internationalkompetenzrechtlichen Perspektive der Prozessaufrechnung: Die internationale Zuständigkeit Deutschlands für die Aufrechnungsforderung als Voraussetzung für die Beachtung der Aufrechnung im deutschen Prozess, IPRax 1994, 82; *ders.* Härtetest für deutsche Dienstleister im Ausland, IPRax 1998, 175; *ders.* Salut für die Verordnung (EG) Nr. 44/2001 (Brüssel I-VO): Einige Betrachtungen zur „Vergemeinschaftung" des EuGVÜ, IPRax 2002, 69; *ders.* Forum Condefensoris, in: FS Kropholler (2008) 777; *Geimer* Das Forum interventionis und der natürliche Richter, MDR 2016, 928; *Gottwald* Die Prozeßaufrechnung im europäischen Zivilprozeß, IPRax 1986, 10; *ders.* Europäische Gerichtspflichtigkeit kraft Sachzusammenhangs, IPRax 1989, 272; *Grothe* Die Streitgenossenzuständigkeit gem. Art. 6 Nr. 1 EuGVO und das Schicksal der Wohnsitzklage, in: FS Kerameus (2009) 459; *Gruber* Ungeklärte Zuständigkeitsprobleme bei der Prozessaufrechnung, IPRax 2002, 285; *Harms* Der Gerichtsstand des Sachzusammenhangs (Art. 6 Nr. 1 EuGVVO) bei kartellrechtlichen Schadensersatzklagen, EuZW 2014, 129; *Hau* Anerkennungsrechtliche Aspekte der Prozeßaufrechnung, IPRax 1999, 437; *Haubold* Internationale Zuständigkeit für gesellschaftsrechtliche und konzerngesellschaftsrechtliche Haftungsansprüche nach EuGVÜ und LugÜ, IPRax 2000, 375; *von Hein* Der Gerichtsstand der unerlaubten Handlung bei arbeitsteiliger Tatbegehung im europäischen Zivilprozessrecht, IPRax 2013, 505; *von Hoffmann* Gegenwartsprobleme internationaler Zuständigkeit, IPRax 1982, 217; *von Hoffmann/Hau* Probleme der abredewidrigen Streitverkündung im Europäischen Zivilrechtsverkehr, RIW 1997, 89; *Hölder* Der Gerichtsstand der Streitgenossenschaft im europäischen Patentverletzungsprozess, MittPat 2005, 208; *Janert* Die Aufrechnung im internationalen Vertragsrecht (2002); *Koch* Europäische Vertrags- und Deliktsgerichtsstände für Seetransportschäden („Weiche Birnen"), IPRax 2000, 186; *Kannengießer* Die Aufrechnung im internationalen Privat- und Verfahrensrecht (1998); *Kieninger* Internationale Zuständigkeit bei der Verletzung ausländischer Immaterialgüterrechte: Common Law auf dem Prüfstand des EuGVÜ – Zugleich Anmerkung zu Pearce v Ove Arup Partnership Ldt and others (Chancery Division) and Coin Controls Ldt v Suzo

International (GB) Ltd and others (Chancery Division), GRURInt 1998, 280; *Kindler* Sachmängelhaftung, Aufrechnung und Zinssatzbemessung: Typische Fragen des UN-Kaufrechts in der gerichtlichen Praxis, IPRax 1996, 16; *Knöfel* Gerichtsstand der prozessübergreifenden Streitgenossenschaft gemäß Art. 6 Nr. 1 EuGVVO?, IPRax 2006, 503; *ders.* Kein „konzernübergreifender" europäischer Mehrparteiengerichtsstand für Patentverletzungsklagen!, MR-Int 2006, 127; *Köckert* Die Beteiligung Dritter im internationalen Zivilverfahrensrecht (2010); *König* Zur Prüfungspflicht beim Gerichtsstand der Streitgenossenschaft (Art. 6 Z. 1 LGVÜ/EuGVÜ), RZ 1997, 240; *Kraft* Grenzüberschreitende Streitverkündung und Third-Party Notice (2002); *Krebber* Einheitlicher Gerichtsstand für die Klage eines Arbeitnehmers gegen mehrere Arbeitgeber bei Beschäftigung in einem grenzüberschreitenden Konzern, IPRax 2009, 409; *ders.* Internationale Zuständigkeit bei Klagen des Arbeitnehmers gegen den Dritten in arbeitsrechtlichen Drittbeziehungen, IPRax 2017, 313; *Lakkis* Die erste EuGH-Entscheidung zur aktuellen EuGV-VO – ein Meilenstein der Prozessrechtswissenschaft, ZZP 130 (2017) 375; *Lange* Der internationale Gerichtsstand der Streitgenossenschaft im Kennzeichenrecht im Lichte der „Roche/Primus"-Entscheidung des EuGH, GRUR 2007, 107; *Lund* Der Rückgriff auf das nationale Recht zur europäisch-autonomen Auslegung normativer Tatbestandsmerkmale in der EuGVVO, IPRax 2014, 140; *Lüpfert* Konnexität im EuGVÜ (1997); *Mäder* Die Anwendung des Lugano-Übereinkommens im gewerblichen Rechtsschutz ausgehend von Art. 6 Nr. 4 LGVÜ (1999); *Mankowski* Die österreichischen Gerichtsstände der Streitgenossenschaft, des Vermögens und der inländischen Vertretung mit Blick auf das Lugano-Übereinkommen, IPRax 1998, 122; *ders.* Verdrängt das europäische Internationale Arbeitsprozessrecht (Art. 18–21 EuGVVO) auch den Gerichtsstand der Streitgenossenschaft aus Art. 6 Nr. 1 EuGVVO?, EuZA 2008, 104; *ders.* Der Deliktgerichtsstand im Verhältnis zum europäischen Internationalen Arbeitsprozessrecht, EuZA 2017, 126; *Mann* Zum Verhältnis von Zuständigkeitsbestimmungsverfahren und gemeinsamem Beklagtengerichtsstand nach Art. 6 Nr. 1 EuGVVO, ZZP 127 (2014) 229; *Mansel* Streitverkündung und Interventionsklage im europäischen internationalen EuZPR (EuGVÜ/Lugano-Übereinkommen), in: Hommelhoff/Jayme/Mangold Europäischer Binnenmarkt (1995) 61; *ders.* Vollstreckung eines französischen Garantieurteils bei gesellschaftsrechtlicher Rechtsnachfolge und andere vollstreckungsrechtliche Fragen des EuGVÜ, IPRax 1995, 362; *ders.* Gerichtsstandsvereinbarung und Ausschluß der Streitverkündung durch Prozeßvertrag, ZZP 109 (1996) 61; *Meier* Grenzüberschreitende Drittbeteiligung (1994); *Mock* Internationale Streitgenossenzuständigkeit, IPRax 2010, 510; *Müller* Der zuständigkeitsrechtliche Handlungsort des Delikts bei mehreren Beteiligten in der EuGVVO, EuZW 2013, 130; *Oberhammer* Internationale Rechtshängigkeit, Aufrechnung und objektive Rechtskraftgrenzen in Europa, IPRax 2002, 424; *Oberhammer/Slonina* Konnexität durch Kompensation?, IPRax 2008, 555; *Okonska* Die Widerklage im Zivilprozessrecht der Europäischen Union und ihrer Mitgliedstaaten (2015); *Otte* Umfassende Streitentscheidung durch Beachtung von Sachzusammenhängen (1998); *Reischl* Verfahrenskonzentration durch Aufrechnungseinrede im europäischen Zivilprozess, IPRax 2003, 426; *Rohner* Die örtliche und internationale Zuständigkeit kraft Sachzusammenhangs (1991); *H. Roth* Gerichtsstand kraft Sachzusammenhangs in dem Vollstreckbarerklärungsverfahren des europäischen Zivilprozeßrechts, RIW 1987, 814; *ders.* Aufrechnung und internationale Zuständigkeit nach deutschem und europäischem Prozeßrecht, RIW 1999, 819; *ders.* Zur Überprüfung der Voraussetzungen einer Streitverkündung im Vorprozess (Art. 65 EuGVO), IPRax 2003, 515; *ders.* Das Konnexitätserfordernis im Mehrparteiengerichtsstand des Art. 6 Nr. 1 EuGVVO, in: FS Kropholler (2008) 869; *Rüfner* Das Verhältnis der Gewährleistungs- oder Interventionsklage (Art. 6 Nr. 2 EuGVVO/EuGVÜ) zum Hauptprozess, IPRax 2005, 500; *Rüssmann* Die internationale Zuständigkeit für Widerklage und Prozessaufrechnung, in: FS Ishikawa (2001) 455; *Sac/Swierczok* Die Anerkennung des englischen Scheme of Arrangement in Deutschland post Brexit, ZIP 2017, 601; *Schlosser* Unterhaltsansprüche vor den Gerichten der Alt-EWG-Staaten, FamRZ 1973, 424; *Schurig* Der Konnexitätsgerichtsstand nach Art. 6 Nr. 1 EuGVVO und die Verschleifung von örtlicher und internationaler Zuständigkeit im europäischen Zivilverfahrensrecht, in: FS Musielak (2004) 493; *Schwander* Die Gerichtszuständigkeiten im Lugano-Übereinkommen, in: Schwander Das Lugano-Übereinkommen (1990) 61; *ders.* Streitgenossenschaft: Interkantonal und international, in: FS Dutoit (2002) 257; *Sendmeyer* Internationale Zuständigkeit deutscher Gerichte bei Verkehrsunfällen im europäischen Ausland, NJW 2015, 2384; *Slonina* Aufrechnung nur bei internationaler Zuständigkeit oder Liquidität?, IPRax 2009, 399; *Spellenberg* Örtliche Zuständigkeit kraft Sachzusammenhangs: Eine rechtsvergleichende Darstellung, ZVglRWiss 79 (1980) 89; *Stadler* Schadenersatzklagen im Kartellrecht, JZ 2015, 1138; *Stadler/Klöpfer* Die Reform der EuGVVO – von Umwegen, Irrwegen und Sackgassen, ZEuP 2015, 732; *Stauder* Die Anwendung des EWG-Gerichtsstands- und Vollstreckungsübereinkommen auf Klagen im gewerblichen Rechtsschutz und Urheberrecht, GRUR Int 1976, 465; *M. Stürner* Zur Reichweite des Gerichtsstandes der Widerklage nach Art. 6 Nr. 3 EuGVVO, IPRax 2007, 21; *R. Stürner* Die erzwungene Intervention Dritter im europäischen Zivilprozess, in: FS Geimer (2002) 1307; *ders.* Zur Reichweite des Gerichtsstandes der Widerklage nach Art. 6 Nr. 1 EuGVVO, IPRax 2007, 21; *Thiele* Forum non conveniens im Lichte europäischen Gemeinschaftsrechts, RIW 2002, 696; *Thole* Missbrauchskontrolle im Europäischen Zivilverfahrensrecht, ZZP 12 (2009) 423; *Vogenauer* Zur Begründung des Mehrparteiengerichtsstands aus Art. 6 Nr. 1 LugÜ in England und Schottland, IPRax 2001, 253; *Vossler* Die Bedeutung des Mehrparteiengerichtsstands nach Art. 6 Nr. 1 EuGVVO bei der Zuständigkeitsbestimmung gemäß § 36 Abs. 1 Nr. 3 ZPO, IPRax 2007, 281; *Werner* Widerklage auf nationaler und internationaler Ebene (2002); *Winter* Ineinandergreifen von EuGVVO und nationalen Zivilverfahrensrecht am Beispiel des Gerichtsstands des Sachzusammenhangs, Art. 6 EuGVVO (2007); *Wagner* Die Aufrechnung im Europäischen Zivilprozeß, IPRax 1999, 65; *Wolf* Rechtshängigkeit und Verfahrenskonnexität nach EuGVÜ, EuZW 1995, 365; *Yessiou-Faltsi* Wirkungen einer internationalen Zuständigkeitsvereinbarung bei einer Streitgenossenschaft – anlässlich der jüngsten Entwicklungen in der griechischen Lehre und Rechtsprechung, in: FS Geimer (2002) 1547.

Übersicht

I. Einführung —— 1
 1. Allgemeines und Ratio —— 1
 2. Auslegung —— 3
 3. Verhältnis zu den anderen Gerichtsständen der Verordnung —— 4
 4. Allgemeine Anwendungsvoraussetzungen —— 8
 5. Missbrauchsvorbehalt —— 11
II. Art. 8 Nr. 1: Gerichtsstand der Streitgenossenschaft —— 12
 1. Allgemeines —— 12
 2. Anwendungsvoraussetzungen —— 16
  a) Erhebung der Klage am allgemeinen Gerichtsstand des Ankerbeklagten —— 16
  b) (Wohn-)Sitz eines anderen Beklagten in einem Mitgliedstaat als dem Gerichtsstaat —— 18
  c) Bestehende Konnexität zwischen den Klagen —— 23
  d) Kein Gerichtsstandsmissbrauch —— 28
  e) Zulässigkeit oder Begründetheit der Klage keine Voraussetzung für die Anwendung des Art. 8 Nr. 1 —— 29
  f) Maßgeblicher Zeitpunkt für das Vorliegen der Anwendungsvoraussetzungen —— 31
  g) Vorliegen der nach innerstaatlichem Recht bestehenden Zulässigkeitsvoraussetzungen —— 33
III. Art. 8 Nr. 2: Gerichtsstand der Gewährleistungs- und Interventionsklage —— 34
 1. Allgemeines —— 34
 2. Begriffe Gewährleistungs- und Interventionsklage —— 37
 3. Zu den Vorbehalten Deutschlands und anderer Mitgliedstaaten —— 40
 4. Anwendungsvoraussetzungen —— 43
  a) Zuständigkeit nach der Brüssel Ia-VO für die Hauptklage als Grundlage für die Zuständigkeit —— 43
  b) (Wohn-)Sitz des Drittbeteiligten in einem Mitgliedstaat —— 45
  c) Anwendungsbereich der Brüssel Ia-VO für Haupt- und Gewährleistungs- bzw. Interventionsklage eröffnet —— 47
  d) Anhängigkeit des Hauptprozesses —— 48
  e) Konnexität —— 49
  f) Begründet oder Zulässigkeit der Hauptklage keine Voraussetzung für die Anwendung des Art. 8 Nr. 2 —— 50
  g) Kein Gerichtsstandsmissbrauch —— 51
  h) Vorliegen der nach innerstaatlichem Recht bestehenden Zulässigkeitsvoraussetzungen —— 53
IV. Art. 8 Nr. 3: Gerichtsstand der Widerklage —— 54
 1. Allgemeines —— 54
 2. Begriff der Widerklage —— 56
 3. Anwendungsvoraussetzungen —— 58
  a) Zuständigkeit nach der Brüssel Ia-VO für die Hauptklage als Grundlage für die Zuständigkeit —— 58
  b) (Wohn-)Sitz des Widerbeklagten in einem Mitgliedstaat —— 60
  c) Identität der Parteien —— 63
  d) Keine Zuständigkeit für die Widerklage nach Art. 24 und aufgrund einer Gerichtsstandsvereinbarung —— 64
  e) Anhängigkeit der Hauptklage und tatsächlich bestehende Zuständigkeit des Gerichts für die Hauptklage —— 66

f) Bestehender Zusammenhang zwischen Widerklage und Hauptklage —— 68	b) Unbewegliche Sache in einem Mitgliedstaat —— 85
g) Vorliegen der nach innerstaatlichem Recht bestehenden Zulässigkeitsvoraussetzungen —— 74	c) Klage aus Vertrag oder Ansprüche aus einem Vertrag —— 86
4. Exkurs: Prozessaufrechnung —— 75	d) Identität der Parteien —— 87
V. Art. 8 Nr. 4: Gerichtsstand für mit einer dinglichen Klage verbundene Vertragsklage —— 77	e) Erhobene dingliche Klage —— 90
1. Allgemeines —— 77	f) Hinreichender Bezug —— 92
2. Anwendungsvoraussetzungen —— 82	g) Vorliegen der nach innerstaatlichem Recht bestehenden Zulässigkeitsvoraussetzungen —— 94
a) (Wohn-)Sitz des Beklagten in einem Mitgliedstaat —— 82	

I. Einführung

1. Allgemeines und Ratio. Art. 8 enthält weitere **Wahlgerichtsstände**,[1] die es aus verfahrensökonomischen Gründen ermöglichen, über mehrere verschiedene Klagen, zwischen denen ein Zusammenhang besteht, gemeinsam zu verhandeln und zu entscheiden. Die Konzentration von Verfahren vor ein und demselben Gericht dient der **Prozessökonomie**;[2] Verfahrenskosten und -dauer werden dadurch reduziert.[3] Ferner können einander **widersprechende Entscheidungen** in derselben oder in eng zusammenhängenden Rechtsachen **vermieden** werden.[4]

Die **Aufzählung der Fälle** in Art. 8, in denen über mehrere verschiedene Klagen gemeinsam verhandelt und entschieden werden kann, hat **abschließenden Charakter**;[5] lediglich Art. 7 Nr. 2 sieht eine (weitere) Annexzuständigkeit für bestimmte zivilrechtliche Ansprüche vor, die im Zusammenhang mit einem Strafverfahren geltend gemacht werden (s. dazu die Kommentierung dort); einen weiteren Gerichtsstand des Sachzusammenhangs enthält Art. 9,[6] der u.a. die Konzentrierung aller auf die Beschränkung der Haftung gerichteten Feststellungsklagen des Schiffeigentümers aus der Verwendung oder dem Betrieb eines Schiffes ermöglicht (s. dazu die Kommentierung bei Art. 9).[7] Die Verordnung enthält daher **keinen allgemeinen Gerichtsstand des Sachzusammenhangs**;[8] ein sol-

---

1 *Baumbach/Lauterbach/Hartmann* Art. 8 EuGVVO Rdn. 1; Burgstaller/Neumayr/u.a./*Schmaranzer* IZVR Art. 6 EuGVO Rdn. 2; Fasching/Konecny/*Simotta* ZPG V/1² Art. 6 EuGVVO Rdn. 1.
2 *Baumbach/Lauterbach/Hartmann* Art. 8 EuGVVO Rdn. 1; EuGH 13.7.2006 Rs C-539/03, *Roche Nederland/Primus u.a.*, ECLI:EU:C:2006:458 Rdn. 36.
3 Simons/Hausmann/*Corneloup/Althammer* Brüssel I-Verordnung Art. 6 Rdn. 4.
4 *Banniza von Bazan* Gerichtsstand des Sachzusammenhangs 39; Czernich/Kodek/Mayr/*Czernich* Brüssel Ia-VO⁴ Art. 8 Rdn. 1; MünchKomm/*Gottwald* Art. 8 VO (EU) 1215/2012 Rdn. 1; EuGH 20.4.2016, Rs C-366/13, *Profit Investment SIM/Ossi u.a.*, ECLI:EU:C:2016:282; EuGH 27.9.2017, verb. Rs C-24/16 und Rs C- 25/16, *Nintendo/BigBen u.a.*, ECLI:EU:C:2017:724.
5 Geimer/Schütze/*Auer* IRV 540 Art. 6 VO (EG) Nr. 44/2001 Rdn. 1; *Corneloup/Althammer* in: Simons/Hausmann Brüssel I-Verordnung Art. 6 Rdn. 13; Geimer/Schütze EuZVR Art. 6 EuGVVO Rdn. 2; Kropholler/von Hein Art. 6 EuGVO Rdn. 1; Dasser/Oberhammer/*Müller* LugÜ² Art. 8 Rdn. 2; Oberhammer/Koller/Slonina in: EnzEuR III Kap. 15 Rdn. 107; Geimer/Schütze/*Paulus* IRV 538 Art. 8 VO (EG) Nr. 1215/2012 Rdn. 1; Musielak/Voit/*Stadler* Art. 8 EuGVVO n.F. Rdn. 1.
6 Art. 9 setzt allerdings kein Vor- oder Parallelverfahren voraus, sondern findet auch Anwendung, wenn nur eine Feststellungsklage erhoben wird, sodass der Gerichtsstand nicht jedenfalls ein forum connexitas darstellen muss (vgl. auch Geimer/Schütze EuZVR Art. 7 EuGVVO Rdn. 1).
7 Gebauer/Wiedmann/*Gebauer* Zivilrecht² Kap. 27 Art. 7 Rdn. 68; Geimer/Schütze EuZVR Art. 7 EuGVVO Rdn. 2; MünchKomm/*Gottwald* Art. 7 VO (EU) 1215/2012 Rdn. 1; Thomas/Putzo/*Hüßtege* Art. 9 Rdn. 1; Rauscher/*Leibl*, EuZPR Art. 8 Brüssel Ia-VO Rdn. 2; Dasser/Oberhammer/*Müller* LugÜ² Art. 7 Rdn. 1.
8 MünchKomm/*Gottwald* Art. 8 VO (EU) 1215/2012 Rdn. 1.

cher darf auch **nicht durch extensive Auslegung** des Art. 8 oder durch dessen **analoge Anwendung** geschaffen werden.[9] Ein Gerichtsstand des Sachzusammenhangs folgt auch nicht aus Art. 30, weil die Bestimmung nicht die internationale Zuständigkeit regelt, sondern lediglich die Voraussetzungen für eine Aussetzung eines von mehreren anhängigen Verfahren und eine Verbindung mehrerer Verfahren normiert.[10]

3 **2. Auslegung.** Da Art. 8 eine Ausnahme von dem in Art. 4 normierten Grundsatz der Zuständigkeiten der Gerichte des (Wohn-)Sitzstaates des Beklagten darstellt, ist die Bestimmung nach ständiger Rsp. des EuGH[11] und überwiegender Lehre[12] **eng** auszulegen, um das Bestehen des Grundsatzes selbst nicht in Frage zu stellen. Bei der Auslegung ist ferner zu beachten, dass ein informierter und verständiger Beklagter vernünftigerweise voraussehen können muss, vor welchem Gericht außerhalb seines (Wohn-)Sitzstaates er verklagt werden kann.[13]

4 **3. Verhältnis zu den anderen Gerichtsständen der Verordnung.** Die in Art. 8 normierten Gerichtsstände stellen **Wahlgerichtsstände** dar. Daher wird der allgemeine Gerichtsstand nach Art. 4 und die anderen, in Art. 7 und 9 normierten Wahlgerichtsstände durch Art. 8 nicht verdrängt; vielmehr obliegt es dem Kläger – bzw. im Fall des Art. 8 Nr. 3 dem Widerkläger – zu entscheiden, ob er von der durch Art. 8 eingeräumten Möglichkeit Gebrauch macht. Sofern er die Klage am allgemeinen Gerichtsstand des bzw. eines Beklagten oder im Fall des Art. 8 Nr. 3 am allgemeinen Gerichtsstand des Widerbeklagten erhebt, kann dieser nicht erfolgreich die Unzuständigkeit des angerufenen Gerichts einwenden;[14] Art. 30 bietet allerdings u.U. die Möglichkeit, die im Zusammenhang stehenden Klagen zu verbinden (zu den Voraussetzungen s. die Kommentierung zu Art. 30).

5 Sofern **für die zweite Klage** ein **ausschließlicher Gerichtsstand nach Art. 24** besteht,[15] **wirksam eine ausschließliche Gerichtsstandsvereinbarung nach Art. 25** getroffen wurde[16] oder sich der zweite Beklagte bereits rügelos auf das Verfahren eingelas-

---

9 Vgl. allg. auch EuGH 27.10.1998 Rs C-51/97, *Réunion u.a./Spliethoff's u.a.*, ECLI:EU:C:1998:509 Rdn. 38; s. auch Geimer/Schütze/*Paulus* IRV 538 Art. 8 VO (EG) Nr. 1215/2012 Rdn. 1 unbd Rdn. 2.
10 EuGH 27.10.1998 Rs C-51/97, *Réunion u.a./Spliethoff's u.a.* ECLI:EU:C:1998:509 Rdn. 10; s. auch *Adolphsen* EuZVR[2] 4. Kap. § 2 Rdn. 29; *Linke/Hau* IZVR[6] Rdn. 5.59.
11 EuGH 27.9.1998 Rs 189/87; *Kalfelis/Schröder* ECLI:EU:C:1988:459 Rdn. 8; EuGH 27.10.1998 Rs C-51/97, *Réunion u.a./Spliethoff's u.a.*, ECLI:EU:C:1998:509 Rdn. 47; EuGH 13.6.2006 Rs C-539/03, *Roche Nederland/Primus u.a.*, ECLI:EU:C:2006:458 Rdn. 19 ff. und Rdn. 37; EuGH 13.7.2006 Rs C-103/05, *Reisch/Kiesel* ECLI:EU:C:2006:471 Rdn. 23; EuGH 11.10.2007 Rs C-98/06, *Freeport/Arnoldsson* ECLI:EU:C:2007:595 Rdn. 35; EuGH 1.12.2011 Rs C-145/10, *Painer/Standard VerlagsGmbH u.a.*, ECLI:EU:C:2011:798 Rdn. 74; EuGH 11.4.2013 Rs C-645/11, *Land Berlin/Sapir u.a.*, ECLI:EU:C:2013:228 Rdn. 41; EuGH 21.5.2015 Rs C-352/13, *Cartel Damage Claims/Akzo Nobel NV u.a.*, ECLI:EU:C:2015:335 Rdn. 18.
12 Simons/Hausmann/*Corneloup/Althammer* Brüssel I-Verordnung Art. 6 Rdn. 12; Czernich/Kodek/Mayr/*Czernich* Brüssel Ia-VO[4] Art. 8 Rdn. 1; Thomas/Putzo/*Hüßtege* Art. 8 Rdn. 2; Dasser/Oberhammer/*Müller* LugÜ[2] Art. 6 Rdn. 3; Stein/Jonas/*Wagner* Art. 6 EuGVVO Rdn. 3; *Harms* EuZW 2014, 129 f., 133; Geimer/Schütze/*Paulus* IRV 538 Art. 8 VO (EG) Nr. 1215/2012 Rdn. 2; **a.A.** Baumbach/Lauterbach/*Hartmann* Art. 8 EuGVVO Rdn. 1, wonach die Bestimmung weit auszulegen ist, weil sie der Prozesswirtschaftlichkeit dient.
13 BAG FD-ArbR 2008, 259533; EuGH 13.6.2006 Rs C-539/03, *Roche Nederland/Primus u.a.*, ECLI:EU:C:2006:458 Rdn. 37; EuGH 13.7.2006 Rs C-103/05, *Reisch/Kiesel* ECLI:EU:C:2006:471 Rdn. 25; EuGH 11.10.2007 Rs C-98/06, *Freeport/Arnoldsson* ECLI:EU:C:2007:595 Rdn. 36; s. auch österr. OGH ecolex 2013/140 (*Schumacher*) = RdW 2013/409.
14 Dasser/Oberhammer/*Müller* LugÜ[2] Art. 6 Rdn. 9.
15 Vgl. hierzu österr. OGH JBl 2007, 804 (*König*) = Zak 2007, 319.
16 Czernich/Kodek/Mayr/*Czernich* Art. 8 EuGVVO Rdn. 2; MünchKomm/*Gottwald* Art. 8 VO (EU) 1215/2012 Rdn. 1; Burgstaller/Neumayr/u.a./*Schmaranzer* IZVR Art. 6 EuGVO Rdn. 4; vgl. auch EuGH 28.6.2017, Rs C-436/16, *Leventis u.a./Malcon Navigation u.a.*, ECLI:EU:C:2017:497.

sen hat,[17] findet **Art. 8 keine Anwendung**.[18] Wird dagegen die Zuständigkeit zur Entscheidung über die erste erhobene Klage bzw die Hauptklage durch eine Gerichtsstandsvereinbarung oder rügelose Einlassung begründet, ist zwischen den einzelnen Fällen des Art. 8 zu differenzieren: Nr. 1 und 4 finden keine Anwendung, weil diese voraussetzen, dass es sich beim angerufenen Gericht entweder um das des (Wohn-)Sitzes des Beklagten oder um das des Belegenheitsortes der unbeweglichen Sache handelt (s. Rdn. 12, 16 und 77 f.). Da in Nr. 2 und 3 kein vergleichbares Erfordernis normiert wird, kann auch eine für die erste Klage geltende Gerichtsstandsvereinbarung bzw eine bereits erfolgte rügelose Einlassung des ersten Beklagten auf das Verfahren die Zuständigkeit für eine Gewährleistungs-, Interventions- und Widerklage begründen.[19]

Da Art. 35 für die **internationale Zuständigkeit für die Erlassung einstweiliger Maßnahmen** auf das innerstaatliche Recht verweist,[20] ohne die Zuständigkeit des nach der Verordnung für die Hauptsache zuständigen Gerichts auszuschließen, ist das nach Art. 8 zuständige Gericht – wie jedes Hauptsachegericht – auch befugt, **Maßnahmen des einstweiligen Rechtsschutzes** zu erlassen.[21] Die Zuständigkeit des Hauptsachegerichts für die Erlassung einstweiliger Maßnahmen setzt grundsätzlich nicht die Anhängigkeit des Hauptsacheverfahrens voraus,[22] allerdings kann eine einstweilige Maßnahme an dem in Art. 8 Nr. 3 normierten Gerichtsstand der Widerklage erst erwirkt werden, wenn die Widerklage selbst anhängig gemacht worden ist;[23] andernfalls hätte die gefährdete Partei – entgegen dem in Art. 4 normierten Grundsatz „actor sequitur forum rei" – die Möglichkeit, einstweilige Maßnahmen stets bei dem Gericht des Staats, in dessen Hoheitsgebiet sich ihr eigener (Wohn-)Sitz befindet, zu beantragen.[24] 6

Da in den Abschnitten 3, 4, 5 des Kapitels II für **Versicherungs-, Verbraucher- und (individuelle) Arbeitssachen** ein **geschlossenes Zuständigkeitssystem mit abschließendem Charakter** besteht, werden in deren Anwendungsbereich die allgemeinen Zuständigkeitsbestimmungen der Verordnung einschließlich des Art. 8 verdrängt, sofern nicht ausdrücklich auf diese verwiesen wird.[25] Ein Verweis auf Art. 8 Nr. 1 erfolgt seit der Revision der Brüssel I-VO[26] für vom Arbeitnehmer gegen den Arbeitgeber erhobene Klagen.[27] Zum Teil sehen die Bestimmungen in den genannten Abschnitten Art. 8 entsprechende Regelungen vor. Die Bestimmungen der genannten Abschnitte sollten die wirtschaftlich schwächere und rechtlich weniger erfahrene Partei zuständigkeitsrechtlich privilegieren. Klagt die wirtschaftlich schwächere und rechtlich weniger erfahrene Partei ihren Vertragspartner, ist daher etwa eine Klage, die die Beziehungen zwischen gewerblich Tätigen des Versicherungssektors betrifft, nicht vom Anwendungsbereich 7

---

17 Vgl. OLG Frankfurt a.M. BeckRS 2013, 15628.
18 Rauscher/*Leible* Art. 8 Brüssel Ia-VO Rdn. 3; Dasser/Oberhammer/*Müller* LugÜ² Art. 6 Rdn. 5.
19 Simons/Hausmann/*Corneloup/Althammer* Brüssel I-Verordnung Art. 6 Rdn. 16.
20 Dazu ausführlich *Garber* Rechtsschutz 107 ff.
21 Dazu ausführlich sowie zu den weiteren Voraussetzungen *Garber* Rechtsschutz 73 ff.; zu Nr. 1 s. Geimer/*Schütze* EuZVR Art. 6 EuGVVO Rdn. 12; Fasching/Konecny/*Simotta* ZPG V/1² Art. 6 EuGVVO Rdn. 8.
22 Dazu ausführlich *Garber* Rechtsschutz 90 ff.
23 *Garber* Rechtsschutz 91 f.; so auch zur innerstaatlichen Rechtslage Deutschlands Zöller/*Vollkommer* § 919 Rdn. 3; OLG Schleswig SchlHA 1956, 270.
24 *Garber* Rechtsschutz 91 f.
25 Geimer/*Schütze* EuZVR Art. 6 EuGVVO Rdn. 2b.
26 Zur Rechtslage nach der Brüssel I-VO EuGH 22.5.2008 Rs C-462/06, *Glaxosmithkline/Jean-Pierre Rouard* ECLI:EU:C:2008:299; vgl. dazu auch Burgstaller/Neumayr/u.a./*Garber* IZVR Art. 20 EuGVVO Rdn. 16.1.
27 Dazu ausführlich *Garber* FS Schütze 87 f.; Burgstaller/Neumayr/u.a./*Garber* IZVR Art. 20 EuGVVO Rdn. 16.2.

des Abschnitts 3 des Kapitels II erfasst. Der EuGH hat daher in der Rs „*SOVAG – Schwarzmeer und Ostsee Versicherungs-Aktiengesellschaft/If Vahinkovakuutusyhtiö Oy*"[28] ausgesprochen, dass wenn ein Geschädigter gegen den Versicherer des Unfallverursachers Klage erhoben hat und ein anderer Versicherer, der dieser Person bereits teilweise Entschädigung geleistet hat, vom ersten Versicherer die Erstattung dieser Entschädigungsleistung erlangen will, für die zweite Klage Art. 8 Nr. 2 gilt.

8 **4. Allgemeine Anwendungsvoraussetzungen.** Im Unterschied zu Art. 7 wird in Art. 8 nicht ausdrücklich normiert, dass die Bestimmung nur dann anzuwenden ist, wenn sich der (Wohn-)Sitz des Beklagten nicht im Gerichtsstaat befindet. Da durch Art. 8 eine besondere, vom allgemeinen (Wohn-)Sitzgerichtsstand abweichende Zuständigkeit geschaffen werden soll, setzt die Anwendung des Art. 8 – wie sich aus dem *Jenard*-Bericht[29] ausdrücklich ergibt – voraus, dass der **Beklagte seinen (Wohn-)Sitz in einem anderen Mitgliedstaat als dem Gerichtsstaat** haben muss;[30] andernfalls ergibt sich die internationale Zuständigkeit aus Art. 4, die sachliche und örtliche Zuständigkeit bestimmt sich in diesem Fall nach innerstaatlichem Recht.

9 Art. 8 ist nach dem ausdrücklichen Wortlaut nur anwendbar, wenn sich der **(Wohn-)Sitz des Beklagten im Hoheitsgebiet eines Mitgliedstaats** befindet.[31] Personen mit (Wohn-)Sitz in einem Drittstaat unterliegen – wie der EuGH in der Rs „*Land Berlin/Sapir u.a.*"[32] hinsichtlich der Zuständigkeit nach Art. 8 Nr. 1 festgestellt hat – nicht der Zuständigkeitsbestimmung des Art. 8 (s. dazu die Kritik in Rdn. 21);[33] auch insofern sind die Bestimmungen des innerstaatlichen Rechts maßgeblich. Im Rahmen der Revision sollte der einleitende Satz der Bestimmung sowie deren Abs. 1 geändert werden, um die Intervention von Beklagten aus Drittstaaten zu ermöglichen;[34] nur mehr beim Gerichtsstand der Streitgenossenschaft wäre es erforderlich gewesen, dass der Primärbeklagte seinen (Wohn-)Sitz in einem Mitgliedstaat der Verordnung hat.

10 Ist der (Wohn-)Sitz des Beklagten **unbekannt**, findet Art. 8 hingegen Anwendung.[35]

11 **5. Missbrauchsvorbehalt.** Um die durch Art. 8 bestehende **Missbrauchs- und Umgehungsmöglichkeiten** zu verhindern, wird in Art. 8 Nr. 2 ausdrücklich ein Missbrauchsverbot normiert; die Bestimmung ist nach deren ausdrücklichem Wortlaut **nicht anzuwenden**, wenn „**die Klage nur erhoben worden ist, um diese Person dem für sie zuständigen Gericht zu entziehen**". Wengleich in den übrigen Fällen des Art. 8

---

28 EuGH 21.1.2016, Rs C-521/14, *SOVAG – Schwarzmeer und Ostsee Versicherungs-Aktiengesellschaft/If Vahinkovakuutusyhtiö Oy* ECLI:EU:C:2016:41.
29 S. 22.
30 Simons/Hausmann/*Corneloup*/*Althammer* Brüssel I-Verordnung Art. 6 Rdn. 9; Zöller/*Geimer* Art. 8 EuGVVO Rdn. 1; *Geimer*/*Schütze* EuZVR Art. 6 EuGVVO Rdn. 15; Rauscher/*Leible* Art. 8 Brüssel Ia-VO Rdn. 4; *Mann* ZZP 127 (2014) 232 f.; Dasser/Oberhammer/*Müller* LugÜ² Art. 6 Rdn. 4; *Rohner*/*Lerch* in: Oetiker/*Weibel* LGVÜ² Art. 6 Rdn. 5; *Schlosser*/*Hess* Art. 8 EuGVVO Rdn. 1; Burgstaller/Neumayr/u.a./Schmaranzer IZVR Art. 6 EuGVO Rdn. 3; Stein/Jonas/*Wagner* Art. 6 EuGVVO Rdn. 4; **a.A.** Geimer/Schütze/*Paulus* IRV 538 Art. 8 VO (EG) Nr. 1215/2012 Rdn. 14.
31 *Kropholler*/*von Hein* Art. 6 EuGVO Rdn. 2.
32 EuGH 11.4.2013 Rs C-645/11, *Land Berlin/Sapir u.a.*, ECLI:EU:C:2013:228.
33 *Brandes* Gerichtsstand 91 ff.; *Winter* Ineinandergreifen 30 ff.; **a.A.** Zöller/*Geimer* Art. 8 EuGVVO Rdn. 2; *Geimer*/*Schütze* EuZVR Art. 6 EuGVVO Rdn. 4 ff.; Dasser/Oberhammer/*Müller* LugÜ² Art. 6 Rdn. 33; Fasching/Konecny/*Simotta* ZPG V/1² Art. 6 EuGVVO Rdn. 9; für eine analoge Anwendung MünchKomm/*Gottwald* Art. 8 VO (EU) 1215/2012 Rdn. 6; *Kropholler*/*von Hein* Art. 6 EuGVO Rdn. 7.
34 KOM(2010) 748 endg 27.
35 Geimer/Schütze/*Paulus* IRV 538 Art. 8 VO (EG) Nr. 1215/2012 Rdn. 9.

kein solches Missbrauchsverbot explizit normiert wird, gilt dies **für alle in Art. 8 enthaltene Gerichtsstände** (s. dazu auch Rdn. 28).[36]

II. Art. 8 Nr. 1: Gerichtsstand der Streitgenossenschaft

1. Allgemeines. Art. 8 Nr. 1 ermöglicht es, am **allgemeinen Gerichtsstand eines** 12 **Beklagten** – dem sog. **Ankerbeklagten,**[37] anchor defant[38] oder Primärbeklagten[39] – **mehrere Personen** gemeinsam zu verklagen, sofern zwischen den Klagen eine so **enge Verbindung** gegeben ist, dass eine **gemeinsame Verhandlung und Entscheidung geboten** erscheint, um zu verhindern, dass in getrennten Verfahren **widersprechende Entscheidungen** ergehen könnten. Die bloß negativen Auswirkungen des Ergebnisses eines Verfahrens auf die Erfolgschancen in einem anderen Verfahren reichen hierfür nicht aus.[40] Im Fall der Erhebung von zwei Klagen gegen mehrere Beklagte, deren Gegenstand und Grundlage sich unterscheiden und die nicht voneinander abhängig oder miteinander unvereinbar sind, besteht daher nicht schon dann die Gefahr widersprechender Entscheidungen, wenn sich die Begründetheit einer der Klagen auf den Umfang des Interesses auswirken könnte, zu dessen Wahrung die andere Klage eingereicht worden ist.[41]

Die Bestimmung regelt die **internationale und örtliche Zuständigkeit;**[42] ein Rück- 13 griff auf § 36 Abs. 1 Nr. 3 ZPO ist daher weder notwendig noch zulässig;[43] die sachliche Zuständigkeit bestimmt sich nach innerstaatlichem Recht.[44]

Die Bestimmung betrifft **nur** die **passive** und nicht die aktive **Streitgenossen-** 14 **schaft**.[45] Sofern auf Klägerseite mehrere Personen auftreten, bestimmt sich die Frage, ob die Klagen verbunden werden können, mangels einer unionsrechtlich autonomen Regelung nach innerstaatlichem Recht.

Art. 8 Nr. 1 gilt **für alle Klagearten**, d.h. sowohl Leistungs-, als auch Feststellungs- 15 als auch Gestaltungsklagen sind vom Anwendungsbereich der Bestimmung erfasst.[46]

2. Anwendungsvoraussetzungen

a) Erhebung der Klage am allgemeinen Gerichtsstand des Ankerbeklagten. Die 16 Klage gegen den Ankerbeklagten muss an dessen **allgemeinen Gerichtsstand** erhoben worden sein;[47] die internationale Zuständigkeit muss sich daher aus Art. 4 ergeben. Es

---

36 *Mayr* EuZPR Rdn. II/72; österr. OGH RdW 2005, 430 = ZIK 2005, 111.
37 Czernich/Kodek/Mayr/*Czernich* Brüssel Ia-VO⁶ Art. 8 Rdn. 16; *Oberhammer/Koller/Slonina* in: EnzEuR III Kap. 15 Rdn. 108.
38 Stein/Jonas/*Wagner* Art. 6 EuGVVO Rdn. 8.
39 Stein/Jonas/*Wagner* Art. 6 EuGVVO Rdn. 8.
40 EuGH 20.4.2016, Rs C-366/13, *Profit Investment SIM/Ossi u.a.*, ECLI:EU:C:2016:282.
41 EuGH 20.4.2016, Rs C-366/13, *Profit Investment SIM/Ossi u.a.*, ECLI:EU:C:2016:282.
42 Statt vieler *Schurig* in FS Musielak 498 f.
43 MünchKomm/*Gottwald* Art. 8 VO (EU) 1215/2012 Rdn. 2.
44 Geimer/*Schütze* EuZVR Art. 6 EuGVVO Rdn. 13; Fasching/Konecny/*Simotta* ZPG V/1² Art. 6 EuGVVO Rdn. 6.
45 Simons/Hausmann/*Corneloup/Althammer* Brüssel I-Verordnung Art. 6 Rdn. 19; Czernich/Kodek/Mayr/*Czernich* Brüssel Ia-VO⁶ Art. 8 Rdn. 12; *Geimer* WM 1979, 356 f.; Zöller/*Geimer* Art. 8 EuGVVO Rdn. 2; *Winter* Ineinandergreifen 19.
46 *Geimer* WM 1979, 357; Geimer/*Schütze* EuZVR Art. 6 EuGVVO Rdn. 11; MünchKomm/*Gottwald* Art. 8 VO (EU) 1215/2012 Rdn. 2; *Kropholler/von Hein* Art. 6 EuGVVO Rdn. 5.
47 *Adolphsen* EuZVR² 3. Kap. § 1 Rdn. 132; Simons/Hausmann/*Corneloup/Althammer* Brüssel I-Verordnung Art. 6 Rdn. 21; Czernich/Kodek/Mayr/*Czernich* Brüssel Ia-VO⁶ Art. 8 Rdn. 15; *Saenger*/Dörner Art. 8 EuGVVO Rdn. 3; Geimer/*Schütze* EuZVR Art. 6 EuGVVO Rdn. 3; *Linke/Hau* IZVR⁶ Rdn. 5.63; *Otte* Streitentscheidung 650; EuGH 27.10.1998 Rs C-51/97, *Réunion u.a./Spliethoff's u.a.*, ECLI:EU:C:1998:509

genügt nicht, dass das Gericht aufgrund einer anderen Bestimmung der Verordnung – etwa aufgrund einer wirksam geschlossenen Gerichtsstandsvereinbarung oder aufgrund einer rügelosen Einlassung des Beklagten[48] – zuständig ist, um bei diesem Gericht auch Klagen gegen alle andere Personen einzubringen.[49] Vorschläge zur Revision der Brüssel I-VO, wonach auch andere Zuständigkeitsbestimmungen als Basis für eine Zuständigkeit des Gerichtsstands der Streitgenossenschaft dienen sollen, soweit gewährleistet ist, dass eine hinreichende Verbindung zwischen Forum und den dort verklagten Streitgenossen besteht,[50] wurden – bedauerlicherweise – nicht übernommen.

17 Zwischen den verschiedenen (Wohn-)Sitzen der einzelnen Beklagten kann der Kläger wählen;[51] ihm obliegt daher die Entscheidung, welcher der Beklagten zum Ankerbeklagten wird.

18 **b) (Wohn-)Sitz eines anderen Beklagten in einem anderen Mitgliedstaat als dem Gerichtsstaat.** Der Ankerbeklagte muss seinen (Wohn-)Sitz in dem Staat haben, in dem sich das angerufene Gericht befindet. Hat der **Ankerbeklagte** seinen **(Wohn-)Sitz in** einem **Drittstaat** und wird die Klage – gestützt auf eine sich aus dem innerstaatlichen Recht ergebende Zuständigkeit – in einem Mitgliedstaat eingebracht, kann an diesem Gerichtsstand **nicht** nach **Art. 8 Nr. 1** eine weitere Person mit (Wohn-)Sitz in einem Mitgliedstaat mitverklagt werden.[52] Andernfalls würde dem in einem Mitgliedstaat wohnhaften Beklagten der von der Verordnung gewährte Schutz genommen werden.[53]

19 Wie bereits in Rdn. 8 ausgeführt muss sich der **(Wohn-)Sitz des anderen Beklagten**, d.h. des Sekundärbeklagten, **in einem anderen Mitgliedstaat als dem Gerichtsstaat** befinden.[54] Die Bestimmung ist demnach nicht anwendbar, wenn der andere Beklagte seinen (Wohn-)Sitz im selben Staat hat;[55] in diesem Fall bestimmt sich die internationale Zuständigkeit nach Art. 4, die sachliche und örtliche Zuständigkeit nach innerstaatlichem Recht. In Deutschland kann gem. § 36 Abs. 1 Nr. 3 ZPO ein gemeinschaftlicher Gerichtsstand – sofern ein solcher im Inland nicht besteht – durch das im Rechtszug zunächst höhere Gericht bestimmt werden (s. dazu die Kommentierung zu § 36 ZPO).

Rdn. 44; AG Rosenheim NZV 2013, 194; LG Dortmund EuZW 2014, 680; BGH LMK, 2015, 371718 (*Wais*) = NJW 2015, 2429; krit *Muir Watt* in: *Magnus/Mankowski* Brussel Ibis Art. 8 Rdn. 21 ff.
48 Geimer/Schütze/*Auer* IRV 540 Art. 6 VO (EG) Nr. 44/2001 Rdn. 11; **a.A.** Cour d'Appell Paris Rev crit 1982, 729.
49 EuGH 27.10.1998 Rs C-51/97, *Réunion u.a./Spliethoff's u.a.*, ECLI:EU:C:1998:509 Rdn. 44; s. auch Simons/Hausmann/*Corneloup/Althammer* Brüssel I-Verordnung Art. 6 Rdn. 21; *Schlosser/Hess* Art. 8 EuGVVO Rdn. 2 sowie BGH NJW 2015, 2429 (*Sendmeyer* 2384).
50 Siehe dazu *Hess/Pfeiffer/Schlosser*-Bericht S. 105.
51 *Geimer/Schütze* EuZVR Art. 6 EuGVVO Rdn. 31; *Schlosser/Hess* Art. 8 EuGVVO Rdn. 2.
52 EuGH 27.10.1998 Rs C-51/97, *Réunion u.a./Spliethoff's u.a.*, ECLI:EU:C:1998:509 Rdn. 46; vgl. auch Burgstaller/Neumayr/u.a./*Schmaranzer* IZVR Art. 6 EuGVO Rdn. 8; krit Czernich/Kodek/Mayr/*Czernich* Art. 8 EuGVVO Rdn. 9.
53 EuGH 27.10.1998 Rs C-51/97, *Réunion u.a./Spliethoff's u.a.*, ECLI:EU:C:1998:509 Rdn. 46.
54 Simons/Hausmann/*Corneloup/Althammer* Brüssel I-Verordnung Art. 6 Rdn. 22; *Kropholler/von Hein* Art. 6 EuGVO Rdn. 2; BayObLG RIW 1997, 596; Stein/Jonas/*Wagner* Art. 6 EuGVVO Rdn. 4 und 17; **a.A.** Dasser/Oberhammer/*Müller* LugÜ² Art. 6 Rdn. 23; Fasching/Konecny/*Simotta* ZPG V/1² Art. 6 EuGVVO Rdn. 14.
55 *Gebauer/Wiedmann/Gebauer* Zivilrecht² Kap. 27 Art. 6 Rdn. 59; *Mann* ZZP 127 (2014) 232 f.; BayObLG RIW 1997, 596; OLG Frankfurt a.M. BeckRS 2013, 15628; vgl. hierzu auch BGH NJW-RR 2013, 1399; **a.A.** *Baumbach/Lauterbach/Hartmann* Art. 8 EuGVVO Rdn. 2; Dasser/Oberhammer/*Müller* LugÜ² Art. 6 Rdn. 23; KG Berlin IPRax 2002, 515 (zust. *Brand/Scherber* 500); OLG Frankfurt a.M. BeckRS 2015, 04852.

Demgegenüber soll nach einem Teil der Lehre[56] und Rsp.[57] die Bestimmung ange- **20** wandt werden, wenn zumindest einer von mehreren Beklagten seinen (Wohn-)Sitz in einem anderen Mitgliedstaat hat, während sich der (Wohn-)Sitz der anderen Beklagten im Gerichtsstaat befindet. Hat ein Beklagter in Köln, ein zweiter in Düsseldorf und ein dritter in Lissabon seinen (Wohn-)Sitz,[58] kann sich das Gericht in Köln nach dieser Ansicht bezüglich des zweiten und dritten Beklagten auf Art. 8 Nr. 1 stützen. Wenngleich die Auffassung zu keiner unbilligen Belastung des zweiten Beklagten führt – dieser wäre nach Art. 8 Nr. 1 nämlich auch in Lissabon gerichtspflichtig[59] – widerspricht sie dem *Jenard*-Bericht[60] und der Systematik der Verordnung.[61] Ob hinsichtlich des zweiten Beklagten eine Konzentration des Verfahrens am (Wohn-)Sitz des ersten Beklagten möglich ist, bestimmt sich vielmehr nach innerstaatlichem Recht, d.h. nach § 36 Abs. 1 Nr. 3 ZPO.

Art. 8 Nr. 1 findet – wie der EuGH in der Rs „*Land Berlin/Sapir u.a.*"[62] ausdrücklich **21** festgestellt hat **gegenüber Beklagten mit (Wohn-)Sitz in einem Drittstaat** keine Anwendung.[63] Die Auffassung erscheint wenig überzeugend, führt sie doch dazu, dass ein Beklagter mit (Wohn-)Sitz in einem anderen Mitgliedstaat stärker gerichtspflichtig wird, als ein Beklagter mit (Wohn-)Sitz in einem Drittstaat, obwohl die in einem Mitgliedstaat ansässigen Personen durch die Brüssel Ia-VO privilegiert, nicht aber benachteiligt werden sollen.[64]

Ob der **Kläger** in einem Mitgliedstaat oder einem Drittstaat ansässig ist, ist demge- **22** genüber für die Anwendung des Art. 8 Nr. 1 **nicht maßgeblich**.[65]

c) Bestehende Konnexität zwischen den Klagen. Der EuGH hat – in Überein- **23** stimmung mit der Rsp. nationaler Gerichte[66] – bereits zu Art. 6 Nr. 1 EuGVÜ ausgesprochen, dass die Bestimmung nur anzuwenden ist, wenn „zwischen den verschiedenen Klagen eines Klägers gegen verschiedene Beklagte ein **Zusammenhang** besteht, der eine **gemeinsame Entscheidung geboten** erscheinen lässt, um zu vermeiden, daß in getrennten Verfahren **widersprechende Entscheidungen** ergehen könnten."[67] Eine solche Einschränkung konnte zwar dem Wortlaut des Art. 6 EuGVÜ nicht entnommen werden, folgte aber bereits aus dem *Jenard*-Bericht,[68] wonach durch die Bestimmung vermieden werden soll, „daß in einzelnen Vertragsstaaten unter sich unvereinbare Entscheidungen ergehen." Das Erfordernis des Zusammenhangs wurde schließlich ausdrücklich in Art. 6 Brüssel I-VO und Art. 8 übernommen.

---

56 *Adolphsen* EuZVR² 3. Kap. § 1 Rdn. 137; Geimer/Schütze/*Auer* IRV 540 Art. 6 VO (EG) Nr. 44/2001 Rdn. 14; Fasching/Konecny/*Simotta* ZPG V/1² Art. 6 EuGVVO Rdn. 14; Stein/Jonas/*Wagner* Art. 7 EuGVVO Rdn. 18.
57 KG Berlin IPRax 2002, 515 (zust. *Brand/Scherber* 501 f.); **a.A.** BayObLG RIW 1997, 596; OLG Frankfurt a.M. BeckRS 2013, 15628.
58 Beispiel nach Stein/Jonas/*Wagner* Art. 6 EuGVVO Rdn. 18.
59 Stein/Jonas/*Wagner* Art. 6 EuGVVO Rdn. 18.
60 S. 22.
61 Dazu ausführlich *Mann* ZZP 127 (2014) 235 ff.
62 EuGH 11.4.2013 Rs C-645/11, *Land Berlin/Sapir u.a.*, ECLI:EU:C:2013:228.
63 *Lund* IPRax 2014, 144 f.; *Oberhammer/Koller/Slonina* in: EnzEuR III Kap. 15 Rdn. 109; BGH NJW 2014, 704; **a.A.** *Adolphsen* EuZVR² 3. Kap. § 1 Rdn. 138; *Baumbach/Lauterbach/Hartmann* Art. 8 EuGVVO Rdn. 2; Zöller/*Geimer* Art. 8 EuGVVO Rdn. 2; *Thiele* RIW 2002, 700; OLG Stuttgart NJW 2015, 2429; krit. auch Linke/*Hau* IZVR⁶ Rdn. 5.64; s. dazu auch *Vossler* IPRax 2007, 282.
64 Geimer/Schütze EuZVR Art. 6 EuGVVO Rdn. 6; Fasching/Konecny/*Simotta* ZPG V/1² Art. 6 EuGVVO Rdn. 9; OLG Stuttgart NJW 2015, 2429; **a.A.** *Lund* IPRax 2014, 145.
65 Dasser/Oberhammer/*Müller* LugÜ² Art. 6 Rdn. 19.
66 Corte di Cassazione Dir. Com. Scambi int. 1976, 383 sowie Cour d'appel Paris R. c.d.i.p 1978, 444 (*Sante Croce*).
67 EuGH 27.9.1998 Rs 189/87, *Kalfelis/Schröder* ECLI:EU:C:1988:459; Hervorhebungen vom Verfasser.
68 S. 26.

Art. 8 Brüssel Ia-VO —— Kapitel II. Zuständigkeit

24 Zwischen den Klagen muss daher – im Zeitpunkt der Anhängigkeit,[69–70] – **Konnexität** bestehen; die Art des geforderten Zusammenhanges ist **unionsrechtlich autonom** zu bestimmen,[71] sodass ein Rückgriff auf innerstaatliches Recht unzulässig ist.[72] Da Art. 30 Abs. 3 dieselbe Definition des Zusammenhangs enthält, ist für die Auslegung des Art. 8 Nr. 1 auch **Lehre und Rsp. zu Art. 30 Abs. 3** zu beachten.[73]

25 Der bisherigen Rsp. des EuGH lässt sich **noch keine kohärente, allgemein gültige Konnexitätsformel** entnehmen.[74] Nach den Entscheidungen in der Rs *„Roche Nederland/Primus u.a."*[75] und der Rs *„Solvay/Honeywell u.a."*[76] begründet der Umstand, dass getrennte Verfahren zu voneinander abweichenden Entscheidungen führen könnten, noch keinen ausreichenden Zusammenhang;[77] vielmehr muss eine **identische Sach- und Rechtslage** vorliegen.[78] Die genannten Voraussetzungen müssen **kumulativ** vorliegen, sodass weder die bloße Vergleichbarkeit der Sachverhalte noch die bloße Identität der entscheidenden Rechtsfrage genügt.[79] In den Rs *„Roche Nederland/Primus u.a."*[80] und *„Land Berlin/Sapir u.a."*[81] hat der EuGH klargestellt, dass die Identität der Rechtsgrundlage, auf denen die Klagen beruhen, nur einer von mehreren Faktoren ist und keine unabdingbare Voraussetzung für eine Anwendung von Art. 8 Nr. 1 darstellt. **Identität der Rechtslage** bedeutet daher **nicht Identität der Rechts- bzw Anspruchsgrundlage**.[82] Der Anwendung des Art. 8 Nr. 1 steht demnach nicht entgegen, dass eine Klage auf einer deliktischen, die andere auf einer vertraglichen Rechtsgrundlage basiert.[83]

---

69 *Baumbach/Lauterbach/Hartmann* Art. 8 EuGVVO Rdn. 1; Dasser/Oberhammer/*Müller* LugÜ² Art. 6 Rdn. 52; EuGH 27.9.1998 Rs 189/87; *Kalfelis/Schröder* ECLI:EU:C:1988:459 Rdn. 12.
70 Fällt der Zusammenhang später weg – etwa weil ein Anspruch erloschen oder verglichen ist –, bleibt das Gericht für die Entscheidung der anderen Klagen zuständig (s. auch Rdn. 31).
71 EuGH 27.9.1998 Rs 189/87; *Kalfelis/Schröder* ECLI:EU:C:1988:459 Rdn. 10; s. auch Simons/Hausmann/*Corneloup/Althammer* Brüssel I-Verordnung Art. 6 Rdn. 24; Burgstaller/Neumayr/u.a./*Schmaranzer* IZVR Art. 6 EuGVO Rdn. 6.
72 Dasser/Oberhammer/*Müller* LugÜ² Art. 6 Rdn. 37; *Oberhammer/Koller/Slonina* in: EnzEuR III Kap. 15 Rdn. 109.
73 *Junker* IZPR § 12 Rdn. 9; Fasching/Konecny/*Simotta* ZPG V/1² Art. 6 EuGVVO Rdn. 20; **a.A.** Simons/Hausmann/*Corneloup/Althammer* Brüssel I-Verordnung Art. 6 Rdn. 24; vgl. auch die Schlussanträge des GA *Darmon* zu EuGH 27.9.1998 Rs 189/87, *Kalfelis/Schröder* ECLI:EU:C:1988:459 Rdn 11; krit. hierzu *Adolphsen* EuZVR² 3. Kap. § 1 Rdn. 134; die Frage offen lassend EuGH 13.6.2006 Rs C-539/03, *Roche Nederland/Primus u.a.*, ECLI:EU:C:2006:458 Rdn. 24 f.
74 *Oberhammer/Koller/Slonina* in: EnzEuR III Kap. 15 Rdn. 109.
75 EuGH 13.6.2006 Rs C-539/03, *Roche Nederland/Primus u.a.*, ECLI:EU:C:2006:458 Rdn. 25.
76 EuGH 12.7.2012 Rs C-616/10, *Solvay/Honeywell u.a.*, ECLI:EU:C:2012:445 Rd. 24.
77 Siehe auch *Oberhammer/Koller/Slonina* in: EnzEuR III Kap. 15 Rdn. 109; vgl. auch EuGH 27.9.2017, verb. Rs C-24/16 und Rs C- 25/16, *Nintendo/BigBen u.a.*, ECLI:EU:C:2017:724.
78 EuGH 13.6.2006 Rs C-539/03, *Roche Nederland/Primus u.a.*, ECLI:EU:C:2006:458 Rdn. 26; EuGH 12.7.2012 Rs C-616/10, *Solvay/Honeywell u.a.*, ECLI:EU:C:2012:445 Rdn. 25; EuGH 21.5.2015 Rs C-352/13, *Cartel Damage Claims/Akzo Nobel NV u.a.*, ECLI:EU:C:2015:335 Rdn. 23; EuGH 27.9.2017, verb. Rs C-24/16 und Rs C- 25/16, *Nintendo/BigBen u.a.*, ECLI:EU:C:2017:724.
79 Vgl. auch Stein/Jonas/*Wagner* Art. 6 EuGVVO Rdn. 26.
80 EuGH 11.10.2007 Rs C-98/06, *Freeport/Arnoldsson* ECLI:EU:C:2007:595 Rdn. 41; **a.A.** EuGH 27.10.1998 Rs C-51/97, *Réunion u.a./Spliethoff's u.a.*, ECLI:EU:C:1998:509, der EuGH führt in der Rs „*Roche Nederland/Primus u.a.*" allerdings aus, dass die genannte Entscheidung missinterpretiert worden sei (Rdn. 42 ff.).
81 EuGH 11.4.2013 Rs C-645/11, *Land Berlin/Sapir u.a.*, ECLI:EU:C:2013:228 Rdn. 44.
82 Siehe auch EuGH 1.12.2011 Rs C-145/10, *Painer/Standard VerlagsGmbH u.a.*, ECLI:EU:C:2011:798. Rdn. 76; EuGH 21.5.2015 Rs C-352/13, *Cartel Damage Claims/Akzo Nobel NV u.a.*, ECLI:EU:C:2015:335 Rdn. 23; s. ferner österr. OGH ZfRV-LS 2010/35 = Zak 2010, 199; österr. OGH ASoK 2011, 80.
83 EuGH 11.10.2007 Rs C-98/06, *Freeport/Arnoldsson* ECLI:EU:C:2007:595; österr. OGH ZfRV-LS 2010/35 = Zak 2010, 199; **a.A.** *Baumbach/Lauterbach/Hartmann* Art. 8 EuGVVO Rdn. 2; Prütting/Gehrlein/*Pfeiffer* ZPO Art. 8 Brüssel Ia-VO Rdn. 4; österr. OGH RdW 2005, 31; BGH NJW 2002, 1149 = WM 2001, 2402; Cour de cassation Rev. crit. dr. int. pr. 2003, 126 (*Gaudemet-Tallon* 129); s. dazu auch BGH ZIP 2010, 347, der Entscheidung lag allerdings der Fall zugrunde, dass alle Klagen auf einen einheitlichen Sachverhalt

Konnexität liegt etwa in Fällen der **Gesamtschuldnerschaft**,[84] der **akzessorischen** 26
Haftung[85] und der **Rechtsgemeinschaft**[86] vor.

Demgegenüber genügt es u.E. nicht, dass die Ergebnisse der Beweisaufnahme in ei- 27
nem Verfahren auch in dem anderen Verfahren Verwendung finden können und eine
einheitliche Würdigung der Beweisergebnisse erstrebenswert erscheint.[87] Auch der Umstand, dass möglicherweise hinsichtlich aller Beteiligter eine bestimmte Rechtsfrage als
Vorfrage eine Rolle spielen könnte, führt noch nicht zum Vorliegen der erforderlichen
Konnexität.[88]

d) Kein Gerichtsstandsmissbrauch. Der EuGH hat in der Art. 6 Nr. 1 EuGVÜ betref- 28
fenden Rs „*Kalfelis/Schröder*"[89] verlangt, dass zwischen den Klagen eines Klägers gegen
verschiedene Beklagte ein **Zusammenhang** bestehen muss, andernfalls „(stünde) es einem Kläger (frei), eine Klage gegen mehrere Beklagte allein zu dem Zweck zu erheben,
einen dieser Zuständigkeit der Gerichte seines Wohnsitzstaates zu entziehen".[90] Das Erfordernis der Konnexität soll demnach einen **Missbrauch der Bestimmung verhindern**.
In der Rs „*Freeport/Arnoldsson*"[91] hat der EuGH eine gesonderte Prüfung des Missbrauchs-
vorbehalts abgelehnt, weil das in Art. 8 Nr. 1 normierte Konnexitätserfordernis ausreichend Schutz vor Missbrauch biete. Ein Rückgriff auf dieses allgemeine Kriterium scheint
neben dem Konnexitätserfordernis nicht mehr zulässig zu sein.[92] Dagegen hat der EuGH
in der Rs „*Reisch/Kiesel*"[93] und der Rs „*Solvay/Honeywell u.a.*"[94] ausgeführt, dass die Bestimmung nicht so ausgelegt werden kann, „dass es danach einem Kläger erlaubt wäre,
eine Klage gegen mehrere Beklagte allein zu dem Zweck zu erheben, einen von diesen der
Zuständigkeit der Gerichte seines Wohnsitzstaates zu entziehen." Der EuGH scheint in der
genannten Rs den Bedarf für ein zusätzliches Korrektiv neben der Konnexität anzuerkennen, sodass der Beklagte wohl einwenden kann, dass sich der Kläger trotz des Bestehens
eines Konnexitätszusammenhangs rechtsmissbräuchlich auf Art. 8 Nr. 1 stützt. Die Auffassung wird vom EuGH in der Rs „*Cartel Damage Claims/Akzo Nobel NV u.a.*"[95] bestätigt.[96]
In der genannten Rs führt der EuGH aus, dass das Gericht eine etwaige Zweckentfremdung
der darin vorgesehenen Zuständigkeitsregel nur dann feststellen kann, wenn beweiskräftige Indizien vorliegen, die den Schluss zulassen, dass der Kläger die Voraussetzungen für
die Anwendung dieser Bestimmung künstlich herbeigeführt oder aufrechterhalten hat. Zu
Recht betont der EuGH, dass die bloße Führung von Verhandlungen zum Zweck eines et-

---

beruhten und alle Beklagten sowohl aus Deliktsrecht als auch aus vertraglicher Pflichtverletzung in
Anspruch genommen wurden.
84 *König* RZ 1997, 240; OLG Köln NZG 2009, 1317; österr. OGH ÖBl 2014, 33 (*Büchele*).
85 Siehe dazu Geimer/Schütze/*Paulus* IRV 538 Art. 8 VO (EG) Nr. 1215/2012 Rdn. 35 und *Winter*
Ineinandergreifen 53 ff. jeweils m.w.N.
86 Stein/Jonas/*Wagner* Art. 6 EuGVVO Rdn. 27.
87 **A.A.** Geimer/Schütze/*Auer* IRV 540 Art. 6 VO (EG) Nr. 44/2001 Rdn. 22.
88 OLG Frankfurt a.M. BeckRS 2013, 15628.
89 EuGH 27.9.1998 Rs 189/87, *Kalfelis/Schröder* ECLI:EU:C:1988:459.
90 EuGH 27.9.1998 Rs 189/87, *Kalfelis/Schröder* ECLI:EU:C:1988:459 Rdn. 9.
91 EuGH 11.10.2007 Rs C-98/06, *Freeport/Arnoldsson* ECLI:EU:C:2007:595 Rdn. 51 ff.
92 So ausdrücklich auch *Junker* IZPR § 12 Rdn. 11; Rauscher/*Leible* Art. 8 Brüssel Ia-VO Rdn. 16; vgl. auch
Simons/Hausmann/*Corneloup*/Althammer Brüssel I-Verordnung Art. 6 Rdn. 38; vgl. auch die
Schlussanträge des GA *Darmon* zu EuGH 27.9.1998 Rs 189/87, *Kalfelis/Schröder* ECLI:EU:C:1988:459 Rdn. 7,
wonach ein solches subjektives Kriterium abzulehnen, weil es „schwer zu handhaben" sei.
93 EuGH 13.7.2006 Rs C-103/05, *Reisch/Kiesel* ECLI:EU:C:2006:471 Rdn. 32.
94 EuGH 12.7.2012 Rs C-616/10, *Solvay/Honeywell u.a.*, ECLI:EU:C:2012:445 Rdn. 22.
95 EuGH 21.5.2015 Rs C-352/13, *Cartel Damage Claims/Akzo Nobel NV u.a.*, ECLI:EU:C:2015:335; s. auch
EuGH 1.12.2011 Rs C-145/10, *Painer/Standard VerlagsGmbH u.a.*, ECLI:EU:C:2011:798 Rdn. 78.
96 Siehe dazu auch österr. OGH ecolex 2013/140 (*Schumacher*) = RdW 2013/409.

waigen Vergleichs nicht als Nachweis für ein solches kollusives Zusammenwirken angesehen werden kann, wohl aber das tatsächliche Vorliegen eines Vergleichs, den die Parteien „verschleiert" hätten, um den Anschein zu erwecken, dass die Voraussetzungen für die Anwendung von Art. 8 Nr. 1 vorlägen.

29   **e) Zulässigkeit oder Begründetheit der Klage keine Voraussetzung für die Anwendung des Art. 8 Nr. 1.** Dass die Klage gegen den Ankerbeklagten **unzulässig oder unbegründet** ist, hindert nach h.A.[97] und Rsp.[98] die Begründung der Zuständigkeit nach Art. 8 Nr. 1 nicht; dies gilt – wie der EuGH in der in der Rs „*Cartel Damage Claims/Akzo Nobel NV u.a.*"[99] festgestellt hat – freilich nur unter der Einschränkung, dass dadurch kein Gerichtsstand gegenüber den Drittbeteiligten erschlichen werden soll.[100] Eine weitere **Einschränkung** besteht jedenfalls dann, **wenn** die **Klage gegen den Ankerbeklagten wegen Fehlens der internationalen oder örtlichen Zuständigkeit unzulässig ist**;[101] in diesem Fall begründet Art. 8 Nr. 1 nicht die Zuständigkeit für die Klagen gegen die anderen Beklagten.

30   Die Bestimmung findet daher auch dann Anwendung, wenn die Klage bereits im Zeitpunkt ihrer Erhebung gegen den zuständigkeitsbegründenden Beklagten wegen einer vorhergehenden Konkurs- (bzw. Insolvenz-)Eröffnung unzulässig war.[102] Demgegenüber soll nach **a.A.**[103] die Zuständigkeit nach Art. 8 Nr. 1 nur dann gegeben sein, wenn das Gericht nach einer überschlägigen Prüfung der Sach- und Rechtslage es zumindest für möglich hält, dass der Kläger mit seinem Begehren gegen den Ankerbeklagten durchdringt.

31   **f) Maßgeblicher Zeitpunkt für das Vorliegen der Anwendungsvoraussetzungen.** Die Anwendungsvoraussetzungen müssen im **Zeitpunkt der Erhebung der Klagen**, d.h. zum Zeitpunkt der Anrufung des Gerichts (s. dazu Art. 32), vorliegen.[104] Sofern eine Voraussetzung später wegfällt – etwa weil der Ankerbeklagte seinen (Wohn-)Sitz nach Klageerhebung in einen anderen Mitgliedstaat verlegt,[105] oder die Klage gegen ihn zurückgenommen wird, oder sich auf andere Weise (etwa durch Vergleich) erledigt[106] –, bleibt das Gericht nach dem **Grundsatz der perpetuatio fori** zuständig.[107]

---

97 *Baumbach/Lauterbach/Hartmann* Art. 8 EuGVVO Rdn. 2; *Junker* IZPR § 12 Rdn. 12.
98 EuGH 13.7.2006 Rs C-103/05, *Reisch/Kiesel* ECLI:EU:C:2006:471 Rdn. 30 f.; EuGH 21.5.2015 Rs C-352/13, *Cartel Damage Claims/Akzo Nobel NV u.a.*, ECLI:EU:C:2015:335; In der Rs „*Freeport/Arnoldsson*" (Rs C-98/06, ECLI:EU:C:2007:595 Rdn. 55 ff.) hat der EuGH die Frage, ob bei der Prüfung der Frage, ob eine Gefahr widersprechender Entscheidungen besteht, die Erfolgsaussichten der gegen den Beklagten vor dem Gericht seines (Wohn-)Sitzstaates erhobenen Klage von Bedeutung ist, ausdrücklich offengelassen.
99 EuGH 21.5.2015 Rs C-352/13, *Cartel Damage Claims/Akzo Nobel NV u.a.* ECLI:EU:C:2015:335.
100 Siehe dazu auch Stein/Jonas/*Wagner* Art. 6 EuGVVO Rdn. 39 f.
101 *Junker* IZPR § 12 Rdn. 12; *Kropholler/von Hein* Art. 6 EuGVO Rdn. 16; Stein/Jonas/*Wagner* Art. 6 EuGVVO Rdn. 38.
102 EuGH 13.7.2006 Rs C-103/05, *Reisch/Kiesel* ECLI:EU:C:2006:471; s. dazu auch LG Feldkirch 1 R 175/04i.
103 *Mäsch* IPRax 2006, 514; ähnlich auch *Althammer* IPRax 2006, 558 sowie *Brandes* Gerichtsstand 122; in diese Richtung auch Court of Appeal, *The Rewia* wonach eine Schlüssigkeitsprüfung erforderlich ist; s. auch zum englischen Recht House of Lords, *The Brabo* 1949 A.C. 326, wonach eine strenge Schlüssigkeitsprüfung hinsichtlich der Ankerklage bestehe; diese müsse „properly brought" sein, d.h. Aussicht auf Erfolg haben; s. auch *König* RZ 1997, 240 f., der für ein über die Schlüssigkeit hinausgehendes Prüfungsrecht eintritt.
104 *Mayr* EuZPR Rdn. II/77; Fasching/Konecny/*Simotta* ZPG V/1² Art. 6 EuGVVO Rdn. 35; österr. OGH 9ObA120/09a (insoweit unveröff.).
105 Fasching/Konecny/*Simotta* ZPG V/1² Art. 6 EuGVVO Rdn. 36.
106 Geimer/Schütze/*Auer* IRV 540 Art. 6 VO (EG) Nr. 44/2001 Rdn. 27; *Geimer/Schütze* EuZVR Art. 6 EuGVVO Rdn. 2; Fasching/Konecny/*Simotta* ZPG V/1² Art. 6 EuGVVO Rdn. 36.
107 OLG München GWR 2015, 83 (*Kluth*) = RIW 2015, 233.

Art. 8 Nr. 1 ist auch dann anzuwenden, wenn der Kläger seine Klage **erst nach An-** **32** **hängigkeit des Rechtsstreits** auf **weitere Beklagte** erstrecken möchte.[108] Die Frage der Zulässigkeit – d.h., ob die nachträgliche Hinzufügung von Sekundärbeklagten im Wege der Parteierweiterung bzw. durch Verbindung zweier zuvor selbstständiger Rechtsstreitigkeiten möglich ist – bestimmt sich nach innerstaatlichem Recht (für Deutschland vgl. § 146 ZPO).[109]

g) Vorliegen der nach innerstaatlichem Recht bestehenden Zulässigkeitsvor- **33** **aussetzungen.** Da Art. 8 Nr. 1 nur die internationale und örtliche Zuständigkeit regelt, nicht aber die Zulässigkeit, bestimmen sich die **Zulässigkeitsvoraussetzungen** nach der **lex fori**,[110] in Deutschland nach den §§ 59 ff. ZPO. Allerding darf durch die Anwendung der innerstaatlichen Bestimmungen die **praktische Wirksamkeit der Verordnung nicht beeinträchtigt** werden.[111] Sofern das innerstaatliche Recht z.B. vorsieht, dass sich der (Wohn-)Sitz aller Sekundärbeklagten im Inland befinden muss, ist die Bestimmung unanwendbar.[112] Fraglich ist, ob diese Ansicht nach der Entscheidung des EuGH in der Rs C-417/15, *Schmidt/Schmidt* (ECLI:EU:C:2016:881) noch vertreten werden kann. Der EuGH verweist in der Entscheidung, die die Auslegung des Art. 8 Nr. 4 betrifft, in Rdn. 42 auf die Schlussanträge der Generalanwältin *Kokott*. Die Generalanwältin teilt die bislang herrschende Ansicht, wonach Art. 8 Nr. 4 unter dem Vorbehalt der Zulässigkeit einer Verfahrensverbindung nach der lex fori stehe, nicht. Vielmehr genügt die rein faktische Möglichkeit der Verbindung aufgrund gleichzeitiger Anhängigkeit. Die Zulässigkeit der Verfahrensverbindung nach der lex fori ist demnach auf Zuständigkeitsebene nicht mehr von Bedeutung (siehe auch Rdn. 96). Da allerdings nach der Rsp. des EuGH zu Art. 8 Nr. 2 die lex fori des Staates, in dem das Hauptverfahren durchgeführt wird, sowohl für die Zulässigkeitsvoraussetzungen als auch die Voraussetzungen für das Verfahren des Gewährleistungs- und Interventionsstreites maßgebend ist (siehe dazu Rdn. 53), ist fraglich, ob im Anwendungsbereich des Art. 8 Nr. 1 auf das innerstaatliche Recht zurückgegriffen werden kann. Es empfiehlt sich die Einleitung eines Vorabentscheidungsverfahrens.

III. Art. 8 Nr. 2: Gerichtsstand der Gewährleistungs- und Interventionsklage

1. Allgemeines. Art. 8 Nr. 2 ermöglicht es, eine Gewährleistungs- oder Interven- **34** tionsklage gegen eine drittbeteiligte Person, deren (Wohn-)Sitz sich in einem anderen Mitgliedstaat befindet, auch dann bei dem Gericht, bei dem die Hauptklage anhängig ist, zu erheben, wenn dieses Gericht für den Rechtsstreit gegen ihn nach den allgemeinen Regeln der Verordnung nicht zuständig wäre. Das Interesse an der **Einheitlichkeit der Entscheidungen**[113] und an einer **ökonomischen Prozessführung**[114] wird daher höher

---

[108] Fasching/Konecny/*Simotta* ZPG V/1² Art. 6 EuGVVO Rdn. 11; *Winter* Ineinandergreifen 20 ff.; BGH EuZW 2010, 959 = NJW-RR 2010, 664; **a.A.** Simons/Hausmann/*Corneloup*/Althammer Brüssel I-Verordnung Art. 6 Rdn. 35.
[109] *Geimer* WM 1979, 358; *Geimer/Schütze* EuZVR Art. 6 EuGVVO Rdn. 24; Stein/Jonas/*Wagner* Art. 7 EuGVVO Rdn. 20.
[110] Stein/Jonas/*Wagner* Art. 7 EuGVVO Rdn. 13.
[111] Vgl. auch Prütting/Gehrlein/*Pfeiffer* ZPO Art. 8 Brüssel Ia-VO Rdn. 2; *Rüfner* IPRax 2005, 503; R. *Stürner* in FS Geimer 1313; EuGH 15.5.1990 Rs 365/88, *Kongress Agentur Hagen/Zeehaghe* ECLI:EU:C:1990:203 Rdn. 20; EuGH 26.5.2006 Rs C-77/04, *GIE Réunion u.a./Zurich u.a.*, ECLI:EU:C:2005:327 Rdn. 35.
[112] Vgl. auch *Kropholler/von Hein* Art. 6 EuGVO Rdn. 33; EuGH 15.5.1990 Rs 365/88, *Kongress Agentur Hagen/Zeehaghe* ECLI:EU:C:1990:203 Rdn. 21.
[113] EuGH 21.1.2016, Rs C-521/14, *SOVAG – Schwarzmeer und Ostsee Versicherungs-Aktiengesellschaft/If Vahinkokuutusyhtiö Oy* ECLI:EU:C:2016:41.
[114] EuGH 15.5.1990 Rs 365/88, *Kongress Agentur Hagen/Zeehaghe* ECLI:EU:C:1990:203 Rdn. 11.

bewertet, als das Interesse der drittbeteiligten Person, grundsätzlich nur in dem Mitgliedstaat verklagt zu werden, in dem sich sein (Wohn-)Sitz befindet.[115]

35 Die Bestimmung regelt die **internationale, örtliche und sachliche**[116] **Zuständigkeit für** eine **Gewährleistungs- bzw. Interventionsklage** (arg.: Gericht des Hauptprozesses).[117] Die Zuständigkeit für die Hauptklage ergibt sich allerdings nicht aus Art. 8 Nr. 2; die Partei der Hauptklage kann daher etwa nicht vor dem mit der Gewährleistungsklage befassten Gericht verklagt werden.[118]

36 Wurde zwischen dem Gewährleistungskläger und dem Drittbeklagten eine wirksame Gerichtsstandsvereinbarung geschlossen, so wird – mangels abweichender Vereinbarung – die Anwendung des Art. 8 Nr. 2 ausgeschlossen (s. auch Rdn. 5).[119] Haben die Parteien des Hauptverfahrens eine wirksame Gerichtsstandsvereinbarung getroffen und wird die Klage am forum prorogatum erhoben, kann bei diesem Gericht auch die Gewährleistungs- bzw. Interventionsklage eingebracht werden (s. auch Rdn. 5).[120]

37 **2. Begriffe Gewährleistungs- und Interventionsklage.** Die Begriffe Gewährleistungs- und Interventionsklage sind **unionsrechtlich autonom** auszulegen.[121] Nach dem *Jenard*-Bericht[122] ist eine **Gewährleistungsklage** eine Klage, die der Beklagte in einem Rechtsstreit gegen einen Dritten zum Zwecke der eigenen Schadloshaltung wegen der Folgen dieses Rechtsstreites erhebt.[123] Die **Interventionsklage** ist jede direkte Einbeziehung Dritter in einen Rechtsstreit mit anderen Personen und erfasst demnach – als Oberbegriff – auch Gewährleistungsklagen.[124] Sie dient entweder dem Schutz der Interessen des Intervenienten oder einer Partei des Rechtsstreites, oder sie zielt auf den Erlass einer Verurteilung oder auf die Zuerkennung eines Gewährleistungsanspruchs ab. Obsiegt der Kläger gegen den ursprünglichen Beklagten, wird im selben Verfahren auch über die Gewährleistungs- bzw. Interventionsklage entschieden. Art. 8 Nr. 2 erfasst nicht nur den Fall, dass der Dritte im Laufe des Verfahrens von einer oder mehreren Parteien verklagt wird, sondern gilt auch dann, wenn der Dritte aktiv eingreift, um seine Interessen zu verteidigen.[125]

38 **Beispiele für Gewährleistungs- bzw. Interventionsklagen** sind Deckungsklagen des in Anspruch genommenen gegen den Versicherer,[126] Regressklagen des Herstellers gegen seine Zulieferer, Regressklagen des vom Käufer verklagten Lieferanten gegen den Produzenten der Ware und Regressklagen des Zweitverkäufers gegen den Erstverkäufer.[127] Art. 8 Nr. 2 findet demgegenüber keine Anwendung, wenn der Beklagte einen eigenen Schadenersatzanspruch gegen den Drittbeteiligten geltend macht[128] oder die Klage

---

115 *Geimer* WM 1979, 360; *Geimer/Schütze* EuZVR Art. 6 EuGVVO Rdn. 34; Fasching/Konecny/*Simotta* ZPG V/1² Art. 6 EuGVVO Rdn. 39.
116 *Köckert* Beteiligung 69 f.; *Winter* Ineinandergreifen 69 ff.
117 Vgl. Dasser/Oberhammer/*Müller* LugÜ² Art. 6 Rdn. 66; Oetiker/Weibel/*Rohner/Lerch* LGVÜ² Art. 6 Rdn. 51.
118 Simons/Hausmann/*Corneloup/Althammer* Brüssel I-Verordnung Art. 6 Rdn. 43.
119 Simons/Hausmann/*Corneloup/Althammer* Brüssel I-Verordnung Art. 6 Rdn. 53; *Siehr* in: *Schnyder* LugÜ Art. 6 Rdn. 57.
120 *R. Stürner* in FS Geimer 1314.
121 *Oberhammer/Koller/Slonina* in: EnzEuR III Kap. 15 Rdn. 110; vgl. auch Dasser/Oberhammer/*Müller* LugÜ² Art. 6 Rdn. 70.
122 S. 27.
123 Siehe dazu auch *Winter* Ineinandergreifen 61 ff.
124 Siehe dazu auch *Winter* Ineinandergreifen 63 ff.
125 Simons/Hausmann/*Corneloup/Althammer* Brüssel I-Verordnung Art. 6 Rdn. 44; Dasser/Oberhammer/ *Müller* LugÜ² Art. 6 Rdn. 73; Geimer/Schütze/*Paulus* IRV 538 Art. 8 VO (EG) Nr. 1215/2012 Rdn. 49.
126 EuGH 26.5.2006 Rs C-77/04, *GIE Réunion u.a./Zurich u.a.*, ECLI:EU:C:2005:327.
127 Fasching/Konecny/*Simotta* ZPG V/1² Art. 6 EuGVVO Rdn. 52.
128 *Kropholler/von Hein* Art. 6 EuGVO Rdn. 31.

sich auf ein selbstständiges und von der Hauptklage unabhängiges Vertragsverhältnis stützt.[129]

Gewährleistungsklagen und Interventionsklagen sind i.d.R. **Leistungsklagen**, Art. 8 Nr. 2 gilt allerdings auch für **Feststellungs- und Gestaltungsklagen**.[130]   **39**

3. Zu den Vorbehalten Deutschlands und anderer Mitgliedstaaten. Da der deutschen Rechtsordnung ebenso wie anderen Rechtsordnungen eine Gewährleistungs- und Interventionsklage unbekannt sind, wird in Art. 65 normiert, dass entsprechende Klagen vor Gerichten bestimmter Staaten nur dann erhoben werden können, soweit das einzelstaatliche Recht dies zulässt.[131] Zu diesen Staaten zählen (derzeit) neben Deutschland auch Estland, Kroatien, Lettland, Litauen, Malta, Österreich, Polen, Slowenien, Ungarn und Zypern.   **40**

Die in den anderen Mitgliedstaaten auf Grund des Art. 8 Nr. 2 ergehenden Urteile sind allerdings auch in Deutschland und den anderen in der Rdn. 40 genannten Staaten nach den Bestimmungen der Brüssel Ia-VO anzuerkennen und zu vollstrecken.[132] Durch Art. 65 wird freilich nicht die Gerichtspflicht von Personen, die in Deutschland oder in einem in der Rdn. 40 genannten Staat wohnhaft sind, vor den Gerichten der anderen Mitgliedstaaten auf Grundlage des Art. 8 Nr. 2 beseitigt.[133]   **41**

In Deutschland und den anderen in der Rdn. 40 genannten Staaten erfolgt die Einbeziehung Dritter durch das **Institut der Streitverkündigung**, welche eine Verurteilung des Drittbeteiligten erst im Folgeprozess ermöglicht. Gem. Art. 65 Abs. 1 lit. b kann in den in der Rdn. 40 genannten Staaten jeder Person mit (Wohn-)Sitz in einem Mitgliedstaat der Streit verkündet werden. Nicht erforderlich ist, dass jene Person in einem in der Rdn. 40 genannten Staat aufgrund einer Bestimmung der Brüssel Ia-VO gerichtspflichtig ist.[134] Die Wirkungen, welche die in diesen Staaten auf Grund einer Streitverkündung ergangenen Entscheidungen gegenüber Drittbeteiligten haben, werden in den anderen Mitgliedstaaten anerkannt. Die Streitverkündigung stellt allerdings kein gleichwertiges Äquivalent zur Gewährleistungs- bzw. Interventionsklage dar, weil eine Verurteilung nicht im selben Verfahren erfolgt, sondern ein zweites Verfahren notwendig ist, um einen Vollstreckungstitel zu erwirken.[135] Um ein Ungleichgewicht bei der Justizgewährung im europäischen   **42**

---

129 Fasching/Konecny/*Simotta* ZPG V/1² Art. 6 EuGVVO Rdn. 53.
130 *Adolphsen* EuZVR² 3. Kap. § 1 Rdn. 146; *Kropholler/von Hein* Art. 6 EuGVO Rdn. 28; Oetiker/Weibel/*Rohner/Lerch* LGVÜ² Art. 6 Rdn. 59.
131 Im Unterschied wurde in Art. 65 a.F. normiert, dass entsprechende Klagen nicht erhoben werden können. Die Neufassung schließt die Anwendung von Art. 8 Nr. 2 nicht mehr generell aus, wenn ein Mitgliedstaat den Vorbehalt erklärt und die Streitverkündung notifiziert hat; vielmehr findet die Bestimmung Anwendung, soweit dies das innerstaatliche Recht zulässt. Dadurch wird sichergestellt, dass die der betreffenden Rechtsordnung bekannten Klagen gegen Dritte an diesem Gerichtsstand zulässig sind; erfasst ist etwa die von der Rsp. entwickelte Drittwiderklage (Burgstaller/Neumayr/u.a./*Solina* IZVR Art. 65 EuGVVO Rdn. 3).
132 Vgl. OLG Düsseldorf RIW 1997, 330.
133 *Geimer* WM 1979, 351; ders. IPRax 1998, 175; *Geimer/Schütze* EuZVR Art. 6 EuGVVO Rdn. 38; *Rüfner* IPRax 2005, 500.
134 Fasching/Konecny/*Simotta* ZPG V/1² Art. 6 EuGVVO Rdn. 42; Burgstaller/Neumayr/u.a./*Solina* IZVR Art. 65 EuGVVO Rdn. 5.
135 Da die Bestimmung zu einem Ungleichgewicht bei der Justizgewährung im europäischen Justizraum führt, soll sie eine primärrechtswidrige Diskriminierung darstellen (s. dazu *Geimer* IPRax 2002, 74; Zöller/*Geimer* Art. 8 EuGVVO Rdn. 19 ff.; *Geimer/Schütze* EuZVR Art. 6 EuGVVO Rdn. 39; Burgstaller/Neumayr/u.a./*Schmaranzer* IZVR Art. 6 EuGVO Rdn. 15; ähnlich *Rüfner* IPRax 2005, 500; **a.A.** MünchKomm/*Gottwald* Art. 8 VO (EU) 1215/2012 Rdn. 20; Geimer/Schütze/*Paulus* IRV 538 Art. 8 VO (EG) Nr. 1215/2012 Rdn. 1; Geimer/Schütze/*Paulus* IRV 538 Art. 8 VO (EG) Nr. 1215/2012 Rdn. 53; *Schlosser/Hess* Art. 8 EuGVVO Rdn. 8).

Justizraum zu verhindern, erscheint es sinnvoll, dass die in der Rdn. 40 genannten Staaten ebenfalls eine Gewährleistungs- bzw. Interventionsklage zulassen.

4. Anwendungsvoraussetzungen

43 **a) Zuständigkeit nach der Brüssel Ia-VO für die Hauptklage als Grundlage für die Zuständigkeit.** Im Unterschied zu Art. 8 Nr. 1 muss die Hauptklage nicht unbedingt am allgemeinen Gerichtsstand des Beklagten erhoben werden;[136] das für die Hauptklage angerufene Gericht kann auch aufgrund eines in Art. 7 normierten Wahlgerichtsstandes, einer ausschließlichen Zuständigkeit,[137] einer Gerichtsstandsvereinbarung[138] oder einer rügelosen Einlassung des Beklagten auf das (Haupt-) Verfahren zuständig sein, wobei bei den zuletzt genannten Fällen sorgfältig zu prüfen ist, ob nicht hinsichtlich des Drittbeteiligten ein rechtsmissbräuchlicher Entzug des allgemeinen Gerichtsstands vorliegt (s. dazu Rdn. 51f.).[139]

44 Strittig ist, ob Art. 8 Nr. 2 nur anwendbar ist, wenn für die Hauptklage eine Zuständigkeit nach der Verordnung gegeben ist[140] oder ob es genügt, wenn sich die Zuständigkeit aus innerstaatlichem Recht ergibt.[141] U.E. reicht eine **innerstaatlich bestehende Zuständigkeit nicht** aus, andernfalls müssten nämlich auch Urteile gegen Personen mit (Wohn-)Sitz in einem Mitgliedstaat anerkannt und vollstreckt werden, die – entgegen Art. 6 – in exorbitanten Gerichtsständen ergangen sind.

45 **b) (Wohn-)Sitz des Drittbeteiligten in einem Mitgliedstaat.** Der Drittbeteiligte muss **in einem Mitgliedstaat ansässig** sein; ein (Wohn-)Sitz in einem Drittstaat reicht demnach nicht aus.[142] Der (Wohn-)Sitz darf sich allerdings **nicht in dem Staat, in dem das Hauptverfahren durchgeführt wird,** befinden (s. auch Rdn. 8);[143] andernfalls ergibt sich die internationale Zuständigkeit aus Art. 4, die sachliche und örtliche Zuständigkeit bestimmt sich nach innerstaatlichem Recht.

46 Der **(Wohn-)Sitz der Parteien des Hauptprozesses** ist **nicht maßgeblich**; Art. 8 Nr. 2 findet daher auch dann Anwendung, wenn sich deren (Wohn-)Sitz in einem Drittstaat befindet.[144] Allerdings ist zu beachten, dass sich die Zuständigkeit des Mitgliedstaats für die Hauptklage aus einer Bestimmung der Brüssel Ia-VO ergeben muss (s. dazu Rdn. 43f.).[145]

---

136 EuGH 15.5.1990 Rs 365/88, *Kongress Agentur Hagen/Zeehaghe* ECLI:EU:C:1990:203 Rdn. 11; s. auch *Coester-Waltjen* IPRax 1992, 291.
137 *Köckert* Beteiligung 77.
138 Czernich/Kodek/Mayr/*Czernich* Brüssel Ia-VO⁴ Art. 8 Rdn. 25; *R. Stürner* in FS Geimer 1314.
139 Oetiker/Weibel/*Rohner*/*Lerch* LGVÜ² Art. 6 Rdn. 64.
140 So Geimer/Schütze/*Auer* IRV 540 Art. 6 VO (EG) Nr. 44/2001 Rdn. 37; *Kropholler/von Hein* Art. 6 EuGVO Rdn. 31; Dasser/Oberhammer/*Müller* LugÜ² Art. 6 Rdn. 70 und 78; Oetiker/Weibel/*Rohner*/*Lerch* LGVÜ² Art. 6 Rdn. 50; Schlosser/*Hess* Art. 8 EuGVVO Rdn. 6; Fasching/Konecny/*Simotta* ZPG V/1² Art. 6 EuGVVO Rdn. 59.
141 So *Geimer/Schütze* EuZVR Art. 6 EuGVVO Rdn. 42; *Winter* Ineinandergreifen 65 ff.; s. auch Burgstaller/Neumayr/u.a./*Schmaranzer* IZVR Art. 6 EuGVO Rdn. 9, nach dessen Ansicht eine im innerstaatlichen Recht bestehende Zuständigkeit ausreiche, sofern es sich dabei nicht um einen exorbitanten Gerichtsstand handle; so auch *Köckert* Beteiligung 78 ff.; vgl. auch Simons/Hausmann/*Corneloup*/*Althammer* Brüssel I-Verordnung Art. 6 Rdn. 50.
142 Geimer/Schütze/*Auer* IRV 540 Art. 6 VO (EG) Nr. 44/2001 Rdn. 38; Dasser/Oberhammer/*Müller* LugÜ² Art. 6 Rdn. 69.
143 EuGH 15.5.1990 Rs 365/88, *Kongress Agentur Hagen/Zeehaghe* ECLI:EU:C:1990:203 Rdn. 12; Dasser/Oberhammer/*Müller* LugÜ² Art. 6 Rdn. 69; **a.A.** Geimer/Schütze/*Auer* IRV 540 Art. 6 VO (EG) Nr. 44/2001 Rdn. 38.
144 Dasser/Oberhammer/*Müller* LugÜ² Art. 6 Rdn. 70.
145 Oetiker/Weibel/*Rohner*/*Lerch* LGVÜ² Art. 6 Rdn. 50.

**c) Anwendungsbereich der Brüssel Ia-VO für Haupt- und Gewährleistungs- 47
bzw. Interventionsklage eröffnet.** Die Hauptklage und die Gewährleistungs- bzw. Interventionsklage muss vom Anwendungsbereich der Brüssel Ia-VO erfasst sein;[146] nur in diesem Fall begründet Art. 8 Nr. 2 die Zuständigkeit des für die Hauptklage angerufenen Gerichts für die Gewährleistungs- bzw. Interventionsklage. Der EuGH hat daher in der Rs „*SOVAG – Schwarzmeer und Ostsee Versicherungs-Aktiengesellschaft/If Vahinkovakuutusyhtiö Oy*"[147] ausgesprochen, dass wenn ein Geschädigter gegen den Versicherer des Unfallverursachers Klage erhoben hat und ein anderer Versicherer, der dieser Person bereits teilweise Entschädigung geleistet hat, vom ersten Versicherer die Erstattung dieser Entschädigungsleistung erlangen will, für die zweite Klage Art. 8 Nr. 2 gilt.

d) Anhängigkeit des Hauptprozesses. Der Hauptprozess muss bereits anhängig 48
sein,[148] wobei die Zuständigkeit für die Entscheidung über die Gewährleistungs- bzw. Interventionsklage nach dem Grundsatz der perpetuatio fori bestehen bleibt, wenn der Hauptprozess beendet wird.[149]

e) Konnexität. Im Unterschied zu Art. 8 Nr. 1 bedarf es nach dem Wortlaut des Art. 8 49
Nr. 2 zwar **keiner besonderen Konnexität**,[150] aufgrund der **sachlichen Verknüpfung** des Hauptprozesses mit der Gewährleistungs- und Interventionsklage besteht allerdings ohnehin ein Zusammenhang, der die Gerichtspflichtigkeit des Drittbeteiligten außerhalb seines (Wohn-)Sitzstaats rechtfertigt.[151] Es ist Sache des nationalen Gerichts, bei dem der Hauptprozess anhängig ist, das Bestehen eines solchen Zusammenhangs zu prüfen und sich zu vergewissern, dass die Interventionsklage oder die Klage auf Gewährleistung nicht nur darauf abzielt, den Beklagten dem für ihn zuständigen Gericht zu entziehen.[152]

**f) Begründet oder Zulässigkeit der Hauptklage keine Voraussetzung für die 50
Anwendung des Art. 8 Nr. 2.** Grundsätzlich ist eine Zuständigkeit **auch dann** zu bejahen, wenn die Hauptklage **unbegründet oder unzulässig** ist;[153] dies gilt freilich nur unter der Einschränkung, dass dadurch kein Gerichtsstand gegenüber den Drittbeteiligten erschlichen werden soll (s. dazu Rdn. 51 f.).[154]

g) Kein Gerichtsstandsmissbrauch. Um einen Missbrauch der Bestimmung zu ver- 51
hindern, wird in Art. 8 Nr. 2 ausdrücklich normiert, dass die Bestimmung keine Anwendung findet, wenn „die Klage nur erhoben worden ist, um diese Person dem für sie zuständigen Gericht zu entziehen", wobei unter dem Begriff „**Klage**" die **Klage im Hauptprozess** und unter dem Begriff „**Person**" der **Drittbeteiligte** zu verstehen ist.[155] Nach der

---

146 *Winter* Ineinandergreifen 65.
147 EuGH 21.1.2016, Rs C-521/14, *SOVAG – Schwarzmeer und Ostsee Versicherungs-Aktiengesellschaft/If Vahinkovakuutusyhtiö Oy* ECLI:EU:C:2016:41.
148 *Adolphsen* EuZVR[2] 3. Kap. § 1 Rdn. 146; Fasching/Konecny/*Simotta* ZPG V/1[2] Art. 6 EuGVVO Rdn. 56; Stein/Jonas/*Wagner* Art. 6 EuGVVO Rdn. 50.
149 Dasser/Oberhammer/*Müller* LugÜ[2] Art. 6 Rdn. 80.
150 Oetiker/Weibel/*Rohner/Lerch* LGVÜ[2] Art. 6 Rdn. 68.
151 Vgl. auch EuGH 26.5.2006 Rs C-77/04, *GIE Réunion u.a./Zurich u.a.*, ECLI:EU:C:2005:327 Rdn. 30.
152 EuGH 21.1.2016, Rs C-521/14, *SOVAG – Schwarzmeer und Ostsee Versicherungs-Aktiengesellschaft/If Vahinkovakuutusyhtiö Oy* ECLI:EU:C:2016:41.
153 Oetiker/Weibel/*Rohner/Lerch* LGVÜ[2] Art. 6 Rdn. 62.
154 Oetiker/Weibel/*Rohner/Lerch* LGVÜ[2] Art. 6 Rdn. 62.
155 Saenger/*Dörner* Art. 8 EuGVVO Rdn. 9; *Schlosser/Hess* Art. 8 EuGVVO Rdn. 6; Stein/Jonas/*Wagner* Art. 6 EuGVVO Rdn. 58.

Entscheidung des EuGH in der Rs „*GIE Réunion u.a./Zurich u.a.*"[156] müsse sich das Gericht allerdings davon überzeugen, dass die Gewährleistungsklage nicht allein darauf gerichtet ist, den Beklagten dem für ihn zuständigen Gericht zu entziehen;[157] der EuGH versteht unter dem in Art. 8 Nr. 2 verwendeten Begriff Klage daher die Gewährleistungs- und Interventionsklage, was allerdings wenig Sinn macht;[158] sofern nämlich das Hauptverfahren anhängig ist, ist ein rechtsmissbräuchlicher Zuständigkeitsentzug allein betreffend die Gewährleistungs- bzw. Interventionsklage kaum vorstellbar.[159]

52 Ein Missbrauch i.S.d. Art. 8 Nr. 2 liegt vor, wenn **Kläger und Beklagter des Hauptprozesses kollusiv zu Lasten des Drittbeteiligten** zusammenwirken, etwa indem sie arglistig eine Gerichtsstandsvereinbarung abschließen, um eine Gewährleistungs- bzw. Interventionsklage gegen den Drittbeteiligten vor diesem Gericht zu ermöglichen.[160]

53 **h) Vorliegen der nach innerstaatlichem Recht bestehenden Zulässigkeitsvoraussetzungen.** Für die **Zulässigkeitsvoraussetzungen** und die **Voraussetzungen für das Verfahren** des Gewährleistungs- und Interventionsstreites sind die **Bestimmungen der lex fori** des Staats, in dem das Hauptverfahren durchgeführt wird, maßgebend.[161] Allerding darf durch die Anwendung der innerstaatlichen Bestimmungen die **praktische Wirksamkeit der Verordnung nicht beeinträchtigt** werden.[162] Sofern das innerstaatliche Recht daher z.B. vorsieht, dass sich der (Wohn-)Sitz des Gewährleistungspflichtigen nicht in einem anderen Staat als dem Staat des Hauptprozesses befinden darf, um etwa zu verhindern, dass der Hauptprozess erschwert oder verzögert wird, ist die Bestimmung unanwendbar.[163]

IV. Art. 8 Nr. 3: Gerichtsstand der Widerklage

54 **1. Allgemeines.** Art. 8 Nr. 3 ermöglicht – aus prozessökonomischen Erwägungen[164] – dem Beklagten, vor dem Gericht, bei dem die Klage selbst anhängig ist, gegen den Kläger Widerklage zu erheben, soweit die Widerklage auf denselben Vertrag oder Sachverhalt wie die Klage selbst, gestützt wird. Der Kläger wird dadurch zum Widerbeklagten.

55 Art. 8 Nr. 3 regelt die **internationale, örtliche und sachliche Zuständigkeit** (arg.: vor dem Gericht, bei dem die Klage selbst anhängig ist); Bestimmungen des innerstaatlichen Rechts werden insofern verdrängt. Entgegen einem Teil der Lehre[165] regelt die

---

156 EuGH 26.5.2006 Rs C-77/04, *GIE Réunion u.a./Zurich u.a.*, ECLI:EU:C:2005:327 Rdn. 29.
157 Vgl. auch EuGH 21.1.2016, Rs C-521/14, *SOVAG – Schwarzmeer und Ostsee Versicherungs-Aktiengesellschaft/If Vahinkovakuutusyhtiö Oy* ECLI:EU:C:2016:41.
158 Krit. Schlosser/Hess Art. 8 EuGVVO Rdn. 6.
159 Oetiker/Weibel/*Rohner*/*Lerch* LGVÜ² Art. 6 Rdn. 71; *Schlosser*/*Hess* Art. 8 EuGVVO Rdn. 6.
160 Czernich/Kodek/Mayr/*Czernich* Brüssel Ia-VO⁴ Art. 8 Rdn. 26.
161 *Geimer* WM 1979, 361; *Geimer*/*Schütze* EuZVR Art. 6 EuGVVO Rdn. 44 f.; Fasching/Konecny/*Simotta* ZPG V/1² Art. 6 EuGVVO Rdn. 57; *R. Stürner* in FS Geimer 1313; EuGH 15.5.1990 Rs 365/88, *Kongress Agentur Hagen/Zeehaghe* ECLI:EU:C:1990:203; EuGH 26.5.2006 Rs C-77/04, *GIE Réunion u.a./Zurich u.a.*, ECLI:EU:C:2005:327 Rdn. 34; EuGH 21.1.2016, Rs C-521/14, *SOVAG – Schwarzmeer und Ostsee Versicherungs-Aktiengesellschaft/If Vahinkovakuutusyhtiö Oy* ECLI:EU:C:2016:41.
162 Vgl. nur Prütting/Gehrlein/*Pfeiffer* ZPO Art. 8 Brüssel Ia-VO Rdn. 5; *Rüfner* IPRax 2005, 503; *R. Stürner* in FS Geimer 1313; EuGH 15.5.1990 Rs 365/88, *Kongress Agentur Hagen/Zeehaghe* ECLI:EU:C:1990:203 Rdn. 20; EuGH 26.5.2006 Rs C-77/04, *GIE Réunion u.a./Zurich u.a.* ECLI:EU:C:2005:327 Rdn. 35.
163 *Kropholler/von Hein* Art. 6 EuGVO Rdn. 33; EuGH 15.5.1990 Rs 365/88, *Kongress Agentur Hagen/Zeehagh* ECLI:EU:C:1990:203 Rdn. 21.
164 Vgl. nur *M. Stürner* IPRax 2007, 22; Stein/Jonas/*Wagner* Art. 6 EuGVVO Rdn. 68; österr. OGH ZfRV 1998/41; s. auch EuGH 12.10.2016, Rs C-185/15, *Kostanjevec/F&S Leasing* ECLI:EU:C:2016:763.
165 Oetiker/Weibel/*Rohner*/*Lerch* LGVÜ² Art. 6 Rdn. 91; *Stadler* ZZP 110 (1997) 254.

Bestimmung auch die sachliche Zuständigkeit;[166] andernfalls würde der Zweck der Bestimmung – die Gewährung der Möglichkeit einer einheitlichen Verhandlung und Entscheidung zusammengehörender Rechtsstreitigkeiten – konterkariert werden. Das innerstaatliche Recht wird daher auch insofern verdrängt.

2. Begriff der Widerklage. Der Begriff der **Widerklage** ist **unionsrechtlich autonom** auszulegen.[167] Der Anwendungsbereich der Bestimmung erfasst alle[168] vom Beklagten in demselben Verfahren gegen den Kläger erhobene Klagen, welche auf eine Verurteilung des Klägers abzielen;[169] Widerklagen haben daher den **Charakter eines Gegenangriffs** und stellen einen vom Schicksal der zuerst erhobenen Klage **unabhängigen Antrag** dar, der auf eine **selbstständige Durchsetzung eines eigenen Anspruchs** abzielt.[170] 56

Der Anwendungsbereich des Art. 8 Nr. 3 erfasst auch **Wider-Widerklagen**.[171] 57

Sofern der Beklagte demgegenüber eine Forderung gegen den Kläger nur als **schlichtes Verteidigungsmittel** geltend macht, ist der Anwendungsbereich des Art. 8 Nr. 3 **nicht eröffnet**;[172] die Bestimmung ist auch nicht analog anzuwenden (s. dazu auch Rdn. 75 f.).

3. Anwendungsvoraussetzungen

a) Zuständigkeit nach der Brüssel Ia-VO für die Hauptklage als Grundlage für die Zuständigkeit. Im Unterschied zu Art. 8 Nr. 1 ist es nicht erforderlich, dass es sich beim für die Hauptklage angerufenen Gericht um dasjenige am **(Wohn-)Sitz des Beklagten bzw. des Widerbeklagten** handelt;[173] es genügt **auch**, dass das Gericht **aufgrund** einer anderen **Zuständigkeitsbestimmung** der Verordnung – etwa aufgrund eines Wahlgerichtsstands nach Art. 7, einer Gerichtsstandsvereinbarung oder einer bereits erfolgten rügelosen Einlassung des Beklagten auf das Verfahren – zuständig ist.[174] 58

Demgegenüber reicht eine **Zuständigkeit nach innerstaatlichem Recht nicht** aus, um bei diesem Gericht gestützt auf Art. 8 Nr. 3 eine Widerklage zu erheben.[175] Zweck der 59

---

166 *Geimer/Schütze* EuZVR Art. 6 EuGVVO Rdn. 50; *Mayr* EuZPR Rdn. II/71; Dasser/Oberhammer/*Müller* LugÜ² Art. 6 Rdn. 111; Burgstaller/Neumayr/u.a./*Schmaranzer* IZVR Art. 6 EuGVO Rdn. 20; Fasching/Konecny/*Simotta* ZPG V/1² Art. 6 EuGVVO Rdn. 63; *Winter* Ineinandergreifen 109.
167 *Kropholler/von Hein* Art. 6 EuGVO Rdn. 35; Dasser/Oberhammer/*Müller* LugÜ² Art. 6 Rdn. 93; Fasching/Konecny/*Simotta* ZPG V/1² Art. 6 EuGVVO Rdn. 64.
168 Freilich müssen auch die in Rdn. 8 ff. genannten Voraussetzungen vorliegen.
169 EuGH 13.7.1995 Rs C-341/93, *Danvaern/Otterbeck* ECLI:EU:C:1995:239.
170 Vgl. *Eickhoff* Gerichtsbarkeit 95; *Winter* Ineinandergreifen 101 ff.; s. dazu auch *Mankowski* ZZP 109 (1996) 382 f. Siehe auch EuGH 12.10.2016, Rs C-185/15, *Kostanjevec/F&S Leasing* ECLI:EU:C:2016:763.
171 Dasser/Oberhammer/*Müller* LugÜ² Art. 6 Rdn. 93; Fasching/Konecny/*Simotta* ZPG V/1² Art. 6 EuGVVO Rdn. 69; Musielak/Voit/*Stadler* Art. 8 EuGVVO n.F. Rdn. 9.
172 EuGH 13.7.1995 Rs C-341/93, *Danvaern/Otterbeck* ECLI:EU:C:1995:239; so auch Baumbach/Lauterbach/*Hartmann* Art. 8 EuGVVO Rdn. 4; *Busse* MDR 2001, 731; Burgstaller/Neumayr/u.a./*Schmaranzer* IZVR Art. 6 EuGVO Rdn. 18.
173 Simons/Hausmann/*Corneloup/Althammer* Brüssel I-Verordnung Art. 6 Rdn. 56.
174 MünchKomm/*Gottwald* Art. 8 VO (EU) 1215/2012 Rdn. 25; Oetiker/Weibel/*Rohner/Lerch* LGVÜ² Art. 6 Rdn. 80.
175 Saenger/*Dörner* Art. 8 EuGVVO Rdn. 10; MünchKomm/*Gottwald* Art. 8 VO (EU) 1215/2012 Rdn. 25 f. sowie Rdn. 31; Kropholler/*von Hein* Art. 6 EuGVO Rdn. 36; Fasching/Konecny/*Simotta* ZPG V/1² Art. 6 EuGVVO Rdn. 65; **a.A.** Geimer/Schütze/*Auer* IRV 540 Art. 6 VO (EG) Nr. 44/2001 Rdn. 25 f.; *Eickhoff* Gerichtsbarkeit 100 f.; Dasser/Oberhammer/*Müller* LugÜ² Art. 6 Rdn. 99; Oetiker/Weibel/*Rohner/Lerch* LGVÜ² Art. 6 Rdn. 78; Burgstaller/Neumayr/u.a./*Schmaranzer* IZVR Art. 6 EuGVO Rdn. 17; *Schlosser* FamRZ 1973, 430; Musielak/Voit/*Stadler* Art. 8 EuGVVO n.F. Rdn. 7; *M. Stürner* IPRax 2007, 21 Fn. 3; *Winter* Ineinandergreifen 103 ff.

Verordnung ist es nämlich nicht, eine Zuständigkeit für eine Widerklage festzulegen, wenn es für die Hauptklage nicht anwendbar ist.[176]

60 **b) (Wohn-)Sitz des Widerbeklagten in einem Mitgliedstaat.** Der Widerbeklagte muss seinen **(Wohn-)Sitz in einem Mitgliedstaat** haben,[177] der (Wohn-)Sitz darf sich allerdings **nicht im Gerichtsstaat** befinden (s. dazu Rdn. 8).[178]

61 Hat der Widerbeklagte seinen **(Wohn-)Sitz in** einem **Drittstaat**, so bestimmt sich die Zuständigkeit nach **innerstaatlichem Recht**;[179] in Deutschland ist § 33 ZPO maßgeblich.[180] Nach einem Teil der Lehre soll demgegenüber die Bestimmung (analog) angewandt werden, wenn sich der (Wohn-)Sitz des Widerbeklagten in einem Drittstaat befindet.[181] Wenngleich der Zweck der Bestimmung (s. Rdn. 54) für eine analoge Anwendung spricht, erscheint es nach der Entscheidung in der Rs „*Land Berlin/Sapir u.a.*"[182] zweifelhaft, ob der EuGH die Anwendung des Art. 8 Nr. 3 in diesem Fall bejahen würde (zur Entscheidung des EuGH s. Rdn. 21).

62 Der **(Wohn-)Sitz des Widerklägers** ist demgegenüber **keinesfalls maßgeblich**.[183]

63 **c) Identität der Parteien.** Die **Parteien der Widerklage** müssen **mit den Parteien der Klage identisch** sein.[184] Art. 8 Nr. 3 ermöglicht es nicht, das Verfahren um andere Kläger bzw. Beklagte zu erweitern.[185] Drittwiderklagen sind demnach nicht vom Anwendungsbereich des Art. 8 Nr. 3 erfasst.[186]

64 **d) Keine Zuständigkeit für die Widerklage nach Art. 24 und aufgrund einer Gerichtsstandsvereinbarung.** Sofern ein anderer **Gerichtsstand nach Art. 24 ausschließlich zuständig** ist, kann die Zuständigkeit **nicht** auf Art. **8 Nr. 3** gestützt werden (s. auch Rdn. 5)[187]

65 Haben die Parteien wirksam eine **Gerichtsstandsvereinbarung nach Art. 25** geschlossen, kann sich der Widerkläger nicht auf Art. 8 Nr. 3 stützen.[188] Hat der Kläger – entgegen der Gerichtsstandsvereinbarung – allerdings ein anderes Gericht angerufen und lässt sich der Beklagte auf das Verfahren rügelos ein, kann sich der Kläger nicht auf die Gerichtsstandsvereinbarung berufen, um die Begründung der Zuständigkeit für eine Widerklage zu verhindern.[189]

---

[176] *Kropholler/von Hein* Art. 6 EuGVO Rdn. 36; Fasching/Konecny/*Simotta* ZPG V/1² Art. 6 EuGVVO Rdn. 65; s. auch OLG Stuttgart BeckRS 2008, 14160.
[177] Rauscher/*Leible* Art. 8 Brüssel Ia-VO Rdn. 39; Dasser/Oberhammer/*Müller* LugÜ² Art. 6 Rdn. 95; Oetiker/Weibel/*Rohner/Lerch* LGVÜ² Art. 6 Rdn. 79; **a.A.** *Geimer* NJW 1986, 2993.
[178] BayObLG NJOZ 2005, 4360.
[179] Czernich/Kodek/Mayr/*Czernich* Brüssel Ia-VO⁴ Art. 8 Rdn. 27; BGH RIW 1981, 703; BGH NJW 1981, 2644; **a.A.** *Geimer* NJW 1986, 2993.
[180] *Kropholler/von Hein* Art. 6 EuGVO Rdn. 37.
[181] MünchKomm/*Gottwald* Art. 8 VO (EU) 1215/2012 Rdn. 27; *Kropholler/von Hein* Art. 6 EuGVO Rdn. 37; Fasching/Konecny/*Simotta* ZPG V/1² Art. 6 EuGVVO Rdn. 67; Stein/Jonas/*Wagner* Art. 6 EuGVVO Rdn. 71.
[182] EuGH 11.4.2013 Rs C-645/11, *Land Berlin/Sapir u.a.*, ECLI:EU:C:2013:228.
[183] *Geimer/Schütze* EuZVR Art. 6 EuGVVO Rdn. 55; Dasser/Oberhammer/*Müller* LugÜ² Art. 6 Rdn. 95.
[184] Vgl. auch EuGH 12.10.2016, Rs C-185/15, *Kostanjevec/F&S Leasing* ECLI:EU:C:2016:763.
[185] Dasser/Oberhammer/*Müller* LugÜ² Art. 6 Rdn. 93; OLG München GRUR-RR 2011 = NJOZ 2012, 82; vgl. hierzu auch BGH IBRS 2013, 945.
[186] Dasser/Oberhammer/*Müller* LugÜ² Art. 6 Rdn. 93.
[187] *Geimer/Schütze* EuZVR Art. 6 EuGVVO Rdn. 69; Fasching/Konecny/*Simotta* ZPG V/1² Art. 6 EuGVVO Rdn. 77.
[188] *Winter* Ineinandergreifen 110.
[189] *Winter* Ineinandergreifen 110.

e) Anhängigkeit der Hauptklage und tatsächlich bestehende Zuständigkeit des 66
Gerichts für die Hauptklage. Die **Hauptklage** muss **bereits anhängig** sein;[190] ferner muss das **Gericht auch tatsächlich zuständig** sein. Liegt eine internationale und örtliche Unzuständigkeit vor, die (noch) nicht durch rügelose Einlassung des Beklagten auf das Verfahren geheilt ist, darf das angerufene Gericht nicht über die Widerklage entscheiden.[191]

Bei Erledigung der Hauptklage aus einem anderen Grund – etwa durch ein Sachurteil – bleibt nach dem **Grundsatz der perpetuatio fori** die Zuständigkeit des angerufenen Gerichts für die Entscheidung über die Widerklage bestehen.[192] 67

f) Bestehender Zusammenhang zwischen Widerklage und Hauptklage. Nach 68 dem ausdrücklichen Wortlaut der Bestimmung kann die Widerklage nur dann vor dem Gericht erhoben werden, wenn sie auf **denselben Vertrag oder Sachverhalt wie** die **Hauptklage** gestützt wird. Die Begriffe sind **unionsrechtlich autonom** auszulegen,[193] wobei zu beachten ist, dass die Definition **enger** als das Konnexitätserfordernis des Art. 8 Nr. 1 und als § 33 Abs. 1 ZPO ist.[194] Ein (bloßes) **Bestehen eines Zusammenhangs zwischen Klage und Widerklage** genügt für die Begründung der Zuständigkeit **nicht**.[195]

Kein ausreichender Zusammenhang besteht ferner zwischen einer Klage, die auf 69 eine vertragliche Rechtsgrundlage gestützt wird, und einer Widerklage, die auf eine deliktische Rechtsgrundlage basiert.[196]

Ein **Zusammenhang i.S.d. Bestimmung** liegt vor, wenn **aus demselben Einzel-** 70 **vertrag wechselseitige Ansprüche** geltend gemacht werden. Auch ein **Sukzessivliefervertrag** ist als einheitlicher Vertrag i.S.d. Art. 8 Nr. 3 zu qualifizieren, weil nur die Lieferverpflichtung in Teilleistung erfolgt.[197] Ein Zusammenhang ist auch dann zu bejahen, wenn ein Rahmenvertrag durch eine Reihe von Ausführungsverträgen ergänzt wird und sich eine Klage auf einen Ausführungsvertrag stützt, während die andere auf den Rahmenvertrag beruht.[198] Auch eine bloße Vertragsverlängerung hindert das Bestehen eines einheitlichen Vertrages nicht.[199] Zwischen Verträge, die in keinem Zusammenhang stehen, sondern nur im Rahmen laufender Geschäftsbeziehungen geschlossen werden, liegt demgegenüber kein Zusammenhang i.S.d. Art. 8 Nr. 3 vor.[200]

---

190 Dasser/Oberhammer/*Müller* LugÜ² Art. 6 Rdn. 94; *M. Stürner* IPRax 2007, 21; BGH NJW 2014, 2798.
191 Dasser/Oberhammer/*Müller* LugÜ² Art. 6 Rdn. 114.
192 Oetiker/Weibel/*Rohner/Lerch* LGVÜ² Art. 6 Rdn. 77.
193 Fasching/Konecny/*Simotta* ZPG V/1² Art. 6 EuGVVO Rdn. 70; EuGH 12.10.2016, Rs C-185/15, *Kostanjevec/F&S Leasing* ECLI:EU:C:2016:763.
194 Czernich/Kodek/Mayr/*Czernich* Brüssel Ia-VO⁴ Art. 8 Rdn. 28; *Corneloup/Althammer* in: Simons/Hausmann Brüssel I-Verordnung Art. 6 Rdn. 59; Dasser/Oberhammer/*Müller* LugÜ² Art. 6 Rdn. 103; für eine weite Auslegung *Banniza von Bazan* Gerichtsstand des Sachzusammenhangs 157; Zöller/*Geimer* Art. 8 EuGVVO Rdn. 23; *M. Stürner* IPRax 2007, 21 ff.; AG Trier IPRax 2007, 41 (*M. Stürner* 21) = NJW-RR 2005, 1013.
195 österr. OGH ZfRV 1998/41; AG Trier IPRax 2007, 41 (*M. Stürner* 21); österr. OGH IPRax 2008, 548 (Oberhammer/*Slonina* 555); LG Detmold BeckRS 2011, 19353.
196 Czernich/Kodek/Mayr/*Czernich* Brüssel Ia-VO⁴ Art. 8 Rdn. 29; **a.A.** Geimer/*Schütze* EuZVR Art. 6 EuGVVO Rdn. Rdn. 57 Fn. 83.
197 *Winter* Ineinandergreifen 114; AG Trier IPRax 2007, 41 (*M. Stürner* 21) = NJW-RR 2005, 1013.
198 Vgl. auch Geimer/Schütze/*Auer* IRV 540 Art. 6 VO (EG) Nr. 44/2001 Rdn. 63; Simons/Hausmann/*Corneloup/Althammer* Brüssel I-Verordnung Art. 6 Rdn. 60; MünchKomm/*Gottwald* Art. 8 VO (EU) 1215/2012 Rdn. 27; Kropholler/*von Hein* Art. 6 EuGVO Rdn. 38; vgl. auch BGH IPRax 2002, 299 (*Gruber* 285); **a.A.** Saenger/*Dörner* Art. 8 EuGVVO Rdn. 12.
199 Geimer/Schütze/*Auer* IRV 540 Art. 6 VO (EG) Nr. 44/2001 Rdn. 63.
200 Vgl. hierzu auch LG Detmold BeckRS 2011, 19353; **a.A.** Geimer/*Schütze* IRV 540 Art. 6 VO (EG) Nr. 44/2001 Rdn. 63.

71   Art. 8 Nr. 3 gilt auch für eine auf eine bereicherungsrechtliche Anspruchsgrundlage gestützte Widerklage auf Rückerstattung eines Betrags, der dem im Rahmen eines außergerichtlichen Vergleichs vereinbarten Betrag entspricht, wenn diese Klage anlässlich eines neuerlichen Gerichtsverfahrens zwischen denselben Parteien infolge der Aufhebung der Entscheidung, zu der die ursprüngliche Klage zwischen diesen Parteien geführt hatte und deren Durchführung Anlass zu diesem außergerichtlichen Vergleich gegeben hatte, erhoben wurde.[201]

72   Liegt nicht derselbe Vertrag vor, ist der erforderliche Zusammenhang gegeben, wenn sich Haupt- und Widerklage auf **denselben Sachverhalt** stützen; d.h. ein einheitliches Ereignis oder ein einheitlicher Lebensvorgang für die Klagen ursächlich war.[202] Ein solcher Zusammenhang liegt etwa bei Klage und Widerklage aufgrund eines bestimmten Unfallereignisses[203] oder aufgrund einer gemeinschaftlichen Errichtung eines Werkes oder einer gemeinschaftlichen Entwicklung, aus der wechselseitige Ansprüche resultieren, vor.[204] Demgegenüber genügt ein zeitlicher Zusammenhang zwischen zwei unterschiedlichen Kaufverträgen nicht, um das Tatbestandsmerkmal „derselbe Sacherhalt" zu begründen.[205]

73   Sofern **keine Konnexität i.S.d. Art. 8 Nr. 3** besteht, kann der Mitgliedstaat bzw. das Gericht für die Entscheidung der inkonnexen Widerklage zuständig werden, wenn sich der Kläger nach Art. 24 rügelos auf die Widerklage einlässt[206] oder – sofern dieser bestreitet – bei isolierter Betrachtung ein Gerichtsstand nach den Bestimmungen der Brüssel Ia-VO vorliegt.[207]

74   **g) Vorliegen der nach innerstaatlichem Recht bestehenden Zulässigkeitsvoraussetzungen.** Alle **weiteren Zulässigkeitsvoraussetzungen** – etwa der Zeitpunkt, bis zu welchem die Widerklage erhoben werden kann oder die Verfahrensart – bestimmen sich nach **innerstaatlichem Recht**,[208] wobei durch die Anwendung des innerstaatlichen Rechts die praktische Wirksamkeit der Brüssel Ia-VO allerdings nicht beeinträchtigt werden darf.[209] Bestimmungen des innerstaatlichen Rechts, die eine Widerklage aufgrund eines (Wohn-)Sitzes einer der Parteien in einem anderen (Mitglied-)Staat ausschließen, finden daher keine Anwendung.[210] Widerklageverbote nach innerstaatlichem Recht, die für bestimmte Verfahrensarten Widerklagen untersagen – wie etwa § 595 Abs. 1 ZPO, der eine Widerklage gegenüber einer Klage im Urkunden- und Wechselprozess verbietet, im Nachverfahren ist die Widerklage gem. § 600 ZPO zulässig – werden hingegen durch die Brüssel Ia-VO wohl nicht verdrängt und bleiben daher weiterhin anwendbar.[211]

---

201   EuGH 12.10.2016, Rs C-185/15, *Kostanjevec/F&S Leasing* ECLI:EU:C:2016:763.
202   Dasser/Oberhammer/*Müller* LugÜ² Art. 6 Rdn. 106; Oetiker/Weibel/*Rohner/Lerch* LGVÜ² Art. 6 Rdn. 87; Fasching/Konecny/*Simotta* ZPG V/1² Art. 6 EuGVVO Rdn. 72.
203   Saenger/*Dörner* Art. 8 EuGVVO Rdn. 12; Dasser/Oberhammer/*Müller* LugÜ² Art. 6 Rdn. 106.
204   Geimer/Schütze/*Auer* IRV 540 Art. 6 VO (EG) Nr. 44/2001 Rdn. 65.
205   Geimer/Schütze/*Auer* IRV 540 Art. 6 VO (EG) Nr. 44/2001 Rdn. 65; *Kindler* IPRax 1996, 19.
206   Fasching/Konecny/*Simotta* ZPG V/1² Art. 6 EuGVVO Rdn. 75; BGH NJW 1993, 1399; vgl. hierzu auch allg. Vgl. auch EuGH 7.3.1985 Rs 48/84, *Spitzley/Sommer Exploitation* ECLI:EU:C:1985:105.
207   *Geimer/Schütze* EuZVR Art. 6 EuGVVO Rdn. 58.
208   Dasser/Oberhammer/*Müller* LugÜ² Art. 6 Rdn. 111.
209   Fasching/Konecny/*Simotta* ZPG V/1² Art. 6 EuGVVO Rdn. 79; so ausdrücklich zu Art. 6 Nr. 2 EuGVÜ (entspricht Art. 8 Nr. 2) EuGH 15.5.1990 Rs 365/88, *Kongress Agentur Hagen/Zeehaghe* ECLI:EU:C:1990:203 Rdn. 20 sowie EuGH 26.5.2006 Rs C-77/04, *GIE Réunion u.a./Zurich u.a.*, ECLI:EU:C:2005:327 Rdn. 35.
210   Dasser/Oberhammer/*Müller* LugÜ² Art. 6 Rdn. 113.
211   MünchKomm/*Gottwald* Art. 8 VO (EU) 1215/2012 Rdn. 31; Stein/Jonas/*Wagner* Art. 6 EuGVVO Rdn. 79; LG Mainz IPRax 1984, 100 (abl. *Bauer*); **a.A.** Zöller/*Geimer* Art. 8 EuGVVO Rdn. 24; differenzierend *Winter* Ineinandergreifen 118 f.

Fraglich ist, ob diese Ansicht nach der Entscheidung des EuGH in der Rs C-417/15, *Schmidt/Schmidt* (ECLI:EU:C:2016:881) noch vertreten werden kann. Der EuGH verweist in der Entscheidung, die die Auslegung des Art. 8 Nr. 4 betrifft, in Rdn. 42 auf die Schlussanträge der Generalanwältin *Kokott*. Die Generalanwältin teilt die bislang herrschende Ansicht, wonach Art. 8 Nr. 4 unter dem Vorbehalt der Zulässigkeit einer Verfahrensverbindung nach der lex fori stehe, nicht. Vielmehr genügt die rein faktische Möglichkeit der Verbindung aufgrund gleichzeitiger Anhängigkeit. Die Zulässigkeit der Verfahrensverbindung nach der lex fori ist demnach auf Zuständigkeitsebene nicht mehr von Bedeutung (siehe auch Rdn. 96). Da allerdings nach der Rsp. des EuGH zu Art. 8 Nr. 2 die lex fori des Staates, in dem das Hauptverfahren durchgeführt wird, sowohl für die Zulässigkeitsvoraussetzungen als auch die Voraussetzungen für das Verfahren des Gewährleistungs- und Interventionsstreites maßgebend ist (siehe dazu Rdn. 53), ist fraglich, ob im Anwendungsbereich des Art. 8 Nr. 3 auf das innerstaatliche Recht zurückgegriffen werden kann. Es empfiehlt sich die Einleitung eines Vorabentscheidungsverfahrens.

4. Exkurs: Prozessaufrechnung. Der BGH hat die Auffassung vertreten, dass eine **75** Kognitionsbefugnis für die als Prozessaufrechnung geltend gemachte Gegenforderung nur dann besteht, wenn auch bei klageweiser Geltendmachung dieser Forderung die internationale Zuständigkeit vorliegt, sodass inkonnexe Gegenforderungen nur dann zur Aufrechnung gestellt werden können, wenn ein anderer Zuständigkeitstatbestand nach dem EuGVÜ bzw. der Brüssel I-VO gegeben war.[212] Dies wurde damit begründet, dass die Entscheidung über die Aufrechnung in Rechtskraft erwächst (vgl. § 322 ZPO) und diese rechtskraftfähige Entscheidung nur durch ein international zuständiges Gericht erlassen werden könnte.[213]

Demgegenüber hat der EuGH in der Rs „*Danvaern/Otterbeck*"[214] ausgesprochen, dass **76** **Art. 8 Nr. 3 nicht für** die **Prozessaufrechnung** gilt, die ja nicht auf eine Verurteilung des Widerbeklagten abzielt, sondern bloß ein schlichtes Verteidigungsmittel darstellt.[215] Die Voraussetzungen, bei deren Vorliegen schlichte Verteidigungsmittel geltend gemacht werden können, bestimmen sich – so der EuGH – nach nationalem Recht.[216] Wie dieser Verweis auf das nationale Recht zu verstehen ist, ist strittig; der BGH hat die Frage offengelassen.[217] Nach einem Teil der Lehre[218] und nach Auffassung des LG Konstanz[219] wird auf das gesamte nationale Prozessrecht verweisen, sodass das innerstaatliche Recht die Zulässigkeit einer Prozessaufrechnung davon abhängig machen kann, dass das Gericht der Hauptsache auch für die Geltendmachung der Aufrechnungsforderung international zuständig ist, nach einem anderen Teil soll sich der Verweis nur auf das materielle Recht beziehen.[220] Beide Auffassungen überzeugen nicht,[221] vielmehr wollte der EuGH wohl klarstellen, dass das **innerstaatliche Recht für alle Fragen**, die **in der Verordnung** selbst **nicht geregelt** werden, maßgeblich ist. Da durch die Brüssel Ia-VO die in-

---

212 IPRax 1994, 115; s. auch LG Berlin IPRax 1998, 97.
213 BGH NJW 1993, 1399.
214 EuGH 13.7.1995 Rs C-341/93, *Danvaern/Otterbeck* ECLI:EU:C:1995:239.
215 Siehe auch *Baumbach/Lauterbach/Hartmann* Art. 8 EuGVVO Rdn. 4; Burgstaller/Neumayr/u.a./*Schmaranzer* IZVR Art. 6 EuGVO Rdn. 18.
216 Vgl. auch EuGH 7.3.1985 Rs 48/84, *Spitzley/Sommer Exploitation* ECLI:EU:C:1985:105 Rdn. 22.
217 BGH IPRax 2002, 299 (*Gruber* 285); BGH LMK 2014, 361173 (*Magnus*) = NJW 2014, 3156 = WM 2014, 1509.
218 *Geimer/Schütze/Auer* IRV 540 Art. 6 VO (EG) Nr. 44/2001 Rdn. 74; *Jayme/Kohler* IPRax 1995, 349; *Mansel* ZZP 109 (1996) 75; zu Recht krit. *Oberhammer/Slonina* IPRax 2008, 556.
219 BeckRS 2014, 11902.
220 *Busse* MDR 2001, 731.
221 So bereits zutr. *Slonina* IPRax 2009, 399.

ternationale Zuständigkeit abschließend festgelegt wird, wird die Bestimmung der internationalen Zuständigkeit für die Aufrechnung nicht dem innerstaatlichen Recht überlassen, andernfalls könnte keine Vereinheitlichung der Zuständigkeit erreicht werden;[222] der Verweis auf das innerstaatliche Recht bezieht sich daher etwa auf Fragen der Form und Frist der Prozessaufrechnung sowie auf die Frage, ob die Aufrechnung ein Verteidigungsmittel des materiellen Rechts ist (wie nach dem BGB)[223] oder ob es zum Zweck der Verrechnung einer Widerklage bedarf.[224] Wenn aber nach deutschem Recht die Aufrechnung als materiell-rechtliche Einwendung ausgestaltet ist, dann hängt ihre Berücksichtigung im Prozess nicht von der internationalen Zuständigkeit für die Gegenforderung ab.[225] Daher kann im Anwendungsbereich der Brüssel Ia-VO die Zulässigkeit einer Prozesssaufrechnung **nicht von der Zuständigkeit des Hauptsachengerichts abhängig** gemacht werden.[226] Im Ergebnis folgt aus der Entscheidung des EuGH, dass die Gerichte der Hauptforderung für das bloß verteidigungsweise Vorbringen einer Gegenforderung nicht unzuständig sind, sondern dass sie – ohne Rückgriff auf Art. 8 Nr. 3 – zuständig sind.

V. Art. 8 Nr. 4: Gerichtsstand für mit einer dinglichen Klage verbundene Vertragsklage

77   **1. Allgemeines.** Das EuGVÜ enthielt in seiner ursprünglichen Fassung[227] sowie in der Fassung des 1. und 2. Beitrittsübereinkommens[228] keinen Art. 8 Nr. 4 entsprechenden Gerichtsstand.[229] Daher konnten dingliche Ansprüche nur im ausschließlichen Gerichtsstand des Art. 16 Nr. 1 EuGVÜ (entspricht nunmehr Art. 24) und vertragliche Ansprüche nur am allgemeinen Gerichtsstand des Beklagten oder am Gerichtsstand des Erfüllungsortes (Art. 5 Nr. 1 EuGVÜ, entspricht weitgehend Art. 7 Nr. 1) geltend gemacht werden. Dies führte in jenen Fällen, in denen neben dinglichen Ansprüchen auch konkurrierende vertragliche Ansprüche geltend gemacht werden und nach Art. 2 ff. sowie nach Art. 16 EuGVÜ unterschiedliche Gerichte zuständig waren, zu einer Zuständigkeitsspaltung. Um eine solche zu verhindern, wurde mit dem 3. Beitrittsübereinkommen die – bereits im LGVÜ 1988 vorgesehene – Möglichkeit, **am forum rei sitae neben dinglichen Ansprüchen auch konkurrierende vertragliche Ansprüche** geltend zu machen, übernommen.

78   Art. 8 Nr. 4 führt zu einer **Erweiterung der Kognitionsbefugnis** des nach Art. 24 zuständigen Gerichts,[230] wodurch parallele Verfahren und die dadurch bestehende Gefahr divergierender Entscheidungen verhindert werden.[231] Neben der besonderen Rechts-

---

[222] *Kannengießer* Aufrechnung 182; vgl. hierzu auch EuGH 15.5.1990 Rs 365/88, *Kongress Agentur Hagen/Zeehaghe* ECLI:EU:C:1990:203 Rdn. 17 f., der EuGH unterscheidet ausdrücklich zwischen Zuständigkeitsbestimmungen und Zulässigkeitsvoraussetzungen.
[223] Siehe dazu etwa *Gottwald* IPRax 1986, 10.
[224] OLG Hamburg BeckRS 2011, 22905.
[225] *Kannengießer* Aufrechnung 182; *Slonina* IPRax 2009, 399; OLG Hamburg BeckRS 2011, 22905; **a.A.** *Gruber* IPRax 2002, 285.
[226] Saenger/*Dörner* Art. 8 EuGVVO Rdn. 14; *Gebauer* IPRax 1998, 84 ff.; *Mankowski* ZZP 109 (1996) 394; *H. Roth* RIW 1999, 819; *Slonina* IPRax 2009, 399; differenzierend *Wagner* IPRax 1999, 65, nach dessen Auffassung über die Aufrechnung unabhängig von der Zuständigkeit nur dann entschieden werden kann, wenn sich der Beklagte auf eine Gegenforderung stützt, die bereits rechtskräftig festgestellt oder zwischen den Parteien unstreitig ist.
[227] ABl. (EG) 1972 L 299, 32.
[228] ABl. (EG) 1978 L 304, 1; ABl. (EG) 1982 L 388, 1.
[229] Krit *Geimer*/*Schütze* EuZVR Art. 6 EuGVVO Rdn. 87.
[230] Vgl. auch EuGH 15.1.1985 Rs 241/83, *Rösler/Rottwinkel* Slg. 1985, 99, wonach ein aufgrund des Art. 24 angerufenes Gericht nicht über Fragen entscheiden darf, die nicht dem durch diesen Artikel geregelten Bereich entstammt, selbst wenn es sich nur um eine akzessorische Frage handelt.
[231] Geimer/Schütze/*Auer* IRV 540 Art. 6 VO (EG) Nr. 44/2001 Rdn. 75.

und der Sachnähe des Gerichts der belegenen Sache können auch prozessökonomische Erwägungen angeführt werden,[232] weil in vielen Fällen Beweisergebnissee für beide Ansprüche relevant sind.[233]

Art. 8 Nr. 4 stellt – wie bereits in Rdn. 1 ausgeführt – lediglich einen **Wahlgerichts-** 79 **stand** dar; die Verbindung ist daher nicht zwingend, der Kläger kann die Klage auch beim allgemeinen Gerichtsstand oder bei einem anderen Wahlgerichtsstand – insbesondere beim Gerichtsstand des Erfüllungsortes – erheben.[234]

Die Anwendung des Art. 8 Nr. 4 kann durch eine Gerichtsstandsvereinbarung ausge- 80 schlossen werden.[235]

Art. 8 Nr. 4 regelt nur die internationale Zuständigkeit;[236] nicht aber – wie sich aus 81 dessen Wortlaut ergibt (arg.: Gericht des Mitgliedstaats) – die örtliche Zuständigkeit.[237]

2. Anwendungsvoraussetzungen

a) (Wohn-)Sitz des Beklagten in einem Mitgliedstaat. Während Art. 24 Nr. 1 nur An- 82 wendung findet, wenn die unbewegliche Sache in einem Mitgliedstaat belegen ist und der (Wohn-)Sitz der Parteien nicht maßgeblich ist, ist der Anwendungsbereich des Art. 8 Nr. 4 enger:[238] Dessen Anwendung setzt – wie sich aus dem Einleitungssatz ergibt – zusätzlich voraus, dass sich der **(Wohn-)Sitz des Beklagten in einem Mitgliedstaat** befindet.[239] Wie in Rdn. 8 ausgeführt, muss der Beklagte seinen (Wohn-)Sitz in einem **anderen Mitgliedstaat als** dem **Staat, dessen Gerichte angerufen worden sind,** haben; andernfalls ergibt sich die Zuständigkeit aus Art. 4 und es bedarf keines Rückgriffes auf Art. 8 Nr. 4.[240]

Befindet sich der (Wohn-)Sitz des Beklagten in einem **Drittstaat**, wird nach **inner-** 83 **staatlichem Recht** bestimmt, ob eine Verbindung zulässig ist.

Unerheblich ist, wo sich der (Wohn-)Sitz des Klägers befindet.[241] 84

b) Unbewegliche Sache in einem Mitgliedstaat. Da Art. 8 Nr. 4 an das forum rei si- 85 tae anknüpft, muss sich die unbewegliche Sache in einem Mitgliedstaat der Verordnung befinden.[242]

c) Klage aus Vertrag oder Ansprüche aus einem Vertrag. Die Anwendung der Z 4 86 setzt voraus, dass ein Vertrag oder Ansprüche aus einem Vertrag den Gegenstand des Verfahrens bilden, das mit der dinglichen Klage verbunden werden soll.[243] Die **Vertrags-** **klage** ist daher **im Zusammenhang mit** einer **Klage wegen dinglicher Rechte an un-**

---

232 Czernich/Kodek/Mayr/*Czernich* Brüssel Ia-Verordnung Art. 8 Rdn. 33; Kropholler/von Hein Art. 6 EuGVO Rdn. 46; Oetiker/Weibel/*Rohner/Lerch* LGVÜ² Art. 6 Rdn. 101; OLG Naumburg BeckRS 2002 30299587.
233 Geimer/Schütze/*Auer* IRV 540 Art. 6 VO (EG) Nr. 44/2001 Rdn. 75.
234 Dasser/Oberhammer/*Müller* LugÜ² Art. 6 Rdn. 128; Fasching/Konecny/*Simotta* ZPG V/1² Art. 6 EuGVVO Rdn. 89.
235 *Kropholler/von Hein* Art. 6 EuGVO Rdn. 53.
236 Geimer/Schütze/*Auer* IRV 540 Art. 6 VO (EG) Nr. 44/2001 Rdn. 76.
237 Czernich/Kodek/Mayr/*Czernich* Brüssel Ia-Verordnung Art. 8 Rdn. 33; **a.A.** Geimer/Schütze/*Auer* IRV 540 Art. 6 VO (EG) Nr. 44/2001 Rdn. 76.
238 A.A. Geimer/Schütze/*Auer* IRV 540 Art. 6 VO (EG) Nr. 44/2001 Rdn. 76.
239 Dasser/Oberhammer/*Müller* LugÜ² Art. 6 Rdn. 124; Oetiker/Weibel/*Rohner/Lerch* LGVÜ² Art. 6 Rdn. 110.
240 Simons/Hausmann/*Corneloup/Althammer* Brüssel I-Verordnung Art. 6 Rdn. 67.
241 Dasser/Oberhammer/*Müller* LugÜ² Art. 6 Rdn. 126; Oetiker/Weibel/*Rohner/Lerch* LGVÜ² Art. 6 Rdn. 110.
242 *Corneloup/Althammer* in: Simons/Hausmann Brüssel I-Verordnung Art. 6 Rdn. 67.
243 Oetiker/Weibel/*Rohner/Lerch* LGVÜ² Art. 6 Rdn. 106; OLG Celle BeckRS 2015, 07897.

beweglichen Sachen zu erheben.[244] Ob ein Vertrag gegeben ist oder Ansprüche aus einem Vertrag geltend gemacht werden, ist unionsrechtlich autonom – und zwar in Übereinstimmung mit Art. 7 Nr. 1 – auszulegen (s. die Kommentierung dort);[245] die in Z 4 verwendeten Begriffe der unbeweglichen Sache und der dinglichen Rechte sind wie in Art. 24 Z 1 Unterabs. 1 auszulegen (s. die Kommentierung dort).[246]

87 **d) Identität der Parteien.** Sowohl auf **Kläger-** als auch auf **Beklagtenseite** muss **Identität** bestehen.[247] Die Bestimmung ermöglicht nur eine objektive Klagehäufung;[248] d.h. ein und derselbe Kläger kann im gleichen Verfahren mehrere Ansprüche – vorliegend einen dinglichen und einen vertraglichen – gegen denselben Beklagten geltend machen.[249]

88 Sofern ein Dritter eine dingliche Sicherheit leistet, findet Art. 8 Nr. 4 keine Anwendung, wenngleich auch bei fehlender Identität zwischen persönlichem und dinglichem Schuldner die Gewährung eines gemeinsamen Gerichtsstands sinnvoll gewesen wäre.[250]

89 Nach dem *Jenard/Möller*-Bericht[251] und dem *Almeida Cruz/Descantes Real/Jenard*-Bericht[252] schließt der Begriff „ein und derselbe Kläger" „selbstredend auch eine Person, auf die eine andere Person ihre Rechte übertragen hat, oder ihren Rechtsnachfolger mit ein". Die Ansprüche müssen allerdings vollständig übertragen worden sein bzw. vollständig übergegangen sein. Wird z.B. nur der vertragliche Anspruch auf Rückzahlung eines gegebenen Darlehens gegen den Schuldner, nicht aber der dingliche Anspruch aus der Grundschuld, die der Sicherung des Darlehns dient, abgetreten, können die beiden Ansprüche nicht im Gerichtsstand des Art. 8 Nr. 4 miteinander verbunden werden, weil die jeweiligen Ansprüche unterschiedlichen Personen zustehen.[253]

90 **e) Erhobene dingliche Klage.** Der Wortlaut „verbunden werden kann" darf nicht in dem Sinne (miss-)verstanden werden, dass die Erhebung einer isolierten Vertragsklage ebenfalls möglich wäre.[254] Die **dingliche Klage** muss vielmehr **bereits erhoben worden sein oder zeitgleich erhoben werden**.[255] Eine **isolierte vertragliche Klage** am Gerichtsstand des Art. 8 Nr. 4 ist daher **nicht zulässig**.[256] Die hypothetische Möglichkeit, die dingliche Klage zu einem späteren Zeitpunkt am forum rei sitae einzubringen, ist keine sachliche Rechtfertigung, um den Beklagten den allgemeinen Gerichtsstand zu entziehen.[257] Der

---

244 Oetiker/Weibel/*Rohner/Lerch* LGVÜ² Art. 6 Rdn. 109.
245 Geimer/Schütze/*Auer* IRV 540 Art. 6 VO (EG) Nr. 44/2001 Rdn. 78.
246 Simons/Hausmann/*Corneloup/Althammer* Brüssel I-Verordnung Art. 6 Rdn. 67.
247 *Geimer/Schütze* EuZVR Art. 6 EuGVVO Rdn. 89; *Kropholler/von Hein* Art. 6 EuGVO Rdn. 50; Dasser/Oberhammer/*Müller* LugÜ² Art. 6 Rdn. 136; Burgstaller/Neumayr/u.a./*Schmaranzer* IZVR Art. 6 EuGVO Rdn. 22; *Siehr* in: *Schnyder* LugÜ Art. 6 Rdn. 77; vgl. auch EuGH 16.11.2016, Rs C-417/15, *Schmidt/Schmidt* ECLI:EU:C:2016:881.
248 Dasser/Oberhammer/*Müller* LugÜ² Art. 6 Rdn. 122.
249 Oetiker/Weibel/*Rohner/Lerch* LGVÜ² Art. 6 Rdn. 101.
250 Geimer/Schütze/*Auer* IRV 540 Art. 6 VO (EG) Nr. 44/2001 Rdn. 80.
251 Rdn. 46 f.
252 45 f.
253 *Winter* Ineinandergreifen 148.
254 *Kropholler/von Hein* Art. 6 EuGVO Rdn. 52.
255 Dasser/Oberhammer/*Müller* LugÜ² Art. 6 Rdn. 131; Oetiker/Weibel/*Rohner/Lerch* LGVÜ² Art. 6 Rdn. 111. a.A. scheint die Generalanwältin *Kokott* zu sein, die in ihren Schlussanträgen darauf verweist, dass mit der Wortfolge „verbunden werden kann" auch ein schlichter Hinweis auf die zeitgleiche Anhängigkeit zweier Verfahren bei demselben Gericht gemeint sein könne (Rdn. 56).
256 Geimer/Schütze/*Auer* IRV 540 Art. 6 VO (EG) Nr. 44/2001 Rdn. 83; *Geimer/Schütze* EuZVR Art. 6 EuGVVO Rdn. 91; MünchKomm/*Gottwald* Art. 8 VO (EU) 1215/2012 Rdn. 33; *Winter* Ineinandergreifen 147 f.; so aber *Schander* in: *Schwander* LugÜ 81.
257 Oetiker/Weibel/*Rohner/Lerch* LGVÜ² Art. 6 Rdn. 111.

Zweck der Bestimmung, wonach eine Zuständigkeitsspaltung zu verhindern ist und durch die Verbindung eine ökonomische Prozessführung zu gewährleisten, besteht bei isolierten Vertragsklagen nicht.

Wird die dingliche Klage zu einem späteren Zeitpunkt zurückgenommen oder für erledigt erklärt, so bleibt das angerufene Gericht aufgrund der **perpetuatio fori** für die Entscheidung über die vertragliche Klage zuständig;[258] dies gilt auch bei der Trennung der Verfahren nach der lex fori.[259] Dies gilt allerdings nicht, wenn die dingliche Klage wegen internationaler oder örtlicher Unzuständigkeit nicht behandelt wird.[260] 91

f) Hinreichender Bezug. Zwischen dinglicher und persönlicher Klage muss ein **hinreichender Bezug** bestehen; andernfalls kommt der Zweck der Bestimmung – die Förderung der Verfahrensökonomie – nicht zum Tragen.[261] Die Voraussetzungen für einen Zusammenhang sind **unionsrechtlich autonom** zu bestimmen[262] und liegen vor, wenn **dingliches und persönliches Recht miteinander „verwoben"** sind.[263] Daher besteht ein hinreichender Zusammenhang zwischen einer Hypothekarklage mit einer Klage aus dem Darlehen gegen den persönlichen Schuldner, zwischen einer Klage auf Befreiung einer persönlichen Schuld und einer Klage auf Umschreibung oder Löschung der Hypothek,[264] sowie zwischen einer Klage auf vertraglichen Beziehungen und einem dinglichen Anspruch auf Übertragung einer Liegenschaft. Möglich sind auch die Verbindung dinglicher Ansprüche auf Rangrücktritt mit Klagen auf Grundbuchberichtigung wegen entsprechender persönlicher Ansprüche.[265] 92

Demgegenüber wird das Bestehen eines ausreichenden Zusammenhangs zwischen einer Klage auf Zahlung des Grundstückskaufpreises und einem dinglichen Recht verneint.[266] 93

g) Vorliegen der nach innerstaatlichem Recht bestehenden Zulässigkeitsvoraussetzungen. Die im **innerstaatlichen Recht vorgesehenen Voraussetzungen** für eine Verbindung werden nach bisher herrschender Ansicht[267] durch die Verordnung **nicht verdrängt**, weshalb die Voraussetzungen für die Verbindung von Verfahren aus dinglichen und vertraglichen Ansprüchen im Anwendungsbereich der Brüssel Ia-VO nicht in allen Mitgliedstaaten einheitlich sind.[268] 94

In Deutschland sind nach dieser Auffassung insbesondere §§ 25, 260 ZPO zu beachten.[269] Ist nach innerstaatlichem Recht eine Verbindung unzulässig, so wird durch Art. 8 95

---

[258] *Geimer/Schütze* EuZVR Art. 6 EuGVVO Rdn. 91; Fasching/Konecny/*Simotta* ZPG V/1² Art. 6 EuGVVO Rdn. 99.
[259] *Geimer/Schütze/Auer* IRV 540 Art. 6 VO (EG) Nr. 44/2001 Rdn. 83.
[260] Dasser/Oberhammer/*Müller* LugÜ² Art. 6 Rdn. 136; Oetiker/Weibel/*Rohner/Lerch* LGVÜ² Art. 6 Rdn. 107.
[261] *Kropholler/von Hein* Art. 6 EuGVO Rdn. 51; Oetiker/Weibel/*Rohner/Lerch* LGVÜ² Art. 6 Rdn. 112; Fasching/Konecny/*Simotta* ZPG V/1² Art. 6 EuGVVO Rdn. 95.
[262] *Geimer/Schütze/Auer* IRV 540 Art. 6 VO (EG) Nr. 44/2001 Rdn. 82; **a.A.** Dasser/Oberhammer/*Müller* LugÜ² Art. 6 Rdn. 129, nach dessen Auffassung die maßgebliche Intensität nach innerstaatlichem Recht bestimmt wird.
[263] *Geimer/Schütze/Auer* IRV 540 Art. 6 VO (EG) Nr. 44/2001 Rdn. 82.
[264] *Geimer/Schütze/Auer* IRV 540 Art. 6 VO (EG) Nr. 44/2001 Rdn. 84; Fasching/Konecny/*Simotta* ZPG V/1² Art. 6 EuGVVO Rdn. 96; *Geimer/Schütze* EuZVR Art. 6 EuGVVO Rdn. 90.
[265] *Geimer/Schütze/Auer* IRV 540 Art. 6 VO (EG) Nr. 44/2001 Rdn. 84.
[266] *Geimer/Schütze* EuZVR Art. 6 EuGVVO Rdn. 90; Fasching/Konecny/*Simotta* ZPG V/1² Art. 6 EuGVVO Rdn. 96; OLG Naumburg BeckRS 2002 30299587.
[267] *Geimer/Schütze/Auer* IRV 540 Art. 6 VO (EG) Nr. 44/2001 Rdn. 78; *Baumbach/Lauterbach/Hartmann* Art. 8 EuGVVO Rdn. 5; *Schlosser/Hess* Art. 8 EuGVVO Rdn. 13; Burgstaller/Neumayr/u.a./*Schmaranzer* IZVR Art. 6 EuGVO Rdn. 22.
[268] *Winter* Ineinandergreifen 149.
[269] Dazu ausführlich Stein/Jonas/*Wagner* Art. 6 EuGVVO Rdn. 98.

Z 4 kein Gerichtsstand geschaffen, selbst dann nicht, wenn ein enger Bezug besteht.[270] Umgekehrt ist das Vorliegen des Gerichtsstandes zu verneinen, wenn das innerstaatliche Recht eine Verbindung zulässt, allerdings kein enger Bezug besteht.[271]

Zu beachten ist allerdings, dass nach dieser Ansicht die Anwendung des innerstaatlichen Verfahrensrechts die **praktische Wirksamkeit der Verordnung nicht beeinträchtigen** darf.[272] Eine restriktive Regelung betreffend Klageverbindung ist grundsätzlich zulässig, sofern diese Regelung auch für innerstaatliche Verfahren gilt.[273] Eine Bestimmung, wonach eine Verbindung aufgrund des (Wohn-) Sitzes einer Partei in einem anderen (Mitglied-)Staat unzulässig ist, ist hingegen nicht anwendbar.[274]

96   Diese Auffassung ist nach der Entscheidung des EuGH in der Rs C-417/15, *Schmidt/Schmidt*[275] überholt. Der EuGH verweist in Rdn. 42 auf die Schlussanträge der Generalanwältin *Kokott*. Nach den Schlussanträgen ist zwar ein Sachzusammenhang beider Anträge als ungeschriebene Voraussetzung notwendig, allerdings teilt sie die Ansicht, wonach Art. 8 Nr. 4 unter dem Vorbehalt der Zulässigkeit einer Verfahrensverbindung nach der lex fori stehe, nicht. Vielmehr genügt die rein faktische Möglichkeit der Verbindung aufgrund gleichzeitiger Anhängigkeit. Die Zulässigkeit der Verfahrensverbindung nach der lex fori ist demnach auf Zuständigkeitsebene nicht mehr von Bedeutung.[276]

Artikel 9

Ist ein Gericht eines Mitgliedstaats nach dieser Verordnung zur Entscheidung in Verfahren wegen einer Haftpflicht aufgrund der Verwendung oder des Betriebs eines Schiffes zuständig, so entscheidet dieses oder ein anderes an seiner Stelle durch das Recht dieses Mitgliedstaats bestimmtes Gericht auch über Klagen auf Beschränkung dieser Haftung.

Übersicht

I. Entstehungsgeschichte —— 1
II. Allgemeines und Ratio —— 2
III. Regelungsinhalt —— 6
IV. Anwendungsvoraussetzungen
  1. Klagearten —— 7
  2. (Wohn-)Sitz des Schiffseigentümers und des Beklagten in einem Mitgliedstaat —— 10
  3. Zuständigkeit für Haftungsklage und Verfahren muss noch nicht anhängig sein —— 12
  4. Vorliegen der nach innerstaatlichem Recht bestehenden Zulässigkeitsvoraussetzungen —— 13
V. Regelung des anwendbaren Rechts —— 14

---

270 Oetiker/Weibel/*Rohner/Lerch* LGVÜ² Art. 6 Rdn. 114; Fasching/Konecny/*Simotta* ZPG V/1² Art. 6 EuGVVO Rdn. 94.
271 Oetiker/Weibel/*Rohner/Lerch* LGVÜ² Art. 6 Rdn. 114.
272 So ausdrücklich zu Art. 6 Nr. 2 EuGVÜ (entspricht Art. 8 Nr. 2) EuGH 15.5.1990 Rs 365/88, *Kongress Agentur Hagen/Zeehaghe* ECLI:EU:C:1990:203 Rdn. 20 sowie EuGH 26.5.2006 Rs C-77/04, *GIE Réunion u.a./Zurich u.a.*, ECLI:EU:C:2005:327 Rdn. 35.
273 *Rohner/Lerch* in: Oetiker/*Weibe* LGVÜ² Art. 6 Rdn. 115; vgl. auch EuGH 15.5.1990 Rs 365/88, *Kongress Agentur Hagen/Zeehaghe* ECLI:EU:C:1990:203 Rdn. 20.
274 Oetiker/Weibel/*Rohner/Lerch* LGVÜ² Art. 6 Rdn. 115; *Muir Watt* in: Magnus/Mankowski, Brussel Ibis Art. 8 Rdn. 52.
275 ECLI:EU:C:2016:881.
276 *Klöpfer*, EuZW 2017, 40 (Entscheidungsanm.); Musielak/Voit/*Stadler* Art. 8 EuGVVO n.F. Rdn. 11.

I. Entstehungsgeschichte

Die Bestimmung wurde durch das 1. Beitrittsübereinkommen vom 9.10.1978 als **1** Art. 6a in das EuGVÜ eingefügt und wurde unverändert in Art. 7 Brüssel I-VO und Art. 9 übernommen.

II. Allgemeines und Ratio

Nach dem „Internationalen Übereinkommen vom 10.10.1957 über die Beschränkung **2** der Haftung der Eigentümer von Seeschiffen"[1] und dem nachfolgenden „Londoner Übereinkommen vom 19.11.1976 über die Beschränkung der Haftung für Seeforderungen"[2] ist es möglich, die Haftung des Schiffseigentümers wegen eines der dort angeführten Gründe auf einen Betrag zu begrenzen, der entsprechend dem Raumgehalt des Schiffes und der Natur des verursachten Schadens zu ermitteln ist.[3] Die genannten Übereinkommen enthalten keine Regelung der internationalen Zuständigkeit, sodass insofern die Bestimmungen der Brüssel Ia-VO Anwendung finden. Art. 9 sieht einen **Wahlgerichtsstand für auf die Beschränkung der Haftung gerichtete(n) Feststellungsklage(n) des Schiffeigentümers aus der Verwendung oder dem Betrieb eines Schiffes** (s. insbesondere §§ 305a, 786a ZPO)[4] vor, wodurch eine **Konzentrierung der entsprechenden Verfahren** in einem Mitgliedstaat ermöglicht wird.[5] Die Bestimmung dient daher **verfahrensökonomischen Erwägungen**.[6]

Ist die Erhebung einer Klage gegen den Schiffseigentümer absehbar, kann dieser ein **3** Interesse daran haben, die Anspruchsprätendenten auf Feststellung zu klagen, er hafte beschränkt oder nur beschränkbar. Für diese Feststellungsklage stehen ihm alle Gerichtsstände der Art. 4 bis 8 zur Verfügung. Nach Art. 9 kann er die Klage auch bei den Gerichten des Mitgliedstaats erheben, welche nach der Brüssel Ia-VO für die Entscheidung in Verfahren wegen Haftpflicht aufgrund der Verwendung oder des Betriebs eines Schiffes zuständig sind. Da der Schiffseigentümer auch in dem Staat verklagt werden kann, in dem sich sein (Wohn-)Sitz befindet, wird durch Art. 9 ein **forum actoris** geschaffen.[7] Dem Schiffseigentümer wird daher die Möglichkeit eingeräumt, eine Klage auf Feststellung der beschränkten oder beschränkbaren Haftung an seinem (Wohn-)Sitz zu erheben.[8]

Art. 9 eröffnet nur eine **konkurrierende Zuständigkeit**, diese verdrängt nicht die **4** übrigen Gerichtsstände der Verordnung.[9] Dem von Haftpflichtansprüchen bedrohten Schiffseigentümer stehen für seine Haftungsbeschränkungsklage **alle Gerichtsstände zur Verfügung**, an welchen gegen ihn eine **Haftungsklage anhängig gemacht werden kann**;[10] daher etwa auch der allgemeine Gerichtsstand des Beklagten, d.h. des Geschä-

---

[1] BGBl. 1972 II S. 672.
[2] BGBl. 1986 II S. 786.
[3] Simons/Hausmann/*Corneloup* Brüssel I-Verordnung Art. 7 Rdn. 1.
[4] Baumbach/Lauterbach/*Hartmann* Art. 9 EuGVVO Rdn. 1.
[5] Gebauer/Wiedmann/*Gebauer* Zivilrecht[2] Kap. 27 Art. 7 Rdn. 68; Geimer/*Schütze* EuZVR Art. 7 EuGVVO Rdn. 2; MünchKomm/*Gottwald* Art. 9 VO (EU) 1215/2012 Rdn. 1; Thomas/Putzo/*Hüßtege* Art. 9 Rdn. 1; Rauscher/*Leible* Art. 9 Brüssel Ia-VO Rdn. 1; Dasser/Oberhammer/*Müller* LugÜ[2] Art. 7 Rdn. 1.
[6] Stein/Jonas/*Wagner* Art. 7 EuGVVO Rdn. 2.
[7] Stein/Jonas/*Wagner* Art. 7 EuGVVO Rdn. 2; sehr krit. *Muir Watt* in: Magnus/Mankowski, Brussel Ibis Art. 9 EuGVO Rdn. 2.
[8] Dasser/Oberhammer/*Müller* LugÜ[2] Art. 7 Rdn. 1; Musielak/Voit/*Stadler* Art. 9 EuGVVO n.F. Rdn. 1; Stein/Jonas/*Wagner* Art. 7 EuGVVO Rdn. 2.
[9] Geimer/*Schütze* EuZVR Art. 7 EuGVVO Rdn. 8.
[10] Oetiker/Weibel/*Rohner*/*Lerch* LGVÜ[2] Art. 7 Rdn. 10.

digten, nach Art. 4[11] oder Art. 7 Nr. 1 für vertragliche Ansprüche bzw. Art. 7 Nr. 2 für deliktische Ansprüche.[12] Bei konkurrierender Zuständigkeit obliegt dem Haftpflichtigen die Wahl, ein Gericht auszuwählen.[13] Klagt der Geschädigte, kann der Schiffseigentümer am Gericht der Leistungsklage eine Widerklage auf Feststellung der Beschränkbarkeit oder der Beschränkung seiner Haftung erheben, sofern die Voraussetzungen erfüllt sind (s. dazu die Kommentierung bei Art. 8).[14] Freilich kann der Schiffseigentümer sich auch nur auf entsprechende Einreden beschränken.[15]

5   Art. 9 findet bei Vorliegen einer wirksamen ausschließlichen **Gerichtsstandsvereinbarung**[16] bzw. einer **ausschließlichen Zuständigkeit nach Art. 24** keine Anwendung.[17]

III. Regelungsinhalt

6   Art. 9 regelt die **internationale und örtliche Zuständigkeit**. Allerdings verdrängt die Verordnung nicht das innerstaatliche Recht;[18] vielmehr kann – wie sich aus Art. 9 ausdrücklich ergibt – **nach innerstaatlichem Recht auch** ein **anderes Gericht** als **örtlich zuständig** bestimmt werden.[19] In diesem Fall geht das nationale Recht vor.[20] Dadurch soll dem Umstand Rechnung getragen werden, dass u.U. in einzelnen Vertragsstaaten Spezialgerichte für seerechtliche Streitigkeiten zur Verfügung stehen, die sich nicht am Wohnort des Schiffseigentümers befinden.[21] In Deutschland bestehen keine Spezialgerichte für die vom Anwendungsbereich des Art. 9 erfassten Klagen.[22]

IV. Anwendungsvoraussetzungen

7   **1. Klagearten.** Art. 9 gilt nur **für selbstständige, auf die Beschränkung der Haftung gerichtete Feststellungsklagen des Schiffeigentümers aus der Verwendung oder dem Betrieb eines Schiffes,**[23] wobei es unerheblich ist, ob die Haftung auf Gesetz oder Vertrag basiert.[24]

8   Aufgrund der ausdrücklichen Beschränkung des Anwendungsbereiches des Art. 9 findet die Bestimmung für Klagen des Geschädigten gegen den Schiffseigentümer,[25] den Fondsverwalter oder den konkurrierenden Forderungsprätendenten keine Anwendung.[26] Sie gilt daher ebenfalls nicht für (Sammel-)Klagen zur Errichtung und Verteilung des

---

11   Stein/Jonas/*Wagner* ZPO X[22] Art. 7 EuGVVO Rdn. 3.
12   Dasser/Oberhammer/*Müller* LugÜ[2] Art. 7 Rdn. 6; *Siehr* in: *Schnyder* LugÜ Art. 7 Rdn. 6 f.
13   Simons/Hausmann/*Corneloup* Brüssel I-Verordnung Art. 7 Rdn. 3; *Schlosser/Hess* Art. 9 EuGVVO Rdn. 1.
14   *Kropholler/von Hein* Art. 7 EuGVO Rdn. 5; Oetiker/Weibel/*Rohner/Lerch* LGVÜ[2] Art. 7 Rdn. 11.
15   Dasser/Oberhammer/*Müller* LugÜ[2] Art. 7 Rdn. 7 und 11.
16   Geimer/Schütze/*Auer* IRV 540 Art. 7 VO (EG) Nr. 44/2001 Rdn. 3; Dasser/Oberhammer/*Müller* LugÜ[2] Art. 7 Rdn. 11.
17   Oetiker/Weibel/*Rohner/Lerch* LGVÜ[2] Art. 7 Rdn. 6.
18   *Geimer/Schütze* EuZVR Art. 7 EuGVVO Rdn. 6.
19   Simons/Hausmann/*Corneloup* Brüssel I-Verordnung Art. 7 Rdn. 4; *Geimer/Schütze* EuZVR Art. 7 EuGVVO Rdn. 6; Dasser/Oberhammer/*Müller* LugÜ[2] Art. 7 Rdn. 10; Oetiker/Weibel/*Rohner/Lerch* LGVÜ[2] Art. 7 Rdn. 12.
20   *Geimer/Schütze* EuZVR Art. 7 EuGVVO Rdn. 6.
21   Dasser/Oberhammer/*Müller* LugÜ[2] Art. 7 Rdn. 10 Fn. 18.
22   *Schlosser/Hess* Art. 9 EuGVVO.
23   Simons/Hausmann/*Corneloup* Brüssel I-Verordnung Art. 7 Rdn. 2; Dasser/Oberhammer/*Müller* LugÜ[2] Art. 7 Rdn. 3; Rauscher/*Leible* Art. 9 Brüssel Ia-VO Rdn. 2; *Schlosser/Hess* Art. 9 EuGVVO Rdn. 1.
24   Dasser/Oberhammer/*Müller* LugÜ[2] Art. 7 Rdn. 4; Oetiker/Weibel/*Rohner/Lerch* LGVÜ[2] Art. 7 Rdn. 7.
25   Simons/Hausmann/*Corneloup* Brüssel I-Verordnung Art. 7 Rdn. 2; Dasser/Oberhammer/*Müller* LugÜ[2] Art. 7 Rdn. 3.
26   Oetiker/Weibel/*Rohner/Lerch* LGVÜ[2] Art. 7 Rdn. 6.

Haftungsfonds.²⁷ Auch Klagen, die die grundsätzliche Begründetheit der gegen den Schiffseigentümer gerichteten Forderungen zum Gegenstand haben, sind nicht von Art. 9 erfasst.²⁸ Sind die Anwendungsvoraussetzungen des Art. 8 Nr. 3 gegeben (s. dazu die Kommentierung bei Art. 8), kann der (angebliche) Geschädigte allerdings am Ort der vom Schiffseigentümer eingeleiteten Haftungsbegrenzungsklage eine Widerklage auf Leistung erheben (s. auch Rdn. 4).

Da nach dem Wortlaut nur Haftungsbeschränkungen erfasst sind, sind auch Klagen des Schiffseigentümers auf Feststellung des Nichtbestehens einer Haftung nicht vom Anwendungsbereich der Bestimmung erfasst;²⁹ für diese Klagen gelten die allgemeinen Zuständigkeitsbestimmungen der Verordnung, d.h. Art. 4, 7 bis 8.³⁰   9

2. (Wohn-)Sitz des Schiffseigentümers und des Beklagten in einem Mitgliedstaat. Da die Zuständigkeit für die Entscheidung über die Haftungsbeschränkung von der Zuständigkeit für die Entscheidung über eine Klage wegen einer Haftpflicht aufgrund der Verwendung oder des Betriebs eines Schiffes ableitet, ist der Anwendungsbereich des Art. 9 nur eröffnet, wenn sich der (Wohn-)Sitz des Schiffseigentümers im Hoheitsgebiet eines Mitgliedstaats befindet;³¹ nur in diesem Fall ist das Gericht für eine gegen ihn erhobene Haftungsklage zuständig.³²   10

Der Beklagte muss – nach allgemeinen Grundsätzen – seinen (Wohn-)Sitz in einem Mitgliedstaat haben (s. auch Art. 5 Rdn. 3)³³ und zwar in einem anderen Staat als dem, in dem sich das angerufene Gericht befindet.   11

3. Zuständigkeit für Haftungsklage und Verfahren muss noch nicht anhängig sein. Im Unterschied zu Art. 7 muss das **Verfahren**, mit dem eine Haftung geltend gemacht wird, **noch nicht anhängig** sein.³⁴ Allerdings muss für die **Haftungsklage** eine **Zuständigkeit nach der Verordnung** gegeben sein;³⁵ nur in diesem Fall ist die Verordnung für die Haftungsbeschränkung des Eigentümers überhaupt anwendbar. Unerheblich ist, aufgrund welcher Norm der Verordnung die Zuständigkeit des angerufenen Gerichts begründet wird.³⁶   12

4. Vorliegen der nach innerstaatlichem Recht bestehenden Zulässigkeitsvoraussetzungen. Die **weiteren Voraussetzungen** für eine Klage – insbesondere die Zulässigkeit einer Feststellungsklage – bestimmen sich **nach innerstaatlichem Prozessrecht**. Allerdings darf das innerstaatliche Recht den **Zweck der Bestimmung nicht konterkarieren**; zulässig ist es jedenfalls, eine konkrete Bedrohung zu verlangen,³⁷ etwa weil eine Klage des Geschädigten unmittelbar bevorsteht oder droht. Sofern das innerstaatliche Recht allerdings vorsieht, dass sich der (Wohn-)Sitz der beteiligten Parteien nicht in einem anderen Staat befinden darf, ist die Bestimmung unanwendbar.   13

---

27 Simons/Hausmann/*Corneloup* Brüssel I-Verordnung Art. 7 Rdn. 2; Rauscher/*Leible* Art. 9 Brüssel Ia-VO Rdn. 2; *Schlosser*/*Hess* Art. 9 EuGVVO Rdn. 1.
28 Oetiker/Weibel/*Rohner*/*Lerch* LGVÜ² Art. 7 Rdn. 6.
29 *Schlosser*-Bericht Rdn. 129; Dasser/Oberhammer/*Müller* LugÜ² Art. 7 Rdn. 4.
30 *Geimer*/*Schütze* EuZVR Art. 7 EuGVVO Rdn. 5; Dasser/Oberhammer/*Müller* LugÜ² Art. 7 Rdn. 4 Fn. 8.
31 Simons/Hausmann/*Corneloup* Brüssel I-Verordnung Art. 7 Rdn. 5.
32 Simons/Hausmann/*Corneloup* Brüssel I-Verordnung Art. 7 Rdn. 5.
33 Musielak/Voit/*Stadler* Art. 9 EuGVVO n.F. Rdn. 2.
34 *Geimer*/*Schütze* EuZVR Art. 7 EuGVVO Rdn. 1.
35 Geimer/Schütze/*Auer* IRV 540 Art. 7 VO (EG) Nr. 44/2001 Rdn. 7.
36 Geimer/Schütze/*Auer* IRV 540 Art. 7 VO (EG) Nr. 44/2001 Rdn. 7.
37 Dasser/Oberhammer/*Müller* LugÜ² Art. 7 Rdn. 10.

V. Regelung des anwendbaren Rechts.

14 Das **anwendbare Recht**, also etwa die Frage, welches materielle Haftungsbeschränkungsrecht überhaupt maßgebend ist und für welche Ansprüche und in welchem Umfang überhaupt eine Haftungsbeschränkung geltend gemacht werden kann, wird **in Art. 9 nicht geregelt**;[38] Art. 9 bewirkt daher keinen Gleichlauf zwischen internationaler Zuständigkeit und anwendbarem Sachrecht, das anwendbare Sachrecht wird nach dem IPR des Gerichtsstaats bestimmt, sofern nicht durch Unionsrecht völkerrechtliche Verträge Einheitsrecht geschaffen ist;[39] in Betracht kommen hier insbesondere die in Rdn. 2 genannten Übereinkommen.

ABSCHNITT 3
Zuständigkeit für Versicherungssachen

Einleitung zu den Art. 10–16[1]

Schrifttum

Domej Die Neufassung der EuGVVO – Quantensprünge im europäischen Zivilprozessrecht, RabelsZ 78 (2014), 508; *Geimer* Neues und Altes im Kompetenzsystem der reformierten Brüssel I-Verordnung, in: Adolphsen/Goebel/Haas/Hess/Kolmann/Würdinger (Hrsg.), Festschrift für Peter Gottwald zum 70. Geburtstag, 2014, S. 175–187; *Hay* Notes on the European Union's Brussels I „Recast" Regulation, EuLF 1–2013, 1; *v. Hein* Die Neufassung der Europäischen Gerichtsstands- und Vollstreckungsverordnung (EuGVVO) RIW 2013, 97; *Mankowski* Internationales Versicherungsprozessrecht: Professioneller Leasinggeber als Geschädigter und Typisierung statt konkreter Prüfung der Schutzbedürftigkeit, IPRax 2015, 115; *Nordmeier/Schichmann* Die Sicherung der Belehrung vor rügeloser Einlassung gemäß Art. 26 Abs. 2 EuGVVO n.F., GPR 2015, 199; *Staudinger/Steinrötter* Das neue Zuständigkeitsregime bei zivilrechtlichen Auslandssachverhalten, JuS 2015, 1.

Schrifttum zur Brüssel I-VO: *Costa Neves Ribeiro* Processo Civil da União Europeia, 2002; *Fendt* EuGVVO: Gerichtsstandswahl in Versicherungssachen – auch für Zessionare und Prozessführungsbefugte? VersR 2012, 34; *Fricke* Der Abschnitt über Versicherungssachen (Art. 8–14) in der Revision der EuGVVO, VersR 2009, 432; *Geimer* Die Sonderrolle der Versicherungssachen im Brüssel I-System, in: S. Lorenz/Trunk/Eidenmüller/Wendehorst/Adolff (Hrsg.), Festschrift für Andreas Heldrich 2005, S. 627–647; *Hübner* Der Umfang des Schriftformerfordernisses des Art. 17 EuGVÜ bei (Versicherungs-)Verträgen zugunsten Dritter und die Folgen der hilfsweisen Einlassung nach Rüge der Zuständigkeit im Hinblick auf Art. 18 EGVÜ IPRax 1984, 237; *Lüttringhaus* Der Direktanspruch im vergemeinschafteten IZVR und IPR nach der Entscheidung EuGH VersR 2009, 1512 (Vorarlberger Gebietskrankenkasse) VersR 2010, 183; *Mäsch* The Opera Ain't Over Till the Fat Lady Sings – ein englisches „scheme of arrangement" vor dem BGH IPRax 2013, 234; *Mayr* Europäisches Zivilprozessrecht 2011 (zit. *Mayr* EuZPR).

Schrifttum zum EuGVVÜ: *Staudinger* Vertragsstaatenbezug und Rückversicherungsverträge im EuGVVÜ IPRax 2000, 482.

Übersicht

I. Gesetzesgeschichte — 1	IV. Parallelbestimmungen im europäischen Kollisionsrecht — 10
II. Schutzzweck — 2	
III. Schutzkonzept — 8	V. Terminologie — 11

---

38 *Kropholler/von Hein* Art. 7 EuGVO Rdn. 2; Oetiker/Weibel/*Rohner/Lerch* LGVÜ² Art. 7 Rdn. 13.
39 *Geimer/Schütze/Auer* IRV 540 Art. 7 VO (EG) Nr. 44/2001 Rdn. 5; *Geimer/Schütze* EuZVR Art. 7 EuGVVO Rdn. 7.

1 Das Manuskript befindet sich grundsätzlich auf dem Stand von 2017. Einzelne jüngere Rechtsprechung und Literatur ist in den Fußnoten nachgetragen.

VI. Rügelose Einlassung und Belehrungspflicht (Art. 26) —— 13

VII. Versagung der Anerkennung —— 15

I. Gesetzesgeschichte

Bereits in der Brüssel I-VO fanden sich die Versicherungssachen betreffenden Bestimmungen des 3. Abschnitts im II. Kapitel der Brüssel I-VO – Art. 10 bis 16 Brüssel I-VO – systematisch an gleicher Stelle, jedoch mit abweichender Nummerierung als Art. 8 bis 14 Brüssel I-VO Die nunmehr geltende Fassung hat sich im Vergleich zur Brüssel I-VO auf redaktionelle Änderungen beschränkt.[2] Die Brüssel I-VO wiederum knüpfte an das EuGVVÜ an, welches in Art. 7 bis 12a EuGVVÜ ebenfalls ein Sonderregime zur Zuständigkeit in Versicherungssachen enthielt. Bereits in dessen ursprünglicher Fassung waren diese Sonderbestimmungen im Kern enthalten. Mit dem Beitritt des Vereinigten Königreichs zum EuGVVÜ im Jahr 1978 wurde das Verbot von Gerichtsstandsvereinbarungen gelockert und zu diesem Zweck ein Katalog zulässiger Gerichtsstandsvereinbarungen in dem neu eingeführten Art. 12a EuGVVÜ aufgestellt.[3] Das rev. LugÜ hat die Bestimmungen der Brüssel I-VO mit linguistischen Abweichungen rezipiert. 1

II. Schutzzweck

Die Art. 10 bis 16 enthalten ein zuständigkeitsrechtliches Sonderregime für Versicherungssachen, das auf einer **sozialpolitischen Überlegung**[4] fußt. Erwägungsgrund 18 nennt den Schutz der schwächeren Partei durch für sie günstigere Regelungen. Der Gedanke, dass der Versicherungsnehmer eines besonderen prozessualen Schutzes bedarf, ist kein Spezifikum des europäischen Internationalen Zuständigkeitsrechts. Er lässt sich auch in drittstaatlichen Rechten, beispielsweise dem der USA, nachweisen.[5] 2

In Kapitel II der Brüssel Ia-VO finden sich zwei weitere, im Grundsatz parallel konstruierte Schutzregime zugunsten der schwächeren Prozesspartei, nämlich für **Verbrauchersachen** im 4. Abschnitt (Art. 17 bis 19) und für **individuelle Arbeitsverträge** im 5. Abschnitt (Art. 20 bis 23). Die Parallelität gestattet, Wertungen in einem Schutzregime für die beiden anderen fruchtbar zu machen.[6] Zu beachten bleibt, dass der Schutz des einen Regimes grundsätzlich nicht den des anderen verdrängt.[7] 3

Das Schutzregime beruht auf einer generalisierenden bzw. typisierenden Betrachtung von Versicherungsverhältnissen. Im Vergleich zum Versicherer sind der Versicherungsnehmer, aber auch der Versicherte, der Begünstigte oder der Geschädigte wirtschaftlich schwächer und rechtlich weniger erfahren. Das wirtschaftliche Ungleichgewicht zwischen Versicherer und Versicherungsnehmer bzw. Begünstigten, welches der typisierenden Betrachtung zugrunde liegt, ist dem **Versicherungsgedanken** als **Risikoausgleich im Kollektiv** inhärent.[8] Durch den Versicherungsvertrag wird der Eintritt eines Risikos, welches 4

---

2 *v. Hein* RIW 2013, 97, 103; siehe auch *Hay* EuLF 1-2013, 1, 4; *Mankowski*, VersR 2018, 184, 185.
3 Vgl. Schlosser-Bericht, S. 112.
4 Jenard-Bericht; BGH NJW 2012, 2113, 2115, Tz. 27; Rauscher/*Staudinger* Art. 10 Brüssel Ia-VO Rdn. 6; unalex-Kommentar/*Mayr* Vor Art. 8–14 Rdn. 1; *ders.* EuZPR Rdn. II/86; *Geimer* FS Heldrich, S. 627 (kritisch zur Einführung eines solchen Sonderregimes).
5 *Schröder* Internationale Zuständigkeit, 1971, S. 348 ff.
6 Vgl. EuGH, NJW 2000, 3121, 3123, Tz. 65.
7 Das Versicherungs- und Verbraucherschutzregime vermischend jedoch KG, VersR 2007, 1007.
8 Vgl. die Definition der Versicherungssache bei *Schlosser/Hess* Art. 11 EuGVVO Rdn. 1 (Übernahme eines nach versicherungsmathematischen Grundsätzen geschätzten Risikos); siehe auch LG Darmstadt, NJW-RR 2017, 228.

für den Versicherungsnehmer oder die begünstigte Person gravierende Folgen insbesondere finanzieller Art haben kann, gegen Zahlung einer Prämie auf den Versicherer übertragen. Damit dieser das Risiko, falls es eintritt, abdecken kann, ohne selbst in finanzielle Engpässe zu geraten, benötigt er typisiert betrachtet erheblich höher Finanzkraft als der Versicherungsnehmer. Hieraus resultiert das genannte wirtschaftliche Ungleichgewicht zwischen Versicherer und Versicherungsnehmer, welches der unionale Verordnungsgeber internationalzivilprozessual durch ein den Versicherungsnehmer privilegierendes Zuständigkeitsregime kompensiert. Ausdruck dieses wirtschaftlichen Ungleichgewichts ist, dass der Versicherungsnehmer meist mit einem vorformulierten, in seinen Einzelheiten nicht mehr verhandelbaren Vertrag konfrontiert wird.[9] Auch auf die typischerweise **rechtliche Unerfahrenheit** des Versicherungsnehmers lässt sich der Geltungsgrund des Schutzregimes stützen.[10] Sie beruht sowohl auf dessen geringeren ökonomischen Ressourcen – und findet ihren Grund damit im bereits genannten wirtschaftlichen Ungleichgewicht – als auch auf dem Umstand, dass Versicherer eine Vielzahl gleichgelagerter Versicherungsverträge mit einer Vielzahl von Versicherungsnehmern abschließen, während es sich für den Versicherungsnehmer um ein eher selten vorkommendes Rechtsgeschäft handelt. Insoweit besteht im Hinblick auf den erforderlichen Aufwand an Zeit und Geld für den Versicherungsnehmer in aller Regel kein Anlass, die einzelnen Versicherungsbedingungen genau zu analysieren und zu würdigen.[11] Regelmäßig weisen Versicherungsverträge zudem eine hohe, vom Versicherer einseitig konturierte Komplexität auf.[12]

5 Aufgrund der **typisierenden Betrachtung**[13] ist ein im konkreten Fall tatsächlich bestehendes wirtschaftliches Ungleichgewicht keine Voraussetzung für die Eröffnung des Anwendungsbereichs der Art. 10ff. Daher kommen prinzipiell auch Versicherungsnehmer oder ihnen gleichgestellte Personen, welche wirtschaftlich stärker oder rechtlich erfahrener als der Versicherer sind, in den Genuss der Privilegierungen der Art. 10ff. (zu Ausnahmen Rdn. 7). Bestätigt wird dies durch Art. 16 Nr. 5, welcher den Einschluss von Großrisiken in den Anwendungsbereich der Art. 10ff. verdeutlicht.[14] Dies scheint das Konzept des Schwächerenschutzes in sein Gegenteil zu verkehren,[15] ist aber Folge der typisierenden Betrachtungsweise.[16] Es wäre zudem untunlich, den Anwendungsbereich des Versicherungsschutzregimes im Einzelfall von einem – in der Praxis regelmäßig nur mit erheblichem Aufwand durchführbaren – konkreten Vergleich der wirtschaftlichen Stärke und rechtlichen Erfahrenheit der Parteien abhängig zu machen.[17] Ein konkretes

---

9   EuGH, EuZW 2005, 594, 595, Tz. 17 (std. Rspr.); *Fricke* VersR 2009, 429; *Staudinger* IPRax 2000, 483, 486.
10 EuGH, EuZW 2005, 594, 595, Tz. 18, Stein/Jonas/*G. Wagner* Art. 8 EuGVVO Rdn. 2; *Staudinger/Steinrötter* JuS 2015, 1, 4 f.; das prozessuale Ungleichgewicht betonened *Dörner*, IPRax 2018, 158, 159; diesen Aspekt für allein ausschlaggebend haltend *Mäsch* IPRax 2013, 234, 236 f.
11 Stein/Jonas/*G. Wagner* Art. 13 EuGVVO Rdn. 2.
12 Vgl. *Fricke* VersR 2009, 429.
13 Eingehend *Mankowski* IPRax 2015, 115, 117 ff.
14 Stein/Jonas/*G. Wagner* Art. 8 EuGVVO Rdn. 16.
15 Kritisch deshalb Stein/Jonas/*G. Wagner* Art. 8 EuGVVO Rdn. 2 und 18; *Geimer/Schütze* Art. 8 EuGVVO Rdn. 4; *Geimer* FS Heldrich, S. 627, 632; *Fendt* VersR 2012, 34; vgl. auch *Hübner* IPRax 1984, 237, 239.
16 *Mankowski* IPRax 2015, 115, 119; siehe auch *Lüttringhaus*, LMK 2017, 395598.
17 Vgl. *Schlosser/Hess* Art. 11 EuGVVO Rdn. 1; Rauscher/*Staudinger* Art. 13 Brüssel Ia-VO Rdn. 6b; leicht einschränkend *ders.*, DAR 2014, 485, 486 (Versicherer „konkret-individuell" nicht gleichermaßen schutzbedürftig wie der Geschädigte); *Dörner*, IPRax 2018, 158, 161; *Mankowski* IPRax 2015, 115, 118; **a.A.** OLG Frankfurt am Main, NJW-RR 2014, 1339, 1340 Tz. 17 = IPRax 2015, 149 m. Aufs. *Mankowski* (Prüfung eines Ungleichgewichts in Ansehung des Prozessgegenstands und des anwendbaren Rechts); AG Bückeburg, VersR 2011, 389, 390; *Tomson* EuZW 2009, 204, 205; *ders.*, VersR 2009, 62, 63; Musielak/Voit/*Stadler* Art. 13 EuGVVO n.F. Rdn. 2; wohl auch *Lüttringhaus* RabelsZ 77 (2013), 31, 65 (zur juristischen Person). Auf die Größe und das wirtschaftliche Gewicht des Versicherungsnehmers im konkreten Fall abstellend auch High Court of Justice, Queen's Bench Division, Commercial Court, *The*

Ungleichgewicht „in Ansehung des Prozessgegenstands und des anwendbaren materiellen Rechts"[18] zur Feststellung der internationalen Zuständigkeit zu prüfen, lässt die Vorhersehbarkeit des Gerichtsstands[19] erheblich leiden: Sie münden in Vergleiche des Umfangs der Rechtsabteilungen oder deren Kenntnisse vom Deliktsrecht am Schadenseintrittsort.[20] Zudem ist auch den Schutzregimen für Verbraucher- und Individualarbeitnehmerverträge eine Untersuchung der konkreten Schutzbedürftigkeit der potentiell schwächeren Partei fremd.[21] Würde man einen solchen konkreten Vergleich befürworten, könnte er kaum auf Versicherungssachen beschränkt bleiben. Denn in diesem Fall würde das prozessuale Ungleichgewicht zwischen den Parteien nicht mehr durch die Vertragsart des Versicherungsvertrags typisiert indiziert. Vielmehr müsste man aufgrund eines solchen Verständnisses unabhängig vom Vertragstyp einer im konkreten Fall schwächeren Partei privilegierte Gerichtsstände eröffnen. Dies ist in der Verordnung nicht vorgesehen.

Ob der Prozessgegner des Versicherers das **Kostenrisiko des Prozesses** selbst trägt, **6** ist ohne Bedeutung. Obgleich die schwächere Stellung des Versicherungsnehmers in Verfahren vor deutschen Gerichten regelmäßig ihren Ausdruck auch darin findet, dass für ihn im Fall des Unterliegens die Pflicht zur Tragung der Prozesskosten ökonomisch wesentlich schwerer trifft als den Versicherer, entfällt seine Schutzbedürftigkeit nicht, falls ein privater Dritter (z.B. Rechtsschutzversicherung, Prozessfinanzierer (zu letzterem siehe auch Art. 10 Rdn. 28)) oder die öffentliche Hand durch Prozesskostenhilfe für die Kosten des Verfahrens einsteht.

Im Hinblick auf die Konzeption der Art. 10 ff. als Schwächerenschutzregime hat der **7** EuGH jedoch Rechtssachen, zwischen deren Parteien **typisiert** betrachtet **kein Ungleichgewicht** besteht, von dessen Anwendungsbereich ausgenommen. Zu nennen sind Streitigkeiten zwischen Versicherern untereinander wegen der Abwicklung eines Versicherungsfalls,[22] aus Rückversicherungsverträgen (s. Art. 10 Rdn. 24), oder Klagen von Sozialversicherungsträgern aus übergegangenem Recht[23]. Diese Ausnahmen laufen der Grundprämisse, dass infolge typisierender Betrachtung das wirtschaftliche Ungleichgewicht der Parteien im konkreten Fall nicht zu bestehen braucht (vgl. Rdn. 4), zuwider. Sie lassen sich jedoch als **Bereichsausnahme** fassen, wenn sie einer Verallgemeinerung zugänglich sind und deshalb typisierend betrachtet Versicherungssachen betreffen, in welchen regelmäßig kein Ungleichgewicht zwischen Versicherer und seinem Prozessgegner besteht. So liegt es bei Streitigkeiten zwischen Parteien, die als professionelle Akteure im Versicherungsgeschäft tätig sind,[24] und deshalb über wirtschaftliches Gewicht und rechtliche Expertise verfügen, welche ein Versicherungsnehmer typischerweise nicht aufweist. Zum Anwendungsbereich der Art. 10 ff. im Einzelnen siehe Art. 10 Rdn. 3 ff.

Standard Steamship Owners' Protection and Indemnity Association (Bermuda) Limited v. *G. I. E Vision Bail and others* [2004] EWHC 2919 (Comm), Tz. 60; gle offen OLG Zweibrücken, NJOZ 2010, 2384, 2385.
18 Dies die Prüfung von OLG Frankfurt am Main, NJW-RR 2014, 1339, 1340 Tz. 17.
19 Vgl. EuGH, EuZW 2018, 213, 215, Tz. 45; *Schlosser/Hess* Art. 11 EuGVVO Rdn. 1.
20 OLG Frankfurt am Main, NJW-RR 2014, 1339, 1340 Tz. 17.
21 Rauscher/*Staudinger* Art. 13 Brüssel Ia-VO Rdn. 6b.
22 EuGH, EuZW 2005, 594; LG Bremen, VersR 2001, 782.
23 EuGH, EuZW 2009, 855. Die Entscheidung betrifft einen Direktanspruch gegen den Versicherer und stellt auf Art. 11 Abs. 2 EuGVVO a.F. ab. Die ihr zugrundeliegende Argumentation betrifft aber bereits den Begriff der Versicherungssache, siehe *Lüttringhaus* VersR 2010, 183, 185 f.
24 EuGH, EuZW 2005, 594, 595 Tz. 20 (gewerblich Tätige des Versicherungssektors).

III. Schutzkonzept

8 Das Regelungskonzept[25] der Art. 10 ff. geht dahin, die **allgemeinen Zuständigkeiten** zugunsten des Versicherungsnehmers, Versicherten, Begünstigten oder Geschädigten als schwächere Partei zu **verschieben**. Da es sich um Ausnahmen von den allgemeinen Zuständigkeitsvorschriften der Brüssel Ia-VO handelt, sind sie eng auszulegen und grundsätzlich nicht analogiefähig.[26] Ihr Kernelement ist der Klägergerichtsstand des Art. 11 Abs. 1 lit. b), welcher durch die Möglichkeit der gemeinsamen Inanspruchnahme eines Versicherers mit dem federführenden Versicherer gemäß Art. 11 Abs. 1 lit. c) ergänzt wird. Da der Versicherungsnehmer aber durchaus ein Interesse daran haben kann, nicht vor dem Gericht seines Wohnsitzes klagen zu müssen, wird nicht die ausschließliche Zuständigkeit an dessen Wohnsitz begründet.[27] Der Versicherer wird für Aktivklagen gemäß Art. 14 Abs. 1 grundsätzlich an den Wohnsitz seines Prozessgegners verwiesen. Damit die zuständigkeitsrechtliche Privilegierung des Versicherungsnehmers nicht durch (standardisierte) Gerichtsstandsvereinbarungen abbedungen wird, schränkt Art. 15 deren Zulässigkeit weitgehend ein.[28] Dies bringt Erwägungsgrund 19 mit der etwas umständlichen Formulierung, es sei nur „eine begrenzte Vertragsfreiheit zulässig", zum Ausdruck. Aufgrund desselben Schutzgedankens ist eine Durchbrechung der Zuständigkeitsbestimmungen der Art. 10 ff. durch die forum non conveniens-Lehre unzulässig.[29]

9 Ein Verstoß gegen die Regeln über die internationale Zuständigkeit nach Art. 10 ff. führt zur Versagung der Anerkennung (siehe Rdn. 15). Dies sichert die Beachtung des versicherungsrechtlichen Schutzregimes ab.

IV. Parallelbestimmungen im europäischen Kollisionsrecht

10 Der im internationalen Zuständigkeitsrecht der Brüssel Ia-VO verwirklichte Schutzgedanke findet sich auch im Internationalen Privatrecht. Art. 7 Abs. 3 Rom I-VO schränkt für gewisse Versicherungsverträge die Rechtswahl ein. Die weitgehende Harmonisierung des Kollisionsrechts der Versicherungsverträge auf europäischer Ebene[30] hat zudem zur Folge, dass der Kläger im europäischen Rechtsraum regelmäßig kein forum shopping betreiben kann.[31]

V. Terminologie

11 Der 3. Abschnitt ist mit „Versicherungssachen" (Englisch: matters relating to insurance) überschrieben. Art. 13 Nr. 5 kennt hingegen auch den Begriff des Versicherungsvertrags (insurance contract). Der Begriff der Versicherungssache ist weiter und erfasst auch außervertragliche Ansprüche. Einzelheiten siehe Art. 10 Rdn. 7.

12 Erblickt man als Charakteristikum der Versicherungssache im Ausgangspunkt die Übernahme eines Risikos gegen Zahlung einer Prämie (siehe Art. 10 Rdn. 4), ist diejenige Partei, welche das Risiko übernimmt, der Versicherer, während es sich bei derjenigen Partei, welche die Prämie schuldet, um den Versicherungsnehmer handelt. Im Folgenden

---

25 Vgl. unalex-Kommentar/*Mayr* Vor Art. 8–14 Rdn. 2.
26 OLG Dresden, VersR 2015, 382, 383; LG Darmstadt, NJW-RR 2017, 228, 229.
27 *Kropholler/von Hein* Vor Art. 8 EuGVVO Rdn. 3.
28 Vgl. EuGH, EuZW 2017, 822, 823, Tz. 36.
29 Rauscher/*Staudinger* Art. 10 Brüssel Ia-VO Rdn. 1 m.w.N.; *Schlosser/Hess* Art. 11 EuGVVO Rdn. 1.
30 Näher *Nordmeier* in: Gebauer/Wiedmann, Zivilrecht unter europäischem Einfluss, 2. Aufl. 2010, Kap. 37 Rdn. 76 ff.; Rauscher/*Staudinger* Art. 8 Art. 10 Brüssel Ia-VO Rdn. 4.
31 Vgl. *Kropholler/von Hein* Vor Art. 8 EuGVVO Rdn. 4; Stein/Jonas/*G. Wagner* Art. 8 EuGVVO Rdn. 4.

findet diese Terminologie, die sich auch in der Verordnung spiegelt, Verwendung. Näher zu den am Versicherungsverhältnis beteiligten Parteien Art. 10 Rdn. 15 ff.

VI. Rügelose Einlassung und Belehrungspflicht (Art. 26)

Die Bestimmungen der Art. 10 ff. werden von Amts wegen berücksichtigt, sind aber durch rügelose Einlassung nach Art. 26 verzichtbar.[32] Der Beklagte muss daher einen etwaigen Verstoß rügen, um den Schutz des Sonderregimes nicht zu verlieren.[33] **13**

Mit der Brüssel Ia-VO wurde in Art. 26 Abs. 2 eine gerichtliche Pflicht geschaffen sicherzustellen, dass ein Versicherungsnehmer, Versicherter oder Begünstigter eines Versicherungsvertrags als Beklagter[34] über sein Recht, die Zuständigkeit des Gerichts zu rügen und über die Folgen einer Einlassung oder Nichteinlassung auf das Verfahren **belehrt** wird, bevor sich das Gericht aufgrund rügeloser Einlassung für international zuständig erklärt.[35] Andere am Versicherungsverhältnis beteiligte Personen als Versicherungsnehmer, Versicherter oder Begünstigter werden nicht genannt, insbesondere nicht der Geschädigte. Obgleich auch für diesen als Beklagten ein ähnlich gelagertes Schutzbedürfnis besteht, ist der Wortlaut der Bestimmung eindeutig. Die Belehrung muss nicht im verfahrenseinleitenden Schriftstück – im deutschen Prozessrecht: der ersten prozessleitenden Verfügung – erfolgen.[36] **14**

VII. Versagung der Anerkennung

Die Verletzung der Art. 10 ff. ist – entgegen dem Grundsatz, dass die Verletzung von Zuständigkeitsbestimmungen nicht zur Versagung der Anerkennung führt[37] – nach Art. 45 Abs. 1 lit. e) i) ein Grund, die Anerkennung der Entscheidung zu versagen.[38] Dies rundet die Effektivierung der Zuständigkeitsvorschriften der Art. 10 ff. und den ihr zugrundeliegenden Schutz der typisiert betrachtet schwächeren Prozesspartei[39] ab.[40] Unter Art. 35 Abs. 1 Brüssel I-VO, der Vorgängervorschrift des Art. 45 Abs. 1 lit. e), wurde eine teleologische Reduktion der Norm dahingehend diskutiert, dass die Verletzung der Bestimmungen über die internationale Zuständigkeit nicht zur Verweigerung der Anerkennung führte, falls der Versicherer Beklagter des Verfahrens war.[41] Diese Ansicht ist in Art. 45 Abs. 1 lit. e) i) nunmehr Gesetz geworden. Die Anerkennung wird nämlich nur versagt, wenn der Beklagte Versicherungsnehmer, Versicherter, Begünstigter des Versicherungsvertrags oder Geschädigter ist.[42] War eine dieser Personen hingegen Kläger oder Widerkläger[43], greift insoweit das Verbot der Zuständigkeitsprüfung durch das Vollstreckungsgericht.[44] **15**

---

32 EuGH, Rs C-111/09, Slg 2010, I-4545, Tz. 30; OLG Hamm, BeckRS 2017, 128423, Tz. 10; Rauscher/*Staudinger* Art. 8 Art. 10 Brüssel Ia-VO Rdn. 2; Thomas/Putzo/*Hüßtege* Vorb. Art. 10–16 EuGVVO Rdn. 3; Geimer/*Schütze* Art. 8 EuGVVO Rdn. 8; *Geimer* FS Heldrich, S. 627, 630.
33 MünchKom-ZPO/*Gottwald* Art. 8 EuGVVO Rdn. 1; Schlosser/*Hess* Art. 10 EuGVVO Rdn. 4.
34 Ebenso liegt es, wenn er Widerbeklagter oder Streitverkündeter ist, Nordmeier/*Schichmann* GPR 2015, 199, 201.
35 Näher Nordmeier/*Schichmann* GPR 2015, 199.
36 Vgl. *Domej* RabelsZ 78 (2014), 508, 530.
37 Vgl. Kropholler/*von Hein* Vor Art. 8 EuGVVO Rdn. 4; Geimer/*Schütze* Art. 8 EuGVVO Rdn. 29; *Geimer* FS Heldrich, S. 627, 640 f.
38 Vgl. Thomas/Putzo/*Hüßtege* Vorb. Art. 10–16 EuGVVO Rdn. 3.
39 *Geimer* FS Heldrich, S. 627, 642.
40 *Gebauer* in: ders./Wiedmann, Zivilrecht unter europäischem Einfluss, Kap. 27 Rdn. 69.
41 Geimer/*Schütze* Art. 8 EuGVVO Rdn. 30; *Geimer* FS Heldrich, S. 627, 629 f.
42 Vgl. Thomas/Putzo/*Hüßtege* Vorb. Art. 10–16 EuGVVO Rdn. 3; *v. Hein* RIW 2013, 97, 109.
43 Vgl. *Geimer* FS Heldrich, S. 627, 643.
44 Näher *Geimer* FS Gottwald, S. 175, 182.

Artikel 10
[Für Klagen in Versicherungssachen bestimmt sich die Zuständigkeit unbeschadet des Artikels 6 und des Artikels 7 Nummer 5 nach diesem Abschnitt]

Schrifttum
Siehe Einleitung vor Art. 10–16.

Schrifttum zur Brüssel I-VO: *Bork* Keine Anerkennung eines gerichtlich genehmigten Vergleichsplans nach englischem Gesellschaftsrecht („Scheme of Arrangement"), der eine Lebensversicherung betrifft ZEuP 2013, 132; *Fuchs* Opferschutz bei Verkehrsunfällen im Ausland – Die Vierte Kraftfahrzeughaftpflicht-Richtlinie im Überblick IPRax 2001, 425 *Looschelders* Zuständigkeit des Gerichts am Unfallort für Direktklage des Sozialversicherungsträgers gegen den Haftpflichtversicherer des Schädigers aus übergegangenem Recht IPRax 2013, 370; *Lüttringhaus* Der Direktanspruch im vergemeinschafteten IZVR und IPR nach der Entscheidung EuGH VersR 2009, 1512 (Vorarlberger Gebietskrankenkasse) VersR 2010, 183; *Micklitz/Rott* Vergemeinschaftung des EuGVÜ in der Verordnung (EG) Nr. 44/2001 EuZW 2001, 325; *Staudinger* Direktklage des Sozialversicherers im Verbund mit dem Geschädigten – droht der deutschen Haftpflichtversicherungsindustrie die Gerichtspflichtigkeit im Ausland? VersR 2013, 412; *Staudinger* Geschädigte im Sinne von Art. 11 Abs. 2 EuGVVO IPRax 2011, 229

Übersicht
I. Gesetzesgeschichte — 1
II. Normzweck — 2
III. Anwendungsbereich des versicherungsrechtlichen Sonderregimes — 3
 1. Begrenzung durch den Anwendungsbereich der Verordnung (Art. 1) — 3
 2. Begriff der Versicherungssache — 7
 3. Die beteiligten Personen — 15
 4. Ausnahmen vom Anwendungsbereich — 21
  a) Rechtsstreitigkeiten zwischen Versicherern — 22
  b) Regress des Versicherers gegen den Schädiger — 23
  c) Rückversicherer — 24
  d) Sozialversicherungsträger — 25
  e) Körperschaften des öffentlichen Rechts — 27
  f) Prozessfinanzierer — 28
  g) Kaufleute im Übrigen — 30
IV. Sperrung der allgemeinen Regeln — 31
 1. Beklagtenwohnsitz in Drittstaat (Vorbehalt des Art. 6) — 32
 2. Gerichtsstand der Niederlassung (Vorbehalt des Art. 7 Nr. 5) — 34
 3. Vorbehalt der Widerklage (Art. 14 Abs. 2) — 38

I. Gesetzesgeschichte

1 Die Norm stimmt bis auf die Bezifferung der Verweise wortgleich mit Art. 8 Brüssel I-VO und Art. 8 rev. LuGÜ überein. Diese wiederrum entspricht Art. 7 EuGVVÜ.

II. Normzweck

2 Durch die Bestimmung wird die Eigenständigkeit des Schutzregimes in Versicherungssachen (siehe Einl. vor Art. 10 Rdn. 2) gesichert. In seinem Anwendungsbereich werden die übrigen Bestimmungen über die internationale Zuständigkeit – nicht jedoch die übrigen Normen der Verordnung, etwa diejenigen der Koordination von Parallelverfahren –verdrängt. Ist der Anwendungsbereich der Art. 10 ff. nicht eröffnet, greifen die allgemeinen Regeln. Insbesondere steht der Gerichtsstand des Erfüllungsortes nach Art. 7 Nr. 1 zur Verfügung.[1]

---
1 Vgl. *Wais* Der Europäische Erfüllungsgerichtsstand für Dienstleistungsverträge, 2013, S. 125 f.

III. Anwendungsbereich des versicherungsrechtlichen Sonderregimes

1. Begrenzung durch den Anwendungsbereich der Verordnung (Art. 1). Das 3
Sonderregime für Versicherungssachen wird durch den Anwendungsbereich der Brüssel
Ia-VO eingeschränkt. Diese erfasst Zivil- und Handelssachen, in Versicherungssachen
mithin nur **privatrechtliche Versicherungsverhältnisse**.[2] Zu beachten bleiben zudem
die Bereichsausnahmen des Art. 1 Abs. 2.

Das vom Anwendungsbereich der Verordnung ausgenommene **öffentlich-recht-** 4
liche Versicherungsverhältnis wird durch die Inanspruchnahme hoheitlicher Befugnisse des Versicherers charakterisiert. Zudem schließt Art. 1 Abs. 2 lit. c) die soziale Sicherheit ausdrücklich vom Anwendungsbereich aus. Daher sind gesetzliche Renten-,
Pflege-, Kranken- und Arbeitslosenversicherung unabhängig von ihrer konkreten rechtlichen Ausgestaltung[3] durch die Verordnung nicht erfasst.[4] Die öffentliche Daseinsvorsorge fällt nicht in ihren Anwendungsbereich und, so sie als „Versicherung" bezeichnet
wird, auch nicht in den Anwendungsbereich der Art. 10 ff.[5]

Unschädlich für die Anwendbarkeit der Verordnung ist, ob für die in Frage stehende 5
Versicherung eine gesetzliche Pflicht zum Abschluss für den Versicherungsnehmer und/
oder ein **Kontrahierungszwang** für den Versicherer bestehen.[6] Gleiches gilt für eine
staatliche Förderung bestimmter Versicherungen durch Zuschüsse oder **steuerliche Begünstigungen**[7] oder das Erfordernis der Genehmigung durch eine öffentliche Stelle.[8]
Deshalb handelt es sich bei Streitigkeiten aus einer genehmigungspflichtigen Exportrisikoversicherung um eine Versicherungssache i.S.d. Brüssel Ia-VO.[9]

Rechtsstreitigkeiten im Rahmen eines **Insolvenzverfahrens**, das eine der am Versi- 6
cherungsverhältnis beteiligten Personen betrifft, sind nach Art. 1 Abs. 2 lit. b) dem Anwendungsbereich der Verordnung entzogen. Anders liegt es hingegen für Klagen gegen
den Versicherer eines Insolventen. Auch ein Verfahren des englischen Gesellschaftsrechts zur Durchführung und Genehmigung eines Vergleichsplanes (scheme of arrangement) für einen Versicherer ist eine Versicherungssache, da durch das Verfahren die
Rechte des Versicherungsnehmers grundlegend umgestaltet werden sollen.[10] Insoweit
bleibt jedoch einzuräumen, dass die vielfältigen Wirkungen des Vergleichsplanverfahrens, welcher regelmäßig eine Vielzahl von Gläubigern betrifft, dem kontradiktorischen
Zweiparteiensystem, auf welchem die Brüssel Ia-VO fußt, eher fernstehen.[11]

---

2   Musielak/Voit/*Stadler* Art. 10 EuGVVO n.F. Rdn. 1; Stein/Jonas/*G. Wagner* Art. 8 EuGVVO Rdn. 14;
Rauscher/*Staudinger* Art. 10 Brüssel Ia-VO Rdn. 10; Schlosser/*Hess* Art. 10 EuGVVO Rdn. 5; Nagel/*Gottwald*
§ 3 Rdn. 131.
3   *Kropholler/von Hein* Vor Art. 8 EuGVVO Rdn. 6; Geimer/*Schütze* Art. 8 EuGVVO Rdn. 20.
4   Stein/Jonas/*G. Wagner* Art. 8 EuGVVO Rdn. 13; Rauscher/*Staudinger* Art. 10 Brüssel Ia-VO Rdn. 12; *ders.*
IPRax 2000, 483, 486.
5   Vgl. Geimer/*Schütze* Art. 8 EuGVVO Rdn. 20.
6   unalex-Kommentar/*Mayr* Art. 8 Rdn. 3.
7   Stein/Jonas/*G. Wagner* Art. 8 EuGVVO Rdn. 14.
8   Vgl. *Kropholler/von Hein* Vor Art. 8 EuGVVO Rdn. 6.
9   *Kropholler/von Hein* Vor Art. 8 EuGVVO Rdn. 6; Rauscher/*Staudinger* 10 Brüssel Ia-VO Rdn. 11.
10 BGH NJW 2012, 2113, 2115, Tz. 27 m. Anm. *Mankowski* EWiR 2012, 313; Schröder/*Fischer* BB 2012, 1563;
Mäsch IPRax 2013, 234; kritisch Musielak/Voit/*Stadler* Art. 14 EuGVVO n.F. Rdn. 1; Lüke/*Scherz* ZIP 2012,
1101, 1105 f. (scheme of arrangement nicht vom Anwendungsbereich der EuGVVO erfasst).
11 Vgl. Musielak/Voit/*Stadler* Art. 14 EuGVVO n.F. Rdn. 1; *Hess* in: FS R. Stürner II, 2013, 1253, 1258 f.;
Bork ZEuP 2013, 136, 144; *Mäsch* IPRax 2013, 234, 237.

7 **2. Begriff der Versicherungssache.** Der Begriff der **Versicherungssache** ist europäisch-autonom auszulegen;[12] er wird weder nach dem Recht des Gerichtsstaates noch nach dem auf das in Frage stehende Rechtsverhältnis anwendbaren Recht determiniert. Eine trennscharfe **Abgrenzung** zu finden erweist sich als schwierig. In einem ersten Zugriff kann gefragt werden, ob der Streitgegenstand seinen Grund in einem Versicherungsverhältnis hat,[13] – wenn auch mit der Feststellung, dass eine Versicherungssache ein Versicherungsverhältnis betreffe, nur wenig gewonnen scheint. Ein Ansatz stellt zur Begriffskonturierung auf die Marktüblichkeit im Versicherungssektor ab. Danach sollen alle Arten von Verträgen erfasst werden, die aufgrund aktueller Gepflogenheiten von Versicherern als „Versicherungsverträge" angeboten werden.[14] Ein anderer Ansatz rekurriert auf das Charakteristikum der vertraglichen Übernahme eines Risikos im Austausch gegen eine Prämie.[15] Vorzugswürdig scheint eine Kombination der beiden Auffassungen. Sie stellt sicher, dass einer Versicherung nur ähnliche Vertragsverhältnisse vom Anwendungsbereich der Art. 10 ff. ausgenommen werden, beispielsweise die entgeltliche Übernahme einer Bürgschaft. Auch gewährleistet sie, dass von Versicherungsunternehmen angebotene oder vermittelte Finanzdienstleistungen sonstiger Art ausgeklammert bleiben.[16]

8 Im Zweifelsfall weit auszulegen ist der Begriff der Versicherungssache.[17] Erfasst werden alle Streitigkeiten, die sich auf die **Begründung, die Auslegung, die Durchführung, die Umgestaltung und die Beendigung des Versicherungsverhältnisses** beziehen.[18] Auch beim Streit um die Existenz eines Versicherungsverhältnisses[19] bzw. die Wirksamkeit des Versicherungsvertrags[20] handelt es sich um eine Versicherungssache i.S.d. Art. 10 ff. Versicherungen, welche die in Art. 16 bezeichneten Risiken betreffen, sind ebenso Gegenstand des Sonderregimes wie die in Art. 13 genannte Haftpflichtversicherung. Jedoch ist eine ausdrückliche Nennung der betreffenden Versicherungsart in Art. 10 ff. nicht zu fordern;[21] vielmehr betrifft das Sonderregime sämtliche Sparten der Versicherungswirtschaft.[22] Auch erfassen Art. 10 ff. nicht nur vertragliche, sondern sämtliche Ansprüche, die ihren Grund im Versicherungsverhältnis haben.[23] Das Sonderregime bezieht sich auf Versicherungssachen, nicht nur Versicherungsvertragssachen.

9 In den Anwendungsbereich der Art. 10 ff. fallen **beispielsweise** Streitigkeiten aus fondsgebundenen Lebensversicherungen.[24] Auch Versicherungen, welche den Personen- oder Gütertransport betreffen, sind erfasst. Dies ist eigentlich selbstverständlich, da der

---

12 Allg. Ansicht, BGH NJW 2012, 2113, 2115, Tz. 27; Stein/Jonas/*G. Wagner* Art. 8 EuGVVO Rdn. 11; *Kropholler/von Hein* Vor Art. 8 EuGVVO Rdn. 5; *Schlosser/Hess* Art. 10 EuGVVO Rdn. 5; unalex-Kommentar/*Mayr* Art. 8 Rdn. 1; *Geimer* FS Heldrich, S. 627, 634; zum EuGVÜ bereits *Staudinger* IPRax 2000, 483, 486.
13 Stein/Jonas/*G. Wagner* Art. 8 EuGVVO Rdn. 12; Rauscher/*Staudinger* Art. 10 Brüssel Ia-VO Rdn. 10; *Schlosser/Hess* Art. 10 EuGVVO Rdn. 5.
14 OGH, ZfRV 2008, 28; *Kropholler/von Hein* Vor Art. 8 EuGVVO Rdn. 5.
15 Stein/Jonas/*G. Wagner* Art. 8 EuGVVO Rdn. 12 unter Verweis auf Art. 1:201 (1) der Principles of European Insurance Contract Law; ähnlich *Schlosser/Hess* Art. 10 EuGVVO Rdn. 1 (Übernahme eines nach versicherungsmathematischen Grundsätzen geschätzten Risikos gegen Zahlung einer Prämie).
16 Vgl. Stein/Jonas/*G. Wagner* Art. 8 EuGVVO Rdn. 12.
17 BGH NJW 2012, 2113, 2115, Tz. 27; *Kropholler/von Hein* Vor Art. 8 EuGVVO Rdn. 5.
18 Vgl. BGH NJW 2012, 2113, 2115, Tz. 27; Musielak/Voit/*Stadler* Art. 10 EuGVVO n.F. Rdn. 1; Thomas/Putzo/*Hüßtege* Art. 10 EuGVVO Rdn. 1; *Geimer* FS Heldrich, S. 627, 634.
19 *Geimer/Schütze* EuZVR Art. 8 EuGVVO Rdn. 15b.
20 Zöller/*Geimer* Art. 10 EuGVVO Rdn. 4.
21 **A.A.** tendenziell EuGH, NJW 2000, 3121, 3123, Tz. 62f. (Rückversicherung sei nicht genannt).
22 Stein/Jonas/*G. Wagner* Art. 8 EuGVVO Rdn. 12.
23 Vgl. *Geimer* FS Heldrich, S. 627, 634 Fn. 8 (auch außervertragliche Anspruchsgrundlagen erfasst).
24 *Kropholler/von Hein* Vor Art. 8 EuGVVO Rdn. 6; unalex-Kommentar/*Mayr* Art. 8 Rdn. 3.

Anwendungsbereich der Art. 10ff. nicht nach Versicherungsarten differenziert. Hinzu tritt, dass Art. 15 Nr. 5 i.V.m. Art. 16 Transportversicherungen ausdrücklich nennt und eine Bereichsausnahme für Beförderungsverträge, welche das Verbraucherschutzregime in Art. 17 Abs. 3 vorsieht, für Versicherungssachen nicht existiert.[25]

Eine Versicherungssache liegt nur vor, wenn ein Versicherungsverhältnis tatsächlich besteht oder begründet werden soll. Der Umstand, dass ein gewisses Risiko aufgrund gesetzlicher Pflicht zu versichern ist oder üblicherweise versichert wird, genügt zur Annahme einer Versicherungssache nicht, wenn ein Versicherungsverhältnis tatsächlich – entgegen Gesetz oder Üblichkeit – nicht existiert.[26] Denn in diesem Fall besteht das aus dem Wesen des Versicherungsvertrags abgeleitete Ungleichgewicht zwischen den Parteien typisiert betrachtet nicht. Auch rechtliche Streitigkeiten mit einem Hilfsfond, der bei Nichtversicherung eingreift, sind – falls eine Zivil- und Handelssache i.S.d Art. 1 Abs. 1 vorliegt – keine Versicherungssachen.[27] **10**

Eine **Rechtsnachfolge** im Versicherungsverhältnis berührt die Eigenschaft als Versicherungssache grundsätzlich nicht.[28] Dies gilt unabhängig davon, in wessen Person die Rechtsnachfolge eintritt, ob Einzel- oder Gesamtrechtsnachfolge vorliegt und ob sie auf Rechtsgeschäft oder Gesetz beruht. Insbesondere kann sich ein Versicherer den für ihn strengeren Regeln der Art. 10ff. nicht entziehen, indem er Ansprüche aus dem Versicherungsverhältnis an ein Inkassounternehmen o.ä. abtritt.[29] Ebenso sind gesellschaftsrechtliche Umstrukturierungen auf Seiten des Versicherers ohne Einfluss.[30] Dass etwaige Rechtsnachfolger nicht ausdrücklich im Verordnungstext genannt sind[31], ist in diesem Zusammenhang ohne Bedeutung, da die Rechtsnachfolge den Eintritt in ein bestehendes Versicherungsverhältnis, nicht jedoch die Begründung eines neuen, ggf. andersartigen Vertragsverhältnisses bewirkt. **11**

Den **Erben** eines Versicherungsnehmers, Versicherten, Begünstigten oder Geschädigten bleiben die Privilegierungen der Art. 10ff. erhalten, wenn – wie regelmäßig – durch die Erbschaft typisiert betrachtet das Ungleichgewicht zwischen dem Rechtsnachfolger des Geschädigten und dem Versicherer fortbesteht.[32] Das Ungleichgewicht entfällt jedoch, wenn der Staat erbt (im deutschen Recht: § 1936 BGB).[33] Art. 1 Abs. lit. f), 1. Alt., nach dem das Erbrecht aus dem Anwendungsbereich der Verordnung herausfällt, steht nicht entgegen. Der erbrechtliche Anspruchsübergang ist Vorfrage, welche die prozessuale Charakterisierung als Versicherungssache nicht berührt. Eine unzulässige Beeinträchtigung der Interessen des Versicherers liegt hierin nicht. Zur Nachfolge in die Geschädigtenstellung des Art. 13 Abs. 2 durch Erbschaft siehe Art. 13 Rdn. 31. **12**

---

25 *Kropholler/von Hein* Vor Art. 8 EuGVVO Rdn. 6; Rauscher/*Staudinger* 10 Brüssel Ia-VO Rdn. 13; *Geimer/Schütze* Art. 8 EuGVVO Rdn. 23.
26 Vgl. LG Mönchengladbach, r + s 2013, 197.
27 Zöller/*Geimer* Art. 10 EuGVVO Rdn. 3.
28 Rauscher/*Staudinger* 10 Brüssel Ia-VO Rdn. 20; Stein/Jonas/*G. Wagner* Art. 8 EuGVVO Rdn. 17; differenzierend unalex-Kommentar/*Mayr* Art. 8 Rdn. 6 (im Fall der Einzelrechtsnachfolge nur bei fortbestehendem Schutzbedürfnis); zweifelnd OGH, Beschl. v. 19.1.2012, Az. 2Ob210/11 p; **a.A.** *Fendt* VersR 2012, 34, 35.
29 Vgl. AG Bückeburg VersR 2011, 389, 390.
30 Vgl. Stein/Jonas/*G. Wagner* Art. 8 EuGVVO Rdn. 17.
31 Dies der Einwand von *Fendt* VersR 2012, 34, 35 (Zessionar werde nicht genannt).
32 EuGH, EuZW 2009, 855, 858, Tz. 44; EuZW 2018, 213, 215, Tz. 38; *Kropholler/von Hein* Vor Art. 8 EuGVVO Rdn. 7; *Looschelders* IPRax 2013, 370, 373; Stein/Jonas/*G. Wagner* Art. 9 EuGVVO Rdn. 17 und Art. 11 EuGVVO Rdn. 13; Rauscher/*Staudinger* Art. 13 Brüssel Ia-VO Rdn. 6i (die beiden letztgenannten zum Direktanspruch nach Art. 11 Abs. 2 EuGVVO a.F.).
33 Rauscher/*Staudinger* Art. 13 Brüssel Ia-VO Rdn. 6i (auch für eine Stiftung oder eine Kirche als Erbe); *Lüttringhaus* VersR 2010, 183, 187.

13 Vom Anwendungsbereich des Schutzregime der Art. 10 ff. ausgenommen sind Sachverhalte, in welchen durch Rechtsnachfolge das **wirtschaftliche Ungleichgewicht** der Parteien **typisiert betrachtet aufgehoben** wird.[34] Deshalb führt der Übergang von Ansprüchen des Versicherungsnehmers, Versicherten, Begünstigten oder Geschädigten auf einen Versicherer oder auf einen Sozialversicherungsträger dazu, dass die Privilegierungen der Art. 10 ff. wegfallen. Näher Rdn. 22 ff.

14 Die nur **zwischenzeitliche Anspruchsinhaberschaft** einer Person, welche nach Maßgabe der vorstehenden Randziffer nicht gemäß Art. 10 ff. geschützt wird, schadet vor Klageerhebung nicht. Überträgt beispielsweise der Versicherer auf ihn im Weg der Legalzession übergegangene Ansprüche seines Versicherungsnehmers im Wege der Rückabtretung an diesen zurück, verliert der Versicherungsnehmer die Privilegierungen der Art. 10 ff. nicht.[35] Ein solches Vorgehen ist auch nicht rechtsmissbräuchlich, da die Gegenseite auf den Anspruchsübergang im Verhältnis von geschädigtem Versicherungsnehmer und dessen Versicherer keinen Einfluss hat und kein schutzwürdiges Vertrauen dahingehend besteht, dass ausschließlich der Versicherer selbst Ansprüche geltend machen werde.[36] Gleiches dürfte für die Geltendmachung auf den Versicherer übergegangener Ansprüche in gewillkürter Prozessstandschaft durch den Versicherungsnehmer gelten.[37]

15 **3. Die beteiligten Personen.** Als an einer Versicherungssache potentiell beteiligte Personen nennen Art. 10 ff. den Versicherer, den Mitversicherer, den Versicherungsnehmer, den Versicherten, den Begünstigten und den Geschädigten. Die Begriffe unterliegen europäisch-autonomer Auslegung.[38] Weitere mögliche Beteiligte sind andere Personen, denen aus dem Versicherungsverhältnis Rechte und Pflichten erwachsen. Insoweit ist insbesondere die Aufzählung der Prozessgegner des Versicherers in Art. 14 Abs. 1 nicht abschließend.[39] Versicherungsnehmer, Versicherter und Begünstigter können personenidentisch sein.[40] Dies ist insbesondere bei Eigenversicherung der Fall. Auf die Rechtsnatur der Person (natürliche oder juristische Person) kommt es nicht an.

16 *Versicherer.* Diejenige Partei, welche beim Risikoeintritt eine Leistungspflicht trifft, ist Versicherer. Der Art der geschuldeten Leistung (Sach- oder Geldleistung) kommt keine Bedeutung zu. Auch Rechtsform und Ort der Ansässigkeit sind ohne Bedeutung. Erfasst werden in- und ausländische, private- und öffentlich-rechtliche Unternehmen (zum Ausschluss öffentlich-rechtlicher Versicherungsverhältnisse siehe Rdn. 4).[41] Nicht zum Versicherer wird eine Partei, wenn sie ein Risiko, welches üblicherweise versichert wird oder versichert werden muss, selbst trägt.[42] Auch eine Stelle, welche nur die Kommunikation mit dem Versicherer vereinfacht und als dessen Auszahlungsstelle fungiert, ist nicht selbst

---

34 Stein/Jonas/*G. Wagner* Art. 8 EuGVVO Rdn. 17 i.V.m. Art. 9 EuGVVO Rdn. 5; Thomas/Putzo/*Hüßtege* Art. 10 EuGVVO Rdn. 1; siehe auch EuGH, EuZW 2018, 213.
35 **A.A.** LG Hamburg VersR 2012, 562, 563; AG Bückeberg VersR 2011, 389; einschränkend auch *Dörner,* IPRax 2018, 158, 162, wenn die Rückübertragung rechtsmissbräuchlich erfolgt.
36 Vgl. auch Rauscher/*Staudinger* Art. 13 Brüssel Ia-VO Rdn. 6g.
37 LG Hanau, Urt. v. 9.6.2011 – 4 O 28/09, BeckRS 2012, 09924; **a.A.** LG Hamburg VersR 2012, 562, 563; *Fendt* VersR 2012, 34, 35.
38 Stein/Jonas/*G. Wagner* Art. 9 EuGVVO Rdn. 5; Rauscher/*Staudinger* Art. 11 Brüssel Ia-VO Rdn. 5; unalex-Kommentar/*Mayr* Art. 8 Rdn. 5; wohl auch MünchKomm/*Gottwald* Art. 8 EuGVVO Rdn. 3 („vertragsautonom").
39 Rauscher/*Staudinger* Art. 10 Brüssel Ia-VO Rdn. 19; unalex-Kommentar/*Mayr* Art. 8 Rdn. 5; *Geimer* FS Heldrich, S. 627, 634.
40 Staudinger/*Rauscher* Art. 11 Brüssel Ia-VO Rdn. 5.
41 Allg. Ans., *Kropholler/von Hein* Vor Art. 8 EuGVVO Rdn. 7; Rauscher/*Staudinger* Art. 10 Brüssel Ia-VO Rdn. 19.
42 LG Mönchengladbach, r+s 2013, 197 (von Versicherungspflicht befreites Reise- und Busunternehmen).

Versicherer.[43] So liegt es insbesondere für Entschädigungsstellen nach Art. 24 f. Richtlinie 2009/103 EG oder für das „Behandelnde Büro" im Rahmen des Grüne-Karte-Systems. Diese sind keine Versicherer i.S.d. Art. 10 ff.[44] Zu Versicherermehrheiten siehe Art. 11 Rdn. 24.

Versicherungsnehmer. Bei derjenigen Partei, welche Vertragspartner des Versicherers **17** ist, handelt es sich um den Versicherungsnehmer.[45] Er schuldet insbesondere die Zahlung der Versicherungsprämie, d.h. der Gegenleistung für die Risikoübernahme durch den Versicherer. Häufig wird der Versicherungsnehmer auch Versicherter (Rdn. 18) und Begünstigter (Rdn. 19) sein.

Versicherter. Versicherter ist derjenige, zu dessen Gunsten der Versicherungsnehmer **18** den Versicherungsvertrag abgeschlossen hat.[46] Vertragspartner des Versicherers ist er nicht. In Abgrenzung zum Begünstigten handelte es sich beim Versicherten um diejenige Person, in der sich das versicherte Risiko verwirklichen kann (Gefahrperson).

Begünstigter. Der Begünstigte hat im Fall des Risikoeintritts Anspruch auf Leistung **19** des Versicherers, ohne selbst dessen Vertragspartner zu sein. In Abgrenzung zum Versicherten realisiert sich das versicherte Risiko nicht in der Person des Begünstigten; er ist nicht Gefahrperson.[47] Als Begünstigte zu nennen sind beispielsweise der Bezugsberechtigte in der Lebens- oder Unfallversicherung[48] oder der Hypothekengläubiger in der Gebäudeversicherung.[49] Die materiell-rechtliche Ausgestaltung des Anspruchs, welcher dem Begünstigten zusteht, – originäres oder abgeleitetes Forderungsrecht, Einziehungs- oder Prozessführungsbefugnis – ist unerheblich.

Geschädigter. Spezifisch für die Haftpflichtversicherung findet sich in Art. 13 der Be- **20** griff des Geschädigten. Einzelheiten Art. 13 Rdn. 5.

4. Ausnahmen vom Anwendungsbereich. Die im Folgenden dargestellten Aus- **21** nahmen vom Anwendungsbereich der Art. 10 ff. unterliegen den allgemeinen Bestimmungen der Art. 4 ff. Es handelt sich um Versicherungssachen, für welche der Gedanke des Schwächerenschutzes, auf dem das Sonderregime der Art. 10 ff. beruht, nicht trägt. Darlegungs- und beweisbelastet für die tatsächlichen Voraussetzungen einer der folgenden Ausnahmen ist der Versicherer, dem sie günstig sind.[50] Auf welchem Weg ein nach Maßgabe des Folgenden nicht privilegierter Kläger den Anspruch erwarb und ob er bei abgeleitetem Rechtserwerb vor Klageerhebung einem nach Art. 10 ff. privilegierten Kläger zustand, ist ohne Bedeutung.[51] Denn das Schutzregime in Versicherungssachen soll ein (prozessuales) Ungleichgewicht zwischen den Parteien mittels des internationalen Zuständigkeitsrechts ausgleichen, d.h. der schutzbedürftigen Partei die Prozessführung erleichtern. Eine Partei, welche dieses prozessualen Schutzes nicht bedarf, kann sich

---

43 LG Darmstadt, NJW-RR 2017, 228 = IPRax 2018, 407 m. Aufs. *Looschelders*, IPRax 2018, 360.
44 *Looschelders*, IPRax 2018, 360, 362 f.
45 Rauscher/*Staudinger* Art. 11 Brüssel Ia-VO Rdn. 5; *Kropholler/von Hein* Vor Art. 8 EuGVVO Rdn. 7; unalex-Kommentar/*Mayr* Art. 8 Rdn. 6; wohl auch Stein/Jonas/*G. Wagner* Art. 9 EuGVVO Rdn. 5 (derjenige, der den Vertrag mit der Versicherungsgesellschaft geschlossen habe. Die Stellung als Versicherungsnehmer kann sich jedoch auch aus Rechtsnachfolge in den Versicherungsvertrag resultieren).
46 Staudinger/*Rauscher* Art. 11 Brüssel Ia-VO Rdn. 5; unalex-Kommentar/*Mayr* Art. 8 Rdn. 5.
47 *Kropholler/von Hein* Art. 9 EuGVVO Rdn. 2.
48 Staudinger/*Rauscher* Art. 11 Brüssel Ia-VO Rdn. 5; Stein/Jonas/*G. Wagner* Art. 9 EuGVVO Rdn. 5.
49 Stein/Jonas/*G. Wagner* Art. 8 EuGVVO Rdn. 15; einschränkend im Hinblick auf Art. 13 EuGVVO Staudinger/*Rauscher* Art. 11 Brüssel Ia-VO Rdn. 5a.
50 Vgl. OLG Zweibrücken NZV 2010, 198, 199.
51 **A.A.** Thomas/Putzo/*Hüßtege* Art. 11 EuGVVO Rdn. 2 (Art. 11 Abs. 1 lit. b) für den Zessionar generell ausschließend); für den abgeleiteten Rechtserwerb eines Sozialversicherers *Staudinger* VersR 2013, 412, 413 ff.

nicht darauf berufen, dass ein Rechtsvorgänger, wenn er selbst geklagt hätte, typisiert betrachtet schutzbedürftig gewesen wäre.

22 **a) Rechtsstreitigkeiten zwischen Versicherern.** Nicht von Art. 10 ff. erfasst werden Streitigkeiten zwischen Versicherern aus zwischen ihnen bestehenden Vertragsverhältnissen[52] (zur Rückversicherung siehe Rdn. 24) oder die Regressnahme des Versicherers des Geschädigten beim Versicherer des Schädigers.[53] Denn typisierend betrachtet liegt bei Streitigkeiten zwischen Versicherern ein Ungleichgewicht zwischen den Parteien, auf welchem das Schutzregime der Art. 10 ff. fußt, nicht vor (vgl. Einl. vor Art. 10 Rdn. 4).[54] Art. 10 ff. fordern daher einen Rechtsstreit, an welchem zumindest ein Nichtversicherer beteiligt ist.[55]

23 **b) Regress des Versicherers gegen den Schädiger.** Nimmt der Versicherer des Geschädigten – regelmäßig aus übergegangenem Recht – Regress beim Schädiger, liegt keine Versicherungssache vor.[56] Wie eine Rechtsnachfolge im Versicherungsverhältnis einer Versicherungssache ihren Charakter grundsätzlich nicht nimmt (vgl. Rdn. 11), wird ein Rechtsverhältnis nicht allein deswegen zu einer Versicherungssache, weil ein Versicherer durch Rechtsnachfolge in es eintritt. Beim Regress des Versicherers des Geschädigten gegen den Schädiger bezieht sich der Streit auf das (häufig außervertragliche) Schuldverhältnis, aus dem der Schädiger haftet. Einzig der Eintritt des Versicherers in das Rechtsverhältnis hat seinen Grund in einem Versicherungsverhältnis. Dass der Schädiger in Art. 14 Abs. 1, der den Versicherer für seinen Aktivprozess auf den Beklagtenwohnsitz verweist, nicht genannt wird, ist in diesem Zusammenhang hingegen ohne Bedeutung.[57] Denn die dortige Aufzählung ist nicht abschließend (siehe Rdn. 15). Zum Regress beim Versicherer des Schädigers siehe Rdn. 22.

24 **c) Rückversicherer.** Das Sonderregime für Versicherungssachen findet auf Rückversicherungssachverhalte keine Anwendung.[58] Der EuGH hat dies für Rechtsstreitigkeiten zwischen Rückversicherern entschieden,[59] es gilt aber auch im Verhältnis von Versicherer und Rückversicherer.[60] Denn bei typisierender Betrachtung existiert zwischen Versicherer und Rückversicherer das wirtschaftliche Ungleichgewicht,[61] welches Geltungsgrund des

---

52 Stein/Jonas/*G. Wagner* Art. 8 EuGVVO Rdn. 16; Thomas/Putzo/*Hüßtege* Art. 10 EuGVVO Rdn. 1 und Art. 13 Rdn. 5 EuGVVO; *Geimer/Schütze* Art. 8 EuGVVO Rdn. 22.
53 EuZW 2018, 213, 215, Tz. 42; EuGH DAR 2016, 79 80, Tz. 30 m.w.N. und Anm. *Staudinger*; LG Bremen VersR 2001, 782 m. Anm. *Schüler* VersR 2001, 783 und Anm. *Hohloch* JuS 2001, 1026; LG Hamburg VersR 2012, 562, 563; Stein/Jonas/*G. Wagner* Art. 8 EuGVVO Rdn. 16; unalex-Kommentar/*Mayr* Art. 8 Rdn. 3; vgl. auch OLG Zweibrücken, NJOZ 2010, 2384, 2385. Anders Rauscher/*Staudinger* Art. 10 Brüssel Ia-VO Rdn. 17 (bei abgeleitetem Anspruchserwerb stets eine konkret-individuelle Schutzwürdigkeitsprüfung fordern).
54 EuGH DAR 2016, 79 80, Tz. 30 m.w.N. und Anm. *Staudinger*; *Gebauer* in: ders./Wiedmann, Zivilrecht unter europäischem Einfluss, Kap. 27 Rdn. 70; *Geimer/Schütze* Art. 8 EuGVVO Rdn. 18.
55 LG Bremen VersR 2001, 782; Rauscher/*Staudinger* Art. 10 Brüssel Ia-VO Rdn. 21 (mit Einschränkung bei abgeleitetem Anspruchserwerb); *Hohloch* JuS 2001, 1026, 1027; einschränkend *Fricke* VersR 2009, 429, 430.
56 *Kropholler/von Hein* Vor Art. 8 EuGVVO Rdn. 6; MünchKomm/*Gottwald* Art. 8 EuGVVO Rdn. 5; *Geimer* FS Heldrich, S. 627, 634; tendenziell auch Stein/Jonas/*G. Wagner* Art. 8 EuGVVO Rdn. 15.
57 A.A. *Kropholler/von Hein* Vor Art. 8 EuGVVO Rdn. 6.
58 EuGH, NJW 2000, 3121, 3123, Tz. 62 ff. (zum EuGVÜ); *Costa Neves Ribeiro* Art. 8 Regulamento n.° 44/2001 Rdn. 2; *Kropholler/von Hein* Vor Art. 8 EuGVVO Rdn. 6; *Schlosser/Hess* Art. 10 EuGVVO Rdn. 7; Stein/Jonas/*G. Wagner* Art. 8 EuGVVO Rdn. 16; *Geimer/Schütze* Art. 8 EuGVVO Rdn. 21; *Nagel/Gottwald* § 3 Rdn. 131; *Micklitz/Rott* EuZW 2001, 325, 329; *Staudinger* IPRax 2000, 483, 486.
59 EuGH NJW 2000, 3121, 3123, Tz. 62; *Staudinger* IPRax 2000, 483, 485 f.
60 Zöller/*Geimer* Art. 10 EuGVVO Rdn. 3.
61 Rauscher/*Staudinger* Art. 10 Brüssel Ia-VO Rdn. 14.

Sonderregimes für Versicherungssachen ist (vgl. vor Art. 10 Rdn. 4), nicht. Der Ausschluss der Rückversicherung lässt sich zudem historisch in Gesetzesmaterialien belegen.[62] Geht hingegen der Versicherungsnehmer unmittelbar gegen den Rückversicherer – etwa wegen Insolvenz des Versicherers – vor, genießt er den Schutz der Art. 10 ff.[63] Denn in diesem Fall besteht typisiert betrachtet ein Ungleichgewicht zwischen den Parteien.

d) Sozialversicherungsträger. Macht ein Sozialversicherungsträger gegen einen Versicherer aus originärem oder übergegangenem Recht[64] Ansprüche geltend, greifen Art. 10 ff. nicht.[65] Ein Anspruchsübergang im Weg der Legalzession findet häufig statt, wenn ein Sozialversicherungsträger an den Geschädigten Leistungen erbringt. Der EuGH[66] hat dem Sozialversicherungsträger als Rechtsnachfolger den Geschädigtengerichtsstand des Art. 13 Abs. 2 verschlossen. Die Entscheidung lässt sich für das Schutzregime der Art. 10 ff. insgesamt verallgemeinern.[67] Denn typisiert betrachtet besteht zwischen einem Sozialversicherungsträger und einem Versicherer kein wirtschaftliches Ungleichgewicht, das die Anwendung des Schutzregimes der Art. 10 ff. rechtfertigt.[68] 25

Nimmt der Sozialversicherungsträger den Schädiger selbst, nicht hingegen dessen Versicherer in Anspruch, gelangen Art. 10 ff. nicht zur Anwendung, da insoweit keine Versicherungssache vorliegt (vgl. Rdn. 23). 26

e) Körperschaften des öffentlichen Rechts. Eine Gebietskörperschaft des öffentlichen Rechts ist typisiert betrachtet keine schwächere Partei, wenn sie vergleichbar einem Sozialversicherungsträger rechtliche Erfahrung und wirtschaftliche Stärke aufweist. Ob dies der Fall ist, bestimmt sich nach ihrer rechtlichen Verfasstheit, nicht nach ihrer Finanzkraft oder Rechtskunde im konkreten Fall. Ein Land der Bundesrepublik Deutschland wird daher nicht nach Art. 10 ff. privilegiert.[69] Eine deutsche Gemeinde hingegen kommt in den Genuss des Schutzregimes der Art. 10 ff. 27

f) Prozessfinanzierer. Tritt der Versicherungsnehmer Ansprüche an einen beruflich oder gewerblich handelnden Dritten ab, damit dieser sie im eigenen Namen gegen die Versicherung geltend macht, kommt der Dritte nicht in den Genuss der Privilegierung der Art. 10 ff.[70] Ein gewerblicher Prozessfinanzierer, der sich eine Vielzahl gleichartiger Ansprüche gegen einen Versicherer abtreten lässt, befindet sich im Vergleich zum Versi- 28

---

62 Schlosser-Bericht zu dem Übereinkommen über den Beitritt des Königreichs Dänemark, Irlands und des Vereinigten Königreichs Großbritannien und Nordirland zum EuGVÜ (ABlEG 1979, Nr. C 59, S. ABLEG Jahr 1979 S. 71, 117.
63 EuGH, NJW 2000, 3121, 3123, Tz. 75; *Kropholler/von Hein* Vor Art. 8 EuGVVO Rdn. 6; Staudinger/*Rauscher* Art. 8 EuGVVO Rdn. 14; Thomas/Putzo/*Hüßtege* Art. 10 EuGVVO Rdn. 1; unalex-Kommentar/*Mayr* Art. 8 Rdn. 4; *Staudinger* IPRax 2000, 483, 486.
64 Stein/Jonas/*G. Wagner* Art. 9 EuGVVO Rdn. 5.
65 *Looschelders* IPRax 2013, 370, 372; *Lüttringhaus* VersR 2010, 183, 185 f.; siehe auch LG Lüneburg, Beschl. v. 22.4.2008 – 4 O 322/07, BeckRS 2011, 11580; beschränkt auf den Geschädigtengerichtsstand hingegen *Staudinger* VersR 2013, 412, 413; *Tomson* EuZW 2009, 204, 205 f.
66 EuGH EuZW 2009, 855.
67 *Lüttringhaus* VersR 2010, 183, 185 f.; dem folgend Stein/Jonas/*G. Wagner* Art. 11 EuGVVO Rdn. 13; offen OGH IPRax 2013, 364, 365 m. Aufs. *Looschelders* IPRax 2013, 370; **a.A.** *Staudinger* VersR 2013, 412, 413 ff.
68 EuGH EuZW 2009, 855, 857 f., Tz. 41 und 42; Stein/Jonas/*G. Wagner* Art. 9 EuGVVO Rdn. 5.
69 OLG Koblenz, DAR 2013, 30 (zum Anspruch nach Art. 11 Abs. 2 EuGVVO a.F.); Thomas/Putzo/*Hüßtege* Art. 13 EuGVVO Rdn. 5.
70 EuGH, EuZW 2018, 213, 215, Tz. 43; siehe auch unalex-Kommentar/*Mayr* Art. 8 Rdn. 6; im Ergebnis ebenso Rauscher/*Staudinger* Art. 13 Brüssel Ia-VO Rdn. 6g; die Gewerblichkeit der Rechtsverfolgung betonend *Dörner*, IPRax 2018, 158, 159 f.

cherer nicht in einer schwächeren Stellung. Auch etwaige Streitigkeiten zwischen dem zedierenden Versicherungsnehmer und seinem Prozessfinanzierer werden nicht von Art. 10 ff. erfasst. Denn diese haben ihren Grund in der Abrede über die Prozessfinanzierung, nicht im Versicherungsverhältnis.

29 Bleibt der Versicherungsnehmer hingegen Forderungsinhaber und klagt im eigenen Namen gegen den Versicherer, ist der Anwendungsbereich der Art. 10 ff. eröffnet. Dass wirtschaftlich betrachtet ein Dritter, nämlich der Prozessfinanzierer, das Prozessrisiko trägt und dieser im Vergleich zum Versicherer nicht als schwächer angesehen werden kann, ist unerheblich (vgl. Einleitung Rdn. 7).

30 **g) Kaufleute im Übrigen.** Die bloße Kaufmannseigenschaft nach deutschem HGB begründet keine Ausnahme vom Anwendungsbereich der Art. 10 ff.[71] Eine verbraucherähnliche Stellung des Prozessgegners des Versicherers ist nicht zu fordern.

IV. Sperrung der allgemeinen Regeln

31 Im Anwendungsbereich des Sonderregimes der Art. 10 ff. sind die übrigen Bestimmungen der Verordnung, welche die Zuständigkeit regeln, grundsätzlich ausgeschlossen. Dies gilt insbesondere für den allgemeinen Gerichtsstand nach Art. 4 und die besonderen Gerichtsstände nach Art. 7 f.[72] Ausnahmen von diesem Grundsatz sind folgende:

32 **1. Beklagtenwohnsitz in Drittstaat (Vorbehalt des Art. 6).** Prinzipiell nur auf Verfahren, in denen der Beklagte seinen Wohnsitz in einem Mitgliedstaat hat, gelangen Art. 10 ff. zur Anwendung. Denn die Bestimmungen gelten unbeschadet des Art. 6, der die nationalen Zuständigkeitsvorschriften des Gerichtsstaats für anwendbar erklärt, wenn der Beklagte seinen Wohnsitz in einem Drittstaat hat.[73] Den Wohnsitzbegriff definieren Art. 62 f. Welche der am Versicherungsverhältnis beteiligten Personen die Rolle des Beklagten zukommt, ist in diesem Zusammenhang unerheblich. Gleichfalls keine Bedeutung kommt dem Wohnsitz des Klägers zu. Der Rückgriff auf die nationalen Bestimmungen nach Art. 6 erfasst auch exorbitante Gerichtsstände.[74] In Deutschland indiziert nach dem Grundsatz der Doppelfunktionalität die örtliche Zuständigkeit eines Gerichts seine internationale.[75]

33 Eine Sonderregel für Versicherer, die in einem Drittstaat ansässig sind, enthält Art. 11 Abs. 2. Existiert eine Zweigniederlassung, Agentur oder sonstige Niederlassung des beklagten Versicherers in einem Mitgliedstaat, wird der Versicherer behandelt, als habe er seinen Wohnsitz im betreffenden Mitgliedstaat. Näher Art. 11 Rdn. 20.

34 **2. Gerichtsstand der Niederlassung (Vorbehalt des Art. 7 Nr. 5).** Das Regime der Art. 10 ff. lässt den besonderen Gerichtsstand der Niederlassung des Art. 7 Nr. 5 unberührt. Dieser setzt zunächst voraus, dass sich der Wohnsitz der beklagten Partei in einem Mitgliedstaat befindet.[76] Hat der Beklagte eine Zweigniederlassung, Agentur oder sonstige

---

71 Tendenziell a.A. AG Bergisch Gladbach, VersR 2012, 1027, 1028.
72 Stein/Jonas/*G. Wagner* Art. 8 EuGVVO Rdn. 5; *Staudinger* VersR 2013, 412, 418; *ders.* DAR 2014, 485, 486; siehe auch EuGH DAR 2016, 79 80, Tz. 27 (zu Art. 8 Nr. 2).
73 Vgl. Rauscher/*Staudinger* Art. 10 Brüssel Ia-VO Rdn. 7; *Kropholler/von Hein* Art. 8 EuGVVO Rdn. 2; *Gebauer* in: ders./Wiedmann, Zivilrecht unter europäischem Einfluss, Kap. 27 Rdn. 71; *Geimer/Schütze* Art. 8 EuGVVO Rdn. 9.
74 Vgl. unalex-Kommentar/*Mayr* Art. 8 Rdn. 7.
75 Vgl. Rauscher/*Staudinger* Art. 10 Brüssel Ia-VO Rdn. 7.
76 Stein/Jonas/*G. Wagner* Art. 8 EuGVVO Rdn. 6.

Niederlassung in einem anderen Mitgliedstaat, sind die Gerichte am dortigen Ort zuständig, wenn es sich um eine Streitigkeit aus dem Betrieb der Niederlassung handelt. Geregelt werden die internationale und die örtliche Zuständigkeit. Der Vorbehalt des Art. 7 Nr. 5 gilt nicht nur für Klagen gegen den Versicherer, sondern für sämtliche Versicherungssachen. Denn eine Einschränkung auf den Passivprozess des Versicherers findet sich im Normtext nicht.[77] Ein unselbständiger Versicherungsvertreter begründet – unabhängig davon, in welchem rechtlichen Verhältnis er zum Versicherer steht[78] – eine Niederlassung des Versicherers, ein unabhängiger Versicherungsmakler hingegen nicht.[79]

Die Benennung eines Schadensregulierungsbeauftragten verleiht diesem gemäß **35** Art. 21 Abs. 6 der Kraftfahrzeug-Haftpflicht-Richtlinie von 2009[80], die Art. 4 Abs. 8 der aufgehobenen 4. Kraftfahrzeug-Haftpflicht-Richtlinie entspricht und in Deutschland in § 7b Abs. 3 VAG umgesetzt wurde, nicht den Status einer Niederlassung.[81] Erwägungsgrund 38, 1. Hs., der Richtlinie unterstreicht dies. Jedoch ist der Schadensregulierungsbeauftragte zustellungsbevollmächtigt.[82] § 7b Abs. 2 VAG muss insoweit richtlinienkonform ausgelegt, hilfsweise rechtsfortbildend teleologisch erweitert werden.[83] Schaltet der Versicherer eine bestehende eigene Niederlassung zur Schadensregulierung ein, ist der Gerichtsstand der Niederlassung eröffnet.[84] Denn durch die Schaffung des Schadensregulierungsbeauftragen wollte der Richtliniengeber dem Geschädigten die Anspruchsdurchsetzung erleichtern, nicht hingegen die Gerichtspflichtigkeit des Versicherers beschränken.

Art. 7 Nr. 5 erfordert eine Streitigkeit aus dem Betrieb der Niederlassung. Eine solche **36** liegt vor, wenn der Versicherungsvertrag über die Niederlassung abgeschlossen wurde.[85] Eine nur untergeordnete Tätigkeit bei der Vertragsanbahnung genügt nicht, das umfassende Aushandeln des Versicherungsvertrags ist hingegen hinreichend.[86] Die Befassung mit der Durchführung des Vertrags, insbesondere der Bearbeitung eines Versicherungsfalls, erweist sich ebenfalls als ausreichend.[87] Um die Vorhersehbarkeit des Gerichts-

---

77 Vgl. Musielak/Voit/*Stadler* Art. 10 EuGVVO n.F. Rdn. 3; Stein/Jonas/*G. Wagner* Art. 8 EuGVVO Rdn. 6; Schlosser/*Hess* Art. 10 EuGVVO Rdn. 2; *Gebauer* in: ders./Wiedmann, Zivilrecht unter europäischem Einfluss, Kap. 27 Rdn. 71; Geimer/*Schütze* Art. 8 EuGVVO Rdn. 25; unalex-Kommentar/*Mayr* Art. 8 Rdn. 8; **a.A.** wohl Rauscher/*Staudinger* Art. 10 Brüssel Ia-VO Rdn. 8.
78 Vgl. unalex-Kommentar/*Mayr* Art. 8 Rdn. 9.
79 Kropholler/*von Hein* Art. 8 EuGVVO Rdn. 3; unalex-Kommentar/*Mayr* Art. 8 Rdn. 9; ähnlich Stein/Jonas/*G. Wagner* Art. 8 EuGVVO Rdn. 7.
80 Richtlinie 2009/103/EG des Europäischen Parlaments und des Rates vom 16.9.2009 über die Kraftfahrzeug-Haftpflichtversicherung und die Kontrolle der entsprechenden Versicherungspflicht, ABl. EU 2009 L 263, S. 11.
81 KG, NJW-RR 2008, 1023; Kropholler/*von Hein* Art. 8 EuGVVO Rdn. 3; Stein/Jonas/*G. Wagner* Art. 8 EuGVVO Rdn. 7; unalex-Kommentar/*Mayr* Art. 8 Rdn. 9; *Fucks* IPRax 2012, 140, 142; im Ergebnis ebenso Schlosser/*Hess* Art. 11 EuGVVO Rdn. 2 (jedenfalls fehle Betriebsbezogenheit); *Fuchs* IPRax 2001, 425, 426 (Schadensregulierungsbeauftrager erfülle Voraussetzungen einer Niederlassung, gelte aber nicht als diese).
82 EuGH, NJW 2014, 44; Rauscher/*Staudinger* Art. 13 Brüssel Ia Rdn. 11; offen *Kuhnert* NJW 2011, 3347, 3350.
83 LG Wiesbaden, Urt. v. 7.6.2014 – 1 O 106/14; vgl. auch Rauscher/*Staudinger* Art. 13 Brüssel Ia Rdn. 11; *Nordmeier* FS Müller-Graff.
84 Zweifelnd Rauscher/*Staudinger* Art. 13 Brüssel Ia-VO Rdn. 11a; **a.A.** *Fuchs* IPRax 2001, 425, 426.
85 Kropholler/*von Hein* Art. 8 EuGVVO Rdn. 3; Rauscher/*Staudinger* Art. 10 Brüssel Ia-VO Rdn. 8; unalex-Kommentar/*Mayr* Art. 8 Rdn. 9.
86 Vgl. Stein/Jonas/*G. Wagner* Art. 8 EuGVVO Rdn. 7.
87 Stein/Jonas/*G. Wagner* Art. 8 EuGVVO Rdn. 7; tendenziell enger Rauscher/*Staudinger* Art. 10 Brüssel Ia-VO Rdn. 8, der eine intensive Befassung mit der Schadensregulierung fordert. Dieses Merkmal ist in der Praxis kaum zu konturieren. Eine intensive Befassung mit dem Schadensfall nicht für ausreichend erachtend unalex-Kommentar/*Mayr* Art. 8 Rdn. 9.

stands der Niederlassung zu gewährleisten und dem Umstand Rechnung zu tragen, dass eine Partei des Versicherungsverhältnisses regelmäßig keine Einblicke in die interne Organisationsstruktur der anderen Partei hat, sollte man indiziell darauf abstellen, inwiefern persönlicher Kontakt und Korrespondenz vor und während der betreffenden Streitigkeit über die betreffende Niederlassung erfolgte.

37 Der Vorbehalt des Art. 7 Nr. 5 hat nicht zur Folge, dass dem Gerichtsstand der Niederlassung Vorrang vor den Gerichtsständen der Art. 10 ff. zukäme. Er tritt vielmehr neben diese.[88] Der in Art. 7 Nr. 5 verwendete Begriff „vorbehaltlich" ist im Sinne von „unbeschadet" zu verstehen.[89] Insbesondere bleibt es dem Versicherungsnehmer unbenommen, im Wohnsitzgerichtsstand des Art. 11 Abs. 1 lit. b) zu klagen.[90]

38 **3. Vorbehalt der Widerklage (Art. 14 Abs. 2).** Einen weitere Ausnahme von der Suspendierung der allgemeinen Zuständigkeitsregeln durch das Sonderregime der Art. 10 ff. findet sich für die Widerklage in Art. 14 Abs. 2. Näher Art. 14 Rdn. 12 ff.

Artikel 11

(1) Ein Versicherer, der seinen Wohnsitz im Hoheitsgebiet eines Mitgliedstaats hat, kann verklagt werden:
a) vor den Gerichten des Mitgliedstaats, in dem er seinen Wohnsitz hat,
b) in einem anderen Mitgliedstaat bei Klagen des Versicherungsnehmers, des Versicherten oder des Begünstigten vor dem Gericht des Ortes, an dem der Kläger seinen Wohnsitz hat, oder
c) falls es sich um einen Mitversicherer handelt, vor dem Gericht eines Mitgliedstaats, bei dem der federführende Versicherer verklagt wird.
(2) Hat der Versicherer im Hoheitsgebiet eines Mitgliedstaats keinen Wohnsitz, besitzt er aber in einem Mitgliedstaat eine Zweigniederlassung, Agentur oder sonstige Niederlassung, so wird er für Streitigkeiten aus ihrem Betrieb so behandelt, wie wenn er seinen Wohnsitz im Hoheitsgebiet dieses Mitgliedstaats hätte.

Schrifttum

Siehe Einl. zu Art. 10 ff. und Art. 10.

Übersicht

I. Gesetzesgeschichte — 1
II. Normzweck — 2
III. Klagen gegen den Versicherer (Abs. 1) — 3
    1. Wohnsitzgerichtsstand (Abs. 1 lit. a)) — 4
    2. Klägergerichtsstand (Abs. 1 lit. b)) — 6
    3. Mitversicherer (Abs. 1 lit. c)) — 11
IV. Niederlassung des im Drittstaat ansässigen Versicherers — 20

---

[88] LG Stuttgart IPRax 1998, 100, 101 f. m. Anm. *Looschelders* IPRax 1998, 86, 89; Rauscher/*Staudinger* Art. 10 Brüssel Ia-VO Rdn. 9; Stein/Jonas/*G. Wagner* Art. 9 EuGVVO Rdn. 1; *Geimer/Schütze* Art. 9 EuGVVO Rdn. 15.
[89] *Looschelders* IPRax 1998, 86, 89.
[90] Kropholler/von Hein Art. 8 EuGVVO Rdn. 3.

I. Gesetzesgeschichte

Die Norm stimmt mit Art. 9 Brüssel I-VO wortgleich überein. Art. 9 des rev. LuGÜ **1** entspricht ihr ebenfalls bis auf linguistische Abweichungen, die dem Umstand Rechnung tragen, dass es sich beim rev. LuGÜ um einen völkerrechtlichen Vertrag handelt. Seinem Regelungsgehalt nach fand sich Art. 11 – mit Ausnahme des Abs. 1 lit. b) – bereits in Art. 8 EuGVVÜ. Im Verordnungsgebungsprozess zur Brüssel Ia-VO hatte die Kommission vorgeschlagen, Art. 11 auch auf Versicherer mit Wohnsitz in einem Drittstaat auszudehnen,[1] konnte sich damit aber nicht durchsetzen.[2]

II. Normzweck

Art. 11 verwirklicht eine Kernkomponente des Schutzregimes der Art. 10 ff. (zu die- **2** sem vor Art. 10 Rdn. 4), indem Abs. 1 für Klagen gegen den bei typisierender Betrachtung als stärkere Partei anzusehenden Versicherer drei Gerichtsstände zur Wahl stellt.[3] Zu diesen tritt der Gerichtsstand der Niederlassung nach Art. 10, 2. Alt. i.V.m. Art. 7 Nr. 5 (vgl. Art. 10 Rdn. 34). Ein ausschließlicher Gerichtsstand am Wohnsitz des Versicherungsnehmers wurde hingegen nicht geschaffen, da dieser ein Interesse daran haben kann, den Versicherer in einem anderen Mitgliedstaat zu verklagen – etwa, um eine grenzüberschreitende Zwangsvollstreckung zu vermeiden.[4] Abs. 2 lässt einen in einem Drittstaat ansässigen Versicherer gerichtspflichtig werden, wenn er in einem Mitgliedstaat eine Niederlassung unterhält und die Streitigkeit aus ihrem Betrieb entspringt.

III. Klagen gegen den Versicherer (Abs. 1)

Nur auf Versicherer, die ihren Wohnsitz im Hoheitsgebiet eines Mitgliedstaates ha- **3** ben, findet Abs. 1 Anwendung. In Drittstaaten ansässige Versicherer können nach Maßgabe des Abs. 2 gerichtspflichtig sein. Im Übrigen verweist Art. 10 i.V.m. Art. 6 auf die nationalen Zuständigkeitsvorschriften des Gerichtsstaats (vgl. Art. 10 Rdn. 34). Der Wohnsitz des Klägers ist grundsätzlich unerheblich.[5] Allerdings läuft der Klägergerichtsstand des Abs. 1 lit. b) leer, wenn der Kläger keinen Wohnsitz in einem Mitgliedstaat hat.[6] Zum Begriff des Versicherers siehe Art. 10 Rdn. 16.

1. Wohnsitzgerichtsstand (Abs. 1 lit. a)). Der Versicherer kann vor den Gerichten **4** seines Wohnsitzmitgliedstaates verklagt werden. Damit wird der Grundsatz des Art. 4 Abs. 1 in das Sonderregime der Art. 10 ff. übernommen.[7] Eine Privilegierung des Prozessgegners des Versicherers liegt hierin nicht. Zur Ermittlung des Wohnsitzes sind Art. 62 f., insbesondere die verordnungsautonome Wohnsitzdefinition der juristischen Person in

---

1 Vorschlag für eine Verordnung des Europäischen Parlaments und des Rates über die gerichtliche Zuständigkeit und die Anerkennung und Vollstreckung von Entscheidungen in Zivil- und Handelssachen (Neufassung), KOM (2010) 748 endg, S. 28.
2 Vgl. *Nagel/Gottwald* § 3 Rdn. 134.
3 Vgl. unalex-Kommentar/*Mayr* Art. 9 Rdn. 1.
4 *Kropholler/von Hein* Vor Art. 8 EuGVVO Rdn. 3; *Geimer* FS Heldrich, S. 627, 632.
5 EuGH, NJW 2000, 3121, 3122, Tz. 47; Stein/Jonas/*G. Wagner* Art. 9 EuGVVO Rdn. 2; **a.A.** Schlosser/Hess Art. 11 EuGVVO Rdn. 1.
6 *Geimer/Schütze* Art. 9 EuGVVO Rdn. 10.
7 Vgl. unalex-Kommentar/*Mayr* Art. 9 Rdn. 2.

Art. 63, heranzuziehen.[8] Nach allgemeinen Grundsätzen ist der Wohnsitz bei Klageerhebung ausschlaggebend.[9]

5   Wie Art. 4 Abs. 1 regelt Abs. 1 lit. a) nur die internationale, nicht die örtliche Zuständigkeit. Dies folgt aus dem Verweis auf die Gerichte „des Mitgliedstaates" im Normtext.[10] Zur Bestimmung der örtlichen Zuständigkeit kommt nationales Prozessrecht zur Anwendung.[11] In Deutschland richtet sich die örtliche Zuständigkeit nach §§ 12ff. ZPO und § 215 VVG.[12]

6   **2. Klägergerichtsstand (Abs. 1 lit. b)). Versicherungsnehmer, Versicherter** und **Begünstigter** können **an ihrem Wohnsitz** gegen einen Versicherer klagen, dessen Wohnsitz in einem anderen Mitgliedstaat liegt. Die Parteien müssen ihren Wohnsitz in verschiedenen Mitgliedstaaten haben oder es muss die Fiktion des Abs. 2 greifen.[13] Die Eröffnung eines Klägergerichtsstands für den Versicherten und den Begünstigten war im EuGVVÜ[14] nicht vorgesehen und ausweislich der Materialien[15] bewusst nicht gewährt worden,[16] da der Wohnsitz eines Versicherten oder eines Begünstigten für den Versicherer nicht hinreichend vorhersehbar sei. Der Verordnungsgeber hat sich im Rahmen der Überführung des EuGVVÜ in die Brüssel I-VO jedoch für eine Ausdehnung des Klägergerichtsstands entschieden, da auch Versicherter und Begünstigter als im Verhältnis zum Versicherer schwächere Partei anzusehen seien.[17] Diese Erweiterung der Gerichtspflichtigkeit des Versicherers ist insbesondere für **Gruppenversicherungen** auf berechtigte rechtspolitische Kritik gestoßen.[18] Eine teleologische Reduktion war jedoch bereits unter Art. 9 Abs. 1 lit. b) Brüssel I-VO nicht möglich, weil eine entsprechende Einschränkung für Gruppenversicherungsverträge im Verordnungsgebungsverfahren ausdrücklich vorgeschlagen, letztlich aber nicht Gesetz wurde.[19] Die unveränderte Fortführung der Bestimmung in der Brüssel Ia-VO unterstreicht dies. Der Versicherer kann versuchen, mittels einer koordinierten Gerichtsstandsklausel die Zuständigkeit zu bündeln, bedarf insoweit allerdings der gesonderten Zustimmung jedes Versicherten.[20]

7   Nur die in Abs. 1 lit. b) ausdrücklich genannten Personen werden durch den Klägergerichtsstand privilegiert. Die besondere Sachnähe einer Person zum Versicherungsverhältnis oder die Inhaberschaft von Beweismitteln – z.B. der Versicherungspolice – sind hingegen ohne Bedeutung.[21] Der Verweis in Art. 13 Abs. 2 auf Art. 11 eröffnet den Wohn-

---

8   Allg. Ans., vgl. Stein/Jonas/*G. Wagner* Art. 9 EuGVVO Rdn. 3; unalex-Kommentar/*Mayr* Art. 9 Rdn. 2; Zöller/*Geimer* Art. 11 EuGVVO Rdn. 1.
9   Rauscher/*Staudinger* Art. 11 Brüssel Ia-VO Rdn. 2.
10   Allg. Ans., siehe nur *Kropholler/von Hein* Art. 9 EuGVVO Rdn. 1; Stein/Jonas/*G. Wagner* Art. 9 EuGVVO Rdn. 3; *Nagel/Gottwald* § 3 Rdn. 133.
11   Thomas/Putzo/*Hüßtege* Art. 11 EuGVVO Rdn. 1.
12   Rauscher/*Staudinger* Art. 11 Brüssel Ia-VO Rdn. 2; *Geimer/Schütze* Art. 9 EuGVVO Rdn. 6.
13   Vgl. Thomas/Putzo/*Hüßtege* Art. 11 EuGVVO Rdn. 2.
14   Vgl. auch *Dörner* IPRax 2005, 26.
15   Bericht *Jenard* S. 31.
16   *Kropholler/von Hein* Art. 9 EuGVVO Rdn. 1.
17   *Fendt* VersR 2012, 34f.
18   *Kropholler/von Hein* Art. 9 EuGVVO Rdn. 2; Stein/Jonas/*G. Wagner* Art. 9 EuGVVO Rdn. 4; *Geimer/Schütze* Art. 9 EuGVVO Rdn. 7; *Fricke* VersR 2009, 429, 432f.
19   Rauscher/*Staudinger* Art. 11 Brüssel Ia-VO Rdn. 3; Stein/Jonas/*G. Wagner* Art. 9 EuGVVO Rdn. 4; *Micklitz/Rott* EuZW 2001, 325, 329f.; kritisch zur Reichweite der Gerichtspflichtigkeit des Versicherers *Geimer* FS Heldrich, S. 627, 635.
20   Näher Rauscher/*Staudinger* Art. 11 Brüssel Ia-VO Rdn. 3.
21   *Geimer/Schütze* Art. 9 EuGVVO Rdn. 9.

sitzgerichtsstand jedoch auch dem **Geschädigten** für eine Direktklage gegen den Versicherer (näher Art. 13 Rdn. 4ff.).

Abs. 1 lit. b) regelt durch den Verweis auf die Gerichte „des Ortes" des Klägerwohn- **8** sitzes nicht nur die internationale, sondern auch die **örtliche Zuständigkeit**.[22] Der Unterschied wird im Vergleich zu Abs. 1 lit. a) deutlich, der auf die Gerichte „des Mitgliedstaates" des Versicherers als Beklagten verweist.

Der klägerische Wohnsitz bestimmt sich nach Art. 62f.[23] In zeitlicher Hinsicht kommt **9** es auf den **Wohnsitz bei Klageerhebung**, nicht auf denjenigen im Moment der Begründung des Versicherungsverhältnisses an.[24] Der Moment der Klageerhebung ist in Analogie zu Art. 32 zu bestimmen. Eine direkte Anwendung der Norm scheidet aus, weil sie ausweislich Art. 32 Abs. 1 den Zeitpunkt der Anrufung eines Gerichts nur für Zwecke des Abschnitts 9 der Verordnung definiert.[25]

Zum Begriff des Versicherungsnehmers siehe Art. 10 Rdn. 17, zu dem des Versicher- **10** ten Art. 10 Rdn. 18 und zu dem des Begünstigten Art. 10 Rdn. 19.

3. Mitversicherer (Abs. 1 lit. c)). Für die Mitversicherung wird aus prozessökonomi- **11** schen Gründen eine dem Gerichtsstand der Streitgenossenschaft des Art. 8 Nr. 1 ähnliche **Verfahrenskonzentration** vor dem Gericht, bei dem der federführende Versicherer verklagt wird, begründet.[26] Seit der Neufassung des EuGVVÜ im Jahr 1978 knüpft der Gerichtsstand an den **federführenden Versicherer** an.[27] Eine Verpflichtung, sämtliche Mitversicherer in einem Forum zu verklagen, besteht nicht;[28] Abs. 1 lit. c) ist kein ausschließlicher Gerichtsstand in Mitversicherungssachen.

Der europäisch-autonom auszulegende **Begriff der Mitversicherung** bezeichnet die **12** gemeinsame, gleichstufige Übernahme eines Risikos durch mehrere Versicherer.[29] Auf die konkrete vertragliche Ausgestaltung der Risikoübernahme kommt es nicht an;[30] jedoch begründet die isolierte Versicherung verschiedener Teile eines Risikos bei verschiedenen Versicherern keine Mitversicherung, da es insoweit an der Gemeinsamkeit der Risikoübernahme fehlt. Auch eine mehrstufige Übernahme eines Risikos – etwa im Weg der Exzedentenversicherung oder der Rückversicherung – stellt keine Mitversicherung dar.

Federführend ist derjenige Versicherer, dem nach außen hin die **tatsächliche Füh- 13 rungsrolle** zukommt, d. h., der als Ansprechpartner für den Versicherungsnehmer fun-

---

[22] KG, VersR 2007, 1007; Musielak/Voit/*Stadler* Art. 11 EuGVVO n.F. Rdn. 2; *Kropholler/von Hein* Art. 9 EuGVVO Rdn. 1; Rauscher/*Staudinger* Art. 11 Brüssel Ia-VO Rdn. 3; Thomas/Putzo/*Hüßtege* Art. 11 EuGVVO Rdn. 2; unalex-Kommentar/*Mayr* Art. 9 Rdn. 3; **a.A.** Stein/Jonas/*G. Wagner* Art. 9 EuGVVO Rdn. 4.
[23] Stein/Jonas/*G. Wagner* Art. 9 EuGVVO Rdn. 6.
[24] *Kropholler/von Hein* Art. 9 EuGVVO Rdn. 1; Rauscher/*Staudinger* Art. 11 Brüssel Ia-VO Rdn. 4; Stein/Jonas/*G. Wagner* Art. 9 EuGVVO Rdn. 6; Schlosser/*Hess* Art. 11 EuGVVO Rdn. 1; Thomas/Putzo/*Hüßtege* Art. 11 EuGVVO Rdn. 2; unalex-Kommentar/*Mayr* Art. 9 Rdn. 3; de lege ferenda für ein Abstellen auf den Zeitpunkt des Vertragsschlusses Geimer/*Schütze* Art. 9 EuGVVO Rdn. 10; Geimer FS Heldrich, S. 627, 634f.
[25] Für eine unmittelbare Anwendung des Art. 30 EuGVVO a.F. Stein/Jonas/*G. Wagner* Art. 9 EuGVVO Rdn. 4.
[26] Vgl. Staudinger/*Rauscher* Art. 11 Brüssel Ia-VO Rdn. 6; Stein/Jonas/*G. Wagner* Art. 9 EuGVVO Rdn. 7.
[27] *Kropholler/von Hein* Art. 9 EuGVVO Rdn. 3.
[28] *Geimer* FS Heldrich, S. 627, 636.
[29] Vgl. Stein/Jonas/*G. Wagner* Art. 9 EuGVVO Rdn. 11; ähnlich unalex-Kommentar/*Mayr* Art. 9 Rdn. 6.
[30] Stein/Jonas/*G. Wagner* Art. 9 EuGVVO Rdn. 11.

giert und die Mitversicherer koordiniert.[31] Er ist regelmäßig dem Versicherungsnehmer gegenüber in einer gesonderten **Führungsklausel** ausgewiesen.[32] Die Gegenansicht[33] möchte darauf abstellen, welcher Versicherer im Innenverhältnis den größten Risikoanteil übernommen hat. Obgleich dem Versicherungsnehmer regelmäßig die vom jeweiligen Mitversicherer übernommenen Risikoanteile offen gelegt werden, verdient die Ansicht, welche auf die tatsächliche Führungsrolle abstellt, wegen der größeren Vorhersehbarkeit der Zuständigkeit den Vorzug.[34] Aus demselben Grund ist im Falle einer Divergenz von Führungsklausel und tatsächlicher Führungsrolle der in der Führungsklausel bezeichnete Versicherer als federführend anzusehen.

14   Unterhalten die Mitversicherer eine **gemeinsame administrative Einrichtung** für Abschluss und Betreuung von Mitversicherungsverhältnissen, ist diese – mangels Risikoübernahme – kein eigenständiger Versicherer i.S.v. Abs. 1 und deshalb kein federführender Versicherer nach Abs. 1 lit. c). Es kann sich aber um eine Niederlassung (auch) des federführenden Versicherers nach Art. 7 Nr. 5 handeln.

15   Vor dem Gericht des Mitgliedstaates, bei dem der **federführende Versicherer verklagt wird**, kann ein anderer Mitversicherer verklagt werden. Anders als im Fall des Art. 8 Nr. 1 braucht der federführende Versicherer nicht an seinem Wohnsitzgerichtsstand verklagt zu werden, um die Zuständigkeitskonzentration des Abs. 1 lit. c) auszulösen.[35] Jedoch muss das Gericht, vor dem der federführende Versicherer in Anspruch genommen wird, für die Klage gegen diesen zuständig sein. Der bloße Umstand, dass der federführende Versicherer vor dem Gericht eines Mitgliedstaates verklagt wird, genügt entgegen dem insofern zu weit geratenen Wortlaut des Abs. 1 lit. c) nicht. Auf welche Rechtsgrundlage sich die internationale Zuständigkeit stützt, ist unerheblich.[36] Insbesondere verlangt Abs. 1 lit. c) nicht, dass der federführende Versicherer seinen Wohnsitz in einem Mitgliedstaat hat, sodass für die Klage gegen einen federführenden Versicherer aus einem Drittstaat die nationalen Bestimmungen nach Art. 10 i.Vm. Art. 6 greifen können (näher Rdn. 18).

16   Der Gerichtsstand des Abs. 1 lit. c) wird erst in dem Moment eröffnet, in dem die **Klage** gegen den federführenden Versicherer analog Art. 32 Abs. 1 **anhängig** ist.[37] Denn Abs. 1 lit. c) verlangt, dass der federführende Versicherer verklagt „wird" und lässt nicht genügen, dass er „verklagt werden kann".[38] Umstritten ist die Frage, ob der Gerichtsstand des Abs. 1 lit. c) auch nach Abschluss des Verfahrens, das gegen den federführenden Versicherer betrieben wird, zur Verfügung steht. Dies ist abzulehnen.[39] Der im Präsens formulierte Normtext und die ratio der Bestimmung sprechen hiergegen. Die aus einem Versicherungsfall entstehenden Verfahren können nämlich nicht mehr im Verhältnis zum besonders sachnahen federführenden Versicherer koordiniert, d.h. gemein-

---

31   Vgl. unalex-Kommentar/*Mayr* Art. 9 Rdn. 6.
32   Stein/Jonas/*G. Wagner* Art. 9 EuGVVO Rdn. 12.
33   Schlosser-Bericht Nr. 149.
34   Stein/Jonas/*G. Wagner* Art. 9 EuGVVO Rdn. 11.
35   Staudinger/*Rauscher* Art. 11 Brüssel Ia-VO Rdn. 6; Stein/Jonas/*G. Wagner* Art. 9 EuGVVO Rdn. 9; Geimer/*Schütze* Art. 9 EuGVVO Rdn. 12.
36   Enger Thomas/Putzo/*Hüßtege* Art. 11 EuGVVO Rdn. 3 (Klage gegen Hauptversicherer aus Art. 11 Abs. 1 lit. a) und b) oder Art. 7 Nr. 5); Geimer/*Schütze* Art. 9 EuGVVO Rdn. 12 (Gerichtspflichtigkeit müsse sich aus Art. 9–11 oder 13 EuGVVO a.F. ergeben).
37   Vgl. Stein/Jonas/*G. Wagner* Art. 9 EuGVVO Rdn. 10; anders vielleicht Nagel/Gottwald § 3 Rdn. 132 (Eröffnung des für den federführenden Versicherer „geltenden" Gerichtsstand).
38   Vgl. auch Schlosser-Bericht, S. 116, Nr. 149 (Versicherungsnehmer könne nicht im Gerichtsstand des Abs. 1 lit. c) klagen, wenn der federführende Versicherer freiwillig geleistet habe).
39   **A.A.** Schlosser-Bericht, S. 116, Nr. 149; wohl auch Kropholler/*von Hein* Art. 9 EuGVVO Rdn. 4; offen Stein/Jonas/*G. Wagner* Art. 9 EuGVVO Rdn. 10.

sam verhandelt und entschieden werden, wenn das Verfahren gegen diesen bereits beendet ist.

Die **prozessuale Behandlung** der Klagen gegen die Versicherer richtet sich nach der lex fori.[40] Dies gilt insbesondere für die Frage der Zulässigkeit einer Klageerweiterung gegen einen Mitversicherer in einem bereits gegen den federführenden Versicherer anhängigen Verfahren oder die Verbindung der Verfahren. Endet das Verfahren gegen den federführenden Versicherer, bleibt für Mitversicherer, welche im Zeitraum der Anhängigkeit der Klage in Anspruch genommen wurden, nach dem Grundsatz der perpetuatio fori der Gerichtsstand des Abs. 1 lit. c) bestehen.[41] **17**

Abs. 1 lit. c) begründet nicht nur die internationale, sondern auch die **örtliche Zuständigkeit** für Klagen gegen den Mitversicherer.[42] Zuständig ist das Gericht des Ortes, an dem die Klage gegen den federführenden Versicherer erstinstanzlich erhoben wurde, selbst wenn der Prozess gegen diesen bereits in einer höheren Instanz an einem anderen Gerichtsort anhängig ist. Der Gerichtsstand des Abs. 1 lit. c) tritt neben die übrigen in Art. 10 ff. genannten, insbesondere also auch neben den Klägergerichtsstand des Abs. 1 lit. b), was sich aus der Verwendung der Konjunktion „oder" in Abs. 1 lit. b) a.E. ergibt.[43] Der Versicherungsnehmer kann deshalb sämtliche Mitversicherer im Wohnsitzgerichtsstand des Abs. 1 lit. b) in Anspruch nehmen, was die praktische Relevanz des Abs. 1 lit. c) stark einschränkt.[44] Auf Mitversicherer, die ihren Wohnsitz i.S.d. Art. 62 f. nicht im Hoheitsgebiet eines Mitgliedstaates haben, findet Abs. 1 lit. c) – vorbehaltlich des Abs. 2 – keine Anwendung. Ein **drittstaatlicher Mitversicherer** wird nicht nach Abs. 1 lit. c) gerichtspflichtig, wenn der federführende Versicherer vor dem Gericht eines Mitgliedstaates in Anspruch genommen wird. Hat hingegen der federführende Versicherer seinen Wohnsitz in einem Drittstaat und besteht für die Klage gegen ihn ein Gerichtsstand in einem Mitgliedstaat, kann ein Mitversicherer mit Wohnsitz in einem Mitgliedstaat nach Abs. 1 lit. c) vor dem Gericht, welches für die Klage gegen den federführenden Versicherer zuständig ist, in Anspruch genommen werden (vgl. Rdn. 15). **18**

§ 216 VVG (entspricht Art. 14 EGVVG a.F.)[45] begründet eine **Prozessstandschaft** des federführenden Versicherers eines Lloyd's Syndikats.[46] Ein gegen ihn erstrittener Titel wirkt für und gegen die übrigen an dem Versicherungsvertrag beteiligten Versicherer.[47] Die Norm erfasst jedoch nicht Fälle, in denen der Versicherungsvertrag über eine Niederlassung in Deutschland geschlossen wurde.[48] **19**

---

40 Stein/Jonas/*G. Wagner* Art. 9 EuGVVO Rdn. 10.
41 Stein/Jonas/*G. Wagner* Art. 9 EuGVVO Rdn. 10.
42 Staudinger/*Rauscher* Art. 11 Brüssel Ia-VO Rdn. 6; Stein/Jonas/*G. Wagner* Art. 9 EuGVVO Rdn. 7.
43 Stein/Jonas/*G. Wagner* Art. 9 EuGVVO Rdn. 8; siehe auch *Kropholler/von Hein* Art. 9 EuGVVO Rdn. 4; Staudinger/*Rauscher* Art. 11 Brüssel Ia-VO Rdn. 6; *Geimer/Schütze* Art. 9 EuGVVO Rdn. 13.
44 Stein/Jonas/*G. Wagner* Art. 9 EuGVVO Rdn. 7.
45 *Looschelders* VersR 2010, 1; *Thume* VersR 2009, 1342.
46 *Kropholler/von Hein* Art. 9 EuGVVO Rdn. 4; *Geimer/Schütze* Art. 9 EuGVVO Rdn. 14; *Nagel/Gottwald* § 3 Rdn. 134.
47 Vgl. Stein/Jonas/*G. Wagner* Art. 9 EuGVVO Rdn. 13.
48 OLG Hamburg, VersR 2011, 1139, 1140.

IV. Niederlassung des im Drittstaat ansässigen Versicherers

20 Für einen Versicherer, der im Hoheitsgebiet keines Mitgliedstaates wohnhaft ist,[49] **fingiert**[50] Abs. 2 einen solchen, wenn der Versicherer in einem Mitgliedstaat eine Zweigniederlassung, Agentur oder sonstige Niederlassung hat und sich die Streitigkeit aus ihrem Betrieb ergibt. Die Bestimmung enthält eine Ausnahme vom Grundsatz des Art. 6 Abs. 1, nach dem sich die internationale Zuständigkeit für in Drittstaaten Ansässige nach nationalem Prozessrecht richtet.[51] Nicht erforderlich ist, dass die Niederlassung im Wohnsitzstaat des Prozessgegners besteht.[52] Für Versicherer, die ihren Wohnsitz in einem Mitgliedstaat haben, eröffnet Art. 11 i.V.m. Art. 7 Nr. 5 eine Zuständigkeit am Niederlassungsort (näher Art. 10 Rdn. 34ff.).

21 Der Begriff des Wohnsitzes ist nach Art. 62f. zu bestimmen, die der Zweigniederlassung, Agentur und sonstige Niederlassung sowie der Streitigkeit „aus dem Betrieb" sind wie in Art. 7 Nr. 5 auszulegen (vgl. im Einzelnen Art. 10 Rdn. 36).[53] **Nur** für einen **Versicherer** greift Abs. 2, nicht jedoch für andere am Versicherungsverhältnis beteiligte Personen. Die prozessuale Stellung des Versicherers ist unerheblich, Abs. 2 gilt für Aktiv- wie Passivklagen.[54] Prozessgegner bleibt der im Drittstaat ansässige Versicherer,[55] die Niederlassung ist jedoch zustellungsbevollmächtigt.[56] Kommt der Niederlassung nach dem Recht des Gerichtsstaates Prozessfähigkeit zu, kann sie statt des Versicherers klagen oder verklagt werden.[57] Der Fiktion des Abs. 2 bedarf es hier insoweit nicht.[58]

22 Die Wohnsitzfiktion des Abs. 2 hat zur Folge, dass sich die internationale Zuständigkeit nach Art. 10–16 richtet.[59] Die internationalen Zuständigkeiten des **nationalen Rechts** stehen **nicht** zur Verfügung,[60] da deren Anwendbarkeit gerade voraussetzt, dass kein Wohnsitz in einem Mitgliedstaat besteht. Dies gilt selbst in dem Fall, dass das nationale Recht dem Prozessgegner des Versicherers günstiger ist. So liegt es insbesondere bei exorbitanten nationalen Gerichtsständen zulasten des Versicherers, welche die Fiktion des Abs. 2 sperrt.[61]

23 Der **Wohnsitz im Hoheitsgebiet** des Mitgliedstaats der Zweigniederlassung, nicht am Sitz der Zweigniederlassung wird **fingiert**.[62] Dies ergibt sich aus der Formulierung des Normtextes, der drittstaatliche Versicherer würde so behandelt, als habe er seinen Wohnsitz „im Hoheitsgebiet dieses Mitgliedstaates". Eine eigene örtliche Zuständigkeit

---

49 *Schlosser/Hess* Art. 11 EuGVVO Rdn. 2; unalex-Kommentar/*Mayr* Art. 9 Rdn. 7.
50 Stein/Jonas/*G. Wagner* Art. 9 EuGVVO Rdn. 14; Rauscher/*Staudinger* Art. 11 Brüssel Ia-VO Rdn. 8; *Schlosser/Hess* Art. 11 EuGVVO Rdn. 2; *Geimer/Schütze* Art. 9 EuGVVO Rdn. 18.
51 Vgl. Thomas/Putzo/*Hüßtege* Art. 11 EuGVVO Rdn. 4; *Gebauer* in: ders./Wiedmann, Zivilrecht unter europäischem Einfluss, Kap. 27 Rdn. 72.
52 Vgl. *Kropholler/von Hein* Art. 9 EuGVVO Rdn. 5.
53 Vgl. Musielak/Voit/*Stadler* Art. 11 EuGVVO n.F. Rdn. 4.
54 Stein/Jonas/*G. Wagner* Art. 9 EuGVVO Rdn. 15; tendenziell anders *Geimer* FS Heldrich, S. 627, 628.
55 Musielak/Voit/*Stadler* Art. 11 EuGVVO n.F. Rdn. 4.
56 Rauscher/*Staudinger* Art. 11 Brüssel Ia-VO Rdn. 8.
57 Vgl. Stein/Jonas/*G. Wagner* Art. 9 EuGVVO Rdn. 14; *Schlosser/Hess* Art. 11 EuGVVO Rdn. 2.
58 Stein/Jonas/*G. Wagner* Art. 9 EuGVVO Rdn. 14.
59 Vgl. Stein/Jonas/*G. Wagner* Art. 9 EuGVVO Rdn. 15; *Geimer* FS Heldrich, S. 627, 628.
60 Allg. Ans., Stein/Jonas/*G. Wagner* Art. 9 EuGVVO Rdn. 15; *Schlosser/Hess* Art. 11 EuGVVO Rdn. 2; *Geimer/Schütze* Art. 9 EuGVVO Rdn. 17.
61 Vgl. *Kropholler/von Hein* Art. 9 EuGVVO Rdn. 5; Stein/Jonas/*G. Wagner* Art. 9 EuGVVO Rdn. 15; unalex-Kommentar/*Mayr* Art. 9 Rdn. 7.
62 Rauscher/*Staudinger* Art. 11 Brüssel Ia-VO Rdn. 9; **a.A.** wohl *Geimer/Schütze* Art. 9 EuGVVO Rdn. 18.

normiert Abs. 2 bereits aufgrund seiner Regelungstechnik, nämlich der Gleichstellung des drittstaatlichen Versicherers mit einem im Mitgliedstaat der Zweigniederlassung domizilierten, nicht.[63] Deshalb ist insbesondere bei Klagen nach Abs. 1 lit. a) für die örtliche Zuständigkeit auf die nationalen Zuständigkeitsbestimmungen des angerufenen Gerichts zurückzugreifen.[64] Soll am Sitz der **Zweigniederlassung** geklagt werden, kann die örtliche Zuständigkeit nicht auf Abs. 2 i.V.m. Art. 10 und Art. 7 Nr. 5 gestützt werden.[65] Denn Art. 7 Nr. 5 setzt voraus, dass sich die Zweigniederlassung in einem anderen Mitgliedstaat als demjenigen befindet, in dem der Versicherer seinen Wohnsitz hat. Abs. 2 fingiert jedoch den Wohnsitz gerade in dem Mitgliedstaat, in welchem der Versicherer seine Zweigniederlassung hat.

Umstritten ist der für Abs. 2 relevante **Zeitpunkt**, in dem die **Zweigniederlassung bestehen** muss. Teilweise wird aus Gründen des Versicherungsnehmerschutzes auf den Zeitpunkt des Abschlusses des Versicherungsvertrags abgestellt.[66] Löse der Versicherer die Zweigniederlassung nach Vertragsabschluss, aber vor Klageerhebung auf, bleibe Abs. 2 anwendbar.[67] Die Gegenmeinung verlangt unter Hinweis auf den Wortlaut der Norm („besitzt") die Existenz der Niederlassung noch im Zeitpunkt der Klageerhebung.[68] Für sie spricht neben dem Wortlaut der Norm, dass Umstände, welche die internationale Zuständigkeit begründen sollen, prinzipiell im Zeitpunkt der Klageerhebung vorliegen müssen. 24

Artikel 12

Bei der Haftpflichtversicherung oder bei der Versicherung von unbeweglichen Sachen kann der Versicherer außerdem vor dem Gericht des Ortes, an dem das schädigende Ereignis eingetreten ist, verklagt werden. Das Gleiche gilt, wenn sowohl bewegliche als auch unbewegliche Sachen in ein und demselben Versicherungsvertrag versichert und von demselben Schadensfall betroffen sind.

Schrifttum

Siehe Einl. zu Art. 10 ff. und Art. 10.

Übersicht

I. Gesetzesgeschichte —— 1
II. Normzweck —— 2
III. Die Voraussetzungen der Norm im Einzelnen —— 4

---

[63] Geimer/*Schütze* Art. 9 EuGVVO Rdn. 20; *Geimer* FS Heldrich, S. 627, 629; dem folgend Rauscher/*Staudinger* Art. 11 Brüssel Ia-VO Rdn. 9; missverständlich *Vassilakakis* RHDI 66 (2013), 273, 276, der aus Art. 9 Abs. 2 EuGVVO a.F. einen Klägergerichtsstand der schwächeren Partei ableiten möchte.
[64] Rauscher/*Staudinger* Art. 11 Brüssel Ia-VO Rdn. 9.
[65] A.A. wohl Rauscher/*Staudinger* Art. 11 Brüssel Ia-VO Rdn. 9.
[66] Stein/Jonas/*G. Wagner* Art. 9 EuGVVO Rdn. 16; tendenziell ebenso Rauscher/*Staudinger* Art. 9 EuGVVO Rdn. 8.
[67] Stein/Jonas/*G. Wagner* Art. 9 EuGVVO Rdn. 16.
[68] Kropholler/*von Hein* Art. 9 EuGVVO Rdn. 5.

I. Gesetzesgeschichte

1 Die Norm entspricht ohne Änderungen Art. 10 Brüssel I-VO, der seinerseits Art. 9 EuGVÜ wortgleich übernommen hatte.[1] Auch die Parallelbestimmung Art. 10 rev. LuGÜ ist wortgleich.

II. Normzweck

2 Die Bestimmung eröffnet für Verfahren gegen den Versicherer in Haftpflichtsachen oder bei der Versicherung von Immobilien einen Gerichtsstand am **Schadenseintrittsort**. Damit wird der Deliktsgerichtsstand des Art. 7 Nr. 2 in den beiden genannten Fällen auf den Versicherer erstreckt.[2] Dies erlaubt es, **Prozesse** am Schadenseintrittsort zu **konzentrieren**,[3] und ermöglicht die Anrufung eines sach- und beweisnahen Gerichts.[4] Art. 12 regelt durch die Bezugnahme auf die „Gerichte des Ortes", an dem das schädigende Ereignis eingetreten ist, nicht nur die internationale, sondern auch die örtliche Zuständigkeit.[5]

3 Die **Gerichtsstände** des Art. 12 **treten neben die übrigen**, welche gegen einen Versicherer zur Verfügung stehen. Dies ergibt sich aus dem Wortlaut der Bestimmung („außerdem").[6] Die Erweiterung der Gerichtsstände ist Teil des Schutzes des Prozessgegners des Versicherers als typisiert betrachtet schwächere Partei.[7] Insbesondere kann diese alternativ zum Schadenseintrittsort (Art. 12) vor den Gerichten des Wohnsitzstaates des Versicherers (Art. 11 Abs. 1 lit. a) oder an ihrem eigenen Wohnsitz (Art. 11 Abs. 1 lit. b) klagen. Für den Aktivprozess des Versicherers gibt Art. 12 hingegen keinen Gerichtsstand.

III. Die Voraussetzungen der Norm im Einzelnen

4 Der Begriff „Ort, an dem das schädigende Ereignis eingetreten ist," wird wie in Art. 7 Nr. 2 ausgelegt, obgleich Art. 12 auch vertragliche Ansprüche gegen den Versicherer erfasst.[8] Der Kläger kann nach seiner Wahl am Handlungs- oder Erfolgsort klagen, nicht aber am Ort des mittelbaren Schadenseintritts.[9] Betrifft die Versicherung eine unbewegliche Sache, kommt regelmäßig nur deren Belegenheitsort in Betracht,[10] obgleich auch hier ein Wahlrecht des Klägers zwischen Handlungs- und Erfolgsort anzuerkennen ist.[11]

---

1 Vgl. *Micklitz/Rott* EuZW 2001, 325, 330.
2 Vgl. Stein/Jonas/*G. Wagner* Art. 10 EuGVVO Rdn. 1; *Gebauer* in: ders./Wiedmann, Zivilrecht unter europäischem Einfluss, Kap. 27 Rdn. 73; *Geimer* FS Heldrich, S. 627, 633.
3 *Kropholler/von Hein* Art. 10 EuGVVO Rdn. 1; Stein/Jonas/*G. Wagner* Art. 10 EuGVVO Rdn. 1; Staudinger/*Rauscher* Art. 12 Brüssel Ia-VO Rdn. 1; unalex-Kommentar/*Mayr* Art. 10 Rdn. 1; *Vassilakakis* RHDI 66 (2013), 273, 278 f.
4 OGH IPRax 2013, 364, 365 m. Aufs. *Looschelders* 370; *Kropholler/von Hein* Art. 10 EuGVVO Rdn. 1; *Fricke* VersR 1997, 399, 402 (zu Art. 9 EuGVVÜ).
5 Stein/Jonas/*G. Wagner* Art. 10 EuGVVO Rdn. 3.
6 Stein/Jonas/*G. Wagner* Art. 10 EuGVVO Rdn. 1; Thomas/Putzo/*Hüßtege* Art. 12 EuGVVO Rdn. 1; unalex-Kommentar/*Mayr* Art. 10 Rdn. 1; im Ergebnis auch Schlosser/Hess Art. 12 EuGVVO; *Vassilakakis* RHDI 66 (2013), 273, 278.
7 Vgl. *Looschelders* IPRax 2013, 370, 372; tendenziell **a.A.** OGH IPRax 2013, 364, 365.
8 Allg. Ansicht, *Kropholler/von Hein* Art. 10 EuGVVO Rdn. 1; MünchKomm/*Gottwald* Art. 10 EuGVVO Rdn. 1; Staudinger/*Rauscher* Art. 12 Brüssel Ia-VO Rdn. 3; eingehend *Vassilakakis* RHDI 66 (2013), 273, 279 ff.
9 *Geimer/Schütze* Art. 10 EuGVVO Rdn. 2; unalex-Kommentar/*Mayr* Art. 10 Rdn. 4.
10 *Kropholler/von Hein* Art. 10 EuGVVO Rdn. 2.
11 Stein/Jonas/*G. Wagner* Art. 10 EuGVVO Rdn. 8.

Streitig ist, ob der **Ort des schädigenden Ereignisses** in einem anderen Mitgliedstaat als den Wohnsitzstaaten des Klägers und des Versicherers – oder im Fall einer Niederlassung nach Art. 11 Abs. 2 außerhalb des Niederlassungsstaates des Versicherers[12] – liegen muss. Dies wird von der wohl herrschenden Ansicht aufgrund des Systems der Verordnung, d.h. aus der Parallele zu Art. 7 Nr. 2 und der Bezugnahme von Satz 1 auf Art. 11 durch die Formulierung „außerdem", bejaht.[13] Eröffnet werden solle ein zusätzlicher internationaler Gerichtsstand, der nicht in Betracht komme, wenn in dem betreffenden Mitgliedstaat aufgrund des Art. 11 bereits ein solcher bestehe.[14] Nicht genüge, dass Satz 1 auch eine örtliche Zuständigkeit am Schadenseintrittsort begründe, da sich sein Regelungsgehalt nicht allein in der Bestimmung der örtlichen Zuständigkeit erschöpfe.[15] Die Gegenmeinung rückt den effet util der Norm in den Vordergrund. Die Sach- und Beweisnähe der Gerichte am Schadenseintrittsort werde von der Frage, an welchem Ort die Parteien wohnhaft seien, nicht berührt.[16] Ein historisches Argument spricht für die erste Auffassung. Der *Jenard*-Bericht[17] beschränkt den Anwendungsbereich der Bestimmung auf Konstellationen, in denen der Versicherer am Schadenseintrittsort in einem anderen Staat als dem, in dem er seinen Wohnsitz hat, in Anspruch genommen wird. Ihre Schwäche liegt freilich darin, dass sie die Einschränkung „in einem anderen Mitgliedstaat" aus Art. 11 Abs. 1 lit. b) oder Art. 7 in Art. 12 hineinlesen muss. Es lässt sich deshalb ebenso der Umkehrschluss mit dem Argument begründen, dass Art. 12 die genannte Einschränkung nicht enthält.

5

Der **Schadenseintrittsort** muss in einem Mitgliedstaat liegen. Der Kläger kann in einem Drittstaat wohnhaft sein, da der Klägerwohnsitz für das Zuständigkeitsregime der Brüssel Ia-VO grundsätzlich unerheblich ist.[18]

6

Eine **Haftpflichtversicherung** deckt das Risiko, dass der Versicherte aufgrund gesetzlicher Bestimmungen zumindest auch des Privatrechts – unabhängig davon, ob es sich um privatrechtliche Normen mitgliedstaatlicher oder drittstaatlicher Provenienz handelt – auf Schadensersatz in Anspruch genommen wird.[19]

7

Der Begriff der **unbeweglichen Sache** ist – wie in Art. 24 Nr. 1 auch – autonom auszulegen.[20] Unproblematisch erfasst werden Versicherungen von Grundstücken und Gebäuden, Schwierigkeiten bereiten auf dem Grundstück befindliche und nach Verkehrssitte zu ihm gehörige bewegliche Sachen. S. 1 erfasst jedenfalls Feuer- und Wohngebäudeversicherungen.[21] Die vorgenannten Abgrenzungsschwierigkeiten werden aus Sicht der Praxis weitgehend dadurch beseitigt, dass gemäß Satz 2 der Gerichtsstand des Satz 1 auch für **bewegliche und unbewegliche Sachen**, die von demselben Schadensfall betroffen sind, eröffnet wird. Als Beispiel zu nennen ist eine Feuerversicherung, die neben Haus- und Grundbesitz auch den Hausrat versichert.[22] In **ein und demselben**

8

---

12 Vgl. *Vassilakakis* RHDI 66 (2013), 273, 281.
13 *Kropholler/von Hein* Art. 10 EuGVVO Rdn. 1; Musielak/Voit/*Stadler* Art. 12 EuGVVO n.F. Rdn. 1; Rauscher/*Staudinger* Art. 12 Brüssel Ia-VO Rdn. 2; Thomas/Putzo/*Hüßtege* Art. 12 EuGVVO Rdn. 1; Geimer/ Schütze Art. 10 EuGVVO Rdn. 2; *Vassilakakis* RHDI 66 (2013), 273, 287; im Ergebnis ebenso unalex-Kommentar/*Mayr* Art. 10 Rdn. 2.
14 Rauscher/*Staudinger* Art. 12 Brüssel Ia-VO Rdn. 2; *Fricke* VersR 1997, 399, 402 (zu Art. 9 EuGVVÜ).
15 Rauscher/*Staudinger* Art. 12 Brüssel Ia-VO Rdn. 2.
16 Stein/Jonas/*G. Wagner* Art. 10 EuGVVO Rdn. 2.
17 Jenard-Bericht S. 32.
18 Rauscher/*Staudinger* Art. 12 Brüssel Ia-VO Rdn. 2; unalex-Kommentar/*Mayr* Art. 10 Rdn. 2; offen *Gebauer* in: ders./Wiedmann, Zivilrecht unter europäischem Einfluss, Kap. 27 Rdn. 73; **a.A.** Musielak/ Voit/*Stadler* Art. 12 EuGVVO n.F. Rdn. 1; Thomas/Putzo/*Hüßtege* Art. 12 EuGVVO Rdn. 1.
19 Vgl. Stein/Jonas/*G. Wagner* Art. 10 EuGVVO Rdn. 4.
20 Stein/Jonas/*G. Wagner* Art. 10 EuGVVO Rdn. 6.
21 Stein/Jonas/*G. Wagner* Art. 10 EuGVVO Rdn. 5; unalex-Kommentar/*Mayr* Art. 10 Rdn. 3.
22 *Kropholler/von Hein* Art. 10 EuGVVO Rdn. 2; Geimer/Schütze Art. 10 EuGVVO Rdn. 1.

Versicherungsvertrag müssen die bewegliche und unbewegliche Sache versichert sein, um den Gerichtsstand des Satz 2 zu eröffnen. Ein Zusatzvertrag zum Immobiliarversicherungsvertrag soll hinreichen.[23] Ein getrennt geschlossener und abgerechneter Vertrag zur Versicherung der beweglichen Sache genügt für Satz 2 hingegen auch dann nicht, wenn er zwischen denselben Parteien in einem engen zeitlichen und räumlichen Zusammenhang zum Immobiliarversicherungsvertrag begründet wurde.[24] Als Indiz für die Eigenständigkeit des Versicherungsvertrags über die bewegliche Sache kann dienen, ob für die Versicherung der beweglichen Sache eine gesondert berechnete Prämie gezahlt wird.

9   Haben Versicherer und Versicherungsnehmer im Zeitpunkt des Vertragsabschlusses ihren Wohnsitz oder gewöhnlichen Aufenthalt in demselben Mitgliedstaat, kann Art. 12 nach Maßgabe des Art. 15 Nr. 3 **abbedungen** werden (näher Art. 15 Rdn. 18).[25]

Artikel 13

(1) Bei der Haftpflichtversicherung kann der Versicherer auch vor das Gericht, bei dem die Klage des Geschädigten gegen den Versicherten anhängig ist, geladen werden, sofern dies nach dem Recht des angerufenen Gerichts zulässig ist.

(2) Auf eine Klage, die der Geschädigte unmittelbar gegen den Versicherer erhebt, sind die Artikel 10, 11 und 12 anzuwenden, sofern eine solche unmittelbare Klage zulässig ist.

(3) Sieht das für die unmittelbare Klage maßgebliche Recht die Streitverkündung gegen den Versicherungsnehmer oder den Versicherten vor, so ist dasselbe Gericht auch für diese Personen zuständig.

Schrifttum

Siehe Einl. Art. 10 ff. sowie *Dörner*, „One-shotter" gegen „repeat player" – Zum Verständnis der Art. 13 Abs. 2 und 11 Abs. 1 lit. b) EuGVVO, IPRax 2018, 158; *Looschelders*, Internationale Zuständigkeit für Klagen gegen ausländische Entschädigungsstellen und Grüne-Karte-Büros, IPRax 2018, 360; *Mankowski*, Eine Gerichtsstandsvereinbarung im Haftpflichtversicherungsvertrag entfaltet keine Derogationswirkung gegen den geschädigten Direktkläger, IPRax 2018, 233; *Sendmeyer* Internationale Zuständigkeit deutscher Gerichte bei Verkehrsunfällen im europäischen Ausland, NJW 2015, 2384.

Schrifttum zur Brüssel I-VO: *Fuchs* Internationale Zuständigkeit für Direktklagen, IPRax 2008, 104; *Heiss* Die Direktklage vor dem EuGH, VersR 2007, 327; *Jayme* Der Klägergerichtsstand für Direktklagen am Wohnsitz des Geschädigten (Art. 11 Abs. 2 i.V.m. Art. 9 EuGVO): Ein Danaergeschenk des EuGH für die Opfer von Verkehrsunfällen, in: Festschrift für Bernd von Hoffmann, 2011, S. 656; *Micha* Der Klägergerichtsstand des Geschädigten bei versicherungsrechtlichen Direktklagen in der Revision der EuGVVO, IPRax 2011, 121; *Mansel*, Streitverkündung und Interventionsklage im Europäischen internationalen Zivilprozeßrecht (EuGVÜ/Lugano-Übereinkommen), in: Hommelhoff/Jayme/Mangold (Hrsg.), Europäischer Binnenmarkt, Internationales Privatrecht und Rechtsangleichung, 1995, S. 161; *Nordmeier* Divergenz von Delikts- und Unterhaltsstatut bei tödlich verlaufenden Straßenverkehrsunfällen: österreichischer Trauerschadensersatz und brasilianisches pretium doloris vor dem Hintergrund der Europäisierung des Kollisionsrechts, IPRax 2011, 292; *Riedmeyer* Internationale Zuständigkeit für Klagen bei Unfällen in der EU, r + s-

---

23 Jenard-Bericht S. 32; *Kropholler/von Hein* Art. 10 EuGVVO Rdn. 2; *Geimer/Schütze* Art. 10 EuGVVO Rdn. 1; wohl auch MünchKomm/*Gottwald* Art. 10 EuGVVO Rdn. 1; Musielak/Voit/*Stadler* Art. 12 EuGVVO n.F. Rdn. 1 („separater Zusatzvertrag" reiche aus).
24 Stein/Jonas/*G. Wagner* Art. 10 EuGVVO Rdn. 7 (Hausratsversicherung und Gebäudeversicherung als selbständige Verträge).
25 Allg. Ansicht, *Kropholler/von Hein* Art. 10 EuGVVO Rdn. 3; Staudinger/*Rauscher* Art. 12 Brüssel Ia-VO Rdn. 4; Stein/Jonas/*G. Wagner* Art. 10 EuGVVO Rdn. 9; *Schlosser/Hess* Art. 12 EuGVVO.

Beil. 2011, 91; *Staudinger* Straßenverkehrsunfall, Rom II-Verordnung und Anscheinsbeweis, NJW 2011, 650; *ders.* Geschädigte im Sinne von Art. 11 Abs. 2 EuGVVO, IPRax 2011, 229; *Staudinger/Czaplinski* Verkehrsopferschutz im Lichte der Rom I-, Rom II- sowie Brüssel I-Verordnung, NJW 2009, 2249; *Tomson* Der Verkehrsunfall im Ausland vor deutschen Gerichten – Alle Wege führen nach Rom –, EuZW 2009, 204; *Wittmann* Kann eine durch einen Verkehrsunfall geschädigte juristische Person gegen den Kfz-Haftpflichtversicherer aus einem Mitgliedsstaat der EU an ihrem Sitz klagen?, r + s 2011, 145.

Übersicht

I. Gesetzesgeschichte —— 1
II. Normzweck —— 2
III. Interventionsklage (Abs. 1) —— 3
IV. Direktanspruch (Abs. 2) —— 16
  1. Zweck und Bedeutung des Direktanspruchs —— 16
  2. Voraussetzungen —— 17
    a) Direktanspruch des Geschädigten —— 20
    b) Bedeutung des anwendbaren Rechts —— 23
  3. Eröffnete Gerichtsstände —— 24
  4. Klage am Geschädigtenwohnsitz —— 27
  5. Gerichtsstandsvereinbarungen —— 34
  6. Prozessuale Besonderheiten —— 35
V. Streitverkündung (Abs. 3) —— 37

I. Gesetzesgeschichte

Die Norm stimmt bis auf die in der Nummerierung angepassten Verweise auf Art. 10 bis 12 wortgleich mit **Art. 11 Brüssel I-VO** überein. Als Vorgängernorm nannte Art. 10 EuGVÜ Abs. 2 den Verletzten, nicht den Geschädigten als Kläger. **1**

II. Normzweck

Für **Haftpflichtsachen** erweitert Art. 13 die Gerichtspflichtigkeit des Versicherers über die in Art. 10 und Art. 11 genannten Konstellationen hinaus.[1] Abs. 1 regelt das im deutschen Prozessrecht unbekannte Institut der **Interventionsklage**. Der besonders praxisrelevante Gerichtsstand der **Direktklage** gegen den Versicherer findet sich in Abs. 2. Er wird durch die Streitverkündung gegen den Versicherungsnehmer oder den Versicherten in Abs. 3 ergänzt. Art. 13 betrifft sämtliche Haftpflichtsachen, ist jedoch für Straßenverkehrsunfallsachen von besonderer Relevanz.[2] **2**

III. Interventionsklage (Abs. 1)

Ist ein Verfahren des Geschädigten gegen den Versicherten vor einem zuständigen Gericht anhängig, dessen Recht die Interventionsklage gegen den Versicherer kennt, besteht eine konkurrierende **internationale und örtliche Zuständigkeit**[3] dieses Gerichts auch für eine solche **Interventionsklage**. Die Bestimmung dient – wie jede Norm, welche mehrere Verfahren vor einem Gericht bündelt – der Prozessökonomie; sie soll sich widersprechende Entscheidungen verhindern[4] und die einheitliche Verhandlung und Entscheidung über Haftungs- und Deckungsverhältnis, die regelmäßig in einem rechtlichen und tatsächlichen Zusammenhang stehen,[5] zumindest ermöglichen.[6] Die **3**

---

[1] Vgl. *Schlosser/Hess* Art. 13 EuGVVO Rdn. 1.
[2] *Jenard*-Bericht S. 32.
[3] Rauscher/*Staudinger* Art. 13 Brüssel Ia-VO Rdn. 1; unalex-Kommentar/*Mayr* Art. 11 Rdn. 2; *Mansel* in: Hommelhoff/Jayme/Mangold, S. 241 f. (zum EuGVVÜ).
[4] Rauscher/*Staudinger* Art. 13 Brüssel Ia-VO Rdn. 1; unalex-Kommentar/*Mayr* Art. 11 Rdn. 2.
[5] *Geimer/Schütze* Art. 11 EuGVVO Rdn. 10.
[6] Stein/Jonas/*G. Wagner* Art. 11 EuGVVO Rdn. 1.

Zuständigkeit des Gerichts des Hauptprozesses für die Interventionsklage wird allgemein in Art. 8 Nr. 2 geregelt. Da diese Norm durch Art. 10 in Versicherungssachen jedoch gesperrt ist, enthält Abs. 1 insoweit eine spezifische Bestimmung.[7]

4 Der Gerichtsstand steht **nur in Haftpflichtsachen** (Art. 12 Rdn. 7) für eine Interventionsklage (vgl. Art. 8 Nr. 2) gegen den Versicherer (Art. 10 Rdn. 16) zur Verfügung. Interventionsklagen gegen andere Personen – etwa den Versicherungsnehmer, wenn dieser vom Versicherten personenverschieden ist – trägt Abs. 1 nicht. Die Hauptsacheklage, d.h. die Klage des Geschädigten (zum Begriff Rdn. 5ff.) gegen den Versicherten (zum Begriff Art. 10 Rdn. 29), muss im Moment der Erhebung der Interventionsklage **anhängig** sein; dies gilt unabhängig davon, ob Personenidentität von Geschädigtem und Versicherungsnehmer besteht. Kläger des Hauptprozesses muss zumindest auch der Geschädigte,[8] Beklagter des Hauptprozesses zumindest auch der Versicherte sein.[9] Verklagt der Geschädigte nur einen Versicherungsnehmer, der nicht zugleich Versicherter ist, greift Abs. 1 nicht.[10] Die negative Feststellungsklage des Versicherten gegen den Geschädigten begründet keinen Gerichtsstand der Interventionsklage gegen den Versicherer.[11] Nehmen hingegen verschiedene Geschädigte denselben Versicherten vor Gerichten verschiedener Mitgliedstaaten in Anspruch, ist die Zuständigkeit nach Maßgabe des Abs. 1 für Interventionsklagen gegen dessen Versicherer vor sämtlichen Gerichten gegeben.[12]

5 **Geschädigter** ist derjenige, welcher einen Haftpflichtanspruch (zum Begriff Art. 12 Rdn. 7) behauptet.[13] Seine prozessuale Privilegierung lässt sich auch auf die Überlegung stützen, dass er Opfer eines Delikts geworden ist.[14] Erfasst werden natürliche und juristische Personen.[15] Die Art des verletzten Rechtsguts[16] und die Art der Verletzungshandlung (Tun oder Unterlassen) sind ebenso irrelevant wie Art und Ausmaß der begehrten Kompensation. Damit eine Person Geschädigter i.S.d. Norm ist, muss sie nicht in ihrer körperlichen Integrität verletzt worden sein; die anspruchsauslösende **Beeinträchtigung von Eigentum oder Vermögen** genügt. Dies kommt im Begriff „Geschädigter" etwas besser zum Ausdruck als in der Wendung „Verletzter", die sich in Art. 10 Abs. 2 EuGVÜ fand.[17]

6 Folglich können nicht nur der Eigentümer, (Kfz-)Halter[18] oder Leasingnehmer[19], sondern auch der Leasinggeber,[20] der Vermieter oder der Sicherungseigentümer eines be-

---

7 Vgl. HK-ZPO/*Dörner* Art. 11 EuGVVO Rdn. 1; Stein/Jonas/*G. Wagner* Art. 11 EuGVVO Rdn. 1; Geimer, MDR 2018, 928, 934.
8 Vgl. unalex-Kommentar/*Mayr* Art. 11 Rdn. 3 (Klage des Versicherers des Geschädigten nicht hinreichend).
9 Stein/Jonas/*G. Wagner* Art. 11 EuGVVO Rdn. 6; *Geimer/Schütze* Art. 11 EuGVVO Rdn. 8.
10 Vgl. *Geimer* FS Heldrich, S. 627, 637.
11 Stein/Jonas/*G. Wagner* Art. 11 EuGVVO Rdn. 6.
12 *Geimer/Schütze* Art. 11 EuGVVO Rdn. 9.
13 Vgl. für den Kfz-Unfall OLG Frankfurt am Main, NJW-RR 2014, 1339, 1340 Tz. 12.
14 *Mankowski* IPRax 2015, 115, 119.
15 OLG Frankfurt am Main, NJW-RR 2014, 1339, 1340 Tz. 12; *Mankowski* IPRax 2015, 115f.; OLG Celle NJW 2009, 86; OLG Köln, DAR 2010, 582; OLG Zweibrücken NZV 2010, 198, 199; HK-ZPO/*Dörner* Art. 11 EuGVVO Rdn. 4; Musielak/Voit/*Stadler* Art. 13 EuGVVO n.F. Rdn. 2; Rauscher/*Staudinger* Art. 13 Brüssel Ia-VO Rdn. 6b; *Fricke* VersR 2009, 429, 433; *Vassilakakis* RHDI 66 (2013), 273, 289; siehe auch *Wittmann* r + s 2011, 145, 146ff.
16 Vgl. OLG Köln, DAR 2010, 582.
17 Die französische Sprachfassung der EuGVVO weist noch heute eine terminologische Differenz zwischen „la victime" in Abs. 1 und „la personne lésée" in Abs. 2 auf. Andere Sprachfassungen sind wie die deutsche einheitlich gestaltet, etwa die englische (the injured party), die italienische (la parte lesa), die portugiesische (o lesado) oder die spanische (la persona perjudicada).
18 OLG Zweibrücken NJOZ 2010, 2384, 2385.
19 OLG Köln DAR 2010, 582; Zöller/*Geimer* Art. 14 EuGVVO Rdn. 8.
20 OLG Frankfurt am Main, NJW-RR 2014, 1339, 1340.

schädigten Gegenstandes Geschädigter sein.[21] Keine Bedeutung hat, ob materieller oder immaterieller Schadensersatz begehrt wird. Auch **nahe Angehörige** eines Getöteten, die Ersatz für Unterhaltsschäden (im deutschen Sachrecht: § 844 Abs. 2 BGB), eigene Schockschäden oder Trauerschadensersatz (pretium doloris)[22] geltend machen, sind **mittelbar Geschädigte** und damit Geschädigte iSd Sonderregimes für Versicherungssachen.[23] Wird der Anwendungsbereich der Art. 10 ff. nicht eröffnet, was insbesondere bei Rechtsnachfolge in die Ansprüche des Geschädigten der Fall sein kann (näher Art. 10 Rdn. 11), greift Abs. 1 allerdings nicht. Ein wirtschaftliches oder rechtliches Ungleichgewicht zwischen Geschädigtem und Versicherer im konkreten Fall ist weder für die Anwendbarkeit der Art. 10 ff. (siehe Einl. Rdn. 5) noch für den Gerichtsstand des Abs. 1 zu fordern. Zur Direktklage des mittelbar Geschädigten nach Abs. 2 siehe Rdn. 16 ff.

Die Geschädigteneigenschaft entfällt nicht, wenn der **Geschädigte** selbst **an der Schadensentstehung mitgewirkt** hat und deshalb der von ihm in Anspruch genommene Versicherte aus demselben Ereignis ebenfalls Ansprüche als Geschädigter geltend machen kann (Beispiel: Straßenverkehrsunfall mit Verursachungsbeiträgen sämtlicher am Unfall Beteiligter).[24] 7

Der Geschädigte kann, muss aber nicht vom Versicherungsnehmer oder Versicherten **personenverschieden** sein. Nicht eindeutig zu beantworten ist die Frage, ob der Geschädigte eines Verkehrsunfalls auch Begünstigter i.S.v. Art. 11 Abs. 1 lit. b) ist.[25] Es handelt sich insofern um ein theoretisches Problem, als der Geschädigte nach Abs. 2 an seinem eigenen Wohnsitz klagen kann (näher Rdn. 20 ff.). 8

Schon und noch muss die **Klage** des Geschädigten gegen den Versicherer **anhängig** sein. Dieses Erfordernis ergibt sich aus dem Wortlaut der Bestimmung („anhängig ist").[26] Ob eine Interventionsklage erstinstanzlich erhoben werden muss oder noch später im Instanzenzug erhoben werden kann, richtet sich als Frage der Zulässigkeit nach dem Recht des Gerichtsstaates.[27] Der Versicherer kann sich auf die Interventionsklage nach Art. 26 rügelos einlassen.[28] Zur der rügelosen Einlassung des Versicherten in der Hauptsacheklage siehe Rdn. 13. 9

Die **Interventionsklage** muss nach dem Recht des angerufenen Gerichts **zulässig** sein.[29] Dies ist in Deutschland, Österreich und Ungarn nicht der Fall.[30] Art. 65 Abs. 1 sieht insofern eine deklaratorisch wirkende[31] Notifikation der Kommission durch die Bundesrepublik Deutschland vor. Vor deutschen Gerichten bleibt nach Art. 65 Abs. 1 Satz 2 die zur Interventionsklage funktional-äquivalente Möglichkeit, dem in einem anderen Mit- 10

---

21 Rauscher/*Staudinger* Art. 13 Brüssel Ia-VO Rdn. 6b; *Nagel*/*Gottwald* § 3 Rdn. 135; siehe auch *Mankowski* IPRax 2015, 115 f.
22 *Nordmeier* IPRax 2011, 292, 297 f.
23 UK Supreme Court, 2.4.2014 – *Cox ./. Ergo Versicherung AG (formerly known as Victoria)*, [2014] UKSC 22, Tz. 2; Rauscher/*Staudinger* Art. 13 Brüssel Ia-VO Rdn. 6c; *ders.* IPRax 2011, 229, 230 f. Eine mittelbare Schädigung tritt freilich nicht dadurch ein, dass ein Dritter vertraglich oder gesetzlich verpflichtet ist, dem unmittelbar Geschädigten den Schaden zu ersetzen, siehe *Dörner*, IPRax 2018, 158, 160 f.
24 Anders vielleicht *Mankowski* IPRax 2015, 115, 119 (Mitverschulden sei Steuerungsinstrument).
25 Zweifelnd Staudinger/*Rauscher* Art. 13 Brüssel Ia-VO Rdn. 5; ablehnend *Fricke* VersR 2009, 429, 432.
26 Staudinger/*Rauscher* Art. 13 Brüssel Ia-VO Rdn. 2 Fn. 4; **a.A.** *Schlosser/Hess* Art. 13 EuGVVO Rdn. 1 (Hauptsacheklage könne noch nachträglich anhängig gemacht werden).
27 Vgl. unalex-Kommentar/*Mayr* Art. 11 Rdn. 3.
28 Vgl. *Geimer/Schütze* Art. 11 EuGVVO Rdn. 6.
29 *Vassilakakis* RHDI 66 (2013), 273, 281.
30 Stein/Jonas/*G. Wagner* Art. 11 EuGVVO Rdn. 3; unalex-Kommentar/*Mayr* Art. 11 Rdn. 4; *Gebauer* in: ders./Wiedmann, Zivilrecht unter europäischem Einfluss, Kap. 27 Rdn. 74; *Mansel* in: Hommelhoff/Jayme/Mangold, S. 243 f. (zum EuGVVÜ).
31 Vgl. *Geimer/Schütze* Art. 11 EuGVVO Rdn. 4 (konstitutiver Ausschluss nach Art. 65 Abs. 1 nicht notwendig, da Abs. 1 ohnehin unter dem Vorbehalt der Zulässigkeit nach der lex fori steht).

gliedstaat wohnhaften Versicherer nach §§ 72 ff. ZPO den **Streit** zu **verkünden**.[32] Im Anwendungsbereich des rev. LugÜ findet sich ein paralleler Ausschluss der Interventionsklage in Art. II Abs. 1 des Protokolls Nr. 1 zum Lugano-Übereinkommen von 2007 i.Vm. Anhang IX, welcher die Schweiz erfasst.

11   Versicherer mit Wohnsitz in **Deutschland**, **Österreich** oder **Ungarn** können jedoch Interventionsbeklagte in einem Verfahren vor dem Gericht eines Mitgliedstaates sein, dessen Prozessrecht eine Interventionsklage gestattet.[33] Ohne Einfluss ist in diesem Zusammenhang, in welchen Mitgliedstaaten Versicherter und Versicherer wohnhaft sind und welchem Recht das Haftungs- oder das Versicherungsverhältnis unterliegt.[34]

12   Für den Prozess des Geschädigten gegen den Versicherer muss das angerufene Gericht **international zuständig** sein, damit es für die Interventionsklage nach Abs. 1 zuständig ist. Diese Einschränkung findet sich zwar nicht im Normtext des Abs. 1, folgt jedoch teleologisch aus dem Schutz der Zuständigkeitsinteressen des Versicherers. Da es nicht in seiner Hand liegt, vor welchem Gericht die Hauptsacheklage anhängig gemacht wird, ergäbe sich andernfalls eine einseitig vom Geschädigten gesteuerte, unbegrenzte Gerichtspflicht in potentiell allen Mitgliedstaaten. Die einschränkende Auslegung war bereits unter Art. 11 Abs. 1 Brüssel I-VO herrschend.[35] Sie wird durch den Umstand, dass der Verordnungsgeber sie nicht ausdrücklich im Normtext festgehalten hat, nicht obsolet.[36] Der Versicherer muss als Interventionsbeklagter die fehlende internationale Zuständigkeit des angerufenen Gerichts für die Hauptsacheklage und die daraus folgende fehlende internationale Zuständigkeit des Abs. 1 für die gegen ihn gerichtete Interventionsklage nach Maßgabe des Art. 26 rügen.[37]

13   Nach welcher Bestimmung das angerufene Gericht für die Hauptsacheklage international zuständig ist, hat keine Bedeutung. Die internationale Zuständigkeit kann sich aus den **nationalen Gerichtsständen** gemäß Art. 6,[38] einer **Gerichtsstandsvereinbarung** (Art. 25)[39] zwischen Geschädigtem und Versichertem oder einer **rügelosen Einlassung** des Versicherten (Art. 26)[40] ergeben. In allen diesen Fällen trägt der Gedanke der Prozessökonomie, auf dem Abs. 1 beruht (vgl. Rdn. 3).[41] Die Gegenansicht[42] betont die Selbständigkeit des Rechts des Versicherers, den Mangel der internationalen Zuständigkeit zu rügen. Dieses Recht könne durch das Prozessverhalten des Versicherten nicht vereitelt werden. Insofern bleibt jedoch zu bedenken, dass das Erfordernis der Zuständigkeit für die Hauptsa-

---

32 Stein/Jonas/*G. Wagner* Art. 11 EuGVVO Rdn. 3; *Schlosser/Hess* Art. 13 EuGVVO Rdn. 1; Thomas/Putzo/ *Hüßtege* Art. 13 EuGVVO Rdn. 1; *Geimer/Schütze* Art. 11 EuGVVO Rdn. 5.
33 Allg. Ansicht, *Kropholler/von Hein* Art. 11 EuGVVO Rdn. 2; *Geimer/Schütze* Art. 11 EuGVVO Rdn. 5; *Schlosser/Hess* Art. 13 EuGVVO Rdn. 1; unalex-Kommentar/*Mayr* Art. 11 Rdn. 4. Oft zitiert wird das Beispiel aus dem Jenard-Bericht: Verkehrsunfall in Frankreich, Parteien wohnhaft in Frankreich und Deutschland, letztgenannte versichert bei einem deutschen Versicherer. Klagt die in Frankreich wohnhafte Partei dort, besteht die internationale Zuständigkeit nach Abs. 1 für eine nach französischem Recht zulässige Interventionsklage.
34 Allg. Ansicht, vgl. Stein/Jonas/*G. Wagner* Art. 11 EuGVVO Rdn. 4.
35 *Kropholler/von Hein* Art. 11 EuGVVO Rdn. 3; Stein/Jonas/*G. Wagner* Art. 11 EuGVVO Rdn. 4; *Geimer/ Schütze* Art. 11 EuGVVO Rdn. 9; *Geimer* FS Heldrich, S. 627, 637; *Mansel* in: Hommelhoff/Jayme/Mangold, S. 244 (zum EuGVVÜ); *Vassilakakis* RHDI 66 (2013), 273, 281 f.
36 Vgl. Staudinger/*Rauscher* Art. 13 Brüssel Ia-VO Rdn. 4.
37 Vgl. *Geimer/Schütze* Art. 11 EuGVVO Rdn. 11.
38 *Geimer/Schütze* Art. 11 EuGVVO Rdn. 11 f. mit Anwendungsbeispiel; **a.A.** unalex-Kommentar/*Mayr* Art. 11 Rdn. 3.
39 *Kropholler/von Hein* Art. 11 EuGVVO Rdn. 3; Staudinger/*Rauscher* Art. 13 Brüssel Ia-VO Rdn. 4.
40 *Kropholler/von Hein* Art. 11 EuGVVO Rdn. 3; Staudinger/*Rauscher* Art. 13 Brüssel Ia-VO Rdn. 4; Stein/ Jonas/*G. Wagner* Art. 11 EuGVVO Rdn. 7; **a.A.** *Geimer/Schütze* Art. 11 EuGVVO Rdn. 11.
41 *Kropholler/von Hein* Art. 11 EuGVVO Rdn. 3.
42 *Geimer/Schütze* Art. 11 EuGVVO Rdn. 11; *Geimer* FS Heldrich, S. 627, 637.

cheklage im Normtext kaum angedeutet ist, seine Existenz vielmehr aus Sinn und Zweck der Norm hergeleitet wird, welche damit in den Vordergrund der Argumentation rücken sollten. Zudem stellt die Belehrungspflicht nach Art. 26 Abs. 2 sicher, dass der Versicherte sich nicht aus bloßer Unkenntnis rügelos einlässt.[43] Ob es dem Versicherten nach dem Versicherungsvertrag obliegt, einen Mangel der internationalen Zuständigkeit zu rügen, ist für Abs. 1 ohne Bedeutung.[44] Die materiellrechtliche Verpflichtung des Versicherten zu einem bestimmten prozessualen Verhalten stellt bei ihrem Unterlassen den durch das Verhalten begünstigten Versicherer im Verhältnis zu einem Dritten – dem Geschädigten – nicht so, als habe das prozessuale Verhalten tatsächlich stattgefunden.

Entscheidungen, die auf Grundlage der Zuständigkeit des Abs. 1 ergangen sind, werden in allen Mitgliedstaaten – d.h. auch in denjenigen, deren Prozessrecht eine Interventionsklage nicht kennt, mithin auch in Deutschland – gemäß Art. 65 Abs. 2 Satz 1 unter dem Regime der Verordnung (Art. 36 ff.) **anerkannt** und vollstreckt.[45] Spiegelbildlich sind die Wirkungen einer Streitverkündung vor einem mitgliedstaatlichen Gericht auch in denjenigen Mitgliedstaaten anzuerkennen, welche anstelle der Streitverkündung die Interventionsklage vorsehen.[46] 14

Der Gerichtsstand des Abs. 1 kann nach Art. 15 Nr. 3 **derogiert** werden.[47] Dies soll die Wirkung des Abs. 1 „abschwächen".[48] Da eine internationale Gerichtsstandsvereinbarung zulasten Dritter jedoch unzulässig ist, muss der Geschädigte einer etwaigen Vereinbarung zwischen Versichertem und Versicherer zustimmen. Alternativ kann der Geschädigte mit dem Versicherten eine eigenständige Gerichtsstandsvereinbarung treffen.[49] 15

IV. Direktanspruch (Abs. 2)

1. Zweck und Bedeutung des Direktanspruchs. Dem Geschädigten stellt Abs. 2 für die Geltendmachung eines Direktanspruchs gegen den Versicherer des Schädigers die Gerichtsstände der Art. 10–12 zur Verfügung. Die Bestimmung wurde vor allem geschaffen, um Opfern von Straßenverkehrsunfällen mit Auslandsbezug die Anspruchsdurchsetzung zu erleichtern.[50] 16

2. Voraussetzungen. Abs. 2 ist nur in **Haftpflichtsachen** (zum Begriff Art. 12 Rdn. 7) anwendbar.[51] Dies folgt aus der systematischen Stellung der Norm nach Abs. 1, der sich auf Haftpflichtversicherungssachen bezieht, und aus der Klägerrolle des Geschädigten (zum Begriff Rdn. 5). Klagt der Versicherer gegen den Geschädigten, kommt Abs. 2 seinem Wortlaut und Sinn und Zweck nach nicht zur Anwendung.[52] 17

Die internationale Zuständigkeit am Wohnsitz des Geschädigten wird durch Abs. 2 **nur** für die **Klage gegen** den **Versicherer**, nicht auch gegen den Schädiger[53], den Versi- 18

---

43 Näher *Nordmeier/Schichmann* GPR 2015, 199.
44 *Kropholler/von Hein* Art. 11 EuGVVO Rdn. 3; **a.A.** *Geimer/Schütze* Art. 11 EuGVVO Rdn. 12; *Geimer* FS Heldrich, S. 627, 638 (Verstoß des Versicherten gegen Pflichten aus dem Versicherungsvertrag dürfe nicht die Gerichtspflichtigkeit des Versicherers zur Folge haben).
45 Vgl. Staudinger/*Rauscher* Art. 13 Brüssel Ia-VO Rdn. 3; *Geimer/Schütze* Art. 11 EuGVVO Rdn. 6; *Schlosser/Hess* Art. 13 EuGVVO Rdn. 1.
46 Stein/Jonas/*G. Wagner* Art. 11 EuGVVO Rdn. 4.
47 Allg. Ansicht, Stein/Jonas/*G. Wagner* Art. 11 EuGVVO Rdn. 2; *Schlosser/Hess* Art. 13 EuGVVO Rdn. 1.
48 Jenard-Bericht S. 32; *Kropholler/von Hein* Art. 11 EuGVVO Rdn. 3.
49 Stein/Jonas/*G. Wagner* Art. 11 EuGVVO Rdn. 7.
50 Stein/Jonas/*G. Wagner* Art. 11 EuGVVO Rdn. 8.
51 Ausdrücklich Jenard-Bericht S. 32 (zu Art. 10 Abs. 2 EuGVÜ).
52 Vgl. Rauscher/*Staudinger* Art. 13 Brüssel Ia-VO Rdn. 5.
53 *Nagel/Gottwald* § 3 Rdn. 135.

cherungsnehmer, den Versicherten oder eine sonstige, am Versicherungsverhältnis beteiligte Person begründet. Sie folgt auch nicht aus Art. 8 Nr. 1, da der Versicherer nicht im Wohnsitzgerichtsstand in Anspruch genommen wird und deshalb nicht Ankerbeklagter i.S.d. Art. 8 Nr. 1 sein kann.[54] Zudem wird Art. 8 Nr. 1 durch Art. 10 gesperrt.[55] Der Gerichtsstand nach Abs. 2 besteht ferner nicht, wenn der Schädiger nicht versichert ist, sondern für den Schaden selbst aufkommt.[56] Es mangelt hier bereits an einer Versicherungssache (vgl. Art. 10 Rdn. 7ff.).

19   Zum Begriff des Geschädigten oben Rdn. 5. Bestimmten Geschädigten oder ihren Rechtsnachfolgern steht das Schutzregime der Art. 10ff. und damit der Gerichtsstand nach Abs. 2 nicht offen; so liegt es insbesondere für Sozialversicherungsträger oder private Versicherer des Geschädigten, wenn auf diese Ansprüche des Geschädigten übergehen (näher Art. 10 Rdn. 21ff.).

20   **a) Direktanspruch des Geschädigten.** Der Geschädigte muss eine Klage „unmittelbar gegen den Versicherer" erheben. Gemeint ist hiermit eine „action directe"[57], d.h. ein Direktanspruch[58] des Geschädigten gegen den Haftpflichtversicherer des Schädigers.

21   Die **unmittelbare Klage** muss nach dem Recht des Gerichtsstaates[59], einschließlich dessen Internationalen Privatrechts, **zulässig** sein.[60] Abs. 2 gibt dem Geschädigten keinen Direktanspruch, sondern setzt ihn voraus.[61] Abs. 2 verweist nicht auf das Prozessrecht des Forums, sondern stellt die materiellrechtliche Fage, ob der Versicherer als Anspruchsgegner potentiell in Betracht kommt.[62] Zur Begründung der internationalen Zuständigkeit nach Abs. 2 hat der klagende Geschädigte den Direktanspruch mithin schlüssig darzulegen.[63] Vor einem deutschen Gericht[64] sind nach der Lehre der doppelrelevanten Tatsachen[65] insbesondere die tatsächlichen Voraussetzungen des Anspruchs vorzutragen. Die rechtliche Existenz des Anspruchs bedarf der Darlegung hingegen nur nach Maßgabe des § 293 ZPO. Ob der Anspruch tatsächlich besteht, ist eine Frage der Begründetheit, nicht der Zulässigkeit der Klage.[66]

Der Anspruch muss nach dem Sachrecht, welches durch das Internationale Privatrecht des Gerichtsstaates zur Anwendung berufen wird,[67] schlüssig vorgetragen wer-

---

54   Vgl. BGH NJW 2015, 2429, 2430, Tz. 14; AG Müllheim, Teilurt. v. 13.10.2010 – 8 C 93/09, BeckRS 2011, 01087; AG Rosenheim, NZV 2013, 194; MünchKomm/*Gottwald* Art. 11 EuGVVO Rdn. 7; *Nugel* NZV 2013, 179; *Sendmeyer* NJW 2015, 2384, 2386.
55   Rauscher/*Staudinger* Art. 13 Brüssel Ia-VO Rdn. 13.
56   LG Mönchengladbach, r+s 2013, 197 (zu einem von der Versicherungspflicht befreiten Busunternehmen).
57   Siehe die französische Sprachfassung der Bestimmung.
58   Stein/Jonas/*G. Wagner* Art. 11 EuGVVO Rdn. 9; *Nagel/Gottwald* § 3 Rdn. 135.
59   Diese Voraussetzung kommt in der französischen Sprachfassung („si la loi de cette juridiction le permet") und in der portugiesischen („desde que a lei desse tribunal o permita") deutlicher zum Ausdruck als in der deutschen. Siehe auch *Geimer* FS Heldrich, S. 627, 636.
60   Zöller/*Geimer* Art. 14 EuGVVO Rdn. 6.
61   Rauscher/*Staudinger* Art. 13 Brüssel Ia-VO Rdn. 8.
62   *Mankowski*, IPRax 2018, 233, 235; siehe auch OLG Hamm, BeckRS 2017, 128423, Tz. 10 (zutreffender Verweis auf materielles französisches Recht).
63   Stein/Jonas/*G. Wagner* Art. 11 EuGVVO Rdn. 9; ähnlich Staudinger/*Rauscher* Art. 13 Brüssel Ia-VO Rdn. 8 (Kläger müsse sich des Anspruchs berühmen); *ders.* NJW 2011, 650 (Direktanspruch müsse vom Grundsatz her bestehen).
64   Die Frage, welcher Vortrag zur Begründung der internationalen Zuständigkeit nach EuGVVO erforderlich ist, unterliegt im Grundsatz dem mitgliedstaatlichen Prozessrecht, vgl. EuGH, NJW 2015, 1581, 1584, Tz. 60.
65   Vgl. *Mankowski* LMK 2015, 367447.
66   Stein/Jonas/*G. Wagner* Art. 11 EuGVVO Rdn. 9; *Geimer/Schütze* Art. 11 EuGVVO Rdn. 19.
67   Vgl. Jenard-Bericht S. 32; Rauscher/*Staudinger* Art. 13 Brüssel Ia-VO Rdn. 8; *Geimer/Schütze* Art. 11 EuGVVO Rdn. 15; *Vassilakakis* RHDI 66 (2013), 273, 281 und 283.

den.[68] In den Mitgliedstaaten sieht **Art. 18 Rom II-VO** – im Anwendungsbereich der Rom II-VO, von dem nach Art. 1 Abs. 2 lit. g) Rom II-VO insbesondere Ansprüche wegen Verletzung der Privatsphäre oder der Persönlichkeitsrechte ausgenommen sind, – hinsichtlich des Obs der Direktklage die alternative Berufung des auf den außervertraglichen Anspruch und des auf das Versicherungsvertragsverhältnis anwendbaren Rechts vor.[69] Zur Begründung der internationalen Zuständigkeit genügt mithin die schlüssige Darlegung des Direktanspruchs entweder nach dem Deliktsstatut oder dem Statut des Versicherungsvertrags.[70] Der Anwendungsbereich und die Reichweite des Statuts[71] der Rom II-VO werden europäisch-autonom definiert, sodass es insoweit auf die Einordnung des Direktanspruchs als deliktisch oder vertraglich nach nationalem Recht nicht ankommt. Außerhalb des Anwendungsbereichs der Rom II-VO bestimmt ein deutsches Gericht das anwendbare Deliktsrecht nach dem EGBGB. Eine Art. 18 Rom II-VO entsprechende alternative Anknüpfung ordnet Art. 40 Abs. 4 EGBGB an. Das auf das Versicherungsvertragsverhältnis anwendbare Recht, auf welches Art. 18 Rom II-VO Bezug nimmt, wird nach Internationalem Schuldvertragsrecht, d.h. vorrangig der Rom I-VO, bestimmt.[72] In einigen Mitgliedstaaten – nicht jedoch in der Bundesrepublik Deutschland – ist bei der Bestimmung des Deliktsstatuts das Haager Übereinkommen über das auf Straßenverkehrsunfälle anwendbare Recht vom 4.5.1971[73], das gemäß Art. 28 Abs. 1 Rom II-VO Vorrang vor der Rom II-VO genießt, zu beachten.[74] Sein komplexes Anknüpfungssystem beruht vorrangig das Recht des Unfallortes, unter Umständen auch das des Registerortes.

Gemäß **Art. 3 der 4. Kfz-Haftpflichtrichtlinie**[75], deren Umsetzungsfrist am 20.7. **22** 2002 ablief, sind die Mitgliedstaaten verpflichtet, einen Direktanspruch gegen den **Haftpflichtversicherer des Unfallverursachers** vorzusehen.[76] Diese Verpflichtung wurde in Art. 18 der Kfz-Haftpflichtrichtlinie von 2009[77] fortgeschrieben. Die deutsche Umsetzung findet sich in § 115 Abs. 1 Satz 1 Nr. 1 VVG i.V.m. § 1 PflVG (entspricht § 3 Nr. PflVG a.F.)[78] oder i.V.m. § 6 Abs. 1, 2. Alt. AuslPflVG. Aufgrund der Verpflichtung aus der Richtlinie haben sämtliche Mitgliedstaaten einen solchen Direktanspruch einführen müssen.[79]

b) Bedeutung des anwendbaren Rechts. Für die **Begründetheit der Klage** ist der **23** nur die internationale Zuständigkeit regelnde Abs. 2 ohne Bedeutung. Sie richtet sich

---

68 Allg. Ansicht, siehe Stein/Jonas/*G. Wagner* Art. 11 EuGVVO Rdn. 9.
69 NK-BGB/*Nordmeier* Art. 18 Rom II Rdn. 15; *Kropholler/von Hein* Art. 11 EuGVVO Rdn. 4; Thomas/Putzo/*Hüßtege* Art. 13 EuGVVO Rdn. 2f.; *Gebauer* in: ders./Wiedmann, Zivilrecht unter europäischem Einfluss, Kap. 27 Rdn. 75; *Mankowski*, IPRax 2018, 233, 235; *Staudinger/Czaplinski* NJW 2009, 2249, 2250; *Sendmeyer* NJW 2015, 2384, 2385.
70 Vgl. OLG Stuttgart, Urt. v. 10.2.2014 – 5 U 111/13, BeckRS 2014, 06419.
71 NK-BGB/*Nordmeier* Art. 15 Rom II Rdn. 4ff.
72 NK-BGB/*Nordmeier* Art. 18 Rom II Rdn. 16ff.
73 Text bei *Jayme/Hausmann* Nr. 100. Vertragsstaaten sind unter anderem Belgien, Frankreich, Lettland, Luxemburg, die Niederlande, Österreich, die Schweiz, Spanien und Tschechien.
74 Vgl. NK-BGB/*Eichel* Art. 28 Rom II Rdn. 2.
75 Richtlinie 2000/26/EG des Europäischen Parlaments und des Rates vom 16. Mai 2000 zur Angleichung der Rechtsvorschriften der Mitgliedstaaten über die Kraftfahrzeug-Haftpflichtversicherung, und zur Änderung der Richtlinien 73/239/EWG und 88/357/EWG des Rates (Vierte Kraftfahrzeughaftpflicht-Richtlinie), ABl. EG 2000 L 181, S. 65.
76 Vgl. *Sendmeyer* NJW 2015, 2384, 2385.
77 Richtlinie 2009/103/EG des Europäischen Parlaments und des Rates vom 16.9.2009 über die Kraftfahrzeug-Haftpflichtversicherung und die Kontrolle der entsprechenden Versicherungspflicht, ABl. EU 2009 L 263, S. 11.
78 Vgl. *Schlosser/Hess* Art. 13 EuGVVO Rdn. 2.
79 *Sendmeyer* NJW 2015, 2384, 2385. Einen ersten Zugriff auf Umsetzungen in anderen Mitgliedstaaten geben die Länderberichte in Feyock/Jacobsen/Lemor (Hrsg.), Kraftfahrtversicherung, 3. Aufl. 2009.

nach den materiellen Voraussetzungen des Direktanspruchs, welche auch das Günstigkeitsprinzip des Art. 18 Rom II-VO – der nur das Ob des Direktanspruchs betrifft – nicht erfasst. Im Grundsatz gilt: Ob der Schädiger dem Geschädigten haftet, bestimmt das Deliktsstatut; ob infolge der Haftung des Schädigers der Versicherer Versicherungsschutz zu gewähren hat, das Versicherungsvertragsstatut.[80]

24 **3. Eröffnete Gerichtsstände.** Infolge des Verweises auf Art. 10–12 kann der **Geschädigte** gegen einen in einem Mitgliedstaat wohnhaften Versicherer den Direktanspruch nach seiner **Wahl** an folgenden Gerichtsständen geltend machen[81]:
- Niederlassung des Versicherers, wenn die Streitigkeit aus dem Betrieb der Niederlassung entsprungen ist (Art. 13 Abs. 2 i.V.m. Art. 10, 2. Alt. i.V.m. Art. 7 Nr. 5, siehe auch Rdn. 25);
- Wohnsitzstaat des Versicherers (Art. 13 Abs. 2 i.V.m. Art. 11 Abs. 1 lit. a));
- Ort des Wohnsitzes des Versicherungsnehmers, Versicherten, Begünstigen oder des Geschädigten selbst (Art. 13 Abs. 2 i.V.m. Art. 11 Abs. 1 lit. b), siehe auch Rdn. 27);
- Gerichtsort des Prozesses gegen den federführenden Versicherer im Fall der Mitversicherung (Art. 13 Abs. 2 i.V.m. Art. 11 Abs. 1 lit. c));
- Schadenseintrittsort (Art. 13 Abs. 2 i.V.m. Art. 12 S. 1, 1. Alt.).

25 Ein **drittstaatlicher Versicherer**, der eine Niederlassung i.S.d. Art. 11 Abs. 2 in einem Mitgliedstaat hat, wird auch für die Direktklage des Geschädigten so behandelt als habe er dort seinen Wohnsitz, wenn die Streitigkeit aus dem Betrieb der Niederlassung entspringt (Art. 13 Abs. 2 i.V.m. Art. 11 Abs. 2).[82] Hat der Versicherer keinen Wohnsitz und keine Niederlassung in einem Mitgliedstaat, stehen die gegen den Versicherer nach autonomem Prozessrecht des angerufenen Gerichts eröffneten internationalen Zuständigkeiten auch dem Geschädigten offen (Art. 13 Abs. 2 i.V.m. Art. 10, 1. Alt. i.V.m. Art. 6).[83] Ob das mitgliedstaatliche Prozessrecht diese Gerichtsstände für einen Direktanspruch des Geschädigten eröffnet, ist ohne Bedeutung. Dem Geschädigten wird die Möglichkeit, in den Gerichtsständen, die nach nationalem Prozessrecht für Klagen gegen den drittstaatlichen Versicherer bestehen, den Direktanspruch geltend zu machen, durch Abs. 2 unabhängig vom mitgliedstaatlichen Recht eröffnet.

26 Der Gerichtsstand der **Niederlassung** des Art. 13 Abs. 2 i.V.m. Art. 10, 2. Alt. i.V.m. Art. 7 Nr. 5 sowie die **Wohnsitzfiktion** des Art. 13 Abs. 2 i.Vm. Art. 11 Abs. 2 verlangen, dass die Streitigkeit „aus dem Betrieb" der Niederlassung entspringt. Dies ist der Fall, wenn das Versicherungsverhältnis, welches die Passivlegitimation des Versicherers für den Direktanspruch begründet, aus dem Betrieb der Niederlassung resultiert (hierzu Art. 10 Rdn. 36).[84]

27 **4. Klage am Geschädigtenwohnsitz.** Auch an seinem **eigenen Wohnsitz** (zum Begriff Art. 62f.) kann der **Geschädigte** nach Art. 13 Abs. 2 i.V.m. Art. 11 Abs. 1 lit. b) den

---

80 Vgl. OLG Stuttgart, Urt. v. 10.2.2014 – 5 U 111/13, BeckRS 2014, 06419 (serbisches Deliktsstatut und österreichisches Versicherungsvertragsstatut bei deutsch-österreichischem Verkehrsunfall in der Nähe von Belgrad).
81 Vgl. auch Rauscher/*Staudinger* Art. 13 Brüssel Ia-VO Rdn. 5; *Tomson* EuZW 2009, 204 ff.; im Ergebnis ebenso *Kropholler/von Hein* Art. 11 EuGVVO Rdn. 4.
82 *Riedmeyer* r + s-Beil. 2011, 91, 94.
83 Anders vielleicht Stein/Jonas/*G. Wagner* Art. 11 EuGVVO Rdn. 8 (Verordnung müsse nach Art. 4 a.F. „überhaupt einschlägig" sein).
84 Im Ergebnis ebenso *Geimer/Schütze* Art. 11 EuGVVO Rdn. 17 f.; zurückhaltender Zöller/*Geimer* Art. 14 EuGVVO Rdn. 9; *ders.* FS Heldrich, S. 627, 638.

Direktanspruch geltend machen. Für die Praxis hat dies der EuGH im Jahr 2008[85] auf Vorlage des BGH[86] geklärt. Die jüngere Rechtsprechung folgt dieser Linie.[87] Die zuvor zum EuGVÜ entwickelte herrschende Gegenansicht verstand den Verweis in Abs. 2 auf Art. 11 Abs. 1 lit. b) dahingehend, dass der Geschädigte nur an den Wohnsitzen des Versicherungsnehmers, des Versicherers und des Begünstigen, nicht aber an seinem eigenen klagen konnte.[88] Die Begründung des EuGH fußt zentral auf dem Gedanken des **Schwächerenschutzes**.[89] Der Geschädigte sei ebenso schützenswert wie andere, als schwächer angesehene Parteien. Zudem war in Erwägungsgrund 16a der 4. Kfz-Haftpflichtrichtlinie[90] – allerdings nach Inkrafttreten der Brüssel I-VO – ein Hinweis eingefügt worden, dass der Geschädigte gemäß Art. 11 Abs. 2 i.V.m. Art. 9 Abs. 1 lit. b) Brüssel I-VO an seinem Wohnsitz klagen könne. In der der Kfz-Haftpflichtrichtlinie von 2009[91] ist er als Erwägungsgrund 32 ebenfalls enthalten. Obgleich sich dieses Vorgehen des Sekundärrechtsgebers zum Zeitpunkt der EuGH-Entscheidung im Jahr 2008 als methodisch fragwürdig erwies[92], stützte der EuGH seine Entscheidung auch auf den genannten Erwägungsgrund.[93] Zudem postulierte er, es liefe dem Wortlaut des Abs. 2 „unmittelbar zuwider", wenn man die dortige Verweisung nicht dahingehend verstünde, dass der Geschädigte neben die in Art. 9 Abs. 1 lit. b) Brüssel I-VO (entspricht Art. 11 Abs. 1 lit. b) n.F.) genannten Personen träte und damit einen Gerichtsstand an seinem eigenen Wohnsitz erhielte.[94] Dieses Wortlautargument hat berechtigte Kritik erfahren.[95]

Für **jedweden Direktanspruch** des Geschädigten gegen den Versicherer – nicht nur für einen solchen aus einem Straßenverkehrsunfall – ist im Anwendungsbereich der Art. 10 ff. der Gerichtsstand am Wohnsitz des Geschädigten begründet.[96] Die Argumentation des EuGH beruht nicht auf Spezifika der Kfz-Haftpflicht, sondern lässt sich auf andere Versicherungsarten übertragen. **28**

Trotz der Bezugnahme auf Erwägungsgrund 16a der 4. Kfz-Haftpflichtrichtlinie lässt sich die Entscheidung auf **Art. 11 Abs. 2 rev. LugÜ** übertragen.[97] Die Bestimmungen der Brüssel Ia-VO und des revidierten Luganer Übereinkommens sind prinzipiell parallel **29**

---

85 EuGH NJW 2008, 819, 820 m. Anm. *Fuchs* IPRax 2008, 104; *Leible* NJW 2008, 821; *Looschelders* ZZPInt 2007, 247; *Micha* IPRax 2011, 121; *Sujecki* EuZW 2008, 126; *Thiede/Ludwichowska* VersR 2008, 631; *Tomson* EuZW 2009, 204; *Wasserer* ELR 2008, 143; Zusammenfassung des Urteils auch bei *Geimer/Schütze* Art. 11 EuGVVO Rdn. 16; *Dietze/Schnichels* EuZW 2009, 33, 36 f.
86 BGH NJW 2007, 71 m. Anm. *Staudinger* NJW 2007, 73; m. Anm. *Fuchs* IPRax 2007, 302; m. Anm. *Diehl* ZfSch 2007, 143 und m. Aufs. *Heiss* VersR 2007, 327.
87 BGH NJW 2015, 2429, 2430, Tz. 12; NZV 2013, 336, 337, Tz. 8; OLG Celle, NJW 2009, 86; OLG Stuttgart, Urt. v. 10.2.2014 – 5 U 111/13, BeckRS 2014, 06419; LG Düsseldorf, Urt. v. 26.9.2011 – 9 O 209/10, BeckRS 2012, 17333; LG Saarbrücken, Urt. v. 11.10.2012 – 9 O 393/09, BeckRS 2014, 03944; LG Stuttgart, Urt. v. 8.4.2013 – 27 O 218/09, BeckRS 2013, 12790; AG Rosenheim NZV 2013, 194; aus der Literatur *Kuhnert* NJW 2011, 3347, 3350; *Sendmeyer* NJW 2015, 2384, 2386; *Vassilakakis* RHDI 66 (2013), 273, 281, 286 ff.
88 Nachweise zum Streitstand bei BGH NJW 2007, 71, 72, Tz. 5 f.; Staudinger/*Rauscher* Art. 13 Brüssel Ia-VO Rdn. 6.
89 EuGH, NJW 2008, 819, 820, Tz. 28.; *Jayme* FS v. Hoffmann, S. 656, 657.
90 Siehe den Nachweis in Fn. 75.
91 Siehe den Nachweis in Fn. 77.
92 Stein/Jonas/*G. Wagner* Art. 11 EuGVVO Rdn. 11; eine übergreifende systematische Interpretation hingegen für möglich haltend Rauscher/*Staudinger* Art. 13 Brüssel Ia-VO Rdn. 6 mit Fn. 31.
93 EuGH, NJW 2008, 819, 820, Tz. 29.
94 EuGH, NJW 2008, 819, 820, Tz. 26.
95 Stein/Jonas/*G. Wagner* Art. 11 EuGVVO Rdn. 11.
96 Kropholler/*von Hein* Art. 11 EuGVVO Rdn. 4; Rauscher/*Staudinger* Art. 13 Brüssel Ia-VO Rdn. 7; *ders.*/*Czaplinski* NJW 2009, 2249, 2251; *Fricke* VersR 2009, 429, 433 f.; *Fuchs* IPRax 2008, 104, 107.
97 BGH, BGHZ 195, 166, Tz. 21–24 m. Anm. *Nugel* NZV 2013, 179; Kropholler/*von Hein* Art. 11 EuGVVO Rdn. 4; Rauscher/*Staudinger* Art. 13 Brüssel Ia-VO Rdn. 6k; unalex-Kommentar/*Mayr* Art. 11 Rdn. 5; im Ergebnis ebenso *Tomson* EuZW 2009, 204, 206; **a.A.** OLG Karlsruhe NJW-RR 2008, 373, 374.

auszulegen, zumal sich vorliegend der Wortlaut deckt. Der Gedanke des Schwächerenschutzes und die Einordnung des Geschädigten als bei typisierender Betrachtung im Verhältnis zum Versicherer schwächere Partei greift auch für das Übereinkommen Platz. Den Ausführungen zu Erwägungsgrund 16a der 4. Kfz-Haftpflichtrichtlinie kommt lediglich eine bestätigende Funktion zu.[98] Auf das alte LuGÜ dürfte die EuGH-Entscheidung ebenfalls übertragbar sein.[99]

30 Teilweise wird vorgeschlagen, den Gerichtsstand des Abs. 2 für Geschädigte dahingehend mit Art. 7 Nr. 2 zu synchronisieren, dass **ein mittelbar Geschädigter** (zum Begriff oben Rdn. 5) – der etwa Unterhaltsschäden, Schockschäden oder Angehörigenschmerzensgeld geltend macht – nicht an seinem eigenen Wohnsitz, sondern nur am Wohnsitz des Erstgeschädigten klagen kann.[100] Damit werde den Schutzinteressen des mittelbar Geschädigten ebenso Rechnung getragen wie den Interessen der Versicherer. Zudem werde eine systemübergreifende Parallelität von internationaler Zuständigkeit und anwendbarem Recht hergestellt, da für die Grundanknüpfung an den Schadenseintrittsort in Art. 4 Abs. 1 Rom II-VO indirekte Schadensfolgen ebenfalls außer Betracht blieben. Eine solche Differenzierung nach Schadensarten sieht Abs. 2 jedoch nicht vor.[101] Ferner steht mit der Einschränkung, dass der Direktanspruch zulässig sein muss, bereits ein den Versicherer schützendes, einschränkendes Tatbestandselement zur Verfügung, das sich in Art. 7 Nr. 2 nicht findet. Wird dem (mittelbar) Geschädigten sachrechtlich ein Direktanspruch eingeräumt, kann er diesen an seinem Wohnsitz geltend machen. Auch die Parallelität von internationaler Zuständigkeit und anwendbarem Recht wird nicht zwingend hergestellt. Denn der Wohnsitz des Erstgeschädigten kann vom Schadenseintrittsort abweichen und ist für den mittelbar Geschädigten auch nur im Fall einer Abweichung von Bedeutung, da er am Schadenseintrittsort den Direktanspruch bereits gemäß Abs. 2 i.V.m. Art. 12 Satz 1, 1. Alt. geltend machen kann.

31 Verstirbt der Geschädigte vor Klageerhebung, bleibt dem **Erben** die Privilegierung des Abs. 2 grundsätzlich erhalten (vgl. auch Art. 10 Rdn. 12). Unterschiedlich beurteilt wird, ob der Erbe an seinem eigenen Wohnsitz klagen kann[102] oder ob er auf den letzten Wohnsitz des Geschädigten als Erblasser verwiesen ist[103]. Für die erste Ansicht spricht, dass es prinzipiell auf den Wohnsitz bei Klageerhebung ankommt.[104] Zum Vermögen des Erblassers gehört damit das Recht, den Direktanspruch am aktuellen Wohnsitz zu erheben und in den Genuss der hieraus resultierenden Vorteile zu gelangen. Dieses Recht würde geschwächt, wenn der Erbe am in einem anderen Mitgliedstaat liegenden letzten Wohnsitz des Erblassers klagen müsste. Der **Tod während des Prozesses** hat keine Auswirkung auf die internationale Zuständigkeit der Gerichte am Wohnsitz des geschädigten Erblassers.[105] Das Forum wird perpetuiert.

32 Die weite Ausdehnung der Gerichtspflichtigkeit des Versicherers lässt sich mit dem hervorgehobenen Schutz von dessen Prozessgegner in Haftpflichtversicherungssachen,

---

[98] BGH, BGHZ 195, 166, Tz. 24.
[99] Näher Rauscher/*Staudinger* Art. 13 Brüssel Ia-VO Rdn. 6k.
[100] Rauscher/*Staudinger* Art. 13 Brüssel Ia-VO Rdn. 6c; *ders.*/*Czaplinski* NJW 2009, 2249, 2252 (für Unterhaltsschäden und gewisse Fälle des Angehörigenschmerzensgeldes).
[101] Im Ergebnis ebenso: UK Supreme Court, 2.4.2014 – *Cox ./. Ergo Versicherung AG (formerly known as Victoria)*, [2014] UKSC 22, Tz. 2 (Frau eines in Deutschland stationierten, englischen Armeeangehörigen, der in Deutschland bei einem Verkehrsunfall tödlich verunglückte, kehrt nach England zurück und klagt dort gegen den Versicherer des deutschen Unfallgegners).
[102] Rauscher/*Staudinger* Art. 13 Brüssel Ia-VO Rdn. 6i.
[103] *Lüttringhaus* VersR 2010, 183, 187.
[104] Rauscher/*Staudinger* Art. 13 Brüssel Ia-VO Rdn. 6i; siehe auch *Dörner*, IPRax 2018, 158, 161.
[105] Rauscher/*Staudinger* Art. 13 Brüssel Ia-VO Rdn. 6i.

der auch in Art. 12 zum Ausdruck kommt, begründen.[106] Sie setzt die **Privilegierung** des **Geschädigten**, die in der Kraftfahrzeughaftpflicht-Richtlinie angelegt ist, im internationalen Zuständigkeitsrecht fort.[107] In der Praxis führt der Gerichtsstand am Geschädigtenwohnsitz jedoch häufig dazu, dass im Prozess ausländisches Deliktsrecht als Recht des Unfallorts zur Anwendung gelangt. Hinzu treten kann eine Beweisaufnahme im Ausland.[108] Solche Verfahren erweisen sich regelmäßig als wesentlich zeit- und kostenintensiver als Verfahren vor den sachnahen Gerichten[109] des Unfallortes. Weitere Schwierigkeiten bereitet die unterschiedliche Abwicklung von Straßenverkehrsunfällen in der Versicherungspraxis verschiedener Staaten.[110] Von einer Korrektur der EuGH-Rechtsprechung hat der Verordnungsgeber jedoch abgesehen.[111] Er hat vielmehr die Regelung zur Direktklage des Geschädigten in Abs. 2 unverändert fortgeführt und auch keinen Anlass gesehen, Erwägungsgrund 32 der Kfz-Haftpflichtrichtlinie von 2009 im Rahmen der Brüssel Ia-VO-Reform zu modifizieren. Abs. 2 ist deshalb wie Art. 11 Abs. 2 Brüssel I-VO dahingehend auszulegen, dass der Geschädigte auch an seinem Wohnsitz klagen kann.

Für die Zuständigkeiten nach Abs. 2 entscheidend ist der **Wohnsitz** im **Zeitpunkt** 33 der **Klageerhebung**, nicht im Zeitpunkt des Unfalls.[112] Dies gilt sowohl für den Wohnsitz des Geschädigten als auch für andere Wohnsitze – etwa des Versicherers, des Versicherungsnehmers, des Versicherten oder des Begünstigten –, wenn der Geschädigte an einem dieser Wohnsitze gegen den Versicherer klagt. Bei Wohnsitzwechsel nach Anhängigkeit der Klage wird das Forum hingegen nach allgemeinen Grundsätzen perpetuiert.[113] Zur Klage des Erben an seinem eigenen Wohnsitz siehe Rdn. 31.

5. Gerichtsstandsvereinbarungen. Eine **Gerichtsstandsvereinbarung** im Versi- 34 cherungsvertrag zwischen Versicherer und Versicherungsnehmer wirkt nicht zulasten des Geschädigten, wenn dieser der Vereinbarung nicht zugestimmt hat (siehe auch Rdn. 15).[114] Im Verhältnis der am Versicherungsvertrag beteiligten Vertragsparteien sind Vereinbarungen hingegen möglich; zu denken ist etwa an den Ausschluss der Streitverkündung nach Abs. 3.[115] Klagt der Geschädigte nach Abs. 2 zulässigerweise in einem Forum, das zwischen Versicherer und Versicherungsnehmer derogiert wurde, hängt es vom konkreten, ggf. durch Auslegung zu ermittelnden Inhalt der derogierenden Gerichtsstandsvereinbarung ab, ob auch die Streitverkündung nach Abs. 3 ausgeschlossen sein soll. Ob das nationale Prozessrecht für eine Streitverkündung einen Kompetenztitel verlangt, ist in diesem Zusammenhang ohne Bedeutung, da sich die internationale Zustän-

---

106 Rauscher/*Staudinger* Art. 13 Brüssel Ia-VO Rdn. 6; *Hess* EuZPR, § 6 Rdn. 97.
107 Stein/Jonas/*G. Wagner* Art. 11 EuGVVO Rdn. 12.
108 *Kropholler/von Hein* Art. 11 EuGVVO Rdn. 4; *Fuchs* IPRax 2008, 104, 107; *Wittmann* r + s 2011, 145, 146.
109 *Sujecki* EuZW 2008, 124, 127; überzogen die Kritik bei *v. Bar* JZ 2014, 473, 476 (die völlig überforderten deutschen IPR-Institute schöben sich gegenseitig die Akten zu). Rauscher/*Staudinger* Art. 13 Brüssel Ia-VO Rdn. 6, erachtet hingegen die Gerichte am Wohnsitz des Geschädigten für sach- und beweisnah.
110 *Jayme* FS v. Hoffmann, S. 656, 662.
111 *von Hein* RIW 2013, 97, 103.
112 *Kropholler/von Hein* Art. 11 EuGVVO Rdn. 4; *Thomas/Putzo/Hüßtege* Art. 13 EuGVVO Rdn. 4; *Staudinger/Czaplinski* NJW 2009, 2249, 2251; offen *Riedmeyer* r+s Beilage 2011, 91, 95.
113 Vgl. Rauscher/*Staudinger* Art. 13 Brüssel Ia-VO Rdn. 6; *Staudinger/Czaplinski* NJW 2009, 2249, 2251.
114 Vgl. EuGH, EuZW 2017, 822; *Kropholler/von Hein* Art. 11 EuGVVO Rdn. 6; Rauscher/*Staudinger* Art. 13 Brüssel Ia-VO Rdn. 5; Stein/Jonas/*G. Wagner* Art. 11 EuGVVO Rdn. 19; *Geimer/Schütze* Art. 11 EuGVVO Rdn. 26; *Lüttringhaus*, LMK 2017, 395598; *Mankowski*, IPRax 2018, 233, 236; *Micha* IPRax 2011, 121, 124.
115 *Geimer/Schütze* Art. 11 EuGVVO Rdn. 26; Rauscher/*Staudinger* Art. 13 Brüssel Ia-VO Rdn. 14; anders Schlosser-Bericht S. 116.

digkeit und mit ihr die Gerichtspflichtigkeit von Versicherungsnehmer und Versichertem ausschließlich nach der Brüssel Ia-VO richten.[116]

35 **6. Prozessuale Besonderheiten.** Muss nach ausländischem Recht, welches als Deliktsstatut zur Anwendung kommt, eine **außergerichtliche Streitschlichtung** vor Klageerhebung stattfinden, kann es sich hierbei um eine prozessuale oder materiellrechtliche Voraussetzung handeln. Nur im letztgenannten Fall ist der Versuch einer solchen Streitschlichtung notwendig, wenn der Direktanspruch vor einem deutschen Gericht geltend gemacht wird.[117] In diesem Fall kann sie ggf. durch die Güteverhandlung nach § 287 Abs. 2 Satz 1 ZPO substituiert werden.

36 Verlangt das ausländische Deliktsstatut, dass neben dem Versicherer zwingend eine andere Person gerichtlich in Anspruch zu nehmen ist – so der das Mitverklagen des Schädigers fordernde Art. 144 Abs. 3 des italienischen Codice delle assicurazioni private –, bleibt diese Voraussetzung vor einem deutschen Gericht unbeachtet; es handelt sich um eine prozessrechtlich zu qualifizierende Bestimmung, die der lex fori unterliegt.[118]

V. Streitverkündung (Abs. 3)

37 Die internationale Zuständigkeit für eine Streitverkündung nach Abs. 3 ist im Ausgangspunkt als **Gegengewicht zugunsten** des **Versicherers** konzipiert, der vom Geschädigten nach Abs. 2 aus einem Direktanspruch verklagt wird.[119] Er kann den Versicherungsnehmer oder den Versicherten in den vom Geschädigten gegen ihn geführten Prozess hineinziehen, um sich Regressansprüche im Innenverhältnis zu sichern.[120] Dem Gericht, vor dem das Verfahren über den Direktanspruch anhängig ist, kommt nach Abs. 3 die internationale Zuständigkeit zu, den Rechtsstreit mit den Wirkungen einer Streitverkündung – im deutschen Recht: mit Interventionswirkung nach § 74 Abs. 3 ZPO i.V.m. § 68 ZPO – zu entscheiden. Dies ermöglicht die prozessökonomische Gesamterledigung des streitigen Schadensfalls in einem Verfahren[121] und verhindert sachlich unvereinbarer Entscheidungen.[122] Hinzu tritt ein gewisser Schutz des Versicherers vor „betrügerischen Machenschaften"[123], d.h. vor kollusivem Zusammenwirken von Geschädigtem und Versicherungsnehmer bzw. Versicherten zur Erlangung von Leistung aus der Versicherung. Allerdings lässt sich Abs. 3 auch entnehmen, dass der Verordnungsgeber eine generelle Erweiterung des besonderen Gerichtsstands des Versicherungsnehmers nicht beabsichtigte, sondern sich auf die Streitverkündung beschränkte.[124]

38 Abs. 3 verfolgt ein Abs. 1 ähnliches Regelungsanliegen. Jedoch knüpft Abs. 3 nicht an Abs. 1 dahingehend an, dass er eine ergänzende Regelung für mitgliedstaatliche Prozessrechte, welche **keine Interventionsklage,** sondern eine Streitverkündung kennen,

---

116 A.A. Stein/Jonas/*G. Wagner* Art. 11 EuGVVO Rdn. 19.
117 Vgl. Rauscher/*Staudinger* Art. 13 Brüssel Ia-VO Rdn. 10b.
118 Im Ergebnis ebenso OLG Nürnberg, NJW-RR 2012, 1178, 1179; Thomas/Putzo/*Hüßtege* Art. 13 EuGVVO Rdn. 5.
119 Vgl. *Kropholler/von Hein* Art. 11 EuGVVO Rdn. 5.
120 MünchKomm/*Gottwald* Art. 11 EuGVVO Rdn. 7; Stein/Jonas/*G. Wagner* Art. 11 EuGVVO Rdn. 14.
121 Stein/Jonas/*G. Wagner* Art. 11 EuGVVO Rdn. 16; Rauscher/*Staudinger* Art. 13 Brüssel Ia-VO Rdn. 12; *Geimer/Schütze* Art. 11 EuGVVO Rdn. 23.
122 Jenard-Bericht S. 32; Stein/Jonas/*G. Wagner* Art. 11 EuGVVO Rdn. 16; *Geimer/Schütze* Art. 11 EuGVVO Rdn. 23.
123 Jenard-Bericht S. 32; Rauscher/*Staudinger* Art. 13 Brüssel Ia-VO Rdn. 12.
124 Vgl. BGH NJW 2015, 2429, 2431, Tz. 20.

enthielte.¹²⁵ Denn in Abs. 1 ist Interventionsbeklagter der Versicherer, während in Abs. 3 dem Versicherungsnehmer oder dem Versicherten der Streit verkündet wird.

Nur für eine **Direktklage nach Abs. 2**, und damit nur für Direktklagen in Haftpflichtsachen (vgl. Rdn. 17), gilt Abs. 3. Die Bestimmung ist gleichsam als Satz 2 des Abs. 2 zu lesen.¹²⁶ **39**

Der **Begriff** der **Streitverkündung** unterliegt europäisch-autonomer Auslegung.¹²⁷ Er ist deshalb nicht auf das deutsche Konzept beschränkt, sondern erfasst jegliche prozessuale Handlung, durch welche der Versicherer den Versicherungsnehmer oder den Versicherten in den Prozess hineinziehen kann.¹²⁸ **40**

Dem Normtext des Abs. 3 lässt sich nicht ausdrücklich entnehmen, wem die Berechtigung zur Streitverkündung zukommt. Unproblematisch kann der **Versicherer** den **Streit verkünden**.¹²⁹ Offen ist, ob Abs. 3 auch die internationale Zuständigkeit für eine Streitverkündung des Geschädigten begründet. Dies wird teilweise bejaht,¹³⁰ um die ratio des Abs. 3, sich widersprechende Entscheidungen zu vermeiden, soweit als möglich zu verwirklichen. Jedoch ist Abs. 3 als dem Versicherer dienendes prozessuales Gegengewicht zu dessen Gerichtspflichtigkeit nach Abs. 2 konzipiert (siehe Rdn. 37).¹³¹ Der bereits durch die verschiedenen Gerichtsstände in Abs. 2 privilegierte Geschädigte soll nach Abs. 3 keine weitere Privilegierung erfahren. Möchte er neben dem Versicherer auch den Versicherungsnehmer oder den Versicherten in Anspruch nehmen, kann er nach Abs. 2 i.V.m. Art. 11 Abs. 1 lit. b) den Versicherer am Wohnsitz des Versicherungsnehmers oder Versicherten gemeinsam mit zumindest einem von diesen verklagen. Ferner haben Versicherungsnehmer oder Versicherer, wenn sie den Versicherer gemäß Art. 11 Abs. 1 lit. b) an ihrem Wohnsitz in Anspruch nehmen, keine Möglichkeit, dem Geschädigten nach Abs. 3 den Streit zu verkünden. Dem Geschädigten die Streitverkündung in der spiegelbildlichen Situation zu eröffnen, würde ihn unangemessen bevorzugen. **Streitverkünder** nach Abs. 3 kann daher **nur** der **Versicherer** sein.¹³² Auch der Jenard-Bericht¹³³ deutet dieses Ergebnis an, das sich zudem auf einen Umkehrschluss aus Art. 14 Abs. 1 stützten lässt.¹³⁴ **41**

Nur dem **Versicherungsnehmer** (zum Begriff Art. 10 Rdn. 17) und dem **Versicherten** (zum Begriff Art. 10 Rdn. 18) kann nach Abs. 3 der **Streit verkündet werden**, nicht aber anderen am Versicherungsverhältnis beteiligten Personen. Die Streitverkündung kann an nur einen von beiden oder an beide, sei es zeitgleich oder nacheinander, erfol- **42**

---

125 Stein/Jonas/*G. Wagner* Art. 11 EuGVVO Rdn. 14.
126 Vgl. Stein/Jonas/*G. Wagner* Art. 11 EuGVVO Rdn. 15; Thomas/Putzo/*Hüßtege* Art. 13 EuGVVO Rdn. 6; *Geimer/Schütze* Art. 11 EuGVVO Rdn. 22.
127 *Kropholler/von Hein* Art. 11 EuGVVO Rdn. 5; Stein/Jonas/*G. Wagner* Art. 11 EuGVVO Rdn. 17.
128 Vgl. Stein/Jonas/*G. Wagner* Art. 11 EuGVVO Rdn. 17.
129 Allg. Ansicht, Jenard-Bericht S. 32; HK-ZPO/*Dörner* Art. 11 EuGVVO Rdn. 5; Musielak/Voit/*Stadler* Art. 13 EuGVVO n.F. Rdn. 3.
130 Court of Appeal (England and Wales), *Maher and another* v. *Groupama Grand Est.*, [2009] EWCA Civ 1191, Tz. 18 (zum joinder of proceedings, hierzu *Kropholler/von Hein* Art. 11 EuGVVO Rdn. 5); AG Rosenheim NZV 2013, 194.
131 *Kropholler/von Hein* Art. 11 EuGVVO Rdn. 5; Rauscher/*Staudinger* Art. 13 Brüssel Ia-VO Rdn. 13a.
132 *Kropholler/von Hein* Art. 11 EuGVVO Rdn. 5; Rauscher/*Staudinger* Art. 13 Brüssel Ia-VO Rdn. 13a; Stein/Jonas/*G. Wagner* Art. 11 EuGVVO Rdn. 15.
133 Jenard-Bericht S. 32, der nur den Versicherer als Streitverkündenden nennt. Allerdings schließt der Bericht die Streitverkündung durch einen anderen als den Versicherer auch nicht ausdrücklich aus, siehe Court of Appeal (England and Wales), *Maher and another* v. *Groupama Grand Est.*, [2009] EWCA Civ 1191, Tz. 18.
134 Rauscher/*Staudinger* Art. 13 Brüssel Ia-VO Rdn. 13a.

gen.¹³⁵ Ebenso besteht die Möglichkeit, mehreren Versicherungsnehmern oder mehreren Versicherten der Streit zu verkünden.

43 Umstritten ist, ob es für die **Zulässigkeit** der Streitverkündung auf das Prozessrecht des Gerichtsstaates (lex fori)¹³⁶, auf das auf den Direktanspruch anwendbare Recht (lex causae)¹³⁷ oder kumuliert auf beide¹³⁸ ankommt. Befürworter der Beurteilung nach der lex fori weisen darauf hin, dass es sich bei der Streitverkündung um ein prozessuales Institut handelt, dessen Zulässigkeit sich nach dem anwendbaren Prozessrecht, d.h. dem Recht des Gerichtsstaates, richtet.¹³⁹ Wolle man die lex causae zur Anwendung bringen, griffen Art. 18 Rom II-VO bzw. Art. 40 Abs. 4 EGBGB mit der alternativen Anknüpfung an das Delikts- und Versicherungsvertragsstatut. Sähen beide Statute eine Streitverkündung vor, stünde das anwendbare Verfahrensrecht im Belieben des Gerichts.¹⁴⁰ Zudem müsste das Gericht ggf. bereits im Rahmen der Entscheidung über die Zulassung der Streitverkündung ausländisches Recht anwenden.¹⁴¹

44 Der Wortlaut des Abs. 3, nach dem „das für **die unmittelbare Klage maßgebliche Recht**" die Streitverkündung zulassen muss, spricht eher für die Beurteilung nach der lex causae. Denn für die Berufung der lex fori nutzt Abs. 1 im Unterschied hierzu die Wendung „nach dem Recht des angerufenen Gerichts".¹⁴² Auch erfasst Art. 18 Rom II-VO, der nur für das Ob der unmittelbaren Inanspruchnahme des Versicherers durch den Geschädigten die alternative Anknüpfung vorsieht,¹⁴³ die Frage der Zulässigkeit einer Streitverkündung des Versicherers nicht. Dass zur Beurteilung der Zulässigkeit eines Prozesses oder einer Prozesshandlung ausländisches Recht heranzuziehen ist, erweist sich zwar als prozessual aufwendig, nicht aber als ausgeschlossen; dies zeigt Abs. 2, der zur Eröffnung des Gerichtsstands für die Direktklage auf das anwendbare Sachrecht rekurriert. Unter systematischen Gesichtspunkten hingegen ist es stimmig, das Recht des Gerichtsstaates als Prozessrechtsstatut heranzuziehen, da ein prozessuales Problem vorliegt. In der Gesamtbetrachtung scheint es jedoch vorzugswürdig, die Voraussetzungen zu **kumulieren** und die Streitverkündung nur zuzulassen, wenn sie lex fori und lex causae gestatten.

45 Unabhängig davon, in welchem der nach Abs. 2 eröffneten Gerichtsstände der Versicherer in Anspruch genommen wird, kann er nach Abs. 3 den Streit verkünden.¹⁴⁴ Selbst wenn der Geschädigte im Wohnsitzstaat des Versicherers nach Abs. 2 i.Vm. Art. 11 Abs. 1 lit. a) klagen sollte, greift der Normzweck des Abs. 3. Auch hier erweist es sich als prozessökonomisch und sachgerecht, über den Schadensfall umfassend vor einem Gericht zu prozessieren. Abs. 3 ist insbesondere **nicht teleologisch** zu **reduzieren**, falls der **Versicherer vom Geschädigten** an dessen Wohnsitz **in Anspruch genommen** wird. Einen Ansatzpunkt für die teleologische Reduktion bietet die Überlegung, dass die durch

---

135 *Geimer/Schütze* Art. 11 EuGVVO Rdn. 22.
136 Rauscher/*Staudinger* Art. 13 Brüssel Ia-VO Rdn. 12 mit Fn. 136; HK-ZPO/*Dörner* Art. 11 EuGVVO Rdn. 5; wohl auch MünchKomm/*Gottwald* Art. 11 EuGVVO Rdn. 7; offen *Schlosser/Hess* Art. 13 EuGVVO Rdn. 3.
137 *Geimer/Schütze* Art. 11 EuGVVO Rdn. 23.
138 *Kropholler/von Hein* Art. 11 EuGVVO Rdn. 5; offen *Gebauer* in: ders./Wiedmann, Zivilrecht unter europäischem Einfluss, Kap. 27 Rdn. 76.
139 Stein/Jonas/*G. Wagner* Art. 11 EuGVVO Rdn. 18; unalex-Kommentar/*Mayr* Art. 11 Rdn. 6.
140 Rauscher/*Staudinger* Art. 13 Brüssel Ia-VO Rdn. 12 Fn. 177.
141 Stein/Jonas/*G. Wagner* Art. 11 EuGVVO Rdn. 18.
142 Besonders deutlich kommt die Differenzierung in der spanischen Sprachfassung zum Ausdruck, in der Abs. 1 „la ley de este órgano jurisdiccional" und Abs. 3 „la ley reguladora de esta acción directa" lautet.
143 NK-BGB/*Nordmeier* Art. 18 Rom II Rdn. 22.
144 Offen Rauscher/*Staudinger* Art. 13 Brüssel Ia-VO Rdn. 13b; **a.A.** wohl *Geimer/Schütze* Art. 11 EuGVVO Rdn. 25.

Art. 10 ff. besonders geschützten Versicherungsnehmer und Versicherten ggf. in einen Prozess außerhalb ihres Heimatstaates hineingezogen werden könnten.[145] Dies ist jedoch nicht nur der Fall, wenn der Geschädigte an seinem Wohnsitz klagt, sondern kann stets geschehen, wenn der Geschädigte einen der ihm nach Abs. 2 eröffneten Gerichtsstände nutzt und der Versicherungsnehmer oder der Versicherte nicht im Mitgliedstaat, in welchem der Geschädigte klagt, wohnt. Dass sich der Versicherer die Zuständigkeitsordnung der Brüssel Ia-VO gezielt zum Nachteil des Versicherungsnehmers oder Versicherten zunutze machen könnte, indem er sich vom Geschädigten an dessen Wohnsitz verklagen lässt,[146] scheint eher fernliegend. Zwar entfällt die Schutzbedürftigkeit des Versicherungsnehmers oder des Versicherten im Verhältnis zum Versicherer nicht, wenn der Versicherer ihn in einen bereits bestehenden Prozess hineinzieht. Denn auch in diesem Fall ist der Versicherer typisiert betrachtet die stärkere Partei. Doch kann man zwei im Verhältnis zum Versicherer schwächere und in verschiedenen Mitgliedstaaten wohnhafte Parteien – den Geschädigten einerseits und den Versicherungsnehmer bzw. Versicherten andererseits – zuständigkeitsrechtlich nicht gleichermaßen privilegieren, wenn man eine einzige, umfassende und Widersprüche vermeidende Entscheidung über den Schadensfall herbeiführen und Verfahren vor den Gerichten verschiedener Mitgliedstaaten unterbinden möchte. Nach der Systematik des Art. 13 Abs. 2 und 3 ist es im Fall einer Direktklage der Geschädigte als Kläger, der den Gerichtsstand determiniert.

Schon und noch muss der Prozess des Geschädigten gegen den Versicherer **anhängig** sein. Denn nur in diesem Fall trägt der Gedanke der Prozessökonomie uneingeschränkt. Für einen etwaigen Folgeprozess des Versicherers gegen den Streitverkündungsempfänger gibt Abs. 3 demnach keinen Gerichtsstand.[147] Zu Gerichtsstandsvereinbarungen siehe oben Rdn. 34. Abs. 3 eröffnet für das Gericht kein Ermessen, ob es die Streitverkündung zulässt.[148] 46

Artikel 14

(1) Vorbehaltlich der Bestimmungen des Artikels 13 Absatz 3 kann der Versicherer nur vor den Gerichten des Mitgliedstaats klagen, in dessen Hoheitsgebiet der Beklagte seinen Wohnsitz hat, ohne Rücksicht darauf, ob dieser Versicherungsnehmer, Versicherter oder Begünstigter ist.
(2) Die Vorschriften dieses Abschnitts lassen das Recht unberührt, eine Widerklage vor dem Gericht zu erheben, bei dem die Klage selbst gemäß den Bestimmungen dieses Abschnitts anhängig ist.

Schrifttum

Siehe Einl. zu Art. 10 ff. und Art. 10.

Übersicht

I. Gesetzesgeschichte —— 1
II. Normzweck —— 2
III. Striktes Wohnsitzprinzip (Abs. 1) —— 4
IV. Widerklage (Abs. 2) —— 12

---

145 Rauscher/*Staudinger* Art. 13 Brüssel Ia-VO Rdn. 13b; *Fuchs* IPRax 2008, 104, 107.
146 Rauscher/*Staudinger* Art. 13 Brüssel Ia-VO Rdn. 13b.
147 *Kropholler/von Hein* Art. 12 EuGVVO Rdn. 1.
148 Der Supreme Court des Vereinigten Königreichs hat diese Frage in der Sache *Hoteles Piñero Canarias SL* zur Vorabentscheidung vorgelegt (Rs C-491/17), das Vorabentscheidungsersuchen jedoch zurückgenommen, siehe EuGH, Order of the President of the Third Chamber v. 28.5.2018, Rs C-491/17.

I. Gesetzesgeschichte

1 Die Bestimmung ist wort- und inhaltsgleich mit **Art. 12 Brüssel I-VO**, der bis auf redaktionelle Anpassungen Art. 11 EuGVÜ entspricht. Auch Art. 12 rev. LuGÜ stimmt bis auf linguistische Abweichungen, die der Ausgestaltung des LuGÜ als völkerrechtlicher Vertrag geschuldet sind, mit Art. 14 überein.

II. Normzweck

2 Den allgemeinen Gerichtsstand für **Klagen des Versicherers** beschränkt Abs. 1 auf den Wohnsitz des Prozessgegners. Es handelt sich konzeptionell um das Gegenstück zu Art. 11, 12 und 13 Abs. 2, welche für Klagen gegen den Versicherer eine Mehrzahl von Gerichtsständen eröffnet. Verwirklicht wird hiermit der **prozessuale Schutz des Prozessgegners des Versicherers** als typisiert betrachtet schwächere Partei (vgl. Vor Art. 10ff. Rdn. 4). Er kann nur vor den Gerichten seines Wohnsitzstaates verklagt werden.[1]

3 Einen Gerichtsstand der **Widerklage** eröffnet Abs. 2. Die systematisch an unpassender Stelle[2] eingefügte Bestimmung erstreckt im Ergebnis Art. 8 Nr. 3 auf das Sonderregime für Versicherungssachen.[3]

III. Striktes Wohnsitzprinzip (Abs. 1)

4 Der in einem Mitgliedstaat oder einem Drittstaat ansässige Versicherer (zum Begriff Art. 10 Rdn. 16) kann im Anwendungsbereich des Regimes für Versicherungssachen nur vor den Gerichten des Mitgliedstaates, in welchem der Prozessgegner wohnt, klagen. Ob der **Versicherer** seinen **Wohnsitz** i.S.d. Art. 62f. in einem Mitglieds- oder einem Drittstaat hat, bleibt unbeachtlich. Denn das typisierte Ungleichgewicht zwischen Versicherer und Prozessgegner besteht unabhängig davon, ob der Versicherer in einem Mitgliedstaat ansässig ist.[4] Keine Bedeutung hat auch, in welcher Rolle der Beklagte am Versicherungsverhältnis beteiligt ist. Obgleich der Wortlaut des Abs. 1, 2. Hs. darauf hindeutet, dass die Beschränkung des Abs. 1 nur für Klagen gegen Versicherungsnehmer, Versicherten und Begünstigten gelten könnte,[5] beansprucht er für **jeden Prozessgegner des Versicherers**, also auch den Geschädigten oder einen sonstigen am Versicherungsverhältnis Beteiligten, Geltung.[6] Hinsichtlich des Geschädigten lässt sich dieses Art. 26 Abs. 2 entnehmen, der die Sicherung dessen besonderen Belehrung anordnet.[7] **Ohne Belang** ist das konkrete **Klagebegehren**, sodass beispielsweise die Klage auf Beitragszahlung gegen den Versicherungsnehmer oder die Rückforderungsklage ebenso erfasst werden wie Klagen auf Feststellung, dass ein Versicherungsverhältnis

---

[1] Vgl. Rauscher/*Staudinger* Art. 14 Brüssel Ia-VO Rdn. 1; unalex-Kommentar/*Mayr* Art. 12 Rdn. 1.
[2] Vgl. unalex-Kommentar/*Mayr* Art. 12 Rdn. 3; *Schlosser/Hess* Art. 14 EuGVVO Rdn. 3.
[3] *Kropholler/von Hein* Art. 12 EuGVVO Rdn. 3; Rauscher/*Staudinger* Art. 14 Brüssel Ia-VO Rdn. 5; *Geimer/Schütze* Art. 12 EuGVVO Rdn. 4; von einer Modifizierung des Art. 8 Nr. 3 ausgehend hingegen *Nagel/Gottwald* § 3 Rdn. 138.
[4] Vgl. *Kropholler/von Hein* Art. 12 EuGVVO Rdn. 1; Rauscher/*Staudinger* Art. 14 Brüssel Ia-VO Rdn. 1.
[5] Rauscher/*Staudinger* Art. 14 Brüssel Ia-VO Rdn. 1; unalex-Kommentar/*Mayr* Art. 12 Rdn. 1; *Fricke* VersR 2009, 429, 431. In diesem Sinn auch Jenard-Bericht S. 33.
[6] *Kropholler/von Hein* Art. 12 EuGVVO Rdn. 1; Stein/Jonas/*G. Wagner* Art. 12 EuGVVO Rdn. 1 und 3; *Geimer/Schütze* Art. 12 EuGVVO Rdn. 1 (mit Überschrift); **a.A.** *Fricke* VersR 2009, 429, 431; offen *Nagel/Gottwald* § 3 Rdn. 137.
[7] Rauscher/*Staudinger* Art. 14 Brüssel Ia-VO Rdn. 1.

oder ein Anspruch auf Deckung für Schäden aus einem bestimmten Ereignis nicht besteht.[8]

Kommt das **Schutzregime der Art. 10ff. nicht** zur **Anwendung** – wie es insbesondere bei der Klage gegen einen anderen Versicherer (siehe Art. 10 Rdn. 22) oder gegen einen Sozialversicherungsträger (siehe Art. 10 Rdn. 25) liegt –, wird der klagende Versicherer nicht auf die Gerichte am Wohnsitz seines Prozessgegners beschränkt. Es gelten die **allgemeinen Regeln**, insbesondere auch Art. 7 Nr. 1 und 2. 5

Hat der **beklagte Prozessgegner** des Versicherers **keinen Wohnsitz** in einem **Mitgliedstaat**, richtet sich die internationale Zuständigkeit mitgliedstaatlicher Gerichte gemäß Art. 10 Abs. 1, 1. Alt. i.V.m. Art. 6 nach den jeweiligen nationalen Bestimmungen.[9] Der Versicherer unterliegt in diesem Fall nicht der Einschränkung des Abs. 1. 6

Mehrere Prozessgegner, die ihre Wohnsitze in **verschiedenen Mitgliedstaaten** haben, kann der Versicherer nicht gemeinsam in Anspruch nehmen, selbst wenn sie materiellrechtlich aus demselben Grund – etwa als Gesamtschuldner – verklagt werden. Denn der Gerichtsstand der Streitgenossenschaft (Art. 8 Nr. 1) wird durch Art. 10 gesperrt.[10] Ob in demselben Mitgliedstaat wohnhafte Prozessgegner vor demselben Gericht verklagt werden können, ist eine Frage der örtlichen Zuständigkeit, welche das nationale Prozessrecht dieses Mitgliedstaats beantwortet. 7

Nur die internationale, **nicht** auch die **örtliche Zuständigkeit** regelt Abs. 1.[11] Dies ergibt sich aus dem Wortlaut der Norm, welche sich auf die Gerichte des Mitgliedstaates – nicht: des Ortes – bezieht, in dem der jeweilige Beklagte seinen Wohnsitz hat. Die örtliche Zuständigkeit richtet sich nach dem Prozessrecht der lex fori.[12] In Deutschland ist neben den Bestimmungen der ZPO[13] insbesondere § 215 Abs. 1 Satz 2 VVG zu beachten, nach dem für Klagen gegen den Versicherungsnehmer die Gerichte an dessen Wohnsitz ausschließlich zuständig sind.[14] 8

Ausschlaggebend ist der Wohnsitz des Beklagten im **Zeitpunkt der Klageerhebung**.[15] Der Moment der Klageerhebung ist analog Art. 32 Abs. 1 europäisch-autonom zu bestimmen. 9

Bei der **Zuständigkeit** nach Abs. 1 handelt es sich trotz des Wortes „nur" im Normtext um **keine ausschließliche**.[16] Eine abweichende Vereinbarung nach Art. 25[17] ist ebenso möglich wie eine rügelose Einlassung nach Art. 26.[18] In letztgenanntem Fall muss das Gericht jedoch gemäß Art. 26 Abs. 2 die Belehrung des Versicherungsnehmers, Versicherten, Begünstigten oder Geschädigten über Möglichkeit, einen etwaigen Mangel der internationalen Zuständigkeit zu rügen, sicherstellen. 10

---

8 Vgl. Stein/Jonas/*G. Wagner* Art. 12 EuGVVO Rdn. 3.
9 Vgl. Jenard-Bericht S. 33; *Kropholler/von Hein* Art. 12 EuGVVO Rdn. 2; Stein/Jonas/*G. Wagner* Art. 12 EuGVVO Rdn. 4; *Gebauer* in: ders./Wiedmann, Zivilrecht unter europäischem Einfluss, Kap. 27 Rdn. 77.
10 *Kropholler/von Hein* Art. 12 EuGVVO Rdn. 1; unalex-Kommentar/*Mayr* Art. 12 Rdn. 2; *Geimer/Schütze* Art. 12 EuGVVO Rdn. 2 (eine Ausnahme für die notwendige Streitgenossenschaft vorschlagend); *Fricke* VersR 2009, 429, 431f.
11 Allg. Ansicht, Jenard-Bericht S. 33; *Kropholler/von Hein* Art. 12 EuGVVO Rdn. 1; Rauscher/*Staudinger* Art. 14 Brüssel Ia-VO Rdn. 2; Stein/Jonas/*G. Wagner* Art. 12 EuGVVO Rdn. 1; unalex-Kommentar/*Mayr* Art. 12 Rdn. 2; *Schlosser/Hess* Art. 14 EuGVVO Rdn. 1.
12 Vgl. *Geimer/Schütze* Art. 12 EuGVVO Rdn. 12.
13 Thomas/Putzo/*Hüßtege* Art. 14 EuGVVO Rdn. 1.
14 Siehe auch Rauscher/*Staudinger* Art. 14 Brüssel Ia-VO Rdn. 2.
15 Rauscher/*Staudinger* Art. 14 Brüssel Ia-VO Rdn. 1; unalex-Kommentar/*Mayr* Art. 12 Rdn. 2; *Schlosser/Hess* Art. 14 EuGVVO Rdn. 1.
16 Stein/Jonas/*G. Wagner* Art. 12 EuGVVO Rdn. 1; vgl. auch *Geimer* FS Heldrich, S. 627, 632.
17 Vgl. *Geimer/Schütze* Art. 12 EuGVVO Rdn. 9.
18 Rauscher/*Staudinger* Art. 14 Brüssel Ia-VO Rdn. 4.

11 Aufgelockert wird das strikte Wohnsitzprinzip durch die **Streitverkündung** nach **Art. 11 Abs. 3** im Rahmen einer Direktklage des Geschädigten und durch die Widerklage nach Abs. 2.[19] Zudem steht dem Versicherer gemäß Art. 10, 2. Alt. i.V.m. **Art. 7 Nr. 5** auch der Gerichtsstand der **Niederlassung** offen.[20] Hat der in einem Mitgliedstaat wohnhafte Prozessgegner des Versicherers eine Niederlassung i.S.d. Art. 7 Nr. 5 in einem anderen Mitgliedstaat, kann der Versicherer am Ort dieser Niederlassung klagen, wenn es sich um eine Streitigkeit aus deren Betrieb handelt.[21] Art. 7 Nr. 5 begründet jedoch – wie sich aus dem einleitenden Halbsatz der Norm ergibt – keine Klägergerichtsstand, sodass eine eigene Niederlassung des klagenden Versicherers diesem dort keinen Gerichtsstand eröffnet.[22]

IV. Widerklage (Abs. 2)

12 Die Regelung des Abs. 2, welche den **Gerichtsstand der Widerklage** nach Vorbild des Art. 8 Nr. 3 auch in Versicherungssachen eröffnet, bezieht sich nicht nur auf eine solche des Versicherers, sondern auch des Versicherungsnehmers, Versicherten, Begünstigten, Geschädigten oder einer sonstigen am Versicherungsverhältnis beteiligten Person, die in einer Versicherungssache in Anspruch genommen wird.[23] Im Normtext kommt dies durch die Wendung, das Recht zur Widerklage werde von den „Vorschriften dieses Abschnitts" – nicht: von Art. 14 Abs. 1 – unberührt gelassen, zum Ausdruck.

13 Nur einen prozessualen Gegenangriff des Beklagten gegen den Kläger, nicht gegen eine dritte Person, erfasst Abs. 2.[24] Für die **parteierweiternde Widerklage** begründet Abs. 2 deshalb keine internationale Zuständigkeit.[25] Dies schließt es natürlich nicht aus, dass für die Klage gegen eine noch nicht am Verfahren beteiligte Partei eines Versicherungsverhältnisses die internationale Zuständigkeit des bereits angerufenen Gerichts gegeben ist. In diesem Fall kann die betreffende Partei vor diesem Gericht verklagt werden.[26] Das nationale Prozessrecht entscheidet in diesem Fall, ob die Verfahren verbunden werden können oder müssen.

14 Dem Gericht, vor dem die Widerklage erhoben wird, muss nach Art. 10ff. oder nach den gemäß Art. 10 unberührt gelassenen Zuständigkeiten des Art. 6 oder des Art. 7 Nr. 5 die **internationale** und, soweit geregelt, die **örtliche Zuständigkeit** zukommen. Denn die Klage muss „gemäß den Bestimmungen dieses Abschnitts" anhängig sein. Ist dies der Fall, regelt Abs. 2 selbst nicht nur die internationale, sondern auch die örtliche Zu-

---

19 Vgl. Rauscher/*Staudinger* Art. 14 Brüssel Ia-VO Rdn. 4f.; unalex-Kommentar/*Mayr* Art. 12 Rdn. 5; *Gebauer* in: ders./Wiedmann, Zivilrecht unter europäischem Einfluss, Kap. 27 Rdn. 77; *Fricke* VersR 2009, 429, 431.
20 Musielak/Voit/*Stadler* Art. 14 EuGVVO n.F. Rdn. 1; Rauscher/*Staudinger* Art. 14 Brüssel Ia-VO Rdn. 4; Stein/Jonas/*G. Wagner* Art. 12 EuGVVO Rdn. 5; Thomas/Putzo/*Hüßtege* Art. 14 EuGVVO Rdn. 1; *Geimer* FS Heldrich, S. 627, 632.
21 *Kropholler/von Hein* Art. 12 EuGVVO Rdn. 2; Rauscher/*Staudinger* Art. 14 Brüssel Ia-VO Rdn. 4; *Geimer/Schütze* Art. 12 EuGVVO Rdn. 1.
22 Vgl. Stein/Jonas/*G. Wagner* Art. 12 EuGVVO Rdn. 5.
23 Allg. Ansicht, *Kropholler/von Hein* Art. 12 EuGVVO Rdn. 3; Rauscher/*Staudinger* Art. 14 Brüssel Ia-VO Rdn. 5; Stein/Jonas/*G. Wagner* Art. 12 EuGVVO Rdn. 6; *Schlosser/Hess* Art. 14 EuGVVO Rdn. 3; tendenziell anders jedoch *Geimer* FS Heldrich, S. 627, 631.
24 *Geimer/Schütze* Art. 12 EuGVVO Rdn. 4.
25 *Kropholler/von Hein* Art. 12 EuGVVO Rdn. 3; unalex-Kommentar/*Mayr* Art. 12 Rdn. 3; **a.A.** wohl *Sendmeyer* NJW 2015, 2384, 2386; vgl. auch *Geimer* FS Heldrich, S. 627, 631.
26 Dies die von *Sendmeyer* NJW 2015, 2384, 2386, unter Art. 8 Nr. 3 gefasste Konstellation: Kfz-Unfallbeteiligter wird vom Unfallgegner vor einem deutschen Gericht verklagt und möchte Widerklage gegen den Haftpflichtversicherer des Klägers erheben.

ständigkeit.[27] Das Gericht ist deshalb auch dann für die Widerklage international und örtlich zuständig, wenn nur seine internationale Zuständigkeit auf Art. 10 ff., seine örtliche hingegen auf mitgliedstaatlichem Recht beruht. Außerhalb des Anwendungsbereichs der Art. 10 ff. gelangt Abs. 2 nicht zur Anwendung.[28] Der Gerichtsstand der Widerklage richtet sich in diesem Fall nach dem im Anwendungsbereich der Art. 10 ff. gesperrten Art. 8 Nr. 3.

Da Abs. 2 den Regelungsgehalt des Art. 8 Nr. 3 übernehmen soll, muss der dort geforderte **Sachzusammenhang** – die Widerklage muss auf denselben Vertrag oder Sachverhalt wie die Klage gestützt werden – bestehen.[29] Der Sachzusammenhang ist insbesondere gegeben, wenn Klage und Widerklage auf **dasselbe Versicherungsverhältnis** gestützt werden.[30] **15**

Schon und noch muss die **Klage anhängig** sein. Da Abs. 2 nur die (internationale und örtliche) Zuständigkeit regelt, richtet sich die Zulässigkeit der Widerklage im Übrigen nach mitgliedstaatlichem Prozessrecht. Abweichenden Gerichtsstandsvereinbarungen steht Abs. 2 nicht entgegen.[31] **16**

Artikel 15

Von den Vorschriften dieses Abschnitts kann im Wege der Vereinbarung nur abgewichen werden,
1. wenn die Vereinbarung nach der Entstehung der Streitigkeit getroffen wird,
2. wenn sie dem Versicherungsnehmer, Versicherten oder Begünstigten die Befugnis einräumt, andere als die in diesem Abschnitt angeführten Gerichte anzurufen,
3. wenn sie zwischen einem Versicherungsnehmer und einem Versicherer, die zum Zeitpunkt des Vertragsabschlusses ihren Wohnsitz oder gewöhnlichen Aufenthalt in demselben Mitgliedstaat haben, getroffen ist, um die Zuständigkeit der Gerichte dieses Mitgliedstaats auch für den Fall zu begründen, dass das schädigende Ereignis im Ausland eintritt, es sei denn, dass eine solche Vereinbarung nach dem Recht dieses Mitgliedstaats nicht zulässig ist,
4. wenn sie von einem Versicherungsnehmer geschlossen ist, der seinen Wohnsitz nicht in einem Mitgliedstaat hat, ausgenommen soweit sie eine Versicherung, zu deren Abschluss eine gesetzliche Verpflichtung besteht, oder die Versicherung von unbeweglichen Sachen in einem Mitgliedstaat betrifft, oder
5. wenn sie einen Versicherungsvertrag betrifft, soweit dieser eines oder mehrere der in Artikel 16 aufgeführten Risiken deckt.

Schrifttum

Schrifttum zur Brüssel I-VO: siehe Einleitung vor Art. 10 ff.; *Fendt* EuGVVO: Gerichtsstandswahl in Versicherungssachen – auch für Zessionare und Prozessführungsbefugte?, VersR 2012, 34; *Fricke* Wen oder was schützt § 215 VVG? – Ein Versuch, eine dunkle Norm zu erhellen, VersR 2009, 15; *Geimer* Zuständigkeitsverein-

---

27 Rauscher/*Staudinger* Art. 14 Brüssel Ia-VO Rdn. 5; unalex-Kommentar/*Mayr* Art. 12 Rdn. 1.
28 Vgl. Stein/Jonas/*G. Wagner* Art. 12 EuGVVO Rdn. 6; Kropholler/von Hein Art. 12 EuGVVO Rdn. 3.
29 Kropholler/von Hein Art. 12 EuGVVO Rdn. 3; Stein/Jonas/*G. Wagner* Art. 12 EuGVVO Rdn. 7; Rauscher/*Staudinger* Art. 14 Brüssel Ia-VO Rdn. 5; *Geimer/Schütze* Art. 12 EuGVVO Rdn. 4; unalex-Kommentar/*Mayr* Art. 12 Rdn. 3; *Fricke* VersR 2009, 429, 431.
30 Vgl. Stein/Jonas/*G. Wagner* Art. 12 EuGVVO Rdn. 7.
31 Rauscher/*Staudinger* Art. 14 Brüssel Ia-VO Rdn. 5; unalex-Kommentar/*Mayr* Art. 12 Rdn. 6.

barungen zugunsten und zu Lasten Dritter, NJW 1985, 533; *Heiss* Gerichtsstandsvereinbarungen zulasten Dritter, insbesondere in Versicherungsverträgen zu ihren Gunsten, IPRax 2005, 497; *Hübner* Der Umfang des Schriftformerfordernisses des Art. 17 EuGVÜ bei (Versicherungs-)Verträgen zugunsten Dritter und die Folgen der hilfsweisen Einlassung nach Rüge der Zuständigkeit im Hinblick auf Art. 18 EGVÜ, IPRax 1984, 237.

Übersicht

I. Gesetzesgeschichte —— 1
II. Normzweck —— 2
III. Die Voraussetzungen der Gerichtsstandsvereinbarung —— 5
IV. Zugelassene Gerichtsstandsvereinbarungen —— 9
   1. Nach Entstehung der Streitigkeit (Nr. 1) —— 9

2. Begünstigung der schwächeren Partei (Nr. 2) —— 14
3. Prorogation des gemeinsamen Wohnsitzmitgliedstaats —— 18
4. Versicherungsnehmer mit Drittstaatenwohnsitz (Nr. 4) —— 24
5. Großrisiken, vor allem in der See- und Luftfahrtversicherung (Nr. 5) —— 34

I. Gesetzesgeschichte

1 Die Bestimmung ist bis auf die redaktionelle Modifikation des Verweises in Nr. 5 wort- und inhaltsgleich mit **Art. 13 Brüssel I-VO**, der seinerseits bis auf redaktionelle Anpassungen Art. 12 EuGVÜ entspricht. Auch Art. 13 rev. LuGÜ stimmt bis auf linguistische Abweichungen, die der Ausgestaltung des rev. LuGÜ als völkerrechtlicher Vertrag geschuldet sind, mit Art. 15 überein.

II. Normzweck

2 Die Norm dient der **Absicherung** des **Schutzregimes** der Art. 10 ff. Könnten die am Versicherungsverhältnis beteiligten Personen frei über die Gerichtsstände disponieren, bestünde die Gefahr, dass der Versicherer als typisiert betrachtet stärkere Partei einen ihm günstigen Gerichtsstand einseitig – insbesondere in Allgemeinen Versicherungsbedingungen[1] – durchsetzt und ihm nicht genehme Gerichtsstände derogiert (siehe auch Einleitung Art. 10 ff. Rdn. 8).[2] Deshalb sind **Gerichtsstandsvereinbarungen** in Versicherungssachen **grundsätzlich unzulässig**, es sei denn, die in Art. 15 f. vorgesehenen Ausnahmetatbestände[3] gestatteten sie ausdrücklich.[4] Auch der Gedanke des Schutzes vor überraschenden, formularmäßigen Klauseln lässt sich zur Begründung des grundsätzlichen Verbots von Gerichtsstandsvereinbarungen flankierend anführen.[5]

3 Parallele internationalzivilprozessuale Regelungen enthalten Art. 19 für **Verbrauchersachen** und Art. 23 für **Individualarbeitsverträge**.[6] Eine gleichgelagerte Regelungstechnik findet sich für die Bestimmung des auf Personenbeförderungsverträge anwendbaren Rechts in Art. 5 Abs. 2 UAbs. 2 Rom I-VO. Hier wird der Kreis der von den Parteien wählbaren Rechte eingeschränkt, um die Grundanknüpfung an den gewöhnlichen Aufenthalt der zu befördernden Person nicht auszuhöhlen.

---

1 Rauscher/*Staudinger* Art. 15 Brüssel Ia-VO Rdn. 1.
2 Vgl. EuGH NJW 2005, 2135, 2136, Tz. 31; EuZW 2017, 822, 823, Tz. 41; *Kropholler/von Hein* Art. 13 EuGVVO Rdn. 1; Stein/Jonas/*G. Wagner* Art. 13 EuGVVO Rdn. 2; *Geimer/Schütze* Art. 13 EuGVVO Rdn. 1; unalex-Kommentar/*Mayr* Art. 13 Rdn. 1; *Vassilakakis* RHDI 66 (2013), 273, 281, 289.
3 OLG Düsseldorf, NJW-RR 2003, 1610, 1611.
4 EuGH, EuZV 2017, 822, 823, Tz. 37 (abschließende Aufzählung).
5 *Kropholler/von Hein* Art. 13 EuGVVO Rdn. 1; *Geimer/Schütze* Art. 13 EuGVVO Rdn. 1; ähnlich *Schlosser/Hess* Art. 15 EuGVVO Vor Rdn. 1 (Umgehung der Art. 10–14 EuGVVO durch Gerichtsstandsvereinbarung werde verhindert).
6 Vgl. *Kropholler/von Hein* Art. 13 EuGVVO Rdn. 1; Stein/Jonas/*G. Wagner* Art. 13 EuGVVO Rdn. 3.

Art. 15 f. genießen als Spezialregelung für Versicherungssachen **Vorrang vor** der 4 allgemeinen Regelung des **Art. 25** (siehe auch Rdn. 6).[7] Die rechtliche Wirkungslosigkeit einer Gerichtsstandsvereinbarung oder einer Trust-Bedingung, welche gegen Art. 15 verstößt, ordnet Art. 25 Abs. 4 ausdrücklich an.[8] Hieraus folgt, dass Art. 15 f. **nicht parteidisponibel** sind. Eine Gerichtsstandsvereinbarung kann auch dann nur in den Grenzen der Art. 15 f. geschlossen werden, wenn der Vertragspartner des Versicherers bereit ist, eine im Einzelfall ausgehandelte Vereinbarung zu treffen. Um den Schutz des Prozessgegners des Versicherers nicht auszuhöhlen und das in Art. 10 ff. vorgesehene Schutzregime zur Entfaltung zu bringen, sind die Ausnahmen vom Grundsatz der Unzulässigkeit von Gerichtsstandsvereinbarungen eng auszulegen.[9]

III. Die Voraussetzungen der Gerichtsstandsvereinbarung

Nur in **Versicherungssachen** i.S.d. Brüssel Ia-VO gelangt Art. 15 zur Anwendung. 5 Daher sind Vereinbarungen, welche vom Anwendungsbereich der Verordnung ausgenommene Streitbeilegungsverfahren betreffen, nicht an Art. 15 zu messen. So verhält es sich insbesondere für **Schiedsabreden** (vgl. Art. 1 Abs. 2 lit. d), deren Zulässigkeit sich ausschließlich nach nationalem Recht richtet,[10] oder alternative, außergerichtliche Streitbeilegungsmechanismen, beispielsweise **Mediationsverfahren**.[11]

Nur soweit Art. 15 f. reichen, verdrängen sie Art. 25.[12] Die Voraussetzungen der Ge- 6 richtsstandsvereinbarung im Übrigen sind Art. 25 – oder im Falle der Nr. 3 nationalem Recht[13] (näher Rdn. 23) – zu entnehmen.[14] So liegt es beispielsweise für das **Zustandekommen** der Gerichtsstandsvereinbarung[15] und die zu beachtende **Form**, die sich nach Art. 25 Abs. 1 Satz 3 und Abs. 3 richten.[16] Gleiches gilt für die **Vermutung** der Ausschließlichkeit der vereinbarten Zuständigkeit gemäß Art. 25 Abs. 1 Satz 2.[17] Für die **materielle Wirksamkeit** der Gerichtsstandsvereinbarung verweist Art. 25 Abs. 1 Satz 1, 2. Hs. Auf das Recht des als zuständig vereinbarten Gerichts. Gerichtsstandsvereinbarungen zulasten Dritter sind – wie unter Art. 25 – unzulässig.[18]

Auch bei der Vereinbarung der internationalen Zuständigkeit eines **drittstaatli-** 7 **chen Gerichts** sind im Anwendungsbereich der Art. 10 ff. die Einschränkungen der Art. 15 f. zu beachten. Dies scheint zwar insofern zweifelhaft, als Art. 25 nur die Vereinbarung über die internationale Zuständigkeit mitgliedstaatlicher Gerichte regelt; betrifft eine Vereinbarung drittstaatliche Gerichte, ist sie grundsätzlich nach nationalem Recht

---

7 Allg. Ansicht, *Kropholler/von Hein* Art. 13 EuGVVO Rdn. 1; Stein/Jonas/*G. Wagner* Art. 13 EuGVVO Rdn. 4.
8 Vgl. *Schlosser/Hess* Art. 15 EuGVVO Vor Rdn. 1; Thomas/Putzo/*Hüßtege* Art. 15 EuGVVO Rdn. 1; *Vassilakakis* RHDI 66 (2013), 273, 281, 290.
9 Vgl. EuGH, NJW 2005, 2135, 2136, Tz. 31; *Kropholler/von Hein* Art. 13 EuGVVO Rdn. 1; Stein/Jonas/*G. Wagner* Art. 13 EuGVVO Rdn. 3.
10 Rauscher/*Staudinger* Art. 15 Brüssel Ia-VO Rdn. 3; Stein/Jonas/*G. Wagner* Art. 13 EuGVVO Rdn. 5; unalex-Kommentar/*Mayr* Art. 13 Rdn. 3; *Geimer/Schütze* Art. 13 EuGVVO Rdn. 17.
11 Rauscher/*Staudinger* Art. 15 Brüssel Ia-VO Rdn. 3; Stein/Jonas/*G. Wagner* Art. 13 EuGVVO Rdn. 5; unalex-Kommentar/*Mayr* Art. 13 Rdn. 3.
12 Vgl. *Geimer/Schütze* Art. 13 EuGVVO Rdn. 2 (Art. 13 EuGVVO a.F. als Unterfall des Art. 23 EuGVVO a.F. auffassend).
13 Rauscher/*Staudinger* Art. 15 Brüssel Ia-VO Rdn. 1.
14 unalex-Kommentar/*Mayr* Art. 13 Rdn. 2.
15 Stein/Jonas/*G. Wagner* Art. 13 EuGVVO Rdn. 4.
16 Vgl. Rauscher/*Staudinger* Art. 15 Brüssel Ia-VO Rdn. 1; *Schlosser/Hess* Art. 15 EuGVVO Vor Rdn. 1; *Gebauer* in: ders./Wiedmann, Zivilrecht unter europäischem Einfluss, Kap. 27 Rdn. 79.
17 Vgl. OLG Dresden, VersR 2015, 382, 383 f.
18 Rauscher/*Staudinger* Art. 15 Brüssel Ia-VO Rdn. 1.

zu beurteilen.[19] Im Hinblick auf den Schutzzweck der Art. 15 f. greifen diese jedoch auch bei der Vereinbarung der internationalen Zuständigkeit drittstaatlicher Gerichte, wenn die Zuständigkeit mitgliedstaatlicher Gerichte derogiert wird.[20]

8 Die Möglichkeit einer **rügelosen Einlassung** nach Art. 26 berührt Art. 15 nicht.[21] Dies folgt wertend auch aus Art. 15 Nr. 1, welcher eine Gerichtsstandsvereinbarung nach Entstehung der Streitigkeit gestattet.[22] Jedenfalls mit Klageerhebung ist die Streitigkeit entstanden.

IV. Zugelassene Gerichtsstandsvereinbarungen

9 **1. Nach Entstehung der Streitigkeit (Nr. 1).** Eine Gerichtsstandsvereinbarung kann nach Entstehung der Streitigkeit getroffen werden. In diesem Fall weiß der (potentielle) Prozessgegner des Versicherers, dass eine gerichtliche Auseinandersetzung notwendig werden könnte. Ihm bleibt zudem regelmäßig eine angemessene Überlegungszeit zu entscheiden, ob er eine Gerichtsstandsvereinbarung treffen möchte,[23] sowie die Möglichkeit, Rechtsrat einzuholen.[24] Das **geringere Schutzbedürfnis** für eine schwächere Partei, welche durch die Entstehung der Streitigkeit hinsichtlich der Problematik einer Gerichtsstandsvereinbarung bereits **sensibilisiert** ist oder zumindest sein kann, verringert nach der Wertung der Verordnung das Schutzbedürfnis derart, dass es ein Verbot des Abschlusses von Gerichtsstandsvereinbarungen nicht trägt. Eine wertungsparallele Bestimmung findet sich im deutschen Recht in § 38 Abs. 3 Nr. 1 ZPO.[25]

10 Aus Nr. 1 folgt im Umkehrschluss, dass Vereinbarungen **vor Entstehung der Streitigkeit** rechtlich **wirkungslos** sind, wenn sie nicht durch Nr. 2–5 zugelassen werden. Der Prozessgegner des Versicherers wird damit insbesondere vor Gerichtsstandsklauseln, welche dieser durch **Formularbedingungen** bei Vertragsschluss in das Versicherungsverhältnis einführen möchte, geschützt.[26] Gegen eine Gerichtsstandsvereinbarung, die nach Entstehung der Streitigkeit formularmäßig geschlossen wird, bestehen hingegen grundsätzlich keine Bedenken. Nr. 1 verlangt nicht, dass die Gerichtsstandsvereinbarung nach Entstehung der Streitigkeit individuell ausgehandelt werden muss.[27]

11 Wann genau die Streitigkeit i.S.d. Nr. 1 **entstanden** ist, wird nicht einheitlich beurteilt. Teilweise wird unter Bezugnahme auf den Jenard-Bericht zum EuGVÜ[28] auf den Moment abgestellt, zu dem die Parteien über einen bestimmten Punkt uneins sind und ein gerichtliches Verfahren unmittelbar oder in Kürze bevorsteht.[29] Andere halten das

---

19 *von Hein* RIW 2013, 97, 104.
20 Vgl. EuGH IPRax 2013, 572, 576, Tz. 65 (zum Individualarbeitsverträge betreffenden Art. 21 Nr. 2 EuGVVO a.F.); BGH, VersR 2018, 182, 184, Tz. 29–30; Rauscher/*Staudinger* Art. 15 Brüssel Ia-VO Rdn. 2; Stein/Jonas/*G. Wagner* Art. 13 EuGVVO Rdn. 4; *Gebauer* in: ders./Wiedmann, Zivilrecht unter europäischem Einfluss, Kap. 27 Rdn. 79; *Mankowski*, VersR 2018, 184, 185.
21 Rauscher/*Staudinger* Art. 15 Brüssel Ia-VO Rdn. 2; Stein/Jonas/*G. Wagner* Art. 13 EuGVVO Rdn. 5; *Geimer/Schütze* Art. 13 EuGVVO Rdn. 3; unalex-Kommentar/*Mayr* Art. 13 Rdn. 2.
22 Vgl. *Kropholler/von Hein* Art. 13 EuGVVO Rdn. 2.
23 Vgl. unalex-Kommentar/*Mayr* Art. 13 Rdn. 4.
24 Stein/Jonas/*G. Wagner* Art. 13 EuGVVO Rdn. 6; vgl. auch *Kropholler/von Hein* Art. 13 EuGVVO Rdn. 2.
25 Stein/Jonas/*G. Wagner* Art. 13 EuGVVO Rdn. 6.
26 *Geimer/Schütze* Art. 13 EuGVVO Rdn. 1; unalex-Kommentar/*Mayr* Art. 13 Rdn. 5; *Geimer* FS Heldrich, S. 627, 630, Fn. 18; vgl. auch *S Schlosser/Hess* Art. 15 EuGVVO Rdn. 1.
27 **A.A.** Stein/Jonas/*G. Wagner* Art. 13 EuGVVO Rdn. 7.
28 Jenard-Bericht zu Art. 12 EuGVÜ.
29 *Kropholler/von Hein* Art. 13 EuGVVO Rdn. 2; Musielak/Voit/*Stadler* Art. 15 EuGVVO n.F. Rdn. 2; Thomas/Putzo/*Hüßtege* Art. 15 EuGVVO Rdn. 2; unalex-Kommentar/*Mayr* Art. 13 Rdn. 5; *Gebauer* in: ders./Wiedmann, Zivilrecht unter europäischem Einfluss, Kap. 27 Rdn. 80.

Bevorstehen eines Rechtsstreits für nicht erforderlich. Es genügten Meinungsverschiedenheiten zwischen den Parteien, welche das Versicherungsverhältnis beträfen; die Parteien müssten nur über einen bestimmten Punkt uneins sein.[30] Entscheidend sei, ob die Vereinbarung in einer Situation geschlossen werde, in der bereits Streit im Versicherungsverhältnis entbrannt sei und der Versicherungsnehmer deshalb Anlass und Anreiz habe, eine Gerichtsstandsvereinbarung zu prüfen und zu würdigen.[31]

In der **praktischen Anwendung** der Norm dürften die beiden Ansichten regelmäßig zu **demselben Ergebnis** führen, da eine Vereinbarung über die Frage, welches Gericht zur Entscheidung über einen künftigen Rechtsstreit berufen sein soll, regelmäßig dann getroffen wird, wenn die Parteien ihre Uneinigkeit nicht mehr außergerichtlich beizulegen in der Lage sind. Die Streitigkeit ist jedenfalls entstanden, wenn eine der Parteien die Einleitung eines gerichtlichen Verfahrens androht oder einen Anwalt mit Prozessvollmacht mandatiert.

Teilweise wird angenommen, die Gerichtsstandsvereinbarung müsse zeitlich nach Abschluss des Versicherungsvertrags liegen. Alle Voraussetzungen für einen Vertragsschluss müssten unabhängig von der rechtlichen Wirksamkeit des Vertrags bereits eingetreten sein.[32] Die Eröffnung des Anwendungsbereichs der Art. 10 ff. setzt nicht voraus, dass ein Versicherungsvertrag tatsächlich geschlossen wurde; vielmehr werden Streitigkeiten, welche sich auf den Abschluss des Versicherungsvertrags beziehen, ebenfalls erfasst (vgl. Art. 10 Rdn. 8). Auch findet sich im Wortlaut von Nr. 1 kein Anhaltspunkt dafür, dass ein Vertragsschluss erforderlich sei. Entsteht aufgrund der Vertragsverhandlungen über den Abschluss des Versicherungsvertrags Streit zwischen den Verhandelnden, können sie die Zuständigkeit eines Gerichts vereinbaren, welches über den Streit entscheiden soll. 12

Nach Sinn und Zweck des Schutzregimes ist eine **Verpflichtung** des Prozessgegners des Versicherers, sich nach Art. 26 **rügelos einzulassen**, rechtlich unwirksam. Gleiches gilt für eine Gerichtsstandsvereinbarung, welche unter der Bedingung des Entstehens einer Streitigkeit steht,[33] oder für die vertragliche Verpflichtung, im Fall des Entstehens einer Streitigkeit einer bestimmten Gerichtsstandsvereinbarung zuzustimmen. 13

2. Begünstigung der schwächeren Partei (Nr. 2). Werden der schwächeren Partei durch Vereinbarung Gerichtsstände eröffnet, an denen sie nach Art. 10–15 nicht klagen könnte, bedarf sie keines Schutzes. Der Schwächere muss nicht vor seiner **rechtlichen Besserstellung**, d.h. vor der Erweiterung seiner prozessualen Handlungsoptionen,[34] geschützt werden.[35] Nr. 2 gestattet deshalb eine solche Gerichtsstandsvereinbarung. Sie muss den nach der Verordnung ohnehin bestehenden Gerichtsständen zumindest einen weiteren hinzufügen, ohne jene zu berühren. Eine ausschließliche Gerichtsstandsver- 14

---

30 *Geimer/Schütze* Art. 13 EuGVVO Rdn. 5; *Schlosser/Hess* Art. 15 EuGVVO Rdn. 1; dagegen Rauscher/*Staudinger* Art. 15 Brüssel Ia-VO Rdn. 4.
31 Stein/Jonas/*G. Wagner* Art. 13 EuGVVO Rdn. 7.
32 *Geimer/Schütze* Art. 13 EuGVVO Rdn. 4; *Geimer* FS Heldrich, S. 627, 630, Fn. 18.
33 Rauscher/*Staudinger* Art. 15 Brüssel Ia-VO Rdn. 4; *Geimer/Schütze* Art. 13 EuGVVO Rdn. 4; unalex-Kommentar/*Mayr* Art. 13 Rdn. 5; *Geimer* FS Heldrich, S. 627, 630, Fn. 18.
34 Stein/Jonas/*G. Wagner* Art. 13 EuGVVO Rdn. 9.
35 Vgl. *Kropholler/von Hein* Art. 13 EuGVVO Rdn. 3; Rauscher/*Staudinger* Art. 15 Brüssel Ia-VO Rdn. 5; *Gebauer* in: ders./Wiedmann, Zivilrecht unter europäischem Einfluss, Kap. 27 Rdn. 80; *Geimer* FS Heldrich, S. 627, 630, Fn. 18; *Hübner* IPRax 1984, 237, 238 f.; an der praktischen Wirksamkeit der Regelung zweifelnd *Vassilakakis* RHDI 66 (2013), 273, 291.

einbarung lässt sich auf Nr. 2 daher nicht stützen.[36] Vor dem Hintergrund von Sinn und Zweck Norm gilt für Gerichtsstandsvereinbarungen, welche sich auf diese Bestimmung stützen, die **Vermutung** der ausschließlichen Zuständigkeit des **Art. 25 Abs. 1 Satz 2 nicht**.

15 Der Moment des Abschlusses der Gerichtsstandsvereinbarung ist für Nr. 2 – anders als für Nr. 1 – unerheblich. Eine Beschränkung auf den Zeitraum nach Entstehung der Streitigkeit nähme Nr. 2 vielmehr ihren Anwendungsbereich. Eine die schwächere Partei begünstigende Gerichtsstandsvereinbarung kann deshalb auch **vor Entstehung der Streitigkeit**, insbesondere durch eine Klausel im Versicherungsvertrag, geschlossen werden.[37]

16 Durch die Gerichtsstandsvereinbarung begünstigt werden können der Versicherungsnehmer (zum Begriff Art. 10 Rdn. 17), der Versicherte (zum Begriff Art. 10 Rdn. 18) oder der Begünstigte (zum Begriff Art. 10 Rdn. 19). Zugunsten des in Nr. 2 nicht genannten Geschädigten in Haftpflichtsachen wirkt die Bestimmung nicht. Ein Verweis auf Art. 15 ist in Art. 13 nicht enthalten. Die durch die Gerichtsstandsvereinbarung begünstigte Person muss nicht an deren Abschluss beteiligt werden, d.h., eine **Gerichtsstandsvereinbarung zugunsten Dritter** ist möglich.[38] Insbesondere kann der Versicherungsnehmer als Vertragspartner des Versicherers eine Gerichtsstandsvereinbarung nach Nr. 2 zugunsten des Versicherten oder des Begünstigten treffen.[39] Die übrigen Voraussetzungen des Art. 25 für den Abschluss der Gerichtsstandsvereinbarung, insbesondere die Formerfordernisse, sind jedoch auch dann zu beachten, wenn sie zugunsten Dritter geschlossen wird.[40]

17 Die Vereinbarung muss dem **Versicherungsnehmer, Versicherten oder Begünstigten** die Befugnis einräumen, ein anderes als die aufgrund einer Bestimmung der Art. 10–15 zuständigen Gerichte anzurufen. Obgleich der Normtext im Plural gehalten ist („andere"), wird auch die Vereinbarung der Zuständigkeit nur eines anderen Gerichts ermöglicht. Eine Vereinbarung, welche dem **Versicherer** erlaubt, ein anderes als die in Art. 10–15 bezeichneten Gerichte anzurufen, trägt Nr. 2 nicht. Möchte der Versicherer an einem nur nach Nr. 2 vereinbarten Gerichtsstand klagen, ist er darauf angewiesen, dass sich der Prozessgegner rügelos einlässt.[41] Schutz vor einer Klage des Versicherers vor einem nach Art. 14 zuständigen Gericht gewährt Nr. 2 hingegen nicht. Denn die Norm betrifft nur den Passivprozess des Versicherers, nicht den Aktivprozess.[42]

18 **3. Prorogation des gemeinsamen Wohnsitzmitgliedstaats.** Haben Versicherungsnehmer und Versicherer ihre Wohnsitze oder gewöhnlichen Aufenthalte in **demselben Mitgliedstaat**, können die Gerichte dieses Mitgliedstaates als international zuständig vereinbart werden, wenn das **schädigende Ereignis im Ausland** eintritt. Dem liegt der Gedanke zugrunde, dem Versicherer die Möglichkeit einzuräumen, sich vor

---

36 Vgl. Stein/Jonas/*G. Wagner* Art. 13 EuGVVO Rdn. 10 (Zwang zur Anrufung des vereinbarten Gerichts unzulässig); *Fricke* VersR 1997, 399, 403.
37 Vgl. Jenard-Bericht S. 33; Stein/Jonas/*G. Wagner* Art. 13 EuGVVO Rdn. 8; *Geimer/Schütze* Art. 13 EuGVVO Rdn. 6.
38 *Geimer/Schütze* Art. 13 EuGVVO Rdn. 6; Musielak/Voit/*Stadler* Art. 15 EuGVVO n.F. Rdn. 3; *Schlosser/Hess* Art. 15 EuGVVO Rdn. 2; *Geimer* FS Heldrich, S. 627, 630, Fn. 18; *ders.* NJW 1985, 533; *Heiss* IPRax 2005, 497.
39 EuGH, IPRax 1984, 259, 261, Tz. 15 ff., m. Anm. *Hübner* IPRax 1984, 237.
40 Vgl. Kropholler/von Hein Art. 13 EuGVVO Rdn. 3; Rauscher/*Staudinger* Art. 15 Brüssel Ia-VO Rdn. 5.
41 Ähnlich Stein/Jonas/*G. Wagner* Art. 13 EuGVVO Rdn. 10 (Versicherer benötige die Zustimmung des Versicherungsnehmers).
42 Vgl. Thomas/Putzo/*Hüßtege* Art. 15 EuGVVO Rdn. 3.

Passivprozessen im Ausland – auch vor Interventionsklagen[43] – durch Abschluss einer Gerichtsstandsvereinbarung zu schützen. Ferner soll Schutz beim Wegzug des Versicherungsnehmers ins Ausland geboten werden.[44]

Versicherer (Art. 10 Rdn. 18) und Versicherungsnehmer (Art. 10 Rdn. 17), nicht aber **19** Versicherter, Begünstigter oder Geschädigter können eine Gerichtsstandsvereinbarung nach Nr. 3 schließen. Für die drei letztgenannten steht jedoch die Möglichkeit offen, sich nach Entstehung der Streitigkeit gemäß Nr. 1 mit dem Versicherer über einen Gerichtsstand zu einigen oder einer zwischen Versicherer und Versicherungsnehmer geschlossenen Gerichtsstandsvereinbarung durch Zustimmung beizutreten.[45] Die Parteien der Vereinbarung müssen ihre Wohnsitze i.S.d. Art. 61 f. oder ihre gewöhnlichen Aufenthalte, d.h. ihre Lebensmittelpunkte[46] – siehe insoweit auch Art. 7 Nr. 2 –, in demselben Mitgliedstaat haben. Einen **gemeinsamen Wohnsitz** oder gemeinsamen gewöhnlichen Aufenthaltsort innerhalb des betreffenden Mitgliedstaates, etwa in demselben Gerichtsbezirk oder derselben Stadt, verlangt die Norm nicht. In zeitlicher Hinsicht kommt es dem Wortlaut der Bestimmung nach auf den Moment des **Vertragsschlusses** an.[47] Danach wären spätere Vereinbarungen auf Grundlage der Nr. 3 unzulässig und würden zum Neuabschluss des Versicherungsvertrags nötigen. Sinn und Zweck der Norm verlangen einen solchen jedoch nicht, sodass auch eine spätere, auf einen bereits geschlossenen Versicherungsvertrag bezogene Vereinbarung zulässig ist, wenn Versicherer und Versicherungsnehmer im Moment des Abschlusses der Vereinbarung ihren Wohnsitz bzw. gewöhnlichen Aufenthalt in demselben Mitgliedstaat haben. In diesem Fall kann die internationale Zuständigkeit der Gerichte des gemeinsamen Wohnsitzes oder gewöhnlichen Aufenthalts im Moment des Abschlusses der Vereinbarung begründet werden.

Allgemein angenommen wird, Nr. 3 gestatte die **Derogation des Deliktsgerichts-** **20** **stands**.[48] Dies lässt sich dem Normtext freilich nicht entnehmen, der mit der Formulierung, die Zuständigkeit könne „auch für den Fall" begründet werden, dass das schädigende Ereignis im Ausland eintritt, die Prorogation der Gerichte des gemeinsamen Wohnsitz- bzw. gewöhnlichen Aufenthaltsstaates zulässt, die Derogation des Deliktsgerichtsstands jedoch nicht erwähnt. Deshalb erweist sich die Reichweite der Nr. 3 insbesondere im Hinblick auf die Derogationswirkung einer gemäß dieser Bestimmung getroffenen Gerichtsstandsvereinbarung als diskussionsbedürftig. Eine Vereinbarung nach Nr. 3 gestattet zunächst der klagenden Partei, auch bei Wohnsitz- oder gewöhnlicher Aufenthaltsverlegung des Prozessgegners nach Abschluss der Gerichtsstandsvereinbarung vor den prorogierten Gerichten des ehemals gemeinsamen Wohnsitz- bzw. gewöhnlichen Aufenthaltsstaates zu klagen.[49] Eine Beschränkung auf Fälle des Wegzugs in einen Drittstaat liegt hierin nicht.[50] Da die Norm gesetzeshistorisch als Kompromisslösung,

---

43 Vgl. Jenard-Bericht S. 32; *Schlosser/Hess* Art. 15 EuGVVO Rdn. 3.
44 Rauscher/*Staudinger* Art. 15 Brüssel Ia-VO Rdn. 7a; *Schlosser/Hess* Art. 15 EuGVVO Rdn. 3; einschränkend Stein/Jonas/*G. Wagner* Art. 13 EuGVVO Rdn. 12.
45 Vgl. EuGH NJW 2005, 2135, 2137, Tz. 43.
46 Stein/Jonas/*G. Wagner* Art. 13 EuGVVO Rdn. 13.
47 Vgl. *Heiss* IPRax 2005, 497, 498.
48 Kropholler/*von Hein* Art. 13 EuGVVO Rdn. 4; Rauscher/*Staudinger* Art. 15 Brüssel Ia-VO Rdn. 7; Stein/Jonas/*G. Wagner* Art. 13 EuGVVO Rdn. 11; *Geimer/Schütze* Art. 13 EuGVVO Rdn. 7; Thomas/Putzo/ *Hüßtege* Art. 15 EuGVVO Rdn. 4; unalex-Kommentar/*Mayr* Art. 13 Rdn. 8; Zöller/*Geimer* Art. 14 EuGVVO Rdn. 3; *Nagel/Gottwald* § 3 Rdn. 139; *Geimer* FS Heldrich, S. 627, 639.
49 Vgl. unalex-Kommentar/*Mayr* Art. 13 Rdn. 8 (Versicherer werde davor geschützt, infolge Umzugs seinen Versicherungsnehmer im Ausland verklagen zu müssen).
50 Vgl. *Geimer/Schütze* Art. 13 EuGVVO Rdn. 7.

nämlich zur Bildung eines Gegengewichts der Gerichtspflichtigkeit des Versicherers vor den Gerichten des **Schadenseintrittsorts** nach Art. 12 oder im Fall der **Interventionsklage** nach Art. 13 Abs. 1, konzipiert wurde,[51] kann eine Vereinbarung auch derogierende Wirkung im Hinblick auf diese beiden Gerichtsstände entfalten.[52] Der Versicherer kann sich daher unter den Voraussetzungen der Nr. 3 insbesondere davor schützen, vom Versicherungsnehmer im Weg der Interventionsklage nach Art. 13 Abs. 1 vor den Gerichten eines anderen Mitgliedstaates als denen des gemeinsamen Wohnsitzes in Anspruch genommen zu werden.[53] Einen weitergehenden Ausschluss anderer Zuständigkeiten, insbesondere des **Klägergerichtsstands** nach Art. 11 Abs. 1 lit. b), trägt Nr. 3 hingegen nicht.[54] Der Versicherer kann deshalb auch durch eine Gerichtsstandsvereinbarung nicht verhindern, dass der Versicherungsnehmer in einen anderen Mitgliedstaat verzieht und ihn vor den Gerichten seines neuen Wohnsitzes in Anspruch nimmt.[55]

21 **Zulasten Dritter** – insbesondere zulasten des Versicherten, Begünstigten oder Geschädigten – können Versicherer und Versicherungsnehmer **keine Gerichtsstandsvereinbarung** treffen. Deshalb sind die Gerichtsstände des Art. 11 Abs. 1 lit. b) und c), soweit sie nicht den Versicherungsnehmer betreffen, und des Art. 13 Abs. 2 – insbesondere die Direktklage des Geschädigten[56] – ohne ausdrückliche Zustimmung des Dritten nicht abdingbar.[57] Denn andere Dritte sind als Prozessgegner des Versicherers im Anwendungsbereich der Art. 10 ff. ebenso schutzwürdig wie der Versicherungsnehmer.[58] Auf Verträge über **Großrisiken** nach Nr. 5 trifft dieser Schutzgedanke nicht zu.[59] Da im Anwendungsbereich der Nr. 5 allerdings ohnehin keine Einschränkungen für Gerichtsstandsvereinbarungen bestehen, kommt es auf eine etwaige Übertragbarkeit des Schutzgedankens der Nr. 3 auf die Fälle der Nr. 5 nicht an.[60]

Eine vertragliche Gestaltung dahingehend, dass der durch den Versicherungsvertrag begründete, **materiellrechtliche Anspruch** des Drittbegünstigten unter die **Bedingung** gestellt wird, dass dieser ihn nur vor bestimmten Gerichten geltend machen darf,[61] ist mit der Rechtsprechung des EuGH[62] nicht in Einklang zu bringen. Diese restriktive Rechtsprechungslinie überzeugt, weil die weitgehende prozessuale Einschränkung von Gerichtsstandsvereinbarungen nach Art. 15 nicht durch eine funktionsäquivalente rechtsgeschäftliche Bedingung im materiellen Recht ausgehebelt werden darf. Offen ist, ob Dritte, welche im Moment des Abschlusses der Gerichtstandsvereinbarung in demselben Mitgliedstaat wie Versicherer und Versicherungsnehmer ihren gewöhnlichen Aufenthalt hatten, an eine Vereinbarung der vorgenannten Art gebunden werden können.[63] Hierge-

---

51 Näher Kropholler/*von Hein* Art. 13 EuGVVO Rdn. 4; Jenard-Bericht S. 32.
52 EuGH NJW 2005, 2135, 2136, Tz. 32 f.; *Kropholler/von Hein* Art. 13 EuGVVO Rdn. 4; Stein/Jonas/*G. Wagner* Art. 13 EuGVVO Rdn. 11.
53 *Schlosser/Hess* Art. 15 EuGVVO Rdn. 3.
54 EuGH NJW 2005, 2135, 2136, Tz. 32 f.; Zöller/*Geimer* Art. 14 EuGVVO Rdn. 3.
55 Vgl. *Kropholler/von Hein* Art. 13 EuGVVO Rdn. 4; Stein/Jonas/*G. Wagner* Art. 13 EuGVVO Rdn. 12.
56 Stein/Jonas/*G. Wagner* Art. 13 EuGVVO Rdn. 16.
57 Vgl. EuGH, NJW 2005, 2135; *Kropholler/von Hein* Art. 13 EuGVVO Rdn. 4; Rauscher/*Staudinger* Art. 15 Brüssel Ia-VO Rdn. 6; Stein/Jonas/*G. Wagner* Art. 13 EuGVVO Rdn. 16; *Geimer/Schütze* Art. 13 EuGVVO Rdn. 7; *Schlosser/Hess* Art. 15 EuGVVO Rdn. 3; *Gebauer* in: ders./Wiedmann, Zivilrecht unter europäischem Einfluss, Kap. 27 Rdn. 80; *Nagel/Gottwald* § 3 Rdn. 139; *Heiss* IPRax 2005, 497, 499.
58 Vgl. Rauscher/*Staudinger* Art. 15 Brüssel Ia-VO Rdn. 6.
59 Kropholler/*von Hein* Art. 13 EuGVVO Rdn. 4.
60 *Geimer/Schütze* Art. 13 EuGVVO Rdn. 7; Zöller/*Geimer* Art. 14 EuGVVO Rdn. 4.
61 Hierfür *Geimer/Schütze* Art. 13 EuGVVO Rdn. 7.
62 Vgl. EuGH NJW 2005, 2135, 2137, Tz. 36 ff. m. krit. Anm. *Heiss* IPRax 2005, 497. Dies konstatieren auch *Geimer/Schütze* Art. 13 EuGVVO Rdn. 7; Zöller/*Geimer* Art. 14 EuGVVO Rdn. 5.
63 Bejahend Stein/Jonas/*G. Wagner* Art. 13 EuGVVO Rdn. 15.

gen spricht, dass Ausnahmen vom Grundsatz der Unzulässigkeit von Gerichtsstandsvereinbarungen eng auszulegen sind (siehe Rdn. 2) und dass das Argument, der durch den Versicherungsvertrag Drittbegünstigte müsse den Versicherungsschutz ohnehin so akzeptieren, wie er im Versicherungsvertrag ausgestaltet worden sei,[64] jedwede Modifikation der internationalen Zuständigkeit zulasten des Drittbegünstigten trüge.

Das **schädigende Ereignis** muss im **Ausland** eintreten. Für die Konkretisierung des 22 Begriffs des schädigenden Ereignisses kann auf **Art. 7 Nr. 2** zurückgegriffen werden. Soweit dem Geschädigten bei Distanzdelikten ein Wahlrecht zwischen Handlungs- und Erfolgsort eingeräumt wird, ist dies nicht auf Nr. 3 übertragbar. Es genügt vielmehr, dass entweder der Handlungs- oder der Erfolgsort außerhalb des als zuständig vereinbarten Mitgliedstaates liegen. Unerheblich bleibt zudem, ob sich der Schadenseintrittsort in einem anderen Mitgliedstaat oder in einem Drittstaat befindet.

Eine Gerichtsstandsvereinbarung nach Nr. 3 wird nur gestattet, wenn das **Recht** des 23 **gemeinsamen Wohnsitz**- bzw. **gewöhnlichen Aufenthaltsstaates** sie **zulässt**. Ohne Bedeutung ist, ob die Gerichtsstandsvereinbarungen die Voraussetzungen des Art. 25 erfüllt.[65] Obgleich auch Art. 25 als Teil der Brüssel Ia-VO in allen Mitgliedstaaten unmittelbar gilt (vgl. Art. 288 Abs. 2 S. 2 AEUV), meint „Recht" des Wohnsitz- bzw. gewöhnlichen Aufenthaltsstaats das nationale, **autonome internationale Zivilverfahrensrecht**.[66] Nach deutschem Recht ist vorrangig § 215 Abs. 3 VVG maßgebend.[67] Danach wird eine Vereinbarung ermöglicht, wenn der Versicherungsnehmer nach Vertragsschluss seinen Wohnsitz oder gewöhnlichen Aufenthalt aus Deutschland verlegt oder sein Wohnsitz oder gewöhnlicher Aufenthalt im Zeitpunkt der Klageerhebung nicht bekannt ist. Gestattet wird insoweit ein Abweichen vom in § 215 Abs. 1 S. 2 VVG angeordneten ausschließlichen Gerichtsstand am Wohnsitz des Versicherungsnehmers. Die Vereinbarung kann dem Wortlaut der Norm nach „für den Fall" und nach deren Sinn und Zweck – eine Vereinbarung mit einem Versicherungsnehmer, dessen Wohnsitz oder gewöhnlicher Aufenthalt unbekannt ist, wird in aller Regel gerade aus diesem Grund nicht möglich sein – schon bei Vertragsschluss und auch in Allgemeinen Versicherungsbedingungen getroffen werden.[68] Zu beachten bleibt, dass der Verweis auf mitgliedstaatliches Recht nach Nr. 3 nur die dort geregelte Konstellation, d.h. die Begründung der Zuständigkeit der Gerichte des gemeinsamen Wohnsitz- oder gewöhnlichen Aufenthaltsstaates bei ausländischem Schadenseintrittsort, erfasst. Dass § 215 Abs. 3 VVG eine solche Einschränkung nicht enthält, sondern für sämtliche Klagen aus dem Versicherungsvertrag oder der Versicherungsvermittlung eine Vereinbarung gestattet, ist im Anwendungsbereich der Nr. 3 ohne Bedeutung.

Eine nach **§ 215 Abs. 3 VVG** zulässige Gerichtsstandsvereinbarung muss den Anforderungen der §§ 38ff. ZPO genügen,[69] insbesondere also den Formvorgaben des § 38 Abs. 3 ZPO entsprechen[70] und sich nach § 40 Abs. 1 ZPO auf ein bestimmtes Rechtsverhältnis und die aus diesem entspringenden Rechtsstreitigkeiten beziehen.[71] Eine unter

---

64 Stein/Jonas/*G. Wagner* Art. 13 EuGVVO Rdn. 15.
65 Vgl. *Geimer/Schütze* Art. 13 EuGVVO Rdn. 8; *Geimer* FS Heldrich, S. 627, 639.
66 Vgl. *Kropholler/von Hein* Art. 13 EuGVVO Rdn. 5; Rauscher/*Staudinger* Art. 15 Brüssel Ia-VO Rdn. 7.
67 Vgl. Stein/Jonas/*G. Wagner* Art. 13 EuGVVO Rdn. 14; Rauscher/*Staudinger* Art. 15 Brüssel Ia-VO Rdn. 7a.
68 *Kropholler/von Hein* Art. 13 EuGVVO Rdn. 5; *Fricke* VersR 2009, 15, 19; die AGB-Kontrolle einer solchen Gerichtsstandsvereinbarung befürwortend hingegen Rauscher/*Staudinger* Art. 15 Brüssel Ia-VO Rdn. 7b.
69 *Kropholler/von Hein* Art. 13 EuGVVO Rdn. 5; siehe auch Stein/Jonas/*G. Wagner* Art. 13 EuGVVO Rdn. 14; Thomas/Putzo/*Hüßtege* Art. 15 EuGVVO Rdn. 4.

Nichtbeachtung dieser Voraussetzungen geschlossene Gerichtsstandsvereinbarung ist unwirksam.[72]

24   **4. Versicherungsnehmer mit Drittstaatenwohnsitz (Nr. 4).** Hat der Versicherungsnehmer seinen Wohnsitz in einem Drittstaat, ist eine Gerichtsstandsvereinbarung zulässig, wenn es sich nicht um eine Pflichtversicherung oder eine Immobiliarversicherung, welche ein in einem Mitgliedstaat belegenes Grundstück betrifft, handelt. Diese Ausnahmen vom Verbot der Gerichtsstandsvereinbarung im Anwendungsbereich der Art. 10ff. gehen zurück auf die Überarbeitung des EuGVÜ anlässlich des Beitritts des Vereinigten Königreichs zum Übereinkommen im Jahr 1978, das Wettbewerbsnachteile seiner Versicherungsunternehmen im internationalen Versicherungsmarkt durch das Schutzregime zugunsten des Prozessgegners des Versicherers fürchtete.[73] Nr. 4 gilt jedoch nicht nur im Vereinigten Königreich, sondern in sämtlichen Mitgliedstaaten.[74] Die Bestimmung ermöglicht ferner, zwingenden **Zuständigkeitsvorschriften** in **drittstaatlichen Rechten** Folge zu leisten.[75] Sie entspricht zudem der Grundtendenz der Brüssel Ia-VO, schwächere Parteien nur dann zu schützen, wenn sie ihren Wohnsitz in einem Mitgliedstaat haben.[76]

25   Der Versicherungsnehmer muss seinen **Wohnsitz** in einem **Drittstaat** haben. Die Bestimmung des Wohnsitzes erfolgt nach Art. 62f. Der Wohnsitz des Versicherers wird im Normtext nicht erwähnt und ist demnach unerheblich.[77] Unter der Brüssel I-VO war der räumliche Anwendungsbereich der Verordnung nicht eröffnet, wenn der Beklagtenwohnsitz in einem Drittstaat lag. Von diesem Grundsatz weicht die Neufassung des Art. 25 Abs. 1 Brüssel Ia-VO für Gerichtsstandsvereinbarungen ab. Es wäre wenig stringent, eine Gerichtsstandsvereinbarung zwischen einem Versicherungsnehmer mit Wohnsitz in einem Drittstaat und Versicherer mit Wohnsitz in einem Mitgliedstaat von den Restriktionen der Art. 10ff. zu befreien, während eine Gerichtsstandsvereinbarung zwischen Versicherungsnehmer und Versicherer mit Wohnsitzen in Drittstaaten ihnen unterläge. Die Einführung einer solchen Differenzierung war mit der Erweiterung des Anwendungsbereichs des Art. 25 nicht beabsichtigt.

26   Der Versicherungsnehmer muss seinen Wohnsitz im Zeitpunkt des **Abschlusses der Gerichtsstandsvereinbarung** in einem Drittstaat haben.[78] Der Wohnsitz im Zeitpunkt der Klageerhebung ist hingegen irrelevant. Ein solches Verständnis indiziert der Schlosser-Bericht.[79] Zudem sollten die Parteien unter dem Gesichtspunkt der Vorhersehbarkeit bei Abschluss der Gerichtsstandsvereinbarung in der Lage sein, sich Gewissheit über

---

70 Rauscher/*Staudinger* Art. 15 Brüssel Ia-VO Rdn. 7.
71 *Kropholler/von Hein* Art. 13 EuGVVO Rdn. 5.
72 Vgl. BGH, Urt. v. 1.6.2016 – IV ZR 80/15, Tz. 16.
73 Näher Schlosser-Bericht, S. 112; *Kropholler/von Hein* Art. 13 EuGVVO Rdn. 6; Stein/Jonas/*G. Wagner* Art. 13 EuGVVO Rdn. 17.
74 *Geimer/Schütze* Art. 13 EuGVVO Rdn. 9f.
75 Schlosser-Bericht S. 112; *Kropholler/von Hein* Art. 13 EuGVVO Rdn. 6; Stein/Jonas/*G. Wagner* Art. 13 EuGVVO Rdn. 17.
76 Vgl. Stein/Jonas/*G. Wagner* Art. 13 EuGVVO Rdn. 17.
77 **A.A.** Rauscher/*Staudinger* Art. 15 Brüssel Ia-VO Rdn. 8; auch unalex-Kommentar/*Mayr* Art. 13 Rdn. 10 (zur EuGVVO a.F.).
78 **A.A.** Rauscher/*Staudinger* Art. 15 Brüssel Ia-VO Rdn. 8 Fn. 53 (Zeitpunkt der Klageerhebung).
79 Schlosser-Bericht S. 112, in dem ausgeführt wird, wenn ein Versicherungsnehmer mit Wohnsitz in einem Drittstaat in England ein Risiko versichere, könnten grundsätzlich unter anderem sowohl die englischen als auch die Gerichte am Wohnsitz des Versicherungsnehmers für ausschließlich zuständig erklärt werden.

ihre Wirksamkeit zu verschaffen. Dem stünde die Möglichkeit, die Vereinbarung durch Umzug in einen Mitgliedstaat zu Fall zu bringen, entgegen.

In **zeitlicher Hinsicht** findet sich für Nr. 4 keine Einschränkung. Die Gerichtsstandsvereinbarung kann anlässlich der Aufnahme von Vertragsverhandlungen, bei Vertragsschluss oder zeitlich später getroffen werden.[80] Treffen die Parteien die Vereinbarung nach Entstehung der Streitigkeit, überschneidet sich Nr. 4 mit Nr. 1. 27

Die Ausnahme der Nr. 4 gilt sowohl für die Vereinbarung der internationalen Zuständigkeit eines **mitgliedstaatlichen** Gerichts als auch für die eines **drittstaatlichen Gerichts**.[81] Die übrigen Voraussetzungen der Gerichtsstandsvereinbarung sind Art. 25 zu entnehmen, wenn die Zuständigkeit eines mitgliedstaatlichen Gerichts begründet wird; nach nationalem Prozessrecht richten sie sich, wenn die Parteien die Zuständigkeit eines drittstaatlichen Gerichts vereinbaren.[82] 28

Eine Gerichtsstandsvereinbarung mit einem Versicherungsnehmer, dessen Wohnsitz in einem Drittstaat liegt, ist nach Nr. 4, 2. Hs., 1. Alt, unzulässig, wenn das Versicherungsverhältnis eine **gesetzliche Pflichtversicherung**[83] betrifft. In diesem Fall greift das Schutzregime der Art. 10 ff. auch zugunsten des drittstaatlichen Versicherungsnehmers.[84] Dies verhindert, dass Rechtsstreitigkeiten über Risiken, deren Deckung ein mitgliedstaatlicher Gesetzgeber für so bedeutend erachtet, dass er eine Versicherungspflicht anordnet, vor einem von den Parteien frei gewählten Gericht geführt werden.[85] Die Möglichkeit, nach Entstehen der Streitigkeit eine Gerichtsstandsvereinbarung nach Nr. 1 zu treffen, bleibt unberührt.[86] Ob die Reichweite der Rückausnahme nach Nr. 4, 2. Hs., 1. Alt stets zu stimmigen Ergebnissen führt, bleibt zu bezweifeln.[87] Denn Pflichten zum Abschluss eines Versicherungsvertrags werden häufig auch dann statuiert, wenn der Sachverhalt nur einen schwach ausgeprägten Bezug zu dem (Mitglied)staat aufweist, welcher die Pflicht schafft. 29

Ob eine **Versicherungspflicht** besteht, beurteilt sich nach dem **Recht** – einschließlich des Kollisionsrechts – des **angerufenen Gerichts**.[88] Zu ermitteln ist das auf das Versicherungsverhältnis anwendbare Recht, d.h. das **Versicherungsvertragsstatut**. Die betreffenden Kollisionsnormen finden sich grundsätzlich in der Anwendungsvorrang genießenden Rom I-VO.[89] Zu beachten ist vor deutschen Gerichten insbesondere Art. 7 Abs. 4 Rom I-VO i.V.m. Art. 46c) EGBGB. Art. 46c) Abs. 1 EGBGB ordnet die Anwendung desjenigen mitgliedstaatlichen Rechtes an, welches die Versicherungspflicht vorschreibt. Ein Vertrag über eine Pflichtversicherung unterliegt nach Art. 46c) Abs. 2 EGBGB deut- 30

---

80 Vgl. *Geimer/Schütze* Art. 13 EuGVVO Rdn. 10; unalex-Kommentar/*Mayr* Art. 13 Rdn. 10.
81 Schlosser-Bericht S. 112; *Geimer/Schütze* Art. 13 EuGVVO Rdn. 9.
82 *Kropholler/von Hein* Art. 13 EuGVVO Rdn. 6; Rauscher/*Staudinger* Art. 15 Brüssel Ia-VO Rdn. 8; *Gebauer* in: ders./Wiedmann, Zivilrecht unter europäischem Einfluss, Kap. 27 Rdn. 80.
83 Eine erste Orientierung kann die (bereits ältere) Länderübersicht im Schlosser-Bericht, S. 113 f., bieten.
84 Vgl. Rauscher/*Staudinger* Art. 15 Brüssel Ia-VO Rdn. 8; Thomas/Putzo/*Hüßtege* Art. 15 EuGVVO Rdn. 5; unalex-Kommentar/*Mayr* Art. 13 Rdn. 10.
85 Stein/Jonas/*G. Wagner* Art. 13 EuGVVO Rdn. 18.
86 Vgl. *Geimer/Schütze* Art. 13 EuGVVO Rdn. 11.
87 Stein/Jonas/*G. Wagner* Art. 13 EuGVVO Rdn. 19.
88 Ähnlich Rauscher/*Staudinger* Art. 15 Brüssel Ia-VO Rdn. 8 mit Fn. 54 (die kollisionsrechtliche „Vorfrage" solle im Lichte von Art. 7 sowie Art. 3, 4 und 6 Rom I-VO beantwortet werden).
89 Bestimmte Versicherungsverträge sind jedoch nach Art. 1 Abs. 2 lit. j) Rom I-VO vom Anwendungsbereich der Verordnung ausgenommen, siehe *Nordmeier* in: Gebauer/Wiedmann, Zivilrecht unter europäischem Einfluss, Kap. 37 Rdn. 20.

schem Recht, wenn die gesetzliche Verpflichtung zum Abschluss auf deutschem Recht beruht.[90]

31 Die Rückausnahme nach Nr. 4, 2. Hs., 1. Alt gilt **unabhängig** davon, ob das **nationale Prozessrecht** des Gerichtsstaates oder das auf das Versicherungsverhältnis anwendbare Recht ein entsprechendes **Verbot** des Abschlusses von Gerichtsstandsvereinbarungen kennen.[91]

32 Eine Gerichtsstandsvereinbarung mit einem in einem Drittstaat wohnhaften Versicherungsnehmer wird ferner nach Nr. 4, 2. Hs., 2. Alt ausgeschlossen, wenn die Versicherung **unbeweglicher Sachen** in einem Mitgliedstaat betroffen ist. Erfasst werden beispielsweise Gebäude- und Feuerversicherungen.[92] Durch die Rückausnahme wird insbesondere die Anwendbarkeit des **Art. 12**, welcher die Zuständigkeit der Gerichte am Belegenheitsort vorsieht, auch in Drittstaatenfällen derogationsfest ausgestaltet.[93] Vor dem Hintergrund dieses Sinns und Zwecks der Norm ist abweichend von ihrem Wortlaut die Vereinbarung einer **ausschließlichen Zuständigkeit** der Gerichte am **Belegenheitsort** möglich.[94]

33 Der Begriff der **unbeweglichen Sache** wird wie in Art. 12 **europäisch-autonom** ausgelegt (vgl. Art. 12 Rdn. 8). Ob das eigene Prozessrecht des Gerichtsstaates oder des Belegenheitsorts der unbeweglichen Sache eine Vereinbarung über die internationale Zuständigkeit für eine Streitigkeit aus einem Versicherungsverhältnis, das eine unbewegliche Sache betrifft, gestattet oder unterbindet, bleibt ohne Belang.[95] Werden in einem Versicherungsvertrag verschiedene Risiken versichert und betrifft nur ein Teil dieser Risiken in einem Mitgliedstaat belegene, unbewegliche Sachen, gilt der Ausschluss der Nr. 4, 2. Hs., 2. Alt allein insoweit, als die unbeweglichen Sachen betroffen sind.

34 **5. Großrisiken, vor allem in der See- und Luftfahrtversicherung (Nr. 5).** Wie Nr. 4 geht Nr. 5 auf die Überarbeitung des EuGVÜ anlässlich des Beitritts des Vereinigten Königreichs zum Übereinkommen im Jahr 1978 zurück.[96] Ausgangspunkt war der Gedanke, dass bei der Versicherung von Großrisiken das **wirtschaftliche und rechtliche Ungleichgewicht**, welches Art. 10 ff. ausgleichen wollen, **typisiert** betrachtet **nicht besteht**.[97] Allerdings werden solche Versicherungsverhältnisse – anders als beispielsweise Rückversicherungsverhältnisse (näher Art. 10 Rdn. 24) – nicht vom Anwendungsbereich der Art. 10 ff. ausgenommen; vielmehr ist den Parteien gestattet, durch eine Gerichtsstandsvereinbarung vom den Bestimmungen des Schutzregimes abzuweichen. Insbesondere kann bereits vor Entstehen einer Streitigkeit eine Gerichtsstandsvereinbarung getroffen werden.[98] Auch sind nach Nr. 5 – anders als nach Nr. 3 - Gerichtsstandsvereinbarungen, welche aus dem Versicherungsverhältnis **Drittbegünstigte** betreffen, mög-

---

90 Näher *Nordmeier* in: Gebauer/Wiedmann, Zivilrecht unter europäischem Einfluss, 2. Aufl. 2010, Kap. 37 Rdn. 83.
91 Stein/Jonas/*G. Wagner* Art. 13 EuGVVO Rdn. 18.
92 Stein/Jonas/*G. Wagner* Art. 13 EuGVVO Rdn. 20.
93 Vgl. Schlosser-Bericht S. 114; Rauscher/*Staudinger* Art. 15 Brüssel Ia-VO Rdn. 9; Stein/Jonas/ *G. Wagner* Art. 13 EuGVVO Rdn. 20; *Geimer/Schütze* Art. 13 EuGVVO Rdn. 12.
94 Rauscher/*Staudinger* Art. 15 Brüssel Ia-VO Rdn. 9; Stein/Jonas/*G. Wagner* Art. 13 EuGVVO Rdn. 20; *Geimer/Schütze* Art. 13 EuGVVO Rdn. 12; anders Schlosser-Bericht, S. 114; wohl auch *Kropholler/von Hein* Art. 13 EuGVVO Rdn. 8.
95 Vgl. Schlosser-Bericht, S. 114; Rauscher/*Staudinger* Art. 15 Brüssel Ia-VO Rdn. 9; Stein/Jonas/ *G. Wagner* Art. 13 EuGVVO Rdn. 20; *Geimer/Schütze* Art. 13 EuGVVO Rdn. 12.
96 Schlosser-Bericht S. 114; *Kropholler/von Hein* Art. 13 EuGVVO Rdn. 9.
97 Vgl. Schlosser-Bericht S. 114; *Kropholler/von Hein* Art. 13 EuGVVO Rdn. 9; Rauscher/*Staudinger* Art. 15 Brüssel Ia-VO Rdn. 11; Stein/Jonas/*G. Wagner* Art. 13 EuGVVO Rdn. 22.
98 *Kropholler/von Hein* Art. 13 EuGVVO Rdn. 9.

lich.⁹⁹ So kann eine **Konzernmutter** mit Wirkung für ihre Töchter als Versicherte oder Begünstigte eine Zuständigkeitsvereinbarung über Großrisiken schließen, ohne dass die begünstigten Töchter zustimmen müssten.¹⁰⁰ Denn während Nr. 3 Versicherer und Versicherungsnehmer als Parteien und Betroffene der Gerichtsstandsvereinbarung ausdrücklich nennt, findet sich eine solche Beschränkung in Nr. 5 nicht.¹⁰¹

Die Versicherungsverhältnisse, für welche eine Ausnahme vom Verbot der Gerichtsstandsvereinbarung gilt, sind durch die Risiken, welche sie betreffen, definiert. **Art. 16** nennt sie abschließend in **Katalogform**.¹⁰² Es handelt sich um See- und Luftfahrtversicherungen (Art. 16 Nr. 1–4) sowie um sonstige Großrisiken (Art. 16 Nr. 5). Für **reine Landtransportversicherungen** greift Nr. 5 jedoch **nicht**, sodass es für solche Versicherungen bei der Unzulässigkeit von Gerichtsstandsvereinbarungen bleibt.¹⁰³ Unerheblich ist, ob der Transport über die Grenzen eines Landes hinausgeht oder hinausgehen soll.¹⁰⁴ Der Versicherungsvertrag kann eines oder mehrere der in Art. 16 genannten Risiken betreffen. Erfasst er darüber hinaus auch Risiken, welche nicht in Art. 16 genannt sind, können diese als Annexrisiken nach Art. 16 Nr. 4 in den Anwendungsbereich der Nr. 5 fallen.¹⁰⁵ Ansonsten bleibt eine Teilgerichtsstandswahl nur hinsichtlich der von Art. 16 erfassten Risiken möglich.¹⁰⁶

35

Artikel 16

Die in Artikel 15 Nummer 5 erwähnten Risiken sind die folgenden:
1. sämtliche Schäden
    a) an Seeschiffen, Anlagen vor der Küste und auf hoher See oder Luftfahrzeugen aus Gefahren, die mit ihrer Verwendung zu gewerblichen Zwecken verbunden sind,
    b) an Transportgütern, ausgenommen Reisegepäck der Passagiere, wenn diese Güter ausschließlich oder zum Teil mit diesen Schiffen oder Luftfahrzeugen befördert werden;
2. Haftpflicht aller Art mit Ausnahme der Haftung für Personenschäden an Passagieren oder Schäden an deren Reisegepäck,
    a) aus der Verwendung oder dem Betrieb von Seeschiffen, Anlagen oder Luftfahrzeugen gemäß Nummer 1 Buchstabe a, es sei denn, dass – was die letztgenannten betrifft – nach den Rechtsvorschriften des Mitgliedstaats, in dem das Luftfahrzeug eingetragen ist, Gerichtsstandsvereinbarungen für die Versicherung solcher Risiken untersagt sind,
    b) für Schäden, die durch Transportgüter während einer Beförderung im Sinne von Nummer 1 Buchstabe b verursacht werden;

---

99 Thomas/Putzo/*Hüßtege* Art. 15 EuGVVO Rdn. 6.
100 *Kropholler/von Hein* Art. 13 EuGVVO Rdn. 4; **a.A.** Rauscher/*Staudinger* Art. 15 Brüssel Ia-VO Rdn. 11 (jedoch für die Ausnahme von Großversicherungen aus dem Anwendungsbereich der Art. 10 ff. de lege ferenda).
101 Vgl. *Heiss* IPRax 2005, 497, 498 f.
102 Vgl. *Schlosser/Hess* Art. 15 EuGVVO Rdn. 5.
103 Allg. Ansicht, Schlosser-Bericht, S. 114; Kropholler/von Hein Art. 13 EuGVVO Rdn. 10; Geimer/Schütze Art. 13 EuGVVO Rdn. 13; unalex-Kommentar/*Mayr* Art. 13 Rdn. 11.
104 *Geimer/Schütze* Art. 13 EuGVVO Rdn. 14.
105 Vgl. auch Rauscher/*Staudinger* Art. 15 Brüssel Ia-VO Rdn. 10 (für die Erfassung sämtlicher mitversicherter Annexrisiken).
106 *Vassilakakis* RHDI 66 (2013), 273, 292.

3. finanzielle Verluste im Zusammenhang mit der Verwendung oder dem Betrieb von Seeschiffen, Anlagen oder Luftfahrzeugen gemäß Nummer 1 Buchstabe a, insbesondere Fracht- oder Charterverlust;
4. irgendein zusätzliches Risiko, das mit einem der unter den Nummern 1 bis 3 genannten Risiken in Zusammenhang steht;
5. unbeschadet der Nummern 1 bis 4 alle „Großrisiken" entsprechend der Begriffsbestimmung in der Richtlinie 2009/138/EG des Europäischen Parlaments und des Rates vom 25. November 2009 betreffend die Aufnahme und Ausübung der Versicherungs- und der Rückversicherungstätigkeit (Solvabilität II).[1]
(1) ABl. L 335 vom 17.12.2009, S. 1.

Übersicht

I. Gesetzesgeschichte — 1
II. Normzweck — 2
III. Die Ausnahmen im Einzelnen — 3
   1. Kaskoversicherungen und Versicherungen des Wertes von Transportgütern (Nr. 1) — 3
2. Haftpflichtversicherung (Nr. 2) — 7
3. Finanzielle Verluste im Zusammenhang mit Transportmitteln (Nr. 3) — 11
4. Zusatzversicherung (Nr. 4) — 12
5. Großrisiken (Nr. 5) — 13

Schrifttum

Siehe Einl. zu Art. 10 ff. und Art. 10.

I. Gesetzesgeschichte

1 Wie Art. 15 Nr. 4 und 5 geht auch Art. 16 auf die Überarbeitung des EuGVÜ anlässlich des Beitritts des Vereinigten Königreichs zum Übereinkommen im Jahr 1978 zurück. Die Norm wurde als Art. 12a EuGVÜ eingefügt, jedoch ohne Nr. 5. Diese kam erst mit der Überführung in Art. 14 Brüssel I-VO hinzu. Zudem erfolgten eine Klarstellung in Nr. 2 lit. a) durch Einfügen des Einschubs „– was die letztgenannten betrifft –" und die Anpassung der Nomenklatur an den Charakter der Brüssel Ia-VO als unionale Verordnung, der den Ersatz des Begriffs „Vertragsstaat" durch „Mitgliedstaat" erforderte. Nr. 5 n.F. verweist nunmehr auf die **Solvabilität II-Richtlinie**[1], während Nr. 5 a.F. auf deren Vorgänger, die Direktversicherungsrichtlinie[2], in der jeweils geltenden Fassung Bezug nahm. Art. 14 Nr. 5 rev. LugÜ enthält in Nr. 5 keinen Verweis auf die Direktversicherungsrichtlinie[3].

II. Normzweck

2 Art. 16 ist im Zusammenhang mit Art. 15 Nr. 5 zu lesen, der ausdrücklich auf die Bestimmung verweist. Dem in Art. 16 enthaltenen **Katalog** der Risiken, für welche eine Ge-

---

[1] Richtlinie 2009/138/EG des Europäischen Parlaments und des Rates vom 25.11.2009 betreffend die Aufnahme und Ausübung der Versicherungs- und der Rückversicherungstätigkeit (Solvabilität II) (Neufassung), ABl. EU 2009 L 335, S. 1.
[2] Erste Richtlinie 73/239/EWG des Rates vom 24.7.1973 zur Koordinierung der Rechts- und Verwaltungsvorschriften betreffend die Aufnahme und Ausübung der Tätigkeit der Direktversicherung (mit Ausnahme der Lebensversicherung), ABl. EWG 1973 L 228, S. 3, nebst nachfolgenden Änderungen.
[3] Erste Richtlinie 73/239/EWG des Rates vom 24.7.1973 zur Koordinierung der Rechts- und Verwaltungsvorschriften betreffend die Aufnahme und Ausübung der Tätigkeit der Direktversicherung (mit Ausnahme der Lebensversicherung), ABl. EWG 1973 L 228, S. 3, nebst nachfolgenden Änderungen.

richtsstandsvereinbarung gestattet wird, kommt abschließender Charakter zu;[4] eine analoge Anwendung auf Versicherungen über ähnliche Risiken darf nicht erfolgen.[5] Die Norm ist zudem **eng auslegen**. Denn ein Teil des Schutzkonzeptes der Art. 10ff. liegt darin, Gerichtsstandsvereinbarung nur ausnahmsweise zuzulassen, um eine Aushöhlung der Bestimmungen zulasten des Prozessgegners des Versicherers zu unterbinden. Wie sich aus Art. 15 Nr. 5 ergibt, ist im Sachbereich einer oder mehrerer der in Art. 16 genannten Risiken eine Gerichtsstandsvereinbarung bereits vor Entstehung einer Streitigkeit zulässig (näher Art. 15 Rdn. 34).[6]

III. Die Ausnahmen im Einzelnen

1. Kaskoversicherungen und Versicherungen des Wertes von Transportgütern (Nr. 1). Gerichtsstandsvereinbarungen werden nach Nr. 1 lit. a) für **Kasko-Versicherungen**, welche das Risiko eines Schadenseintritts an Seeschiffen, Anlagen vor der Küste und auf hoher See sowie an Luftfahrzeugen betreffen, gestattet. Haftpflichtversicherungen werden hingegen von Nr. 2 erfasst.[7] Unter dem weit auszulegenden Begriff des **Seeschiffs** ist jedes Fahrzeug zu verstehen, das zum Verkehr auf See bestimmt ist, d.h. auch Luftkissen- und Tragflügelboote, Schlepper und Leichter sowie schwimmende Gerätschaften ohne eigene Antriebskraft und wasserbewegliche Anlagen.[8] Auch im Bau befindliche Seeschiffe unterfallen Nr. 1 lit. a), jedoch nur insoweit, als die Schäden aus einem See-Risiko resultieren.[9] Ein in einem Trockendock oder in den Werkhallen einer Werft entstandener Schaden[10] wird ebenso wenig erfasst wie der Landtransport eines Seeschiffs oder einzelner seiner Bauteile. Unter **Anlagen** vor der Küste oder auf hoher See (installations situated offshore or on the high seas) sind auf dem Meeresgrund fest verankerte oder verankerbare Anlagen zu verstehen.[11] Ein **Luftfahrzeug** ist ein zur Bewegung auf der Luft bestimmtes Fortbewegungsmittel. Die Art des Antriebs und der Steuerung ist unerheblich, sodass neben Flugzeugen jeder Art, Zeppelinen oder Heißluftballonen auch vom Boden gesteuerte Drohnen erfasst werden.

Die versicherte Gefahr muss mit einer Verwendung zu **gewerblichen Zwecken** verbunden sein. Es kommt darauf an, dass der Schaden bei einer gewerblichen Verwendung des Seeschiffs, der Anlage oder des Luftfahrzeugs eintrat. Der Begriff der Gewerblichkeit kann in Anlehnung an Art. 17 Abs. 1 ausgelegt werden und beschreibt im Kern eine Tätigkeit mit Gewinnerzielungsabsicht. Entscheidend ist die **konkrete Verwendung** bei Schadenseintritt, nicht die allgemeine Widmung der Sache zum privaten oder gewerblichen Gebrauch. Daher werden beispielsweise gewerbliche Rundflüge ebenso wie der gewerbliche Flug-, Segel- oder Motorbootschulbetrieb erfasst.[12]

Hat das Versicherungsverhältnis eine **Wertversicherung** von **Transportgütern**, welche sich auf einem der in Nr. 1 lit. a) genannten Transportmittel befinden, zum Gegenstand, kann nach Nr. 1 lit. b) eine Vereinbarung über die internationale Zuständigkeit

---

4 EuGH, NJW 2005, 2135, 2136, Tz. 31; *Schlosser/Hess* Art. 16 EuGVVO Rdn. 1.
5 Stein/Jonas/*G. Wagner* Art. 14 EuGVVO Rdn. 1.
6 Vgl. *Vassilakakis* RHDI 66 (2013), 273, 292.
7 *Kropholler/von Hein* Art. 14 EuGVVO Rdn. 2; Stein/Jonas/*G. Wagner* Art. 14 EuGVVO Rdn. 2.
8 Schlosser-Bericht, S. 115; Stein/Jonas/*G. Wagner* Art. 14 EuGVVO Rdn. 2; *Geimer/Schütze* Art. 14 EuGVVO Rdn. 1; unalex-Kommentar/*Mayr* Art. 14 Rdn. 2.
9 Schlosser-Bericht, S. 115; Rauscher/*Staudinger* Art. 16 Brüssel Ia-VO Rdn. 1; Stein/Jonas/*G. Wagner* Art. 14 EuGVVO Rdn. 2.
10 Schlosser-Bericht, S. 115; kritisch Stein/Jonas/*G. Wagner* Art. 14 EuGVVO Rdn. 2.
11 Schlosser-Bericht, S. 115; *Geimer/Schütze* Art. 14 EuGVVO Rdn. 1.
12 Vgl. unalex-Kommentar/*Mayr* Art. 14 Rdn. 2.

getroffen werden. Wie in Nr. 1 lit. a) wird die Haftpflichtversicherung für Schäden, welche von diesen Gütern ausgehen, nicht erfasst.[13] Es genügt, dass die Güter zum Teil auf einem der in Nr. 1 lit. a) genannten Transportmittel befördert werden. Die Verordnung unterbindet aus Praktikabilitätserwägungen[14], dass beim **multimodalen Transport**[15] – der auch andere als die in Nr. 1 lit. a) bezeichneten Transportmittel einschließt – die Beurteilung der Wirksamkeit der Gerichtsstandsvereinbarung erfordert, denjenigen Abschnitt des Transports zu ermitteln, auf welchem der Schaden eintrat. Selbst wenn feststeht, dass sich der Schadenseintritt zu einem Moment ereignete, als sich das Transportgut nicht auf einem der in Nr. 1 lit. a) genannten Transportmittel befand, greift die Gerichtsstandsvereinbarung.[16]

5   Nr. 1 lit. b) verlangt **keinen grenzüberschreitenden Transport**.[17] Jedoch trägt Art. 15 Nr. 5 auch bei einem rein nationalen Transport nur eine Vereinbarung über die internationale Zuständigkeit.[18]

6   Bei der Versicherung von **Reisegepäck** der Passagiere ist als **Rückausnahme** zu Nr. 1 lit. b) eine Gerichtsstandsvereinbarung nicht möglich. Der Passagier wird bei typisierter Betrachtung als schutzbedürftige Partei angesehen, dem der Schutz der Art. 10 ff. nicht entzogen können werden soll.[19] Das Risiko eines Schadens an Reisegepäck ist regelmäßig auch nicht als Großrisiko einzuordnen.[20] Es muss sich zudem um Reisegepäck von Passagieren handeln, d.h., das Transportmittel muss Personen und deren Gepäck befördern. Der Transport von Reisegepäck allein löst die Rückausnahme der Nr. 1 lit. b) nicht aus. Personenschäden werden bereits von der Ausnahme der Nr. 1 lit. b) – Personen sind keine „Transportgüter" – nicht erfasst, sodass es insoweit keiner Rückausnahme bedarf. Bei der Versicherung von **Personenschäden** kann mithin keine Gerichtsstandsvereinbarung nach Nr. 1 lit. b) getroffen werden.

7   **2. Haftpflichtversicherung (Nr. 2).** Gerichtsstandsvereinbarungen nach Nr. 2 lit. a) sind für **Haftpflichtversicherungen** zulässig, welche die Verwendung oder den Betrieb von in Nr. 1 lit. a) genannten Transportmitteln betreffen. Die Vorschrift ist als Ausnahme vom Grundsatz, dass Gerichtsstandsvereinbarungen im Anwendungsbereich der Art. 10 ff. grundsätzlich unzulässig sind (vgl. Art. 15 Rdn. 2), wie sämtliche auf Art. 15 beruhenden Ausnahmen eng auszulegen.[21] Die Norm gestattet Vereinbarungen für „Haftpflicht aller Art", die „aus der Verwendung oder dem Betrieb" der genannten Transportmittel entsteht. Insoweit erweist sich Nr. 2 lit. a) im Vergleich zu Nr. 1 lit. a) als weiter, da die letztgenannte Bestimmung die Verwendung zu gewerblichen Zwecken fordert. Insbesondere Probefahrten unterfallen Nr. 2 lit. a).[22] Auch ist Nr. 2 lit. a) **nicht auf typi-**

---

13   Schlosser-Bericht, S. 115; *Geimer/Schütze* Art. 14 EuGVVO Rdn. 2.
14   Vgl. *Kropholler/von Hein* Art. 14 EuGVVO Rdn. 3.
15   Zur Ermittlung des anwendbaren Rechts beim Multimodaltransport siehe *Jayme/Nordmeier* IPRax 2008, 503.
16   Vgl. Schlosser-Bericht, S. 115; Stein/Jonas/*G. Wagner* Art. 14 EuGVVO Rdn. 4; Rauscher/*Staudinger* Art. 16 Brüssel Ia-VO Rdn. 2.
17   Allg. Ansicht, Schlosser-Bericht, S. 115; Rauscher/*Staudinger* Art. 16 Brüssel Ia-VO Rdn. 2; unalex-Kommentar/*Mayr* Art. 14 Rdn. 3.
18   Stein/Jonas/*G. Wagner* Art. 14 EuGVVO Rdn. 4.
19   Vgl. Schlosser-Bericht, S. 115; *Kropholler/von Hein* Art. 14 EuGVVO Rdn. 4; Rauscher/*Staudinger* Art. 16 Brüssel Ia-VO Rdn. 2; *Geimer/Schütze* Art. 14 EuGVVO Rdn. 2; *Schlosser/Hess* Art. 16 EuGVVO Rdn. 1; unalex-Kommentar/*Mayr* Art. 14 Rdn. 3.
20   Stein/Jonas/*G. Wagner* Art. 14 EuGVVO Rdn. 5.
21   A.A. *Geimer/Schütze* Art. 14 EuGVVO Rdn. 3; tendenziell auch *Kropholler/von Hein* Art. 14 EuGVVO Rdn. 6.
22   *Kropholler/von Hein* Art. 14 EuGVVO Rdn. 6; *Geimer/Schütze* Art. 14 EuGVVO Rdn. 3.

sche **Seerisiken** beschränkt.[23] Hingegen erfasst die Bestimmung keine Risiken, die nur anlässlich oder zur Ermöglichung des Betriebs des See- oder Luftfahrzeugs auftreten. So wird ein See- oder Luftfahrzeug bei seiner Herstellung, seinem Umbau oder seiner Instandsetzung weder verwendet noch betrieben.[24]

Bei der Versicherung von Haftpflichtrisiken aus der Verwendung oder dem Betrieb von **Luftfahrzeugen** findet sich eine Einschränkung der Zulässigkeit von Gerichtsstandsvereinbarungen dahingehend, dass der Mitgliedstaat, in welchem das Luftfahrzeug **registriert** ist, solche Vereinbarungen verbieten kann. Dieses Verbot schlägt dann auch für Nr. 2 lit. a) durch. Die Regelungsabsicht geht dahin, es den Mitgliedstaaten freizustellen, Opfer von Luftverkehrsunfällen denjenigen internationalzivilprozessualen Zuständigkeitsschutz zukommen zu lassen, den sie für notwendig erachten.[25] Aufgrund der ausdrücklichen Beschränkung auf in Mitgliedstaaten registrierte Luftfahrzeuge kann bei **drittstaatlichem Registerort** eine Gerichtsstandsvereinbarung nach Nr. 2 unabhängig davon geschlossen werden, ob das drittstaatliche Recht sie verbietet. Aus Gründen der Rechtssicherheit ist die Eintragung im Zeitpunkt des Abschlusses der Gerichtsstandsvereinbarung, nicht diejenige im Zeitpunkt der Klageerhebung entscheidend. **8**

Die nach Nr. 2 lit. b) gestatteten Gerichtsstandsvereinbarungen beziehen sich auf Haftpflichtversicherungen für Schäden, welche durch Transportgüter während einer Beförderung i.S.d. Nr. 1 lit. b) verursacht werden. Daher wird durch Nr. 2 lit. b) auch der multimodale Transport grundsätzlich **unabhängig** davon erfasst, auf welchem **Transportabschnitt** das Transportgut den Schaden verursachte (näher Rdn. 4).[26] **9**

Ausgenommen von Nr. 2 ist die Haftung für Personenschäden an Passagieren oder Sachschäden an deren Reisegepäck. Wie in Nr. 1 liegt hier der Gedanke zugrunde, dass der Passagier bei typisierter Betrachtung als schutzbedürftige Partei anzusehen ist (vgl. Rdn. 6).[27] Eine Gerichtsstandsvereinbarung kann mit einem Passagier daher gemäß Art. 15 Nr. 1 erst nach Entstehung der Streitigkeit geschlossen werden. **10**

3. Finanzielle Verluste im Zusammenhang mit Transportmitteln (Nr. 3). Für die Versicherung von finanziellen Verlusten, die im Zusammenhang mit der Verwendung oder dem Betrieb von in Nr. 1 lit. a) genannten Transportmitteln stehen, kann nach Nr. 3 eine Vereinbarung über die internationale Zuständigkeit getroffen werden. Für die Definition der erfassten Transportmittel verweist Nr. 3 ausdrücklich auf Nr. 1 lit. a); deshalb sind auch von Nr. 3 sowohl Anlagen vor der Küste als auch auf hoher See erfasst.[28] Der Begriff des **finanziellen Verlustes** ist anhand des Anhangs I A Nr. 16 der Solvabilität **11**

---

[23] Stein/Jonas/*G. Wagner* Art. 14 EuGVVO Rdn. 7. Zutreffend deshalb High Court of Justice, Queen's Bench Division, Commercial Court, The Standard Steamship Owners' Protection and Indemnity Association (Bermuda) Limited v. G. I. E Vision Bail and others [2004] EWHC 2919 (Comm), Tz. 59 ff.: Die Entscheidung betrifft die Haftpflichtversicherung von Angestellten verschiedener Duty-Free-Shops auf Kreuzfahrtschiffen, welche unter einer Globalpolice versichert waren, die im Kern Risiken nach Nr. 2 betraf.
[24] Offen Rauscher/*Staudinger* Art. 16 Brüssel Ia-VO Rdn. 3; **a.A.** *Geimer/Schütze* Art. 14 EuGVVO Rdn. 3; tendenziell auch *Kropholler/von Hein* Art. 14 EuGVVO Rdn. 6.
[25] Vgl. Schlosser-Bericht, S. 115; *Kropholler/von Hein* Art. 14 EuGVVO Rdn. 6; Stein/Jonas/*G. Wagner* Art. 14 EuGVVO Rdn. 8; Rauscher/*Staudinger* Art. 16 Brüssel Ia-VO Rdn. 3; *Geimer/Schütze* Art. 14 EuGVVO Rdn. 4.
[26] *Kropholler/von Hein* Art. 14 EuGVVO Rdn. 7; Stein/Jonas/*G. Wagner* Art. 14 EuGVVO Rdn. 9.
[27] Vgl. Rauscher/*Staudinger* Art. 16 Brüssel Ia-VO Rdn. 3; *Geimer/Schütze* Art. 14 EuGVVO Rdn. 5; *Schlosser/Hess* Art. 16 EuGVVO Rdn. 1.
[28] Vgl. Stein/Jonas/*G. Wagner* Art. 14 EuGVVO Rdn. 10; *Schlosser/Hess* Art. 16 EuGVVO Rdn. 2.

II-Richtlinie[29] zu konkretisieren. Vor deren Inkrafttreten wurde die Begriffskonkretisierung für Art. 14 Nr. 3 Brüssel I-VO nach Anhang I A Nr. 16 zur Direktversicherungsrichtlinie[30] vorgenommen.[31] Da die Anhänge der beiden Richtlinien inhaltlich übereinstimmen, kann – folgt man diesem Ansatz – insoweit auch auf **Anhang I A Nr. 16 der Solvabilität II-Richtlinie**[32] zurückgegriffen werden.[33] Dort werden genannt: Berufsrisiken, ungenügendes Einkommen, Schlechtwetter, Gewinnausfall, laufende Unkosten allgemeiner Art, unvorhergesehene Geschäftsunkosten, Wertverluste, Miet- oder Einkommensausfall, sonstiger indirekter kommerzieller Verlust, nicht kommerzielle Geldverluste und sonstige finanzielle Verluste. Dieser Katalog ist als wenig durchdachte Ansammlung disparater Begriffe kritisiert worden, die teilweise ihren Grund auch in schlechter Übersetzung aus der englischen Sprache habe.[34] In der Tat scheint es wenig zielführend, den Begriff „finanzielle Verluste" in Nr. 3 zumindest auch als „sonstige finanzielle Verluste" in Anhang I A. Nr. 16 der Solvabilität II-Richtlinie[35] zu definieren. Die Begriffsbestimmung des Anhang I A. Nr. 16 der Solvabilität II-Richtlinie[36] sollte deshalb nicht als abschließende Definition, sondern als **Konkretisierungshilfe** verstanden werden. Eine in der Praxis bedeutende Art von Verlusten sind die in Nr. 3 genannten Fracht- oder Charterverluste, d.h. der Verlust von Frachtgeld oder Chartermiete.[37] Erfasst wird auch der Schaden wegen verspäteter Ankunft eines Schiffs.[38] Jedoch greift Nr. 3 nur, wenn der Verlust im **Zusammenhang** mit der Verwendung oder dem Betrieb von in Nr. 1 lit. a) genannten Transportmitteln steht.

12 **4. Zusatzversicherung (Nr. 4).** Für Zusatzversicherungen die „irgendein **zusätzliches Risiko**", welches mit einem der in Nr. 1–3 genannten Risiken in Zusammenhang steht, erfassen, kann nach Nr. 4 eine internationale Gerichtsstandsvereinbarung geschlossen werden. Der Begriff des zusätzlichen Risikos deckt sich **nicht** mit demjenigen in Art. 16 der **Solvabilität II-Richtlinie**[39]. Dies war für Art. 14 Nr. 4 Brüssel I-VO im Ver-

---

29 Richtlinie 2009/138/EG des Europäischen Parlaments und des Rates vom 25.11.2009 betreffend die Aufnahme und Ausübung der Versicherungs- und der Rückversicherungstätigkeit (Solvabilität II) (Neufassung), ABl. EU 2009 L 335, S. 1.
30 Erste Richtlinie 73/239/EWG des Rates vom 24.7.1973 zur Koordinierung der Rechts- und Verwaltungsvorschriften betreffend die Aufnahme und Ausübung der Tätigkeit der Direktversicherung (mit Ausnahme der Lebensversicherung), ABl. EWG 1973 L 228, S. 3, nebst nachfolgender Änderungen.
31 Schlosser-Bericht, S. 115; Kropholler/von Hein Art. 14 EuGVVO Rdn. 9; unalex-Kommentar/*Mayr* Art. 14 Rdn. 5; **a.A.** Stein/Jonas/*G. Wagner* Art. 14 EuGVVO Rdn. 11.
32 Richtlinie 2009/138/EG des Europäischen Parlaments und des Rates vom 25.11.2009 betreffend die Aufnahme und Ausübung der Versicherungs- und der Rückversicherungstätigkeit (Solvabilität II) (Neufassung), ABl. EU 2009 L 335, S. 1.
33 Rauscher/*Staudinger* Art. 16 Brüssel Ia-VO Rdn. 4.
34 Stein/Jonas/*G. Wagner* Art. 14 EuGVVO Rdn. 11.
35 Richtlinie 2009/138/EG des Europäischen Parlaments und des Rates vom 25.11.2009 betreffend die Aufnahme und Ausübung der Versicherungs- und der Rückversicherungstätigkeit (Solvabilität II) (Neufassung), ABl. EU 2009 L 335, S. 1.
36 Richtlinie 2009/138/EG des Europäischen Parlaments und des Rates vom 25.11.2009 betreffend die Aufnahme und Ausübung der Versicherungs- und der Rückversicherungstätigkeit (Solvabilität II) (Neufassung), ABl. EU 2009 L 335, S. 1.
37 Stein/Jonas/*G. Wagner* Art. 14 EuGVVO Rdn. 10; vgl. auch Kropholler/von Hein Art. 14 EuGVVO Rdn. 10.
38 Schlosser-Bericht, S. 115.
39 Richtlinie 2009/138/EG des Europäischen Parlaments und des Rates vom 25.11.2009 betreffend die Aufnahme und Ausübung der Versicherungs- und der Rückversicherungstätigkeit (Solvabilität II) (Neufassung), ABl. EU 2009 L 335, S. 1.

hältnis zum Anhang A der Direktversicherungsrichtlinie[40] anerkannt.[41] Es gilt auch für Art. 16 Nr. 4 n.F. im Verhältnis zur Solvabilität II-Richtlinie[42] als Nachfolgerin der Direktversicherungsrichtlinie[43].

Nr. 4 erfasst beispielsweise zusätzliche Hafengebühren, außerplanmäßige Betriebskosten[44] oder den Verlust für Unterversicherung, welcher während des Transports eintritt.[45] Die Zusatzversicherung muss nicht unter derselben Police oder in demselben Versicherungsverhältnis wie das Hauptrisiko versichert sein.[46] Hieraus folgt auch, dass sich die Zusatzversicherung nicht auf dieselbe Sache oder dasselbe Transportmittel wie die Hauptversicherung beziehen muss.[47] Denn Nr. 4 ist **risiko-, nicht sachbezogen** ausgestaltet.[48] Es genügt, wenn zwischen dem zusätzlich versicherten Risiko und dem Hauptrisiko ein Zusammenhang besteht. Dieser Zusammenhang wird jedoch nicht allein dadurch begründet, dass Haupt- und Zusatzrisiko in demselben Versicherungsvertrag versichert werden.[49] Ob der Begriff des Zusammenhangs weit auszulegen ist,[50] scheint zweifelhaft, da Art. 16 als Ausnahme vom grundsätzlichen Verbot der Gerichtsstandsvereinbarung prinzipiell eng ausgelegt werden muss.

5. Großrisiken (Nr. 5). Für Großrisiken besteht bei typisierter Betrachtungsweise **kein Schutzbedürfnis** des Vertragspartners oder Prozessgegner des Versicherers.[51] Daher greift das Verbot der Gerichtsstandsvereinbarung für Versicherungsverhältnisse, welche Großrisiken betreffen, unabhängig davon nicht, ob im konkreten Fall die dem Versicherer gegenüberstehende Partei jenem wirtschaftlich ebenbürtig ist. Die **Ausnahme** wurde im Rahmen der Überführung des EuGVÜ in die Brüssel I-VO aufgenommen.[52] Sie soll auch der „Flucht in die Schiedsgerichtsbarkeit"[53] vorbeugen.

13

---

40 Erste Richtlinie 73/239/EWG des Rates vom 24.7.1973 zur Koordinierung der Rechts- und Verwaltungsvorschriften betreffend die Aufnahme und Ausübung der Tätigkeit der Direktversicherung (mit Ausnahme der Lebensversicherung), ABl. EWG 1973 L 228, S. 3, nebst nachfolgender Änderungen.
41 Schlosser-Bericht, S. 116; *Kropholler/von Hein* Art. 14 EuGVVO Rdn. 11; *Geimer/Schütze* Art. 14 EuGVVO Rdn. 7. Auf Art. 16 Nr. 4 n.F. übertragend Rauscher/*Staudinger* Art. 16 Brüssel Ia-VO Rdn. 5 Fn. 14.
42 Richtlinie 2009/138/EG des Europäischen Parlaments und des Rates vom 25.11.2009 betreffend die Aufnahme und Ausübung der Versicherungs- und der Rückversicherungstätigkeit (Solvabilität II) (Neufassung), ABl. EU 2009 L 335, S. 1.
43 Erste Richtlinie 73/239/EWG des Rates vom 24.7.1973 zur Koordinierung der Rechts- und Verwaltungsvorschriften betreffend die Aufnahme und Ausübung der Tätigkeit der Direktversicherung (mit Ausnahme der Lebensversicherung), ABl. EWG 1973 L 228, S. 3, nebst nachfolgender Änderungen.
44 Schlosser-Bericht, S. 115; *Schlosser/Hess* Art. 16 EuGVVO Rdn. 2; Rauscher/*Staudinger* Art. 16 Brüssel Ia-VO Rdn. 5.
45 Schlosser-Bericht, S. 116; *Kropholler/von Hein* Art. 14 EuGVVO Rdn. 12; Rauscher/*Staudinger* Art. 16 Brüssel Ia-VO Rdn. 5; Stein/Jonas/*G. Wagner* Art. 14 EuGVVO Rdn. 13.
46 *Kropholler/von Hein* Art. 14 EuGVVO Rdn. 11; *Schlosser/Hess* Art. 16 EuGVVO Rdn. 2; Rauscher/ *Staudinger* Art. 16 Brüssel Ia-VO Rdn. 5; Stein/Jonas/*G. Wagner* Art. 14 EuGVVO Rdn. 14; *Geimer/Schütze* Art. 14 EuGVVO Rdn. 7; unalex-Kommentar/*Mayr* Art. 14 Rdn. 6.
47 Vgl. *Kropholler/von Hein* Art. 14 EuGVVO Rdn. 11; *Fricke* VersR 2009, 429, 425.
48 Deutlich auch die englische Sprachfassung: „any risk or interest".
49 Stein/Jonas/*G. Wagner* Art. 14 EuGVVO Rdn. 14; unalex-Kommentar/*Mayr* Art. 14 Rdn. 6.
50 *Kropholler/von Hein* Art. 14 EuGVVO Rdn. 11; Stein/Jonas/*G. Wagner* Art. 14 EuGVVO Rdn. 14; *Geimer/Schütze* Art. 14 EuGVVO Rdn. 7.
51 Rauscher/*Staudinger* Art. 16 Brüssel Ia-VO Rdn. 6; *Schlosser/Hess* Art. 16 EuGVVO Rdn. 2; *Geimer/ Schütze* Art. 14 EuGVVO Rdn. 9.
52 Vgl. Stein/Jonas/*G. Wagner* Art. 14 EuGVVO Rdn. 14; *Micklitz/Rott* EuZW 2011, 325, 330.
53 Stein/Jonas/*G. Wagner* Art. 14 EuGVVO Rdn. 14.

14 Der **Begriff** des Großrisikos wird in **Art. 13 Nr. 27 i.Vm.m. Anhang I Teil A der Solvabilität II-Richtlinie**[54] definiert. Genannt werden dort folgende Risiken:
- nach **Art. 13 Nr. 27 lit. a) der Solvabilität II-Richtlinie**[55]:
Schienenfahrzeug-, Luftfahrzeug-, See-, Binnensee- und Flussschifffahrts-Kasko, d.h. Schäden an Schienen- oder Luftfahrzeugen, Fluss-, Binnensee- und Seeschiffen; Transportgüter einschließlich Waren, Gepäckstücke und alle sonstigen Güter unabhängig vom verwendeten Transportmittel;
Luftfahrzeug-, See-, Binnensee- und Flussschifffahrtshaftpflicht aller Art (einschließlich derjenigen des Frachtführers), die sich aus der Verwendung der genannten Transportmittel ergibt.
- nach **Art. 13 Nr. 27 lit. b) der Solvabilität II-Richtlinie**[56]:
Kredit, d.h. allgemeine Zahlungsunfähigkeit, Ausfuhrkredit, Abzahlungsgeschäfte, Hypotheken und landwirtschaftliche Darlehen, sowie direkte und indirekte Kaution oder Bürgschaft[57], wenn der Versicherungsnehmer eine Erwerbstätigkeit im industriellen oder gewerblichen Sektor oder eine freiberufliche Tätigkeit ausübt und das Risiko mit der Tätigkeit in Zusammenhang steht.
- nach **Art. 13 Nr. 27 lit. c) der Solvabilität II-Richtlinie**[58]:
Landfahrzeug-Kasko, d.h. sämtliche Schäden an Landkraftfahrzeugen und Landfahrzeugen ohne eigenen Antrieb mit Ausnahme von Schienenfahrzeugen,
Feuer und Elementarschäden[59], d.h. Schäden, welche durch Feuer, Explosion, Sturm oder andere Elementarschäden, Kernenergie, Bodensenkungen oder Erdrutsch verursacht werden.

Sachschäden, die durch Hagel oder Frost sowie durch Ursachen aller Art (wie beispielsweise Diebstahl) hervorgerufen werden; eine Zuordnung als Feuer- oder Elementarschaden hat Vorrang.

Haftpflicht aller Art (einschließlich derjenigen des Frachtführers), die sich aus der Verwendung von Landfahrzeugen mit eigenem Antrieb ergibt, sowie alle sonstigen Haftpflichtfälle.

Verschiedene finanzielle Verluste aus Berufsrisiken, ungenügendem Einkommen (allgemein), Schlechtwetter, Gewinnausfall, laufenden Unkosten allgemeiner Art, unvorhergesehenen Geschäftsunkosten, Wertverlusten, Miet- oder Einkommensausfall, sonstigen indirekten kommerziellen Verlusten oder nicht kommerziellen Geldverluste sowie sonstigen finanziellen Verlusten.

Weitere Voraussetzung der letztgenannten Gruppe von Risiken ist, dass der Versicherungsnehmer bei mindestens zwei der folgenden drei Kriterien die Obergrenzen

---

54 Richtlinie 2009/138/EG des Europäischen Parlaments und des Rates vom 25.11.2009 betreffend die Aufnahme und Ausübung der Versicherungs- und der Rückversicherungstätigkeit (Solvabilität II) (Neufassung), ABl. EU 2009 L 335, S. 1.
55 Richtlinie 2009/138/EG des Europäischen Parlaments und des Rates vom 25.11.2009 betreffend die Aufnahme und Ausübung der Versicherungs- und der Rückversicherungstätigkeit (Solvabilität II) (Neufassung), ABl. EU 2009 L 335, S. 1.
56 Richtlinie 2009/138/EG des Europäischen Parlaments und des Rates vom 25.11.2009 betreffend die Aufnahme und Ausübung der Versicherungs- und der Rückversicherungstätigkeit (Solvabilität II) (Neufassung), ABl. EU 2009 L 335, S. 1.
57 Ersichtlich aus dem englischen Richtlinientext: suretyship „(direct)" und „(indirect)".
58 Richtlinie 2009/138/EG des Europäischen Parlaments und des Rates vom 25.11.2009 betreffend die Aufnahme und Ausübung der Versicherungs- und der Rückversicherungstätigkeit (Solvabilität II) (Neufassung), ABl. EU 2009 L 335, S. 1.
59 Gemeint sind Schäden aus „Naturgewalten", im englischen Richtlinientext als „natural forces" bezeichnet.

überschreitet: eine Bilanzsumme von 6,2 Millionen Euro, ein Nettoumsatz[60] von 12,8 Millionen Euro oder eine durchschnittliche Beschäftigtenzahl von 250 Beschäftigten im Verlauf des Geschäftsjahres. Gehört der Versicherungsnehmer zu einer Unternehmensgruppe, für welche der konsolidierte Abschluss nach Maßgabe der Richtlinie 2013/34/EU[61] erstellt wird, so werden die vorstehend genannten Kriterien anhand des konsolidierten Abschlusses geprüft.

Der Grund für die Zulassung von Gerichtsstandsvereinbarungen liegt in der **wirtschaftlichen Bedeutung** der Versicherung (Art. 13 Nr. 27 lit. a) der Solvabilität II-Richtlinie[62]), dem Zusammenhangs mit der **beruflichen bzw. freiberuflichen Tätigkeit** des Versicherungsnehmers (Art. 13 Nr. 27 lit. b) der Solvabilität II-Richtlinie[63]) oder in dessen **wirtschaftlicher Größe** (Art. 13 Nr. 27 lit. c) der Solvabilität II-Richtlinie[64]).[65] Insbesondere in der letzten Fallgruppe nähert sich die typisierende Betrachtung einer individualisierenden an. Zu kritisieren bleibt die hohe Komplexität und mit Unsicherheiten behaftete Ermittlung der wirtschaftlichen Größe. So kann zur Beurteilung der Wirksamkeit einer Gerichtsstandsvereinbarung etwa die durchschnittliche Beschäftigtenzahl im Geschäftsjahr ausschlaggebend sein. Neben dem erheblichen Aufwand zur Feststellung dieser Zahl ist es der Rechtssicherheit abträglich, wenn sich die Wirksamkeit einer Gerichtsstandsvereinbarung erst nach dem Ablauf eines Geschäftsjahrs beurteilen lässt. 15

Art. 14 Nr. 5 Brüssel I-VO verwies auf die Direktversicherungsrichtlinie[66] „in der jeweils geltenden Fassung" und enthielt demnach einen dynamischen Verweis.[67] Deshalb war der Verweis in Art. 14 Nr. 5 Brüssel I-VO als auf Art. 13 Nr. 27 i.V.m. Anhang I Teil A der Solvabilität II-Richtlinie[68], die Nachfolgerin der (zuvor mehrfach geänderten) Direkt- 16

---

60 Im Sinne der Vierten Richtlinie 78/660/EWG des Rates vom 25.7.1978 aufgrund von Artikel 54 Absatz 3 Buchstabe g des Vertrags über den Jahresabschluss von Gesellschaften bestimmter Rechtsformen, ABl. EWG 1978 L 222, S. 11.
61 Richtlinie 2013/34/EU des Europäischen Parlaments und des Rates vom 26.6.2013 über den Jahresabschluss, den konsolidierten Abschluss und damit verbundene Berichte von Unternehmen bestimmter Rechtsformen und zur Änderung der Richtlinie 2006/43/EG des Europäischen Parlaments und des Rates und zur Aufhebung der Richtlinien 78/660/EWG und 83/349/EWG des Rates, ABl. EU 2013 L 182, S. 19. Art. 13 Nr. 27 lit. c) der Solvabilität II-Richtlinie verweist noch auf Richtlinie 83/349/EWG. Diese wurde durch Richtlinie 2013/34/EU aufgehoben. Gemäß Art. 52 Abs. 2 Richtlinie 2013/34/EU sind Bezugnahmen auf Richtlinie 83/349/EWG wie Bezugnahmen auf Richtlinie 2013/34/EU zu lesen.
62 Richtlinie 2009/138/EG des Europäischen Parlaments und des Rates vom 25.11.2009 betreffend die Aufnahme und Ausübung der Versicherungs- und der Rückversicherungstätigkeit (Solvabilität II) (Neufassung), ABl. EU 2009 L 335, S. 1.
63 Richtlinie 2009/138/EG des Europäischen Parlaments und des Rates vom 25.11.2009 betreffend die Aufnahme und Ausübung der Versicherungs- und der Rückversicherungstätigkeit (Solvabilität II) (Neufassung), ABl. EU 2009 L 335, S. 1.
64 Richtlinie 2009/138/EG des Europäischen Parlaments und des Rates vom 25.11.2009 betreffend die Aufnahme und Ausübung der Versicherungs- und der Rückversicherungstätigkeit (Solvabilität II) (Neufassung), ABl. EU 2009 L 335, S. 1.
65 *Kropholler/von Hein* Art. 14 EuGVVO Rdn. 15.
66 Erste Richtlinie 73/239/EWG des Rates vom 24.7.1973 zur Koordinierung der Rechts- und Verwaltungsvorschriften betreffend die Aufnahme und Ausübung der Tätigkeit der Direktversicherung (mit Ausnahme der Lebensversicherung), ABl. EWG 1973 L 228, S. 3, nebst nachfolgender Änderungen.
67 *Kropholler/von Hein* Art. 14 EuGVVO Rdn. 1 und 17; Stein/Jonas/*G. Wagner* Art. 14 EuGVVO Rdn. 14; unalex-Kommentar/*Mayr* Art. 14 Rdn. 7.
68 Richtlinie 2009/138/EG des Europäischen Parlaments und des Rates vom 25.11.2009 betreffend die Aufnahme und Ausübung der Versicherungs- und der Rückversicherungstätigkeit (Solvabilität II) (Neufassung), ABl. EU 2009 L 335, S. 1.

versicherungsrichtlinie⁶⁹, bezogen aufzufassen.⁷⁰ In Nr. 5 n.F. wurde der Bezug auf die Solvabilität II-Richtlinie⁷¹ ausdrücklich in den Normtext aufgenommen, der **dynamische Verweis** jedoch – ohne ersichtlichen Grund – **gestrichen**.

17   Nr. 5 gilt „unbeschadet" der **Nr. 1–4**. Diesen kommt demnach in ihrem Anwendungsbereich **Vorrang** vor Nr. 5 zu;⁷² im Ergebnis ist jedoch **unerheblich**, ob die Zulässigkeit einer Vereinbarung über die internationale Zuständigkeit auf Nr. 1–4 oder auf Nr. 5 beruht. Eine Ausdehnung auf zusätzliche Risiken, welche mit einem Großrisiko in Zusammenhang stehen, findet sich in Nr. 5 – anders als in Nr. 4 für Nr. 1–3 – nicht.⁷³ Es scheint deshalb zweifelhaft, ob in demselben Versicherungsverhältnis mit dem Großrisiko mitversicherte Annexrisiken unter Nr. 5 fallen.⁷⁴ **Art. 14 Nr. 5 rev. LugÜ** enthält keine Bezugnahme auf die Direktversicherungsrichtlinie⁷⁵ oder die Solvabilität II-Richtlinie⁷⁶. Der dortige Verweis ist jedoch inhaltlich mit Nr. 5 identisch.⁷⁷

ABSCHNITT 4
Zuständigkeit bei Verbrauchersachen

Einleitung zu Art. 17–19¹

Schrifttum

Alio Die Neufassung der Brüssel I-Verordnung, NJW 2014, 2395; *Domej* Die Neufassung der EuGVVO – Quantensprünge im europäischen Zivilprozessrecht, RabelsZ 78 (2014), 508; *Doralt/Nietner* Verbrauchervertragsrecht und Rechtswahl, AcP 215 (2015), 855; *Gsell* Entwicklungen im Europäischen Verbraucherzuständigkeitsrecht – Reform der EuGVO und Rechtsprechung des EuGH zum Merkmal des „Ausrichtens" in Art. 15 Abs. 1 lit. c) EuGVVO, ZZP 127 (2014), 431; *v. Hein* Die Neufassung der Europäischen Gerichtsstands- und Vollstreckungsverordnung (EuGVVO), RIW 2013, 97; *Mankowski* Änderungen im Internationalen Verbraucherprozessrecht durch die Neufassung der EuGVVO, RIW 2014, 625; *ders.* Neues beim europäischen Gerichtsstand der rügelosen Einlassung durch Art. 26 Abs. 2 EuGVVO n.F., RIW 2016, 245; *Nordmeier/Schichmann* Die Sicherung vor rügeloser Einlassung gemäß Art. 26 Abs. 2 EuGVVO n.F., GPR 2015, 199; *Pfeiffer* Die Fortentwicklung des Europäischen Prozessrechts durch die neue EuGVO, ZZP 127 (2014), 409; *Würdinger* Europäisches Verbraucherschutzrecht im Visier der juristischen Methodenlehre, FS Gottwald, 2014, S. 693.

---

69   Erste Richtlinie 73/239/EWG des Rates vom 24.7.1973 zur Koordinierung der Rechts- und Verwaltungsvorschriften betreffend die Aufnahme und Ausübung der Tätigkeit der Direktversicherung (mit Ausnahme der Lebensversicherung), ABl. EWG 1973 L 228, S. 3, nebst nachfolgender Änderungen.
70   *Kropholler/von Hein* Art. 14 EuGVVO Rdn. 17.
71   Richtlinie 2009/138/EG des Europäischen Parlaments und des Rates vom 25.11.2009 betreffend die Aufnahme und Ausübung der Versicherungs- und der Rückversicherungstätigkeit (Solvabilität II) (Neufassung), ABl. EU 2009 L 335, S. 1.
72   *Kropholler/von Hein* Art. 14 EuGVVO Rdn. 16 (Nr. 5 als „Auffangtatbestand"); Rauscher/*Staudinger* Art. 16 Brüssel Ia-VO Rdn. 6.
73   *Kropholler/von Hein* Art. 14 EuGVVO Rdn. 13 (mit Kritik de lege ferenda).
74   So Stein/Jonas/*G. Wagner* Art. 14 EuGVVO Rdn. 19; *Geimer/Schütze* Art. 14 EuGVVO Rdn. 9.
75   Erste Richtlinie 73/239/EWG des Rates vom 24.7.1973 zur Koordinierung der Rechts- und Verwaltungsvorschriften betreffend die Aufnahme und Ausübung der Tätigkeit der Direktversicherung (mit Ausnahme der Lebensversicherung), ABl. EWG 1973 L 228, S. 3, nebst nachfolgender Änderungen.
76   Richtlinie 2009/138/EG des Europäischen Parlaments und des Rates vom 25.11.2009 betreffend die Aufnahme und Ausübung der Versicherungs- und der Rückversicherungstätigkeit (Solvabilität II) (Neufassung), ABl. EU 2009 L 335, S. 1.
77   *Kropholler/von Hein* Art. 14 EuGVVO Rdn. 13; unalex-Kommentar/*Mayr* Art. 14 Rdn. 8.

1   Das Manuskript befindet sich grundsätzlich auf dem Stand von 2017. Einzelne jüngere Rechtsprechung und Literatur ist in den Fußnoten nachgetragen.

Schrifttum zur Brüssel I-VO: *Klöpfer/Rami* Der Europäische Vollstreckungstitel in c2c-Streitigkeiten – Zugleich Anmerkung zu EuGH, Urt. v. 5.12.2013, Rs. C-508/12 Vapenik ./. Thurner, GPR 2014, 107; *Lüttringhaus* Übergreifende Begrifflichkeiten im europäischen Zivilverfahrens- und Kollisionsrecht – Grund und Grenzen der rechtsaktsübergreifenden Auslegung dargestellt am Beispiel vertraglicher und außervertraglicher Schuldverhältnisse, RabelsZ 77 (2013), 31; *Mankowski* Besteht der europäische Gerichtsstand der rügelosen Einlassung auch gegen von Schutzregimes besonders beschützte Personen?, RIW 2010, 667; *Richter* Die rügelose Einlassung des Verbrauchers im Europäischen Zivilprozessrecht, RIW 2006, 578; *Sachse* Der Verbrauchervertrag im internationalen Privat- und Prozessrecht, 2006; *Stadler* Die Einheitlichkeit des Verbrauchervertragsbegriffs im Europäischen Zivil- und Zivilverfahrensrecht – Zu den Grenzen rechtsaktübergreifender Auslegung, IPRax 2015, 203.

Übersicht

I. Gesetzesgeschichte —— 1
II. Normzweck —— 2
III. Unionale Parallelbestimmungen —— 9
   1. Art. 6 Rom I-VO —— 9
   2. Richtlinienrecht —— 11
   3. Art. 6 Abs. 1 lit. d) EuVTVO —— 12
   4. Art. 6 Abs. 2 EuMahnVO —— 13
IV. Rügelose Einlassung —— 14
V. Versagung der Anerkennung —— 15

I. Gesetzesgeschichte

Art. 17–19 entsprechen den **Art. 15–17 Brüssel I-VO**. Zur unterbliebenen Koordination **1** der Art. 17 ff. mit dem internationalen Schuldvertragsrecht siehe Rdn. 9 f. Im Zuge der Überführung des EuGVVÜ in die Brüssel I-VO wurde vor allem der Anwendungsbereich des Schutzregimes durch das Merkmal des **Ausrichtens** der unternehmerischen Tätigkeit auf einen Mitgliedstaat (näher Art. 17 Rdn. 48 ff.) erheblich erweitert.[2] Das EuGVVÜ sah in seiner ursprünglichen Fassung des Jahres 1968 nur einen besonderen Gerichtsstand für Abzahlungsgeschäfte vor. Mit dem Beitritt des Vereinigten Königreichs zum Abkommen im Jahr 1978 wurde ein Verbrauchergerichtsstand für bestimmte Vertragstypen geschaffen, um prozessualen Verbraucherschutz, welcher sich in den Vertragsstaaten für rein nationale Fälle durchgesetzt hatte, auch in Sachverhalten mit Auslandsbezug zu gewähren.[3] Die zum EuGVVÜ und zur Brüssel I-VO entwickelten Grundsätze sowie das entsprechende Fallrecht können – soweit keine inhaltlichen Änderungen der Bestimmungen entgegenstehen – auch für die Auslegung und Anwendung der Art. 17 ff. fruchtbar gemacht werden.[4] Gleiches gilt für die Parallelbestimmungen Art. 15–17 rev. LuGÜ.[5] Mit der Brüssel Ia-VO wurde insbesondere ein Wohnsitzgerichtsstand des Verbrauchers auch für Klagen gegen den in einem Drittstaat wohnhaften Unternehmer eingeführt.[6]

II. Normzweck

Der 4. Abschnitt des 2. Kapitels der Brüssel Ia-VO enthält besondere Regelungen der **2** internationalen Zuständigkeit in Verbrauchersachen. Der **Verbraucher** wird als schwächere Partei durch Zuständigkeitsvorschriften **geschützt**, die für ihn günstiger sind als die allgemeinen Regelungen (Erwägungsgrund 18), insbesondere also als die Zuständig-

---

[2] Vgl. BGH, MDR 2018, 95, 96 f., Tz. 25.
[3] Schlosser-Bericht, S. 117; Stein/Jonas/*G. Wagner* Art. 15 EuGVVO Rdn. 1; siehe auch *Kropholler/von Hein* Art. 15 EuGVVO Rdn. 1.
[4] EuGH, NJW 2015, 1581, 1582, Tz. 21; EuZW 2009, 489, 490, Tz. 41; Stein/Jonas/*G. Wagner* Art. 15 EuGVVO Rdn. 1 und 4.
[5] Vgl. OLG München, Zwischenurt. v. 16.3.2016 – 15 U 2341/15 Rae, Tz. 44 f.
[6] Siehe nur *Gsell* ZZP 127 (2014), 432, 433; zur Fortentwicklung des Zuständigkeitssystems auch nach der Neufassung der EuGVVO insbesondere im Hinblick auf Drittstaaten *Pfeiffer* ZZP 127 (2014), 409, 415 f.

keit am Wohnsitz des Beklagten nach Art. 4 Abs. 1 bei Aktivprozessen des Verbrauchers oder die Erfüllungsortszuständigkeit nach Art. 7 Nr. 1.[7] Denn bei **typisierender Betrachtung**[8] ist der **Verbraucher** im Vergleich zu seinem beruflich oder gewerblich handelnden Prozessgegner als **wirtschaftlich schwächer** und **rechtlich weniger erfahren** anzusehen.[9] Er wird deshalb meist mit durch den Unternehmer einseitig erstellten Vertragsbedingungen konfrontiert, die nicht verhandelbar sind.[10] Indem das internationale Zuständigkeitsrecht ihm die Rechtsdurchsetzung erleichtert, möchte es auch sein Vertrauen in den grenzüberschreitenden Binnenmarkt steigern[11] und damit den grenzüberschreitenden Handel fördern. Insoweit spielt eine Rolle, dass Verbrauchersachen häufig einen nur geringen Streitwert aufweisen (vgl. auch Erwägungsgrund 24 Rom I-VO). Eine Rechtsverfolgung oder -verteidigung in einem anderen Staat als dem seines gewöhnlichen Aufenthalts kann sich daher für den Verbraucher als zu aufwendig oder mit einem zu hohen Kostenrisiko belastet darstellen, als dass er es einginge. Eine Verfahrenssprache, die nicht seine Muttersprache ist, ein anderes Justizsystem mit abweichendem Verfahrensrecht, die Notwendigkeit der Mandatierung eines Anwalts vor Ort und aufwendige Reisen zur Verhandlung im Ausland stellen spezifische Belastungen des Prozesses im Ausland dar.[12] Diese für den Verbraucher besonders belastenden Nachteile sollen Art. 17 ff. ausgleichen und damit die „Gleichheit"[13] der am Vertrag beteiligten Parteien wiederherstellen. Es darf freilich nicht verkannt werden, dass die prozessuale Privilegierung von Verbrauchern aus Unternehmerperspektive zur Gerichtspflichtigkeit in einer Vielzahl von Mitgliedstaaten führen und damit insbesondere kleinere Unternehmen davon abhalten kann, im Binnenmarkt grenzüberschreitend tätig zu werden.[14]

3 Aufgrund der typisierenden Betrachtung ist für die Anwendbarkeit der Art. 17 ff. unerheblich, ob der Verbraucher **im konkreten Fall** wirtschaftlich schwächer und rechtlich weniger erfahren als sein Vertragspartner oder Prozessgegner ist.[15] Auch der begüterte Rechtsanwalt, der für private Zwecke mit einem umsatzschwachen Ein-Mann-Betrieb kontrahiert, erfährt die Privilegierungen der Art. 17 ff. (vgl. auch Art. 17 Rdn. 20).

4 Die Stellung einer Partei als Unternehmer und der anderen als Verbraucher ergibt sich aus den **Parteirollen** im konkreten Vertrag, der zudem situativ einer der Konstellationen des Art. 17 Abs. 1 lit. a)-c) unterfallen muss. Der Anwendungsbereich der Art. 17 ff. ist damit transaktionsbezogen ausgestaltet.[16] Eine vom konkreten Vertragsverhältnis losgelöste Unternehmer- oder Verbrauchereigenschaft – die der Rechts- oder Geschäftsfähigkeit vergleichbar wäre – existiert nicht.

5 Das Schutzregime für Verbrauchersachen weist **strukturelle Parallelen** zu denjenigen in **Versicherungssachen** (Art. 10–16) und **Individualarbeitsverträge** (Art. 20–23)

---

7 Vgl. Stein/Jonas/*G. Wagner* Art. 15 EuGVVO Rdn. 2; *Würdinger* FS Gotwald 693 f.; ferner OLG München, NJW-RR 1993, 701, 702 (zu Art. 13 Abs. 2 EuGVVÜ).
8 Siehe nur *Sachse* 74; *Gsell* ZZP 127 (2014), 432, 446.
9 EuGH, EuZW 2005, 241, 242, Tz. 31 (zum Verbraucherbegriff in Art. 15–17 EuGVVÜ); EuZW 2011, 98, 101, Tz. 58; BGH, IHR 2011, 258, 261, Tz. 29 (zu Art. 13 Abs. 1 Nr. 3 LugÜ a.F.); LG Nürnberg-Fürth, ZIP 2010, 1368; Rauscher/*Staudinger* Vorb. zu Art. 17 ff. Brüssel Ia-VO Rdn. 1; Stein/Jonas/*G. Wagner* Art. 15 EuGVVO Rdn. 2.
10 *Carrizo Aguado* CDT (März 2016), vol. 8, Nr. 1, 301, 306 f.
11 Rauscher/*Staudinger* Vorb. zu Art. 17 ff. Brüssel Ia-VO Rdn. 1; *Heiderhoff* IPRax 2005, 230, 231; *Stadler* IPRax 2015, 203, 205.
12 Vgl. *Stadler* IPRax 2015, 203, 205.
13 EuGH, EuZW 2014, 147, 148 f., Tz. 31.
14 Vgl. *Würdinger* FS Gotwald 693, 700 f.
15 Vgl. Stein/Jonas/*G. Wagner* Art. 15 EuGVVO Rdn. 18; *Geimer/Schütze* Art. 15 EuGVVO Rdn. 1; Schlosser/*Hess* Art. 17 EuGVVO Rdn. 3; *Hess* IPrax 2000, 370.
16 Vgl. Stein/Jonas/*G. Wagner* Art. 15 EuGVVO Rdn. 9.

auf.[17] Dem Verbraucher wird als schwächere Partei ein zusätzlicher Klägergerichtsstand an seinem Wohnsitz zur Verfügung gestellt; sein Prozessgegner kann grundsätzlich nur im Wohnsitzmitgliedstaat des Verbrauchers klagen. Gerichtsstandsvereinbarungen sind nur eingeschränkt zulässig, um die Wirksamkeit des Schutzregimes abzusichern.[18]

Der vorgenannte Normzweck des Schutzregimes ist in Art. 17–19 dergestalt umgesetzt, dass **Art. 17** dessen **Anwendungsbereich** definiert. **Art. 18** regelt die **internationale Zuständigkeit** für den Aktivprozess des Verbrauchers (Art. 18 Abs. 1) und seines Vertragspartners (Art. 18 Abs. 2). Die nur eingeschränkt Zulässigkeit von **Gerichtsstandsvereinbarung** findet ihre Regelung in **Art. 19**.[19] Im autonomen deutschen Zuständigkeitsrecht eröffnet § 29c ZPO – wertungsparallel zu Art. 17 ff.[20] – dem auch hier als besonders schutzwürdig angesehenen Verbraucher bei Haustürgeschäften einen Klägergerichtsstand. 6

Die in Art. 17 ff. verwendeten Begriffe sind **autonom**, d.h. losgelöst vom Begriffsverständnis mitgliedstaatlichen Rechts, **auszulegen**, um die einheitliche Anwendung des Schutzregimes in allen Mitgliedstaaten zu sichern.[21] Es konkurrieren **zwei gegenläufige Auslegungsmaximen**.[22] Einerseits sollen Art. 17 ff. als **Ausnahme** von den **allgemeinen Zuständigkeitsregeln eng** auszulegen sein. Insbesondere der Klägergerichtsstand nach Art. 18 Abs. 1, 2. Alt. konterkariert den Grundsatz des Art. 4 Abs. 1, nach welchem der Beklagte an seinem Wohnsitz zu verklagen ist.[23] Andererseits ist zum **effektiven Schutz des Verbrauchers** als schwächerer Partei eine Auslegung angezeigt, welche diesen Schutz **nicht über Gebühr beschneidet**. Dies begründet die Tendenz einer weiten Auslegung der Art. 17 ff.,[24] was sich beispielsweise an der Erfassung von Ansprüchen, welche untrennbar mit dem Verbrauchervertrag verbunden sind,[25] oder an der Einbeziehung von Verträgen, die eine enge Verbindung mit einem in den situativen Anwendungsbereich der Art. 17 ff. fallenden Vertrag aufweisen,[26] zeigen lässt. In der jüngeren Rechtsprechung des EuGH drängt die zweite Auslegungsmaxime die erste immer stärker zurück, sodass bereits Zweifel an deren Validität laut wurden[27] oder die Verwerfung beider Auslegungsmaximen vorgeschlagen wurde.[28] 7

---

17 Vgl. Schlosser-Bericht, S. 117; *Kropholler/von Hein* Art. 15 EuGVVO Rdn. 1; Rauscher/*Staudinger* Vorb. zu Art. 17 ff. Brüssel Ia-VO Rdn. 1; *Geimer/Schütze* Art. 15 EuGVVO Rdn. 1; *Schlosser/Hess* Art. 17 EuGVVO Rdn. 1.
18 Vgl. *Kropholler/von Hein* Art. 15 EuGVVO Rdn. 1; Stein/Jonas/*G. Wagner* Art. 15 EuGVVO Rdn. 3.
19 Vgl. auch *Würdinger* FS Gotwald 693, 695 (Art. 17 regelt den Tatbestand, Art. 18 und Art. 19 die Rechtsfolgen).
20 Anders *Geimer/Schütze* Art. 15 EuGVVO Rdn. 2 (seit Streichung von §§ 6a, 6b AbzG am 1.1.1991 bestehe zwischen europäischem und autonomem deutschen Recht ein Zielkonflikt).
21 EuGH, EuZW 2005, 241, 242, Tz. 31 (zum Verbraucherbegriff in Art. 15–17 EuGVVÜ); *Kropholler/von Hein* Art. 15 EuGVVO Rdn. 3; Rauscher/*Staudinger* Vorb. zu Art. 17 ff. Brüssel Ia-VO Rdn. 2; Stein/Jonas/*G. Wagner* Art. 15 EuGVVO Rdn. 4 m.w.N.
22 Vgl. *Würdinger* FS Gotwald 693, 697 ff.
23 EuGH, EuZW 2018, 197, 198, Tz. 27 und 29; NJW 2015, 1581, 1582, Tz. 22; BGH NJW 2011, 532, 533; *Kropholler/von Hein* Art. 15 EuGVVO Rdn. 3; Stein/Jonas/*G. Wagner* Art. 15 EuGVVO Rdn. 5; *Geimer/Schütze* Art. 15 EuGVVO Rdn. 5.
24 Vgl. Stein/Jonas/*G. Wagner* Art. 15 EuGVVO Rdn. 5.
25 EuGH, NJW 2002, 2697, 2699, Tz. 56; BGH NJW 2011, 532, 534, Tz. 23; Stein/Jonas/*G. Wagner* Art. 15 EuGVVO Rdn. 5.
26 EuGH, NJW 2016, 697.
27 Siehe *v. Hein* LMK 2014, 360325 (Postulat der engen Auslegung der Art. 17 ff. könne nicht mehr ernst genommen werden); *Mankowski* NJW 2016, 699, 700; *R. Wagner* EuZW 2016, 269, 270; *Staudinger/Steinrötter* JuS 2015, 1, 7. Gegenläufig jedoch EuGH, EuZW 2018, 197, 198, Tz. 27.
28 *Würdinger* FS Gottwald, 693 697 ff.

8 Ihre Schutzfunktion können die **von Amts wegen zu beachtenden**[29] Art. 17 ff. nur entfalten, wenn sie als **abschließende Sonderregelungen** aufgefasst werden, welche die allgemeinen Bestimmungen über die internationale Zuständigkeit verdrängen.[30] Ausdrücklich vorbehalten bleiben Art. 6 und Art. 7 Nr. 5 (näher Art. 17 Rdn. 80 ff.). Vorrang genießen die **ausschließlichen Zuständigkeiten nach Art. 24**;[31] dieser folgt aus dem Ausschließlichkeitsanspruch der in Art. 24 vorgesehenen Gerichtsstände.[32] Zudem besteht nach Maßgabe des Art. 19 die Möglichkeit, eine Vereinbarung über den Gerichtsstand zu schließen, und der **rügelosen Einlassung** nach Art. 26 (näher Rdn. 14).

III. Unionale Parallelbestimmungen

9 **1. Art. 6 Rom I-VO.** Der Verbraucherschutzgedanke, auf dem Art. 17 ff. beruhen, findet seine Parallele in **Art. 6 Rom I-VO** und dessen Vorgängervorschrift **Art. 5 EVÜ**. Kollisionsrechtlich wird der Verbraucher als schwächere Partei privilegiert, indem nach Art. 6 Abs. 1 Rom I-VO sein „Umweltrecht", d.h. das Recht des Staates seines gewöhnlichen Aufenthalts, zur Anwendung gelangt.[33] Hierin liegt eine Abweichung von der Grundregel des Art. 4 Abs. 2 Rom I-VO, nach welcher der gewöhnliche Aufenthalt der die vertragscharakteristische Leistung erbringenden Partei das auf das vertragliche Schuldverhältnis anwendbare Recht bestimmt. Zwar können Unternehmer und Verbraucher eine Rechtswahl treffen; diese darf nach Art. 6 Abs. 2 S. 2 Rom I-VO aber nicht dazu führen, dass der Verbraucher denjenigen Schutz verliert, welchen ihm die nicht dispositiven Sachnormen des Rechts seines gewöhnlichen Aufenthalts gewähren.[34] In Kombination bewirken das internationalzivilprozessuale Schutzregime der Art. 17 ff. und das kollisionsrechtliche des Art. 6 Rom I-VO, dass der Verbraucher regelmäßig[35] an seinem Wohnsitz und unter dem Schutz des dort geltenden nicht dispositiven Rechts klagen kann.

10 Der sachliche Anwendungsbereich der Art. 17 ff. entspricht allerdings nicht gänzlich dem des Art. 6 Rom I-VO. Es finden sich in Art. 6 Abs. 4 lit. a) und c)-e) Rom I-VO Bereichsausnahmen, denen keine Entsprechung in Art. 17 gegenübersteht.[36] Auch die Brüssel Ia-VO wurde nicht genutzt, um insofern einen Gleichlauf herzustellen.[37] Bei der Auslegung der Art. 17 ff. ist dennoch auf **Kohärenz mit Art. 6 Rom I-VO** und **Art. 5 EVÜ** zu achten.[38] Insbesondere kann Rechtsprechung und Literatur – unter Beachtung etwaiger Regelungsunterschiede und der spezifischen internationalzivilprozessualen und internationalprivatrechtlichen Regelungsinteressen – zur Auslegung der Art. 17 ff. herangezogen werden.[39]

---

[29] Vgl. *Geimer/Schütze* Art. 15 EuGVVO Rdn. 5a.
[30] Allg. Ansicht, *Kropholler/von Hein* Art. 15 EuGVVO Rdn. 2; *Rauscher/Staudinger* Vorb. zu Art. 17 ff. Brüssel Ia-VO Rdn. 1 (Umkehrschluss aus Art. 20 Abs. 1, der ausdrücklich auch auf Art. 8 Nr. 1 bei Klagen gegen den Arbeitgeber verweist); *Stein/Jonas/G. Wagner* Art. 15 EuGVVO Rdn. 2; *Schlosser/Hess* Art. 17 EuGVVO Rdn. 1; *Geimer/Schütze* Art. 15 EuGVVO Rdn. 3; *Staudinger/Steinrötter* JuS 2015, 1, 5.
[31] OLG Frankfurt am Main, NJW-RR 2008, 663, 664; *Kropholler/von Hein* Art. 15 EuGVVO Rdn. 2; *Geimer/Schütze* Art. 15 EuGVVO Rdn. 4.
[32] Vgl. OLG Frankfurt am Main, NJW-RR 2008, 663, 664.
[33] Eingehend *Doralt/Nietner* AcP 215 (2015), 855, 857 ff.
[34] *Nordmeier* in: Gebauer/Wiedmann, Kap. 37 Rdn. 74.
[35] Zu Ausnahmen *Kropholler/von Hein* Art. 15 EuGVVO Rdn. 4.
[36] *Kropholler/von Hein* Art. 15 EuGVVO Rdn. 4.
[37] Befürwortend *Mankowski* RIW 2014, 625, 631; kritisch *v. Hein* RIW 2013, 97, 103; anders noch die Erwartung bei *Kropholler/v. Hein* Art. 15 EuGVVO Rdn. 4.
[38] Vgl. *Rauscher/Staudinger* Vorb. zu Art. 17 ff. Brüssel Ia-VO Rdn. 2; *Schlosser/Hess* Art. 17 EuGVVO Rdn. 3; *Lüttringhaus* RabelsZ 77 (2013), 31, 54 ff.
[39] Vgl. *Kropholler/von Hein* Art. 15 EuGVVO Rdn. 5 mit Abdruck des Guliano/Lagarde-Berichts zu Art. 5 EVÜ.

2. Richtlinienrecht. Auch aus der **Klausel-Richtlinie**[40] oder der **Verbraucherrechte-Richtlinie**[41] können sich Wertungsgesichtspunkte für die Auslegung der Art. 17 ff. ergeben. 11

3. Art. 6 Abs. 1 lit. d) EuVTVO. Eine einschränkende Voraussetzung für Schuldner, die Verbraucher sind, findet sich in Art. **6 Abs. 1 lit. d) EuVTVO**. Danach kann eine Entscheidung nur als **Europäischer Vollstreckungstitel** bestätigt werden, wenn sie im Wohnsitzstaat des Verbrauchers ergangen ist. Der hier verwendete Verbraucherbegriff ist zur Sicherung der Kohärenz des Unionsrechts grundsätzlich parallel zu demjenigen in Art. 17 ff. auszulegen.[42] 12

4. Art. 6 Abs. 2 EuMahnVO. Für den Erlass eines **Europäischen Zahlungsbefehls** nach der EuMahnVO geltend gemäß **Art. 6 Abs. 1 EuMahnVO** zuständigkeitsrechtlich prinzipiell die Bestimmungen der Brüssel Ia-VO. Ist Antragsgegner jedoch ein Verbraucher, sind nur die Gerichte seines Wohnsitzmitgliedsstaates zuständig. 13

IV. Rügelose Einlassung

Die Möglichkeit der rügelosen Einlassung nach Art. 26 wird durch Art. 17 ff. nicht gesperrt,[43] was sich nunmehr aus Art. 26 Abs. 2 ergibt.[44] Dies gilt unabhängig davon, ob der Verbraucher auf Kläger- oder Beklagtenseite steht. Im Passivprozess des Verbrauchers hat das Gericht nach dem neu geschaffenen Art. 26 Abs. 2 sicherzustellen, dass der beklagte Verbraucher über sein Recht der Unzuständigkeitsrüge und die Folgen der Einlassung oder Nichteinlassung belehrt[45] wird.[46] 14

V. Versagung der Anerkennung

Eine Verletzung der Zuständigkeitsvorschriften der Art. 17 ff. führt – wie auch unter Art. 35 Abs. 1 a.F.[47] – nach **Art. 45 Abs. 1 lit. e) i)** auf Antrag zur Versagung der Anerkennung einer ausländischen Entscheidung, wenn der Beklagte Verbraucher war[48]. Der Grundsatz des Art. 35 Abs. 3 S. 1, dass die internationale Zuständigkeit im Rahmen der Anerkennung nicht überprüft werden darf, erfährt hier zur Absicherung des Verbraucherschutzregimes eine im Normtext ausdrücklich angeordnete Ausnahme.[49] 15

---

40 Richtlinie 93/13/EWG des Rates vom 5.4.1993 über mißbräuchliche Klauseln in Verbraucherverträgen, ABl. EG 1993 L 95, S. 29.
41 Richtlinie 2011/83/EU des Europäischen Parlaments und des Rates vom 25.10.2011 über die Rechte der Verbraucher, ABl. EU 2011 L 304, S. 64.
42 EuGH, EuZW 2014, 147, 148, Tz. 28 und 36 f., m. Anm. *Sujecki* EuZW 2014, 149 = IPRax 2015, 237 m. krit. Aufs. *Stadler* IPRax 2015, 203 und m. krit. Aufs. *Klöpfer/Rami* GPR 2014, 107.
43 OLG Köln, IHR 2005, 174, 176; LG Saarbrücken, Urt. v. 23.12.2013 – 12 O 74/13, Tz. 41; *Kropholler/von Hein* Art. 15 EuGVVO Rdn. 2; Stein/Jonas/*G. Wagner* Art. 15 EuGVVO Rdn. 3; Rauscher/*Staudinger* Vorb. zu Art. 17 ff. Brüssel Ia-VO Rdn. 1; *Geimer/Schütze* Art. 15 EuGVVO Rdn. 5b; Schlosser/*Hess* Art. 17 EuGVVO Rdn. 1; *Mankowski* RIW 2016, 245 f.; anders noch z.B. *Mankowski* RIW 2010, 667; *Richter* RIW 2006, 578 zur EuGVVO a.F.
44 *Mankowski* RIW 2014, 625, 628.
45 Zu den Einzelheiten der Belehrung *Mankowski* RIW 2016, 245; *Nordmeier/Schichmann* GPR 2015, 199.
46 Vgl. *Alio* NJW 2014, 2395, 2399 f.; *Mankowski* RIW 2014, 625, 628 f. Anders noch die h.M. zu Art. 24 EuGVVO a.F., siehe OLG Rostock, OLGR Rostock 2006, 271, 272 f.
47 *Kropholler/von Hein* Art. 15 EuGVVO Rdn. 1.
48 Diese Einschränkung sah Art. 35 Abs. 1 EuGVVO a.F. nicht vor, d.h. die Zuständigkeit wurde auch im Aktivprozess des Klägers kontrolliert, vgl. *Mankowski* RIW 2014, 625, 629.
49 Vgl. Stein/Jonas/*G. Wagner* Art. 15 EuGVVO Rdn. 3.

Artikel 17

(1) Bilden ein Vertrag oder Ansprüche aus einem Vertrag, den eine Person, der Verbraucher, zu einem Zweck geschlossen hat, der nicht der beruflichen oder gewerblichen Tätigkeit dieser Person zugerechnet werden kann, den Gegenstand des Verfahrens, so bestimmt sich die Zuständigkeit unbeschadet des Artikels 6 und des Artikels 7 Nummer 5 nach diesem Abschnitt,
a) wenn es sich um den Kauf beweglicher Sachen auf Teilzahlung handelt,
b) wenn es sich um ein in Raten zurückzuzahlendes Darlehen oder ein anderes Kreditgeschäft handelt, das zur Finanzierung eines Kaufs derartiger Sachen bestimmt ist, oder
c) in allen anderen Fällen, wenn der andere Vertragspartner in dem Mitgliedstaat, in dessen Hoheitsgebiet der Verbraucher seinen Wohnsitz hat, eine berufliche oder gewerbliche Tätigkeit ausübt oder eine solche auf irgendeinem Wege auf diesen Mitgliedstaat oder auf mehrere Staaten, einschließlich dieses Mitgliedstaats, ausrichtet und der Vertrag in den Bereich dieser Tätigkeit fällt.

(2) Hat der Vertragspartner des Verbrauchers im Hoheitsgebiet eines Mitgliedstaats keinen Wohnsitz, besitzt er aber in einem Mitgliedstaat eine Zweigniederlassung, Agentur oder sonstige Niederlassung, so wird er für Streitigkeiten aus ihrem Betrieb so behandelt, wie wenn er seinen Wohnsitz im Hoheitsgebiet dieses Mitgliedstaats hätte.

(3) Dieser Abschnitt ist nicht auf Beförderungsverträge mit Ausnahme von Reiseverträgen, die für einen Pauschalpreis kombinierte Beförderungs- und Unterbringungsleistungen vorsehen, anzuwenden.

Schrifttum

Siehe Vorbem. Art. 17 ff.; *Carrizo Aguado* La Relación de Causalidad como Indicio Justificativo de la „Actividad Dirigida" en el Contrato Internacional de Consumo: Análisis del Foro de Protección de la Parte Débil, CDT (März 2016), vol. 8, Nr. 1, 301; *Gramlich*, Gerichtsstände der EuGVVO in Verbrauchersachen – Probleme bei Umzug einer Partei, EuZW 2017, 213; *Hay* Notes on the European Union's Brussel-I „Recast" Regulation, EuLF I-2013, 1; *Heinze/Steinrötter*, Wann fällt ein Vertrag in den Bereich der ausgerichteten Tätigkeit des Unternehmers i.S.d. Art. 17 Abs. 1 lit. c) EuGVVO?, IPRax 2016, 545; *Kieninger* Grenzenloser Verbraucherschutz?, Festschrift für Ulrich Magnus, 2014, S. 449; *Leipold* Neues zum Verhältnis zwischen dem Europäischen Zivilprozessrecht und dem einzelstaatlichen Recht – die Bestimmungen der EuGVVO 2012 zur Zuständigkeit für Klagen gegen Parteien mit Wohnsitz in Drittstaaten und zur Beachtung der Rechtshängigkeit in Drittstaaten, Festschrift für Eberhard Schilken, 2015, S. 353; *D. Paulus*, Keine unechten Sammelklagen in Verbrauchersachen, NJW 2018, 987; *Peschel* Kommt das Geoblockingverbot?, Auswirkungen der geplanten Geoblockingverordnung auf den europäischen Verbrauchergerichtsstand der EuGVVO 2012, GPR 2016, 194; *Reinmüller* Neufassung der EuGVVO („Brüssel I-a-VO") seit 10. Januar 2015, IHR 2015, 1; *Staudinger* Gerichtsstände hiesiger Kunden gegenüber Veranstaltern im Inland bei Pauschalreisen mit Auslandsbezug nach der Brüssel Ia-VO – pars pro toto für eine überschätzte ZPO, jM 2015, 46; *Staudinger/Bauer* Der Vertragsbegriff des Art. 15 Abs. 1 lit. c EuGVVO 2001 (Art. 17 Abs. 1 lit. c EuGVO) in typischen „Vermittlerkonstellationen – eine Abgrenzung von Pauschalreise- zu Kapitalanlageverträgen, IPRax 2016, 107; *Staudinger/Steinrötter* Das neue Zuständigkeitsregime bei zivilrechtlichen Auslandssachverhalten – Die Brüssel Ia-VO, JuS 2015, 1; *Wilke* „Unternehmerschutz" bei grenzüberschreitenden Sachverhalten in der EU, ZIP 2015, 2306; *ders.* Verbraucherschutz im internationalen Zuständigkeitsrecht der EU – Status quo und Zukunftsprobleme, EuZW 2015, 13.

Schrifttum zur Brüssel I-VO: *Brand* Grenzüberschreitender Verbraucherschutz in der EU – Ungereimtheiten und Wertungswidersprüche im System des europäischen Kollisions- und Verfahrensrechts, IPRax 2013, 126; *De Lousanoff* Die Anwendung des EuGVÜ in Verbrauchersachen mit Drittstaatenbezug,

Gedächtnisschrift für Peter Arens, 1993, S. 251; *Freitag* Internationale Prospekthaftung revisited – Zur Auslegung des europäischen Kollisionsrechts vor dem Hintergrund der „Kolassa"-Entscheidung des EuGH, WM 2015, 1165; *Führich* Internationale gerichtliche Zuständigkeit bei Ferienunterkünften im Ausland, RRa 2014, 106; *Heiderhoff* Nationaler Verbrauchergerichtsstand nach der Brüssel I-VO?, IPRax 2006, 612; *von Hein* Verstärkung des Kapitalanlegerschutzes: Das Europäische Zivilprozessrecht auf dem Prüfstand, EuZW 2011, 369; *von Hein* Kapitalanlegerschutz im Verbrauchergerichtsstand zwischen Fernabsatz und konventionellem Vertrieb: Zur Konkretisierung der „Ausrichtung" in Art. 15 Abs. 1 lit. c) EuGVVO, IPRax 2006, 16; *Hess* Die begrenzte Freizügigkeit einstweiliger Maßnahmen im Binnenmarkt II – weitere Klarstellung des Europäischen Gerichtshofs, IPRax 2000, 370; *Koch* Rechte des Unternehmers und Pflichten des Verbrauchers nach Umsetzung der Richtlinie über die Rechte der Verbraucher, JZ 2014, 758; *Leible/Müller* Die Bedeutung von Websites für die internationale Zuständigkeit in Verbrauchersachen, NJW 2011, 495; *S. Lorenz/Unberath* Gewinnmitteilungen und kein Ende? – Neues zur internationalen Zuständigkeit, IPRax 2005, 219; *Mankowski* Autoritatives zum „Ausrichten" unternehmerischer Tätigkeit unter Art. 15 Abs. 1 lit. c EuGVVO, IPRax 2012, 144; *ders.* Pauschalreisen und europäisches Internationales Verbraucherschutzrecht, TranspR 2011, 70; *ders.* Internationale Zuständigkeit in Timesharing-Fällen – Ein Dauerbrenner, NZM 2007, 671; *Rauscher* Prozessualer Verbraucherschutz im EuGVÜ?, IPRax 1995, 289; *Rechberger*, Rechtsfragen zum Verbrauchergerichtsstand gem Art. 15 f. EuGVVO aF, ZfRV 2017, 222; *Rühl* Kausalität zwischen ausgerichteter Tätigkeit und Vertragsschluss: Neues zum situativen Anwendungsbereich der Art. 15 ff. EuGVVO, IPRax 2014, 41; *Seibl* Verbrauchergerichtsstände, vorprozessuale Disposition und Zuständigkeitsprobleme bei Ansprüchen aus c.i.c., IPRax 2011, 234; *Spindler* Internationales Verbraucherschutzrecht im Internet – Auswirkungen der geplanten neuen Verordnung des Rates über die gerichtliche Zuständigkeit und die Anerkennung und Vollstreckung von Entscheidungen in Zivil- und Handelssachen, MMR 2000, 18; *Staudinger* Der Schutzgerichtsstand im Sinne des Art. 15 Abs. 1 lit. c Brüssel-VO bei Klagen gegen Reiseveranstalter und Vermittler, RRa 2014, 10; *ders.* Reichweite des Verbrauchergerichtsstandes nach Art. 15 Abs. 2 EuGVVO, IPRax 2008, 107; *Wendelstein* Die Behandlung der Prospekthaftung des Emittenten im europäischen Zuständigkeitsrecht – Zugleich eine Anmerkung zu EuGH, Urt. v. 28.1.2015 – C-375/13 (Kolassa), GPR 2016, 140.

Übersicht

I. Gesetzesgeschichte — 1
II. Normzweck — 2
III. Allgemeines — 3
IV. Der Verbrauchervertrag — 6
  1. Vertragliche Ansprüche — 6
    a) Vertrags- und Anspruchsart irrelevant — 7
    b) Konnexe deliktische Ansprüche — 11
    c) Konnexe Verträge außerhalb des Anwendungsbereichs der Art. 17 ff. — 14
    d) Keine Streitwertgrenze — 15
    e) Mehrparteienprozesse — 16
  2. Verbraucherbegriff — 17
    a) Verbrauchereigenschaft von Personenzusammenschlüssen — 18
    b) Privater Zweck — 20
    c) Rechtsnachfolge — 25
    d) Insbesondere: Verbraucherschutzvereine — 29
  3. Unternehmerbegriff — 30
  4. Verträge mit doppelter Zwecksetzung — 32
  5. Reine Unternehmer- oder Verbrauchergeschäfte — 34
  6. Erkennbarkeit der Verbraucher- und Unternehmereigenschaft — 35
V. Situatives Moment — 37
  1. Kauf beweglicher Sachen auf Teilzahlung (Abs. 1 lit. a)) — 38
  2. Finanzierungskauf (Abs. 1 lit. b)) — 45
  3. Ausüben oder Ausrichten einer Tätigkeit (Abs. 1 lit. c)) — 48
    a) Sachlicher Anwendungsbereich — 51
    b) Ausüben der unternehmerischen Tätigkeit (Abs. 1 lit. c), 1. Alt) — 53
    c) Ausrichten der unternehmerischen Tätigkeiten (Abs. 1 lit. c), 2. Alt) — 54
      aa) Werbung und herkömmliche Vertriebsmittel — 57
      bb) Elektronische Medien — 60
      cc) Wohnsitzstaat des Verbrauchers als Zielland — 68
    d) Keine Kausalität erforderlich — 69
    e) Vertrag im Bereich der Tätigkeit — 71
  4. Wohnsitz — 72
VI. Prozessuales: Änderung der zuständigkeitsbegründenden Tatsachen vor Klageerhebung und Beweislast — 73

Art. 17 Brüssel Ia-VO —— Kapitel II. Zuständigkeit

1. Änderung der zuständigkeitsbegründenden Tatsachen vor Klageerhebung —— 73
2. Beweislast —— 77

VII. Ausnahmen —— 80
1. Drittstaatenwohnsitz (Abs. 2 und Art. 6) —— 80
2. Niederlassung (Art. 7 Nr. 5) —— 86
3. Beförderungsverträge (Abs. 3) —— 87

I. Gesetzesgeschichte

1   Art. 17 entspricht **Art. 15 Brüssel I-VO**. Redaktionell angepasst wurden die Verweise in Art. 17 Abs. 1 auf Art. 6 und Art. 7 Nr. 5. Als Neuerung bleibt in Drittstaatenfällen nach Art. 6 Abs. 1 die Anwendung des Art. 18 Abs. 1 vorbehalten. Art. 15 rev. LuGÜ stimmt bis auf redaktionelle Abweichungen, welche dem Charakter des LuGÜ als völkerrechtlicher Vertrag geschuldet sind, mit Art. 15 Brüssel I-VO überein.

II. Normzweck

2   Abs. 1 des Art. 17 definiert den **Anwendungsbereich** des Verbraucherschutzregimes für Ansprüche aus vertraglichen Schuldverhältnissen, der in **Abs. 3** eine Einschränkung für Beförderungsverträge findet. In **Abs. 2** findet sich eine Erweiterung für Drittstaatensachverhalte: Ein Vertragspartner des Verbrauchers, der in keinem Mitgliedstaat einen Wohnsitz hat, jedoch über eine Zweigniederlassung, Agentur oder sonstige Niederlassung im Binnenmarkt verfügt, wird für Streitigkeiten aus dem Betrieb dieser Niederlassung behandelt als sei er im Niederlassungsstaat domiziliert.

III. Allgemeines

3   Nach Abs. 1 gelangt das Verbraucherschutzregime zur Anwendung, wenn **vertragliche Ansprüche** (hierzu Rdn. 6 ff.) zwischen einem **Verbraucher** (hierzu Rdn. 17 ff.) und einem **Unternehmer** (hierzu Rdn. 30 f.) in Streit stehen und eines der **drei situativen Momente** der lit. a)–c) gegeben ist.[1] Der Verordnungsgeber hat sich damit gegen einen allgemeinen Verbrauchergerichtsstand entschieden.[2]

4   Für die Anwendbarkeit der Brüssel Ia-VO allgemein und damit konsequenterweise auch für Art. 17 ff. ist ein **Sachverhalt mit Auslandsbezug** erforderlich. Es genügt ein Drittstaatenbezug. Berührungspunkte des Sachverhalts zu mehr als einem Mitgliedstaat sind nicht notwendig.[3]

5   Nicht einheitlich beurteilt wird, welche konkreten **Anforderungen** an den **Auslandsbezug** zu stellen sind. Unproblematisch besteht er, wenn die Parteien ihre Wohnsitze in verschiedenen Staaten haben.[4] Sind sie in demselben Mitgliedstaat wohnhaft, wird teilweise ein hinreichend gewichtiger, „normativer"[5] grenzüberschreitender Bezug gefordert bzw. umgekehrt ein „Binnensachverhalt"[6] ausgeschlossen. Das Problem ist vor dem Hintergrund zu sehen, dass Art. 18 Abs. 1, 2. Alt. neben der internationalen auch die

---

1 Vgl. EuGH, RIW 2013, 292, 294.
2 *Würdinger* FS Gottwald 693, 696.
3 Allg. Ansicht, *Kropholler/von Hein* Art. 15 EuGVVO Rdn. 1; Stein/Jonas/*G. Wagner* Art. 15 EuGVVO Rdn. 6; *Geimer/Schütze* Art. 15 EuGVVO Rdn. 15 (m.w.N. zum Streitstand unter dem LuGÜ).
4 Vgl. LG Kleve, Urt. v. 27.10.2015 – 4 O 119/15; *Heiderhoff* IPrax 2006, 612, 614; *Staudinger* jM 2015, 46, 48; er kann sich auch aus dem Umzug einer Vertragspartei nach Vertragsschluss in einen anderen Mitgliedstaat ergeben, vgl. LG Traunstein, IPRspr. 2012 Nr. 202, 461, 462 (zum rev. LugÜ).
5 AG Königswinter, RRa 2016, 8, 9; ähnlich *Führich* RRa 2014, 106, 109 (normrelevanter Auslandsbezug).
6 ÖstOGH, IPRax 2006, 607, 608 (zur Brüssel I-VO).

örtliche Zuständigkeit der Gerichte am Wohnsitz des Verbrauchers für dessen Klage gegen den Unternehmer regelt. Ließe man jedweden grenzüberschreitenden Bezug des Sachverhalts für die Anwendbarkeit der Art. 17 ff. genügen, bestünde bei Verbraucher-Unternehmer-Streitigkeiten in aller Regel auch dann ein Gerichtsstand am Wohnort des Klägers, wenn beide in demselben Mitgliedstaat ansässig sind. Eine solch weitgehende Verdrängung nationaler Zuständigkeitsvorschriften – beispielsweise im Reiserecht bei Auslandsreisen – käme der Schaffung eines allgemeinen Verbrauchergerichtsstandes am Wohnsitz des Verbrauchers für dessen Aktivprozesse nahe.[7] Vertreten wird deshalb, die Regelung der örtlichen Zuständigkeit in Art. 18 Abs. 1, 2. Alt. habe ein so weitreichendes Anliegen nicht verfolgt; sie sei vielmehr darauf zurückzuführen, dass der Verordnungsgeber die Lückenhaftigkeit nationalen Rechts bei Auslandsansässigkeit des Unternehmers befürchtet habe. Bei Inlandsansässigkeit des Unternehmers könne die Regelung nicht greifen.[8] Deshalb wird angenommen, Verbraucher und Unternehmer müssten in verschiedenen Mitgliedstaaten wohnhaft sein.[9] Eine nicht eindeutige Entscheidung des **EuGH**[10] weist jedoch in entgegengesetzte Richtung. Der erforderliche der Auslandsbezug müsse sich nicht unbedingt daraus ergeben, dass durch den Grund der Streitigkeit oder den jeweiligen Wohnsitz der Parteien mehrere Mitgliedstaaten betroffen seien.[11] Obgleich die Entscheidung für den besonders gelagerten Fall zweier miteinander in Bezug stehender Vertragsverhältnisse erging, von denen eines den geforderten Auslandsbezug sicher aufwies,[12] lässt sich mit ihr ein Erfordernis, dass die Parteien Wohnsitze in verschiedenen Mitgliedstaaten haben müssten, nicht in Einklang bringen.[13] Der geforderte Auslandsbezug kann deshalb auch daraus folgen, dass **vertragliche Leistungspflichten im Ausland zu erfüllen** sind,[14] d.h. der Erfüllungsort im Ausland liegt.[15]

IV. Der Verbrauchervertrag

1. Vertragliche Ansprüche. Der autonom auszulegende **Vertragsbegriff** kann unter Rückgriff auf die zu Art. 7 Nr. 1 entwickelten Grundsätze konturiert werden.[16] Es handelt sich – insbesondere in Abgrenzung zu deliktischen Ansprüchen – demnach um Ansprüche aus einem **privatautonom begründeten Schuldverhältnis**,[17] d.h. aus einer freiwillig eingegangenen Verpflichtung.[18] Dabei bleibt jedoch zu beachten, dass der Vertragsbegriff in Art. 7 Nr. 1 grundsätzlich weit aufzufassen ist, wohingegen Abs. 1 – dem Grundsatz folgend, dass Art. 17 ff. allgemein nicht weit ausgelegt werden dürfen (vgl.

6

---

7 *Führich* RRa 2014, 106, 109.
8 Vgl. *Müller* EuZW 2014, 34, 35; siehe auch ÖstOGH, IPRax 2006, 607, 608.
9 LG Nürnberg-Fürth, Beschl. v. 30.4.2015 – 3 O 2749/15; AG Bremen, Urt. v. 11.12.2007 – 4 C 413/06; offengelassen von LG Frankfurt a.M., RRa 2015, 226.
10 EuGH, NJW 2014, 530 m. Anm. *Sujecki* = EuZW 2014, 33 m. Anm. *Müller* Anm. *Mankowski* EWiR 2014, 231 und Aufs. *Staudinger* RRa 2014, 10.
11 EuGH, NJW 2014, 530, 531, Tz. 28; *Mankowski* EWiR 2014, 231; *Staudinger/Bauer* IPRax 2016, 107, 108.
12 *Mankowski* EWiR 2014, 231 sieht hier eine Zurechnung des Auslandsbezugs von einem zum anderen Vertragsverhältnis.
13 **A.A.** LG Nürnberg-Fürth, Beschl. v. 30.4.2015 – 3 O 2749/15.
14 *Staudinger* jM 2015, 46, 50 f. (zur Pauschalreise).
15 *Mankowski* EWiR 2014, 231, 232.
16 Stein/Jonas/*G. Wagner* Art. 15 EuGVVO Rdn. 5 und 11; *Schlosser/Hess* Art. 17 EuGVVO Rdn. 2; enger Geimer/Schütze Art. 15 EuGVVO Rdn. 5.
17 Vgl. Thomas/Putzo/*Hüßtege* Art. 17 EuGVVO Rdn. 1a.
18 BGH NJW 2012, 455, 457, Tz. 14.

Einleitung Art. 17ff. Rdn. 7) – eine enge Auslegung erfahren soll.[19] Dieses enge Verständnis wird allerdings durch die Einbeziehung konnexer deliktischer Ansprüche in den Verbraucherschutzgerichtsstand (vgl. Rdn. 11) konterkariert.

7   **a) Vertrags- und Anspruchsart irrelevant.** Aufgrund der autonomen Auslegung der Verordnung ist prinzipiell unerheblich, ob das Sachrecht des Gerichtsstaates oder das auf das Rechtsverhältnis anwendbare Recht den Anspruch als vertraglich einordnet.[20] Auch die **Art des** konkret geltend gemachten **Anspruchs** ist, wenn es sich um einen vertraglichen Anspruch handelt, **ohne Bedeutung.** Erfasst werden Primär- und Sekundäransprüche (auch aus culpa in contrahendo)[21] sowie Ansprüche aus einem Rückgewährschuldverhältnis nach Vertragsbeendigung[22], bei Anwendbarkeit deutschen Rechts mithin beispielsweise Ansprüche auf Erfüllung, Nacherfüllung, wegen Minderung, Rücktritt und Schadensersatz[23] statt und neben der Leistung.[24]

8   **Nicht beschränkt** auf **synallagmatische Verträge** oder auf entgeltliche Verträge sind Art. 17ff. Eine solche Einschränkung ist – anders als Art. 13 Abs. 1 Nr. 3 EuGVVÜ, welcher nach Lesart des EuGH[25] eine synallagmatische Verknüpfung der vertraglichen Hauptpflichten verlangte – dem Normtext, insbesondere Abs. 1 lit. c), nicht zu entnehmen.[26] Die Erweiterung des sachlichen Anwendungsbereichs des Abs. 1 lit. c) im Vergleich zu Art. 13 Abs. 1 Nr. 3 EuGVVÜ belegt vielmehr, dass auch **einseitig verpflichtende Schuldverhältnisse** zwischen Unternehmer und Verbraucher erfasst werden (vgl. Rdn. 11). Der Schutzzweck des Verbraucherprozessrechts, nämlich der Schutz des Verbrauchers als bei typisierter Betrachtung schwächere Partei, trägt zudem für Austauschverträge und einseitige verpflichtende Verträge gleichermaßen,[27] wenn auch im Fall der einseitigen Verpflichtung durch den Unternehmer dem Verbraucher keine Erfüllungsklage droht. Für den Verbraucher einseitig verpflichtenden Schuldverhältnisse wie Bürgschaften oder Schuldbeitritte erfasst der Schutzzweck der Art. 17ff. in besonderem Maße;[28] ihr Ausschluss von deren Anwendungsbereich wäre widersinnig.

9   Die **vertraglichen Ansprüche** müssen **Gegenstand des Verfahrens** sein, d.h. die vom Kläger behauptete Rechtsfolge muss ihren unmittelbaren Grund im vertraglichen Schuldverhältnis haben. Die Entscheidungserheblichkeit als Vorfrage ist nicht hinreichend.[29] **Parteien des Vertrages** müssen grundsätzlich die am Rechtsstreit beteiligten Parteien sein. Eine Kette von Verträgen, an deren Ende der Verbraucher steht, genügt nicht, um gegen sämtliche Glieder das Schutzregime zu eröffnen.[30] Vielmehr gelangen Art. 17ff. nur auf dasjenige vertragliche Schuldverhältnis zur Anwendung, dessen Partei der Verbraucher ist – bildlich gesprochen also auf das letzte zum Verbraucher führende Glied der Kette.

---

19 EuGH, NJW 2015, 1581, 1582, Tz. 28; *Kropholler/von Hein* Art. 15 EuGVVO Rdn. 3; **a.A.** *Staudinger/Steinrötter* JuS 2015, 1, 5.
20 BGH NJW 2011, 532, 533; *Schlosser/Hess* Art. 17 EuGVVO Rdn. 3; *Staudinger/Steinrötter* JuS 2015, 1, 5; vgl. auch *Kropholler/von Hein* Art. 15 EuGVVO Rdn. 12.
21 Thomas/Putzo/*Hüßtege* Art. 17 EuGVVO Rdn. 5.
22 Stein/Jonas/*G. Wagner* Art. 15 EuGVVO Rdn. 12.
23 LG Saarbrücken, Urt. v. 23.12.2013 – 12 O 74/13, Tz. 21.
24 Vgl. *Geimer/Schütze* Art. 15 EuGVVO Rdn. 25b.
25 EuGH, NJW 2005, 811, 812, Tz. 36; s.a. *S. Lorenz/Unberath* IPRax 2005, 219, 222.
26 Vgl. EuGH, EuZW 2009, 489, 491, Tz. 51; *Kropholler/von Hein* Art. 15 EuGVVO Rdn. 20; Stein/Jonas/*G. Wagner* Art. 15 EuGVVO Rdn. 36; **a.A.** *Geimer/Schütze* Art. 15 EuGVVO Rdn. 5 und 25.
27 Stein/Jonas/*G. Wagner* Art. 15 EuGVVO Rdn. 37.
28 Stein/Jonas/*G. Wagner* Art. 15 EuGVVO Rdn. 38.
29 *Geimer/Schütze* Art. 15 EuGVVO Rdn. 25a.
30 EuGH, NJW 2015, 1581, 1582; *Staudinger/Bauer* IPRax 2016, 107, 108; **a.A.** wohl Thomas/Putzo/*Hüßtege* Art. 17 EuGVVO Rdn. 9, 10. Spiegelstrich (bei gleichem Schutzbedürfnis).

Nicht erforderlich ist, dass das in Frage stehende vertragliche Schuldverhältnis 10
nach der lex causae wirksam ist. **Streitigkeiten über das Zustandekommen** eines Vertrags und die Folgen einer etwaigen anfänglichen nicht parteidisponiblen Vertragsunwirksamkeit fallen ebenso unter Art. 17 ff. wie diejenigen der Nichtigkeit ex tunc aufgrund rechtsgeschäftlicher Erklärung eines Vertragspartners.[31] Allerdings hat der EuGH[32] im Hinblick auf die Einordnung von Gewinnzusagen in das Zuständigkeitssystem der Brüssel Ia-VO ein **verbindliches Angebot** des Unternehmers gefordert, das hinsichtlich seines Gegenstands und seines Umfangs so klar und präzise sein müsse, dass eine Vertragsbeziehung entstehen könne. Gestützt wird diese Auslegung durch die in Abs. 1, 1. Hs. enthaltenen Wendungen „Ansprüche aus einem Vertrag", den der Verbraucher „geschlossen hat", sowie des in Abs. 1 lit. c) genannten „Vertragspartners". In Fortführung dieser Rechtsprechung verlangt der EuGH[33] einen **tatsächlichen Vertragsschluss.** Denn Art. 18 Abs. 1 spreche von einer Klage „gegen den anderen Vertragspartner", was zwangsläufig den Abschluss eines Vertrags mit dem beklagten beruflich oder gewerblich Handelnden impliziere.[34] Die Formulierung in Art. 18 Abs. 1 sei gerade eine andere als diejenige des allgemeinen Vertragsgerichtsstands in Art. 7 Nr. 1.[35] Der tatsächliche Vertragsschluss meint jedoch keine rechtliche Wirksamkeit des Vertrags lege causae. Vielmehr muss nach europäisch-autonomen Kriterien zumindest der äußere Anschein eines Vertrages gesetzt worden sein.[36] Eine **wirtschaftliche Betrachtungsweise** erfolgt prinzipiell **nicht.**[37]

b) Konnexe deliktische Ansprüche. Nach Auffassung des EuGH[38] können im Ver- 11
brauchergerichtsstand auch Ansprüche geltend gemacht werden, welche **untrennbar mit einem Verbrauchervertrag** verbunden sind.[39] Auch die diesbezügliche Diskussion (zur Frage des Erfordernisses eines synallagmatischen Vertrags siehe Rdn. 8) hat ihren Ursprung in Klagen aus Gewinnzusagen (im deutschen Recht § 661a BGB, im österreichischen Recht § 5j österreichisches Konsumentenschutzgesetz). Unter Art. 13 EuGVVÜ entwickelte sich die Unterscheidung zwischen verbundener und isolierter Gewinnzusage. Ansprüche aus Gewinnzusagen, welche im Zusammenhang mit einer tatsächlichen Warenbestellung durch den Verbraucher und damit einem vertraglichen Schuldverhältnis stehen (**verbundene Gewinnzusage**), wurden und werden auch dann durch das Verbraucherschutzregime erfasst, wenn die lex causae sie deliktisch qualifiziert.[40] So liegt es insbesondere, wenn die Auszahlung des Gewinns von einer Bestellung abhängt.[41] Es handelt sich um eine Annexkompetenz zu Art. 17 ff.,[42] welche in Art. 7 Nr. 1 keine Ent-

---

31 Rauscher/*Staudinger* Vorb. zu Art. 17 ff. Brüssel Ia-VO Rdn. 3; Stein/Jonas/*G. Wagner* Art. 15 EuGVVO Rdn. 12; *Geimer/Schütze* Art. 15 EuGVVO Rdn. 17b; **a.A.** wohl *Schaub* LMK 2011, 313318.
32 EuGH, EuZW 2009, 489, 491, Tz. 54 f. m. Anm. *Beig/Reuß* EuZW 2009, 492; *Kropholler/von Hein* Art. 15 EuGVVO Rdn. 20.
33 EuGH, NJW 2015, 1581, 1582, Tz. 23 und 25 m.w.N.; *Wendelstein* GPR 2016, 140, 142; siehe auch *Freitag* WM 2015, 1165 (zu den kollisionsrechtlichen Implikationen der Entscheidung).
34 EuGH, NJW 2015, 1581, 1582, Tz. 32.
35 *Wendelstein* GPR 2016, 140, 142.
36 Vgl. *Staudinger/Bauer* IPRax 2016, 107, 109.
37 EuGH, NJW 2015, 1581, 1582, Tz. 27–30; *Mankowski* LMK 2015, 367447; tendenziell einschränkend allerdings bei untrennbarer Verbundenheit zweier Verträge mit zwei Unternehmen EuGH NJW 2014, 530, 531.
38 EuGH, NJW 2002, 2697, 2699, Tz. 55–58; auf Art. 13 LugÜ übertragen von BGH NJW 2011, 532, 533, Tz. 15 f.
39 Vgl. Stein/Jonas/*G. Wagner* Art. 15 EuGVVO Rdn. 34.
40 EuGH, NJW 2002, 2697, 2699, Tz. 54 ff.; BGH NJW 2011, 532, 533; LG Braunschweig, Urt. v. 17.10.2004 – 4 O 663/03 (73), 4 O 663/03, Tz. 30; *Kropholler/von Hein* Art. 15 EuGVVO Rdn. 20; Stein/Jonas/*G. Wagner* Art. 15 EuGVVO Rdn. 5 und 34.
41 EuGH, NJW 2002, 2697; Stein/Jonas/*G. Wagner* Art. 15 EuGVVO Rdn. 34.
42 Rauscher/*Staudinger* Vorb. zu Art. 17 ff. Brüssel Ia-VO Rdn. 4; *Schlosser/Hess* Art. 17 EuGVVO Rdn. 2.

sprechung findet. Ihren Geltungsgrund kann man darin erblicken, dass eine Aufspaltung eines Verbraucher-Unternehmer-Rechtsstreits nach Anspruchsgrundlagen kaum Normzweck der Art. 17 ff. sein kann,[43] und der Schutzzweck der Art. 17 ff. eine Konzentration der Ansprüche am Wohnsitz des Verbrauchers gebietet. Kam es nicht zu einer Warenbestellung durch den Verbraucher, sondern forderte dieser unabhängig von einer Bestellung den versprochenen Gewinn (**isolierte Gewinnzusage**), nahm der EuGH[44] unter Geltung des EuGVÜ an, dass für die Klage auf den Gewinn zwar nicht das einen Vertragsschluss voraussetzende Verbraucherschutzregime der Art. 13 EuGVÜ ff., jedoch der vertragliche Gerichtsstand des Art. 5 Nr. 1 EuGVVÜ (entspricht Art. 7 Nr. 1) eröffnet war. Im Hinblick auf die Erweiterung des sachlichen Anwendungsbereichs des Art. 15 Abs. 1 lit. c) Brüssel I-VO (entspricht Art. 17 Abs. 1 lit. c)) anlässlich der Überführung des EuGVÜ in die Brüssel I-VO (vgl. Einl. Art. 17–19 Rdn. 1)[45] modifizierte der Gerichtshof[46] seine Rechtsprechung. Danach genießt ein Verbraucher die Privilegierung der Art. 17 ff., wenn der Unternehmer mit der Gewinnzusage eine rechtliche Verbindlichkeit einging, indem er sich „bedingungslos" bereit erklärte, den ausgelobten Preis auszuzahlen. Die Begründung der unkonditionierten Verbindlichkeit ist nicht nach der lex causae zu prüfen, d.h. es kommt nicht darauf an, ob nach dem anwendbaren Sachrecht der Erklärung des Unternehmers die genannte Verbindlichkeit zukommt.[47] Abzustellen ist vielmehr bei europäisch-autonomer Auslegung[48] darauf, inwiefern die Auskehrung des mitgeteilten Gewinns aus Perspektive des verständigen Verbrauchers von weiteren Bedingungen abhängt oder nicht.[49] Außer Betracht bleiben jedoch der Mangel an Ernsthaftigkeit der Gewinnzusage[50] sowie Bedingungen, ohne welche die Abwicklung der Gewinnauskehrung nicht möglich ist, wie beispielsweise die Mitteilung einer Lieferanschrift für einen gewonnenen Preis. Die Differenzierung zwischen verbundener und isolierter Gewinnzusage sowie die in Verbrauchersachen begründete Annexkompetenz sind dahingehend kritisiert worden, dass eine lauterkeitsrechtliche, d.h. deliktische Qualifikation gemäß Art. 6 Abs. 2 Rom II-VO in aller Regel zur Anwendung des Wohnsitzrechts des angesprochene Verbrauchers führt und Art. 7 Nr. 2 dort einen Gerichtsstand eröffnet.[51]

12 Auf Grundlage der EuGH-Rechtsprechung ist jedoch davon auszugehen, dass das Schutzregime der Art. 17 ff. bei Gewinnzusagen nur eröffnet wird, wenn der Verbraucher aus Anlass der Gewinnzusage **einen weiteren Vertrag** – regelmäßig: zahlungspflichtige Bestellung einer Ware – schließt[52] **oder** der Unternehmer sich **unbedingt bereit erklärt** hat, den **Gewinn auszukehren**. In anderen Fällen richtet sich die internationale Zuständigkeit nach Art. 7 Nr. 1.[53] Auf die Art des Gewinns – Geld- oder Sachpreis – kommt es nicht an.

---

43 *Geimer/Schütze* Art. 15 EuGVVO Rdn. 26; *Geimer* IPRax 1986, 80, 82; *Mansel* IPRax 1989, 84, 85.
44 EuGH, NJW 2005, 811, 812, Tz. 36; s.a. Stein/Jonas/*G. Wagner* Art. 15 EuGVVO Rdn. 35.
45 Die Übertragbarkeit der Entscheidung EuGH, NJW 2005, 811, 812, auf Art. 15 Abs. 1 lit. c) EuGVVO wurde unterschiedliche beurteilt, siehe die Nachweise bei *Kropholler/von Hein* Art. 15 EuGVVO Rdn. 20 mit Fn. 70; Rauscher/*Staudinger* Art. 17 Brüssel Ia-VO Rdn. 9 mit Fn. 90.
46 Vgl. EuGH, EuZW 2009, 489, 491, Tz. 51.
47 Vgl. *Kropholler/von Hein* Art. 15 EuGVVO Rdn. 20.
48 Stein/Jonas/*G. Wagner* Art. 15 EuGVVO Rdn. 36. Die bisherige Rechtsprechung des EuGH lässt die einzelnen Kriterien jedoch kaum erkennen; zurecht kritisch insoweit Rauscher/*Staudinger* Art. 17 Brüssel Ia-VO Rdn. 9.
49 Vgl. EuGH, EuZW 2009, 489, 491, Tz. 60.
50 Vgl. *Kropholler/von Hein* Art. 15 EuGVVO Rdn. 20 mit Fn. 80.
51 *Kropholler/von Hein* Art. 15 EuGVVO Rdn. 21; hierfür bereits BGH NJW 2003, 426, 428 (zum EuGVVÜ).
52 Vgl. Rauscher/*Staudinger* Art. 17 Brüssel Ia-VO Rdn. 9.
53 Zum Problem der Durchsetzung des § 661a BGB gegen das Vertragsstatut gemäß Art. 9 Rom I-VO vgl. BGH, BGHZ 165, 172.

Die Annexkompetenz besteht auch für **deliktische Ansprüche** im Zusammenhang 13
mit einem **Vermögensverwaltungsvertrag**, welche ihren Grund in einer erlaubniswidrigen Tätigkeit des Unternehmers haben.[54] Für eine auf deliktische Ansprüche gestützte Klage gegen die Initiatoren und Prospektverantwortlichen eines Kapitalanlagefonds hingegen wird das Verbraucherschutzregime auch nicht im Weg der Annexkompetenz eröffnet.[55]

c) Konnexe Verträge außerhalb des Anwendungsbereichs der Art. 17 ff. Nach Auf- 14
fassung des EuGH[56] kann ein Vertrag, der nicht in den Anwendungsbereich des Verbraucherschutzregime fällt, jedoch eine **enge Verbindung** mit einem Vertrag aufweist, der vom Anwendungsbereich der Art. 17 ff. erfasst wird, ausnahmsweise auch vom Verbraucherschutzregime erfasst werden. Eine solche enge Verbindung erfordert die rechtliche oder tatsächliche Identität der Parteien der beiden Verträge, die Identität des wirtschaftlichen Erfolgs, der mit den Verträgen angestrebt wird, die denselben konkreten Gegenstand betreffen, und den ergänzenden Charakter des zweiten Vertrags im Verhältnis zu dem ersten Vertrag, da er der Verwirklichung des mit dem ersten Vertrag angestrebten wirtschaftlichen Erfolgs dienen soll.[57] Der EuGH hat diese Ausnahme anhand eines Sachverhalts entwickelt, in welchem nur das zunächst begründete Vertragsverhältnis (ein Maklervertrag) sämtliche Voraussetzungen des Art. 17 erfüllte. Das folgende Vertragsverhältnis (ein Geschäftsbesorgungsvertrag) diente der Absicherung des wirtschaftlichen Erfolges des Maklervertrags, wurde aber unter anderen tatsächlichen Umständen geschlossen, sodass der situative Anwendungsbereich des Art. 17 nicht eröffnet war. Jedoch genügte die enge inhaltliche und wirtschaftliche Verbindung des zweiten mit dem ersten Vertrag, dass dieser im Hinblick auf die Eröffnung des Verbraucherschutzregimes jenen gleichsam „infizierte"[58]. Entscheidend ist der Gedanke, dass der zweite Vertrag zwischen den denselben Vertragsparteien der Erreichung des wirtschaftlichen Ziels des ersten Vertrags diente.[59]

d) Keine Streitwertgrenze. Eine Streitwertgrenze kennen Art. 17 ff. nicht. In den An- 15
wendungsbereich des Verbraucherschutzregimes können auch Prozesse fallen, die für ein mittelständisches Unternehmen als Vertragspartner des Verbrauchers von erheblicher wirtschaftlicher Bedeutung sind.[60] Zwar werden Streitigkeiten zwischen Verbrauchern und Unternehmern häufig nur einen geringen Streitwert aufweisen (vgl. Einleitung zu Art. 17 ff. Rdn. 2). Da ein tatsächliches wirtschaftliches und rechtliches Ungleichgewicht zwischen den Parteien des Schuldverhältnisses jedoch keine Voraussetzung für die Anwendbarkeit der Art. 17 ff. ist, führt auch ein hoher Streitwert, welcher das Fehlen eines solchen Ungleichgewichts im konkreten Fall indizieren könnte, nicht zur Einschränkung des Verbraucherschutzregimes.[61]

---

54 BGH NJW 2011, 532, 533 (zu Art. 13 LuGÜ); zweifelnd *Kropholler/von Hein* Art. 15 EuGVVO Rdn. 20 m. Fn. 64).
55 OLG Frankfurt, Beschl. v. 5.3.2013 – 11 SV 115/13, Tz. 19.
56 EuGH, NJW 2016, 697 m. Anm. *Mankowski* = EuZW 2016, 266 m. Anm. *R. Wagner* = IPRax 2016, 583 m. Aufs. *Heinze/Steinrötter*, IPRax 2016, 545 = RIW 2016, 220 m. Anm. *Kodek*; zudem Anm. *Peschke* jurisPR-IWR 2/2016 Anm. 3.
57 EuGH, NJW 2016, 697, Leitsatz.
58 *Mankowski* NJW 2016, 699.
59 EuGH, NJW 2016, 697, 699, Tz. 34 f. und 39. Auf die fehlende Schutzwürdigkeit des Unternehmers stellt *Kodek* RIW 2016, 223, 224, ab.
60 *Kropholler/von Hein* Art. 15 EuGVVO Rdn. 4 mit Beispielen in Fn. 14; *von Hein* EuZW 2011, 369, 370.
61 Näher *von Hein* EuZW 2011, 369 f. (zum Kapitalanleger).

16 **e) Mehrparteienprozesse.** Bei **mehrseitigen vertraglichen Schuldverhältnissen**, an welchen mehrere Verbraucher und/oder Unternehmer beteiligt sind, werden grundsätzlich nur diejenigen Verfahren von Art. 17 ff. erfasst, in denen die eine Prozesspartei Verbraucher und die andere Partei Unternehmer ist. Bei **subjektiver Klagehäufung** gibt das konkrete Prozessrechtsverhältnis den Ausschlag. Ein Unternehmer kann sich deshalb im Verhältnis zu einem Verbraucher den Restriktionen der Art. 17 ff. nicht dadurch entziehen, dass er neben dem Verbraucher einen weiteren am vertraglichen Schuldverhältnis beteiligten Unternehmer verklagt.

17 **2. Verbraucherbegriff.** Der Verbraucherbegriff wird in Abs. 1 dahingehend definiert, dass es sich um eine Person handelt, welche den Vertrag zu einem **Zweck** geschlossen hat, der **nicht ihrer beruflichen oder gewerblichen Tätigkeit zugerechnet** werden kann. Die Definition ist **europäisch-autonom** auszulegen;[62] insbesondere darf ein deutsches Gericht nicht unbesehen auf Rechtsprechung und Literatur zu § 13 BGB zurückgreifen.[63] Erforderlich ist zudem eine enge Auslegung, da es sich beim Verbraucherschutzregime der Art. 17 ff. um eine Ausnahme vom allgemeinen Gerichtsstand des Beklagtenwohnsitzes handelt (vgl. Einleitung Art. 17 ff. Rdn. 7).[64] Dies gilt insbesondere vor dem Hintergrund, dass die Brüssel Ia-VO einen Klägergerichtsstand außerhalb der besonderen Schutzregime für Versicherungs- und Verbrauchersachen sowie für Individualarbeitsverträge nicht kennt.[65] Erfasst wird vom Verbraucherbegriff daher grundsätzlich nur der **nicht berufs- oder gewerbebezogen handelnden private Endverbraucher**.[66] Die Norm beschreibt den Verbraucher als Nicht-Unternehmer.[67] Es muss sich beim von ihm geschlossenen Vertrag um ein vertragliches Schuldverhältnis handeln, das er als eine Einzelperson zur Deckung seines Eigenbedarfs beim privaten Verbrauch begründet.[68] Die Voraussetzung, dass der Verbraucher eine **natürliche Person** sein muss,[69] ist notwendige, aber nicht hinreichende Bedingung.[70] Die **Parteirollen** sind **unerheblich**. Der Verbraucher wird als Kläger nach Art. 18 Abs. 1 wie auch als Beklagter nach Art. 18 Abs. 2 privilegiert.

18 **a) Verbrauchereigenschaft von Personenzusammenschlüssen.** Ist im Grundsatz nur eine persönliche Person Verbraucher, scheint im Umkehrschluss zu folgen, dass Personenzusammenschlüsse unabhängig von ihrer konkreten rechtlichen Ausgestaltung oder ihrer Zwecksetzung keine Verbraucher sein können. Hierfür spricht bei rechtsaktübergreifender Auslegung auch, dass Art. 6 Abs. 1 Rom I-VO, Art. 2 lit. b) der Klausel-

---

62 Allg. Ans., EuGH, WM 1997, 1549, Tz. 12 (zu Art. 13 EuGVVÜ); BGH NJW 2012, 1817, 1819, Tz. 28; Rauscher/*Staudinger* Art. 17 Brüssel Ia-VO Rdn. 1; *Geimer/Schütze* Art. 15 EuGVVO Rdn. 17.
63 BGH NJW 2012, 1817, 1820, Tz. 35; OLG Stuttgart, IPRspr 2009 Nr. 180, 468, 469; Thomas/Putzo/*Hüßtege* Art. 17 EuGVVO Rdn. 1a; vgl. auch OLG München, Zwischenurt. v. 16.3.2016 – 15 U 2341/15 Rae, Tz. 51; *Schlosser/Hess* Art. 17 EuGVVO Rdn. 3.
64 EuGH, WM 1997, 1549, Tz. 16 (zu Art. 13 EuGVVÜ); RIW 2013, 292, 294, Tz. 32 f.; BGH NJW 2012, 1817, 1819, Tz. 28; *Kropholler/von Hein* Art. 15 EuGVVO Rdn. 6; Rauscher/*Staudinger* Art. 17 Brüssel Ia-VO Rdn. 1; Stein/Jonas/*G. Wagner* Art. 15 EuGVVO Rdn. 13; *Geimer/Schütze* Art. 15 EuGVVO Rdn. 17.
65 Vgl. EuGH, EuZW 2005, 241, 242, Tz. 33.
66 EuGH, EuZW 2014, 147, 148, Tz. 28 (std. Rspr.); Stein/Jonas/*G. Wagner* Art. 15 EuGVVO Rdn. 13; Thomas/Putzo/*Hüßtege* Art. 17 EuGVVO Rdn. 2; *Kropholler/von Hein* Art. 15 EuGVVO Rdn. 7.7; zum EuGVÜ bereits *De Lousanoff* GS Arens, 251, 252.
67 Vgl. *Sachse* 89.
68 EuGH, WM 1997, 1549, Tz. 17 (zu Art. 13 EuGVVÜ); OLG München, Zwischenurt. v. 16.3.2016 – 15 U 2341/15 Rae, Tz. 49 (zu Art. 15 LuGÜ).
69 *Schlosser/Hess* Art. 17 EuGVVO Rdn. 3; *Lüttringhaus* RabelsZ 77 (2013), 31, 56; *Mankowski* IPRax 2015, 115, 116; siehe auch Relationsgericht Guimarães, 21.11.2013 – 258/09.0TBFAF-B.G1.
70 EuGH, RIW 2013, 292, 294, Tz. 38.

Richtlinie[71] und Art. 2 Nr. 1 der Verbraucherrechte-Richtlinie[72] den Verbraucher ausdrücklich als eine natürliche Person definieren,[73] wobei zu konstatieren ist, dass der Verordnungsgeber diese Voraussetzung in der Brüssel Ia-VO nicht übernommen hat. Der Ausschluss juristischer Personen und kapitalistisch oder personalistisch organisierter Handelsgesellschaften aus dem Verbraucherbegriff der Brüssel Ia-VO erweist sich als unproblematisch.[74] Fraglich ist er indes für **Personengesellschaften**, die **ideelle Zwecke** verfolgen, oder Personenzusammenschlüsse, auf welche gesellschaftsrechtliche Grundsätze angewandt werden. Beschränkte man sich auf die Einzelperson als Verbraucher, gelangte auch eine als Außen-GbR verfasste Wohngemeinschaft[75] oder eine Ehegattengesellschaft[76] trotz zur natürlichen Person gleichgelagerten Schutzwürdigkeit nicht in den Genuss des Schutzes der Art. 17 ff. Deshalb wird vorgeschlagen, für die Einordnung als Verbraucher entscheidend auf die fehlende Zurechnung zur beruflichen und gewerblichen Tätigkeit abzustellen, da eine solche Tätigkeit nicht nur Einzelpersonen, sondern auch Personenzusammenschlüssen möglich sei.[77]

Ob der **Verbraucher** zur Erfüllung seiner vertraglichen Verpflichtungen **einen Unternehmer einschaltet**, ist für seine Rolle als Verbraucher i.S.d. Abs. 1 ohne Bedeutung. So berührt beispielsweise die Zahlung des Kaufpreises per Banküberweisung nicht die Verbrauchereigenschaft. Ebenso ist nicht erforderlich, dass der Unternehmer die vertragscharakteristische Leistung erbringt.[78] Denn das aus seiner Vertragsrolle abgeleitete Schutzbedürfnis des Verbrauchers hängt nicht davon ab, welche Leistung er nach dem Vertrag zu erbringen hat. 19

b) Privater Zweck. Der Vertrag muss durch eine Partei zu einem Zweck geschlossen worden sein, der nicht ihrer beruflichen oder gewerblichen Tätigkeit zuzurechnen ist. Obgleich die Formulierung des Abs. 1 auf den ersten Blick indiziert, der „Verbraucher" müsse zu dem genannten Zweck kontrahiert haben und mithin der Zweck neben die Verbrauchereigenschaft träte, ergibt sich doch, dass der Vertragsschluss zu einem solchen Zweck für die Verbrauchereigenschaft konstitutiv ist. Als sprachlich präziser erweist sich insoweit Art. 6 Abs. 1 Rom I-VO, der den Begriff des Verbrauchers in diesem Sinn legaldefiniert. Ausschlaggebend ist die Stellung der betreffenden Person **im konkreten Vertragsverhältnis nach dessen Natur und Zielsetzung**.[79] Ein vom konkreten Vertrag unabhängigen Status als „Verbraucher" – vergleichbar etwa einem Status als Volljähriger oder Geschäftsfähiger – existiert nicht. Vielmehr kann dieselbe Person in einem Vertragsverhältnis Ver- 20

---

[71] Richtlinie 93/13/EWG des Rates vom 5. April 1993 über mißbräuchliche Klauseln in Verbraucherverträgen, ABl. EWG 1993 L 95, S. 29.
[72] Richtlinie 2011/83/EU des Europäischen Parlaments und des Rates vom 25.10.2011 über die Rechte der Verbraucher, ABl. EU 2011 L 304, S. 64.
[73] Vgl. auch EuGH, NJW 2002, 205, Tz. 15 zur Klauselrichtlinie; *Kropholler/von Hein* Art. 15 EuGVVO Rdn. 4 und 6; zur Abstimmung der Begriffe in Art. 17 Abs. 1 und Art. 6 Abs. 1 Rom I-VO *Schlosser/Hess* Art. 17 EuGVVO Rdn. 3.
[74] *Rauscher/Staudinger* Art. 17 Brüssel Ia-VO Rdn. 2; *Stein/Jonas/G. Wagner* Art. 15 EuGVVO Rdn. 14; *Geimer/Schütze* Art. 15 EuGVVO Rdn. 18; *Staudinger/Steinrötter* JuS 2015, 1, 6.
[75] Vgl. *Stein/Jonas/G. Wagner* Art. 15 EuGVVO Rdn. 14; *Jacobs* NZM 2008, 111 m.w.N.
[76] *Rauscher/Staudinger* Art. 17 Brüssel Ia-VO Rdn. 2.
[77] *Stein/Jonas/G. Wagner* Art. 15 EuGVVO Rdn. 14; *Geimer/Schütze* Art. 15 EuGVVO Rdn. 18; ähnlich *Schlosser/Hess* Art. 17 EuGVVO Rdn. 3; im Ergebnis **a.A.** *Kropholler/von Hein* Art. 15 EuGVVO Rdn. 6; *Rauscher/Staudinger* Art. 17 Brüssel Ia-VO Rdn. 2.
[78] *Rauscher/Staudinger* Vorb. zu Art. 17 ff. Brüssel Ia-VO Rdn. 2.
[79] *Kropholler/von Hein* Art. 15 EuGVVO Rdn. 8 m.w.N.; *Rauscher/Staudinger* Art. 17 Brüssel Ia-VO Rdn. 1; *Stein/Jonas/G. Wagner* Art. 15 EuGVVO Rdn. 17; *Würdinger* FS Gotwald 693, 695.

braucher sein, in einem anderen hingegen nicht.[80] Deshalb wird etwa eine Person, die als Gewerbetreibende ihren Lebensunterhalt bestreitet, durch Art. 17 ff. geschützt, wenn sie zu privaten Zwecken einen Vertrag mit einem Unternehmer schließt.[81] Dies gilt auch, wenn spezifische Kenntnisse aus der beruflich-gewerblichen Tätigkeit für den Vertragsschluss zu privaten Zwecken von Bedeutung sind. Der Versicherungsmakler ist beim Abschluss eines eigenen, privaten Versicherungsvertrags ebenso Verbraucher wie der Direktor einer Briefmarkengesellschaft bei der Versteigerung von Briefmarken aus seiner Privatsammlung.[82] Werden (Beratungs)dienstleistungen in Anspruch genommen, kommt es darauf an, ob diese für im Hinblick auf eine private oder berufliche bzw. gewerbliche Tätigkeit des Empfängers der Dienstleistungen in Anspruch genommen werden.[83]

21 Unter einer beruflichen oder gewerblichen Tätigkeit (Englisch: trade or profession; Französisch: activité professionnelle) ist nur eine **selbständige berufliche Tätigkeit** zu verstehen.[84] Ausgeschlossen sind auch geschäftliche oder handwerkliche Tätigkeiten, was sich im Wege der rechtsaktübergreifenden Auslegung Art. 2 Nr. 1 der Verbraucherrechte-Richtlinie entnehmen lässt. Daher handelt es sich bei Angehörigen freier Berufe (Ärzte, Rechtsanwälte, Architekten) nicht um Verbraucher, wenn sie einen berufsbezogenen Vertrag abschließen; anders liegt es hingegen für Arbeitnehmer oder Beamte, etwa beim Erwerb von Dienst- oder Arbeitskleidung.[85] Kein beruflicher oder gewerblicher Zweck liegt bei Geschäften zur Deckung des täglichen Lebensbedarfs[86] vor.

22 Die Verbrauchereigenschaft ist aufgrund einer **Gesamtbewertung**[87] des Einzelfalls festzustellen. Relevante Faktoren sind beispielsweise der Anlass zum, der Ort und die Art und Weise des Vertragsschluss, der Gegenstand der vertraglichen geschuldeten Leistung oder die beabsichtigte Verwendung des Vertragsgegenstands.[88] Auch der Umstand, dass die in Frage stehende Vertragsart üblicherweise im Unternehmer-Verbraucher-Verhältnis begründet wird, kann die Verbrauchereigenschaft indizieren.[89] Der **Wert des Vertragsgegenstands** ist prinzipiell **unerheblich**[90], kann aber dann ein Indiz für einen beruflichen oder gewerblichen Zweck bieten, wenn ein Erwerb mit Mitteln des Privatvermögens des Erwerbers nicht möglich ist und er auf Betriebsvermögen zurückgreifen muss. Die Verfolgung ideeller Ziele indiziert ein Verbrauchergeschäft, obgleich materielle Ziele – insbesondere eine Gewinnerzielungsabsicht – der Annahme eines solchen nicht grundsätzlich entgegenstehen. Im Einzelfall kann auch die enge Verflechtung des in Frage stehenden Vertrags zu einem Unternehmen der Verbrauchereigenschaft

---

80 Allg. Ansicht, siehe nur Stein/Jonas/*G. Wagner* Art. 15 EuGVVO Rdn. 17 m.w.N.
81 Vgl. den Sachverhalt in EuGH, EuZW 1999, 727 (Vorlagebeschluss: BGH NJW 1997, 2685): Deutscher Bauunternehmer bestellt bei niederländischer Werft zu privaten Zwecken eine Motoryacht; LG Saarbrücken, Urt. v. 23.12.2013 – 12 O 74/13, Tz. 22: Innenarchitektin erwirbt Grundstück zu Wohnzwecken.
82 Vgl. *Kropholler/von Hein* Art. 15 EuGVVO Rdn. 8; *Geimer/Schütze* Art. 15 EuGVVO Rdn. 18. Zur Verbrauchereigenschaft eines privaten Kunstsammlers siehe OLG Düsseldorf, BeckRS 2018, 14040, Tz. 20.
83 Vgl. BGH, BeckRS 2017, 119259, Tz. 33; MDR 2018, 95, 96, Tz. 14 (Anwaltsvertrag zur Beratung im Hinblick auf eine privat getätigte Kapitalanlage ist Verbrauchervertrag).
84 *Schlosser/Hess* Art. 17 EuGVVO Rdn. 3.
85 Vgl. *Geimer/Schütze* Art. 15 EuGVVO Rdn. 21; Stein/Jonas/*G. Wagner* Art. 15 EuGVVO Rdn. 17; *Schlosser/Hess* Art. 17 EuGVVO Rdn. 3.
86 Stein/Jonas/*G. Wagner* Art. 15 EuGVVO Rdn. 18.
87 EuGH, NJW 2005, 653, 655, Tz. 44; *Geimer/Schütze* Art. 15 EuGVVO Rdn. 19.
88 Vgl. OLG München, Zwischenurt. v. 16.3.2016 – 15 U 2341/15 Rae, Tz. 64 (zu Art. 15 LuGÜ): Vermögensanlage auf Grundlage einer Analyse der privaten Lebens-, Einkommens- und Vermögenssituation unter Abschluss von Versicherungen bezogen auf die Person des Vertragspartners als Verbrauchergeschäft.
89 OLG München, Zwischenurt. v. 16.3.2016 – 15 U 2341/15 Rae, Tz. 64 (zu Art. 15 LuGÜ).
90 Stein/Jonas/*G. Wagner* Art. 15 EuGVVO Rdn. 18; *Hess* IPRax 2000, 370 f.

schaden.[91] Zu Verträgen im Grenzbereich von privater und beruflicher Sphäre siehe Rdn. 32 ff.

23 Deshalb sind privat handelnde **(Klein)anleger** für jegliche Art von **Kapitalanlagegeschäften** als Verbraucher anzusehen.[92] Das eingegangene Risiko und die Höhe des zu erwartenden Gewinns sowie die rechtliche Ausgestaltung der Kapitalanlage[93] bleiben außer Betracht.[94] Teilweise wird vertreten, eine berufliche Tätigkeit sei anzunehmen, wenn Kapitalanlagegeschäfte zur Erzielung von Einkommen getätigt würden[95], der Anleger nicht als Privatanleger auftrete[96] oder wenn die Geldanlage einen Umfang annähme, der einer beruflichen Betätigung entspräche.[97] Aufgrund dieser Vorgaben im konkreten Fall eine Grenzlinie zu bestimmen, scheint nur schwierig möglich; insbesondere der Moment, in welchem eine private Gewinnerzielungsabsicht in eine berufliche Einkommenserzielungsabsicht umschlägt, dürfte kaum ermittelbar sein. Als Anhaltspunkt für eine berufliche Tätigkeit könnte jedoch danach abgegrenzt werden, ob der Kapitalanleger noch einer anderen gewerblichen oder beruflichen Tätigkeit nachgeht oder ob er seinen Lebensunterhalt hauptsächlich aus Kapitalanlagegewinnen bestreitet. Ein Vermögensverwaltungsvertrag einer Privatperson mit einem beruflich tätigen Vermögensverwalter berührt die Verbrauchereigenschaft auch dann nicht, wenn mit dem eingesetzten Vermögen erheblicher Gewinn erzielt werden soll.[98]

24 Entscheidender **Zeitpunkt** für die Zuordnung des Vertragszwecks zur beruflichen oder gewerblichen Tätigkeit ist der Moment des **Vertragsschlusses**. Abzugrenzen ist der bei Vertragsschluss vorgesehene, jedoch noch nicht umgesetzte Zweck von einer späteren Zweckänderung. Ein beruflicher oder gewerblicher Zweck verliert seinen Charakter nicht dadurch, dass eine auf diesen Zweck gerichtete Tätigkeit erst nach Vertragsschluss entfaltet wird. Deshalb sind Art. 17 ff. auf Verträge, welche ein **Existenzgründer** schließt, nicht anwendbar.[99] Der Existenzgründer wird – anders als beispielsweise nach § 513 BGB[100] – bereits bei dem ersten Geschäft, welches er zum Aufbau seiner beruflichen Existenz tätigt, als Unternehmer behandelt.[101] Ändert sich hingegen der Zweck, zu welchem der Vertragsgegenstand erworben wurde, nach Vertragsschluss, hat dies keinen Einfluss auf die Verbrauchereigenschaft. Falls sich der Käufer nach Vertragsschluss entscheidet, den für die Ausstattung seine Privatwohnung bestellten Tisch nunmehr gewerblich in seinen Büroräumen zu verwenden, genießt er den Schutz der Art. 17 ff. Bei Dienstleistungsverträgen als Dauerschuldverhältnissen soll sich hingegen nach Auffas-

---

91 EuGH, RIW 2013, 292, 294, Tz. 37 (Bürgschaft für eine Gesellschaft, deren Geschäftsführer oder Mehrheitsbeteiligter der Bürge ist).
92 OLG Frankfurt am Main, IPRax 2011, 258, 260, Tz. 14 m. Aufs. *Seibl* 234 (ca. 630.000 € Anlagesumme); Rauscher/*Staudinger* Art. 17 Brüssel Ia-VO Rdn. 2; Stein/Jonas/*G. Wagner* Art. 15 EuGVVO Rdn. 18 m.w.N.
93 Vgl. OLG Hamm, BeckRS 2017, 107379, Tz. 23 zur Beteiligung an einer Publikumsgesellschaft.
94 OLG Frankfurt am Main, EuZW 2009, 309, 310; *von Hein* EuZW 2011, 369, 370; einschränkend für Investitionen in komplexe Finanzinstrumente in Höhe von mehreren Millionen *Staudinger* IPrax 2008, 107, 108 Fn. 8.
95 Stein/Jonas/*G. Wagner* Art. 15 EuGVVO Rdn. 18.
96 Geimer/*Schütze* Art. 15 EuGVVO Rdn. 24 zum Warentermingeschäft.
97 OLG Nürnberg, IPRax 2005, 248 (kein Surrogat für einen Beruf).
98 BGH, BeckRS 2017, 119259, Tz. 33; OLG Frankfurt am Main, EuZW 2009, 309, 310.
99 EuGH, C-269/95, Tz. 18 (Franchisevertrag zur Eröffnung eines Geschäfts für Zahnhygieneprodukte); Kropholler/*von Hein* Art. 15 EuGVVO Rdn. 9; Rauscher/*Staudinger* Art. 17 Brüssel Ia-VO Rdn. 2; Thomas/Putzo/*Hüßtege* Art. 17 EuGVVO Rdn. 3; *Sachse* 94; Staudinger/*Steinrötter* JuS 2015, 1, 6.
100 Staudinger/*Steinrötter* JuS 2015, 1, 6.
101 Stein/Jonas/*G. Wagner* Art. 15 EuGVVO Rdn. 21; Geimer/*Schütze* Art. 15 EuGVVO Rdn. 18 (Erwerb einer Immobilie zur Erzielung von Einkünften).

sung des EuGH[102] eine wesentliche Änderung des Charakters der Nutzung auf den Gerichtsstand auswirken.[103]

25 **c) Rechtsnachfolge.** Im Fall einer Rechtsnachfolge nach Begründung des vertraglichen Schuldverhältnisses und vor Klageerhebung kommt es für die Anwendbarkeit der Art. 17 ff. darauf an, ob **auch der Rechtsnachfolger Verbraucher** ist.[104] Denn prozessual geschützt wird der Verbraucher grundsätzlich nur, wenn er persönlich klagt oder verklagt wird.[105] Dies entspricht dem Grundsatz der engen Auslegung des Schutzregime der Art. 17 ff. (vgl. Einleitung Art. 17 ff. Rdn. 7). Den abgeleiteten Anspruchserwerb vollständig aus dem Anwendungsbereich der Art. 17 ff. herauszunehmen, würde allerdings dem Schutzanliegen nicht hinreichend gerecht. Zudem findet eine Beschränkung auf originär erworben vertragliche Ansprüche im Normtext keine Stütze. Abs. 1 setzt voraus, dass „eine Person" den Vertrag zu einem nicht beruflichen oder gewerblichen Zweck geschlossen hat. Dass der Vertragsschließende selbst Kläger oder Beklagter sein muss, ergibt sich nicht. Unerheblich ist, ob der Anspruchsübergang auf Rechtsgeschäft oder Gesetz beruht.

26 Da der **Rechtsnachfolger** eines Verbrauchers selbst mangels Beteiligung am Vertragsschluss das vertragliche Schuldverhältnis nicht zu einem Zweck begründet haben kann, der nicht seiner beruflichen oder gewerblichen Tätigkeit zuzurechnen ist, muss darauf abgestellt werden, ob der Rechtsnachfolger als **natürliche Person Verbraucher** sein kann und ob er die **Anspruchsdurchsetzung nicht** im Rahmen einer **beruflichen oder gewerblichen Tätigkeit** betreibt.[106] Folglich bleibt juristischen Personen und Gesellschaften (näher Rdn. 29) als Rechtsnachfolger eines Verbrauchers der Schutz der Art. 17 ff. verwehrt,[107] wenn sie die Anspruchsdurchsetzung gewerblich betreiben, wohingegen etwa eine natürliche Person als Erbe des Verbrauchers die Privilegierungen der Art. 17 ff. genießt.[108] Auch die Konzentrationen einer Vielzahl gleichgelagerter Ansprüche durch Abtretung an einen Verbraucher soll nach Auffassung des EuGH[109] die Verbrauchereigenschaft des Zessionars nicht berühren, wenn er die Ansprüche aus altruistischen Gründen geltend macht. Auch die Abtretung an einen Familienangehörigen – etwa an den Ehegatten – zum prozessualen Zweck, den Zedenten als Zeugen benennen zu können, berührt die Anwendbarkeit der Art. 17 ff. nicht, wenn die Forderung ursprünglich durch ihn als Verbraucher erworben wurde.[110] Von der Frage der Rechtsnachfolge in die Privilegierungen der Art. 17 ff. zu trennen ist das Problem, ob für den Rechtsnachfolger hinsichtlich der Umstände, welche das zuständige Gericht beschreiben, auf seine eigene Person oder auf die des Rechtsvorgängers abzustellen ist. Insbesondere fragt sich, ob der Rechtsnachfolger eines Verbrauchers nach Art. 18 Abs. 1, 2. Alt. an seinem eige-

---

102 EuGH, EuZW 2018, 197, 199, Tz. 38 zur möglichen Änderung der Nutzung eines Kontos in einem sozialen Netzwerk; siehe auch *D. Paulus*, NJW 2018, 987, 990; *Pfeiffer*, LMK 2018, 405956.
103 Eingehend zur Verbrauchereigenschaft bei Dauerschuldverhältnissen *Rechberger*, ZfRV 2017, 222, 226 ff.
104 Stein/Jonas/*G. Wagner* Art. 15 EuGVVO Rdn. 15; *Geimer/Schütze* Art. 15 EuGVVO Rdn. 19 und Art. 16 EuGVVO Rdn. 4; **a.A.** *Kropholler/von Hein* Art. 15 EuGVVO Rdn. 12; *Thomas/Putzo/Hüßtege* Art. 17 EuGVVO Rdn. 2.
105 EuGH, NJW 1992, 1251, 1252, Tz. 23 (zu Art. 13 Abs. 1 EuGVÜ); NJW 2002, 2697, 2698, Tz. 39; LG Nürnberg-Fürth, ZIP 2010, 1368; *Carrizo Aguado* CDT (März 2016), vol. 8, Nr. 1, 301, 316.
106 Vgl. *Kropholler/von Hein* Art. 15 EuGVVO Rdn. 11; Rauscher/*Staudinger* Art. 17 Brüssel Ia-VO Rdn. 2 (jedoch die Klage durch einen Verbraucherverband im Anwendungsbereich der Art. 17 ff. zulassend); *Geimer/Schütze* Art. 15 EuGVVO Rdn. 19; *Schlosser/Hess* Art. 17 EuGVVO Rdn. 3.
107 Stein/Jonas/*G. Wagner* Art. 15 EuGVVO Rdn. 15.
108 Rauscher/*Staudinger* Art. 17 Brüssel Ia-VO Rdn. 2; Stein/Jonas/*G. Wagner* Art. 15 EuGVVO Rdn. 15; *Geimer/Schütze* Art. 15 EuGVVO Rdn. 19 und Art. 16 EuGVVO Rdn. 4.
109 EuGH, EuZW 2018, 197, 199, Tz. 39–40.
110 **A.A.** *Kropholler/von Hein* Art. 15 EuGVVO Rdn. 11.

nen Wohnsitz klagen kann oder ob er auf den Wohnsitz des Rechtsvorgängers verwiesen ist. Der EuGH[111] stellt jedenfalls bei der Anspruchskonzentration durch Abtretung auf den **Wohnsitz des Rechtsvorgängers** ab, weil eine Forderungsabtretung keinen Einfluss auf die Bestimmung des zuständigen Gerichts haben könne. Sie könne keinen „neuen speziellen Gerichtsstand für den Zessionar als Verbraucher"[112] begründen. Diese Argumentation ist insofern wenig stichhaltig, als das prozessuale Ungleichgewicht zwischen Unternehmer und Verbraucher, welches Art. 17 ff. zuständigkeitsrechtlich austarieren möchte, unabhängig davon besteht, ob ein Anspruch originär oder derivativ erworben wurde.[113] Eine Rechtsnachfolge nach Klageerhebung lässt gemäß dem Grundsatz der perpetuatio fori die nach Art. 17 ff. begründet Zuständigkeit unberührt.[114]

Im Fall einer **mehrgliedrigen Rechtsnachfolge** ist auf die Position des Klägers abzustellen. Die nur temporäre Anspruchsinhaberschaft einer Person, welche nicht nach Art. 17 ff. privilegiert wäre, schadet nicht. Deshalb kann der Verbraucher, dessen Ansprüche durch Rechtsgeschäft oder Gesetz auf einen Unternehmer übergegangen sind, nach Rückabtretung durch diesen den Schutz der Art. 17 ff. beanspruchen. 27

Eine **Rechtsnachfolge nach Klageerhebung** berührt nach dem Grundsatz der perpetuatio fori die internationale Zuständigkeit und damit die Anwendbarkeit der Art. 17 ff. nicht. 28

d) Insbesondere: Verbraucherschutzvereine. Privatrechtlich organisierte Verbraucherschutzvereine, die zugunsten von Verbrauchern eine Verbandsklage erheben, sind keine Verbraucher und genießen **nicht die Privilegierung** der Art. 17 ff.[115] Gleiches gilt für die privatrechtliche Klage einer öffentlichen Einrichtung, die zur Durchsetzung kollektiver Verbraucherinteressen gegen einen Unternehmer gerichtlich vorgeht. Eröffnet ist für solche Klagen regelmäßig der Deliktsgerichtsstand des Art. 7 Nr. 2. Nicht einheitlich beurteilt wird, ob ein Verbraucherverband, der von einzelnen Verbrauchern erworbene Ansprüche geltend macht oder der einzelne Verbraucher in gewillkürter oder gesetzlicher Prozessstandschaft vertritt, unter dem Regime der Art. 17 ff. klagen kann. Dies ist m.E. abzulehnen, da bei typisierender Betrachtung ein Verbraucherschutzverein nicht als wirtschaftlich schwächer und rechtlich weniger erfahren als ein Unternehmer angesehen werden kann.[116] Es ist gerade Sinn und Zweck eines solchen Vereins, Klagen im überindividuellen Interesse zu erheben, von denen der einzelne Verbraucher wegen wirtschaftlicher Schwäche – die sich insbesondere im Aufwand und im Kostenrisiko des Prozesses bei geringem Streitwert zeigt – oder wegen rechtlicher Unerfahrenheit absähe. 29

3. Unternehmerbegriff. Vertragspartner des Verbrauchers muss ein Unternehmer sein. Vertragliche Schuldverhältnisse zwischen Verbrauchern werden durch Art. 17 ff. nicht erfasst (vgl. Rdn. 34). Den Begriff des Unternehmers definiert die Brüssel Ia-VO nicht. Im Umkehrschluss aus und spiegelbildlich zur Verbraucherdefinition handelt es sich beim Unternehmer um eine Person, die den Vertrag zu einem Zweck geschlossen 30

---

111 EuGH, EuZW 2018, 197, 199, Tz. 48–49.
112 EuGH, EuZW 2018, 197, 199, Tz. 48; siehe auch *D. Paulus*, NJW 2018, 987, 990 f.
113 Näher Rauscher/*Staudinger* Art. 17 Brüssel Ia-VO Rdn. 2.
114 Rauscher/*Staudinger* Art. 17 Brüssel Ia-VO Rdn. 2 (zur Rechtsnachfolge von Todes wegen).
115 EuGH, NJW 2002, 3617, 3618, Tz. 33; *Kropholler/von Hein* Art. 15 EuGVVO Rdn. 12; Rauscher/*Staudinger* Art. 17 Brüssel Ia-VO Rdn. 2; Stein/Jonas/*G. Wagner* Art. 15 EuGVVO Rdn. 16; *Geimer/Schütze* Art. 15 EuGVVO Rdn. 20; *Schlosser/Hess* Art. 17 EuGVVO Rdn. 3; *Carrizo Aguado* CDT (März 2016), vol. 8, Nr. 1, 301, 309 Fn. 29.
116 Stein/Jonas/*G. Wagner* Art. 15 EuGVVO Rdn. 15; **a.A.** *Kropholler/von Hein* Art. 15 EuGVVO Rdn. 12; Rauscher/*Staudinger* Art. 17 Brüssel Ia-VO Rdn. 2; *Geimer/Schütze* Art. 15 EuGVVO Rdn. 20.

hat, der ihrer **beruflichen oder gewerblichen Tätigkeit**[117] zugerechnet werden kann. Ein Indiz für dieses Verständnis findet sich in Abs. 1 lit. c), der die Ausübung einer beruflichen oder gewerblichen Tätigkeit im Wohnsitzstaat des Verbrauchers verlangt. In Art. 6 Abs. 1 Rom I-VO wird ferner der Unternehmer als Vertragspartner des Verbrauchers im vorgenannten Sinn legaldefiniert; diese Definition kann im Weg der rechtsaktübergreifenden Auslegung auch für Art. 17 ff. fruchtbar gemacht werden.[118] Die Größe des Unternehmens, sein Umsatz oder seine Bedeutung am Markt sind unerheblich.[119]

31 **Bedient sich** der **Unternehmer** zur Anbahnung des Vertrags oder im Rahmen der Vertragserfüllung **privat handelnder Personen**, hat dies keinen Einfluss auf die Anwendbarkeit der Art. 17 ff. Die Unternehmereigenschaft fällt nicht weg, wenn beispielsweise der nicht angestellte Bruder des Unternehmers als Gefälligkeit den Vertragsgegenstand an den Verbraucher ausliefert. Die Einstellung der unternehmerischen Tätigkeit nach Vertragsschluss – etwa wegen Geschäftsaufgabe oder Insolvenz – berührt das Verbraucherschutzregime ebenso wenig wie eine Änderung des unternehmerischen Tätigkeitsfelds.

32 **4. Verträge mit doppelter Zwecksetzung.** Schwierig zu beurteilen sind Verträge mit doppelter Zwecksetzung, d.h. solche, welche sowohl zu privaten als auch gewerblich-beruflichen Zwecken geschlossen werden („gemischte Verträge"). Für sie wird der Streitgegenstand jedenfalls nicht in einen privaten, Art. 17 ff. unterfallenden und einen gewerblichen, Art. 4 ff. unterfallenden Teil aufgetrennt,[120] da eine Vervielfachung der Gerichtsstände für ein einziges Vertragsverhältnis nicht anzustreben ist.[121] Während eine ältere Meinungsgruppe auf den überwiegenden Zweck abstellt,[122] verlangt die heute herrschende Meinung im Anschluss an den EuGH[123], dass der **berufliche oder gewerbliche Zweck** im Zusammenhang des Geschäfts, über das der Vertrag abgeschlossen wurde, **insgesamt betrachtet nebensächlich** wird und nur eine **ganz untergeordnete Rolle** spielt, damit die Verbrauchereigenschaft nicht fortfällt.[124] Dies gebietet die enge Auslegung der Art. 17 ff.[125] Bereits ein **beruflich-gewerblicher Nebenzweck** hebt die Verbrauchereigenschaft auf und führt zur Unanwendbarkeit der Art. 17 ff. Eine zu 60% privat in Anspruch genommene Vertragsleistung begründet deshalb nicht die Verbrauchereigenschaft des Leistungsempfängers.[126] Ebenso liegt es für einen Kredit, der zur Anschubfinanzierung einer noch zu gründenden GmbH dienen und dessen Geschäftsführer der Kreditnehmer werden soll.[127] Gleiches gilt für einen Kredit, der jeweils hälftig zur Tilgung privater und beruflicher Schulden dient.[128]

---

117 Eine Abgrenzung zwischen beruflicher Tätigkeit und gewerblicher Tätigkeit erfolgt nicht und ist auch nicht erforderlich, siehe *Rechberger*, ZfRV 2017, 222, 229.
118 Vgl. Rauscher/*Staudinger* Vorb. Art. 17 ff. Brüssel Ia-VO Rdn. 2.
119 Vgl. *Wilke* ZIP 2015, 2306, 2307.
120 *Geimer/Schütze* Art. 15 EuGVVO Rdn. 19.
121 Rauscher/*Staudinger* Art. 17 Brüssel Ia-VO Rdn. 3.
122 Nachweise bei Rauscher/*Staudinger* Art. 17 Brüssel Ia-VO Rdn. 3; Stein/Jonas/*G. Wagner* Art. 15 EuGVVO Rdn. 19 mit Fn. 43.
123 EuGH, NJW 2005, 653, 654 f., Tz. 39; bestätigt in EuGH, EuZW 2018, 197, 198, Tz. 32.
124 BGH NJW 2012, 1817, 1819, Tz. 29 und 34; OLG Stuttgart, IPRspr 2009 Nr. 180, 468, 469; Stein/Jonas/ *G. Wagner* Art. 15 EuGVVO Rdn. 19; *Kropholler/von Hein* Art. 15 EuGVVO Rdn. 10; *Geimer/Schütze* Art. 15 EuGVVO Rdn. 5, 18a und 22 f.; *Carrizo Aguado* CDT (März 2016), vol. 8, Nr. 1, 301, 308; *Wilke* ZIP 2015, 2306, 2307; kritisch *Mankowski* EWiR 2015, 305, 306; zur abweichenden Auslegung des Richtlinienrechts *Koch* JZ 2014, 758, 759.
125 Vgl. *Kropholler/von Hein* Art. 15 EuGVVO Rdn. 10.
126 So der Sachverhalt in EuGH, NJW 2005, 653.
127 OLG Stuttgart, IPRspr 2009 Nr. 180, 468, 469.
128 *Kropholler/von Hein* Art. 15 EuGVVO Rdn. 10.

Für **Art. 6 Abs. 1 Rom I-VO** wird hingegen herrschend angenommen, bei Verträgen **33** mit doppelter Zwecksetzung lasse nur ein Überwiegen des beruflichen Zwecks die Verbrauchereigenschaft entfallen.[129] Ob die vorstehend geschilderte Auslegung des EuGH[130] spezifisch auf das Internationale Zuständigkeitsrecht zugeschnitten ist und deshalb einen abweichenden Weg im Internationalen Privatrecht nicht zu sperren vermag, wird nicht einheitlich beurteilt.[131] Hinzu tritt, dass Erwägungsgrund 17 S. 2 der Verbraucherrechte-Richtlinie bei Verträgen mit doppelter Zwecksetzung abweichend von der EuGH-Linie[132] zum Internationalen Zuständigkeitsrecht eine Person auch dann als Verbraucher ansieht, wenn der gewerbliche Zweck im Gesamtzusammenhang des Vertrags nicht überwiegt. Andererseits wurde im Rahmen der Neufassung der Brüssel I-VO eine entsprechende Anpassung der Verordnung – etwa durch die Aufnahme in einen Erwägungsgrund – nicht vorgenommen.

5. Reine Unternehmer- oder Verbrauchergeschäfte. Sind an einem Vertrag **nur** **34** **Unternehmer** oder **nur Verbraucher beteiligt**, gelangen Art. 17 ff. nicht zur Anwendung.[133] Standardbeispiel ist der Gebrauchtwagenkauf unter Privatleuten.[134] Abs. 1 lit. c) setzt – klarstellend zu Art. 13 Abs. 1 Nr. 3 EuGVVÜ[135] – ausdrücklich voraus, dass der Vertragspartner des Verbrauchers beruflich oder selbständig tätig sein muss. Dies gilt auch für Abs. 1 lit. a) und b). Denn bei einem Rechtsstreit zwischen Verbrauchern oder zwischen Unternehmern existiert bei typisierender Betrachtung kein schwächere, durch das internationale Zuständigkeitsrecht zu schützende Partei.[136] Es schiene bei reinen Privatgeschäften auch nicht wünschenswert, einer Partei das Heimatforum des Art. 18 Abs. 1 zu eröffnen, wenn und weil sie sich frühzeitig zur Klage entschließt.[137] Der Ausschluss von nur zwischen Verbrauchern oder nur zwischen Unternehmern geschlossenen Verträgen kommt in Art. 6 Abs. 1 Rom I-VO präziser zum Ausdruck als in Abs. 1.[138] Eine entsprechende Einschränkung findet sich auch in Art. 3 Abs. 1 S. 1 Verbraucherrechte-Richtlinie, der die Anwendbarkeit der Richtlinie auf Verträge, die zwischen einem Unternehmer und einem Verbraucher geschlossen werden, bezieht.[139]

6. Erkennbarkeit der Verbraucher- und Unternehmereigenschaft. Die **Verbrau-** **35** **chereigenschaft** muss im Zeitpunkt des Vertragsschlusses **anhand objektiver Indizien** zutage treten.[140] Erforderlich zu ihrer Feststellung ist eine tatrichterliche Würdigung im

---

129 Staudinger/*U. Magnus* Art. 6 Rom I-VO Rdn. 47 m.w.N.; NK-BGB/*Leible* Art. 6 Rom I-VO Rdn. 24.
130 EuGH, NJW 2005, 653.
131 Für eine Übertragung auf Art. 6 Rom I-VO Rauscher/*Staudinger* Art. 17 Brüssel Ia-VO Rdn. 3; Stein/Jonas/*G. Wagner* Art. 15 EuGVVO Rdn. 20; *Mankowski* IHR 2008, 133, 142; dagegen Staudinger/*U. Magnus* Art. 6 Rom I-VO Rdn. 47.
132 Vgl. *Koch* JZ 2014, 758, 759.
133 Zum Verbraucher-Verbraucher-Vertrag EuGH, EuZW 2014, 147, 149, Tz. 34; *Schlosser/Hess* Art. 17 EuGVVO Rdn. 3.
134 Kropholler/*von Hein* Art. 15 EuGVVO Rdn. 7; vgl. auch *Staudinger/Steinrötter* JuS 2015, 1, 6.
135 *Krohpoller/von Hein* Art. 15 EuGVVO Rdn. 22; Stein/Jonas/*G. Wagner* Art. 15 EuGVVO Rdn. 40.
136 Vgl. EuGH, EuZW 2014, 147, 149, Tz. 34; Kropholler/*von Hein* Art. 15 EuGVVO Rdn. 7 und 22; Stein/Jonas/*G. Wagner* Art. 15 EuGVVO Rdn. 25; *Geimer/Schütze* Art. 15 EuGVVO Rdn. 16a (offen allerdings Rdn. 24).
137 Vgl. Stein/Jonas/*G. Wagner* Art. 15 EuGVVO Rdn. 25.
138 Vgl. NK-BGB/*Leible* Art. 6 Rom I-VO Rdn. 31; *Nordmeier* in: Gebauer/Wiedmann, Kap. 37 Rdn. 63 (jeweils zu Art. 6 Abs. 1 Rom I-VO); Kropholler/*von Hein* Art. 15 EuGVVO Rdn. 7; Stein/Jonas/*G. Wagner* Art. 15 EuGVVO Rdn. 26.
139 Vgl. auch Erwägungsgrund 8, S. 1, der Verbraucherrechte-Richtlinie.
140 Vgl. *Geimer/Schütze* Art. 15 EuGVVO Rdn. 23; *Schlosser/Hess* Art. 17 EuGVVO Rdn. 3.

konkreten Einzelfall.[141] Ein Verbraucher, der sich gegenüber dem Vertragspartner zurechenbar als Unternehmer geriert (**Scheinunternehmer**), wird nicht durch Art. 17 ff. geschützt,[142] und zwar unabhängig davon, ob er absichtlich über die Verbrauchereigenschaft täuscht[143] oder nur fahrlässig den Schein unternehmerischen Handelns setzt. Ein im Zeitpunkt des Vertragsschlusses für den Vertragspartner nicht erkennbarer innerer Wille eines Vertragsschließenden, zu einem privaten Zweck zu kontrahieren, bleibt folglich unbeachtet.[144] Dies schützt den Vertragspartner des Verbrauchers, da prozessual ein privater Verwendungszweck einfach behauptbar, durch den Vertragspartner hingegen nur schwer widerlegbar ist. Deshalb sind die Tatsachen, aus welchen sich die Gerierung als Unternehmer ableiten lässt – beispielsweise die Verwendung von Briefpapier mit Geschäftsbriefkopf, die Lieferung an eine Geschäftsadresse oder der Hinweis auf die Möglichkeit einer Mehrwertsteuererstattung[145] –, regelmäßig auch für die Frage, ob die Verbrauchereigenschaft nachweisbar ist, von Bedeutung. Aus gerichtlicher Sicht kann die Frage nach dem tatsächlich verfolgten Zweck offen gelassen werden, wenn jedenfalls nachgewiesen ist, dass sich der potentielle Verbraucher zurechenbar als Unternehmer gerierte.

36   Täuscht ein Unternehmer vor, Verbraucher zu sein, oder setzt er objektiv zurechenbar diesen Anschein (**Scheinverbraucher**), wird er in reziproker Anwendung der Grundsätze der vorstehenden Randnummer nicht nach dem gesetzten Anschein, sondern nach den tatsächlichen Umständen behandelt. Wenn es sich bei seinem Vertragspartner um einen Verbraucher handelt, genießt dieser gegenüber dem Scheinverbraucher die Privilegierungen der Art. 17 ff. Ist der Vertragspartner des Scheinverbrauchers Unternehmer, gelangen die allgemeinen Bestimmungen zur Anwendung.[146]

V. Situatives Moment

37   Nicht für Klagen aus jedwedem vertraglichen Schuldverhältnis zwischen Unternehmer und Verbraucher ist das Schutzregime der Art. 17 ff. eröffnet. Vielmehr muss eines der in Abs. 1 Nr. 1–3 genannten **situativen Momente** hinzutreten.[147] Herausragende Bedeutung kommt dem Ausrichten der Tätigkeit auch auf den Wohnsitzstaat des Verbrauchers nach Abs. 1 Nr. 3, 2. Alt. zu.

38   **1. Kauf beweglicher Sachen auf Teilzahlung (Abs. 1 lit. a)).** Die bereits in Art. 13 EuGVVÜ enthaltene Bestimmung setzt die Teilzahlung beim Kauf einer beweglichen Sache – auch als **Abzahlungskauf** bezeichnet – voraus. Die Begriffe sind europäischautonom auszulegen.[148] Die besondere Schutzwürdigkeit des Verbrauchers als Käufer in einem Abzahlungskauf und mit ihr die Eröffnung des Schutzregimes der Art. 17 ff. fußt auf dem Umstand, dass der Verbraucher bei einer solchen Vertragsgestaltung typisiert betrachtet aus wirtschaftlichen Gründen nicht in der Lage ist, den gesamten Kaufpreis bei Vertragsschluss zu bezahlen. Der Teilzahlungskauf droht damit in besonderem

---

141 BGH NJW 2012, 1817, 1819, Tz. 30; OLG Frankfurt, BeckRS 2017, 130658, Tz. 28.
142 EuGH, NJW 2005, 653, 655, Tz. 51; Rauscher/*Staudinger* Art. 17 Brüssel Ia-VO Rdn. 3.
143 *Geimer/Schütze* Art. 15 EuGVVO Rdn. 18g und 23.
144 Stein/Jonas/*G. Wagner* Art. 16 EuGVVO Rdn. 22.
145 EuGH, NJW 2005, 653, 655, Tz. 52.
146 *Geimer/Schütze* Art. 15 EuGVVO Rdn. 23.
147 *Schlosser/Hess* Art. 17 EuGVVO Rdn. 4.
148 EuGH, EuZW 1999, 727, 728 Tz. 26; *Kropholler/von Hein* Art. 15 EuGVVO Rdn. 13; Rauscher/*Staudinger* Art. 17 Brüssel Ia-VO Rdn. 4; Stein/Jonas/*G. Wagner* Art. 16 EuGVVO Rdn. 27; *Geimer/Schütze* Art. 15 EuGVVO Rdn. 27; siehe bereits EuGH, Rs 150/77, Tz. 19 und 22, abgedruckt bei *Kropholler/von Hein* Art. 15 EuGVVO Rdn. 13.

Maße, den Verbraucher als **Käufer wirtschaftlich zu überfordern**.[149] Der Verbraucher kann zudem leicht über die tatsächliche Höhe des Kaufpreises in die Irre geführt werden. Er trägt ferner die Gefahr des Verlustes der Sache, ohne dass er in diesem Fall von der Ratenzahlungspflicht frei würde.[150]

Eine **Teilzahlung** zeichnet sich nach einer durch den EuGH[151] entwickelten Definition dadurch aus, dass der Kaufpreis in mehreren Teilzahlungen geleistet wird oder dass das Kaufgeschäft mit einem Finanzierungsvertrag verbunden[152] ist. Ausschlaggebende Bedeutung kommt dem Umstand zu, ob der Besitz der Sache vor oder nach Zahlung der letzten Rate auf den Käufer übergeht.[153] Der Verbraucher wird nur als schutzwürdig angesehen, wenn er **zunächst** den **Besitz** der Sache erlangt und erst **später** den **Kaufpreis** in Raten bezahlen muss. Entscheidend ist folglich die Kreditierung des Kaufpreises durch den Verkäufer oder aufgrund seiner Vermittlung,[154] was sich aus der englischen Textfassung „instalment credit terms" ergibt.[155] Es genügt die Vereinbarung von zwei Raten.[156] Die Teilzahlung muss zudem vertragsgemäß sein.[157] Zahlt der Käufer entgegen vertraglicher Absprache statt dem gesamten Kaufpreis nur Raten, wird er nicht nach Art. 17 ff. privilegiert. Anders liegt es, wenn die Parteien nach Vertragsschluss eine Teilzahlungsvereinbarung treffen. **39**

Den **Besitz zum dauerhaften Verbleib** – nicht nur zur Probe – muss der Käufer vor Zahlung der letzten Rate erlangen.[158] Wurde der Vertrag nicht durchgeführt, ist ausschlaggebend, zu welchem Zeitpunkt der Verbraucher nach dem Vertrag den Besitz hätte erlangen sollen und die Raten fällig geworden wären. **40**

Eine **Anzahlung** durch den Verbraucher als Käufer wird – selbst wenn sie in mehreren Raten erfolgt – von Abs. 1 lit. a) **nicht erfasst**, weil hier der Käufer, nicht der Verkäufer in Vorleistung tritt.[159] Bei wertender Betrachtung ist im Fall der Anzahlung allerdings eine zum Teilzahlungskauf vergleichbare Schwächeposition des Verbrauchers zu konstatieren. Denn hier erbringt der kaufende Verbraucher eine Vorleistung, während beim Teilzahlungskauf der Unternehmer als Verkäufer durch Übergabe der Kaufsache vorleistungspflichtig ist.[160] Abs. 1 lit. a) soll jedoch eine potentielle wirtschaftliche Überforderung kompensieren, welche bei einem vorleistungsfähigen Verbraucher nicht gegeben ist. Auch werden dem Verbraucher im Fall der Anzahlung – anders als bei Teilzahlungen – keine ihn zusätzlich belastenden Finanzierungskosten in Rechnung gestellt.[161] **41**

Um einen **Kaufvertrag** muss es sich bei dem vertraglichen Schuldverhältnis handeln. Die durch die Parteien gewählte Vertragsbezeichnung ist nicht ausschlaggebend, **42**

---

149 Vgl. Stein/Jonas/*G. Wagner* Art. 16 EuGVVO Rdn. 24.
150 EuGH, EuZW 1999, 727, 728, Tz. 31; *Kropholler/von Hein* Art. 15 EuGVVO Rdn. 15.
151 EuGH, Rs 150/77, Tz. 19/22. Ähnlich der Jenard-Bericht, nach dem Art. 13 EuGVÜ in Fällen anwendbar ist, in denen der „Preis in mehreren Raten entrichtet wird und auf den mit einem Finanzierungsvertrag verbundenen Verkauf solcher Sachen".
152 Vgl. *Schlosser/Hess* Art. 17 EuGVVO Rdn. 5.
153 EuGH, EuZW 1999, 727, 728, Tz. 33; *Kropholler/von Hein* Art. 15 EuGVVO Rdn. 15; Rauscher/*Staudinger* Art. 17 Brüssel Ia-VO Rdn. 5; Thomas/Putzo/*Hüßtege* Art. 17 EuGVVO Rdn. 6.
154 Stein/Jonas/*G. Wagner* Art. 16 EuGVVO Rdn. 27.
155 *Kropholler/von Hein* Art. 15 EuGVVO Rdn. 15.
156 Rauscher/*Staudinger* Art. 17 Brüssel Ia-VO Rdn. 5; Stein/Jonas/*G. Wagner* Art. 16 EuGVVO Rdn. 27; *Geimer/Schütze* Art. 15 EuGVVO Rdn. 29; offen *Schlosser/Hess* Art. 17 EuGVVO Rdn. 5 (drei Teilzahlungen genügten).
157 *Geimer/Schütze* Art. 15 EuGVVO Rdn. 29 mit Fn. 102.
158 Vgl. Stein/Jonas/*G. Wagner* Art. 16 EuGVVO Rdn. 27.
159 Vgl. Rauscher/*Staudinger* Art. 17 Brüssel Ia-VO Rdn. 5; Stein/Jonas/*G. Wagner* Art. 16 EuGVVO Rdn. 27; *Geimer/Schütze* Art. 15 EuGVVO Rdn. 29.
160 Stein/Jonas/*G. Wagner* Art. 16 EuGVVO Rdn. 28.
161 Rauscher/*Staudinger* Art. 17 Brüssel Ia-VO Rdn. 5.

sondern die objektive rechtliche Bewertung.[162] Der Leasingvertrag mit Kauf- oder Andienungsoption unterfällt Abs. 1 lit. a).[163] Gleiches gilt für den Mietkauf des englischen Rechts (hire purchase), welcher in der Ursprungsfassung des Art. 13 EuGVÜ noch ausdrücklich genannt wurde und dem kontinentaleuropäischen Abzahlungskauf entspricht.[164] Abzugrenzen ist der Kauf- vom Werklieferungs- oder Dienstvertrag. In Anlehnung an Art. 13 Abs. 1 Nr. 3 EuGVÜ, welcher die Lieferung beweglicher Sachen betraf, wird für Abs. 1 lit. a) gefordert, dass der **Verkaufsgegenstand bereits fertig** bereit liegt oder auf Vorrat **zur allgemeinen Verwendung gefertigt** wird; erfolgt die Fertigung der Sache hingegen erst aufgrund der Bestellung des Verbrauchers, handelt es sich nicht um einen Kaufvertrag i.S.d. Abs. 1 lit. a).[165] Soweit diese Differenzierung im Hinblick auf die Teleologie der Norm angezweifelt wird,[166] ist zwar einzuräumen, dass die Schutzwürdigkeit des Verbrauchers nicht davon abhängt, ob das von ihm erworbene Gut bereits existiert oder erst für ihn gefertigt werden muss. Doch ist dieser Gedanke weiter verallgemeinerungsfähig und greift für jedweden Vertrag, welcher dem Verbraucher die Erbringung der Geldleistung auf Raten gestattet. Eine etwaige wirtschaftliche Überforderung des Verbrauchers und die Gefahr des Verlustes der unternehmerischen Leistung bzw. ihres Wertes (vgl. Rdn. 38) sind bei Ratenzahlungen vertragstypenunabhängig. Dennoch beschränkt sich Abs. 1 lit. a) auf Kaufverträge über bewegliche Sachen. In den übrigen Fällen kommt es auf die situativen Voraussetzungen des Abs. 1 lit. c) und mithin auf die Ausrichtung der unternehmerischen Tätigkeit auf den Wohnsitzstaat des Verbrauchers an.[167]

43 Abs. 1 lit. a) erfasst damit den **Sachkauf**, insbesondere den Warenkauf[168], nicht aber den Rechtskauf.[169] Der Begriff der beweglichen Sache, auf welche sich Abs. 1 lit. a) beschränkt, soll europäisch-autonom, nicht nach dem Belegenheitsrecht auszulegen sein.[170] Die Sacheigenschaft verlangt Stofflichkeit. Ein Immaterialgut ist keine bewegliche Sache.[171] Auch bei Software handelt es sich mangels Stofflichkeit nicht um eine Sache[172]; wird sie jedoch auf einem Datenträger erworben, eröffnet dessen Sacheigenschaft den Anwendungsbereich des Abs. 1 lit. a).[173] Der Kauf von Wertpapieren und ein Kreditgeschäft zur Finanzierung eines derartigen Geschäfts sind nicht von lit. a) erfasst.[174] Im Zeitpunkt des vertragsgemäßen Besitzübergangs vom Unternehmer auf den Verbraucher muss die Sache **beweglich** sein. Art. 17 ff. bleiben anwendbar, wenn der Verbraucher die

---

[162] EuGH, EuZW 1999, 727, 728, Tz. 33; *Kropholler/von Hein* Art. 15 EuGVVO Rdn. 16; *Stein/Jonas/G. Wagner* Art. 16 EuGVVO Rdn. 29.
[163] *Kropholler/von Hein* Art. 15 EuGVVO Rdn. 18; *Rauscher/Staudinger* Art. 17 Brüssel Ia-VO Rdn. 4; *Stein/Jonas/G. Wagner* Art. 16 EuGVVO Rdn. 29; *Schlosser/Hess* Art. 17 EuGVVO Rdn. 5.
[164] Schlosser-Bericht, S. 118; *Kropholler/von Hein* Art. 15 EuGVVO Rdn. 18; *Rauscher/Staudinger* Art. 17 Brüssel Ia-VO Rdn. 4; *Geimer/Schütze* Art. 15 EuGVVO Rdn. 27; *Schlosser/Hess* Art. 17 EuGVVO Rdn. 5.
[165] BGH NJW 1997, 2685, 2686; *Kropholler/von Hein* Art. 15 EuGVVO Rdn. 16; *Rauscher/Staudinger* Art. 17 Brüssel Ia-VO Rdn. 4.
[166] *Stein/Jonas/G. Wagner* Art. 16 EuGVVO Rdn. 29.
[167] *Kropholler/von Hein* Art. 15 EuGVVO Rdn. 16; *Rauscher/Staudinger* Art. 17 Brüssel Ia-VO Rdn. 4.
[168] *Kropholler/von Hein* Art. 15 EuGVVO Rdn. 17.
[169] Vgl. LG Darmstadt, IPRax 1995, 318, 320 m. Aufs. *Thorn* IPRax 1995, 294; *Kropholler/von Hein* Art. 15 EuGVVO Rdn. 17.
[170] *Stein/Jonas/G. Wagner* Art. 16 EuGVVO Rdn. 29; *Geimer/Schütze* Art. 15 EuGVVO Rdn. 28.
[171] *Rauscher/Staudinger* Art. 17 Brüssel Ia-VO Rdn. 4.
[172] Deutlicher ist insoweit die französische Sprachfassung, die sich auf „objets mobiliers corporels" bezieht.
[173] **A.A.** *Kropholler/von Hein* Art. 15 EuGVVO Rdn. 17; wohl auch *Stein/Jonas/G. Wagner* Art. 16 EuGVVO Rdn. 30; *Geimer/Schütze* Art. 15 EuGVVO Rdn. 28.
[174] ÖstOGH, ZIP 2010, 1154; LG Darmstadt, IPRax 1995 318, 320 m. Anm. *Thorn* IPRax 1995, 294; *Kropholler/von Hein* Art. 15 EuGVVO Rdn. 17; *Rauscher/Staudinger* Art. 17 Brüssel Ia-VO Rdn. 4; *Stein/Jonas/G. Wagner* Art. 16 EuGVVO Rdn. 30; *Schlosser/Hess* Art. 17 EuGVVO Rdn. 5.

bewegliche Sache nachträglich in eine unbewegliche einbaut oder sie anderweitig verbraucht.[175]

Der Zeitpunkt der Klageerhebung ist für die nach Abs. 1 lit. a) zuständigkeitsbegründenden Umstände ohne Bedeutung (vgl. auch Rdn. 38). Insbesondere kommt der Frage, ob der Verbraucher zu diesem Zeitpunkt bereits sämtliche Teilzahlungen erbracht hat, keine Relevanz zu. Abs. 1 lit. a) eröffnet das Regime der Art. 17 ff. für sämtliche Streitigkeiten aus dem betreffenden kaufvertraglichen Schuldverhältnis, nicht nur für die Zahlungsklage des Verkäufers. 44

2. Finanzierungskauf (Abs. 1 lit. b)). Die Privilegierungen der Art. 17 ff. gelten nach Abs. 1 lit. b) auch für **Kreditgeschäfte**, welche zur Finanzierung eines **Kaufs einer beweglichen**[176] **Sache i.S.d. Abs. 1 lit. a)**[177] geschlossen werden. Der Verbraucher wird hier für Streitigkeiten aus dem Finanzierungsverhältnis im Verhältnis zum Finanzierenden geschützt, während Abs. 1 lit. a) ihn im Verhältnis zum Verkäufer privilegiert. Abs. 1 lit. b) betrifft folglich nur Streitigkeiten aus dem **Schuldverhältnis, welches der Finanzierung dient**, nicht jedoch aus dem finanzierten.[178] Der Norm unterfällt jedwedes Geschäft, mit dem Mittel erlangt werden sollen, um die Zahlungsverpflichtung aus dem Kaufvertrag erfüllen zu können.[179] Der Normtext nennt beispielhaft das in Raten zurückzuzahlende Darlehen; in der Praxis häufig ist das Finanzierungsleasing[180]. Auch erfasst Abs. 1 lit. b) auch Zwischenfinanzierungen, welche durch eine Zahlung abgelöst werden.[181] 45

Der Verwendungszweck des Kreditgeschäfts muss auf den **Kauf einer beweglichen Sache**[182] bezogen sein.[183] Er muss zudem für den Kreditgeber erkennbar sein.[184] Insofern genügt es, dass sich die Zweckbestimmung erkennbar allgemein auf die Finanzierung eines Kaufvertrags über eine bewegliche Sache bezieht; das konkrete Vertragsverhältnis muss hingegen nicht bekannt sein. Indizielle Wirkung hat der Umstand, inwiefern der Kreditnehmer über die Finanzierungsmittel frei verfügen kann.[185] Ohne Bedeutung ist, ob der Finanzierungsvertrag vor oder nach dem Kaufvertrag geschlossen wurde und ob er zur Finanzierung des gesamten Kaufpreises oder nur eines Teils dient. Bei Anwendbarkeit deutschen Sachrechts genügt jedenfalls ein verbundenes Geschäft i.S.d. § 358 Abs. 1 BGB, ist aber nicht zwingende Voraussetzungen.[186] Ob der Kreditgeber den Kredit an den Verkäufer in Raten oder in einer einzigen Zahlung auskehrt, hat für Abs. 1 lit. b) keine Relevanz. Wird der Kaufpreisanspruch durch eine einzige Zahlung des Kreditgebers erfüllt, sind im Verhältnis von Kreditnehmer und Verkäufer die Voraussetzungen des 46

---

175 Ähnlich *Geimer/Schütze* Art. 15 EuGVVO Rdn. 28 (auf den Zeitpunkt des Vertragsschlusses abstellend).
176 Der Kauf unbeweglicher Sachen kann unter Abs. 1 lit. c) fallen, vgl. *Kropholler/von Hein* Art. 15 EuGVVO Rdn. 19.
177 *Rauscher/Staudinger* Art. 17 Brüssel Ia-VO Rdn. 6.
178 *Thomas/Putzo/Hüßtege* Art. 17 EuGVVO Rdn. 7; **a.A.** tendenziell *Rauscher/Staudinger* Art. 17 Brüssel Ia-VO Rdn. 6 (Bei verbundenem Geschäft i.S.v. § 358 BGB könnten beide Verträge Abs. 1 lit. b) unterfallen, wenn die autonome Interpretation nicht entgegenstehe).
179 *Stein/Jonas/G. Wagner* Art. 15 EuGVVO Rdn. 31.
180 *Rauscher/Staudinger* Art. 17 Brüssel Ia-VO Rdn. 6; *Stein/Jonas/G. Wagner* Art. 15 EuGVVO Rdn. 31; *Thomas/Putzo/Hüßtege* Art. 17 EuGVVO Rdn. 7.
181 *Rauscher/Staudinger* Art. 17 Brüssel Ia-VO Rdn. 6; *Stein/Jonas/G. Wagner* Art. 15 EuGVVO Rdn. 31; *Geimer/Schütze* Art. 15 EuGVVO Rdn. 32.
182 *Geimer/Schütze* Art. 15 EuGVVO Rdn. 31.
183 *Stein/Jonas/G. Wagner* Art. 15 EuGVVO Rdn. 31; *Geimer/Schütze* Art. 15 EuGVVO Rdn. 31.
184 *Rauscher/Staudinger* Art. 17 Brüssel Ia-VO Rdn. 6; *Stein/Jonas/G. Wagner* Art. 15 EuGVVO Rdn. 31.
185 Vgl. *Schlosser/Hess* Art. 17 EuGVVO Rdn. 6.
186 *Stein/Jonas/G. Wagner* Art. 15 EuGVVO Rdn. 31.

Abs. 1 lit. a) nicht erfüllt, sodass das Verbraucherschutzregime aus diesem Grund keine Anwendung findet.[187]

47 Der Kreditgeber muss Unternehmer, der Kreditnehmer Verbraucher sein. Kreditgeschäfte **unter Privaten** zur Finanzierung des Kaufs einer beweglichen Sache werden **nicht** von Abs. 1 lit. b) erfasst. Unberührt bleibt in einem solchen Fall jedoch eine ggf. aus Abs. 1 lit. a) folgende Anwendbarkeit der Art. 17 ff. auf den Kaufvertrag. Die Finanzierung im Unternehmer-Verbraucher-Verhältnis eines nicht Abs. 1 lit. a) unterfallenden Kaufs zwischen Privaten eröffnet hingegen die Privilegierung des Abs. 1 lit. b), da die Wendung „eines Kaufs derartiger Sachen" nur den Kauf beweglicher Sachen verlangt, nicht jedoch die Erfüllung der Voraussetzungen des Abs. 1 lit. a) im Übrigen.

48 **3. Ausüben oder Ausrichten einer Tätigkeit (Abs. 1 lit. c)).** Aufgrund seiner sachlichen Reichweite von **herausgehobener Bedeutung** ist das situative Moment des Abs. 1 lit. c). Gesetzeshistorisch erfolgte die Schaffung der Bestimmung erst mit dem Beitritt des Vereinigten Königreichs zum EuGVVÜ[188]. Sie war in der damaligen Fassung des Übereinkommens auf die Erbringung von Dienstleistungen sowie die Lieferung beweglicher Sachen beschränkt und verlangte zudem ein ausdrückliches Angebot oder Werbung im Wohnsitzstaat des Verbrauchers, welcher in diesem Staat außerdem die zum Vertragsschluss erforderlichen Rechtshandlungen vornehmen musste.[189] Die Überführung des EuGVVÜ in die Brüssel I-VO brachte die Erweiterung des Abs. 1 lit. c) auf **jedwede gewerbliche oder berufliche Tätigkeit** und die Auflockerung zum **Ausrichten** dieser Tätigkeit auf den Wohnsitzstaat des Verbrauchers.[190] Rechnung getragen werden sollte damit insbesondere neuen Vermarktungstechniken[191] wie etwa dem Einsatz elektronischer Medien bei Vertragsanbahnung, -schluss und -durchführung (näher hierzu Rdn. 60 ff.).[192] In den Anwendungsbereich des Schutzregimes aufgenommen wurde insbesondere der Verbraucher, der bei einem im Ausland ansässigen Unternehmer Waren per Internet bestellt. Ob man noch von einem Auffangtatbestand[193] sprechen sollte, mag angesichts des Bedeutungszuwachses des Abs. 1 lit. c) zweifelhaft erscheinen; es handelt sich jedoch um ein rein terminologisches Problem.

49 **Ausüben** und **Ausrichten** stehen **alternativ** nebeneinander.[194] Allerdings wird eine unternehmerische Tätigkeit, die in einem Staat ausgeübt wird, praktisch stets auch auf diesen ausgerichtet sein.

50 Der **Ort der Vertragsanbahnung** und des **Vertragsschlusses** haben – anders als nach Art. 13 Abs. 1 Nr. 3 EuGVVÜ – grundsätzlich **keine Relevanz** für Abs. 1 lit. c).[195] Es ist nicht erforderlich, dass der Verbraucher die auf den Vertragsschluss gerichteten

---

187 Vgl. *Kropholler/von Hein* Art. 15 EuGVVO Rdn. 19; *Rauscher/Staudinger* Art. 17 Brüssel Ia-VO Rdn. 6; *Stein/Jonas/G. Wagner* Art. 15 EuGVVO Rdn. 31; *Geimer/Schütze* Art. 15 EuGVVO Rdn. 32; *Schlosser/Hess* Art. 17 EuGVVO Rdn. 6.
188 Vgl. Schlosser-Bericht, S. 118, Nr. 158.
189 Näher *Geimer/Schütze* Art. 15 EuGVVO Rdn. 44 ff.; *Schlosser* Art. 15 EuGVVO Rdn. 7.
190 Vgl. ÖstOGH, Beschl. v. 20.5.2009 – 2 Ob 256/08y, S. 5 f.; OLG München, Zwischenurt. v. 16.3.2016 – 15 U 2341/15 Rae, Tz. 79 (zu Art. 15 LuGÜ); *Kropholler/von Hein* Art. 15 EuGVVO Rdn. 20; *Geimer/Schütze* Art. 15 EuGVVO Rdn. 33; *Schlosser/Hess* Art. 17 EuGVVO Rdn. 7.
191 *Kropholler/von Hein* Art. 15 EuGVVO Rdn. 21; *Stein/Jonas/G. Wagner* Art. 15 EuGVVO Rdn. 39.
192 Vgl. EuGH, EuZW 2009, 489, 490, Tz. 50; *Kropholler/von Hein* Art. 15 EuGVVO Rdn. 20; *Rauscher/Staudinger* Art. 17 Brüssel Ia-VO Rdn. 7.
193 *Kropholler/von Hein* Art. 15 EuGVVO Rdn. 20; *Rauscher/Staudinger* Art. 17 Brüssel Ia-VO Rdn. 7; *Stein/Jonas/G. Wagner* Art. 15 EuGVVO Rdn. 32.
194 *Thomas/Putzo/Hüßtege* Art. 17 EuGVVO Rdn. 10.
195 Vgl. BGH NJW 2015, 2339, 2340, Tz. 13; *Rauscher/Staudinger* Art. 17 Brüssel Ia-VO Rdn. 13; *Stein/Jonas/G. Wagner* Art. 15 EuGVVO Rdn. 39; *Geimer/Schütze* Art. 15 EuGVVO Rdn. 40.

Handlungen in seinem Wohnsitzstaat vorgenommen hat.[196] Wird er durch den Unternehmer veranlasst, seinen Wohnsitzstaat zum Vertragsschluss zu verlassen, schließt dies die Anwendung des Abs. 1 lit. c) nicht aus.

a) Sachlicher Anwendungsbereich. Die Wendung „in allen anderen Fällen" grenzt 51 den **Teilzahlungskauf** i.S.d. Abs. 1 lit. a) und den **Finanzierungskauf** i.S.d. Abs. 1 lit. b) aus.[197] Hinzu tritt die Ausnahme der in Abs. 3 genannten **Beförderungsverträge** unter Rückausschluss des Pauschalreisevertrags.[198] Versicherungsverträge unterliegen vorrangig[199] Art. 10 ff., Arbeitsverträge vorrangig[200] Art. 20 ff.[201] Für die Miete oder Pacht von unbeweglichen Sachen enthält Art. 24 Nr. 1 eine vorrangige ausschließliche Zuständigkeit der Gerichte des Belegenheitsortes mit Besonderheiten für Miet- und Pachtverhältnisse zum vorübergehenden privaten Gebrauch.[202] Im Übrigen gilt Abs. 1 lit. c) vertragstypenunabhängig für **jedwedes vertragliche Schuldverhältnis**, das zwischen einem Verbraucher und einem Unternehmer begründet wird.[203] Insbesondere finden sich die im Internationalen Schuldvertragsrecht geltenden Einschränkungen des Verbraucherschutzregimes (Art. 6 Abs. 4 Rom I-VO) nicht, was zum Auseinanderfallen von Gerichtsstand und anwendbarem Recht führen kann.[204]

Abs. 1 lit. c) erfasst folglich **beispielsweise Kaufverträge** (auch den **Rechtskauf**)[205], 52 **Werk-** und **Werklieferungsverträge**[206] – etwa den **Architektenvertrag**[207] –, **Dienstleistungsverträge**,[208] den **Erwerb von Wertpapieren**[209] oder **Beteiligungen an Fonds**[210], **Kreditverträge**, die nicht Abs. 1 lit. a) oder b) unterfallen,[211] **Anlageberatungsverträge**, **Treuhandverträge**[212] oder **Kommissionsverträge** zur Durchführung von Börsentermingeschäften[213]. Für das **Timesharing** bleibt der Vorrang des Art. 24 Nr. 1 bei dinglicher bzw. pacht- oder mietrechtlicher[214] Natur und des Art. 24 Nr. 2 bei gesellschaftsrechtlicher Natur[215] zu beachten; soweit schuldvertraglich ausgestaltet, unterliegen Timesharing-Verträge Abs. 1 lit. c).[216] Ebenfalls erfasst werden **Reisevermittlungsverträge**[217]

---

196 Vgl. Rauscher/*Staudinger* Art. 17 Brüssel Ia-VO Rdn. 11.
197 LG Kaiserslautern, Urt. v. 12.5.2004 – 2 O 434/03, Tz. 23.
198 EuGH, EuZW 2009, 489, 490, Tz. 50; Stein/Jonas/*G. Wagner* Art. 15 EuGVVO Rdn. 32.
199 Vgl. Rauscher/*Staudinger* Art. 17 Brüssel Ia-VO Rdn. 10; Thomas/Putzo/*Hüßtege* Art. 17 EuGVVO Rdn. 9 (Art. 10 ff. lex specialis); Geimer/*Schütze* Art. 15 EuGVVO Rdn. 40; *Schlosser* Art. 15 EuGVVO Rdn. 7.
200 Thomas/Putzo/*Hüßtege* Art. 17 EuGVVO Rdn. 9, 1. Spiegelstrich.
201 Vgl. *Kropholler/von Hein* Art. 15 EuGVVO Rdn. 20; Stein/Jonas/*G. Wagner* Art. 15 EuGVVO Rdn. 32.
202 Vgl. Rauscher/*Staudinger* Art. 17 Brüssel Ia-VO Rdn. 8 und 10.
203 Vgl. OLG Düsseldorf, BeckRS 2018, 14040, Tz. 21; Stein/Jonas/*G. Wagner* Art. 15 EuGVVO Rdn. 32.
204 *Kropholler/von Hein* Art. 15 EuGVVO Rdn. 20 (mit Beispiel).
205 Vgl. *Geimer/Schütze* Art. 15 EuGVVO Rdn. 43 (zu Immaterialgütern).
206 Rauscher/*Staudinger* Art. 17 Brüssel Ia-VO Rdn. 8; Stein/Jonas/*G. Wagner* Art. 15 EuGVVO Rdn. 33.
207 BGH NJW 2006, 1672.
208 Rauscher/*Staudinger* Art. 17 Brüssel Ia-VO Rdn. 8.
209 *Geimer/Schütze* Art. 15 EuGVVO Rdn. 43.
210 BGH NJW-RR 2013, 1399, 1400, Tz. 13 (kreditfinanzierter Beitritt zu einem als Kommanditgesellschaft ausgestalteten Medienfonds); OLG Frankfurt am Main, IPRspr 2012 Nr. 181, 471, 472.
211 *Kropholler/von Hein* Art. 15 EuGVVO Rdn. 20; *Geimer/Schütze* Art. 15 EuGVVO Rdn. 41; Stein/Jonas/*G. Wagner* Art. 15 EuGVVO Rdn. 33.
212 Vgl. OLG München, Beschl. v. 10.7.2013 – 34 AR 181/13; Rauscher/*Staudinger* Art. 17 Brüssel Ia-VO Rdn. 8; Thomas/Putzo/*Hüßtege* Art. 17 EuGVVO Rdn. 9, 7. Spiegelstrich.
213 Stein/Jonas/*G. Wagner* Art. 15 EuGVVO Rdn. 33 m.w.N.
214 Näher OLG Saarbrücken, NZM 2007, 703 m. Aufs. *Mankowski* NZM 2007, 671, 672 f.
215 EuGH, EuZW 2005, 759 (Clubmitgliedschaft zum Erwerb von Timesharing-Rechten).
216 *Kropholler/von Hein* Art. 15 EuGVVO Rdn. 20; Rauscher/*Staudinger* Art. 17 Brüssel Ia-VO Rdn. 8; Thomas/Putzo/*Hüßtege* Art. 17 EuGVVO Rdn. 9, 2. Spiegelstrich.
217 *Staudinger/Bauer* IPRax 2016, 107, 109.

und **Pauschalreiseverträge** (vgl. Abs. 3). Besteht zwischen einem Schuldverhältnis, an welchem ein Unternehmer und ein Verbraucher beteiligt sind, Akzessorietät zu einem anderen Schuldverhältnis (Beispiel: **Bürgschaft**), wird vertreten, dass Abs. 1 lit. c) nur greift, wenn die Parteien dieses anderen Schuldverhältnisses Verbraucher und Unternehmer sind.[218] Eine solche Restriktion sieht Abs. 1 lit. c) indes – anders als Art. 13 Abs. 1 Nr. 3 EuGVVÜ – nicht vor.[219] Aufgrund der Formulierung „in allen anderen Fällen" lässt sich eine Beschränkung der Art. 17 ff. auf Finanzierungskäufe gleich gelagerten Geschäften gerade nicht rechtfertigen. Zudem ist die Schutzbedürftigkeit eines bürgenden Verbrauchers, der sich für einen Unternehmer verbürgt, nicht geringer als eines bürgenden Verbrauchers, der für einen anderen Verbraucher bürgt.

53 **b) Ausüben der unternehmerischen Tätigkeit (Abs. 1 lit. c), 1. Alt).** Der Unternehmer (Rdn. 17 ff.) muss im Mitgliedstaat, in welchem der Verbraucher (Rdn. 30 f.) seinen Wohnsitz i.S.d. Art. 62 hat, seine berufliche oder gewerbliche Tätigkeit ausüben. Unter dem Ausüben einer Tätigkeit ist die Vornahme von Handlungen zu verstehen, welche nach der konkret in Frage stehenden beruflichen oder gewerblichen Tätigkeit dieser zuzurechnen sind. Der Unternehmer muss m.a.W willentlich[220] **aktiv am Wirtschaftsverkehr** des Verbrauchermitgliedstaats teilnehmen.[221] Eine Zweigniederlassung ist nicht erforderlich, erfasst wird auch die nur gelegentliche und vereinzelte berufliche Betätigung im Wohnsitzstaat des Verbrauchers.[222] Das Anbieten von Waren genügt ebenso wie die Erbringung oder die Verrichtung von Dienstleistungen[223]. Tätigkeiten des Unternehmers im Wohnsitzstaat des Verbrauchers, die nur der Erfüllung eines mit dem Verbraucher geschlossenen Vertrags dienen, sind für ein Ausüben i.S.d. Abs. 1 lit. c), 1. Alt. jedoch nicht hinreichend.[224] Auch der Vertragsschluss im Wohnsitzmitgliedstaat des Verbrauchers allein begründet die Ausübung einer Tätigkeit nicht, kann jedoch ein Indiz für eine Ausrichtung nach Abs. 1 lit. c), 2. Alt. bieten.[225] In zeitlicher Hinsicht kommt es auf den Moment des Vertragsschlusses an.[226]

54 **c) Ausrichten der unternehmerischen Tätigkeiten (Abs. 1 lit. c), 2. Alt).** Das Schutzregime der Art. 17 ff. wird eröffnet, wenn der Unternehmer sein Tätigkeit auf **irgendeinem Weg** zumindest **auch auf den Wohnsitzstaat des Verbrauchers ausgerichtet** hat. Abs. 1 lit. c), 2. Alt. erhielt im Rahmen der Überführung des EuGVVÜ in die Brüssel I-VO seine heutige Form. Der europäisch-autonom auszulegende Schlüsselbegriff des „Ausrichtens" ist wegen seiner Unschärfe nur schwer zu konturieren, wurde aber in der Brüssel I-VO beibehalten.[227] Besondere Probleme ergeben sich im Recht der neuen Medien für den Online-Handel.[228] Die jüngere Rechtsprechung des EuGH hat für Internetseiten

---

218 Vgl. Rauscher/*Staudinger* Art. 17 Brüssel Ia-VO Rdn. 8: Bürgschaft eines Verbrauchers gegenüber einem Unternehmer nur dann von Abs. 1 lit. c) erfasst, wenn Hauptschuldner ebenfalls Verbraucher ist.
219 Vgl. OLG Dresden, IPRax 2006, 44, 45 f.; Stein/Jonas/*G. Wagner* Art. 15 EuGVVO Rdn. 38.
220 *Würdinger* FS Gotwald 693, 696.
221 Rauscher/*Staudinger* Art. 17 Brüssel Ia-VO Rdn. 12; Staudinger/*Steinrötter* JuS 2015, 1, 6; ähnlich Thomas/Putzo/*Hüßtege* Art. 17 EuGVVO Rdn. 11.
222 Vgl. Rauscher/*Staudinger* Art. 17 Brüssel Ia-VO Rdn. 12; Stein/Jonas/*G. Wagner* Art. 15 EuGVVO Rdn. 40.
223 Rauscher/*Staudinger* Art. 17 Brüssel Ia-VO Rdn. 12; Stein/Jonas/*G. Wagner* Art. 15 EuGVVO Rdn. 40.
224 BGH NJW 2006, 1672, 1673, Tz. 24; *Schlosser/Hess* Art. 17 EuGVVO Rdn. 7.
225 Rauscher/*Staudinger* Art. 17 Brüssel Ia-VO Rdn. 12.
226 OLG Frankfurt am Main, NJW-RR 2009, 645, 647; *Geimer/Schütze* Art. 15 EuGVVO Rdn. 34; Thomas/Putzo/*Hüßtege* Art. 17 EuGVVO Rdn. 11.
227 Zur Kritik *Kieninger* FS Magnus, 449 mit Fn. 3.
228 Abs. 1 lit. c) ist freilich nicht auf den Online-Handel beschränkt, vgl. OLG München, Zwischenurt. v. 16.3.2016 – 15 U 2341/15 Rae, Tz. 92 (zu Art. 15 LuGÜ).

eine Einzelfallprüfung anhand eines Indizienkatalogs entwickelt (näher Rdn. 62ff.). Ob ein Unternehmer seine Tätigkeit auf einen Staat ausgerichtet hat, ist nach deutschem Prozessrecht **Tatsachenfrage**, die nach Auffassung des BGH[229] einen tatrichterlichen Beurteilungsspielraum eröffnet, der **revisionsrechtlich** nur **eingeschränkt überprüfbar** ist.

Unter Ausrichten lässt sich die **gezielte, werbende bzw. absatzfördernde Tätigkeit des Unternehmers im Wohnsitzstaat des Verbrauchers** verstehen.[230] Die Tätigkeit muss darauf zielen, Verbraucher zum Vertragsschluss zu animieren.[231] In Erweiterung von Art. 13 Abs. 1 Nr. 3 EuGVÜ erfährt auch ein Verbraucher Schutz, der sich zum Vertragsschluss mit dem Unternehmer in einen anderen Mitgliedstaat begibt, falls der Unternehmer werbende bzw. absatzfördernde Tätigkeit im Wohnsitzstaat des Verbrauchers entfaltet hat. Der Verbraucher muss die zum Abschluss des Vertrags erforderlichen Rechtshandlungen daher nicht in seinem Wohnsitzstaat vorgenommen haben, der Ort des Vertragsschlusses ist vielmehr unerheblich.[232] Aus dieser Erweiterung wird herrschend gefolgert, der Begriff des Ausrichtens sei grundsätzlich weit auszulegen.[233] Diese Annahme steht freilich in einem gewissen Widerspruch zur prinzipiell engen Auslegung der Art. 17ff. (vgl. Einl. Art. 17–19 Rdn. 7). 55

Vor Begründung des vertraglichen Schuldverhältnisses muss die Ausrichtung auf den Wohnsitzstaat des Verbrauchers gegeben sein.[234] Richtet der Unternehmer erst zur Erfüllung des Vertrags seine Tätigkeit auf den Wohnsitzstaat des Verbrauchers aus, greift Abs. 1 lit. c), 2. Alt. nicht.[235] Die Ausrichtung muss sich zudem grundsätzlich territorial auf einen Mitgliedstaat, nicht personal auf eine bestimmte Verbrauchergruppe aus einem Mitgliedstaat beziehen.[236] Jedoch kann die Ansprache von Verbrauchern aus einem bestimmten Mitgliedstaat ein Indiz für die Ausrichtung auf diesen Mitgliedstaat bieten. Ein Angebot an die Allgemeinheit ist nicht zu fordern. Vielmehr genügt die Ausrichtung der Tätigkeit des Unternehmers auf eine **abgrenzbare Verbrauchergruppe** oder auch auf **einzelne Verbraucher**.[237] Denn die prozessuale Schutzbedürftigkeit des Verbrauchers ist nicht geringer, wenn er durch den Unternehmer individuell oder als Teil einer abgrenzbaren Gruppe von Verbrauchern und nicht als Teil der Allgemeinheit angesprochen wird. Zudem lässt sich eine genaue Trennlinie, wann ein Angebot „die Allgemeinheit" anspricht, nur schwer ziehen. 56

aa) Werbung und herkömmliche Vertriebsmittel. Die in Art. 13 Abs. 1 Nr. 3 lit. a) EuGVÜ noch ausdrückliche genannte **Werbung** im Wohnsitzstaat des Verbrauchers kann das Ausrichten begründen.[238] Dabei ist der **Kommunikationskanal**, durch welchen der Verbraucher werbend angesprochen wird, grundsätzlich **unerheblich**. Deshalb 57

---

[229] BGH, MDR 2018, 95, 97, Tz. 27.
[230] Stein/Jonas/*G. Wagner* Art. 15 EuGVVO Rdn. 41 f.; ähnlich Rauscher/*Staudinger* Art. 17 Brüssel Ia-VO Rdn. 13; *Carrizo Aguado* CDT (März 2016), vol. 8, Nr. 1, 301, 312 f.
[231] Vgl. BGH, MDR 2018, 95, 96, Tz. 23; Thomas/Putzo/*Hüßtege* Art. 17 EuGVVO Rdn. 12; ferner *Lüttringhaus* RabelsZ 77 (2013), 31, 57.
[232] Stein/Jonas/*G. Wagner* Art. 15 EuGVVO Rdn. 41 f.; Thomas/Putzo/*Hüßtege* Art. 17 EuGVVO Rdn. 12; Schlosser/Hess Art. 17 EuGVVO Rdn. 7.
[233] OLG Dresden, IPRax 2006, 44, 45; Stein/Jonas/*G. Wagner* Art. 15 EuGVVO Rdn. 42.
[234] BGH NJW 2006, 1672, 1673, Tz. 24; Stein/Jonas/*G. Wagner* Art. 15 EuGVVO Rdn. 42; Thomas/Putzo/*Hüßtege* Art. 17 EuGVVO Rdn. 12.
[235] Kropholler/von Hein Art. 15 EuGVVO Rdn. 23; Geimer/*Schütze* Art. 15 EuGVVO Rdn. 38.
[236] Vgl. *Kropholler/von Hein* Art. 15 EuGVVO Rdn. 23 (bayrische Spezialitäten auf kanarischen Inseln servierender Gastwirt wird nicht in Deutschland gerichtspflichtig).
[237] OLG München, Zwischenurt. v. 16.3.2016 – 15 U 2341/15 Rae, Tz. 129–132 (zu Art. 15 LuGÜ): geschädigte Kunden einer bestimmten Firma durch Rechtsanwalt angeschrieben.
[238] Rauscher/*Staudinger* Art. 17 Brüssel Ia-VO Rdn. 13.

genügen Postwurfsendungen oder die (individuelle) Übermittlung von Katalogen oder Bestellunterlagen.[239] Werbung über Plakate oder Aushänge, durch Verteilung von Handzetteln oder Anschreiben potentieller Kunden[240], in Presse, Rundfunk, Fernsehen, Kino,[241] per Werbe-E-Mail[242] oder in den verschiedenen Formen des Telefonmarketings – per Anruf, Fax, oder (Kurz)nachricht für Mobilfunkgeräte – hat die Ausrichtung der unternehmerischen Tätigkeit zur Folge.[243] Bei einer Empfehlung durch Bekannte liegt kein Ausrichten vor, wenn der Unternehmer die Empfehlung nicht – etwa durch Auslobung einer Vermittlungsprämie – veranlasst hat.[244] Unerheblich ist, ob der Unternehmer selbst bzw. durch **eigene Angestellte** oder durch **Dritte** die werbenden Handlungen vornimmt.[245] Dritte müssen allerdings mit Wissen und Wollen des Unternehmers tätig werden.[246] So liegt es für eigene fest angestellte oder für den Einzelfall beauftragte **Vertriebsmitarbeiter** oder für selbständig auf Provisionsbasis tätige **Handelsvertreter**.[247]

58 **Anlass und Motiv**, aus welchen sich der Unternehmer zur Werbung im Verbraucherwohnsitzstaat entscheidet, sind ebenso **ohne Bedeutung** wie Umfang und Dauer der werbenden Handlung. Deshalb liegt ein Ausrichten vor, wenn der Verbraucher den Unternehmer veranlasst, Informationsmaterial zu übersenden oder ihm ein individuelles Angebot zu unterbreiten.[248] Ein mehrmaliges Werben oder eine Werbung gegenüber einer unbestimmten Vielzahl von Personen ist nicht erforderlich (vgl. auch Rdn. 55).[249] Die Werbung braucht grundsätzlich nicht konkret denjenigen Vertragsgegenstand zu betreffen, der später Gegenstand des vertraglichen Schuldverhältnisses zwischen Unternehmer und Verbraucher wird.[250] Denn eine solche inhaltliche Einschränkung wirft im Grenzbereich kaum zu lösende Abgrenzungsfragen auf. Bewirbt der Unternehmer jedoch gezielt nur einen Teil seines Sortiments, besteht die Möglichkeit, dass ein Vertrag über ein Produkt aus einem anderen Teil seines Sortiments nicht in den Bereich der Tätigkeit fällt.[251]

59 Der Wohnsitzmitgliedstaat des Verbrauchers braucht nicht der einzige zu sein, auf welchen die Werbung ausgerichtet ist. Dies folgt aus dem Normtext, der das Ausrichten auf **mehrere Staaten einschließlich des Verbraucherwohnsitzmitgliedstaats** genügen lässt. Deshalb liegt ein relevantes Ausrichten vor, wenn der Unternehmer in einer internationalen, zum Vertrieb in mehreren Staaten vorgesehenen Zeitschrift wirbt.[252] Jedoch muss die Werbemaßnahme gezielt auch den Wohnsitzstaat des Verbrauchers be-

---

239 OGH ZfRV, 2014, 181; Rauscher/*Staudinger* Art. 17 Brüssel Ia-VO Rdn. 13; Stein/Jonas/*G. Wagner* Art. 15 EuGVVO Rdn. 43.
240 OLG München, Zwischenurt. v. 16.3.2016 – 15 U 2341/15 Rae, Tz. 117 (zu Art. 15 LuGÜ).
241 Vgl. BGH, MDR 2018, 95, 97, Tz. 26.
242 *Carrizo Aguado* CDT (März 2016), vol. 8, Nr. 1, 301, 311.
243 Vgl. Rauscher/*Staudinger* Art. 17 Brüssel Ia-VO Rdn. 13; Stein/Jonas/*G. Wagner* Art. 15 EuGVVO Rdn. 43; *Spindler* MMR 2000, 18, 19.
244 Ähnlich Rauscher/*Staudinger* Art. 17 Brüssel Ia-VO Rdn. 13.
245 Vgl. EuGH, NJW 2011, 505, 510, Tz. 89; OLG Düsseldorf, BeckRS 2018, 14040, Tz. 25; OLG München, Zwischenurt. v. 16.3.2016 – 15 U 2341/15 Rae, Tz. 126 (zu Art. 15 LuGÜ).
246 Vgl. Rauscher/*Staudinger* Art. 17 Brüssel Ia-VO Rdn. 13 (Verwendung von Vertragsformularen des Unternehmers ohne dessen Kenntnis genügt nicht).
247 Vgl. OLG Dresden, IPRax 2006, 44, 46; *Kropholler/von Hein* Art. 15 EuGVVO Rdn. 23; Rauscher/*Staudinger* Art. 17 Brüssel Ia-VO Rdn. 13.
248 Stein/Jonas/*G. Wagner* Art. 15 EuGVVO Rdn. 43; **a.A.** *Schlosser/Hess* Art. 17 EuGVVO Rdn. 7.
249 OLG München, Zwischenurt. v. 16.3.2016 – 15 U 2341/15 Rae, Tz. 128 (zu Art. 15 LuGÜ); Stein/Jonas/ *G. Wagner* Art. 15 EuGVVO Rdn. 43 (einmaliges Übersenden genügt, wenn Verbraucher daraufhin Bestellung aufgibt); **a.A.** Rauscher/*Staudinger* Art. 17 Brüssel Ia-VO Rdn. 13.
250 Tendenziell **a.A.** Stein/Jonas/*G. Wagner* Art. 15 EuGVVO Rdn. 43.
251 Im Ergebnis ähnlich *Schlosser/Hess* Art. 17 EuGVVO Rdn. 7 (Werbung müsse die Art des später abgeschlossenen Vertrags erfassen).
252 Stein/Jonas/*G. Wagner* Art. 15 EuGVVO Rdn. 43; **a.A.** *Spindler* MMR 2000, 18, 19.

treffen.²⁵³ Gelangen Werbemittel ohne Wissen und Wollen des Unternehmers in einen Mitgliedstaat, ist ein Ausrichten nicht gegeben.

bb) Elektronische Medien. Die Formulierung des Abs. 1 lit. c) „auf irgendeinem Weg" soll insbesondere Fallgestaltungen des elektronischen Handelsverkehrs erfassen.²⁵⁴ Der Ort, an welchem der Verbraucher seine auf den Abschluss des Vertrags gerichtete Willenserklärung abgegeben hat, ist auch beim Einsatz von elektronischer Medien im Rahmen der Begründung des vertraglichen Schuldverhältnisses unerheblich.²⁵⁵ 60

Ein zentrales Problem liegt darin einzugrenzen, unter welchen Umständen eine weltweit abrufbare **Internetpräsenz** des Unternehmers diesen im Verbraucherwohnsitzstaat gerichtspflichtig macht. Herkömmlich wurde zwischen aktiven, eine Online-Bestellung ermöglichenden und passiven, nur der Information dienenden Webseiten unterschieden.²⁵⁶ Allein durch das Betreiben einer (inter)aktiven Webseite richtete nach dieser Ansicht der Unternehmer seine Tätigkeit auf den Wohnsitzstaat eines Verbrauchers nicht aus;²⁵⁷ die Abgrenzung von aktiver und passiver Webseite erwies sich freilich im Einzelfall als schwierig.²⁵⁸ Gestützt wurde diese Auffassung durch eine gemeinsame Erklärung des Europäischen Rats und der Kommission²⁵⁹, nach welcher die Zugänglichkeit einer Webseite allein nicht ausreicht, um die Anwendbarkeit von Art. 15 Brüssel I-VO zu begründen.²⁶⁰ 61

In seiner Grundlagenentscheidung *Pammer und Hotel Alpenhof* hat der EuGH²⁶¹ Grundsätze zur Ausrichtung einer Tätigkeit auf einen Mitgliedstaat durch eine Internetpräsenz aufgestellt.²⁶² Die Unterscheidung zwischen aktiven und passiven Webseiten hat er nicht aufgegriffen.²⁶³ Vielmehr fordert er eine **Einzelfallabwägung** dahingehend, ob der Unternehmer durch die Internetpräsenz bereits vor Vertragsschluss seinen **Willen** zum Ausdruck brachte, **Geschäftsbeziehungen zu Verbrauchern des Wohnsitzmitgliedstaates** herzustellen.²⁶⁴ Damit genügt die bloße Abrufbarkeit einer Internetseite alleine nicht für ein Ausrichten.²⁶⁵ 62

---

253 Vgl. BGH NJW 2009, 298, Tz. 8.
254 *Kropholler/von Hein* Art. 15 EuGVVO Rdn. 23; Stein/Jonas/*G. Wagner* Art. 15 EuGVVO Rdn. 41; Geimer/Schütze Art. 15 EuGVVO Rdn. 35.
255 Vgl. *Kropholler/von Hein* Art. 15 EuGVVO Rdn. 23; *Geimer/Schütze* Art. 15 EuGVVO Rdn. 35.
256 Vgl. BGH NJW 2009, 298, Tz. 8f.; ÖstOGH, Beschl. v. 20.5.2009 – 2 Ob 256/08y, S. 6f.; OLG Dresden, IPRax 2006, 44, 46; *Kropholler/von Hein* Art. 15 EuGVVO Rdn. 24; Stein/Jonas/*G. Wagner* Art. 15 EuGVVO Rdn. 44ff.
257 Vgl. *Kropholler/von Hein* Art. 15 EuGVVO Rdn. 24; Rauscher/*Staudinger*³ Art. 15 Brüssel I-VO Rdn. 14; Geimer/Schütze Art. 15 EuGVVO Rdn. 36 und 38.
258 Vgl. *Kropholler/von Hein* Art. 15 EuGVVO Rdn. 24; Rauscher/*Staudinger*³ Art. 15 Brüssel I-VO Rdn. 14a; Stein/Jonas/*G. Wagner* Art. 15 EuGVVO Rdn. 47; *Geimer/Schütze* Art. 15 EuGVVO Rdn. 38.
259 Rat der EU: Erklärung zur Brüssel I-Verordnung, abgedruckt in IPRax 2001, 259, 261.
260 *Kropholler/von Hein* Art. 15 EuGVVO Rdn. 25; *Geimer/Schütze* Art. 15 EuGVVO Rdn. 37; vgl. auch BGH NJW 2009, 298, Tz. 9.
261 EuGH, NJW 2011, 505 m. Anm. *Clausnitzer* EuZW 2011, 98; *Gebauer* LMK 2011, 316141; *von Hein* JZ 2011, 954; und Aufs. *Leible/Müller* NJW 2011, 495; *Mankowski* IPRax 2012, 144; siehe auch *Kieninger* FS Magnus, 449, 450f.; *Gsell* ZZP 127 (2014), 432, 455; zur mündlichen Verhandlung in dieser Sache *Clausnitzer* EuZW 2010, 374.
262 Rauscher/*Staudinger* Art. 17 Brüssel Ia-VO Rdn. 13a; siehe hierzu auch *M. Weller/Nordmeier* in: Spindler/Schuster, Recht der elektronischen Medien, 3. Aufl. 2015, Art. 6 Rom I-VO Rdn. 13ff.
263 Vgl. OLG München, Zwischenurt. v. 16.3.2016 – 15 U 2341/15 Rae, Tz. 92 (zu Art. 15 LuGÜ); *Gsell* ZZP 127 (2014), 432, 449; Staudinger/Steinrötter JuS 2015, 1, 6.
264 EuGH, NJW 2011, 505, 508, Tz. 75; BGH NJW 2015, 2339, 2340, Tz. 14; OLG München, Zwischenurt. v. 16.3.2016 – 15 U 2341/15 Rae, Tz. 83 (zu Art. 15 LuGÜ); Rauscher/*Staudinger* Art. 17 Brüssel Ia-VO Rdn. 13a; *Gsell* ZZP 127 (2014), 432, 450 (geographischer Geschäftswille); generalisierend *Wilke* ZIP 2015, 2306, 2308; kritisch zu diesem subjektiven Kriterium *Kieninger* FS Magnus, 449, 454.
265 *Von Hein* JZ 2011, 954, 955.

63 Der Nachweis des Willens erfolgt durch objektive Kriterien, die ihn indizieren. Diese werden in zwei Gruppen unterteilt: offenkundige Ausdrucksformen dieses Willens – mithin starke Kriterien – und weitere Anhaltspunkte, die schwächere indizielle Wirkung haben.[266] Zur **ersten Gruppe** zählt der EuGH[267] die ausdrückliche Angabe des Unternehmers, Verträge im betreffenden Verbraucherstaat zu erfüllen.[268] Gleichgelagert einzuschätzen ist die Angabe, mit Verbrauchern aus dem betreffenden Staat zu kontrahieren.[269] Weiter erfasst die Gruppe die Nutzung eines Internetreferenzierungsdienstes, der Verbrauchern aus anderen Mitgliedstaaten den Zugang zur Internetseite erleichtert. Merkmale der **zweiten Gruppe**[270] sind die Internationalität des potentiellen Vertragsgegenstandes (etwa das Angebot touristischer Leistungen), die Angabe von Telefonnummern mit internationaler Vorwahl[271], der Betrieb einer nationalen Telefonnummer im Wohnsitzstaat des Kunden, um diesem ein Auslandsgespräch zu ersparen,[272] die Verwendung einer Top-Level-Domain, welche nicht die des Staates des Gewerbetreibenden ist, oder einer neutralen Top-Level-Domain,[273] grenzüberschreitende Anfahrtsbeschreibungen[274] oder die Erwähnung internationaler Kundschaft bzw. die Werbung mit Bewertungen von Kunden aus anderen Staaten[275]. Auch die **Sprache**, in der das Angebot gehalten ist, hat Bedeutung, wenn es sich nicht um die oder eine der Sprache(n) handelt, welche üblicherweise im Mitgliedstaat des Gewerbetreibenden Verwendung finden.[276] Ausdrückliche Hinweise in der fremden Sprache, dass in dieser kommuniziert werden kann (Beispiel: „Wij spreken Nederlands" auf Webseite eines in Deutschland ansässigen Unternehmers)[277] oder Landesfahnen, über welche die Webseite in der entsprechenden Sprache abrufbar ist, indizieren die Ausrichtung. Flankierend lässt sich darauf abstellen, ob der Unternehmer Bestell- oder Buchungsbestätigungen in dieser Sprache erteilt.[278]

---

266 BGH NJW 2015, 2339, 2340, Tz. 15; OLG München, Zwischenurt. v. 16.3.2016 – 15 U 2341/15 Rae, Tz. 84 (zu Art. 15 LuGÜ); greifen diese Unterscheidung nicht auf.
267 EuGH, NJW 2011, 505, 509, Tz. 80 f.
268 Vgl. OLG München, Zwischenurt. v. 16.3.2016 – 15 U 2341/15 Rae, Tz. 112 (zu Art. 15 LuGÜ): Angabe eines Anwalts, dass Mandanten „aus der Schweiz und dem Ausland" vertreten werden, als Ausrichtung auf Deutschland.
269 OGH, ZfRV 2014, 181 (Angebot an „Gäste aus dem deutschsprachigen Raum" und damit nicht nur aus Deutschland).
270 EuGH, NJW 2011, 505, 509, Tz. 83.
271 Die Nennung einer internationalen Vorwahl lässt jedoch regelmäßig nur den Schluss zu, dass die Internetseite überhaupt internationales Publikum anspricht, OLG München, Zwischenurt. v. 16.3.2016 – 15 U 2341/15 Rae, Tz. 107 (zu Art. 15 LuGÜ), *Brand* IPRax 2013, 126, 127. Eine bloße Kontaktangabe, die auch bei rein nationalen Geschäften üblich ist, genügt jedoch nicht, vgl. OLG München, Zwischenurt. v. 16.3. 2016 – 15 U 2341/15 Rae, Tz. 84 und 107 (zu Art. 15 LuGÜ).
272 EuGH, NJW 2013, 3504, 3505, Tz. 30; vgl. auch Rauscher/*Staudinger* Art. 17 Brüssel Ia-VO Rdn. 13a.
273 OLG München, Zwischenurt. v. 16.3.2016 – 15 U 2341/15 Rae, Tz. 106 (zu Art. 15 LuGÜ) (schweizerisches Unternehmen verwendet „.com"-Adresse); *Kieninger* FS Magnus, 449, 451 (z.B. „.com" oder „.eu"); siehe auch Rauscher/*Staudinger* Art. 17 Brüssel Ia-VO Rdn. 13a; OLG Düsseldorf, BeckRS 2018, 14040, Tz. 30 und 33 („.com" oder „.eu" als Top-Level-Domain weithin üblich und deshalb für das Ausrichten nicht aussagekräftig); kritisch *von Hein* JZ 2011, 954, 955 f.; *Leible/Müller* NJW 2011, 495, 497.
274 BGH NJW 2015, 2339, 2340, Tz. 15; BGH, MMR 2013, 642, Tz. 22 (Anfahrtsskizze mit Wegbeschreibung aus Grenzregionen eines anderen Staates); OLG München, Zwischenurt. v. 16.3.2016 – 15 U 2341/15 Rae, Tz. 84 (zu Art. 15 LuGÜ).
275 OLG München, Zwischenurt. v. 16.3.2016 – 15 U 2341/15 Rae, Tz. 84 (zu Art. 15 LuGÜ).
276 Vgl. BGH NJW 2015, 2339, 2341, Tz. 21; OLG Dresden, IPRax 2006, 44, 46; Rauscher/*Staudinger* Art. 17 Brüssel Ia-VO Rdn. 13a.
277 BGH, MMR 2013, 642, Tz. 22; *Kieninger* FS Magnus, 449, 456; *Mankowski* IPRax 2012, 144, 149.
278 BGH NJW 2015, 2339, 2340, Tz. 15.

Umgekehrt ist die Verwendung einer Sprache, die im betreffenden Aufenthaltsstaat des Verbrauchers nicht gesprochen wird, ein Indiz gegen die Ausrichtung.[279] Geringes Gewicht hat die Nutzung einer „Weltsprache".[280] Sie kann jedoch in der Einzelfallbetrachtung Indiz für die Internationalität der Internetseite sein, wenn sie nicht die Sprache des Landes ist, in dem der Unternehmer seinen gewöhnlichen Aufenthalt hat.[281] Zum Merkmal der Sprache Entsprechendes gilt für die **Währung**. Elektronische Bezahlsysteme, die weltweit nutzbar sind, entfalten keine Indizwirkung.[282]

Der **Kriterienkatalog** ist **nicht abschließend**.[283] Weitere Merkmale können Vertriebs- und Liefermodalitäten – insbesondere Preisaufschläge für Lieferungen in bestimmte Regionen –, die Bezugnahme auf Rechtsnormen eines Staates, die Angabe der Postadresse mit Länderkürzel[284] oder die Ausgestaltung der Internetseite im Hinblick auf kulturelle Besonderheiten eines Staates sein.[285] So liegt es etwa für die Verwendung der Nationalfarben des betreffenden Staates.[286] Die Weiterleitung von einer Internetpräsenz mit der Top-Level-Domain eines Staates auf die zentrale Internetpräsenz des Unternehmers bietet einen gewichtigen Anhaltspunkt für die Ausrichtung der unternehmerischen Aktivitäten auf den Staat der Top-Level-Domain.[287] Die Angabe von **IBAN** und **BIC** hingegen ist nur dann Indiz für ein Ausrichten, wenn sie ausdrücklich mit dem Hinweis verbunden wird, dass damit ausländischen Kunden die Zahlung ermöglicht werden soll.[288] Denn auch im inländischen Zahlungsverkehr muss zumindest die IBAN für eine Banküberweisung angegeben werden. Auch die Aufnahme von Fernkontakt und der Abschluss des Vertrags im Fernabsatz sollen Indizien für eine Ausrichtung auf den Verbraucherstaat sein.[289] Die einzelnen Merkmale sind gerichtlich in einer **Gesamtbetrachtung** zusammenfassend zu würdigen.[290] 64

Nicht im **Fernabsatz geschlossen** werden muss der Vertrag zwischen Verbraucher und Unternehmer.[291] Dies hat der EuGH in der Rechtssache *Mühlleitner*[292] klargestellt. Die Entscheidung erwähnt Erwägungsgrund 24 der Rom I-VO, welcher diesem Auslegungsergebnis eigentlich entgegensteht,[293] ausdrücklich,[294] verneint aber aus historischen und 65

---

279 ÖstOGH, Beschl. v. 20.5.2009 – 2 Ob 256/08y, S. 12 (ausschließlich in tschechischer Sprache gestaltete Homepage nicht auf Österreich ausgerichtet).
280 Vgl. Rauscher/*Staudinger* Art. 17 Brüssel Ia-VO Rdn. 13a (für die englische, spanische und portugiesische Sprache).
281 Vgl. *Mankowski* IPRax 2012, 144, 149.
282 *Mankowski* IPRax 2012, 144, 150.
283 Vgl. *M. Weller/Nordmeier* in: Spindler/Schuster, Recht der elektronischen Medien, 3. Aufl. 2015, Art. 6 Rom I-VO Rdn. 14.
284 OLG München, Zwischenurt. v. 16.3.2016 – 15 U 2341/15 Rae, Tz. 107 (zu Art. 15 LuGÜ). Die Angabe einer geografischen oder postalischen Adresse (ohne internationalen Länderzusatz) allein genügt jedoch nicht, siehe Rauscher/*Staudinger* Art. 17 Brüssel Ia-VO Rdn. 13.
285 *Mankowski* IPRax 2012, 144, (153f.).
286 Vgl. BGH NJW 2015, 2339, 2341, Tz. 21 (Verwendung der Farbe Orange bei Ausrichtung einer Webseite auf die Niederlande).
287 KG, MMR 2013, 591, 592 m. Anm. *Faber* (Domain xyz.de wird weitergeleitet auf xyz.com/de).
288 Vgl. OGH, ZfRV 2014, 181.
289 EuGH, NJW 2012, 3225, 3227, Tz. 44.
290 *Brand* IPRax 2013, 126, 127; *Gsell* ZZP 127 (2014), 432, 457.
291 OLG München, Zwischenurt. v. 16.3.2016 – 15 U 2341/15 Rae, Tz. 92 (zu Art. 15 LuGÜ); Rauscher/*Staudinger* Art. 17 Brüssel Ia-VO Rdn. 14.
292 EuGH, NJW 2012, 3225, m. zust. Anm. *Staudinger/Steinrötter* NJW 2012, 3227; siehe auch *Kieninger* FS Magnus, 449, 452f.; *Würdinger* FS Gotwald, 693, 701ff. dem folgend BGH, MMR 2013, 642 = EWIR 2013, 613 m. zust. Anm. *Schroeter/Krämer*.
293 Näher Rauscher/*Staudinger* Art. 17 Brüssel Ia-VO Rdn. 14.
294 EuGH, NJW 2012, 3225, 3226, Tz. 33; treffende Kritik insoweit bei *Kieninger* FS Magnus, 449, 455f.

teleologischen[295] Gründen das genannte Erfordernis. Zentral ist der Gedanke, dass ein Ausrichten der Tätigkeit auf den Verbraucherwohnsitzstaat genügen soll. Die zusätzlichen Risiken des Fernabsatzes – der Verbraucher hat die Ware nicht „in der Hand" und kann sich keinen unmittelbaren eigenen Eindruck verschaffen – sind nicht so zentral, dass sie die Trennlinie für den prozessualen Verbraucherschutz böten.[296] Wird der Vertrag jedoch tatsächlich im Fernabsatz geschlossen, kann dies ein Indiz für die Ausrichtung auf den Wohnsitzstaat des Verbrauchers sein.

66 Keine Einschränkung der Ausrichtung kann der Unternehmer durch einen ausdrücklichen Hinweis auf seiner Internetpräsenz, dass sich das Angebot nur an Verbraucher aus bestimmten Staaten richte (sog. **disclaimer**), erzielen.[297] Vielmehr muss der Unternehmer seinen eigenen disclaimer auch ernst nehmen und einen Vertragsschluss mit Verbrauchern aus einem Staat, auf welchen die Internetseite nicht ausgerichtet sein soll, ablehnen.[298] Täuscht der Verbraucher über seinen Wohnsitzmitgliedstaat, um den Unternehmer zum Vertragsschluss zu verleiten, kann er sich auf Art. 17 ff. nicht berufen.[299] Dies gilt unabhängig davon, ob die Täuschung technisch einfach (z.B. Eintippen oder Anklicken eines anderen als des tatsächlichen Wohnsitzes) oder anspruchsvoller (Verschleierung des Wohnsitzes durch Proxy-Server, DNS- oder VPN-Dienste) zu bewerkstelligen ist.[300] Denn der täuschende Verbraucher ist unabhängig vom Aufwand, den er für die Täuschung betreibt, nicht schutzwürdig. Wenn dem Unternehmer technische Möglichkeiten zur Verfügung stehen, um ein Besuchen seines Internetauftritts durch Personen mit gewöhnlichem Aufenthalt in einem bestimmten Staat von vorneherein auszuschließen, steht es ihm frei, diese zu nutzen.[301] Ein Verstoß gegen das AGG liegt hierin nicht.[302] Der Unternehmer kann sich folglich regelmäßig wirksam schützen, indem er den Verbraucher zur Angabe seines Wohnsitzes im Rahmen eines Online-Bestellvorgangs zu verpflichtet.

67 Die **Ausrichtung** der Internetpräsenz muss **mit Wissen und Wollen des Unternehmers** erfolgen. Unerheblich ist, ob er sie selbst betreibt, ob er einen Fremdanbieter einschaltet[303] oder Plattformen Dritter (ebay, craigslist u.ä.) verwendet.[304]

68 **cc) Wohnsitzstaat des Verbrauchers als Zielland.** Die Tätigkeit des Unternehmers muss zumindest **auch auf den Staat**, in dem der **Verbraucher** seinen **Wohnsitz** i.S.d. Art. 61 hat, ausgerichtet sein. Richtet der Unternehmer seine Tätigkeit auf mehrere Staaten aus, braucht der Wohnsitzstaat nicht derjenige Staat zu sein, auf welchen die Ausrichtung im Schwerpunkt erfolgt.[305] Unerheblich ist ferner, ob die Tätigkeit auch oder im Schwerpunkt auf Drittstaaten ausgerichtet wird.

---

295 EuGH, NJW 2012, 3225, 3226, Tz. 42. Die teleologische Erwägung erschöpft sich freilich in dem Argument, eine enge Auslegung des Art. 15 Abs. 1 lit. c) EuGVVO liefe dem Ziel des Verbraucherschutzes zuwider.
296 Vgl. *Würdinger* FS Gotwald 693, 701.
297 Ähnlich *Wilke* ZIP 2015, 2306, 2309 (widersprüchliches Verhalten, wenn mit Verbraucher aus einem gemäß disclaimer ausgeschlossenen Staat kontrahiert wird); **a.A.** OLG München, Zwischenurt. v. 16.3.2016 – 15 U 2341/15 Rae, Tz. 85 (zu Art. 15 LuGÜ); Thomas/Putzo/*Hüßtege* Art. 17 EuGVVO Rdn. 13.
298 Vgl. *Peschel* GPR 2016, 194, 196.
299 Vgl. *Kropholler/von Hein* Art. 15 EuGVVO Rdn. 24; *Geimer/Schütze* Art. 15 EuGVVO Rdn. 38.
300 A.A. *Peschel* GPR 2016, 194, 197.
301 *Wilke* EuZW 2015, 13, 19; zu Einschränkungen des Geoblocking durch eine geplante europäische Verordnung *Peschel* GPR 2016, 194 ff.
302 Näher Rauscher/*Staudinger* Art. 17 Brüssel Ia-VO Rdn. 13b.
303 EuGH, NJW 2011, 505, 510, Tz. 89; *Kropholler/von Hein* Art. 15 EuGVVO Rdn. 25.
304 Rauscher/*Staudinger* Art. 17 Brüssel Ia-VO Rdn. 14b.
305 Vgl. Stein/Jonas/*G. Wagner* Art. 15 EuGVVO Rdn. 41.

d) Keine Kausalität erforderlich. Im Hinblick auf Erwägungsgrund 25 Rom I-VO **69** wird teilweise **Kausalität** zwischen der **Ausrichtung** der unternehmerischen Tätigkeit und der **Begründung des vertraglichen Schuldverhältnisses**, auch beschrieben als „innerer Zusammenhang", gefordert.[306] Die auf den Wohnsitzstaat ausgerichtete Tätigkeit müsse den späteren Vertragsschluss zumindest motiviert haben.[307] Derjenige Verbraucher, welcher ohne vorherige Kontaktaufnahme des Unternehmers seinen Wohnsitzstaat verlasse, sei nicht schutzwürdig.[308] Um den Verbrauchergerichtsstand nicht ausufern zu lassen, bedürfe es eines Bindegliedes zwischen dem Ausüben bzw. Ausrichten der unternehmerischen Tätigkeit und dem Vertrag. Ein bloßes Nebeneinander von Ausrichtung der Internetseite und Vertragsschluss genügt dieser Ansicht nach nicht. Für Art. 15 Abs. 1 lit. c) Brüssel Ia-VO hat der **EuGH**[309] jedoch unter Hinweis auf die Effektivität des Gerichtsstands ein **Kausalitätserfordernis verworfen**[310] und damit Abs. 1 lit. c) ganz erheblich erweitert. Deshalb kann auch an dem Erfordernis der „Motivierung" des Verbrauchers zum Vertragsschluss nicht festgehalten werden.[311] Liegt eine **Kausalität** für den Vertragsschluss vor, bietet sie allerdings ein **Indiz** dafür, dass der Vertrag an eine auf den Wohnsitzmitgliedstaat des Verbrauchers **ausgerichtete Tätigkeit** anschließt.[312] Die Entscheidung des EuGH bezieht sich auf eine ungeschriebene Kausalitätsvoraussetzung.[313] Ihr lag ein Sachverhalt zugrunde, in dem der Verbraucher nicht über das Internet, sondern über Bekannte vom Unternehmer im Nachbarstaat erfahren hatte. Der Vertragsschluss erfolgte beim Unternehmer vor Ort. In einer vergleichbaren Fallgestaltung hatte der BGH die internationale Zuständigkeit aus Art. 15 Abs. 1 lit. c) Brüssel Ia-VO nicht angenommen, dies jedoch bereits auf das fehlende Ausrichten gestützt.[314] Hauptargument des EuGH, ein Kausalitätserfordernis abzulehnen, sind Beweisschwierigkeiten des Verbrauchers in Fällen, in denen der Vertrag nicht im Fernabsatz geschlossen wurde.[315] Die Entscheidung steht in Widerspruch zu Erwägungsgrund 25 S. 2 Rom I-VO, der in Bezug auf Art. 6 Abs. 1 lit. b) Rom I-VO ausführt, der Vertragsschluss müsse auf eine Tätigkeit, welche auf den Verbraucherwohnsitzstaat ausgerichtet ist, „zurückzuführen"[316] sein.[317] Es ist allerdings zu konstatieren, dass das prozessuale Ungleichgewicht,

---

[306] OLG Karlsruhe, IPRax 2008, 348, 349 m. Anm. *Mankowski* IPRax 2008, 333; Stein/Jonas/*G. Wagner* Art. 15 EuGVVO Rdn. 49; *von Hein* JZ 2011, 954, 958; siehe auch Rauscher/*Staudinger* Art. 17 Brüssel Ia-VO Rdn. 15.
[307] BGH NJW 2012, 1817, 1820, Tz. 38 m.w.N.
[308] Vgl. ÖstOGH, Beschl. v. 20.5.2009 – 2 Ob 256/08y, S. 12.
[309] EuGH, NJW 2013, 3504 m. Anm. *Staudinger/Steinrötter* = EuZW 2013, 943 m. Anm. *Schultheiß* = IPRax 2014, 63 m. Aufs. *Rühl*; sowie Anm. *Lubrich* GPR 2014, 116 und Amn. *Mankowski* EWiR 2013, 717; siehe auch *R. Wagner* EuZW 2016, 269; *Wilke* EuZW 2015, 13, 15.
[310] Dem folgend BGH, MDR 2018, 95, 97, Tz. 35; OLG München, Zwischenurt. v. 16.3.2016 – 15 U 2341/15 Rae, Tz. 89 (zu Art. 15 LugÜ); Thomas/Putzo/*Hüßtege* Art. 17 EuGVVO Rdn. 15; *Schlosser/Hess* Art. 17 EuGVVO Rdn. 8; ablehnend *Würdinger* FS Gotwald 693, 702 f.; siehe auch *M. Weller/Nordmeier* in: Spindler/Schuster, Recht der elektronischen Medien, 3. Aufl. 2015 Art. 6 Rom I-VO Rdn. 20.
[311] OLG München, Zwischenurt. v. 16.3.2016 – 15 U 2341/15 Rae, Tz. 115 (zu Art. 15 LugÜ); **a.A.** wohl *Carrizo Aguado* CDT (März 2016), vol. 8, Nr. 1, 301, 315.
[312] Kritisch insofern *Wilke* EuZW 2015, 13, 17.
[313] EuGH, NJW 2013, 3504, 3505, Tz. 24.
[314] BGH, IPRax 2009, 258, 259 m. Aufs. *Mankowski* IPRax 2009, 238, der das Problem eher beim Kausalitätserfordernis verortet.
[315] EuGH, NJW 2013, 3504, 3505, Tz. 25.
[316] Deutlich insoweit auch die englische Sprachfassung des Erwägungsgrund 25 S. 2: „[...]and the contract is concluded as a result of such activities."
[317] Staudinger/*Rauscher* Art. 17 Brüssel Ia-VO Rdn. 15c und 15d; *Würdinger* FS Gotwald 693, 702; *Baumert*, EWiR 2017, 547 f.; *Leible/Müller* NJW 2011, 495, 497; *Lubrich* GPR 2014, 116, 117; *Mankowski* EWiR 2013, 717, 718; *Rühl* IPRax 2014, 41, 43; die abweichende Wertung als unproblematisch erachtend *Gsell* ZZP

welches Art. 17 ff. ausgleichen wollen, unabhängig davon besteht, ob die Internetpräsenz des Unternehmers kausal für den Vertragsschluss war.[318]

70 Die durch den EuGH postulierten **Beweisschwierigkeiten** dürften **nur in Ausnahmefällen** bestehen.[319] Denn die Kausalität zwischen Internetauftritt und Vertragsschluss – welche in aller Regel nur zweifelhaft sein kann, wenn der Vertrag nicht über die Internetpräsenz geschlossen wurde – ist ein primär in der Sphäre des Verbrauchers liegender Umstand.[320] Nach deutschem Prozessrecht ist deshalb zum Bestreiten substantiierter Vortrag (§ 138 Abs. 1 und 2 ZPO) notwendig, ein Bestreiten mit Nichtwissen (§ 138 Abs. 4 ZPO) ausgeschlossen. Helfen können auch die Regeln des Anscheinsbeweises (näher Rdn. 79).

71 **e) Vertrag im Bereich der Tätigkeit.** Sowohl für das Ausüben der Tätigkeit als auch für das Ausrichten verlangt Abs. 1 lit. c), 2. Hs., dass der Vertrag in **den Bereich der Tätigkeit** fällt.[321]

Hier ließe sich – eine gewisse Unklarheit in der Formulierung konstatierend – ein **Kausalitätserfordernis** zwischen der ausgerichteten Tätigkeit und dem Vertragsschluss verankern.[322] Ein solches ist nach der Rechtsprechung des EuGH jedoch nicht zu fordern (vgl. Rdn. 69). Vielmehr betrifft die Wendung Unternehmer mit verschiedenen Geschäftsbereichen. Ist ein Geschäftsbereich des Unternehmers auf den Wohnsitzmitgliedstaat des Verbrauchers ausgerichtet, ein anderer jedoch nicht oder übt der Unternehmer nur einen Teil seiner Geschäftstätigkeit im Wohnsitzmitgliedstaat des Verbrauchers aus, so muss das Geschäft in den ausgeübten oder ausgerichteten Geschäftsbereich fallen.[323]

72 **4. Wohnsitz.** Im Anwendungsbereich der Art. 17 ff. gelten die Wohnsitzdefinitionen des **Art. 62** für **natürliche Personen** und **Art. 63** für **juristische Personen**. Der Wohnsitzwechsel von einem Mitgliedstaat in einen anderen lässt die Anwendbarkeit der Art. 17 ff. unberührt, beeinflusst aber die internationale Zuständigkeit.[324] Zum Drittstaatenwohnsitz s.u. Rdn. 80.

VI. Prozessuales: Änderung der zuständigkeitsbegründenden Tatsachen vor Klageerhebung und Beweislast

73 **1. Änderung der zuständigkeitsbegründenden Tatsachen vor Klageerhebung.** Umstritten ist, inwiefern sich Änderungen der zuständigkeitsbegründenden Tatsachen **zwischen Vertragsschluss und Klageerhebung** auswirken. Nach Ansicht des BGH[325] besteht kein Gerichtsstand der Zweigniederlassung nach Abs. 2, wenn diese nach Vertragsschluss, aber vor Klageerhebung aufgegeben wurde. Das hierfür angeführte Wort-

---

127 (2014), 432, 458; Erwägungsgrund 25 S. 2 ist Grundlage der Annahme, Kausalität sei erforderlich, siehe NK-BGB/*Leible* Art. 6 Rom I Rdn. 60; *Mankowski* IPRax 2008, 333, 336.
318 *Gsell* ZZP 127 (2014), 432, 456.
319 Kritisch auch *Rühl* IPRax 2014, 41, 43; differenzierend *Wilke* EuZW 2015, 13, 15; **a.A.** *Lubrich* GPR 2014, 116, 119.
320 Staudinger/*Rauscher* Art. 17 Brüssel Ia-VO Rdn. 15g; *Staudinger/Steinrötter* JuS 2015, 1, 6, sehen deshalb die Gefahr, dass die Behauptung der Kausalität auf eine bloße Förmelei hinausliefe.
321 Rauscher/*Staudinger* Art. 17 Brüssel Ia-VO Rdn. 16.
322 *Rühl* IPRax 2014, 41, 42 f. m.w.N.
323 *Wilke* EuZW 2015, 13, 15; *ders.*, ZIP 2015 2306, 2309.
324 *Kropholler/von Hein* Art. 15 EuGVVO Rdn. 1.
325 BGH NJW-RR 2007, 1570, 1571 = IPRax 2008, 128 m. krit. Aufs. *Staudinger* IPRax 2008, 107.

lautargument,[326] Abs. 2 verlange, dass der Vertragspartner eine Niederlassung „besitzt", nicht besessen hat, erweist sich vor dem Hintergrund der englischen Sprachfassung[327] als nicht allzu stark. Allerdings zeigt Art. 19 Nr. 3, der ausdrücklich auf den Wohnsitz zum Zeitpunkt des Vertragsschlusses abstellt, dass die zuständigkeitsbegründenden Umstände in Art. 17 ff. nicht ohne Weiteres auf den Moment der Klageerhebung bezogen werden können. Zielführender dürfte es sein, Sinn und Zweck der Art. 17 ff. in den Blick zu nehmen, der darin liegt, ein im vertraglichen Schuldverhältnis zwischen Verbraucher und Unternehmer angelegtes Ungleichgewicht mit Mitteln des internationalen Zuständigkeitsrechts zu kompensieren (vgl. Einl. Art. 17–19 Rdn. 2). Die **Anwendbarkeit** dieses **transaktionsbezogenen Schutzregimes** beruht auf Umständen bei Begründung des vertraglichen Schuldverhältnisses und sollte deshalb auf diesen Moment bezogen werden. Die Umsetzung dieses Schutzes hingegen, welche in der Modifikation der allgemeinen Zuständigkeitsregeln besteht, wird im Zeitpunkt der Klageerhebung relevant.[328]

Vor diesem Hintergrund erweist sich eine **Differenzierung** dahingehend als stimmig, dass Umstände, welche Voraussetzung der in Art. 17 ff. angeordnete **Abweichung von den allgemeinen Zuständigkeitsregeln** sind, auf den Zeitpunkt der Begründung des vertraglichen Schuldverhältnisses fixiert werden.[329] Verbraucher und Unternehmer können so im Zeitpunkt des Vertragsschlusses vorhersehen, dass für etwaige Rechtsstreitigkeiten zwischen ihnen das Zuständigkeitsregime der Art. 17 ff. gilt. Irrelevant ist damit, ob der Unternehmer seine Tätigkeit nach Vertragsschluss, aber vor Klageerhebung nicht mehr im Wohnsitzstaat des Verbrauchers ausübt oder sie auf diesen ausrichtet.[330] Umgekehrt eröffnet eine Ausübung oder ein Ausrichten der Tätigkeit erst nach Vertragsschluss den Anwendungsbereich der Art. 17 ff. nicht.[331] Hingegen sind zuständigkeitsbegründenden Umstände, welche in **Umsetzung dieser Abweichung von den allgemeinen Zuständigkeitsregeln** das oder die in räumlicher Hinsicht zuständigen Gerichte bezeichnen, auf den Zeitpunkt der Klageerhebung zu beziehen. **74**

Deshalb sind für die **Voraussetzungen des Art. 17 Abs. 1** die Umstände im **Zeitpunkt der Begründung des vertraglichen Schuldverhältnisses**,[332] für **Art. 18 Abs. 1 und 2 sowie für Art. 17 Abs. 2** die Umstände im **Zeitpunkt der Klageerhebung** ausschlaggebend.[333] Dass der Umzug des Verbrauchers von einem Mitgliedstaat in einen anderen für den Unternehmer weniger vorhersehbar sei als der Umzug innerhalb eines Mitgliedstaates,[334] wird sich so pauschal nicht sagen lassen. Auch hat bereits der *Jenard*- **75**

---

326 BGH NJW-RR 2007, 1570, 1571, Tz. 14; kritisch insoweit Stein/Jonas/*G. Wagner* Art. 15 EuGVVO Rdn. 9.
327 Abs. 2 lautet in der englischen Fassung: „Where a consumer enters into a contract with a party who is not domiciled in a Member State but has a branch, agency or other establishment in one of the Member States [...]" und rückt damit den Vertragsschluss in den Vordergrund.
328 Ähnlich, aber wohl beschränkt auf Art. 15 Abs. 1 lit. c) EuGVVO a.F. *Geimer/Schütze* Art. 16 EuGVVO Rdn. 6 (Unterscheidung zwischen Anwendungsnorm und Kompetenznorm).
329 *Gramlich*, EuZW 2017, 213, 214 f.; ähnlich zu Art. 15 Abs. 1 lit. c) EuGVVO a.F. *Seibl* IPRax 2011, 234, 236.
330 OLG Frankfurt am Main, EuZW 2009, 309, 312; Rauscher/*Staudinger* Art. 17 Brüssel Ia-VO Rdn. 18.
331 Rauscher/*Staudinger* Art. 17 Brüssel Ia-VO Rdn. 18.
332 Vgl. BGH NJW 2015, 2339, 2341, Tz. 23; MDR 2018, 95, 97, Tz. 30; OLG Frankfurt am Main, NJW-RR 2009, 645, 647; OLG München, Zwischenurt. v. 16.3.2016 – 15 U 2341/15 Rae, Tz. 91 (zu Art. 15 LuGÜ), alle zum Ausrichten nach Art. 17 Abs. 1 lit. c), das bei Vertragsschluss vorgelegen haben muss.
333 Im Ergebnis ebenso LG Traunstein, IPRspr. 2012 Nr. 202, 461, 463 f. (zum rev. LugÜ); anders Rauscher/*Staudinger* Art. 17 Brüssel Ia-VO Rdn. 17; Gramlich, EuZW 2017, 213, 215; *Wilke* EuZW 2015, 13, 18 (Klägergerichtsstand nach Art. 18 Abs. 1, 2. Alt. nur, wenn die Tätigkeit auf den ehemaligen und auf den aktuellen Wohnsitzstaat des Verbrauchers ausgerichtet war oder in beiden Staaten ausgeübt wurde).
334 Rauscher/*Staudinger* Art. 17 Brüssel Ia-VO Rdn. 17.

Bericht³³⁵ zur Erläuterung der Vorgängervorschrift des heutigen Art. 19 Abs. 3 dargelegt, dass aus Gründen des Schutzes des Verbrauchers auf den Wohnsitz im Zeitpunkt der Klageerhebung abzustellen sei. In der Tat entfaltet sich der durch Art. 17ff. vermittelte Schutz nur dann, wenn der Verbraucher an seinem aktuellen Wohnsitz klagen und der Unternehmer ihn nur dort verklagen kann. Die hier vertretene Auffassung deckt sich auch überwiegend mit der Ansicht, prinzipiell die Tatsachen im Moment der Begründung des vertraglichen Schuldverhältnisses heranzuziehen und spätere Änderungen außer Betracht zu lassen, hiervon jedoch im Hinblick auf den Wohnsitz des Verbrauchers in Art. 18 Abs. 1 und 2 eine Ausnahme zuzulassen.³³⁶ Diese Ausnahme soll sich aus Art. 19 Abs. 3 ergeben,³³⁷ was insofern auf Bedenken stößt, als Art. 19 Abs. 3 auf die Wohnsitze von Unternehmer und Verbraucher abstellt, welche zum Zeitpunkt des Vertragsschlusses in demselben Mitgliedstaat liegen müssen. Aus diesem Umstand lässt sich kaum ableiten, dass zwar für den Wohnsitz des Verbrauchers, nicht aber für den des Unternehmers der Zeitpunkt der Klageerhebung relevant ist. Der vorliegend vertretene Ansatz vermeidet dieses Begründungsproblem.

76 Nach **Anrufung des Gerichts** wird das **Forum perpetuiert**, d.h. spätere Änderungen zuständigkeitsrelevanter Tatsachen bleiben unberücksichtigt. Ausschlaggebend ist insoweit der autonom zu bestimmende, in **Art. 32 Abs. 1** genannte Zeitpunkt.

77 **2. Beweislast.** Zur **Beweislast** gilt grundsätzlich, dass derjenige, welcher sich auf den Schutz der Art. 17ff. beruft – in aller Regel der Verbraucher –, deren tatsächliche Voraussetzungen darzulegen und zu beweisen hat.³³⁸ Dies beruht erstens auf dem allgemeinen Grundsatz, dass jede Partei diejenigen tatsächlichen Umstände darzulegen und zu beweisen hat, die ihr günstig sind. Zweitens folgt es aus dem Ausnahmecharakter der Art. 17ff., die eine Abweichung vom Grundsatz der Zuständigkeit am Beklagtenwohnsitz (Art. 4 Abs. 1) enthalten; wer sich auf eine Ausnahmebestimmung beruft, den trifft die Darlegungs- und Beweislast hinsichtlich deren tatsächlicher Voraussetzungen.³³⁹

78 Teilweise wird für Verträge mit **doppeltem Verwendungszweck** der EuGH³⁴⁰ dahingehend verstanden, dass das Vorliegen eines Verbrauchervertrags vermutet werde, wenn ein gemischter Vertrag vorliegt,³⁴¹ welcher sowohl privaten als auch nicht gänzlich untergeordneten beruflich-gewerblichen Zwecken dient und die aktenkundigen objektiven Umstände nicht den Schluss auf die kommerzielle Natur des Geschäfts rechtfertigen.³⁴² Eine solche prozessuale Beweislastverteilung lässt sich der – freilich teilweise kaum stimmigen³⁴³ – Argumentation des EuGH nicht entnehmen. Nach der genannten Entscheidung kann der prozessuale Verbraucherschutz vielmehr versagt werden, wenn sich der Verbraucher als Unternehmer gerierte (vgl. auch Rdn. 35). Die Beweislast für die

---

335 Jenard-Bericht, S. 13, zu Art. 14 EuGVÜ (welcher das „Ausrichten" freilich noch nicht kannte).
336 Stein/Jonas/*G. Wagner* Art. 15 EuGVVO Rdn. 10 und 54.
337 Stein/Jonas/*G. Wagner* Art. 15 EuGVVO Rdn. 7.
338 EuGH, NJW 2005, 653, 655, Tz. 46; BGH NJW 2015, 2339, 2341, Tz. 26; NJW 2012, 1817, 1819, Tz. 32; OLG München, Zwischenurt. v. 16.3.2016 – 15 U 2341/15 Rae, Tz. 51 (zu Art. 15 LuGÜ); LG Kleve, Urt. v. 27.10.2015 – 4 O 119/15; Stein/Jonas/*G. Wagner* Art. 16 EuGVVO Rdn. 23; Rauscher/*Staudinger* Art. 17 Brüssel Ia-VO Rdn. 13a; Thomas/Putzo/*Hüßtege* Art. 17 EuGVVO Rdn. 2; *Schlosser/Hess* Art. 17 EuGVVO Rdn. 3; *Lubrich* GPR 2014, 116, 118; **a.A.** *Geimer/Schütze* Art. 15 EuGVVO Rdn. 23 (non liquet zulasten des Vertragspartners des Verbrauchers).
339 BGH NJW 2015, 2339, 2341,Tz. 26.
340 EuGH, NJW 2005, 653, 655, Tz. 50.
341 *Schlosser/Hess* Art. 17 EuGVVO Rdn. 3.
342 Stein/Jonas/*G. Wagner* Art. 16 EuGVVO Rdn. 23.
343 Insbesondere der Rekurs auf den „Akteninhalt" als Quelle der zu würdigenden Tatsachen erstaunt, vgl. die berechtigte Kritik von Stein/Jonas/*G. Wagner* Art. 16 EuGVVO Rdn. 23.

tatsächlichen Voraussetzungen dieser Ausnahme trägt der Unternehmer, da sie ihm günstig sind. Eine Beweislastumkehr hinsichtlich der Voraussetzungen des Verbrauchervertrags findet hingegen nicht statt.

Zur Effektivierung des verbraucherschützenden Zwecks der Art. 17 ff. hat der BGH **erhöhte Anforderungen** an das **substantiierte Bestreiten** nach § 138 Abs. 2 ZPO der Voraussetzungen dieser Bestimmungen durch den **Unternehmer** gestellt.[344] Wenn der Verbraucher bewiesen hat, dass der Internetauftritt des Unternehmers im Zeitpunkt der Klageerhebung auf den Staat seines gewöhnlichen Aufenthalts ausgerichtet war, muss der Unternehmer, wenn er behauptet, im für Abs. 1 lit. c) relevanten Zeitpunkt des Vertragsschlusses (vgl. Rdn. 74) sei die Internetseite noch nicht in dieser Weise ausgerichtet gewesen, detailliert vortragen und kann sich nicht auf einfaches Bestreiten beschränken.[345] Dies beruht auf dem Gedanken, dass die Gestaltung des Internetauftritts in der Sphäre des Unternehmers liegt und der Verbraucher bei Vertragsschluss in aller Regel keinen Anlass hat, Beweise für dessen Gestaltung zu sichern.[346] Die Bedeutung der Entscheidung sollte jedoch nicht überschätzt werden. Insbesondere lässt sich aus ihr kein allgemeiner Grundsatz dahingehend ableiten, dass der Unternehmer für das Nichtvorliegen zuständigkeitsbegründender Umstände, die sich in seiner Sphäre ereignen, beweispflichtig wäre.[347] Nähme man dies an, genügte der allgemeine Vortrag des Verbrauchers, die Internetseite sei auf seinen Aufenthaltsstaat ausgerichtet gewesen, um den Unternehmer zu verpflichten, den Entlastungsbeweis zu führen. Eine so weitgehende Beweiserleichterung, die einer Beweislastumkehr nahe kommt, widerspricht aber dem Grundsatz des Ausnahmecharakters der Art. 17 ff. Entscheidend ist vielmehr, dass im Sachverhalt der BGH-Entscheidung mit dem nachgewiesenen Ausrichten im Moment der Klageerhebung ein sehr gewichtiges Indiz dafür bestand, dass die Internetseite auch im Moment des Vertragsschlusses ebenso ausgerichtet war. Im Kern geht es um einen **Anscheinsbeweis** dahingehend, dass eine Internetseite, die bei Klageerhebung (oder zu einem späteren Zeitpunkt während des Prozesses)[348] auf den gewöhnlichen Aufenthaltsort des Verbrauchers ausgerichtet war, auch im Moment des – in casu: zwei Jahre zuvor erfolgten – Vertragsschlusses identisch gestaltet und damit ebenfalls ausgerichtet gewesen war. Einer weitergehenden Verallgemeinerung ist die Entscheidung m.E. nicht zugänglich.

VII. Ausnahmen

1. Drittstaatenwohnsitz (Abs. 2 und Art. 6). Abs. 1 gilt unbeschadet des Art. 6. Der Vorbehalt entspricht demjenigen in Art. 10, 1. Alt.[349] Hieraus folgt im **Grundsatz**, dass der **Beklagte** seinen **Wohnsitz** i.S.d. Art. 61 f. in einem **Mitgliedstaat** haben muss, damit Art. 17 ff. greifen.[350] Für Klagen gegen einen in einem Drittstaat wohnhaften Beklagten

---

344 BGH NJW 2015, 2339, 2341,Tz. 28–31; dem folgend OLG München, Zwischenurt. v. 16.3.2016 – 15 U 2341/15 Rae, Tz. 98 (zu Art. 15 LugÜ); Rauscher/*Staudinger* Art. 17 Brüssel Ia-VO Rdn. 13a.
345 BGH NJW 2015, 2339, 2341,Tz. 29, verlangt Vortrag, zu welchem Zeitpunkt durch wen auf welche Weise die Umgestaltung der Internetpräsenz erfolgte.
346 BGH NJW 2015, 2339, 2341, Tz. 29.
347 Tendenziell **a.A.** Thomas/Putzo/*Hüßtege* Art. 17 EuGVVO Rdn. 13 (Unternehmer treffe sekundäre Darlegungslast, dass Ausrichtung vor Vertragsschluss noch nicht gegeben).
348 Vgl. OLG München, Zwischenurt. v. 16.3.2016 – 15 U 2341/15 Rae, Tz. 99 (zu Art. 15 LugÜ): Vortrag zur Beschaffenheit der Internetseite während des Prozesses auf den Moment der Klageerhebung zurückbezogen.
349 *Kropholler/von Hein* Art. 15 EuGVVO Rdn. 2.
350 EuGH, IPRax 1995, 315, 316, Tz. 17 auf Vorlage von BGH, RIW 1993, 671; Stein/Jonas/*G. Wagner* Art. 15 EuGVVO Rdn. 6; Rauscher/*Staudinger* Art. 17 Brüssel Ia-VO Rdn. 19; *Geimer/Schütze* Art. 15 EuGVVO Rdn. 6.

gelten die mitgliedstaatlichen Bestimmungen des angerufenen Gerichts,[351] in Deutschland also diejenigen der ZPO unter Einschluss des § 23 ZPO.[352]

81 Art. 6 Abs. 1 **behält** jedoch – anders als Art. 4 Abs. 1 Brüssel I-VO – neben den ausschließlichen Zuständigkeiten nach Art. 24 und einer Gerichtsstandsvereinbarung gemäß Art. 25 die Geltung des **Art. 18 Abs. 1 vor**. Hieraus folgt, dass dem **in einem Mitgliedstaat wohnenden Verbraucher** auch gegen einen in einem **Drittstaat wohnhaften Unternehmer** der Gerichtsstand an **seinem Wohnsitz** nach **Art. 18 Abs. 1, 2. Alt.** offensteht (siehe auch Art. 18 Rdn. 6).[353] Insoweit ist ein Bedeutungsverlust des Abs. 2 zu erwarten.[354] Beim in Art. 6 angeordneten Vorbehalt des Art. 18 Abs. 1, 1. Alt., welcher die Zuständigkeit der Gerichte des Mitgliedstaates anordnet, in dessen Hoheitsgebiet der beklagte Unternehmer seinen Wohnsitz hat, dürfte es sich um ein Redaktionsversehen handeln.[355] Denn Art. 6 setzt gerade voraus, dass der Beklagte in einem Drittstaat, nicht in einem Mitgliedstaat domiziliert ist.

82 Aus der Formulierung „**unbeschadet**" in Abs. 1 ist zu folgern, dass für Klagen gegen Unternehmen mit Wohnsitz in Drittstaaten auch die Gerichtsstände des Art. 6 zur Verfügung stehen. Mithin treten neben die Zuständigkeit am Wohnsitz des Verbrauchers nach Art. 18 Abs. 1, 2. Alt die – ggf. exorbitanten – Zuständigkeiten nach den nationalen Prozessrechten.[356]

83 Abs. 2 erweitert durch eine mit Art. 11 Abs. 2 identische Regelung den Anwendungsbereich der Art. 17 ff.[357] Hat der Unternehmer keinen Wohnsitz i.S.d. Art. 62 f. in einem Mitgliedstaat, besitzt er jedoch eine **Niederlassung** – d.h. Zweigniederlassung, Agentur oder sonstige Niederlassung – und betrifft die Klage eine Streitigkeit aus deren Betrieb, wird er behandelt, als habe er seinen Wohnsitz im Hoheitsgebiet des Niederlassungsmitgliedstaates. Die Begriffe sind wie in Art. 7 Nr. 5 auszulegen.[358] Wer sich auf Grundlage einer hinreichend verfestigten institutionellen Infrastruktur, nämlich durch eine Niederlassung, in den Binnenmarkt begibt, muss damit rechnen, hier auch gerichtspflichtig zu werden.[359] Andererseits begründen **Tochterunternehmen**, welche vollständig selbständig agieren, keinen Gerichtsstand gegen die Mutter.[360] Ein weitergehender Bezug zum Binnenmarkt, insbesondere zu mehreren Mitgliedstaaten, ist nicht erforderlich.[361] Ob der Verbraucher gerade im Niederlassungsmitgliedstaat wohnt, ist ohne Bedeutung.[362] Zum Problem der Schließung der Niederlassung zwischen Vertragsschluss und Klageerhebung s.o. Rdn. 73.

---

351 *Geimer/Schütze* Art. 15 EuGVVO Rdn. 7.
352 Rauscher/*Staudinger* Art. 17 Brüssel Ia-VO Rdn. 19.
353 *Leipold* FS Schilken, 353, 356; *Mankowski* RIW 2014, 625, 626 ff.
354 Vgl. *Mankowski* RIW 2014, 625, 627.
355 Anders wohl *Mankowski* RIW 2014, 625, 627.
356 *Leipold* FS Schilken, 353, 356 f.; *Reinmüller* IHR 2015, 1, 4.
357 EuGH, IPRax 1995, 315, 316 Tz. 18; *Kropholler/von Hein* Art. 15 EuGVVO Rdn. 1 und 28; Stein/Jonas/*G. Wagner* Art. 15 EuGVVO Rdn. 7; Rauscher/*Staudinger* Art. 17 Brüssel Ia-VO Rdn. 19; *Geimer/Schütze* Art. 15 EuGVVO Rdn. 8; *Schlosser/Hess* Art. 17 EuGVVO Rdn. 1 und 9.
358 Näher *Kropholler/von Hein* Art. 15 EuGVVO Rdn. 28; Rauscher/*Staudinger* Art. 17 Brüssel Ia-VO Rdn. 19; Stein/Jonas/*G. Wagner* Art. 15 EuGVVO Rdn. 53; *Schlosser/Hess* Art. 17 EuGVVO Rdn. 9.
359 Vgl. Stein/Jonas/*G. Wagner* Art. 15 EuGVVO Rdn. 50 und 53.; *de Lousanoff* GS Arens, 251, 257 (zum EuGVÜ).
360 EuGH, IPRax 1995, 315, 316, Tz. 18; Rauscher/*Staudinger* Art. 17 Brüssel Ia-VO Rdn. 19; Stein/Jonas/*G. Wagner* Art. 15 EuGVVO Rdn. 53.
361 Rauscher/*Staudinger* Art. 17 Brüssel Ia-VO Rdn. 19; Stein/Jonas/*G. Wagner* Art. 15 EuGVVO Rdn. 52.
362 *Kropholler/von Hein* Art. 15 EuGVVO Rdn. 28; Rauscher/*Staudinger* Art. 17 Brüssel Ia-VO Rdn. 19; Stein/Jonas/*G. Wagner* Art. 15 EuGVVO Rdn. 52; *Schlosser/Hess* Art. 17 EuGVVO Rdn. 9; *von Hein* IPRax 2006, 16, 17.

Abs. 2 eröffnet die in **Art. 18** genannten Gerichtsstände. **Gerichtsstandsvereinba-** 84
rungen sind nur unter den Einschränkungen des **Art. 19** zulässig.[363] Die Bestimmungen des mitgliedstaatlichen Zuständigkeitsrechts werden auch dann gesperrt, wenn sie dem Unternehmer ungünstiger sind als Art. 18 f.[364] Abs. 2 regelt nur die internationale, nicht die örtliche Zuständigkeit. Zu deren Bestimmung ist auf die nationalen Vorschriften zurückzugreifen.[365]

Abs. 2 betrifft nur Streitigkeiten, welche „**aus dem Betrieb**" der Niederlassung ent- 85
stehen. Dies ist etwa bei Beteiligung der Niederlassung am Vertragsschluss, nicht jedoch bei der bloßen Vertragsvermittlung für das Stammhaus der Fall.[366] Die werbende Tätigkeit einer Agentur ist ebenfalls nicht hinreichend.[367] Liegt ein solches Entstehen nicht vor, bleibt es gemäß Art. 6 Abs. 1 bei der Geltung nationalen Bestimmungen über die internationale Zuständigkeit. Ausweislich des Normtextes, welcher sich nur auf den „Vertragspartner des Verbrauchers" bezieht, gelangt Abs. 2 nicht zur Anwendung, wenn der in einem Drittstaat wohnhafte Verbraucher in einem Mitgliedstaat eine Niederlassung unterhält.[368] Hat der in einem Drittstaat wohnhafte Unternehmer eine Niederlassung in einem Mitgliedstaat und entspringt die Streitigkeit aus deren Betrieb, kann der in einem Mitgliedstaat wohnende Verbraucher wählen, ob er nach Art. 17 Abs. 1 i.V.m. Art. 6 und Art. 18 Abs. 1, 2. Alt. an seinem Wohnsitz gegen den Unternehmer klagt oder ob er nach Abs. 2 die Gerichte des Niederlassungsstaates anruft.[369] Das letztgenannte Vorgehen kann sich insbesondere empfehlen, wenn diese Gerichte sachnäher sind oder zu erwarten steht, dass eine Entscheidung im Niederlassungsstaat vollstreckt werden muss.

2. Niederlassung (Art. 7 Nr. 5). Der Vorbehalt zugunsten des Art. 7 Nr. 5 eröffnet 86
neben den Gerichtsständen des Art. 18[370] einen Gerichtsstand der Niederlassung – d.h. der Zweigniederlassung, Agentur oder sonstigen Niederlassung –, wenn eine Streitigkeit aus deren Betrieb entsprungen ist. Er **entspricht** demjenigen in **Art. 10, 2. Alt.**[371] und ist im Anwendungsbereich des Verbraucherschutzregimes nicht anders auszulegen als bei seiner Anwendung außerhalb des Verbraucherprozessrechts.[372] Praktische Bedeutung kommt ihm nur für den Aktivprozess des Verbrauchers am Niederlassungsort zu.[373] Art. 7 Nr. 5 setzt voraus, dass der Unternehmer **seinen Wohnsitz in einem Mitgliedstaat und eine Niederlassung in einem anderen** hat.[374] Dies ergibt sich aus dem einleitenden Halbsatz des Art. 7. Im Unterschied hierzu eröffnet **Abs. 2** für Klagen gegen Unternehmer mit **Wohnsitz in einem Drittstaat** einen Gerichtsstand der Niederlassung, wenn sich

---

363 Vgl. Stein/Jonas/*G. Wagner* Art. 15 EuGVVO Rdn. 56; *Geimer/Schütze* Art. 15 EuGVVO Rdn. 9; *Schlosser/Hess* Art. 17 EuGVVO Rdn. 9 (ganzer Abschnitt 4 gilt).
364 Vgl. Rauscher/*Staudinger* Art. 17 Brüssel Ia-VO Rdn. 20; Stein/Jonas/*G. Wagner* Art. 15 EuGVVO Rdn. 56; *Geimer/Schütze* Art. 15 EuGVVO Rdn. 10 f.
365 Rauscher/*Staudinger* Art. 17 Brüssel Ia-VO Rdn. 20.
366 Stein/Jonas/*G. Wagner* Art. 15 EuGVVO Rdn. 55; *Schlosser/Hess* Art. 17 EuGVVO Rdn. 9; vgl. auch *Hay* EuLF I-2013, 1, 4 (involved in the transaction).
367 BGH NJW 1995, 1225, 1226 (zu Art. 13 Abs. 2 EuGVVÜ); Stein/Jonas/*G. Wagner* Art. 15 EuGVVO Rdn. 55; *Rauscher* IPRax 1995, 289, 291.
368 *Geimer/Schütze* Art. 15 EuGVVO Rdn. 12.
369 Vgl. Rauscher/*Staudinger* Art. 17 Brüssel Ia-VO Rdn. 19.
370 Vgl. Stein/Jonas/*G. Wagner* Art. 15 EuGVVO Rdn. 50.
371 *Kropholler/von Hein* Art. 15 EuGVVO Rdn. 2; *Schlosser/Hess* Art. 17 EuGVVO Rdn. 1.
372 Stein/Jonas/*G. Wagner* Art. 15 EuGVVO Rdn. 2.
373 Stein/Jonas/*G. Wagner* Art. 15 EuGVVO Rdn. 51; *Geimer/Schütze* Art. 16 EuGVVO Rdn. 10 (privater Endverbraucher wird kaum je eine Niederlassung haben, aus deren Betrieb eine Streitigkeit entspringt).
374 Stein/Jonas/*G. Wagner* Art. 15 EuGVVO Rdn. 51 (am Sitz der Zweigniederlassung werde gleichsam ein „zweiter Wohnsitz" fingiert).

diese in einem Mitgliedstaat befindet. Während Art. 7 Nr. 5 auch die örtliche Zuständigkeit auf den Niederlassungsort fixiert („vor den Gerichten des Ortes"), fingiert Abs. 2 nur den Wohnsitz „im Hoheitsgebiet" des Niederlassungsstaates und regelt somit die örtliche Zuständigkeit nicht.[375]

87   **3. Beförderungsverträge (Abs. 3).** Vom Anwendungsbereich der Art. 17–19 Brüssel Ia-VO schließt Abs. 3 Beförderungsverträge aus. Verhindert werden soll, dass Art. 17 ff. mit **internationalen Übereinkommen**, welche das Transportrecht betreffen, **kollidieren**.[376] Zu nennen sind beispielsweise das Warschauer Abkommen zur Vereinheitlichung von Regeln über die Beförderung im internationalen Luftverkehr[377], das Genfer Übereinkommen über den Beförderungsvertrag im internationalen Straßengüterverkehr (CMR)[378], das Übereinkommen über den internationalen Eisenbahnverkehr (COTIF)[379] nebst Anhängen A[380] und B[381] oder das Athener Übereinkommen über die Beförderung von Reisenden und ihrem Gepäck auf See[382]. Den Vorrang dieser Übereinkommen vor der Brüssel Ia-VO sichert allerdings bereits Art. 71.[383] Verträge, die von der Bereichsausnahme des Abs. 3 erfasst werden, für die aber ein internationales Abkommen nicht greift, unterliegen den allgemeinen Regeln, insbesondere also Art. 7 und Art. 25.[384] Genießen internationale Übereinkommen bereits gemäß Art. 71 Vorrang, ist Abs. 3 mit der genannten Regelungsabsicht eigentlich redundant. Die Reform der Brüssel I-VO hat jedoch nicht zu seiner Abschaffung geführt.[385]

88   Nicht einheitlich beurteilt wird, ob **gemischte Transportverträge**, für welche keine staatsvertraglichen Regelungen existieren, unter die Ausnahme des Abs. 3 fallen. Dies wird teilweise im Hinblick auf die ratio der Bestimmung, den Vorrang der Staatsverträge zu sichern, verneint.[386] Der Wortlaut der Norm trägt eine solche Einschränkung allerdings kaum,[387] und der Anwendungsbereich des Abs. 3 liefe wegen Art. 71 gänzlich leer, wenn man ihn auf staatsvertraglich geregelte Beförderungsverträge beschränkte. Deshalb werden auch solche gemischten Transportverträge erfasst. Um die Bereichsausnahme nicht ausufern zu lassen, muss die Beförderungsleistung aber Hauptleistung des Vertrags sein.[388]

---

375   Vgl. Rauscher/*Staudinger* Art. 17 Brüssel Ia-VO Rdn. 20.
376   Schlosser-Bericht, S. 119, Tz. 160; *Kropholler/von Hein* Art. 15 EuGVVO Rdn. 30; Rauscher/*Staudinger* Art. 17 Brüssel Ia-VO Rdn. 21; Stein/Jonas/*G. Wagner* Art. 15 EuGVVO Rdn. 57; *Schlosser/Hess* Art. 17 EuGVVO Rdn. 10.
377   BGBl. 1958 II, S. 291.
378   BGBl. 1961 II, S. 1119.
379   BGBl. 1985 II, S. 130.
380   Einheitliche Rechtsvorschriften für den Vertrag über die internationale Eisenbahnbeförderung von Personen und Gepäck, BGBl. 1985 II, S. 179.
381   Einheitliche Rechtsvorschriften für den Vertrag über die internationale Eisenbahnbeförderung von Gütern, BGBl. 1985 II, S. 224.
382   BGBl. 1986 II, S. 741, überführt in Unionsrecht durch Verordnung (EG) Nr. 392/2009 des Europäischen Parlaments und des Rates vom 23. April 2009 über die Unfallhaftung von Beförderern von Reisenden auf See, ABl. EU 2009 L 131, S. 24.
383   *Mankowski* TranspR 2011, 70; zur Reichweite des Vorrangs anhand der CMR siehe EuGH, NJW 2010, 1736, 1737 f., Tz. 41–56.
384   Allg. Ans., Schlosser-Bericht, S. 119, Tz. 160; *Kropholler/von Hein* Art. 15 EuGVVO Rdn. 2 und 30; Rauscher/*Staudinger* Art. 17 Brüssel Ia-VO Rdn. 21; Stein/Jonas/*G. Wagner* Art. 15 EuGVVO Rdn. 57; *Schlosser/Hess* Art. 17 EuGVVO Rdn. 10.
385   Dies fordernd Rauscher/*Staudinger* Art. 17 Brüssel Ia-VO Rdn. 21; kritisch auch *Geimer/Schütze* Art. 15 EuGVVO Rdn. 58.
386   Stein/Jonas/*G. Wagner* Art. 15 EuGVVO Rdn. 57; *Schlosser/Hess* Art. 17 EuGVVO Rdn. 10.
387   Vgl. Rauscher/*Staudinger* Art. 17 Brüssel Ia-VO Rdn. 21.
388   Vgl. Rauscher/*Staudinger* Art. 17 Brüssel Ia-VO Rdn. 21 (Butterfahrt und Ballonfahrten zur Tierbeobachtung nicht erfasst).

Eine Rückausnahme gilt nach Abs. 3, 2. Hs., für Reiseverträge, welche für einen Pau- **89** schalpreis kombinierte Beförderungs- und Unterbringungsleistungen vorsehen (**Pauschalreiseverträge**). Für dieses typische Phänomen des Massentourismus[389] sind die Art. 17 ff. anwendbar. Die Regelung will den Verbraucherschutz der **Pauschalreise-Richtlinie**[390] prozessual flankieren.[391] Der Pauschalreisende soll internationalzivilprozessual nicht schlechter stehen als andere Verbraucher.[392] Art. 6 Abs. 4 lit. b) Rom I-VO enthält unter Nennung der Pauschalreise-Richtlinie das kollisionsrechtliche Gegenstück zu Abs. 3, 2. Hs. Um die Reichweite des Abs. 3, 2. Hs. zu konkretisieren, kann deshalb insbesondere auf die Legaldefinition der Pauschalreise in Art. 2 Nr. 1 der Pauschalreise-Richtlinie[393] abgestellt werden.[394] Die Abgrenzungsfragen sind parallel und unter Würdigung der Umstände des Einzelfalls zu lösen.[395] Dabei bleibt jedoch zu beachten, dass – aufgrund des Normtextes des Abs. 3 und da es sich um eine Rückausnahme vom Ausschluss der Beförderungsverträge handelt – zumindest eine Beförderung stattfinden muss, wenn die Rückausnahme greifen soll.[396] So werden Flugreisen mit anschließendem Hotelaufenthalt[397] oder Kreuzfahrten von Abs. 3, 2. Hs. erfasst. Auch soll eine länger als 24 Stunden dauernde Frachtschiffreise, in deren Verlauf die Passagiere in einfachen Kojen untergebracht werden, hierunter fallen.[398] Ist der Prozessgegner des Pauschalreisenden nicht Veranstalter oder Vermittler der Pauschalreise, sondern das ausführende Unternehmen einer Teilleistung, welche isoliert betrachtet die Voraussetzungen des Abs. 3, 2. Hs. nicht erfüllt, greift die Rückausnahme nicht.[399] Abs. 3, 2. Hs. lässt nur den Ausschluss des Abs. 3, 1. Hs. von Beförderungsverträgen vom Anwendungsbereich der Art. 17 ff. entfallen. Dessen Voraussetzungen im Übrigen werden hingegen nicht suspendiert, sodass insbesondere die Voraussetzungen des Abs. 1 vorliegen müssen.[400]

In **Miet- oder Pachtangelegenheiten**, die unbewegliche Sachen betreffen, ist ein **90** etwaiger Vorrang der ausschließlichen Zuständigkeit der Gerichte des Belegenheitsmitgliedstaates nach Art. 24 Nr. 1 nebst der Ausnahme für Miete oder Pacht zum vorüberge-

---

[389] *Mankowski* TranspR 2011, 70, 71.
[390] Richtlinie 90/314/EWG des Rates vom 13.6.1990 über Pauschalreisen, ABl. EG 1990 L 158,S. 59.
[391] Vgl. *Staudinger/Steinrötter* JuS 2015, 1, 6.
[392] *Kropholler/von Hein* Art. 15 EuGVVO Rdn. 30; *Geimer/Schütze* Art. 15 EuGVVO Rdn. 58.
[393] Art. 2 Nr. 1 definiert die Pauschalreise als die im Voraus festgelegte Verbindung von mindestens zwei der folgenden Dienstleistungen, die zu einem Gesamtpreis verkauft oder zum Verkauf angeboten wird, wenn diese Leistung länger als 24 Stunden dauert oder eine Übernachtung einschließt: Beförderung, Unterbringung, oder andere touristische Dienstleistungen, die nicht Nebenleistungen von Beförderung oder Unterbringung sind und einen beträchtlichen Teil der Gesamtleistung ausmachen. Näher *Mankowski* TranspR 2011, 70, 71 f.
[394] EuGH, NJW 2011, 505, 506, Tz. 43; *Kropholler/von Hein* Art. 15 EuGVVO Rdn. 30; Rauscher/*Staudinger* Art. 17 Brüssel Ia-VO Rdn. 22; *von Hein* JZ 2011, 954; *Lüttringhaus* RabelsZ 77 (2013), 31, 59; *Mankowski* TranspR 2011, 70, 71; ähnlich Stein/Jonas/*G. Wagner* Art. 15 EuGVVO Rdn. 58 (Rechtsprechung zur Richtlinie könne zur Auslegung des Abs. 3 herangezogen werden); **a.A.** tendenziell *Keiler/Binder* RRa 2009, 210, 218.
[395] Ein Katalog von Kriterien findet sich bei *Mankowski* TranspR 2011, 70, 74.
[396] Vgl. *Mankowski* TranspR 2011, 70, 72. Die Definition der Pauschalreise-Richtlinie (siehe Fn. 393) ließe auch die Kombination einer Unterbringung und einer anderen touristischen Dienstleistung genügen. Liegt aber keine Beförderung vor, ist Abs. 3 nicht einschlägig, sodass auch die Rückausnahme Abs. 3, 2. Alt. nicht greifen kann.
[397] Thomas/Putzo/*Hüßtege* Art. 17 EuGVVO Rdn. 19.
[398] EuGH, NJW 2011, 505, 507, Tz. 45; *Mankowski* TranspR 2011, 70, 73; die Ähnlichkeit zu einer Kreuzfahrt fordernd *Kropholler/von Hein* Art. 15 EuGVVO Rdn. 30.
[399] **A.A.** AG Gießen, NJW-RR 2013, 1073, 1074 (Klage gegen das ausführende Luftfahrtunternehmen einer Flugpauschalreise).
[400] Im Ergebnis ebenso Rauscher/*Staudinger* Art. 17 Brüssel Ia-VO Rdn. 22 (von Gewerbetreibenden gebuchte Pauschalreisen nicht erfasst).

henden privaten Gebrauch zu beachten (vgl. Einl. Art. 17–19 Rdn. 8). Hotelverträgen mit Voll- oder Halbpension fehlt allerdings das erforderliche besondere Gepräge eines Mietvertrages über eine unbewegliche Sache. Sie sind als Verbrauchersachen nach Art. 17 ff. zu behandeln, wenn deren Anwendungsvoraussetzungen im Übrigen vorliegen.[401]

Artikel 18

(1) Die Klage eines Verbrauchers gegen den anderen Vertragspartner kann entweder vor den Gerichten des Mitgliedstaats erhoben werden, in dessen Hoheitsgebiet dieser Vertragspartner seinen Wohnsitz hat, oder ohne Rücksicht auf den Wohnsitz des anderen Vertragspartners vor dem Gericht des Ortes, an dem der Verbraucher seinen Wohnsitz hat.

(2) Die Klage des anderen Vertragspartners gegen den Verbraucher kann nur vor den Gerichten des Mitgliedstaats erhoben werden, in dessen Hoheitsgebiet der Verbraucher seinen Wohnsitz hat.

(3) Die Vorschriften dieses Artikels lassen das Recht unberührt, eine Widerklage vor dem Gericht zu erheben, bei dem die Klage selbst gemäß den Bestimmungen dieses Abschnitts anhängig ist.

Schrifttum

Siehe Einleitung Art. 17ff. und Art. 17.

Übersicht

I. Gesetzesgeschichte —— 1
II. Normzweck —— 2
III. Die Klage des Verbrauchers (Abs. 1) —— 3
IV. Die Klage des Unternehmers (Abs. 2) —— 9
V. Widerklage (Abs. 3) —— 12

I. Gesetzesgeschichte

1   Die Norm stimmt im Grundsatz mit **Art. 16 Brüssel I-VO** überein. Dieser übernahm Art. 16 EuGVVÜ. Neben redaktionellen Anpassungen, welche die Überführung des Übereinkommens in die Verordnung betreffen, wurde in Abs. 1, 2. Alt. neben der internationalen auch die örtliche Zuständigkeit geregelt.[1] Art. 16 Abs. 1, 2. Alt. EuGVVÜ eröffnete die Zuständigkeit der Gerichte des Vertragsstaates, in dessen Hoheitsgebiet der Verbraucher seinen Wohnsitz hatte. Zudem wurde in Abs. 3 die Formulierung „diese Vorschriften" durch „die Vorschriften dieses Artikels" ersetzt. Eine für Art. 18 der Neufassung bedeutende Änderung findet sich in Art. 6 Abs. 1, der für Klagen gegen einen Unternehmer mit Wohnsitz in einem Drittstaat die Geltung des Abs. 1 vorbehält.[2] Auf diese Ausnahme nimmt die neue Formulierung in Abs. 1, 2. Alt., Bezug nach welcher der Verbraucher „ohne Rücksicht auf den Wohnsitz des anderen Vertragspartners" vor den Gerichten seines Wohnortes klagen kann.

---

[401] Vgl. OLG Düsseldorf, MDR 2008, 1000; *Geimer/Schütze* Art. 15 EuGVVO Rdn. 4.

[1] *Schlosser/Hess* Art. 18 EuGVVO Vor Rdn. 1 und Rdn. 2. Zur Bestimmung der örtlichen Zuständigkeit für die Klage des Verbrauchers, insbesondere bei Lückenhaftigkeit des nationalen Prozessrechts, siehe Stein/Jonas/*G. Wagner* Art. 16 EuGVVO Rdn. 1 m.w.N.
[2] Vgl. *Gsell* ZZP 127 (2014), 432, 433 f.

II. Normzweck

Die Bestimmung regelt die Zuständigkeit für den **Aktivprozess des Verbrauchers** in **Abs. 1** und **des Unternehmers** in **Abs. 2**. Das mit der Norm verwirklichte internationalzivilprozessuale Schutzkonzept gestattet dem Verbraucher als typisiert betrachtet schwächere Partei gemäß Abs. 1, 2. Alt. Klage am Ort seines Wohnsitzes zu erheben. Der Unternehmer hingegen wird für den Aktivprozess gegen den Verbraucher auf die Gerichte des Wohnsitzstaates des Verbrauchers verwiesen. Abs. 3 lässt die Möglichkeit einer Wiederklage unberührt. Die Gerichtsstände des Art. 18 greifen nur, wenn das Verbraucherschutzregime der Brüssel Ia-VO zur Anwendung gelangt, d.h. die **Voraussetzungen des Art. 17 vorliegen**. In dessen Anwendungsbereich sind die Zuständigkeiten, soweit nicht Art. 17 selbst eine Öffnung vorsieht, abschließend.[3] Die Zuständigkeiten sind auch im Bestimmungsverfahren nach § 36 Abs. 1 Nr. 3 ZPO zwingend zu beachten.[4]

III. Die Klage des Verbrauchers (Abs. 1)

Für den Aktivprozess des Verbrauchers stellt Abs. 1 zwei Gerichtsstände zur Verfügung,[5] nämlich die Gerichte des **Mitgliedstaates**, in welchem der **Unternehmer seinen Wohnsitz** hat (Abs. 1, 1. Alt), und als **forum actoris** die mitgliedstaatlichen Gerichte des **Ortes, an dem der Verbraucher wohnt** (Abs. 1, 2. Alt). Der Wohnsitz richtet sich in beiden Varianten nach Art. 62f.[6] Die erste Alternative entspricht der **Grundregel des Art. 4 Abs. 1**, während die zweite den Verbraucher privilegiert, da sie ihm eine Rechtsschutzmöglichkeit vor ortsnahen Gerichten in einer ihm regelmäßig geläufigen Gerichtssprache und gemäß dem Prozessrecht der dortigen lex fori eröffnet.[7] Die Klage vor den Gerichten des Mitgliedstaates, in welchem der Unternehmer seinen Wohnsitz hat, kann sich für den Verbraucher jedoch als vorzugswürdig erweisen, wenn die Beweismittel in diesem Mitgliedstaat belegen sind oder er Schwierigkeiten bei der Vollstreckung einer in seinem Wohnsitzmitgliedstaat ergangenen Entscheidung erwartet.[8] Zwischen den Gerichtsständen hat der **Verbraucher** die **freie Wahl**. Eine Beschränkung aus Zweckmäßigkeitsgesichtspunkten – etwa nach der *forum non conveniens*-Doktrin – erfolgt nicht.[9] Regelmäßig wird es sich für den Verbraucher empfehlen, vor den Gerichten seines Wohnsitzes zu klagen.[10]

Während **Abs. 1, 1. Alt.** durch die Formulierung „vor den Gerichten des Mitgliedstaates", in welchem der Verbraucher seinen Wohnsitz hat, **nur die internationale Zuständigkeit** festlegt,[11] regelt **Abs. 1, 2. Alt. auch** die **örtliche Zuständigkeit**. Dies ergibt sich aus dem Verweis auf die „Gerichte des Ortes", an welchem der Verbraucher seinen

---

3 BGH NJW-RR 2013, 1398, 1400, Tz. 18; *Kropholler/von Hein* Art. 16 EuGVVO Rdn. 1; Thomas/Putzo/*Hüßtege* Art. 18 EuGVVO Rdn. 1.
4 OLG Frankfurt am Main, IPRspr 2012 Nr. 181, 471, 472.
5 *Schlosser/Hess* Art. 18 EuGVVO Rdn. 1.
6 Thomas/Putzo/*Hüßtege* Art. 18 EuGVVO Rdn. 2.
7 Vgl. Rauscher/*Staudinger* Art. 18 Brüssel Ia-VO Rdn. 2; Stein/Jonas/*G. Wagner* Art. 16 EuGVVO Rdn. 2; *Schlosser/Hess* Art. 18 EuGVVO Rdn. 1.
8 Vgl. Rauscher/*Staudinger* Art. 18 Brüssel Ia-VO Rdn. 2; Stein/Jonas/*G. Wagner* Art. 16 EuGVVO Rdn. 2.
9 *Geimer/Schütze* Art. 15 EuGVVO Rdn. 4 und Art. 16 EuGVVO Rdn. 18; *Staudinger/Steinrötter* JuS 2015, 1, 5; siehe auch *Würdinger* FS Gotwald 693, 695.
10 Vgl. Stein/Jonas/*G. Wagner* Art. 16 EuGVVO Rdn. 6. Probleme der Auslandsvollstreckung können ein Argument für die Klage am Wohnort des Unternehmers sein (Rauscher/*Staudinger* Art. 18 Brüssel Ia-VO Rdn. 2), werden aber aufgrund des Anerkennungsmechanismus der Verordnung nur in Ausnahmefällen den Vorteil eines Prozesses im Heimatland des Verbrauchers überwiegen.
11 Vgl. Stein/Jonas/*G. Wagner* Art. 16 EuGVVO Rdn. 1.

Wohnsitz hat, sowie aus der Entstehungsgeschichte der Bestimmung (vgl. Rdn. 1).[12] Diese örtliche Fixierung der Zuständigkeit am Wohnsitz des Verbrauchers genießt Anwendungsvorrang vor etwaigen anderen örtlichen Zuständigkeiten des nationalen Rechts.[13] Die Wohnsitze des Unternehmers und des Verbrauchers sind nach Maßgabe des Art. 62f. zu bestimmen. Da **Abs. 1, 1. Alt.** die örtliche Zuständigkeit nicht regelt, ist insoweit auf die nationalen Bestimmungen der lex fori zurückzugreifen.[14] Vor einem deutschen Gericht gelangen die §§ 12ff. ZPO zur Anwendung, sodass nach **§ 13 ZPO** der Wohnsitz des Unternehmers[15] ebenso in Betracht kommt wie der besondere Gerichtsstand des Erfüllungsortes nach **§ 29 ZPO**[16] oder andere besondere, ggf. auch ausschließliche Zuständigkeiten.

5   Nach Art. 17 Abs. 1 bleibt im Anwendungsbereich der Art. 17ff. die Bestimmung des Art. 7 Nr. 5 unberührt. Unterhält der in einem Mitgliedstaat ansässige Unternehmer eine Zweigniederlassung in einem anderen Mitgliedstaat, kann der Verbraucher unter den Voraussetzungen des Art. 7 Nr. 5 am **Niederlassungsort** klagen (näher Art. 17 Rdn. 86).[17]

6   Hat der Unternehmer seinen Wohnsitz in einem **Drittstaat**, behält Art. 6 Abs. 1 – anders als Art. 4 Abs. 1 Brüssel I-VO und das EuGVÜ[18] – die Geltung des Abs. 1 vor. Dies betrifft die Klage des in einem Mitgliedstaat wohnhaften Verbrauchers an seinem Wohnort: Dieser Klägergerichtsstand steht auch gegen den in einem Drittstaat wohnhaften Unternehmer zur Verfügung.[19] Der Verbraucher kann nämlich „ohne Rücksicht auf den Wohnsitz des anderen Vertragspartner" an seinem Wohnort klagen. Auch Erwägungsgrund 14, S. 2 stellt klar, dass die Zuständigkeitsvorschrift **unabhängig vom Wohnsitz des Beklagten** gelten soll, um den Schutz der Verbraucher zu gewährleisten.[20] Obgleich Art. 6 Abs. 1 nicht zwischen Abs. 1, 1. Alt. und 2. Alt. differenziert, bezieht sich der Vorbehalt nur auf Abs. 1, 2. Alt. Denn Abs. 1, 1. Alt. setzt voraus, dass der Unternehmer seinen Wohnsitz in einem Mitgliedstaat hat, wohingegen Art. 6 den Wohnsitz in einem Drittstaat fordert (vgl. auch Art. 17 Rdn. 80ff.). Der Vorbehalt des Abs. 1 in Art. 6 begründet deshalb **keine internationale Zuständigkeit** für die **Klage des Verbrauchers im Drittstaat**, in dem der Unternehmer seinen Wohnsitz hat. Dem europäischen Verordnungsgeber mangelt es bereits an der Kompetenz, um die internationale Zuständigkeit drittstaatlicher Gerichte zu regeln.[21] Die Anerkennung und Vollstreckung der Entscheidung, welche die Gerichte am Wohnort des Verbrauchers erlassen, richtet sich im Wohnsitzstaat des Unternehmers[22] nach dem dort geltenden drittstaatlichen Recht.[23] Hierin liegt ein nicht zu unterschätzendes Risiko für den im Heimatforum klagenden Verbraucher. Hat der in einem Drittstaat ansässige Unternehmer eine **Niederlassung** in einem

---

12   Vgl. *Kropholler/von Hein* Art. 16 EuGVVO Rdn. 1; Stein/Jonas/*G. Wagner* Art. 16 EuGVVO Rdn. 1 und 6; wohl übersehen von LG Braunschweig, Urt. v. 17.10.2004 – 4 O 663/03 (73), 4 O 663/03, Tz. 30.
13   *Kropholler/von Hein* Art. 16 EuGVVO Rdn. 1; siehe auch Rauscher/*Staudinger* Art. 18 Brüssel Ia-VO Rdn. 1.
14   Rauscher/*Staudinger* Art. 18 Brüssel Ia-VO Rdn. 3.
15   Bei juristischen Personen ist auf § 17 ZPO abzustellen, siehe auch *Kropholler/von Hein* Art. 16 EuGVVO Rdn. 1.
16   Vgl. Stein/Jonas/*G. Wagner* Art. 16 EuGVVO Rdn. 1.
17   Rauscher/*Staudinger* Art. 18 Brüssel Ia-VO Rdn. 6; Stein/Jonas/*G. Wagner* Art. 16 EuGVVO Rdn. 3.
18   Näher hierzu *De Lousanoff* GS Arens, 251, 256ff.
19   *Geimer* FS Gottwald, 175 (universelle Anwendbarkeit); *Grohmann* ZIP 2015, 16, 17; *Mankowski* RIW 2014, 625, 626ff.
20   Zur Entstehungsgeschichte der Regelung *Domej* RabelsZ 78 (2014), 508, 522f.
21   Vgl. *Gsell* ZZP 127 (2014), 432, 441.
22   Im Wohnsitzstaat des Verbrauchers bedarf es freilich der Anerkennung nicht, vgl. *Mankowski* RIW 2014, 625, 626.
23   Vgl. *von Hein* RIW 2013, 98, 101; *Mansel/Thorn/R. Wagner* 2013, 1, 8.

Mitgliedstaat, kann er nach Maßgabe des Art. 17 Abs. 2 (siehe Art. 17 Rdn. 86) vor den Gerichten dieses Mitgliedstaates verklagt werden.[24] Mehrere Unternehmer kann der Verbraucher an seinem Wohnsitz verklagen, wenn im Verhältnis zu allen der Anwendungsbereich der Art. 17 ff. eröffnet ist.[25]

Im Fall einer **Wohnsitzverlegung** zwischen dem Zeitpunkt der Begründung des vertraglichen Schuldverhältnisses und der Klageerhebung ist die Situation im Moment der **Klageerhebung** ausschlaggebend.[26] Denn beim Wohnsitz handelt es sich um einen zuständigkeitsbegründenden Umstand, welcher kein Merkmal der Eröffnung des Verbraucherschutzregimes ist, sondern in dessen Umsetzung das oder die in räumlicher Hinsicht zuständigen Gerichte bezeichnet (vgl. Art. 17 Rdn. 74 f.). Aus der Möglichkeit, gemäß Art. 19 Nr. 3 eine Gerichtsstandsvereinbarung zugunsten der Gerichte des Staates zu treffen, in welchem Unternehmer und Verbraucher im Zeitpunkt des Vertragsschlusses ihren Wohnsitz haben, folgt, dass es im Übrigen für den Wohnsitz auf den Moment der Klageerhebung ankommen muss. Wären die Wohnsitze im Zeitpunkt des Vertragsschlusses ohnehin ausschlaggebend, bliebe eine Vereinbarung nach Art. 19 Nr. 3 weitgehend bedeutungslos.[27] Im Fall der **Rechtsnachfolge** (näher Art. 17 Rdn. 75) ist der Wohnsitz des Rechtsnachfolgers im Moment der Klageerhebung entscheidend.[28] **7**

Zieht der Verbraucher von einem Mitgliedstaat in einen anderen, kann er auch dann vor den Gerichten seines neuen Wohnsitzes klagen, wenn hinsichtlich dieses Mitgliedstaates kein situatives Moment des Abs. 1, welches die Eröffnung des Verbraucherschutzregimes betrifft, vorliegt (vgl. auch Art. 17 Rdn. 74). Es bleibt die Möglichkeit, nach Maßgabe des Art. 19 Nr. 3 durch Vereinbarung die Zuständigkeit der Gerichte des im Moment des Vertragsschlusses gemeinsamen Wohnsitzstaates zu begründen.[29] Zieht der Verbraucher von einem Mitgliedstaat in einen Drittstaat, bleibt die internationale Zuständigkeit an seinem letzten mitgliedstaatlichen Wohnsitz nicht bestehen.[30] Vielmehr richtet sich die internationale Zuständigkeit der Gerichte des neuen Wohnsitzstaates als Drittstaat nach dem dort geltenden nationalen Prozessrecht. Die Veränderung zuständigkeitsbegründender Umstände **nach Klageerhebung**, insbesondere auch der Wohnsitzwechsel einer Partei, bleibt nach dem Grundsatz der perpetuatio fori unbeachtlich.[31] **8**

IV. Die Klage des Unternehmers (Abs. 2)

Der **Unternehmer**, im Normtext bezeichnet als Vertragspartner des Verbrauchers, kann einen **Aktivprozess** gegen den Verbraucher grundsätzlich nur vor den Gerichten des Mitgliedstaates, in welchem der **Verbraucher** im Zeitpunkt der Klageerhebung[32] sei- **9**

---

24 Vgl. *Domej* RabelsZ 78 (2014), 508, 523 f.
25 Vgl. *Geimer/Schütze* Art. 16 EuGVVO Rdn. 3. Ob die Verfahren gemeinsam verhandelt und entschieden werden, bestimmt das nationale Verfahrensrecht.
26 Schlosser-Bericht, S. 119 Nr. 161; *Kropholler/von Hein* Art. 16 EuGVVO Rdn. 2; Rauscher/*Staudinger* Art. 18 Brüssel Ia-VO Rdn. 5; Stein/Jonas/*G. Wagner* Art. 16 EuGVVO Rdn. 7; *Geimer/Schütze* Art. 16 EuGVVO Rdn. 5; offen Thomas/Putzo/*Hüßtege* Art. 18 EuGVVO Rdn. 4; **a.A.** *Schlosser/Hess* Art. 18 EuGVVO Rdn. 3 (neuer Wohnsitzgerichtsstand nicht mehr fair i.S.v. Art. 6 EMRK).
27 Vgl. Rauscher/*Staudinger* Art. 18 Brüssel Ia-VO Rdn. 5; Stein/Jonas/*G. Wagner* Art. 16 EuGVVO Rdn. 7.
28 Vgl. Rauscher/*Staudinger* Art. 15 EuGVVO Rdn. 2.
29 Stein/Jonas/*G. Wagner* Art. 16 EuGVVO Rdn. 7.
30 *Kropholler/von Hein* Art. 16 EuGVVO Rdn. 2.
31 Vgl. *Kropholler/von Hein* Art. 16 EuGVVO Rdn. 2; Rauscher/*Staudinger* Art. 18 Brüssel Ia-VO Rdn. 5; Stein/Jonas/*G. Wagner* Art. 16 EuGVVO Rdn. 7.
32 OLG München, WM 2012, 1863; Rauscher/*Staudinger* Art. 18 Brüssel Ia-VO Rdn. 7; Thomas/Putzo/*Hüßtege* Art. 18 EuGVVO Rdn. 6; einschränkend bei Wohnsitzwechsel *Schlosser/Hess* Art. 18 EuGVVO Rdn. 4.

nen **Wohnsitz** i.S.d. Art. 62 hat, betreiben. Die Art der Klage und der konkrete Klageantrag sind unerheblich, sodass auch die negative Feststellungsklage des Unternehmers erfasst wird.[33] Abs. 2 entspricht Art. 14 Abs. 1[34] und setzt das Schutzkonzept des Verbraucherschutzregimes um. Er verhindert, dass der Verbraucher vor für ihn ausländischen Gerichten verklagt wird.[35] Insbesondere kann der Unternehmer **nicht am Erfüllungsort** gemäß Art. 7 Nr. 1 klagen.

10   Abs. 2 setzt voraus, dass der **Verbraucher in einem Mitgliedstaat seinen Wohnsitz** hat. Für Klagen gegen Verbraucher mit Wohnsitz in einem Drittstaat läuft Abs. 2 leer.[36] Mithin gilt wegen des Verweises des Art. 17 Abs. 1, 1. Hs. 1. Alt. auf Art. 6 die dortige Regel, dass sich bei Beklagtenwohnsitz in einem Drittstaat die internationale Zuständigkeit eines mitgliedstaatlichen Gerichts nach autonomem Recht richtet.[37] Ein Vorbehalt des Abs. 2 findet sich – anders als für Abs. 1, siehe Rdn. 6 – nicht.[38] Ein mitgliedstaatliches Gericht beurteilt also nach seinem **nationalen Recht**, ob es für die Klage eines Unternehmers mit Wohnsitz in einem Mitgliedstaat oder einem Drittstaat **gegen ein Verbraucher mit Wohnsitz in einem Drittstaat** international zuständig ist.[39] Ebenso liegt es, wenn der Wohnsitz des Verbrauchers im Zeitpunkt der Klageerhebung unbekannt ist,[40] falls nicht eine Gerichtsstandsvereinbarung nach Art. 19 Nr. 3 getroffen wurde. Ein effet réflexe der Brüssel Ia-VO im nationalen Zuständigkeitsrecht ist bereits wegen der Entscheidung des Verordnungsgeber, für Klagen gegen drittstaatliche Verbraucher das Schutzregime der Art. 17 ff. gerade nicht zur Verfügung zu stellen, nicht anzuerkennen.[41] Damit stehen für die genannten Klagen auch exorbitante Gerichtsstände, nach deutschem Recht z.B. § 23 ZPO, zur Verfügung.[42]

11   **Nur die internationale**, nicht auch die örtliche Zuständigkeit regelt Abs. 2.[43] Dies folgt aus dem Verweis auf die „Gerichte[n] des Mitgliedstaates", in „dessen Hoheitsgebiet" der Verbraucher seinen Wohnsitz hat. Die **örtliche Zuständigkeit** richtet sich nach nationalem Recht,[44] in Deutschland folglich nach **§§ 12 ff. ZPO**.[45] Sind verschiedene Gerichte im Wohnsitzmitgliedstaat des Verbrauchers örtlich zuständig, kann der Unternehmer nach Maßgabe des nationalen Prozessrechts zwischen ihnen wählen.[46] Der in Art. 17 Abs. 1 **vorbehaltene Art. 7 Nr. 5** hat nur für die Klage des Verbrauchers am Niederlassungsort des Unternehmers praktische Bedeutung (vgl. Art. 17 Rdn. 86). Eine internationale Zuständigkeit für einen Aktivprozess des Unternehmers am Niederlassungsort eröffnet Art. 7 Nr. 5 bereits seinem Wortlaut nach nicht.[47]

---

33 Näher Rauscher/*Staudinger* Art. 18 Brüssel Ia-VO Rdn. 7.
34 Stein/Jonas/*G. Wagner* Art. 16 EuGVVO Rdn. 8.
35 Vgl. *Staudinger/Steinrötter* JuS 2015, 1, 6.
36 Vgl. *Gsell* ZZP 127 (2014), 432, 434; *Hay* EuLF I-2013, 1, 5; *v. Hein* RIW 2013, 97, 103.
37 Vgl. *Schlosser/Hess* Art. 18 EuGVVO Rdn. 4.
38 *Gsell* ZZP 127 (2014), 432, 434 ff. (auch zur Entstehungsgeschichte).
39 *Leipold* FS Schilken, 353, 357; *v. Hein* RIW 2013, 97, 103.
40 Vgl. *Kropholler/von Hein* Art. 16 EuGVVO Rdn. 2 (keine Pflegerbestellung am letzten Wohnsitz zur Ermöglichung einer Klage nach Abs. 2).
41 Siehe auch *Gsell* ZZP 127 (2014), 432, 436 ff.
42 *Hay* EuLF I-2013, 1, 5.
43 Vgl. *Geimer/Schütze* Art. 16 EuGVVO Rdn. 12.
44 Rauscher/*Staudinger* Art. 18 Brüssel Ia-VO Rdn. 7. Bei Fehlen eines örtlichen Gerichtsstands im nationalen Zuständigkeitsrecht schlagen *Geimer/Schütze* Art. 16 EuGVVO Rdn. 13, vor, die örtliche Zuständigkeit der Gerichte der Hauptstadt anzunehmen.
45 Rauscher/*Staudinger* Art. 18 Brüssel Ia-VO Rdn. 1.
46 Stein/Jonas/*G. Wagner* Art. 16 EuGVVO Rdn. 8.
47 Vgl. Stein/Jonas/*G. Wagner* Art. 16 EuGVVO Rdn. 8.

V. Widerklage (Abs. 3)

Die Möglichkeit einer Widerklage vor demjenigen Gericht, vor welchem die Klage auf Grundlage der Art. 17ff. anhängig ist, wird durch Abs. 1 und 2 nicht berührt. Die Bestimmung gilt für **Widerklagen** sowohl **des Verbrauchers** und als auch **des Unternehmers**,[48] ist mithin davon unabhängig, ob dieser oder jener Kläger in der Hauptsache ist.[49] Die Widerklage braucht keine Verbrauchersache zum Gegenstand zu haben.[50] **Isolierte Drittwiderklagen** trägt Abs. 3 hingegen **nicht**. Für diese muss die internationale Zuständigkeit des Gerichts, vor dem die Hauptsacheklage anhängig ist, nach anderen Bestimmungen der Brüssel Ia-VO oder – soweit eröffnet – nach nationalem Recht bestehen. Wie Art. 14 Abs. 2 für Versicherungssachen überführt Abs. 3 den Regelungsgehalt des Art. 8 Nr. 3 in das Sonderregime für Verbrauchersachen.[51] Deshalb muss der in **Art. 8 Nr. 3 genannte Zusammenhang** zwischen Klage und Widerklage, nämlich die Stützung auf denselben Vertrag oder Sachverhalt, auch für Abs. 3 vorliegen.[52] Es wäre bei einer gegen den Verbraucher erhobenen Widerklage wertungswidersprüchlich, wenn für diese im Anwendungsbereich des Verbraucherschutzregimes eine internationale und örtliche Zuständigkeit beim Gericht der Hauptsache unter geringeren Voraussetzungen als denjenigen, welche die allgemeine Regel des Art. 8 Nr. 3 vorsieht, begründet würde.

12

Abs. 3 begründet die internationale und die örtliche Zuständigkeit des Gerichts der Hauptsacheklage für die Widerklage.[53] Jene muss **schon und noch anhängig** sein. Der Normtext fordert die Anhängigkeit der Hauptsacheklage „gemäß den Bestimmungen dieses Abschnitts". Dem Gericht, vor dem die Widerklage erhoben wird, muss daher – entsprechend der Regelung in Art. 14 Abs. 2 für Versicherungssachen (vgl. Art. 14 Rdn. 14) – grundsätzlich nach Art. 17ff. oder nach den gemäß Art. 17 unberührt gelassenen Zuständigkeiten des Art. 6 oder des Art. 7 Nr. 5 die internationale und, soweit geregelt, die örtliche Zuständigkeit zukommen.[54] Hieraus folgt jedoch nicht, dass eine Widerklage unzulässig wäre, wenn die Zuständigkeit für die Klage, obgleich eine Verbrauchersache vorliegt, (auch) aus anderen Bestimmungen der Verordnung folgt und beispielsweise auf rügeloser Einlassung gemäß Art. 26 beruht.[55] Denn Abs. 3 soll die allgemeine Regel des Art. 8 Nr. 3 auf Art. 17ff. erstrecken. Eine Einschränkung dieser Erstreckung für Widerklagen in Konstellationen, in denen die Zuständigkeit für die Hauptsacheklage auf Art. 26 beruht, ist nicht beabsichtigt. Dies lässt sich normtechnisch durch die Annahme umsetzen, im Fall einer auf Art. 26 gestützten Hauptsacheklage richte sich die Widerklage ausschließlich nach Art. 8 Nr. 3.[56]

13

Artikel 19

Von den Vorschriften dieses Abschnitts kann im Wege der Vereinbarung nur abgewichen werden,
1. wenn die Vereinbarung nach der Entstehung der Streitigkeit getroffen wird,

---

[48] Stein/Jonas/*G. Wagner* Art. 16 EuGVVO Rdn. 9; Thomas/Putzo/*Hüßtege* Art. 18 EuGVVO Rdn. 7.
[49] Rauscher/*Staudinger* Art. 18 Brüssel Ia-VO Rdn. 8.
[50] Rauscher/*Staudinger* Art. 18 Brüssel Ia-VO Rdn. 8; Stein/Jonas/*G. Wagner* Art. 16 EuGVVO Rdn. 9; Geimer/*Schütze* Art. 16 EuGVVO Rdn. 16.
[51] *Geimer/Schütze* Art. 16 EuGVVO Rdn. 15.
[52] Jenard-Bericht, S. 33 (zu Art. 14 Abs. 3 EuGVVÜ); Rauscher/*Staudinger* Art. 18 Brüssel Ia-VO Rdn. 8; Stein/Jonas/*G. Wagner* Art. 16 EuGVVO Rdn. 9.
[53] Rauscher/*Staudinger* Art. 18 Brüssel Ia-VO Rdn. 8; Stein/Jonas/*G. Wagner* Art. 16 EuGVVO Rdn. 9.
[54] Vgl. *Geimer/Schütze* Art. 16 EuGVVO Rdn. 17.
[55] Stein/Jonas/*G. Wagner* Art. 16 EuGVVO Rdn. 10; **a.A.** Rauscher/*Staudinger* Art. 18 Brüssel Ia-VO Rdn. 8.
[56] Vgl. Stein/Jonas/*G. Wagner* Art. 16 EuGVVO Rdn. 10.

2. wenn sie dem Verbraucher die Befugnis einräumt, andere als die in diesem Abschnitt angeführten Gerichte anzurufen, oder
3. wenn sie zwischen einem Verbraucher und seinem Vertragspartner, die zum Zeitpunkt des Vertragsabschlusses ihren Wohnsitz oder gewöhnlichen Aufenthalt in demselben Mitgliedstaat haben, getroffen ist und die Zuständigkeit der Gerichte dieses Mitgliedstaats begründet, es sei denn, dass eine solche Vereinbarung nach dem Recht dieses Mitgliedstaats nicht zulässig ist.

Schrifttum

Siehe Einleitung Vor Art. 17 ff. und Art. 17.

Übersicht

I. Gesetzesgeschichte — 1	IV. Voraussetzungen im Einzelnen
II. Normzweck — 2	(Nr. 1–Nr. 3) — 6
III. Allgemeine Voraussetzungen — 3	

I. Gesetzesgeschichte

1   Die Bestimmung übernimmt wortgleich **Art. 17 Brüssel I-VO**, der wiederum Art. 15 EuGVVÜ in die Brüssel I-VO überführte. Art. 17 rev. LuGÜ stimmt bis auf redaktionelle Abweichungen, welche dem Charakter des LuGÜ als völkerrechtlicher Vertrag geschuldet sind, mit Art. 19 überein.

II. Normzweck

2   Die Norm sichert den Schutz des Verbrauchers – als bei typisierter Betrachtung wirtschaftlich schwächere und rechtlich weniger erfahrene Partei – im internationalen Zuständigkeitsrecht der Brüssel Ia-VO, indem sie die Abweichung durch Gerichtsstandsvereinbarung von den Zuständigkeiten, welche den Verbraucher privilegieren, weitgehend einschränkt (vgl. auch Einl. Art. 17–19 Rdn. 5). Damit wird insbesondere Schutz vor **einseitig durch den Unternehmer gestellten, formularmäßigen Gerichtsstandsklauseln** gewährt.[1] Art. 19 entspricht weitgehend Art. 15 Nr. 1–3 bzw. Art. 23, sodass die Ausführungen zu Art. 15 Nr. 1–3 für die Anwendung des Art. 19 entsprechend herangezogen werden können. Dass Haager Gerichtsstandsübereinkommen nimmt Verbraucherverträge von seinem Anwendungsbereich aus (Art. 2 Abs. 1 lit. a) HGÜ).

III. Allgemeine Voraussetzungen

3   Die Restriktionen des Art. 19 gelten nur, wenn der **Anwendungsbereich der Art. 17 ff.** eröffnet ist.[2] In diesem Fall erweist sich die durch das Verbraucherschutzregime vermittelte prozessuale Privilegierung des Verbrauchers nur in den ausdrücklich von Art. 19 vorgesehenen Fällen als parteidisponibel.[3] Soweit der EuGH[4] obiter erwog,

---

[1] Vgl. LG Saarbrücken, Urt. v. 23.12.2013 – 12 O 74/13, Tz. 28; *Kropholler/von Hein* Art. 17 EuGVVO Rdn. 1; Rauscher/*Staudinger* Art. 19 Brüssel Ia-VO Rdn. 1.
[2] Vgl. LG Kleve, Urt. v. 27.10.2015 – 4 O 119/15.
[3] Vgl. BGH, MMR 2013, 642, Tz. 13; NJW 2011, 532, Tz. 11 (zu Art. 13 LuGÜ); OLG München, Beschl. v. 10.7.2013 – 34 AR 181/13, Tz. 14.
[4] EuGH, EuZW 2005, 241, 243, Tz. 53.

ein Verbraucher könne, indem er sich als Gewerbetreibender geriere, auf den Schutz der Art. 17 ff. verzichten, ist diese Formulierung missverständlich.[5] Es geht in der Entscheidung nicht um eine konkludente Abbedingung der Art. 17 ff., sondern um eine Einschränkung des Anwendungsbereichs des Verbraucherschutzregimes aus normativen Gesichtspunkten. **Schiedsvereinbarungen** fallen gemäß Art. 1 Abs. 2 lit. d) nicht in den Anwendungsbereich der Brüssel Ia-VO. Sie unterliegen bei Unternehmer-Verbraucher-Streitigkeiten demzufolge nicht den Beschränkungen des Art. 19.[6] Gleiches gilt für Mediationsvereinbarungen (vgl. Art. 15 Rdn. 5).

Eine Gerichtsstandsvereinbarung, welche den **Voraussetzungen des Art. 19 nicht genügt**, ist gemäß Art. 25 Abs. 4 **ohne rechtliche Wirkung**.[7] Art. 19 verdrängt Art. 25 jedoch nur insoweit, als er die Zulässigkeit der Gerichtsstandsvereinbarung betrifft. Die übrigen Voraussetzungen sind bei Vereinbarung der Zuständigkeit mitgliedstaatlicher Gerichte Art. 25 zu entnehmen. So muss die Form den Vorgaben des Art. 25 Abs. 1 S. 3 und Abs. 2 genügen.[8] Wird die Zuständigkeit der Gerichte eines Drittstaates vereinbart, greift Art. 19 seinem Schutzzweck nach (vgl. auch Art. 15 Rdn. 8).[9] Art. 25 ist hingegen nicht anwendbar, sodass sich in diesem Fall Zustandekommen und Form der Gerichtsstandsvereinbarung nach nationalem Recht richten.[10] Die Möglichkeit der rügelosen Einlassung nach Maßgabe des Art. 26 besteht auch dann, wenn zugunsten eines anderen Gerichts eine wirksame Gerichtsstandsvereinbarung getroffen wurde.[11] Dies folgt im Umkehrschluss aus Art. 26 Abs. 2. Fasst man zudem die rügelose Einlassung als stillschweigend geschlossene Gerichtsstandsvereinbarung[12], lässt sich für deren Zulässigkeit auf Nr. 1 abstellen.[13] **Darlegungs- und beweisbelastet** für die tatsächlichen Voraussetzungen einer Gerichtsstandsvereinbarung ist diejenige Partei, die sich auf sie beruft.[14]

Genügt eine Gerichtsstandsvereinbarungen den Anforderungen des Art. 19, ist eine weitergehende, gesonderte **Missbrauchskontrolle auf Grundlage unionalen Rechts**, z.B. nach der Klauselrichtlinie, nur sehr restriktiv zuzulassen.[15]

IV. Voraussetzungen im Einzelnen (Nr. 1–Nr. 3).

Die **nach Entstehung der Streitigkeit** geschlossene Gerichtsstandsvereinbarung gestattet **Nr. 1**. Zu den Voraussetzungen, insbesondere zum Moment der Entstehung der Streitigkeit, siehe Art. 15 Rdn. 9–13. Eine rechtliche **Besserstellung des Verbrau-**

---

5 Zurecht kritisch *Geimer/Schütze* Art. 15 EuGVVO Rdn. 5b.
6 Vgl. Rauscher/*Staudinger* Art. 19 Brüssel Ia-VO Rdn. 4; Stein/Jonas/*G. Wagner* Art. 17 EuGVVO Rdn. 1; *Geimer/Schütze* Art. 17 EuGVVO Rdn. 18.
7 Allg. Ans., siehe nur Stein/Jonas/*G. Wagner* Art. 17 EuGVVO Rdn. 2; Thomas/Putzo/*Hüßtege* Art. 19 EuGVVO Rdn. 1.
8 Schlosser-Bericht, S. 120 Rdn. 161; *Kropholler/von Hein* Art. 17 EuGVVO Rdn. 1; Rauscher/*Staudinger* Art. 19 Brüssel Ia-VO Rdn. 5; Stein/Jonas/*G. Wagner* Art. 17 EuGVVO Rdn. 3; *Schlosser/Hess* Art. 19 EuGVVO Rdn. 1.
9 Vgl. Rauscher/*Staudinger* Art. 19 Brüssel Ia-VO Rdn. 1; Stein/Jonas/*G. Wagner* Art. 17 EuGVVO Rdn. 3.
10 Stein/Jonas/*G. Wagner* Art. 17 EuGVVO Rdn. 3.
11 Vgl. Rauscher/*Staudinger* Art. 19 Brüssel Ia-VO Rdn. 1; Stein/Jonas/*G. Wagner* Art. 17 EuGVVO Rdn. 4; *Schlosser/Hess* Art. 19 EuGVVO Rdn. 1.
12 Vgl. EuGH, EuZW 2010, 678, 679, Tz. 25 = IPRax 2011, 580 m. Aufs. *Staudinger* 548.
13 *Staudinger* IPRax 2011, 548, 549 f.
14 Vgl. LG Saarbrücken, Urt. v. 23.12.2013 – 12 O 74/13, Tz. 38.
15 Vgl. Stein/Jonas/*G. Wagner* Art. 17 EuGVVO Rdn. 2; großzügiger Relationsgericht Lissabon, 8.9.2015 – 542/14.0TVLSB-1 (Kontrolle nach Klauselrichtlinie eröffnet, jedoch ohne die Beschränkungen des Art. 19 zu erwähnen); ablehnend *Geimer/Schütze* Art. 17 EuGVVO Rdn. 3 (EuGVVO als lex posterior); näher Rauscher/*Staudinger* Art. 19 Brüssel Ia-VO Rdn. 6; *Heinig* GPR 2010, 36, 41 f.

chers[16] durch Eröffnung weiterer als der in Art. 17 ff. genannten Gerichtsstände zu seinen Gunsten erlaubt **Nr. 2**. Eine solche Vereinbarung ist auch vor Entstehung der Streitigkeit zulässig; adenn ndernfalls liefe Nr. 2 wegen Nr. 1 leer.[17] Zu den weiteren Voraussetzungen sei auf Art. 15 Rdn. 14–17 verwiesen.

7   Die Regelungsintention der **Nr. 3** entspricht im Ausgangspunkt der des Art. 15 Nr. 3. Auch Nr. 3 gestattet die parteiautonome Begründung der Zuständigkeit der Gerichte des gemeinsamen Wohnsitzes bzw. gewöhnlichen Aufenthalts: Haben Verbraucher und Unternehmer zum Zeitpunkt des Vertragsschlusses ihren jeweiligen Wohnsitz gemäß Art. 62f. oder gewöhnlichen Aufenthalt in demselben Mitgliedstaat,[18] kann die Zuständigkeit der Gerichte dieses Staates vereinbart werden, wenn dessen autonomes Zivilprozessrecht eine solche Vereinbarung gestattet. Während Art. 15 Nr. 3 als weitere Voraussetzung den Schadenseintritt im Ausland verlangt, weist Nr. 3 keine korrespondierende Einschränkung auf. Dies ist insoweit stringent, als ein Art. 12 entsprechender Gerichtsstand, welcher dem Verbraucher als schwächerer Partei eröffnet wird und vor welchem sich der Unternehmer durch Abschluss einer Gerichtsstandsvereinbarung schützen können soll, nicht existiert.

8   Die gesetzgeberische Entscheidung, eine Vereinbarung nach Nr. 3 zu gestatten, ist als eine aus Billigkeitsgründen[19] für Fälle des Umzugs des Verbrauchers in einen anderen Staat geschaffene Ausnahme vom generellen Verbot der Gerichtsstandsvereinbarungen im Anwendungsbereich des Verbraucherschutzregimes anzusehen.[20] Anders als Nr. 1 und Nr. 2 dient Nr. 3 nicht primär dem Verbraucher-, sondern dem **Unternehmerschutz**.[21] Der Unternehmer kann sich davor schützen, aufgrund eines ggf. im Zeitpunkt des Vertragsschlusses nicht absehbaren Umzugs des Verbrauchers in einen anderen Staat dort gerichtspflichtig zu werden.[22] Die Bestimmung greift jedoch auch wenn der Unternehmer seinen Wohnsitz oder gewöhnlichen Aufenthalt verlegt. Im Umkehrschluss aus ihr folgt, dass es in zeitlicher Hinsicht für die Wohnsitze der Parteien prinzipiell auf den Moment der Klageerhebung, nicht auf denjenigen des Vertragsschlusses ankommt.

9   Nr. 3 verlangt nicht, dass eine der Vertragsparteien ihren Wohnsitz in einen **anderen Mitgliedstaat** verlegt.[23] Die Regelung war zwar ursprünglich vor dem Hintergrund geschaffen worden, dass der Verbraucher bei einem Umzug in einen anderen Mitgliedstaat an seinem neuen, für den Unternehmer nicht vorhersehbaren Wohnort klagen könnte.[24] Dennoch findet sich im Wortlaut der Norm keine Einschränkung auf Wohnsitz- oder Aufenthaltsverlegungen von einem Mitgliedstaat in einen andern. Der Unternehmer ist im Fall des Wegzugs des Verbrauchers in einen **Drittstaat** auch nicht weniger schutzwürdig als beim Umzug in einen anderen Mitgliedstaat.[25] Die Bestimmung ist des-

---

16   *Wilke* ZIP 2015, 2306, 2310.
17   Stein/Jonas/*G. Wagner* Art. 17 EuGVVO Rdn. 5. Der Annahme der Teilunwirksamkeit einer vor Entstehung der Streitigkeit geschlossenen Gerichtsstandsvereinbarung wegen Verstoßes gegen Nr. 1 und der Reduzierung einer solchen Vereinbarung auf den nach Nr. 2 zulässigen Regelungsgehalt (so *Geimer/ Schütze* Art. 17 EuGVVO Rdn. 17) bedarf es m.E. in diesem Zusammenhang nicht.
18   Es genügt, wenn eine Partei ihren Wohnsitz, die andere ihren gewöhnlichen Aufenthalt in demselben Mitgliedstaat hat, siehe Stein/Jonas/*G. Wagner* Art. 17 EuGVVO Rdn. 7; *Geimer/Schütze* Art. 17 EuGVVO Rdn. 12.
19   Jenard-Bericht, S. 33.
20   Näher *Kropholler/von Hein* Art. 17 EuGVVO Rdn. 2; Stein/Jonas/*G. Wagner* Art. 17 EuGVVO Rdn. 6; siehe auch LG Saarbrücken, Urt. v. 23.12.2013 – 12 O 74/13, Tz. 39.
21   Vgl. *Geimer/Schütze* Art. 17 EuGVVO Rdn. 7; *Schlosser/Hess* Art. 19 EuGVVO Rdn. 1.
22   Vgl. Stein/Jonas/*G. Wagner* Art. 17 EuGVVO Rdn. 6; Thomas/Putzo/*Hüßtege* Art. 19 EuGVVO Rdn. 5.
23   **A.A.** Thomas/Putzo/*Hüßtege* Art. 19 EuGVVO Rdn. 6.
24   *Geimer/Schütze* Art. 17 EuGVVO Rdn. 7 und 9.
25   Rauscher/*Staudinger* Art. 19 Brüssel Ia-VO Rdn. 2a; siehe auch *Schlosser/Hess* Art. 19 EuGVVO Rdn. 1; **a.A.** Stein/Jonas/*G. Wagner* Art. 17 EuGVVO Rdn. 7.

halb auch in diesem Fall anwendbar. Der neue Wohnsitz oder gewöhnliche Aufenthalt der Vertragspartei braucht nicht bekannt zu sein.[26] Gerade wenn eine Vertragspartei unbekannt verzieht, erweist sich für die andere Vertragspartei ein sicherer internationaler Gerichtsstand als bedeutsam.

In zeitlicher Hinsicht kommt es dem Wortlaut der Norm nach auf den gemeinsamen Wohnsitz oder gewöhnlichen Aufenthalt **bei Vertragsschluss** an. Da Nr. 3 – wie Art. 15 Nr. 3 (vgl. Art. 15 Rdn. 19) – nicht zum Neuabschluss von Verbraucherverträgen zwecks Gerichtsstandsvereinbarung anhalten soll, ist eine Vereinbarung auch möglich, wenn Unternehmer und Verbraucher im Moment des Abschlusses der Gerichtsstandsvereinbarung, welcher dem Vertragsschluss zeitlich nachgelagert ist, die Zuständigkeit der Gerichte des nunmehr gemeinsamen Wohnsitz- oder Aufenthaltsstaates vereinbaren.[27] Die Wohnsitzfiktion des **Art. 17 Abs. 2** gilt auch für Nr. 3; die Vereinbarung muss sich freilich auf Streitigkeiten aus dem Betrieb der Niederlassung beziehen.[28] 10

Nur die Vereinbarung der **internationalen Zuständigkeit** regelt Nr. 3, wie sich aus der Wendung „Zuständigkeit der Gerichte dieses Mitgliedstaates" ergibt. Eine Vereinbarung, welche die örtliche Zuständigkeit betrifft, ist an nationalem Recht zu messen.[29] 11

Nach dem Prozessrecht des Staates, dessen Gerichte als zuständig vereinbart wurden, muss die Gerichtsstandsvereinbarung zulässig sein. Das deutsche Recht gestattet Vereinbarungen i.S.d. Nr. 3 nach **§ 38 Abs. 3 Nr. 2 ZPO**, dessen Formanforderungen zu beachten sind,[30] oder für Haustürgeschäfte nach **§ 29c Abs. 3 ZPO** sowie für Streitigkeiten aus einem Fernunterrichtsvertrag gemäß **§ 26 Abs. 2 Nr. 2 Fernunterrichtsschutzgesetz**.[31] Eine in Allgemeinen Geschäftsbedingungen enthaltene Gerichtsstandsklausel ist nach §§ 305 ff. BGB zu überprüfen.[32] 12

ABSCHNITT 5
Zuständigkeit für individuelle Arbeitsverträge

Artikel 20

Bilden ein individueller Arbeitsvertrag oder Ansprüche aus einem individuellen Arbeitsvertrag den Gegenstand des Verfahrens, so bestimmt sich die Zuständigkeit unbeschadet des Artikels 6, des Artikels 7 Nummer 5 und, wenn die Klage gegen den Arbeitgeber erhoben wurde, des Artikels 8 Nummer 1 nach diesem Abschnitt.

Hat der Arbeitgeber, mit dem der Arbeitnehmer einen individuellen Arbeitsvertrag geschlossen hat, im Hoheitsgebiet eines Mitgliedstaats keinen Wohnsitz, besitzt er aber in einem Mitgliedstaat eine Zweigniederlassung, Agentur oder sonstige Niederlassung, so wird er für Streitigkeiten aus ihrem Betrieb so behandelt, wie wenn er seinen Wohnsitz im Hoheitsgebiet dieses Mitgliedstaats hätte.

---

[26] Stein/Jonas/*G. Wagner* Art. 17 EuGVVO Rdn. 7.
[27] Nur auf den Abschluss der Zuständigkeitsvereinbarung abstellend *Geimer/Schütze* Art. 17 EuGVVO Rdn. 11; **a.A.** Rauscher/*Staudinger* Art. 19 Brüssel Ia-VO Rdn. 3.
[28] Vgl. *Geimer/Schütze* Art. 17 EuGVVO Rdn. 12.
[29] Rauscher/*Staudinger* Art. 19 Brüssel Ia-VO Rdn. 3 a f.; **a.A.** *Geimer/Schütze* Art. 17 EuGVVO Rdn. 10.
[30] Rauscher/*Staudinger* Art. 19 Brüssel Ia-VO Rdn. 3 mit Fn. 12; Thomas/Putzo/*Hüßtege* Art. 19 EuGVVO Rdn. 6.
[31] Vgl. Kropholler/von Hein Art. 17 EuGVVO Rdn. 2; Stein/Jonas/*G. Wagner* Art. 17 EuGVVO Rdn. 8; Schlosser/Hess Art. 19 EuGVVO Rdn. 1; *Geimer/Schütze* Art. 17 EuGVVO Rdn. 15.
[32] Rauscher/*Staudinger* Art. 19 Brüssel Ia-VO Rdn. 3; Stein/Jonas/*G. Wagner* Art. 17 EuGVVO Rdn. 8.

Art. 20 Brüssel Ia-VO — Kapitel II. Zuständigkeit

Schrifttum

Abele Gerichtsstand bei Klagen gegen ausländische Staaten als Arbeitgeber, FA 2012, 293; *ders.* Gerichtsstände für Streitigkeiten aus Arbeitsverträgen nach der neu gefassten EuGVVO, FA 2013, 357; *Behr* Auf Schiene und Straße, über den Wolken und auf Hoher See – Probleme des internationalen Arbeitsvertragsrechts bei mobilen Arbeitsplätzen, FS Buchner (2009) 81; *ders.* Internationale Zuständigkeit in Individualarbeitsrechtsstreitigkeiten im Europäischen Verfahrensrecht, GS Blomeyer (2004) 15; *Bergwitz* Der besondere Gerichtsstand des Arbeitsortes (§ 48 Ia ArbGG), NZA 2008, 443; *Blefgen* Die Anknüpfung an die einstellende Niederlassung des Arbeitgebers im Internationalen Arbeitsvertragsrecht, Diss. Hamburg 2006 (zit.: *Blefgen*); *Block* Die kollisionsrechtliche Anknüpfung von Individualarbeitsverträgen im staatsfreien Raum – Bestimmung des anwendbaren Rechts nach der Rom I-Verordnung, Diss. Rostock 2012 (zit.: *Block*); *ders.* Zur Bestimmung des gewöhnlichen Arbeitsortes bei „mobilen Arbeitsplätzen" und Arbeitsverhältnissen im staatsfreien Raum nach Art. 8 II 1 Rom I-VO, in: Deinert (Hrsg.), Internationales Recht im Wandel (2013) 45 (zit.: *Block* Mobile Arbeitsverhältnisse); *Bosse* Probleme des europäischen Internationalen Arbeitsprozessrechts, Diss. Hamburg 2007 (zit.: *Bosse*); *Däubler* Die internationale Zuständigkeit der deutschen Arbeitsgerichte, NZA 2003, 1297; *Diller/Wilske* Grenzüberschreitende Durchsetzung nachvertraglicher Wettbewerbsverbote, DB 2007, 1866; *Domröse* Der gewöhnliche Arbeitsort des Arbeitnehmers als besonderer Gerichtsstand im arbeitsgerichtlichen Urteilsverfahren, DB 2008, 1626; *Egler* Seeprivatrechtliche Streitigkeiten unter der EuGVVO, Diss. Hamburg 2011 (zit.: *Egler*); *Eichenhofer* Internationale Zuständigkeit für Beitragsforderungen deutscher tariflicher Sozialkassen gegen Arbeitgeber mit Sitz in anderen EU-Staaten, IPRax 2008, 109; *Eßlinger* Die Anknüpfung des Heuervertrages unter Berücksichtigung von Fragen des internationalen kollektiven Arbeitsrechts, Diss. München 1991 (zit.: *Eßlinger*); *Gamillscheg* Ein Gesetz über das Internationale Arbeitsrecht, ZfA 1983, 307; *Garber* Zum Begriff des gewöhnlichen Arbeitsortes i.S.d. Art. 19 Abs. 2 lit. a EuGVVO insb. bei der Verrichtung der arbeitsvertraglichen Tätigkeit an Bord eines Schiffes, FS Kaissis (2012) 221; *ders.* Zum Schutz des Arbeitnehmers in der Neufassung der Brüssel I-VO, FS Schütze (2015) 81; *Garber/Neumayr* Europäisches Zivilverfahrensrecht (Brüssel I/IIa ua), JbEuR 2013, 211; *Geimer* Bemerkungen zur Brüssel I-Reform, FS Simotta (2012) 163; *Gräf* Geschäftsführerhaftung und Arbeitnehmerbegriff im Internationalen Zivilprozessrecht, GPR 2016, 148; *Graf-Schimek* Arbeitsgerichtliche Verfahren I – Zuständigkeiten, ÖJZ 2010, 245; *Harris* The Brussels I Regulation, the ECJ and the Rulebook, LQR 124 (2008) 523; *Junker* Arbeitnehmereinsatz im Ausland – Anzuwendendes Recht und Internationale Zuständigkeit (2007) (zit. *Junker* Arbeitnehmereinsatz im Ausland); *ders.* Arbeitsverträge im Internationalen Privat- und Prozessrecht, FS Gottwald (2014) 293; *ders.* Das Internationale Arbeitsrecht im Spiegel der Rechtsprechung, FS Bundesarbeitsgericht (2004) 1197; *ders.* Das Internationale Privat- und Verfahrensrecht der Nichtdiskriminierung im Arbeitsverhältnis, NZA-Beilage zu Heft 2, 2008, 59 (zit. *Junker* NZA-Beilage 2008); *ders.* Gewöhnlicher Arbeitsort und vorübergehende Entsendung im Internationalen Privatrecht, FS Heldrich (2005) 719; *ders.* Grenzen der Staatsimmunität und europäische Gerichtsstände bei arbeitsrechtlichen Streitigkeiten von Botschaftsangestellten, EuZA 2013, 83; *ders.* Internationale Zuständigkeit für Arbeitssachen nach der Brüssel I-Verordnung, FS Schlosser (2005) 299; *ders.* Internationale Zuständigkeit und anwendbares Recht in Arbeitssachen, NZA 2005, 199; *ders.* Internationales Arbeitsrecht im Konzern, Habil. Münster 1992 (zit.: *Junker*); *ders.* Internationales Arbeitsvertragsrecht in der Praxis – eine Fallstudie, FS Bauer (2010) 503; *ders.* Internationalprivat- und -prozessrechtliche Fragen des Arbeitnehmereinsatzes im Ausland, FS Kühne (2009) 735; *ders.* Internationalprivat- und -prozessrechtliche Fragen von Rumpfarbeitsverhältnissen, FS Kropholler (2008) 481; *ders.* Klagen aus Aktienoptionsplänen – Gerichtsstand und anzuwendendes Recht, EuZA 2016, 281; *ders.* Neues zum Internationalen Arbeitsrecht, EuZW 2012, 41; *ders.* Schuldenkrise und Arbeitsvertragsstatut – Der Fall der griechischen Schule, EuZA 2016, 1; *ders.* Vom Brüsseler Übereinkommen zur Brüsseler Verordnung – Wandlungen des Internationalen Zivilprozessrechts, RIW 2002, 569; *Kindler* Internationale Zuständigkeit bei der Geschäftsführerhaftung gegenüber der Gesellschaft, IPRax 2016, 115; *Knöfel* Aufhebungsverträge zwischen Arbeitnehmer und Arbeitgeber im Internationalen Privat- und Prozessrecht, ZfA 2006, 397; *ders.* Grenzüberschreitende Organhaftung als Arbeitnehmerhaftung, EuZA 2016, 348; *ders.* Navigare necesse est – Zur Anknüpfung an die einstellende Niederlassung im Europäischen Internationalen Arbeitsrecht der See, IPRax 2014, 130; *Kozak* Forum-shopping für Arbeitnehmer? ArbuR 2015, 82; *Krebber* Die Anwendung der Entsenderichtlinie: Kollisionsrecht, Dogmatik der Grundfreiheiten und Aufgabenteilung zwischen den Gerichtsständen, IPRax 2013, 474; *ders.* Die Bedeutung von Entsenderichtlinie und Arbeitnehmer-Entsendegesetz für das Arbeitskollisionsrecht, IPRax 2001, 22; *ders.* Einheitlicher Gerichtsstand für die Klage eines Arbeitnehmers gegen mehrere Arbeitgeber bei Beschäftigung in einem grenzüberschreitenden Konzern, IPRax 2009, 409; *ders.* Gerichtsstand des Erfüllungsortes bei mehreren, aber aufeinander abgestimmten Arbeitsverhältnissen, IPRax 2004, 309; *Kreuz/Wagner* Europäisches Internationales Zivilverfahrensrecht, in: Dauses (Hrsg.), Handbuch des EU-Wirtschaftsrechts, Rdn. 406 bis 419, Stand: 2/2017 (41. Ergänzungslieferung); *Leipold* Einige Bemerkungen zur Internationalen Zuständigkeit in Arbeitssachen nach Europäischem Zivilprozessrecht, GS Blomeyer (2004) 143; *Lüttringhaus* Die Haftung von Gesellschaftsorganen im internationalen Privat- und Prozessrecht, EuZW 2015, 904; *ders.* Übergreifende Begrifflichkeiten im europäischen Zivilverfahrens- und Kollisionsrecht, RabelsZ 77 (2013) 31; *ders.* Vorboten des internationalen Arbeitsrechts unter Rom I: Das bei „mobilen Arbeitsplätzen" anwendbare Recht und der Auslegungszusammenhang zwischen IPR und IZVR, IPRax 2011, 554; *Lüttringhaus/Schmidt-Westphal* Neues zur „einstellenden Niederlassung" im europäischen internationalen Arbeitsrecht, EuZW 2012, 139; *Lutzi* Arbeitnehmer- und Deliktsgerichtsstand bei treuwidriger Abwerbung von Kunden, IPRax 2017, 111; *Makridou* Recent developments in international jurisdiction over labor disputes within the European Union, ZZPInt 2010, 199; *Mankowski* An der Grenze – Die Verteidigung des europäischen Internationalen Arbeitsprozessrechts gegen Gerichtsstandsvereinbarungen zugunsten drittstaatlicher Gerichte und das Internationale Zivilprozessrecht (IZPR) von Aktienoptionen im Konzern, EuZA 2008, 417; *ders.* Ausländische Scheinselbständige und Internationales Privatrecht, BB 1997, 465; *ders.* Befristete Kettenarbeitsverträge im Internationalen Privat- und Prozessrecht, EuZA 2017, 267; *ders.* Co-Arbeitgeber (coemployeurs) und Klagen drittstaatsansässiger Arbeitnehmer, EuZA 2015, 358; *ders.* Das internationale Arbeitsrecht und die See – die Fortsetzung folgt, IPRax 2005, 58; *ders.* Der Deliktsgerichtsstand im Verhältnis zum europäischen Internationalen Arbeitsprozessrecht, EuZA 2017, 126; *ders.* Employment Contracts under Art. 8 of the Rome I Regulation, in: Ferrari/Leible (Hrsg.), The Rome I Regulation (2009) 171 (zit.: *Mankowski* Employment Contracts); *ders.* Formelle Selbständige, Bescheinigungen A 1 (früher E 101) und Arbeitnehmerbegriff im europäischen IZPR, EuZA 2016, 107; *ders.* Internationale Zuständigkeit, in: Dieterich/Neef/Schwab (Hrsg.), AR-Blattei Systematische Darstellung (SD) 160.5.5; *ders.* Internationale Zuständigkeit für die Zustimmung zur Entlassung im besonderen Kündigungsschutz, EuZA 2016, 244; *ders.* Organpersonen und Internationales Arbeitsrecht, RIW 2004, 167; *ders.* Rumpfarbeitsverhältnis und lokales Arbeitsverhältnis (komplexe Arbeitsverhältnisse) im internationalen Privat- und Prozessrecht, RIW 2004, 133; *ders.* Seerechtliche Vertragsverhältnisse im Internationalen Privatrecht, Diss. Hamburg 1995 (zit.: *Mankowski*); *ders.* Verdrängt das europäische Internationale Arbeitsprozessrecht (Art. 18–21 EuGVVO) auch den Gerichtsstand der Streitgenossenschaft aus Art. 6 Nr. 1 EuGVVO? EuZA 2008, 104; *ders.* Zur Abgrenzung des Individual- vom Kollektivarbeitsrecht im europäischen internationalen Zivilverfahrensrecht, IPRax 2011, 93; *Mankowski/Knöfel* On the Road Again oder: Wo arbeitet der Fernfahrer? Neues vom europäischen Internationalen Arbeitsvertragsrecht, EuZA 2011, 521; *Martiny* Deutscher Kündigungsschutz für das Personal ausländischer Botschaften? EuZA 2013, 536; *Migliorini* Sulle proposte di modifica del regolamento 44/2001 in tema di competenza relativa alle controversie individuali di lavoro, Riv. dir. int. 2010, 89; *Mosconi* La giurisdizione in materia di lavoro nel regolamento (CE) n. 44/2001, FS Sonnenberger (2004) 549; *Müller* Die Internationale Zuständigkeit deutscher Arbeitsgerichte und das auf den Arbeitsvertrag anwendbare Recht, Diss. Bielefeld 2004 (zit. *Müller*); *Noltin* Internationale Zuständigkeit deutscher Arbeitsgerichte in seearbeitsrechtlichen Streitigkeiten, EzA Verordnung 44/2001 EG-Vertrag 1999 Nr. 4; *Oppertshäuser* Das Internationale Privat- und Zivilprozeßrecht im Spiegel arbeitsgerichtlicher Rechtsprechung, NZA-RR 2000, 393; *Palao Moreno* La competencia judicial internacional en material de contrato de trabajo en la Comunidad Europea, Rev. int y integr 2003, 7; *ders.* Multinational Groups of Companies and individual employment contracts in Spanish and European private international law, Yb. PIL 4 (2002) 303; *Pateter* Der Begriff des gewöhnlichen Arbeitsortes im europäischen Zivil- und Zivilverfahrensrecht, in: Clavora/Garber (Hrsg.), Die Rechtsstellung von Benachteiligten im Zivilverfahren (2012) 139 (zit. *Pateter*); *Pfeiffer* Der Ort der einstellenden Niederlassung – Eine kurze Skizze, FS Etzel (2011) 291; *Pirrung* Bemerkungen zur Zusammenarbeit zwischen EuGH und Gerichten der EU-Staaten zum IPR, insbesondere in der Rechtssache C-29/10 Koelzsch gegen Luxemburg, FS Kaissis (2012) 759; *Rödl* Ausschluss des Gerichtsstands der Streitgenossenschaft im internationalen Arbeitsvertragsprozess, EuZA 2009, 385; *Simons* Gerichtsstand und Vertragsstatut im komplexen Anstellungsverhältnis, EuLF 2003, 163; *Simotta, A.* Die Revision der EuGVVO – Ein Überblick, FS Simotta (2012) 527; *Springer* Virtuelle Wanderarbeit, Diss. Hannover 2001 (zit.: *Springer*); *Taschner* Arbeitsvertragsstatut und zwingende Bestimmungen nach dem Europäischen Schuldvertragsübereinkommen, Diss. Hamburg 2003 (zit.: *Taschner*); *Temming* Europäisches Arbeitsprozessrecht: Zum gewöhnlichen Arbeitsort bei grenzüberschreitend tätigen Außendienstmitarbeitern, IPRax 2010, 59; *ders.* Internationales Arbeitsprozessrecht: Wo darf das Flugpersonal der Zivilluftfahrt klagen?, NZA 2017,

1437; *ders.* Zum Anwendungsbereich der Vorschriften über die internationale Zuständigkeit für individuelle Arbeitsverträge, IPRax 2015, 509; *Thüsing* Rechtsfragen grenzüberschreitender Arbeitsverhältnisse, NZA 2003, 1303; *Tscherner* Der Gerichtsstand des entsandten Arbeitnehmers am vorübergehenden Arbeitsort, in: Clavora/Garber (Hrsg.), Die Rechtsstellung von Benachteiligten im Zivilverfahren (2012) 157 (zit. *Tscherner*); *Weber* Zum Gerichtsstand des Außendienstmitarbeiters, FS Leinemann (2006) 655; *Weller, M.* Der Kommissionsentwurf zur Reform der Brüssel I-VO, GPR 2012, 34; *ders.* Der Ratsentwurf und der Parlamentsentwurf zur Reform der Brüssel I-VO, GPR 2012, 328; *Winkler von Mohrenfels* Zur objektiven Anknüpfung des Arbeitsvertragsstatus im internationalen Seearbeitsrecht: gewöhnlicher Arbeitsort, Flagge und einstellende Niederlassung, EuZA 2012, 368; *Winterling* Die Entscheidungszuständigkeit in Arbeitssachen im europäischen Zivilverfahrensrecht, Diss. Heidelberg 2006 (zit. *Winterling*); *Wittwer* Internationale Zuständigkeit für Klagen des Arbeitnehmers gegen Gesellschaften im Konzern, ELR 2008, 310; *ders.* Zwei Arbeitgeber, zwei Arbeitsverträge – Erfüllungsort Turin oder München? ELR 2003, 229.

Schrifttum zum EuGVÜ: *Birk* Die internationale Zuständigkeit in arbeitsrechtlichen Streitigkeiten nach dem Europäischen Gerichtsstand- und Vollstreckungsübereinkommen, RdA 1983, 143; *ders.* Die Regelungen der internationalen Zuständigkeit in der Entsenderichtlinie, in: Wiesehügel/Saal (Hrsg.), Die Sozialkassen der Bauwirtschaft und die Entsendung innerhalb der Europäischen Union (1998) 111; *ders.* Verfahrensrecht, in: Richardi/Wlotzke (Hrsg.), Münchener Handbuch des Arbeitsrechts, 2. Aufl. (2000) § 23; *Franzen* Arbeitskollisionsrecht und sekundäres Gemeinschaftsrecht: Die EG-Entsenderichtlinie, ZEuP 1997, 1055; *ders.* Internationale Gerichtsstandsvereinbarungen in Arbeitsverträgen zwischen EuGVÜ und autonomem internationalem Zivilprozeßrecht, RIW 2000, 81; *Ganglberger* Gewöhnlicher Arbeitsort iSd EVÜ trotz Nichtantritts der Arbeit? öRdA 2000, 139; *Holl* Der Gerichtsstand des Erfüllungsortes gemäß Art. 5 Nr. 1 EuGVÜ, WiB 1995, 465; *ders.* Der Gerichtsstand des Erfüllungsorts nach Art. 5 Nr. 1 EuGVÜ bei individuellen Arbeitsverträgen, IPRax 1997, 88; *Hoppe* Die Entsendung von Arbeitnehmern ins Ausland, Diss. München 1999 (zit. *Hoppe*); *Johner* Die direkte Zuständigkeit der Schweiz bei internationalen Arbeitsverhältnissen unter besonderer Berücksichtigung des Lugano-Übereinkommens, Diss. Basel 1995 (zit. *Johner*); *Junker* Die internationale Zuständigkeit deutscher Gerichte in Arbeitssachen, ZZPInt 1998, 179; *Mankowski* Der gewöhnliche Arbeitsort im Internationalen Privat- und Prozessrecht, IPRax 1999, 332; *ders.* Europäisches internationales Arbeitsprozessrecht – Weiteres zum gewöhnlichen Arbeitsort, IPRax 2003, 21; *Mezger* Einheitlicher Gerichtsstand des Erfüllungsorts verschiedenartiger Ansprüche eines Handelsvertreters (Art. 5 Nr. 1 GVÜ), IPRax 1983, 153; *ders.* Zur Bestimmung des Erfüllungsorts im Sinne von Art. 5 Nr. 1 EuGVÜ bei einem gegenseitigen Vertrag, IPRax 1987, 346; *Palao Moreno* El Tribunal de Justicia de las Comunidades Europeas y la interpretación del Convenio de Bruselas de 1968, con respecto a los litigios en materia de contrato individual de trabajo, in: Vilata Menadas (Hrsg.), El papel de la jurisprudencia del TJCE en la armonicación del derecho europeo (2005) 393 (zit. *Palao Moreno* TJCE); *Rauscher* Arbeitnehmerschutz – ein Ziel des Brüsseler Übereinkommens, FS Schütze (1999) 695; *ders.* Der Arbeitnehmergerichtsstand im EuGVÜ, IPRax 1990, 152; *Trenner* Internationale Gerichtsstände in grenzüberschreitenden Arbeitsvertragsstreitigkeiten unter besonderer Berücksichtigung individualvertraglicher Gerichtsstandsvereinbarungen, Diss. Konstanz 2001 (zit. *Trenner*).

Übersicht

I. Einführung
 1. Entstehungsgeschichte
  a) Das internationale Arbeitsprozessrecht als eigenständiger Regelungskomplex —— 1
  b) Die historischen Wurzeln im EuGVÜ —— 4
  c) Vier Entwicklungsphasen —— 12
 2. Zweck der Regelung und Auslegungsmaximen
  a) Sozialpolitisches Anliegen des Zuständigkeitsrechts
   aa) Ausgangspunkt: Arbeitnehmerschutz —— 13
   bb) Situation des Arbeitnehmers —— 15
   cc) Situation des Arbeitgebers —— 17
  b) Bedeutung der Unionsgrundrechte —— 20
  c) Auslegungsmaximen —— 23
   aa) Grundrechtskonforme Auslegung —— 24
   bb) Auslegungskontinuität und -zusammenhang mit dem EuGVÜ, Brüssel I VO und IPR —— 33

3. Anwendungsbereich
   a) Grundsätzliches —— 36
   b) Klagemöglichkeiten und Konstellationen —— 43
   c) Vorbehalte des Art. 20 Abs. 1
      aa) Art. 8 Nr. 1 —— 49
      bb) Art. 7 Nr. 5 —— 53
      cc) Art. 6 —— 62
   d) Verhältnis der vertraglichen zu deliktischen Ansprüchen —— 68
   e) Widerklage —— 73
   f) Gerichtsstandsvereinbarungen, rügelose Einlassung, ausschließliche Gerichtsstände, spezielle Gerichtsstände —— 76
II. Individueller Arbeitsvertrag und Anspruch aus einem individuellen Arbeitsvertrag
   1. Begriff des Arbeitsvertrags und des Arbeitnehmers
      a) Unionsrechtliche Charakteristika abhängiger Beschäftigung —— 80
      b) Abgrenzungen
         aa) Allgemeine Leitlinien —— 90
         bb) Andere Tätigkeitsverträge —— 94
            (1) Geschäftsführer- und Vorstandsverträge —— 96
            (2) Handelsvertreterverträge —— 101
            (3) Scheinselbständigkeit —— 103
            cc) Kollektivrechtliche Verträge —— 104
   2. Durchführung, Wirksamkeit und Abwicklung des Arbeitsvertrages —— 106
   3. Begriff des Arbeitgebers —— 114
      a) Grundsatz: Der vertragliche Arbeitgeber —— 117
      b) Der nichtvertragliche Arbeitgeber —— 120
         aa) Arbeitnehmerleihe (Verleiher und Entleiher) —— 121
         bb) Mitarbeitgeber —— 126
   4. Abtretung und sonstige Rechtsnachfolge —— 142
      a) Abtretung auf Arbeitgeberseite —— 143
      b) Abtretung auf Arbeitnehmerseite —— 144
III. Arbeitgeber aus Drittstaaten mit Zweigniederlassung, Agentur oder sonstiger Niederlassung im Mitgliedsstaat (Abs. 2) —— 150
IV. Konkurrierende internationale Zuständigkeit nach Art. 6 Entsenderichtlinie —— 162
V. Verfahrens- und Beweislastfragen —— 168

I. Einführung

1. Entstehungsgeschichte

a) Das internationale Arbeitsprozessrecht als eigenständiger Regelungskomplex. Die **Art. 20 bis 23** regeln das Zuständigkeitsregime für individuelle Arbeitsverträge und **entwickeln** die Art. 18 bis 21 a.F. der Brüssel I-VO mit Blick auf ihren Grundduktus **behutsam, aber konsequent fort**. Die Brüssel I-VO hatte erstmals einen eigenständigen und abschließenden Abschnitt für das internationale Zuständigkeitsrecht in individualarbeitsvertraglichen Angelegenheiten geschaffen, welches in diesem die bisherigen einschlägigen Vorschriften des EuGVÜ zusammenfasste (Art. 5 Nr. 1 2. und 3. Hs., Art. 17 Abs. 5 EuGVÜ) und sich im Grundsatz **konzeptionell an Struktur und Schutzintention der Art. 8 ff. a.F., 15 ff. a.F.** für Versicherungs- und insbesondere Verbrauchersachen anlehnte.[1]

1

---

[1] Bei einem Arbeitsrechtsstreit handelt es sich um eine zivilrechtliche Streitigkeit, vgl. BAG 22.10.2015 NZA 2016, 473, 474; BAG 24.9.2009 NZA-RR 2010, 604, 606; *Geimer/Schütze* Art. 1 a.F. Rdn. 34; *Mankowski* AR-Blattei SD 160.5.5 Internationale Zuständigkeit Rdn. 43; allgemein zum Schutz der schwächeren Partei durch die Abschnitte drei bis fünf des Kapitels II der Brüssel Ia-VO s. EuGH 20.5.2010 EuGHE 2010, I-1545 – Česká podnikatelská pojišt'ovna as, Vienna Insurance Group/Michal Bilas, Rdn. 30; zum abschließenden Charakter der Art. 20 bis 23 s. EuGH 21.6.2018 NZA 2018, 886 – Petronas Lubricants Italy/Livio Guida, Rdn. 25; EuGH 14.9.2017 NZA 2017, 1477, 1479 – Nogueira u.a./Crewlink Ireland Ltd und Ryanair Designated Activity Company, Rdn. 51.

2 **Vier prägende Strukturmerkmale** lassen sich in diesem Zusammenhang ausmachen: Erstens die Schaffung eines *forum actoris* **zugunsten des Arbeitnehmers als schwächere Vertragspartei** in Form des gewöhnlichen Arbeitsorts (*lex loci laboris*) und damit einhergehend die Trennung der Zuständigkeiten in Abhängigkeit von Parteirolle und sozialem Vertragsstatus (Arbeitnehmer/Arbeitgeber),[2] zweitens die merkliche **Einschränkung der Vertragsfreiheit** bei der Vereinbarung den Arbeitnehmer **belastender Gerichtsstandsklauseln**, drittens die **Absicherung der Zuständigkeiten als ausschließlich** vorbehaltlich ausdrücklich genannter anderer Vorschriften und schließlich viertens die **Einhaltung der Vorschriften** über die internationale Zuständigkeit in der **Phase der Anerkennung und Vollstreckung** von Entscheidungen zugunsten dieser schwächeren Personengruppen.

3 Die ersten drei Strukturmerkmale besaß bereits die Brüssel I-VO. Das zuletzt genannte Strukturmerkmal ist erst durch die Brüssel Ia-VO neu eingefügt worden.[3] Es handelt sich um den Versagungsgrund in Art. 45 Abs. 1 lit. e) i), auf den auch Art. 46 verweist; er gilt nun auch für Arbeitssachen.[4] Diese **relative Ungleichbehandlung von Arbeits- im Vergleich zu Versicherungs- und Verbrauchersachen** in Art. 28 und Art. 34 S. 2 EuGVÜ seit dem dritten Beitrittsübereinkommen[5] hatte die Brüssel I-VO in ihrem Art. 35 Abs. 1 a.F. sowie Art. 45 Abs. 1 a.F. beibehalten und war **sachlich nicht zu rechtfertigen** (vgl. hierzu auch Art. 45 Rdn. 4, 11, 209 ff.). Damit sind die **internationalen Zuständigkeitsregeln von Versicherungs-, Verbraucher- und Arbeitssachen nun grundsätzlich parallel** strukturiert.

4 **b) Die historischen Wurzeln im EuGVÜ.** Historisch betrachtet sind **Art. 21 Abs. 1 bzw. Art. 19 Brüssel I-VO eng mit der Rechtsprechung des EuGH verschränkt**. Allgemein gibt dieser Komplex ein methodisch hochinteressantes Paradebeispiel für die enge Verbundenheit zwischen dem EuGH und dem europäischen Gesetzgeber ab. Das liegt vor allem daran, dass man bei der Herausbildung des internationalen Zuständigkeitsschutzes in Arbeitssachen in einigen Schlüsselmomenten nicht genau erkennen konnte, wer Ross und wer Reiter war und mithin die Marschroute festlegte.[6] Der **EuGH** schuf das besondere **Zuständigkeitsrecht des internationalen Arbeitsprozesses** jedenfalls mit der Entscheidung *Ivenel*[7] aus dem Jahre 1982 **methodisch mutig, aber vertretbar** praktisch aus dem Nichts, weil der Text des EuGVÜ derartiges nicht vorgesehen hatte. Das internationale Arbeitsprozessrecht war nämlich mit Rücksicht auf Gesetzesvorhaben im europäischen Arbeitsrecht am Ende doch noch ausgeklammert worden,[8]

---

2 In der Praxis wirkt sich diese Trennung der Zuständigkeiten wenig aus, da arbeitsvertragliche Klagen weit überwiegend von Arbeitnehmern erhoben werden. Der Anteil von Arbeitgeberklagen liegt bei ca. zwei bis drei Prozent, vgl. *Junker* FS Gottwald, 293, 295.
3 Zur Genese der Brüssel Ia-VO s. *M. Weller* GPR 2012, 34 ff., 328 ff.
4 *von Hein* RIW 2013, 97, 103, 109; *Garber* FS Schütze, 81, 92 f.; Staudinger/*Hausmann* Verfahrensrecht für Internationale Verträge Rdn. 204, 227; s.a. *Ulrici* JZ 2016, 127, 129 f., 135.
5 Donostia-San Sebastian Übereinkommen v. 26.5.1989, ABl. EG L 285 v. 3.10.1989, S. 1 ff.
6 Vorpreschend EuGH 26.5.1982 EuGHE 1982, 1891 – Ivenel/Schwab, Rdn. 20; zurückhaltend EuGH 15.2.1989 EuGHE 1989, 341 – Société Six Constructions Ltd/Paul Humbert, Rdn. 14, 20; EuGH 22.5.2008 EuGHE 2008, I-3965 – Glaxosmithkline, Laboratoires Glaxosmithkline/Rouard, Rdn. 13 ff., 35; ebenso, wenngleich allgemeiner EuGH 20.5.2010 EuGHE 2010, I-1545 – Česká podnikatelská pojišt'ovna as, Vienna Insurance Group/Michal Bílas, Rdn. 32.
7 EuGH 26.5.1982 EuGHE 1982, 1891 – Ivenel/Schwab, Rdn. 20.
8 Vgl. den Verordnungsvorschlag in ABl. EG C 49 v. 18.5.1972, S. 26; s.a. KOM (1975) 653. Freilich stand hier zunächst das Kollisionsrecht im Vordergrund; vertiefend *Geimer* NJW 1987, 1132 m.w.N.; *Gamillscheg* RabelsZ 1973, 283, 284; *ders.* RIW/AWD 1979, 225; *Beitzke* GS Dietz (1973), 127; *Junker* FS Gottwald, 293, 296.

sollte einem Zusatzprotokoll vorbehalten werden und betrat das EuGVÜ somit quasi durch die Hintertür.[9]

Dogmatisch setzte der EuGH am **Gerichtsstand des Erfüllungsortes gem. Art. 5 Nr. 1 EuGVÜ** an und **legte** diesen in Abweichung von seinem eigenen damaligen Grundsatz[10] **autonom aus**. Dies erfolgte dadurch, dass er zunächst prinzipiell die **Arbeitsleistung des Arbeitnehmers als die vertragscharakteristische Leistung** bestimmte und ferner damit begann, selbst bzw. **autonom** festzulegen, wie der **Erfüllungsort** zu bestimmen ist.[11] Ausdrücklich geschah letzteres erst in seiner Entscheidung *Mulox*.[12] Treibende Kraft, das EuGVÜ in dieser Weise fortzubilden, war für den EuGH das Bedürfnis, den **Arbeitnehmer als sozial und wirtschaftlich schwächere Partei auch im Verfahrensrecht zu schützen**.[13] Als leitender **Wertungsgesichtspunkt** diente ihm das damals am 19.6.1980 gerade in Kraft getretene **europäische Kollisionsrecht**, namentlich die Vorschrift des Art. 6 Abs. 2 lit. a) EVÜ, die den gewöhnlichen Arbeitsort als objektiven Anknüpfungspunkt normiert.[14]

Diese **richterrechtliche Abspaltung des Arbeitsvertrags von den übrigen Verträgen i.R.d. Art. 5 Nr. 1 EuGVÜ** kraft abweichender Auslegung dieser Vorschrift markiert die Geburtsstunde eines besonderen internationalen Gerichtsstandes für individuelle Arbeitsverträge am gewöhnlichen Arbeitsort des Arbeitnehmers und stellt den **genetischen Nukleus** des internationalen Zuständigkeitsrechts für Individualarbeitsprozesse dar.[15] Die **Konventions- bzw. Mitgliedsstaaten kodifizierten diese Rechtsprechung des EuGH 1989** im dritten Beitrittsabkommen von San Sebastián mit Art. 5 Nr. 1 2. Hs. EuGVÜ auf parteineutrale Weise und ergänzten diesen besonderen Gerichtsstand zugunsten des Arbeitnehmers noch um denjenigen der einstellenden Niederlassung für den Fall, dass der Arbeitnehmer seine Arbeit gewöhnlich nicht in ein und demselben Staat verrichtete (Art. 5 Nr. 1 3. Hs. EuGVÜ). Die grundsätzliche **Anlehnung an Art. 6 Abs. 2 lit. b) EVÜ** ist offensichtlich.[16] Flankiert wurde diese Reform durch die Einschränkung der Vertragsfreiheit in Art. 17 Abs. 6 EuGVÜ bei der Abfassung von Gerichtsstandsklauseln, ohne die kein wirksamer Arbeitnehmerschutz gewährleistet werden kann.[17] Den wichtigen Schritt zur **Eigenständigkeit und Ausschließlichkeit der einschlägigen Gerichtsstände brachte erst die Brüssel I-VO** (Art. 18 bis 21 a.F.).

---

9 So pointiert *Rauscher* FS Schütze, 695.
10 EuGH 26.5.1982 EuGHE 1982, 1891 – Ivenel/Schwab, Rdn. 20; EuGH 6.10.1976 EuGHE 1976, 1409 – de Bloos/Bouyer, Rdn. 13 f.; hierzu Art. 7 Nr. 1 Rdn. 1 ff., 27 ff.
11 EuGH 26.5.1982 EuGHE 1982, 1891 – Ivenel/Schwab, Rdn. 7, 20; EuGH 15.1.1987 EuGHE 1987, 239 – Shenavai/Kreischer, Rdn. 16; EuGH 13.7.1993 EuGHE 1993, I-4075 – Mulox IBC Ltd/Hendrick Geels, Rdn. 20, 24–26; dieser Theorie vom einheitlichen Erfüllungsort folgend BAG 12.6.1986 NJW-RR 1988, 482 = RIW 1987, 464, 465 f.; zur damaligen deutschen Diskussion ausf. *Weber* FS Leinemann, 655 ff. (mit eindeutiger Gegenposition zum BAG); s.a. Staudinger/*Hausmann* Verfahrensrecht für internationale Verträge Rdn. 202.
12 EuGH 13.7.1993 EuGHE 1993, I-4075 – Mulox IBC Ltd/Hendrick Geels, Rdn. 20, 24–26.
13 EuGH 26.5.1982 EuGHE 1982, 1891 – Ivenel/Schwab, Rdn. 14–16, 19; diese Schutzintention befürwortet der Wirtschafts- und Sozialausschuss, ABl. EU C 32 v. 5.2.2004, S. 88 f.; **a.A.** noch GA *Reischl* Schlussanträge v. 11.5.1982 EUGHE 1982, 1903, 1908 f.; s.a. *Garber* FS Kaissis, 221.
14 EuGH 26.5.1982 EuGHE 1982, 1891 – Ivenel/Schwab, Rdn. 14–16; **a.A.** GA *Reischl* Schlussanträge v. 11.5.1982 EUGHE 1982, 1903, 1908.
15 Es handelt sich um die Urteile EuGH 26.5.1982 EuGHE 1982, 1891 – Ivenel/Schwab; EuGH 15.1.1987 EuGHE 1987, 239 – Shenavai/Kreischer; EuGH 15.2.1989 EuGHE 1989, 341 – Six Constructions/Humbert.
16 EuGH 15.2.1989 EuGHE 1989, 341 – Six Constructions/Humbert, Rdn. 12, 14; vgl. noch die abweichende Fassung in Art. 5 Nr. 1 LugÜ 1988; Bericht *Jenard/Möller* ABl. C 189 v. 28.7.1990, S. 57, 73, Rdn. 38; *Bosse* 43–45, 55–57.
17 Zur „regulären" Anwendbarkeit des Art. 17 EuGVÜ bei Gerichtsstandsklauseln in Arbeitsverträgen EuGH 13.11.1979 EuGHE 1979, 3423 – Sanicentral, Rdn. 3, 7.

7 Diese für den Schutz schwächerer Vertragspartner so wichtigen verfahrensrechtlichen Weichenstellungen, also die restriktive Gestaltungsmöglichkeit bei Gerichtsstandsklauseln im Interesse des Arbeitnehmers und die Ausschließlichkeit der Gerichtsstände, hätte der EuGH auf Grundlage des damals geltenden EuGVÜ methodisch vertretbar nicht ausjudizieren können. Die **h.M. kritisierte** ja bereits seinen **Sonderweg in Art. 5 Nr. 1 EuGVÜ** bzgl. der spezifischen Sonderbehandlung von Arbeitsverträgen mit heftiger Intensität[18] – eine Kritik, die den späteren kodifizierten *status quo* und seine Weiterentwicklung natürlich akzeptiert hat, indes auch heute noch mit Blick auf die einschlägigen Präjudizien des EuGH nie gänzlich verstummt ist.[19]

8 Dieser Kritik ist zuvörderst entgegenzuhalten, dass man die **Rechtsprechung des EuGH** zur abweichenden Behandlung von Arbeitsverträgen i.R.d. Art. 5 Nr. 1 EuGVÜ **mit Hilfe des zweiten Teils des allgemeinen Gleichheitssatzes rechtfertigen kann**. Danach ist nach allgemeiner Auffassung wesentlich Ungleiches ungleich zu behandeln.[20] In diesem Zusammenhang kann man argumentieren, dass **Arbeitsverträge besondere Dauerschuldverhältnisse** sind (sog. *relational contracts*)[21] und der **Arbeitnehmer** im Unterschied zu den übrigen unter Art. 5 Nr. 1 EuGVÜ fallenden Verträgen besonders **schutzbedürftig** ist. Mit Hilfe dieser zwei hinreichend gewichtigen Gründe, die in der einschlägigen EuGH-Rechtsprechung angelegt sind,[22] ist es schlüssig, Arbeitsverträge aus dem Anwendungsbereich des Art. 5 Nr. 1 EuGVÜ zu ziehen und damit zu beginnen, das **Schutzregime für Arbeitnehmer** in eine Richtung zu entwickeln, an deren Ende die Zuständigkeitsregime für Versicherungs- und Verbrauchersachen stehen (Art. 7 ff., 13 ff. EuGVÜ).

9 Vor diesem dogmatischen Hintergrund verliert auch das anfängliche **beredte Schweigen der Konventionsstaaten** mit Blick auf das fehlende internationale Zuständigkeitsrecht in Arbeitssachen an Wirkkraft, womit sich die kritische Haltung gegenüber dem EuGH im Grundsatz rechtfertigen lassen könnte. Darüber hinaus ist im Hinblick darauf hinzuweisen, dass die **„Geschäftsgrundlage" dieses beredten Schweigens** doch spätestens dann **weggefallen** sein muss, als das **Scheitern der Verordnungsprojekte der 1970er Jahre zum europäischen Arbeitsrecht** manifest wurde. Es ist methodisch in einer solchen Konstellation nicht unvertretbar, einen im internationalen Arbeitsrecht konsentierten Anknüpfungspunkt aus einer sachlich einschlägigen bindenden völkerrechtlichen Rechtsquelle zu übertragen und die in der Ursprungsfassung des Art. 5 Nr. 1 EuGVÜ erwähnte „Verpflichtung" entsprechend auszulegen.[23]

---

18 Bspw. *Rauscher* IPRax 1990, 152, 154 m.w.N.; **a.A.** bspw. *Holl* IPRax 1997, 88; s.a. *Müller* 43 f. m.w.N.
19 Vgl. bspw. *Schack* IZVR, Rdn. 295, 326 („fragwürdig", „contra legem"); *Geimer/Schütze* EuZVR A.1 Art. 18 Rdn. 9 („kreativ"); *Schlosser/Hess* Art. 7 Rdn. 8 („methodisch nicht begründbar").
20 Zu der unionsrechtlichen Grundrechtsqualität dieses Grundsatzes, der m.E. auch i.R.d. Art. 20 GrCH gelten muss, vgl. EuGH 16.12.2008 EUGH 2008, I-9895 – Arcelor, Rdn. 23; EuGH 7.7.1993 EuGHE 1993, I-3923 – Kommission/Spanien, Rdn. 37; EuGH 3.12.1984 EuGHE 1984, 4209 – Sermide, Rdn. 28; EuGH 4.2.1982 EuGHE 1982, 245 – Buyl, Rdn. 29; zu dem damit korrespondierenden Anspruch auf Ungleichbehandlung vgl. bspw. EuGH 16.9.2004 EuGHE 2004, I-8471 – Gerard Merida, Rdn. 22 (freilich zu Art. 45 AEUV); s.a. EGMR 6.4.2000, Nr. 34369/97 – Thlimmenos v. Greece, Rdn. 44 ff.; Heselhaus/Nowak/*Odendahl* Handbuch der Europäischen Grundrechte (2006) § 43 Rdn. 17 m.w.N.; ausf. *Temming* Altersdiskriminierung im Arbeitsleben (2008) 109–111, 453 m.w.N.
21 Grdl. *Macneil* S. Cal. L. Rev. 1974, 691 ff.; ders. Nw. U. L. Rev. 1978, 854 ff.; ausf. *Temming* Der vertragsbeherrschende Dritte (2015) 898 m.w.N.
22 Zum ersten Aspekt EuGH 15.1.1987 EuGHE 1987, 239 – Shenavai/Kreischer, Rdn. 16; zum zweiten Aspekt EuGH 26.5.1982 EuGHE 1982, 1891 – Ivenel/Schwab, Rdn. 14–16, 19.
23 Vgl. bspw. EuGH 22.11.2005 EuGHE 2005, I-9981 – Mangold, Rdn. 71 ff. (zur Vorwirkung von in Kraft getretenen Richtlinien).

Hätte der EuGH bereits in den Entscheidungen *Tessili*[24] und *de Bloos*[25] für alle Arten **10** von Verträgen auf die vertragscharakteristische Verpflichtung abgestellt und den Erfüllungsort ebenfalls autonom ausgelegt (methodisch vertretbar unter Berufung auf die Sachgerechtigkeit der Prozessführung vor dem der Sache nach nächsten Gericht),[26] wäre der zuständigkeitsrechtliche Arbeitnehmerschutz quasi als erwünschtes Nebenprodukt angefallen (von dem unter der Geltung des EuGVÜ ja auch der Arbeitgeber profitieren durfte). Hätte der EuGH mit Blick auf die o.g. rechtspolitische Entscheidung der Konventionsstaaten die „Verpflichtung" i.S.d. Art. 5 Nr. 1 EuGVÜ speziell für Streitigkeiten aus Arbeitsverhältnissen dann etwa nach Maßgabe der hergebrachten Formeln aus *Tessili* und *de Bloos* auslegen und ein rechtfertigungsbedürftiges Sonderregime schaffen sollen? Die Frage zu stellen, heißt sie zu verneinen. Sie zeigt vielmehr, dass **prozessualer Arbeitnehmerschutz** erst dort anfängt, wo mit Blick auf Gerichtsstände dem **Arbeitnehmer** gezielt **Wahlmöglichkeiten eingeräumt**, dem **Arbeitgeber** hingegen **genommen** werden und darüber hinaus seine **Vertragsfreiheit im Interesse des Arbeitnehmers beschnitten** wird. Diesen signifikanten und qualitativen Entwicklungsschritt vollzogen aber erst die Konventions- bzw. Mitgliedstaaten und nicht der EuGH. Daran ist nichts zu kritisieren.

Durch die Schaffung eines eigenständigen und ausschließlichen Abschnitts über **11** Arbeitssachen in der **Brüssel I-VO** sorgten die Konventions- bzw. Mitgliedstaaten auch für die **inhaltliche Emanzipation des gewöhnlichen Arbeitsorts vom Erfüllungsort der Arbeitsleistung**, die den Arbeitsvertrag eigentlich charakterisiert. Jener Begriff hat in der EuGH-Rechtssprechung – konsentiert von der **h.M.** – den strengen **Fokus auf die synallagmatische Hauptleistungspflicht des Arbeitnehmers** ohnehin seit langem **aufgegeben** und berücksichtigt für lokale Zwecke im Rahmen einer Gesamtbetrachtung jegliche, auch noch so nachrangige Arbeitsleistung, um dem Arbeitnehmer ein *forum* an einem solchermaßen ermittelten gewöhnlichen Arbeitsort zur Verfügung zu stellen. Die **eigentlich geschuldete Tätigkeit des Arbeitnehmers**, die dem gesamten Vertrag das Gepräge gibt, **tritt** auf diese Weise ggf. vollständig **in den Hintergrund** (vgl. Art. 21 Rdn. 53). Diese Art und Weise, den gewöhnlichen Arbeitsort festzulegen, kann man monieren. *De lege lata* ist dies jedenfalls ein vorzugswürdigerer Zustand als das in Art. 7 Nr. 1 lit. a) und lit. b) weiterhin kodifizierte, dogmatisch unbequeme Nebeneinander zweier Auslegungsvarianten zur Ermittlung des Vertragsgerichtsstands, mit dem die reformierten Art. 20ff. jetzt nur noch die historischen Entwicklungslinien teilen.

c) Vier Entwicklungsphasen. Insgesamt betrachtet lässt sich die Entwicklung der **12** internationalen Zuständigkeit für Arbeitssachen somit in vier Phasen einteilen.[27] Jede Phase dekliniert den prozessualen Arbeitnehmerschutz weiter aus und engt – umgekehrt betrachtet – die taktische Ausgangssituation des Arbeitgebers weiter ein. Eine wichtige Rolle spielen dabei etwas mehr als ein Dutzend Urteile des EuGH.[28] Die **erste Phase** ist **rechtssrechungsgeleitet** und betrifft Art. 5 Nr. 1 EuGVÜ bis zur Revision durch das

---

24 EuGH 6.10.1976 EuGH 1976, 1474 – Tessili/Dunlop.
25 EuGH 6.10.1976 EuGHE 1976, 1498 – de Bloos/Bouyer.
26 S.a. *Rauscher* FS Schütze, 695, 699 dort mit Fn. 21 und 23; zu den fünf verschiedenen Möglichkeiten auslegungsbedürftige prozessuale Rechtsbegriffe zu interpretieren vgl. *Schack* IZVR, Rdn. 54.
27 In Anlehnung an *Junker* FS Heldrich, 719, 722f.
28 Eine Übersicht der einschlägigen Rechtsprechung des EuGH findet sich bei *Junker* FS Gottwald, 293, 304; Paulus/Peiffer/Peiffer/*Paulus* Art. 20 Vor Rdn. 1; hinzu kommen noch EuGH 14.9.2017 NZA 2017, 1477 – Nogueira u.a./Crewlink Ireland Ltd und Ryanair Designated Activity Company und EuGH 21.6.2018, 886 – Petronas Lubricants Italy/Livio Guida.

dritte Beitrittsabkommen im Jahre 1989.[29] In dieser Phase schuf der EuGH einen besonderen Gerichtsstand des Erfüllungsorts für alle streitigen Verpflichtungen am gewöhnlichen Arbeitsort. Die **zweite Phase** reicht von der **revidierten Fassung des EuGVÜ 1989** bis zur **Ablösung durch die Brüssel I-VO** mit Wirkung zum 1.3.2002.[30] Sie brachte die Art. 5 Nr. 1 2. und 3. Hs., Art. 17 Abs. 5 EuGVÜ. Die **dritte Phase** ist markiert durch die Geltung der **Brüssel I-VO**, in der die Zuständigkeiten für **Streitigkeiten aus individuellen Arbeitsverträgen** samt den Gestaltungsrestriktionen für Gerichtsstandsvereinbarungen **in einem eigenen Abschnitt** zusammengefasst wurden.[31] Wichtige Charakteristika sind die Ausschließlichkeit der Gerichtsstände, die räumlich-persönliche Erweiterung der Gerichtspflichtigkeit des Arbeitgebers durch Art. 18 Abs. 2 a.F. und die asymmetrisch nach Parteirollen konzipierten Gerichtsstände, die sich in den nur dem Arbeitnehmer zustehenden Gerichtsständen des gewöhnlichen Arbeitsortes und der einstellenden Niederlassung (Art. 19 a.F.) sowie der grundsätzlichen Einengung der Gerichtspflichtigkeit des Arbeitnehmers an seinem Wohnort (Art. 20 Abs. 1 a.F.)[32] manifestierten. Mit Inkrafttreten der reformierten **Brüssel Ia-VO** ist die **vierte Phase** angebrochen, zu der bislang keine EuGH-Entscheidung zu verzeichnen ist. Sie behält in ihren Art. 20 bis 23 das bisherige Zuständigkeitsregime grundsätzlich bei, bringt **Klarstellungen** und **entwickelt** es in einigen wichtigen Punkten **fort**.[33] Ersteres betrifft die arbeitnehmerschützende Kodifizierung der sog. *base rule*-Rechtsprechung des EuGH in Art. 21 Abs. 1 lit. b) i) („von dem aus").[34] Letzteres betrifft die darüber hinausgehende Verbesserung des Arbeitnehmerschutzes, indem die o.g. zuständigkeitsrechtliche Asymmetrie durch Zurverfügungstellung des Gerichtsstands der Streitgenossenschaft gem. Art. 8 Nr. 1 exklusiv zugunsten des Arbeitnehmers vertieft (Art. 20 Abs. 1, hierzu Rdn. 49–52)[35] und der räumlich-persönliche Anwendungsbereich der Brüssel Ia-VO zulasten des Arbeitgebers in Art. 21 Abs. 2 erneut ausgeweitet wird (hierzu Art. 21 Rdn. 138–145). Außerhalb der Art. 20 bis 23 sind die Belehrungspflicht bei rügeloser Einlassung in Art. 26 Abs. 2 (hierzu Rdn. 7, Art. 45 Rdn. 214) und schließlich die Ausweitung der Anwendungssperre in Art. 45 Abs. 1 lit. e) i), Art. 46 zu nennen (hierzu Art. 45 Rdn. 4, 11, 209ff.).

---

29 EuGH 26.5.1982 EuGHE 1982, 1891 – Ivenel/Schwab; EuGH 15.1.1987 EuGHE 1987, 239 – Shenavai/Kreischer; EuGH 15.2.1989 EuGHE 1989, 341 – Six Constructions/Humbert.
30 EuGH 9.1.1997 EuGH 1997, I-57 – Petrus Wilhelmus Rutten/Cross Medical Ltd; EuGH 13.7.1993 EuGHE 1993, I-4075 – Mulox IBC Ltd/Hendrick Geels; EuGH 9.1.1997 EuGH 1997, I-57 – Petrus Wilhelmus Rutten/Cross Medical Ltd; EuGH 27.2.2002 EuGHE 2002, I-2013 – Herbert Weber/Universal Ogden Services Ltd; EuGH 10.4.2003 EuGHE 2003, I-3573 – Pugliese/Finmeccanica.
31 EuGH 22.5.2008 EuGHE 2008, I-3965 – Glaxosmithkline, Laboratoires Glaxosmithkline/Rouard; EuGH 19.7.2012 NZA 2012, 935 – Mahamdia; EuGH 10.9.2015 EuZW 2015, 922, 924 – Holtermann Ferho Exploitatie/Spies von Büllesheim.
32 Vorbehaltlich der dem Arbeitgeber zustehenden Widerklagemöglichkeit nach Maßgabe des Art. 20 Abs. 2 a.F. und den in Art. 18 Abs. 1 a.F. vorbehaltenen Gerichtsständen.
33 *Garber* FS Schütze, 81, 84ff.
34 St. Rspr. seit EuGH 13.7.1993 EuGHE 1993, I-4075 – Mulox IBC Ltd/Hendrick Geels, Rdn. 24, 26; jüngst EuGH 14.9.2017 NZA 2017, 1479f. – Nogueira u.a./Crewlink Ireland Ltd und Ryanair Designated Activity Company, Rdn. 57ff. Rezeptionsweg über Art. 8 Rom I-VO; ausf. Art. 21 Rdn. 25ff., 36ff.
35 Abkehr von EuGH 22.5.2008 EuGHE 2008, I-3965 – Glaxosmithkline, Laboratoires Glaxosmithkline/Rouard unter der Geltung des Art. 18 a.F.

2. Zweck der Regelung und Auslegungsmaximen

a) Sozialpolitisches Anliegen des Zuständigkeitsrechts

aa) Ausgangspunkt: Arbeitnehmerschutz. Art. 20 bis 23 sind Ausdruck des individuellen **Arbeitnehmerschutzes**.[36] Er ist der **zentrale Leitgedanke**, den die Erwägungsgründe Nr. 14, 18 und 19 der Brüssel Ia-VO aufgenommen haben. Auch der EuGH hat diesen Schutztopos in seiner Rechtsprechung zum Leitmotiv auserkoren.[37] Der Arbeitnehmer ist im Vergleich zum Arbeitgeber typischerweise rechtlich unerfahrener und sozial sowie wirtschaftlich in der unterlegenen Position. Das **Axiom der strukturellen Unterlegenheit des Arbeitnehmers**[38] wirkt sich somit auch auf die Ausgestaltung der internationalverfahrensrechtlichen Vorschriften aus, insbesondere was das Zuständigkeitsrecht betrifft, um mit ihrer Hilfe **Gerechtigkeit im Privatrechtsverkehr** herzustellen.[39] **Anerkannte Zuständigkeitsinteressen**, also Gerichts-, Staats- Ordnungs- und vor allem Parteiinteressen,[40] und mit diesen Interessen korrespondierende Gerichtsstände sind folglich **im Lichte des Arbeitnehmerschutzes zu bewerten**, das Gewähren oder das Nehmen von Wahlmöglichkeiten zwischen verschiedenen Gerichtsständen ist zu bedenken, die aus der strukturellen Unterlegenheit resultierende gestörte Vertrags- und Parteiparität ist bei der Bestimmung der Zulässigkeitsgrenzen von Gerichtsstandsvereinbarungen zu beachten. Anders als im IPR ist es auch möglich, einen **bipolaren bzw. asymmetrischen Ansatz** zu wählen und somit eine zuständigkeitsrechtliche Aufspaltung in Abhängigkeit der Parteirolle bzw. des sozialen Status (Arbeitnehmer/Arbeitgeber) vorzunehmen. Konsens dürfte schließlich darin bestehen, dass ein entsprechendes Regime mindestens **einseitig zwingenden Charakter** haben muss, damit es nicht von der stärkeren Seite, also dem Arbeitgeber, unterlaufen werden kann.[41]

13

Die **Wirkmächtigkeit des Arbeitnehmerschutzes** zeigt sich im normativen Ergebnis dieses Abwägungs- und Bewertungsprozesses. Der **Grundsatz des Zuständigkeitsgleichgewichts** als Ausdruck der verfahrensrechtlichen Gleichbehandlung der Parteien[42] ist im Interesse des Arbeitnehmers **vollständig durchbrochen** worden. Jeder Reformschritt seit 1982 rückt von dieser Grundregel immer weiter ab (s.a. Rdn. 5ff.).

14

bb) Situation des Arbeitnehmers. Ebenso wie die Gerichtsstände für Versicherungs- und Verbrauchersachen bevorzugen die **Art. 20 bis 23** einseitig den Arbeitnehmer. Sie **berücksichtigen** maßgeblich die **Parteiinteressen des Arbeitnehmers**, vor

15

---

36 Dasselbe gilt für Art. 26 Abs. 2, Art. 45 Abs. 1 lit. e) i), Art. 46.
37 EuGH 21.6.2018, NZA 2018, 886f. – Petronas Lubricants Italy/Livio Guida, Rdn. 27f.; EuGH 14.9.2017 NZA 2017, 1477, 1478 – Nogueira u.a./Crewlink Ireland Ltd und Ryanair Designated Activity Company, Rdn. 49; EuGH 19.7.2012 NZA 2012, 935, 937 – Mahamdia, Rdn. 46 m.w.N.; grdl. EuGH 26.5.1982 EuGHE 1982, 1891 – Ivenel/Schwab, Rdn. 16; GA *Saugmandsgaard Øe*, Schlussanträge v. 27.4.2017, Rs C-168 u.a. – Nogueira u.a./Crewlink Ireland Ltd und Ryanair Designated Activity Company, Rdn. 12 m.w.N.; Staudinger/*Hausmann* Verfahrensrecht für internationale Verträge Rdn. 204; erst Zögerlichkeit festgestellt bei *Rauscher* FS Geimer, 695, 698f.
38 Für das deutsche Arbeitsrecht BVerfG 23.11.2006 NJW 2007, 286, 287 m.w.N.; *Preis* Individualarbeitsrecht 5. Aufl. 2017, Rdn. 2ff.
39 Zum Parallelphänomen im IPR allgemein *Mankowski* Interessenpolitik und europäisches Kollisionsrecht (2011), *passim*.
40 *Schack* IZVR, Rdn. 229–243; *Junker* IZVR, § 1 Rdn. 1ff.
41 Methodisch hätte der EuGH von diesem Gesichtspunkt zehren können, als er in EuGH 22.5.2008 EuGHE 2008, I-3965 – Glaxosmithkline, Laboratoires Glaxosmithkline/Rouard, Rdn. 35 den Gerichtsstand der Streitgenossenschaft sperrte; s.a. *Rödl* EuZA 2009, 385, 390ff.
42 Statt vieler: *Schack* IZVR, Rdn. 12ff., Rdn. 38ff., 286, 289, 295.

allem bezogen auf einen sach- und beweisnahen Gerichtsstand, der auch den Vorteil der Rechtsnähe mit sich bringt. Das manifestiert sich im **Aktivgerichtsstand des gewöhnlichen Arbeitsortes** gem. Art. 21 Abs. 1 lit. b) i), der in Zusammenschau mit Art. 8 Abs. 2 Rom I-VO einen **grundsätzlichen Gleichlauf von *forum* und *ius*** gewährleistet.[43] Auf diese Weise kann das international zuständige Gericht das Recht anwenden, das es am besten kennt. Damit sinkt die Wahrscheinlichkeit einer falschen Anwendung (fremden) Rechts. Ebenso kann die zeitaufwendige und oft auch kostenträchtige Feststellung fremden Rechts vermieden werden.

16   In der Ausformung dieses Gerichtsstandes durch die EuGH-Judikatur kann dies aus Sicht des Arbeitnehmers faktisch sogar zu einem **veritablen Klägergerichtsstand am eigenen Wohnsitz** werden, wodurch sein Parteiinteresse an einem möglichst nahe gelegenen Gericht befriedigt wird und noch einmal Zeit und Kosten gespart werden können (Stichwort: **häusliches Arbeitszimmer als gewöhnlicher Arbeitsort**; s.a. Art. 21 Rdn. 82–84).[44] Das ist praktikabel.[45] Dem steht auch nicht entgegen, dass dieser Gerichtsstand im Gegensatz zu einem „normalen" gewöhnlichen Arbeitsort für den Arbeitnehmer nicht unbedingt der perfekteste ist.[46] Die **Bevorzugung des Arbeitnehmers** zeigt sich schließlich auch darin, dass nach Art. 20 Abs. 1 nur der Arbeitnehmer die Möglichkeit hat, auf den **Gerichtsstand der Streitgenossenschaft** gem. Art. 8 Nr. 1 zurückzugreifen, was ihm (prozess)ökonomische Vorteile verschafft, aber natürlich auch im allgemeinen Ordnungsinteresse liegt.

17   **cc) Situation des Arbeitgebers.** Im Gegensatz dazu ist der **Arbeitgeber** gem. Art. 22 Abs. 1 grundsätzlich darauf **beschränkt**, den **Arbeitnehmer an seinem Wohnsitz zu verklagen**. Finanzielle und sonstige Unannehmlichkeiten werden nur für den Arbeitnehmer geringgehalten. Gegen Wohnsitzverlagerungen kann sich der Arbeitgeber nicht umfänglich, vor allem nicht mit Hilfe von Gerichtsstandsklauseln, wehren.[47] Diese Grundregel ist zwar aufgelockert (Art. 20 Abs. 1 i.V.m. Art. 6 oder Art. 7 Nr. 2, Art. 22 Abs. 2), ändert aber nichts an der grundsätzlichen Asymmetrie, die dem **Arbeitgeber** einmal den – geradezu natürlichen[48] – sach- und beweisnahen Gerichtsstand des **gewöhnlichen Arbeitsortes** und zudem den **Gerichtsstand der Streitgenossenschaft vorenthält**.[49]

18   Ungeachtet dieser Asymmetrie auf der Aktivseite ist nicht zu vergessen, dass der **Gerichtsstand am Wohnort des Arbeitnehmers** dem **Arbeitgeber** zumindest **Vollstreckungsnähe gewährleistet**, was auch im Ordnungsinteresse liegt. Weiterer Ausdruck der Benachteiligung des Arbeitgebers ist schließlich der Umstand, dass der EuGH dessen mögliche Gerichtspflichtigkeit am **Gerichtsstand der einstellenden Niederlassung** gem. Art. 21 Abs. 1 lit. b) ii), der ja den Parteiinteressen des Arbeitgebers entgegenkommt, **marginalisiert** hat und in der Praxis damit ein Schattendasein fristen lässt. **Vorrang** genießt in der EuGH-Judikatur der **Gerichtsstand des gewöhnlichen Arbeits-**

---

[43] S.a. EuGH 15.3.2011 EuGHE 2011, I-1595 – Koelzsch, Rdn. 33, 45f.
[44] EuGH 13.7.1993 EuGHE 1993, I-4075 – Mulox IBC Ltd/Hendrick Geels, Rdn. 25.
[45] Krit. *Weber* FS Leinemann, 655, 671.
[46] Das am eigenen Wohnsitz zuständige Gericht stellt im Arbeitsrecht nicht unbedingt einen sach- und beweisnahen Gerichtsstand dar.
[47] Den Arbeitgeber schützen indes die Grundsätze der *perpetuatio fori*; zur rechtsmissbräuchlichen Wohnsitzverlagerung im Kontext des internationalen Insolvenzrechts vgl. auch BGH 18.9.2001 NZA 2001, 646, 648; *Hübler* NZI 2017, 482, 485; *d'Avoine* NZI 2011, 310, 312; *Hölzle* ZVI 2007, 1.
[48] Rauscher/*Mankowski* Art. 22 Rdn. 4.
[49] *Garber* FS Schütze, 81, 83, 87f. mit Argumenten warum das so ist.

orts (zu diesem hierarchischen Verhältnis Art. 21 Rdn. 7–9, 118).[50] Aus der Perspektive verfahrensrechtlich neutraler Interessenbewertung ist das **nicht ohne eine gewisse Ironie**. In der herrschenden Lesart von Art. 21 Abs. 1 lit. b) durch den EuGH gewährleistet nur die einstellende Niederlassung die für die Parteien so wichtige Vorhersehbarkeit des Gerichtsstandes (vgl. auch Erwägungsgrund Nr. 16 der Brüssel Ia-VO). Dies ist bei der Bestimmung des gewöhnlichen Arbeitsortes gerade nicht (mehr) möglich, weil der **EuGH** dort eine **wertende Gesamtbetrachtung** anhand aller Umstände des Einzelfalls **verlangt**. Im Ergebnis verschafft sich der EuGH auf diese Art eine Bewegungsfreiheit, wie sie im internationalen Arbeitsrecht nur die Ausweichklausel in Art. 8 Abs. 4 Rom I-VO bietet. **Rechtssicherheit** lässt sich i.R.d. Art. 21 Abs. 1 lit. b) i) folglich nur mittels einer **typologischen Fallgruppenbildung** erreichen und wenn, dann auch nur **graduell** (s. Art. 21 Rdn. 51 ff.).

Dieses zuständigkeitsrechtliche Design der **Gerichtsstände** ist **im Interesse des Arbeitnehmers** strukturell **abgesichert**: Erstens sind diese Gerichtsstände grundsätzlich **ausschließlich** ausgestaltet (Art. 20 Abs. 1). Zweitens können sie **nicht durch eine Gerichtsstandsvereinbarung** zum Nachteil des Arbeitnehmers **ausgehebelt** werden (Art. 23). Drittens ist eine **rügelose Einlassung** vor einem grundsätzlich unzuständigen Gericht nicht ohne **vorherige gerichtliche Belehrung** mehr möglich (Art. 26 Abs. 2). Und schließlich ist viertens die **Einhaltung** der Art. 20 bis 23 **im Anerkennungs- und Vollstreckungsverfahren** kontrollfähig (Art. 45, 46). 19

b) Bedeutung der Unionsgrundrechte. Rechtfertigen lässt sich der durch die Brüssel Ia-VO gewährte **verfahrensrechtliche Arbeitnehmerschutz** mit Hilfe der **Grundrechte** der EU. Erwägungsgrund Nr. 38 der Brüssel Ia-VO nimmt auf die **Grundrechtecharta als primärrechtlichen Kontrollmaßstab** insgesamt Bezug und äußert die Ansicht, die Brüssel Ia-VO stehe im Einklang mit den Grundrechten. Die **Durchbrechung des zuständigkeitsrechtlichen Gleichgewichts** in den Art. 20 bis 23 modifiziert den in Art. 47 Abs. 2 GrCH verankerten Grundsatz der Gleichbehandlung der Parteien. Diese Durchbrechung ist als **Materialisierung der internationalverfahrensrechtlichen Zuständigkeitsvorschriften** zu begreifen. Sie wird durch eine **Bevorzugung** der grundrechtlichen **Berufsausübungsfreiheit der Arbeitnehmer** gem. Art. 15 Abs. 1 GrCH aufgrund seiner strukturellen Unterlegenheit gegenüber dem Arbeitgeber ausgelöst. Diese Möglichkeit, **normative Vorgaben des Sekundärrechts in Unionsgrundrechte zu übertragen**, ist spätestens seit der *Mangold*-Entscheidung des EuGH anerkannt und *in concreto* weit weniger prekär, weil es mit der Brüssel Ia-VO um eine Verordnung und nicht um eine Richtlinie geht (so die Konstellation in der *Mangold*-Entscheidung).[51] 20

Dogmatisch **wirkt** die **Berufsausübungsfreiheit** des Arbeitnehmers gem. Art. 15 Abs. 1 GrCH in seiner **verfahrensrechtlichen Dimension**, was materiellen Rechtspositionen zu einer wirksameren Durchsetzung verhilft.[52] Relativ zurück tritt dabei die ebenfalls einschlägige unternehmerische Freiheit des Arbeitgebers aus Art. 16 GrCH. Das hieraus resultierende **legislatorische Abwägungsergebnis zugunsten des Arbeitnehmers** (also Art. 20 bis 23, 26 Abs. 2, 45, 46) kann als **grundrechtliches *datum* des europäischen Gesetzgebers** akzeptiert werden. 21

---

50 Vgl. nur EuGH 10.9.2015 EuZW 2015, 922, 924 – Holtermann Ferho Exploitatie/Spies von Büllesheim, Rdn. 39; beständige Kritik hieran *Junker* FS Gottwald, 293, 300 f.
51 EuGH 22.11.2005 EuGHE 2005, I-9981 – Mangold, Rdn. 74–76; legitimiert aus deutscher Sicht durch BVerfG 6.7.2010 BVerfGE 126, 286, 300 ff. – Honeywell.
52 Ausf. hierzu Ehlers/*Ehlers* Europäische Grundrechte und Grundfreiheiten, 4. Aufl. (2015), § 14 Rdn. 38 und § 7 Rdn. 38 m.w.N.

22 Nimmt man die soziale Schutzbedürftigkeit und mithin das Axiom der strukturellen Unterlegenheit des Arbeitnehmers ernst, kann man auch vertreten, die **Art. 20 bis 23** als **Ergebnis einer ausgeübten Schutzpflicht** anzusehen, die der europäische Gesetzgeber zugunsten des einzelnen Arbeitnehmers im internationalen Prozessrecht zu erfüllen hat. Verfahrensrechtlich übersetzt würden dann nicht nur Partei-, sondern auch öffentliche Interessen[53] für die geltende Art und Weise des internationalen Arbeitsprozessrechts streiten, weil die gem. Art. 51 Abs. 1 GrCH grundrechtsgebundenen Organe der EU den Schutz bestimmter Personengruppen sicherzustellen haben (in diesem Fall die Gruppe der Arbeitnehmer).

23 **c) Auslegungsmaximen.** Was wichtige Auslegungsmaximen der Art. 20 ff. betrifft, sei auf zwei hingewiesen. Es geht zum einen um die **grundrechtskonforme Auslegung** dieser Vorschriften mit den Unionsgrundrechten. Zum anderen ist die **Auslegungskontinuität** und der grundsätzliche **Auslegungszusammenhang** zwischen dem EuGVÜ, der Brüssel I-VO und dem einschlägigen IPR von Bedeutung.

24 **aa) Grundrechtskonforme Auslegung.** Die in Rdn. 20 f. angesprochene grundrechtliche Fundierung der Art und Weise, wie das internationale Arbeitsprozessrecht den Arbeitnehmer schützt, führt dazu, dass die in Art. 20 bis 23 verwendeten **Rechtsbegriffe grundrechts-, also primärrechtskonform auszulegen** sind. Daraus folgt: Wenn möglich ist eine Auslegung zu wählen, die das **Ziel des Arbeitnehmerschutzes** sicherstellt und effektuiert. Das gebieten die Rechtsquellenhierarchie und der **Primat der Unionsgrundrechte über das sekundäre Unionsrecht**, vgl. Art. 6 Abs. 1 2. Hs. EUV i.V.m. Art. 51 EUV und Art. 263 AEUV.[54] Diesbezüglich sind nicht nur die Organe der Union gem. Art. 51 Abs. 1 GrCH entsprechend verpflichtet, sondern auch die Mitgliedstaaten, da sie die Brüssel Ia-VO durchzuführen haben.[55] Das ist ein wichtiger **Auslegungsauftrag an die Gerichte der Mitgliedstaaten** als Hauptadressaten der Brüssel Ia-VO.

25 Von **Bedeutung** ist dieser **grundrechtsdogmatische Zusammenhang** natürlich für genuines Unionsrecht, aber vor allem im Hinblick auf **Normen des Völkerrechts**, die für die Anwendung oder Auslegung von sekundärem Unionsrecht herangezogen werden. Denn aufgrund der Bindung des Sekundärrechts an Unionsgrundrechte lassen sich auch die **Folgen völkerrechtlicher Vorfragen** schlüssiger beantworten, von denen konkret die Anwendung des Zuständigkeitsregimes in Individualarbeitssachen i.R.d. Brüssel Ia-VO möglicherweise abhängt.[56] Es sei vorweggenommen, dass sich im Ergebnis die **grundrechtlichen Wertungen des Unionsrechts** auch gegenüber dem **völkerrechtlichen Normenregime durchsetzen**.

26 Diese Auffassung mag zunächst überraschen, da sekundäres Unionsrecht wegen Art. 216 Abs. 2 AEUV völkerrechtlichen Normen im Rang nachgeht. Das betrifft sowohl Völkervertragsrecht als auch die allgemeinen Regeln des Völkerrechts, also vor allem

---

53 Im nationalen Kontext würde man von staatlichen Interessen sprechen; indes passt diese Terminologie bezogen auf die EU mangels Staatsqualität nicht.
54 Vgl. nur zur Grundrechtsabhängigkeit des autonomen deutschen IPR die grdl. Spanier-Entscheidung des BVerfG 4.5.1971 BVerfGE 31, 58, 73; ebenso BVerfG 30.11.1982 BVerfGE 62, 323; BVerfG 10.1.1995 BVerfGE 92, 26.
55 Zur Bindung der Mitgliedstaaten an Unionsgrundrechte grdl. EuGH 11.7.1985 EuGHE 1985, 2605 – Cinéthèque/Fédération des cinémas français, Rdn. 26; EuGH 18.6.1991 EuGHE 1991, I-2925 – ERT, Rdn. 42; statt vieler: Calliess/Ruffert/*Kingreen* EUV/AEUV, Art. 51 GrCH, Rdn. 7 ff. m.w.N.
56 Zu diesem Gesichtspunkt auch *Knöfel* IPRax 2014, 130, 134; *Mankowski* IPRax 2003, 21, 26; *Junker* FS Heldrich, 719, 730; *Gräf* jurisPR-ArbR 41/2013.

Völkergewohnheitsrecht.⁵⁷ Für die **EU relevante Regeln des Völkerrechts** sind integraler **Bestandteil des Unionsrechts**.⁵⁸ Die Unvereinbarkeit eines Sekundärrechtsaktes mit höherrangigem Völkerrecht berührt folglich die Gültigkeit von Sekundärrecht,⁵⁹ soweit dieser nicht völkerrechtskonform ausgelegt werden kann.⁶⁰

Doch unbeschadet dieses Vorranges von Völkervertragsrecht und Völkergewohnheitsrecht vor Sekundärrecht **setzt sich** nach der Rechtsprechung des EuGH der **Primat der Unionsgrundrechte**, so wie er eben zwei Abschnitte zuvor beschrieben wurde, im Grundsatz auch gegen **völkervertragsrechtliche Vorgaben durch**. Das einschlägige **Urteil des EuGH** in der Rechtssache *Kadi* spricht mit Blick auf diese wichtige Rangfrage eine deutliche Sprache.⁶¹ Entsprechendes wird wohl auch im Prinzip für Völkergewohnheitsrecht gelten. 27

Dieser **Vorrang der primärrechtlichen vor der völkerrechtlichen Wertung** bezüglich der Interpretation von Sekundärrecht lässt sich im Grundsatz ebenfalls mit der **Rechtsquellenhierarchie** begründen: Primärrecht ist im Rang höher angesiedelt als jene völkerrechtlichen Normen. Das ergibt sich aus dem Umstand, dass die Union selbst gem. Art. 48 EUV nicht befugt ist, den EUV oder AEUV zu ändern. Dem steht auch Art. 218 Abs. 11 AEUV nicht entgegen, der die Konfliktsituation zwischen Primärrecht und geplanten völkerrechtlichen Abkommen anders löst, als es Art. 216 Abs. 2 AEUV be- 28

---

57 Ersteres ergibt sich ausdrücklich aus Art. 216 Abs. 2 AEUV; hierzu EuGH 18.3.2014 NZA 2014, 525, 528, Rdn. 71; EuGH 21.12.2011 EuGHE 2011, I-13755 – Air Transport Association of America, Rdn. 50 m.w.N.; zur Bindung der EU-Organe an Völkergewohnheitsrecht bei Erlass von Sekundärakten s. EuGH 21.12.2011 EuGHE 2011, I-13755 – Air Transport Association of America, Rdn. 101; EuGH 16.6.1998 EuGHE 1998, I-3655 – A. Racke GmbH & Co. KG, Rdn. 45 f.; EuGH 27.11.1997 EuGHE 1997, I-6725 – Kommission ./. Griechenland, Rdn. 22; EuGH 24.11.1992 EuGHE 1992, I-6019 – Poulsen und Diva Navigation, Rdn. 9–11; EuGH 27.9.1988 EuGHE 1988, 5193, Zellstoff – Rdn. 15 ff.; EuGH 25.7.1991 EuGHE 1991, I-3905 – Factortame, Rdn. 17; allgemein zum Völkergewohnheitsrecht *Arnauld* Völkerrecht, 3. Aufl. (2016) Rdn. 249–262; zur partiellen Völkerrechtssubjektivität der EU vgl. Art. 47 EUV.
58 EuGH 18.3.2014 NZA 2014, 525, 528, Rdn. 73; EuGH 3.6.2008 EuGHE 2008, I-4057 – Intertanko u.a., Rdn. 53; EuGH 24.11.1992 EuGHE 1992, I-6019 – Poulsen und Diva Navigation, Rdn. 10 f.; EuGH 30.4.1974 EuGHE 1974, 449 – Haegemann, Rdn. 2/6.
59 Um eine Norm des Sekundärrechts an höherrangigem Völkervertragsrecht i.R.d. Vorabscheidungsverfahrens gem. Art. 267 AEUV zu messen, müssen folgende Voraussetzungen erfüllt sein: (1) Die Union muss an die Norm gebunden sein. (2) Art und Struktur des Vertrages dürfen der Gültigkeitsprüfung nicht entgegenstehen. (3) Die völkervertragliche Norm muss inhaltlich unbedingt und hinreichend genau sein. Das ist dann der Fall, wenn diese eine klare und eindeutige Verpflichtung enthält, deren Erfüllung oder Wirkungen nicht vom Erlass eines weiteren Akts abhängen; hierzu EuGH 21.12.2011 EuGHE 2011, I-13755 – Air Transport Association of America, Rdn. 52–54 m.w.N. Vergleichbares gilt für Völkergewohnheitsrecht als Prüfungsmaßstab, wobei die richterliche Kontrolldichte etwas lockerer zu sein scheint, vgl. EuGH 21.12.2011 aaO, Rdn. 102, 107–110. Zur Einhaltung des Grundsatzes von Treu und Glauben in Fällen fehlender Bindung der EU an Völkervertragsrecht (bei gleichzeitiger Bindung der Mitgliedstaaten an diesen Akt), der zu einer völkerrechtsfreundlichen Auslegung des Sekundärrechtsaktes führt, vgl. EuGH 3.6.2008 EuGHE 2008, I-4057 – Intertanko u.a., Rdn. 52; s.a. *Arnauld* Völkerrecht, 3. Aufl. (2016) Rdn. 266. Die Voraussetzungen (2) und (3) wurden bezüglich des Seerechtsübereinkommens verneint, s. EuGH 3.6.2008 aaO, Rdn. 64 f.
60 EuGH 18.3.2014 NZA 2014, 525, 528, Rdn. 72 ff. m.w.N.; EuGH 11.4.2013 NZA 2013, 553, 554 – HK Denmark, Rdn. 29; EuGH 21.12.2011 EuGHE 2011, I-13755 – Air Transport Association of America, Rdn. 50 f. m.w.N.; EuGH 3.6.2008 EuGHE 2008, I-4057 – Intertanko u.a., Rdn. 43.
61 EuGH 3.9.2008 EuGHE 2008, I-6351 – Kadi, Rdn. 308. Der Vorrang der Unionsgrundrechte als primärer Prüfungsmaßstab für Sekundärrecht ist in diesen Urteilen auch auf Sekundärrecht bezogen worden, mit dem UN-Sicherheitsratsbeschlüsse nach dem Kapitel VII der UN-Charta umgesetzt werden. Das ist insofern bemerkenswert, weil Art. 103 UN-Charta einen Vorrang der Charta vor Verpflichtungen aus anderen internationalen Übereinkünften im Konfliktfall anordnet, s.a. Art. 351 AEUV. Davon wären in diesem Zusammenhang das europäische Primärrecht und damit auch die GrCH betroffen. Die Problematik kann an dieser Stelle nicht vertieft werden. Das betrifft auch Aspekte der formellen Prüfungskompetenz des einschlägigen Völkerrechts, die der EuGH mittelbar für sich beansprucht.

züglich der Konfliktlinie zwischen Sekundärrecht und Völkerrecht tut. Ein **Vorrang** von Völkervertragsrecht oder Völkergewohnheitsrecht vor dem Primärrecht **könnte zu diskutieren sein**, sollte es sich um **zwingende Normen** handeln (vgl. Art. 53 WVRK für das *ius cogens* des Völkerrechts). Diesbezüglich hat sich der **EuGH** indes **noch nicht einschlägig geäußert**.[62] Die Problematik muss aber an dieser Stelle nicht entschieden werden, da das – ohnehin spärliche – **völkerrechtliche *ius cogens*** mit Blick auf das Zuständigkeitsregime der Art. 20 bis 23 **nicht zu thematisieren** sein wird. Das **Flaggenprinzip** gehört jedenfalls nicht dazu (vgl. dazu Rdn. 32 und Art. 21 Rdn. 87 ff.).[63]

29   Aus dem Vorhergesagten folgt zunächst allgemein, dass **Sekundärrecht**, welches völkerrechtliche Vorgaben umsetzt, auf jeden Fall noch einer **Gültigkeitsprüfung am Maßstab von Unionsgrundrechten** Stand halten muss.[64] Entsprechendes gilt für ein völkerrechtlich beeinflusstes Auslegungsergebnis eines Sekundärrechtsaktes. Denkbare **Konstellationen** sind die unmittelbare **Umsetzung völkerrechtlicher Vorgaben** durch Sekundärrecht[65] oder die mittelbare **Berücksichtigung sachlich einschlägiger völkerrechtlicher Wertungen** aufgrund völkerrechtsfreundlicher bzw. -orientierter Auslegung.[66] In beiden Varianten schlägt eine unionsgrundrechtskonforme Auslegung ihr völkerrechtliches Pendant, wenn es darum geht, den Sekundärrechtsakt nach höherrangigen Wertungen letztverbindlich zu interpretieren.

30   Für das internationale Arbeitsprozessrecht in der **Brüssel Ia-VO** bedeutet dies *in concreto*, dass ihr **arbeitnehmerschützender Impetus** gegenüber möglicherweise abweichenden völkerrechtlichen Bindungen oder Wertungen **hochzuhalten** ist, da sich dieser als Abwägungsergebnis widerstreitender Grundrechtspositionen zwischen Arbeitgeber und Arbeitnehmer zugunsten letzteren i.R.d. GrCH darstellen lässt (oben Rdn. 21 f.). Selbst wer diese unionsfreundliche Position nicht teilt, wird zugestehen müssen, dass es **zumindest** zu einer **Abwägung** entsprechender Wertungen **zwischen** dem **Völkerrecht und Unionsgrundrechten** kommen muss, die mittels **praktischer Konkordanz** herzustellen ist.[67] Des Weiteren darf auch nicht vergessen werden, dass **arbeitsrechtliche Vorschriften grundsätzlich einseitig zwingend** konzipiert sind. Zugunsten des Arbeitnehmers darf also das Schutzniveau immer erhöht werden, solange die Norm nicht – typischerweise aufgrund von bedeutenden Allgemeininteressen –

---

62 Zustimmend indes EuG 21.9.2005 EuGHE 2005, II-3649 – Kadi, Rdn. 221 ff.
63 Zum völkerrechtlichen *ius cogens* werden traditionell folgende Regeln gezählt: Gewaltverbot, Verbot des Völkermordes, Verbot der Sklaverei und Apartheid sowie Kerngewährleistungen der Menschenrechte, vgl. statt vieler: *Arnauld* Völkerrecht, 3. Aufl. (2016) Rdn. 287–293 m.w.N.
64 Prüfungsgegenstand ist der Sekundärrechtsakt, nicht das Völkerrecht. Auch die *Kadi*-Rechtsprechung des EuGH ist insoweit klar, vgl. EuGH 3.9.2008 EuGHE 2008, I-6351 – Kadi, Rdn. 308.
65 Bspw. EuGH 11.4.2013 NZA 2013, 553, 554 – HK Denmark, Rdn. 28–32, 38 zur völkerrechtskonformen Auslegung der RL 2000/78/EG im Lichte der UN-Behindertenrechtskonvention.
66 Vgl. EuGH 20.1.2009 EuGHE 2009, I-179 – Schultz-Hoff, Rdn. 37 f.; EuGH 22.11.2011 EuGHE 2011, I-11757 – Schulte, Rdn. 41 f. jeweils zum Übereinkommen Nr. 132 der Internationalen Arbeitsorganisation vom 24.6.1970 über den bezahlten Jahresurlaub, an das die Union nicht unmittelbar gebunden, der sechste Erwägungsgrund der Arbeitszeitrichtlinie 2003/88/EG aber fordert, seinen Grundsätzen „Rechnung zu tragen"; allgemein zur Fernwirkung des geschriebenen Rechts, um Lücken im Gesetz im Wege der Rechtsfortbildung zu füllen, s. *Heck* AcP 1914, 1, 227–238. Mit der zweiten Konstellationen sollen Fälle erfasst sein, die nicht der ersten Konstellation zuzuordnen sind. Beispiele: Keine Bindung der Union an sachlich einschlägiges Völkervertragsrecht oder thematische Einschlägigkeit des völkerrechtlichen Aktes im weitesten Sinne. Typischerweise gibt es also keinen Zwang zur völkerrechtskonformen Auslegung oder keine Verpflichtung, völkerrechtliche Wertungen absolut zu berücksichtigen.
67 In Ansätzen EuGH 3.9.2008 EuGHE 2008, I-6351 – Kadi, Rdn. 291–297, der ansonsten primär den autonomen Verfassungscharakter des Unionsrechts betont; deutlicher GA *Poiares Maduro* Schlussanträge v. 16.1.2008, Rs C-402/05 P u.a., Kadi – Rdn. 34; s.a. EGMR 12.9.2012 NJOZ 2013, 1183 – Nada, Rdn. 170 [insoweit dort nicht mit abgedruckt].

zweiseitig zwingend auszulegen ist, was nur selten der Fall ist und ohnehin für arbeitsvölkerrechtliche Vorschriften untypisch wäre.[68] Eine **unbedingte Durchsetzung völkerrechtlicher Wertungen** kann es deshalb vor allem wegen der Bindung der Union an die GrCH oder der generellen Wirkweise von arbeitsrechtlichen Vorschriften **nicht mehr geben**. Das ist der Gesichtspunkt, auf den es ankommt.

Diese Ausführungen sind namentlich für zwei völkerrechtliche Vertragswerke von Bedeutung. Das ist einmal das **Seerechtsüberkommen** der UN von 1982 (SRÜ)[69] und dann das **Seearbeitsübereinkommen** der IAO bzw. ILO von 2006;[70] letzteres konsolidiert und modernisiert Übereinkünfte und Empfehlungen der IAO bzw. ILO, die sie seit 1920 auf dem Gebiet des internationalen Seearbeitsrechts verabschiedet hat.[71] Während die Union dem SRÜ beigetreten ist,[72] ist sie an das Seearbeitsübereinkommen nicht unmittelbar gebunden, da sie – anders als die Mitgliedstaaten – kein Mitglied der IAO bzw. ILO ist. Allerdings ist mit Blick auf das Seearbeitsübereinkommen die **RL 2009/13/EG** heranzuziehen,[73] weil diese eine **Vereinbarung europäischer Sozialpartner** über Struktur und wesentliche Inhalte des Seearbeitsübereinkommens in Sekundärrecht überführt.[74] Nach ihrem Erwägungsgrund Nr. 16 und Art. 3 Abs. 1 legen die Richtlinie 2009/13/EG und die in ihr durchgeführte Vereinbarung freilich nur **Mindestnormen** fest. 31

Thematisch geht es im hier interessierenden Zusammenhang um die **Bedeutung des Flaggenprinzips für die Zwecke der Brüssel Ia-VO**, das beide völkerrechtlichen Übereinkommen und die Richtlinie aufgreifen (bspw. Art. 91 f. SRÜ oder Erwägungsgrund Nr. 6 RL 2009/13/EG). Hinzuweisen ist auch darauf, dass der EuGH das Flaggen- 32

---

68 Da arbeitsrechtliche Normen grundsätzlich einseitig zwingend wirken, tritt damit auch der Umstand in den Hintergrund, dass dispositives Völkerrecht regelmäßig nicht einseitig abbedungen werden kann. Sollte also eine sachlich einschlägige arbeitsvölkerrechtliche Norm identifiziert werden können (die ja nicht zum völkerrechtlichen *ius cogens* gehört, vgl. Fn. 63), ist es also möglich, das Schutzniveau zugunsten der Arbeitnehmers zu erhöhen.
69 UNTS 1833, S. 3. Das SRÜ sieht einen Vorrang des SRÜ vor den Gründungsverträgen internationaler Organisationen vor, vgl. Art. 4 Abs. 6 Anlage IX SRÜ. Damit können die Grundsätze der *Kadi*-Rechtsprechung des EuGH (vgl. Fn. 61) und folglich der Primat der Unionsgrundrechte m.E. auf das SRÜ übertragen werden, weil die Rechtslage beim SRÜ mit Blick auf die UN-Charta wegen dessen Vorrangnorm in Art. 103 UN-Charta identisch ist. Ausgeschlossen ist es indes, dass das SRÜ als unmittelbaren Gültigkeitsmaßstab der Art. 20 bis 23 in Frage kommt. Zumindest i.R.d. Vorabentscheidungsverfahrens gem. Art. 267 AEUV wird sich ein Einzelner nicht auf Vorschriften des SRÜ berufen können (hierzu Fn. 59), vgl. dazu die deutlichen Aussagen in EuGH 3.6.2008 EuGHE 2008, I-4057 – Intertanko u.a., Rdn. 54–65 (insbes. Rdn. 59, 61). Mit anderen Worten wird sich ein Arbeitgeber vor dem EuGH nicht auf das Flaggenprinzip nach dem SRÜ berufen können.
70 Das Abkommen kann unter www.ilo.org/global/standards/maritime-labour-convention/text/WCMS_560895/lang--en/index.htm abgerufen werden. Zum deutschen Umsetzungsgesetz (SeeArbG), *i.e.* das Gesetz zur Umsetzung des Seearbeitsübereinkommens 2006 v. 20.4.2013, s. BGBl. I S. 868 ff.
71 Vgl. auch die Auflistung in Art. X Seearbeitsübereinkommen.
72 Die EU ratifizierte das SRÜ am 1.4.1998. Ratifiziert wurden ebenso die zu seiner Umsetzung vereinbarten Abkommen (s. UNTS 1836, S. 3 und UNTS 2167, S. 3); EuGH 3.6.2008 EuGHE 2008, I-4057 – Intertanko u.a., Rdn. 53 m.w.N.
73 Richtlinie 2009/13/EG des Rates v. 16.2.2009 zur Durchführung der Vereinbarung zwischen dem Verband der Reeder in der Europäischen Gemeinschaft (ECSA) und der Europäischen Transportarbeiter-Föderation (ETF) über das Seearbeitsübereinkommen 2006 und zur Änderung der Richtlinie 1999/63/EG, ABl. EG L 124, S. 30 ff.; *Schäffer/Kapljic* ZESAR 2009, 170; s.a. *Ziegler* Arbeitnehmerbegriffe im Europäischen Arbeitsrecht (2011) 458–463 zu Fragen des persönlichen Schutzbereiches im Hinblick auf diese Richtlinie. An eine Berücksichtigung des Seearbeitsübereinkommens ist aus Sicht der Union auch unabhängig von der RL 2009/13/EG mit Hilfe des Grundsatzes von Treu und Glauben zu denken, der sowohl im allgemeinen Völkerrecht als auch speziell im Unionsrecht gilt, s.a. Fn. 59 und 66.
74 *Zimmer* EuZA 2015, 297; *Loth* GPR 2014, 223; *Maul-Sartori* NZA 2013, 821; *Schäffer* TranspR 2008, 290; *J. Schubert* Arbeitsvölkerrecht (2017) 199–205.

prinzip zumindest bei Schiffen sogar als Völkergewohnheitsrecht ansieht.[75] Die Anwendung des Flaggenprinzips wird insbesondere bei **mobilen Arbeitsverhältnissen**, bspw. Seearbeitsverhältnissen, i.R.d. Art. 21 Abs. 1 lit. b) i) diskutiert, wenn es gilt, den gewöhnlichen Arbeitsort von Bordpersonal an Schiffen einem Mitgliedstaat zuzuordnen.[76] Für die Diskussion über die Bedeutung des Flaggenprinzips im Kontext des Art. 21 Abs. 1 lit. b) i) lässt sich in Anwendung der vorherigen Ausführungen bereits an dieser Stelle die vertretbare These aufstellen, dass einer unionsgrundrechtlich induzierten Lösung dogmatisch nichts im Wege steht, die sich bei der **Bestimmung des gewöhnlichen Arbeitsortes** von Schiffspersonal (oder allgemein von mobil bzw. global tätigen Arbeitnehmern) primär den **Interessen des Arbeitnehmers** verpflichtet fühlt und die **Leistungsfähigkeit des Flaggenprinzips** oder vergleichbaren Anknüpfungspunkten[77] für die Zwecke des Arbeitnehmerschutzes im internationalen Verfahrensrecht **überprüft** und ggf. entgegen bisherigen Auffassungen in Rechtsprechung und Literatur **revidiert** (ausf. hierzu Art. 21 Rdn. 87 ff.).

33 **bb) Auslegungskontinuität und -zusammenhang mit dem EuGVÜ, Brüssel I-VO und IPR.** Neben der Verpflichtung zur grundrechtskonformen Auslegung folgt aus dem äußeren System des internationalen Unionsprivatrechts und -verfahrensrechts noch eine zweite bindende Auslegungsmaxime. Sie lautet dahingehend, dass zum einen **zwischen dem EuGVÜ** in seinen verschiedenen Fassungen, der **Brüssel I-VO** und der **Brüssel Ia-VO Auslegungskontinuität** und zum anderen zwischen diesen **internationalverfahrensrechtlichen Instrumenten** einerseits und dem europäischen Kollisionsrecht der **Rom I-VO** und **Rom II-VO** andererseits ein **Auslegungszusammenhang** besteht.[78] Für das internationale Arbeitsprozessrecht bedeutet dies, dass auch die **Rechtsprechung des EuGH** zu **Art. 8 Rom I-VO** bzw. **Art. 6 EVÜ von großer Bedeutung** für die Auslegung der Art. 20 bis 23 ist. Das betrifft bspw. den Begriff des Arbeitnehmers, des gewöhnlichen Arbeitsorts in Art. 8 Abs. 2 oder der einstellenden Niederlassung in Art. 8 Abs. 3 Rom I-VO.[79]

---

75 EuGH 21.12.2011 EuGHE 2011, I-13755 – Air Transport Association of America, Rdn. 106 m.w.N. (verneint allerdings bei Flugzeugen); EuGH 24.11.1992 EuGHE 1992, I-6019 – Poulsen und Diva Navigation, Rdn. 22. Vertretbar ließe sich deshalb auch argumentieren, dass das Flaggenprinzip für Schiffe damit ebenfalls zu den allgemeinen Grundsätzen des Unionrechts i.S.d. Art. 6 Abs. 3 EUV zählt. Doch selbst diese Sichtweise würde i.E. nichts daran ändern, dass ein solcher allgemeiner primärrechtliche Grundsatz mit sonstigem einschlägigen Primärrecht im Wege praktischer Konkordanz abzuwägen wäre, insbesondere also mit Unionsgrundrechten.
76 EuGH 27.2.2002 EuGHE 2002, I-2013 – Weber/Universal Ogden Services; EuGH 15.12.2011 EuGHE 2011, I-13275 – Voogsgeerd.
77 Damit sind insbesondere vergleichbare Wege der Registrierung des Transportmittels gemeint.
78 Bspw. EuGH 26.5.1982 EuGHE 1982, 1891 – Ivenel/Schwab, Rdn. 13 ff.; EuGH 15.3.2011 EuGHE 2011, I-1595 – Koelzsch, Rdn. 33–46; allgemein dazu EuGH 7.12.2010 EuGHE 2010, I-12527 – Pammer und Hotel Alpenhof, Rdn. 31–43; EuGH 21.1.2016 NJW 2016, 1005, 1006 – ERGO Insurance und Gjensidige Baltic – Rdn. 40–43; *Schlosser/Hess* Einleitung Rdn. 29 f.; *Franzen/Gallner/Oetker/Krebber* Art. 20 Rdn. 2; NK-GA/*Ulrici* Art. 1–6 Rdn. 1; *Lüttringhaus* RabelsZ 77 (2013), S. 31, 34 ff., 49–54; *Würdinger* RabelsZ 75 (2011) 102, 115; *Junker* FS Heldrich, 719, 722 ff.; *ders.* FS Gottwald, 293, 300; *Mankowski* AP Nr. 1 zu Verordnung 44/2001/EG; *Mankowski/Knöfel* EuZA 2001, 521, 534; *Basedow* Kohärenz im Internationalen Privat- und Verfahrensrecht der Europäischen Union, in: von Hein/Rühl (Hrsg.) Kohärenz im Internationalen Privat- und Verfahrensrecht der Europäischen Union (2016) 3 ff.; *Magnus* Konventionsübergreifende Interpretation internationaler Staatsverträge privatrechtlichen Inhalts, in: Basedow *et al.* (Hrsg.), Aufbruch nach Europa, 75 Jahre Max-Planck-Institut für Privatrecht, 2001, S. 571, 579 ff.; *Kropholler* Die Auslegung von EG-Verordnungen zum Internationalen Privat- und Verfahrensrecht, in: ebda., S. 583 ff.
79 Hierzu EuGH 14.9.2017 NZA 2017, 1477, 1479 – Nogueira u.a./Crewlink Ireland Ltd und Ryanair Designated Activity Company, Rdn. 55; EuGH 15.12.2011 EuGHE 2011, I-13275 – Voogsgeerd; EuGH 15.3.2011 EuGHE 2011, I-1595 – Koelzsch; s.a. EuGH 12.9.2013 IPRax 2015, 556 – Boedeker/Schlecker; MünchArbR/*Oetker* § 13 Rdn. 174, 35 ff.

Begründen lassen sich Auslegungskontinuität und -zusammenhang **mit der engen** 34
sachlichen Verzahnung von IZVR und IPR. Die Auslegungskontinuität zum EuGVÜ und
der Brüssel I-VO wird in **Erwägungsgrund Nr. 34 der Brüssel Ia-VO** fortgeschrieben
(s.a. Erwägungsgrund Nr. 19 der Brüssel I-VO mit Blick auf das EuGVÜ). In der **Rom I-VO**
und **Rom II-VO** wird die **Brücke zur Brüssel I-VO** jeweils in **Erwägungsgrund Nr. 7**
geschlagen; es ist kein Grund ersichtlich, dass unter der Geltung der Brüssel Ia-VO etwas
anderes gelten sollte. Diese Auslegungsmaxime hat auch der EuGH in seiner Rechtsprechung immer wieder betont. Im Ergebnis hat er die einschlägigen Instrumente, die für
ihn normative Entscheidungsgrundlage waren (EuGVÜ, EVÜ, Brüssel I-VO), eng miteinander und untereinander verwoben.[80] Diese **Auslegungsmaxime** kann als wichtiger
Grundsatz angesehen werden, der freilich **nicht absolut gilt** und auch nicht so gelten
kann, weil bei allen Gemeinsamkeiten das IZVR und IPR auch mit einigen wichtigen Unterschieden bei der einschlägigen Interessenbewertung aufwarten.[81] Darauf weist auch
der EuGH hin.[82]

Für das internationale Prozessrecht und internationale Privatrecht folgt in Arbeits- 35
sachen daraus eine nicht zu unterschätzende **Kohärenz** bei der **Auslegung und Anwendung der Art. 20 bis 23 und Art. 8 Rom I-VO** sowie den entsprechenden Vorgängernormen. Das ist wegen der Grundsätze des intertemporalen Rechts natürlich für das
IPR wichtiger als für das IZVR, weil der EuGH im IPR auf diese Weise die Tatsache einer
gespaltenen Rechtslage abmildern kann, indem er trotz unterschiedlicher Rechtsquellen,
deren Einschlägigkeit in Abhängigkeit des Zeitpunktes des Arbeitsvertragsschlusses bestimmt wird (Art. 6 EVÜ oder Art. 8 Rom I-VO),[83] faktisch einheitlich nach neuem Recht
judizieren kann.

3. Anwendungsbereich

a) Grundsätzliches. Art. 20 bis 23 regeln in ihrem Anwendungsbereich **abschlie-** 36
ßend die möglichen Gerichtsstände in Verfahren, deren Gegenstand ein individueller
Arbeitsvertrag oder Ansprüche aus einem individuellen Arbeitsvertrag bildet. Das **allgemeine Zuständigkeitsrecht** der Art. 4 ff. wird im Grundsatz **verdrängt** (zu den Ausnahmen s. Rdn. 41, 49, 53, 62).[84] Das gilt sowohl für Klagen des Arbeitnehmers gegen den
Arbeitgeber als auch für Klagen des Arbeitgebers gegen den Arbeitnehmer. Letztere stel-

---

[80] EuGH 14.9.2017 NZA 2017, 1477, 1478 f. – Nogueira u.a./Crewlink Ireland Ltd und Ryanair Designated Activity Company, Rdn. 45 f., 55; EuGH 19.7.2012 NZA 2012, 935, 937 – Mahamdia, Rdn. 47; EuGH 10.9.2015 NZA 2016, 183, 185 – Holtermann Ferho/Spies von Büllesheim, Rdn. 38; allgemein zur Auslegungskontinuität bspw. EuGH 7.7.2016 EuZW 2016, 625, 636 – Höszig/Alstom Power Thermal Services, Rdn. 30; EuGH 14.11.2013 NJW 2014, 530, 531 – Maletic/lastminute.com GmbH, Rdn. 27 m.w.N.; EuGH 16.7.2009 EuGHE 2009, I-6917 – Zuid-Chemie, Rdn. 18 f.; EuGH 16.6.2016 NJW 2016, 2167, 2168 – Universal Music International Holding, Rdn. 22.

[81] *Junker* IZVR, § 1 Rdn. 23; vgl. bspw. für das Arbeitsrecht die Abwägungsklausel des Art. 8 Abs. 4 Rom I-VO, die sich in Art. 21 so nicht findet.

[82] EuGH 16.1.2014 NJW 2014, 1166 – Kainz/Pantherwerke AG, Rdn. 20 (m.E. lässt sich die Entscheidung nicht pauschal generalisieren, weil es dem EuGH ersichtlich darum ging, das für IPR-Zwecke ausdifferenzierte Anknüpfungssystem bei der Produkthaftung nicht auf das internationale Verfahrensrecht zu übertragen); GA *Saugmandsgaard Øe*, Schlussanträge v. 27.4.2017, Rs C-168 u.a. – Nogueira u.a./Crewlink Ireland Ltd und Ryanair Designated Activity Company, Rdn. 75.

[83] Die Rom I-VO findet auf Vertragsschlüsse gem. Art. 28 Rom I-VO Anwendung, die ab dem 17.12.2009 getätigt wurden. Auf frühere Vertragsschlüsse findet das EVÜ bzw. das EGBGB Anwendung.

[84] BAG 24.9.2009 MDR 2010, 641 = NZA-RR 2010, 604, 607; LAG Hannover 29.6.2016 NZA-RR 2016, 611, 612; Rauscher/*Mankowski* Art. 20 Rdn. 2; Musielak/Voit/*Stadler* Art. 20 Rdn. 1; MünchKomm/*Gottwald* Art. 20 Rdn. 1 f.; Geimer/*Schütze* Art. 18 a.F. Rdn. 5; Kropholler/*von Hein* Art. 18 a.F. Rdn. 1; MünchArbR/ *Oetker* § 13 Rdn. 173.

len – zumindest in Deutschland – prozentual und in absoluten Zahlen die kleine Minderheit dar.[85]

37 Damit die Art. 20 bis 23 anwendbar sind, muss der **Beklagte** grundsätzlich seinen **Wohnsitz in einem Mitgliedstaat** haben.[86] Auf den Wohnsitz des Klägers kommt es nicht an.[87] Bei wohnsitzlosen Beklagten, bspw. wegen Untertauchens oder sonstiger Gründe, ist auf den letzten Wohnsitz im räumlichen Anwendungsbereich der Brüssel Ia-VO abzustellen.[88]

38 Hat der **Beklagte** seinen Wohnsitz bzw. Sitz außerhalb der EU, handelt es sich m.a.W. um einen **Drittstaatenfall**, können die Art. 20 bis 23 entgegen der Grundregel der Art. 4 Abs. 1, Art. 6 Abs. 1 dann aktiviert werden, wenn der **Vorbehalt des Art. 4 Abs. 1** greift („Vorbehaltlich der Vorschriften dieser Verordnung ..."; s.a. Art. 4 Rdn. 19 ff.).[89] Das ist zunächst dann der Fall, wenn der Beklagte in einem Mitgliedstaat über eine **Zweigniederlassung**, **Agentur** oder **sonstige Niederlassung** verfügt. Seine Gerichtspflichtigkeit wird dann durch **Art. 20 Abs. 2** und dem neu hinzugekommenen **Art. 21 Abs. 2** ausgelöst.[90]

39 Nach der Vorschrift des **Art. 20 Abs. 2**, die ihre Vorbilder in Art. 11 Abs. 2 und Art. 17 Abs. 2 findet (s. Art. 11 Rdn. 20 ff.; Art. 17 Rdn. 80 ff.), wird der Arbeitgeber für Streitigkeiten aus dem Betrieb der Zweigniederlassung, Agentur oder sonstigen Niederlassung so behandelt, wie wenn er seinen Wohnsitz bzw. Sitz im Hoheitsgebiet dieses Mitgliedstaats hätte (Rdn. 150 ff.). Damit wird ein **Wohnsitz** bzw. **Sitz fingiert**.[91]

40 Nach **Art. 21 Abs. 2** kann der **Arbeitgeber** mit Wohnsitz bzw. Sitz in einem Drittstaat vor dem Gericht eines Mitgliedstaats an den in Art. 21 Abs. 1 lit. b) genannten Orten **verklagt** werden (**gewöhnlicher Arbeitsort** oder **einstellende Niederlassung**, s. Art. 21 Rdn. 13 ff., 117 ff.). Diese Erweiterungen des räumlich-persönlichen Anwendungsbereich der Art. 20 bis 23 auf Drittstaatensachverhalte wirken sich zwangsläufig auf den Residualbereich des autonomen IZVR der Mitgliedstaaten aus; die Brüssel Ia-VO hat es zumindest im internationalen Arbeitsprozessrecht noch weiter zurückgedrängt (Rdn. 44 f.).

41 Eine **weitere Möglichkeit**, in Drittstaatenfällen zur Anwendbarkeit der Art. 20 bis 23 zu gelangen, ist dann gegeben, falls die Arbeitsvertragsparteien eine **Gerichtsstandsklausel** vereinbart haben, die die internationale Zuständigkeit eines mitgliedstaatlichen Gerichts begründet. Art. 23 und Art. 25 sind ebenfalls vom Vorbehalt des Art. 4 Abs. 1

---

85 *Grotmann-Höfling* ArbuR 2017, 287; *ders.* ArbuR 2016, 497; bzgl. aktueller Statistiken für 2016 vgl. Statistisches Bundesamt, Fachserie 10, Reihe 2.8; s.a. www.bmas.de/DE/Themen/Arbeitsrecht/Statistikzur-Arbeitsgerichtsbarkeit/statistik-zur-arbeitsgerichtsbarkeit.html; *Junker* FS Gottwald, 293, 295.
86 Andernfalls richtet sich die internationale Zuständigkeit gem. Art. 6 nach dem autonomen Prozessrecht der Mitgliedstaaten, vgl. Art. 6 Rdn. 5.
87 Sowohl der klagende Arbeitgeber als auch der klagende Arbeitnehmer können ihren Wohnsitz also in einem Drittstaat haben; bezüglich letzteren könnte dies auch den gewöhnlichen Arbeitsort betreffen, vgl. EuGH 15.2.1989 EuGHE 1989, 341 – Société Six Constructions Ltd/Paul Humbert, Rdn. 22.
88 EuGH 17.11.2011 EuGHE 2011, I-11543 – Hypoteční banka/Lindner, Rdn. 42 ff.; *Zöller/Geimer* Art. 20, Rdn. 4.
89 Vgl. zum Prüfungsschema der Grundregel des Art. 4 MünchKomm/*Gottwald* Art. 4 Rdn. 4–7; NK-GA/*Ulrici* Art. 1–6 Rdn. 16; vertiefend zur Abgrenzung *Domej* Das Verhältnis nach „außen": Europäische v. Drittstaatensachverhalte, in: von Hein/Rühl (Hrsg.) Kohärenz im internationalen Privat- und Verfahrensrecht der Europäischen Union (2016) 90 ff.
90 Zu Art. 18 Abs. 2 a.F. BAG 13.11.2007 NZA 2008, 761, 766 f. (inländische „Base" einer US-amerikanischen Fluggesellschaft keine Niederlassung) m. insoweit krit. Anm. *Junker* EuZA 2009, 88; krit. auch *Knöfel* AP Nr. 8 zu Art. 27 EGBGB n.F.; *Zöller/Geimer* Art. 20, Rdn. 2; zur rechtspolitischen Bedeutung des neuen Art. 21 Abs. 2 vgl. *Alio* NJW 2014, 2395, 2398; *Garber* FS Schütze, 81, 84.
91 *Rauscher/Mankowski* Art. 20 Rdn. 38.

umfasst.⁹² Damit werden mit Blick auf Deutschland die autonomen §§ 38, 40 ZPO verdrängt. Anders als bei Art. 23 a.F. gilt das aufgrund der Neufassung des Art. 25 nun **unabhängig von dem Wohnsitz der Parteien**.

Lässt sich dem Sachverhalt **kein** irgendwie geartetes **internationales bzw. grenzüberschreitendes Element** entlocken⁹³ und haben beide Parteien ihren Wohnsitz in ein und demselben Mitgliedstaat, **gilt die Brüssel Ia-VO nicht**. In solchen reinen **Inlandsfällen** kommt das **autonome Prozessrecht der Mitgliedstaaten** zum Zuge (s. Art. 4 Rdn. 22ff.).⁹⁴ Der nötige Auslandsbezug kann bspw. bei einem Vertragsschluss zwischen zwei Inländern bereits dann bejaht werden, wenn das Unternehmen eines hierfür eingeschalteten Online-Vermittlungsportals seinen Sitz in einem anderen Mitgliedstaat hat.⁹⁵ Das ist für *crowd work* oder sonstiger grenzüberschreitender Arbeitsvermittlung von Bedeutung.⁹⁶ 42

b) Klagemöglichkeiten und Konstellationen. In einem ersten Zugriff ergeben sich im sachlichen Anwendungsbereich der Art. 20 bis 23 in Zweipersonenkonstellationen bei **Klagen des Arbeitnehmers** gegen den Arbeitgeber grundsätzlich **sieben mögliche Gerichtsstände**: 43

Erstens – nach Art. 21 Abs. 1 lit. a) vor den Gerichten des Wohnsitzmitgliedstaats des Arbeitgebers. Die Vorschrift ist *lex specialis* zu Art. 4 Abs. 1.⁹⁷ **Zweitens** – nach Art. 21 Abs. 1 lit. b) i) vor dem Gericht des Ortes, an dem oder von dem aus der Arbeitnehmer seine Arbeit gewöhnlich verrichtet oder zuletzt gewöhnlich verrichtet hat. **Drittens** – alternativ nach Art. 21 Abs. 1 lit. b) ii), wenn der Arbeitnehmer seine Arbeit gewöhnlich nicht in ein und demselben Staat verrichtet oder verrichtet hat, vor dem Gericht des Ortes der einstellenden Niederlassung des Arbeitgebers. **Viertens** – nach Art. 20 Abs. 1 i.V.m. Art. 7 Nr. 5 bei einem Arbeitgeber mit Wohnsitz bzw. Sitz in einem Mitgliedstaat vor dem Gericht des Ortes einer Zweigniederlassung, Agentur oder sonstigen Niederlassung, wenn es um Streitigkeiten aus dem Betrieb der Niederlassung geht. **Fünftens** – nach Art. 20 Abs. 2 i.V.m. Art. 21 Abs. 1 lit. a) bei einem Arbeitgeber mit Wohnsitz bzw. Sitz in einem Drittstaat vor dem Gericht des Ortes einer Zweigniederlassung, Agentur oder sonstigen Niederlassung, wenn es um Streitigkeiten aus dem Betrieb der Niederlassung geht (Fiktion der Zweigniederlassung als Wohnsitz des Arbeitgebers). **Sechstens** – nach Art. 21 Abs. 2 bei einem Arbeitgeber mit Wohnsitz bzw. Sitz in einem Drittstaat vor den alternativen Gerichtsständen des Art. 21 Abs. 1 lit. b). **Siebtens** – nach Art. 23 Nr. 1 oder Nr. 2 am prorogierten Gericht vorbehaltlich der Zulässigkeit der Gerichtsstandsvereinbarung. 44

Ist **keine von diesen sieben Optionen** gegeben, richtet sich die internationale Zuständigkeit gem. Art. 20 Abs. 1 i.V.m. Art. 6 nach dem **autonomen Prozessrecht der Mitgliedstaaten**.⁹⁸ Zur Möglichkeit der **Widerklage des Arbeitnehmers** am eigenen Wohnort, die ihm nach vorzugswürdiger Auffassung auch nach Maßgabe des Art. 22 Abs. 2 offen steht, s. Rdn. 73. 45

---

92 LAG Düsseldorf 10.1.2017 BeckRS 2017, 110381 [Rdn. 31 f.]; MünchKomm/*Gottwald* Art. 4 Rdn. 7.
93 EuGH 14.11.2013 NJW 2014, 530 – Maletic/lastminute.com GmbH (Online-Portal im Ausland); BAG 20.9.2012 MDR 2013, 727 (grenzüberschreitende Insolvenz; Verhandlungen über Interessenausgleich mit einem engl. „administrator"); NK-GA/*Ulrici* Art. 1–6 Rdn. 4; *Abele* FA 2013, 357, 358; vertiefend *Hess* Binnenverhältnisse im Europäischen Zivilrecht: Grenzüberschreitende v. nationale Sachverhalte, in: von Hein/Rühl (Hrsg.) Kohärenz im Internationalen Privat- und Verfahrensrecht der Europäischen Union (2016) 67 ff.
94 MünchArbR/*Oetker* § 13 Rdn. 175 m.w.N. MünchAnwaltsHdbArbR/*Boewer* § 48 Rdn. 62, 87 m.w.N.
95 EuGH 14.11.2013 NJW 2014, 530 – Maletic/lastminute.com GmbH, Rdn. 29, 32.
96 S.a. *Däubler* SR 2016, 2, 41.
97 Franzen/Gallner/Oetker/*Krebber* Art. 4, 5, 6 Rdn. 1; Stein/Jonas/*Wagner* Art. 19 a.F. Rdn. 3.

46 Sind **arbeitsrechtliche Drittbeziehungen** thematisiert, so gilt zunächst der Grundsatz, dass die schuldrechtlichen Beziehungen und daraus resultierende **Prozessrechtsverhältnisse** für die Zwecke der Art. 20 bis 23 **getrennt zu betrachten** sind. Freilich steht es dem Arbeitnehmer offen, auf den **Gerichtsstand der passiven Streitgenossenschaft** gem. Art. 20 Abs. 1 i.V.m. Art. 8 Nr. 1 zurückzugreifen (s. Rdn. 49 ff.).

47 Was die **spärlichen Klagemöglichkeiten des Arbeitgebers** gegen den Arbeitnehmer i.R.d. Art. 20 bis 23 anbelangt, so kann jener den Arbeitnehmer gem. Art. 22 Abs. 1 lit. a) grundsätzlich nur vor den Gerichten verklagen, in dessen Hoheitsgebiet der **Arbeitnehmer seinen Wohnsitz** hat. Auch diese Norm ist *lex specialis* zu Art. 4 Abs. 1.[99] Ein internationaler Gerichtsstand kann sich des Weiteren dann ergeben, wenn sich der Arbeitnehmer **nach richterlicher Belehrung** gem. Art. 26 **rügelos einlässt** (s. Art. 23 Rdn. 7; Art. 26 Rdn. 4 ff.).[100] Nicht zur Verfügung steht dem Arbeitgeber der Gerichtsstand des Art. 20 Abs. 1 i.V.m. Art. 7 Nr. 5,[101] da ein Arbeitnehmer über keine von ihm physisch und lokal zu trennende Zweigniederlassung verfügt.[102] Der Gerichtsstand des Art. 20 Abs. 1 i.V.m. Art. 8 Nr. 1 ist dem Arbeitgeber schon aufgrund des ausdrücklichen Wortlauts jener Norm vorenthalten. Die Hoffnung auf einen weiteren Gerichtsstand kraft Prorogation nach Maßgabe des Art. 23 Nr. 1 ist illusorisch;[103] nach Art. 23 Nr. 2 vereinbarte Gerichtsstände stehen nur dem Arbeitnehmer und nicht dem Arbeitgeber zur Verfügung (s. Art. 23 Rdn. 13 ff.).

48 Hat der **Arbeitnehmer keinen Wohnsitz in einem Mitgliedstaat** – gewöhnlicher Aufenthalt reicht für die Zwecke des Art. 22 Abs. 1 i.V.m. Art. 62 nicht[104] – richtet sich die internationale Zuständigkeit **im Grundsatz** gem. Art. 6 nach dem **autonomen Prozessrecht der Mitgliedstaaten**, es sei denn, es ergibt sich ein Gerichtsstand nach Art. 23 oder Art. 26.[105] Eine denkbare Möglichkeit für den Arbeitgeber, in den Genuss der Gerichtsstände des Art. 21 Abs. 1 lit. b) zu gelangen, ist auch dann gegeben, sollte er sich entscheiden, die Klage des Arbeitnehmers mit einer Widerklage ganz oder teilweise zu parieren (s. Art. 22 Rdn. 7 f.).

c) Vorbehalte des Art. 20 Abs. 1

49 aa) **Art. 8 Nr. 1.** Im Unterschied zu Art. 18 Abs. 1 a.F. räumt der revidierte Art. 20 Abs. 1 dem **Arbeitnehmer** den **Gerichtsstand der Streitgenossenschaft gem. Art. 8 Nr. 1** nun ausdrücklich ein.[106] Der **Verordnungsgeber reagiert damit auf die EuGH-Entscheidung *Glaxosmithkline*** aus dem Jahre 2008, in der der EuGH sich daran gehin-

---

98 Zum doppelfunktionalen Charakter der §§ 12 ff. ZPO bezüglich der örtlichen und internationalen Zuständigkeit bspw. BAG 13.11.2007 NZA 2008, 761; BAG 3.5.1995 IPRax 1996, 416; BAG 10.4.1975 MDR 1975, 874. Wegen Art. 6 Abs. 2 ist auch der exorbitante Gerichtsstand des § 23 ZPO anwendbar.
99 Zöller/*Geimer* Art. 20 Rdn. 4; Rauscher/*Mankowski* Art. 22 Rdn. 1.
100 Eine rügelose Einlassung nach Art. 26 Abs. 1 ist auch möglich, wenn die Parteien eine Gerichtsstandsvereinbarung zugunsten eines drittstaatlichen Gerichts getroffen haben, EuGH 17.3.2016 RIW 2016, 294 – Taser International Inc./Gate 4 Business SRL u.a., Rdn. 19–25; s.a. *Nordmeier/Schichmann* GPR 2015, 199.
101 *Behr* GS Blomeyer, 15, 40; Rauscher/*Mankowski* Art. 20 Rdn. 48.
102 *Bosse* 105 f.; *Junker* NZA 2005, 199, 203; Rauscher/*Mankowski* Art. 20 Rdn. 48; **a.A.** Saenger/*Dörner* Art. 20 Rdn. 2; zum Sinn und Zweck des Art. 7 Nr. 5 *Schlosser/Hess* Art. 7 Rdn. 20 m.w.N.
103 Stein/Jonas/*Wagner* Art. 21 a.F. Rdn. 5 („Petrifizierung der Gerichtsstände").
104 *Garber* FS Schütze, 81, 84; *Schlosser/Hess* Art. 62 Rdn. 2, s.a. Paulus/*Peifer*/Peifer Art. 62 Rdn. 5.
105 Vgl. zum doppelfunktionalen Charakter der §§ 12 ZPO die Nachweise in Fn. 98.
106 KOM(2010) 748, S. 10 f., 32 hatte dies noch parteineutral beiden Seiten zugestanden; s.a. *Garber* FS Schütze, 81, 86–88; M. Weller GPR 2012, 34, 43; *Hartley* Choices of Court Agreements under the European and International Instruments (2013) 274.

dert sah, dem klagenden Arbeitnehmer *Rouard* die Möglichkeit zu geben, sowohl die Gesellschaft *Glaxosmithkline* mit Sitz im Vereinigten Königreich als auch die Gesellschaft *Laboratoires Glaxosmithkline* mit Sitz in Frankreich am Sitz letzterer gemeinsam als Gesamtschuldner auf Zahlung einer Entschädigung oder Abfindung mit Hilfe von Art. 6 Nr. 1 a.F. zu verklagen.[107]

Die Berufung auf den Gerichtsstand der Streitgenossenschaft war i.R.d. Art. 18 bis 21 **50** a.F. umstritten gewesen[108] und letztlich vom EuGH in der o.g. Entscheidung negativ beschieden worden. Zu erinnern ist, dass unter der Geltung des EuGVÜ der Rekurs auf den Gerichtsstand der Streitgenossenschaft in Art. 6 Nr. 1 EuGVÜ für beide Parteien sehr wohl möglich gewesen war und die Beibehaltung dieses Gerichtsstandes bei der Schaffung der Art. 18 bis 21 a.F. wohl nicht bedacht wurde.[109] Einen **methodisch vertretbaren Weg**, bezüglich der Brüssel I-VO von einer entsprechenden planwidrigen Lücke auszugehen, um dann erstens die Sperrwirkung der abschließenden Art. 18 bis 21 a.F. mit dem Argument der Wahrung des bisherigen Schutzniveaus zu überwinden und zweitens den Rückgriff auf Art. 6 Nr. 1 a.F. gemäß des neuen arbeitnehmerschützenden Plans des Verordnungsgebers nur einseitig dem Arbeitnehmer zu gewähren, **wollte der EuGH nicht gehen** und entschied sich konservativ für den Erhalt des *status quo*.[110] Der damit verbundene **reformatorische Appell** ist **nicht ungehört geblieben** und so steht auch diese Reform des Art. 20 Abs. 1 für den fruchtbaren Dialog zwischen EuGH und Verordnungsgeber, der die Entwicklung des internationalen Arbeitsprozessrechts innerhalb des IZVR und unter Berücksichtigung des IPR kennzeichnet. Die Erweiterung des Vorbehalts in Art. 20 Abs. 1 um Art. 8 Nr. 1 liegt sicherlich im Interesse des Arbeitnehmers und ist unter Ordnungsgesichtspunkten auf jeden Fall zu begrüßen.[111]

Art. 8 Nr. 1 spielt bei Doppelarbeitsverhältnissen, Konzernsituationen (inkl. Kon- **51** zernleihe) oder anderen arbeitsrechtlichen Drittbeziehungen eine wichtige Rolle. Die **Praxisrelevanz** zeigt sich bereits an der EuGH-Entscheidung *Glaxosmithkline*.[112] Damit der Arbeitnehmer auf Art. 8 Nr. 1 zurückgreifen kann, muss er den **Arbeitgeber als Ankerbeklagten** an seinem Wohnsitz bzw. Sitz verklagen. Zwischen dieser Klage und den **weiteren Klagen gegen die Sekundärbeklagten** – bspw. einen Mitarbeitgeber oder eine andere Gesellschaft der Unternehmensgruppe – muss **Konnexität** gegeben sein. Art. 8 Nr. 1 umschreibt dies dahingehend, dass zwischen den Klagen eine so enge Beziehung gegeben ist, dass eine gemeinsame Verhandlung und Entscheidung geboten erscheint, um zu vermeiden, dass in getrennten Verfahren widersprechende Entscheidungen ergehen könnten (ausf. Art. 8 Rdn. 23 ff.). Ein **klassischer Fall von Konnexität** ist **Gesamtschuldnerschaft**, wie sie bspw. bei der französischen Figur des Mitarbeitgebers (*coemployeur*) thematisiert ist.[113] Aus Gründen des Arbeitnehmerschutzes sollte der nach

---

[107] EuGH 22.5.2008 EuGHE 2008, I-3965 – Glaxosmithkline, Laboratoires Glaxosmithkline/Rouard m. krit. Anm. *Mankowski* EWiR 2008, 435; *ders.* EuZA 2008, 104; abl. *Krebber* IPRax 2009, 409; ebenso *Rödl* EuZA 2009, 385; *Sujecki* EuZW 2008, 371.
[108] Gegen diese Möglichkeit bspw. KG Berlin 11.9.2006 IPRspr 2006, Nr. 131, 291; *Garber* FS Schütze, 81, 87 (nur *de lege ferenda*); *Geimer/Schütze* EuZVR A.1 Art. 6 Rdn. 10 m.w.N.; *ders.* FS Kropholler (2008) 777, 782; Rauscher/*Leible*³ Art. 6 Rdn. 2.
[109] S.a. Schlussanträge des GA Maduro v. 17.1.2008 EuGHE 2008, I-3967, Rdn. 14–23.
[110] Stein/Jonas/*Wagner* Art. 18 a.F. Rdn. 7 spricht vom kleinen Einmaleins des juristischen Handwerks.
[111] *Garber* FS Schütze, 81, 87 (wichtige Ergänzung); *ders./Neumayr* JbEuR 2013, 211, 219 f.; *Makridou* ZZPInt 2010, 199, 211 f.; Rauscher/*Mankowski* Art. 20 Rdn. 3 (Korrektur einer durch den EuGH verursachten Fehlentwicklung); nicht nachvollzogen bei *Schlosser/Hess* Vor Art. 20 Rdn. 1 a.E.
[112] EuGH 22.5.2008 EuGHE 2008, I-3965 – Glaxosmithkline, Laboratoires Glaxosmithkline/Rouard.
[113] Vgl. bspw. die Konstellation in EuGH 22.5.2008 EuGHE 2008, I-3965– Glaxosmithkline, Laboratoires Glaxosmithkline/Rouard, Rdn. 10; zum coemployeur s. Cour de cassation 8.7.2014 Nr. 13-15573 (Sofarec);

Art. 8 Nr. 1 erforderliche enge Zusammenhang immer dann bejaht werden, wenn in Vertragsbeziehungen mit mehr als einer Person auf Arbeitgeberseite die Zuordnung zu einer dieser Personen nicht zweifelsfrei möglich ist.[114] Das ist in den o.g. Konzernsituationen von Bedeutung und erspart dem Arbeitnehmer die missliche Situation bei unsicherer materieller Rechtslage zwei Prozesse zeitlich hintereinander zu führen.[115]

52 Die **einseitige Begünstigung des Arbeitnehmers** bringt es mit sich, dass dem Arbeitgeber in keinem Fall die Möglichkeit offen stehen sollte, einen **Arbeitnehmer als Sekundärbeklagten** am Wohnort eines Ankerbeklagten – sei er nun ebenfalls Arbeitnehmer oder Dritter – nach Maßgabe des Art. 8 Nr. 1 zu verklagen.[116] Es bleibt beim Grundsatz des Art. 22 Abs. 1. Denkbar ist freilich die umgekehrte Situation: Ist der **Arbeitnehmer** der an seinem Wohnsitz verklagte **Ankerbeklagte**, kann der Arbeitgeber einen Dritten, der kein Arbeitnehmer ist, in den Rechtsstreit am Wohnsitz des Arbeitnehmers unter den Voraussetzungen des Art. 8 Nr. 1 mit einbeziehen. Für diesen Dritten gilt ja das Sonderregime der Art. 20 bis 23 nicht.

53 **bb) Art. 7 Nr. 5.** Der Verweis auf die **Zuständigkeit am Sitz einer sekundären Niederlassung** ist gem. Art. 20 Abs. 1 parteineutral formuliert. Hintergrund des Art. 7 Nr. 5 ist es, einer Person, die es nur mit einer Niederlassung eines Unternehmens mit Hauptsitz in einem anderen Mitgliedstaat zu tun hat, den Gang zu den ausländischen Gerichten am Sitz der Hauptniederlassung zu ersparen (ausf. Art. 7 Nr. 5 Rdn. 1).[117] Daraus und aus dem Umstand, dass **Arbeitnehmer aus tatsächlichen Gründen über keine Niederlassung verfügen** können, folgt i.E. der **faktische Ausschluss dieses Gerichtsstandes zugunsten des Arbeitgebers**.[118] Es ist erneut der Arbeitnehmer, der – wie bei Art. 8 Nr. 1 – von den Vorbehalten des Art. 20 Abs. 1 profitiert.

54 Der **Arbeitgeber** muss seinen **Wohnsitz bzw. Sitz in einem Mitgliedstaat** haben. Die **Niederlassung** muss sich dann **in einem anderen Mitgliedstaat** befinden. Unter Berücksichtigung des Art. 20 Abs. 2 bedeutet dies in **Drittstaatensachverhalten**, dass der Arbeitgeber mit Sitz außerhalb der EU über mindestens zwei Niederlassungen in verschiedenen Mitgliedstaaten verfügen muss. Kraft Fiktion des Art. 20 Abs. 2 wird eine der beiden Niederlassungen ja zum Wohnsitz des Arbeitgebers; es sollte sich um die schwerpunktmäßig wichtigere handeln. Die Zuständigkeit an diesem Ort richtet sich folglich nach Art. 21 Abs. 1 lit. a).[119] Bezüglich der anderen Niederlassung kann dann Art. 20 Abs. 1 i.V.m. Art. 7 Nr. 5 greifen.[120] I.E. führt das zu einer **Gleichbehandlung zwischen einem drittstaatlichen Arbeitgeber** mit zwei Niederlassungen in zwei verschiedenen Mitgliedstaaten **und** einem **mitgliedstaatlichen Arbeitgeber** mit einer Niederlassung in einem anderen Mitgliedstaat. Damit wird ein **innereuropäisches *level playing field*** errichtet.

Cour de cassation 14.11.2007 Nr. 05-21239; *Mankowski* EuZA 2015, 358, 361–363; *Querenet-Hahn/Erkert* BB 2014, 3003 ff.; *Temming* GPR 2017, 125 ff.; *ders.* EuZA 2018, 132 ff.; ausf. *Boetzkes* Die Konzernmutter als Mitarbeitgeberin im französischen Recht (2015) *passim*;
114 Franzen/Gallner/Oetker/*Krebber* Art. 20 Rdn. 12; *ders.* IPRax 2009, 409, 412; Rauscher/*Mankowski* Art. 20 Rdn. 4; Stein/Jonas/*Wagner* Art. 18 a.F. Rdn. 7.
115 Stein/Jonas/*Wagner* Art. 18 a.F. Rdn. 7.
116 Rauscher/*Mankowski* Art. 20 Rdn. 5; s.a. KOM(2010) 748, S. 11: „Die umgekehrte Situation, d.h. ein Arbeitgeber klagt gegen mehrere seiner Arbeitnehmer, scheint im Rahmen von individuellen Arbeitsverträgen praktisch nicht vorzukommen."
117 *Schlosser/Hess* Art. 7 Rdn. 20.
118 *Behr* GS Blomeyer, 15, 40; Rauscher/*Mankowski* Art. 20 Rdn. 48, 50; Stein/Jonas/*Wagner* Art. 18 a.F. Rdn. 21.
119 BAG 25.6.2013 NZA-RR 2014, 46, 47; *Tscherner* 159.
120 *Tscherner* 159; Rauscher/*Mankowski* Art. 20 Rdn. 51 m.w.N.; wohl auch *Junker* FS Gottwald, 293, 298.

Der EuGH **legt** den **Begriff der Niederlassung autonom aus** (Art. 7 Nr. 5 Rdn. 2). **55**
Eine nähere Binnendifferenzierung zwischen Zweigniederlassung, Agentur und sonstiger Niederlassung nimmt er nicht vor. Jedenfalls sind diese drei Einrichtungen wesentlich dadurch charakterisiert, dass sie **grundsätzlich keine Rechtspersönlichkeit** besitzen müssen[121] und der **Aufsicht und Leitung eines Stammhauses** unterliegen.[122] Sie kennzeichnen einen – in der Diktion des EuGH – Mittelpunkt geschäftlicher Tätigkeit und treten dauerhaft als Außenstelle eines Stammhauses auf („jede dauerhafte Struktur eines Unternehmens").[123] Sie besitzen eine Geschäftsführung und sind sachlich so ausgestattet, dass sie in der Weise Geschäfte mit Dritten betreiben können, dass diese, obgleich sie wissen, dass möglicherweise ein Rechtsverhältnis mit dem im Ausland ansässigen Stammhaus begründet wird, sich nicht unmittelbar an diese zu wenden brauchen. Stattdessen können sie Geschäfte an dem Mittelpunkt geschäftlicher Tätigkeit abschließen, der die Repräsentanz des im Ausland ansässigen Stammhauses darstellt und auf Dauer nach außen auftritt (s.a. Art. 7 Nr. 5 Rdn. 2).[124]

Nach dieser Definition unterfallen dem Begriff der Niederlassung nicht nur private **56** erwerbswirtschaftliche Unternehmen; auch **Emanationen des Staates** können **als Niederlassung** angesehen werden, wenn sie die Voraussetzungen hierfür erfüllen. Das hat der EuGH im arbeitsrechtlichen Kontext für die Berliner **Botschaft eines Drittstaates** (*in concreto* die Demokratische Volksrepublik Algerien) erkannt; die Entscheidung erging zu Art. 18 Abs. 2 a.F.[125]

Wenngleich der Begriff der **Niederlassung** i.S.d. Art. 7 Nr. 5 **primär** auf **Rechtsge- 57 schäfte mit niederlassungsexternen Personen** ausgerichtet zu sein scheint (s.a. Art. 11 Abs. 2, Art. 17 Abs. 2), lässt sich aus der bisherigen – grds. arbeitnehmerschützenden – EuGH-Rechtsprechung nicht der Schluss ziehen, dass er Arbeitnehmern diesen Gerichtsstand nicht einräumen würde.[126] Zu **problematisieren** wäre dies, sofern die fragliche **Einheit nur mit der Durchführung, Betreuung oder Abwicklung der Arbeitsverträge** befasst wäre und rechtsgeschäftlich nicht nach außen tätig wird, also **nicht am externen Marktgeschehen teilnimmt**. Namentlich *Mankowski* spricht sich für eine eigenständige Bedeutung der Niederlassung i.R.d. Art. 20 bis 23 aus. Der Begriff der Niederlassung i.S.d. Art. 20 Abs. 1 und Art. 21 Nr. 2 lit. b) sei anders zu begreifen als derjenige in Art. 7 Nr. 5.[127] Dies ändert zunächst freilich nichts am klaren Verweis des Art. 20 Abs. 1 auf Art. 7 Nr. 5 und der daraus folgenden Geltung des allgemeinen Begriffsverständnisses der Niederlassung im Kontext jener Vorschrift für die Zwecke der internationalen

---

[121] EuGH 15.12.2011 EuGHE 2011, I-13275 – Jan Voogsgeerd/Navimer SA, Rdn. 54; EuGH 7.2.2006 EuGHE 2006, I-1145, Rdn. 150; Schlussanträge des GA *Mengozzi* v. 24.5.2012, Rs C-145/11 – Mahamdia, Rdn. 43.
[122] EuGH 6.10.1976 EuGHE 1976, 1498 – de Bloos/Bouyer, Rdn. 20.
[123] EuGH 15.12.2011 EuGHE 2011, I-13275 – Jan Voogsgeerd/Navimer SA, Rdn. 54–56.
[124] EuGH 19.7.2012 NZA 2012, 935, 937 – Mahamdia, Rdn. 48; EuGH 22.11.1978 EuGHE 1978, 2183 – Somafer, Rdn. 11ff.
[125] EuGH 19.7.2012 NZA 2012, 935 – Mahamdia; LAG Berlin-Brandenburg 23.3.2011 IPRspr. 2011, Nr. 172, 431; BAG 1.7.2010 NJOZ 2012, 784; Staudinger/*Hausmann* Verfahrensrecht für Internationale Verträge Rdn. 222; *Hartley* Choices of Court Agreements under the European and International Instruments (2013) 284. Leider lässt sich dem Urteil nicht entnehmen, ob die Zuständigkeit letztlich aus Art. 18 Abs. 2 a.F. i.V.m. Art. 19 Nr. 1 a.F. folgte. Der EuGH unterstellt auch pauschal einen externen Wohnsitz außerhalb der EU.
[126] Dafür, dass Arbeitnehmern dieser Gerichtsstand generell zur Verfügung steht bspw. *Schlosser/Hess* Art. 7 Rdn. 21.
[127] Rauscher/*Mankowski* Art. 20 Rdn. 47f. und Art. 21 Rdn. 62 m.w.N. zum Streitstand; dem folgend bspw. NK-GA/*Ulrici* Art. 20 Rdn. 9 dort mit Fn. 34; dagegen bspw. Staudinger/*Hausmann* Verfahrensrecht für Internationale Verträge Rdn. 222; *Junker* FS Gottwald, 293, 299.

Zuständigkeit in Arbeitssachen.[128] Wenn überhaupt ist zu fragen, ob das Begriffsverständnis der **Niederlassung i.S.d. Art. 20 Abs. 2** und **Art. 21 Nr. 2 lit. b)** ein anderes ist und **abweichend von Art. 7 Nr. 5 zu konzipieren** ist. Die Frage ist freilich zu verneinen (Rdn. 124, Art. 21 Rdn. 152 ff.).

58 Sofern eine Niederlassung vorliegt, ist die weitere Voraussetzung für das Eingreifen von Art. 7 Nr. 5, dass es sich um eine **Streitigkeit aus ihrem Betrieb** handeln muss. Dafür muss der Rechtsstreit Handlungen betreffen, die sich auf den Betrieb dieser Einheiten beziehen. Oder es geht um Verpflichtungen, die diese Einheiten im Namen des Stammhauses eingegangen sind, wenn die Verpflichtungen in dem Staat zu erfüllen sind, in dem sich diese Einheiten befinden.[129] Der hierfür notwendige Bezug liegt etwa dann vor, wenn der **Arbeitnehmer** in der betreffenden Niederlassung seine **Arbeit verrichtet** oder der Arbeitnehmer **in die Organisations-, Weisungs- bzw. Berichtskette** dieser Niederlassung **eingebunden** ist. Nicht erforderlich ist, dass die betreffende Niederlassung den Arbeitnehmer konkret eingestellt hat; auch eine untergeordnete Beteiligung am Vertragsschluss reicht aus.[130]

59 Bereits aus diesen Konkretisierungen des notwendigen Zusammenhangs zwischen Streitigkeit und Niederlassung folgt, dass die **Konkurrenzfrage zu den Gerichtsständen des Art. 21 Abs. 1 lit. b)** zu klären ist. Um die durch die EuGH-Rechtsprechung bewirkte innere Hierarchie zwischen den zwei Gerichtsständen am gewöhnlichen Arbeitsort und der einstellenden Niederlassung nicht aus der Balance zu bringen (hierzu Art. 21, Rdn. 7 ff), sollte die Einschlägigkeit des Art. 7 Nr. 5 dann verneint werden, wenn ein gewöhnlicher Arbeitsort am Ort der Niederlassung besteht oder die Niederlassung die einstellende Niederlassung ist. Dann ist Art. 21 Abs. 1 lit. b) die einschlägige Norm.[131] Das gilt dann konsequenterweise auch in Fällen des Art. 20 Abs. 2 und Art. 21 Abs. 2.

60 Aus der o.g. Definition der Niederlassung folgt auch, dass eine **eigenständige Niederlassung mit Rechtspersönlichkeit** ausnahmsweise **als faktische Niederlassung** i.S.d. Art. 7 Nr. 5 behandelt werden kann. Hat eine eigenständige Niederlassung alleine oder in Zusammenschau mit dem Stammhaus einen entsprechenden **Rechtsschein** zurechenbar erzeugt, ist ein sog. **Zuständigkeitsdurchgriff** zulasten des ausländischen Unternehmens denkbar (hierzu Art. 7 Nr. 5 Rdn. 3).[132]

61 Der Kläger muss die Tatsachen beweisen, aus denen die Qualifikation der örtlichen Gegebenheiten als eine Niederlassung abzuleiten ist. Die Betriebsbezogenheit der Streitigkeit muss als doppelrelevante Tatsache nur schlüssig dargetan werden.[133]

62 **cc) Art. 6.** Der in Art. 20 Abs. 1 vorbehaltene Art. 6 markiert im Grundsatz die **Grenze zwischen der Brüssel Ia-VO und dem autonomen Zuständigkeitsrecht der Mitgliedstaaten**. Hat der Arbeitgeber im Zeitpunkt der Klageerhebung des Arbeitneh-

---

128 Gegen diesen Gesichtspunkt wendet sich *Mankowski* nicht.
129 EuGH 19.7.2012 NZA 2012, 935, 937 – Mahamdia, Rdn. 48; EuGH 22.11.1978 EuGHE 1978, 2183 – Somafer, Rdn. 13.
130 *Junker* ZZPInt 2002, 229, 242; *Leipold* GS Blomeyer, 143, 162; Rauscher/*Mankowski* Art. 20 Rdn. 49.
131 *Junker* FS Gottwald, 293, 298; Rauscher/*Mankowski* Art. 20 Rdn. 49.
132 EuGH 9.12.1987 EuGHE 1989, 4905 – Parfums Rothschild m. Anm. *Kronke* IPRax 1989, 81; *Geimer* RIW 1988, 220; BAG 25.6.2013 NZA-RR 2014, 46, 48 f.; LAG Frankfurt 10.11.2010 IPRspr. 2010, Nr. 205, 516; OLG Koblenz RIW 2006, 312; Thomas/Putzo/*Hüßtege* Art. 20 Rdn. 6; Staudinger/*Hausmann* Verfahrensrecht für Internationale Verträge Rdn. 222; *Junker* IZVR § 11 Rdn. 9; Hess/Rauscher Art. 7 Rdn. 20; Rauscher/*Mankowski* Art. 20 Rdn. 21; MünchAnwaltsHdbArbR/*Boewer* § 48 Rdn. 68; *Abele* FA 2013, 357, 359.
133 Schlosser/*Hess* Art. 7 Rdn. 21a.

mers[134] keinen Wohnsitz bzw. Sitz in einem Mitgliedstaat, gelangen aus deutscher Sicht die **§§ 12 ff. ZPO in ihrer doppelfunktionalen Ausprägung** zur Anwendung, wonach diese Vorschriften sowohl die örtliche als auch die internationale Zuständigkeit regeln (Art. 6 Rdn. 1).[135] Dasselbe gilt für Arbeitgeber ohne Wohnsitz bzw. Sitz und ohne Niederlassung in einem Mitgliedstaat.

Besitzt der **Arbeitgeber mit Wohnsitz bzw. Sitz außerhalb des Geltungsbereichs der Brüssel Ia-VO** hingegen im Zeitpunkt der Klageerhebung des Arbeitnehmers[136] eine **Niederlassung in einem Mitgliedstaat** oder ist dort **ein gewöhnlicher Arbeitsort** gegeben, weiten **Art. 20 Abs. 2** und der neu hinzugekommene **Art. 21 Abs. 2** den Geltungsbereich der Art. 20 bis 23 zugunsten von Klagen des Arbeitnehmers aus.[137] Rührt die Streitigkeit aus dem Betrieb einer Zweigniederlassung, Agentur oder sonstigen Niederlassung her, so wird für Streitigkeiten aus ihrem Betrieb der Arbeitgeber ohne Wohnsitz im Hoheitsgebiet eines Mitgliedstaats gem. Art. 20 Abs. 2 so behandelt, wie wenn er seinen Wohnsitz im Hoheitsgebiet dieses Mitgliedstaats hätte. Diese Fiktion hatte im EuGVÜ keinen Vorläufer. Dem Arbeitnehmer stehen wegen dieser Fiktion damit bspw. der fingierte „Wohnsitz"-Gerichtsstand des Art. 21 Abs. 1 lit. a) im Falle einer einzigen Niederlassung in der EU[138] und zusätzlich Art. 20 Abs. 1 i.V.m. Art. 7 Nr. 5 offen, sofern der Arbeitgeber über mindestens zwei Niederlassungen verfügt (Rdn. 54). Rechtstechnisch betrachtet begründet Art. 20 Abs. 2 selbst keinen eigenen Gerichtsstand.[139]

63

Diese **Ausdehnung des prozessualen Schutzes** entgegen der Grundregel des Art. 4 Abs. 1 auch gegenüber **Arbeitgebern in Drittstaaten rechtfertigt** sich damit, dass sich diese durch eine **Niederlassung in einem EU-Mitgliedstaat auf dessen Arbeitsmarkt präsentieren** und dort **wirtschaftlich tätig** sind. Sie nutzen in diesem Mitgliedstaat alle wirtschaftlichen Vorteile.[140] Gleichzeitig können sie sicher sein, dass dieses Forum **nur für Streitigkeiten aus dem Betrieb der Niederlassung** offen steht; auswärtige Konflikte bleiben außen vor.[141] Wird die Niederlassung nach Klageerhebung geschlossen, schützen den Arbeitnehmer die Grundsätze der *perpetuatio fori*.[142] Weist die Streitigkeit **keinen Bezug mit der betreffenden Niederlassung des Arbeitgebers** auf, würde es folglich auf Grundlage des Art. 20 Abs. 2 bei Art. 6 und der Maßgeblichkeit des autonomen Zuständigkeitsrechts bleiben, was insgesamt betrachtet eine Zuständigkeitsspaltung zur Folge hätte.

64

---

[134] *Bosse* 141 f.; *Garber* FS Schütze, 81, 84.
[135] Unter der Geltung des EuGVÜ bspw. BAG 9.10.2002 NZA 2003, 339, 340; BAG 12.12.2001 MDR 2002, 950, 951; BAG 27.1.1983 NJW 1984, 1320; vgl. auch die Nachweise in Fn. 98.
[136] LAG Düsseldorf 17.3.2008 EuZW 2008, 740, 741; BGH 12.6.2007 NJW-RR 2007, 1570 (zu Art. 15 Abs. 2 a.F.); *Garber* FS Schütze, 81, 84.
[137] A.A. wohl Stein/Jonas/*Wagner* Art. 18 a.F. Rdn. 23, nach dem Art. 18 Abs. 2 Brüssel I-VO sowohl bei Passivklagen gegen den Betreiber der Niederlassung als auch bei Aktivklagen wegen Streitigkeiten aus dem Betrieb einschlägig sei, was aber i.E. dann doch wegen der ausschließlichen Zuständigkeit der Gerichte am Wohnsitz des Arbeitnehmers folgenlos bleibe (jetzt Art. 21 Abs. 1 lit. a).
[138] Vgl. die Nachweise in Fn. 119.
[139] Rauscher/*Mankowski* Art. 20 Rdn. 38; **a.A.** Stein/Jonas/*Wagner* Art. 18 a.F. Rdn. 23.
[140] *Bosse* 97; *Müller* 58 f.; s.a. allgemein *Junker* IZVR § 11 Rdn. 4 zur Nähe des Gerichtsstands der Niederlassung zur Gerichtspflichtigkeit durch Unternehmensbetätigung („doing business").
[141] *Behr* GS Blomeyer, 15, 30 und *Leipold* GS Blomeyer, 143, 159 bejahen eine Zuständigkeit nach dieser Vorschrift auch dann, wenn Arbeitnehmer dieser Niederlassung zum drittstaatlichen Arbeitgeber entsandt werden.
[142] LAG Düsseldorf 17.3.2008 EuZW 2008, 740, 741 (§ 261 Abs. 3 Nr. 2 ZPO); *Garber* FS Schütze, 81, 84; Rauscher/*Mankowski* Art. 20 Rdn. 42; s.a. EuGH 5.2.2004 EuGHE 2004, I-1417 – DFDS Torline, Rdn. 37 (Bejahung der *perpetuatio fori* mit Blick auf Art. 5 Nr. 3 EuGVÜ bei der Frage, ob die Aussetzung der Durchführung einer kollektiven Kampfmaßnahme von der Partei, die dazu aufgerufen hat, bis zur Entscheidung über die Rechtmäßigkeit dieser Maßnahmen etwas an der Einschlägigkeit des Art. 5 Nr. 3 EuGVÜ ändert).

65 Diese unter der Geltung der Brüssel I-VO zu gewärtigende **Situation** ist nun **durch die Brüssel Ia-VO bereinigt worden**. Zum einen übernimmt die Brüssel Ia-VO mit Art. 20 Abs. 2 die alte Rechtslage. Gleichzeitig hat der europäische Gesetzgeber aber auch einen neuen **Art. 21 Abs. 2** eingefügt (Art. 21 Rdn. 138ff.). Ebenso wie Art. 18 Abs. 1 2. Alt. stellt er die auf einem rechtspolitischen Kompromiss basierenden Reste[143] des – letztlich vergeblichen – Versuchs der Kommission dar, den Anwendungsbereich der Zuständigkeitsvorschriften der Brüssel Ia-VO auf Drittstaatenfälle generell auszuweiten und somit auf das Kriterium des Wohnsitzes auf Beklagtenseite ganz zu verzichten (s.a. Art. 18 Rdn. 1, 6).[144] Nach Art. 21 Abs. 2 kann der Arbeitnehmer nun auch einen Arbeitgeber, der seinen Wohnsitz bzw. Sitz nicht in einem Mitgliedstaat hat, bei dem Gericht des gewöhnlichen Arbeitsortes bzw. des letzten gewöhnlichen Arbeitsortes oder – mangels eines gewöhnlichen Arbeitsortes – am Ort der einstellenden Niederlassung verklagen (Art. 21 Abs. 1 lit. b). Die **eingrenzende Bedingung** des Art. 20 Abs. 1 i.V.m. Art. 7 Nr. 5 – **Bezug zwischen Streitigkeit und Betrieb der Niederlassung** – spielt dort für die Zwecke des Art. 21 Abs. 2 **keine Rolle**.[145] Nach Erwägungsgrund Nr. 14 S. 2 soll diese Erweiterung eine Verbesserung des Schutzes der Arbeitnehmer bezwecken. Eine Niederlassung oder einen gewöhnlichen Arbeitsort in einem Mitgliedstaat vorausgesetzt, bestimmen sich nun nach **h.M.** alle individualarbeitsrechtlichen Streitigkeiten in Drittstaatensachverhalten allein nach der Brüssel Ia-VO.[146] Die durch Art. 21 Abs. 2 vollzogene **räumlich-persönliche Erweiterung** ist sachgerecht, weil sie sich teleologisch gleichfalls mit den bereits für Art. 20 Abs. 2 angeführten Gründen rechtfertigen lässt.[147]

66 So arbeitnehmerschützend diese Neuerung ist, darf nicht vergessen werden, dass auch der **Arbeitgeber** davon **profitiert**. Das durch die Reform besiegelte Ende der durch Art. 18 Abs. 2 a.F. möglichen Zuständigkeitsspaltung bedeutet nämlich auch, dass dem **Arbeitnehmer nicht mehr die exorbitanten Gerichtsstände des nationalen Zuständigkeitsrechts zur Verfügung stehen**, die eine weitaus niedrigere Eingriffsschwelle als Art. 20 Abs. 2 und Art. 21 Abs. 2 errichten (für Deutschland § 23 ZPO).[148] Das wäre im Rahmen des Art. 21 Abs. 2 bspw. dann der Fall, wenn der gewöhnliche Arbeitsort in einem Drittstaat liegt und das autonome Prozessrecht des Mitgliedstaats, in dem der Arbeitnehmer seinen Wohnsitz hat, diesem einen – exorbitanten – Gerichtsstand gewährt.[149] Ferner lässt sich an die Konstellation denken, dass es keinen gewöhnlichen Arbeitsort innerhalb eines Mitgliedstaates gibt und der drittstaatsansässige Arbeitgeber auch über keine Niederlassung innerhalb eines Mitgliedstaates verfügt.

---

143 *Nielsen* CMLRev 2013, 503, 513; *ders.* Nordic J Int L 2014, 61, 64; Rauscher/*Mankowski* Art. 21 Rdn. 71.
144 KOM(2010) 748, S. 6, 25; s.a. hierzu das Proposed Amendment of Regulation 44/2001 in Order to Apply it to External Situations der *European Group for Private International Law* IPRax 2009, 283; *M. Weller* GPR 2012, 34, 37–39; *ders.* GPR 2012, 328–330; *Grolimund* Drittstaatenproblematik des europäischen Zivilverfahrensrechts – Eine Never-Ending-Story?, in: Fucik/Konecny/Lovrek/Oberhammer (Hrsg.), Zivilverfahrensrecht: Jahrbuch 2010 (2010) 79 ff.; *ders.* Drittstaatenproblematik des europäischen Zivilverfahrensrechts (2000); *Schlosser* FS Heldrich (2005) 1007; *Kropholler* FS Ferid (1988) 239; *Magnus/Mankowski* ZVglRWiss 2011, 252, 261 ff.; *Weber* RabelsZ 2011, 619 ff.; *von Hein* RIW 2013, 913, 100 f.; *Garber* FS Schütze, 81, 85; *Alio* NJW 2014, 2395, 2398.
145 Unerheblich ist, ob der klagende Arbeitnehmer seinen Wohnsitz in einem Mitgliedstaat hat; *Garber* FS Schütze, 81, 85.
146 Musielak/Voit/*Stadler* Art. 21 Rdn. 1; Rauscher/*Mankowski* Art. 20 Rdn. 38 m.w.N. und Art. 21 Rdn. 72.
147 LAG Düsseldorf 17.3.2008 EuZW 2008, 740, 741 m.w.N. (für Art. 18 Abs. 2 a.F.); *Garber* FS Schütze, 81, 86; *Junker* RIW 2002, 569, 575; *Schoibl* JBl 2003, 149, 163 f.
148 Rauscher/*Mankowski* Art. 20 Rdn. 38 m.w.N. und Art. 21 Rdn. 72; s.a. *Junker* EuZA 2016, 281, 282.
149 Zusätzlich wäre wegen Art. 20 Abs. 2 noch die Voraussetzung zu beachten, dass keine Niederlassung in einem Mitgliedstaat existiert.

Das deutliche Bestreben der Brüssel Ia-VO, die exorbitanten Gerichtsstände des na- 67
tionalen Zuständigkeitsrechts zurückzudrängen, kann als wichtiges Allgemeininteresse
verstanden werden. Daraus lässt sich vertretbar schließen, dass diese **Verdrängungs-
wirkung** unbedingt gelten und nicht zugunsten des Arbeitnehmers aufgeweicht werden
soll. **Art. 20 Abs. 2 und Art. 21 Abs. 2** sind m.a.W. **zweiseitig zwingend** und sehen kein
Günstigkeitsprinzip zugunsten des rangniedrigeren mitgliedstaatlichen Rechts vor.[150]
Freilich steht diese Auffassung über die **absolute Sperrwirkung** unter dem Vorbehalt
einer möglichen Prüfung durch den EuGH auf Grundlage des Art. 267 AEUV.

d) Verhältnis der vertraglichen zu deliktischen Ansprüchen. Art. 20 bis 23 regeln 68
ausschließlich die internationale und ggf. örtliche Zuständigkeit für vertragliche Ansprüche aus Arbeitsverhältnissen. Unberührt hiervon bleibt der **Gerichtsstand der unerlaubten Handlung gem. Art. 7 Nr. 2**. Er ist von den Art. 20 bis 23 abzugrenzen. Denn
so prozessökonomisch sinnvoll oder arbeitnehmerschützend es wäre, Schadensersatzansprüche unabhängig von ihrer Anspruchsgrundlage vor einem einzigen Forum zu verhandeln und über diese zu entscheiden,[151] **kennt** die **Brüssel Ia-VO** noch **keinen Gerichtsstand des Sachzusammenhanges** (Art. 8 Rdn. 2). Des Weiteren ist zu bedenken,
dass Art. 7 Nr. 2 noch dem **Ubiquitätsgrundsatz** folgt und dem Geschädigten Gerichtsstände sowohl am Ort der schädigenden Handlung als auch am Ort des Schadenseintritts
einräumt, was häufig zu einem Klägergerichtsstand führt (Art. 7 Nr. 2 Rdn. 23).[152] Dass
nach der Grundregel zudem der allgemeine Gerichtsstand am Wohnort des Beklagten
gem. Art. 4 Abs. 1 eröffnet ist (mangels Anwendbarkeit der Art. 20 bis 23), bringt indes
Arbeitnehmer wie Arbeitgeber wegen Art. 21 Abs. 1 lit. a) und Art. 22 Abs. 1 keinen zusätzlichen prozessualen Vorteil.

Die **Frage der Abgrenzung** stellt sich im internationalen Arbeitsprozessrecht, 69
wenn der Arbeitnehmer den Arbeitgeber oder umgekehrt der Arbeitgeber den Arbeitnehmer schädigt und zu überlegen ist, an welchem Forum **konkurrierende Ansprüche aus unerlaubter Handlung** einzuklagen sind. Das ist von Bedeutung, weil vertragliche Absprachen oder Vorgaben auf konkurrierende Ansprüche aus unerlaubter Handlung durchschlagen können.[153] Aus der Perspektive des deutschen Arbeitsrechts geht es
bspw. um die zwingenden Grundsätze der beschränkten Arbeitnehmerhaftung, die
nach **h.M.** zu einer vertraglichen Privilegierung des Arbeitnehmers führen[154] und auch
im Rahmen von deliktischen Ansprüchen zu beachten sind. Des Weiteren lassen sich
auch Fragen, ob das Verhalten des Arbeitnehmers oder Arbeitgebers widerrechtlich
bzw. rechtswidrig war, in der Regel nur unter Rückgriff auf die vertraglichen Abreden
beantworten.[155]

Ließ sich aus der älteren Rechtsprechung des EuGH noch herleiten, dass Ansprüche 70
aus unerlaubter Handlung nicht den ausschließlichen Gerichtsständen des Art. 20 bis 23

---

150 Rauscher/*Mankowski* Art. 21 Rdn. 72 m.w.N. zur Gegenauffassung.
151 *Däubler* NZA 2003, 1297, 1299; *Junker* NZA 2005, 199, 203; s. für Deutschland auch § 2 Abs. 3 ArbGG.
152 Grdl. EuGH 30.11.1976 EuGHE 1976, 1735 – Bier/Mines de Potasse d'Alsace, Rdn. 15, 20, 24 f.; zust.
Junker IZVR § 10 Rdn. 9 („der Rhein ist seitdem sauber."); zu den Gründen, das Ubiquitätsprinzip in Art. 7
Nr. 2 zu vertreten, bspw. EuGH 16.7.2009, I-6917 – Zuid-Chemie/Philippo's, Rdn. 31.
153 BAG 30.8.1966 NJW 1967, 269, 271; BAG 12.5.1960 AP Nr. 16 zu § 611 BGB Haftung des Arbeitnehmers;
die Grundsätze der verschuldensunabhängigen Gefährdungshaftung nach § 670 BGB doppelt analog
dürften als vertraglich zu qualifizieren sein.
154 Dies geschieht dadurch, dass das Prinzip der Totalreparation in § 249 Abs. 1 BGB mit Hilfe von § 254
BGB analog begrenzt wird und sich die Schadenshöhe nach dem Grad des Verschuldens des
Arbeitnehmers richtet.
155 Hierzu LAG Hannover 29.6.2016 NZA-RR 2016, 611 ff. m. Anm. *Mankowski* EuZA 2017, 126.

unterfallen,[156] so zeigt die **neuere Rechtsprechung des EuGH** eine deutliche **Tendenz, den vertraglichen Gerichtsstand des Erfüllungsortes** gem. Art. 7 Nr. 1 (und damit konsequenterweise auch den der ausschließlichen Gerichtsstände der Art. 20 bis 23) **gegenüber dem Gerichtsstand der unerlaubten Handlung** in Art. 7 Nr. 2 **zu stärken**. Dies geschieht, indem die in Frage stehenden **Ansprüche als vertraglich qualifiziert** werden. Erkennbar stehen hierfür die EuGH-Entscheidung *Brogsitter* und die im arbeitsrechtlichen Kontext einschlägige Entscheidung *Holtermann Ferho*.[157] Danach ist der – subsidiäre und marginalisierte – Gerichtsstand der unerlaubten Handlung gem. Art. 7 Nr. 2 solange nicht einschlägig, als die geltend gemachte Schadensersatzhaftung an einen Vertrag oder an – ggf. gesetzliche – Ansprüche aus einem Vertrag anknüpft und damit (noch) als vertraglich qualifiziert werden kann. Stellt sich also das dem Schädiger zu Last gelegte **Verhalten als eine Verletzung vertraglicher Pflichten** dar, kann der Geschädigte seinen Schaden nur am Gerichtsstand des Erfüllungsortes gem. Art. 7 Nr. 1 einklagen.[158] Abweichend von mitgliedstaatlichen Sachrechten qualifiziert der EuGH vertragsakzessorische Ansprüche aus unerlaubter Handlung für die Zwecke des Zuständigkeitsrechts irgend möglich als vertraglich;[159] wegen der mit Blick auf Art. 7 Nr. 2 verdrängenden Wirkung ist das eine **nachhaltige Verschiebung im Zuständigkeitssystem**.[160]

71 Maßgeblich ist somit, ob das **Rechtsverhältnis**, das die **Grundlage der Pflichtverletzung** darstellt, für die Zwecke des Art. 7 Nr. 1 **als vertraglich qualifiziert** werden kann, was nach autonomen Grundsätzen zu erfolgen hat (s.a. Art. 7 Nr. 2 Rdn. 3 ff.). Grundsätzlich ist die **Freiwilligkeit der eingegangen Verpflichtung** entscheidend.[161] Geht es im Arbeitsrecht um Schadensersatzansprüche, die auf einer arbeitsvertraglichen Grundlage beruhen, sind folglich die Art. 20 bis 23 auch für deliktische Ansprüche einschlägig. Bei Anwendung deutschen Sachrechts ist die **Sogwirkung** zugunsten dieser Vorschriften wegen § 618 BGB und §§ 241 Abs. 2, 242 BGB **immens**.[162] Das betrifft nicht nur Ansprüche wegen reiner Vermögensschäden, sondern auch Ansprüche aus unerlaubter Handlung aufgrund von Arbeitsunfällen, weil der Integritätsschutz der §§ 823 ff. zugleich in § 618 BGB und allgemein in § 241 Abs. 2 BGB enthalten ist.[163]

72 Der **Gerichtsstand der unerlaubten Handlung** ist nach alledem nur dann gem. Art. 7 Nr. 2 eröffnet, wenn die fragliche Verpflichtung, die der Schädiger verletzt, nicht

---

156 EuGH 27.9.1988 EuGHE 1988, 5565 – Kalfelis/Schröder, Rdn. 19–21; EuGH 27.10.1998 EuGHE 1998, I-6511 – Réunion européenne/Spliethoff's Bevrachtingskantoor, Rdn. 49; *Junker* Arbeitnehmereinsatz im Ausland, 41.
157 EuGH 13.3.2014 NJW 2014, 1648, 1649 – Brogsitter/Fabrication de Montres Normandes EURL, Rdn. 20 ff.; EuGH 10.9.2015 NZA 2016, 183, 187 – Holtermann Ferho/Spies von Büllesheim, Rdn. 68 ff.; s.a. EuGH 14.7.2016 NJW 2016, 3087, 3088 – Granarolo, Rdn. 21 ff.
158 EuGH 13.3.2014 NJW 2014, 1648, 1649 – Brogsitter/Fabrication de Montres Normandes EURL, Rdn. 20 ff.; EuGH 10.9.2015 NZA 2016, 183, 187 – Holtermann Ferho/Spies von Büllesheim, Rdn. 68 ff.; LAG Hannover 29.6.2016 NZA-RR 2016, 611, 612; OGH 11.8.2015 IPRax 2017, 105 mit zust. Anm. *Lutzi* 111–113; zu dieser Tendenz in der Rechtsprechung des EuGH *Mankowski* EuZA 2017, 126, 130; *ders.* EWiR 2016, 747 f.
159 Krit. zu den Folgen dieser Qualifikation *M. Weller* LMK 2014, 349127; *Lüttringhaus* EuZW 2015, 904, 907; *Mankowski* RIW 2015, 821, 823; einschlägiges Fallmaterial bei *Schnichels/Stege* EuZW 2015, 781, 783–785; ausf. zur Abgrenzung *Hoffmann* ZZP 2015, 465 ff.; i.E. auch Staudinger/*Hausmann* Verfahrensrecht für internationale Verträge Rdn. 209, 206 (bei engem Zusammenhang).
160 Eine mildere Vorgehensweise gibt es mit Art. 4 Abs. 3 S. 2 Rom II-VO.
161 EuGH 17.6.1992 EuGHE 1992, I-3967 – Handte, Rdn. 15; EuGH 14.3.2013 ABl. C 141 v. 18.5.2013, S. 6 = RIW 2013, 292 – Česká spořitelna/Feichter, Rdn. 46; dazu gehören auch „gesetzliche" Ansprüche aus einem Vertrag, s.a. Schlosser/Hess Art. 7 Rdn. 3 m.w.N.
162 *Lüttringhaus* EuZW 2015, 904, 907 („*vis attractiva contractus*").
163 Allgemein Jauernig/*Mansel* § 241 Rdn. 10 und § 619 Rdn. 1; **a.A.** *Hoppe* 62 f.; *Behr* GS Blomeyer, 15, 27; *Makridou* ZZPInt 2010, 199, 202; Rauscher/*Mankowski* Art. 20 Rdn. 7 m.w.N.

zwischen den Parteien aus freiem Willen i.S.d. obigen Maßstäbe eingegangen wurde. Das betrifft bspw. **Ansprüche aus dem Wettbewerbs- und Lauterkeitsrecht**.[164] Ebenso sind **Ansprüche aus *culpa in contrahendo***[165] oder sonstige **Schadensersatz- bzw. Entschädigungsansprüche aufgrund gesetzlicher Anspruchsgrundlagen** während der Vertragsanbahnungsphase thematisiert. Im Arbeitsrecht ist letzteres in der Bewerbungsphase bis zum – möglichen – Vertragsabschluss relevant, währenddessen der potenzielle Arbeitgeber den Vorgaben des (unionsrechtlichen) Antidiskriminierungsrechts unterliegt (für Deutschland namentlich § 15 Abs. 1, Abs. 2 AGG).

e) Widerklage. Die Ausgangsvorschrift des Art. 20 behält sich die Anwendung des Art. 8 Nr. 3 nicht ausdrücklich vor, so dass die Möglichkeit, Widerklagen zu erheben, eigentlich ausgeschlossen wäre. Wenngleich **systematisch an falscher Stelle** normiert, ermöglicht **Art. 22 Abs. 2** letztlich doch, eine Widerklage zu erheben. Wegen ihrer Stellung in Absatz 2 des Art. 22 scheint die Widerklagemöglichkeit alleine dem Arbeitgeber an die Hand gegeben zu sein, um einen prozessualen Angriff des Arbeitnehmers zu parieren. Freilich lässt sich aus dem Wortlaut ableiten, dass das **Recht, Widerklage zu erheben,** sowohl **Arbeitgeber** als auch dem **Arbeitnehmer zustehen sollte**.[166] 73

Art. 22 Abs. 2 spricht von den „Vorschriften dieses Abschnittes". Des Weiteren ist allgemein die Rede vom „Recht", die Widerklage zu erheben, und zwar bei dem Gericht, bei dem die „Klage gemäß den Bestimmungen dieses Abschnitts anhängig ist". Sowohl das **„Recht"** als auch die **„Klage" i.S.d. Art. 22 Abs. 2** sind **statusspezifisch nicht zugeordnet** und somit **neutral formuliert.** Das ist ein deutlicher Kontrast zur ansonsten nach Parteirollen unterscheidenden Zuständigkeitsverteilung in den Art. 20, 21 und 22 Abs. 1. Auch aus dem **Ordnungsinteresse der Prozessökonomie** heraus sollte man dem Arbeitnehmer die Widerklagemöglichkeit nicht abschneiden. Ist die Widerklage ohnehin schon *de lege lata* dem Arbeitgeber als Reaktionsmöglichkeit eingeräumt, besteht auch nicht das Bedenken, wie es der EuGH allgemein noch in der Entscheidung *Glaxosmithkline* mit Blick auf Art. 6 Nr. 1 a.F. ausgedrückt hatte. Dort hatte er dem Arbeitnehmer den Gerichtsstand der passiven Streitgenossenschaft u.a. mit dem Argument vorenthalten, dieser Gerichtsstand müsse ja dann auch aus Ordnungsgesichtspunkten dem Arbeitgeber zugestanden werden.[167] 74

Es sprechen daher die besseren Argumente dafür, **Art. 22 Abs. 2** systematisch betrachtet **als** einen **fiktiven Art. 20 Abs. 3** zu lesen (oder alternativ Art. 20 Abs. 1 entsprechend zu erweitern). Damit entsteht jedenfalls i.E. ein **Gleichlauf zu Art. 18 Abs. 3**, wodurch ein divergierendes Schutzniveau der verschiedenen, als sozial schwächer anerkannten Personengruppen vermieden wird. Einer analogen Anwendung des Art. 22 Abs. 2 bedarf es somit nicht – eine methodische Vorgehensweise, die der EuGH ohnehin im Allgemeinen scheut. Problem und Problemlösung sind damit dieselben wie beim systematisch ebenfalls verfehlten Art. 14 Abs. 2 (s. Art. 14 Rdn. 3). Zukünftige Revisionen der Brüssel Ia-VO sollten diesen Gesichtspunkt *de lege ferenda* berücksichtigen und klarstellen. 75

---

164 OGH 11.8.2015 IPRax 2017, 105 (u.a. zum österreichischen UWG) mit zust. Anm. *Lutzi* 111–113.
165 EuGH 17.9.2002 EuGHE 2002, I-7357 – Tacconi, Rdn. 27; *Staudinger/Steinrötter* JuS 2015, 1, 7 m.w.N.; *Lüttringhaus* RIW 2008, 193; s.a. *Kurt* Culpa in contrahendo im europäischen Kollisionsrecht der vertraglichen und außervertraglichen Schuldverhältnisse (2009) *passim*.
166 *Schlosser/Hess* Art. 22 Rdn. 2; *Saenger/Dörner* Art. 22 Rdn. 2; *Paulus/Peiffer/Peiffer* Art. 22 Rdn. 14.
167 EuGH 22.5.2008 EuGHE 2008, I-3965– Glaxosmithkline, Laboratoires Glaxosmithkline/Rouard, Rdn. 29–32. Das Argument ist methodisch angreifbar, aber nicht unvertretbar, hierzu *Rödl* EuZA 2009, 385, 387–389. Dessen ungeachtet lässt es sich hier fruchtbar machen, da man ja letztlich vor dem EuGH diese Rechtsfrage ausfechten muss.

76 **f) Gerichtsstandsvereinbarungen, rügelose Einlassung, ausschließliche Gerichtsstände, spezielle Gerichtsstände.** Art. 23 **schränkt** die **Möglichkeit**, mit Hilfe von **Gerichtsstandsvereinbarungen** vom Zuständigkeitsregieme der Art. 20 bis 22 **abzuweichen**, stark **ein** (vgl. auch Erwägungsgrund 19 der Brüssel I-VO, ausf. Art. 23 Rdn. 1).

77 Die **ausschließlichen Gerichtsstände** gem. Art. 24 **verdrängen** immer **die Art. 20 bis 23**. Relevant kann dies sein, wenn es um Mietstreitigkeiten mit Blick auf eine Werkswohnung geht, die der Arbeitgeber dem Arbeitnehmer vermietet hat,[168] oder der Rechtsstreit von Arbeitnehmererfindungen handelt (hierzu Art. 24 Rdn. 18 ff. und 33 ff.).[169]

78 Beim **Gerichtsstand der rügelosen Einlassung** gem. Art. 26 hat das angerufene Gericht nach dessen Absatz 2 sicherzustellen, dass – bevor es sich nach Art. 26 Abs. 1 für zuständig erklärt – der **beklagte Arbeitnehmer** über sein Recht, die Unzuständigkeit des Gerichts geltend zu machen, und über die Folgen der Einlassung oder Nichteinlassung auf das Verfahren **belehrt** wird.[170] Dieser besondere Schutz des Beklagten kraft richterlicher Belehrung stellt eine **kodifikatorische Reaktion auf die *Bílas*-Entscheidung des EuGH** dar, die eine solche noch verneint hatte (hierzu Art. 26 Rdn. 2).[171] Die Neufassung des Art. 26 stellt dies im Unterschied zu Art. 24 a.F. nun ausdrücklich sicher. Da nach Auffassung des BAG erst eine rügelose Einlassung im Kammertermin – und nicht im schon Gütetermin – die internationale Zuständigkeit deutscher Gerichte begründen kann,[172] muss der Arbeitnehmer zu diesem Zeitpunkt nach dem neuen Art. 26 Abs. 2 entsprechend belehrt werden.

79 Schließlich bleiben gem. **Art. 67** die Anwendung derjenigen Bestimmungen von Art. 20 bis 23 unberührt, die für **besondere Rechtsgebiete die gerichtliche Zuständigkeit** oder die Anerkennung und Vollstreckung von Entscheidungen regeln und in Rechtsakten der Union oder im harmonisierten Recht der Mitgliedstaaten, die diese Rechtsakte umsetzen, enthalten sind. Im **internationalen Arbeitsprozessrecht** ist in diesem Zusammenhang namentlich der besondere, neben die Art. 20 bis 23 tretende Gerichtsstand des **Art. 6 RL 96/71/EG über die Entsendung von Arbeitnehmern** im Rahmen der Erbringung von Dienstleistungen zu beachten (s. unten Rdn. 162–167).[173]

II. Individueller Arbeitsvertrag und Anspruch aus einem individuellen Arbeitsvertrag

1. Begriff des Arbeitsvertrags und des Arbeitnehmers

80 **a) Unionsrechtliche Charakteristika abhängiger Beschäftigung.** Art. 20 Abs. 1 eröffnet die internationale Zuständigkeit für individuelle Arbeitsverträge, wenn die Strei-

---

168 *Bosse* S. 95; *Junker* FS Schlosser, 299, 307 f.
169 Zur Abgrenzung mit den Art. 18 bis 21 a.F. (jetzt Art. 20 bis 23) s. EuGH 15.11.1983 EuGHE 1983, 3663 – Duijnstee, Rdn. 22–28.
170 Zur umgekehrten Situation (Beklagter ist der Arbeitgeber) vgl. BAG 22.10.2015 NZA 2016, 473, 474.
171 EuGH 20.5.2010 EuGHE 2010, I-1545 – Ceská podnikatelská pojist'ovna as, Vienna Insurance Group/Michal Bílas, Rdn. 29–33 m. Anm. *Staudinger* IPRax 2011, 548 und *Mankowski* RIW 2010, 667; *Mansel/Thorn/Wagner* IPRax 2011, 1, 15; *Nordmeier/Schichmann* GPR 2015, 199; *Zöller/Geimer* Art. 20 Rdn. 9; s.a. BAG 24.9.2009 MDR 2010, 641, 642 = NZA-RR 2010, 604.
172 BAG 24.9.2009 NZA-RR 2010, 604, 607; BAG 2.7.2008 NZA 2008, 1084, 1086 mit krit. Anm. *Mankowski* AP Nr. 1 zu VO Nr. 44/2001/EG; zust. *Temming* EuZA 2009, 413, 415 f.; NK-GA/*Ulrici* Art. 23 Rdn. 10; MünchAnwaltsHdbArbR/*Boewer* § 48 Rdn. 81; s.a. *Schnichels/Stege* EuZW 2015, 781, 785.
173 RL 96/71/EG – ABl. EG L 18 v. 21.1.1997, S. 1 ff.; zu den aktuellen Reformbestrebungen der Entsenderichtlinie, die u.a. eine konkrete Höchstdauer der Entsendung festlegen wollen, vgl. den Vorschlag der Kommission v. 8.3.2016, KOM(2016) 128 endg. sowie bzgl. der Entlohnungsbedingungen EuGH 12.2.2015 NZA 2015, 345 – Sähköalojen ammattiliitto.

tigkeit einen individuellen Arbeitsvertrag oder Ansprüche aus einem individuellen Arbeitsvertrag betrifft. Art. 20 Abs. 2 nennt die Parteien des individuellen Arbeitsvertrages: den Arbeitgeber und den Arbeitnehmer. In der Brüssel Ia-VO findet sich **keine Legaldefinition** für diese Begriffe, insbesondere nicht **für die Schlüsselbegriffe Arbeitsvertrag** und **Arbeitnehmer** (bspw. in Art. 2 oder Art. 3). Es ist **h.M.** in Rechtsprechung[174] und Literatur[175] und nahezu unbestritten, dass diese Begriffe zu Recht **autonom auszulegen** sind, um die **einheitliche Anwendbarkeit der Art. 20 bis 23** zu gewährleisten;[176] nationales Recht ist unerheblich. Spätestens seit der zu Art. 5 Nr. 1 EuGVÜ ergangenen Entscheidung *Weber* hat der EuGH dies im Jahre 2002 **ausdrücklich formuliert**.[177] Die Herangehensweise, Arbeitsverträge autonom zu qualifizieren, hatte sich in der EuGH-Entscheidung *Shenavai* 15 Jahre zuvor angedeutet.[178] In den jüngeren Entscheidungen *Mahamdia*, *Holtermann Ferho Exploitatie* und *Nogueira* hat der EuGH diese Grundsätze bestätigt.[179]

Für die Begriffsbildung ist insbesondere der **inhaltliche Bezug zur Arbeitnehmer-** 81 **freizügigkeit** gem. Art. 45 AEUV zu beachten, die bei Fragen der Arbeitnehmereigenschaft im Grundsatz den zentralen **Begriffsanker für das Unionsrecht**, insbesondere das sekundäre Unionsrecht darstellt. Das hat der EuGH nun für die Art. 20 bis 23 klargestellt.[180] Grundlage hierfür ist die **Entscheidung *Dieter May*** aus dem Jahre 2011, wo der EuGH erkannte: „Die vorstehenden Ausführungen des Gerichtshofs zum Begriff des ‚Arbeitnehmers' im Sinne von Art. 45 AEUV gelten ebenfalls für den Arbeitnehmerbegriff, der in Rechtsakten nach Art. 288 AEUV verwendet wird".[181] Mit Blick auf die konkreten

---

[174] BAG 24.9.2009 MDR 2010, 614, 642 [Rdn. 26, 40] m. Anm. *Temming* jurisPR-ArbR 15/2010, Anm. 6; BAG 25.6.2013 NZA-RR 2014, 46, 48; BAG 20.10.2015 NZA 2016, 254, 255; LAG Düsseldorf 28.5.2014 IPRax 2015, 551, 553; LAG Hannover 29.6.2016 NZA-RR 2016, 611, 612; OLG Hamburg 14.4.2004 NJW 2004, 3126; differenzierend OGH 8.3.2005, Az. 10 Ob 74/04m, ecolex 2005, 311, 312 (Grenzfälle unter Berücksichtigung der *lex causae*).
[175] Bericht *Jenard/Möller* ABl. C 189 v. 28.7.1990, S. 57; Stein/Jonas/*Wagner* Art. 18 a.F. Rdn. 10; *Kropholler/von Hein* Art. 18 a.F. Rdn. 2; Rauscher/*Mankowski* Art. 20 Rdn. 12 m.w.N.; *ders.* BB 1997, 465, 467; *ders.* EuZA 2015, 358, 368; *ders.* EuZA 2016, 107, 111, 115; *Geimer*/Schütze Art. 18 Rdn. 16; Zöller/*ders.* Art. 18 a.F. Rdn. 1a; Musielak/Voit/*Stadler* Art. 20 Rdn. 2; Staudinger/*Hausmann* Verfahrensrecht für internationale Verträge Rdn. 207; Saenger/*Dörner* Art. 20 Rdn. 4; NK-GA/*Ulrici* Art. 20 Rdn. 4; MünchKomm/*Gottwald* Art. 20 Rdn. 3; MünchArbR/*Oetker* § 13 Rdn. 173; *Lüttringhaus* RabelsZ 2013, 31, 49 f.; *Däubler* NZA 2003, 1297, 1299; *Bosse* 59 ff.; *Müller* 51; *Abele* FA 2013, 357, 358; *Hartley* Choices of Court Agreements under the European and International Instruments (2013) 274; MünchAnwaltsHdbArbR/*Boewer* § 48 Rdn. 66; für eine autonome Auslegung in Grenzfällen Schlosser/*Hess* Art. 20 Rdn. 1; *Junker* FS Schlosser, 299, 302; abweichend und tendenziell weiter Franzen/Gallner/Oetker/*Krebber* Art. 1 Rdn. 5 und Art. 20 Rdn. 3 (alternative Anknüpfung nach Unionsrecht, lex fori, lex causae oder lex loci laboris unter Berücksichtigung der arbeitnehmerähnlichen Person; er spricht von einem qualifikatorischen Rechtsformzwang).
[176] Zur Frage der Bindung an die sozialversicherungsrechtliche Bescheinigung A1 (früher die sog. E 101-Bescheinigung) s. *Mankowski* EuZA 2016, 107 ff.
[177] EuGH 27.2.2002 EuGHE 2002, I-2013 – Weber, Rdn. 60 f. m. Anm. *Mankowski* IPRax 2003, 21; *Bosse* 164 f.; s.a. EuGH 9.1.1997 EuGHE 1997, I-57 – Petrus Wilhelm Rutten/Cross Medical Ltd, Rdn. 12 f.; EuGH 13.7.1993 EuGHE 1993, I-4075 – Mulox IBC Ltd/Hendrick Geels, Rdn. 10.
[178] EuGH 15.1.1987 EuGHE 1987, 239 – Shenavai/Kreischer, Rdn. 16 m. Anm. *Geimer* NJW 1987, 1132 f.; *Bosse* 50 f.
[179] EuGH 19.7.2012 NZA 2012, 935 937 – Mahamdia, Rdn. 42; EuGH 10.9.2015 EuZW 2015, 922, 923 f. – Holtermann Ferho Exploitatie/Spies von Büllesheim, Rdn. 35–49; EuGH 14.9.2017 NZA 2017, 1477, 1478 – Nogueira u.a./Crewlink Ireland Ltd und Ryanair Designated Activity Company, Rdn. 47 f.
[180] EuGH 10.9.2015 EuZW 2015, 922, 924 – Holtermann Ferho Exploitatie/Spies von Büllesheim, Rdn. 41; Baumbach/Lauterbach/*Hartmann* Art. 20 Rdn. 2; Staudinger/*Hausmann* Verfahrensrecht für internationale Verträge Rdn. 207.
[181] EuGH 7.4.2011 EuGHE 2011, I-2761 – Dieter May, Rdn. 22; *Temming* SR 2016, 158, 160 f.; *Wank* EuZW 2018, 21; *ders.* EuZA 2018, 327.

Tätigkeiten und Berufe kann deshalb auf die reichhaltige Rechtsprechung des EuGH zu Art. 45 AEUV verwiesen werden.[182] Auch der Unionsgesetzgeber ist gewillt, diese Terminologie zu übernehmen.[183] Ungeachtet der Berücksichtigung des Auslegungszusammenhanges zwischen der Brüssel Ia-VO und der Rom I-VO (oben Rdn. 33–35) besteht deshalb bereits wegen der EuGH-Entscheidung *Dieter May* ein **Gleichlauf mit dem Arbeitnehmerbegriff des Art. 8 Rom I-VO**.[184]

82 Nachzuvollziehen ist deshalb nach überwiegender Auffassung auch der Umstand, dass die öffentlich-rechtliche **Statusgruppe der Beamten**, deren Rechtsverhältnis zum Dienstherrn bspw. nach deutschem Beamtenrecht auf einem mitwirkungsbedürftigen Verwaltungsakt beruht, im Grundsatz ebenfalls zum Kreise der **abhängig Beschäftigten i.S.d. Art. 20 bis 23** gehören.[185] Nach der ständigen Rechtsprechung des EuGH unterfallen nämlich Beamte dem Arbeitnehmerbegriff des Art. 45 AEUV;[186] nur bei genuin hoheitlichen Tätigkeiten greift die eng auszulegende Schutzbereichsausnahme des Art. 45 Abs. 4 AEUV ein.[187] In diesem Zusammenhang entscheidet also die geschuldete Tätigkeit des Beamten gegenüber Dritten über die Arbeitnehmereigenschaft im Innenverhältnis zum Dienstherrn. Davon hängt dann ab, ob aus diesem Verhältnis resultierende Rechtsfragen am Maßstab der Arbeitnehmerfreizügigkeit zu messen sind. **Für die Zwecke der Brüssel Ia-VO übernimmt die überwiegende Auffassung diese Konzeption**. Die dem Art. 45 Abs. 4 AEUV funktionell entsprechende **Schutzbereichsausnahme** stellt freilich **Art. 1 Abs. 1** dar, wonach – unabhängig vom Gerichtszweig – die Streitigkeit zunächst als zivilrechtlich zu qualifizieren ist, um den Anwendungsbereich der Brüssel Ia-VO eröffnen zu können,[188] falls nicht bereits zuvor die hiervon zu trennende vorrangige Frage der Immunität positiv beantwortet wurde (Art. 1 Rdn. 22, 38 f.).[189] Auf diese Weise kann ein **harmonischer Gleichlauf** zwischen Art. 45 AEUV und Art. 20 bis 23 i.V.m. Art. 1 Abs. 1 hergestellt werden. Rechtsprechung des EuGH steht hierzu noch aus.

83 Aus der Rechtsprechung des EuGH lässt sich schließen, dass er die **Arbeitnehmereigenschaft** letztlich objektiv über das konkrete Rechtsverhältnis **tätigkeitsbezogen** und **nicht vertragstypen-** oder **statusbezogen** ermittelt. Ausdruck dieses Ansatzes ist auch, dass die Rechtsnatur des Aktes unerheblich ist, der die Arbeitnehmereigenschaft begründet. Diese Gesichtspunkte sind für das Verständnis dieser Rechtsprechung fun-

---

[182] Streinz/*Franzen* Art. 45 AEUV Rdn. 15 ff.; Rauscher/*Mankowski* Art. 20 Rdn. 11.
[183] Vgl. die geplante Reform der Nachweisrichtlinie 91/533/EWG, hierzu KOM(2017) 797, endg., S. 3, 9, 13 und insbesondere ihr reformierter Art. 2 lit. a).
[184] Zu Art. 8 Rom I-VO s. Rauscher/*Mankowski* Art. 20 Rdn. 9 (Hilfestellung); MünchArbR/*Oetker* § 13 Rdn. 173.
[185] MünchKomm/*Gottwald* Art. 20 Rdn. 4 m.w.N.; Geimer/*Schütze* Art. 1 a.F. Rdn. 17 und Art. 18 a.F. Rdn. 21 m.w.N.; Rauscher/*Mankowski* Art. 20 Rdn. 33–36; Staudinger/*Hausmann* Verfahrensrecht für internationale Verträge Rdn. 208; für die Rom I-VO s. Hüßtege/Mansel/*Leible* Art. 1 Rom I-VO, Rdn. 16; Ziegler Arbeitnehmerbegriffe im Europäischen Arbeitsrecht (2011) 392, 401 m.w.N.; *Deinert* § 4, Rdn. 36.
[186] Bspw. EuGH 3.7.1986 EuGHE 1986, 2121 – Lawrie Blum, Rdn. 20; EuGH 15.1.1998 EuGHE 1998, I-45 – Schöning-Kougebetopoulou/Freie und Hansestadt Hamburg, Rdn. 12 f.; ausf. Calliess/Ruffert/*Krebber* Art. 157 AEUV, Rdn. 14 (auch zu anderen Statusformen).
[187] EuGH 3.7.1986 EuGHE 1986, 2121 – Lawrie Blum, Rdn. 26 f.; ausf. Calliess/Ruffert/*Brechmann* Art. 45 AEUV, Rdn. 107–113.
[188] Zum Begriff der Zivil- und Handelssache i.S.d. Brüssel Ia-VO s. aus neuerer Zeit EuGH 23.10.2014 EuZW 2015, 76, 77 – flyLAL-Lithuanian Airlines AS, Rdn. 23 ff. m. Anm. *Knöfel* GPR 2015, 251, 252 f.; *Schnichels/Stege* EuZW 2015, 281, 782; NK-GA/*Ulrici* Art. 1–6 Rdn. 5 f.
[189] *Wagner* RIW 2014, 260; *Schlosser/Hess* Vor Art. 4–35 Rdn. 2; Geimer/*Schütze* Art. 18 a.F., Rdn. 21; Rauscher/*Mankowski* Art. 20 Rdn. 33 f.; Musielak/Voit/*Stadler* Art. 20 Rdn. 4; *Junker* IZVR § 3 Rdn. 4 f.; zur Immunität vgl. EuGH 19.7.2012 NZA 2012, 935, 938 – Mahamdia, Rdn. 54 ff.; BAG 20.11.1997 NZA 1998, 813, 815 m. Anm. *Krebber* IPRax 1999, 164; LAG Berlin 20.7.1998 NZA-RR 1998, 555, 556; ArbG Köln 16.12.1998 RIW 1999, 623 f.

damental. **Hauptkennzeichen** des Arbeitsvertrages ist die **Abhängigkeit des Arbeitnehmers vom Arbeitgeber**.[190] Sie wird begründet durch dessen **Weisungsrecht**. Der EuGH spricht plastisch von einem „Verhältnis der Unterordnung" des Arbeitnehmers zum Arbeitgeber.[191] Nach der Standarddefinition des EuGH i.R.d. Art. 45 AEUV, die auch für die Art. 20 bis 23 gilt, besteht das wesentliche Merkmal des Arbeitsverhältnisses darin, dass eine Person während einer bestimmten Zeit für eine andere Person nach deren Weisung Leistungen erbringt, für die sie als Gegenleistung eine Vergütung erhält.[192]

Diese **weite Definition des Arbeitnehmerbegriffs** kombiniert der EuGH in der Entscheidung *Holtermann Ferho Exploitatie* mit der älteren und insoweit aus arbeitsrechtlicher Sicht klassischeren Definition aus der Entscheidung *Shenavai*, in der es 1987 um die **Abgrenzung** des Arbeitsvertrags zu einem Architektenvertrag **mit einem Selbständigen** ging.[193] Er erkannte damals, dass „**Arbeitsverträge** ebenso wie andere Verträge über eine unselbständige Tätigkeit im Vergleich zu sonstigen Verträgen auch dann, wenn es sich bei diesen um Verträge über Dienstleistungen handelt, **bestimmte Besonderheiten** insofern aufweisen, als sie eine **dauerhafte Beziehung** begründen, durch die der Arbeitnehmer in einer bestimmten Weise **in den Betrieb des Unternehmens oder des Arbeitgebers eingegliedert** wird, und als ihr räumlicher Bezugspunkt der Ort der Tätigkeit als der für die Anwendung von Vorschriften zwingenden Rechts und von Tarifverträgen maßgebliche Ort ist."[194] Daraus formuliert der EuGH den Obersatz, dass eine natürliche Person [X] dann als Arbeitnehmer für die Zwecke der Art. 20 bis Art. 23 anzusehen sei, wenn diese „**während einer bestimmten Zeit** für diese Gesellschaft und **nach deren Weisung Leistungen erbrachte**, für die [sie] als **Gegenleistung** eine **Vergütung** erhielt, und zu dieser Gesellschaft in einer dauerhaften Beziehung stand, durch die [sie] **in einer bestimmten Weise in ihren Betrieb eingegliedert** wurde."[195] **84**

Ähnlich ist der EuGH in der EuGH-Entscheidung *FNV Kunsten Informatie en Media* vorgegangen, die auch im Kontext der Art. 20 bis 23 zu beachten ist. Sie ist deshalb interessant, weil der EuGH in ihr das **Weisungsrecht des Arbeitgebers** näher aufschlüsselt und auch das **Kriterium des unternehmerischen Risikos** mit berücksichtigt. Das Urteil behandelt die Frage, ob und unter welchen Voraussetzungen die Tarifvertragsvertragsparteien Mindestentgelte auch für selbständige Dienstleister aushandeln dürfen und dabei vom Kartellverbot des Art. 101 AEUV befreit sind. Es geht um die Reichweite der *Albany*-Rechtsprechung, die dem europäischen Kartellrecht zugunsten der Tarifvertragsparteien immanente Schranken zieht.[196] Der EuGH nimmt die Gelegenheit wahr, die Tatbestandsvoraussetzungen des hierfür relevanten Arbeitnehmerbegriffs wie folgt zu resümieren: „[Der] Begriff des Arbeitnehmers im Sinne des Unionsrechts [ist] selbst anhand objektiver Kriterien zu definieren, die das Arbeitsverhältnis im Hinblick auf die Rechte und Pflichten der Betroffenen kennzeichnen. Nach ständiger Rechtsprechung **85**

---

[190] Es ist unstreitig, dass Arbeitnehmer nur eine natürliche Person sein kann; ebenso *Junker* FS Schlosser, 299, 302; ErfK/*Preis* § 611a BGB Rdn. 181 (Argument: persönliche Abhängigkeit).
[191] EuGH 5.12.2014 NZA 2015, 55, 57 – FNV Kunsten Informatie en Media, Rdn. 37.
[192] EuGH 10.9.2015 NZA 2016, 183, 185 – Holtermann Ferho Exploitatie/Spies von Büllesheim, Rdn. 41, 49. m.w.N.; s. für Art. 45 AEUV und dessen Vorgängervorschriften EuGH 17.7.2008 EuGHE 2008, I-5939 – Raccanelli, Rdn. 33 m.w.N.; grdl. aus dt. Sicht EuGH 3.7.1986 EuGHE 1986, 2121 – Lawrie Blum, Rdn. 17; statt vieler: Calliess/Ruffert/*Brechmann* EUV/AEUV Art. 45 AEUV Rdn. 12 ff. m.w.N.; monographisch *Ziegler* Arbeitnehmerbegriffe im Europäischen Arbeitsrecht (2011) 124 ff.
[193] EuGH 10.9.2015 NZA 2016, 183, 185 – Holtermann Ferho Exploitatie/Spies von Büllesheim, Rdn. 45, 39, 41.
[194] EuGH 15.1.1987 EuGHE 1987, 239 – Shenavai/Kreischer, Rdn. 16.
[195] EuGH 10.9.2015 NZA 2016, 183, 185 – Holtermann Ferho Exploitatie/Spies von Büllesheim, Rdn. 45.
[196] EuGH 21.9.1999 EuGHE 1999, I-5863 – Albany m. Anm. *Fleischer* DB 2000, 821 ff.

besteht das **wesentliche Merkmal des Arbeitsverhältnisses** darin, dass eine Person während einer bestimmten Zeit für eine andere nach deren Weisung Leistungen erbringt, für die sie als Gegenleistung eine Vergütung erhält ... Daraus folgt, dass ... [ein Arbeitnehmer] **nach Weisung** [seines] Arbeitgebers handelt, insbesondere was [seine] Freiheit bei der Wahl von **Zeit, Ort und Inhalt ihrer Arbeit** angeht ..., nicht an den geschäftlichen Risiken dieses Arbeitgebers beteiligt ist ... und während der Dauer des Arbeitsverhältnisses in dessen Unternehmen eingegliedert ist und daher mit ihm eine wirtschaftliche Einheit bildet".[197]

86   Es ist offensichtlich, dass diese **konkretisierenden Obersätze des EuGH** allesamt selbst in höchstem Maße **auslegungsbedürftig** sind. Und so ist es mit Blick auf die „Segelanweisung" des EuGH für die Gerichte der Mitgliedstaaten nicht verwunderlich, dass speziell das **Vorliegen des Unterordnungsverhältnisses in jedem Einzelfall anhand aller Gesichtspunkte und aller Umstände**, die die Beziehungen zwischen den Beteiligten kennzeichnen, **zu überprüfen** ist.[198] Dabei kommt es sowohl auf die **Vertragsgestaltung** als auch die **gelebte Vertragspraxis** an.[199]

87   Fasst man die **für die Arbeitnehmereigenschaft** zu **berücksichtigenden Kriterien** zusammen, kennzeichnen den Arbeitnehmer und den Arbeitsvertrag **folgende Umstände**:[200] (1) Erbringung von Dienstleistungen gegen Entgelt, (2) Beteiligung des Dienstverpflichteten an den unternehmerische Risiken, (3) Abhängigkeit und damit korrespondierende Weisungsgebundenheit des Dienstverpflichteten mit Blick auf Zeit, Ort und Inhalt ihrer Arbeit, (4) ein Zeitmoment, dass sich in der Dauerhaftigkeit der Vertragsbeziehung oder zumindest in einem befristeten Vertragsverhältnis niederschlagen muss, (5) Möglichkeit des Einsatzes freier Hilfskräfte (6) Eingliederung in die betriebliche oder unternehmerische Organisation des Dienstberechtigten.

88   Ergibt eine **abwägende Gesamtbetrachtung**, dass diese Kriterien überwiegend erfüllt sind, ist der Dienstverpflichtete Arbeitnehmer und folglich sein Dienstberechtigter Arbeitgeber. Das Vertragsverhältnis ist dann aus den o.g. unionsrechtlichen Kriterien heraus als Arbeitsverhältnis zu qualifizieren und die Vorschriften des fünften Abschnitts sind eröffnet. Letztlich entscheidend dürfte im Zweifelsfall die **weite Definition des Art. 45 AEUV** sein, da diese grundsätzlich geeignet ist, auch moderne Formen von Arbeitsverhältnissen und funktionale Besonderheiten des internationalen Verfahrensrechts sachgerecht zu erfassen.[201]

89   Maßgeblich ist die **Feststellung**, dass die **natürliche Person** aufgrund der Sachverhaltsangaben **einem Weisungsrecht unterliegt**, welches geeignet ist, **arbeitsrechtliche Abhängigkeit** i.S.d. Unionsrechts zu begründen. Für diese Sichtweise spricht auch, dass der EuGH in seiner Vorlageantwort wieder allein auf die Arbeitnehmerdefinition des

---

[197] EuGH 5.12.2014 NZA 2015, 55, 57 – FNV Kunsten Informatie en Media, Rdn. 34, 36.
[198] EuGH 10.9.2015 NZA 2016, 183, 185 – Holtermann Ferho Exploitatie/Spies von Büllesheim, Rdn. 46 unter Verweis auf EuGH 9.7.2015 NJW 2015, 2481, 2482 – Balkaya/Kiesel Abbruch- und Recycling Technik GmbH, Rdn. 37 sowie EuGH 11.11.2010 EuGHE 2010, I-11405 – Danosa/LKB Līzings SIA, Rdn. 46; EuGH 5.12.2014 NZA 2015, 55, 57 – FNV Kunsten Informatie en Media, Rdn. 33; EuGH 14.12.1989 EuGHE 1989, I-4459 – Agegate, Rdn. 36.
[199] EuGH 11.11.2010 EuGHE 2010, I-11405 – Danosa, Rdn. 46; OLG München 20.3.2014 NJW-RR 2014, 887, 888; ErfK/*Wißmann* Art. 45 AEUV Rdn. 7 f.
[200] Stein/Jonas/*Wagner* Art. 18 a.F. Rdn. 11 f.; Rauscher/*Mankowski* Art. 20 Rdn. 10; s.a. NK-GA/*Ulrici* Art. 20 Rdn. 6.
[201] Dieser Rückgriff ist keineswegs selbstverständlich, vgl. für das gegenteilige Vorgehen im Bereich der Dienstleistungsfreiheit des Art. 56 f. AEUV EuGH 23.4.2009 EuGHE 2009, I-3477 – Falco Privatstiftung/Rabitsch, Rdn. 33–37 m. Anm. *Brinkmann* IPRax 2009, 487.

Art. 45 AEUV zurückgreift.²⁰² Das Kriterium der Eingliederung in den Betrieb oder das Unternehmen sollte jedenfalls nicht nur „klassisch", also rein örtlich verstanden werden. Moderne Formen der Erbringung abhängiger Beschäftigung lassen sich ansonsten damit nicht sachgerecht erfassen. Ohnehin ist die **Eingliederung des Arbeitnehmers vornehmlich als Folge des arbeitgeberseitigen Weisungsrechts zu begreifen**. Wird zudem ein Über-Unterordnungsverhältnis und ein damit korrespondierendes Weisungsrecht des Arbeitgebers bejaht, folgt die **Integration des Arbeitnehmers** in dessen Unternehmen oder den Betrieb aus unternehmenstheoretischen Erwägungen. **Arbeitnehmer sind konstitutiver Bestandteil eines Unternehmens** (Rdn. 152).²⁰³ Zu beachten ist schließlich, dass der **Umstand der unternehmerischen Risikotragung die Arbeitnehmereigenschaft nicht** *per se* **ausschließen kann**. Es ist nämlich nicht untypisch, dass reguläre Arbeitnehmer am Kapital „ihres" Unternehmens und damit am Erfolg desselben beteiligt sind (vermittels Belegschaftsaktien o.ä.).²⁰⁴ Neben den gewollten Anreizstrukturen stellt eine entsprechende Beteiligung eine typische Form des Entgelts dar – gerade was höhere Hierarchieebenen anbelangt.²⁰⁵ Entsprechende unternehmerische Risiken sind für den Arbeitnehmer real und sollten nicht kleingeredet werden. Die Situation ist nicht anders, wie wenn das Gehalt aufgrund von Zielvereinbarungen bspw. zu einem Drittel von den Unternehmensergebnissen abhängt. Ungeachtet dessen besteht freilich ein qualitativer Unterschied zwischen Belegschaftsanteilen und den Risiken, die der Unternehmer als hauptsächlicher Eigentümer trägt. Dieser Aspekt ist auch zu beachten, wenn es darum geht, die **Arbeitnehmereigenschaft von Organmitgliedern** – insbesondere mit Beteiligung an der Gesellschaft – zu beurteilen.

b) Abgrenzungen

aa) Allgemeine Leitlinien. Die soeben skizzierte neuere Rechtsprechung des EuGH wirkt sich auf den **Anwendungsbereich der Art. 20 bis 23** aus, für dessen Zwecke der Arbeitnehmer bzw. Arbeitsvertrag **von** anderen Dienstleistungserbringern und **Dienstleistungsverträgen abgegrenzt** werden muss. Diese Frage ist für die Praxis u.a. deshalb so bedeutsam, weil von ihrer Beantwortung abhängt, inwieweit die **Vertragsparteien von ihrer verfahrensrechtlichen Parteiautonomie Gebrauch machen** können, um mit Hilfe von **Gerichtsstandsvereinbarungen** von den starren Vorgaben des fünften Abschnitts abweichen zu können (Art. 23 Rdn. 9 ff.).²⁰⁶ Die Erkenntnisse, die aus der Rechtsprechung des EuGH gezogen werden können, lassen sich aus Sicht des deutschen Arbeitsrechts als allgemeine Leitlinien folgendermaßen zusammenfassen: **90**

Erstens **vereinheitlicht der EuGH den Arbeitnehmerbegriff** im europäischen Arbeitsrecht zusehends. Das gilt für das materielle Recht ebenso wie für das Prozessrecht. **Leitbild** ist derjenige aus der **Arbeitnehmerfreizügigkeit** gem. Art. 45 AEUV. Haupt- **91**

---

[202] EuGH 10.9.2015 NZA 2016, 183, 186 – Holtermann Ferho Exploitatie/Spies von Büllesheim, Rdn. 49; s.a. *Mankowski* EuZA 2016, 398, 399 und NK-GA/*Ulrici* Art. 20 Rdn. 5 zur zentralen Funktion der Weisungsgebundheit.
[203] Grdl. *Coase* Economica 1937, 386, 403; s.a. BVerfG 1.3.1979 BVerfGE 50, 290, 315; *Temming* Der vertragsbeherrschende Dritte (2015) 889 ff.
[204] EuGH 14.12.1989 EuGHE 1989, 3359 – Agegate, Rdn. 36; *Bosse* 67–69; Rauscher/*Mankowski* Art. 20 Rdn. 10; *ders.* EuZA 2016, 398, 400 (die unternehmerischen Risiken bei Belegschaftsanteilen freilich etwas relativierend).
[205] Vgl. zu Aktienoptionsplänen bspw. BAG 16.1.2008 NZA 2008, 836; BAG 10.2.2003 NZA 2003, 487; *Junker* EuZA 2016, 281.
[206] Rauscher/*Mankowski* Art. 20 Rdn. 13.

charakteristikum dieses Begriffs ist dessen Rechtsgrundneutralität und ein **weites**, nicht auf persönliche Abhängigkeit beschränktes **Weisungsrecht**.

92 Zweitens bestehen **zwischen dem unionsrechtlichen und dem deutschen Begriff** des Arbeitnehmers aus § 611a BGB immer größere **Diskrepanzen**. Der Arbeitnehmerbegriff des EuGH ist weiter als dessen deutsches Pendant. Er knüpft nicht mehr nur am nationalen Arbeitsvertrag[207] an, sondern umfasst auch andere Beschäftigungsformen, die im öffentlichen Recht und Privatrecht abhängige Tätigkeit auf Basis persönlich geschuldeter Leistung erbringen. Das ist ein **tätigkeits- und kein spezifisch vertragstypenbezogener Ansatz**. Deshalb sollte man sich im Privatrecht auch von den klassischen kodifizierten Vertragstypen des BGB lösen und den normativen Rahmen, in denen die Art. 20 bis 23 eingebettet sind, auf die nächst höhere Abstraktionsstufe heben. Mit Blick auf Arbeits-, Dienst- und Werkverträge handelt es sich um Verträge, in denen eine Tätigkeit persönlich geschuldet wird. Zieht man die Terminologie des *Draft Common Frame of Reference* heran, würde es um sog. *service contracts*, also **Dienstleistungsverträge** gehen.[208] Es ist diese Begriffsebene, die dem tätigkeitsbezogenen Ansatz des EuGH im europäischen Arbeitsrecht besser entspricht.

93 Drittens **dehnt** der **EuGH** mit Hilfe seines eigenen autonomen Arbeitnehmerbegriffs das **europäische Arbeitsrecht auf wirtschaftlich abhängige Personen aus**. Für die Zwecke des Unionsrechts löst er damit bestimmte schutzbedürftige Personen aus der Gruppe der Selbständigen heraus. Aus Sicht des nationalen Arbeitsrechts wären diese als **arbeitnehmerähnliche Personen** und damit als Selbständige zu qualifizieren.[209] Diese Ausdehnung auf wirtschaftlich abhängige Personen führt zu einem **zweigeteilten System**, das zwar ebenfalls zwischen Selbständigen und Arbeitnehmern als Vertragspartner von Dienstleistungsverträgen trennt, indes – bislang – **keine Unterkategorien** kennt. Damit wird dem alternativen Modell, das zwischen Arbeitnehmern und Selbständigen unterscheidet, die arbeitnehmerähnlichen Selbständigen indes zur Gruppe der Selbständigen zählt, eine Absage erteilt.[210] In diese Richtung hätte man die EuGH-Entscheidung *Shenavai* zu Art. 5 Nr. 1 EuGVÜ noch interpretieren können.[211] Dogmatisch **gleichwertig** ist m.E. hiermit eine Absage, **arbeitsrechtliche Schutzvorschriften auf wirtschaftlich abhängige Personen analog anzuwenden**. Dieses methodische Instrument goutiert der EuGH aber ohnehin nicht.[212]

94 **bb) Andere Tätigkeitsverträge.** Andere Tätigkeitsverträge, die nicht von vornherein als Arbeitsvertrag bezeichnet werden, sind vor dem Hintergrund dieser Leitlinien und des in Rdn. 87 genannten Kriterienkatalogs daraufhin zu **untersuchen, ob sie als Arbeitsverträge im unionsrechtlichen Sinne zu qualifizieren** sind. Dabei hat man sich von nationalen Befindlichkeiten dogmatisch frei zu machen. Das bedeutet auch,

---

[207] Für Deutschland jetzt § 611a BGB; hierzu *Richardi* NZA 2017, 36; *Wank* ArbuR 2017, 140; *Preis* NJW Editorial zu Heft 46/2016; *ders.* NZA 2018, 817.
[208] Book IV Part C des DCFR; hierzu *Zimmermann* (Hrsg.), Service Contracts (2010), *passim*; diese typologische Einordnung ebenfalls bejahend *Wais* Der Europäische Erfüllungsgerichtsstand für Dienstleistungsverträge (2013) 67 ff.
[209] *Pottschmid* Arbeitnehmerähnliche Personen in Europa (2006) *passim*; *C. Schubert* Der Schutz der arbeitnehmerähnlichen Personen (2004) *passim*.
[210] Diese kennzeichnet bspw. das deutsche Arbeitsrecht, vgl. § 12a TVG und § 5 ArbGG; s.a. KOM(2006) 708, S. 12–15 f.; *Preis* FS Birk (2008) 625, 636 ff.
[211] EuGH 15.1.1987 EuGHE 1987, 239 – Shenavai/Kreischer, Rdn. 16; Zitat bei Fn. 194.
[212] EuGH 22.5.2008 EuGHE 2008, I-3965 – Glaxosmithkline, Laboratoires Glaxosmithkline/Rouard, Rdn. 28; EuGH 13.7.2006 EuGHE 2006, I-6827 – Reisch/Kiesel, Rdn. 23 m.w.N.; EuGH 11.10.2007 EuGHE 2007, I-8319 – Freeport/Arnoldsson, Rdn. 35.

dass **arbeitnehmerähnliche Selbständigkeit** bzw. wirtschaftliche Abhängigkeit nicht mehr *per se* zur Unanwendbarkeit der **Art. 20 bis 23** führt. Das ist zwar bislang **nicht h.M.**,[213] insbesondere sollen die Art. 20 bis 23 hierfür nicht analog angewendet werden.[214]

Wer indes der Unanwendbarkeit der Art. 20 bis 23 das Wort redet, möchte die fundamentalen Verschiebungen beim europäischen Arbeitnehmerbegriff nicht zur Kenntnis nehmen. Wenn **Organmitglieder von Kapitalgesellschaften Arbeitnehmer i.S.d. Unionsrechts** sein können, muss man sich für eine Diskussion über die Arbeitnehmereigenschaft von arbeitnehmerähnlichen Selbständigkeiten gedanklich öffnen. Das wird sicherlich nicht immer leichtfallen. Ggf. ist der EuGH um Vorabentscheidung gem. Art. 267 AEUV anzurufen, was i.R.d. Art. 267 Abs. 3 AEUV in Deutschland am Maßstab des Art. 101 Abs. 1 S. 2 GG überprüft werden kann.[215] Im Folgenden sei auf einige relevante Vertragstypen näher eingegangen. 95

(1) Geschäftsführer- und Vorstandsverträge. Bei der Ausweitung des Anwendungsbereichs des europäischen Arbeitsrechts, wovon auch die Art. 20 bis 23 betroffen sind, geht es bislang namentlich um **GmbH-FremdgeschäftsführerInnen**, bei denen es sich – vorbehaltlich des Abschlusses eines Arbeitsvertrages[216] – **nach der h.M. in den seltensten Fällen um „echte" Arbeitnehmer**,[217] sondern wenn überhaupt um arbeitnehmerähnliche Selbständige handeln dürfte – ohne dass dies offen ausgesprochen wird.[218] Die Arbeitnehmereigenschaft dieser Personengruppe i.S.d. Art. 20 ist ebenfalls bislang von der **h.M.** im Allgemeinen verneint worden.[219] Daran wird man angesichts der 96

---

213 OLG Hamburg 14.4.2004 NJW 2004, 3126, 3127 f.; *Geimer*/*Schütze* Art. 18 a.F. Rdn. 19; *Kropholler*/*von Hein* Art. 18 a.F. Rdn. 2; MünchKomm/*Gottwald* Art. 20 EuGVO Rdn. 4; *Schlosser*/*Hess* Art. 20 Rdn. 1 a.E.; Rauscher/*Mankowski* Art. 20 Rdn. 13 f., 27 (allgemein und speziell für wirtschaftlich abhängige Handelsvertreter); *ders.* IHR 2014, 247, 248 m.w.N.; *Junker* FS Schlosser, 299, 302 („nicht ohne weiteres"); *Rauscher* FS Schütze, 695, 708 f.; *Raif* GWR 2014, 444; *Müller* 52, 114; *Trenner* 86–89, 217 f. (nur *de lege lata*); *Bosse* 66; **a.A.** MünchArbR/*Birk* § 23 Rdn. 18 („Bei den arbeitnehmerähnlichen Personen spricht vieles dafür, da ihre Stellung mit der der Arbeitnehmer vergleichbar ist. Auch bei manchen Selbständigen sollte die Berufung auf Art. 5 Nr. 1 2. Halbs. EuGVÜ nicht von vornherein ausgeschlossen sein."); *Emde* MDR 2002, 190, 198 (für Art. 30 EGBGB; indes verallgemeinerbar); äußerst zurückhaltend bzgl. Analogie *Däubler* NZA 2003, 1297, 1302, der zugleich auf Art. 5 Nr. 1 lit. b) und Nr. 3 EuGVVO sowie auf Art. 21 EuGVVO hinweist; deutlicher *ders.* SR 2016, 2, 41; unscharf Musielak/Voit/*Stadler* Art. 18 Rdn. 2 („nicht zwingend erforderlich").
214 Bspw. LAG Düsseldorf 28.5.2014 IPRax 2015, 551, 554 m. krit. Anm. *Temming* 509 und zust. Anm. *Mankowski* IHR 2014, 247; das Problem wird elegant umgangen von BAG 20.10.2015 NZA 2016, 254 ff.; gegen eine Analogie auch *Geimer*/*Schütze* Art. 18 a.F. Rdn. 19; Staudinger/*Hausmann* Verfahrensrecht für internationale Verträge Rdn. 207.
215 BVerfG 10.12.2014 ZIP 2015, 335 m. Anm. *Oetker* EWiR 2015, 193 f.; *Temming* ZESAR 2015, 298; BVerfG 25.2.2010 NJW 2010, 1268 m. Anm. *Höpfner* EuZA 2011, 97; *Temming* ZESAR 2010, 277; Grabitz/Hilf/Nettesheim/*Karpenstein* Das Recht der Europäischen Union (55. Lfg., 2015), Art. 267 AEUV Rdn. 68–70 m.w.N.
216 Rauscher/*Mankowski* Art. 20 Rdn. 32 (für Organpersonen mit einem Arbeitsvertrag mit einer anderen Gesellschaft als derjenigen, deren Organ sie sind).
217 Das Anstellungsverhältnis eines Geschäftsführers wird grundsätzlich als Geschäftsbesorgungsvertrag in Form eines Dienstvertrags qualifiziert, vgl. BAG 26.5.1999 AP Nr. 10 zu § 35 GmbHG; BGH 10.5.2010 NZA 2010, 889; ErfK/*Preis* § 611a BGB, Rdn. 88–90; zur sozialversicherungsrechtlichen Behandlung von Fremdgeschäftsführern BSG 18.12.2001 NZA-RR 2003, 325, 326 f.; BSG 11.11.2015 SGb 2016, 32 (Aufgabe der „Kopf und Seele"-Rechtsprechung); ausf. KassKomm/*Seewald* § 7 SGB IV Rdn. 89–100 m.w.N.
218 Bspw. BAG 27.6.1985 AP Nr. 2 zu § 1 AngestelltenkündigungsG (anders noch die Vorinstanz LAG Frankfurt a.M., welches den Geschäftsführer entgegen § 5 Abs. 1 S. 3 ArbGG als arbeitnehmerähnliche Person eingeordnet hatte).
219 *Rauscher* FS Schütze, 695, 708 f.; *Junker* FS Schlosser 2005, 299, 302 (betont aber auch die Vorlageverpflichtung); *ders.* Arbeitnehmereinsatz im Ausland Rdn. 75; *Müller* 52; *Trenner* 89; *Winterling* 35;

jüngeren Rechtsprechung des EuGH zum europäischen Arbeitsrecht, die i.E. Entwicklungstendenzen bezüglich der primärrechtlichen Arbeitnehmerfreiheit nachzeichnet,[220] **nicht mehr festhalten können**. Hierfür stehen die Urteile *Danosa*, *Balkaya* und jetzt im einschlägigen Kontext *Holtermann Ferho Exploitatie*.[221]

97 In den ersten beiden Urteilen *Danosa* und *Balkaya* weitete der EuGH den Anwendungsbereich der Mutterschutzrichtlinie[222] und der Massenentlassungsrichtlinie[223] auf bestimmte GmbH-Geschäftsführer aus. Ersteres geschah mit dem Urteil *Danosa* und betraf eine lettische Kapitalgesellschaft. Letzteres führte der EuGH in der Entscheidung *Balkaya* mit Blick auf eine deutsche GmbH konsequent fort. **Keinerlei Rücksicht nimmt der EuGH dabei auf nationale Befindlichkeiten**, wie beispielsweise den Trennungsgrundsatz oder insbesondere die Unterscheidung zwischen dem arbeits- und gesellschaftsrechtlichen Weisungsrecht gem. § 106 GewO und § 37 Abs. 1 GmbHG.[224] In der bereits angesprochenen Rechtssache *Holterman Ferho Exploitatie* hat der EuGH diese **Entwicklung für die Brüssel Ia-VO nachvollzogen**.[225]

98 Die Rechtsprechung des EuGH lässt sich dahingehend resümieren, dass zwischen **Organmitgliedern ohne und mit gesellschaftsrechtlicher Beteiligung** oder anderen Einflussmöglichkeiten **zu differenzieren** ist.[226] Im Hinblick auf § 37 Abs. 1 GmbHG sind **Fremdgeschäftsführer einer GmbH** Arbeitnehmer i.S.d. Art. 20.[227] **Vorstandsmitglieder einer deutschen AG** sind wegen ihrer in § 76 Abs. 1 AktG angeordneten Weisungsfreiheit im Grundsatz keine Arbeitnehmer i.S.d. Art. 20.[228] Das ist indes dann nicht der Fall, wenn ein Beherrschungsvertrag existiert und § 308 AktG zu beachten ist.[229] Nach dieser Vorschrift ist das herrschende Unternehmen berechtigt, dem Vorstand der Gesellschaft hinsichtlich der Leitung der Gesellschaft Weisungen zu erteilen. Der Vorstand des abhängigen Unternehmens ist dann verpflichtet, die Weisungen des herrschenden Unternehmens zu befolgen.

99 Bei **Organmitgliedern mit Beteiligung** oder sonstigen Einflussmöglichkeiten hängt die Arbeitnehmereigenschaft davon ab, inwieweit sie die **Geschicke des Unternehmens selbst maßgeblich beeinflussen** können, weil sich hieraus ihre eigene Abhängigkeit

---

MünchKomm/*Gottwald* Art. 20 Rdn. 4; Stein/Jonas/*Wagner* Art. 18 a.F. Rdn. 14; Rauscher/*Mankowski* Art. 20 Rdn. 13; *Geimer*/Schütze Art. 18 a.F. Rdn. 19; *Paulus*/Peiffer/Peiffer Art. 20 Rdn. 41; **a.A.** Franzen/Gallner/Oetker/*Krebber* Art. 20 Rdn. 3 mit Art. 1 Rdn. 5.

220 EuGH 27.6.1996 EuGHE 1996, I-3089 – Asscher, Rdn. 24–28; EuGH 7.5.1998 EuGHE 1998, I-2521 – Clean Car, Rdn. 18–23; EuGH 8.6.1999 EuGHE 1999, I-3289 – C.P.M. Meeusen, Rdn. 13–16.
221 EuGH 11.11.2010 EuGHE 2010, I-11405 – Danosa, Rdn. 56 m. Anm. *C. Schubert* EuZA 2011, 362, 363 ff.; EuGH 9.7.2015 NJW 2015, 2481, 2482 f. – Balkaya, Rdn. 38–48 m. Anm. *Lingemann/Otte* DB 2015, 1965 f.; *Lunk* NZA 2015, 917 ff.; *Forst* EuZW 2015, 664, 665 f.; EuGH 10.9.2015 NZA 2016, 183, 185 – Holtermann Ferho Exploitatie/Spies von Büllesheim, Rdn. 49.
222 RL 92/85/EWG, ABl. EG L 348 v. 28.11.1992, S. 1 ff.
223 RL 98/59/EG, Abl. EG L 225 v. 12/8/1998, S. 16 ff.
224 Zu diesem Gesichtspunkt vgl. bspw. *C. Schubert* ZESAR 2013, 5, 8; *dies.* EuZA 2011, 362, 365; Rauscher/*Mankowski* Art. 20 Rdn. 28.
225 EuGH 10.9.2015 NZA 2016, 183, 185 – Holtermann Ferho Exploitatie/Spies von Büllesheim, Rdn. 42; *Gräf* GPR 2016, 148 ff.; MünchKomm/*Gottwald* Art. 20 Rdn. 5; Baumbach/Lauterbach/*Hartmann* Art. 20 Rdn. 2; *Paulus*/Peiffer/Peiffer Art. 20 Rdn. 42 f.; krit. zu dieser Übertragung *Knöfel* EuZA 2016, 348 ff.
226 Die Feststellung der Weisungsunterworfenheit soll mittels Qualifikationsverweisung durch Rekurs auf das Gesellschaftsstatut erfolgen; das ist eine Vorfrage; *Kindler* IPRax 2016, 115, 116 f.; Musielak/Voit/*Stadler* Art. 20 Rdn. 2; Rauscher/*Mankowski* Art. 20 Rdn. 29; *ders.* RIW 2004, 167, 169; *ders.* EuZA 2016, 398, 399; teilw. krit. *Knöfel* EuZA 2016, 348, 358 ff.
227 Rauscher/*Mankowski* Art. 20 Rdn. 31.
228 Rauscher/*Mankowski* Art. 20 Rdn. 31.
229 *Kindler* IPRax 2016, 115, 116.

vom Leitungsorgan ergibt.[230] Organmitglieder mit Unternehmensbeteiligung, insbesondere Gesellschafter-Geschäftsführer, bestimmen bei beherrschendem Einfluss selbst über Erteilung und Inhalt von Weisungen an das Leitungsorgan. Solchen Weisungen sind sie nicht unterworfen. Sie sind dann **keine Arbeitnehmer** i.S.d. Art. 20 bis 23.[231] Dies trifft namentlich auf **Gesellschafter-Geschäftsführer mit Stimmrechtsmehrheit** zu;[232] erst recht für den **Alleingesellschafter**.[233]

Als **Kriterien für den beherrschenden Einfluss** können die Vorgaben in Art. 22 Abs. 2 der **Bilanzrichtlinie** 2013/34/EU fruchtbar gemacht werden,[234] auf die bspw. im internationalen Verfahren Art. 2 Nr. 14 EuInsVO 2015 verweist.[235] Einfachrechtlich kann an **§ 290 HGB** angeknüpft werden; die Norm setzt die o.g. Vorgaben der Bilanzrichtlinie in deutsches Recht um.[236] Kann ein entsprechender Einfluss nicht festgestellt werden und ist m.a.W. der Abhängigkeitstest aus der *Holtermann*-Entscheidung positiv ausgefallen,[237] ist das Organmitglied als Arbeitnehmer i.S.d. Art. 20 anzusehen. **100**

(2) Handelsvertreterverträge. Handelsvertreter dürften **im Grundsatz selbständig tätig** werden; Art. 20 bis 23 finden keine Anwendung. Anders ist dies, wenn es sich um einen fest angestellten Handelsvertreter handelt. Von diesen klaren Konstellationen abgesehen weist die oben in Rdn. 93 angesprochene **Problematik der arbeitnehmerähnlichen Selbständigen insbesondere bei Handelsvertretern eine große Praxisrelevanz** auf. Das ist dann der Fall, wenn es sich bei ihnen um eine natürliche Person handelt, sie **nur für einen Prinzipal tätig** werden und die geschuldete Tätigkeit im Wesentlichen **ohne eigene Arbeitnehmer** erbringen.[238] In dieser Konstellation wird die ohnehin schon *ex lege* gegebene Abhängigkeit selbständiger Handelsvertreter noch einmal verstärkt. Dann stellt sich die Frage, ob die Art. 20 bis Art. 23 eingreifen oder nicht. Die **h.M.** lehnt i.R.d. Art. 20 bis 23 **die Arbeitnehmereigenschaft selbst von Einfirmenhandelsvertretern ab** und möchte sie auch nicht als arbeitnehmerähnliche Selbständige unter diese Normen subsumiert wissen, falls diese Thematik überhaupt andiskutiert wird.[239] **101**

Gegen diese pauschale Ablehnung spricht die jüngere Rechtsprechung des EuGH zum europäischen Arbeitnehmerbegriff (oben Rdn. 90ff.). Sie zwingt dazu, dem EuGH entsprechende Verfahren gem. Art. 267 Abs. 3 AEUV vorzulegen, damit er seine Rechtsprechung aus den Urteilen *Shenavai* und *Holterman Ferho Exploitatie* weiter **102**

---

230 EuGH 10.9.2015 NZA 2016, 183, 185f. – Holtermann Ferho Exploitatie/Spies von Büllesheim, Rdn. 47.
231 Rauscher/*Mankowski* Art. 20 Rdn. 31.
232 Eine Mehrheitsbeteiligung ist in der Regel, aber nicht zwingend mit einer Stimmrechtsmehrheit verbunden.
233 Rauscher/*Mankowski* Art. 20 Rdn. 29; *ders*. RIW 2004, 167, 171.
234 RL 2013/34/EU ABl. EU L 182 v. 29.6.2013, S. 19ff.
235 VO/2015/848/EU ABl. EU L v. 5.6.2015, S. 19ff.; zum Auslegungszusammenhang des internationalen Verfahrensrechts vgl. oben Rdn. 33–35; *Kindler* IPRax 2016, 115, 117.
236 *Kindler* IPRax 2016, 115, 117.
237 EuGH 10.9.2015 NZA 2016, 183, 185f. – Holtermann Ferho Exploitatie/Spies von Büllesheim, Rdn. 47.
238 *Trenner* 71–73; *Mankowski* Handelsvertreterverträge im Internationalen Prozess- und Privatrecht, in: Hopt/Tsouganatos, Europäisierung des Handels- und Wirtschaftsrechts (2006) 131, 132–135; *ders*. YbPIL 2008, 19, 22–26; *ders*. IHR 2014, 247; s.a. LAG Bremen 17.4.1996 NZA-RR 1997, 107; zur materiell-rechtlichen Sicht vgl. *Hopt* FS Medicus (1999) 235, 252–254.
239 BAG 20.10.2015 NZA 2016, 254, 256; LAG Düsseldorf 28.5.2014 IPRax 2015, 551, 554; OLG Hamburg 14.4.2004 NJW 2004, 3126, 3127; *Mankowski* IHR 2014, 247, 248f.; Rauscher/*Mankowski* Art. 20 Rdn. 27; Stein/Jonas/*Wagner* Art. 18 a.F. Rdn. 13; Kropholler/*von Hein* Art. 18 a.F. Rdn. 2; differenzierend *Winterling* S. 32f.; Musielak/Voit/*Stadler* Art. 20 Rdn. 2 (Frage des Einzelfalls).

entfalten und auf andere Dienstleistungsverträge übertragen kann (oder eben nicht). Das hat das **BAG** mit seiner Entscheidung vom 20.10.2015 nicht getan und ist stattdessen – unter Zitierung der o.g. jüngeren Rechtsprechung – sogar von einem *acte clair* i.R.d. Art. 267 AEUV ausgegangen.[240] Das ist **sehr diskutabel** und ist nicht mehr vom Beurteilungsspielraum gedeckt, den der EuGH den nationalen Fachgerichten bei der Bewertung des konkreten Einzelfalles einräumt.

103   **(3) Scheinselbständigkeit.** Auch **Scheinselbständige sind Arbeitnehmer** i.S.d. Art. 20 bis 23.[241] Das sind Personen, die **nach unionsrechtlichen Kriterien nicht selbständig** sind, sondern nur einen entsprechenden Schein erwecken.[242] Für den EuGH ist es in diesem Zusammenhang **unerheblich**, ob das **innerstaatliche Recht** den Dienstleistungserbringer als selbständig Tätigen einstuft. Eine solche Qualifikation schließt nach Auffassung des EuGH in der Entscheidung *FNV Kunsten Informatie en Media* nicht aus, dass eine Person als Arbeitnehmer im Sinne des Unionsrechts zu qualifizieren sei, wenn deren **Selbständigkeit nur fiktiv ist und damit ein tatsächliches Arbeitsverhältnis verschleiert**. Das bedeutet, dass die Eigenschaft als Arbeitnehmer im Sinne des Unionsrechts nicht dadurch berührt wird, dass eine Person aus steuerlichen, administrativen oder verwaltungstechnischen Gründen nach innerstaatlichem Recht als selbständiger Dienstleistungserbringer beschäftigt wird, sofern nur die unionsrechtlichen Kriterien des Arbeitnehmers vorlägen.[243]

104   **cc) Kollektivrechtliche Verträge.** Art. 20 bis 23 erfassen **nur Streitigkeiten hinsichtlich individueller Arbeitsverträge**,[244] nicht Kollektivverträge, die hiervon abzugrenzen sind. Für Deutschland geht es namentlich um **Tarifverträge und Betriebsvereinbarungen**.[245] Für die Zwecke des fünften Abschnitts können sie selbst nicht tauglicher Gegenstand des Verfahrens sein; für Streitigkeiten hieraus gelten folglich die allgemeinen Regeln.[246] **Anders** ist dies, **soweit** sie nur **als Rechtsquelle für individualvertragliche Rechtspositionen** dienen.[247] Dann findet der Anspruch seine Grundlage in einem individuellen Arbeitsvertrag, auf den – aus deutscher Sicht – die Tarifverträge oder Betriebsvereinbarungen kraft **normativer Geltung** grundsätzlich unmittelbar und zwingend wirken (§ 4 Abs. 1 TVG und § 77 Abs. 4 BetrVG). Dann ist die Situation nicht anders als bei einseitig zwingendem Gesetzesrecht, das Ansprüche vermittelt.[248] Gegenstand einer Vorfrage können kollektivrechtliche Verträge indes sehr wohl sein.

---

240   BAG 20.10.2015 NZA 2016, 254, 256; zum *acte clair* grdl. EuGH 6.10.1982 EuGHE 1982, 3415 – CILFIT, Rdn. 12 ff.; s.a. *Temming* ZESAR 2010, 277 ff.; *Wolff* AcP 2016, 40, 88 ff.
241   MünchKomm/*Gottwald* Art. 20 Rdn. 4 m.w.N.; Rauscher/*Mankowski* Art. 20 Rdn. 14.
242   Falsch ist es daher, auch arbeitnehmerähnliche Selbständige als Scheinselbständige zu bezeichnen. Dieser Fehler unterläuft dem EuGH leider, vgl. EuGH 5.12.2014 NZA 2015, 55, 57 – FNV Kunsten Informatie en Media, Rdn. 38 f.; so auch die Warnung bei *Rebhahn* RdA 2009, 236, 237 dort in Fn. 3.
243   EuGH, Urteil v. 5.12.2014 – Rs C-413/13, *FNV Kunsten Informatie en Media* NZA 2015, 55, 57, Rdn. 35, 36.
244   Die Betonung des Individuellen in Art. 20 schließt vorformulierte Arbeitsverträge auf Grundlage allgemeiner Geschäftsbedingungen nicht aus; *Junker* NZA 2005, 199, 201; Rauscher/*Mankowski* Art. 20 Rdn. 23.
245   Bericht *Jenard/Möller* ABl. C 189 v. 28.7.1990, S. 57, Nr. 42; Rauscher/*Mankowski* Art. 20 Rdn. 22; NK-GA/*Ulrici* Art. 20 Rdn. 6; MünchArbR/*Oetker* § 13 Rdn. 173; Staudinger/*Hausmann* Verfahrensrecht für internationale Verträge Rdn. 209; *Hartley* Choices of Court Agreements under the European and International Instruments (2013) 274; gegen die Anwendbarkeit der Brüssel Ia-VO bei betriebsverfassungsrechtlichen Streitigkeiten LAG Berlin-Brandenburg 8.2.2011 IPRspr 2011, Nr. 186, S. 477; dagegen *Boemke* DB 2012, 802; Küttner/*Kreitner* Personalbuch, 25. Aufl. 2018, Auslandstätigkeit, Rdn. 30.
246   Schlosser/Hess Art. 20 Rdn. 5; Rauscher/*Mankowski* Art. 20 Rdn. 23.
247   OGH 2.6.2009 unalex AT-619; Staudinger/*Hausmann* Verfahrensrecht für internationale Verträge Rdn. 209; Rauscher/*Mankowski* Art. 20 Rdn. 25; MünchAnwaltsHdbArbR/*Boewer* § 48 Rdn. 67.
248   Allgemein dazu Schlosser/Hess Art. 7 Rdn. 3.

Machen die **Tarifvertragsparteien oder Sozialpartner** als Vertragsparteien von 105
Kollektivverträgen **selbst Ansprüche gegeneinander geltend** oder steht die **Wirksamkeit dieser Verträge in Streit**, ist der **Anwendungsbereich der Art. 20 bis 23** erst recht **nicht eröffnet**. Zum einen geht es nicht um einen individuellen Arbeitsvertrag oder Ansprüche aus einem individuellen Arbeitsvertrag. Zum anderen ist zumindest einer der beteiligten Kollektivpartner auf jeden Fall kein Arbeitnehmer.[249]

2. Durchführung, Wirksamkeit und Abwicklung des Arbeitsvertrages. Während 106
der Durchführung des Arbeitsvertrags unterfallen grundsätzlich alle Streitigkeiten aus dieser Phase den Art. 20 bis 23. Der Begriff der **arbeitsvertraglichen Ansprüche** ist für diese Zwecke funktionell und somit **weit zu verstehen**.[250] Ebenso wie i.R.d. Art. 7 sind davon insbesondere die **Primäransprüche** (Entgelt, Erbringung der Arbeitsleistung, Beschäftigungspflicht)[251] und **Sekundäransprüche** im Falle von Leistungsstörungen (Lohnersatzansprüche und Schadensersatzansprüche) umfasst (Art. 7 Nr. 1 Rdn. 21).[252]

Der Anwendungsbereich der Art. 20 bis 23 ist auch dann eröffnet, wenn es um die 107
Wirksamkeit oder die Beendigung des Arbeitsverhältnisses geht; letzteres umfasst auch Abfindungsstreitigkeiten aufgrund einer ausgesprochenen Kündigung.[253] Auch hier gilt nichts anderes als i.R.d. Art. 7 Nr. 1 (Art. 7 Nr. 1 Rdn. 9 mwN). Im Arbeitsrecht ist das in denjenigen nationalen Arbeitsrechtsordnungen von Bedeutung, in denen **Bestandsschutz- und Abfindungsstreitigkeiten** eine wichtige bis überragende Rolle spielen (so bspw. die Kündigungsschutzklagen in Deutschland).[254] Mit umfasst sind auch Streitigkeiten, deren Grundlage ein sog. **faktisches oder fehlerhaftes Arbeitsverhältnis** bildet.[255] In solchen Fällen ist das Arbeitsverhältnis in Vollzug gesetzt worden; indes fehlt es an einer wirksamen vertraglichen Grundlage.[256] Dafür spricht die Parallele zu Art. 8 Rom I-VO und Art. 45 AEUV. Ebenso liegt ein Arbeitsverhältnis vor, wenn dieses **ruht** bzw. **suspendiert** ist, weil keinerlei Hauptleistungspflichten zu erfüllen sind.[257]

Die Art. 20 bis 23 können des Weiteren auch dann Anwendung finden, wenn es um 108
Streitigkeiten geht, die aus der **Anbahnungsphase des Arbeitsverhältnisses** heraus resultieren. Das ist in Bewerbungssituationen für Vorstellungskosten (Reise-, Hotel- und sonstige Auslagen zwecks Vorstellung), vor allem für **Diskriminierungsklagen** des Ar-

---

[249] Rauscher/*Mankowski* Art. 20 Rdn. 22.
[250] BAG 25.6.2013 NZA-RR 2014, 46, 48 m.w.N.; ArbG Bielefeld IPRspr 2008 Nr. 49 S. 163; *Däubler* NZA 2003, 1297, 1299; NK-GA/*Ulrici* Art. 20 Rdn. 6 f. und Rauscher/*Mankowski* Art. 20 Rdn. 17 ff. mit konkreten Beispielen.
[251] Sofern man die Beschäftigungspflicht als Hauptleistungspflicht qualifizieren möchte.
[252] Staudinger/*Hausmann* Verfahrensrecht für internationale Verträge Rdn. 209; allgemein für vertragliche Ansprüche *Schlosser/Hess* Art. 7 Rdn. 7.
[253] EuGH 21.6.2018, NZA 2018, 886 – Petronas Lubricants Italy/Livio Guida; MünchKomm/*Gottwald* Art. 20 Rdn. 6 m.w.N.; Saenger/*Dörner* Art. 20 Rdn. 4; *Paulus*/Peiffer/Peiffer Art. 20 Rdn. 49 m.w.N.; *Junker* Arbeitnehmereinsatz im Ausland 42.
[254] EuGH 21.6.2018, NZA 2018, 886 – Petronas Lubricants Italy/Livio Guida; BAG 22.10.2015 NZA 2016, 473, 474; LAG Düsseldorf 17.3.2008 EuZW 2008, 740, 742; *Junker* FS Schlosser, 299, 303; *ders*. RIW 2002, 569, 575; Staudinger/*Hausmann* Verfahrensrecht für internationale Verträge Rdn. 209; MünchAnwaltsHbArbR/*Boewer* § 48 Rdn. 64.
[255] EuGH 15.12.2011 EuGHE 2011, I-13275 – Jan Voogsgeerd/Navimer SA, Rdn. 46; Bericht *Giuliano/Lagarde* ABl. EG C 282 v. 31.10.1980 zu Art. 6 EVÜ Rdn. 2; *Trenner* 92; *Schlosser/Hess* Art. 20 Rdn. 3; MünchKomm/*Gottwald* Art. 20 Rdn. 6; Staudinger/*Hausmann* Verfahrensrecht für internationale Verträge Rdn. 207; Rauscher/*Mankowski* Art. 20 Rdn. 21.
[256] Allgemein zu den Grundsätzen des faktischen Arbeitsverhältnisses BAG 3.11.2004 NZA 2005, 1409, 1410; BAG 14.8.2002 NZA-RR 2004, 501, 502; *Preis* Individualarbeitsrecht 5. Aufl. (2017) Rdn. 962 ff.; *Joussen* NZA 2006, 963.
[257] *Krebber* IPRax 2004, 309, 314 f.; *Leipold* GS Blomeyer, 143, 152; *Junker* FS Kropholler, 481, 495.

beitnehmers nach dem AGG relevant.²⁵⁸ Allgemein ist an das **Verschulden bei Vertragsverhandlungen** zu denken (*culpa in contrahendo*, für Deutschland vgl. § 280 Abs. 1 i.V.m. § 311 Abs. 2, 3 i.V.m. § 241 Abs. 2 BGB). Freilich verlangt eine zustimmungswürdige Auffassung, dass es zu einem späteren Vertragsschluss gekommen sein muss.²⁵⁹

109   Bei Diskriminierungsklagen des Arbeitnehmers hat dies zur Konsequenz, dass die Art. 20 bis 23 nicht einschlägig ist, wenn bspw. nach einem diskriminierenden Auswahlverfahren gar kein Arbeitsvertrag mit dem benachteiligten Bewerber geschlossen wurde. Darauf fußende Entschädigungs- und Schadensersatzansprüche sind als gesetzlich zu qualifizieren, wofür auch die Art. 12 Rom II-VO geregelte *culpa in contrahendo* spricht.²⁶⁰ Für die Zwecke des Prozessrechts sind dann Art. 4 Abs. 1 und Art. 7 Nr. 2 einschlägig. Letzterer gibt dem diskriminierten Bewerber nach Maßgabe des Ubiquitätsprinzips ein Wahlrecht zwischen dem Ort der schädigenden, also diskriminierenden Handlung und dem Ort des Schadenseintritts, was zu einem veritablen Klägergerichtsstand führt (Art. 7 Nr. 2 Rdn. 23). Je nach Schadensart können einem diskriminierten Bewerber dann drei internationale Gerichtsstände zur Verfügung stehen. Diese **Situation** kann aus Sicht des diskriminierten Bewerbers deshalb **nicht** als **unkomfortabel** bezeichnet werden. Das Nichteingreifen der Art. 20 bis 23 dürfte in der Praxis dadurch abgemildert werden, dass es deren arbeitnehmerspezifischen Schutzes grundsätzlich nicht bedürfen wird (*i.e.* Beschränkung der Klagemöglichkeit des Arbeitgebers nach Maßgabe des Art. 22 Abs. 1; oben Rdn. 47 f.). Denn in der **Bewerbungsphase wird es in der Regel um Klagen des Arbeitnehmers** und nicht um solche des rekrutierenden Arbeitgebers gehen.

110   Sollte aufgrund rechtstatsächlicher Erkenntnisse in dieser vorvertraglichen Phase ein **Bedürfnis nach den Art. 20 bis 23** bereits *de lege lata* bestehen, so ließe sich argumentieren, es widerspreche den Gründen des Arbeitnehmerschutzes die zeitliche Phase der Vertragsanbahnung, derer sich das materielle europäische Arbeitsrecht ebenfalls angenommen hat,²⁶¹ aus dem Regime der Art. 20 bis 23 herauszunehmen und nur Art. 4 Abs. 1 sowie Art. 7 Nr. 2 zu unterstellen.²⁶² Für diese insbesondere mit Art. 12 Rom II-VO divergierende Auffassung würde dann sprechen, dass auf diese Weise der **materielle und zuständigkeitsrechtliche Schutz im Arbeitsrecht gleichliefe**. Der das Arbeitsrecht beherrschende Topos der **gestörten Vertrags- und Verhandlungsparität** und die daraus resultierende wirtschaftliche und soziale Unterlegenheit kann **auch in der Phase vor dem Vertragsabschluss** fruchtbar gemacht werden. Ob es zu einem solchen Vertrag kommt, ist in diesem Zusammenhang unerheblich. Dies wäre zuständigkeitsrechtlich nachzuvollziehen (s.a. zu den Schutztopoi im internationalen Verfahrensrecht vgl. Rdn. 13).²⁶³ Dass die Art. 20 bis 23 auch die zeitliche Phase vor dem Vertragsschluss im

---

258 NK-GA/*Ulrici* Art. 20 Rdn. 6; zum Eingriffscharakter dieser Normen i.S.d. Art. 9 Abs. 1, 2 Rom I-VO vgl. BAG 22.10.2015 NZA 2016, 473, 481 m.w.N.; zu Art. 9 Rom I-VO s. EuGH 18.10.2016 NJW 2017, 141, 142–144 – Nikiforides, Rdn. 40–55 mit zust. Anm. *Mankowski* RIW 2016, 815; teilw. krit. *Maultzsch* EuZA 2017, 241, 245 ff.; s.a. *Lüttringhaus* IPRax 2014, 146; *ders*. Grenzüberschreitender Diskriminierungsschutz – Das Internationale Privatrecht der Antidiskriminierung (2010) *passim*.
259 Rauscher/*Mankowski* Art. 20 Rdn. 18; weitergehend und pauschaler *Abele* FA 2013, 357, 358; gegen die Zuordnung der *culpa in contrahendo* zu den Art. 20 bis 23 NK-GA/*Ulrici* Art. 20 Rdn. 6; wohl auch *Lüttringhaus* RIW 2008, 193, 199 (nur Gerichtsstand nach Art. 7 Nr. 2).
260 EuGH 17.9.2002 EuGHE 2002, I-7357 – Tacconi, Rdn. 27; s.a. NK-GA/*Ulrici* Art. 20 Rdn. 6; *Kurt* Culpa in contrahendo im europäischen Kollisionsrecht der vertraglichen und außervertraglichen Schuldverhältnisse (2009) *passim*.
261 Vgl. bspw. Art. 3 Abs. 1 lit. a) RL 2000/78/EG, ABl. EG L 303 v. 3.12.2000, S. 16 ff.
262 So i.E. *Abele* FA 2013, 357, 358.
263 Vgl. zur Kraft des Arbeitnehmerschutzes als Argumentationstopos bei unklarer Rechtslage Rauscher/*Mankowski* Art. 21 Rdn. 65 (zur Frage der vorzugswürdigen Auslegung der einstellenden Niederlassung).

Ansatz berücksichtigen, ließe sich zudem mit dem Gerichtsstand der einstellenden Niederlassung begründen, vgl. Art. 20 Abs. 1 lit. b) ii). Des Weiteren ist die **Gültigkeit** des Arbeitsvertrages keine **conditio-sine-qua-non** für die Art. 20 bis 23, was sich auch im Wortlaut des „Arbeitsverhältnisses" widerspiegelt (Rdn. 107).[264]

Was die **nachvertragliche Phase** betrifft, sind die Art. 20 bis 23 für **Streitigkeiten** 111 eröffnet, die ihren **Ursprung im Arbeitsvertrag** haben und sich **gegen den Arbeitgeber** richten. Denn trotz der „Beendigung" des Arbeitsvertrages sind entsprechende nachvertragliche Ansprüche der Vertragspartner untereinander nicht erloschen. Der **Vertrag als Schuldverhältnis i.w.S. existiert** weiterhin; erloschen sind allein die Hauptleistungspflichten.

Praxisrelevante Beispiele sind die Erteilung von Arbeitszeugnissen, die Einhal- 112 tung von Wettbewerbsverboten oder Verschwiegenheitspflichten, die Rückgabe von Arbeitsgerät oder -materialien oder Ansprüche aus einer betrieblichen Altersversorgung.[265] Letzteres ist jedenfalls dann der Fall, wenn Anspruchsgegner der Arbeitgeber ist.[266] Nicht unter die Art. 20 bis 23 fallen hingegen bspw. sog. isolierte Versorgungszusagen. Das sind Ansprüche auf eine betriebliche Altersvorsorge, die nicht der Arbeitgeber selbst, sondern ein Dritter zu erfüllen hat, der nicht Partei des Arbeitsvertrages ist. Dabei kann es sich bspw. um die herrschende Mutter einer Unternehmensgruppe handeln[267] oder aber einen außenstehenden Dritten.[268] Solche Einzelabreden stellen allgemein kein Arbeitsverhältnis dar. Entsprechende isolierte Zusagen sind auch in Entsendesachverhalten von Bedeutung.[269]

Vom Regime der Art. 20 bis 23 **mitumfasst** sind auch **Aufhebungs- und Abwick-** 113 **lungsverträge**.[270] Für diese Sichtweise sprechen der insoweit offene Wortlaut des Art. 20 Abs. 1, der enge Sachzusammenhang mit den Hauptleistungspflichten des Arbeitsvertrags, die systematische Zugehörigkeit derartiger Verträge zu den Beendigungstatbeständen von Arbeitsverträgen (als Alternative zur Beendigungskündigung),[271] die parallele Behandlung i.R.d. Art. 8, 12 Abs. 1 lit. d) Rom I-VO und der Schutz des sozial schwächeren Arbeitnehmers. Letzterer wäre in nicht zu rechtfertigender Weise beeinträchtigt, wenn Bestandsschutzstreitigkeiten, die ihren Grund in der behaupteten Unwirksamkeit eines Aufhebungsvertrages haben (bspw. wegen eines Anfechtungstatbestandes), zuständigkeitsrechtlich anders behandelt würden wie kündigungsrechtliche Streitigkeiten, obwohl das Klageziel in beiden Fälle i.E. dasselbe ist: Weiterbeschäftigung.[272] Hierbei handelt es sich um einen Anspruch aus dem individuellen Arbeitsverhältnis und ist problemlos unter Art. 20 Abs. 1 subsumierbar. Dass die Art. 20 bis 23 mit Blick auf Aufhebungs- und Abwicklungsverträge einschlägig sind, ist schließlich auch **für die Zulässigkeit von Gerichtstandsvereinbarungen von Bedeutung** (Art. 23 Rdn. 11 f.).

---

264 Allgemein *Schlosser/Hess* Art. 20 Rdn. 3.
265 *Winterling* 37; *Schlosser/Hess* Art. 20 Rdn. 1; *Lutzi* IPRax 2017, 111; s.a. LAG Hannover 29.6.2016 NZA-RR 2016, 611 (zur Herausgabe vom Arbeitgeber geleaster Gegenstände); *Mankowski* EuZA 2017, 126, 132 f.
266 Allgemein BAG 25.6.2013 NZA-RR 2014, 46, 47.
267 So konkret BAG 25.6.2013 NZA-RR 2014, 46, 47.
268 Zur praxisrelevanten Fragen der betrieblichen Altersversorgung im Konzern, insbes. unter welchen Voraussetzungen isolierte Versorgungszusagen unter das BetrAVG fallen s. *Granetzny/Wallraven* NZA 2017, 1231–1235 m.w.N.
269 *Junker* FS Kropholler, 481, 485 f. (i.E. geht es um die Übernahme des Auswanderungsrisikos); *ders.* FS Kühne, 735, 746.
270 Stein/Jonas/*Wagner* Art. 18 a.F. Rdn. 16; Rauscher/*Mankowski* Art. 20 Rdn. 36 (differenzierend dann *ders.* Art. 23 Rdn. 8); *Müller* 53 f.; *Junker* NZA 2005, 199, 201; **a.A.** *Knöfel* ZfA 2006, 397, 405 f., 430.
271 Vgl. allgemein dazu die klassische Konstellation des Abschlusses eines Aufhebungsvertrages unter der (un)zulässigen Drohung einer außerordentlichen Kündigung, bspw. BAG 12.8.1999 NZA 2000, 27.
272 LAG Nürnberg 22.4.2008 IPRspr 2008, Nr. 130, 437.

114 **3. Begriff des Arbeitgebers.** Ebenso wie auf Seiten des Arbeitnehmers muss auf der Gegenseite ermittelt werden, ob ihr die Eigenschaft als Arbeitgeber zukommt.[273] Der **Begriff des Arbeitgebers** ist ebenso wie derjenige des Arbeitnehmers **autonom** und somit aus dem Unionsrecht heraus **zu bestimmen**. Eine **Legaldefinition** des Arbeitgebers findet sich nur in Art. 3 lit. b) der **RL 89/391/EWG** über die Sicherheit und den Gesundheitsschutz bei der Arbeit.[274] Danach ist nach dieser Richtlinie Arbeitgeber „jede natürliche oder juristische Person, die als Vertragspartei des Beschäftigungsverhältnisses mit dem Arbeitnehmer die Verantwortung für das Unternehmen bzw. den Betrieb trägt."[275]

115 Wenngleich diese Begriffsbildung teleologisch mit Blick auf die spezifischen Schutzzwecke dieser Richtlinie aus dem Gebiet des Arbeitsschutzes verstanden werden muss (der Aspekt der Verantwortung für Unternehmen bzw. Betrieb steht im Vordergrund),[276] lässt sich aus ihr zumindest der – fast selbstverständliche – Schluss ziehen, dass als **Arbeitgeber** zum einen die **Vertragspartei des Arbeitnehmers** anzusehen ist.[277] Er lässt sich als der **vertragliche Arbeitgeber** bezeichnen und definiert sich mittelbar über den Arbeitnehmer. So formuliert auch der EuGH: Ein Arbeitgeber ist eine natürliche oder eine juristische Person, mit der die Arbeitnehmer in einem Beschäftigungsverhältnis stehen.[278] Dem Arbeitgeber steht die Arbeitsleistung zu.[279] Unerheblich ist, ob er der öffentlichen Hand zuzurechnen ist oder nicht. Zum anderen zeigen weitere Urteile des EuGH zum europäischen Arbeitsrecht, dass ein **vertragliches Band** zwischen Arbeitgeber und Arbeitnehmer **keine unbedingte Voraussetzung** ist. Der EuGH bezeichnet den Arbeitgeber in diesem Fall als **nichtvertraglichen Arbeitgeber**;[280] synonym lässt sich dafür m.E. auch der Begriff des tatsächlichen bzw. faktischen Arbeitgebers verwenden.[281]

116 Sowohl beim vertraglichen, insbesondere aber auch beim nichtvertraglichen Arbeitgeber lässt sich der **Gedanke der Verantwortung für das Unternehmen bzw. den Betrieb** fruchtbar machen. Aufgrund der zunehmenden Einheitlichkeit der Schlüsselbegriffe des europäischen Arbeitsrechts (Rdn. 80ff.) ist nicht ausgeschlossen, dass der EuGH auch für die Art. 20 bis 23 diese Zweiteilung von vertraglichen und nichtvertraglichen Arbeitgeber überträgt. Dies ist ggf. im Wege eines Vorabentscheidungsverfahrens gem. Art. 267 AEUV zu klären; das betrifft namentlich den nichtvertraglichen Arbeitgeber (dazu ab Rdn. 120ff.).

117 **a) Grundsatz: Der vertragliche Arbeitgeber.** Grundsätzlich kann derjenige als Arbeitgeber qualifiziert werden, der mit dem Arbeitnehmer den Arbeitsvertrag geschlossen

---

273 EuGH 15.12.2011 EuGHE 2011, I-13275 – Jan Voogsgeerd/Navimer SA, Rdn. 62; EuGH 10.9.2009 EuGHE 2009, I-8163 – Akavan Erityisalojen Keskusliitto, Rdn. 57.
274 RL 89/391/EWG, ABl. EG L 183 v. 29.6.1989, S. 1ff.
275 Art. 3 lit. b) RL 89/391/EWG, ABl. EG L 183 v. 29.6.1989, S. 1ff.
276 Bezüglich des *tätigkeitsbezogenen* Verständnisses des Arbeitnehmerbegriffs lässt sich eine Tendenz in Richtung des Konzepts der Legaldefinition des Arbeitnehmers aus Art. 3 lit. a) RL 89/391/EWG feststellen; zentral ist indes die Ausrichtung an Art. 45 AEUV, s.a. *Temming* SR 2016, 158 ff.
277 **H.M.** statt vieler: Rauscher/*Mankowski* Art. 21 Rdn. 7; *Trenner* 89.
278 EuGH 10.9.2009 EuGHE 2009, I-8163 – Akavan Erityisalojen Keskusliitto, Rdn. 57.
279 BAG 20.8.2003 NZA 2004, 58, 61; *Trenner* 89; Rauscher/*Mankowski* Art. 20 Rdn. 11.
280 EuGH 21.10.2010 NZA 2010, 1225, 1226, Rdn. 22 – Albron Catering BV/FNV Bondgenoten, John Roest; s.a. EuGH 11.4.2013 NZA 2013, 495, 497 – Oreste Della Rocca/Poste Italiane SpA, Rdn. 40; **a.A.** Rauscher/*Mankowski* Art. 20 Rdn. 11; *ders.* AP Nr. 1. zu Art. 5 Lugano-Abkommen (Leistungserbringung auf rein faktischer Basis genügt nicht für Arbeitgebereigenschaft).
281 Zu einem funktionalen Begriff des nicht vertraglichen Arbeitgebers vgl. *Prassl* The Concept of the Employer (2016) S. 149 ff.; *Krebber* Comp. Labor Law & Pol'y Journal 2017, 319 ff.

hat. Das heißt, dass **Arbeitgeber** derjenige ist, der **mindestens einen Arbeitnehmer auf vertraglicher Basis beschäftigt**.[282] Der **Vertrag** kann auch **mit Hilfe Dritter geschlossen** werden, wie es bspw. bei der **Arbeitnehmervermittlung** der Fall ist.[283] In diesem Zusammenhang können Arbeitgeber natürliche Personen, juristische Personen oder Personengesellschaften sein. Die **Organisationsform** ist **irrelevant**; es kommt vielmehr darauf an, zumindest teilweise Träger von Rechten und Pflichten sein zu können.[284] Auf Arbeitgeberseite können auch **mehrere Personen** vertraglich beteiligt sein. Es ist durch Vertragsauslegung zu ermitteln, wie die Arbeitgeber hinsichtlich der Beschäftigungs- und Vergütungspflicht sowie sonstigen arbeitsvertraglichen Pflichten haften (bspw. als Gesamtschuldner, wie es beim einheitlichen Arbeitsverhältnis der Fall ist). Für das Schuldverhältnis der Arbeitgeber untereinander gelten die Art. 20 bis 23 nicht.[285]

Im **Regelfall schuldet** der **Arbeitgeber** als unmittelbarer Vertragspartner auch das **Arbeitsentgelt**. Freilich ist dies keine notwendige Bedingung, um die Arbeitgebereigenschaft zu erfüllen. Das Merkmal der Entgeltlichkeit des Arbeitsverhältnisses bedeutet nicht, dass nur der Arbeitgeber verpflichtet ist, die Vergütung zu zahlen. Es **schadet nicht**, wie die Entscheidung *Balkaya* deutlich gemacht hat, dass die **Vergütung von einem Dritten geleistet** wird.[286] Ist daher eine unmittelbare Verpflichtung des Arbeitgebers gegenüber dem Arbeitnehmer, das Entgelt als Gegenleistung für die getätigten Dienste zu zahlen, keine unbedingte Voraussetzung für die Arbeitgebereigenschaft, rücken das arbeitsvertragliche **Weisungsrecht** und damit die **Verfügungsmöglichkeit über die Arbeitsleistung** in den Blickpunkt. **118**

Mit dieser Akzentsetzung definiert bspw. das BAG für das deutsche Arbeitsrecht den Arbeitgeber als den anderen Teil des Arbeitsverhältnisses, der die Dienstleistungen vom Arbeitnehmer kraft des Arbeitsvertrags fordern kann und damit die wirtschaftliche und organisatorische Dispositionsbefugnis über die Arbeitsleistung des Arbeitnehmers und den Nutzen aus ihr hat.[287] Ist die **Weisungsbefugnis konstitutiv für die Arbeitgebereigenschaft**, korrespondiert hiermit die **Verantwortung des Arbeitgebers über den Arbeitnehmer**. Denn das Weisungsrecht ermöglicht jenem, den Arbeitnehmer in sein Unternehmen bzw. Betrieb einzugliedern und ihn in dieser Rechtssphäre für seine Zwecke zu nutzen. Dieser Gedanke wird in der oben in Rdn. 114 erwähnten Legaldefinition des Arbeitgebers zur RL 89/391/EWG deutlich. **119**

b) Der nichtvertragliche Arbeitgeber. Besteht zwischen einer Person und einem Arbeitnehmer kein unmittelbares Vertragsverhältnis, lässt sich von einem **nichtvertraglichen** oder faktischen **Arbeitgeber** sprechen, wenn dieser die **Verfügungsmöglichkeit über die Arbeitsleistung** besitzt. Das ist insbesondere dann der Fall, wenn er das in Rdn. 119 bezeichnete Weisungsrecht auf Grundlage einer vertraglichen Absprache mit einem Dritten oder faktisch innehat. **120**

---

[282] So für das deutsche Arbeitsrecht BAG 21.1.1999 NZA 1999, 539.
[283] Zur Frage, wie die einstellende Niederlassung in solchen Fällen identifiziert wird und wem sie zuzurechnen ist, vgl. Art. 21 Rdn. 133; EuGH 15.12.2011 EuGHE 2011, I-13275 – Jan Voogsgeerd/Navimer A, Rdn. 49 (Handeln im Namen und auf Rechnung).
[284] Vgl. mit Blick auf die GbR grdl. BAG 1.12.2004 NJW 2005, 1004.
[285] Rauscher/*Mankowski* Art. 20 Rdn. 16.
[286] EuGH 9.7.2015 NJW 2015, 2481, 2483 f. – Balkaya/Kiesel Abbruch- und Recycling Technik GmbH, Rdn. 51 f. (Ausbildungsvergütung im Rahmen eines entgeltlichen Praktikums, das von der Bundesagentur für Arbeit gezahlt wurde).
[287] BAG 27.9.2012 NJW 2013, 1692, 1693 f. m.w.N.

121 **aa) Arbeitnehmerleihe (Verleiher und Entleiher).** Ein Arbeitsvertrag kann die Möglichkeit vorsehen, dass der vertragliche Arbeitgeber den Arbeitnehmer nicht selbst beschäftigt, sondern bei einem anderen Unternehmen beschäftigen lässt (vgl. für das deutsche Arbeitsrecht § 613 S. 2 BGB). In diesem Fall werden **Arbeitgeberfunktionen** notwendigerweise **an eine dritte Person delegiert**, so dass es zu einer **Aufspaltung der Arbeitgebereigenschaft** kommt.[288] Diese Konstellation tritt bei Sonderformen des Arbeitsverhältnisses auf. Ein praxisrelevantes Beispiel für diese Aufspaltung der Arbeitgeberfunktionen ist die Arbeitnehmerleihe bzw. **Arbeitnehmerüberlassung**.

122 Bei der Arbeitnehmerüberlassung sind grundsätzlich **drei Rechtsverhältnisse** zu unterscheiden: erstens, zwischen dem **Arbeitnehmer** und **Verleiher**, zweitens zwischen dem Verleiher und dem **Entleiher** sowie drittens zwischen dem Arbeitnehmer und dem Entleiher. Ein **individualarbeitsvertragliches Verhältnis** liegt **nur zwischen** dem **Arbeitnehmer** und **Verleiher** vor.[289] Letzterer ist der vertragliche Arbeitgeber; das gilt bei echter ebenso wie bei unechter Leiharbeit.[290] Die Grundlage zwischen Verleiher und Entleiher bildet der Arbeitnehmerüberlassungsvertrag. Für die Art. 20 bis 23 bleibt der Arbeitnehmerüberlassungsvertrag unmittelbar außen vor, weil der Arbeitnehmer nicht Partei dieses Vertrages ist.[291] Für das **Vertragsverhältnis zwischen Arbeitnehmer und dem Arbeitgeber-Verleiher** finden die **Art. 20 bis 23 Anwendung**. Das betrifft die Rechte und Pflichten, die der Arbeitgeber-Verleiher gegenüber dem Arbeitnehmer zu erfüllen hat.

123 Fraglich ist in diesem Zusammenhang, ob mit Blick auf den Verleiher das *forum* **des gewöhnlichen Arbeitsortes** auch an dem Ort begründet ist, an dem der Arbeitnehmer für den Entleiher die Arbeitsleistung erbringt. Nach den Grundsätzen der EuGH-Rechtsprechung aus der Entscheidung *Pugliese*,[292] die auf die Arbeitnehmerüberlassung entsprechend übertragen werden können, ist dies zu bejahen (s.a. Art. 21 Rdn. 78). Dafür spricht auch, dass der Arbeitnehmer mit dem Einsatz beim Entleiher seine arbeitsvertraglichen Pflichten gegenüber dem Verleiher erfüllt.

124 Was das verbleibende **Rechtsverhältnis zwischen** dem **Arbeitnehmer** und dem **Entleiher** anbelangt, so handelt es sich aus nationaler Sicht um ein **gesetzliches Schuldverhältnis**. Die **Weisungsbefugnis des Entleihers** gegenüber dem Leiharbeitnehmer **resultiert aus dem Arbeitnehmerüberlassungsvertrag**, der zwischen dem Entleiher und Verleiher geschlossen wurde.[293] Gleichzeitig hat der Arbeitnehmer im Arbeitsvertrag darin eingewilligt, seine Dienstleistung auch gegenüber Dritten (*i.e.* den Entleihern) zu erbringen. Der Umstand, dass der **Entleiher** wesentliche Teile der Weisungsbefugnis innehat, somit auch wirtschaftlich und organisatorisch über die Arbeitsleistung disponieren und den Nutzen aus ihr ziehen kann, macht diese Person zum **Arbeitgeber**. Dem steht auch nicht entgegen, dass die Weisungsbefugnis gegenüber dem Arbeitnehmer nicht unmittelbar, sondern nur mittelbar auf Grundlage des Arbeitneh-

---

[288] Vertiefend *Wendeling-Schröder* FS Gnade (1992) 367; *Konzen* ZfA 1982, 259; *Ramm* ZfA 1973, 263.
[289] Rauscher/*Mankowski* Art. 20 Rdn. 15 und Art. 21 Rdn. 7.
[290] Bei der echten Leiharbeit wird der Arbeitnehmer überwiegend von seinem eigentlichen Arbeitgeber beschäftigt und nur gelegentlich – z.B. wegen Arbeitsmangels – mit seinem Einverständnis bei einem anderen Unternehmen tätig; es geht um eine Form der Kollegenhilfe. Betreibt ein Unternehmen die Arbeitnehmerüberlassung gewerbsmäßig und als Unternehmenszweck, stellt er Arbeitnehmer als Leiharbeiter also nur deshalb ein, um sie anderen Unternehmern gegen Entgelt zu überlassen (sog. unechte Leiharbeit).
[291] Rauscher/*Mankowski* Art. 20 Rdn. 15.
[292] EuGH 10.4.2003 EuGHE 2003, I-3573 – Pugliese, Rdn. 26, 30.
[293] Zu den dogmatischen Konstruktionsmöglichkeiten ErfK/*Wank* Einleitung Vor § 1 AÜG Rdn. 36 f. m.w.N.

merüberlassungsvertrages besteht. Zwischen dem Arbeitnehmer und Entleiher besteht somit ein Arbeitsverhältnis. Der **EuGH** spricht für den Bereich der Leiharbeit insoweit von einem **doppelten Arbeitsverhältnis.**[294] Diese Auffassung wird auch unterstützt durch die Entscheidung *Albron Catering* aus dem Jahre 2010, in denen der EuGH in einem Fall konzerninterner Arbeitnehmerleihe den **Entleiherbetrieb als nichtvertraglichen Arbeitgeber** bezeichnete.[295]

Fraglich ist, ob das **Leiharbeitsverhältnis** zwischen Arbeitnehmer und Entleiher 125 für die Zwecke der Art. 20 bis 23 **als vertragliches qualifiziert** werden kann.[296] Das ist deshalb relevant, weil auch aus diesem Arbeitsverhältnis bestimmte Rechte und Pflichten entspringen können, die Entleiher und Arbeitnehmer einzuhalten haben.[297] Kommt es zu Streitigkeiten, stellt sich in internationalen Sachverhalten die Frage nach der **Anwendbarkeit der Art. 20 bis 23** zugunsten des Arbeitnehmers und zulasten des Entleihers. Bedenkt man, dass der **Einsatz des Arbeitnehmers beim Entleiher** letztlich **aufgrund einer freiwillig eingegangenen Verpflichtung** erfolgt, der Entleiher die Arbeitgebereigenschaft besitzt (namentlich vom Verleiher wesentliche Teile des Weisungsrechts eingeräumt bekommen hat) und der Arbeitnehmer auch in dessen unternehmerische oder betriebliche Organisation eingegliedert wird, sprechen gute Argumente dafür, auch dieses **Arbeitsverhältnis** für die Zwecke der Art. 20 bis 23 **als arbeitsvertraglich zu qualifizieren** und den **Entleiher als Arbeitgeber i.S.d. Art. 20 bis 23** anzusehen.[298] Der freiwillige Arbeitseinsatz für Dritte, der in dem Vertragsverhältnis zwischen Arbeitnehmer und Verleiher fixiert ist und vom Entleiher im Arbeitnehmerüberlassungsvertrag auch verlangt wird, wirkt somit auf das Schuldverhältnis zwischen Arbeitnehmer und Entleiher ein.[299]

bb) **Mitarbeitgeber.** Ein praxisrelevantes **Problem**, zu welchem der EuGH bislang 126 keine Gelegenheit hatte, ausführlich Stellung zu nehmen, ist, ob vor allem in **Konzernsituationen** ein sog. **Mitarbeitgeber als Arbeitgeber für die Zwecke der Art. 20 bis 23** anzusehen ist. Das ist insbesondere für das herrschende Unternehmen bzw. die Konzernmutter wichtig. Diese arbeitnehmerschützende Figur existiert bspw. in kodifizierter Form im Vereinigten Königreich (*associated employer*, vgl. section 231 Employment Rights Act 1995) oder von der Rechtsprechung entwickelt in Frankreich und Spanien (*coemployeur* bzw. *grupo laboral*).[300] Mit Hilfe der Figur des Mitarbeitgebers ist es möglich, **Ansprüche von Arbeitnehmern gegenüber ihrem vertraglichen Arbeitgeber** (in der Regel abhängige Konzerntöchter) vor allem in Konzernstrukturen **abzusichern.** In

---

294 EuGH 11.4.2013 NZA 2013, 495, 497 – Oreste Della Rocca/Poste Italiane SpA, Rdn. 40.
295 EuGH 21.10.2010 EuGHE 2010, I-10309 – Albron Catering, Rdn. 22, 26. Damit war der Anwendungsbereich der Betriebsübergangsrichtlinie, das ist die RL 2001/23/EG, ABl. EG L 82 v. 22.3.2001, S. 16 ff., grundsätzlich eröffnet.
296 Dagegen *Trenner* 90; Rauscher/*Mankowski* Art. 20 Rdn. 15.
297 ErfK/*Wank* Einleitung Vor § 1 AÜG Rdn. 39 f., 58 m.w.N.
298 ErfK/*Wank* Einleitung Vor § 1 AÜG Rdn. 58 spricht allgemein von einem „Quasi-Arbeitsverhältnis" aufgrund der Reihe von arbeitsrechtlichen Rechte und Pflichten zwischen diesen Entleiher und Arbeitnehmer.
299 S.a. allgemein EuGH 14.11.2013 NJW 2014, 530, 531 – Armin Maletic u.a./lastminute.com GmbH u.a., Rdn. 25–32, wo das internationale Element des einen Vertrages auf den anderen Vertrag abfärben kann.
300 Vgl. aus jüngerer Zeit bspw. Tribunal Supremo 27.5.2013 Roj. STS 4017/2013, Nr. 78/2012 (abzurufen unter www.poderjudicial.es); Cour de cassation 16.5.2013, Nr. 11-25711 – EM Flurfördergeräte (abzurufen unter www.legifrance.gouv.fr); *Boetzkes* Die Konzernmuter als Mitarbeitgeberin im französischen Recht (2015) 13 ff., 125 ff.; *Temming* Der vertragsbeherrschende Dritte (2015) 915 ff.; *ders.* GPR 2017, 127.

Frankreich und Spanien geht es um hochintegrierte Konzerne,[301] während im Vereinigten Königreich reine Beherrschungsverhältnisse ausreichen.[302] Letztlich handelt es sich um eine besondere **Durchgriffshaftung**.[303]

127 Die Figur des **Mitarbeitgebers führt** die **Herrschafts- und Verantwortungsebene in Konzernstrukturen** wieder **zusammen**, wenn diese zuvor aufgrund der rechtlichen Selbständigkeit der einzelnen Konzerngesellschaften auseinandergefallen waren und das grundsätzlich auf zweiseitige Beziehungen ausgerichtete Individualarbeitsrecht seinen regulären Schutz in Mehrpersonenkonstellationen nicht zu entfalten vermag. Die Figur des **Mitarbeitgebers** kann mit Hilfe rechtlicher und (rechts)ökonomischer Argumente theoretisch gerechtfertigt werden. Sie **dient** vor allem dem **Umgehungsschutz**. Es ist daher nicht unvertretbar, in bestimmten Konzernsachverhalten das **Prinzip der beschränkten Haftung partiell außer Kraft** zu setzen und mittels teleologischer Reduktion einen Durchgriff ausnahmsweise zuzulassen.[304]

128 Die **Absicherung der Arbeitnehmer von abhängigen Tochter- oder Enkelgesellschaften** erfolgt dadurch, dass für deren Ansprüche namentlich die **Konzernmutter mitverpflichtet** wird. Die von der französischen und spanischen Rechtsprechung verlangten **Tatbestandsvoraussetzungen** setzen sich aus einem **Bündel von konzerngesellschafts- und arbeitsrechtlichen Kriterien** zusammen und münden grundsätzlich in eine Verhaltenshaftung, die auf konzernstrukturellen Grundlagen beruht. In Spanien lässt sich in bestimmten Konstellationen sogar von einer Strukturhaftung sprechen. Dasselbe trifft auf das Vereinigte Königreich zu, wo reine Beherrschungsverhältnisse ausreichen. Auf ein Verschulden kommt es in keinem der drei Länder an.

129 Da in aller Regel **Geldleistungsansprüche** thematisiert sind (bspw. Entschädigungen wegen unwirksamer und unrechtmäßiger Kündigungen), geht es dogmatisch betrachtet vornehmlich um eine Haftung des herrschenden Unternehmens für Verbindlichkeiten der abhängigen Töchter gegenüber ihren Arbeitnehmern. Teilweise werden Ansprüche gegenüber der Konzernmutter aber auch erst neu begründet. Prägnant bezeichnen lassen sich die Rechtsfolgen, die aus der Mitarbeitgeberschaft resultieren, als **statusbezogener Einzeldurchgriff zugunsten der Arbeitnehmer abhängiger Konzerntöchter**. Es profitieren bei dieser Durchgriffshaftung also nicht alle Gläubiger der abhängigen Tochter, sondern nur diejenigen, die den Status des Arbeitnehmers vorweisen können.[305]

---

301 Da das Eingreifen dieser dogmatischen Figur in Frankreich und Spanien sehr intensive Konzernstrukturen voraussetzt, ist man zumindest bezogen auf diese beiden Länder weit jenseits der argumentativen Hürde, dass das Vorliegen einer Unternehmensgruppe oder eines Unterordnungskonzerns für sich genommen keine von Regelfällen abweichende Beurteilung gebietet; s.a. Erwägungsgrund Nr. 36 S. 2 Rom I-VO, dem auch für die Brüssel Ia-VO eine Indizwirkung zukommt. A.A. Rauscher/*Mankowski* Art. 21 Rdn. 5.
302 Vgl. Section 231 Employment Rights Act 1995. Die Vorschrift lautet: "For the purposes of this Act any two employers shall be treated as associated if: (a) one is a company of which the other (directly or indirectly) has control, or (b) both are companies of which a third person (directly or indirectly) has control; and 'associated employer' shall be construed accordingly.".
303 Deutlich *Deakin/Morris* Labour Law, 4. Aufl. (2005) 213; ebenso Rauscher/*Mankowski* Art. 21 Rdn. 5.
304 *Temming* Der vertragsbeherrschende Dritte (2015) 845 ff.; **a.A.** Rauscher/*Mankowski* Art. 21 Rdn. 5 (vertragliche Gestaltungen wie doppeltes Arbeitsverhältnis, Rumpf- und Lokalarbeitsverhältnis sind ausreichend, um die aus Drittbezügen resultierenden Probleme zu lösen).
305 Im europäischen Wettbewerbsrecht ist ein vergleichbarer Durchgriff seit mehr als vier Jahrzehnten Realität. Er lässt sich als sektor- oder rechtsgebietsspezifischer Einzeldurchgriff bezeichnen; grdl. EuGH 14.7.1972 EuGHE 1972, 619 – ICI; aus neuer Zeit EuGH 10.9.2009 EuGHE 2009, I-8237 ff. – Akzo Nobel.

Mit Blick auf die Art. 20 bis 23 stellt sich nun die Rechtsfrage, ob ein solcher **Mitar-** 130
beitgeber als Arbeitgeber im unionsrechtlichen Sinne angesehen werden kann.[306] Ist
dies Fall, könnte man Art. 21 Abs. 1 lit. b) i) für anwendbar erklären und bspw. die **Gerichtspflichtigkeit einer herrschenden Konzernmutter aus Deutschland** am gewöhnlichen Arbeitsort des Arbeitnehmers in Frankreich oder Spanien begründen (*i.e.*
am Sitz der ausländischen Konzerntöchter). Das hat für den Arbeitnehmer den Vorteil, dass das angerufene Gericht gem. Art. 8 Abs. 2 Rom I-VO sein eigenes Arbeitsrecht
anwenden wird, aus denen es dann die schneidigen (finanziellen) Folgen der Figur des
Mitarbeitgebers zieht.

Das **Problem** resultiert nun daraus, dass – anders als bei der Arbeitnehmerüberlas- 131
sung (oben Rdn. 121 ff.), die ja auch konzernintern erfolgen kann[307] – die **herrschende
Muttergesellschaft** in der Regel **kein direktes arbeitsvertragliches Weisungsrecht
über die Arbeitnehmer der abhängigen Tochtergesellschaften** besitzt bzw. vom vertraglichen Arbeitgeber übertragen bekommen hat, sondern ihren unbestreitbaren
Machteinfluss auf das wirtschaftliche Schicksal dieser Arbeitnehmer lediglich mittelbar
über das Leitungsorgan der abhängigen Tochtergesellschaft ausübt. Das ist ein wesentlicher Unterschied zur arbeitsvertraglichen Weisungsbefugnis des Entleihers über
einen Leiharbeitnehmer, die über den Arbeitnehmerüberlassungsvertrag mit dem Verleiher vermittelt wird. Die vom EuGH geprägte Definition des Arbeitnehmers und die
hierzu komplementäre des Arbeitgebers zielen grundsätzlich auf dieses arbeitsvertragliche Weisungsrecht ab (Rdn. 115).

Die französische **Cour de cassation** hat indes keine Zweifel daran gelassen, dass ihr 132
auch diese **konzernrechtliche Einflussmöglichkeit genügt**, um die für die unionsrechtliche Arbeitgebereigenschaft notwendige Weisungsbefugnis zu bejahen. Darauf
aufbauend hat sie in den Urteilen *Aspocomp* und *Jungheinrich II* aus den Jahren 2007
und 2011 **ausländische Konzernmütter als Arbeitgeber i.S.d. Art. 19 a.F.** angesehen.[308] Diese Qualifizierung der Konzernmütter als Arbeitgeber für die Zwecke des internationalen Arbeitsprozessrechts begründete die für das Arbeitsrecht zuständige Kammer
der Cour de cassation (*chambre social*) einzig mit der zu Art. 45 AEUV ergangenen EuGH-
Entscheidungen *Lawrie Blum* (oben Rdn. 82).[309] Mitbestimmend scheinen auch die beiden Entscheidungen des EuGH *Pugliese* und *Glaxosmithkline*[310] gewesen zu sein, die immerhin zu den einschlägigen Judikaten des EuGH auf dem Gebiet des internationalen
Arbeitsprozessrechts gehören.[311]

Es ist **vertretbar**, einen **Mitarbeitgeber** zumindest nach französischer (oder spani- 133
scher) konzernarbeitsrechtlicher Sichtweise **als Arbeitgeber i.S.d. Art. 20 bis 23 zu
qualifizieren** und so zu einem dem Arbeitnehmer genehmen internationalen Gerichtsstand zu gelangen.[312] Als auf der Hand liegendes Argument lässt sich anführen, dass die

---

306 Dagegen *Palao Moreno* YbPIL 2002, 303, 314; Rauscher/*Mankowski* Art. 20 Rdn. 8 und Art. 21 Rdn. 5, 7.
307 Vgl. bspw. § 1 Abs. 3 Nr. 2 AÜG.
308 Cour de cassation 19.6.2007 Nr. 05-42570 – Aspocomp; Cour de cassation 30.11.2011 Nr. 10-22964 – Jungheinrich II; *Querenet-Hahn* BB 2012, 2246 ff.; *Kettenberger* EuZA 2013, 405 ff.
309 EuGH 3.7.1986 EuGHE 1986, 2121 – Lawrie Blum, Rdn. 17.
310 EuGH 10.4.2003 EuGHE 2003, I-3573 – Pugliese, Rdn. 27 ff.; EuGH 22.5.2008 EuGHE 2008, I-3965 – Glaxosmithkline, Laboratoires Glaxosmithkline/Rouard, Rdn. 28.
311 Vgl. das mit *Pierre Bailly*, einem Richter der Cour de cassation, geführte Interview bei *Boetzkes* Die Konzernmutter als Mitarbeitgeberin im französischen Recht (2015) 126–131, 221–223.
312 Die Eigenschaft eines Mitarbeitgebers kann nicht nur der herrschenden Konzernmutter zukommen. Maßgeblich ist in Frankreich, dass die in Frage stehende Konzernobergesellschaft die von der Rspr. aufgestellten Kriterien der Mitarbeitgeberschaft erfüllt, vgl. Cour de cassation 18.1.2011 Nr. 09-69199 Jungheinrich I (frz. Konzernobergesellschaft); Cour de cassation 30.11.2011 Nr. 10-22964 – Jungheinrich II

allgemeine **Definition** des Arbeitnehmerbegriffs und damit korrespondierend diejenige des **Arbeitgebers** von einer **großen Weite** gekennzeichnet ist. Die hierzu ergangenen Obersätze des EuGH sind wiederum in hohem Maße selbst konkretisierungsbedürftig (Rdn. 86). Freilich darf dies nicht darüber hinwegtäuschen, dass es sich hier um eine Frage handelt, die gem. Art. 19 Abs. 1 S. 2 EUGV und Art. 267 AEUV allein der EuGH und nicht ein nationales Fachgericht abschließend beantworten darf. Zudem lassen sich die EuGH-Urteile *Pugliese* und *Glaxosmithkline* nicht als mögliche Präzedenzfälle anführen. Im Hinblick auf die Figur des Mitarbeitgebers geben sie unmittelbar nichts her. Aus ihnen kann aber geschlossen werden, dass **Konzernsituationen auch im internationalen Arbeitsprozessrecht wertungsmäßig von Bedeutung** sind. Ersichtlich ging es der Cour de cassation darum, eine Vorlage zum EuGH zu unterbinden und die Sache selbst durchzuentscheiden.[313]

134 Damit bleibt es zunächst bei den allgemeinen materiell-arbeitsrechtlichen **Orientierungsmarken** aus den Entscheidungen *Albron Catering* zur RL 2000/23/EG (Betriebsübergangsrichtlinie)[314] und *AEK* zur RL 98/59/EG (Massenentlassungsrichtlinie):[315] Zum einen gibt es auch den **nichtvertraglichen Arbeitgeber** (*Albron Catering*);[316] er kann als Arbeitgeber i.S.d. Art. 20 bis 23 qualifiziert werden (Rdn. 115). Zum anderen **besitzt ein den vertraglichen Arbeitgeber beherrschendes Unternehmen nicht die Arbeitgebereigenschaft**, selbst wenn es Entscheidungen treffen kann, die für diesen Arbeitgeber verbindlich sind und Folgen für die bei diesem angestellten Arbeitnehmer zeitigt (*AEK*).[317] Ob letzteres einen absoluten Grundsatz darstellt oder ob es außerhalb der RL 98/59/EG nicht doch Ausnahmen von dieser Regel gibt (bspw. in einem sehr eng und zentral geführten Unterordnungskonzern), hat der EuGH abschließend zu beurteilen.

135 Ein wichtiger **Wertungsgesichtspunkt** dürfte die Antwort auf die Frage sein, **ob** die den Rechtsstreit entscheidenden **unionsrechtlichen Vorschriften bereits die Konzernsituation ausreichend zu berücksichtigen vermögen oder nicht**. Denn wird die Konzernsituation gebührend beachtet, bedarf es des **Umgehungsschutzes**, den die Figur des *coemployeur* bezweckt, nicht. Gegen eine solche **Notwendigkeit** spricht bei Massenentlassungen Art. 2 Abs. 4 der RL 98/59/EG, der bereits die Konzernlage – zumindest nach Auffassung des EuGH – wirksam berücksichtigt.[318] Vergleichbares gilt bei Betriebsübergängen. Denn die zentralen Begriffe der RL 2000/23/EG (Veräußerer, Inhaber, Arbeitsvertrag und Arbeitsverhältnis) können die Konzernsituation mit einem vertraglichen und nichtvertraglichen Arbeitgeber bewältigen, ohne Abstriche beim Schutzstandard dieser Richtlinie in Kauf nehmen zu müssen.[319] Jeder von diesen beiden Arbeitgebern, so der EuGH in der Entscheidung *Albron Catering*, kann Veräußerer i.S.d. RL 2000/23/EG sein.

136 Vielleicht zeigt gerade die **EuGH-Entscheidung *Albron Catering***, dass das Unionsrecht der **Figur des *coemployeur* nicht ablehnend gegenüber steht** oder stehen würde, wenn es ihres Schutzes zugunsten des Arbeitnehmers bedarf. Da der Arbeitnehmer gegenüber einem nichtvertraglichen Arbeitgeber bei einer Entsendung oder Personalge-

---

(ausländische Konzernmutter). In Spanien haften alle beteiligten Unternehmen eines *grupo laboral* als Gesamtschuldner, nicht nur die Konzernmutter; das Konzept ist rigoroser, s.a. *Temming* Der vertragsbeherrschende Dritte (2015) 920.
313 *Boetzkes* Die Konzernmuter als Mitarbeitgeberin im französischen Recht (2015) 135.
314 RL 2000/23/EG, ABl. EG L 103 v. 28.4.2000, S. 72 ff.
315 RL 98/59/EG, ABl. EG L 225 v. 12.8.1998, S. 16 ff.
316 EuGH 21.10.2010 EuGHE 2010, I-10309 – Albron Catering, Rdn. 22, 26.
317 EuGH 10.9.2009 EuGHE 2009, I-8163 – Akavan Erityisalojen Keskusliitto, Rdn. 57 f.
318 EuGH 10.9.2009 EuGHE 2009, I-8163 – Akavan Erityisalojen Keskusliitto, Rdn. 44–48.
319 EuGH 21.10.2010 EuGHE 2010, I-10309 – Albron Catering, Rdn. 20–32.

stellung einem Weisungsrecht unterliegt, besteht zumindest eine dogmatische Nähe zum *coemployeur*.

Des Weiteren hat die **EuGH-Entscheidung *Pugliese*** gezeigt, dass ein herrschendes Unternehmen sich unter bestimmten Voraussetzungen einen für ihn vertragsfremden gewöhnlichen Arbeitsort i.R.d. Art. 21 Abs. 1 lit. b) i) zurechnen lassen muss (Art. 21 Rdn. 32–35). **137**

Und schließlich weist das für Art. 8 Abs. 3 Rom I-VO (Art. 6 Abs. 2 lit. b) EVÜ) und Art. 21 Abs. 1 lit. b) i) relevante **Urteil des EuGH in der Rechtssache *Voogsgeerd*** ebenfalls darauf hin, dass es **nicht immer allein auf die formale und damit auf die vertragsrechtliche Lage** in Bezug auf die Frage **ankommt, wem** die entscheidende **Arbeitgebereigenschaft zukommt**. Dass der wahre bzw. materielle Arbeitgeber keine rechtliche, sondern nur eine tatsächliche Weisungsbefugnis besitzt, ist dabei kein negatives Ausschlusskriterium (Art. 21 Rdn. 39–43).[320] **138**

Doch selbst wer die hier vertretene Auffassung von der Anwendung des Art. 21 Abs. 1 lit. b) i) im Zusammenhang mit dem Mitarbeitgeber ablehnt,[321] wird **nicht** ohne weiteres **meinen können, mangels Einschlägigkeit des Art. 21 EuGVVO dürfe sich dann kein Gericht am gewöhnlichen Arbeitsort für international zuständig erklären** (bspw. ein französisches Gericht im Falle eines gewöhnlichen Arbeitsortes in Frankreich gegenüber einem *coemployeur* mit Sitz in einem anderen Mitgliedstaat).[322] Klar dürfte zunächst sein, dass dies jedenfalls nicht nach Maßgabe des eigenen autonomen Verfahrensrechts erfolgen kann. Das gilt aber nur, wenn der beklagte (vermeintliche) Mitarbeitgeber seinen Sitz in einem Mitgliedstaat hat; in einem Drittstaatenfall ist das bereits anders, vgl. Art. 4 bis Art. 6. Doch selbst wenn ein (vermeintlicher) Mitarbeitgeber seinen Sitz in einem Mitgliedstaat hat, ist mangels tatbestandlicher Anwendbarkeit der Art. 20 ff. noch an die **besonderen Gerichtsstände der Art. 7 Nr. 1, Nr. 2** und **Nr. 5** und denjenigen der **Streitgenossenschaft** nach Art. 8 Nr. 1 zu denken, bevor die Grundregel nach Art. 4 Abs. 1 greift und bspw. nur deutsche Gerichte international zuständig wären.[323] **139**

Das sei an dieser Stelle anhand der Entscheidung der Cour de cassation *Jungheinrich II* nur kurz angerissen: Für die **Zahlungsverpflichtung** der deutschen Konzernmutter (*Jungheinrich AG*), die **in Gestalt einer Durchgriffshaftung** im Ergebnis einen arbeitsvertraglichen Anspruch absichert, lassen sich für jene **vier Gerichtsstände** jeweils diskutable Argumente finden: Hält man **Art. 7 Nr. 1 lit. c)** für anwendbar (Art. 7 Nr. 1 Rdn. 52), wäre der **Erfüllungs- bzw. Leistungsort** der primären Zahlungspflicht nach der *lex causae* und daher gem. Art. 1343-4 Code civil nach den Regeln der Bringschuld zu bestimmen. Er läge in Frankreich. Begreift man die Zahlungspflicht als aus einer **unerlaubten Handlung** stammend (Art. 7 Nr. 2 Rdn. 41 ff.), läge für die Zwecke des **Art. 7 Nr. 2** der primäre Vermögensschaden des klagenden Arbeitnehmers ebenfalls in Frankreich. Bei der **Streitgenossenschaft** könnte selbst bei Unzulässigkeit der Klage gegen die insolvente französische Konzerntochter ihre ausländische Konzernmutter nach **Art. 8** **140**

---

[320] EuGH 15.12.2011 EuGHE 2011, I-13275 – Jan Voogsgeerd/Navimer SA; Rdn. 59–65 (fiktive Zugehörigkeit einer Niederlassung eines fremden Unternehmens zulasten des formalen Vertragsarbeitgebers bei Handeln auf Rechnung des anderen); *Lüttringhaus/Schmidt-Westphal* EuZW 2012, 139, 141; *Pfeiffer* FS Etzel, 291, 292 m.w.N. dort in Fn. 9; **a.A.** Rauscher/*Mankowski* Art. 20 Rdn. 11; *ders*. AP Nr. 1. zu Art. 5 Lugano-Abkommen (Leistungserbringung auf rein faktischer Basis genügt nicht für Arbeitgebereigenschaft).
[321] *Boetzkes* Die Konzernmuter als Mitarbeitgeberin im französischen Recht (2015) 61, 125 ff., 139; *Palao Moreno* YbPIL 2002, 303, 314; Rauscher/*Mankowski* Art. 20 Rdn. 8 und Art. 21 Rdn. 5, 7.
[322] Vgl. die Konstellation in Cour de cassation 30.11.2011 Nr. 10-22964 – Jungheinrich II.
[323] Das wäre die Konsequenz bzgl. des Sachverhalts in Cour de cassation 30.11.2011 Nr. 10-22964 – Jungheinrich II.

Nr. 1 in Frankreich mitverklagt werden, wenn Konnexität gegeben ist (Art. 8 Rdn. 23). Vor allem wäre es ein systematisch stimmiger Transfer, wenn der materiellrechtlichen Durchgriffshaftung auf der prozessualen Ebene mit dem **Gerichtsstand der – faktischen – Niederlassung** entsprochen wird. **Art. 7 Nr. 5** kennt einen solchen Zuständigkeitsdurchgriff auf die herrschende Mutter (Art. 7 Nr. 5 Rdn. 5).[324] Auch dann könnten sich französische Gerichte für international zuständig erklären.

141 Schließlich ist daran zu erinnern, dass gem. Art. 20 Abs. 1 die letzten beiden Gerichtsstände, also Art. 8 Nr. 1 und Art. 7 Nr. 5, selbst dann zugunsten des Arbeitnehmers anwendbar bleiben, wenn die gesamte Problematik für die Zwecke der EuGVVO als arbeitsvertraglich qualifiziert wird. Im Ergebnis dürfte die **Sichtweise der Cour de cassation** also sehr **vertretbar** sein. Freilich bleibt der Makel, dass die Cour de cassation mangels Vorliegen eines *acte clair* eine Entscheidung über diese Rechtsfrage eigenmächtig herbeigeführt hat, ohne den EuGH vorher gem. Art. 267 Abs. 3 AEUV zu befragen. Dass man in diesem Zusammenhang daher von einer **Missachtung der Art. 20 ff.** spricht, ist mehr als nachzuvollziehen.[325]

142 **4. Abtretung und sonstige Rechtsnachfolge.** Die Art. 20 bis 23 behandeln die Frage nicht, was geschieht, wenn **Ansprüche**, die ihre Grundlage in einem Individualarbeitsvertrag haben, **abgetreten werden** oder – abstrakt formuliert – ein **Rechtsnachfolger diese geltend macht**. Zwei Konstellationen können ausgemacht werden. Einmal geht es um Ansprüche des Arbeitgebers, dann um Ansprüche des Arbeitnehmers (zu einer Abtretungskonstellation im Rahmen einer arbeitgeberseitigen Widerklage vgl. Art. 22 Rdn. 7).

143 **a) Abtretung auf Arbeitgeberseite.** Was Ansprüche des Arbeitgebers anbelangt, so verlangen es das zwingende Schutzsystem der Art. 20 bis 23 und der damit zusammenhängende Umgehungsschutz, dass der **Zessionar** oder sonstige **Rechtsnachfolger** des Arbeitgebers sich ebenfalls an die **ausschließlichen Zuständigkeiten des fünften Abschnitts** halten muss. Das bedeutet aus umgekehrter Sicht, dass der Arbeitnehmer sich auf seine in diesen Vorschriften gewährten Privilegien berufen kann.[326] Ebenso wie bei Gerichtsstandsvereinbarungen i.R.d. Art. 23 muss man auch bei der Abtretung oder sonstigen Rechtsnachfolge **verhindern**, dass **das Zuständigkeitsregime** in Arbeitssachen zulasten des Arbeitnehmers **unterlaufen** wird. Das gilt nicht nur im Falle einer rechtsgeschäftlichen Abtretung, sondern auch in Konstellationen, in der eine Vertragspartei kraft gesetzlich angeordneten Gläubigerwechsels vollständig in die Rolle des Arbeitgebers einrückt[327] oder diese in gesetzlicher Prozessstandschaft als Partei kraft Amtes ausübt, bspw. als Insolvenzverwalter (§ 80 InsO).[328]

144 **b) Abtretung auf Arbeitnehmerseite.** Vergleichbares gilt bei Ansprüchen des Arbeitnehmers dann, wenn der **Zessionar ebenfalls ein Arbeitnehmer** ist. Aufgrund sei-

---

324 EuGH 9.12.1987 EuGHE 1987, 4905 – Schotte/Parfums Rothschild, Rdn. 15; *Winterling* 115; *Junker* IZVR § 11 Rdn. 9.
325 *Mankowski* EuZA 2015, 358, 368.
326 Stein/Jonas/*Wagner* Art. 18 a.F. Rdn. 17; Rauscher/*Mankowski* Art. 21 Rdn. 81; *Abele* FA 2013, 357, 360.
327 Das ist der Fall beim Betriebsübergang, vgl. § 613a BGB, aber auch bei der gesetzlichen Fiktion gem. § 10 Abs. 1 i.V.m. § 9 Nr. 1 AÜG im Falle unzulässiger Arbeitnehmerüberlassung.
328 BAG 20.9.2012 NZA 2013, 797, 799 f.; Rauscher/*Mankowski* Art. 21 Rdn. 81; *Abele* FA 2013, 357, 360; s. aber *Schlosser/Hess* Art. 1 Rdn. 21, der arbeitsrechtliche Kündigungen aufgrund insolvenzrechtlicher Vorschriften schon aus dem Anwendungsbereich der Brüssel Ia-VO ausklammert.

ner Eigenschaft als Arbeitnehmer kann auch er sich auf den verfahrensrechtlichen Schutz der Art. 20 bis 23 berufen.[329] Es besteht ein grundsätzlicher **Gleichlauf mit** Art. 10 in **Versicherungssachen** (s. Art. 10 Rdn. 21ff.).[330]

Damit verbleibt mit Blick auf Ansprüche des Arbeitnehmers die problematische **145** Fallgestaltung, dass dem **Zessionar** oder **Rechtsnachfolger** die für die Art. 20 bis 23 so wichtige **soziale Schutzbedürftigkeit fehlt**. Relevant ist dies, wenn gewerblich oder beruflich handelnde Zessionare oder Rechtsnachfolger den Anspruch des Arbeitnehmers einklagen, bspw. **Sozialversicherungsträger**, private **Versicherungsunternehmen** oder **Banken**. Im Arbeitsrecht kann dies aufgrund der §§ 115ff. SGB X, § 86 VVG; § 6 EFZG oder normalem Erbgang nach § 1922 BGB geschehen.

Wenngleich der **EuGH** diese Rechtsfrage speziell für die Gerichtsstände des Art. 21 **146** noch nicht beantwortet hat, so lässt seine einschlägige **Rechtsprechung in Verbraucher- und Versicherungssachen** darauf schließen, **gewerblich** oder **beruflich Handelnden** die **ausschließlichen Gerichtsstände** der Art. 10ff., 17ff. **vorzuenthalten**.[331] Da diese Gerichtsstände ebenso sozialpolitisch motiviert sind wie die Art. 20 bis 23, spricht einiges für die Übertragung dieser Grundsätze auf den fünften Abschnitt. Dem steht auch nicht die etwaige Sachbezogenheit des gewöhnlichen Arbeitsortes i.S.e. Erfüllungsortes entgegen, da dieser Gerichtsstand seine dogmatische Geltungskraft letztlich aus dem personenbezogenen Arbeitnehmerschutz zieht und abstrakt betrachtet somit den Art. 10ff., 17ff. gleicht.[332]

Das bedeutet, dass die Gerichtsstände des Art. 21 Abs. 1 lit. b) nicht zur Verfügung **147** stünden. Freilich würde dann **Art. 7 Nr. 1** greifen. Da der Arbeitsvertrag zur Kategorie der Dienstverträge zählt, wäre der autonom zu bestimmende Erfüllungsort des Art. 7 Nr. 1 lit. b) 2. Gedankenstrich mit Blick auf die streitige Verpflichtung des Arbeitnehmers einschlägig. Da dieser auf Grundlage eines **einheitlichen Erfüllungsorts** zu bestimmende Gerichtsstand letztlich seine Wurzeln in der arbeitsrechtlichen Rechtsprechung des EuGH zu Art. 5 Nr. 1 EuGVÜ hat, könnte man in diesem Kontext grundsätzlich **an den gewöhnlichen Arbeitsort anknüpfen**.[333]

Unabhängig davon, ob sich der EuGH dieser Auffassung anschließen würde, zeigt **148** diese Lösung, dass dem **Konzept des einheitlichen Erfüllungsortes** nichts genuin arbeitsrechtsspezifisches anhaftet, sondern vielmehr das **Ergebnis einer Abwägung rein verfahrensrechtlicher Interessen** darstellt, die *allgemein* schuldnerschützend wirkt. Ohnehin kann diese Theorie das Argument für sich beanspruchen, dass für die Zuerken-

---

329 *Schlosser/Hess* Art. 20 Rdn. 3; Stein/Jonas/*Wagner* Art. 18 a.F. Rdn. 17; MünchKomm/*Gottwald* Art. 20 Rdn. 8 (spricht vom privaten Rechtsnachfolger); **a.A.** Rauscher/*Mankowski* Art. 21 Rdn. 78, 80, der eine solche Unterscheidung ablehnt. Bedenkenswert ist die Eingrenzung auf Arbeitnehmer des jeweiligen Arbeitgebers, gegen den sich der Anspruch richtet; s.a. *Däubler* NZA 2003, 1297, 1299; *Junker* FS Schlosser, 299, 303.
330 EuGH 17.9.2009 EuGHE 2009, I-8661 – Vorarlberger Gebietskrankenkasse/WGV-Schwäbische Allgemeine Versicherungs AG, Rdn. 34, 44; *Schlosser/Hess* Art. 20 Rdn. 3.
331 Für Art. 11 s. EuGH 17.9.2009 EuGHE 2009, I-8661 – Vorarlberger Gebietskrankenkasse/WGV-Schwäbische Allgemeine Versicherungs AG, Rdn. 34, 44; für Art. 18 s. EuGH 19.1.1993 EuGHE 1993, I-139 – Shearson Lehman Hutton Inc./TVB Treuhand für Vermögensverwaltung und Beteiligungen mbH Rdn. 22; EuGH 1.1.2002 EuGHE 2002, I-8111 – Verein für Konsumenteninformation/Karl Heinz Henkel, Rdn. 33; EuGH 11.7.2002 EuGHE 2002, I-6367 – Rudolf Gabriel/Schlank & Schick GmbH, Rdn. 39; demfolgend Stein/Jonas/*Wagner* Art. 18 a.F. Rdn. 18; ebenso *Schlosser/Hess* Art. 20 Rdn. 3; MünchKomm/*Gottwald* Art. 20 Rdn. 8; **a.A.** *Bosse* 78 f.; Rauscher/*Mankowski* Art. 21 Rdn. 79 m.w.N.; *Däubler* NZA 2003, 1297, 1299 mit bedenkenswerten Argumenten.
332 **A.A.** Rauscher/*Mankowski* Art. 21 Rdn. 79 (Unterscheidung zwischen der personen- und sachbezogenen Dimension in Verbraucher- und Arbeitnehmersachen).
333 Stein/Jonas/*Wagner* Art. 18 a.F. Rdn. 19; zur Einordnung des Arbeitsvertrages in die Kategorie des Dienstvertrages s. *Wais* Der Europäische Erfüllungsgerichtsstand für Dienstleistungsverträge (2013) 67 ff.

nung der Gegenleistung zu untersuchen ist, wie es um die ordnungsgemäße Erbringung der **Hauptleistung** bestellt ist. Diese steht **im Fokus**. Der **wirkliche Arbeitnehmerschutz** liegt in der **Beschränkung der passiven Gerichtspflichtigkeit** auf den Gerichtstand am Wohnsitz des Arbeitnehmers und den **Restriktionen bei der Vereinbarung von Gerichtsstandsklauseln**. Das zweite brachte die Reform des EuGVÜ; das erste erst die Brüssel I-VO (oben Rdn. 12).

149 Tritt die Rechtsnachfolge erst nach Anhängigkeit der Rechtssache beim gem. Art. 21 Abs. 1 lit. b) zuständigen Gericht ein, greifen die Grundsätze der *perpetuatio fori*. Die einmal begründete internationale und örtliche Zuständigkeit bleibt erhalten.[334]

III. Arbeitgeber aus Drittstaaten mit Zweigniederlassung, Agentur oder sonstiger Niederlassung im Mitgliedsstaat (Abs. 2)

150 **Art. 20 Abs. 2** ist ein Produkt der Brüssel I-VO und **ohne Vorläufer im EuGVÜ**. Die Vorschrift **erweitert den räumlichen Anwendungsbereich** der Art. 20 bis 23 entgegen der Grundregel des Art. 4 Abs. 1 bzw. Art. 21 Abs. 1 lit. a) als dessen *lex specialis* in den Fällen, in denen ein Arbeitgeber mit Wohnsitz bzw. Sitz in einem Drittstaat eine **Zweigniederlassung, Agentur** oder **sonstige Niederlassung in einem Mitgliedstaat** unterhält.[335] Diese wird **als dessen Wohnsitz fingiert**. Die Zuständigkeit an diesem Ort richtet sich folglich nach Art. 21 Abs. 1 lit. a).[336] Art. 20 Abs. 2 findet seine systematischen **Vorbilder in Art. 11 Abs. 2 und Art. 17 Abs. 2**; zum Anwendungsbereich sowie Sinn und Zweck vgl. Rdn. 63 ff., 150 ff. (s.a. Art. 11 Rdn. 2, 20 und Art. 17 Rdn. 80 ff.).

151 Augenscheinlich verwendet Art. 20 Abs. 2 mit den Begriffen „Zweigniederlassung, Agentur oder sonstige Niederlassung" denselben terminologischen Dreiklang wie Art. 7 Nr. 5, Art. 11 Abs. 2 und Art. 17 Abs. 2. Mit Blick auf den Begriff der Niederlassung tritt im hier interessierenden Kontext noch Art. 21 Abs. 1 lit. b) ii) hinzu. Unstreitig dürfte sein, diese Tatbestandsmerkmale **verordnungsautonom auszulegen**.[337]

152 **Diskutiert** wird indes, ob nicht **für die Zwecke der Art. 20 bis 23** die Ausdrücke „Zweigniederlassung, Agentur oder sonstige Niederlassung" in Art. 20 Abs. 2 – ebenso wie die „Niederlassung" in Art. 21 Abs. 1 lit. b) ii)[338] – **abweichend** von ihren Pendants in Art. 7 Nr. 5, Art. 11 Abs. 2 und Art. 17 Abs. 2 **genuin arbeitsrechtsspezifisch auszulegen** sind.[339] Hintergrund ist der Umstand, dass die auf die EuGH-Entscheidungen *de Bloos* und *Somafer*[340] zurückgehende **Definition** des Begriffs der **Niederlassung** an das werbende Auftreten eines Unternehmens auf einem bestimmten Markt anknüpft und damit **auf externe Streitigkeiten zugeschnitten** ist (Rdn. 57 ff.). Der EuGH spricht an anderer Stelle auch von den Handelsbeziehungen des Stammhauses und der Niederlassung gegenüber Dritten.[341] Ein derartiges Verständnis einer Niederlassung scheint eine Span-

---

[334] Stein/Jonas/*Wagner* Art. 18 a.F. Rdn. 20; differenzierend *Däubler* NZA 2003, 1297, 1299; **a.A.** i.E. Rauscher/*Mankowski* Art. 21 Rdn. 79.
[335] Als Drittstaaten gelten in diesem Zusammenhang auch die Mitgliedstaaten des LugÜ, s.a. Mankowski AP Nr. 1 zu Art. 7 Lugano-Abkommen; MünchKomm/Gottwald Vorb. zu Art. 1 Rdn. 21 ff., 25 ff.
[336] BAG 25.6.2013 NZA-RR 2014, 46, 47 (European Division Headquarter einer US-amerikanischen Sprachschule als Niederlassung i.S.d. Art. 18 Abs. 2 a.F.); *Tscherner* 159; Staudinger/*Hausmann* Verfahrensrecht für Internationale Verträge Rdn. 212.
[337] *Bosse* 92; MünchKomm/*Gottwald* Art. 20 Rdn. 16; Stein/Jonas/*Wagner* Art. 18 a.F. Rdn. 25.
[338] Hierzu Art. 21 Rdn. 123–124.
[339] Rauscher/*Mankowski* Art. 20 Rdn. 41 und Art. 21 Rdn. 62 f.; NK-GA/*Ulrici* Art. 20 Rdn. 9; ausf. zu der Problematik *Bosse* 79–92 m.w.N.
[340] EuGH 6.10.1976 EuGHE 1976, 1498 – de Bloos/Bouyer; EuGH 22.11.1978 EuGHE 1978, 2183 – Somafer.
[341] EuGH 18.3.1981 EuGHE 1981, 819 – Blackaert & Willems, Rdn. 12; EuGH 9.12.1987 EuGHE 1987, 4905 – SAR Schotte, Rdn. 16.

nung mit denjenigen Zuständigkeitsvorschriften zu erzeugen, die an **arbeitsvertragliche Streitigkeiten** anknüpfen. Das hat seinen Grund darin, dass es bei solchen Streitigkeiten *um* **unternehmens- bzw. niederlassungsinterne Rechtsbeziehungen** geht. Arbeitnehmer bilden unternehmenstheoretisch betrachtet einen konstitutiven Bestandteil eines Unternehmens.[342] Ohne das hierarchische Arbeitsverhältnis gäbe es kein Unternehmen und folglich auch keine Niederlassung.

Die Frage, ob der **Niederlassungsbegriff** im Anwendungsbereich **der Art. 20 bis 23** **abweichend zu konzipieren** ist[343] **oder nicht** (so die **h.M.**),[344] stellt sich solange nicht, wie die Niederlassung zugleich nach außen hin tätig ist. Diese Voraussetzung ist auch dann erfüllt, wenn es um Recruiting Agenturen, Hiring Agencies und damit Niederlassungen geht, die allein der Personalgewinnung dienen.[345] Das hat seinen Grund darin, dass der Inhaber der Niederlassung ja extern Personal sucht und damit das arbeitsvertragliche Band zwischen sich und den Bewerbern erst noch knüpfen muss. **Personalgewinnungsagenturen** werden somit werbend und auf dem Markt der Arbeitskräfte tätig. Sie sind **marktorientierte Nachfrager** nach dem Produktionsfaktor Arbeit.

Problematisch sind – wenn überhaupt – **Einheiten**, die allein **mit interner Personalführung betraut** sind und am Marktgeschehen gar nicht teilnehmen.[346] Man denke an eine Niederlassung in Mittel- oder Osteuropa, die für einen internationalen Konzern mit Sitz in Deutschland für die laufenden Personalangelegenheiten zuständig sind und kostengünstiger arbeitet als eine vergleichbare Einheit in Deutschland.

Diese Rechtsfrage ist ohne Zweifel eine Vorlage an den EuGH gem. Art. 267 AEUV wert. Dem steht auch nicht entgegen, dass sich die **h.M.** gegen einen arbeitsrechtlichen Sonderweg beim Begriff der Niederlassung ausspricht und somit die **Anbindung an Art. 7 Nr. 5** sucht.[347] Auch der **EuGH** hat diese Richtung eingeschlagen, weil er in der Entscheidung *Mahamdia* aus dem Jahre 2012, das **Begriffsverständnis aus Art. 5 Nr. 5 a.F. übernommen** hat und darüber hinaus die Botschaft eines ausländischen Staates als Niederlassung i.S.d. jetzigen Art. 20 Abs. 2 ansieht.[348] Die Rechtsfrage ist deshalb noch vorlageträchtig, weil die Botschaft eines Landes auch nach außen hin tätig wird; dasselbe gilt für ein Konsulat. Auch diese stellen keine rein intern wirkenden Einheiten dar,

---

[342] Grdl. *Coase* Economica 1937, 386, 403; s.a. BVerfG 1.3.1979 BVerfGE 50, 290, 315; *Temming* Der vertragsbeherrschende Dritte (2015) 889 ff.
[343] Dafür Rauscher/*Mankowski* Art. 20 Rdn. 41 und Art. 21 Rdn. 62 f.; *ders.* EWiR 2014, 63, 64; *Müller* 59; *Lüttringhaus* RabelsZ 2013, 31, 53; *Knöfel* AP Nr. 8 zu Art. 27 EGBGB n.F.; ebenso im IPR s. *Hoppe* 186; *Gamillscheg* ZfA 1983, 307, 334; ausf. zu der Problematik *Bosse* 79–92 m.w.N.
[344] So EuGH 19.7.2012 NZA 2012, 935, 937 – Mahamdia, Rdn. 43 ff.; BAG 25.6.2013 NZA-RR 2014, 46, 48; LAG Düsseldorf 17.3.2008 EuZW 2008, 740, 741; Kropholler/*von Hein* Art. 18 a.F. Rdn. 4 und Art. 19 Rdn. 13; Thomas/Putzo/*Hüßtege* Art. 20 Rdn. 5; Musielak/Voit/*Stadler* Art. 20 Rdn. 4; *Schlosser/Hess* Art. 20 Rdn. 2; *Däubler* NZA 2003, 1297, 1298; *Behr* GS Blomeyer, 15, 30; *Leipold* GS Blomeyer, 143, 159; *Bosse* 92; MünchAnwaltsHdbArbR/*Boewer* § 48 Rdn. 68; ebenso im IPR *Gragert/Drenckhahn* NZA 2003, 305, 307.
[345] A.A. Rauscher/*Mankowski* Art. 21 Rdn. 62.
[346] Insoweit Rauscher/*Mankowski* Art. 21 Rdn. 62 (Personalführungszentren ohne relevanten Außenverkehr).
[347] Vgl. die Nachweise in Fn. 344.
[348] EuGH 19.7.2012 NZA 2012, 935, 937 – Mahamdia, Rdn. 43 ff.; zur von der internationalen Zuständigkeit zu trennenden und vorab zu klärenden Frage der Staatenimmunität vgl. Art. 1 Rdn. 38 f. Werden Arbeitnehmer von ausländischen Staaten als Arbeitgeber nicht-hoheitlich tätig (*acta iure gestionis*), kann sich der Staat nicht auf Immunität berufen, BAG 29.6.2017 NZA 2017, 1350, 1351; BAG 2.3.2017 NZA 2017, 1051, 1052; BAG 20.11.1997 MDR 1998, 543, 544; *Schlosser/Hess* Art. 20 Rdn. 6; ausf. Schlussanträge des GA *Mengozzi* v. 24.5.2012, Rs C-154/11 – Mahamdia, Rdn. 16 ff.; *Junker* EuZA 2013, 83, 86 ff. m.w.N.; allgemein zur Unterscheidung von *acta iure imperii* und *acta iure gestionis* BVerfG 17.3.2014 NJW 2014, 1723, 1424.

auf die sich die hier diskutierte Problematik zuspitzt. Letztlich handelt es sich um Behörden im Ausland mit Außenkontakt zu Bürgern.

156 Gleichwohl deutet sich an, dass der **EuGH wohl bereit** wäre, seine **Definition noch mehr auszuweiten**. In seinen Schlussanträgen hatte Generalanwalt *Mengozzi* auf das Problem hingewiesen und sich angesichts des unterschiedlichen *telos* von Art. 7 Nr. 5 und Art. 20 bis 23 für eine „**aktualisierte und angepasste Auslegung**" u.a. des Begriffes der Niederlassung ausgesprochen.[349] Freilich ging es ihm zuvörderst darum, in diesem Zusammenhang den nicht wirtschaftlich tätigen Staat unter den Begriff der Niederlassung zu subsumieren. Der EuGH ist ihm darin gefolgt. Das ist ein Zeichen. Das Problem einer intern wirkenden privatwirtschaftlichen Einheit stellte sich jedoch in der Entscheidung *Mahamdia* nicht. Deshalb ist die Frage letztlich höchstrichterlich noch nicht geklärt.

157 Für eine angepasste Definition spricht die Tatsache, dass die **maßgeblichen EuGH-Urteile**, die den Begriff der Niederlassung geprägt haben (*de Bloos* und *Somafer*), **vor der Revision des EuGVÜ** durch das dritte Beitrittsabkommen 1989 ergangen sind, als Art. 5 Nr. 1 der zweite und dritte Halbsatz hinzugefügt wurden und das internationale Arbeitsprozessrecht erstmals kodifiziert wurde. Dasselbe trifft auf Art. 18 Abs. 2 a.F. zu. Die soeben genannten Entscheidungen liegen zeitlich auch vor dem grundlegenden Urteil *Ivenel*.[350] Sollte es wirklich auf die scharfe Trennlinie zwischen unternehmensinterner und -externer Tätigkeit i.R.d. Art. 20 Abs. 2 und Art. 21 Abs. 1 lit. b) ii) ankommen, spricht der in Art. 20 bis 23 niedergelegte Arbeitnehmerschutz für eine moderne Definition des Begriffs der Niederlassung. Das Nach-außen-hin-Tätigwerden ist folglich bereits dann erfüllt, wenn der **Inhaber der Niederlassung in rechtsgeschäftlichen Kontakt mit anderen tritt**; dazu zählen dann auch Arbeitnehmer.

158 Einen **hilfreichen Seitenblick** bietet in diesem Zusammenhang die **RL 2001/23/EG zum Betriebsübergang**. Zentral ist hier der Begriff der **wirtschaftlichen Einheit**. Dieser wird in ihrem Art. 1 umschrieben als wirtschaftliche Einheit **im Sinne einer organisierten Zusammenfassung von Ressourcen zur Verfolgung einer wirtschaftlichen Haupt- oder Nebentätigkeit**. Unerheblich ist, ob Erwerbszwecke verfolgt werden oder nicht. Erfasst sind gem. Art. 1 Abs. 1 lit. a) dieser Richtlinie Unternehmen, Betriebe sowie Unternehmens- und Betriebsteile. Dieser auslegungsbedürftige Rechtsbegriff kann auch für die spezifischen Bedürfnisse der Brüssel Ia-VO mit Blick auf die Niederlassung fruchtbar gemacht und ggf. modifiziert werden: Die wirtschaftliche Zwecksetzung wird weit ausgelegt; eine begrenzende Funktion kommt ihr nicht zu.[351] Die private wie öffentliche Hand ist erfasst.[352] Rechtspersönlichkeit ist kein notwendiges Tatbestandsmerkmal.[353] Verlangt wird hingegen Dauerhaftigkeit, ohne die eine *organisierte Zusammenfassung* nicht denkbar ist.[354] Betrachtet man nur diese Wirtschaftseinheiten, so lassen sich dort problemlos **geschäftliche Außenbeziehungen** zur Verfolgung einer wirtschaftlichen Tätigkeit, **aber auch Innenbeziehungen** ausmachen, die die organisierte Zusammenfassung von Ressourcen bilden.

159 Mit Blick auf die Brüssel Ia-VO lässt sich sagen, dass der bisherige Schwerpunkt der Rspr. des EuGH auf den Außenbeziehungen lag. Das internationale Arbeitsprozessrecht

---

[349] Schlussanträge des GA Mengozzi v. 24.5.2012, Rs C-154/11, Rdn. 44.
[350] EuGH 26.5.1982 EuGHE 1982, 1891 – Ivenel/Schwab.
[351] EuGH 14.9.2000 EuGHE 2000, I-6659 – Collino, Rdn. 30; EuGH 19.5.1992 EuGHE 1992, I-3189 – Redmond Stichting (Hilfeleistung für Suchtkranke).
[352] Eingrenzend wirkt erst Art. 1 Abs. 1 lit. c RL 2001/23/EG.
[353] Erst der Inhaber der wirtschaftlichen Einheit muss Rechtspersönlichkeit besitzen, vgl. Art. Abs. 1 lit. a) und b) RL 2001/23/EG.
[354] EuGH 19.9.1995 EuGHE 1995, I-2745 – Rygaard, Rdn. 19 ff.

zwingt nun, den Blick zusätzlich auf die Innenbeziehungen dieser Einheiten zu richten. **Beide Beziehungsebenen sind gleichwertig.** Auch der EuGH verwendet in der Entscheidung *Voogsgeerd* einen Unternehmensbegriff. Der Ausdruck Niederlassung, so führt der EuGH i.R.d. Art. 6 Abs. 2 lit. b) EVÜ aus, umfasse „jede dauerhafte Struktur eines Unternehmens".[355] Ob dies bewusst oder unbewusst geschehen ist, kann i.R.d. Art. 267 AEUV erfragt werden, sollte es entscheidungserheblich werden. Ein Indiz für seine oben in Rdn. 138 angenommene Bereitschaft zur Flexibilität ist dies allemal.

Für die Eröffnung des Gerichtsstandes der Niederlassung gem. Art. 20 Abs. 2 kommt **160** es abweichend von der Regel nicht auf die **Verhältnisse zum Zeitpunkt** der Klageerhebung, sondern **des Vertragsschlusses** an;[356] es gilt somit dasselbe wie mit Blick auf den maßgeblichen Zeitpunkt für die Beurteilung von Gerichtsstandsklauseln (differenzierend Art. 25 Rdn. 24, 31). Dafür sprechen der arbeitnehmerschützende Charakter des Art. 20 Abs. 2 und die Prinzipien der Rechtssicherheit und Vorhersehbarkeit der gerichtlichen Zuständigkeiten.

Was die Voraussetzung der **Streitigkeit aus dem Betrieb der Niederlassung** **161** betrifft, kann auf die Ausführungen zu **Art. 7 Nr. 5** verwiesen werden (Art. 7 Nr. 5 Rdn. 1 ff.).[357]

IV. Konkurrierende internationale Zuständigkeit nach Art. 6 Entsenderichtlinie

Nach Art. 67 berührt die Brüssel Ia-VO nicht die Anwendung der Bestimmungen, die **162** für besondere Rechtsgebiete die gerichtliche Zuständigkeit oder die Anerkennung und Vollstreckung von Entscheidungen regeln und in Unionsrechtsakten oder in dem in Ausführung dieser Rechtsakte harmonisierten einzelstaatlichen Recht enthalten sind. Von erheblicher **Bedeutung** ist **im Arbeitsrecht** diesbezüglich der in **Art. 6 RL 96/71/EG** (**Entsenderichtlinie**) normierte Gerichtsstand, der gem. Art. 67 neben den Art. 20 bis 23 Anwendung findet (Art. 67 Rdn. 6).[358] Die Vorschrift des Art. 6 RL 96/71/EG lautet: „Zur Durchsetzung des Rechts auf die in Artikel 3 gewährleisteten Arbeits- und Beschäftigungsbedingungen kann eine **Klage in dem Mitgliedstaat erhoben werden, in dessen Hoheitsgebiet der Arbeitnehmer entsandt ist oder war**; dies berührt nicht die Möglichkeit, gegebenenfalls gemäß den geltenden internationalen Übereinkommen über die gerichtliche Zuständigkeit in einem anderen Staat Klage zu erheben."

Diese Vorschrift stellt einen **zusätzlichen Wahlgerichtsstand** i.S.v. Art. 67 dar **163** (Art. 67 Rdn. 6) und ist von ihrem Sinn und Zweck her zumindest bis zum Entstehen der Streitigkeit **nicht abdingbar**, was für die Abfassung von Gerichtsstandsklauseln wichtig ist (Art. 23 Rdn. 7).[359] Sie genießt **Vorrang** vor den Art. 20 bis 23, **wirkt** aber **nicht**

---

[355] EuGH 15.12.2011 EuGHE 2011, I-13275 – Jan Voogsgeerd/Navimer SA, Rdn. 54.
[356] LAG Frankfurt 9.12.2011 IPRspr 2011, Nr. 218, 571, 573 (für Art. 18 Abs. 2 LugÜ); Stein/Jonas/*Wagner* Art. 20 a.F. Rdn. 26; **a.A.** BAG 25.6.2013 NZA-RR 2014, 46, 49; Rauscher/*Mankowski* Art. 20 Rdn. 42 (wegen Wohnsitzfiktion und Grundsatz des Art. 4 Abs. 1; aber leicht abweichend aaO in Rdn. 43 und insbes. Rdn. 44).
[357] LAG Düsseldorf 17.3.2008 EuZW 2008, 740 (Streit um zwei Arbeitgeberkündigungen und Vergütungsansprüche).
[358] MünchKomm/*Gottwald* Art. 67 Rdn. 8–10 sowie allgemein Rdn. 1 f. zu den spezielleren Materien im grundsätzlichen Anwendungsbereich der Brüssel Ia-VO.
[359] S.a. ErfK/*Schlachter* § 15 AEntG Rdn. 3; *Tscherner* 172.

verdrängend.[360] In Deutschland ist diese Vorschrift durch § 15 AEntG (= § 8 AEntG a.F.) umgesetzt worden.[361] Hintergrund dieser Vorschrift ist, dass schon unter der Geltung des EuGVÜ – und zwar Art. 5 Nr. 1, 3 und 5 – diskutiert wurde, ob in regulären Entsendefällen[362] ein internationaler Gerichtsstand im Aufnahmestaat zugunsten des Arbeitnehmers begründet werden konnte.[363] Die besseren Gründe sprachen und sprechen dagegen; rechtspolitisch war ein solcher Gerichtsstand indes aus Arbeitnehmerschutzgesichtspunkten gewünscht.

164 Überträgt man die Problematik auf die Brüssel Ia-VO, so steht dem **Arbeitnehmer in Entsendekonstellationen** nach vorzugswürdiger Ansicht zum einen Art. 21 Abs. 1 lit. b) nicht zur Verfügung, weil er **im Aufnahmestaat keinen gewöhnlichen Arbeitsort am Einsatzort** begründet.[364] Dem steht auch der Umstand nicht entgegen, dass Art. 21 Abs. 1 lit. b) i) nicht den in Art. 8 Abs. 2 S. 2 Rom I-VO normierten Zusatz kennt.[365] Sehr vertretbar ist dieser Gedanke aus systematischen Erwägungen heraus auch in Art. 21 Abs. 1 lit. b) i) hineinzulesen. Es ist nicht opportun, dem Arbeitnehmer an jedem Ort der Entsendung ein zusätzliches Forum zu eröffnen. Der **gewöhnliche Arbeitsort** befindet sich deshalb regelmäßig **im Heimatstaat des Arbeitnehmers**, wohin dieser nach seiner Entsendung zurückkehrt (ausf. Art. 21 Rdn. 69 ff.).

165 Zum anderen **scheidet** auch der **Gerichtsstand der unerlaubten Handlung** gem. Art. 7 Nr. 2 **aus**. Die besseren Argumente sprechen dafür, dass es sich bei den **deutschen Umsetzungsnormen** der Entsenderichtlinie im AEntG um **keine Schutzgesetze** i.S.d. § 823 Abs. 2 BGB zugunsten der entsandten Arbeitnehmer handelt. Nach der Konzeption der Entsenderichtlinie liegt der Schwerpunkt der Durchsetzungspflicht bei den Kontrollbehörden; das spricht gegen eine rein individuelle Schutzrichtung i.R.d. § 823 Abs. 2 BGB. Auch handelt es sich bei den **typischen Klagen des Arbeitnehmers** meist um **Ansprüche aus dem Arbeitsvertrag**.[366] Damit liegt weder eine unerlaubte Handlung nach nationalem Verständnis noch eine nach dem verordnungsautonomen Verständnis des Art. 7 Nr. 2 vor (Art. 7 Nr. 2 Rdn. 3).

---

360 S.a. BAG 2.7.2008 NZA 2008, 1084; BAG 15.2.2012 NZA 2012, 760 = IPRspr 2012, Nr. 217, 512; LAG Frankfurt 17.8.1998 ArbuR 1999, 146; Staudinger/*Hausmann* Verfahrensrecht für internationale Verträge Rdn. 230; *Abele* FA 2013, 357, 364.
361 AEntG v. 20.4.2009, BGBl. I S. 799; zuletzt geändert durch Art. 2 Abs. 11 G v. 17.2.2016, BGBl. I S. 203. § 15 AEntG lautet: „Arbeitnehmer und Arbeitnehmerinnen, die in den Geltungsbereich dieses Gesetzes entsandt sind oder waren, können eine auf den Zeitraum der Entsendung bezogene Klage auf Erfüllung der Verpflichtungen nach den §§ 2, 8 oder 14 auch vor einem deutschen Gericht für Arbeitssachen erheben. Diese Klagemöglichkeit besteht auch für eine gemeinsame Einrichtung der Tarifvertragsparteien nach § 5 Nr. 3 in Bezug auf die ihr zustehenden Beiträge".
362 Situation: Es besteht mit dem Arbeitgeber ein Arbeitsvertrag im Heimatstaat. Die Entsendung in den Aufnahmestaat erfolgt ohne Abschluss eines zweiten Arbeitsvertrages mit einem dortigen Arbeitgeber oder einer Niederlassung des Arbeitgebers des Heimatstaates. Anders die Situation in EuGH 10.4.2003 EuGHE 2003, I-3573 – Pugliese/Finmeccanica; dort bestand ein sog. Rumpfarbeitsverhältnis zum Arbeitgeber in Italien und ein Lokalarbeitsverhältnis mit dem deutschen Arbeitgeber in München; hierzu Art. 21 Rdn. 32–35.
363 ArbG Wiesbaden 7.10.1997 BB 1998, 902; LAG Frankfurt 17.8.1998 ArbuR 1999, 146; *Hoppe* 47 ff.; *Görres* Grenzüberschreitende Arbeitnehmerentsendung in der EU (2003) 145 ff.; *Borgmann* Die Entsendung von Arbeitnehmern in der Europäischen Gemeinschaft (2001) 134 ff.; *Hanau* NJW 1996, 1369, 1371; *Franzen* DZWir 1996, 89, 100; *Däubler* 1995, 726, 730; *Koberski/Asshoff/Winkler/Eustrup* Arbeitnehmer-Entsendegesetz, 3. Aufl. (2011) § 8 AEntG Rdn. 7 f.
364 *Tscherner* 163–169, 171; ArbG Wiesbaden 7.10.1997 AP Nr. 3 zu Art. 5 Brüsseler Abkommen; man kann davon ausgehen, dass sich in Entsendefällen regelmäßig keine Niederlassung im Aufnahmestaat befindet. Um Art. 21 Abs. 1 lit. b) ii) zu aktivieren, müsste es sich auch um die einstellende Niederlassung handeln.
365 Art. 8 Abs. 2 S. 2 Rom I-VO lautet: „Der Staat, in dem die Arbeit gewöhnlich verrichtet wird, wechselt nicht, wenn der Arbeitnehmer seine Arbeit vorübergehend in einem anderen Staat verrichtet.".
366 I.E. auch *Hanau* NJW 1996, 1369, 1371.

Der besondere Gerichtsstand des **Art. 6 Entsenderichtlinie hat zur Folge**, dass die **166** **Gerichte des Aufnahmestaates** international zuständig sein können und in Entsendefällen somit **über ihr eigenes inländisches Sachrecht erkennen** (*i.e.* die in Art. 3 Entsenderichtlinie gewährleisteten Arbeits- und Beschäftigungsbedingungen als „harter Kern" international zwingender Arbeitsbedingungen i.S.v. Art. 9 Abs. 1 Rom I-VO).[367] Könnte die Klage nur im Heimatstaat des entsandten Arbeitnehmers geführt werden, wäre u.U. nicht sichergestellt, dass das Gericht des Heimatstaates das für ihn ausländische Sachrecht des Aufnahmestaates trotz der bindenden Vorgaben der Entsenderichtlinie anwendet, da es den Interessen des Heimatstaates zuwiderlaufen könnte.[368] Durch einen zusätzlichen Wahlgerichtsstand **komplettiert Art. 6 Entsenderichtlinie** damit **den Schutz der entsandten Arbeitnehmer auf der prozessualen Ebene**. Das schafft Rechtssicherheit und ist zu begrüßen. Systematisch hätte der spezielle Entsendegerichtsstand durchaus in Art. 21 bzw. Art. 19 a.F. integriert werden können. Doch die politisch hochsensible Materie und den Entsendekompromiss von 1996 noch einmal aufzuschnüren,[369] haben sich die Mitgliedstaaten bei der Schaffung der Brüssel I-VO dann doch nicht getraut.[370] In dem von der Kommission im März 2016 vorgestellten Reformpapier zur Entsenderichtlinie bleibt Art. 6 dieser Richtlinie von den geplanten Änderungsvorschlägen konsequenterweise unberührt.[371]

Art. 6 Entsenderichtlinie spricht allgemein von „Klage" und nicht etwa nur einer **167** „Klage des Arbeitnehmers"; das ist in Bezug auf die deutsche Umsetzungsnorm § 15 S. 2 AEntG von Bedeutung. Danach besteht die **Klagemöglichkeit auch für eine gemeinsame Einrichtung der Tarifvertragsparteien** in Bezug auf die ihr zustehenden Beiträge nach § 5 Nr. 3 AEntG. Die Vorschrift hat für die **Sozialkassen in der Baubranche** eine immense Bedeutung.[372] Teilweise wird bestritten, dass deren Klagemöglichkeit mit der Entsenderichtlinie und der Brüssel Ia-VO im Einklang stehen.[373] Dem ist zu widersprechen;[374] das ändert freilich nichts an der Vorlagefähigkeit dieser Rechtsfrage an den EuGH i.R.d. Art. 267 AEUV.

V. Verfahrens- und Beweislastfragen

Die **internationale Zuständigkeit** ist eine **von Amts wegen zu prüfende Sachur- 168 teilsvoraussetzung**. Das gilt auch im Rechtsmittelverfahren, also in der Berufungs- und Revisionsinstanz.[375]

---

367 S.a. §§ 2, 3 AEntG; ausf. *Preis/Temming* Die Urlaubs- und Lohnausgleichskasse im Kontext des Gemeinschaftsrechts (2006) 74 ff.; monographisch *Müller* International zwingende Normen des deutschen Arbeitsrechts (2005) 90 ff.
368 *Jayme/Kohler* IPRax 1996, 377, 382.
369 *Winterling* 159; *Preis/Temming* Die Urlaubs- und Lohnausgleichskasse im Kontext des Gemeinschaftsrechts (2006) 53–58.
370 Entgegen der ursprünglichen Bekundung in ABl. EG C 27 v. 26.1.1998, S. 27; *Wagner* IPRax 1998, 241, 243; *Garber* FS Schütze, 81, 86 f.; *Tscherner* 170.
371 KOM(2016) 128, S. 10–14.
372 BAG 15.2.2012 NZA 2012, 760 = IPRspr 2012, Nr. 217, 512; ErfK/*Schlachter* § 5 AEntG Rdn. 4–6; *Tscherner* 174.
373 *Eichenhofer* IPRax 2008, 109, 111.
374 *Temming* EuZA 2009, 413, 417 ff.
375 BAG 20.10.2015 NZA 2016, 254, 255; BAG 19.3.2014 NZA 2014, 1076, 1077; BAG 20.9.2012 MDR 2013, 727, 728 mit zust. Anm. *Giesen* EuZA 2013, 350 und *Abele* FS von Hoyningen-Huene (2014) 1, 5–10; LAG Düsseldorf 10.1.2017 BeckRS 2017, 110381 [Rdn. 28]; NK-GA/*Ulrici* Art. 1–6 Rdn. 15 f.; streiten die Parteien darüber, ob der Rechtsstreit der deutschen Gerichtsbarkeit unterliegt, entscheidet hierüber das angerufene Gericht nicht nach § 17a GVG, sondern durch Zwischenurteil nach § 280 Abs. 1 ZPO, s.a. BAG 15.2.2005 NZA 2005, 1117, 1119; MünchAnwaltsHbArbR/*Boewer* § 48 Rdn. 56.

Nach **h.M. genügt** der **schlüssige Klägervortrag** der zuständigkeitsbegründenden Tatsachen (Lehre von den doppelt relevanten Tatsachen).[376] Es ist **nicht erforderlich**, zu strittigen Tatsachen, die sowohl für die Frage der Zuständigkeit als auch für das Bestehen des geltend gemachten Anspruchs von Relevanz sind, ein **umfassendes Beweisverfahren** durchzuführen. Dem angerufenen Gericht steht es jedoch frei, seine internationale Zuständigkeit im Lichte aller ihm vorliegenden Informationen zu prüfen, wozu ggf. auch die Einwände des Beklagten gehören.[377]

Artikel 21

Ein Arbeitgeber, der seinen Wohnsitz im Hoheitsgebiet eines Mitgliedstaats hat, kann verklagt werden:
a) vor den Gerichten des Mitgliedstaats, in dem er seinen Wohnsitz hat, oder
b) in einem anderen Mitgliedstaat
i) vor dem Gericht des Ortes, an dem oder von dem aus der Arbeitnehmer gewöhnlich seine Arbeit verrichtet oder zuletzt gewöhnlich verrichtet hat, oder
ii) wenn der Arbeitnehmer seine Arbeit gewöhnlich nicht in ein und demselben Staat verrichtet oder verrichtet hat, vor dem Gericht des Ortes, an dem sich die Niederlassung, die den Arbeitnehmer eingestellt hat, befindet oder befand.

Ein Arbeitgeber, der seinen Wohnsitz nicht im Hoheitsgebiet eines Mitgliedstaats hat, kann vor dem Gericht eines Mitgliedstaats gemäß Absatz 1 Buchstabe b verklagt werden.

Übersicht

I. Zweck der Regelung und Anwendungsbereich —— 1
II. Allgemeiner Gerichtsstand am Wohnsitz des Arbeitgebers —— 10
III. Gerichtsstand am gewöhnlichen Arbeitsort
   1. Allgemeines und Anwendungsvoraussetzungen —— 13
   2. Begriff des gewöhnlichen Arbeitsortes
      a) Auslegungsmonopol des EuGH —— 17
      b) Rechtsprechung des EuGH: Obersätze und Kriterien —— 18
         aa) Ivenel, Shenavai und Art. 5 Nr. 1 EuGVÜ 1989 —— 19
         bb) Humbert —— 24
         cc) Mulox —— 25
         dd) Rutten —— 27
         ee) Weber —— 29
         ff) Pugliese —— 32
         gg) Koelzsch —— 36
         hh) Voogsgeerd —— 39
         ii) Nogueira —— 44
      c) Allgemeine Leitlinien —— 51
   3. Die Ermittlung des gewöhnlichen Arbeitsortes —— 62
      a) Arbeitsleistung in einem Mitgliedstaat —— 64
      b) Arbeitsleistung in mehreren (Mitglied)staaten
         aa) Allgemeines —— 66
         bb) Entsendefälle —— 69
         cc) Häusliches Büro („home office") —— 82
         dd) Transporttätigkeiten —— 85
      c) Wechsel des gewöhnlichen Arbeitsortes im laufenden Arbeitsverhältnis —— 112
      d) Gerichtsstand am letzten gewöhnlichen Arbeitsort —— 113
IV. Gerichtsstand am Ort der Niederlassung, die den Arbeitnehmer eingestellt hat
   1. Allgemeines und Anwendungsvoraussetzungen —— 117

---

376 EuGH 3.7.1997 EuGHE 1997, I-3767 – Benincasa/Dentalkit Srl; EuGH 28.1.2015 NJW 2015, 1581, 1585 – Kolassa/Barclays Bank plc, Rdn. 65; BAG 24.9.2009 MDR 2010, 641, 642; NK-GA/*Ulrici* Art. 20 Rdn. 11; etwas strenger Zöller/*Geimer* Art. 20 Rdn. 11 (Vorliegen des äußeren Tatbestandes eines Arbeitsvertrags).
377 EuGH 28.1.2015 NJW 2015, 1581, 1585 – Kolassa/Barclays Bank plc, Rdn. 65.

2. Begriff der Niederlassung —— 123
3. Begriff des Einstellens —— 125
4. Ort, an dem sich die Niederlassung befindet oder befand —— 135

V. Arbeitgeber mit Wohnsitz in einem Drittstaat (Abs. 2) —— 138
VI. Verfahrens- und Beweislastfragen —— 146

I. Zweck der Regelung und Anwendungsbereich

Art. 21 regelt die **Gerichtspflichtigkeit des Arbeitgebers** und stellt das **Kernstück** 1 **des fünften Abschnitts** dar, weil in der arbeitsrechtlichen Praxis der Arbeitnehmer hauptsächlich diejenige Partei ist, die klagt.[1] Die Privilegierung des Arbeitnehmers als sozial schwächere Partei ergibt sich aus dem – vorbehaltlich des Art. 20 Abs. 1 – abschließenden Charakter des Art. 21, der Beschränkung der Klagemöglichkeit des Arbeitgebers nach Maßgabe des Art. 22 Abs. 1 und der Absicherung dieses Systems mit Blick auf Gerichtsstandsklauseln durch Art. 23 (Art. 20 Rdn. 10, 12, 19). Art. 21 gewährt dem **Arbeitnehmer** unter bestimmten Voraussetzungen ein **Wahlrecht zwischen drei Gerichtsständen**: dem Gerichtsstand am Wohnort des Arbeitgebers (Rdn. 10–12), am gewöhnlichen Arbeitsort (Rdn. 13–113) und am Ort der Niederlassung, die ihn eingestellt hat (Rdn. 117–137).

Anders als Art. 11 Abs. 1 lit. b) und Art. 18 Abs. 1 sieht Art. 21 **keinen Gerichtsstand** 2 **am Wohnsitz des Arbeitnehmers** vor. Das lässt sich rechtfertigen, weil das sachnächste Gericht eben dasjenige am gewöhnlichen Arbeitsort ist, von dessen Expertise auch der Arbeitnehmer profitiert (Rdn. 15). Nicht selten können indes beide zusammenfallen. Das ist insbesondere dann der Fall, wenn der Wohnsitz des Arbeitnehmers im Zuständigkeitsbezirk des gewöhnlichen Arbeitsortes liegt oder er über ein häusliches Arbeitsbüro verfügt, von dem aus er seine Arbeit verrichtet (*home office*, Rdn. 82–84),[2] wie es bspw. bei Handelsvertretern der Fall sein kann.[3] Die durch Art. 21 in Zusammenschau mit den restlichen Vorschriften des fünften Abschnitts gewollte zuständigkeitsrechtliche Privilegierung des Arbeitnehmers wird in nachhaltiger Weise dadurch erhöht, dass jene Vorschrift aufgrund der gewählten Anknüpfungspunkte in Abs. 1 lit. b) regelmäßig einen **Gleichlauf zum anwendbaren Arbeitsstatut nach Art. 8 Rom I-VO** bewirken kann (Rdn. 3, 16, 18).[4] Dem steht auch das durch Art. 21 Abs. 1 gewährte Wahlrecht nicht entgegen. Der Arbeitnehmer kann sich dafür entscheiden, muss es aber nicht; er ist mündig.

Art. 21 stellt eine Weiterentwicklung zur Vorgängervorschrift Art. 19 Brüssel I-VO in- 3 soweit dar, als dass sie inhaltlich **zwei Neuerungen** aufweist. Die erste ist die sog. *base rule* beim gewöhnlichen Arbeitsort in Absatz 1 lit. b) i). Eingefügt wurde der neue Passus „von dem aus".[5] Diese Alternative des Absatzes 1 lit. b) i) greift ein, falls ein Ort, *an dem* der Arbeitnehmer gewöhnlich seine Arbeit verrichtet, nicht ermittelt werden kann. Die *base rule* füllt damit Lücken im Absatz 1 lit. b) i) und zu Recht sprechen weite Teile der Lehre daher von einem **Subsidiaritätsverhältnis**.[6] Diese Reform ist zu begrüßen, stellt

---

[1] LAG Düsseldorf 17.3.2008 EuZW 2008, 740, 742; *Junker* FS Schlosser, 299, 303; *ders.* RIW 2002, 569, 575; *ders.* FS Gottwald 293, 295; s.a. *Grotmann-Höfling* ArbuR 2017, 287 ff.; *ders.* ArbuR 2016, 497 ff.
[2] Stein/Jonas/*Wagner* Art. 19 a.F. Rdn. 1; Rauscher/*Mankowski* Art. 21 Rdn. 1, 23, 10 (kein garantiertes, aber akzidentielles *forum actoris*).
[3] EuGH 26.5.1982 EuGHE 1982, 1891, 1901 – Roger Ivenel/Schwab; OGH 10.7.2008 IPRax 2010, 71.
[4] Bericht *Jenard/Möller* ABl. C 189 v. 28.7.1990, S. 57, 73, Rdn. 40; *Trunk* 34; *Geimer*/Schütze Art. 19 a.F. Rdn. 6; *Schlosser*/*Hess* Art. 21 Rdn. 1.
[5] KOM(2005) 650 endg., S. 8; ausf. *Knöfel* RdA 2006, 269, 274; *Junker* Arbeitnehmereinsatz im Ausland, 23.
[6] *Knöfel* RdA 2006, 269, 274; *Mankowski*/*Knöfel* EuZA 2001, 521, 528; *Deinert* § 9 Rdn. Rdn. 89; *Ulrici* jurisPR-ArbR 41/2013 Anm. 2; Rauscher/*Mankowski* Art. 21 Rdn. Rdn. 20 m.w.N.

indes lediglich die ohnehin herrschende Auslegungspraxis dieser Vorschrift klar, weil der EuGH seit geraumer Zeit entsprechend judiziert.[7] Diese Leseart **erweitert** den Begriff des **gewöhnlichen Arbeitsortes spürbar** und kann als ein sehr gutes Beispiel für den Auslegungszusammenhang und die Auslegungskontinuität mit den Vorgängervorschriften des Art. 21 und Art. 8 Rom I-VO betrachtet werden (Art. 20 Rdn. 33–35). Von **Bedeutung** ist die *base rule* im Hinblick auf **mobile Arbeitnehmer**, also insbesondere im Transportsektor. Ggf. verfügen sie über mobiles Arbeitsgerät oder werden an mobilen Arbeitsorten tätig (Rdn. 85 ff.). Dabei darf der für die „von dem aus"-Klausel verwendete untechnische Ausdruck *base* nicht dahingehend missverstanden werden, dass damit einzig und allein die Heimatbasis, bspw. von Flugpersonal, gemeint sein kann.[8] Die *base* i.S.d. Absatzes 1 lit. b) i) ist **mit Hilfe eines tatsächlichen Indizienbündels zu ermitteln**, um u.a. auch möglichen Manipulations- und Umgehungsstrategien vorzubeugen.

4   Die **zweite Neuerung** stellt **Art. 21 Abs. 2** dar. Diese Norm **erweitert** entgegen der Grundregel in Art. 21 Abs. 1 i.V.m. Art. 20 und Art. 6 Abs. 1 den **räumlich-persönlichen Anwendungsbereich** der Brüssel Ia-VO in Arbeitssachen noch über den bisherigen in Art. 20 Abs. 2 kodifizierten Stand hinaus, wenn der **Arbeitgeber seinen (Wohn)sitz außerhalb der EU** hat (Art. 20 Rdn. 65 bei Art. 6). Zu der noch durch das alleinige Wirken von Art. 18 Abs. 2 a.F. verursachten Zuständigkeitsspaltung kommt es nun nicht mehr; die Vorschrift drängt das autonome Prozessrecht der Mitgliedstaaten weiter zurück (Rdn. 138 ff.). Laut des Erwägungsgrunds Nr. 14 S. 2 soll diese Erweiterung den Schutz der Arbeitnehmer mit Wohnsitz in den Mitgliedstaaten verbessern.

5   Diese **neue Struktur des Art. 21** und die vom europäischen Gesetzgeber vorgenommene neue lexikalische Systematisierung führen im Grundsatz zu **keinen signifikanten Veränderungen**.[9] Im Grundsatz kann daher auf die **reichhaltige Rechtsprechung des EuGH zurückgegriffen** werden, die bereits zu Art. 19 Brüssel I-VO, Art. 5 2. und 3. Hs. EuGVÜ sowie Art. 6 EVÜ[10] ergangen ist. Freilich ist zu beachten, dass **Art. 21** – anders als Art. 6 Abs. 2 lit. b) EVÜ bzw. Art. 8 Abs. 4 EVÜ – vom Wortlaut her **keine Ausweichklausel kennt** (Rdn. 52; Art. 20 Rdn. 18).[11]

6   Was das **Verhältnis der drei Gerichtsstände** zueinander angeht, so besteht ein **Wahlrecht nur zwischen** dem **Gerichtsstand am Wohnsitz des Arbeitgebers** (Absatz 1 lit. a) auf der einen Seite und **dem jeweils einschlägigen Gerichtsstand gem. den beiden Varianten des Absatzes 1 lit. b)** – gewöhnlicher Arbeitsort oder einstellende Niederlassung – auf der anderen Seite, wenn letztere in einem vom Wohnsitzstaat des Arbeitgebers unterschiedlichen Mitgliedstaat liegen. Das ergibt sich aus Absatz 1 lit. a) und dem Eingangswortlaut des Absatzes 1 lit. b); letzterer spricht mit Blick auf Absatz 1 lit. a) von „einem anderen Mitgliedstaat". **Weder** der **gewöhnliche Arbeitsort** noch die **einstellende Niederlassung** dürfen also **in einem Drittstaat** liegen. Die für das internationale Arbeitsrecht so typischen Gerichtsstände des gewöhnlichen Arbeitsortes und der

---

7   EuGH 14.9.2017 NZA 2017, 1477, 1479 – Nogueira u.a./Crewlink Ireland Ltd und Ryanair Designated Activity Company, Rdn. Rdn. 57 ff.; zu Art. 6 Abs. 2 lit. a) EVÜ, der Art. 19 Nr. 2 lit. a) Brüssel I-VO gleicht, s. EuGH 15.3.2011 EuGHE 2011, I-1595 – Heiko Koelzsch, Rdn. Rdn. 48 f.; EuGH 15.12.2011 EuGHE 2011, I-13275 – Jan Voogsgeerd/Navimer SA, Rdn. Rdn. 38 f. Eine entsprechende Klarstellung enthält auch Art. 8 Abs. 2 Rom I-VO; Rauscher/Mankowski Art. 21 Rdn. Rdn. 18 (Re-Import).
8   EuGH 14.9.2017 NZA 2017, 1477, 1480 – Nogueira u.a./Crewlink Ireland Ltd und Ryanair Designated Activity Company, Rdn. Rdn. 65 ff. (konkret geht es in dem Urteil um den technischen Ausdruck der Heimatbasis i.S.v. Anhang III der VO 3922/91/EWG.
9   *Schlosser/Hess* Art. 21 Rdn. Rdn. 1 (Festschreibung der Rspr. des EuGH in übersichtlicher Weise).
10 Rechtsprechung des EuGH zu Art. 8 Rom I-VO existiert derzeit noch nicht.
11 BAG 22.10.2015 NZA 2016, 473, 475 f.; teilw. krit. Die Anknüpfung von mobilen Arbeitsverhältnissen anhand des Art. 8 Rom I-Verordnung (2016) 218; *Junker* FS Gottwald, 293, 295, 302 f.

einstellenden Niederlassung müssen also einen Gerichtsstand in einem anderen Mitgliedstaat hervorbringen; ansonsten laufen sie leer.[12] Garantiert ist indes immer der Gerichtsstand am Wohnsitz des Arbeitgebers. Dabei regelt **Absatz 1 lit. a) nur die internationale, Absatz 1 lit. b) indes sowohl die internationale als auch örtliche Zuständigkeit** („Gerichten des Mitgliedstaats" vs. „Gericht des Ortes").[13] Die Parallelen zu Art. 4 Abs. 1 und Art. 7 Nr. 1 sowie den historischen Vorgängernormen liegen auf der Hand.[14]

Mit Blick auf das Binnenverhältnis der Gerichtsstände des **gewöhnlichen Arbeitsortes** und der **Niederlassung**, die den Arbeitnehmer eingestellt hat, können nicht beide Gerichtsstände gleichzeitig vorliegen. Absatz 1 lit. b) i) und ii) stehen **zueinander in einem alternativen Verhältnis**. Das ist h.M.[15] Zuerst ist zu prüfen, ob ein gewöhnlicher Arbeitsort vorliegt. Nur wenn ein solcher nicht zu ermitteln ist, kann auf die einstellende Niederlassung zurückgegriffen werden.[16] Es besteht bereits ein **strukturelles Subsidiaritätsverhältnis**, das sogar zu einer veritablen Hierarchie zwischen beiden Tatbeständen geführt hat.[17] Für diese Interpretation streitet insbesondere der Wortlaut des Konditionalnebensatzes in Absatz 1 lit. b) ii). Zu einem Binnenwahlrecht zugunsten des Arbeitnehmers käme man nur, wenn man diesen Nebensatz („wenn der Arbeitnehmer seine Arbeit gewöhnlich nicht in ein und demselben Staate verrichtet oder verrichtet hat") aus dem Absatz 1 lit. b) ii) streichen würde. Der EuGH begründet die Alternativität zusätzlich damit, dass eine **Häufung der Gerichtsstände vermieden** werden soll.[18]

Dieses Ergebnis **kann man kritisieren**, weil erstens arbeitsrechtliche Normen grundsätzlich nur einseitig zwingend wirken und ein einleuchtender Grund nicht ersichtlich ist, dem Arbeitnehmer die *rechtssichere* Option zu nehmen, einen als *arbeitgeberfreundlich* (!) charakterisierten Gerichtsstand zu wählen. Hierfür müssten dann Allgemeininteressen existieren, die das Regime in ein zweiseitig zwingendes transformieren können.

---

12 So bzgl. des gewöhnlichen Arbeitsortes in Art. 5 Nr. 1 EuGVÜ bspw. EuGH 15.2.1989 EuGHE 1989, 341 – Société Six Constructions Ltd/Paul Humbert, Rdn. 22; EuGH 27.2.2002 EuGHE 2002, I-2013 – Herbert Weber/Universal Ogden Services Ltd, Rdn. Rdn. 27; allgemein *Abele* FA 2013, 357, 359; Rauscher/*Mankowski* Art. 21 Rdn. 2 mit dem richtigen Hinweis, dass in dieser Konstellation die Kraft des Abs. 1 lit. b) nur noch darin liegen würde, einen vom Wohnsitzgerichtsstand örtlich verschiedenen Gerichtsstand zu eröffnen. Denn auf der internationalen Ebene weisen Abs. 1 lit. a) und lit. b) auf denselben Mitgliedstaat; **a.A.** und für analoge Anwendung auf gewöhnliche Arbeitsorte in Drittstaaten Schlosser/*Hess* Art. 21 Rdn. 3.
13 MünchKomm/*Gottwald* Art. 21 Rdn. Rdn. 1–3; Kropholler/*von Hein* Art. 19 a.F. Rdn. 10; Stein/Jonas/*Wagner* Art. 19 a.F. Rdn. 2; **a.A.** Bericht *Jenard/Möller* ABl. C 189 v. 28.7.1990, S. 57, 73, Rdn. 39.
14 Rauscher/*Mankowski* Art. 21 Rdn. 2; *ders.* RIW 2004, 133, 141.
15 EuGH 15.12.2011 EuGHE 2011, I-13275 – Jan Voogsgeerd/Navimer SA, Rdn. 32–34; Stein/Jonas/*Wagner* Art. 19 a.F. Rdn. 2, 25; MünchKomm/*Gottwald* Art. 21 Rdn. 13; Musielak/Voit/*Stadler* Art. 21 Rdn. Rdn. 1, 3; NK-GA/*Ulrici* Art. 21 Rdn. 5; *Trenner* 47 f.; Geimer/*Schütze* Art. 19 a.F. Rdn. 5; Kropholler/*von Hein* Art. 19 a.F. Rdn. 10; Rauscher/*Mankowski* Art. 21 Rdn. 3; *ders.* IPRax 1999, 332, 334; *Abele* FA 2013, 357, 359; **a.A.** *Rauscher* FS Schütze, 695, 703.
16 EuGH 15.12.2011 EuGHE 2011, I-13275 – Jan Voogsgeerd/Navimer SA, Rdn. 31 f., 39; Stein/Jonas/*Wagner* Art. 19 a.F. Rdn. 2; *Junker* EuZW 2014, 41, 42; Mankowski/*Knöfel* EuZA 2013, 521, 526; *Mankowski* IPRax 1999, 332, 334; *Knöfel* IPRax 2014, 130, 131; *Däubler* NZA 2003, 1297, 1300.
17 Vgl. nur EuGH 15.12.2011 EuGHE 2011, I-13275 – Jan Voogsgeerd/Navimer SA, Rdn. 23, 34 („Rangordnung"), 39; LAG Frankfurt 1.9.2008 IPRspr 2008, Nr. 48, 154; NK-GA/*Ulrici* Art. 21 Rdn. 5; *Junker* FS Gottwald, 293, 295 ff.; *Pfeiffer* FS Etzel, 291; *Mankowski* EuZA 2017, 267, 271 m.w.N.
18 EuGH 13.7.1993 EuGHE 1993, I-4075 – Mulox IBC Ltd/Hendrick Geels, Rdn. 21; EuGH 9.1.1997 EuGH 1997, I-57 – Rutten/Cross Medical, Rdn. 18; EuGH 11.1.1990 EuGHE 1990, I-49 – Dumez, Rdn. 18; s.a. auch zu diesem Topos EuGH 14.9.2017 NZA 2017, 1477, 1478 – Nogueira u.a./Crewlink Ireland Ltd und Ryanair Designated Activity Company, Rdn. 47 f.

Zweitens erhöhen sich durch dieses Verständnis die **prozessualen Risiken des Arbeitnehmers**, sollte er das Bestehen eines gewöhnlichen Arbeitsortes in einem anderen Mitgliedstaat falsch einschätzen. Freilich steht einer diesen Argumenten folgenden abweichenden Auffassung der klare Wortlaut des Absatz 1 lit. b) ii) entgegen.[19]

9 Vielleicht erklärt es sich auch aus diesen Überlegungen heraus, dass der **EuGH** in seiner Rechtsprechung das sich bereits grundsätzlich aus der Struktur des Absatz 1 lit. b) ergebende **Hierarchie- und Subsidiaritätsverhältnis** zwischen dem superioren Gerichtsstand des gewöhnlichen Arbeitsortes und dem inferioren, nur hilfsweise eingreifenden arbeitgeberfreundlichen Gerichtsstand der einstellenden Niederlassung noch weiter ausgebaut und **verstärkt** hat[20] und damit letztlich **den vom Arbeitnehmer behaupteten gewöhnlichen Arbeitsort** im Nachhinein **fast immer bestätigt** hat.[21] Das ist beständig kritisiert worden;[22] mit einem Rechtsprechungswandel ist aber nicht zu rechnen. Letztlich folgt die Interpretation des Absatzes 1 lit. b) dem **altbekannten Muster**,[23] wonach der EuGH **Grundsätze weit auslegt** (hier der Gerichtsstand des gewöhnlichen Arbeitsortes), **Ausnahmen** indes **restriktiv** handhabt (hier der Gerichtsstand der einstellenden Niederlassung).[24]

II. Allgemeiner Gerichtsstand am Wohnsitz des Arbeitgebers

10 Gem. Art. 21 Abs. 1 lit. a) kann ein Arbeitgeber (hierzu Art. 20 Rdn. 114 ff.), der seinen **Wohnsitz im Hoheitsgebiet eines Mitgliedstaats** hat, vor den Gerichten des Mitgliedstaats verklagt werden, in dem er seinen Wohnsitz hat.[25] Das ist das alleinige **Anknüpfungskriterium**, zugleich ein **sicheres** und **verlässliches**.[26] Die **Staatsangehörigkeit** des Arbeitgebers ist **unerheblich**. Damit übernimmt Art. 21 Abs. 1 die Grundregel des Art. 4 Abs. 1 – *actor sequitur forum* – in den fünften Abschnitt.[27] Dies ist notwendig, weil die Art. 20 bis 23 ein abschließendes Regime darstellen und verdrängende Wirkung besitzen.[28] **Art. 21 Abs. 1 lit. a)** ist folglich *lex specialis* **zu Art. 4 Abs. 1**. Dem Arbeitnehmer kann dieser internationale Gerichtsstand nicht genommen werden (vergleichbares gilt umgekehrt für den Arbeitgeber gem. Art. 22 Abs. 1).[29] **Wohnsitz** bzw. **Sitz des Arbeitgebers** bestimmen sich nach den **Art. 62 und 63** (s. dort jeweils Rdn. 3 ff. und

---

19 So aber bspw. *Rauscher* FS Schütze, 695, 703.
20 EuGH 15.12.2011 EuGHE 2011, I-13275 – Jan Voogsgeerd/Navimer SA, Rdn. 32, 36–40.
21 EuGH 15.3.2011 EuGHE 2011, I-1595 – Koelzsch, Rdn. 43 ff.; EuGH 15.12.2011 EuGHE 2011, I-13275 – Jan Voogsgeerd/Navimer SA, Rdn. 36 ff.; anders freilich in EuGH 12.9.2013 NZA 2013, 1163 – Melitta Schlecker.
22 *Junker* FS Gottwald, 293, 296; *ders.* EuZW 2014, 41 f.; neutraler *Mankowski* EuZA 2017, 267, 271.
23 Klassisch EuGH 3.7.1986 EuGHE 1986, 2121 – Lawrie Blum, Rdn. 16, 26; EuGH 17.10.1995 EuGHE 1995, I-3051 – Eckart Kalanke, Rdn. 21; EuGH 11.1.2000 EuGHE 2000, I-69 – Tanja Kreil/Bundesrepublik Deutschland, Rdn. 15 ff., 20 ff.
24 EuGH 14.9.2017 NZA 2017, 1477, 1479 – Nogueira u.a./Crewlink Ireland Ltd und Ryanair Designated Activity Company, Rdn. 57; EuGH 15.12.2011 EuGHE 2011, I-13275 – Jan Voogsgeerd/Navimer SA, Rdn. 35, 37; GA *Saugmandsgaard Øe*, Schlussanträge v. 27.4.2017, Rs C-168 u.a. – Nogueira u.a./Crewlink Ireland Ltd und Ryanair Designated Activity Company, Rdn. 82 (zu Art. 6 Abs. 2 EVÜ); krit. zu diesem methodischen Grundsatz *Rödl* EuZA 2009, 385, 388.
25 LAG Düsseldorf 17.12.2010 IPRspr 2010, Nr. 209, 527, 528.
26 EuGH 15.2.1989 EuGHE 1989, 341 – Société Six Constructions Ltd/Paul Humbert, Rdn. 20.
27 Stein/Jonas/*Wagner* Art. 19 a.F. Rdn. 3; *Kropholler*/*von Hein* Art. 19 a.F. Rdn. 3; *Junker* FS Gottwald, 293, 294.
28 *Junker* FS Kühne, 735, 738; Saenger/*Dörner* Art. 20 Rdn. 1; Musielak/Voit/*Stadler* Art. 20 Rdn. 1.
29 Rauscher/*Mankowski* Art. 21 Rdn. 6 (Garantiefunktion).

Rdn. 6ff.).³⁰ Art. 21 Abs. 1 lit. a) regelt nur die internationale Zuständigkeit. Die **örtliche Zuständigkeit** richtet sich nach dem **autonomen Prozessrecht** der Mitgliedstaaten.³¹

Nach dem Grundsatz der *perpetuatio fori* **bleibt** die **internationale Zuständigkeit bestehen**, selbst wenn der Arbeitgeber seinen **Wohnsitz** bzw. **Sitz nach Klageerhebung verlegt**. In der umgekehrten Situation – kein Wohnsitz im Forumstaat bei Klageerhebung – kann die internationale Zuständigkeit begründet werden, wenn der Arbeitgeber seinen Wohnsitz in den Forumstaat vor Schluss der mündlichen Verhandlung verlegt.³² Dafür spricht, dass die internationale Zuständigkeit eine Sachurteilsvoraussetzung ist. 11

Anders als bei Art. 4 Abs. 1 ist für die Zwecke des Art. 21 Abs. 1 die Vorschrift des **Art. 20 Abs. 2** schließlich zu **beachten**. Hat der **Arbeitgeber** im Hoheitsgebiet eines Mitgliedstaats keinen Wohnsitz, besitzt er aber **in einem Mitgliedstaat der EU** eine **Zweigniederlassung**, **Agentur** oder **sonstige Niederlassung**, so wird er für Streitigkeiten aus ihrem Betrieb so behandelt, wie wenn er seinen Wohnsitz im Hoheitsgebiet dieses Mitgliedstaats hätte. Die in Art. 20 Abs. 2 geregelte **Wohnsitzfiktion** erweitert den räumlich-persönlichen Anwendungsbereich der Art. 20 bis 23 und geht auf Art. 18 Abs. 2 a.F. zurück (ausf. Art. 20 Rdn. 150ff.).³³ 12

III. Gerichtsstand am gewöhnlichen Arbeitsort

1. Allgemeines und Anwendungsvoraussetzungen. Der in Absatz 1 lit. b) i) genannte **Gerichtsstand am gewöhnlichen Arbeitsort** ist der **wichtigste Gerichtsstand** aus Sicht des Arbeitnehmers.³⁴ Seine historischen Wurzeln liegen in der Rechtsprechung des EuGH zu Art. 5 Nr. 1 EuGVÜ,³⁵ welche durch das dritte Beitrittsabkommen von San Sebastian in Art. 5 Nr. 1 2. Hs. EuGVÜ 1989 kodifiziert und im Grundsatz in Art. 19 a.F. übernommen wurde. In den für das internationale Arbeitsprozessrecht grundlegenden Urteilen hatte der EuGH die Ursprungsfassung von Art. 5 Nr. 1 EuGVÜ vollständig autonom ausgelegt, indem er zunächst allgemein die Arbeitsleistung des Arbeitnehmers als die vertragscharakteristische Leistung bestimmte und ferner selbst festlegte, wie der Erfüllungsort zu bestimmen ist (Art. 20 Rdn. 5f.). Selbstredend und **h.M.** ist es, dass der gewöhnliche Arbeitsort **unionsrechtlich autonom** und **weit auszulegen** ist.³⁶ Nicht immer wird an den Auslegungsvorrang gedacht (Rdn. 111). 13

---

30 BAG 25.6.2013 NZA-RR 2014, 46, 47; BAG 20.12.2012 NZA 2013, 925, 926f.; NK-GA/*Ulrici* Art. 21 Rdn. 4; Staudinger/*Hausmann* Verfahrensrecht für Internationale Verträge Rdn. 211; *Abele* FA 2013, 357, 358f.; *Junker* FS Kühne, 735, 738.
31 *Kropholler/von Hein* Art. 19 a.F. Rdn. 1; *Abele* FA 2013, 357, 359.
32 LAG Chemnitz 16.12.2010 IPRspr 2010, Nr. 208, 526, 527; Rauscher/*Mankowski* Art. 21 Rdn. 6; offen BAG 20.12.2012 NZA 2013, 925, 926.
33 BAG 25.6.2013 NZA-RR 2014, 46, 47; Rauscher/*Mankowski* Art. 21 Rdn. 6.
34 In Deutschland dient er als Vorbild für § 48 Abs. 1a ArbGG, hierzu ErfK/*Koch* § 48 ArbGG Rdn. 20 m.w.N. zur einschlägigen Rechtsprechung, die sich stark an diejenige des EuGH anlehnt (methodisch i.S.e. unionsrechtlich orientierten Auslegung); Staudinger/*Hausmann* Verfahrensrecht für Internationale Verträge Rdn. 228f.; *Domröse* DB 2008, 1626; *Bergwitz* NZA 2008, 443; *Temming* IPRax 2010, 59, 65f.; s.a. BRDrucks. 820/07 S. 35.
35 EuGH 26.5.1982 EuGHE 1982, 1891, 1901 – Roger Ivenel/Schwab, Rdn. 19f.; EuGH 15.1.1987 EuGH 1987, 239 – Shenavai/Kreischer, Rdn. 16; s.a. EuGH 15.2.1989 EuGHE 1989, 341 – Société Six Constructions Ltd/Paul Humbert, Rdn. 14.
36 EuGH 10.4.2003 EuGHE 2003, I-3573 – Giulia Pugliese/Finmeccanica SpA, Rdn. 16; EuGH 27.2.2002 EuGHE 2002, I-2013 – Herbert Weber/Universal Ogden Services Ltd, Rdn. 38; EuGH 9.1.1997 EuGH 1997, I-57 – Petrus Wilhelmus Rutten/Cross Medical Ltd, Rdn. 12f.; EuGH 13.7.1993 EuGHE 1993, I-4075 – Mulox IBC Ltd/Hendrick Geels, Rdn. 10, 16; BAG 20.10.2015 NZA 2016, 254, 255; BAG 24.9.2009 MDR 2010, 641, 642 = NZA-RR 2010, 604, 607; OGH 10.7.2008 IPRax 2010, 71, 73; *Kropholler/von Hein* Art. 19 a.F. Rdn. 4;

14 Absatz 1 lit. b) i) lässt des Weiteren für **abweichende Erfüllungsortvereinbarungen keinen Raum**.[37] Dafür spricht der Schutzcharakter der Art. 20 bis 23 und das Argument der Rechtssicherheit. Regelmäßig ist somit nach **h.M.** der gewöhnliche Arbeitsort auf rein **tatsächlicher Grundlage zu ermitteln**, was mit Hilfe eines **Indizienbündels** und einer **Gesamtbetrachtung** zu erfolgen hat (Rdn. 51 ff.). **Abweichendes** ist bspw. i.E. nur geboten, wenn der **Arbeitsvertrag noch nicht in Vollzug gesetzt** wurde. Mangels passender Alternative muss dann der vertraglich vorgesehene Arbeitsort maßgeblich sein.[38] Darüber hinaus könnte überlegt werden, ob bei **echten Individualvereinbarungen** etwas Abweichendes gelten könnte. Dahingehend könnte die EuGH-Entscheidung *Weber* interpretiert werden. Freilich stellt auch diese zugleich auf ein tatsächliches Element ab.[39] Doch selbst wenn dem einvernehmlichen Parteiwillen Bedeutung zukommt, gilt es unter Umgehungsgesichtspunkten die Hürden des Art. 23 einzuhalten. Einen praktikablen Ansatz bietet das Verständnis der Art. 20 bis 23 als einseitig zwingend, solange nicht bestimmte allgemeine Zuständigkeitsinteressen eine zweiseitig zwingende Wirkung verlangen (bspw. Rechtssicherheit oder Vermeidung der Häufung von Gerichtsständen).

15 Der **Gerichtstand am gewöhnlichen Arbeitsort** ist nach Meinung des EuGH **am besten geeignet**, **Streitigkeiten** aus einem individuellen Arbeitsverhältnis **zu entscheiden**. GA *Jacobs* bezeichnete ihn als den „natürliche[n] Gerichtsstand für solche Auseinandersetzungen".[40] Zuständigkeitsrechtlich sprechen für ihn die **Sach- und Beweisnähe**, die **Leichtigkeit** und der **geringe Zeitaufwand des Zugangs zum Gericht** und die **geringe Kostenlast** für den Arbeitnehmer.[41] Dieser muss sich erst dann *nolens volens* an das Gericht am ggf. weit entfernteren und möglicherweise im Ausland gelegenen Wohnsitz bzw. Sitz des Arbeitgebers begeben, um seine Streitigkeit gerichtlich klären zu lassen, wenn keiner der beiden Gerichtsstände des Absatzes 1 lit. b) einschlägig ist (Rdn. 6). Aus allen soeben genannten verfahrensrechtlichen Interessen wird deutlich, dass hiervon auch der Arbeitgeber stark profitiert.[42] Freilich kann er die Früchte dieser Vorteile allein im Passivprozess ziehen. Klagt er gegen den Arbeitnehmer, kann er das nur vor den zuständigen Gerichten am Wohnsitz des Arbeitnehmers (Art. 22 Rdn. 7).

16 In Absatz 1 lit. b) i) ist nicht nur die internationale, sondern zugleich die örtliche Zuständigkeit mitgeregelt („am Gericht des Ortes").[43] Zum **Gerichtsstand der Niederlas-**

Mankowski IPRax 2003, 21, 22 f.; Staudinger/*Hausmann* Verfahrensrecht für Internationale Verträge Rdn. 213; Rauscher/*Mankowski* Art. 21 Rdn. 8; *Garber* FS Kaissis, 221, 223.
[37] *Kropholler/von Hein* Art. 19 a.F. Rdn. 4; Wieczorek/Schütze/*Hausmann*³ Art. 5 Rdn. 35; *Trenner* 57; *Winterling* 28–30; *Garber* FS Kaissis, 221, 222; allgemein zu Erfüllungsortvereinbarung *Stürner* GPR 2013, 305.
[38] EuGH 10.4.2003 EuGHE 2003, I-3573 – Giulia Pugliese/Finmeccanica SpA, Rdn. 8 f.; *Junker* ZZPInt 1998, 179, 195; Stein/Jonas/*Wagner* Art. 19 a.F. Rdn. 8 a.E.
[39] EuGH 27.2.2002 EuGHE 2002, I-2013 – Herbert Weber/Universal Ogden Services Ltd, Rdn. 54; s.a. *Garber* FS Kaissis, 221, 226.
[40] Schlussanträge des GA *Jacobs* v. 26.5.1993, Rs C-125/92 – Mulox IBC Ltd/Hendrick Geels, Rdn. 29; prägnant *Garber* FS Kaissis, 221, 222.
[41] EuGH 26.5.1982 EuGHE 1982, 1891, 1901 – Roger Ivenel/Schwab, Rdn. 15; EuGH 13.7.1993 EuGHE 1993, I-4075 – Mulox IBC Ltd/Hendrick Geels, Rdn. 18 f.; EuGH 9.1.1997 EuGH 1997, I-57 – Petrus Wilhelmus Rutten/Cross Medical Ltd, Rdn. 17; EuGH 27.2.2002 EuGHE 2002, I-2013 – Herbert Weber/Universal Ogden Services Ltd, Rdn. 40, 49; EuGH 14.9.2017 NZA 2017, 1477, 1479 – Nogueira u.a./Crewlink Ireland Ltd und Ryanair Designated Activity Company, Rdn. 58; GA *Saugmandsgaard Øe*, Schlussanträge v. 27.4.2017, Rs C-168 u.a. – Nogueira u.a./Crewlink Ireland Ltd und Ryanair Designated Activity Company, Rdn. 129–131; *Kropholler/von Hein* Art. 19 a.F. Rdn. 4; *Geimer*/Schütze Art. 19 a.F. Rdn. 5; Stein/Jonas/*Wagner* Art. 19 a.F. Rdn. 5; Rauscher/*Mankowski* Art. 21 Rdn. 8.
[42] Ebenso *Behr* FS Buchner, 81, 85 (für Art. 8 Abs. 2 Rom I-VO).
[43] Das ist auch einer der Gründe, warum das Flaggen- oder Registerprinzip als Anknüpfungsmoment Defizite aufweist, ausf. unten Rdn. 87 ff.

sung, die den Arbeitnehmer eingestellt hat, steht der **Gerichtsstand am gewöhnlichen Arbeitsort** in einem strengen **Alternativ-** bzw. **Ausschließlichkeitsverhältnis**. Beide Gerichtsstände können **nicht gleichzeitig** vorliegen.[44] Ebenso wenig wird dem Arbeitnehmer nach **h.M.** i.R.d. Absatzes 1 lit. b) ii) selbst ein Wahlrecht zwischen mehreren Gerichtsständen eingeräumt, worauf die Formulierung „....verrichtet oder zuletzt gewöhnlich verrichtet hat" möglicherweise hindeuten könnte. Bedeutung entfaltet diese vielmehr bei Bestandsschutzstreitigkeiten um vermeintlich beendete Arbeitsverhältnisse oder Ansprüchen aus beendeten Arbeitsverhältnissen (Rdn. 113–116). Aufgrund des Auslegungszusammenhanges mit Art. 8 Rom I-VO (Art. 20 Rdn. 33–35) ist – soweit möglich – ein **Gleichlauf mit Art. 8 Abs. 2 Rom I-VO** herzustellen (zu den Grenzen s. Rdn. 71f., 120).[45]

2. Begriff des gewöhnlichen Arbeitsortes

a) Auslegungsmonopol des EuGH. Art. 21 Abs. 1 lit. b) i) begründet ein internationales und örtliches *forum* in einem anderen Mitgliedstaat, vor dem Gericht des Ortes, an dem oder von dem aus der Arbeitnehmer gewöhnlich seine Arbeit verrichtet oder zuletzt gewöhnlich verrichtet hat. Der zentrale Begriff des gewöhnlichen Arbeitsortes ist ein **auslegungsbedürftiger Rechtsbegriff** und **autonom auszulegen** (Rdn. 13). Da er weder in der Brüssel Ia VO noch in der Rom I-VO legaldefiniert wird, ist für seine inhaltliche Auffüllung folglich der **EuGH** gem. Art. 19 Abs. 1 S. 2 EUV zuständig. Er besitzt das **alleinige Auslegungsmonopol**. Die einschlägige Rechtsprechung des EuGH ist reichhaltig; berücksichtigungsfähig sind grundsätzlich auch die zu Art. 6 Abs. 2 lit. a) EVÜ ergangenen Urteile sowie zukünftige Judikate zu **Art. 8 Abs. 2 Rom I-VO** (zum **Auslegungszusammenhang** s. Rdn. 25). Ein gewöhnlicher Arbeitsort existiert nicht nur, wenn der Arbeitnehmer in einem einzigen Mitgliedstaat seine Tätigkeit verrichtet. Ein solcher kann auch ermittelt werden, wenn er die Arbeit in mehr als einem Mitgliedstaat verrichtet hat (Rdn. 66ff.). Naturgemäß steht letztere Konstellation im Fokus der Rechtsprechung. 17

b) Rechtsprechung des EuGH: Obersätze und Kriterien. Die Entwicklung der Rechtsprechung des EuGH zum gewöhnlichen Arbeitsort ist schrittweise erfolgt. Die Mehrheit der Urteile verhält sich zu Art. 5 Nr. 1 EuGVÜ.[46] Zu Art. 19 Nr. 2 lit. a) a.F. gibt es seit kurzem eine einschlägige Entscheidung.[47] Des Weiteren existieren u.a. zwei Urteile 18

---

44 EuGH 15.12.2011 EuGHE 2011, I-13275 – Jan Voogsgeerd/Navimer SA, Rdn. 32, 34, 39; *Geimer*/*Schütze* Art. 19 a.F. Rdn. 5.
45 Bericht *Jenard*/*Möller* ABl. C 189 v. 28.7.1990, S. 57, 73, Rdn. 40; *Trunk* 34; *Kropholler*/*von Hein* Art. 19 a.F. Rdn. 4; *Geimer*/*Schütze* Art. 19 a.F. Rdn. 6; Stein/Jonas/*Wagner* Art. 19 a.F. Rdn. 5;
Staudinger/*Hausmann* Verfahrensrecht für Internationale Verträge Rdn. 213 (a.E.); *Junker* FS Gottwald, 293, 296.
46 EuGH 26.5.1982 EuGHE 1982, 1891, 1893 – Ivenel/Schwab; EuGH 15.1.1987 EuGHE 1987, 239 – Shenavai/Kreischer; EuGH 15.2.1989 EuGHE 1989, 341 – Société Six Constructions Ltd/Paul Humbert; EuGH 13.7.1993 EuGHE 1993, I-4075 – Mulox IBC Ltd/Hendrick Geels; EuGH 9.1.1997 EuGH 1997, I-57 – Petrus Wilhelmus Rutten/Cross Medical Ltd; EuGH 27.2.2002 EuGHE 2002, I-2013 – Herbert Weber/Universal Ogden Services Ltd; EuGH 10.4.2003 EuGHE 2003, I-3573 – Pugliese/Finmeccanica.
47 EuGH 14.9.2017 NZA 2017, 1477 – Nogueira u.a./Crewlink Ireland Ltd und Ryanair Designated Activity Company. Die Entscheidung EuGH 22.5.2008 EuGHE 2008, I-3965 – Glaxosmithkline und Laboratoires Glaxosmithkline/Rouard befasst sich mit Art. 6 Nr. 1 Brüssel I-VO; EuGH 19.7.2012 NZA 2012, 935 – Ahmed Mahamdia/Demokratische Volksrepublik Algerien thematisiert Art. 18 Abs. 2 und Art. 21 Brüssel Ia-VO; EuGH 10.9.2015 EuZW 2015, 922 – Holterman Ferho Exploitatie/Spies von Büllesheim betrifft Art. 5 Nr. 1 und Nr. 3 a.F. sowie den persönlichen Anwendungsbereich der Vorschriften zum internationalen Arbeitsprozessrecht. Vor der *Nogueira*-Entscheidung des EuGH hätte es zu einem Vorlageverfahren bezüglich Art. 19 Nr. 2 lit. a) a.F. kommen können. Doch das LAG Mecklenburg-Vorpommern hatte einen

zu Art. 6 Abs. 2 lit. a) EVÜ,[48] die aufgrund des Auslegungszusammenhanges und der Auslegungskontinuität wiederum für Art. 8 Rom I-VO, Art. 19 Nr. 2 lit. a) Brüssel I-VO und den jetzigen Art. 21 Abs. 1 lit. b) i) von Bedeutung sind.[49]

19 **aa) Ivenel, Shenavai und Art. 5 Nr. 1 EuGVÜ 1989.** Der Gerichtsstand des gewöhnlichen Arbeitsorts findet seinen **historischen Vorläufer** im Gerichtsstand des Erfüllungsorts nach Maßgabe der Ursprungsfassung von **Art. 5 Nr. 1 EuGVÜ**. 1982 begann der EuGH mit Blick auf Arbeitsverträge bei der Auslegung von Art. 5 Nr. 1 EuGVÜ von seiner früheren Rechtsprechung im Urteil *de Bloos* (und in Ansätzen *Tessili*, s. Art. 20 Rdn. 5f.) zur allgemeinen Bestimmung der Zuständigkeit für Verträge abzuweichen. Im **grundlegenden Urteil** *Ivenel* schied der EuGH Arbeitsverträge von anderen Verträgen und erkannte im Bestreben nach einem stärkeren Schutz der Arbeitnehmer, dass für die Bestimmung der Zuständigkeit i.R.v. Art. 5 Nr. 1 EuGVÜ diejenige **Verpflichtung** als maßgeblich anzusehen sei, die **für diesen Vertrag charakteristisch** ist. Das sei demnach die Pflicht zur **Verrichtung der Arbeit** (Art. 20 Rdn. 5).[50] Der Ort i.S.d. Art. 5 Nr. 1 EuGVÜ, an dem die Arbeit zu verrichten ist, bestimme sich des Weiteren nach dem Recht, das nach den Kollisionsnormen des mit dem Rechtsstreit befassten Gerichts für die streitige Verpflichtung maßgeblich sei; das war Art. 6 Abs. 2 lit. a) EVÜ. Im konkreten Fall war das französische Arbeitsvertragsstatut berufen, um zu ermitteln, wo die Arbeitsleistung zu erfüllen war.[51]

20 Der zugrundeliegende Sachverhalt betraf eine Zahlungsklage des Arbeitnehmers *Roger Ivenel* mit Wohnsitz in Straßburg (Frankreich), die insgesamt auf verschiedenen Ansprüchen beruhte (Provision, Abfindungen und Urlaubsabgeltung).[52] *Ivenel* war als Handelsvertreter für ein deutsches Unternehmen mit Sitz in Oettingen tätig geworden. Sein Vertretergebiet umfasste zumindest Teile von Frankreich und sein Büro befand sich im Zuständigkeitsbezirks des Conseil de prud'hommes Straßburg. Von seinem Büro aus sammelte er auch die Bestellungen ein und leitete diese Aufträge weiter zu seinem Arbeitgeber in Deutschland.[53]

21 Diese Grundsätze bestätigte der EuGH fünf Jahre später in der **Entscheidung Shenavai**, in der es um die **Qualifizierung eines selbständigen Architektenvertrages** ging.[54]

22 Die **eigentliche Geburtsstunde** des gewöhnlichen Arbeitsortes erfolgte dann durch die Kodifizierung dieser Rechtsprechung durch das **dritte Beitrittsabkommen von 1989** (Art. 20 Rdn. 6). Art. 5 Nr. 1 2. Hs. EuGVÜ 1989 sprach vom „Gericht des Ortes, an dem der Arbeitnehmer gewöhnlich seine Arbeit verrichtet." Freilich dauerte es aufgrund

---

einschlägigen Vorlagebeschluss in der Rechtssache *Haase u.a.* im November 2007 wegen Art. 68 EG a.F. zurückziehen müssen (unten Rdn. 111), s.a. EuGH 4.12.2007 – Rs C-413/07, Kathrin Haase u.a./. Superfast Ferries SA, Superfast OKTO Maritime Company, Baltic SF VIII LTD.

48 EuGH 15.3.2011 EuGHE 2011, I-1595 – Koelzsch; EuGH 15.12.2011 EuGHE 2011, I-13275 – Jan Voogsgeerd/Navimer SA.
49 EuGH 15.3.2011 EuGHE 2011, I-1595 – Koelzsch, Rdn. 33, 39, 45f.; ausf. Schlussanträge der GA Trstenjak v. 16.12.2010, Rs C-29/10 – Koelzsch, Rdn. 70–79; Schlussanträge der GA Trstenjak v. 8.9.2011, Rs C-384/10 – Voogsgeerd, Rdn. 57.
50 EuGH 26.5.1982 EuGHE 1982, 1891 – Ivenel/Schwab, Rdn. 20.
51 EuGH 26.5.1982 EuGHE 1982, 1891 – Ivenel/Schwab, Rdn. 7.
52 EuGH 26.5.1982 EuGHE 1982, 1891 – Ivenel/Schwab, Rdn. 2.
53 EuGH 26.5.1982 EuGHE 1982, 1891, 1893 – Ivenel/Schwab. Das waren für das Conseil de prud'hommes Straßburg auch die Argumente den Erfüllungsort der wesentlichen bzw. charakteristischen Verpflichtung aus dem Arbeitsvertrag, *i.e.* die Arbeitsleistung, in Straßburg zu lokalisieren, vgl. EuGH aaO.
54 EuGH 15.1.1987 EuGHE 1987, 239 – Shenavai/Kreischer, Rdn. 16.

des langwierigen völkerrechtlichen Ratifizierungsprozesses einige Zeit, bis der EuGH über diese Fassung des EuGVÜ erkennen konnte.

Bereits an dieser Stelle sei darauf hingewiesen, dass dieser besondere Gerichtsstand 23 strukturell anders formuliert ist als sein historischer Vorläufer. Art. 5 Nr. 1 EuGVÜ 1968 spricht vom „Gericht des Ortes, an dem die Verpflichtung erfüllt worden ist oder zu erfüllen wäre." Art. 5 Nr. 1 2. Hs. EuGVÜ 1989 verwendet das Wort „gewöhnlich" und spricht von „seine[r] Arbeit". Das ist ein wichtiger Unterschied zu **Art. 5 Nr. 1 EuGVÜ**, der auf „die Verpflichtung" abstellt, und führt zu einer **deutlichen Relativierung der Maßgeblichkeit der Hauptleistungspflicht des Arbeitnehmers**, also dem Erbringen der geschuldeten Arbeitsleistung (Rdn. 53).

bb) Humbert. Auch in der Entscheidung *Humbert* bestätigte der EuGH im Jahre 1989 24 seine bisherige Linie und stellte zusätzlich klar, dass Artikel 5 Nr. 1 EuGVÜ in seiner Ursprungsfassung außer Anwendung bliebe, wenn die **vertragliche Verpflichtung des Arbeitnehmers**, die vereinbarten Leistungen zu erbringen, **außerhalb des Gebiets der Vertragsstaaten erfüllt** worden ist oder zu erfüllen wäre. In diesem Fall richte sich die gerichtliche Zuständigkeit gem. Art. 2 EuGVÜ allein nach dem Wohnsitz des beklagten Arbeitgebers.[55] Trotz der Weiterentwicklung in dem damals schon geltenden Art. 6 Abs. 2 EVÜ und dem geplanten LugÜ sah sich der EuGH an einer entsprechenden Rechtsfortbildung des EuGVÜ gehindert.[56]

cc) Mulox. 1993 erkannte der EuGH in der Entscheidung *Mulox*, dass Art. 5 Nr. 1 25 EuGVÜ in seiner Fassung von 1978 dahin auszulegen sei, dass als Ort, an dem die für den Vertrag charakteristische Verpflichtung erfüllt worden ist oder zu erfüllen wäre, bei einem Arbeitsvertrag, zu dessen Erfüllung der Arbeitnehmer seine **Tätigkeit in mehr als einem Vertragsstaat ausübt**, der **Ort** anzusehen ist, **an dem oder von dem aus** der Arbeitnehmer seine **Verpflichtungen** gegenüber seinem Arbeitgeber **hauptsächlich erfüllt**.[57] Erst dieses Urteil stellt im internationalen Arbeitsprozessrecht die vollständige, weil ausdrückliche **Emanzipation von der *Tessili*-Regel** dar. Nicht nur die maßgebliche Verpflichtung, sondern auch ihr Erfüllungsort sind autonom auszulegen.[58]

In dem zugrundeliegenden Sachverhalt verrichtete der Arbeitnehmer *Hendrick Geels* 26 die Arbeit eines Direktors für internationales Marketing. Sein Büro hatte er in Aix-les-Bains (Frankreich). Zunächst verkaufte er Produkte in Deutschland, Belgien, den Niederlanden und in den skandinavischen Staaten, später arbeitete er jedoch nur noch in Frankreich.[59] Der EuGH berücksichtigte in seinen Entscheidungsgründen für die Bestimmung des gewöhnlichen Arbeitsortes die **Tatsache**, dass der Arbeitnehmer sein **Büro und** seinen **Wohnsitz in einem Vertragsstaat** hatte, **von dort aus** seine **Arbeit verrichtete**, **dorthin** nach getaner Arbeit **zurückkehrte** und zum Zeitpunkt des Entstehens des Rechtsstreits seine Arbeit nur in diesem Staat verrichtete.[60]

---

55 EuGH 15.2.1989 EuGHE 1989, 341 – Société Six Constructions Ltd/Paul Humbert, Rdn. 14 f., 22.
56 EuGH 15.2.1989 EuGHE 1989, 341 – Société Six Constructions Ltd/Paul Humbert, Rdn. 14, 20.
57 EuGH 13.7.1993 EuGHE 1993, I-4075 – Mulox IBC Ltd/Hendrick Geels, Rdn. 26.
58 EuGH 13.7.1993 EuGHE 1993, I-4075 – Mulox IBC Ltd/Hendrick Geels, Rdn. 20, 24–26; Schlussanträge des GA *Jacobs* v. 26.5.1993, Rs C-125/92 – Mulox IBC Ltd/Hendrick Geels, Rdn. 7, 19–25.
59 EuGH 13.7.1993 EuGHE 1993, I-4075 – Mulox IBC Ltd/Hendrick Geels, Rdn. 3.
60 EuGH 13.7.1993 EuGHE 1993, I-4075 – Mulox IBC Ltd/Hendrick Geels, Rdn. 25.

27 **dd) Rutten.** In der Entscheidung *Rutten* befand der EuGH im Jahre 1997 erstmals über Art. 5 Nr. 1 EuGVÜ in seiner für das internationale Arbeitsprozessrecht wesentlichen Fassung von 1989. Er erkannte, dass sich Art. 5 Nr. 1 EuGVÜ auf den **Ort** beziehe, den der Arbeitnehmer **zum tatsächlichen Mittelpunkt seiner Berufstätigkeit** gemacht hat. In der Begründung wies er außerdem darauf hin, dass es sich um den Ort handele, an dem oder von dem aus der Arbeitnehmer den wesentlichen Teil der Verpflichtungen gegenüber seinem Arbeitgeber tatsächlich erfüllt.[61]

28 In dem zugrundeliegenden Sachverhalt lebte der Arbeitnehmer *Petrus Wilhelmus Rutten* in den Niederlanden und war bei einer niederländischen Tochtergesellschaft eines englischen Unternehmens beschäftigt.[62] Seine **Arbeitszeit** übte er zu **zwei Dritteln mit Tätigkeiten in den Niederlanden** aus, wo er auch ein **Büro** hatte, zu einem Drittel im Vereinigten Königreich, in Belgien, in Deutschland und in den USA.[63] Der Gerichtshof berücksichtigte in seinen Erwägungen, dass der Arbeitnehmer seine Tätigkeit zu zwei Dritteln in einem Vertragsstaat ausübte und in diesem Staat ein Büro hatte, von dem aus er die Arbeit für seinen Arbeitgeber organisierte und wohin er nach jeder Geschäftsreise zurückkehrte.[64]

29 **ee) Weber.** Im Urteil *Weber* aus dem Jahr 2002 entschied der EuGH, dass Art. 5 Nr. 1 EuGVÜ 1989 dahin auszulegen sei, dass der Ort, an dem der Arbeitnehmer gewöhnlich seine Arbeit verrichtet, der Ort sei, an dem oder von dem aus er **unter Berücksichtigung aller Umstände des Einzelfalls den wesentlichen Teil seiner Verpflichtungen** gegenüber seinem Arbeitgeber **tatsächlich erfüllt**.[65] Davon abgesehen wies er auch darauf hin, dass im Fall eines Arbeitnehmers, der seine Tätigkeit in mehreren Vertragsstaaten ausübe, grundsätzlich die **gesamte Dauer des Arbeitsverhältnisses** für die Bestimmung des Ortes, an dem der Arbeitnehmer gewöhnlich seine Arbeit verrichtet habe, **zu berücksichtigen** sei und dass dies mangels anderer Kriterien der Ort sei, an dem der Arbeitnehmer den **größten Teil seiner Arbeitszeit** geleistet hat.[66]

30 In dem zugrundeliegenden Sachverhalt arbeitete der Arbeitnehmer *Herbert Weber* mehrere Jahre immer als Koch auf **Schiffen und auf Einrichtungen am Festlandsockel**, einige Monate aber auch auf einem **in den dänischen Hoheitsgewässern eingesetzten Kranschiff**.[67] Der EuGH wies darauf hin, dass der Arbeitnehmer *Weber* – anders als die Arbeitnehmer *Geels* und *Rutten* in den zuvor erwähnten Entscheidung (Rdn. 25f. und 27f.) – nicht über ein Büro in einem Vertragsstaat verfügte, das den tatsächlichen Mittelpunkt seiner Tätigkeit gebildet und von dem aus er seine Verpflichtungen gegenüber seinem Arbeitgeber hauptsächlich erfüllt hätte.[68] Des Weiteren seien auch **qualitative Kriterien**, wie die Natur oder die Bedeutung der an verschiedenen Orten der Vertragsstaaten verrichteten Arbeit, **ohne jede Relevanz**, **weil** der Arbeitnehmer während des gesamten betroffenen Zeitraums **durchgehend dieselbe Tätigkeit ausgeübt** habe.[69] Daher sah der EuGH letztlich das zeitliche Kriterium als ausschlaggebend an

---

[61] EuGH 9.1.1997 EuGH 1997, I-57 – Petrus Wilhelmus Rutten/Cross Medical Ltd, Rdn. 23, 26f.
[62] EuGH 9.1.1997 EuGH 1997, I-57 – Petrus Wilhelmus Rutten/Cross Medical Ltd, Rdn. 2.
[63] EuGH 9.1.1997 EuGH 1997, I-57 – Petrus Wilhelmus Rutten/Cross Medical Ltd, Rdn. 5.
[64] EuGH 9.1.1997 EuGH 1997, I-57 – Petrus Wilhelmus Rutten/Cross Medical Ltd, Rdn. 25.
[65] EuGH 27.2.2002 EuGHE 2002, I-2013 – Herbert Weber/Universal Ogden Services Ltd, Rdn. 58.
[66] EuGH 27.2.2002 EuGHE 2002, I-2013 – Herbert Weber/Universal Ogden Services Ltd, Rdn. 58.
[67] EuGH 27.2.2002 EuGHE 2002, I-2013 – Herbert Weber/Universal Ogden Services Ltd, Rdn. 17, 21.
[68] EuGH 27.2.2002 EuGHE 2002, I-2013 – Herbert Weber/Universal Ogden Services Ltd, Rdn. 48.
[69] EuGH 27.2.2002 EuGHE 2002, I-2013 – Herbert Weber/Universal Ogden Services Ltd, Rdn. 51, 58.

und stellte im Grundsatz auf den Staat ab, an dem *Herbert Weber* den größten Teil seiner Arbeitszeit verbracht hatte.[70]

Gleichzeitig ließ der EuGH dem erkennenden Gericht eine **Hintertür** offen: Weise 31 aufgrund der tatsächlichen Umstände des jeweiligen Falles der Gegenstand des Rechtsstreits eine **engere Verknüpfung mit einem anderen Arbeitsort** auf, komme der in dem vorstehenden Absatz referierte Grundsatz nicht zum Tragen.[71] Wohl beispielhaft führt der EuGH den faktisch und einvernehmlich gewollten **Wechsel des gewöhnlichen Arbeitsortes** an. Es wäre, so der EuGH, auf den **letzten Beschäftigungsabschnitt** abzustellen, wenn der Arbeitnehmer, nachdem er eine gewisse Zeit an einem bestimmten Ort gearbeitet hat, anschließend dauerhaft an einem anderen Ort tätig sei, so dass nach dem klaren Willen der Parteien dieser Ort zu einem neuen gewöhnlichen Arbeitsort werden soll.[72] Erst wenn es – selbst nach Maßgabe dieser großzügigen Kriterien – „nur" mehrere gleich bedeutende Arbeitsorte gibt oder keiner der verschiedenen Orte, an denen der Arbeitnehmer seiner Berufstätigkeit nachgegangen ist, einen hinreichend festen und intensiven Bezug zu der geleisteten Arbeit aufweist, um für die Bestimmung des zuständigen Gerichts als Hauptbezugsort und damit als gewöhnlicher Arbeitsort angesehen zu werden, kommt die **einstellende Niederlassung** zum Zuge, die den Arbeitnehmer eingestellt hat.[73]

ff) Pugliese. Ein Jahr später, 2002, entschied der EuGH i.R.d. Art. 5 Nr. 1 EuGVÜ 1989 32 in der Entscheidung *Pugliese* über eine **spezielle Entsendekonstellation mit zwei Arbeitgebern**. Hier verrichtete die Arbeitnehmerin *Giulia Pugliese* ihre Arbeit nur in einem Vertragsstaat (München, Deutschland), in dem ihr die Versetzung zu einem anderen Arbeitgeber bewilligt wurde. Dabei handelte es sich jedoch nicht um den Ort, der in dem Arbeitsvertrag festgelegt worden war, den sie mit dem ersten Arbeitgeber geschlossen hatte (Turin, Italien).[74] In Bezug auf den Rechtsstreit zwischen der Arbeitnehmerin *Pugliese* und dem ersten Arbeitgeber erkannte der EuGH, dass der **Ort**, an dem jene ihre **Verpflichtungen gegenüber einem zweiten Arbeitgeber erfüllt** habe, **als der Ort** angesehen werden könne, an dem sie **gewöhnlich ihre Arbeit** verrichtet habe, wenn der **erste Arbeitgeber** zum Zeitpunkt des Abschlusses des zweiten Vertrags selbst **ein Interesse an der Erfüllung der** von der Arbeitnehmerin für den zweiten Arbeitgeber an einem von diesem bestimmten Ort **zu erbringenden Leistung hatte**.[75] Bestand dieses Interesse des ersten Arbeitgebers, war es möglich, mit Hilfe des so ermittelten gewöhnlichen Arbeitsortes das international zuständige Gericht zu bestimmen, das für die Entscheidung des Rechtsstreits zwischen der Arbeitnehmerin und dem ersten Arbeitgeber zuständig war.

In dem zugrundeliegenden Sachverhalt ging es um die italienische Arbeitnehmerin 33 *Giulia Pugliese*, die bei einer italienischen Gesellschaft mit Sitz in Turin (Italien) beschäftigt war, der jedoch eine Versetzung an einen Arbeitsplatz in einer Gesellschaft mit Sitz in München bewilligt wurde, mit der sie ebenfalls einen Arbeitsvertrag schloss.[76] Der EuGH hatte vor dem Hintergrund zu entscheiden, dass die Arbeitnehmerin nacheinander zwei Arbeitsverträge mit zwei verschiedenen Arbeitgebern schloss, wobei der erste Ar-

---

70 EuGH 27.2.2002 EuGHE 2002, I-2013 – Herbert Weber/Universal Ogden Services Ltd, Rdn. 58.
71 EuGH 27.2.2002 EuGHE 2002, I-2013 – Herbert Weber/Universal Ogden Services Ltd, Rdn. 53, 58.
72 EuGH 27.2.2002 EuGHE 2002, I-2013 – Herbert Weber/Universal Ogden Services Ltd, Rdn. 54.
73 EuGH 27.2.2002 EuGHE 2002, I-2013 – Herbert Weber/Universal Ogden Services Ltd, Rdn. 55.
74 EuGH 10.4.2003 EuGHE 2003, I-3573 – Pugliese/Finmeccanica, Rdn. 20.
75 EuGH 10.4.2003 EuGHE 2003, I-3573 – Pugliese/Finmeccanica, Rdn. 26.
76 EuGH 10.4.2003 EuGHE 2003, I-3573 – Pugliese/Finmeccanica, Rdn. 4, 5, 7.

beitgeber über den Vertragschluss mit dem zweiten Arbeitgeber informiert war und der Aussetzung des ersten Arbeitsvertrags zugestimmt hatte (sog. Rumpf- und Lokalarbeitsverhältnis, Rdn. 74 ff.).[77]

34   Das Vorliegen des oben beschriebenen **Interesses des Arbeitgebers** sei, so führt der EuGH aus, umfassend unter **Berücksichtigung aller Umstände des Einzelfalls** zu beurteilen. Zu den **relevanten Kriterien**, mit denen ein solches Arbeitgeberinteresse bejaht werden könne, würden **insbesondere** gehören: (1) Die Tatsache, dass beim Abschluss des ersten Vertrages der Abschluss des zweiten Vertrages beabsichtigt war, (2) Die Tatsache, dass der erste Vertrag im Hinblick auf den Abschluss des zweiten Vertrages geändert wurde, (3) Die Tatsache, dass eine organisatorische oder wirtschaftliche Verbindung zwischen den beiden Arbeitgebern besteht, (4) Die Tatsache, dass es eine Vereinbarung zwischen den beiden Arbeitgebern gibt, die einen Rahmen für das Nebeneinanderbestehen der beiden Verträge vorsieht, (5) Die Tatsache, dass der erste Arbeitgeber weisungsbefugt gegenüber dem Arbeitnehmer bleibt und schließlich (6) Die Tatsache, dass der erste Arbeitgeber über die Dauer der Tätigkeit des Arbeitnehmers beim zweiten Arbeitgeber bestimmen kann.[78]

35   I.E. bejahte der EuGH das Vorhandensein dieses Interesses auf Seiten des ersten Arbeitgebers; damit war das ArbG München international und örtlich für die Streitigkeit aus dem italienischen Rumpfarbeitsverhältnis zuständig.[79]

36   **gg) Koelzsch.** In der Entscheidung *Koelzsch* übertrug der EuGH im Jahre 2011 seine zu Art. 5 Nr. 1 EuGVÜ judizierten Grundsätze auf Art. 6 Abs. 2 lit. a) EVÜ – und letztlich auch auf Art. 8 Abs. 2 Rom I-VO – und im Ergebnis zudem auf Art. 19 Nr. 2 lit. a) a.F.[80] Er urteilte, dass, wenn der **Arbeitnehmer seine Tätigkeit in mehreren Vertragsstaaten ausübe**, der Staat, in dem er in Erfüllung des Vertrags gewöhnlich seine Arbeit verrichtet, derjenige sei, in dem oder von dem aus er unter Berücksichtigung sämtlicher Gesichtspunkte, die diese Tätigkeit kennzeichnen, seine Verpflichtungen gegenüber seinem Arbeitgeber im Wesentlichen erfüllt. Es gehe um den Ort, an dem oder von dem aus der Arbeitnehmer seine berufliche Tätigkeit tatsächlich ausübe, und, in Ermangelung eines Mittelpunkts der Tätigkeit, auf den Ort, an dem er den größten Teil seiner Arbeit ausübe.[81]

37   Der zugrundeliegende Sachverhalt betraf den **Lkw-Transportverkehr** (europaweite Beförderung von Blumen) und ist bereits von seiner Prozessgeschichte her interessant. Eingekleidet in eine Staatshaftungsklage gegen das Großherzogtum Luxemburg rügte der Arbeitnehmer und Lkw-Fahrer *Heiko Koelzsch* einen Verstoß der luxemburgischen Gerichte gegen Art. 6 Abs. 2 lit. a) EVÜ. Diese Gerichte hatten über eine **Schadensersatzklage aufgrund einer nichtigen Kündigung** zu entscheiden, die der Arbeitnehmer gegen das in Luxemburg ansässige internationale Fuhrunternehmen Ove Ostergaard Luxembourg SA erhoben hatte.[82] Der Arbeitsvertrag sah eine **Rechtswahl zugunsten luxemburgischen Arbeitsrechts und eine Gerichtsstandsklausel** vor, die die **luxemburgischen Gerichte für ausschließlich zuständig** erklärte. Der **Arbeitnehmer** hatte seinen **Wohnsitz in Osnabrück**, von wo aus ein Großteil der grenzüberschreitenden

---

77 EuGH 10.4.2003 EuGHE 2003, I-3573 – Pugliese/Finmeccanica, Rdn. 13.
78 EuGH 10.4.2003 EuGHE 2003, I-3573 – Pugliese/Finmeccanica, Rdn. 24.
79 EuGH 10.4.2003 EuGHE 2003, I-3573 – Pugliese/Finmeccanica, Rdn. 26.
80 EuGH 15.3.2011 EuGHE 2011, I-1595 – Koelzsch, Rdn. 33, 45 f.; s.a. *Lüttringhaus* RabelsZ 2013, 31, 39; *ders.* IPRAX 2011, 554; *Junker* FS Gottwald, 293, 300 m.w.N.
81 EuGH 15.3.2011 EuGHE 2011, I-1595 – Koelzsch, Rdn. 50, 45.
82 Der Kläger *Heike Koelzsch* hatte den Arbeitsvertrag mit der noch anders firmierenden Gasa Spedition Luxembourg geschlossen.

Lkw-Fahrten begann und auch endete. Fraglich war, ob nicht über Art. 6 Abs. 2 lit. a) EVÜ deutsches Arbeitsrecht objektives Vertragsstatut war und damit der Arbeitnehmer trotz der Rechtswahl zumindest auch von deutschen – insoweit günstigeren – Vorschriften zum besonderen Kündigungsschutz profitieren konnte.

Für die Ermittlung des **objektiven Arbeitsvertragsstatuts** kam es vor allem darauf 38 an, ob der gewöhnliche Arbeitsort auch den **Ort umfasst, von dem aus der Arbeitnehmer seine Tätigkeit verrichtet.** Nachdem der EuGH dies bejaht hatte, führte er bezüglich der Vorgehensweise zur Ermittlung dieses Ortes aus, dass das vorlegende Gericht **„unter Berücksichtigung des Wesens der Arbeit im internationalen Transportsektor" sämtlichen Gesichtspunkten** Rechnung tragen müsse, die die **Tätigkeit des Arbeitnehmers kennzeichnen** würden. Für diese Zwecke müsse es **insbesondere ermitteln**, in welchem Staat sich der Ort befände, von dem aus der Arbeitnehmer seine Transportfahrten durchführen, Anweisungen zu diesen Fahrten erhalten und seine Arbeit organisieren würde. Ebenso relevant sei der Ort, an dem sich die Arbeitsmittel befänden. Das vorlegende Gericht müsse darüber hinaus prüfen, an welche Orte die Waren hauptsächlich transportiert und wo sie entladen würden. Schließlich sei auch von Bedeutung, wohin der Arbeitnehmer nach seinen Fahrten zurückkehre.[83]

hh) Voogsgeerd. Diese Grundsätze aus der Entscheidung *Koelzsch* übertrug der 39 EuGH schließlich noch im selben Jahr in der Entscheidung *Voogsgerd* auf den **Schiffsfrachtverkehr.**[84] Die Entscheidung befasste sich ebenfalls mit Art. 6 Abs. 2 lit. a) EVÜ. Nach Auffassung des EuGH liege der gewöhnliche Arbeitsort in demjenigen Staat, in dem oder von dem aus der Arbeitnehmer unter Berücksichtigung sämtlicher Umstände, die diese Tätigkeit kennzeichnen, seine Verpflichtungen gegenüber seinem Arbeitgeber im Wesentlichen erfüllen würde. Maßgeblich sei der **Ort, an dem oder von dem aus der Arbeitnehmer seine berufliche Tätigkeit tatsächlich ausübe,** und, **in Ermangelung eines Mittelpunkts seiner Tätigkeiten,** auf den **Ort, an dem er den größten Teil seiner Arbeit verrichte.**[85]

Der zugrundeliegende Sachverhalt betraf – etwas vereinfacht – einen Rechtsstreit 40 zwischen dem Arbeitnehmer und Schiffsingenieur *Jan Voogsgeerd* mit Wohnsitz in Zandvoort (Niederlande), und der Navimer SA, einem in Mertert (Luxemburg) ansässigen Unternehmen, wegen der **Zahlung einer Kündigungsentschädigung** aufgrund der Beendigung des Arbeitsverhältnisses zwischen *Voogsgeerd* und der Navimer SA. Jener hatte vom August 2001 bis zum April 2002 als Erster Maschinist an Bord der Navimer SA gehörenden Schiffe MS Regina und Prince Henri gearbeitet. **Einsatzgebiet war die Nordsee.** Streitentscheidend war die Frage, ob sich nicht aufgrund eines **günstigeren objektiven Vertragsstatuts die Nichtanwendbarkeit einer scharfen Ausschlussfrist** ergab, die kraft Rechtswahl (luxemburgisches Arbeitsrecht) grundsätzlich Anwendung fand. Dazu musste der **gewöhnliche Arbeitsort gem. Art. 6 Abs. 2 lit. a) EVÜ in Belgien** liegen.

Insoweit argumentierte *Voogsgeerd* u.a., er habe seine **Arbeit hauptsächlich in** 41 **Belgien verrichtet**, wo er die Anweisungen von der Naviglobe NV mit Sitz in Antwerpen entgegengenommen habe und wohin er nach jeder Reise zurückgekehrt sei. Konkret habe es sich bei Antwerpen immer um den Ort gehandelt, an dem er an Bord der Schiffe gegangen sei und von wo aus er die Anweisungen von Naviglobe NV zu jeder seiner Fahrten entgegengenommen habe.

---

83 EuGH 15.3.2011 EuGHE 2011, I-1595 – Koelzsch, Rdn. 48 f.
84 Zu dieser Übertragung s. Schlussanträge der GA Trstenjak v. 8.9.2011, Rs C-384/10 – Voogsgeerd, Rdn. 58.
85 EuGH 15.12.2011 EuGHE 2011, I-13275 – Jan Voogsgeerd/Navimer SA, Rdn. 41, 37.

42 Ähnlich wie in der Entscheidung *Koelzsch* wies der **EuGH** darauf hin, dass für die **Ermittlung des gewöhnlichen Arbeitsortes** unter Berücksichtigung des Wesens der Arbeit in der Seefahrt **sämtliche Umstände** in Betracht zu ziehen seien, **die die Tätigkeit des Arbeitnehmers kennzeichnen**. Insbesondere habe das vorlegende Gericht zu bestimmen, in welchem Staat sich der Ort befindet, von dem aus der Arbeitnehmer seine Transportfahrten durchführt, Anweisungen zu diesen Fahrten erhält und seine Arbeit organisiert. Ebenso habe es den Ort zu identifizieren, an dem sich seine Arbeitsmittel befinden.[86]

43 Wenn aus den festgestellten Kriterien hervorgehe, dass der **Ort**, von dem aus der Arbeitnehmer seine Transportfahrten durchführt und auch die Anweisungen für seine Fahrten erhält, **immer derselbe ist**, dann sei er als der Ort anzusehen, an dem der Arbeitnehmer gewöhnlich seine Arbeit verrichtet.[87] Sofort im Anschluss zu dieser Art der Ermittlung des gewöhnlichen Arbeitsortes gibt der **EuGH** einen **alternativen Hinweis**, wann das Vorlagegericht ebenfalls von einem solchen gewöhnlichen **Arbeitsort** ausgehen könne. Das sei dann der Fall, wenn erstens der Ort der **tatsächlichen Beschäftigung**, zweitens der Ort, an dem der **Arbeitnehmer** seine **Anweisungen** erhält, und schließlich drittens der Ort, an dem er **sich melden muss**, bevor er seine Fahrten durchführt, **in demselben Staat** lägen.[88]

44 **ii) Nogueira.** Das jüngste EuGH-Urteil *Nogueira* ist die **erste Entscheidung zu Art. 19 Nr. 2 lit. a) a.F.** und überträgt den Inhalt der Entscheidungen *Koelzsch* und *Voogsgeerd* sinngemäß auf die Brüssel I-VO.[89] Der Sachverhalt betrifft die **Personenbeförderung in der Zivilluftfahrt** und handelt von den Arbeitnehmern *Nogueira*, *Perez-Ortega*, *Mauguit*, *Sanchez-Odogherty*, *Sanchez-Navarro* und *Moreno-Osacar*, die entweder als **Flugpersonal** bei dem sog. Billigflieger *Ryanair* beschäftigt waren oder diesem Unternehmen durch den Dienstleister *Crewlink* als **Kabinenpersonal** (Stewardessen und Stewards) zur Verfügung gestellt wurden. *Ryanair* und *Crewlink* sind in Irland ansässige Gesellschaften.

45 Soweit an dieser Stelle von Interesse[90] sahen die Arbeitsverträge u.a. vor, dass die von den betroffenen Arbeitnehmern als Mitglieder des Kabinenpersonals erbrachten **Arbeitsleistungen als in Irland erbracht** anzusehen sind, da sie an Bord von **Flugzeugen** erbracht werden, die **in Irland registriert** sind. Allerdings wurde in den Verträgen der **belgische Flughafen Charleroi als „Heimatbasis"** der Arbeitnehmer angegeben. Diese begannen und beendeten ihre Arbeitstage an diesem und waren vertraglich verpflichtet, nicht weiter als eine Stunde von ihrer „Heimatbasis" entfernt zu wohnen.

46 Im Jahre 2011 erhoben die sechs o.g. Arbeitnehmer Klage bei den belgischen Gerichten. Sie waren der Auffassung, diese Gesellschaften seien verpflichtet, die **belgischen Rechtsvorschriften einzuhalten und anzuwenden**, und die **belgischen Gerichte** seien für **ihre Klagen international zuständig**. Die Cour du travail de Mons ersuchte den EuGH um Auslegung des gewöhnlichen Arbeitsortes i.S.d. Art. 19 Nr. 2 lit. a) a.F. unter

---

[86] EuGH 15.12.2011 EuGHE 2011, I-13275 – Jan Voogsgeerd/Navimer SA, Rdn. 38.
[87] EuGH 15.12.2011 EuGHE 2011, I-13275 – Jan Voogsgeerd/Navimer SA, Rdn. 39.
[88] EuGH 15.12.2011 EuGHE 2011, I-13275 – Jan Voogsgeerd/Navimer SA, Rdn. 40.
[89] EuGH 14.9.2017 NZA 2017, 1477, 1478 ff. – Nogueira u.a./Crewlink Ireland Ltd und Ryanair Designated Activity Company, Rdn. 45–48, 55 f., 62 f. m. Anm. *Mankowski* EWiR 2017, 739 f. und *Ulrici* jurisPR-ArbR 43/2017 Anm. 5; s.a. die Vorlageentscheidung des Arbeitsgerichtshof Mons 18.3.2016 ArbuR 2016, 469 ff. m. Anm. *Walter*.
[90] Die Entscheidung thematisiert auch die Zulässigkeit einer ausschließlichen Gerichtsstandsklausel, vgl. hierzu die Ausführungen bei Art. 23 Rdn. 13.

besonderer Berücksichtigung des Luftverkehrssektors und der Vorschriften, die in diesem Bereich zu beachten sind.

Ebenso wie in den Entscheidungen *Koelzsch* und *Voogsgeerd* musste sich der EuGH zur sog. *base rule* verhalten. Er bestätigt die zu Art. 6 EVÜ ergangenen Grundsätze und sein Diktum ist daher als **wichtiges Präjudiz** für Art. 21 Abs. 1 lit. b) i) anzusehen, in welchem der Verordnungsgeber die **„von dem aus"-Klausel** nun ausdrücklich kodifiziert hat. Insbesondere betont der EuGH die Notwendigkeit, dass der Ort, von dem aus der Arbeitnehmer den wesentlichen Teil seiner Verpflichtungen gegenüber dem Arbeitgeber erfüllt, **mit Hilfe einer indiziengestützten Methode ermittel**t werden muss (hierzu oben Rdn. 38, 42). Das habe den Zweck, der Realität der Rechtsbeziehungen besser Rechnung zu tragen und Strategien – wohl des Arbeitgebers – entgegenzuwirken, die die *base rule* missbrauchen, um den von ihr intendierten Arbeitnehmerschutz zu umgehen.[91] 47

Geht es um Verkehrsdienstleistungen, müssen die Fachgerichte vor allem ermitteln, in welchem Mitgliedstaat der Ort liegt, von dem aus der Arbeitnehmer diese Dienstleistungen erbringt, an den er danach zurückkehrt, an dem er Anweisungen dazu erhält und seine Arbeit organisiert und an dem sich die Arbeitsmittel befinden. Unter Umständen ist außerdem der Ort zu berücksichtigen, an dem das Transportmittel stationiert ist, in dem die Arbeitnehmer gewöhnlich ihre Tätigkeit verrichten. In diesem Zusammenhang **betont der EuGH, dass die „von dem aus"-Klausel mit keinem Begriff aus einem anderen Unionsrechtsakt gleichgesetzt werden kann**.[92] Dieser inhärent autonome Charakter des Art. 21 Abs. 1 lit. b) i) setzt sich vor allem dann gegen einschlägige Begrifflichkeiten in anderen Rechtsakten durch, wenn diese **gänzlich andere Ziele verfolgen** als die Art. 20 bis 23.[93] 48

Diese Auffassung des EuGH hat im konkreten Fall zwei Konsequenzen: Erstens bedeutet sie, dass der Unternehmer den **gewöhnlichen Arbeitsort** bspw. **allein auf Grundlage** des technischen Begriffs der **„Heimatbasis"**, den einige Unionsrechtsakte verwenden,[94] **nicht einseitig fixieren kann**. Denn ein solches Vorgehen **widerspricht** der **Notwendigkeit, mit Hilfe mehrerer Indizien** den gewöhnlichen Arbeitsort im Wege einer **Gesamtbetrachtung** zu **ermitteln**. Gleichwohl kann eine im Arbeitsvertrag fixierte Heimatbasis ein wichtiges Indiz – unter mehreren – sein, um den Ort zu bestimmen, von dem aus der Arbeitnehmer gewöhnlich seine Arbeit verrichtet.[95] 49

Zweitens **scheidet** nach Auffassung des EuGH zudem die **Möglichkeit aus**, die „von dem aus"-Klausel **mit Hilfe völkerrechtlicher Anknüpfungen**, wie dem Konzept der 50

---

91 EuGH 14.9.2017 NZA 2017, 1477, 1479 f. – Nogueira u.a./Crewlink Ireland Ltd und Ryanair Designated Activity Company, Rdn. 60–62.
92 EuGH 14.9.2017 NZA 2017, 1477, 1480 – Nogueira u.a./Crewlink Ireland Ltd und Ryanair Designated Activity Company, Rdn. 63–65. Damit kann der EuGH freilich nicht die Rom Verordnungen gemeint haben, insbesondere Art. 8 Rom I-VO; das wäre vor dem Hintergrund des Auslegungszusammenhanges ansonsten extrem widersprüchlich. Methodisch verschafft sich der EuGH auf diese Weise eine *carte blanche*, sachlich – entfernt – einschlägige Rechtsquellen zu berücksichtigen oder eben nicht.
93 EuGH 14.9.2017 NZA 2017, 1477, 1480 – Nogueira u.a./Crewlink Ireland Ltd und Ryanair Designated Activity Company, Rdn. 74 zur VO 883/2004/EG, ABl. EG L 166 v. 30.4.2004, S. 1 ff.; vgl. hierzu den Erwägungsgrund Nr. 1 der VO 883/2004/EG.
94 Vgl. Anhang III der VO 3922/91/EWG, ABl. EG L 373 v. 31.12.1991, S. 4 ff. – freilich aufgehoben durch Art. 69 Abs. 3 VO 216/2008/EU, ABl. EU L 79 v. 19.3.2008, S. 1, 27. Die einschlägige Vorschrift lautete: „Der Luftfahrtunternehmer hat für jedes Besatzungsmitglied die Heimatbasis anzugeben." Vgl. ebenso Art. 11 Abs. 5 und Erwägungsgrund Nr. 18b der VO 883/2004/EG, ABl. EG L 166 v. 30.4.2004, S. 1 ff. sowie ABl. EU L 149 v. 8.6.2012, S. 4 ff.
95 Zu der Grenze der Relevanz einer Heimatbasis s. EuGH 14.9.2017 NZA 2017, 1477, 1480 – Nogueira u.a./Crewlink Ireland Ltd und Ryanair Designated Activity Company, Rdn. 73 [engere Verknüpfung mit einem anderen Ort aufgrund einer Gesamtbetrachtung aller Umstände].

Staatszugehörigkeit (dazu Art. 20 Rdn. 88f. sowie unten Rdn. 28ff.), inhaltlich **aufzufüllen**. Namentlich erteilt der EuGH dem **Registerprinzip** nach Art. 17 Chicagoer Abkommen eine deutliche und apodiktisch formulierte **Absage** (unten Rdn. 108, 111).[96] Die *base rule* ist also nicht mit dem Registerprinzip gleichzusetzen. Die **Präjudizwirkung** dieser Aussage des EuGH im Hinblick auf andere Prinzipien, staatliche Hoheitsgewalt über Transportmittel zu legitimieren (vor allem bezüglich des **Flaggenprinzips bei Schiffen**), ist **erdrückend** und lässt einen Schluss zu: Das Flaggenprinzip hat i.R.d. Art. 21 als Anknüpfungspunkt ausgedient (s. Rdn. 108).

51   **c) Allgemeine Leitlinien.** Diese EuGH-Urteile sind sicherlich nicht aus einem Guss entstanden, zumal sie teilweise unterschiedlich formuliert sind. Versucht man, allgemeine Leitlinien aus ihnen herauszudestillieren, so verdeutlichen diese zuvörderst, dass der Begriff des **gewöhnlichen Arbeitsortes** – der EuGH spricht auch synonym vom hauptsächlichen Arbeitsort[97] – **sehr weit auszulegen** ist.[98] Kodifizierter Ausdruck dessen ist die Normierung der „von dem aus"-Klausel (sog. *base rule*), die ihrerseits bis zur EuGH-Entscheidung *Mulox* zurückverfolgt werden kann[99] und den Anwendungsbereich des gewöhnlichen Arbeitsortes merklich vergrößert hat.[100] Dahinter steckt eine letztlich **stark getriebene, teleologische Begriffsbildung**, die aufgrund des **Gedankens des Arbeitnehmerschutzes** versucht, das Arbeitsverhältnis – wenn irgend möglich – räumlich in diejenige beständige Prozess- und Arbeitsrechtsordnung einzubetten, die dem Arbeitnehmer geschäftlich und politisch am nächsten steht, weil er dort seiner wirtschaftlichen und sozialen Tätigkeit nachgeht.[101] Das ist noch weiter formuliert als in der EuGH-Entscheidung *Shenavai* von 1987. In dieser betonte der EuGH die Andersartigkeit von Arbeitsverträgen. Er wies auf die Besonderheit hin, dass diese eine dauerhafte Beziehung begründen, durch die der Arbeitnehmer in einer bestimmte Weise in den Betrieb des Unternehmens oder des Arbeitgebers eingegliedert werde, und als ihr räumlicher Bezugspunkt der Ort der Tätigkeit als der für die Anwendung von Vorschriften zwingenden Rechts und von Tarifverträgen maßgebliche Ort sei.[102]

---

96   EuGH 14.9.2017 NZA 2017, 1477, 1480 – Nogueira u.a./Crewlink Ireland Ltd und Ryanair Designated Activity Company, Rdn. 75f. Während alle Mitgliedstaaten der EU an das Chicagoer Abkommen gebunden und Mitglied der Internationalen Zivilluftfahrtorganisation (ICAO) sind, ist die EU mangels Beitritts an das Abkommen nicht gebunden, vgl. hierzu EuGH 21.12.2011 EuGHE 2011, I-13755 – Air Transport Association of America, Rdn. 63, 71.
97   Bspw. EuGH 9.1.1997 EuGH 1997, I-57 – Petrus Wilhelmus Rutten/Cross Medical Ltd, Rdn. 15; EuGH 27.2.2002 EuGHE 2002, I-2013 – Herbert Weber/Universal Ogden Services Ltd, Rdn. 43, 48; *Holl* IPrax 1997, 88, 90; Staudinger/*Hausmann* Verfahrensrecht für Internationale Verträge Rdn. 214; gegen die Gleichsetzung Rauscher/*Mankowski* Art. 21 Rdn. 9.
98   Ausdrücklich EuGH 14.9.2017 NZA 2017, 1477, 1479 – Nogueira u.a./Crewlink Ireland Ltd und Ryanair Designated Activity Company, Rdn. 57; Staudinger/*Hausmann* Verfahrensrecht für Internationale Verträge Rdn. 214.
99   EuGH 13.7.1993 EuGHE 1993, I-4075 – Mulox IBC Ltd/Hendrick Geels, Rdn. 24–26.
100   EuGH 14.9.2017 NZA 2017, 1477, 1479 – Nogueira u.a./Crewlink Ireland Ltd und Ryanair Designated Activity Company, Rdn. 57; EuGH 15.3.2011 EuGHE 2011, I-1595 – Koelzsch; EuGH 15.12.2011 EuGHE 2011, I-13275 – Jan Voogsgeerd/Navimer SA.
101   EuGH 14.9.2017 NZA 2017, 1477, 1479 – Nogueira u.a./Crewlink Ireland Ltd und Ryanair Designated Activity Company, Rdn. 50; EuGH 15.3.2011 EuGHE 2011, I-1595 – Koelzsch, Rdn. 42; Schlussanträge der GA Trstenjak v. 16.12.2010, Rs C-29/10 – Koelzsch, Rdn. 50 unter Verweis auf *Plender/Wilderspin* The European Private International Law of Obligations (2009) 316; in diese Richtung auch BAG 27.1.2011 NZA 2011, 1309, 1311. Dabei sind die räumlichen Grenzen des Art. 21 Abs. 1 lit. b) i) – „in einem Mitgliedstaat" – im Unterschied zu dem insoweit offen formulierten Art. 8 Abs. 2 Rom I-VO zu beachten. Distanzierter zu diesen Topoi wohl Rauscher/*Mankowski* Art. 21 Rdn. 8 a.E.; noch distanzierter NK-GA/*Ulrici* Art. 21 Rdn. 7.
102   EuGH 15.1.1987 EuGHE 1987, 239 – Shenavai/Kreischer, Rdn. 16.

Mit dieser Auslegungsmaxime korrespondiert der Umstand, dass selbst die **konkre-** 52
tisierenden Obersätze zu dem auslegungsbedürftigen Rechtsbegriff „**gewöhnlicher**
Arbeitsort" und seinem kodifizierten Umfeld **ihrerseits wiederum von einer begriffli-**
chen-teleologischen Weite geprägt sind. Es ist auf den Ort abzustellen, an dem oder
von dem aus der Arbeitnehmer den wesentlichen Teil seiner Verpflichtungen gegenüber
dem Arbeitgeber tatsächlich erfüllt. Dieser Ort ist unter Berücksichtigung der **Umstände**
jedes Einzelfalls zu bestimmen. Selbst eine Art „Ausweichklausel" hält der EuGH bereit,
obwohl Absatz 1 lit. b) i) doch ein ausdrückliches Pendant wie Art. 8 Abs. 4 Rom I-VO
fehlt (zur Entsendeklausel s. Rdn. 71).[103] Weist aufgrund der tatsächlichen Umstände des
Einzelfalls des Rechtsstreits eine engere Verknüpfung mit einem anderen Arbeitsort auf,
entbindet der EuGH die nationalen Fachgerichte davon, allgemeine Grundsätze für typisierbare Konstellationen anzuwenden.[104] Mehr **Freiraum kann** einem mitgliedstaatlichen Fach- und Verfassungsgericht **kaum eingeräumt werden**, solange es nicht
eigenständig den Kanon der rechtlichen Bewertungskriterien i.R.d. konkretisierenden
Obersätze verändert.[105]

Diese Auslegungsflexibilität spiegelt sich auch bei den zu verwendenden Kriterien 53
und der Subsumtion wider. Bei der **Gesamtwürdigung** der konkreten Einzelfallumstände soll das **Wesen der jeweiligen Tätigkeit** mitbedacht werden.[106] Die von den Fachgerichten dabei zu verwendenden **Kriterien** bzw. **Indizien** sind einerseits **qualitativ** und
mithin **arbeitsvertragsbezogen**, andererseits **quantitativ** und damit **zeitlich**. Die Kriterien sind deshalb allgemein arbeitsvertragsbezogen, weil die neuere Rechtsprechung
den strengen Blick auf den Erfüllungsort der Hauptleistungspflicht des Arbeitnehmers
gelöst und sich hiervon emanzipiert hat. Im Vordergrund steht eine raumbezogene Verortung des gesamten Leistungs- und Pflichtenbündels des Arbeitnehmers. Eine **Bewer-**
tung der einzelnen vom Arbeitnehmer **geschuldeten Pflichten** nach hierarchischen
Kriterien **findet nicht mehr statt**.[107] Auch die vom Arbeitgeber an den Arbeitnehmer
erteilten Weisungen sind zu berücksichtigen (s.a. Rdn. 48).[108] Ein gewöhnlicher Arbeitsort kann selbst dann noch an einem bestimmten Ort bejaht werden, wenn der Arbeitnehmer seine Tätigkeit von dort aus nur organisiert.[109] Das Arbeitsverhältnis wird ganz-
heitlich aus der Perspektive des Arbeitnehmers betrachtet, um es mit Hilfe einer **Mixtur**
von arbeitsvertragsbezogenen und zeitlichen Kriterien bzw. Indizien einem interna-

---

103 Ebenso Stein/Jonas/*Wagner* Art. 19 a.F. Rdn. 16 a.E.; *Garber* FS Kaissis, 221, 225; *Junker* FS Gottwald, 293, 295, 302f.; s.a. NK-GA/*Ulrici* Art. 21 Rdn. 5.
104 EuGH 27.2.2002 EuGHE 2002, I-2013 – Herbert Weber/Universal Ogden Services Ltd, Rdn. 53, 58.
105 Zu diesem Gesichtspunkt GA *Saugmandsgaard Øe*, Schlussanträge v. 27.4.2017, Rs C-168 u.a. – Nogueira u.a./Crewlink Ireland Ltd und Ryanair Designated Activity Company, Rdn. 107: „Während die Festlegung dieser Indizien Sache des Gerichtshofs ist, obliegt es dem vorlegenden Gericht, sie konkret in den Ausgangsverfahren anzuwenden".
106 EuGH 15.3.2011 EuGHE 2011, I-1595 – Koelzsch, Rdn. 48; EuGH 15.12.2011 EuGHE 2011, I-13275 – Jan Voogsgeerd/Navimer SA, Rdn. 38.
107 Bei einem Handelsvertreter dürfte qualitativ eine der wichtigsten Leistungen die Kundenakquise sein, bspw. am Ort des Kunden. Dasselbe gilt allgemein für Leistungen des Arbeitnehmers, mit denen der Arbeitgeber im Außenverhältnis seine eigenen vertraglichen Verpflichtungen erfüllt; für die diesbezügliche strikte Trennung von Außen- und Innenverhältnis Rauscher/*Mankowski* Art. 21 Rdn. 13. Zu diesem Aspekt der Hierarchie im nationalen Zuständigkeitsrecht *Weber* FS Leinemann, 655, 658ff.
108 EuGH 14.9.2017 NZA 2017, 1477, 1480 – Nogueira u.a./Crewlink Ireland Ltd und Ryanair Designated Activity Company, Rdn. 63; strikt dagegen und für eine Trennung nach Arbeitnehmer und Arbeitgeber Rauscher/*Mankowski* Art. 21 Rdn. 11f., 63, 67; in diese Richtung auch *Lüttringhaus/Schmidt-Westphal* EuZW 2012, 2012, 139, 140 a.E.
109 EuGH 14.9.2017 NZA 2017, 1477, 1480 – Nogueira u.a./Crewlink Ireland Ltd und Ryanair Designated Activity Company, Rdn. 63.

tionalen und örtlichen *forum* eines Mitgliedstaates zuordnen zu können, in welches der Arbeitnehmer sozial, wirtschaftlich, politisch und rechtlich eingebettet ist.[110]

54 Ungeachtet dieser Flexibilität lässt sich feststellen, dass die **Rechtsprechung des EuGH** für die Gerichte der Vertrags- und Mitgliedstaaten in der Praxis durchaus **handhabbar** ist, **typisierbare Ergebnisse** produzieren und damit eine gewisse **Rechtssicherheit** erzeugen kann. Das dürfte vor allem daran liegen, dass die einschlägigen Urteile zum EuGVÜ – bei immer vorhandener Möglichkeit einer abweichenden Einzelfallprüfung – **vier harte Kriterien** hervorgebracht hat:

55 Erstens kommt es nur auf die **tatsächliche Art und Weise der Tätigkeitsausübung** an; anderweitige rechtliche Gestaltungen bzw. Manipulationen sind unberücksichtigt zu lassen.[111]

56 Zweitens ist der Tatsache, dass der Arbeitnehmer über ein **eigenes Büro am Wohnsitz** verfügt, eine erhebliche Bedeutung beizumessen.[112]

57 Drittens ist von einem gewöhnlichen Arbeitsort in einem Vertrags- bzw. Mitgliedstaat auszugehen, wenn der Arbeitnehmer dort auf jeden Fall **zwei Drittel seiner Arbeitszeit** verbracht hat;[113] mitgliedstaatliche Rechtsprechung und Lehre verorten diese indizielle Schwelle schon bei 60 Prozent.[114]

58 Viertens lässt sich darüber hinaus unter Berücksichtigung der beiden zum EVÜ ergangenen Urteile *Koelzsch*, *Voogsgeerd*, die freilich auf Absatz 1 lit. b) i) übertragbar sind (Rdn. 44, 109 f.), sowie der jüngsten EuGH-Entscheidung *Nogueira* (Rdn. 44 ff.), feststellen, dass die **qualitative Kraft der „von dem aus"-Tatbestandsalternative immens** ist. Die jüngere Rechtsprechung des EuGH gibt diesem Ort für sich genommen ein eigenständiges und sogar **fallentscheidendes Gewicht** unabhängig von zeitlichen Vorgaben, also quantitativen Kriterien. Das kann man daran erkennen, dass im Fernverkehr und in der Seefahrt die eigentliche Arbeit „on the road" bzw. auf der See erbracht wird und in quantitativ-prozentualer Hinsicht den Ort, von dem man aus startet und Anweisungen erhält, bei weitem übertreffen dürfte. Unerheblich sind dann konsequenterweise auch Zeitanteile, die der Arbeitnehmer an anderen Orten ggf. in anderen Mitgliedstaaten mit Blick auf seine geschuldete Tätigkeit abgeleistet hat.

59 **Diese deutliche Aufwertung der „von dem aus"-Tatbestandsalternative** in Absatz 1 lit. b) i) war **in der EuGH-Rechtsprechung zum EuGVÜ bestenfalls angelegt**. Eine eindeutige Antwort auf die Frage, welches Gewicht dem Kriterium des Büros am Wohnsitz des Arbeitnehmers für sich genommen, aber auch im Vergleich zum quantitativen Kriterium beizumessen ist, sollte die zeitliche Verteilung der Tätigkeit in den be-

---

110 S.a. *Behr* FS Buchner, 81, 86 spricht von beruflicher Einbettung des Arbeitnehmers in die Arbeitswelt des Arbeitsortes.
111 EuGH 14.9.2017 NZA 2017, 1477, 1479 f. – Nogueira u.a./Crewlink Ireland Ltd und Ryanair Designated Activity Company, Rdn. 62; s.a. zu diesem Gedanken GA *Saugmandsgaard Øe*, Schlussanträge v. 27.4.2017, Rs C-168 u.a. – Nogueira u.a./Crewlink Ireland Ltd und Ryanair Designated Activity Company, Rdn. 101.
112 Zu dieser Wirkkraft des Arbeitnehmerschutzes krit. *Weber* FS Leinemann, 655, 671.
113 EuGH 9.1.1997 EuGHE 1997, I-97 ff. – Petrus Wilhelmus Rutten ./. Cross Medical Ltd., Rdn. 25.
114 OGH 10.7.2008 IPRax 2010, 71, 74; zu dieser Faustregel Rauscher/*Mankowski* Art. 21 Rdn. 10; *ders.* IPRax 1999, 332, 336 unter Verweis auf niederländische Rechtsprechung; *Geimer*/Schütze Art. 19 a.F. Rdn. 9; Baumbach/Lauterbach/*Hartmann* Art. 21 Rdn. 4; NK-GA/*Ulrici* Art. 21 Rdn. 7; *ders.* jurisPR-ArbR 28/2013 Anm. 2; *ders.* jurisPR-ArbR 30/2011 Anm. 2; Staudinger/*Hausmann* Verfahrensrecht für Internationale Verträge Rdn. 215; *Müller* 67 f.; *Block* 170 ff.; *Winterling* 67 f.; *Garber* FS Kaissis, 221, 225, 233; s.a. BAG 29.5.2002 NJW 2002, 3196 (75 Prozent im konkreten Fall); vorgehend LAG Stuttgart 29.5.2002 IPRspr. 2002 Nr. 129a, 325.

treffenden Staaten annähernd gleich sein, gaben nämlich die beiden einschlägigen Entscheidungen *Mulox* und *Rutten* nicht.[115]

Sofern sich also die in Rede stehenden Orte als Einsatzorte unter der „von dem aus"- **60** Tatbestandsalternative des Absatzes 1 lit. b) i) subsumieren lassen, ist das arbeitnehmerschützende *forum* am gewöhnlichen Arbeitsort eröffnet. Dem weiten Auslegungsansatz des EuGH entspricht es, dass die Tätigkeiten von mobilen Arbeitnehmern hier im Regelfall ihre zuständigkeitsrechtliche Heimstatt haben (bspw. Handelsvertreter mit heimischem Büro, Seeleute, Lkw-Fernfahrer), wenn sich bei ihnen ein solcher gewöhnlicher Arbeitsort findet.[116] Das bisherige Fallmaterial weist vertretbar auf eine **beträchtliche Abstraktion von der konkreten Tätigkeit** hin, was sich auch auf noch nicht vom EuGH entschiedene Fallkonstellationen auswirken wird. Das steht genau **im Gegensatz** zur Historie der *base rule*[117] und **zum traditionellen Trend**, bei Arbeitnehmern auf mobilen Arbeitsplätzen im Grundsatz **nach einzelnen Berufsgruppen zu unterscheiden**.[118] Welche Durchsetzungskraft das Wesen der Tätigkeit dabei besitzt (oben Rdn. 53), erschließt sich bislang nur vage.

Insgesamt betrachtet überrascht es nach alledem nicht, dass die Anwendung dieser **61** Leitlinien zu einer **massiven Zuständigkeitskonzentration am gewöhnlichen Arbeitsort**, dem Mittelpunkt des Arbeitsverhältnisses, geführt hat und weiterhin führen wird.[119] Zwangsläufige Folge ist, dass der **Gerichtsstand der Niederlassung**, die den Arbeitnehmer eingestellt hat, an den Rand des Art. 21 Abs. 1 lit. b) gedrängt ist und **keine große Rolle** spielt. Er gleicht bislang einem Ersatzspieler, der nur sehr geringe Hoffnung zu hegen braucht, um eingewechselt zu werden und in das Spiel einzugreifen.[120] Sein Abstand zum Gerichtsstand des gewöhnlichen Arbeitsortes lässt sich nur noch normativ umschreiben: Erst dann, wenn eine Abwägung aller Einzelfallumstände dazu führt, dass ein bestimmter Ort die qualitative Schwelle an Mindestbedeutung für das Arbeitsverhältnis nicht zu überschreiten vermag, ist der Gerichtsstand des Absatzes 1 lit. b) ii) einschlägig.[121] Zu denken wäre bspw. an einen Arbeitnehmer, der – mit mobilen und internetfähigen Endgeräten ausgerüstet – welt- oder europaweit seine Arbeitsleistung rast- und ruhelos von überall erbringt (Stichwort: *global office*).[122]

---

115 EuGH 9.1.1997 EuGH 1997, I-57 – Petrus Wilhelmus Rutten/Cross Medical Ltd, Rdn. 25; EuGH 13.7.1993 EuGHE 1993, I-4075 – Mulox IBC Ltd/Hendrick Geels, Rdn. 25; *Kropholler/von Hein* Art. 19 a.F. Rdn. 5; ArbG Karlsruhe 12.2.2007, Az. 11 Ca 250/06, Rdn. 27 – juris; *Junker* NZA 2005, 199, 203; bereits für eine deutliche Aufwertung der Einsatzbasis in den Handelsvertreterfällen mit häuslichem Büro Stein/Jonas/*Wagner* Art. 19 a.F. Rdn. 12 a.E., 15.
116 Zu dieser Systematisierung *Weber* FS Leinemann, 655, 659.
117 KOM(2005) 650 endg., S. 8; GA *Saugmandsgaard Øe*, Schlussanträge v. 27.4.2017, Rs C-168 u.a. – Nogueira u.a./Crewlink Ireland Ltd und Ryanair Designated Activity Company, Rdn. 94.
118 Bspw. BAG 12.12.2001 MDR 2002, 950, 951 f. [Rdn. 29] (zur Qualifizierung des Flugzeugs als „Arbeitsgerät" als Argument, den Registerstaat als Anknüpfungspunkt nicht heranzuziehen, mit welchem auf dem Gebiet der Schifffahrt das Flaggenprinzip korrespondieren würde); BAG 13.11.2007 NZA 2008, 761, 764; anders BAG (8. Senat) 24.9.2009 MDR 2010, 641, 642 = NZA-RR 2010, 604, 607 f. (Qualifizierung des Schiffs als Arbeitsort, um das Flaggenprinzip anzuwenden); Absetzbewegungen beim Flaggenprinzip in BAG (2. Senat) 22.10.2015 NZA 2016, 473, 475; Rauscher/*Mankowski* Art. 21 Rdn. 19; *ders*. IPRax 2006, 101, 108; *Knöfel* RdA 2006, 269, 274 – beide zur Diskussion, ob Piloten oder Flugbegleiter von der *base rule* erfasst sein sollten; s.a. *Garber* FS Kaissis, 221, 229 f.; *Behr* FS Buchner, 81, 93; *Junker* FS Heldrich, 719, 731.
119 Ebenso Rauscher/*Mankowski* Art. 21 Rdn. 18.
120 Sinngemäß übernommen von *Steiner* FS Maurer (2001) 103, 113 dort mit Fn. 43.
121 S.a. *Deinert* § 9 Rdn. 93.
122 Zum *global office* vgl. *Preis* SR 2017, 173; s.a. zur Renaissance des HAG und des Heimarbeitsvertrages BAG 14.6.2016 NJW 2017, 426 m. Anm. *Reinhard* ArbRB 2017, 161.

62 **3. Die Ermittlung des gewöhnlichen Arbeitsortes.** Bei der Ermittlung des gewöhnlichen Arbeitsortes nach Maßgabe der obigen Leitlinien ist es **bei aller Einzelfallabwägung möglich**, gewisse **Fallgruppen** zu bilden.[123] Das betrifft zum einen die Frage, ob die Arbeitsleistung in einem oder mehreren Mitgliedstaaten verrichtet wurde. Zum anderen lassen sich auch typische Konstellationen ausmachen, wenn der Arbeitnehmer in mehreren Staaten tätig wird. Es ist daran zu erinnern, dass der gewöhnliche Arbeitsort nicht im Wohnsitz- bzw. Sitzstaat des Arbeitgebers liegen darf (Rdn. 6). Sollte dies der Fall sein, ist der allgemeine Gerichtsstand des Absatz 1 lit. a) einschlägig (Rdn. 10–12).

63 Abstrakt vorweg kann die **klassische Konstellation** behandelt werden, in der ein **Arbeitnehmer in die betriebliche oder unternehmerische Organisation eingegliedert** ist und seine Arbeitsleistung hauptsächlich bzw. schwerpunktmäßig am Ort des Betriebes oder Unternehmens erbringt. Der gewöhnliche Arbeitsort i.S.d. Absatzes 1 lit. b) i) befindet sich dann dort.[124] Projekt- oder Dienstreisen ändern an diesem Befund nichts;[125] ebenso wenig, dass der gewöhnliche Arbeitsort das Vorhandensein einer Niederlassung an diesem Ort nicht zwingend voraussetzt.[126]

64 **a) Arbeitsleistung in einem Mitgliedstaat.** Verrichtet der Arbeitnehmer in grenzüberschreitenden Sachverhalten die Tätigkeit in nur einem Mitgliedstaat, **steht** zumindest schon einmal die **internationale Zuständigkeit fest**. Da Art. 21 Abs. 1 lit. b) die **örtliche Zuständigkeit** mitregelt (Rdn. 6), ist diese ebenfalls zu **ermitteln** und zwar nach den allgemeinen Kriterien dieser Vorschrift.[127] Dass Art. 21 Abs. 1 lit. b) danach unterscheidet, ob die Arbeitsleistung in einem Mitgliedstaat oder in mehreren Mitgliedstaaten verrichtet wird, ist nicht ersichtlich. Bei wechselnden Arbeitsorten innerhalb eines Mitgliedstaates, in dem der Arbeitnehmer tätig wird, ist folglich auch hier nach den weiter oben skizzierten Leitlinien der Mittelpunkt der Tätigkeit zu ermitteln als derjenige Ort, an dem oder von dem aus der Arbeitnehmer hauptsächlich und zu einem wesentlichen Teil seine vertraglich zugewiesenen Aufgaben wahrnimmt.

65 Als **Beispielsfall** kann die grundlegende **EuGH-Entscheidung** *Ivenel* dienen (Rdn. 19 f.). Auch im Lichte der neueren Rechtsprechung würde man hier maßgeblich an das **häusliche Büro** des für Frankreich zuständigen Handelsvertreters *Ivenel* in Straßburg abstellen. Der Conseil de prud'hommes Straßburg wäre demnach international und örtlich zuständig.[128]

b) Arbeitsleistung in mehreren (Mitglied)staaten

66 **aa) Allgemeines.** Verrichtet der Arbeitnehmer seine Tätigkeit in mehreren Staaten, ist die **Existenz eines gewöhnlichen Arbeitsortes nicht** *per se* **ausgeschlossen**.[129] Da-

---

[123] Für abweichende Modelle, bspw. das marktorientierte Auslegungsmodell vgl. Rauscher/*Mankowski* Art. 21 Rdn. 8; *ders.* IPRax 1999, 332, 336 ff.; s.a. *Junker* FS Heldrich, 739, 735; *Bosse* 179 f.
[124] LAG Köln 25.4.1996 LAGE Art. 30 EGBGB Nr. 1 (für das IPR); *Geimer*/Schütze a.F. Art. 19 Rdn. 8; Rauscher/*Mankowski* Art. 21 Rdn. 9; *Junker* FS Schlosser, 299, 310; *Garber* FS Kaissis, 221, 224.
[125] *Garber* FS Kaissis, 221, 224.
[126] *Bergwitz* NZA 2008, 443 (auch für § 48 Ia ArbGG); Rauscher/*Mankowski* Art. 21 Rdn. 9, 19 a.E. Das gilt für beide Varianten des gewöhnlichen Arbeitsortes, also auch die sog. *base rule*.
[127] Abweichend Rauscher/*Mankowski* Art. 21 Rdn. 17 (letzter Tätigkeitsort, ggf. wertende Schwerpunktbetrachtung).
[128] Vgl. zu einem spiegelbildlichen Fall die grundlegende Entscheidung BAG 12.6.1986 NJW-RR 1988, 482 = RIW 1987, 464.
[129] EuGH 14.9.2017 NZA 2017, 1477, 1479 – Nogueira u.a./Crewlink Ireland Ltd und Ryanair Designated Activity Company, Rdn. 59; *Holl* IPRax 1997, 88, 90; *Saenger*/*Dörner* Art. 21 Rdn. 5; Stein/Jonas/*Wagner* Art. 19 a.F. Rdn. 10; Musielak/Voit/*Stadler* Art. 21 Rdn. 2.

für spricht, dass das negative Tatbestandsmerkmal des Absatzes lit. b) ii) bei der einstellenden Niederlassung erst dann eingreift, wenn ein solcher nicht zu ermitteln ist.

Vorab kann allgemein festgestellt werden: Lässt sich die „von dem aus"-Klausel **67** mangels Einsatzbasis (im weit verstandenen Sinne) nicht aktivieren und hat der Arbeitnehmer während des gesamten Beschäftigungszeitraums dieselbe Tätigkeit für seinen Arbeitgeber ausgeübt, lassen sich **qualitativ-arbeitsvertragsbezogene Kriterien** nicht verwenden, um den gewöhnlichen Arbeitsort zu ermitteln (Rdn. 53). In solchen Fällen ist das **zeitliche, also quantitative Kriterium** heranzuziehen, das auf die jeweilige Dauer der in den verschiedenen Staaten verrichteten Tätigkeit abstellt. Ausschlaggebend ist dann grundsätzlich der Ort, an dem der Arbeitnehmer den größten Teil seiner Arbeitszeit verbracht hat. Sollte indes ein **atypischer Sachverhalt** vorliegen, sieht es der EuGH als ausnahmsweise gerechtfertigt an, den gewöhnlichen **Arbeitsort abweichend festzulegen**.[130]

Im Folgenden sollen wegen ihrer Praxisrelevanz Entsendefälle, Konstellationen mit **68** einem häuslichen Büro sowie der Transportsektor behandelt werden. Für die letzten beiden Fallgruppen ist die „von dem aus"-Klausel von großer Bedeutung. Die Tendenz in der EuGH-Rechtsprechung kann dahingehend beschrieben und prognostiziert werden, dass er mobile Arbeitsverhältnisse insgesamt darunter fasst.[131]

bb) Entsendefälle. Als entsandter Arbeitnehmer gilt jeder Arbeitnehmer, der wäh- **69** rend eines **begrenzten Zeitraums** seine **Arbeitsleistung im Hoheitsgebiet eines anderen Mitgliedstaats als demjenigen** erbringt, **in dessen Hoheitsgebiet er normalerweise arbeitet**. Diese aus Art. 2 Abs. 1 RL 96/71/EG (Entsenderichtlinie)[132] übernommene Definition lässt sich grundsätzlich auch i.R.d. Art. 21 fruchtbar machen, weil sie auf einen bestehenden gewöhnlichen Arbeitsort im Heimatstaat (= Entsendestaat) und auf die **vorübergehende Dauer der Entsendung im Aufnahmestaat** abstellt. Diese ist eine der **Grundvoraussetzungen** der typischen Entsendung und verlangt auf Arbeitgeberseite den sog. **Rückholwille** (*animus retrahendi*) und auf Arbeitnehmerseite den sog. **Rückkehrwille** (*animus revertendi*); diesen Zusammenhang drückt auch **Erwägungsgrund Nr. 36 der Rom I-VO** aus.[133] Hat der Arbeitgeber seinen Arbeitnehmer aus seinem Heimatstaat in einen anderen Mitgliedstaat entsandt, lassen sich verschiedene Konstellationen unterscheiden. Sie hängen maßgeblich davon ab, was mit der Entsendung bezweckt wird und wie dieselbe arbeitsvertraglich ausgestaltet wird.[134]

Besteht nur ein Arbeitsvertrag mit dem entsendenden Arbeitgeber, so ist im Anwen- **70** dungsbereich des Art. 1, 3 Abs. 1 Entsenderichtlinie mit Blick auf den durch diese Richtlinie gewährten harten Kern von Arbeitsbedingungen im Aufnahmestaat der **besondere internationale Gerichtsstand des Art. 6 RL 96/71/EG** für dessen effektiven Durchsetzung gegeben. Es handelt sich um einen zusätzlichen Wahlgerichtsstand im Interesse des entsandten Arbeitnehmers, der andere, ebenfalls einschlägige Gerichtsstände in anderen internationalen Übereinkommen nicht verdrängt. Vornehmlich ging es bei Erlass der Entsenderichtlinie um das EuGVÜ, an dessen Stelle heute die Brüssel Ia-VO getreten

---

[130] EuGH 27.2.2002 EuGHE 2002, I-2013 – Herbert Weber/Universal Ogden Services Ltd, Rdn. 53, 58; Stein/Jonas/*Wagner* Art. 19 a.F. Rdn. 16; *Kropholler/von Hein* Art. 19 a.F. Rdn. 5.
[131] S.a. zu dieser Systematisierung allgemein *Weber* FS Leinemann, 655, 659.
[132] Richtlinie 96/71/EG des Europäischen Parlaments und des Rates v. 16.12.1996 über die Entsendung von Arbeitnehmern im Rahmen der Erbringung von Dienstleistungen, ABl. EG L 18 v. 21.1.1997, S. 1ff.
[133] Baumbach/Lauterbach/*Hartmann* Art. 21 Rdn. 3; ErfK/*Schlachter* Art. 8 Rom I-VO Rdn. 13ff.; Mankowski IPRax 1999, 332, 334.
[134] Ausf. *Junker* FS Kropholler, 481, 483ff.

ist, s.a. Art. 67 (ausf. Art. 20 Rdn. 162–167). Anwendbar sind daher grundsätzlich auch die Gerichtsstände des Art. 21.

71 Wie sich Absatz 1 lit. b) i) systematisch zu einer klassischen Entsendung verhält (Arbeitsvertrag mit dem entsendenden Arbeitgeber, vorübergehender Charakter der Entsendung), verrät der Wortlaut der Vorschrift nicht. **H.M.** ist, dass das **Bestehen eines gewöhnlichen Arbeitsortes in einem Mitgliedstaat durch** eine **vorübergehende Entsendung** in einen anderen Staat, um dort im Interesse des Arbeitgebers tätig zu werden, **nicht in Frage gestellt** wird; namentlich die **Wertung aus Art. 8 Abs. 2 S. 2 Rom I-VO** wird also in Art. 21 Abs. 1 lit. b) i) hineingelesen.[135] Einerseits soll es dem Arbeitnehmer nicht zu einfach gemacht werden, ein *forum* in jedem Mitgliedstaat zu begründen, nur weil er dort seine arbeitsvertraglichen Pflichten zeitweise erfüllt. Andererseits muss verhindert werden, dass sich der Arbeitgeber den ihm genehmen Gerichtsstand der Niederlassung, die den Arbeitnehmer eingestellt hat, ganz einfach sichern kann, indem er den Arbeitnehmer für einen oder zwei unwichtige Aufträge in einen anderen Mitgliedstaat entsendet.[136]

72 Für die **h.M.** lässt sich zunächst anführen, dass ein **gewöhnlicher Arbeitsort von einer gewissen Dauerhaftigkeit gekennzeichnet** ist; der jeweils aktuelle Arbeitsort ist also nicht *per se* entscheidend.[137] Diese *ex ante*-Annahme der Arbeitsvertragsparteien kann sich während der Vertragsdurchführung ändern. Wichtig ist nur, dass sie bestand.[138] Systematisch spricht für sie des Weiteren der eben schon erwähnte Auslegungszusammenhang mit Art. 8 Abs. 2 Rom I-VO, dessen Satz 2 ausdrücklich vorsieht, dass die vorübergehende Entsendung in einen anderen Staat die Anknüpfung an den gewöhnlichen Arbeitsort unberührt lässt.[139] Drittens streitet für die **h.M. Art. 6 Entsenderichtlinie**. Auch wenn dieser allein Streitigkeiten in Bezug auf die in Art. 3 Abs. 1 Entsenderichtlinie aufgeführten Arbeitsbedingungen umfasst, **wäre** er doch **überflüssig, wenn sich sein Inhalt bereits aus Art. 21 Abs. 1 lit. b) i) ergäbe**. Zum Zeitpunkt, als die Entsenderichtlinie geschaffen wurde, existierten mit Art. 5 Nr. 1 2. und 3. Hs. EuGVÜ 1989 Vorschriften zum internationalen Arbeitsprozessrecht. Daraus lässt sich schließen, dass dem europäischen Gesetzgeber ein mögliches Konkurrenzverhältnis bewusst gewesen sein muss.

73 **Wann** eine **Entsendung** ihren **vorübergehenden Charakter verliert** und in eine dauerhafte bzw. endgültige umschlägt, was einen Wechsel des gewöhnlichen Arbeitsortes und der internationalen Zuständigkeit nach sich ziehen kann, ist bis zur **Grenze des Missbrauchs** (seitens des Arbeitgebers)[140] **subjektiv zu bestimmen**. Die Interpretation hat sich hier wegen des Auslegungszusammenhanges **im Gleichklang an Art. 8**

---

[135] *Geimer*/Schütze Art. 19 a.F. Rdn. 11; *Kropholler*/*von Hein* Art. 19 a.F. Rdn. 7; Stein/Jonas/*Wagner* Art. 19 a.F. Rdn. 17; Staudinger/*Hausmann* Verfahrensrecht für Internationale Verträge Rdn. 216; Rauscher/*Mankowski* Art. 21 Rdn. 14; *Garber* FS Kaissis, 221, 224; *Holl* IPRax 1997, 88, 89; *Temming* IPRax 2010, 59, 63.

[136] *Geimer*/Schütze Art. 19 a.F. Rdn. 11; *Kropholler*/*von Hein* Art. 19 a.F. Rdn. 7; *Garber* FS Kaissis, 221, 224.

[137] EuGH 27.2.2002 EuGHE 2002, I-2013 – Herbert Weber/Universal Ogden Services Ltd, Rdn. 54.

[138] S.a. allgemein Rauscher/*Mankowski* Art. 21 Rdn. 10 (keine *ex post*-Festlegung).

[139] *Kropholler*/*von Hein* Art. 19 a.F. Rdn. 7; Stein/Jonas/*Wagner* Art. 19 a.F. Rdn. 17; Rauscher/*Mankowski* Art. 21 Rdn. 14; *Franzen* ZEuP 1997, 1055, 1071; *Junker* FS Schlosser, 299, 311 f.; *ders.* ZZPInt 1998, 179, 194 f.; *Müller* 71; vertiefend MünchArbR/*Oetker* § 13 Rdn. 41; Hüßtege/Mansel/*Doehner* Art. 8 Rom I-VO Rdn. 27–30 m.w.N.

[140] Beispiel: Beharren des Arbeitgebers auf einem zeitlich unbefristeten Rückrufrecht im Lichte der langjährigen Dauer des Auslandsaufenthalts s. LAG Frankfurt 28.5.2008, Az. 8 Sa 2179/06 – juris, Rdn. 56; LAG Frankfurt 1.9.2008, Az. 16 Sa 1296/07 – juris, Rdn. 57; *Kropholler*/*von Hein* Art. 19 a.F. Rdn. 7 a.E. m.w.N.

Rom I-VO auszurichten.[141] Diese Vorschrift benennt anders als Art. 12 Abs. 1 VO 883/2004/EG im europäischen koordinierenden Sozialversicherungsrecht **keine starre Frist** (*i.e.* 24 Monate).[142] Für diese **flexible Sichtweise**, die **Einzelfallgerechtigkeit** gebührend walten lassen kann, spricht ein genetisches Argument, weil der europäische Gesetzgeber davon abgesehen hatte, konkrete Höchstgrenzen festzusetzen. Selbst der Kommissionsvorschlag zur Rom I-VO hatte in seinem korrespondierenden Art. 6 Nr. 2 lit. a) Rom I VO-E nur mit denjenigen weichen Grenzen gearbeitet, die im Laufe des Gesetzgebungsprozesses zu dem heutigen Erwägungsgrund Nr. 36 der Rom I-VO geworden sind.[143] Freilich ist zu beachten, dass der europäische Gesetzgeber momentan die Entsenderichtlinie 96/71/EG reformieren und erstmals starre Höchstzeiten der Entsendung konkret festlegen möchte. Die politische Diskussion kreist um zwölf bis 24 Monate.[144] Sollte es nach Verabschiedung der reformierten Entsenderichtlinie und nach einer sehr wahrscheinlichen Übergangsphase dann konkrete Entsendefristen geben, wäre dies unter dem Gesichtspunkt der systematischen Auslegung ein wichtiger Referenzpunkt, den auch der EuGH zu berücksichtigen hätte.[145]

Die dogmatische Möglichkeit, Entsendefälle stringent behandeln zu können, hat der **EuGH mit seiner Entscheidung** *Pugliese* aus dem Jahre 2003 **gehörig irritiert** (Rdn. 32–35). Der Sachverhalt handelte von der Abordnung einer Arbeitnehmerin von der italienischen Konzernmutter (Turin) zu einer Tochter mit Sitz in München. Von der Vertragsgestaltung her war dies mit Hilfe eines sog. Rumpfarbeits- und Lokalarbeitsverhältnisses umgesetzt worden. Die Hauptleistungspflichten des Rumpfarbeitsverhältnisses ruhten;[146] der italienische Arbeitgeber hatte bestimmte Nebenpflichten zu erfüllen (Ersatz bestimmter Kosten, wie bspw. Reisekosten oder Mietzuschuss) und besaß ein Rückrufsrecht.[147] Das Lokalarbeitsverhältnis war mit dem Münchener Tochterunternehmen abgeschlossen worden und war aktiv (d.h. es wurde durchgeführt).

Der EuGH bejahte nun die **internationale und örtliche Zuständigkeit des ArbG München** für die von dem Arbeitnehmer angestrengten **Streitigkeiten aus dem italienischen Rumpfarbeitsverhältnis**, weil der **italienische Arbeitgeber ein eigenes Interesse** an der Erfüllung der Arbeitsleistung habe, die der Arbeitnehmer für den zweiten Arbeitgeber in Deutschland erbringe.[148] Um dieses Arbeitgeberinteresse festzustellen, verwendete der EuGH einen offenen Kriterienkatalog (zu den einzelnen Kriterien s. Rdn. 34).

---

141 *Winterling* 86 ff.; *Kropholler/von Hein* Art. 19 Rdn. 7; *Rauscher/Mankowski* Art. 21 Rdn. 15 f.; *Junker* FS Kropholler, 481, 495 m.w.N.
142 Art. 12 Abs. 1 VO 883/2004/EG, ABl. EG L 166 v. 30.4.2004, S. 1 ff., lautet: „Eine Person, die in einem Mitgliedstaat für Rechnung eines Arbeitgebers, der gewöhnlich dort tätig ist, eine Beschäftigung ausübt und die von diesem Arbeitgeber in einen anderen Mitgliedstaat entsandt wird, um dort eine Arbeit für dessen Rechnung auszuführen, unterliegt weiterhin den Rechtsvorschriften des ersten Mitgliedstaats, sofern die voraussichtliche Dauer dieser Arbeit 24 Monate nicht überschreitet und diese Person nicht eine andere entsandte Person ablöst."; s.a. bspw. *Gamillscheg* ZfA 1983, 307, 333 (drei Jahre); ebenso Baumbach/Lauterbach/*Hartmann* Art. 21 Rdn. 3 („faustformelmäßig drei Jahre").
143 KOM(2005) 650 endg., S. 8, 16; *Junker* FS Kropholler, 481, 482.
144 Vgl. den Vorschlag der Kommission v. 8.3.2016, KOM(2016) 128 endg.
145 Zu diesem Auslegungsaspekt EuGH 14.9.2017 NZA 2017, 1477, 1478 – Nogueira u.a./Crewlink Ireland Ltd und Ryanair Designated Activity Company, Rdn. 48 ff.
146 Arbeitsvertragliche Nebenpflichten bestehen weiterhin fort, s.a. *Schwerdtner* ZfA 1987, 163, 183.
147 Zur Frage, ob das Rumpfarbeitsverhältnis für die Zwecke des EVÜ bzw. der Rom I-VO wegen des Ruhens der Hauptleistungspflichten als Arbeitsverhältnis qualifiziert werden kann s. *Junker* FS Kropholler, 481, 483, 492 ff. und zur rechtlichen Bedeutung des Rückrufsrechts ebda., 488 f.
148 Für Streitigkeiten aus dem Lokalarbeitsverhältnis ist hingegen an Art. 21 Abs. 1 lit. a) zu denken, sollte sich der gewöhnliche Arbeitsort diesbezüglich ebenfalls im Sitz- bzw. Wohnsitzstaat des „Lokalarbeitgebers" befinden; *Junker* FS Kropholler, 481, 492.

76 Streng genommen könnte man nun der Auffassung sein, dass die EuGH-Entscheidung *Pugliese* gar keine klassische Entsendekonstellation betraf, weil die Hauptleistungspflichten des Rumpfarbeitsverhältnisses ruhten.[149] Freilich würde es dann vom Zufall abhängen, ob die arbeitsvertragliche Gestaltung einer klassischen Entsendelösung folgt oder komplexere vertragliche Varianten wählt (wie bspw. ein Doppelarbeitsverhältnis), um die Interessen der Vertragsparteien optimal zu befriedigen.[150] Indes sollte **zuständigkeitsrechtlich eine dogmatisch kohärente Lösung angestrebt** werden. Auch Erwägungsgrund Nr. 36 zur Rom I-VO nimmt unausgesprochen auf das Urteil *Pugliese* Bezug.[151]

77 Die **EuGH-Entscheidung** *Pugliese* ist vor allem wegen ihres Potenzials **kritisiert** worden, das Verfahrensinteresse der Rechtssicherheit und Vorhersehbarkeit der Gerichtsstände zu unterminieren, zumal sie auch den grundsätzlich wünschenswerten Gleichlauf zwischen internationaler Zuständigkeit und anwendbarem Sachrecht preisgibt.[152] Der EuGH sieht dies jedoch anders.[153] Erschwerend tritt hinzu, dass die **Zuständigkeitsprüfung** so Gefahr läuft, „**kopflastig**" zu werden, weil das angegangene Gericht in Anwendung des Kriterienkataloges des EuGH die arbeitsvertraglichen Beziehungen vertieft eruieren bzw. entsprechenden Klägervortrag dazu verlangen muss.[154] Dem steht auch nicht entgegen, dass es durchaus gerechtfertigt ist, als Gegengewicht ein Interesse des Arbeitgebers an der Erfüllung des Lokalarbeitsverhältnisses zu verlangen, da der EuGH – rechtsfortbildend – ja ein *forum* zulasten des Arbeitgebers geschaffen hat.[155] Das beantwortet indes die vorgelagerten, tiefer liegenden Problemschichten nicht.

78 Darüber hinaus vermag es die Entscheidung *Pugliese*, die **akzeptierten Grenzen zur klassischen Entsendung zu verwischen**. Das hat seinen Grund darin, dass i.E. mit Hilfe der vom EuGH verwendeten Kriterien ein Arbeitgeberinteresse selbst dann bejaht werden kann, wenn zwischen dem zweiten „Arbeitgeber" und dem abgeordneten bzw. entsandten Arbeitnehmer kein arbeitsvertragliches Band existiert. Die Erfüllung eines zweiten vertraglichen Lokalarbeitsverhältnisses ist für das Vorhandensein des Arbeitgeberinteresses nicht konstitutiv, sondern kann sich auch aus anderen Umständen speisen, bspw. einer Vereinbarung zwischen dem ersten und dem zweiten Arbeitgeber, wie es u.a. bei der Arbeitnehmerüberlassung der Fall ist oder aufgrund konzernrechtlicher Strukturen (s.a. Kriterium Nr. 3 und Nr. 4, Rdn. 34. Der Abschluss des zweiten Vertrages kann i.R.d. Kriterienkataloges schlicht auch mit dem Interesse des Arbeitgebers ersetzt werden, den Arbeitnehmer bei dem anderen Unternehmer einzusetzen. Entsprechend

---

149 *Krebber* IPRax 2004, 309, 310; *Junker* ZZPInt 2003, 491, 496 f.; *ders.* FS Kropholler, 481, 495; *Temming* IPRax 2010, 59, 63; s.a. Rauscher/*Mankowski* Art. 21 Rdn. 15, der eine vorherige Tätigkeit am gewöhnlichen Arbeitsort im Entsendestaat nicht für notwendig erachtet.
150 Zu typischen Gestaltungsmöglichkeiten und zu regelnden Gesichtspunkten *Junker* FS Kropholler, 481, 483 ff.
151 *Junker* FS Kropholler, 481, 482.
152 Krit. *Mankowski* RIW 2004, 133, 135 f.; *Krebber* IPRax 2004, 309, 313 f.; *Leipold* GS Blomeyer, 143, 150; *Junker* FS Schlosser, 299, 311 ff.; *ders.* FS Kropholler, 481, 496; *Kropholler/von Hein* Art. 19 a.F. Rdn. 8; Stein/Jonas/*Wagner* Art. 19 a.F. Rdn. 20; Baumbach/Lauterbach/*Hartmann* Art. 21 Rdn. 5; **a.A.** *Winterling* 102; *Deinert* RdA 2009, 144, 146; s.a. *Bosse* 224 ff.
153 EuGH 10.4.2003 EuGHE 2003, I-3573 – Pugliese/Finmeccanica, Rdn. 22 f.
154 Stein/Jonas/*Wagner* Art. 19 a.F. Rdn. 20 (freilich ist sein zusätzliches Argument mit Blick auf Art. 8 Nr. 1 wegen der Reform Art. 20 Abs. 1 obsolet). Um dieser Kopflastigkeit zu begegnen, müsste man konsequenterweise die Darlegungs- und Substantiierungslast erleichtern. Das wäre gegenüber anderen Konstellationen indes rechtfertigungsbedürftig.
155 EuGH 10.4.2003 EuGHE 2003, I-3573 – Pugliese/Finmeccanica, Rdn. 22 f., der EuGH kanalisiert dieses Interesse i.R.d. Gesichtspunkte, eine Häufung der Gerichtsstände zu vermeiden und diese vorhersehbar auszugestalten.

lässt sich dann der Kriterienkatalog des EuGH umformulieren, ohne dass sich i.E. an dessen Zielsetzung etwas ändert.

Da die Hauptleistungspflichten des ersten Arbeitsverhältnisses einvernehmlich ruhen und der Arbeitnehmer folglich dieses nirgendwo erfüllen kann,[156] **rechnet der EuGH letztlich einem Arbeitgeber einen für ihn vertragsfremden gewöhnlichen Arbeitsortes bzw. Erfüllungsort** aus einem anderen Arbeitsverhältnis zu. Damit materialisiert er Absatz 1 lit. b) i) aus Arbeitnehmerschutzgründen.[157] **Praxisrelevant** ist dies vor allem **in Konzernsachverhalten**. Wenngleich der erste Arbeitgeber bereits die Arbeitgebereigenschaft besitzt, besteht bezüglich des Kriterienkataloges eine **dogmatische Nähe zum nichtvertraglichen Arbeitgeber**, insbesondere aber zur Figur des Mitarbeitgebers (vgl. die Kriterien Nr. 3 bis 6, Rdn. 34, s.a. Art. 20 Rdn. 126 ff.). Das zeigt, dass sich Konzernsachverhalte, reguläre Entsendesachverhalte und normale Arbeitsverhältnisse nicht so einfach über denselben Leisten schlagen lassen, wie es Erwägungsgrund Nr. 36 der Rom I-VO glauben machen lässt (Art. 20 Rdn. 136). 79

Es ist nach alledem nicht unvertretbar, den EuGH zu dem Komplex Arbeitnehmerentsendung i.R.d. Absatzes 1 lit. b) i) erneut zu befragen. Der argumentativ schlüssige Ansatzpunkt wäre die zeitlich nach der Entscheidung *Pugliese* in Kraft getretene **Rom I-VO** aus dem Jahre 2008, deren Erwägungsgrund Nr. 36 auf eine **inhaltliche Distanz zu *Pugliese*** hinweist.[158] Das wäre die harte Tatsache, die den EuGH möglicherweise zu einer Revision bewegen könnte. Denn eingeschlagene Pfade verlässt der EuGH grundsätzlich nicht mehr. Des Weiteren ist auch das Verhältnis zu Art. 6 RL 96/71/EG berührt und mithin der Gesichtspunkt, wie weit das systematische Argument reicht, aus dieser Vorschrift auf die Zuständigkeitsneutralität einer klassischen Entsendung mit Blick auf einen bereits vorhandenen gewöhnlichen Arbeitsort zu schließen. In diesem Zusammenhang hat der EuGH in der *Nogueira*-Entscheidung deutlich gemacht, dass er Bindungen und interpretative Gemeinsamkeiten mit anderen einschlägigen Unionsrechtsakten nicht ohne weiteres bzw. zwangsläufig anerkennt.[159] Aus methodischer Sicht hat er sich selbst eine *carte blanche* geschaffen, was nicht unbedenklich ist. 80

Diese Fragen sind auch deshalb von großer Praxisrelevanz, weil nicht negiert werden kann, dass **Konzernsachverhalte ggf. abweichend zu beurteilen** sind. Das hängt mit dem schwierigen **Spannungsverhältnis** zwischen dem auf die **juristische Selbständigkeit** der einzelnen verbundenen Unternehmen achtenden Recht und der **hiervon abweichenden Rechtswirklichkeit** zusammen, welches Konzerne aufgrund einer wirtschaftlichen Betrachtung hervorrufen (Art. 20 Rdn. 127 ff.).[160] Dessen ist sich auch der EuGH bewusst.[161] 81

cc) Häusliches Büro („home office"). Ist es dem Arbeitnehmer erlaubt, seine Arbeit auch von zu Hause aus zu erledigen bzw. verfügt er über ein **häusliches Büro**, in dem er seine Arbeit organisiert und wohin er nach jeder im Zusammenhang mit seiner Arbeit stehenden In- und/oder Auslandsreisen zurückkehrt, kann dieser Ort **als Einsatzbasis** qualifiziert werden. Sie ist dann der **Ort, von dem aus der Arbeitnehmer** 82

---

[156] *Junker* FS Kropholler, 481, 483.
[157] EuGH 10.4.2003 EuGHE 2003, I-3573 – Pugliese/Finmeccanica, Rdn. 24.
[158] *Junker* FS Kropholler, 481, 482.
[159] EuGH 14.9.2017 NZA 2017, 1477, 1480 – Nogueira u.a./Crewlink Ireland Ltd und Ryanair Designated Activity Company, Rdn. 63–65.
[160] *K. Schmidt* FS Lutter (2000) 1167, 1174; *Temming* EuZA 2018, 132.
[161] EuGH 15.12.2011 EuGHE 2011, I-13275 – Jan Voogsgeerd/Navimer SA, Rdn. 59–65; EuGH 10.4.2003 EuGHE 2003, I-3573 – Pugliese/Finmeccanica, Rdn. 24; s.a. EuGH 22.5.2008 EuGHE 2008, I-3965 – Glaxosmithkline, Laboratoires Glaxosmithkline/Rouard, Rdn. 7 bis 11, 34.

seine Arbeit gewöhnlich verrichtet.[162] War das häusliche Büro in der Rechtsprechung des EuGH zu Art. 5 Nr. 1 EuGVÜ geeignet, das zeitliche Element zugunsten eines Mitgliedstaates zu bestätigen bzw. qualitativ zu verstärken,[163] so kommt ihm nun i.R.d. „von dem aus"-Klausel eigenständige und ggf. streitentscheidende Bedeutung zu.

83 Dieser Schluss lässt sich aus den beiden jüngeren Urteilen *Koelzsch*, *Voogsgeerd* und *Nogueira* ziehen, wenn man bezüglich des Einsatzortes von diesen Entscheidungen abstrahiert (Rdn. 36–50). Das könnte dann relevant sein, wenn bspw. in Handelsvertreterfällen die zeitlichen Anteile bezogen auf die zu berücksichtigenden Mitgliedstaaten derart verteilt sind, dass der relative Anteil in dem Mitgliedstaat, in dem sich das häusliche Büro befindet, der geringste ist.[164] Konsequenterweise müssen dann auch Abwesenheitszeiten unerheblich sein. Mit ihnen korrespondieren ja u.a. die Arbeitstätigkeiten anderorts und können daher nicht geeignet sein, das qualitative Gewicht des häuslichen Büros in Frage zu stellen.[165] Ggf. wäre eine klärende Aussage des EuGH auf Grundlage von Art. 267 AEUV einzuholen.

84 Es ist nur konsequent, unter diese Kategorie auch **Telearbeit** zu subsumieren.[166] Befindet sich der **Computerstandort am Wohnsitz des Telearbeitnehmers**, ist der gewöhnliche Arbeitsort ortsfester Telearbeiter bei internationaler Tätigkeit eben dort zu lokalisieren (*home office*).[167] Anders ist dies bei einem Arbeitnehmer mit einem **globalen Arbeitsplatz** (*global office*), wenn sich mangels Ortsfestigkeit gar kein immobiler Computerstandort mehr feststellen lässt.[168]

85 **dd) Transporttätigkeiten.** Ein seit Jahrzehnten diskutiertes Problem kreist um die Frage, wie der **gewöhnliche Arbeitsort im internationalen Transportsektor**[169] auf angemessene Weise bestimmt werden kann.[170] Das betrifft insbesondere **Seeleute**[171] und die **Besatzung von Flugzeugen**, also Piloten und Flugbegleitung.[172] Neben diesen Berufsgruppen können auch das **Personal von Zügen** und **Lkw-Fahrer** dazu gezählt werden.[173] Es geht also hauptsächlich um mobile Arbeitnehmer, deren Arbeitsort selbst mobil ist (bspw. Schiff, Flugzeug, Zug oder Lkw). Diesem Komplex werden auch berufliche Tätigkeiten zugeordnet, die auf festen oder schwimmenden Einrichtungen in den ver-

---

162 Rauscher/*Mankowski* Art. 21 Rdn. 23.
163 EuGH 27.2.2002 EuGHE 2002, I-2013 – Herbert Weber/Universal Ogden Services Ltd, Rdn. 43f.; EuGH 9.1.1997 EuGHE 1997, I-97ff. – Petrus Wilhelmus Rutten ./. Cross Medical Ltd., Rdn. 25; EuGH 13.7.1993 EuGHE 1993, I-4075 – Mulox IBC Ltd/Hendrick Geels, Rdn. 25.
164 *Temming* IPRax 2010, 59, 64f. dort mit Fn. 49; in diese Richtung wohl Stein/Jonas/*Wagner* Art. 19 a.F. Rdn. 12, 15.
165 BAG 12.6.1986 NJW-RR 1988, 482 = RIW 1987, 464, 466f.; *Däubler* NZA 2003, 1297, 1299f.; Stein/Jonas/*Wagner* Art. 19 a.F. Rdn. 14.
166 Allgemein zur Telearbeit *Bongers/Hoppe* AuA 2014, 148ff.; Schaub/*Vogelsang* Arbeitsrechtshandbuch, 17. Aufl. (2017) § 164 Telearbeit.
167 *Däubler* NZA 2003, 1297, 1300; *Geimer*/Schütze Art. 19 a.F. Rdn. 20; Rauscher/*Mankowski* Art. 21 Rdn. 51; s.a. *ders.* DB 1999, 1854, 1856.
168 Zum *global office* vgl. *Preis* SR 2017, 173; s.a. zur Renaissance des HAG und des Heimarbeitsvertrages BAG 14.6.2016 NJW 2017, 426 m. Anm. *Reinhard* ArbRB 2017, 161.
169 Davon soll die Beförderung von Personen und Waren umfasst sein.
170 Vgl. nur *Henze* Die Anknüpfung von mobilen Arbeitsverhältnissen anhand des Art. 8 Rom I-Verordnung (2017) 251ff. m.w.N.; *Garber* FS Kaissis, 221, 226ff.; MünchKomm/*Gottwald* Art. 21 Rdn. 7 m.w.N.; Musielak/Voit/*Stadler* Art. 20 Rdn. 2 m.w.N.; s.a. *Block* EuZA 2013, 20ff.
171 Zum reformierten deutschen SeeArbG, dem Nachfolger des SeemG, und seinen europäischen Vorgaben instruktiv *Loth* GPR 2014, 223; zur Legaldefinition der Seeleute s. § 3 Abs. 1 SeeArbG.
172 EuGH 15.12.2011 EuGHE 2011, I-13275 – Jan Voogsgeerd/Navimer SA.
173 Zu letzteren EuGH 15.3.2011 EuGHE 2011, I-1595 – Koelzsch; für diese Gruppierung *Behr* FS Buchner, 81, 86f.; s.a. MünchArbR/*Birk*² § 20 Rdn. 45.

schiedenen völkerrechtlichen Zonen verrichtet werden, vor allem in der ausschließlichen Wirtschaftszone und der Hohen See.[174]

Für die **rechtliche Verortung des gewöhnlichen Arbeitsortes** werden verschiedene Ansätze vertreten, oftmals **in Abhängigkeit des Einsatzortes** bzw. **des Transportmittels** und der **konkreten beruflichen Tätigkeit.** Ersteres wird auch durch völkerrechtliche Erwägungen überlagert. Im Hinblick auf die Schutzrichtung der Art. 20 bis 23 sind **diese Ausdifferenzierungen problematisch** (unten Rdn. 94 ff., 110 f.). 86

Bei **Seeleuten auf großer** – d.h. internationaler – **Fahrt** wird der gewöhnliche Arbeitsort i.S.d. Absatzes 1 lit. b) i) zuvörderst noch mit Hilfe des **Flaggenprinzips** ermittelt. Da hiermit nur die **internationale Zuständigkeit** bestimmt werden kann, muss der **Heimat- oder Einsatzhafen des Schiffes** mitberücksichtigt werden, um auch die **örtliche Zuständigkeit** festzulegen.[175] Besteht keine echte Verbindung zwischen Schiff und Flagge bzw. ist das sog. *genuine link*-Erfordernis nicht gewahrt, wird eine abweichende Bewertung ausnahmsweise für möglich erachtet. Äußerst hilfsweise wird auf die einstellende Niederlassung gem. i.S.d. Abs. 1 lit. b) ii) zurückgegriffen.[176] Verfochten wird auch ganz generell der Gerichtsstand der einstellenden Niederlassung.[177] Hingegen wird bei **Binnenschiffern** auf **die allgemeinen Grundsätze** zurückgegriffen; das Flaggenprinzip gelangt nicht zur Anwendung. Damit dominiert die Möglichkeit, einen gewöhnlichen Arbeitsort im territorialen Sinne zu ermitteln.[178] Das Meinungsspektrum präsentiert sich damit ebenso mannigfaltig wie im IPR i.R.d. Art. 8 Rom I-VO,[179] wobei das **BAG** in einer neueren Entscheidung **bemerkenswerte Absetzbewegungen gegenüber dem Flaggenprinzip** zeigt.[180] 87

Geht es um das **Flugzeugpersonal auf internationalen Flügen**, wird die Anwendung des **Registerprinzips** diskutiert, um einen gewöhnlichen Arbeitsort zu ermitteln.[181] Die Staatszugehörigkeit eines Flugzeuges wird völkerrechtlich auf Grundlage von **Art. 17 Chicagoer Abkommen** ermittelt, das auf das Registerprinzip Bezug nimmt.[182] Da die **Rechtsprechung** diesbezüglich Zurückhaltung zeigt und **Flugzeuge von Schiffen als wesentlich verschieden erachtet** (nämlich als bloßes **Arbeitsgerät**), war die Anknüp- 88

---

[174] EuGH 27.2.2002 EuGHE 2002, I-2013 – Herbert Weber/Universal Ogden Services Ltd.; *Block* Mobile Arbeitsverhältnisse *passim*.
[175] BAG 24.9.2009 MDR 2010, 641, 642 = NZA-RR 2010, 604; *Geimer*/*Schütze* Art. 19 a.F. Rdn. 17; MünchKomm/*Gottwald* Art. 21 Rdn. 7; Rauscher/*Mankowski* Art. 21 Rdn. 26 ff.; *Kropholler*/*von Hein* Art. 19 a.F. Rdn. 9a, 10; Staudinger/*Hausmann* Verfahrensrecht für Internationale Verträge Rdn. 217; NK-GA/*Ulrici* Art. 21 Rdn. 7; *Garber* FS Kaissis, 221, 234 f. (mit abweichender Bestimmung der örtlichen Zuständigkeit); *Block* Mobile Arbeitsverhältnisse, 45, 81.
[176] *Garber* FS Kaissis, 221, 235.
[177] Stein/Jonas/*Wagner* Art. 19 a.F. Rdn. 23; in diese Richtung auch Musielak/Voit/*Stadler* Art. 21 Rdn. 2 (einstellende Niederlassung bzw. Art. 4 Abs. 1).
[178] *Kropholler*/*von Hein* Art. 19 a.F. Rdn. 9a; allgemeiner, d.h. bezogen auf Gewässer, die einem Staat zugeordnet werden können *Geimer*/*Schütze* Art. 19 a.F. Rdn. 17; *Garber* FS Kaissis, 221, 232 f.; krit. Staudinger/*Hausmann* Verfahrensrecht für Internationale Verträge Rdn. 217.
[179] Hüßtege/Mansel/*Doehner* Art. 8 Rom I-VO, Rdn. 36 f.; *Behr* FS Buchner, 81, 86 ff. m.w.N.; *Magnus* FS Posch (2011) 443, 448; s.a. *Kropholler*/*von Hein* Art. 19 a.F. Rdn. 9a m.w.N.; ausf. *Henze* Die Anknüpfung von mobilen Arbeitsverhältnissen anhand des Art. 8 Rom I-Verordnung (2016) 202 ff. (insbes. 218 ff., 244 ff. m.w.N.).
[180] BAG 22.10.2015 NZA 2016, 473, 475; krit., weil das BAG erneut dem EuGH nicht vorgelegt hat, *Henze* Die Anknüpfung von mobilen Arbeitsverhältnissen anhand des Art. 8 Rom I-Verordnung (2016) 218.
[181] Rauscher/*Mankowski* Art. 21 Rdn. 44 (als Alternative zur *base rule*); MünchKomm/*Gottwald* Art. 21 Rdn. 8; *Geimer*/*Schütze* Art. 19 a.F. Rdn. 19 (außer bei ständigen Wechseldienst); NK-GA/*Ulrici* Art. 21 Rdn. 7; *Bosse* 199; *Junker* FS Heldrich, 719, 731 f.
[182] Abkommen über die Internationale Zivilluftfahrt v. 7.12.1944, UNTS 84, 389 bzw. BGBl. II 1956 S. 411. Art. 17 dieses Abkommens lautet: „Luftfahrzeuge haben die Staatszugehörigkeit des Staates, in dem sie eingetragen sind".

Art. 21 Brüssel Ia-VO ━━━ Kapitel II. Zuständigkeit

fung an den Gerichtstand der einstellenden Niederlassung gem. Abs. 1 lit. b) ii) bislang herrschend.[183] Eine neuere Entscheidung des BAG stellt jetzt auf die *base rule* nach Abs. 1 lit. b) i) ab.[184] Die entsprechenden Paralleldiskussionen werden auch im IPR i.R.d. Art. 8 Rom I-VO geführt.[185]

89   Bei Arbeitsverhältnissen auf **Schiffen** und **Flugzeugen** ist allgemein daran zu erinnern, dass diese Transportmittel **nicht zum Territorium eines Staates gehören**. Es geht also nicht um die Gebietshoheit eines Staates.[186] Ebenso wenig lässt sich der staatliche Hoheitsanspruch auf die Personalhoheit zurückführen, weil Schiffen oder Flugzeugen keine völkerrechtliche Rechtssubjektivität oder eine solche nach innerstaatlichen Vorschriften zukommt. Diese Transportmittel sind somit keine Staatsangehörigen eines Staates. Das Flaggen- oder Registerprinzip regelt vielmehr die **Zugehörigkeit** dieser Transportmittel **zu einem bestimmten Staat**, um insbesondere die Ausübung von staatlicher Hoheitsmacht über diese Objekte und auf denselben in staatsfreien Räumen völkerrechtlich zu legitimieren und sicherzustellen;[187] es handelt sich um eine **Hoheitsform *sui generis***, die ein **Zuständigkeits- und Regelungsvakuum** gerade **in staatsfreien Räumen vermeiden** möchte.[188] **Anders** ist dies bei der **Registrierung von Zügen oder Lkw** mit Hilfe des Kennzeichens. Fragen der völkerrechtlichen Staatszugehörigkeit stellen sich bei diesen Transportmitteln nicht, da diese regelmäßig nicht durch staatsfreie Räume fahren und folglich Fragen staatlicher Aufsichtspflichten nicht relevant werden.[189]

90   Speziell bei **Schiffen** gilt es des Weiteren zu beachten, dass diese völkerrechtlich zunächst im Grundsatz der territorialen Hoheitsgewalt des Staates unterliegen, dessen Gewässer sie befahren.[190] Die **Gebietshoheit genießt** also im Grundsatz **Vorrang**.[191] In Ermangelung spezieller abweichender völkerrechtlicher Vereinbarungen betrifft das regelmäßig die **Eigen- und Binnengewässer**, die zu den Gewässern eines Staates gehören, aber auch das **Küstenmeer**. Freilich wird dort nach allgemeiner völkerrechtlicher Praxis die Gebietshoheit des Küstenstaates gegenüber fremden Schiffen eingeschränkt und folglich nicht ausgeübt, wenn diese das Küstenmeer nur durchfahren und die zu

---

183   BAG 13.11.2007 NZA 2008, 761, 764 f.; BAG 12.12.2001 NZA 2002, 734, 736 f.; *Kropholler/von Hein* Art. 19 a.F. Rdn. 9b; Stein/Jonas/*Wagner* Art. 19 a.F. Rdn. 23; s.a. *Henze* Die Anknüpfung von mobilen Arbeitsverhältnissen anhand des Art. 8 Rom I-Verordnung (2016) 220; krit. *Garber* FS Schütze, 81, 89.
184   BAG 20.12.2012 NZA 2013, 925, 927 m. teilw. krit. Anm. *Ulrici* jurisPR-ArbR 28/2013 Anm. 2; befürwortend Staudinger/*Hausmann* Verfahrensrecht für Internationale Verträge Rdn. 218.
185   *Behr* FS Buchner, 81, 87 f. m.w.N.; s.a. *Kropholler/von Hein* Art. 19 a.F. Rdn. 9b m.w.N.; ausf. *Henze* Die Anknüpfung von mobilen Arbeitsverhältnissen anhand des Art. 8 Rom I-Verordnung (2016) 335 ff.
186   BAG 22.10.2015 NZA 2016, 473, 475; GA *Saugmandsgaard Øe*, Schlussanträge v. 27.4.2017, Rs C-168 u.a. – Nogueira u.a./Crewlink Ireland Ltd und Ryanair Designated Activity Company, Rdn. 125 (bzgl. des Registerprinzips bei Flugzeugen); *Deinert* Internationales Arbeitsrecht § 9 Rdn. 163.
187   Im Unterschied dazu spricht man bei der Personalhoheit von Staatsangehörigkeit, s. *Arnauld* Völkerrecht, 3. Aufl. (2016) Rdn. 342 f.; dies nachvollziehend BAG 22.10.2015 NZA 2016, 473, 475.
188   *Egler* 174; *Eßlinger* 25; *Block* 246; *Henze* Die Anknüpfung von mobilen Arbeitsverhältnissen anhand des Art. 8 Rom I-Verordnung (2016) 227.
189   S.a. zum internationalen Schienen- und Lkw-Verkehr ausf. *Behr* FS Buchner, 81, 87, 95 freilich mit abweichenden Schlussfolgerungen und Konzeptionen; die „base rule" grds. befürwortend Staudinger/*Hausmann* Verfahrensrecht für Internationale Verträge Rdn. 218 m.w.N. (anders bei ständig welchselndem Abfahrts- und Zielort).
190   Ausf. zum Folgenden *Garber* FS Kaissis, 221, 231 ff. m.w.N.; *Henze* Die Anknüpfung von mobilen Arbeitsverhältnissen anhand des Art. 8 Rom I-Verordnung (2016) 228–237.
191   Zum grundsätzlichen Vorrang der Gebietshoheit gegenüber der Personalhoheit s. *Arnauld* Völkerrecht, 3. Aufl. (2016) Rdn. 342.

entscheidende Angelegenheit die innere Ordnung des Schiffes betrifft.[192] Zu diesen **inneren Angelegenheiten sollen Fragen des Arbeitsverhältnisses** zählen und erst ab dieser Zone wird das Flaggenprinzip ernsthaft diskutiert.[193]

Vergleichbares lässt sich **völkervertragsrechtlich** auch aus dem **Seerechtsübereinkommen** (SRÜ) herauslesen, welches die Ausübung staatlicher Hoheitsgewalt über das Küstenmeer beschränkt (zum SRÜ s.a. Art. 20 Rdn. 31 f.).[194] Hauptziel des SRÜ ist es, die Regeln des allgemeinen Völkerrechts über die friedliche Zusammenarbeit der internationalen Gemeinschaft bei der Erforschung, der Nutzung und der Ausbeutung der Meeresräume zu kodifizieren, näher zu bestimmen und weiterzuentwickeln. Zu diesem Zweck schafft dieses Übereinkommen ausweislich seiner Präambel eine **Rechtsordnung für die Meere und Ozeane**, die den internationalen Verkehr erleichtert, die Interessen und Bedürfnisse der gesamten Menschheit und vor allem die besonderen Interessen und Bedürfnisse der Entwicklungsländer berücksichtigt sowie den Frieden, die Sicherheit, die Zusammenarbeit und die freundschaftlichen Beziehungen zwischen allen Nationen festigt. Für die vom SRÜ erfassten Meeresräume[195] soll ein **gerechter Ausgleich zwischen den Interessen der Staaten als Küstenstaaten und ihren Interessen als Flaggenstaaten**, die widerstreitend sein können, geschaffen werden.

In diesem Zusammenhang zielt das SRÜ darauf ab, die materiellen und territorialen Grenzen ihrer jeweiligen souveränen Rechte festzulegen.[196] Was das **Küstenmeer** betrifft, so gehört dieses zum Staatsgebiet und darf maximal zwölf Seemeilen breit sein (vgl. Art. 2, 3, 5 SRÜ). Art. 17 und Art. 24 SRÜ regeln allgemein das **Recht auf friedliche Durchfahrt von Schiffen aller Staaten** im Küstenmeer und die damit korrespondierende Pflicht des Küstenstaates, diese Durchfahrt nicht zu behindern. Zudem verbietet es Art. 28 SRÜ im Grundsatz, dass der Küstenstaat seine Zivilgerichtsbarkeit gegenüber Personen ausübt, die sich an Bord eines das Küstenmeer durchfahrenden Handelsschiffes befinden.

In der sich daran anschließenden bis zu 200 Seemeilen breiten **ausschließlichen Wirtschaftszone**, in dem auch der **Festlandsockel** liegt, ist die Ausübung staatlicher Hoheitsgewalt ebenfalls durch das SRÜ beschränkt. Dort ist die **Freiheit der Schifffahrt** zu achten, die in Art. 90 SRÜ niedergelegt ist. Danach hat jeder Staat – egal ob Küsten- oder Binnenstaat – das Recht, Schiffe, die seine Flagge führen, auf der Hohen See fahren zu lassen. Nach dem **in den Art. 91, 92 SRÜ niedergelegte Flaggenprinzip** unterliegen Schiffe auf Hoher See der ausschließlichen Hoheitsgewalt des Staates, dessen Flagge sie führen;[197] dieser Satz stellt nach Auffassung des EuGH auch **Völkergewohnheitsrecht** dar.[198] Gem. Art. 91 Abs. 1 S. 3 SRÜ muss **zwischen dem Staat und dem Schiff eine ech-**

---

[192] Bei dem Recht auf friedliche Durchfahrt handelt es sich um ein atypisches, d.h. nicht vereinbarungsbedürftiges Transitrecht, weil es allgemein und ohne besondere Vereinbarung gilt, vgl. *Arnauld* Völkerrecht, 3. Aufl. (2106) Rdn. 341; s.a. *Mankowski* 477; *Henze* Die Anknüpfung von mobilen Arbeitsverhältnissen anhand des Art. 8 Rom I-Verordnung (2016) 228.
[193] *Garber* FS Kaissis, 221, 232.
[194] UNTS 1833, S. 3; zum Anwendungsbereich und Sinn und Zweck des SRÜ vgl. EuGH 3.6.2008 EuGHE 2008, I-4057 – Intertanko u.a., Rdn. 54–65.
[195] Das SRÜ regelt den Rechtsstatus des Küstenmeers (Art. 2 bis 33 SRÜ), der Gewässer von Meerengen, die der internationalen Schifffahrt dienen (Art. 34 bis 45 SRÜ), der Archipelgewässer (Art. 46 bis 54 SRÜ), der ausschließlichen Wirtschaftszone (Art. 55 bis 75 SRÜ), des Festlandsockels (Art. 76 bis 85 SRÜ) und der Hohen See (Art. 86 bis 120 SRÜ).
[196] Vgl. Art. 2, 33, 34 Abs. 2, 56 oder 89 SRÜ.
[197] S.a. *Egler* 172.
[198] EuGH 21.12.2011 EuGHE 2011, I-13755 – Air Transport Association of America, Rdn. 106 m.w.N. (verneint allerdings bei Flugzeugen); EuGH 24.11.1992 EuGHE 1992, I-6019 – Poulsen und Diva Navigation, Rdn. 22.

te **Verbindung** bestehen (*genuine link*-Erfordernis). Dieser Zusammenhang muss nach dem internen Recht dieses Staates begründet werden.[199] Wegen Art. 58 Abs. 2 SRÜ findet das in jenen Vorschriften für die Hohe See normierte **Flaggenprinzip auch in der ausschließlichen Wirtschaftszone Anwendung**, soweit dieses mit den Vorschriften des SRÜ für diese Zone – Art. 55 bis 75 SRÜ – nicht in Konflikt gerät. Der verbleibende Teil des Meeres ist die **Hohe See** und stellt **kein Staatsgebiet** eines bestimmten Staates dar.[200] Die soeben zitierten Art. 90 bis Art. 92 SRÜ, die die Freiheit der Schifffahrt und das Flaggenprinzip statuieren, sind direkt anwendbar.

94 Was im Allgemeinen das **Potenzial des Flaggenprinzips** betrifft, **um im internationalen Individualarbeitsprozessrecht angemessene Lösungen hervorzubringen**, so ist dieses als **gering** einzustufen.[201] Das Flaggenprinzip wird in der Brüssel Ia-VO nicht ausdrücklich erwähnt, dasselbe trifft im IPR auf beide Rom-Verordnungen zu.[202] Eine Gesetzesinitiative seitens der Kommission, ein solches in der Rom II-Verordnung zu normieren, ist gescheitert bzw. abgelehnt worden; im Vorschlag zur Rom I-VO wird dieses nicht mehr erwähnt.[203] Das ist zu begrüßen, wie die folgenden Ausführungen zeigen. Im Einzelnen:

95 Hervorzuheben ist zunächst, dass das häufig gegen das Flaggenprinzip angeführte **Argument der Billigflagge** (sog. *flag of convenience*) **i.R.d. Brüssel Ia-VO zu relativieren** ist, weil der gewöhnliche Arbeitsort i.R.d. Art. 21 innerhalb der EU zu lokalisieren ist und eine Diskussion über Billigflaggen in der EU aus Loyalitätsgründen gegenüber allen Mitgliedstaaten vermieden werden sollte (unten Rdn. 130).[204]

96 Weitaus schwerer wiegt indes der Umstand, dass die stark teleologische Begriffsbildung des gewöhnlichen Arbeitsortes **im Lichte des Arbeitnehmerschutzes** (oben Rdn. 51) das **Flaggenprinzip** zu einem **Fremdkörper im Anknüpfungssystem des Absatzes 1 lit. b) i)** werden lässt. Denn weder kann von einer Korrelation zwischen dem Flaggenprinzip und der Gewährleistung eines wirksamen Arbeitnehmerschutzes i.R.d. Art. 21 noch von einer Kausalität zwischen beiden Gesichtspunkten gesprochen werden.[205]

97 Dieser **fehlende Wirkungszusammenhang zwischen Flaggenprinzip und Arbeitnehmerschutz** hat seinen Grund zum einen darin, dass die rechtlichen und ökonomischen **Anreize**, die auf Seiten **des Reeders** den Ausschlag für die eine oder andere Flagge geben, **inkompatibel mit den verfahrensrechtlichen Schutzinteressen** sind, die hinter dem Absatz 1 lit. b) i) stehen (zu diesen Art. 20 Rdn. 13). Zum anderen steht die **einseitige Berücksichtigung subjektiver** und damit wandelbarer **Interessen aus dem Arbeitgeberlager im krassen Gegensatz zu Struktur und Telos des gewöhnlichen Arbeitsortes**. Dieser möchte nämlich Arbeitnehmerschutz gewährleisten, indem er zu-

---

[199] *Mankowski* 478; *Eßlinger* 14 ff.; *Egler* 1 ff., 175 ff.; *Henze* Die Anknüpfung von mobilen Arbeitsverhältnissen anhand des Art. 8 Rom I-Verordnung (2016) 236 f.
[200] Die Hohe See gibt es mit Blick auf die Bundesrepublik Deutschland weder in der Ost- noch in der Nordsee.
[201] Krit. bereits *Temming* jurisPR-ArbR 15/2010, Anm. 6; Hüßtege/Mansel/*Temming* Art. 9 Rom II-VO Rdn. 54–56.
[202] Dies erkennt auch BAG 22.10.2015 NZA 2016, 473, 475; s.a. GA *Saugmandsgaard Øe*, Schlussanträge v. 27.4.2017, Rs C-168 u.a. – Nogueira u.a./Crewlink Ireland Ltd und Ryanair Designated Activity Company, Rdn. 123 (zur mangelnden Erwähnung des Registerprinzips); zum Auslegungszusammenhang zwischen der Brüssel Ia-VO und den Rom-Verordnungen vgl. Art. 20 Rdn. 33–35.
[203] KOM(2003) 427 endg., S. 42, 29; KOM(2005) 650 endg., S. 8, 18 f.
[204] S.a. *Magnus* FS Posch, 443, 450; *Henze* Die Anknüpfung von mobilen Arbeitsverhältnissen anhand des Art. 8 Rom I-Verordnung (2016) 238–243, 253 f.
[205] Ebenso Stein/Jonas/*Wagner* Art. 19 a.F. Rdn. 22 (freilich dann für das Niederlassungsprinzip optierend).

vörderst auf objektive und faktische Umstände abstellt, um diesem Anknüpfungspunkt Stabilität zu geben und ihn vom einseitigen Gestaltungspotenzial des Arbeitgebers abzuschirmen.

98 Wenngleich die unmittelbare Anknüpfung an die Flagge Stabilität zu geben scheint und (arbeits)völkerrechtliche Normen dieses Prinzip für die Auferlegung von Pflichten verwenden (dazu sogleich), ist doch die **Anfälligkeit dieser Anknüpfung wegen der mittelbaren Abhängigkeit vom subjektiven Arbeitgeberinteresse** im Ergebnis ebenso gegeben wie in Absatz 1 lit. b) ii) bzgl. der Niederlassung, die den Arbeitgeber eingestellt hat (hierzu Rdn. 125). Daran kann auch das *genuine-link*-**Erfordernis** nichts ändern, da dieses **völkerrechtlich quasi sanktionslos ausgestaltet** ist und ohnehin nicht rein arbeitnehmerschutzspezifisch wirkt.[206] Von hinreichender Manipulationsresistenz kann beim Flaggenprinzip also keine Rede sein.[207]

99 Neben diesen teleologischen Gesichtspunkten **spricht** auch die **prozessrechtliche Wirkungsstruktur** des gewöhnlichen Arbeitsortes i.R.d. Absatzes 1 lit. b) i) **gegen das Flaggenprinzip**. Denn dieser Anknüpfungspunkt regelt im Allgemeinen nicht nur die internationale, sondern zugleich auch die örtliche Zuständigkeit mit (hierzu Rdn. 6). Indes lassen sich mit Hilfe des Flaggenprinzips diese zuständigkeitsrechtlichen Dimensionen nicht vollständig beantworten. Die Antwort beschränkt sich vielmehr **nur auf die internationale Zuständigkeit**. Es bedarf also neben dem Flaggenprinzip weiterer Anknüpfungsmomente, bspw. den Heimat- oder Einsatzhafen des Schiffes, um die örtliche Zuständigkeit zu bestimmen.[208] Bezogen auf die völkerrechtlichen Formen, Hoheitsgewalt auszuüben, zeigt sich für die Zwecke des Absatzes 1 lit. b) i) die **Überlegenheit eines territorialen- bzw. anrainerorientierten Verständnisses des gewöhnlichen Arbeitsortes**, weil sich auf diese Weise internationale und örtliche Zuständigkeit ermitteln lassen. Damit harmoniert auch der Wortlaut des Absatzes 1 lit. b) i) am besten. Ein Konzept zur Ermittlung des gewöhnlichen Arbeitsortes, das mit Blick auf die hoheitliche Gewaltausübung lediglich die Zugehörigkeit zu einem Staat regelt, stellt einen Bruch im Anknüpfungssystem des Absatzes 1 lit. b) i) dar, der sich nicht rechtfertigen lässt. Für beide Spielarten des gewöhnlichen Arbeitsortes („an dem" und „von dem aus") setzt sich i.R.d. Absatzes 1 lit. b) i) deshalb grundsätzlich ein territoriales- bzw. anrainerorientierten Verständnis vorrangig durch. Geht es um **staatsfreie Räume** – also namentlich die Hohe See – gelangt die erste Variante („an dem") an ihre Grenze; es ist dann auf die „**von dem aus**"-Klausel bzw. die *base rule* zurückzugreifen.

100 Sprechen bereits immanente Erwägungen über den Schutzzweck des Art. 21 und die Struktur des gewöhnlichen Arbeitsortes gegen das Flaggenprinzip, ist zu überlegen, ob sich dieses den Arbeitnehmer begünstigende Auslegungsergebnis auch relativ gegenüber **höherrangige Normen des Völkerrechts** durchzusetzen vermag, die auf das Flaggenprinzip zurückgreifen. Das betrifft das bereits erwähnte **SRÜ**, des Weiteren das **Seearbeitsübereinkommen** der ILO bzw. IAO und das **Völkergewohnheitsrecht**. Zudem ist auch an die **RL 2009/13/EG** zu denken, die Teile des Seearbeitsübereinkommens in sekundäres Unionsrecht umsetzt (zu diesen Rechtsquellen s. Art. 20 Rdn. 31).[209] Diese Frage ist zu bejahen.

---

206 Hinzu kommt, dass der EuGH keine wahrhafte Verbindung zwischen Flaggenstaat und Schiff zu verlangen scheint, vgl. EuGH 15.12.2011 EuGHE 2011, I-13275 – Jan Voogsgeerd/Navimer SA., Rdn. 22 ff.
207 *Egler* 195; so allgemein die Charakterisierung des gewöhnlichen Arbeitsorts bei Rauscher/*Mankowski* Art. 21 Rdn. 8.
208 Musielak/Voit/*Stadler* Art. 21 Rdn. 2; diese strukturelle Schwäche des Flaggenprinzips konzediert *Mankowski* AP Nr. 1 zu Art. 18 EuGVVO.
209 RL 2009/13/EG, ABl. EG L 124, S. 30 ff.

101 Was das **SRÜ** anbelangt, könnte sein **Art. 94** dafürsprechen, das Flaggenprinzip i.R.d. Art. 21 anzuwenden. Die Vorschrift regelt die **Pflichten des Flaggenstaates**.[210] Nach Art. 94 Abs. 1 SRÜ übt jeder Staat seine Hoheitsgewalt und Kontrolle u.a. in **sozialen Angelegenheiten** über die seine Flagge führenden Schiffe wirksam aus. Dies wird gem. Art. 94 Abs. 2 dahingehend spezifiziert, dass der Flaggenstaat die Hoheitsgewalt nach seinem innerstaatlichen Recht über jedes seine Flagge führende Schiff sowie dessen Kapitän, Offiziere und Besatzung u.a. in Bezug auf die das Schiff betreffenden sozialen Angelegenheiten ausübt. Konkret ordnet Art. 94 Abs. 3 an, dass jeder Staat für die seine Flagge führenden Schiffe die **Maßnahmen** ergreift, die **zur Gewährleistung der Sicherheit auf See** erforderlich sind und zwar u.a. **im Hinblick auf die Arbeitsbedingungen** unter Berücksichtigung der anwendbaren internationalen Übereinkünfte.

102 Es ist sicherlich nicht unvertretbar, unter den Begriff der „sozialen Angelegenheit" i.S.d. Art. 94 SRÜ **Regeln des Arbeitsrechts** zu fassen und damit als **innere Angelegenheit des Flaggenstaates** zu begreifen,[211] zumal Art. 94 Abs. 3 lit. b) SRÜ beispielhaft Fragen des Arbeitsschutzes und der Arbeitssicherheit thematisiert und Art. 94 Abs. 2, 3 SRÜ nicht abschließend formuliert sind („insbesondere", „unter anderem"). Höchst **fraglich** ist allerdings, **ob** die Vertragsstaaten damit zugleich **Vorgaben bezüglich des internationalen Verfahrensrechts unmittelbar im SRÜ** treffen wollten. Der Wortlaut des Art. 94 spricht dafür, dass es um materiell-rechtliches Arbeitsrecht geht und nicht um sachrechtliche Vorschriften, die sich auf Prozessrechtsverhältnisse mit Auslandsberührung beziehen.[212] Die Ausübung der Hoheitsgewalt auf Grundlage des Flaggenprinzips richtet sich zudem primär nach Vorgaben des innerstaatlichen Rechts, dies ggf. unter Berücksichtigung der anwendbaren internationalen Übereinkünfte (so bspw. für Fragen der Arbeitssicherheit, vgl. Art. 94 Abs. 3 lit. b) SRÜ). Aus systematischer Sicht kann mit dem Begriff der „anwendbaren internationalen Übereinkünften" nicht das SRÜ gemeint sein.

103 Auch die **Erwägungsgründe** in der Präambel des SRÜ und seine generelle **Zielrichtung** (vgl. oben Rdn. 91f.) **weisen nicht darauf hin**, dass die Vertragsstaaten **im SRÜ Regeln des IZPR** selbst setzen wollten. Dasselbe trifft auf Art. 28 SRÜ zu, der die Zivilgerichtsbarkeit des Küstenstaates in Bezug auf fremde Handelsschiffe einschränkt. Denn Art. 28 Abs. 2, 3 SRÜ lassen unter bestimmten Bedingungen Vollstreckungs- und Sicherungsmaßnahmen in Zivilsachen zu und zwar wiederum in Übereinstimmung mit den Rechtsvorschriften des Küstenstaates. Auch Art. 28 gibt also für Fragen der internationalen Zuständigkeit unmittelbar nichts her. Sollten die Art. 90ff. SRÜ das internationale Prozessrecht entgegen der hier vertretenen Auffassung dennoch mitregeln, *in concreto* also Fragen der internationalen Zuständigkeit, müsste es sich – wenn überhaupt – um eine **versteckte Norm des IZPR** handeln, die namentlich in Art. 94 SRÜ hineingelesen werden müsste.[213] Vergleichbare Erwägungen gelten für den Fall, dass bezüglich des Flaggenprinzips für Schiffe Völkergewohnheitsrecht herangezogen wird.

104 Selbst wer entgegen dieser Argumentation die Anwendung des Flaggenprinzips für die Zwecke des Art. 21 aufgrund der Bindung an das SRÜ diskutieren möchte, wird mit

---

210 Hierzu *Block* 243; *Egler* 172.
211 So bspw. für das Unionsrecht, wo das europäische Arbeitsrecht u.a. im Titel X („Sozialpolitik") niedergelegt ist, vgl. Art. 151 bis 161 AEUV.
212 Um solche Normen des Sachrechts handelt es sich im Grundsatz bei den Zuständigkeitsvorschriften der Brüssel Ia-VO; zur Einordnung der Vorschriften des IZPR ausf. *Schack* Internationales Zivilverfahrensrecht Rdn. 3ff., 25f.; *Junker* Internationales Zivilprozessrecht § 1 Rdn. 9ff.
213 I.E. ebenso, aber im Zusammenhang mit dem Registerprinzip s. GA *Saugmandsgaard Øe*, Schlussanträge v. 27.4.2017, Rs C-168 u.a. – Nogueira u.a./Crewlink Ireland Ltd und Ryanair Designated Activity Company, Rdn. 124.

einer solchen Auffassung letztlich an der **Normenhierarchie des Unionsrechts** im Lichte der EuGH-Rechtsprechung scheitern. Das hat seinen Grund darin, dass der **in den Art. 20 bis 23 gewährte Arbeitnehmerschutz** und das entsprechende Abwägungsergebnis **in das Primärrecht**, namentlich die **Unionsgrundrechte, hineingelesen werden kann** und der EuGH das **Primat der Unionsgrundrechte mit Blick auf das Sekundärrecht** gegenüber völkerrechtlichen Bindungen hochhält (vgl. Art. 20 Rdn. 20f., 25ff.). Das bedeutet, dass sich das Flaggenprinzip nicht einseitig bzw. absolut durchsetzen kann und internationale **individualarbeitsrechtliche Streitigkeiten nicht *per se* als innere Angelegenheit des Flaggenstaates** verstanden werden können. Es ist vielmehr andersherum: Der in den Art. 20 bis 23 gewährte Arbeitnehmerschutz setzt sich mit Hilfe der einschlägigen Unionsgrundrechte relativ gegenüber völkerrechtlichen Wertungen durch.

Vergleichbare Erwägungen gelten für das Flaggenprinzip, welches das **Seearbeitsübereinkommen von 2006** aufgreift. Dieses Übereinkommen konsolidiert und modernisiert das materielle Seearbeitsrecht der ILO bzw. IAO, welches sich in den vergangenen Jahrzehnten über mehrere Übereinkommen und Empfehlungen verteilt hatte. Es kann als andere Übereinkunft i.S.d. Art. 94 Abs. 3 lit. b) SRÜ begriffen werden. Im Seearbeitsübereinkommen werden dem Flaggenstaat **arbeitsrechtliche Pflichten ebenfalls mit Hilfe des Flaggenprinzips** auferlegt. Freilich **deutet** auch **in diesem Übereinkommen nichts darauf hin**, dass **zugleich Regeln des IZPR vereinbart** werden sollten. **105**

Insbesondere in **Art. V Seearbeitseinkommen**, der die Verantwortlichkeit für die Durchführung und Durchsetzung des Schutzstandards mit Blick auf dieses Übereinkommen statuiert (und zwar nicht nur für den Flaggen-, sondern auch den Hafenstaat, vgl. die Regel 5.1 und 5.2 dieses Übereinkommens), werden gerichtliche Verfahren nicht angesprochen. Vielmehr zeigt gerade das in dieser Vorschrift niedergelegte **Verfahren der Kontrolle durch den Hafenstaat** (Art. V Abs. 4, 7 Seearbeitseinkommen),[214] dass das Flaggenprinzip aufgrund der Einflussmöglichkeiten durch den Reeder wirksamer Kompensationsmöglichkeiten bedarf, um die Ziele und Schutzstandards des Seearbeitsüberkommens wirksam sicherstellen zu können.[215] Das Verfahren der **Hafenstaatkontrolle** ist im Seearbeitsübereinkommen **innovativer ausgestaltet als** der entsprechende Kontrollmechanismus **in Art. 94 Abs. 6 SRÜ**. Bemerkenswert ist, dass die **Hoheitsmacht des Flaggenstaates über seine Schiffe** ihre grundsätzliche **Exklusivität verliert** und das Seearbeitseinkommen diese zugunsten des Hafenstaates generell einschränkt. Im Ergebnis sorgt die Hafenstaatkontrolle flaggenübergreifend für einen weltweiten Mindeststandard. Dieser Kontrollmechanismus kann gleichzeitig als **offensichtlicher Beleg** dafür herangezogen werden, **dass das Flaggenprinzip nicht** die Voraussetzungen eines **qualitativ hochwertigen Arbeitnehmerschutzes** erfüllt, so wie ihn die Art. 20 bis 23 gewähren wollen. Schließlich ist darauf hinzuweisen, dass das Seearbeitsübereinkommen als arbeitsvölkerrechtliche Rechtsquelle **nur Mindestanforderungen** aufstellt. Damit kann es für den Arbeitnehmer günstigeren Vorschriften nicht im Wege stehen. Das gilt auch für das internationale Verfahrensrecht. **106**

Der Umstand, dass lediglich Mindeststandards gesetzt werden, ist auch der Grund dafür, warum schließlich die **RL 2009/13/EG**, mit der Teile des Seearbeitsübereinkommens in das sekundäre Unionsrecht überführt werden, ebenfalls **keine bindende Anordnung mit Blick auf das Flaggenprinzip** für die Art. 20 bis 23 statuieren kann. Auch **107**

---

214 S.a. §§ 137f., 143 Abs. 3 SeeArbG mit den dortigen Verweisungen in das einschlägige Unionsrecht.
215 Zur Hafenstaatkontrolle s. *Schäffer* TranspR 2008, 290, 295; *Maul-Sartori* NZA 2013, 821, 826f.; *Henze* Die Anknüpfung von mobilen Arbeitsverhältnissen anhand des Art. 8 Rom I-Verordnung (2016) 250, 279.

in diesem Zusammenhang wird klargestellt, dass diese Richtlinie nur Mindestbedingungen aufstellt, vgl. Erwägungsgrund Nr. 16 und Art. 3 Abs. 1 RL 2009/13/EG.

108 Alles in allem **ist vom Flaggenprinzip** für die Zwecke des Art. 21 **Abstand zu nehmen**.[216] **Dasselbe gilt für andere Arten der Registrierung**, die der Gegenseite des Arbeitnehmers zur Verfügung stehen. Das betrifft vornehmlich die **Registrierung von Flugzeugen** auf Grundlage des Art. 17 Chicagoer Abkommen; diejenige von Zügen oder Lkw ist völkerrechtlich ohnehin unerheblich. Es daher zu begrüßen, dass der EuGH dem Flaggenprinzip in seiner Rechtsprechung zum internationalen Arbeitsprozessrecht bislang keinerlei Bedeutung beizumessen scheint.[217] Selbiges gilt für andere Prinzipien der Registrierung.[218] Dafür sprechen die EuGH-Entscheidungen *Weber*, *Voogsgeerd*, *Koelzsch* und – sehr deutlich – *Nogueira* (Rdn. 50).

109 Des Weiteren ist zu beobachten, dass der **EuGH internationale Transportsachverhalte** an die Konstellationen heranrückt, die er **mit Hilfe der „von dem aus"-Klausel** des Absatzes 1 lit. b) i) löst.[219] Dabei zeigt der EuGH die Tendenz, **Transportsachverhalte einheitlich zu bewerten**. Untrügliches Zeichen dafür sind die Urteile *Koelzsch*, *Voogsgeerd* und *Nogueira* (Rdn. 36 ff.). Das konkrete Transportvehikel rückt in den Hintergrund; es gibt keine Sonderbehandlung. Damit ist auch unerheblich, dass der Arbeitsort mobil ist. Das ist zu begrüßen, weil es zu einer **Gleichbehandlung dieser Gruppe von mobilen Arbeitnehmern** führt. Unter dem Gesichtspunkt des Arbeitnehmerschutzes gibt es innerhalb dieser Gruppe **wenig Raum für sachliche Differenzierungen** i.R.d. Absatzes 1 lit. b) i). Insbesondere ist kein einleuchtender Grund dafür ersichtlich, nach der jeweiligen Berufsgruppe dieser mobilen Arbeitnehmer oder dem Transportvehikel zu unterscheiden.[220] Der Gleichheitssatz gem. Art. 20 i.V.m. Art. 51 Abs. 1 GrCH fordert daher, solche Arbeitnehmer verfahrensrechtlich i.R.d. Art. 21 grundsätzlich gleichzubehandeln. Dieser Grundsatz sollte solange gelten, als nicht ein wirklich atypischer Sonderfall zu entscheiden ist.

110 Zusammengefasst sind vor dem Hintergrund der EuGH-Entscheidungen *Weber*, *Koelzsch*, *Voogsgeerd* und *Nogueira* diese **Transportsachverhalte ebenso zu lösen wie andere arbeitsrechtliche Streitigkeiten**. Zentral ist die „von dem aus"-Klausel, der bereits für sich genommen ein erhebliches qualitatives Gewicht zukommt. Konsequent zu Ende gedacht, ist diese auch auf Sachverhalte anzuwenden, in denen Seeleute auf Großer Fahrt bspw. immer von demselben Hafen eines Mitgliedstaats aus in See stechen.[221] Dasselbe gilt für Piloten und die Flugbegleitung im internationalen Luftverkehr.[222] Lässt sich auf diese Weise ein gewöhnlicher Arbeitsort nicht ermitteln, können

---

216 Ebenso und mit einigen weiteren Argumenten *Henze* Die Anknüpfung von mobilen Arbeitsverhältnissen anhand des Art. 8 Rom I-Verordnung (2016) 252–255; ähnlich Musielak/Voit/*Stadler* Art. 21 Rdn. 2; krit. zum Flaggenprinzip und mit abweichender Konzeption *Egler* 200 ff. (Abwägungsvorbehalt auf Grundlage einer engeren Verbindung).
217 Dies erkennt auch BAG 22.10.2015 NZA 2016, 473, 475.
218 EuGH 14.9.2017 NZA 2017, 1477, 1480 – Nogueira u.a./Crewlink Ireland Ltd und Ryanair Designated Activity Company, Rdn. 75 f.; s.a. die abweichende Konzeption bei *Behr* FS Buchner, 81, 91 ff.
219 EuGH 14.9.2017 NZA 2017, 1477, 1479 f. – Nogueira u.a./Crewlink Ireland Ltd und Ryanair Designated Activity Company, Rdn. 60 ff.; s.a. *Henze* Die Anknüpfung von mobilen Arbeitsverhältnissen anhand des Art. 8 Rom I-Verordnung (2016) 280 ff.
220 *Henze* Die Anknüpfung von mobilen Arbeitsverhältnissen anhand des Art. 8 Rom I-Verordnung (2016) 362, 375 (bzgl. des Flugverkehrs); anders freilich die Rspr. des BAG, vgl. die Nachweise in Fn. 118.
221 *Henze* Die Anknüpfung von mobilen Arbeitsverhältnissen anhand des Art. 8 Rom I-Verordnung (2016) 280 ff.
222 EuGH 14.9.2017 NZA 2017, 1477, 1479 f. – Nogueira u.a./Crewlink Ireland Ltd und Ryanair Designated Activity Company, Rdn. 60 ff.; BAG 20.12.2012 NZA 2013, 925, 927; s.a. *Henze* Die Anknüpfung von mobilen Arbeitsverhältnissen anhand des Art. 8 Rom I-Verordnung (2016) 352 f., 375.

immer noch quantitative Kriterien dafür sorgen, dass die anrainer- bzw. territorialorientierte Rspr. des EuGH einen gewöhnlichen Arbeitsort hervorbringen kann.[223]

111 Eine der wichtigsten Folgen dieser Erkenntnisse ist im Lichte der neueren Rechtsprechung des EuGH, dass das **BAG** das **Flaggenprinzip bei Schiffen aufgeben** sollte, zumindest aber den EuGH darüber ausdrücklich befragen sollte.[224] Das gebietet Art. 267 Abs. 3 AEUV und die Ablehnung des EuGH in der **Nogueira-Entscheidung**, bei Flugzeugen auf die völkerrechtliche Registrierung nach Art. 17 Chicagoer Abkommen zurückzugreifen.[225] Insoweit existiert ein **Präjudiz mit präsumtiver Verbindlichkeit**, was die Einstellung des EuGH zum Flaggenprinzip anbelangt. Insbesondere die mit dem Flaggenprinzip argumentierende Entscheidung des BAG vom 24.9.2009 lässt sich deshalb mit der neueren Rechtsprechung des EuGH nicht mehr vereinbaren.[226] Auf der insoweit **vorzugswürdigen Linie des EuGH** befand sich bereits das **LAG Rostock** als vorherige Berufungsinstanz. Es hatte, ohne auf das Flaggenprinzip zurückzugreifen, die internationale Zuständigkeit deutscher Gerichte mit Hilfe der „von dem aus"-Klausel gem. Art. 19 Nr. 2a a.F. bejaht, wenn der Abfahrts- und Endhafen unter Berücksichtigung des Arbeitsturnus in Deutschland liegt.[227]

112 c) **Wechsel des gewöhnlichen Arbeitsortes im laufenden Arbeitsverhältnis.** Wechselt der gewöhnliche Arbeitsort im laufenden Arbeitsverhältnis, ist der **zeitlich letzte gewöhnliche Arbeitsort maßgeblich**, wenn der Arbeitnehmer, nachdem er eine gewisse Zeit an einem bestimmten Ort gearbeitet hat, anschließend dauerhaft an einem anderen Ort tätig ist, so dass nach dem einvernehmlichen Willen der Parteien dieser Ort zu einem neuen gewöhnlichen Arbeitsort i.S.d. Absatzes 1 lit. b) i) werden soll.[228] Das ist ein **markanter Unterschied zu Art. 8 Rom I-VO**[229] und bedeutet, dass der Gerichtsstand am aktuellen gewöhnlichen Arbeitsort für alle Streitigkeiten aus dem Arbeitsverhältnis einschlägig ist, selbst wenn diese ausschließlich mit einem früheren gewöhnlichen Arbeitsort zu tun haben.[230] Ein **Wahlrecht** zwischen den zeitlich hintereinander folgenden Gerichtsständen **gibt es nicht**.[231] Maßgeblich ist der Zeitpunkt der Klageerhebung. Der Arbeitsort zum Zeitpunkt des anspruchsbegründenden Ereignisses spielt keine Rolle. Ein

---

[223] Vgl. bspw. den Binnenschifferfall bei BAG 27.1.2011 MDR 2011, 1366 = NZA 2011, 1309, 1312 mit krit. Anm. *Ulrici* jurisPR-ArbR 30/2011 Anm. 3; *Rauscher/Pabst* NJW 2011, 3547, 3551; OGH 4.8.2009 DRdA 2010, 67.
[224] Begrüßenswert daher BAG (2. Senat) 22.10.2015 NZA 2016, 473, 475; zur Vorlageverpflichtung s. *Temming* jurisPR-ArbR 15/2010, Anm. 6; Hüßtege/Mansel/*Temming* Art. 9 Rom II-VO Rdn. 56.
[225] EuGH 14.9.2017 NZA 2017, 1477, 1480 – Nogueira u.a./Crewlink Ireland Ltd und Ryanair Designated Activity Company, Rdn. 75 f.; GA *Saugmandsgaard Øe*, Schlussanträge v. 27.4.2017, Rs C-168 u.a. – Nogueira u.a./Crewlink Ireland Ltd und Ryanair Designated Activity Company, Rdn. 118–127.
[226] BAG (8. Senat) 24.9.2009 MDR 2010, 641 f. (zum gewöhnlichen Arbeitsort beim Fähreinsatz zwischen Rostock-Tallinn, Rostock-Hanko und Rostock-Helsinki); krit. *Henze* Die Anknüpfung von mobilen Arbeitsverhältnissen anhand des Art. 8 Rom I-Verordnung (2016) 217, 252.
[227] LAG Rostock 18.3.2008 HmbSchRZ 2009, 9 ff. m. Anm. *Reinhard* jurisPR-ArbR 29/2008 Anm. 1; s.a. den Schwenk auf das Flaggenprinzip in LAG Rostock 21.4.2015 BeckRS 2015, 71771; unklar Staudinger/*Hausmann* Verfahrensrecht für Internationale Verträge Rdn. 217 f.
[228] EuGH 27.2.2002 EuGHE 2002, I-2013 – Herbert Weber/Universal Ogden Services Ltd, Rdn. 54; *Garber* FS Kaissis, 221, 225.
[229] Rauscher/*Mankowski* Art. 21 Rdn. 58; *ders.* IPRax 2003, 21, 23; *ders.* EuZA 2017, 267, 271 ff.; Stein/Jonas/*Wagner* Art. 19 a.F. Rdn. 9; *Temming* IPRax 2010, 59, 64 m.w.N.
[230] Staudinger/*Hausmann* Verfahrensrecht für Internationale Verträge Rdn. 220; *ders.* EuLF 2000/2001, 40, 47; Rauscher/*Mankowski* Art. 21 Rdn. 58; *Geimer*/Schütze Art. 19 a.F. Rdn. 24.
[231] *Müller* 69; *Junker* FS Schlosser, 299, 312 f.; *Thüsing* NZA 2003, 1303, 1310; *Kropholler/von Hein* Art. 19 a.F. Rdn. 6; Rauscher/*Mankowski* Art. 21 Rdn. 57.

zeitliches Mosaikprinzip gibt es nicht.²³² Alles andere würde dem von Art. 21 intendierten Arbeitnehmerschutz widersprechen.

113 **d) Gerichtsstand am letzten gewöhnlichen Arbeitsort.** Der Gerichtsstand am letzten gewöhnlichen Arbeitsort **bleibt** dem Arbeitnehmer **auch dann erhalten**, wenn das **Arbeitsverhältnis** zum Zeitpunkt der Klageerhebung **bereits beendet** ist, vgl. Absatz 1 lit. b) i) 2. Alt. Damit wird das Gericht mit der Streitigkeit befasst, das nicht nur räumlich, sondern auch zeitlich dem streitbefangenen Arbeitsverhältnis am nächsten steht.²³³

114 **Dieser Grundsatz** sollte **auch dann eingehalten** werden, wenn eine **Folge von befristeten Arbeitsverhältnissen mehrere gewöhnliche Arbeitsorte in verschiedenen Mitgliedstaaten** generiert hat. **Mit Hilfe einer Gesamtbetrachtung** in Zusammenschau mit einer Schwerpunkttheorie **an zeitlich weiter zurückliegende gewöhnliche Arbeitsorte anzuknüpfen**, nur um zuständigkeitsrechtlich nach Art einer *forum conveniens*-Doktrin heimwärts zu streben, ist – zumal ohne Vorlage an den EuGH – **kritisch** zu sehen.²³⁴

115 Der Gerichtsstand am letzten gewöhnlichen Arbeitsort **dürfte** regelmäßig den **Interessen des Arbeitnehmers entsprechen**, falls er bspw. im Zuständigkeitsbereich des Gerichts auch seinen gewöhnlichen Aufenthalt oder Wohnsitz hat.²³⁵ Ebenso wenig ist erforderlich, dass der Arbeitnehmer noch aktiv ist bzw. seine Arbeitsleistung erbringt.²³⁶ Die Bedeutung des Absatzes 1 lit. b) i) 2. Alt. wird vor dem Hintergrund des Arbeitnehmerschutzes teilweise in Frage gestellt und i.E. für überflüssig gehalten. Aufgrund des klaren *telos* des Absatzes 1 lit. b) i) sei offensichtlich, dass diese Norm all diejenigen Streitigkeiten erfasse wolle, die mit der Beendigung des Arbeitsverhältnisses zusammenhängen.

116 **Praxisrelevant** ist dieser Gerichtsstand vor allem bei **Ansprüchen aus beendeten Arbeitsverhältnissen** und **Bestandsschutzstreitigkeiten**.²³⁷ Letztere können genau betrachtet aber auch während des laufenden Arbeitsverhältnisses initiiert werden, vgl. für Deutschland bspw. §§ 4, 7 KSchG.

IV. Gerichtsstand am Ort der Niederlassung, die den Arbeitnehmer eingestellt hat

117 **1. Allgemeines und Anwendungsvoraussetzungen.** Verrichtet der Arbeitnehmer seine Arbeit gewöhnlich nicht in ein und demselben Staat oder hat er sie dort nicht ver-

---

232 Prägnant Stein/Jonas/*Wagner* Art. 19 a.F. Rdn. 9; Rauscher/*Mankowski* Art. 21 Rdn. 58.
233 Zur Bedeutung dieses Gesichtspunktes EuGH 14.9.2017 NZA 2017, 1477, 1479 – Nogueira u.a./Crewlink Ireland Ltd und Ryanair Designated Activity Company, Rdn. 50.
234 So aber Cour de cassation 26.9.2016, Nr. 15-17288 mit krit. Anm. *Mankowski* EuZA 2017, 267, 268–271. Dies geschieht noch dazu ohne eine entsprechende Vorlage an den EuGH nach Art. 267 Abs. 3 AEUV (wiederum nicht untypisch für die Cour de cassation, vgl. Art. 20 Rdn. 141).
235 Kropholler/von Hein Art. 19 a.F. Rdn. 6.
236 *Geimer*/Schütze Art. 19 a.F. Rdn. 23 spricht von einem früheren Arbeitsort.
237 OGH 25.6.2015 DRdA 2016/7, 55; *Junker* FS Heldrich, 719, 737; *ders.* FS Schlosser, 299, 313; Staudinger/*Hausmann* Verfahrensrecht für Internationale Verträge Rdn. 220; *Mankowski* EuZA 2017, 267, 270; *ders.* IPRax 2003, 21, 27; *Knöfel* ZfA 2006, 397, 430. Im Falle der Insolvenz des Arbeitgebers ist zu beachten, dass es sich bei Kündigungsschutzklagen nicht um Annexverfahren i.S.d. Art. 6 EuInsVO handelt; vielmehr handelt es sich um eine zivilrechtliche Streitigkeit i.S.d. Art. 1 Abs. 1, für die der Ausnahmetatbestand des Art. 1 Abs. 2 lit. b) nicht erfüllt ist, s.a. EuGH 12.2.2009 EuGHE 2009, I-767 – Frick Teppichboden Supermärkte GmbH/Deko Marty Belgium NV, Rdn. 19 ff.; BAG 20.9.2012 MDR 2013, 727, 728; s.a. *Mankowski*/Müller/J. Schmidt EuInsVO 2015 (2016) Art. 13 EuInsVO Rdn. 33; NK-GA/*Ulrici* Art. 1–6 Rdn. 9.

richtet, kann er gem. Absatz 1 lit. b) ii) den Arbeitgeber auch vor dem Gericht des Ortes des Mitgliedstaates verklagen, an dem sich **die Niederlassung befindet oder befand, die ihn eingestellt hat**. Ebenso wie Absatz 1 lit. b) i) regelt dieser Gerichtsstand nicht nur die **internationale**, sondern auch die **örtliche Zuständigkeit**. Es besteht **kein Wahlrecht** zum Gerichtsstand des gewöhnlichen Arbeitsortes.

Der Arbeitgeber hat die Hoffnung auf ein „kleines Heimspiel", weil ihm dieser Gerichtsstand prozesstaktisch entgegenkommt.[238] Der Gerichtsstand der einstellenden Niederlassung kommt indes **nur hilfsweise** zum Zuge. Die Rechtsprechung des EuGH hat die ohnehin **untergeordnete Rolle** noch weiter verstärkt. Von einer gezielten **Marginalisierung** ist die Rede (Art. 20 Rdn. 18).[239] Das ist bedauerlich, weil dieser Gerichtsstand **Rechtssicherheit** bietet. Dem steht auch nicht entgegen, dass sich dieser Gerichtsstand an dem überragenden Schutzzweck des Art. 21 reibt.[240] Ob es dieser Gerichtsstand mit der **h.M.** vermag, die Zuständigkeit am Ort der einstellenden Niederlassung zu konzentrieren,[241] oder diese Funktion nicht bereits durch Absatz 1 lit. b) i) erfüllt wird, weil die Auffächerung in viele Gerichtsstände durch das Abstellen auf den *gewöhnlichen* Arbeitsort selbst bei Tätigkeit in mehreren Staaten verhindert wird,[242] kann dahinstehen. Entweder besteht am Ende der Prüfung des Art. 21 Abs. 1 ein **Wahlrecht** des Arbeitnehmers zwischen dem **Wohnsitz des Arbeitgebers** und der **einstellenden Niederlassung** oder nicht.[243] 118

Voraussetzung für das Eingreifen des Gerichtsstands der einstellenden Niederlassung ist, dass ein **gewöhnlicher Arbeitsort** in einem Mitgliedstaat **nicht ermittelt** werden kann. Das ergibt sich klar aus dem Wortlaut des Absatzes 1 lit. b) ii). Die Anforderungen, die der EuGH an das Scheitern dieser Ermittlungen stellt, sind groß (Rdn. 61, 119, 146).[244] Zugespitzt formuliert muss so lange ermittelt werden, bis beim Prüfenden diesbezüglich subjektive Unmöglichkeit eintritt. 119

Relativ einfach zu erfüllen sind diese Anforderungen, wenn die **Arbeitsleistung an wechselnden Orten in Drittstaaten** erbracht wurde oder dort gar ein gewöhnlicher Arbeitsort existiert. Dann gibt es keinen gewöhnlichen Arbeitsort in einem *Mitgliedstaat*[245] und der **Weg** für Absatz 1 lit. b) ii) ist **frei**, sofern sich die **einstellende Niederlassung in einem Mitgliedstaat** befindet.[246] Freilich kann es dann zu einer **Divergenz zwischen** 120

---

238 Rauscher/*Mankowski* Art. 21 Rdn. 59.
239 Rauscher/*Mankowski* Art. 21 Rdn. 4 m.w.N.; *ders.* EuZA 2017, 267, 271.
240 S.a. EuGH 15.2.1989 EuGHE 1989, 341 – Société Six Constructions Ltd/Paul Humbert, Rdn. 13 f.; freilich sind einige Grundannahmen dieses Urteils zu Art. 5 Nr. 1 EuGVÜ *de lege lata* überholt.
241 So Geimer/Schütze Art. 19 a.F. Rdn. 5 f.; Rauscher/*Mankowski* Art. 21 Rdn. 59; Stein/Jonas/*Wagner* Art. 19 a.F. Rdn. 24 unter Verweis auf EuGH 13.7.1993 EuGHE 1993, I-4075 – Mulox IBC Ltd/Hendrick Geels, Rdn. 21; EuGH 9.1.1997 EuGH 1997, I-57 – Petrus Wilhelmus Rutten/Cross Medical Ltd, Rdn. 18; bzw. EuGH 27.2.2002 EuGHE 2002, I-2013 – Herbert Weber/Universal Ogden Services Ltd, Rdn. 55.
242 Stein/Jonas/*Wagner* Art. 19 a.F. Rdn. 6.
243 Vgl. nur EuGH 27.2.2002 EuGHE 2002, I-2013 – Herbert Weber/Universal Ogden Services Ltd, Rdn. 57.
244 S.a. *Holl* IPRax 1997, 88, 90; *Knöfel* IPRax 2014, 130, 132; MünchAnwaltsHbArbR/*Broewer* § 48 Rdn. 69, 71; krit. allgemein Stein/Jonas/*Wagner* Art. 19 a.F. Rdn. 20 (bei Entsendefällen).
245 So für Art. 5 Nr. 1 EuGVÜ bspw. EuGH 15.2.1989 EuGHE 1989, 341 – Société Six Constructions Ltd/Paul Humbert, Rdn. 22; EuGH 27.2.2002 EuGHE 2002, I-2013 – Herbert Weber/Universal Ogden Services Ltd, Rdn. 27; ebenso Stein/Jonas/*Wagner* Art. 19 a.F. Rdn. 27.
246 Bericht *Cruz/Real/Jenard* ABl. EG C 189 v. 28.7.1990, S. 35, 45, Rdn. 23d und 23e; *Junker* FS Schlosser, 299, 314; *ders.* ZZPInt 2002, 230, 233 f.; diff. Staudinger/*Hausmann* Verfahrensrecht für Internationale Verträge Rdn. 221 (anders, wenn nur ein gewöhnlicher Arbeitsort in einem Drittstaat existiert); **a.A.** *Müller* 65 f.; Geimer/*Schütze* Art. 19 a.F. Rdn. 29; *Kropholler/von Hein* Art. 19 a.F. Rdn. 11 (wenn gewöhnlicher Arbeitsort im Drittstaat); ebenso Rauscher/*Mankowski* Art. 21 Rdn. 61; differenzierend *Winterling* 105.

forum und *jus* kommen, wenn gem. Art. 8 Abs. 2 Rom I-VO an einen gewöhnlichen Arbeitsort im Drittstaat angeknüpft werden kann, der einen Gleichlauf herstellende Art. 8 Abs. 3 Rom I-VO also nicht einschlägig ist.[247] Trotz dieses Umstandes spricht für diese Auffassung der von Art. 21 intendierte Arbeitnehmerschutz. Der Wortlaut des Absatzes 1 lit. b) steht ihr nicht entgegen.[248]

121 Wurden die **Arbeitsleistungen in staatsfreiem Gebiet** erbracht (bspw. auf einer Bohrinsel auf der Hohen See)[249] oder liegt dort der gewöhnliche Arbeitsort und lässt sich die Arbeitsleistung trotz der großzügigen anrainerorientierten Rechtsprechung des EuGH keinem Mitgliedstaat völkerrechtlich zuordnen (auch nicht mit Hilfe des Flaggenprinzips bei Schiffen[250]),[251] gilt das im vorherigen Abschnitt Gesagte, sofern sich die einstellende Niederlassung in einem Mitgliedstaat befindet (s.a. Rdn. 89, 99).[252] International und örtlich zuständig ist dann das Gericht am Ort der einstellenden Niederlassung.

122 Abgesehen davon umschreibt der EuGH das Eingreifen des Absatzes 1 lit. b) ii) letztlich wie folgt: Entweder gibt es **mehrere gleich bedeutende Arbeitsorte** oder **keiner der verschiedenen Orte**, an denen der Betroffene seiner Berufstätigkeit nachgegangen ist, **weist** einen **hinreichend festen und intensiven Bezug zu der geleisteten Arbeit auf**, um für die Bestimmung des zuständigen Gerichts als Hauptbezugsort angesehen zu werden.[253] Das Fehlen eines gewöhnlichen Arbeitsortes kann sich also daraus ergeben, dass die **Einsatzgebiete** des Arbeitnehmers **ständig wechseln** und eine **beständige Einsatzbasis** o.ä. **fehlt**. Dasselbe gilt, wenn sich auch unter Rückgriff auf die zeitliche Verteilung des Arbeitseinsatzes über die verschiedenen Mitgliedstaaten **kein eindeutiger Schwerpunkt** ausmachen lässt.[254] Konkret kann es um Tätigkeit und Berufe gehen, wie bspw. diejenige eines *„trouble shooters"*, Journalisten, internationalen Handelsreisenden, Tournee-Ensembles oder Montagearbeiter, Beratern, die international an wechselnden Einsatzorten tätig sind.[255]

123 **2. Begriff der Niederlassung.** Die **wirtschaftliche Einheit**, die in Absatz 1 lit. b) ii) den Anknüpfungspunkt bildet, muss die **Qualität einer Niederlassung** besitzen. Der

---

247 Zu dieser Divergenz käme es auch, wenn Art. 21 Abs. 1 lit. b) ii) im Falle eines drittstaatlichen gewöhnlichen Arbeitsortes für unanwendbar erklärt wird. Befindet sich der Wohnsitz des Arbeitgebers in einem Mitgliedstaat, ist nämlich Art. 21 Abs. 1 lit. a) anwendbar. Dasselbe gilt bei einem drittstaatsansässigen Arbeitgeber und einer einstellenden Niederlassung in einem Mitgliedstaat. Dann greift Art. 20 Abs. 2 i.V.m. Art. 21 Abs. 1 lit. a); zur Nichtanwendung von Art. 21 Abs. 2 in dieser Konstellation s. Rdn. 143.
248 A.A. Rauscher/*Mankowski* Art. 21 Rdn. 61.
249 Bericht *Giuliano/Lagarde* ABl. EG C 282 v. 31.10.1980 zu Art. 6 EVÜ Rdn. 4; Rauscher/*Mankowski* Art. 21 Rdn. 60.
250 Für eine Analogie des Flaggenprinzips bei anderen festen Einrichtungen *Block* EuZA 2013, 20, 25 ff., 33; *ders.* 373–397; s.a. *Junker* 188.
251 EuGH 27.2.2002 EuGHE 2002, I-2013 – Herbert Weber/Universal Ogden Services Ltd, Rdn. 31–35; *Junker* FS Heldrich, 719, 729; Block 348–362; Rauscher/*Mankowski* Art. 21 Rdn. 60.
252 Rauscher/*Mankowski* Art. 21 Rdn. 60; Stein/Jonas/*Wagner* Art. 19 a.F. Rdn. 28; *Kropholler/von Hein* Art. 19 a.F. Rdn. 11.
253 EuGH 27.2.2002 EuGHE 2002, I-2013 – Herbert Weber/Universal Ogden Services Ltd, Rdn. 55.
254 EuGH 9.1.1997 EuGHE 1997, I-57 – Petrus Wilhelmus Rutten/Medical Cross Ltd, Rdn. 25, 27; *Oppertshäuser* NZA-RR 2000, 393, 399; Stein/Jonas/*Wagner* Art. 19 a.F. Rdn. 26; *Kropholler/von Hein* Art. 19 a.F. Rdn. 9; missverständlich Rauscher/*Mankowski* Art. 21 Rdn. 60, der von zwei oder mehreren gewöhnlichen Arbeitsorten in zwei oder mehreren Staaten spricht. Es kann indes nur einen gewöhnlichen Arbeitsort geben.
255 *Trenner* 178 f.; Rauscher/*Mankowski* Art. 21 Rdn. 60 m.w.N.; Staudinger/*Hausmann* Verfahrensrecht für Internationale Verträge Rdn. 221.

Begriff ist **autonom und weit auszulegen**. Er umfasst **Zweitniederlassungen** und **Agenturen**.[256] **Rechtspersönlichkeit** wird nicht notwendigerweise verlangt.[257] Das heißt, auch eine Unternehmenszentrale, bspw. eine Konzernmutter, kann einstellende Niederlassung sein. Es ist daher denkbar, dass Absatz 1 lit. b) ii) dann neben den anderen beiden Gerichtsständen keine Bedeutung entfaltet; zwingend ist dies nicht. Weitergehende Folgen aus dieser Möglichkeit, namentlich mit Blick auf die Frage, was „eingestellt hat" bedeutet, sollten daraus nicht gezogen werden (Rdn. 125 ff.).[258] Insgesamt gesehen besteht auf jeden Fall eine **Parallelität zu Art. 20 Abs. 2**, nach **h.M.** auch zum Niederlassungsbegriff in **Art. 7 Nr. 5** (Art. 20 Rdn. 57, 152; Art. 7 Nr. 5 Rdn. 2).[259] Ein **Zuständigkeitsdurchgriff** ist folglich auch hier **denkbar** (Art. 20 Rdn. 60).[260]

Die i.R.d. Art. 20 bis 23 schwelende **Diskussion**, den Begriff der **Niederlassung arbeitsrechtspezifisch auszulegen**, um das intern wirkende Verhältnis der Arbeitsvertragsparteien auch hierunter subsumieren zu können,[261] stellt sich erst bei **Personalführungseinheiten ohne marktbezogenen Außenverkehr**. Wenngleich die generelle Relevanz dieses Rechtsproblems nicht von der Hand zu weisen ist, streiten i.R.d. Absatzes 1 lit. b) ii) zwei Gesichtspunkte dafür, dass sich dieses **Problem** dort **nicht realisieren** wird. Zum einen zeigt die Rechtsprechung des EuGH die Tendenz, den Begriff der Niederlassung weit auszulegen (Art. 20 Rdn. 55, 151). Zum anderen muss es sich bei Absatz 1 lit. b) ii) um die Niederlassung handeln, die den Arbeitnehmer *eingestellt* hat. Da nach der herrschenden wortlautorientierten Auslegung des Absatzes 1 lit. b) ii) allein der Vertragsabschluss maßgeblich ist (Rdn. 126), **tritt der Arbeitgeber** dem **Bewerber** bzw. dem zukünftigen Arbeitnehmer am Ort der einstellenden Niederlassung **nicht rein intern** entgegen. Der **rechtsgeschäftliche Kontakt hat marktorientierte Außenwirkung**, weil der Arbeitgeber in diesem Moment seine **Nachfrage nach dem Produktionsfaktor Arbeit** befriedigt (Art. 20 Rdn. 57).

3. Begriff des Einstellens. Der Gerichtsstand des Absatzes 1 lit. b) ii) ist nur dann 125 eröffnet, wenn die in Frage stehende Niederlassung den Arbeitnehmer eingestellt hat. Was unter dem **Begriff des Einstellens** verstanden werden kann, ist – ebenso wie bei Art. 8 Abs. 3 Rom I-VO[262] – **umstritten** (Ort des Vertragsschlusses oder sogar Ort der tatsächlichen Beschäftigung). Die Diskussion wird maßgeblich von der Frage bewegt, ob dieser zweifellos **arbeitgebernahe Gerichtsstand arbeitnehmerschutzspezifisch aufzuladen** ist oder nicht, um **Manipulationen** durch den Arbeitgeber **vorzubeugen**. Der Streit dürfte für die Praxis seit der EuGH-Entscheidung *Voogsgeerd* zu Art. 6 Abs. 2 lit. b) EVÜ auch für Art. 21 i.S.d. ersten Alternative als geklärt gelten: Es zählt der **Ort des Vertragsschlusses**.[263] Darüber hinaus darf nicht vergessen werden, dass dem Arbeitnehmer

---

[256] Bericht *Jenard/Möller* ABl. C 189 v. 28.7.1990, S. 57, 73, Nr. 43.
[257] EuGH 15.12.2011 EuGHE 2011, I-13275 – Jan Voogsgeerd/Navimer SA, Rdn. 53–58; EuGH 7.2.2006 EuGHE 2006, I-1145, Rdn. 150.
[258] So aber Rauscher/*Mankowski* Art. 21 Rdn. 68.
[259] Statt vieler: EuGH 19.7.2012 NZA 2012, 935, 937 – Mahamdia, Rdn. 43 ff.; Staudinger/*Hausmann* Verfahrensrecht für Internationale Verträge Rdn. 222; weitere Nachweise bei Art. 20 Rdn. 153 dort Fn. 344 und Fn. 343 zur Gegenauffassung.
[260] Hierzu EuGH 9.12.1987 EuGHE 1987, 4905 – Schotte/Parfums Rothschild, Rdn. 15; Staudinger/*Hausmann* Verfahrensrecht für Internationale Verträge Rdn. 222; *Winterling* 115; *Junker* IZVR § 11 Rdn. 9.
[261] Statt vieler: Rauscher/*Mankowski* Art. 21 Rdn. 62.
[262] Hüßtege/Mansel/*Doehner* Art. 8 Rom I-VO Rdn. 33 m.w.N.; MünchArbR/*Oetker* § 13 Rdn. 44; *Pfeifer* FS Etzel, 291 ff.
[263] EuGH 15.12.2011 EuGHE 2011, I-13275 – Jan Voogsgeerd/Navimer SA, Rdn. 52; zum Gleichlauf zwischen IPR und IZVR in diesem Zusammenhang *Lüttringhaus/Schmidt-Westphal* EuZW 2012, 139, 141.

über Art. 20 Abs. 1 auch der Gerichtsstand der Niederlassung gem. Art. 7 Nr. 5 offensteht. Seine Tatbestandsvoraussetzungen sorgen ebenfalls für ein sachliches Band zwischen Arbeitnehmer und Niederlassung (Art. 20 Rdn. 58). Das nimmt dieser Diskussion ihre scharfe Spitze.[264]

126 Unabhängig davon ist mit der jetzt **h.M. zu Recht** auf den konkreten Vertragsabschluss abzustellen.[265] Das heißt, Absatz 1 lit. b) ii) meint ausschließlich die Niederlassung, die den Arbeitnehmer eingestellt hat. Das Gericht hat Umstände zu berücksichtigen, die das Verfahren des Vertragsabschlusses betreffen, z. B. welche Niederlassung die **Stellenausschreibung** veröffentlicht oder das **Einstellungsgespräch** geführt hat. Des Weiteren muss es sich bemühen, den tatsächlichen Ort dieser Niederlassung zu bestimmen.[266] Die Gegenauffassung, die auf den Ort der organisatorischen Betreuung und Eingliederung des Arbeitnehmers (das „gelebte Arbeitsverhältnis"),[267] mithin auf den Ort der tatsächlichen Beschäftigung abstellt, hat sich nicht durchgesetzt.[268]

127 Für die **h.M.** spricht die **Bedeutung des Verbes „einstellen"**. Damit wird ausgedrückt, dass jemand in Arbeit genommen wird. Das weist auf ein **singuläres Ereignis** hin – anders als dies bspw. beim Verb „anstellen" der Fall wäre, welches auf einen Dauerzustand hinweisen würde. Für den konkreten Vertragsabschluss streitet auch die Verwendung des Perfekts. Mit dieser Zeitform wird ausgedrückt, dass eine Handlung in der Vergangenheit abgeschlossen wurde. Das Perfekt wird herangezogen, wenn das Ergebnis oder die Folge der Handlung im Vordergrund stehen.[269] **Dieses zeitlich-punktuelle vergangenheitsbezogene Verständnis** wird zugegebenermaßen verschleiert, wenn man aus Gründen der Sparsamkeit pointiert von der *einstellenden* Niederlassung spricht. Bezogen auf den einzelnen Arbeitnehmer stellt die Niederlassung diesen nicht dauernd ein. Des Weiteren würde die Verwendung des Partizip Präsens Aktiv i.R.d. Absatz 1 lit. b) ii) keinen Sinn ergeben. Mit dieser Verbform wird ein bestimmtes Zeitverhältnis ausgedrückt, nämlich Gleichzeitigkeit. Das bedeutet, dass eine bestimmte Tätigkeit *gleichzeitig* zum Prädikat des dazugehörigen Satzes stattfindet. I.R.d. Absatzes 1 lit. b) ii) würde sich die Niederlassung also einem Ort befinden und den Arbeitnehmer währenddessen auch gleichzeitig einstellen. Das passt nicht zusammen.

---

264 *Lüttringhaus* RabelsZ 77 (2013) 31, 54; *Pfeiffer* FS Etzel, 291, 295 nennt auch die Wahlmöglichkeit i.R.d. Art. 21 Abs. 1.
265 EuGH 15.12.2011 EuGHE 2011, I-13275 – Jan Voogsgeerd/Navimer SA, Rdn. 52; Schlussanträge der GA *Trstenjak* v. 8.9.2011 Rs C-384/10 Rdn. 68–70; *Hoppe* 187; *Trenner* 172 f.; *Pfeiffer* FS Etzel, 291, 295; *Däubler* NZA 2003, 1297, 1300; *Magnus* IPRax 1990, 141, 144; MünchKomm/*Gottwald* Art. 21 Rdn. 14; Saenger/*Dörner* Art. 21 Rdn. 6; Staudinger/*Hausmann* Verfahrensrecht für Internationale Verträge Rdn. 222; Stein/Jonas/*Wagner* Art. 19 a.F. Rdn. 31; LAG Frankfurt 16.11.1999 NZA-RR 2000, 401, 403; LAG Hannover 20.11.1998 IPRspr 1999, Nr. 45, 109; *Schlachter* NZA 2000, 57, 60; *Gragert/Drenckhahn* NZA 2003, 305, 307.
266 EuGH 15.12.2011 EuGHE 2011, I-13275 – Jan Voogsgeerd/Navimer SA, Rdn. 50.
267 LAG Mainz 17.9.2009 IPRspr 2009, Nr. 183, 477; Rauscher/*Mankowski* Art. 21 Rdn. 63, 65.
268 LAG Mainz 17.9.2009 IPRspr 2009, Nr. 183, 477; Musielak/Voit/*Stadler* Art. 21 Rdn. 3; Zöller/*Geimer* Art. 20 Rdn. 14; Rauscher/*Mankowski* Art. 21 Rdn. 63; Baumbach/Lauterbach/*Hartmann* Art. 21 Rdn. 6; NK-GA/*Ulrici* Art. 21 Rdn. 9; krit. auch *Behr* FS Buchner, 81, 83; im IPR *Gamillscheg* ZfA 1983, 307, 334; *Junker* 185; *Blefgen* 75 ff.; *Wurmnest* EuZA 2009, 481, 491; MünchKomm/*Martiny* Art. 8 Rom I-VO, Rdn. 65.
269 Auch die anderen Sprachfassungen verwenden soweit ersichtlich das Perfekt, was für ein punktuelles Verständnis spricht; von einem gewissen Übergewicht zugunsten des Ortes des Vertragsschlusses bzw. Unterschriftentheorie in diesem Zusammenhang auch *Pfeiffer* FS Etzel, 291, 293. Das wird auch dann deutlich, wenn man sich den Fall vorstellt, dass der Arbeitnehmer im laufenden Arbeitsverhältnis vor dem Gerichtsstand der Niederlassung klagt, die ihn eingestellt hat. Das Arbeitsverhältnis „lebt" noch, während die Klage am Ort zu erheben ist, wo man eingestellt wurde. Ein Dauerzustand und ein punktuelles Ereignis treffen zusammen. Damit verwischen die eigentlich klaren Grenzen zwischen Absatz 1 lit. b) i) und ii); **a.A.** Rauscher/*Mankowski* Art. 21 Rdn. 63 dort mit Fn. 277.

Diese **klare Wortlautanalyse** wird teleologisch zum einen dadurch unterstützt, **128** dass dem **Ort des Vertragsschlusses im Arbeitsrecht ein sachlicher Gehalt nicht vollständig abgesprochen** werden kann.[270] Das zeigt sich schon an dem Umstand, dass unterschiedliche Rechtsquellen und Rechtsgrundlagen im IZVR und IPR je nach dem einschlägig sind, ob es zu einem Vertragsschluss gekommen ist oder nicht. Zum anderen ist an den Topos der **Rechtssicherheit** zu erinnern, der für die Bestimmung der verfahrensrechtlichen Zuständigkeit im IZVR von großer Bedeutung ist (Art. 20 Rdn. 13, 18, 160). Beiden Gesichtspunkten steht der Charakter des Arbeitsvertrages als Dauerschuldverhältnis nicht entgegen. Dieser wird bereits bei der Rechtfertigung des gewöhnlichen Arbeitsortes als zuvörderst sachlich einschlägiger Gerichtsstand gebührend berücksichtigt.[271] Daher sollte der unbestreitbare **Vorteil** dieses Kriteriums, nämlich sein **formalähnlicher Charakter**, **nicht leichtfertig aufgegeben** werden.[272] Dies gilt innerhalb des Absatzes 1 lit. b) umso mehr, weil der gewöhnliche Arbeitsort aufgrund der anzustellenden Einzelfallbetrachtung unter Berücksichtigung aller konkreten Umstände vollständig materialisiert wurde und nicht immer präzise *ex ante* zu bestimmen ist (Rdn. 51 ff.).

Es ist zudem nicht unvertretbar, den **arbeitnehmerschützenden Impetus** von **129** Art. 21 vollständig **in den Gerichtsstand des gewöhnlichen Arbeitsortes zu kanalisieren**. Die hiermit verbundene Subsidiarität oder gar Inferiorität des Gerichtsstandes der „einstellenden" Niederlassung (Rdn. 7 f., 61) bewirkt i.E. denselben Arbeitnehmerschutz, den die oben in Rdn. 126 zitierte Gegenauffassung auch in Absatz 1 lit. b) ii) verortet wissen möchte. Damit lassen sich auch Konzernsachverhalte oder atypische Konstellationen lösen. Darüber hinaus ist der **EuGH** i.R.d. Art. 8 Abs. 3 Rom I-VO und somit auch i.R.d. Absatzes 1 lit. b) ii) als auch i.R.d. Art. 22 Abs. 2 **für materielle Sichtweisen empfänglich** (Art. 20 Rdn. 138; Art. 22 Rdn. 7).[273] Ggf. ist ausnahmsweise an einen Zuständigkeitsdurchgriff zu denken (Art. 20 Rdn. 60).

Diese bei der Auslegung des Absatzes 1 lit. b) ii) relativ geringere Gewichtung des **130** Arbeitnehmerschutzes wird auch nicht durch dessen generelle Bedeutung (Erwägungsgrund Nr. 13 oder den Auslegungszusammenhang mit Art. 8 Abs. 3 Abs. 3 Rom I-VO und Erwägungsgrund Nr. 23 Rom I-VO infrage gestellt. Man darf **nicht vergessen**, dass i.R.d. Art. 8 Abs. 3 Rom I-VO der Ort der einstellenden Niederlassung überall auf der Welt liegen und damit jegliches objektives Arbeitsvertragsstatut berufen sein kann, während seine Belegenheit bei **Art. 21 Abs. 1 lit. b) ii) auf das Gebiet der Mitgliedstaaten begrenzt** ist und folglich die Anzahl der möglichen internationalen Gerichtsstände auf derzeit noch 28 beschränkt. Das ist ein **wesentlicher Unterschied** und entschärft die bei Art. 8 Rom I-VO geführte Debatte um das Arbeitsvertragsstatut von Billiglohnländern und -flaggen i.R.d. Brüssel Ia-VO erheblich, sofern man nicht bspw. Luxemburg,[274] das

---

[270] *Pfeiffer* FS Etzel, 291, 294; *Gragert/Drenckhahn* NZA 2003, 305, 307; allgemein Hüßtege/Mansel/*Leible* Art. 4 Rom I-VO Rdn. 86 (geringe Bedeutung); **a.A.** Rauscher/*Mankowski* Art. 21 Rdn. 64 (beziehungsarmer Gerichtsstand); *Behr* FS Buchner, 81, 83 (unerheblich, manipulierbar, zufällig); NK-GA/*Ulrici* Art. 21 Rdn. 9.
[271] Ebenso *Bosse* 258 f.; gegen Rauscher/*Mankowski* Art. 21 Rdn. 65 m.w.N. zu seinem eigenen Standpunkt.
[272] Stein/Jonas/*Wagner* Art. 19 a.F. Rdn. 31.
[273] EuGH 15.12.2011 EuGHE 2011, I-13275 – Jan Voogsgeerd/Navimer SA, Rdn. 59–65; EuGH 21.6.2018 NZA 2018, 886 – Petronas Lubricants Italy/Livio Guida, Rdn. 30–32; *Lüttringhaus/Schmidt-Westphal* EuZW 2012, 2012, 139, 141; *Junker* EuZA 2018, 401, 402.
[274] Die Entscheidung EuGH 15.12.2011 EuGHE 2011, I-13275 – Jan Voogsgeerd/Navimer SA geht i.E. um die Frage, ob sich das niedrigere luxemburgische Arbeitsrechtsniveau oder das höhere belgische Niveau durchsetzt. Im Streit stand die Einschlägigkeit einer Ausschlussfrist in Abhängigkeit des anwendbaren Arbeitsvertragsstatuts. Einzelvertragliche oder tarifvertragliche Ausschlussfristen sind bspw. im deutschen Arbeitsrecht gang und gäbe sowie im Grundsatz anerkannt.

Vereinigte Königreich, Malta, Zypern oder Griechenland als Billiglohnländer oder Länder mit geringem arbeitsrechtlichen Niveau bezeichnen möchte.

131 Schließlich **überzeugt** es auf Grundlage der **h.M.** zu Art. 1 lit. b) i) in der Tat **nicht**, für die Bestimmung der Niederlassung **Kriterien zu verwenden**, die **bereits bei der Ermittlung des gewöhnlichen Arbeitsortes herangezogen** wurden.[275] Diese sind für die Zwecke des gewöhnlichen Arbeitsortes in Art. 1 lit. b) i) als verbraucht anzusehen.[276] Andernfalls würden die Grenzen zwischen beiden Gerichtsständen verwischen, was bei der Gegenauffassung bereits durch ihre terminologische Umschreibung geschieht (Betreuung, Eingliederung, gelebtes Arbeitsverhältnis).

132 Zugegebenermaßen kann diese Argumentation angegriffen werden;[277] ein solcher Angriff würde indes die Grundfesten auseinanderreißen, auf denen das Aufspüren des **gewöhnlichen Arbeitsortes** ruht. Dieser Gerichtsstand hat sich in jahrelanger Entwicklung **vollständig von der strengen Fokussierung auf die Erfüllung der Arbeitsleistung emanzipiert**, wie dies noch unter der Geltung des Art. 5 Nr. 1 EuGVÜ in seiner Ursprungsfassung der Fall gewesen war. Das Regime des Art. 21 Abs. 1 lit. b) in der Auslegungspraxis des EuGH gleicht nun Art. 8 Rom I-VO, freilich mit dem Unterschied, dass der EuGH die Ausnahmeklausel des Art. 8 Abs. 4 Rom I-VO durch die geforderte umfassende Einzelabwägung in Art. 21 Abs. 1 lit. b) integriert zu haben scheint (zum Entsendeaspekt vgl. Rdn. 69 ff.).[278] Von diesem eingefahrenen **Entwicklungspfad** wird sich der EuGH mit Sicherheit nicht mehr abwenden.

133 Regelmäßig wird es so sein, dass die befugte Person der Niederlassung im Namen des Inhabers derselben den Arbeitsvertrag abschließen wird. **Arbeitgeber** ist dann der **Inhaber der Niederlassung**.[279] Denkbar ist freilich auch – wie bspw. bei der Arbeitsvermittlung – dass die **Niederlassung** eines Unternehmens **als Intermediär** bzw. **Vertreter** eines anderen Unternehmens tätig wird und den Arbeitsvertrag im Namen letzterer schließt. In diesem Fall ist der **Arbeitgeber nicht Inhaber der Niederlassung**, die den Arbeitgeber eingestellt hat.

134 Der **EuGH berücksichtigt diese Konstellation** i.R.d. Art. 8 Abs. 3 Rom I-VO, was folglich auf Art. 21 Abs. 1 lit. b) ii) übertragen werden kann: „Nur wenn sich aus den Umständen, die das Einstellungsverfahren betreffen, ergibt, dass das Unternehmen, das den Arbeitsvertrag geschlossen hat, in Wirklichkeit im Namen und auf Rechnung eines anderen Unternehmens gehandelt hat, [kann] das vorlegende Gericht davon ausgehen, dass das Anknüpfungskriterium des [Art. 21 Abs. 1 lit. b) ii)] auf [den Gerichtsstand an dem Ort] verweist, in dem sich die Niederlassung dieses letzteren Unternehmens befindet."[280] Das dürfte so zu verstehen sein, dass **jenes vertretene Unternehmen** unter den soeben beschriebenen Umständen für die Zwecke von Art. 21 Abs. 1 lit. b) ii) **als Niederlassung der**

---

[275] EuGH 15.12.2011 EuGHE 2011, I-13275 – Jan Voogsgeerd/Navimer SA, Rdn. 45; Schlussanträge der GA Trstenjak v. 8.9.2011 Rs C-384/10 Rdn. 65–68; dies gestehen auch *Lüttringhaus/Schmidt-Westphal* EuZW 2012, 2012, 139, 140 ein; bspw. NK-GA/*Ulrici* Art. 21 Rdn. 9 (Ausübung von Weisungsbefugnissen).

[276] Kritisch Rauscher/*Mankowski* Art. 21 Rdn. 11 f., 63, 67, der für eine Trennung von arbeitnehmerspezifischen Kriterien für die Bestimmung des gewöhnlichen Arbeitsortes und von arbeitgeberspezifischen Kriterien für die Ermittlung der einstellenden Niederlassung eintritt; in diese Richtung auch *Lüttringhaus/Schmidt-Westphal* EuZW 2012, 2012, 139, 140 a.E.

[277] Mankowski/*Rauscher* Art. 21 Rdn. 65; *Pfeiffer* FS Etzel, 291, 293 f.

[278] Vgl. auch die Bemerkung bei Stein/Jonas/*Wagner* Art. 19 a.F. Rdn. 16 a.E.; **a.A.** Rauscher/*Mankowski* Art. 21 Rdn. 66.

[279] EuGH 15.12.2011 EuGHE 2011, I-13275 – Jan Voogsgeerd/Navimer SA, Rdn. 57: „Außerdem muss die Niederlassung, die für die Anwendung des Anknüpfungskriteriums [Art. 21 Abs. 1 lit. b) ii)] berücksichtigt wird, in der Regel zu dem Unternehmen gehören, das den Arbeitnehmer einstellt, d.h., sie muss integraler Bestandteil seiner Struktur sein."

[280] EuGH 15.12.2011 EuGHE 2011, I-13275 – Jan Voogsgeerd/Navimer SA, Rdn. 49.

zuletzt genannten Gesellschaft** angesehen werden kann.[281] In **Missbrauchskonstellationen** genügt es hingegen, dass die Gesellschaft der einstellenden Niederlassung auf Rechnung der anderen Gesellschaft gehandelt hat.[282]

4. Ort, an dem sich die Niederlassung befindet oder befand. Der Gerichtsstand 135 des Absatzes 1 lit. b) ii) ist dort eröffnet, wo sich die einstellende Niederlassung befindet oder befand. Diese Formulierung ist für den zuständigkeitsrechtlich relevanten Zeitpunkt von Bedeutung. Durch die zusätzliche Verwendung des Imperfekts stellt die Vorschrift klar, dass die **hiernach einmal begründete Zuständigkeit nicht wieder entfällt**, wenn der Arbeitgeber die Niederlassung nach der Einstellung, aber vor Klageerhebung schließt.[283] Geschieht dies **nach Klageerhebung**, greifen ohnehin die **Grundsätze der** *perpetuatio fori*. Ist das Arbeitsverhältnis – auf welche Weise auch immer – beendet, begründen hieraus resultierende Streitigkeiten ebenfalls den Gerichtsstand am Ort, wo sich die einstellende Niederlassung befand.[284] Das ist vom Wortlaut des Absatzes 1 lit. b) ii) gedeckt.

Fraglich ist, wie zu verfahren ist, wenn der **Arbeitgeber** die **Niederlassung** nach 136 der Einstellung, aber **vor Klageerhebung** lediglich **an einen anderen Ort verlegt**. Einerseits wird in dieser Konstellation vorgeschlagen, die Zuständigkeit nur dort zu begründen, wohin der Arbeitgeber die Niederlassung aktuell verlegt hat.[285] Damit wird der Anknüpfungspunkt wandelbar. Die gegenteilige vorzugswürdige Ansicht plädiert für ein **Wahlrecht** am ehemaligen und aktuellen Ort der Niederlassung.[286]

Gegen die erste Auffassung spricht, dass das arbeitgeberseitige Manipulationspoten- 137 tial bereits bei der Auswahl der Niederlassung, die den Arbeitnehmer einstellen soll, kritisch betrachtet wird.[287] Dann wäre es widersprüchlich, diese kritische Haltung nach Vertragsschluss sofort wieder abzulegen, obwohl die **Manipulationsmöglichkeiten weiter fortbestehen** und subtiler als allein mittels Schließung der Niederlassung ausgeschöpft werden können. Damit setzt sich der durch Art. 21 intendierte **Arbeitnehmerschutz** durch. Diese teleologische Interpretation ist auch vom Wortlaut des Absatzes 1 lit. b) ii) gedeckt: Verlegt der Arbeitgeber die Niederlassung vom Ort X zum Ort Y, *befand* sie sich am Ort X und *befindet* sich nun am neuen Ort Y. Dem **Arbeitnehmer** stehen somit **zwei Orte zur Auswahl**. Dessen Wahlmöglichkeit und die hierdurch verursachte **Häufung der Gerichtsstände** hat der Arbeitgeber selbst zu verantworten. Das letzte Wort hat freilich auch hier der EuGH gem. Art. 19 Abs. 1 S. 2 EUV und Art. 267 Abs. 3 AEUV.

V. Arbeitgeber mit Wohnsitz in einem Drittstaat (Abs. 2)

Nach Art. 21 Abs. 2 kann ein Arbeitgeber, der seinen Wohnsitz nicht im Hoheitsge- 138 biet eines Mitgliedstaats hat, vor dem Gericht eines Mitgliedstaats nach Maßgabe seines Absatzes 1 lit. b) verklagt werden. Ebenso wie Art. 20 Abs. 2 **erweitert diese Vorschrift den räumlich-persönlichen Anwendungsbereich** des fünften Abschnitts (zur rechts-

---

[281] S.a. *Lüttringhaus/Schmidt-Westphal* EuZW 2012, 139, 141.
[282] EuGH 15.12.2011 EuGHE 2011, I-13275 – Jan Voogsgeerd/Navimer SA, Rdn. 64.
[283] Bericht *Cruz/Real/Jenard* ABl. EG C 189 v. 28.7.1990, S. 35, 45, Rdn. 23c; *Bosse* 263; *Trenner* 174 f.; Staudinger/*Hausmann* Verfahrensrecht für Internationale Verträge Rdn. 222; Rauscher/*Mankowski* Art. 21 Rdn. 70; Stein/Jonas/*Wagner* Art. 19 a.F. Rdn. 30.
[284] Rauscher/*Mankowski* Art. 21 Rdn. 70.
[285] *Bosse* 263; Rauscher/*Mankowski* Art. 21 Rdn. 70.
[286] *Trenner* 174; Stein/Jonas/*Wagner* Art. 19 a.F. Rdn. 30.
[287] *Mankowski* IPRax 1999, 332, 334 ff.; *Junker* FS Gottwald, 293, 298; *ders.* FS Heldrich, 719, 722 ff.

politischen Bedeutung und zum historisch dogmatischen Hintergrund s. Art. 20 Rdn. 65). Freilich arbeitet sie im Unterschied zu Art. 20 Abs. 2 nicht mit einer Fiktion (dort: Niederlassung innerhalb eines Mitgliedstaats als fingierter Wohnsitz in der EU). Aus diesem Umstand erklärt sich auch der fehlende Verweis auf Absatz 1 lit. a); er würde keinen Sinn ergeben.

139 Art. 21 Abs. 2 generiert die zu begrüßende und praxisrelevante Rechtsfolge, dass dem Arbeitnehmer der **Gerichtsstand des Absatzes 1 lit. b) i) offen** steht, wenn er seine Arbeit innerhalb der EU leistet und dort zumindest[288] ein gewöhnlicher Arbeitsort nach den anerkannten Kriterien ermittelt werden kann.[289] I.E. führt Absatz 2 dazu, dass dann der Sitz des Arbeitgebers i.R.d. Art. 21 irrelevant ist, was ja gerade der Hauptzweck der Neuerung war. Ebenso wie mit Blick auf die isolierte Anwendung des Art. 21 Abs. 1 lit. b) kann aber auch Absatz 2 umgekehrt nicht sicherstellen, dass der Arbeitnehmer ausnahmslos von der räumlich-persönlichen Erweiterung profitiert. Sie ist eine **Chance**: Denn entweder muss in einem Mitgliedstaat ein gewöhnlicher Arbeitsort vorhanden sein oder sich dort die einstellende Niederlassung befinden, sonst läuft auch Absatz 2 leer (Rdn. 120). Wie eingangs erwähnt, begründet allein der Wohnsitz des Arbeitnehmers innerhalb eines Mitgliedstaats auch weiterhin keinen Gerichtsstand i.R.d. Art. 21 Abs. 1 (Rdn. 2) und somit auch nicht in Zusammenschau mit Absatz 2.[290]

140 Die Anwendung des Art. 21 Abs. 2 wirft keine Probleme auf, wenn der drittstaatsansässige Arbeitgeber über keine Niederlassung in einem Mitgliedstaat verfügt. Dann kommt es nur darauf an, ob sich ein gewöhnlicher Arbeitsort in einem Mitgliedstaat ermitteln lässt. Die **Anwendung verkompliziert sich** allerdings, **wenn der Arbeitgeber eine Niederlassung in einem Mitgliedstaat besitzt**. Denn unabhängig von dieser Vorschrift kann dann Art. 20 Abs. 2 mit seiner Wohnsitzfiktion greifen.[291] Das ist der Fall, wenn es um eine Streitigkeit aus dem Betrieb der Niederlassung geht (Art. 20 Rdn. 59). In diesem Fall ist der Gerichtsstand des Art. 21 Abs. 1 lit. a) gegeben; anwendbar ist des Weiteren Art. 7 Nr. 5 über Art. 20 Abs. 1 im Falle des Vorhandenseins einer zweiten Niederlassung (Art. 20 Rdn. 63).

141 Fraglich ist erstens, wie dann das **Verhältnis zwischen Art. 20 Abs. 2 zu Art. 21 Abs. 2** mit Blick auf den gewöhnlichen Arbeitsort gem. Absatz 1 lit. b) i) zu bestimmen ist. Das müsste von der Reichweite des Art. 20 Abs. 2 abhängen. Entscheidend dürfte in diesem Zusammenhang sein, ob die Streitigkeit, die der Arbeitnehmer am Gerichtsstand des gewöhnlichen Arbeitsortes austragen möchte, aus dem Betrieb dieser Niederlassung stammt oder nicht. Ist dies der Fall, greift Art. 20 Abs. 2 und behandelt den Sachverhalt wie einen internen Unionsfall. Anwendbar ist der gesamte fünfte Abschnitt mit allen seinen Zuständigkeiten.[292] Dann greift für die Zwecke des Art. 21 Abs. 1 lit. a) die Wohnsitzfiktion. Nach dem Wortlaut des Art. 21 Abs. 1 lit. b) i) muss sich der gewöhnliche Arbeitsort folglich in einem *anderen* Mitgliedstaat befinden. Wenn nicht, ist nur der Gerichtsstand des Art. 21 Abs. 1 lit. a) eröffnet. **Nimmt man die Fiktion des Art. 20 Abs. 2 ernst, führt sie** in dieser Situation zur **Nichtanwendung des Art. 21 Abs. 2**, weil der Wohnsitz des Arbeitgebers innerhalb der EU fingiert wird und dann diese Vorschrift nicht mehr greifen kann.

---

288 Der drittstaatsangehörige Arbeitgeber muss also auch über keine Niederlassung innerhalb eines Mitgliedstaats verfügen.
289 *Garber* FS Schütze, 81, 85 f.; *Junker* FS Gottwald, 293, 298.
290 S.a. *Garber* FS Schütze, 81, 85.
291 Zu dieser Problematik auch Rauscher/*Mankowski* Art. 21 Rdn. 75 f.
292 So *Müller* 61.

Stammt die **Streitigkeit nicht aus dem Betrieb dieser Niederlassung**, greift die 142
Wohnsitzfiktion des Art. 20 Abs. 2 nach seinem Wortlaut nicht ein. Folglich spielt Art. 21
Abs. 1 lit. a) für die Anwendung des Art. 21 Abs. 2 i.V.m. Abs. 1 lit. b) i) keine Rolle und
Art. 20 Abs. 2 wirkt sich auf Art. 21 Abs. 2 nicht aus. Der gewöhnliche Arbeitsort kann
sich also auch in dem Mitgliedstaat befinden, in dem der drittstaatsansässige Arbeitgeber seine Niederlassung besitzt. Diese Konstellation kann i.E. so behandelt werden, als
würde der drittstaatsansässige Arbeitgeber über keine Niederlassung in einem Mitgliedstaat verfügen (Rdn. 140).

Was zweitens das **Verhältnis zwischen Art. 20 Abs. 2 zu Art. 21 Abs. 2 mit Blick** 143
auf die einstellende Niederlassung gem. Absatz 1 lit. b) ii) anbelangt, so ist zunächst
zu beachten, dass Streitigkeiten mit der einstellenden Niederlassung zwangsläufig Streitigkeiten zum Gegenstand haben, die aus dem Betrieb einer Niederlassung resultieren
(Art. 20 Rdn. 58). Das führt gem. Art. 20 Abs. 2 zur Anwendbarkeit der Wohnsitzfiktion
und zum Gerichtsstand gem. Art. 21 Abs. 1 lit. a) bezüglich der einstellenden Niederlassung. Art. 21 Abs. 2 findet keine Anwendung (Rdn. 141). Der einzige prozessuale Nachteil,
der dem Arbeitnehmer durch die hieraus folgende Nichtanwendbarkeit des Art. 21 Abs. 1
lit. b) ii) entsteht,[293] kann darin gesehen werden, dass sich die örtliche Zuständigkeit
nicht nach dieser Vorschrift, sondern nach dem mitgliedstaatlichen Zuständigkeitsrecht
bestimmt. Art. 21 Abs. 1 lit. a) regelt ja nur die internationale Zuständigkeit (s.a. Rdn. 6).
Da es indes um die örtliche Zuständigkeitsbestimmung einer Niederlassung geht, dürfte
dieser Nachteil nicht groß ins Gewicht fallen.

Eigenständige Bedeutung kann Absatz 2 i.V.m. dem Gerichtsstand der einstellen- 144
den Niederlassung aus Art. 21 Abs. 1 lit. b) ii) **nur in Konstellationen** zukommen, in denen der **drittstaatsansässige Arbeitgeber über mindestens zwei Niederlassungen**
innerhalb der EU verfügt und die wirtschaftlich bedeutendere Niederlassung nicht die
einstellende Niederlassung ist (zu dieser Hierarchie s. Art. 20 Rdn. 54). Dann kann die
Wohnsitzfiktion des Art. 20 Abs. 2 bezüglich der einstellenden Niederlassung nicht greifen und der Anwendbarkeit des Absatzes 2 i.V.m. Abs. 1 lit. b) ii) steht nichts entgegen,
sofern kein gewöhnlicher Arbeitsort ermittelt werden kann.

Insgesamt zeigt sich, dass Art. 20 Abs. 2 und Art. 21 Abs. 2 **noch nicht perfekt auf-** 145
einander abgestimmt sein dürften. *De lege ferenda* sollte dies optimiert werden. Sein
wirklicher **Mehrwert** liegt in der Eröffnung des Gerichtsstands des gewöhnlichen Arbeitsortes, wenn der drittstaatsangehörige Arbeitgeber über keine Niederlassung in der
EU verfügt. Existiert eine Niederlassung, schwindet seine Bedeutung.[294] Die vorstehende
Ansicht basiert auf der Annahme, dass die Fiktion aus Art. 20 Abs. 2 zur Unanwendbarkeit des Art. 21 Abs. 2 führt, wenn die Voraussetzungen jener Norm erfüllt sind. Wegen
der Fiktion existiert ja dann ein Wohnsitz innerhalb der EU. Es bleibt abzuwarten, wie
der EuGH darüber erkennt, sollte er zur Reichweite des Art. 20 Abs. 2 und zum Verhältnis
beider Vorschriften i.R.d. Art. 267 AEUV befragt werden.

VI. Verfahrens- und Beweislastfragen

Die **Darlegungs- und Beweislast** der Voraussetzungen der jeweiligen in Art. 21 146
normierten Gerichtsstände **obliegt dem Arbeitnehmer**, wobei die **erhebliche Kognitionslast der erkennenden Gerichte** nicht außer Betracht bleiben darf.[295] Wegen des

---

[293] Die Nichtanwendbarkeit setzt zudem noch voraus, dass kein gewöhnlicher Arbeitsort ermittelt werden kann.
[294] Auch Rauscher/*Mankowski* Art. 21 Rdn. 75 erkennt nur einen wirklich geringen eigenständigen Gehalt in dieser Konstellation; **a.A.** wohl *Junker* FS Gottwald, 293, 298.

Alternativ- und Subsidiaritätsverhältnisses zwischen dem Gerichtsstand des gewöhnlichen Arbeitsortes und dem Gerichtsstand der einstellenden Niederlassung, die den Arbeitnehmer eingestellt hat (Rdn. 7), könnte der Arbeitgeber dem an diesem Ort klagenden Arbeitnehmer entgegen halten, es bestehe sehr wohl – in einem anderen Mitgliedstaat – ein gewöhnlicher Arbeitsort.[296]

Fraglich ist, ob dem Arbeitnehmer dieses **Zuständigkeitsrisiko** aufgebürdet werden kann (s.a. Rdn. 8). Wollte man den Arbeitnehmer als sozial und wirtschaftlich schwächere Partei privilegieren, um ihn von diesem Risiko – außer in offensichtlichen Situationen – zu entlasten, könnte man für die Begründung der Zuständigkeit in unklaren Sachverhalten die **bloße klägerische Behauptung genügen lassen**.[297] Folge wäre, dass der o.g. Einwand des beklagten Arbeitgebers unbeachtlich wäre. Zu Recht dürfte aber eine solche Privilegierung des klagenden Arbeitnehmers und die damit verbundene Abweichung von den allgemeinen Grundsätzen zu weit gehen.[298]

Artikel 22

Die Klage des Arbeitgebers kann nur vor den Gerichten des Mitgliedstaats erhoben werden, in dessen Hoheitsgebiet der Arbeitnehmer seinen Wohnsitz hat.

Die Vorschriften dieses Abschnitts lassen das Recht unberührt, eine Widerklage vor dem Gericht zu erheben, bei dem die Klage selbst gemäß den Bestimmungen dieses Abschnitts anhängig ist.

Übersicht

I. Klage des Arbeitgebers (Abs. 1) —— 1
1. Passivgerichtsstand am Wohnsitz des Arbeitnehmers —— 1
2. Verbesserung der Situation des Arbeitgebers – gescheiterter Reformversuch —— 4
II. Widerklage (Abs. 2) —— 7

I. Klage des Arbeitgebers (Abs. 1)

1 **1. Passivgerichtsstand am Wohnsitz des Arbeitnehmers.** Art. 22 Abs. 1 eröffnet dem Arbeitgeber das **einzige Forum in diesem fünften Zuständigkeitsabschnitt**: einen grundsätzlich ausschließlichen Passivgerichtsstand am Wohnsitz des Arbeitnehmers.[1] Die Vorschrift ist *lex specialis* **zu Art. 4 Abs. 1** und **schließt** wegen ihrer systematischen Stellung die in Art. 4 Abs. 1 grundsätzlich gegebenen **Wahlmöglichkeit** mit anderen einschlägigen Gerichtsständen **aus**. Darin gleicht die Vorschrift Art. 14 Abs. 1 und Art. 18 Abs. 2. Für die Zwecke des Art. 22 Abs. 1 kennt indes Art. 23 keine Vorschrift wie Art. 19 Nr. 3, die mit Hilfe einer Gerichtsstandsvereinbarung gegen Wohnsitzverlagerungen schützen würde. Maßgeblich ist der **Zeitpunkt der Klageerhebung**.[2] Geregelt ist in Art. 22 Abs. 1 **nur die internationale Zuständigkeit**, während sich die örtliche Zu-

---

295 *Holl* IPRax 1997, 88, 90; *Knöfel* IPRax 2014, 130, 132; krit. allgemein Stein/Jonas/*Wagner* Art. 19 a.F. Rdn. 20 (bei Entsendefällen).
296 *Hausmann* EuLF 2000/2001, 40, 47.
297 So Geimer/Schütze/*Auer* IRV Art. 19 a.F. Rdn. 16.
298 Zöller/*Geimer* Art. 21 Rdn. 15; *Geimer*/Schütze Art. 19 a.F. Rdn. 35; Burgstaller/Neumayr/*Garber* Art. 19 Rdn. 37; Staudinger/*Hausmann* Verfahrensrecht für Internationale Verträge Rdn. 210.

1 Beispielssachverhalt LAG Schleswig-Holstein 26.9.2007 LAGE Art. 30 EGBGB Nr. 8.
2 Baumbach/Lauterbach/*Hartmann* Art. 22 Rdn. 2; Stein/Jonas/*Wagner* Art. 20 a.F. Rdn. 2.

ständigkeit nach der *lex fori* des Wohnsitzstaates richtet.[3] Der Wohnsitz des Arbeitnehmers ist gem. Art. 62 Abs. 1 zu bestimmen (Art. 62 Rdn. 3 ff.). Verfügt der **Arbeitnehmer** über **keinen Wohnsitz in einem Mitgliedstaat**, findet im Grundsatz das **autonome Prozessrecht** des mitgliedstaatlichen Gerichts Anwendung, das der Arbeitgeber angerufen hat.[4] Sollte eine Gerichtsstandsvereinbarung abgeschlossen worden sein, das die Zuständigkeit eines Gerichts eines Mitgliedstaates begründet, sind Art. 23 und 25 einschlägig (vgl. Art. 23 Rdn. 2).

Art. 22 findet **keine Anwendung**, wenn es um **Klagen gegen Behörden** oder sonstige staatliche Stellen auf **Zustimmung zur Kündigung** geht (bspw. § 17 Abs. 2 MuSchG, §§ 168, 174 SGB IX, § 18 Abs. 1 BEEG, § 5 PflegeZG, § 18 KSchG, § 10 Abs. 1 BVSG NW, § 11 Abs. 1 BVSG Saarland).[5][6] Auch wenn es sich bei der staatlichen Zustimmung um **privatrechtsgestaltende Verwaltungsakte** handelt, sind die Voraussetzungen des Art. 1 Abs. 1 nicht erfüllt, weil der **Staat** aufgrund der vorgesehenen Handlungsform **hoheitlich tätig** wird (Art. 1 Rdn. 43). Damit findet das autonome Prozessrecht der Mitgliedstaaten Anwendung.[7] **2**

Wegen der Konzeption des Art. 22 Abs. 1 als ausschließlicher Gerichtsstand und mangels anderweitiger Verweise oder Vorbehalte in dieser Norm stehen dem **Arbeitgeber** die **Gerichtsstände des Art. 21 Abs. 1 lit. b)** – gewöhnlicher Arbeitsort, einstellende Niederlassung – **nicht zu Verfügung** (zu dieser den Arbeitnehmer begünstigenden Ausgangssituation s. Art. 20 Rdn. 10, 12).[8] Das kann häufig zur Folge haben, dass das nach Art. 8 Rom I-VO ermittelte *ius* **und das** *forum* des Art. 22 Abs. 1 **nicht gleichlaufen** (bspw. bei Grenzgängern oder bei beendeten Arbeitsverhältnissen). **3**

2. Verbesserung der Situation des Arbeitgebers – gescheiterter Reformversuch. Diese für den Arbeitgeber **prozesstaktisch ungünstige Situation** hatte die **Niederlande** veranlasst, im Jahre 2002 einen Reformvorschlag einzubringen (in Form eines Art. 20 Abs. 1a Brüssel I-VO), um dem Arbeitgeber entgegenzukommen.[9] Der Vorschlag lautete: „Die **Klage des Arbeitgebers auf Auflösung eines Arbeitsvertrags** kann ferner vor **4**

---

[3] *Junker* NZA 2005, 199, 202; MünchKomm/*Gottwald* Art. 22 Rdn. 4; Staudinger/*Hausmann* Verfahrensrecht für Internationale Verträge Rdn. 225; Stein/Jonas/*Wagner* Art. 20 a.F. Rdn. 2; Rauscher/*Mankowski* Art. 22 Rdn. 1. Für Deutschland sind demnach § 46 Abs. 2 S. 1 ArbGG i.V.m. § 13 ZPO i.V.m. § 7 BGB einschlägig.
[4] NK-GA/*Ulrici* Art. 22 Rdn. 5.
[5] BAG 22.10.2015 NZA 2016, 473, 478 f. zur dogmatischen Einordnung dieser Zustimmungserfordernisse als privatrechtsgestaltende Verwaltungsakte; ausf. Stahlhacke/Preis/*Vossen* Kündigung und Kündigungsschutz im Arbeitsverhältnis, 11. Aufl. (2015) Rdn. 1332–1809.
[6] Rauscher/*Mankowski* Art. 22 Rdn. 1 a.E. m.w.N.
[7] Im Insolvenzfall ist für Zustimmungszuständigkeit von Gerichten und Behörden Art. 13 Abs. 2 EuInsVO 2015 zu beachten; die Vorschrift sollte weit ausgelegt werden und nicht nur insolvenzspezifische Zustimmungserfordernisse, wie bspw. § 22 Abs. 1 S. 2 Nr. 2 InsO, umfassen. *Prima facie* regelt Art. 13 EuInsVO nur das anwendbare Recht. Freilich ist die dogmatische Einordnung umstritten, vgl. LAG Stuttgart 11.3.2011 ArbR 2011, 283 = IPRspr. 2011, Nr. 318, 859 f. (prozessrechtlicher Gehalt); dagegen Mankowski/Müller/J. Schmidt EuInsVO 2015 (2016) Art. 13 EuInsVO Rdn. 32; wiederum anders *ders*. EuZA 2016, 244, 253; s.a. *Garcimartín* ZEuP 2015, 694, 719 f. Sollte Art. 13 Abs. 2 EuInsVO 2015 auch die internationale Zuständigkeit mitregeln, ist die Brüssel Ia-VO nicht anwendbar, was bereits aus ihrem Art. 1 Abs. 2 lit. b) folgt; ihr Art. 67 greift nicht mehr ein.
[8] An diesem taktischen Nachteil ändert auch der Umstand nichts, dass Arbeitgeberklagen die große Minderheit arbeitsgerichtlicher Streitigkeiten bilden. Die Sachgerechtigkeit bejaht Rauscher/*Mankowski* Art. 22 Rdn. 3 (zu Recht wegen der Vollstreckungsnähe); dagegen *Junker* NZA 2005, 199, 202; *ders*. FS Schlosser, 299, 316 f.; *Behr* GS Blomeyer, 15, 26.
[9] *Kohler* in: Gottwald (Hrsg.), Revision des EuGVÜ: Internationales Schiedsverfahrensrecht (2000) 17; *Junker* FS Schlosser, 299, 317; *Garber* FS Schütze, 81, 90; Stein/Jonas/*Wagner* Art. 21 a.F. Rdn. 4; ausf. Rauscher/*Mankowski* Art. 22 Rdn. 4–6; *ders*. EuZA 2016, 244, 247 f.; s.a. OGH 25.6.2015 DRdA 2016/7, 55.

dem Gericht des Ortes, an dem der Arbeitnehmer gewöhnlich seine Arbeit verrichtet, oder, wenn er seine Arbeit gewöhnlich nicht in ein und demselben Land verrichtet, vor dem Gericht des Ortes erhoben werden, an dem sich die Niederlassung, die ihn eingestellt hat, befindet."[10]

5   Die gewünschte Reform innerhalb des fünften Abschnitts der Brüssel I-VO wurde im dritten und vierten Erwägungsgrund damit begründet, dass nach den arbeitsrechtlichen Bestimmungen einiger Mitgliedstaaten über die Beendigung von Arbeitsverträgen ein Arbeitgeber statt der Entlassung des Arbeitnehmers bei Gericht einen Antrag auf Auflösung des Arbeitsvertrags stellen könne; **in manchen Fällen** sei eine **richterliche Auflösung des Arbeitsvertrags sogar zwingend vorgeschrieben** (so gerade die Rechtslage in den Niederlanden; s.a. § 9 KSchG). Die richterliche Auflösung des Arbeitsvertrags sei sowohl für den Arbeitgeber als auch für den Arbeitnehmer von Vorteil. Damit werde für die richterliche Auflösung von Arbeitsverträgen dem Arbeitgeber die Möglichkeit eingeräumt, Gerichte an dem Ort anzurufen, an dem der Arbeitnehmer gewöhnlich seine Arbeit verrichtete. Diese Gerichte hätten einen **besonders engen Bezug zu dem Streitfall**, da für die Bestimmung des anwendbaren Rechts im Allgemeinen der gleiche Bezugspunkt gilt und sie generell über die besten Möglichkeiten zur Einholung von Informationen verfügen.[11]

6   Das soeben beschriebene Problem stellt sich, wenn die *lex fori* **derartige Verfahren auf Auflösung des Arbeitsverhältnisses nicht kennt**[12] und das nach Art. 22 Abs. 1 anzurufende Gericht keine Neigung verspürt, internationalprivatrechtliche Erwägungen anzustellen[13] oder alternativ dazu das Problem als verfahrensrechtlich zu qualifizieren und mutig die ausländische *lex fori* anzuwenden.[14] Letztlich besteht für den klagenden Arbeitgeber in einer spezifischen Sondersituation ein ähnlicher sachrechtlich-verfahrensrechtlicher Nachteil wie für den Arbeitnehmer in Entsendekonstellationen (Art. 20 Rdn. 162ff.). So **sachgerecht** es gewesen wäre, **dieses konkrete Problem zu** regeln,[15] war es wohl ihr daraus resultierender arbeitgeberschützender Impetus, der die Initiative der Niederlande letztlich zum Scheitern verurteilte.[16] Ein solcher ist nicht *en vogue*. Dazu mag kommen, dass zwischen der als problematisch beschriebenen Ausgangskonstellation und der Formulierung des o.g. Reformvorschlags eine gewisse inhaltliche Diskrepanz bestanden haben mag – zugunsten des Arbeitgebers. Freilich gibt bspw. Art. 13 Abs. 2 EuInsVO 2015 ein beredtes Zeugnis davon ab, dass es durchaus möglich ist, entsprechende Problemkonstellationen zu regulieren.[17] Davon, dass dem Arbeitgeber letztlich die Foren des gewöhnlichen Arbeitsorts und der einstellenden Niederlassung unter denselben Voraussetzungen gewährt werden sollten wie einem Arbeitnehmer, kann aber keine Rede sein.

---

10   ABl. EG C 311 v. 14.12.2002, S. 16.
11   ABl. EG C 311 v. 14.12.2002, S. 16.
12   Vgl. bspw. LAG Kiel 26.9.2007 LAGE Art. 30 EGBGB Nr. 8.
13   *Junker* FS Schlosser, 299, 317; *ders.* IZVR § 13, Rdn. 37.
14   Allgemein zu diesem Aspekt *Schack* IZVR Rdn. 49; s.a. *Mankowksi* EuZA 2016, 244ff.
15   *Junker* FS Schlosser, 299, 317; Stein/Jonas/*Wagner* Art. 21 a.F. Rdn. 4; Rauscher/*Mankowski* Art. 22 Rdn. 4.
16   *Jayme/Kohler* IPRax 2004, 481, 485; *Junker* FS Schlosser, 299, 317; *Garber* FS Schütze, 81, 90; s.a. die abl. und sehr krit. Stellungnahme des Wirtschafts- und Sozialausschusses ABl. EU C 32 v. 5.2.2004, S. 88ff., die den Arbeitgeber auf die Möglichkeit nach Art. 23 Nr. 1 verweist.
17   Vgl. auch die Fn. 7.

II. Widerklage (Abs. 2)

Die **einzige Ausnahme** vom ausschließlichen Gerichtsstand im Wohnsitzstaat des Arbeitnehmers, bietet Art. 22 Abs. 2 mit dem **Gerichtsstand der Widerklage** gem. Art. 8 Nr. 3. Diese Vorschrift findet ihre Vorbilder in Art. 14 Abs. 2 und Art. 18 Abs. 3. Hat der Arbeitnehmer den Arbeitgeber an einem der ihm eingeräumten Gerichtsstände verklagt, darf der Arbeitgeber dort zum Gegenangriff übergehen. Das ist **sachgerecht** (Art. 20 Rdn. 73–75). Art. 8 Nr. 3 setzt **Konnexität** voraus (Art. 8 Rdn. 23 ff.), die in Streitigkeiten zwischen dem Arbeitgeber und Arbeitnehmer aus dem Arbeitsverhältnis gegeben sein dürfte. Der EuGH bejaht in diesem Zusammenhang Konnexität, sofern die gegenseitigen Ansprüche eine gemeinsame Grundlage haben. Eine solche Grundlage ist nach seiner Auffassung gegeben, wenn der Arbeitgeber Ansprüche einer hundertprozentigen Tochter gegenüber dem gekündigten Arbeitnehmer widerklagend geltend macht, die er sich von jener hat abtreten lassen und die aus einem weiteren Arbeitsverhältnis zwischen dem Arbeitnehmer und der Tochter resultieren.[18] Wenn überhaupt wäre Konnexität zu thematisieren, wenn es um nicht-arbeitsvertragliche Ansprüche geht.[19]

Nach vorzugswürdiger Auffassung steht die **Möglichkeit, Widerklage zu erheben,** **auch dem Arbeitnehmer** zu. Schon der insoweit offene Wortlaut der Norm lässt dieses Verständnis zugunsten des Arbeitnehmers zu. Ihre **systematische Stellung** ist **verunglückt** (Art. 20 Rdn. 75).[20] Rechtsprechung des EuGH steht dazu aus.

Artikel 23

Von den Vorschriften dieses Abschnitts kann im Wege der Vereinbarung nur abgewichen werden,
1. **wenn die Vereinbarung nach der Entstehung der Streitigkeit getroffen wird oder**
2. **wenn sie dem Arbeitnehmer die Befugnis einräumt, andere als die in diesem Abschnitt angeführten Gerichte anzurufen.**

Übersicht

I. Zweck der Regelung und Anwendungsbereich —— 1	2. Zusätzlicher Gerichtsstand zugunsten des Arbeitnehmers (Nr. 2) —— 13
II. Zulässige Gerichtsstandsvereinbarungen in Arbeitssachen —— 9	III. Darlegungs- und Beweislast —— 18
1. Nach Ausbruch einer Streitigkeit (Nr. 1) —— 10	

I. Zweck der Regelung und Anwendungsbereich

Erwägungsgrund Nr. 19 der Brüssel Ia-VO gibt die Leitlinie bei **Gerichtsstandsvereinbarungen** vor: Hinsichtlich der Wahl von Gerichtsständen ist die **Vertragsfreiheit** – also die zuständigkeitsrechtliche Parteiautonomie – u.a. bei Arbeitsverträgen ausnahmsweise **begrenzt**. Entsprechend rigoros präsentiert sich (aus Sicht des Arbeitgebers) Art. 23, der die **engen Zulässigkeitsgrenzen** der Zuweisung und des Entzugs des

---

[18] EuGH 21.6.2018 NZA 2018, 886 – Petronas Lubricants Italy/Livio Guida, Rdn. 30–32; zust. *Junker* EuZA 2018, 401, 402.
[19] Rauscher/*Mankowski* Art. 22 Rdn. 9.
[20] *Schlosser/Hess* Art. 22 Rdn. 2; MünchKomm/*Gottwald* Art. 22 Rdn. 4; Rauscher/*Mankowski* Art. 22 Rdn. 8; Staudinger/*Hausmann* Verfahrensrecht für Internationale Verträge Rdn. 225; Stein/Jonas/*Wagner* Art. 19 a.F. Rdn. 3; NK-GA/*Ulrici* Art. 21 Rdn. 1, 5; Musielak/Voit/*Stadler* Art. 22 Rdn. 1.

Rechtsstreits durch Parteivereinbarung im internationalen Zuständigkeitsrecht mit Blick auf Individualarbeitsverträge normiert.[1] Die Regelung entspricht i.E. Art. 17 Abs. 5 EuGVÜ 1989[2] und ist Art. 15 Nr. 1 und Nr. 2 sowie Art. 19 Nr. 1 und Nr. 2 nachempfunden; Art. 19 Nr. 3 wurde indes nicht übernommen. Es sollte ein **Auslegungsgleichklang** zu diesen Vorschriften angestrebt werden.[3]

2 Art. 23 ermöglicht nach **h.M.** unter bestimmten Voraussetzungen auch die **Prorogation zugunsten des Gerichts eines Drittstaats** (Rdn. 16, s.a. Art. 15 Rdn. 2ff., Art. 19 Rdn. 2ff.).[4] Wegen der Neufassung von Art. 25 Abs. 1 wird das Vorliegen des **Wohnsitzes einer Partei in einem Mitgliedstaat nicht mehr vorausgesetzt**, was auch für Art. 23 von Bedeutung ist. Unabhängig vom Wohnsitz der Arbeitsvertragsparteien reicht es also aus, dass die Zuständigkeit der Gerichte eines Mitgliedstaates vereinbart wird. Wird in dieser Situation ein **Arbeitnehmer mit Wohnsitz in einem Drittstaat** aufgrund einer Gerichtsstandsvereinbarung vor einem mitgliedstaatlichen Gericht verklagt, sollte zur *Vermeidung von Schutzlücken* Art. 25 so ausgelegt werden, dass sich **Art. 23 in Arbeitssachen auf jede Art. 25 unterfallende Gerichtsstandsvereinbarung bezieht** – unabhängig vom Wohnsitz der Arbeitsvertragsparteien. Das bedeutet, dass die Auslegung des Art. 6 Abs. 1 auch den Verweis auf Art. 23 zum Inhalt hat, auf welchen sich Art. 25 Abs. 4 bezieht.[5] Damit ist sichergestellt, dass sich ein Arbeitnehmer mit Wohnsitz in einem Drittstaat auf Art. 23 berufen kann, weil Art. 6 Abs. 1 und Art. 20 Abs. 1 voraussetzen, dass der verklagte Arbeitnehmer seinen Wohnsitz in einem Mitgliedstaat hat. Das müsste auch der EuGH so sehen, weil er in der Entscheidung *Mahamdia* Art. 23 über Art. 25 Abs. 4 angewendet hat, obwohl die Voraussetzungen des Art. 25 Abs. 1 nicht vorlagen. Die Gerichtsstandsklausel betraf ja ein Gericht eines Drittstaates.[6]

3 **Art. 23** schützt den Arbeitnehmer als schwächeren Verhandlungspartner und **sichert das ausschließliche Zuständigkeitsrecht** im internationalen Individualarbeitsprozess Art. 20 bis 22 **ab**.[7] Gerichtsstandsvereinbarungen haben nach Art. 25 Abs. 4 keine rechtliche Wirkung, wenn sie den Vorschriften des Art. 23 zuwiderlaufen.[8] Diese **Vorga-**

---

1 Zu Gerichtsstandsvereinbarungen im Arbeitsrecht s. *Günther/Pfister* ArbRAktuell 2014, 215 f.; *Hartley* Choices of Court Agreements under the European and International Instruments (2013) 273 ff.; zu § 38 ZPO gl. BAG 13.11.2007 NZA 2008, 761, 765 f.; MünchArbR/*Oetker* § 13 Rdn. 176 und *Rohrbach* AE 2016, 193, 197; zur verdrängenden Wirkung des Art. 23 gegenüber §§ 38, 40 ZPO s. LAG Düsseldorf 10.1.2017 BeckRS 2017, 110381 [Rdn. 32]; s.a. *Nordmeier* RIW 2016, 331 ff.
2 *Junker* ZZPInt 1998, 179, 196 ff.; *Franzen* RIW 2000, 81; grdl. *Wagner* Prozessverträge (1998) 346 ff.; *M. Weller* Ordre-public-Kontrolle internationaler Gerichtsstandsvereinbarungen im autonomen Zuständigkeitsrecht (2005) 25 ff.
3 *Geimer*/Schütze Art. 21 a.F. Rdn. 2; Staudinger/*Hausmann* Verfahrensrecht für Internationale Verträge Rdn. 226.
4 EuGH 19.7.2012 NZA 2012, 935, 938 – Mahamdia, Rdn. 65; LAG Düsseldorf 17.3.2008 EuZW 2008, 740, 742; MünchKomm/*Gottwald* Art. 23 Rdn. 3; Rauscher/*Mankowski* Art. 23 Rdn. 20 f.; Staudinger/*Hausmann* Verfahrensrecht für Internationale Verträge Rdn. 226; Stein/Jonas/*Wagner* Art. 21 a.F. Rdn. 2; *Trenner* 189; *Däubler* NZA 2003, 1297, 1301; *Franzen* RIW 2000, 81, 86 f.; *Knöfel* RdA 2006, 269, 277; MünchAnwaltsHbArbR/*Broewer* § 48 Rdn. 76; **a.A.** *Bosse* 292 ff.; *Hartley* Choices of Court Agreements under the Europaen and International Instruments (2013) 284–286.
5 Paulus/Peiffer/Peiffer/*Paulus* Art. 23 Rdn. 3 Rdn. 4 unter Verweis auf *Gsell* FS Coester-Waltjen (2015) 403, 407 f., 412 (für Verbrauchersachen i.R.d. Art. 19); **a.A.** Rauscher/*Mankowski* Art. 23 Rdn. 19 a.E.; NK-GA/*Ulrici* Art. 23 Rdn. 7.
6 EuGH 19.7.2012 NZA 2012, 935, 938 – Mahamdia, Rdn. 66.
7 EuGH 19.7.2012 NZA 2012, 935, 938 – Mahamdia, Rdn. 60–62, 66; *Junker* NZA 2005, 199, 201; *Chwalisz* GWR 2011, 244; Rauscher/*Mankowski* Art. 23 Rdn. 1 f.; *Hartley* Choices of Court Agreements under the European and International Instruments (2013) 274; zu den konkurrierenden internationalen Zuständigkeiten i.S.v. Art. 67 vgl. Rdn. 7.
8 BAG 10.4.2014 NZA 2013, 925, 927; NK-GA/*Ulrici* Art. 23 Rdn. 1; Baumbach/Lauterbach/*Hartmann* Art. 23 Rdn. 1 (lediglich klarstellende Bedeutung).

ben des **Art. 23**, die wegen der Schutzrichtung der Art. 20 bis 22 so eng sein müssen, sind mit der **Hauptgrund, warum** in der Grauzone des Anwendungsbereichs des internationalen Arbeitsprozessrechts die **Vertragsparteien mit Verve um das Vorliegen oder Nichtvorliegen der Arbeitnehmereigenschaft streiten** (Art. 20 Rdn. 80 ff., 94 ff.).[9]

Die zwingende Wirkung des Art. 23 gilt auch dann, wenn die **Gerichtsstandsklausel in einem einschlägigen Tarifvertrag** niedergelegt ist.[10] Der Geltungsgrund der Tarifklausel ist unerheblich. Legt man den Schwerpunkt auf die **normative Wirkung**, folgt dies aus der Rechtsquellenhierarchie und dem Vorrang des Unionsrechts.[11] Handelt es sich beim Tarifvertrag lediglich um eine **schuldrechtliche Vereinbarung** der Tarifvertragsparteien, kann er nicht den Konsens der am Vertragsschluss tatsächlich beteiligten Parteien i.S.d. Art. 25 ersetzen oder diese binden – in diesem Fall Arbeitgeber und Arbeitnehmer. Soll die Gerichtsstandsvereinbarung auch für und gegen einen Dritten wirken, der einen Rechtsnachteil erleidet,[12] muss dieser grundsätzlich seine Zustimmung erteilen.[13] Andernfalls wäre dies ein **Vertrag zu Lasten der nicht am Tarifvertrag beteiligten Arbeitsvertragspartei**.[14] Dafür spricht auch die Wertung des Art. 15 Nr. 2. **Zulässig** wären demnach – **konkurrierende** – **Gerichtsstandsvereinbarungen** auf Grundlage von Verträgen zugunsten Dritter. Sie bieten ein Mehr. 4

Von den inhaltlichen Vorgaben in Art. 23 abgesehen, richtet sich der Abschluss von Gerichtsstandsstandsvereinbarungen grundsätzlich nach Art. 25. Das betrifft namentlich die Form gem. Art. 25 Abs. 1 S. 3, Abs. 2. Grundsätzlich werden aber auch materielle Aspekte erfasst; es besteht zwischen Art. 25 – vor allem dessen Abs. 1 S. 1 und S. 2 – ein intrikates Zusammenspiel mit dem Recht des Gerichts oder der Gerichte der Mitgliedstaaten, das für zuständig erklärt wurde (ausf. Art. 25 Rdn. 12 ff.).[15] Wichtigste praxisrelevante 5

---

9 Aus jüngerer Zeit BAG 20.10.2015 NZA 2016, 254; LAG Düsseldorf 28.5.2014 IPRax 2015, 551 m. Anm. *Temming* 509; *Mankowski* IHR 2014, 247; s.a. *ders.* EuZA 2017, 126, 132 f.
10 BAG 2.7.2008 NZA 2008, 1084, 1085 (zu § 27 VTV); Rauscher/*Mankowski* Art. 23 Rdn. 3; *ders.* NZA 2009, 584, 589 (abweichend nur für den schuldrechtlichen Teil eines Tarifvertrages mit Bezug auf die Tarifvertragsparteien, aaO Rdn. 4).
11 In diese Richtung wohl BAG 2.7.2008 NZA 2008, 1084, 1085; offen ArbG Cottbus 17.10.2013, Az. 3 Ca 738/13 – juris, Rdn. 25 (das dort zitierte Urteil des LAG Berlin-Brandenburg ist nicht dokumentiert); Rauscher/*Mankowski* Art. 23 Rdn. 3; *ders.* NZA 2009, 584, 588; i.E. zust. *Temming* EuZA 2009, 413, 414 f.; ebenso i.E. *C. Schubert* RdA 2010, 241, 244 f.; zur Unterordnung normativ wirkender Tarifverträge unter das Unionsrecht bspw. EuGH 16.10.2007 EuGHE 2007, I-8531 – Palacios de la Villa/Cortefiel Servicios SA, Rdn. 46 f.; EuGH 13.9.2011 EuGHE 2011, I-8003 – Prigge u.a./Deutsche Lufthansa AG, Rdn. 41, 48 f. (freilich handelt es sich dabei nicht um staatliches Recht, vgl. EuGH aaO Rdn. 59). Zur tariflichen Rechtssetzungsmacht, Gerichtsstandsvereinbarungen abzuschließen, vgl. für das deutsche Recht § 48 Abs. 2 ArbGG. Diese regelt nur die örtliche, nicht internationale Zuständigkeit. Für diese Auffassung spricht auch § 15 S. 2 AEntG.
12 Zu den möglichen Konstellationen *Geimer* NJW 1985, 533, 534.
13 EuGH 7.2.2013 EuZW 2013, 316, 318 – Refcomp SpA/Axa Corporate Solutions Assurance SA, Rdn. 29 m. Anm. *M. Weller* IPRax 2013, 501.
14 LAG Frankfurt 12.2.2007 IPRax 2008, 131 f.; *Temming* EuZA 2009, 413, 414 f.; abweichend *C. Schubert* RdA 2010, 241, 244, die es nicht für ausgeschlossen hält, Tarifverträge als Vereinbarung i.S.d. Art. 25 zu begreifen, deren Rechtswirkungen – und damit auch die Drittwirkung – das dann einschlägige Vertragsstatut bestimmt. Die Rechtsfrage wäre aus deutscher Sicht dann vorlageträchtig, wenn § 48 Abs. 2 ArbGG auch die internationale Dimension mitregeln würde, was die Vorschrift indes nicht tut (vgl. obige Fn. 11 a.E.). Des Weiteren ist zu bedenken, dass der Gesetzgeber den Tarifvertragsparteien auf Grundlage des anwendbaren Vertragsstatuts nicht mehr Normsetzungsmacht einräumen kann, als er selbst innehat. Von den Art. 20 bis 23, kann er kraft Vorrang des Unionsrechts jedenfalls nicht abweichen.
15 Laut Erwägungsgrund Nr. 20 der Brüssel Ia-VO findet auch das Kollisionsrecht der Mitgliedstaaten Anwendung; Art. 1 Abs. 2 lit. e) Rom I-VO nimmt aber Gerichtsstandsvereinbarungen ausdrücklich von Anwendungsbereich der Rom I VO heraus. Zudem sind die Art. 27 ff. EGBGB aufgehoben worden. Zu den daraus resultierenden Problemen und Lösungsmöglichkeiten ausf. Rauscher/*Mankowski* Art. 25 Rdn. 36; MünchAnwaltsHbArbR/*Boewer* § 48 Rdn. 78–80); *Wais* GPR 2015, 142, 148.

Folge ist, dass **keine AGB-Kontrolle nach dem mitgliedstaatlichen Recht** stattfindet. Das betrifft sowohl die formelle Einbeziehungs- als auch nach zutreffender Ansicht die materielle Inhaltskontrolle.[16] Für letzteres spricht, dass im arbeitsrechtlichen Kontext Art. 23 selbst hohe inhaltliche Schutzstandards setzt (Rdn. 1, 3, 9). Ein zusätzlicher Gewinn ist durch die Klauselrichtlinie 93/13/EWG[17] und – für das deutsche Sachrecht – § 307 Abs. 1, 2 BGB daher nicht zu erwarten.[18]

6   Zu beachten ist schließlich, dass die **materielle Wirksamkeit** einer Gerichtsstandsvereinbarung gem. Art. 25 Abs. 5 **unabhängig von der Wirksamkeit des Hauptvertrages**, bspw. eines Arbeitsvertrages, beurteilt wird, auf den sich die Gerichtsstandsvereinbarung bezieht.[19] Insbesondere kann die Gültigkeit der Gerichtsstandsvereinbarung nicht allein mit der Begründung in Frage gestellt werden, dass der Vertrag nicht gültig ist, vgl. Art. 25 Abs. 5 S. 2. Es gilt ein **Trennungs- und Abstraktionsprinzip** mit Blick auf diese beiden Rechtsverhältnisse.

7   Für den **Gerichtsstand des an sich unzuständigen Gerichts kraft rügeloser Einlassung** ist nicht Art. 23, sondern Art. 26 einschlägig (dort Rdn. 4 ff.).[20] **Ausschließliche Zuständigkeiten** nach Art. 24 können nicht abbedungen werden, s.a. Art. 25 Abs. 4 2. Hs (dort Rdn. 11, 43). Dies kann im Arbeitsrecht bei Art. 24 Nr. 1 relevant sein, wenn der Arbeitgeber dem Arbeitnehmer eine Werkswohnung vermietet hat. Ebenso ist es nicht möglich, von konkurrierenden internationalen Zuständigkeiten i.S.v. Art. 67 zulasten des Arbeitnehmers abzuweichen. Das betrifft im hiesigen Kontext Art. 6 Entsenderichtlinie (vgl. Art. 20 Rdn. 163 m.w.N.).

8   Soweit der Anwendungsbereich des Art. 23 nicht betroffen ist (s.a. Art. 15 Rdn. 5 ff., Art. 19 Rdn. 3 ff.), verbleibt es beim autonomen Verfahrensrecht der Mitgliedstaaten.[21] Das gilt bspw. für **Schiedsverfahren**, für die in Arbeitssachen die sehr engen Grenzen des § 101 ArbGG zu beachten sind.

II. Zulässige Gerichtsstandsvereinbarungen in Arbeitssachen

9   Die Möglichkeit, Gerichtsstände vertraglich zu wählen, besteht nur in zwei Situationen. Die eine betrifft die zeitliche, die andere die inhaltlich-gestalterische Dimension.

---

16 *Kropholler/von Hein* Art. 23 a.F. Rdn. 20 m.w.N.; *Nordmeier* RIW 2016, 331, 334 f.
17 ABl. EG L 95 v. 21.4.1993, S. 29.
18 Vgl. aber die Maßgeblichkeit der Klauselrichtlinie 93/13/EWG für Verbraucherverträge für die Rechtmäßigkeitskontrolle einer Klausel über die örtliche Zuständigkeit eines Gerichts EuGH 4.6.2009 EuGHE 2009, I-4713 – Pannon GSM Zrt/Erzsébet Sustinkné Györfi, Rdn. 44. Problematisch wären, wenn überhaupt, die niedrigschwelligeren Formerfordernisse jenseits der Schriftlichkeit, vor allem Art. 25 Abs. 2. Das dürfte freilich in der arbeitsvertraglichen Praxis keine Rolle spielen. Zum einen ist der Arbeitsvertrag selbst als AGB zu qualifizieren; AGB werden typischerweise nicht als ein hiervon gesondertes Dokument verfasst. Zum anderen schließen Art. 23 Nr. 1 und Nr. 2 negative Überrumpelungseffekte zulasten des Arbeitnehmers faktisch aus. Der Arbeitgeber kann dem Arbeitnehmer im Arbeitsvertrag keine derogierende Klausel unterschieben (Art. 23 Nr. 1) und ein zusätzlicher, konkurrierender Gerichtsstand benachteiligt den Arbeitnehmer nicht (Art. 23 Nr. 2).
19 EuGH 3.7.1997 EuGHE 1997, I-3767 – Dentalkit Srl/Benincasa, Rdn. 32 (zu Art. 17 EuGVÜ); BGH 30.3.2006 NJW 2006, 1672 f.
20 BAG 24.9.2009 MDR 2010, 641, 642 = NZA-RR 2010, 604, 606; BAG 2.7.2008 NZA 2008, 1084, 1085 f.; LAG Hannover 29.6.2016 NZA-RR 2016, 611, 612 f.; MünchAnwaltsHbArbR/*Boewer* § 48 Rdn. 81; Eine rügelose Einlassung nach Art. 26 Abs. 1 ist auch möglich, wenn die Parteien eine Gerichtsstandsvereinbarung zugunsten eines drittstaatlichen Gerichts getroffen haben, s. EuGH 17.3.2016 RIW 2016, 294 – Taser International Inc./Gate 4 Business SRL u.a., Rdn. 19–25; s.a. *Nordmeier* RIW 2016, 331, 336 f.
21 Für Deutschland sind das die §§ 38, 40 ZPO; zu deren doppelfunktionalen Charakter BGH 14.4.2005 NJW-RR 2005, 929, 930 f.; BAG 13.11.2007 NZA 2008, 761, 762 f.

1. Nach Ausbruch einer Streitigkeit (Nr. 1). Laut der Nummer 1 ist eine Gerichts- 10
standsvereinbarung zulässig, die nach der Entstehung der Streitigkeit getroffen wird. Die Streitigkeit ist entstanden, **sobald die Parteien über einen bestimmten Punkt uneins sind und ein gerichtliches Verfahren unmittelbar oder in Kürze bevorsteht.**[22] In dieser Situation wird der **Arbeitnehmer** dem Arbeitgeber gegenüber als **ebenbürtig genug** angesehen, **um auf Augenhöhe** mit dem Arbeitgeber selbst über international zuständige Gericht **zu verhandeln** (s. aber die richterlicher Belehrungspflicht in Art. 26 Abs. 2).[23][24] Dies bedeutet zunächst, dass **Klauseln**, die die **Gerichtsstände** der Art. 20 bis 22 **derogieren**, nicht in Arbeitsverträge aufgenommen werden können;[25] solche Klauseln sind gem. Art. 25 Abs. 4 **unwirksam**.[26] Darüber hinaus bedeutet dies in der Praxis faktisch die **Zementierung** der in diesen Vorschriften niedergelegten **Gerichtsstände,**[27] weil sich Arbeitnehmer nach Ausbruch einer Streitigkeit nur selten auf eine abweichende Vereinbarung einlassen werden – bedeutete dies doch für sie wahrscheinlich eine Neubewertung ihrer verfahrensrechtlichen und ggf. materiell-rechtlichen Ausgangssituation.

Bei **Gerichtsstandsvereinbarungen in Aufhebungsverträgen** (zu letzteren Art. 20 11
Rdn. 113) ist i.R.d. Art. 23 **zu differenzieren**: Soweit der Aufhebungsvertrag eine **Streitigkeit aus dem Arbeitsverhältnis** aufgreift, ist für diese Streitigkeit eine Gerichtsstandsvereinbarung im Aufhebungsvertrag gem. Art. 23 Nr. 1 **zulässig**, weil sie ja zeitlich nach dem Entstehen der Streitigkeit geschlossen wurde.[28] Eine solche Gerichtsstandsvereinbarung muss dann die weiteren Voraussetzungen des Art. 25 wahren (Art. 25 Rdn. 12 ff.).

Hingegen kann für eine **Streitigkeit aus dem Aufhebungsvertrag** eine **Gerichts-** 12
standsvereinbarung im Aufhebungsvertrag gem. Art. 23 Nr. 1 **nicht abgeschlossen** werden. Ebenso wie beim Arbeitsvertrag greift jetzt der soziale Arbeitnehmerschutzgedanke des Art. 23.[29] Für diese Lösung und somit die Hereinnahme des Aufhebungsvertrags in den Anwendungsbereich des Art. 25 spricht, dass es erneut um eine **Verhandlungs- und Vertragsabschlusssituation** geht und trotz des möglichen einfachen „Nein" des Arbeitnehmers eine **Ungleichgewichtslage nicht von der Hand zu weisen** ist. Anders

---

22 Bericht *Jenard* ABl. EG C 59 v. 5.3.1979, S. 33 (unter Verweis auf *Braas* Precis de procedure civile, Bd. I, Nr. 795.); *Cruz/Real/Jenard* ABl. EG C 189 v. 28.7.1990, S. 35, 47 f., Rdn. 26 f. (zu Art. 17 EuGVÜ); LAG Nürnberg 22.4.2008 IPRspr 2008, Nr. 130, 437, 440 f. m.w.N.; *Junker* FS Schlosser, 299, 318; *ders.* FS Kühne, 735, 740; Rauscher/*Mankowski* Art. 23 Rdn. 5–7 m.w.N.; Paulus/Peiffer/Peiffer/*Paulus* Art. 23 Rdn. 5–7; MünchAnwaltsHbArbR/*Boewer* § 48 Rdn. 76.
23 Staudinger/*Hausmann* Verfahrensrecht für Internationale Verträge Rdn. 226; s.a. Nordmeier/*Schichmann* GPR 2015, 199.
24 *Trenner* 194; *Hoppe* 73; *Müller* 89; *Franzen* RIW 2000, 81, 83; *Junker* NZA 2005, 199, 201; Rauscher/*Mankowski* Art. 23 Rdn. 5; Baumbach/Lauterbach/*Hartmann* Art. 23 Rdn. 2; *Hartley* Choices of Court Agreements under the European and International Instruments (2013) 274.
25 Saenger/*Dörner* Art. 23 Rdn. 3; zu einer möglichen Konstellation vor Abschluss des Arbeitsvertrages Rauscher/*Mankowski* Art. 23 Rdn. 5 (Entstehen der Streitigkeit vor Abschluss des Arbeitsvertrages, bspw. Bewerbungsphase, Abschluss des Arbeitsvertrages mit Gerichtsstandsklausel und dann Klage anlässlich dieser Streitigkeit am vereinbarten Forum); s.a. *Junker* FS Kühne, 735, 740.
26 BAG 10.4.2014 IPRax 2015, 342, 344; ArbG Bielefeld 2.12.2008 IPRspr. 2008, Nr. 49, 161, 163; Samengo-Turner v. March & McLennan (Services) Ltd [2007] EWCA Civ 723; Saenger/*Dörner* Art. 23 Rdn. 1; MünchKomm/*Gottwald* Art. 23 Rdn. 1; Musielak/Voit/*Stadler* Art. 23 Rdn. 1; *Franzen* RIW 2000, 81, 82.
27 Stein/Jonas/*Wagner* Art. 21 a.F. Rdn. 5 spricht von einer „Petrifizierung der Gerichtsstände".
28 MünchKomm/*Gottwald* Art. 23 Rdn. 1 m.w.N.; NK-GA/*Ulrici* Art. 23 Rdn. 8; Paulus/Peiffer/Peiffer/ *Paulus* Art. 23 Rdn. 6 m.w.N.
29 LAG Nürnberg 22.4.2008 IPRspr 2008, Nr. 130, 437, 440 f.; *Junker* FS Kühne, 735, 741; MünchKomm/*Gottwald* Art. 23 Rdn. 1; Paulus/Peiffer/Peiffer/*Paulus* Art. 23 Rdn. 6; NK-GA/*Ulrici* Art. 23 Rdn. 8; **a.A.** Rauscher/*Mankowski* Art. 23 Rdn. 8 m.w.N. und Stein/Jonas/*Wagner* Art. 21 a.F. Rdn. 5 sprechen sich beide für eine teleologische Reduktion des Art. 23 aus; i.E. auch *Knöfel* ZfA 2006, 397, 431.

als in der Situation des Art. 23 Nr. 1 geht es nicht allein um ein isoliertes Angebot des Arbeitgebers auf Abschluss einer Gerichtsstandsvereinbarung. Einen wohlbedachten Aufhebungs- oder Abwicklungsvertrags aufzusetzen, umfasst weitaus mehr Gesichtspunkte als diesen.[30] Dass im deutschen Sachrecht diskutiert wird, dem Arbeitnehmer beim Abschluss eines Aufhebungsvertrages ein einwöchiges Widerrufsrecht zu gewähren, ist ein weiteres Indiz dafür, Art. 23 mit Blick auf Aufhebungsverträge zu aktivieren.[31]

13   **2. Zusätzlicher Gerichtsstand zugunsten des Arbeitnehmers (Nr. 2).** Nach der Nr. 2 können die Arbeitsvertragsparteien – **vor Entstehung der Streitigkeit** – Gerichtsstandsklauseln vereinbaren, soweit sie den Arbeitnehmer begünstigen.[32] Entsprechend zu den Ausführungen bezüglich der Nummer 1 sind auch weitere **Gerichtsstände in einem Drittstaat zulässig**.[33] Begreift man Art. 23 als einseitig zwingend, wie dies regelmäßig bei arbeitnehmerschützenden Vorschriften der Fall ist, ist dieses „Mehr" an Parteiautonomie nur konsequent.[34] Davon können insbesondere verhandlungsstarke Arbeitnehmer profitieren.[35] Aus dem sozialen Schutzzweck der Art. 20 bis 23 folgt, dass die Klausel dem Arbeitnehmer weitere, d.h. zusätzliche Gerichtsstände zur Verfügung stellen darf, **ohne die in Art. 20 bis 22 erwähnten zu derogieren** (konkurrierende Gerichtsstandsvereinbarung[36]).[37]

14   Deshalb ist es zugunsten des Arbeitnehmers vorzugswürdig, **vorbeugende ausschließliche Gerichtsstandsklauseln** – bspw. „Ausschließlicher Gerichtsstand ist [Stadt X in Land Y]" – entgegen der **h.M.**[38] nicht als unzulässig anzusehen. Vielmehr sind sie **geltungserhaltend zu reduzieren**.[39] Das heißt, sie derogierten nicht die in Art. 20 bis 22 zugunsten des Arbeitnehmers vorgesehenen Gerichtsstände. Dass diese Umformung

---

30 Ausf. Checklisten und Mustervereinbarungen bei *Bauer/Krieger/Arnold* Arbeitsrechtliche Aufhebungsverträge, 9. Aufl. (2014) 659–689.
31 Vgl. nur § 134 Abs. 3–5 des Entwurfs eines Arbeitsvertragsgesetzes von *Henssler/Preis* NZA 2007, Beilage zu Heft 21; *Deutscher Anwaltverein* AE 2009, 16; *M. Schubert/Hjort/Fricke* AE 2009, 5 ff.; *Preis* ArbuR 2009, 109 ff.
32 Das „wenn" im Wortlaut des Art. 23 Nr. 2 soll arbeitnehmerschützend als „soweit" zu lesen sein; so LAG Düsseldorf 10.1.2017 BeckRS 2017, 110381 [Rdn. 38]; *Junker* FS Schlosser, 299, 318; *Schlosser/Hess* Art. 23 Rdn. 3; Rauscher/*Mankowski* Art. 23 Rdn. 9.
33 Vgl. nur EuGH 19.7.2012 NZA 2012, 935, 938 – Mahamdia, Rdn. 65; MünchKomm/*Gottwald* Art. 23 Rdn. 6.
34 Von einem prozessualen Günstigkeitsprinzip sprechen *Däubler* NZA 2003, 1297, 1301; *Junker* FS Kühne, 735, 741; den einseitig bzw. halbzwingenden Charakter betont auch Rauscher/*Mankowski* Art. 23 Rdn. 9–11.
35 Dafür, dass es diesen Typ Arbeitnehmer zu Recht gibt, Rauscher/*Mankowski* Art. 23 Rdn. 18 gegen Wieczorek/Schütze/*Hausmann*³ Art. 17 EuGVÜ Rdn. 73; *Junker* FS Kühne, 735, 741; MünchKomm/*Gottwald* Art. 23 Rdn. 6 betont das mangelnde Interesse des Arbeitgebers an derartigen Klauseln.
36 Wird ein ohnehin eröffneter Gerichtsstand gewählt, hat die Vereinbarung einer konkurrierenden Zuständigkeit nur deklaratorische Wirkung; *Nordmeier* RIW 2016, 331, 332.
37 EuGH 14.9.2017 NZA 2017, 1477, 1479 – Nogueira u.a./Crewlink Ireland Ltd und Ryanair Designated Activity Company, Rdn. 52 f.; EuGH 19.7.2012 NZA 2012, 935, 938 – Mahamdia, Rdn. 61–64; BAG 20.12.2012 NZA 2013, 925, 928 [Rdn. 32]; *Junker* FS Kühne, 735, 741; Saenger/*Dörner* Art. 23 Rdn. 3; Musielak/Voit/*Stadler* Art. 23 Rdn. 1; MünchKomm/*Gottwald* Art. 23 Rdn. 6; *Hartley* Choices of Court Agreements under the European and International Instruments (2013) 275.
38 EuGH 14.9.2017 NZA 2017, 1477, 1479 – Nogueira u.a./Crewlink Ireland Ltd und Ryanair Designated Activity Company, Rdn. 53 f.; *Junker* FS Schlosser, 299, 318; *ders.* FS Kühne, 735, 742; Rauscher/*Mankowski* Art. 23 Rdn. 15; Paulus/Peiffer/*Paulus* Art. 23 Rdn. 9; **a.A.** und für Teilnichtigkeit *Geimer*/Schütze Art. 21 a.F. Rdn. 4; dem folgend *Bosse* 286.
39 In Anlehnung an die **h.M.** sollte die Gerichtsstandsklausel indes folgendermaßen formuliert werden: „Gerichtsstand ist [Stadt X in Land Y]. Dies berührt nicht die Möglichkeit, gegebenenfalls gemäß den einschlägigen Bestimmungen über die gerichtliche Zuständigkeit in einem anderen Staat Klage zu erheben."

der Klausel mit dem zulässigen Inhalt des Art. 23 Nr. 2 diese zu einer **konkurrierenden Gerichtsstandsvereinbarung** macht, dürfte nicht im ursprünglichen Interesse des Arbeitgebers liegen, weil die von ihm anvisierte Konzentrationswirkung nicht erreicht wird. Vor dem Hintergrund des durch die Art. 20 bis 23 verfolgten Arbeitnehmerschutzes tritt dieses Interesse jedoch relativ zurück. Der Arbeitgeber hätte sich seinen Wunsch wegen der engen und zwingenden Grenzen, Gerichtsstandsvereinbarungen zu formulieren, ohnehin nicht erfüllen können. So besteht wenigstens die Möglichkeit, dass der Arbeitnehmer diesen konkurrierenden Gerichtsstand wählt. Zumindest in dieser Hinsicht wird versucht, dem Interesse des Arbeitgebers zu genügen.

Diese soeben vorgeschlagene Interpretation ist jedenfalls **dann überzeugend**, wenn der beklagte **Arbeitgeber zu allen** für die Art. 23 und Art. 25 relevanten Zeitpunkten **seinen Wohnsitz in einem Drittstaat** hatte und über **keine Niederlassung in einem Mitgliedstaat** verfügte. Denn in einer solchen Konstellation kann es zu einer Derogation der Gerichtsstände nach den Art. 20 bis 22 ja gar nicht kommen.[40] Freilich unterfällt diese Auslegungs- und Rechtsfolgenproblematik dem Interpretationsmonopol des EuGH; er müsste gem. Art. 267 AEUV darüber befragt werden.[41]

Das **prorogierte Gericht** kann auch **in einem Drittstaat** liegen, solange die ausschließlichen Gerichtsstände der Art. 20 bis 23 nicht derogiert werden.[42] Entsprechende Klauseln unterfallen ebenfalls unmittelbar Art. 23 und das ist ein Unterschied zum Anwendungsbereich von Art. 25.[43] Dafür sprechen der insoweit offene Wortlaut, der Arbeitnehmerschutz und die Gefahr, dass das ansonsten anwendbare autonome Prozessrecht der Mitgliedstaaten einen der Brüssel Ia-VO entsprechenden arbeitsrechtsspezifischen Schutzstandard nicht kennen.[44]

Aus dem Sinn und Zweck des Art. 23 Nr. 2 folgt des Weiteren, dass sich **nur der Arbeitnehmer auf die zusätzlichen Gerichtsstände berufen kann**, wenn er gegen den Arbeitgeber Klage erhebt.[45] In der **umgekehrten Situation** – Arbeitgeber klagt vor dem nach der Vereinbarung unzuständigen Gericht, aber gesetzlich vorgesehenen Gerichtsstand (namentlich Art. 22 Abs. 1: Gericht des Mitgliedstaates, in dessen Wohnsitz der Arbeitnehmer seinen Wohnsitz hat), also Aktivprozess – **bleibt dem Arbeitnehmer** die **Berufung auf die Zuständigkeitsvereinbarung verwehrt**.[46]

III. Darlegungs- und Beweislast

Nach allgemeinen Grundsätzen hat diejenige Partei die Voraussetzungen des Bestehens oder Nichtbestehens der Gerichtsstandsvereinbarung darzulegen und ggf. zu

---

[40] LAG Düsseldorf 10.1.2017 BeckRS 2017, 110381 [Rdn. 38 f.]. – Beklagter mit Wohnsitz in Thailand, Kläger mit Wohnsitz in Deutschland und prorogierter Gerichtsstand war Düsseldorf.
[41] EuGH 14.9.2017 NZA 2017, 1477, 1479 – Nogueira u.a./Crewlink Ireland Ltd und Ryanair Designated Activity Company, Rdn. 52–54 behandelt diese Konstellation nicht, da die beiden Beklagten ihren Sitz in Irland hatten.
[42] EuGH 19.7.2012 NZA 2012, 935, 938 – Mahamdia, Rdn. 65.
[43] Rauscher/*Mankowski* Art. 23 Rdn. 13, 20 f.; für eine Analogie plädieren hingegen *Franzen* RIW 2000, 81, 86 f.; *Däubler* FS Birk (2008) 27, 36.
[44] Für Deutschland ist dies § 38 Abs. 2 ZPO: BGA 13.11.2007 NZA 2008, 761, 766; s.a. *Franzen* RIW 2000, 81, 85.
[45] *Junker* NZA 2005, 199, 201; Rauscher/*Mankowski* Art. 23 Rdn. 8 m.w.N.
[46] S.a. Bericht *Cruz/Real/Jenard* ABl. EG C 189 v. 28.7.1990, 47 f., Rdn. 27; *Däubler* NZA 2003, 1297, 1301; *Junker* FS Schlosser, 299, 318; Saenger/*Dörner* Art. 23 Rdn. 2; Stein/Jonas/*Wagner* Art. 21 a.F. Rdn. 6; Thomas/Putzo/*Hüßtege* Art. 23 Rdn. 2; Rauscher/*Mankowski* Art. 23 Rdn. 1, 16 m.w.N. (u.a. Wertung des Art. 25 Abs. 1); wohl auch *Hartley* Choices of Court Agreements under the European and International Instruments (2013) 275.

beweisen, für die der entsprechende Umstand günstig ist. Wird daher Klage vor einem als international zuständig vereinbarten Gericht (*i.e.* die **vereinbarungsgemäße Klage**) erhoben, muss prinzipiell der **Kläger** die Voraussetzungen des Bestehens der Gerichtsstandsvereinbarung **darlegen und ggf. beweisen**.[47] Hinsichtlich der **materiellen Wirksamkeit** ist jedoch derjenige **beweisbelastet**, der sich auf die Unwirksamkeit beruft, mithin der **Beklagte**. Im Fall einer Klage vor einem Gericht, dessen internationale Zuständigkeit nicht vereinbart wurde (*i.e.* die **vereinbarungswidrige Klage**), hat der Kläger das Nichtbestehen der Vereinbarung darzulegen und zu beweisen.[48]

ABSCHNITT 6
Ausschließliche Zuständigkeiten

Artikel 24

Ohne Rücksicht auf den Wohnsitz der Parteien sind folgende Gerichte eines Mitgliedstaats ausschließlich zuständig:
1. für Verfahren, welche dingliche Rechte an unbeweglichen Sachen sowie die Miete oder Pacht von unbeweglichen Sachen zum Gegenstand haben, die Gerichte des Mitgliedstaats, in dem die unbewegliche Sache belegen ist.
Jedoch sind für Verfahren betreffend die Miete oder Pacht unbeweglicher Sachen zum vorübergehenden privaten Gebrauch für höchstens sechs aufeinander folgende Monate auch die Gerichte des Mitgliedstaats zuständig, in dem der Beklagte seinen Wohnsitz hat, sofern es sich bei dem Mieter oder Pächter um eine natürliche Person handelt und der Eigentümer sowie der Mieter oder Pächter ihren Wohnsitz in demselben Mitgliedstaat haben;
2. für Verfahren, welche die Gültigkeit, die Nichtigkeit oder die Auflösung einer Gesellschaft oder juristischen Person oder die Gültigkeit der Beschlüsse ihrer Organe zum Gegenstand haben, die Gerichte des Mitgliedstaats, in dessen Hoheitsgebiet die Gesellschaft oder juristische Person ihren Sitz hat. Bei der Entscheidung darüber, wo der Sitz sich befindet, wendet das Gericht die Vorschriften seines Internationalen Privatrechts an;
3. für Verfahren, welche die Gültigkeit von Eintragungen in öffentliche Register zum Gegenstand haben, die Gerichte des Mitgliedstaats, in dessen Hoheitsgebiet die Register geführt werden;
4. für Verfahren, welche die Eintragung oder die Gültigkeit von Patenten, Marken, Mustern und Modellen sowie ähnlicher Rechte, die einer Hinterlegung oder Registrierung bedürfen, zum Gegenstand haben, unabhängig davon, ob die Frage im Wege der Klage oder der Einrede aufgeworfen wird, die Gerichte des Mitgliedstaats, in dessen Hoheitsgebiet die Hinterlegung oder Registrierung beantragt oder vorgenommen worden ist oder aufgrund eines Unionsrechtsakts oder eines zwischenstaatlichen Übereinkommens als vorgenommen gilt.
Unbeschadet der Zuständigkeit des Europäischen Patentamts nach dem am 5. Oktober 1973 in München unterzeichneten Übereinkommen über die Erteilung europäischer Patente sind die Gerichte eines jeden Mitgliedstaats für alle

---

[47] OLG Brandenburg 26.7.2007, Az. 12 W 17/07 – juris, Rdn. 16.
[48] *Nordmeier* RIW 2016, 331, 336 m.w.N.

Verfahren ausschließlich zuständig, welche die Erteilung oder die Gültigkeit eines europäischen Patents zum Gegenstand haben, das für diesen Mitgliedstaat erteilt wurde;
5. für Verfahren, welche die Zwangsvollstreckung aus Entscheidungen zum Gegenstand haben, die Gerichte des Mitgliedstaats, in dessen Hoheitsgebiet die Zwangsvollstreckung durchgeführt werden soll oder durchgeführt worden ist.

Übersicht

I. Allgemeines —— 1	2. Erfasste Verfahren —— 26
II. Folgen der ausschließlichen Zuständigkeit —— 4	a) Verfahren —— 26
III. Besonderheiten in Tatbestand und Rechtsfolge —— 9	b) Existenz der Gesellschaft oder juristischen Person —— 27
IV. Immobiliarstreitigkeiten (Nr. 1) —— 11	c) Gültigkeit eines Beschlusses —— 28
1. Grundregel —— 11	VI. Registersachen (Nr. 3) —— 29
a) Verfahren —— 12	VII. Registrierte gewerbliche Schutzrechte (Nr. 4) —— 33
b) Unbewegliche Sachen —— 13	1. Gewerbliche Schutzrechte —— 33
c) Dingliche Rechte —— 15	2. Verfahrensgegenstand —— 34
d) Miete oder Pacht —— 18	3. Internationale Zuständigkeit —— 38
2. Ausnahme bei Miete oder Pacht —— 21	VIII. Zwangsvollstreckungssachen (Nr. 5) —— 39
V. Gesellschaften und juristische Personen (Nr. 2) —— 24	1. Titel —— 40
1. Bestimmung des Sitzes —— 25	2. Zwangsvollstreckung —— 41

I. Allgemeines

Art. 24 legt für Rechtsstreitigkeiten über bestimmte Gegenstände ausschließliche direkte Zuständigkeiten fest. Er entspricht weitgehend Art. 22 VO (EG) Nr. 44/2001 sowie Art. 22 LugÜ 2007, die wiederum auf Art. 16 EuGVÜ sowie Art. 16 LugÜ 1988 zurückgehen. **1**

Gegenüber der Urfassung im EuGVÜ 1968 hat der Artikel über die ausschließlichen Zuständigkeiten nur wenige wichtige Änderungen erfahren. So wurde 1989 im Übereinkommen über den Beitritt Spaniens und Portugals die ausschließliche Zuständigkeit für Immobiliarstreitigkeiten um die heute in Nr. 1 Satz 2 enthaltene Ausnahme ergänzt, wobei seinerzeit die bisherige Regelung die Bezeichnung als lit. a erhielt, der die Ausnahme als lit. b zur Seite gestellt wurde;[1] vorausgegangen war der Abschluss des Luganer Übereinkommens im Jahre 1988, dessen Art. 16 Nr. 1 bereits entsprechend gefasst war.[2] Die VO (EG) Nr. 44/2001 fügte Nr. 2 den Satz über die Bestimmung des Sitzes von Gesellschaften und juristischen Personen nach dem nationalen Kollisionsrecht an und ergänzte Nr. 4 um den Satz zur Zuständigkeit für Streitigkeiten über die Erteilung oder Gültigkeit eines europäischen Patents. Erst mit der Neufassung durch die VO (EU) Nr. 1215/2012 wurde in Nr. 4 die Wendung „unabhängig davon, ob..." eingeschoben. **2**

---

[1] Art. 6 des Beitrittsübereinkommens v. 26.5.1989, ABl. EG Nr. L 285, S. 1,3.
[2] Luganer Übereinkommen v. 16.9.1988, ABl. EG Nr. L 319, S. 9, 13.

3   Mit den ausschließlichen Zuständigkeiten befasst sich der begleitende Bericht zum Übereinkommen von 1968 von *Paul Jenard* auf gut zwei Seiten,[3] der begleitende Bericht zum Beitrittsübereinkommen von 1978 von *Peter Schlosser* auf vier Seiten.[4]

II. Folgen der ausschließlichen Zuständigkeit

4   Fällt ein Rechtsstreit unter den Tatbestand einer ausschließlichen Zuständigkeit, so hat dies Folgen für die direkte internationale Zuständigkeit, die indirekte internationale Zuständigkeit und die Behandlung von Parallelverfahren; zudem kann dies auch im Verhältnis zu Drittstaaten berücksichtigt werden.

5   Sind für einen Rechtsstreit die Gerichte eines Mitgliedstaats ausschließlich zuständig, so kann gem. Art. 25 Abs. 4 a.E. und Art. 26 Abs. 1 Satz 2 Alt. 2 weder durch Gerichtsstandsvereinbarung noch im Wege einer rügelosen Einlassung die **direkte internationale Zuständigkeit** der Gerichte eines anderen Mitgliedstaats begründet werden. Gem. Art. 27 muss sich das angerufene Gericht eines Mitgliedstaats bei ausschließlicher Zuständigkeit der Gerichte eines anderen Mitgliedstaats von Amts wegen für unzuständig erklären. Einstweilige Maßnahmen bleiben jedoch gem. Art. 35 möglich.[5]

6   Gem. Art. 45 Abs. 1 lit. e Nr. ii kann auf Antrag die Anerkennung einer Entscheidung versagt werden, wenn die Entscheidung von einem Gericht eines Mitgliedstaats erlassen wurde, obwohl die Gerichte eines anderen Mitgliedstaats ausschließlich zuständig gewesen wären; die Prüfung der **indirekten internationalen Zuständigkeit** kann also bei Verletzung einer ausschließlichen Zuständigkeit zur Versagung der Anerkennung führen.

7   Im Fall von **Parallelverfahren** gibt es eine geschriebene und eine ungeschriebene Ausnahme von den allgemeinen Regeln: Gem. Art. 31 Abs. 1 muss sich bei ausschließlicher Zuständigkeit mehrerer Gerichte das zuletzt angerufene Gericht für unzuständig erklären, es gilt also strenge Priorität. Nach dem Urteil des EuGH vom 3.4.2014 in der Rechtssache Irmengard Weber gegen Mechthilde Weber,[6] das zu Art. 22 Nr. 1 VO (EG) Nr. 44/2001 erging, richtigerweise aber auf alle ausschließlichen Zuständigkeiten des Art. 24 VO (EU) Nr. 1215/2012 übertragbar ist,[7] muss das später wegen desselben Anspruchs angerufene Gericht vor einer Aussetzung (Art. 29 Abs. 1) prüfen, ob eine Sachentscheidung des zuerst angerufenen Gerichts wegen Verletzung einer ausschließlichen Zuständigkeit nicht anerkannt würde; ist dies der Fall und das später angerufene Gericht zuständig, führt es ungeachtet des in dem anderen Mitgliedstaat anhängigen Verfahrens das Verfahren vor ihm fort.

8   Ist bei Anrufung eines mitgliedstaatlichen Gerichts bereits ein Verfahren in einem **Drittstaat** anhängig, kann das mitgliedstaatliche Gericht unter den Voraussetzungen der Art. 33 Abs. 1 und Art. 34 Abs. 1 das Verfahren aussetzen. Bei der Entscheidung hierüber kann, wie Erw.-Gr. 24 Abs. 2 ausdrücklich sagt, nach dem Spiegelbildprinzip[8] geprüft werden, ob ein mitgliedstaatliches Gericht im spiegelbildlichen Fall nach Art. 24 ausschließlich international zuständig wäre; die ausschließlichen Gerichtsstände haben

---

3   ABl. EG Nr. C 59 v. 5.3.1979, S. 34–36.
4   ABl. EG Nr. C 59 v. 5.3.1979, S. 120–123.
5   EuGH, Urt. v. 12.7.2012 – Rs C-616/10, Solvay ./. Honeywell, GRUR 2012, 1169, 1171f., Tz. 49f.; *Schlosser/Schlosser/Hess* 4. Aufl. 2015, Art. 24 EuGVVO Rdn. 1a.
6   EuGH, Urt. v. 3.4.2014 – Rs C-438/12, Irmengard Weber ./. Mechthilde Weber, NJW 2014, 1871, 1873, Tz. 48ff.
7   *Kern* IPRax 2015, 318, 319.
8   Siehe im Einzelnen *Kern* ZZP 120 (2007), 31, 37ff.; *Schärtl* Das Spiegelbildprinzip ... (2005).

also insofern eine begrenzte Reflexwirkung.[9] Dies gilt aber nicht, wenn das später angerufene mitgliedstaatliche Gericht seinerseits ausschließlich zuständig ist.[10]

III. Besonderheiten in Tatbestand und Rechtsfolge

Die fünf Tatbestände, bei deren Erfüllung Art. 24 eine ausschließliche internationale Zuständigkeit bestimmt, zeichnen sich dadurch aus, dass sie **allein** auf den **Gegenstand des Verfahrens** abheben; keine Rolle spielt der Wohnsitz des Beklagten.[11] Sie gelten auch dann, wenn der Beklagte seinen Wohnsitz in einem Drittstaat hat (vgl. Art. 6 Abs. 1).[12] Da Art. 24 von der Regel *actor sequitur forum rei* abweicht und Gerichtsstandsvereinbarungen ausschließt, sind seine einzelnen Tatbestände eng auszulegen.[13]

Rechtsfolge ist jeweils die ausschließliche Zuständigkeit der **Gerichte eines Mitgliedstaats**.[14] Anders als in zahlreichen Vorschriften der Art. 7 ff. wird nicht ein konkretes Gericht, etwa das Gericht des Belegenheitsorts, bezeichnet. Das konkret zuständige Gericht bestimmt sich also nach innerstaatlichem Recht.

IV. Immobiliarstreitigkeiten (Nr. 1)

1. Grundregel. Eine ausschließliche Zuständigkeit der Gerichte des Mitgliedstaats, in dem eine Immobilie belegen ist (*forum rei sitae*), ordnet die Grundregel der Nr. 1 für Verfahren an, die entweder dingliche Rechte an der Immobilie oder Miete und Pacht der Immobilie zum Gegenstand haben. Hauptgrund für diese ausschließliche Zuständigkeit ist die Bestimmung eines ortsnahen Gerichts. Dies soll die einfache und zuverlässige Feststellung des Sachverhalts und des anwendbaren Rechts – typischerweise des Belegenheitsrechts – erleichtern.[15] Grundsätzlich sind die Tatbestandsvoraussetzungen der Nr. 1 autonom auszulegen.[16]

---

[9] Dazu etwa *von Hein* RIW 2013, 97, 106; *Gaudemet-Tallon* in: La justice civile européenne en marche (2012), 21, 24 f.; *Schlosser/Hess* Art. 24 EuGVVO Rdn. 1.
[10] *Domej* RabelsZ 78 (2014), 509, 538.
[11] Vgl. Jenard-Bericht (Fn. 3), S. 34 li.Sp.
[12] EuGH, Urt. v. 18.5.2006 – Rs C-343/04, Land Oberösterreich ./. ČEZ, Slg. 2006, I-4586, Tz. 21.
[13] EuGH, Urt. v. 14.12.1977 – Rs 73/77, Sanders ./. van der Putte, Slg. 1977, 2383, Tz. 17/18; Urt. v. 10.1.1990 – Rs C-115/88, Reichert und Kockler ./. Dresdner Bank, Slg. 1990, I-27 = EuZW 1990, 134, Tz. 9; Urt. v. 26.2.1992 – Rs C-280/90, Hacker ./. Euro-Relais, Slg. 1992, I-1111 Tz. 12; Urt. v. 26.3.1992 – Rs C-261/90, Reichert und Kockler ./. Dresdner Bank II, Slg. 1992, I-2149, Tz. 25; Urt. v. 9.6.1994 – Rs C-292/93, Lieber ./. Göbel, Slg. 1994, I-2535, Tz. 12; Urt. v. 27.1.2000 – Rs C-8/98, Dansommer ./. Götz, Slg. 2000, I-393, Tz. 21; Beschl. v. 5.4.2001 – Rs C-518/99, Gaillard ./. Chekili, Slg. 2001, I-2773, Tz. 14; Urt. v. 13.10.2005 – Rs C-73/04, Klein ./. Rhodos Management, Slg. 2005, I-8667, Tz. 15; Urt. v. 18.5.2006 – Rs C-343/04, Land Oberösterreich ./. ČEZ, Slg. 2006, I-4586, Tz. 26.
[14] Zur besonderen Situation Zyperns EuGH, Urt. v. 28.4.2009 – Rs C-420/07, Apostolides ./. Orams, Slg. 2009, I-3571.
[15] EuGH, Urt. v. 15.1.1985 – Rs 241/83, Rösler ./. Rottwinkel, Slg. 1985, 99, Tz. 19 f.; Urt. v. 6.7.1988 – Rs 158/87, Scherrens ./. Maenhout, Slg. 1988, 3791, Tz. 9 f.; Urt. v. 10.1.1990 – Rs C-115/88, Reichert und Kockler ./. Dresdner Bank, Slg. 1990, I-27 = EuZW 1990, 134, Tz. 10; Urt. v. 26.2.1992 – Rs C-280/90, Hacker ./. Euro-Relais, Slg. 1992, I-1111 Tz. 8 f.; Urt. v. 17.5.1994 – Rs C-294/92, Webb ./. Webb, Slg. 1994, I-1717, Tz. 17; Urt. v. 27.1.2000 – Rs C-8/98, Dansommer ./. Götz, Slg. 2000, I-393, Tz. 27; Urt. v. 13.10.2005 – Rs C-73/04, Klein ./. Rhodos Management, Slg. 2005, I-8667, Tz. 16; Urt. v. 18.5.2006 – Rs C-343/04, Land Oberösterreich ./. ČEZ, Slg. 2006, I-4586, Tz. 28 f.
[16] EuGH, Urt. v. 10.1.1990 – Rs C-115/88, Reichert und Kockler ./. Dresdner Bank, Slg. 1990, I-27 = EuZW 1990, 134, Tz. 8; Beschl. v. 5.4.2001 – Rs C-518/99, Gaillard ./. Chekili, Slg. 2001, I-2773, Tz. 13; Urt. v. 18.5.2006 – Rs C-343/04, Land Oberösterreich ./. ČEZ, Slg. 2006, I-4586, Tz. 25.

12   **a) Verfahren.** Erfasste Verfahren sind zunächst gewöhnliche Hauptsacheklagen der streitigen Gerichtsbarkeit, aber auch Verfahren der freiwilligen Gerichtsbarkeit, die sich im Sinne von Nr. 1 auf Immobilien beziehen, also insbesondere gerichtliche Verfahren, die das Handeln des Grundbuchamts zum Gegenstand haben. Einstweiliger Rechtsschutz kann gem. Art. 35 auch vor anderen Gerichten begehrt werden, was in den Fällen des Art. 24 indes rechtspolitisch fragwürdig erscheint.

13   **b) Unbewegliche Sachen.** Unbewegliche Sachen sind zunächst Grundstücke im engeren Sinne, also Teile der Erdoberfläche. Nach der vom EuGH angenommenen autonomen Auslegung dürften zu den Grundstücken weiter alle mit Grund und Boden fest verbundenen Bestandteile gehören (*superficies solo cedit*). Zweifelhaft ist dies allerdings hinsichtlich solcher Bestandteile, die nach der *lex rei sitae* sonderrechtsfähig sind und den Regeln über bewegliche Sachen unterstehen, wie dies für Scheinbestandteile i.S.d. § 95 BGB der Fall ist. Wenn die *lex rei sitae* Gegenstände, seien sie auch tatsächlich unbeweglich, den – typischerweise einfacheren – Regeln über bewegliche Sachen unterwirft, ist nicht ersichtlich, warum nicht auch das Gericht eines anderen Mitgliedstaats Streitigkeiten über diese Gegenstände soll entscheiden dürfen. Wenigstens insoweit sollte also der *lex rei sitae* Raum gegeben werden.

14   Bei autonomer Auslegung würden zum Haftungsverband gehörende bewegliche Gegenstände, also insbesondere **Zubehör und mithaftende Forderungen**, wohl nicht unter Nr. 1 fallen, auch wenn sie das Belegenheitsrecht des Grundstücks und/oder des mithaftenden Gegenstands als unbeweglich ansieht. Damit würde zwar unionsweit eine zuständigkeitsrechtliche Gleichbehandlung erreicht, könnte aber ein nach der *lex rei sitae* gegebener Zusammenhang gestört werden.[17] Daher sollte auch insoweit die *lex rei sitae* maßgeblich sein;[18] eine Entscheidung des EuGH steht allerdings bislang aus.

15   **c) Dingliche Rechte.** Dinglich ist nach autonomer Auslegung ein Recht, das gegenüber jedermann wirkt.[19] Ob dies der Fall ist, bestimmt sich nach der *lex rei sitae*.[20] So ist etwa ein deutsches dingliches Vorkaufsrecht ein dingliches Recht i.S. des Art. 24,[21] während in Frankreich ein Vorkaufsrecht immer persönlich sein dürfte.[22]

16   Zum **Gegenstand** hat das Verfahren dingliche Rechte nur, wenn Hauptfrage das Bestehen, die Reichweite, die Ausübung oder der Schutz des Eigentums oder beschränkter dinglicher Rechte an Immobilien sind.[23] Dies ist beispielsweise dann nicht der Fall, wenn der Rechtsstreit die Rechte und Pflichten zwischen den Parteien aus einem Vertrag über

---

17 Zu Recht kritisch *Schlosser/Hess* Art. 24 EuGVVO Rdn. 2.
18 So z.B. auch Musielak/Voit/*Stadler* Art. 24 EuGVVO n.F. Rdn. 3; *Mankowski* in: Rauscher, EuZPR/EuIPR, 4. Aufl. 2016, Art. 24 Rdn. 12.
19 EuGH, Urt. v. 9.6.1994 – Rs C-292/93, Lieber ./. Göbel, Slg. 1994, I-2535, Tz. 14; Beschl. v. 5.4.2001 – Rs C-518/99, Gaillard ./. Chekili, Slg. 2001, I-2773, Tz. 17; Urt. v. 3.4.2014 – Rs C-438/12, Irmengard Weber ./. Mechthilde Weber, NJW 2014, 1871, 1873, Tz. 43; Schlosser-Bericht (Fn. 4), S. 120.
20 Vgl. EuGH, Urt. v. 3.4.2014 – Rs C-438/12, Irmengard Weber ./. Mechthilde Weber, NJW 2014, 1871, 1873, Tz. 44 ff.
21 Id.
22 *D'Avout* Rev. crit. DIP 2014, 712, 718.
23 EuGH, Urt. v. 10.1.1990 – Rs C-115/88, Reichert und Kockler ./. Dresdner Bank, Slg. 1990, I-27 = EuZW 1990, 134, Tz. 11: „nur solche [Klagen], die ... darauf gerichtet sind, zum einen den Umfang oder den Bestand einer unbeweglichen Sache, das Eigentum, den Besitz oder das Bestehen anderer dinglicher Rechte hieran zu bestimmen und zum anderen den Inhabern dieser Rechte den Schutz der mit ihrer Rechtsstellung verbundenen Vorrechte zu sichern"; Urt. v. 18.5.2006 – Rs C-343/04, Land Oberösterreich ./. ČEZ, Slg. 2006, I-4586, Tz. 30; Urt. v. 3.10.2013 – Rs C-386/12, Schneider, IPRax 2015, 235, 237, Tz. 21; Urt. v. 16.11.2016 – Rs C-417/15, Schmidt, NJW 2017, 315, 316 Tz. 30.

das Grundstück, etwa einem Grundstückskaufvertrag, betrifft, mag auch nach der *lex rei sitae* das Einheitsprinzip gelten.[24] Nicht Gegenstand des Verfahrens ist ein dingliches Recht weiter dann, wenn der *beneficiary* eines *trust*, in dessen Vermögen sich ein Grundstück befindet, mit dem *trustee* über dessen Pflichten streitet.[25] Nur inzident von Bedeutung und damit nicht Gegenstand des Verfahrens sind dingliche Rechte auch bei Schadensersatz-, Unterlassungs- und Beseitigungsklagen,[26] zu denen auch die Immissionsabwehrklagen zählen.[27] Ebenso keine dinglichen Rechte zum Gegenstand hat ein Verfahren der freiwilligen Gerichtsbarkeit, in dem darum gestritten wird, ob ein Grundstücksgeschäft eines Betreuten zu genehmigen sei, da dieses Verfahren gem. Art. 1 Abs. 2 lit. a insgesamt nicht unter die Verordnung fällt.[28]

Rechtsfolge ist die Zuständigkeit der Gerichte des Belegenheitsstaats. Dass ein einheitliches Grundstück in mehreren Staaten belegen ist, kommt nicht vor. Der Belegenheitsstaat lässt sich daher eindeutig bestimmen. Wird über zwei in verschiedenen Staaten belegene Grundstücke in einem Vertrag verfügt, besteht für jedes Grundstück eine andere ausschließliche Zuständigkeit der Gerichte des Belegenheitsstaats. **17**

d) Miete oder Pacht. Miete oder Pacht sind Verträge über die entgeltliche Nutzungsüberlassung; Ansprüche auf Zahlung einer Nutzungsentschädigung fallen nicht hierunter.[29] Miet- oder Pachtobjekt muss eine unbewegliche Sache sein. Die Dauer und der Zweck der Gebrauchsüberlassung sind unerheblich, weshalb – vorbehaltlich der Ausnahme in Satz 2 – auch Ferienhäuser und Ferienwohnungen erfasst sind;[30] der Vorschlag, für Mietverträge über Gewerberäume Gerichtsstandsvereinbarungen zuzulassen,[31] wurde nicht umgesetzt. Mit Verweis auf das Gebot einer engen Auslegung will der EuGH die Vorschrift auf die Miete oder Pacht eines Ladenlokals von einem Dritten, der das Lokal seinerseits vom Eigentümer gepachtet hat, nicht anwenden;[32] sie gilt aber bei Abtretung der Ansprüche des Eigentümers gegen den Untermieter an den Mieter und Untervermieter.[33] Bei gemischten Verträgen kommt es auf den Schwerpunkt an. Verträge zwischen einem Reiseveranstalter und seinem Kunden sind, auch wenn die Leistung in der Überlassung des Gebrauchs einer Ferienwohnung liegt, wegen der weiteren Leistungen wie der Beschaffung von Angeboten, der Beratung und der Organisation des Transports keine Miet- oder Pachtverträge im Sinne dieser Vorschrift.[34] Hotelverträge fallen wegen der umfangreichen weiteren Leistungen ebenfalls nicht unter Nr. 1. Timesharing-Verträge können ungeachtet ihrer genauen Konstruktion bei klarer Identifikation der Immobilie und geringem Gewicht der Nebenleistungen erfasst sein; ist die Immobilie **18**

---

24 EuGH, Beschl. v. 5.4.2001 – Rs C-518/99, Gaillard ./. Chekili, Slg. 2001, I-2773, Tz. 18 f.
25 EuGH, Urt. v. 17.5.1994 – Rs C-294/92, Webb ./. Webb, Slg. 1994, I-1717, Tz. 15 ff.
26 EuGH, Beschl. v. 5.4.2001 – Rs C-518/99, Gaillard ./. Chekili, Slg. 2001, I-2773, Tz. 20; BGH NJW 2008, 3502, 3503 Tz. 11; Schlosser-Bericht (Fn. 4), S. 120 Tz. 163.
27 EuGH, Urt. v. 18.5.2006 – Rs C-343/04, Land Oberösterreich ./. ČEZ, Slg. 2006, I-4586, Tz. 33.
28 EuGH, Urt. v. 3.10.2013 – Rs C-386/12, Schneider, IPRax 2015, 235, 237, Tz. 26 ff.
29 EuGH, Urt. v. 9.6.1994 – Rs C-292/93, Lieber ./. Göbel, Slg. 1994, I-2535, Tz. 10.
30 EuGH, Urt. v. 15.1.1985 – Rs 241/83, Rösler ./. Rottwinkel, Slg. 1985, 99, Tz. 24; BGH NJW 2013, 308 Tz. 9.
31 KOM(2010) 748 endg. S. 11, 34.
32 EuGH, Urt. v. 14.12.1977 – Rs 73/77, Sanders ./. van der Putte, Slg. 1977, 2383, Tz. 19.
33 EuGH, Urt. v. 27.1.2000 – Rs C-8/98, Dansommer ./. Götz, Slg. 2000, I-393, Tz. 36 f.
34 EuGH, Urt. v. 26.2.1992 – Rs C-280/90, Hacker ./. Euro-Relais, Slg. 1992, I-1111 Tz. 14 f.; extensiv gegen ausschließliche Zuständigkeit interpretiert von BGH NJW 2013, 308 Tz. 15; restriktiv hingegen LG Innsbruck RRa 2012, 251.

lediglich nach Typ und Lageort bezeichnet und kann das Nutzungsrecht getauscht werden, liegt jedoch keine Miete oder Pacht im Sinne dieser Vorschrift vor.[35]

19 **Gegenstand** des Verfahrens sind Miete oder Pacht nicht nur dann, wenn über das Bestehen oder die Auslegung des Vertrags gestritten wird, sondern bei allen Streitigkeiten über die Pflichten der Parteien aus dem Miet- oder Pachtvertrag.[36] Erfasst sind also etwa die Pflichten zur Nutzungsüberlassung, Zahlung von Miete oder Pacht und Nebenkosten, Instandhaltung, Räumung und zum Schadensersatz wegen Beschädigung der Mietsache[37] sowie auch eine mietvertragliche Pflicht zur Zahlung eines Baukostenzuschusses.[38] Nicht erfasst sind aber solche Ansprüche, die nur mittelbar auf den Vertrag zurückgehen, z.B. Ansprüche wegen entgangener Urlaubsfreude oder nutzlos aufgewandter Reisekosten.[39]

20 **Rechtsfolge** ist auch hier die Zuständigkeit der Gerichte des Belegenheitsstaats. Erfasst ein einheitlicher Miet- oder Pachtvertrag mehrere Grundstücke, die in verschiedenen Staaten belegen sind, sollte nach einem Urteil des EuGH zum EuGVÜ grundsätzlich dennoch auf die jeweilige Belegenheit abgestellt werden, lediglich ausnahmsweise, etwa bei angrenzenden Grundstücken und überwiegender Belegenheit in einem Staat, sollte eine einheitliche ausschließliche Zuständigkeit bestehen.[40] Heute spricht viel dafür, aus Art. 31 Abs. 1 auf eine einheitliche Zuständigkeit des zuerst angerufenen Gerichts zu schließen.

21 **2. Ausnahme bei Miete oder Pacht.** Angestoßen durch das als unglücklich empfundene Urteil des EuGH in der Rechtssache Rösler gegen Rottwinkel, das auch für den Vertrag zwischen zwei Deutschen über die dreiwöchige Miete eines Ferienhauses in Cannobio italienische Gerichte für ausschließlich zuständig erklärte,[41] wurde 1989 die heute in Nr. 1 Satz 2 enthaltene Ausnahme eingefügt.

22 **Voraussetzungen** sind Miete oder Pacht einer unbeweglichen Sache zum privaten, also nicht kommerziellen, Gebrauch durch eine natürliche Person; ob der andere Teil kommerziell handelt und eine natürliche oder juristische Person ist, ist hingegen unerheblich. Der Gebrauch muss vorübergehend, also von vornherein nicht auf Dauer angelegt gewesen sein. Höchstdauer sind sechs aufeinanderfolgende Monate, sodass auch die meisten Fälle des „Überwinterns im Süden" erfasst sind; eine Unterbrechung lässt die Zählung von Neuem beginnen. Weiter müssen nach dem Wortlaut der Eigentümer sowie der Mieter oder Pächter ihren Wohnsitz in demselben Mitgliedstaat haben. Problematisch ist hier das Merkmal „Eigentümer". Die frühere Rechtsprechung des EuGH, die das Eigentum des Vermieters zu verlangen schien,[42] erklärt sich aus dem Wunsch zur Einschränkung der Nr. 1 vor Einführung der vorliegenden Ausnahme;[43] sie dürfte also heute unerheblich sein. Der Wortlaut jedoch spricht nur vom Eigentümer. Mit Sinn und Zweck

---

35 EuGH, Urt. v. 13.10.2005 – Rs C-73/04, Klein ./. Rhodos Management, Slg. 2005, I-8667, Tz. 21 f., 24 ff.; BGH JZ 2010, 895 Tz. 15 ff.; NJW-RR 2008, 1381, 1383, Tz. 15 ff.; OLG Saarbrücken NZM 2007, 703, 704; OLG Jena OLGR Jena 2007, 429.
36 EuGH, Urt. v. 27.1.2000 – Rs C-8/98, Dansommer ./. Götz, Slg. 2000, I-393, Tz. 23.
37 EuGH, Urt. v. 15.1.1985 – Rs 241/83, Rösler ./. Rottwinkel, Slg. 1985, 99, Tz. 26 f.; Urt. v. 27.1.2000 – Rs C-8/98, Dansommer ./. Götz, Slg. 2000, I-393, Tz. 24.
38 OLG Saarbrücken IPRspr. 2012, Nr. 197, S. 455 m. Anm. *Dötsch* IMR 2012, 474.
39 EuGH, Urt. v. 15.1.1985 – Rs 241/83, Rösler ./. Rottwinkel, Slg. 1985, 99, Tz. 28.
40 EuGH, Urt. v. 6.7.1988 – Rs 158/87, Scherrens ./. Maenhout, Slg. 1988, 3791, Tz. 13 f.
41 EuGH, Urt. v. 15.1.1985 – Rs 241/83, Rösler ./. Rottwinkel, Slg. 1985, 99, Tz. 22–24; dazu ausführlich *J. Schmidt* Rechtssicherheit im europäischen Zivilverfahrensrecht (2015), S. 9 ff.
42 EuGH, Urt. v. 27.1.2000 – Rs C-8/98, Dansommer ./. Götz, Slg. 2000, I-393, Tz. 36.
43 Vgl. *Schlosser/Hess* Art. 24 EuGVVO Rdn. 8.

der Ausnahme wäre deren Beschränkung auf die Vermietung oder Verpachtung durch den Eigentümer indes nicht zu vereinbaren. Sind Eigentümer und Vermieter nicht identisch, muss die vielmehr Ausnahme auch im Verhältnis zum Vermieter greifen;[44] es ist aber nicht etwa kumulativ zu fordern, dass Mieter bzw. Pächter einerseits und sowohl Eigentümer als auch Vermieter andererseits ihren Wohnsitz im selben Mitgliedstaat haben, sondern nur auf die Parteien des konkreten Rechtsstreits abzustellen.

Sind diese Voraussetzungen gegeben, so sind gem. Nr. 1 Satz 2 **auch die Gerichte des gemeinsamen Wohnsitzstaates** international zuständig, der Kläger kann also zwischen dem *forum rei sitae* und dem gemeinsamen Heimatgerichtsstand wählen. 23

V. Gesellschaften und juristische Personen (Nr. 2)

Die Entscheidung über die **Existenz** von Gesellschaften und juristischen Personen sowie die Wirksamkeit interner **Beschlüsse** weist Nr. 2 ausschließlich den Gerichten des Sitzstaates zu. Damit sollen widersprechende Entscheidungen vermieden werden und die Entscheidung bei den Gerichten des Staates konzentriert sein, die am besten über diese Fragen entscheiden können, weil sich nach ihrem Heimatrecht auch die Publizitätserfordernisse bestimmen.[45] Alle anderen gesellschafts- bzw. korporationsrechtlichen Fragen werden von Nr. 2 nicht erfasst. 24

1. Bestimmung des Sitzes. Für die Bestimmung des Sitzes gilt nach Satz 2 ausdrücklich das Internationale Privatrecht des angerufenen Gerichts, nicht Art. 63. Damit wird sichergestellt, dass ein Gericht nicht über die Existenz oder die Wirksamkeit interner Beschlüsse von Gesellschaften und juristischen Personen entscheiden muss, aus dessen Sicht es sich gar nicht um eine „inländische" Gesellschaft handelt. Das Internationale Privatrecht der Mitgliedstaaten ist indes durch die Rechtsprechung des EuGH zur Niederlassungsfreiheit geprägt, sodass EU-weit der **Satzungssitz** entscheidet; für Deutschland gilt dasselbe auch im Verhältnis zu den USA. Lediglich wenn das danach anzuwendende Recht ohne Verstoß gegen die Niederlassungsfreiheit der Sitztheorie folgt oder einen inländischen Sitz ablehnt, kommt nicht das Recht des Gründungsstaats zur Anwendung.[46] 25

2. Erfasste Verfahren

a) Verfahren. Verfahren sind jedenfalls alle **kontradiktorischen** Verfahren. Die Änderung von „Klage" in „Verfahren" könnte indes die Frage aufwerfen, ob nunmehr auch für einseitige Verfahren der freiwilligen Gerichtsbarkeit[47] der ausschließliche Gerichtsstand gilt. Da jedoch in den anderen Sprachfassungen keine Änderung vorgenommen wurde, wird man auch weiterhin davon ausgehen müssen, dass Nr. 2 nur kontradiktorische Verfahren erfasst.[48] 26

---

44 Stein/Jonas/*G. Wagner* Bd. 10, 22. Aufl. 2011, Art. 22 EuGVVO Rdn. 53; unalex/*Borrás*/*Hausmann* Art. 22 Brüssel I-VO Rdn. 26; *Schlosser*/*Hess* Art. 24 EuGVVO Rdn. 9.
45 Jenard-Bericht (Fn. 3), S. 35; EuGH, Urt. v. 2.19.2008 – Rs C-372/07, Hassett und Doherty ./. South Eastern und North Western Health Board, Slg. 2008, I-7403, Tz. 20 f.
46 BGHZ 190, 242 Tz. 15 ff.
47 Z.B. für Deutschland Amtslöschung, §§ 397 f. FamFG; Auflösung wegen Satzungsmangels, § 399 FamFG.
48 Im Ergebnis ebenso *Mankowski* in: Rauscher, EuZPR/EuIPR, 4. Aufl. 2016, Art. 24 Rdn. 81; *Schlosser*/*Hess* Art. 24 EuGVVO Rdn. 17.

27 **b) Existenz der Gesellschaft oder juristischen Person.** Ein Verfahren über Gültigkeit, Nichtigkeit oder Auflösung ist ein Verfahren, das die Existenz der Gesellschaft oder juristischen Person zum Gegenstand hat.[49] Während eine positive Feststellung der „Gültigkeit" einer Gesellschaft bzw. juristischen Person typischerweise keine weiteren Verfahren veranlasst, zieht die Feststellung der Ungültigkeit, Nichtigkeit oder Auflösung einer Gesellschaft bzw. juristischen Person regelmäßig eine Liquidation oder sonstige Abwicklung nach sich. Auch diese Folgeverfahren sollten, sofern der Anwendungsbereich der Verordnung überhaupt eröffnet ist,[50] der ausschließlichen Zuständigkeit der Nr. 2 unterstellt werden.[51]

28 **c) Gültigkeit eines Beschlusses.** Für die Entscheidung über die Gültigkeit eines Beschlusses greift nur dann eine ausschließliche Zuständigkeit, wenn der Beschluss wegen Verstoßes gegen **gesellschaftsrechtliche oder satzungsmäßige Vorschriften über die Beschlussfassung** innerhalb der Organe angegriffen wird; es reicht nicht aus, wenn eine falsche Sachprüfung oder ein falsches Ergebnis behauptet werden.[52] Auch die Feststellung der Gültigkeit eines Beschlusses hat typischerweise kein weiteres Verfahren zur Folge. Wird hingegen die Ungültigkeit eines Beschlusses festgestellt, kann dies zur Folge haben, dass Maßnahmen rückgängig gemacht werden müssen. Die im Außenverhältnis getroffenen Maßnahmen sind jedoch von dem ihnen zugrundeliegenden Beschluss zu trennen. Ihre Wirksamkeit und Vernichtbarkeit unterfällt daher nicht der ausschließlichen Zuständigkeit der Nr. 2.[53] Verfahren auf Überprüfung einer Barabfindung ausgeschiedener Aktionäre nach einem Squeeze-out sind, wenn die Barabfindung eine anderweitige Überprüfung des Beschlusses ausschließt, ebenfalls als Verfahren über die Gültigkeit eines Beschlusses anzusehen.[54] Nicht erfasst sind jedoch Klagen auf die Zahlung einer Abfindung wegen Ausscheidens.[55]

VI. Registersachen (Nr. 3)

29 Die ausschließliche Zuständigkeit der Gerichte des Registerstaats für Verfahren über die Gültigkeit von Eintragungen in öffentliche Register ist geradezu zwingend, solange es sich um öffentliche Register nach nationalem Recht handelt. Die Gerichte des Registerstaats kennen das Registerrecht am besten; die Führung des Registers ist hoheitlicher Natur.

30 **Verfahren** sind streitige Verfahren und einseitige Verfahren der freiwilligen Gerichtsbarkeit, da im nationalen Recht verschiedene Ausgestaltungen denkbar sind, die eine Unterscheidung erschweren.

---

[49] Z.B. für Deutschland Nichtigkeitsklage, § 275 AktG, § 75 GmbHG, § 94 GenG; Auflösungsklage, § 61 GmbHG, § 133 HGB.
[50] Siehe insbesondere den Ausschluss für „Konkurse, Vergleiche und ähnliche Verfahren" in Art. 1 Abs. 2 lit. b.
[51] *Schlosser/Hess* Art. 24 EuGVVO Rdn. 17.
[52] EuGH, Urt. v. 2.19.2008 – Rs C-372/07, Hassett und Doherty ./. South Eastern und North Western Health Board, Slg. 2008, I-7403, Tz. 22 ff.; Urt. v. 23.10.2014 – Rs C-302/13, flyLAL ./. Starptautiskā lidosta Riga, IPRax 2015, 543, 546, Tz. 40.
[53] Vgl. EuGH, Urt. v. 12.5.2011 – Rs C-144/10, Berliner Verkehrsbetriebe ./. JPMorgan Chase, Slg. 2011, I-3961, Tz. 31 ff.
[54] OGH Wien 6 Ob 221/09g, ÖJZ 2010, 661; wohl auch **a.A.** *Mock* IPRax 2009, 271, 273 f.; *Kropholler/von Hein* Art. 22 EuGVO Rdn. 39.
[55] OLG Hamm NJW-RR 2007, 478, 479.

Öffentliche Register sind Register, deren Führung staatlichen Regeln und vor allem 31
staatlicher Kontrolle unterliegt; die Registerführung als solche kann von einem beliehenen Privaten erledigt werden. Die Register müssen sich auf Fragen im Anwendungsbereich der Verordnung beziehen. In Deutschland sind solche Register u.a. das Grundbuch, das Handels-, Vereins- und Genossenschaftsregister, die Schiffsregister und das Register über Rechte an Luftfahrzeugen; nicht erfasst, weil nicht im Anwendungsbereich der Verordnung, ist das Personenstandsregister.[56] Im Ausland gibt es teilweise gesonderte Hypothekenbücher, die dann auch erfasst sind. Bei immobiliarrechtlichen Streitigkeiten besteht wohl stets zugleich auch eine ausschließliche Zuständigkeit nach Nr. 1.

Verfahrensgegenstand muss die **Gültigkeit der Eintragungen** in das Register sein. 32
Mit dieser untechnischen Ausdrucksweise ist die Frage gemeint, ob eine Eintragung zu Recht besteht. Erfasst sind daher Verfahren, in denen um die Beachtung formeller – also registerrechtlicher – Vorschriften gestritten wird. Richtigerweise besteht ein ausschließlicher Gerichtsstand aber auch für Verfahren, mit denen ein Widerspruch zwischen Register und materieller Rechtslage geltend gemacht wird. Ziel des Verfahrens muss die vollständige oder teilweise Beseitigung oder rechtskräftige Feststellung der privatrechtlichen Wirkungen des Registers sein. In Deutschland sind damit z.B. die Klage auf Berichtigung des Schiffsregisters, aber auch das Verfahren zur Eintragung eines Widerspruchs, erfasst. Wegen der negativen Publizitätswirkung sollten zudem auch Streitigkeiten um eine Nichteintragung unter Nr. 3 fallen.[57] Nicht erfasst sind Verfahren, in denen nicht um die Eintragung als solche, sondern um die materiellrechtlichen Wirkungen einer bestehenden Eintragung gestritten wird.

VII. Registrierte gewerbliche Schutzrechte (Nr. 4)

1. Gewerbliche Schutzrechte. Gewerbliche Schutzrechte im Sinne der Nr. 4 zeich- 33
nen sich dadurch aus, dass sie registriert oder hinterlegt sein müssen. **Registrierung oder Hinterlegung** müssen bei einer mit Hoheitsrechten ausgestatteten Behörde staatlicher oder überstaatlicher Natur – wie dem in Satz 2 genannten Europäischen Patentamt – oder jedenfalls bei einer Stelle, die unter Aufsicht einer solchen Behörde steht, stattgefunden haben oder bevorstehen, wobei im Falle einer bevorstehenden Registrierung oder Hinterlegung zumindest der hierauf gerichtete Antrag gestellt sein muss.[58] Vorrang vor der Brüssel Ia-VO haben Art. 58ff. der Verordnung über die Gemeinschaftsmarke[59] und Art. 55 der Verordnung über das Gemeinschaftsgeschmackmuster,[60] die über Beschwerdekammern zum Gerichtshof führen.

2. Verfahrensgegenstand. Gegenstand des Verfahrens muss die **Eintragung oder** 34
Gültigkeit eines solchen Schutzrechts sein, wobei diese Begriffe autonom auszulegen sind.[61] Alle übrigen Fragen, die ein Schutzrecht zum Gegenstand haben, etwa Klagen

---

56 Musielak/Voit/*Stadler* Art. 24 EuGVVO n.F. Rdn. 7.
57 *Mankowski* in: Rauscher, EuZPR/EuIPR, 4. Aufl. 2016, Art. 24 Rdn. 94.
58 Saenger/*Dörner* EuGVVO Art. 24 Rdn. 22.
59 Verordnung (EG) Nr. 207/2009 des Rates v. 26.2.2009 über die Gemeinschaftsmarke, ABl. EG Nr. L 78 S. 1.
60 Verordnung (EG) Nr. 6/2002 des Rates v. 12.12.2001 über das Gemeinschaftsgeschmackmuster, ABl. EG Nr. L 3, S. 1.
61 Zu Art. 16 Nr. 4 EuGVÜ EuGH, Urt. v. 15.11.1983 – Rs 288/82, Duijnstee ./. Goderbauer, Slg. 1983, 3663, Tz. 16–19.

wegen der Verletzung des Schutzrechts oder seiner Zuordnung, unterliegen den allgemeinen Zuständigkeitsregeln.[62]

35 Die **Eintragung** ist Gegenstand, wenn darüber gestritten wird, ob ein behauptetes Recht überhaupt und im konkreten Fall eingetragen oder hinterlegt werden kann. Die **Gültigkeit** ist Gegenstand, wenn eine positive oder negative Feststellung der Wirksamkeit eines eingetragenen oder hinterlegten Rechts begehrt wird, aber auch dann, wenn der scheinbare Inhaber eines Schutzrechts aus diesem folgende Rechte – etwa Prioritätsrechte, Abwehr- und Beseitigungsrechte oder Schadensersatz – geltend macht,[63] der Gegner aber die Gültigkeit des Schutzrechts bestreitet, weil dieses nie entstanden oder wieder erloschen sei. Dabei kommt es nicht darauf an, ob die Entscheidung hinsichtlich der Gültigkeit *inter partes* oder *erga omnes* wirkt.[64]

36 **Im Wege der Klage** wird über Eintragung oder Gültigkeit gestritten, wenn diese unmittelbar Gegenstand des Verfahrens sind. Klage in diesem Sinne ist auch die Widerklage.[65]

37 **Im Wege der Einrede** taucht die Frage wohl nur im Zusammenhang mit der Gültigkeit auf, so wenn sich der Gegner gegen die behauptete Verletzung eines Schutzrechts damit wehrt, dieses sei nicht gültig. Diese nach langer Unsicherheit[66] vom EuGH gefundene[67] Lösung, die nunmehr trotz Kritik[68] und Gegenvorschlägen[69] kodifiziert wurde, hat zur Folge, dass das Verletzungsverfahren vor den Gerichten eines anderen Staates ggf. bis zur Klärung der Gültigkeit durch ein Gericht des hierfür zuständigen Staates ausgesetzt werden muss;[70] weitere Anforderungen wie die zeitnahe Einleitung des Nichtigkeitsverfahrens sind nicht Voraussetzung der Zuständigkeit.[71] Durch Art. 33 Abs. 3 ff. des EPG-Übereinkommens[72] wird die Problematik nunmehr entschärft.

38 **3. Internationale Zuständigkeit.** Zuständig sind die Gerichte des – ggf. künftigen – **Registrierungs- oder Hinterlegungsstaats**, bei zentraler Registrierung bzw. Hinterlegung aufgrund Unionsrechts oder Staatsvertrags, die als nationale fingiert wird, die Gerichte des jeweiligen Staates. Solche Fiktionen finden sich in Art. 4 Abs. 1 Satz 1 des Madrider Abkommens vom 14.4.1891 betreffend die internationale Registrierung von Fabrik- oder Handelsmarken und in Art. 4 Abs. 2 der Haager Abmachung vom 6.11.1925 über die internationale Hinterlegung gewerblicher Muster oder Modelle. Für das Europäische Patent sieht Satz 2 die internationale Zuständigkeit der Gerichte des jeweiligen nationalen Patents (vgl. Art. 2 Abs. 2 EPÜ 2000) eigens vor. Nach den 2014 eingefügten

---

62 Jenard-Bericht (Fn. 3), S. 36 li.Sp.; EuGH, Urt. v. 15.11.1983 – Rs 288/82, Duijnstee ./. Goderbauer, Slg. 1983, 3663, Tz. 23; OLG Karlsruhe GRUR 2018, 1030, 1031 Tz. 21; offenlassend für einen Anspruch auf Abtretung, der aber nicht unter Nr. 4 fällt, EuGH, Urt. v. 17.3.2016 – Rs C-175/15, RIW 2016, 294, Tz. 28.
63 Zu Art. 16 Nr. 4 EuGVÜ EuGH, Urt. v. 15.11.1983 – Rs 288/82, Duijnstee ./. Goderbauer, Slg. 1983, 3663, Tz. 24.
64 Zu Art. 16 Nr. 4 EuGVÜ EuGH, Urt. v. 13.7.2006 – Rs C-4/03, Gesellschaft für Antriebstechnik (GAT) ./. Lamellen und Kupplungsbau (LuK), Slg. 2006, I-6509, Tz. 30.
65 Vgl. BGHZ 173, 57, 64 f. = NJW-RR 2008, 57, 59.
66 Vgl. *Adolphsen* in: GS Konuralp, Bd. 1, 2009, S. 1, 11 ff.
67 Zu Art. 16 Nr. 4 EuGVÜ EuGH, Urt. v. 13.7.2006 – Rs C-4/03, Gesellschaft für Antriebstechnik (GAT) ./. Lamellen und Kupplungsbau (LuK), Slg. 2006, I-6509, Tz. 25 ff.
68 *Adolphsen* in: GS Konuralp, Bd. 1, 2009, S. 1, 15 ff.; *McGuire* in: FS Kaissis, 2012, S. 671, 679 f.; *Gaudemet-Tallon* in: La justice civile européenne en marche (2012), 21, 25 f.; Stein/Jonas/*G. Wagner* Bd. 10, 22. Aufl. 2011, Art. 22 EuGVVO Rdn. 93.
69 European Max-Planck Group for Conflict of Laws in Intellectual Property EIPR 2007, 195, 200; *Schlosser* in: Hess/Pfeiffer/Schlosser, Heidelberg Report, 2008, Rdn. 669 ff.
70 *McGuire* WRP 2011, 983, 989 ff.
71 **A.A.** *Adolphsen* in: GS Konuralp, Bd. 1, 2009, S. 1, 15.
72 Übereinkommen über ein Einheitliches Patentgericht v. 19.2.2013, ABl. EU v. 20.6.2013 Nr. C 175, S. 1.

Art. 71a ff.[73] und den Art. 31 ff. EPG-Übereinkommen ist indes das neue **Einheitliche Patentgericht** anstelle der Gerichte der Mitgliedstaaten zuständig, die Partei des EPG-Übereinkommens sind; innerhalb des Gerichts erster Instanz kann nach Art. 33 eine Lokalkammer zuständig sein.

VIII. Zwangsvollstreckungssachen (Nr. 5)

Für Zwangsvollstreckungssachen sind wegen des hoheitlichen Charakters der Zwangsvollstreckung die Gerichte des Vollstreckungsstaates zuständig. **39**

1. Titel. Erfasst ist nur die Zwangsvollstreckung aus einem bestehenden Vollstreckungstitel. Geeignete Titel sind in erster Linie Entscheidungen der Gerichte eines Mitgliedstaats[74] (vgl. Art. 2 lit. a), auch wenn diese nur einen Vergleich oder eine Urkunde bestätigen.[75] Auf andere Titel als Entscheidungen ist Nr. 5 aber analog anzuwenden.[76] **40**

2. Zwangsvollstreckung. Zu den Verfahren der Zwangsvollstreckung gehören alle Verfahren, die sich aus dem Einsatz staatlicher **Zwangsmittel** zum Zwecke der Vollstreckung ergeben.[77] Dies sind kontradiktorische Verfahren, die mit der Zwangsvollstreckung in einem unmittelbaren Zusammenhang stehen. Die Ersatzvornahme nach § 887 ZPO gehört wegen der obligatorischen Anhörung des Schuldners gem. § 891 ZPO dazu.[78] Nicht unter die Nr. 5 fällt aber die Vornahme der Zwangsvollstreckungsmaßnahmen als solcher, da weder das EuGVÜ noch die Brüssel Ia-VO das Zwangsvollstreckungsverfahren regeln; dafür gilt bislang das autonome internationale Zwangsvollstreckungsrecht.[79] Die Zuständigkeit besteht dabei nur insoweit, als es um die Zwangsvollstreckung im Inland geht,[80] weshalb etwa eine Rückgabe des vollstreckbaren Titels auch bei erfolgreicher Vollstreckungsabwehrklage nicht verlangt werden kann.[81] Ob ein Gegenstand im Vollstreckungsstaat belegen ist, beurteilt sich nach dessen Recht.[82] **41**

Zwangsvollstreckung sind damit grundsätzlich auch sämtliche vollstreckungsrechtlichen **Rechtsbehelfe** und Anträge, insbesondere auch die Vollstreckungsabwehrklage gem. § 767 ZPO[83] und die Drittwiderspruchsklage gem. § 771 ZPO.[84] Rechtsbehelfe, die – wie die deutsche Vollstreckungsabwehrklage – einen neuen Erkenntnisakt über eine **42**

---

73 Verordnung (EU) Nr. 542/2014 des Europäischen Parlaments und des Rates vom 15. Mai 2014 zur Änderung der Verordnung (EU) Nr. 1215/2012 bezüglich der hinsichtlich des Einheitlichen Patentgerichts und des Benelux-Gerichtshofs anzuwendenden Vorschriften, ABl. EU v. 29.5.2014 Nr. L 163, S. 1.
74 Vgl. EuGH, Urt. v. 20.1.1994 – Rs C-129/92, Owens Bank ./. Bracco, Slg. 1994, I-117, Tz. 24.
75 OLG Köln IPRax 2015, 158, 160, Tz. 50.
76 Für direkte Anwendung OLG Köln IPRax 2015, 158, 160, Tz. 50; *Bittmann* IPRax 2015, 129, 130.
77 Vgl. Jenard-Bericht (Fn. 3), S. 36 re.Sp.; EuGH, Urt. v. 26.3.1992 – Rs C-261/90, Reichert und Kockler ./. Dresdner Bank II, Slg. 1992, I-2149, Tz. 27; BGH EuZW 2010, 114, 115 Tz. 13 ff.
78 Vgl. OLG Köln IPRspr. 2005, Nr. 179, S. 488; *Schlosser/Hess* Art. 24 EuGVVO Rdn. 25.
79 *Wolber* Schuldnerschutz im Europäischen Zwangsvollstreckungsrecht (2015), S. 151 ff.; *Schlosser/Hess* Art. 24 EuGVVO Rdn. 25.
80 Vgl. EuGH, Urt. v. 26.3.1992 – Rs C-261/90, Reichert und Kockler ./. Dresdner Bank II, Slg. 1992, I-2149, Tz. 26; deutlich BVerfG NJW 1983, 2766, 2767; BGH EuZW 2010, 114, 115 Tz. 11 m.w.N.
81 Vgl. OLG Köln IPRax 2015, 158, 160, Tz. 63; offen gelassen in BGH FamRZ 2015, 653, 654, Tz. 9 f.
82 BGH EuZW 2010, 114, 115 Tz. 11; BGH NJW-RR 2006, 198, 199.
83 EuGH, Urt. v. 4.7.1985, Rs 220/84, AS-Autoteile Service ./. Malhé, Slg. 1985, 2267, Tz. 12; wohl auch Urt. v. 13.10.2011 – Rs C-139/10, Prism Investments ./. van der Meer, Slg. 2011, I-09511, Tz. 40; OLG Köln IPRax 2015, 158, 160, Tz. 53; *Wagner* IPRax 2005, 401, 405 ff.; **a.A.** *Hub* NJW 2001, 3145, 3147; *Bach* Grenzüberschreitende Vollstreckung in Europa, 2008, S. 152 ff.; *ders.* EuZW 2011, 871, 872; *Halfmeier* IPRax 2007, 381, 385.
84 OLG Hamm IPRax 2001, 339.

materiellrechtliche Frage notwendig machen,[85] können allerdings Probleme aufwerfen.[86] Wird mit der Vollstreckungsabwehrklage die Aufrechnung mit einer neuen Forderung geltend gemacht, die in einem anderen Forum einzuklagen wäre, kann die Zuständigkeit nicht auf Nr. 5 gestützt werden.[87] Materiellrechtliche Einwendungen anderer Art, wie die Erfüllung, sind jedoch möglich.[88] **Schadensersatzansprüche wegen ungerechtfertigter Vollstreckung** fallen ebenfalls unter Nr. 5.[89]

43 Keine Zuständigkeit begründet Nr. 5 hingegen für ein erst **auf spätere Duldung der Zwangsvollstreckung gerichtetes Erkenntnisverfahren**, etwa die Gläubigeranfechtung.[90]

ABSCHNITT 7
Vereinbarung über die Zuständigkeit

Artikel 25
[Zulässigkeit und Form von Gerichtsstandsvereinbarungen]

(1) ¹Haben die Parteien unabhängig von ihrem Wohnsitz vereinbart, dass ein Gericht oder die Gerichte eines Mitgliedstaats über eine bereits entstandene Rechtsstreitigkeit oder über eine künftige aus einem bestimmten Rechtsverhältnis entspringende Rechtsstreitigkeit entscheiden sollen, so sind dieses Gericht oder die Gerichte dieses Mitgliedstaats zuständig, es sei denn, die Vereinbarung ist nach dem Recht dieses Mitgliedstaats materiell nichtig. ²Dieses Gericht oder die Gerichte dieses Mitgliedstaats sind ausschließlich zuständig, sofern die Parteien nichts anderes vereinbart haben. ³Die Gerichtsstandsvereinbarung muss geschlossen werden:
a) schriftlich oder mündlich mit schriftlicher Bestätigung,
b) in einer Form, welche den Gepflogenheiten entspricht, die zwischen den Parteien entstanden sind, oder
c) im internationalen Handel in einer Form, die einem Handelsbrauch entspricht, den die Parteien kannten oder kennen mussten und den Parteien von Verträgen dieser Art in dem betreffenden Geschäftszweig allgemein kennen und regelmäßig beachten.

(2) Elektronische Übermittlungen, die eine dauerhafte Aufzeichnung der Vereinbarung ermöglichen, sind der Schriftform gleichgestellt.

(3) Ist in schriftlich niedergelegten Trust-Bedingungen bestimmt, dass über Klagen gegen einen Begründer, Trustee oder Begünstigten eines Trust ein Gericht oder die Gerichte eines Mitgliedstaats entscheiden sollen, so ist dieses Gericht oder sind diese Gerichte ausschließlich zuständig, wenn es sich um Beziehungen zwischen diesen Personen oder ihre Rechte oder Pflichten im Rahmen des Trust handelt.

---

[85] Siehe nur *Domej* RabelsZ 78 (2014), 509, 514.
[86] *Schlosser/Hess* Art. 24 EuGVVO Rdn. 25.
[87] EuGH, Urt. v. 4.7.1985, Rs 220/84, AS-Autoteile Service ./. Malhé, Slg. 1985, 2267, Tz. 17; BGH NJW 2014, 2798, 2800, Tz.16 ff.; OLG Köln IPRax 2015, 158, 160, Tz. 62.
[88] OLG Köln IPRax 2015, 158, 160, Tz. 56 ff.; *Wagner* IPRax 2005, 401, 406; **a.A.** *Hess* IPRax 2004, 493, 494; *Hess/Bittmann* IPRax 2008, 305, 311; *Bittmann* IPRax 2015, 129, 130 ff.
[89] **A.A.** *Schlosser/Hess* Art. 24 EuGVVO Rdn. 25 a.E.
[90] EuGH, Urt. v. 26.3.1992 – Rs C-261/90, Reichert und Kockler ./. Dresdner Bank II, Slg. 1992, I-2149, Tz. 28.

(4) Gerichtsstandsvereinbarungen und entsprechende Bestimmungen in Trust-Bedingungen haben keine rechtliche Wirkung, wenn sie den Vorschriften der Artikel 15, 19 oder 23 zuwiderlaufen oder wenn die Gerichte, deren Zuständigkeit abbedungen wird, aufgrund des Artikels 24 ausschließlich zuständig sind.

(5) Eine Gerichtsstandsvereinbarung, die Teil eines Vertrags ist, ist als eine von den übrigen Vertragsbestimmungen unabhängige Vereinbarung zu behandeln.

Die Gültigkeit der Gerichtsstandsvereinbarung kann nicht allein mit der Begründung in Frage gestellt werden, dass der Vertrag nicht gültig ist.

Übersicht

I. Normzweck —— 1
II. Dogmatische Grundlagen —— 3
III. Entstehungsgeschichte —— 6
IV. Verhältnis zum Haager Übereinkommen —— 8
V. Räumlicher Anwendungsbereich —— 9
VI. Vereinbarung —— 12
   1. Zustandekommen —— 13
   2. Auslegung —— 20
   3. Form —— 24
      a) Verhältnis von Form und Konsens —— 25
      b) Schriftform —— 26
      c) Schriftliche Bestätigung —— 28
      d) Parteigepflogenheiten —— 31
      e) Handelsbrauch —— 32
      f) Elektronische Übermittlung —— 33
   4. Einbeziehung Dritter —— 34
   5. Nichtigkeit —— 39
      a) Formnichtigkeit —— 40
      b) Zuständigkeitsrechtliche Nichtigkeitsgründe —— 41
      c) Materielle Nichtigkeit —— 44
      d) Sonstige Nichtigkeitsgründe —— 47
VII. Gerichtsstandsvereinbarungen in schriftlich niedergelegten Trust-Bedingungen (Abs. 3, 4) —— 53
VIII. „Unabhängigkeit" der Gerichtsstandsvereinbarung (Abs. 5) —— 54

I. Normzweck

Die Gerichtsstandsvereinbarung ist das zentrale Instrument der Parteien zur Feinsteuerung ihrer Zuständigkeitsinteressen.[1] Sie hat damit eine besondere Bedeutung für jedes gesetzliche Zuständigkeitssystem. Konzeptionell erscheint die Gerichtsstandsvereinbarung dabei aber auch im Brüsseler Zuständigkeitssystem immer noch als Ausnahme- und Sonderregel gegenüber der gesetzlichen Zuständigkeitsordnung.[2] Dies kommt nicht zuletzt durch die Verortung von Art. 25 erst gegen Ende von Kapitel II der Verordnung zum Ausdruck. Die Parteiautonomie ist also zumindest äußerlich-systematisch kein Fundamentalprinzip, obwohl die Gerichtsstandsvereinbarung größte praktische Bedeutung hat.[3] Gleichwohl hat die Gerichtsstandsvereinbarung in der Reform der Brüs-

1

---

[1] Reinhold Geimer, Internationales Zivilprozessrecht, 7. Aufl. 2015, Rdn. 1596; Matthias Weller, in Burkhard Hess/Thomas Pfeiffer/Peter Schlosser, The Brussels I Regulation 44/2001 – Application and Enforcement in the EU (Heidelberg Report), 2008, S. 112, Rdn. 388; Matthias Weller, Ordre-public-Kontrolle internationaler Gerichtsstandsvereinbarungen, 2005, S. 1.

[2] Anders z.B. das Protocolo de Buenos Aires sobre Jurisdicción Internacional en Materia Contractual des MERCOSUR von 1994, MERCOSUR/CMC/DEC Nº 01/94, Capitulo I – Elección de Jurisdicción, Articulo 4: En los conflictos que surjan en los contratos internacionales en materia civil o comercial serán competentes los tribunales del Estado Parte a cuya jurisdicción los contratantes hayan acordado someterse por escrito, siempre que tal acuerdo no haya sido obtenido en forma abusiva. Asimismo puede acordarse la prórroga a favor de tribunales arbitrales.

[3] Europäische Kommission, Commission Staff Working Paper, Impact Assessment, Accompanying document to the proposal for a regulation of the European Parliament and the Council on jurisdiction and

sel I-VO nicht nur rechtspolitisch,[4] sondern auch systematisch eine Aufwertung erfahren, indem das zeitliche Prioritätsprinzip der Rechtshängigkeitsregel in Art. 29 nunmehr in Art. 31 Abs. 2 eine – allerdings in ihren Einzelheiten unklare[5] – Ausnahme zugunsten des vereinbarten Gerichts enthält. Außerdem erläutert Erw.-Gr. 19, dass „[v]orbehaltlich der in dieser Verordnung festgelegten ausschließlichen Zuständigkeiten … die Vertragsfreiheit der Parteien hinsichtlich der Wahl des Gerichtsstands, außer bei Versicherungs-, Verbraucher- und Arbeitsverträgen, wo nur begrenzte Vertragsfreiheit besteht, gewahrt werden [sollte]". Das innere System der Brüssel Ia-VO neigt damit stärker der Parteiautonomie als prägendem Grundsatz zu, als dies äußerlich zum Ausdruck kommt.[6]

2   In rechtstechnischer Hinsicht bezweckt die Vorschrift zum einen den Schutz des Beklagten davor, ohne hinreichend zum Ausdruck gebrachte Zustimmung der Gerichtsstandsvereinbarung unterworfen zu werden. Dies sollen vor allem Formanforderungen bewirken. Zum anderen soll dieses berechtigte Schutzanliegen in einen angemessenen Ausgleich mit Anforderungen an die Praktikabilität und Leichtigkeit des Handelsverkehrs gebracht werden.[7]

II. Dogmatische Grundlagen

3   Die deutsche Rechtsprechung versteht die Gerichtsstandsvereinbarung als materiellrechtlichen Vertrag zur Verfügung über eine prozessuale Rechtsposition,[8] das Schrifttum qualifiziert die Gerichtsstandsvereinbarung zum Teil als reinen Prozessvertrag, auf den allerdings mangels speziell prozessrechtlicher Vorschriften zum Zustandekommen die Vorschriften des materiellen Rechtsgeschäftsrechts entsprechende Anwendung finden.[9] Auf die europäisch-autonome Gerichtsstandsvereinbarung des Art. 25 sind diese Strukturvorstellungen nicht unmittelbar übertragbar. Allerdings lässt sich der neu in Art. 25 eingefügten Kollisionsnorm zum anwendbaren Recht zur „materiellen Nichtigkeit"[10] der Vereinbarung mit ihrem Verweis auf das Recht des in der Vereinbarung designierten Gerichts entnehmen, dass die europäische Gerichtsstandsvereinbarung jedenfalls nicht insofern als reiner Prozessvertrag zu verstehen ist, als dass sämtliche Maßgaben zur Vereinbarung aus der Verordnung oder aus sonstigem europäischen Prozessrecht, gegebenenfalls durch Rechtsfortbildung, herauszulesen seien. Der Verweis auf das Recht des Mitgliedstaates des gewählten Gerichts bleibt dann aber offen dafür, ob dadurch gegebenenfalls allgemein-prozessuale Maßgaben zur materiellen Nichtigkeit im mitgliedstaatlichen Recht berufen sind oder aber materiell-rechtsgeschäftliche. Die Verordnung

---

the recognition and enforcement of judgments in civil and commercial matters (Recast), COM(2010) 748 final, SEC(2010) 1547 final, S. 29.
4 Europäische Kommission, Vorschlag für eine Verordnung des Europäischen Parlaments und des Rates über die gerichtliche Zuständigkeit und die Anerkennung und Vollstreckung von Entscheidungen in Zivil- und Handelssachen vom 14.12.2010, KOM(2010) 748 endg., S. 4, sub I.2, Dickpunkt 3: Verbesserung der Wirksamkeit der Gerichtsstandsvereinbarung, hierzu Matthias Weller, Die „verbesserte Wirksamkeit" der europäischen Gerichtsstandsvereinbarung nach der Reform der Brüssel I-VO, ZZPInt 19 (2014), 251.
5 Einzelheiten bei Art. 31 Rdn. 6 ff.
6 Vgl. hierzu auch Xandra Kramer/Erlis Themeli, The Party Autonomy Paradigm: European and Global Developments on Choice of Forum, in Vesna Lazić/Steven Stuij (Hrsg.), Brussels Ibis Regulation – Changes and Challenges of the Renewed Procedural Scheme, 2017, S. 27 ff.
7 *Schlosser/Hess* Art. 25 EuGVVO Rdn. 1.
8 Grundlegend BGH, Urt. v. 29.2.1968 – VII ZR 102/65, NJW 1968, 1233.
9 Etwa Gerhard Wagner, Prozeßverträge, 1998, S. 557 f., m.w.N.
10 Vgl. die Formulierung des Anknüpfungsgegenstands in anderen Sprachfassungen, etwa „null and void as to its substantive validity"/„entachée de nullité quant au fond selon le droit de cet État membre" des „agreement" bzw. der „convention attributive de juridiction".

überlässt damit innerhalb der – allerdings unklaren[11] – Reichweite der Kollisionsnorm die Entscheidung über die Rechtsnatur der Gerichtsstandsvereinbarung dem berufenen mitgliedstaatlichen Recht.[12] Soweit im Übrigen die Verordnung selbst Regelungen trifft, etwa zur Form, aber auch gegebenenfalls zum Zustandekommen, kommt es auf die europäisch-autonome Qualifikation der Gerichtsstandsvereinbarung nicht an.

Einigkeit besteht darüber, dass dogmatisch zwischen einer gegebenenfalls zuständigkeitsbegründenden Wirkung einer Vereinbarung („Prorogation") und der gegebenenfalls andere Zuständigkeiten ausschließenden Wirkung („Derogation") zu unterscheiden ist. Theoretisch denkbar, wenn auch praktisch selten, ist die isolierte Derogation. Häufig ist die Kombination von Prorogation und Derogation in einer ausschließlichen Gerichtsstandsvereinbarung, dies ist zugleich nach Art. 25 Abs. 1 S. 2 der grundsätzlich unterstellte Parteiwille. Ebenso kommt aber auch die reine Prorogation in Gestalt einer nichtausschließlichen Gerichtsstandsvereinbarung vor, wobei dies die Parteien nach Art. 25 Abs. 1 S. 2 gleichsam zusätzlich, wenn auch nicht notwendig ausdrücklich, vereinbaren müssen, um die Vermutung der Ausschließlichkeit zu überwinden. 4

Aus deutscher Sicht dogmatisch selbstverständlich ist, dass die Gerichtsstandsvereinbarung, auch wenn sie in der Vertragsurkunde gemeinsam mit dem Hauptvertrag oder auch als eine von vielen Ziffern in Allgemeinen Geschäftsbedingungen geregelt ist, ebenso wie eine Rechtswahlvereinbarung eine gegenüber dem Hauptvertrag selbständige und damit auch selbständig hinsichtlich ihrer Wirksamkeit zu beurteilende Vereinbarung ist (Abs. 5).[13] 5

III. Entstehungsgeschichte

Die Neufassung hat gewichtige Veränderungen für Gerichtsstandsvereinbarungen eingeführt:[14] Der räumliche Anwendungsbereich ist nunmehr bereits dann ohne weitere Voraussetzungen eröffnet, wenn das Gericht eines Mitgliedstaates gewählt wird. Zuvor musste zusätzlich mindestens eine Partei ihren Wohnsitz in einem Mitgliedstaat haben. Damit konnte in der Neufassung die Sonderregel in Art. 23 Abs. 3 der Brüssel I-VO für die Gerichtsstandsvereinbarung zweier Drittstaater zugunsten eines mitgliedstaatlichen Gerichts entfallen. Zweitens wurde eine Kollisionsnorm für die materielle Nichtigkeit der Vereinbarung mit Verweis auf das Recht des Staates des in der Vereinbarung von den Parteien als zuständig designierten Gerichts eingeführt. Drittens wurde die Selbständigkeit der Gerichtsstandsvereinbarung durch die Regelung in Abs. 5 klargestellt. 6

Diese Veränderungen geschahen erklärtermaßen mit dem Ziel, das Brüsseler Zuständigkeitssystem an das Haager Übereinkommen von 2005 über Gerichtsstandsvereinbarungen anzugleichen, um dadurch Kohärenz zu schaffen und damit den Weg zum 7

---

11 Im Einzelnen noch unten Rdn. 12 ff.
12 Daphne-Ariane Simotta, Die Gerichtsstandsvereinbarung nach der neuen EuGVVO, I.J.Proc.L. 2013, 58, 68.
13 Hierzu genauer unten Rdn. 54 ff.
14 Hierzu z.B. Gilles Cuniberti, Choice of Court Agreements and Lis Pendens in the Brussels Ibis Regulation: A Critical Appraisal, in Horacio A. Grigera Naón/Bachir Georges Affaki (Hrsg.), ICC, Dossier XII: Jurisdictional Choices in Times of Trouble, 2015, S. 203; Peter Mankowski, Tanja Domej, Die Neufassung der EuGVVO – Quantensprünge im europäischen Zivilprozessrecht, 78 (2014), 508, 533 ff.; Matthias Weller, Die „verbesserte Wirksamkeit" der europäischen Gerichtsstandsvereinbarung nach der Reform der Brüssel I-VO, ZZPInt 19 (2014), 251; Daphne-Ariane Simotta, Die Gerichtsstandsvereinbarung nach der neuen EuGVVO, I.J.Proc.L. 2013, 58; Reinhold Geimer, Bemerkungen zur Brüssel I-Reform, in ders./Rolf A. Schütze/Thomas Garber (Hrsg.), Europäische und internationale Dimension des Rechts – Festschrift für Daphne-Ariane Simotta, 2012, S. 163, 183 f.

Beitritt der EU zu erleichtern.[15] Hierauf beruht die Übernahme der Kollisionsregel aus Art. 5 des Haager Übereinkommens und die Klarstellung der Selbständigkeit der Gerichtsstandsvereinbarung nach dem Vorbild in Art. 3 lit. d des Haager Übereinkommens. Daneben verfolgte der Verordnungsgeber aber – in Reaktion auf die harte Kritik an der Entscheidung des EuGH in der Rechtssache *Gasser*[16] – das eigenständige Ziel, die Gerichtsstandsvereinbarung „wirksamer" zu machen.[17] Dies freilich betrifft die Modifikation der allgemeinen Prioritätsregel für parallele Verfahren in Art. 29 zugunsten gewählter Gerichte durch Art. 31 Abs. 2. Hier geht der Europäische Gesetzgeber im Vergleich zum Haager Übereinkommen ganz eigene Wege.[18]

IV. Verhältnis zum Haager Übereinkommen

8   Das Verhältnis zu anderen Rechtsinstrumenten regelt grundsätzlich Kapitel VII mit den Art. 67 ff. Von Bedeutung für Gerichtsstandsvereinbarungen ist insbesondere das Haager Übereinkommen über Gerichtsstandsvereinbarungen von 2005, dem die EU nach Inkrafttreten der Brüssel Ia-VO beigetreten ist,[19] wodurch nach Art. 31 Abs. 1 des Übereinkommens auch dieses in Kraft treten konnte.[20] Zu dieser Konstellation enthält insbesondere Art. 71 Brüssel Ia-VO keine Regelung, da diese Vorschrift nur das Verhältnis zu bereits bestehenden Übereinkommen der Mitgliedstaaten betrifft. Das Haager Übereinkommen hat damit nach allgemeinen Kollisionsregeln Vorrang. Das Übereinkommen gilt allerdings selbst grundsätzlich nur für ausschließliche Gerichtsstandsvereinbarungen. Nichtausschließliche Gerichtsstandsvereinbarungen sind jedoch dann durch das Anerkennungs- und Vollstreckungsregime des Übereinkommens erfasst, wenn alle im konkreten Fall berührten Vertragsstaaten dies nach Art. 22 des Haager Übereinkommens erklärt haben.[21] Ferner gilt das Übereinkommen nicht für Verbraucher. Schließlich enthält es in Art. 2 zahlreiche Bereichsausnahmen. Sofern gleichwohl das Übereinkommen auf den konkreten Fall anwendbar ist, regelt Art. 26 Abs. 6 des

---

15 Europäische Kommission, Vorschlag für eine Verordnung des Europäischen Parlaments und des Rates über die gerichtliche Zuständigkeit und die Anerkennung und Vollstreckung von Entscheidungen in Zivil- und Handelssachen vom 14.12.2010, KOM(2010) 748 endg., S. 5; zum Vergleich beider Instrumente nach der Neufassung der Brüssel I-VO z.B. Matthias Weller, Choice of court agreements under Brussels Ia and under the Hague convention: coherences and clashes, Journal of Private International Law 13 (2017), 91; Mukarrum Ahmed/Paul R. Beaumont, Exclusive choice of court agreements: some issues on the Hague convention on choice of court agreements and its relationship with the Brussels I recast especially anti-suit injunctions, concurrent proceedings and the implications of BREXIT, Journal of Private International Law 13 (2017), 386.
16 EuGH, Urt. v. 9.12.2003, Rs C-116/02 – *Gasser*. Zur Kritik z.B. Johannes Schmidt, Rechtssicherheit im Europäischen Zivilprozessrecht, Tübingen 2015, S. 165 ff.; Evgenia Pfeiffer, Schutz gegen Klagen im forum derogatum, Tübingen 2013, S. 257 ff.; Mary-Rose McGuire, Reformbedarf der Rechtshängigkeitsregel? Ein Überblick über die im Grünbuch zur Brüssel I-VO vorgeschlagenen Änderungen der Art. 27 ff. EuGVO, Jahrbuch für Zivilverfahrensrecht 2010, S. 133 ff.
17 Europäische Kommission, Vorschlag für eine Verordnung des Europäischen Parlaments und des Rates über die gerichtliche Zuständigkeit und die Anerkennung und Vollstreckung von Entscheidungen in Zivil- und Handelssachen vom 14.12.2010, KOM(2010) 748 endg., S. 3, Dickpunkt 3.
18 Hierzu genauer Art. 31 Rdn. 6 ff.
19 Beschluss des Rates vom 4. Dezember 2014 über die Genehmigung – im Namen der Europäischen Union – des Haager Übereinkommens über Gerichtsstandsvereinbarungen vom 30. Juni 2005 (2014/887/EU), Abl. EU Nr. L 353 v. 10.12.2014, S. 5.
20 Zunächst hatte nur Mexiko das Übereinkommen ratifiziert. Zwischenzeitlich ist Singapur beigetreten, https://www.hcch.net/de/instruments/conventions/status-table/?cid=98 (22.2.2017).
21 Art. 22 Abs. 2 lit. c des Haager Übereinkommens enthält dann allerdings einen speziellen Anerkennungsversagungsgrund, hierzu Rauscher/*Weller* Haager Übereinkommen vom 30. Juni 2005 über Gerichtsstandsvereinbarungen, Einführung Rdn. 70.

Übereinkommens das Verhältnis zu Instrumenten regionaler Integrationsgemeinschaften, die Vertragsparteien des Übereinkommens sind.[22] Im Kern will das Übereinkommen danach Instrumente regionaler Integrationsgemeinschaften nur dann unberührt lassen, wenn keine der Parteien der Gerichtsstandsvereinbarung ihren „Aufenthalt" in einem Vertragsstaat hat, der nicht zugleich ein Mitgliedstaat der regionalen Integrationsgemeinschaft ist, vgl. Art. 26 Abs. 6 lit. a des Übereinkommens. Haben also z.B. alle Parteien ihren Aufenthalt in einem EU-Mitgliedstaat und vereinbaren sie die Zuständigkeit eines Gerichts in einem (anderen) EU-Mitgliedstaat, dann gilt allein die europäische Regelung.[23] Entsprechendes gilt, wenn eine Partei ihren Aufenthalt in einem Nichtvertragsstaat hat. Ebenso liegt der Fall, wenn eine weitere Partei ihren Aufenthalt in einem Nichtvertragsstaat hat. Haben hingegen beide Parteien ihren Aufenthalt in einem EU-Mitgliedstaat, vereinbaren sie aber die Zuständigkeit eines Gerichts in einem Vertragsstaat, der nicht zugleich EU-Mitgliedstaat ist, dann will Art. 25 Brüssel Ia-VO schon nach seinem eigenen territorialen Anwendungsbereich nicht anwendbar sein, denn Art. 25 Brüssel Ia-VO setzt die Vereinbarung eines Gerichts bzw. von Gerichten eines EU-Mitgliedstaates voraus. Vielmehr ist dann das Haager Übereinkommen anwendbar. Im Übrigen lässt das Übereinkommen nach Art. 26 Abs. 6 lit. b das Regime der regionalen Integrationsgemeinschaft unberührt, sofern die Anerkennung und Vollstreckung in Rede steht. Anders als unter Art. 26 Abs. 4 S. 3 ist Art. 26 Abs. 6 lit. b nicht als Meistbegünstigungsklausel ausgestaltet. Hieraus folgt, dass nach dem Regime der regionalen Integrationsgemeinschaft auch in geringerem Umfang als nach dem Übereinkommen anerkannt und vollstreckt werden kann, wobei die Brüssel Ia-VO (mit Ausnahme von Versicherungssachen, vgl. Art. 45 Abs. 1 lit. e Brüssel Ia-VO) über das Übereinkommen hinausgeht.[24] Schließlich stellt sich die Frage, ob die Derogationsschranken der Brüssels Ia-VO auf das im Übrigen anwendbare Haager Übereinkommen wirken können. Verbraucher- und Arbeitnehmersachen sind freilich vom Anwendungsbereich des Übereinkommens ausgenommen.[25] In Bezug auf Versicherungsverträge hat die EU einseitig erklärt, das Übereinkommen (weitestgehend) nicht anzuwenden.[26]

---

22 Hierzu z.B. Rauscher/*Mankowski* Art. 25 Brüssel Ia-VO Rdn. 270 ff.; Rauscher/*Weller* Haager Übereinkommen vom 30. Juni 2005 über Gerichtsstandsvereinbarungen, Einführung Rdn. 82.
23 Allerdings sieht Art. 4 Abs. 2 des Haager Übereinkommens für die Zwecke desselben vor, dass juristische Personen ihren „Aufenthalt" alternativ nach lit. a bis d am satzungsmäßigen Sitz, im Staat des Gründungsrechts, im Staat der Hauptverwaltung oder schließlich im Staat der Hauptniederlassung haben. Damit liegt der Sitz einer solchen Partei ggf. schnell in einem Nicht-EU-Mitgliedstaat.
24 Trevor Hartley/Masato Dogauchi, Erläuternder Bericht zum Haager Übereinkommen, S. 99 Tz. 307.
25 Art. 2 Abs. 1 lit. a und b Haager Übereinkommen.
26 Europäische Union, Deklaration vom 11. Juni 2015, https://www.hcch.net/de/instruments/conventions/status-table/notification. Hierzu z.B. Köchel, Ausschließliche Gerichtsstandsvereinbarungen zugunsten von Drittstaaten im Anwendungsbereich der EuGVO, GPR 2016, 204, 207. Nach Abs. 2 der Deklaration findet die Konvention entgegen der grundsätzlichen Deklaration zum Ausschluss in Abs. 2 dann doch Anwendung, wenn es sich (a) um einen Rückversicherungsvertrag handelt, (b) wenn die Gerichtsstandsvereinbarung nach Entstehung der Streitigkeit geschlossen wurde, (c) wenn die Gerichtsstandsvereinbarung zwischen einem Versicherungsnehmer und einem Versicherer mit Sitzen in demselben Vertragsstaat zum Zeitpunkt des Vertragsschlusses geschlossen wurde und nach der Gerichtsstandsvereinbarung die Gerichte dieses Staates zuständig sind, selbst wenn das schädigende Ereignis in einem anderen Staat stattfindet, sofern dies nicht dem Recht dieses Staates widerspricht oder aber (d) Versicherungsverträge mit bestimmten, in Abs. 2 lit. d näher bezeichneten speziellen Transportrisiken.

V. Räumlicher Anwendungsbereich

9 Art. 25 Abs. 1 setzt (nur noch) voraus, dass die Parteien die Zuständigkeit eines mitgliedstaatlichen Gerichts vereinbaren. Anders als noch nach Art. 23 Brüssel I-VO wird nunmehr nicht mehr verlangt, dass mindestens eine Partei ihren Wohnsitz in einem Mitgliedstaat hat. Nach Sinn und Zweck sowie nach Maßgabe der Kompetenzgrundlage für die Verordnung[27] ist aber zu verlangen, dass es sich um eine internationale Gerichtsstandsvereinbarung handelt. Welche Anknüpfungspunkte hierfür mindestens zu verlangen sind, ist der Verordnung nicht zu entnehmen. Gesichert ist lediglich, dass nicht alle relevanten Verknüpfungen des Sachverhalts mit nur einem Mitgliedstaat bestehen dürfen, auch wenn dieser Fall dem Wortlaut nach von Art. 25 Abs. 1 erfasst ist. Denn dieser setzt lediglich die Vereinbarung eines mitgliedstaatlichen Gerichts unabhängig vom Wohnsitz der Parteien voraus. Allerdings dürfte die Derogation einer ansonsten nach der Verordnung bestehenden Zuständigkeit in einem anderen Mitgliedstaat bereits ausreichen, um ein hinreichendes grenzüberschreitendes Element zu erzeugen.[28]

10 Ebenfalls nicht vollständig geklärt ist die Frage, inwieweit die Brüssel Ia-VO den Derogationseffekt von ausschließlichen Gerichtsstandsvereinbarungen zugunsten von Gerichten in Drittstaaten regelt.[29] Nach dem Schlosser-Bericht „kann selbstverständlich nichts im EuGVÜ diese [drittstaatlichen] Gerichte hindern, sich für zuständig zu erklären, wenn ihr Recht die Abmachung wirksam sein läßt. Fraglich ist nur, ob und gegebenenfalls in welcher Form solche Vereinbarungen eine Zuständigkeit von Gemeinschaftsgerichten abbedingen können, die nach dem EuGVÜ als ausschließliche oder konkurrierende begründet ist. Nichts im EuGVÜ läßt den Schluß zu, daß derartiges prinzipiell unzulässig sein soll. Das Übereinkommen enthält aber auch keine Regeln über die Wirksamkeit solcher Vereinbarungen. Wird ein Gericht innerhalb der Gemeinschaft einer solchen Vereinbarung zum Trotz angerufen, so muß es die Wirksamkeit der Abrede nach dem Recht beurteilen, das an seinem Sitz gilt. In dem Maße, in welchem das Kollisionsrecht dort ein ausländisches Recht für maßgebend hält, gilt dieses. Ist die Vereinbarung nach diesen Maßstäben unwirksam, so sind wieder die Zuständigkeitsbestimmungen des EuGVÜ anzuwenden".[30]

11 Hieraus wurde ganz überwiegend gefolgert, dass die Derogation durch eine ausschließliche Gerichtsstandsvereinbarung zugunsten eines Drittstaatengerichts grundsätzlich nicht in den Anwendungsbereich des Brüsseler Zuständigkeitssystems fällt, auch wenn die Wirkung einer solchen Derogation auf dieses System unbestreitbar ist.[31] Dies hat der EuGH in der Rechtssache *Coreck Maritime* bestätigt.[32] Allerdings hat der

---

[27] Art. 81 Abs. 2 lit. a, c und e AEUV.
[28] Rauscher/Mankowski Art. 25 Brüssel Ia-VO Rdn. 21; Reithmann/Martiny/*Hausmann* Rdn. 8.20.
[29] Für eine analoge Anwendung von Art. 25 Brüssel Ia-VO mit Verweis auf den Anwendungsvorrang des Unionsrechts Felix Berner, Prorogation drittstaatlicher Gerichte und Anwendungsvorrang der EuGVVO, RIW 2017, 792.
[30] Peter Schlosser, Bericht zu dem Übereinkommen vom 9. Oktober 1978 über den Beitritt des Königreichs Dänemark, Irlands und des Vereinigten Königreichs Großbritannien und Nordirland zum Übereinkommen über die gerichtliche Zuständigkeit und die Vollstreckung gerichtlicher Entscheidungen in Zivil- und Handelssachen sowie zum Protokoll betreffend die Auslegung dieses Übereinkommens durch den Gerichtshof, Abl. EG Nr. C 59 v. 5.3.1979 (Schlosser-Bericht), S. 71, 124 Tz. 176.
[31] Reithmann/Martiny/*Hausmann* Rdn. 8.18; *Kropholler/von Hein* Art. 23 EuGVO, Rdn. 14.
[32] EuGH, Urt. v. 9.11.2000, Rs C-387/98 – *Coreck Maritime* Tz. 19: „Artikel 17 des Übereinkommens [ist] nicht auf eine Klausel anwendbar ..., die als zuständiges Gericht ein Gericht eines Drittstaats bezeichnet. Wird ein Gericht im Hoheitsgebiet eines Vertragsstaats einer solchen Vereinbarung zum Trotz angerufen,

EuGH zuletzt in der Rechtssache *Mahamdia* entschieden, dass der im Brüsseler Zuständigkeitssystem vorgesehene Schutz des Schwächeren, im konkreten Fall das Derogationsverbot zugunsten des Arbeitnehmers nach Art. 21 Nr. 2 in Bezug auf den Schutzgerichtstand nach Art. 19 (auch) nicht durch drittstaatliche Prorogationen ausgehebelt werden darf.[33] Auch die strukturell verwandten Frage, ob ausschließliche Zuständigkeiten ebenso kraft des Brüsseler Zuständigkeitssystems derogationsfest sind – dies ist für Drittstaatenprorogationen anders als für Derogationen zugunsten mitgliedstaatlicher Gerichte nach Art. 25 Abs. 4 nicht ausdrücklich geregelt – hat der EuGH in der Rechtssache *Taser International* nunmehr (implizit) bejaht.[34] Eine Klarstellung hierzu im Normtext wäre de lege ferenda gleichwohl wünschenswert.

VI. Vereinbarung

Der Normtext verlangt eine wirksame „Vereinbarung" über die Zuständigkeit. **12** (Auch) in der gebotenen europäisch-autonomen Auslegung[35] erfasst dieser Begriff zum einen das Zustandekommen der Vereinbarung im Sinne einer rechtsgeschäftlichen Einigung der Parteien einschließlich der Frage, worüber sich die Parteien genau geeinigt haben („Auslegung"), zum anderen die Wirksamkeit der von den Parteien konkret geschlossenen Vereinbarung. Innerhalb der Wirksamkeit ist sodann zu unterscheiden zwischen gleichsam allgemeinen, im Normtext „materiell" genannten Unwirksamkeitsgründen und spezifisch zuständigkeitsrechtlichen Unwirksamkeitsgründen („Derogationsverbote"). Zentrale Frage der Neufassung ist dabei, inwieweit die aus dem Haager Übereinkommen über Gerichtsstandsvereinbarungen übernommene Kollisionsregel (Gesamtverweisung)[36] zur „materiellen Nichtigkeit" reicht, insbesondere ob ein verord-

---

so muss es die Wirkung der Abrede nach dem Recht – einschließlich dem Kollisionsrecht – beurteilen, das an seinem Sitz gilt (Bericht von Professor Dr. Schlosser zu dem Übereinkommen…)."
33 EuGH, Urt. v. 19.7.2012, Rs C-154/11 – *Mahamdia* Tz. 58 ff.
34 EuGH, Urt. v. 17.3.2016, Rs C-175/15 – *Taser International* Tz. 26 ff. Hierzu z.B. Felix Koechl, Ausschließliche Gerichtsstandsvereinbarungen zugunsten von Drittstaaten im Anwendungsbereich der EuGVO, GPR 2016, 204, 206; es war zu erwarten, dass der EuGH entsprechend entscheiden würde, vgl. nur EuGH, Urt. v. 3.4.2014 – Rs C-438/12 – *Weber* Tz. 48 ff.; parallel BGH, Beschl. v. 13.8.2014 – V ZB 163/12: Ausnahme von der zeitlichen Priorität nach Art. 27 Brüssel I-VO (Art. 29 Brüssel Ia-VO) des erstangegangenen Gerichts, wenn das zweitangegangene Gericht kraft einer ausschließlichen Zuständigkeit nach Art. 22 Brüssel I-VO (Art. 24 Brüssel Ia-VO) zuständig ist. Vgl. auch EuGH, Gutachten 1/03 v. 7.2.2006 zur ausschließlichen oder gemischten Zuständigkeit der EU zum Abschluss des Lugano-Übereinkommens, Rdn. 153: „[d]ie Anwendung einer Zuständigkeitsvorschrift des geplanten Übereinkommens kann zur Zuständigkeit eines anderen Gerichts führen als desjenigen, das nach der Verordnung Nr. 44/2001 zuständig gewesen wäre. Wenn das neue Übereinkommen von Lugano mit den Artikeln 22 und 23 der Verordnung Nr. 44/2001 gleichlautende Artikel enthält und der Gerichtsstand auf dieser Grundlage in einem Drittstaat liegt, der Partei dieses Übereinkommens ist, während der Beklagte seinen Wohnsitz in einem Mitgliedstaat hat, läge der Gerichtsstand somit ohne das Übereinkommen im letztgenannten Staat, mit dem Übereinkommen dagegen im Drittstaat". Dies impliziert, dass die Derogation einer nach der Brüssel I-VO eröffneten Zuständigkeit durch eine ausschließliche Gerichtsstandsvereinbarung zugunsten eines Drittstaatengerichts die Brüssel I-VO „beeinträchtigt"; dies kann aber nur der Fall sein, wenn dieser Derogationseffekt auch von der Brüssel I-VO geregelt ist.
35 Vgl. z.B. die strukturelle Unterscheidung zwischen „Einigung" bzw. „Zustandekommen" und „materielle[r] Wirksamkeit" in Art. 10 Rom I-VO sowie zwischen „Auslegung" und „Folgen der Nichtigkeit" in Art. 12 Abs. 1 lit. a und e Rom I-VO. Natürlich können diese Strukturen nur vorsichtig und unter Wahrung aller spezifisch zuständigkeitsrechtlichen Besonderheiten auf die Brüssel Ia-VO übertragen werden, da die Rom I-VO für Gerichtsstandsvereinbarungen nicht gilt, Art. 1 Abs. 2 lit. e Rom I-VO. Andererseits sollen nach Erw.-Gr. 7 der Rom I-VO die Bestimmungen dieser Verordnung mit dem Brüsseler Zuständigkeitssystem „im Einklang stehen".
36 Erw.-Gr. 20.

nungsautonomer Mindeststandard für eine „Vereinbarung" und der frühere Nexus zwischen Form und Zustimmung fortbesteht.

13 **1. Zustandekommen.** Die Voraussetzungen für das Zustandekommen der Vereinbarung sind nicht unmittelbar im Normtext definiert. Zunächst könnte man deswegen an einen impliziten verordnungsautonomen Maßstab für das Zustandekommen denken. Alternativ könnte die ausdrücklich nur die materielle Nichtigkeit erfassende Kollisionsnorm auf die Frage des Zustandekommens im Wege der Rechtsfortbildung zu erstrecken sein. Ferner könnte das Zustandekommen in der Verordnung auch gänzlich ungeregelt geblieben sein, so dass auf die jeweilige lex fori zurückzugreifen wäre. Schließlich sind Kombinationen der vorgenannten Ansätze möglich, etwa durch bestimmte verordnungsautonome Mindeststandards, ergänzt durch den Verweis auf die lex fori im Übrigen.

14 Nach der Neufassung muss Ausgangspunkt für diese Frage sein, dass der Verordnungsgeber grundsätzlich Kohärenz mit dem Haager Übereinkommen anstrebte, um den (mittlerweile vollzogenen) Beitritt der EU zum Übereinkommen zu erleichtern.[37]

15 Allerdings ist das Haager Übereinkommen hier selbst unklar: In ihrem Erläuternden Bericht zum Haager Übereinkommen erklären Hartley und Dogauchi: „Ob eine entsprechende Zustimmung vorliegt, wird normalerweise nach dem Recht des Staates des vereinbarten Gerichts, einschließlich seiner Kollisionsnormen, entschieden.... Das Übereinkommen als Ganzes greift jedoch nur dann, wenn eine Gerichtsstandsvereinbarung vorliegt, und dies setzt wiederum voraus, dass die grundlegenden tatsächlichen Voraussetzungen einer Zustimmung gegeben sind. Sind diese, gemessen an normalen Standards, nicht gegeben, könnte ein Gericht annehmen, dass das Übereinkommen nicht anwendbar ist, ohne ausländisches Recht berücksichtigen zu müssen".[38]

16 Diese Erläuterungen sind dahingehen verstanden worden,[39] dass die Anforderungen der jeweiligen lex fori an das Zustandekommen über die Anwendbarkeit der Konvention insgesamt entscheiden, und wenn danach die Anwendbarkeit des Übereinkommens eröffnet ist, die „Vereinbarung" nach Art. 5, 6 und 9 des Haager Übereinkommens nach Maßgabe der Kollisionsregel für die materielle Nichtigkeit zu bestimmen ist, also nach dem Recht des durch die Vereinbarung designierten Gerichts einschließlich dessen Kollisionsrechts (Gesamtverweisung). Plausibler erscheint demgegenüber die Deutung, dass die Berichterstatter einen autonomen Mindeststandard für eine Vereinbarung und damit für die sachliche Anwendbarkeit der Konvention unterstellen. Sinnvoll konkretisiert werden könnte dieser Mindeststandard unter Rückgriff auf die UPICC.[40]

17 Schließlich wird vertreten, dass die hart umkämpfte Kollisionsregel alle Fragen mit Ausnahme von Form[41] und Derogationsverboten erfassen sollte und dass im Gegenzug Art. 6 lit. c des Übereinkommens dem nichtdesignierten Gericht erlaubt, die Vereinbarung für unwirksam zu betrachten, wenn diese aus Sicht des nichtdesignierten Gerichts in einer „manifest injustice" resultieren würde, beispielsweise wenn das nach der Kolli-

---

[37] Europäische Kommission, Vorschlag für eine Verordnung des Europäischen Parlaments und des Rates über die gerichtliche Zuständigkeit und die Anerkennung und Vollstreckung von Entscheidungen in Zivil- und Handelssachen vom 14.12.2010, KOM(2010) 748 endg., S. 9, sub 3.1.3.
[38] Trevor Hartley/Masato Dogauchi, Erläuternder Bericht zum Haager Übereinkommen, S. 38 Tz. 94 f.
[39] Ronald Brand/Paul Herrup, Hague Convention on Choice of Court Agreements, Commentary and Documents, Cambridge 2009, S. 40 und 79.
[40] Hierfür Matthias Weller, Validity and Interpretation of International Choice of Court Agreements: The Case for an Extended Use of Transnational Non-State Contract Law, in UNIDROIT (Hrsg.), Eppur si muove: The Age of Uniform Law – Essays in honour of Michael Joachim Bonell to celebrate his 70th birthday Vol. I, 2016, S. 393, S. 398.
[41] Die Form regelt Art. 3 lit. c des Haager Übereinkommens direkt.

sionsregel berufene Recht aus Sicht des nichtdesignierten Gerichts in stoßender Weise eine Vereinbarung annimmt.[42] Auch wenn sich diese Deutung vom (zu) engen Wortlaut der Norm entfernt und sich in den Materialien, soweit ersichtlich, nicht niedergeschlagen hat, erscheint sie doch jedenfalls systematisch und teleologisch für das Übereinkommen am überzeugendsten.

Für die Verordnung galt bisher anderes. Der Systembegriff der „Vereinbarung" war autonom und allein anhand des Tatbestands des Art. 23 auszulegen,[43] also nicht nur als Verweis auf mitgliedstaatliches Recht zu verstehen.[44] Kernziel dieser Auslegung war es, sicherzustellen, dass der Vereinbarung zwischen den Parteien tatsächlich eine – nicht notwendig ausdrückliche – Willenseinigung zugrunde liegt.[45] Insofern enthielt der Begriff der Vereinbarung einen verordnungsautonomen Mindeststandard.[46] Aus der Erfüllung der Formanforderungen erwuchs freilich nach der Rechtsprechung des EuGH die Vermutung, dass dieser Mindeststandard erfüllt ist.[47] Zugleich ließ sich im Umkehrschluss formulieren, dass der Mindeststandard in seiner Reichweite nicht über die Vermutungswirkung aus der Erfüllung der Formanforderungen hinaus wies,[48] so dass für Fragen des Zustandekommens jenseits dieses Mindeststandards das jeweilige Prorogationsstatut galt.[49] Im Übrigen waren aufgrund dieser – konzeptionell nicht unproblematischen – Verquickung von Konsens und Form[50] die Formvorschriften „eng" auszulegen.[51] **18**

Diese Strukturzusammenhang trifft nun in der Neufassung auf das abstrakte Ziel des Verordnungsgebers, sich an das Haager Übereinkommen anzugleichen, ferner auf die (auch) zu diesem Zweck übernommene Kollisionsregel aus dem Haager Übereinkommen für den Anknüpfungsgegenstand der „materiellen Nichtigkeit", im Übrigen auf die oben aufgezeigte Schwierigkeit, dass das Haager Übereinkommen seinerseits in den Fragen Mindeststandard für „Vereinbarung", Reichweite des Anknüpfungsgegenstands der Kol- **19**

---

42 Paul Beaumont, Hague Choice of Court Agreements Convention 2005: Background, Negotiations, Analysis and Current Status, Journal of Private International Law 5 (2009), 125, 139.
43 EuGH, Urt. v. 10.3.1992, Rs C-116/02 – *Gasser* Tz. 51.
44 EuGH, Urt. v. 10.3.1992, Rs C-214/89 – *Powell Duffryn* Tz. 13f.: „In Anbetracht der Ziele und der allgemeinen Systematik des Übereinkommens und um sicherzustellen, daß sich aus dem Übereinkommen für die Vertragsstaaten und die betroffenen Personen so weit wie möglich gleiche und einheitliche Rechte und Pflichten ergeben, ist der Begriff der ‚Gerichtsstandsvereinbarung' daher nicht als blosse Verweisung auf das innerstaatliche Recht des einen oder anderen beteiligten Staates zu verstehen. Der Begriff der Gerichtsstandsvereinbarung im Sinne des Artikels 17 ist deshalb ... als autonomer Begriff anzusehen."
45 EuGH, Urt. v. 20.2.1997, Rs C-106/95 – *MSG* Tz. 17; EuGH, Urt. v. 16.3.1999, Rs C-159/97 – *Castelletti* Tz. 19; EuGH, Urt. v. 7.2.2013, Rs C-116/02, Tz. 27.
46 *Kropholler/von Hein* Art. 23 EuGVO Rdn. 25.
47 Hierzu auch noch unten Rdn. 24 ff. im Zusammenhang mit Formanforderungen. Im Übrigen EuGH, Urt. v. 14.12.1976, Rs 24/76 – *Estasis Salotti* Tz. 7: „Angesichts der möglichen Folgen einer solchen Vereinbarung für die Stellung der Parteien im Prozess sind die in Artikel 17 aufgestellten Voraussetzungen für die Wirksamkeit von Gerichtsstandsvereinbarungen eng auszulegen. Da Artikel 17 hierfür eine ‚Vereinbarung' verlangt, muss das mit der Sache befasste Gericht in erster Linie prüfen, ob die seine Zuständigkeit begründende Klausel tatsächlich Gegenstand einer Willenseinigung zwischen den Parteien war, die klar und deutlich zum Ausdruck gekommen ist, die Formerfordernisse des Artikels 17 sollen gewährleisten, dass die Einigung zwischen den Parteien tatsächlich feststeht"; wortgleich EuGH, Urt. v. 14.12.1976, Rs 25/76 – *Segoura*, Tz. 6.
48 Etwa Reithmann/Martiny/*Hausmann* Rdn. 8.43.
49 EuGH, Urt. v. 19.6.1984, Rs C-71/83, Tz. 24 ff. – *Tilly Russ*; EuGH, Urt. v. 9.11.2000, Rs C-387/98, Tz. 23 – *Coreck Maritime*; BGH, Urt. v. 15.2.2007 – I ZR 40/04, BGHZ, 171, 141, Tz. 25.
50 Kritisch etwa *Kropholler/von Hein* Art. 23 EuGVO Rdn. 27.
51 Nochmals EuGH, Urt. v. 14.12.1976, Rs 24/76 – *Estasis Salotti* Tz. 7; EuGH, Urt. v. 14.12.1976, Rs 25/76 – *Segoura*, Tz. 6.

lisionsnorm und Zusammenhang zwischen Form und Konsens undeutlich bleibt.[52] Indem die Verordnung die Kollisionsnorm nahezu wörtlich übernimmt, gleicht sich die Verordnung äußerlich-formal natürlich bestens an das Übereinkommen an, importiert dadurch aber auch die genannten Unschärfen und Interpretationsfragen.[53] Besser wäre es gewesen, wenn der Verordungsgegber in diesen Fragen Position bezogen hätte und damit auch auf die Interpretation des Haager Übereinkommens zurückgewirkt hätte.[54] Zumindest sofern man für das Übereinkommen eine umfassende, auch das Zustandekommen voll erfassende Reichweite der Kollisionsnorm annimmt und diese dann nach dem abstrakten Regelungswillen des Verordnungsgebers auf dieselbe überträgt, wird man den früheren Nexus zwischen Form und Konsens in der Verordnung als aufgegeben betrachten müssen. Daneben kann durchaus ein autonomer Mindeststandard (fort-) bestehen, der das nach der Kollisionsnorm berufene Recht am Ort des designierten Gerichts kontrolliert.

20   **2. Auslegung.** Die Auslegung obliegt den mitgliedstaatlichen Gerichten,[55] und zwar nach folgenden Maßgaben: Nach Abs. 1 S. 2 ist das von den Parteien vereinbarte Gericht bzw. sind die von den Parteien bezeichneten Gerichte eines Mitgliedstaats ausschließlich zuständig, es sei denn, die Parteien haben anderes vereinbart. Diese europäisch-autonome Vermutung entspricht Art. 3 lit. b des Haager Übereinkommens und war bereits im Kern in Art. 17 EuGVÜ enthalten.[56] Sie ist insbesondere für den *common law*-Rechtskreis von Bedeutung, da dort eine Gerichtsstandsvereinbarung, die nicht ausdrücklich als ausschließliche vereinbart ist, grundsätzlich als nicht-ausschließlich gewollt verstanden wird.[57] Alle anderen Fragen der Auslegung unterliegen dem dafür anwendbaren Recht. Die Kollisionsregel in Art. 25 Abs. 1 S. 1 a.E. erfasst nach ihrem Wortlaut allerdings nur Fragen der „materiellen Nichtigkeit". „Auslegung" kann (auch) europäisch-autonom kaum als hierunter fallend qualifiziert werden. Art. 12 Abs. 1 lit. a Rom I-VO etwa versteht die Auslegung als eine Frage des Vertragsstatuts,[58] der Vertrag bzw. das Zustandekommen ist aber gerade nicht der Anknüpfungsgegenstand der Kollisionsregel in Art. 25 Abs. 1 S. 1 a.E. der Verordnung.

---

52 Vgl. oben Rdn. 15ff.
53 Matthias Weller, Die verbesserte Wirksamkeit der europäischen Gerichtsstandsvereinbarung nach der Reform der Brüssel I-VO, ZZP Int 19 (2014), S. 261.
54 Die Praxis der EU als einer von derzeit drei Vertragsparteien, zugleich eine regionale Integrationsgemeinschaft mit (derzeit) 28 Mitgliedstaaten hat durchaus Relevanz für die Auslegung des Übereinkommens, vgl. Matthias Weller, Choice of court agreements under Brussels Ia and under the Hague convention: coherences and clashes, Journal of Private International Law 13 (2017), 91, 93.
55 EuGH, Urt. v. 7.7.2016, Rs 222/15 – *Hőszig* Tz. 28; EuGH, Urt. v. 21.5.2015, Rs C-352/13 – *CDC* Tz. 68; EuGH, Urt. v. 3.7.1997, Rs C-269/95 – *Benincasa* Tz. 31; EuGH, Urt. v. 10.3.1992, Rs C-214/89 – *Powell Duffryn* Tz. 37.
56 Dort fehlte zwar der Zusatz „sofern die Parteien nichts anderes vereinbart haben", dies um größtmögliche Klarheit der Zuständigkeitsregelung zu erreichen, P. Jenard, Bericht zu dem Übereinkommen vom 27. September 1968 über die gerichtliche Zuständigkeit und Vollstreckung gerichtlicher Entscheidungen in Zivil- und Handelssachen, Abl. EG Nr. C 59 v. 5.3.1979 (Jenard-Bericht), S. 1, 37 zu Art. 17 EuGVÜ, gleichwohl wurde den Parteien natürlich auch damals schon die Freiheit zugestanden, auch nicht-ausschließliche Gerichtsstandsvereinbarungen durch ausdrückliche Abrede abzuschließen, vgl. Simons/Hausmann/*Hausmann* Art. 23 Brüssel I-VO Rdn. 122.
57 Vgl. etwa Andrea Schulz, The Hague Convention of 30 June 2005 on Choice of Court Agreements, Yearbook on Private International Law 2 (2006), 243, 253: „the presumption under common law is usually the opposite" [als die in Art. 3 lit. b des Haager Übereinkommens].
58 Allgemein zur Konzeption der Norm Matthias Weller, BeckOGK, Art. 12 Rom I-VO, Rdn. 2ff.

Eine analoge Anwendung der Kollisionsregel[59] könnte man mit der Erwägung in Betracht ziehen, dass die Auslegung z.B. darüber, ob die Streitigkeit von der Vereinbarung erfasst ist, zu entsprechenden Ergebnissen führt wie die Prüfung materieller Nichtigkeitsgründe, nämlich entweder zur Wirkung der Gerichtsstandsvereinbarung kraft Erfassung des Streitgegenstands im konkreten Fall oder eben nicht. Indes gilt dies nicht für alle Auslegungsfragen, etwa wenn unklar ist, welches Gericht durch die von den Parteien gewählte Bezeichnung gemeint ist.[60] Damit bleibt nur der Rekurs auf die lex fori des angegangenen Gerichts (einschließlich des für Gerichtsstandsvereinbarungen einschlägigen Kollisionsrechts).[61] Dies ist unbefriedigend und sollte de lege ferenda geändert werden. **21**

In Deutschland unterliegt die Gerichtsstandsvereinbarung nach ungeschriebenem autonomem Kollisionsrecht grundsätzlich der Rechtswahlfreiheit der Parteien.[62] Diese üben aber ihre Gestaltungsfreiheit zur Wahl des Prorogationsstatuts kaum jemals aus,[63] so dass im Regelfall objektiv anzuknüpfen ist. Dann ist in akzessorischer Anknüpfung das Recht des Hauptvertrags auf die Auslegung der Gerichtsstandsvereinbarung anzuwenden.[64] Dieser Ansatz erscheint „europäisierbar".[65] Über das vereinheitliche Kollisionsrecht für vertragliche Schuldverhältnisse der Rom I-VO, vgl. Art. 12 Abs. 1 lit. a Rom I-VO, wäre damit mittelbar[66] die Auslegung der Gerichtsstandsvereinbarung vor mitgliedstaatlichen Gerichten nach ein und demselben Sachrecht gewährleistet.[67] Alternativ käme der einheitliche Rekurs auf transnationale Regelungen in Betracht.[68] Dieser müsste freilich normativ verankert werden. **22**

In praktischer Hinsicht stellt sich wohl mit am häufigsten die Frage, inwieweit deliktische Ansprüche mit Bezug zu einem bestehenden Rechtsverhältnis von einer Gerichtsstandsvereinbarung erfasst sind. Soweit der Wortlaut der Gerichtsstandsvereinbarung Ansprüche „im Zusammenhang mit" („in connection with") dem betreffenden Vertrag erfasst, ist grundsätzlich anzunehmen, dass die Parteien jedenfalls vertragsnahe deliktische Ansprüche mitregeln wollten.[69] Zu dieser Frage hatte der EuGH kürzlich in der **23**

---

59 Hierfür z.B. Reithmann/Martiny/*Hausmann* S. 2100 Rdn. 8.130, mit systematisch wohl nicht hinreichend tragfähigem Verweis auf Art. 25 Abs. 5 (verstärkte Betonung der „Autonomie der Gerichtsstandsvereinbarung").
60 Etwa Matthias Weller, Validity and Interpretation of International Choice of Court Agreements: The Case for an Extended Use of Transnational Non-State Contract Law, in UNIDROIT (Hrsg.), Eppur si muove: The Age of Uniform Law – Essays in honour of Michael Joachim Bonell to celebrate his 70th birthday Vol. I, 2016, S. 393, 404; Matthias Weller, Internationale Gerichtsstandsvereinbarungen: Haager Übereinkommen – Brüssel I-Reform, in Reinhold Geimer/Athanassios Kaissis/Roderich C. Thümmel (Hrsg.), Ars aequi et boni in mundo – Festschrift für Rolf A. Schütze zum 80. Geburtstag, 2015, S. 705, 709.
61 EuGH, Urt. v. 3.7.1997, Rs C-269/95 – *Benincasa* Tz. 31; EuGH, Urt. v. 10.3.1992, Rs C-214/89 – *Powell Duffryn* Tz. 37. Rauscher/*Mankowski* Art. 25 Brüssel Ia-VO Rdn. 208.
62 BGH, Urt. v. 21.11.1996 – IX ZR 264/95, BGHZ 134, 127, Tz. 39.
63 AaO.
64 AaO.
65 Vgl. etwa High Court London, Urt. v. 6.11.2009 – *Skype Technologies SA/Joltid Ldt*; High Court London (QBD), Urt. v. 16.4.2003 – *Evialis/SIAT*; schwzBG, Urt. v. 17.7.2012 – 4A_177/2012, Tz, 3.3f.; Rauscher/*Mankowski* Art. 25 Brüssel Ia-VO Rdn. 208.
66 Unmittelbar kommt die Anwendung der Rom I-VO nach Art. 1 Abs. 2 lit. e Var. 2 Rom I-VO nicht in Betracht.
67 Simons/Hausmann/*Hausmann* Art. 23 Brüssel I-VO Rdn. 140.
68 Matthias Weller, Validity and Interpretation of International Choice of Court Agreements: The Case for an Extended Use of Transnational Non-State Contract Law, in UNIDROIT (Hrsg.), Eppur si muove: The Age of Uniform Law – Essays in honour of Michael Joachim Bonell to celebrate his 70th birthday Vol. I, 2016, S. 393, 404 f. unter exemplarischer Prüfung von Art. 4.1 ff. UPICC und Art. II.-8:101 ff. DCFR.
69 Z.B. BGH, Urt. v. 12.11.1987 – III ZR 29/87, NJW 1988, 1215 (für Schiedsvereinbarung); OLG München, Urt. v. 7.7.2014, IPRax 2016, 66 (m. Anm. Matthias Weller 48); Reithmann/Martiny/*Hausmann* S. 2101

Rechtssache *CDC* für kartellprivatrechtliche Schadensersatzansprüche im Verhältnis zu Gerichtsstandsvereinbarungen in den Lieferverträgen zwischen Kartellanten und deren geschädigten Abnehmern zu entscheiden.[70] Ungeachtet dessen, dass die Auslegung in der Tat dem mitgliedstaatlichen Gericht obliegt,[71] entwickelte der EuGH seinerseits die Auslegungsregel, „dass eine Klausel, die sich in abstrakter Weise auf Rechtsstreitigkeiten aus Vertragsverhältnissen bezieht, nicht einen Rechtsstreit erfasst, in dem ein Vertragspartner aus deliktischer Haftung wegen seines einem rechtswidrigen Kartell entsprechenden Verhaltens belangt wird".[72] Dies versteht sich freilich von selbst. Denn wenn die Vereinbarung nur Rechtsverhältnisse „aus Vertrag" und nicht auch „in Zusammenhang mit dem Vertrag" stehende Rechtsverhältnisse als erfasst bezeichnet, dann können unter diesem engen Wortlaut deliktische Ansprüche kaum als erfasst gelten. „Sofern dagegen eine Klausel vorläge, die sich auf Streitigkeiten aus Haftung wegen einer Zuwiderhandlung gegen das Wettbewerbsrecht bezieht und in der ein Gericht eines anderen Mitgliedstaats als dem des vorlegenden Gerichts bestimmt wird",[73] sind kartellprivatrechtliche Schadensersatzansprüche – natürlich – einbezogen. Zum eigentlich interessanten Fall, dass eine Gerichtsstandsvereinbarung ohne ausdrückliche Bezeichnung gerade kartellprivatrechtlicher Schadensersatzansprüche lediglich abstrakt-generell „Ansprüche aus dem Vertrag und im Zusammenhang mit dem Vertrag" bezeichnet, äußert sich der EuGH hingegen gar nicht. In der Rechtssache *Hőszig* hat der EuGH zudem entschieden, dass eine Gerichtsstandsklausel zugunsten der Gerichte einer bestimmten Stadt in einem Mitgliedstaat auch ohne ausdrückliche Bezeichnung des Mitgliedstaates hinreichend bestimmt bzw. bestimmbar ist.[74] Die Bestimmung des konkret zuständigen Gerichts richtet sich dann nach den Zuständigkeitsregelungen des betreffenden Mitgliedstaates.[75] Da nun der EuGH damit begonnen hat, europäisch-autonome Auslegungsregeln zu entwickeln, wird man wohl weitere Auslegungsfragen vorzulegen haben anstatt sie wie bisher dem mitgliedstaatlichen Gericht zur Entscheidung nach dem anwendbaren Recht zuzuweisen.

24 **3. Form.** Die europäisch-autonomen, damit auch gegenüber mitgliedstaatlichem Recht abschließenden[76] Formanforderungen sind der zentrale Regelungsgegenstand in Art. 25 Abs. 1. Über die Formanforderungen soll sichergestellt werden, dass die vom Kläger im forum prorogatum behauptete Vereinbarung auch tatsächlich besteht.[77] Die

---

Rdn. 8.132; Gary Born, International Commercial Arbitration Bd. I, 2. Aufl. 2014, S. 1357 ff. § 9.02 für Schiedsvereinbarungen. Speziell für Gerichtsstandsvereinbarungen in Verfahren über kartellprivatrechtliche Schadensersatzklagen Wolfgang Wurmnest, Gerichtsstandsvereinbarungen im grenzüberschreitenden Kartellprozess, in Michael Nietsch/Matthias Weller (Hrsg.), Private Enforcement: Brennpunkte kartellprivatrechtlicher Schadensersatzklagen, Workshop des EBS Law School Research Center for Transnational Commercial Law, 2014, S. 75, 100.
70 EuGH, Urt. v. 21.5.2015, Rs C-352/13 – *CDC* Tz. 68. Hierzu z.B. Wolfgang Wurmnest, International jurisdiction in competition damages cases under the Brussels I Regulation: CDC Hydrogen Peroxide, Common Market Law Review 53 (2016), 225; Matthias Weller/Jonas Wäschle, RIW 2015, 598.
71 Nochmals EuGH, Urt. v. 21.5.2015, Rs C-352/13 – *CDC* Tz. 50; EuGH, Urt. v. 3.7.1997, Rs C-269/95 – *Benincasa* Tz. 31; EuGH, Urt. v. 10.3.1992, Rs C-214/89 – *Powell Duffryn*, Tz. 37.
72 AaO Tz. 69.
73 AaO Tz. 71.
74 EuGH, Urt. v. 7.7.2016, Rs 222/15 – *Hőszig* Tz. 45 ff.
75 EuGH, Urt. v. 7.7.2016, Rs 222/15 – *Hőszig* Tz. 48.
76 EuGH, Urt. v. 16.3.1999, C-159/97 – *Trasporti Castelletti* Tz. 34, 37, 47; EuGH, Urt. v. 24.6.1981, Rs 150/80 – *Elefanten Schuh* Tz. 25 f.
77 Hierzu bereits oben im Zusammenhang mit den Anforderungen an die „Vereinbarung", Rdn. 12 ff.

Formanforderungen zielen dabei einerseits auf Beklagtenschutz,[78] andererseits auf Rechtssicherheit, und sind dogmatisch als Wirksamkeitsvoraussetzungen zu verstehen.[79] Abs. 1 lit. a verlangt die schriftliche Form oder zumindest die schriftliche Bestätigung der mündlichen Form, nach lit. b genügt allerdings gegebenenfalls die Form entsprechend den Gepflogenheiten der Parteien, nach lit. c sogar unter bestimmten Voraussetzungen ein allgemeiner Handelsbrauch. Maßgeblicher Zeitpunkt ist nach mitgliedstaatlicher Rechtsprechung die Klageerhebung.[80] Die Parteien können jederzeit eine formunwirksame Vereinbarung „bestätigen" bzw. Formmängel „heilen", wobei dies konzeptionell ein Neuabschluss ist, so dass keine Rückwirkung auf den Zeitpunkt der ursprünglichen formnichtigen Vereinbarung entsteht.

a) Verhältnis von Form und Konsens. Art. 17 EuGVÜ und Art. 23 Brüssel I-VO enthalten keinerlei Regelung zur rechtsgeschäftlichen Wirksamkeit der Gerichtsstandsvereinbarung. Unter dieser Prämisse ist es sinnvoll, einen konventionsinternen, dabei zugleich primär über Formerfordernisse gesteuerten Mindeststandard jedenfalls für einen gegebenenfalls verordnungsautonomen Kernbereich des notwendigen Konsenses anzunehmen.[81] Art. 25 übernimmt demgegenüber die Kollisionsregel des Haager Übereinkommens für Fragen der „Ungültigkeit",[82] und ein Nexus zwischen Form und Konsens wie unter den früheren Brüsseler Instrumenten besteht im Haager Übereinkommen nicht.[83] Damit stellt sich die Frage, inwieweit dieser Nexus unter der Neufassung noch besteht oder ob beide Fragen nunmehr unabhängig voneinander zu beantworten sind.[84] Dann müssten die Formanforderungen jedenfalls nicht mehr deswegen eng ausgelegt werden, weil sie auch die Funktion der Sicherung eines hinreichenden Konsenses übernehmen. 25

b) Schriftform. Nach Art. 25 Abs. 1 S. 3 lit. a Var. 1 ist die Gerichtsstandsvereinbarung formwirksam, wenn sie im europäisch-autonomen Sinn „schriftlich" geschlossen 26

---

78 EuGH, Urt. v. 7.7.2016, Rs 222/15 – *Hőszig* Tz. 28.
79 Z.B. EuGH, Urt. v. 14.12.1976, Rs 24/76 – *Estasis Salotti* Tz. 7.
80 OGH, Urt. v. 5.6.2007, IHR 2007, 245, 248; OLG Köln, Urt. v. 16.3.1988, NJW 1988, 2182. Formmängel können die Parteien bis zu diesem Zeitpunkt durch formgerechten Neuabschluss überwinden.
81 P. Jenard, Bericht zu dem Übereinkommen vom 27. September 1968 über die gerichtliche Zuständigkeit und Vollstreckung gerichtlicher Entscheidungen in Zivil- und Handelssachen, Abl. EG Nr. C 59 v. 5.3.1979 (Jenard-Bericht), S. 1, 37 zu Art. 17 EuGVÜ: „echte Willensübereinstimmung"; EuGH, Urt. v. 9.11.2000, Rs C-387/98 – *Coreck Maritime*; EuGH, Urt. v. 20.2.1997, Rs C-106/95 – *MSG* Tz. 15; EuGH, Urt. v. 14.12.1976, Rs 24/76 – *Estasis Salotti* Tz. 7; *Kropholler/von Hein* Art. 23 EuGVO Rdn. 25; Geimer/Schütze/*Geimer* EuZVR Art. 23 EuGVO Rdn. 75; Thomas Pfeiffer, in Burkhard Hess/Thomas Pfeiffer/Peter Schlosser, The Brussel I Regulation 44/2001 – Application and Enforcement in the EU (Heidelberg Report), 2008, S. 91 f. Rdn. 325.
82 Kritisch Reinhold Geimer, Bemerkungen zur Brüssel I-Reform, in ders./Rolf A. Schütze/Thomas Garber (Hrsg.), Europäische und internationale Dimension des Rechts – Festschrift für Daphne-Ariane Simotta, 2012, S. 163, 167, für Ausdifferenzierung eines verordnungsinternen Maßstabs anstelle einer Verweisungsregel; komplexere kollisionsrechtliche Lösung favorisierend Christian Heinze, Choice of Court Agreements, Coordination of Proceedings and Provisional Measures in the Reform of the Brussels I Regulation, RabelsZ 75 (2011), 581, 587: Rechtswahl, objektiv lex causae des Hauptvertrags, hilfsweise lex fori des gewählten Gerichts. De lege ferenda Sachnormverweisung favorisierend Reithmann/Martiny/*Hausmann* Rdn. 8.45.
83 Hierzu bereits oben Rdn. 19 und ferner nochmals Rauscher/*Weller* Haager Übereinkommen vom 30. Juni 2005 über Gerichtsstandsvereinbarungen, Einführung Rdn. 14; Andrea Schulz, The Hague Convention of 30 June 2005 on Choice of Court Agreements, Journal of Private International Law 2 (2006), 243, 252.
84 Die besseren Argumente sprechen wohl dafür, keinen solchen Nexus mehr anzunehmen.

wurde. Nicht maßgeblich ist damit mitgliedstaatliches Recht zur Schriftform, z.B. § 126 Abs. 2 S. 1 BGB, wonach bei einem Vertrag die Unterzeichnung der Parteien auf derselben Urkunde erfolgen muss, wobei nach S. 2 bei mehreren gleichlautenden Urkunden die Unterzeichnung der Partei auf der jeweils für den anderen Teil bestimmten Ausfertigung ausreicht. Europäisch-autonom genügt dies allerdings gleichermaßen, solange jeweils ausdrücklich Bezug auf die jeweils korrespondierende Urkunde genommen wird.[85] Darüber hinaus soll nach mitgliedstaatlicher Rechtsprechung die Paraphierung anstelle der vollen Namensunterschrift ausreichen[86] bzw. die Unterschrift bei elektronischer Übermittlung vollständig entbehrlich sein, solange die Urheberschaft des Erklärenden feststeht.[87] Gleiches soll im Rahmen von Art. 23 Abs. 1 S. 3 lit. a LugÜ 2007 bei einer schriftlich fixierten und von einer Vertragspartei unterschriebenen Vertragsurkunde gelten, wenn die andere Vertragspartei den gemeinsam ausgehandelten Vertrag anschließend zeitnah seinem Wortlaut gemäß in Vollzug setzt.[88] Ferner müssen die Vertragsurkunden nicht gleichlautend sein („getrennte Schriftlichkeit"),[89] es genügt vielmehr sogar die bloße schriftliche Annahme ohne Wiederaufnahme des Textes der Vereinbarung.[90] Als nicht mehr hinreichend gilt allerdings die Zusendung eines Vertragsformulars zur (alleinigen) Unterschrift durch den anderen Teil (z.B. Bürgschaft) oder der Unterschriftenstempel einer Partei.[91] Der Schriftform nach den vorgenannten Maßgaben genügen auch Telefaxe,[92] ebenso, wohl auch bereits unter Abs. 1 in „dynamischer Auslegung", auch E-Mails und Abschlüsse über aktive Internetseiten, solange die Erklärungen ausgedruckt oder zumindest gespeichert werden können.[93] Abs. 2 stellt nunmehr ausdrücklich für „elektronische Übermittlungen" die „dauerhafte Aufzeichnung" der Schriftform nach Abs. 1 gleich.

27 Soweit die Form von Gerichtsstandsvereinbarungen durch Einbeziehung von Allgemeinen Geschäftsbedingungen in Rede steht, gelten unmittelbar und abschließend die Maßgaben nach Art. 25 Abs. 1 S. 3 lit. a Var. 1 oder gegebenenfalls durch die Verordnung gewährte Formerleichterungen, nicht aber mitgliedstaatliches Recht zur Einbeziehung von AGB.[94] Erforderlich ist danach zunächst ein Hinweis in dem in Schriftform abgeschlossenen Vertrag auf die betreffenden AGB mit Gerichtsstandsklausel.[95] Diese muss in

---

85 EuGH, Urt. v. 14.12.1976, Rs 24/76 – *Estasis Salotti* Tz. 13.
86 BGH, Urt. v. 22.2.2001 – IX ZR 19/00, NJW 2001, 1731.
87 BGH, Beschl. v. 16.1.2014 – IX ZR 194/13, WM 2014, 534, 535, Tz. 9; BGH, Urt. v. 6.7.2004 – X ZR 171/02, Tz. 13; BGH, Urt. v. 22.2.2001 – IX ZR 19/00, NJW 2001, 1731; vgl. auch BGH, Urt. v. 25.1.2017 – VIII ZR 257/15, MDR 2017, 282f., Tz. 29, zu Art. 23 Abs. 1 S. 3 lit. a LugÜ 2007.
88 BGH, Urt. v. 25.1.2017 – VIII ZR 257/15, MDR 2017, 282, 283, Tz. 32.
89 BGH, Beschl. v. 16.1.2014 – IX ZR 194/13, WM 2014, 534, 535, Tz. 9; BGH, Urt. v. 22.2.2001 – IX ZR 19/00, NJW 2001, 1731, Tz. 8; BGH, Urt. v. 9.3.1994 – VIII ZR 185/92, NJW 1994, 2699, 2700.
90 *Kropholler/von Hein* Art. 23 EuGVO Rdn. 33.
91 BGH, Beschl. v. 16.1.2014 – IX ZR 194/13, WM 2014, 534, 535, Tz. 9: „Der Formulartext der Vollmachtsurkunde enthält nur die Erklärung der Beklagten, nicht aber eine Erklärung der Klägerin"; BGH, Urt. v. 22.2.2001 – IX ZR 19/00, NJW 2001, 1731 (Bürgschaft – Unterschriftenstempel der Bank), Tz. 10: „Der Formulartext einschließlich der maschinenschriftlich eingesetzten Ergänzungen betrifft lediglich eine Erklärung des Bürgen, dieser durch seine Unterschrift als für sich verbindlich bezeichnet. Eine Erklärung der Gläubigerin ist dagegen in der Urkunde nicht enthalten. Daran ändert auch nichts der Stempelaufdruck mit dem Namen der Klägerin im Kopf des Formulars; denn dieser ist auf keine textlich verkörperte Erklärung der Klägerin bezogen".
92 BGH, Beschl. v. 16.1.2014 – IX ZR 194/13, WM 2014, 534, 535, Tz. 9.
93 Rauscher/*Mankowski* Art. 25 Brüssel Ia-VO Rdn. 90.
94 Simons/Hausmann/*Hausmann* Art. 23 Brüssel I-VO Rdn. 66.
95 EuGH, Urt. v. 7.7.2016, Rs 222/15 – *Höszig* Tz. 39; EuGH, Urt. v. 14.12.1976, Rs 24/76 – *Estasis Salotti* Tz. 9.

dem Hinweis nicht eigens erwähnt sein.[96] Allerdings muss der (allgemeine) Hinweis hinreichend deutlich sein,[97] und der Hinweis muss beiderseitig in der gebotenen Form in die Einigung einbezogen sein. Der andere Teil muss also dem Angebot mit Hinweis auf dessen AGB schriftlich zustimmen.[98] Auf die tatsächliche Kenntnisnahme der AGB bzw. der darin enthaltenen Gerichtsstandsklausel kommt es dann nicht mehr an.[99] Allerdings ist eine tatsächliche Kenntnisnahmemöglichkeit erforderlich.[100] Der Hinweis ohne Einräumung einer solchen genügt nicht. Ein link auf eine Internetseite in einer individuellen E-Mail ist ausreichend,[101] ohne eine solche E-Mail erscheint dies indes zweifelhaft. Kollidierende AGB stehen dem Zustandekommen beider Vereinbarungen wohl schon auf europäisch-autonomer Ebene – fehlender Konsens – entgegen.[102] Stimmen die jeweiligen Vereinbarungen überein, dann besteht gleichwohl hinreichender Konsens.[103] Die Individualvereinbarung dürfte sich im Lichte der Klauselrichtlinie[104] ebenfalls bereits europäisch-autonom durchsetzen, jedenfalls aber bei entsprechender Vorrangregel im anwendbaren Sachrecht.[105] Bei Inkorporation von anderen, z.B. Rahmenverträgen, im Vertrag mit erst im verwiesenen Vertrag enthaltener Gerichtsstandsklausel sollte ein entsprechend deutlicher (allgemeiner) Hinweis auch in dieser Konstellation genügen.

c) Schriftliche Bestätigung. Art. 25 Abs. 1 S. 3 lit. a Var. 2 erlaubt in Erleichterung **28** gegenüber der grundsätzlich erforderlichen Schriftform die schriftliche Bestätigung einer mündlichen Vereinbarung. Grundvoraussetzung ist eine mündlich, nicht notwendig ausdrücklich,[106] aber hinreichend deutlich zustande gekommene Vereinbarung gerade über die Gerichtsstandsvereinbarung.[107] Die Vertragsdurchführung als solche genügt zur Bestätigung ebenso wenig wie das Ausbleiben eines Widerspruchs.[108] Die Bestätigung kann von beiden Seiten ausgehen.[109] Die Bestätigung muss „in zeitlichem Zusammenhang mit dem Vertragsschluß" erfolgen.[110] Sie kann auch durch Telefax bzw. nach Abs. 2 elektronisch vorgenommen werden,[111] sie muss aber inhaltlich mit der mündlich getrof-

---

[96] AaO., Tz. 7.
[97] AaO., Tz. 9: (unzureichender) Hinweis auf Rückseite.
[98] OLG Saarbrücken, Urt. v. 18.10.2011, NJOZ 2012, 923, 925; Rauscher/*Mankowski* Art. 25 Brüssel Ia-VO Rdn. 91.
[99] SchwzBG, Urt. v. 1.7.2013 – 4A_86/2013, BGE 139 III 345, 349 zum LugÜ 2007.
[100] Reithmann/Martiny/*Hausmann* Rdn. 8.67.
[101] OLG Dresden, Urt. v. 7.5.2009 – 10 U 1816/08, NJW-RR 2009, 1295, 1296.
[102] Simons/Hausmann/*Hausmann* Art. 23 Brüssel I-VO Rdn. 71 m.w.N. zur mitgliedstaatlichen Rechtsprechung.
[103] OLG Köln, Beschl. v. 24.5.2006, IPRspr 2006, Nr. 122, 273 Tz. 11.
[104] Richtlinie 93/13/EWG des Rates vom 5. April 1993 über mißbräuchliche Klauseln in Verbraucherverträgen, Amtsblatt Nr. L 95 v. 21.4.1993 S. 29 ff.
[105] Rauscher/*Mankowski* Art. 25 Brüssel Ia-VO Rdn. 95.
[106] **A.A.** Nordmeier, Internationale Gerichtsstandsvereinbarungen nach der EuGVVO n.F., RIW 2016, 331, 333.
[107] BGH, Urt. v. 22.2.2001 – IX ZR 19/00, NJW 2001, 1731, Tz. 13: Übersendung der schriftlichen Bürgschaftsurkunde kann Bestätigung i.S.v. Art. 25 Abs. 1 S. 3 lit. a Var. 2 sein, wenn der Übersendung eine mündliche Vereinbarung über die Gerichtsstandsvereinbarung vorausgegangen ist. Dies war konkret nicht der Fall.
[108] Bei entsprechendem internationalen Handelsbrauch i.S.v. Art. 25 Abs. 1 S. 3 lit. c zur Wirkung eines kaufmännischen Bestätigungsschreibens kann allerdings das Ausbleiben des Widerspruchs zur Vereinbarung auch einer Gerichtsstandsvereinbarung führen, EuGH, Urt. v. 20.2.1997, Rs C-106/95 – *MSG*.
[109] EuGH, Urt. v. 11.7.1985, Rs 221/84 – *Berghoefer* Tz. 15: „...wenn die von einer der Parteien stammende Bestätigung der mündlichen Vereinbarung der anderen Partei zugegangen ist ...".
[110] OLG Düsseldorf, Urt. v. 2.10.1997, NJW-RR 1998, 1145.
[111] Geimer/Schütze/*Geimer* EuZVR Art. 23 EuGVO Rdn. 109.

fenen Vereinbarung vollständig übereinstimmen und auf diese Bezug nehmen.[112] Der Widerspruch gegen die Bestätigung schließt die Wirkung der Bestätigung als formwahrend für die vorangegangene mündliche Vereinbarung nicht aus. Mit dem Widerspruch bestreitet der andere Teil allerdings den Bestand dieser mündlichen Vereinbarung. Diese Maßgaben gelten sowohl für Bestätigungen im kaufmännischen wie im nichtkaufmännischen Bereich.[113]

29   Die schriftliche Bestätigung des Hauptvertrags unter Verweis auf mündlich vereinbarte AGB mit Gerichtsstandsklausel genügt nicht. Der andere Teil müsste entweder noch seinerseits in Ansehung der Gerichtsstandswahl schriftlich „bestätigen", so dass das Schriftformerfordernis in Var. 1 erfüllt ist.[114] Oder aber der Vertrag wurde in laufenden Geschäftsbeziehungen geschlossen und es steht fest, dass diese Beziehungen in ihrer Gesamtheit den eine Gerichtsstandsklausel enthaltenden Allgemeinen Geschäftsbedingungen des bestätigenden Teils unterliegen. Denn wollte der Empfänger der Bestätigung bei dieser Sachlage die Gerichtsstandsvereinbarung leugnen, verstieße er gegen Treu und Glauben.[115] Solchenfalls setzen sich also die Parteigepflogenheiten durch, Art. 25 Abs. 1 S. 3 lit. b.

30   Für den speziellen Fall einer befristeten Gerichtsstandsvereinbarung und einer schriftlich vorgesehenen, aber unterbliebenen Verlängerung und Fortführung des Vertrags über die Frist hinaus hat der EuGH zum EuGVÜ entschieden, dass die Gerichtsstandsvereinbarung dann weiter wirksam ist, wenn die mündliche Form nach dem anwendbaren Recht ausreicht, ansonsten ist mindestens eine schriftliche Bestätigung nach Var. 2 erforderlich.[116] Der Rekurs auf die lex causae in einer Formfrage widerspricht freilich der grundsätzlichen dogmatischen Struktur der europäischen Gerichtsstandsvereinbarung, Formfragen abschließend unmittelbar selbst zu regeln.[117] Unter die vereinheitliche Kollisionsregel zur „materiellen Nichtigkeit" in Art. 25 Abs. 1 S. 1 a.E. kann diese Frage jedenfalls kaum fallen.

31   d) Parteigepflogenheiten. Art. 25 Abs. 1 S. 3 lit. b lässt in weiterer Erleichterung der grundsätzlich erforderlichen Schriftform eine Gerichtsstandsvereinbarung wirksam sein, wenn die Form den zwischen den Parteien entstandenen Gepflogenheiten entspricht. Substituiert werden also Formerfordernisse, nicht etwa Anforderungen an die Vereinbarung als solche.[118] Wollte sich eine Partei plötzlich entgegen solcher bisherigen Gepflogenheiten auf die grundsätzlichen Anforderungen nach lit. a berufen, wäre dies treuwidrig,[119] und diese Wertung bringt die Norm nunmehr unmittelbar zum Ausdruck. Dies gilt für kaufmännische und nichtkaufmännische Parteien gleichermaßen. Für nichtkaufmännische Parteien gelten natürlich im Übrigen gegebenenfalls unverändert die Maßgaben zum Schutz des Schwächeren. Maßgeblicher Zeitpunkt für die Feststellung entsprechender Gepflogenheiten ist der Zeitpunkt des Vertragsschlusses zwischen den beiden

---

112 Rauscher/*Mankowski* Art. 25 Brüssel Ia-VO Rdn. 100.
113 *Kropholler/von Hein* Art. 23 EuGVO Rdn. 45.
114 EuGH, Urt. v. 14.12.1976, Rs 25/76 – *Segoura* Tz. 8.
115 AaO., Tz. 11.
116 EuGH, Urt. v. 11.11.1986, Rs 313/85 – *Iveco Fiat* Tz. 8 f.
117 Hierzu bereits oben Rdn. 24.
118 BGH, Urt. v. 6.7.2004 – X ZR 171/02, NJW-RR 2005, 150.
119 So bereits unter dem EuGVÜ ohne ausdrückliche Regelung EuGH, Urt. v. 14.12.1976, Rs 25/76 – *Segoura* Tz. 11: Berufung auf Formnichtigkeit entgegen Parteigepflogenheit Verstoß gegen Treu und Glauben. Ebenso EuGH, Urt. v. 19.6.1984, Rs 71/83 – *Tilly Russ* Tz. 18, zur Gerichtsstandsvereinbarung im Konossement.

Parteien.[120] Mindestvoraussetzung für die Entstehung von Gepflogenheiten sind zwei Geschäfte, wobei frühestens das zweite Geschäft von eventuellen Gepflogenheiten geprägt sein kann.[121] Grundsätzlich müssen „Gepflogenheiten" von einer gewissen Dauer und einem gewissen Sinnzusammenhang der einzelnen Situationen getragen sein und dadurch ein Vertrauen entstehen lassen.[122] Einzelne Abweichungen in einer insgesamt konsistenten Verhaltensweise schaden nicht.[123] Die Beweislast liegt bei demjenigen, der die Gepflogenheit behauptet.[124]

e) Handelsbrauch. Nach anfänglich restriktiver Auslegung der vorstehenden Formanforderungen durch den EuGH erkannte man die Notwendigkeit, für den internationalen Handelsverkehr weitere Erleichterungen einzuführen. Mit dem Ersten Beitrittsübereinkommen vom 9. Oktober 1978 für Dänemark, Irland und das Vereinigte Königreich wurde deswegen die Form nach internationalem Handelsbrauch für ausreichend erklärt,[125] dies allerdings nur dann, wenn die Parteien diesen Handelsbrauch positiv kannten oder jedenfalls kennen mussten. Die Anforderungen an einen Handelsbrauch werden im Kern durch lit. c selbst definiert, indem dort verlangt wird, dass die typischen Parteien von Verträgen der geschlossenen Art im betreffenden Verkehrskreis die betreffende Formgepflogenheit allgemein kennen und regelmäßig beachten.[126] Als international gilt der Handelsbrauch, wenn er in Bezug auf die Wohnsitze der Parteien oder nach dem Geschäftsbereich oder aber in Bezug auf den Leistungsaustausch nationale Grenzen überschreitet.[127] Nicht erforderlich ist damit, dass der Brauch in allen Mit- **32**

---

[120] Z.B. OLG Stuttgart, Urt. v. 31.7.2012, NJW 2013, 83, 84; OLG Karlsruhe, Urt. v. 28.5.2002, IPRspr 2002, Nr. 131b, 333 ff.; offengelassen in BGH, Urt. v. 6.7.2004, NJW-RR 2005, 150, 152.
[121] Rauscher/*Mankowski* Art. 25 Brüssel Ia-VO, Rdn. 106.
[122] BGH, Urt. v. 25.3.2015 – VIII ZR 125/14, NJW 2015, 2584, 2590, Tz. 58.
[123] Vgl. BGH, Urt. v. 25.3.2015 – VIII ZR 125/14, NJW 2015, 2584, 2590, Tz. 57 f.
[124] Reithmann/Martiny/*Hausmann* Rdn. 8.83.
[125] Peter Schlosser, Bericht zu dem Übereinkommen vom 9. Oktober 1978 über den Beitritt des Königreichs Dänemark, Irlands und des Vereinigten Königreichs Großbritannien und Nordirland zum Übereinkommen über die gerichtliche Zuständigkeit und die Vollstreckung gerichtlicher Entscheidungen in Zivil- und Handelssachen sowie zum Protokoll betreffend die Auslegung dieses Übereinkommens durch den Gerichtshof, Abl. EG Nr. C 59 v. 5.3.1979 (Schlosser-Bericht), S. 71, 125 Tz. 179: „Interpretation des [bisherigen] Artikels 17 durch den EuGH [wird] den Gepflogenheiten und Bedürfnissen des internationalen Handels nicht gerecht".
[126] Hierzu grundlegend EuGH, Urt. v. 20.2.1997, Rs C-106/95 – *MSG* Tz. 23 f.: „Ob ein Handelsbrauch besteht, lässt sich nicht nach dem Recht eines der Vertragsstaaten bestimmen. Es lässt sich auch nicht für den internationalen Handelsverkehr generell bestimmen, sondern nur für den Geschäftszweig, in dem die Vertragsparteien tätig sind. In diesem Geschäftszweig besteht ein Handelsbrauch namentlich dann, wenn die dort tätigen Kaufleute bei Abschluß einer bestimmten Art von Verträgen allgemein und regelmäßig ein bestimmtes Verhalten befolgen. Daß die Vertragsparteien einen solchen Handelsbrauch kennen, steht namentlich dann fest oder wird vermutet, wenn sie untereinander oder mit anderen in dem betreffenden Geschäftszweig tätigen Vertragspartnern schon früher Geschäftsbeziehungen angeknüpft hatten oder wenn in diesem Geschäftszweig ein bestimmtes Verhalten bei Abschluß einer bestimmten Art von Verträgen allgemein und regelmäßig befolgt wird und daher hinreichend bekannt ist, um als ständige Übung angesehen werden zu können". Fortführend und ergänzend EuGH, Urt. v. 16.3.1999, C-159/97 – *Trasporti Castelletti* Tz. 30: „Das Bestehen eines Handelsbrauchs, das für den Geschäftszweig festzustellen ist, in dem die Vertragsparteien tätig sind, ist nachgewiesen, wenn die dort tätigen Kaufleute bei Abschluß einer bestimmten Art von Verträgen allgemein und regelmässig ein bestimmtes Verhalten befolgen. Ein solches Verhalten braucht nicht für bestimmte Länder, insbesondere nicht für alle Vertragsstaaten, nachgewiesen zu werden. Eine bestimmte Form der Publizität kann nicht systematisch verlangt werden. Ein Verhalten, das einen Handelsbrauch darstellt, verliert diese Eigenschaft nicht allein deswegen, weil es vor den Gerichten in Frage gestellt wird".
[127] Etwa *Geimer/Schütze* EuZVR Art. 23 EuGVO Rdn. 119a.

gliedstaaten gepflegt wird.[128] Ebenso wenig ist erforderlich, dass der Brauch gerade am Wohnsitz einer Partei gepflegt wird, solange nur die dortige Partei den Brauch kannte oder kennen musste. Am einfachsten nachzuweisen ist ein Brauch, wenn er sich in Musterformularen der Verbände und Organisationen des betreffenden Verkehrskreises manifestiert.[129] Zwingend ist dies aber nicht. Besteht nach diesen Maßgaben ein Brauch dahingehend, dass (etwa entsprechend den Grundsätzen eines kaufmännischen Bestätigungsschreibens unter deutschem Handelsrecht) das Schweigen auf die Bestätigung mit erstmaliger Gerichtsstandsvereinbarung zum Zustandekommen des zuvor mündlich ohne Gerichtsstandsvereinbarung geschlossenen Vertrags zu einer Gerichtsstandsvereinbarung führt, dann scheitert dies wegen lit. c nicht mehr an Formerfordernissen.[130] Gerichtsstandsvereinbarungen in Konnossementen gelten als internationaler Handelsbrauch.[131]

33   **f) Elektronische Übermittlung.** Nach Abs. 2, eingefügt mit der Überführung des EuGVÜ in die Brüssel I-VO, ist die elektronische Übermittlung, etwa durch E-Mail, ausreichend zur Wahrung der Schriftform, wenn eine dauerhafte Aufzeichnung, etwa durch Abspeicherung oder Ausdruck, möglich ist. Tatsächlich erfolgt sein muss die dauerhafte Aufzeichnung nicht.[132] Die elektronische Übermittlung anstelle des Austauschs von papiergetragenen Erklärungen ausreichen zu lassen entspricht der allgemeinen Förderung des e-commerce durch die Europäische Union und ist in der internationalen Handelsschiedsgerichtsbarkeit dem Rechtsgedanken nach längst anerkannt.[133] Als nicht ausreichend galten zunächst hingegen angeklickte Felder auf einer Website („Click Wrapping"), da diese Websites nicht hinreichend reproduzierbar seien.[134] Die Möglichkeit zum Screenshot oder in pdf-Dateien „ausgedruckte" und damit speicherbare Websites sind indes heute Standard auf jedem internetfähigen Rechner. Zu Recht hat daher der EuGH auch dies ausreichen lassen.[135] SMS und andere Messenger Services sowie Sprachaufzeichnungen dürften hingegen in der Tat für den verkehrstypischen Nutzer (noch?) nicht hinreichend speicherbar sein.[136] Zunehmend ermöglichen allerdings auch Smartphones die Erstellung und Speicherung von Screenshots. Abs. 2 erfasst auch den nichtunternehmerischen Rechtsverkehr.[137]

---

128   Nochmals EuGH, Urt. v. 16.3.1999, C-159/97 – *Trasporti Castelletti* Tz. 30.
129   AaO., Tz. 28.
130   EuGH, Urt. v. 20.2.1997, Rs C-106/95 – *MSG* Tz. 25.
131   EuGH, Urt. v. 16.3.1999, C-159/97 – *Trasporti Castelletti* Tz. 24.
132   EuGH, Urt. v. 21.5.2015, Rs C-322/14 – *Jaouad El Majdoub* Tz. 33; so schon zuvor Ulrich Magnus in ders./Peter Mankowski (Hrsg.), European Commentaries on Private International Law – Brussels I Regulation, 2. Aufl. 2012, Art. 23 Brussels I Regulation Rdn. 129; im Ergebnis auch rechtspolitisch zustimmend Peter Mankowski, EuGH: Gerichtsstandsvereinbarung durch „click wrapping", LMK 2015, 369738.
133   Art. 7 Abs. 2 S. 1 UNCITRAL-Modellgesetz 1985 (für Fax): „Die Schiedsvereinbarung bedarf der Schriftform. Die Schriftform ist erfüllt, wenn die Schiedsvereinbarung entweder in einem von den Parteien unterzeichneten Schriftstück oder in zwischen ihnen gewechselten Briefen, Fernschreiben, Telegrammen oder anderen Formen der Nachrichtenübermittlung, die einen Nachweis der Vereinbarung erlauben, enthalten ist".
134   Rauscher/*Mankowski* Art. 25 Brüssel Ia-VO Rdn. 129; Ulrich Magnus in ders./Peter Mankowski (Hrsg.), European Commentaries on Private International Law Bd. I, 2016, Art. 25 Brussels Ibis Regulation Rdn. 131.
135   EuGH, Urt. v. 21.5.2015, Rs C-322/14 – *Jaouad El Majdoub* Tz. 40: click wrapping ausreichend, „wenn dabei das Ausdrucken und Speichern des Textes der Geschäftsbedingungen vor Abschluss des Vertrags ermöglicht wird".
136   Großzügiger für SMS etc. Rauscher/*Mankowski* Art. 25 Brüssel Ia-VO Rdn. 132.
137   Anders § 1031 Abs. 5 ZPO für Schiedsvereinbarungen: Substitution der Schriftform nur durch die elektronische Form nach Maßgabe von § 126a BGB, zudem gesondertes Dokument. Vgl. hierzu

4. Einbeziehung Dritter. Die Verfügung der Parteien über ihre zuständigkeitsrechtlichen Rechtspositionen muss schon nach dem Wortlaut des Normtextes „vereinbart" sein. Die privatautonome Vereinbarung bildet die Rechtfertigung dafür, von der gesetzlichen Zuständigkeitszuweisung mit ihrer Präferenz für die allgemeine Zuständigkeit am Wohnsitz bzw. von streitgegenstandsnahen besonderen Zuständigkeiten abzuweichen.[138] Die Vereinbarung kann dabei natürlich nur die daran beteiligten Personen berechtigen und binden.[139] Außenstehende Dritte sind grundsätzlich nicht erfasst. Rechtlich selbständige Subunternehmer sind deswegen grundsätzlich ebenso wenig durch Gerichtsstandsvereinbarungen des Hauptunternehmers mit dem Auftraggeber gebunden[140] wie Konzerntöchter durch Vereinbarungen der Konzernmutter und umgekehrt.[141] Erst, wenn die Einbeziehung des Dritten sowohl vom Willen des Dritten als auch vom Willen der Parteien getragen ist, bindet die Vereinbarung auch den Dritten. Zulässig ist demgegenüber, zugunsten des Dritten ohne dessen Beteiligung dessen Klagemöglichkeiten im Sinne einer Option zu erweitern, ohne dass der Dritte im Zeitpunkt der ihn begünstigenden Gerichtsstandsvereinbarung beteiligt oder in seiner Person die Form erfüllt sein muss.[142] Wenn der Dritte sich später auf die Gerichtsstandsvereinbarung beruft, erklärt er damit zugleich seine Zustimmung. **34**

Für den nachträglich beitretenden Aktionär bei einer Gerichtsstandsklausel in der Satzung hat der EuGH in der Rechtssache *Powell Duffryn*[143] entschieden, dass die Bindungen zwischen den Aktionären einer Gesellschaft mit denjenigen vergleichbar sind, die zwischen Vertragsparteien bestehen. Die Satzung der Gesellschaft ist daher europäisch-autonom als „Vertrag" bzw. Vereinbarung zu qualifizieren. Dabei ist unerheblich, ob der Aktionär, dem gegenüber die Gerichtsstandsklausel geltend gemacht wird, gegen die Annahme dieser Klausel gestimmt hat und ob er erst nach Annahme dieser Klausel Aktionär geworden ist. Die gesellschaftsrechtlichen Formanforderungen an die Satzungen werden dabei unabhängig von der Form des Erwerbs der Mitgliedschaft als hinreichend angesehen, um zuständigkeitsrechtliche Formerfordernisse zu erfüllen. Dies ist dogmatisch nicht selbstverständlich, aber natürlich allein praktikabel. Eine andere, bisher nicht entschiedene Frage ist, ob sich solche Gerichtsstandsvereinbarungen in Satzungen auch über die Grenzen des Schwächerenschutzes hinwegsetzen können, wenn etwa Verbraucher Aktien erwerben. **35**

Für das Konnossement stellte der EuGH fest, dass der Konnossementsempfänger typischerweise sachrechtlich in die Rechte und Pflichten des Befrachters gegenüber dem Verfrachter eintritt, den Befrachter also gleichsam vollständig substituiert.[144] Soweit also das Konnossementsstatut[145] den Erwerb der Rechtsstellung des Konnossementsempfängers durch Rechtsnachfolge vorsieht, erstreckt sich diese auch auf die zuständigkeits- **36**

---

auch Peter Mankowski, EUGH: Gerichtsstandsvereinbarung durch „click wrapping", LMK 2015, 369738.
138 EuGH, Urt. v. 7.1.2013, Rs C-543/10 – *Refcomp* Tz. 26 i.V.m. Erw.-Gr. 11 der EuGVO: „Vertragsfreiheit".
139 AaO., Tz. 29.
140 *Kropholler/von Hein* Art. 23 EuGVO Rdn. 63.
141 Rauscher/*Mankowski* Art. 25 Brüssel Ia-VO Rdn. 162.
142 EuGH, Urt. v. 14.7.1983, Rs 201/82 – *Gerling* Tz. 14 ff.; Geimer/Schütze/*Geimer* EuZVR Art. 23 EuGVO Rdn. 204.
143 EuGH, Urt. v. 10.2.1992, Rs C-214/89 – *Powell Duffryn* Tz. 16 ff.
144 EuGH, Urt. v. 7.1.2013, Rs C-543/10 – *Refcomp* Tz. 35.
145 Für deutsche Gerichte ist dies im Fall des Order-Konnossements die lex loci indossamenti, für Inhaberkonnossemente die lex cartae sitae, für Rektakonnossemente das Zessionsstatut, Reithmann/Martiny/*Hausmann* Rdn. 8.127; Peter Mankowski, Seerechtliche Vertragsverhältnisse im Internationalen Privatrecht, 1995, S. 255 ff.

rechtliche Ausübungsmodalität des übergegangenen Rechts.[146] Es geht also auch hier nicht um eine heteronome Wirkungserstreckung der Gerichtsstandsvereinbarung auf Dritte. Sofern das Konnossementsstatut keine Rechtsnachfolge unter Einschluss zuständigkeitsrechtlicher Ausübungsmodalitäten vorsieht, ist der Konnossementsempfänger dennoch an die Gerichtsstandsvereinbarung im Konnossement gebunden, wenn er eigenständig und zuständigkeitsrechtlich formgerecht der Gerichtsstandsvereinbarung zustimmt.[147] Dies ist nach Art. 25 Abs. 1 S. 3 lit. c der Fall, wenn die Form einem internationalen Handelsbrauch entspricht, den der Dritte kannte oder kennen musste. Gerichtsstandsvereinbarungen in Konnossementen genügen jedenfalls nach deutscher höchstrichterlicher Rechtsprechung diesen Anforderungen.[148] Macht der Konnossementsempfänger dann Rechte aus dem Konnossement geltend, liegt hierin die erforderliche Zustimmung.[149] Damit bestehen zwei voneinander unabhängige Legitimationsgründe zur Bindung des Konnossementsempfängers an die im Konnossement enthaltene Gerichtsstandsvereinbarung.

37   Zu Recht wird der erste dieser Legitimationsgründe dahingehend verallgemeinert, dass sich die Wirkung von Gerichtsstandsvereinbarungen generell auf Dritte erstreckt, wenn der Dritte in die Rechtsstellung einer Partei der Gerichtsstandsvereinbarung eintritt,[150] sei es durch Singularsukzession (Abtretung), sei es durch Universalsukzession (Erbschaft, Verschmelzung), sei es durch privative Schuldübernahme.[151] Zugleich wird deutlich, dass es unter diesem Legitimationsgrund die lex causae ist, die darüber entscheidet, in welcher Reichweite – mit oder ohne verfahrensrechtliche Ausübungsmodalitäten – Rechte auf einen Dritten übergehen bzw. in der Person des Dritten begründet werden. Das maßgebliche Recht für die Frage nach der Rechtsstellung des Zessionars in Ansehung prozessualer Ausübungsbefugnisse für die erworbene Forderung bestimmt sich z.B. bei Abtretung nach dem Forderungsstatut i.S.v. Art. 14 Abs. 2 Rom I-VO („Verhältnis zwischen Zessionar und Schuldner"). Keine Drittwirkung entfaltet nach deutschem Sachrecht eine Gerichtsstandsvereinbarung zwischen Hauptschuldner und Gläubiger gegenüber dem Bürgen. Bei Schuldbeitritt ist unter deutscher lex causae im Zweifel davon auszugehen, dass der Beitretende die Schuld zur Gänze für sich „repliziert", also einschließlich einer eventuellen Gerichtsstandsvereinbarung.[152] Bei privativer Schuldübernahme unter deutscher lex causae führt der Vertrag zwischen Gläubiger und Schuldübernehmer nach § 414 BGB bzw. das Zustimmungsbedürfnis des Gläubigers bei Vertrag zwischen Schuldner und Übernehmer nach § 415 BGB zu einer unmittelbar pri-

---

146 Philipp Egler, Seeprivatrechtliche Streitigkeiten unter der EuGVVO, 2010, S. 105 f.; Julia Jungermann, Die Drittwirkung internationaler Gerichtsstandsvereinbarungen nach EuGVÜ/EuGVO und LugÜ, 2006, S. 218 ff.; zur Problematik der Bindung des Befrachters bei einseitiger Ausstellung des Konnossements durch den Verfrachter Reithmann/Martiny/*Hausmann* S. 2082 Rdn. 8.101.
146 EuGH, Urt. v. 7.1.2013, Rs C-543/10 – *Refcomp* Tz. 35.
147 EuGH, Urt. v. 9.11.2000, Rs C-387/98 – *Coreck Maritime* Tz. 26.
148 BGH, Urt. v. 15.2.2007 – I ZR 40/04, BGHZ 117, 141, 148, Tz. 29; Reithmann/Martiny/*Hausmann* S. 2082 Rdn. 8.101; **a.A.** Philipp Egler, Seeprivatrechtliche Streitigkeiten unter der EuGVVO, 2010, S. 106; Julia Jungermann, Die Drittwirkung internationaler Gerichtsstandsvereinbarungen nach EuGVÜ/EuGVO und LugÜ, 2006, S. 140; Peter Mankowski, Seerechtliche Vertragsverhältnisse im Internationalen Privatrecht, 1995, S. 276 ff.
149 Geimer/*Schütze* EuZVR Art. 23 EuGVO Rdn. 202.
150 EuGH, Urt. v. 19.6.1984, Rs 71/83 – *Tilly Russ* Tz. 24; EuGH, Urt. v. 9.11.2000, Rs C-387/98 – *Coreck Maritime* Tz. 20.
151 Eingehend Julia Jungermann, Die Drittwirkung internationaler Gerichtsstandsvereinbarungen nach EuGVÜ/EuGVO und LugÜ, 2006, S. 193 ff.
152 Rauscher/*Mankowski* Art. 25 Brüssel Ia-VO Rdn. 159.

vatautonom geschaffenen Rechtsbeziehung zwischen Schuldübernehmer und Gläubiger, so dass die Konsensanforderungen des Art. 25 unmittelbar gewahrt sind. Für die Bindung des falsus procurator aus einer Gerichtsstandsvereinbarung innerhalb des intendierten Vertretergeschäfts ist das Recht maßgeblich, das insgesamt das Rechtsverhältnis zwischen falsus procurator und anderem Teil bestimmt.[153]

In der Rechtssache *Refcomp* hatte der EuGH über Direktansprüche in Vertragsketten zu entscheiden.[154] Wie zuvor in der Rechtssache *Handte* zu Art. 5 EuGVÜ[155] qualifizierte der EuGH auch hier wieder die französische *action directe* als nichtvertraglich.[156] Die nichtvertragliche Qualifikation führte den EuGH unmittelbar dazu, die Bindung des Direktklägers mangels „Vereinbarung" abzulehnen. Teleologisch ist dies für Direktansprüche auf Ausgleich des Vertragsinteresses fragwürdig.[157] Nach Ansicht des EuGH trägt in der Vertragskette auch der Legitimationsgrund der materiellrechtlich vorgesehenen Rechtsnachfolge nicht.[158] Richtig ist daran zwar, dass die *action directe* nicht mit einer Rechtsnachfolge des Dritten in die Rechtsposition der Partei der Gerichtsstandsvereinbarung gleichzusetzen ist. Tragfähig ist jedoch der im Zweipersonenverhältnis allgemein konsensfähige Rechtsgedanke, dass vertragliche Streitigkeiten i.S.v. Art. 7 Nr. 1 auch aus anlässlich von Vertragsschlüssen heteronom auferlegten Ansprüchen erwachsen und dass solche Sekundäransprüche ebenso wie die Primäransprüche von Gerichtsstandsvereinbarungen über Ansprüche „aus dem Vertrag" in ihrer objektiven Reichweite regelmäßig erfasst sind. Es erscheint dann lediglich als ein kleiner und naheliegender Schritt, diesen Rechtsgedanken auf einen Dritten zu erstrecken, in dessen Person ein Sekundäranspruch mit denjenigen zuständigkeitsrechtlichen Ausübungsmodalitäten kraft Gesetzes erwächst, welche die Parteien unmittelbar für ihr Vertragsverhältnis bestimmt haben. Die Position des EuGH hingegen führt zu dem Ergebnis, dass z.B. ein italienischer Hersteller am Sitz des französischen Direktklägers in Frankreich für die Klage auf Ausgleich des Vertragsinteresses gerichtspflichtig ist, obwohl er in der Wertschöpfungskette ausschließlich an einen italienischen Erstabnehmer geliefert und in diesem Vertragsverhältnis eine Gerichtsstandsvereinbarung zugunsten italienischer Gerichte vereinbart hatte. Dieses Ergebnis kann nicht überzeugen.

5. Nichtigkeit. Die Gerichtsstandsvereinbarung kann aus verschiedenen Gründen nichtig sein. Erstens kann es an den in Art. 25 Abs. 1 niedergelegten Formanforderungen fehlen (Formnichtigkeit). Zweitens kann die Gerichtsstandsvereinbarung aus spezifisch zuständigkeitsrechtlichen Gründen unwirksam sein. Zuständigkeitsrechtlich getragene Derogationsverbote erwachsen aus den Vorschriften der Verordnung zum Schutz des zuständigkeitsrechtlich Schwächeren, auf die Art. 25 Abs. 4 Var. 1 verweist (Art. 15, 19, 23), zum anderen aus den ausschließlichen Zuständigkeiten, auf die Art. 25 Abs. 4 Var. 2 verweist (zuständigkeitsrechtliche Nichtigkeit). Derogationsverbote staatsvertraglicher Provenienz können sich über Art. 71 durchsetzen. Derogationsverbote aus mitgliedstaatlichem Recht hingegen sind im Ergebnis vollständig durch die Verordnung verdrängt. Drittens können rechtsgeschäftsrechtliche Gründe der Wirksamkeit entgegenstehen,

---

153 Matthias Weller, Auslegung internationaler Gerichtsstandsvereinbarungen als ausschließlich und Wirkungserstreckung auf die Klage des anderen Teils gegen den falsus procurator, IPRax 2006, 444.
154 EuGH, Urt. v. 7.1.2013, Rs C-543/10 – *Refcomp*.
155 EuGH, Urt. v. 17.6.1992, Rs C-26/91 – *Handte*.
156 Kritisch Martin Gebauer, Zur Drittwirkung von Gerichtsstandsvereinbarungen bei Vertragsketten, IPRax 2001, 471.
157 OLG Koblenz, ZwUrt. v. 24.6.2004, IPRax 2006, 469, 470 f.; Matthias Weller, Keine Drittwirkung von Gerichtsstandsvereinbarungen bei Vertragsketten, IPRax 2013, 501, 505.
158 EuGH, Urt. v. 7.1.2013, Rs C-543/10 – *Refcomp* Tz. 37.

etwa Willensmängel (materielle Nichtigkeit). Viertens kommen sonstige Nichtigkeitsgründe, etwa eine klauselrechtliche Unangemessenheit oder die starke materiellrechtliche Teleologie international zwingender Normen in Betracht (sonstige Nichtigkeitsgründe).

40   **a) Formnichtigkeit.** Dass die Formanforderungen an die Gerichtsstandsvereinbarung in Art. 25 Wirksamkeitsvoraussetzungen sind, wurde bereits dargelegt.[159]

41   **b) Zuständigkeitsrechtliche Nichtigkeitsgründe.** Nach Art. 25 Abs. 4 haben Gerichtsstandsvereinbarungen keine rechtliche Wirkung, wenn sie den Vorschriften der Art. 15, 19 oder 23 zum Schutz des zuständigkeitsrechtlich strukturell schwächeren Versicherten, Verbrauchers oder Arbeitnehmers zuwiderlaufen. Art. 15, 19 und 23 verbieten ausdrücklich mit gewissen bereichsspezifischen Modifikationen[160] die Derogation der durch die Verordnung eingeräumten Schutzgerichtsstände am Wohnsitz des Versicherten (Art. 14), des Verbrauchers (Art. 18 Abs. 2) und des Arbeitnehmers (Art. 22 Abs. 1) zu deren Lasten, es sei denn, die Vereinbarung wird nach Entstehung der Streitigkeit getroffen. Ist die Gerichtsstandsvereinbarung danach nichtig, soll sich nach deutscher instanzgerichtlicher Rechtsprechung auch die geschützte Person auf die Vereinbarung nicht berufen können.[161] Der Neuabschluss der Vereinbarung, dann nach Entstehung der Streitigkeit und deswegen mit hinreichender Dispositionsbefugnis des schwächeren Teils, bleibt natürlich möglich. Dem geschützten Teil gleichwohl zu versagen, sich unmittelbar auf die ursprünglich geschlossene Vereinbarung zu stützen – die Berufung des anderen Teils auf die Nichtigkeit dürfte treuwidrig sein – erscheint allzu formalistisch, zumal nach Art. 45 Abs. 1 lit. e (i) bei Verletzung der Schutzvorschriften zu Lasten des Schwächeren durch das Erstgericht das Zweitgericht ohnehin nur auf Antrag des Schwächeren[162] die Anerkennung versagen wird.

42   Der zuständigkeitsrechtliche Schwächerenschutz der Verordnung unterscheidet nicht zwischen Individualvereinbarung und Klausel. Allerdings sieht die Klauselrichtlinie[163] in ihrem Anhang zu Art. 3 zur Konkretisierung der Unangemessenheit einer Klausel in lit. q vor, dass Klauseln als unangemessen anzusehen sind, wenn sie darauf abzielen oder zur Folge haben, „daß dem Verbraucher die Möglichkeit, Rechtsbehelfe bei Gericht einzulegen oder sonstige Beschwerdemittel zu ergreifen, genommen oder erschwert wird, und zwar insbesondere dadurch, daß er ausschließlich auf ein nicht unter die rechtlichen Bestimmungen fallenden Schiedsgerichtsverfahren verwiesen wird, die ihm zur Verfügung stehenden Beweismittel ungebührlich eingeschränkt werden oder ihm die Beweislast auferlegt wird, die nach dem geltenden Recht einer anderen Vertragspartei obläge". Art. 3 der Klauselrichtlinie, konkretisiert durch lit. q, bzw. die jeweilige Umsetzung im mitgliedstaatlichen Recht sind nicht durch die Verordnung verdrängt.[164]

---

159   Oben Rdn. 24 ff.
160   Im Einzelnen hierzu bei Art. 14, 18, 22.
161   LAG Köln, Urt. v. 26.9.2006 – 9 Sa 540/06, Leitsatz 1: „Eine vor der Entstehung der Streitigkeit getroffene Gerichtsstandsvereinbarung entfaltet ... auch dann keine Wirkung, wenn ein Arbeitnehmer sie geltend macht, um ein anderes als das am Wohnsitz des Beklagten oder das in Art. 5 Nr. 1 LugÜ bezeichnete Gericht anzurufen. Es ist auch nicht entscheidend, ob die Unwirksamkeit der Gerichtsstandsvereinbarung für den klagenden Arbeitnehmer objektiv von Vorteil ist oder nicht".
162   Zur unter der Brüssel I-VO in diesem Punkt nur durch teleologische Reduktion herbeizuführende Rechtslage sowie ausdrücklichen Beschränkung der Antragsbefugnis auf den zu schützenden Teil als Beklagter Rauscher/*Leible* Art. 45 Brüssel Ia-VO Rdn. 75.
163   Richtlinie 93/13/EWG des Rates vom 5. April 1993 über mißbräuchliche Klauseln in Verbraucherverträgen, Abl. EG Nr. L 95 v. 21.4.1993, S. 29 ff.
164   Rauscher/Mankowski Art. 67 Brüssel Ia-VO Rdn. 2. Zur genauen Wechselwirkung noch unten Rdn. 48.

Schließlich ist eine Gerichtsstandsvereinbarung nichtig, wenn sie darauf zielt, die **43** ausschließlichen Zuständigkeiten des Art. 24 zu derogieren. Derogationsverbote staatsvertraglicher Provenienz können nach den allgemeinen Maßgaben zum Verhältnis solcher Verträge zur Verordnung in Art. 71 relevant werden.[165] Zuständigkeitsrechtliche Nichtigkeitsgründe aus den autonom-mitgliedstaatlichen Rechtsordnungen[166] sind hingegen ebenso vollständig verdrängt[167] wie Erleichterungen im mitgliedstaatlichen Recht zum Abschluss der Vereinbarung, etwa Formerleichterungen.[168]

c) Materielle Nichtigkeit. Die „materielle Nichtigkeit" ist der ausdrückliche An- **44** knüpfungsgegenstand der neu eingeführten, aus Art. 5 Abs. 1 des Haager Übereinkommens übernommenen Kollisionsregel in Art. 25 Abs. 1 S. 1 a.E. Gemeint sind damit im Kern „allgemeine", also nicht spezifisch zuständigkeitsrechtliche Unwirksamkeitsgründe. Für diesen Anknüpfungsgegenstand ist für alle mitgliedstaatlichen Gerichte das Recht des in der Vereinbarung designierten Gerichts berufen. Diese Kollisionsregel ist eine Gesamtverweisung.[169] Wie weit diese Kollisionsregel mit ihrem relativ engen Anknüpfungsgegenstand, ggf. auch im Wege der Rechtsfortbildung, reichen kann, ist derzeit allerdings noch nicht abschließend geklärt.[170] De lege ferenda bietet sich ein stärkerer und damit stärker vereinheitlichender Rekurs unmittelbar auf den DCFR an.[171] De lege lata kann man sich in systematischer Auslegung vorsichtig[172] an Art. 12 Abs. 1 lit. e Rom I-VO („Folgen der Nichtigkeit des Vertrags") und vor allem an der Unterscheidung zwi-

---

[165] Z.B. Art. 46 des Übereinkommens zur Vereinheitlichung bestimmter Vorschriften über die Beförderung im internationalen Luftverkehr vom 28. Mai 1999 (Montrealer Übereinkommen), Abl. EG Nr. L 194 v. 18. Juli 2001, S. 39 ff., wonach vor Eintritt des Schadens (vgl. Art. 49) eine von Art. 33 abweichende Zuständigkeit nicht vereinbart werden kann. Vgl. ferner die Beschränkung auf die – nicht ausschließliche – Vereinbarung von Gerichten in Vertragsstaaten in Art. 31 Abs. 1 des Übereinkommens über den Beförderungsvertrag im internationalen Straßengüterverkehr vom 19. Mai 1956 (BGBl. 1961 II S. 1119) in der Fassung des Protokolls vom 5.7.1978 zur CMR, BGBl. 1980 II S. 721, 733 (CMR). Da die in Art. 31 Abs. 1 CMR vorgesehene Prorogationsmöglichkeit keine Formanforderungen aufstellt, ist streitig, ob eine solche formfrei möglich ist oder im Anwendungsbereich der Verordnung den Anforderungen nach Art. 25 Abs. 1 unterliegt. Die besseren Gründe sprechen für letzteres, Simons/Hausmann/*Hausmann* Art. 23 Brüssel I-VO Rdn. 19.
[166] Vgl. etwa § 130 Abs. 2 GWB.
[167] EuGH, Urt. v. 16.3.1999, Rs C-159/97 – *Trasporti Castelletti* Tz. 49: Die „Wahl des vereinbarten Gerichts [kann] nur anhand von Erwägungen geprüft werden, die im Zusammenhang mit den Erfordernissen des Artikels 17 stehen"; vgl. auch OLG Hamburg, Urt. v. 14.4.2004, NJW 2004, 3126, 328 „Art. 23 EuGVVO [verdrängt] das nationale Recht vollkommen", dies freilich mit Blick auf § 307 BGB, der zugleich Umsetzung der Klauselrichtlinie ist und damit keineswegs „vollkommen", sondern nur in Ansehung konkretisierender deutsch-autonomer Angemessenheitsmaßstäbe verdrängt ist, vgl. unten Rdn. 48.
[168] Vgl. etwa § 38 Abs. 2 ZPO in Ansehung der Formerfordernisse (formfreie Vereinbarung unter Kaufleuten).
[169] Erw.-Gr. 20. Kritisch z.B. Reithmann/Martiny/*Hausmann* Rdn. 8.45, Sachnormverweisung vorziehend.
[170] Vgl. hierzu auch bereits oben Rdn. 12.
[171] Matthias Weller, Validity and Interpretation of International Choice of Court Agreements: The Case for an Extended Use of Transnational Non-State Contract Law, in UNIDROIT (Hrsg.), Eppur si muove: The Age of Uniform Law – Essays in honour of Michael Joachim Bonell to celebrate his 70th birthday Vol. I, 2016, S. 393.
[172] Die Norm regelt allein die Reichweite des Vertragsstatuts in Ansehung der Rechtsfolgen für die „Nichtigkeit", und diese wird deswegen weit, nämlich als alle denkbaren Unwirksamkeitsgründe (Willensmängel, Gesetzesverstöße, Formverstöße, fehlende Geschäftsfähigkeit, fehlender Vertretungsmacht etc.) umfassend, ausgelegt, vgl. etwa Matthias Weller, BeckOGK, Art. 12 Rom I-VO, Rdn. 43f. Deswegen Anlehnung an Art. 12 Rom I-VO gänzlich ablehnend Rauscher/*Mankowski* Art. 67 Brüssel Ia-VO Rdn. 40: zu große „Transferprobleme".

schen „Einigung und materielle Wirksamkeit" unter Art. 10 Rom I-VO orientieren,[173] dies freilich nur, solange nicht spezifisch zuständigkeitsrechtliche Wertungen eigenständige Qualifikationen verlangen, und inwieweit dies der Fall ist, ist wiederum nicht abschließend geklärt.[174]

45 Konsensfähig scheint derzeit in der Sache jedenfalls, dass in Anlehnung an die Reichweite der „Ungültigkeit" in Art. 5 lit. a des Haager Übereinkommens die Nichtigkeit infolge Willensmängeln, ferner wohl auch die Rechts- und Geschäftsfähigkeit erfasst ist,[175] wobei insbesondere bei letzteren zu beachten ist, dass die Kollisionsregel in Art. 25 eine Gesamtverweisung ist,[176] unter der auch die Qualifikation der jeweiligen Teilfrage dem verwiesenen Recht unterliegt, so dass weitere Kollisionsnormen als diejenigen für das Vertragsstatut zu beachten sein können. Nicht erfasst sind demgegeüber Fragen einer wirksamen Stellvertretung.[177] Nicht maßgeblich ist, ob die Nichtigkeit ex lege oder erst durch Gestaltungserklärung der Partei eintritt. Ob die bloße Anfechtbarkeit der Nichtigkeit gleichzustellen ist, ist dabei ebenfalls vom verwiesenen Recht zu entscheiden.[178] Formelle und zuständigkeitsrechtliche Unwirksamkeit sowie die Reichweite gegenüber Dritten, die begrifflich auch als „Nichtigkeit" gegenüber diesen Dritten konstruiert werden könnte, sind hingegen europäisch-autonom und abschließend geregelt.[179]

46 Dasselbe – europäisch-autonome Regelung außerhalb des Anknüpfungsgegenstands der Kollisionsnorm in Art. 25 Abs. 1 S. 1 a.E. – gilt für das „Zustandekommen" bzw. die „Einigung" i.S.v. Art. 10 Abs. 1 Rom I-VO, also die „Vereinbarung" im Sinne der Verordnung.[180] Kein tragfähiges Argument ist in diesem Punkt allerdings, dass andernfalls, also bei Einbeziehung des Konsenses in den Anknüpfungsgegenstand, der Nexus zwischen europäisch-autonomer Form und dem Indiz für hinreichenden europäisch-autonomen Konsens verloren geht.[181] Denn nach der Neufassung ist gerade offen, ob die-

---

173 Zur grundsätzlich gebotenen kohärenten Auslegung von Rom I-VO und Brüssel Ia-VO (in beiden Richtungen) Erw.-Gr. 7 Rom I-VO.
174 Eingehend Rauscher/*Mankowski* Art. 25 Brüssel Ia-VO Rdn. 44 ff.; Ulrich Magnus, in ders./Peter Mankowski, European Commentaries on Private International Law Bd. I, 2016, Art. 25 Brussels I bis Regulation Rdn. 81c ff.
175 Trevor Hartley/Masato Dogauchi, Erläuternder Bericht zum Haager Übereinkommen, S. 73 Tz. 126: „Die in Bezug auf die ‚Ungültigkeit' getroffene Bestimmung gilt nur für materielle (nicht für formelle) Ungültigkeitgründe. Mit ihr soll in erster Linie auf allgemein anerkannte Ungültigkeitsgründe wie Betrug, Irrtum, falsche Angaben, Nötigung und fehlende Fähigkeit abgestellt werden." In aaO. Fn. 159 wird zu letzterer weiter ausgeführt: „Fähigkeit kann die Fähigkeit von Behörden zum Abschluss von Gerichtsstandsvereinbarungen umfassen".
176 Nochmals Erw.-Gr. 20.
177 Matthias Weller, Die »verbesserte Wirksamkeit« der europäischen Gerichtsstandsvereinbarung nach der Reform der Brüssel I-VO, ZZPInt 19 (2014), 251, 263; **a.A.** Jan v. Hein, Die Neufassung der Europäischen Gerichtsstands- und Vollstreckungsverordnung (EuGVVO), RIW 2013, 97. 105.
178 Rauscher/*Mankowski* Art. 67 Brüssel Ia-VO Rdn. 41; **a.A.**, nämlich – offenbar europäisch-autonome – Gleichstellung der Anfechtbarkeit mit Nichtigkeit Ulrich Magnus, in ders./Peter Mankowski, European Commentaries on Private International Law Bd. I, 2016, Art. 25 Brussels Ibis Regulation Rdn. 81c ff., allerdings ohne Begründung dafür, dass für diesen Fall „the wording [should] not be taken too verbally". Wenn indes das Sachrecht dem Gestaltungsberechtigten die Wahl lässt, besteht kein Grund, die Herbeiführung der Nichtigkeit generell zu fingieren.
179 Für die Form ist dies systematisch mit Blick auf Art. 25 Abs. 1 S. 3 lit. a–c wohl evident. Zur Zuweisung der Drittwirkung in den verordnungsautonomen Begriff der „Vereinbarung" vgl. bereits oben Rdn. 34, ferner Martin Gebauer, Das Prorogationsstatut im Europäischen Zivilprozessrecht, in Herbert Kronke/Karsten Thorn (Hrsg.), Grenzen überwinden – Prinzipien bewahren – Festschrift für Bernd von Hoffmann zum 70. Geburtstag, 2011, S. 577, 587.
180 Zu deren Anforderungen bereits oben Rdn. 12.
181 So aber Rauscher/*Mankowski* Art. 25 Brüssel Ia-VO Rdn. 44 und 134 f.

ser Nexus überhaupt beibehalten werden sollte. Das Haager Übereinkommen kennt nämlich keinen solchen Nexus.[182] Wenn es aber allgemeines Ziel der Neufassung war, sich dem Haager Übereinkommen anzunähern[183] und sich die Neufassung von Art. 25 auch tatsächlich, nämlich durch ihre im Wesentlichen wortgleiche Kollisionsregel an diesem Haager Übereinkommen orientiert, dann liegt es eher nahe, dass der vormalige Nexus durch die Veränderung der Normstruktur nunmehr aufgegeben ist.[184] Die These, dass eine solcher Änderung nur ausdrücklich durch Niederlegung im Normtext hätte erfolgen können,[185] erscheint dabei jedenfalls nicht zwingend. Konsens und Form sind mithin jeweils europäisch-autonom nach ihren je eigenen Anforderungen zu bestimmen. Ebenso außerhalb des Anknüpfungsgegenstands liegt die Auslegung der Gerichtsstandsvereinbarung.[186]

d) Sonstige Nichtigkeitsgründe. Abschließend stellt sich die Frage, ob und inwieweit die Verordnung jenseits der ausdrücklichen Anforderungen an Zustandekommen und Wirksamkeit sonstige Nichtigkeitsgründe kennt oder anerkennt. 47

Zunächst könnten sich solche Nichtigkeitsgründe aus der Klauselrichtlinie ergeben.[187] Die internationale Gerichtsstandsvereinbarung im Anwendungsbereich von Art. 25 in AGB mit einem Verbraucher unterliegt grundsätzlich den unionsrechtlichen Maßgaben zur Klauselkontrolle.[188] Keines der sekundärrechtlichen und damit gleichrangigen Instrumente enthält eine ausdrückliche Vor- oder Nachrangregelung. Ebenso wenig klären allgemeine Normkollisionsgrundsätze – lex posterior, lex specialis – die Rangfrage. Beide Instrumente finden also nebeneinander Anwendung, wobei die Klauselkontrolle ex officio vorzunehmen ist,[189] während für den zuständigkeitsrechtlichen Verbraucherschutz Art. 26 Abs. 2 gilt.[190] In aller Regel wird bereits der Schutz nach Art. 19 greifen. Jedoch ist der Anwendungsbereich von Art. 17 kleiner als derjenige von Art. 25, so dass Fallgestaltungen denkbar sind, in denen der klauselrechtliche Schutz ergebnisrelevant 48

---

182 Matthias Weller, Internationale Gerichtsstandsvereinbarungen: Haager Übereinkommen – Brüssel I-Reform, in Reinhold Geimer/Athanassios Kaissis/Roderich C. Thümmel (Hrsg.), Ars aequi et boni in mundo – Festschrift für Rolf A. Schütze zum 80. Geburtstag, 2015, S. 705, 710; Rauscher/*Weller*, Haager Übereinkommen vom 30. Juni 2005 über Gerichtsstandsvereinbarungen, Einführung Rdn. 14.
183 Hierzu nochmals oben Rdn. 19.
184 Weller, Choice of court agreements under Brussels Ia and under the Hague convention: coherences and clashes, Journal of Private International Law 13 (2017), 91, 101; **a.A.** Rauscher/*Mankowski* Art. 25 Brüssel Ia-VO Rdn. 134.
185 Rauscher/*Mankowski* Art. 25 Brüssel Ia-VO Rdn. 134.
186 Hierzu bereits oben Rdn. 20.
187 Richtlinie 93/13/EWG des Rates vom 5. April 1993 über mißbräuchliche Klauseln in Verbraucherverträgen, Abl. EG Nr. L 95 v. 21.4.1993, S. 29. Anhang I lit. q bezieht sich in seinem Regelbeispielkatalog für die Unangemessenheit nach Art. 3 Abs. 1 der Richtlinie auf Gerichtsstandsvereinbarungen als Vereinbarungen, mit denen „dem Verbraucher die Möglichkeit, Rechtsbehelfe bei Gericht einzulegen oder sonstige Beschwerdemittel zu ergreifen, genommen oder erschwert wird".
188 Rauscher/*Staudinger* Art. 19 Brüssel Ia-VO Rdn. 6; Reithmann/Martiny/*Hausmann* S. 2088 Rdn. 8.111; vgl. auch EuGH, Urt. v. 27.6.2000, Rs C-240/98 – *Océano Grupo* Tz. 21 ff., allerdings für eine die örtliche Zuständigkeit regelnde Gerichtsstandsvereinbarung. Der Normtext von lit. q im Anhang I der Klauselrichtlinie sowie die Begründung des EuGH lassen sich aber ohne weiteres und erst recht auf internationale Gerichtsstandsvereinbarungen erstrecken, Simons/Hausmann/*Hausmann* Art. 23 Brüssel I-VO Rdn. 22; gegen die Erstreckung der Klauselkontrolle auf Gerichtsstandsvereinbarungen im Anwendungsbereich der Verordnung Kropholler/von Hein Art. 23 EuGVO Rdn. 20.
189 EuGH, Urt. v. 9.11.2010, Rs C-137/08 – *VB Pénzügyi Lízing*.
190 Vgl. dort Rdn. 7.

wird. Für diese Fälle empfiehlt sich grundsätzlich eine harmonische Auslegung der unbestimmten Rechtsbegriffe der Klauselkontrolle im Lichte der Wertungsentscheidungen der Verordnung.[191] Die in der Verordnung niedergelegten zuständigkeitsrechtlichen Wertungen determinieren dann die klauselrechtliche Generalklausel, so dass genau genommen auch bei klauselrechtlicher Nichtigkeit nach den vorgenannten Maßgaben letztlich funktional von einer zuständigkeitsrechtlichen Nichtigkeit zu sprechen ist.

49   Ferner wurde erwogen, ob im Rechtsbegriff der „Vereinbarung" eine eigenständige, europäisch-autonome Inhaltskontrolle unmittelbar in der Verordnung verankert ist.[192] Allerdings hat der EuGH entschieden, dass eine Gerichtsstandswahl grundsätzlich nur nach Maßgabe der Anforderungen des Art. 25 überprüft werden kann,[193] dies unter Verweis auf das im System der Verordnung stark gewichtete Ziel der Rechtssicherheit. Diesem liefe eine ergänzende Missbrauchskontrolle anhand abstrakter Wertungen zuwider, auch wenn sie nach (impliziter) Maßgabe des Art. 25 erfolgte. Gesichert ist jedenfalls, dass die Nichtigkeit der Vereinbarung wegen fehlenden Bezugs des gewählten Gerichts zur Streitigkeit („neutraler Gerichtsstand") nach den Grundwertungen der Verordnung nicht in Betracht kommt.[194]

50   Schwieriger zu beantworten ist die Frage nach ungeschriebenen Derogationsverboten kraft starker materiellrechtlicher Teleologien, die sich typischerweise in kollisionsrechtlichen Eingriffsnormen manifestieren. Festzuhalten ist hierzu zunächst, dass es auf internationalzuständigkeitsrechtlicher Ebene keine unmittelbare Entsprechung von Eingriffsnormen gibt: Weder führen kollisionsrechtliche Eingriffsnormen auf zuständigkeitsrechtlicher Ebene per se zu Derogationsverboten zur Flankierung der internationalprivatrechtlichen bzw. materiellen Teleologie, noch findet sich im geschriebenen Zuständigkeitsrecht der Verordnung eine Entsprechung zu Art. 9 Rom I-VO. Hieraus wird überwiegend abgeleitet, dass eine „Eingriffszuständigkeit" nicht in Betracht kommt, jedenfalls nicht aufgrund mitgliedstaatlicher materieller Teleologien. Und in der Tat bestätigt dies die Entscheidung des EuGH in der Rechtssache *Trasporti Castelletti*, wenn dort mit Blick auf das (niedrigere) materielle Haftungsniveau am forum prorogatum ausgeführt wird: „...das am gewählten Gerichtsstand geltende materielle Haftungsrecht hat keinen Einfluß auf die Wirksamkeit der Klausel".[195]

51   Anderes könnte freilich bei entsprechend starker materiellrechtlicher Teleologie unionsrechtlicher Provenienz gelten. So hat der Bundesgerichtshof beispielsweise eine Gerichtsstandsvereinbarung zugunsten eines Drittstaatengerichts gleichsam im vorauseilenden Gehorsam für nichtig erklärt, weil im forum prorogatum die Anwendung der Handelsvertreterrichtlinie[196] zugunsten des Handelsvertreters nicht zu erwarten war.[197] Der EuGH hat insoweit in der Rechtssache *Ingmar* bisher nur entschieden, dass aus der

---

[191] Thomas Pfeiffer, Gerichtsstandsklauseln und EG-Klauselrichtlinie, in Reinhold Geimer (Hrsg.), Wege zur Globlaisierung des Rechts – Festschrift für Rolf A. Schütze zum 65. Geburtstag, 1999, S. 671, 672f.
[192] Etwa Stefan Leible/Erik Röder, Missbrauchskontrolle von Gerichtsstandsvereinbarungen im Europäischen Zivilprozessrecht, RIW 2007, 481; Eckart Gottschalk/Steffen Breßler, Missbrauchskontrolle von Gerichtsstandsvereinbarungen im europäischen Zivilprozessrecht, ZEuP 2007, 56, 71ff.; MünchKomm/*Gottwald* Art. 23 EuGVO Rdn. 73; Herbert Roth, Gerichtsstandsvereinbarung nach Art. 17 EuGVÜ und kartellrechtliches Derogationsverbot, IPRax 1992, 67, 68f.
[193] EuGH, Urt. v. 16.3.1999, Rs C-159/97 – *Trasporti Castelletti* Tz. 51.
[194] AaO.
[195] AaO.
[196] Richtlinie 86/653/EWG des Rates vom 18. Dezember 1986 zur Koordinierung der Rechtsvorschriften der Mitgliedstaaten betreffend die selbständigen Handelsvertreter, Abl. Nr. L 382 v. 31.12.1986 S. 17ff.
[197] BGH, Urt. v. 5.9.2012 – VII ZR 25/12, IPRspr 2012, Nr. 175b, 395; Matthias Weller, Ordre-public-Kontrolle internationaler Gerichtsstandsvereinbarungen, 2005, S. 134ff.

Handelsvertreterrichtlinie eine Art kollisionsrechtlicher Eingriffsnorm erwächst.[198] Ob diese auf ausschließliche Gerichtsstandsvereinbarungen zugunsten von Drittstaatengerichten durchschlagen soll, ist mangels Gerichtsstandsvereinbarung im konkreten Fall offen geblieben. Kürzlich stellte sich diese Frage in der Rechtssache *CDC* in Bezug auf das mitgliedstaatliche Kartellschadensersatzrecht am forum prorogatum.[199] Jedoch hat der EuGH diesem Ansatz eine Absage erteilt.[200] Zuständigkeitsrechtliche Eingriffsnormen gibt es also im Brüsseler System auch zur Durchsetzung unionsrechtlicher Zwecke bisher nicht.

Indes beantwortet dies noch nicht abschließend die Frage nach einer Ordre-public-Kontrolle der künftigen Entscheidung des prorogierten Gerichts durch derogierte mitgliedstaatliche Gerichte. Diese Kontrolle beruht strukturell auf einem anderen Gedanken,[201] nämlich dass eine Verletzung des Rechts auf effektiven Rechtsschutzes daraus erwächst, einen Kläger zunächst in das prorogierte Forum zu schicken, obwohl von Anfang an wahrscheinlich ist, dass ein wegen Verletzung des Ordre public nicht anerkennungsfähiges Urteil ergehen wird, z.B. weil das Forum prorogatum zentrale Schutznormen nach dem Recht des Forum derogatum zugunsten des Klägers nicht anwenden wird, so dass der Kläger erst danach Zugang zum forum derogatum erhält. Für eine solche Ordre-public-Kontrolle spricht, dass Art. 6 lit. c des Haager Übereinkommens eine solche ausdrücklich vorsieht und sich der europäische Gesetzgeber grundsätzlich an das Haager Übereinkommen annähern wollte.[202] Ferner hat sich der EuGH in seinen einzigen einschlägigen Entscheidungen in den Rechtssachen *Trasporti Castelletti*[203] und *CDC* nicht unmittelbar hierzu entschieden.[204] Dagegen spricht natürlich, dass anders als in Art. 6 lit. c des Haager Übereinkommen die Brüssel Ia-VO ihrem Wortlaut nach gerade keine solche Ordre-public-Kontrolle vorsieht und dass abstrakt-generell die Betonung der Rechtssicherheit in der Rechtsprechung des EuGH der Ableitung eines impliziten Derogationsverbots aus der Generalklausel des Ordre public entgegensteht. Art. 6 lit. c des

52

---

198 EuGH, Urt. v. 9.11.2000, C-381/98 – *Ingmar* Tz. 24 f.: „Die Regelung der Artikel 17 bis 19 der Richtlinie bezweckt somit, über die Gruppe der Handelsvertreter die Niederlassungsfreiheit und einen unverfälschten Wettbewerb im Binnenmarkt zu schützen. Die Einhaltung dieser Bestimmungen im Gemeinschaftsgebiet erscheint daher für die Verwirklichung dieser Ziele des EG-Vertrags unerlässlich. Daher ist es für die gemeinschaftliche Rechtsordnung von grundlegender Bedeutung, dass ein Unternehmer mit Sitz in einem Drittland, dessen Handelsvertreter seine Tätigkeit innerhalb der Gemeinschaft ausübt, diese Bestimmungen nicht schlicht durch eine Rechtswahlklausel umgehen kann. Der Zweck dieser Bestimmungen erfordert nämlich, dass sie unabhängig davon, welchem Recht der Vertrag nach dem Willen der Parteien unterliegen soll, anwendbar sind, wenn der Sachverhalt einen starken Gemeinschaftsbezug aufweist, etwa weil der Handelsvertreter seine Tätigkeit im Gebiet eines Mitgliedstaats ausübt".
199 LG Dortmund, Beschl. v. 29.4.2013, IPRspr 2013, Nr. 216, 467, Vorlagefrage 3: „Lässt bei auf Schadensersatz wegen einer Zuwiderhandlung gegen das Kartellverbot des Art. 81 EG/Art. 101 AEUV und Art. 53 EWR-Abkommen gerichteten Klagen das unionsrechtliche Gebot effektiver Durchsetzung des Kartellverbots es zu, in Lieferverträgen enthaltene Schieds- und Gerichtsstandsklauseln zu berücksichtigen, wenn dies zur Derogation eines nach Art. 5 Nr. 3 und/oder Art. 6 Nr. 1 der Brüssel-I-Verordnung international zuständigen Gerichts gegenüber allen Beklagten und/oder für alle oder einen Teil der geltend gemachten Ansprüche führt?". Ablehnend allerdings bereits die Schlussanträge des Generalanwalts Niilo Jääskinen v. 11.12.2014 in der Rechtssache C-352/13 – *CDC* Tz. 116.
200 EuGH, Urt. v. 21.5.2015, Rs C-352/13 – *CDC* Tz. 62.
201 Matthias Weller, Ordre-public-Kontrolle internationaler Gerichtsstandsvereinbarungen, 2005, S. 357 und passim.
202 Erneut oben Rdn. 7.
203 EuGH, Urt. v. 16.3.1999, Rs C-159/97 – *Trasporti Castelletti*.
204 Matthias Weller, Choice of court agreements under Brussels Ia and under the Hague convention: coherences and clashes, Journal of Private International Law 13 (2017), 91, 107.

Haager Übereinkommens erscheint in diesem Punkt freilich eher internationalisierungsfähig als das Brüsseler Regime.[205]

VII. Gerichtsstandsvereinbarungen in schriftlich niedergelegten Trust-Bedingungen (Abs. 3, 4)

53 Die Regelung in Abs. 3 zum Trust wurde anlässlich des Beitritts des Vereinigten Königreichs aufgenommen, weil zuvor allein eine „Vereinbarung" zu einer Gerichtsstandsvereinbarung führen konnte, Trusts aber auch durch einseitiges Rechtsgeschäft mit Wirkung gegenüber Dritten begründet werden können.[206] Von den sonst geltenden Anforderungen an Konsens und Form[207] wird also unter Abs. 3 ausnahmsweise abgesehen. Erfasst sind ebenso wie in Art. 7 Nr. 6 allein Streitigkeiten über Innenverhältnisse.[208] Auf den Wohnsitz der Parteien kommt es wie nach Abs. 1 nicht an.[209] Allerdings soll das einseitige Rechtsgeschäft ebenso wenig zur Derogation der Gerichtsstände zum Schutz des Schwächeren führen können wie eine Vereinbarung. Dies stellt Abs. 4 ausdrücklich auch für Trusts klar.

VIII. „Unabhängigkeit" der Gerichtsstandsvereinbarung (Abs. 5)

54 Dass die Wirksamkeit der Gerichtsstandsvereinbarung nicht von der Wirksamkeit des Hauptvertrags abhängt, vielmehr davon zu trennen und zu abstrahieren ist, war bereits vor der Einführung von Abs. 5 durch den EuGH entschieden[210] und zuvor z.B. für das deutsche Recht, nicht aber mit letzter Sicherheit für andere mitgliedstaatliche Rechtsordnungen anerkannt.[211] Zudem enthält das Haager Übereinkommen mit Art. 3 lit. d eine wortgleiche Klarstellung, und der europäische Gesetzgeber strebte mit der Neufassung der Brüssel I-VO grundsätzlich die Angleichung an das Übereinkommen an, um den Beitritt der EU zu erleichtern.[212] In diesem Punkt war dies einfach und ohne Änderung der

---

205 Rechtsvergleichender Überblick zu verschiedenen autonomen Rechtsordnungen aaO., 107 ff.
206 Peter Schlosser, Bericht zu dem Übereinkommen vom 9. Oktober 1978 über den Beitritt des Königreichs Dänemark, Irlands und des Vereinigten Königreichs Großbritannien und Nordirland zum Übereinkommen über die gerichtliche Zuständigkeit und die Vollstreckung gerichtlicher Entscheidungen in Zivil- und Handelssachen sowie zum Protokoll betreffend die Auslegung dieses Übereinkommens durch den Gerichtshof, Abl. EG Nr. C 59 v. 5.3.1979 (Schlosser-Bericht), S. 71, 124 Tz. 178.
207 arg. ex. „schriftlich niedergelegte Trust-Bedingungen".
208 Simons/Hausmann/*Hausmann* Art. 23 Brüssel I-VO Rdn. 59; Kropholler/von Hein Art. 23 EuGVO Rdn. 29.
209 So zuvor bereits Simons/Hausmann/*Hausmann* Art. 23 Brüssel I-VO Rdn. 59; **a.A.** unter Brüssel I-VO z.B. *Kropholler/von Hein* Art. 23 EuGVO Rdn. 29.
210 EuGH, Urt. v. 3.7.1997, Rs C-269/95 – *Benincasa* Tz. 25: „Für die Gerichtsstandsvereinbarung, die einem prozessualen Zweck dient, gelten ... die Vorschriften des Übereinkommens, dessen Ziel die Schaffung einheitlicher Regeln für die internationale gerichtliche Zuständigkeit ist. Dagegen unterliegen gilt für die materiellen Bestimmungen des Hauptvertrages, der die Vereinbarung enthält, sowie die Streitigkeiten über die Wirksamkeit dieses Vertrages der lex causae, die durch das internationale Privatrecht des Gerichtstaats bestimmt wird". Deswegen gilt etwa, „daß das Gericht eines Vertragsstaats, das in einer ... wirksam getroffenen Gerichtsstandsvereinbarung als zuständiges Gericht bestimmt ist, auch dann ausschließlich zuständig ist, wenn mit der Klage u.a. die Feststellung der Unwirksamkeit des Vertrages begehrt wird, in dem diese Vereinbarung enthalten ist", aaO., Tz. 32.
211 Zur gleichwohl etwa auch im anglo-amerikanischen Rechtsraum weit verbreiteten „doctrine of separability" (oder auch „severability") Francisco Garcimartin, Prorogation of Jurisdiction, in Andrew Dickinson/Eva Lein (Hrsg.), The Brussels I Regulation Recast, 2015, S. 277, 305 f., Rdn. 9.93 ff.; Stephanie Franq, Les clauses d'élection de for dans le règlement Bruxelles I bis, in Emmanuel Guinchard (Hrsg.), Le nouveau règlement Bruxelles I bis, 2014, S. 107, 125.
212 Oben Rdn. 7.

Rechtslage zu verwirklichen. Zum Teil wird allerdings vertreten, dass Art. 25 nicht gelte, wenn für den Hauptvertrag höhere Anforderungen an die Form als nach Art. 25 gelten.[213] Nimmt man die in Abs. 5 angeordnete „Unabhängigkeit" der Gerichtsstandsvereinbarung ernst, dann muss sie auch selbständigen Formanforderungen unterliegen.[214] Diese können selbstverständlich durch Einhaltung strengerer Formerfordernisse für den Hauptvertrag gleichsam faktisch miterledigt werden. Maßstab bleibt aber Art. 25. Die Unabhängigkeit der Gerichtsstandsvereinbarung begründet jedoch, anders als die Rechtswahlvereinbarung nach § 111 Nr. 4 GNotKG, keinen „besonderen Beurkundungsgegenstand" und löst damit keinen weiteren Gebührentatbestand aus.[215]

Artikel 26
[Zuständigkeit infolge rügeloser Einlassung]

(1) ¹Sofern das Gericht eines Mitgliedstaats nicht bereits nach anderen Vorschriften dieser Verordnung zuständig ist, wird es zuständig, wenn sich der Beklagte vor ihm auf das Verfahren einlässt. ²Dies gilt nicht, wenn der Beklagte sich einlässt, um den Mangel der Zuständigkeit geltend zu machen oder wenn ein anderes Gericht aufgrund des Artikels 24 ausschließlich zuständig ist.

(2) In Streitigkeiten nach den Abschnitten 3, 4 oder 5, in denen der Beklagte Versicherungsnehmer, Versicherter, Begünstigter eines Versicherungsvertrags, Geschädigter, Verbraucher oder Arbeitnehmer ist, stellt das Gericht, bevor es sich nach Absatz 1 für zuständig erklärt, sicher, dass der Beklagte über sein Recht, die Unzuständigkeit des Gerichts geltend zu machen, und über die Folgen der Einlassung oder Nichteinlassung auf das Verfahren belehrt wird.

I. Normzweck

Soweit das mitgliedstaatliche Gericht nicht schon nach den Zuständigkeitsgründen in Art. 4 ff. international zuständig ist, wird es dies – praktisch häufig relevant[1] – durch rügelose Einlassung des Beklagten. Der Normtext suggeriert, dass die Zuständigkeitsbegründung durch rügelose Einlassung subsidiär ist. Jedoch bietet sich aus praktischer Sicht die vorrangige Prüfung der rügelosen Einlassung an,[2] denn diese überspielt als „stillschweigende Zuständigkeitsvereinbarung"[3] auch die Wirkung einer früheren ausschließlichen Gerichtsstandsvereinbarung[4] und entbindet damit nach Art. 31 Abs. 2 auch

1

---

[213] *Schlosser/Hess* Art. 25 EuGVVO Rdn. 17: teleologische Reduktion in Abgrenzung zur „Formselbständigkeit" der Schiedsvereinbarung.
[214] So zu Recht z.B. Francisco Garcimartin, Prorogation of Jurisdiction, in Andrew Dickinson/Eva Lein (Hrsg.), The Brussels I Regulation Recast, 2015, S. 277, 305 f. Rdn. 9.95; zuvor bereits z.B. Simons/Hausmann/*Hausmann* Art. 23 Brüssel I-VO Rdn. 50.
[215] Vgl. etwa Jens Bormann, in ders./Thomas Diehn/Klaus Sommerfeldt, Gesetz über Kosten der freiwilligen Gerichtsbarkeit für Gerichte und Notare – Kommentar, 2. Aufl. 2016, § 111 GNotKG Rdn. 19. Der Geschäftswert richtet sich nach § 104 GNotKG.

[1] Burkhard Hess, Europäisches Zivilprozessrecht, § 6 S. 319 Rdn. 148.
[2] So z.B. BGH, Urt. v. 19.5.2015 – XI ZR 27/14, NJW 2015, 2667, Tz. 15, allerdings in revisionsrechtlichem Kontext.
[3] EuGH, Urt. v. 20.5.2010, Rs C-111/09 – *Bilas* Leitsatz 1; Burkhard Hess, Europäisches Zivilprozessrecht, § 6 S. 319 Rdn. 148.
[4] AaO. sowie bereits zu Art. 18 EuGVÜ EuGH, Urt. v. 24.6.1981, Rs 150/80 – *Elefanten Schuh* Tz. 10; EuGH, Urt. v. 7.3.1985, Rs 48/84 – *Spitzley* Tz. 24 f.

ein nichtdesigniertes Gericht von der Aussetzung seines Verfahrens zugunsten des designierten Gerichts. Liegen die Voraussetzungen der rügelosen Einlassung vor, muss sich das Gericht für zuständig erklären, einen Ermessensspielraum lässt Art. 26 nicht.[5] Läuft die rügelose Einlassung einer ausschließlichen Zuständigkeit zuwider, muss sich das angegangene Gericht trotz rügeloser Einlassung von Amts wegen nach Art. 27 für unzuständig erklären. Lässt sich der Beklagte hingegen nicht auf das Verfahren ein, hat sich das Gericht gegebenenfalls nach Art. 28 Abs. 1 von Amts wegen für unzuständig zu erklären. Wenn sich also der Beklagte vor dem angegangenen Gericht einlässt, dann obliegt ihm gegebenenfalls die Rüge der Unzuständigkeit, sonst erwächst aus der Einlassung die Zuständigkeit nach Art. 26.

II. Entstehungsgeschichte

2   Abs. 1 S. 1 und S. 2 bestehen abgesehen von redaktionellen Anpassungen unverändert seit der Ursprungsfassung des EuGVÜ.[6] Abs. 2 wurde in der Neufassung der Brüssel I-VO zur Vervollständigung des Schutzes der zuständigkeitsrechtlich schwächeren Parteien eingeführt, nachdem zuvor der EuGH entschieden hatte, dass sich unter der Brüssel I-VO auch Versicherte, Verbraucher und Arbeitnehmer zuständigkeitsbegründend einlassen und so ihre jeweiligen Schutzgerichtsstände derogieren können.[7] Der vormalige Normtext nahm in der Tat von der Wirkung einer rügelosen Einlassung eben nur die ausschließlichen Zuständigkeiten aus. Nun allerdings beschränkt sich der Schutz auf eine gerichtliche Hinweispflicht, die zuvor nach teilweise vertretener Auffassung ohnehin bereits bestand.[8] Die ursprüngliche Wertung, dass sich auch zuständigkeitsrechtlich Schwächere grundsätzlich wirksam rügelos einlassen können, bleibt also erhalten. Dies ist mit Blick auf die Möglichkeit dieser Personen, nach Entstehung der Streitigkeit Gerichtsstandsvereinbarungen auch zu ihren Lasten abzuschließen,[9] systematisch stimmig.

III. Anwendungsbereich

3   Art. 26 kann nur zur Anwendung gelangen, wenn die Verordnung insgesamt anwendbar ist. Die Ausschlüsse in Art. 1 Abs. 2 können nicht etwa dadurch umgangen werden, dass sich der Beklagte rügelos einlässt und sich sodann der Kläger auf die zuständigkeitsbegründende Wirkung des Art. 26 beruft.[10] Ebenso wenig kann sich eine Partei in

---

5   AaO.
6   Konzeptionelle Schwierigkeiten bei der Anwendung der Vorschrift sind bisher auch nicht hervorgetreten, vgl. Thomas Pfeiffer, in Burkhard Hess/Thomas Pfeiffer/Peter Schlosser, The Brussels I Regulation 44/2001 – Application and Enforcement in the EU (Heidelberg Report), 2008, S. 97 Rdn. 345; Fragen ergaben sich allenfalls bei rügeloser Einlassung zuständigkeitsrechtlich Schwächerer, hierzu sogleich.
7   EuGH, Urt. v. 20.5.2010, Rs C-111/09 – *Bilas* Tz. 26 f.
8   Vgl. etwa Burkhard Hess, Europäisches Zivilprozessrecht, § 6 S. 319 Rdn. 148: Hinweispflicht aus Gründen der prozessualen Waffengleichheit nach § 139 ZPO m.w.N. zur instanzgerichtlichen Rechtsprechung in Deutschland.
9   Art. 15 Nr. 1 (Versicherter und Gleichgestellte); Art. 19 Nr. 1 (Verbraucher); Art. 23 Nr. 1 (Arbeitnehmer). Vgl. auch P. Jenard-, Bericht zu dem Übereinkommen vom 27. September 1968 über die gerichtliche Zuständigkeit und Vollstreckung gerichtlicher Entscheidungen in Zivil- und Handelssachen, Abl. EG Nr. C 59 v. 5.3.1979 (Jenard-Bericht), S. 1, 33 zu Art. 12 EuGVÜ: „Nach Entstehen der Streitigkeit ... gewinnen die Parteien ihre volle Handlungsfreiheit zurück".
10   Zöller/*Geimer*[31] Anh. I, Art. 26 EuGVVO Rdn. 17.

reinen Inlandssachverhalten auf Art. 26 stützen.[11] Schließlich verlangt die Verordnung nach Art. 6, dass der Beklagte seinen Wohnsitz in einem Mitgliedstaat hat. Ausnahmen hiervon bestehen nach Art. 6 für Art. 18 Abs. 1, 21 Abs. 2 sowie für Art. 24 und 25, nicht aber ausdrücklich für Art. 26. Teleologisch sinnvoll wäre es, Art. 26 auch dann anzuwenden, wenn der Beklagte, der sich rügelos einlässt, keinen Wohnsitz in einem Mitgliedstaat sondern „nur" in einem Drittstaat hat,[12] zumal nach Art. 25 das Wohnsitzerfordernis entfallen ist und Art. 26 nicht nur formal, sondern auch der Sache nach Art. 25 nahe steht.[13] Dem Wortlaut unmittelbar lässt sich dies aber nicht entnehmen. Die Frage ist also vorzulegen.[14] Naheliegend ist eine Entscheidung dahingehend, dass dieselbe räumliche Anknüpfung gilt wie für Art. 25.[15] Es genügt damit, dass ein mitgliedstaatliches Gericht angegangen wurde. Auf den Wohnsitz kommt es nicht an. Bei fehlendem Wohnsitz des Beklagten in einem Mitgliedstaat auf die lex fori abzustellen[16] hätte nämlich zur Folge, dass das potentiell unterschiedliche mitgliedstaatliche Verfahrensrecht über eine gegebenenfalls nach Art. 25 bestehende Zuständigkeit entscheidet. Lässt sich die Partei im summarischen Verfahren zum Erlass einstweiliger oder sichernder Maßnahmen in Eilfällen vor dem Gericht des vorläufigen Rechtsschutzes auf das Verfahren ein, begründet dies keine Zuständigkeit nach Art. 26 für das Hauptsacheverfahren.[17]

IV. Einlassung

Wann von einer „Einlassung" des Beklagten auf das Verfahren auszugehen ist und wann diese als „rügelos" gelten kann, ist europäisch-autonom zu bestimmen.[18] In der Rechtssache *Bayerische Motoren Werke* verneinte der EuGH eine rügelose Einlassung für den Fall, dass der Beklagte im ersten Verteidigungsschriftsatz die Einrede der Unzuständigkeit hilfsweise gegenüber anderen in demselben Schriftsatz erhobenen prozessualen Einreden geltend macht.[19] Als Einlassung i.S.v. Art. 26 wird in der mitgliedstaatlichen Rechtsprechung jede Verteidigung verstanden, die unmittelbar die Klageabweisung erwirken soll,[20] nicht also schon eine Prozesshandlung zur Vorbereitung einer solchen

4

---

11 Dies folgt aus der Kompetenzgrundlage in Art. 81 Abs. 1 S. 1 AEUV für „eine justizielle Zusammenarbeit in Zivilsachen mit grenzüberschreitendem Bezug".
12 Rauscher/*Staudinger* Art. 26 Brüssel Ia-VO Rdn. 3, dort auch zu der früheren Diskussion um eine Beschränkung der Brüssel I-VO auf Fälle mit einem Gemeinschaftsbezug („Reduktionstheorie"), vgl. aber EuGH, Urt. v. 13.7.2000, Rs C-412/98 – *Group Josi* und EuGH, Urt. v. 1.3.2005, Rs C-281/02 – *Owusu*, wonach (irgend-) ein grenzüberschreitender Bezug genügt; Reinhold Geimer, Internationales Zivilprozessrecht, 7. Aufl. 2015, Rdn. 1874e.; Burkhard Hess, Europäisches Zivilprozessrecht, § 6 S. 319 Rdn. 148.
13 Vgl. nochmals EuGH, Urt. v. 20.5.2010, Rs C-111/09 – *Bilas* Tz. 20f.: rügelose Einlassung als „stillschweigende Zuständigkeitsvereinbarung".
14 Nicht unmittelbar einschlägig ist insoweit EuGH, Urt. v. 13.7.2000, Rs C-412/98 – *Group Josi* Tz. 44f. Danach ist zwar kein grenzüberschreitendes Element gerade zwischen Mitgliedstaaten erforderlich, allerdings hatte im konkreten Fall der Kläger seinen Wohnsitz in Kanada und der Beklagte in Belgien, mithin in einem Mitgliedstaat. Die Frage, wie im umgekehrten Fall zu entscheiden ist, ist damit offen.
15 Hierfür bereits vor der Neufassung der Brüssel I-VO z.B. Alfonso-Luis Calvo Caravaca/Javier Carrascosa González, in Ulrich Magnus/Peter Mankowski (Hrsg.), European Commentaries on Private International Law – Brussels I Regulation, 2. Aufl. 2012, Art. 24 Brussels I Regulation Rdn. 28ff.; Burkhard Hess, Europäisches Zivilprozessrecht, § 6 S. 319 Rdn. 148.
16 So Simons/Hausmann/*Queirolo/Hausmann* Art. 24 Brüssel I-VO Rdn. 16ff., insbes. Rdn. 20.
17 EuGH, Urt. v. 27.4.1999, Rs C-99/96 – *Mietz* Tz. 52.
18 Rauscher/*Staudinger* Art. 26 Brüssel Ia-VO Rdn. 4; Simons/Hausmann/*Queirolo* Art. 24 Brüssel I-VO Rdn. 4; zum Zusammenspiel mit der lex fori siehe Felix Koechel/Bartosz Wołodkiewicz, Europäische Einlassungszuständigkeit und nationales Verfahrensrecht, IPRax 2018, 107.
19 EuGH, Urt. v. 13.7.2017, Rs C-433/16 – Bayerische Motoren Werke, Tz. 35f.
20 Vgl. Burkhard Hess, Europäisches Zivilprozessrecht, § 6 S. 319f. Rdn. 149: „jede Handlung des Beklagten, die auf eine Sachentscheidung abzielt, ohne zugleich die Zuständigkeit zu rügen".

Verteidigung wie beispielsweise die Anzeige der Verteidigungsbereitschaft nach § 276 Abs. 1 ZPO.[21] Anders als etwa nach § 39 ZPO bedarf es für die rügelose Einlassung nach Art. 26 nicht notwendig einer mündlichen Verhandlung zur Hauptsache.[22] Es genügt vielmehr bereits die Rüge anderer Verfahrensfehler, ohne zugleich die fehlende internationale Zuständigkeit zu rügen.[23] Nach § 282 Abs. 3 S. 1 ZPO muss der Beklagte allerdings an sich alle Rügen, die die Zulässigkeit der Klage betreffen, gleichzeitig (Eventualmaxime)[24] und vor seiner Verhandlung zur Hauptsache[25] vorbringen. Ist dem Beklagten, wie häufig vor der mündlichen Verhandlung, eine Frist zur Klageerwiderung gesetzt, hat er diese Rügen nach § 282 Abs. 3 S. 2 ZPO schon innerhalb dieser Frist geltend zu machen.[26] Die Rüge der Unzuständigkeit kann allerdings nicht nach der lex fori präkludiert werden.[27] Andererseits darf die Rüge auch „nicht nach Abgabe derjenigen Stellungnahmen erhoben" werden, „die nach dem innerstaatlichen Prozessrecht als das erste Verteidigungsvorbringen vor dem angerufenen Gericht anzusehen ist".[28] Allgemeine Anforderungen an die Wirksamkeit der Prozesshandlung unterliegen der lex fori, etwa die Frage nach einem Anwaltszwang.[29] Die ausdrücklich rügelose Einlassung ist erst recht wirksam.[30] Bei mehr als einem Streitgegenstand dürften die Voraussetzungen der rügelosen Einlassung für jeden dieser Gegenstände gesondert zu prüfen sein.[31] Die bloße Säumnis hat hingegen keinerlei Wirkung.[32] Für den Widerspruch gegen einen Mahnbescheid und den Einspruch gegen ein Versäumnisurteil ist eine Einzelfallbetrachtung angezeigt.[33] Die Einlassung im Güteverfahren z.B. nach § 278 Abs. 2 S. 1 ZPO erzeugt nach zutreffender Auffassung Wirkung für Art. 26, da es europäisch-autonom ohne Belang ist, dass nach deutscher lex fori der Gütetermin der Hauptverhandlung vorgelagert ist, solange nur die

---

21 Rauscher/*Staudinger* Art. 26 Brüssel Ia-VO Rdn. 6.
22 BGH, Urt. v. 31.5.2011 – VI ZR 154/10, BGHZ 190, 28 Tz. 35; anders BAG, Urt. v. 2.7.2008 – 10 AZR 355/07, NZA 2008, 1084, Tz. 24: rügelose Einlassung erst im Kammertermin. Begründung: Besonderheiten des arbeitsgerichtlichen Verfahrens, das im Vergleich zur Zivilprozessordnung wesentlich stärker vom Grundsatz der Mündlichkeit und vom Verhandlungsgrundsatz geprägt ist. Materielle Einwendungen gegen den Klageanspruch vor oder in der Güteverhandlung nach deutschem Prozessrecht sind also noch nicht als erstes Verteidigungsvorbringen i.S.v. Art. 26 (Art. 24 Brüssel I-VO) anzusehen. Kritisch Rauscher/*Staudinger* Art. 26 Brüssel Ia-VO Rdn. 6 f.
23 OLG Koblenz, VU v. 30.11.1990, RIW 1991, 63: Allein Erhebung des Einwands anderweitiger Rechtshängigkeit.
24 Zöller/*Greger*[31] § 282 Rdn. 6.
25 § 137 ZPO Abs. 1 ZPO: Einleitung der mündlichen Verhandlung dadurch, dass die Parteien ihre Anträge stellen.
26 BGH, Urt. v. 19.5.2015 – XI ZR 27/14, NJW 2015, 2667, Tz. 17: „erstes Verteidigungsvorbringen nach innerstaatlichem Recht"; anders noch BGH, Urt. v. 21.11 1996 – IX ZR 264/95, BGHZ 134, 127: Rüge zu Beginn der mündlichen Verhandlung auch bei Klageerwiderungsfrist im schriftlichen Vorverfahren ausreichend; kritisch LG Aachen, Urt. v. 21.3.2017 – 41 O 57/15, BeckRS 2017, 113573, Tz. 29 ff.
27 OLG Köln, Urt. v. 16.3.1988 – 24 U 182/87, NJW 1988, 2182.
28 EuGH, Urt. v. 24.6.1981, Rs 150/80 – *Elefanten Schuh* Leitsatz 2.
29 Rauscher/*Staudinger* Art. 26 Brüssel Ia-VO Rdn. 4.
30 Rauscher/*Staudinger* Art. 26 Brüssel Ia-VO Rdn. 4 und 13.
31 Geimer/Schütze/*Geimer* EuZVR Art. 24 EuGVVO Rdn. 8; zweifelnd Rauscher/*Staudinger* Art. 26 Brüssel Ia-VO Rdn. 10. Allerdings dürfte in der Tat der Streitgegenstandsbegriff und damit auch der Bezugspunkt der rügelosen Einlassung insoweit noch nicht unionalisiert sein.
32 Geimer/Schütze/*Geimer* EuZVR Art. 24 EuGVVO Rdn. 28.
33 Nach § 340 Abs. 3 S. 1 ZPO etwa hat die Partei in der Einspruchsschrift ihre Angriffs- und Verteidigungsmittel sowie „Rügen, die die Zulässigkeit der Klage betreffen", vorzubringen. *Schlosser/Hess* Art. 26 EuGVVO Rdn. 3, unter Verweis auf öOGH, Beschl. v. 25.2.1998, JBl. 1998, 518: Widerspruch und Einspruch generell „keine Einlassung". Vgl. demgegenüber aber OLG Düsseldorf, Urt. v. 28.6.1990, JR 1991, 243, 244 f.

Einlassung im „Verfahren" stattfindet.³⁴ Streitgenossen dürften jeweils für sich zu prüfen sein,³⁵ sofern man diese Frage europäisch-autonom beantworten will, ansonsten nach Maßgabe der jeweiligen lex fori zur Erstreckung der Wirkung von Prozesshandlungen des einen Streitgenossen auf den anderen. Die Einlassung eines nach der lex fori bestellten Abwesenheitskurators gilt jedenfalls bei Nichtzustellung schon des verfahrenseinleitenden Schriftstücks im Lichte von Art. 47 GRCharta nicht als Einlassung i.S.v. Art. 26.³⁶ Diese teleologische Reduktion steht im Zusammenhang mit dem Urteil des EuGH in der Rechtssache *Hypoteční banka*,³⁷ wonach Art. 47 GRCharta einem mitgliedstaatlichen Erstverfahren nicht entgegensteht, in dem der Beklagte keine Möglichkeit zur Verteidigung hatte, da er sich gegen das Urteil nach Art. 34 Nr. 2 Brüssel I-VO wehren könne. Die Abwehr des Urteils nach dieser Vorschrift setzt aber voraus, dass sich der Beklagte nicht auf das Erstverfahren eingelassen hat. Dann dürfen aber auch Verfahrenshandlungen eines Prozesspflegers oder Abwesenheitskurators nicht einer solchen Einlassung des Beklagten im Sinne der Verordnung gleichkommen.³⁸

V. Rügelos

Wenn der Beklagte die internationale Zuständigkeit wirksam gerügt hat, kann er sich auch zur Sache einlassen, Art. 26 Abs. 1 S. 2.³⁹ Nach deutscher lex fori kann die Rüge der örtlichen Zuständigkeit – auslegbare und auszulegende Prozesshandlung – eine Rüge der internationalen Zuständigkeit sein oder mitumfassen.⁴⁰ Erst recht muss dies vor dem Hintergrund der Doppelfunktion der Vorschriften der ZPO zur Zuständigkeit für örtliche und internationale Zuständigkeit⁴¹ für eine Rüge der Zuständigkeit als solcher gelten, sofern sich die Begründung der Rüge nicht ersichtlich auf rein örtliche oder nur sachliche Zuständigkeitserwägungen stützt.⁴² Art. 26 steht dem nicht im Wege. Die Einrede der Schiedsgerichtsbarkeit enthält die Rüge der Zuständigkeit i.S.v. Art. 26.⁴³ Kaum solchermaßen auslegbar dürfte hingegen eine Rüge der sachlichen Zuständigkeit sein. Der Beklagte muss in Rechtsmittel- bzw. Rechtsbehelfsverfahren die Rüge aufrechterhalten, allein das Rechtsmittel bzw. den Rechtsbehelf als solchen zu führen genügt nicht.⁴⁴ Der im Rechtsmittelzug säumige Beklagte verliert durch seine Säumnis nicht die Rüge der Unzuständigkeit.⁴⁵ Der Beklagte kann andererseits im Laufe des Verfahrens seine

5

---

34 Hierzu nochmals BGH, Urt. v. 31.5.2011 – VI ZR 154/10, BGHZ 190, 28 Tz. 35 einerseits, andererseits mit gegenläufiger Auffassung – rügelose Einlassung erst im Kammertermin – BAG, Urt. v. 2.7.2008 – 10 AZR 355/07, NZA 2008, 1084, Tz. 24.
35 Rauscher/*Staudinger* Art. 26 Brüssel Ia-VO Rdn. 10; Geimer/Schütze/*Geimer* EuZVR Art. 24 EuGVVO Rdn. 9.
36 EuGH, Urt. v. 11.9.2014, Rs C-112/13 – *A gegen B u.a.*, Leitsatz 2 und Tz. 61.
37 EuGH, Urt. v. 17.11.2011, Rs C-327/10 – *Hypoteční banka* Tz. 54 f.
38 EuGH, Urt. v. 11.9.2014, Rs C-112/13 – *A gegen B u.a.*, Tz. 60; Felix Koechel, Zur (rügelosen) Einlassung des Abwesenheitskurators, IPRax 2015, 303, 305 ff. Ebenso zu Art. 12 Abs. 3 lit. b) EuEheVO EuGH, Urt. v. 21.10.2015, Rs C-215/15, *Gogova* Tz. 36 ff., dazu Felix Koechel, Brüssel IIa-VO: Zuständigkeitsvereinbarungen und Vertretung *in absentia* FamRZ 2016, 438 f.
39 EuGH, Urt. v. 14.7.1983, Rs 210/82 – *Gerling* Tz. 21; EuGH, Urt. v. 31.3.1982, Rs 25/81 – *C.H.W.*, Tz. 13; BGH, Urt. v. 16.10.2008 – III ZR 253/07, NJW 2009, 148, 149: Zuständigkeitsrüge im Rahmen einer umfassenden Klageerwiderung.
40 BGH, Urt. v. 1.6.2005 – VIII ZR 256/04, NJW-RR 2005, 1518, Tz. 11 f.
41 Etwa Haimo Schack, Internationales Zivilverfahrensrecht, 6. Aufl. 2014, S. 104 Rdn. 266.
42 So etwa in OLG Frankfurt, Urt. v. 20.4.2005 – 4 U 233/04, NJW-RR 2005, 935.
43 *Schlosser/Hess* Art. 26 EuGVVO, Rdn. 3.
44 BGH, Beschl. v. 27.6.2007 – X ZR 15/05, BGHZ 173, 40, zu Art. 18 LugÜ.
45 BGH, VU v. 20.12.2011 – VI ZR 14/11, WM 2012, 852, 853 ff., **a.A.** Reinhold Geimer, WuB VI A § 352 InsO 1.12.

ursprünglich erhobene Rüge auch aufgeben und damit seine Einlassungen rügelos stellen.[46] Hinweispflichten zur Wirkung von Art. 26 Abs. 1 bestehen allgemein nicht,[47] solche sind nur für die besonderen Fälle des Abs. 2 vorgesehen. Das Gericht ist andererseits unionsrechtlich auch nicht daran gehindert, Hinweis zu erteilen.[48] Das deutsche Gericht muss sich freilich im Rahmen des § 139 ZPO halten. Im amtsgerichtlichen Verfahren ist schon nach § 504 ZPO analog[49] ein Hinweis zu erteilen. Die Rechtsfolge des Art. 26 tritt aber auch unter Verletzung dieser Hinweispflicht ein.[50]

VI. Ausschließliche Zuständigkeit

6 Art. 26 Abs. 1 S. 2 begrenzt den Anwendungsbereich der allgemeinen Regel in S. 1 und ist daher als Ausnahme nach der ständigen Rechtsprechung des EuGH eng auszulegen.[51] S. 2 Var. 2 ist damit nicht entsprechend auf andere als ausschließliche Zuständigkeiten nach Art. 24 anzuwenden, insbesondere nicht auf Gerichtsstandsvereinbarungen, selbst wenn sie nach Art. 25 ausschließliche sind.[52] Dies ist systemkonform, da der EuGH die rügelose Einlassung als stillschweigende Zuständigkeitsvereinbarung[53] versteht, und die ausschließlichen Gerichtsstände insgesamt nach Art. 25 Abs. 4 jeglicher parteiautonomen Gestaltung entzogen sind.

VII. Schwächerenschutz

7 Im Umkehrschluss und nach Art. 26 Abs. 2 gelingt dies aber für alle anderen Zuständigkeiten, also auch für Zuständigkeiten zum Schutz von Schwächeren. Allerdings muss das Gericht den Schwächeren über die Möglichkeit zur Zuständigkeitsrüge und die Rechtsfolgen der rügelosen Einlassung trotz des unklaren Wortlauts („Sicherstellung" einer Belehrung), selbst belehren.[54] Die Form der Belehrung regelt die Verordnung nicht. Sie ist der lex fori überlassen, solange sie nur effektiv im Sinne des unionsrechtlichen Effektivitätsprinzips bleibt.[55] Wenn der Schwächere in der Rolle des Klägers ist und es um die rügelose Einlassung des Beklagten geht, gilt Abs. 2 nicht, auch wenn es theoretisch denkbar ist, dass der zu Schützende irrtümlich auf seinen Schutz verzichtet und der Beklagte dies durch seine rügelose Einlassung perpetuiert. Allerdings gewährt die Brüssel Ia-VO einem Kläger generell keinen Schutz durch Hinweis darauf, dass er an einem für ihn günstigeren Schutzgerichtsstand klagen kann. Dies ist auch sachgerecht, denn ein Kläger wird immer alle Möglichkeiten prüfen, in einem Heimatgerichtsstand zu kla-

---

46 Geimer/Schütze/*Geimer* EuZVR Art. 24 EuGVVO Rdn. 53.
47 EuGH, Urt. v. 20.5.2011, Rs C-111/09 – *Bilas* Tz. 32: „solche Pflicht [könnte] nur durch die Aufnahme einer ausdrücklichen entsprechenden Regelung in die Verordnung [so wie nunmehr in Abs. 2 auch geschehen] vorgeschrieben werden...".
48 EuGH, Urt. v. 20.5.2011, Rs C-111/09 – *Bilas* Tz. 32.
49 § 504 ZPO erfasst unmittelbar nur die örtliche Unzuständigkeit.
50 Zöller/*Geimer*[31] Art. 26 EuGVVO Rdn. 11.
51 EuGH, Urt. v. 20.5.2010, Rs C-111/09 – *Bilas* Leitsatz 2.
52 EuGH, Urt. v. 20.5.2010, Rs C-111/09 – *Bilas* Tz. 25; EuGH, Urt. v. 24.6.1981, Rs 150/80 – *Elefanten Schuh* Tz. 10; EuGH, Urt. v. 7.3.1985, Rs 48/84 – *Spitzley* Tz. 24 f.
53 EuGH, Urt. v. 20.5.2010, Rs C-111/09 – *Bilas* Leitsatz 1.
54 Musielak/Voit/*Stadler*[14] Art. 26 Brüssel Ia-VO Rdn. 5; Tarek Alio, Die Neufassung der Brüssel I-Verordnung, NJW 2014, 2395 (2400); Jan v. Hein, Die Neufassung der Europäischen Gerichtsstands- und Vollstreckungsverordnung (EuGVVO), RIW 2013, 97, 106; differenzierend und gegen eine allgemeine Belehrungspflicht Peter Mankowski, Neues beim europäischen Gerichtsstand der rügelosen Einlassung durch Art. 26 Abs. 2 EuGVVO n.F., RIW 2016, 245, 246 f.
55 Zöller/*Geimer*[31] Anh. I, Art. 26 EuGVVO Rdn. 15.

gen, bevor er die Last eines Auslandsverfahrens auf sich nimmt, so dass die Gefahr, solche Möglichkeiten zu verkennen, gering ist und der Eigenverantwortung des Klägers überlassen bleiben kann. Steht hingegen die Zuständigkeitsbegründung durch rügelose Einlassung des Beklagten in Rede, dann tritt diese entgegen Abs. 1 dann nicht ein, wenn der zuständigkeitsrechtlich Schutzbedürftige nicht auf die Unzuständigkeit sowie die Folgen der rügelosen Einlassung hingewiesen wurde. Die Hinweispflicht besteht jedenfalls gegenüber schutzbedürftigen Parteien mit Wohnsitz in einem Mitgliedstaat,[56] möglicherweise aber auch gegenüber drittstaatlichen Parteien. Eventuelle mitgliedstaatliche Anforderungen an den Richter zur Unparteilichkeit treten hinter Art. 26 Abs. 2 zurück. Fehlt es an einer (ordnungsgemäßen) Belehrung durch das Erstgericht und fährt das Erstgericht damit auf einer unwirksamen, weil fehlerhaften rügelosen Einlassung durch den Beklagten ohne internationale Zuständigkeit fort, kommt es zu einem Urteil im Erststaat, das Schutzzuständigkeiten in den Abschnitten 3, 4 oder 5 missachtet. Grundsätzlich sieht Art. 45 Abs. 1 lit. e (i) vor, dass Entscheidungen, die mit den Maßgaben dieser Abschnitte unvereinbar sind, auf Antrag die Anerkennung zu versagen ist. Die erfolgreiche Geltendmachung dieses Anerkennungshindernisses setzt aber voraus, dass der zu schützende Beklagte bzw. Vollstreckungsgegner bereits im Erstverfahren die Verletzung der Schutzgerichtsstände (erfolglos) mit allen Regelrechtsbehelfen gerügt hat.

ABSCHNITT 8
Prüfung der Zuständigkeit und der Zulässigkeit des Verfahrens

Artikel 27
[Erklärung der Unzuständigkeit in Fällen des Art. 24]

Das Gericht eines Mitgliedstaats hat sich von Amts wegen für unzuständig zu erklären, wenn es wegen einer Streitigkeit angerufen wird, für die das Gericht eines anderen Mitgliedstaats aufgrund des Artikels 24 ausschließlich zuständig ist.

I. Normzweck

Art. 27 sichert zusammen mit Art. 31 Abs. 1 und Art. 45 Abs. 1 lit. e (ii) die besondere, parteiautonomer Verfügung enthobene Stellung der ausschließlichen Zuständigkeiten nach Art. 24. Art. 27 flankiert dabei den Vorrang von Art. 24 vor der rügelosen Einlassung nach Art. 26 Abs. 1 oder sonstigem Parteiverhalten im Verfahren und dient dabei auch dem Schutz vor nicht anerkennungsfähigen Entscheidungen.[1] Das entgegen Art. 24 angegangene Gericht muss nach Art. 27 die Klage nicht zustellen und bei Zustellung auch nicht abwarten, ob sich der Beklagte rügelos einlässt, es kann vielmehr amtswegig unmittelbar in die Prüfung von Art. 24 eintreten. Art. 27 verbietet andererseits dem Gericht nicht, bis zur rügelosen Einlassung abzuwarten, bevor es nach Art. 27 in die Prüfung von Art. 24 eintritt, wenn es ohne Einlassung keine Zuständigkeit gibt.[2] Andere Zuständigkei- 1

---

56 Hierauf beschränkend Rauscher/*Staudinger* Art. 26 Brüssel Ia-VO Rdn. 22; **a.A.** Peter Mankowski, Änderungen im Internationalen Verbraucherprozessrecht durch die Neufassung der EuGVVO, RIW 2014, 625, 628: Situative Voraussetzungen des Art. 17 Abs. 1 lit. c müssen nicht vorliegen.

1 Etwa Ilaria Queirolo, in Ulrich Magnus/Peter Mankowksi (Hrsg.), European Commentaries on Private International Law Bd. I, 2016, Art. 27 Brussels Ibis Regulation Rdn. 3.
2 Z.B. *Schlosser/Hess* Art. 28 EuGVVO Rdn. 2.

ten, etwa aus Gerichtsstandsvereinbarungen oder Schutzgerichtsständen, sind von Art. 27 nicht erfasst.[3]

2   Art. 27 enthält damit ebenso wie Art. 28 Vorschriften zum Verfahren jenseits von Zuständigkeitsbegründung und Anerkennung und Vollstreckung. Diese Vorschriften verdrängen in ihrem Anwendungsbereich mitgliedstaatliches Verfahrensrecht, Art. 27 in Deutschland konkret §§ 513 Abs. 2, 545 Abs. 2, 576 Abs. 2 ZPO. Damit hat das Gericht in jedem Fall und in jeder Lage des Verfahrens von Amts wegen die internationale Zuständigkeit im Hinblick auf die ausschließlichen Zuständigkeiten in Art. 24 zu prüfen, auch wenn das mitgliedstaatliche Recht eine Rügeobliegenheit bzw. Präklusionen vorsehen sollte.[4] Allerdings sind die §§ 513 Abs. 2, 545 Abs. 2, 576 Abs. 2 ZPO schon in autonomer teleologischer Reduktion des Tatbestandsmerkmals „Zuständigkeit" nicht auf die internationale Zuständigkeit anzuwenden.[5]

II. Entstehungsgeschichte

3   Art. 27 enthält – abgesehen von aktualisierten Verweisen – keine sachlichen Veränderungen gegenüber Art. 25 Brüssel I-VO bzw. Art. 19 EuGVÜ. Im Vorschlag der Kommission für die Neufassung der Brüssel I-VO war die Erweiterung der Vorschrift auf alle Zuständigkeiten vorgesehen.[6] Dieser Vorschlag konnte sich aber nicht durchsetzen.

III. Prüfung von Amts wegen

4   Grundsätzlich unterliegt die Prüfung der Zuständigkeit eines anderen mitgliedstaatlichen Gerichts nach Art. 24 und ggf. die daraus folgende Unzuständigkeitserklärung mangels konkreter Vorgaben in der Verordnung den Maßgaben der lex fori.[7] Nach deutschem Recht ist die Klage als unzulässig abzuweisen. Eine Verweisung an das aus Sicht des abweisenden Gerichts nach Art. 24 zuständige Gericht ist nach wie vor mit Rücksicht auf die staatliche Souveränität der Mitgliedstaaten nicht vorgesehen. Allgemein muss wie immer die praktische Wirksamkeit der Vorschrift gewahrt bleiben.[8] Die europäisch-autonom angeordnete, amtswegige Prüfung der Zuständigkeit beinhaltet kein Gebot zur

---

3 EuGH, Urt. v. 9.12.2003, Rs C-116/02 – *Gasser* Tz. 52, für Gerichtsstandsvereinbarungen. Für solche wurde eine Änderungen anlässlich der Neufassung des Lugano-Übereinkommens erwogen, aber zu Recht verworfen – rügelose Einlassung auf Klage im abredewidrigen Forum gleicht einer nachträglichen einvernehmlichen Abänderung der Vereinbarung, vgl. Fausto Pocar, Erläuternder Bericht zum Übereinkommen über die gerichtliche Zuständigkeit und die Vollstreckung gerichtlicher Entscheidungen in Zivil- und Handelssachen (unterzeichnet am 30. Oktober 2007 in Lugano), Abl. EU Nr. C 319 v. 23.12.2009 (Pocar-Bericht), S. 1, 30 Tz. 113 zu Art. 25 LugÜ 2007.
4 Rauscher/*Mankowski* Art. 27 Brüssel Ia-VO Rdn. 2.
5 Ständige Rechtsprechung, grundlegend BGH, Urt. v. 28.11.2002 – III ZR 102/02, NJW 2003, 426, sub II.1.: „Diese Regelung bezieht sich ... ungeachtet ihres weit gefassten Wortlauts nicht auf die internationale Zuständigkeit"; vgl. Auch Begr. RegE des Gesetzes zur Reform des Zivilprozesses, BT-Dr 14/4722, S. 106. Ferner aaO. S. 94 zu § 513 Abs. 2 ZPO-E und S. 107 zu § 547 ZPO-E.
6 Europäische Kommission, Vorschlag für eine Verordnung des Europäischen Parlaments und des Rates über die gerichtliche Zuständigkeit und die Anerkennung und Vollstreckung von Entscheidungen in Zivil- und Handelssa-chen vom 14.12.2010, KOM(2010) 748 endg., Art. 27 Brüssel Ia-VO-E.
7 Etwa EuGH, Urt. v. 28.1.2015, Rs C-375/13 – *Kolassa* Tz. 59 f., zu Art. 5 Nr. 1 Brüssel I-VO: „Es steht fest, dass die Verordnung ... nicht ausdrücklich den Umfang der Kontrollpflichten bestimmt, die den nationalen Gerichten bei der Überprüfung ihrer internationalen Zuständigkeit obliegen", vielmehr ist dies ein „Aspekt des innerstaatlichen Verfahrensrechts".
8 AaO., Tz. 60: „...darf doch die Anwendung der einschlägigen nationalen Vorschriften die praktische Wirksamkeit dieser Verordnung nicht beeinträchtigen".

Amtsermittlung.[9] Der Richter muss aber von den die Entscheidung tragenden Tatsachen voll überzeugt sein, die Unterstellung des Parteivortrags als richtig, etwa im Fall der Beklagtensäumnis, genügt nicht.[10] Stehen die vorgetragenen Tatsachen nicht zur vollen Überzeugung des Gerichts fest, muss der Richter zum Beweis auffordern.[11] Gegenläufige Geständnisse bleiben wirkungslos.[12] Maßgeblich ist der Schluss der mündlichen Verhandlung. Für doppelrelevante Tatsachen hat der EuGH nunmehr europäisch-autonome Maßgaben entwickelt, wonach für diese – im Wesentlichen im Sinne der in Deutschland bereits zuvor vertretenen Theorie doppelrelevanter Tatsachen[13] – nicht umfassend Beweis erhoben werden muss.[14]

Artikel 28
[Erklärung der Unzuständigkeit von Amts wegen in sonstigen Fällen]

(1) Lässt sich der Beklagte, der seinen Wohnsitz im Hoheitsgebiet eines Mitgliedstaats hat und der vor dem Gericht eines anderen Mitgliedstaats verklagt wird, auf das Verfahren nicht ein, so hat sich das Gericht von Amts wegen für unzuständig zu erklären, wenn seine Zuständigkeit nicht nach dieser Verordnung begründet ist.

(2) Das Gericht hat das Verfahren so lange auszusetzen, bis festgestellt ist, dass es dem Beklagten möglich war, das verfahrenseinleitende Schriftstück oder ein gleichwertiges Schriftstück so rechtzeitig zu empfangen, dass er sich verteidigen konnte oder dass alle hierzu erforderlichen Maßnahmen getroffen worden sind.

(3) An die Stelle von Absatz 2 tritt Artikel 19 der Verordnung (EG) Nr. 1393/2007 des Europäischen Parlaments und des Rates vom 13. November 2007 über die Zustellung gerichtlicher und außergerichtlicher Schriftstücke in Zivil- oder Handelssachen in den Mitgliedstaaten (Zustellung von Schriftstücken), wenn das verfahrenseinleitende Schriftstück oder ein gleichwertiges Schriftstück nach der ge-

---

9 Peter Schlosser, Bericht zu dem Übereinkommen vom 9. Oktober 1978 über den Beitritt des Königreichs Dänemark, Irlands und des Vereinigten Königreichs Großbritannien und Nordirland zum Übereinkommen über die gerichtliche Zuständigkeit und die Vollstreckung gerichtlicher Entscheidungen in Zivil- und Handelssachen sowie zum Protokoll betreffend die Auslegung dieses Übereinkommens durch den Gerichtshof, Abl. EG Nr. C 59 v. 5.3.1979 (Schlosser-Bericht), S. 71, 82, Tz. 22: „keine notwendige Konsequenz".
10 AaO: „Entscheidend ist nur, daß unwidersprochene Parteibehauptungen den Richter nicht binden".
11 AaO.
12 Rauscher/*Mankowski* Art. 27 Brüssel Ia-VO Rdn. 7.
13 Vgl. etwa BGH, Beschl. v. 27.10.2009 – VIII ZB 42/08, Tz. 14: „Dass eine Beweiserhebung in derartigen Fällen entbehrlich ist, folgt aus dem bereits vom Reichsgericht und nunmehr vom Bundesgerichtshof in ständiger Rechtsprechung vertretenen Grundsatz, dass die zuständigkeitsbegründenden Tatsachen im Rahmen des Zuständigkeitsstreits dann keines Beweises bedürfen, wenn sie gleichzeitig notwendige Tatbestandsmerkmale des Anspruchs selbst sind, wenn also die Bejahung des Anspruchs begrifflich diejenige der Zuständigkeit in sich schließt (sogenannte doppelrelevante Tatsachen). Dann ist für die Zuständigkeitsfrage die Richtigkeit des Klagevortrags zu unterstellen"; vgl. auch Musielak/Voit/*Heinrich*[13] § 1 Rdn. 20; eingehend z.B. Konrad Ost, Doppelrelevante Tatsachen im Internationalen Zivilverfahrensrecht, 2002, passim.
14 EuGH, Urt. v. 28.1.2015, Rs C-375/13 – *Kolassa* Tz. 62. Das Gericht „darf..., soweit es nur um die Prüfung seiner Zuständigkeit nach der genannten Bestimmung geht, die einschlägigen Behauptungen des Klägers zu den Voraussetzungen der Haftung aus unerlaubter Handlung oder aus einer Handlung, die einer unerlaubten Handlung gleichgestellt ist, als erwiesen ansehen". Kritisch Zöller/*Geimer*[31] Art. 27/28 EuGVVO Rdn. 4: „unscharf"; generell kritisch gegenüber der Theorie doppelrelevanter Tatsachen Peter Mankowski, LMK 2015, 367447; ders., Die Lehre von den doppelrelevanten Tatsachen auf dem Prüfstand der internationalen Zuständigkeit, IPRax 2006, 454.

nannten Verordnung von einem Mitgliedstaat in einen anderen zu übermitteln war.

(4) Ist die Verordnung (EG) Nr. 1393/2007 nicht anwendbar, so gilt Artikel 15 des Haager Übereinkommens vom 15. November 1965 über die Zustellung gerichtlicher und außergerichtlicher Schriftstücke im Ausland in Zivil- und Handelssachen, wenn das verfahrenseinleitende Schriftstück oder ein gleichwertiges Schriftstück nach dem genannten Übereinkommen im Ausland zu übermitteln war.

I. Normzweck

1   Die Vorschrift soll sicherstellen, dass ein Beklagter, der in einer Sache im Anwendungsbereich der Verordnung[1] vor einem nach den Maßgaben der Verordnung unzuständigen Gericht verklagt worden ist, nichts zu unternehmen braucht, sich vielmehr darauf verlassen kann, dass sich das unzuständige Gericht ohne sein Zutun für unzuständig erklärt. Der Beklagte muss also nicht eigens zum unzuständigen Gericht, nur um dort dessen Unzuständigkeit zu rügen. Gelegenheit hierzu soll ihm aber eingeräumt werden, Abs. 2–4. Die Klage muss also, anders als unter Art. 27, zunächst zugestellt werden. Dies sichert ihm die Möglichkeit, Gehör zu finden. Denn abgesehen von den in Art. 45 Abs. 1 lit. e genannten Zuständigkeiten führt die Missachtung der Zuständigkeitsordnung bzw. die fehlerhafte Anwendung durch ein mitgliedstaatliches Gericht nicht zu einem Anerkennungsversagungsgrund. Untätig bleiben kann der Beklagte also nur, wenn er darauf vertraut, dass das angegangene Gericht zutreffend zur eigenen Unzuständigkeit entscheiden wird. Gleichwohl galt den Verfassern der Vorschrift diese als „eine der wichtigsten Bestimmungen" des Brüsseler Regimes.[2] Stellt das angegangene Gericht seine Unzuständigkeit fest, muss es die Klage abweisen. Eine Verweisung an ein anderes mitgliedstaatliches, für zuständig gehaltenes Gericht ist nicht vorgesehen.[3] Die Entscheidung über die eigene Unzuständigkeit hat allerdings nunmehr wohl generell weitreichende Bindungswirkungen für alle anderen mitgliedstaatlichen Gerichte.[4]

II. Entstehungsgeschichte

2   Art. 28 entspricht Art. 26 Brüssel I-VO und Art. 20 EuGVÜ.

III. Prüfungsmaßstab

3   Wenn sich der Beklagte in keiner Weise einlässt, hat das Gericht die Zuständigkeit amtswegig zu prüfen, und sich gegebenenfalls von Amts wegen für unzuständig zu er-

---

[1] Erforderlich ist also, dass dieser Beklagte seinen Wohnsitz in einem Mitgliedstaat hat, *Kropholler/von Hein* Art. 26 EuGVO Rdn. 1. Bei Drittstaatensitz und bei Sitz im Gerichtsstaat ist das autonome Verfahrensrecht des Mitgliedstaats maßgeblich.
[2] P. Jenard, Bericht zu dem Übereinkommen vom 27. September 1968 über die gerichtliche Zuständigkeit und Vollstreckung gerichtlicher Entscheidungen in Zivil- und Handelssachen, Abl. EG Nr. C 59 v. 5.3.1979 (Jenard-Bericht), S. 1, 39 zu Art. 20 EuGVÜ.
[3] Vgl. hierzu bereits oben bei Art. 27 Rdn. 4.
[4] EuGH, Urt. v. 15.11.2012, Rs C-456/11 – *Gothaer Versicherung*, hierzu z.B. Christoph Althammer/Madeleine Tolani, Perspektiven für einen gemeineuropäischen Rechtskraftbegriff in der zivilprozessualen Rechtsprechung des EuGH zur EuGVO?, ZZPInt 19 (2014), 227.

klären.⁵ Lässt sich der Beklagte in irgendeiner Form ein, dann ist vorrangig zu prüfen, ob sich der Beklagte rügelos und damit zuständigkeitsbegründend i.S.v. Art. 26 eingelassen hat. Ohne zuständigkeitsbegründende Wirkung bleibt die rügelose Einlassung freilich in Ansehung der ausschließlichen Zuständigkeiten des Art. 24, vgl. Art. 26 Abs. 1, so dass für diesen Sonderfall Art. 27 gilt. Schutzgerichtsstände können hingegen nach Maßgabe von Art. 26 Abs. 2 – hinreichende Belehrung des Schwächeren – durch rügelose Einlassung derogiert werden, Art. 26 Abs. 2, so dass insofern auch Art. 28 gilt. Für die amtswegige Zuständigkeitsprüfung nach diesen Maßgaben gilt grundsätzlich mangels konkreter Vorgaben in der Verordnung die lex fori.⁶

IV. Verfahrensaussetzung, Abs. 2–4

Nach Abs. 2 hat das Gericht das Verfahren auszusetzen, bis festgestellt ist, dass dem **4** Beklagten so rechtzeitig das verfahrenseinleitende Schriftstück zugestellt wurde, dass er sich im Verfahren hätte verteidigen können oder zumindest, dass hierzu alle erforderlichen Maßnahmen getroffen wurden. Diese Regelung sichert das rechtliche Gehör des nicht erschienenen Beklagten. Abs. 2 ist dabei als Mindeststandard zu verstehen. Sofern nämlich die Zustellung nach Maßgabe der EuZustellVO erfolgt, tritt nach Abs. 3 Art. 19 EuZustellVO an die Stelle von Abs. 2. Ist die EuZustellVO nicht anwendbar, dann tritt nach Abs. 4 Art. 15 des Haager Zustellungsübereinkommens an die Stelle von Abs. 2.

V. Anerkennungsfähigkeit der Entscheidung eines unzuständigen Gerichts

Das Urteil eines mitgliedstaatlichen Gerichts ist trotz Verletzung der Zuständigkeits- **5** vorschriften grundsätzlich anerkennungsfähig, ausgenommen hiervon sind nur die Schutzgerichtsstände für Schwächere und die ausschließlichen Zuständigkeiten nach Art. 24, vgl. Art. 45 Abs. 1 lit. e. und Abs. 3. Es ist also für einen Beklagten nicht risikolos, sich allein auf die eigene Säumnis und die sodann zutreffende Entscheidung des unzuständig angegangenen Gerichts zu verlassen.

ABSCHNITT 9
Anhängigkeit und im Zusammenhang stehende Verfahren

Artikel 29
[Konkurrierende Rechtshängigkeit]

(1) Werden bei Gerichten verschiedener Mitgliedstaaten Klagen wegen desselben Anspruchs zwischen denselben Parteien anhängig gemacht, so setzt das später angerufene Gericht unbeschadet des Artikels 31 Absatz 2 das Verfahren von Amts wegen aus, bis die Zuständigkeit des zuerst angerufenen Gerichts feststeht.

(2) In den in Absatz 1 genannten Fällen teilt das angerufene Gericht auf Antrag eines anderen angerufenen Gerichts diesem unverzüglich mit, wann es gemäß Artikel 32 angerufen wurde.

---

5 Etwa Simons/Hausmann/*Mayr* Art. 26 Brüssel I-VO Rdn. 7; Felix Koechel, Zur (rügelosen) Einlassung des Abwesenheitskurators, IPRax 2015, 303, 305.
6 Einzelheiten, insbesondere zum Effektivitätsgrundsatz und zur nunmehr durch den EuGH im Kern bestätigten Theorie der doppelrelevanten Tatsachen oben bei Art. 27 Rdn. 4.

(3) Sobald die Zuständigkeit des zuerst angerufenen Gerichts feststeht, erklärt sich das später angerufene Gericht zugunsten dieses Gerichts für unzuständig.

I. Normzweck

1   Art. 29 dient der Koordinierung paralleler Verfahren zwischen denselben Parteien über identische Streitgegenstände innerhalb des unionalen Rechtsraums nach Maßgabe eines zeitlichen Prioritätsprinzips: Das erstbefasste mitgliedstaatliche Gericht soll zunächst über die eigene Zuständigkeit entscheiden, ein nachfolgend in derselben Sache befasstes mitgliedstaatliches Gericht soll diese Entscheidung des Erstgerichts abwarten. Damit sollen Parallelverfahren vermieden werden, die sich aufgrund konkurrierender Zuständigkeiten ergeben können. Zwar erfolgt nach Art. 45 Abs. 1 lit. c und d auch noch eine Koordinierung auf der Ebene der Anerkennung, dies freilich erst, wenn aus den parallelen Verfahren bereits Entscheidungen erwachsen sind. Art. 29 greift demgegenüber bereits früher und erspart den Justizsystemen wie den Parteien vollständig durchgeführte, aber letztlich doch nutzlose, weil in nicht anerkennungsfähigen Entscheidungen mündende Parallelverfahren.[1] Normzweck ist damit die Vermeidung unvereinbarer Entscheidungen zu einem möglichst frühen Zeitpunkt.[2]

2   Zentral zur Erreichung dieses Normzwecks ist zum einen die Feststellung der Streitgegenstandsidentität in den parallelen Verfahren: Es muss jeweils „derselbe Anspruch" zwischen „denselben Parteien" in Streit stehen. Zum anderen ist die Feststellung erforderlich, welches der beteiligten Gerichte zuerst angerufen wurde. Der Zeitpunkt der Anrufung richtet sich nach der autonomen Definition in Art. 32, die allerdings in wesentlichen Punkten auf die jeweilige lex fori rekurriert.[3] Deswegen bietet Art. 29 Abs. 2 jedem Gericht die Möglichkeit, beim jeweils anderen Gericht Auskunft darüber einzuholen, zu welchem Zeitpunkt dieses andere Gericht sich nach Art. 32 i.V.m. der eigenen lex fori als angerufen sieht.[4] Dies soll den mitgliedstaatlichen Gerichten aufwendige und fehleranfällige Feststellungen zum fremden Prozessrecht ersparen.

3   Besteht danach eine anderweitige frühere Rechtshängigkeit, muss das mitgliedstaatliche Gericht nach Art. 29 Abs. 1 das eigene Verfahren aussetzen, und sobald die Zuständigkeit des erstangerufenen Gerichts feststeht, muss es sich nach Art. 29 Abs. 3 für unzuständig erklären. Steht hingegen die Unzuständigkeit des Erstgerichts fest, nimmt das Zweitgericht sein Verfahren wieder auf.

4   Diese Maßgaben gelten für die Koordinierung aller mitgliedstaatlichen Verfahren „unbeschadet des Artikels 31 Absatz 2". Diese Vorschrift betrifft Verfahren, bei denen das Zweitgericht kraft einer ausschließlichen Gerichtsstandsvereinbarung nach Art. 25 zuständig ist.[5]

---

[1] Z.B. EuGH, Urt. v. 8.12.1987, Rs 144/86 – *Gubisch* Tz. 8; Matthias Weller, in Burkhard Hess/Thomas Pfeiffer/Peter Schlosser, The Brussels I Regulation 44/2001 – Application and Enforcement in the EU (Heidelberg Report), 2008, S. 100 Rdn. 350 m.w.N.
[2] Erw.-Gr. 21 S. 1: „Im Interesse einer abgestimmten Rechtspflege müssen Parallelverfahren so weit wie möglich vermieden werden, damit nicht in verschiedenen Mitgliedstaaten miteinander unvereinbare Entscheidungen ergehen".
[3] Vgl. im Einzelnen dort.
[4] Felix Koechel, Wann steht die Zuständigkeit des zuerst angerufenen Gerichts im Sinne von Art. 27 EuGVVO fest?, IPRax 2014, 394, 395.
[5] Vgl. im Einzelnen dort.

II. Entstehungsgeschichte

Die Litispendenzregel in Art. 29 ist im Kern[6] seit der Urfassung des EuGVÜ mit Art. 21 Bestandteil des Brüsseler Zuständigkeitsregimes, um auf Parallelverfahren aus konkurrierenden Zuständigkeiten zu reagieren und so eine „geordnete Rechtspflege innerhalb der Gemeinschaft" sicherzustellen.[7] Die strikte Priorität des erstangegangenen Gerichts ist vielfach kritisiert worden,[8] hat sich aber – abgesehen von der neu eingeführten Ausnahme in Art. 29 Abs. 1, 31 Abs. 2–4 bei ausschließlicher Zuständigkeit des Zweitgerichts kraft einer Gerichtsstandsvereinbarung nach Art. 25 – bis in die Neufassung der Brüssel Ia-VO gehalten.

Die Vorteile dieser Regelung liegen in der formalen Klarheit und der hieraus folgenden Rechtssicherheit.[9] Dies wird insbesondere im Vergleich zu der ungleich komplexeren und mit vielen Unsicherheiten behafteten, neu eingeführten Sonderregel in Art. 31 Abs. 2 deutlich.[10] Zudem werden Parallelverfahren weitestgehend vermieden. Die strikte Priorisierung eines abstrakt-generell und nach formalen Kriterien bestimmten mitgliedstaatlichen Gerichts wird im Übrigen vom EuGH auch als Ausdruck eines systemprägenden gegenseitigen Vertrauens in die mitgliedstaatlichen Justizsysteme verstanden, wonach im Grundsatz jedes mitgliedstaatliche Gericht gleich geeignet ist, mit Vorrang über die eigene Zuständigkeit nach der Verordnung und gegebenenfalls auch mit Vorrang gegenüber konkurrierenden Verfahren in der Sache zu entscheiden.[11] Dafür werden Abstriche in der Verfahrensgerechtigkeit im Einzelfall in Kauf genommen, etwa bei Erhebung negativer Feststellungsklagen, auch vor ersichtlich nicht zuständigen, aber notorisch langsamen mitgliedstaatlichen Gerichten, um mit der Rechtshängigkeitssperre des Art. 29 das Verfahren in der Sache möglichst lange zu blockieren („Torpedo"-Klagen).[12]

Auf rechtspolitischer Ebene wird man sich grundsätzlich zu entscheiden haben für eine wie auch immer gelagerte Position zwischen den widerstreitenden Zielen der Rechtssicherheit und Vorhersagbarkeit unter Verwendung möglichst einfacher und formaler Vorrangkriterien einerseits, andererseits der Verfahrensgerechtigkeit mit entsprechend wertungsdurchdrungenen und dadurch komplexer ausfallenden Regelungen. Der

---

[6] Ursprünglich sah Art. 21 EuGVÜ allerdings die Pflicht zur sofortigen Unzuständigkeitsklärung des Zweitgerichts vor. Nur wenn im Verfahren vor dem Erstgericht die Zuständigkeit gerügt wurde, konnte das Zweitgericht nach Ermessen auch aussetzen.
[7] Vgl. P. Jenard, Bericht zu dem Übereinkommen vom 27. September 1968 über die gerichtliche Zuständigkeit und Vollstreckung gerichtlicher Entscheidungen in Zivil- und Handelssachen, Abl. EG Nr. C 59 v. 5.3.1979 (Jenard-Bericht), S. 1, 41 zu Art. 21 EuGVÜ. Ferner z.B. EuGH, Urt. v. 14.10.2004, Rs C-39/02 – *Maersk* Tz. 31; EuGH, Urt. v. 9.12.2003, Rs C-116/02 – *Gasser* Tz. 41.
[8] Vgl. etwa Pippa Rogerson, Lis Pendens and Related Actions, in Andrew Dickinson/Eva Lein (Hrsg.), The Brussels I Regulation Recast, 2015, S. 321, 323 f. Rdn. 11.10 ff. m.w.N.; Richard Fentiman, in Ulrich Magnus/Peter Mankowski (Hrsg.), European Commentaries on Private International Law Bd. I, 2016, Introduction to Art. 29 Brussels Ibis Regulation Rdn. 17 ff.; weitere Nachweise z.B. bei Matthias Weller, Heidelberg Report, S. 107 ff. Rdn. 369 ff.; ferner z.B. Mary-Rose McGuire, Verfahrenskoordination und Verjährungsunterbrechung im Europäischen Zivilprozessrecht, 2004, passim, jeweils m.w.N.
[9] EuGH, Urt. v. 9.12.2003, Rs C-116/02 – *Gasser* Tz. 51.
[10] Hierzu unten bei Art. 31 Rdn. 6 ff.
[11] EuGH, Urt. v. 9.12.2003, Rs C-116/02 – *Gasser* Tz. 72. Dass das Konzept des gegenseitigen Vertrauens seinerseits grundlegende Fragen zu Legitimität, Zuschnitt und Reichweite aufwirft, steht auf einem anderen Blatt, hierzu Matthias Weller, Mutual Trust: In Search of the Future of European Private International Law, Journal of Private International Law 11 (2015), 64; ders., Mutual Trust within the judicial cooperation in civil matters: Normative Cornerstone – Factual Chimera – Constitutional Challenge, Nederlands Internationaal Privaatrecht (NIPR) 2017, 1.
[12] Geimer/Schütze/*Pfeiffer*/*Pfeiffer* IRV Art. 29 VO (EG) 1215/2012 Rdn. 33 ff. m.w.N.; Peter Gottwald, Negative Feststellungsklage und prozessuale Gerechtigkeit, MDR 2016, 936.

europäische Gesetzgeber hat diese Entscheidung zuletzt dahingehend getroffen, dass grundsätzlich die Rechtssicherheit einen hohen Stellenwert behält (Art. 29), während für den Sonderfall der Gerichtsstandsvereinbarung eine abweichende Regelung gilt (Art. 31 Abs. 2).

III. Vorrangige Staatsverträge im Verhältnis von Mitgliedstaaten untereinander (Art. 71)

8   Die Verordnung lässt nach Art. 71 Abs. 1 Übereinkünfte unberührt, denen die Mitgliedstaaten angehören und die für besondere Rechtsgebiete die gerichtliche Zuständigkeit, die Anerkennung oder die Vollstreckung von Entscheidungen regeln. Dies schließt Rechtshängigkeitsregeln ein. Damit hat etwa die Rechtshängigkeitsregel des Art. 31 Abs. 2 CMR[13] Vorrang. Der EuGH hat allerdings für Art. 71 entschieden, dass die Auslegung vorrangiger Verträge im Zweifel, also bei Auslegungsspielraum unter den Vorschriften des Übereinkommens, mindestens ebenso günstige Bedingungen schaffen muss wie unter der Verordnung.[14] Für Art. 31 Abs. 2 CMR folgt hieraus im Verhältnis von EU-Mitgliedstaaten untereinander z.B., dass eine negative Feststellungsklage im Anwendungsbereich des Übereinkommens gleich der negativen Feststellungsklage im Anwendungsbereich der Verordnung einer nachfolgenden Leistungsklage entgegensteht.[15]

IV. Klagen wegen desselben Anspruchs

9   Art. 29 verlangt zunächst, dass „Klagen wegen desselben Anspruchs" anhängig sind. In Anlehnung insbesondere an die französische Sprachfassung („le même objet et la même cause") versteht der EuGH hierunter in autonomer Auslegung[16] die Identität von Gegenstand und Grundlage des Anspruchs.[17] Zur Erreichung der Ziele der Vorschrift legt der EuGH diese weit aus.[18] Die Grundlage des Anspruchs konstituiert sich aus „Sachverhalt und Rechtsvorschrift, auf die die Klage gestützt wird".[19] Hieraus leitete der EuGH ab, dass etwa eine Klage auf Feststellung, nicht haftbar zu sein, und die gegenläufige Klage auf Schadensersatz dieselbe Grundlage haben.[20] Weiterhin kann man daraus ableiten,

---

[13] Übereinkommen über den Beförderungsvertrag im internationalen Straßengüterverkehr (CMR) v. 19.5.1956 (BGBl. 1961 II S. 1119) in der Fassung des Protokolls vom 5.7.1978 zur CMR (BGBl. 1980 II S. 721, 733). Art. 31 Abs. 2 lautet: „Ist ein Verfahren bei einem nach Absatz 1 zuständigen Gericht wegen einer Streitigkeit im Sinne des genannten Absatzes anhängig oder ist durch ein solches Gericht in einer solchen Streitsache ein Urteil erlassen worden, so kann eine neue Klage wegen derselben Sache zwischen denselben Parteien nicht erhoben werden, es sei denn, daß die Entscheidung des Gerichtes, bei dem die erste Klage erhoben worden ist, in dem Staat nicht vollstreckt werden kann, in dem die neue Klage erhoben wird".
[14] EuGH, Urt. v. 4.5.2010, Rs C-533/08 – *TNT Express Nederland* Tz. 49; EuGH, Urt. v. 19.12.2013, Rs C-452/12 – *Nipponkoa Insurance Co*, Tz. 39.
[15] EuGH, Urt. v. 19.12.2013, Rs C-452/12 – *Nipponkoa Insurance Co* Tz. 39 ff.; anders zuvor BGH, Urt. v. 20.11.2003 – I ZR 294/02, NJW-RR 2004, 397.
[16] EuGH, Urt. v. 8.12.1987, Rs 144/86 – *Gubisch* Tz. 11, zu sämtlichen Voraussetzungen von Art. 21 EuGVÜ.
[17] EuGH, Urt. v. 6.12.1994, Rs C-406/92 – *Tatry* Tz. 38 ff.
[18] EuGH, Urt. v. 14.10.2004, Rs C-39/02 – *Maersk* Tz. 32.
[19] AaO., Tz. 39.
[20] AaO., Tz. 40. Im Detail kann dies freilich zu Schwierigkeiten führen, etwa bei gegenläufigen negativen Feststellungs- und Leistungsklagen im Zusammenhang mit Kartelldelikten: Soll beispielsweise eine negative Feststellungsklage am Erfolgsort, dort beschränkt auf den im betreffenden Territorium eingetretenen Schaden, wirklich die alle Schäden umfassende Leistungsklage am Handlungsort sperren? Hierzu instruktiv Martin Gebauer, Negative Feststellungsklage am Gerichtsstand der unerlaubten

dass parallele Klagen bei konkurrierenden Ansprüchen aus Vertrag im Vertragsgerichtsstand und Delikt im Deliktsgerichtsstand trotz identischem Sachverhalt nicht dieselbe Grundlage haben, weil sie nicht auf denselben Rechtsvorschriften beruhen.[21] Bei formaler Betrachtung der dem Anspruch zugrunde liegenden „Rechtsvorschriften" müsste freilich Entsprechendes bei unterschiedlicher kollisionsrechtlicher Anknüpfung desselben Anspruchs aus demselben Sachverhalt gelten, obwohl dies nach Sinn und Zweck der Rechtshängigkeitssperre nicht mehr überzeugen könnte.[22] Die fortschreitende Europäisierung des Kollisionsrechts vermindert freilich das Problemfeld in dieser Frage, und wenn beide Gerichte nach unionalisierten Kollisionsregeln gleichlaufend anknüpfen und damit sogar auch auf der Grundlage derselben Rechtsvorschriften in der Sache entscheiden, dann beruhen die jeweiligen Verfahren ersichtlich auf derselben Grundlage i.S.v. Art. 29. Keine identische Grundlage besteht nach der Rechtsprechung des EuGH bei einer Schadensersatzklage aus außervertraglicher Haftung und einem Antrag auf Errichtung eines Haftungsbeschränkungsfonds nach völkerrechtlichem Abkommen bzw. niederländischen Umsetzungsvorschriften.[23] Bei der Prüfung einer identischen Grundlage außer Betracht bleiben die vom Beklagten erhobenen Einwendungen, wie etwa eine Prozessaufrechnung.[24]

Unter dem Gegenstand der Klage versteht der EuGH sodann den Zweck der Klage.[25] **10**
Hierzu machte der EuGH deutlich, dass etwa die Klage auf Vertragserfüllung einerseits, die gegenläufige Klage auf Feststellung der Unwirksamkeit und Auflösung des Kaufvertrags andererseits ihrem Zweck nach denselben „Kernpunkt" betreffen, nämlich die Wirksamkeit des Kaufvertrags, so dass für diesen gemeinsamen Kernpunkt die Gefahr unvereinbarer Entscheidungen entsteht.[26] Nicht erforderlich ist also, dass die beiden Klagen vollständig identische Gegenstände haben. Die Beschränkung auf einen gemeinsamen Kernpunkt, in deutscher Terminologie eine für beide Verfahren zentrale Vorfrage, macht den Streitgegenstandsbegriff im Vergleich zu den meisten mitgliedstaatlichen Rechtsordnungen relativ weit.[27] In diesem Kontext ist es formal folgerichtig, für eine Leistungsklage und eine aus demselben Rechtsverhältnis erwachsende gegenläufige negative Feststellungsklage denselben Gegenstand und im Kern dieselbe Grundlage bzw. denselben Zweck als streitig gestellt zu sehen,[28] und es ist dann eine Wertungsfrage, ob man der nachfolgenden Leistungsklage einen (wie auch immer technisch ausgestalteten)[29] Vorrang gegenüber der früheren negativen Feststellungsklage einräumen will, wie dies nach deutscher lex fori angenommen wird.[30]

Handlung, ZEuP 2013, 870, zugleich Besprechung von EuGH Urt. v. 25.10.2012, Rs C-133/11 – *Folien Fischer* (Deliktsgerichtsstand für negative Feststellungsklage eröffnet).
21 Rauscher/*Leible* Art. 29 Brüssel Ia-VO Rdn. 13.
22 AaO.; ferner Peter Mankowski, Entwicklungen im Internationalen Privat- und Prozessrecht 2004/2005 (Teil 2), RIW 2005, 561, 566.
23 EuGH, Urt. v. 14.10.2004, Rs C-39/02 – *Maersk* Tz. 38.
24 EuGH, Urt. v. 8.5.2003, Rs 111/01 – *Gantner* Tz. 32; LAG Niedersachsen, Urt. v. 29.6.2016 – 13 Sa 1152/15, NZA-RR 2016, 611, 613, Tz. 34; Musielak/Voit/*Stadler*[14] Art. 29 Brüssel Ia-VO Rdn. 6.
25 AaO., Tz. 41.
26 EuGH, Urt. v. 8.12.1987, Rs 144/86 – *Gubisch* Tz. 16.
27 Umfassend aus jüngerer Zeit z.B. Christoph Althammer, Streitgegenstand und Interesse, 2012, S. 115 ff.
28 So EuGH, Urt. v. 6.12.1994, Rs C-406/92 – *Tatry* Tz. 37 ff.
29 Hierzu rechtsvergleichend z.B. Simons/Hausmann/*Simons* Art. 27 Brüssel I-VO Rdn. 35 m.w.N.
30 Einzelheiten, auch zum Teil kritische Erwägungen gegenüber der herrschenden Auffassung z.B. MünchKomm/*Becker-Eberhard* § 261 Rdn. 65.

11 Der EuGH hat sich indes für den Gleichrang beider Klagen entschieden.[31] Hieraus folgt etwa, dass das Rechtsschutzinteresse des Klägers im Sinne der deutschen lex fori für seine zeitlich frühere negative Feststellungsklage selbst dann nicht entfällt, wenn der Beklagte seine Zahlungsklage im ausländischen mitgliedstaatlichen Forum nicht mehr einseitig zurücknehmen könnte. Denn das mit der Zahlungsklage befasste mitgliedstaatliche Gericht ist bei der von ihm zu erwartenden Befolgung des Art. 29 nicht in der Lage, eine für einen Vorrang der Leistungsklage erforderliche Sachentscheidung zu treffen.[32]

12 „Offensichtlich nicht denselben Gegenstand" nach den vorgenannten Maßgaben haben etwa ein Antrag auf Errichtung eines Haftungsbeschränkungsfonds, den ein Schiffseigentümer beim Gericht eines Mitgliedstaats stellt, wobei er darin den möglichen Geschädigten benennt, und eine von diesem Geschädigten bei einem Gericht eines anderen Mitgliedstaats erhobene Schadensersatzklage gegen den Schiffseigentümer.[33] Streitgegenstandsidentität kann auch (nur) aus einem Hilfsantrag erwachsen. Dieser ist gleichermaßen wie der Hauptantrag anhängig.[34] Besteht etwa Identität zwischen Hilfsantrag im Erstverfahren und dem Streitgegenstand im Zweitverfahren, setzt das Zweitgericht sein Verfahren fort, wenn die Klage im Erstverfahren mit dem Hauptantrag Erfolg hatte, so dass feststeht, dass über den Hilfsantrag nicht mehr entschieden werden wird.[35]

V. Klagen zwischen denselben Parteien

13 Weiterhin verlangt Art. 29 die Identität der Parteien. Auch diese Voraussetzung ist autonom auszulegen.[36] Klar ist, dass die bei formaler Betrachtung identischen natürlichen oder juristischen Personen diese Anforderung erfüllen, wobei die Parteirolle als Kläger oder Beklagter im jeweiligen Verfahren unterschiedlich sein können.[37] Liegt bei mehreren Parteien auf einer Seite in Ansehung der anderen Seite lediglich Teilidentität vor, ist lediglich entsprechend der Reichweite der Identität auszusetzen. Sofern das Zweitverfahren teilbar ist, kann es im Übrigen parallel fortgesetzt werden, wobei dann insoweit eine Aussetzung nach Art. 28 in Betracht kommt.[38]

14 Ob und inwieweit Parteiidentität jenseits dieser Maßgaben vorliegen kann („materielle Parteiidentität"), wird unterschiedlich beurteilt. In der Rechtssache *Tatry* hat der EuGH unmittelbar in autonomer Auslegung entschieden, dass „die im Recht eines Vertragsstaats getroffene Unterscheidung zwischen dinglichen und persönlichen Klagen für die Auslegung des Artikels 21 unerheblich ist", so dass zwischen der dinglichen Klage, „die ein mit Arrest belegtes Schiff betrifft" und der persönlichen Klage gegen den Schiffseigner unabhängig von der prozessualen Technik der jeweiligen lex fori jedenfalls auch Parteiidentität besteht.[39]

15 In der Rechtssache *Drouot* hat der EuGH das europäisch-autonome Konzept der Parteiidentität dahingehend ausgedehnt, dass bei einer hinreichend starken rechtlichen Interessenidentität von Parteiidentität auszugehen ist, und dies soll jedenfalls dann der Fall sein, wenn ein Urteil gegen die eine Partei kraft der gleichlaufenden Interessen,

---

31 Nochmals EuGH, Urt. v. 6.12.1994, Rs C-406/92 – *Tatry* Tz. 37 ff.
32 BGH, Urt. v. 23.6.2010 – VIII ZR 135/08, NJW 2010, 3452 Tz. 22.
33 EuGH, Urt. v. 14.10.2004, Rs C-39/02 – *Maersk* Tz. 35.
34 OLG Köln, Urt. v. 31.3.2004 – 6 U 135/03, GRUR-RR 2005, 36.
35 AaO.
36 Nochmals EuGH, Urt. v. 8.12.1987, Rs 144/86 – *Gubisch* Tz. 11.
37 EuGH, Urt. v. 6.12.1994, Rs C-406/92 – *Tatry* Tz. 30.
38 EuGH, Urt. v. 6.12.1994, Rs C-406/92 – *Tatry* Tz. 35.
39 EuGH, Urt. v. 6.12.1994, Rs C-406/92 – *Tatry* Tz. 46 f.

Rechtskraft gegenüber der anderen entfaltet.⁴⁰ Problematisch ist an dieser Formel, dass sie sich im Kernbereich an eine konzeptionell unklar gelassene Rechtskrafterstreckung anlehnt – soweit es sich dabei um die Maßgaben der jeweiligen lex fori zur subjektiven Rechtskraft handelt,⁴¹ wären diese jedenfalls je unterschiedlich – und sich im Übrigen auf das unscharfe Merkmal einer hinreichenden Interessenidentität stützt.⁴² Die mitgliedstaatlichen Gerichte entscheiden gleichwohl wie geboten anhand dieser Maßgaben.⁴³

Unter deutscher lex fori gilt etwa der am Verfahren nicht beteiligte, weil nach Rechtshängigkeit erwerbende Rechtsnachfolger i.S.v. § 325 ZPO als „dieselbe Partei" i.S.v. Art. 45 Abs. 1 lit. c.⁴⁴ Parteiidentität wird auch im Verhältnis des Zedenten und des Zessionars bejaht.⁴⁵ Keine Parteiidentität hingegen liegt z.B. vor zwischen Mutter und Tochter desselben Konzerns⁴⁶ oder aber, wenn der in Deutschland ansässige Beteiligte eines Verkehrsunfalls seine unfallbedingten Schadensersatzansprüche gegen den ausländischen Haftpflichtversicherer bei seinem deutschen Wohnsitzgericht einklagt, nachdem zuvor der ausländische Unfallbeteiligte wegen seiner Ansprüche Klage gegen ihn bei den Gerichten des anderen Mitgliedstaats erhoben hat.⁴⁷ Für alle diese Grenzfälle wäre Art. 30 besser geeignet.⁴⁸ **16**

VI. Ausnahmen

Grundsätzlich gilt Art. 29 für alle Fälle der Rechtshängigkeit. In der Brüssel Ia-VO wurde allerdings eine Ausnahme eingefügt, nämlich, wenn das Zweitgericht gemäß einer Gerichtsstandsvereinbarung nach Art. 25 ausschließlich zuständig ist. Dann gilt Art. 29 nur noch „unbeschadet des Artikels 31 Absatz 2". Noch während der Neufassung hatte freilich der EuGH zu Art. 27 Brüssel I-VO kraft teleologischer Reduktion entschieden, dass das Zweitgericht dann nicht aussetzen muss bzw. nicht einmal darf, wenn es sich selbst als ausschließlich zuständig nach Art. 24 sieht.⁴⁹ Die Gründe hierfür tragen **17**

---

40 EuGH, Urt. v. 19.5.1998, Rs C-351/96 – *Drouot* Tz. 19f.
41 Ein europäisch-autonomer Begriff der Rechtskraft fehlt bislang, Burkhard Hess, Europäisches Zivilprozessrecht, 2010, § 6 Rdn. 158, S. 323. Vgl. aber auch Christoph Althammer/Madeleine Tolani, Perspektiven für einen gemeineuropäischen Rechtskraftbegriff in der zivilprozessualen Rechtsprechung des EuGH zur EuGVO?, ZZPInt 19 (2014), 227 ff. im Nachgang zu EuGH, Urt. v. 15.11.2012, Rs C-456/11 – *Gothaer Versicherung*. Diese Entscheidung betrifft allerdings die objektive Rechtskraft.
42 Kritisch deswegen z.B. Zöller/*Geimer*³¹ Art. 927 EuGVVO Rdn. 8a: „dogmatisch unhaltbar"; Gerhard Wagner, in: Stein/Jonas, Kommentar zur Zivilprozessordnung, 22. Aufl. 2011, Art. 27 EuGVVO Rdn. 20: „äußerst vage"; Rauscher/*Leible* Art. 29 Brüssel Ia-VO Rdn. 12; **a.A.** z.B. Simons/Hausmann/*Simons* Art. 27 Brüssel I-VO Rdn. 29.
43 Zahlreiche Einzelnachweise bei Simons/Hausmann/*Simons* Art. 27 Brüssel I-VO Rdn. 29.
44 *Kropholler/von Hein* Art. 34 EuGVO Rdn. 52.
45 OLG Köln, Beschl. v. 8.9.2003, IPRax 2004, 521.
46 OLG Düsseldorf, Urt. v. 4.3.2014 – I-3 W 95/15, 3 W 95/15, IPRspr 2014, Nr. 233: „Die Konzernverbundenheit sowie die prinzipielle Einflussmöglichkeit der Muttergesellschaft auf ihre Tochtergesellschaften mögen zu einer Gleichheit der Interessen führen, begründen als solches aber noch nicht ihre Untrennbarkeit. Wenn das maßgebliche Prozessrecht eine automatische Rechtskrafterstreckung zwischen einer Konzernmutter und ihrer Tochtergesellschaft nicht vorsieht, so folgt daraus, dass nach dem Willen des Gesetzgebers die eine (Tochtergesellschaft) völlig unabhängig davon in Anspruch genommen werden können soll, ob bereits Ansprüche gegen die andere (Muttergesellschaft) gerichtlich verfolgt werden und wie ein Rechtsstreit gegen sie (ggf. rechtskräftig) ausgegangen ist".
47 BGH, Urt. v. 19.2.2013 – VI ZR 45/12, MDR 2013, 869; hierzu z.B. Matthias Weller, LMK 2013, 350541.
48 Rauscher/*Leible* Art. 29 Brüssel Ia-VO Rdn. 12 a.E.; Matthias Weller, LMK 2013, 350541 a.E.
49 EuGH, Urt. v. 3.4.2014, Rs C-438/12 – *Weber* Tz. 57, insbesondere mit Blick auf Art. 35 Abs. 1 Brüssel I-VO (= Art. 45 Abs. 1 lit. e (ii) Brüsse Ia-VO – Nichtanerkennung einer mitgliedstaatlichen Entscheidung bei Verletzung der ausschließlichen Zuständigkeiten in Kapitel II Abschnitt 6): „Jede andere Auslegung

wohl auch eine Ausnahme für die Zuständigkeiten in Art. 45 Abs. 1 lit. e (i), also die zwingenden Gerichtsstände zum Schutz des Schwächeren.[50]

18 Jenseits der Verletzung dieser teleologisch besonders hervorgehobenen Zuständigkeiten dürfte eine negative Anerkennungsprognose aber kaum zu einer weiteren teleologischen Reduktion des Art. 29 durch den EuGH führen.[51] Erst recht scheidet nach Systematik und Teleologie der Verordnung in der bisherigen Auslegung durch den EuGH eine allgemeine Überprüfung der Zuständigkeit des Erstgerichts durch das Zweitgericht aus, und zwar auch bei evidenter Unzuständigkeit des Erstgerichts.[52] Erst bei grund- und menschenrechtsrelevanten Verfahrensverzögerungen im Erstverfahren sind Ausnahmen von Art. 29 de lege lata im Lichte der Art. 6 Abs. 1 EMRK bzw. Art. 47 Abs. 2 GRCharta möglich[53] und dann auch geboten.[54]

19 Im Schrifttum wird vielfach und in verschiedenen Varianten und Begründungstopoi bereits unterhalb dieser Schwelle für weitergehende Ausnahmen plädiert.[55] Bisher hat dies allerdings weder den Europäischen Gesetzgeber noch den EuGH zu weiterreichenden Ausnahmen bewegen können als die hier geschilderten. Vor diesem Hintergrund bleiben auch anti-suit-injunctions im Verhältnis von Mitgliedstaaten untereinander unzulässig,[56] selbst wenn die injunction des mitgliedstaatlichen Gerichts gegen das Verfahren vor einem anderen mitgliedstaatlichen Gericht der Sicherung eines Schiedsverfahrens dient,[57] auch wenn der EuGH mit Rücksicht auf die vollständige Ausnahme der Schiedsgerichtsbarkeit vom sachlichen Anwendungsbereich der Verordnung in Art. 1 Abs. 2 lit. d jüngst anti-suit-injunctions eines Schiedsgerichts bzw. die Anerkennung und Vollstreckung der entsprechenden schiedsgerichtlichen Entscheidung durch ein mitgliedstaatliches Gericht gegen Verfahren vor mitgliedstaatlichen Gerichten zugelassen hat.[58]

---

widerspräche den der Systematik der VO 44/2001 zu Grunde liegenden Zielen, etwa der abgestimmten Rechtspflege unter Vermeidung negativer Zuständigkeitskonflikte oder dem freien Verkehr der Entscheidungen in Zivil- und Handelssachen, insbesondere ihrer Anerkennung".

50 AaO., Tz. 55 f.: „[E]ine Entscheidung, die das zuerst angerufene Gericht ... unter Verletzung von Art. 22 Nr. 1 der Verordnung erlässt, [kann] im Mitgliedstaat des später angerufenen Gerichts nicht anerkannt werden (...). Unter diesen Umständen ist das später angerufene Gericht nicht mehr berechtigt, das Verfahren auszusetzen oder sich für unzuständig zu erklären, sondern es muss in der Sache über die bei ihm erhobene Klage entscheiden, um die Einhaltung dieser Regel ausschließlicher Zuständigkeit zu gewährleisten". A.A. Carl Friedrich Nordmeier, Verfahrenskoordination nach Art. 27 EuGVVO bei ausschließlichen Gerichtsständen – zugleich zur Reichweite des Art. 22 Nr. 1 EuGVVO, IPRax 2015, 120.
51 Vgl. etwa Rauscher/*Leible* Art. 29 Brüssel Ia-VO Rdn. 29 *Geimer/Schütze* EuZVR Rauscher/*Leible* Art. 27 EuGVVO Rdn. 16.
52 EuGH, Urt. v. 9.12.2003, Rs C-116/02 – *Gasser* Tz. 51 ff.
53 Implizit offen gelassen in EuGH, Urt. v. 9.12.2003, Rs C-116/02 – *Gasser* Tz. 51 ff.
54 Matthias Weller, in Burkhard Hess/Thomas Pfeiffer/Peter Schlosser, The Brussels I Regulation 44/2001 – Application and Enforcement in the EU (Heidelberg Report), 2008, S. 110 Rdn. 378 ff.
55 So etwa Rauscher/*Leible* Art. 29 Brüssel Ia-VO Rdn. 36 m.w.N. unter Verweis auf das Rechtsmissbrauchsverbot als allgemeinem Rechtsgrundsatz des unionalen Primärrechts.
56 EuGH, Urt. v. 27.4.2004, Rs C-159/02 – *Turner* Tz. 27: „...Eingriff in die Zuständigkeit des ausländischen Gerichts ..., der als solcher mit der Systematik des Übereinkommens unvereinbar" ist.
57 EuGH, Urt. v. 10.2.2009, Rs C-185/07 – *West Tankers* Tz. 29: „eine ,anti-suit injunction'wie die im Ausgangsverfahren ergangene [wahrt] nicht den sich aus der Rechtsprechung des Gerichtshofs zum EuGVÜ ergebenden allgemeinen Grundsatz ..., wonach jedes angerufene Gericht nach dem für dieses Gericht geltenden Recht bestimmt, ob es für die Entscheidung über den bei ihm anhängig gemachten Rechtsstreit zuständig ist".
58 EuGH, Urt. v. 13.5.2015, Rs C-536/13 – *Gazprom* Tz. 39: „Unter den genannten Umständen können somit weder dieser Schiedsspruch noch die Entscheidung, mit der ihn ein Gericht eines Mitgliedstaats gegebenenfalls anerkennt, das gegenseitige Vertrauen zwischen den Gerichten der verschiedenen Mitgliedstaaten erschüttern, auf dem die Verordnung Nr. 44/2001 beruht".

VII. Rechtsfolgen

Unter den Maßgaben von Abs. 1 hat das zweitangegangene Gericht sein Verfahren 20 auszusetzen, und zwar von Amts wegen. „Das Gericht ist" allerdings „nicht in jedem Fall gezwungen, ohne weiteres von Amts wegen zu prüfen, ob eine Sache rechtshängig ist, sondern nur dann, wenn Umstände darauf hindeuten, daß derselbe Rechtsstreit bereits vor den Gerichten eines anderen Vertragsstaats anhängig sein könnte".[59] Der Vollzug der Aussetzung unterliegt der lex fori (§ 148 ZPO analog). Auch wenn (erst) das Berufungsgericht anderweitige Rechtshängigkeit feststellt, ist noch auszusetzen und nicht etwa zurückzuverweisen.[60] Steht die Zuständigkeit des Erstgerichts fest, hat das Zweitgericht sich für unzuständig zu erklären. Der EuGH hat hierzu in der Rechtssache *Cartier parfums* entschieden, dass es zugunsten der praktischen Wirksamkeit nicht auf eine rechtskräftige Entscheidung des Erstgerichts ankommen kann.[61] Vielmehr ist bereits ausreichend, dass sich das zuerst angerufene Gericht nicht von Amts wegen für unzuständig erklärt hat und keine der Parteien seine Zuständigkeit anlässlich des (nach Maßgabe der lex fori) ersten Verteidigungsvorbringens gerügt hat,[62] es sei denn, es besteht eine ausschließliche Zuständigkeit.[63] Teleologisch drängt indes wenig zu einer möglichst schnellen Unzuständigkeitserklärung, wenn bereits ausgesetzt ist. Das Risiko negativer Kompetenzkonflikte infolge fehlerhafter Feststellungen des Zweitgerichts zu den vom EuGH zugrunde gelegten, auf der fremden lex fori beruhenden Vorgaben scheint deswegen in einem schlechten Verhältnis zum Mehrwert zu stehen.

Artikel 30
[Im Zusammenhang stehende Verfahren]

(1) Sind bei Gerichten verschiedener Mitgliedstaaten Verfahren, die im Zusammenhang stehen, anhängig, so kann jedes später angerufene Gericht das Verfahren aussetzen.

(2) Ist das beim zuerst angerufenen Gericht anhängige Verfahren in erster Instanz anhängig, so kann sich jedes später angerufene Gericht auf Antrag einer Partei auch für unzuständig erklären, wenn das zuerst angerufene Gericht für die betreffenden Verfahren zuständig ist und die Verbindung der Verfahren nach seinem Recht zulässig ist.

(3) Verfahren stehen im Sinne dieses Artikels im Zusammenhang, wenn zwischen ihnen eine so enge Beziehung gegeben ist, dass eine gemeinsame Verhandlung und Entscheidung geboten erscheint, um zu vermeiden, dass in getrennten Verfahren widersprechende Entscheidungen ergehen könnten.

---

59 P. Jenard, Bericht zu dem Übereinkommen vom 27. September 1968 über die gerichtliche Zuständigkeit und Vollstreckung gerichtlicher Entscheidungen in Zivil- und Handelssachen, Abl. EG Nr. C 59 v. 5.3.1979 (Jenard-Bericht), S. 1, 41 zu Art. 21 EuGVÜ.
60 BGH, Urt. v. 6.2.2002 – VIII ZR 106/01, NJW 2002, 2795.
61 EuGH, Urt. v. 27.2.2014, Rs C-1/13 – *Cartier parfums* Tz. 41.
62 AaO., Tz. 44. Kritisch hierzu z.B. Tom Thormeyer, EuZW 2014, 342; Felix Koechel, Wann steht die Zuständigkeit des zuerst angerufenen Gerichts im Sinne von Art. 27 EuGVVO fest? IPRax 2014, 394.
63 EuGH, Urt. v. 27.2.2014, Rs C-1/13 – Cartier parfums, Tz. 45.

I. Normzweck

1 Art. 30 dient wie Art. 29 zur Koordinierung paralleler Verfahren.[1] Anders als Art. 29 betrifft Art. 30 aber nicht Verfahren mit identischem Streitgegenstand zwischen denselben Parteien, sondern Verfahren, die in einem sonstigen, weiter gefassten Zusammenhang stehen. Dem Zweitgericht wird deswegen auch nicht aufgegeben, zugunsten des Erstgerichts das eigene Verfahren auszusetzen, sondern es wird hierzu in Abs. 1 lediglich nach eigenem Ermessen ermächtigt. Abs. 2 sieht ergänzend die weitergehende Möglichkeit vor, das Zweitverfahren unter bestimmten Bedingungen durch Unzuständigkeitserklärung zu beenden, nämlich dann, wenn das Erstverfahren noch in erster Instanz, das Erstgericht für das Zweitverfahren zuständig und die Verbindung des Verfahrens mit dem Zweitverfahren nach der lex fori zulässig ist, falls eine Partei die Unzuständigkeitserklärung des Zweitgerichts beantragt. Abs. 3 definiert den erforderlichen Verfahrenszusammenhang unter Bezug auf die Gefahr widersprechender Entscheidungen und macht damit das primäre Ziel der Vorschrift deutlich, nämlich von vornherein zu verhindern, dass aus parallelen Verfahren widersprechende Entscheidungen hervorgehen, ohne dass diese „unvereinbar" nach Art. 45 Abs. 1 lit. c und d sein müssten. Art. 30 dient also in einem eher allgemeinen Sinn der „Sicherung einer geordneten Rechtspflege in der Gemeinschaft".[2] Freilich haben die mitgliedstaatlichen Gerichte von den für das Brüsseler Zuständigkeitssystem immer noch eher atypisch stark ermessensabhängigen Befugnissen[3] des Art. 30 bisher nur verhalten Gebrauch gemacht.[4]

II. Entstehungsgeschichte

2 Art. 30 beruht im Wesentlichen auf Art. 28 Brüssel I-VO. Im Normtext geht es allerdings nunmehr um „Verfahren" und nicht mehr um „Klagen", ohne dass damit eine inhaltliche Änderung verbunden wäre.[5] Art. 22 EuGVÜ hatte für Abs. 1 verlangt, dass sich beide Verfahren noch in erster Instanz befinden. Fehlte es daran, mussten beide Gerichte „durchentscheiden". Das Zweitgericht konnte also selbst bei weit fortgeschrittenem zweitinstanzlichen Erstverfahren nicht aussetzen. Dies wurde zu Recht kritisiert[6] und in der Brüssel I-VO für Abs. 1 korrigiert.[7] Zugleich wurde diese Anforderung aber für Abs. 2 ausdrücklich in den Text aufgenommen.[8] Zuvor war es in Abs. 2 nur in Parallelführung zu Abs. 1 hineingelesen worden.[9] Dies schützt das berechtigte Interesse der gegnerischen Partei an einem vollen Instanzenzug im erststaatlichen Verfahren.

---

1 P. Jenard, Bericht zu dem Übereinkommen vom 27. September 1968 über die gerichtliche Zuständigkeit und Vollstreckung gerichtlicher Entscheidungen in Zivil- und Handelssachen, Abl. EG Nr. C 59 v. 5.3.1979 (Jenard-Bericht), S. 1, 41 zu Art. 22 EuGVÜ.
2 AaO.
3 Vgl. allerdings nunmehr auch Art. 33 f.
4 Burkhard Hess, Europäisches Zivilprozessrecht, 2010, § 6 S. 324 Rdn. 160; kritisch Haimo Schack, Internationales Zivilverfahrensrecht, 2014, S. 321 Rdn. 856.
5 *Schlosser/Hess* Art. 30 Brüssel Ia-VO, Vor Rdn. 1: „Kleinigkeiten". Entsprechende Änderungen z.B. auch für den Normtext von Art. 24.
6 Geimer/Schütze/*Geimer* EuZVR Art. 28 EuGVVO Rdn. 13.
7 Vgl. Europäische Kommission, Vorschlag [für Brüssel I-VO], KOM(1999) 348 endg., Abschnitt 4.5 Erläuterung der Artikel, Begründung zu Art. 28 Brüssel I-VO: „Irrtum".
8 Kritisch Geimer/Schütze/*Geimer* EuZVR Art. 28 EuGVVO Rdn. 15.
9 *Kropholler/von Hein* Art. 28 EuGVO Rdn. 6.

III. Zusammenhang (Abs. 3)

Prägendes Tatbestandsmerkmal ist der Zusammenhang der Verfahren i.S.v. Abs. 3. **3**
Nach der Legaldefinition in Abs. 3 liegt ein solcher Zusammenhang vor, wenn zwischen beiden Verfahren eine so enge Beziehung gegeben ist, dass eine gemeinsame Verhandlung und Entscheidung geboten erscheint, um zu vermeiden, dass in getrennten Verfahren widersprechende Entscheidungen ergehen könnten. Der EuGH drängt in europäisch-autonomer Auslegung[10] zu einem weiten, über die Unvereinbarkeit von Entscheidungen i.S.v. Art. 45 Abs. 1 lit. c und d hinausgehenden Begriffsverständnis des Zusammenhangs. Nicht erforderlich für Art. 30 ist also, dass die Entscheidungen aus den jeweiligen Verfahren zu „Rechtsfolgen" i.S.v. Art. 45 Abs. 1 lit. c und d führen, die sich „gegenseitig ausschließen".[11] Es genügt damit bereits eine gemeinsame tatsächliche Grundlage beider Klagen, die Übereinstimmung der Klageziele oder die Abhängigkeit der beiden Entscheidungen von einer gemeinsamen Vorfrage, soweit nicht dann bereits Art. 29 greift.[12] „Widersprechende" Entscheidungen i.S.v. Art. 30 schließen damit „unvereinbare" i.S.v. Art. 45 Abs. 1 lit. c und d ein, nicht aber umgekehrt. Andere Sprachfassungen unterscheiden freilich begrifflich insoweit nicht.[13]

Einen Zusammenhang hat der EuGH nach diesen Maßgaben z.B. angenommen zwi- **4**
schen einem Antrag auf Errichtung eines Haftungsbeschränkungsfonds durch den Schiffseigentümer bei Gericht eines EuGVÜ-Vertragsstaates unter Nennung des möglichen Geschädigten und der Schadensersatzklage dieses Geschädigten gegen den Schiffseigentümer.[14] Weder Identität der Parteien noch Identität des Streitgegenstands ist damit Tatbestandsmerkmal. Ein Zusammenhang besteht nach der Rechtsprechung des EuGH ferner zwischen der Klage gegen einen Schiffseigner wegen Beschädigung von Transportgut und der Klage anderer Eigentümer wegen anderen Transportgutes unter denselben vertraglichen Bedingungen.[15] Im Übrigen wird auf Grundlage mitgliedstaatlicher Rechtsprechung ein hinreichender Zusammenhang angenommen z.B. bei Klagen gegen Deliktsbeteiligte in Ansehung des gemeinsamen Haupttäters, zwischen einer Schadensersatzklage und einer gegenläufigen Klage gerichtet auf Feststellung des beschränkten Umfangs der Haftung oder bei Kaufpreiszahlungsklage und gegenläufiger Mängelgewährleistungsklage, zwischen der Klage gerichtet auf Vertragsbeendigung und Schadensersatz wegen Vertragsverletzung einerseits und der gegenläufigen Klage auf Schadensersatz wegen Nichterfüllung andererseits, zwischen Klagen auf Scheidungs- und Trennungsunterhalt, zwischen Klage auf Feststellung der Vertragsbeendigung durch Kündigung und gegenläufiger Klage wegen Vertragsverletzung.[16]

Kein hinreichender Zusammenhang wird angenommen bei Klagen aus der Verlet- **5**
zung zweier Patente, die auf derselben Erfindung beruhen, bei Klage auf Feststellung

---

10 EuGH, Urt. v. 6.12.1994, Rs C-406/92 – *Tatry* Tz. 52.
11 EuGH, Urt. v. 6.12.1994, Rs C-406/92 – *Tatry* Tz. 53: „Im Interesse einer geordneten Rechtspflege muß diese Auslegung weit sein und alle Fälle erfassen, in denen die Gefahr einander widersprechender Entscheidungen besteht, selbst wenn die Entscheidungen getrennt vollstreckt werden können und sich ihre Rechtsfolgen nicht gegenseitig ausschließen".
12 Geimer/Schütze/*Geimer* EuZVR Art. 28 EuGVVO Rdn. 11.
13 Vgl. z.B. im Englischen jeweils „irreconcilable" judgments, im Französischen „solutions qui pourraient être inconciliables" bzw. „décision ... inconciliable".
14 EuGH, Urt. v. 14.10.2004, Rs C-39/02 – *Maersk* Tz. 40, per obiter dictum nach Ablehnung der Voraussetzungen von Art. 21 EuGVÜ/Art. 29.
15 EuGH, Urt. v. 6.12.1994, Rs C-406/92 – *Tatry* Tz. 58.
16 Im Einzelnen z.B. *Schlosser/Hess* Art. 30 Brüssel Ia-VO Rdn. 6; Simons/Hausmann/*Corneloup/Simons* Art. 28 Brüssel I-VO Rdn. 16; Kropholler/von Hein Art. 28 EuGVO Rdn. 5 m.w.N.

von Verjährung bzw. Verwirkung von Gewährleistungsansprüchen einerseits und Mängelgewährleistungsansprüchen andererseits, bei Klage aus Delikt einerseits, aus Vertrag andererseits, oder bei paralleler Haftung aufgrund verschiedener Lebenssachverhalten.[17] Nicht immer überzeugen diese Qualifikationen.

IV. Aussetzung (Abs. 1)

6 Im systematischen Umkehrschluss zu Abs. 2 („auf Antrag einer Partei") ist von amtswegiger Prüfung der Aussetzungsvoraussetzungen auszugehen. Dieser Schluss harmoniert mit der Teleologie von Abs. 1 zur Ordnung der grenzüberschreitenden Rechtspflege unabhängig vom Parteiwillen.[18] „Das Gericht ist" allerdings unter Art. 29 bzw. Art. 21 EuGVÜ „nicht in jedem Fall gezwungen, ohne weiteres von Amts wegen zu prüfen, ob eine Sache rechtshängig ist, sondern nur dann, wenn Umstände darauf hindeuten, daß derselbe Rechtsstreit bereits vor den Gerichten eines anderen Vertragsstaats anhängig sein könnte".[19] Dies dürfte ceteris paribus auch für Art. 30 gelten.[20]

7 Die alle prozessökonomisch relevanten Umstände erfassende Ermessensausübung ist im Wege der Beschwerde überprüfbar.[21] Als entscheidungsleitend gelten die Intensität des Zusammenhangs, das Ausmaß der zu erwartenden Kostenersparnis bei Vorrang des Erstverfahrens, das Stadium des Erstverfahrens und die zu erwartende Geschwindigkeit des Erstgerichts, ferner die Frage nach der internationalen Zuständigkeit des Erstgerichts sowie die Anerkennungsprognose für die aus dem Erstverfahren hervorgehende Entscheidung, im Übrigen auch das Verhalten des Klägers im Zweitprozess als prozessfördernd.

8 Im Rahmen der Anerkennungsprognose kann es mit Blick auf Schutzgerichtsstände und Art. 24, 45 Abs. 1 lit. e auch auf die (fehlende) Zuständigkeit des Erstgerichts aus Sicht des Zweitgerichts ankommen. Auch wenn im Übrigen die Zuständigkeit aus Sicht des Zweitgerichts fehlt und damit im weiteren Verlauf des Erstverfahrens eine Klageabweisung als unzulässig zu erwarten ist, wird dies bei der Ermessensausübung eine Rolle spielen. Die Vornahme der Aussetzungsentscheidung richtet sich nach der lex fori (§ 148 ZPO). Bindungswirkung entfaltet die aus dem Erstverfahren hervorgehende Entscheidung nur nach allgemeinen Maßgaben.[22] Fehlt dem Zweitgericht die Zuständigkeit für das anhängig gemachte Verfahren, entstehen die Befugnisse aus Art. 30 nicht, und das Zweitgericht weist die Klage als unzulässig ab.[23]

V. Unzuständigkeitserklärung (Abs. 2)

9 Ist das Verfahren vor dem Erstgericht noch in erster Instanz, ist nach der lex fori des Erstgerichts die Verbindung mit dem Zweitverfahren zulässig und ist das Zweitgericht der Auffassung, dass das Erstgericht für sein Verfahren zuständig ist, dann kann sich das

---

17 AaO.
18 Simons/Hausmann/*Corneloup/Simons* Art. 28 Brüssel I-VO Rdn. 16; *Kropholler/von Hein* Art. 28 EuGVO Rdn. 24.
19 P. Jenard, – Bericht zu dem Übereinkommen vom 27. September 1968 über die gerichtliche Zuständigkeit und Vollstreckung gerichtlicher Entscheidungen in Zivil- und Handelssachen, Abl. EG Nr. C 59 v. 5.3.1979 (Jenard-Bericht), S. 1, 41 zu Art. 22 EuGVÜ.
20 Rauscher/*Leible* Art. 30 Brüssel Ia-VO Rdn. 12.
21 BGH Urt. v. 19.2.2013 – VI ZR 45/12, BGHZ 196, 180, 189, Tz. 24; Geimer/Schütze/*Geimer* EuZVR Art. 28 EuGVVO Rdn. 18.
22 *Schlosser/Hess* Art. 30 Brüssel Ia-VO Rdn. 10.
23 Rauscher/*Leible* Art. 30 Brüssel Ia-VO Rdn. 8.

Zweitgericht auf Antrag nach Abs. 2 auch endgültig für unzuständig erklären. Dass aus Sicht des Zweitgerichts das Erstgericht zuständig sein muss, zeigt, dass Art. 30 Abs. 2 jenseits von Art. 8 keinen zusätzlichen Zuständigkeitsgrund des Zusammenhangs schafft.[24] Die Beschränkung der gerichtlichen Befugnisse zur Unzuständigkeitserklärung auf die Phase der ersten Instanz des Erstverfahrens schützt das gegnerische Interesse an einem vollen Instanzenzug im erststaatlichen Verfahren.[25] An die Entscheidung des Zweitgerichts zur Unzuständigkeitserklärung ist das Erstgericht nicht unmittelbar nach Art. 30 gebunden,[26] so dass nach früherer Ansicht die Gefahr eines negativen Kompetenzkonflikts bestand.[27] In der Rechtssache *Gothaer Versicherung* hat der EuGH nun allerdings festgestellt, dass die Entscheidung eines mitgliedstaatlichen Gerichts über die eigene Unzuständigkeit weitreichende Rechtskraft erzeugen kann, und zwar unabhängig davon, inwieweit eine solche Entscheidung nach der lex fori Rechtskraft hervorbringt.[28] Präjudizielle Rechtsverhältnisse und diese tragende Tatsachen sind danach für alle anderen mitgliedstaatlichen Gerichte bindend festgestellt, sofern die Entscheidung nach allgemeinen Grundsätzen anerkennungsfähig ist. Dies minimiert die Gefahr des negativen Kompetenzkonflikts erheblich, auch wenn damit noch nicht gänzlich eine bindende Zuständigkeitsverweisung geschaffen ist. Gleichwohl kommt künftig eine großzügigere Ermessensausübung in Betracht, und anderweitig vorgeschlagene Korrekturmechanismen, etwa die Zulassung einer erneuten Klage im Zweitgericht nach Entstehung eines negativen Kompetenzkonflikts,[29] dürften weitestgehend obsolet sein.

Artikel 31
[Priorität bei ausschließlicher Zuständigkeit]

(1) Ist für die Verfahren die ausschließliche Zuständigkeit mehrerer Gerichte gegeben, so hat sich das zuletzt angerufene Gericht zugunsten des zuerst angerufenen Gerichts für unzuständig zu erklären.

(2) Wird ein Gericht eines Mitgliedstaats angerufen, das gemäß einer Vereinbarung nach Artikel 25 ausschließlich zuständig ist, so setzt das Gericht des anderen Mitgliedstaats unbeschadet des Artikels 26 das Verfahren so lange aus, bis das auf der Grundlage der Vereinbarung angerufene Gericht erklärt hat, dass es gemäß der Vereinbarung nicht zuständig ist.

---

24 EuGH, Urt. v. 24.6.1981, Rs 150/80 – *Elefanten Schuh* Tz. 19: Art. 21 EuGVÜ „schafft keine Zuständigkeiten; insbesondere begründet er nicht die Zuständigkeit des Gerichts eines Vertragsstaats für die Entscheidung über eine Klage, die mit einer anderen Klage im Zusammenhang steht, die gemäß dem Übereinkommen bei diesem Gericht anhängig gemacht worden ist". EuGH, Urt. v. 5.10.1999, Rs C-420/97 – *Leathertex* Tz. 38.
25 P. Jenard, Bericht zu dem Übereinkommen vom 27. September 1968 über die gerichtliche Zuständigkeit und Vollstreckung gerichtlicher Entscheidungen in Zivil- und Handelssachen, Abl. EG Nr. C 59 v. 5.3.1979 (Jenard-Bericht), S. 1, 41 zu Art. 22 EuGVÜ.
26 Mit teleologischer Begründung **a.A.** Schlosser/Hess Art. 30 Brüssel Ia-VO Rdn. 2.
27 Rauscher/*Leible* Art. 30 Brüssel Ia-VO Rdn. 2.
28 EuGH, Urt. v. 15.11.2012, Rs C-456/11 – *Gothaer Versicherung*; vgl. hierzu z.B. Christoph Althammer/Madeleine Tolani, Perspektiven für einen gemeineuropäischen Rechtskraftbegriff in der zivilprozessualen Rechtsprechung des EuGH zur EuGVO?, ZZPInt 19 (2014), 227 ff.
29 Rauscher/*Leible* Art. 30 Brüssel Ia-VO Rdn. 2; vgl. auch Europäische Kommission, Grünbuch Überprüfung der Verordnung (EG) Nr. 44/2001 des Rates über die gerichtliche Zuständigkeit und die Anerkennung und Vollstreckung von Entscheidungen in Zivil- und Handelssachen 21.4.2009, KOM(2009) 175, S. 8.

(3) Sobald das in der Vereinbarung bezeichnete Gericht die Zuständigkeit gemäß der Vereinbarung festgestellt hat, erklären sich die Gerichte des anderen Mitgliedstaats zugunsten dieses Gerichts für unzuständig.

(4) Die Absätze 2 und 3 gelten nicht für Streitigkeiten, die in den Abschnitten 3, 4 oder 5 genannt werden, wenn der Kläger Versicherungsnehmer, Versicherter, Begünstigter des Versicherungsvertrags, Geschädigter, Verbraucher oder Arbeitnehmer ist und die Vereinbarung nach einer in den genannten Abschnitten enthaltenen Bestimmung nicht gültig ist.

I. Normzweck

1   Art. 31 Abs. 1 regelt einen sehr speziellen Fall der anderweitigen Rechtshängigkeit, nämlich die Konstellation, dass beide Gerichte ihre internationale Zuständigkeit nach der Verordnung aus einer ausschließlichen Zuständigkeit herleiten. Solchen Falls soll sich das zuletzt angerufene Gericht zugunsten des erstangerufenen in Abweichung von der Grundregel in Art. 29 Abs. 1 und 3 – zunächst nur Aussetzung des Zweitverfahrens und erst dann Unzuständigkeitserklärung des Zweitgerichts, wenn die Zuständigkeit des Erstgerichts „feststeht" – unmittelbar für unzuständig erklären. Art. 31 Abs. 2–4 stellen eine zentrale Neuerung der Brüssel Ia-VO dar und enthalten ein im Gesetzgebungsverfahren höchst umstrittenes und in seiner nunmehr vorliegenden Form allzu interpretationsbedürftiges Sonderregime zur Koordinierung paralleler Verfahren. Ziel dieses Sonderregimes ist es, die „Wirksamkeit" der europäischen Gerichtsstandsvereinbarung „zu verbessern".[1]

II. Entstehungsgeschichte

2   Während Art. 31 Abs. 1 unverändert Art. 29 Brüssel I-VO bzw. Art. 23 EuGVÜ fortführt, enthalten Art. 31 Abs. 2–4 gänzlich neue Regeln.

3   Anstoß zur Reform der Litispendensregel bei Beteiligung eines Gerichts, das seine Zuständigkeit nach der Verordnung aus einer Gerichtsstandsvereinbarung herleitet, gab die vielfach kritisierte Entscheidung des EuGH in der Rechtssache *Gasser*.[2] Danach hatte bei Identität des Streitgegenstands das abredewidrig und zuerst angegangene mitglied-

---

[1] Europäische Kommission, Vorschlag für eine Verordnung des Europäischen Parlaments und des Rates über die gerichtliche Zuständigkeit und die Anerkennung und Vollstreckung von Entscheidungen in Zivil- und Handelssachen vom 14.12.2010, KOM(2010) 748 endg. („Kommissionsvorschlag"), S. 4, sub I.2, Dickpunkt 3. Eingehend hierzu Matthias Weller, Die „verbesserte Wirksamkeit" der europäischen Gerichtsstandsvereinbarung nach der Reform der Brüssel I-VO, ZZPInt 19 (2014), 251.

[2] EuGH, Urt. v. 9.12.2003, Rs C-116/02 – *Gasser*. Hierzu z.B. Richard Fentiman, in Ulrich Magnus/Peter Mankowski (Hrsg.), European Commentaries on Private International Law Bd. I, 2016, Art. 31 Brussels Ibis Regulation, Rdn. 9 m.w.N. zum englischen Schrifttum; Johannes Schmidt, Rechtssicherheit im europäischen Zivilverfahrensrecht, 2015, S. 171 ff.; Evgenia Peiffer, Schutz gegen Klagen im forum derogatum, 2013, S. 257 ff.; Jonas Steinle/ Evan Vasiliades, The Enforcement of Jurisdiction Agreements under the Brussels I Regulation: Reconsidering the Principle of Party Autonomy, Journal of Private International Law 6 (2010), 565; Mary-Rose McGuire, Reformbedarf der Rechtshängigkeitsregel? Ein Überblick über die im Grünbuch zur Brüssel I-VO vorgeschlagenen Änderungen der Art. 27 ff. EuGVO, Jahrbuch Zivilverfahrensrecht 2010, S. 133; Luca G. Radicati di Brozolo, Choice of Court and Arbitration Agreements and the Review of the Brussels I-Regulation, IPRax 2010, 121, 123; Ulrich Magnus/Peter Mankowski, Brussels I on the Verge of Reform, ZVglRWiss 109 (2010), 1, 11 ff.; Petr Bříza, Choice of Court Agreements: Could the Hague Choice of Court Agreements Convention and the Reform of the Brussels I Regulation be the way out of the Gasser-Owusu Disillusion, Journal of Private International Law 5 (2009), 537; Richard Fentiman, Case note on Case C-116/02 (Erich Gasser GmbH v. MISAT Srl), Common Market Law Review 42 (2005), 241, 255.

staatliche Gericht nach Art. 27 Brüssel I-VO Priorität vor dem später angegangenen designierten Gericht,³ und zwar auch dann, wenn nach der durchschnittlichen Verfahrensdauer im betreffenden Mitgliedstaat zu erwarten war, dass das abredewidrig angegangene Gericht unangemessen lange brauchen würde, um über die eigene (Un-)Zuständigkeit zu entscheiden.⁴ Die Klageerhebung vor einem anderen mitgliedstaatlichen Gericht als dem prorogierten Gericht führte also nahezu ausnahmslos zu einer Rechtshängigkeitssperre, auch wenn der EuGH zur überlangen Verfahrensdauer des konkreten Erstverfahrens und zur missbräuchlichen Klageerhebung entgegen der Gerichtsstandsvereinbarung nicht unmittelbar entschieden hat.⁵

Der „Heidelberg Report" schlug daraufhin eine Regelung vor,⁶ wonach das in der Gerichtsstandsvereinbarung designierte Gericht sein Verfahren fortführen darf, auch wenn es das zweitbefasste Gericht ist.⁷ Diese vorsichtige Änderung⁸ sollte sich im Sinne einer „Experimentierklausel" auf Gerichtsstandsvereinbarungen beschränken, die auf der Grundlage eines in einem Anhang der Verordnung enthaltenen Formulars zustande gekommen waren.⁹ Dieser Vorschlag hätte in einem gewissen Maße parallele Verfahren zugelassen, wie dies auch im System des Haager Übereinkommens der Fall ist.¹⁰ Obwohl sich die Kommission grundsätzlich an das Haager Übereinkommen annähern wollte,¹¹ schlug es in diesem Punkt eine vom Haager Übereinkommen fundamental abweichende Regelung vor, wonach das in einer Gerichtsstandsvereinbarung designierte Gericht ausnahmsweise und in Abkehr von der grundsätzlich weitergeltenden zeitlichen Prioritätsregel Vorrang haben soll, auch wenn es das zeitlich zweitangegangene Gericht ist.¹² Hieran wurde im weiteren Gesetzgebungsverfahren im Kern festgehalten.¹³ Damit gilt nun mit Art. 31 Abs. 2–4 eine komplexe, in ihren Einzelheiten unklare, zudem ihrerseits in möglicherweise zunächst verkanntem Maße parallele Verfahren zulassende Sonderregel,¹⁴ und missbräuchliche Torpedoklagen vor offensichtlich unzuständigen, zugleich notorisch langsamen mitgliedstaatlichen Gerichten jenseits von Gerichtsstandsvereinbarungen bleiben unverändert möglich.¹⁵ Art. 31 Abs. 2–4 gelten dabei nur bei Streitgegen-

---

3 EuGH, Urt. v. 9.12.2003, Rs C-116/02 – *Gasser* Tz. 44 ff.
4 AaO., Tz. 70 ff.
5 Zu residualen Ausnahmen im Fall von Art. 6 Abs. 1 EMRK verletzenden konkreten Verzögerungen durch das angegangene Erstgericht Matthias Weller, in Burkhard Hess/Thomas Pfeiffer/Peter Schlosser, The Brussels I Regulation 44/2001 – Application and Enforcement in the EU (Heidelberg Report), 2008, S. 110 Rdn. 380 ff.
6 AaO. S. 113 f. Rdn. 394 ff.
7 AaO. S. 114 Rdn. 398 und, zusammenfassend, S. 125 Rdn. 437.
8 Burkhard Hess, Europäisches Zivilprozessrecht, 2010, § 6 S. 317 Rdn. 144: „erster Schritt".
9 Vgl. auch Matthias Weller, Der Kommissionsentwurf zur Reform der Brüssel I-VO, GPR 2012, 34, 40 f.
10 Vgl. Art. 5 f. Haager Übereinkommen über Gerichtsstandsvereinbarungen. Zu diesem Aspekt des Übereinkommens im Vergleich zur Brüssel Ia-VO Weller, Choice of court agreements under Brussels Ia and under the Hague convention: coherences and clashes, Journal of Private International Law 13 (2017), 91, 109 ff.
11 Europäische Kommission, Vorschlag für eine Verordnung des Europäischen Parlaments und des Rates über die gerichtliche Zuständigkeit und die Anerkennung und Vollstreckung von Entscheidungen in Zivil- und Handelssa-chen vom 14.12.2010, KOM(2010) 748 endg., S. 5.
12 Art. 32 Abs. 2 Brüssel Ia-VO-E.
13 Einzelheiten z.B. bei Matthias Weller, Der Ratsentwurf und der Parlamentsentwurf zur Reform der Brüssel I-VO, GPR 2012, 328, 331.
14 Erw.-Gr. 22 S. 1: „Sonderfall".
15 Kritisch Weller, Choice of court agreements under Brussels Ia and under the Hague convention: coherences and clashes, Journal of Private International Law 13 (2017), 91, 113 ff., dort auch zu einem alternativen Vorschlag in Anlehnung an das Haager Übereinkommen. Tendenziell kritisch auch z.B. Christian Heinze/Björn Steinrötter, The Revised Lis Pendens Rules in the Brussel Ibis Regulation, in Vesna Lazić et al. (Hrsg.), Brussel Ibis Regulation, Changes and Challenges of the Renewed Procedural Scheme,

standsidentität und parallelen Verfahren vor mitgliedstaatlichen Gerichten. Bei drittstaatlichem Erstverfahren ist Art. 33 einschlägig. Bei Erstverfahren vor einem mitgliedstaatlichen Gericht und nachfolgender Befassung eines Drittstaatengerichts kraft einer ausschließlichen Gerichtsstandsvereinbarung gilt die lex fori des derogierten Gerichts.

III. Ausschließliche Zuständigkeit mehrerer Gerichte (Abs. 1)

5   Abs. 1 betrifft den sehr seltenen Fall,[16] dass mehrere mitgliedstaatliche Gerichte bei Streitgegenstandsidentität[17] kraft einer ausschließlichen Zuständigkeit nach Art. 24 zuständig sind. Aus Art. 24 Nr. 1 – Belegenheitszuständigkeit für Verfahren über dingliche Rechte an unbeweglichen Sachen – kann dieser Fall kaum erwachsen, denn das betreffende Grundstück bzw. Grundstücksteil bei grenzüberschreitenden Grundstücken ist entweder im einen oder im anderen Mitgliedstaat belegen.[18] Denkbar ist aber z.B. eine mehrfache Zuständigkeit kraft „Sitzes" der juristischen Person im Sinne von Art. 24 Nr. 2, wenn und soweit das jeweilige Kollisionsrecht des betreffenden Mitgliedstaates diesen Sitz unterschiedlich bestimmt. Kaum vorstellbar wiederum ist eine mehrfache Zuständigkeit infolge der Anknüpfung an den Ort des Registers bzw. der Hinterlegung i.S.v. Art. 24 Nr. 3 und 4. Entsprechendes dürfte für die Zuständigkeit für Maßnahmen gegen die Zwangsvollstreckung im Mitgliedstaat des betreffenden Zwangsvollstreckungsverfahrens nach Art. 24 Nr. 5 gelten. Bisher war allerdings umstritten, ob die Vorschrift auch ausschließliche Zuständigkeiten jenseits von Art. 24, etwa kraft Gerichtsstandsvereinbarung erfasst.[19] Nachdem nunmehr die Koordinierung paralleler Verfahren bei Zuständigkeit kraft Prorogation aber eine komplexe Sonderregelung in Art. 31 Abs. 2–4 erfahren hat, wird man umso mehr anzunehmen haben, dass Art. 31 Abs. 1 diese Konstellation nicht erfassen soll.[20] Für die Koordination paralleler Verfahren mit ausschließlicher Zu-

---

2017, S. 1, 6; Richard Fentiman, in Ulrich Magnus/Peter Mankowski (Hrsg.), European Commentaries on Private International Law Bd. I, 2016, Art. 31 Brussels Ibis Regulation Rdn. 6: „effects of reform may be partial ... and Article 31(2) creates difficulties of its own"; vgl. auch aaO. Rdn. 11: „likely to generate considerable litigation".
16   Vgl. Burkhard Hess, Europäisches Zivilprozessrecht, 2010, § 6 S. 325 Rdn. 160 Fn. 768: „letztlich eine überflüssige Klarstellung", wobei Art. 31 Abs. 1 durchaus eine konstitutive Rechtsfolge enthält, nämlich die sofortige Unzuständigkeitserklärung anstelle der bloßen vorläufigen Aussetzung nach Art. 29, die Vorschrift aber insgesamt in der Tat als überflüssig gelten kann, weil die wenigen erfassten Fälle wohl ebenso über Art. 29 gelöst werden könnten.
17   *Kropholler/von Hein* Art. 29 EuGVO Rdn. 1; Geimer/Schütze EuZVR Art. 29 EuGVVO Rdn. 1. Historisch, vgl. P. Jenard, Bericht zu dem Übereinkommen vom 27. September 1968 über die gerichtliche Zuständigkeit und Vollstreckung gerichtlicher Entscheidungen in Zivil- und Handelssachen, Abl. EG Nr. C 59 v. 5.3.1979 (Jenard-Bericht), S. 1, 42 zu Art. 23 EuGVÜ, sowie systematisch scheint Art. 31 Abs. 1 auch auf den Fall des bloßen Zusammenhangs nach Art. 30 anzuwenden zu sein, jedoch wäre solchen Falls die in Art. 31 Abs. 1 strikt angeordnete Rechtsfolge der endgültigen Unzuständigkeitserklärung des Zweitgerichts teleologisch kaum zu rechtfertigen.
18   Richard Fentiman, in Ulrich Magnus/Peter Mankowski (Hrsg.), European Commentaries on Private International Law Bd. I, 2016, Art. 31 Brussels Ibis Regulation Rdn. 1.
19   Dafür etwa Fausto Pocar, Erläuternder Bericht zum Übereinkommen über die gerichtliche Zuständigkeit und die Vollstreckung gerichtlicher Entscheidungen in Zivil- und Handelssachen (unterzeichnet am 30. Oktober 2007 in Lugano), Abl. EU Nr. C 319 v. 23.12.2009 (Pocar-Bericht), S. 1, 33 Tz. 120 zu Art. 29 LugÜ 2007; dagegen etwa Rauscher/*Leible* Art. 31 Brüssel Ia-VO Rdn. 1; tendenziell ebenso, insbesondere mit Rücksicht auf die amtliche Überschrift von Abschnitt 7 („Vereinbarung über die Zuständigkeit") im Verhältnis zu Abschnitt 6 („Ausschließliche Zuständigkeiten"), aber letztlich mit Blick auf gleichlaufende Ergebnisse unter Art. 29 offen gelassen bei Richard Fentiman, in Ulrich Magnus/Peter Mankowski, European Commentaries on Private International Law Bd. I, 2016, Art. 31 Brussels Ibis Regulation Rdn. 3 f.
20   Rauscher/*Leible* Art. 31 Brüssel Ia-VO Rdn. 1.

ständigkeit nach Art. 24 einerseits, nach Art. 25 andererseits gilt ohnehin Art. 25 Abs. 4. Soweit im Übrigen die Anwendung auf einen doppelten Verbraucherwohnsitz oder bei rügeloser Einlassung zu erwägen ist, erscheint es überzeugender, die allgemeine Rechtshängigkeitsregel des Art. 29 anzuwenden, da diese lediglich die Feststellung der Anrufungszeitpunkte voraussetzt und als Rechtsfolge lediglich die Aussetzung anordnet, so dass den beteiligten Gerichten unter Umständen schwierige Fremdrechtsanwendungen erspart bleiben.[21]

IV. Anrufung des designierten Gerichts nach Anrufung eines nichtdesignierten Gerichts (Abs. 2–4)

Nach Art. 29 Abs. 1 hat weiterhin grundsätzlich das erstangegangene mitgliedstaatliche Gericht Vorrang, dies freilich nunmehr nur noch vorbehaltlich der Sonderregelung in Art. 31 Abs. 2. Diese Sonderregelung steht ihrerseits ausdrücklich unter dem Vorbehalt der rügelosen Einlassung des Beklagten im Erstverfahren nach Art. 26. 6

Wird also ein mitgliedstaatliches Gericht angerufen, das kraft einer Gerichtsstandsvereinbarung nach Art. 25 ausschließlich zuständig ist, setzt das erstangegangene Gericht sein Verfahren so lange aus, bis das auf der Grundlage der Vereinbarung angerufene mitgliedstaatliche Gericht erklärt hat, dass es gemäß der Vereinbarung nicht zuständig ist. Art. 31 Abs. 2 greift damit nur und überhaupt erst dann, wenn ein nichtdesigniertes Gericht bereits angerufen war und sodann nachfolgend das designierte Gericht angerufen wird.[22] Wird das designierte Gericht hingegen zuerst angerufen, dann folgt die Priorität dieses Gerichts gegenüber später angerufenen Gerichten allein aus Art. 29.[23] Wird umgekehrt ausschließlich ein nichtdesigniertes Gericht angerufen, nicht aber das designierte, dann findet Art. 31 Abs. 2 keinerlei Anwendung, und das allein angerufene, nichtdesignierte Gericht hat selbst darüber zu entscheiden, ob es infolge einer ausschließlichen Gerichtsstandsvereinbarung unzuständig oder aber bei Unwirksamkeit der Vereinbarung aus anderen Gründen zuständig ist. Liegt eine – entgegen der Vermutung in Art. 25 Abs. 1 S. 2 – nichtausschließliche Gerichtsstandsvereinbarung vor,[24] bleibt es bei Art. 29. Gleiches gilt bei mehreren, aber widersprüchlichen Gerichtsstandsvereinbarungen zwischen den Parteien, etwa bei kollidierenden AGB.[25] 7

Soweit nach diesen Maßgaben Art. 31 Abs. 2 überhaupt situativ zur Anwendung gelangt, ist die zentrale Voraussetzung für die ausnahmsweise Priorität des designierten, 8

---

21 *Kropholler/von Hein* Art. 29 EuGVO Rdn. 1.
22 Streitig ist, ob es hierfür eine implizite Frist gibt. Eine ausdrückliche Frist besteht nicht. Das designierte Gericht kann also auch noch während des Rechtsmittelverfahrens im Erststaat angerufen werden. Dies eröffnet neues Missbrauchspotential (relativierend Rauscher/*Leible* Art. 31 Brüssel Ia-VO Rdn. 11: „Risiko ... kaum beachtenswert"; ebenso Ulrich Magnus/Peter Mankowski, The Proposal for the Reform of Brussels I – Brussels Ibis ante portas, ZVglRWiss 110 (2011), 252, 279). Denkbar wäre, den im Erststaat Beklagten anlässlich seiner Zuständigkeitsrüge europäisch-autonom gehalten zu sehen, alsbald entsprechend dieser Rüge das designierte Forum anzurufen, Matthias Weller, Die „verbesserte Wirksamkeit" der europäischen Gerichtsstandsvereinbarung nach der Reform der Brüssel I-VO, ZZPInt 19 (2014), 251, 273. Alternativ könnten Präklusionsvorschriften der lex fori anzuwenden sein, Tanja Domej, Die Neufassung der EuGVVO – Quantensprünge im europäischen Zivilprozessrecht, RabelsZ 78 (2014), 508, 534; de lege ferenda sollte dieser Punkt durch ausdrückliche Regelung geklärt werden.
23 Rauscher/*Leible* Art. 31 Brüssel Ia-VO Rdn. 6.
24 Zur Problematik halbseitig fakultativer Gerichtsstandsvereinbarungen unter Art. 31 Abs. 2 Richard Fentiman, in Ulrich Magnus/Peter Mankowski (Hrsg.), European Commentaries on Private International Law Bd. I, 2016, Art. 31 Brussels Ibis Regulation Rdn. 16 ff., die Anwendung von Art. 31 Abs. 2 für den von der ausschließlichen Vereinbarung begünstigten Teil befürwortend.
25 Rauscher/*Leible* Art. 31 Brüssel Ia-VO Rdn. 9 f.; Jan v. Hein, Die Neufassung der Europäischen Gerichtsstands- und Vollstreckungsverordnung (EuGVVO), RIW 2013, 97, 105.

zweitangerufenen Gerichts, dass dieses „gemäß einer Vereinbarung nach Art. 25 ausschließlich zuständig" ist. Umstritten ist, welchen Prüfungsmaßstab das erstangegangene Gericht hierfür anzulegen hat. Im Wesentlichen sind drei Standpunkte denkbar. Erstens könnte die bloße Behauptung einer Gerichtsstandsvereinbarung der im zweitangegangenen Forum klagenden Partei genügen. Dies freilich würde Missbrauchspotential neuer Art schaffen[26] und wird deswegen ganz überwiegend abgelehnt,[27] jedenfalls dann, wenn die gegnerische Partei im designierten Forum der angeblichen Gerichtstandsvereinbarung widerspricht.[28] Zweitens könnte das erstangegangene Gericht gehalten sein, die ausschließliche Gerichtsstandsvereinbarung seinerseits vollständig festzustellen. Hierfür sprechen mit Blick auf den Wortlaut („gemäß einer Vereinbarung nach Art. 25 ausschließlich zuständig"; „an agreement as referred to in Article 25 confers exclusive jurisdiction";[29] „attribue une compétence exclusive") und die Systematik im Verhältnis zu Art. 31 Abs. 3 gute Gründe. Dort ist nämlich im Unterschied zu Art. 31 Abs. 1 von dem „in der Vereinbarung bezeichnete[n] Gericht" die Rede, und dieser Unterschied im Wortlaut lässt sich auch teleologisch untermauern: (Spätestens) sobald sich das Zweitgericht kraft der Vereinbarung für zuständig erklärt hat, soll die Pflicht des Erstgerichts zur Beendigung des Verfahrens nicht mehr von der eigenen Überprüfung der Wirksamkeit der Gerichtsstandsvereinbarung abhängen, vielmehr soll es dann eben für das nichtdesignierte Erstgericht auf die Entscheidung des „in der Vereinbarung bezeichnete[n]" Gerichts ankommen.[30] Im Übrigen harmoniert eine volle Überprüfung durch das nichtdesignierte Erstgericht mit den Maßgaben nach Art. 6 lit. a des Haager Übereinkommens für ein nichtdesigniertes Vertragsstaatengericht. Zwar äußern sich weder Normtext noch Materialien des Übereinkommens ausdrücklich zur Frage des Prüfungsmaßstabs für Art. 6 lit. a. Der Erläuternde Bericht von Hartley/Dogauchi[31] unterstellt allerdings wie selbstverständlich die volle Prüfungskompetenz des nichtdesignierten Gerichts in derselben Weise wie für das designierte Gericht.[32] Aus dem Umstand hingegen, dass die Brüssel Ia-VO die Ausschlussgründe des Art. 6 des Haager Übereinkommens nicht übernommen hat, lässt sich angesichts des insgesamt eigenständigen Koordinationsmecha-

---

26 Richard Fentiman, in Ulrich Magnus/Peter Mankowski (Hrsg.), European Commentaries on Private International Law Bd. I, 2016, Art. 31 Brussels Ibis Regulation Rdn. 12; Rauscher/*Leible* Art. 31 Brüssel Ia-VO Rdn. 11; Karsten Thorn, Die Revision der Brüssel I-VO und ihre Auswirkungen auf den deutsch-italienischen Rechtsverkehr, JbItalR 25 (2012), S. 61, 80; Diana Sancho Villa, Jurisdiction over Jurisdiction and Choice of Court Agreements: Views on The Hague Convention of 2005 and Implications for the European Regime, YbPIL 12 (2010), 399, 404.
27 Etwa Richard Fentiman, in Ulrich Magnus/Peter Mankowski (Hrsg.), European Commentaries on Private International Law Bd. I, 2016, Art. 31 Brussels Ibis Regulation Rdn. 13.
28 So Rauscher/*Leible* Art. 31 Brüssel Ia-VO Rdn. 15, im Übrigen dann auf die Maßgaben der lex fori zur Substantiierung verweisend. Vollständig auf die lex fori processualis, etwa durch Kostensanktionen, zur Reaktion auf Missbrauch durch „purely cynical claims" verweisend Richard Fentiman, in Ulrich Magnus/Peter Mankowski (Hrsg.), European Commentaries on Private International Law Bd. I, 2016, Art. 31 Brussels Ibis Regulation Rdn. 12. Nochmals differenzierend Dirk Hohmeier, Zur Privilegierung ausschließlicher Zuständigkeitsvereinbarungen durch die Brüssel Ia-VO, IHR 2014, 217, 218 f.
29 Hierzu Richard Fentiman, in Ulrich Magnus/Peter Mankowski (Hrsg.), European Commentaries on Private International Law Bd. I, 2016, Art. 31 Brussels Ibis Regulation Rdn. 13.
30 Matthias Weller, Die „verbesserte Wirksamkeit" der europäischen Gerichtsstandsvereinbarung nach der Reform der Brüssel I-VO, ZZPInt 19 (2014), 251, 267.
31 Trevor Hartley/Masato Dogauchi, Erläuternder Bericht zum Haager Übereinkommen, S. 47 Tz. 149.
32 Matthias Weller, Die „verbesserte Wirksamkeit" der europäischen Gerichtsstandsvereinbarung nach der Reform der Brüssel I-VO, ZZPInt 19 (2014), 251, 268.

nismus in Art. 31 wohl nichts herleiten.[33] Schließlich ist das mitgliedstaatliche Erstgericht nach Art. 31 Abs. 4 ohnehin gehalten, vollständig selbst zu prüfen, ob die Gerichtsstandsvereinbarung gegen Maßgaben der Verordnung zum Schutz des Schwächeren verstößt und damit gegebenenfalls vom Erstgericht nicht zu beachten ist.[34] Entsprechendes gilt bei einem Verstoß gegen die ausschließlichen Zuständigkeiten aus Art. 24. Auf Art. 24 wird zwar in Art. 31 Abs. 4 nicht verwiesen. Jedoch hatte der EuGH dies bereits zu Art. 27 Brüssel I-VO rechtsfortbildend entschieden.[35] Bei unterschiedlicher Beurteilung durch Erst- und Zweitgericht erwachsen hieraus parallele Verfahren, die nur noch über Art. 45 auf der Ebene der Anerkennung und Vollstreckung zu koordinieren sind. Hier zeigt sich, dass das in Art. 31 Abs. 2–4 vorgesehene System Parallelverfahren in gewissen Fällen durchaus einkalkuliert.

Auf teleologischer Ebene stehen zum Prüfungsmaßstab verschiedene Argumente im Widerstreit. Zunächst ließe sich vorbringen, die volle Überprüfung durch das Erstgericht sei zu aufwendig und koste zu viel Zeit. Allerdings hängt der Fortgang des Verfahrens im designierten Zweitgericht nicht davon ab, dass das Erstgericht aussetzt. Vielmehr kann das designierte Zweitgericht „das Verfahren unabhängig davon fortsetzen (...), ob das nicht vereinbarte Gericht bereits entschieden hat".[36] Hier zeigt sich nochmals und unabhängig von der Beantwortung der Frage nach dem Prüfungsmaßstab, dass die neu geschaffene Sonderregel parallele Verfahren als Systembestandteil akzeptiert. Eine Beschränkung der Prüfungstiefe könnte also allenfalls die Dauer der ansonsten systemimmanent parallelen Verfahren verkürzen. Mit diesem gering wiegenden Vorteil wäre allerdings eine Reihe von Nachteilen verbunden.[37] Erstens unterliegt eine verkürzte Prüfung des Erstgerichts dahingehend, dass lediglich prima facie eine Gerichtsstandsvereinbarung vorliegen müsse,[38] einem relativ unscharfen Maßstab[39] mit entsprechenden Gefahren für die einheitliche Anwendung durch die verschiedenen mitgliedstaatlichen Gerichte.[40] Zweitens wechselt der Prüfungsmaßstab für das Erstgericht mit Anrufung des designierten Zweitgerichts: Bis zu diesem Zeitpunkt muss das Erstgericht die Frage sei-

9

---

[33] A.A. Tanja Domej, Die Neufassung der EuGVVO – Quantensprünge im europäischen Zivilprozessrecht, RabelsZ 78 (2014), 508, 535; Christian Heinze/Björn Steinrötter, The Revised Lis Pendens Rules in the Brussel Ibis Regulation, in Vesna Lazić et al. (Hrsg.), Brussel Ibis Regulation, Changes and Challenges of the Renewed Procedural Scheme, 2017, S. 1, 16.
[34] Zum Teil wird aus Art. 31 Abs. 4 der Umkehrschluss gezogen, dass das Erstgericht im Übrigen nicht (vollumfänglich) selbst zu prüfen hat, Rauscher/*Leible* Art. 31 Brüssel Ia-VO Rdn. 14; Tanja Domej, Die Neufassung der EuGVVO – Quantensprünge im europäischen Zivilprozessrecht, RabelsZ 78 (2014), 508, 535. Zwingend erscheint dieser Schluss nicht.
[35] EuGH, Urt. v. 3.4.2014, Rs C-438/12 – *Weber*; ebenso in Parallelverfahren (Rücknahme der Vorlage nach Entscheidung des EuGH) BGH, Beschl. v. 13.8.2014 – V ZB 163/12, WM 2014, 1813. Hierzu und zu möglichen Erweiterungen dieser Rechtsprechungslinie Christoph A. Kern, Richterrechtlicher Torpedoschutz, IPRax 2015, 318.
[36] Erw.-Gr. 22 S. 5.
[37] Matthias Weller, Die „verbesserte Wirksamkeit" der europäischen Gerichtsstandsvereinbarung nach der Reform der Brüssel I-VO, ZZPInt 19 (2014), 251, 270 ff.
[38] Hierfür etwa Thomas Pfeiffer, Die Fortentwicklung des Europäischen Prozessrechts durch die neue EuGVO, ZZP 127 (2014), 409, 423; Tanja Domej, Die Neufassung der EuGVVO – Quantensprünge im europäischen Zivilprozessrecht, RabelsZ 78 (2014), 508, 536; Christian Heinze/Björn Steinrötter, The Revised Lis Pendens Rules in the Brussel Ibis Regulation, in Vesna Lazić et al. (Hrsg.), Brussel Ibis Regulation, Changes and Challenges of the Renewed Procedural Scheme, 2017, S. 1, 19 ff.
[39] Vgl. Tanja Domej, Die Neufassung der EuGVVO – Quantensprünge im europäischen Zivilprozessrecht, RabelsZ 78 (2014), 508, 535: „gewisse Anfangswahrscheinlichkeit"; Thomas Pfeiffer, Die Fortentwicklung des Europäischen Prozessrechts durch die neue EuGVO, ZZP 127 (2014), 409, 423.
[40] Richard Fentiman, in Ulrich Magnus/Peter Mankowski (Hrsg.), European Commentaries on Private International Law Bd. I, 2016, Art. 31 Brussels Ibis Regulation Rdn. 14: „profound uncertainty".

ner Derogation vollständig prüfen,[41] danach nur noch unter dem eher diffusen Maßstab der prima facie-Prüfung.

10 Letztlich ist dies aber in der Unterscheidung in Art. 31 Abs. 2 und Abs. 3 von vorläufiger Aussetzung und gegebenenfalls nachfolgender Unzuständigkeitserklärung des Erstgerichts systematisch angelegt und dürfte de lege lata vor allem deswegen gewollt sein, um parallele Verfahren weitest möglich zu verhindern: Sobald aus Sicht des Erstgerichts das Zweitgericht zumindest prima facie durch Gerichtsstandsvereinbarung zuständig ist, soll das Erstgericht schon aussetzen und die weitere Prüfung der Gerichtsstandsvereinbarung allein dem Zweitgericht überlassen. Damit manifestiert sich der abstrakt gewollte „Vorrang" des designierten Gerichts.[42] Erklärt sich das Zweitgericht für zuständig, ist das Erstgericht nach Art. 31 Abs. 3 daran gebunden und erklärt sich selbst für unzuständig. Erklärt sich das Zweitgericht hingegen nicht kraft der Gerichtsstandsvereinbarung für ausschließlich zuständig, darf es sich zumindest nach der Konstruktion der Art. 31 Abs. 2 und 3 keineswegs aus anderen Gründen von sich aus für zuständig erklären. Vielmehr lebt dann die zeitliche Priorität des erstangegangenen Gerichts nach Art. 29 wieder auf, und alle anderen Fragen zur Zuständigkeit sind vorrangig durch das Erstgericht zu beantworten. Das Zweitgericht hat dafür dann seinerseits nach Art. 29 Abs. 1 auszusetzen.[43]

V. Lis pendens und europäische Rechtskraft (Rs Gothaer Versicherung)

11 Dieser hyperkomplexe Mechanismus wird überdies durch die erst nach der Neufassung, aber noch zur Brüssel I-VO ergangenen Rechtsprechung des EuGH in der Rechtssache *Gothaer Versicherung* überlagert.[44] Danach entfaltet unter Art. 32 Brüssel I-VO/ Art. 36 Brüssel Ia-VO die Entscheidung über die Wirksamkeit einer ausschließlichen Gerichtsstandsvereinbarung und daraus folgend der eigenen Unzuständigkeit Bindungswirkung für andere mitgliedstaatliche Gerichte, und zwar unabhängig davon, inwieweit die lex fori eine Bindungswirkung für präjudizielle Rechtsverhältnisse anordnet.[45] Während die Aussetzungsentscheidung nach Art. 31 Abs. 2 mangels einer „Regelung von Rechtsverhältnissen für die Partei"[46] keine Entscheidung i.S.v. Art. 32 Brüssel I-VO/

---

41 Rauscher/*Leible* Art. 31 Brüssel Ia-VO Rdn. 11; Tanja Domej, Die Neufassung der EuGVVO – Quantensprünge im europäischen Zivilprozessrecht, RabelsZ 78 (2014), 508, 533; Miriam Pohl, Die Neufassung der EuGVVO – im Spannungsfeld zwischen Vertrauen und Kontrolle, IPRax, 2013, 109, 112.
42 Erw.-Gr. 22 Nr. 4: „Hierdurch soll in einem solchen Fall sichergestellt werden, dass das vereinbarte Gericht vorrangig über die Gültigkeit der Vereinbarung und darüber entscheidet, inwieweit die Vereinbarung auf den bei ihm anhängigen Rechtsstreit Anwendung findet". Richard Fentiman, in Ulrich Magnus/Peter Mankowski (Hrsg.), European Commentaries on Private International Law Bd. I, 2016, Art. 31 Brussels Ibis Regulation Rdn. 13.
43 Rauscher/*Leible* Art. 31 Brüssel Ia-VO Rdn. 19; Mónica Herranz Ballesteros, The Regime of Party Autonomy in the Brussels I Recast: the Solutions Adopted for Agreements on Jurisdiction, Journal of Private International Law 10 (2014), 291, 306.
44 EuGH, Urt. v. 15.11.2012, Rs C-456/11 – *Gothaer Versicherung*.
45 AaO., Tz. 40: „Im Unionsrecht umfasst der Begriff der Rechtskraft ... nicht nur den Tenor der fraglichen gerichtlichen Entscheidung, sondern auch deren Gründe, die den Tenor tragen und von ihm daher nicht zu trennen sind". Im Einzelnen und kritisch Christoph Althammer/Madeleine Tolani, Perspektiven für einen gemeineuropäischen Rechtskraftbegriff in der zivilprozessualen Rechtsprechung des EuGH zur EuGVO?, ZZPInt 19 (2014), 227.
46 Peter Schlosser, Bericht zu dem Übereinkommen vom 9. Oktober 1978 über den Beitritt des Königreichs Dänemark, Irlands und des Vereinigten Königreichs Großbritannien und Nordirland zum Übereinkommen über die gerichtliche Zuständigkeit und die Vollstreckung gerichtlicher Entscheidungen in Zivil- und Handelssachen sowie zum Protokoll betreffend die Auslegung dieses Übereinkommens durch den Gerichtshof, Abl. EG Nr. C 59 v. 5.3.1979 (Schlosser-Bericht), S. 71, 127 Tz. 187, zur Frage, unter welchen

Art. 36 Brüssel Ia-VO ist, wird man anderes für die „Feststellung" der eigenen Zuständigkeit des Zweitgerichts nach Art. 31 Abs. 3 anzunehmen haben. Allerdings läuft die Bindungswirkung aus Art. 31 Abs. 3 und aus Art. 36 i.V.m. der Rechtsprechung in der Rechtssache Gothaer Versicherung gleich. Anders wird dies erst bei fehlerhaften Entscheidungen mitgliedstaatlicher Gerichte, etwa, wenn sich das Erstgericht unter Verletzung von Art. 31 Abs. 2 für zuständig oder auch vorzeitig für unzuständig erklärt. Hieran wären alle anderen Gerichte einschließlich des designierten und nach Art. 31 Abs. 3 an sich vorrangigen Gerichts gebunden. Art. 45 Abs. 1 enthielte solchen Falls keinen Anerkennungsversagungsgrund.

VI. Alternativen

Man kann deswegen durchaus fragen, ob nicht andere Mechanismen, etwa das Modell des Haager Übereinkommens unter Nutzbarmachung der Rechtsprechung des EuGH in der Rechtssache *Gothaer Versicherung* zu überzeugenderen Ergebnissen führt.[47] Unter einem solchen Modell wären alle mitgliedstaatlichen Gerichte zur Entscheidung über die eigene (Un-) Zuständigkeit in vollem Umfang befugt,[48] und die zeitlich erste Entscheidung eines angegangenen mitgliedstaatlichen Gerichts zu dieser Frage hätte bindende Wirkung für alle anderen Mitgliedstaaten.[49] Torpedoklagen wären im gesamten Zuständigkeitssystem nicht mehr möglich bzw. es entfiele jegliche Motivation hierzu.[50] Die Notwendigkeit für eine Sonderregelung zur Stärkung von Gerichtsstandsvereinbarungen entfiele ebenfalls. Man müsste lediglich die Verpflichtung eines jeden mitgliedstaatlichen Gerichts zur nach Art. 36 anerkennungsfähigen Zwischenentscheidung über die eigene (Un-) Zuständigkeit einführen, um parallele Verfahren möglichst kurz zu halten. Gänzlich lassen sie sich ohnehin nicht aus dem System verbannen. Und nach dem Grundsatz des gegenseitigen Vertrauens ist jedes mitgliedstaatliche Gericht ohnehin gleichermaßen in der Lage, über eine Frage des unionsrechtlichen Zuständigkeitsrechts zu entscheiden.

12

Artikel 32
[Anrufung eines Gerichts]

(1) Für die Zwecke dieses Abschnitts gilt ein Gericht als angerufen:
a) zu dem Zeitpunkt, zu dem das verfahrenseinleitende Schriftstück oder ein gleichwertiges Schriftstück bei Gericht eingereicht worden ist, vorausgesetzt, dass der Kläger es in der Folge nicht versäumt hat, die ihm obliegenden Maßnahmen zu treffen, um die Zustellung des Schriftstücks an den Beklagten zu bewirken, oder
b) falls die Zustellung an den Beklagten vor Einreichung des Schriftstücks bei Gericht zu bewirken ist, zu dem Zeitpunkt, zu dem die für die Zustellung ver-

---

Voraussetzungen Zwischenentscheidungen anzuerkennende „Entscheidungen" i.S.v. Art. 25 EuGVÜ (Vorläufer von Art. 32 Brüssel I-VO/Art. 36 Brüssel Ia-VO) sein kann.
47 Matthias Weller, Die „verbesserte Wirksamkeit" der europäischen Gerichtsstandsvereinbarung nach der Reform der Brüssel I-VO, ZZPInt 19 (2014), 251, 278 f.
48 Vgl. Art. 5, 6 Haager Übereinkommen.
49 EuGH, Urt. v. 15.11.2012, Rs C-456/11 – *Gothaer Versicherung*.
50 Vgl. Richard Fentiman, in Ulrich Magnus/Peter Mankowski (Hrsg.), European Commentaries on Private International Law Bd. I, 2016, Art. 31 Brussels Ibis Regulation Rdn. 15, zur jetzt geltenden Regelung zutreffend: „survival of the Gasser problem in any other case".

antwortliche Stelle das Schriftstück erhalten hat, vorausgesetzt, dass der Kläger es in der Folge nicht versäumt hat, die ihm obliegenden Maßnahmen zu treffen, um das Schriftstück bei Gericht einzureichen.

Die für die Zustellung verantwortliche Stelle im Sinne von Buchstabe b ist die Stelle, die die zuzustellenden Schriftstücke zuerst erhält.

(2) Das Gericht oder die für die Zustellung verantwortliche Stelle gemäß Absatz 1 vermerkt das Datum der Einreichung des verfahrenseinleitenden Schriftstücks oder gleichwertigen Schriftstücks beziehungsweise das Datum des Eingangs der zuzustellenden Schriftstücke.

I. Normzweck

1   Die Vorschrift vereinheitlicht die Maßgaben zur Bestimmung des Zeitpunkts der Anrufung des Gerichts. Dieser Zeitpunkt ist zentral für die Anwendung der allgemeinen Litispendenzregel in Art. 29 zur Koordinierung paralleler Verfahren vor mitgliedstaatlichen Gerichten mit identischem Streitgegenstand, wonach das Verfahren vor dem früher angerufenen Gericht Vorrang hat und später angerufene Gerichte ihr Verfahren aussetzen. Ebenso zentral ist der Zeitpunkt der Anrufung für die Anwendung von Art. 30, wonach bei lediglich im Zusammenhang stehenden Verfahren später angerufene Gerichte dazu ermächtigt sind, ihr jeweiliges Verfahren auszusetzen. Entsprechendes gilt für Art. 31 Abs. 1, wonach sich bei ausschließlicher Zuständigkeit mehrerer Gerichte die später angerufenen zugunsten des zuerst angerufenen unmittelbar für unzuständig zu erklären haben. Ob überhaupt ein Gericht angerufen wurde, spielt für Art. 31 Abs. 2 eine Rolle, und für Art. 33, 34 ist entscheidend, ob das mitgliedstaatliche Gericht zuerst oder später als das drittstaatliche Gericht angerufen wurde. Der Zeitpunkt der Anrufung des Gerichts ist also für den gesamten Abschnitt 9 zur Koordinierung paralleler Verfahren ein entscheidender Anknüpfungspunkt. Äußerlich-systematisch ist es vor diesem Hintergrund unpassend, dass die vereinheitlichende Regelung hierzu gleichsam „in der Mitte" der genannten Vorschriften platziert ist anstatt z.B. am Ende.

II. Entstehungsgeschichte

2   Das Brüsseler Übereinkommen enthielt zu der Frage, wann ein Gericht als angerufen gilt, keine Regelung. Deswegen fand insoweit das jeweilige mitgliedstaatliche Recht Anwendung.[1] Maßgeblich war nach der konkretisierenden Rechtsprechung des EuGH, ob nach der jeweiligen lex fori die Rechtshängigkeit der Klage als „endgültig" anzusehen war.[2] Naturgemäß ergaben sich hieraus je nach anwendbarem Verfahrensrecht unterschiedliche Zeitpunkte.[3] So konnte beispielsweise eine Klageerhebung in Deutschland durch Klageeinreichung bei Gericht und sodann Zustellung beim Beklagten durch eine

---

[1] P. Jenard, Bericht zu dem Übereinkommen vom 27. September 1968 über die gerichtliche Zuständigkeit und Vollstreckung gerichtlicher Entscheidungen in Zivil- und Handelssachen, Abl. EG Nr. C 59 v. 5.3.1979 (Jenard-Bericht), S. 1, 41 zu Art. 21 EuGVÜ; Peter Schlosser, Bericht zu dem Übereinkommen vom 9. Oktober 1978 über den Beitritt des Königreichs Dänemark, Irlands und des Vereinigten Königreichs Großbritannien und Nordirland zum Übereinkommen über die gerichtliche Zuständigkeit und die Vollstreckung gerichtlicher Entscheidungen in Zivil- und Handelssachen sowie zum Protokoll betreffend die Auslegung dieses Übereinkommens durch den Gerichtshof, Abl. EG Nr. C 59 v. 5.3.1979 (Schlosser-Bericht), S. 71, 125 f., Tz. 182; EuGH, Urt. v. 7.6.1984, Rs 129/83 – *Zelger* Tz. 15 S. 2.
[2] EuGH, Urt. v. 7.6.1984, Rs 129/83 – *Zelger* Tz. 16.
[3] Europäische Kommission, Vorschlag [für Brüssel I-VO], KOM(1999) 348 endg., Abschnitt 4.5 Erläuterung der Artikel, Begründung zu Art. 30 Brüssel I-VO.

Klageerhebung in einem anderen Mitgliedstaat überholt werden, wenn dort die bloße Einreichung der Klage bei Gericht als ausreichend galt.[4]

Deswegen[5] wurde bei Überführung des Übereinkommens in die Brüssel I-VO mit Art. 30 der Zeitpunkt der Anrufung erstmals europäisch-autonom definiert.[6] Danach galt gemäß Nr. 1 ein Gericht als zu dem Zeitpunkt angerufen, zu dem das verfahrenseinleitende Schriftstück oder ein gleichwertiges Schriftstück bei Gericht eingereicht worden ist, vorausgesetzt, dass der Kläger es in der Folge nicht versäumt hat, die ihm obliegenden Maßnahmen zu treffen, um die Zustellung des Schriftstücks an den Beklagten zu bewirken, oder alternativ nach Nr. 2, falls die Zustellung an den Beklagten vor Einreichung des Schriftstücks bei Gericht zu bewirken ist, zu dem Zeitpunkt, zu dem die für die Zustellung verantwortliche Stelle das Schriftstück erhalten hat, allerdings wiederum vorausgesetzt, dass der Kläger es in der Folge nicht versäumt hat, die ihm obliegenden Maßnahmen zu treffen, um das Schriftstück bei Gericht einzureichen. Es kam also unabhängig davon, nach welchem in den mitgliedstaatlichen Rechtsordnungen vorzufindenden Grundmodell die Klage zuzustellen war – Einreichung bei Gericht (Nr. 1)[7] oder Zustellung an den Beklagten (Nr. 2) – für den europäisch-autonomen Zeitpunkt der Anrufung darauf an, wann der Kläger das verfahrenseinleitende Schriftstück dem ersten in die Zustellung eingebundenen Rechtspflegeorgan (Gericht oder sonst „zuständige Stelle") übergeben hat, sofern nur der Kläger soweit erforderlich seinerseits entsprechend weiterhin mitwirkt. Der Kläger war damit in jedem Fall von Verzögerungen bei weiterer Verarbeitung durch die Rechtspflegeorgane entlastet, zugleich war der europäisch-autonome Zeitpunkt der Anrufung frühestmöglich systemunabhängig definiert.[8] Dies schuf Waffengleichheit.[9]

Allerdings verblieben Schwierigkeiten an fortbestehenden Schnittstellen zur lex fori processualis, insbesondere bei der Frage danach, wie die erste, in die Zustellung eingebundene „zuständige Stelle" zu bestimmen ist.[10] Überdies zeigte sich, dass nicht alle dieser ersten Stellen das Datum ihrer Befassung vermerken.[11] Um diesen Problemen zu begegnen, wurde zum einen die Vorschrift durch eine faktisch getragene Definition der zuständigen Stelle ergänzt, nämlich als schlicht die Stelle, „die die zuzustellenden Schriftstücke zuerst erhält", Art. 32 Abs. 1 S. 2. Zum anderen wird nun in einem neuen Abs. 2 ausdrücklich verlangt, dass das Gericht (lit. a) bzw. die Stelle (lit. b) das Datum der Einreichung bzw. das Datum des Eingangs des Schriftstücks vermerkt. Von der Ver-

---

4 Vgl. Zöller/*Geimer*[31] Art. 32 EuGVVO Rdn. 1 m.w.N.
5 Vgl. auch Erw.-Gr. 15 S. 2 Brüssel I-VO: „Es sollte eine klare und wirksame Regelung zur Klärung von Fragen der Rechtshängigkeit und der im Zusammenhang stehenden Verfahren sowie zur Verhinderung von Problemen vorgesehen werden, die sich aus der einzelstaatlich unterschiedlichen Festlegung des Zeitpunkts ergeben, von dem an ein Verfahren als rechtshängig gilt. Für die Zwecke dieser Verordnung sollte dieser Zeitpunkt autonom festgelegt werden".
6 Europäische Kommission, Vorschlag [für Brüssel I-VO], KOM(1999) 348 endg., Abschnitt 4.2 Kontinuität, wonach es sich dabei um eine der „wesentlichen Neuerungen" gegenüber dem EuGVÜ handle.
7 So nach §§ 253 Abs. 5, 271 Abs. 1 ZPO – Anhängigkeit durch Einreichung bei Gericht, § 167 ZPO, Rechtshängigkeit mit Zustellung an den Beklagten, §§ 253 Abs. 1, 261 Abs. 1 ZPO.
8 *Kropholler/von Hein* Art. 30 EuGVO Rdn. 2.
9 Europäische Kommission, KOM(1999) 348, Abschnitt 4.5 Erläuterung der Artikel, Begründung zu Art. 30 Brüssel I-VO.
10 Zum Teil wurde diese zuständige Stelle in Frankreich und Belgien nicht, wie eigentlich naheliegend, im *huissier judicidaire* gesehen, Matthias Weller, in Burkhard Hess/Thomas Pfeiffer/Peter Schlosser, The Brussels I Regulation 44/2001 – Application and Enforcement in the EU (Heidelberg Report), 2008, S. 121 Rdn. 422 m.w.N.
11 AaO.

pflichtung, auch die Uhrzeit niederzulegen und damit taggleich beginnende Parallelverfahren nach dem zeitlichen Prioritätsprinzip zu koordinieren,[12] wurde entgegen dem Vorschlag der Kommission[13] in der Endfassung wieder abgesehen. Im Übrigen ist die Norm, abgesehen von der veränderten Zählung (nunmehr Art. 32 statt Art. 30), unverändert geblieben.

III. Anrufung durch Einreichung des verfahrenseinleitenden Schriftstücks bei Gericht (lit. a)

5 Sieht die lex fori die Zustellung über das Gericht vor, dann gilt nach lit. a ein solches Gericht bereits als angerufen, wenn dort das verfahrenseinleitende Schriftstück oder ein gleichwertiges Schriftstück tatsächlich eingereicht ist, unabhängig davon, ob dies nach der lex fori bereits für eine Zustellung genügt, sofern der Kläger im Nachgang wie nach der lex fori erforderlich weiterhin mitwirkt. Dies schließt Fristen nach der lex fori processualis mit ein.[14] Der Zeitpunkt der Einleitung eines Beweissicherungsverfahrens oder eines vorgezogenen Beweisverfahrens ist unerheblich.[15]

6 Als „Einreichung" wird in Deutschland der Eingang in den Geschäftsbereich des Gerichts verstanden.[16] Erforderlich ist dabei freilich die Angabe einer zutreffenden und vollständigen Anschrift des Beklagten.[17] Dieser Beurteilung steht nicht entgegen, dass der Kläger die erforderlichen Angaben nach deutschem Recht nicht erst „in der Folge" der Einreichung der Klage, sondern bereits in der Klageschrift und damit bei Einreichung der Klage machen muss.[18] Denn erfüllt der Kläger die ihn bereits mit der Klageeinreichung treffenden Obliegenheiten nicht, so obliegt ihm deren Befolgung weiterhin, also auch in der Folge der Klageeinreichung.[19] Die Frage, ob an den rechtsgeschäftlich bestellten Vertreter als Adressaten zugestellt werden darf und damit die Angabe dessen Anschrift genügt, richtet sich nach der lex fori.[20]

7 Im Übrigen bewirkt in Deutschland das Gericht die weiteren Schritte.[21] Wenn der Kläger nicht die nach § 253 Abs. 5 ZPO erforderliche Anzahl an Abschriften beilegt, sollte dies nicht schaden, denn die Abschriften werden auf Kosten des Klägers durch die Geschäftsstelle erstellt.[22] Ob die nachfolgende Zustellung ordnungsgemäß erfolgt, bleibt für

---

12 Vgl. hierzu OLG Koblenz, Urt. v. 30.11.1990, RIW 1990, 63.
13 Vgl. Art. 33 Nr. 2 Brüssel Ia-VO-E der Europäischen Kommission, Vorschlag für eine Verordnung des Europäischen Parlaments und des Rates über die gerichtliche Zuständigkeit und die Anerkennung und Vollstreckung von Entscheidungen in Zivil- und Handelssa-chen vom 14.12.2010, KOM(2010) 748, S. 40.
14 In Deutschland wird man auf § 167 ZPO abzustellen haben, Rauscher/*Leible* Art. 32 Brüssel Ia-VO Rdn. 6.
15 EuGH, Urt. v. 4.5.2017, Rs C-29/16 – *HanseYachts* Tz. 36.
16 ArbG Mannheim, Beschl. v. 6.6.2007, IPRax 2008, 37.
17 BGH, Beschl. v. 13.9.2016 – VI ZB 21/15, NJW 2017, 564, Tz. 28 m. Anm. Peter Mankowski 570. Im konkreten Fall waren die Angaben unzureichend, weil sie weder den Bestimmungsort noch die konkrete Insel der beklagten Offshore-Briefkastengesellschaft auf den Cayman Islands noch die Postleitzahl enthielten. Vgl. auch Jennifer Antomo, LMK 2017, 385018. Zur vorinstanzlichen Entscheidung Thomas Schuster, Das Versäumen notwendiger Maßnahmen nach Art. 32 Abs. 1 lit. a EuGVVO oder eine deutsche ‚Torpedoklage', RIW 2015, 798, 800; Christoph Thole, Porsche vs. Hedgefonds: Die Anforderungen an die Rechtshängigkeit i.S.d. Art. 32 EuGVVO n.F. (Art. 30 EuGVVO a.F.)IPRax 2015, 406, 407.
18 EuGH, Beschl. v. 16. Juli 2015, Rs C-507/14 – *P gegen M*, Tz. 39.
19 BGH, Beschl. v. 13.9.2016 – VI ZB 21/15, NJW 2017, 564.
20 AaO., Tz. 43, dort auch im folgenden zu den weiteren Voraussetzungen.
21 Zöller/*Geimer*[31] Art. 32 EuGVVO Rdn. 2.
22 Zöller/*Geimer*[31] Art. 32 EuGVVO Rdn. 2; **a.A.** z.B. Rauscher/*Leible* rt. 32 Brüssel Ia-VO Rdn. 7; Urs Peter Gruber, Die neue „europäische Rechtshängigkeit" bei Scheidungsverfahren, FamRZ 2000, 1129, 1133 (zur EuEheVO).

die Frage der Anrufung ohne Belang.[23] Fehlt die zur ordnungsgemäßen Zustellung erforderliche Übersetzung, dann muss diese allerdings alsbald nachgeholt werden.[24] Der Kostenvorschuss muss vollständig geleistet sein.[25] Bei Beantragung von Prozesskostenhilfe müssen dem Gericht die nach § 117 ZPO erforderlichen Unterlagen vorliegen. Soweit der Kläger ihm obliegende Mitwirkungshandlungen verspätet bewirkt, gilt erst der spätere Zeitpunkt als maßgeblich für die Anrufung.

IV. Anrufung durch Zustellung vor Einreichung bei Gericht (lit. b)

Sieht die lex fori processualis die Zustellung vor Einreichung bei Gericht vor, dann ist nicht der Zeitpunkt der Zustellung, sondern der Zeitpunkt maßgeblich, zu dem die für die Zustellung „verantwortliche Stelle" des betreffenden Mitgliedstaates das Schriftstück erhalten hat. Die für die Zustellung verantwortliche Stelle ist nach der Klarstellung in Art. 32 Abs. 1 S. 2 die Stelle, die die zuzustellenden Schriftstücke zuerst erhält. 8

V. Streitverkündung, Klageerweiterung, Klageerwiderung

Die vorstehenden Maßgaben gelten entsprechend.[26] Entscheidend für die Anrufung in Ansehung des neuen Anspruchs ist also jeweils der Zeitpunkt der Befassung der ersten zuständigen Stelle, sei es das Gericht (lit. a), sei es eine andere Stelle (lit. b). 9

VI. Bindung des Gerichts an Entscheidung zur Erstanrufung

Ob ein mitgliedstaatliches Gericht an die bereits getroffene Entscheidung über die zeitliche Priorität einer Anrufung nach Maßgabe von Art. 32 gebunden ist, wird unterschiedlich beurteilt. Während mitgliedstaatliche Gerichte sich bisher gebunden sahen,[27] plädiert das Schrifttum gegen eine solche Bindung.[28] Nach Art. 29 Abs. 2 hat nunmehr allerdings ein angerufenes Gericht auf Antrag eines anderen angerufenen Gerichts diesem unverzüglich mitzuteilen, wann es gemäß Art. 32 angerufen wurde. Dies soll ersichtlich die Prioritätsfeststellung erleichtern und es dem anfragenden Gericht ersparen, eine ausländische lex fori processualis feststellen zu müssen. Dann freilich wäre es wenig konsequent, wollte man dem anfragenden Gericht zugestehen, sich an die erhaltene Auskunft nicht gebunden zu sehen. Die Auskunft erfolgt allerdings nur auf Antrag, so dass die Frage offenbleibt, welche Wirkung eine ohne Auskunft getroffene Entscheidung zur zeitlichen Priorität haben soll. Insoweit spricht der Rechtsgedanke der – freilich um- 10

---

23 Christoph Thole, Porsche vs. Hedgefonds: Die Anforderungen an die Rechtshängigkeit i.S.d. Art. 32 EuGVVO n.F. (Art. 30 EuGVVO a.F.), IPRax 2015, 406; Rauscher/*Leible* Art. 32 Brüssel Ia-VO Rdn. 5; Reinhold Geimer, in: Zöller, ZPO, 31. Aufl. 2016, Art. 32 EuGVVO Rdn. 4; *Schlosser/Hess* Art. 32 EuGVVO Rdn. 1.
24 OLG Karlsruhe, Urt. v. 28.3.2006, IPRspr 2006, Nr. 111, 242, 245; Rauscher/*Leible* Art. 32 Brüssel Ia-VO Rdn. 5.
25 A.A. *Schlosser/Hess* Art. 32 EuGVVO Rdn. 1: nachholbar in Anlehnung an § 286 ZPO innerhalb von 30 Tagen nach Zugang der Gerichtskostenrechnung.
26 Rauscher/*Leible* Art. 32 Brüssel Ia-VO Rdn. 9.
27 OLG Frankfurt, Beschl. v. 5.5.2001, IPRax 2002, 515, 520; Corte di Cassazazione, Beschl. v. 8.2.2002, Riv.dir.int.priv.proc. 2002, 708, 711.
28 Rauscher/*Leible* Art. 32 Brüssel Ia-VO Rdn. 11; Geimer/Schütze/*Geimer* EuZVR Art. 30 EuGVVO Rdn. 1 m.w.N.

strittenen – Entscheidung des EuGH in der Rechtssache Gothaer Versicherung für eine Bindung.[29]

Artikel 33
[Aussetzung/Einstellung eines Verfahrens wegen desselben Anspruchs]

(1) Beruht die Zuständigkeit auf Artikel 4 oder auf den Artikeln 7, 8 oder 9 und ist bei Anrufung eines Gerichts eines Mitgliedstaats wegen desselben Anspruchs zwischen denselben Parteien ein Verfahren vor dem Gericht eines Drittstaats anhängig, so kann das Gericht des Mitgliedstaats das Verfahren aussetzen, wenn
a) zu erwarten ist, dass das Gericht des Drittstaats eine Entscheidung erlassen wird, die in dem betreffenden Mitgliedstaat anerkannt und gegebenenfalls vollstreckt werden kann, und
b) das Gericht des Mitgliedstaats davon überzeugt ist, dass eine Aussetzung des Verfahrens im Interesse einer geordneten Rechtspflege erforderlich ist.
(2) Das Gericht des Mitgliedstaats kann das Verfahren jederzeit fortsetzen, wenn
a) das Verfahren vor dem Gericht des Drittstaats ebenfalls ausgesetzt oder eingestellt wurde,
b) das Gericht des Mitgliedstaats es für unwahrscheinlich hält, dass das vor dem Gericht des Drittstaats anhängige Verfahren innerhalb einer angemessenen Frist abgeschlossen wird, oder
c) die Fortsetzung des Verfahrens im Interesse einer geordneten Rechtspflege erforderlich ist.
(3) Das Gericht des Mitgliedstaats stellt das Verfahren ein, wenn das vor dem Gericht des Drittstaats anhängige Verfahren abgeschlossen ist und eine Entscheidung ergangen ist, die in diesem Mitgliedstaat anerkannt und gegebenenfalls vollstreckt werden kann.
(4) Das Gericht des Mitgliedstaats wendet diesen Artikel auf Antrag einer der Parteien oder, wenn dies nach einzelstaatlichem Recht möglich ist, von Amts wegen an.

Artikel 34
[Aussetzung/Einstellung bei in Zusammenhang stehenden Verfahren]

(1) Beruht die Zuständigkeit auf Artikel 4 oder auf den Artikeln 7, 8 oder 9 und ist bei Anrufung eines Gerichts eines Mitgliedstaats vor einem Gericht eines Drittstaats ein Verfahren anhängig, das mit dem Verfahren vor dem Gericht des Mitgliedstaats in Zusammenhang steht, so kann das Gericht des Mitgliedstaats das Verfahren aussetzen, wenn
a) eine gemeinsame Verhandlung und Entscheidung der in Zusammenhang stehenden Verfahren geboten erscheint, um zu vermeiden, dass in getrennten Verfahren widersprechende Entscheidungen ergehen könnten,

---

[29] EuGH, Urt. v. 15.11.2012, Rs C-456/11 – *Gothaer Versicherung*, hierzu z.B. Christoph Althammer/Madeleine Tolani, Perspektiven für einen gemeineuropäischen Rechtskraftbegriff in der zivilprozessualen Rechtsprechung des EuGH zur EuGVO?, ZZPInt 19 (2014), 227.

b) zu erwarten ist, dass das Gericht des Drittstaats eine Entscheidung erlassen wird, die in dem betreffenden Mitgliedstaat anerkannt und gegebenenfalls vollstreckt werden kann, und
c) das Gericht des Mitgliedstaats davon überzeugt ist, dass die Aussetzung im Interesse einer geordneten Rechtspflege erforderlich ist.

(2) Das Gericht des Mitgliedstaats kann das Verfahren jederzeit fortsetzen, wenn
a) das Gericht des Mitgliedstaats es für wahrscheinlich hält, dass die Gefahr widersprechender Entscheidungen nicht mehr besteht,
b) das Verfahren vor dem Gericht des Drittstaats ebenfalls ausgesetzt oder eingestellt wurde,
c) das Gericht des Mitgliedstaats es für unwahrscheinlich hält, dass das vor dem Gericht des Drittstaats anhängige Verfahren innerhalb einer angemessenen Frist abgeschlossen wird, oder
d) die Fortsetzung des Verfahrens im Interesse einer geordneten Rechtspflege erforderlich ist.

(3) Das Gericht des Mitgliedstaats kann das Verfahren einstellen, wenn das vor dem Gericht des Drittstaats anhängige Verfahren abgeschlossen ist und eine Entscheidung ergangen ist, die in diesem Mitgliedstaat anerkannt und gegebenenfalls vollstreckt werden kann.

(4) Das Gericht des Mitgliedstaats wendet diesen Artikel auf Antrag einer der Parteien oder, wenn dies nach einzelstaatlichem Recht möglich ist, von Amts wegen an.

Übersicht

I. Normzweck —— 1
II. Entstehungsgeschichte —— 2
III. Bereits bestehende Anhängigkeit in Drittstaat —— 3
IV. Zuständigkeit des mitgliedstaatlichen Gerichts nach Art. 4, 7, 8, 9 —— 4
V. Streitgegenstandsidentität (Art. 33) und Zusammenhang (Art. 34) —— 5
VI. Aussetzung des mitgliedstaatlichen Zweitverfahrens im Interesse einer geordneten Rechtspflege —— 6
VII. Fortsetzung des mitgliedstaatlichen Zweitverfahrens —— 7
VIII. Rechtsfolgen —— 8

I. Normzweck

Art. 33 und 34 regeln die Wirkung anderweitiger Rechtshängigkeit im Verhältnis 1 zwischen einem Verfahren vor einem mitgliedstaatlichen Gericht und einem Verfahren vor einem Drittstaatengericht. Art. 33 betrifft dabei in Anknüpfung an Art. 29 zwei Verfahren zwischen denselben Parteien und demselben Streitgegenstand, Art. 34 hingegen in Anknüpfung an Art. 30 (lediglich) in Zusammenhang stehende Verfahren. Beide Vorschriften setzen voraus, dass sich die Zuständigkeit für das mitgliedstaatliche Gericht aus Art. 4, 7, 8 oder 9 ergibt, also aus der allgemeinen Wohnsitzzuständigkeit oder aus den verschiedenen besonderen Zuständigkeiten erwächst, nicht jedoch aus Gerichtsständen zum Schutz zuständigkeitsrechtlich Schwächerer, aus einer ausschließlichen Zuständigkeit oder aus einer Gerichtsstandsvereinbarung zugunsten des mitgliedstaatlichen Gerichts. Beide Vorschriften setzen ferner voraus, dass das drittstaatliche Verfahren bereits anhängig ist, wenn es vor dem mitgliedstaatlichen Gericht zu der Frage kommt, wie auf dieses drittstaatliche Verfahren zu reagieren ist. Art. 33, 34 führen also nicht etwa unabhängig von der Anhängigkeit eines konkreten drittstaatlichen Verfahrens ein Ermessen des mitgliedstaatlichen Gerichts über die Zuständigkeitsausübung mit Blick auf eventuelle drittstaatliche Zuständigkeiten ein. Art. 33, 34 schweigen überdies einheitlich zu der Konstellation, dass zunächst ein mitgliedstaatliches und nachfolgend ein drittstaatliches Verfahren anhängig gemacht wird.[1] Da auch im Übrigen die Voraussetzungen und die Rechtsfolgen weitgehend (sogar text-) gleich ausgestaltet sind, empfiehlt sich die zusammenfassende Kommentierung beider Vorschriften. Art. 33, 34 führen zwar mehr denn je Ermessensbefugnisse ein.[2] Gleichwohl kann man noch nicht von einer Etablierung der deutlich umfassender angelegten forum non conveniens-Lehre sprechen.

II. Entstehungsgeschichte

2   Die Brüssel I-VO hatte keine ausdrückliche Regelung zur anderweitigen Rechtshängigkeit in Drittstaaten, und es entwickelte sich naturgemäß hierzu eine uneinheitliche Praxis.[3] Der EuGH hat die englische Vorlagefrage in der Rechtssache *Owusu* dahingehend, ob (zumindest) bei bereits bestehender anderweitiger drittstaatlicher Rechtshängigkeit von der Ausübung der eigenen Zuständigkeit nach dem Brüsseler Zuständigkeitssystem abgesehen werden könne, als für den konkreten Fall irrelevant, weil hypothetisch, unbeantwortet gelassen.[4] Art. 29 f. Brüssel Ia-VO/Art. 27 f. Brüssel I-VO/LugÜ 2007/Art. 21 f. EuGVÜ/LugÜ 1988 gelten unmittelbar nur für das Verhältnis zweier mitgliedstaatlicher Verfahren. Eine analoge Anwendung kraft mitgliedstaatsrechtlichen Anwendungsbefehls wäre zwar denkbar, ganz überwiegend haben die mitgliedstaatlichen Gerichte aber ihr autonomes Recht zur Bestimmung der Wirkungen eines anhängigen drittstaatlichen Verfahrens zur Anwendung gebracht.[5] Nach § 261 Abs. 3 Nr. 1 ZPO ist ein (auch ausländisches) anhängiges Verfahren bei identischem Streitgegenstand dann von Amts wegen zu beachten, wenn mit der Anerkennung der ausländischen Entscheidung nach § 328 Abs. 1 ZPO im Inland zu rechnen ist.[6] Der Vorschlag der Kommission für die Neufassung des Brüssel I-VO enthielt erstmals eine Vorschrift (Art. 34), die strukturell im Wesentlichen dem jetzigen Art. 33 entsprach, also – ohne Sachgrund für diese Beschränkung[7] – allein die Wirkung der Rechtshängigkeit bei identischem Streitgegenstand betraf. In der Endfassung trat dann die Entsprechung im jetzigen Art. 34 für Fälle des bloßen Zusammenhangs hinzu. Das Streitpotential der Neuregelung wird angesichts vieler ungeklärter Fragen, insbesondere zur gegebenenfalls verbliebenen Reichweite des autonomen mitgliedstaatlichen Rechts, als hoch einge-

---

1   Hierzu Christian Heinze/Björn Steinrötter, The Revised Lis Pendens Rules in the Brussel Ibis Regulation, in Vesna Lazić et al. (Hrsg.), Brussel Ibis Regulation, Changes and Challenges of the Renewed Procedural Scheme, 2017, S. 1, 10.
2   Ähnliche Tendenzen zeigen sich in anderen Instrumenten, vgl. z.B. Art. 15 Brüssel IIa-VO.
3   Rauscher/*Leible* Art. 33 Brüssel Ia-VO Rdn. 1 m.w.N.; Musielak/Voit/*Stadler*[14] Art. 33, 34 Brüssel Ia-VO Rdn. 1; zur früher „isolationistischen" Position Italiens im Verhältnis zur schon früh „universalistischen", die ausländische Rechtshängigkeit grundsätzlich beachtenden Position in Deutschland sowie zur vermittelnden, über die Lehre vom *forum non conveniens* im Einzelfall nachkorrigierenden Position des *common law* Reinhold Geimer, Internationales Zivilprozessrecht, 7. Aufl. 2015, Rdn. 2685 ff.
4   EuGH, Urt. v. 1.3.2005, Rs C-281/02 – *Owusu* Tz. 47 ff.
5   Vgl. z.B. *Nagel/Gottwald* IZPR § 6 S. 351 Rdn. 218.
6   BGH, Urt. v. 24.10.2000 – XI ZR 300/99, NJW 2001, 524, Tz. 10 f.; BGH, Urt. v. 10.10.1985 – I ZR 1/83, NJW 1986, 2195, Tz. 7; BGH, Urt. v. 18.3.1987 – IVb ZR 24/86, NJW 1987, 3083, Tz. 8; BGH, Urt. v. 29.4.1992 – XII ZR 40/91, NJW-RR 1993, 5, Tz. 9.
7   Matthias Weller, Der Kommissionsentwurf zur Reform der Brüssel I-VO, GPR 2012, 34, 38.

schätzt,[8] der Vereinheitlichungseffekt aufgrund des beschränkten Anwendungsbereichs und vieler unbestimmter Rechtsbegriffe sowie Ermessensbefugnissen als gering.[9]

III. Bereits bestehende Anhängigkeit in Drittstaat

Art. 33, 34 setzen jeweils zunächst voraus, dass das Verfahren (mit identischem Streitgegenstand bei Art. 33, in Zusammenhang mit dem mitgliedstaatlichen stehend bei Art. 34) in einem Drittstaat bereits anhängig ist. Drittstaat ist jeder Nichtmitgliedstaat im Sinne der Verordnung. Zu beachten sind gegebenenfalls vorrangige staatsvertragliche Rechtshängigkeitsregelungen wie beispielsweise nach Art. 6 des Haager Gerichtsstandsübereinkommens durch nichtdesignierte Vertragsstaatengerichte. Wie die bereits bestehende Anhängigkeit des drittstaatlichen Verfahrens festzustellen ist, ist nicht eindeutig geregelt.[10] Klar ist nur, dass der Zeitpunkt der Anrufung des mitgliedstaatlichen Gerichts sich nach Art. 32 richtet. In der Tat gilt diese Vorschrift „für die Zwecke dieses Abschnitts", mithin einschließlich Art. 33, 34.[11] Allerdings ist im Wortlaut der letztgenannten Vorschriften nur in Bezug auf das mitgliedstaatliche Gericht von „Anrufung" die Rede, während das drittstaatliche Verfahren eben bereits „anhängig" sein muss. Der Vereinheitlichungszweck auch der Art. 33, 34 spricht indes für eine analoge Anwendung.[12]

3

IV. Zuständigkeit des mitgliedstaatlichen Gerichts nach Art. 4, 7, 8, 9

Beide Vorschriften setzen ferner voraus, dass sich die Zuständigkeit des mitgliedstaatlichen Gerichts (nur) nach Art. 4, 7, 8, 9 ergibt. Erwächst die Zuständigkeit also aus Gerichtsständen zum Schutz des Schwächeren nach Art. 10ff., 17ff. oder 20ff., aus den ausschließlichen Zuständigkeiten nach Art. 24 oder aus einer Gerichtsstandsvereinbarung nach Art. 25 bzw. einer rügelosen Einlassung nach Art. 26, finden Art. 33, 34 keine Anwendung. Hieraus wird jedenfalls für die Schutzgerichtsstände überwiegend gefolgert, dass dann die drittstaatliche anderweitige Rechtshängigkeit überhaupt nicht, also auch nicht nach mitgliedstaatlichem Recht, berücksichtigt werden darf.[13] Entsprechendes wird für die ausschließlichen Zuständigkeiten sowie für eine Zuständigkeit des mitgliedstaatlichen Zweitgerichts kraft einer Gerichtsstandsvereinbarung nach Art. 25 vertreten. In der Tat soll wohl der enge und mitgliedstaatliches Recht verdrängende Zuschnitt der Art. 33f. die Wertungen der vorgenannten Zuständigkeitsentscheidungen schützen.[14] Auf der Ebene der Anerkennung wird diese Teleologie dann aber nicht kon-

4

---

8 Inbes. Richard Fentiman, in Ulrich Magnus/Peter Mankowski (Hrsg.), European Commentaries on Private International Law Bd. I, 2016, Art. 33, 34 Brussels Ibis Regulation Rdn. 1 ff.
9 Musielak/Voit/*Stadler*[14] Art. 33, 34 Brüssel Ia-VO Rdn. 1.
10 Pippa Rogerson, Lis Pendens and Third States: The Commission's Proposed Changes to the Brussels I Regulation, in Eva Lein (Hrsg.), The Brussels I Review Proposal Uncovered, 2012, S. 103, 120.
11 Hierauf abstellend Zöller/*Geimer*[31] Art. 33 Brüssel Ia-VO Rdn. 7. Ebenso Musielak/Voit/*Stadler*[13] Art. 33, 34 Brüssel Ia-VO Rdn. 3.
12 Vincent Egea, Chapitre 5 – La résolution des conflits de procédures dans le règlement Bruxelles Ibis, in Emmanuel Guinchard (Hrsg.), Le nouveau règlement Bruxelles I bis, 2014, S. 147, 162 Tz. 37; Louis d'Avout, La refonte du règlement Bruxelles I, Recueil Dalloz 2013, 1014, no. 22.
13 Zöller/*Geimer*[31] Art. 33 Brüssel Ia-VO Rdn. 6; Musielak/Voit/*Stadler*[13] Art. 33, 34 Brüssel Ia-VO Rdn. 1; Schlosser/Hess Art. 33, 34 EuGVVO Rdn. 1 ff.
14 Felix M. Wilke, The impact of the Brussels I Recast on important „Brussels" case law, Journal of Private International Law 11 (2015), 128, 133.

sequent fortgeführt, denn die Anerkennung der drittstaatlichen Entscheidung unterliegt weiterhin dem mitgliedstaatlich-autonomen Recht.[15]

V. Streitgegenstandsidentität (Art. 33) und Zusammenhang (Art. 34)

5   Sowohl die Streitgegenstandsidentität als auch der Verfahrenszusammenhang richten sich in systematischer Auslegung[16] der im Wesentlichen wortgleichen Passagen nach den Maßgaben in Art. 29 bzw. 30.[17] Insbesondere Art. 34 Abs. 1 lit. a wiederholt im Wesentlichen wörtlich die Definition des Zusammenhangs in Art. 30 Abs. 3. Dies hätte freilich besser im „Einführungstext" der Vorschrift geschehen sollen, dann hätte man die weiteren Voraussetzungen wiederum parallel in jeweils lit. a und b niederlegen können. So finden sich nun in Art. 34 die lit. a bis c, wobei b und c exakt Art. 33 Abs. 1 lit. a und b spiegeln. Diese ohne inhaltlichen Anlass asynchrone Struktur erschwert die Erfassung beider Vorschriften.

VI. Aussetzung des mitgliedstaatlichen Zweitverfahrens im Interesse einer geordneten Rechtspflege

6   Art. 33 Abs. 1 lit. a und b bzw. Art. 34 Abs. 1 lit. b und c setzen jeweils kumulativ voraus, dass die Anerkennung der Entscheidung aus dem drittstaatlichen Verfahren im Mitgliedstaat des Parallelverfahrens anerkannt und gegebenenfalls vollstreckt wird (positive Anerkennungs- und Vollstreckbarkeitsprognose, in Deutschland nach Maßgabe von §§ 328, 722, 723 ZPO) und dass die Aussetzung des mitgliedstaatlichen Zweitverfahrens im Interesse einer geordneten Rechtspflege erforderlich ist. Von beidem muss das mitgliedstaatliche Zweitgericht „überzeugt" sein. Fehlt es an einer positiven Anerkennungsprognose für das drittstaatliche Verfahren, kann die Aussetzung des mitgliedstaatlichen Zweitverfahrens von vornherein nicht der geordneten Rechtspflege dienen. Unterhalb der für eine negative Anerkennungsprognose notwendigen, zu erwartenden schweren materiell- und verfahrensrechtlichen Ordre-public-Verletzungen[18] kann die Gefahr sonstiger Verletzungen verfahrensrechtlicher Mindeststandards dazu führen, dass eine Aussetzung des mitgliedstaatlichen Zweitverfahrens nicht in Betracht kommt. Orientierung können die aus Art. 6 Abs. 1 EMRK bzw. Art. 47 GR-Charta erwachsenden Verfahrensstandards geben.[19] Kriterien zur Überzeugungsbildung im Übrigen finden sich in Erw.-Gr. 24. Danach sollen „alle Umstände" des bei dem mitgliedstaatlichen Gericht

---

15 Zöller/*Geimer*[31] Art. 33 Brüssel Ia-VO Rdn. 6.
16 Hierfür z.B. Musielak/Voit/*Stadler*[13] Art. 33, 34 Brüssel Ia-VO Rdn. 5; Vincent Egea, Chapitre 5 – La résolution des conflits de procédures dans le règlement Bruxelles Ibis, in Emmanuel Guinchard (Hrsg.), Le nouveau règlement Bruxelles I bis, 2014, S. 147, 163, Tz. 38; Jan v. Hein, Die Neufassung der Europäischen Gerichtsstands- und Vollstreckungsverordnung (EuGVVO), RIW 2013, 97, 106; **a.A.** Rauscher/*Leible* Art. 33 Brüssel Ia-VO Rdn. 8 mit der teleologischen Erwägung, dass einander widersprechende Entscheidungen vermieden werden sollen, so dass sich die Frage nach der Streitgegenstandsidentität nach dem autonomen Recht zu richten habe; ebenso Felix M. Wilke, The impact of the Brussels I Recast on important „Brussels" case law, Journal of Private International Law 11 (2015), 128, 134; Johannes Weber, Universal Jurisdiction and Third States in the Reform of the Brussels I Regulation, RabelsZ 75 (2011), 619, 634. Diese Erwägung könnte ggf. aber auch noch in die Ermessensausübung des Gerichts einfließen.
17 Zu Einzelheiten vgl. dort.
18 Hierzu z.B. Matthias Weller, Ordre-public-Kontrolle internationaler Gerichtsstandsvereinbarungen, 2005, S. 219 ff. und 302 ff.
19 Zu Quellen und Maßstäben, auch rechtsvergleichend, Matthias Weller/Christoph Althammer (Hrsg.), Mindeststandards im europäischen Zivilprozessrecht, 2015.

anhängigen Falles geprüft werden. „Hierzu können Verbindungen des Streitgegenstands und der Parteien zu dem betreffenden Drittstaat zählen wie auch die Frage, wie weit das Verfahren im Drittstaat zu dem Zeitpunkt, an dem ein Verfahren vor dem Gericht des Mitgliedstaates eingeleitet wird, bereits fortgeschritten ist, sowie die Frage, ob zu erwarten ist, dass das Gericht des Drittstaates innerhalb einer angemessenen Frist eine Entscheidung erlassen wird". Unangemessen ist diese Frist nicht erst bei Erreichung menschenrechtswidrig langer Fristen,[20] wohl aber bereits bei erheblich längerer Verfahrensdauer als im mitgliedstaatlichen Zweitverfahren.[21] Erw.-Gr. 24 UAbs. 2 führt fort, dass im Rahmen der gebotenen Gesamtschau auch die Frage geprüft werden kann, „ob das Gericht des Drittstaates unter Umständen, unter denen ein Gericht eines Mitgliedstaates ausschließlich zuständig wäre, im betreffenden Fall ausschließlich zuständig ist". Wäre also eine ausschließliche Zuständigkeit des Drittstaatengerichts gegeben, wenn dieses Drittstaatengericht ein mitgliedstaatliches Gericht und damit an die Brüssel Ia-VO gebunden wäre, dann dürfte dies ein Umstand zur Stützung der Aussetzung des mitgliedstaatlichen Zweitverfahrens sein, auch wenn diese konkrete Folge nicht ausgesprochen wird. Diese Folge kann auch eine ausschließliche Zuständigkeit nach mitgliedstaatlichem Recht im Anwendungsbereich von Art. 6 auslösen.[22] Damit hat die *théorie de l'effet réflexe*[23] Eingang in den Normtext gefunden, dies freilich abgeschwächt in der Rechtsfolge, da das mitgliedstaatliche Zweitgericht sich nicht für unzuständig erklären muss. Ob Erw.-Gr. 24 UAbs. 2 mit dem Verweis auf die ausschließliche Zuständigkeit des Drittstaatengerichts auch die ausschließliche Zuständigkeit kraft Gerichtsstandsvereinbarung erfasst, ist umstritten. In der Diskussion um die Neufassung der Verordnung beschränkten sich Reformüberlegungen zur *théorie réflexe* jedenfalls allein auf Art. 24,[24] und der Diskurs zur Neuregelung von Gerichtsstandsvereinbarungen verlief, soweit ersichtlich, gänzlich ohne Erwägung einer „Reflexwirkung" von Art. 25. Bisher galt im Übrigen die Derogationswirkung einer Prorogation drittstaatlicher Gerichte als allein vom mitgliedstaatlich-autonomen Recht geregelt.[25] Diese gesicherte Position zur insgesamt schwierigen Abgrenzung der Verordnung zu residualen Anwendungsbereichen des mitgliedstaatlich-autonomen Rechts sollte jedenfalls nicht über begrifflich nicht eindeutige Erwägungsgründe und die Konkretisierung offener Rechtsbegriffe („geordnete Rechtspflege") in Frage gestellt werden.[26] Denkbar sind freilich die Konkretisierung des Tatbestandsmerkmals und die Ermessensausübung im – bindenden – Lichte der mitglied-

---

20 Musielak/Voit/*Stadler*[13] Art. 33, 34 Brüssel Ia-VO Rdn. 8.
21 Ulrich Magnus/Peter Mankowski, The Proposal for the Reform of Brussels I – Brussels Ibis ante portas,
ZVglRWiss 110 (2011), 252, 288.
22 Musielak/Voit/*Stadler*[13] Art. 33, 34 Brüssel Ia-VO Rdn. 4.
23 Zurückgehend auf Georges A. L. Droz, Compétence judiciaire et effets des jugements dans le Marché Commun (Etude de la Convention de Bruxelles du 27 septembre 1968), 1972, S. 108 ff. Rdn. 164 ff.; vgl. auch Art. 24 des Vorschlags der Group Européen de Droit International Privé, IPRax 2009, 283, 284.
24 Vgl. z.B. Wolfgang Hau, Gegenwartsprobleme internationaler Zuständigkeit, in Herbert Kronke/Karsten Thorn (Hrsg.), Grenzen überwinden – Prinzipien bewahren – Festschrift für Bernd von Hoffmann zum 70. Geburtstag, S. 617, 631 Fn. 101.
25 Vgl. insbesondere Peter Schlosser, Bericht zu dem Übereinkommen vom 9. Oktober 1978 über den Beitritt des Königreichs Dänemark, Irlands und des Vereinigten Königreichs Großbritannien und Nordirland zum Übereinkommen über die gerichtliche Zuständigkeit und die Vollstreckung gerichtlicher Entscheidungen in Zivil- und Handelssachen sowie zum Protokoll betreffend die Auslegung dieses Übereinkommens durch den Gerichtshof, Abl. EG Nr. C 59 v. 5.3.1979 (Schlosser-Bericht), S. 71, 124 Tz. 176 f.
26 Im Ergebnis ebenso Jan v. Hein, Die Neufassung der Europäischen Gerichtsstands- und Vollstreckungsverordnung (EuGVVO), RIW 2013, 97, 107; **a.A.** Rauscher/*Leible* Art. 33 Brüssel Ia-VO Rdn. 13 m.w.N. zur Gegenauffassung in Fn. 28.

staatlich-autonomen Entscheidung über die Wirksamkeit der Derogation zugunsten des Drittstaates. Möglicherweise zeigt sich in einer solchen harmonisierenden Nutzung der Flexibilitäten der Art. 33f. ein Vorzug der neuen Vorschriften (ohne dass die grundsätzlichen Nachteile bestritten werden sollen).

VII. Fortsetzung des mitgliedstaatlichen Zweitverfahrens

7   Das mitgliedstaatliche Zweitgericht kann sein Verfahren unter den alternativen Voraussetzungen nach Art. 33 Abs. 2 bzw. Art. 34 Abs. 2 fortsetzen. Art. 33 Abs. 2 lit. a bis c entsprechen dabei wortgleich Art. 34 lit. b bis d. Die Fortsetzung ist also möglich, wenn entweder das Verfahren vor dem Drittstaatengericht ebenfalls ausgesetzt oder gar „eingestellt" wurde, wenn das mitgliedstaatliche Zweitgericht nicht mehr angemessene Verfahrensverzögerungen im drittstaatlichen Erstverfahren für wahrscheinlich hält oder die Fortsetzung des Verfahrens in sonstiger Weise im Interesse einer geordneten Rechtspflege erforderlich ist. Hinzu tritt bei Art. 34 Abs. 2 zusätzlich lit. a. Danach ist eine Fortsetzung möglich, wenn das mitgliedstaatliche Zweitgericht es für wahrscheinlich hält, dass die Gefahr widersprechender Entscheidungen nicht mehr besteht.

VIII. Rechtsfolgen

8   Das mitgliedstaatliche Zweitgericht hat jeweils Ermessen („kann"), wobei die die Ermessensbefugnisse begründenden Voraussetzungen relativ ausführlich im Normtext niedergelegt sind, so dass bei Erfüllung dieser Voraussetzungen wohl nur selten eine gegenläufige Ermessensausübung denkbar sein wird.[27] Nach Art. 33 Abs. 3 „stellt" das Gericht „das Verfahren ein", wenn das Drittstaatenverfahren abgeschlossen ist und eine Entscheidung ergangen ist, die im Mitgliedstaat des Zweitverfahrens anerkennungsfähig und ggf. vollstreckungsfähig ist. Bei im Zusammenhang stehenden Verfahren „kann" das Gericht das Verfahren solchenfalls einstellen, Art. 34 Abs. 3. „Verfahrenseinstellung" ist dabei nach den Maßgaben und Möglichkeiten der lex fori processualis zu bewirken, nach deutschem Verfahrensrecht durch Abweisung der Klage als unzulässig. Alle dem Gericht nach Art. 33, 34 zugewiesenen Befugnisse sind nach Abs. 4 der jeweiligen Vorschrift auch von Amts wegen zu beachten, sofern dies nach der jeweiligen lex fori processualis wie in Deutschland[28] möglich ist.

ABSCHNITT 10
Einstweilige Maßnahmen einschließlich Sicherungsmaßnahmen

Artikel 35

Die im Recht eines Mitgliedstaats vorgesehenen einstweiligen Maßnahmen einschließlich Sicherungsmaßnahmen können bei den Gerichten dieses Mitgliedstaats auch dann beantragt werden, wenn für die Entscheidung in der Hauptsache das Gericht eines anderen Mitgliedstaats zuständig ist.

---

27 Rauscher/*Leible* Art. 33 Brüssel Ia-VO Rdn. 16; sogar für Aussetzungspflicht Ulrich Magnus/Peter Mankowski, The Proposal for the Reform of Brussels I – Brussels Ibis ante portas, ZVglRWiss 110 (2011), 252, 288.
28 BGH, Urt. v. 24.10.2000 – XI ZR 300/99, NJW 2001, 524, Tz. 11; Rauscher/*Leible* Art. 33 Brüssel Ia-VO Rdn. 4; Musielak/Voit/*Stadler*[13] Art. 33, 34 Brüssel Ia-VO Rdn. 3.

Schrifttum

Ahrens Internationale Beweishilfe bei Beweisermittlungen im Ausland nach Art. 7 der Enforcementrichtlinie, FS Loschelder, 2010, S. 1; *ders.* Die grenzüberschreitende Vollstreckung von Unterlassungs- und Beseitigungstiteln, FS Schütze, 2015, S. 1; *Albrecht* Das EuGVÜ und der einstweilige Rechtsschutz in England und in der Bundesrepublik Deutschland, Diss. Heidelberg 1991; *Berger* Einstweiliger Rechtsschutz im Zivilrecht, Berlin 2006; *Bogdan* The Proposed Recast of Rules on Provisional Measures under the Brussels I Regulation, in: Lein (Hrsg.), The Brussels I Review Proposal Uncovered, 2012, S. 125; *Böttger* Deutsche einstweilige Verfügungen: Durchsetzung im europäischen Ausland, GRUR-Prax 2013, 484; *Carl* Einstweiliger Rechtsschutz bei *Torpedoklagen*, Diss. Hamburg 2007; *Consolo* Avoiding the Risk of Babel after *Van Uden* and *Mietz*: Perspectives and Proposals, ZZPInt 6 (2001), 49; *ders.* The Subtle Interpretation of the Case Law of the European Court on Provisional Remedies, ZSR 2005, 359; *Dedek* Art. 24 EuGVÜ und provisorische Anordnungen zur Leistungserbringung, EWS 2000, 246; *Dickinson* Provisional Measures in the „Brussels I" Review – Disturbing the Status Quo? IPRax 2010, 203; *Domej* Die Neufassung der EuGVVO – Quantensprünge im europäischen Zivilprozessrecht, RabelsZ 78 (2014), 508; *dies.* Rechtshängigkeit und in Zusammenhang stehende Verfahren, Gerichtsstandsvereinbarungen, einstweilige Maßnahmen, in: Bonomi/Schmid (Hg.), La révision du Règlement 44/2001 (Bruxelles I), 2011, S. 105; *Drooghenbroeck/De Boe* Les Mesures Provisoires et Conservatoires dans le Règlement Bruxelles I *Bis*, in: Guinchard (Ed.), Le nouveau règlement Bruxelles I bis, Brüssel 2014, S. 167; *Eichel* Die Auswirkungen der Brüssel I-Reform auf die Zuständigkeit für einstweiligen Rechtsschutz gemäß Art. 35 Brüssel Ia-VO, ZZP 131 (2018), 71; *Eilers* Maßnahmen des einstweiligen Rechtsschutzes im europäischen Zivilrechtsverkehr, Diss. Bonn 1991; *Eisermann* Einstweilige Maßnahmen auf dem Gebiet der Brüssel I-VO, Diss. Trier 2011; *Fohrer/Mattil* Der „grenzüberschreitende" dingliche Arrest im Anwendungsbereich des EuGVÜ, WM 2002, 840; *Garber* Einstweiliger Rechtsschutz nach der EuGVVO, Diss. Graz 2011; *ders.* Einstweiliger Rechtsschutz nach der neuen EuGVVO, ecolex 2013, 1071; *Garcimartín Alférez* Effects of the Brussels Convention upon the Spanish System : Provisional and Protective Measures, in Hommelhoff/Jayme/Mangold (Hrsg.), Europäischer Binnenmarkt, 1995, 129; *Gassmann* Arrest im internationalen Rechtsverkehr. Zum Einfluss des Lugano-Übereinkommens auf das schweizerische Arrestrecht, Diss. Zürich 1998; *Gerhard* La compétence du juge d'appui pour prononcer des mesures provisoires extraterritoriales, SZIER 1999, 97; *Giardina* Provisional Measures in Europe: Some Comparative Observations, FS Pierre Lalive, Basel 1993, S. 499; *Gronstedt* Grenzüberschreitender einstweiliger Rechtsschutz, Diss. Regensburg 1994; *Grundmann* Anerkennung und Vollstreckung ausländischer einstweiliger Maßnahmen nach IPRG und Lugano-Übereinkommen, Diss. Basel 1996; *Grunert* Die „world-wide" Mareva Injunction, Diss. Hannover 1998; *Hartenstein* Einstweiliger Rechtsschutz trotz Gerichtsstandsvereinbarung, TranspR 2015, 228; *Hartley* Interim Measures under the Brussels Jurisdiction and Judgments Convention, E.L.Rev. 24 (1999), 674; *Heinze* Beweissicherung im Europäischen Zivilprozessrecht, IPRax 2008, 480; *ders.* Choice of Court Agreements, Coordination of Proceedings and Provisional Measures in the Reform of the Brussels I Regulation, RabelsZ 75 (2011), 581; *ders.* Einstweiliger Rechtsschutz im europäischen Immaterialgüterrecht, Diss. Hamburg 2007; *ders.* Europäische Urteilsfreizügigkeit von Entscheidungen ohne vorheriges rechtliches Gehör, ZZP 120 (2007), 303; *ders.* Grenzüberschreitende Vollstreckung englischer *freezing injunctions*, IPRax 2007, 343; *ders.* Internationaler einstweiliger Rechtsschutz, RIW 2003, 922; *Heiss* Einstweiliger Rechtsschutz im europäischen Zivilrechtsverkehr (Art. 24 EuGVÜ), Diss. Berlin 1987; *Hess* Die begrenzte Freizügigkeit einstweiliger Maßnahmen im Binnenmarkt II – weitere Klarstellungen des Europäischen Gerichtshofs IPRax 2000, 370; *Hess/Vollkommer* Die begrenzte Freizügigkeit einstweiliger Maßnahmen nach Art. 24 EuGVÜ, IPRax 1999, 220; *Hess/Zhou* Beweissicherung und Beweisbeschaffung im europäischen Justizraum, IPRax 2007, 183; *Hogan* The Judgments Convention and Mareva injunctions in the United Kingdom and Ireland, E.L. Rev. 1989, 191; *Kerameus* Provisional Remedies in Transnational Litigation, in: Trans-national aspects of procedural law, Milano 1998, S. 1169; *Kienle* Arreste im internationalen Rechtsverkehr, Diss. Tübingen 1991; *Kimmerle* Befriedigungsverfügungen nach Art. 24 EuGVÜ/31 EuGVO, Diss. Berlin 2013; *Knöfel* Freier Beweistransfer oder „Exklusivität" der Rechtshilfe in Zivilsachen? IPRax 2013, 231; *Koch* Grenzüberschreitender einstweiliger Rechtsschutz, in: Heldrich/Kono, Herausforderungen des Internationalen Zivilverfahrensrechts, S. 85; *Kofmel Ehrenzeller* Der vorläufige Rechtsschutz im internationalen Verhältnis, 2005; *Kramer* Harmonisation of provisional and protective measures in Europe, in: Storme (ed.), Procedural Laws in Europe, Antwerpen 2003, 305; *Kruger* Provisional and Protective Measures, in: Nuyts/Watté (ed.), International Civil Litigation in Europe and Relations with Third States, Brüssel 2005, S. 311; *Kurtz* Grenzüberschreitender einstweiliger Rechtsschutz im Immaterialgüterrecht, Diss. Kiel 2004; *Leval* La Notion de Mesures Conservatoires ou Provisoires, in Isnard/Normand (ed.): Nouveaux droits dans un nouvel espace européen de justice, Paris 2002; *Lindacher* Einstweiliger Rechtsschutz in Wettbewerbssachen unter dem Geltungsregime von Brüssel I, FS Leipold, 2009, S. 251; *Looks* Neue Aspekte bei der Arrestierung eines ausländischen Seeschiffes, TranspR 2006, 133; *Maher/Rodger* Provisional and protective remedies: The British experience oft he Brussels Convention, ICLQ 1999, 302; *Mankowski* Selbständige Beweisverfahren und einstweiliger Rechtsschutz in Europa, JZ 2005, 1144; *Marmisse/Wilderspin* Le régime jurisprudentiel des mesures provisoires à la lumière des arrets *Van Uden* et *Mietz*, Rev. crit. d.i.p. 88 (1999), 669; *Nieschulz* Der Arrest in Seeschiffe, Diss. Hamburg 1997; *Nuyts* Provisional Measures, in Dickinson/Lein (Hg.), The Brussels I Recast, Oxford 2015; *Nygh* Provisional and Protective Measures in International Litigation, RabelsZ 62 (1998), 115; *Pålsson* Interim Relief under the Brussels and Lugano Conventions, Liber Amicorum Siehr, 2000, 621; *Pansch* Die einstweilige Verfügung zum Schutze des geistigen Eigentums im grenzüberschreitenden Verkehr, Diss. Konstanz 2003; *Pérez-Ragone/Chen* Europäischer einstweiliger Rechtsschutz – eine dogmatische Systembildung im Lichte der EuGH-Entscheidungen, ZZPInt 17 (2012), 231; *Pfeiffer/Wais* Einstweilige Maßnahmen im Anwendungsbereich der EuGVO, IJPL 2012, 274; *Remien* Einseitige Unterlassungsverfügungen im europäischen Binnenmarkt und das EuGVÜ – Zur Sache Modern Music./.EMI Records, WRP 199, 25; *Ricolfi* The Recasting of Brussels I Regulation from an Intellectual Property Lawyer's Perspective, in: Pocar/Viarengo/Villata (Eds.), Recasting Brussels I, 2012, S. 147; *Sandrini* Coordination of Substantive and Interim Proceedings, in: Pocar/Viarengo/Villata (Eds.), Recasting Brussels I, 2012, S. 273; *Schlosser* Aus Frankreich Neues zum transnationalen einstweiligen Rechtsschutz in der EU, IPRax 2012, 88; *ders.* EuGVVO und einstweiliger Rechtsschutz betreffend schiedsbefangene Ansprüche, IPRax 2009, 416; *ders.* Grenzüberschreitende Vollstreckung von Maßnahmen des einstweiligen Rechtsschutzes im EuGVÜ-Bereich, IPRax 1985, 321; *Schneider* Die Leistungsverfügung im niederländischen, deutschen und europäischen Zivilprozessrecht, Diss. Kiel 2013; *Schulz* Einstweilige Maßnahmen nach dem Brüsseler Gerichtsstands- und Vollstreckungsübereinkommen in der Rechtsprechung des Gerichtshofs der Europäischen Gemeinschaften (EuGH), ZEuP 2001, 805; *Spellenberg/Leible* Anmerkung zu EuGH C-99/96 – Mietz, ZZPInt 4 (1999), 221; *dies.* Die Notwendigkeit vorläufigen Rechtsschutzes bei transnationalen Streitigkeiten, in: Gilles (Hrsg.) Transnationales Prozeßrecht, 1995, S. 293; *Stadler* Erlaß und Freizügigkeit einstweiliger Maßnahmen im Anwendungsbereich des EuGVÜ, JZ 1999, 1089; *Stickler* Das Zusammenwirken von Art. 24 EuGVÜ und §§ 916 ff. ZPO, Diss. Regensburg 1992; *Stürner* Der einstweilige Rechtsschutz in Europa, FS Geiß, 2000, S. 199; *Sujecki* Die Solvay-Entscheidung des EuGH und ihre Auswirkungen auf Verfahren über Immaterialgüterrechte, GRUR Int 2013, 201; *Tsikrikas* Internationale Zuständigkeit zum Erlass einstweiliger Maßnahmen nach den Regeln der EuGVO, ZZPInt 17 (2012), 293; *Walther* Das Zusammenwirken von Art. 24 EuGVÜ und §§ 916 ff. ZPO, veröff. unter *Stickler*, s. dort; *Wannenmacher* Einstweilige Maßnahmen im Anwendungsbereich von Art. 31 EuGVVO in Frankreich und Deutschland, 2006; *Weibel* Enforcement of English Freezing Orders („Mareva Injunctions") in Switzerland, Basel 2005; *Wilke* The impact of the Brussels I Recast on important „Brussels" case law, Journal of Private International Law 2015, 11:1, 128; *Willeitner* Vermögensgerichtsstand und einstweiliger Rechtsschutz im deutschen, niederländischen und europäischen Internationalen Zivilverfahrensrecht, Diss. Heidelberg 2003; *Wolf* Konturen eines europäischen Systems des einstweiligen Rechtsschutzes, EWS 2000, 11; *Wolf/Lange* Das Europäische System des einstweiligen Rechtsschutzes – doch noch kein System? RIW 2003, 55; *Zerr* Prozesstaktik bei Arrestverfahren innerhalb Europas nach der Neufassung der EuGVVO, EuZW 2013, 292.

Übersicht

I. Einführung —— 1
   1. Rechtsquellen für den einstweiligen Rechtsschutz im Brüssel Ia-Raum —— 1
   2. Systematik der Brüssel Ia-Regeln zum einstweiligen Rechtsschutz —— 4
      a) Internationale Zuständigkeit —— 4
      b) Anerkennung und Vollstreckung in anderen Mitgliedstaaten —— 9
   3. Entstehungsgeschichte —— 10
   4. Regelungsnatur von Art. 35 —— 11
   5. Normzweck —— 12
   6. Spezialregelung für das Einheitliche Patentgericht (UPC) —— 17
   7. Einstweiliger Rechtsschutz im Europäischen Zivilverfahrensrecht —— 18

II. Einstweiliger Rechtsschutz in Hauptsachegerichtsständen (Art. 4, 7–25) —— 24
   1. Einstweiliger Rechtsschutz in den Hauptsachegerichtsständen ohne anhängige Hauptsache —— 24

2. Einstweiliger Rechtsschutz in hypothetischen Hauptsachegerichtsständen bei andernorts anhängiger Hauptsache —— 26
   a) Herrschende Auffassung —— 27
   b) Gegenauffassung —— 28
   c) Stellungnahme —— 29
3. Bezug des Mitgliedstaats zur beantragten Maßnahme —— 30
4. Einstweiliger Rechtsschutz im durch Gerichtsstandsvereinbarung bestimmten („prorogierten") Mitgliedstaat (Art. 25) —— 31
5. Keine hypothetische Hauptsachezuständigkeit durch rügelose Einlassung (Art. 26) —— 32
6. Einstweiliger Rechtsschutz außerhalb eines ausschließlich zuständigen Mitgliedstaats —— 34
7. Einstweiliger Rechtsschutz vor den Gerichten eines Mitgliedstaats trotz Schiedsverfahrens in der Hauptsache —— 37
8. Leistungsverfügungen in hypothetischen Hauptsachegerichtsständen —— 38

III. Einstweiliger Rechtsschutz nach Art. 35 und den autonomen Zuständigkeitsbestimmungen der Mitgliedstaaten —— 39
1. Anwendungsbereich —— 39
   a) Räumlich-persönlicher Anwendungsbereich —— 40
   b) Sachlicher Anwendungsbereich —— 41
   c) Vorrangige völkerrechtliche Bestimmungen —— 42
2. Einstweilige Maßnahmen —— 44
   a) Definitionsbedarf —— 44
   b) Gesetzlicher Rahmen —— 45
   c) Auslegung des EuGH —— 47
   d) Keine Dringlichkeit als Eigenschaft —— 48
   e) Einzelfälle —— 49
3. „Reale Verknüpfung" als Voraussetzung für die Anwendung des autonomen Zuständigkeitsrechts —— 50
   a) Ausgangspunkt: Umfassender Verweis auf das autonome Verfahrensrecht —— 50
   b) Erfordernis einer „realen Verknüpfung" —— 52

c) Sinn und Zweck —— 53
d) Reform der Brüssel I-VO —— 54
e) Reale Verknüpfung bei vermögensbezogenen Zuständigkeiten —— 55
f) Reale Verknüpfung bei anderen als vermögensbezogenen Zuständigkeiten —— 56
4. Besonderheiten für Leistungsverfügungen —— 59
   a) Leistungsverfügungen als „einstweilige Maßnahme" —— 59
   b) Interessenlage —— 60
   c) Einschränkungen für Leistungsverfügungen —— 61
      aa) Gewährleistung der Rückgewähr —— 62
      bb) Bezug zu Vermögensgegenständen im Zuständigkeitsbereich —— 64
   d) Reichweite der Einschränkungen —— 65
5. Besonderheiten für Beweismaßnahmen —— 66
   a) Problemstellung —— 66
   b) Verhältnis zur EuBewVO —— 67
   c) Beweissicherungsmaßnahmen —— 68
   d) Reale Verknüpfung —— 71
   e) Koordination mit der Hauptsache —— 72
   f) Anwendungsbeispiele —— 73

IV. Zuständigkeiten im von Art. 35 berufenen autonomen Verfahrensrecht —— 77
1. Zuständigkeiten nach der deutschen ZPO (Grundzüge) —— 77
2. Zuständigkeiten im von Art. 35 berufenen österreichischen Verfahrensrecht (Überblick) —— 81

V. Anderweitige Rechtshängigkeit —— 82
VI. Verfahrensfragen —— 85
1. Prüfung der internationalen Zuständigkeit —— 85
2. Wirkung und Vollzug einstweiliger Maßnahmen in anderen Mitgliedstaaten —— 86
3. Vollstreckungssicherung von in einem anderen Mitgliedstaat ergangenen Hauptsacheentscheidungen —— 90

VII. Rechtsvergleichende Bemerkungen —— 91

I. Einführung

1 1. Rechtsquellen für den einstweiligen Rechtsschutz im Brüssel Ia-Raum. Die **Brüssel Ia-VO** regelt lediglich die grenzüberschreitende Koordination des in den Mitgliedstaaten gewährten einstweiligen Rechtsschutzes. Dabei geht es zum einen um die internationale Zuständigkeit, also die Festlegung, in welchem Mitgliedstaat über einstweilige Maßnahmen mit Auslandsbezug entschieden werden darf. Diesen Bereich regelt Art. 35. Zum anderen geht es um die Freizügigkeit solcher Maßnahmen, also um die Frage, ob einstweilige Maßnahmen, die in einem Mitgliedstaat angeordnet wurden, auch in anderen Mitgliedstaaten wirken bzw. vollstreckt werden können (Rdn. 9, 86). Schließlich geht es um die Koordination paralleler Verfahren in verschiedenen Mitgliedstaaten (Rdn. 82).

2 Das Verfahren, die Voraussetzungen, Form, Inhalt oder Wirkung des einstweiligen Rechtsschutzes bestimmen sich nach dem jeweils am Gerichtsort geltenden **„autonomen Verfahrensrecht der Mitgliedstaaten"**, in Deutschland etwa nach §§ 916 ff. ZPO. Die daraus resultierende Vielfalt einstweiliger Maßnahmen im Brüssel Ia-Raum macht die grenzüberschreitende Koordination zu einer anspruchsvollen Aufgabe. Das gilt namentlich für relativ großzügige Möglichkeiten in einigen Mitgliedstaaten, Rechtsstreitigkeiten im einstweiligen Verfahren bereits endgültig beizulegen (Rdn. 59); sie fordern die relativ strikten, am Beklagtenschutz und der Rechtssicherheit orientierten Brüssel Ia-Hauptsachezuständigkeiten (Art. 4 ff.) besonders heraus. Daraus ist eine einschränkende **Rechtsprechung des EuGH** entstanden, die noch immer nicht gänzlich zu einem konsistenten Konzept gereift ist und im Wortlaut der Verordnung noch keinen Niederschlag gefunden hat.

3 Ergänzend zu diesem System aus mitgliedstaatlichen „Säulen", denen die Brüssel Ia-VO lediglich ein „vereinheitlichtes Dach" aufsetzt, gibt es seit dem 18.1.2017 von Grund auf einheitliche Regeln zur vorläufigen Kontenpfändung in der **Europäischen Kontenpfändungsverordnung**. Sie sind eine Alternative zur Verschiedenheit mitgliedstaatlicher Rechte, indem sie ein Verfahren anbieten, dessen Voraussetzungen, Form, Ziel und Wirkung europaweit dieselben sind (Rdn. 22).

2. Systematik der Brüssel Ia-Regeln zum einstweiligen Rechtsschutz

4 **a) Internationale Zuständigkeit.** Art. 35 regelt die internationale Zuständigkeit mitgliedstaatlicher Gerichte für den einstweiligen Rechtsschutz und hat herkömmlicherweise einen zweifachen Regelungsgehalt.[1] Nimmt man allerdings das Zuständigkeitssystem umfassend in den Blick, so ist es treffender, von vornherein von einem **dreispurigen System** zu sprechen.[2] Dieses differenziert danach, ob ein Gericht entscheidet, das auch eine Zuständigkeit für die Hauptsache besitzt, oder – falls die Hauptsache tatsächlich in einem anderen Mitgliedstaat anhängig ist – ein Gericht, das nach der Brüssel Ia-VO für die Hauptsache konkurrierend zuständig gewesen wäre („hypothetische Hauptsachezuständigkeit"), oder ob ein Gericht über einstweiligen Rechtsschutz entscheidet, das nur nach seinem autonomen Verfahrensrecht zuständig ist. Im Einzelnen bedeutet das:

---

[1] Statt vieler: EuGH 17.11.1998 C-391/95 EuGHE 1998, I-7122 – Van Uden, Rdn. 19 f.; *Nuyts* in Dickinson/Lein, Rdn. 12.10; *Wolf* EWS 2000, 11, 13.
[2] *Hess* IPRax 2000, 370, 373 f.; *Gebauer*/Wiedmann Kap. 27 Rdn. 152; *Garber* S. 72; *Pérez-Ragone*/*Chen* ZZPInt 17 (2012), 231, 239.

- Die Gerichtsstände der Art. 4–25 Brüssel Ia-VO³ („**Hauptsachegerichtsstände**") 5
beinhalten immer auch eine Zuständigkeit, um über Anträge auf einstweiligen
Rechtsschutz zu entscheiden (*a maiore ad minus*).⁴ Wenn der Antragsgegner seinen
Sitz in einem Mitgliedstaat hat und der Erfüllungsort in einem anderen Mitgliedstaat
liegt, kann in beiden Mitgliedstaaten kraft Hauptsachezuständigkeit (Art. 4 bzw.
Art. 7 Nr. 1) einstweiliger Rechtsschutz beantragt werden. An dieser Aussage soll
sich nach h.L. nichts ändern (str., Rdn. 26 ff.), wenn in einem der beiden Staaten das
Hauptsacheverfahren anhängig ist, obwohl dann im jeweils anderen Staat wegen
Art. 29 Abs. 3 *für die Hauptsache* keine Zuständigkeit mehr bestünde. Eine solchermaßen
„**hypothetische Brüssel Ia-Hauptsachezuständigkeit**" gewährt danach
also ebenfalls eine Zuständigkeit für einstweiligen Rechtsschutz ohne dass ein Rekurs
auf Art. 35 nötig ist.
- Darüber hinaus erweitert Art. 35 den beschränkten Kreis der Brüssel Ia-Hauptsachezuständigkeiten 6
und lässt einstweiligen Rechtsschutz auch in Mitgliedstaaten
zu, die nach ihrem autonomen Verfahrensrecht zuständig sind („**autonome Zuständigkeiten**").
Das gilt sogar für Zuständigkeiten, die Art. 5 Abs. 2 für Hauptsacheverfahren
ausdrücklich als exorbitant unterbindet (zu Einschränkungen aber
Rdn. 52 ff., 61 ff.).⁵ Dadurch wird insbesondere einstweiliger Rechtsschutz in Vermögensgerichtsständen
möglich (Rdn. 79). Diese durch Art. 35 bewirkte Multiplikation
der Gerichtsstände steht im Gegensatz zum sonstigen Prinzip der Brüssel Ia-VO,
die für Hauptsacheverfahren nur in beschränktem Maße konkurrierende Zuständigkeiten
vorsieht (Art. 7 ff.) und autonome Zuständigkeiten vollständig verdrängt
(Art. 5).

Zwischen den Zuständigkeiten des autonomen Rechts und denen der Brüssel Ia-VO 7
hat der Antragsteller die **Wahl**, wobei er aber berücksichtigen wird, dass Entscheidungen,
die in autonomer Zuständigkeit ergehen, in anderen Mitgliedstaaten nicht vollstreckt
werden können (Rdn. 9).⁶

Die **örtliche Zuständigkeit für den einstweiligen Rechtsschutz** ergibt sich nur 8
dann aus der Brüssel Ia-VO, wenn ihre Hauptsachegerichtsstände sie mitregeln (wie z.B.
Art. 7 Nr. 1–5); im Übrigen ist die Bestimmung der örtlichen Zuständigkeit aber eine Sache
des autonomen Verfahrensrechts der Mitgliedstaaten.

b) Anerkennung und Vollstreckung in anderen Mitgliedstaaten. Die Mehrspurigkeit 9
in der Zuständigkeit setzt sich auf der Anerkennungs- und Vollstreckungsebene
fort. Entscheidungen, die in **(hypothetischer) Hauptsachezuständigkeit** ergehen,
profitieren von der unmittelbaren Vollstreckbarkeit in anderen Mitgliedstaaten nach
Art. 39 ff., wenn dem Antragsgegner rechtliches Gehör gewährt wurde oder ihm die Entscheidung
vor der Vollstreckung zugestellt worden ist; Entscheidungen, die über Art. 35
auf einer **autonomen Zuständigkeit** beruhen, sind von dieser Freizügigkeit ausgenommen
(Art. 2 lit. a UA 2, 42 Abs. 2 lit. b[i]).⁷ Näher Rdn. 86; zur Koordination mehrerer Verfahren
Rdn. 82.

---

3 Zum Sonderfall der rügelosen Einlassung nach Art. 26, unten Rdn. 32.
4 *Albrecht* Diss. Heidelberg 1991, S. 87.
5 EuGH 17.11.1998 C-391/95 EuGHE 1998, I-7122 – Van Uden, Rdn. 42; Rauscher/*Leible* Art. 35 Brüssel Ia-VO Rdn. 2.
6 Rauscher/*Leible* Art. 35 Brüssel Ia-VO Rdn. 17.
7 *Hau* MDR 2014, 1417, 1420; Rauscher/*Mankowski* Art. 42 Brüssel Ia-VO Rdn. 23 f.

3. Entstehungsgeschichte

Lit.: *Dickinson* IPRax 2010, 203; *Domej* in Bonomi/Schmid (Hg.), S. 105; *Hess/Pfeiffer/Schlosser* The Brussels I Regulation 44/2001 (Heidelberg-Report), München 2008; *Sandrini* in: Pocar/Viarengo/Villata, S. 273.

10   Die Europäische „Muttervorschrift" von Art. 35 Brüssel Ia-VO ist Art. 24 EuGVÜ (entspr. Art. 24 LugÜ 1988); auf sie beziehen sich die meisten EuGH-Entscheidungen. Bei Überführung des EuGVÜ in die Brüssel I-VO wurde sie wortgleich in Art. 31 Brüssel I-VO bzw. Art. 31 LugÜ übernommen.[8] Obwohl der einstweilige Rechtsschutz sodann Gegenstand von Reformüberlegungen war,[9] wurde Art. 35 Brüssel Ia-VO sprachlich nur leicht überarbeitet: „*Maßnahmen einschließlich solcher, die auf eine Sicherung gerichtet sind*" wurde verkürzt zu „*einschließlich Sicherungsmaßnahmen*". Der frühere Zusatz für die Hauptsachezuständigkeit eines anderen Mitgliedstaats „*aufgrund dieser Verordnung*" ist entfallen. Neue Akzente für die Auslegung von Art. 35 haben der neue Art. 2 lit. a sowie die Erwägungsgründe Nr. 25 und 33 gesetzt.[10] Durch die nachträgliche Änderung der Brüssel Ia-VO im Hinblick auf die Errichtung des Einheitlichen Patentgerichts wurde Art. 35 zudem an anderer Stelle, nämlich in Art. 71b Nr. 2 UA 2 ergänzt (Rdn. 17).[11] Die zu Art. 24 EuGVÜ und Art. 31 Brüssel I-VO ergangene Rechtsprechung des EuGH gilt grundsätzlich fort.[12]

11   **4. Regelungsnatur von Art. 35.** Art. 24 EuGVÜ war von einigen Autoren noch als eigener Gerichtsstand interpretiert worden, der einstweiligen Rechtsschutz auf die EuGVÜ-Hauptsachezuständigkeiten konzentriere und dem autonomen Zuständigkeitsrecht nur Raum für die örtliche Zuständigkeit belasse.[13] Das ist heute überholt. In Bezug auf die Hauptsachegerichtsstände der Art. 4, 7ff. spricht Art. 35 allenfalls eine **deklaratorische Verweisung** aus (vgl. im Wortlaut „auch"), formuliert also keinen Gerichtsstand.[14] Was die Bezugnahme auf die autonomen Zuständigkeiten angeht, stellt Art. 35 ebenso wenig einen Gerichtsstand auf. Denn er schreibt keine Zuständigkeit vor, sondern schafft die Grundlage für (ungeschriebene) **Mindeststandards**.[15] Die Mitgliedstaaten sind frei, durch Art. 35 berufene Zuständigkeiten ihres Verfahrensrechts zu schaffen, zu ändern oder aufzuheben. Unionsrechtlich akzeptiert werden die autonomen Zuständigkeiten aber nur, wenn einige einschränkende Vorgaben erfüllt sind, die der EuGH entwickelt hat (Rdn. 52ff.; 61ff.).

12   **5. Normzweck.** Die Begrenzung der Hauptsachezuständigkeiten durch die Brüssel Ia-VO ist dem Beklagtenschutz und den Prinzipien der Rechtssicherheit und Vorher-

---

8   Zu den Reformüberlegungen in dieser Zeit *Stadler* JZ 1999, 1089, 1098 f.
9   Z.B. die nicht realisierte Überlegung der Kommission, auf das Erfordernis der realen Verknüpfung zu verzichten und im Gegenzug eine zentrale Abänderungs- oder Aufhebungsbefugnis des Hauptsachegerichts einzuführen, KOM (2009) 175, S. 8 (s. auch *Hess/Pfeiffer/Schlosser* Rdn. 731). Zum Vorschlag der Freizügigkeit von *ex-parte*-Maßnahmen ohne vorherige Zustellung KOM (2010) 748, S. 24.
10 *Eichel* ZZP 131 (2018), 71.
11 VO (EU) Nr. 542/2014 v. 15.5.2014 zur Änderung der Verordnung (EU) Nr. 1215/2012 bezüglich der hinsichtlich des Einheitlichen Patentgerichts und des Benelux-Gerichtshofs anzuwendenden Vorschriften.
12 *Bogdan* in Lein, S. 125, 126; *Nuyts* in Dickinson/Lein, Rdn. 12.09.
13 *Albrecht* Diss. Heidelberg 1991, S. 110–115; *Grundmann* S. 131–143; *Willeitner* S. 140–146.
14 EuGH 27.4.1999 C-99/96 EuGHE 1999, I-2277 – Mietz, Rdn. 40 f.
15 Cass. Civ. 1ère, 11.12.2001, Rev. crit. DIP 2002, 372, 373; *Kofmel Ehrenzeller* S. 249; *Kropholler/von Hein* Art. 31 EuGVO Rdn. 1; *Schneider* 2013, S. 292–296; *Stickler* S. 30–47.

sehbarkeit verschrieben.¹⁶ Dass sie dann auch für vorläufige Maßnahmen gelten, ist nicht eigens begründungsbedürftig. Die Frage nach dem Normzweck stellt sich aber für die von Art. 35 angeordnete Akzeptanz autonomer Zuständigkeiten.

Art. 35 hat dabei zum Ziel, einen effektiven einstweiligen Rechtsschutz in **sach- bzw. vollstreckungsnahen** Mitgliedstaaten zu ermöglichen (zumal die Brüssel Ia-VO selbst keinen Vermögensgerichtsstand kennt).¹⁷ Auf diese Weise kann eine effiziente Beschlagnahme von Vermögen in Mitgliedstaaten erfolgen, die ansonsten keinen tatsächlichen Bezug zum zu sichernden Anspruch aufweisen. Art. 35 ermöglicht einstweiligen Rechtsschutz „vor Ort". Das bewahrt die Parteien vor Schäden, die sie durch die längere Verfahrensdauer und die aufwändigeren Umstände eines im Ausland zu führenden Verfahrens erleiden könnten.¹⁸ 13

Art. 35 füllt darüber hinaus eine **Anerkennungslücke,** also eine durch das Anerkennungsrecht erzeugte Rechtsschutzlücke.¹⁹ Da auf einen Überraschungseffekt angelegte Maßnahmen zur Sicherung von Vermögensgegenständen von einer grenzüberschreitenden Vollstreckung gemäß Art. 39 ff. generell ausgeschlossen sind (selbst wenn sie in einer Hauptsachezuständigkeit ergehen, Art. 2 lit. a UA 2 S. 2, Rdn. 86), muss Art. 35 im Staat der Vermögensbelegenheit eine Zuständigkeit ermöglichen, die die Nachteile dieses Ausschlusses weitgehend ausgleicht.²⁰ Andernfalls könnte es im Brüssel Ia-Raum Staaten geben, in denen ein überraschender Zugriff nicht möglich wäre und Vermögen vor dem Zugriff der Gläubiger in Sicherheit gebracht werden könnte. 14

Indem Art. 35 sehr weitgehend eine „Entscheidung vor Ort" ermöglicht, bietet er zudem eine Alternative zu den mit dem grenzüberschreitenden Entscheidungstransport verbundenen verfahrensrechtlichen Anpassungsproblemen (vgl. Art. 54; auf die der Richter in *ex-parte*-Verfahren möglicherweise nicht aufmerksam wird).²¹ Hier schimmert zugleich das Anliegen des **lex-fori-Prinzips** durch, das am Gerichtsort geltende Verfahrensrecht zu favorisieren, was für einstweilige Entscheidungen dem Umstand Rechnung trägt, dass ihr Inhalt weit mehr mit der *lex fori* verbunden ist als Entscheidungen über die Hauptsache.²² 15

Art. 35 wirkt in einem teleologischen Spannungsfeld. Durch die Multiplizierung der Zuständigkeiten werden die zuständigkeitsrechtlichen Leitprinzipien der Brüssel Ia-VO, der **Beklagtenschutz und die Vorhersehbarkeit, deutlich relativiert**. Im einstweiligen Rechtsschutz kann sich die Brüssel Ia-VO das erlauben, da hier die Interessen des Antragsgegners nur vorläufig beeinträchtigt und ohnehin weniger berücksichtigt werden. Da Art. 35 diese Relativierung des Beklagtenschutzes inhärent ist,²³ entsteht die Notwendigkeit, innerhalb von Art. 35 dem Verweis auf das autonome Zuständigkeitsrecht gewisse Grenzen zu setzen (näher Rdn. 50 ff.), aber auch nach außen seinen Anwendungsbereich abzugrenzen. Sobald „einstweiliger" Rechtsschutz *de facto* ein Hauptsacheverfahren entbehrlich machen kann, gerät er nämlich in Konkurrenz mit den Haupt- 16

---

16 Erwägungsgründe Nr. 14 u. 16; EuGH 12.7.2012 C-616/10 EU:C:2012:445 – Solvay/Honeywell, Rdn. 20 f.; *Linke/Hau* IZVR, 7. Aufl. 2018, Rdn. 4.17.
17 MünchKomm/*Gottwald* Art. 35 VO 1215/2012 Rdn. 1; *Wolf/Lange* RIW 2003, 55, 59 f.; *Garber* S. 102 f.
18 EuGH 28.4.2005 C-104/03 EUGHE 2005, I-3497 – St. Paul Dairy, Rdn. 12; Rauscher/*Leible* Art. 35 Brüssel Ia-VO Rdn. 2; *Heiss* Diss. Berlin 1987, S. 38.
19 *Kimmerle* 2013, S. 209 f. Zum Begriff der Anerkennungslücke *Hau* FS Kaissis (2012) 355, 356.
20 EuGH 21.5.1980 C-125/79 EUGHE 1980, 1553 – Denilauler, Rdn. 17.
21 *Wolf/Lange* RIW 2003, 55, 59 f.
22 Vgl. EuGH 21.5.1980 C-125/79 EUGHE 1980, 1553 – Denilauler, Rdn. 15 f.; EuGH 26.3.1992 C-261/90 EuGHE 1992, I-2175 – Reichert und Kockler, Rdn. 33; EuGH 17.11.1998 C-391/95 EUGHE 1998, I-7122 – Van Uden, Rdn. 38.
23 EuGH 28.4.2005 C-104/03 EUGHE 2005, I-3497 – St. Paul Dairy, Rdn. 21.

sachezuständigkeiten und in Konflikt mit den genannten Leitprinzipien der Brüssel Ia-VO, die einer Relativierung durch das mitgliedstaatliche Zuständigkeitsrecht nicht zugänglich sind (Art. 5). Art. 35 bedenkenlos für allerlei summarische Verfahren zu öffnen, hätte also ein Umgehungspotential. Dieses hat der EuGH erkannt und daher definiert, welche Maßnahme keine einstweilige Wirkung mehr hat und nicht von Art. 35 profitieren darf.[24] Das hat v.a. Konsequenzen für die Anwendung von Art. 35 auf Beweismaßnahmen (Rdn. 66 ff.) und auf Leistungsverfügungen (Rdn. 59 ff).

17 **6. Spezialregelung für das Einheitliche Patentgericht (UPC).** Die internationale Zuständigkeit des UPC soll gemäß Art. 31 UPCA[25] mit den Gerichtsständen der Brüssel Ia-VO/LugÜ bestimmt werden. Art. 71b Nr. 2 UA 1[26] Brüssel Ia-VO dehnt (nur) dafür den Anwendungsbereich der Gerichtsstände auch auf Beklagte mit Sitz in Drittstaaten aus, was man ursprünglich zwar für die gesamte Brüssel Ia-VO angestrebt, aber nicht erreicht hatte.[27] Dafür wählt Art. 71b Nr. 2 UA 2 die Formulierung, dass einstweilige Maßnahmen bei einem UPC auch dann beantragt werden können, „wenn für die Entscheidung in der Hauptsache die Gerichte eines Drittstaats zuständig sind."[28] Dies ergibt sich zwar teilweise schon aus Art. 35, 71b Nr. 1 (wenn in der Hauptsache beispielsweise eine Schadeneintrittsortszuständigkeit eines Drittstaats besteht, aber einstweiliger Rechtsschutz am Sitz des Antragsgegners in einem Mitgliedstaat beantragt wird). Kehrt man das Beispiel allerdings um (Sitz in einem Drittstaat, Schadenseintritt in einem Mitgliedstaat), so ergibt sich eine Zuständigkeit für einstweiligen Rechtsschutz in den Mitgliedstaaten nach der Brüssel Ia-VO erst aus Art. 71b Nr. 2.[29] Aus der Eigenart des UPC als Einheitsgericht folgt, dass sich das Verfahrensrecht für einstweilige Maßnahmen vereinheitlicht nach der Verfahrensordnung des UPC bestimmt.[30]

18 **7. Einstweiliger Rechtsschutz im Europäischen Zivilverfahrensrecht.** Eine Regelung wie in Art. 35 Brüssel Ia-VO (entsprechend: Art. 31 LugÜ) findet sich auch in Rechtsakten des Europäischen Zivilverfahrensrechts, die für andere Sachbereiche die internationale Zuständigkeit regeln. Genannt seien Art. 20 Brüssel IIa-VO, Art. 14 EuUntVO, Art. 19 EuErbVO, Art. 19 EuGüVO/EuPartVO. Während **Art. 20 Brüssel IIa-VO** einen persönlichen oder vermögensmäßigen Bezug der beantragten einstweiligen Maßnahme zum Mitgliedstaat verlangt und in Absatz 2 dem Hauptsachegericht einen gewissen Vorrang einräumt, sind die anderen Regelungen nahezu wortgleich zu Art. 35 Brüssel Ia-VO.

19 Allen Regelungen wird der gleiche mehrspurige Regelungsgehalt wie Art. 35 Brüssel Ia-VO zugeschrieben (Rdn. 4–6).[31] Das ist angesichts des übereinstimmenden Wortlauts naheliegend, gerade im Hinblick auf die EuUntVO und die EuErbVO allerdings nicht selbstverständlich. Da die **Unterhaltsverordnung** im Gegensatz zur Brüssel Ia-VO auch **im Drittstaatenverhältnis ein abschließendes Zuständigkeitssystem** aufstellt,

---

24 EuGH 17.11.1998 C-391/95 EuGHE 1998, I-7122 – Van Uden, Rdn. 46; EuGH 28.4.2005 C-104/03 EUGHE 2005, I-3497 – St. Paul Dairy, Rdn. 18.
25 Agreement on a Unified Patent Court (Übereinkommen über ein einheitliches Patentgericht), ABl. 2013, C 175/1. Informationen, wann der UPC seine Arbeit aufnehmen kann: www.unified-patent-court.org.
26 Mit Wirkung zum 10.1.2015 eingefügt durch VO (EU) Nr. 542/2014, ABl. 2014 L 163/1 (Erstreckung auf Dänemark: Abl 2014 L 240/1).
27 *Mankowski* GPR 2014, 330, 336.
28 *Janal* Europäisches Zivilverfahrensrecht und Gewerblicher Rechtsschutz, 2015, § 18 Rdn. 38.
29 *Mankowski* GPR 2014, 330, 337.
30 *Mankowski* GPR 2014, 330, 337.
31 MünchKomm-FamFG/*Gottwald* EWG VO 2201/2003 Art. 20 Rdn. 1; MünchKomm-FamFG/*Lipp* EWG VO 4/2009 Art. 14 Rdn. 1; jurisPK/*Eichel* Art. 19 Rdn. 6.

wird vertreten, den Rückgriff auf die autonomen Zuständigkeiten hier nicht mehr zuzulassen und die internationale Zuständigkeit für einstweiligen Rechtsschutz außerhalb der Hauptsachegerichtsstände allein nach der Notzuständigkeit des Art. 14 EuUntVO zu bestimmen.[32] Das schüfe einen europaweit einheitlichen Gerichtsstand für einstweiligen Rechtsschutz, wie er *de lege ferenda* auch für die Brüssel Ia-VO gefordert wurde.[33] Wer dieser Auffassung folgt, müsste für die **Europäische Erbrechts- und die Güterverordnungen** genauso argumentieren, da sie ebenfalls abschließend ist und mit Art. 10 Abs. 2 bzw. Art. 11 EuErbVO zwei Notzuständigkeiten bereithält.

Art. 52 **EuInsVO** (früher: Art. 38 VO 1346/2000) sieht – im Gegensatz zur Konzeption von Art. 35 Brüssel Ia-VO – einen eigenen Gerichtsstand für Sicherungsmaßnahmen außerhalb der Hauptsachezuständigkeit vor (vgl. zudem Erwägungsgrund Nr. 36, Art. 32 Abs. 1 UA 3, Art. 36 Abs. 9 und Art. 38 Abs. 3 UA 2 EuInsVO).[34] **20**

Wenngleich Art. 35 einstweilige Maßnahmen im **Immaterialgüterrecht** erfasst, gibt es auf diesem Gebiet auch spezielle Zuständigkeiten für einstweiligen Rechtsschutz,[35] etwa Art. 131 UMV;[36] Art. 90 VO Nr. 6/2002;[37] Art. 24, 101 VO Nr. 2100/94.[38] Zum Einheitlichen Patentgericht oben Rdn. 17. **21**

Seit dem 18.1.2017 gelten **vereinheitlichte europäische Regeln zur vorläufigen Kontenpfändung** gemäß der EuKontPfVO,[39] und zwar für alle EU-Mitgliedstaaten mit Ausnahme Dänemarks und des Vereinigten Königreichs (Erwägungsgründe Nr. 49–51). Sie gehen über das übliche Regelungsspektrum des Europäischen Zivilverfahrensrechts hinaus, da sie mehr als nur die grenzüberschreitenden Aspekte regeln und das Verfahren, die Voraussetzungen, die Wirkung, den Rechtsschutz sowie die Haftung für vorläufige Kontenpfändungen vereinheitlichen. Die EuKontPfVO gilt für allgemeine Zivil- und Handelssachen, aber auch zur Sicherung von Unterhaltsforderungen (Art. 2 EuKontPfVO).[40] Der Antragsteller kann zur Sicherung seines Anspruchs einen in anderen Mitgliedstaaten vollstreckbaren Beschluss zur vorläufigen Kontenpfändung erwirken, ohne dass der Schuldner davon Kenntnis erhält.[41] Die Zuständigkeit für den Erlass eines solchen Beschlusses folgt, sofern die Hauptsache noch nicht tituliert ist, grundsätzlich der Zuständigkeit in der Hauptsache (Art. 6 EuKontPfVO).[42] Insofern besteht also kein Raum für die Zuständigkeiten des autonomen Rechts. Die EuKontPfVO berührt allerdings nicht die Möglichkeiten zur einstweiligen Kontenpfändung gemäß den autonomen Verfahrensrechten der Mitgliedstaaten, da sie nur ein optionales Verfahren zur grenz- **22**

---

32 *Hau* in Prütting/Helms, FamFG, 4. Aufl. 2018, Anh. 3 zu § 110 Rdn. 78.
33 *Garber* S. 107–110.
34 Uhlenbruck/*Lüer* 14. Aufl. 2015, Art. 38 EuInsVO Rdn. 5.
35 *Heinze* S. 175 ff., 188; *Janal* Europäisches Zivilverfahrensrecht und Gewerblicher Rechtsschutz, 2015, § 13 Rdn. 33 ff.
36 VO (EU) 2017/1001 vom 14.6.2017 über die Unionsmarke, ABl. 2017 L 154/1; vormals: Art. 103 VO (EG) Nr. 207/2009 vom 26.2.2009 über die Gemeinschaftsmarke, ABl. 2009 L 78/1.
37 VO (EG) Nr. 6/2002 v. 12.12.2001 über das Gemeinschaftsgeschmacksmuster, ABl. 2002 L 3/1.
38 Art. 101 VO (EG) Nr. 2100/94 v. 27.7.1994 über den gemeinschaftlichen Sortenschutz, ABl. 1994, L 227/1; dazu *Heinze* S. 183 f.
39 VO (EU) Nr. 655/2014 v. 15.5.2014 zur Einführung eines Verfahrens für einen Europäischen Beschluss zur vorläufigen Kontenpfändung im Hinblick auf die Erleichterung der grenzüberschreitenden Eintreibung von Forderungen in Zivil- und Handelssachen, ABl. 2014, L 189/59. Einführend *Hess/Raffelsieper* IPRax 2015, 46.
40 *Rauscher/Wiedemann* Art. 2 EuKtPVO Rdn. 15.
41 *Schlosser/Hess* Art. 28 EuKtPVO Rdn. 1.
42 Dabei ist der unterschiedliche räumlich-persönliche Anwendungsbereich der EuKontPfVO gegenüber der Brüssel Ia-VO zu beachten, *Rauscher/Wiedemann* Art. 6 EuKtPVO Rdn. 7.

überschreitenden Anspruchssicherung etabliert (Art. 1 Abs. 2 EuKontPfVO); Art. 35 Brüssel Ia-VO bleibt folglich unberührt.

23 Die Europäische **Gewaltschutzverordnung** (EU) Nr. 606/2013 regelt nur die Anerkennung und Vollstreckung von Schutzmaßnahmen der Mitgliedstaaten, nicht aber die internationale Zuständigkeit (vgl. ihr Art. 18 Abs. 1); inwieweit diese Lücke mit der Brüssel Ia-VO, der Brüssel IIa-VO oder dem autonomen Recht zu füllen ist, ist noch ungeklärt.[43]

II. Einstweiliger Rechtsschutz in Hauptsachegerichtsständen (Art. 4, 7–25)

24 **1. Einstweiliger Rechtsschutz in den Hauptsachegerichtsständen ohne anhängige Hauptsache.** Ein Antragsteller kann jede Zuständigkeit eines Mitgliedstaats nach Art. 4, 7–25[44] nutzen, um einstweiligen Rechtsschutz gemäß der *lex fori* zu beantragen (beachte aber Rdn. 26ff, falls die Hauptsache anhängig ist).[45] Abgesehen von Besonderheiten wie dem Verbot der *antisuit injunction* besteht diese Zuständigkeit für alle einstweiligen Maßnahmen, die die *lex fori* gewährt, ohne weitere Voraussetzungen oder Einschränkungen.[46] Unschädlich ist insbesondere, wenn die betroffenen Vorgänge oder Vermögenswerte im Ausland belegen sind.[47] Die Prüfung, ob eine einstweilige Maßnahme i.S.v. Art. 35 vorliegt, erübrigt sich.[48] Zwischen konkurrierenden Gerichtsständen hat der Antragsteller die Wahl;[49] Anträge auf Arrest fallen nicht unter Art. 24 Nr. 5.[50]

25 In diesen Zuständigkeiten ergehende Entscheidungen können gemäß Art. 36ff. in anderen Mitgliedstaaten anerkannt und vollstreckt werden (abgesehen von nicht vorab zugestellten *ex-parte*-Entscheidungen, Rdn. 86).

26 **2. Einstweiliger Rechtsschutz in hypothetischen Hauptsachegerichtsständen bei andernorts anhängiger Hauptsache.** Für den Mitgliedstaat, in dem die Hauptsache tatsächlich anhängig ist, gilt Rdn. 24. Jeder andere, an sich konkurrierend zuständige Mitgliedstaat (Bsp.: Zuständigkeit nach Art. 7, wenn die Hauptsache im Sitzstaat gemäß Art. 4 anhängig ist) verliert wegen Art. 29 Abs. 3 seine Hauptsachezuständigkeit. Daher kann dort für den einstweiligen Rechtsschutz (für den Art. 29 selbst nicht gilt, Rdn. 82) nur von einer „hypothetischen Hauptsachezuständigkeit" gesprochen werden. Ob eine solche genügt oder ob über Art. 35 auf das autonome Zuständigkeitsrecht zurückzugreifen ist, ist umstritten. Die Reform der Brüssel I-VO hat der Frage ein höheres Gewicht verliehen, da der Rückgriff auf Art. 35 und auf das autonome Recht die internationale Vollstreckbarkeit der Entscheidung gefährden würde (vgl. Art. 42 Abs. 2 lit. b[i],

---

43 *Dutta* JPIL 2016, 169, 171f., 182f.
44 Zu Art. 26, s. Rdn. 32f.
45 EuGH 27.4.1999 C-99/96 EuGHE 1999, I-2277 – Mietz, Rdn. 40f.; *Heinze* RabelsZ 75 (2011), 581, 607; *Schneider* 2013, S. 303f. **A.A.** *Dickinson* IPRax 2010, 203, 208, der ohne anhängige Hauptsache nur Art. 35 anwenden will, was ohne Not die Freizügigkeit solcher Maßnahmen bedroht.
46 EuGH 17.11.1998 C-391/95 EuGHE 1998, I-7122 – Van Uden, Rdn. 22; EuGH 27.4.1999 C-99/96 EuGHE 1999, I-2277 – Mietz, Rdn. 41; *Stadler* JZ 1999, 1089, 1093; Stein/Jonas/*Wagner* Art. 31 EuGVVO Rdn. 37; *Kimmerle* 2013, S. 203f.
47 *Kofmel Ehrenzeller* S. 25; *Drooghenbroeck/De Boe* in: Guinchard, S. 167, 190.
48 *Garber* S. 88.
49 *Stadler* JZ 1999, 1089, 1094; Rauscher/*Leible* Art. 35 Brüssel Ia-VO Rdn. 21; *Tsikrikas* ZZPInt 17 (2012), 293, 303.
50 *Kropholler/von Hein* Art. 22 EuGVO Rdn. 61; *Weibel* S. 97 (für *freezing orders*).

Rdn. 88).[51] Der EuGH hat die Frage noch nicht generell entschieden, entscheidet in Teilfragen aber wie die Gegenauffassung (Rdn. 28).

a) Die **herrschende Auffassung** geht davon aus, dass aufgrund einer hypothetischen Hauptsachezuständigkeit ohne Einschränkungen über einstweiligen Rechtsschutz entschieden werden darf; es gibt keinen Vorrang des tatsächlich genutzten Hauptsachegerichtsstandes.[52] Die internationale Zuständigkeit für einstweiligen Rechtsschutz wird mit der Frage ermittelt, ob gemäß Art. 4, 7–25 das Hauptsacheverfahren durchgeführt werden dürfte, wenn noch keines anhängig wäre. Wird die Frage bejaht, so ist ein Rückgriff auf Art. 35 und das autonome Recht entbehrlich (und sogar schädlich, Rdn. 88). Das aus Art. 35 abgeleitete Erfordernis der „realen Verknüpfung" ist dann nicht zu prüfen.[53] Nach h.M. sollen nicht einmal die Einschränkungen für Leistungsverfügungen gelten (bedenklich, dazu Rdn. 65).[54] Dem Gericht bleibt es aber unbenommen, nach Art. 30 das Verfahren mit der Begründung auszusetzen, dass das Hauptsachegericht besser geeignet ist, um über den einstweiligen Rechtsschutz zu entscheiden.[55] In hypothetischer Hauptsachezuständigkeit ergehende Entscheidungen sind wegen Art. 2 lit. a genauso in anderen Mitgliedstaaten vollstreckbar, wie einstweilige Maßnahmen des Hauptsachegerichts.[56]

27

b) Die **Gegenauffassung** lehnt eine Zuständigkeit anderer Mitgliedstaaten als dem der Hauptsache keinesfalls ab. Sie greift für die Ermittlung von deren Zuständigkeit aber auf Art. 35 zurück und damit auf das autonome Verfahrensrecht, weil Art. 29 andere Hauptsachezuständigkeiten blockieren würde.[57] Der EuGH hat in der Rechtssache *Van Uden* – mit ähnlichen Argumenten – Art. 35 Brüssel Ia-VO neben der Zuständigkeit eines Schiedsgerichts angewendet,[58] obwohl eine Brüssel Ia-Hauptsachezuständigkeit „hypo-

28

---

51 *Eichel* ZZP 131 (2018), 71, 78 f. Zur früheren Rechtslage Rauscher/*Leible* Bearb. 2011, Art. 31 Brüssel Ia-VO Rdn. 38.
52 U.a.: LG Hamburg GRUR Int 2002, 1025 (Zuständigkeit auf Art. 2 EuGVÜ gestützt; Art. 24 EuGVÜ nur argumentativ eingebracht); *Ahrens* FS Loschelder, S. 1, 7; *Domej* in Bonomi/Schmid (Hg.), S. 105, 129; *Garber* S. 93 f.; *Gebauer*/Wiedmann Kap. 27 Rdn. 152; *Heinze* RabelsZ 75 (2011), 581, 608; *Hess* EuZPR, § 6 Rdn. 248; Schuschke/Walker/*Jennissen* Art. 35 Rdn. 13; *Kimmerle* S. 28 f.; Rauscher/*Leible* Art. 35 Brüssel Ia-VO Rdn. 20; *Lindacher* Internationales Wettbewerbsverfahrensrecht, § 25 Rdn. 9; *Nagel/Gottwald* § 17 Rz. 12; Rauscher/*Mankowski* Art. 42 Brüssel Ia-VO Rdn. 23 f.; Schlosser/*Hess* Art. 35 EuGVVO Rdn. 10 u. 19; *Schneider* 2013, S. 304–307; *Stadler* JZ 1999, 1089, 1094; Stein/Jonas/*Wagner* Art. 31 EuGVVO Rdn. 40 f.
53 *Dedek* EWS 2000, 246, 250. **A.A.** *Garber* S. 98–100.
54 Schlosser/*Hess* Art. 35 EuGVVO Rdn. 10; *Hess* EuZPR, § 6 Rdn. 248; *Gebauer*/Wiedmann Kap. 27 Rdn. 153; Berger/*Otte* Einstw. Rechtsschutz im Zivilrecht, Kap. 18 Rdn. 29, 54; *Domej* Internationale Zwangsvollstreckung und Haftungsverwirklichung, 2016, S. 302; *Lindacher* Internationales Wettbewerbsverfahrensrecht, § 25 Rdn. 10. **A.A.** *Kimmerle* 2013, S. 202 f.; Stein/Jonas/*Wagner* Art. 31 EuGVVO Rdn. 31 f.
55 Geimer/*Schütze* EuZVR A.1 Art. 27 Rdn. 47; *Heinze* S. 276 f.
56 Rauscher/*Mankowski* Art. 42 Brüssel Ia-VO Rdn. 23 f.
57 *Drooghenbroeck/De Boe* in: Guinchard, S. 167, 193; *Kropholler/von Hein* Art. 31 EuGVO Rdn. 11; *Wolf/Lange* RIW 2003, 55, 61; *Wolf* EWS 2000, 11, 14; *Schulz* ZEuP 2001, 805, 814; *Nuyts* in Dickinson/Lein, Rdn. 12.14. Unter Berufung auf fehlenden Parteivortrag offengelassen durch Cass. Civ. 1ère, 11.12.2001, Rev. crit. DIP 2002, 372, 373.
58 EuGH 17.11.1998 C-391/95 EuGHE 1998, I-7122 – Van Uden, Rdn. 24; ebenso öOGH IPRax 2003, 64. Im Ergebnis auch für eine ausschließliche Gerichtsstandsvereinbarung: EuGH 6.6.2002 C-80/00 EUGHE 2002, I-4995 – Italian Leather, Rdn. 16 und 39 (Einstweilige Maßnahme aufgrund von Art. 24 EuGVÜ trotz Zuständigkeit nach Art. 2 EuGVÜ im Sitzstaat des Gegners).

thetisch" eröffnet gewesen wäre.[59] Die Anwendung von Art. 35 führt dazu, dass außerhalb des tatsächlichen Hauptsacheforums ergehende Entscheidungen in anderen Mitgliedstaaten nicht vollstreckbar sind.[60]

29 **c) Stellungnahme.** Der herrschenden Meinung ist beizutreten, da die Anhängigkeit der Hauptsache nach keiner Auffassung einstweilige Verfahren in anderen Mitgliedstaaten sperren würde und folglich Art. 29 auch keinen Einfluss auf die Zuständigkeitsbestimmung im einstweiligen Rechtsschutz haben darf.[61] Zudem würde die Bündelung des international wirkenden einstweiligen Rechtsschutzes im Hauptsacheforum, wie es die Gegenauffassung zur Folge hat, Rechtsschutzlücken verursachen, wenn der Schuldner per negativer Feststellungsklage die Hauptsache in einem Staat anhängig macht, in dem die Justiz sehr langsam arbeitet („Torpedo-Problematik").[62] Die einzig überzeugende Konsequenz der Gegenauffassung, in hypothetischen Hauptsacheforen unbeschränkte Leistungsverfügungen zu verhindern,[63] lässt sich auch auf anderem Wege erreichen (Rdn. 38).[64]

30 **3. Bezug des Mitgliedstaats zur beantragten Maßnahme.** Ein besonderer örtlicher Bezug des Mitgliedstaats zur beantragten Anordnung muss in den (hypothetischen) Hauptsachezuständigkeiten nicht bestehen (zum Sonderfall der Leistungsverfügung Rdn. 64).[65] Bspw. kann in einem hierzulande bestehenden Erfüllungsortsgerichtsstand (Art. 7 Nr. 1) ein Arrest beantragt werden, selbst wenn sich der Schuldner und sein Vermögen in einem anderen Mitgliedstaat befinden. Einstweilige Unterlassungsverfügungen können beantragt werden, selbst wenn sie den Antragsgegner in anderen Staaten beschränken sollen und sich damit auf das Gebiet eines anderen Staates beziehen.[66] Praktisch empfehlenswert sind vermögens- und vollstreckungsferne Gerichtsstände aber nur dann, wenn die Erfolgsaussichten für die Gewährung der beantragten Maßnahme hierzulande besser sind und die Voraussetzungen dafür vorliegen, dass sie in anderen Mitgliedstaaten vollzogen werden kann (dazu Rdn. 86 ff.).

31 **4. Einstweiliger Rechtsschutz im durch Gerichtsstandsvereinbarung bestimmten („prorogierten") Mitgliedstaat (Art. 25).** In einem gem. Art. 25 prorogierten Mitgliedstaat (bspw. Verständigung auf die Gerichte am Sitz des Klägers) ist ebenfalls einstweiliger Rechtsschutz kraft Hauptsachezuständigkeit möglich, ohne dass weitere Einschränkungen bestehen.[67] Auf das autonome Verfahrensrecht der Mitgliedstaaten kommt es insoweit nicht an, selbst wenn es Prorogationsfreiheit im einstweiligen Rechtsschutz nicht kennt. Das Haager Übereinkommen über Gerichtsstandsvereinbarungen ist nicht anwendbar (vgl. u.a. Art. 7 HGÜ).

---

59 Und zwar Art. 5 EuGVÜ (heute: Art. 7 Brüssel Ia-VO), s. Schlussanträge von *GA Léger* EuGHE 1997, I-7093, 7109 Rdn. 83.
60 *Drooghenbroeck/De Boe* in: Guinchard, S. 167, 193.
61 *Eichel* ZZP 131 (2018), 71, 76 f.; Stein/Jonas/*Wagner* Art. 31 EuGVVO Rdn. 41.
62 *Carl* Einstweiliger Rechtsschutz bei Torpedoklagen, S. 258–260 und *passim*; *Garber* S. 98.
63 Vgl. EuGH 17.11.1998 C-391/95 EuGHE 1998, I-7122 – Van Uden, Rdn. 34 ff. (*in casu* wäre eine Hauptsachezuständigkeit erfüllt gewesen, dazu Schlussanträge von *GA Léger* EuGHE 1997, I-7093, 7109 Rdn. 83).
64 *Eichel* ZZP 131 (2018), 71, 82 f.
65 EuGH 17.11.1998 C-391/95 EuGHE 1998, I-7122 – Van Uden, Rdn. 22; EuGH 27.4.1999 C-99/96 EuGHE 1999, I-2277 – Mietz, Rdn. 41; Zöller/*Geimer* Art. 35 EuGVVO Rdn. 2.
66 Zöller/*Geimer* Art. 35 EuGVVO Rdn. 3.
67 *Geimer/Schütze* EuZVR A.1 Art. 31 Rdn. 29; *Garber* S. 196.

5. Keine hypothetische Hauptsachezuständigkeit durch rügelose Einlassung 32
(Art. 26). Nach dem EuGH gewährt Art. 26 außerhalb des Hauptsacheforums keine Zuständigkeit für einstweiligen Rechtsschutz.[68] Vielmehr bestimmt nach Art. 35 das autonome Verfahrensrecht, ob es eine rügelose Einlassung in das Eilverfahren zulässt, wobei dann zusätzlich die nach Art. 35 erforderliche „reale Verknüpfung" (Rdn. 52ff.) verwirklicht sein muss.[69] Im deutschen Recht hängt die Bedeutung der rügelosen Einlassung für die internationale Zuständigkeit wegen § 40 Abs. 2 Satz 2 ZPO davon ab, ob man § 802 ZPO auch auf dieser Ebene anwendet (Rdn. 77).[70]

Ein Spielraum für eine Anwendung von Art. 26 verbleibt, wenn im Forum, in dem 33 einstweiliger Rechtschutz beantragt wird, das Hauptsacheverfahren bereits anhängig ist und für dieses eine Zuständigkeit durch rügelose Einlassung gemäß Art. 26 besteht.[71] Allerdings ist zu verlangen, dass sich der Antragsgegner auf das einstweilige Rechtsschutzverfahren ebenfalls rügelos einlässt, da der Wille sich einzulassen, nur das jeweilige Verfahren betrifft.[72]

6. Einstweiliger Rechtsschutz außerhalb eines ausschließlich zuständigen Mit- 34
gliedstaats. Die Ausschließlichkeit einer Hauptsachezuständigkeit (bspw. Art. 24) erstreckt sich grundsätzlich nicht auf den einstweiligen Rechtsschutz[73] (eine Ausnahme soll für Art. 24 Nr. 5 gelten).[74] Das gilt genauso für die **ausschließlichen Zuständigkeiten** zum Schutz von Verbrauchern, Arbeit- oder Versicherungsnehmern.[75] Für Ansprüche, die ausschließlichen Hauptsachezuständigkeiten unterfallen, kann also auch in anderen Mitgliedstaaten e.R. beantragt werden. Deren Zuständigkeit kann sich (wegen der Ausschlusswirkung des Art. 24 gegenüber anderen Hauptsachezuständigkeiten) aber nur aus Art. 35 und dem autonomen Zuständigkeitsrecht ergeben (dazu 39ff.).[76] Einstweiliger Rechtsschutz *mit europaweiter Wirkung* ist deshalb nur im nach Art. 24 zuständigen Mitgliedstaat erhältlich (vgl. Erwägungsgrund Nr. 33 Satz 4, Rdn. 88).[77]

Beruht die **ausschließliche** Zuständigkeit auf einer **Gerichtsstandsvereinbarung**, 35 ist zunächst zu prüfen, ob diese überhaupt Verfahren im e.R. erfasst. Das ist nur anzunehmen, wenn ihre Formulierung einstweilige Verfahren mit einschließt, während sich *im Zweifel* eine Gerichtsstandsvereinbarung nicht auf e.R. erstreckt (str.).[78] Erstreckt sie sich aber auf e.R., so ist zu klären, ob die Parteien die Zuständigkeit für e.R. überhaupt ausschließen dürfen; das entscheidet das autonome Verfahrensrecht.[79] Im deutschen

---

68 EuGH 27.4.1999 C-99/96 EuGHE 1999, I-2277 – Mietz, Rdn. 52 noch zu Art. 18 EuGVÜ.
69 Rauscher/*Leible* Art. 35 Brüssel Ia-VO Rdn. 31.
70 Gegen Anwendung von § 802 ZPO *Eisermann* S. 25–29.
71 Stein/Jonas/*Wagner* Art. 31 EuGVVO Rdn. 44.
72 Weitergehend a.A. Geimer/*Schütze* EuZVR A.1 Art. 31 Rdn. 6 „vorbehaltlose Einlassung auf das Hauptsacheverfahren genügt."
73 *Garber* S. 121f.; *Heinze* S. 242f.
74 Insoweit kein Rückgriff auf Art. 35, vgl. im Ergebnis *Schlosser* IPRax 1985, 321, 322; **a.A.** Saenger/*Dörner* Art. 24 Rdn. 30.
75 Für Art. 18 Abs. 2 EuGH 27.4.1999 C-99/96 EuGHE 1999, I-2277 – Mietz, Rdn. 45; *Garber* S. 120f.
76 Zu Art. 24 Nr. 4: EuGH 12.7.2012 C-616/10 EU:C:2012:445 – Solvay/Honeywell, Rdn. 31–51; LG Utrecht GRUR-Prax 2012, 498; *Heinze* S. 242f.; *Wais* LMK 2013, 342567; *Pansch* S. 41f.
77 Zum praktischen Bedürfnis hierfür in Immaterialgüterstreitigkeiten *Ricolfi* in: Pocar/Viarengo/Villata (Eds.), S. 147, 154.
78 *Hess* EuZPR, § 6 Rdn. 142; Nagel/Gottwald § 17 Rz. 14; *Garber* S. 197; Berger/*Otte* Einstw. Rechtsschutz im Zivilrecht, Kap. 18 Rdn. 107; *Wannenmacher* S. 94. **A.A.** Kropholler/von Hein Art. 23 EuGVO Rdn. 103. Die Formulierung „all claims and disputes" schließt aber neben Klagen auch Streitigkeiten im einstweiligen Rechtsschutz mit ein; insoweit gibt es also Anhaltspunkte für einen Parteiwillen, LG Bremen BeckRS 2014, 15118.
79 Rauscher/*Leible* Art. 35 Brüssel Ia-VO Rdn. 37; *Garber* S. 194.

Recht ist dies für die internationale Zuständigkeit in Anbetracht von §§ 40 Abs. 2, 802 ZPO umstritten.[80]

36 Wenn eine Gerichtsstandsvereinbarung den einstweiligen Rechtsschutz *nicht* betrifft, so ist umstritten, ob die Zuständigkeit außerhalb des für die Hauptsache vereinbarten Forums nach Art. 35 und dem autonomen Recht zu beurteilen ist oder ob sie sich auch aus Art. 4, 7 ff. ergeben kann. Der EuGH wendet Art. 35 an, weil die (für die Hauptsache wirksame) Gerichtsstandsvereinbarung jede andere Brüssel Ia-Hauptsachezuständigkeit ausschließe.[81] Vorzuziehen ist aber die Gegenauffassung, die eine „hypothetische Brüssel Ia-Hauptsachezuständigkeit" nach Art. 4 ff. akzeptiert (s. Rdn. 27).[82] Es ist nämlich unstimmig, dass der EuGH dem „Parteiwillen" für die Zuständigkeitsbestimmung im e.R. Beachtung schenkt, obwohl sich die Gerichtsstandsvereinbarung (und damit der Parteiwille) *in der vorliegenden Konstellation* auf den e.R. gerade nicht bezieht.

37 **7. Einstweiliger Rechtsschutz vor den Gerichten eines Mitgliedstaats trotz Schiedsverfahrens in der Hauptsache.** Der EuGH stützt die Zuständigkeit für den einstweiligen Rechtsschutz hier auf das autonome Verfahrensrecht der Mitgliedstaaten, indem er (wie bei Rdn. 36) argumentiert, dass die Schiedsklausel jede hypothetische Zuständigkeit in der Hauptsache ausschließe.[83] Das überzeugt noch weniger als im Fall der Gerichtsstandsvereinbarung, erst recht wenn die Parteien kraft des gemäß Art. 1 Abs. 2 lit. d zu beachtenden Schiedsstatuts den e.R. vor staatlichen Gerichten gar nicht ausschließen können (so etwa § 1033 ZPO). Hier würde der EuGH die Parteien mit der Darlegung der besonderen Voraussetzungen von Art. 35 (Rdn. 52 ff.) und dessen Anerkennungsrisiken (Rdn. 88) belasten, obwohl sie den e.R. mit der Schiedsvereinbarung gar nicht beeinflussen können. Daher ist – entgegen dem EuGH – die Zuständigkeit vorrangig über Art. 4, 7 ff. Brüssel Ia-VO zu bestimmen; ein Rückgriff auf Art. 35 wäre nur außerhalb dieser Zuständigkeiten statthaft.[84]

38 **8. Leistungsverfügungen in hypothetischen Hauptsachegerichtsständen.** Die unter der Hypothese fehlender Anhängigkeit angewandten Gerichtsstände der Art. 4, 7–25 gewähren grundsätzlich eine unbeschränkte Zuständigkeit für einstweiligen Rechtsschutz; die Einschränkung der realen Verknüpfung ist nicht zu beachten (oben Rdn. 27). Entgegen der herrschenden Meinung[85] sind aber die vom EuGH in den Rechtssachen *Van Uden* und *Mietz* entwickelten Einschränkungen für Leistungsverfügungen anzuwenden,[86] und zwar über eine analoge Anwendung von Art. 29.[87] Eine Leistungsverfü-

---

80 Rauscher/*Leible* Art. 35 Brüssel Ia-VO Rdn. 38 m.w.N.; Stein/Jonas/*Wagner* Art. 31 EuGVVO Rdn. 57 f. Gegen eine Anwendung von § 802 ZPO: *Eisermann* S. 29; Berger/*Otte* Einstw. Rechtsschutz im Zivilrecht, Kap. 18 Rdn. 105 ff.; *Kurtz* S. 78; *Wannenmacher* S. 93 f.; für eine Anwendung von § 802 ZPO: *Hartenstein* TranspR 2015, 228, 232. Zur Rechtslage in Österreich *Garber* S. 195.
81 EuGH 6.6.2002 C-80/00 EUGHE 2002, I-4995 – Italian Leather, Rdn. 16 und 39 (Einstweilige Maßnahme im Sitzstaat des Antragsgegners bei ausschließlicher Gerichtsstandsvereinbarung zugunsten eines anderen Mitgliedstaats). Ebenso *Schlosser/Hess* Art. 35 EuGVVO Rdn. 18.
82 Für die Schiedsvereinbarung wie hier Geimer/*Schütze* EuZVR A.1 Art. 31 Rdn. 19.
83 EuGH 17.11.1998 C-391/95 EuGHE 1998, I-7122 – Van Uden, Rdn. 24; öOGH IPRax 2003, 64; zustimmend *Wolf* EWS 2000, 11, 14; Stein/Jonas/*Wagner* Art. 31 EuGVVO Rdn. 46; kritisch *Schlosser/Hess* Art. 35 EuGVVO Rdn. 18, 25.
84 Ebenso Rauscher/*Leible* Art. 35 Brüssel Ia-VO Rdn. 23; Geimer/*Schütze* EuZVR A.1 Art. 31 Rdn. 19; *Garber* S. 201.
85 Oben Fn. 2671.
86 Ebenso Stein/Jonas/*Wagner* Art. 31 EuGVVO Rdn. 31 f.
87 *Eichel* ZZP 131 (2018), 71, 83; in Erwägung gezogen von Hess/*Vollkommer* IPRax 1999, 220, 224 Fn. 57; *Heinze* S. 270.

gung, bei der die Rückgewähr der Leistung nicht gewährleistet wird (näher Rdn. 62f.), ist damit außerhalb des tatsächlichen Hauptsacheforums entsprechend Art. 29 Abs. 3 gesperrt.

III. Einstweiliger Rechtsschutz nach Art. 35 und den autonomen Zuständigkeitsbestimmungen der Mitgliedstaaten

1. Anwendungsbereich. Nach Art. 35 kommen – in Ergänzung zu den Brüssel Ia-Hauptsachezuständigkeiten – die autonomen Zuständigkeiten zum Zuge. Die übrige Zulässigkeit eines Antrags auf e.R. bestimmt sich nach der *lex fori* (zur Frage des Verfügungsgrunds s. Rdn. 48).[88] Zur Notwendigkeit vorab zu prüfen, ob eine Zuständigkeit aus der Brüssel Ia-VO besteht, s. Rdn. 85. Einstweiliger Rechtsschutz nach Art. 35 ist auch dann zulässig, wenn das Hauptsacheverfahren in einem anderen Mitgliedstaat anhängig ist (Rdn. 82f.). 39

a) Räumlich-persönlicher Anwendungsbereich. Art. 35 ist nur anwendbar, wenn der Schuldner seinen Sitz (Art. 62 f.) in einem Mitgliedstaat hat (Art. 5; zur Ausnahme nach Art. 71b Rdn. 17).[89] Nach der Reform zur Brüssel Ia-VO gilt nichts Gegenteiliges, da Art. 35 nicht in Art. 6 Abs. 1 aufgeführt ist.[90] Dass die Hauptsache in einem Drittstaat anhängig ist, ändert an der Anwendbarkeit von Art. 35 in den Mitgliedstaaten allein noch nichts, solange die Verordnung nach Art. 5 Anwendung findet.[91] Erst wenn der Schuldner seinen Sitz in einem Drittstaat hat, gilt Art. 6. Ist danach die Brüssel Ia-VO nicht anwendbar, so bleibt es bei den autonomen Zuständigkeiten der *lex fori* (ggf. erweitert um Art. 6 Abs. 2), ohne dass die zu Art. 35 entwickelten Einschränkungen zum Tragen kommen.[92] 40

b) Sachlicher Anwendungsbereich. Ob der sachliche Anwendungsbereich der Brüssel Ia-VO i.S.v. Art. 1 eröffnet ist, bestimmt sich nicht nach der Rechtsnatur der beantragten Maßnahme, sondern nach dem gesicherten Anspruch.[93] Daher fallen auch Beweismaßnahmen in den sachlichen Anwendungsbereich, wenn sie allgemein-zivilrechtliche Ansprüche sichern (näher Rdn. 66ff.). Soweit der Anspruch in den Sachbereich anderer Verordnungen fällt (Rdn. 18) oder damit in engem Zusammenhang steht, gelten diese.[94] Wird mit einer einstweiligen Verfügung nach § 935 ZPO ein öffentlich-rechtlicher Anspruch gesichert (vgl. § 123 Abs. 3 VwGO), gilt Art. 35 nicht (Art. 1 Abs. 1 Satz 2 Brüssel Ia-VO). 41

c) Vorrangige völkerrechtliche Bestimmungen. Unter den Voraussetzungen von Art. 71 wird Art. 35 von völkerrechtlichen Verträgen verdrängt, soweit diese ebenfalls Gerichtsstände für einstweiligen Rechtsschutz vorsehen. Beispiele hierfür sind: Art. 4 42

---

88 Vgl. EuGH 6.6.2002 C-80/00 EUGHE 2002, I-4995 – Italian Leather, Rdn. 43f.
89 Magnus/Mankowski/*Pertegás Sender/Garber* Art. 35 Rdn. 13ff.; **A.A.** *Pålsson* FS Siehr, 2000, 621, 633.
90 *Eichel* ZZP 131 (2018), 71, 73f. **A.A.** *Nuyts* in Dickinson/Lein (Hg.), Rdn. 12.02.
91 *Garber* S. 101f.
92 Rauscher/*Leible* Art. 35 Brüssel Ia-VO Rdn. 8.
93 EuGH 27.3.1979 C-143/78 EUGHE 1979, 1055 – De Cavel I, Rdn. 8; EuGH 26.3.1992 C-261/90 EUGHE 1992, I-2149 – Reichert und Kockler, Rdn. 32; EuGH 17.11.1998 C-391/95 EUGHE 1998, I-7122 – Van Uden, Rdn. 33.
94 Vgl. EuGH 31.3.1982 C-25/81 EUGHE 1982, 1189 – C.H.W./G.J.H., Rdn. 9. Demgegenüber (in der Sache aber überholt durch die EuUntVO): EuGH 6.3.1980 C-120/79 EUGHE 1980, 731 – de Cavel II.

des Internationalen Übereinkommens zur Vereinheitlichung von Regeln über den Arrest in Seeschiffe[95] (Zuständigkeit am Ort der Vollziehung des Arrests; beachte auch deren Art. 7 Abs. 3);[96] Art. 12 des Übereinkommens über den internationalen Eisenbahnverkehr (COTIF).[97]

43 Ob **Art. 31 CMR**[98] auf den einstweiligen Rechtsschutz anzuwenden ist, wird kontrovers beurteilt.[99] Auf Grundlage der EuGH-Rechtsprechung zum Verhältnis von CMR und Brüssel Ia-VO[100] darf insoweit jedenfalls Art. 31 Abs. 1 Satz 2 CMR nicht angewandt werden, da sich eine pauschale Einschränkung auf wenige Gerichtsstände nicht mit dem Grundgedanken von Art. 35 Brüssel Ia-VO verträgt, einstweiligen Rechtsschutz in der grundrechtlich gebotenen Effizienz zu ermöglichen. Allerdings sollte nichts dagegensprechen, den Hauptsachegerichtsstand des Art. 31 Abs. 1 CMR auch für den einstweiligen Rechtsschutz heranzuziehen (mitsamt den Privilegien für eine Hauptsachezuständigkeit, Rdn. 24 ff.) und außerhalb dessen auf Art. 35 und das autonome Verfahrensrecht der Mitgliedstaaten zurückzugreifen (mitsamt den damit verbundenen Einschränkungen, Rdn. 50 ff.).

2. Einstweilige Maßnahmen

44 **a) Definitionsbedarf.** Art. 35 ermöglicht unter Abkehr von den Grundprinzipien des Brüssel Ia-Zuständigkeitssystems (Schutz des Beklagten, Vorhersehbarkeit, Vermeidung von Parallelverfahren) eine Mehrung von Gerichtsständen. Damit diese Grundprinzipien nicht über Art. 35 umgangen werden, muss die einstweilige Maßnahme von gerichtlichen Entscheidungen abgegrenzt werden, für die der Zweck von Art. 35 nicht erfüllt ist (Rdn. 59 ff.).[101] Das unterstreicht die Notwendigkeit, Maßnahmen nicht leichtfertig Art. 35 zu unterstellen, und verweist Forderungen aus der Literatur, den Begriff weit auszulegen, in die Grenzen des mit Art. 35 verfolgten Zwecks. Diese Rücksicht gilt aber nur für Art. 35. Für e.R. in den Brüssel Ia-Hauptsachezuständigkeiten besteht die Gefahr der Umgehung selbstredend nicht.

45 **b) Gesetzlicher Rahmen.** Vom mitgliedstaatlichen Recht hängt ab, welcherart einstweilige Maßnahmen es gibt. Unter welchen Voraussetzungen sie als Maßnahmen i.Sv. Art. 35 zu „qualifizieren" sind, bestimmt aber die Brüssel Ia-VO.[102] Dazu ist der Begriff der „einstweiligen Maßnahmen einschließlich Sicherungsmaßnahmen" **verordnungsautonom** auszulegen. Die Brüssel Ia-VO verwendet den Begriff in den Erwägungsgründen Nr. 25 und 33 sowie in Art. 2 lit. a UA 2, 35, 42 Abs. 2, 71b Nr. 2 UA 2. Eine Definition enthält sie aber ebenso wenig wie ihre Schwesterbestimmungen (Rdn. 18). Die Erwägungsgründe (die den Begriff in Nr. 25 etwas illustrieren) haben keine Rechtsnorm-

---

95 BGBl. 1972 II 655.
96 *Willeitner* S. 34; **a.A.**, aber nicht überzeugend, *Looks* TranspR 2006, 133, 135; *Mankowski* IPRax 2016, 57, 62; *Nieschulz* S. 63 f. (je unter Verweis auf Art. 6 Abs. 2 des Übereinkommens, der allerdings nur das Verfahren betrifft). Der Genfer „International Convention on the Arrest of Ships" vom 12.3.1999 ist Deutschland noch nicht beigetreten, *Mankowski* IPRax 2016, 57, 62.
97 BGBl. 2002 II 2149. Berger/*Otte* Einstw. Rechtsschutz im Zivilrecht, Kap. 18 Rdn. 87 f.
98 Übereinkommen vom 19.5.1956 über den Beförderungsvertrag im internationalen Straßengüterverkehr, BGBl. 1961 II, 1120, und 1980 II, 721.
99 Vgl. Nachw. zum Streitstand bei MünchKomm-HGB/*Jesser-Huß* Art. 31 CMR Rdn. 26 und Ebenroth/Boujong/Joost/Strohn/*Boesche* Handelsgesetzbuch, 3. Aufl. 2015, Art. 31 CMR Rdn. 5.
100 EuGH 4.9.2014 C-157/13 EU:C:2014:2145 – Nickel & Goeldner Rdn. 38.
101 EuGH 28.4.2005 C-104/03 EUGHE 2005, I-3497 – St. Paul Dairy, Rdn. 20 f.
102 *Bogdan* in Lein, S. 125, 129 f.

qualität, sondern sind lediglich eine Interpretationsstütze. Dass einige Sprachfassungen die **Sicherungsmaßnahme** der **einstweiligen Maßnahme** zur Seite stellen (so etwa die frz., ital., span. Fassung), während andere die einstweilige Maßnahme als Oberbegriff nehmen (etwa die dt., engl., poln. Fassung), sollte nicht irritieren: Eine Maßnahme, die ein möglicherweise bestehendes Recht sichert, ist per se einstweilig, so dass die Einstweiligkeit in jedem Fall den Oberbegriff bildet.

Ein Rückschluss aus lit. a UA 2 (und Erwägungsgrund 33) macht deutlich, dass Art. 35 auch solche einstweiligen Maßnahmen erfasst, die **ohne Ladung des Antragsgegners** ergehen (*ex-parte*-**Verfahren**) und ihm nicht einmal zugestellt werden (Art. 2 lit. a UA 2 schließt solche Maßnahmen nur von der grenzüberschreitenden Anerkennung und Vollstreckung aus). 46

c) Auslegung des EuGH. Nach dem EuGH sind einstweilige Maßnahmen einschließlich Sicherungsmaßnahmen solche, die „eine Sach- oder Rechtslage erhalten sollen, um Rechte zu sichern, deren [Feststellung anderweitig[103]] bei dem in der Hauptsache zuständigen Gericht beantragt wird".[104] Dass es in einer späteren Entscheidung im deutschen Text leicht anders heißt („Veränderung der Sach- oder Rechtslage verhindern"),[105] ist ein Übersetzungsfehler.[106] Schon daraus erhellt, dass eine einstweilige Maßnahme dem zu sichernden Recht dient, die Möglichkeit ihres Gültigkeitsverlusts kraft späterer Hauptsacheentscheidung also inhärent sein muss. Sollten die Parteien bestimmte einstweilige Maßnahmen de facto als abschließend akzeptieren, ändert dies an der Qualifikation als einstweilige Maßnahme nichts, solange die Parteien die Möglichkeit haben, ein Verfahren zur Hauptsache einzuleiten.[107] 47

d) Keine Dringlichkeit als Eigenschaft. Eine Auffassung in der Literatur[108] verlangt entgegen der h.M.,[109] dass einstweilige Maßnahmen i.S.v. Art. 35 eine gewisse Dringlichkeit voraussetzen müssten. Das Gegenargument der herrschenden Meinung, dass die *lex fori* die Voraussetzungen des einstweiligen Rechtsschutzes regelt, ist sicherlich nicht stichhaltig. Es geht nämlich nicht darum, ob Art. 35 den Mitgliedstaaten Vorgaben für deren einstweiligen Rechtsschutz machen würde (in seiner Ausgestaltung sind sie richtigerweise frei), sondern darum, unter welchen Voraussetzungen Art. 35 Rechtsschutz der Mitgliedstaaten als einen anerkennt, der die Privilegien von Art. 35 verdient. Hier kann man in der Tat Zweifel hegen, ob Verfahren zur Erlangung der Hauptleistung, die keine Dringlichkeit voraussetzen, nicht einfach nur summarische Verfahren sind, mit denen das Brüssel Ia-Zuständigkeitssystem umgangen werden würde, wenn man sie Art. 35 48

---

103 Die offizielle dt. Übersetzung von „reconnaissance ... par ailleurs" lautet „Anerkennung im übrigen"; heute erscheint „Feststellung" im Sinne gerichtlicher Erkennung treffender.
104 EuGH 26.3.1992 C-261/90 EuGHE 1992, I-2175 – Reichert und Kockler, Rdn. 34 f.; EuGH 17.11.1998 C-391/95 EuGHE 1998, I-7122 – Van Uden, Rdn. 37. Vgl. auch EuGH 28.4.2005 C-104/03 EUGHE 2005, I-3497 – St. Paul Dairy, Rdn. 13.
105 EuGH 17.11.1998 C-391/95 EuGHE 1998, I-7122 – Van Uden, Rdn. 37.
106 Sowohl die niederländische Fassung (in casu die Verfahrenssprache) als auch die französische Fassung sprechen sinngemäß und unverändert von der „Erhaltung" der Rechtslage.
107 EuGH 16.6.1998 C-53/96 EuGHE 1998, I-3637 – Hermès, Rdn. 40–45 (zu Art. 50 TRIPS); *Dickinson* IPRax 2010, 203, 206; *Heinze* S. 78 f.
108 *Kimmerle* 2013, S. 266 ff.; *Heinze* S. 90 f.; *Nuyts* in Dickinson/Lein, Rdn. 12.25; *Tsikrikas* ZZPInt 17 (2012), 293, 297. EuGH 16.6.1998 C-53/96 EuGHE 1998, I-3637 – Hermès, Rdn. 40–45, der Dringlichkeit nennt, ist wegen des Bezugs zu Art. 50 TRIPS nicht verallgemeinerungsfähig.
109 Statt vieler: *Schlosser/Hess* Art. 35 EuGVVO Rdn. 6 aE; *Drooghenbroeck/De Boe* in: Guinchard, S. 167, 176; *Kruger* in Nuyts/Watté (ed.), 311, 327 f.

unterstellt.[110] Im Ergebnis wird man der herrschenden Meinung aber wegen eines Rückschlusses aus Art. 20 Brüssel IIa-VO beipflichten können, so dass Art. 35 keine Dringlichkeit verlangt.

49 **e) Einzelfälle.** Beispiele für Sicherungsmaßnahmen sind einstweilige Pfändungen oder Siegelungen;[111] Kontenpfändungen (für Beschlüsse zur vorläufigen Pfändung nach der EuKontPfVO gilt Art. 35 aber nicht, Rdn. 22). Art. 35 erfasst auch einstweilige Regelungsverfügungen,[112] insbesondere einstweilige Unterlassungsanordnungen;[113] ebenso Maßnahmen aus Art. 9 Abs. 1, 2 RL 2004/48/EG.[114] Zu Art. 6, 7 RL 2004/48/EG Rdn. 73.[115] Zu Leistungsverfügungen Rdn. 59 und zu Beweismaßnahmen Rdn. 66. Auch wenn das dt. Mahnverfahren nach §§ 688 ff. ZPO teilweise die gleiche Funktion wie das (Art. 35 unterfallende)[116] niederländische *kort-geding*-Verfahren aufweist,[117] erfüllt es wegen §§ 700 Abs. 1, 708 Nr. 2 ZPO nicht die Voraussetzungen für eine „einstweilige" Maßnahme. Die Gläubigeranfechtungsklage (bzw. die *actio pauliana*) ist keine einstweilige Maßnahme, wenn sie unmittelbar darauf abzielt, dass eine gläubigerbenachteiligende Verfügung endgültig rückgängig gemacht wird, also die Sach- oder Rechtslage gerade nicht einstweilen „aufrechterhält".[118] Ob eine Untersagung der Prozessführung im Ausland (etwa durch sog. antisuit injunctions) trotz der prozessualen Natur des zu sichernden Anspruchs Art. 35 unterfiele, ist unerheblich, da sie insgesamt mit der Brüssel Ia-VO unvereinbar ist.[119]

3. „Reale Verknüpfung" als Voraussetzung für die Anwendung des autonomen Zuständigkeitsrechts

50 **a) Ausgangspunkt: Umfassender Verweis auf das autonome Verfahrensrecht.** Im Ausgangspunkt öffnet sich Art. 35 gegenüber sämtlichen Zuständigkeiten des mitgliedstaatlichen Rechts, und zwar auch gegenüber solchen, die auf die „Hauptsache"-zuständigkeiten des autonomen Rechts verweisen, obwohl diese *als solche* wegen des absoluten Vorrangs der Brüssel Ia-Gerichtsstände niemals zum Zuge kommen würden (**fiktive Hauptsachezuständigkeiten**).[120] Das gilt auch für Zuständigkeiten, die als exorbitant gelten und daher ausdrücklich aus dem Brüssel Ia-Raum verbannt worden sind (Art. 5 Abs. 2).[121] In Deutschland ist deshalb bspw. § 919 Var. 1 i.V.m. § 23 S. 1 ZPO anwendbar (näher Rdn. 78). Einschränkungen des mitgliedstaatlichen Verfahrensrechts,

---

110 *Kimmerle* 2013, S. 266 ff.; *Spellenberg/Leible* ZZPInt 4 (1999), 221, 224 ff., die statt der Dringlichkeit an den Nachweis eines sehr wahrscheinlichen Bestehens der Klageforderung denken.
111 EuGH 27.3.1979 C-143/78 EUGHE 1979, 1055 – De Cavel I, Rdn. 8.
112 *Garber* S. 133.
113 *Heinze* S. 98–102.
114 *Heinze* S. 79 f.
115 Art. 8 RL 2004/48/EG betrifft nicht einstweiligen Rechtsschutz, *Heinze* S. 68–71.
116 Rdn. 59.
117 *Schneider* 2013, S. 275.
118 EuGH 26.3.1992 C-261/90 EuGHE 1992, I-2175 – Reichert und Kockler, Rdn. 35. Näher *Heinze* S. 88.
119 *Pérez-Ragone/Chen* ZZPInt 17 (2012), 231, 236–238; *Eisermann* S. 145–149.
120 OLG Düsseldorf 28.1.1999 RIW 1999, 873; *Garber* S. 115 f.; *Geimer/Schütze* EuZVR A.1 Art. 31 Rdn. 1, 64 ff.; *Kropholler/von Hein* Art. 31 EuGVO Rdn. 18; Stein/Jonas/*Wagner* Art. 31 EuGVVO Rdn. 55 f.; *Heiss* Diss. Berlin 1987, S. 29–31; *Stickler* S. 30–47. **A.A.** *Eilers* S. 200 ff. (nur originäre Eilgerichtsstände); *Schlosser/Hess* Art. 35 EuGVVO Rdn. 17; *Hartenstein* TranspR 2015, 228, 229.
121 EuGH 17.11.1998 C-391/95 EuGHE 1998, I-7122 – Van Uden, Rdn. 42; Rauscher/*Leible* Art. 35 Brüssel Ia-VO Rdn. 2.

etwa die Doktrin des „forum non conveniens" in England, finden ebenfalls Anwendung.[122]

Abgesehen vom Ausnahmefall einer kraft Justizgewährungsanspruchs zu eröffnenden Notzuständigkeit folgt aus Art. 35 keine Pflicht für einen Mitgliedstaat, eine internationale Zuständigkeit vorzusehen.[123] **51**

b) Erfordernis einer „realen Verknüpfung". Der umfassende Verweis auf das autonome Recht ist **aber kein Freibrief**. Eine autonome Zuständigkeit ist über Art. 35 nur dann anwendbar, wenn zusätzlich eine **„reale Verknüpfung"** des Gegenstands der beantragten Maßnahme zum Gerichtsstaat besteht.[124] Andernfalls darf ein Mitgliedstaat mangels internationaler Zuständigkeit nicht entscheiden.[125] Was dieses (Brüssel Ia-weit einheitlich auszulegende) Erfordernis im Einzelnen bedeutet, ist nicht in jeder Hinsicht geklärt (näher Rdn. 55 ff.). Aufschluss kann mitunter auch die Rechtsprechung zu den europäischen Schwestervorschriften von Art. 35 (Rdn. 18) geben. Keinesfalls ist der verordnungsautonom zu entwickelnde Begriff mit dem „hinreichenden Inlandsbezug" des § 23 ZPO gleichzusetzen.[126] **52**

c) Sinn und Zweck. Bereits aus völkerrechtlicher Perspektive bedarf die Ausübung staatlicher Gerichtsgewalt eines legitimierenden Anknüpfungspunkts im Sinne einer nahen Beziehung des jeweiligen Staates zum Sachverhalt.[127] Zudem besteht bei Art. 35 – gerade angesichts des den einstweiligen Rechtsschutz regierenden Effizienzprinzips – ein besonderer Wunsch nach Sachnähe des Gerichtsstands.[128] Nicht zuletzt ist die Zurückdrängung von allzu exorbitanten Eilzuständigkeiten erforderlich, um einen **Mindestschutz des Antragsgegners** zu gewährleisten.[129] Das gilt genauso für *ex-parte*-Verfahren, zumal – jedenfalls im deutschen Recht – der Antragsgegner für gegen ihn ergehende Maßnahmen die Kosten zu tragen hat, selbst wenn er im Verfahren gar nicht beteiligt war.[130] **53**

d) Reform der Brüssel I-VO. Die Reform der Brüssel I-VO hat das Erfordernis der realen Verknüpfung unberührt gelassen.[131] Die Maßgabe des EuGH, dass das Gericht den inländischen Vermögensgegenstand benennen muss, auf den es die reale Verknüpfung stützt,[132] hat aber an Bedeutung verloren, da auf Art. 35 gestützte Entscheidungen im Ausland nicht mehr vollstreckbar sind (Erwägung 33 Satz 4). Das Gericht sollte allerdings entsprechend Rdn. 85 vorrangig prüfen,[133] ob eine Zuständigkeit schon aufgrund von Art. 4 ff. besteht. **54**

---

122 *Albrecht* Diss. Heidelberg 1991, S. 121 ff.
123 öOGH IPRax 2003, 64.
124 EuGH 17.11.1998 C-391/95 EuGHE 1998, I-7122 – Van Uden, Rdn. 40.
125 Rauscher/*Leible* Art. 35 Brüssel Ia-VO Rdn. 24.
126 *Spellenberg/Leible* ZZPInt 4 (1999), 221, 229.
127 *Gerhard* SZIER 1999, 97, 115 ff.; *Kofmel Ehrenzeller* S. 327 ff.
128 EuGH 21.5.1980 C-125/79 EUGHE 1980, 1553 – Denilauler, Rdn. 15 f.; Rauscher/*Leible* Art. 35 Brüssel Ia-VO Rdn. 26.
129 *Eichel* ZZP 131 (2018), 71, 75 f.; *Garber* S. 93 f.
130 OLGR Jena 2005, 964; Zöller/*Vollkommer* § 922 Rdn. 8.
131 *Heinze* RabelsZ 75 (2011), 581, 608–611; *Nuyts* in Dickinson/Lein, Rdn. 12.44 f.; *v. Hein* RIW 2013, 97, 107; *Eichel* ZZP 131 (2018), 71, 74 ff. **A.A.**, jedoch zu sehr auf die Anerkennungszuständigkeit fokussiert, *Domej* RabelsZ 78 (2014), 508, 544.
132 Vgl. EuGH 27.4.1999 C-99/96 EuGHE 1999, I-2277 – Mietz, Rdn. 54 ff.; *Hess* IPRax 2000, 370, 372 f.
133 Im Hinblick auf die Gefahr späterer Vermögensverschiebungen zu zurückhaltend Rauscher/*Leible* Art. 35 Brüssel Ia-VO Rdn. 25, 30, der dem Gericht die Wahl belässt.

55 **e) Reale Verknüpfung bei vermögensbezogenen Zuständigkeiten.** Eine reale Verknüpfung liegt jedenfalls vor, wenn sich die beantragten einstweiligen Maßnahmen auf Vermögensgegenstände beziehen, die im Gerichtsstaat belegen sind.[134] Ein einstweiliges Verbot, über eine bestimmte Sache zu verfügen, darf also (außerhalb der Hauptsachegerichtsstände, Rdn. 24) im Mitgliedstaat der Belegenheit der Sache beantragt werden, wenn dieser eine Zuständigkeit vorsieht.[135] Für einen Arrest verlangt die h.M., dass der Antragsteller die Präsenz von Schuldnervermögen glaubhaft macht, das mehr als nur eine symbolische Befriedigung verspricht;[136] die im Zeitpunkt des Antrags noch künftige Belegenheit soll nicht ausreichen (kein „Vorratsbeschluss").[137] Daran ist unter der Brüssel Ia-VO festzuhalten, und zwar aus Gründen des Schutzes des Antragstellers, damit er nicht durch einen übermäßigen Vorrat an Beschlüssen in allerlei Mitgliedstaaten belastet werden kann (Rdn. 53). Für einen Arrest in künftige Forderungen ist aber zu beachten, dass sie bereits einen gegenwärtigen Vollstreckungsgegenstand verkörpern können[138] und dann eine reale Verknüpfung darstellen. Ein Wegfall des bei Antragstellung vorhandenen Anknüpfungspunkts hat auf die Zuständigkeit keinen Einfluss (perpetuatio fori).[139]

56 **f) Reale Verknüpfung bei anderen als vermögensbezogenen Zuständigkeiten.** Bei der Entwicklung der „realen Verknüpfung" hatte der EuGH nicht nur die Vermögensbelegenheit im Blick, sondern allgemein einen Bezug der Maßnahme zum Territorium des angerufenen Gerichts.[140] Daher wird zurecht angenommen, dass eine solche Verknüpfung auch durch andere, etwa persönliche Merkmale hergestellt werden kann (bspw. Zuständigkeit *in personam* für die englische *freezing order*[141]),[142] obwohl der EuGH das noch nicht entschieden hat. Anknüpfungspunkte, wie etwa den Aufenthalt des Schuldners, für generell unzureichend zu erklären,[143] überzeugt deshalb nicht. Vielmehr sollten alle Anknüpfungspunkte des autonomen Zuständigkeitsrechts akzeptiert werden, solange sie einen Bezug des Sachverhalts zum Forum ausdrücken und die angeordneten Maßnahmen innerhalb des Mitgliedstaats vollstreckt werden können („**reale Zugriffsmöglichkeit**").[144] Danach weisen nicht nur Zuständigkeiten, die sich auf den gewöhnli-

---

134 EuGH 17.11.1998 C-391/95 EuGHE 1998, I-7122 – Van Uden, Rdn. 39.
135 *Hess/Vollkommer* IPRax 1999, 220, 225.
136 *Hess/Vollkommer* IPRax 1999, 220, 225 **A.A.** *Schlosser/Hess* Art. 35 EuGVVO Rdn. 20. Zu eng *Rauscher/Leible* Art. 35 Brüssel Ia-VO Rdn. 29 und *Kimmerle* 2013, S. 141 ff. (ausreichend Vermögen, um die gesamte beantragte Maßnahme vollziehen zu können).
137 *Geimer/Schütze* EuZVR A.1 Art. 31 Rdn. 11; *Hess/Vollkommer* IPRax 1999, 220, 225. **A.A.** *Schlosser/Hess* Art. 35 EuGVVO Rdn. 20 (kein Verbot des Vorratsbeschlusses durch Art. 35); *Domej* RabelsZ 78 (2014), 508, 544; *Hartley* E.L.Rev.Dec. 24 (1999), 674, 679 f.
138 *Hau* IPRax 2016, 230, 233; *Eichel* Künftige Forderungen, 2014, § 13.
139 *Garber* S. 161 f.; *Heinze* S. 249.
140 EuGH 17.11.1998 C-391/95 EuGHE 1998, I-7122 – Van Uden, Rdn. 40 nl.: „op territoriale criteria gebaseerde bevoegdheid", frz.: „compétence territoriale"); Cass. Civ. 1ère, 11.12.2001, Rev. crit. DIP 2002, 372, 375 f.; *Kramer* in: Storme, Procedural Laws, 305, 318; *Pfeiffer/Wais* IJPL 2012, 274, 282 f.
141 *Nuyts* in Dickinson/Lein, Rdn. 12.41; näher: *Weibel* S. 92 f.; *Gerhard* SZIER 1999, 97, 111 f.; *Grunert* S. 32 ff. In seiner Wirkung persönlich, nicht dinglich ist auch der österreichische einstweilige Rechtsschutz für Geldforderungen, *König* Einstweilige Verfügungen im Zivilverfahren, 4. Aufl. 2012, Rdn. 2.48a.
142 Cass. Civ. 1ère, 11.12.2001, Rev. crit. DIP 2002, 372, 374; *Consolo* ZSR 2005, 359, 371 f.; *Nuyts* in Dickinson/Lein, Rdn. 12.41. In England diskutiert man neben dinglichen und persönlichen Anknüpfungen noch einen Bezug für internationale Betrugsfälle, *Dicey, Morris & Collins* The Conflict of Laws, Vol. 1, 15th ed. 2012, Rdn. 8-040.
143 *Stadler* JZ 1999, 1089, 1094; *Weibel* S. 94.
144 *Rauscher/Leible* Art. 35 Brüssel Ia-VO Rdn. 28; *Gebauer/Wiedmann* Kap. 27 Rdn. 155; ähnlich *Nuyts* in Dickinson/Lein, Rdn. 12.42 f.

chen Aufenthalt oder den Wohnsitz stützen,[145] eine „reale Verknüpfung" auf, sondern auch der tatsächliche Aufenthalt des Schuldners im Forumsstaat (etwa die Tätigkeit auf einer Messe), *wenn* die Verfügung im Einzelfall im Zusammenhang mit diesem Verhalten steht und vollstreckt werden kann.[146] Ebenso möglich ist eine Zuständigkeit für Maßnahmen, die die Verfügung über ausländische Vermögenswerte einschränken, solange sie wegen anderer Bezugspunkte im Inland durchgesetzt werden können.[147] Geht es um die einstweilige Pfändung von Forderungen des Schuldners, wird auch der Sitz des Drittschuldners als für eine reale Verknüpfung ausreichend angesehen.[148] Zu wenig Bezug zum Sachverhalt dürfte aber in der Regel die Staatsangehörigkeit einer Person haben.[149]

Für Handlungen betreffende Maßnahmen ist der Handlungsort ein ausreichender Anknüpfungspunkt.[150] Umgekehrt fehlt für eine **Unterlassungsverfügung** der inländische Anknüpfungspunkt, wenn die verbotene Handlung im Ausland vorgenommen wird und die Verfügung dort zu vollstrecken wäre, selbst wenn ein aus der Handlung resultierender Vermögensschaden im Inland eintritt;[151] handelt es sich im Inland hingegen nicht um einen bloßen Vermögensschaden, sondern um eine Rechtsguts-, z.B. in Form einer Schutzrechtsverletzung, so ergibt sich für das Inland aber idR eine Zuständigkeit aus Art. 7 Nr. 2.[152] Nicht unbedenklich ist die Auffassung, wonach für eine Unterlassungsverfügung die Vollstreckungsmöglichkeit des Ordnungsgelds allein, d.h. ungeachtet des territorialen Bezugs der Handlung oder des verletzten Rechtsguts, eine reale Verknüpfung darstellen soll.[153] 57

Eine Zuständigkeit für Beweissicherungsmaßnahmen (Rdn. 68) erfordert, dass sich das Beweismittel im angerufenen Mitgliedstaat befindet.[154] Die trotz internationaler Unzuständigkeit bewirkte **Anhängigkeit der Hauptsache** im Inland schafft keinen realen Anknüpfungspunkt für autonome Zuständigkeiten, die allein daran anknüpfen; eine Zuständigkeit kraft Anhängigkeit der Hauptsache kann ein Gericht also erst annehmen, wenn die internationale Hauptsachezuständigkeit festgestellt wird.[155] Wenn die Voraussetzungen für eine Brüssel Ia-Hauptsachezuständigkeit vorliegen, kommt es auf Art. 35 und das autonome Recht nicht mehr an (h.M., Rdn. 24; gleichwohl würden die An- 58

---

[145] Im Ergebnis auch: *Geimer/Schütze* EuZVR A.1 Art. 31 Rdn. 55; *Weibel* S. 98.
[146] Im Ergebnis auch *Pérez-Ragone/Chen* ZZPInt 17 (2012), 231, 246 und *Consolo* ZSR 2005, 359, 371 f. für *freezing injunctions*.
[147] *Consolo* ZSR 2005, 359, 371 f.; *Heinze* RIW 2003, 922, 927 f.
[148] *Garber* S. 157 f.
[149] *Bogdan* in Lein, S. 125, 132.
[150] *Garber* S. 159; für deliktische Ansprüche kann hier freilich schon die hypothetische Hauptsachezuständigkeit nach Art. 7 Nr. 2 eröffnet sein, *Pérez-Ragone/Chen* ZZPInt 17 (2012), 231, 247.
[151] Frz. Cass. Civ., Chambre Commerciale, 20.3.2012, 11-11570 – Rdn. 6 f. m. Anm. *Kutscher-Puis* ZVertriebsR 2012, 258; OGH GRURInt 2011, 450; OGH GRURInt 2012, 826, 827 f. Weitergehend: *Garber* S. 159. Auch *Pfeiffer/Wais* IJPL 2012, 274, 285 f. (reale Verknüpfung, wenn mindestens ein Fünftel des Gesamtschadens im Forum eingetreten ist).
[152] *Heinze* S. 256; *Ahrens* FS Schütze, 2015, 1, 9. Zur Ähnlichkeit zur Shevill-Rechtsprechung des EuGH bei Streudelikten *Kimmerle* 2013, S. 185 ff.; *Sujecki* GRUR Int 2013, 201, 213 f.
[153] Für eine reale Verknüpfung aber Zöller/*Geimer* Art. 35 EuGVVO Rdn. 7; *Garber* S. 159; *Kurtz* S. 71; *Stadler* JZ 1999, 1089, 1094.
[154] Cass. Civ. 1ère, 11.12.2001, Rev. crit. DIP 2002, 372, 375; *Ahrens* FS Loschelder, S. 1, 5; *Heinze* IPRax 2008, 480, 484.
[155] OGH GRURInt 2012, 826, 827, 828; *Nagel/Gottwald* § 17 Rz. 13. **A.A.** LG Frankfurt NJW 1990, 652 und Berger/*Otte* Einstw. Rechtsschutz im Zivilrecht, Kap. 18 Rdn. 27 f., jeweils bedenklich, was den Schutz des Beklagten angeht.

knüpfungen der Brüssel Ia-Hauptsachegerichtsstände dem Erfordernis der realen Verknüpfung immer genügen).[156]

4. Besonderheiten für Leistungsverfügungen

59 **a) Leistungsverfügungen als „einstweilige Maßnahme".** Art. 35 erwähnt nicht nur den Anspruch sichernde Maßnahmen, sondern allgemein „einstweilige", also auch solche Maßnahmen, die den Anspruch im Sinne wirksamen Rechtsschutzes bereits durchsetzen.[157] Das kann insbesondere auf Leistungsverfügungen deutschen Rechts,[158] das niederländische „*kort geding*",[159] die englischen „*interim payments*" oder die französische „*référé-provision*"[160] zutreffen (näher Rdn. 92 ff.).[161] Der EuGH hat die Anwendbarkeit von Art. 35 für das *kort geding* ausdrücklich anerkannt,[162] so dass Leistungsverfügungen – entgegen anderer Überlegungen in der Literatur[163] – nicht generell aus dem Anwendungsbereich herausgehalten werden können. Auch Überlegungen, sie bei fehlender Dringlichkeit aus Art. 35 herauszuhalten, gehen fehl (Rdn. 48). Allerdings muss die „Einstweiligkeit" solcher Verfahren strikt gewahrt sein, ein vorrangiges Hauptsacheverfahren also stets nach wie vor möglich bleiben.[164]

60 **b) Interessenlage.** Leistungsverfügungen gewähren dem Antragsteller mindestens teilweise das, was er in der Hauptsache beantragt. In anderen Rechtsordnungen, wie etwa den Niederlanden oder Frankreich, werden sie viel großzügiger gewährt als im deutschen Recht und machen *de facto* Hauptverfahren häufig entbehrlich (Rdn. 93 f.). Auf diese Weise kann der Antragsteller über Art. 35 ggf. im Klägerforum die Hauptsache vorwegnehmen, anstatt sie mühsam in den ausländischen Gerichtsständen der Art. 4 ff. zu verfolgen. Der Antragsgegner wäre auf eine negative Feststellungsklage – wiederum am Sitz des Antragstellers (Art. 4) – angewiesen, um im Hauptsacheverfahren Rechtsschutz zu suchen.[165] Dieses Szenario veranschaulicht den besonderen Bedarf für eine Grenzziehung: Wenn der Antragsteller per einstweiligem Rechtsschutz in den multiplen Gerichtsständen des Art. 35 all das erlangen könnte, was er benötigt, würden die Interessen des Antragsgegners verletzt, der durch die Beschränkungen der Art. 4 ff. gerade besonders geschützt werden soll. Nur die strikte Gewähr, dass die Leistungsverfügung lediglich „vorläufig" Rechtsschutz bieten kann, verhindert die Umgehung dieses Schutzes. Die Rechtsprechung des EuGH ist daher sehr darauf bedacht, dass durch Leistungsverfügungen keine irreversiblen Zustände geschaffen werden. Über die Vorläufigkeit einer Leistungsverfügung hinaus hat der EuGH deshalb Einschränkungen formuliert, ohne die der Rückgriff auf das autonome Zuständigkeitsrecht nicht zulässig ist (sogleich

---

156 Gerhard SZIER 1999, 97, 118 ff.; *Schneider* 2013, S. 406. Für den Beklagtensitz vgl. EuGH 6.6.2002 C-80/00 EUGHE 2002, I-4995 – Italian Leather, Rdn. 18 u. 39.
157 *Maher/Rodger* ICLQ 1999, 302, 305.
158 Bspe.: Die allgemeine Leistungsverfügung des § 940 ZPO oder die Anordnung auf vorläufige Zahlung des Bergelohns nach § 618 HGB.
159 Näher zum Verhältnis zu Art. 35 *Schneider* 2013, S. 27–230.
160 Näher zum Verhältnis zu Art. 35 *Kimmerle* 2013, 2. Teil §§ 3 f.
161 Berger/*Otte* Einstw. Rechtsschutz im Zivilrecht, Kap. 18 Rdn. 12 f.
162 EuGH 27.4.1999 C-99/96 EUGHE 1999, I-2277 – Mietz; EuGH 17.11.1998 C-391/95 EUGHE 1998, I-7122 – Van Uden.
163 *Heiss* Diss. Berlin 1987, S. 44–49; *Gascón Inchausti* in: De la Oliva Santos, European Civil Procedure, 2011, S. 144; im Ergebnis auch *Hartley* E.L.Rev.Dec. 24 (1999), 674, 680.
164 Zu weitgehend *Hartley* E.L.Rev.Dec. 24 (1999), 674, 680, der verlangt, dass einstweilige Maßnahmen wirkungslos werden müssten, wenn nicht alsbald ein Hauptsacheverfahren eingeleitet wird.
165 *Hartley* E.L.Rev.Dec. 24 (1999), 674, 680.

Rdn. 61 ff.). Dabei bleiben *forum shopping* und die Vorwegnahme der Hauptsache nach Art des geschilderten Szenarios weiterhin möglich. Der EuGH hat lediglich sichergestellt, dass das Hauptsacheverfahren durch die Leistungsverfügung nicht ersetzt wird, sondern eine Option bleibt.[166] Dieses Ergebnis muss man als Folge der von der Brüssel Ia-VO akzeptierten Verschiedenartigkeit des einstweiligen Rechtsschutzes in den Mitgliedstaaten hinnehmen.[167]

c) Einschränkungen für Leistungsverfügungen. Die folgenden Voraussetzungen 61 müssen erfüllt sein, damit ein Mitgliedstaat für eine Leistungsverfügung international zuständig ist.

aa) Gewährleistung der Rückgewähr. Das Gericht, das die Leistungsverfügung 62 anordnet, muss sicherstellen, dass für den Fall einer Niederlage in der Hauptsache die Rückgewähr der Leistung gesichert ist.[168] Wie das gewährleistet wird, bestimmt sich nach der *lex fori*. Denkbar sind etwa die Hinterlegung, die Sequestration und für Geld v.a. die Bankbürgschaft.[169] Dabei genügt nicht, dass die *lex fori* dem Gericht ein Ermessen einräumt (§ 921 Satz 2 ZPO; § 618 HGB);[170] entscheidend ist vielmehr, dass das Gericht davon Gebrauch macht und die Rückgewähr tatsächlich sichert.[171] Die Schadensersatzhaftung nach § 945 ZPO genügt als Sicherung nicht.[172] Das Gebot der Sicherheitsleistung kann im Einzelfall zur Einleitung eines Hauptsacheverfahrens drängen, wenn die Parteien keine Einigung erzielen.[173]

Der Kritik, dass einem bedürftigen Antragsteller, der sich nicht vertraglich absichern 63 konnte, dann keine Leistungsverfügung offenstehen würde,[174] ist entgegenzuhalten, dass die Einschränkungen des EuGH für das Hauptsachegericht nicht gelten und eine einstweilige Maßnahme, die dort ergeht, unmittelbar in anderen Mitgliedstaaten vollstreckbar ist; dies kann bei der Wahl des Forums berücksichtigt werden. Wo das wirklich keine Abhilfe verspricht und Rechtsschutz bedroht wäre, ist auch die EuGH-Rechtsprechung nicht über Art. 47 EU-Grundrechtecharta[175] erhaben.

bb) Bezug zu Vermögensgegenständen im Zuständigkeitsbereich. Zusätzlich 64 verlangt der EuGH, dass „die beantragte Maßnahme nur bestimmte Vermögensgegenstände des Antragsgegners betrifft, die sich im örtlichen Zuständigkeitsbereich des angerufenen Gerichts befinden oder befinden müßten".[176] War dies unter der Brüssel I-VO vereinzelt noch als Doppelung des Erfordernisses der realen Verknüpfung angesehen

---

[166] Deutlicher im frz. Original: EuGH 17.11.1998 C-391/95 EuGHE 1998, I-7122 – Van Uden, Rdn. 46.
[167] Vgl. *Hess/Pfeiffer/Schlosser* Rdn. 737. Grundlegend pro eingeschränkter Anwendbarkeit auf Leistungsverfügungen *Kimmerle* 2013, S. 207–231.
[168] EuGH 17.11.1998 C-391/95 EuGHE 1998, I-7122 – Van Uden, Rdn. 47; EuGH 27.4.1999 C-99/96 EuGHE 1999, I-2277 – Mietz, Rdn. 42, 53; *Stadler* JZ 1999, 1089, 1097.
[169] KOM (2009) 175, S. 9; *Geimer/Schütze* EuZVR A.1 Art. 31 Rdn. 15, 49; *Garber* S. 163.
[170] Das zugrundeliegende Internationale Übereinkommen von 1989 über Bergung erlaubt einen Vorbehalt der Sicherheitsleistung, vgl. Art. 22 Abs. 1, BGBl. 2001 II 510, 519.
[171] *Schlosser/Hess* Art. 35 EuGVVO Rdn. 22; *Stadler* JZ 1999, 1089, 1097; *Heinze* S. 95.
[172] *Schlosser/Hess* Art. 35 EuGVVO Rdn. 22; *Garber* S. 163 mwN. Nicht überzeugend: Schuschke/Walker/*Jennissen* Art. 35 Rdn. 4.
[173] *Kimmerle* 2013, S. 173 ff.
[174] Rauscher/*Leible* Art. 35 Brüssel Ia-VO Rdn. 14; *Hess* EuZPR § 6 Rdn. 246; *Garber* S. 167 f.
[175] Zu dessen Bedeutungsgehalt für den einstweiligen Rechtsschutz und den im Vergleich geringeren Einfluss von Art. 6 EMRK *Heinze* S. 39–49.
[176] EuGH 17.11.1998 C-391/95 EuGHE 1998, I-7122 – Van Uden, Rdn. 47. Ebenso EuGH 27.4.1999 C-99/96 EuGHE 1999, I-2277 – Mietz, Rdn. 42.

worden,[177] liegt es näher, dass der EuGH damit erreichen wollte, dass Leistungsverfügungen außerhalb des Forums[178] keine Wirkungen entfalten sollen.[179] Das gilt seit der Reform aber ohnehin für alle Entscheidungen, die aufgrund von Art. 35 ergehen (Erwägungsgrund Nr. 33 Satz 4), so dass diese Einschränkung nur noch bedeutend ist, wenn man sie über Art. 29 in hypothetischen Hauptsachezuständigkeiten zum Tragen bringt (Rdn. 38).[180] Zum Erfordernis der realen Verknüpfung, das natürlich auch für Leistungsverfügungen gilt, Rdn. 52 ff.

65   d) **Reichweite der Einschränkungen.** Die Einschränkungen für Leistungsverfügungen gelten entgegen der h.M. auch in den hypothetischen Hauptsachegerichtsständen (Rdn. 38).[181] Sie müssen nach Sinn und Zweck für alle Leistungsverfügungen gelten, unabhängig von deren Inhalt.[182] Soweit Unterlassungsverfügungen eine Vorwegnahme der Hauptsache darstellen,[183] müssen die Einschränkungen hier ebenfalls gelten, weshalb etwa eine Entschädigung des Antragsgegners für den Fall gesichert sein muss, dass er in der Hauptsache obsiegt.[184]

5. Besonderheiten für Beweismaßnahmen

66   a) **Problemstellung.** Viele Mitgliedstaaten ermöglichen außer- oder vorprozessuale Beweismaßnahmen, wie Augenscheinnahme, Begutachtung, Zeugenvernehmung oder Auskunft. Die dabei gewonnenen Beweisergebnisse fließen in die Hauptsache über die freie Beweiswürdigung ein.[185] Sobald solche Maßnahmen außerhalb der (hypothetischen) Brüssel Ia-Zuständigkeiten beantragt werden, ist zu prüfen, ob es sich um eine einstweilige Maßnahme i.S.v. Art. 35 handelt, damit der Rückgriff auf das autonome Zuständigkeitsrecht neben der Brüssel Ia-VO zulässig ist.[186] Das Meinungsbild hierzu ist unübersichtlich, da es in den Mitgliedstaaten unterschiedliche Beweismaßnahmen gibt, häufig aber auch ein und dieselbe Vorschrift Beweisverfahren mit unterschiedlichen Zweckrichtungen ermöglicht (Rdn. 73 ff.). Vor der Reform der Brüssel I-VO war noch umstritten, ob Beweissicherungsmaßnahmen, die in manchen ausländischen Rechtsordnungen selbstverständlich zum einstweiligen Rechtsschutz zählen,[187] überhaupt einstweilige Maßnahmen im Sinne von Art. 35 darstellen. Eine Generalanwältin und ein Teil der Literatur hatte es verneint; man favorisierte eine vom Hauptsachegericht gesteuerte grenzüberschreitende Beweissicherung (nach EuBewVO oder *lex fori*) gegenüber einer selbstständig initiierten Beweissicherung in anderen, über Art. 35 zuständigen Mit-

---

177 Simons/Hausmann/*Tsikrikas* Brüssel I-VO, Art. 31 Rdn. 11; *Schlosser/Hess* Art. 35 EuGVVO Rdn. 13 mit Fn. 6; *Garber* S. 169 f. Gegen diese Sicht explizit: *Nuyts* in Dickinson/Lein, Rdn. 12.31, 12.40.
178 Damit ist im Kontext der Mitgliedstaat, nicht wörtlich der „örtliche Zuständigkeitsbereich" gemeint, *Stadler* JZ 1999, 1089, 1098; *Dedek* EWS 2000, 246, 251; *Schneider* 2013, S. 406.
179 So seit jeher *Stadler* JZ 1999, 1089, 1097 f.; *Dedek* EWS 2000, 246, 252.
180 *Eichel* ZZP 131 (2018), 71, 81–84.
181 *Eichel* ZZP 131 (2018), 71, 80–84; Stein/Jonas/*Wagner* Art. 31 EuGVVO Rdn. 31 f.
182 Berger/*Otte* Einstw. Rechtsschutz im Zivilrecht, Kap. 18 Rdn. 42; *Dedek* EWS 2000, 246, 250; *Stadler* JZ 1999, 1089, 1097; speziell für Unterlassungsverfügungen: *Wannenmacher* S. 166 f. **A.A.** *Schlosser/Hess* Art. 35 EuGVVO Rdn. 22: nur für Geldleistungsansprüche.
183 *Lindacher* FS Leipold, 251, 252 u. 254; *Kurtz* S. 28; *Wannenmacher* S. 166 (die zutreffend darauf hinweist, dass dies nicht immer der Fall ist).
184 *Wannenmacher* S. 164–174.
185 *Heinze* IPRax 2008, 480, 485.
186 *Ahrens* FS Loschelder, S. 1, 11; *Heinze* IPRax 2008, 480, 485.
187 *Hess/Zhou* IPRax 2007, 183, 186; *Garber* S. 146.

gliedstaaten.[188] Der EuGH hat das bisher nicht entschieden.[189] Der mit der **Reform der Brüssel I-VO** eingefügte (ins Deutsche schlecht übersetzte) Erwägungsgrund Nr. 25 hat inzwischen neue Vorgaben für die Qualifikation gesetzt. Sein Satz 2 bringt zum Ausdruck, dass der Verordnungsgeber an der *St. Paul Dairy*-Entscheidung des EuGH festhalten will,[190] in der dieser gegen die Anwendung von Art. 35 auf bestimmte selbstständige Zeugenvernehmungen entschied.[191]

b) Verhältnis zur EuBewVO. Während der EuGH in *St. Paul Dairy* noch vorsichtige Zweifel angemeldet hatte, ob die hauptsacheunabhängige Zuständigkeit der Mitgliedstaaten für Beweismaßnahmen mit der EuBewVO in Einklang zu bringen ist, hat er diese Zweifel später wieder korrigiert.[192] Damit gilt, was auch Erwägung 25 Satz 3 verkürzt zum Ausdruck bringt: Die EuBewVO, die zur internationalen Zuständigkeit keine Aussage trifft,[193] bleibt von auf Art. 35 gestützten Maßnahmen unberührt und lässt diese ihrerseits unberührt.[194] Sie hat keinen ausschließlichen Geltungsanspruch, weder im Vorfeld eines Hauptsacheverfahrens noch währenddessen.[195]

67

c) Beweissicherungsmaßnahmen. Die Reform der Brüssel I-VO hat zum folgenden Punkt Klarheit gebracht: Originäre Maßnahmen zur Beweissicherung sind als Sicherungsmaßnahmen zu qualifizieren und von Art. 35 erfasst (Erwägung 25 Sätze 1 u. 2). Damit sind zunächst einmal die Sicherstellung gegenständlicher Beweismittel im Fall des Risikos ihrer Zerstörung gemeint und ebenso die Ernennung eines Sachverständigen, falls dies dringlich bzw. später nicht mehr möglich ist.[196] Gewisse selbstständige Zeugenvernehmungen bleiben ebenfalls möglich.[197] Erwägung 25 Satz 2 lässt sich lediglich entnehmen, dass der Erfahrungssatz, wonach Zeugenaussagen mit der Zeit an Qualität verlieren, allein nicht ausreichend sein kann, um eine vorgezogene Vernehmung zu einer Beweis*sicherung* zu deklarieren.[198] Es müssen vielmehr andere Umstände hinzutreten, die den Verlust des Beweismittels befürchten lassen („Zeugenvernehmung auf dem Sterbebett").[199] Eine Maßnahme dürfte – unabhängig von einer Verlustgefahr – auch dann

68

---

188 Schlussanträge GA Kokott 18.7.2007 C-175/06 EU:C:2007:451 – Tedesco, Rdn. 87ff. (infolge Erledigung nicht entschieden); *Geimer/Schütze* Art. 31 Rdn. 32; Rauscher/*Leible* Art. 35 Brüssel Ia-VO Rdn. 13a; *Kropholler/von Hein* Art. 31 EuGVO Rdn. 5; Musielak/Voit/*Stadler*[14] Art. 35 EuGVVO Rdn. 2. **A.A.** u.v.a. MünchKomm/*Gottwald* Art. 35 VO 1215/2012 Rdn. 6; *Knöfel* EuZW 2008, 267, 268; sehr weitgehend: *Mankowski* JZ 2005, 1144.
189 Weder in EuGH 28.4.2005 C-104/03 EUGHE 2005, I-3497 – St. Paul Dairy, noch in EuGH 6.9.2012 C-170/11 NJW 2012, 3771 – Lippens/Kortekaas.
190 KOM (2010) 748 endg., S. 18 Nr. 22.
191 EuGH 28.4.2005 C-104/03 EUGHE 2005, I-3497 – St. Paul Dairy.
192 EuGH 6.9.2012 C-170/11 NJW 2012, 3771, 3772 – Lippens/Kortekaas, Rdn. 34ff. m. Anm. *Kern* GPR 2013, 49; vgl. auch *Heinze* IPRax 2008, 480, 483. Korrektur von EuGH 28.4.2005 C-104/03 EUGHE 2005, I-3497 – St. Paul Dairy, Rdn. 23.
193 *Mankowski* JZ 2005, 1144, 1146f.
194 *Knöfel* IPRax 2013, 231, 233; *Nuyts* in Dickinson/Lein, Rdn. 12.38. Überholt *Garber* S. 148; Drooghenbroeck/*De Boe* in: Guinchard, S. 167, 182f.
195 EuGH 6.9.2012 C-170/11 NJW 2012, 3771, 3772 – Lippens/Kortekaas, Rdn. 34ff. m. Anm. *Kern* GPR 2013, 49. Vgl. auch EuGH 21.2.2013 C-332/11 EuZW 2013, 313 – ProRail/Xpedys m. Anm. *Thole* IPRax 2014, 255, 257f.
196 OLG München IPRax 2015, 93 Rdn. 16 aE; *Nuyts* in Dickinson/Lein, Rdn. 12.36; Drooghenbroeck/*De Boe* in: Guinchard, S. 167, 181.
197 Drooghenbroeck/*De Boe* in: Guinchard, S. 167, 180.
198 *Eichel* ZZP 131 (2018), 71, 85f.
199 Ebenso Schuschke/Walker/*Jennissen* Art. 35 Rdn. 8; vgl. zu einem entspr. Antrag im schottischen Recht *Maher/Rodger* ICLQ 1999, 302, 306.

auf eine „Sicherung" gerichtet sein, wenn sie den Zugriff auf ein Beweismittel sichert, ohne dem Antragsteller schon die Beweiserhebung zu ermöglichen.[200]

69 Die engl. und frz. Fassung von Erwägung 25 Satz 1 zeigen, dass **Maßnahmen zur Informationsgewinnung** ebenfalls nur dann erfasst sind, wenn sie sichernden Charakter haben, wie das für Art. 6 Durchsetzungsrichtlinie zutreffen kann.[201] Aus ihrer Erwähnung folgt aber, dass auch die begründete Gefahr, dass der Gegner im Fall einer Klagezustellung die benötigten Beweise verdunkeln würde, ein von Art. 35 berücksichtigtes Sicherungsinteresse generiert.[202] Maßnahmen zur Informationsgewinnung, die in einem Hauptsacheverfahren selbstständig einklagbar wären, unterliegen den Einschränkungen für Leistungsverfügungen (Rdn. 61ff.), also insbesondere dem Erfordernis der Sicherheitsleistung (die Schadensersatzpflicht aus Art. 7 Abs. 4 RL 2004/48/EG ist entsprechend Rdn. 62 nicht hinreichend).[203]

70 Eine Vermutung, wonach Beweismaßnahmen im Zweifel sichernden Charakter hätten,[204] findet in der Verordnung keine Stütze.[205] Umgekehrt kann der Rechtssache *St. Paul Dairy* aber auch nicht entnommen werden, dass selbstständige Beweisverfahren *grundsätzlich* keinen für Art. 35 Brüssel Ia-VO genügenden Sicherungscharakter hätten.[206] Daraus folgt: Der **Beweissicherungscharakter** einer Maßnahme kann nicht abstrakt für einen Rechtsbehelf, sondern muss immer **im Einzelfall anhand der Interessenlage** ermittelt werden.[207] Dabei muss der Antragsteller sein Sicherungsinteresse glaubhaft machen. Wenn das nicht gelingt und es dem Antragsteller allein darum geht, die Zweckmäßigkeit einer späteren Klage zu beurteilen, so geht es nicht um eine Sicherungsmaßnahme i.S.v. Art. 35 Brüssel Ia-VO und er muss sein Begehren in den Hauptsachezuständigkeiten verfolgen.[208] Zuständigkeiten des autonomen Rechts sind dann unanwendbar.

71 **d) Reale Verknüpfung.** Die genutzte Zuständigkeit des autonomen Rechts muss auf einer „realen Verknüpfung" des Forums zur Maßnahme beruhen, wofür insbesondere die Belegenheit des Beweismittels maßgeblich ist (Rdn. 58).[209]

72 **e) Koordination mit der Hauptsache.** Im Einzelfall kann es nicht sinnvoll sein, eine selbstständige Beweismaßnahme zu gewähren, wenn im Ausland die Hauptsache anhängig ist und die Ziele von Art. 35 nicht einschlägig sind.[210] Eine solche Koordination kann über Art. 30 erfolgen.[211]

---

200 *Albrecht* Diss. Heidelberg 1991, S. 109 f. mit einem Bsp. aus dem südafrikanischen Recht.
201 *Fezer* Markenrecht, 4. Aufl. 2009, § 19a MarkenG Rdn. 4.
202 Namentlich für den Immaterialgüterverkehr *Drooghenbroeck/De Boe* in: Guinchard, S. 167, 181.
203 Vgl. Schlussanträge GA Léger EU:C:2005:749 8.12.2005 C-539/03 in Fn. 30 aE; im praktischen Ergebnis auch *Heinze* S. 116.
204 Dafür *Heinze* S. 115 f.
205 *Eichel* ZZP 131 (2018), 71, 86 f.
206 Insoweit nicht überzeugend OLG München IPRax 2015, 93 Rdn. 16.
207 OLG München IPRax 2015, 93 Rdn. 16; *Nuyts* in Dickinson/Lein, Rdn. 12.35; *Drooghenbroeck/De Boe* in: Guinchard, S. 167, 180 f.
208 EuGH 28.4.2005 C-104/03 EUGHE 2005, I-3497 – St. Paul Dairy, Rdn. 16 ff.; *Niggemann* IPRax 2015, 75, 78 f.; *Bogdan* in Lein, S. 125, 131.
209 *Heinze* IPRax 2008, 480, 484.
210 Cass. Civ. 1ère, 11.12.2001, Rev. crit. DIP 2002, 372 ff. gegen die selbstständige Anordnung eines frz. Sachverständigengutachtens über einen Flugzeugunfall in England während dort anhängiger Hauptsache, da alle Beweismittel und Zeugen in England waren.
211 *Eichel* ZZP 131 (2018), 71, 88 f., gegen Cour de Cassation Civ. 1ère, 11.12.2001, Rev. crit. DIP 2002, 372, 374 f., die am Merkmal der „realen Verknüpfung" ansetzt.

f) Anwendungsbeispiele. Allein durch den Einschluss von Maßnahmen nach 73
Art. 6 f. RL 2004/48/EG sind Beweismaßnahmen etwa nach §§ 19a MarkenG, 140c
PatG, 24c GebrMG, 101a UrhG, 46a DesignG, einschließlich *ex-parte*-Maßnahmen, erfasst
bzw. entsprechende Umsetzungsbestimmungen der Mitgliedstaaten.[212]

Ob das **selbstständige Beweisverfahren nach §§ 485ff. ZPO** zu den Maßnahmen 74
des Art. 35 gehört, ist str.[213] Nach hier vertretener Auffassung fällt es dann nicht unter
Art. 35, soweit es allein auf die Beschaffung von Beweismitteln gerichtet ist, ohne dass
der Antragsteller ein Beweis*sicherungs*interesse glaubhaft macht (insb. § 486 Abs. 1, 2).
Für die Fälle dringender Gefahr (§ 486 Abs. 3 ZPO)[214] lässt Art. 35 einem selbstständigen
Beweisverfahren aber Raum.[215] Der für § 486 Abs. 3 Var. 1 ZPO genügende schlichte Aufenthalt der Person dürfte dabei dem Erfordernis der „realen Verknüpfung" (Rdn. 52)
grundsätzlich genügen.

Das **österreichische Beweissicherungsverfahren** sollte, was § 384 *Abs. 1* öZPO an- 75
geht, unter Art. 35 zu subsumieren sein, ebenso wie einstweilige Verfügungen zur Beweissicherung.[216]

Im **französischen *ordonnance-de-référé*-Verfahren nach Art. 145, 872 CPC** (Code 76
de Procédure Civile) angeordnete Beweismaßnahmen, bei denen es um Beweissicherung
genauso wie um Beweiserhebung gehen kann, werden ebenfalls Art. 35 unterstellt,[217]
wobei dies nur dann richtig ist, wenn es im Einzelfall um Beweissicherung geht;[218] ein
bloßes „rechtliches Interesse" bzw. „motif légitime" kann allein nicht genügen.[219]

IV. Zuständigkeiten im von Art. 35 berufenen autonomen Verfahrensrecht

1. Zuständigkeiten nach der deutschen ZPO (Grundzüge). Zur Zuständigkeitsprü- 77
fung beachte Rdn. 85. Die internationale Zuständigkeit für einstweiligen Rechtsschutz
ergibt sich im deutschen Recht aus einer **doppelfunktionalen Anwendung** der Bestimmungen über die örtliche Zuständigkeit.[220] § 802 ZPO, wonach die örtliche Zuständigkeit nach §§ 919, 937 ZPO ausschließlich ist, ist allerdings nicht doppelfunktional anzuwenden; für die internationale Zuständigkeit reklamiert das deutsche Recht also keine
Ausschließlichkeit.[221]

Die Verweisung auf das autonome deutsche Recht bezieht nicht nur originäre Eil- 78
rechtszuständigkeiten wie § 919 Var. 2 oder § 942 ZPO[222] mit ein, sondern auch Regeln,
die auf das „Gericht der Hauptsache" (§ 919 Var. 1, § 937 ZPO) abstellen und die Eilzuständigkeit an den autonomen Hauptsachezuständigkeiten (§§ 12ff. ZPO) ausrichten
(**„fiktive Hauptsachezuständigkeiten"**, Rdn. 50).[223] Auf Hauptsachezuständigkeiten,

---

212 *Spindler*/Schuster Recht der elektronischen Medien, 3. Aufl. 2015, UrhG § 101a Rdn. 1.
213 Dafür: OLG Hamburg IPRax 2000, 530; *Mankowski* JZ 2005, 1144, 1148ff.; *Wannenmacher* S. 188–195.
Dagegen: OLG Köln IHR 2006, 147 Rdn. 6; Rauscher/*Leible* Art. 35 Brüssel Ia-VO Rdn. 15; Hk/*Dörner* Art. 35
EuGVVO Rdn. 6; *Geimer/Schütze* EuZVR A.1 Art. 31 Rdn. 32.
214 Dazu *Wannenmacher* S. 96f.
215 Beschränkt auf die beweissichernde Funktion ebenso *Schlosser/Hess* Art. 35 EuGVVO Rdn. 27.
216 *Garber* S. 149–151 (allerdings wohl für § 384 öZPO insgesamt).
217 *Wannenmacher* S. 188ff. Nachw. in die frz. Rspr. *Schlosser* IPRax 2012, 88, 89; *Niggemann* IPRax
2015, 75, 77.
218 OLG München IPRax 2015, 93 Rdn. 16 (im Ausgangspunkt aber zu restriktiv).
219 **A.A.** *Schlosser* IPRax 2012, 88, 89.
220 *Geimer/Schütze* EuZVR A.1 Art. 31 Rdn. 61.
221 *Eisermann* S. 25–29; *Wannenmacher* S. 93f.
222 *Kurtz* S. 80f.; *Wannenmacher* S. 91f. Gegen eine internationale Dimension von § 942 ZPO aber
Nagel/Gottwald § 17 Rdn. 51; *Berger/Otte* Einstw. Rechtsschutz im Zivilrecht, Kap. 18 Rdn. 110.
223 Oben Rdn. 50.

die den Art. 4 ff. Brüssel Ia-VO entsprechen, wird es wegen des Vorrangs Letzterer (Rdn. 85) i.d.R. nicht ankommen (anders bei gegenteiliger Wahl des Klägers), so dass vor allem die von der Brüssel Ia-VO abweichenden Hauptsachezuständigkeiten zu beachten sind (etwa § 23 ZPO;[224] § 14 UWG i.V.m. § 937 ZPO).[225]

79 Der Unterschied zwischen der Zuständigkeit kraft Belegenheit des Arrestgegenstands nach Art. 35 i.V.m. § 919 Var. 2 ZPO und der Zuständigkeit kraft Vermögensbelegenheit nach **Art. 35 i.V.m. §§ 919 Var. 1, 23 ZPO** betrifft vor allem die sachliche Zuständigkeit, da § 919 Var. 2 ZPO auf das Amtsgericht beschränkt ist, während § 23 ZPO bei entsprechendem Streitwert eine Zuständigkeit des Landgerichts ermöglicht.[226] Dass § 23 ZPO eine allgemeine Vermögensbelegenheit genügen lassen würde, wird durch die Vorgabe der realen Verknüpfung etwas relativiert (Rdn. 52ff.). § 919 Var. 2 erfüllt schon seinem Wortlaut nach das Erfordernis der realen Verknüpfung.[227] § 23 ZPO kann über § 937 Abs. 1 ZPO auch für einstweilige Verfügungen Bedeutung haben.[228]

80 Für die Schaffung einer Zuständigkeit durch **Gerichtsstandsvereinbarung** (Prorogation) kommt es wegen Art. 25 (Rdn. 31) auf das autonome Recht nicht an. Dieses entscheidet aber darüber, ob eine ausschließliche Gerichtsstandsvereinbarung zugunsten eines anderen Staates hierzulande eröffnete autonome Zuständigkeiten ausschließt (dazu oben Rdn. 35).

2. Zuständigkeiten im von Art. 35 berufenen österreichischen Verfahrensrecht (Überblick)

Lit.: *König* Einstweilige Verfügungen im Zivilverfahren, 4. Aufl. 2012, Rdn. 6/12 ff.

81 In Österreich gilt gemäß § 27a JN der Grundsatz der Doppelfunktionalität, so dass örtliche Zuständigkeiten die für Art. 35 Brüssel Ia-VO beachtliche internationale Zuständigkeit mitregeln. Für einstweilige Verfügungen gilt § 387 EO (in Österreich ergehen e.Vfg. gemäß § 379 EO auch zur Sicherung nicht titulierter Zahlungsansprüche, für die in Deutschland ein Arrest angeordnet würde),[229] der danach differenziert, ob die einstweilige Verfügung vor, während oder nach der Einleitung bzw. dem Abschluss des Hauptsacheverfahrens beantragt wird.[230] Die bloße Anhängigkeit der Hauptsache in Österreich genügt für § 387 Abs. 1 EO nicht, wenn es keine internationale Hauptsachezuständigkeit Österreichs gibt (was das Gericht des einstweiligen Rechtsschutzes einstweilen selbst zu prüfen hat).[231] Gibt es keine örtliche Zuständigkeit, so sind die österreichischen Gerichte unzuständig, wenn nicht ausnahmsweise die Voraussetzungen für eine Ordination nach § 28 Abs. 1 Nr. 2 JN gegeben sind.[232] Eine rügelose Einlassung nach § 104 Abs. 3 JN gilt für einstweilige Verfahren als ausgeschlossen.[233] Die örtliche Zuständigkeit für Beweissicherungsmaßnahmen (Rdn. 68) richtet sich nach § 384 Abs. 3 öZPO i.V.m. § 27a JN.[234]

---

224 Rauscher/*Leible* Art. 35 Brüssel Ia-VO Rdn. 32; Vgl. EuGH 17.11.1998 C-391/95 EuGHE 1998, I-7122 – Van Uden, Rdn. 42.
225 Vgl. Köhler/Bornkamm/*Köhler/Feddersen* UWG, 34. Aufl. 2016, § 14 Rdn. 3; *Lindacher* FS Leipold, 251, 256.
226 Vgl. auch *Geimer/Schütze* EuZVR A.1 Art. 31 Rdn. 68.
227 *Schlosser/Hess* Art. 35 EuGVVO Rdn. 20.
228 Berger/*Otte* Einstw. Rechtsschutz im Zivilrecht, Kap. 18 Rdn. 22.
229 *Stürner* FS Geiß, 2000, S. 199, 200 f.; *König* Rdn. 2.48a.
230 *Garber* S. 178 ff.
231 OGH GRURInt 2012, 826, 828.
232 öOGH IPRax 2003, 64; *Garber* S. 177.
233 *König* Rdn. 6/31.
234 *Garber* S. 192.

V. Anderweitige Rechtshängigkeit

Ein **anhängiges Hauptsacheverfahren** sperrt andernorts beantragten einstweiligen Rechtsschutz (einschließlich Beweissicherungsmaßnahmen) grundsätzlich nicht;[235] alle anderen konkurrierenden Gerichtsstände der Art. 4 ff. (str., Rdn. 26 ff.) sowie Art. 35 stehen hierfür offen.[236] Art. 29 und 33 greifen nicht (arg.: nicht „derselbe Anspruch";[237] andernfalls könnte der Gegner durch negative Feststellungsklage einstweiligen Rechtsschutz blockieren).[238] Die Anwendung von Art. 30/34 zur Koordination mit dem Hauptsacheverfahren sollte aber möglich bleiben.[239] Nur eine Leistungsverfügung, die nicht den Einschränkungen des EuGH (Rdn. 61 ff.) entspricht, wird durch die Hauptsache entsprechend Art. 29 gesperrt (Rdn. 38). Ein Verfahren auf einstweiligen Rechtsschutz sperrt nicht ein später in einem anderen Mitgliedstaat initiiertes Hauptsacheverfahren.[240]

82

Der **parallele Erlass einstweiliger Maßnahmen in verschiedenen Mitgliedstaaten** ist zulässig (Art. 29 gilt grundsätzlich nicht).[241] Das kann hilfreich sein, um den Zeitverlust durch Anerkennung in anderen Mitgliedstaaten zu vermeiden,[242] oder aber notwendig, da viele Maßnahmen von der grenzüberschreitenden Anerkennung ausgenommen sind (Art. 2 lit. a).[243] Die Koordination von doppelten oder sich widersprechenden Maßnahmen erfolgt erst auf Anerkennungsebene (Art. 45 Abs. 1 lit. c/d, Rdn. 89).[244] Für mehrfach beantragte Leistungsverfügungen kann man aber ausnahmsweise eine Rechtshängigkeitssperre nach Art. 29 begründen.[245] Gleiches gilt für Unterlassungsverfügungen, soweit sie die Hauptsache vorwegnehmen, da der Antragsteller andernfalls unter unbilliger Doppelung der Verfahrenslast des Antragsgegners das Recht erhielte, in mehreren Staaten *de facto* zum Hauptsacheerfolg zu gelangen, was Art. 29 widerspricht.[246]

83

Staatliche Gerichte sind auch dann nach der Brüssel Ia-VO für einstweiligen Rechtsschutz zuständig, wenn in der Hauptsache ein **Schiedsverfahren** anhängig oder vorgesehen ist; Art. 1 Abs. 2 lit. d steht dem nicht entgegen (Rdn. 37).[247]

84

VI. Verfahrensfragen

1. Prüfung der internationalen Zuständigkeit. Das Gericht hat auch im einstweiligen Rechtsschutz gemäß Art. 27 f. seine internationale Zuständigkeit zu prüfen und ggf. festzustellen, ob die Einschränkungen des Art. 35 erfüllt sind.[248] Bevor ein Gericht eine

85

---

235 LG Hamburg GRUR Int 2002, 1025, 1027.
236 Rauscher/*Leible* Art. 29 Brüssel Ia-VO Rdn. 24; *Ahrens* FS Schütze, 2015, 1, 8 f.
237 *Lindacher* FS Leipold, 251, 256: „rechtsschutzformbedingte Streitgegenstandsdiversität"; *Pfeiffer/Wais* IJPL 2012, 274, 294.
238 *Geimer/Schütze* EuZVR A.1 Art. 31 Rdn. 3.
239 *Geimer/Schütze* EuZVR A.1 Art. 31 Rdn. 8. Der Vorschlag der Kommission (KOM (2010) 748 endg., S. 39 E-Art. 31) für eine Pflicht des Gerichts, sich mit dem Hauptsachegericht abzustimmen, hat sich nicht durchgesetzt.
240 *Lindacher* FS Leipold, 251, 257. **A.A.** *Wolf/Lange* RIW 2003, 55, 61, um ein „Austesten" zu verhindern.
241 *Kropholler/von Hein* Art. 27 EuGVO Rdn. 14; Rauscher/*Leible* Art. 29 Brüssel Ia-VO Rdn. 6.
242 *Ahrens* FS Loschelder, S. 1, 7.
243 *Schlosser/Hess* Art. 29 EuGVVO Rdn. 5; noch zur Brüssel I-VO vgl. *Pfeiffer/Wais* IJPL 2012, 274, 290–294; *Pérez-Ragone/Chen* ZZPInt 17 (2012), 231, 256.
244 *Garber* S. 209 f.
245 *Geimer/Schütze* EuZVR A.1 Art. 31 Rdn. 60.
246 Im Ergebnis *Lindacher* FS Leipold, 251, 259 m.w.N.
247 EuGH 17.11.1998 C-391/95 EuGHE 1998, I-7122 – Van Uden, Rdn. 31–33.
248 *Geimer/Schütze* EuZVR A.1 Art. 31 Rdn. 6.

Zuständigkeit seines autonomen Verfahrensrechts heranzieht, prüft es, ob nicht gemäß Art. 4 ff. Brüssel Ia-VO eine, ggf. nur hypothetische (Rdn. 26), Zuständigkeit eröffnet ist. Auch wenn Art. 35 gegenüber den Brüssel Ia-Hauptsachegerichtsständen (Rdn. 24 ff.) nicht subsidiär ist,[249] darf ein Gericht, wenn der Kläger nicht ausdrücklich anderes will, die Prüfung der Art. 4, 7 ff. keinesfalls hintanstellen.[250] Vielmehr ist in der Urteilsbegründung klarzustellen, dass sich aus Art. 4, 7 ff. eine Zuständigkeit ergibt, um die mit einer solchen Zuständigkeit verbundenen Vorteile der Entscheidungsfreizügigkeit (Art. 42 Abs. 2 lit. b[i]) nicht zu gefährden.[251] Rechtsanwälte sind gehalten, auf eine Prüfung der Brüssel Ia-VO zu dringen. Erst wenn sich aus der Brüssel Ia-VO keine Zuständigkeit ergibt, ist zu prüfen, ob Art. 35 anwendbar ist, insbesondere eine einstweilige Maßnahme vorliegt (oben Rdn. 39, 44). Wird das bejaht, ist in einem ersten Schritt die internationale Zuständigkeit nach dem autonomen deutschen Verfahrensrecht zu ermitteln (Rdn. 77 ff.), um in einem zweiten Schritt zu überprüfen, ob diese Zuständigkeit im Einzelfall den Anforderungen des Art. 35 standhält (Rdn. 52 ff.).

86 **2. Wirkung und Vollzug einstweiliger Maßnahmen in anderen Mitgliedstaaten.** *Ex-parte*-**Entscheidungen**, die dem Antragsgegner vor der Vollstreckung nicht zugestellt worden sind, sind grundsätzlich nur im „eigenen" Mitgliedstaat vollstreckbar. Wer einstweiligen Rechtsschutz mit grenzüberschreitendem Überraschungseffekt benötigt, muss die EuKontPfVO (Rdn. 22; Art. 25, 28 EuKontPfVO) nutzen[252] oder gleichzeitig in mehreren Mitgliedstaaten einstweiligen Rechtsschutz beantragen. Einen Rettungsanker gibt zudem Erwägungsgrund Nr. 33 Satz 3, wonach die weitergehende Anerkennung und Vollstreckung solch einseitiger Maßnahmen gemäß dem autonomen Verfahrensrecht (§§ 722, 328 ZPO) erfolgen darf, solange sie in einer Hauptsachezuständigkeit ergangen sind.[253]

87 Im Übrigen (wenn dem Antragsgegner rechtliches Gehör gewährt wurde oder ihm die Entscheidung vor der Vollstreckung zugestellt worden ist) hängt die grenzüberschreitende Vollstreckbarkeit von der Art der in Anspruch genommenen Zuständigkeit ab. Entscheidungen, die in einer **Hauptsachezuständigkeit** ergehen, profitieren von der unmittelbaren Vollstreckbarkeit in anderen Mitgliedstaaten gemäß Art. 39 ff. (Art. 2 lit. a UA 2, 42 Abs. 2 lit. b[i]).[254] Eine hypothetische Hauptsachezuständigkeit sollte hierfür genügen.[255] Die unmittelbare Vollstreckbarkeit ist auch dann möglich, wenn die angeordneten Maßnahmen im Vollstreckungsstaat nicht bekannt sind (Art. 54).

88 Entscheidungen, die gemäß Art. 35 auf eine **autonome Zuständigkeit** eines Mitgliedstaats gestützt werden, können in anderen Mitgliedstaaten weder unmittelbar vollstreckt noch für vollstreckbar erklärt werden (Art. 2 lit. a), und zwar nach bislang h.L., die mit Erwägungsgrund Nr. 33 argumentiert, auch nicht nach autonomem Recht.[256] Es ist nicht auszuschließen, dass dies auch auf die Vollstreckung von Ordnungsgeldern

---

249 *Pérez-Ragone/Chen* ZZPInt 17 (2012), 231, 240.
250 *Eichel* ZZP 131 (2018), 71, 89–91.
251 Vgl. EuGH 15.7.2010 C-256/09 EU:C:2010:437 – Purrucker I, Rdn. 72 ff.; *Drooghenbroeck/De Boe* in: Guinchard, S. 167, 191 Fn. 83.
252 *Hau* MDR 2014, 1417, 1420; *Schlosser/Hess* Art. 28 EuKtPVO Rdn. 1.
253 *Hau* MDR 2014, 1417, 1420.
254 *Hau* MDR 2014, 1417, 1420.
255 Rauscher/*Mankowski* Art. 42 Brüssel Ia-VO Rdn. 23 f.
256 *Domej* RabelsZ 78 (2014), 508, 545; Rauscher/*Leible* Art. 35 Brüssel Ia-VO Rdn. 42; *Wilke* JPIL 2015, 128, 135 f. Anders noch die Rechtslage unter der früheren Brüssel I-VO: Rauscher/*Leible* Bearb. 2011, Art. 31 Brüssel I-VO Rdn. 38; *Garber* ecolex 2013, 1071, 1073 f. Anders auch EuGH 15.7.2010 C-256/09 EU:C:2010:437 – Purrucker I, Rdn. 92, für die Brüssel IIa-VO.

übertragen wird, die zur Vollziehung einstweiliger Unterlassungsverfügungen im autonom zuständigen Erststaat festgesetzt werden (Art. 55). Wer den grenzüberschreitend agierenden Schuldner in Mitgliedstaaten „stellen" will, in denen keine Zuständigkeit gemäß Art. 4, 7 ff. verwirklicht ist, muss also entweder in jedem dieser Mitgliedstaaten einstweiligen Rechtsschutz beantragen oder aber in einem Hauptsachegerichtsstand mit Wirkung für alle Mitgliedstaaten.

Die internationale Vollstreckbarkeit einstweiliger Maßnahmen aus Hauptsachegerichtsständen schafft **keinen Vorrang**: Weder setzen sie sich im Fall von Art. 45 Abs. 1 lit. c gegen frühere Entscheidungen in nach Art. 35 autonom zuständigen Mitgliedstaaten durch, noch können letztere vom ausländischen Hauptsachegericht aufgehoben werden.[257] Wenn das ausländische Hauptsachegericht eine einstweilige Maßnahme gewährt und im Inland vor deren Vollstreckung eR abgelehnt wird, bleibt es im Inland bei der Ablehnung (Art. 45 Abs. 1 lit. c).[258] Anerkennungsfähige Entscheidungen *über die Hauptsache* setzen sich gegen einstweilige Entscheidungen anderer Mitgliedstaaten aber in jedem Fall durch, da sie endgültige Wirkung haben.[259] Gleiches soll für einstweilige Entscheidungen gelten, denen durch Abschlusserklärung nachträglich die funktionale Wirkung einer Hauptsacheentscheidung zuerkannt wurden.[260] Wenn eR im Inland gewährt wird, die Hauptsache in einem anderen Mitgliedstaat aber abgelehnt wird, bestimmt das autonome Verfahrensrecht, wie die einstweilige Maßnahme im Hinblick auf die anerkennungsfähige Abweisung der Hauptsache aufzuheben ist.[261]

89

3. Vollstreckungssicherung von in einem anderen Mitgliedstaat ergangenen Hauptsacheentscheidungen. Von dem Vollzug im Ausland angeordneter einstweiliger Maßnahmen ist die einstweilige Vollstreckungssicherung von in anderen Mitgliedstaaten erwirkten Hauptsacheentscheidungen zu unterscheiden, wenn solche Entscheidungen hierzulande vollstreckt werden sollen und einstweiliger Rechtsschutz zur Sicherung dieser Vollstreckung beantragt wird. Gemäß Art. 40 Brüssel Ia-VO stehen dem Gläubiger eines Titels aus anderen Mitgliedstaaten dieselben Maßnahmen zur vorläufigen Vollstreckungssicherung zu wie dem Gläubiger eines in Deutschland erwirkten Titels,[262] also i.d.R. die Sicherungsvollstreckung (§ 720a ZPO), die Vorpfändung (§ 845 ZPO), der Arrest (§ 916 ZPO), die einstweilige Verfügung (§ 935 ZPO), aber auch die Vermögensauskunft (§§ 802c ff. ZPO). Art. 40 gilt als die Fortsetzung von Art. 35 für die Zeit nach dem Ergehen einer anerkennungsfähigen Hauptsachentscheidung, ist aber auch funktional von diesem abgrenzbar, da sich viele der mit Art. 35 verbundenen Herausforderungen (wie die Gefahr der Umgehung des Beklagtenschutzes) bei Art. 40 nicht mehr in gleicher Weise stellen.[263] Die Vorgaben von Art. 35 sind für Maßnahmen i.S.d. Art. 40 daher nicht anwendbar,[264] was schon aus der Definition der einstweiligen Maßnahme des Art. 35 durch den EuGH deutlich wird, die sich nur auf die Zeit bis zu einer Feststellung der Rechtslage

90

---

257 *Geimer/Schütze* EuZVR A.1 Art. 31 Rdn. 17; z.T. anders Art. 20 Abs. 2 Brüssel IIa-VO(= EuEheVO).
258 EuGH 6.6.2002 C-80/00 EUGHE 2002, I-4995 – Italian Leather; Rauscher/*Leible* Art. 45 Brüssel Ia-VO Rdn. 64.
259 *Pfeiffer/Wais* IJPL 2012, 274, 294.
260 *Ahrens* FS Schütze, 2015, 1, 8.
261 Berger/*Otte* Einstw. Rechtsschutz im Zivilrecht, Kap. 18 Rdn. 35.
262 Grundlegend zu den Möglichkeiten des deutschen und englischen autonomen Rechts, *Weinert* Vollstreckungsbegleitender einstweiliger Rechtsschutz, Diss. Frankfurt Main 2007.
263 *Heinze* S. 18 ff. mwN. **A.A.** *Nuyts* in Dickinson/Lein, Rdn. 12.22.
264 *Domej* Internationale Zwangsvollstreckung und Haftungsverwirklichung, 2016, S. 304; *Tsikrikas* ZZPInt 17 (2012), 293, 312 f.

in der Hauptsache bezieht.[265] Damit bleibt es in Deutschland der ZPO überlassen, ob sie die genannten Maßnahmen zur vorläufigen Vollstreckungssicherung beispielsweise schon dann gewährt, wenn sich hierzulande noch gar kein Vermögen befindet, solange für in- und ausländische Titel dieselben Maßstäbe gelten (Art. 40).

VII. Rechtsvergleichende Bemerkungen

Lit.: *Stürner* FS Geiß, 2000, S. 199; *Berger/Otte* Einstw. Rechtsschutz im Zivilrecht, Kap. 18 Rdn. 187 ff.

91 Unverbindliche **Modellregeln** zum grenzüberschreitenden einstweiligen Rechtsschutz in Zivil- und Handelssachen enthalten die Helsinki-Regeln der International Law Association[266] sowie die „UNIDROIT Principles of Transnational Civil Procedure".[267]

92 **England:** Der einstweilige Rechtsschutz in England[268] sieht u.a. die *„freezing injunction"* vor (früher: „Mareva injunction"),[269] die als die „schärfste Waffe des einstweiligen Rechtsschutzes" bezeichnet wird.[270] Sie zielt auf sanktionsbewehrte Verfügungsverbote über bestimmte Arten von Vermögensgegenständen; sie kann auch unabhängig von der Belegenheit des Gegenstands mit weltweiter Wirkung beantragt werden (*„world wide freezing order"*) und kann Wirkungen gegenüber Dritten haben, die in Kenntnis gegen sie verstoßen.[271] Zuwiderhandlungen werden über den Mechanismus des „contempt of court" sanktioniert, der neben Strafzahlungen eine Reihe weiterer Sanktionen ermöglicht.[272] Flankiert werden *freezing injunctions* häufig durch Maßnahmen, mit denen Auskunft über Existenz und Belegenheit von Vermögenswerten angeordnet werden (CPR 25.1[1]g).[273] Mit der *„interim payment order"* sieht das englische Recht eine Leistungsverfügung vor, mit der dem Antragsgegner die Zahlung einer Geldforderung aufgegeben wird, in die er in der Hauptsache mit hoher Wahrscheinlichkeit verurteilt wird.[274] Die *„search order"* (früher: „Anton Pillar Order") ist ein Beweissicherungsverfahren bei drohender Beweismittelvernichtung oder -verdunkelung; sie ermöglicht Zugang zu Räumlichkeiten, Durchsuchungsmaßnahmen, Beweismittelherausgabe oder Auskunfterteilung.[275]

93 **Frankreich:** *Mesures provisoires* können in Frankreich entweder im *„référé-Verfahren"* (Art. 808–811 c. pr. civ.), also kontradiktorisch, oder *„sur requete"* (Art. 812–813 c. pr. civ.), also *ex parte* ergehen.[276] Schon die auf Art. 484 c. pr. civ. gestützte *„ordonnance de référé"* ermöglicht Leistungsverfügungen.[277] Eine umfassendere Leistungsverfügung ermöglicht die *„référé-provision"* aus Art. 809 Abs. 2 CPC, die zwar vorläufige

---

265 EuGH 26.3.1992 C-261/90 EuGHE 1992, I-2175 – Reichert und Kockler, Rdn. 34 f.; EuGH 17.11.1998 C-391/95 EuGHE 1998, I-7122 – Van Uden, Rdn. 37; EuGH 28.4.2005 C-104/03 EUGHE 2005, I-3497 – St. Paul Dairy, Rdn. 13.
266 „Principles on Provisional and Protective Measures in International Litigation", *Kofmel Ehrenzeller* S. 521 ff. und Anhang II; *Nygh* RabelsZ 62 (1998), 115.
267 http://www.unidroit.org/instruments/transnational-civil-procedure; vgl. etwa Regeln Nr. 5.8 und 8. Allg. zu den *Principles*: *Gottwald* FS Leipold, 2009, S. 33.
268 Vgl. allg. Part 25 der Civil Procedure Rules (mit den entsprechenden Practice Directions); *Kofmel Ehrenzeller* (2005) S. 133–188.
269 *Grunert* Die „world-wide" Mareva Injunction (1998).
270 *Schlosser/Hess* Art. 35 EuGVVO Rdn. 33.
271 *Heinze* IPRax 2007, 343, 344.
272 Näher *Eisenmann* (2011) S. 65–93.
273 *Heinze* RIW 2003, 922, 923 f.
274 Part 25.7 der Civil Procedure Rules; *Kofmel Ehrenzeller* (2005) S. 146 f.
275 Näher *Janal* § 6 Rdn. 11 ff.; *Eisermann* 2011, S. 118–140.
276 *Eisermann* S. 30.
277 Für Notwendigkeit einschränkender Auslegung solcher Maßnahmen, um Art. 35 gerecht zu werden, *Kimmerle* 2013, S. 94 f.

"Abschlagszahlungen" tituliert, welche aber durchaus 100 % des geltend gemachten Anspruchs betragen können, so dass das Verfahren durchaus eine Vorwegnahme der Hauptsache bedeuten kann.[278] Mit der „saisie contre-façon" können im Vorfeld eines Hauptsacheverfahrens Beweise gesammelt und gesichert werden und im Bereich der Verletzung von gewerblichen Schutzrechten Vermögen beschlagnahmt werden.[279] Untersuchungs- und Beweiserhebungsmaßnahmen in Form der „mesures d'instruction sur requete" gemäß Art. 145 CPC gehören in Frankreich ebenfalls zum einstweiligen Rechtsschutz.[280] Die internationale Zuständigkeit bestimmt sich nach dem Grundsatz der Doppelfunktionalität, also gemäß der örtlichen Zuständigkeit; es besteht eine Tendenz, wonach diese voraussetzt, dass die Maßnahmen in Frankreich vollstreckt werden können.[281] Das kommt den Anforderungen des Art. 35 entgegen (Rdn. 56).

Niederlande: Das niederländische „kort geding"-Verfahren (Art. 254 ff. Wetboek van Burgerlijke Rechtsvordering), auf das sich die beiden EuGH-Entscheidungen zu den Einschränkungen für Leistungsverfügungen bezogen,[282] ermöglicht ein abgekürztes Verfahren, mit dem vollständige Erfüllung von Ansprüchen, auch Geldforderungen, erlangt werden kann, wenn eine besondere Dringlichkeit besteht.[283] Die Entscheidung ist ohne Bindung für ein späteres Hauptsacheverfahren; *de facto* führen diese Verfahren aber sehr häufig zu einer endgültigen Beilegung der Streitigkeit, weil die Parteien von einem weiteren Hauptsacheverfahren absehen.[284] Der früher beliebte Klägergerichtsstand, den auch die EuGH-Entscheidung *Van Uden* betraf, ist allerdings gestrichen worden.[285] **94**

KAPITEL III
Anerkennung und Vollstreckung

Vorbemerkungen zu Art. 36–57

Schrifttum

Alio Die Neufassung der Brüssel I-Verordnung, NJW 2014, 2395; *Bach* Grenzüberschreitende Vollstreckung in Europa (2008); *ders.* Deine Rechtskraft? Meine Rechtskraft! EuZW 2013, 56; *Basedow* Die Anerkennung von Auslandsscheidungen (1980); *Beaumont/Walker* Recognition and enforcement of judgments in civil and commercial matters in the Brussels I Recast and some lessons from it and the recent Hague Conventions for the Hague Judgments Project, Journal of Private International Law 11 (2015) 31; *Bitter* Vollstreckbarerklärung und Zwangsvollstreckung ausländischer Titel in der Europäischen Union (2009); *Domej* Die Neufassung der EuGVVO, RabelsZ 78 (2014) 508; *Gebauer* Rechtskraftwirkungen ausländischer Unzuständigkeitsentscheide, FS Geimer (2017) 103; *Geimer* Bemerkungen zur Brüssel I-Reform, FS Simotta (2012) 163; *ders.* Das Anerkennungsregime der neuen Brüssel I-Verordnung (EU) Nr. 1215/2012, FS Torggler (2013) 311; *ders.* Unionsweite Titelvollstreckung ohne Exequatur nach der Reform der Brüssel I-Verordnung, FS Schütze (2014) 109; *Gössl* Die Vollstreckung von dynamischen Zinssätzen unter der neuen EuGV-

---

278 *Eisermann* (2011) S. 98–108; *Kimmerle* 2013, S. 35–95; *Wannenmacher* (2007) S. 47–71.
279 *Eisermann* (2011) S. 108–118.
280 *Wannenmacher* (2007) S. 66 f., 77.
281 *Wannenmacher* S. 117 ff.
282 EuGH 17.11.1998 C-391/95 EuGHE 1998, I-7122 – Van Uden; EuGH 27.4.1999 C-99/96 EuGHE 1999, I-2277 – Mietz.
283 Berger/*Otte* Einstw. Rechtsschutz im Zivilrecht, Kap. 18 Rdn. 203 ff.; ausführlich *Schneider* 2013, S. 27–241.
284 *Schneider* 2013, S. 231; *Mincke* Einführung in das niederländische Recht, 2002, Rdn. 370 f.; Berger/*Otte* Einstw. Rechtsschutz im Zivilrecht, Kap. 18 Rdn. 203.
285 *Schneider* 2013, S. 110 f.; ebd., S. 94–114, zur int. Zuständigkeit nach niederländischem Recht.

Vor Art. 36–57 Brüssel Ia-VO ⎯ Kapitel III. Anerkennung und Vollstreckung

VO, NJW 2014, 3479; *Grothaus* Inlandsvollstreckung mit Auslandswirkung (2010); *Hau* Brüssel Ia-VO – Neue Regeln für die Anerkennung und Vollstreckung ausländischer Entscheidungen in Zivil- und Handelssachen, MDR 2014, 1417; *ders.* Enforcement shopping im Binnenmarkt, FS Schilken (2015) 705; *ders.* Executio non conveniens? – Zum Ausschluss der Vollstreckung anerkennungsfähiger ausländischer Entscheidungen, ZVglRWiss 116 (2017) 23; *Haubold* Europäische Titelfreizügigkeit und Einwände des Schuldners in der Zwangsvollstreckung, FS Schütze (2014) 163; *Hausmann* Kollisionsrechtliche Schranken von Scheidungsurteilen (1980); *Hess* (Hrsg.) Die Anerkennung im internationalen Zivilprozessrecht – europäisches Vollstreckungsrecht (2014); *ders.* Urteilsfreizügigkeit nach der VO Brüssel-Ia: beschleunigt oder ausgebremst? FS Gottwald (2014) 273; *Hovaguimian* The enforcement of foreign judgments under Brussels I bis: false alarms and real concerns, Journal of Private International Law 11 (2015) 212; *Klöpfer* Unionsautonome Rechtskraft klageabweisender Prozessurteile – Paradigmenwechsel im Europäischen Zivilverfahrensrecht, GPR 2015, 210; *Koops* Der Rechtskraftbegriff der EuGVVO – Zur Frage der Unvereinbarkeit der Entscheidung Gothaer Allgemeine Versicherung ./. Samskip GmbH mit der EuGVVO, IPRax 2018, 11; *Lakkis* Gestaltungsakte im internationalen Rechtsverkehr (2007); *Loyal* Zur Struktur und Dogmatik der Anerkennung ausländischer Gerichtsentscheidungen (erscheint demnächst in der ZZP); *ders.* Parteivereinbarungen bei der Vollstreckung von Gerichtsentscheidungen anderer EU-Mitgliedstaaten, GPR 2018, 63; *Mauch* Die Sicherungsvollstreckung gem. Art. 47 EuGVVO, Art. 39 EuGVÜ und Art. 39 Luganer Übereinkommen (2003); *Nelle* Anspruch, Titel und Vollstreckung im internationalen Rechtsverkehr (2000); *Peiffer* Grenzüberschreitende Titelgeltung in der Europäischen Union (2012); *Roth* Europäischer Rechtskraftbegriff im Zuständigkeitsrecht? IPRax 2014, 136; *Schack* „Anerkennung" ausländischer Entscheidungen, FS Schilken (2015) 445; *Schlosser* Die transnationale Bedeutung von Vollstreckbarkeitsnuancierungen, FS Beys (2003) 1471; *Seidl* Ausländische Vollstreckungstitel und inländischer Bestimmtheitsgrundsatz (2010); *Sepperer* Der Rechtskrafteinwand in den Mitgliedstaaten der EuGVO (2010); *Stürner* Die Vollstreckung aus ausländischen Zivilurteilen nach der Brüssel Ia-VO, DGVZ 2016, 215; *Süß* Die Anerkennung ausländischer Urteile, FG Rosenberg (1949) 229; *Thöne* Der Abschied vom Exequatur, GPR 2015, 149; *ders.* Die Abschaffung des Exequaturverfahrens und die EuGVVO (2016); *Ulrici* Anerkennung und Vollstreckung nach Brüssel Ia, JZ 2016, 127; *Wolber* Schuldnerschutz im Europäischen Zwangsvollstreckungsrecht (2015).

Übersicht

I. Normzweck ⎯ 1
II. Anwendungsbereich ⎯ 3
III. Verhältnis zu anderen Regelungen ⎯ 4
IV. Überblick ⎯ 6
   1. Anerkennung ⎯ 6
   2. Vollstreckung ⎯ 7
   3. Rechtsbehelfsverfahren, gemeinsame Vorschriften und Ausführungsbestimmungen ⎯ 8

I. Normzweck

1 Das dritte Kapitel der Brüssel Ia-VO (Art. 36–57) regelt die Anerkennung und Vollstreckung von Entscheidungen (Art. 2 lit. a) anderer Mitgliedstaaten.[1] Anerkennung bedeutet, dass die **Gerichtsentscheidung** eines Mitgliedstaats (Art. 2 lit. d: „Ursprungsmitgliedstaat") auch in anderen Mitgliedstaaten (Art. 2 lit. e: „ersuchter Mitgliedstaat") **rechtliche Wirkungen** entfaltet (näher zum Umfang der Anerkennung Art. 36 Rdn. 8 ff.).[2] Dadurch erlangen die Entscheidungen eines Mitgliedstaats grundsätzlich im ganzen Anwendungsgebiet der Brüssel Ia-VO Geltung. Da die nationalen Rechtsordnungen der Mitgliedstaaten regelmäßig schon Vorschriften zur Anerkennung und Vollstreckung ausländischer Entscheidungen enthalten (z.B. §§ 328, 722 f. ZPO), sichert die Brüs-

---

1 Dazu, dass dies die „Kernregelungen" der Brüssel Ia-VO sind, *Hess* EuZPR, § 6 Rdn. 170.
2 Die Kommentierung der Art. 36–44 verwendet – soweit sie sich auf die Brüssel Ia-VO bezieht – konsequent die in Art. 2 eingeführten Begriffe. In der Literatur gebräuchliche Synonyme für „Ursprungsmitgliedstaat" sind „Urteilsstaat", „Entscheidungsstaat", „Erststaat" und „Ursprungsstaat". Synonyme für „ersuchter Mitgliedstaat" sind „Anerkennungsstaat", „Zweitstaat" und „Vollstreckungsstaat".

sel Ia-VO vor allem die Einheitlichkeit der Voraussetzungen und Verfahren bei einer Anerkennung und Vollstreckung innerhalb der Europäischen Union.

Die Art. 36 ff. beruhen insbesondere auf dem **rechtspolitischen Gedanken**, dass ein 2 einheitlicher europäischer Binnenmarkt und Rechtsraum die **Freizügigkeit** und den **Einklang** von **Gerichtsentscheidungen** erfordert.[3] Daneben geht es hier auch um ein politisches Gebot des Respekts und des **Vertrauens** gegenüber den europäischen Partnern,[4] auch wenn dieses Vertrauen in die Justiz der anderen Mitgliedstaaten eher politisch von oben verordnet und fingiert ist und weniger tatsächlich existiert.[5]

II. Anwendungsbereich

Die Anwendung der Art. 36 ff. hängt davon ab, dass der sachliche (Art. 1) und zeitli- 3 che (Art. 66) **Anwendungsbereich der Verordnung** eröffnet ist und eine gerichtliche **Entscheidung** (Art. 2 lit. a) eines **anderen Mitgliedstaats** existiert. Unerheblich sind hingegen die Staatsangehörigkeit und der Wohnsitz der Parteien des ursprünglichen Verfahrens.[6] Es ist auch nicht erforderlich, dass das Ursprungsgericht (Art. 2 lit. f) seine Zuständigkeit auf die Brüssel Ia-VO stützte oder sonst ein Auslandsbezug bestand.[7] Ob es sich bei der möglicherweise anzuerkennenden Gerichtsentscheidung um eine Zivil- und Handelssache gem. Art. 1 Abs. 1 Satz 1 handelt, ist autonom nach europäischem Recht zu bestimmen (Art. 1 Rdn. 18).[8]

III. Verhältnis zu anderen Regelungen

In ihrem Anwendungsbereich **verdrängt** die Brüssel Ia-VO die **nationalen Vor-** 4 **schriften** zur Anerkennung und Vollstreckung ausländischer Entscheidungen.[9] Umstritten ist, ob das nationale Recht ausnahmsweise anwendbar bleibt, wenn es die Anerkennung oder Vollstreckung im Vergleich mit der Brüssel Ia-VO erleichtert.[10] Dafür spricht, dass die Brüssel Ia-VO die Anerkennung und Vollstreckung mitgliedstaatlicher Entscheidungen begünstigen soll.[11] Auch der 33. Erwägungsgrund zur Brüssel Ia-VO deutet in diese Richtung.[12] Dagegen wird jedoch angeführt, dass die Verordnung auch die Ver-

---

3 Vgl. die Erwägungsgründe drei, vier und sechs zur Brüssel Ia-VO.
4 Vgl. den 26. Erwägungsgrund zur Brüssel Ia-VO.
5 Rauscher/*Mankowski* Vorb. Art. 39 Brüssel Ia-VO Rdn. 4 m.w.N.
6 Simons/Hausmann/*Teixeira de Sousa/Hausmann* Brüssel I-Verordnung, Vor Art. 33–37 Rdn. 17; Stein/Jonas/*Oberhammer*[22] Vor Art. 32 bis Art. 56 EuGVVO a.F. Rdn. 6; Zöller/*Geimer* Art. 36 EuGVVO (Art. 33 LugÜ) Rdn. 1; zum Wohnsitz auch der 27. Erwägungsgrund zur Brüssel Ia-VO.
7 *Junker* Internationales Zivilprozessrecht, 3. Aufl. (2016), § 28 Rdn. 12; Nagel/*Gottwald* IZPR, § 12 Rdn. 14.
8 EuGH 15.5.2003 C-266/01 EuGHE 2003, I-4881, 4889 Rdn. 20.
9 Allgemein zum Vorrang der europäischen Regelung vor dem nationalen Recht Gebauer/Wiedmann/*Gebauer* Kapitel 27 Rdn. 11.
10 Dafür Magnus/Mankowski/*Wautelet* Brussels Ibis Regulation, Art. 39 Rdn. 14; Thomas/Putzo/*Hüßtege* Vorb Art. 36 EuGVVO Rdn. 7; **a.A.** Hk/*Dörner* Vorb. zu Art. 36–57 EuGVVO Rdn. 4; MünchKomm/*Gottwald* Art. 36 VO (EU) 1215/2012 Rdn. 7; Kindl/Meller-Hannich/Wolf/*Mäsch* Vorb. zu Art. 32 ff. Brüssel I-VO Rdn. 27; *Martiny* FS Geimer (2017), 451, 459 f.; Zöller/*Geimer* Art. 36 EuGVVO (Art. 33 LugÜ) Rdn. 27; zwischen den verschiedenen Versagungsgründen differenzierend Stein/Jonas/*Oberhammer*[22] Vor Art. 32 bis Art. 56 EuGVVO a.F. Rdn. 10.
11 Erwägungsgründe 1, 3, 4 und 6 zur Brüssel Ia-VO; Thomas/Putzo/*Hüßtege* Vorb Art. 36 EuGVVO Rdn. 7.
12 „Dies sollte die Anerkennung und Vollstreckung solcher Maßnahmen gemäß einzelstaatlichem Recht nicht ausschließen". Freilich möchte Rauscher/*Mankowski* Vorb. Art. 39 Brüssel Ia-VO Rdn. 9 daraus den Umkehrschluss ziehen, dass bei Hauptsacheentscheidungen eine Ausnahme nicht gewollt sei; daran anschließend *Ulrici* JZ 2016, 127, 129; umgekehrt Magnus/Mankowski/*Wautelet* Brussels Ibis Regulation, Art. 39 Rdn. 14.

einheitlichung des Anerkennungsrechts bezwecke.[13] Diese argumentative Pattsituation lässt sich durch eine bloße „Auslegung" der Verordnung kaum auflösen. Für Deutschland wird dieses Problem freilich schon dadurch erheblich entschärft, dass § 328 ZPO grundsätzlich nicht anerkennungsfreundlicher ist als die Brüssel Ia-VO.[14]

5 Das Verhältnis der Brüssel Ia-VO zu **zwischenstaatlichen Übereinkünften** über die Anerkennung und Vollstreckung regeln die Art. 69 ff.

IV. Überblick

6 **1. Anerkennung.** Art. 36 Abs. 1 spricht den Grundsatz aus, dass ein Mitgliedstaat die Gerichtsentscheidungen eines anderen Mitgliedstaats automatisch anerkennt. In den Art. 37 f. sind Verfahrensvorschriften zur Entscheidungsanerkennung enthalten. Die Gründe, derentwegen die Anerkennung ausnahmsweise versagt werden kann, nennt erst Art. 45. Nach dessen Absatz 4 können die „Berechtigten" einen auf jene Gründe gestützten Antrag auf gerichtliche Versagung der Anerkennung stellen. Art. 36 Abs. 2 erlaubt umgekehrt einen Antrag auf gerichtliche Feststellung, dass keiner der in Art. 45 Abs. 1 genannten Gründe für eine Versagung der Anerkennung gegeben ist. Eine selbständige, rechtskraftfähige Entscheidung über die Anerkennung erlaubt nach hier vertretener Auffassung ferner Art. 36 Abs. 3 in allen Gerichtsverfahren, deren Entscheidung von der Anerkennung abhängt.

7 **2. Vollstreckung.** Die Vollstreckung von Gerichtsentscheidungen anderer Mitgliedstaaten ist in den Art. 39–44 besonders geregelt. Ausgangspunkt ist Art. 39, nach dem Gerichtsentscheidungen, die im Ursprungsmitgliedstaat vollstreckbar sind, auch in den anderen Mitgliedstaaten vollstreckt werden können. Anders als nach der alten Regelung hängt die Vollstreckung nicht mehr von einer Vollstreckbarerklärung im ersuchten Mitgliedstaat ab. Die Art. 40–44 normieren unionsrechtliche Vorgaben für das Verfahren der Vollstreckung. Nach Art. 46 kann der Schuldner bei Gericht einen Antrag auf Versagung der Vollstreckung aus den in Art. 45 Abs. 1 genannten Gründen stellen. Im Übrigen verweist Art. 41 für die Vollstreckung und die dagegen möglichen Rechtsbehelfe auf das Recht des ersuchten Mitgliedstats.

8 **3. Rechtsbehelfsverfahren, gemeinsame Vorschriften und Ausführungsbestimmungen.** Die Art. 47–51 regeln das **gerichtliche Verfahren** für die Entscheidung über den Antrag auf Versagung der Vollstreckung nach Art. 46, den Antrag auf Versagung der Anerkennung gem. Art. 45 Abs. 4 sowie die **Rechtsbehelfe** nach Art. 36 Abs. 2 und 3. In den Art. 52–57 sind **„gemeinsame Vorschriften"** für die Anerkennung und Vollstreckung von Entscheidungen anderer Mitgliedstaaten enthalten, etwa der wichtige Grundsatz in Art. 52, dass eine in einem Mitgliedstaat ergangene Entscheidung im ersuchten Mitgliedstaat keinesfalls in der Sache selbst nachgeprüft werden darf.

9 Die **deutschen Ausführungsbestimmungen** zur Anerkennung und Vollstreckung nach der Brüssel Ia-VO sind die §§ 1110–1117 ZPO. Auf Altfälle, für die noch die VO (EG) Nr. 44/2001 gilt, ist jedoch weiterhin das AVAG anzuwenden.[15]

---

13 Simons/Hausmann/*Teixeira de Sousa*/Hausmann Brüssel I-Verordnung, Vor Art. 33–37 Rdn. 24; vgl. hierzu auch EuGH 6.6.2002 C-80/00 EuGHE 2002, I-5011, 5027 Rdn. 51; ferner den vierten Erwägungsgrund zur Brüssel Ia-VO, wo im zweiten Satz aber nur noch mit Bezug auf die internationale Zuständigkeit von der Vereinheitlichung die Rede ist, nicht jedoch für die Anerkennung und Vollstreckung von Entscheidungen.
14 Kindl/Meller-Hannich/Wolf/*Mäsch* Vorb. zu Art. 32 ff. Brüssel I-VO Rdn. 27.
15 *Hau* MDR 2014, 1417, 1420; Kindl/Meller-Hannich/Wolf/*Mäsch* Vorb. zu Art. 32 ff. Brüssel I-VO Rdn. 28.

ABSCHNITT 1
Anerkennung

Artikel 36
[Anerkennung von Entscheidungen]

(1) Die in einem Mitgliedstaat ergangenen Entscheidungen werden in den anderen Mitgliedstaaten anerkannt, ohne dass es hierfür eines besonderen Verfahrens bedarf.

(2) Jeder Berechtigte kann gemäß dem Verfahren nach Abschnitt 3 Unterabschnitt 2 die Feststellung beantragen, dass keiner der in Artikel 45 genannten Gründe für eine Versagung der Anerkennung gegeben ist.

(3) Wird die Anerkennung in einem Rechtsstreit vor dem Gericht eines Mitgliedstaats, dessen Entscheidung von der Versagung der Anerkennung abhängt, verlangt, so kann dieses Gericht über die Anerkennung entscheiden.

Übersicht

I. Entstehungsgeschichte —— 1	a) Anwendbarkeit der Brüssel Ia-VO und Existenz der Entscheidung —— 29
II. Überblick und Normzweck —— 2	b) Versagungsgründe —— 31
III. Anzuerkennende Entscheidungen —— 3	V. Einzelne Rechtsfolgen der Anerkennung —— 32
1. Keine Anerkennung von Anerkennungs- und Exequaturentscheidungen —— 4	1. Materielle Rechtskraft —— 32
2. Prozessuale Entscheidungen —— 5	2. Gestaltungsentscheidungen —— 35
IV. Allgemeine Modalitäten der Anerkennung —— 8	3. Interventions- und Streitverkündungswirkung —— 38
1. Grundstruktur der Anerkennung —— 8	4. Materiellrechtliche Folgen („Tatbestandswirkungen") —— 39
a) Anerkennungstheorien —— 9	VI. Selbständiges Feststellungsverfahren nach Absatz 2 —— 41
b) Entstehungsgeschichte und Rechtsprechung des EuGH —— 12	1. Antragsbefugnis —— 42
c) Normtext und Systematik —— 14	2. Rechtsschutzbedürfnis? —— 43
d) Normzweck und Sachargumente —— 16	3. Inhalt des Feststellungsantrags —— 45
e) Schlussfolgerung —— 19	4. Entscheidung —— 48
2. Existenz und Wirksamkeit der Entscheidung —— 20	VII. Entscheidung über die Anerkennung nach Absatz 3 —— 49
3. Anerkennung nur von prozessrechtlichen Wirkungen —— 23	1. Abhängigkeit der inländischen Entscheidung —— 50
4. Im ersuchten Mitgliedstaat unbekannte Wirkungen —— 24	2. Bedeutung der Entscheidung über die Anerkennung —— 51
5. Teilanerkennung —— 25	3. Verfahren —— 52
6. Anpassung nach Art. 54 —— 26	VIII. Verhältnis zwischen den verschiedenen Rechtsbehelfen —— 53
7. Automatische Anerkennung —— 27	
8. Prüfung der Voraussetzungen und Versagungsgründe —— 28	

I. Entstehungsgeschichte

1 Die Absätze des Art. 36 stimmen funktional und im Wesentlichen auch inhaltlich mit den entsprechenden Absätzen der Vorgängervorschriften Art. 26 EuGVÜ[1] und Art. 33 a.F.

---

[1] Übereinkommen über die gerichtliche Zuständigkeit und die Vollstreckung gerichtlicher Entscheidungen in Zivil- und Handelssachen vom 27.9.1968.

überein.² Die hierauf bezogene ältere Rechtsprechung und Literatur ist also immer noch von Bedeutung.

II. Überblick und Normzweck

2   **Absatz 1** bestimmt, dass die Mitgliedstaaten die Entscheidungen (Art. 2 lit. a) anderer Mitgliedstaaten automatisch anerkennen. **Absatz 2** gestattet einen Antrag auf gerichtliche (rechtskraftfähige) Feststellung, dass keiner der in Art. 45 Abs. 1 genannten Gründe für eine Versagung der Anerkennung gegeben ist. Nach **Absatz 3** ist eine rechtskraftfähige Entscheidung über die Anerkennung auch in allen Gerichtsverfahren möglich, für deren Entscheidung die Anerkennung von Belang ist. Zum **Normzweck** s. Vorbemerkungen zu Art. 36–57 Rdn. 1 f.

III. Anzuerkennende Entscheidungen

3   Art. 2 lit. a definiert, was eine „Entscheidung" im Sinne der Brüssel Ia-VO ist, so dass grundsätzlich auf die Kommentierung zu dieser Vorschrift verwiesen werden kann.³

4   **1. Keine Anerkennung von Anerkennungs- und Exequaturentscheidungen.** Klarzustellen ist im Zusammenhang mit Art. 36, dass Entscheidungen anderer Mitgliedstaaten, in denen eine Gerichtsentscheidung eines dritten Staats für anerkennungsfähig oder für vollstreckbar erklärt (oder dies festgestellt) wird, nicht anzuerkennen sind.⁴ Gleiches gilt für mitgliedstaatliche Entscheidungen, die ohne eigene Sachprüfung lediglich eine ausländische Entscheidung wiederholen.⁵

5   **2. Prozessuale Entscheidungen.** Problematisch und umstritten ist die Anerkennungsfähigkeit von prozessualen Entscheidungen. Deren Anerkennung kommt jedenfalls dann nicht in Betracht, wenn sie keine über das konkrete Verfahren oder den Ursprungsmitgliedstaat hinausgehende Bedeutung haben.⁶ Das dürfte häufig für die Verneinung bestimmter Voraussetzungen des jeweiligen Prozesses gelten.⁷ Soweit es aber zweckmäßig ist, dass die prozessuale Entscheidung auch in einem anderen Staat Rechtsfolgen hat, ist auch ihre grenzüberschreitende Anerkennung in Betracht zu ziehen.⁸

6   Besonders umstritten ist die Anerkennung von Entscheidungen über die gerichtliche **Zuständigkeit**.⁹ In einem vieldiskutierten Urteil aus dem Jahr 2012 entschied der **EuGH**, dass eine Entscheidung, mit der das Gericht eines Mitgliedstaats seine Zuständigkeit wegen einer Gerichtsstandsvereinbarung verneine, eine „Entscheidung" im Sinne von

---

2   Näher hierzu Dickinson/Lein/*Franzina* Rdn. 13.02 ff.
3   Für die Anerkennungsfähigkeit von Zwischenentscheidungen über den Grund (§ 304 ZPO) *Schack* FS Schilken (2015) 445, 447 f.; *ders.* IZVR, Rdn. 910; zur Anerkennung von Ergebnissen eines selbständigen Beweisverfahrens *Schlosser* IPRax 2017, 551 f.
4   Zöller/*Geimer* Art. 36 EuGVVO (Art. 33 LugÜ) Rdn. 23.
5   Simons/Hausmann/*Schwartze* Brüssel I-Verordnung, Art. 32 Rdn. 19.
6   *Gebauer* FS Geimer (2017) 103, 105; *Linke/Hau* IZVR Rdn. 12.32.
7   Stein/Jonas/*Oberhammer*²² Art. 32 EuGVVO a.F. Rdn. 2.
8   Für die grundsätzliche Anerkennungsfähigkeit von prozessualen Zwischenentscheidungen *Hess* EuZPR, § 6 Rdn. 183; vgl. hierzu aber auch *Nagel/Gottwald* IZPR, § 12 Rdn. 9 f.
9   Gegen sie Zöller/*Geimer* Art. 36 EuGVVO (Art. 33 LugÜ) Rdn. 18; *ders.* IZPR, Rdn. 2788a f.; **a.A.** die h.M.; etwa *Roth* IPRax 2014, 136, 137; Czernich/*Kodek*/Mayr Art. 36 Brüssel Ia-VO Rdn. 16; weitere Nachweise unten in Fn. 22.

Art. 32 a.F. (heute Art. 2 lit. a) sei, und zwar unabhängig davon, wie eine solche Entscheidung nach dem Recht eines anderen Mitgliedstaats zu qualifizieren sei.[10] Bemerkenswert ist das Urteil aber vor allem deshalb, weil der EuGH eine von den jeweiligen nationalen Prozessgesetzen unabhängige Bindung im ersuchten Mitgliedstaat an die Entscheidung des Ursprungsgerichts über die Wirksamkeit der Gerichtsstandsvereinbarung bejahte.[11] Letzteres hat in der Literatur zu zahlreichen Spekulationen geführt. Manche sehen darin eine Abkehr von der „Wirkungserstreckungstheorie" (zu dieser Rdn. 10), weil die vom EuGH postulierte Bindung nicht davon abhängt, dass das Recht des Ursprungsmitgliedstaats sie vorsieht.[12] Diskutiert wird ferner, ob eine Entscheidung über die Wirksamkeit einer Gerichtsstandsvereinbarung das Gericht im ersuchten Mitgliedstaat auch im Hinblick auf die Sachentscheidung bindet, wenn es für diese auf die Vereinbarung ankommt.[13] Denkbar ist sogar eine Übertragung der Lösung des EuGH auf die Anerkennung von Sachentscheidungen.[14] Hier zeigen sich exemplarisch die generellen Schwierigkeiten von „Richterrecht". Es ist nämlich offensichtlich, dass der EuGH diese zahlreichen Folgefragen, die in dogmatischer Konsequenz von seiner Entscheidung aufgeworfen werden, nicht übersehen und bedacht hat.[15] Man darf einer gerichtlichen Entscheidung aber nur solche normativen Aussagen entnehmen, die dem Gericht bewusst waren.[16]

Bei der Bindung an Entscheidungen über die Wirksamkeit einer Gerichtsstandsvereinbarung hatte der EuGH erkennbar nur die **Koordination** von gerichtlichen **Zuständigkeitsentscheidungen** im Blick.[17] Andere Prozessgesetze, etwa die ZPO in § 281, regeln diese Frage nicht durch die Rechtskraft des Prozessurteils, sondern durch eine Verweisungsvorschrift. Aber auch auf europäischer Ebene ist eine Koordination erforderlich, damit keine negativen Kompetenzkonflikte entstehen. Die vom EuGH postulierte Anerkennung der Entscheidung über die Gerichtsstandsvereinbarung in Verbindung mit dem weiten **europäischen Rechtskraftbegriff** ist hierfür nur eine Notlösung.[18] Das spricht dafür, diese Konstruktion allenfalls anzuwenden, soweit es zur Koordination der nach europäischem Recht[19] begründeten gerichtlichen Zuständigkeiten erforderlich ist,[20] was etwa auch bei anderen Zuständigkeitsgründen als Gerichtsstandsvereinbarungen denkbar ist.[21] Damit korrespondiert die schon vor dem EuGH-Urteil in der **Literatur** verbreitete Ansicht, dass eine die eigene Zuständigkeit verneinende Prozessentscheidung zumindest insofern für andere Mitgliedstaaten bindend ist, als deren Gerichte die eigene

7

---

10 EuGH 15.11.2012 C-456/11 ECLI:EU:C:2012:719 Rdn. 32 – Gothaer.
11 EuGH 15.11.2012 C-456/11 ECLI:EU:C:2012:719 Rdn. 39 ff. – Gothaer.
12 Torralba-Mendiola/Rodríguez-Pineau Journal of Private International Law 10 (2015), 403, 424 f.; Schack FS Geimer (2017) 611, 614; vgl. auch MünchKomm/Gottwald Art. 36 VO (EU) 1215/2012 Rdn. 16.
13 Hiergegen Gebauer FS Geimer (2017) 103, 114; Musielak/Voit/Stadler Art. 36 EuGVVO Rdn. 2; Klöpfer GPR 2015, 210, 216; wohl schwankend Bach EuZW 2013, 56, 58 f.; vgl. auch Torralba-Mendiola/Rodríguez-Pineau Journal of Private International Law 10 (2015), 403, 425. Rauscher/Leible Art. 36 Brüssel Ia-VO Rdn. 8 hält eine derartige Ausweitung der Rechtsprechung wohl für wahrscheinlich.
14 Hiergegen Roth IPRax 2014, 136, 139; Gebauer FS Geimer (2017) 103, 113; Klöpfer GPR 2015, 210, 216.
15 Vgl. auch Musielak/Voit/Stadler Art. 36 EuGVVO Rdn. 2; Schack FS Geimer (2017) 611.
16 Allgemein zur Auslegung von Gerichtsentscheidungen Loyal JURA 2016, 1181.
17 Hau LMK 2013, 341521; Gebauer FS Geimer (2017) 103, 107.
18 Kritisch zur Begründung des EuGH Bach EuZW 2013, 56, 57 f.; Gebauer FS Geimer (2017) 103, 107; Klöpfer GPR 2015, 210, 211 ff. Die normative Legitimation der Konstruktion bezweifeln etwa Hau LMK 2013, 341521; Musielak/Voit/Stadler Art. 36 EuGVVO Rdn. 2; Klöpfer GPR 2015, 210, 217.
19 Zu dieser Beschränkung Gebauer FS Geimer (2017) 103, 114; Klöpfer GPR 2015, 210, 214.
20 Dickinson/Lein/Franzina Rdn. 13.53 ff.; Schack FS Geimer (2017) 611, 616; anders wohl Bach EuZW 2013, 56, 58.
21 Zu diesem Aspekt Gebauer FS Geimer (2017) 103, 113; Klöpfer GPR 2015, 210, 214; **a.A.** Schack FS Geimer (2017) 611, 616.

Zuständigkeit nicht verneinen dürfen, wenn dies die Zuständigkeit des Ursprungsgerichts impliziert.[22]

IV. Allgemeine Modalitäten der Anerkennung

8 **1. Grundstruktur der Anerkennung.** Art. 36 Abs. 1 sagt lediglich, dass die Entscheidungen anderer Mitgliedstaaten „anerkannt" werden. Die Grundfunktion jeder Anerkennung ausländischer Entscheidungen ist, dass diese auch im **Inland rechtliche Wirkungen** entfalten.[23] Fraglich ist nur, welche konkreten Wirkungen dies sind. Die gerichtliche Entscheidung als solche begründet nie eigenständig Rechtsfolgen, weshalb Art. 36 Abs. 1 auch keine Verweisung auf derartige immanente Wirkungen der Entscheidung sein kann. Gerichtsentscheidungen erlangen immer nur dadurch rechtliche Wirkungen, dass Normen des materiellen Rechts oder des Prozessrechts an die Entscheidung als Tatbestand Rechtsfolgen knüpfen. Zwar wird häufig nur im Zusammenhang mit materiellrechtlichen Folgen der Entscheidung von „Tatbestandswirkungen" gesprochen, rechtstheoretisch betrachtet sind jedoch alle Rechtsfolgen der Entscheidung strukturell übereinstimmend „Tatbestandswirkungen". Die entscheidende Frage ist also, **nach welchem (nationalen) Recht** die Wirkungen der ausländischen Entscheidung im ersuchten Mitgliedstaat zu bestimmen sind.[24] Da die Brüssel Ia-VO zu den konkreten Rechtsfolgen der Anerkennung weitgehend[25] schweigt und das gleiche Auslegungsproblem auch bei vielen nationalen Anerkennungsvorschriften (etwa § 328 ZPO) oder Staatsverträgen besteht, wurden hierzu verschiedene Theorien entwickelt.

9 **a) Anerkennungstheorien.** Man kann etwa unter „Anerkennung" einer ausländischen Entscheidung verstehen, dass auf die Entscheidung die inländischen Normen angewendet werden, die an Gerichtsentscheidungen Rechtsfolgen knüpfen (zum Beispiel § 322 ZPO). Da in diesem Fall die ausländische Entscheidung die gleichen inländischen Rechtsfolgen hat wie eine (inhaltsgleiche) inländische Entscheidung, wird dies auch als „**Gleichstellung**" bezeichnet.[26]

10 Nach der herrschenden Theorie der „**Wirkungserstreckung**" führt die Anerkennung hingegen dazu, dass die Entscheidung im ersuchten Mitgliedstaat die Rechtsfolgen hat, die das Recht des Ursprungsmitgliedstaat an dessen Entscheidungen knüpft.[27] Die ausländische Entscheidung kann danach im ersuchten Mitgliedstaat andere Rechtsfol-

---

22 *Kropholler/v. Hein* Vor Art. 33 EuGVO a.F. Rdn. 13; *Schlosser/Hess* Art. 36 EuGVVO Rdn. 4.
23 Zur Struktur und Dogmatik der Anerkennung demnächst auch *Loyal* ZZP 2018.
24 Vgl. auch *Schack* FS Schilken (2015), 445 f.
25 Zu den Art. 54, 65 s. noch Rdn. 14 f.
26 Für diese Lösung zum nationalen Recht etwa *Matscher* FS Schima (1969), 265, 277 ff.; *Spiecker genannt Döhmann* Die Anerkennung von Rechtskraftwirkungen ausländischer Urteile (2002), 70 ff.
27 Vgl. schon *Savigny* System des heutigen römischen Rechts, Bd. VIII, 1849, 259 f.; zur Brüssel Ia-VO etwa *Czernich/Kodek/Mayr* Art. 36 Brüssel Ia-VO Rdn. 32; *Dickinson/Lein/Franzina* Rdn. 13.29 ff.; *Geimer/Schütze* EuZVR, Art. 33 EuGVVO a.F. Rdn. 1; *Geimer/Schütze/Peiffer/Peiffer* IRV, Art. 36 VO (EU) Nr. 1215/2012 Rdn. 13 f.; *MünchKomm/Gottwald* Art. 36 VO (EU) 1215/2012 Rdn. 12; Kindl/Meller-Hannich/Wolf/*Mäsch* Art. 33 Brüssel I-VO Rdn. 2; *Kropholler/v. Hein* Vor Art. 33 EuGVO a.F. Rdn. 9; Rauscher/*Leible* Art. 36 Brüssel Ia-VO Rdn. 4; *Schlosser/Hess* Art. 36 EuGVVO Rdn. 2 f.; Simons/Hausmann/*Teixeira de Sousa*/Hausmann Brüssel I-Verordnung, Art. 33 Rdn. 20, jedoch mit erheblichen Beschränkungen beim Umfang der Rechtskraft (Rdn. 27); Stein/Jonas/*Oberhammer*[22] Art. 33 EuGVVO a.F. Rdn. 10; *Torralba-Mendiola/Rodríguez-Pineau* Journal of Private International Law 10 (2015), 403, 404, 424; mit Einschränkungen auch *Adolphsen* EuZVR, 5. Kapitel Rdn. 15, 26; zur Rechtsprechung des EuGH näher Rdn. 13. OLG Bremen IPRax 2015, 354, 357 bekennt sich zwar vordergründig zur „Wirkungserstreckung", bestimmt die subjektive Reichweite der Rechtskraft der ausländischen Entscheidung jedoch nach § 325 ZPO.

gen haben als dessen Gerichtsentscheidungen, soweit nicht der *ordre public* des ersuchten Mitgliedstaats entgegensteht (Art. 45 Abs. 1 lit. a).[28]

Einen Mittelweg beschreitet die sogenannte „**Kumulationstheorie**", die zwar im Ausgangspunkt wie die „Wirkungserstreckung" von den Rechtsfolgen der Entscheidung im Ursprungsmitgliedstaat ausgeht, diese jedoch im Umfang durch die im ersuchten Mitgliedstaat für Gerichtsentscheidungen vorgesehenen Rechtsfolgen begrenzt.[29] Eine Variante der „Kumulationstheorie" schließt nur solche ausländischen Rechtsfolgen aus, die ihrer „Art" oder ihrem „Wesen" nach dem inländischen Recht fremd sind (Rdn. 24). 11

b) Entstehungsgeschichte und Rechtsprechung des EuGH. Im Bericht von *Jenard* zum EuGVÜ heißt es in der deutschen Fassung: „Durch die Anerkennung sollen den Entscheidungen die Wirkungen beigelegt werden, die ihnen in dem Staat zukommen, in dessen Hoheitsgebiet sie ergangen sind".[30] Es ist aber durchaus fraglich, ob dieser allgemeine, einzelne Programmsatz tatsächlich im spezifischen Sinne der „Wirkungserstreckungstheorie" gemeint ist. Außerdem lässt der Bericht von *Schlosser* die Frage nach den konkreten Rechtsfolgen der Anerkennung ausdrücklich unbeantwortet.[31] 12

Wenig klar ist auch die Rechtsprechung des **EuGH**,[32] der zunächst in der Entscheidung „Hoffmann/Krieg" die Formulierung von *Jenard* übernahm, aber durch das Wort „grundsätzlich" relativierte.[33] Die Entscheidung „Apostolides/Orams" entspricht der „Kumulationstheorie", bezieht sich aber auch auf die Vollstreckung.[34] Ferner entschied der EuGH dann im Jahr 2012, dass ein Prozessurteil in anderen Mitgliedstaaten Rechtsfolgen haben könne, die dem Ursprungsmitgliedstaat und dem ersuchten Mitgliedstaat unbekannt seien,[35] auch wenn diese Rechtsprechung offenbar nur für den Sonderfall einer Entscheidung über die Zuständigkeit gilt (Rdn. 7). Bemerkenswert ist außerdem, dass der Schlussantrag des Generalanwalts *Bot* zu diesem Urteil ein Bekenntnis zur „Kumulationstheorie" enthält.[36] 13

---

28 *Kropholler/v. Hein* Vor Art. 33 EuGVO a.F. Rdn. 9; *Schlosser/Hess* Art. 36 EuGVVO Rdn. 3; *Stein/Jonas/Oberhammer*[22] Art. 33 EuGVVO a.F. Rdn. 10.
29 So zur Brüssel Ia-VO *Roth* IPRax 2014, 136, 138; *ders.* IPRax 2015, 329, 330; allgemein *Schack* IZVR, Rdn. 886; *ders.* FS Schilken (2015) 445, 451 ff.; zu § 328 ZPO etwa Stein/Jonas/*Roth* § 328 Rdn. 8.
30 *Jenard* ABl. EG C 59 v. 5.3.1979, S. 1, 43.
31 *Schlosser* ABl. EG Nr. C 59 v. 5.3.1979, S. 71, 127 f.; hierzu auch *Schack* IZVR, Rdn. 886.
32 Vgl. hierzu auch *Schack* FS Schilken (2015) 445, 454, nach dem die uneingeschränkte „Wirkungserstreckung" nicht auf den EuGH gestützt werden kann.
33 EuGH 4.2.1988 C-145/86 EuGHE 1988, 662, 666 Rdn. 10 f. = NJW 1989, 663.
34 EuGH 28.4.2009 C-420/07 EuGHE 2009, I-3571 Rdn. 66: „Wenn insoweit den Entscheidungen durch die Anerkennung grundsätzlich die Wirkungen beigelegt werden sollen, die ihnen in dem Mitgliedstaat zukommen, in dessen Hoheitsgebiet sie ergangen sind [...], geht es nicht an, einem Urteil bei seiner Vollstreckung Rechtswirkungen zuzuerkennen, die es im Ursprungsmitgliedstaat nicht hat [...] oder die ein unmittelbar im Vollstreckungsstaat ergangenes Urteil derselben Art nicht erzeugen würde"; näher hierzu Dickinson/Lein/*Franzina* Rdn. 13.47 ff.
35 EuGH 15.11.2012 C-456/11 ECLI:EU:C:2012:719 Rdn. 39 ff. – Gothaer.
36 ECLI:EU:C:2012:554 Rdn. 93: „While the heterogeneity of national legal systems justifies account being taken of the effects produced by the judgment in the Member State of origin, subject to correcting the result by taking account, where the judgment produces effects that are unknown in the Member State addressed, of the effects which would be produced by a similar judgment given in that State [...]". In der deutschen Fassung ist dieser Satz kaum verständlich: „Auch wenn die Heterogenität der nationalen Rechtsordnungen die Berücksichtigung der Wirkung der Entscheidung im Ursprungsmitgliedstaat rechtfertigt, da diese Entscheidung, wenn sie Wirkungen erzeugt, die im Anerkennungsmitgliedstaat unbekannt sind, andernfalls unter Berücksichtigung der Wirkungen einer in diesem Staat ergangenen vergleichbaren Entscheidung zu berichtigen wäre [...]".

14 **c) Normtext und Systematik.** Die – wenigen – Anhaltspunkte, die der Verordnungstext zur näheren Deutung des Begriffs der „Anerkennung" gibt, sprechen eher gegen die Theorie der „Wirkungserstreckung". So ordnet Art. 36 Abs. 1 nur an, dass die „Entscheidung" anzuerkennen ist,[37] worin sprachlich keine Verweisung auf das Recht des Ursprungsmitgliedstaats liegt. In Art. 39 verweist die Brüssel Ia-VO für die Vollstreckbarkeit hingegen ausdrücklich auf den Ursprungsmitgliedstaat. Interessant ist in diesem Zusammenhang auch, dass zwar in anderen europäischen Regelungen die „Wirkungserstreckung" ausdrücklich angeordnet wird, z.B. in Art. 20 EuInsVO, jedoch nicht in Art. 36. Wenn die Brüssel Ia-VO schon von der „Wirkungserstreckung" ausgeht, ist auch die in **Art. 65** Abs. 2 Satz 2 enthaltene Bestimmung überflüssig, nach der die im Recht des Ursprungsmitgliedstaats vorgesehenen Folgen einer Streitverkündung oder Nebenintervention im ersuchten Mitgliedstaat zu übernehmen sind.[38]

15 **Art. 54** gilt nach seinem Absatz 3 („die Entscheidung geltend macht") und seiner Stellung im vierten Abschnitt auch für die Anerkennung.[39] Die in Art. 54 Abs. 1 Unterabsatz 1 vorgesehene Anpassung der Entscheidung an das Recht des ersuchten Mitgliedstaats widerspricht der „Wirkungserstreckung"; denn nach dieser ist allein das Recht des Ursprungsmitgliedstaats für die Rechtsfolgen der Entscheidung maßgeblich.[40] Ferner bestimmt Art. 54 Abs. 1 Unterabsatz 2 das Recht des Ursprungsmitgliedstaats ausdrücklich nur als Obergrenze („hinausgehen"). Damit entspricht Art. 54 Abs. 1 in der Sache der „Kumulationstheorie".[41] Den Widerspruch zwischen Art. 54 und der „Wirkungserstreckungstheorie" kann man freilich insofern relativieren, als man Art. 54 nur auf den unmittelbaren Entscheidungsinhalt anwendet, was auch sein Wortlaut nahelegt („Enthält eine Entscheidung eine Maßnahme oder Anordnung").

16 **d) Normzweck und Sachargumente.** Für die „Wirkungserstreckung" wird insbesondere vorgebracht, dass nur sie zu ausreichender **Freizügigkeit der Entscheidungen**[42] und internationalem **Entscheidungseinklang**[43] führe.[44] Jedoch hat die „Wirkungserstreckung" wiederum im ersuchten Mitgliedstaat unterschiedliche Rechtsanwendungen und damit Ungleichbehandlungen zur Folge.[45] Außerdem werden jene Zwecke der Brüssel Ia-VO schon dann erreicht, wenn der unmittelbare Inhalt der Entscheidung respektiert und umgesetzt wird. Es geht um die Freizügigkeit und den Einklang der gerichtlichen „Entscheidungen" als solche, nicht des Prozessrechts der Mitgliedstaaten.[46]

17 Man muss generell trennen zwischen dem **Entscheidungsinhalt** (also dem unmittelbaren Aussagegehalt des richterlichen Sprechakts) und den **Rechtsfolgen**, die von Normen an jenen Inhalt geknüpft werden. Es ist unzweifelhaft, dass die Anerkennung einer Entscheidung nicht deren Inhalt verfälschen darf. So kommt es etwa bei Gestal-

---

37 Vgl. insofern auch *Adolphsen* EuZVR, 5. Kapitel Rdn. 26.
38 Vgl. insofern auch *Oberhammer/Koller/Slonina* in: Leible/Terhechte (Hrsg.), Europäisches Rechtsschutz- und Verfahrensrecht (2014) § 15 Rdn. 186; gegen eine Verallgemeinerung des Art. 65 *Schack* IZVR, Rdn. 886; *ders.* FS Schilken (2015) 445, 454 f.
39 *Pfeiffer* ZZP 127 (2014) 409, 427; *Ulrici* JZ 2016, 127, 130 f.; *v. Hein* FS Geimer (2017) 245, 247.
40 Vgl. auch Magnus/Mankowski/*Wautelet* Brussels Ibis Regulation, Art. 36 Rdn. 8.
41 Ebenso wohl *Ulrici* JZ 2016, 127, 131; **a.A.** wohl *Pfeiffer* ZZP 127 (2014) 409, 427.
42 Rauscher/*Leible* Art. 36 Brüssel Ia-VO Rdn. 4.
43 Geimer/Schütze/*Peiffer/Peiffer* IRV, Art. 36 VO (EU) Nr. 1215/2012 Rdn. 14.
44 Vgl. auch Dickinson/Lein/*Franzina* Rdn. 13.32.
45 *Schack* IZVR, Rdn. 886; *ders.* FS Schilken (2015) 445, 453.
46 Vgl. in anderem Zusammenhang auch EuGH 6.6.2002 C-80/00 EuGHE 2002, I-5011, 5025 Rdn. 43: „Zum einen hat nämlich das Übereinkommen nicht die Vereinheitlichung der Verfahrensregeln der Vertragsstaaten zum Gegenstand".

tungsentscheidungen für die Rechtsfolgen im ersuchten Mitgliedstaat maßgeblich darauf an, welche Gestaltung der Richter vornehmen wollte.[47] Das hat aber zunächst noch nichts mit einer Berücksichtigung des Rechts des Ursprungsmitgliedstaats zu tun. Respektiert man den konkreten Aussagegehalt der ausländischen Entscheidung, kann es auch dann, wenn man im Sinne einer „Gleichstellung" die inländischen Rechtsfolgen der Entscheidung nach inländischen Normen bestimmt, nicht zu einer Verfälschung des Inhalts der Entscheidung kommen. Dieser Gedanke zeigt sich auch in Art. 54 Abs. 1, der eine behutsame Integration des Entscheidungsinhalts in das Recht des ersuchten Mitgliedstaats vorsieht.

Es ist zwar erwägenswert, dass die ausländische Entscheidung im Inland **keine weitergehenden Rechtsfolgen** (etwa einen größeren Umfang der materiellen Rechtskraft) haben darf als im Ursprungsmitgliedstaat, weil sonst die Parteien des ursprünglichen Verfahrens, die sich bei ihrer Prozessführung am Prozessrecht des Ursprungsmitgliedstaats orientierten, überrascht werden könnten.[48] Aber die Lösung dieses Problems erzwingt keine generelle inhaltliche Übernahme des auf die Gerichtsentscheidungen bezogenen Prozessrechts des Ursprungsmitgliedstaats, sondern allenfalls eine Obergrenze wie sie auch Art. 54 Abs. 1 Unterabsatz 2 enthält.[49] 18

e) Schlussfolgerung. Die vorstehenden Ausführungen zeigen, dass die Theorie der „Wirkungserstreckung" nicht unanfechtbar ist. Aus **praktischer Sicht** ist auch zweifelhaft, ob insbesondere untere Instanzen bei der Berücksichtigung von ausländischen Entscheidungen tatsächlich ein ihnen unbekanntes Prozessrecht anwenden, wenn sie nicht von den Parteien dazu gedrängt werden.[50] Da die Theorie der „Wirkungserstreckung" aber ganz herrschend ist, orientiert sich auch diese Kommentierung an ihr. 19

2. Existenz und Wirksamkeit der Entscheidung. Weil es der von der Brüssel Ia-VO bezweckten Freizügigkeit von Entscheidungen und Vereinheitlichung der Anerkennungsvoraussetzungen widerspräche, wenn einzelne Mitgliedstaaten mit ihrem Recht über die Anerkennungsfähigkeit von Entscheidungen anderer Mitgliedstaaten bestimmen könnten, richtet sich die Existenz und Wirksamkeit der anzuerkennenden Entscheidung allein nach dem **Recht des Ursprungsmitgliedstaats**.[51] Das gilt auch für die Frage, ob die Entscheidung schon **vor ihrer formellen Rechtskraft** rechtliche Wirkungen hat. 20

In der Regel sind Gerichtsentscheidungen wirksam, solange sie nicht (etwa in einem Rechtsmittelverfahren) **förmlich aufgehoben** wurden. Dann haben die Gerichte und Behörden des ersuchten Mitgliedstaats nur darauf zu achten, ob eine derartige Aufhebungsentscheidung im Ursprungsmitgliedstaat ergangen ist (vgl. hierzu auch Art. 38 lit. a). Dieser Aufhebungsentscheidung kann nicht – etwa unter Verweis auf Art. 45 – die 21

---

47 *Geimer* IZPR, Rdn. 2817; vgl. auch allgemein *Hess* EuZPR, § 6 Rdn. 182: „nur im Urteil *enthaltene* Anordnungen und Rechtsfolgen können im Zweitstaat anerkannt werden" (Hervorhebung nicht im Original).
48 *Geimer/Schütze/Peiffer/Peiffer* IRV, Art. 36 VO (EU) Nr. 1215/2012 Rdn. 14; *Schack* IZVR, Rdn. 884; Simons/Hausmann/*Teixeira de Sousa/Hausmann* Brüssel I-Verordnung, Art. 33 Rdn. 20, 27 f.; vgl. ferner zu dieser Erwägung *Fischer* FS Henckel (1995) 199, 204; *Müller* ZZP 79 (1966), 199, 204 f.; Stein/Jonas/*Roth* § 328 Rdn. 11; dazu, dass sich diese Frage bei einer Anerkennung in Deutschland kaum stellt, demnächst *Loyal* ZZP 2018, XIII.
49 Vgl. auch *Schack* IZVR, Rdn. 886.
50 *Schack* FS Schilken (2015) 445, 450, 453. Selbst das OLG Bremen IPRax 2015, 354, 357 bestimmte trotz eines Bekenntnisses zur „Wirkungserstreckung" kurzerhand die Reichweite der subjektiven Rechtskraft nach § 325 ZPO. Vgl. auch Rdn. 22.
51 Im Ergebnis wohl unstreitig; vgl. nur Linke/Hau IZVR, Rdn. 12.30; Simons/Hausmann/*Teixeira de Sousa/Hausmann* Brüssel I-Verordnung, Vor Art. 33–37 Rdn. 20.

Anerkennung verweigert werden.[52] Sonst wäre die angefochtene Entscheidung zwar im ersuchten Mitgliedstaat wirksam, jedoch nicht im Ursprungsmitgliedstaat, was dem Zweck der internationalen Entscheidungsanerkennung widerspräche.

22 Problematischer sind die – wohl eher seltenen – Fälle, in denen Gerichtsentscheidungen nach dem Recht des Ursprungsmitgliedstaats auch ohne formellen Aufhebungsakt **nichtig** sind und kein Versagungsgrund nach Art. 45 Abs. 1 gegeben ist. So wurde etwa in einem (nicht unter das europäische Recht fallenden) Verfahren des OLG Düsseldorf gegen die Vollstreckbarerklärung nach § 722 ZPO eingewendet, das zu vollstreckende ausländische Urteil sei nichtig, weil es der Verfassung des Entscheidungsstaats (USA) widerspreche.[53] Dogmatisch betrachtet hat der ersuchte Mitgliedstaat die Nichtigkeit zu prüfen und zu berücksichtigen, weil die Nichtigkeit gerade bedeutet, dass die Entscheidung nach der maßgeblichen Wertung des Ursprungsmitgliedstaats keine Rechtsfolgen haben soll. Das OLG Düsseldorf nahm jedoch den eher pragmatischen Standpunkt ein, dass die Nichtigkeit der Entscheidung unbeachtlich sei, solange sie nicht „auf der Hand liegt".[54] Es könne nicht Aufgabe des deutschen Richters sein, in Zweifelsfällen über die Vereinbarkeit der Entscheidung mit der Verfassung des Entscheidungsstaats zu urteilen. Tatsächlich ist eine solche Prüfung nicht zweckmäßig. Es könnte sonst dazu kommen, dass die Entscheidung im Ursprungsmitgliedstaat als wirksam und im ersuchten Mitgliedstaat als unwirksam angesehen wird. Jedenfalls dann, wenn der von der ausländischen Entscheidung Beschwerte die Möglichkeit hat, im Ursprungsmitgliedstaat einen formellen Aufhebungsakt herbeizuführen, ist er auch nicht schutzlos.[55] Das spricht dafür, dass auch im Falle der möglichen Nichtigkeit der ausländischen Entscheidung die Unwirksamkeit der Entscheidung im ersuchten Mitgliedstaat von einem formellen Aufhebungsakt des Ursprungsmitgliedstaats abhängig ist.

23 **3. Anerkennung nur von prozessrechtlichen Wirkungen.** Nach der herrschenden Theorie der „Wirkungserstreckung" richten sich die Rechtsfolgen der anzuerkennenden Entscheidung im ersuchten Mitgliedstaat nach dem Recht des Ursprungsmitgliedstaats. Das gilt jedoch nur für die prozessrechtlichen Wirkungen der Entscheidung,[56] nicht für die materiellrechtlichen Folgen.[57] Es stellt sich deshalb die Frage, nach welchem Recht zu beurteilen ist, ob eine vom Ursprungsmitgliedstaat vorgesehene Rechtsfolge der Entscheidung dem Prozessrecht oder dem materiellen Recht zuzuordnen ist.[58] Nach den Prämissen der „Wirkungserstreckungstheorie" muss man sich eigentlich am Recht des Ursprungsmitgliedstaats orientieren; denn andernfalls könnten aufgrund einer abweichenden **Qualifikationsentscheidung** des ersuchten Mitgliedstaats in diesem andere Rechtsfolgen an die Entscheidung geknüpft werden als im Ursprungsmitgliedstaat. Trotzdem folgen auch manche Vertreter der „Wirkungserstreckungstheorie" der vor al-

---

52 Schlosser/Hess Art. 36 EuGVVO Rdn. 7.
53 OLG Düsseldorf VersR 1991, 1161.
54 OLG Düsseldorf VersR 1991, 1161.
55 Vgl. auch die Entscheidung BVerfG NJW 1988, 1462, 1464, in der für die Berücksichtigung eines ausländischen Strafurteils darauf abgestellt wurde, dass der Betroffene „alles ihm nach den Umständen des jeweiligen Falles Zumutbare unternimmt, um die angeblichen Verfahrensmängel vor den zuständigen Gerichten des erkennenden Staates, gegebenenfalls im Rechtsmittelwege, zu beseitigen".
56 MünchKomm/*Gottwald* Art. 36 VO (EU) 1215/2012 Rdn. 14; Simons/Hausmann/*Teixeira de Sousa*/*Hausmann* Brüssel I-Verordnung, Art. 33 Rdn. 21; Zöller/*Geimer* Art. 36 EuGVVO (Art. 33 LugÜ) Rdn. 1; als Vertreter der „Kumulationstheorie" auch *Schack* FS Schilken (2015), 445, 446.
57 Zur häufig nicht als solche erkannten Ausnahme bei Gestaltungsentscheidungen Rdn. 36.
58 Bei einer „Gleichstellung" der ausländischen Entscheidung mit inländischen tritt dieses Problem nicht auf.

lem zu den nationalen Anerkennungsvorschriften vertretenen Auffassung, dass sich die Qualifikation nach dem Recht des ersuchten Mitgliedstaats richte.[59] Aus Sicht des Unionsrechts ist das schon deshalb bedenklich, weil dann die Mitgliedstaaten über ihre Systementscheidungen den Umfang der Anerkennung von Gerichtsentscheidungen anderer Mitgliedstaaten bestimmen können. Freilich entsteht ein ähnliches Problem, wenn man stattdessen auf das Recht des Ursprungsmitgliedstaats abstellt.[60] Der Brüssel Ia-VO selbst lässt sich nur entnehmen, dass sie jedenfalls die Vollstreckbarkeit (Art. 39) und die Drittwirkungen im Sinne von Art. 65 Abs. 2 erfasst.[61] Ferner ergibt sich aus der Rechtsprechung des EuGH zumindest für Teilbereiche, dass auch die materielle Rechtskraft der Anerkennung gem. Art. 36 unterfällt.[62] Somit sind zumindest diese Entscheidungswirkungen schon unionsrechtlich von Art. 36 erfasst.

4. Im ersuchten Mitgliedstaat unbekannte Wirkungen. Vor allem zu § 328 ZPO 24 wird vertreten, dass die vom Entscheidungsstaat vorgesehenen Wirkungen der Entscheidung nicht zu berücksichtigen seien, wenn sie „ihrer Art nach" dem Recht des Anerkennungsstaats „generell unbekannt" seien.[63] Viele Autoren lassen diese Beschränkung aber nicht für die Brüssel Ia-VO gelten.[64] Sie ist schon als solche problematisch und deshalb abzulehnen – unabhängig vom Theorienstreit über die prinzipielle Reichweite der Anerkennung.[65] Es lässt sich nämlich nicht befriedigend objektiv bestimmen, ob eine Rechtsfolge dem Recht des Anerkennungsstaats „generell unbekannt" („wesensfremd") ist oder „nur" von diesem abweicht.[66] Ungeklärt ist noch, welche Wertungen sich aus dem neuen Art. 54 Abs. 1 für diese Frage ergeben (Rdn. 15).

5. Teilanerkennung. Zu der Frage, ob eine Entscheidung auch nur teilweise anzu- 25 erkennen sein kann, schweigt die Brüssel Ia-VO. Eine Teilanerkennung kann insbesondere dann in Betracht kommen, wenn die Entscheidung verschiedene Aussprüche enthält, von denen nur manche von einem Anerkennungshindernis nach Art. 45 Abs. 1 erfasst werden oder nicht in den Anwendungsbereich der Verordnung fallen.[67] Aus Sicht der europäischen Regelung ist eine Teilanerkennung schon deshalb geboten, weil es für die Freizügigkeit der Entscheidung nicht auf den äußeren Umstand ankommen kann, ob die jeweiligen Aussprüche in verschiedenen Entscheidungen oder in einer (formal) ein-

---

59 Zur Brüssel I-VO Simons/Hausmann/*Teixeira de Sousa*/*Hausmann* Brüssel I-Verordnung, Art. 33 Rdn. 21; für die materielle Rechtskraft auch *Geimer*/*Schütze* EuZVR, Art. 25 EuGVVO a.F.; als Vertreter der „Kumulationstheorie" *Schack* IZVR, Rdn. 886; *ders.* FS Schilken (2015), 445, 446. Häufig bleibt diese Frage in der Literatur zur Brüssel Ia-VO offen. Zu § 328 ZPO vgl. nur *Geimer* IZPR, Rdn. 2787; MünchKomm/*Gottwald* § 328 Rdn. 160; Stein/Jonas/*Roth* § 328 Rdn. 12.
60 *Schack* IZVR, Rdn. 886.
61 Nach Geimer/Schütze/*Peiffer*/*Peiffer* IRV, Art. 36 VO (EU) Nr. 1215/2012 Rdn. 18 ist die Qualifikationsfrage generell von der Brüssel Ia-VO geregelt.
62 EuGH 15.11.2012 C-456/11 ECLI:EU:C:2012:719 Rdn. 39 ff. – Gothaer.
63 Vgl. nur Hk/*Dörner* § 328 Rdn. 6; *Geimer* IZPR, Rdn. 2780; MünchKomm/*Gottwald* § 328 Rdn. 5, 162, 167; § 328 Rdn. 2 (*Schütze*).
64 Hk/*Dörner* § 328 Rdn. 6; *Geimer* IZPR, Rdn. 2784; Kindl/Meller-Hannich/Wolf/*Mäsch* Art. 33 Brüssel I-VO Rdn. 2; Kropholler/v. *Hein* Vor Art. 33 EuGVO a.F. Rdn. 9; Stein/Jonas/*Oberhammer*[22] Art. 33 EuGVVO a.F. Rdn. 10; **a.A.** MünchKomm/*Gottwald* § 328 Rdn. 5; *Koops* IPRax 2018, 11, 21 für „Rechtskraftwirkungen, die mit den sonstigen Instituten einer Rechtsordnung unvereinbar sind".
65 Ebenso *Schack* IZVR, Rdn. 882 mit zutreffendem Verweis auf die fehlende Rechtssicherheit; zu den Abgrenzungsschwierigkeiten auch Kindl/Meller-Hannich/Wolf/*Mäsch* Art. 33 Brüssel I-VO Rdn. 2.
66 Kindl/Meller-Hannich/Wolf/*Mäsch* Art. 33 Brüssel I-VO Rdn. 2. Näher hierzu mit Beispielen demnächst *Loyal* ZZP 2018, VIII.
67 *Schlosser*/*Hess* Art. 36 EuGVVO Rdn. 3.

heitlichen Entscheidung ergehen.⁶⁸ Eine Grenze für die Teilanerkennung ergibt sich aber daraus, dass der Inhalt der Entscheidung nicht verfälscht werden darf, was etwa dann passieren kann, wenn die verschiedenen Aussprüche aufeinander bezogen sind.

26   **6. Anpassung nach Art. 54.** Art. 54 gilt auch für die Anerkennung, scheint aber nur den unmittelbaren Inhalt der Entscheidung zu betreffen (Rdn. 15). Im Rahmen der bloßen Anerkennung hat er wohl vor allem für Gestaltungsentscheidungen Bedeutung,⁶⁹ wenn die Gestaltung als solche oder zumindest ihre Form dem Recht des ersuchten Mitgliedstaats unbekannt ist.

27   **7. Automatische Anerkennung.** Art. 36 Abs. 1 ordnet an, dass die Anerkennung ohne besonderes Verfahren zu erfolgen hat. Die rechtlichen Wirkungen einer anerkennungsfähigen Gerichtsentscheidung eines anderen Mitgliedstats treten im ersuchten Mitgliedstaat also unmittelbar und automatisch (*ipso iure*) ein, sobald die Entscheidung im Ursprungsmitgliedstaat wirksam wird.⁷⁰ Wie sich auch aus Art. 36 Abs. 3 ergibt, sind die rechtlichen Wirkungen der anzuerkennenden Entscheidung von allen Gerichten und Behörden im ersuchten Mitgliedstaat inzident zu beachten, wenn sie für deren Verfahren oder Entscheidung von Bedeutung sind.

28   **8. Prüfung der Voraussetzungen und Versagungsgründe.** Schwierig zu beurteilen und im Einzelnen umstritten ist jedoch, wie die Existenz der ausländischen Entscheidung und auch die rechtlichen Voraussetzungen und Hinderungsgründe der Anerkennung in die behördlichen und gerichtlichen Verfahren im ersuchten Mitgliedstaat einzuführen sind, inwiefern diese Umstände also von Amts wegen geprüft und berücksichtigt oder von den Parteien dargelegt und bewiesen werden müssen. Die Brüssel Ia-VO enthält hierzu nur Teilregelungen, etwa in Art. 37. Ergänzend ist auf das (nationale) Recht abzustellen, dass das jeweilige Verfahren im ersuchten Mitgliedstaat regelt (vgl. auch Art. 47 Abs. 2).⁷¹

29   **a) Anwendbarkeit der Brüssel Ia-VO und Existenz der Entscheidung.** Dass die Brüssel Ia-VO anwendbar ist und eine unter Art. 36 Abs. 1 fallende Entscheidung gem. Art. 2 lit. a existiert, ist von den Gerichten und Behörden des ersuchten Mitgliedstaats **von Amts** wegen zu berücksichtigen.⁷² Nach h.M. sind sie dabei nicht an die Einschätzung des Ursprungsgerichts gebunden.⁷³ Gegen die Berücksichtigung der ausländischen Entscheidung von Amts wegen spricht zwar Art. 36 Abs. 3, in dem im Zusammenhang mit der Entscheidung des Gerichts über die Anerkennung die Rede davon ist, dass die Anerkennung „verlangt" wird. Doch ist diese Formulierung wohl nicht derart spezifisch

---

68   Vgl. auch Dickinson/Lein/*Franzina* Rdn. 13.15. Im Ergebnis ist das wohl allgemeine Meinung; vgl. nur Hk/*Dörner* Art. 36 EuGVVO Rdn. 9; Rauscher/*Leible* Art. 36 Brüssel Ia-VO Rdn. 14; *Schlosser/Hess* Art. 36 EuGVVO Rdn. 3.
69   Vgl. *v. Hein* FS Geimer (2017) 245, 247.
70   MünchKomm/*Gottwald* Art. 36 VO (EU) 1215/2012 Rdn. 9; Musielak/Voit/*Stadler* Art. 36 EuGVVO Rdn. 2; Zöller/*Geimer* Art. 36 EuGVVO (Art. 33 LugÜ) Rdn. 4.
71   *Kropholler/v. Hein* Vor Art. 33 EuGVO a.F. Rdn. 8; *Martiny* in: Hdb. des IZVR, Bd. III/2, 1984, Kap. II Rdn. 218 f.
72   Vgl. Dickinson/Lein/*Franzina* Rdn. 13.16; Geimer/Schütze/*Peiffer/Peiffer* IRV, Art. 36 VO (EU) Nr. 1215/2012 Rdn. 6 f.
73   *Schlosser/Hess* Art. 36 EuGVVO Rdn. 1; Zöller/*Geimer* Art. 36 EuGVVO (Art. 33 LugÜ) Rdn. 26; wohl auch Czernich/*Kodek*/Mayr Art. 36 Brüssel Ia-VO Rdn. 2; **a.A.** Simons/Hausmann/*Teixeira de Sousa*/Hausmann Brüssel I-Verordnung, Vor Art. 33–37 Rdn. 13.

gemeint.⁷⁴ Außerdem kann man mit der hier vertretenen Auffassung (Rdn. 51) den Absatz 3 auch als Ermächtigung zu einer selbständigen, rechtskraftfähigen und nicht nur inzidenten Entscheidung über die Anerkennung verstehen, so dass das „Verlangen" der Anerkennung als Antrag auf diese selbständige Entscheidung gedeutet werden kann. Auch dürfte sich die Frage in der Praxis kaum stellen, da wohl in aller Regel das Gericht durch eine Partei auf die ausländische Entscheidung hingewiesen wird.

Zumindest die deutschen Zivilgerichte ermitteln im Verfahren nach der ZPO jedoch nicht von Amts wegen die **entscheidungserheblichen Tatsachen,** also auch nicht die Tatsachen, aus denen sich die rechtlichen Voraussetzungen oder Hinderungsgründe der Anerkennung ergeben.⁷⁵ Die Gerichte haben jedoch im Rahmen des § 139 I 2 ZPO auf ausreichenden Parteivortrag hinzuwirken. Für die Existenz und den Inhalt der ausländischen Entscheidung trägt nach Art. 37 derjenige die **Darlegungs- und Beweislast**, der sich auf die Rechtsfolgen der Entscheidung beruft, etwa die Partei, die die materielle Rechtskraft der ausländischen Entscheidung geltend macht.⁷⁶ **30**

b) Versagungsgründe. Schwieriger zu beantworten ist die Frage, ob die Gerichte und Behörden im ersuchten Mitgliedstaat bei einer inzidenten Beachtung der ausländischen Entscheidung auch die Gründe für die Versagung der Anerkennung in Art. 45 Abs. 1 von Amts wegen berücksichtigen.⁷⁷ Bejaht man dies, so dürfen sie die ausländische Entscheidung nicht beachten, solange sie – jeweils unabhängig vom Vortrag der Parteien – entweder von der fehlenden Anerkennungsfähigkeit überzeugt sind oder zumindest Zweifel haben. Gegen die Berücksichtigung von Amts wegen wird angeführt, dass nach Art. 45 Abs. 1 die Anerkennung „auf Antrag" versagt wird.⁷⁸ Wie Art. 45 Abs. 4 zeigt, geht es bei diesem „Antrag" aber um das selbständige Versagungsverfahren nach Art. 46ff., nicht um die Inzidentprüfung gem. Art. 36 Abs. 1. Für diese passt der Begriff „Antrag" auch nicht. Insofern besteht also eine Regelungslücke. Auch das Argument, dass die Brüssel Ia-VO „anerkennungsfreundlich" sei und im Zweifel von der Anerkennungsfähigkeit ausgehe,⁷⁹ ist mit Vorsicht zu genießen. Die Versagungsgründe in Art. 45 Abs. 1 sind gerade Schranken für die „Anerkennungsfreundlichkeit". Ihre Bedeutung lässt sich nur aus den ihnen zugrundeliegenden Wertungen klären, nicht jedoch aus dem Prinzip, das sie begrenzen sollen. Insofern ist es sachlich überzeugend, wenn man danach differenziert, ob der Versagungsgrund nur die Parteien schützen soll oder auch Allgemeininteressen. Im ersten Fall ist eine Berücksichtigung von Amts wegen überflüssig, in der zweiten Variante ist sie möglich.⁸⁰ **31**

---

74 Vgl. auch Zöller/*Geimer* Art. 36 EuGVVO (Art. 33 LugÜ), Rdn. 34 „zu eng formuliert".
75 BGH NJW-RR 2008, 586, 588; vgl. auch Kropholler/v. Hein Vor Art. 33 EuGVO a.F. Rdn. 8; *Martiny* in: Hdb. des IZVR, Bd. III/2, 1984, Kap. II Rdn. 218. Das dürfte unstreitig sein.
76 Näher hierzu – insbesondere auch zu der Streitfrage, ob die Gerichte von Art. 37 abweichen dürfen – die Kommentierung zu Art. 37.
77 Dafür Czernich/*Kodek*/Mayr Art. 36 Brüssel Ia-VO Rdn. 26; Schlosser/*Hess* Art. 36 EuGVVO Rdn. 3; Thomas/Putzo/*Hüßtege* Art. 36 EuGVVO Rdn. 1; zum EuGVÜ auch *Martiny* in: Hdb. des IZVR, Bd. III/2, 1984, Kap. II Rdn. 218; **a.A.** Geimer/Schütze/*Peiffer*/Peiffer IRV, Art. 36 VO (EU) Nr. 1215/2012 Rdn. 8; MünchKomm/*Gottwald* Art. 36 VO (EU) 1215/2012 Rdn. 10, 30; *Pfeiffer* ZZP 127 (2014) 409, 425; Prütting/Gehrlein/*Schinkels* Art. 36 Brüssel Ia-VO Rdn. 1; *Ulrici* JZ 2016, 127, 130; anders im Grundsatz auch Zöller/*Geimer* Art. 36 EuGVVO (Art. 33 LugÜ) Rdn. 5ff., der jedoch Ausnahmen zulässt.
78 Prütting/Gehrlein/*Schinkels* Art. 36 Brüssel Ia-VO Rdn. 1.
79 Vgl. Kropholler/*v. Hein* Vor Art. 33 EuGVO a.F. Rdn. 7; Simons/Hausmann/*Teixeira de Sousa*/Hausmann Brüssel I-Verordnung, Art. 33 Rdn. 2; hiergegen *Martiny* in: Hdb. des IZVR, Bd. III/2, 1984, Kap. II Rdn. 217, 219; kritisch auch Stein/Jonas/*Oberhammer*²² Vor Art. 32 bis Art. 56 EuGVVO a.F. Rdn. 4.
80 *Geimer* FS Schütze (2014), 109, 114f.; *Pfeiffer* ZZP 127 (2014) 409, 426.

V. Einzelne Rechtsfolgen der Anerkennung

32 **1. Materielle Rechtskraft.** Zwar bestimmte der EuGH den Umfang der materiellen Rechtskraft eines mitgliedstaatlichen Prozessurteils über die Zuständigkeit im Rahmen der Anerkennung anhand eines **europäischen Rechtskraftbegriffs**,[81] doch ging es in dieser Entscheidung nur um die Koordination gerichtlicher Zuständigkeiten, weshalb sie sich wohl nicht verallgemeinern lässt (Rdn. 7). Nach der ganz herrschenden „Wirkungserstreckungstheorie" richtet sich die materielle Rechtskraft einer anzuerkennenden ausländischen Entscheidung im ersuchten Mitgliedstaat danach, welche Rechtskraft die **Vorschriften des Ursprungsmitgliedstaats** für dessen Entscheidungen anordnen. Das gilt für die objektive, subjektive und zeitliche Reichweite der Rechtskraft.[82] Dadurch können ausländische Entscheidungen im ersuchten Mitgliedstaat eine Rechtskraft haben, die eigenen Entscheidungen des ersuchten Mitgliedstaats nicht zukommt. Als mögliche Rechtskraftwirkungen kommen insbesondere der Ausschluss erneuter Verhandlungen und Entscheidungen über den gleichen Streitgegenstand, die Präklusion von Angriffs- und Verteidigungsmitteln und die inhaltliche Bindungswirkung für spätere Entscheidungen in Betracht.[83]

33 Umstritten ist, nach welchen Vorschriften die materielle Rechtskraft der ausländischen Entscheidung in den **Verfahren** des ersuchten Mitgliedstaats zu **berücksichtigen** ist. Viele halten das Recht des ersuchten Mitgliedstaats für maßgeblich.[84] Danach wäre bei einer Anerkennung in Deutschland die materielle Rechtskraft also stets von Amts wegen zu beachten, auch dann, wenn sie im Ursprungsmitgliedstaat von einer Parteieinrede abhängt.[85] Man stellt darauf ab, dass es hier nicht um die „Wirkungen" der Entscheidung gehe, sondern um eine „Modalität" des inländischen Verfahrens.[86] Sachlich ist es aber nicht gerechtfertigt und auch begrifflich nicht überzeugend, zwischen der „Reichweite" der materiellen Rechtskraft und den „Modalitäten" ihrer Berücksichtigung im Folgeverfahren zu unterscheiden.[87] In beiden Fällen geht es nämlich gleichermaßen darum, ob eine Gerichtsentscheidung in anderen Verfahren rechtliche Wirkung entfaltet. Es ist etwa eine bewusste Beschränkung der Rechtskraft, wenn diese von einer Parteiabrede abhängig gemacht wird.

34 Die vorstehenden Erwägungen gelten auch für die Frage, welche konkrete Rechtsfolge die materielle Rechtskraft der ausländischen Entscheidung in den Verfahren im ersuchten Mitgliedstaat hat, ob also die Rechtskraft nur eine **abweichende Entschei-**

---

81 EuGH 15.11.2012 C-456/11 ECLI:EU:C:2012:719 Rdn. 39 ff. – Gothaer; ausführlich zu einem europäischen Rechtskraftkonzept im Rahmen der Brüssel Ia-VO *Koops* IPRax 2018, 11 ff.
82 Gebauer/Wiedmann/*Gebauer* Kapitel 27 Rdn. 166; *Schlosser/Hess* Art. 36 EuGVVO Rdn. 4. In OLG Bremen IPRax 2015, 354, 357 wurde die subjektive Reichweite der Rechtskraft aber nach § 325 ZPO bestimmt; hiergegen *Roth* IPRax 2015, 329, 330.
83 *Martiny* in: Hdb. des IZVR, Bd. III/2, 1984, Kap. II Rdn. 72 ff.; Rauscher/*Leible* Art. 36 Brüssel Ia-VO Rdn. 5, 9; Stein/Jonas/*Oberhammer*[22] Art. 33 EuGVVO a.F. Rdn. 12.
84 Czernich/*Kodek*/Mayr Art. 36 Brüssel Ia-VO Rdn. 34; Hk/*Dörner* Art. 36 EuGVVO Rdn. 5; Geimer/Schütze/*Peiffer*/Peiffer IRV, Art. 36 VO (EU) Nr. 1215/2012 Rdn. 25; MünchKomm/*Gottwald* Art. 36 VO (EU) 1215/2012 Rdn. 13; Kindl/Meller-Hannich/Wolf/*Mäsch* Art. 33 Brüssel I-VO Rdn. 5; *Kropholler*/ v. Hein Vor Art. 33 EuGVO a.F. Rdn. 12; Rauscher/*Leible* Art. 36 Brüssel Ia-VO Rdn. 7; *Schlosser/Hess* Art. 36 EuGVVO Rdn. 4; Simons/Hausmann/*Teixeira de Sousa*/Hausmann Brüssel I-Verordnung, Art. 33 Rdn. 21; a.A. *Geimer* IZPR, Rdn. 2807, wobei dies seiner allgemeinen Aussage in Rdn. 2808 zu widersprechen scheint; *Lakkis* 323; Stein/Jonas/*Oberhammer*[22] Art. 33 EuGVVO a.F. Rdn. 15.
85 Kropholler/*v. Hein* Vor Art. 33 EuGVO a.F. Rdn. 12; *Schlosser/Hess* Art. 36 EuGVVO Rdn. 4.
86 Hk/*Dörner* Art. 36 EuGVVO Rdn. 5; vgl. ferner *Schlosser/Hess* Art. 36 EuGVVO Rdn. 4: „instrumentelle Seite".
87 So möglicherweise auch Stein/Jonas/*Oberhammer*[22] Art. 33 EuGVVO a.F. Rdn. 15.

dung oder schon eine **erneute Verhandlung** und **Entscheidung hindert**. Auch hier geht es um die „Reichweite" der Rechtskraft.[88] Folgt man der herrschenden Theorie der „Wirkungserstreckung", ist also auch insofern das Recht des Ursprungsmitgliedstaats maßgeblich. Freilich stellt die wohl **h.M.** auch hier auf das Recht des ersuchten Mitgliedstaats ab.[89] Nach dem **EuGH** soll hingegen schon das europäische Recht einer erneuten Klage im ersuchten Mitgliedstaat entgegenstehen.[90]

2. Gestaltungsentscheidungen. Keine Besonderheiten bestehen bei der Anerkennung ausländischer Gestaltungsentscheidungen, soweit es nur um die prozessrechtlichen Folgen geht, also etwa die materielle Rechtskraft. Problematischer sind die **materiellrechtlichen Folgen** der Rechtsgestaltung.[91] Diese setzen stets voraus, dass eine Norm des materiellen Rechts die rechtliche Veränderung anordnet. Die Gestaltung des materiellen Rechts ist hingegen keine eigenständige prozessrechtliche Folge der Gestaltungsentscheidung,[92] sondern immer eine Rechtsfolge des materiellen Rechts.[93] Die gerichtliche Gestaltungsentscheidung ist nur eine Tatbestandsvoraussetzung der materiellrechtlichen Gestaltungsnorm. Deshalb war es dogmatisch folgerichtig, dass insbesondere in der **älteren Literatur** noch manche Autoren vertraten, die Gestaltung des materiellen Rechts richte sich nicht nach den prozessrechtlichen Anerkennungsvorschriften, sondern dem (internationalen) materiellen Privatrecht.[94] Dieser Ansatz konnte sich aber nicht durchsetzen. 35

Nach heute ganz **h.M.** werden auch die materiellrechtlichen Folgen einer ausländischen Gestaltungsentscheidung über die Anerkennungsvorschriften vermittelt.[95] Maßgeblich ist nach dieser Auffassung also nicht das materielle Recht, das nach dem internationalen Privatrecht des ersuchten Mitgliedstaats für die Gestaltung bestimmend ist, sondern allein die Rechtsfolge der Gestaltungsentscheidung im Ursprungsmitgliedstaat.[96] Da hierdurch im ersuchten Mitgliedstaat ausländisches materielles Recht berücksichtigt wird, ist diese Lösung dogmatisch aber nur dann konsistent, wenn man die Anerkennungsvorschriften (also etwa Art. 36 Abs. 1) insofern *auch* als Normen des internationalen Privatrechts ansieht.[97] Sachlich stützt sich die h.M. vor allem auf die Erwägung, dass die prozessrechtliche Lösung den internationalen Einklang bei Rechtsge- 36

---

88 Bezeichnend für die generelle Zweifelhaftigkeit der Abgrenzung zwischen der Entscheidungswirkung und der Ausgestaltung des Verfahrens ist, dass *Geimer* IZPR, Rdn. 2808 und *Lakkis* 323 bei dieser Rechtsfolge nun auf das Recht des Anerkennungsstaats abstellen.
89 *Geimer* NJW 1977, 2023; *Schlosser/Hess* Art. 36 EuGVVO Rdn. 4.
90 Zum EuGVÜ EuGH 30.11.1976 C-42/76 EuGHE 1976, 1759, 1767 – de Wolf/Cox = NJW 1977, 2023 m. Anm. *Geimer*.
91 Zur Abgrenzung zwischen den materiellrechtlichen und prozessrechtlichen Folgen des Gestaltungsurteils *Süß* FG Rosenberg (1949) 229, 256 ff.; *Basedow* 55.
92 Anders wohl *Müller* ZZP 79 (1966) 199, 220 f.
93 *Blomeyer* ZPR, 456; *Nicklisch* Die Bindung der Gerichte an gestaltende Gerichtsentscheidungen und Verwaltungsakte (1965) 133; *Hausmann* 19 ff.; *Basedow* 55 f.; wohl auch Stein/Jonas/*Oberhammer*[22] Art. 33 EuGVVO a.F. Rdn. 13 mit Fn. 25; Geimer/Schütze/*Peiffer/Peiffer* IRV, Art. 36 VO (EU) Nr. 1215/2012 Rdn. 33. Ein Beispiel ist § 1564 Satz 2 BGB: „Die Ehe ist mit der Rechtskraft der Entscheidung aufgelöst". Die Scheidung ist die Rechtsfolge dieser materiellrechtlichen Vorschrift.
94 *Süß* FG Rosenberg (1949) 229, 257; *Neuhaus* FamRZ 1964, 18, 22; *Hausmann* 198 ff.
95 *Kropholler/v. Hein* Vor Art. 33 EuGVO a.F. Rdn. 15; *Linke/Hau* IZVR, Rdn. 12.10; *Schack* IZVR, Rdn. 869; Simons/Hausmann/*Teixeira de Sousa/Hausmann* Brüssel I-Verordnung, Art. 33 Rdn. 22; Stein/Jonas/*Oberhammer*[22] Art. 33 EuGVVO a.F. Rdn. 13 f.
96 Vgl. nur *Kropholler/v. Hein* Vor Art. 33 EuGVO a.F. Rdn. 15; Prütting/Gehrlein/*Schinkels* Art. 36 Brüssel Ia-VO Rdn. 4.
97 *Basedow* 57 f.; *Martiny* in: Hdb. des IZVR, Bd. III/1, 1984, Rdn. 412.

staltungen fördere.[98] Einen vergleichbaren Effekt kann man freilich auch durch die kollisionsrechtliche Lösung erreichen, soweit das internationale Privatrecht vereinheitlicht ist.[99]

37 Fraglich bleibt, in welchem **konkreten Umfang** die materielle Rechtsgestaltung und deren Folgen nach ausländischem Recht bestimmt werden. Klar ist, dass die Gestaltung als solche (also etwa die Entziehung der Geschäftsführungsbefugnis eines Gesellschafters) durch den Tenor der Gestaltungsentscheidung festgelegt wird, weil sie von der Intention des Richters abhängt (Rdn. 17).[100] Für die Auslegung des Tenors kann das Recht herangezogen werden, das der Richter bei seiner Entscheidung anwenden wollte.[101] Für alle **weiteren Rechtsfolgen**, die an die Rechtsgestaltung als Vorfrage anknüpfen, soll jedoch nicht das vom Richter angewendete Recht maßgeblich sein, sondern das (materielle) Recht, das nach dem internationalen Privatrecht des ersuchten Mitgliedstaats gilt.[102]

38 **3. Interventions- und Streitverkündungswirkung.** Nach manchen nationalen Prozessordnungen können Gerichtsentscheidungen auch rechtliche Folgen für Dritte haben, die nicht Partei des Verfahrens sind.[103] In Deutschland ist dies etwa bei der Nebenintervention und der Streitverkündung möglich (§§ 66 ff. ZPO). Die Anerkennung dieser vom Ursprungsmitgliedstaat vorgesehenen Drittwirkungen ordnet **Art. 65** Abs. 2 Satz 2 ausdrücklich an. In Art. 65, 76 ist zwar nur von der „Streitverkündung" die Rede, das ist aber wohl nicht als Beschränkung zu verstehen, so dass also auch die Folgen einer Nebenintervention anzuerkennen sind.[104]

39 **4. Materiellrechtliche Folgen („Tatbestandswirkungen").** Ob die ausländische Gerichtsentscheidung materiellrechtliche Folgen im ersuchten Mitgliedstaat hat, richtet sich nach dem **materiellen (internationalen) Privatrecht des ersuchten Mitgliedstaats** (etwa nach § 197 Abs. 1 Nr. 3 BGB).[105] Das bedeutet aber nicht, dass Art. 36 hier ohne Bedeutung ist. Materiellrechtliche Vorschriften knüpfen normalerweise deshalb an die Existenz einer Gerichtsentscheidung Rechtsfolgen, weil die Entscheidung bestimmte (prozessrechtliche) Wirkungen hat. Diese können bei ausländischen Entscheidungen von einer Anerkennung gem. Art. 36 Abs. 1 abhängig sein.[106] So verlangt etwa § 197 Abs. 1 Nr. 3 BGB, dass ein Anspruch rechtskräftig festgestellt ist. Diese prozessrechtliche Voraussetzung darf als solche nicht mehr verneint werden, wenn eine ausländische Entscheidung einen Anspruch rechtskräftig feststellt und nach Art. 36 Abs. 1 anerkannt werden muss. Allenfalls kann noch im Rahmen der materiellrechtlichen Vorschriften erwogen werden, ob deren spezifischer Zweck gerade deshalb verfehlt wird, weil es sich um eine ausländische Entscheidung handelt.

---

98 *Basedow* 52; allgemein *v. Bar/Mankowski* Internationales Privatrecht, Bd. I, 2. Aufl. (2003) § 5 Rdn. 135.
99 Vgl. auch *v. Bar/Mankowski* Internationales Privatrecht, Bd. I, 2. Aufl. (2003) § 5 Rdn. 135 Fn. 664.
100 Vgl. auch *Geimer* IZPR, Rdn. 2817.
101 *Geimer* IZPR, Rdn. 2816; vgl. auch Geimer/Schütze/*Peiffer/Peiffer* IRV, Art. 36 VO (EU) Nr. 1215/2012 Rdn. 34.
102 *Geimer* IZPR, Rdn. 2817 f.
103 Vgl. die von Art. 76 Abs. 2 vorgeschriebene Liste ABl. EU C 4 v. 9.1.2015, S. 3 f., in der etwa für Deutschland die §§ 68, 72–74 ZPO genannt sind.
104 Vgl. auch Musielak/Voit/*Stadler* Art. 36 EuGVVO Rdn. 2; Rauscher/*Leible* Art. 36 Brüssel Ia-VO Rdn. 11; Stein/Jonas/*Oberhammer*[22] Art. 33 EuGVVO a.F. Rdn. 12.
105 Hk/*Dörner* Art. 36 EuGVVO Rdn. 8; *Linke/Hau* IZVR, Rdn. 12.45; *Schack* IZVR, Rdn. 870. Zur Ausnahme bei Gestaltungsentscheidungen Rdn. 36.
106 Vgl. auch *Kropholler/v. Hein* Vor Art. 33 EuGVO a.F. Rdn. 17.

Die **Abgrenzung** zwischen nicht anerkennungsfähigen bloßen „**Tatbestandswir-** 40
kungen" und anerkennungsfähigen **Gestaltungsentscheidungen** kann schwierig sein.
Um eine Gestaltungsentscheidung dürfte es sich immer dann handeln, wenn die Veränderung des Rechts in der Entscheidung unmittelbar ausgesprochen wird.[107]

VI. Selbständiges Feststellungsverfahren nach Absatz 2

Gerichtsentscheidungen anderer Mitgliedstaaten, die nach Art. 36 Abs. 1 anzuerken- 41
nen sind, werden von allen Gerichten und Behörden des ersuchten Mitgliedstaats inzident beachtet, wenn sie für deren Verfahren oder Entscheidung von Bedeutung sind. Die
von der ausländischen Entscheidung Betroffenen können jedoch ein Interesse daran
haben, die **Anerkennungsfähigkeit** der Entscheidung im ersuchten Mitgliedstaat schon
vorher **abstrakt** und **rechtskräftig klären** zu lassen, so dass es insofern nicht mehr zu
widersprüchlichen Entscheidungen von Behörden und Gerichten kommen kann. Nach
Art. 36 Abs. 2 kann deshalb jeder Berechtigte in einem selbständigen Verfahren feststellen lassen, dass keiner der in Art. 45 Abs. 1 genannten Gründe für eine Versagung der
Anerkennung gegeben ist.[108] Das **Verfahren** richtet sich gem. der Verweisung in Art. 36
Abs. 2 nach den Art. 46–51, die wiederum zu einer Anwendung des § 1115 ZPO führen,
obwohl dieser das Feststellungsverfahren nicht nennt.[109] Insofern kann auf die Kommentierungen zu diesen Vorschriften verwiesen werden.

1. Antragsbefugnis. Eine Feststellung nach Art. 36 Abs. 2 kann jeder „**Berechtigte**" 42
beantragen. „Berechtigt" ist jemand, dem ein Recht zusteht. Dieses kann nicht die Antragsbefugnis nach Absatz 2 sein, weil die Norm sonst zirkulär formuliert wäre. „Berechtigte" ist Tatbestandsvoraussetzung des Absatz 2, nicht dessen Rechtsfolge. Sinnvollerweise kann sich das Merkmal „Berechtigte" nur auf die „Berechtigungen" aus der anzuerkennenden Entscheidung beziehen.[110] „Berechtigte" sind deshalb alle Personen, die
unmittelbar Rechte aus der Entscheidung geltend machen können.[111] Das sind zunächst die **Parteien** des Verfahrens, das zu der anzuerkennenden Entscheidung geführt
hat,[112] aber potentiell auch andere Personen, etwa die **Rechtsnachfolger**.[113] Wendet man
mit der h.M. Art. 36 auch auf die materiellrechtlichen Folgen einer Gestaltungsentscheidung an, sollten darüber hinaus auch diejenigen antragsbefugt sein, die durch die
Rechtsgestaltung unmittelbar betroffen sind. „Berechtigte" im Sinne des Art. 36 Abs. 2
sind aber nicht Personen, die nur ein „berechtigtes Interesse" an der Feststellung haben,
ohne unmittelbar Rechte aus der Entscheidung oder der Rechtsgestaltung geltend machen zu können.[114]

---

107 Stein/Jonas/*Oberhammer*[22] Art. 33 EuGVVO a.F. Rdn. 14.
108 Zur geringen praktischen Bedeutung dieses Verfahrens Magnus/Mankowski/*Wautelet* Brussels Ibis Regulation, Art. 36 Rdn. 18.
109 Rauscher/*Leible* Art. 36 Brüssel Ia-VO Rdn. 19.
110 Vgl. *Jenard* ABl. EG C 59 v. 5.3.1979, S. 49 zu Art. 31 EuGVÜ: „Die Wendung ‚auf Antrag eines Berechtigten' bedeutet, daß das Antragsrecht jedem zusteht, der sich in dem Urteilsstaat auf die Entscheidung berufen kann".
111 Czernich/*Kodek*/Mayr Art. 36 Brüssel Ia-VO Rdn. 40.
112 Musielak/Voit/*Stadler* Art. 36 EuGVVO Rdn. 4.
113 Letzteres ist wohl allgemein anerkannt; vgl. nur Musielak/Voit/*Stadler* Art. 36 EuGVVO Rdn. 4; Rauscher/*Leible* Art. 36 Brüssel Ia-VO Rdn. 16.
114 **A.A.** etwa Geimer/Schütze/*Peiffer*/Peiffer IRV, Art. 36 VO (EU) Nr. 1215/2012 Rdn. 42; *Junker* Internationales Zivilprozessrecht, 3. Aufl. (2016) § 27 Rdn. 12; Kindl/Meller-Hannich/Wolf/*Mäsch* Art. 33 Brüssel I-VO Rdn. 16; Prütting/Gehrlein/*Schinkels* Art. 36 Brüssel Ia-VO Rdn. 5; Thomas/Putzo/*Hüßtege* Art. 36 EuGVVO Rdn. 7.

43 **2. Rechtsschutzbedürfnis?** Einige Autoren vertreten, dass der Antrag nach Art. 36 Abs. 2 ein Rechtsschutzbedürfnis des Antragstellers voraussetze.[115] Von praktischer Bedeutung dürfte diese Beschränkung vor allem dann sein, wenn man entgegen der hier vertretenen Auffassung die Antragsbefugnis nicht auf die Personen beschränkt, die unmittelbar aus der Entscheidung oder der Rechtsgestaltung Rechte geltend machen können. Aber selbst wenn man der hier vertretenen Auffassung folgt, kann man fragen, ob über die abstrakte Betroffenheit durch die Entscheidung hinaus konkrete Gründe dargelegt werden müssen, dass der „Berechtigte" die rechtskräftige Feststellung auch tatsächlich benötigt.[116] Da die Voraussetzungen des Feststellungsantrags abschließend und einheitlich von der Brüssel Ia-VO normiert werden, setzt eine derartige Beschränkung jedenfalls eine **europäische Regelung** voraus.[117] Die Brüssel Ia-VO schweigt hierzu jedoch,[118] so dass allenfalls der Rückgriff auf einen ungeschriebenen europäischen „Grundsatz" zum Rechtsschutzbedürfnis in Betracht käme. Dessen Geltung wäre aber erst nachzuweisen und auch aus verschiedenen Gründen problematisch.[119] Es besteht auch kein praktisches Bedürfnis,[120] da Verfahren nach Art. 36 Abs. 2 (bzw. Art. 33 Abs. 2 a.F.) generell extrem selten sind.

44 Für die Brüssel I-VO stellt sich die Frage nach einer Schranke für den Feststellungsantrag weniger drängend, weil hier der (auf die Brüssel Ia-VO nicht mehr anwendbare) § 26 AVAG es dem Antragsgegner ermöglicht, mit einer Beschwerde gegen die Kostenentscheidung die Verfahrenskosten erfolgsunabhängig auf den Antragsteller abzuwälzen, wenn er nicht durch sein Verhalten zu dem Antrag auf Feststellung Veranlassung gegeben hat. Das ist nicht nur ein ausreichender Schutz für den Antragsgegner, sondern das **Kostenrisiko** schreckt auch genügend vor unnötigen Anträgen ab. Der für die Brüssel Ia-VO geltende § 1115 ZPO enthält keine derartige Regelung. Die Abweichung beruht wohl nicht auf einer bewussten Aufgabe der alten Regelung, sondern darauf, dass § 1115 ZPO den Feststellungsantrag und den Antrag auf Versagung der Vollstreckung gemeinsam regelt, bei diesem sich die hier erörterte Frage aber nicht in der gleichen Weise stellt. Es wäre wenig gerecht, wenn der Antragsteller sein Feststellungsinteresse stets auf Kosten des Gegners befriedigen könnte, etwa auch dann, wenn dieser überhaupt keine Einwendungen gegen die Anerkennungsfähigkeit äußert. Es spricht deshalb viel dafür, **§ 93 ZPO** zumindest entsprechend anzuwenden.[121]

---

[115] Dickinson/Lein/*Franzina* Rdn. 13.65 ff.; Geimer/Schütze/*Peiffer*/*Peiffer* IRV, Art. 36 VO (EU) Nr. 1215/2012 Rdn. 44; MünchKomm/*Gottwald* Art. 36 VO (EU) 1215/2012 Rdn. 22; Kindl/Meller-Hannich/Wolf/*Mäsch* Art. 33 Brüssel I-VO Rdn. 17; *Kropholler*/*v. Hein* Art. 33 EuGVO a.F. Rdn. 4; Rauscher/*Leible* Art. 36 Brüssel Ia-VO Rdn. 16; Simons/Hausmann/*Teixeira de Sousa*/*Hausmann* Brüssel I-Verordnung, Art. 33 Rdn. 7.
[116] Die frühere Fassung der Vorschrift spricht noch davon, dass die Anerkennungsfähigkeit „Gegenstand eines Streites" ist, wobei umstritten ist, ob damit tatsächlich eine Antragsbeschränkung gemeint ist; dafür Stein/Jonas/*Oberhammer*[22] Art. 33 EuGVVO a.F. Rdn. 5; **a.A.** *Kropholler*/*v. Hein* Art. 33 EuGVO a.F. Rdn. 4.
[117] Deshalb wird auch ein Feststellungsinteresse im Sinne des § 256 ZPO nicht für erforderlich gehalten; Musielak/Voit/*Stadler* Art. 36 EuGVVO Rdn. 3; *Schlosser*/*Hess* Art. 36 EuGVVO Rdn. 8.
[118] Rauscher/*Leible* Art. 36 Brüssel Ia-VO Rdn. 16 möchte hingegen das Erfordernis eines Rechtsschutzbedürfnisses aus dem Begriff „Berechtigter" ableiten. Nach hier vertretener Auffassung bezieht sich dieser Begriff aber allein auf die „Berechtigung" aus dem Urteil; vgl. auch oben Fn. 110.
[119] Allgemein zu den Problemen einer ungeschriebenen Generalklausel „Rechtsschutzbedürfnis" demnächst *Loyal* Ungeschriebene Korrekturinstrumente im Zivilprozeßrecht.
[120] **A.A.** Dickinson/Lein/*Franzina* Rdn. 13.66.
[121] Vgl. auch den pauschalen Verweis von BeckOK ZPO/*Thode* Stand: 1.12.2017, § 1115 Rdn. 30 auf die §§ 91 ff. ZPO. Ob § 93 ZPO direkt oder nur analog angewendet werden kann, hängt davon ab, ob im Feststellungsverfahren nach Art. 36 Abs. 2 überhaupt eine prozessuale Anerkennung seitens des Antragsgegners möglich ist. Dafür ist wiederum maßgeblich, ob die Parteien die volle

3. Inhalt des Feststellungsantrags. Nach Art. 36 Abs. 2 kann nur die Feststellung 45 beantragt werden, dass **keiner der in Art. 45 Abs. 1 genannten Gründe** für eine Versagung der Anerkennung gegeben ist. Diese Beschränkung war schon in den Vorgängervorschriften enthalten und beruhte zumindest ursprünglich auf einer bewussten Entscheidung der Verfasser.[122] Dennoch ist in der Literatur die Auffassung verbreitet, dass nach Art. 36 Abs. 2 auch die Feststellung beantragt werden könne, die Entscheidung sei *nicht* anerkennungsfähig.[123] Das Bedürfnis nach dieser Korrektur ist jedoch mit der neuen Fassung entfallen, weil Anerkennungshindernisse nun nach Art. 45 Abs. 4 geltend gemacht werden können.[124]

Wegen des klaren Wortlauts des Art. 36 Abs. 2 ist es auch nicht möglich, **bestimmte** 46 inländische **Rechtsfolgen** der anzuerkennenden Entscheidung feststellen zu lassen, etwa den Umfang der materiellen Rechtskraft.[125] Auch die **pauschale Feststellung**, dass die Entscheidung anzuerkennen ist, kann nach dem eindeutigen Wortlaut nicht begehrt und ausgesprochen werden. Die nicht in Art. 45 Abs. 1 genannten Voraussetzungen der Anerkennung können also nicht nach Art. 36 Abs. 2 geklärt werden.

Eine **Verbindung** des Feststellungsantrags mit **Klagen** (etwa einer hilfsweisen Leis- 47 tungsklage für den Fall, dass die ausländische Entscheidung nicht anzuerkennen ist) ist nach wohl allgemeiner Meinung nicht möglich, da die Regelung des Feststellungsverfahrens in § 1115 ZPO erheblich von den allgemeinen Vorschriften zum Klageverfahren abweicht,[126] so dass es sich um unterschiedliche Prozessarten gem. § 260 ZPO handelt.[127]

4. Entscheidung. Die **stattgebende** Entscheidung stellt fest, dass keiner der in 48 Art. 45 Abs. 1 genannten Gründe für eine Versagung der Anerkennung gegeben ist. Sie wird für die Parteien des Verfahrens und deren Rechtsnachfolger materiell rechtskräftig.[128] Zwischen ihnen steht also künftig fest, dass kein Versagungsgrund besteht. Dritte werden von der Rechtskraft nicht erfasst.[129] Mit der **abweisenden** Entscheidung steht umgekehrt zwischen den Parteien fest, dass ein Versagungsgrund besteht. Die Entscheidung nach Art. 36 Abs. 2 wirkt nur für den ersuchten Mitgliedstaat.

VII. Entscheidung über die Anerkennung nach Absatz 3

Nach Art. 36 Abs. 3 können auch alle Gerichte des ersuchten Mitgliedstaats, deren 49 „Entscheidung von der Versagung der Anerkennung abhängt", „über die Anerkennung entscheiden". Diese wenig klare Formulierung wirft einige **Auslegungsfragen** auf.

Dispositionsbefugnis haben oder das Gericht Versagungsgründe auch von Amts wegen berücksichtigen muss.
122 *Jenard* ABl. EG C 59 v. 5.3.1979, S. 1, 43; hierzu *Kropholler/v. Hein* Art. 33 EuGVO a.F. Rdn. 7.
123 MünchKomm/*Gottwald* Art. 36 VO (EU) 1215/2012 Rdn. 19; *Schlosser/Hess* Art. 36 EuGVVO Rdn. 9; Musielak/Voit/*Stadler* Art. 36 EuGVVO Rdn. 4; anders zu Art. 33 a.F. *Kropholler/v. Hein* Art. 33 EuGVO a.F. Rdn. 7 m.w.N. zum früheren Streitstand.
124 Prütting/Gehrlein/*Schinkels* Art. 36 Brüssel Ia-VO Rdn. 5; Thomas/Putzo/*Hüßtege* Art. 36 EuGVVO Rdn. 5; Zöller/*Geimer* Art. 36 EuGVVO (Art. 33 LugÜ) Rdn. 58; *ders.* FS Torggler (2013) 311, 322.
125 MünchKomm/*Gottwald* Art. 36 VO (EU) 1215/2012 Rdn. 18; **a.A.** wohl Geimer/Schütze/*Peiffer/Peiffer* IRV, Art. 36 VO (EU) Nr. 1215/2012 Rdn. 41; *Schlosser/Hess* Art. 36 EuGVVO Rdn. 8; unklar, ob nur bei Art. 33 Abs. 2 LugÜ, Zöller/*Geimer* Art. 36 EuGVVO (Art. 33 LugÜ) Rdn. 46; *ders.* FS Torggler (2013) 311, 319 f.
126 Insbesondere die funktionelle Zuständigkeit nach § 1115 Abs. 4 Satz 1 ZPO.
127 Vgl. nur Rauscher/*Leible* Art. 36 Brüssel Ia-VO Rdn. 18; *Schlosser/Hess* Art. 36 EuGVVO Rdn. 8; Thomas/Putzo/*Hüßtege* Art. 36 EuGVVO Rdn. 8.
128 Zöller/*Geimer* Art. 36 EuGVVO (Art. 33 LugÜ) Rdn. 40 f.
129 Zöller/*Geimer* Art. 36 EuGVVO (Art. 33 LugÜ) Rdn. 41.

50 **1. Abhängigkeit der inländischen Entscheidung.** Voraussetzung nach Art. 36 Abs. 3 ist zunächst, dass die Entscheidung des Gerichts im ersuchten Mitgliedstaats „von der Versagung der Anerkennung" der ausländischen Gerichtsentscheidung „abhängt".[130] Letzteres ist dann der Fall, wenn die durch Anerkennung begründeten Rechtsfolgen der ausländischen Gerichtsentscheidung die Entscheidung des Gerichts im ersuchten Mitgliedstaat **rechtlich beeinflussen**. Denkbar ist etwa, dass beide Verfahren den gleichen Streitgegenstand haben, so dass bei einer Anerkennung der ausländischen Entscheidung die Klage im ersuchten Mitgliedstaat als unzulässig abzuweisen ist. Die ausländische Entscheidung kann auch eine Vorfrage der inländischen Entscheidung betreffen, für diese also präjudiziell sein.

51 **2. Bedeutung der Entscheidung über die Anerkennung.** Man kann Art. 36 Abs. 3 etwa so verstehen, dass das Gericht, für dessen Verfahren die Rechtsfolgen der ausländischen Entscheidung potentiell von Bedeutung sind (etwa deren materielle Rechtskraft), **inzident** die Anerkennungsfähigkeit der ausländischen Entscheidung prüfen und hierüber nur für das konkrete Verfahren (also ohne darüber hinausgehende Rechtskraft) auch eine Entscheidung treffen darf.[131] Gegen diese beschränkte Deutung wird jedoch angeführt, dass sich jene Befugnis schon aus Art. 36 Abs. 1 ergebe, der Absatz 3 also eine **weitergehende Bedeutung** haben müsse.[132] Freilich suggerieren die dezidierte Formulierung des Art. 36 Abs. 1 („ohne dass es hierfür eines besonderen Verfahrens bedarf") und die Systematik der Brüssel Ia-VO durchaus, dass außerhalb der besonderen Rechtsbehelfe (Art. 36 Abs. 2, Art. 45 Abs. 4) die Gründe für eine Versagung der Anerkennung überhaupt nicht mehr geprüft werden dürfen, weshalb also Art. 36 Abs. 3 auch in der engen Deutung nicht völlig überflüssig erscheint. Trotzdem spricht mehr für eine weitergehende Bedeutung des Art. 36 Abs. 3. So ist dort nur die Anerkennung vor Gericht erfasst. Es ist aber nicht anzunehmen, dass Behörden nicht inzident über die Anerkennung entscheiden dürfen. Auch ist die ausdrückliche Beschränkung der Entscheidungsbefugnis in Art. 36 Abs. 3 auf für das Verfahren bedeutsame ausländische Entscheidungen für eine rein inzidente Prüfung überflüssig, da diese schon nach ihrem Begriff und ihrer Funktion eine Bedeutung der Entscheidung für das laufende Verfahren voraussetzt. Die Beschränkung ist aber dann erforderlich, wenn die Entscheidung über die Anerkennung in Rechtskraft erwächst. Nur diese Kompetenz muss sachgemäß begrenzt werden. Art. 36 Abs. 3 ermöglicht also dem dort genannten Gericht eine **selbständige, rechtskraftfähige Entscheidung** über die Anerkennung der ausländischen Gerichtsentscheidung (vergleichbar mit § 256 Abs. 2 ZPO).[133]

---

130 Vgl. hierzu auch Dickinson/Lein/*Franzina* Rdn. 13.84 f.
131 So zur a.F. *Kropholler*/*v. Hein* Art. 33 EuGVO a.F. Rdn. 10 f.; wohl auch Zöller/*Geimer* Art. 36 EuGVVO (Art. 33 LugÜ) Rdn. 34; referierend Rauscher/*Leible* Art. 36 Brüssel Ia-VO Rdn. 20; vgl. auch MünchKomm/*Gottwald* Art. 36 VO (EU) 1215/2012 Rdn. 30.
132 Kindl/Meller-Hannich/Wolf/*Mäsch* Art. 33 Brüssel I-VO Rdn. 20; Musielak/Voit/*Stadler* Art. 36 EuGVVO Rdn. 5; Rauscher/*Leible* Art. 36 Brüssel Ia-VO Rdn. 20; Schlosser/Hess Art. 36 EuGVVO Rdn. 10.
133 Dickinson/Lein/*Franzina* Rdn. 13.92; Hk/*Dörner* Art. 36 EuGVVO Rdn. 13; MünchKomm/*Gottwald* Art. 36 VO (EU) 1215/2012 Rdn. 31; Kindl/Meller-Hannich/Wolf/*Mäsch* Art. 33 Brüssel I-VO Rdn. 20; Schlosser/Hess Art. 36 EuGVVO Rdn. 10; Thomas/Putzo/*Hüßtege* Art. 36 EuGVVO Rdn. 11; ebenso wohl Rauscher/*Leible* Art. 36 Brüssel Ia-VO Rdn. 20; **a.A.** *Ulrici* JZ 2016, 127, 130; vgl. auch Musielak/Voit/*Stadler* Art. 36 Rdn. 5: die Entscheidung nach Absatz 3 entfalte in der Regel keine Rechtskraft; *Hau* MDR 2014, 1417, 1418: „in aller Regel kein Bedürfnis für einen auf verbindliche Entscheidung abzielenden Zwischenfeststellungsantrag". Magnus/Mankowski/*Wautelet* Brussels Ibis Regulation, Art. 36 Rdn. 31 stellt auf das Recht des ersuchten Mitgliedstaats ab.

3. Verfahren. Zur Ausgestaltung des Verfahrens macht Art. 36 Abs. 3 keine Aussa- 52
gen. Da aber Art. 36 Abs. 2 entsprechende Regelungsentscheidungen enthält (nämlich
den Verweis auf die Art. 46 ff.), ist grundsätzlich an diese anzuknüpfen.[134] Das gilt aber
nur für die selbständige, rechtskraftfähige Entscheidung über die Anerkennung. Berücksichtigt das Gericht die ausländische Entscheidung hingegen nur inzident, sind die besonderen Verfahrensregeln in Art. 46 ff. entbehrlich.[135] Die selbständige Entscheidung
über die Anerkennung setzt also einen **Parteiantrag** voraus (Art. 36 Abs. 2, 45 Abs. 1 und
4).[136] Ungereimt wäre es auch, wenn die **Entscheidungskompetenz** gem. Art. 36 Abs. 3
größer wäre als im Verfahren nach Art. 36 Abs. 2 (Rdn. 45 f.). Deshalb ist auch die Entscheidung nach Art. 36 Abs. 3 auf die Frage beschränkt, ob einer der in Art. 45 Abs. 1 genannten Gründe für eine Versagung der Anerkennung gegeben ist, wobei insofern eine
positive oder negative Entscheidung möglich ist. Da Art. 36 Abs. 3 eine eigene **Zuständigkeit** begründet, sind die Zuständigkeitsregelungen der Art. 46 ff., § 1115 ZPO nicht
anzuwenden. Unpassend sind auch § 1115 Abs. 4 und 5. Ist die Hauptsache eine Klage,
muss zur Vereinheitlichung des Verfahrens auch der Antrag nach Art. 36 Abs. 3 als Klageantrag gestellt werden (vgl. § 256 Abs. 2 ZPO), über den durch Urteil entschieden wird.

VIII. Verhältnis zwischen den verschiedenen Rechtsbehelfen

Die Verfahren nach **Art. 36 Abs. 2** und **Art. 45 Abs. 4** sowie der Antrag auf eine selb- 53
ständige Entscheidung über die Anerkennung gem. **Art. 36 Abs. 3** haben den **gleichen
Streitgegenstand**.[137] Es geht stets um die Frage, ob ein Versagungsgrund gem. Art. 45
Abs. 1 besteht. Die Verfahrenskonkurrenz regelt die Brüssel Ia-VO nicht, so dass gem.
Art. 47 Abs. 2 auf das Recht des ersuchten Mitgliedstaats zurückgegriffen werden kann.
Die **Rechtshängigkeit** eines Antrags macht also in Deutschland in analoger Anwendung
des § 261 Abs. 3 Nr. 1 ZPO einen weiteren Antrag unzulässig.[138] Letzteres gilt nach den
allgemeinen **Rechtskraftregeln** auch dann, wenn im ersuchten Mitgliedstaat schon über
die Existenz von Versagungsgründen rechtskräftig entschieden wurde. Verfahren und
Entscheidungen in verschiedenen Mitgliedstaaten konkurrieren nicht, da sie jeweils nur
Bedeutung für den jeweiligen Staat haben.[139]

Das Verfahren nach **Art. 46** hat formal einen anderen Streitgegenstand als die vor- 54
genannten Verfahren, nämlich die Versagung der Vollstreckung.[140] Trotzdem geht es
auch in ihm nur um die Gründe aus Art. 45 Abs. 1, so dass parallele Verfahren und widersprüchliche Entscheidungen vermieden werden sollten.[141]

Die Verfahren nach Art. 36 Abs. 2 und Art. 45 Abs. 4 haben einen anderen Streitge- 55
genstand als das Verfahren, in dem die ausländische Entscheidung gem. Art. 36 Abs. 1
lediglich **inzident** berücksichtigt wird, so dass es zwischen jenen und diesem Verfahren

---

[134] So zur a.F. Simons/Hausmann/*Teixeira de Sousa/Hausmann* Brüssel I-Verordnung, Art. 33 Rdn. 18.
[135] Magnus/Mankowski/*Wautelet* Brussels Ibis Regulation, Art. 36 Rdn. 29.
[136] Hk/*Dörner* Art. 36 EuGVVO Rdn. 13; *Schlosser*/Hess Art. 36 EuGVVO Rdn. 10; Thomas/Putzo/*Hüßtege* Art. 36 EuGVVO Rdn. 11.
[137] Zöller/*Geimer* Art. 36 EuGVVO (Art. 33 LugÜ) Rdn. 59.
[138] Geimer/Schütze/*Peiffer*/Peiffer IRV, Art. 36 VO (EU) Nr. 1215/2012 Rdn. 12, 50 ff; Zöller/*Geimer* Art. 36 EuGVVO (Art. 33 LugÜ) Rdn. 60, 62, der sich jedoch auf eine Analogie zu den Art. 29 ff. stützt.
[139] MünchKomm/*Gottwald* Art. 36 VO (EU) 1215/2012 Rdn. 20; Dickinson/Lein/*Franzina* Rdn. 13.74 f.; vgl. auch Zöller/*Geimer* Art. 39 EuGVVO Rdn. 48.
[140] Geimer/Schütze/*Peiffer*/Peiffer IRV, Art. 36 VO (EU) Nr. 1215/2012 Rdn. 52.
[141] Im Ergebnis ebenso Geimer/Schütze/*Peiffer*/Peiffer IRV, Art. 36 VO (EU) Nr. 1215/2012 Rdn. 52 f., die auf das Rechtsschutzbedürfnis und § 148 ZPO zurückgreifen; *Linke*/Hau IZVR, Rdn. 14.24, nach dem der Richter darauf hinwirken soll, dass sich der Antrag auf die Anerkennung und die Vollstreckung bezieht.

nicht zu einer Rechtshängigkeitssperre kommt.[142] Nach Art. 38 lit. b können hier aber die Gerichte und Behörden, die inzident mit der Anerkennung befasst sind, das **Verfahren aussetzen.**

Artikel 37
[Vorlegung der Entscheidungsausfertigung und der Bescheinigung]

(1) Eine Partei, die in einem Mitgliedstaat eine in einem anderen Mitgliedstaat ergangene Entscheidung geltend machen will, hat Folgendes vorzulegen:
a) eine Ausfertigung der Entscheidung, die die für ihre Beweiskraft erforderlichen Voraussetzungen erfüllt, und
b) die nach Artikel 53 ausgestellte Bescheinigung.

(2) Das Gericht oder die Behörde, bei dem oder der eine in einem anderen Mitgliedstaat ergangene Entscheidung geltend gemacht wird, kann die Partei, die sie geltend macht, gegebenenfalls auffordern, eine Übersetzung oder eine Transliteration des Inhalts der in Absatz 1 Buchstabe b genannten Bescheinigung nach Artikel 57 zur Verfügung zu stellen. Kann das Gericht oder die Behörde das Verfahren ohne eine Übersetzung der eigentlichen Entscheidung nicht fortsetzen, so kann es oder sie die Partei auffordern, eine Übersetzung der Entscheidung statt der Übersetzung des Inhalts der Bescheinigung zur Verfügung zu stellen.

Übersicht

I. Allgemeines —— 1	2. Bescheinigung gem. Art. 53 —— 4
II. Vorzulegende Urkunden (Absatz 1) —— 3	III. Übersetzung und Transliteration
1. Ausfertigung der Entscheidung —— 3	(Absatz 2) —— 5

I. Allgemeines

1   Art. 37 regelt für die Anerkennung[1] einer Entscheidung eines anderen Mitgliedstaats den **Nachweis** der **Existenz** und des **Inhalts** der **Entscheidung.** Dieser Nachweis ist erforderlich, wenn eine Partei sich in einem Verfahren im ersuchten Mitgliedstaat auf Rechtsfolgen der anzuerkennenden Entscheidung beruft.[2] Art. 37 erfasst ferner den Fall, dass eine Partei den Feststellungsantrag nach Art. 36 Abs. 2 oder Abs. 3 stellt.[3] Der Nachweis der Entscheidung ist dadurch formalisiert, dass die Partei die in Art. 37 Abs. 1 genannten Urkunden vorlegen muss. Art. 37 Abs. 1 lit. a entspricht Art. 53 Abs. 1 a.F.

2   Umstritten ist, ob die Vorschrift **zwingend** ist oder die Gerichte und Behörden des ersuchten Mitgliedstaats die ausländische Entscheidung auch ohne die Vorlage der in Art. 37 Abs. 1 genannten Urkunden berücksichtigen dürfen.[4] Für einen zwingenden Cha-

---

142   Geimer/Schütze/*Peiffer*/*Peiffer* IRV, Art. 36 VO (EU) Nr. 1215/2012 Rdn. 11, 50.

1   Für den Antrag auf Vollstreckung der Entscheidung enthält Art. 42 eine eigenständige Regelung.
2   Dickinson/Lein/*Franzina* Rdn. 13.96 f.; Kindl/Meller-Hannich/Wolf/*Mäsch* Art. 37 Brüssel Ia-VO Rdn. 1.
3   Musielak/Voit/*Stadler* Art. 37 EuGVVO Rdn. 1; *Schlosser/Hess* Art. 37 EuGVVO Rdn. 1.
4   Für einen zwingenden Charakter Kindl/Meller-Hannich/Wolf/*Mäsch* Art. 37 Brüssel Ia-VO Rdn. 2; Magnus/Mankowski/*Wautelet* Brussels Ibis Regulation, Art. 37 Rdn. 5, 13; **a.A.** Dickinson/Lein/*Franzina* Rdn. 13.106, 13.112; Geimer/Schütze/*Peiffer*/*Peiffer* IRV, Art. 37 VO (EU) Nr. 1215/2012 Rdn. 10 ff.; Zöller/*Geimer* Art. 37 EuGVVO (Art. 53 LugÜ) Rdn. 1; jedenfalls für die Inzidentanerkennung, wenn die

rakter spricht der Wortlaut („hat Folgendes vorzulegen"). Damit soll aber möglicherweise nur sichergestellt werden, dass die Partei, die sich auf die Anerkennung beruft, auch die Last des Nachweises der Entscheidung trägt. Es gibt hingegen keinen Grund, warum die Partei die in Art. 37 Abs. 1 genannten Urkunden noch beschaffen und vorlegen soll, wenn das Gericht oder die Behörde schon von der Existenz und dem Inhalt der Entscheidung überzeugt ist (vgl. § 286 ZPO). Das widerspräche auch der Tendenz des Art. 36 Abs. 1.[5] Ferner hat die Bescheinigung nach Art. 53 offensichtlich nur den Zweck, die Anerkennung zu erleichtern. Man sollte deshalb die Entscheidung dem Ermessen des Gerichts oder der Behörde überlassen.

II. Vorzulegende Urkunden (Absatz 1)

1. Ausfertigung der Entscheidung. Eine „Ausfertigung der Entscheidung" (Art. 37 Abs. 1 lit. a) ist eine Abschrift der Entscheidung, die vom Ursprungsmitgliedstaat nach den dort geltenden Vorschriften[6] ausgestellt wurde.[7] Umstritten ist die Bedeutung der von Art. 37 Abs. 1 lit. a verlangten „Beweiskraft" der Ausfertigung.[8] Manche beziehen – unter Verweis auf andere Sprachfassungen – die **„Beweiskraft"** nur auf die Echtheit der Ausfertigung.[9] Da es in Art. 37 auch um den Nachweis des Inhalts der Entscheidung geht, wäre diese beschränkte Beweiskraft aber wenig hilfreich. Insofern erscheint es zweckmäßiger, eine vom Recht des Ursprungsmitgliedstaats angeordnete förmliche Beweiskraft der Urkunde hinsichtlich ihres Inhalts zu verlangen (vgl. etwa § 417 ZPO),[10] was auch besser zum deutschen Wortlaut passt. Freilich dürfte es hier in der Praxis kaum zu Abweichungen kommen. Statt der Ausfertigung kann die Partei auch das Original der Entscheidung vorlegen.[11]

3

2. Bescheinigung gem. Art. 53. Die ferner vorzulegende Bescheinigung nach Art. 53 i.V.m. Anhang I erleichtert die Anerkennung, da sie die wichtigsten Informationen über die anzuerkennende Entscheidung in standardisierter Form enthält. Sie ist aber für die Gerichte und Behörden im ersuchten Mitgliedstaat bei der Anerkennung **rechtlich nicht bindend** und entfaltet **keine förmliche Beweiswirkung** (zur vergleichbaren Frage bei der Vollstreckung Art. 42 Rdn. 1).[12]

4

---

andere Partei die Existenz der Entscheidung nicht bestreitet, auch Stein/Jonas/*Oberhammer*[22] Art. 53 EuGVVO a.F. Rdn. 3; ebenso wohl MünchKomm/*Gottwald* Art. 37 VO (EU) 1215/2012 Rdn. 1.
5 Vgl. auch Dickinson/Lein/*Franzina* Rdn. 13.106.
6 *Jenard* ABl. EG C 59 v. 5.3.1979, S. 1, 55; Musielak/Voit/*Stadler* Art. 37 EuGVVO Rdn. 2.
7 Für eine rein unionsrechtliche Betrachtung wohl Zöller/*Geimer* Art. 42 EuGVVO Rdn. 3.
8 Kritisch zur deutschen Fassung Rauscher/*Leible* Art. 37 Brüssel Ia-VO Rdn. 2: „missverständlich"; a.A. Stein/Jonas/*Oberhammer*[22] Art. 53 EuGVVO a.F. Rdn. 4.
9 So etwa Czernich/*Kodek*/Mayr Art. 37 Brüssel Ia-VO Rdn. 2; Geimer/Schütze/*Peiffer*/Peiffer IRV, Art. 37 VO (EU) Nr. 1215/2012 Rdn. 6; Prütting/Gehrlein/*Schinkels* Art. 37 Brüssel Ia-VO Rdn. 2; Rauscher/*Leible* Art. 37 Brüssel Ia-VO Rdn. 2; zu Art. 53 a.F. Gebauer/Wiedmann/*Gebauer* Kapitel 27 Rdn. 241; Kropholler/v. Hein Art. 53 EuGVO a.F. Rdn. 2.
10 So Hk/*Dörner* Art. 37 EuGVVO Rdn. 1; Musielak/Voit/*Stadler* Art. 37 EuGVVO Rdn. 2; Stein/Jonas/*Oberhammer*[22] Art. 53 EuGVVO a.F. Rdn. 4; Thomas/Putzo/*Hüßtege* Art. 37 EuGVVO Rdn. 3; Zöller/*Geimer* Art. 42 EuGVVO Rdn. 4.
11 Musielak/Voit/*Stadler* Art. 37 EuGVVO Rdn. 1.
12 Magnus/Mankowski/*Wautelet* Brussels Ibis Regulation, Art. 37 Rdn. 14; *Schlosser*/Hess Art. 37 EuGVVO Rdn. 7; *Ulrici* JZ 2016, 127, 132 f.; vgl. hierzu auch Dickinson/Lein/*Fitchen* Rdn. 13.480 f.

III. Übersetzung und Transliteration (Absatz 2)

5 Zur Übersetzung und Transliteration s.a. Art. 57 und § 1113 ZPO. Die Brüssel Ia-VO strebt mit der Bescheinigung nach Art. 53 eine beschleunigte und kostensparende Anerkennung von mitgliedstaatlichen Entscheidungen an.[13] Die Systematik des Art. 37 zeigt, dass der Verordnungsgeber die Vorlage der in Absatz 1 genannten Urkunden in der Originalsprache[14] als Voraussetzung für die Anerkennungsentscheidung grundsätzlich für ausreichend hält.[15] Dabei ist auch zu beachten, dass der vorgegebene Text des Formblatts nach Anhang I keiner Übersetzung bedarf, da hier einfach auf die Sprachfassung für den ersuchten Mitgliedstaat zurückgegriffen werden kann.

6 Genügen die originalsprachlichen Urkunden **ausnahmsweise** nicht für die Anerkennung („gegebenenfalls"[16]),[17] kann das Gericht oder die Behörde im ersuchten Mitgliedstaat nach Art. 37 Abs. 2 von der Partei, die die Entscheidung des anderen Mitgliedstaats geltend macht, eine Übersetzung oder Transliteration verlangen. Dabei sollte sich das Gericht oder die Behörde zunächst darüber klar werden, ob gem. Art. 37 Abs. 2 Satz 1 eine Übersetzung des Inhalts der Bescheinigung nach Art. 53 genügt oder gem. Art. 37 Abs. 2 Satz 2 eine Übersetzung der eigentlichen Entscheidung zwingend erforderlich ist, damit möglichst **nicht beides sukzessive angefordert** wird („statt").[18] Der Systematik des Art. 37 widerspricht es, wenn Behörden und Gerichte ohne Not oder standardmäßig Übersetzungen verlangen.[19]

Artikel 38
[Aussetzung des Verfahrens]

Das Gericht oder die Behörde, bei dem bzw. der eine in einem anderen Mitgliedstaat ergangene Entscheidung geltend gemacht wird, kann das Verfahren ganz oder teilweise aussetzen, wenn
a) die Entscheidung im Ursprungsmitgliedstaat angefochten wird oder
b) die Feststellung, dass keiner der in Artikel 45 genannten Gründe für eine Versagung der Anerkennung gegeben ist, oder die Feststellung, dass die Anerkennung aus einem dieser Gründe zu versagen ist, beantragt worden ist.

Übersicht
I. Normzweck —— 1
II. Anwendungsbereich —— 3
III. Voraussetzungen der Aussetzung —— 5
IV. Aussetzungsentscheidung —— 6

---
13 Schlosser/*Hess* Art. 37 EuGVVO Rdn. 5.
14 Czernich/*Kodek*/Mayr Art. 37 Brüssel Ia-VO Rdn. 6; Kindl/Meller-Hannich/Wolf/*Mäsch* Art. 37 Brüssel Ia-VO Rdn. 4.
15 Musielak/Voit/*Stadler* Art. 37 EuGVVO Rdn. 1.
16 Noch deutlicher die englische Fassung: „where necessary".
17 Musielak/Voit/*Stadler* Art. 37 EuGVVO Rdn. 3; vgl. auch Geimer/Schütze/*Peiffer*/Peiffer IRV, Art. 37 VO (EU) Nr. 1215/2012 Rdn. 15.
18 Magnus/Mankowski/*Wautelet* Brussels Ibis Regulation, Art. 37 Rdn. 18.
19 Musielak/Voit/*Stadler* Art. 37 EuGVVO Rdn. 1; Schlosser/*Hess* Art. 37 EuGVVO Rdn. 6.

I. Normzweck

Lit. a entspricht funktional Art. 37 Abs. 1 a.F. (vgl. aber auch Rdn. 5). Die Anerkennung[1] einer ausländischen Gerichtsentscheidung ist nur dann sinnvoll, wenn diese nach dem Recht des Ursprungsmitgliedstaats (noch) wirksam ist. Soweit der Ursprungsmitgliedstaat auch an anfechtbare Entscheidungen Rechtsfolgen knüpft, sind diese Folgen durch Anerkennung nach Art. 36 im ersuchten Mitgliedstaat zu berücksichtigen. Wird nun die Entscheidung im Ursprungsmitgliedstaat angefochten (**lit. a**), kann es zu **Widersprüchen** kommen, etwa indem die anzuerkennende Entscheidung im ersuchten Mitgliedstaat noch andere Entscheidungen beeinflusst, später aber im Ursprungsmitgliedstaat aufgehoben wird. Deshalb erlaubt es Art. 38 lit. a den Gerichten und Behörden im ersuchten Mitgliedstaat, ihr Verfahren auszusetzen, bis im Ursprungsmitgliedstaat rechtskräftig über die Anfechtung entschieden worden ist. 1

Widersprüchliche Entscheidungen drohen auch dann, wenn im ersuchten Mitgliedstaat Gerichte und Behörden inzident die Anerkennungsfähigkeit der ausländischen Entscheidung beurteilen, daneben aber im gleichen Mitgliedstaat[2] auch ein Antrag auf Feststellung fehlender (Art. 36 Abs. 2) oder bestehender (Art. 45 Abs. 4) Versagungsgründe anhängig ist (**lit. b**). Deshalb können nach Art. 38 lit. b die Gerichte und Behörden im ersuchten Mitgliedstaat, die inzident mit der Anerkennung befasst sind, ihr Verfahren bis zum Abschluss der Verfahren nach Art. 36 Abs. 2, 45 Abs. 4 aussetzen.[3] 2

II. Anwendungsbereich

Art. 38 gilt zweifellos für den Fall, dass die Entscheidung des anderen Mitgliedstaats nur **inzident** berücksichtigt wird (Art. 36 Abs. 1).[4] Umstritten ist jedoch die Anwendung auf die **selbständigen Feststellungsverfahren** nach Art. 36 Abs. 2[5] und 3.[6] Gegen sie spricht, dass Art. 36 Abs. 2 auf die Art. 46–51 verweist und somit auch auf Art. 51, der ebenfalls die Aussetzung des Verfahrens regelt.[7] Man kann aber auch erwägen, ob für die Anerkennung nicht Art. 38 vorgeht.[8] Das methodische Problem liegt hier darin, dass beide Regelungen jeweils in unterschiedlicher Weise spezieller sind als die andere. So ist Art. 38 insofern spezieller, als er nur für die *Anerkennung* gilt,[9] und Art. 51 deshalb, weil er gerade für das *selbständige* Versagungsverfahren gilt, auf das Art. 36 Abs. 2 verweist.[10] Allein mit dem Gedanken der Spezialität lässt sich die Streitfrage also nicht klären. Diese 3

---

1 Für das Verfahren der Vollstreckungsversagung gilt Art. 51.
2 Dickinson/Lein/*Franzina* Rdn. 13.157.
3 Zur Konkurrenz zwischen verschiedenen Anträgen nach Art. 36 Abs. 2 und Art. 45 Abs. 4 s. Art. 36 Rdn. 53.
4 Hk/*Dörner* Art. 38 EuGVVO Rdn. 2, 4; *Schlosser/Hess* Art. 38 EuGVVO Rdn. 1, 3.
5 Für sie Dickinson/Lein/*Franzina* Rdn. 13.79; Hk/*Dörner* Art. 38 EuGVVO Rdn. 2, 4; Musielak/Voit/*Stadler* Art. 38 EuGVVO Rdn. 1; *Schlosser/Hess* Art. 38 EuGVVO Rdn. 1; **a.A.** Czernich/*Kodek*/Mayr Art. 38 Brüssel Ia-VO Rdn. 1; Geimer/Schütze/*Peiffer/Peiffer* IRV, Art. 38 VO (EU) Nr. 1215/2012 Rdn. 2; MünchKomm/*Gottwald* Art. 38 VO (EU) 1215/2012 Rdn. 3; Kindl/Meller-Hannich/Wolf/*Mäsch* Art. 38 Brüssel Ia-VO Rdn. 1; *Kropholler/v. Hein* Art. 37 EuGVO a.F. Rdn. 2; *de lege lata* wohl auch Rauscher/*Leible* Art. 38 Brüssel Ia-VO Rdn. 2 mit Kritik.
6 Hiergegen Kindl/Meller-Hannich/Wolf/*Mäsch* Art. 37 Brüssel I-VO Rdn. 2.
7 MünchKomm/*Gottwald* Art. 38 VO (EU) 1215/2012 Rdn. 3; zur aF. *Kropholler/v. Hein* Art. 37 EuGVO a.F. Rdn. 2; Simons/Hausmann/*Joubert/Weller* Brüssel I-Verordnung, Art. 37 Rdn. 8.
8 Vgl. Hk/*Dörner* Art. 38 EuGVVO Rdn. 4; Stein/Jonas/*Oberhammer*[22] Art. 37 EuGVVO a.F. Rdn. 2.
9 Vgl. Stein/Jonas/*Oberhammer*[22] Art. 37 EuGVVO a.F. Rdn. 2.
10 Vgl. Kindl/Meller-Hannich/Wolf/*Mäsch* Art. 37 Brüssel I-VO Rdn. 2; *Kropholler/v. Hein* Art. 37 EuGVO a.F. Rdn. 2.

hat zwar etwas an Bedeutung verloren, da Art. 51 – abweichend von Art. 46 Abs. 1 a.F. – wie Art. 38 keinen *Antrag* auf Aussetzung verlangt. Doch setzt Art. 51 weiterhin voraus, dass ein „ordentlicher Rechtsbehelf" eingelegt wurde. Außerdem ermöglicht er auch dann eine Aussetzung, wenn „die Frist für einen solchen Rechtsbehelf noch nicht verstrichen ist".

4   Der insoweit nicht beschränkte Wortlaut des Art. 38 sowie dessen systematische Stellung[11] hinter dem (gesamten) Art. 36 sprechen dafür, dass der Verordnungsgeber mit Art. 38 – so wie mit Art. 37 – eine **allgemeine Regelung für alle Fälle der Anerkennung** schaffen wollte. Da Art. 36 Abs. 2 die einzelnen Vorschriften nicht nennt, auf die verwiesen wird, konnte der Verordnungsgeber leicht übersehen, dass es hier formal zu einer Konkurrenzsituation kommt. Ferner hat die Verweisung in Art. 36 Abs. 2 den Charakter einer lückenfüllenden Analogie, die nicht erforderlich ist, soweit der Abschnitt 1 eine Regelung enthält.

III. Voraussetzungen der Aussetzung

5   Nach Art. 37 Abs. 1 a.F. ist eine Verfahrensaussetzung möglich, wenn gegen die Entscheidung ein „ordentlicher Rechtsbehelf" eingelegt worden ist. Art. 38 lit. a verlangt hingegen nur noch, dass die Entscheidung im Ursprungsmitgliedstaat „**angefochten wird**". Wegen dieser erheblichen Änderung des Textes können die zur sprachlich engeren früheren Fassung entwickelten Deutungen nicht ohne weiteres auf die neue Regelung übertragen werden.[12] Vor allem bezogen sich die Einschränkungen, die der EuGH zur alten Regelung vertrat, gerade auf den nur von Art. 51, jedoch nicht von Art. 38 erfassten Fall, dass lediglich die Rechtsbehelfsfrist noch nicht abgelaufen, der Behelf aber noch nicht eingelegt ist.[13] Deshalb ist in Anknüpfung an den Normzweck eine Entscheidung schon immer dann „angefochten", wenn im Ursprungsmitgliedstaat ein Verfahren eingeleitet wurde, das zur Aufhebung oder Änderung der Entscheidung führen kann.[14] Erfasst sind auch „außerordentliche" Rechtsbehelfe wie etwa eine Wiederaufnahme des Verfahrens.[15] Dabei setzt lit. a stets voraus, dass der Rechtsbehelf schon eingelegt ist.[16] Ferner muss die Entscheidung für eine Aussetzung nach lit. a überhaupt **anerkennungsfähig** sein,[17] weil sonst keine Widersprüche entstehen können. Ein Parteiantrag auf Aussetzung ist nicht erforderlich.

IV. Aussetzungsentscheidung

6   Eine Tendenz, ob eher ausgesetzt werden sollte oder nicht, lässt sich der Norm nicht unmittelbar entnehmen („kann"). Rechtlich steht den Gerichten und Behörden deshalb

---

11   Vgl. insofern auch Stein/Jonas/*Oberhammer*[22] Art. 37 EuGVVO a.F. Rdn. 2.
12   Ebenso Hk/*Dörner* Art. 38 EuGVVO Rdn. 3; Prütting/Gehrlein/*Schinkels* Art. 38 Brüssel Ia-VO Rdn. 2; **a.A.** Rauscher/*Leible* Art. 38 Brüssel Ia-VO Rdn. 4; Thomas/Putzo/*Hüßtege* Art. 38 EuGVVO Rdn. 3.
13   EuGH 22.11.1977 C-43/77 EuGHE 1977, 2176, 2189 Rdn. 35/48; ebenso Simons/Hausmann/*Joubert/Weller* Brüssel I-Verordnung, Art. 37 Rdn. 12.
14   So für den schon eingelegten Rechtsbehelf auch EuGH 22.11.1977 C-43/77 EuGHE 1977, 2176, 2188 Rdn. 32/34; Hk/*Dörner* Art. 38 EuGVVO Rdn. 3; Prütting/Gehrlein/*Schinkels* Art. 38 Brüssel Ia-VO Rdn. 2.
15   Hk/*Dörner* Art. 38 EuGVVO Rdn. 3; **a.A.** MünchKomm/*Gottwald* Art. 38 VO (EU) 1215/2012 Rdn. 4; Rauscher/*Leible* Art. 38 Brüssel Ia-VO Rdn. 4; Thomas/Putzo/*Hüßtege* Art. 38 EuGVVO Rdn. 3.
16   Musielak/Voit/*Stadler* Art. 38 EuGVVO Rdn. 1; anders Art. 51 Abs. 1.
17   MünchKomm/*Gottwald* Art. 38 VO (EU) 1215/2012 Rdn. 2; Rauscher/*Leible* Art. 38 Brüssel Ia-VO Rdn. 6; Thomas/Putzo/*Hüßtege* Art. 38 EuGVVO Rdn. 2.

ein weiter **Ermessensspielraum** zu.[18] Wenig überzeugend ist es, wenn der EuGH für eine enge Auslegung der Aussetzungsmöglichkeit anführt, dass ansonsten die angestrebte Freizügigkeit der Entscheidungen beeinträchtigt werde.[19] Denn das Gebot der Freizügigkeit bezieht sich nur auf wirksame und fortbestehende Entscheidungen. Außerdem geht es bei der Anerkennung von ausländischen Entscheidungen auch gerade um internationalen Entscheidungseinklang. Letzterer spricht eher für eine großzügige Aussetzungspraxis. Das **Verfahren** der Aussetzung richtet sich mangels europäischer Regelung nach dem Recht des ersuchten Mitgliedstaats, in Deutschland also nach den §§ 148ff. ZPO.[20]

ABSCHNITT 2
Vollstreckung

Artikel 39
[Vollstreckbarkeit einer Entscheidung]

Eine in einem Mitgliedstaat ergangene Entscheidung, die in diesem Mitgliedstaat vollstreckbar ist, ist in den anderen Mitgliedstaaten vollstreckbar, ohne dass es einer Vollstreckbarerklärung bedarf.

Übersicht

I. Normzweck —— 1
II. Vollstreckbare Entscheidungen —— 2
   1. Erfasste Entscheidungen —— 2
   2. Vollstreckbarkeit im Ursprungsmitgliedstaat —— 3
      a) Abstrakte Vollstreckbarkeit —— 4
      b) Beschränkungen und Bedingungen der Vollstreckbarkeit —— 7
      c) Aufhebung und Aussetzung der Vollstreckbarkeit —— 10
III. Vollstreckung im ersuchten Mitgliedstaat
   1. Vorgaben der Brüssel Ia-VO —— 11
   2. Prüfung durch die Vollstreckungsbehörde —— 12
   3. Konkretisierung der zu vollstreckenden Entscheidung —— 14
IV. Wahl des Vollstreckungsstaats/mehrere Vollstreckungsverfahren —— 17
V. Vollstreckungsvereinbarungen —— 18
VI. Rechtsbehelfe —— 20

I. Normzweck

Die Vorschrift ordnet die **unmittelbare Vollstreckbarkeit** von Entscheidungen anderer Mitgliedstaaten an.[1] Sie ist neben Art. 36 Abs. 1 dogmatisch überflüssig[2] und hat nur eine klarstellende Bedeutung, da die Vollstreckbarkeit nun abweichend von der Vorgängerregelung (Art. 38 Abs. 1 a.F.) nicht mehr von einer Vollstreckbarerklärung im ersuchten Mitgliedstaat abhängt.[3] Diese Änderung ist aber vor allem verfahrenstechni- 1

---

18 Vgl. Musielak/Voit/*Stadler* Art. 38 EuGVVO Rdn. 2; Prütting/Gehrlein/*Schinkels* Art. 38 Brüssel Ia-VO Rdn. 4; in der Regel für die Aussetzung *Schlosser/Hess* Art. 38 EuGVVO Rdn. 4; für einen großzügigen Gebrauch der Aussetzungsmöglichkeit auch Stein/Jonas/*Oberhammer*[22] Art. 37 EuGVVO a.F. Rdn. 5; anders in der Tendenz Simons/Hausmann/*Joubert/Weller* Brüssel I-Verordnung, Art. 37 Rdn. 6.
19 EuGH 4.10.1991 C-183/90 EuGHE 1991, I-4765, 4775 Rdn. 30 zu Art. 38 EuGVÜ; ähnlich Dickinson/Lein/*Franzina* Rdn. 13.148.
20 Kropholler/v. Hein Art. 37 EuGVO a.F. Rdn. 5; Rauscher/*Leible* Art. 38 Brüssel Ia-VO Rdn. 6.

1 Vgl. auch § 794 Abs. 1 Nr. 9 ZPO.
2 Vgl. Kindl/Meller-Hannich/Wolf/*Mäsch* Art. 39 Brüssel Ia-VO Rdn. 1.
3 Eingehend zu dieser Änderung Rauscher/*Mankowski* Vorb. zu Art. 39ff. Brüssel Ia-VO Rdn. 1ff., Art. 39 Brüssel Ia-VO Rdn. 1ff.

scher und symbolischer Natur und weniger substantieller Art.[4] An den Hinderungsgründen für eine Vollstreckung (Art. 46, 45 Abs. 1) und der Möglichkeit ihrer Geltendmachung durch den Schuldner hat sich nämlich nichts geändert. Ob der **Wegfall des Exequaturverfahrens** zumindest zu einer deutlichen Beschleunigung der Vollstreckung ausländischer Entscheidungen führen wird, bleibt abzuwarten.[5]

II. Vollstreckbare Entscheidungen

2   **1. Erfasste Entscheidungen.** Welche Entscheidungen unter Art. 39 fallen, regelt **Art. 2 lit. a**, so dass auf die Kommentierung zu dieser Vorschrift verwiesen werden kann. An dieser Stelle sei nur erwähnt, dass Entscheidungen anderer Mitgliedstaaten, die die Entscheidung eines anderen Staats für vollstreckbar erklären oder ohne eigene Sachprüfung wiederholen, nicht von Art. 39 erfasst werden.[6] Nach h.M. sind ferner **Beweisbeschlüsse,** Beweissicherungsmaßnahmen und Anordnungen zur Durchsetzung von Ladungen von Parteien, Zeugen oder Sachverständigen nicht nach Art. 39 vollstreckbar (vgl. auch EuBVO).[7] **Öffentliche Urkunden** und **gerichtliche Vergleiche** können gem. Art. 58 f. vollstreckbar sein.

3   **2. Vollstreckbarkeit im Ursprungsmitgliedstaat.** Die Vollstreckung der Entscheidung im ersuchten Mitgliedstaat setzt voraus, dass die Entscheidung im Ursprungsmitgliedstaat nach dessen Recht vollstreckbar ist.

4   **a) Abstrakte Vollstreckbarkeit.** Nach dem EuGH muss die Entscheidung im Ursprungsmitgliedstaat nur in **„formeller Hinsicht"** vollstreckbar sein.[8] Das bedeutet zunächst, dass es nur auf die prozessrechtliche Vollstreckbarkeit ankommt, nicht auch auf die materiellrechtliche Zulässigkeit, also etwa nicht auf das (Fort-)Bestehen des materiellrechtlichen Anspruchs.[9] Unerheblich sind auch konkrete Vollstreckungshindernisse im Ursprungsmitgliedstaat aufgrund des dortigen Vollstreckungsrechts, etwa Pfändungsschutzvorschriften.[10] Es geht bei Art. 39 nämlich nur darum, den Vollstreckungstitel als solchen zu importieren, nicht jedoch um eine Übernahme des ausländischen Rechts für das Vollstreckungs*verfahren*.[11]

---

4 Rauscher/*Mankowski* Vorb. zu Art. 39 ff. Brüssel Ia-VO Rdn. 3 ff.; vgl. auch *Domej* RabelsZ 78 (2014) 508, 517 f.; Zöller/*Geimer* Art. 39 EuGVVO Rdn. 29.
5 Hierzu mit unterschiedlichen Einschätzungen *Alio* NJW 2014, 2395, 2396; *Domej* RabelsZ 78 (2014) 508, 517 ff.; *Geimer* FS Schütze (2014), 109, 110 Fn. 8; *Hess* FS Gottwald (2014) 273, 278 ff.; Rauscher/*Mankowski* Art. 39 Brüssel Ia-VO Rdn. 7; *Thöne* GPR 2015, 149, 152.
6 OLG Brandenburg MDR 2016, 1171 f.: keine Vollstreckung einer freezing injunction des High Court of Justice in London, die der Unterstützung bzw. Sicherung einer Klage in England zur Vollstreckung von Urteilen dient, welche in der Russischen Föderation gegen den Schuldner erlassen wurden; Rauscher/*Mankowski* Art. 39 Brüssel Ia-VO Rdn. 33; Zöller/*Geimer* Art. 39 EuGVVO Rdn. 21, 23; *ders.* FS Torggler (2013) 311, 329 f.
7 Rauscher/*Mankowski* Art. 39 Brüssel Ia-VO Rdn. 32; Zöller/*Geimer* Art. 39 EuGVVO Rdn. 26 m.w.N.
8 EuGH 29.4.1999 C-267/97 EuGHE 1999, I-2562, 2571 Rdn. 29 zu Art. 31 EuGVÜ; BGH NJW-RR 2009, 565, 566 zu Art. 31 LugÜ; BGH MDR 2013, 675, 676 zu Art. 38 Abs. 1 a.F.; Rauscher/*Mankowski* Art. 39 Brüssel Ia-VO Rdn. 37; Thomas/Putzo/*Hüßtege* Art. 39 EuGVVO Rdn. 3.
9 Vgl. EuGH 29.4.1999 C-267/97 EuGHE 1999, I-2562, 2570 Rdn. 24.
10 Vgl. wieder EuGH 29.4.1999 C-267/97 EuGHE 1999, I-2562, 2570 Rdn. 24, 2571 Rdn. 29; aus der Literatur etwa Rauscher/*Mankowski* Art. 39 Brüssel Ia-VO Rdn. 37 f.; Simons/Hausmann/*Althammer* Brüssel I-Verordnung, Art. 38 Rdn. 26.
11 Darin liegt freilich ein bemerkenswerter Unterschied zu der „Wirkungserstreckungstheorie", die für die Anerkennung nach Art. 36 ganz herrschend ist. Denn die „Wirkungen" der Entscheidung sind nichts anderes als Verfahrensregeln.

Das Recht des Ursprungsmitgliedstaats bestimmt also den **vollstreckbaren Inhalt** 5
der Entscheidung[12] sowie den Vollstreckungsgläubiger und den Vollstreckungsschuldner.[13] Es entscheidet auch darüber, ob schon **vor dem Eintritt der formellen Rechtskraft** vollstreckt werden darf (vgl. in Deutschland die „vorläufige Vollstreckbarkeit").[14] Der Schuldner wird in diesem Fall durch Art. 44 geschützt.[15] Nach dem Recht des Ursprungsmitgliedstaats beurteilt sich ferner, ob aufgrund der Entscheidung **Ansprüche** vollstreckbar sind, die **im Tenor oder sonst in der Entscheidung nicht erwähnt werden.**[16]

Das **konkrete Verfahren** der Vollstreckung richtet sich – soweit die Brüssel Ia-VO 6
keine Regelung enthält – gem. Art. 41 Abs. 1 nach dem Recht des ersuchten Mitgliedstaats.[17] Dazu gehören etwa die Vollstreckungsbehörden, deren Zuständigkeit, die Art der Zwangsmittel und deren Voraussetzungen.

b) Beschränkungen und Bedingungen der Vollstreckbarkeit. Die Abgrenzung 7
zwischen der abstrakten Vollstreckbarkeit, die sich nach dem Recht des Ursprungsmitgliedstaats richtet, und dem vom ersuchten Mitgliedstaat geregelten konkreten Vollstreckungsverfahren kann im Einzelnen schwierig sein, insbesondere wenn die Vollstreckung im Ursprungsmitgliedstaat von Bedingungen abhängig gemacht wird. Diese müssen auch nicht stets in der Entscheidung selbst erwähnt sein. Wie bei der Anerkennung gilt hier als allgemeine Maßgabe, dass die Entscheidung des Ursprungsgerichts durch die Vollstreckung nicht inhaltlich verfälscht werden darf.

Aus Sicht des deutschen Rechts und der deutschen Gerichte ist etwa bei einer Verur- 8
teilung zur **Leistung Zug um Zug** die Erbringung der Gegenleistung durch den Gläubiger oder der Annahmeverzug des Schuldners eine Bedingung dafür, dass der Schuldner überhaupt leisten muss. Die Verurteilung erfolgt hier nur deshalb schon vor Bedingungseintritt, weil dieser nach der ZPO (die insofern eine rein nationale Perspektive hat) im späteren Vollstreckungsverfahren sichergestellt ist. Diese Bedingung ist also auch im ersuchten Mitgliedstaat zu berücksichtigen, selbst wenn dieser Zug-um-Zug-Entscheidungen nicht kennt.[18] Gleiches dürfte regelmäßig gelten, wenn die Vollstreckung nach dem Recht des Ursprungsmitgliedstaats von einer **Sicherheitsleistung** abhängig ist.[19] Wo die Bedingung eintritt, ist unerheblich, solange ihr Zweck erfüllt ist. Eine Sicherheits-

---

12 Geimer/Schütze/*Peiffer*/*Peiffer* IRV, Art. 39 VO (EU) Nr. 1215/2012 Rdn. 34.
13 Näher hierzu Stein/Jonas/*Oberhammer*[22] Art. 38 EuGVVO a.F. Rdn. 33f., der anmerkt, dass das Recht des Ursprungsmitgliedstaats insofern möglicherweise auf ein ausländisches materielles Recht verweist.
14 Dazu, dass die Entscheidung nicht formell rechtskräftig sein muss, auch *Alio* NJW 2014, 2395, 2396f.; Hk/*Dörner* Art. 39 EuGVVO Rdn. 4; Rauscher/*Mankowski* Art. 39 Brüssel Ia-VO Rdn. 51.
15 Umstritten ist, nach welchem Recht sich die Haftung richtet, wenn die nicht rechtskräftige Entscheidung nach der Vollstreckung aufgehoben wird. *Schlosser/Hess* Art. 44 EuGVVO Rdn. 12 geht wohl von einer Haftung nach § 717 Abs. 2 ZPO aus, wenn die Vollstreckung in Deutschland stattfindet. *Schlosser* FS Beys (2003) 1471, 1479 möchte § 717 Abs. 2 ZPO auch dann anwenden, wenn ein für vorläufig vollstreckbar erklärtes deutsches Urteil im Ausland vollstreckt wird. *Solomon* in: Die Anerkennung im Internationalen Zivilprozessrecht – Europäisches Vollstreckungsrecht, 173, 190 ff. spricht sich überzeugend dafür aus, dass stets das Recht des Entscheidungsstaats maßgeblich ist.
16 BGH NJW 2014, 702, 703; Hk/*Dörner* Art. 39 EuGVVO Rdn. 5; Thomas/Putzo/*Hüßtege* Art. 39 EuGVVO Rdn. 8.
17 Vgl. nur Zöller/*Geimer* Art. 41 EuGVVO Rdn. 11.
18 In der Sache ebenso Geimer/Schütze/*Peiffer*/*Peiffer* IRV, Art. 39 VO (EU) Nr. 1215/2012 Rdn. 35, 39; Rauscher/*Mankowski* Art. 39 Brüssel Ia-VO Rdn. 44; **a.A.** *Adolphsen* EuZVR, 5. Kapitel Rdn. 102; *Ulrici* JZ 2016, 127, 134.
19 Geimer/Schütze/*Peiffer*/*Peiffer* IRV, Art. 39 VO (EU) Nr. 1215/2012 Rdn. 35 ff.; Rauscher/*Mankowski* Art. 39 Brüssel Ia-VO Rdn. 42; *Schlosser* FS Beys (2003), 1471, 1474 f.; differenzierend *Ulrici* JZ 2016, 127, 134.

leistung kommt deshalb im Ursprungsmitgliedstaat und im ersuchten Mitgliedstaat in Betracht.[20] Die Last für den Nachweis des Bedingungseintritts trägt der Gläubiger.

9 Berechtigt die Entscheidung nach dem Recht des Ursprungsmitgliedstaats nur zu **Sicherungsmaßnahmen**, ist auch die Vollstreckung in den anderen Mitgliedstaaten dementsprechend beschränkt.[21] Insbesondere bei **vorläufig vollstreckbaren** Entscheidungen können nach dem Recht des Ursprungsmitgliedstaats vielfältige Voraussetzungen und Beschränkungen der abstrakten Vollstreckbarkeit bestehen, die für die Vollstreckungsbehörden möglicherweise nur sehr schwierig zu ermitteln sind.[22] Lösen kann man dieses praktische Problem dadurch, dass die konkreten Modalitäten der vorläufigen Vollstreckbarkeit vom Ursprungsgericht in die Bescheinigung nach Art. 53 eingetragen werden.[23] Zwar enthält das Formblatt nach Anhang I der Brüssel Ia-VO hierfür keine Rubrik, doch spricht nichts gegen eine individuelle Ergänzung.[24]

10 **c) Aufhebung und Aussetzung der Vollstreckbarkeit.** Wird im Ursprungsmitgliedstaat die Vollstreckbarkeit der Entscheidung **aufgehoben**, ist die Entscheidung auch im ersuchten Mitgliedstaat gem. Art. 39 nicht mehr vollstreckbar (vgl. § 1116 ZPO).[25] Das gilt erst recht, wenn die Entscheidung insgesamt im Ursprungsmitgliedstaat aufgehoben wird.[26] Die **Aussetzung** der Vollstreckbarkeit im Ursprungsmitgliedstaat ist in Art. 44 Abs. 2 geregelt, aus dem sich insbesondere ergibt, dass die Aussetzung nur auf Antrag des Schuldners berücksichtigt wird, also nicht etwa von Amts wegen.[27]

III. Vollstreckung im ersuchten Mitgliedstaat

11 **1. Vorgaben der Brüssel Ia-VO.** Der Vollstreckungsgläubiger kann direkt einen Vollstreckungsantrag bei der im ersuchten Mitgliedstaat zuständigen Vollstreckungsbehörde stellen.[28] Dabei hat er die in Art. 42 genannten Urkunden vorzulegen. Eine inländische Vollstreckungsklausel ist nicht erforderlich (vgl. § 1112 ZPO), da Art. 39 die abstrakte Vollstreckbarkeit im Ursprungsmitgliedstaat genügen lässt.[29] Vor der ersten Vollstreckungsmaßnahme sind dem Schuldner gem. Art. 43 Abs. 1 die zu vollstreckende Entscheidung und die Bescheinigung nach Art. 53 zuzustellen. Ergänzend richtet sich das Verfahren der Vollstreckung gem. Art. 41 Abs. 1 nach dem Recht des ersuchten Mitgliedstaats. Eine eventuell erforderliche Anpassung der in der ausländischen Entscheidung

---

20 A.A. Geimer/Schütze/*Peiffer/Peiffer* IRV, Art. 39 VO (EU) Nr. 1215/2012 Rdn. 38: nur im Ursprungsland.
21 *Schlosser* FS Beys (2003), 1471, 1476 f.; Rauscher/*Mankowski* Art. 39 Brüssel Ia-VO Rdn. 49.
22 Ausführlich und rechtsvergleichend hierzu *Schlosser* FS Beys (2003), 1471 ff.; Stein/Jonas/*Oberhammer*[22] Art. 38 EuGVVO a.F. Rdn. 30 ff. Geimer/Schütze/*Peiffer/Peiffer* IRV, Art. 39 VO (EU) Nr. 1215/2012 Rdn. 47 f. wollen hier nur auf das Recht des ersuchten Mitgliedstaats abstellen.
23 *Schlosser* FS Beys (2003), 1471, 1473, 1477 und *passim* zu Art. 54 a.F.
24 *Schlosser* FS Beys (2003), 1471, 1473 zu Art. 54 a.F.; **a.A.** wohl Thomas/Putzo/*Hüßtege* Art. 42 EuGVVO Rdn. 4.
25 BGH NJW-RR 2010, 1079, 1080; Hk/*Dörner* Art. 39 EuGVVO Rdn. 4; *Geimer* FS Schütze (2014), 109, 117; Rauscher/*Mankowski* Art. 39 Brüssel Ia-VO Rdn. 38 f.
26 Rauscher/*Mankowski* Art. 39 Brüssel Ia-VO Rdn. 45; Thomas/Putzo/*Hüßtege* Art. 39 EuGVVO Rdn. 2. Nach BTDrucks. 18/823 S. 23 soll § 1116 ZPO wohl auch für den Wegfall des ausländischen Titels gelten, was jedoch im Wortlaut der Vorschrift nicht deutlich wird.
27 Prütting/Gehrlein/*Schinkels* Art. 44 Brüssel Ia-VO Rdn. 3; Kindl/Meller-Hannich/Wolf/*Mäsch* Art. 44 Brüssel Ia-VO Rdn. 6.
28 Prütting/Gehrlein/*Schinkels* Art. 39 Brüssel Ia-VO Rdn. 1. Da die Brüssel Ia-VO insofern keine Regelung enthält, richtet sich die zulässige Sprache für den Antrag nach dem Recht des ersuchten Mitgliedstaats; vgl. MünchKomm/*Gottwald* Art. 41 VO (EU) 1215/2012 Rdn. 2, Art. 42 VO (EU) 1215/2012 Rdn. 9.
29 Rauscher/*Mankowski* Art. 39 Brüssel Ia-VO Rdn. 21.

enthaltenen „Maßnahme oder Anordnung" an das Recht des ersuchten Mitgliedstaats erfolgt nach Art. 54.

2. Prüfung durch die Vollstreckungsbehörde. Die Vollstreckungsbehörde prüft 12 unionsrechtlich lediglich die Anwendbarkeit der Brüssel Ia-VO, die Vorlage der Urkunden nach Art. 42 und die durch diese bestätigte Vollstreckbarkeit der Entscheidung im Ursprungsmitgliedstaat (näher hierzu Art. 42 Rdn. 1).[30] Sie berücksichtigt jedoch grundsätzlich nicht mögliche Gründe für eine Versagung der Vollstreckung gem. Art. 45 Abs. 1 (zu eventuellen Ausnahmen Art. 36 Rdn. 31).[31] Diese sind nach Art. 46 in einem besonderen Verfahren geltend zu machen. Im Übrigen richtet sich das Vorgehen der Vollstreckungsbehörde gem. Art. 41 Abs. 1 nach dem Recht des ersuchten Mitgliedstaats.

Verstößt die Vollstreckungsbehörde gegen die Verfahrensvorschriften der Brüssel Ia-VO oder des ersuchten Mitgliedstaats, stehen den Betroffenen die **Rechtsbehelfe** 13 zur Verfügung, die der ersuchte Mitgliedstaat für Verfahrensverstöße bei der Vollstreckung vorsieht (Art. 41).[32] In Deutschland ist das insbesondere die Erinnerung nach § 766 ZPO.[33] Bejaht die Vollstreckungsbehörde unzutreffend die Anwendbarkeit der Brüssel Ia-VO und ergibt sich die Vollstreckbarkeit der ausländischen Entscheidung auch nicht aus einem anderen Rechtsgrund, so sind im ersuchten Mitgliedstaat die Rechtsbehelfe statthaft, die sich gegen eine Vollstreckung ohne Titel richten.[34]

3. Konkretisierung der zu vollstreckenden Entscheidung. Fraglich ist, inwiefern 14 im ersuchten Mitgliedstaat eine für die inländische Vollstreckung erforderliche Konkretisierung oder Ergänzung der ausländischen Entscheidung möglich ist. Das Verfahren der Vollstreckbarerklärung im ersuchten Mitgliedstaat ist als eventuelles Hilfsmittel hierfür[35] entfallen.[36] Eine Klage auf Feststellung des Inhalts der ausländischen Entscheidung (vgl. § 256 ZPO)[37] ist schon aus allgemeinen Gründen nicht zulässig (str.).[38] Art. 54 regelt nur den Fall, dass eine in der Entscheidung enthaltene „Maßnahme oder Anordnung" dem Recht des ersuchten Mitgliedstaats „nicht bekannt" ist. Das umfasst nicht Entscheidungen, die nach den Maßstäben des ersuchten Mitgliedstaats für eine Vollstreckung zu unbestimmt sind.[39]

Für die Lösung des Problems kommt es auch auf die Art der Unbestimmtheit an. Ist 15 die Entscheidung **generell** für eine Vollstreckung nicht genügend bestimmt und auch durch Auslegung **nicht bestimmbar**, etwa weil die herauszugebende Sache nicht aus-

---

[30] Hk/*Dörner* Art. 39 EuGVVO Rdn. 3; *Geimer* FS Schütze (2014), 109, 113; Kindl/Meller-Hannich/Wolf/*Mäsch* Art. 39 Brüssel Ia-VO Rdn. 3; *Schlosser/Hess* Art. 41 EuGVVO Rdn. 6.
[31] Hk/*Dörner* Art. 39 EuGVVO Rdn. 3; Kindl/Meller-Hannich/Wolf/*Mäsch* Art. 39 Brüssel Ia-VO Rdn. 4; *Schlosser/Hess* Art. 41 EuGVVO Rdn. 5.
[32] Näher hierzu *Haubold* FS Schütze (2014) 163, 165 ff.
[33] Vgl. *Adolphsen* EuZVR, 5. Kapitel Rdn. 107.
[34] *Thöne* GPR 2015, 149, 152 verweist insofern auf die „prozessuale Gestaltungsklage analog § 767 ZPO". Denkbar ist aber auch eine Erinnerung gem. § 766 ZPO.
[35] Hierzu etwa BGHZ 122, 16, 18 f.; BGH NJW 2014, 702; *Geimer* FS Schütze (2014) 109, 119; *Gössl* NJW 2014, 3479, 3480; ausführlich *Seidl* 185 ff.
[36] Deshalb de lege ferenda für ein nationales Konkretisierungsverfahren *Geimer* FS Schütze (2014) 109, 119; wohl zustimmend Rauscher/*Mankowski* Art. 39 Brüssel Ia-VO Rdn. 23.
[37] Für deren Zulässigkeit *Gössl* NJW 2014, 3479, 3482; **a.A.** Thomas/Putzo/*Hüßtege* Art. 39 EuGVVO Rdn. 5.
[38] Näher hierzu *Loyal* ZZP 130 (2017) 203 ff.; **a.A.** – jedenfalls für deutsche Vollstreckungstitel – die ganz h.M.
[39] **A.A.** *Gössl* NJW 2014, 3479, 3481; MünchKomm/*Gottwald* Art. 39 VO (EU) 1215/2012 Rdn. 4; für eine analoge Anwendung des Art. 54 deshalb Thomas/Putzo/*Hüßtege* Art. 39 EuGVVO Rdn. 6; vgl. auch Linke/*Hau* IZVR, Rdn. 14.40; Rauscher/*Mankowski* Art. 39 Brüssel Ia-VO Rdn. 24.

reichend bezeichnet ist, dürfte auch im Ursprungsmitgliedstaat eine Vollstreckung nicht möglich sein, so dass es schon an der von Art. 39 vorausgesetzten Vollstreckbarkeit im Ursprungsmitgliedstaat fehlt.[40] In diesen Fällen muss sich der Gläubiger grundsätzlich im Ursprungsmitgliedstaat um eine Konkretisierung oder Erneuerung des Titels bemühen.[41] An der faktischen Unmöglichkeit der Vollstreckung könnte auch eine Bindung der Vollstreckungsbehörde an die in der Bescheinigung gem. Art. 53 bestätigte Vollstreckbarkeit (str.; Art. 42 Rdn. 1) nichts ändern. Jedenfalls darf die „Auslegung" oder „Konkretisierung" im ersuchten Mitgliedstaat keinesfalls dazu führen, dass in Wirklichkeit die ursprüngliche Entscheidung – wenn auch nur in geringem Umfang – **inhaltlich korrigiert oder ersetzt** wird (s. auch Art. 52).[42]

16 Im Übrigen dürfte es vor allem um **Zinsen** gehen, die unter Verweis auf dynamische Zinssätze zugesprochen wurden[43] oder nach dem Recht des Ursprungsmitgliedstaats auch ohne besonderen Ausspruch kraft Gesetzes aufgrund der Entscheidung vollstreckbar sind.[44] Hier ist die Entscheidung nicht unbestimmbar, soweit die Höhe des Zinsanspruchs aufgrund der Angaben in der Entscheidung und des Rechts des Ursprungsmitgliedstaats eindeutig feststellbar ist. Diese rein tatsächliche, rechnerische Bestimmung des Zinsanspruchs darf ohne weiteres von der Vollstreckungsbehörde vorgenommen werden,[45] ohne dass ein Rückgriff auf Art. 54 oder eine andere Rechtsgrundlage erforderlich ist. Fraglich ist nur, ob es der Vollstreckungsbehörde zumutbar ist, die nötigen Informationen über die Berechnungsgrundlagen zu beschaffen. Insofern trägt nach Art. 42 Abs. 1 lit. b der Gläubiger die Darlegungslast. Er muss der Vollstreckungsbehörde alle Unterlagen zur Verfügung stellen, damit diese den Zinsanspruch einfach berechnen kann.[46] Die gleichen Erwägungen gelten für eine Pflicht zur Erstattung der **Kosten des ursprünglichen Verfahrens** (s. Art. 42 Abs. 1 lit. b).[47]

IV. Wahl des Vollstreckungsstaats/mehrere Vollstreckungsverfahren

17 Die Brüssel Ia-VO macht dem Gläubiger **keinerlei Vorgaben** für die Wahl des Mitgliedstaats, in dem er die Entscheidung vollstrecken lassen möchte.[48] Sie enthält auch keine Begrenzung der Zahl der Vollstreckungsverfahren, so dass der Gläubiger auch pa-

---

40 Vgl. hierzu auch *Linke/Hau* IZVR, Rdn. 14.26; *Seidl* 190. Hk/*Dörner* Art. 39 EuGVVO Rdn. 5 und Thomas/Putzo/*Hüßtege* Art. 39 EuGVVO Rdn. 5 verweisen auf Art. 45 Abs. 1 lit. a; ebenso zur Vorgängerregelung BGHZ 122, 16, 19; *Kropholler*/v. *Hein* Art. 38 EuGVO a.F. Rdn. 13.
41 Bei dieser generellen Unbestimmtheit der Entscheidung dürfte auch der Einwand von *Geimer* FS Simotta (2012) 163, 179 f. gegen die Verweisung des Gläubigers an den Ursprungsmitgliedstaat weniger Gewicht haben. Hier ist auch zu berücksichtigen, dass der Gläubiger das Risiko der zweckmäßigen Formulierung seiner Rechtsschutzanträge trägt; vgl. hierzu allgemein *Loyal* ZZP 130 (2017) 203, 228.
42 *v. Hein* FS Geimer (2017) 245, 252; vgl. auch Simons/Hausmann/*Althammer* Brüssel I-Verordnung, Art. 38 Rdn. 17; richtig deshalb OLG Karlsruhe FamRZ 2002, 1420; wohl großzügiger Zöller/*Geimer* Art. 39 EuGVVO Rdn. 37; vgl. zum Problem auch LG Stuttgart RIW 2005, 709, 710 und *Smyrek* RIW 2005, 695, 696 f. Allgemein dazu, dass die „Auslegung" von unklaren Gerichtsentscheidungen häufig (unbewusst) in eine objektive Entscheidungskorrektur übergeht, *Loyal* ZZP 130 (2017) 203, 221 ff.
43 Näher hierzu *Gössl* NJW 2014, 3479 ff.
44 Hierzu *Stürner* DGVZ 2016, 215, 221.
45 Vgl. auch BTDrucks. 18/823 S. 22.
46 Näher hierzu *Gössl* NJW 2014, 3479, 3481 f.; ebenso Thomas/Putzo/*Hüßtege* Art. 39 EuGVVO Rdn. 6; *Stürner* DGVZ 2016, 215, 222.
47 Thomas/Putzo/*Hüßtege* Art. 39 EuGVVO Rdn. 7.
48 Rauscher/*Mankowski* Art. 39 Brüssel Ia-VO Rdn. 26; Zöller/*Geimer* Art. 39 Rdn. 54 f.; ausführlich *Hau* ZVglRWiss 116 (2017) 23 ff.; für die grundsätzliche Zulässigkeit von „enforcement shopping" *ders*. FS Schilken (2015) 705, 709 ff.

rallel in verschiedenen Mitgliedstaaten vollstrecken darf.[49] Für den Schuldner birgt das die Gefahr, dass der Gläubiger mit den Urkunden gem. Art. 42 Abs. 1 weiter in einem Mitgliedstaat vollstreckt, obwohl er vielleicht in einem anderen Staat schon befriedigt wurde.[50] Das deutsche Recht bemüht sich in § 733 ZPO bei der Erteilung weiterer vollstreckbarer Ausfertigungen um einen **Schutz des Schuldners**. § 1111 ZPO verweist jedoch nicht auf § 733 ZPO, schützt den Schuldner aber immerhin insofern, als dieser nach § 1111 Abs. 1 Satz 3 durch Zustellung einer Ausfertigung der Bescheinigung gem. Art. 53 über deren Existenz informiert wird.[51] Im Übrigen ist der Schuldner auf die Rechtsbehelfe angewiesen, die der Ursprungsmitgliedstaat und der ersuchte Mitgliedstaat bei einer übermäßigen Beanspruchung des Schuldners vorsehen (etwa § 767 ZPO bei einer Befriedigung oder § 766 bei einer Überpfändung gem. § 803 Abs. 1 Satz 2 ZPO).

V. Vollstreckungsvereinbarungen

Bisher kaum geklärt ist, inwiefern Parteivereinbarungen bei der Vollstreckung von Entscheidungen anderer EU-Mitgliedstaaten von Bedeutung sind.[52] Für die **prozessrechtlichen Wirkungen** ist nach dem Inhalt der Parteivereinbarung zu unterscheiden. Soweit diese unmittelbar die konkreten Verfahrensvorschriften der Brüssel Ia-VO tangiert, etwa weil entgegen Art. 43 eine Vollstreckung auch ohne vorherige Zustellung der Entscheidung und Bescheinigung möglich sein soll, richtet sich die prozessrechtliche Zulässigkeit nach der Brüssel Ia-VO, die freilich keine Regelung hierzu enthält, so dass eine entsprechende Rechtsfortbildung erforderlich ist. Im Übrigen kommt es darauf an, ob die vertragliche Regelung die abstrakte Vollstreckbarkeit der Entscheidung im Sinne von Art. 39 betrifft oder nur das konkrete Vollstreckungsverfahren gemäß Art. 41 Abs. 1. Im ersten Fall entscheidet grundsätzlich das Recht des Ursprungmitgliedstaats über die prozessrechtlichen Wirkungen der Vollstreckungsvereinbarung, im zweiten ist das Recht des ersuchten Mitgliedstaats maßgeblich.[53] **18**

Da die Prozessrechte normalerweise keine Regelungen für das **Zustandekommen** von Prozessverträgen enthalten, ist insofern das materielle Vertragsrecht entsprechend heranzuziehen. Dabei erscheint es sachgerecht, auf das (nationale) materielle Recht abzustellen, das auch für das materielle Rechtsverhältnis zwischen den Parteien gilt.[54] **19**

VI. Rechtsbehelfe

Der Schuldner kann nach Art. 46 einen **Antrag auf Versagung der Vollstreckung** aus den in Art. 45 Abs. 1 genannten Gründen stellen. Im Übrigen verweist Art. 41 auf das **Recht des ersuchten Mitgliedstaats**, weshalb dem Schuldner grundsätzlich alle nach **20**

---

49 Rauscher/*Mankowski* Art. 39 Brüssel Ia-VO Rdn. 26, 28; Simons/Hausmann/*Althammer* Brüssel I-Verordnung, Art. 38 Rdn. 2. *Hau* ZVglRWiss 116 (2017) 23, 41 hält es für denkbar, dass eine nationale Regelung, die für den innerstaatlichen Bereich eine am Prioritätsprinzip ausgerichtete Vollstreckungssperre vorsieht, in doppelfunktionaler Anwendung auf den grenzüberschreitenden Bereich übertragen und demgemäß die Inlandsvollstreckung wegen eines im Ausland bereits eingeleiteten Vollstreckungsverfahrens ausgesetzt wird.
50 Vgl. auch Stein/Jonas/*Oberhammer*[22] Art. 38 EuGVVO a.F. Rdn. 8; ferner *Hau* ZVglRWiss 116 (2017) 23, 40; *dens.* FS Schilken (2015) 705, 716 f.
51 Das entspricht § 733 Abs. 2 ZPO.
52 Vgl. aber schon *Hau* ZVglRWiss 116 (2017), 23, 41 ff.; *Linke/Hau* IZVR, Rdn. 14.47; ausführlich hierzu *Loyal* GPR 2018, 63, 65 f.
53 Näher hierzu – auch zu Überschneidungen – *Loyal* GPR 2018, 63, 65 ff.
54 Auch hierzu *Loyal* GPR 2018, 63, 65 f.

diesem Recht vorgesehenen Rechtsbehelfe gegen die Vollstreckung zur Verfügung stehen (näher hierzu Art. 41 Rdn. 4 ff.). Außerdem kann der Schuldner auch **im Ursprungsmitgliedstaat** mit den dort vorgesehenen Rechtsbehelfen gegen die Entscheidung oder deren Vollstreckbarkeit vorgehen (vgl. Art. 51).

Artikel 40
[Sicherungsmaßnahmen]

Eine vollstreckbare Entscheidung umfasst von Rechts wegen die Befugnis, jede Sicherungsmaßnahme zu veranlassen, die im Recht des ersuchten Mitgliedstaats vorgesehen ist.

Übersicht

I. Normzweck —— 1	IV. Verhältnis von europäischem und nationalem Recht —— 8
II. Abgrenzung von Anordnungen des einstweiligen Rechtsschutzes —— 2	1. Zulässigkeit der Sicherungsmaßnahmen —— 8
III. Sicherungsmaßnahmen —— 3	2. Existenz und Verfahren der Sicherungsmaßnahmen —— 9
1. Begriff der Sicherungsmaßnahme —— 3	
2. Sicherungsmaßnahmen in Deutschland —— 4	

I. Normzweck

1   Die Norm entspricht funktional Art. 47 Abs. 2 a.F. Neben Art. 39, 41 Abs. 1 hat sie nur eine eingeschränkte Bedeutung, weil allein mit der vollstreckbaren Entscheidung des anderen Mitgliedstaats ganz normal im ersuchten Mitgliedstaat vollstreckt werden kann und erst recht auch Sicherungsmaßahmen eingeleitet werden dürfen.[1] Aus unionsrechtlicher Sicht besteht allenfalls insofern ein Bedürfnis nach Sicherungsmaßnahmen, als die von der Brüssel Ia-VO aufgestellten Voraussetzungen für die Vollstreckung im Einzelfall zu Verzögerungen führen können, etwa wenn sich die Ausstellung der Bescheinigung nach Art. 53 verzögert.[2] Ferner ermöglicht Art. 40 dem Gläubiger einen überraschenden Zugriff, weil hier nach Art. 43 Abs. 3 eine vorangegangene Zustellung der Entscheidung und Bescheinigung nicht erforderlich ist. Doch dürfte dieser Effekt nicht besonders groß sein, da der Schuldner im Falle des Art. 40 – anders als bei Sicherungsmaßnahmen, die ohne Titel eingeleitet werden – schon durch die Existenz der vollstreckbaren Entscheidung vor möglichen Sicherungs- und Vollstreckungsmaßnahmen gewarnt ist.[3]

II. Abgrenzung von Anordnungen des einstweiligen Rechtsschutzes

2   Ordnet schon die Entscheidung des Ursprungsmitgliedstaats eine „einstweilige Maßnahme einschließlich einer Sicherungsmaßnahme" an, so richtet sich deren Voll-

---

[1] Vgl. auch Geimer/Schütze/*Peiffer*/*Peiffer* IRV, Art. 40 VO (EU) Nr. 1215/2012 Rdn. 3.
[2] Der Fall, dass der Schuldner eine Übersetzung verlangen darf, ist in Art. 43 Abs. 3 ausdrücklich geregelt.
[3] Vgl. auch Geimer/Schütze/*Peiffer*/*Peiffer* IRV, Art. 40 VO (EU) Nr. 1215/2012 Rdn. 13. Die Entscheidung dürfte dem Schuldner regelmäßig schon im Rahmen des Verfahrens im Ursprungsmitgliedstaat zugestellt worden sein; vgl. Art. 43 Abs. 1 Satz 2.

streckung nicht nach Art. 40, sondern nach den speziellen Art. 42 Abs. 2, 43 Abs. 3.[4] Diese Vorschriften wären sonst bedeutungslos.

III. Sicherungsmaßnahmen

1. Begriff der Sicherungsmaßnahme. Der abstrakte Begriff der Sicherungsmaßnahme ist **verordnungsautonom** zu bestimmen. Es geht dabei um Maßnahmen, die – wie etwa die Pfändung – Vermögensgegenstände des Schuldners für den Gläubiger sichern, dessen Rang wahren und Manipulationen des Schuldners verhindern, jedoch noch nicht zu einer Befriedigung des Gläubigers führen.[5]

2. Sicherungsmaßnahmen in Deutschland. Aus den in Rdn. 1 genannten Gründen ist der **Arrest** (§§ 916 ff. ZPO) wenig sinnvoll. Denn die Funktion des Arrests ist es, vor Abschluss des Erkenntnisverfahrens – also vor der Existenz eines Vollstreckungstitels – in eingeschränktem Umfang Zwangsvollstreckungsmaßnahmen (insbesondere eine Pfändung) zu ermöglichen.[6] Mit der vollstreckbaren Entscheidung des anderen Mitgliedstaats kann der Gläubiger aber ohne diese Beschränkungen ganz normal im ersuchten Mitgliedstaat vollstrecken. Damit entfällt auch der Sinn des gerichtlichen Arrestverfahrens und der Voraussetzungen des Arrests, die lediglich das Fehlen eines Titels ausgleichen sollen. Da es bei bestehendem Vollstreckungstitel normalerweise kein Bedürfnis nach einem Arrest gibt, ist hier nach h.M. ein Arrestgesuch nach deutschem Recht grundsätzlich unzulässig.[7] Der Arrest ist allenfalls deshalb vorteilhafter als eine normale Vollstreckung, weil seine Vollziehung nach Art. 43 Abs. 3 und § 929 Abs. 3 Satz 1 ZPO schon vor der Zustellung der Entscheidung und der Bescheinigung sowie des Arrestbefehls zulässig ist, wohingegen vor der normalen Vollstreckung nach Art. 43 Abs. 1 die Entscheidungsausfertigung und die Bescheinigung zuzustellen sind.[8]

Statt des unnötig aufwendigen Arrests sollte man allenfalls die **Sicherungsvollstreckung** nach § 720a ZPO durchführen, die dem Gläubiger im Wesentlichen die gleichen Möglichkeiten eröffnet wie ein Arrest (Pfändung, Sicherungshypothek), aber kein weiteres Gerichtsverfahren erforderlich macht, weil sie einen Titel voraussetzt, der mit der ausländischen Entscheidung auch besteht. § 720a ZPO gilt nach seinem Wortlaut zwar nur für gegen Sicherheit vorläufig vollstreckbare Urteile, doch kann er im Rahmen des Art. 40 erst recht auf andere Entscheidungen angewendet werden.[9] Aber auch § 720a ZPO ist als Alternative zur normalen Vollstreckung nur dann sinnvoll, wenn man das Zustellungserfordernis nach Art. 750 Abs. 3 ZPO im Rahmen des Art. 40 nicht anwendet. Dafür spricht, dass der vorrangige Art. 43 Abs. 3 eine Zustellung der Entscheidung und der Bescheinigung vor der Erwirkung von Sicherungsmaßnahmen gem. Art. 40 nicht vorsieht. Auch die Befriedigungsmöglichkeit nach § 720a Abs. 1 Satz 2 ZPO und die Abwendungsbefugnis gem. § 720a Abs. 3 ZPO bestehen im Falle des Art. 40 nicht.

---

4 Rauscher/*Mankowski* Art. 40 Brüssel Ia-VO Rdn. 16; *Schlosser/Hess* Art. 40 EuGVVO Rdn. 1; **a.A.** Geimer/Schütze/*Peiffer/Peiffer* IRV, Art. 40 VO (EU) Nr. 1215/2012 Rdn. 8.
5 Hk/*Dörner* Art. 44 EuGVVO Rdn. 2; Magnus/Mankowski/*Cuniberti/Rueda* Brussels Ibis Regulation, Art. 40 Rdn. 8.
6 Musielak/Voit/*Huber* § 916 Rdn. 1.
7 So etwa MünchKomm/*Drescher* § 917 Rdn. 20 namentlich auch für die nach Art. 39 vollstreckbare ausländische Entscheidung; differenzierend BeckOK ZPO/*Mayer* 27. Edition, Stand: 1.12.2017, § 916 Rdn. 13.
8 Darauf stellen ab Musielak/Voit/*Stadler* Art. 40 EuGVVO n.F. Rdn. 2; *Schlosser/Hess* Art. 40 EuGVVO Rdn. 2.
9 Vgl. zu Art. 47 a.F. *Hess/Hub* IPRax 2003, 93, 95 f.

6 Bei Geldzahlungsansprüchen kommt als Sicherungsmaßnahme in Deutschland auch die **Vorpfändung** gem. § 845 ZPO in Betracht.[10] Deren Zweckmäßigkeit wird von einem – von ihr auch vorausgesetzten – bestehenden Vollstreckungstitel nicht beeinträchtigt.

7 Bei Ansprüchen, die nicht auf Geldzahlung gerichtet sind, ist eine **einstweilige Verfügung** nach §§ 935, 938, 940 ZPO denkbar.[11] Auch hier stellt sich freilich die Frage, warum man noch eine „einstweilige" Anordnung anstreben sollte, wenn man schon den endgültigen Zustand vollstrecken kann.

IV. Verhältnis von europäischem und nationalem Recht

8 **1. Zulässigkeit der Sicherungsmaßnahmen.** Nach Art. 40 genügt für die Zulässigkeit der Sicherungsmaßnahmen allein die vollstreckbare Entscheidung eines Mitgliedstaats. Besondere **Zulässigkeitsvoraussetzungen des nationalen Rechts** werden **verdrängt**.[12] Das ergibt sich aus dem Wortlaut der Vorschrift[13] („umfasst von Rechts wegen die Befugnis, jede Sicherungsmaßnahme zu veranlassen") und aus deren Entstehungsgeschichte.[14] Es ist auch unproblematisch, weil die besonderen Voraussetzungen der nationalen Sicherungsmaßnahmen (etwa die Voraussetzungen des Arrests) regelmäßig nur das Fehlen eines Vollstreckungstitels ausgleichen sollen, der im Falle des Art. 40 jedoch gegeben ist.

9 **2. Existenz und Verfahren der Sicherungsmaßnahmen.** Der Nachweis der ausländischen Entscheidung richtet sich nach Art. 42 Abs. 1.[15] Art. 40 ordnet nur abstrakt die Zulässigkeit von Sicherungsmaßnahmen an. Im Übrigen verweist er auf das **Recht des ersuchten Mitgliedstaats**. Dieses bestimmt also, welche Sicherungsmaßnahmen es überhaupt gibt.[16] Es regelt auch deren Verfahren (etwa die sachliche und örtliche Zuständigkeit),[17] soweit darin kein Widerspruch zu der in Art. 40 angeordneten abstrakten Zulässigkeit liegt.[18]

Artikel 41
[Recht des ersuchten Mitgliedstaats]

(1) Vorbehaltlich der Bestimmungen dieses Abschnitts gilt für das Verfahren zur Vollstreckung der in einem anderen Mitgliedstaat ergangenen Entscheidungen das Recht des ersuchten Mitgliedstaats. Eine in einem Mitgliedstaat ergangene

---

10 Musielak/Voit/*Stadler* Art. 40 EuGVVO Rdn. 2.
11 *Schlosser/Hess* Art. 40 EuGVVO Rdn. 4.
12 EuGH 3.10.1985 C-119/84 EuGHE 1985, 3154, 3160 Rdn. 21 ff. zu Art. 39 EuGVÜ; *Schlosser* IPRax 2007, 239, 240; Dickinson/Lein/*Kramer* Rdn. 13.195; *Geimer/Schütze* EuZVR, Art. 47 EuGVVO a.F. Rdn. 15, 18, 23; a.A. Rauscher/*Mankowski* Art. 40 Brüssel Ia-VO Rdn. 9, 18 (vgl. aber auch Rdn. 1); anders für den Arrestgrund (§ 917 ZPO) auch Musielak/Voit/*Stadler* Art. 40 EuGVVO Rdn. 2; *Schlosser/Hess* Art. 40 EuGVVO Rdn. 2.
13 Vgl. auch EuGH 3.10.1985 C-119/84 EuGHE 1985, 3154, 3160 Rdn. 25 zu Art. 39 EuGVÜ.
14 *Jenard* ABl. EG C 59 v. 5.3.1979, S. 1, 52 zu Art. 39 EuGVÜ.
15 Prütting/Gehrlein/*Schinkels* Art. 40 Brüssel Ia-VO Rdn. 1.
16 MünchKomm/*Gottwald* Art. 40 VO (EU) 1215/2012 Rdn. 2, 6; Rauscher/*Mankowski* Art. 40 Brüssel Ia-VO Rdn. 7.
17 Hk/*Dörner* Art. 40 EuGVVO Rdn. 2.
18 Vgl. auch EuGH 3.10.1985 C-119/84 EuGHE 1985, 3154, 3160 Rdn. 21.

Entscheidung, die im ersuchten Mitgliedstaat vollstreckbar ist, wird dort unter den gleichen Bedingungen vollstreckt wie eine im ersuchten Mitgliedstaat ergangene Entscheidung.

(2) Ungeachtet des Absatzes 1 gelten die im Recht des ersuchten Mitgliedstaats für die Verweigerung oder Aussetzung der Vollstreckung vorgesehenen Gründe, soweit sie nicht mit den in Artikel 45 aufgeführten Gründen unvereinbar sind.

(3) Von der Partei, die die Vollstreckung einer in einem anderen Mitgliedstaat ergangenen Entscheidung beantragt, kann nicht verlangt werden, dass sie im ersuchten Mitgliedstaat über eine Postanschrift verfügt. Es kann von ihr auch nicht verlangt werden, dass sie im ersuchten Mitgliedstaat über einen bevollmächtigten Vertreter verfügt, es sei denn, ein solcher Vertreter ist ungeachtet der Staatsangehörigkeit oder des Wohnsitzes der Parteien vorgeschrieben.

Übersicht

I. Regelung des Vollstreckungsverfahrens (Absatz 1) —— 1
II. Vollstreckungsschranken des ersuchten Mitgliedstaats (Absatz 2) —— 4
III. Keine Pflicht zur inländischen Postanschrift oder Vertretung (Absatz 3) —— 7

I. Regelung des Vollstreckungsverfahrens (Absatz 1)

Absatz 1 Satz 1 ordnet an, dass sich ergänzend zu den vorrangigen Normen der Brüssel Ia-VO das Verfahren der Zwangsvollstreckung nach dem **Recht des ersuchten Mitgliedstaats** richtet, in Deutschland also nach dem achten Buch der ZPO. Gem. Absatz 1 Satz 2 soll die Entscheidung des anderen Mitgliedstaats unter den gleichen Voraussetzungen und auf die gleiche Weise vollstreckt werden wie eine Entscheidung des ersuchten Mitgliedstaats, wobei unionsrechtlich nur eine **Diskriminierung der ausländischen Entscheidung verboten** ist, jedoch nicht die Besserstellung.[1] Daraus ergibt sich folgerichtig auch eine internationale Zuständigkeit der Vollstreckungsbehörden im ersuchten Mitgliedstaat für Vollstreckungen in dessen Hoheitsgebiet.[2] 1

Zu beachten ist aber stets der **Vorrang** der in den **Art. 39 ff.** enthaltenen Bestimmungen.[3] So ersetzen die in Art. 42 genannten Urkunden die nach deutschem Recht normalerweise erforderliche Vollstreckungsklausel (klargestellt in § 1112 ZPO).[4] Auch in dem Umfang, in dem Art. 43 die Zustellung der zu vollstreckenden Entscheidung an den Schuldner regelt, werden die engeren oder weiteren Voraussetzungen des Rechts des ersuchten Mitgliedstaats (z.B. in § 750 ZPO) verdrängt (Art. 43 Rdn. 3). Ferner ist auch die Abgrenzung zwischen der abstrakten Vollstreckbarkeit, die sich nach dem Recht des Ursprungsmitgliedstaats richtet, und den konkreten Regelungen des Vollstreckungsverfahrens zu beachten (Art. 39 Rdn. 4 ff.). 2

Die Vollstreckung ausländischer Entscheidungen kann im Detail eine **Ergänzung des Vollstreckungsrechts des ersuchten Mitgliedstaats** erforderlich machen. So begründen die §§ 887 Abs. 1, 888 Abs. 1, 890 Abs. 2 ZPO für die Vollstreckung von Pflichten zu Handlungen, Unterlassungen und Duldungen eine Kompetenz des Prozessgerichts des ersten Rechtszugs. Bei der Vollstreckung ausländischer Titel gibt es kein derartiges 3

---

1 Zöller/*Geimer* Art. 41 EuGVVO Rdn. 10; *ders.* FS Schütze (2014) 109, 111.
2 Vgl. zu dieser Frage auch *Linke/Hau* IZVR, Rdn. 14.47; *Hau* ZVglRWiss 116 (2017) 23, 30 f.
3 Prütting/Gehrlein/*Schinkels* Art. 41 Brüssel Ia-VO Rdn. 1.
4 Hk/*Dörner* Art. 41 EuGVVO Rdn. 3.

Gericht in Deutschland. Hier muss rechtsfortbildend eine Zuständigkeit in Deutschland begründet werden, wobei sich eine Analogie zu § 1117 Abs. 1 ZPO anbietet.[5]

II. Vollstreckungsschranken des ersuchten Mitgliedstaats (Absatz 2)

4   Nach Art. 41 Abs. 2 gelten auch für die Vollstreckung von Entscheidungen anderer Mitgliedstaaten „die im Recht des ersuchten Mitgliedstaats für die Verweigerung oder Aussetzung der Vollstreckung vorgesehenen Gründe". Damit sind nur die allgemeinen Schranken der Vollstreckung gemeint, also nicht etwa die nationalen Regelungen zur Versagung einer Vollstreckung (oder Vollstreckbarerklärung) ausländischer Entscheidungen (z.B. nicht §§ 723 Abs. 2 Satz 2, 328 ZPO).[6] In Deutschland sind die Gründe für die Verweigerung oder Aussetzung der Vollstreckung in § 775 ZPO für die Vollstreckungsbehörden zusammengefasst.[7] Die in § 775 Nr. 1–2 ZPO genannten Entscheidungen gehen wiederum auf **Rechtsbehelfe** zurück, mit denen prozessrechtliche oder materiellrechtliche Einwendungen gegen die Vollstreckung vorgebracht werden können, etwa nach §§ 766, 767,[8] 771 ZPO. Der Schuldner und Dritte können also mit allen im ersuchten Mitgliedstaat vorgesehenen Rechtsbehelfen gegen die Vollstreckung einer Entscheidung aus einem anderen Mitgliedstaat vorgehen.[9] Das entspricht der in Art. 41 Abs. 1 Satz 2 abstrakt angeordneten Gleichstellung. Die internationale Zuständigkeit der Gerichte des ersuchten Mitgliedstaats ergibt sich aus Art. 24 Nr. 5. Die Entscheidung des anderen Mitgliedstaats darf jedoch gem. Art. 52 nicht in der Sache selbst nachgeprüft werden (vgl. auch § 767 Abs. 2 ZPO).[10] Daneben besteht auch die Rechtsschutzmöglichkeit nach Art. 46.

5   Schwierig zu deuten ist die Regelung in Art. 41 Abs. 2, dass die nationalen Schranken der Vollstreckung **nicht** mit den in **Art. 45** aufgeführten Gründen **unvereinbar** sein dürfen. Damit ist jedenfalls nicht gemeint, dass die Vollstreckung nur aus den in Art. 45 genannten Gründen versagt werden darf.[11] Sonst wäre die Verweisung auf die nationalen Schranken in Art. 41 Abs. 2 sinnlos.[12] Außerdem limitiert der 30. Erwägungsgrund zur Brüssel Ia-VO ausdrücklich nur die Versagung der „Anerkennung" auf die Gründe des Art. 45. Plausibel ist hingegen die Auslegung, dass nur solche Vollstreckungsschranken des ersuchten Mitgliedstaats verdrängt werden, die Art. 45 inhaltlich widersprechen, indem sie zu der gleichen Regelungsfrage etwas anderes anordnen.[13]

6   Nach § 1117 ZPO und h.M. ist die **Vollstreckungsabwehrklage** (§ 767 ZPO) gegen Entscheidungen anderer Mitgliedstaaten zulässig.[14] Manche sehen jedoch in der in § 1117 ZPO geschaffenen Zuständigkeit in Deutschland und der damit verbundenen Einlas-

---

5   Zöller/*Geimer* Art. 41 EuGVVO Rdn. 15; vgl. schon *Seidl* 256 Fn. 95.
6   *Domej* RabelZ 78 (2014) 508, 514; Rauscher/*Mankowski* Art. 41 Brüssel Ia-VO Rdn. 28 f.
7   *Schlosser/Hess* Art. 41 EuGVVO Rdn. 4.
8   Vgl. § 1117 ZPO.
9   Musielak/Voit/*Stadler* Art. 41 EuGVVO Rdn. 1 f.; *Schlosser/Hess* Art. 41 EuGVVO Rdn. 1, 4; Thomas/Putzo/*Hüßtege* Art. 41 EuGVVO Rdn. 1.
10 Zöller/*Geimer* Art. 41 EuGVVO Rdn. 17.
11 Rauscher/*Mankowski* Art. 41 Brüssel Ia-VO Rdn. 18 ff.
12 Rauscher/*Mankowski* Art. 41 Brüssel Ia-VO Rdn. 18. Diese Verweisung findet sich auch im 30. Erwägungsgrund zur Brüssel Ia-VO.
13 *v. Hein* RIW 2013, 97, 110; Prütting/Gehrlein/*Schinkels* Art. 41 Brüssel Ia-VO Rdn. 2; Rauscher/*Mankowski* Art. 41 Brüssel Ia-VO Rdn. 26.
14 MünchKomm/*Gottwald* Art. 41 VO (EU) 1215/2012 Rdn. 7; Kindl/Meller-Hannich/Wolf/*Meller-Hannich* § 1117 ZPO Rdn. 1; Musielak/Voit/*Stadler* Art. 41 EuGVVO Rdn. 2; Hk/*Saenger* § 1117 Rdn. 1; ausführlich *Haubold* FS Schütze (2014) 163, 177 ff.; für europäische Vollstreckungstitel auch § 1086 Rdn. 1 (*Schütze*); zum Erfüllungseinwand auch *v. Hein* RIW 2013, 97, 110.

sungslast des Gläubigers eine unzulässige Diskriminierung von Entscheidungen anderer Mitgliedstaaten.¹⁵ Bezweifelt wird hier auch die internationale Zuständigkeit nach Art. 24 Nr. 5, weil sich die Vollstreckungsabwehrklage gegen die generelle Vollstreckbarkeit der Entscheidung richtet.¹⁶ Fraglich ist ferner, ob die Entscheidung über die Vollstreckungsabwehrklage im ersuchten Mitgliedstaat nur für diesen gilt oder auch für andere Mitgliedstaaten.¹⁷ Letzteres wäre in der Sache konsequent, weil es hier meistens (etwa beim Erfüllungseinwand) um die abstrakte Vollstreckbarkeit der Entscheidung geht, trifft aber wohl auf kompetenzrechtliche Bedenken. Unklar und umstritten ist das Verhältnis der Vollstreckungsabwehrklage zum Versagungsantrag nach Art. 45 Abs. 4.¹⁸

III. Keine Pflicht zur inländischen Postanschrift oder Vertretung (Absatz 3)

Art. 41 Abs. 3 Satz 1 bestimmt, dass die Partei, die die Vollstreckung einer in einem 7 anderen Mitgliedstaat ergangenen Entscheidung beantragt, im ersuchten Mitgliedstaat keine Postanschrift haben muss. Ferner muss sie gem. Art. 41 Abs. 3 Satz 2 im ersuchten Mitgliedstaat nur dann einen bevollmächtigten Vertreter haben, wenn dort ein solcher Vertreter ungeachtet der Staatsangehörigkeit oder des Wohnsitzes der Parteien vorgeschrieben ist. In Deutschland wird also § 184 ZPO verdrängt.¹⁹ Anwendbar bleibt jedoch die allgemeine Regelung des § 78 ZPO.²⁰ Ein weiteres spezielles Verbot der Ausländerdiskriminierung bei der Vollstreckung mitgliedstaatlicher Entscheidungen enthält Art. 56.

Artikel 42
[Vorlegung von Urkunden]

(1) Soll in einem Mitgliedstaat eine in einem anderen Mitgliedstaat ergangene Entscheidung vollstreckt werden, hat der Antragsteller der zuständigen Vollstreckungsbehörde Folgendes vorzulegen:
a) eine Ausfertigung der Entscheidung, die die für ihre Beweiskraft erforderlichen Voraussetzungen erfüllt, und
b) die nach Artikel 53 ausgestellte Bescheinigung, mit der bestätigt wird, dass die Entscheidung vollstreckbar ist, und die einen Auszug aus der Entscheidung sowie gegebenenfalls relevante Angaben zu den erstattungsfähigen Kosten des Verfahrens und der Berechnung der Zinsen enthält.
(2) Soll in einem Mitgliedstaat eine in einem anderen Mitgliedstaat ergangene Entscheidung vollstreckt werden, mit der eine einstweilige Maßnahme einschließlich einer Sicherungsmaßnahme angeordnet wird, hat der Antragsteller der zuständigen Vollstreckungsbehörde Folgendes vorzulegen:

---

15 *Schlosser/Hess* Art. 41 EuGVVO Rdn. 8; zur a.F. *Hess* IPRax 2008, 25, 28 f.
16 Zu Art. 22 Nr. 5 a.F. *Halfmeier* IPRax 2007, 381, 385; *Bittmann* IPRax 2015, 129, 130 f.; zweifelnd auch *Hess* IPRax 2008, 25, 29; **a.A.** die wohl ganz h.M., s. nur Hk/*Dörner* Art. 24 EuGVVO Rdn. 27; Musielak/Voit/*Stadler* Art. 24 EuGVVO Rdn. 11; Zöller/*Geimer* Art. 24 EuGVVO (Art. 22 LugÜ) Rdn. 30 m.w.N.; zum Problem auch *Domej* RabelZ 78 (2014) 508, 516.
17 Die zweite Variante befürworten *Haubold* FS Schütze (2014) 163, 178 f.; *Thöne* GPR 2015, 149, 153; *Ulrici* JZ 2016, 127, 136; **a.A.** Geimer/Schütze/*Peiffer/Peiffer* IRV, Art. 41 VO (EU) Nr. 1215/2012 Rdn. 27; Hk/*Saenger* § 1117 Rdn. 1; Zöller/*Geimer* § 1117 Rdn. 1.
18 Näher hierzu *Stürner* DGVZ 2016, 215, 233 f.
19 Musielak/Voit/*Stadler* Art. 41 EuGVVO Rdn. 3.
20 MünchKomm/*Gottwald* Art. 41 VO (EU) 1215/2012 Rdn. 3; *Schlosser/Hess* Art. 41 EuGVVO Rdn. 10.

a) eine Ausfertigung der Entscheidung, die die für ihre Beweiskraft erforderlichen Voraussetzungen erfüllt,
b) die nach Artikel 53 ausgestellte Bescheinigung, die eine Beschreibung der Maßnahme enthält und mit der bestätigt wird, dass
   i) das Gericht in der Hauptsache zuständig ist,
   ii) die Entscheidung im Ursprungsmitgliedstaat vollstreckbar ist, und
c) wenn die Maßnahme ohne Vorladung des Beklagten angeordnet wurde, den Nachweis der Zustellung der Entscheidung.

(3) Die zuständige Vollstreckungsbehörde kann gegebenenfalls vom Antragsteller gemäß Artikel 57 eine Übersetzung oder Transliteration des Inhalts der Bescheinigung verlangen.

(4) Die zuständige Vollstreckungsbehörde darf vom Antragsteller eine Übersetzung der Entscheidung nur verlangen, wenn sie das Verfahren ohne eine solche Übersetzung nicht fortsetzen kann.

Übersicht

I. Allgemeines —— 1
II. Vorzulegende Urkunden (Absatz 1) —— 2
III. Einstweilige Maßnahmen und Sicherungsmaßnahmen (Absatz 2) —— 3
IV. Übersetzungen und Transliterationen (Absätze 3 und 4) —— 4

I. Allgemeines

1   Die Vorschrift regelt abschließend, welche Urkunden der Antragssteller der Vollstreckungsbehörde im ersuchten Mitgliedstaat vorlegen muss, wenn er dort eine Entscheidung eines anderen Mitgliedstaats vollstrecken lassen möchte. Die Brüssel Ia-VO verdrängt insofern nationales Recht, weshalb das Recht des ersuchten Mitgliedstaats keine weitergehenden Vorlagepflichten vorsehen darf.[1] Nach wohl überwiegender Ansicht kann die Vollstreckungsbehörde nicht auf die Vorlegung der Urkunden **verzichten**.[2] Das entspricht dem allgemeinen Grundsatz, dass das Vollstreckungsverfahren möglichst formalisiert und die Prüfungskompetenz der Vollstreckungsbehörden eingeschränkt ist.[3] Folgerichtig ist die Vollstreckungsbehörde dann auch grundsätzlich an die Angaben in der Bescheinigung nach Art. 53 **gebunden**, insbesondere im Hinblick auf die Vollstreckbarkeit im Ursprungsmitgliedstaat.[4] Jedenfalls sollte sich die Vollstreckungsbehörde grundsätzlich auf die Bescheinigung verlassen dürfen,[5] weil diese sonst funktionslos wäre. Andererseits muss sie die Möglichkeit haben, bei offensichtlichen Fehlern in den vorgelegten Urkunden eine Vollstreckung abzulehnen.[6]

---

1 Zöller/*Geimer* Art. 41 EuGVVO Rdn. 1, 8; vgl. auch *Schlosser/Hess* Art. 42 EuGVVO Rdn. 2 zu § 750 ZPO.
2 Geimer/Schütze/*Peiffer/Peiffer* IRV, Art. 42 VO (EU) Nr. 1215/2012 Rdn. 14; MünchKomm/*Gottwald* Art. 42 VO (EU) 1215/2012 Rdn. 2; Rauscher/*Mankowski* Art. 42 Brüssel Ia-VO Rdn. 6; **a.A.** Zöller/*Geimer* Art. 37 EuGVVO (Art. 53 LugÜ) Rdn. 1; unentschlossen jedoch Zöller/*Geimer* Art. 42 EuGVVO Rdn. 5 für den Nachweis der Vollstreckbarkeit durch die Bescheinigung gem. Art. 53.
3 Vgl. Geimer/Schütze/*Peiffer/Peiffer* IRV, Art. 42 VO (EU) Nr. 1215/2012 Rdn. 14; *Schlosser/Hess* Art. 41 EuGVVO Rdn. 5.
4 Dafür *Hovaguimian* Journal of Private International Law 11 (2015) 212, 224 m.w.N.; **a.A.** Czernich/*Kodek*/Mayr Art. 39 Brüssel Ia-VO Rdn. 9 f.; *Ulrici* JZ 2016, 127, 132 f.; anders wohl auch *Schlosser/Hess* Art. 37 EuGVVO Rdn. 7 (vgl. aber auch unten Fn. 6); vgl. hierzu auch Dickinson/Lein/*Fitchen* Rdn. 13.480 f.
5 Vgl. auch Magnus/Mankowski/*Wautelet* Brussels Ibis Regulation, Art. 37 Rdn. 14.
6 *Schlosser/Hess* Art. 41 EuGVVO Rdn. 6.

II. Vorzulegende Urkunden (Absatz 1)

Zur vorzulegenden **Ausfertigung der Entscheidung** s. Art. 37 Rdn. 3. Die Brüssel Ia-VO verlangt nicht, dass die Entscheidung eine Begründung enthält.[7] Art. 42 Abs. 1 lit. b bestimmt, dass die vorzulegende **Bescheinigung nach Art. 53** die Vollstreckbarkeit der Entscheidung bestätigen muss (vgl. Art. 39). Ansonsten kann die Entscheidung im ersuchten Mitgliedstaat nicht vollstreckt werden. Außerdem weist Art. 42 Abs. 1 lit. b darauf hin, dass die Bescheinigung Informationen zu den erstattungsfähigen Kosten des Verfahrens und der Berechnung der Zinsen enthalten kann. Auch insofern gilt, dass derartige Ansprüche im ersuchten Mitgliedstaat nicht vollstreckt werden können, wenn die Vollstreckungsbehörde nicht genügend Informationen hierzu hat (Art. 39 Rdn. 16). Deshalb sollten das Ursprungsgericht und der Gläubiger, der insofern die Darlegungslast trägt, darauf achten, dass die Bescheinigung alle Informationen enthält, die eine mit dem Recht des Ursprungsmitgliedstaats nicht vertraute Person benötigt, um die Zwangsvollstreckung durchführen zu können. Zulässig sind insofern auch **individuelle Zusätze** in der Bescheinigung, die im Formblatt in Anhang I der Brüssel Ia-VO nicht erwähnt werden.[8]

III. Einstweilige Maßnahmen und Sicherungsmaßnahmen (Absatz 2)

Art. 42 Abs. 2 dient dem Nachweis der in **Art. 2 lit. a Unterabsatz 2** genannten Voraussetzungen für die Vollstreckung von einstweiligen Maßnahmen und Sicherungsmaßnahmen. Auch hier muss der Antragsteller eine **Ausfertigung der Entscheidung** (Art. 37 Rdn. 3) und die **Bescheinigung nach Art. 53** vorlegen. Diese muss eine Beschreibung der Maßnahme (vgl. Art. 54) enthalten und bestätigen, dass das Ursprungsgericht in der Hauptsache zuständig und die Entscheidung im Ursprungsmitgliedstaat vollstreckbar ist. Eine Hauptsache muss noch nicht anhängig sein, es genügt eine hypothetische Zuständigkeit des Ursprungsgerichts.[9] Dafür sprechen der Wortlaut („zuständig ist"), der rein zuständigkeitsrechtliche Zweck dieses Merkmals und der Umstand, dass einstweilige Maßnahmen schon vor der Anhängigkeit der Hauptsache statthaft und zweckmäßig sein können.[10] Wurde die Maßnahme ohne Vorladung des Beklagten angeordnet, ist der Vollstreckungsbehörde ferner die Zustellung der Entscheidung an den Beklagten urkundlich nachzuweisen, etwa durch ein Zustellungszeugnis nach der EuZVO.[11]

IV. Übersetzungen und Transliterationen (Absätze 3 und 4)

Art. 42 Abs. 3 und 4 entsprechen Art. 37 Abs. 2, so dass auf die Kommentierung zu dieser Vorschrift verwiesen werden kann (Art. 37 Rdn. 5 f.). Zwar steht in Art. 42 Abs. 4 – anders als in Art. 37 Abs. 2 Satz 2 – nicht ausdrücklich, dass die Übersetzung oder Transliteration der Entscheidung nur „statt" einer Übersetzung oder Transliteration der Bescheinigung nach Art. 53 verlangt werden kann, doch ist eher zweifelhaft, dass darin eine bewusste inhaltliche Abweichung von Art. 37 liegt.[12]

---

[7] Thomas/Putzo/*Hüßtege* Art. 42 EuGVVO Rdn. 3.
[8] *Schlosser* FS Beys (2003), 1471, 1473 zu Art. 54 a.F.; **a.A.** Thomas/Putzo/*Hüßtege* Art. 42 EuGVVO Rdn. 4.
[9] Magnus/Mankowski/*Cuniberti/Rueda* Brussels Ibis Regulation, Art. 42 Rdn. 18; Rauscher/*Mankowski* Art. 42 Brüssel Ia-VO Rdn. 23 f.
[10] Vgl. Rauscher/*Mankowski* Art. 42 Brüssel Ia-VO Rdn. 23.
[11] Musielak/Voit/*Stadler* Art. 42 EuGVVO Rdn. 4.
[12] **A.A.** Kindl/Meller-Hannich/Wolf/*Mäsch* Art. 42 Brüssel Ia-VO Rdn. 3.

Artikel 43
[Zustellung der Bescheinigung; Übersetzung der Entscheidung]

(1) Soll eine in einem anderen Mitgliedstaat ergangene Entscheidung vollstreckt werden, so wird die gemäß Artikel 53 ausgestellte Bescheinigung dem Schuldner vor der ersten Vollstreckungsmaßnahme zugestellt. Der Bescheinigung wird die Entscheidung beigefügt, sofern sie dem Schuldner noch nicht zugestellt wurde.

(2) Hat der Schuldner seinen Wohnsitz in einem anderen Mitgliedstaat als dem Ursprungsmitgliedstaat, so kann er eine Übersetzung der Entscheidung verlangen, um ihre Vollstreckung anfechten zu können, wenn die Entscheidung nicht in einer der folgenden Sprachen abgefasst ist oder ihr keine Übersetzung in einer der folgenden Sprachen beigefügt ist:
a) einer Sprache, die er versteht, oder
b) der Amtssprache des Mitgliedstaats, in dem er seinen Wohnsitz hat, oder, wenn es in diesem Mitgliedstaat mehrere Amtssprachen gibt, in der Amtssprache oder einer der Amtssprachen des Ortes, an dem er seinen Wohnsitz hat.

Wird die Übersetzung der Entscheidung gemäß Unterabsatz 1 verlangt, so darf die Zwangsvollstreckung nicht über Sicherungsmaßnahmen hinausgehen, solange der Schuldner die Übersetzung nicht erhalten hat.

Dieser Absatz gilt nicht, wenn die Entscheidung dem Schuldner bereits in einer der in Unterabsatz 1 genannten Sprachen oder zusammen mit einer Übersetzung in eine dieser Sprachen zugestellt worden ist.

(3) Dieser Artikel gilt nicht für die Vollstreckung einer in einer Entscheidung enthaltenen Sicherungsmaßnahme oder wenn der Antragsteller Sicherungsmaßnahmen gemäß Artikel 40 erwirkt.

Übersicht

I.	Normzweck —— 1	1.	Voraussetzungen —— 5
II.	Zustellung der Bescheinigung und der Entscheidung (Absatz 1) —— 3	2.	Rechtsfolge —— 8
III.	Verlangen einer Übersetzung (Absatz 2) —— 5	IV.	Ausnahme für Sicherungsmaßnahmen (Absatz 3) —— 10

I. Normzweck

1 Die Vorschrift stellt sicher, dass der Schuldner vor der Vollstreckung von der Entscheidung erfährt. Mittelbar warnt die Zustellung gem. Absatz 1 den Schuldner auch vor einer bevorstehenden Vollstreckung, obwohl im Rahmen der Zustellung kein Hinweis auf eine mögliche Vollstreckung erfolgen muss.[1] Ausweislich des 32. Erwägungsgrunds zur Brüssel Ia-VO ist diese **Warnfunktion** von den Verfassern der Verordnung intendiert. In der Literatur wird sie kritisiert, weil sie dem Gläubiger den „Überraschungseffekt" nehme.[2]

2 Da bei einer Vollstreckung ausländischer Entscheidungen **sprachliche Verständnisprobleme** typisch sind, ergänzt Absatz 2 das allgemeine Zustellungserfordernis um die Möglichkeit des Schuldners, eine Übersetzung der Entscheidung zu verlangen, damit

---
[1] Rauscher/*Mankowski* Art. 43 Brüssel Ia-VO Rdn. 1.
[2] Kritisch insbesondere *Schlosser/Hess* Art. 43 EuGVVO Rdn. 1, 3; anders Musielak/Voit/*Stadler* Art. 43 EuGVVO Rdn. 2.

er auch tatsächlich Kenntnis vom Inhalt der zu vollstreckenden Entscheidung nehmen kann. Diese Möglichkeit ist aber formalisiert und deshalb eingeschränkt. So setzt etwa Absatz 2 Unterabsatz 1 lit. b einfach voraus, dass der Schuldner die Amtssprache des Mitgliedstaats versteht, in dem er seinen Wohnsitz hat. Die Norm schützt insofern also weniger den individuellen Schuldner, sondern vielmehr typische Umstände.

II. Zustellung der Bescheinigung und der Entscheidung (Absatz 1)

Nach Art. 43 Abs. 1 muss dem Schuldner vor der ersten Vollstreckungsmaßnahme **3** die nach Art. 53 ausgestellte Bescheinigung zugestellt werden. Der Bescheinigung ist die Entscheidung beizufügen, wenn diese dem Schuldner noch nicht – etwa im Rahmen des Verfahrens im Ursprungsmitgliedstaat – zugestellt wurde. Das entspricht funktional dem Zustellungserfordernis in § 750 ZPO, das von der europäischen Regelung verdrängt wird.[3] Erfolgt die Zustellung allein im ersuchten Mitgliedstaat, so richtet sie sich nach dessen Recht.[4] Für die grenzüberschreitende Zustellung gilt die EuZVO.[5] Wer die Zustellung veranlasst, ist unerheblich. Denkbar ist etwa, dass schon im Rahmen des Verfahrens im Ursprungsmitgliedstaat die Zustellung der in Absatz 1 genannten Urkunden erfolgte (vgl. etwa § 1111 Abs. 1 Satz 3 ZPO).[6]

Darin, dass nach Art. 43 Abs. 1 Satz 1 die Zustellung „vor" der ersten **Zwangsvoll-** **4** **streckungsmaßnahme** zu erfolgen hat, sehen manche eine erhebliche Abweichung von § 750 Abs. 1 Satz 1 ZPO, nach dem die Zwangsvollstreckung auch beginnen darf, wenn das Urteil „gleichzeitig" zugestellt wird. Jedoch entspricht es auch noch dem Wortlaut von Art. 43 Abs. 1 Satz 1, wenn die Zustellung *unmittelbar* „vor" Beginn der Vollstreckungsmaßnahme erfolgt, etwa wenn der Gerichtsvollzieher kurz vor der Pfändung dem Schuldner die Bescheinigung und die Entscheidung übergibt oder sie in dessen Briefkasten wirft. Problematisch ist freilich, dass im 32. Erwägungsgrund zur Brüssel Ia-VO die Rede davon ist, dass dem Schuldner die Bescheinigung und die Entscheidung innerhalb einer „angemessenen Frist" vor der ersten Vollstreckungsmaßnahme zugestellt werden sollten. Da jedoch für dieses Fristerfordernis im Verordnungstext selbst keinerlei Anhaltspunkte bestehen und die Erwägungsgründe keine unmittelbare normative Bedeutung haben, erscheint die obige Deutung des Ausdrucks „vor" vertretbar.[7]

III. Verlangen einer Übersetzung (Absatz 2)

1. Voraussetzungen. Wenn der Schuldner seinen Wohnsitz in einem anderen Mit- **5** gliedstaat als dem Ursprungsmitgliedstaat hat, so kann er eine Übersetzung der Entscheidung verlangen, wenn die Entscheidung nicht schon in einer der in Art. 43 Abs. 2 Unterabsatz 1 genannten Sprachen abgefasst ist oder ihr keine Übersetzung in eine dieser Sprachen beigefügt ist. Ein förmlicher Antrag auf eine Übersetzung bei der Vollstre-

---

3 Zöller/*Geimer* Art. 43 EuGVVO Rdn. 1.
4 Rauscher/*Mankowski* Art. 43 Brüssel Ia-VO Rdn. 14 f.
5 Vgl. Rauscher/*Mankowski* Art. 43 Brüssel Ia-VO Rdn. 14.
6 Rauscher/*Mankowski* Art. 43 Brüssel Ia-VO Rdn. 2, 12 (vgl. aber auch Rdn. 11); **a.A.** *Ulrici* JZ 2016, 127, 131: Zustellung im Vollstreckungsverfahren.
7 **A.A.** Geimer/Schütze/*Peiffer*/*Peiffer* IRV, Art. 43 VO (EU) Nr. 1215/2012 Rdn. 8: Frist von zwei bis drei Wochen; Kindl/Meller-Hannich/Wolf/*Mäsch* Art. 43 Brüssel Ia-VO Rdn. 2: ein- bzw. zweimonatige Frist entsprechend Art. 43 Abs. 5 a.F.; Czernich/*Kodek*/Mayr Art. 43 Brüssel Ia-VO Rdn. 3: zwei bis vier Wochen.

ckungsbehörde[8] ist zwar möglich, aber ebenso wenig erforderlich wie eine förmliche Anordnung seitens der Vollstreckungsbehörde[9] oder ein Rückgriff auf Art. 42 Abs. 3, der offenbar auch nur die Information der Vollstreckungsbehörde bezweckt. Der Art. 43 Abs. 2 Unterabsatz 3 stellt klar, dass wegen **Zweckerfüllung** keine Übersetzung mehr verlangt werden kann, wenn die Entscheidung dem Schuldner bereits in einer der in Unterabsatz 1 genannten Sprachen oder zusammen mit einer Übersetzung in eine dieser Sprachen zugestellt worden ist. In welchem Mitgliedstaat der Schuldner einen **Wohnsitz** hat, richtet sich bei natürlichen Personen gem. Art. 62 Abs. 2 nach dem Recht des jeweiligen Staates[10] und bei Gesellschaften und juristischen Personen nach Art. 63.

6 Schwierig zu beantworten ist vor allem die Frage, wann der Schuldner eine Sprache gem. Art. 43 Abs. 2 Unterabsatz 1 lit. a „**versteht**". Die Norm lehnt sich an Art. 8 EuZVO an, weshalb auf die zu dieser Vorschrift angestellten Erwägungen zurückgegriffen werden kann.[11] Dass der Schuldner eine Sprache versteht, wird man wohl nur für seine Muttersprache eindeutig bejahen können.[12] Bei juristischen Personen stellen manche darauf ab, ob ein leitender Angestellter die Sprache versteht.[13] Problematisch ist auch, dass bei Art. 43 die Vollstreckungsbehörde diese schwierigen Wertungsfragen beantworten muss.

7 Aus der Systematik der Vorschrift ergibt sich, dass der Schuldner nur eine Übersetzung in die in Art. 43 Abs. 2 Unterabsatz 1 lit. a und b genannten **Sprachen** verlangen kann.[14] Art. 57 Abs. 1 und 2 gelten hier also nicht.[15] Eine Befugnis des Schuldners zur **Wahl** zwischen verschiedenen zulässigen Sprachen besteht aber schon deshalb nicht, weil in dem Moment, in dem der Schuldner eine Übersetzung in *eine* dieser Sprachen erhält, nach der Wertung von Art. 43 Abs. 2 Unterabsatz 1 und 3 keine weitere Übersetzung mehr verlangt werden kann.[16]

8 **2. Rechtsfolge.** Verlangt der Schuldner nach Art. 43 Abs. 2 zulässigerweise eine Übersetzung der Entscheidung, so darf gem. Absatz 2 Unterabsatz 2 die Vollstreckung nicht über **Sicherungsmaßnahmen** hinausgehen, solange der Schuldner die Übersetzung nicht erhalten hat.[17] Das ist eine **Vollstreckungsbeschränkung**, die von der Vollstreckungsbehörde zu prüfen und zu berücksichtigen ist. Der Schuldner trägt insofern die **Darlegungs- und Beweislast**.[18] Er sollte also die Vollstreckungsbehörde stets über sein Übersetzungsverlangen informieren.[19] Die Last für die Übersetzung trägt der Gläubiger. Die Übersetzung richtet sich nach Art. 57 Abs. 3. Eine förmliche Zustellung der Übersetzung der Entscheidung ist nicht erforderlich, es genügt nach Art. 43 Abs. 2 Unterab-

---

8 So MünchKomm/*Gottwald* Art. 43 VO (EU) 1215/2012 Rdn. 3; Thomas/Putzo/*Hüßtege* Art. 43 EuGVVO Rdn. 6.
9 So aber Rauscher/*Mankowski* Art. 43 Brüssel Ia-VO Rdn. 52.
10 Rauscher/*Mankowski* Art. 43 Brüssel Ia-VO Rdn. 25, 27.
11 Vgl. etwa Rauscher/*Mankowski* Art. 43 Brüssel Ia-VO Rdn. 31 f.; *Schlosser/Hess* Art. 43 EuGVVO Rdn. 5 f.
12 Hk/*Dörner* Art. 43 EuGVVO Rdn. 3.
13 *Schlosser/Hess* Art. 43 EuGVVO Rdn. 6.
14 Musielak/Voit/*Stadler* Art. 43 EuGVVO Rdn. 5; Rauscher/*Mankowski* Art. 43 Brüssel Ia-VO Rdn. 46.
15 Rauscher/*Mankowski* Art. 43 Brüssel Ia-VO Rdn. 45.
16 Prütting/Gehrlein/*Schinkels* Art. 43 Brüssel Ia-VO Rdn. 3; wohl unentschlossen Rauscher/*Mankowski* Art. 43 Brüssel Ia-VO Rdn. 47 ff.
17 Nach Kindl/Meller-Hannich/Wolf/*Mäsch* Art. 43 Brüssel Ia-VO Rdn. 5 muss zwischen dem Zugang der Übersetzung beim Schuldner und der Vollstreckung eine angemessene Frist liegen.
18 Vgl. *Schlosser/Hess* Art. 43 EuGVVO Rdn. 5.
19 Vgl. auch Prütting/Gehrlein/*Schinkels* Art. 43 Brüssel Ia-VO Rdn. 3.

satz 2, dass der Schuldner sie „erhalten hat".[20] Letzteres muss der Gläubiger der Vollstreckungsbehörde nachweisen.

Der abstrakte Begriff der **Sicherungsmaßnahme** ist verordnungsautonom zu bestimmen (Art. 40 Rdn. 3). Welche Sicherungsmaßnahmen im ersuchten Mitgliedstaat möglich sind, richtet sich nach dessen Recht. Das gilt auch für ihr Verfahren. 9

IV. Ausnahme für Sicherungsmaßnahmen (Absatz 3)

Soll eine in einer ausländischen Entscheidung angeordnete Sicherungsmaßnahme vollstreckt werden (vgl. Art. 2 lit. a Unterabsatz 2), sind nach Art. 43 Abs. 3 die Abs. 1 und 2 nicht anzuwenden. Gleiches gilt, wenn im ersuchten Mitgliedstaat Sicherungsmaßnahmen gem. Art. 40 beantragt werden. Dem Schuldner sind also in diesen Fällen die Entscheidung und die Bescheinigung nicht nach Art. 43 Abs. 1 vor der Vollstreckung zuzustellen. Erst recht kann der Schuldner hier keine Übersetzung der Entscheidung verlangen. Das rechtfertigt sich daraus, dass die Sicherungsmaßnahmen noch keine endgültigen Zustände schaffen. 10

Artikel 44
[Beschränkung oder Aussetzung der Vollstreckung]

(1) Wurde eine Versagung der Vollstreckung einer Entscheidung gemäß Abschnitt 3 Unterabschnitt 2 beantragt, so kann das Gericht im ersuchten Mitgliedstaat auf Antrag des Schuldners
a) das Vollstreckungsverfahren auf Sicherungsmaßnahmen beschränken,
b) die Vollstreckung von der Leistung einer vom Gericht zu bestimmenden Sicherheit abhängig machen oder
c) das Vollstreckungsverfahren insgesamt oder teilweise aussetzen.

(2) Die zuständige Behörde des ersuchten Mitgliedstaats setzt das Vollstreckungsverfahren auf Antrag des Schuldners aus, wenn die Vollstreckbarkeit der Entscheidung im Ursprungsmitgliedstaat ausgesetzt ist.

Übersicht

I. Normzweck —— 1	III. Aussetzung der Vollstreckung im Ursprungsmitgliedstaat (Absatz 2) —— 4
II. Schutzanordnungen bei einem Antrag nach Art. 46 (Absatz 1) —— 2	

I. Normzweck

Die Vorschrift schützt den Schuldner vor (irreversiblen) Vollstreckungsmaßnahmen, wenn im ersuchten Mitgliedstaat eine Versagung der Vollstreckung gem. Art. 46 beantragt (Absatz 1) oder im Ursprungsmitgliedstaat die Vollstreckbarkeit der Entscheidung ausgesetzt wurde (Absatz 2). In diesen Fällen steht nämlich noch nicht endgültig fest, dass die ausländische Entscheidung (dauerhaft) im ersuchten Mitgliedstaat vollstreckbar ist. Die gleiche Funktion hat für den Bereich der Anerkennung Art. 38. Der Art. 51 betrifft nicht die Aussetzung der Zwangsvollstreckung, sondern der gerichtlichen Verfahren gem. Art. 46, 49 f. Nach Art. 41 Abs. 1 und 2 ist auch eine auf das Recht des er- 1

---

[20] Prütting/Gehrlein/*Schinkels* Art. 43 Brüssel Ia-VO Rdn. 3.

suchten Mitgliedstaats gestützte Beschränkung oder Aussetzung der Vollstreckung möglich.

II. Schutzanordnungen bei einem Antrag nach Art. 46 (Absatz 1)

2   Stellt der Schuldner im ersuchten Mitgliedstaat nach Art. 46 den Antrag auf Versagung der Vollstreckung, prüft das Gericht (vgl. § 1115 ZPO), ob Gründe für die Versagung der Anerkennung der ausländischen Entscheidung nach Art. 45 Abs. 1 bestehen. Gleichzeitig mit dem Antrag gem. Art. 46 oder nach diesem kann der Schuldner[1] beim gleichen Gericht die in Art. 44 Abs. 1 genannten Schutzanordnungen beantragen (vgl. § 1115 Abs. 6 ZPO).[2] Beantragt der Schuldner eine bestimmte Anordnung, dann darf das Gericht nicht über den Antrag hinausgehen.[3] Wie bei § 765a ZPO[4] genügt aber auch ein unbestimmter Antrag auf Schutz. Ohne Antrag des Schuldners darf das Gericht keine Schutzanordnung treffen.

3   Es fällt in das **Ermessen** des Gerichts, ob es eine Schutzanordnung trifft.[5] Dabei hat es die Erfolgsaussichten des Antrags nach Art. 46,[6] die Möglichkeit von Schäden durch die unbeschränkte Vollstreckung für den Schuldner[7] und die möglichen Beeinträchtigungen des Gläubigers durch eine Beschränkung der Vollstreckung[8] abzuwägen. Zu berücksichtigen ist auch, ob schon im Ursprungsmitgliedstaat die Vollstreckbarkeit der Entscheidung von einer Sicherheitsleistung abhängig gemacht wurde.[9] Der Schuldner trägt die Darlegungslast für die Gründe, die für eine Schutzanordnung sprechen.[10] Am wenigsten belastend für den Gläubiger sind die Anordnung einer **Sicherheitsleistung** (Art. 44 Abs. 1 lit. b) oder die Beschränkung der Vollstreckung auf **Sicherungsmaßnahmen** (Art. 44 Abs. 1 lit. a).[11] Zum verordnungsautonomen Begriff der Sicherungsmaßnahme s. Art. 40 Rdn. 3. Die möglichen Sicherungsmaßnahmen und die Einzelheiten der Stellung einer Sicherheit richten sich nach dem Recht des ersuchten Mitgliedstaats (vgl. Art. 41 Abs. 1).[12] Die für den Gläubiger besonders belastende **Aussetzung der Vollstreckung** im ersuchten Mitgliedstaat (Art. 44 Abs. 1 lit. c) sollte nur als letztes Mittel eingesetzt werden, etwa wenn der Erfolg des Antrags nach Art. 46 sehr

---

1   Rauscher/*Mankowski* Art. 44 Brüssel Ia-VO Rdn. 3 f. spricht sich für eine Antragsbefugnis Dritter aus, wenn diese nach dem Recht des ersuchten Mitgliedstaats Rechtsbehelfe gegen die Vollstreckung einlegen können. Der Antrag nach Art. 44 Abs. 1 ist aber an den Antrag gem. Art. 46 gekoppelt, der ebenfalls nur vom Schuldner gestellt werden kann. Soweit Dritte gem. Art. 41 nach dem Recht des ersuchten Mitgliedstaats gegen die Vollstreckung vorgehen können, richtet sich auch die Anordnung einstweiliger Schutzmaßnahmen nach diesem Recht (vgl. etwa § 771 Abs. 3 ZPO); Geimer/Schütze/*Peiffer*/*Peiffer* IRV, Art. 44 VO (EU) Nr. 1215/2012 Rdn. 11.
2   Rauscher/*Mankowski* Art. 44 Brüssel Ia-VO Rdn. 6 f.
3   Rauscher/*Mankowski* Art. 44 Brüssel Ia-VO Rdn. 38.
4   Kindl/Meller-Hannich/Wolf/*Bendtsen* § 765a ZPO Rdn. 62.
5   Hk/*Dörner* Art. 44 EuGVVO Rdn. 2; MünchKomm/*Gottwald* Art. 44 VO (EU) 1215/2012 Rdn. 2.
6   MünchKomm/*Gottwald* Art. 44 VO (EU) 1215/2012 Rdn. 2; Musielak/Voit/*Stadler* Art. 44 EuGVVO Rdn. 3; *Schlosser/Hess* Art. 44 EuGVVO Rdn. 5.
7   Geimer/Schütze/*Peiffer*/*Peiffer* IRV, Art. 44 VO (EU) Nr. 1215/2012 Rdn. 15.
8   Vgl. *Schlosser/Hess* Art. 44 EuGVVO Rdn. 5.
9   Hk/*Dörner* Art. 44 EuGVVO Rdn. 3; Rauscher/*Mankowski* Art. 44 Brüssel Ia-VO Rdn. 26.
10 *Schlosser/Hess* Art. 44 EuGVVO Rdn. 5.
11 *Schlosser/Hess* Art. 44 EuGVVO Rdn. 6 f.
12 Rauscher/*Mankowski* Art. 44 Brüssel Ia-VO Rdn. 17, 27; für die Anwendung des § 720a Abs. 3 ZPO *Schlosser/Hess* Art. 44 EuGVVO Rdn. 7; zur Anwendung des § 108 ZPO auf die Stellung von Sicherheiten Geimer/Schütze/*Peiffer*/*Peiffer* IRV, Art. 44 VO (EU) Nr. 1215/2012 Rdn. 22.

wahrscheinlich ist.¹³ § 1115 Abs. 6 Satz 2 ZPO sieht für die Entscheidung des Gerichts über den Antrag nach Art. 44 Abs. 1 kein Rechtsmittel vor.¹⁴

III. Aussetzung der Vollstreckung im Ursprungsmitgliedstaat (Absatz 2)

Nach Art. 44 Abs. 2 **muss** die Vollstreckungsbehörde auf Antrag des Schuldners die Vollstreckung im ersuchten Mitgliedstaat aussetzen, wenn im Ursprungsmitgliedstaat – etwa im Rahmen der Anfechtung der Entscheidung – die Vollstreckbarkeit ausgesetzt wurde (vgl. § 1116 ZPO). Ist die Entscheidung im Ursprungsmitgliedstaat wieder vollstreckbar, trägt der Gläubiger die Last, die Vollstreckungsbehörde hiervon zu unterrichten und zu überzeugen.¹⁵ „Aussetzen" bedeutet nur eine vorübergehende Unterbrechung, weshalb Art. 44 Abs. 2 nicht den Fall erfasst, dass die Vollstreckbarkeit der Entscheidung im Ursprungsmitgliedstaat endgültig aufgehoben¹⁶ wurde.¹⁷ Letzteres führt nach Art. 39 unmittelbar dazu, dass die Entscheidung im ersuchten Mitgliedstaat endgültig nicht mehr vollstreckt werden kann (vgl. auch hierzu § 1116 ZPO, der insofern ebenfalls einen Antrag des Schuldners verlangt).¹⁸

4

ABSCHNITT 3
Versagung der Anerkennung und Vollstreckung

UNTERABSCHNITT 1
Versagung der Anerkennung

Artikel 45

(1) Die Anerkennung einer Entscheidung wird auf Antrag eines Berechtigten versagt, wenn
a) die Anerkennung der öffentlichen Ordnung (ordre public) des ersuchten Mitgliedstaats offensichtlich widersprechen würde;
b) dem Beklagten, der sich auf das Verfahren nicht eingelassen hat, das verfahrenseinleitende Schriftstück oder ein gleichwertiges Schriftstück nicht so rechtzeitig und in einer Weise zugestellt worden ist, dass er sich verteidigen konnte, es sei denn, der Beklagte hat gegen die Entscheidung keinen Rechtsbehelf eingelegt, obwohl er die Möglichkeit dazu hatte;
c) die Entscheidung mit einer Entscheidung unvereinbar ist, die zwischen denselben Parteien im ersuchten Mitgliedstaat ergangen ist;
d) die Entscheidung mit einer früheren Entscheidung unvereinbar ist, die in einem anderen Mitgliedstaat oder in einem Drittstaat in einem Rechtsstreit wegen desselben Anspruchs zwischen denselben Parteien ergangen ist, sofern die frühere Entscheidung die notwendigen Voraussetzungen für ihre Anerkennung im ersuchten Mitgliedstaat erfüllt, oder

---

13 Hk/*Dörner* Art. 44 EuGVVO Rdn. 4; Musielak/Voit/*Stadler* Art. 44 EuGVVO Rdn. 3; *Schlosser/Hess* Art. 44 EuGVVO Rdn. 8; anders in der Tendenz Rauscher/*Mankowski* Art. 44 Brüssel Ia-VO Rdn. 31.
14 Näher und kritisch hierzu Kindl/Meller-Hannich/Wolf/*Mäsch* Art. 44 Brüssel Ia-VO Rdn. 5.
15 Insofern drängt sich eine entsprechende Anwendung des § 1116 ZPO auf.
16 Vgl. etwa § 767 ZPO.
17 Rauscher/*Mankowski* Art. 44 Brüssel Ia-VO Rdn. 46, 49; Prütting/Gehrlein/*Schinkels* Art. 44 Brüssel Ia-VO Rdn. 3; **a.A.** wohl Kindl/Meller-Hannich/Wolf/*Mäsch* Art. 44 Brüssel Ia-VO Rdn. 6.
18 Rauscher/*Mankowski* Art. 44 Brüssel Ia-VO Rdn. 49.

e) die Entscheidung unvereinbar ist
   i) mit Kapitel II Abschnitte 3, 4 oder 5, sofern der Beklagte Versicherungsnehmer, Versicherter, Begünstigter des Versicherungsvertrags, Geschädigter, Verbraucher oder Arbeitnehmer ist, oder
   ii) mit Kapitel II Abschnitt 6.

(2) Das mit dem Antrag befasste Gericht ist bei der Prüfung, ob eine der in Absatz 1 Buchstabe e angeführten Zuständigkeiten gegeben ist, an die tatsächlichen Feststellungen gebunden, aufgrund deren das Ursprungsgericht seine Zuständigkeit angenommen hat.

(3) Die Zuständigkeit des Ursprungsgerichts darf, unbeschadet des Absatzes 1 Buchstabe e, nicht nachgeprüft werden. Die Vorschriften über die Zuständigkeit gehören nicht zur öffentlichen Ordnung (ordre public) im Sinne des Absatzes 1 Buchstabe a.

(4) Der Antrag auf Versagung der Anerkennung ist gemäß den Verfahren des Unterabschnitts 2 und gegebenenfalls des Abschnitts 4 zu stellen.

Schrifttum

Halfmeier/Wimalasena Rechtsstaatliche Anforderungen an Opt-out-Sammelverfahren: Anerkennung ausländischer Titel und rechtspolitischer Gestaltungsspielraum, JZ 2012, 649; *Hau* Brüssel Ia-VO: Neue Regeln für die Anerkennung und Vollstreckung ausländischer Entscheidungen in Zivil- und Handelssachen, MDR 2014, 1417; *Heiderhoff* Fiktive Zustellung und Titelmobilität, IPRax 2013, 309; *Heinze* Europäische Urteilsfreizügigkeit von Entscheidungen ohne vorheriges rechtliches Gehör, ZZP 120 (2007) 303; *Hess* Die Reform der EuGVVO und die Zukunft des Europäischen Zivilprozessrechts, IPRax 2011, 125; *Kohler* Grenzen des gegenseitigen Vertrauens im Europäischen Justizraum, IPRax 2017, 333; *Pfeiffer* Die Fortentwicklung des Europäischen Prozessrechts durch die neue EuGVO, ZZP 127 (2014) 409; *Sujecki* Die Möglichkeiten und Grenzen der Abschaffung des ordre public-Vorbehalts im Europäischen Zivilprozessrecht, ZEuP 2008, 458; *Thöne* Die Abschaffung des Exequaturverfahrens und die EuGVVO (2016); *Ulrici* Anerkennung und Vollstreckung nach Brüssel Ia, JZ 2016, 127; *Matthias Weller* Der Kommissionsentwurf zur Reform der Brüssel I-VO, GPR 2012, 34; *Willer* Gegenseitiges Vertrauen in die Rechtspflege der Mitgliedstaaten als hinreichende Bedingung für die Anerkennung von Entscheidungen nach der EuGVVO? ZZP 127 (2014) 99; vgl. außerdem die Schrifttumshinweise Vor Art. 36–57 Brüssel Ia-VO.

Übersicht

I. Überblick und Normzweck —— 1
II. Entstehungsgeschichte —— 5
III. Anwendungsbereich —— 15
IV. Versagungsgründe —— 18
   1. Allgemeine Grundsätze —— 18
      a) Ausnahmecharakter —— 18
      b) Abschließende Aufzählung —— 20
      c) Antragserfordernis und Beweislast —— 26
      d) Verhältnis der Versagungsgründe zueinander —— 29
   2. Ordre Public (öffentliche Ordnung – Buchst. a) —— 30
      a) Ausgangspunkt —— 32
      b) Verordnungsautonome Schranken —— 35
      c) Materiell-rechtlicher ordre public —— 43
      d) Verfahrensrechtlicher ordre public —— 69
      e) Folgen —— 111
   3. Nichteinlassung und fehlendes rechtliches Gehör (Buchst. b) —— 112
      a) Ausgangspunkt —— 113
      b) Anwendungsbereich —— 116
      c) Verfahrenseinleitendes Schriftstück —— 120
      d) Zustellung und Kenntnis —— 131
        (aa) Prüfungsbefugnis im ersuchten Staat —— 132
        (bb) Rechtzeitigkeit —— 135
        (cc) Art und Weise —— 156
      e) Nichteinlassung —— 167
      f) Rechtsbehelf —— 177
      g) Darlegungs- und Beweislast —— 183

4. Unvereinbarkeit mit anderen Entscheidungen (Buchst. c und d) —— 184	2. Versagung von Anerkennung und Vollstreckung —— 235
a) Entscheidung. Der Begriff der Entscheidung ist in Art. 2 Buchst. a verordnungsautonom definiert —— 188	a) Inzidente Nichtanerkennung (Art. 36 Abs. 3) —— 236
b) Unvereinbarkeit —— 195	b) Anerkennungsversagungsverfahren (Art. 45 Abs. 4) —— 239
c) Rechtsfolge —— 203	c) Vollstreckungsversagungsverfahren (Art. 46 ff.) —— 240
5. Fehlende Zuständigkeit des Ursprungsgerichts (Buchst. e) —— 206	3. Rechtsbehelfe nach dem Recht des Vollstreckungsstaats —— 241
a) Grundsatz: Keine Überprüfung der Zuständigkeit (Abs. 3 S. 1) —— 207	a) Art und Weise der Zwangsvollstreckung —— 242
b) Ausnahme: Versicherungs-, Verbraucher- und Arbeitnehmerzuständigkeiten —— 210	b) Vollstreckungsabwehrklage —— 243
c) Ausnahme: Ausschließliche Gerichtsstände —— 216	VI. Anerkennungsversagungsverfahren (Abs. 4) —— 245
d) Weitere Ausnahmen? —— 220	1. Zuständigkeit —— 248
e) Verbindlichkeit der festgestellten Tatsachen (Abs. 2) —— 223	2. Beteiligte —— 252
f) Rechtsfolgen —— 227	3. Antrag und Verfahren —— 255
V. Systematik der Rechtsbehelfe gegen Anerkennung und Vollstreckung —— 230	4. Entscheidung und Wirkungen —— 264
1. Rechtsbehelfe im Ursprungsstaat —— 231	5. Kosten —— 267
	6. Rechtsmittel ——
	7. Verhältnis zu anderen Verfahrensarten —— 269

I. Überblick und Normzweck

Nach dem Konzept der Verordnung in ihrer Neufassung 2012 werden mitgliedstaatliche Entscheidungen in allen anderen Mitgliedstaaten **unmittelbar anerkannt** und sind dort **vollstreckbar**. Sie entfalten also unionsweite Wirkungen, ohne dass es eines Vollstreckbarerklärungs- oder Exequaturverfahrens in den übrigen Mitgliedstaaten bedarf (Art. 39). Anerkennung und Vollstreckung können allerdings – auf Antrag der Partei, gegen welche sich der Inhalt der Entscheidung richtet – für einzelne Mitgliedstaaten ausnahmsweise versagt werden. Die **Gründe** für eine solche **Versagung** der Anerkennung und Vollstreckung sind abschließend in Art. 45 **Abs. 1** aufgeführt. 1

Abs. 2 und **Abs. 3** enthalten klarstellende Regelungen zur begrenzten Überprüfbarkeit der Zuständigkeit des Gerichts im Ursprungsstaat, welches die Entscheidung erlassen hat, durch die Gerichte des ersuchten Staates, in dem die Anerkennung geltend gemacht oder die Vollstreckung beantragt wird. **Abs. 4** eröffnet ein besonderes Verfahren für die Geltendmachung der Versagungsgründe aus Abs. 1, das sog. Anerkennungsversagungsverfahren. Für die weitere Ausgestaltung dieses Verfahrens verweist Abs. 4 auf die Regeln zum Vollstreckungsversagungsverfahren in Art. 46 ff. 2

Abs. 1 – in seiner Auslegung durch zahlreiche Urteile des Europäischen Gerichtshofs – ist für das System und die Funktionsweise der Verordnung **zentral**.[1] Die dort genannten Gründe für eine Versagung der Anerkennung verkörpern einerseits die verbleibenden **Vorbehalte** der Mitgliedstaaten gegenüber einer vollkommenen Freizügigkeit gerichtlicher Entscheidungen auf dem Gebiet der Europäischen Union. Andererseits ist der Umstand, dass diese Gründe jeweils eng umrissen sind und ihre Aufzählung abschlie- 3

---

[1] Ebenso Geimer/Schütze/*Peiffer/Peiffer* IRV Art. 45 Rdn. 1.

ßend ist, Ausprägung des **gegenseitigen Vertrauens** der Mitgliedstaaten in die Funktionsfähigkeit und Rechtsstaatlichkeit ihrer jeweiligen Justizinstitutionen.[2]

4   Die Versagungsgründe bezwecken zum einen Teil den **Schutz des Schuldners** vor Verletzungen seiner Verfahrensgrundrechte des rechtlichen Gehörs und des fairen Verfahrens (Buchst. a und b), vor fehlerhafter Anwendung von Zuständigkeitsvorschriften der Verordnung, die dem Schutz der schwächeren Partei dienen (Buchst. e), und vor materiellen Entscheidungsfolgen, die mit wesentlichen Rechtsprinzipien des ersuchten Staates, also des Anerkennungs- und Vollstreckungsstaates, unvereinbar sind (Buchst. a). Zum anderen Teil sollen sie die **Rechtsordnung des ersuchten Staates** vor Inkonsistenzen und Konflikten durch rechtskräftige, aber sich widersprechende Gerichtsentscheidungen (Buchst. c und d) oder durch für diese Rechtsordnung schlechthin inakzeptable Entscheidungsinhalte bewahren (Buchst. a).

II. Entstehungsgeschichte

5   Die in Art. 45 Abs. 1 vorgesehenen Versagungsgründe finden sich in dieser oder ähnlicher Form auch im autonomen Anerkennungsrecht der Mitgliedstaaten[3] und galten bereits unter dem **EuGVÜ** (dort **Art. 27 und 28**). Sie sind seither in ihren Grundlinien jeweils **weitgehend unverändert** geblieben und zunächst in **Art. 34 und 35 Brüssel I-VO** und nunmehr in **Art. 45 Abs. 1 bis 3 Brüssel Ia-VO** sowie **Art. 34 und 35 LugÜ 2007** aufgegangen. Von den ursprünglichen Versagungsgründen des EuGVÜ ist lediglich einer entfallen: Nicht in die Brüssel I-VO übernommen wurde die Möglichkeit, die Anerkennung einer Entscheidung zu verweigern, wenn sie hinsichtlich einer personen-, familien- oder erbrechtlichen Vorfrage im Widerspruch zum Kollisionsrecht des Anerkennungsstaates stand (Art. 27 Nr. 4 EuGVÜ). Diese Regelung hatte ohnehin kaum praktische Bedeutung erlangt. Ihre Abschaffung sollte – in der Logik der Kommission – die Vereinheitlichung des EU-Kollisionsrechts „anregen",[4] zu welcher es mit den Rom-Verordnungen dann auch gekommen ist, allerdings wohl nicht als Folge dieser Streichung.

6   Die Streichung weiterer Versagungsgründe wurde wiederholt diskutiert.[5] Im Zentrum stand dabei der *ordre public*-Vorbehalt, der in den jüngeren Verordnungen über den Europäischen Vollstreckungstitel (2004),[6] über das EU-Mahnverfahren (2006)[7] und über die Bagatellverfahren (2007)[8] nicht mehr enthalten ist.[9] Auch der Kommissionsvorschlag für die Revision der Brüssel I-VO aus dem Jahr 2010 strebte an, den Versagungsgrund des

---

2   EuGH 7.2.2006 Gutachten 1/03 EuGHE 2006 I-1150 Rdn. 163; EuGH 28.4.2009 C-420/07 EuGHE 2009 I-3571 Rdn. 73; EuGH 21.6.2012 C-514/10 ECLI:EU:C:2012:367 Rdn. 25; EuGH 7.7.2016 C-70/15 ECLI:EU:C:2016:524 Rdn. 47.
3   Vgl. § 328 Abs. 1 Nr. 2 bis 4 ZPO; § 408 Nr. 1 und 3 öst. EO; Art. 64 Abs. 1 b), e) und g) it. Legge 31 maggio 1995 n. 218.
4   Vgl. Vorschlag für eine Verordnung (EG) des Rates über die gerichtliche Zuständigkeit und die Anerkennung und Vollstreckung von Entscheidungen in Zivil- und Handelssachen vom 7.9.1999, KOM(1999) 348 endg. zu Art. 41-E; dazu *Kropholler/von Hein* Art. 34 a.F. Rdn. 2.
5   Zur Diskussion etwa *Sujecki*, ZEuP 2008, 459; *Kropholler/von Hein* Art. 34 a.F. Rdn. 3; MünchKomm/*Gottwald* Art. 45 Rdn. 2.
6   Verordnung (EG) Nr. 805/2004 vom 21. April 2004 zur Einführung eines europäischen Vollstreckungstitels für unbestrittene Forderungen, ABl. EU L 143 vom 30.4.2004, S. 15.
7   Verordnung (EG) Nr. 1896/2006 vom 12. Dezember 2006 zur Einführung eines Europäischen Mahnverfahrens, ABl. EU L 399 vom 30.12.2006, S. 1.
8   Verordnung (EG) Nr. 861/2007 vom 11. Juli 2007 zur Einführung eines europäischen Verfahrens für geringfügige Forderungen, ABl. EU L 199 vom 31.7.2007, S. 1.
9   Dazu Rauscher/*Mankowski* Art. 46 Rdn. 1f.

ordre public-Verstoßes in der bisherigen Form aufzugeben und dazu die weiteren Versagungsgründe bis auf die Unvereinbarkeit von Entscheidungen zu streichen.[10] Damit konnte sich die Kommission aber letztlich nicht durchsetzen.[11]

Dagegen wurde der **Wortlaut der Versagungsgründe** in Einzelheiten klargestellt und auch geändert: 7

So wurde der *ordre public*-**Vorbehalt** gegenüber dem Ursprungstext in Art. 27 Nr. 1 EuGVÜ um die Anforderung ergänzt, dass der Widerspruch zur öffentlichen Ordnung des ersuchten Staates „offensichtlich" sein muss (Art. 34 Nr. 1 Brüssel I-VO und Art. 45 Abs. 1 Buchst. a Brüssel Ia-VO). Dadurch sollte verdeutlicht werden, dass die Berufung auf diesen Versagungsgrund nur in Ausnahmefällen in Betracht kommt.[12] Die Rechtsprechung des EuGH zum *ordre public* war allerdings ohnehin schon restriktiv gewesen,[13] so dass die Ergänzung eher Appellcharakter gegenüber den mitgliedstaatlichen Gerichten hatte. 8

Im Versagungsgrund der **Nichteinlassung** (Art. 27 Nr. 2 EuGVÜ) wurde der Begriff der „ordnungsgemäßen" Zustellung des verfahrenseinleitenden Schriftstücks durch die Formulierung ersetzt, dass die Zustellung „in einer Weise" erfolgt sein muss, dass sich der Beklagte verteidigen konnte. Damit reagierte der Verordnungsgeber auf die vorangegangene Rechtsprechung des EuGH zu Art. 27 Nr. 2 EuGVÜ, der aus dem Kriterium der „Ordnungsgemäßheit" geschlossen hatte, dass die Anerkennung auch dann versagt werden kann, wenn die Zustellung zwar rechtzeitig erfolgt, aber an Formfehlern leidet.[14] Mit der Neufassung in Art. 34 Nr. 2 Brüssel I-VO (entsprechend Art. 45 Abs. 1 Buchst. b Brüssel Ia-VO) sollte es nicht mehr auf die **förmliche Einhaltung der Zustellungsregeln**, sondern nur noch darauf ankommen, dass der Beklagte das verfahrenseinleitende Schriftstück tatsächlich und so rechtzeitig erhalten hat, dass er sich im Verfahren beim Ursprungsgericht angemessen verteidigen konnte.[15] Zusätzlich eingeführt wurde die Verpflichtung des Beklagten, gegen die Entscheidung im Ursprungsstaat **Rechtsmittel** einzulegen, bevor er sich auf den Versagungsgrund der Nichteinlassung berufen kann.[16] Auch damit trat der Verordnungsgeber vorangegangenen Entscheidungen des EuGH entgegen, der (richtigerweise) eine solche Verpflichtung dem Wortlaut von Art. 27 Nr. 2 EuGVÜ nicht hatte entnehmen können.[17] 9

Im Hinblick auf den Versagungsgrund der **Unvereinbarkeit von Entscheidungen** (Art. 27 Nr. 3 und 5 EuGVÜ; Art. 34 Nr. 3 und 4 Brüssel I-VO und LugÜ 2007; Art. 45 Abs. 1 10

---

10 Vorschlag für eine Verordnung des Europäischen Parlaments und des Rates über die gerichtliche Zuständigkeit und die Anerkennung und Vollstreckung von Entscheidungen in Zivil- und Handelssachen (Neufassung) vom 14.12.2010, KOM(2010) 748 endg.; für eine Reduzierung der Gründe etwa *Schlosser/Hess* Art. 45 Rdn. 2ff.; Geimer/Schütze/*Peiffer*/*Peiffer* IRV Art. 45 Rdn. 6; zu den Bedenken gegen eine Abschaffung des *ordre public*-Vorbehalts etwa *Pfeiffer* FS Jayme (2004) 675; *Oberhammer* IPRax 2010, 197, 202f.; *von Hein* FS Simotta (2012) 645.
11 Vgl. Stellungnahme des Europäischen Wirtschafts- und Sozialausschusses vom 5.5.2011, CESE/2011/795 Nr. 4.2.
12 Vorschlag für eine Verordnung (EG) des Rates über die gerichtliche Zuständigkeit und die Anerkennung und Vollstreckung von Entscheidungen in Zivil- und Handelssachen vom 7.9.1999, KOM(1999) 348 endg. zu Art. 41-E.
13 Unten Rdn. 35 ff.
14 EuGH 16.6.1981 166/80 EuGHE 1981, 1596 Rdn. 19 f.; dazu umfassend *Bach*, Grenzüberschreitende Vollstreckung in Europa (2008) 165 ff.
15 Vorschlag für eine Verordnung (EG) des Rates über die gerichtliche Zuständigkeit und die Anerkennung und Vollstreckung von Entscheidungen in Zivil- und Handelssachen vom 7.9.1999, KOM(1999) 348 endg. zu Art. 41-E.; dazu Rauscher/*Leible* Art. 45 Rdn. 34.
16 Rauscher/*Leible* Art. 45 Rdn. 35.
17 EuGH 12.11.1992 C-123/91 EuGHE 1992 I-5674 Rdn. 15 ff.; EuGH 10.10.1996 C-78/95 EuGHE 1996 I-4960 Rdn. 20.

Buchst. c und d Brüssel Ia-VO) wurde in Art. 34 Nr. 4 Brüssel I-VO klargestellt, dass nicht nur Konflikte der anzuerkennenden Entscheidung mit Entscheidungen des Anerkennungsstaates und mit Entscheidungen aus Drittstaaten, sondern auch Konflikte mit Entscheidungen aus anderen Mitgliedstaaten ein Anerkennungshindernis bilden. Das EuGVÜ hatte an dieser Stelle eine Regelungslücke aufgewiesen.[18]

11   Art. 45 Abs. 1 Buchst. e schließt, anders als noch Art. 28 Abs. 1 EuGVÜ und Art. 35 Abs. 1 Brüssel I-VO/LugÜ 2007, auch die Zuständigkeitsregeln zum **Schutz von Arbeitnehmern** (Art. 20 ff.) ein. Umgekehrt wurde gegenüber den Vorgängerinstrumenten klargestellt, dass bei Verletzung der dem Schutz des einzelnen dienenden Zuständigkeitsregeln in Versicherungs-, Verbraucher- und Arbeitnehmerangelegenheiten ein Anerkennungshindernis nur dann gegeben ist, wenn diese Regeln zum **Nachteil** der typischerweise schwächeren Partei in der Beklagtenrolle missachtet wurden.

12   Art. 45 Abs. 1 Buchst. e verweist im Unterschied zu Art. 28 Abs. 1 EuGVÜ und Art. 35 Abs. 1 Brüssel I-VO und LugÜ 2007 nicht mehr auf Übereinkommen der Mitgliedstaaten, welche noch vor dem Inkrafttreten des EuGVÜ mit Drittstaaten geschlossen wurden und die Anwendung der sog. **exorbitanten Zuständigkeiten** (Art. 6 Abs. 2 Brüssel Ia-VO) gegenüber Personen ausschlossen, die ihren Wohnsitz in einem solchen Drittstaat hatten (Art. 59 EuGVÜ; Art. 72 Brüssel I-VO und Brüssel Ia-VO). Art. 72 Brüssel Ia-VO lässt einen solchen Ausschluss exorbitanter nationaler Zuständigkeitsregelungen aber weiterhin zu, so dass sich materiell durch den fehlenden Verweis nichts geändert hat.[19]

13   Die Formulierung der Bindung der Institutionen des ersuchten Mitgliedstaates an die Sachverhaltsfeststellungen des Ursprungsgerichts bei der Prüfung der beklagtenschützenden Zuständigkeitsvorschriften in **Art. 28 Abs. 2 EuGVÜ** wurde in der deutschen Fassung von Art. 35 Abs. 2 Brüssel I-VO dahingehend geändert, dass diese Bindung nicht „das Gericht oder die Behörde" des ersuchten Staates, sondern „das Gericht oder die sonst befugte Stelle" des ersuchten Staates betrifft. In den übrigen Sprachfassungen fand sich diese Änderung nicht,[20] ihr Hintergrund blieb dunkel. Für die Brüssel Ia-VO ist sie nicht mehr relevant, weil Anerkennungsversagungsgründe im ersuchten Staat nur noch gerichtlich überprüfbar sind, nicht mehr inzident durch Behörden (Art. 36 Abs. 3; Art. 45 Abs. 2 der Neufassung 2012).

14   Das **Anerkennungsversagungsverfahren** gemäß **Abs. 4** hat **keine** unmittelbare Entsprechung in den Vorgängerregelungen. Art. 26 Abs. 2 EuGVÜ und Art. 33 Abs. 2 Brüssel I-VO sowie LugÜ 2007 sahen in ihrem Wortlaut nur umgekehrte positive Anerkennungsfeststellungsanträge des Gläubigers oder sonst durch die Entscheidung Begünstigten vor. Ob diese Regelungen analog auch für negative Feststellungsanträge des Schuldners oder sonst Belasteten herangezogen werden konnten oder ob für solche Anträge nur die allgemeine negative Feststellungsklage nach dem Recht der Mitgliedstaaten eröffnet war, war umstritten.[21] Dieser Streit hat sich durch Art. 45 Abs. 4 der Neufassung 2012 erledigt.

---

18 Vorschlag für eine Verordnung (EG) des Rates über die gerichtliche Zuständigkeit und die Anerkennung und Vollstreckung von Entscheidungen in Zivil- und Handelssachen vom 7.9.1999, KOM(1999) 348 endg. zu Art. 41-E.
19 Unten Rdn. 22.
20 Die meisten Sprachfassungen verwendeten ohnehin von Anfang an nur einen Begriff als Oberbegriff für Gericht und Behörde: *autorité; autorità; autoriteit; autoridade*; anders *court or authority; domstol eller myndighet*, die in der Brüssel I-VO unverändert geblieben sind.
21 Für die Anwendung von Art. 33 Abs. 2 Brüssel I-VO etwa *Fuchs* RIW 2006, 29, 38; *Geimer*/Schütze EuZVR Art. 33 a.F. Rdn. 85 m.w.N.; dagegen und für die Heranziehung der nationalen Feststellungsklage *Kropholler/von Hein* Art. 33 a.F. Rdn. 7 m.w.N.

III. Anwendungsbereich

Die Anwendung der Verordnungsregeln über die Anerkennung mitgliedstaatlicher Entscheidungen und deren ausnahmsweise Versagung in Art. 45ff. setzt – natürlich – voraus, dass der zeitliche, sachliche und räumlich-persönliche **Anwendungsbereich der Verordnung** insgesamt (vgl. Art. 1, 66, 70 Abs. 2 und 80) eröffnet ist.[22] 15

Die Versagungsgründe des Art. 45 Abs. 1 gelten für **Entscheidungen** im Sinne von Art. 2 Buchst. a der Verordnung, also für jede Entscheidung eines mitgliedstaatlichen Gerichts unabhängig davon, wie diese bezeichnet wird, ob es sich um eine Entscheidung im Verfahren des einstweiligen Rechtsschutzes handelt und ob das mitgliedstaatliche Gericht seine Zuständigkeit auf die Bestimmungen der Verordnung oder auf ausnahmsweise anwendbare Zuständigkeitsregeln des mitgliedstaatlichen Rechts gestützt hat.[23] 16

Die Versagungsgründe gelten **nicht**, soweit gerichtliche Entscheidungen besonderen Verordnungen unterfallen, die die Überprüfung im ersuchten Staat noch weiter einschränken als die Brüssel Ia-VO: So kann die Zwangsvollstreckung aus Entscheidungen, die als **Europäischer Vollstreckungstitel** bestätigt sind,[24] im ersuchten Staat nicht mit dem Einwand eines *ordre public*-Verstoßes versagt werden.[25] Dasselbe gilt für den **Europäischen Zahlungsbefehl** nach der EuMahnVO,[26] Entscheidungen im Verfahren für **geringfügige Forderungen** nach der EuBagatellVO[27] sowie für die besonders bestätigten Entscheidungen über das **Umgangsrecht** und die **Kindesrückgabe** nach Art. 41 und 42 EheGVO[28]. 17

IV. Versagungsgründe

1. Allgemeine Grundsätze

a) Ausnahmecharakter. Die Versagungsgründe in Art. 45 Abs. 1 bilden in der Systematik der Verordnung die **Ausnahme** zum Grundsatz der automatischen Anerkennung und Vollstreckbarkeit mitgliedstaatlicher Entscheidungen in den anderen Mitgliedstaaten.[29] Als solche Ausnahmetatbestände sind sie nach ständiger Rechtsprechung des EuGH und wohl einhelliger Auffassung **eng auszulegen**.[30] 18

Dieses Auslegungsprinzip hat erhebliche Bedeutung für den generellen Umgang mit der Konkretisierung der Versagungsgründe und spiegelt sich in den Judikaten des EuGH 19

---

22 Kropholler/von Hein Art. 32 a.F. Rdn. 3f.; Geimer/Schütze/*Peiffer/Peiffer* IRV Art. 45 Rdn. 8.
23 Dazu *Gebauer*/Wiedmann Kap. 27 Rdn. 169 und oben Wieczorek/Schütze/*Schulze* Art. 2 Rdn. 5ff.
24 Verordnung (EG) Nr. 805/2004 zur Einführung eines europäischen Vollstreckungstitels für unbestrittene Forderungen, ABl. EU 2004 L 143/15.
25 MünchKomm/*Gottwald* Art. 45 Rdn. 9.
26 Verordnung (EG) Nr. 1896/2006 vom 12. Dezember 2006 zur Einführung eines Europäischen Mahnverfahrens, ABl. EU L 399 vom 30.12.2006, S. 1; MünchKomm/*Gottwald* Art. 45 Rdn. 11.
27 Verordnung (EG) Nr. 861/2007 vom 11. Juli 2007 zur Einführung eines europäischen Verfahrens für geringfügige Forderungen, ABl. EU L 199 vom 31.7.2007, S. 1; MünchKomm/*Gottwald* Art. 45 Rdn. 11.
28 Verordnung (EG) Nr. 2201/2003 des Rates vom 27. November 2003 über die Zuständigkeit und die Anerkennung und Vollstreckung von Entscheidungen in Ehesachen und in Verfahren betreffend die elterliche Verantwortung und zur Aufhebung der Verordnung (EG) Nr. 1347/2000, ABl. EG L 338 vom 23.12.2003, S. 1; dazu MünchKomm/*Gottwald* Art. 45 Rdn. 10.
29 EuGH 13.10.2011 C-139/10 EuGHE 2011 I-9527 Rdn. 33.
30 EuGH 28.3.2000 C-7/98 EuGHE 2000 I-1956 Rdn. 21; EuGH 11.5.2000 C-38/98 EuGHE 2000, I-3009 Rdn. 26; EuGH 15.11.2012 C-456/11 ECLI:EU:C:2012:719 Rdn. 30; EuGH 26.9.2013 C-157/12 ECLI:EU:C:2013:597 Rdn. 28, 38; EuGH 23.10.2014 C-302/13 ECLI:EU:C:2014:2319 Rdn. 46; EuGH 16.7.2015 C-681/13 ECLI:EU:C:2015:471 Rdn. 41; Thomas/Putzo/*Hüßtege* Art. 45 Rdn. 1; Geimer/Schütze/*Peiffer/Peiffer* IRV Art. 45 Rdn. 9; Rauscher/*Leible* Art. 45 Rdn. 2.

und der Gerichte der Mitgliedstaaten insbesondere zum *ordre public* (Buchst. a) wider. Es bedeutet freilich nicht, dass in jedem konkreten Einzelfall stets und zwingend der anerkennungsfreundlicheren Auslegung eines Versagungsgrundes Vorrang einzuräumen wäre.[31] Vielmehr ist bei der Rechtsanwendung – unter Beachtung der jeweiligen Vorgaben des EuGH – der Grundsatz der automatischen und vorbehaltlosen Anerkennung einerseits mit einem etwa gegebenen und durch die Versagungsgründe geschützten Interesse an einer ausnahmsweisen Versagung der Anerkennung andererseits auszutarieren.[32] Anders formuliert: Wenn die Vorabentscheidungen des EuGH und die höchstrichterliche Rechtsprechung der Mitgliedstaaten zur Auslegung eines Versagungsgrundes dem Gericht oder anderen Rechtsanwender im konkreten Anwendungsfall einen Auslegungsspielraum belassen, dann mag der Grundsatz der engen Auslegung ein Argument in der Entscheidungsfindung sein; er kann aber nicht das Auslegungsergebnis in der Weise determinieren, dass losgelöst vom übrigen Auslegungskanon (Wortlaut, Entstehungsgeschichte, Systematik) stets die engstmögliche Variante zu wählen wäre.

20 **b) Abschließende Aufzählung.** Die Gründe, aus welchen die Mitgliedstaaten die Anerkennung und Vollstreckung von Entscheidungen anderer Mitgliedstaaten ablehnen dürfen, sind in Art. 45 Abs. 1 **abschließend** aufgeführt.[33] Die Mitgliedstaaten können in ihrem autonomen Recht für solche Entscheidungen also grundsätzlich **keine** zusätzlichen Anerkennungshindernisse oder Versagungsgründe vorsehen. Unberührt bleiben allerdings die im nationalen Recht vorgesehenen Gründe, die allgemein gegen eine Vollstreckung von Urteilen eingewendet werden können, etwa die nachträgliche Erfüllung.[34]

21 Umstritten ist, ob umgekehrt **anerkennungsfreundlicheres autonomes Recht** der Mitgliedstaaten angewendet werden kann.[35] Da nach der Neufassung der Verordnung Entscheidungen bereits im Grundsatz automatisch und voraussetzungslos anerkannt und vollstreckt werden, kann es für die Anerkennung als solche – noch – günstigeres autonomes Recht schon im Ansatz nicht geben. Unterschiede können allenfalls im Hinblick auf die Reichweite der Versagungsgründe der Verordnung im Vergleich zu Anerkennungsvoraussetzungen des mitgliedstaatlichen Rechts bestehen. Theoretisch denkbar wäre daher, dass Mitgliedstaaten kraft ihres autonomen Rechts auf einzelne Versagungsgründe des Abs. 1 verzichten könnten oder dass Mitgliedstaaten die Anerkennung und Vollstreckung von Entscheidungen anderer Mitgliedstaaten auch dann zulassen könnten, wenn ein Versagungsgrund aus Abs. 1 gegeben ist und die Versagung vom Schuldner beantragt wird. Das wäre aber mit dem Wortlaut der Verordnung und ihrem Ziel einer Vollharmonisierung des Anerkennungsrechts für mitgliedstaatliche Entscheidungen schlechterdings nicht vereinbar.[36] Die Verordnung gewährt eben auch, wenngleich in sehr beschränktem Umfang, vereinheitlichten Rechtsschutz des Vollstreckungsschuldners. Die Anwendung des autonomen Anerkennungsrechts der Mitgliedstaaten ist daher im Anwendungsbereich der Verordnung auch dann ausgeschlossen, wenn es zu für die Anerkennung günstigeren Ergebnissen führen würde.

---

31 Vgl. *Gebauer*/Wiedmann Kap. 27 Rdn. 169.
32 Vgl. *Geimer*/Schütze EuZVR Art. 34 a.F. Rdn. 1.
33 EuGH 2.6.1994 C-414/92 EuGHE 1994 I-2247 Rdn. 10; EuGH 13.10.2011 C-139/10 EuGHE 2011 I-9527 Rdn. 33; EuGH 6.9.2012 C-619/10 ECLI:EU:C:2012:531 Rdn. 31; EuGH 26.9.2013 C-157/12 ECLI:EU:C:2013:597 Rdn. 28; EuGH 23.10.2014 C-302/13 ECLI:EU:C:2014:2319 Rdn. 46; Thomas/Putzo/*Hüßtege* Art. 45 Rdn. 1.
34 Dazu unten Rdn. 242f.
35 Dafür Thomas/Putzo/*Hüßtege* Art. 45 Rdn. 1.
36 Im Ergebnis ebenso Geimer/Schütze/*Peiffer*/Peiffer IRV Art. 45 Rdn. 12; *Ulrici* JZ 2016, 127, 128.

Eine (scheinbare) Ausnahme vom Grundsatz der abschließenden Regelung der Anerkennungsversagungsgründe ergibt sich aus **Art. 71**. Danach lässt die Verordnung **internationale Übereinkommen für besondere Rechtsgebiete** unberührt. Regelt ein solches Übereinkommen, wie etwa die CMR[37] in Art. 31, die internationale gerichtliche Zuständigkeit für Streitigkeiten oder die Anerkennung und Vollstreckung von Entscheidungen im Anwendungsbereich des Übereinkommens, dann gehen diese Regelungen der Verordnung und auch Art. 45 Abs. 1 vor. Aus solchen Übereinkommen könnten sich daher grundsätzlich auch andere oder weitergehende Versagungsgründe als diejenigen in Art. 45 Abs. 1 ergeben.[38] Allerdings darf dem EuGH zufolge die Anwendung internationaler Übereinkommen der Mitgliedstaaten die in der Brüssel Ia-VO verkörperten „Grundsätze der justiziellen Zusammenarbeit in Zivil- und Handelssachen in der Union", insbesondere den Grundsatz des gegenseitigen Vertrauens in die Justiz, nicht beeinträchtigen.[39] Deshalb sollen die besonderen Anerkennungsregeln in Übereinkommen gemäß Art. 71 nur dann zur Anwendung kommen, wenn sie „den freien Verkehr der Entscheidungen in Zivil- und Handelssachen sowie das gegenseitige Vertrauen in die Justiz im Rahmen der Union (*favor executionis*) unter mindestens ebenso günstigen Bedingungen gewährleisten, wie sie in der [...] Verordnung vorgesehen sind."[40] **22**

Daher gelten Anerkennungshindernisse oder -verfahren, die in internationalen Übereinkommen im Sinne von Art. 71 vorgesehen sind, für die Anerkennung und Vollstreckung mitgliedstaatlicher Entscheidungen **nicht**, soweit sie anerkennungsfeindlicher sind als Art. 45 Abs. 1 der Verordnung. Etwa günstigere Anerkennungsregeln in solchen Übereinkommen setzen sich dagegen – anders als anerkennungsfreundlicheres autonomes Recht der Mitgliedstaaten (vgl. vorige Rn.) – gegenüber Art. 45 Abs. 1 durch.[41] **23**

Die Anerkennung und Vollstreckung einer mitgliedstaatlichen Entscheidung kann – auch wenn dies aus der Verordnung nicht hervorgeht – auch dann versagt werden, wenn dem Ursprungsgericht die **Gerichtsbarkeit** über den Streitgegenstand oder die Parteien fehlte, weil diese völkerrechtliche Immunität für ein gerichtliches Verfahren oder die Vollstreckung genießen.[42] **24**

Schließlich kann die Anerkennung und Vollstreckung von Entscheidungen aus anderen Mitgliedstaaten im ersuchten Mitgliedstaat – selbstverständlich – auch aus anderen Gründen als den in Art. 45 Abs. 1 aufgeführten versagt werden, wenn der sachliche **Anwendungsbereich der Verordnung** nicht eröffnet ist, etwa weil es sich nicht um eine Zivil- und Handelssache (Art. 1 Abs. 1) oder um eine Angelegenheit in einer der Bereichsausnahmen in Art. 1 Abs. 2 handelt. Ob eine mitgliedstaatliche Entscheidung in **25**

---

[37] Übereinkommen über den Beförderungsvertrag im internationalen Straßengüterverkehr von 1956.
[38] Ob das bei Art. 31 Abs. 3 CMR der Fall ist, ist allerdings unklar und umstritten. In der Regel wird hinsichtlich der dort angesprochenen „Formerfordernisse" für die Entscheidungsanerkennung wiederum auf die Verordnung zurückverwiesen, vgl. *Koller*, Transportrecht (9. Aufl. 2016) Art. 31 CMR Rdn. 9; *Herber/Piper*, Internationales Straßentransportrecht (1996) Art. 31 CMR Rdn. 33; MünchKomm-HGB/*Jesser-Huß* (3. Aufl. 2014) Art. 31 CMR Rdn. 37 f.
[39] EuGH 4.5.2010 C-533/08 EuGHE 2010 I-4137 Rdn. 52 unter Verweis auf die angeblichen Präzedenzfälle EuGH 22.9.1988 Rs. 286/86 EuGHE 1988, 4907 Rdn. 18; EuGH 6.4.1995 C-241/91 P und C-242/91 P EuGHE 1995 I-743 Rdn. 84 sowie EuGH 22.10.2009 C-301/08 EuGHE 2009 I-10185 Rdn. 19.
[40] EuGH 4.5.2010 C-533/08 EuGHE 2010 I-4137 Rdn. 56.
[41] Sog. *favor executionis*; EuGH 4.5.2010 C-533/08 EuGHE 2010 I-4137 Rdn. 56 zu Art. 31 Abs. 3 CMR; dazu auch Wieczorek/Schütze/*Garber/Neumayr* Art. 71 Rdn. 15 ff.
[42] MünchKomm/*Gottwald* Art. 45 Rdn. 6; Geimer/Schütze/*Peiffer/Peiffer* IRV Art. 45 Rdn. 131; Musielak/Voit/*Stadler* Art. 45 Rdn. 16; Rauscher/*Leible* Art. 45 Rdn. 71, allerdings als Aspekt des *ordre public* behandelt in Rdn. 22.

den Anwendungsbereich der Verordnung fällt, können und müssen die Gerichte des ersuchten Staates selbst prüfen.[43]

26   c) **Antragserfordernis und Beweislast.** Ob im Hinblick auf eine Entscheidung Anerkennungsversagungsgründe gemäß Art. 45 Abs. 1 vorliegen, wird im ersuchten Mitgliedstaat nur auf **Antrag eines Berechtigten** in den in der Verordnung vorgesehenen Verfahren geprüft. Eine **Prüfung** der Versagungsgründe findet ohne einen solchen Antrag nicht statt.[44]

27   Der Antragsteller, der die Versagung der Anerkennung oder Vollstreckung einer Entscheidung beantragt, muss auch gemäß dem prozessualen **Beibringungsgrundsatz**, den Sachverhalt vortragen, aus welchem sich ein Versagungsgrund gemäß Abs. 1 ergeben soll.[45] Dieser Sachverhalt wird also **nicht** etwa von Amts wegen ermittelt. Sind allerdings Tatsachen vorgetragen oder bereits aus der Entscheidung als solcher zu entnehmen, aus welchen sich ein Anerkennungsversagungsgrund ergibt, dann hat das Gericht den vorgetragenen Sachverhalt nach herrschender Meinung **von Amts wegen** anhand aller in Betracht kommenden Versagungsgründe in Art. 45 Abs. 1 zu prüfen, auch wenn sich der Antragsteller nicht ausdrücklich auf einen einzelnen Versagungsgrund beruft.[46] Nach der Gegenauffassung sollen die Versagungsgründe jeweils nur **auf Rüge** des Antragstellers geprüft werden.[47] Die praktischen Unterschiede zwischen beiden Auffassungen sind allerdings gering:[48] Trägt der Antragsteller beispielsweise Sachverhalt dazu vor, dass er das verfahrenseinleitende Dokument nicht erhalten hat, wird darin bereits eine Berufung auf den Versagungsgrund in Art. 45 Abs. 1 Buchst. b liegen. Trägt der Antragsteller zur Zustellung dagegen nichts vor, hat das Gericht des ersuchten Staates auch keine Veranlassung und vor allem keine Grundlage, um diesen Versagungsgrund zu prüfen.

28   Die **Beweislast** für das Vorliegen von Tatsachen, die einen Versagungsgrund begründen, liegt stets bei demjenigen, der sich auf die Versagung der Anerkennung beruft, unabhängig davon, ob es sich um einen Anerkennungs- oder Vollstreckungsversagungsantrag oder um einen Antrag auf Feststellung der Anerkennung handelt.[49]

29   d) **Verhältnis der Versagungsgründe zueinander.** Die Versagungsgründe in Abs. 1 stehen nicht in einem generellen Ausschlussverhältnis zueinander. Im Hinblick auf eine Entscheidung können daher auch **mehrere Versagungsgründe** gegeben sein. Allerdings bildet der Versagungsgrund der Unvereinbarkeit von Entscheidungen (Buchst. c

---

43   Geimer/Schütze/*Peiffer*/*Peiffer* IRV Art. 45 Rdn. 8; MünchKomm/*Gottwald* Art. 45 Rdn. 4; Rauscher/*Leible* Art. 45 Rdn. 71.
44   Geimer/Schütze/*Peiffer*/*Peiffer* IRV Art. 45 Rdn. 10 f.; Rauscher/*Leible* Art. 45 Rdn. 3; Zöller/*Geimer* Art. 45 Rdn. 1; Thomas/Putzo/*Hüßtege* Art. 45 Rdn. 2.
45   BGH 12.12.2007 IPRax 2008, 530; BGH 3.8.2011 NJW 2011, 3103, 3105; BGH 14.6.2012 NJW-RR 2012, 1013, 1014; BGH 10.9.2015 NJW 2016, 160, 161 (jeweils zu Art. 34 a.F.); Geimer/Schütze/*Peiffer*/*Peiffer* IRV Art. 45 Rdn. 11.
46   BGH 12.12.2007 IPRax 2008, 530; BGH 3.8.2011 NJW 2011, 3103, 3105; BGH 14.6.2012 NJW-RR 2012, 1013, 1014; BGH 10.9.2015 NJW 2016, 160, 161 (jeweils zu Art. 34 a.F.); Thomas/Putzo/*Hüßtege* Art. 45 Rdn. 2; Geimer/Schütze/*Peiffer*/*Peiffer* IRV Art. 45 Rdn. 11; Wieczorek/Schütze/*Schütze* § 1115 ZPO Rdn. 21 f.; *Kropholler/von Hein* Art. 34 a.F. Rdn. 45; vgl. auch Art. 47 Rdn. 35.
47   *Geimer*/Schütze Art. 34 a.F. Rdn. 101; MünchKomm/*Gottwald* Art. 45 Rdn. 8; Rauscher/*Leible* Art. 45 Rdn. 59.
48   Vgl. auch *Kropholler/von Hein* Art. 34 a.F. Rdn. 45.
49   BGH 18.9.2001 NJW-RR 2002, 1151; BGH 6.10.2005 NJW 2006, 701, 702 (jeweils zu Art. 34 a.F.); Thomas/Putzo/*Hüßtege* Art. 45 Rdn. 2 und Art. 46 Rdn. 7; Geimer/Schütze/*Peiffer*/*Peiffer* IRV Art. 45 Rdn. 11und Art. 46 Rdn. 7; Rauscher/*Leible* Art. 45 Rdn. 4.

und d) gegenüber dem *ordre public*-Vorbehalt (Buchst. a) die speziellere Regelung.[50] Auch der Versagungsgrund der Nichteinlassung im Ursprungsstaat (Buchst. b) stellt gegenüber dem *ordre public*-Vorbehalt die speziellere Norm dar.[51] Ist dieser Versagungsgrund nicht einschlägig, dann kann die Anerkennung nicht mehr mit dem Argument versagt werden, die verspätete oder fehlerhafte Zustellung des verfahrenseinleitenden Schriftstücks an den Beklagten verstoße gegen den *ordre public*.[52] Die fehlerhafte Anwendung der Zuständigkeitsregeln der Verordnung kann ebenfalls keinen *ordre public*-Verstoß begründen (Abs. 3 S. 2) und im Einzelfall nur den besonderen Versagungsgrund gemäß Buchst. e eröffnen. Deshalb bietet es sich an, im Versagungsverfahren zunächst Buchst. c und d, sodann Buchst. e, Buchst. b und zuletzt Buchst. a zu prüfen.

2. Ordre Public (öffentliche Ordnung – Buchst. a). Nach Art. 45 Abs. 1 Buchst. a ist 30 die Anerkennung einer mitgliedstaatlichen Entscheidung zu versagen, wenn diese **offensichtlich** gegen die **öffentliche Ordnung** (*ordre public*), also gegen wesentliche Rechtsgrundsätze oder grundlegende Gerechtigkeitsvorstellungen des Zweitstaates **verstößt**. Dieser Einwand ist ein wesentlicher Aspekt des Rechts der grenzüberschreitenden Urteilsanerkennung und in den meisten Rechtsordnungen vorgesehen. Er bildet gleichsam das Gegenstück oder eine „Hintertür" zum Prinzip des wechselseitigen Vertrauens der Mitgliedstaaten in ihre Justizsysteme.

Die Beibehaltung dieses Versagungsgrundes im Zuge der Neufassung der Verord- 31 nung 2012 war sehr **umstritten**.[53] Die Europäische Kommission hatte in ihrem Verordnungsentwurf eine deutliche Beschränkung des *ordre public*-Einwands vorgesehen.[54] Dieser ist bereits in einigen weiteren EU-prozessrechtlichen Verordnungen entfallen, so in der EU-Vollstreckungstitelverordnung, der EU-Mahnverordnung und der Verordnung zu den Verfahren über geringfügige Forderungen.[55] Rat und Parlament sind dem Kommissionsvorschlag aber nicht gefolgt. Angesichts der engen Grenzen, die die Rechtsprechung des EuGH für die Berufung auf den *ordre public* setzt, und angesichts der letztlich geringen Zahl an Versagungen wegen Verstoßes gegen die öffentliche Ordnung wird der grenzüberschreitende Rechtsverkehr der Union dadurch freilich kaum behindert.

a) Ausgangspunkt. Wie die anderen Versagungsgründe stellt auch der *ordre public*- 32 Einwand einen **Ausnahmetatbestand** dar.[56] Der Verstoß gegen die öffentliche Ordnung muss, wie der Verordnungsgeber durch die Ergänzung des Wortlauts in Art. 34 Nr. 1 Brüssel I-VO betont hatte, ein „offensichtlicher" sein.[57] Als solcher ist er im Grundsatz

---

50 EuGH 4.2.1988 145/86, EuGHE 1988, 645 Rdn. 21; Thomas/Putzo/*Hüßtege* Art. 45 Rdn. 19; *Schlosser/Hess* Art. 45 Rdn. 2.
51 EuGH 10.10.1996 C-78/95 EuGHE 1996 I-4960 Rdn. 23; OLG Köln 8.3.1999 IPRax 2000, 528, 529; *Schlosser/Hess* Art. 45 Rdn. 2.
52 Vgl. unten Rdn. 76.
53 Vgl. Rauscher/*Leible* Art. 45 Rdn. 5; *Schlosser/Hess* Art. 45 Rdn. 4.
54 Vorschlag für eine Verordnung des Europäischen Parlaments und des Rates über die gerichtliche Zuständigkeit und die Anerkennung und Vollstreckung von Entscheidungen in Zivil- und Handelssachen (Neufassung) vom 14.12.2010, KOM(2010) 748 endg.
55 Dazu *Sujecki* ZEuP 2008, 458 und oben Rdn. 6.
56 EuGH 4.2.1988 145/86, EuGHE 1988, 645 Rdn. 21; EuGH 10.10.1996 C-78/95 EuGHE 1996 I-4960 Rdn. 23; EuGH 28.3.2000 C-7/98 EuGHE 2000, I-1956 Rdn. 21; EuGH 11.5.2000 C-38/98 EuGHE 2000, I-3009 Rdn. 26; EuGH 16.7.2015 C-681/13 ECLI:EU:C:2015:471 Rdn. 42; *Gebauer*/Wiedmann Kap. 27 Rdn. 172; MünchKomm/*Gottwald* Art. 45 Rdn. 12; Thomas/Putzo/*Hüßtege* Art. 45 Rdn. 3; Geimer/Schütze/*Peiffer/Peiffer* IRV Art. 45 Rdn. 14; *Kropholler/von Hein* Art. 34 a.F. Rdn. 4.

eng auszulegen.[58] Da die übrigen Versagungsgründe gegenüber dem *ordre public* Einwand **spezieller** sind, gehen sie diesem in der Regel vor und sind vorrangig zu prüfen.[59]

33 Inhalt und Umfang dessen, was zur öffentlichen Ordnung zählt, ist für und durch jeden Mitgliedstaat **gesondert** zu bestimmen. Ein einheitlicher europäischer Begriff der öffentlichen Ordnung existiert naturgemäß nicht. Vielmehr ist die Definition dessen, was zum *ordre public* eines Mitgliedstaates zählt, grundsätzlich Aufgabe der **Gerichte dieses Mitgliedstaates**.[60] Diese müssen (im Versagungsverfahren) jeweils feststellen, ob die ausländische Entscheidung mit der eigenen Rechtsordnung nicht in Einklang steht und ob ein Widerspruch zur eigenen Rechtsordnung so gravierend und inakzeptabel ist, dass der Entscheidung im Interesse des inneren Rechtsfriedens die Anerkennung zu versagen ist. Dabei können die Mitgliedstaaten im Ausgangspunkt auch auf Präjudizien zurückgreifen, die auf Grundlage ihres **autonomen Anerkennungsrechts** ergangen sind (in Deutschland § 328 Abs. 1 Nr. 4 ZPO),[61] weil der Umfang und Inhalt der öffentlichen Ordnung der Mitgliedstaaten nicht davon abhängt, ob eine ausländische Entscheidung aus einem Mitgliedstaat oder aus einem Drittstaat kommt. Allerdings sind bei mitgliedstaatlichen Entscheidungen die Grenzen und Schranken zu berücksichtigen, die der EuGH für die Anwendung des *ordre public*-Vorbehalts in unionsinternen Sachverhalten statuiert (dazu sogleich Rdn. 35 ff.).

34 Aufgrund der prinzipiellen Autonomie der Mitgliedstaaten bei der Definition ihrer öffentlichen Ordnung bindet die Entscheidung eines mitgliedstaatlichen Gerichts, die Anerkennung in diesem Mitgliedstaat wegen eines Verstoßes gegen die dortige öffentliche Ordnung zu versagen, die Gerichte der übrigen Mitgliedstaaten im Hinblick auf ihren eigenen *ordre public* **nicht**.[62] Divergierende Ansichten der Gerichte verschiedener Mitgliedstaaten zum Vorliegen eines *ordre public*-Verstoßes sind – im Unterschied zu den übrigen Versagungsgründen, die grundsätzlich durch alle Gerichte einheitlich beurteilt werden müssten – in Art. 45 Abs. 1 Buchst. a angelegt.

35 **b) Verordnungsautonome Schranken.** Der **EuGH** nimmt allerdings seit langem in ständiger Rechtsprechung und zurecht für sich in Anspruch, über die **Grenzen** dessen zu wachen, was die einzelnen Mitgliedstaaten zu ihrer öffentlichen Ordnung zählen, und

---

57 Vorschlag für eine Verordnung (EG) des Rates über die gerichtliche Zuständigkeit und die Anerkennung und Vollstreckung von Entscheidungen in Zivil- und Handelssachen vom 7.9.1999, KOM(1999) 348 endg. zu Art. 41-E.
58 EuGH 28.4.2009 C-420/07 EuGHE 2009 I-3571 Rdn. 55; EuGH 6.9.2012 C-619/10 ECLI:EU:C:2012:531 Rdn. 48; EuGH 25.5.2016 C-559/14 ECLI:EU:C:2016:349 Rdn. 38; EuGH 7.7.2016 C-70/15 ECLI:EU:C:2016:524 Rdn. 38; Rauscher/*Leible* Art. 45 Rdn. 10; Thomas/Putzo/*Hüßtege* Art. 45 Rdn. 3; Geimer/Schütze/*Peiffer*/ *Peiffer* IRV Art. 45 Rdn. 14; vgl. aber oben Rdn. 19.
59 **Abs. 3**; EuGH 4.2.1988 145/86, EuGHE 1988, 645 Rdn. 21; EuGH 10.10.1996 C-78/95 EuGHE 1996 I-4960 Rdn. 23; Rauscher/*Leible* Art. 45 Rdn. 8; *Kropholler/von Hein* Art. 34 a.F. Rdn. 12; *Schlosser/Hess* Art. 45 Rdn. 2; Geimer/Schütze/*Peiffer*/*Peiffer* IRV Art. 45 Rdn. 14; und oben Rdn. 29.
60 EuGH 28.3.2000 C-7/98 EuGHE 2000, I-1956 Rdn. 22 f.; EuGH 11.5.2000 C-38/98 EuGHE 2000, I-3009 Rdn. 27; EuGH 2.4.2009 C-394/07 EuGHE 2009 I-2563 Rdn. 26; EuGH 28.4.2009 C-420/07 EuGHE 2009 I-3571 Rdn. 57; EuGH 6.9.2012 C-619/10 ECLI:EU:C:2012:531 Rdn. 49; EuGH 23.10.2014 C-302/13 ECLI:EU:C:2014:2319 Rdn. 47; EuGH 16.7.2015 C-681/13 ECLI:EU:C:2015:471 Rdn. 42; EuGH 25.5.2016 C-559/14 ECLI:EU:C:2016:349 Rdn. 39; BGH 26.9.1979 BGHZ 75, 167, 171; MünchKomm/*Gottwald* Art. 45 Rdn. 12; Rauscher/*Leible* Art. 45 Rdn. 6; Thomas/Putzo/*Hüßtege* Art. 45 Rdn. 3; *Kropholler/von Hein* Art. 34 a.F. Rdn. 5; Geimer/Schütze/*Peiffer*/*Peiffer* IRV Art. 45 Rdn. 16; Musielak/Voit/*Stadler* Art. 45 Rdn. 3.
61 Rauscher/*Leible* Art. 45 Rdn. 7; *Kropholler/von Hein* Art. 34 a.F. Rdn. 11.
62 EuGH 2.4.2009 C-394/07 EuGHE 2009 I-2563 Rdn. 38; Zöller/*Geimer* Art. 45 Rdn. 10; Geimer/Schütze EuZVR Art. 34 a.F. Rdn. 34a.

zu verhindern, dass es durch die Hintertüre dieses Versagungsgrundes zu einer Überprüfung mitgliedstaatlicher Entscheidungen in der Sache kommt.[63]

Diese Entscheidungen werden an einem **verordnungsautonomen Maßstab** gemessen: Danach dürfen die mitgliedstaatlichen Gerichte eine Verletzung der öffentlichen Ordnung ihres Mitgliedstaates nur dann annehmen, wenn die Anerkennung der Entscheidung des anderen Mitgliedstaates „gegen einen **wesentlichen Rechtsgrundsatz** verstieße und deshalb in einem **nicht hinnehmbaren Gegensatz** zur Rechtsordnung des Vollstreckungsstaats stünde."[64] Es muss sich um eine „**offensichtliche Verletzung** einer in der Rechtsordnung des Vollstreckungsstaats als wesentlich geltenden Rechtsnorm oder eines dort **als grundlegend anerkannten Rechts** handeln."[65] Umgekehrt genügt ein **einfacher** Rechtsfehler des erkennenden Gerichts des Erststaates also von vorneherein **nicht**, um eine Verletzung der öffentlichen Ordnung des Zweitstaates zu begründen.[66] Der EuGH greift zur Begründung dieser Begrenzung auch auf das Verbot der *révision au fond* (Art. 52) zurück, wobei hier richtigerweise von einer Komplementarität oder einer Wechselbeziehung auszugehen ist.[67] 36

Eine wichtige Rolle bei der Beurteilung eines *ordre public*-Verstoßes bilden die **Individualgrundrechte der Parteien**, wie sie sich aus den gemeinsamen Verfassungstraditionen der Mitgliedstaaten, aus der Grundrechtecharta der EU und aus der Europäischen Menschenrechtskonvention (EMRK) in der Auslegung durch den Europäischen Gerichtshof für Menschenrechte (EGMR) ergeben.[68] Verletzt eine mitgliedstaatliche Entscheidung ein solchermaßen gewährleistetes Grundrecht, dann hat das eine gewisse Indizwirkung dahingehend, dass sich eine Versagung der Anerkennung in einem anderen Mitgliedstaat wegen Verletzung der dortigen öffentlichen Ordnung innerhalb der vom EuGH gezogenen Grenzen bewegt. Ein Verstoß gegen den *ordre public* kann zwar auch dann vorliegen, wenn Grundrechte nicht verletzt sind. In diesem Fall sind an die Darlegung der Gründe aber höhere Anforderungen zu stellen. 37

Bei der Beantwortung der Frage, ob eine mitgliedstaatliche Entscheidung in Widerspruch zur öffentlichen Ordnung des Zweitstaates steht, und vor allem bei der Bewertung der Schwere eines solchen Widerspruchs sind **sämtliche Umstände** des Einzelfalls zu berücksichtigen.[69] Die Gerichte haben also eine **Gesamtabwägung** vorzunehmen, die auch in den Blick zu nehmen hat, wie sich eine Anerkennung oder deren Versagung im konkreten Einzelfall auf die Parteien auswirken würden. Der Verstoß und die Schwere 38

---

63 EuGH 28.3.2000 C-7/98 EuGHE 2000, I-1956 Rdn. 23; EuGH 11.5.2000 C-38/98 EuGHE 2000, I-3009 Rdn. 28; EuGH 2.4.2009 C-394/07 EuGHE 2009 I-2563 Rdn. 26; EuGH 28.4.2009 C-420/07 EuGHE 2009 I-3571 Rdn. 57 ff.; EuGH 6.9.2012 C-619/10 ECLI:EU:C:2012:531 Rdn. 49; EuGH 23.10.2014 C-302/13 ECLI:EU:C:2014:2319 Rdn. 47; EuGH 16.7.2015 C-681/13 ECLI:EU:C:2015:471 Rdn. 42; EuGH 25.5.2016 C-559/14 ECLI:EU:C:2016:349 Rdn. 40; EuGH 7.7.2016 C-70/15 ECLI:EU:C:2016:524 Rdn. 39 f.; Zöller/*Geimer* Art. 45 Rdn. 7; Rauscher/*Leible* Art. 45 Rdn. 6; Thomas/Putzo/*Hüßtege* Art. 45 Rdn. 3; Schlosser/*Hess* Art. 45 Rdn. 6; Geimer/Schütze/*Peiffer/Peiffer* IRV Art. 45 Rdn. 17; Kropholler/*von Hein* Art. 34 a.F. Rdn. 6; Musielak/Voit/*Stadler* Art. 45 Rdn. 3.
64 EuGH 28.3.2000 C-7/98 EuGHE 2000, I-1956 Rdn. 37; EuGH 11.5.2000 C-38/98 EuGHE 2000, I-3009 Rdn. 30; EuGH 2.4.2009 C-394/07 EuGHE 2009 I-2563 Rdn. 27; EuGH 6.9.2012 C-619/10 ECLI:EU:C:2012:531 Rdn. 51; EuGH 23.10.2014 C-302/13 ECLI:EU:C:2014:2319 Rdn. 49; EuGH 16.7.2015 C-681/13 ECLI:EU:C:2015:471 Rdn. 44; EuGH 25.5.2016 C-559/14 ECLI:EU:C:2016:349 Rdn. 42; EuGH 7.7.2016 C-70/15 ECLI:EU:C:2016:524 Rdn. 42.
65 EuGH aaO (vorige Fn.).
66 EuGH 28.4.2009 C-420/07 EuGHE 2009, I-3571 Rdn. 58 ff.; EuGH 6.9.2012 C-619/10 ECLI:EU:C:2012:531 Rdn. 48 ff.
67 Geimer/Schütze/*Peiffer/Peiffer* IRV Art. 45 Rdn. 18; vgl. dazu Art. 52 Rdn. 6 f.
68 EuGH 28.3.2000 C-7/98 EuGHE 2000, I-1956 Rdn. 25; Thomas/Putzo/*Hüßtege* Art. 45 Rdn. 6; Rauscher/*Leible* Art. 45 Rdn. 11; Kropholler/*von Hein* Art. 34 a.F. Rdn. 8.
69 EuGH 2.4.2009 C-394/07 EuGHE 2009 I-2563 Rdn. 40.

seiner Auswirkungen müssen – schon und noch – zum Zeitpunkt der Prüfung der Anerkennung oder ihrer Versagung im Zweitstaat gegeben sein.[70]

39 Sieht sich eine Partei im Erststaat durch eine Entscheidung im Erststaat in ihren **Verfahrensrechten**[71] verletzt oder betrachtet sie sich als durch (grob) **falsche Rechtsanwendung** des Ursprungsgerichts benachteiligt, dann hat sie – gleichsam als ungeschriebene Tatbestandsvoraussetzung in Parallelität zu Buchst. b – zunächst **im Erststaat** den **Rechtsweg** vollständig auszuschöpfen und alle vorgesehenen und praktisch möglichen Rechtsmittel einzulegen, bevor sie sich im Zweitstaat auf eine Verletzung des *ordre public* berufen kann.[72]

40 Von dieser Rechtswegerschöpfung kann die unterlegene Partei nach der Rechtsprechung des EuGH nur **ausnahmsweise** dann absehen, wenn die Einlegung eines Rechtsmittels mit sehr hohen, unzumutbaren Belastungen für diese Partei verbunden wäre.[73] Entbehrlich sollte die Rechtswegerschöpfung zum Zweiten dann sein, wenn das Gericht des Erststaates die Verfahrensrechte der unterlegenen Partei beachtet und das materielle Recht – auch aus Sicht der unterlegenen Partei – richtig anwendet und das im Erststaat ordnungsgemäß zustande gekommene Entscheidungsergebnis dennoch mit grundlegenden Gerechtigkeitsvorstellungen des Zweitstaates nicht in Einklang zu bringen ist. Denn in diesem Fall hätte die Einlegung eines Rechtsmittels im Ursprungsstaates keinen Sinn. Diese Konstellation dürfte praktisch aber nur äußerst selten gegeben sein.[74]

41 Ob sich die dritte, vom Bundesgerichtshof in ständiger Rechtsprechung zugelassene Ausnahme aufrecht erhalten lässt, ist vor dem Hintergrund der jüngeren EuGH-Entscheidungen[75] zweifelhaft:[76] Der BGH geht davon aus, dass die unterlegene Partei, die sich im Erstverfahren bewusst nicht einlässt und damit den Rechtsweg nicht ausschöpft, den *ordre public*-Einwand im Zweitstaat trotzdem erheben kann, wenn die Entscheidung durch **vorsätzlichen Falschvortrag** oder sonstigen Prozessbetrug der Gegenseite zustande gekommen ist.[77] Er will in diesen Fällen umgekehrt den *ordre public*-Einwand im Zweitstaat ausschließen, wenn sich die Partei im Ursprungsverfahren eingelassen und dort bereits

---

70 BGH 24.2.1999 IPRax 1999, 371, 373; OLG Köln 6.10.1994 NJW-RR 1995, 446, 448 a.E.; Rauscher/*Leible* Art. 45 Rdn. 9; MünchKomm/*Gottwald* Art. 45 Rdn. 12; Geimer/Schütze/*Peiffer*/*Peiffer* IRV Art. 45 Rdn. 19; *Kropholler*/*von Hein* Art. 34 a.F. Rdn. 10; anders Zöller/*Geimer* Art. 45 Rdn. 11; *Geimer*/Schütze EuZVR Art. 34 a.F. Rdn. 39: maßgeblich sei der Zeitpunkt der Wirksamkeit im Ursprungsstaat.
71 Mit Ausnahme von solchen, für die der Versagungsgrund in Buchst. b einschlägig und deshalb spezieller ist.
72 EuGH 16.7.2015 C-681/13 ECLI:EU:C:2015:471 Rdn. 64; EuGH 7.7.2016 C-70/15 ECLI:EU:C:2016:524 Rdn. 48; Zöller/*Geimer* Art. 45 Rdn. 9; Geimer/Schütze/*Peiffer*/*Peiffer* IRV Art. 45 Rdn. 20; Rauscher/*Leible* Art. 45 Rdn. 24; *Schlosser*/*Hess* Art. 45 Rdn. 10; MünchKomm/*Gottwald* Art. 45 Rdn. 12; im Hinblick auf die Verletzung von Verfahrensrechten zuvor schon BGH 21.3.1990 IPRax 1992, 33, 35; BGH 26.8.2009 BGHZ 182, 188, 202 Rdn. 40; BGH 3.8.2011 NJW 2011, 3103, 3105; OLG Saarbrücken 3.8.1987 IPRax 1989, 37, 39 m. Bespr. *H. Roth* 14; OLG Hamm 28.12.1993 NJW-RR 1995, 189, 190; OLG Köln 6.10.1994 NJW-RR 1995, 446, 448; *Geimer*/Schütze EuZVR Art. 34 a.F. Rdn. 30; *Kropholler*/*von Hein* Art. 34 a.F. Rdn. 14; kritisch Musielak/Voit/*Stadler* Art. 45 Rdn. 5.
73 EuGH aaO; *Geimer*/Schütze EuZVR Art. 34 a.F. Rdn. 30; Geimer/Schütze/*Peiffer*/*Peiffer* IRV Art. 45 Rdn. 20.
74 *Geimer*/Schütze EuZVR Art. 34 a.F. Rdn. 28; vgl. zum materiell-rechtlichen *ordre public* sogleich Rdn. 43 ff.
75 EuGH 16.7.2015 C-681/13 ECLI:EU:C:2015:471 Rdn. 63 ff.; EuGH 25.5.2016 C-559/14 ECLI:EU:C:2016:349 Rdn. 48.
76 *Hau* IPRax 2006, 18, 20; Geimer/Schütze/*Peiffer*/*Peiffer* IRV Art. 45 Rdn. 29.
77 BGH 29.4.1999 BGHZ 141, 286; BGH 6.5.2004 IPRax 2006, 47, 49 m. Bespr. *Hau* 20; BGH 10.12.2009 BeckRS 2009, 89496; gegen den Verzicht auf Rechtswegerschöpfung bei Prozessbetrug auch OLG Saarbrücken 8.3.1987 IPRax 1989, 37, 39; OLG Stuttgart 5.11.2013 FamRZ 2014, 792; *Hau* IPRax 2006, 18, 20; Rauscher/*Leible* Art. 45 Rdn. 25; Geimer/Schütze/*Peiffer*/*Peiffer* IRV Art. 45 Rdn. 29.

den Einwand des Prozessbetrugs (erfolglos) geltend gemacht hat oder hätte geltend machen können.[78] Diese gleichsam freie Wahl der beklagten Partei, ob sie anstelle einer Einlassung im Ursprungsstaat sogleich im Zweitstaat das Argument des Prozessbetrugs einwenden will, dürfte mit der Rechtsprechung des EuGH nicht vereinbar sein: Eine Pflicht zur Erschöpfung des Rechtswegs im Ursprungsstaat entfällt nach dieser erst dann, wenn aufgrund des (bei Verfahrenseinleitung zunächst nur versuchten) Prozessbetrugs schon die Einlassung im Erstverfahren mit unzumutbaren Belastungen verbunden wäre.

Typischerweise und auch außerhalb des Anwendungsbereichs der Verordnung werden Verstöße gegen die öffentliche Ordnung des Anerkennungsstaates unterschieden in solche, die in Widerspruch zu materiell-rechtlichen Grundvorstellungen dieses Staates stehen (**materiell-rechtlicher** *ordre public*), und solche, die wesentliche Prinzipien des Verfahrensrechts missachten (**verfahrensrechtlicher** *ordre public*). In der Rechtsprechung des EuGH zu Art. 45 Abs. 1 Buchst. a und den Vorgängerregelungen findet sich diese Differenzierung kaum. Sie ist gleichwohl sinnvoll,[79] schon weil bei verfahrensrechtlichen Verstößen der Rechtsweg im Ursprungsstaat stets auszuschöpfen ist, bei materiell-rechtlichen dagegen nur, wenn das Erstgericht sein eigenes Recht unrichtig angewandt haben soll (vorige Rdn. 40). 42

c) Materiell-rechtlicher *ordre public.* Der *ordre public*-Vorbehalt greift wie dargelegt dann ein, wenn das **Ergebnis** der Entscheidung des Ursprungs- oder Erststaates mit grundlegenden Gerechtigkeitsvorstellungen des ersuchten Zweitstaates nicht in Einklang zu bringen ist. Dieser Widerspruch muss substantiell und „unerträglich" sein.[80] Nicht entscheidend ist dabei, ob die der ausländischen Entscheidung zugrunde liegenden Erwägungen von Prinzipien des materiellen Rechts des Zweitstaates abweichen. Die Unvereinbarkeit muss sich aus dem konkreten Ergebnis der Anerkennung der ausländischen Entscheidung im ersuchten Staat ergeben.[81] 43

Das bedeutet umgekehrt: Der bloße Umstand, dass (i) das Ursprungsgericht **andere Rechtsnormen** anwendet, als sie die Gerichte des ersuchten Staates angewendet hätten, dass (ii) die vom Ursprungsgericht angewendeten Rechtsnormen zu **anderen Ergebnissen** führen als diejenigen Rechtsnormen, die die Gerichte des ersuchten Staates angewendet hätten, oder dass (iii) das Ursprungsgericht **Rechtsnormen falsch** anwendet, begründet jeweils noch **keinen ordre public-Verstoß**.[82] Deshalb sind Fälle, in denen die Anerkennung aufgrund einer Verletzung des materiell-rechtlichen *ordre public* zu versagen ist, **sehr selten**.[83] 44

---

78 BGH 15.5.2014 WM 2014, 1295.
79 *Schlosser/Hess* Art. 45 Rdn. 3; *Kropholler/von Hein* Art. 34 a.F. Rdn. 12; Musielak/Voit/*Stadler* Art. 45 Rdn. 3.
80 BGH 26.9.1979 BGHZ 75, 167, 171 f.; BGH 22.6.1983 BGHZ 88, 17, 25; BGH 4.3.1993 IPRax 1994, 367, 368 m. Bespr. *H. Roth* 350; BGH 16.9.1993 IPRax 1994, 118, 119; BGH 21.4.1998 BGHZ 138, 331, 334 f.; OLG Saarbrücken 12.1.2011 BeckRS 2011, 1863; Geimer/Schütze EuZVR Art. 34 a.F. Rdn. 21; Geimer/Schütze/*Peiffer/Peiffer* IRV Art. 45 Rdn. 42; Musielak/Voit/*Stadler* Art. 45 Rdn. 3.
81 BGH 20.3.1963 BGHZ 39, 173, 177; BGH 18.10.1967 BGHZ 48, 327, 333; BGH 24.2.1999 IPRax 1999, 371, 372 m. Bespr. *Schulze* 342; Kropholler/von Hein Art. 34 a.F. Rdn. 18.
82 EuGH 28.3.2000 C-7/98 EuGHE 2000, I-1956 Rdn. 36; EuGH 11.5.2000 C-38/98 EuGHE 2000, I-3009 Rdn. 29; EuGH 23.10.2014 C-302/13 ECLI:EU:C:2014:2319 Rdn. 48; EuGH 16.7.2015 C-681/13 ECLI:EU:C:2015:471 Rdn. 43; EuGH 25.5.2016 C-559/14 ECLI:EU:C:2016:349 Rdn. 41; EuGH 7.7.2016 C-70/15 ECLI:EU:C:2016:524 Rdn. 41 f.; Geimer/Schütze/*Peiffer/Peiffer* IRV Art. 45 Rdn. 18; Rauscher/*Leible* Art. 45 Rdn. 27; Thomas/Putzo/*Hüßtege* Art. 45 Rdn. 5; Geimer/Schütze EuZVR Art. 34 a.F. Rdn. 14; *Kropholler/von Hein* Art. 34 a.F. Rdn. 7.
83 Vgl. Geimer/Schütze/*Peiffer/Peiffer* IRV Art. 45 Rdn. 15; *Schlosser/Hess* Art. 45 Rdn. 3 geht sogar von europaweit nur einem einzigen praktischen Fall aus.

45 Das gilt unabhängig von der Rechtsnatur der anwendeten Normen, also auch dann, wenn das Ursprungsgericht bei seiner Entscheidung das Recht des ersuchten Staates angewendet[84] oder wenn es **Unionsrecht** verletzt hat.[85] Die Anwendung von unionsrechtlichen Vorschriften ist Aufgabe der nationalen Gerichte, so dass sich der Grundsatz wechselseitigen Vertrauens der Mitgliedstaaten in ihre Justizsysteme auch darauf erstreckt; gegebenenfalls besteht die Pflicht zur Vorlage an den EuGH.[86]

46 Die deutschen **Grundrechte** und deren Wertungen sind zwar, umso mehr wenn sie den europäischen Grundrechten aus der Charta oder der EMRK vergleichbar sind,[87] Maßstab für die Prüfung, ob eine mitgliedstaatliche Entscheidung grundlegenden Gerechtigkeitsvorstellungen des deutschen Rechts widerspricht. Dabei darf aber nicht die ausländische Entscheidung fiktiv als inländische betrachtet und dann vollumfänglich an den Maßstäben der deutschen Grundrechte gemessen werden, wie dies bei inländischen Entscheidungen der Fall wäre, und nicht jede Grundrechtsbeeinträchtigung führt automatisch zu einem *ordre public*-Verstoß der mitgliedstaatlichen Entscheidung.[88]

47 Der materiell-rechtliche *ordre public* des ersuchten Mitgliedstaats umfasst grundsätzlich auch das **Kollisionsrecht** dieses Staates.[89] Erwiese sich die Bestimmung des anwendbaren Rechts durch das Ursprungsgericht aus der Perspektive des ersuchten Staates als fundamental unangemessen, dann könnte der *ordre public* des ersuchten Staates verletzt sein. Allerdings sind praktische Beispiele nur schwer vorstellbar.[90] Mangels tatsächlicher Bedeutung wurde immerhin schon der frühere kollisionsrechtliche Versagungsgrund in Art. 27 Nr. 4 EuGVÜ aufgegeben.[91] Als Anwendungsfall diskutiert werden die Heranziehung von Kollisionsnormen, die unzulässigerweise EU-Bürger aufgrund ihrer Staatsangehörigkeit **diskriminieren**,[92] durch das Ursprungsgericht, außerdem die Nichtbeachtung von zwingend anzuwendenden **Eingriffsnormen** im Ursprungsstaat.[93] In jedem Fall dürfte die Anwendung eines aus Sicht des Zweitstaates kollisionsrechtlich vollkommen unangemessenen Sachrechts nur dann einen *ordre public*-Verstoß begründen, wenn **zusätzlich** das in Anwendung dieses Sachrechts erzielte Ergebnis von dem abweicht, was in Anwendung des „richtigen" Sachrechts entschieden worden wäre.[94] Allerdings müsste in diesem Fall dann eine einfache Abweichung des

---

84 *Geimer*/Schütze EuZVR Art. 34 a.F. Rdn. 23.
85 EuGH 11.5.2000 C-38/98 EuGHE 2000, I-3009 Rdn. 32; EuGH 16.7.2015 C-681/13 ECLI:EU:C:2015:471 Rdn. 48; Zöller/*Geimer* Art. 45 Rdn. 25; Thomas/Putzo/*Hüßtege* Art. 45 Rdn. 5; Rauscher/*Leible* Art. 45 Rdn. 14; *Geimer*/Schütze EuZVR Art. 34 a.F. Rdn. 15; *Kropholler*/von Hein Art. 34 a.F. Rdn. 9.
86 Vgl. EuGH aaO; Geimer/Schütze/*Peiffer*/Peiffer IRV Art. 45 Rdn. 18.
87 Vgl. oben Rdn. 37.
88 BGH 24.2.1999 IPRax 1999, 371, 372; Rauscher/*Leible* Art. 45 Rdn. 11 und 27; MünchKomm/*Gottwald* Art. 45 Rdn. 14.
89 Geimer/Schütze/*Peiffer*/Peiffer IRV Art. 45 Rdn. 43; *Kropholler*/von Hein Art. 34 a.F. Rdn. 12 und 17.
90 Vgl. auch Geimer/Schütze/*Peiffer*/Peiffer IRV Art. 45 Rdn. 43.
91 Rauscher/*Leible* Art. 45 Rdn. 26; dazu oben Rdn. 5.
92 Rauscher/*Leible* Art. 45 Rdn. 26.
93 Geimer/Schütze/*Peiffer*/Peiffer IRV Art. 45 Rdn. 43; unten Rdn. 49.
94 So auch Geimer/Schütze/*Peiffer*/Peiffer IRV Art. 45 Rdn. 43; Beispiel: Wenn ein portugiesisches Gericht auf einen Vertrag zwischen einem portugiesischen Käufer und einem deutschen Verkäufer unter Missachtung einer wirksamen Rechtswahlklausel zugunsten des deutschen Rechts (und damit unter Missachtung der Rom-I-VO) portugiesisches Recht mit dem Argument anwenden würde, dass alle Verträge, an welchen eine portugiesische Partei beteiligt ist, automatisch portugiesischem Recht unterstehen, dann wäre dies durchaus ein fundamentaler Verstoß gegen Grundvorstellungen des europäischen Kollisionsrechts. Dieser Verstoß kann aber nur dann zur Anerkennungsversagung gemäß Art. 45 Abs. 1 Buchst. a führen, wenn die portugiesische Entscheidung zu einem anderen Ergebnis in der Sache gekommen wäre, wenn ihr – kollisionsrechtlich richtig – deutsches Vertragsrecht zugrunde gelegt worden wäre.

sachrechtlichen Ergebnisses genügen,[95] weil andernfalls die – unterstellt „unerträglich falsche" – kollisionsrechtliche Betrachtung ohne Bedeutung wäre, denn unerträgliche Entscheidungsinhalte sind schon per se *ordre public*-widrig.

Ein Verstoß gegen den deutschen materiell-rechtlichen *ordre public* wird auf dieser Grundlage in den folgenden Fällen **abgelehnt**: 48

– Kein *ordre public*-Verstoß, wenn das Ursprungsgericht die im Ursprungsstaat geltenden, heute typischerweise unionsrechtlichen **Regeln des Internationalen Privatrechts** (insbesondere die Rom-Verordnungen) unrichtig anwendet,[96] etwa indem es eine Rechtswahl der Parteien nicht beachtet.[97] 49

– Kein *ordre public*-Verstoß, wenn das Ursprungsgericht das deutsche **Wettbewerbs- und Kartellrecht** nicht anwendet, obwohl sich eine Wettbewerbsbeschränkung auf den inländischen Markt in Deutschland auswirkt.[98] 50

– Kein *ordre public*-Verstoß, wenn das Ursprungsgericht (abweichend von § 1613 Abs. 1 BGB) **Unterhalt** für einen zurückliegenden Zeitraum zuspricht oder für volljährige Kinder eine Barunterhaltspflicht nur einem Elternteil auferlegt.[99] 51

– Kein *ordre public*-Verstoß, wenn das Ursprungsgericht nachehelichen Unterhalt nach dem Verschuldensprinzip zuspricht.[100] 52

– Kein *ordre public*-Verstoß, wenn das Ursprungsgericht **Unterhalt in kapitalisierter Form** anordnet und diese Unterhaltsform schwerwiegende Eingriffe in das Vermögen des Unterhaltsverpflichteten erzwingt.[101] 53

– Kein *ordre public*-Verstoß, wenn das Ursprungsgericht dem Prozessbevollmächtigten des erfolgreichen Klägers ein **Erfolgshonorar** in Höhe von 40 % der Schadensersatzleistungen des Beklagten gewährt.[102] 54

– Kein *ordre public*-Verstoß, wenn das Ursprungsgericht in der konkreten Entscheidung mit nachvollziehbarer Begründung vom seerechtlichen Grundsatz des Ausschlusses einer verschuldensunabhängigen **Haftung des Reeders** abweicht.[103] 55

– Kein *ordre public*-Verstoß, wenn das Ursprungsgericht einer juristischen Person Schadensersatz wegen **immaterieller Schäden** zuspricht.[104] 56

– Kein *ordre public*-Verstoß, wenn das Ursprungsgericht nach französischem Recht die **Inanspruchnahme eines Bürgen** zulässt, obwohl die Bürgschaft nach den Maßstäben des deutschen Rechts wegen sittenwidriger Überforderung des Bürgen gemäß §§ 138, 242 BGB in Verbindung mit der grundrechtlich geschützten allgemeinen Handlungsfreiheit unwirksam wäre,[105] es sei denn, es liegt ein besonders krasser Fall 57

---

95 Anders wohl Zöller/*Geimer* Art. 45 Rdn. 24, der (nur) bei *ordre public*-Widrigkeit des Ergebnisses die Anerkennung versagen will.
96 Zöller/*Geimer* Art. 45 Rdn. 23; Geimer/Schütze/*Peiffer*/*Peiffer* IRV Art. 45 Rdn. 43.
97 OLG Karlsruhe 8.7.2005 9 W 8/05; Geimer/Schütze/*Peiffer*/*Peiffer* IRV Art. 45 Rdn. 43.
98 Rauscher/*Leible* Art. 45 Rdn. 26; Staudinger/*Fezer*/*Koos* Internationales Wirtschaftsrecht (2010) Rdn. 389; entgegen *Kropholler*/*von Hein* Art. 34 a.F. Rdn. 17; Immenga/Mestmäcker/*Rehbinder*, Wettbewerbsrecht Band 2/1 (5. Aufl. 2014) § 130 GWB Rdn. 388.
99 BGH 17.6.2009 NJW-RR 2009, 1300, 1301; *Kropholler*/*von Hein* Art. 34 a.F. Rdn. 15e.
100 OLG Frankfurt/Main 30.3.2005 NJW-RR 2005, 1375; Musielak/Voit/*Stadler* Art. 45 Rdn. 4.
101 OLG Karlsruhe 6.12.2001 FamRZ 2002, 839, 840; Rauscher/*Leible* Art. 45 Rdn. 28.
102 BGH 4.6.1992 BGHZ 118, 312, 332ff.; *Pisani* IPRax 2001, 293ff.; *Geimer*/Schütze EuZVR Art. 34 a.F. Rdn. 50; MünchKomm/*Gottwald* Art. 45 Rdn. 14; Geimer/Schütze/*Peiffer*/*Peiffer* IRV Art. 45 Rdn. 48.
103 OLG Hamburg 15.9.1994 RIW 1995, 680 f.; MünchKomm/*Gottwald* Art. 45 Rdn. 15.
104 OLG Hamburg 18.11.2008 6 W 50/08; Geimer/Schütze/*Peiffer*/*Peiffer* IRV Art. 45 Rdn. 49; Musielak/Voit/*Stadler* Art. 45 Rdn. 4.
105 BGH 24.2.1999 IPRax 1999, 371, 372; Rauscher/*Leible* Art. 45 Rdn. 11 und 27; MünchKomm/*Gottwald* Art. 45 Rdn. 14; Geimer/Schütze/*Peiffer*/*Peiffer* IRV Art. 45 Rdn. 45.

der strukturellen Unterlegenheit vor, die den Schuldner zum wehrlosen Objekt der Fremdbestimmung macht.[106]

58 – Kein *ordre public*-Verstoß, wenn das Ursprungsgericht zur Zahlung aus einem Börsentermingeschäft verurteilt, obwohl dem Schuldner nach deutschem Recht die sog. **Termingeschäftsfähigkeit** fehlt.[107] Die frühere BGH-Rechtsprechung, die die Berücksichtigung einer fehlenden Termingeschäftsfähigkeit zum deutschen *ordre public* zählte,[108] wurde nach Änderung der §§ 53, 58 und 61 BörsG im Jahre 1989 aufgegeben.[109]

59 – Kein *ordre public*-Verstoß, wenn das Ursprungsgericht einen deutschen Beamten entgegen dem Haftungsprivileg in **Art. 34 GG** zum Schadensersatz für eine Pflichtverletzung in Ausübung seines Amtes verurteilt, weil die Möglichkeit einer Freistellung durch den Dienstherrn besteht.[110]

60 – Kein *ordre public*-Verstoß, allein weil das Ursprungsgericht **Schadensersatz** in einer Höhe und aufgrund einer Berechnungsweise gewährt, die dem deutschen Recht unbekannt ist,[111] oder pauschalierten Schadensersatz aufgrund gerichtlicher Schätzung zuspricht.[112]

61 – Kein *ordre public*-Verstoß, wenn das niederländische Ursprungsgericht auf der Grundlage des niederländischen Arbeitsrechts bei verzögerter Auszahlung von Arbeitsentgelt einen **Verzugsaufschlag** in Höhe von 50 % festsetzt.[113]

62 – Kein *ordre public*-Verstoß, allein weil Schadensersatz zugesprochen wird, der über die reine Genugtuungsfunktion hinaus geht und aufgrund pauschaler Annahmen oder Berechnungsweisen erheblich höher ausfällt, als er nach deutschem Recht ausfallen würde.[114]

63 – Kein *ordre public*-Verstoß, allein weil die Entscheidung für den Schuldner **schwerwiegende wirtschaftliche Folgen** hat.[115]

64 Dagegen kann eine Verletzung des deutschen materiell-rechtlichen *ordre public* in folgenden Konstellationen ausnahmsweise **angenommen** werden:

65 – Verletzung des deutschen *ordre public* möglich, wenn ein **Bürge** trotz besonders krasser struktureller Unterlegenheit zur Zahlung aus der Bürgschaft verpflichtet und dadurch zum „wehrlosen Objekt der Fremdbestimmung" gemacht wird.[116]

66 – Verletzung des deutschen *ordre public* möglich, wenn Entscheidung des Ursprungsgerichts Pflichten auferlegt, die mit gegenläufigen Pflichten aus deutschen strafrechtlichen oder **öffentlich-rechtlichen Normen** nicht vereinbar sind.[117]

---

106 Unten Rdn. 65.
107 BGH 21.4.1998 BGHZ 138, 331; Rauscher/*Leible* Art. 45 Rdn. 29; Geimer/Schütze/*Peiffer*/*Peiffer* IRV Art. 45 Rdn. 50; Musielak/Voit/*Stadler* Art. 45 Rdn. 4.
108 BGH 4.6.1975 WM 1975, 676, 677; BGH 12.6.1978 WM 1978, 1203, 1204 f.; BGH 25.5.1981 WM 1981, 758 f.; BGH 15.6.1987 WM 1987, 1153, 1154.
109 BGH 21.4.1998 BGHZ 138, 331, 336 ff.
110 BGH 16.9.1993 IPRax 1994, 118, 119 f.; Zöller/*Geimer* Art. 45 Rdn. 20; Geimer/Schütze/*Peiffer*/*Peiffer* IRV Art. 45 Rdn. 44.
111 BGH 22.6.1983 BGHZ 88, 17, 24 ff.; Rauscher/*Leible* Art. 45 Rdn. 30; Geimer/Schütze/*Peiffer*/*Peiffer* IRV Art. 45 Rdn. 46; *Kropholler*/*von Hein* Art. 34 a.F. Rdn. 18a.
112 BGH 26.9.1979 BGHZ 75, 167, 171 f.; OLG Düsseldorf 4.4.2011 IPRax 2013, 349, 350; Rauscher/*Leible* Art. 45 Rdn. 30; Geimer/Schütze/*Peiffer*/*Peiffer* IRV Art. 45 Rdn. 46.
113 OLG Düsseldorf 4.4.2011 IPRax 2013, 349, 350; *Würdinger* IPRax 2013, 322, 324; Geimer/Schütze/*Peiffer*/*Peiffer* IRV Art. 45 Rdn. 46; Rauscher/*Leible* Art. 45 Rdn. 30.
114 Rauscher/*Leible* Art. 45 Rdn. 30; Schlosser/*Hess* Art. 45 Rdn. 8; Musielak/Voit/*Stadler* Art. 45 Rdn. 4.
115 EuGH 23.10.2014 C-302/13 ECLI:EU:C:2014:2319 Rdn. 58; *Kohler* IPRax 2015, 500, 504; MünchKomm/*Gottwald* Art. 45 Rdn. 15; Geimer/Schütze/*Peiffer*/*Peiffer* IRV Art. 45 Rdn. 51.
116 BGH 24.2.1999 IPRax 1999, 371, 372.
117 *Geimer*/Schütze EuZVR Art. 34 a.F. Rdn. 45 f.; *Kropholler*/*von Hein* Art. 34 a.F. Rdn. 20.

- Verletzung des deutschen *ordre public* möglich, wenn ausländische Entschei- **67** dung zum Schadensersatz wegen eines Personenschadens verpflichtet, obwohl der Haftende gemäß **§§ 636, 637 RVO** von einer persönlichen Haftung freigestellt ist.[118]
- Verletzung des deutschen *ordre public* möglich, wenn ausländische Entscheidung **68** **Strafschadensersatz (*punitive damages*)** zuspricht, der erheblich über die nach deutschem Verständnis im Mittelpunkt stehende Genugtuungsfunktion hinausgeht, pönale Elemente enthält und der auch nicht anderen Ausgleichszwecken, etwa der Abdeckung künftiger oder eingetretener, aber schwer bezifferbarer Schäden dient.[119]

d) Verfahrensrechtlicher ordre public. Ein Verstoß gegen den deutschen verfah- **69** rensrechtlichen *ordre public* setzt nach der Rechtsprechung voraus, dass im Erkenntnisverfahren im Ursprungsstaat Grundprinzipien des deutschen Verfahrensrechts in einer Weise missachtet werden, dass **nicht** mehr von einem **geordneten rechtsstaatlichen Verfahren** ausgegangen werden kann.[120] Deshalb begründet wiederum der bloße Umstand, dass das Erkenntnisverfahren im Ursprungsstaat in Gestaltung und Verlauf vom deutschen Zivilprozess – typischerweise auch ganz erheblich – abweicht, keinen Verstoß gegen den deutschen *ordre public*.[121] Dabei bleibt es auch dann, wenn das mitgliedstaatliche Gericht bei fiktiver Anwendung des deutschen Prozessrechts zwingende Bestimmungen missachten würde.[122] Auch Verstöße gegen den verfahrensrechtlichen *ordre public* sind daher die Ausnahme.[123]

Zu den **Grundprinzipien** des deutschen Zivilprozessrechts zählen insbesondere die **70** Unabhängigkeit und Unparteilichkeit des Gerichts, die Gewährung rechtlichen Gehörs, die Gleichbehandlung der Parteien und auch das Willkürverbot.[124] Sie überschneiden sich – natürlich – mit den Anforderungen, die der EuGH an den verfahrensrechtlichen *ordre public* der Mitgliedstaaten stellt: Der EuGH stellt das aus Art. 6 der EMRK und Art. 47 Abs. 2 der EU-Grundrechte-Charta hergeleitete **Recht auf ein faires Verfahren**

---

[118] BGHZ 16.9.1993 BGHZ 123, 268, 275 ff.; Geimer/Schütze/*Peiffer*/*Peiffer* IRV Art. 45 Rdn. 44; dagegen zurecht Zöller/*Geimer* Art. 45 Rdn. 20.
[119] BGH 4.6.1992 BGHZ 118, 312, 338 ff.; Rauscher/*Leible* Art. 45 Rdn. 30; *Schlosser*/*Hess* Art. 45 Rdn. 8; Geimer/Schütze/*Peiffer*/*Peiffer* IRV Art. 45 Rdn. 46; *Geimer*/Schütze EuZVR Art. 34 a.F. Rdn. 47 ff.
[120] St. Rspr. seit BGH 18.10.1967 BGHZ 48, 327, 331; BGH 25.3.1970 BGHZ 53, 357, 359 f.; BGH 19.9.1977 WM 1977, 1230, 1232; BGH 7.3.1979 BGHZ 73, 378, 386; BGH 27.3.1984 WM 1984, 748, 749; BGH 15.5.1986 BGHZ 98, 70, 73 f.; BGH 18.1.1990 NJW 1990, 2199; BGH 21.3.1990 IPRax 1992, 33 m.Bespr. *Geimer* 5; BGH 4.6.1992 IPRax 1993, 310 m. Bespr. *Koch/Zekoll* 288; BGH 26.8.2009 BGHZ 182, 188, 196; BGH 2.9.2009 NJW 2010, 153, 154 f.; BGH 14.06.2012 WM 2012, 1445, 1446; BGH 10.9.2015 NJW 2016, 160, 161; BGH 6.4.2017 WM 2017, 874; OLG Düsseldorf 13.11.1996 RIW 1997, 329; OLG Düsseldorf 29.11.1999 IPRax 2000, 527, 528; OLG Düsseldorf 14.2.2006 NJW-RR 2006, 1079, 1080; OLG Frankfurt/Main 31.1.2002 IPRax 2002, 523, 524; OLG Hamm 19.7.1985 RIW 1985, 973, 974; OLG Hamm 28.12.1993 RIW 1994, 243, 245; OLG Hamm 27.6.1996 IPRax 1998, 202, 204; OLG Köln 6.10.1994 NJW-RR 1995, 446, 447; OLG Köln 16.9.1996 IPRax 1998, 116; OLG Köln 8.3.1999 IPRax 2000, 528, 529; OLG Saarbrücken 12.1.2011 BeckRS 2011, 1863; OLG Zweibrücken 25.1.2006 RIW 2006, 709, 710; Zöller/*Geimer* Art. 45 Rdn. 15; Geimer/Schütze/*Peiffer*/*Peiffer* IRV Art. 45 Rdn. 21; Rauscher/*Leible* Art. 45 Rdn. 15; MünchKomm/*Gottwald* Art. 45 Rdn. 16 f.; *Geimer*/Schütze EuZVR Art. 34 a.F. Rdn. 24.
[121] St. Rspr.; vgl. BGH 18.10.1967 BGHZ 48, 327, 331 ff. sowie die weiteren Nachweise in Fn. 120; Zöller/*Geimer* Art. 45 Rdn. 15; Rauscher/*Leible* Art. 45 Rdn. 15; *Kropholler*/von Hein Art. 34 a.F. Rdn. 13; a.A. *Schlosser*/*Hess* Art. 45 Rdn. 4.
[122] Dazu BGH 18.10.1967 BGHZ 48, 327, 331 sowie die weiteren Nachw. in Fn. 120; Geimer/Schütze/*Peiffer*/*Peiffer* IRV Art. 45 Rdn. 21.
[123] Rauscher/*Leible* Art. 45 Rdn. 15; Geimer/Schütze/*Peiffer*/*Peiffer* IRV Art. 45 Rdn. 15 und 21.
[124] OLG Saarbrücken 12.1.2011 BeckRS 2011, 1863; *Geimer*/Schütze EuZVR Art. 34 a.F. Rdn. 25; Rauscher/*Leible* Art. 45 Rdn. 16; Geimer/Schütze/*Peiffer*/*Peiffer* IRV Art. 45 Rdn. 22.

(*fair trial*) und den dazu zählenden Anspruch auf **rechtliches Gehör** ins Zentrum.[125] Dabei verlangt und erlaubt der EuGH durchaus, dass das über die Versagung entscheidende Gericht – soweit nicht **Buchst. b** vorrangig eingreift – alle (vom Antragsteller vorzutragenden!)[126] Umstände des Ursprungsverfahrens daraufhin überprüft, ob im Ursprungsstaat ausreichend rechtliches Gehör gewährt wurde und ein faires Verfahren gewährleistet war.[127]

71 Auf eine Verletzung des verfahrensrechtlichen *ordre public* kann sich stets nur die **prozessual benachteiligte**, also beispielsweise die nicht angehörte Partei berufen, nicht der Prozessgegner, der durch den Verfahrensfehler mittelbar begünstigt wurde.[128]

72 Ein Verstoß gegen den deutschen verfahrensrechtlichen *ordre public* wird auf dieser Grundlage in den folgenden Fällen **abgelehnt**:

73 – Kein *ordre public*-Verstoß, wenn das Ursprungsgericht seine internationale, örtliche oder sachliche **Zuständigkeit** zu Unrecht bejaht oder Zuständigkeitsvorschriften, insbesondere auch solche der Verordnung, unzutreffend anwendet. Diese Zuständigkeitsvorschriften zählen per se **nicht** zum *ordre public* (**Abs. 3 S. 2**).[129] Das gilt auch dann, wenn das Ursprungsgericht eine Gerichtsstandsvereinbarung missachtet.[130] Hinzunehmen sind nach der Rechtsprechung des EuGH auch krasse Fehlentscheidungen zur gerichtlichen Zuständigkeit, und zwar auch solche, durch welche Art. 6 EMRK verletzt wird.[131] Entgegen dieser bedenklichen Extremposition sollte allerdings zumindest **Willkürentscheidungen** des Ursprungsgerichts über seine internationale Zuständigkeit der *ordre public*-Einwand entgegengehalten werden können.[132]

74 – Kein *ordre public*-Verstoß, wenn das Ursprungsgericht eine **Schiedsvereinbarung** der Parteien missachtet und sich nicht zugunsten des vereinbarten Schiedsgerichts für unzuständig erklärt.[133]

75 – Kein *ordre public*-Verstoß, wenn das Ursprungsgericht nicht beachtet, dass die Angelegenheit bereits ganz oder teilweise **bei einem anderen Gericht anhängig** ist, oder es in anderer Weise die Verordnungsregeln zur anderweitigen Rechtshängigkeit missachtet.[134]

76 – Kein *ordre public*-Verstoß, wenn dem Beklagten die Klage oder ein anderes verfahrenseinleitendes Dokument nicht oder **nicht rechtzeitig zugestellt** wurde, weil für diese Konstellation der Versagungsgrund in Buchst. b vorrangig und abschließend ist.[135]

---

125 EuGH 28.3.2000 C-7/98 EuGHE 2000, I-1956 Rdn. 26 und 43; EuGH 2.4.2009 C-394/07 EuGHE 2009 I-2563 Rdn. 28; EuGH 6.9.2012 C-619/10 ECLI:EU:C:2012:531 Rdn. 52; Rauscher/*Leible* Art. 45 Rdn. 12 f.; Thomas/Putzo/*Hüßtege* Art. 45 Rdn. 6; *Kropholler/von Hein* Art. 34 a.F. Rdn. 15a.
126 Oben Rdn. 27.
127 EuGH 2.4.2009 C-394/07 EuGHE 2009 I-2563 Rdn. 40 ff.
128 Zöller/*Geimer* Art. 45 Rdn. 13; *Geimer*/Schütze EuZVR Art. 34 a.F. Rdn. 31.
129 Geimer/Schütze/*Peiffer*/*Peiffer* IRV Art. 45 Rdn. 34; *Kropholler/von Hein* Art. 34 a.F. Rdn. 15c.
130 Rauscher/*Leible* Art. 45 Rdn. 22; Geimer/Schütze/*Peiffer*/*Peiffer* IRV Art. 45 Rdn. 34.
131 EuGH 28.3.2000 C-7/98 EuGHE 2000, I-1956 Rdn. 29 ff.; Geimer/Schütze/*Peiffer*/*Peiffer* IRV Art. 45 Rdn. 140; MünchKomm/*Gottwald* Art. 45 Rdn. 27.
132 Vgl. Rauscher/*Leible* Art. 45 Rdn. 74.
133 OLG Hamburg 5.8.1993 IPRax 1995, 391, 393; OLG Hamm 28.12.1993, RIW 1994, 243, 245; Rauscher/*Leible* Art. 45 Rdn. 22; MünchKomm/*Gottwald* Art. 45 Rdn. 16; Geimer/Schütze/*Peiffer*/*Peiffer* IRV Art. 45 Rdn. 34.
134 Geimer/Schütze/*Peiffer*/*Peiffer* IRV Art. 45 Rdn. 35.
135 BGH 21.3.1990 IPRax 1992, 33; OLG Saarbrücken 12.1.2011 BeckRS 2011, 1863; Zöller/*Geimer* Art. 45 Rdn. 13; MünchKomm/*Gottwald* Art. 45 Rdn. 16; Geimer/Schütze/*Peiffer*/*Peiffer* IRV Art. 45 Rdn. 23 und 55; *Kropholler/von Hein* Art. 34 a.F. Rdn. 15; vgl. unten Rdn. 118.

- Kein *ordre public*-Verstoß, wenn dem Beklagten eine **Terminsladung** nicht zugestellt wird, nachdem er sich – nach ordnungsgemäßer Zustellung des verfahrenseinleitenden Dokuments – nicht auf das Verfahren im Ursprungsstaat eingelassen hat.[136] 77
- Kein *ordre public*-Verstoß, wenn das Ursprungsgericht anders besetzt ist, als ein deutsches Gericht unter denselben Umständen besetzt wäre, auch wenn ein Gericht für Handelssachen (ausschließlich) mit **Laien** besetzt ist.[137] 78
- Der **Ausschluss einer Partei** vom Verfahren vor dem Ursprungsgericht wegen Missachtung des Gerichts (*contempt of court*) verletzt nicht per se den deutschen verfahrensrechtlichen *ordre public*.[138] Allerdings bedarf ein solcher Ausschluss ganz erheblicher und bedeutender Gründe und muss **sehr hohen Anforderungen** genügen.[139] 79
- Kein *ordre public*-Verstoß allein deshalb, weil im Ursprungsstaat eine ***ex-parte*-Entscheidung** ohne Beteiligung des Beklagten ergeht, wenn sichergestellt ist, dass dem Beklagten im Nachgang rechtliches Gehör und die Möglichkeit, die Aufhebung der Entscheidung zu erwirken, gewährt wird.[140] Die Möglichkeit einer solchen Aufhebung muss auch nicht sofort bestehen.[141] 80
- Kein *ordre public*-Verstoß, wenn das **System einstweiligen Rechtsschutzes** des Ursprungsstaates erheblich vom deutschen Konzept abweicht und etwa Sicherungsbeschlagnahmen durch den Kläger zulässt, die ggf. erst mit der Hauptsacheentscheidung wieder aufgehoben werden.[142] 81
- Kein *ordre public*-Verstoß, wenn das Ursprungsgericht einen **weltweiten Beschlag des Schuldnervermögens** (*Worldwide Asset Freezing Order*) anordnet, sofern in der Anordnung ein Mindestmaß an Schuldnerschutz in Form von pfändungsfreiem Mindesteinkommen berücksichtigt wird.[143] 82
- Kein *ordre public*-Verstoß allein deshalb, weil das Ursprungsgericht im Rahmen eines **vereinfachten Verfahrens** entschieden hat, wie es etwa in der EuBagatellVO vorgesehen ist.[144] 83
- Kein *ordre public*-Verstoß, wenn im Ursprungsverfahren die **Öffentlichkeit** ausgeschlossen war.[145] 84
- Kein *ordre public*-Verstoß, wenn im Ursprungsverfahren **Zustellungen an den Anwalt** einer Partei auch dann noch vorgenommen wurden, nachdem dieser sein Mandat niedergelegt hatte.[146] 85

---

136 OLG Köln 6.10.1994 IPRax 1995, 256, 257.
137 OLG Saarbrücken 3.8.1987 IPRax 1989, 37, 38 m.Bespr. H. *Roth* 14; Rauscher/*Leible* Art. 45 Rdn. 21; Schlosser/*Hess* Art. 45 Rdn. 9; Musielak/Voit/*Stadler* Art. 45 Rdn. 4; MünchKomm/*Gottwald* Art. 45 Rdn. 17; Geimer/Schütze/*Peiffer/Peiffer* IRV Art. 45 Rdn. 39.
138 BGH 18.10.1967 BGHZ 48, 327, 332f.; BGH 2.9.2009, BGHZ 182, 204; Schlosser/*Hess* Art. 45 Rdn. 7; MünchKomm/*Gottwald* Art. 45 Rdn. 16; Rauscher/*Leible* Art. 45 Rdn. 18; Geimer/Schütze/*Peiffer/Peiffer* IRV Art. 45 Rdn. 25.
139 Unten Rdn. 102.
140 EuGH 25.5.2016 C-559/14 ECLI:EU:C:2016:349 Rdn. 50.
141 OLG Hamm 19.7.1985, RIW 1985, 973, 974f.
142 OLG Hamm 19.7.1985 RIW 1985, 973, 974f.; Zöller/*Geimer* Art. 45 Rdn. 16; Kropholler/*von Hein* Art. 34 a.F. Rdn. 16.
143 OLG Nürnberg WM 2011, 700; MünchKomm/*Gottwald* Art. 45 Rdn. 15; Geimer/Schütze/*Peiffer/Peiffer* IRV Art. 45 Rdn. 47; Zöller/*Geimer* Art. 45 Rdn. 17.
144 Kropholler/*von Hein* Art. 34 a.F. Rdn. 15a.
145 OLG Saarbrücken 3.8.1987 IPRax 1989, 37, 38f.
146 Rauscher/*Leible* Art. 45 Rdn. 17.

86 – Kein *ordre public*-Verstoß, wenn im Verfahren vor dem Ursprungsgericht **hohe Anwaltsgebühren**, etwa wegen Abrechnung nach dem entstandenen Zeitaufwand angefallen sind.[147]

87 – Kein *ordre public*-Verstoß, wenn das **Beweisrecht** des Ursprungsstaates von den deutschen Beweisregeln abweicht oder das Ursprungsgericht sein Beweisrecht in fehlerhafter Weise anwendet,[148] sofern es dabei nicht willkürlich vorgeht.[149] Insbesondere sind auch abweichende Regeln des Verfahrensrechts des Ursprungsstaates über die Beweiswürdigung hinzunehmen.[150]

88 – Kein *ordre public*-Verstoß, wenn das Konzept der **materiellen Rechtskraft** im Ursprungsstaat von demjenigen des deutschen Zivilprozessrechts abweicht.[151]

89 – Kein *ordre public*-Verstoß bei **überlanger Dauer** des Verfahrens im Ursprungsstaat,[152] sofern diese Dauer Folge einer nachlässigen Bearbeitung durch das Ursprungsgericht und nicht (ganz ausnahmsweise) einer mutwilligen Prozessverschleppung der am Ende obsiegenden Partei war.[153] Zwar ist bei überlanger Dauer eines Zivilverfahrens Art. 6 EMRK verletzt, wie der EGMR mehrfach auch zulasten Deutschlands festgestellt hat.[154] Die Versagung der Anerkennung und Vollstreckung würde aber einen Kläger, der nach unzumutbar langer Verfahrensdauer endlich doch einen Titel erwirken kann, unterträglich doppelt benachteiligen.

90 – Kein *ordre public*-Verstoß allein deshalb, weil die Entscheidung des Ursprungsstaates **ohne schriftliche Urteilsgründe** ergeht.[155] Zwar gehört zu einem ordnungsgemäßen Verfahren grundsätzlich eine Urteilsbegründung.[156] Diese ist aber entbehrlich, wenn die unterlegene Partei die wesentlichen Gründe für ihr Unterliegen anderen Unterlagen oder aber einer mündlichen Begründung im Termin entnehmen und auf dieser Grundlage entscheiden kann, ob sie Rechtsmittel einlegen will.[157]

91 – Kein *ordre public*-Verstoß bei Verletzung des Grundsatzes, dass die gerichtliche Entscheidung in der Höhe nicht über den Antrag des Klägers hinausgehen darf (*ne ultra petita*).[158]

92 – Kein *ordre public*-Verstoß, wenn die Entscheidung des Ursprungsgerichts nicht in einer Übersetzung in die **Sprache des Beklagten** vorliegt.[159]

---

[147] BGH 8.5.2014 IPRax 2015, 569, 570.
[148] BGH 6.4.2017 WM 2017, 874; OLG Köln 16.9.1996 IPRax 1998, 116 m. Anm. *Kronke*; OLG Saarbrücken 12.1.2011 BeckRS 2011, 1863; MünchKomm/*Gottwald* Art. 45 Rdn. 17; Rauscher/*Leible* Art. 45 Rdn. 22; Geimer/Schütze/*Peiffer/Peiffer* IRV Art. 45 Rdn. 36; Kropholler/*von Hein* Art. 34 a.F. Rdn. 13.
[149] OLG Saarbrücken 12.1.2011 BeckRS 2011, 1863; MünchKomm/*Gottwald* Art. 45 Rdn. 17; Geimer/Schütze/*Peiffer/Peiffer* IRV Art. 45 Rdn. 36.
[150] BGH 6.4.2017 WM 2017, 874, 875; Zöller/*Geimer* Art. 45 Rdn. 15.
[151] OLG Hamm 27.6.1996 IPRax 1998, 202, 203 m.Bespr. *Geimer* 175; Rauscher/*Leible* Art. 45 Rdn. 22; MünchKomm/*Gottwald* Art. 45 Rdn. 17.
[152] Rauscher/*Leible* Art. 45 Rdn. 19; Geimer/Schütze/*Peiffer/Peiffer* IRV Art. 45 Rdn. 33; zweifelnd Kropholler/*von Hein* Art. 34 a.F. Rdn. 15a.
[153] Geimer/Schütze/*Peiffer/Peiffer* IRV Art. 45 Rdn. 33.
[154] EGMR 2.9.2010 NJW 2010, 3355 m.w.N.
[155] EuGH 6.9.2012 C-619/10 ECLI:EU:C:2012:531 Rdn. 62; BGH 26.8.2009 BGHZ 182, 188, 201; OLG Karlsruhe 6.12.2001 FamRZ 2002, 839, 840; Zöller/*Geimer* Art. 45 Rdn. 21; *Geimer*/Schütze EuZVR Art. 34 a.F. Rdn. 67; Rauscher/*Leible* Art. 45 Rdn. 20; MünchKomm/*Gottwald* Art. 45 Rdn. 16; Geimer/Schütze/*Peiffer/Peiffer* IRV Art. 45 Rdn. 32.
[156] EuGH 6.9.2012 C-619/10 ECLI:EU:C:2012:531 Rdn. 53f.; Thomas/Putzo/*Hüßtege* Art. 45 Rdn. 6; Kropholler/*von Hein* Art. 34 a.F. Rdn. 15d m.Nachw. zur französischen Rechtsprechung.
[157] EuGH 23.10.2014 C-302/13 ECLI:EU:C:2014:2319 Rdn. 52f.; OLG Karlsruhe 6.12.2001 FamRZ 2002, 839, 840; MünchKomm/*Gottwald* Art. 45 Rdn. 16; Thomas/Putzo/*Hüßtege* Art. 45 Rdn. 7.
[158] OLG Saarbrücken 12.1.2011 BeckRS 2011, 1863.
[159] OLG Köln 19.3.2004 RIW 2004, 866, 867; MünchKomm/*Gottwald* Art. 45 Rdn. 17.

- Kein *ordre public*-Verstoß, wenn das Ursprungsgericht **einem Dritten Verfahrens-** 93
  kosten auferlegt, soweit diese von diesem Dritten verursacht wurden, weil solche Kostentragungspflichten auch dem deutschen Verfahrensrecht nicht fremd sind.[160]
- Kein *ordre public*-Verstoß allein deshalb, weil das Verfahrensrecht des Ursprungs- 94
  staates für eine vorläufige Entscheidung, die vom Richter wieder aufgehoben werden kann, **kein förmliches Rechtsmittel** vorsieht.[161]
- Kein *ordre public*-Verstoß, wenn ein im Ursprungsstaat eingelegtes Rechtsmittel 95
  zurückgewiesen wurde, weil der Rechtsmittelführer **keine anwaltliche Prozessvollmacht** vorgelegt hatte.[162]

Dagegen kann eine Verletzung des deutschen verfahrensrechtlichen *ordre public* in 96
folgenden Konstellationen **angenommen** werden:
- Verletzung des *ordre public*, wenn einem Verfahrensbeteiligten im Ursprungsstaat 97
  nicht die Rolle eines Verfahrenssubjekts eingeräumt wird, das die Gestaltung des Verfahrens aktiv beeinflussen kann, sondern der Beteiligte – auf Grundlage des dortigen Prozessrechts oder infolge einer unzulänglichen Anwendung dieses Prozessrechts – in die Rolle eines bloßen **passiven Verfahrensobjekts** gedrängt wird, mit dem im gerichtlichen Verfahren „etwas geschieht".[163]
- Verletzung des *ordre public* entgegen dem EuGH und abweichend von Abs. 3 S. 2 98
  dann anzunehmen, wenn das Ursprungsgericht seine **internationale Zuständigkeit** unter krasser, **offen willkürlicher** Verletzung der Zuständigkeitsregeln der Verordnung und damit unter Verstoß gegen Art. 6 EMRK begründet hat.[164]
- Verletzung des *ordre public* kann im Hinblick auf eine mitgliedstaatliche Entschei- 99
  dung gegeben sein, mit welcher einer Partei untersagt wird, unter Verstoß gegen eine Gerichtsstands- oder Schiedsvereinbarung ein anderes Gericht anzurufen (***anti-suit injunctions***).[165] Eine solche Anordnung ist jedenfalls mit den Grundprinzipien der Verordnung nicht in Einklang zu bringen.[166]
- Verletzung des *ordre public*, wenn der Beklagte in einem Strafverfahren im Ur- 100
  sprungsstaat nicht persönlich erschienen ist und daraufhin der von ihm bestellte **Prozessbevollmächtigte** aus dem zivilrechtlichen Annexverfahren, in welchem über Schadensersatzforderungen des Geschädigten entschieden wurde, **ausgeschlossen** wurde.[167]

---

[160] BGH 8.5.2014 IPRax 2015, 569, 571; *Stürner* IPRax 2015, 535, 537; Geimer/Schütze/*Peiffer*/*Peiffer* IRV Art. 45 Rdn. 40.
[161] OLG Stuttgart 15.5.1997 RIW 1997, 684, 685; OLG Düsseldorf 21.2.2001 RIW 2001, 620 f.; MünchKomm/*Gottwald* Art. 45 Rdn. 17; Rauscher/*Leible* Art. 45 Rdn. 21; Geimer/Schütze/*Peiffer*/*Peiffer* IRV Art. 45 Rdn. 38; Musielak/Voit/*Stadler* Art. 45 Rdn. 4.
[162] BGH 14.6.2012 NJW-RR 2012, 1013, 1014; Geimer/Schütze/*Peiffer*/*Peiffer* IRV Art. 45 Rdn. 26.
[163] BGH 18.10.1967 BGHZ 48, 327, 333; BGH 21.3.1990 IPRax 1992, 33,35; BGH 4.6.1992 BGHZ 118, 312, 332 ff.; BGH 2.9.2009 BGHZ 182, 204, 213.
[164] Rauscher/*Leible* Art. 45 Rdn. 74, gegen EuGH 28.3.2000 C-7/98 EuGHE 2000, I-1956 Rdn. 29 ff., dazu oben Rdn. 73.
[165] Vgl. EuGH 10.2.2009 C-185/07 EuGHE 2009 I-663 Rdn. 27 ff.; OLG Düsseldorf 10.1.1996 IPRax 1997, 260, 261 zur Zustellung einer solchen Verfügung nach dem HZÜ; Rauscher/*Leible* Art. 45 Rdn. 23; Geimer/Schütze/*Peiffer*/*Peiffer* IRV Art. 45 Rdn. 30.
[166] EuGH 10.2.2009 C-185/07 EuGHE 2009 I-663 Rdn. 27 ff.
[167] EuGH 28.3.2000 C-7/98 EuGHE 2000, I-1956 Rdn. 35 ff.; BGH 26.9.2000 NJW 2000, 3289 f.; MünchKomm/*Gottwald* Art. 45 Rdn. 16; Rauscher/*Leible* Art. 45 Rdn. 18; Geimer/Schütze/*Peiffer*/*Peiffer* IRV Art. 45 Rdn. 24; *Kropholler/von Hein* Art. 34 a.F. Rdn. 15a.

101 – Verletzung des *ordre public* wegen Gehörsverletzung, wenn **Parteivortrag** eines Beteiligten im Ursprungsverfahren willkürlich **nicht zur Kenntnis genommen** wird.[168]

102 – Verletzung des *ordre public*, wenn ein Verfahrensbeteiligter wegen Missachtung des Gerichts (*contempt of court*) vom weiteren Verfahren **ausgeschlossen** wird (*debarment*) und keine wichtigen Gründe vorliegen, weshalb dieser Ausschluss als *ultima ratio* notwendig und angemessen war, oder diese Sanktion in keinem angemessenen Verhältnis zu dem mit ihr verfolgten Ziel steht.[169] Dazu ist eine Gesamtabwägung aller Umstände im Einzelfall erforderlich, die auch einzubeziehen hat, ob der Betroffene sich vor Verhängung der Sanktion dazu äußern konnte und welche Argumente er dazu vorgetragen hat, dass er etwa bestimmte Auskünfte nicht erteilen will oder kann.[170]

103 – Verletzung des *ordre public*, wenn im Ursprungsstaat **Ausschlussfristen**, etwa solche für die Zahlung eines Vorschusses, so knapp bemessen werden, dass es unmöglich ist sie einzuhalten, und innerhalb der laufenden Frist beantragte Fristverlängerungen nicht gewährt werden.[171]

104 – Verletzung des *ordre public* wegen Gehörsverletzung, wenn **Parteivortrag** eines Beteiligten im Ursprungsverfahren willkürlich **nicht zur Kenntnis genommen** wird.[172]

105 – Verletzung des *ordre public*, wenn einem deutschen Verfahrensbeteiligten im ausländischen Ursprungsverfahren gerichtliche Dokumente nicht zugesandt oder übergeben, sondern **zur Gerichtsakte genommen** und damit fiktiv zugestellt werden, weil der Beteiligte im Ursprungsstaat keinen Zustellungsbevollmächtigten benannt hat.[173] Der EuGH betrachtet die durch dieses Vorgehen verletzten Regeln der EuZustVO als Ausprägung des Rechts auf ein faires Verfahren gemäß Art. 47 der Grundrechte-Charta und Art. 6 EMRK,[174] so dass eine auf diese Weise zustande gekommene Entscheidung als Verstoß gegen die öffentliche Ordnung zu betrachten ist.[175]

106 – Verletzung des *ordre public*, wenn die Vaterschaft im Anerkennungsverfahren nur aufgrund eines **Zeugnisses vom Hörensagen** festgestellt wird, obwohl der Antragsgegner die Mitwirkung an einem Gentest und der Erstellung eines Sachverständigengutachten angeboten hatte.[176]

107 – Verletzung des *ordre public*, wenn die Entscheidung des Ursprungsgerichts **keine Begründung** enthält **und** die wesentlichen, die Entscheidung tragenden Gründe des Gerichts für die unterlegene Partei auch nicht anderweitig ersichtlich sind, etwa aus

---

[168] OLG Saarbrücken 12.1.2011 BeckRS 2011, 1863; Geimer/Schütze/*Peiffer*/*Peiffer* IRV Art. 45 Rdn. 27.
[169] EuGH 2.4.2009 C-394/07 EuGHE 2009 I-2563 Rdn. 32 ff.; Rauscher/*Leible* Art. 45 Rdn. 18; MünchKomm/*Gottwald* Art. 45 Rdn. 16; Geimer/Schütze/*Peiffer*/*Peiffer* IRV Art. 45 Rdn. 25; Musielak/Voit/*Stadler* Art. 45 Rdn. 4.
[170] EuGH 2.4.2009 C-394/07 EuGHE 2009 I-2563 Rdn. 40.
[171] BGH 20.5.2010 WM 2010, 1522, 1523; Geimer/Schütze/*Peiffer*/*Peiffer* IRV Art. 45 Rdn. 26; Kropholler/von Hein Art. 34 a.F. Rdn. 15.
[172] OLG Saarbrücken 12.1.2011 BeckRS 2011, 1863; Geimer/Schütze/*Peiffer*/*Peiffer* IRV Art. 45 Rdn. 27.
[173] BGH 10.9.2015 NJW 2016, 160, 162; *Düsterhaus* NJW 2013, 445, 446; MünchKomm/*Gottwald* Art. 45 Rdn. 16; Geimer/Schütze/*Peiffer*/*Peiffer* IRV Art. 45 Rdn. 31; vgl. EuGH 19.12.2012 C-325/11 ECLI:EU:C:2012:824; anders noch BGH 14.6.2012 NJW-RR 2012, 1013, 1014.
[174] EuGH 19.12.2012 C-325/11 ECLI:EU:C:2012:824 Rdn. 35.
[175] *Düsterhaus* NJW 2013, 445, 446.
[176] BGH 26.8.2009 BGHZ 182, 188; MünchKomm/*Gottwald* Art. 45 Rdn. 17; Geimer/Schütze/*Peiffer*/*Peiffer* IRV Art. 45 Rdn. 28; Musielak/Voit/*Stadler* Art. 45 Rdn. 4.

einer mündlichen Urteilsbegründung im Termin oder anderen Verfahrensdokumenten.[177]
- Verletzung des *ordre public* möglich, wenn das Verfahrensrecht des Ursprungsstaates für sämtliche Betroffenen eines Massenschadens eine Bindung an das Ergebnis eines Musterprozesses vorsieht und alle potentiell Betroffenen dazu verpflichtet, gegenüber dem Gericht zu erklären, wenn eine solche Bindung nicht gewünscht wird (sog. **opt-out-Verfahren**).[178] **108**
- Verletzung des *ordre public*, wenn der Inhalt der Entscheidung des Ursprungsgerichts in einer Weise **unbestimmt** ist, dass eine Konkretisierung im ersuchten Staat auch mit den dazu gebotenen Anstrengungen (vgl. Art. 54) unmöglich ist oder die notwendige Konkretisierung einer unzulässigen Überprüfung in der Sache (*révision au fond*) gleichkäme und die unbestimmte Anordnung von den Vollstreckungsorganen des ersuchten Staates deshalb nicht vollstreckt werden kann.[179] **109**
- Verletzung des *ordre public*, wenn die Entscheidung im Ursprungsstaat **in betrügerischer Weise erschlichen** wurde, etwa durch die Vorspiegelung des Klägers, dass der Titel nur *pro forma* und zum Schein erwirkt, aber nicht vollstreckt werden solle,[180] durch vorsätzlichen Falschvortrag,[181] durch Urkundenfälschung,[182] durch sonstigen Prozessbetrug,[183] oder durch Korruption des Ursprungsgerichts.[184] Die betrügerische Erschleichung des Titels muss vom Antragsteller im Versagungsverfahren im ersuchten Staat nachgewiesen werden, wozu (natürlich) konkreter Sachvortrag und Beweisantritte erforderlich sind[185] und ein Hinweis auf angeblich verbreitete Korruption der Justiz im Ursprungsmitgliedstaat nicht genügt.[186] Auch muss die aufgrund (vermeintlichen) Prozessbetrugs unterlegene Partei regelmäßig den Rechtsweg im Ursprungsstaat ausschöpfen, bevor sie sich im ersuchten Staat auf den Versagungsgrund in Buchst. a berufen kann.[187] **110**

---

177 BGH 10.9.2015 NJW 2016, 160, 163; EuGH 6.9.2012 C-619/10 ECLI:EU:C:2012:531 Rdn. 53 f.; Thomas/Putzo/*Hüßtege* Art. 45 Rdn. 6; Geimer/Schütze/*Peiffer*/*Peiffer* IRV Art. 45 Rdn. 32; *Kropholler/von Hein* Art. 34 a.F. Rdn. 15d m.Nachw. zur französischen Rechtsprechung.
178 Dazu Musielak/Voit/*Stadler* Art. 45 Rdn. 4.
179 BGH 4.3.1993 BGHZ 122, 16, 19; OLG Karlsruhe 19.12.1994 ZZP Int 1996, 91, 94; OLG Karlsruhe 8.1.2002 IPRax 2002, 527, 529; *Kropholler/von Hein* Art. 34 a.F. Rdn. 15d; dagegen Zöller/*Geimer* Art. 54 Rdn. 1.
180 BGH 10.7.1986 IPRax 1987, 236, 237 m.Bespr. *Grunsky* 219; Geimer/Schütze EuZVR Art. 34 a.F. Rdn. 59; Geimer/Schütze/*Peiffer*/*Peiffer* IRV Art. 45 Rdn. 29.
181 BGH 29.4.1999 BGHZ 141, 286, 304; BGH 6.5.2004 NJW 2004, 2386, 2388; Geimer/Schütze EuZVR Art. 34 a.F. Rdn. 56; Geimer/Schütze/*Peiffer*/*Peiffer* IRV Art. 45 Rdn. 29.
182 OLG Düsseldorf IPRax 2013, 349, 350 m. Bespr. *Würdinger* 322; Geimer/Schütze EuZVR Art. 34 a.F. Rdn. 56.
183 BGH 10.12.2009 BeckRS 2010, 01612; BGH 10.12.2009 BeckRS 2009, 89496; OLG Saarbrücken 3.8.1987 IPRax 1989, 37, 39; OLG Zweibrücken 19.9.2005 NJW-RR 2006, 207, 208; Geimer/Schütze EuZVR Art. 34 a.F. Rdn. 54 ff.; Musielak/Voit/*Stadler* Art. 45 Rdn. 4; *Schlosser*/*Hess* Art. 45 Rdn. 13; Rauscher/*Leible* Art. 45 Rdn. 25; Geimer/Schütze/*Peiffer*/*Peiffer* IRV Art. 45 Rdn. 29; MünchKomm/*Gottwald* Art. 45 Rdn. 14.
184 Rauscher/*Mankowski* Art. 56 Rdn. 12.
185 BGH 10.12.2009 BeckRS 2009, 89496; Geimer/Schütze EuZVR Art. 34 a.F. Rdn. 57.
186 OLG Saarbrücken 12.1.2011 BeckRS 2011, 1863; das Dilemma liegt in solchen Fällen darin, dass bei einem notorisch korrupten Justizsystem eigentlich die Grundlage der Verordnung – das Prinzip wechselseitigen Vertrauens – nicht gegeben ist. Die Lösung kann hier aber nicht in einer generellen Versagung der Anerkennung von Entscheidungen aus einem solchen Mitgliedstaat, sondern nur in einer – politisch zu beschließenden – Aussetzung der Anwendung der Verordnung insgesamt im Verhältnis zu diesem Mitgliedstaat liegen, dazu Rauscher/*Mankowski* Art. 56 Rdn. 13.
187 Dazu oben Rdn. 39.

111 **e) Folgen.** Verletzt die Entscheidung aus dem Ursprungsstaat den *ordre public* des ersuchten Staates, dann ist die Anerkennung und Vollstreckung zu versagen. Betrifft der Konflikt mit der öffentlichen Ordnung des ersuchten Staates allerdings nur einen abgrenzbaren Teil der Entscheidung, etwa einen von mehreren Klagegegenständen oder einen von mehreren Beklagten, dann kann die Anerkennung oder Vollstreckung auch teilweise versagt werden.[188]

112 **3. Nichteinlassung und fehlendes rechtliches Gehör (Buchst. b).** Die Anerkennung und Vollstreckung wird gemäß Art. 45 Abs. 1 Buchst. b versagt, wenn dem im Ursprungsstaat verurteilten Beklagten die **Eröffnung** des dortigen Verfahrens **nicht oder nicht so rechtzeitig mitgeteilt** wurde, dass er sich in diesem Verfahren vernünftigerweise gegen den geltend gemachten Anspruch verteidigen konnte, und der Beklagte sich **nicht auf das Verfahren eingelassen** hat. Ausgeschlossen ist die Berufung auf diesen Versagungsgrund, wenn der Beklagte im Ursprungsstaat kein Rechtsmittel einlegt.

113 **a) Ausgangspunkt.** Zweck des Versagungsgrunds ist der (mittelbare) **Schutz des rechtlichen Gehörs** des Beklagten vor den Gerichten des Ursprungsstaates.[189] Die Gewährleistung des rechtlichen Gehörs ist einer der **wesentlichen Grundsätze** der Verordnung.[190] Er bildet gleichsam den Gegenpol zum Prinzip des wechselseitigen Vertrauens der Mitgliedstaaten in ihre jeweiligen nationalen Gerichtssysteme:[191] Dieses Vertrauen ist – im Einzel- und Ausnahmefall – dann nicht tragfähig, wenn der Beklagte unverschuldet keine Möglichkeit hatte, sich im Ursprungsstaat gegen die geltend gemachten Ansprüche zu verteidigen.

114 Die von Buchst. b erfasste Konstellation, dass der Beklagte von dem gegen ihn gerichteten Verfahren im Ursprungsstaat überhaupt nicht oder nicht rechtzeitig erfährt, sollte als gravierende Verletzung des rechtlichen Gehörs bereits durch das Verfahrensrecht des Ursprungsstaates, insbesondere durch eine **sachgerechte Zustellung** ausgeschlossen sein. Zu diesem Zweck sieht Art. 28 Abs. 2 vor, dass das Verfahren so lange ausgesetzt bleiben muss, bis **feststeht**, dass der Beklagte das verfahrenseinleitende Schriftstück zur Kenntnis nehmen und sich angemessen verteidigen konnte.[192] Aufgrund der praktischen Schwierigkeiten und Unzulänglichkeiten der grenzüberschreitenden wie der innerstaatlichen Zustellung von Schriftstücken kommt es gleichwohl immer wieder zu Situationen, in denen der Beklagte zu spät von einem gegen ihn gerichteten Verfahren erfährt. Buchst. b schützt den Beklagten dann in den anderen Mitgliedstaaten gegen den aus einem solchen Verfahren resultierenden Titel. Die nicht rechtzeitige Zustellung war in der Vergangenheit statistisch der am **häufigsten** auftretende Versagungsgrund, auch weil die Berufung auf andere Versagungsgründe unter engen Voraussetzungen steht.[193]

---

[188] *Schlosser/Hess* Art. 45 Rdn. 12.
[189] *Geimer/Schütze* EuZVR Art. 34 a.F. Rdn. 90; *Kropholler/von Hein* Art. 34 a.F. Rdn. 22; Rauscher/ *Leible* Art. 45 Rdn. 33; *Schlosser/Hess* Art. 45 Rdn. 16; MünchKomm/*Gottwald* Art. 45 Rdn. 19.
[190] EuGH 11.6.1985 49/84 EuGHE 1985, 1779 Rdn. 10; EuGH 13.7.1995 C-474/93 EuGHE 1995 I-2113 Rdn. 16 f.; EuGH 28.3.2000 C-7/98 EuGHE 2000, I-1956 Rdn. 43; EuGH 13.10.2005 C-522/03 EuGHE 2005 I-8639 Rdn. 15; EuGH 16.2.2006 C-3/05 EuGHE 2006 I-1579 Rdn. 26; EuGH 14.12.2006 C-283/05 EuGHE 2006 I-12067 Rdn. 24 ff.; *Kropholler/von Hein* Art. 34 a.F. Rdn. 23; Thomas/Putzo/*Hüßtege* Art. 45 Rdn. 10.
[191] EuGH 6.9.2012 C-619/10 ECLI:EU:C:2012:531 Rdn. 43.
[192] Thomas/Putzo/*Hüßtege* Art. 45 Rdn. 10; Geimer/Schütze/*Peiffer/Peiffer* IRV Art. 45 Rdn. 56.
[193] *Hess*/Pfeiffer/Schlosser, Report on the Application of Regulation Brussels I in the Member States (2007) Rdn. 539; Geimer/Schütze/*Peiffer/Peiffer* IRV Art. 45 Rdn. 53; *Geimer*/Schütze EuZVR Art. 34 a.F. Rdn. 74.

Der Versagungsgrund der Nichteinlassung steht in inhaltlichem Zusammenhang mit **115** der Verordnung über den **Europäischen Vollstreckungstitel** (EuVTVO). Diese erlaubte schon vor Inkrafttreten der Brüssel Ia-VO die erleichterte Vollstreckung von unbestrittenen Forderungen, also von Prozessvergleichen und Säumnisentscheidungen in anderen Mitgliedstaaten. Eine nachträgliche Prüfung der Zustellung des verfahrenseinleitenden Schriftstücks wie in Art. 45 Abs. 1 Buchst. b Brüssel Ia-VO im ersuchten Mitgliedstaat ist in der EuVTVO **nicht** vorgesehen. Nach dieser Verordnung prüft das Ursprungsgericht (Art. 12 EuVTVO) anhand eines Katalogs zugelassener Zustellungsverfahren (Art. 13 ff. EuVTVO), ob die Zustellung des verfahrenseinleitenden Schriftstücks eine Gewähr für die tatsächliche Kenntnis des Beklagten vom Verfahren bietet. Deshalb ist es für den Gläubiger und Kläger auch nach Inkrafttreten der Brüssel Ia-VO regelmäßig vorteilhafter, ein Versäumnisurteil als Europäischen Vollstreckungstitel bestätigen zu lassen, um eine Zweitprüfung der Zustellung im ersuchten Mitgliedstaat zu vermeiden.

b) Anwendungsbereich. Der Versagungsgrund in Buchst. b bezieht sich, wie alle **116** übrigen Versagungsgründe, sachlich auf **Entscheidungen** mitgliedstaatlicher Gerichte im Sinne von Art. 2 Buchst. a. Dazu zählen auch, abweichend von der früheren Rechtslage zu Art. 27 Nr. 2 EuGVÜ, *ex-parte*-Entscheidungen im einstweiligen Rechtsschutz, sofern diese dem Schuldner wenigstens vor Beginn von Vollstreckungsmaßnahmen zugestellt werden.[194]

Der Beklagte des Ursprungsverfahrens kann sich **unabhängig von seinem Wohn-** **117** **sitz und seiner Staatsangehörigkeit** auf den Versagungsgrund in Buchst. b berufen.[195] Dieser gilt also auch für Angehörige von Drittstaaten oder natürliche und juristische Personen, die ihren Wohnsitz oder Sitz außerhalb der Europäischen Union haben.[196] Auch setzt Buchst. b **nicht** voraus, dass das verfahrenseinleitende Dokument **grenzüberschreitend** zugestellt wird.[197] Daher kann der Versagungsgrund auch auf eine nicht rechtzeitige Zustellung innerhalb des Ursprungsstaates gestützt werden.

Wird das rechtliche Gehör des Beklagten erst **nach Verfahrenseinleitung** im **118** Rahmen des weiteren Prozesses im Ursprungsstaat verletzt, dann kann eine Versagung der Anerkennung nicht auf Buchst. b, sondern allenfalls auf eine Verletzung des **verfahrensrechtlichen** *ordre public* des ersuchten Staates gestützt werden.[198] Umgekehrt ist Buchst. b für Gehörsverletzungen bei der Verfahrenseinleitung abschließend.[199]

Für **Annexverfahren** zu einem Hauptverfahren wie etwa das **Kostenfestsetzungs-** **119** **verfahren** der deutschen ZPO kommt es allein darauf an, ob die Zustellung des verfahrenseinleitenden Schriftstücks des **Hauptverfahrens** rechtzeitig erfolgt ist. Die Anerkennung einer Entscheidung aus einem Annexverfahren, etwa eines Kostenfestset-

---

194 Geimer/Schütze Art. 34 a.F. Rdn. 107; MünchKomm/Gottwald Art. 45 Rdn. 23; Rauscher/Leible Art. 45 Rdn. 38; Geimer/Schütze/Peiffer/Peiffer IRV Art. 45 Rdn. 59.
195 EuGH 16.6.1981 166/80 EuGHE 1981, 1596 Rdn. 22; vgl. auch EuGH 11.6.1985 49/84 EuGHE 1985, 1792 Rdn. 13; Geimer/Schütze EuZVR Art. 34 a.F. Rdn. 85, 106; Geimer/Schütze/Peiffer/Peiffer IRV Art. 45 Rdn. 56.
196 Kropholler/von Hein Art. 34 a.F. Rdn. 24; Geimer/Schütze Art. 34 a.F. Rdn. 106; MünchKomm/Gottwald Art. 45 Rdn. 22.
197 EuGH 11.6.1985 49/84 EuGHE 1985, 1792 Rdn. 13; Geimer/Schütze EuZVR Art. 34 a.F. Rdn. 85; Kropholler/von Hein Art. 34 a.F. Rdn. 24; Rauscher/Leible Art. 45 Rdn. 37.
198 BGH 21.3.1990 IPRax 1992, 33; BGH 18.9.2001 NJW-RR 2002, 1151; BGH 6.10.2005 NJW 2006, 701; OLG Köln 28.6.2004 RIW 2004, 865; OLG Saarbrücken 12.1.2011 BeckRS 2011, 1863; MünchKomm/Gottwald Art. 45 Rdn. 21; Thomas/Putzo/Hüßtege Art. 45 Rdn. 10; Geimer/Schütze/Peiffer/Peiffer IRV Art. 45 Rdn. 55; Rauscher/Leible Art. 45 Rdn. 36; Musielak/Voit/Stadler Art. 45 Rdn. 6; dazu auch oben Rdn. 76 und 101.
199 Geimer/Schütze EuZVR Art. 34 a.F. Rdn. 89.

zungsbeschlusses, kann nicht gemäß Buchst. b versagt werden mit dem Argument, für dieses Annexverfahren sei das einleitende Dokument nicht zugestellt worden.[200] Kein Annexverfahren in diesem Sinne ist das deutsche **Ordnungsmittelverfahren**, mit welchem gemäß § 890 ZPO zur Zahlung eines zuvor festgesetzten Ordnungsgelds verurteilt wird.[201] Für solche Verfahren bedarf es daher der Zustellung eines eigenen verfahrenseinleitenden Schriftstücks; fehlt dieses, kann der Ordnungsgeldschuldner im Vollstreckungsstaat Versagung gemäß Art. 45 Abs. 1 b erwirken.

120   c) **Verfahrenseinleitendes Schriftstück.** Welche Dokumente verfahrenseinleitende Schriftstücke i.S.v. Buchst. b sind, ist im Grundsatz **verordnungsautonom** und in gleicher Weise wie in Art. 28 Abs. 2 zu bestimmen.[202] Gemeint ist jedes Schriftstück, dessen „ordnungsgemäße und rechtzeitige Zustellung an den Antragsgegner diesen in die Lage versetzt, seine Rechte vor Erlass einer vollstreckbaren Entscheidung im Urteilsstaat geltend zu machen".[203] Unerheblich ist, ob dieses Dokument durch den Kläger oder durch das Gericht erstellt wurde und wer dessen Zustellung veranlasst hat.[204]

121   Das verfahrenseinleitende Schriftstück muss dem Beklagten also die Entscheidung ermöglichen, ob er sich auf das gegen ihn gerichtete Verfahren im Ursprungsstaat einlassen will oder nicht.[205] Zu diesem Zweck muss das Dokument die **wesentlichen Elemente des Rechtsstreits**, also dessen Gegenstand und tatsächlichen Hintergrund, erkennen lassen und die Aufforderung an den Beklagten enthalten, sich an dem Verfahren zu beteiligen.[206] Dazu genügt es allerdings, wenn der Beklagte die Klageforderung identifizieren und in den Grundzügen ersehen kann, worauf diese gestützt wird.[207] Nicht erforderlich ist, dass das verfahrenseinleitende Schriftstück die Klageforderung exakt beziffert oder gar die vom Kläger angebotenen Beweismittel wiedergibt.[208]

122   In jedem konkreten Verfahren gibt es **nur ein** verfahrenseinleitendes Schriftstück. Wird dieses so **rechtzeitig zugestellt**, dass der Beklagte sich verteidigen kann, und lässt sich der Beklagte trotzdem nicht ein, dann ist unerheblich, ob ihm weitere Verfahrensdokumente, etwa Ladungen oder Verfügungen, verspätet oder überhaupt nicht zugestellt werden. Eine Versagung gemäß Buchst. b kann darauf nicht gestützt werden. Geht dem Beklagten das verfahrenseinleitende Schriftstück nicht oder nicht rechtzeitig zu, erhält er aber ein späteres Verfahrensdokument, wird dieses nicht zum verfahrenseinlei-

---

200   *Kropholler/von Hein* Art. 34 a.F. Rdn. 26; *Geimer*/Schütze Art. 34 a.F. Rdn. 108; MünchKomm/*Gottwald* Art. 45 Rdn. 25; Geimer/Schütze/*Peiffer/Peiffer* IRV Art. 45 Rdn. 58; Zöller/*Geimer* Art. 45 Rdn. 45.
201   BGH 25.3.2010 NJW 2010, 1883, 1885 f. zur EuVTVO; OLG Koblenz 18.1.2011 BeckRS 2011, 23018; Geimer/Schütze/*Peiffer/Peiffer* IRV Art. 45 Rdn. 60.
202   Thomas/Putzo/*Hüßtege* Art. 45 Rdn. 11; *Schlosser*/Hess Art. 45 Rdn. 18; Geimer/Schütze/*Peiffer/Peiffer* IRV Art. 45 Rdn. 61; *Geimer*/Schütze Art. 34 a.F. Rdn. 116.
203   EuGH 13.7.1995 C-474/93 EuGHE 1995 I-2113 Rdn. 19; Thomas/Putzo/*Hüßtege* Art. 45 Rdn. 11; Geimer/Schütze/*Peiffer/Peiffer* IRV Art. 45 Rdn. 62; Rauscher/*Leible* Art. 45 Rdn. 40; *Kropholler/von Hein* Art. 34 a.F. Rdn. 29.
204   *Geimer*/Schütze Art. 34 a.F. Rdn. 117.
205   BGH 29.4.1999 BGHZ 141, 286, 296; Rauscher/*Leible* Art. 45 Rdn. 40; Geimer/Schütze/*Peiffer/Peiffer* IRV Art. 45 Rdn. 62; Musielak/Voit/*Stadler* Art. 45 Rdn. 8.
206   EuGH 8.5.2008 C-14/07 2008 I-3367 Rdn. 64; BGH 3.8.2011 NJW 2011, 3103, 3104; *Kropholler/von Hein* Art. 34 a.F. Rdn. 30; MünchKomm/*Gottwald* Art. 45 Rdn. 26; Geimer/Schütze/*Peiffer/Peiffer* IRV Art. 45 Rdn. 62; Thomas/Putzo/*Hüßtege* Art. 45 Rdn. 11; Musielak/Voit/*Stadler* Art. 45 Rdn. 8; *Geimer*/Schütze Art. 34 a.F. Rdn. 119.
207   Rauscher/*Leible* Art. 45 Rdn. 40; *Kropholler/von Hein* Art. 34 a.F. Rdn. 30.
208   *Grunsky* IPRax 1996, 245, 246; *Kodek* ZZP Int 1999, 125, 136; Rauscher/*Leible* Art. 45 Rdn. 40; Geimer/Schütze/*Peiffer/Peiffer* IRV Art. 45 Rdn. 62; *Schlosser*/Hess Art. 45 Rdn. 18; *Kropholler/von Hein* Art. 34 a.F. Rdn. 30.

tenden im Sinne von Buchst. b. Allerdings kann diese spätere Kenntnis die Obliegenheit zur Einlegung eines Rechtsmittels im Ursprungsstaat begründen. Legt der Beklagte dieses nicht ein, entfällt der Versagungsgrund trotz versäumter oder verspäteter Zustellung des verfahrenseinleitenden Dokuments.

Im Regelfall ergibt sich aus dem **Verfahrensrecht des Ursprungsstaates,** welches 123 Dokument das verfahrenseinleitende ist.[209] Auf die Bezeichnung dieses Dokuments im nationalen Verfahrensrecht kommt es aber nicht an. Auch muss das Dokument den verordnungsautonomen Vorgaben entsprechen, so dass auch ein anderes Schriftstück verfahrenseinleitend im Sinne von Buchst. b sein kann als diejenigen, die das Verfahrensrecht des Ursprungsstaates als solche betrachtet, und umgekehrt das aus Sicht des Ursprungsstaates verfahrenseinleitende Dokument nicht zwingend zugleich ein solches gemäß Buchst. b sein muss. Schließlich ist der Begriff des verfahrenseinleitenden Schriftstücks weit zu verstehen, weil der Wortlaut auch **„gleichwertige" Schriftstücke** einschließt. Das dem Beklagten zugestellte Dokument muss also nicht unbedingt das erste im Verfahren überhaupt erstellte Dokument sein.[210]

Verfahrenseinleitende Schriftstücke sind im deutschen Zivilverfahren in erster Linie 124 die **Klageschrift** (§ 253 ZPO)[211] und der **Antrag** auf Erlass eines Arrests oder einer einstweiligen Verfügung (§§ 920, 935, 936 ZPO),[212] die dem Beklagten oder Antragsgegner zugestellt werden. In Frankreich ergeht regelmäßig eine Kladeladung (*citation*),[213] in England der *writ of summons*,[214] in Belgien und den Niederlanden die Vorladung (*dagvaarding*).[215]

Das verfahrenseinleitende Schriftstück kann auch eine auf Antrag des Klägers und 125 ohne Beteiligung des Beklagten erlassene erste **Entscheidung des Gerichts** sein, die dem Beklagten zusammen mit der Aufforderung, der Entscheidung innerhalb einer Frist zu widersprechen, zugestellt wird.[216] Ordnet etwa ein deutsches Gericht eine einstweilige Verfügung ohne Anhörung des Gegners an (§ 937 Abs. 2 ZPO), dann bildet der gerichtliche Beschluss zusammen mit dem Verfügungsantrag das verfahrenseinleitende Dokument, welches dann dem Antragsgegner zugestellt werden muss. Entsprechendes gilt für das niederländische Verfahren zur Errichtung eines Haftungsbeschränkungsfonds für den Schiffseigentümer. Auch hier ergeht zunächst eine gerichtliche Entscheidung *ex parte*, die sodann den Beteiligten zugestellt wird mit der Möglichkeit, Einspruch einzulegen. In diesem Fall stellt die zugestellte Entscheidung jedenfalls ein dem verfahrenseinleitenden Schriftstück „gleichwertiges" Dokument dar.[217]

---

209 OLG Koblenz 19.6.1990 IPRax 1992, 35, 37; Thomas/Putzo/*Hüßtege* Art. 45 Rdn. 11; MünchKomm/*Gottwald* Art. 45 Rdn. 26; Rauscher/*Leible* Art. 45 Rdn. 41; Geimer/Schütze/*Peiffer*/*Peiffer* IRV Art. 45 Rdn. 63; *Geimer*/Schütze Art. 34 a.F. Rdn. 117.
210 Vgl. Musielak/Voit/*Stadler* Art. 45 Rdn. 8; *Schlosser*/Hess Art. 45 Rdn. 17; Geimer/Schütze/*Peiffer*/*Peiffer* IRV Art. 45 Rdn. 67, die außerdem darauf verweisen, dass die Ergänzung um „gleichwertige" Dokumente auf die Revision des EuGVÜ 1978 anlässlich des Beitritts von Großbritannien zurückgeht, weil dort dem Beklagten vom Gericht teils nur eine Mitteilung über den Verfahrensbeginn zugeschickt werde, vgl. dazu Schlosser-Bericht Nr. 194.
211 Geimer/Schütze/*Peiffer*/*Peiffer* IRV Art. 45 Rdn. 64; Rauscher/*Leible* Art. 45 Rdn. 41; *Kropholler*/*von Hein* Art. 34 a.F. Rdn. 29.
212 Geimer/Schütze/*Peiffer*/*Peiffer* IRV Art. 45 Rdn. 64.
213 LG Karlsruhe 31.7.1984 RIW 1985, 898, 899; *Kropholler*/*von Hein* Art. 34 a.F. Rdn. 29; Rauscher/*Leible* Art. 45 Rdn. 41; *Schlosser*/Hess Art. 45 Rdn. 18.
214 Rauscher/*Leible* Art. 45 Rdn. 41.
215 OLG Hamm 3.8.1987 NJW-RR 1988, 446; OLG Düsseldorf 11.10.1999 NJW 2000, 3290; OLG Düsseldorf 8.11.2000 RIW 2001, 143, 144; OLG Zweibrücken 10.5.2005 IPRax 2006, 487, 488; Thomas/Putzo/*Hüßtege* Art. 45 Rdn. 11; Geimer/Schütze/*Peiffer*/*Peiffer* IRV Art. 45 Rdn. 66.
216 EuGH 14.10.2004 C-39/02 EuGHE 2004 I-9686 Rdn. 59; *Geimer*/Schütze Art. 34 a.F. Rdn. 124 f.
217 EuGH 14.10.2004 C-39/02 EuGHE 2004 I-9686 Rdn. 59; *Kropholler*/*von Hein* Art. 34 a.F. Rdn. 29.

126 Dementsprechend ist auch der **Mahnbescheid** (§ 692 ZPO) ein verfahrenseinleitendes Dokument im Sinne von Buchst. b.[218] Die Bezeichnung des Anspruchs (§§ 692 Abs. 1 Nr. 1, 690 Abs. 1 Nr. 3 ZPO) zusammen mit der gerichtlichen Aufforderung an den Antragsgegner, den Anspruch zu prüfen und gegebenenfalls Widerspruch einzulegen (§ 692 Abs. 1 Nr. 3 ZPO), versetzt den Antragsgegner regelmäßig in die Lage zu entscheiden, ob er sich auf das Verfahren einlassen will. Dasselbe gilt für den **österreichischen Mahnbescheid**[219] und für das *decreto ingiuntivo* nach italienischem Recht, wenn diese gerichtliche Anordnung, wie regelmäßig, zusammen mit dem den Anspruch beschreibenden Antrag zugestellt werden.[220]

127 Der **Europäische Zahlungsbefehl** nach der EuMahnVO kann das verfahrenseinleitende Schriftstück sein, wenn der Antragsgegner zunächst Einspruch einlegt und es zu einem Zivilverfahren nach nationalem Verfahrensrecht kommt.[221] Allerdings lässt sich der Antragsgegner durch den Einspruch regelmäßig auf das Verfahren ein und kann sich dann nicht mehr auf Buchst. b berufen.[222] Legt der Antragsgegner keinen Einspruch ein, dann wird der Europäische Zahlungsbefehl unmittelbar aufgrund der EuMahnVO vollstreckbar, und die Brüssel Ia-VO ist nicht anwendbar.

128 **Kein** verfahrenseinleitendes Dokument ist der **Vollstreckungsbescheid** nach deutschem Recht,[223] weil ihm die Übersendung des Mahnbescheids vorausgeht und dieser das verfahrenseinleitende Schriftstück ist. Auch Schriftsätze über eine **Klageänderung** oder **-erweiterung**,[224] eine **Terminsladung**, die im Laufe des Verfahrens ergeht,[225] oder die Berufungsschrift[226] sind keine verfahrenseinleitenden Schriftstücke, und zwar auch dann nicht, wenn die vorangegangene Verfahrenseinleitung dem Beklagten nicht bekannt geworden war.[227]

129 Bildet ein Verfahren lediglich einen nachträglichen **Annex** zu einem Hauptverfahren, dann bedarf es für dieses unselbständige Annexverfahren keines weiteren verfahrenseinleitenden Schriftstücks. Vielmehr gilt das das Hauptverfahren einleitende Dokument als das insgesamt verfahrenseinleitende.[228] Deshalb kann sich der Beklagte nicht auf den Versagungsgrund in Buchst. b berufen, wenn ihm etwa der Kostenfestsetzungsantrag des obsiegenden Klägers oder ein Antrag auf Tatbestandsberichtigung oder Ur-

---

[218] EuGH 16.6.1981 166/80 EuGHE 1981, 1596 Rdn. 9; *Kropholler/von Hein* Art. 34 a.F. Rdn. 29; Musielak/Voit/*Stadler* Art. 45 Rdn. 8; Thomas/Putzo/*Hüßtege* Art. 45 Rdn. 11; MünchKomm/*Gottwald* Art. 45 Rdn. 26; Schlosser/*Hess* Art. 45 Rdn. 18; Geimer/Schütze/*Peiffer*/Peiffer IRV Art. 45 Rdn. 64; Rauscher/*Leible* Art. 45 Rdn. 41.
[219] *Kropholler/von Hein* Art. 34 a.F. Rdn. 29; Thomas/Putzo/*Hüßtege* Art. 45 Rdn. 11; Rauscher/*Leible* Art. 45 Rdn. 41.
[220] EuGH 16.6.1981 166/80 EuGHE 1981, 1596 Rdn. 9; EuGH 13.7.1995 C-474/93 EuGHE 1995 I-2122 Rdn. 26; BGH 21.1.2010 IPRax 2011, 265 m. Bespr. *Bach* 241; Thomas/Putzo/*Hüßtege* Art. 45 Rdn. 11; Schlosser/*Hess* Art. 45 Rdn. 18; MünchKomm/*Gottwald* Art. 45 Rdn. 26; Geimer/Schütze/*Peiffer*/Peiffer IRV Art. 45 Rdn. 66; Rauscher/*Leible* Art. 45 Rdn. 41; *Kropholler/von Hein* Art. 34 a.F. Rdn. 29.
[221] *Kropholler/von Hein* Art. 34 a.F. Rdn. 29; Geimer/Schütze/*Peiffer*/Peiffer IRV Art. 45 Rdn. 66.
[222] Dazu unten Rdn. 175.
[223] EuGH 16.6.1981 166/80 EuGHE 1981, 1596 Rdn. 9; Schlosser/*Hess* Art. 45 Rdn. 18; MünchKomm/*Gottwald* Art. 45 Rdn. 26; Geimer/Schütze/*Peiffer*/Peiffer IRV Art. 45 Rdn. 65; Rauscher/*Leible* Art. 45 Rdn. 41; Geimer/Schütze Art. 34 a.F. Rdn. 127; *Kropholler/von Hein* Art. 34 a.F. Rdn. 32.
[224] BGH 10.7.1986 IPRax 1987, 236, 237; Thomas/Putzo/*Hüßtege* Art. 45 Rdn. 11; MünchKomm/*Gottwald* Art. 45 Rdn. 26; Geimer/Schütze/*Peiffer*/Peiffer IRV Art. 45 Rdn. 65; *Geimer*/Schütze Art. 34 a.F. Rdn. 122; *Kropholler/von Hein* Art. 34 a.F. Rdn. 31; a.A. Schlosser/*Hess* Art. 45 Rdn. 17.
[225] BGH 18.9.2001 NJW-RR 2001, 1151; Thomas/Putzo/*Hüßtege* Art. 45 Rdn. 11; Geimer/Schütze/*Peiffer*/Peiffer IRV Art. 45 Rdn. 65.
[226] BGH 21.3.1990 NJW 1990, 2201, 2202; Geimer/Schütze/*Peiffer*/Peiffer IRV Art. 45 Rdn. 65.
[227] Vgl. Rdn. 122.
[228] Schlosser/*Hess* Art. 45 Rdn. 18; Geimer/Schütze/*Peiffer*/Peiffer IRV Art. 45 Rdn. 58.

teilsergänzung im Ursprungsverfahren nicht oder nicht rechtzeitig zugestellt wird.[229] Allenfalls könnte in einem solchen Versäumnis, wenn es nicht behebbar und gravierend ist, ein Verstoß gegen den verfahrensrechtlichen *ordre public* liegen.[230]

Dient ein Verfahren dagegen, wie das **selbständige Beweisverfahren** des deutschen Zivilprozesses, umgekehrt der Vorbereitung eines Hauptverfahrens, dann ist sowohl für dieses vorgelagerte Verfahren als auch für das anschließende Hauptverfahren jeweils ein eigenes verfahrenseinleitendes Dokument erforderlich, und dem Beklagten im Falle der verspäteten oder versäumten Zustellung die Berufung auf Buchst. b eröffnet.[231] **130**

d) Zustellung und Kenntnis. Das verfahrenseinleitende Schriftstück muss dem Beklagten nach dem Wortlaut des Versagungsgrundes so **rechtzeitig *und* in einer Weise** zugestellt worden sein, dass er sich verteidigen konnte. Beide Voraussetzungen sind im Ausgangspunkt gesondert zu prüfen und müssen **kumulativ** erfüllt sein.[232] Sie lassen sich aber nicht in jeder Hinsicht scharf voneinander trennen, sondern stehen in einer Art Wechselbeziehung, so dass die Art und Weise einer Übermittlung auch Einfluss auf die Beurteilung der Rechtzeitigkeit haben kann und *vice versa*.[233] **131**

(aa) Prüfungsbefugnis im ersuchten Staat: Die Gerichte des ersuchten Staates haben im Anerkennungs- oder Vollstreckungsversagungsverfahren **eigenständig zu prüfen**, ob die Zustellung des verfahrenseinleitenden Schriftstücks überhaupt erfolgte, ob sie rechtzeitig war und den Anforderungen in Buchst. b genügte. Das gilt auch dann, wenn das Ursprungsgericht die Zustellung – etwa im Rahmen seiner Obliegenheit gemäß Art. 28 Abs. 2 – bereits geprüft und für rechtzeitig und ordnungsgemäß befunden hat.[234] Die Verordnung sieht also eine **doppelte gerichtliche Kontrolle** des rechtlichen Gehörs des Beklagten bei der Verfahrenseinleitung vor.[235] **132**

An die Feststellungen des Ursprungsgerichts zur Zustellung des verfahrenseinleitenden Schriftstücks sind die Gerichte des ersuchten Staates **nicht gebunden**, weder in tatsächlicher noch in rechtlicher Hinsicht.[236] Auch der Inhalt der gemäß Art. 53 erstellten Bescheinigung bindet die Gerichte im ersuchten Staat nicht und kann von diesen überprüft werden.[237] **133**

---

229 Rauscher/*Leible* Art. 45 Rdn. 39.
230 Oben Rdn. 69 ff.
231 *Schlosser/Hess* Art. 45 Rdn. 18; MünchKomm/*Gottwald* Art. 45 Rdn. 26; Musielak/Voit/*Stadler* Art. 45 Rdn. 8; vgl. auch Rauscher/*Leible* Art. 45 Rdn. 41.
232 Thomas/Putzo/*Hüßtege* Art. 45 Rdn. 15; Geimer/Schütze/*Peiffer/Peiffer* IRV Art. 45 Rdn. 68; vgl. zum Kriterium der „ordnungsgemäßen Zustellung" unter dem EuGVÜ EuGH 16.6.1981 166/80 EuGHE 1981, 1596 Rdn. 19 f.; EuGH 11.6.1985 49/84 EuGHE 1985, 1792 Rdn. 11 ff.; EuGH 3.7.1990 C-305/88 EuGHE 1990 I-2742 Rdn. 18; BGH 28.11.2007 NJW 2008, 1531, 1534.
233 Geimer/Schütze/*Peiffer/Peiffer* IRV Art. 45 Rdn. 69.
234 EuGH 16.6.1981 166/80 EuGHE 1981, 1596 Rdn. 16; EuGH 15.7.1982 228/81 EuGHE 1982, 2724 Rdn. 13 f.; Kropholler/*von Hein* Art. 34 a.F. Rdn. 34; Rauscher/*Leible* Art. 45 Rdn. 60; *Schlosser/Hess* Art. 45 Rdn. 27.
235 EuGH 6.9.2012 C-619/10 ECLI:EU:C:2012:531 Rdn. 32; EuGH 7.7.2016 C-70/15 ECLI:EU:C:2016:524 Rdn. 39; Kropholler/*von Hein* Art. 34 a.F. Rdn. 23.
236 BGH 28.11.2007 NJW 2008, 1531, 1534; OLG Hamm 3.8.1987 NJW-RR 1988, 446; MünchKomm/*Gottwald* Art. 45 Rdn. 35; Geimer/Schütze/*Peiffer/Peiffer* IRV Art. 45 Rdn. 70; *Schlosser/Hess* Art. 45 Rdn. 27; *Geimer*/Schütze EuZVR Art. 34 a.F. Rdn. 69.
237 EuGH 6.9.2012 C-619/10 ECLI:EU:C:2012:531 Rdn. 46; H. *Roth* IPRax 2013, 402, 403; Thomas/Putzo/*Hüßtege* Art. 45 Rdn. 13; Geimer/Schütze/*Peiffer/Peiffer* IRV Art. 45 Rdn. 71; Rauscher/*Leible* Art. 45 Rdn. 43; Zöller/*Geimer* Art. 45 Rdn. 39; vgl. auch Art. 53 Rdn. 39 ff.

134 Umgekehrt haben die Gerichte des ersuchten Staats also eine **eigene Bewertung** des Zustellungssachverhalts daraufhin vorzunehmen, ob die Zustellung des verfahrenseinleitenden Schriftstücks dem Beklagten eine Verteidigung ermöglichte, und zwar auf verordnungsautonomer Grundlage, nicht nach nationalem Recht des Ursprungs- oder des ersuchten Staates.[238] In diese Wertungsentscheidung sind **sämtliche Einzelumstände** der Zustellung, soweit sie im Versagungsverfahren unstreitig oder bewiesen sind, einzubeziehen.[239] Auch das Verhalten des Klägers und des Beklagten im Ursprungsverfahren ist zu berücksichtigen.[240] Die Prüfung kann dabei auch auf Umstände zurückgreifen, die erst **nach dem Zeitpunkt der** (angeblichen) **Zustellung** auftreten oder bekanntwerden.[241]

135 **(bb) Rechtzeitigkeit.** Die Rechtzeitigkeit der Zustellung ist nicht in absoluten Zeiträumen zu bemessen, sondern individuell anhand aller Umstände des Einzelfalls zu bestimmen.[242] Maßgeblich ist die Zeit, welche dem Beklagten **tatsächlich** für die Vorbereitung seiner Verteidigung beim Ursprungsgericht zur Verfügung stand.[243]

136 Dieser Zeitraum **beginnt** in der Regel mit dem **Datum der Zustellung** an den Beklagten[244], sofern nicht – angesichts der konkreten Umstände dieser Zustellung und den Kenntnismöglichkeiten des Beklagten – von einem späteren Zeitpunkt auszugehen ist. Auf den Zeitpunkt der **tatsächlichen Kenntnisnahme** des Beklagten kommt es dagegen **nicht** an,[245] es sei denn, die Art und Weise, in der die Zustellung erfolgte, ließ eine frühere Kenntnisnahme des Beklagten nicht zu. Unerheblich ist gleichermaßen, wann das verfahrenseinleitende Schriftstück zuvor bei den Behörden des Zustellungsstaates eingegangen sind, damit diese die Zustellung bewirken, selbst wenn das Zustellungsrecht des Ursprungsstaates auf diesen früheren Zeitpunkt abstellt.[246]

137 Der dem Beklagten zur Verteidigung zur Verfügung stehende Zeitraum **endet** nicht notwendig mit dem Zeitpunkt der ersten mündlichen Verhandlung oder mit dem Auslaufen von Einlassungsfristen im Ursprungsverfahren. Vielmehr ist auch zu berücksichtigen, ob der Beklagte etwa nach Erlass eines Versäumnisurteils innerhalb einer bestimmten Frist Widerspruch einlegen und sich auf diese Weise angemessen verteidigen kann. In diesem Fall ist die Frist für den Widerspruch in den für die Verteidigung zur Verfügung stehenden Zeitraum **einzubeziehen**.[247] Allerdings kann das nur gelten, wenn der Beklagten durch eine solche spätere Einlassung nach dem Verfahrensrecht des Ursprungsstaates nicht in seinen Verteidigungsmöglichkeiten beschränkt ist. Ist dies der

---

238 EuGH 11.6.1985 49/84 EuGHE 1985, 1779 Rdn. 27; EuGH 14.10.2004 C-39/02 EuGHE 2004 I-9686 Rdn. 61; OLG Hamm 3.8.1987 NJW-RR 1988, 446; OLG Düsseldorf 8.11.2000 RIW 2001, 143, 144; Rauscher/*Leible* Art. 45 Rdn. 49.
239 BGH 28.11.2007 NJW 2008, 1531, 1534; OLG Hamm 3.8.1987 NJW-RR 1988, 446; *Kropholler/von Hein* Art. 34 a.F. Rdn. 35; Geimer/Schütze/*Peiffer/Peiffer* IRV Art. 45 Rdn. 78.
240 EuGH 11.6.1985 49/84 EuGHE 1985, 1779 Rdn. 32; Geimer/Schütze/*Peiffer/Peiffer* IRV Art. 45 Rdn. 79.
241 EuGH 11.6.1985 49/84 EuGHE 1985, 1779 Rdn. 20 ff.; OLG Koblenz 19.6.1990 IPRax 1992, 35, 37; *Kropholler/von Hein* Art. 34 a.F. Rdn. 37; Thomas/Putzo/*Hüßtege* Art. 45 Rdn. 14; Geimer/Schütze/*Peiffer/Peiffer* IRV Art. 45 Rdn. 79; Zöller/*Geimer* Art. 45 Rdn. 43.
242 OLG Hamm 3.8.1987 NJW-RR 1988, 446; Thomas/Putzo/*Hüßtege* Art. 45 Rdn. 14; Rauscher/*Leible* Art. 45 Rdn. 49; Musielak/Voit/*Stadler* Art. 45 Rdn. 10.
243 BGH 6.10.2005 NJW 2006, 701; Rauscher/*Leible* Art. 45 Rdn. 48; MünchKomm/*Gottwald* Art. 45 Rdn. 35; Musielak/Voit/*Stadler* Art. 45 Rdn. 10.
244 Thomas/Putzo/*Hüßtege* Art. 45 Rdn. 14; Geimer/Schütze/*Peiffer/Peiffer* IRV Art. 45 Rdn. 74, *Kropholler/von Hein* Art. 34 a.F. Rdn. 36.
245 *Kropholler/von Hein* Art. 34 a.F. Rdn. 36; Thomas/Putzo/*Hüßtege* Art. 45 Rdn. 14; Geimer/Schütze/*Peiffer/Peiffer* IRV Art. 45 Rdn. 74; Rauscher/*Leible* Art. 45 Rdn. 50; Schlosser/*Hess* Art. 45 Rdn. 23.
246 OLG Köln 2.3.2001 NJW-RR 2002, 360; Rauscher/*Leible* Art. 45 Rdn. 50; Geimer/Schütze/*Peiffer/Peiffer* IRV Art. 45 Rdn. 74.
247 BGH 6.10.2005 NJW 2006, 701; Geimer/Schütze/*Peiffer/Peiffer* IRV Art. 45 Rdn. 81.

Fall, dann kann nur der kürzere Zeitraum berücksichtigt werden, in welchem er sich mit allen Verteidigungsmöglichkeiten hätte einlassen können.

Bei der Frage, welcher **Zeitraum** für die Verteidigung **notwendig und angemessen** 138 ist, ist im Rahmen der Gesamtabwägung zu berücksichtigen, welche Schritte der Beklagte für diese Verteidigung sinnvollerweise einleiten und vornehmen musste.[248] Hierbei muss auch einbezogen werden, dass eine Rechtsverteidigung im Ausland – aufgrund der Notwendigkeit von Übersetzungen und der fehlenden Vertrautheit mit dem Prozessrecht – typischerweise mit größeren Schwierigkeiten verbunden ist, als eine Verteidigung im Wohnsitzstaat.[249]

Für **ausreichend gehalten** wurden – stets in Abhängigkeit von den Umständen des 139 Einzelfalls –
- 3 Monate zwischen Zustellung und Termin in einem französischen Verfahren ohne 140 Übersetzungen;[250]
- zweieinhalb Monate bei einem dänischen Verfahren nach Zustellung des verfah- 141 renseinleitenden Schriftstücks an den Beklagten in Deutschland;[251]
- 47 Tage nach Zugang einer niederländischen Ladung in Deutschland;[252] 142
- mehr als vier Wochen zwischen Zustellung und Verhandlungstermin in polnisch- 143 deutscher Angelegenheit;[253]
- 3 Wochen bei einem belgischen Verfahren, nachdem eine Übersetzung der Ladung 144 ins Deutsche vorlag und der Beklagte einen grenznahen Wohnsitz hatte;[254]
- 12 Tage zwischen Zustellung und Verhandlungstermin bei niederländischem Verfah- 145 ren;[255]
- 11 Tage zwischen Zustellung und Verhandlungstermin im einstweiligen Rechts- 146 schutz in Frankreich;[256]
- 7 Tage zwischen Zustellung und Verhandlungstermin bei Vorliegen besonderer Um- 147 stände (umfassende Information des Beklagten über den Inhalt des Rechtsstreits aufgrund eines vorangegangenen Parallelverfahrens).[257]

Als **nicht ausreichend** für eine angemessene Verteidigung betrachtet wurden 148
- 20 Tage zwischen Zustellung und Verhandlungstermin bei belgischer Ladung ohne 149 Übersetzung;[258]
- 13 Tage zwischen Zustellung der Ladung und Verhandlungstermin in Belgien mit 150 fremdsprachigen Verfahrendokumenten ohne Übersetzung;[259]
- 9 Tage zwischen Zustellung und Verhandlungstermin bei niederländischer Ladung 151 ohne Übersetzung;[260]

---

248 Geimer/Schütze/*Peiffer/Peiffer* IRV Art. 45 Rdn. 82.
249 Rauscher/*Leible* Art. 45 Rdn. 49.
250 OLG Hamm 27.11.1987 RIW 1988, 131, 132.
251 BGH 6.5.2004 NJW 2004, 2386, 2388; Thomas/Putzo/*Hüßtege* Art. 45 Rdn. 14; Geimer/Schütze/*Peiffer/Peiffer* IRV Art. 45 Rdn. 83.
252 BGH 6.10.2005 NJW 2006, 701.
253 OLG Zweibrücken 5.12.2006 FamRZ 2007, 1582, 1583; Geimer/Schütze/*Peiffer/Peiffer* IRV Art. 45 Rdn. 83.
254 OLG Köln 6.10.1994 IPRax 1995, 256; Rauscher/*Leible* Art. 45 Rdn. 51.
255 OLG Köln 6.12.2002 IPRax 2004, 115, 116; Geimer/Schütze/*Peiffer/Peiffer* IRV Art. 45 Rdn. 83.
256 OLG Düsseldorf 19.10.1984 IPRax 1985, 289, 290; Geimer/Schütze/*Peiffer/Peiffer* IRV Art. 45 Rdn. 83.
257 OLG Düsseldorf 8.2.2002 RIW 2002, 558; OLG Köln 5.9.2001 ZMR 2002, 348; Rauscher/*Leible* Art. 45 Rdn. 51.
258 OLG Hamm 3.8.1987 NJW-RR 1988, 446; Geimer/Schütze/*Peiffer/Peiffer* IRV Art. 45 Rdn. 83.
259 BGH 23.1.1986 NJW 1986, 2197; Kropholler/von Hein Art. 34 a.F. Rdn. 35a.
260 OLG Düsseldorf 8.11.2000 RIW 2001, 143, 144; Rauscher/*Leible* Art. 45 Rdn. 51.

152 – 8 Tage zwischen Zustellung und Verhandlungstermin bei niederländischer Ladung ohne Übersetzung;[261]

153 – 6 Tage zwischen Zustellung und Verhandlungstermin in österreichisch-deutschem Fall;[262]

154 – 4 Tage zwischen Zustellung und Termin in niederländisch-deutschem Fall;[263]

155 – 3 Tage zwischen Zustellung und Verhandlungstermin bei Verfahren in Belgien.[264]

156 **(cc) Art und Weise.** Die Zustellung muss nicht nur rechtzeitig, sondern auch in einer Art und Weise erfolgen, dass sie dem Beklagten eine Verteidigung im Ursprungsverfahren ermöglicht. Die Modalitäten der Zustellung richten sich nach den im **Ursprungsstaat** anwendbaren Regeln, bei Zustellung in EU-Mitgliedstaaten also nach der **EU-Zustellungsverordnung**,[265] im Übrigen nach dem Haager Übereinkommen (HZÜ)[266] oder hilfsweise nach dem autonomen Recht des Verfahrensstaates.[267]

157 Wird allerdings bei der Zustellung des verfahrenseinleitenden Schriftstücks das anwendbare Zustellungsrecht missachtet, so eröffnet dies dem Beklagten **nicht ohne weiteres** den Versagungsgrund in Art. 45 Abs. 1 Buchst. b. Die frühere Formulierung in Art. 27 Nr. 2 EuGVÜ, wonach die Zustellung des verfahrenseinleitenden Dokuments auch „**ordnungsgemäß**" sein musste, wurde in Art. 34 Nr. 2 Brüssel I-VO und in Art. 45 Abs. 1 Buchst. b Brüssel Ia-VO **nicht** übernommen.[268] Deshalb ist die Beachtung sämtlicher Zustellungsformalitäten bei der Verfahrenseröffnung nicht mehr Voraussetzung für ausreichendes rechtliches Gehör des Beklagten.[269] Verfahrensfehler bei der Zustellung sind nur dann für den Versagungsgrund beachtlich, wenn sie den Beklagten tatsächlich daran gehindert haben, sich im Ursprungsverfahren angemessen zu verteidigen. Sie müssen mithin kausal für die fehlende Verteidigungsmöglichkeit des Beklagten gewesen sein.[270] Auf die umstrittene Frage, ob im Zusammenhang mit der Brüssel Ia-VO Zustellungsfehler geheilt werden können, kommt es daher nicht mehr an.[271] Auf diese Weise ist dem Beklagten und Schuldner die Möglichkeit genommen, sich auf formale Zustellungsfehler im Ursprungsverfahren als Anerkennungshindernis zu berufen, wenn er das verfahrenseinleitende Schriftstück gleichwohl rechtzeitig bekommen und zur Kenntnis genommen hat.[272]

---

261 OLG Düsseldorf 11.10.1999 NJW 2000, 3290; Geimer/Schütze/*Peiffer/Peiffer* IRV Art. 45 Rdn. 83.
262 OLG Hamm 5.2.2002 IPRax 2002, 258; Geimer/Schütze/*Peiffer/Peiffer* IRV Art. 45 Rdn. 83.
263 LG Mönchengladbach 20.7.1987 IPRax 1988, 291; Rauscher/*Leible* Art. 45 Rdn. 51.
264 OLG Köln 2.3.2001 NJW-RR 2002, 360.
265 Verordnung (EG) Nr. 1393/2007 über die Zustellung gerichtlicher und außergerichtlicher Schriftstücke in Zivil- oder Handelssachen in den Mitgliedstaaten (Zustellung von Schriftstücken), ABl. EU L 324 vom 10.12.2000 S. 79.
266 Haager Übereinkommen über die Zustellung gerichtlicher und außergerichtlicher Schriftstücke im Ausland in Zivil- oder Handelssachen vom 15. November 1965.
267 MünchKomm/*Gottwald* Art. 45 Rdn. 28; Thomas/Putzo/*Hüßtege* Art. 45 Rdn. 16; Rauscher/*Leible* Art. 45 Rdn. 46; Geimer/Schütze/*Peiffer/Peiffer* IRV Art. 45 Rdn. 76.
268 Oben Rdn. 9. Zur früheren, „anerkennungsfeindlichen" Rechtsprechung des EuGH unter Geltung von Art. 27 Nr. 2 EuGVÜ und den Gegenargumenten Geimer/Schütze EuZVR Art. 34 a.F. Rdn. 72 ff.
269 EuGH 14.12.2006 C-283/05 EuGHE 2006 I-12067 Rdn. 41 ff.; EuGH 28.4.2009 C-420/07 EuGHE 2009 I-3571 Rdn. 75; BGH 3.8.2011 NJW 2011, 3103, 3104; Geimer/Schütze/*Peiffer/Peiffer* IRV Art. 45 Rdn. 54 und 68; Thomas/Putzo/*Hüßtege* Art. 45 Rdn. 10 und 15; Rauscher/*Leible* Art. 45 Rdn. 34 und 44; Geimer/Schütze EuZVR Art. 34 a.F. Rdn. 71; Kropholler/von Hein Art. 34 a.F. Rdn. 33; anders noch unter Art. 27 Nr. 2 EuGVÜ, dazu EuGH 3.7.1990 C-305/88 EuGHE 1990 I-2742 Rdn. 20.
270 Thomas/Putzo/*Hüßtege* Art. 45 Rdn. 15.
271 *Kropholler/von Hein* Art. 34 a.F. Rdn. 41; MünchKomm/*Gottwald* Art. 45 Rdn. 31; Rauscher/*Leible* Art. 45 Rdn. 46; Musielak/Voit/*Stadler* Art. 45 Rdn. 9.
272 Dazu Rauscher/*Leible* Art. 45 Rdn. 33 und 43; Schlosser/*Hess* Art. 45 Rdn. 16.

Auf der anderen Seite genügt eine formal ordnungsgemäße Zustellung unter Beachtung des anwendbaren Zustellungsrechts **nicht in jedem Fall**, um den Anforderungen des Buchst. b an eine rechtzeitige, die Verteidigung ermöglichende Art und Weise der Zustellung zu erfüllen.[273] Vielmehr kann auch bei fehlerloser Zustellung aufgrund besonderer Umstände des Einzelfalls eine angemessene Verteidigung des Beklagten unmöglich oder erheblich erschwert sein. **158**

Der **Maßstab** für die Art und Weise der Zustellung gemäß Art. 45 Abs. 1 Buchst. b ist also autonom für diese Norm als **anerkennungsrechtlicher Mindeststandard** für die Übermittlung des verfahrenseinleitenden Schriftstücks zu bestimmen. Leitlinien für diesen Mindeststandard, die über eine reine Einzelfallbetrachtung hinausgingen, hat der EuGH bislang nur in Ansätzen entwickelt.[274] **159**

Allerdings ist eine formal ordnungsgemäße Zustellung nach den Regeln der EuZustVO oder des HZÜ ein **Indiz** dafür, dass die Zustellung auch in einer Weise erfolgt ist, die die Verteidigung des Beklagten im Verfahren ermöglicht, und Zustellungsfehler sind umgekehrt ein Indiz dafür, dass sich der Beklagte tatsächlich nicht in angemessener Weise verteidigen konnte.[275] Je gravierender ein Zustellungsmangel ausfällt, desto unwahrscheinlicher ist es, dass der Beklagte gleichwohl nicht in seiner Verteidigung im Ursprungsverfahren gehindert war.[276] **160**

Außerdem muss das Ursprungsgericht oder die sonst hierfür zuständige Stelle nach h.M. überhaupt irgendeine Art der **förmlichen Zustellung** des Schriftstücks an den Beklagten gemäß dem aus Sicht des Ursprungsgerichts anwendbaren Zustellungsrecht **veranlasst** haben.[277] Die Übersendung des Dokuments per einfachem Brief oder per Einschreiben ohne Rückschein reichen deshalb nicht aus, ebensowenig eine elektronische Übermittlung.[278] Erst recht genügt die bloß faktische Kenntnis des Beklagten von einem laufenden Verfahren oder von der Existenz eines Versäumnisurteils nicht, um dessen Verteidigung zu ermöglichen.[279] **161**

Nach der Zustellungsverordnung kann der Empfänger die Annahme eines Schriftstücks verweigern, wenn es nicht in einer der Amtssprachen des Empfangsstaates oder in einer ihm sonst verständlichen **Sprache** abgefasst ist (Art. 8 EuZustVO). Wird dem Beklagten das verfahrenseinleitende Schriftstück in einer ihm nicht verständlichen Sprache zugestellt und verweigert er dessen Annahme, dann hat das Ursprungsgericht eine Übersetzung nachzureichen.[280] Geschieht dies nicht, dann ist regelmäßig davon **162**

---

273 Kropholler/von Hein Art. 34 a.F. Rdn. 34; Geimer/Schütze EuZVR Art. 34 a.F. Rdn. 71; MünchKomm/Gottwald Art. 45 Rdn. 34.
274 Vgl. Schlosser/Hess Art. 45 Rdn. 21: dazu mit Recht kritisch Zöller/Geimer Art. 45 Rdn. 44; Bach IPRax 2011, 241, 244, der vorschlägt, die Regeln für den Europäischen Vollstreckungstitel in Art. 13 EuVTVO entsprechend heranzuziehen.
275 BGH 12.12.2007 IPRax 2008, 530; Stadler IPRax 2006, 116, 120; Kropholler/von Hein Art. 34 a.F. Rdn. 39; MünchKomm/Gottwald Art. 45 Rdn. 35; Thomas/Putzo/Hüßtege Art. 45 Rdn. 14; Rauscher/Leible Art. 45 Rdn. 45; Musielak/Voit/Stadler Art. 45 Rdn. 9; Geimer/Schütze/Peiffer/Peiffer IRV Art. 45 Rdn. 68 und 86; Schlosser/Hess Art. 45 Rdn. 20; a.A. Bach IPRax 2011, 241, 244.
276 Rauscher/Leible Art. 45 Rdn. 45; Schlosser/Hess Art. 45 Rdn. 20; Kropholler/von Hein Art. 34 a.F. Rdn. 39.
277 Vgl. EuGH 14.12.2006 C-283/05 EuGHE 2006 I-12067 Rdn. 40; EuGH 7.7.2016 C-70/15 ECLI:EU:C:2016:524 Rdn. 41; Schlosser/Hess Art. 45 Rdn. 20; Geimer/Schütze/Peiffer/Peiffer IRV Art. 45 Rdn. 75; a.A. Geimer/Schütze EuZVR Art. 34 a.F. Rdn. 91; Zöller/Geimer Art. 45 Rdn. 34.
278 Schlosser/Hess Art. 45 Rdn. 20; Geimer/Schütze/Peiffer/Peiffer IRV Art. 45 Rdn. 75; anders Geimer/Schütze EuZVR Art. 34 a.F. Rdn. 91, der keine förmliche Zustellung, sondern nur eine Übermittlung verlangt, die üblicherweise zur Kenntnis des Beklagten führt.
279 EuGH 14.12.2006 C-283/05 EuGHE 2006 I-12067 Rdn. 34 f.
280 EuGH 8.11.2005 C-443/03 EuGHE 2005 I-9611 Rdn. 49 ff.; MünchKomm/Gottwald Art. 45 Rdn. 33.

auszugehen, dass die Zustellung an den Beklagten nicht in einer seine Verteidigung ermöglichenden Art und Weise erfolgt ist.[281]

163 Wechselt der Beklagte vor der Verfahrenseinleitung seinen **Wohnsitz**, dann ist in die vorzunehmende **Gesamtabwägung das Verhalten beider Prozessparteien** einzubeziehen, also zu prüfen, ob der Beklagte im Zusammenhang mit dem Umzug vernünftige Vorkehrungen getroffen hat oder die Zustellung vereiteln wollte, und umgekehrt, ob der Kläger bei vernünftiger Nachforschung den neuen Wohnsitz des Beklagten hätte ermitteln können.[282]

164 Die **öffentliche Zustellung** eines Schriftstücks kommt in aller Regel einer Fiktion gleich und versetzt den Beklagten nur selten tatsächlich in die Lage, sich gegen die Klage zu verteidigen.[283] Gleichwohl begründet der Umstand, dass das verfahrenseinleitende Dokument öffentlich zugestellt wurde, nicht automatisch eine Versagung der Anerkennung der aus dem Verfahren hervorgehenden Entscheidung.[284] Solange nicht feststeht, dass eine Zustellung an den Beklagten erfolgt ist, die es ihm ermöglicht, sich an dem Verfahren zu beteiligen, darf im Ursprungsverfahren eigentlich keine Entscheidung ergehen.[285] Vielmehr ist das Verfahren auszusetzen (Art. 28 Abs. 2 Brüssel Ia-VO; Art. 19 EuZustVO).[286] Das gilt aber nur so lange, bis das Ursprungsgericht **alle Möglichkeiten** einer tatsächlichen Zustellung an den Beklagten **ausgeschöpft** hat. Ist der Aufenthaltsort des Beklagten unbekannt und nicht ermittelbar, dann darf auch eine öffentliche Zustellung vorgenommen werden, ohne dass dies den Versagungsgrund fehlenden rechtlichen Gehörs eröffnet.[287]

165 Erfahren der Kläger oder das Gericht allerdings nach Vornahme der öffentlichen Zustellung von einem neuen, zustellungsfähigen Aufenthaltsort des Beklagten, dann begründet dies eine Obliegenheit, den Beklagten unter dieser Anschrift über das Verfahren zu informieren, um seine Verteidigung zu ermöglichen, und die vorangegangene öffentliche Zustellung ist nicht mehr „rechtzeitig" im Sinne von Art. 45 Abs. 1 Buchst. b.[288]

166 Ein Sonderproblem bilden Zustellungsformen wie die *remise au parquet* des französischen Verfahrensrechts, bei welcher das verfahrenseinleitende Dokument im Inland, also ohne Heranziehung der EuZustVO, durch Übergabe an den Generalanwalt zugestellt wird, der anschließend dem ausländischen Beklagten Mitteilung von dieser Zustellung macht. Ob solche Zustellungsformen mit dem europäischen Zustellungsrecht und der Brüssel Ia-VO vereinbar sind, ist zweifelhaft.[289] In innereuropäischen Konstellationen wird diese Zustellungsform aber ohnehin nicht mehr praktiziert.[290]

---

281 Vgl. EuGH 8.11.2005 C-443/03 EuGHE 2005 I-9637 Rdn. 68; *Schütze* RIW 2006, 352 ff.; *Kropholler/von Hein* Art. 34 a.F. Rdn. 40; MünchKomm/*Gottwald* Art. 45 Rdn. 29; Rauscher/*Leible* Art. 45 Rdn. 47; Geimer/Schütze/*Peiffer/Peiffer* IRV Art. 45 Rdn. 89; a.A. *Geimer*/Schütze Art. 34 a.F. Rdn. 100, der verlangt, dass der Beklagte das Ursprungsgericht zur Vorlage einer Übersetzung auffordert.
282 BGH 28.11.2007 NJW 2008, 1531, 1534 f.; Zöller/*Geimer* Art. 45 Rdn. 44; *Schlosser/Hess* Art. 45 Rdn. 22; Geimer/Schütze/*Peiffer/Peiffer* IRV Art. 45 Rdn. 87.
283 *Schlosser/Hess* Art. 45 Rdn. 22.
284 Vgl. BGH 28.11.2007 NJW 2008, 1531, 1534.
285 EuGH 13.10.2005 C-522/03 EuGHE 2005 I-8652 Rdn. 23 f.; EuGH 8.11.2005 C-443/03 EuGHE 2005 I-9637 Rdn. 68.
286 EuGH 14.12.2006 C-283/05 EuGHE 2006 I-12067 Rdn. 30.
287 EuGH 15.3.2012 C-292/10 ECLI:EU:C:2012:142 Rdn. 57 ff.; EuGH 17.11.2011 C-327/10 EuGHE 2011 I-11582 Rdn. 54; BGH 28.11.2007 NJW 2008, 1531, 1534; OLG Koblenz 19.6.1990 IPRax 1992, 35, 37; MünchKomm/*Gottwald* Art. 45 Rdn. 38; Thomas/Putzo/*Hüßtege* Art. 45 Rdn. 14; Rauscher/*Leible* Art. 45 Rdn. 50; Geimer/Schütze/*Peiffer/Peiffer* IRV Art. 45 Rdn. 77; Musielak/Voit/*Stadler* Art. 45 Rdn. 10.
288 Vgl. EuGH 11.6.1985 49/84 EuGHE 1985, 1779 Rdn. 31; Rauscher/*Leible* Art. 45 Rdn. 50; MünchKomm/*Gottwald* Art. 45 Rdn. 38.
289 Vgl. EuGH 13.10.2005 C-522/03 EuGHE 2005 I-8652; MünchKomm/*Gottwald* Art. 45 Rdn. 30; Thomas/Putzo/*Hüßtege* Art. 45 Rdn. 15; Rauscher/*Leible* Art. 45 Rdn. 46.
290 Rauscher/*Leible* Art. 45 Rdn. 46.

e) Nichteinlassung. Der Versagungsgrund gemäß Art. 45 Abs. 1 Buchst. b entfällt, **167** wenn sich der Antragsteller im Ursprungsverfahren **eingelassen** hat. In diesem Fall ist sein rechtliches Gehör unabhängig von einer fehlerhaften oder verspäteten Zustellung des einleitenden Schriftstücks ausreichend geschützt gewesen.[291]

Der Begriff der Einlassung ist dem Normzweck entsprechend **autonom** und **weit** **168** auszulegen.[292] Ein Einlassung ist nach der Rechtsprechung des Bundesgerichtshofs jede Handlung, durch welche der Beklagte sich gegen den Angriff der Klage verteidigt, aber auch jede über die bloße Passivität hinausgehende Reaktion, aus welcher sich ergibt, dass er von der gegen ihn erhobenen Klage Kenntnis erlangt hat.[293]

So hat sich der Beklagte dann auf das Ursprungsverfahren eingelassen, wenn er für **169** dieses Verfahren zweimal einen **Zustellungsbevollmächtigten** bestellt, auch wenn er die Benennung dieses Bevollmächtigten später widerruft.[294] Dasselbe gilt, wenn der Beklagte geltend macht, er kenne den Kläger überhaupt nicht und sei der „falsche" Beklagte.[295] Eine Einlassung zur Hauptsache ist nicht erforderlich.[296] Der Beklagte kann sich also nicht den Versagungsgrund gemäß Buchst. b vorbehalten, indem er einen Prozessbevollmächtigten nur zur Beobachtung des Verfahrens entsendet.

Tritt für den Beklagten im Ursprungsverfahren ein Prozessbevollmächtigter auf, den **170** der Beklagte tatsächlich **nicht bevollmächtigt** hat, dann begründet dies keine Einlassung,[297] wobei es nicht darauf ankommen kann, ob eine etwa erteilte Prozessvollmacht formal unwirksam war, sondern allein darauf, ob der Prozessbevollmächtigte mit Wissen und Wollen des Beklagten tätig geworden ist. Deshalb führt auch das Auftreten eines von Amts wegen für den Beklagten bestellten **Prozesspflegers**, etwa eines sog. Abwesenheitskurators nach österreichischem Prozessrecht, nicht zu einer Einlassung des Beklagten im Sinne von Buchst. b, wenn Beklagte keine Kenntnis von dem anhängigen Verfahren und der Pflegschaft hat.[298]

Wird der Beklagte im Ursprungsstaat strafrechtlich belangt und zugleich in einem **171** angegliederten **Adhäsionsverfahren** zivilrechtlich auf Schadensersatz in Anspruch genommen, dann ist grundsätzlich zwischen beiden Verfahrensteilen zu unterscheiden. Der Beklagte kann einen Bevollmächtigten bestellen, der nur für die Strafverteidigung zuständig ist und sich nicht zur zivilrechtlichen Haftung einlässt. Allerdings muss das in der Einlassung des Bevollmächtigten deutlich zum Ausdruck kommen, andernfalls gilt er als auch für den zivilrechtlichen Teil bevollmächtigt.[299] Ordnet das Gericht das **per-**

---

291 Geimer/Schütze Art. 34 a.F. Rdn. 109.
292 BGH 5.3.2009 NJW-RR 2009, 1292; BGH 3.8.2011 NJW 2011, 3103, 3104; Thomas/Putzo/*Hüßtege* Art. 45 Rdn. 8; MünchKomm/*Gottwald* Art. 45 Rdn. 40; Rauscher/*Leible* Art. 45 Rdn. 52; Geimer/Schütze Art. 34 a.F. Rdn. 110 ff.; Kropholler/von Hein Art. 34 a.F. Rdn. 27; Geimer/Schütze/*Peiffer/Peiffer* IRV Art. 45 Rdn. 91; Schlosser/Hess Art. 45 Rdn. 26.
293 BGH 5.3.2009 NJW-RR 2009, 1292; zuvor OLG Hamm 28.12.1993 NJW-RR 1995, 189, 190; OLG Düsseldorf 18.9.1996 RIW 1996, 1043; Thomas/Putzo/*Hüßtege* Art. 45 Rdn. 8; MünchKomm/*Gottwald* Art. 45 Rdn. 40; Rauscher/*Leible* Art. 45 Rdn. 52; Geimer/Schütze Art. 34 a.F. Rdn. 112; Kropholler/von Hein Art. 34 a.F. Rdn. 27; Geimer/Schütze/*Peiffer/Peiffer* IRV Art. 45 Rdn. 92.
294 BGH 5.3.2009 NJW-RR 2009, 1293; Geimer/Schütze/*Peiffer/Peiffer* IRV Art. 45 Rdn. 93; Kropholler/von Hein Art. 34 a.F. Rdn. 28.
295 Geimer/Schütze/*Peiffer/Peiffer* IRV Art. 45 Rdn. 93.
296 OLG Hamm 28.12.1993 NJW-RR 1995, 189, 190; Geimer/Schütze Art. 34 a.F. Rdn. 112.
297 EuGH 10.10.1996 C-78/95 EuGHE 1996 I-4960 Rdn. 17 ff.; Geimer/Schütze Art. 34 a.F. Rdn. 113; MünchKomm/*Gottwald* Art. 45 Rdn. 40; Geimer/Schütze/*Peiffer/Peiffer* IRV Art. 45 Rdn. 95.
298 EuGH 11.9.2014 C-112/13 ECLI:EU:C:2014:2195 Rdn. 56 zu Art. 24 und 26 Brüssel I-VO; MünchKomm/*Gottwald* Art. 45 Rdn. 40.
299 EuGH 21.4.1993 C-172/91 EuGHE 1993 I-1990 Rdn. 41 ff.; Rauscher/*Leible* Art. 45 Rdn. 53; Geimer/Schütze Art. 34 a.F. Rdn. 115; Kropholler/von Hein Art. 34 a.F. Rdn. 28; Geimer/Schütze/*Peiffer/Peiffer* IRV Art. 45 Rdn. 97; Schlosser/Hess Art. 45 Rdn. 26.

sönliche Erscheinen des Beklagten an und erscheint dieser nicht, kann die Anerkennung und Vollstreckung im ersuchten Staat gemäß **Art. 64** versagt werden.[300]

172 Eine andere Frage ist, ob und wann in der Konstellation des Adhäsionsverfahrens davon die Rede sein kann, dass das verfahrenseinleitende Dokument nicht rechtzeitig oder nicht ordnungsgemäß zugestellt wurde. Kommt in der Ladung zum Strafverfahren zum Ausdruck, dass der Beklagte im Adhäsionsverfahren gleichzeitig zum Schadensersatz verurteilt werden kann, und beschränkt der Beklagte trotzdem die Tätigkeit seines Bevollmächtigten auf die strafrechtliche Seite, dann scheidet eine Versagung gemäß Buchst. b wegen fehlenden rechtlichen Gehörs aus. Ergibt sich die Möglichkeit des Adhäsionsverfahrens dagegen nur aus dem Prozessrecht des Ursprungsstaates und hat der Beklagte davon keine Kenntnis, dann ist er über die Verfahrenseinleitung nicht ordnungsgemäß informiert.[301]

173 Nach der Rechtsprechung gilt die bloße **Rüge der Zuständigkeit** des Ursprungsgerichts noch nicht als Einlassung im Sinne des Versagungsgrundes.[302] Darüber hinaus soll es dem Beklagten sogar möglich sein, im Ursprungsverfahren die Zuständigkeit zu rügen und zusätzlich hilfsweise zur Sache vorzutragen für den Fall, dass das Gericht seine Zuständigkeit bejaht, und trotzdem keine Einlassung vorliegen.[303] Das ist systemwidrig, weil der Beklagte auch durch eine Zuständigkeitsrüge zu erkennen gegeben hat, dass er von der Klage Kenntnis erhalten hat, und also durchaus in der Lage wäre, sich beim Ursprungsgericht auch in der Sache zu verteidigen. Durch die Möglichkeit einer „einlassungslosen Rüge" kann der Beklagte taktieren und bei Erfolglosigkeit mit dem Einwand der Unzuständigkeit im Ursprungsstaat weiter auf den Versagungsgrund des fehlenden rechtlichen Gehörs setzen. Das ist nicht die Intention von Buchst. b.

174 Eine Einlassung liegt allerdings richtigerweise noch nicht vor, wenn der Beklagte das verfahrenseinleitende Schriftstück nicht oder nicht rechtzeitig erhält, sodann ein Versäumnisurteil gegen ihn ergeht und er gegen dieses (ihm dann ordnungsgemäß zugestellte) **Versäumnisurteil im Ursprungsstaat einen Rechtsbehelf** einlegt und geltend macht, dass er von der Verfahrenseinleitung nicht oder zu spät erfahren habe.[304] Wird diesem Rechtsbehelf nicht stattgegeben, etwa weil das Ursprungsgericht die Zustellung des einleitenden Schriftstücks für ordnungsgemäß und rechtzeitig erachtet oder weil der Rechtsbehelf verspätet war, dann muss dem Beklagten die Möglichkeit verbleiben, die Missachtung seines rechtlichen Gehörs auf Grundlage von Buchst. b im Versagungsverfahren durch die Gerichte des ersuchten Staates überprüfen zu lassen.[305] Andernfalls entfiele die von der Verordnung vorgesehene und vom EuGH bestätigte doppelte Kontrolle.[306] Wird auf den Rechtsbehelf des Beklagten hin das Verfahren beim Ursprungsgericht wieder aufgenommen und lässt er sich dann zur Sache ein, entfallen

---

300 Dazu Wieczorek/Schütze/*Eichel* Art. 64 Rdn. 1 ff.
301 Vgl. *Kropholler/von Hein* Art. 34 a.F. Rdn. 30.
302 EuGH 14.10.2004 C-39/02 EuGHE 2004 I-9686 Rdn. 57; BGH 3.8.2011 NJW 2011, 3103, 3104 f.; Thomas/Putzo/*Hüßtege* Art. 45 Rdn. 8; Geimer/Schütze/*Peiffer/Peiffer* IRV Art. 45 Rdn. 92; Musielak/Voit/*Stadler* Art. 45 Rdn. 7.
303 So EuGH 24.6.1981 150/80 EuGHE 1981, 1672 Rdn. 14 und 22.10.1981 27/81 EuGHE 1981, 2431 Rdn. 7, jeweils zu den Vorgängerregelungen von Art. 28; Geimer/Schütze/*Peiffer/Peiffer* IRV Art. 45 Rdn. 96.
304 BGH 3.8.2011 NJW 2011, 3103, 3104 f.; Musielak/Voit/*Stadler* Art. 45 Rdn. 7; Thomas/Putzo/*Hüßtege* Art. 45 Rdn. 8; vgl. auch Zöller/*Geimer* Art. 45 Rdn. 44b, der eine Einlassung bejaht, aber dennoch die Präklusionsfolge im ersuchten Mitgliedstaat ausschließt; anders aber BGH 15.5.2014 WM 2014, 1295; ablehnend Rauscher/*Leible* Art. 45 Rdn. 52; Geimer/Schütze/*Peiffer/Peiffer* IRV Art. 45 Rdn. 94.
305 EuGH 7.7.2016 C-70/15 ECLI:EU:C:2016:524 Rdn. 47; vgl. auch EuGH 16.6.1981 166/80 EuGHE 1981, 1596 Rdn. 13, allerdings im Falle einer verspäteten Einlegung des Rechtsbehelfs, für die entgegen dem EuGH der Beklagte verantwortlich sein sollte, *Kropholler/von Hein* Art. 34 a.F. Rdn. 44.
306 Oben Rdn. 132 ff.

natürlich der Einwand mangelnden rechtlichen Gehörs und der Versagungsgrund in Buchst. b.

Eine Einlassung ist auch die Einlegung eines **Einspruchs gegen einen Europäi-** 175
schen Zahlungsbefehl nach der EuMahnVO. Mit diesem Einspruch geht das Mahnverfahren im Ursprungsstaat in ein normales Zivilverfahren über (Art. 17 EuMahnVO). Lässt sich der Beklagte in diesem Zivilverfahren nicht weiter zur Sache ein, kann er sich später im ersuchten Staat auch dann nicht auf den Versagungsgrund gemäß Buchst. b berufen, wenn ihm der Zahlungsbefehl nicht rechtzeitig oder nicht ordnungsgemäß zugestellt wurde.

f) Rechtsbehelf. Der Beklagte soll sich auch dann nicht auf eine fehlerhafte oder 176 verspätete Zustellung des verfahrenseinleitenden Dokuments berufen können, wenn er es versäumt, gegen die daraufhin ergangene Entscheidung einen ihm **möglichen Rechtsbehelf im Ursprungsstaat** einzulegen. Nachdem eine solche Obliegenheit zum Vorgehen im Ursprungsstaat in Art. 27 Nr. 2 EuGVÜ noch nicht vorgesehen war und der EuGH es ablehnte, diese Regelung erweiternd auszulegen,[307] wurde eine entsprechende Ergänzung in Art. 34 Nr. 2 Brüssel I-VO eingeführt. Sinn und Zweck ist, Fehler bei der Zustellung durch Behörden oder Gerichte des Ursprungsstaates soweit möglich dort zu beheben und die ggf. erneute Durchführung eines Erkenntnisverfahrens zu gewährleisten, welches das rechtliche Gehör des Beklagten beachtet, bevor im ersuchten Staat das Verdikt der Anerkennungsversagung eingreift.[308]

Auch der Begriff des Rechtsbehelfs im Sinne von Buchst. b ist **autonom und weit** 177 zu verstehen.[309] Es muss sich dabei nicht etwa um einen solchen handeln, der speziell für die Rüge von Zustellungsfehlern vorgesehen ist, zumal es solche besonderen Rechtsbehelfe kaum geben wird.[310] Gemeint sind also sämtliche Rechtsbehelfe des Ursprungsstaates, mit welchen jedenfalls **auch** eine versäumte, verspätete oder sonst fehlerhafte Zustellung des verfahrenseinleitenden Schriftstücks geltend gemacht werden kann.[311]

Zu den Rechtsbehelfen im Sinne von Buchst. b zählen deshalb **Widersprüche oder** 178 **Einsprüche** gegen Mahnbescheide, Vollstreckungsbescheide oder Versäumnisurteile,[312] ebenso die **Berufung**.[313] Auch die **Wiedereinsetzung in den vorigen Stand** ist ein Rechtsbehelf, den der Beklagte einlegen muss, wenn diese Möglichkeit im Ursprungsstaat vorgesehen ist,[314] was aufgrund von Art. 19 Nr. 4 EuZustVO heute in der Regel der Fall sein wird.[315]

---

307 Oben Rdn. 9; dazu umfassend *Geimer*/Schütze Art. 34 a.F. Rdn. 95 ff.; Rauscher/*Leible* Art. 45 Rdn. 35 und 54; *Kropholler*/von Hein Art. 34 a.F. Rdn. 42.
308 BGH 3.8.2011 NJW 2011, 3103; Geimer/Schütze/*Peiffer*/Peiffer IRV Art. 45 Rdn. 98.
309 EuGH 7.7.2016 C-70/15 ECLI:EU:C:2016:524 Rdn. 32; Thomas/Putzo/*Hüßtege* Art. 45 Rdn. 18; Rauscher/*Leible* Art. 45 Rdn. 57; Geimer/Schütze/*Peiffer*/Peiffer IRV Art. 45 Rdn. 99.
310 *Geimer*/Schütze Art. 34 a.F. Rdn. 94; anders Musielak/Voit/*Stadler* Art. 45 Rdn. 11.
311 BGH 17.12.2009 NJW-RR 2010, 571; BGH 21.1.2010 IPRax 2011, 265, 266 f. m. Bespr. *Bach* 241; BGH 3.8.2011 NJW 2011, 3103, 3105; OLG Nürnberg 22.12.2010 WM 2011, 700, 704; MünchKomm/*Gottwald* Art. 45 Rdn. 42; Rauscher/*Leible* Art. 45 Rdn. 57; *Geimer*/Schütze Art. 34 a.F. Rdn. 94; Geimer/Schütze/*Peiffer*/Peiffer IRV Art. 45 Rdn. 99.
312 BGH 21.1.2010 IPRax 2011, 265, 266; Geimer/Schütze/*Peiffer*/Peiffer IRV Art. 45 Rdn. 99.
313 BGH 12.12.2007 IPRax 2008, 530, 533 f.; Geimer/Schütze/*Peiffer*/Peiffer IRV Art. 45 Rdn. 99.
314 EuGH 7.7.2016 C-70/15 ECLI:EU:C:2016:524 Rdn. 42 ff.1; BGH 21.1.2010 IPRax 2011, 265, 266; OLG Zweibrücken 10.5.2005 IPRax 2006, 487, 488; MünchKomm/*Gottwald* Art. 45 Rdn. 42; Thomas/Putzo/*Hüßtege* Art. 45 Rdn. 18; Rauscher/*Leible* Art. 45 Rdn. 58; Geimer/Schütze/*Peiffer*/Peiffer IRV Art. 45 Rdn. 100; Zöller/*Geimer* Art. 45 Rdn. 35.
315 *Bach* IPRax 2011, 241, 243.

179 Die Obliegenheit zur Rechtsbehelfseinlegung besteht (selbstverständlich) nur, soweit dem Beklagten eine solche Einlegung **möglich** ist.[316] Dazu ist zum einen erforderlich, dass ihm das Verfahren im Ursprungsstaat nach dessen Einleitung oder jedenfalls die Säumnisentscheidung des Ursprungsgerichts nachträglich **bekannt** wird. Dazu genügt die zufällige Kenntnis vom Erlass eines Urteils nicht,[317] ebensowenig die Kenntnis des Tenors. Auch muss der Beklagte keine Erkundigungen einholen, wenn er erfährt, dass gegen ihn ein Urteil erlassen wurde.[318] Erforderlich ist vielmehr, dass dem Beklagten auch die **Entscheidungsgründe** vorliegen, damit er beurteilen kann, ob er überhaupt ein Rechtsmittel einlegen will.[319] Zum anderen muss der Beklagte von der Entscheidung so **rechtzeitig** erfahren, dass der Rechtsbehelf noch nicht verfristet ist und er sich vor Fristablauf angemessen auf dessen Einlegung vorbereiten kann.[320] Ist das nicht der Fall, dann kann der Beklagte von der Einlegung absehen und sich im ersuchten Staat auf den Versagungsgrund gemäß Buchst. b stützen.

180 Für die Frage, ob dem Beklagten eine Säumnisentscheidung rechtzeitig und in einer Weise zugegangen ist, dass er im Ursprungsstaat einen Rechtsbehelf einlegen konnte, gelten grundsätzlich dieselben Anforderungen und Parameter wie für die Übermittlung des verfahrenseinleitenden Schriftstücks:[321] Die Zustellung muss also nicht formal ordnungsgemäß sein, den Beklagten aber zur angemessenen Rechtsverteidigung in die Lage versetzen.

181 Die Obliegenheit zur Einlegung eines Rechtsbehelfs im Ursprungsstaat ist schließlich **zeitlich nicht begrenzt** durch den Umstand, dass im ersuchten Staat bereits Zwangsvollstreckungsmaßnahmen veranlasst oder ein Anerkennungsfeststellungs- oder -versagungsverfahren eingeleitet wurde. Solange die Frist für einen Rechtsbehelf im Ursprungsstaat noch nicht verstrichen ist, muss der Beklagte auch in dieser Situation vorrangig diesen Rechtsbehelf wahrnehmen.[322] Ein Versagungsverfahren im ersuchten Staat kann solange ausgesetzt werden. Erhält ein Beklagter also eine ihm bislang vollkommen unbekannte mitgliedstaatliche Gerichtsentscheidung mit der Bescheinigung gemäß Art. 53 im Vorfeld oder spätestens bei der Einleitung einer Zwangsvollstreckungsmaßnahme zugestellt, dann muss er zunächst prüfen oder sinnvollerweise durch einen Rechtsanwalt im Ursprungsstaat prüfen lassen, ob dort Rechtsbehelfe gegen die Entscheidung eröffnet und noch nicht verfristet sind. Erst wenn das nicht der Fall ist, kann sich der Beklagte auf das Versagungsverfahren im ersuchten Staat beschränken und dort den Einwand des Art. 45 Abs. 1 Buchst. b erheben.

182 **g) Darlegungs- und Beweislast.** Das Vorliegen eines Versagungsgrundes gemäß Art. 45 Abs. 1 hat grundsätzlich der Antragsteller, der sich auf ihn beruft, darzulegen und

---

316 MünchKomm/*Gottwald* Art. 45 Rdn. 42; Geimer/Schütze/*Peiffer/Peiffer* IRV Art. 45 Rdn. 100.
317 Musielak/Voit/*Stadler* Art. 45 Rdn. 11.
318 EuGH 7.7.2016 C-70/15 ECLI:EU:C:2016:524 Rdn. 40.
319 EuGH 14.12.2006 C-283/05 EuGHE 2006 I-12067 Rdn. 34 ff.; BGH 3.8.2011 NJW 2011, 3103, 3105; OLG Düsseldorf 16.8.2012 IPRax 2014, 67, 69; *Kropholler/von Hein* Art. 34 a.F. Rdn. 42; MünchKomm/*Gottwald* Art. 45 Rdn. 42f.; Geimer/Schütze/*Peiffer/Peiffer* IRV Art. 45 Rdn. 101; Musielak/Voit/*Stadler* Art. 45 Rdn. 11.
320 OLG Nürnberg 14.4.2014 FamRZ 2015, 79; Geimer/Schütze/*Peiffer/Peiffer* IRV Art. 45 Rdn. 100.
321 EuGH 14.12.2006 C-283/05 EuGHE 2006 I-12067 Rdn. 34 ff., 36; vgl. auch EuGH 7.7.2016 C-70/15 ECLI:EU:C:2016:524 Rdn. 41; BGH 12.12.2007 IPRax 2008, 530, 533; *Kropholler/von Hein* Art. 34 a.F. Rdn. 32; Rauscher/*Leible* Art. 45 Rdn. 55; Geimer/Schütze/*Peiffer/Peiffer* IRV Art. 45 Rdn. 102.
322 BGH 21.1.2010 IPRax 2011, 265; OLG Nürnberg 22.12.2010 WM 2011, 700, 704; *Bach* IPRax 2011, 241, 243; MünchKomm/*Gottwald* Art. 45 Rdn. 43a; Rauscher/*Leible* Art. 45 Rdn. 56; Geimer/Schütze/*Peiffer/Peiffer* IRV Art. 45 Rdn. 103; *Kropholler/von Hein* Art. 34 a.F. Rdn. 42.

zu beweisen.³²³ Behauptet der Antragsteller und Beklagte des Ursprungsverfahrens allerdings, dass er von der Einleitung des Ursprungsverfahrens nicht oder nicht rechtzeitig Kenntnis erlangt oder das verfahrenseinleitende Schriftstück nicht im Einklang mit den Anforderungen des Buchst. b erhalten hatte, trifft ihn im Hinblick auf diese unter Umständen schwer zu beweisende **Negativtatsache** zunächst nur eine **sekundäre Darlegungs- und Beweislast:**³²⁴ Auf seinen Vortrag hin muss deshalb der Antragsgegner und Kläger des Ursprungsverfahrens darstellen, dass dem Beklagten das verfahrenseinleitende Schriftstück nach den verordnungsautonomen Maßstäben des Buchst. b zugegangen ist.³²⁵ Dabei kann er sich auch auf den Inhalt der Bescheinigung gemäß Art. 53 berufen. Ist dort ein Zustellungsdatum vermerkt, ist wiederum der Beklagte gehalten zu belegen, dass zu diesem Zeitpunkt tatsächlich keine Zustellung erfolgt ist.³²⁶

4. Unvereinbarkeit mit anderen Entscheidungen (Buchst. c und d). Die Anerkennung einer mitgliedstaatlichen Entscheidung in einem anderen, dem ersuchten Mitgliedstaat wird versagt, wenn in diesem ersuchten Mitgliedstaat schon eine Entscheidung vorliegt, die in Widerspruch zu der anzuerkennenden Entscheidung steht. Dabei kann es sich entweder um eine – zu einem beliebigen Zeitpunkt ergangene – Entscheidung der Gerichte des ersuchten Mitgliedstaats selbst handeln (**Buchst. c**) oder aber um eine – zeitlich früher ergangene – Entscheidung eines Gerichts in einem dritten Mitgliedstaat oder einem Drittstaat, die im ersuchten Mitgliedstaat – aufgrund der Verordnung, aufgrund eines völkerrechtlichen Vertrags oder aufgrund des autonomen Rechts des ersuchten Mitgliedstaats – anerkannt wird (**Buchst. d**). Entscheidungen aus dem ersuchten Mitgliedstaat selbst genießen also gegenüber der anzuerkennenden Entscheidung **stets Priorität** unabhängig von der zeitlichen Reihenfolge ihres Erlasses. 183

Zu widersprüchlichen Entscheidungen sollte es jedenfalls im Verhältnis der Mitgliedstaaten zueinander eigentlich nicht mehr kommen, weil die **Rechtshängigkeitsregeln** in Art. 29 bis 34 der Verordnung solche Konstellationen effektiv verhindern sollen.³²⁷ Tatsächlich treten aber in Ausnahmefällen³²⁸ nach wie vor Konfliktfälle auf, sei es weil die mitgliedstaatlichen Gerichte diese Regeln unzulänglich anwenden, sei es weil sich die Konzepte des nationalen Rechts zum Streitgegenstand unterscheiden oder sei es weil Gerichte schlicht keine Kenntnis von einem in einem anderen Mitgliedstaat anhängigen Parallelverfahren erhalten.³²⁹ 184

Die jüngeren prozessrechtlichen Verordnungen zum Europäischen Vollstreckungstitel, zum Europäischen Mahnverfahren und zu Verfahren über geringfügige Forderung sehen wie Art. 45 Abs. 1 Buchst. c und d jeweils die Versagung der Anerkennung bei widersprüchlichen Entscheidungen vor. Allerdings differenzieren jene Verordnungen im Unterschied zur Brüssel Ia-VO nicht zwischen Entscheidungen des ersuchten Mitgliedstaats und solchen aus dritten Mitgliedstaaten oder Drittstaaten; vielmehr genießt jeweils die **zeitlich frühere Priorität**.³³⁰ Auch ist nach jenen Verordnungen eine Aner- 185

---

323 Oben Rdn. 28.
324 Strenger Zöller/*Geimer* Art. 45 Rdn. 38: Kläger muss Zustellung nur beweisen, wenn Zustellungsurkunde lückenhaft sei.
325 OLG Karlsruhe 22.1.1996 IPRax 1996, 426 m.Anm. *Kronke*; Geimer/Schütze/*Peiffer*/*Peiffer* IRV Art. 45 Rdn. 84; *Schlosser*/*Hess* Art. 45 Rdn. 28; Musielak/Voit/*Stadler* Art. 45 Rdn. 10.
326 Geimer/Schütze/*Peiffer*/*Peiffer* IRV Art. 45 Rdn. 85.
327 Geimer/Schütze/*Peiffer*/*Peiffer* IRV Art. 45 Rdn. 105.
328 *Hess*/Pfeiffer/Schlosser, Report on the Application of Regulation Brussels I in the Member States (2007) Rdn. 563; *Kropholler*/*von Hein* Art. 34 a.F. Rdn. 47.
329 Zöller/*Geimer* Art. 45 Rdn. 47.
330 Art. 21 Abs. 1 EuVTVO; Art. 22 Abs. 1 EuMahnVO; Art. 22 Abs. 1 EuBagatellVO.

Art. 45 Brüssel Ia-VO —— Kapitel III. Anerkennung und Vollstreckung

kennungsversagung nur möglich, wenn der Konflikt oder potentielle Konflikt im Verfahren beim Ursprungsgericht nicht geltend gemacht werden konnte. Auch wenn diese neueren Regelungen wiederum neue Detailfragen aufwerfen,[331] ist nicht recht nachvollziehbar, weshalb auch die Brüssel Ia-VO dem ursprünglichen Konzept verhaftet bleibt.[332]

186 Buchst. c und d erfassen zusammen genommen Entscheidungen aus dem ersuchten Mitgliedstaat selbst,[333] Entscheidungen aus einem dritten Mitgliedstaat[334] sowie Entscheidungen aus einem Drittstaat außerhalb der EU.[335] Sie erfassen dagegen **nicht** Konflikte mit einer zweiten Entscheidung, die **aus dem Ursprungsmitgliedstaat selbst** stammt.[336] In diesem Fall liegt auch nicht ohne weiteres ein Verstoß gegen den *ordre public* vor.[337] Der **EuGH** hat sich gegen eine analoge Anwendung der gleichlautenden Vorgängerregelung in Art. 34 Nr. 4 Brüssel I-VO in dieser Konstellation entschieden.[338] Eine solche analoge Anwendung komme einer nach der Verordnung untersagten Überprüfung in der Sache durch die Gerichte des ersuchten Mitgliedstaates gleich.[339] Das überzeugt aber nicht: Die Anwendung der Prioritätsregel in Art. 45 Abs. 1 Buchst. d bedeutet gerade keine sachliche Prüfung der beiden kollidierenden Entscheidungen, sondern eine bloß formale. Auch wird in der Regel schon das Prozessrecht des Ursprungsstaates widersprüchliche Entscheidungen verhindern, so dass der Fall nur sehr selten vorkommen dürfte. Tritt er aber ein, dann sollte die Lösung autonom aus der Verordnung hergeleitet werden und nicht, wie nun nach der EuGH-Entscheidung, dem Verfahrensrecht des ersuchten Mitgliedstaates überlassen sein.[340]

187 a) **Entscheidung.** Der **Begriff der Entscheidung** ist in Art. 2 Buchst. **a verordnungsautonom definiert**.[341] Diese weite Definition gilt auch für Art. 45 Abs. 1 Buchst. c und d, also sowohl im Hinblick auf die Entscheidung des Ursprungsgerichts, um deren Versagung es geht, als auch im Hinblick auf die widersprechende Entscheidung des ersuchten Mitgliedstaates oder eines Drittstaates.[342]

---

331 Dazu *Hess*/Pfeiffer/Schlosser, Report on the Application of Regulation Brussels I in the Member States (2007) Rdn. 564.
332 Zurecht kritisch *Schlosser*/Hess Art. 45 Rdn. 29; vgl. zu Änderungsvorschlägen *Hess*/Pfeiffer/Schlosser, Report on the Application of Regulation Brussels I in the Member States (2007) Rdn. 564 f.
333 Also etwa die Versagung der Anerkennung einer französischen Entscheidung in Deutschland wegen einer entgegenstehenden Entscheidung eines deutschen Gerichts.
334 Also etwa die Versagung der Anerkennung einer französischen Entscheidung in Deutschland wegen einer entgegenstehenden, zeitlich früher ergangenen Entscheidung eines niederländischen Gerichts, die in Deutschland gemäß Art. 36 Abs. 1 automatisch anerkannt wird.
335 Also etwa die Versagung der Anerkennung einer französischen Entscheidung in Deutschland wegen einer entgegenstehenden, zeitlich früher ergangenen Entscheidung eines schweizerischen Gerichts, die in Deutschland nach den Regeln des LugÜ 2007 für vollstreckbar erklärt wurde.
336 Also etwa die Versagung der Anerkennung einer französischen Entscheidung in Deutschland wegen einer entgegenstehenden, zuvor ergangenen Entscheidung eines französischen Gerichts.
337 BGH 8.3.2012 WM 2012, 662, 663; Rauscher/*Leible* Art. 45 Rdn. 21.
338 EuGH 26.9.2013 C-157/12 ECLI:EU:C:2013:597 Rdn. 36 ff.; Thomas/Putzo/*Hüßtege* Art. 45 Rdn. 24; MünchKomm/*Gottwald* Art. 45 Rdn. 52; Musielak/Voit/*Stadler* Art. 45 Rdn. 12.
339 EuGH 26.9.2013 C-157/12 ECLI:EU:C:2013:597 Rdn. 37.
340 Kritisch auch *Mäsch* EuZW 2013, 905; Geimer/Schütze/*Peiffer*/Peiffer IRV Art. 45 Rdn. 118; Rauscher/*Leible* Art. 45 Rdn. 68; zuvor bereits *C. Müller* IPRax 2009, 484, 486.
341 Dazu Wieczorek/Schütze/*Schulze* Art. 2 Rdn. 5 ff.
342 EuGH 2.6.1994 C-414/92 EuGHE 1994 I-2247 Rdn. 14 ff.; Thomas/Putzo/*Hüßtege* Art. 45 Rdn. 20; Geimer/Schütze/*Peiffer*/Peiffer IRV Art. 45 Rdn. 107; *Kropholler*/von Hein Art. 34 a.F. Rdn. 48; Rauscher/*Leible* Art. 45 Rdn. 62.

Die Art der betroffenen Entscheidungen – Urteil, Beschluss, Vollstreckungsbescheid **188** oder anderes – ist daher gleichgültig. Erfasst werden auch Entscheidungen im **vorläufigen Rechtsschutz**.[343]

Unklar ist die Anwendung der Konfliktregeln auf **Entscheidungen in Schiedsverfahren**.[344] Schiedssprüche selbst sind vom Entscheidungsbegriff der Verordnung nach ganz h.M. nicht erfasst, weil darunter nur Entscheidungen staatlicher Rechtsprechungsorgane fallen.[345] Eine solche kann die Entscheidung über die Vollstreckbarerklärung eines in- oder ausländischen Schiedsspruchs sein (in Deutschland §§ 1060 f. ZPO). Der Umstand, dass schiedsgerichtliche Entscheidungen vom Anwendungsbereich der Verordnung ausgenommen sind (Art. 1 Abs. 2 Buchst. d), steht einer Anwendung von Art. 45 Abs. 1 Buchst. c und d nicht entgegen, weil nach diesen Regelungen auch Entscheidungen außerhalb des Anwendungsbereichs der Verordnung zu berücksichtigen sind.[346] Allerdings verhält sich eine Exequaturentscheidung zu einem Schiedsspruch regelmäßig nicht zum materiellen Anspruch, über welchen das Schiedsgericht entschieden hat, sondern nur zu den formalen Voraussetzungen der Vollstreckbarkeit des Schiedsspruchs, so dass eine solche Exequaturentscheidung in den meisten Fällen nicht unvereinbar sein dürfte mit der parallelen Entscheidung eines staatlichen Gerichts über den materiellen Anspruch.[347] **189**

Unabhängig davon ist aber eine **analoge Anwendung** von Art. 45 Abs. 1 Buchst. c **190** und d der Verordnung auf im ersuchten Mitgliedstaat ergangene inländische und auf dort, etwa nach den Regeln des New Yorker Übereinkommens (UNÜ), anerkannte ausländische **Schiedssprüche** zu bejahen.[348] Wenn man, wie die Verordnungsgeber, diese Versagungsgründe überhaupt für notwendig erachtet,[349] dann gibt es keinen vernünftigen Grund, sie auf im ersuchten Staat ergangene oder dort anerkannte Schiedssprüche nicht anzuwenden, soweit dieser Mitgliedstaat Schiedssprüchen die Wirkungen einer Entscheidung staatlicher Gerichte gleichstellt.[350]

Nicht als Entscheidungen im Sinne von Art. 45 Abs. 1 Buchst. c und d gelten **Prozessvergleiche**, auch wenn sie zwischen denselben Parteien geschlossen werden.[351] Prozessvergleiche fallen schon nicht unter die Definition der „Entscheidung" in Art. 2 Buchst. a, sondern (nur) unter die gesonderte Definition des „gerichtlichen Vergleichs" in Art. 2 Buchst. b,[352] und auch der Normzweck von Art. 45 Abs. 1 Buchst. c und d ver- **191**

---

343 Art. 2 Buchst. a UAbs. 2; EuGH 6.6.2002 C-80/00 EuGHE 2002 I-5011 Rdn. 41; Thomas/Putzo/*Hüßtege* Art. 45 Rdn. 20; *Kropholler/von Hein* Art. 34 a.F. Rdn. 48; *Geimer*/Schütze EuZVR Art. 34 a.F. Rdn. 159; Rauscher/*Leible* Art. 45 Rdn. 62; Zöller/*Geimer* Art. 45 Rdn. 48.
344 Dazu im Einzelnen *Mankowski* SchiedsVZ 2014, 209.
345 *Mankowski* SchiedsVZ 2014, 209, 210 m. zahlr. w. Nachw. in Fn. 4; Geimer/Schütze/*Peiffer/Peiffer* IRV Art. 45 Rn.109; *Kropholler/von Hein* Art. 34 a.F. Rdn. 60.
346 Vgl. EuGH 4.2.1988 145/86, EuGHE 1988, 645 Rdn. 14 ff.; *Geimer*/Schütze EuZVR Art. 34 a.F. Rdn. 160; Geimer/Schütze/*Peiffer/Peiffer* IRV Art. 45 Rdn. 109; *Mankowski* SchiedsVZ 2014, 209, 211 m.w.N.; a.a. Musielak/Voit/*Stadler* Art. 45 Rdn. 11.
347 OLG Frankfurt/Main 13.7.2005 BeckRS BeckRS 2005, 12872; *Mankowski* SchiedsVZ 2014, 209, 212; Geimer/Schütze/*Peiffer/Peiffer* IRV Art. 45 Rdn. 109.
348 *Kropholler/von Hein* Art. 34 a.F. Rdn. 60; *Geimer*/Schütze EuZVR Art. 34 a.F. Rdn. 160 und Art. 35 Rdn. 37; *Mankowski* SchiedsVZ 2014, 209, 210 ff.; wohl auch Geimer/Schütze/*Peiffer/Peiffer* IRV Art. 45 Rdn. 109 Fn. 211; a.A. *Schlosser/Hess* Art. 45 Rdn. 30; Thomas/Putzo/*Hüßtege* Art. 45 Rdn. 24; MünchKomm/*Gottwald* Art. 45 Rdn. 45.
349 Dazu oben Rdn. 184 f.
350 *Mankowski* SchiedsVZ 2014, 209, 211 f.
351 EuGH 2.6.1994 C-414/92 EuGHE 1994 I-2247 Rdn. 25; Thomas/Putzo/*Hüßtege* Art. 45 Rdn. 20; MünchKomm/*Gottwald* Art. 45 Rdn. 45; *Schlosser/Hess* Art. 45 Rdn. 29; Geimer/Schütze/*Peiffer/Peiffer* IRV Art. 45 Rdn. 108; *Geimer*/Schütze EuZVR Art. 34 a.F. Rdn. 161; Rauscher/*Leible* Art. 45 Rdn. 62.
352 Dazu Wieczorek/Schütze/*Schulze* Art. 2 Rdn. 19 ff.

langt eine Anwendung nicht, weil keine ernsten Irritationen zwischen den Mitgliedstaaten drohen.[353] Deshalb obliegt es allein den **Parteien**, die Erledigungswirkung eines in einem Mitgliedstaat geschlossenen gerichtlichen Vergleichs in einem Rechtsstreit geltend zu machen, der über denselben Anspruch in einem anderen Mitgliedstaat anhängig ist. Wird der gerichtliche Vergleich im einen Mitgliedstaat erst nach Abschluss des Rechtsstreits im anderen Mitgliedstaat erzielt, dann kann die Abgeltungswirkung dieses Vergleichs gegenüber Vollstreckungsmaßnahmen aus dem widersprüchlichen Titel gegebenenfalls mit der Vollstreckungsabwehrklage im Ursprungsstaat (wenn dort eine gerichtliche Zuständigkeit besteht) oder im ersuchten Staat eingewendet werden.[354]

192 Die Entscheidung, aufgrund derer die Anerkennung einer anderen Entscheidung im ersuchten Mitgliedstaat versagt werden soll, muss **zwischen denselben Parteien** ergangen sein. Auch diese Voraussetzung ist verordnungsautonom[355] und im Grundsatz eng[356] auszulegen. **Rechtsnachfolge** auf Seiten einer oder beider Parteien ist allerdings zu berücksichtigen und kann dazu führen, dass eine Entscheidung zwischen denselben Parteien nachträglich vorliegt und die Anerkennung erst dann zu versagen ist.[357] Bei **Teilidentität** von Parteien ist die Anerkennung teilweise – im Hinblick auf die identischen Parteien – zu versagen.[358]

193 Umstritten ist, ob nur solche Entscheidungen eine Versagung gemäß Art. 45 Abs. 1 Buchst. c und d rechtfertigen, die im ersuchten Mitgliedstaat **rechtskräftig** sind.[359] Der Wortlaut der Regelungen setzt lediglich voraus, dass die Entscheidung „ergangen" ist, weshalb Rechtskraft nicht erforderlich sein sollte; wird eine nicht rechtskräftige Entscheidung durch Rechtsmittel wieder aufgehoben, entfällt der Versagungsgrund mit Wirkung *ex nunc*.[360] Andererseits gibt es keinen Grund für eine Versagung, solange die inländische Entscheidung im ersuchten Staat noch nicht einmal **vorläufig vollstreckbar** ist, weil ihr dann dieser Mitgliedstaat selbst noch keine maßgeblichen Wirkungen beimisst.[361]

194 **b) Unvereinbarkeit.** Wann zwei Entscheidungen im Sinne von Art. 45 Abs. 1 Buchst. c oder d miteinander „**unvereinbar**" sind, ist ebenfalls **nach verordnungsautonomen Maßstäben** zu bestimmen.[362] Diese Maßstäbe sind allerdings im Einzelnen noch unklar.[363]

---

353 EuGH 2.6.1994 C-414/92 EuGHE 1994 I-2247 Rdn. 21 unter Verweis auf den Jenard-Bericht; Geimer/Schütze/*Peiffer*/*Peiffer* IRV Art. 45 Rdn. 108.
354 Dazu näher unten Rdn. 242 und Art. 46 Rdn. 31 ff.
355 *Kropholler/von Hein* Art. 34 a.F. Rdn. 52; Geimer/Schütze/*Peiffer*/*Peiffer* IRV Art. 45 Rdn. 110.
356 Thomas/Putzo/*Hüßtege* Art. 45 Rdn. 21; MünchKomm/*Gottwald* Art. 45 Rdn. 51.
357 *Kropholler/von Hein* Art. 34 a.F. Rdn. 52; *Schlosser/Hess* Art. 45 Rdn. 32; Rauscher/*Leible* Art. 45 Rdn. 65.
358 *Kropholler/von Hein* Art. 34 a.F. Rdn. 52; Geimer/Schütze/*Peiffer*/*Peiffer* IRV Art. 45 Rdn. 110; Rauscher/*Leible* Art. 45 Rdn. 65; Musielak/Voit/*Stadler* Art. 45 Rdn. 14.
359 Dafür ohne nähere Begründung OLG Karlsruhe 19.5.1994 NJW-RR 1994, 1286; dagegen MünchKomm/*Gottwald* Art. 45 Rdn. 47; *Kropholler/von Hein* Art. 34 a.F. Rdn. 53; Rauscher/*Leible* Art. 45 Rdn. 62.
360 *Kropholler/von Hein* Art. 34 a.F. Rdn. 53; MünchKomm/*Gottwald* Art. 45 Rdn. 47.
361 *Kropholler/von Hein* Art. 34 a.F. Rdn. 53; MünchKomm/*Gottwald* Art. 45 Rdn. 47; offen gelassen bei Geimer/Schütze/*Peiffer*/*Peiffer* IRV Art. 45 Rdn. 111.
362 EuGH 4.2.1988 C-145/86 EuGHE 1988, 645 Rdn. 19 ff.; BGH 20.10.2016 WM 2016, 2272, 2274; Musielak/Voit/*Stadler* Art. 45 Rdn. 14; Thomas/Putzo/*Hüßtege* Art. 45 Rdn. 22; MünchKomm/*Gottwald* Art. 45 Rdn. 46 und 51; Rauscher/*Leible* Art. 45 Rdn. 63; Geimer/Schütze/*Peiffer*/*Peiffer* IRV Art. 45 Rdn. 113; Geimer/Schütze EuZVR Art. 34 a.F. Rdn. 167.
363 *Geimer*/Schütze EuZVR Art. 34 a.F. Rdn. 167.

195 Ihrem Wortlaut zufolge ist die Konfliktregelung in Buchst. d enger gefasst als diejenige in Buchst. c, weil sie mit der Wendung **„wegen desselben Anspruchs"** (*„involving the same cause of action"*; *„ayant le même objet et la même cause"*) scheinbar eine zusätzliche Anforderung enthält.[364] Diese Formulierung ist aber richtigerweise als generelle Voraussetzung für eine Unvereinbarkeit von Entscheidungen zu verstehen, so dass insoweit zwischen Buchst. c und Buchst. d keine Unterschiede gemacht werden sollten.[365]

196 Nach der Rechtsprechung des EuGH sind Entscheidungen nicht miteinander vereinbar, wenn sie **Rechtsfolgen** vorsehen, die **sich gegenseitig ausschließen**.[366] Welche Rechtsfolgen eine Entscheidung hat, bestimmt sich jeweils nach dem Recht des Ursprungsstaates dieser Entscheidung,[367] ob diese sich wechselseitig ausschließen, nach verordnungseinheitlichen Kriterien, die letztlich der EuGH herausarbeiten muss. Dabei ist auch die Auslegung der Verordnungsregeln über die **anderweitige Rechtshängigkeit** (Art. 29 ff.) heranzuziehen, weil diese Regeln wie Art. 45 Abs. 1 Buchst. c und d den Zweck haben, sich widersprechende Entscheidungen mitgliedstaatlicher Gerichte zu vermeiden und Art. 29 Abs. 1 wie Art. 45 Abs. 1 Buchst. d Rechtsstreitigkeiten zwischen denselben Parteien über denselben „Anspruch" voraussetzen.[368]

197 Danach ist eine Entscheidung, die zur Erfüllung eines Vertrages verurteilt, unvereinbar mit einer anderen Entscheidung, die die Unwirksamkeit eben dieses Vertrages feststellt.[369] Dasselbe gilt für Entscheidungen die einerseits zum Schadenersatz wegen Vertragsverletzung verurteilen und andererseits die Nichtigkeit dieses Vertrages feststellen.[370] Eine Entscheidung über die Verpflichtung zur Gewährung von Ehegattenunterhalt ist unvereinbar mit einem Urteil, durch welches die Ehe geschieden wird.[371]

198 Desgleichen ist eine Entscheidung, mit welcher das Bestehen bestimmter Schadensersatzansprüche festgestellt wird, unvereinbar mit einer anderen Entscheidung, welche umgekehrt feststellt, dass solche Ersatzansprüche nicht bestehen.[372] Allgemein liegt Unvereinbarkeit **jedenfalls** dann vor, wenn über **denselben Streitgegenstand** von unterschiedlichen Gerichten **unterschiedlich** entschieden wird.[373]

199 Dabei kommt es nicht darauf an, dass eine materiell-rechtliche Frage abweichend beantwortet wird. Es genügt, wenn die Voraussetzungen für den Erlass einer Entscheidung von zwei Gerichten unterschiedlich beurteilt werden. So liegen dem EuGH zufolge unvereinbare Entscheidungen auch dann vor, wenn mit einer Entscheidung eine Unter-

---

[364] Für ein engeres Verständnis daher Thomas/Putzo/*Hüßtege* Art. 45 Rdn. 25
[365] Geimer/Schütze/*Peiffer*/*Peiffer* IRV Art. 45 Rdn. 120; *Geimer*/Schütze EuZVR Art. 34 a.F. Rdn. 183; Kropholler/von Hein Art. 34 a.F. Rdn. 58; Rauscher/*Leible* Art. 45 Rdn. 69.
[366] EuGH 4.2.1988 145/86, EuGHE 1988, 645 Rdn. 22; EuGH 6.6.2002 C-80/00 EuGHE 2002 I-5011 Rdn. 40; Musielak/Voit/*Stadler* Art. 45 Rdn. 14; Thomas/Putzo/*Hüßtege* Art. 45 Rdn. 22; MünchKomm/*Gottwald* Art. 45 Rdn. 46; *Schlosser*/Hess Art. 45 Rdn. 31; Geimer/Schütze/*Peiffer*/*Peiffer* IRV Art. 45 Rdn. 113; Rauscher/*Leible* Art. 45 Rdn. 63.
[367] Geimer/Schütze/*Peiffer*/*Peiffer* IRV Art. 45 Rdn. 113; Rauscher/*Leible* Art. 45 Rdn. 63; Musielak/Voit/*Stadler* Art. 45 Rdn. 14.
[368] EuGH 6.12.1994 C-406/92 EuGHE 1994 I-5460 Rdn. 32; *Geimer*/Schütze EuZVR Art. 34 a.F. Rdn. 166; *Schlosser*/Hess Art. 45 Rdn. 31 f; vgl. dazu näher *Rüßmann* ZZP 111 (1998) 399 und *Walker* ZZP 111 (1998) 429.
[369] EuGH 8.12.1987 144/86 EuGHE 1987, 4861 Rdn. 16 ff.
[370] MünchKomm/*Gottwald* Art. 45 Rdn. 46; *Schlosser*/Hess Art. 45 Rdn. 32; Geimer/Schütze/*Peiffer*/*Peiffer* IRV Art. 45 Rdn. 115; *Geimer*/Schütze EuZVR Art. 34 a.F. Rdn. 169; Rauscher/*Leible* Art. 45 Rdn. 64.
[371] EuGH 4.2.1988 145/86, EuGHE 1988, 645 Rdn. 25; Musielak/Voit/*Stadler* Art. 45 Rdn. 14.
[372] EuGH 6.12.1994 C-406/92 EuGHE 1994 I-5460 Rdn. 45; BGH 20.10.2016 WM 2016, 2272, 2274; Rauscher/*Leible* Art. 45 Rdn. 64.
[373] BGH 20.10.2016 WM 2016, 2272, 2274; Geimer/Schütze/*Peiffer*/*Peiffer* IRV Art. 45 Rdn. 114; Rauscher/*Leible* Art. 45 Rdn. 63.

lassungsverfügung ergeht, während eine andere Entscheidung den Erlass einer solchen Verfügung ablehnt.[374]

200 Andererseits setzt Unvereinbarkeit **nicht** zwingend voraus, dass zwei Entscheidungen denselben oder auch nur einen sich überschneidenden Streitgegenstand im Sinne des deutschen Zivilprozessrechts haben. Nach dem autonomen Verständnis von Art. 45 Abs. 1 Buchst. c und d kann es bereits ausreichen, dass die Begründungen zweier Entscheidungen miteinander nicht kompatibel sind.[375] Statuiert die Entscheidung eines mitgliedstaatlichen Gerichts eine Zahlungsverpflichtung, dann ist die Entscheidung des Gerichts eines anderen Mitgliedstaates, mit welcher der Zahlungsempfänger dazu verurteilt wird, die erhaltene Zahlung sogleich zurückzuerstatten, mit der ersten Entscheidung unvereinbar und *vice versa*.[376]

201 Unvereinbarkeit liegt dagegen nicht notwendig vor, wenn Entscheidungen bei **vorläufiger Prüfung** eines Sachverhalts zu anderen Bewertungen gelangen als das endgültig in der Hauptsache entscheidende Gericht. So steht die Ablehnung eines Antrags auf Prozesskostenhilfe mangels Erfolgaussichten der Anerkennung einer Entscheidung nicht entgegen, mit welcher die Ansprüche zugesprochen werden, die auch Gegenstand des Prozesskostenhilfeanstrags waren.[377] Vorläufige Entscheidungen im einstweiligen Rechtsschutz bilden keine Anerkennungshindernisse für rechtskräftige Hauptsacheentscheidungen, die von dem im einstweiligen Rechtsschutzverfahren Gewährten abweichen.[378]

202 **c) Rechtsfolge.** Ist eine mitgliedstaatliche Entscheidung mit einer im ersuchten Staat ergangenen oder dort anerkannten Entscheidung unvereinbar, dann ist die Anerkennung und Vollstreckung der erstgenannten Entscheidung im ersuchten Staat **zwingend** zu versagen. Den Gerichten des ersuchten Staates bleibt also **kein Ermessen** für eine Abwägung der konkreten Folgen einer Aufrechterhaltung beider Entscheidungen, sie sind zur Versagung verpflichtet.[379]

203 Bei einem Konflikt mit einer im ersuchten Staat ergangenen Entscheidung (**Buchst. c**) ist die **zeitliche Reihenfolge** der Entscheidungen ohne Belang.[380] Ist die inländische Entscheidung zuerst wirksam geworden, dann geht sie der späteren Entscheidung des anderen Mitgliedstaats ohnehin vor. Dieser Vorrang der Entscheidung des ersuchten Staates gilt aber auch dann, wenn die Entscheidung des Ursprungsstaates, gegen welche der Versagungsgrund der Unvereinbarkeit geltend gemacht wird, die zeitlich erste ist und die Entscheidung im ersuchten Staat die spätere. In diesem Fall sind Anerkennung und Vollstreckung **nachträglich** und mit Wirkung *ex nunc* zu versagen.[381]

---

374 EuGH 6.6.2002 C-80/00 EuGHE 2002 I-5011 Rdn. 47; Geimer/Schütze EuZVR Art. 34 a.F. Rdn. 167; Rauscher/*Leible* Art. 45 Rdn. 64; Zöller/*Geimer* Art. 45 Rdn. 48; Musielak/Voit/*Stadler* Art. 45 Rdn. 14.
375 Schlosser/Hess Art. 45 Rdn. 31; Geimer/Schütze/*Peiffer*/*Peiffer* IRV Art. 45 Rdn. 115; Rauscher/*Leible* Art. 45 Rdn. 63; Musielak/Voit/*Stadler* Art. 45 Rdn. 14.
376 Geimer/Schütze EuZVR Art. 34 a.F. Rdn. 172; weitere Beispiele bei *Matthias Koch*, Unvereinbare Entscheidungen i.S.d. Art. 27 Nr. 3 und 5 EuGVÜ und ihre Vermeidung (1997) S. 39 ff.
377 BGH 22.6.1983 NJW 1984, 568; MünchKomm/*Gottwald* Art. 45 Rdn. 47; Schlosser/Hess Art. 45 Rdn. 31; Geimer/Schütze/*Peiffer*/*Peiffer* IRV Art. 45 Rdn. 116; Rauscher/*Leible* Art. 45 Rdn. 64.
378 OLG Hamm 27.11.1987 RIW 1988, 131, 132; MünchKomm/*Gottwald* Art. 45 Rdn. 47; Rauscher/*Leible* Art. 45 Rdn. 64.
379 EuGH 6.6.2002 C-80/00 EuGHE 2002 I-5011 Rdn. 50 ff.; Thomas/Putzo/*Hüßtege* Art. 45 Rdn. 23; Geimer/Schütze/*Peiffer*/*Peiffer* IRV Art. 45 Rdn. 106; Geimer/Schütze EuZVR Art. 34 a.F. Rdn. 163; Kropholler/von Hein Art. 34 a.F. Rdn. 55; Rauscher/*Leible* Art. 45 Rdn. 66.
380 MünchKomm/*Gottwald* Art. 45 Rdn. 48; Kropholler/von Hein Art. 34 a.F. Rdn. 54; Rauscher/*Leible* Art. 45 Rdn. 61.
381 Geimer/Schütze/*Peiffer*/*Peiffer* IRV Art. 45 Rdn. 112; Geimer/Schütze EuZVR Art. 34 a.F. Rdn. 164; anders Schlosser/Hess Art. 45 Rdn. 29: Wirkung *ex tunc*.

Wird eine vorläufig vollstreckbare, aber noch nicht rechtskräftige Entscheidung des ersuchten Staates wieder aufgehoben, dann entfällt der Versagungsgrund.[382] Eine etwa schon ausgesprochene Versagung ist auf Antrag des Gläubigers im Verfahren der Art. 46 ff. durch Gestaltungsurteil wieder aufzuheben.

Bei einem Konflikt mit einer Entscheidung eines Drittstaates, die im ersuchten Mitgliedstaat anerkannt wird (**Buchst. d**), hat dagegen stets die zeitlich erste Entscheidung **Vorrang**.[383] Es gilt also, anders als bei Buchst. c, das **Prioritätsprinzip**. Maßgeblich für die zeitliche Reihenfolge ist nicht der jeweilige Eintritt der Rechtshängigkeit in den beiden den Entscheidungen vorausgehenden Verfahren, sondern sind die Zeitpunkte, zu welchen die Entscheidungen jeweils **wirksam** wurden.[384] Wann das der Fall ist, richtet sich nach dem jeweiligen Prozessrecht der Mitglied- oder Drittstaaten, aus welchen die Entscheidungen stammen. **204**

5. Fehlende Zuständigkeit des Ursprungsgerichts (Buchst. e). Die fehlende internationale Zuständigkeit des Ursprungsgerichts kann nur in den in Buchst. e vorgesehenen **Ausnahmefällen** in anderen Mitgliedstaaten als **Versagungsgrund** eingewandt und von den dortigen Gerichten auch dann nur in begrenztem Umfang, nämlich auf der vom Ursprungsgericht festgestellten Tatsachengrundlage (Abs. 2), überprüft werden. Im Grundsatz ist die Überprüfung der Zuständigkeit des Ursprungsgerichts in den übrigen Mitgliedstaaten **ausgeschlossen** (Abs. 3 S. 1). **205**

a) Grundsatz: Keine Überprüfung der Zuständigkeit (Abs. 3 S. 1). Der Verordnung liegt der Grundsatz wechselseitigen **Vertrauens** der Mitgliedstaaten in die Tätigkeit ihrer Zivilgerichtsbarkeiten zugrunde.[385] Eine Ausprägung dieses Vertrauens ist die Grundregel, dass die Zuständigkeit der Gerichte des Ursprungsstaates einer Entscheidung in den übrigen Mitgliedstaaten im Prinzip **nicht überprüft** wird (Abs. 3 S. 1).[386] Eine fehlerhafte Anwendung von Zuständigkeitsregeln muss daher stets im Ursprungsstaat gerügt und dort mit Rechtsmitteln geltend gemacht werden. **206**

Das Überprüfungsverbot gilt unabhängig davon, auf welche **Rechtsgrundlage** das erkennende Ursprungsgericht seine Zuständigkeit gestützt hat. Es beschränkt sich nicht etwa auf die Regeln der Verordnung. Die Gerichte im ersuchten Mitgliedstaat können die Anerkennung und Vollstreckung einer Entscheidung also auch dann nicht versagen, wenn das Ursprungsgericht Bestimmungen über die gerichtliche Zuständigkeit aus anderen Unionsrechtsakten, aus internationalen Vereinbarungen oder aus dem autonomen Recht des Ursprungsstaates fehlerhaft anwendet.[387] **207**

Das Überprüfungsverbot in Abs. 3 S. 1 gilt nicht nur für die internationale Zuständigkeit des erkennenden Gerichts. Darüber hinaus darf – selbstverständlich – auch nicht die **örtliche, sachliche oder funktionale Zuständigkeit** dieses Gerichts durch die Gerichte des ersuchten Staates überprüft werden.[388] Das folgt aus dem abschließenden **208**

---

[382] MünchKomm/*Gottwald* Art. 45 Rdn. 47.
[383] MünchKomm/*Gottwald* Art. 45 Rdn. 52; Geimer/Schütze/*Peiffer*/*Peiffer* IRV Art. 45 Rdn. 119.
[384] OLG Frankfurt/Main 13.7.2005 BeckRS 2005, 12872; *Geimer*/Schütze EuZVR Art. 34 a.F. Rdn. 181 f.
[385] Erwägungsgrund (26); EuGH 7.2.2006 Gutachten 1/03 EuGHE 2006 I-1150 Rdn. 163; EuGH 28.4.2009 C-420/07 EuGHE 2009 I-3571 Rdn. 73; EuGH 21.6.2012 C-514/10 ECLI:EU:C:2012:367 Rdn. 25; EuGH 7.7.2016 C-70/15 ECLI:EU:C:2016:524 Rdn. 47; Rauscher/*Leible* Art. 45 Rdn. 70.
[386] Geimer/Schütze/*Peiffer*/*Peiffer* IRV Art. 45 Rdn. 137; Musielak/Voit/*Stadler* Art. 45 Rdn. 16; dazu EuGH 28.3.2000 C-7/98 EuGHE 2000, I-1956 Rdn. 32 ff.
[387] Geimer/Schütze/*Peiffer*/*Peiffer* IRV Art. 45 Rdn. 139; Rauscher/*Leible* Art. 45 Rdn. 73.
[388] EuGH 28.3.2000 C-420/07 EuGHE 2009 I-3571 Rdn. 49; Thomas/Putzo/*Hüßtege* Art. 45 Rdn. 29; Rauscher/*Leible* Art. 45 Rdn. 73.

Charakter der Versagungsgründe.[389] Dagegen ist den Gerichten des ersuchten Staates unbenommen zu prüfen, ob der oder die Beklagte des Ursprungsverfahrens der **Gerichtsbarkeit** des Ursprungsstaates unterfiel.[390]

209 **b) Ausnahme: Versicherungs-, Verbraucher- und Arbeitnehmerzuständigkeiten.** Die Zuständigkeit des Ursprungsgerichts wird gemäß Art. 45 Abs. 1 **Buchst. e** im ersuchten Staat ausnahmsweise doch geprüft, wenn sich der Schuldner im Anerkennungs- oder Vollstreckungsversagungsverfahren darauf beruft, dass das Ursprungsgericht die **besonderen Zuständigkeitsregeln** der Art. 10 bis 23 der Verordnung, die dem Schutz der typischerweise schwächeren Partei dienen, missachtet hat. Dasselbe gilt, wenn es um die Beachtung der **ausschließlichen Gerichtsstände** in Art. 24 geht. In diesen Konstellationen überwiegt das Interesse an der Einhaltung der besonderen verordnungsmäßigen Zuständigkeiten das Vertrauensprinzip.[391]

210 Der Prüfung durch die Gerichte des ersuchten Staates unterliegen gemäß Buchst. e i) die Zuständigkeiten für **Versicherungssachen** (Art. 10 bis 16), für **Verbrauchersachen** (Art. 17 bis 19) und für **individualarbeitsrechtliche Angelegenheiten** (Art. 20 bis 23). Auf letztere wurde der Versagungsgrund (erst) mit der Brüssel Ia-VO erstreckt – angesichts des Umstands, dass auch die arbeitsrechtlichen Zuständigkeitsvorschriften dem Schutz einer schwächeren Partei dienen, ein konsequenter Schritt.[392]

211 Ein Versagungsgrund ist im Hinblick auf diese Zuständigkeitsvorschriften jedoch nur dann eröffnet, wenn die typisiert schwächere Partei – also der Versicherungsnehmer, der Versicherte oder sonst durch die Versicherung Begünstigte, der Geschädigte, der Verbraucher oder der Arbeitnehmer – **Beklagte des Ursprungsverfahrens** war. Demnach stehen also Urteile gegen einen beklagten Versicherungsnehmer, Versicherten oder Geschädigten, einen Verbraucher oder einen Arbeitnehmer, die nicht in dem Mitgliedstaat ergehen, in welchem diese Personen ihren Wohnsitz haben (Art. 14 Abs. 1; Art. 18 Abs. 2; Art. 22 Abs. 1), regelmäßig unter dem Verdikt der Anerkennungsversagung in den übrigen Mitgliedstaaten. Werden dagegen der Versicherer, der Verbraucher-Vertragspartner oder der Arbeitgeber vor einem nach der Verordnung unzuständigen Gericht in Anspruch genommen, dann können sich diese nicht auf den Versagungsgrund gemäß Buchst. e i) berufen.

212 Schon für Art. 35 Brüssel I-VO, dessen Wortlaut die Beschränkung auf schutzwürdige Personengruppen in der Beklagtenposition noch nicht enthalten hatte, hatten Rechtsprechung und Literaturmeinungen in Deutschland eine teleologische Reduktion der Vorschrift auf solche Konstellationen befürwortet, in welchen die Missachtung der Zuständigkeitsvorschriften zum Nachteil der schutzwürdigen Partei gereichte.[393] Dieser musste aber nicht zwingend die Beklagtenrolle einnehmen. Nach der Neufassung der Regelung in Art. 45 Abs. 1 Buchst. e i) ist deshalb unklar, ob eine Anerkennungsversagung auch dann in Betracht kommt, wenn die typisiert schwächere Partei im Ursprungsverfahren zwar in der Beklagtenrolle war, das erkennende Gericht aber ausnahmsweise zu ihren Gunsten, also zulasten des Klägers von den Zuständigkeitsregeln abgewichen

---

[389] OLG Düsseldorf 14.2.2006 NJW-RR 2006, 1079; Geimer/Schütze/*Peiffer/Peiffer* IRV Art. 45 Rdn. 138.
[390] Oben Rdn. 24.
[391] Geimer/Schütze/*Peiffer/Peiffer* IRV Art. 45 Rdn. 122.
[392] Geimer/Schütze/*Peiffer/Peiffer* IRV Art. 45 Rdn. 123; kritisch zur Vorgängerregelung Kropholler/von Hein Art. 35 a.F. Rdn. 10. Umgekehrt für die vollständige Streichung von Art. 35 a.F.
Hess/Pfeiffer/Schlosser, Report on the Application of Regulation Brussels I in the Member States (2007) Rdn. 566; Stein/Jonas/*Oberhammer* Art. 35 a.F. Rdn. 5 ff.
[393] OLG Düsseldorf 14.2.2006 NJW-RR 2006, 1079; Rauscher/*Leible* Art. 45 Rdn. 76; a.A. Thomas/Putzo/ *Hüßtege* Art. 45 Rdn. 29.

ist.³⁹⁴ In einer solchen Konstellation wäre der Tatbestand von Buchst. e i) teleologisch zu reduzieren und ein Versagungsgrund nicht gegeben.

Umgekehrt kann die typisiert schwächere Partei auch in Fällen benachteiligt sein, in welchen sie im Ursprungsverfahren formal nicht in der Beklagtenrolle war. So hat der Bundesgerichtshof mehrfach englischen Entscheidungen aus sog. „Vergleichsplanverfahren" über Versicherungsverhältnisse nach englischem Gesellschaftsrecht die Anerkennung gemäß Art. 35 a.F. verweigert, weil diese Entscheidungen nicht in dem Mitgliedstaat ergangen waren, in welchem die Versicherungsnehmer ihren Wohnsitz hatten (Art. 14 Abs. 1 bzw. Art. 12 Abs. 1 a.F.).³⁹⁵ Im Vergleichsplanverfahren gibt es keine Beklagten im engeren Sinne, höchstens Betroffene. Deshalb steht der Wortlaut von Buchst. e i) einer Anwendung dieses Versagungsgrundes entgegen. Um jedoch Sinn und Zweck des Versagungsgrundes zum Tragen zu bringen, sollte in solchen Fällen entweder der Begriff des „Beklagten" dahingehend erweitert ausgelegt werden, dass er typisiert schutzbedürftige Personen auch dann erfasst, wenn sie zwar nicht „Beklagte", aber „Benachteiligte" sind, oder aber eine analoge Anwendung in Betracht gezogen werden. 213

Der Versagungsgrund der Missachtung der Zuständigkeitsregeln in Art. 10 bis 23 **entfällt**, wenn sich der Beklagte im Ursprungsstaat auf das Verfahren **rügelos eingelassen** hat (Art. 26 Abs. 1) und vom Ursprungsgericht zuvor ordnungsgemäß über sein Recht, die Zuständigkeit zu rügen, und die Folgen einer Einlassung **belehrt** wurde (Art. 26 Abs. 2). Wie der EuGH schon zur Brüssel I-VO festgestellt hatte³⁹⁶ und nunmehr aus Art. 26 Abs. 2 ausdrücklich hervorgeht, überlagert die Zuständigkeit aufgrund rügeloser Einlassung auch die Sonderregeln für Versicherungs-, Verbraucher- und Arbeitsrechtsangelegenheiten.³⁹⁷ Unklar ist, inwieweit die Gerichte des ersuchten Staates befugt sind, diese Voraussetzungen einer rügelosen Einlassung zu überprüfen.³⁹⁸ 214

c) Ausnahme: Ausschließliche Gerichtsstände. Die Anerkennung und Vollstreckung mitgliedstaatlicher Entscheidungen ist in anderen Mitgliedstaaten zu versagen, wenn das Ursprungsgericht eine der in Art. 24 aufgeführten **ausschließlichen Zuständigkeiten** missachtet hat (**Buchst. e ii)**). Auf diese Weise sollen die Kompetenzen der Mitgliedstaaten in den dort berührten Bereichen – Immobilien, Gesellschaften, registrierte Rechte und Zwangsvollstreckungsverfahren – gegen „Übergriffe" durch Gerichte anderer Mitgliedstaaten geschützt werden. 215

Nicht geschützt werden solche Kompetenzen von **Drittstaaten**, die nicht Mitglied der Union sind: Art. 24 regelt seinem Wortlaut zufolge und nach überwiegender Auffassung nur die Zuständigkeit der Gerichte von **Mitgliedstaaten** für die aufgeführten Angelegenheiten; er schließt umgekehrt nicht aus, dass sich mitgliedstaatliche Gerichte mit solchen Angelegenheiten auch dann befassen, wenn die Anknüpfungspunkte für die Zuständigkeit in Art. 24 auf einen Drittstaat verweisen.³⁹⁹ Deshalb ist der Versagungsgrund in Buchst. e ii) **nicht** eröffnet, wenn das Ursprungsgericht seine Zuständigkeit bejaht, obwohl im Falle einer (hypothetischen) Anwendung von Art. 24 die Gerichte ei- 216

---

394 Ein solcher Fall dürfte selten sein. Denkbar wäre u.U., dass der Versicherer mit allen an einem Schadenfall Beteiligten nach Eintritt des Rechtsstreits eine Zuständigkeitsvereinbarung zugunsten der Gerichte an seinem Sitz getroffen hat (Art. 15 Nr. 1), das dort angerufene Gericht diese Vereinbarung aber missachtet und den Rechtsstreit an die Gerichte am Wohnsitz des Versicherungsnehmers verweist.
395 BGH 15.2.2012 NJW 2012, 2113, 2115 Rdn. 27; BGH 18.4.2012 NJW 2012, 2352f. Rdn. 14.
396 EuGH 20.5.2010 C-111/09 EuGHE 2010 I-4547 Rdn. 27 ff.; ablehnend *Mankowski* IPrax 2001, 310, 312.
397 Thomas/Putzo/*Hüßtege* Art. 45 Rdn. 29; Rauscher/*Leible* Art. 45 Rdn. 76.
398 Dazu sogleich Rdn. 220.
399 *Geimer*/Schütze EuZVR Art. 22 a.F. Rdn. 12 ff.; Musielak/Voit/*Stadler* Art. 45 Rdn. 18.

nes Drittstaates zuständig gewesen wären.[400] Umgekehrt sind, um den Regeln in Art. 24 Geltung zu verschaffen, die mitgliedstaatlichen Gerichte aber dazu verpflichtet, die Anerkennung von Urteilen aus Drittstaaten (nach dem autonomen Anerkennungsrecht des jeweiligen Mitgliedstaats) zu verweigern, wenn ein drittstaatliches Gericht in Verletzung der ausschließlichen Zuständigkeit eines mitgliedstaatlichen Gerichts gemäß Art. 24 entschieden hat.[401]

217 Für die Bestimmung des **Sitzes einer Gesellschaft** verweist der ausschließliche Gerichtsstand für bestimmte gesellschaftsrechtliche Streitigkeiten in **Art. 24 Nr. 2 S. 2** nicht auf die verordnungsautonome Regelung in Art. 63, sondern auf das **Kollisionsrecht der Mitgliedstaaten**.[402] Das ist auch im Rahmen einer Anerkennungsversagung gemäß Art. 45 Abs. 1 Buchst. e ii) zu berücksichtigen: Eine Missachtung der ausschließlichen Zuständigkeit in Art. 24 Nr. 2 durch das Ursprungsgericht liegt **nicht** schon darin, dass dieses den Sitz einer Gesellschaft – aus der Perspektive des dortigen Gesellschaftskollisionsrechts – im Ursprungsstaat verortet, während das Gericht des ersuchten Mitgliedstaates – aus der Perspektive seines eigenen Kollisionsrechts – den Sitz im ersuchten Mitgliedstaat sieht.[403] Die ausschließliche Zuständigkeit gemäß Art. 24 Nr. 2 ist also nur dann missachtet und ein Versagungsgrund nur dann gegeben, wenn das erkennende Ursprungsgericht auch auf Grundlage seines eigenen Kollisionsrechts nicht zuständig gewesen wäre.[404] Dies kann immerhin durch das Gericht des ersuchten Staates überprüft werden.

218 Die Nichtbeachtung einer ausschließlichen Zuständigkeit gemäß Art. 24 wird, anders als ein Verstoß gegen die Regeln der Art. 10 bis 23, nicht durch rügelose Einlassung des Beklagten geheilt (Art. 26 Abs. 1 S. 2).

219 **d) Weitere Ausnahmen?** Die Nichtbeachtung einer **Gerichtsstandsvereinbarung** gemäß Art. 25 bildet **keinen** Anerkennungsversagungsgrund gemäß Buchst. e. Insoweit gilt das Vertrauen in die richtige Beurteilung durch das Ursprungsgericht und das Verbot der Überprüfung gemäß Abs. 3 S. 1.[405] Anders ist dies (mittelbar) nur bei Gerichtsstandsvereinbarungen mit Versicherungsnehmern, Verbrauchern und Arbeitnehmern. Für diese gelten (vgl. Art. 25 Abs. 4) die Beschränkungen in Art. 15, 19 und 23. Deren Einhaltung kann im ersuchten Staat gemäß Buchst. e ii) geprüft werden.

220 Stützt ein mitgliedstaatliches Gericht seine Zuständigkeit zu Unrecht auf eine **rügelose Einlassung** des Beklagten gemäß Art. 26 oder missachtet es eine solche Einlassung zulasten des Klägers, dann stellt dies als solches ebenfalls **keinen** Versagungsgrund gemäß Buchst. e dar, weil auch Art. 26 in dieser Vorschrift nicht aufgeführt ist. Unklar ist, ob dies auch dann gilt, wenn eine rügelose Einlassung eine der Zuständigkeiten zum Schutz von Versicherungsnehmern oder Versicherten, Verbrauchern oder Arbeitneh-

---

400 Thomas/Putzo/*Hüßtege* Art. 45 Rdn. 30; Geimer/Schütze/*Peiffer*/*Peiffer* IRV Art. 45 Rdn. 127; Rauscher/*Leible* Art. 45 Rdn. 78.
401 Geimer/Schütze/*Peiffer*/*Peiffer* IRV Art. 45 Rdn. 128; Rauscher/*Leible* Art. 45 Rdn. 78.
402 Dazu Wieczorek/Schütze/*Kern* Art. 24 Rdn. 25.
403 Solche Konstellationen können sich aus den abweichenden gesellschaftskollisionsrechtlichen Konzepten der Sitz- und der Gründungstheorie ergeben. In Deutschland ist diese Thematik allerdings weitgehend durch den Umstand entschärft, dass Rechtsprechung und -praxis für EU-Auslandsgesellschaften mittlerweile weitgehend auf die Gründungstheorie eingeschwenkt sind, vgl. BGH 13.3.2003 BGHZ 154, 185, 190 (Überseering); BGH 5.7.2004 NJW-RR 2004, 1618 (Delaware); BGH 19.9.2005 BGHZ 164, 148; MünchKomm-BGB/*Kindler* (7. Aufl. 2018) Int. Handels- und Gesellschaftsrecht Rdn. 154 m.w.N.
404 Thomas/Putzo/*Hüßtege* Art. 45 Rdn. 30; Geimer/Schütze/*Peiffer*/*Peiffer* IRV Art. 45 Rdn. 129; Rauscher/*Leible* Art. 45 Rdn. 79; Musielak/Voit/*Stadler* Art. 45 Rdn. 18.
405 Geimer/Schütze/*Peiffer*/*Peiffer* IRV Art. 45 Rdn. 130; Rauscher/*Leible* Art. 45 Rdn. 82; kritisch Schlosser/*Hess* Art. 45 Rdn. 38.

mern (Buchst. e i)) überlagert. Wäre diese Prüfung ausgeschlossen, dann könnte der mit Buchst. e i) bezweckte Schutz typisiert schwächerer Parteien ausgehebelt werden. Auch wäre die Belehrungspflicht gemäß Art. 26 Abs. 2 nicht sanktioniert. Deshalb ist – entsprechend der Systematik bei der Gerichtsstandsvereinbarung[406] – davon auszugehen, dass die Gerichte im ersuchten Mitgliedstaat auch überprüfen können, ob eine der besonderen Zuständigkeiten der Art. 10 bis 23 durch eine rügelose Einlassung des Beklagten nach vorheriger Belehrung wirksam abbedungen war.

Art. 72 erlaubt die Nichtanerkennung von Entscheidungen mitgliedstaatlicher Gerichte, die ihre Zuständigkeit gegenüber einem Beklagten mit Wohnsitz außerhalb des Geltungsbereichs der Verordnung auf eine der sog. **exorbitanten Zuständigkeiten** (Art. 3 Abs. 2 und 4 Abs. 2 i.V.m. Anhang I) stützen, wenn sich der ersuchte Mitgliedstaat dazu in einem vor Inkrafttreten der Brüssel Ia-VO abgeschlossenen völkerrechtlichen Vertrag mit einem Drittstaat verpflichtet hat.[407] Im Unterschied zu Art. 35 Brüssel I-VO ist Art. 72 in Art. 45 Abs. 1 Buchst. e nicht mehr in Bezug genommen. Die Möglichkeit, die Anerkennung und Vollstreckung einer solchen Entscheidung zu versagen, ergibt sich allerdings schon aus Art. 72 selbst, und die Erwägungsgründe machen deutlich, dass mit dem Wegfall des Verweises in Buchst. e keine sachliche Änderung verbunden sein sollte.[408] 221

e) Verbindlichkeit der festgestellten Tatsachen (Abs. 2). Bei der Prüfung, ob das Erstgericht des Ursprungsstaates Zuständigkeiten gemäß Art. 10 bis 24 der Verordnung missachtet hat, ist das Zweitgericht im ersuchten Staat an den im ersten Verfahren festgestellten **Sachverhalt gebunden** (Abs. 2). Damit sollen das Anerkennungs- oder Vollstreckungsversagungsverfahren von ansonsten nötigen Beweisaufnahmen entlastet und Verzögerungstaktiken des Anerkennungsgegners und Vollstreckungsschuldners eingeschränkt werden.[409] 222

Für das Gericht des Versagungsverfahrens verbindlich sind die vom Erstgericht festgestellten Tatsachen nur, soweit sie für den Tatbestand der Zuständigkeitsnormen relevant sind.[410] Dazu zählt insbesondere der für die Bestimmung des Wohnsitzes der beteiligten Parteien notwendige Sachverhalt. Abs. 2 beinhaltet zugleich eine Präklusionsregel: Den Parteien ist es verwehrt, im Versagungsverfahren neuen Sachvortrag einzubringen, der sich auf die Eröffnung oder Nichteröffnung eines der von Buchst. e geschützten Gerichtsstände der Art. 10 bis 24 bezieht. 223

Entgegen der ganz h.M. sollten von der Bindungs- und Präklusionswirkung des Abs. 2 allerdings solche Tatsachen ausgenommen sein, die dazu führen, dass der Versagungsgrund des Buchst. e entfällt, weil sich die angegriffene Zuständigkeitsentscheidung des Erstgerichts auf Grundlage dieser Tatsachen auch aus Sicht des über die Versagung entscheidenden Gerichts nachträglich als richtig erweist.[411] Wenn beispielsweise das Erstgericht im Ursprungsstaat dem Beklagten Verbrauchereigenschaft abspricht, das Gericht des Versagungsverfahrens im ersuchten Staat auf Grundlage des vom Erstgericht 224

---

406 Vorige Rdn.
407 Dazu Wieczorek/Schütze/*Garber/Neumayr* Art. 72 Rdn. 1ff.; für Deutschland sind solche Übereinkommen nicht in Kraft, vgl. MünchKomm/*Gottwald* Art. 45 Rdn. 73; Thomas/Putzo/*Hüßtege* Art. 72 Rdn. 1.
408 Erwägungsgrund (29) S. 4; MünchKomm/*Gottwald* Art. 45 Rdn. 73; Rauscher/*Leible* Art. 45 Rdn. 80.
409 Jenard-Bericht S. 46; Geimer/Schütze/*Peiffer/Peiffer* IRV Art. 45 Rdn. 133; Rauscher/ *Leible* Art. 45 Rdn. 84.
410 Vgl. OLG Stuttgart 4.8.2000 NJW-RR 2001, 858, 859; Thomas/Putzo/*Hüßtege* Art. 45 Rdn. 31; Geimer/ Schütze/*Peiffer/Peiffer* IRV Art. 45 Rdn. 132.
411 *Geimer*/Schütze EuZVR Art. 35 a.F. Rdn. 45; dagegen die h.M. Rauscher/*Leible* Art. 45 Rdn. 84.

festgestellten Sachverhalts dagegen der Auffassung ist, dass der Beklagte als Verbraucher zu betrachten sei, dann sollte es dem Titelgläubiger erlaubt sein, anhand zusätzlicher Belege darzutun, weshalb die Entscheidung des Erstgerichts doch richtig war und der Beklagte beim Vertragsabschluss tatsächlich nicht als Verbraucher handelte. Andernfalls würde die seltsame Situation entstehen, dass die Anerkennung und Vollstreckung der Entscheidung gemäß Buchst. e i) zu versagen wäre, obwohl die Zuständigkeit des Erstgerichts sowohl aus Sicht des Erstgerichts als auch aus der späteren Perspektive des Zweitgerichts materiell gegeben war. Das Verdikt im Zweitstaat würde in diesem Fall lauten: Das Erstgericht hat auf unvollständiger Tatsachengrundlage falsch entschieden, deshalb ist die Anerkennung zu versagen, obwohl das Erstgericht auf vollständiger Tatsachengrundlage tatsächlich zuständig war. Zugleich hätte der Kläger keine Möglichkeit mehr, daran etwas zu ändern: Die Versagung im ersuchten Staat ist endgültig. Im Ursprungsstaat kann der Kläger das Urteil nicht mehr angreifen, weil er dort ja Recht bekommen hat. Auch kann ihm regelmäßig nicht einmal vorgeworfen werden, im Erstverfahren nachlässig vorgetragen zu haben, denn das Erstgericht war ja bereits durch die dort vorgetragenen und bewiesenen Tatsachen von seiner Zuständigkeit überzeugt gewesen.

225 Für die Gerichte im ersuchten Mitgliedstaat **nicht verbindlich** sind die **rechtlichen Schlussfolgerungen** des Erstgerichts im Ursprungsstaat aus dem festgestellten Sachverhalt.[412] Die Subsumtion dieses Sachverhalts unter die Tatbestandsmerkmale der Zuständigkeitsregelungen der Art. 10 bis 24 ist im Versagungsverfahren im ersuchten Staat also noch einmal eigenständig vorzunehmen bzw. jedenfalls nachzuvollziehen und zu überprüfen. Die Differenzierung zwischen Sachverhaltsfeststellung und rechtlicher Bewertung ist nach verordnungsautonomen Kriterien vorzunehmen. Deshalb soll nach h.M. die Auslegung einer Erklärung oder eines Vertrages Teil der Sachverhaltsfeststellung, nicht der rechtlichen Bewertung sein.[413]

226 **f) Rechtsfolgen.** Ergeht eine Entscheidung im Ursprungsstaat unter Missachtung der besonderen und ausschließlichen Zuständigkeiten in Art. 10 bis 24, dann ist die Anerkennung und Vollstreckung in den übrigen Mitgliedstaaten, sofern die Voraussetzungen des Buchst. e i) und ii) vorliegen, **zwingend zu versagen**. Ein Ermessen ist den Gerichten dabei **nicht** eröffnet. Das gilt auch dann, wenn das erkennende Gericht im Ursprungsstaat eine ausschließliche gerichtliche Zuständigkeit missachtet hat, die nicht im ersuchten Staat, sondern in einem dritten Mitgliedstaat bestand.[414] Die ausschließlichen Gerichtstände sollen im gesamten Unionsgebiet durchgesetzt werden und nicht nur den „betroffenen" Mitgliedstaat schützen.[415]

227 Eine Verletzung der ausschließlichen Zuständigkeiten in Art. 24 ist deshalb auch **von Amts wegen** zu beachten.[416] Das bedeutet allerdings nicht, dass der Versagungsgrund in Buchst. e ii) ohne jede Veranlassung und außerhalb eines Versagungsverfahrens oder einer Inzidentprüfung gemäß Art. 36 Abs. 3 geprüft würde.[417] Auch führt das Gericht des ersuchten Staates keine Amtsermittlung von Tatsachen durch.[418] Ohne Zutun

---

412 BGH 2.5.1979 NJW 1980, 1223, 1224; Thomas/Putzo/*Hüßtege* Art. 45 Rdn. 31; *Schlosser/Hess* Art. 45 Rdn. 40; Rauscher/*Leible* Art. 45 Rdn. 86; Musielak/Voit/*Stadler* Art. 45 Rdn. 19.
413 Rauscher/*Leible* Art. 45 Rdn. 85.
414 Wenn also beispielsweise ein belgisches Gericht Mietzinsansprüche aus einem Mietvertrag für ein Gewerbegrundstück in Deutschland zuspricht und das Urteil in den Niederlanden vollstreckt werden soll.
415 Rauscher/*Leible* Art. 45 Rdn. 77; Zöller/*Geimer* Art. 45 Rdn. 85.
416 Rauscher/*Leible* Art. 45 Rdn. 77.
417 Vgl. *Schlosser/Hess* Art. 45 Rdn. 38.
418 Soweit diese nicht ohnehin gemäß Abs. 2 feststehen.

einer Partei kann der Versagungsgrund deshalb nur dann zum Tragen kommen, wenn die Missachtung von Art. 24 bereits unmittelbar aus der Entscheidung oder ihrer Begründung hervorgeht und ein mitgliedstaatliches Gericht eine mögliche Versagung der Anerkennung dieser Entscheidung inzident gemäß Art. 36 Abs. 3 prüft.

Die absolute Geltung der ausschließlichen Gerichtsstände des Art. 24 hat auch zur Folge, dass sie die ansonsten strenge zeitliche Prioritätsregel für die **anderweitige Rechtshängigkeit** überlagert: Wird zunächst in einem Mitgliedstaat ein Rechtsstreit anhängig gemacht und anschließend in einem anderen Mitgliedstaat ein weiterer Rechtsstreit über denselben Anspruch, dann hat das zuletzt angerufene Gericht das Verfahren von Amts wegen auszusetzen, bis das erste Gericht seine Zuständigkeit geklärt hat (Art. 29 Abs. 1). Das gilt dem EuGH zufolge aber nicht, wenn die Befassung des ersten Gerichts eine der ausschließlichen Zuständigkeiten des Art. 24 verletzt.[419] Ob das der Fall ist, hat das zweite Gericht sogar von Amts wegen zu prüfen.[420] Stellt es eine solche Verletzung fest, dann darf es nicht aussetzen, sondern muss im Gegenteil das Verfahren durchführen, weil einer Entscheidung des ersten Gerichts der Versagungsgrund in Buchst. e ii) entgegenstehen würde.[421]

228

V. Systematik der Rechtsbehelfe gegen Anerkennung und Vollstreckung

Die in Art. 45 Abs. 1 vorgesehenen Anerkennungsversagungsgründe können nur in den im **III. Kapitel** der Verordnung vorgesehenen **Rechtsbehelfen des Titelschuldners**[422] gegen die Anerkennung und die Vollstreckung einer mitgliedstaatlichen Entscheidung in anderen Mitgliedstaaten geltend gemacht werden. Diese Rechtsbehelfe sind aus sich heraus nicht einfach zu verstehen. Sie sind zudem unvollständig, weil sie durch Rechtsbehelfe aus dem Prozess- und Zwangsvollstreckungsrecht der Mitgliedstaaten ergänzt werden, insbesondere für Einwände des Schuldners, die nicht auf einen der Gründe in Art. 45 Abs. 1 gestützt werden.[423]

229

1. Rechtsbehelfe im Ursprungsstaat. Gegen die Zwangsvollstreckung aus einer zu Unrecht ergangenen Entscheidung eines mitgliedstaatlichen Gerichts zu seinen Lasten kann – und muss – sich der Schuldner zunächst mit den Rechtsbehelfen nach dem Recht des Ursprungsstaates und im Rahmen der danach geltenden Fristen zur Wehr setzen.

230

Dazu zählen zum einen die **ordentlichen Rechtsmittel** des jeweiligen Prozessrechts bis zur Rechtskraft, also typischerweise Berufung und Revision. Für die Dauer eines solchen ordentlichen Rechtsmittelverfahrens im Ursprungsstaat kann ein (etwa angestrengtes)[424] Vollstreckungsversagungsverfahren im Vollstreckungsstaat (gemäß Art. 46 ff., unten Rdn. 239) ausgesetzt werden (Art. 51).[425] Die Aussetzung der **Zwangsvollstreckungsmaßnahmen selbst** ist in der Verordnung für diesen Fall **nicht** geregelt. Daher bleibt dem Schuldner nur, im Ursprungsstaat nach dem dortigen Recht die vorläufige Aufhebung oder Beschränkung der Vollstreckbarkeit der nicht rechtskräftigen Entschei-

231

---

419 EuGH 3.4.2014 C-438/12 ECLI:EU:C:2014:212 Rdn. 48 ff.
420 EuGH 3.4.2014 C-438/12 ECLI:EU:C:2014:212 Rdn. 60.
421 EuGH 3.4.2014 C-438/12 ECLI:EU:C:2014:212 Rdn. 54 ff.
422 Neben Art. 45 Abs. 4 auch Art. 46 ff., Art. 51, Art. 36 Abs. 3.
423 Zu Unstimmigkeiten im Rechtsbehelfssystem der international-verfahrensrechtlichen Verordnungen Brüssel Ia-VO, EuVTVO, EuBagatellVO und EuMahnVO *Haubold* FS Schütze (2014) 163.
424 Dieses wird allerdings häufig keine Erfolgsaussichten haben, weil die Einlegung eines Rechtsmittels im Ursprungsstaat nicht zwangsläufig – und nicht einmal typischerweise – bedeutet, dass zugleich einer der Vollstreckungsversagungsgründe von Art. 45 Abs. 1 vorliegt.
425 Zur Ratio dieser Möglichkeiten unten, Art. 51 Rdn. 1 ff..

dung zu beantragen und im Erfolgsfall dann gemäß Art. 44 Abs. 2 (und in Deutschland §§ 1116, 775 Nr. 2 ZPO) einen Antrag auf Aussetzung der Vollstreckung im Vollstreckungsstaat zu stellen.[426]

232 Ist das ordentliche Rechtsmittel des Schuldners im Ursprungsstaat erfolgreich und wird die **Entscheidung aufgehoben**, dann ist die Zwangsvollstreckung im Vollstreckungsstaat zu beenden und sind etwaige Maßnahmen aufzuheben. Auch diese Konsequenz ist in der Verordnung **nicht unmittelbar** geregelt.[427] Sie ergibt sich aus dem Grundsatz, dass nur solche Entscheidungen in anderen Mitgliedstaaten vollstreckbar sein sollen, die auch nach dem Recht des Ursprungsstaates vollstreckbar sind (Art. 39), sowie aus **Recht des jeweiligen Vollstreckungsstaates**, in Deutschland aus §§ 1116, 775 Nr. 1, 776 ZPO.

233 Weiter kann der Schuldner **nachträglich entstandene Einwände** gegen die ausländische Entscheidung – etwa den Einwand der Zahlung oder der Aufrechnung nach Urteilserlass – bei den Gerichten des Ursprungsstaates geltend machen, soweit diese für ein solches Verfahren nach der Verordnung international zuständig sind.[428] Dafür ist bei deutschen Entscheidungen die **Vollstreckungsabwehrklage** (§ 767 ZPO) eröffnet. Während eines solchen Verfahrens kann wiederum eine Aussetzung der Zwangsvollstreckung im Vollstreckungsstaat gemäß Art. 44 Abs. 2 (mit §§ 1116, 775 Nr. 2 ZPO) und im Erfolgsfalle deren Beendigung nach dem nationalen Recht des Vollstreckungsstaates (Art. 39; §§ 1116, 775 Nr. 1, 776 ZPO) beantragt werden.

234 **2. Versagung von Anerkennung und Vollstreckung.** Die in Art. 45 Abs. 1 aufgeführten **Gründe für die Nichtanerkennung** einer gerichtlichen Entscheidung des Ursprungsstaates kann der Schuldner in anderen Mitgliedstaaten (nur) in den in der Verordnung vorgesehenen Verfahren geltend machen, also im Wege der inzidenten Nichtanerkennung (Art. 36 Abs. 3), im Anerkennungsversagungsverfahren (Art. 45 Abs. 4) und im praktisch bedeutsamen Vollstreckungsversagungsverfahren (Art. 46 ff.).

235 **a) Inzidente Nichtanerkennung (Art. 36 Abs. 3).** Kein Rechtsbehelf des Schuldners im engeren Sinne, aber eine Möglichkeit zur Geltendmachung von Gründen für die Nichtanerkennung einer mitgliedstaatlichen gerichtlichen Entscheidung ist deren **inzidente Prüfung** in einem Rechtsstreit, der in einem anderen Mitgliedstaat anhängig ist, gemäß Art. 36 Abs. 3. Voraussetzung ist, dass es in diesem Rechtsstreit auf die Anerkennung oder Nichtanerkennung der ausländischen Entscheidung ankommt. Allerdings entfaltet das Ergebnis dieser inzidenten Prüfung (nach freilich umstrittener Ansicht) keine Wirkungen über den anhängigen Rechtsstreit hinaus und beseitigt insbesondere nicht die Vollstreckbarkeit der ausländischen Entscheidung.[429]

---

426 Dazu Wieczorek/Schütze/*Loyal* Art. 44 Rdn. 4; *Haubold* FS Schütze (2014) 163, 169. Daneben besteht auch die Möglichkeit, im Vollstreckungsstaat ein freilich häufig erfolgloses (oben Fn. 424) Vollstreckungsversagungsverfahren gemäß Art. 46 ff. einzuleiten und dann Antrag auf Aussetzung der Zwangsvollstreckung für die Dauer dieses Verfahrens gemäß Art. 44 Abs. 1 (und § 1115 Abs. 6 ZPO) zu stellen.
427 *Haubold* FS Schütze (2014) 163, 169. Da nach dem Recht des Ursprungsstaates mit der Aufhebung der Entscheidung zwangsläufig auch deren Vollstreckbarkeit entfallen muss, könnte allenfalls Art. 44 Abs. 2 analog angewendet werden mit dem Argument des Erst-recht-Schlusses, dass bei endgültiger Beseitigung der Vollstreckbarkeit der Entscheidung im Ursprungsstaat auch die Zwangsvollstreckung im Zweitstaat endgültig beendet werden muss.
428 Das ist nicht zwangsläufig der Fall; vgl. dazu Stein/Jonas/*Wagner* Art. 22 a.F. Rdn. 114; *Gsell* EuZW 2011, 87, 91; *Ringwald*, Europ. Vollstreckungstitel und Rechtsbehelfe des Schuldners, 2011, 144 ff.; *Haubold* FS Schütze (2014) 163, 172.
429 Thomas/Putzo/*Hüßtege* Art. 36 Rdn. 11; anders und eingehend zum Ganzen Wieczorek/Schütze/*Loyal* Art. 36 Rdn. 49 ff.

Im Rahmen einer Inzidentprüfung gemäß Art. 36 Abs. 3 kann auch – soweit das nationale Verfahrensrecht des betroffenen Mitgliedstaates dies vorsieht – eine Feststellung des Vorliegens oder Nichtvorliegens von Versagungsgründen im Wege eines **Zwischenentscheids** ergehen. Abs. 3 steht dem nicht entgegen, ordnet diese Möglichkeit aber umgekehrt auch nicht an. 236

Wird während eines Verfahrens, in dem inzident über die Nichtanerkennung entschieden werden müsste, ein Versagungsantrag gemäß Art. 45 Abs. 4, 46 ff. oder ein Antrag auf Anerkennungsfeststellung gestellt, dann kann das zur Inzidentprüfung berufene Gericht sein Verfahren gemäß Art. 38 aussetzen bis zur Entscheidung über den Anerkennungsversagungs- bzw. -feststellungsantrag.[430] 237

b) Anerkennungsversagungsverfahren (Art. 45 Abs. 4). Mit einem Anerkennungsversagungsverfahren gemäß Art. 45 Abs. 4 kann der Titelschuldner verbindlich, unabhängig von einem drohenden oder in Gang gesetzten Zwangsvollstreckungsverfahren, jedoch ohne Gestaltungswirkung **feststellen** lassen, dass in einem Mitgliedstaat einer oder mehrere der Anerkennungsversagungsgründe des Art. 45 Abs. 1 vorliegen. Dieses Verfahren ist dem Titelschuldner grundsätzlich in jedem Mitgliedstaat eröffnet, in welchem sich der Gläubiger auf den Titel beruft.[431] Eine laufende Zwangsvollstreckung kann der Schuldner auf diese Weise allerdings nicht beenden. 238

c) Vollstreckungsversagungsverfahren (Art. 46 ff.). Das Vollstreckungsversagungsverfahren gemäß Art. 46 ff. der Verordnung ist das zentrale Verfahren zur Geltendmachung der in Art. 45 Abs. 1 genannten Gründe für die Nichtanerkennung mitgliedstaatlicher Entscheidungen. Mit ihm kann der Schuldner die **Vollstreckbarkeit** des Titels in einem Mitgliedstaat, in welchem aus dem Titel vollstreckt wird oder werden soll, mit Wirkung für diesen Mitgliedstaat **aufheben**. Umstritten ist, ob in diesem Verfahren auch andere Einwände des Schuldners berücksichtigt werden können, etwa eine nachträgliche Erfüllung der titulierten Verbindlichkeit.[432] Für die Dauer des Versagungsverfahrens kann der Schuldner beim selben Gericht die Aussetzung oder Beschränkung der Vollstreckungsmaßnahmen beantragen (Art. 44 Abs. 1). Ist der Antrag auf Versagung der Vollstreckung erfolgreich, ist die Zwangsvollstreckung insgesamt einzustellen, was sich wiederum nicht aus der Verordnung, sondern aus dem nationalen Vollstreckungsrecht ergibt (in Deutschland §§ 1116, 775 Nr. 1, 776 ZPO). 239

3. Rechtsbehelfe nach dem Recht des Vollstreckungsstaats. Neben die Rechtsbehelfe des Ursprungsstaates und der Verordnung treten diejenigen aus dem **Recht des Vollstreckungsstaates**, die die Zwangsvollstreckung **allgemein** betreffen. Autonome Regeln für die Anerkennung von Entscheidungen anderer Mitgliedstaaten (etwa eine Nichtanerkennung wegen falscher Rechtsanwendung durch das Ursprungsgericht) können darin (natürlich) nicht vorgesehen werden (vgl. Art. 41 Abs. 2). 240

a) Art und Weise der Zwangsvollstreckung. Verstoßen einzelne Zwangsvollstreckungsmaßnahmen aus einem mitgliedstaatlichen Titel gegen das Zwangsvollstreckungsrecht des Vollstreckungsstaates, zum Beispiel wegen einer Missachtung von Pfändungsfreigrenzen, so kann sich der Vollstreckungsschuldner dagegen (nur) im Vollstreckungsstaat und mit den **Rechtsbehelfen des Rechts des Vollstreckungsstaates** zur Wehr 241

---

430 Thomas/Putzo/*Hüßtege* Art. 36 Rdn. 11.
431 Zum Ganzen unten Rdn. 244 ff.
432 Dazu unten Art. 46 Rdn. 7 ff.

setzen (in Deutschland etwa §§ 766 und 793 ZPO).[433] Im Erfolgsfalle werden die Vollstreckungsmaßnahmen nach diesem Recht aufgehoben oder abgeändert. Die Anerkennung und die Vollstreckbarkeit des ausländischen Titels als solche bleiben unberührt. Zu Unrecht von einer Vollstreckungsmaßnahme aus einem mitgliedstaatlichen Titel betroffene **Dritte** können ebenfalls (nur) im Staat der Vollstreckungsmaßnahme nach den dortigen Regeln Drittwiderspruchsklage (§ 771 ZPO) oder vergleichbare Rechtsbehelfe ergreifen.

242   b) **Vollstreckungsabwehrklage. Nachträglich** gegen den im Ursprungsstaat titulierten Anspruch entstandene Einwände, insbesondere dessen Erlöschen durch Erfüllung, kann der Schuldner auch[434] mit den dafür vorgesehenen Rechtsbehelfen des Vollstreckungsstaates geltend machen, in Deutschland mit der **Vollstreckungsabwehrklage** (§§ 1117 Abs. 1, 767 ZPO).[435] Das entsprach schon unter der Brüssel I-VO der h.M.[436] und wird in Art. 41 Abs. 2 der aktuellen Verordnung, wenngleich missverständlich, vorausgesetzt. Die internationale Zuständigkeit für solche Klagen ergibt sich aus Art. 24 Nr. 5.[437] Wann Einwände des Schuldners als nachträgliche im Sinne von § 767 Abs. 2 ZPO zu betrachten sind, also der **Zeitpunkt der Präklusion**, richtet sich – auch wegen des Verbots der *révision au fond* – nach dem Prozessrecht des Ursprungsstaates.[438]

243   Die **Wirkungen** einer erfolgreichen Vollstreckungsabwehrklage sind *de lege lata* auf den **Vollstreckungsstaat**, in welchem die Klage geführt wurde, beschränkt.[439] Für diesen Mitgliedstaat ist die Vollstreckbarkeit des Titels aufgehoben, und Vollstreckungsmaßnahmen sind nach dem Recht dieses Staates aufzuheben (in Deutschland §§ 775 Nr. 1, 776 ZPO). Drohen weitere Vollstreckungsmaßnahmen in anderen Mitgliedstaaten, muss der Schuldner dort in gleicher Weise vorgehen oder aber eine Aufhebung der Vollstreckbarkeit im Ursprungsstaat erreichen, was dann für alle Mitgliedstaaten gilt (vgl. Art. 39, 44 Abs. 2). De *lege ferenda* sollten die Wirkungen einer Vollstreckungsabwehrklage – entsprechend dem in Art. 22 Abs. 2 EuMahnVO verfolgten Ansatz – auf alle Mitgliedstaaten erstreckt werden.[440]

VI. Anerkennungsversagungsverfahren (Abs. 4)

244   Art. 45 **Abs. 4** bildet die Rechtsgrundlage für das sog. **Anerkennungsversagungsverfahren**. Mit diesem Verfahren kann in jedem anderen Mitgliedstaat als demjenigen, in dem die Ursprungsentscheidung ergangen ist, gerichtlich **festgestellt** werden, dass einer Anerkennung dieser Ursprungsentscheidung ein **Versagungsgrund** gemäß Abs. 1

---

433   *Haubold* FS Schütze (2014) 163, 165 ff.; Wieczorek/Schütze/*Loyal* Art. 41 Rdn. 4.
434   Vgl. oben Rdn. 233.
435   Vgl. auch unten Art. 46 Rdn. 31 ff.
436   Anders etwa *Halfmeier* IPRax 2007, 381, 385 f.; *Bach*, Grenzüberschreitende Vollstreckung in Europa (2008) S. 152 ff.; dazu und zur h.M. *Haubold* FS Schütze (2014) 163, 171 f.
437   Wieczorek/Schütze/*Kern* Art. 24 Rdn. 42; EuGH 4.7.1985 C-220/84 EuGHE 1985, 2267; OLG Hamburg 6.2.1998 IPRax 1999, 168, 169; OLG Köln 21.11.2012 BeckRS 2013, 05770; Gebauer/Wiedmann/*Gebauer* Kap. 27 Rdn. 107; *Gsell* EuZW 2011, 87, 91; *Leible/Freitag*, Forderungsbeitreibung in der EU, 2008, § 2 Rdn. 220; *Ringwald*, Europ. Vollstreckungstitel und Rechtsbehelfe des Schuldners (2011) 188 ff., 192.
438   BeckOK ZPO/*Vorwerk/Wolf* § 1117 Rdn. 10; MünchKomm/*Gottwald* § 1117 Rdn. 3; Zöller/*Geimer* § 1117 Rdn. 4; Thomas/Putzo/*Hüßtege* § 1117 Rdn. 4; Geimer/Schütze/*Peiffer/Peiffer* IRV Art. 41 Rdn. 26; sowie unten Art. 52 Rdn. 27.
439   OLG Köln 21.11.2012 BeckRS 2013, 05770 zur EuVTVO; Geimer/Schütze/*Peiffer/Peiffer* IRV Art. 41 Rdn. 27; MünchKomm/*Gottwald* § 1117 Rdn. 1; BeckOK ZPO/*Vorwerk/Wolf* § 1117 Rdn. 14; zur EuMahnVO *R. Wagner* IPRax 2005, 401, 408; Rauscher/*Gruber* Art. 22 EG-MahnVO Rdn. 44; MünchKomm/*Ulrici* VO (EG) 1896/2006 Art. 22 Rdn. 22.
440   Dazu *Haubold* FS Schütze (2014) 163, 178 f.

entgegensteht. An einer solchen Feststellung kann etwa der Schuldner ein Interesse haben, wenn noch keine Vollstreckungsmaßnahmen im Zweitstaat angedroht oder eingeleitet sind, er aber vorbeugend sicherstellen will, dass solche wegen eines Versagungsgrundes ausgeschlossen sind. Außerdem können mit einem Anerkennungsversagungsantrag Rechtswirkungen einer Entscheidung, die keinen vollstreckbaren Inhalt hat, in einem anderen Mitgliedstaat ausgeschlossen werden. Gleichwohl dürfte die isolierte Anerkennungsversagung gegenüber der Vollstreckungsversagung das deutlich seltenere Rechtsmittel sein.[441]

Der **Wortlaut** der Vorschrift ist missverständlich. Er könnte auf den ersten Blick als eine Art Rechtsgrundverweisung, also so verstanden werden, dass die Versagung der Anerkennung nur im Vollstreckungsversagungsverfahren gemäß Art. 46 ff. möglich sein soll. Alle Sprachfassungen sehen aber ausdrücklich einen eigenen „Antrag auf Versagung der Anerkennung" (also nicht „Versagung der Vollstreckung") vor, der nur „gemäß" den Verfahrensregeln der Art. 46 ff. zu behandeln ist. Abs. 4 stellt also gleichsam eine Rechtsfolgenverweisung dar und eröffnet ein eigenständiges Verfahren. **245**

Das Anerkennungsversagungsverfahren hat keine unmittelbare Entsprechung in der Brüssel I-VO. Art. 33 Abs. 2 Brüssel I-VO sieht, wie Art. 36 Abs. 2 der Neufassung, die **positive** Feststellung der Anerkennung bzw. des Nichtvorliegens von Versagungsgründen vor. Umstritten war, ob in dem Verfahren nach Art. 33 Abs. 2 Brüssel I-VO auch die Feststellung beantragt werden konnte, dass eine Entscheidung – wegen eines Versagungsgrundes – nicht anerkannt wird,[442] oder ob für eine solche Feststellung nur die Feststellungsklage nach dem Recht der Mitgliedstaaten in Betracht kommt.[443] Diese Frage ist durch Art. 45 Abs. 4 nun obsolet geworden. **246**

1. Zuständigkeit. International zuständig für ein Anerkennungsversagungsverfahren sind die **Gerichte sämtlicher Mitgliedstaaten** mit Ausnahme des Ursprungsstaates der Entscheidung.[444] Anders als im Vollstreckungsversagungsverfahren[445] kann das Anerkennungsversagungsverfahren auch **nicht nur dort** eingeleitet werden, wo Zwangsvollstreckungsmaßnahmen drohen oder möglich sind, weil Schuldnervermögen belegen ist. Die internationale Zuständigkeit für ein Anerkennungsversagungsverfahren erfordert schließlich auch nicht, dass der Antragsteller darlegt, dass er von den Wirkungen der angegriffenen Entscheidung gerade im Staat des Versagungsverfahrens besonders betroffen ist. Ist nicht erkennbar, dass eine Entscheidung in einem anderen Mitgliedstaat irgendeine bemerkbare Auswirkung haben könnte, dann könnte es allenfalls am Rechtschutzinteresse des Antragstellers fehlen.[446] **247**

Für die **örtliche Zuständigkeit** in Deutschland verweisen § 1115 Abs. 2 S. 1 und 2 ZPO auf den Wohnsitz des Schuldners, hilfsweise auf den Ort der Zwangsvollstreckung. Für das Anerkennungsversagungsverfahren sind diese Anknüpfungen nur bedingt tauglich,[447] weil nicht notwendig Zwangsvollstreckungsmaßnahmen stattfinden und weil die Versagung der Anerkennung nicht zwingend von einem „Schuldner" beantragt wird. Deshalb wird teilweise die Anknüpfung an einen Ort des Feststellungsinteresses oder der **248**

---

441 Geimer/Schütze/*Peiffer*/*Peiffer* IRV Art. 45 Rdn. 143.
442 Dafür etwa *Geimer*/Schütze EuZVR Art. 33 a.F. Rdn. 85 f.
443 Dafür etwa *Kropholler*/*von Hein* Art. 33 a.F. Rdn. 7; Geimer/Schütze/*Peiffer*/*Peiffer* IRV Art. 45 Rdn. 144.
444 Vgl. *Geimer*/Schütze EuZVR Art. 33 a.F. Rdn. 102: kein Inlandsbezug erforderlich.
445 Dazu Art. 47 Rdn. 4.
446 Dazu sogleich Rdn. 252.
447 BeckOK ZPO/*Thode* § 1115 Rdn. 11; Geimer/Schütze/*Peiffer*/*Peiffer* IRV Art. 45 Rdn. 149.

Entscheidungswirkungen im weiteren Sinne befürwortet.[448] Das Feststellungsinteresse dürfte allerdings in der Regel kaum zu lokalisieren sein.[449] Deshalb sollte Folgendes gelten:

249   Ist der gerichtlichen Entscheidung ein Schuldner einer Zahlungs- oder sonstigen Leistung zu entnehmen und hat dieser einen Wohnsitz in Deutschland, dann sind die Gerichte an diesem Wohnsitz örtlich zuständig (§ 1115 Abs. 2 S. 1 ZPO). Hat der Schuldner keinen Wohnsitz, aber Vermögen, dann sollten das oder die Gerichte am Ort der Belegenheit des Vermögens zuständig sein, weil es dort immerhin theoretisch zu Vollstreckungsmaßnahmen kommen könnte.[450] Hat der Schuldner auch kein Vermögen in Deutschland, sollte hilfsweise ein Wohnsitz des Antragsgegners in Deutschland relevant sein.[451] Wenn es auch diesen nicht gibt, kann der Antrag schlicht an einem beliebigen Gericht gestellt werden.[452] Statuiert die Entscheidung keine Leistungspflichten und gibt es deshalb keinen Schuldner, sollten zunächst der Wohnsitz des Antragstellers, hilfsweise der Wohnsitz des Antragsgegners in Deutschland maßgeblich sein, und höchst hilfsweise wiederum alle Gerichte angerufen werden können.

250   **Sachlich** zuständig für den Anerkennungsversagungsantrag sind die Landgerichte (§ 1115 Abs. 1 ZPO), funktional dort der Vorsitzende einer Zivilkammer (§ 1115 Abs. 4 S. 1 ZPO).

251   **2. Beteiligte.** Antragsteller können die **Parteien des Ausgangsverfahrens**, deren **Rechtsnachfolger** oder auch **Dritte** sein, die ein Interesse an der Versagung der Anerkennung geltend machen können.[453] Stellt ein interessierter Dritter den Antrag, dann ist unklar, gegen wen dieser Antrag zu richten ist. Richtigerweise müssten in diesem Fall beide Parteien des Ausgangsverfahrens Antragsgegner sein, weil beide grundsätzlich Interesse daran haben können, dass die Anerkennung nicht versagt wird.[454]

252   Das Anerkennungsversagungsverfahren setzt ein **Rechtsschutzinteresse** des Antragstellers voraus. Für den im Erstverfahren unterlegenen Schuldners wird dieses in aller Regel gegeben sein.[455] Insbesondere ist nicht erforderlich, dass Zwangsvollstreckungsmaßnahmen aus der Entscheidung im ersuchten Staat drohen oder auch nur möglich sind. Das Rechtsschutzinteresse kann allenfalls in Ausnahmefällen entfallen, wenn etwa feststeht, dass die Entscheidung **keinerlei** Rechtswirkungen im Staat des Versagungsverfahrens zeitigen kann, etwa weil die Vollstreckbarkeit der Entscheidung im Ursprungsstaat entfallen ist.[456]

253   Streben ausnahmsweise die im Erstverfahren obsiegende Partei oder ein Dritter die Versagung an, dann müssen diese jedoch im Einzelnen darlegen, welches rechtliche Interesse sie an einer Versagung haben.[457]

254   **3. Antrag und Verfahren.** Der **Antrag** auf Versagung der Anerkennung kann schriftlich oder mündlich zu Protokoll der Geschäftsstelle erkärt werden (§ 1115 Abs. 3 ZPO).

---

448 Dafür MünchKomm/*Gottwald* Art. 47 Rdn. 4.
449 *Geimer*/Schütze EuZVR Art. 33 a.F. Rdn. 101; Geimer/Schütze/*Peiffer*/*Peiffer* IRV Art. 45 Rdn. 150.
450 Vgl. Geimer/Schütze/*Peiffer*/*Peiffer* IRV Art. 45 Rdn. 149.
451 Geimer/Schütze/*Peiffer*/*Peiffer* IRV Art. 45 Rdn. 150.
452 *Geimer*/Schütze EuZVR Art. 33 a.F. Rdn. 101; Geimer/Schütze/*Peiffer*/*Peiffer* IRV Art. 45 Rdn. 150.
453 Thomas/Putzo/*Hüßtege* Art. 45 Rdn. 35; Geimer/Schütze/*Peiffer*/*Peiffer* IRV Art. 45 Rdn. 152; *Geimer*/ Schütze EuZVR Art. 33 a.F. Rdn. 94; *Kropholler*/*von Hein* Art. 33 a.F. Rdn. 2.
454 Etwa wenn die im Erstverfahren unterlegene Partei den Anspruch bereits beglichen hat und nun Rückgriff beim Dritten nehmen will.
455 *Geimer*/Schütze EuZVR Art. 33 a.F. Rdn. 95.
456 Vgl. auch Art. 47 Rdn. 25.
457 *Geimer*/Schütze EuZVR Art. 33 a.F. Rdn. 96.

Für die Antragstellung als solche besteht nach der Verordnung **kein Anwaltszwang.** 255
Ein solcher darf von den Mitgliedstaaten auch nicht speziell für den ausländischen Antragsteller eingeführt werden (Art. 45 Abs. 4 i.V.m. Art. 47 Abs. 4 S. 1), auch nicht durch Anordnung der Benennung eines Zustellungsbevollmächtigten.[458] In Deutschland ist für die Antragstellung kein Rechtsanwalt erforderlich,[459] allerdings kann ein solcher für eine etwaige mündliche Verhandlung notwendig werden.[460]

Wie für das Vollstreckungsversagungsverfahren brauchen weder der Antragsteller 256 noch der Antragsgegner im ersuchten Staat ein **Wahldomizil** einzurichten, und sie müssen dort **nicht** über eine **zustellungsfähige Anschrift** verfügen (Art. 45 Abs. 4 i.V.m. Art. 47 Abs. 4 S. 1).[461] Ebensowenig kann vom Antragsteller eine Sicherheitsleistung verlangt werden (Art. 56).

Eine bestimmte **Frist** für die Einleitung eines Anerkennungsversagungsverfahrens 257 gibt es **nicht.**

Der Antrag ist auf die **Feststellung** zu richten, dass die Anerkennung eines hinrei- 258 chend **genau zu bezeichnenden** ausländischen Titels **in Deutschland versagt** wird, und kann etwa wie folgt lauten: „Es wird festgestellt, dass die Anerkennung des Urteils des [Gericht] vom [Datum], Aktenzeichen [...] für das Gebiet der Bundesrepublik Deutschland versagt wird."[462] Der Versagungsantrag kann auch auf einen **abtrennbaren Teil** der Entscheidung beschränkt werden.

Mit dem Antrag hat der Antragsteller grundsätzlich auch eine **Ausfertigung der** 259 **Entscheidung**, deren Versagung angestrebt wird, nebst Übersetzung in die Verfahrenssprache vorzulegen (Art. 45 Abs. 4 i.V.m. Art. 47 Abs. 3 S. 1). Verfügt er ausnahmsweise nicht über eine solche Ausfertigung, etwa weil es sich um einen interessierten Dritten handelt, kann das Gericht dem Antragsgegner die Vorlage aufgeben (Art. 45 Abs. 4 i.V.m. Art. 47 Abs. 3 S. 3).[463]

Der Antragsgegner oder, wenn ein Dritter den Antrag stellt, den Antragsgegnern 260 ist im Anerkennungsversagungsverfahren **rechtliches Gehör** zu gewähren, das Verfahren ist also ein kontradiktorisches (§ 1115 Abs. 4 S. 3 ZPO).[464] Von einer **mündlichen Verhandlung** können die Gerichte in Deutschland dagegen absehen (§ 1115 Abs. 4 S. 2 ZPO).

Verfahrensgegenstand ist ausschließlich das Vorliegen eines oder mehrerer **Ver-** 261 **sagungsgründe** gemäß Art. 45 Abs. 1.

Die **Darlegungs- und Beweislast** für das Vorliegen von Versagungsgründen liegt, 262 wie auch im Vollstreckungsversagungsverfahren beim **Antragsteller**.[465] Hat der Antragsteller allerdings Tatsachen vorgetragen, aus welchen sich ein Anerkennungsversagungsgrund ergibt, dann kommt es nicht darauf an, ob sich der Antragsteller ausdrücklich auf **diesen** Versagungsgrund beruft. Vielmehr hat das Gericht den vorgetragenen Sachverhalt von Amts wegen unter Art. 45 Abs. 1 zu subsumieren und kann beispielsweise einen *ordre public*-Verstoß (Art. 45 Abs. 1 Buchst. a) oder eine Verletzung ausschließlicher Zuständigkeiten (Art. 45 Abs. 1 Buchst. e ii) auch dann annehmen, wenn der An-

---

458 Dazu Art. 47 Rdn. 22.
459 Geimer/Schütze/*Peiffer*/Peiffer IRV Art. 45 Rdn. 151.
460 Dazu näher bei Art. 47 Rdn. 23.
461 Dazu näher bei Art. 47 Rdn. 19 f.
462 Vgl. Geimer/Schütze/*Peiffer*/Peiffer IRV Art. 45 Rdn. 152; Mes/*Schütze* Becksches Prozessformularbuch (13. Aufl. 2016) Nr. I.U.10.
463 Dazu Art. 47 Rdn. 26 ff.
464 Auch ohne ausdrückliche Anordnung in der ZPO würde das der allgemeine Anspruch auf rechtliches Gehör erfordern.
465 Vgl. unten Art. 47 Rdn. 35.

tragsteller sich in seinen Rechtsausführungen lediglich auf Art. 45 Abs. 1 Buchst. b beruft.[466]

263   **4. Entscheidung und Wirkungen.** Das Gericht entscheidet über die Anerkennungsversagung durch **Beschluss**, der mit Gründen zu versehen ist (§ 1115 Abs. 4 S. 1 und 2 ZPO). Der Beschluss kann auch die **teilweise Versagung** der Anerkennung aussprechen.[467]

264   Durch einen Beschluss, die Anerkennung zu versagen, wird mit Rechtskraftwirkung zwischen den Parteien festgestellt,[468] dass der bejahte Versagungsgrund vorliegt und die Entscheidung entgegen der Grundregeln des Art. 36 Abs. 1 im ersuchten Mitgliedstaat **ausnahmsweise nicht** anerkannt wird. Damit **entfallen** sämtliche Wirkungen der Entscheidung in diesem Mitgliedstaat *ex tunc*.[469] In dieser Hinsicht entfaltet ein Beschluss über die Versagung der Anerkennung in gewisser Weise nicht nur feststellende, sondern auch gestaltende Wirkung.[470]

265   Die Versagung der Anerkennung ist auf den Mitgliedstaat, in welchem das Versagungsverfahren stattgefunden hat, **beschränkt** und wirkt nicht, auch nicht präjudiziell, in anderen Mitgliedstaaten.[471] Will der Antragsteller die Versagung in mehreren Mitgliedstaaten erreichen, muss er in jedem dieser Staaten einen Versagungsantrag stellen oder aber eine Aufhebung der Entscheidung im Ursprungsstaat erreichen. Auf der anderen Seite bedeutet dies auch, dass der Antragsgegner u.U. gegen seinen Willen in zahlreichen Staaten gerichtspflichtig werden kann: Ergeht etwa im Erstverfahren eine Unterlassungsverfügung unter Missachtung des rechtlichen Gehörs des Beklagten und ist daher der Versagungsgrund gemäß Art. 45 Abs. 1 Buchst. b gegeben, dann kann der Beklagte in sämtlichen anderen Mitgliedstaaten mit Aussicht auf Erfolg (und häufig mit einer Kostenlast des Klägers) Versagungsanträge gemäß Art. 45 Abs. 4 stellen. Der Kläger kann dies dann nur verhindern, indem er, soweit noch möglich, den Titel im Ursprungsstaat beseitigt, wodurch die Anerkennungswirkungen unionsweit entfallen. Alternativ kann er nur versuchen, das Rechtsschutzinteresse des Beklagten für Versagungsanträge zu auszuschließen, etwa durch einen notariellen Verzicht auf die Wirkungen der Entscheidung.

266   **5. Kosten.** Die Kostenverteilung für das Versagungsverfahren ist in der Verordnung nicht geregelt, daher gilt in Deutschland § 91 ZPO. Für das erstinstanzliche Verfahren fallen streitwertunabhängige **Gerichtsgebühren** gemäß Nr. 1510 Nr. 5 VV zum GKG an.[472] Die **Rechtsanwaltsgebühren** richten sich nach Nr. 3100ff. RVG.[473]

267   **6. Rechtsmittel.** Gegen die Entscheidung kann die unterlegene Partei mit der **sofortigen Beschwerde** vorgehen (Art. 45 Abs. 4 i.V.m. Art. 49; §§ 1115 Abs. 5, 567ff. ZPO).

---

[466]   BGH 12.12.2007 IPRax 2008, 530; BGH 3.8.2011 NJW 2011, 3103, 3105; BGH 14.6.2012 NJW-RR 2012, 1013, 1014 (jeweils zu Art. 34 a.F.); Thomas/Putzo/*Hüßtege* Art. 45 Rdn. 2; Geimer/Schütze/*Peiffer*/*Peiffer* IRV Art. 45 Rdn. 11; Wieczorek/Schütze/*Schütze* § 1115 ZPO Rdn. 21f.; vgl. dazu auch oben Rdn. 26ff. und Art. 47 Rdn. 35.
[467]   Dazu unten Art. 47 Rdn. 39f.
[468]   Zöller/*Geimer* Art. 45 Rdn. 94.
[469]   Zöller/*Geimer* Art. 45 Rdn. 95.
[470]   Zöller/*Geimer* Art. 45 Rdn. 95; anders Geimer/Schütze/*Peiffer*/*Peiffer* IRV Art. 45 Rdn. 142: nur Feststellungswirkung.
[471]   Vgl. für das Vollstreckungsversagungsverfahren Art. 46 Rdn. 20.
[472]   Geimer/Schütze/*Peiffer*/*Peiffer* IRV Art. 45 Rdn. 161.
[473]   Geimer/Schütze/*Peiffer*/*Peiffer* IRV Art. 47 Rdn. 162.

Gegen die Beschwerdeentscheidung ist gegebenenfalls die Rechtsbeschwerde zum Bundesgerichtshof eröffnet. (Art. 45 Abs. 4 i.V.m. Art. 50; §§ 1115 Abs. 5 S. 3, 574 ff. ZPO).

7. Verhältnis zu anderen Verfahrensarten. Das Anerkennungsversagungsverfahren gemäß Art. 45 Abs. 4 stellt gleichsam das Gegenstück zum **Anerkennungsfeststellungsverfahren** gemäß Art. 36 Abs. 2 dar, weil im ersten Fall das Nichtvorliegen, im zweiten Fall das Vorliegen von Versagungsgründen festgestellt werden soll. Die Verfahren haben also denselben Streitgegenstand und schließen sich wechselseitig aus.[474] 268

Ist im Rahmen eines Anerkennungsversagungsverfahrens gemäß Art. 45 Abs. 4 über das Vorliegen eines Versagungsgrundes rechtskräftig entschieden, dann bindet dieses Ergebnis auch Gerichte in Verfahren zwischen denselben Parteien im selben Mitgliedstaat, in welchen die Anerkennung oder ihre Versagung eine **inzidente** Frage bilden (**Art. 36 Abs. 3**). Wird umgekehrt anlässlich einer Inzidentprüfung gemäß Art. 36 Abs. 3 über das Vorliegen eines Versagungsgrundes durch Zwischenfeststellung rechtskräftig entschieden,[475] dann steht der Einleitung eines Anerkennungsversagungsverfahrens durch dieselben Parteien der Einwand der Rechtskraft entgegen. 269

Unklar ist das Verhältnis zum **Vollstreckungsversagungsverfahren**: Nach h.M. soll parallel zu einem Vollstreckungsversagungsverfahren auch ein Anerkennungsversagungsverfahren angestrengt oder fortgeführt werden können und *vice versa*, weil beide Verfahren unterschiedliche Zielrichtungen hätten.[476] Richtig ist, dass der Vollstreckungsversagungsantrag über den Anerkennungsversagungsantrag hinausgeht, weil ersterer rechtsgestaltend die Vollstreckbarkeit im ersuchten Mitgliedstaat beseitigt, letzterer nicht. Allerdings spricht viel dafür, dass die Versagung der Vollstreckbarkeit einer ausländischen Entscheiudng aufgrund eines Versagungsgrundes gemäß Art. 45 Abs. 1 zugleich die Feststellung enthält, dass dieser Versagungsgrund gegeben ist und deshalb auch eine Anerkennung ausscheidet. Deshalb sollte neben einem laufenden Vollstreckungsversagungsverfahren nicht zugleich ein Anerkennungsversagungsverfahren durchgeführt werden können. Leitet der Schuldner zunächst nur ein Anerkennungsversagungsverfahren gemäß Art. 45 Abs. 4 ein und sieht er sich vor Abschluss dieses Verfahrens zusätzlich einer Zwangsvollstreckung des Gläubigers ausgesetzt, sollte er vom Anerkennungs- auf einen Vollstreckungsversagungsantrag übergehen können.[477] 270

Für eine **Feststellungsklage nach nationalem Recht**, die auf die Feststellung des Vorliegens eines Versagungsgrundes oder auf die Versagung der Anerkennung gerichtet ist, fehlt es neben dem Anerkennungsverfahren in aller Regel an einem Rechtsschutzbedürfnis des Klägers.[478] 271

UNTERABSCHNITT 2
Versagung der Vollstreckung

Artikel 46

Die Vollstreckung einer Entscheidung wird auf Antrag des Schuldners versagt, wenn festgestellt wird, dass einer der in Artikel 45 genannten Gründe gegeben ist.

---

474 Wieczorek/Schütze/*Loyal* Art. 36 Rdn. 53; Geimer/Schütze/*Peiffer*/Peiffer IRV Art. 45 Rdn. 141, 159.
475 Zur Frage, ob das überhaupt möglich ist Wieczorek/Schütze/*Loyal* Art. 36 Rdn. 51.
476 Thomas/Putzo/*Hüßtege* Art. 45 Rdn. 36; Geimer/Schütze/*Peiffer*/Peiffer IRV Art. 45 Rdn. 160.
477 Dazu Art. 46 Rdn. 25 f.
478 Thomas/Putzo/*Hüßtege* Art. 45 Rdn. 36.

Übersicht

I. Entstehungsgeschichte und Normzweck —— 1
II. Prüfungsgegenstand und -umfang —— 6
   1. Anerkennungsversagungsgründe —— 6
   2. Weitere Schuldnereinwände —— 7
III. Wirkungen —— 17
IV. Abgrenzung zu anderen Verfahren —— 22
   1. Inzidente Anerkennungsprüfung —— 23
2. Anerkennungsversagungsverfahren —— 25
3. Anerkennungsfeststellungsverfahren —— 28
4. Vollstreckungsabwehrklage —— 31
   a) Statthaftigkeit —— 32
   b) Verfahrensgegenstände —— 34
   c) Verbindung und Wechselwirkungen —— 40

I. Entstehungsgeschichte und Normzweck

1 Die Vorschrift hat **keine** unmittelbare Entsprechung in der Brüssel I-VO, im EuGVÜ und im LugÜ 2007, knüpft aber an den Normzweck der Bestimmungen über Rechtsbehelfe gegen Exequaturentscheidungen in Art. 36 Abs. 1 EuGVÜ und in Art. 43 Abs. 1 Brüssel I-VO und LugÜ 2007 an:

2 Nach der Konzeption des **EuGVÜ** (Art. 31ff.) wurde über die Vollstreckbarkeit eines mitgliedstaatlichen Titels in anderen Mitgliedstaaten im Rahmen eines streitigen Verfahrens im Vollstreckungsstaat – dem **Exequaturverfahren** – entschieden. War der Schuldner mit dem Ergebnis dieses Verfahrens nicht einverstanden, dann konnte er gemäß Art. 36 Abs. 1 EuGVÜ Rechtsmittel einlegen.

3 Die **Brüssel I-VO** und das **LugÜ 2007** reduzierten das Exequaturverfahren auf ein *ex-parte*-**Verfahren** des Titelgläubigers im Vollstreckungsstaat mit gerichtlicher Prüfung der Voraussetzungen für die Vollstreckbarkeit ohne Beteiligung des Titelschuldners (Art. 38 Abs. 1 und Art. 41 S. 2 Brüssel I-VO und LugÜ 2007). Dieser konnte erst in einem zweiten Schritt, nach Zustellung der Exequatur-Entscheidung (Art. 42 Abs. 2 Brüssel I-VO und LugÜ 2007), einen Rechtsbehelf einlegen (Art. 43 Abs. 1 Brüssel I-VO und LugÜ 2007), der dann zu einem kontradiktorischen Verfahren über das Vorliegen von Nichtanerkennungsgründen der Verordnung bzw. des Übereinkommens führte.

4 Mit der Neufassung der **Verordnung 2012** wurde das Exequaturverfahren auch als *ex-parte*-Verfahren abgeschafft. Seither sind mitgliedstaatliche Titel ohne vorherige Vollstreckbarerklärung in allen anderen Mitgliedstaaten vollstreckbar. Da die Gründe für eine ausnahmsweise Versagung der grenzüberschreitenden Anerkennung und Vollstreckung solcher Titel jedoch beibehalten wurden (Art. 45 Abs. 1), bedurfte es eines neuen Verfahrens, in welchem der Schuldner diese Gründe geltend machen kann. Zu diesem Zweck wurde das **Vollstreckungsversagungsverfahren** der Art. 46 bis 51 der Verordnung 2012 eingeführt.[1]

5 Wie schon das Rechtsbehelfsverfahren der Brüssel I-VO beruht das Vollstreckungsversagungsverfahren auf einer Kombination aus **verordnungsautonomen Vorgaben** in Art. 46ff. und **nationalem Verfahrensrecht**, das zur Anwendung kommt, soweit die Verordnung eine prozessuale Frage nicht regelt (Art. 47 Abs. 2). Ebenfalls wie unter der Brüssel I-VO kann neben dem Titelschuldner auch der **Titelgläubiger** eine Überprüfung des Vorliegens oder Nichtvorliegens von Versagungsgründen veranlassen. In der Verordnung 2012 folgt dies allerdings nicht unmittelbar aus Art. 46ff., sondern aus der Möglichkeit eines Feststellungsantrags gemäß Art. 36 Abs. 2, welcher sodann auf die Regelungen der Art. 46ff. verweist. Ausgelöst wird das Antragsrecht des Schuldners in der

---

[1] Vgl. Erwägungsgrund (29) S. 2.

Brüssel Ia-VO nicht mehr durch eine vorangegangene Exequaturentscheidung im Vollstreckungsstaat, sondern durch **Vollstreckungsmaßnahmen** oder unmittelbar drohende Zwangsvollstreckung in einem Mitgliedstaat.[2]

II. Prüfungsgegenstand und -umfang

1. Anerkennungsversagungsgründe. Gegenstand des Vollstreckungsversagungsverfahrens sind nach dem Wortlaut von Art. 46 einer oder mehrere der **Anerkennungsversagungsgründe gemäß Art. 45 Abs. 1.** Davon abweichende Gründe für eine Versagung der Anerkennung von Entscheidungen können die Mitgliedstaaten nicht vorsehen (vgl. Art. 41 Abs. 2). 6

2. Weitere Schuldnereinwände. Unklar und umstritten ist, ob über diese Versagungsgründe hinaus im Vollstreckungsversagungsverfahren andere Einwände des Schuldners geltend gemacht und geprüft werden können, insbesondere der materiell-rechtliche Einwand der **Erfüllung** der titulierten Forderung nach Erlass der Entscheidung des Ursprungsstaates.[3] Dieser Einwand kann jedenfalls im Rahmen einer **Vollstreckungsabwehrklage** im Vollstreckungsstaat erhoben werden.[4] Diese Möglichkeit allein schließt eine alternative Geltendmachung im Vollstreckungsversagungsverfahren allerdings nicht aus. 7

Zum **Exequatur- und Rechtsbehelfsverfahren unter der Brüssel I-VO** (Art. 38, 43ff. a.F.) war in Deutschland ursprünglich vorgesehen, dass nachträgliche materielle Einwände des Schuldners in diesem Verfahren geltend gemacht werden können und, zur Vermeidung einer Präklusion, sogar geltend gemacht werden müssen (§§ 12 Abs. 1, 14 Abs. 1, 55 Abs. 1 AVAG a.F.).[5] Der EuGH hatte jedoch – zu einem Exequaturverfahren in den Niederlanden – entschieden, dass andere Einwände des Schuldners als die Anerkennungsversagungsgründe (gemäß Art. 34 und 35 a.F.) im Rechtsbehelfsverfahren der Verordnung nicht vorgebracht und geprüft werden dürfen.[6] Daraufhin hatte der deutsche Gesetzgeber die gesetzliche Erweiterung des Rechtsbehelfsverfahrens der Verordnung auf Gründe außerhalb der Art. 34 und 35 a.F. im AVAG für die Brüssel I-VO und das LugÜ 2007 wieder gestrichen. Für das Vollstreckungsversagungsverfahren nach Art. 46ff. der **Neufassung der Verordnung 2012** sind richtigerweise **fünf Aspekte** zu unterscheiden:[7] 8

(a) Die Verordnung schreibt **erstens** jedenfalls **nicht** vor, dass nachträgliche materiell-rechtliche Einwände des Schuldners zwingend im Vollstreckungsversagungsverfahren geltend gemacht werden **müssen**.[8] Die Art. 46ff. enthalten zu dieser Frage nichts. Art. 41 Abs. 2 lässt Einwände des Schuldners gegen die Zwangsvollstreckung nach dem Recht des Vollstreckungsstaates zu, soweit diese nicht in Widerspruch zu Art. 45 Abs. 1 stehen. Die Regelung lässt aber offen, in welchem Verfahren solche zu erheben sind, und bleibt im Übrigen in ihrem Regelungsgehalt dunkel.[9] 9

---

2 Dazu Art. 47 Rdn. 24.
3 Vgl. zum Streitstand MünchKomm/*Gottwald* Art. 46 Rdn. 2ff.
4 §§ 1117 Abs. 1, 1086 Abs. 1, 767 ZPO; unten Rdn. 31ff.
5 Vgl. dazu etwa BGH 14.3.2007 IPRax 2008, 38.
6 EuGH 13.10.2011 C-139/10 EuGHE 2011, I-9511; dem folgend BGH 12.7.2012 NJW 2012, 2663; zuvor bereits die wohl h.M., dazu Gebauer/Wiedmann/*Gebauer* Kap. 27 Rdn. 219ff.; *Geimer*/Schütze EuZVR Art. 45 a.F. Rdn. 11f.
7 Vgl. auch Geimer/Schütze/*Peiffer/Peiffer* IRV Art. 46 Rdn. 13ff.
8 Geimer/Schütze/*Peiffer/Peiffer* IRV Art. 46 Rdn. 14; Rauscher/Mankowski Art. 49 Rdn. 26.
9 *Haubold* FS Schütze (2014) 163, 166; Wieczorek/Schütze/*Loyal* Art. 41 Rdn. 5.

10 (b) Aus Erwägungsgrund (30) und Art. 41 Abs. 2 folgt allerdings **zweitens**, dass die Verordnung die Berücksichtigung von weiteren Einwänden des Schuldners im Vollstreckungsversagungsverfahren **grundsätzlich zulässt** und entsprechenden Vorschriften der Mitgliedstaaten **nicht entgegensteht**.[10] Materiell-rechtliche Einwände, die nach Erlass der Ursprungsentscheidung entstanden sind, namentlich der Einwand der Erfüllung, stehen *per se* nicht in Widerspruch zu den Anerkennungsversagungsgründen in Art. 45 Abs. 1. Die Ratio der *Prism Investments*-Entscheidung des EuGH aus dem Jahre 2011[11] zu Art. 45 a.F. greift für die Neufassung der Verordnung nicht mehr: Anders als noch Art. 45 a.F. lässt sich dem Wortlaut der Art. 45 und 46 n.F. nicht entnehmen, dass die Vollstreckung im Rechtsbehelfsverfahren „nur" aus den in der Verordnung genannten Gründen versagt werden kann.[12] Außerdem hat die Neufassung mit der Abschaffung des Exequaturerfordernisses die Möglichkeiten des Schuldners, die Zwangsvollstreckung durch Einlegung eines Rechtsbehelfs im Vollstreckungsstaat aufzuhalten, noch einmal reduziert: Die Ausgangssituation ist nunmehr stets die sofortige Vollstreckbarkeit des ausländischen Titels im Inland, die nur auf Antrag des Schuldners und ggf. gegen Auflagen ausgesetzt werden kann. Die vom EuGH intendierte Erleichterung der Vollstreckung mitgliedstaatlicher Titel ist damit in der Brüssel Ia-VO bereits angelegt. Deshalb gebietet die Brüssel Ia-VO auch nicht, dass nur unstreitige oder rechtskräftig festgestellte, also liquide Einwände des Schuldners im Vollstreckungsversagungsverfahren behandelt werden dürfen.[13]

11 (c) Die Verordnung bietet freilich – **drittens** – **selbst** wohl[14] noch **keine** Grundlage für die Geltendmachung nachträglicher Einwände im Vollstreckungsversagungsverfahren. Art. 45 bis 47 verhalten sich dazu nicht; angesichts der gegenläufigen *Prism Investments*-Entscheidung hätte es einer ausdrücklichen Anordnung in der Verordnung bedurft, wenn im neuen Vollstreckungsversagungsverfahren nun automatisch alle nach nationalem Recht möglichen nachträglichen Schuldnereinwände hätten eröffnet werden sollen. Nach Erwägungsgrund (30) soll der Schuldner zwar Versagungsgründe aus dem Recht des Vollstreckungsstaates „soweit wie möglich" im „selben Verfahren" wie die „Anfechtung" der Vollstreckung nach der Verordnung geltend machen können. Letztlich wird jedoch die Entscheidung darüber, ob und inwieweit dies tatsächlich „möglich" ist, dem Recht des jeweiligen Vollstreckungsmitgliedstaates überlassen.[15]

12 (d) **Viertens** hat der deutsche Gesetzgeber von der Möglichkeit, **materiell-rechtliche Einwände** des Schuldners im Vollstreckungsversagungsverfahren zuzulassen, **keinen Gebrauch** gemacht. § 1115 ZPO sieht eine solche Möglichkeit nicht vor. Der Verweis in § 1117 Abs. 1 ZPO auf die Vollstreckungsabwehrklage deutet umgekehrt darauf hin, dass die materiell-rechtlichen Einwände des Schuldners jenem allgemeinen Verfah-

---

10 Geimer/Schütze/*Peiffer/Peiffer* IRV Art. 46 Rdn. 15; MünchKomm/*Gottwald* Art. 47 Rdn. 5.
11 EuGH 13.10.2011 C-139/10 EuGHE 2011, I-9511.
12 Vgl. EuGH 13.10.2011 C-139/10 EuGHE 2011, I-9511 Rdn. 33; Geimer/Schütze/*Peiffer/Peiffer* IRV Art. 46 Rdn. 15; Rauscher/*Mankowski* Art. 46 Rdn. 18.
13 Rauscher/*Mankowski* Art. 46 Rdn. 18 ff.; *von Hein* RIW 2013, 97, 110; a.A. Zöller/*Geimer* Art. 46 Rdn. 2; Geimer/Schütze/*Peiffer/Peiffer* IRV Art. 46 Rdn. 15; Thomas/Putzo/*Hüßtege* Art. 46 Rdn. 5.
14 Die Rechtslage ist unklar und bedarf zur Klärung einer Vorabentscheidung des EuGH.
15 „[...] im Einklang mit dem Rechtssystem des ersuchten Mitgliedstaats [...]"; *Pohl* IPRax 2013, 109, 114; *Domej* RabelsZ 78 (2014) 508, 515; *Ulrici* JZ 2016, 127, 135; Geimer/Schütze/*Peiffer/Peiffer* IRV Art. 46 Rdn. 14; Musielak/*Stadler* Art. 46 Rdn. 2; a.A. *von Hein* RIW 2013, 97, 110; *Hau* MDR 2014, 1417, 1419; MünchKomm/*Gottwald* Art. 47 Rdn. 5 sowie Art. 49 Rdn. 5.

ren vorbehalten sein sollten. Auch hat der Gesetzgeber die Zuständigkeit für das Vollstreckungsversagungsverfahren und dessen Verlauf bewusst abweichend vom allgemeinen, auch für die Vollstreckungsabwehrklage geltenden Verfahren geregelt.[16] Deshalb sollten nachträgliche materiell-rechtliche Einwände des Schuldners, also insbesondere der Erfüllungseinwand, im Vollstreckungsversagungsverfahren in Deutschland **ausgeschlossen** sein.[17]

Die Möglichkeit, materiell-rechtliche Einwände im Vollstreckungsversagungsverfahren zu erheben, hätte in vielen Fällen auch **keine prozessökonomischen Vorteile**:[18] So wird sich ein Schuldner in aller Regel entweder auf Vollstreckungsversagungsgründe gemäß Art. 45 Abs. 1 oder aber alternativ auf Erfüllung der titulierten Forderung berufen, weil er auf ein Urteil, welches seiner Auffassung nach den inländischen *ordre public* verletzt, keine Zahlung leisten wird. Umgekehrt könnte sich ein Schuldner für die Geltendmachung nachträglicher materiell-rechtlicher Einwände das schnellere und kostengünstigere[19] Vollstreckungsversagungsverfahren der Art. 46 ff. dadurch eröffnen, dass er – ins Blaue hinein – auch einen *ordre-public*-Verstoß durch das Ursprungsgericht behauptet.

Auch nach denjenigen Auffassungen, die materiell-rechtliche Einwendungen des Schuldners im deutschen Vollstreckungsversagungsverfahren zulassen wollen, könnte die Nichtgeltendmachung in **diesem** Verfahren den Schuldner jedenfalls **nicht präkludieren**, weil eine Anwendung von § 14 Abs. 1 AVAG auf das Vollstreckungsversagungsverfahren der Brüssel Ia-VO ausgeschlossen ist (§ 55 Abs. 1 AVAG). Der Schuldner hätte nach diesen Auffassungen also die freie Wahl, ob er seine Einwendungen im Vollstreckungsversagungsverfahren oder in einer separaten Vollstreckungsabwehrklage erheben wollte.

In diesem Fall – wenn man also die Geltendmachung von materiell-rechtlichen Einwendungen des Schuldners im deutschen Vollstreckungsversagungsverfahren entgegen dem Gesagten schon *de lege lata* zulassen will – sind dort selbstverständlich nur solche Einwände zugelassen, die **nicht schon im Erstverfahren im Ursprungsstaat hätten geltend gemacht werden können**. Die Präklusionsvorschrift in **§ 767 Abs. 2 ZPO** würde also in gleicher Weise den Schuldnervortrag im Vollstreckungsversagungsverfahren begrenzen, wie dies in der Vollstreckungsabwehrklage gilt, und nach den in der Rechtsprechung zu Art. 43 a.F. entwickelten Maßstäben: So kommt es bei Gestaltungsrechten auf die Entstehung dieses Rechts und nicht auf dessen Ausübung an.[20] Auch sind dem Schuldner solche Einwendungen verwehrt, die Gegenstand einer Abänderungsklage gemäß § 323 ZPO sein müssten.[21]

(e) Eine weitere zu differenzierende Frage ist schließlich **fünftens**, inwieweit im Vollstreckungsversagungsverfahren der Einwand des Schuldners gehört wird, dass die Entscheidung des Ursprungsgerichts aufgrund eines **erfolgreichen Rechtsmittels im Ursprungsstaat** aufgehoben wurde. Nach der Rechtsprechung des Bundesgerichtshofs

---

16 Etwa der Verzicht auf eine mündliche Verhandlung und der fehlende Anwaltszwang, dazu Art. 47 Rdn. 23 und 34.
17 Geimer/Schütze/*Peiffer*/*Peiffer* IRV Art. 46 Rdn. 16; Musielak/Voit/*Stadler* Art. 46 Rdn. 2; *Ulrici* JZ 2016, 127,136; *Schlosser*/*Hess* Art. 41 Rdn. 7; a.A. Rauscher/*Mankowski* Art. 49 Rdn. 11 und 24 f.; HK-ZPO/*Dörner* Art. 41 Rdn. 7; offen gelassen von BeckOK ZPO/*Thode* § 1117 Rdn. 3.2.
18 Thomas/Putzo/*Hüßtege* Art. 46 Rdn. 5.
19 *Ulrici* JZ 2016, 127, 136.
20 BGH 16.5.1979 BGHZ 74, 278; OLG Koblenz, 28.11.1975 NJW 1976, 488; OLG Frankfurt 21.8.1987 RIW 1980, 63; OLG Dresden 24.4.2007, BeckRS 2008, 07872.
21 BGH 14.3.2007 BGHZ 171, 310, 318; *Kropholler*/*von Hein* Art. 43 a.F. Rdn. 28.

zur Brüssel I-VO (vor der *Prism Investment*-Entscheidung des EuGH)[22] sollte im Exequaturverfahren und auch in einem anschließenden Beschwerdeverfahren in allen Instanzen bis zum Eintritt der Rechtskraft zu prüfen sein, ob die ausländische Entscheidung aufgehoben wurde, und gegebenenfalls dann die Vollstreckbarerklärung verweigert werden.[23] In der Tat entfällt mit der Aufhebung der ausländischen Entscheidung deren Vollstreckbarkeit im Ursprungsstaat und damit gemäß Art. 39 der Verordnung 2012 auch eine zentrale **Voraussetzung für die Anerkennung und Vollstreckung** in den übrigen Mitgliedstaaten. Deshalb war es nach der Brüssel I-VO folgerichtig, mit dem BGH in solchen Fällen die positive Vollstreckbarerklärung abzulehnen. Im Vollstreckungsversagungsverfahren nach dem Konzept der Brüssel Ia-VO wird umgekehrt mitgliedstaatlichen Entscheidungen ausnahmsweise die Vollstreckbarkeit in einem anderen Mitgliedstaat versagt, wenn einer der in Art. 45 genannten Gründe vorliegt. Fehlt es nach einer Aufhebung im Rechtsmittelverfahren schon an der Grundvoraussetzung der Vollstreckbarkeit im Ursprungsstaat, dann geht eine Vollstreckungsversagung in anderen Mitgliedstaaten gleichsam ins Leere, weil die Wirkungen, die mit der Versagung beseitigt werden sollen, dort von vornherein nicht eintreten. Deshalb sollte der Einwand des Schuldners, die Entscheidung sei während des Vollstreckungsversagungsverfahrens aufgehoben worden, zwar **beachtlich** sein, aber **nicht** dazu führen, dass die Versagung ausgesprochen wird, sondern vielmehr zur **Erledigung des Versagungsverfahrens**.[24] Die Beendigung etwa schon begonnener Vollstreckungsmaßnahmen kann der Schuldner ohnehin nur in entsprechender Anwendung von Art. 44 Abs. 2, in Deutschland gemäß §§ 1116, 775 Nr. 1, 776 ZPO erreichen.

III. Wirkungen

17 Die gerichtliche Entscheidung über eine Versagung der Vollstreckung im ersuchten Mitgliedstaat hat **rechtsgestaltenden Charakter**, weil sie die nach der Verordnung grundsätzlich gegebene Vollstreckbarkeit der Entscheidung des Ursprungsgerichts für den betroffenen Mitgliedstaat mit Wirkung *ex tunc* beseitigt,[25] allerdings nur im Verhältnis zwischen den Parteien des Verfahrens.[26] Darin liegt gleichsam die spiegelbildliche Wirkung des Exequaturverfahrens, welches die Vollstreckbarkeit einer ausländischen Entscheidung in einem anderen Mitgliedstaat begründet. Die einem Antrag auf Versagung der Vollstreckung stattgebende Entscheidung beseitigt die Vollstreckbarkeit mit Wirkung *ex tunc*.[27]

18 Die Versagung der Vollstreckung enthält zugleich die **Feststellung**, dass im Vollstreckungsstaat einer der Versagungsgründe des Art. 45 gegeben ist, die Ablehnung einer Versagung die Feststellung, dass keiner der Versagungsgründe vorliegt.[28]

---

22 EuGH 13.10.2011 C-139/10 EuGHE 2011, I-9511.
23 BGH 14.3.2007 BGHZ 171, 310 Rdn. 14 f.
24 Dazu unten Art. 47 Rdn. 43.
25 *Hau* MDR 2014, 1417, 1419; Musielak/Voit/*Stadler* Art. 47 Rdn. 3; MünchKomm/*Gottwald* Art. 46 Rdn. 3 und Art. 48 Rdn. 3; Geimer/Schütze/*Peiffer*/Peiffer IRV Art. 46 Rdn. 19 und Art. 47 Rdn. 42; Rauscher/*Mankowski* Art. 46 Rdn. 30; Thomas/Putzo/*Hüßtege* Art. 47 Rdn. 7; *Schlosser*/Hess Art. 46 Rdn. 2; a.A. Wieczorek/Schütze/*Schütze* § 1115 Rdn. 20: Reines Feststellungsverfahren.
26 Zöller/*Geimer* Art. 47 Rdn. 11; Geimer/Schütze/*Peiffer*/Peiffer IRV Art. 46 Rdn. 19.
27 Zöller/*Geimer* Art. 47 Rdn. 11; Thomas/Putzo/*Hüßtege* Art. 47 Rdn. 7; Geimer/Schütze/*Peiffer*/Peiffer IRV Art. 46 Rdn. 19.
28 Wieczorek/Schütze/*Loyal*, Art. 36 Rdn. 48; Rauscher/*Mankowski* Art. 46 Rdn. 30 und 34; a.A. Geimer/Schütze/*Peiffer*/Peiffer IRV Art. 47 Rdn. 29 ff., die dafür einen gesonderten Antrag des Schuldners im selben Verfahren verlangen.

Die Entscheidung über den Vollstreckungsversagungsantrag und die darin enthal- 19
tenen Feststellungen erwachsen, wie die Exequaturentscheidung,[29] zwischen den Parteien in **materieller Rechtskraft**. Wird dem Versagungsantrag rechtskräftig stattgegeben, dann kann der Gläubiger im betroffenen Mitgliedstaat keine weiteren Vollstreckungsversuche unternehmen und auch nicht mehr die Feststellung gemäß Art. 36 Abs. 2 beantragen, dass keine Versagungsgründe vorliegen. Wird der Versagungsantrag rechtskräftig abgelehnt, dann steht einem weiteren Vollstreckungsversagungsantrag des Schuldners die materielle Rechtskraft entgegen.[30]

Die Entscheidung über den Vollstreckungsversagungsantrag wirkt nach h.M. **nur im** 20
Mitgliedstaat des Verfahrens, nicht in anderen Mitgliedstaaten.[31] Sie ist in den übrigen Mitgliedstaaten auch nicht der Anerkennung zugänglich, weil das erkennende Gericht nur das Vorliegen von Nichtanerkennungsgründen im jeweils betroffenen Mitgliedstaat prüft, der Inhalt der Entscheidung also schon nicht darauf gerichtet ist, diese Gründe im Hinblick auf die gesamte Union festzustellen. Das gilt auch, soweit es um den Nichtanerkennungsgrund der Missachtung besonderer Zuständigkeiten gemäß Art. 45 Abs. 1 Buchst. e) geht,[32] auch wenn ein mitgliedstaatliches Gericht grundsätzlich dazu in der Lage wäre, diesen mit Wirkung für alle Mitgliedstaaten festzustellen.[33] Wie unter der Brüssel I-VO die Anerkennung einer mitgliedstaatlichen Exequaturentscheidung nicht möglich war,[34] ist deshalb unter der Brüssel Ia-VO die Anerkennung einer Anerkennungs- oder Vollstreckungsversagungsentscheidung ausgeschlossen.[35]

Die Entscheidung über eine Versagung der Vollstreckung beendet **nicht** unmittelbar 21
laufende **Zwangsvollstreckungsmaßnahmen**. Vielmehr kann und muss der Schuldner auf Grundlage der Entscheidung über die Versagung der Vollstreckung die Einstellung der Vollstreckungsmaßnahmen nach dem Recht des Vollstreckungsstaates beantragen, in Deutschland etwa gemäß §§ 1116, 775 Nr. 1, 776 ZPO.

IV. Abgrenzung zu anderen Verfahren

Das Vollstreckungsversagungsverfahren der Art. 46 ff. hat Berührungspunkte mit 22
und bedarf daher der Abgrenzung zu anderen Verfahrensarten nach der Verordnung sowie zu Rechtsbehelfen im Recht der Mitgliedstaaten:[36]

---

29 Dazu *Geimer*/Schütze EuZVR Art. 41 a.F. Rdn. 48 ff.
30 Vgl. Rauscher/*Mankowski* Art. 46 Rdn. 34; anders Geimer/Schütze/*Peiffer*/Peiffer IRV Art. 46 Rdn. 18.
31 Musielak/Voit/*Stadler* Art. 47 Rdn. 3; MünchKomm/*Gottwald* Art. 46 Rdn. 2, 47 Rdn. 9 und Art. 48 Rdn. 3; Thomas/Putzo/*Hüßtege* Art. 47 Rdn. 7; *Schlosser/Hess* Art. 47 Rdn. 9; Geimer/Schütze/*Peiffer*/Peiffer IRV Art. 46 Rdn. 18; Rauscher/*Mankowski* Art. 46 Rdn. 30 ff.; a.A. Wieczorek/Schütze/*Schütze* § 1115 Rdn. 36 ff.: automatische Wirkungserstreckung in allen Mitgliedstaaten.
32 So bereits für die Brüssel I-VO ausdrücklich Geimer/*Schütze* EuZVR Art. 33 a.F. Rdn. 4.
33 So schon de lege lata Wieczorek/Schütze/*Schütze* § 1115 Rdn. 36 ff. Dazu tendierend auch Rauscher/ *Mankowski* Art. 46 Rdn. 33; dessen Ansatz hat für sich, dass die Kriterien für die Bestimmung besonderer Zuständigkeiten der Verordnung für alle mitgliedstaatlichen Gerichte dieselben sind und der Sachverhalt bei der Prüfung dieser Zuständigkeiten für alle mitgliedstaatlichen Gerichte feststeht (Art. 45 Abs. 2). Das Ergebnis wäre allerdings nicht ohne weiteres mit den Grundprinzipien der Verordnung zu vereinbaren: Denn in diesem Fall würden die Gerichte eines einzelnen ersuchten Mitgliedstaates mit verbindlicher Wirkung für die gesamte Union entscheiden können, ob das Ursprungsgericht besondere Zuständigkeitsvorschriften „richtig" angewendet hat, und sich auf diese Weise gleichsam zu einer Superrevisionsinstanz nicht nur für den Vollstreckungsstaat sondern für die Mitgliedstaaten insgesamt aufschwingen.
34 Geimer/*Schütze* EuZVR Art. 33 a.F. Rdn. 3 ff. m.w.N.; *Schack* IZVR Rdn. 1029; *Kropholler/von Hein* Art. 32 a.F. Rdn. 15.
35 Anders Wieczorek/Schütze/*Schütze* § 1115 Rdn. 36 ff., der nach Aufgabe des Exequaturverfahrens durch die Verordnung 2012 das sog. Verbot des Doppelexequatur für hinfällig erachtet.
36 Vgl. auch die systematische Übersicht bei Art. 45 Rdn. 229 f.

23 **1. Inzidente Anerkennungsprüfung.** Das Verhältnis des Vollstreckungsversagungsverfahrens zur inzidenten Prüfung der Anerkennungsversagungsgründe in behördlichen oder gerichtlichen Verfahren des Vollstreckungsmitgliedstaates gemäß **Art. 36 Abs. 1 und Abs. 3** ergibt sich unmittelbar aus **Art. 38 Buchst. b)** der Verordnung:[37] Die Behörde oder das Gericht, welches mit der Inzidentprüfung befasst ist, kann sein Verfahren bis zum Abschluss des Vollstreckungsversagungsverfahrens aussetzen, muss dies aber nicht.[38] Umgekehrt kann auch das Gericht des Vollstreckungsversagungsverfahrens aussetzen und das Ergebnis der Inzidentprüfung abwarten.[39] Setzt keines der beteiligten Gerichte bzw. Behörden aus, laufen die Inzidentprüfung und das Vollstreckungsversagung parallel weiter mit der Gefahr widersprüchlicher Entscheidungen.

24 Die h.M. sieht in **Art. 36 Abs. 3** der Verordnung die zusätzliche Möglichkeit eröffnet, dass eine der Parteien im Rahmen einer Inzidentprüfung der Anerkennungsversagungsgründe in einem anderweitigen gerichtlichen Verfahren einen **Zwischenfeststellungsantrag** stellt und dieses Gericht – außerhalb der Art. 46 ff. – sodann verbindlich über diese Gründe entscheidet.[40] Aus dem Wortlaut und auch der systematischen Stellung von Art. 38 Buchst. b) dürfte zu schließen sein, dass für das Verhältnis eines solchen Zwischenfeststellungsantrags zum Vollstreckungsversagungsverfahren im Ausgangspunkt ebenfalls Art. 38 Buchst. b) mit der Möglichkeit der Aussetzung im Ermessen der beteiligten Gerichte gilt.[41] Wird nicht ausgesetzt und wird zuerst (rechtskräftig) über den Zwischenfeststellungsantrag entschieden, dann ist diese Feststellung – positiv wie negativ – auch für das Vollstreckungsversagungsverfahren verbindlich. Wird zuerst im Vollstreckungsversagungsverfahren entschieden, dann erledigt sich der Zwischenfeststellungsantrag gemäß Art. 36 Abs. 3.

25 **2. Anerkennungsversagungsverfahren.** Das Verfahren für die Versagung der Anerkennung mitgliedstaatlicher Entscheidungen gemäß Art. 45 Abs. 4 stellt, auch wenn es nach denselben Regeln wie das Vollstreckungsversagungsverfahren durchgeführt wird, ein **eigenständiges Verfahren** dar. Es ist auf die (bloße) **Feststellung des Vorliegens von Versagungsgründen** im ersuchten Mitgliedstaat gerichtet,[42] das Vollstreckungsversagungsverfahren darüber hinaus auf die Beseitigung der Vollstreckbarkeit für diesen Mitgliedstaat. Eine förmliche Anerkennungsversagung wird in der Regel nur dann von praktischem Interesse sein, wenn Rechtssicherheit und Rechtskraft im Hinblick auf eine mögliche Inzidentanerkennung gemäß Art. 36 Abs. 1 und 3 gesucht wird.[43]

26 Vor Zustellung der Bescheinigung gemäß Art. 53 fehlt es für die Einleitung eines Vollstreckungsversagungsverfahrens (noch) am Rechtsschutzinteresse des Schuldners.[44] Stellt der Schuldner in dieser Situation gleichwohl Vollstreckungsversagungsantrag, ist dieser regelmäßig als Antrag auf Anerkennungsversagung gemäß Art. 45 Abs. 4 **auszulegen**. Werden während des Anerkennungsversagungsverfahrens die Bescheinigung zugestellt und/oder Zwangsvollstreckungsmaßnahmen eingeleitet, so kann der Anerkennungsversagungsantrag auf Versagung der Vollstreckung **umgestellt** werden.[45]

---

[37] Dazu Wieczorek/Schütze/*Loyal* Art. 38 Rdn. 3 ff.
[38] Geimer/Schütze/*Peiffer/Peiffer* IRV Art. 47 Rdn. 38 wenden nicht Art. 38, sondern unmittelbar § 148 ZPO an.
[39] Geimer/Schütze/*Peiffer/Peiffer* IRV Art. 47 Rdn. 38.
[40] Oben Wieczorek/Schütze/*Loyal* Art. 36 Rdn. 53 m.w.N.
[41] Anders Geimer/Schütze/*Peiffer/Peiffer* IRV Art. 47 Rdn. 39.
[42] Oben Art. 45 Rdn. 244 ff.
[43] Geimer/Schütze/*Peiffer/Peiffer* IRV Art. 45 Rdn. 143 ff. und oben bei Art. 45 Rdn. 244.
[44] Dazu Art. 47 Rdn. 24.
[45] Geimer/Schütze/*Peiffer/Peiffer* IRV Art. 46 Rdn. 3 und Art. 47 Rdn. 36 f.

Umgekehrt kann der Schuldner von einem Vollstreckungsversagungsantrag auf Anerkennungsversagung übergehen, wenn der Gläubiger während des Vollstreckungsversagungsverfahrens den Verzicht auf Zwangsvollstreckungsmaßnahmen im Vollstreckungsstaat erklärt oder das Rechtsschutzinteresse für die Vollstreckungsversagung aus anderen Gründen entfällt.[46]

Eine Entscheidung über die Versagung der Vollstreckung beinhaltet zugleich die Feststellung, dass **Gründe für die Versagung der Anerkennung** vorliegen oder aber nicht vorliegen.[47] Ist daher über einen Antrag auf Vollstreckungsversagung in einem Mitgliedstaat rechtskräftig entschieden, ist ein Anerkennungsversagungsverfahren des Gläubigers in diesem Mitgliedstaat nicht mehr zulässig. 27

3. Anerkennungsfeststellungsverfahren. Nach Art. 36 Abs. 2 der Verordnung kann umgekehrt der Gläubiger die Feststellung beantragen, dass der Anerkennung der von ihm erwirkten Entscheidung in einem anderen Mitgliedstaat **keine** Versagungsgründe des Art. 45 Abs. 1 entgegenstehen. Für das Anerkennungsfeststellungsverfahren gelten die Art. 46 ff. entsprechend. 28

Unklar ist, wie sich ein solches Verfahren zu einem gegenläufigen, vom Schuldner angestrengten Vollstreckungsversagungsverfahren verhält. Strengt zunächst der Titelschuldner ein Vollstreckungsversagungsverfahren an, dann ist die spätere Einleitung eines Anerkennungsfeststellungsverfahrens gemäß Art. 36 Abs. 2 durch den Titelgläubiger im selben Mitgliedstaat unzulässig. Richtigerweise scheitert ein solches gegenläufiges Verfahren schon an der **Rechtshängigkeit des Vollstreckungsversagungsverfahrens**, weil sich, wie bei Leistungsklage und negativer Feststellungsklage, der Streitgegenstand insoweit überschneidet. Jedenfalls fehlte es aber (auch) am Rechtsschutzbedürfnis bzw. Feststellungsinteresse des Gläubigers, weil über das Vorliegen oder Nichtvorliegen von Versagungsgründen im Vollstreckungsversagungsverfahren abschließend entschieden wird.[48] 29

Stellt umgekehrt zunächst der Gläubiger einen Antrag auf Feststellung der Anerkennung gemäß Art. 36 Abs. 2, dann steht einem Antrag des Schuldners auf Versagung der Vollstreckung gemäß Art. 46 ff. nach h.M. **nicht** der Einwand der Rechtshängigkeit entgegen, weil sein Antrag weiter geht als der Feststellungsantrag des Gläubigers.[49] Unklar ist, ob – entsprechend der in Deutschland h.M. zum Verhältnis von negativer Feststellungsklage und späterer Leistungsklage[50] – mit der Einleitung des Vollstreckungsversagungsverfahrens das Feststellungs- bzw. Rechtsschutzinteresse des Gläubigers im Anerkennungsfeststellungsverfahren entfällt oder umgekehrt das Vollstreckungsversagungsverfahren bis zur Entscheidung im Anerkennungsfeststellungsverfahren auszusetzen ist.[51] Sinnvollerweise sollte in dieser Konstellation weder das eine noch das andere gelten, sondern der Schuldner im bereits anhängigen Anerkennungsfeststellungsverfahren schlicht **widerklagend Versagung der Vollstreckung** gemäß Art. 46 beantragen können und müssen. Die gerichtliche Zuständigkeit für beide Verfahren ist ohnehin dieselbe. Dadurch werden widersprüchliche Entscheidungen vermieden. 30

---

46 Dazu Wieczorek/Schütze/*Schütze* § 1115 ZPO Rdn. 18.
47 Dazu oben Rdn. 18.
48 Für letzteres Geimer/Schütze/*Peiffer*/*Peiffer* IRV Art. 47 Rdn. 33 ff.
49 Dazu Geimer/Schütze/*Peiffer*/*Peiffer* IRV Art. 47 Rdn. 29 ff.
50 Dazu etwa Wieczorek/Schütze/*Assmann* § 261 Rdn. 95 und § 256 Rdn. 250 ff.; MünchKomm/*Becker-Eberhard* § 261 Rdn. 65 m.N.
51 Für letzteres Geimer/Schütze/*Peiffer*/*Peiffer* IRV Art. 47 Rdn. 31 f.

31 **4. Vollstreckungsabwehrklage.** Der Rechtsbehelf der Vollstreckungsabwehrklage nach den Regeln des **nationalen Verfahrensrechts** tritt – jedenfalls im Grundsatz – **neben** das Verfahren der Vollstreckungsversagung. Der Schuldner kann (und muss gegebenenfalls) gegen einen mitgliedstaatlichen Titel das eine oder das andere **oder beide Verfahren parallel** betreiben, und zwar in Abhängigkeit davon, welche Einwände er gegen die Zwangsvollstreckung aus der ausländischen Entscheidung erheben will und wie das jeweilige nationale Recht des Vollstreckungsstaates das Vollstreckungsversagungsverfahren der Verordnung ausgestaltet:

32 a) **Statthaftigkeit.** Die **Verordnung** selbst verhält sich nicht ausdrücklich zu der Frage, ob und in welchem Umfang Rechtsbehelfe des nationalen Vollstreckungsrechts gegen die Zwangsvollstreckung aus der Entscheidung eines anderen Mitgliedstaats eröffnet sein sollen. Schon unter der Brüssel I-VO ging die h.M. jedoch richtigerweise davon aus, dass die Vollstreckungsabwehrklage auch gegen Urteile eines anderen Mitgliedstaats zulässig ist.[52] Art. 41 Abs. 2 der Neufassung 2012 setzt die Möglichkeit eines solchen Verfahrens zumindest voraus, wenn darin anerkannt wird, dass das Recht des ersuchten Staates von der Verordnung abweichende Gründe für eine Verweigerung der Zwangsvollstreckung vorsehen kann.[53]

33 In **Deutschland** ist die Erhebung einer Vollstreckungsabwehrklage gegen die Zwangsvollstreckung aus einer Entscheidung eines anderen Mitgliedstaats **ausdrücklich gesetzlich zugelassen** (§§ 1117 Abs. 1, 767, 1086 ZPO). Das ist mit der Verordnung ohne weiteres vereinbar.[54] International zuständig sind die deutschen Gerichte dafür gemäß Art. 24 Nr. 5 der Verordnung,[55] die örtliche Zuständigkeit folgt aus § 1086 Abs. 1 ZPO, sachlich ist das Amtsgericht als Vollstreckungsgericht zuständig.[56]

34 b) **Verfahrensgegenstände.** Im **Ausgangspunkt** sind die Gründe für eine Versagung der Vollstreckung gemäß Art. 45 Abs. 1 der Verordnung im Vollstreckungsversagungsverfahren der Art. 46ff. geltend zu machen, materiell-rechtliche Einwände des Schuldners, soweit sie noch nicht präkludiert sind,[57] also namentlich die nachträgliche Erfüllung der titulierten Forderung, dagegen mit einer Vollstreckungsabwehrklage nach nationalem Recht. Die Einzelheiten dieser Abgrenzung sind allerdings komplex und teils umstritten.

35 Wie oben dargelegt (Rdn. 10) schließt die **Verordnung** nicht aus, dass in dem von den Mitgliedstaaten näher auszugestaltenden Verfahren der Vollstreckungsversagung (Art. 47 Abs. 2) **auch nachträglich entstandene materielle Einwände** des Schuldners geprüft werden. Die Mitgliedstaaten können sogar vorsehen, dass solche Einwände im Vollstreckungsversagungsverfahren vorzutragen und andernfalls präkludiert sind. Deshalb ist ein Schuldner, der sich in einem anderen Mitgliedstaat als

---

52 Anders etwa *Halfmeier* IPRax 2007, 381, 385f.; *Bach*, Grenzüberschreitende Vollstreckung in Europa, 2008, S. 152ff.; dazu und zur h.M. *Haubold* FS Schütze (2014) 163, 171f.
53 Dazu auch Wieczorek/Schütze/*Loyal* Art. 41 Rdn. 4ff.
54 Erwägungsgrund (30); Wieczorek/Schütze/*Schütze* § 1117 ZPO Rdn. 7; Thomas/Putzo/*Hüßtege* § 1117 ZPO Rdn. 1; *Haubold* FS Schütze (2014) 163, 177.
55 Wieczorek/Schütze/*Loyal*, Art. 41 Rdn. 5; EuGH 4.7.1985 C-220/84 EuGHE 1985, 2267; OLG Hamburg 6.2.1998 IPRax 1999, 168, 169; OLG Köln 21.11.2012 BeckRS 2013, 05770; Gebauer/Wiedmann/*Gebauer* Kap. 27 Rdn. 107; *Gsell* EuZW 2011, 87, 91; *Leible/Freitag*, Forderungsbeitreibung in der EU, 2008, § 2 Rdn. 220; *Ringwald*, Europ. Vollstreckungstitel und Rechtsbehelfe des Schuldners, 2011, 188ff., 192.
56 Dazu Wieczorek/Schütze/*Schütze* § 1117 ZPO Rdn. 11f.
57 Vgl. § 1117 Abs. 2 und Wieczorek/Schütze/*Schütze* § 1117 ZPO Rdn. 19ff.; zum maßgeblichen Zeitpunkt Art. 45 Rdn. 243 und Art. 52 Rdn. 27.

Deutschland gegen die Zwangsvollstreckung aus einer Entscheidung wenden will, die in einem dritten Mitgliedstaat ergangen ist, geraten, sich über die nationale Ausgestaltung des Vollstreckungsversagungsverfahrens der Verordnung im Vollstreckungsstaat zu informieren.

Nach dem **deutschen Konzept** der §§ 1115 ff. ZPO ist, wie ebenfalls oben dargelegt (Rdn. 12 ff.), die Geltendmachung materieller Einwände im Vollstreckungsversagungsverfahren dagegen wohl ausgeschlossen. Für die Erhebung solcher Einwände, namentlich des Einwands der Erfüllung, muss der Schuldner in Deutschland also eine Vollstreckungsabwehrklage erheben.[58] **36**

Umgekehrt stellt sich die Frage, ob die Versagungsgründe des Art. 45 Abs. 1 der Verordnung auch in Verfahren des nationalen Rechts der Mitgliedstaaten, in Deutschland also im Rahmen einer Vollstreckungsabwehrklage eingewandt werden können. Die Verordnung verlangt mit den Art. 46 ff. jedenfalls die Einführung eines gesonderten, wohl auch als solches bezeichneten Vollstreckungsversagungsverfahrens in allen Mitgliedstaaten. Die Mitgliedstaaten können deshalb nicht einfach auf die existierenden Rechtsbehelfe ihres jeweiligen Prozessrechts verweisen. Es ist ihnen aber – soweit sie die (wenigen) verfahrensrechtlichen Vorgaben der Art. 46 ff. beachten – unbenommen, das Vollstreckungsversagungsverfahren den Regeln einer Vollstreckungsabwehrklage nach nationalem Recht anzugleichen und auf diese Weise etwa eine Verbindung beider Verfahrensarten zu ermöglichen. **37**

Auch davon hat Deutschland allerdings keinen Gebrauch gemacht. Im Rahmen einer Vollstreckungsabwehrklage gemäß §§ 1117, 767, 1086 ZPO kann der Schuldner also **nicht** zugleich Antrag auf Versagung der Vollstreckung gemäß Art. 46 der Verordnung stellen. **38**

Eine gewisse „Hintertür" könnte sich aus Art. 36 Abs. 3 der Verordnung ergeben: Für eine Vollstreckungsabwehrklage gegen eine mitgliedstaatliche Entscheidung dürfte das Rechtsschutzbedürfnis des Schuldners fehlen, wenn diese Entscheidung wegen Vorliegens eines Anerkennungsversagungsgrundes gemäß Art. 45 Abs. 1 ausnahmsweise nicht anzuerkennen wäre. Die Frage der Anerkennung der Entscheidung stellt sich damit als **inzidente Vorfrage** in der Vollstreckungsabwehrklage, und eine solche inzidente Prüfung ist nach Art. 36 Abs. 3 jedem mitgliedstaatlichen Gericht auch außerhalb eines Vollstreckungs- oder Anerkennungsversagungsverfahrens eröffnet. Allerdings hilft dem Schuldner eine solche Inzidentprüfung im Ergebnis nichts: Nimmt das Gericht einen Versagungsgrund des Art. 45 Abs. 1 an, dann ist seine Vollstreckungsabwehrklage unzulässig, über den Versagungsgrund ist aber trotzdem nicht rechtskräftig entschieden, so dass er zusätzlich ein Vollstreckungsversagungsverfahren anstrengen muss. **39**

c) Verbindung und Wechselwirkungen. Eine **prozessuale Verbindung** eines Vollstreckungsversagungsverfahrens und einer Vollstreckungsabwehrklage nach deutschem Recht könnte in Einzelfällen prozessökonomisch sein,[59] ist aber nach der deutschen Ausgestaltung des Versagungsverfahrens kaum möglich, weil sachlich und örtlich unterschiedliche Gerichte zuständig sind und die jeweiligen Verfahrensregeln auch im Übrigen abweichen.[60] **40**

---

58 Ebenso Musielak/Voit/*Stadler* Art. 46 Rdn. 2.
59 Der Regelfall dürfte das allerdings nicht sein, vgl. oben Rdn. 13.
60 Musielak/Voit/*Stadler* Art. 46 Rdn. 2; anders *Schlosser/Hess* Art. 41 Rdn. 7 und 47 Rdn. 7 f., der eine Entscheidung der Vollstreckungsabwehrklage durch Beschluss für möglich hält, so dass eine Verbindung beider Verfahren gemäß § 147 ZPO möglich würde.

41 Ist der Schuldner mit einem Antrag auf Vollstreckungsversagung gemäß Art. 46 ff. erfolgreich, dann fehlt es für die parallele Einleitung oder Fortführung einer Vollstreckungsabwehrklage im selben Mitgliedstaat in der Regel am **Rechtsschutzbedürfnis**. Eine etwa laufende Zwangsvollstreckung kann häufig auf einfacherem Wege beendet werden, in Deutschland etwa gemäß §§ 775 Nr. 1, 776 ZPO. Wirkungen in anderen Mitgliedstaaten, die ein fortbestehendes Rechtsschutzinteresse des Schuldners begründen könnten, hat eine Vollstreckungsabwehrklage *de lege lata* und nach h.M. nicht.[61] Zwar mag ein Interesse des Schuldners an der Feststellung existieren, dass er die titulierte Forderung tatsächlich beglichen hat, wenn dies vom Gläubiger bestritten wird. Für einen solchen Feststellungsantrag wird es aber häufig an der internationalen und in Deutschland auch an der sachlichen Zuständigkeit des Gerichts der Vollstreckungsabwehrklage fehlen. Art. 24 Nr. 5 der Verordnung erfasst solche Anträge jedenfalls nicht.

42 Betrachtet man die Entscheidung im Vollstreckungsversagungsverfahren mit der h.M. als eine rechtsgestaltende und nicht lediglich feststellende,[62] dann ist diese Entscheidung immerhin zugunsten des Schuldners als erledigendes Ereignis zu betrachten. In einer parallel angestrengten, noch nicht entschiedenen Vollstreckungsabwehrklage könnte sich der Schuldner deshalb nach rechtskräftiger Vollstreckungsversagung auf Erledigung berufen.

43 Erhebt der Schuldner umgekehrt Vollstreckungsabwehrklage gemäß §§ 1117, 1086, 767 ZPO (ohne dass in diesem Verfahren Vollstreckungsversagungsgründe nach der Verordnung thematisiert werden)[63] und wird dieser Klage rechtskräftig stattgegeben, weil der Schuldner beispielsweise nachträgliche Erfüllung einwenden und beweisen konnte, dann entfällt für den betroffenen Vollstreckungsmitgliedstaat die Vollstreckbarkeit der ausländischen Entscheidung.[64] Das beseitigt zugleich das Rechtsschutzbedürfnis des Schuldners für die Einleitung oder Fortführung eines Vollstreckungsversagungsverfahrens gemäß Art. 46 ff. der Verordnung.[65] Allerdings kann der Schuldner ein solches Vollstreckungsversagungsverfahrens als Anerkennungsversagungsverfahren gemäß Art. 45 Abs. 4 fortführen.[66]

Artikel 47

(1) Der Antrag auf Versagung der Vollstreckung ist an das Gericht zu richten, das der Kommission von dem betreffenden Mitgliedstaat gemäß Artikel 75 Buchstabe a mitgeteilt wurde.

(2) Für das Verfahren zur Versagung der Vollstreckung ist, soweit es nicht durch diese Verordnung geregelt ist, das Recht des ersuchten Mitgliedstaats maßgebend.

(3) Der Antragsteller legt dem Gericht eine Ausfertigung der Entscheidung und gegebenenfalls eine Übersetzung oder Transliteration der Entscheidung vor.

Das Gericht kann auf die Vorlage der in Unterabsatz 1 genannten Schriftstücke verzichten, wenn ihm die Schriftstücke bereits vorliegen oder wenn es das Gericht

---

61 Oben Art. 45 Rdn. 243.
62 Oben Rdn. 17.
63 Was grundsätzlich geschehen könnte, oben Rdn. 37.
64 Dazu oben Art. 45 Rdn. 243.
65 Vgl. Art. 47 Rdn. 25.
66 Oben Rdn. 26.

für unzumutbar hält, vom Antragsteller die Vorlage der Schriftstücke zu verlangen. Im letztgenannten Fall kann das Gericht von der anderen Partei verlangen, diese Schriftstücke vorzulegen.

(4) Von der Partei, die die Versagung der Vollstreckung einer in einem anderen Mitgliedstaat ergangenen Entscheidung beantragt, kann nicht verlangt werden, dass sie im ersuchten Mitgliedstaat über eine Postanschrift verfügt. Es kann von ihr auch nicht verlangt werden, dass sie im ersuchten Mitgliedstaat über einen bevollmächtigten Vertreter verfügt, es sei denn, ein solcher Vertreter ist ungeachtet der Staatsangehörigkeit oder des Wohnsitzes der Parteien vorgeschrieben.

Übersicht

I. Normzweck und Entstehungsgeschichte —— 1	2. Rechtsschutzbedürfnis —— 24
II. Anwendungsbereich —— 3	3. Urkundenvorlage (Abs. 3) —— 26
III. Zuständigkeit —— 4	a) Regel —— 26
IV. Beteiligte —— 9	b) Ausnahmen —— 28
V. Verfahren —— 13	c) Praktisches Vorgehen —— 33
1. Verfahrenseinleitung —— 13	4. Weitere Verfahrensfragen —— 34
a) Antragserfordernis —— 13	5. Entscheidung —— 38
b) Form und Inhalt —— 14	6. Anderweitige Beendigung —— 42
c) Keine Frist —— 18	7. Kosten und Gebühren —— 45
d) Keine Zustellungsanschrift und keine Sicherheitsleistung —— 19	VI. Rechtsmittel —— 48
e) Prozessbevollmächtigte —— 22	

I. Normzweck und Entstehungsgeschichte

Die Norm enthält wenige einheitliche prozessuale Regeln für das Vollstreckungsversagungsverfahren und verweist im Übrigen – hinsichtlich der örtlichen und sachlichen Gerichtszuständigkeit und für alle nicht verordnungsautonom geregelten Verfahrensfragen – auf das **nationale Recht**. **1**

Da das Vollstreckungsversagungsverfahren mit der Brüssel Ia-VO neu eingeführt wurde, hat die Bestimmung keine genaue Entsprechung in den Vorgängerinstrumenten. Der Regelungsgehalt lehnt sich jedoch an Art. 40 Brüssel I-VO (Art. 33 EuGVÜ; Art. 40 LugÜ 2007) zum Rechtsbehelf im Exequaturverfahren an, wobei Art. 47 Abs. 4 gleichsam die Spiegelung des früheren Art. 40 Abs. 2 a.F. darstellt. **2**

II. Anwendungsbereich

Die Bestimmung regelt zunächst unmittelbar das **Vollstreckungsversagungsverfahren**, durch Verweis in Art. 45 Abs. 4 aber mittelbar auch das Anerkennungsversagungsverfahren[1] sowie – mit umgekehrten Parteirollen – das Anerkennungsfeststellungsverfahren gemäß Art. 36 Abs. 2.[2] **3**

---

[1] Dazu Art. 45 Rdn. 244 ff.
[2] Dazu Wieczorek/Schütze/*Loyal* Art. 36 Rdn. 41.

III. Zuständigkeit

4 **International** zuständig für das Vollstreckungsversagungsverfahren sind, wie aus dem Gegenstand[3] und aus Sinn und Zweck dieses Verfahrens zwingend folgt,[4] die Gerichte des Mitgliedstaates, für welchen die Versagung der Vollstreckung begehrt wird.

5 Die Festlegung der **örtlichen und sachlichen Zuständigkeit** obliegt, wie für das Exequaturverfahren der Vorgängerinstrumente Brüssel I-VO, EuGVÜ und LugÜ 2007, den **Mitgliedstaaten**, die in der Auswahl ihrer Gerichte frei sind,[5] solange dadurch effektiver und zügiger (Art. 48) Rechtsschutz gewährleistet ist. Während in den Vorgängerinstrumenten die zuständigen nationalen Gerichte noch unmittelbar im Verordnungs- bzw. den Übereinkommenstexten und den Anhängen aufgeführt sind, verweist Art. 47 der Neufassung auf die Mitteilungen der Mitgliedstaaten an die Kommission gemäß Art. 75. Diese veröffentlicht die mitgeteilten Zuständigkeiten „in geeigneter Weise" (Art. 75 a.E.).[6] Geeignet sein soll insbesondere das online eingerichtete **„Europäische Justizielle Netz für Zivil- und Handelssachen"**, welches allerdings ständiger Umgestaltung unterliegt, im neueren „Europäischen Justizportal" aufgegangen und in einen „Europäischen Gerichtsatlas für Zivilsachen" integriert worden ist.[7]

6 In Deutschland sind für das Vollstreckungsversagungsverfahren unabhängig vom Streitwert die **Landgerichte sachlich zuständig** (§ 1115 Abs. 1 ZPO).[8] Das gilt auch dann, wenn der entschiedene ausländische Sachverhalt aus deutscher Sicht der Arbeitsgerichtsbarkeit oder dem Familiengericht zugewiesen wäre.[9] Das Landgericht entscheidet durch den Vorsitzenden einer Zivilkammer (§ 1115 Abs. 4 S. 1 ZPO), die durch den Geschäftsverteilungsplan festgelegt wird.[10] Das Verfahren kann nicht durch die Zivilkammer in Vollbesetzung übernommen werden, weil der Vorsitzende nicht als Einzelrichter i.S.v. § 348 ZPO, sondern aufgrund besonderer Zuweisung in § 1115 Abs. 1 ZPO tätig wird.[11]

7 **Örtlich ausschließlich zuständig** ist das Landgericht am Wohnsitz des Vollstreckungsschuldners (§ 1115 Abs. 2 S. 1 ZPO). Ist Schuldner eine Personengesellschaft oder eine juristische Person, so ist die Zuständigkeit am Verwaltungssitz begründet (§§ 1112

---

3 Dazu Art. 46 Rdn. 6 ff.
4 Zum Teil wird die internationale Zuständigkeit für das Vollstreckungsversagungsverfahren auf Art. 24 Nr. 5 der Verordnung gestützt, vgl. Musielak/Voit/*Stadler* Art. 47 Rdn. 1; *Schlosser/Hess* Art. 47 Rdn. 3; Geimer/Schütze/*Peiffer/Peiffer* IRV Art. 47 Rdn. 8 f. Einer gesonderten Grundlage für die internationale Zuständigkeit bedarf es allerdings angesichts der Gesamtkonzeption der Verordnung nicht; im Übrigen könnte Art. 24 Nr. 5 für das Anerkennungsversagungs- und das Anerkennungsfeststellungsverfahren die internationale Zuständigkeit nicht begründen, weil es bei solchen Verfahren nicht um Zwangsvollstreckung geht. Vgl. zur entsprechenden Frage beim Exequaturverfahren *Geimer*/Schütze EuZVR Art. 39 Rdn. 1 m.w.N.
5 Musielak/Voit/*Stadler* Art. 47 Rdn. 1; *Hess* in FS Gottwald (2014) 273, 278; Rauscher/*Mankowski* Art. 47 Rdn. 1 ff.
6 https://e-justice.europa.eu/content_brussels_i_regulation_recast-350-de.do?clang=de; hilfreich die konsolidierten Übersichten unten Wieczorek/Schütze/*Garber/Neumayr* Art. 75 Rdn. 3 sowie bei *Schlosser/Hess* Art. 47 Rdn. 11.
7 Vgl. https://e-justice.europa.eu mit nicht nachvollziehbarer Struktur, unverständlicher Gliederung und dysfunktionaler Suche.
8 Kritisch *Hau* MDR 2014, 1417, 1420; *Hess* in FS Gottwald (2014) 273, 279; Geimer/Schütze/*Peiffer/Peiffer* IRV Art. 47 Rdn. 12, die jeweils mangelnde Erfahrung der Landgerichte befürchten.
9 So zum Exequaturverfahren nach dem EuGVÜ OLG Düsseldorf 5.10.1983 IPRspr. 1983 Nr. 180; OLG Köln 9.1.1995 FamRZ 1995, 1430; *Geimer*/Schütze EuZVR Art. 39 a.F. Rdn. 6.
10 Thomas/Putzo/*Hüßtege* Art. 47 Rdn. 2.
11 Wieczorek/Schütze/*Schütze* § 1115 ZPO Rdn. 15; MünchKomm/*Gottwald* § 1115 ZPO Rdn. 2; vgl. zu Art. 39 a.F. *Geimer*/Schütze EuZVR Art. 39 a.F. Rdn. 7; a.A. *Schlosser/Hess* Art. 47 Rdn. 7.

Abs. 2 S. 3 i.V.m. 17 Abs. 1 S. 2 ZPO). Der Anwendungsbereich von Art. 63 Abs. 1 der Verordnung dürfte hier nicht eröffnet sein, weil Art. 47 Abs. 1 die Bestimmung der örtlichen Zuständigkeit vollständig den Mitgliedstaaten überlässt und selbst nicht auf den Wohnsitz einer Gesellschaft oder juristischen Person verweist.[12] Wechselt der Schuldner seinen Wohnsitz, lässt das die Zuständigkeit des angerufenen Gerichts unberührt.[13]

Hat der Vollstreckungsschuldner **keinen Wohnsitz oder Sitz in Deutschland**, **8** dann ist das Landgericht ausschließlich **zuständig**, in dessen Bezirk die **Vollstreckung des Titels durchgeführt** werden soll (§ 1115 Abs. 2 S. 2 ZPO). Diese Anknüpfung ist nur dann eindeutig, wenn bereits eine für den Schuldner bemerkbare und lokalisierbare Zwangsvollstreckungsmaßnahme eingeleitet wurde. Will der Schuldner dagegen unmittelbar nach Zustellung der Bescheinigung gemäß Art. 53, aber noch vor der Einleitung von Vollstreckungsmaßnahmen durch den Gläubiger Versagung der Vollstreckung beantragen, dann genügt es, wenn er glaubhaft macht, dass er im Bezirk des angerufenen Gerichts künftig Vollstreckungsmaßnahmen befürchten muss, etwa weil dort Gegenstände seines Vermögen liegen.[14] Ein auf diese Weise zulässigerweise angerufenes Gericht bleibt im Sinne einer *perpetuatio fori* auch dann zuständig, wenn der Gläubiger die Zwangsvollstreckung später tatsächlich in einem anderen Gerichtsbezirk betreibt.

IV. Beteiligte

Antragsbefugt für das Vollstreckungsversagungsverfahren ist der **Vollstreckungs-** **9** **schuldner**.[15] Vollstreckungsschuldner ist in der Regel der Schuldner der titulierten Verpflichtung. Es kann aber auch jeder andere sein, gegen welchen sich Vollstreckungsmaßnahmen aus dem Titel richten können, im Falle einer Titelumschreibung wegen Rechtsnachfolge auf Seiten des Schuldners also der Rechtsnachfolger.[16] Ob und in welchem Umfang eine solche Rechtsnachfolge eingetreten ist, richtet sich (ausschließlich) nach dem Recht des Ursprungsstaates.[17]

Bei **mehreren Schuldnern** kann jeder einzelne die Versagung beantragen, dann allerdings nur hinsichtlich seiner eigenen Person.[18] Stellen mehrere Schuldner einen Antrag gemeinsam, so ist die örtliche Zuständigkeit für alle Antragsteller nach deren Wahl am Wohnsitz eines der Antragsteller gegeben.[19] **10**

Dritte sind, auch wenn sie von Vollstreckungsmaßnahmen aus dem Titel betroffen sind, im Vollstreckungsversagungsverfahren **nicht** antragsbefugt.[20] Sie können die **11**

---

12 Geimer/Schütze/*Peiffer*/*Peiffer* IRV Art. 47 Rdn. 13; Rauscher/*Mankowski* Art. 47 Rdn. 7; im Ergebnis auch Wieczorek/Schütze/*Schütze* § 1115 ZPO Rdn. 13; a.A. *Schlosser*/*Hess* Art. 47 Rdn. 3.
13 So zu Art. 39 a.F. BGH 26.6.1997 RIW 1998, 146; OLG Zweibrücken 14.9.1999 NJW-RR 2001, 144; *Kropholler*/*von Hein* Art. 39 a.F. Rdn. 9.
14 Dazu eingehend Geimer/Schütze/*Peiffer*/*Peiffer* IRV Art. 47 Rdn. 14 ff.; ähnlich zu Art. 39 Abs. 2 a.F. bereits OLG München 23.8.2010 EuZW 2011, 79, 80; *Kropholler*/*von Hein* Art. 39 a.F. Rdn. 8.
15 Rauscher/*Mankowski* Art. 46 Rdn. 12; Geimer/Schütze/*Peiffer*/*Peiffer* IRV Art. 46 Rdn. 6.
16 *Geimer* FS Torggler (2013) 311, 337; Geimer/Schütze/*Peiffer*/*Peiffer* IRV Art. 46 Rdn. 6; Musielak/Voit/*Stadler* Art. 47 Rdn. 2; Rauscher/*Mankowski* Art. 46 Rdn. 12.
17 Vgl. zum Exequaturverfahren *Geimer*/Schütze EuZVR Art. 40 a.F. Rdn. 11 f.
18 Geimer/Schütze/*Peiffer*/*Peiffer* IRV Art. 46 Rdn. 6; MünchKomm/*Gottwald* Art. 46 Rdn. 1; Rauscher/*Mankowski* Art. 46 Rdn. 12; die Gestaltungswirkung einer Versagungsentscheidung erstreckt sich allerdings nur auf die Verfahrensbeteiligten, Art. 46 Rdn. 17.
19 Vgl. für Schuldnermehrheit im Exequaturverfahren *Kropholler*/*von Hein* Art. 39 a.F. Rdn. 11 m.w.N. Nach anderer Auffassung sollte eine Zuständigkeitsbestimmung gemäß § 36 ZPO statthaft sein, OLG München 28.5.1974 NJW 1975, 504, 505; dagegen zurecht *Geimer*/Schütze EuZVR Art. 39 a.F. Rdn. 5. In der umgekehrten Konstellation des Vollstreckungsversagungsverfahrens mit mehreren Schuldnern als Antragsteller ist keine der Fallgruppen in § 36 Abs. 1 ZPO einschlägig.

Versagung der Vollstreckung als solche auch nicht mit Rechtsbehelfen des Vollstreckungsstaates erreichen,[21] sondern allenfalls die Versagung der Anerkennung gemäß Art. 45 Abs. 4 beantragen.[22] Eröffnet sind die Rechtsbehelfe des Vollstreckungsstaates Dritten allerdings für die Geltendmachung von Einwänden gegen die Zwangsvollstreckung nach dem Recht des Vollstreckungsstaates, etwa die Drittwiderspruchsklage (§ 771 ZPO).[23]

12 **Antragsgegner** im Vollstreckungsversagungsverfahren ist der **Gläubiger**, der die Zwangsvollstreckung betreibt, oder dessen Rechtsnachfolger im Falle einer Titelumschreibung im Ursprungsstaat. Einen negativen Feststellungsantrag kann der Gläubiger nur im Verfahren gemäß Art. 36 Abs. 2 stellen, welches sich aber kraft Verweisung auf die Art. 46 ff. nach denselben Verfahrensregeln richtet wie das Vollstreckungsversagungsverfahren.

V. Verfahren

1. Verfahrenseinleitung

13 **a) Antragserfordernis.** Das Vollstreckungsversagungsverfahren wird, wie schon der Wortlaut deutlich macht, nur auf **Antrag** durchgeführt. Die Anerkennungshindernisse gemäß Art. 45 Abs. 1 werden also im Vollstreckungsstaat **nicht von Amts wegen** geprüft, weder gerichtlich noch durch die Vollstreckungsorgane.[24]

14 **b) Form und Inhalt.** Der Antrag kann in Deutschland beim zuständigen Gericht **schriftlich** eingereicht oder **mündlich zu Protokoll der Geschäftsstelle** erklärt werden (§ 1115 Abs. 3 ZPO).

15 Er ist darauf zu richten, dass die Vollstreckung aus einem hinreichend **genau zu bezeichnenden** ausländischen Titel **in Deutschland versagt** wird, und kann etwa wie folgt lauten: „Die Vollstreckung des Urteils des [Gericht] vom [Datum], Aktenzeichen [...], gegen den Antragsteller wird für das Gebiet der Bundesrepublik Deutschland versagt."[25] Vorsorglich kann darüber hinaus zusätzlich die Feststellung beantragt werden, dass einer der in Art. 45 Abs. 1 genannten Versagungsgründe vorliegt, weil diese Feststellung im Vollstreckungsversagungsverfahren nach einer Auffassung andernfalls nicht in Rechtskraft erwachsen soll.[26]

---

20 So zum EuGVÜ und zur Brüssel I-VO EuGH 2.7.1985 C-148/84 EuGHE 1985, 1987 Rdn. 17 ff.; EuGH 23.4.2009 C-167/08 EuGHE 2009, I-3477; Geimer/Schütze/*Peiffer*/*Peiffer* IRV Art. 46 Rdn. 6; MünchKomm/*Gottwald* Art. 46 Rdn. 1; Rauscher/*Mankowski* Art. 46 Rdn. 12; Kropholler/*von Hein* Art. 43 a.F. Rdn. 5; Gebauer/Wiedmann/*Gebauer* Kap. 27 Rdn. 211; Geimer/Schütze EuZVR Art. 43 a.F. Rdn. 16; Musielak/Voit/*Stadler* Art. 47 Rdn. 2.
21 Vgl. EuGH 2.7.1985 C-148/84 EuGHE 1985, 1987 Rdn. 17 ff.; EuGH 23.4.2009 C-167/08 EuGHE 2009, I-3477; Geimer/Schütze EuZVR Art. 43 a.F. Rdn. 16 f.
22 Dazu Art. 45 Rdn. 251.
23 Vgl. EuGH 2.7.1985 C-148/84 EuGHE 1985, 1987 Rdn. 18; EuGH 23.4.2009 C-167/08 EuGHE 2009, I-3477 Rdn. 29; Rauscher/*Mankowski* Art. 46 Rdn. 16 f.; MünchKomm/*Gottwald* Art. 46 Rdn. 1; Geimer/Schütze/ *Peiffer*/*Peiffer* IRV Art. 46 Rdn. 6; Kropholler/*von Hein* Art. 43 a.F. Rdn. 5; Geimer/Schütze EuZVR Art. 43 a.F. Rdn. 21 f.; vgl. auch oben Art. 45 Rdn. 241.
24 *Geimer* FS Torggler (2013) 311, 335; Geimer/Schütze/*Peiffer*/*Peiffer* IRV Art. 46 Rdn. 4; Thomas/Putzo/*Hüßtege* Art. 46 Rdn. 3; Rauscher/*Mankowski* Art. 46 Rdn. 7.
25 Vgl. Geimer/Schütze/*Peiffer*/*Peiffer* IRV Art. 46 Rdn. 4; Schlosser/*Hess* Art. 47 Rdn. 4; Musielak/Voit/*Stadler* Art. 47 Rdn. 2; vgl. auch das Muster für den Anerkennungsversagungsantrag bei Mes/*Schütze* Becksches Prozessformularbuch (13. Aufl. 2016) Nr. I.U.10.
26 Geimer/Schütze/*Peiffer*/*Peiffer* IRV Art. 47 Rdn. 29 ff.; dazu oben Art. 46 Rdn. 16.

Möglich ist es auch, einen Versagungsantrag auf einen **abtrennbaren Teil** einer 16
ausländischen Entscheidung zu beschränken. Für das Exequaturverfahren der Brüssel I-VO war ein Antrag auf Teilexequatur in Art. 48 Abs. 2 a.F. sogar ausdrücklich vorgesehen gewesen. Diese Regelung hat zwar keine Entsprechung in der Verordnung 2012 erhalten. Das bedeutet aber nicht etwa im Umkehrschluss, dass ein Antrag auf teilweise Versagung der Zwangsvollstreckung unter der neuen Verordnung nicht möglich wäre.[26a]

Schließlich sind im Antrag Antragsteller und Antragsgegner genau zu bezeichnen 17
und, sofern bei einem Beteiligten eine Rechtsnachfolge eingetreten ist, die Grundlage hierfür darzulegen.[27]

c) Keine Frist. Eine **Frist** für die Einleitung eines Vollstreckungsversagungsverfah- 18
rens ist, anders als für den Rechtsbehelf gegen Exequaturentscheidungen (Art. 43 Abs. 5 Brüssel I-VO; Art. 43 Abs. 5 LugÜ 2007; Art. 36 Abs. 1 EuGVÜ), in der Verordnung 2012 **nicht vorgesehen**.[28] Die nationalen Rechtsordnungen dürften eine solche wohl einführen,[29] in Deutschland ist dies aber jedenfalls nicht geschehen.

d) Keine Zustellungsanschrift und keine Sicherheitsleistung. Hat der **Vollstre-** 19
ckungsschuldner und Antragsteller keinen Wohnsitz im Vollstreckungsstaat, so muss er dort gleichwohl **keine** zustellungsfähige Anschrift (sog. Wahldomizil), etwa über einen Zustellungsbevollmächtigten einrichten (**Abs. 4 S. 1**).[30] Das gilt auch dann, wenn das nationale Verfahrensrecht des Vollstreckungsstaates dies ansonsten von ausländischen Klägern ohne inländische Anschrift verlangt.[31] Damit sollen der Rechtsschutz des Schuldners vereinfacht und die Kosten dafür begrenzt werden.[32]

Auch der Vollstreckungsgläubiger und Antragsgegner muss, anders als noch unter 20
den Vorgängerinstrumenten,[33] kein Wahldomizil im Vollstreckungsstaat begründen (Art. 41 Abs. 3 S. 1).

Eine **Sicherheitsleistung** des Antragstellers, etwa gemäß § 110 ZPO für die Prozess- 21
kosten des Antragsgegners, darf nicht verlangt werden (Art. 56).

e) Prozessbevollmächtigte. Die Verordnung verlangt im Vollstreckungsversagungs- 22
verfahren – ebenfalls im Interesse der Kostenbegrenzung – **keine Vertretung durch Prozessbevollmächtigte**. Das Verfahrensrecht der Mitgliedstaaten kann die Einschaltung von Prozessbevollmächtigten vorschreiben.[34] Dieser Anwaltszwang muss dann aber unabhängig von der Staatsangehörigkeit und dem Wohnsitz des Antragstellers gelten, kann also nicht nur für ausländische Antragsteller angeordnet werden (**Abs. 4 S. 2**). Deshalb ist eine Aufforderung zur Bestellung eines inländischen Zustellungsbevollmächtigten gemäß § 184 Abs. 1 ZPO im Vollstreckungsversagungsverfahren unzulässig.[35]

26a Vgl. unten Rdn. 39.
27 Vgl. zum Antragsinhalt *Kropholler/von Hein* Art. 40 a.F. Rdn. 1.
28 Wieczorek/Schütze/*Schütze* § 1115 ZPO Rdn. 17.
29 Rauscher/*Mankowski* Art. 47 Rdn. 12; *Hau* MDR 2014, 1417, 1419; allerdings muss effektiver Rechtsschutz des Schuldner gewährleistet sein, so dass eine nationale Frist nicht unabhängig davon laufen kann, wann der Schuldner von der drohenden Zwangsvollstreckung Kenntnis erlangt.
30 Rauscher/*Mankowski* Art. 47 Rdn. 28; Geimer/Schütze/*Peiffer/Peiffer* IRV Art. 47 Rdn. 25.
31 Rauscher/*Mankowski* Art. 47 Rdn. 28.
32 Rauscher/*Mankowski* Art. 47 Rdn. 28.
33 Art. 40 Abs. 2 Brüssel I-VO; Art. 40 Abs. 2 LugÜ 2007; Art. 33 Abs. 2 EuGVÜ.
34 Rauscher/*Mankowski* Art. 47 Rdn. 33, 35.
35 So zum polnischen Zivilprozessrecht und der EuZustVO EuGH 19.12.2012 C-325/11 ECLI:EU:C:2012:824; Geimer/Schütze/*Peiffer/Peiffer* IRV Art. 47 Rdn. 26.

23 In Deutschland kann der Antrag auf Vollstreckungsversagung zu Protokoll der Geschäftsstelle und damit **ohne Rechtsanwalt** erklärt werden (§§ 1115 Abs. 3, 78 Abs. 3 ZPO).[36] Das sollte auch für weitere Einlassungen des Antragstellers im Laufe des Verfahrens[37] und auch für solche des Antragsgegners gelten. Kommt es allerdings zu einer **mündlichen Verhandlung**, dann benötigen beide Parteien dafür einen Rechtsanwalt, weil sich die Ausnahme in § 78 Abs. 3 ZPO auf diese nicht erstreckt.[38]

24 **2. Rechtsschutzbedürfnis.** Das Vollstreckungsversagungsverfahren setzt ein Rechtsschutzbedürfnis des Antragstellers voraus.[39] Umstritten ist, ob dieses bereits aus der bloßen **Möglichkeit** der Zwangsvollstreckung folgt, also schon ab dem Zeitpunkt der Vollstreckbarkeit im Ursprungsstaat in allen übrigen Mitgliedstaaten besteht,[40] oder ob die Zwangsvollstreckung in einem anderen Mitgliedstaat unmittelbar bevorstehen muss, was jedenfalls dann angenommen wird, wenn dem Schuldner eine **Bescheinigung** nach Art. 53 gemäß Art. 43 Abs. 1 **zugestellt** ist.[41] Während die zweite Auffassung vorzugswürdig ist, dürften die praktischen Unterschiede gering sein, weil der Schuldner schon vor der Zustellung der Bescheinigung einen Antrag auf Versagung der Anerkennung gemäß Art. 45 Abs. 4 stellen und nach Zustellung sodann auf Vollstreckungsversagung übergehen kann.[42]

25 Das Rechtsschutzbedürfnis des Schuldners besteht, solange Zwangsvollstreckungsmaßnahmen aus dem mitgliedstaatlichen Titel möglich sind, entfällt also mit einem endgültigen Wegfall der Vollstreckbarkeit im Ursprungsstaat, etwa als Folge eines erfolgreichen Rechtsmittels dort, oder mit einer vollständigen Erfüllung der titulierten Ansprüche.[43]

3. Urkundenvorlage (Abs. 3)

26 **a) Regel.** Nach der **Grundregel** in **Abs. 3 UAbs. 1** hat der **Antragsteller**, also der Vollstreckungsschuldner, dem Gericht eine **Ausfertigung der Entscheidung** und gegebenenfalls eine **Übersetzung der Entscheidung** vorzulegen. Gemeint ist eine Übersetzung in die **Verfahrenssprache** des angerufenen Gerichts (Art. 57 Abs. 1).[44]

27 Die Entscheidung selbst liegt dem Schuldner regelmäßig vor, weil sie ihm spätestens mit Beginn der Vollstreckungsmaßnahmen zugestellt sein muss (Art. 43 Abs. 1 Satz 2).[45]

---

36 Wieczorek/*Schütze* § 1115 ZPO Rdn. 16; *Hau* MDR 2014, 1417, 1419; Geimer/Schütze/*Peiffer/Peiffer* IRV Art. 47 Rdn. 17; *Schlosser*/Hess Art. 47 Rdn. 6; MünchKomm/*Gottwald* Art. 47 Rdn. 8; *Adolphsen* Europäisches Zivilverfahrensrecht (2. Aufl. 2015) § 4 Rdn. 111; Thomas/Putzo/*Hüßtege* Art. 47 Rdn. 3; *Ulrici* JZ 2016, 127, 135; BeckOK ZPO/*Vorwerk/Wolf* § 1115 ZPO Rdn. 12; Musielak/Voit/*Lackmann* § 1115 ZPO Rdn. 3.
37 Str.; dafür OLG Celle 24.5.1974 Rpfleger 1974, 319; OLG Köln 23.8.1972 NJW 1973, 907; OLG Frankfurt 10.10.1977 NJW 1978, 172; OLG Nürnberg 10.2.2011 NJW 2011, 1613, 1614; Zöller/*Vollkommer* § 78 ZPO Rdn. 29; dagegen OLG Köln 26.6.1972 NJW 1972, 2317; OLG Frankfurt 11.5.1981 NJW 1981, 2203; OLG Saarbrücken 17.3.1998 NJW-RR 1998, 1611, 1612; Wieczorek/Schütze/*Smid/Hartmann* § 78 ZPO Rdn. 35; Musielak/Voit/*Weth* § 78 ZPO Rdn. 25; MünchKomm/*Toussaint* § 78 ZPO Rdn. 50; Stein/Jonas/*Bork* § 78 ZPO Rdn. 33; Thomas/Putzo/*Hüßtege* § 78 ZPO Rdn. 14.
38 Musielak/Voit/*Stadler* Art. 47 Rdn. 3; *Schlosser*/Hess Art. 47 Rdn. 6; MünchKomm/*Gottwald* Art. 47 Rdn. 8; Zöller/*Vollkommer* § 78 ZPO Rdn. 29; Stein/Jonas/*Bork* § 78 ZPO Rdn. 33.
39 Wieczorek/Schütze/*Schütze* § 1115 ZPO Rdn. 18.
40 So *Schlosser*/Hess Art. 47 Rdn. 4; Musielak/Voit/*Stadler* Art. 47 Rdn. 2.
41 Geimer/Schütze/*Peiffer/Peiffer* IRV Art. 46 Rdn. 5; Thomas/Putzo/*Hüßtege* Art. 46 Rdn. 3.
42 Dazu Art. 46 Rdn. 26.
43 Wieczorek/Schütze/*Schütze* § 1115 ZPO Rdn. 18; allerdings kann der Schuldner in diesem Fall in das Anerkennungsversagungsverfahren übergehen, wenn noch „Restwirkungen" des ausländischen Titels zu befürchten sind.
44 Rauscher/*Mankowski* Art. 47 Rdn. 18.
45 Rauscher/*Mankowski* Art. 47 Rdn. 20.

Gemäß Art. 43 Abs. 2 kann der Vollstreckungsschuldner vom Titelgläubiger auch eine Übersetzung verlangen, jedoch dem Wortlaut zufolge nicht notwendig eine solche in die Verfahrenssprache des Vollstreckungsstaats: Wird ein französisches Urteil gegen einen Schuldner mit Wohnsitz in Italien in Deutschland vollstreckt, dann hat der Schuldner im deutschen Vollstreckungsversagungsverfahren eine deutsche Übersetzung des französischen Urteils vorzulegen, während ihm gemäß Art. 43 Abs. 2 Buchst. b) typischerweise eine italienische Übersetzung zugestellt wurde.

b) Ausnahmen. UAbs. 2 sieht **Ausnahmen von der Vorlagepflicht** des Antragstellers im Ermessen des Gerichts vor. Allerdings sind diese Ermessensregeln insgesamt **missglückt** und letztlich auch **überflüssig**: 28

Dem Wortlaut zufolge soll das Gericht nach seinem **Ermessen** auf eine Vorlage durch den Antragsteller „verzichten" und anschließend, wiederum im freien Ermessen, entscheiden können, ob die Unterlagen beim Antragsgegner angefordert werden sollen. Das Gericht kann aber ohne den Entscheidungswortlaut und eine Übersetzung kaum sinnvoll über das Vorliegen von Versagungsgründen befinden. Wenn es daher – ausnahmsweise – auf eine Einforderung der übersetzten Entscheidung beim Antragsteller verzichten will, bleibt ihm letztlich nur **eine** ermessensfehlerfreie Alternative, nämlich stattdessen den Antragsgegner zur Vorlage aufzufordern.[46] UAbs. 2 ist daher dahingehend auszulegen, dass das Gericht die Entscheidung und eine Übersetzung nach seinem Ermessen **entweder** vom Antragsteller **oder** vom Antragsgegner verlangen kann. 29

Nach dem Wortlaut von UAbs. 2 S. 1 („kann [...] verzichten, wenn ihm die Schriftstücke bereits vorliegen") soll die Anforderung der Entscheidung und einer Übersetzung beim Schuldner auch dann noch im Ermessen des Gerichts stehen, wenn sich diese **bereits bei den Gerichtsakten** befinden, etwa weil nach dem anwendbaren Verfahrensrecht des Vollstreckungsmitgliedstaates das Gericht des Vollstreckungsversagungsverfahrens zugleich das Vollstreckungsgericht ist.[47] Wenn dem Gericht die Unterlagen aber schon vorliegen, dann ist eine Aufforderung an den Antragsteller, sie noch einmal einzureichen, unzulässige Schikane.[48] Richtigerweise **muss** das Gericht dann von einer erneuten Anforderung beim Antragsteller absehen.[49] 30

Unklar ist schließlich, unter welchen Umständen dem Antragsteller die **Vorlage der Entscheidung unzumutbar** sein sollte. Allein die Tatsache, dass er nicht im Besitz einer Ausfertigung der Entscheidung ist, macht die Vorlage als solche noch nicht unzumutbar. Vielmehr kommt es darauf an, weshalb ihm die Ausfertigung fehlt und ob er sich eine solche auf einfachem Wege besorgen kann: Wurde dem Schuldner etwa die Entscheidung nicht gemäß Art. 43 Abs. 1 Satz 2 zugestellt, ist die Vollstreckung insgesamt formell fehlerhaft und eine Einstellung der Zwangsvollstreckungsmaßnahmen auch ohne Stellung eines Antrags auf Vollstreckungsversagung gerechtfertigt. Hat der antragstellende Schuldner dagegen das ihm ordnungsgemäß zugestellte Urteilsdokument verloren, kann er zumutbarerweise beim Ursprungsgericht eine neue Ausfertigung beantragen und diese vorlegen. Nur wenn feststeht, dass die (erneute) Besorgung einer Ausfertigung für den 31

---

46 Insgesamt ohne übersetzten Entscheidungstext über die Vollstreckungsversagung zu entscheiden, wie etwa Thomas/Putzo/*Hüßtege* Art. 47 Rdn. 4, und Geimer/Schütze/*Peiffer*/*Peiffer* IRV Art. 47 Rdn. 22, vorschlagen, dürfte kaum praktikabel sein.
47 Geimer/Schütze/*Peiffer*/*Peiffer* IRV Art. 47 Rdn. 18 und 21; allerdings nicht in Deutschland, wo das Landgericht nicht Vollstreckungsgericht ist.
48 Rauscher/*Mankowski* Art. 47 Rdn. 23.
49 Vgl. Rauscher/*Mankowski* Art. 47 Rdn. 26: Gebundenes Ermessen; Schlosser/*Hess* Art. 47 Rdn. 5: Selbstverständlichkeit.

Antragsteller mit erheblichen Mühen verbunden, dagegen für den Antragsgegner problemlos möglich ist, sollte die Vorlage dem Antragsgegner aufgegeben werden.[50]

32 Auch für die Vorlage einer **Übersetzung der Entscheidung in die Verfahrenssprache** stellt sich die Frage der Unzumutbarkeit **praktisch nicht**:[51] Im Zeitalter des Internets lassen sich Übersetzungen auch in exotischere Sprachen – von beiden Parteien oder auch vom Gericht – relativ problemlos besorgen. Verfügt der Schuldner und Antragsteller bereits über eine Übersetzung, kann er sie ohne weiteres vorlegen. Liegt eine solche zwar nicht dem Antragsteller, aber dem Antragsgegner vor, hat dieser sie vorzulegen, weil in diesem Fall das Verlangen einer erneuten Übersetzung durch den Antragsteller missbräuchlich und damit ermessensfehlerhaft wäre.[52] Liegt keinem der Beteiligten eine Übersetzung in die Verfahrenssprache vor, geht es letztlich nur um die **Kosten ihrer Erstellung**. Diese zählen zu den Verfahrenskosten, sind also am Ende (jedenfalls in Deutschland) ohnehin von der unterliegenden Partei zu tragen. Das **Vorschussrisiko** für diese Kosten sollte nach der Konzeption der Verordnung 2012 und der Abschaffung des Exequaturverfahrens in der Regel der **Antragsteller** und Vollstreckungsschuldner tragen, der ohnehin ein Eigeninteresse daran haben sollte, dass dem Gericht des Versagungsverfahrens eine ordentliche und verständliche Übersetzung vorliegt.[53]

33 **c) Praktisches Vorgehen.** Richtigerweise sollte deshalb das angerufene Gericht im ersten Schritt prüfen, ob die Entscheidung mit einer Übersetzung in die Verfahrenssprache vorliegt. Ist das nicht der Fall, sollte der Schuldner und Antragsteller per Verfügung aufgefordert werden, entweder diese Unterlagen vorzulegen oder aber Gründe glaubhaft zu machen, weshalb ihm die Vorlage unzumutbar ist. Werden solche Gründe vorgetragen – also etwa der Umstand, dass der Gläubiger und Antragsgegner über eine Ausfertigung und Übersetzung verfügt, der Antragsteller aber schuldlos nicht – dann ist dem Antragsgegner Gelegenheit zur Stellungnahme zu geben und sodann zu entscheiden, welcher der Parteien die Vorlage aufzugeben ist. Existiert noch keine Übersetzung in die Verfahrenssprache, hat regelmäßig der Antragsteller eine solche in Auftrag zu geben und einzureichen.

34 **4. Weitere Verfahrensfragen.** Dem Antragsgegner, also dem Vollstreckungsgläubiger, ist im Versagungsverfahren **Gelegenheit zur Stellungnahme** zu geben (§ 1115 Abs. 4 S. 3 ZPO).[54] Von einer **mündlichen Verhandlung** können die Gerichte in Deutschland dagegen absehen (§ 1115 Abs. 4 S. 2 ZPO). Der Grundsatz der beschleunigten Entscheidung nach Art. 48 spricht dafür, in Zweifelsfällen von einer mündlichen Verhandlung abzusehen. Das dürfte vor allem dann sinnvoll sein, wenn Versagungsgründe nicht erkennbar sind und der Antrag abgewiesen werden soll.

35 Die **Darlegungs- und Beweislast** für das Vorliegen von Versagungsgründen liegt beim **Vollstreckungsschuldner**.[55] Das gilt nicht nur für das Vollstreckungsversagungsverfahren, in welchem der Schuldner Antragsteller ist, sondern auch dann, wenn mit umgekehrten Parteirollen der Vollstreckungsgläubiger Anerkennungsfeststellung gemäß

---

50 Vgl. Rauscher/*Mankowski* Art. 47 Rdn. 25 f.
51 Anders die wohl h.M.; vgl. Thomas/Putzo/*Hüßtege* Art. 47 Rdn. 4; Geimer/Schütze/*Peiffer/Peiffer* IRV Art. 47 Rdn. 22: Unzumutbarkeit bei hohen Übersetzungskosten und „Schlüssigkeit" des Schuldnervortrags.
52 Vgl. Geimer/Schütze/*Peiffer/Peiffer* IRV Art. 47 Rdn. 22.
53 Vgl. Geimer/Schütze/*Peiffer/Peiffer* IRV Art. 47 Rdn. 23.
54 Auch ohne ausdrückliche Anordnung in der ZPO würde das der Anspruch auf rechtliches Gehör erfordern.
55 Thomas/Putzo/*Hüßtege* Art. 46 Rdn. 7; Geimer/Schütze/*Peiffer/Peiffer* IRV Art. 46 Rdn. 7.

Art. 36 Abs. 2 beantragt. Hat der Schuldner allerdings Tatsachen vorgetragen, aus welchen sich ein Anerkennungsversagungsgrund ergibt, dann kommt es nicht darauf an, ob sich der Schuldner ausdrücklich auf diesen Versagungsgrund beruft. Vielmehr hat das Gericht den vorgetragenen Sachverhalt von Amts wegen unter Art. 45 Abs. 1 zu subsumieren und kann beispielsweise einen *ordre public*-Verstoß (Art. 45 Abs. 1 Buchst. a) auch dann annehmen, wenn der Schuldner sich in seinen Rechtsausführungen lediglich auf Art. 45 Abs. 1 Buchst. b beruft.[56]

36 Die **Verbindung** mit anderen zwischen dem Gläubiger und dem Schuldner anhängigen Verfahren – etwa einer Vollstreckungsabwehrklage oder einer Restitutionsklage des Schuldners – gemäß § 147 ZPO ist schon wegen der besonderen Zuständigkeit des Kammervorsitzenden für das Vollstreckungsversagungsverfahren (§ 1115 Abs. 4 S. 1 ZPO) und der Entscheidung durch Beschluss nicht möglich.[57]

37 Die Auswirkungen der **Eröffnung eines Insolvenzverfahrens** über das Vermögen einer der Parteien auf das Vollstreckungsversagungsverfahren sind in der Verordnung nicht geregelt. Sie richten sich gemäß Art. 47 Abs. 2 nach dem autonomen Recht des Mitgliedstaates, in welchem das Vollstreckungsversagungsverfahren anhängig ist, und zwar auch dann, wenn das Insolvenzverfahren in einem anderen Mitgliedstaat eröffnet wurde (Art. 18 EuInsVO). Nach der h.M. in Deutschland sollte das Exequaturverfahren der Brüssel I-VO in der ersten Instanz – die ohne Beteiligung des Vollstreckungsschuldners als *ex parte*-Verfahren durchgeführt wurde – durch die Insolvenz des Schuldners nicht unterbrochen werden.[58] Das Vollstreckungsversagungsverfahren ist dagegen von vorneherein, wie das Rechtsbehelfsverfahren des Art. 43 a.F., als kontradiktorisches Verfahren ausgestaltet. Deshalb gibt es keinen Grund, weshalb § 240 ZPO nicht auch für das Vollstreckungsversagungsverfahren gelten und dieses im Insolvenzfall unterbrechen sollte.[59]

38 **5. Entscheidung.** Das Gericht entscheidet über den Vollstreckungsversagungsantrag in Deutschland durch **Beschluss**, der mit einer **Begründung** zu versehen ist (§ 1115 Abs. 4 S. 1 und 2 ZPO).

39 Wenn die zu vollstreckende Entscheidung **teilbar** ist und ein Vollstreckungsversagungsgrund, etwa ein *ordre public*-Verstoß, nur einen Teil der Entscheidung betrifft, dann kann die **Vollstreckung der Entscheidung** auch **teilweise versagt** werden.[60] Zwar wurde die frühere ausdrückliche Regelung, die das sog. Teilexequatur zuließ (Art. 48 Brüssel I-VO; Art. 48 LugÜ 2007; Art. 42 EuGVÜ), in die Verordnung 2012 nicht, auch nicht in angepasster Form übernommen. Das dürfte aber daran liegen, dass das Exequaturverfahren insgesamt aufgegeben wurde, und bedeutet nicht, dass eine teilweise Vollstreckungsversagung ausgeschlossen werden sollte. So bestand schon unter den Vorgängerinstrumenten Einigkeit darüber, dass auch eine **Teilanerkennung** ausländischer Entscheidungen möglich ist, obwohl dies im Text nicht ausdrücklich vorgesehen war.[61]

---

56 BGH 12.12. 2007 NJW-RR 2008, 586, 588; BGH 3.8.2011 NJW 2011, 3103, 3105; BGH 14.6.2012 NJW-RR 2012, 1013, 1014 (jeweils zu Art. 34 a.F.); Thomas/Putzo/*Hüßtege* Art. 45 Rdn. 2; Geimer/Schütze/*Peiffer*/*Peiffer* IRV Art. 45 Rdn. 11; Wieczorek/Schütze/*Schütze* § 1115 ZPO Rdn. 21 f.; vgl. dazu auch Art. 45 Rdn. 27.
57 Anders *Schlosser*/*Hess* Art. 47 Rdn. 7 f.
58 OLG Saarbrücken 1.10.1993 NJW-RR 1994, 636; OLG Bamberg 16.2.2006 IPRax 2007, 454 m. Bespr. *Gruber* 426; OLG Köln 17.10.2007 ZIP 2007, 2287; *Geimer*/Schütze EuZVR Art. 40 a.F. Rdn. 28.
59 Thomas/Putzo/*Hüßtege* Art. 48 Rdn. 2; MünchKomm/*Gottwald* Art. 48 Rdn. 4; für das Beschwerdeverfahren gemäß Art. 43 a.F. bereits OLG Zweibrücken 22.12.2000 NJW-RR 2001, 985; OLG Köln 17.10.2007 ZIP 2007, 2287; *Mankowski* ZIP 2004, 1577, 1579; für das Exequaturverfahren gemäß § 722 ZPO BGH 17.7.2008 NJW-RR 2009, 279.
60 Vgl. *Schlosser*/*Hess* Art. 46 Rdn. 2.
61 *Geimer*/Schütze Art. 33 a.F. Rdn. 66; zur Teilanerkennung Wieczorek/Schütze/*Loyal* Art. 36 Rdn. 25.

40 Teilbarkeit ist gegeben, wenn die ausländische Entscheidung über mehrere selbständige Ansprüche befindet oder ein Anspruch als solcher teilbar ist.[62] Ob eine objektive Klagehäufung im Sinne des § 260 ZPO vorliegt, ist unerheblich.[63] Ein ausdrücklicher Hilfsantrag des Schuldners auf Teilversagung der Vollstreckung ist nicht notwendig: Das erkennende Gericht kann dem Versagungsantrag von sich aus teilweise stattgeben, wenn es der Auffassung ist, dass die Voraussetzungen für eine Vollstreckungsversagung nur hinsichtlich eines Teils des Urteilsausspruchs gegeben sind.[64] Umgekehrt kann der Schuldner aber auch selbst die teilweise Versagung der Vollstreckung beantragen.[65]

41 Wenn der **Antragsgegner** zu einer angeordneten mündlichen Verhandlung nicht erscheint, ist im Grundsatz eine **Säumnisentscheidung** gegen ihn entsprechend § 331 ZPO möglich, wobei bei der Zustellung im Ausland sicherzustellen ist, dass ihn die Ladung rechtzeitig erreicht hat,[66] und erhebliche Sorgfalt auf die Schlüssigkeitsprüfung zu richten ist. Nimmt der Antragsgegner überhaupt nicht am Verfahren teil, scheidet eine Säumnisentscheidung entsprechend § 331 Abs. 3 ZPO aus, weil eine Verteidigungsanzeige nicht vorgesehen ist. Allerdings kann das Gericht – wenn es sichergestellt hat, dass der Antragsgegner Kenntnis von dem Verfahren erhalten und ausreichend Zeit hatte, sich einzulassen – in diesem Fall trotzdem eine Entscheidung erlassen, weil der Antragsgegner lediglich anzuhören ist, aber keinen förmlichen Antrag stellen muss.

42 **6. Anderweitige Beendigung.** Das Vollstreckungsversagungsverfahren kann auch durch **Vergleich** oder durch **Rücknahme** des Antrags beendet werden. Entsprechend § 269 Abs. 1 ZPO ist allerdings für eine Rücknahme die Zustimmung des Antragsgegners erforderlich, wenn eine mündliche Verhandlung stattgefunden hat oder eine erstinstanzliche Entscheidung ergangen ist. Der Antragsgegner kann in diesem Fall die Entscheidung über das Vorliegen oder Nichtvorliegen von Versagungsgründen erzwingen.[67]

43 Schließlich kann der Antragsteller das Vollstreckungsversagungsverfahren für **erledigt** erklären, wenn die Vollstreckbarkeit des ausländischen Titels nach Antragstellung entfallen ist.[68] Der Grund, weshalb die h.M. zur Brüssel I-VO für das Exequaturverfahren eine Erledigungserklärung ablehnte – die Ausgestaltung als einseitiges *ex parte*-Verfahren ohne Beteiligung des Schuldners –,[69] ist mit der Neufassung der Verordnung weggefallen. Erledigung wird etwa dann eintreten, wenn ein im Ursprungsstaat eingelegtes Rechtsmittel erfolgreich ist und der Titel insgesamt aufgehoben wird.[70] Auch eine Zahlung des Schuldners kann zum Wegfall der Vollstreckbarkeit und damit zur Erledi-

---

62 *Geimer*/Schütze Art. 33 a.F. Rdn. 67; vgl. auch BGH 4.6.1992 NJW 1992, 3096, 3105.
63 Rauscher/*Mankowski* (3. Aufl. 2011) Art. 48 a.F. Rdn. 1; a.A. Thomas/Putzo/*Hüßtege* (32. Aufl. 2011) Art. 48 Rdn. 1.
64 Vgl. BGH 4.6.1992, 3096, 3104f. zum autonomen Exequaturverfahren; *Geimer*/Schütze Art. 48 a.F. Rdn. 6.
65 Oben Rdn. 16.
66 Vgl. die Regelung in Art. 43 Abs. 4 a.F. i.V.m. Art. 26 Abs. 2 bis 4 a.F. sowie EuGH 16.2.2006 C-3/05 EuGHE 2006 I-1595 Rdn. 25ff. zur ordnungsgemäßen Zustellung als Voraussetzung für den Fristbeginn des Rechtsbehelfs nach Art. 36 EuGVÜ.
67 Anders für den spiegelbildlichen Fall des Exequaturverfahrens: Hier kann der Antragsteller den Antrag auf Vollstreckbarerklärung bis zum Abschluss der Instanz ohne Zustimmung des Antragsgegners zurücknehmen, *Geimer*/Schütze EuZVR Art. 40 a.F. Rdn. 23ff.
68 Thomas/Putzo/*Hüßtege* Art. 48 Rdn. 3; MünchKomm/*Gottwald* Art. 48 Rdn. 5; für das Rechtsbehelfsverfahren nach Art. 43 a.F. auch schon BGH 4.2.2010 EuZW 2010, 319, 320.
69 Dazu BGH 4.2.2010 EuZW 2010, 319, 320; OLG Hamburg, 19.6.1986 NJW 1987, 2165f.; Kropholler/ *von Hein* Art. 41 a.F. Rdn. 3.
70 Dazu auch Art. 46 Rdn. 16.

gung des Vollstreckungsversagungsverfahrens führen.[71] Schließt sich der Antragsgegner der Erledigungserklärung des Schuldners an, so entscheidet das Gericht entsprechend § 91a ZPO nur noch über die Kosten.

Die Entscheidung ist beiden Parteien förmlich **zuzustellen** (§ 329 Abs. 2 S. 2 und Abs. 3 ZPO), weil erst die Zustellung die Frist für den Rechtsbehelf (nach Art. 49) auslöst.[72] 44

7. Kosten und Gebühren. Die **Kostenverteilung** im Vollstreckungsversagungsverfahren ist, abweichend von einer früheren Entwurfsfassung der Verordnung, in der Verordnung nicht geregelt. Sie richtet sich daher gemäß Art. 47 Abs. 2 nach dem jeweiligen nationalen Recht. 45

In Deutschland sind die gerichtlichen und außergerichtlichen Kosten entsprechend § 91 ZPO zu verteilen.[73] Obsiegt der Schuldner als Antragsteller und wird die Vollstreckung versagt, dann sind die Kosten des Verfahrens dem Antragsgegner aufzuerlegen. Sie sind also nicht Kosten der Zwangsvollstreckung im Sinne von § 788 ZPO, die zwingend dem Schuldner zur Last fallen.[74] 46

Für das erstinstanzliche Verfahren fallen streitwertunabhängige **Gerichtsgebühren** gemäß Nr. 1510 Nr. 5 VV zum GKG an.[75] Die **Rechtsanwaltsgebühren** richten sich nach Nr. 3100 ff. VV zum RVG.[76] **Streitwert** ist der Wert der im Ausland titulierten Hauptforderung ohne die – nach deutschem Kostenrecht (§§ 2 ff. ZPO) zu bestimmenden – Nebenforderungen;[77] ein Abschlag für einen Feststellungsantrag ist auch dann nicht vorzunehmen, wenn man der Entscheidung keine Gestaltungs- sondern lediglich Feststellungswirkung beimisst.[78] Bei Forderungen in Fremdwährung gilt der Wechselkurs zum Zeitpunkt der Einleitung des Versagungsverfahrens.[79] 47

VI. Rechtsmittel

Gegen die Entscheidung kann die unterlegene Partei mit der **sofortigen Beschwerde** vorgehen (Art. 49; §§ 1115 Abs. 5, 567 ff. ZPO). Gegen die Beschwerdeentscheidung ist gegebenenfalls die Rechtsbeschwerde zum Bundesgerichtshof eröffnet. (Art. 50; §§ 1115 Abs. 5 S. 3, 574 ff. ZPO). 48

Artikel 48

Das Gericht entscheidet unverzüglich über den Antrag auf Versagung der Vollstreckung.

---

71 Der Umstand, dass in diesem Fall der Antragsteller das erledigende Ereignis selbst herbeigeführt hat, dürfte nach h.M. nichts am Vorliegen einer Erledigung ändern, vgl. BGH 13.5.1993, NJW-RR 1993, 1319, 1320; MünchKomm/*Schulz* § 91 Rdn. 5.
72 *Schlosser/Hess* Art. 47 Rdn. 8; Geimer/Schütze/*Peiffer/Peiffer* IRV Art. 47 Rdn. 41; Thomas/Putzo/*Hüßtege* Art. 47 Rdn. 10.
73 Wieczorek/Schütze/*Schütze* § 1115 ZPO Rdn. 24; BeckOK ZPO/*Thode* § 1115 ZPO Rdn. 30.
74 Wieczorek/Schütze/*Schütze* § 1115 ZPO Rdn. 24; für die Anwendung von § 788 ZPO dagegen Thomas/Putzo/*Hüßtege* Art. 47 Rdn. 9.
75 Geimer/Schütze/*Peiffer/Peiffer* IRV Art. 47 Rdn. 43; Thomas/Putzo/*Hüßtege* Art. 47 Rdn. 9.
76 Thomas/Putzo/*Hüßtege* Art. 47 Rdn. 9; Geimer/Schütze/*Peiffer/Peiffer* IRV Art. 47 Rdn. 43.
77 Thomas/Putzo/*Hüßtege* Art. 47 Rdn. 9.
78 Dazu Art. 46 Rdn. 17.
79 BGH 13.1.2010 FamRZ 2010, 365; Thomas/Putzo/*Hüßtege* Art. 47 Rdn. 9.

Art. 48 Brüssel Ia-VO

Übersicht

I. Entstehungsgeschichte —— 1	IV. Wirkungen —— 5
II. Normzweck —— 2	V. Verfahrensbeschleunigung —— 8
III. Anwendungsbereich —— 4	

I. Entstehungsgeschichte

1   Art. 48 entspricht der bereits in Art. 41 S. 1 und 45 Abs. 1 S. 2 der Brüssel I-VO sowie des LugÜ 2007 statuierten Mahnung zur zügigen Abwicklung von Exequaturverfahren, die im EuGVÜ noch nicht enthalten war, die nunmehr allerdings für das Vollstreckungsversagungsverfahren gilt.

II. Normzweck

2   Während unter der Brüssel I-VO die Exequaturentscheidung in den meisten Fällen schnell zu erlangen war, hatten sich die Verfahren über den Rechtsbehelf gemäß Art. 43 ff. Brüssel I-VO in manchen Mitgliedstaaten als erheblich **zu lang** erwiesen.[1] Es ist zu befürchten, dass sich daran für das Vollstreckungsversagungsverfahren nach Art. 46 ff. der Verordnung 2012 nichts Wesentliches ändern wird.[2]

3   Eine beschleunigte Durchführung des Vollstreckungsversagungsverfahrens schützt im Ausgangspunkt den **Schuldner**. Nachdem das Vollstreckungsversagungsverfahren nicht automatisch, sondern nur auf Antrag und häufig nur gegen Auflagen zu einer Aussetzung der Zwangsvollstreckung führt (Art. 44 Abs. 1), muss zunächst der Schuldner ein Interesse daran haben, dass rasch über die seiner Ansicht nach vorliegenden Anerkennungshindernisse entschieden wird.[3] Wenn die Vollstreckung im Vollstreckungsstaat ausgesetzt wird, entsteht allerdings auch ein schützenswertes Interesse des **Gläubigers**, dass das Nichtvorliegen von Anerkennungshindernissen zügig festgestellt wird.[4]

III. Anwendungsbereich

4   Die Vorschrift betrifft das nach dem Prozessrecht des Mitgliedstaaten bei den **Gerichten der Mitgliedstaaten** durchgeführte Vollstreckungsversagungsverfahren gemäß Art. 46 ff. der Verordnung.[5] Im Falle eines Vorabentscheidungsverfahren auf Vorlage eines mitgliedstaatlichen Gerichts (Art. 267 AEUV) richtet sie sich allerdings auch an den **Europäischen Gerichtshof**.

IV. Wirkungen

5   Die Bestimmung verpflichtet die Gerichte der Mitgliedstaaten (und gegebenenfalls den EuGH), unverzüglich, also „so schnell wie möglich" zu entscheiden.[6] Was das be-

---

1   Dazu *Hess/Pfeiffer/Schlosser* Heidelberg Report Rdn. 514 (Exequaturverfahren) und Rdn. 576 (Rechtsbehelf).
2   Vgl. auch Rauscher/*Mankowski* Art. 48 Rdn. 2f.
3   *Schack* IVZR Rdn. 1059b; MünchKomm/*Gottwald* Art. 48 Rdn. 2.
4   Geimer/Schütze/*Peiffer*/*Peiffer* IRV Art. 48 Rdn. 1.
5   Geimer/Schütze/*Peiffer*/*Peiffer* IRV Art. 48 Rdn. 3.
6   Rauscher/*Mankowski* Art. 48 Rdn. 2.

deutet, ist **verordnungsautonom** zu definieren, so dass nationale Eigenheiten und Defizite in der Gerichtsorganisation eigentlich irrelevant sind.[7]

Die Regelung bleibt aber **wirkungslos**, weil sie weder, was grundsätzlich denkbar gewesen wäre, feste Fristen für die Bearbeitung noch Sanktionen für eine Nichtbeachtung dieser Fristen oder des Beschleunigungsgrundsatzes insgesamt vorsieht. Beides war im Rechtssetzungsverfahren nicht durchsetzbar.[8] Art. 48 ist damit ein reiner Programmsatz ohne Konsequenzen.[9] 6

Die **Aussetzung** des Vollstreckungsversagungsverfahrens gemäß Art. 51 bleibt zulässig, obwohl sie (naturgemäß) zu einer Verzögerung führt.[10] Auch eine Aussetzung oder Unterbrechung nach dem Prozessrecht der Mitgliedstaaten, etwa gemäß § 240 ZPO, ist möglich.[11] Nicht mit Art. 48 vereinbar wäre allenfalls eine nationale Regelung, nach welcher der Richter das Vollstreckungsversagungsverfahren kraft Amtes grundlos aussetzen könnte. 7

V. Verfahrensbeschleunigung

Soweit eine lange Verfahrensdauer nicht an einer Überlastung des mitgliedstaatlichen Gerichts, sondern an einer oder beiden Parteien liegt, kann das Gericht durch kurze **Fristsetzungen** für die Vorlage von Unterlagen und Übersetzungen sowie die Stellungnahme des Antragsgegners zur Beschleunigung beitragen,[12] außerdem durch **Verzicht auf eine mündliche Verhandlung**, soweit dies, wie in Deutschland (§ 1115 Abs. 4 S. 2 ZPO), zulässig und sinnvoll ist, weil kein Erkenntnisgewinn zu erwarten ist.[13] 8

Der **Gläubiger** kann, wenn er Einwände des Schuldners gegen die Anerkennung der Entscheidung im Vollstreckungsstaat befürchten muss, die Klärung in gewisser Weise dadurch beschleunigen, dass er parallel zur Einleitung von Zwangsvollstreckungsmaßnahmen die Feststellung der Vollstreckbarkeit gemäß **Art. 36 Abs. 2** beantragt und damit aktiv das Verfahren gemäß Art. 46 ff. auslöst. 9

Artikel 49

(1) Gegen die Entscheidung über den Antrag auf Versagung der Vollstreckung kann jede Partei einen Rechtsbehelf einlegen.

(2) Der Rechtsbehelf ist bei dem Gericht einzulegen, das der Kommission von dem betreffenden Mitgliedstaat gemäß Artikel 75 Buchstabe b mitgeteilt wurde.

Übersicht

I. Normzweck — 1	2. Beschwerdebefugnis — 11
II. Entstehungsgeschichte — 4	3. Einlegung — 13
III. Sofortige Beschwerde — 5	4. Verfahren — 17
1. Zuständigkeit — 6	5. Entscheidung — 19

---

[7] Rauscher/*Mankowski* Art. 48 Rdn. 2.
[8] Schlosser/*Hess* Art. 48 Rdn. 2; Geimer/Schütze/*Peiffer*/Peiffer IRV Art. 48 Rdn. 2; *Kropholler*/von Hein Art. 41 a.F. Rdn. 2; MünchKomm/*Gottwald* Art. 48 Rdn. 1; Rauscher/*Mankowski* Art. 48 Rdn. 2.
[9] Rauscher/*Mankowski* Art. 48 Rdn. 2.
[10] Geimer/Schütze/*Peiffer*/Peiffer IRV Art. 48 Rdn. 4.
[11] Dazu Art. 47 Rdn. 37.
[12] Thomas/Putzo/*Hüßtege* Art. 48 Rdn. 1; MünchKomm/*Gottwald* Art. 48 Rdn. 1.
[13] Geimer/Schütze/*Peiffer*/Peiffer IRV Art. 48 Rdn. 3; Thomas/Putzo/*Hüßtege* Art. 48 Rdn. 1.

I. Normzweck

1 Die Vorschrift eröffnet **beiden Parteien** einen **Rechtsbehelf** gegen die erstinstanzliche Entscheidung über den Vollstreckungsversagungsantrag – dem Antragsteller und Schuldner, wenn dessen Versagungsantrag ganz oder teilweise verworfen wurde, dem Antragsgegner und Gläubiger, wenn dem Antrag stattgegeben und die Vollstreckung des Titels ganz oder teilweise versagt wurde. Sie gilt entsprechend für den Rechtsbehelf im Anerkennungsversagungs- (Art. 45 Abs. 4) und im Anerkennungsfeststellungsverfahren (Art. 36 Abs. 2).

2 Der Rechtsbehelf ist, wenngleich er in Art. 49 der Verordnung nur sehr rudimentär geregelt ist, **originär europäischer Natur**.[1] So wurden die Rechtsbehelfe nach Art. 36ff. EuGVÜ vom Europäischen Gerichtshof als Bestandteil eines **„eigenständigen und geschlossenen"** Rechtsschutzsystems betrachtet.[2] Deshalb, so der Gerichtshof, dürften die Mitgliedstaaten in ihrem autonomen Recht dem Schuldner grundsätzlich keine weitergehenden Rechtsschutzmöglichkeiten einräumen.[3]

3 Ungeachtet dieser Einordnung ist jedem Mitgliedstaat nach Abs. 2 die **Bestimmung des zuständigen Gerichts** und darüber hinaus – anders als noch nach der Brüssel I-VO[4] – auch die **gesamte Ausgestaltung des Rechtsbehelfs** und des **Verfahrens** im Rahmen seines jeweiligen autonomen Prozessrechts überlassen. Das steht zwar nicht unmittelbar in Art. 49, folgt aber aus Art. 47 Abs. 2 für den gesamten Rechtszug. Tatsächlich enthält deshalb die Verordnung praktisch keine Leitlinien oder Vorgaben für die Durchführung des Rechtsbehelfsverfahrens, und es gelten lediglich die allgemeinen Anforderungen der europäischen Grundrechte an effektiven Rechtsschutz.

II. Entstehungsgeschichte

4 Auch die Vorgängerinstrumente der Verordnung sahen jeweils schon Rechtsbehelfsverfahren für Schuldner und Gläubiger vor, und zwar gegen die erstinstanzliche Entscheidung über die Vollstreckbarerklärung (Art. 36ff. EuGVÜ; Art. 43 Brüssel I-VO und LugÜ 2007). Ein wesentlicher **Unterschied** zur Neuregelung in Art. 49 liegt darin, dass das Exequaturverfahren der Vorgängerinstrumente in der ersten Instanz als einseitiges *ex parte*-Verfahren ohne Beteiligung des Schuldners ausgestaltet war und daher mit dem Rechtsbehelf **erstmals** kontradiktorisch verhandelt und entschieden wurde. Bei dem Rechtsbehelf nach Art. 49 n.F. handelt es sich dagegen um eine „echte" zweite Instanz. Zusammen mit dem Vollstreckungsversagungsverfahren nach Art. 46, 47 und dem möglichen weiteren Rechtsbehelf gemäß Art. 50 wurden die Rechtsschutzmöglichkeiten des Schuldners gegenüber der Brüssel I-VO daher im Grundsatz sogar erweitert.[5] Das ist für den Gläubiger nicht nachteilig, weil Vollstreckungsmaßnahmen (vor-

---

[1] Ebenso Rauscher/*Mankowski* Art. 49 Rdn. 3f.; Thomas/Putzo/*Hüßtege* Art. 49 Rdn. 1; anders Geimer/Schütze/*Peiffer/Peiffer* IRV Art. 49 Rdn. 1, die lediglich eine unionsrechtliche Verpflichtung der Mitgliedstaaten erkennen, einen Rechtsbehelf vorzusehen. Praktische Unterschiede dürften die unterschiedlichen Sichtweisen aber nicht mit sich bringen.
[2] EuGH 11.8.1995 C-432/93 EuGHE 1995 I-2288 Rdn. 39; bestätigt in EuGH 23.4.2009 C-167/08 ECLI:EU:C:2009:263 Rdn. 27.
[3] EuGH 11.8.1995 C-432/93 EuGHE 1995 I-2288 Rdn. 41 zum englischen Recht; *Kropholler/von Hein* Art. 43 a.F. Rdn. 2.
[4] Zu diesem Unterschied Rauscher/*Mankowski* Art. 49 Rdn. 1.
[5] Von „zweieinhalb" richterlichen Instanzen auf drei volle Instanzen, sofern die Mitgliedstaaten von der Eröffnung der dritten Instanz Gebrauch gemacht haben, was aber ganz überwiegend der Fall ist, vgl. die Übersicht bei *Schlosser/Hess* Art. 50 Rdn. 3.

behaltlich Art. 44) schon während der laufenden gerichtlichen Überprüfung eingeleitet werden können.

III. Sofortige Beschwerde

In Deutschland richtet sich der Rechtsbehelf des Vollstreckungsversagungsver- 5
fahrens gemäß § 1115 Abs. 5 S. 1 ZPO nach den Regeln der **sofortigen Beschwerde** (§§ 567 ff. ZPO), wobei der Verweis im Einzelnen zu pauschal geraten und daher unklar ist.[6] Die ergänzenden Vorschriften des AVAG finden, anders als für Verfahren nach dem EuGVÜ und der Brüssel I-VO, keine Anwendung.[7]

1. Zuständigkeit. Zuständig für den Rechtsbehelf sind die der Kommission von den 6
Mitgliedstaaten benannten Gerichte (Abs. 2).[8] Sie werden von der Kommission „in geeigneter Weise" im Internet bekannt gemacht (Art. 75 a.E.).[9]

In Deutschland ist das **Oberlandesgericht** Beschwerdeinstanz (§§ 1115 Abs. 5 ZPO 7
i.V.m. 119 Abs. 1 Nr. 2 GVG).

Umstritten ist, ob vor einer Befassung des Beschwerdegerichts das Erstgericht – im 8
Vollstreckungsversagungsverfahren also der Vorsitzende einer Zivilkammer des Landgerichts – der Beschwerde noch durch eine Abänderung seines Beschlusses **abhelfen** kann.[10] Dafür spricht, dass § 1115 Abs. 5 S. 1 ZPO ohne Einschränkungen auf die Regeln des Beschwerdeverfahrens verweist, also auch auf § 572 Abs. 1 S. 1 ZPO. Allerdings hat Deutschland der Kommission **nur** das Oberlandesgericht als zuständiges Rechtsbehelfsgericht mitgeteilt, und die Verordnung legt deutlichen Wert auf eine zügige Verfahrensabwicklung (Art. 48). Deshalb sollte über eine Beschwerde im Vollstreckungsversagungsverfahren – wie auch über die Beschwerde gegen Exequaturentscheidungen gemäß Art. 43 Brüssel I-VO[11] – unmittelbar das Oberlandesgericht **ohne Abhilfemöglichkeit** des Landgerichts entscheiden.[12]

Davon unberührt bleibt die Möglichkeit, die Beschwerde **fristwahrend** beim Erstge- 9
richt einzulegen zu können (§ 569 Abs. 1 S. 1 ZPO).[13] Das Landgericht leitet eine dort eingegangene Beschwerde zusammen mit der Akte unverzüglich an das Oberlandesgericht weiter.

Das Oberlandesgericht entscheidet nicht gemäß § 568 Abs. 1 S. 1 ZPO durch einen 10
Einzelrichter, sondern in **Senatsbesetzung**, weil der Kammervorsitzende des Landgerichts im erstinstanzlichen Verfahren nicht als originärer Einzelrichter, sondern aufgrund besonderer gesetzlicher Zuweisung entscheidet.[14]

---

6 Vgl. unten Rdn. 8, 10 und 11.
7 Rauscher/*Mankowski* Art. 49 Rdn. 19.
8 Konsolidierte Übersicht unten Wieczorek/Schütze/*Garber/Neumayr* Art. 75 Rdn. 3 sowie bei Schlosser/Hess Art. 49 Rdn. 3.
9 https://e-justice.europa.eu/content_brussels_i_regulation_recast-350-de.do?clang=de; zur Qualität dieses Mediums oben Art. 47 Rdn. 5 mit Fn. 7.
10 Dafür die h.M., Wieczorek/*Schütze* § 1115 ZPO Rdn. 28; Thomas/Putzo/*Hüßtege* Art. 49 Rdn. 9; MünchKomm/*Gottwald* Art. 49 Rdn. 8; Schlosser/Hess Art. 49 Rdn. 1; Geimer/Schütze/*Peiffer/Peiffer* IRV Art. 49 Rdn. 10.
11 OLG Zweibrücken 8.12.2003 BeckRS 2003, 30335286; OLG Köln 25.6.2004 BeckRS 2004, 8338; OLG Zweibrücken 15.12.2004 IPRax 2006, 49; Kropholler/von Hein Art. 43 a.F. Rdn. 10.
12 Rauscher/*Mankowski* Art. 49 Rdn. 16.
13 Vgl. § 11 Abs. 2 AVAG; dazu Kropholler/von Hein Art. 43 a.F. Rdn. 10.
14 OLG Köln 17.5.2002 IPRax 2003, 354 m. Aufs. *Geimer* 337; OLG Zweibrücken 8.12.2003 BeckRS 2003, 30335286; *Feskorn* NJW 2003, 856, 857; Wieczorek/*Schütze* § 1115 ZPO Rdn. 29; MünchKomm/*Gottwald* Art. 49 Rdn. 7; Rauscher/*Mankowski* Art. 49 Rdn. 18; Kropholler/von Hein Art. 43 a.F. Rdn. 10.

11   **2. Beschwerdebefugnis.** Für die Einlegung der Beschwerde muss die Partei durch die erstinstanzliche Entscheidung **beschwert** sein.[15] Wird der Vollstreckungsversagungsantrag abgewiesen, ist der Schuldner, wird ihm stattgegeben, dann ist der Gläubiger beschwert, wird die Vollstreckung teilweise versagt, sind beide Parteien beschwerdeberechtigt. Abweichend von § 567 Abs. 2 ZPO muss der **Wert** der Beschwer 200 Euro **nicht** übersteigen, weil Art. 49 Abs. 1 eine solche Einschränkung durch das Recht der Mitgliedstaaten nicht vorsieht und auch nicht zulässt.[16]

12   **Nicht** zur Beschwerdeeinlegung befugt sind **Dritte**, auch wenn sie von einer drohenden Zwangsvollstreckung betroffen wären oder sonst Interesse am Ausgang des Versagungsverfahrens haben.[17] Dritte können sich daher nur mit den vollstreckungsrechtlichen Rechtsbehelfen des Rechts der Mitgliedstaaten, in Deutschland etwa der Drittwiderspruchsklage (§ 771 ZPO), gegen die Zwangsvollstreckung aus mitgliedstaatlichen Entscheidungen wenden, wobei in einem solchen Verfahren die Versagung der Anerkennung als Vorfrage inzident zu prüfen sein kann (Art. 36 Abs. 2).

13   **3. Einlegung.** Die Beschwerde ist schriftlich oder zur Niederschrift der Geschäftsstelle einzureichen (§ 569 Abs. 3 Nr. 1 ZPO) und muss die Erklärung der Beschwerdeeinlegung enthalten sowie die angegriffene Entscheidung bezeichnen (§ 569 Abs. 2 ZPO); eine Begründung ist nicht zwingend erforderlich, soll jedoch vorgelegt werden (§ 571 Abs. 1).

14   Für die Einlegung der Beschwerde als solche besteht wie in der ersten Instanz kein Anwaltszwang (§§ 569 Abs. 3, 78 Abs. 3 ZPO).[18] Auch weitere schriftliche Einlassungen sind ohne Anwalt möglich (§ 571 Abs. 4 ZPO). Jedoch muss für eine anschließende mündliche Verhandlung, wenn sie stattfindet, ein postulationsfähiger Bevollmächtigter bestellt werden.[19]

15   Eine einheitliche **Frist** für die Einlegung der Beschwerde ist in der Verordnung – anders als für den Rechtsbehelf im Exequaturverfahren der Brüssel I-VO (Art. 43 Abs. 5 a.F.) – **nicht** mehr vorgesehen.[20] Die Verordnung schließt die Festlegung einer Frist durch die Mitgliedstaaten aber nicht aus, weil diese als Aspekt des den Mitgliedstaaten zur Ausgestaltung überlassenen Verfahrens zu betrachten ist.

16   In Deutschland gilt, abweichend von der normalen Zwei-Wochen-Frist (§ 569 Abs. 1 S. 1 ZPO), eine **Notfrist von einem Monat** (§ 1115 Abs. 5 S. 2 ZPO).[21] In Lauf gesetzt wird diese Frist nur durch **ordnungsgemäße Zustellung** nach dem anwendbaren Zustellungsrecht (innerhalb der EU der EuZustVO).[22]

---

15   MünchKomm/*Gottwald* Art. 49 Rdn. 2; Geimer/Schütze/*Peiffer*/*Peiffer* IRV Art. 49 Rdn. 2; Rauscher/Mankowski Art. 49 Rdn. 2.
16   Thomas/Putzo/*Hüßtege* Art. 49 Rdn. 8; Geimer/Schütze/*Peiffer*/*Peiffer* IRV Art. 49 Rdn. 5.
17   Zum EuGVÜ 2.7.1985 148/84 EuGHE 1985, 1987; zur Brüssel I-VO EuGH 23.4.2009 C-167/08 ECLI:EU:C:2009:263; *Kropholler*/*von Hein* Art. 43 a.F. Rdn. 5; zur Brüssel Ia-VO Thomas/Putzo/*Hüßtege* Art. 49 Rdn. 1; Musielak/Voit/*Stadler* Art. 49 Rdn. 1; Geimer/Schütze/*Peiffer*/*Peiffer* IRV Art. 49 Rdn. 3; MünchKomm/*Gottwald* Art. 49 Rdn. 3; a.A. Rauscher/*Mankowski* Art. 49 Rdn. 7.
18   Wieczorek/Schütze/*Schütze* § 1115 ZPO Rdn. 26; Thomas/Putzo/*Hüßtege* Art. 49 Rdn. 4; Geimer/Schütze/*Peiffer*/*Peiffer* IRV Art. 49 Rdn. 8.
19   Dazu Art. 47 Rdn. 23.
20   Damit entfällt bedauerlicherweise auch die Sonderregelung für Parteien mit Wohnsitz außerhalb des Verfahrensstaates in Art. 43 Abs. 5 S. 2 und 3 a.F., dazu Rauscher/*Mankowski* Art. 49 Rdn. 21.
21   Wieczorek/Schütze/*Schütze* § 1115 ZPO Rdn. 27; Thomas/Putzo/*Hüßtege* Art. 49 Rdn. 5; MünchKomm/*Gottwald* Art. 49 Rdn. 4; Geimer/Schütze/*Peiffer*/*Peiffer* IRV Art. 49 Rdn. 7; Rauscher/*Mankowski* Art. 49 Rdn. 21.
22   EuGH 16.2.2006 C-3/05 EuGHE 2006 I-1595 Rdn. 25 ff.; Thomas/Putzo/*Hüßtege* Art. 49 Rdn. 7.

4. Verfahren. Der Verfahrensablauf folgt den Regeln der sofortigen Beschwerde 17
(§§ 1115 Abs. 5 S. 1, 567 ff. ZPO). Das Verfahren ist, wie das erstinstanzliche, ein zweiseitiges. **Neuer Sachvortrag** ist möglich und zuzulassen (§ 571 Abs. 1 S. 2 ZPO).[23] Allerdings kann er durch Versäumen einer vom Gericht gesetzten Begründungs- oder Einlassungsfrist präkludiert werden (§ 571 Abs. 3 ZPO). Ob eine **mündliche Verhandlung** durchgeführt wird, steht im Ermessen des Gerichts (§§ 572 Abs. 4, 128 Abs. 4 ZPO).[24]

Dritte können sich am Beschwerdeverfahren **nicht** im Wege der Nebenintervention 18
beteiligen; auch eine Streitverkündung an Dritte ist nicht vorgesehen.[25]

5. Entscheidung. Die Entscheidung des Beschwerdegerichts ergeht, unabhängig von 19
der Durchführung einer mündlichen Verhandlung, durch **Beschluss**. Wegen der Möglichkeit einer Rechtsbeschwerde ist der Beschluss zu **begründen**.[26] Der Beschluss ist den Parteien von Amts wegen zuzustellen.[27]

Die Verteilung der **Kosten** richtet sich nach §§ 91 ff. ZPO in entsprechender Anwendung. Gerichtsgebühren fallen pauschal gemäß Nr. 1520 VV zum GKG an, Rechtsanwaltsgebühren gemäß Nr. 3200 ff. VV zum RVG (vgl. Vorbemerkung 3.2.1 Nr. 2 Buchst. a). 20

Artikel 50

Gegen die Entscheidung, die über den Rechtsbehelf ergangen ist, kann nur ein Rechtsbehelf eingelegt werden, wenn der betreffende Mitgliedstaat der Kommission gemäß Artikel 75 Buchstabe c mitgeteilt hat, bei welchen Gerichten ein weiterer Rechtsbehelf einzulegen ist.

Übersicht

I.	Normzweck und Entstehungsgeschichte —— 1		3.	Einlegung —— 11
II.	Zuständigkeit —— 5		4.	Verfahren —— 14
III.	Rechtsbeschwerde —— 7		5.	Prüfungsumfang —— 15
	1. Statthaftigkeit —— 8		6.	Entscheidung —— 18
	2. Beschwerdebefugnis —— 10		7.	Kosten —— 19

I. Normzweck und Entstehungsgeschichte

Die Regelung ermöglicht im Vollstreckungsversagungsverfahren (und kraft Verweises im Anerkennungsversagungs- und im Anerkennungsfeststellungsverfahren, Art. 36 Abs. 2 und Art. 45 Abs. 4) einen **weiteren Rechtsbehelf** gegen Entscheidungen gemäß Art. 49 in Form einer **dritten Instanz**. Dieser Rechtsbehelf steht allerdings nur in denjenigen Mitgliedstaaten offen, die diesen in ihrem nationalen Recht vorsehen und der 1

---

23 MünchKomm/*Gottwald* Art. 49 Rdn. 8; zur Sofortigen Beschwerde allgemein Wieczorek/Schütze/*Jänich* § 572 ZPO Rdn. 77; Stein/Jonas/*Jacobs*, ZPO, § 572 Rdn. 22; MünchKomm/*Lipp* § 572 ZPO Rdn. 18.
24 Rauscher/*Mankowski* Art. 49 Rdn. 20; MünchKomm/*Gottwald* Art. 49 Rdn. 8; Geimer/Schütze/*Peiffer*/ Peiffer IRV Art. 49 Rdn. 10.
25 MünchKomm/*Gottwald* Art. 49 Rdn. 3; Rauscher/*Mankowski* Art. 49 Rdn. 9.
26 BGH 20.6.2002 NJW 2002, 2648, 2649; das gilt unabhängig davon, dass die ausdrückliche Begründungspflicht gemäß § 13 Abs. 1 AVAG für das Vollstreckungsversagungsverfahren nicht angeordnet ist.
27 Wieczorek/Schütze/*Schütze* § 1115 ZPO Rdn. 29.

Kommission ein dafür zuständiges Gericht benennen. Eine Verpflichtung der Mitgliedstaaten dazu besteht nach der Verordnung nicht.[1]

2   Auch die Vorgängerinstrumente (Art. 41 EuGVÜ; Art. 44 mit Anhang IV Brüssel I-VO und LugÜ 2007) sehen eine letztinstanzliche Überprüfung der Rechtsbehelfsentscheidung im Exequaturverfahren vor. Dort war diese Möglichkeit für die Mitgliedstaaten allerdings noch verbindlich gewesen und stand somit im Grundsatz in allen Mitgliedstaaten gleichermaßen offen.[2]

3   Aus den Materialien zum EuGVÜ[3] folgerten der EuGH und die wohl einhellige Meinung zurecht, dass der weitere Rechtsbehelf ausschließlich auf die **Prüfung von Rechtsfragen** beschränkt sein und also keine zusätzliche Tatsacheninstanz bilden sollte.[4] Dies ergab sich im Übrigen aus den von den Mitgliedstaaten bestimmten Gerichten und Verfahren, die soweit ersichtlich durchgehend Kassations- und Rechtsbeschwerdecharakter haben.[5] Nachdem der Wortlaut von Art. 50 Brüssel Ia-VO gegenüber demjenigen in Art. 44 Brüssel I-VO in der relevanten Wendung nicht verändert wurde,[6] gilt für die Neufassung nichts anderes, also eine reine Rechtskontrolle im Verfahren gemäß Art. 50.[7]

4   Die Möglichkeit einer höchstrichterlichen Prüfung der Vollstreckungsversagungsgründe gemäß Art. 45 in den Mitgliedstaaten ist für die **Einheitlichkeit der Auslegung** und Anwendung dieser Anerkennungsgrenzen vorteilhaft. Die damit einhergehende längere Verfahrensdauer ist ohne weiteres hinnehmbar, weil der Gläubiger – anders als noch unter der Brüssel I-VO – mit der Zwangsvollstreckung beginnen kann, bevor eine rechtskräftige Entscheidung im Versagungsverfahren vorliegt (vgl. Art. 44).

II. Zuständigkeit

5   Mit Ausnahme von Kroatien, Lettland, Gibraltar und Zypern sowie eingeschränkt Irland[8] haben alle Mitgliedstaaten von der Ermächtigung Gebrauch gemacht und Gerichte benannt, die zur weiteren Prüfung der im Rechtsbehelfsverfahren gemäß Art. 49 ergangenen Entscheidungen angerufen werden können. Fast ausnahmslos sind dies die jeweils obersten Zivilgerichte der Mitgliedstaaten.[9]

6   Das **Verfahren** des weiteren Rechtsbehelfs richtet sich nach dem Recht des jeweiligen **Mitgliedstaats**.[10] Ein ausdrücklicher Verweis darauf fehlt in Art. 50 (wie auch in Art. 49), ist aber in Art. 47 Abs. 2 für den gesamten Rechtszug enthalten.

---

1   Geimer/Schütze/*Peiffer/Peiffer* IRV Art. 50 Rdn. 1; MünchKomm/*Gottwald* Art. 50 Rdn. 1; Musielak/Voit/*Stadler* Art. 50 Rdn. 1; offen Rauscher/*Mankowski* Art. 50 Rdn. 3 m.w.N. und Rdn. 5.
2   Wobei Malta keine dritte Instanz benennen konnte oder wollte und in einigen anderen Mitgliedstaaten kein weiteres Gericht angegeben, sondern lediglich auf eine erneute rechtliche Überprüfung durch einen anderen Spruchkörper des Beschwerdegerichts verwiesen wurde, vgl. Anhang IV zur Brüssel I-VO.
3   Jenard-Bericht zu Art. 37 EuGVÜ, Nr. 78; Schlosser-Bericht Nr. 217.
4   EuGH C-432/93 EuGHE 1995 I-2269 Rdn. 28 ff.; *Kropholler/von Hein* Art. 44 a.F. Rdn. 2 f.; *Geimer*/Schütze EuZVR Art. 44 a.F. Rdn. 8; *Hau*, IPRax 1996, 322.
5   Vgl. MünchKomm/*Gottwald* Art. 50 Rdn. 1.
6   „Gegen die Entscheidung, die über den Rechtsbehelf ergangen ist, kann nur ein Rechtsbehelf [...] eingelegt werden."
7   Rauscher/*Mankowski* Art. 50 Rdn. 1; dazu noch unten Rdn. 15.
8   In diesen Ländern endet der Rechtszug des Vollstreckungsversagungsverfahrens vor dem Beschwerdegericht gemäß Art. 49 Abs. 2.
9   *Geimer*/Schütze EuZVR Art. 44 a.F. Rdn. 10; dazu die Übersicht unten Wieczorek/Schütze/*Garber/Neumayr* Art. 75 Rdn. 3 sowie bei *Schlosser/Hess* Art. 50 Rdn. 3.
10 Rauscher/*Mankowski* Art. 50 Rdn. 5.

III. Rechtsbeschwerde

In Deutschland ist die **Rechtsbeschwerde** gemäß §§ 574 ff. ZPO beim **Bundesgerichtshof** der nach Art. 50 mitgeteilte weitere Rechtsbehelf (§§ 1115 Abs. 5 S. 3 ZPO, 133 GVG). 7

1. Statthaftigkeit. Die Rechtsbeschwerde ist nur zur Überprüfung von **Endentscheidungen** des Oberlandesgerichts als Gericht der sofortigen Beschwerde gemäß Art. 49 und § 1115 Abs. 5 S. 1 ZPO statthaft. Gegen Zwischenentscheide kann die Rechtsbeschwerde nicht gerichtet werden,[11] auch nicht gegen eine Entscheidung gemäß Art. 44 über die Aussetzung oder Beschränkung von Zwangsvollstreckungsmaßnahmen im Rechtsbehelfsverfahren.[12] 8

Die Rechtsbeschwerde muss nicht durch das Oberlandesgericht als Gericht der sofortigen Beschwerde zugelassen werden. Sie ist allerdings nur statthaft, wenn die Rechtssache **grundsätzliche Bedeutung** hat oder die **Fortbildung des Rechts** oder die **Sicherung einer einheitlichen Rechtsprechung** eine Entscheidung des Rechtsbeschwerdegerichts erfordern (§ 574 Abs. 2 ZPO).[13] Das Vorliegen dieser Voraussetzung wird in der Rechtsbeschwerde geprüft und ist vom Antragsteller in der Begründung der Rechtsbeschwerde im Einzelnen substantiiert darzulegen (§ 575 Abs. 3 Nr. 2 ZPO).[14] 9

2. Beschwerdebefugnis. Zur Einlegung der Rechtsbeschwerde im Vollstreckungsversagungsverfahren befugt sind der Gläubiger und der Schuldner, soweit sie durch die Entscheidung im Verfahren der Sofortigen Beschwerde beschwert sind.[15] Wie die Sofortige Beschwerde kann auch die Rechtsbeschwerde nicht von Dritten eingelegt werden, selbst wenn diese von der Zwangsvollstreckung betroffen sind.[16] 10

3. Einlegung. Die Rechtsbeschwerde kann **nur beim Bundesgerichtshof** und nur durch eine(n) dort zugelassene(n) Rechtsanwältin oder Rechtsanwalt eingelegt werden (§ 78 Abs. 1 S. 3 ZPO).[17] 11

Eine einheitliche **Frist** sieht die Verordnung nicht vor. Einen unbefristeten Rechtsbehelf können die Mitgliedstaaten aber nicht eröffnen.[18] In Deutschland beträgt die Frist für die Einlegung der Rechtsbeschwerde **einen Monat** gerechnet ab der Zustellung (§ 574 Abs. 4 S. 1 ZPO).[19] 12

---

11 EuGH 27.11.1984 258/83 EuGHE 1984, 3971 Rdn. 15; EuGH 11.8.1995 C-432/93 EuGHE 1995 I-2288 Rdn. 29 ff.; *Geimer*/*Schütze* EuZVR Art. 44 a.F. Rdn. 2 f.; *Kropholler*/*von Hein* Art. 44 a.F. Rdn. 5; Rauscher/*Mankowski* Art. 50 Rdn. 2; Thomas/Putzo/*Hüßtege* Art. 50 Rdn. 2.
12 EuGH C-183/90 EuGHE 1991 I-4743 Rdn. 19 ff.; EuGH 11.8.1995 C-432/93 EuGHE 1995 I-2288 Rdn. 31 ff.; *Geimer*/*Schütze* EuZVR Art. 44 a.F. Rdn. 2 f.; *Kropholler*/*von Hein* Art. 44 a.F. Rdn. 5; Rauscher/*Mankowski* Art. 50 Rdn. 2.
13 Wieczorek/Schütze/*Schütze* § 1115 ZPO Rdn. 30; *Geimer*/Schütze EuZVR Art. 44 a.F. Rdn. 12; Geimer/Schütze/*Peiffer*/*Peiffer* IRV Art. 50 Rdn. 5; MünchKomm/Gottwald Art. 50 Rdn. 3.
14 *Geimer*/Schütze EuZVR Art. 44 a.F. Rdn. 13; Thomas/Putzo/*Hüßtege* Art. 50 Rdn. 3.
15 *Geimer*/Schütze EuZVR Art. 44 a.F. Rdn. 6.
16 EuGH 21.4.1993 C-172/91 EuGHE 1993 I-1990 Rdn. 30 ff; *Geimer*/Schütze EuZVR Art. 44 a.F. Rdn. 6; Thomas/Putzo/*Hüßtege* Art. 50 Rdn. 1; *Schlosser*/*Hess* Art. 50 Rdn. 3; MünchKomm/*Gottwald* Art. 50 Rdn. 4; Geimer/Schütze/*Peiffer*/*Peiffer* IRV Art. 50 Rdn. 3; Rauscher/*Mankowski* Art. 50 Rdn. 6 f.; *Kropholler*/*von Hein* Art. 44 a.F. Rdn. 6.
17 BGH 21.3.2002 NJW 2002, 2181; Wieczorek/Schütze/*Schütze* § 1115 ZPO Rdn. 30; *Geimer*/Schütze EuZVR Art. 44 a.F. Rdn. 17; Geimer/Schütze/*Peiffer*/*Peiffer* IRV Art. 50 Rdn. 7; *Schlosser*/*Hess* Art. 50 Rdn. 1.
18 *Geimer*/Schütze EuZVR Art. 44 a.F. Rdn. 7.
19 Wieczorek/Schütze/*Schütze* § 1115 ZPO Rdn. 32; MünchKomm/*Gottwald* Art. 50 Rdn. 5.

13 Die Rechtsbeschwerde muss **begründet** werden (§ 575 Abs. 2 und 3 ZPO)[20] und die Begründung bestimmte **Anträge** (Rechtsbeschwerdeanträge) enthalten (§ 575 Abs. 3 Nr. 1 ZPO).[21] Für diese Begründung gilt im Ausgangspunkt ebenfalls die Monatsfrist ab Zustellung der Beschwerdeentscheidung; diese Frist kann aber verlängert werden (§ 575 Abs. 2 S. 1 ZPO).[22]

14 **4. Verfahren.** Das weitere Verfahren der Rechtsbeschwerde richtet sich nach den Regeln der §§ 574 ff. ZPO. Der Rechtsbeschwerdegegner kann Anschlussrechtsbeschwerde einlegen (§ 574 Abs. 4 ZPO).[23]

15 **5. Prüfungsumfang.** Prüfungsmaßstab in der Rechtsbeschwerde des Vollstreckungsversagungsverfahrens ist ausschließlich die **richtige Rechtsanwendung** durch das Beschwerdegericht. Diese Beschränkung ergibt sich bereits aus der Auslegung des Art. 50 und seiner Vorgängernormen durch den EuGH.[24] Sie wird bestätigt durch die deutschen Regelungen der Rechtsbeschwerde (§§ 575 Abs. 3 Nr. 3, 576, 546 ZPO).

16 Der Bundesgerichtshof ist daher an die **Tatsachenfeststellungen** der Vorinstanzen **gebunden**.[25] Eigene Feststellungen zum Sachverhalt kann er nur treffen, soweit es um die Rüge von Verfahrensfehlern der Vorinstanz geht (§§ 1115 Abs. 5 S. 3, 577 Abs. 2 S. 4, 559 Abs. 1 S. 2, 551 Abs. 3 Nr. 2 Buchst. b ZPO). Verbindlich sind auch die Feststellungen des Oberlandesgerichts als Beschwerdegericht zum **Inhalt ausländischen Rechts** (vgl. § 293 ZPO).[26]

17 Die richtige **Anwendung** ausländischen Rechts durch die Instanzgerichte (soweit es auf eine solche im Vollstreckungsverfahren überhaupt ausnahmsweise ankommen kann)[27] wird im Rechtsbeschwerdeverfahren beim Bundesgerichtshof **nicht** überprüft (§ 576 Abs. 1 ZPO). Der vollen Überprüfung – und gegebenenfalls einer Vorabentscheidung durch den Europäischen Gerichtshof – unterliegt dagegen die Anwendung von **Unionsrecht**, insbesondere natürlich der Verordnung selbst, durch das Ausgangs- und das Beschwerdegericht.[28]

18 **6. Entscheidung.** Der Bundesgerichtshof kann die Rechtsbeschwerde durch Beschluss (§ 577 Abs. 6 S. 1 ZPO) als unzulässig verwerfen (§ 577 Abs. 1 S. 2 ZPO), als unbegründet zurückweisen (§ 577 Abs. 3 ZPO), die Angelegenheit an das Oberlandesgericht als Beschwerdegericht zur weiteren Verhandlung und erneuten Entscheidung zurückverweisen (§ 577 Abs. 4 ZPO) oder aber, bei Entscheidungsreife, in der Sache selbst entscheiden (§ 577 Abs. 5 ZPO).[29]

---

20 MünchKomm/*Gottwald* Art. 50 Rdn. 5.
21 Anders noch gemäß § 18 AVAG BGH 24.2.1999 ZIP 1999, 483; Thomas/Putzo/*Hüßtege* Art. 50 Rdn. 4.
22 Geimer/Schütze/*Peiffer*/*Peiffer* IRV Art. 50 Rdn. 6.
23 *Geimer/Schütze* EuZVR Art. 44 a.F. Rdn. 16; MünchKomm/*Gottwald* Art. 50 Rdn. 5; Thomas/Putzo/*Hüßtege* Art. 50 Rdn. 8.
24 Dazu oben Rdn. 3 und die Nachweise in Fn. 4.
25 Geimer/Schütze/*Peiffer*/*Peiffer* IRV Art. 50 Rdn. 8; MünchKomm/*Gottwald* Art. 50 Rdn. 6; Thomas/Putzo/*Hüßtege* Art. 50 Rdn. 7.
26 BGH 7.4.2004 FamRZ 2004, 1023; *Geimer*/Schütze EuZVR Art. 44 a.F. Rdn. 19; MünchKomm/*Gottwald* Art. 50 Rdn. 6.
27 Denkbar erscheint dies am ehesten noch im Hinblick auf den Versagungsgrund der fehlenden Verteidigungsmöglichkeit im Ursprungsverfahren (Art. 45 Abs. 1 Buchst. b). Das Verbot der *révision au fond* (Art. 52) schließt eine Prüfung, ob das **Ursprungsgericht** sein ausländisches Recht richtig angewendet hat, durch das Gericht des Vollstreckungsversagungsverfahrens regelmäßig aus.
28 *Schlosser/Hess* Art. 50 Rdn. 2.
29 Vgl. MünchKomm/*Gottwald* Art. 50 Rdn. 6.

7. Kosten. Die Gerichtsgebühren für die Rechtsbeschwerde richten sich nach 19
Nr. 1520 VV zum GKG, die Rechtsanwaltsgebühren nach den Sätzen für das Revisionsverfahren (Vorbem. 3.2.2 Nr. 1 Buchst. a i.V.m. Vorbem. 3.2.1 Nr. 2 Buchst a VV zum RVG).[30]

Artikel 51

(1) Das mit einem Antrag auf Verweigerung der Vollstreckung befasste Gericht oder das nach Artikel 49 oder Artikel 50 mit einem Rechtsbehelf befasste Gericht kann das Verfahren aussetzen, wenn gegen die Entscheidung im Ursprungsmitgliedstaat ein ordentlicher Rechtsbehelf eingelegt wurde oder die Frist für einen solchen Rechtsbehelf noch nicht verstrichen ist. Im letztgenannten Fall kann das Gericht eine Frist bestimmen, innerhalb derer der Rechtsbehelf einzulegen ist.

(2) Ist die Entscheidung in Irland, Zypern oder im Vereinigten Königreich ergangen, so gilt jeder im Ursprungsmitgliedstaat statthafte Rechtsbehelf als ordentlicher Rechtsbehelf im Sinne des Absatzes 1.

Übersicht

I. Normzweck und Entstehungsgeschichte —— 1	2. Fristsetzung zur Rechtsmitteleinlegung —— 31
1. Vorgängerregelungen —— 3	3. Sicherheitsleistung —— 35
2. Neuregelung —— 6	4. Kein Rechtsmittel —— 38
II. Anwendungsbereich —— 9	V. Aufhebung oder Änderung der vollstreckbaren Entscheidung —— 39
III. Tatbestandsvoraussetzungen —— 12	VI. Andere Aussetzungsmöglichkeiten —— 42
1. Rechtsbehelf im Ursprungsstaat —— 12	
2. Kein Antragserfordernis —— 19	

I. Normzweck und Entstehungsgeschichte

Nach der Verordnung können auch **nicht rechtskräftige**, aber nach dem Recht des 1 Ursprungsstaates vorläufig vollstreckbare Entscheidungen in anderen Mitgliedstaaten vollstreckt werden.[1] Wenn sich der Schuldner dagegen sowohl im Ursprungsstaat mit einem Rechtsmittel, also etwa der Berufung, als auch im Vollstreckungsstaat mit einem Antrag auf Vollstreckungsversagung gemäß Art. 46 ff. wendet, ermöglicht Art. 51 eine **vorübergehende Aussetzung des Versagungsverfahrens** bis zur Entscheidung über das Rechtsmittel im Ursprungsstaat. Damit wird vermieden, dass sich bei einer Aufhebung der Entscheidung im Berufungsverfahren im Ursprungsstaat das Versagungsverfahren im Vollstreckungsstaat erledigt und die Kosten für dieses Verfahren vergeblich aufgewendet wurden. Art. 51 dient also letztlich der **Prozessökonomie**.[2]

Die tatsächliche Intention des Verordnungsgebers, die Funktionsweise der Norm 2 und ihre praktische Bedeutung bleiben allerdings – trotz umfangreicher Rechtsprechung der mitgliedstaatlichen Gerichte und des EuGH zu den Vorgängerregelungen[3] – **im Einzelnen dunkel**. Das dürfte daran liegen, dass die ursprünglich für das Exequaturverfahren formulierte Regelung für das Vollstreckungsversagungsverfahren übernommen wur-

---

30 MünchKomm/*Gottwald* Art. 50 Rdn. 7.

1 Wieczorek/Schütze/*Loyal* Art. 39 Rdn. 5.
2 Ebenso Geimer/Schütze/*Peiffer*/*Peiffer* IRV Art. 51 Rdn. 2; vgl. auch Musielak/Voit/*Stadler* Art. 51 Rdn. 1.
3 Unten bei Rdn. 12 ff.

de, ohne ausreichend zu berücksichtigen, dass der Rechtsbehelf des Schuldners im Exequaturverfahren einerseits und das Vollstreckungsversagungsverfahren des Schuldners andererseits mit unterschiedlichen Prämissen stattfinden:

3   **1. Vorgängerregelungen.** Nach Art. 38 EuGVÜ, Art. 46 Brüssel I-VO und Art. 46 LugÜ 2007 kann jeweils das Rechtsbehelfsverfahren gegen **Exequaturentscheidungen** im ersuchten Staat ausgesetzt werden, wenn im Ursprungsstaat ein ordentlicher Rechtsbehelf gegen die Ausgangsentscheidung eingelegt wurde oder jedenfalls die Rechtsbehelfsfrist noch nicht abgelaufen ist. Diese Möglichkeit soll verhindern, dass Entscheidungen aus anderen Mitgliedstaaten zu einem Zeitpunkt anerkannt und vollstreckt werden müssen, zu welchem noch die Möglichkeit besteht, dass sie im Urteilsstaat aufgehoben oder abgeändert werden.[4] Solange das Exequaturverfahren nicht rechtskräftig abgeschlossen ist, können nach EuGVÜ, Brüssel I-VO und LugÜ 2007 im ersuchten Staat nur Sicherungsmaßnahmen nach dem Recht dieses Staates (Art. 39 EuGVÜ; Art. 47 Abs. 3 Brüssel I-VO und LugÜ 2007), aber keine weitergehenden Vollstreckungsmaßnahmen durchgeführt werden.

4   Durch die Möglichkeit der Aussetzung eines Exequaturverfahrens wird also der **Schuldner** vor den Nachteilen einer Zwangsvollstreckung bei laufendem Rechtsmittel im Ursprungsstaat **geschützt**.[5] Er soll im Falle der Aufhebung der Entscheidung aufgrund des Rechtsmittels im Ursprungsstaat idealerweise nicht darauf angewiesen sein, das ihm durch voreilige Zwangsvollstreckungsmaßnahmen Entzogene beim Gläubiger im Ausland zurückfordern zu müssen.[6]

5   Als Alternative zur Aussetzung des Exequaturverfahrens, und als „milderes" Mittel zur Gewährleistung ausreichenden Schuldnerschutzes,[7] sahen die Vorgängerregelungen auch vor, dass die Gerichte des ersuchten Staates die Zwangsvollstreckung gegen **Sicherheitsleistung des Gläubigers** zulassen konnten (Art. 38 Abs. 3 EuGVÜ; Art. 46 Abs. 3 Brüssel I-VO und LugÜ 2007). Das war vor allem dann relevant, wenn im Ursprungsstaat eine solche Sicherheitsleistung für die Zwangsvollstreckung aus einem vorläufig vollstreckbaren, aber noch nicht rechtskräftigen Titel nicht vorgesehen oder jedenfalls nicht angeordnet war.[8]

6   **2. Neuregelung.** Die Aussetzung des Vollstreckungsversagungsverfahrens gemäß Art. 51 der Brüssel Ia-VO kann **nicht mehr** den Schutzinteressen des Schuldners dienen,[9] weil die Zwangsvollstreckung aus mitgliedstaatlichen Titeln nach Abschaffung des Exequaturverfahrens ohne weiteres und auch während eines Vollstreckungsversagungsverfahrens möglich und nicht auf Sicherungsmaßnahmen beschränkt ist. Die Aussetzung des Vollstreckungsversagungsverfahrens hindert die Zwangsvollstreckung nicht. Erst eine rechtskräftige Versagungsentscheidung versetzt den Schuldner in die Lage, die Einstellung der Zwangsvollstreckung im ersuchten Mitgliedstaat zu erwirken. Der Schuldner muss daher nun umgekehrt Interesse an einer **zügigen Fortführung** des Versagungsverfahrens haben, wenn er vom Vorliegen eines Versagungsgrundes überzeugt ist.[10] Während des Versagungsverfahrens kann der Schuldner zwar die Aussetzung der Zwangs-

---

4   EuGH 22.11.1977 43/77 EuGHE 1977, 2175 Rdn. 29/31.
5   *Geimer*/Schütze EuZVR Art. 46 a.F. Rdn. 1.
6   *Geimer*/Schütze EuZVR Art. 46 a.F. Rdn. 5.
7   OLG Düsseldorf 13.11.1996, RIW 1997, 329; *Geimer*/Schütze EuZVR Art. 46 a.F. Rdn. 7.
8   Dazu OLG Stuttgart 15.5.1997 RIW 1997, 684, 686; *Stadler* IPRax 1995, 220, 223.
9   Geimer/Schütze/*Peiffer*/Peiffer IRV Art. 51 Rdn. 3; Zöller/*Geimer* Art. 51 Rdn. 4; anders wohl *Schlosser*/Hess Art. 51 Rdn. 1.
10   Vgl. auch Zöller/*Geimer* Art. 51 Rdn. 4.

vollstreckung beantragen, aber nicht gemäß Art. 51, sondern gemäß Art. 44 Abs. 1.[11] Die Aussetzung von Vollstreckungsmaßnahmen außerhalb des Versagungsverfahrens – insbesondere wegen Einlegung eines Rechtsmittels im Ursprungsstaat – ist in der Verordnung **nicht geregelt**.[12]

Auch der **Gläubiger** dürfte regelmäßig **kein Interesse** an der Aussetzung eines Vollstreckungsversagungsverfahrens haben, weil auch er rasch Klarheit über das Vorliegen oder Nichtvorliegen von Versagungsgründen bekommen sollte.[13] 7

Deshalb kann die in Art. 51 ermöglichte Aussetzung des Vollstreckungsversagungsverfahrens nur dem Ziel dienen, während eines noch laufenden Rechtsmittelverfahrens im Ursprungsstaat eine **Prüfung** von Versagungsgründen im ersuchten Vollstreckungsstaat **zu vermeiden**. Diese Prüfung und der damit verbundene Aufwand der Parteien und des Gerichts erübrigte sich, wenn die Entscheidung aufgrund des Rechtsmittels im Ursprungsstaat ohnehin aufgehoben würde. Auch kann durch eine Aussetzung den Rechtsmittelgerichten des Ursprungsstaates Gelegenheit gegeben werden, die im ersuchten Staat beanstandete Entscheidung zu korrigieren, etwa zuvor nicht ausreichend gewährtes rechtliches Gehör nachzuholen, bevor das „Verdikt" einer Vollstreckungsversagung in einem anderen Mitgliedstaat ergeht.[14] Mit dieser Zielrichtung bleibt die Bedeutung der Norm allerdings deutlich hinter derjenigen ihrer Vorgänger zurück. Zugleich fehlt in der neuen Verordnung eine ausdrückliche Regelung zum Schutz des Schuldners gegen Nachteile aus der Vollstreckung nicht rechtskräftiger Titel aus anderen Mitgliedstaaten.[15] 8

II. Anwendungsbereich

Die in Art. 51 vorgesehene Aussetzung betrifft nur das **Verfahren über die Vollstreckungsversagung** gemäß Art. 46 ff., nicht das Zwangsvollstreckungsverfahren im ersuchten Staat.[16] Letzteres kann gemäß Art. 44 ausgesetzt oder beschränkt werden. Beide Aussetzungsmöglichkeiten sind voneinander unabhängig.[17] 9

Die Möglichkeit der Aussetzung besteht **in allen Instanzen** des Vollstreckungsversagungsverfahrens, also im erstinstanzlichen Verfahren gemäß Art. 46 f., im Rechtsbehelfsverfahren gemäß Art. 49 und im weiteren Rechtsbehelf gemäß Art. 50.[18] 10

Kraft Verweisung gilt Art. 51 auch für das **Anerkennungsversagungsverfahren** gemäß Art. 45 Abs. 4 und für das **Anerkennungsfeststellungsverfahren** gemäß Art. 36 Abs. 2. Für gerichtliche und behördliche Verfahren, in welchen inzident über die Nichtanerkennung entschieden wird, enthält Art. 38 eine eigenständige Regelung zur Aussetzung. 11

III. Tatbestandsvoraussetzungen

1. Rechtsbehelf im Ursprungsstaat. Voraussetzung für eine Aussetzung des Verfahrens im ersuchten Staat gemäß Art. 51 ist, dass gegen die Entscheidung, um deren 12

---

11 Thomas/Putzo/*Hüßtege* Art. 51 Rdn. 1; MünchKomm/*Gottwald* Art. 51 Rdn. 1.
12 Dazu näher unten Rdn. 42 ff.
13 Vgl. Geimer/Schütze/*Peiffer*/*Peiffer* IRV Art. 51 Rdn. 3.
14 Vgl. MünchKomm/*Gottwald* Art. 51 Rdn. 1; Zöller/*Geimer* Art. 51 Rdn. 1.
15 Vgl. unten Rdn. 48.
16 Thomas/Putzo/*Hüßtege* Art. 51 Rdn. 1; MünchKomm/*Gottwald* Art. 51 Rdn. 1; Zöller/*Geimer* Art. 51 Rdn. 1; wohl a.A. Schlosser/*Hess* Art. 51 Rdn. 1.
17 Geimer/Schütze/*Peiffer*/*Peiffer* IRV Art. 51 Rdn. 4.
18 Thomas/Putzo/*Hüßtege* Art. 51 Rdn. 4.

Vollstreckung es geht, im Ursprungsstaat ein **ordentlicher Rechtsbehelf** eingelegt wurde oder noch eingelegt werden kann. Was ein ordentlicher Rechtsbehelf ist, bestimmt sich **nicht** nach der jeweiligen Einordnung des Ursprungsmitgliedstaats, sondern **verordnungsautonom**.[19]

13   Der autonome Begriff des ordentlichen Rechtsbehelfs ist **weit zu verstehen**, damit die Gerichte des ersuchten Staates im Ausgangspunkt breites Ermessen bei der Aussetzung des Verfahrens haben.[20] Diese Prämisse dürfte auch für die Neuregelung in Art. 51 Anwendung finden. Als ordentlicher soll in der Definition des EuGH zu Art. 38 a.F. jeder Rechtsbehelf gelten,

> „der zur Aufhebung oder Abänderung der [...] zugrunde liegenden Entscheidung führen kann und für dessen Einlegung im Urteilsstaat eine gesetzliche Frist bestimmt ist, die durch die Entscheidung selbst in Lauf gesetzt wird."[21]

14   Welcher Rechtsnatur der Rechtsbehelf ist und welche Instanz über ihn entscheidet, ist unerheblich,[22] ebenso ob er Suspensiv- oder Devolutiveffekt entfaltet.[23]

15   Auf Grundlage der Definition des EuGH müsste auch die **Urteilsverfassungsbeschwerde** beim Bundesverfassungsgericht[24] als ordentlicher Rechtsbehelf betrachtet werden, weil sie zu einer Aufhebung der angegriffenen Entscheidung führen kann und die Frist für ihre Einlegung vom Datum der Entscheidung abhängt.[25] Dagegen ist die **Individualbeschwerde zum Europäischen Gerichtshof für Menschenrechte** zwar ebenfalls fristgebunden,[26] sie führt aber nicht ohne weiteres zu einer Aufhebung der angegriffenen Entscheidung des vertragsstaatlichen Gerichts und sollte deshalb kein ordentlicher Rechtsbehelf sein.[27] Beim **Wiederaufnahmeverfahren** hängt der Fristlauf für die Einlegung nicht vom Erlass der angegriffenen Entscheidung ab, so dass kein ordentlicher Rechtsbehelf im Sinne der EuGH-Definition vorliegen dürfte.[28] Dasselbe gilt für die **Vollstreckungsgegenklage**[29] und für sonstige Verfahren, die den Effekt einer gerichtlichen Entscheidung beseitigen können, etwa ein **Schiedsverfahren**.[30]

---

19   EuGH 22.11.1977 43/77 EuGHE 1977, 2175 Rdn. 22/27 und 28; OLG Stuttgart 15.5.1997 RIW 1997, 684, 686; OLG Frankfurt 30.3.2005 NJW-RR 2005, 1375; Geimer/Schütze/*Peiffer*/*Peiffer* IRV Art. 51 Rdn. 9; Rauscher/*Mankowski* Art. 51 Rdn. 6; *Schlosser*/*Hess* Art. 51 Rdn. 3; MünchKomm/*Gottwald* Art. 51 Rdn. 3; Zöller/*Geimer* Art. 51 Rdn. 1.
20   EuGH 22.11.1977 43/77 EuGHE 1977, 2175 Rdn. 32/34; BGH 12.6.1986 NJW 1986, 3026, 3027; OLG Hamm 28.12.1993 RIW 1994, 243, 245 f.; OLG Stuttgart 15.5.1997 RIW 1997, 684, 686; OLG Düsseldorf 21.2.2001 NJW-RR 2001, 1575, 1576; Musielak/Voit/*Stadler* Art. 51 Rdn. 2; Rauscher/*Mankowski* Art. 51 Rdn. 6; Thomas/Putzo/*Hüßtege* Art. 51 Rdn. 2; MünchKomm/*Gottwald* Art. 51 Rdn. 3; Geimer/Schütze/*Peiffer*/*Peiffer* IRV Art. 51 Rdn. 10; Zöller/*Geimer* Art. 51 Rdn. 1.
21   EuGH 22.11.1977 43/77 EuGHE 1977, 2175 Rdn. 42.
22   Rauscher/*Mankowski* Art. 51 Rdn. 6.
23   Geimer/Schütze EuZVR Art. 46 a.F. Rdn. 14.
24   Art. 93 Abs. 1 Nr. 4a GG; §§ 13 Nr. 8a, 90 ff. BVerfGG.
25   Vgl. § 93 Abs. 1 BVerfGG; dafür auch Geimer/Schütze/*Peiffer*/*Peiffer* IRV Art. 51 Rdn. 12; a.A. Rauscher/*Mankowski* Art. 51 Rdn. 7.
26   Art. 35 Abs. 1 EMRK.
27   MünchKomm/*Gottwald* Art. 51 Rdn. 3; Rauscher/*Mankowski* Art. 51 Rdn. 7.
28   *Wagner* IPRax 2002, 75, 92; *Schlosser*/*Hess* Art. 51 Rdn. 3; Rauscher/*Mankowski* Art. 51 Rdn. 7; Musielak/Voit/*Stadler* Art. 51 Rdn. 2; a.A. Geimer/Schütze/*Peiffer*/*Peiffer* IRV Art. 51 Rdn. 12.
29   Geimer/Schütze EuZVR Art. 46 a.F. Rdn. 15; Musielak/Voit/*Stadler* Art. 51 Rdn. 2; Rauscher/*Mankowski* Art. 51 Rdn. 8; a.A. *Hub* NJW 2001, 3145, 3147; MünchKomm/*Gottwald* Art. 51 Rdn. 3; Geimer/Schütze/*Peiffer*/*Peiffer* IRV Art. 51 Rdn. 12; *Schlosser*/*Hess* Art. 51 Rdn. 3.
30   OLG Hamm 28.12.1993 RIW 1994, 243, 245 f.

Andererseits hat die deutsche Rechtsprechung – bedauerlicherweise ohne Vorlage an den EuGH – Art. 38 EuGVÜ und Art. 46 Brüssel I-VO für anwendbar gehalten, wenn im **italienischen Zivilprozess** vorläufige Zahlungsbefehle oder Vermögensarreste aufgrund kursorischer Prüfung des Gerichts ausgesprochen werden, die im weiteren Verfahrensverlauf durch das Endurteil abgeändert oder aufgehoben werden können, obwohl diese weitere Prüfung von Amts wegen, also ohne Rechtsbehelfsfrist und im selben Verfahren erfolgt.[31] **16**

Richtigerweise sollte das Kriterium der Fristgebundenheit für den ordentlichen Rechtsbehelf im Sinne von Art. 51 Brüssel Ia-VO ohnehin nur eine **eingeschränkte Bedeutung** behalten: Hat der Schuldner im Ursprungsstaat bereits **einen Rechtsbehelf eingelegt**, dann sollte es lediglich darauf ankommen, ob dieser Rechtsbehelf zu einer Änderung oder Aufhebung der Entscheidung führen kann, unabhängig davon, ob dieser Rechtsbehelf fristgebunden war.[32] Denn mit dem einmal eingeleiteten Verfahren im Ursprungsstaat, etwa auch einer Vollstreckungsgegenklage oder einem Wiederaufnahmeverfahren, wird das konkrete Risiko begründet, dass die im ersuchten Staat mit dem Vollstreckungsversagungsverfahren angegriffene Entscheidung keinen Bestand haben wird. Ob der Rechtsbehelf im Ursprungsstaat ernsthafte Aussichten auf Erfolg hat, ist nur bei der Ermessensausübung des Gerichts auf Rechtsfolgenseite von Bedeutung. Ist dagegen ein Rechtsbehelf im Ursprungsstaat (noch) **nicht eingelegt**, aber (noch) möglich,[33] dann hat das Kriterium der Fristgebundenheit den Sinn, eine zeitlich unbegrenzte Aussetzungsmöglichkeit auszuschließen. Es ist zu hoffen, dass der EuGH seine zu den Vorgängerregelungen ergangene Rechtsprechung entsprechend modifizieren wird. **17**

Für **Irland, Zypern** und (noch) das **Vereinigte Königreich** legt **Abs. 2** fest, dass **sämtliche Rechtsbehelfe** des nationalen Rechts dieser Mitgliedstaaten als ordentliche Rechtsbehelfe im Sinne von Art. 51 gelten.[34] Der Grund für die Sonderregelung soll darin liegen, dass das Verfahrensrecht dieser Mitgliedstaaten nicht zwischen ordentlichen und außerordentlichen Rechtsbehelfen unterscheidet.[35] Darauf kann es allerdings nicht ankommen, weil der Begriff des ordentlichen Rechtsbehelfs verordnungsautonom definiert ist und daher grundsätzlich auch die Rechtsbehelfe in Irland, Zypern und dem Vereinigten Königreich nach europäischen Maßstäben als ordentliche oder außerordentliche qualifiziert werden könnten.[36] Tatsächlich sind die Rechtsbehelfe dieser Mitgliedstaaten aber häufig nicht fristgebunden, so dass dieses Unterscheidungskriterium des EuGH dort ins Leere geht.[37] Wenn Abs. 2 dies zum Anlass nimmt, kurzerhand alle Rechtsbehelfe zu „ordentlichen" im Sinne von Art. 51 zu erklären, dann ist das ein Grund mehr für die Aufgabe des Tatbestandsmerkmals des ordentlichen Rechtsbehelfs im Ursprungsstaat. **18**

2. Kein Antragserfordernis. Die Aussetzung des Vollstreckungsversagungsverfahrens kann sowohl vom Schuldner als auch vom Gläubiger beantragt oder angeregt wer- **19**

---

31 So BGH 12.6.1986 NJW 1986, 3026, 3027; OLG Hamm 19.7.1985 RIW 1985, 973, 976; OLG Stuttgart 15.5.1997 RIW 1997, 684, 686; OLG Düsseldorf 21.2.2001 NJW-RR 2001, 1575, 1576; Zöller/*Geimer* Art. 51 Rdn. 10; ablehnend *Linke* RIW 1985, 976, 978; *ders.* RIW 1986, 997; Rauscher/*Mankowski* Art. 51 Rdn. 7.
32 *Schlosser*/*Hess* Art. 51 Rdn. 3; für Unerheblichkeit des Kriteriums des „ordentlichen Rechtsbehelfs" an sich Rauscher/*Mankowski* Art. 51 Rdn. 7; Geimer/Schütze/*Peiffer*/*Peiffer* IRV Art. 51 Rdn. 8 und 11; Zöller/*Geimer* Art. 51 Rdn. 1.
33 *Geimer*/Schütze EuZVR Art. 46 a.F. Rdn. 10; Thomas/Putzo/*Hüßtege* Art. 51 Rdn. 3; Rauscher/*Mankowski* Art. 51 Rdn. 9.
34 Dazu OLG Nürnberg 22.12.2010 WM 2010, 700, 704.
35 MünchKomm/*Gottwald* Art. 51 Rdn. 4.
36 Oben Rdn. 12.
37 Geimer/Schütze/*Peiffer*/*Peiffer* IRV Art. 51 Rdn. 20.

den.[38] Typischerweise wird der Schuldner an einer Aussetzung weniger Interesse haben als der Gläubiger.[39] Allerdings ist ein **Antrag nicht** einmal **erforderlich**; anders als noch unter den Vorgängerregelungen kann das Gericht auch **von Amts wegen** über die Aussetzung entscheiden.[40]

20 **Praktisch** wird das Gericht des Vollstreckungsversagungsverfahrens freilich ohne Information durch eine der Parteien kaum über eine Aussetzung entscheiden können, weil ihm die Einlegung eines Rechtsbehelfs im Ursprungsstaat nicht ohne weiteres bekannt werden wird. Erst recht wird ihm die bloße Möglichkeit eines noch nicht eingelegten Rechtsbehelfs ohne Erläuterung durch eine der Parteien vor Augen stehen. Das Gericht des Vollstreckungsversagungsverfahrens ist jedenfalls **nicht** verpflichtet, von Amts wegen Erkundigungen im Ursprungsstaat einzuholen, ob dort etwa ein Rechtsbehelf eingelegt wurde oder eingelegt werden kann.

IV. Aussetzungsentscheidung

21 **1. Gerichtliches Ermessen.** Über die Aussetzung des Vollstreckungsversagungsverfahrens hat das Gericht nach pflichtgemäßem **Ermessen** zu entscheiden.[41] Die Einlegung eines Rechtsbehelfs im Ursprungsstaat führt also nicht automatisch zur Aussetzung des Versagungsverfahrens.

22 Nach der Rechtsprechung und herrschenden Meinung zu den Vorgängerregelungen sollten bei der Ermessensentscheidung über die Aussetzung vor allem die **Erfolgsaussichten des Rechtsbehelfs im Ursprungsstaat** berücksichtigt werden. Eine Aussetzung sollte nur dann angemessen sein, wenn dem Rechtsbehelf – nach Einschätzung des Exequaturgerichts im ersuchten Staat – hinreichende Aussicht auf Erfolg beschieden war.[42] Auf diese Weise sollte verhindert werden, dass der Schuldner die zügige Vollstreckbarerklärung im ersuchten Staat durch mutwillige Einlegung von Rechtsbehelfen im Ursprungsstaat blockieren konnte. **Problematisch** an diesem Ansatz ist, dass die mitgliedstaatlichen Gerichte prüfen müssen, ob die Entscheidung des Gerichts eines anderen Mitgliedstaats nach dem dortigen Berufungsrecht voraussichtlich Bestand haben oder aber aufgehoben werden würde, was aus der Ferne realistischerweise kaum ernsthaft zu beurteilen ist.[43]

23 Zusätzlich statuierten der EuGH und ihm folgend die deutsche Rechtsprechung und herrschende Meinung, dass nur solche Argumente für eine Aussetzung berücksichtigt werden durften, die im Ausgangsverfahren im Ursprungsstaat nicht vorgebracht worden waren und dort – aus zeitlichen Gründen – auch nicht hätten vorgetragen werden können. Mit anderen Worten sollte der Schuldner bei seinem Antrag auf Aussetzung des

---

38 Geimer/Schütze/*Peiffer*/*Peiffer* IRV Art. 51 Rdn. 7.
39 Vgl. oben Rdn. 6.
40 Thomas/Putzo/*Hüßtege* Art. 51 Rdn. 1; MünchKomm/*Gottwald* Art. 51 Rdn. 2; Geimer/Schütze/ *Peiffer*/*Peiffer* IRV Art. 51 Rdn. 5 ff.; Zöller/*Geimer* Art. 51 Rdn. 1.
41 BGH 12.6.1986 NJW 1986, 3026; 3027; BGH 21.4.1994 IPRax 1995, 243, 244; OLG Stuttgart 15.5.1997 RIW 1997, 684, 686; OLG Düsseldorf 20.1.2004 RIW 2004, 391; OLG Frankfurt 30.3.2005 NJW-RR 2005, 1375; *Stadler* IPRax 1995, 220; Musielak/Voit/*Stadler* Art. 51 Rdn. 3; Geimer/Schütze/*Peiffer*/*Peiffer* IRV Art. 51 Rdn. 21; *Schlosser*/*Hess* Art. 51 Rdn. 4; Thomas/Putzo/*Hüßtege* Art. 51 Rdn. 5.
42 OLG Stuttgart 15.5.1997 RIW 1997, 684, 686; OLG Saarbrücken 24.11.1997 RIW 1998, 632; OLG Düsseldorf 21.2.2001 NJW-RR 2001, 1575, 1576; OLG Düsseldorf 20.1.2004 RIW 2004, 391; OLG Frankfurt 30.3.2005 NJW-RR 2005, 1375; OLG Köln 15.9.2008 IPRax 2011, 184; OLG Nürnberg 22.12.2010 WM 2010, 700, 704; Musielak/Voit/*Stadler* Art. 51 Rdn. 3; *Stadler* IPRax 1995, 220; Geimer/Schütze/*Peiffer*/*Peiffer* IRV Art. 51 Rdn. 23 ff.; *Geimer*/Schütze EuZVR Art. 46 a.F. Rdn. 6; Rauscher/*Mankowski* Art. 51 Rdn. 12; Thomas/Putzo/*Hüßtege* Art. 51 Rdn. 5.
43 Zurecht skeptisch daher Geimer/Schütze/*Peiffer*/*Peiffer* IRV Art. 51 Rdn. 23; Rauscher/ *Mankowski* Art. 51 Rdn. 13.

Exequaturverfahrens mit allen Argumenten **präkludiert** sein, die er bereits im Ursprungsstaat geltend gemacht hatte oder mindestens hätte geltend machen können.[44] Andernfalls – also wenn das Exequaturgericht des ersuchten Staates bei der Prüfung der Aussetzung Argumente des Schuldners berücksichtige, die bereits im Ursprungsstaat vorgebracht worden seien – sei das Verbot der *révision au fond* verletzt.[45]

Mit diesen Grundsätzen stellte die Aussetzung des Exequaturverfahrens – wie vom EuGH und der Rechtsprechung intendiert – die **große Ausnahme** dar[46] und wurde nur selten angeordnet, zumal als „milderes Mittel" die Anordnung einer Sicherheitsleistung des Gläubigers zur Verfügung stand.[47] 24

Dass nach der herrschenden Auffassung nur „neue" Gründe für eine Aussetzung des Exequaturverfahrens berücksichtigt werden sollten, überzeugt allerdings – jenseits der Absicht, die schnelle grenzüberschreitende Vollstreckung mitgliedstaatlicher Titel zu fördern – **nicht**: Mit der Aussetzung des Exequaturverfahrens ist in keinem Fall eine Überprüfung der Entscheidung des Ursprungsgerichts in der Sache im Sinne einer *révision au fond* verbunden. Das Exequaturgericht hält sich bei einer Aussetzung gerade zurück und überlässt dem Berufungsgericht des Ursprungsstaates die endgültige Bewertung der Rechtslage. Dagegen ist mit dem von der herrschenden Meinung bevorzugten Vorgehen, in dem das Exequaturgericht eine Aussetzung des Vollstreckbarerklärungsverfahrens mit dem Hinweis ablehnt, dass nach seiner Einschätzung das Berufungsverfahren im Ursprungsstaat mangels neuen Vortrags keinen Erfolg haben wird, viel eher eine Prüfung der ausländischen Entscheidung in der Sache verbunden. Hinzu kommt, dass die Erfolgsaussichten eines Rechtsbehelfs im Ursprungsstaat typischerweise **gerade nicht** davon abhängen, dass der Schuldner Neues vorträgt. Im Gegenteil verbietet das Berufungsrecht häufig, etwa in Deutschland, neuen Sachvortrag, so dass das Berufungsgericht über dieselben Argumente befindet wie die erste Instanz. Dieser Umstand macht eine Berufung jedoch keineswegs aussichtslos. Es ist aber nicht recht einzusehen, weshalb der Schuldner, der im Ursprungsstaat schon in der ersten Instanz pflichtgemäß alles zu seiner Verteidigung vorgetragen hat und trotzdem – zu Unrecht – verliert, weil das erstinstanzliche Gericht rechtsfehlerhaft entscheidet, nicht in den Genuss einer Aussetzung des Exequaturverfahrens kommen soll.[48] 25

Mit der Brüssel Ia-VO ist ohnehin das tragende Argument der herrschenden Meinung, dass durch eine Verfahrensaussetzung im ersuchten Staat die Vollstreckung mitgliedstaatlicher Entscheidungen behindert wird, entfallen. Denn Zwangvollstreckungsmaßnahmen im ersuchten Staat können auch nach Antrag des Schuldners auf Vollstreckungsversagung eingeleitet oder fortgesetzt werden. Über die Aussetzung der Zwangsvollstreckung wird nicht gemäß Art. 51, sondern gemäß Art. 44 Abs. 1 entschieden,[49] und diese hängt zwar von der Einleitung des Versagungsverfahrens, aber nicht von dessen Aussetzung ab.[50] 26

---

44 EuGH 4.10.1991 C-183/90 EuGHE 1991 I-4765 Rdn. 27 ff.; BGH 21.4.1994 IPRax 1995, 243, 244; OLG Saarbrücken 24.11.1997 RIW 1998, 632; OLG Düsseldorf 20.1.2004 RIW 2004, 391; OLG Frankfurt 30.3.2005 NJW-RR 2005, 1375; OLG Köln 15.9.2008 IPRax 2011, 184; OLG Nürnberg 22.12.2010 WM 2010, 700, 704; *Stadler* IPRax 1995, 220, 222; *Schlosser/Hess* Art. 51 Rdn. 4; MünchKomm/*Gottwald* Art. 51 Rdn. 2; Geimer/Schütze/*Peiffer/Peiffer* IRV Art. 51 Rdn. 25; Rauscher/*Mankowski* Art. 51 Rdn. 13.
45 EuGH 4.10.1991 C-183/90 EuGHE 1991 I-4765 Rdn. 31 f.
46 OLG Nürnberg 22.12.2010 WM 2011, 700, 704; Rauscher/*Mankowski* Art. 51 Rdn. 12; Geimer/Schütze/ Peiffer/*Peiffer* IRV Art. 51 Rdn. 21.
47 Dazu noch unten Rdn. 35.
48 Deshalb die h.M. zurecht ablehnend *Grunsky* IPRax 1995, 218, 220.
49 Anders offenbar *Schlosser/Hess* Art. 51 Rdn. 1.
50 Vgl. auch unten Rdn. 45.

27 Deshalb sollte sich das gerichtliche Ermessen über die Aussetzung des Vollstreckungsversagungsverfahrens gemäß Art. 51 zunächst an den **Erfolgsaussichten dieses Verfahrens** orientieren:[51]

28 Ist das Gericht nach vorläufiger Prüfung der Ansicht, dass **Vollstreckungsversagungsgründe nicht vorliegen** oder vom Schuldner nicht substantiiert vorgetragen sind, dann spricht wenig für eine Aussetzung und mehr für eine rasche Entscheidung. Wird der Versagungsantrag sodann abgewiesen, dann kollidiert dies auch nicht mit der noch ausstehenden Entscheidung über den Rechtsbehelf im Ursprungsstaat, und zwar unabhängig davon, wie diese ausfällt: Wird die Entscheidung in der Berufungsinstanz später bestätigt, dann steht zugleich fest, dass ihr im ersuchten Staat keine Versagungsgründe entgegenstehen. Wird sie aufgehoben, dann entfällt die Vollstreckbarkeit auch im ersuchten Staat gemäß Art. 39 *ex lege* und ohne Versagung gemäß Art. 46ff. Auf die Erfolgsaussichten des Rechtsbehelfs im Ursprungsstaat kommt es deshalb in diesem Fall nicht an.

29 Ist das Gericht des Versagungsverfahrens umgekehrt der Auffassung, dass ein Versagungsgrund nach dem Vortrag der Parteien **wahrscheinlich vorliegt**, etwa weil der Schuldner keine Kenntnis vom Verfahren im Ursprungsstaat hatte (Art. 45 Abs. 1 Buchst. b), dann spricht ebenfalls wenig für eine Aussetzung und viel für die Fortsetzung des Versagungsverfahrens, weil in diesem Fall der Schuldner ein erhebliches Interesse daran hat, dass die Vollstreckbarkeit des Titels im ersuchten Staat rasch aufgehoben wird. Die Aussetzung wäre in diesem Fall nur dann sinnvoll, wenn für das Gericht des Versagungsverfahrens zugleich absehbar wäre, dass über den vom Schuldner im Ursprungsstaat eingelegten Rechtsbehelf zügig und voraussichtlich schneller entschieden wird, als die eigene Entscheidung des Gerichts des Versagungsverfahrens zu erwarten wäre.[52]

30 Nur dann, wenn der **Ausgang des Versagungsverfahrens offen** ist, etwa weil für die Feststellung des Vorliegen eines Versagungsgrundes eine Beweisaufnahme erforderlich ist oder wenn der behauptete Versagungsgrund – zum Beispiel der *ordre public*-Einwand sogar Gegenstand des Rechtsbehelfsverfahrens im Ursprungsstaat ist, sollte es in der Ermessensabwägung über die Aussetzung des Vollstreckungsversagungsverfahrens auch auf die Erfolgsaussichten des Rechtsbehelfsverfahrens ankommen.[53]

31 **2. Fristsetzung zur Rechtsmitteleinlegung.** Nach **Abs. 1 S. 2** kann das Gericht des Vollstreckungsversagungsverfahrens, **vor** einer Entscheidung über die Aussetzung dieses Verfahrens, den Parteien eine **Frist** setzen, innerhalb derer ein Rechtsbehelf im Ursprungsstaat einzulegen ist. Diese Option soll der Beschleunigung des Versagungsverfahrens dienen, wenn Rechtsbehelfe mit sehr langen oder ganz ohne Einlegungsfristen im Raum stehen, etwa in den in Abs. 2 genannten Ländern.[54] Sie dürfte freilich **kaum praktische Bedeutung** haben:

32 Die Fristsetzung ist nur möglich, solange keine der Parteien im Ursprungsstaat einen Rechtsbehelf eingelegt hat und die Frist für diesen Rechtsbehelf noch nicht abgelaufen ist. Von diesen Tatsachen wird das Gericht des Vollstreckungsversagungsverfahrens regelmäßig überhaupt nur dann erfahren, wenn eine der Parteien die Aussetzung die-

---

[51] Auf Grundlage der h.M. zu den Vorgängerregelungen dafür auch Rauscher/*Mankowski* Art. 51 Rdn. 14; Geimer/Schütze/*Peiffer*/*Peiffer* IRV Art. 51 Rdn. 28; a.A. *Kropholler/von Hein* Art. 46 a.F. Rdn. 7.
[52] Für die Berücksichtigung des Verfahrensfortschritts im Versagungsverfahren auch Geimer/Schütze/*Peiffer*/*Peiffer* IRV Art. 51 Rdn. 29.
[53] Ähnlich Zöller/*Geimer* Art. 51 Rdn. 1.
[54] Geimer/Schütze/*Peiffer*/*Peiffer* IRV Art. 51 Rdn. 18ff.

ses Verfahrens beantragt und sich auf eine noch offene Rechtsbehelfsfrist im Ursprungsstaat beruft. Zur Wahrung rechtlichen Gehörs wäre dann vor einer Fristsetzung zunächst diese Partei dazu anzuhören, ob und warum sie beabsichtigt, die **Rechtsbehelfsfrist umfassend auszunutzen**; fehlt es dabei an triftigen Gründen, dann wäre der Aussetzungsantrag schon deshalb und ohne Fristsetzung abzuweisen. Gibt es dagegen nachvollziehbare Gründe, warum die Partei den Rechtsbehelf im Ursprungsstaat erst am Ende der Frist einlegen kann, dann wäre eine Fristsetzung zur früheren Einlegung unangemessen.[55]

Eine Fristsetzung gemäß Abs. 1 S. 2 hat **keinen Einfluss** auf die Frist für die Einlegung des Rechtsbehelfs im Ursprungsstaat. Für diese Frist bleiben (natürlich) die Bestimmungen des Ursprungsstaates maßgeblich.[56] Wird eine gemäß Abs. 1 S. 2 gesetzte Frist versäumt, so bleibt die Einlegung des Rechtsbehelfs im Ursprungsstaat zulässig, nur kann das Gericht des Vollstreckungsversagungsverfahrens die bei ihm beantragte Aussetzung in diesem Fall ohne weitere Ermessensabwägung ablehnen.[57] **33**

Wird nach Ablauf einer gemäß Abs. 1 S. 2 gesetzten Frist doch noch ein Rechtsbehelf im Ursprungsstaat eingelegt, dann kann das Gericht eine **neue Ermessensentscheidung über die Aussetzung** treffen.[58] Ist der im Ursprungsstaat nach Fristablauf eingelegte Rechtsbehelf erfolgreich, dann entfällt die Vollstreckbarkeit der Entscheidung kraft Gesetzes, und das Vollstreckungsversagungsverfahren erledigt sich, ohne dass es auf eine Aussetzung ankommt. **34**

3. Sicherheitsleistung. Die Vorgängerregelungen zu Art. 51 hatten neben der Aussetzung des Exequaturverfahrens noch die Möglichkeit vorgesehen, die Zwangsvollstreckung aus einem im Ursprungsstaat angegriffenen mitgliedstaatlichen Titel nur gegen **Sicherheitsleistung des Gläubigers** zuzulassen (Art. 38 Abs. 3 EuGVÜ; Art. 46 Abs. 3 Brüssel I-VO und LugÜ 2007) und das Exequaturverfahren mit dieser Maßgabe fortzusetzen. Richtigerweise wurde diese Möglichkeit als gegenüber einer Aussetzung für den Gläubiger weniger einschneidendes, den Schuldner aber gleichwohl angemessen schützendes Mittel betrachtet.[59] **35**

In Art. 51 wurde die Möglichkeit der Anordnung einer Sicherheitsleistung **nicht übernommen**.[60] Das ist jedenfalls **systematisch zutreffend**, weil Art. 51 nicht die eigentliche Zwangsvollstreckung im ersuchten Staat betrifft und auch nicht, wie das Exequaturverfahren der Vorgängerinstrumente, die Schaffung der Voraussetzungen für die Zwangsvollstreckung, sondern umgekehrt eine mögliche **Beseitigung der Vollstreckbarkeit** im ersuchten Staat. Die Aussetzung des Vollstreckungsversagungsverfahrens gemäß Art. 51 schützt nicht den Vollstreckungsschuldner.[61] Dieser hat typischerweise Interesse an der Fortsetzung des von ihm angestrengten Versagungsverfahrens. Die Anordnung einer Sicherheitsleistung käme daher wohl nur dann in Betracht, wenn der Gläubiger die Aussetzung des Vollstreckungsversagungsverfahrens beantragt und das Gericht eine solche Aussetzung zum Schutz des Schuldners nur gegen **zusätzliche** Si- **36**

---

55 Deshalb soll nach Geimer/Schütze/*Peiffer*/*Peiffer* IRV Art. 51 Rdn. 16 die Frist gemäß Art. 51 Abs. 1 S. 2 in der Regel der Frist für den Rechtsbehelf entsprechen, was dann allerdings auch jeden Beschleunigungseffekt verhindert; für Zurückhaltung bei der Fristsetzung auch Rauscher/*Mankowski* Art. 51 Rdn. 11.
56 Thomas/Putzo/*Hüßtege* Art. 51 Rdn. 3; Rauscher/*Mankowski* Art. 51 Rdn. 11.
57 Vgl. Rauscher/*Mankowski* Art. 51 Rdn. 10; Geimer/Schütze/*Peiffer*/*Peiffer* IRV Art. 51 Rdn. 17.
58 Geimer/Schütze/*Peiffer*/*Peiffer* IRV Art. 51 Rdn. 17.
59 Dazu etwa OLG Hamm 28.12.1993 RIW 1994, 243, 246; OLG Stuttgart 15.5.1997 RIW 1997, 684, 686 f.
60 Rauscher/*Mankowski* Art. 51 Rdn. 19; Zöller/*Geimer* Art. 51 Rdn. 2.
61 Oben Rdn. 6.

cherheitsleistung des Gläubiger für angemessen hält. Dann wäre die Sicherheitsleistung Voraussetzung und nicht, wie bisher, Alternative zur Aussetzung.[62]

37 Ob und unter welchen Voraussetzungen **die Zwangsvollstreckung** im ersuchten Staat – mit oder ohne Sicherheitsleistung des Schuldners oder des Gläubigers – ausgesetzt oder fortgesetzt werden kann, ist eine davon **zu trennende Frage**, die jedenfalls nicht durch Art. 51 geregelt wird.[63]

38 **4. Kein Rechtsmittel.** Gegen Entscheidungen der Gerichte über die Aussetzung oder die Nichtaussetzung des Vollstreckungsversagungsverfahrens gemäß Art. 51 ist **kein Rechtsmittel** eröffnet, und die Mitgliedstaaten können solche Rechtsmittel – nach Ansicht des EuGH zu den Vorgängernormen – auch nicht in ihrem autonomen Recht einführen.[64] Allerdings können die Gerichte im laufenden Vollstreckungsversagungsverfahren unter der in Abs. 1 genannten Voraussetzung jederzeit neu über eine Aussetzung entscheiden und umgekehrt ein ausgesetztes Verfahren von Amts wegen wieder aufnehmen.[65]

V. Aufhebung oder Änderung der vollstreckbaren Entscheidung

39 Wird die zunächst vorläufig vollstreckbare Entscheidung im Rechtsbehelfsverfahren im Ursprungsstaat **rechtskräftig bestätigt,** dann ist ein gemäß Art. 51 ausgesetztes Vollstreckungsversagungsverfahren des Schuldners gegen diese Entscheidung im ersuchten Mitgliedstaat umgehend **wieder aufzunehmen.**[66] Diese Fortsetzung erfolgt auf Antrag einer Partei oder von Amts wegen, allerdings wird das Gericht in der Regel mindestens einen Hinweis der Parteien über den Ausgang des Rechtsbehelfsverfahrens im Ursprungsstaat benötigen.

40 Wird die Entscheidung, die Gegenstand eines Vollstreckungsversagungsverfahrens ist, im Ursprungsstaat in der Rechtsmittelinstanz **rechtskräftig aufgehoben**, dann **erledigt** sich – unabhängig von einer Aussetzung – der Vollstreckungsversagungsantrag des Schuldners. Etwaige Zwangsvollstreckungsmaßnahmen im ersuchten Staat sind nach dem Recht dieses Staates einzustellen oder rückgängig zu machen.[67]

41 Wird die Entscheidung in der Rechtsmittelinstanz **im Ursprungsstaat abgeändert**, ist die Rechtsfolge – unabhängig von einer Aussetzung – unklar. Wenn sich die Abänderung auf Marginalien oder Nebenentscheidungen über Kosten oder Zinsen beschränkt, sollte das Vollstreckungsversagungsverfahren mit entsprechend geänderten Anträgen, die sich dann auf die Entscheidung in der abgeänderten Fassung nach dem Rechtsbehelf beziehen, fortgesetzt werden. Berührt die Änderung im Ursprungsstaat dagegen den vom Schuldner im ersuchten Staat geltend gemachten Versagungsgrund – etwa weil das Rechtsmittelgericht im Ursprungsstaat eine als Verstoß gegen den *ordre public* des ersuchten Staates in Betracht kommende Schmerzensgeldverpflichtung in der Höhe reduziert – sollte der Schuldner das Versagungsverfahren für erledigt erklären und gegebenenfalls ein neues Versagungsverfahren einleiten können, um den Parteien nicht den in Art. 49 ff. eröffneten Instanzenweg abzuschneiden.[68]

---

[62] Abweichend für Sicherheitsleistung anstelle der Aussetzung wohl *Schlosser/Hess* Art. 51 Rdn. 4; Rauscher/*Mankowski* Art. 51 Rdn. 15.
[63] Dazu unten Rdn. 45.
[64] Vgl. EuGH 4.10.1991 C-183/90 EuGHE 1991 I-4765 Rdn. 18 ff.; BGH 21.4.1994 IPRax 1995, 243; *Hau* IPRax 1996, 322; *Schlosser/Hess* Art. 51 Rdn. 5.
[65] *Schlosser/Hess* Art. 51 Rdn. 5.
[66] Geimer/Schütze/*Peiffer/Peiffer* IRV Art. 51 Rdn. 34.
[67] Geimer/Schütze/*Peiffer/Peiffer* IRV Art. 51 Rdn. 33.
[68] Vgl. Rauscher/*Mankowski* Art. 51 Rdn. 16.

VI. Andere Aussetzungsmöglichkeiten

Die in der Verordnung vorgesehenen Möglichkeiten, Verfahren im ersuchten Staat auszusetzen oder zu beschränken, sind einerseits vielfältig, andererseits nicht in jeder Hinsicht konsistent und auch nicht vollständig.[69] **42**

Ein **Anerkennungsversagungsverfahren** (**Art. 45 Abs. 4**) und ein **Anerkennungsfeststellungsverfahren** (**Art. 36 Abs. 2**) im ersuchten Mitgliedstaat können aufgrund der jeweiligen Verweisung auf die Art. 46 ff. ebenfalls unter den – unklaren – Voraussetzungen des Art. 51 ausgesetzt werden. Daneben gelten für das Vollstreckungsversagungs-, das Anerkennungsversagungs- und das Anerkennungsfeststellungsverfahren die allgemeinen Aussetzungsgründe des nationalen Verfahrensrechts (Art. 47 Abs. 2), etwa im Falle der Insolvenz einer Partei. **43**

Andere Verfahren im ersuchten Mitgliedstaat, in welchen inzident die **Anerkennung einer mitgliedstaatlichen Entscheidung** geltend gemacht wird, können zwar nicht gemäß Art. 51, jedoch gemäß **Art. 38** ausgesetzt werden.[70] Diese Aussetzungsmöglichkeit besteht sowohl für den Fall der Einlegung (irgend)eines Rechtsmittels im Ursprungsstaat, ohne dass es sich wie bei Art. 51 um ein „ordentliches" handeln müsste, als auch für den Fall, dass ein Anerkennungsversagungs- oder -feststellungsverfahren eingeleitet wird. Über den Wortlaut hinaus sollte – *a minore ad maius* – auch die Einleitung eines Vollstreckungsversagungsverfahrens die Aussetzung gemäß Art. 38 ermöglichen, weil dessen Wirkungen diejenigen des Anerkennungsversagungsverfahrens mit umfassen. Unabhängig davon kann der Schuldner gemäß Art. 38 die vorübergehende Aussetzung der Anerkennung einer mitgliedstaatlichen Entscheidung leichter erreichen als die vorübergehende Aussetzung der Vollstreckung. **44**

Die **Zwangsvollstreckung im ersuchten Staat** kann nicht gemäß Art. 51 und auch nicht gemäß Art. 38, sondern nur gemäß **Art. 44** ausgesetzt oder beschränkt werden.[71] Art. 44 Abs. 2 setzt voraus, dass die Vollstreckbarkeit der Entscheidung im Ursprungsstaat ausgesetzt, Art. 44 Abs. 1, dass ein Vollstreckungsversagungsverfahren im ersuchten Staat eingeleitet wird. **45**

Nicht unmittelbar erfasst von Art. 44 ist der praktisch bedeutsame Fall, dass **im Ursprungsstaat ein Rechtsmittel** eingelegt wird. Der Schuldner kann in diesem Fall zum einen zusammen mit der Einlegung des Rechtsbehelfs im Ursprungsstaat **dort** zugleich eine Aussetzung oder Beschränkung der Vollstreckbarkeit der angegriffenen Entscheidung nach dem Recht des Ursprungsstaates erwirken. Diese ist, wenn sie gewährt wird, dann gemäß **Art. 44 Abs. 2** (und in Deutschland § 1116 S. 1 ZPO) im ersuchten Staat zu beachten. **46**

Ist eine solche Beschränkung oder Aussetzung im Recht des Ursprungsstaates nicht vorgesehen oder wird sie nicht gewährt,[72] dann kann der Schuldner nach der Verordnung nur noch im ersuchten Staat einen **Antrag auf Vollstreckungsversagung** gemäß Art. 46 stellen und sodann auf der Grundlage von **Art. 44 Abs. 1** eine Beschränkung der Zwangsvollstreckung anstreben. Allerdings bedarf es dazu substantiierter Darlegung eines Versagungsgrundes gemäß Art. 45 Abs. 1. Gibt es keine Anhaltspunkte für eine Versagung, dann scheidet auch eine Beschränkung der Zwangsvollstreckung über diesen Umweg aus.[73] **47**

---

[69] MünchKomm/*Gottwald* Art. 51 Rdn. 1.
[70] Dazu Wieczorek/Schütze/*Loyal* Art. 38 Rdn. 3.
[71] Wieczorek/Schütze/*Loyal* Art. 44 Rdn. 1.
[72] Dieser Umstand als solcher begründet noch keinen Verstoß gegen den deutschen *ordre public*, dazu OLG Celle 3.1.2007 NJW-RR 2007, 718, 719.
[73] Zöller/*Geimer* Art. 51 Rdn. 8.

48 Weitere Möglichkeiten der Beschränkung der Zwangsvollstreckung im ersuchten Mitgliedstaat bei Einlegung eines Rechtsbehelfs im Ursprungsstaat sieht die Verordnung **nicht** vor. Unklar ist, inwieweit auf Regelungen im **Zwangsvollstreckungsrecht des ersuchten Mitgliedstaats** zurückgegriffen werden kann. Art. 41 Abs. 2 scheint dies zu eröffnen, lässt aber Zweifel, weil Aussetzungsgründe nicht „unvereinbar" mit den Versagungsgründen in Art. 45 sein dürfen.[74] Letztlich wird es dabei auf die **Qualifikation** der Schuldnerschutzvorschriften der nationalen Rechtsordnungen als dem Erkenntnisverfahren oder dem Vollstreckungsverfahren zugehörig ankommen, also auf die – verordnungsautonom durch den EuGH vorzunehmende – Definition der „Schnittstelle" zwischen den beiden Verfahrensordnungen des Ursprungs- und des ersuchten Staates, welche dem Verordnungsgeber nicht gelungen ist. Danach dürften die deutschen Vollstreckungsschutzanordnungen gemäß §§ 707, 711f., 719 ZPO – schon aufgrund der Gerichtszuständigkeit – allein dem Erkenntnisverfahren zuzurechnen sein und deshalb im Hinblick auf vorläufig vollstreckbare Entscheidungen aus anderen Mitgliedstaaten, die in Deutschland vollstreckt werden, nicht zur Anwendung kommen. Möglich sind auch im Hinblick auf Entscheidungen aus anderen Mitgliedstaaten Beschränkungen gemäß §§ 769, 775f. ZPO. Diese helfen dem Schuldner aber nicht bei bloßer Einlegung eines Rechtsbehelfs im Ursprungsstaat.

ABSCHNITT 4
Gemeinsame Vorschriften

Artikel 52

Eine in einem Mitgliedstaat ergangene Entscheidung darf im ersuchten Mitgliedstaat keinesfalls in der Sache selbst nachgeprüft werden.

Übersicht

I. Entstehungsgeschichte —— 1
II. Normzweck —— 2
III. Anwendungsbereich —— 7
IV. Keine Überprüfung in der Sache —— 9
   1. Ausgeschlossene Prüfungen im Vollstreckungsstaat —— 9
   2. Zulässige Prüfungen im Vollstreckungsstaat —— 16
V. Ausländischer Titel als Gegenstand von Verfahren im Vollstreckungsstaat —— 19
   1. Ausgangspunkt —— 19
   2. Inländisches Hauptsacheverfahren nach ausländischem einstweiligem Rechtsschutz —— 21
   3. Urteilsberichtigung —— 23
   4. Titelumschreibungen und Titelergänzungen —— 24
   5. Vollstreckungserinnerung und andere Rechtsbehelfe gegen die Art und Weise der Zwangsvollstreckung —— 25
   6. Vollstreckungsabwehrklage —— 26
   7. Abänderungsklage —— 28
   8. Restitutionsklage und verwandte Rechtsbehelfe —— 29
   9. Verfassungsbeschwerde —— 31

I. Entstehungsgeschichte

1 Das Verbot, ausländische Urteile im Rahmen der Anerkennung oder Vollstreckbarerklärung im Inland in der Sache zu überprüfen (sog. *révision au fond*), ist keine Er-

---

[74] Dazu Wieczorek/Schütze/*Loyal* Art. 41 Rdn. 5.

findung des europäischen Verfahrensrechts. Es bildet seit langem ein **Grundprinzip** internationaler Übereinkommen wie auch des nationalen Anerkennungsrechts der Mitgliedstaaten (vgl. § 723 Abs. 1 ZPO).[1] Es war bereits im EuGVÜ (Art. 29, 34 Abs. 3) und in der Brüssel I-VO (Art. 36, 45 Abs. 2) vorgesehen und findet sich weiterhin auch im LugÜ 2007 (Art. 36, 45 Abs. 2). In der Neufassung der Verordnung wurde die Regelung für Anerkennung und Vollstreckung in einer Norm zusammengefasst und redaktionell angepasst. Eine inhaltliche Änderung war damit nicht verbunden.

II. Normzweck

Die Regelung stellt klar,[2] dass gegenüber einem gemäß Art. 36, 45 Brüssel Ia-VO anzuerkennenden mitgliedstaatlichen Urteil der Einwand des Schuldners, das Urteil sei inhaltlich falsch oder in fehlerhafter Weise zustande gekommen, im Vollstreckungsstaat **grundsätzlich ausgeschlossen** ist. Sie beruht wesentlich auf dem der Verordnung zugrunde liegenden **Prinzip wechselseitigen Vertrauens** der Mitgliedstaaten in die Verlässlichkeit der Justiz der übrigen Mitgliedstaaten[3] und soll verhindern, dass das (in der Neufassung aufgegebene) Vollstreckbarerklärungsverfahren oder (nunmehr) das eigentliche Vollstreckungsverfahren durch Sach- oder Rechtsfragen belastet werden, über die im Urteilsstaat bereits rechtskräftig entschieden ist. Auf diese Weise soll die Anerkennung und Vollstreckung mitgliedstaatlicher Urteile erleichtert und beschleunigt werden.[4] Die Bestimmung dient also der effektiven Durchsetzung der **Urteilsfreizügigkeit**.[5] 2

Wäre umgekehrt eine inhaltliche Überprüfung ausländischer Urteile im Vollstreckungsstaat eröffnet, so wäre für den Vollstreckungsgläubiger durch das Anerkennungsregime der Verordnung nichts gewonnen. Er müsste den titelschaffenden Prozess im Vollstreckungsstaat erneut führen; dies und die dann möglichen divergierenden Sachentscheidungen der Gerichte würden Sinn und Zweck der Verordnung *ad absurdum* führen.[6] Das Verbot der *révision au fond* ist damit genau genommen eine **Selbstverständlichkeit**.[7] 3

Eine inhaltliche Überprüfung mitgliedstaatlicher Urteile wäre – auch ohne die Klarstellung in Art. 52 – schon nach der **Systematik der Verordnung** ausgeschlossen. So sind die Gründe für eine Versagung der Anerkennung in Art. 45 abschließend aufgeführt. Sachliche oder rechtliche Fehler des Urteils zählen nicht dazu.[8] Mit dem Urteilsinhalt haben sich die Gerichte und Behörden des Vollstreckungsstaats überhaupt nur im Rahmen der Prüfung dieser Anerkennungsversagungsgründe (Art. 46 ff.; 36 Abs. 2) sowie im Zusammenhang mit einer etwa nötigen Anpassung (Art. 54) zu befassen. 4

Die Klarstellung in Art. 52 ist gleichwohl sinnvoll. Zum einen war die *révision au fond* in einzelnen Mitgliedstaaten – namentlich in Frankreich[9] – im Exequaturverfahren ur- 5

---

1 *Geimer*/Schütze EuZVR Art. 36 a.F. Rdn. 1: „Essentiale der internationalen Urteilsanerkennung"; Geimer/Schütze/*Peiffer*/*Peiffer* IRV Art. 52 Rdn. 1.
2 Dazu, dass ohne die Vorschrift für die Brüssel Ia-VO nichts anderes gelten würde, sogleich Rdn. 3.
3 EuGH 13.10.2011 C-139/10 EuGHE 2011, I-9511 Rdn. 31; *Schlosser*/*Hess* Art. 52 Rdn. 1; Geimer/Schütze/*Peiffer*/*Peiffer* IRV Art. 52 Rdn. 2; Rauscher/*Mankowski* Art. 52 Rdn. 3.
4 EuGH 13.10.2011 C-139/10 EuGHE 2011, I-9511 Rdn. 27, 35.
5 EuGH 13.10.2011 C-139/10 EuGHE 2011, I-9511 Rdn. 31; EuGH 28.3.2000 C-7/98 EuGHE 2000 I-1956 Rdn. 19; EuGH 29.4.1999 C-267/97 EuGHE 1999 I-2543 Rdn. 25; EuGH 2.6.1994 C-414/92 EuGHE 1994, I-2237 Rdn. 20.
6 Rauscher/*Mankowski* Art. 52 Rdn. 1.
7 *Kropholler*/*von Hein* Art. 36 a.F. Rdn. 1; Geimer/Schütze/*Peiffer*/*Peiffer* IRV Art. 52 Rdn. 2.
8 Oben Art. 45 Rdn. 20.
9 Wo sie allerdings schon vor Entstehung des EuGVÜ mit der Leitentscheidung der Cour de Cassation in Sachen *Munzer*, Cass. 7.1.1964 JCP 1964 II 13590, abgeschafft worden war, wie Rauscher/*Mankowski* Art. 52 Rdn. 4 berechtigterweise anmerken.

sprünglich zulässig gewesen.¹⁰ Zum anderen neigen manche mitgliedstaatlichen Gerichte bis heute dazu, ihnen falsch erscheinende ausländische Entscheidungen im Interesse des inländischen Schuldners auf den Prüfstand zu stellen, wie die Judikatur des EuGH und der Mitgliedstaaten zeigt.¹¹

6   Darüber hinaus hat der EuGH das Verbot der *révision au fond* zu einer Art Korrektiv oder inhärenten **Begrenzung des *ordre-public*-Vorbehalts** (Art. 45 Abs. 1 Buchst. a) ausgebaut: Danach kann ein einfacher Rechtsfehler des erkennenden Gerichts grundsätzlich keine Verletzung des mitgliedstaatlichen *ordre public* sein.¹² Damit wird jedenfalls eine Argumentationslast des die Vollstreckungsversagung beantragenden Schuldners und der mitgliedstaatlichen Gerichte im Versagungsverfahren dazu begründet, weshalb – ausnahmsweise und im konkreten Fall – die Anerkennung eines rechtsfehlerhaften ausländischen Urteils der inländischen öffentlichen Ordnung widersprechen soll.¹³ Allerdings beschränkt gleichermaßen umgekehrt der *ordre-public*-Vorbehalt das Verbot der *révision au fond*.¹⁴ Beide sind also zueinander komplementär.

III. Anwendungsbereich

7   Das Verbot der Überprüfung ausländischer Entscheidungen in der Sache ist nicht auf bestimmte mitgliedstaatliche Verfahren beschränkt. Es gilt im Vollstreckungsversagungsverfahren (Art. 46 ff.), im Anerkennungsfeststellungsverfahren (Art. 36 Abs. 2) und auch sonst stets, wenn eine ausländische Entscheidung als Grundlage für inländische Rechtsfolgen dienen soll (Inzidentanerkennung). **Adressaten** der Norm sind damit alle Gerichte, Behörden und Organe des Staates, in welchem die Entscheidung zur Zwangsvollstreckung eingesetzt werden oder sonst Wirkungen entfalten soll.

8   Nicht erfasst wird von dem Überprüfungsverbot die **Bescheinigung** gemäß Art. 53. Sie ist nicht Bestandteil der ausländischen Entscheidung, und ihr Inhalt kann im Vollstreckungsstaat überprüft werden.¹⁵

IV. Keine Überprüfung in der Sache

9   **1. Ausgeschlossene Prüfungen im Vollstreckungsstaat.** Das Verbot der Überprüfung ausländischer Entscheidungen in der Sache ist **umfassend** und beschränkt sich nicht auf das reine Entscheidungsergebnis. So darf der Vollstreckungsstaat die Anerkennung oder Vollstreckung einer mitgliedstaatlichen Entscheidung nicht mit dem Argument verweigern, das Erkenntnisverfahren, welches zu der Entscheidung geführt habe, sei fehlerhaft gewesen. Dieser Einwand greift nur durch, wenn der **Verfahrensfehler** zugleich einen Verstoß gegen den inländischen *ordre public* begründet.¹⁶ Insbesondere darf – mit Ausnahme der besonderen Zuständigkeiten gemäß Art. 45 Abs. 1 Buchst. e¹⁷ – nicht geprüft werden, ob das ausländische Gericht seine Zuständigkeit zurecht bejaht

---

10   *Geimer*/Schütze EuZVR Art. 36 a.F. Rdn. 1; *Kropholler/von Hein* Art. 36 a.F. Rdn. 1.
11   Beispiele bei Rauscher/*Mankowski* Art. 52 Rdn. 6 ff.
12   EuGH 28.4.2009 C-420/07 EuGHE 2009, I-3571 Rdn. 58 ff.; EuGH 6.9.2012 C-619/10 ECLI:EU:C:2012:531 Rdn. 48 ff.
13   Dazu auch oben Art. 45 Rdn. 36.
14   *Geimer*/Schütze EuZVR Art. 36 a.F. Rdn. 4.
15   EuGH 6.9.2012 C-619/10 ECLI:EU:C:2012:531 Rdn. 35; Geimer/Schütze/*Peiffer*/*Peiffer* IRV Art. 52 Rdn. 9; dazu auch Art. 53 Rdn. 40.
16   *Geimer*/Schütze EuZVR Art. 36 a.F. Rdn. 1; Rauscher/*Mankowski*, Art. 56 Rdn. 8.
17   Dazu oben Art. 45 Rdn. 205 ff.

hat,[18] und dies nicht einmal mit dem Argument eines *ordre-public*-Verstoßes (Art. 45 Abs. 3).

Der **Tenor** der anzuerkennenden Entscheidung steht auch für den Vollstreckungs- **10** staat fest. Die Berichtigung offenkundiger Unrichtigkeiten ist im Urteilsstaat nach dem dortigen Verfahrensrecht vorzunehmen. Berichtigungsverfahren im Vollstreckungsstaat[19] sind ausgeschlossen.[20] Sind die ausgeurteilten Rechtsfolgen im Vollstreckungsstaat unbekannt oder unzulässig, so sind diese – für die Zwecke der Anerkennung und Zwangsvollstreckung – durch im Inland zulässige Maßnahmen oder Anordnungen mit möglichst gleicher, notfalls geringerer Wirkung zu ersetzen (Art. 54 Abs. 1 und 2). Der Tenor als solcher bleibt davon unberührt.[21]

Der vom Ausgangsgericht festgestellte **Sachverhalt** ist grundsätzlich zwischen den **11** Parteien und für die Behörden und Gerichte auch im Vollstreckungsstaat verbindlich.[22] So kann sich der Schuldner im Rahmen des Zwangsvollstreckungsverfahrens im Vollstreckungsstaat beispielsweise nicht darauf berufen, der Gläubiger sei partei- oder prozessunfähig, wenn schon das Ausgangsgericht darüber Beweis erhoben hatte und der Schuldner keine nach Urteilserlass eingetretenen neuen Tatsachen vorträgt.[23] Das gilt allerdings dann nicht, wenn die Art und Weise der Sachverhaltsfeststellung durch das Ausgangsgericht mit dem verfahrensrechtlichen *ordre public* des Vollstreckungsstaates unvereinbar ist.[24]

Insbesondere dürfen – das ist der Kern des Verbots der *révision au fond* – die **Rich- 12 tigkeit und Schlüssigkeit der Urteilsbegründung** und die **Rechtsanwendung** des ausländischen Gerichts nicht überprüft werden, wenn nicht ausnahmsweise der *ordre public* des Vollstreckungsstaates verletzt ist.[25] So sind im Vollstreckungsstaat die Einwände abgeschnitten, das Ausgangsgericht habe die falschen Rechtsnormen angewendet, die richtigen Rechtsnormen falsch angewendet, Rechtsnormen übersehen, den Sachverhalt falsch gewürdigt oder unzutreffend subsumiert. Auch kann nicht gerügt werden, das Ausgangsgericht habe die anwendbare Rechtsordnung kollisionsrechtlich fehlerhaft bestimmt und etwa zu Unrecht die *lex fori* herangezogen.[26] Erst recht und selbstverständlich wird der Einwand nicht gehört, die vom Ausgangsgericht angewendeten Rechtsnormen entsprächen nicht den Normen des Vollstreckungsstaats.[27]

Gerichte des Vollstreckungsstaats sind selbst dann nicht zur Überprüfung des aus- **13** ländischen Urteils befugt, wenn das Ausgangsgericht aufgrund kollisionsrechtlicher

---

18 EuGH 15.11.2012 C-456/11 ECLI:EU:C:2012:719 Rdn. 37.
19 In Deutschland §§ 319, 320 ZPO.
20 Unten Rdn. 23; zur Auslegung ausländischer Entscheidungen Art. 54 Rdn. 37.
21 Dazu unten Art. 54 Rdn. 14.
22 Vgl. EuGH 13.10.2011 C-139/10 ECLI:EU:C:2011:653 Rdn. 30; BGH 16.5.1991 NJW 1992, 627, 628; Rauscher/*Mankowski* Art. 52 Rdn. 9; *Ulrici* JZ 2016, 127, 130.
23 BGH 16.5.1991 NJW 1992, 627, 628.
24 Dazu und zu Ausnahmen oben Art. 45 Rdn. 69 ff.
25 St. Rspr.; EuGH 28.3.2000 C-7/98 EuGHE 2000, I-1956 Rdn. 36; EuGH 11.5.2000 C-38/98 EuGHE 2000, I-3009 Rdn. 29; EuGH 28.4.2009 C-420/07 EuGHE 2009, I-3571 Rdn. 58; EuGH 6.9.2012 C-619/10 ECLI:EU:C:2012:531 Rdn. 50; EuGH 23.10.2014 C-302/13 ECLI:EU:C:2014:2319 Rdn. 48; EuGH 16.7.2015 C-681/13 ECLI:EU:C:2015:471 Rdn. 43; BGH 22.6.1983 BGHZ 88, 17 = IPRax 1984, 202, 204 m.Anm. *Roth* 183; Thomas/Putzo/*Hüßtege* Art. 52 Rdn. 1; Rauscher/*Mankowski* Art. 52 Rdn. 6; Geimer/Schütze/*Peiffer*/*Peiffer* IRV Art. 52 Rdn. 4; *Ulrici* JZ 2016, 127, 130; *Geimer*/Schütze Art. 36 a.F. Rdn. 1; *Kropholler*/*von Hein* Art. 36 a.F. Rdn. 2; systematisch zweifelhaft direkt auf die deutschen Grundrechte anstelle des *ordre public* abstellend, aber in der Sache wohl ebenso BGH 24.2.1999 BGHZ 140, 395 = IPRax 1999, 371 m.Bespr. *Schulze* 342.
26 Rauscher/*Mankowski* Art. 52 Rdn. 7.
27 St. Rspr. seit EuGH 28.3.2000 C-7/98 EuGHE 2000, I-1956 Rdn. 36 (vgl. Fn. 25); BGH 22.6.1983 BGHZ 88, 17 2. Leitsatz = IPRax 1984, 202 m.Bespr. *H. Roth* 183.

Verweisung gerade das **materielle Recht des Vollstreckungsstaats** angewendet und dabei offenkundige Fehler begangen hat.[28] Ebensowenig darf im Vollstreckungsstaat geprüft werden, ob das Ausgangsgericht **europäisches Recht** korrekt angewendet oder ausgelegt hat.[29] Für diese Prüfung steht das Vorabentscheidungsverfahren beim EuGH nach Vorlage durch das Ausgangsgericht offen; die unterlegene Partei muss im Ausgangsverfahren alle Rechtsbehelfe ausschöpfen, um gegebenenfalls eine solche Vorabentscheidung zu erreichen.[30] Unterbleibt die Vorlage an den EuGH dann zu Unrecht trotzdem, so kann das eine Haftung des Urteilsstaats gegenüber der betroffenen Partei auslösen oder einen Verstoß gegen den (in diesem Falle europäischen) *ordre public* begründen.[31]

14 Nicht endgültig geklärt ist, wie mit der Behauptung des Schuldners im Vollstreckungsstaat umzugehen ist, der Titel sei im Urteilsstaat durch **Prozessbetrug** oder **Korruption** erlangt worden.[32] Richtigerweise eröffnet dieses Argument keinen gesonderten Einwand des Schuldners gegen die Anerkennung und Vollstreckung der Entscheidung im Vollstreckungsstaat. Eine Restitutionsklage im Vollstreckungsstaat ist deshalb regelmäßig ausgeschlossen.[33] Stattdessen kann die Anerkennung und Vollstreckung eines durch Betrug oder anders in unlauterer Weise erlangten ausländischen Titels wegen Verstoßes gegen den *ordre public* des Vollstreckungsstaates versagt werden,[34] wenn die Voraussetzungen hierfür erfüllt sind.[35]

15 Im Ergebnis sind daher unter der Verordnung im Einzelfall auch rechtlich oder sachlich **falsche Entscheidungen** hinzunehmen und in den übrigen Mitgliedstaaten anzuerkennen und zu vollstrecken, wie die Rechtsordnung gleichermaßen akzeptiert, dass es inländische falsche Urteile geben mag, die gleichwohl rechtskräftig und vollstreckbar sind.[36]

16 **2. Zulässige Prüfungen im Vollstreckungsstaat.** Die Feststellung der Behörden und Gerichte des Vollstreckungsstaates, ob die **Voraussetzungen der Verordnung** für die Anerkennung und Vollstreckung der ausländischen Entscheidung gegeben sind, ist keine unzulässige Überprüfung dieser Entscheidung in der Sache. So kann (und muss) im Vollstreckungsstaat geprüft werden, ob der sachliche und räumliche Anwendungsbereich der Verordnung eröffnet ist und ob überhaupt eine mitgliedstaatliche gerichtliche Entscheidung im Sinne von Art. 2 Buchst. a, 36 Abs. 1 vorliegt.[37] Weiter kann überprüft werden, ob der Inhalt der Bescheinigung gemäß Art. 53 zutreffend ist.[38] Insbesondere kann der Vollstreckungsschuldner darlegen, dass die ausländische Entscheidung **nicht vollstreckbar** geworden oder ihre Vollstreckbarkeit entfallen ist.[39]

---

28 Vgl. Rauscher/*Mankowski* Art. 52 Rdn. 7.
29 EuGH 11.5.2000 C-38/98 EuGHE 2000, I-3009 Rdn. 32 f.; EuGH 15.7.2015 C-681/13 ECLI:EU:C:2015:471 Rdn. 48 f.
30 EuGH 15.7.2015 C-681/13 ECLI:EU:C:2015:471 Rdn. 63 f.
31 EuGH 15.7.2015 C-681/13 ECLI:EU:C:2015:471 Rdn. 66.
32 Dazu umfassend *Regen* Prozessbetrug als Anerkennungshindernis (Diss. Passau 2007).
33 Unten Rdn. 29 f.
34 BGH 10.7.1986 IPRax 1987, 236, 237 m.Bespr. *Grunsky* 219; Interdesco SA v Nullifire Ltd [1992] 1 Lloyd's Rep 180, 187; OLG Stuttgart 5.11.2013 FamRZ 2014, 792; *Geimer*/Schütze EuZVR Art. 34 a.F. Rdn. 54; Rauscher/*Mankowski* Art. 52 Rdn. 12.
35 Dazu im Einzelnen bei Art. 45 Rdn. 110.
36 *Geimer* FS Stürner (2013) 1223, 1230; Rauscher/*Mankowski* Art. 52 Rdn. 10.
37 *Gebauer*/Wiedmann Kap. 27 Rdn. 192.
38 Vgl. oben Rdn. 8 und Art. 53 Rdn. 40.
39 Vgl. Art. 42 Abs. 1 Buchst. b, 44 Abs. 2; § 1116 ZPO.

Ausdrücklich zugelassen ist die inhaltliche Prüfung der ausländischen Entscheidung in der Sache im Hinblick auf Verstöße gegen den inländischen *ordre public* (Art. 45 Abs. 1 Buchst. a). Auch darf im Vollstreckungsstaat ohne weiteres geprüft werden, welche Rechtsfolgen und Wirkungen die Entscheidung hat, um feststellen zu können, ob die Entscheidung mit einer anderen **unvereinbar** ist (Art. 45 Abs. 1 Buchst. c und d).[40]

17

Ebenfalls ausdrücklich erlaubt ist die **Anpassung** der Entscheidungswirkungen an das Vollstreckungsrecht des Vollstreckungsstaates (Art. 54). Darüber hinaus ist – in engen Grenzen und im Einzelfall – auch eine **Auslegung** der Bedeutung einer Entscheidung zulässig, etwa bei Schreibversehen oder anderen offenkundigen Fehlern.[41]

18

V. Ausländischer Titel als Gegenstand von Verfahren im Vollstreckungsstaat

1. Ausgangspunkt. Grundlage der Wirkungen einer mitgliedstaatlichen Entscheidung im Vollstreckungsstaat ist nach der Abschaffung des Exequaturverfahrens nicht mehr der hoheitliche Akt der Vollstreckbarerklärung im Vollstreckungsstaat, sondern unmittelbar die ausländische Entscheidung selbst.[42] Diese wirkt im Vollstreckungsstaat grundsätzlich wie eine inländische Entscheidung.[43] Das bedeutet aber umgekehrt auch, dass **Maßnahmen und Verfahren im Vollstreckungsstaat** die Wirkungen der ausländischen Entscheidung **nachträglich** beschränken oder verändern können, sofern das auch bei inländischen rechtskräftigen Entscheidungen der Fall sein kann. Die ausländische Entscheidung darf insoweit nicht diskriminiert werden, ist aber auch nicht privilegiert. Das Verfahren oder die Maßnahme im Vollstreckungsstaat dürfen allerdings nicht dazu führen, dass das rechtskräftige Ergebnis des Erkenntnisverfahrens im Ursprungsstaat wieder in Frage gestellt wird. Dem stünde das Verbot der Überprüfung in der Sache entgegen.

19

Die Unterscheidung der im Vollstreckungsstaat zulässigen Eingriffe in die Wirkungen der ausländischen Entscheidung von den unzulässigen ist im Einzelnen deshalb schwierig, weil die mitgliedstaatlichen Prozessrechte die Reichweite des Erkenntnisverfahrens und dessen **Abgrenzung von Folgeverfahren** wie der Zwangsvollstreckung unterschiedlich verorten. Für ersteres ist nach der Systematik der Verordnung ausschließlich der Ursprungsstaat zuständig, für letztere jedenfalls auch der Vollstreckungsstaat. Die Verordnung definiert aber nicht autonom, welche Regelungsgegenstände – etwa die Konkretisierung eines unbestimmten Tenors[44] oder die Abwicklung einer Verurteilung Zug um Zug[45] – dem Erkenntnisverfahren zuzuordnen sind und welche dem Zwangsvollstreckungsverfahren. Sie enthält nicht einmal greifbare autonome Kriterien für eine solche Zuordnung, die damit leider in weiten Teilen der künftigen Judikatur des Europäischen Gerichtshofs überlassen ist.[46] Hier drohen – nicht erst, aber verstärkt seit Abschaffung des Exequaturverfahrens – positive wie negative **Kompetenzkonflikte** zwischen Ursprungs- und Vollstreckungsstaat.

20

2. Inländisches Hauptsacheverfahren nach ausländischem einstweiligem Rechtsschutz. Auch Entscheidungen, die im Ursprungsstaat bei einem nach der Ver-

21

---

40 BGH 20.10.2016 WM 2016, 2272, 2274.
41 Dazu näher bei Art. 54 Rdn. 37.
42 Vgl. Wieczorek/Schütze/*Loyal* Art. 39 Rdn. 1.
43 Zur herrschenden Theorie der Wirkungserstreckung und weiteren Anerkennungstheorien vgl. Wieczorek/Schütze/*Loyal* Art. 36 Rdn. 9 ff.
44 Dazu unten Art. 54 Rdn. 27.
45 Dazu *Adolphsen* Europäisches Zivilverfahrensrecht (2. Aufl. 2015), § 4 Rdn. 102.
46 Vgl. auch oben Art. 51 Rdn. 48.

ordnung zuständigen Gericht in Verfahren des einstweiligen Rechtsschutzes ergehen, sind im Vollstreckungsstaat anzuerkennen und gegebenenfalls zu vollstrecken (Art. 2 Buchst. a, 35, 42 Abs. 2).[47] Diese Anerkennung hindert nicht die Durchführung eines anschließenden Hauptsacheverfahrens im Vollstreckungsstaat, sofern dort ebenfalls eine (konkurrierende) Zuständigkeit nach der Verordnung besteht. Ein Verstoß gegen das Verbot der *révision au fond* liegt darin **nicht**,[48] weil Verfahren des einstweiligen Rechtsschutzes typischerweise auf die bloß **vorläufige Regelung eines Sachverhalts** gerichtet sind.[49] Das Gericht dieses Hauptsacheverfahrens ist daher im Grundsatz auch nicht an Ergebnisse oder Feststellungen der ausländischen Entscheidung im einstweiligen Rechtsschutz gebunden und kann die Wirkungen dieser Entscheidung durch eine eigene, endgültige Entscheidung in der Hauptsache wieder aufheben oder deren Rechtsfolgen abändern.

22   Das dürfte allerdings nicht gelten, soweit das hierfür maßgebliche Prozessrecht des Ursprungsstaates[50] ausnahmsweise eine **Bindungs- oder Rechtskraftwirkung** für in Verfahren des einstweiligen Rechtsschutzes gewonnene Erkenntnisse vorsieht, etwa für einzelne Rechtsfragen oder eine durchgeführte Beweisaufnahme. Es gäbe keinen Grund, solche Wirkungen einer ausländischen Entscheidung im Vollstreckungsstaat nicht anzuerkennen. Die bisherige Rechtsprechung des Europäischen Gerichtshofs zu den verordnungsinhärenten Schranken bei der Anerkennung von Entscheidungen im einstweiligen Rechtsschutz[51] ist überholt, seit nach Art. 2 Buchst. a der Verordnung 2012 solche Entscheidungen ohnehin nur noch anerkannt werden, wenn sie in einem durch die Verordnung eröffneten Gerichtsstand ergehen. Wenn Bindungs- oder Rechtskraftwirkungen der Hauptsacheentscheidung eines mitgliedstaatlichen Gerichts umfassend anerkannt werden würden, kann entsprechenden Wirkungen einer Entscheidung desselben Gerichts im einstweiligen Rechtsschutz die Anerkennung nicht verweigert werden.

23   **3. Urteilsberichtigung.** Schreib- und Rechenfehler und sonstige Versehen oder Verwechslungen im Text der ausländischen Entscheidung sind ausschließlich im Ursprungsstaat nach den dortigen Bestimmungen zu korrigieren.[52] Durch eine Berichtigung im Vollstreckungsstaat wäre das Verbot der *révision au fond* zwar nicht einmal zwingend berührt, soweit die Berichtigung den Inhalt der Entscheidung sachlich nicht verändern, sondern erst zutreffend zur Geltung bringen würde. Es fehlt jedoch regelmäßig schon an einer **Zuständigkeit** der Gerichte des Vollstreckungsstaates. Zulässig und im Einzelfall geboten sein kann jedoch eine berichtigende **Auslegung** der ausländischen Entscheidung durch die Organe des Vollstreckungsstaates.[53]

24   **4. Titelumschreibungen und Titelergänzungen.** Die Umschreibung oder Ergänzung eines mitgliedstaatlichen Titels oder von dessen Vollstreckungsklausel, etwa wegen Rechtsnachfolge auf der Seite des Gläubigers (§ 727 ZPO), durch Organe des Vollstreckungsstaats wäre, wenn sie aufgrund nachträglicher Änderung der Umstände erforderlich wird, **keine Überprüfung des ausländischen Titels in der Sache** und

---

47 Dazu Wieczorek/Schütze/*Eichel* Art. 35 Rdn. 86 ff.
48 Rauscher/*Mankowski* Art. 52 Rdn. 14.
49 Zur begrenzten materiellen Rechtskraft von Arrest- und Verfügungsurteilen nach deutschem Zivilprozessrecht Wieczorek/Schütze/*Thümmel*, Vor § 916 ZPO Rdn. 16.
50 Dazu ausführlich *Geimer*/Schütze EuZVR Art. 33 Rdn. 18 ff., 32 ff.
51 EuGH 17.11.1998 C-391/95 EuGHE 1998, I-7091; 27.4.1999 C-99/96 EuGHE 1999, I-2277.
52 In Deutschland §§ 319, 320 ZPO.
53 Dazu Art. 54 Rdn. 37.

stellte daher keinen Verstoß gegen das Verbot der *révision au fond* dar. Solche Maßnahmen werden allerdings regelmäßig an fehlender Zuständigkeit der Gerichte im Vollstreckungsstaat scheitern.[54]

5. Vollstreckungserinnerung und andere Rechtsbehelfe gegen die Art und Weise der Zwangsvollstreckung. Rechtsbehelfe des Vollstreckungsschuldners gegen die Modalitäten der Zwangsvollstreckung im Vollstreckungsstaat, in Deutschland die Vollstreckungserinnerung und die sofortige Beschwerde (§§ 766, 793 ZPO), unterliegen nach der Verordnung allein dem Recht des Vollstreckungsstaates (Art. 41 Abs. 1 S. 1) und verletzen als solche nicht das Verbot der *révision au fond*. Sie dürfen allerdings in ihrem Ergebnis nicht mittelbar zur einer Änderung oder Überprüfung der ausländischen Entscheidung in der Sache führen.[55] Die Definition dieser Grenzlinie stellt für die damit bislang nicht vertrauten Vollstreckungsorgane der Mitgliedstaaten eine erhebliche Herausforderung dar. 25

6. Vollstreckungsabwehrklage. Eine Vollstreckungsabwehr- oder -gegenklage wegen Einwendungen des Vollstreckungsschuldners, die erst nach Abschluss des Erkenntnisverfahrens im Ursprungsstaat entstanden sind, kann **im Vollstreckungsstaat** erhoben werden.[56] Die Gerichte des Vollstreckungsstaates sind für solche Klagen nach h.M. gemäß Art. 24 Nr. 5 der Verordnung international zuständig.[57] Hebt das auf diese Weise angerufene Gericht die Vollstreckbarkeit der ausländischen Entscheidung wieder auf,[58] liegt darin gleichwohl **kein Verstoß gegen das Verbot der *révision au fond***, weil das Ausgangsgericht im Ursprungsstaat keine Sachentscheidung über den nachträglich entstandenen Einwand getroffen hat und auch nicht treffen konnte.[59] 26

Das Verbot der Überprüfung in der Sache hat allerdings mittelbaren Einfluss auf die Bestimmung des **Zeitpunkts**, ab welchem Einwendungen des Vollstreckungsschuldners entstanden sein dürfen, damit sie mit der Vollstreckungsabwehrklage geltend gemacht werden können (vgl. § 767 Abs. 2 ZPO): Bei Vollstreckungsabwehrklagen gegen mitgliedstaatliche Urteile muss grundsätzlich der Zeitpunkt maßgeblich sein, bis zu welchem eine Einwendung im ausländischen Erkenntnisverfahren hätte geltend gemacht werden können. Dieser Zeitpunkt muss nicht der „Schluss der mündlichen Verhandlung" gemäß § 767 Abs. 2 ZPO sein.[60] Sieht das ausländische Verfahrensrecht auch noch eine spätere Erhebung von Einwendungen vor, etwa bis zum Erlass des Urteils, dann gilt dieser spätere Zeitpunkt für die Präklusion der Einwendungen in einer Vollstreckungsabwehrklage im Vollstreckungsstaat, weil andernfalls der Vollstreckungsstaat in die Sachentscheidungsbefugnis des Ausgangsgerichts eingriffe. Umgekehrt muss zum Schutz des Vollstreckungsschuldners auch ein früherer Zeitpunkt, welchen das Prozessrecht des Ur- 27

---

54 Vgl. vorherige Rdn.
55 Vgl. zu berichtigender Auslegung von Titeln unten Art. 54 Rdn. 37 ff.
56 Vgl. Erwägungsgrund (30); EuGH 13.10.2011 C-139/10 EuGHE 2011, I-9511 Rdn. 40; für Deutschland §§ 794 Abs. 1 Nr. 9, 795 S. 1, 767, 1117 ZPO. Dazu näher bei Art. 46 Rdn. 31 ff.
57 EuGH 4.7.1985 C-220/84 EuGHE 1985, 2273; HansOLG Hamburg 6.2.1998 IPRax 1999, 168, 169; OLG Köln 21.11.2012 IPRax 2015, 158; *Haubold* FS Schütze (2014) 163, 171 ff.; a.A. *Halfmeier* IPRax 2007, 381, 385 f.; dazu oben Art. 45 Rdn. 242.
58 Nach h.M. mit Wirkung nur für den Vollstreckungsstaat, dazu oben Art. 45 Rdn. 243.
59 BGH 14.3.2007 BGHZ 171, 310, Rdn. 27 = IPRax 2008, 38; Geimer/Schütze/*Peiffer*/Peiffer IRV Art. 52 Rdn. 8; Rauscher/*Mankowski* Art. 52 Rdn. 11; MünchKomm/*Adolphsen* § 1086 ZPO Rdn. 1; Rauscher/ *Pabst*, EG-VollstrTitelVO Art. 20 Rdn. 36; *Haubold* FS Schütze (2014) 163, 174.
60 Die Anwendung von § 767 Abs. 2 ZPO aufgrund der Verweise in §§ 794 Abs. 1 Nr. 9, 795 S. 1 ZPO ist insoweit verordnungskonform einzuschränken.

sprungsstaates für die Geltendmachung von Einwendungen im Erkenntnisverfahren vorsieht,[61] für die Präklusion gemäß § 767 Abs. 2 ZPO maßgeblich sein, weil es ansonsten materielle Einwendungen geben könnte, die weder im Erkenntnisverfahren noch im Vollstreckungsverfahren prozessual berücksichtigt werden könnten.[62]

28　　**7. Abänderungsklage.** Der Urteilsspruch einer ausländischen Entscheidung, welche regelmäßig wiederkehrende Leistungen des Schuldners zum Gegenstand hat, also etwa eine Unterhaltsentscheidung,[63] kann grundsätzlich im Wege der Abänderungsklage im Inland geändert werden (in Deutschland § 323 ZPO).[64] Auch dem steht das Verbot der *révision au fond* nicht entgegen, weil die Abänderungsklage an eine **Veränderung der Umstände** nach Erlass der ersten gerichtlichen Entscheidung anknüpft und damit nicht in die Entscheidungsbefugnisse des Ursprungsstaates eingreift. Voraussetzung für eine Abänderungsklage im Vollstreckungsstaat ist allerdings, dass die dortigen Gerichte nach der Verordnung international zuständig sind.[65]

29　　**8. Restitutionsklage und verwandte Rechtsbehelfe.** Wiederaufnahme- oder Restitutionsklageverfahren (vgl. §§ 578 ff. ZPO) sind schon aufgrund ihrer engen Verknüpfung mit dem Ausgangsverfahren **im Ursprungsstaat** zu führen und können im Vollstreckungsstaat grundsätzlich nicht angestrengt werden. Das Verfahrensrecht des Ursprungsstaates bestimmt abschließend, ob und unter welchen Voraussetzungen die Rechtskraft einer gerichtlichen Entscheidung durchbrochen werden kann.

30　　Gleiches gilt grundsätzlich auch für Klagen im Vollstreckungsstaat, die auf § 826 BGB gestützt werden und geltend machen, die ausländische Entscheidung sei durch **Prozessbetrug** erlangt worden. Auch dieser Einwand ist vorrangig im Ursprungsstaat mit den dort zur Verfügung stehenden Rechtsbehelfen – etwa einer Wiederaufnahme – geltend zu machen.[66] Nur wenn das Zustandekommen oder das Ergebnis der ausländischen betrügerisch erlangten Entscheidung den inländischen *ordre public* verletzt, wird der Einwand des Prozessbetrugs im Vollstreckungsversagungsverfahren berücksichtigt.[67]

31　　**9. Verfassungsbeschwerde.** Die ausländische Entscheidung wirkt im Vollstreckungsstaat unmittelbar wie ein inländischer Titel (Art. 41 Abs. 1 S. 2).[68] Sie selbst und nicht eine nicht mehr vorgesehene Exequaturentscheidung des Vollstreckungsstaats bildet die Grundlage für hoheitliche Vollstreckungsmaßnahmen gegen den Schuldner.[69] Damit wird die ausländische Entscheidung aber nicht selbst zu einem inländischen Hoheitsakt, welcher mit einer Verfassungsbeschwerde angegriffen werden könnte. Auch die Verordnung als Rechtsgrundlage für die Zulassung von Eingriffswirkungen eines ausländischen Hoheitsakts im Inland kann allenfalls theoretisch zum Gegenstand einer Verfassungsbeschwerde gemacht werden.[70] Die auf einem ausländischen Titel beruhen-

---

61　Etwa eine Schriftsatzfrist für den Vortrag von Einwendungen.
62　Vgl. dazu auch oben Art. 45 Rdn. 243.
63　Für welche allerdings regelmäßig die EU-UnterhaltsVO gilt.
64　Vgl. MünchKomm/*Gottwald* § 323 ZPO Rdn. 100.
65　Vgl. für Unterhaltsurteile Art. 8 Abs. 1 EU-UnterhaltsVO.
66　Vgl. OLG Stuttgart 5.11.2013 BeckRS 2013, 21135; Rauscher/*Mankowski* Art. 52 Rdn. 13.
67　Dazu oben Art. 45 Rdn. 110.
68　Vgl. Wieczorek/Schütze/*Loyal* Art. 41 Rdn. 1.
69　OLG Köln 21.11.2012 IPRax 2015, 158; *Haubold* FS Schütze (2014) 163, 178; Rauscher/*Mankowski* Art. 39 Rdn. 2.
70　BVerfG 6.7.2010 BVerfGE 126, 286 Rdn. 53 ff.; Sachs/*Detterbeck* Grundgesetz (7. Aufl. 2014), Art. 93 Rdn. 26 ff.

de Zwangsvollstreckung selbst stellt zwar hoheitliche Gewalt im Inland dar. Eine Verfassungsbeschwerde gegen inländische Zwangsvollstreckungsmaßnahmen würde allerdings die Erschöpfung des Rechtswegs voraussetzen,[71] zu welchem das Vollstreckungsversagungsverfahren zählt (Art. 46 ff.). Eine Verfassungsbeschwerde beim Bundesverfassungsgericht im Zusammenhang mit mitgliedstaatlichen ausländischen Urteilen ist deshalb nur gegen die **letztinstanzliche Entscheidung** denkbar, mit welcher eine **Vollstreckungsversagung abgelehnt** wird (Art. 49, 50).

Artikel 53

Das Ursprungsgericht stellt auf Antrag eines Berechtigten die Bescheinigung unter Verwendung des Formblatts in Anhang I aus.

Übersicht

I. Entstehungsgeschichte — 1	d) Rechtsnachfolge — 17
II. Normzweck — 2	e) Zustellung — 20
III. Anwendungsbereich — 4	f) Übersetzung — 21
IV. Verfahren der Ausstellung — 8	g) Herausgabe — 22
1. Zuständigkeit — 8	3. Bescheinigungen und Vollstreckungsklausel — 23
2. Verfahren — 9	4. Rechtsbehelfe — 27
a) Antrag — 9	5. Kosten und Gebühren — 28
b) Anhörung — 10	V. Form und Inhalt — 29
c) Feststellung der Vollstreckbarkeit — 11	VI. Wirkungen — 39

I. Entstehungsgeschichte

Ein Formblatt zur Erstellung einer Bescheinigung war schon durch Art. 54 Brüssel I-VO eingeführt worden. Art. 54 LugÜ 2007 enthält eine vergleichbare Regelung. Anders als auf jene Formblätter[1] kann auf die Ausstellung der Bescheinigung nach Art. 53 aber nicht mehr verzichtet werden.[2] Der **Inhalt** der Bescheinigung wurde gegenüber Anhang V zur Brüssel I-VO erheblich erweitert. Schließlich kann die für die Ausstellung der Bescheinigung zuständige Stelle nicht mehr, wie in Art. 54 Brüssel I-VO, eine „sonst befugte Stelle" im Ursprungsstaat sein, sondern nur noch das Ursprungsgericht selbst, was angesichts der gestiegenen Bedeutung der Bescheinigung[3] angemessen erscheint. **1**

II. Normzweck

Die Bescheinigung **erleichtert die Formalitäten** für die Geltendmachung der Anerkennung einer mitgliedstaatlichen Gerichtsentscheidung in den anderen Mitgliedstaaten sowie die Einleitung von Vollstreckungsmaßnahmen dort.[4] Neben einer Ausfertigung der Entscheidung ist mit der Bescheinigung nur ein weiteres Formular notwendig, um die **2**

---

71 §§ 13 Nr. 8a, 90 Abs. 2 BVerfGG.

1 Art. 55 Abs. 1 Brüssel I-VO; Art. 55 Abs. 1 LugÜ 2007.
2 *Ulrici* JZ 2016, 127, 132.
3 Dazu sogleich Rdn. 3.
4 Rauscher/*Staudinger* Art. 53 Rdn. 1; MünchKomm/*Gottwald* Art. 53 Rdn. 1; *Geimer*/Schütze EuZVR Art. 54 a.F. Rdn. 1; *Kropholler/von Hein* Art. 54 a.F. Rdn. 1; *Gebauer*/Wiedmann Kap. 27 Rdn. 243.

Anerkennung in einem anderen Mitgliedstaat geltend machen oder die Zwangsvollstreckung betreiben zu können (Art. 37 Abs. 1, 42 Abs. 1). Auch erhalten die Behörden, Gerichte und Vollstreckungsorgane des ersuchten Staates mit der vorstrukturierten Bescheinigung die wesentlichen Angaben zum Inhalt der Entscheidung auf einen Blick in einheitlichem Format unabhängig vom Herkunftsland,[5] was auch deren Übersetzung erleichtert (Art. 42 Abs. 3).

3   Seit der Abschaffung des Exequaturverfahrens erfüllt die Bescheinigung darüber hinaus auch **Funktionen einer Vollstreckungsklausel**.[6] Sie bestätigt, wenn auch widerleglich,[7] dass die **Voraussetzungen für die Vollstreckbarkeit** einer Entscheidung nach dem Recht des Ursprungsstaates erfüllt sind, etwa auch zugunsten eines Rechtsnachfolgers des Gläubigers, und bekommt auf diese Weise materielle Bedeutung (vgl. Art. 42 Abs. 1 Buchst. b).

III. Anwendungsbereich

4   Die Bescheinigung nach Art. 53 i.V.m. Anhang I wird für **gerichtliche Entscheidungen** ausgestellt, wobei Entscheidungen jeglicher Art, auch Entscheidungen im vorläufigen Rechtsschutz erfasst sind (Art. 42 Abs. 2 Buchst. b). Für vollstreckbare Urkunden und gerichtliche Vergleiche ist dagegen ein gesondertes Formular vorgesehen (Art. 60 i.V.m. Anhang II). Die Bescheinigung dient nicht nur der Einleitung von Vollstreckungsmaßnahmen, sondern auch der (isolierten) Anerkennung von Entscheidungen in anderen Mitgliedstaaten (Art. 37 Abs. 1 Buchst. b).[8]

5   Die Bescheinigung in der Form des Anhangs I gilt – trotz ähnlichen Inhalts – nur für die Anerkennung oder Zwangsvollstreckung in Mitgliedstaaten, die an der Verordnung beteiligt sind, nicht für die Anerkennung und Vollstreckung in Mitgliedstaaten des **LugÜ 2007**. Dieses Übereinkommen sieht in Anhang V eine andere Form der Bescheinigung vor. Die Behörden in Mitgliedstaaten des LugÜ können sich allerdings mit einer Bescheinigung nach Art. 53 i.V.m. Anhang I als „gleichwertige Urkunde" gemäß Art. 55 Abs. 1 LugÜ 2007 begnügen.

6   Eine Bescheinigung nach Art. 53 i.V.m. Anhang I wird nur für Entscheidungen erteilt, die in Verfahren ergehen, welche seit dem 10.1.2015 eingeleitet wurden (Art. 66 Abs. 1). Für Entscheidungen aus älteren Verfahren gilt weiterhin Art. 54 i.V.m. Anhang V Brüssel I-VO.

7   **Versäumnis- und Anerkenntnisurteile** können, wenn die Voraussetzungen der EuVTVO[9] erfüllt sind, nach Wahl des Gläubigers[10] entweder mit einer Bescheinigung nach Art. 53 i.V.m. Anhang I der Brüssel Ia-VO vollstreckt oder aber mit einer Bestätigung nach Art. 9 EuVTVO als Europäischer Vollstreckungstitel bestätigt und dann vollstreckt werden.[11]

---

5 Geimer/Schütze/*Peiffer/Peiffer* IRV Art. 53 Rdn. 2.
6 BT-Drs. 18/823, S. 16; Geimer/Schütze/*Peiffer/Peiffer* IRV Art. 53 Rdn. 2; Rauscher/*Staudinger* Art. 53 Rdn. 2; MünchKomm/*Gottwald* Art. 53 Rdn. 3; Zöller/*Geimer* § 1110 ZPO Rdn. 1; Musielak/Voit/*Stadler* Art. 53 Rdn. 1; zurecht kritisch zur Gleichstellung *Ulrici* JZ 2016, 127, 133; BeckOK ZPO/*ders.* § 1111 ZPO passim.
7 Dazu unten Rdn. 40.
8 Dazu *Ulrici* JZ 2016, 127, 129.
9 Verordnung (EG) Nr. 805/2004 vom 21. April 2004 zur Einführung eines europäischen Vollstreckungstitels für unbestrittene Forderungen.
10 Vgl. Art. 27 EuVTVO i.V.m. Art. 80 Brüssel Ia-VO.
11 Zum Verhältnis der beiden Verordnungen und zu den Grenzen einer parallelen Anwendung MünchKomm/*Adolphsen* Art. 27 EuVTVO Rdn. 1 ff.

IV. Verfahren der Ausstellung

1. Zuständigkeit. Zuständig für die Ausstellung der Bescheinigung ist das **Ursprungsgericht** als das Gericht des Herkunftslandes, welches die Entscheidung erlassen hat (Art. 2 Buchst. f). Die Mitgliedstaaten können keine davon abweichenden zentralen Zuständigkeiten vorsehen, wie das noch unter Art. 54 Brüssel I-VO möglich war. Für deutsche Urteile verweist § 1110 ZPO auf die für die Erteilung der Vollstreckungsklausel zuständigen Gerichte, also im Ergebnis ebenfalls auf das die Entscheidung erlassende Gericht (§ 724 ZPO). Funktional zuständig ist abweichend von § 724 Abs. 2 ZPO der **Rechtspfleger** (§ 20 Abs. 1 Nr. 11 RechtspflegerG).[12]

2. Verfahren

a) Antrag. Die Bescheinigung wird auf **Antrag** eines Berechtigten an das zuständige Gericht erteilt. Der Antrag ist formlos möglich und muss nicht den Inhalt der angestrebten Bescheinigung wiedergeben.[13] Berechtigt sind der Titelgläubiger[14] und andere Prozessparteien, die eine Anerkennung im EU-Ausland anstreben.[15] Eine anwaltliche Vertretung ist nicht erforderlich.[16] Das Antragsrecht ist **nicht befristet**;[17] eine Bescheinigung kann also so lange beantragt werden, wie der Titel vollstreckbar ist.

b) Anhörung. Art. 53 sieht kein bestimmtes Verfahren zur Erstellung der Bescheinigung vor. In Deutschland wird sie in der Regel **ohne Anhörung** der Beteiligten ausgestellt (§ 1111 Abs. 1 S. 1 ZPO). In Fällen einer notwendigen „Umschreibung" des Titels wegen Rechtsnachfolge (sog. qualifizierte Vollstreckungsklausel, vgl. § 730 ZPO) steht eine Anhörung des Vollstreckungsschuldners vor Erteilung der Bescheinigung im Ermessen des Gerichts (§ 1111 Abs. 1 S. 2 ZPO). Das spricht dafür, dass Gegenstand einer solchen Anhörung nur Fragen im Hinblick auf die Rechtsnachfolge sein sollen, nicht etwa der Inhalt der beantragten Bescheinigung insgesamt.[18]

c) Feststellung der Vollstreckbarkeit. Die wesentliche Funktion der Bescheinigung liegt in dem Nachweis, dass die Entscheidung **nach dem Recht des Urteilsstaates vollstreckbar** ist (vgl. Art. 39; Art. 42 Abs. 1 Buchst. b, Abs. 2 Buchst. b ii)). Die Bescheinigung darf daher nur erteilt werden, wenn Vollstreckbarkeit im Urteilsstaat gegeben ist. Auch die vorläufige Vollstreckbarkeit genügt, formelle Rechtskraft ist also nicht erforderlich.[19] Das über den Antrag auf Bescheinigung entscheidende Gericht hat aber zu überprüfen, ob die vorläufige Vollstreckbarkeit eines erstinstanzlichen Urteils durch ein erfolgreiches Rechtsmittel des Schuldners wieder entfallen ist.[20]

---

12 Geimer/Schütze/*Peiffer*/*Peiffer* IRV Art. 53 Rdn. 4; in Anbetracht von Art. 53 einerseits und § 20 Abs. 1 Nr. 11 Rechtspflegergesetz andererseits hat § 1110 ZPO als Zuständigkeitsnorm keinen Regelungsgehalt.
13 BeckOK ZPO/*Ulrici* § 1111 ZPO Rdn. 5.
14 Thomas/Putzo/*Hüßtege* Art. 53 Rdn. 1; Rauscher/*Staudinger* Art. 53 Rdn. 2.
15 Zu weiteren berechtigten Personen ausführlich BeckOK ZPO/*Ulrici* Art. 53 Rdn. 4.1.
16 BeckOK ZPO/*Ulrici* § 1111 ZPO Rdn. 3.
17 Rauscher/*Staudinger* Art. 53 Rdn. 2; *Kropholler*/*von Hein* Art. 54 a.F. Rdn. 2.
18 Vgl. BeckOK ZPO/*Ulrici* § 1111 ZPO Rdn. 9; zu Sinn und Zweck der Anhörung nach § 730 ZPO Zöller/*Stöber* § 730 ZPO Rdn. 1.
19 Thomas/Putzo/*Hüßtege* Art. 53 Rdn. 6; Rauscher/*Staudinger* Art. 53 Rdn. 3; *Adolphsen*, Europ. Zivilverfahrensrecht (2. Aufl. 2015) Kap. 5 Rdn. 102; *Kropholler*/*von Hein* Art. 38 a.F. Rdn. 10; vgl. auch Wieczorek/Schütze/*Loyal* Art. 39 Rdn. 3 ff.
20 Zwischen dem Erlass der Entscheidung und dem Antrag auf Erteilung einer Bescheinigung kann auch ein längerer Zeitraum liegen, vgl. Rdn. 9.

12 Nicht zu den im Urteilsstaat zu prüfenden – „abstrakten" – Vollstreckungsvoraussetzungen zählen etwaige **Vollstreckungshindernisse** und die **Modalitäten der Zwangsvollstreckung**, die sich ausschließlich nach dem Recht des ersuchten Vollstreckungsstaates richten (Art. 41 Abs. 1). Während über diese Grundlinie Einigkeit herrschen dürfte,[21] ist im Einzelnen unklar und umstritten, welche Voraussetzungen der Zwangsvollstreckung zur „abstrakten Vollstreckbarkeit" zählen und deshalb vom Ursprungsgericht vor Erteilung der Bescheinigung festzustellen sind und welche den Modalitäten der Zwangsvollstreckung zuzurechnen und deshalb von den Vollstreckungsorganen im ersuchten Staat zu prüfen sind.

13 Leider bietet die Verordnung für diese Qualifikationsfrage kaum **autonome Leitlinien**.[22] Daher könnte sie theoretisch auch dem Recht der beteiligten Mitgliedstaaten überlassen werden, indem das Ursprungsgericht die Bescheinigung stets dann erteilt, wenn die aus Sicht des eigenen Prozessrechts notwendigen abstrakten Voraussetzungen für eine Zwangsvollstreckung erfüllt sind, während das Vollstreckungsorgan im ersuchten Staat stets nur die Prüfungen vornimmt, die ihm sein eigenes Prozessrecht vorschreibt, und ansonsten unterstellt, dass die nach dem Recht des ersuchten Staates als solche betrachteten abstrakten Voraussetzungen im Ursprungsstaat geprüft wurden.[23] Damit bestünde aber die Möglichkeit, dass bei der grenzüberschreitenden Vollstreckung mitgliedstaatlicher Entscheidungen bestimmte Vollstreckungsvoraussetzungen doppelt oder überhaupt nicht überprüft werden.[24] Auch wäre die einheitliche Anwendung der Verordnung nicht gewährleistet. Daher sollte die Qualifikationsfrage **verordnungsautonom** beantwortet werden, was letztlich durch den EuGH geschehen muss.

14 Einigkeit besteht, soweit ersichtlich, über die Einordnung von **Bedingungen für die Vollstreckbarkeit** einer mitgliedstaatlichen Entscheidung, soweit es **nicht** um die Bedingung einer Sicherheitsleistung des Vollstreckungsgläubigers geht: Die Erfüllung solcher Bedingungen ist, wie auch der Wortlaut von Nr. 4.4 des Anhangs I deutlich macht,[25] im Ursprungsstaat zu prüfen und mit der Bescheinigung zu bestätigen.[26]

15 Umstritten ist die Einordnung der **Vollstreckung gegen Sicherheitsleistung**. Der deutsche Gesetzgeber betrachtet die im Ursprungsstaat angeordnete Sicherheitsleistung als (Vor-) Bedingung für die Vollstreckbarkeit einer Entscheidung im Sinne von Nr. 4.4 des Anhangs I, deren Vorliegen – abweichend vom Verfahren der deutschen Klauselerteilung gemäß § 726 Abs. 1 ZPO – wie andere Bedingungen auch vom Ursprungsgericht

---

21 Rauscher/*Mankowski* Art. 39 Rdn. 41; vgl. zum EuGVÜ bzw. zur Brüssel I-VO EuGH 2.7.1985 148/84 EuGHE 1985, 1981, 1987; EuGH 4.2.1988 145/86 EuGHE 1988, 645 Rdn. 27; EuGH 29.4.1999 C-267/99 EuGHE 1999, I-2543 Rdn. 28 ff.; EuGH 28.4.2009 C-420/07, EuGHE 2009, I-3571 Rdn. 69; OLG Hamburg 5.8.1993, IPRax 1995, 391, 392; OLG Hamm 27.6.1996, IPRax 1998, 202, 203; OLG Düsseldorf 27.11.1996, IPRax 1998, 478; *Kropholler/von Hein* Art. 38 a.F. Rdn. 9.
22 Vgl. Wieczorek/Schütze/*Loyal* Art. 39 Rdn. 7 und oben Art. 52 Rdn. 19 f.
23 Dafür *Ulrici* JZ 2016, 127, 134.
24 Betrachtet das Recht des Ursprungsstaates etwa die Stellung einer Sicherheit durch den Vollstreckungsgläubiger als (im Vollstreckungsstaat zu prüfende) konkrete Modalität der Zwangsvollstreckung (so etwa § 726 Abs. 1 ZPO), das Vollstreckungsrecht des ersuchten Staates dagegen als (im Ursprungsstaat zu prüfende) abstrakte Vollstreckungsvoraussetzung, dann könnte der Gläubiger im Ergebnis ohne Sicherheitsleistung vollstrecken, obwohl dies nach beiden beteiligten Rechtsordnungen nicht möglich wäre. Im umgekehrten Fall würde das Vorliegen einer Sicherheitsleistung zweimal geprüft werden.
25 „[...] ohne dass weitere Bedingungen erfüllt sein müssen."
26 Geimer/Schütze/*Peiffer/Peiffer* IRV Art. 53 Rdn. 10; *Adolphsen*, Europ. Zivilverfahrensrecht (2. Aufl. 2015) Kap. 5 Rdn. 103; MünchKomm/*Gottwald* Art. 53 Rdn. 9.; Rauscher/*Mankowski* Art. 39 Rdn. 42 f.; BeckOK ZPO/*Ulrici* § 1111 ZPO Rdn. 19; *Pohl* IPRax 2013, 109, 113.

zu prüfen ist.[27] Auf diese Weise wäre in der Tat eine klare Trennlinie gewonnen, und die Vollstreckungsorgane des ersuchten Staates müssten sich nicht mit der nach dem Recht des Ursprungsstaates angeordneten Sicherheitsleistung befassen.[28] Andererseits stellt es eine deutliche Belastung für den Gläubiger dar, wenn er dem Schuldner Sicherheit bereits vor Beantragung der Bescheinigung im Ursprungsstaat stellen muss, also ggf. längere Zeit bevor die eigentlichen Vollstreckungsmaßnahmen beginnen können.[29] Spiegelbildliche Abwendungsbefugnisse des Schuldners durch Stellung von Sicherheit zugunsten des Gläubigers (vgl. § 720 ZPO) können im Ursprungsstaat schon aus praktischen Gründen nicht abschließend geprüft werden.[30] Auch hat der EuGH in seiner Rechtsprechung zu Art. 31 EuGVÜ den Begriff der „Vollstreckbarkeit" mitgliedstaatlicher Urteile auf die „Vollstreckbarkeit in formeller Hinsicht" beschränkt und die „Voraussetzungen, unter denen diese Entscheidungen im Urteilsstaat vollstreckt werden können", davon ausgenommen.[31] Deshalb sollte der Nachweis der erbrachten Sicherheitsleistung des Gläubigers im Ergebnis **nicht** Voraussetzung der Erteilung der Bescheinigung gemäß Art. 53 sein.[32] Vielmehr sollte die Sicherheitsleistung trotz praktischer Schwierigkeiten durch die Vollstreckungsorgane des ersuchten Staates geprüft werden.[33] Eine damit zusammenhängende aber separate Frage ist, ob im Vollstreckungsverfahren im ersuchten Staat alternativ oder zusätzlich eine Sicherheitsleistung nach der Verordnung oder nach dem Recht dieses Staates angeordnet werden kann.[34]

Eine vergleichbare Problematik stellt sich bei Verurteilungen zur **Leistung Zug-um-Zug**. Auch insoweit geht die h.M. davon aus, dass der Gläubiger schon mit dem Antrag auf Erteilung der Bescheinigung nachzuweisen hat, dass er die Gegenleistung erbracht oder dem Schuldner mit der Folge des Annahmeverzugs angeboten hat.[35] Auch hier sprechen die besseren Argumente dafür, dass ein solcher Nachweis **nicht** Voraussetzung für die Erteilung der Bescheinigung sein sollte.[36] Zuzugeben ist allerdings, dass eine § 756 ZPO entsprechende Regelung in vielen Mitgliedstaaten unbekannt ist und daher poten- 16

---

27 BT-Drs. 18/823 S. 21: „[...] da mit der nach Artikel 42 Absatz 1 bzw. 2 der Brüssel-Ia-Verordnung vorzulegenden Bescheinigung urkundlich nachgewiesen wird, dass die Entscheidung im Ursprungsstaat vollstreckbar ist, ohne dass weitere Bedingungen – wie etwa die Bereitstellung einer Sicherheitsleistung – erfüllt sein müssen (Ziffer 4.4. des Anhangs I der Brüssel-Ia-Verordnung).”; ebenso MünchKomm/*Gottwald* Art. 53 Rdn. 9.; Rauscher/*Mankowski* Art. 39 Rdn. 42f.; wohl auch Geimer/Schütze/*Peiffer*/*Peiffer* IRV Art. 53 Rdn. 10; *Fischer* NotBZ 2015, 130, 132.
28 Vgl. *Pohl* IPRax 2013, 109, 113.
29 Insbesondere die erforderliche Zustellung der Bescheinigung kann zu Verzögerungen führen, vgl. Rdn. 20. Ein denkbarer praktischer Kompromiss, der allerdings so in Verordnung und Gesetz nicht angelegt ist, könnte darin liegen, dass der Gläubiger dem Ursprungsgericht nur die Einholung einer Bankbürgschaft zugunsten des Schuldners nachweisen muss, während die Bürgschaftsurkunde selbst dem Schuldner erst durch die Vollstreckungsorgane im ersuchten Staat bei Vornahme der Vollstreckungsmaßnahme ausgehändigt wird.
30 Eine Bestätigung des Ursprungsgerichts, dass **keine** Sicherheit zur Abwendung gestellt wurde, könnte sich nur auf den Zeitpunkt der Bescheinigung beziehen, während die Abwendung auch danach noch möglich wäre; dazu *Ulrici* JZ 2016, 127, 134.
31 EuGH 2.7.1985 148/84 EuGHE 1985, 1981, 1987; EuGH 4.2.1988 145/86 EuGHE 1988, 645 Rdn. 27; EuGH 29.4.1999 C-267/99 EuGHE 1999, I-2543 Rdn. 28ff.; allerdings ist unklar, inwieweit diese Entscheidungen für die Verordnung angesichts von Nr. 4.4 Anhang I noch maßgeblich sind.
32 So *Adolphsen* Europ. Zivilverfahrensrecht (2. Aufl. 2015) Kap. 5 Rdn. 102; BeckOK ZPO/*Ulrici* § 1111 ZPO Rdn. 20ff.
33 Im Ausgangspunkt nach dem Recht des Ursprungsstaates, aber ggf. mit Anpassungen nach Art. 54.
34 Dazu Art. 51 Rdn. 35f.
35 MünchKomm/*Gottwald* Art. 53 Rdn. 10; zur EuVTVO OLG Karlsruhe 25.4.2013 IPRax 2014, 287; MünchKomm/*Adolphsen* § 1080 ZPO Rdn. 15, allerdings anders a.E. für die Brüssel Ia-VO.
36 *Adolphsen*, Europ. Zivilverfahrensrecht (2. Aufl. 2015) Kap. 5 Rdn. 102; BeckOK ZPO/*Ulrici* § 1111 ZPO Rdn. 19; *ders.* JZ 2016, 117, 134; vgl. vorige Rn.

tiell Nachteile des Schuldners drohen, dem die Gegenleistung im Zusammenhang mit der Vollstreckung des Gläubigers nicht angeboten wird.[37] Diese sind allerdings mit den potentiellen Nachteilen des Gläubigers in Ausgleich zu bringen, der mit der Lösung der h.M. in Vorleistung gehen und dadurch ein wesentliches Druckmittel gegenüber dem Schuldner aufgeben muss. Fehlende Zug-um-Zug-Mechanismen im Vollstreckungsrecht des ersuchten Staates sollten daher durch individuelle Anpassungsmaßnahmen gemäß Art. 54 kompensiert werden.

17   **d) Rechtsnachfolge.** Art. 53 regelt nicht, ob und unter welchen Voraussetzungen eine mitgliedstaatliche Entscheidung im ersuchten Staat zugunsten von Rechtsnachfolgern oder gegen Rechtsnachfolger einer der Parteien vollstreckt werden kann. Die Verordnung steht einer Vollstreckung für oder gegen Rechtsnachfolger aber auch nicht entgegen.[38] Maßgeblich für die Beurteilung, ob Rechtsnachfolge eingetreten ist, ist das **Recht des Ursprungsstaates**.[39] Das Vorliegen der Voraussetzungen für eine Rechtsnachfolge auf Schuldner- wie auf Gläubigerseite ist vom **Ursprungsgericht** oder einer sonstigen nach dem Recht des Ursprungsstaates zuständigen Stelle[40] vor Erteilung der Bescheinigung zu prüfen, in Deutschland entsprechend §§ 727 ff. ZPO für sog. qualifizierte Vollstreckungsklauseln.[41]

18   Auf welche Weise die Rechtsnachfolge in der Bescheinigung zum Ausdruck zu bringen ist, ist im Einzelnen unklar. Am einfachsten dürfte es sein, unter **Nr. 4.6.1.2 des Anhangs I** von den Parteibezeichnungen in Nr. 2 und 3 des Formulars abweichende Zahlungsberechtigte oder -verpflichtete aufzuführen und den Hintergrund in Nr. 4.6.1.1 oder 4.6.3.1 darzustellen.[42] Auch ist die Ausgangsentscheidung bei Rechtsnachfolge auf Seiten des Schuldners dem Rechtsnachfolger zuzustellen und dies unter Nr. 4.5 klarzustellen. Die Bescheinigung selbst ist dann ebenfalls nicht dem ursprünglichen Beklagten, sondern dem neuen Schuldner zuzustellen (Art. 43 Abs. 1 S. 1; § 1111 Abs. 1 S. 3 ZPO).[43]

19   Entscheidet das Ursprungsgericht – ausdrücklich oder konkludent – im Zusammenhang mit der Ausstellung der Bescheinigung über das Vorliegen einer Rechtsnachfolge, dann sind **diese Feststellungen**, abweichend vom allgemeinen Inhalt der Bescheinigung,[44] für die Vollstreckungsorgane im ersuchten Staat **bindend**.[45] Grund dafür ist, dass das ausstellende Gericht in diesem Fall[46] neben der Entscheidung über die Ausstellung der Bescheinigung eine weitere, nicht durch die Verordnung determinierte Entscheidung über das Vorliegen der Vollstreckungsvoraussetzungen im Hinblick auf Rechtsnachfolger trifft, die allein dem Recht des Ursprungsstaates untersteht.[47] Rechtsmittel des Schuldners gegen eine solche Entscheidung sind nicht im Vollstreckungsverfahren des ersuchten Staates, sondern allein im Ursprungsstaat möglich.[48]

---

37 Diese sind nach BeckOK ZPO/*Ulrici* § 1111 ZPO Rdn. 20.3 aber hinzunehmen.
38 Ausführlich BeckOK ZPO/*Ulrici* § 1111 ZPO Rdn. 1.3.
39 BeckOK ZPO/*Ulrici* § 1111 ZPO Rdn. 1.3.
40 Die Einschränkung gemäß Art. 53, 2 Buchst. f), gilt insoweit nicht, weil die Entscheidung über eine Rechtsnachfolge nach der Verordnung nicht zwingend im Verfahren zur Ausstellung der Bescheinigung getroffen werden muss.
41 § 1111 Abs. 1 S. 2 ZPO; BT-Drs. 18/823, S. 20; Geimer/Schütze/*Peiffer/Peiffer* IRV Art. 53 Rdn. 5; BeckOK ZPO/*Ulrici* § 1111 ZPO Rdn. 1.3, 21 f.
42 BeckOK ZPO/*Ulrici* § 1111 ZPO Rdn. 1.3.
43 Zur Zustellung der Bescheinigung sogleich Rdn. 20.
44 Dazu unten Rdn. 40.
45 Vgl. *Ulrici* JZ 2016, 127, 132; BeckOK ZPO/*ders.* § 1111 ZPO Rdn. 5 f.
46 Nach *Ulrici* JZ 2016, 127, 132 in jedem Fall.
47 Vgl. *Ulrici* JZ 2016, 127, 132.
48 Dazu Rdn. 27.

e) Zustellung. Eine erteilte Bescheinigung ist dem Vollstreckungsschuldner in der 20
Regel vor Beginn von Zwangsvollstreckungsmaßnahmen **zuzustellen** (Art. 43 Abs. 1
S. 1). Bescheinigungen deutscher Gerichte werden von Amts wegen zugestellt (§ 1111
Abs. 1 S. 3 ZPO) – sinnvollerweise zusammen mit dem Titel, wenn der Gläubiger wie regelmäßig auch eine Vollstreckungsklausel für die Zwangsvollstreckung in Deutschland beantragt. Sicherungsmaßnahmen kann der Gläubiger schon vor einer – ggf. zeitaufwändigen – Zustellung veranlassen (Art. 43 Abs. 3). Ihm ist daher schon vor Eingang des Zustellungsnachweises eine Ausfertigung der Bescheinigung auszuhändigen. Den Zustellungsnachweis kann er den ausländischen Vollstreckungsbehörden nachreichen. Wurde eine ausländische Bescheinigung nicht durch das Ursprungsgericht zugestellt, so geschieht dies auf Antrag des Vollstreckungsgläubigers durch die Vollstreckungsorgane des ersuchten Staates. Auf diese Weise kann in einigen Fällen auch eine Auslandszustellung vermieden werden.

f) Übersetzung. Der **Inhalt der Bescheinigung**[49] ist auf Verlangen der Organe des 21
ersuchten Staats in eine im ersuchten Staat zugelassene Sprache zu **übersetzen** (Art. 37 Abs. 2 S. 1, 42 Abs. 3, 57). Nach dem Wortlaut der Verordnung kann der Anerkennungsgegner oder Vollstreckungsschuldner eine solche Übersetzung nicht verlangen. Art. 43 Abs. 2[50] bezieht sich nur auf die Entscheidung selbst, nicht auf die Bescheinigung. Auch kann (was in Deutschland gemäß § 1111 Abs. 1 S. 3 ZPO sogar die Regel ist) die Bescheinigung dem Vollstreckungsschuldner schon zugestellt werden, bevor Organe des Vollstreckungsstaates überhaupt eine Übersetzung verlangt haben. Andererseits ergibt die Zustellung einer Bescheinigung an den Vollstreckungsschuldner zu Informationszwecken[51] gemäß Art. 43 Abs. 3 nur wenig Sinn, wenn dieser ihren Inhalt nicht verstehen kann. Da die Vollstreckungsorgane des ersuchten Staates im Interesse einer ordnungsgemäßen und missverständnisfreien Durchführung der Zwangsvollstreckung ohnehin regelmäßig eine Übersetzung verlangen sollten, empfiehlt es sich für den Vollstreckungsgläubiger, eine solche Übersetzung sogleich zu besorgen und dem Schuldner zusammen mit einer Ausfertigung in der Ursprungssprache auch die Übersetzung zustellen zu lassen, was den Einwand fehlenden Verständnisses weitestgehend ausschließt.[52]

g) Herausgabe. Für eine etwaige vollstreckungsrechtliche **Pflicht zur Herausgabe** 22
der Bescheinigung an den Schuldner nach erfolgreicher Zwangsvollstreckung gilt gemäß Art. 41 das Recht des jeweiligen Vollstreckungsstaates.[53] Für schuldrechtliche Herausgabepflichten nach freiwilliger Erfüllung durch Zahlung wäre richtigerweise an die *lex causae* anzuknüpfen, schon weil es an einem bestimmten Vollstreckungsstaat fehlen kann.[54]

3. Bescheinigungen und Vollstreckungsklausel. Ausländische Entscheidungen 23
werden in Deutschland **ohne** Anbringung einer deutschen **Vollstreckungsklausel** vollstreckt (§ 1112 ZPO). Voraussetzung ist lediglich die Vollstreckbarkeit der ausländischen Entscheidung, welche durch die Bescheinigung nachgewiesen wird.

---

49 Das Formblatt selbst liegt mit Anhang I bereits in allen Amtssprachen vor, beglaubigt zu übersetzen sind daher nur die Eintragungen.
50 Dazu Wieczorek/Schütze/*Loyal* Art. 43 Rdn. 5.
51 Vgl. Erwägungsgrund (32).
52 Es sei denn, der Schuldner hat seinen Wohnsitz in einem dritten Mitgliedstaat und versteht weder die Sprache des Urteilsstaates noch diejenige des Vollstreckungsstaates, vgl. Art. 43 Abs. 2.
53 Zöller/*Geimer* § 1110 ZPO Rdn. 5; in Deutschland also §§ 757, 794 Abs. 1 Nr. 9, 795 ZPO.
54 Anders wohl BeckOK ZPO/*Ulrici* § 1111 ZPO Rdn. 32.

24 Zur Ausstellung der Bescheinigung für eine deutsche Entscheidung muss nicht zuvor oder zeitgleich eine **vollstreckbare Ausfertigung** mit Vollstreckungsklausel nach deutschem Recht beantragt oder erteilt werden.[55] Der Gläubiger kann dies aber verlangen, etwa um parallel Vollstreckungsmaßnahmen in Deutschland und in einem anderen EU-Mitgliedstaat zu veranlassen.[56]

25 Ebenso sollte der Gläubiger grundsätzlich **mehrere Bescheinigungen** beantragen können, wenn in mehreren Mitgliedstaaten vollstreckt werden soll.[57] Der Wortlaut der Verordnung schließt dies nicht aus,[58] und ein praktisches Bedürfnis besteht in vielen Fällen. Unklar ist lediglich, ob für die Erteilung mehrerer Bescheinigungen (und entsprechend auch mehrfacher Ausfertigungen der Entscheidung) die durch die Rechtsprechung ausgeformten besonderen **Voraussetzungen** für die Erteilung weiterer vollstreckbarer Ausfertigungen **gemäß § 733 ZPO** – berechtigtes Interesse des Gläubigers und keine Verletzung von Schuldnerinteressen –[59] vorliegen müssen. Sinn und Zweck des Schuldnerschutzes sprächen dafür. Seinem Wortlaut nach ist § 733 ZPO aber nicht anwendbar, weil die Bescheinigung nach Art. 53 keine „vollstreckbare Ausfertigung" im Sinne von § 724 Abs. 1 ZPO darstellt und die (weitere) Ausfertigung der Entscheidung, die gemäß Art. 42 Abs. 1 Buchst. a vorzulegen ist, keine deutsche Vollstreckungsklausel benötigt (vorige Rn.). Auch § 1111 ZPO verweist nicht auf § 733 ZPO, und der Gesetzgeber ging ausdrücklich von **voraussetzungsloser** Ausstellung mehrerer Bescheinigungen aus.[60] Deshalb sollten die Gerichte auf Antrag des Gläubigers – bis zur Grenze eines Rechtsmissbrauchs –[61] mehrere Bescheinigungen ausstellen.

26 Weitere Bescheinigungen können auch nicht in Anlehnung an § 733 Abs. 3 ZPO als solche bezeichnet werden. Das in Form und Inhalt verbindliche (unten Rdn. 29) Formular in Anhang I sieht solches nicht vor. Jedoch spricht nichts dagegen, dass ein deutsches Ausgangsgericht auf Grundlage von Art. 43 Abs. 1 S. 1 i.V.m. § 1111 Abs. 1 S. 3 ZPO dem Schuldner Ausfertigungen aller erteilten Bescheinigungen zustellen oder aber mindestens bei Zustellung einer der (zwingend gleichlautenden) Bescheinigungen darauf hinweisen sollte, dass diese mehrfach erteilt wurde. Damit wäre den Anforderungen des Art. 43 Abs. 1 S. 1 und dem dort berücksichtigten Informationsinteresse des Schuldners, dem auch § 733 Abs. 2 ZPO Rechnung trägt, in jedem Fall Genüge getan.[62]

---

[55] BT-Drs. 18/823, S. 20; Zöller/*Geimer* § 1110 ZPO Rdn. 1; BeckOK ZPO/*Ulrici* § 1111 ZPO Rdn. 16.
[56] Vgl. *Geimer* FS Torggler (2013) 311, 337 f.; Rauscher/*Mankowski* Art. 39 Rdn. 26.
[57] BT-Drs. 18/823, S. 20; Zöller/*Geimer* § 1110 ZPO Rdn. 2; *ders.* FS Torggler (2013) 311, 337 f.; *ders.* Int. Zivilprozessrecht (7. Aufl. 2015) Rdn. 3174x; Rauscher/*Mankowski* Art. 39 Rdn. 26; BeckOK/*Ulrici* § 1111 ZPO Rdn. 24.
[58] Einerseits erwähnt Art. 53 „die", nicht „eine" Bescheinigung. Andererseits ist zur Vollstreckung gemäß Art. 42 Abs. 1 Buchst. a „eine Ausfertigung" vorzulegen, was impliziert, dass auch mehrere Ausfertigungen ausgestellt werden können, welche dann wiederum sinnvollerweise mehrere Bescheinigungen erfordern.
[59] Vgl. BGH 21.1.1994, NJW 1994, 1161, 1162; Zöller/*Seibel* § 733 ZPO Rdn. 4 f.
[60] BT-Drs. 18/823, S. 20: „Auch ist die mehrfache Ausstellung der Bescheinigung möglich **und an keine weiteren Voraussetzungen** geknüpft." Dafür auch Zöller/*Geimer* § 1110 ZPO Rdn. 2.
[61] Diese dürfte beispielsweise erreicht sein, wenn der Gläubiger eines Forderungsbetrags von € 1.000 gegen eine natürliche Person als Schuldner ohne nähere Erläuterung der geplanten Vollstreckungsmaßnahmen mehr als fünf Bescheinigungen verlangt. Umgekehrt kann bei Vollstreckung eines Forderungsbetrags von € 10 Mio. gegen ein europaweit tätiges Unternehmen die Erteilung von 15 Bescheinigungen ohne weiteres angemessen sein.
[62] Nach BeckOK ZPO/*Ulrici* § 1111 ZPO Rdn. 30 genügt bei mehreren Bescheinigungen die einmalige Zustellung nur einer einzigen Bescheinigung.

4. Rechtsbehelfe. Rechtsbehelfe gegen die Ausstellung oder die Nichtausstellung 27
der Bescheinigung sieht die Verordnung nicht vor,[63] sie schließt solche aber auch nicht
aus. Für durch deutsche Gerichte ausgestellte Bescheinigungen verweist § 1111 Abs. 2
ZPO auf die **Rechtsbehelfe bei der Erteilung der Vollstreckungsklausel**.[64] Daher kann
der Antragsgegner, typischerweise der Vollstreckungsschuldner, gegen die Erteilung
einer Bescheinigung mit der Erinnerung gemäß § 732 ZPO vorgehen oder Klauselgegenklage gemäß § 768 ZPO erheben.[65] Umgekehrt kann der Antragsteller, typischerweise der
Vollstreckungsgläubiger, gegen die Ablehnung seines Antrags auf Bescheinigung gemäß
§§ 11 Abs. 1 RpflG, 567 ff. ZPO sofortige Beschwerde einlegen oder aber entsprechend § 731
ZPO auf Ausstellung der Bescheinigung klagen, wenn für die Begründung einer Rechtsnachfolge eine Beweiserhebung erforderlich ist.[66]

5. Kosten und Gebühren. Der Antrag auf Ausstellung einer Bescheinigung löst Ge- 28
richtsgebühren gemäß GKG KV Nr. 1513 aus. Die anwaltliche Tätigkeit ist mit der allgemeinen Verfahrensgebühr abgedeckt (§ 19 Abs. 1 S. 2 Nr. 9a Buchst. a RVG). Für die
Rechtsbehelfe gelten GKG KV Nr. 1523 und RVG VV Nr. 3309, 3310 für die Erinnerung sowie RVG VV Nr. 3100 ff. für Klageverfahren gemäß §§ 731 und 768 ZPO.

V. Form und Inhalt

Die Bescheinigung ist zwingend in der **Form des Anhangs I** auszustellen, indem Glie- 29
derung, Nummerierung und die vorgegebenen Textbestandteile übernommen werden.[67]
Auf diese Weise soll eine Übersetzung der Bescheinigung idealerweise überflüssig, jedenfalls aber einfacher und günstiger werden.[68] Erläuterungen zum Inhalt oder zur Vollstreckbarkeit der Entscheidung sind in die Struktur der Bescheinigung zu integrieren und allenfalls ausnahmsweise als Anlagen beizufügen.[69] Auf das Erstellen der Bescheinigung ist
erhebliche **Sorgfalt** zu verwenden, weil das Vollstreckungsorgan häufig nur dieses Dokument versteht[70] und deshalb seine Vollstreckungsmaßnahmen ausschließlich hierauf
stützt.

Bei **Nichteinlassung des Beklagten** im Erkenntnisverfahren im Sinne von Art. 45 30
Abs. 1 Buchst. b[71] ist unter Nr. 4.3.2 des Anhangs I das Datum der Zustellung des verfahrenseinleitenden Schriftstücks anzugeben, um den Gerichten des Anerkennungs- oder
Vollstreckungsstaates die Prüfung des entsprechenden Versagungsgrundes zu erleichtern.[72] Dem Vollstreckungsschuldner ist im Versagungsverfahren aber der Beweis eröff-

---

63 *Ulrici* JZ 2016, 127, 132; für eine analoge Anwendung der Art. 49 f. Rauscher/*Staudinger* Art. 53 Rdn. 2.
64 Zur konkreten Anwendung dieser Bestimmungen im Hinblick auf Antragstellung und Tenorierung
ausführlich BeckOK ZPO/*Ulrici* § 1111 ZPO Rdn. 33 ff.
65 Geimer/Schütze/*Peiffer/Peiffer* IRV Art. 53 Rdn. 7; *Ulrici* JZ 2016, 127, 133.
66 Geimer/Schütze/*Peiffer/Peiffer* IRV Art. 53 Rdn. 7; Thomas/Putzo/*Hüßtege* § 1111 ZPO Rdn. 4; *Ulrici* JZ
2016, 127, 129, 133.
67 BeckOK ZPO/*Ulrici* § 1111 ZPO Rdn. 26; Rauscher/*Staudinger* Art. 53 Rdn. 3; Thomas/Putzo/*Hüßtege*
Art. 53 Rdn. 4; *Gebauer*/Wiedmann Kap. 27 Rdn. 243; Musielak/Voit/*Stadler* Art. 53 Rdn. 1.
68 Rauscher/*Staudinger* Art. 53 Rdn. 3; Thomas/Putzo/*Hüßtege* Art. 53 Rdn. 4; *Kropholler*/von Hein
Art. 54 a.F. Rdn. 1.
69 *Gössl* NJW 2014, 3974, 3981 f., entnimmt Art. 42 Abs. 1 Buchst. b eine Verpflichtung, wenn nötig
zusätzliche Unterlagen zu erstattungsfähigen Kosten und Zinsen beizufügen; die Norm spricht allerdings
davon, dass diese Angaben in der Bescheinigung „enthalten" sein müssen.
70 Sofern nicht auch eine Übersetzung der Entscheidung selbst erstellt wird (vgl. Art. 42 Abs. 4, 43
Abs. 2).
71 Dazu oben Art. 45 Rdn. 112 ff.
72 Thomas/Putzo/*Hüßtege* Art. 53 Rdn. 5.

net, dass ihn die Zustellung tatsächlich nicht oder zu einem späteren Zeitpunkt erreicht hat.[73]

31   In Nr. 4.4 des Anhangs I ist die zentrale Voraussetzung für die Erteilung der Bescheinigung zu bestätigen, die **Vollstreckbarkeit** der Entscheidung im Ursprungsstaat ohne weitere Vorbedingungen. Bei einem späteren Wegfall der Vollstreckbarkeit ist nicht etwa die Bescheinigung zu ändern, sondern die Vollstreckung auszusetzen (Art. 44 Abs. 2) oder einzustellen.[74] Beschränkungen der Vollstreckbarkeit in persönlicher Hinsicht oder im Hinblick auf Teile des Tenors sind unter Nr. 4.4.2 und 4.4.3 anzugeben, andere sachliche Beschränkungen, sofern sie keine Vorbedingung der Vollstreckbarkeit darstellen, über den Wortlaut der Formulierung hinaus ebenfalls unter Nr. 4.4.3. Wird lediglich die Anerkennung beantragt (Art. 37), so genügt auch die Angabe, dass die Entscheidung keinen vollstreckbaren Inhalt hat (Nr. 4.4.4).

32   Zur Frage der **Zustellung der Entscheidung** (Nr. 4.5) fehlt das Nein-Feld. Deshalb dürfte Nr. 4.5.2 auch dann anzukreuzen sein, wenn dem Ursprungsgericht positiv bekannt ist, dass die Entscheidung noch nicht zugestellt wurde. In diesem Fall ist sie zusammen mit der Bescheinigung zuzustellen, ggf. durch die Behörden des Vollstreckungsstaates (Art. 43 Abs. 1 S. 2).

33   Unter Nr. 4.6 ist der **Entscheidungsinhalt** nach den angegebenen Kriterien aufzuschlüsseln. Die Kurzdarstellung des Streitgegenstands gemäß Nr. 4.6.1.1 kann in der Regel kurz ausfallen und sich auf wenige Kernpunkte des Rechtsstreits beschränken.[75] Bei Entscheidungen im **einstweiligen Rechtsschutz** ist auch die im Tenor angeordnete Maßnahme im Einzelnen wiederzugeben und darüber hinaus anzugeben, ob das Ursprungsgericht seine Zuständigkeit auf die Verordnung (und nicht auf autonomes Zuständigkeitsrecht) gestützt hat (Nr. 4.6.2.2), weil nur in diesem Fall die Entscheidung in anderen Mitgliedstaaten vollstreckt werden kann (Art. 2 Buchst. a und Art. 42 Abs. 2 b).[76]

34   Unter Nr. 4.6.1.5.1 ist zunächst anzugeben, ob die Entscheidung **Zinsen** als Nebenforderung festsetzt.[77] Wenn das der Fall ist, ist neben Beginn und Ende der Verzinsung entweder (a) ein fester Zinsbetrag oder (b) ein bestimmter Zinssatz anzugeben oder aber (c) auf den gesetzlichen Zinssatz zu verweisen und dann zusätzlich die Rechtsgrundlage für diesen gesetzlichen Satz anzuführen. Leider nicht vorgesehen ist die Bezugnahme auf einen Referenzzinssatz der Europäischen Zentralbank, die wie in der Bescheinigung des europäischen Vollstreckungstitels[78] die Ermittlung des Zinsanspruchs erleichtern würde. Im Interesse einer einfacheren Bearbeitung durch die Vollstreckungsbehörden des Empfangsstaats sind neben der bloßen Normengrundlage für die Berechnung gesetzlicher Zinsen idealerweise auch Erläuterungen zu Besonderheiten zu geben, etwa zu erhöhten Zinssätzen bei längerem Verzug, und Angaben dazu zu machen, aus welchen öffentlichen Informationsquellen der gesetzliche Zinssatz entnommen werden kann.

35   Soll die Bescheinigung über eine gesonderte Entscheidung zur Erstattung von Verfahrenskosten, also etwa über einen deutschen **Kostenfestsetzungsbeschluss** erteilt

---

73   Vgl. unten Rdn. 40 und oben Art. 45 Rdn. 133.
74   *Ulrici* JZ 2016, 127, 132.
75   Etwa „Der Kläger hat gegenüber der Beklagten Zahlungsansprüche aus einem Kaufvertrag der Parteien vom 13.9.2016 geltend gemacht. Die Beklagte hat die Aufrechnung mit behaupteten Schadensersatzansprüchen wegen Mängeln der Ware erklärt."
76   Dazu Wieczorek/Schütze/*Schulze* Art. 2 Rdn. 11 ff.
77   Der Wortlaut der Option 4.6.1.5.1.1 ist (in verschiedenen Sprachfassungen) missverständlich, weil „nicht in der Entscheidung angegeben" auch bedeuten könnte, dass Zinsen geschuldet, diese aber im Entscheidungstenor nicht spezifiziert werden.
78   EuVTVO, Anhang I Nr. 5.2.1.2.

werden, ist dafür nicht Nr. 4.6.1 zu normalen Zahlungsforderungen, sondern stets Nr. 4.7 auszufüllen.

Unklar ist, auf welche Weise eine **Rechtsnachfolge** auf Seiten des Gläubigers oder des Schuldners, die erst nach Erlass der Entscheidung im Ursprungsstaat eintritt,[79] in der Bescheinigung kenntlich zu machen ist. Eine Abänderung der Angaben zu den Parteien in Nr. 2 und 3 dürfte nicht in Betracht kommen, weil sich die Parteien des Ursprungsverfahrens durch eine Rechtsnachfolge nicht verändern, lediglich die aus der Entscheidung Berechtigten bzw. Verpflichteten. Stattdessen sollte unter Nr. 4.6.1.2 der Rechtsnachfolger auf Gläubiger oder Schuldnerseite eingetragen[80] und zusätzlich dort (oder notfalls in einer „Anlage zu Nr. 4.6.1.2") knapp aber verständlich erläutert werden, worauf die Abweichung zum Entscheidungstenor hervorgeht (nämlich eine Rechtsnachfolge), worauf die Rechtsnachfolge beruht (Rechtsnormen) und in welcher Weise der Antragsteller diesen Umstand dem Rechtspfleger nachgewiesen hat. 36

Davon abgesehen darf der Inhalt der Bescheinigung **nicht** vom Inhalt der Entscheidung **abweichen**. Insbesondere dürfen in der Bescheinigung nicht formale Fehler und Versehen der Entscheidung stillschweigend richtiggestellt werden, etwa Parteibezeichnungen. Vielmehr ist in solchen Fällen zunächst die Entscheidung nach den dafür vorgesehenen Verfahren zu berichtigen und anschließend die zutreffende Angabe in die Bescheinigung aufzunehmen. 37

Umgekehrt hindern **Fehler und Auslassungen** in der Bescheinigung Vollstreckungsmaßnahmen auf Grundlage der Bescheinigung nicht, soweit sie nur marginal und vor allem nicht sinnentstellend sind.[81] Soweit eine korrigierende Auslegung der Bescheinigung möglich ist, sind die Vollstreckungsorgane des ersuchten Staates dazu befugt. Eine förmliche **Änderung** der Bescheinigung ist weder in der Verordnung noch in der ZPO vorgesehen. Der Antragsteller kann eine unrichtige Bescheinigung aber jederzeit zurückgeben und Ausstellung einer korrekten Fassung verlangen. 38

VI. Wirkungen

Die Bescheinigung **beweist** zugunsten des Antragstellers gegenüber den Gerichten und Behörden im ersuchten Staat, dass die Entscheidung nach dem Recht des Ursprungsstaates vollstreckbar ist und die Vollstreckungsvoraussetzungen nach diesem Recht vorliegen. Zusätzliche Unterlagen oder gar Nachweise darf der ersuchte Staat für die Anerkennung oder Vollstreckung der mitgliedstaatlichen Entscheidung nicht verlangen. Die **Richtigkeit** der Bescheinigung und ihres Inhalts wird **vermutet**. 39

Die Richtigkeit der Bescheinigung kann vom Antragsgegner aber grundsätzlich **widerlegt** werden, etwa in einem Anerkennungsversagungsverfahren oder im Vollstreckungsverfahren im ersuchten Staat.[82] Dort kann der Antragsgegner nachweisen, dass einzelne Eintragungen unrichtig sind. Das Verbot der *révision au fond* (Art. 52) erstreckt sich nicht auf die Bescheinigung und ihren Inhalt.[83] 40

---

79 Dazu oben Rdn. 17.
80 Dafür auch BeckOK ZPO/*Ulrici* § 1111 ZPO Rdn. 1.1.
81 Geimer/Schütze EuZVR Art. 54 Rdn. 5; Rauscher/*Staudinger* Art. 53 Rdn. 3; BeckOK ZPO/*Ulrici* § 1111 ZPO Rdn. 29.
82 EuGH 6.9.2012 C-619/10 ECLI:EU:C:2012:531 Rdn. 35; Thomas/Putzo/*Hüßtege* Art. 53 Rdn. 5; Geimer/Schütze/*Peiffer*/*Peiffer* IRV Art. 53 Rdn. 9; Zöller/*Geimer* Art. 53 Rdn. 2; Rauscher/*Staudinger* Art. 53 Rdn. 2; *Ulrici* JZ 2016, 127, 132.
83 EuGH 6.9.2012 C-619/10 ECLI:EU:C:2012:531 Rdn. 35.

41 Etwas anderes gilt allerdings für Entscheidungen der Gerichte oder Behörden des Ursprungsstaates über die **Vollstreckbarkeit eines Urteils**, die der Bescheinigung vorausgehen oder im Zusammenhang mit deren Ausstellung getroffen werden. So wird nach dem vom deutschen Gesetzgeber gewählten Ansatz mit der Ausstellung der Bescheinigung zugleich implizit oder – im Falle einer Rechtsnachfolge – explizit auch über die Vollstreckbarkeit entschieden (oben Rdn. 11 ff.). Diese Entscheidung, genauer: das Vorhandensein ihrer Voraussetzungen, kann nicht im Vollstreckungsverfahren des ersuchten Staates angegriffen werden; das ist nur durch Einlegung eines Rechtsbehelfs im Ursprungsstaates nach dem dortigen Verfahrensrecht möglich (oben Rdn. 27).[84]

Artikel 54

(1) Enthält eine Entscheidung eine Maßnahme oder Anordnung, die im Recht des ersuchten Mitgliedstaats nicht bekannt ist, so ist diese Maßnahme oder Anordnung soweit möglich an eine im Recht dieses Mitgliedstaats bekannte Maßnahme oder Anordnung anzupassen, mit der vergleichbare Wirkungen verbunden sind und die ähnliche Ziele und Interessen verfolgt.

Eine solche Anpassung darf nicht dazu führen, dass Wirkungen entstehen, die über die im Recht des Ursprungsmitgliedstaats vorgesehenen Wirkungen hinausgehen.

(2) Jede Partei kann die Anpassung der Maßnahme oder Anordnung vor einem Gericht anfechten.

(3) Die Partei, die die Entscheidung geltend macht oder deren Vollstreckung beantragt, kann erforderlichenfalls aufgefordert werden, eine Übersetzung oder Transliteration der Entscheidung zur Verfügung zu stellen.

Übersicht

I.	Entstehungsgeschichte — 1		7.	Kosten — 22
II.	Normzweck — 3		8.	Fallgruppen — 23
III.	Anwendungsbereich — 4		a)	Unbekannte Anordnungen — 23
IV.	Durchführung von Anpassung und Konkretisierung — 7		b)	Fehlende Bestimmtheit — 27
			c)	Gesetzliche Zinsen — 28
	1. Zuständigkeit — 7		d)	Wertsicherungsklauseln — 32
	2. Verfahren — 10		e)	Kosten — 33
	3. Entscheidung — 13		f)	Fremdwährung — 35
	4. Wirkungen — 14		g)	Unterhalt — 36
	5. Maßstab und Grenzen — 15	V.	Auslegung — 37	
	6. Rechtsbehelfe — 20			

I. Entstehungsgeschichte

1 Die Regelung zur Anpassung in Art. 54 hat **keine** unmittelbare Vorgängerin in EuGVÜ und Brüssel I-VO und auch keine Entsprechung im LugÜ 2007. Gleichwohl war schon zum EuGVÜ anerkannt, dass Anordnungen im Tenor eines Urteils entsprechend den Anforderungen des Vollstreckungsrechts im ersuchten Mitgliedstaat im Rahmen des dortigen Exequaturverfahrens angepasst, ergänzt oder konkretisiert werden

---

[84] Vgl. dazu *Ulrici* JZ 2016, 127, 132.

können.[1] Dieser Grundsatz wurde in Art. 54 der Neufassung – jedenfalls teilweise –[2] aufgenommen.

Im Übrigen hielt der EuGH[3] in einer Entscheidung zur Verordnung über die Gemeinschaftsmarke[4] fest, dass **Zwangsmaßnahmen**, die von einem mitgliedstaatlichen Gericht angeordnet werden, um die Verletzung eines EU-Markenrechts zu beenden oder zu verhindern, unter den Voraussetzungen der Anerkennungsregeln der Brüssel I-VO Wirkungen auch in allen übrigen von der Verletzung betroffenen Mitgliedstaaten entfalten müssen.[5] Sind die angeordneten Zwangsmaßnahmen in einem anderen Mitgliedstaat nicht bekannt, so haben die dortigen Organe zur Durchsetzung der Anordnung des Ursprungsgerichts auf ähnliche Zwangsmaßnahmen zurückzugreifen oder, wenn es auch solche nicht gibt, andere Maßnahmen anzuwenden, die geeignet sind, das Ziel der Verhinderung von Markenverletzungen zu erreichen.[6] Diese **Pflicht zur Anpassung** von gerichtlichen Anordnungen anderer Mitgliedstaaten an das Vollstreckungsrecht des ersuchten Staates findet sich in Art. 54 wieder. 2

II. Normzweck

Die Regelung trägt dem Umstand Rechnung, dass die Zwangsvollstreckungsrechte der Mitgliedstaaten bislang nicht durch europäische Rechtsakte angeglichen sind und daher erheblich voneinander abweichen. Sie bildet[7] gleichsam die **Schnittstelle** zwischen den Tenorierungsregeln des Ursprungsstaates und dem Vollstreckungsrecht des ersuchten Staates und soll verhindern, dass dort die Zwangsvollstreckung mit dem Argument abgelehnt wird, die durch das Ursprungsgericht angeordneten Maßnahmen seien im ersuchten Staat nicht bekannt.[8] Zu diesem Zweck ist ein **Anpassungsverfahren** im ersuchten Mitgliedstaat vorgesehen.[9] Damit erleichtert Art. 54 Gläubigern die Durchsetzung von Urteilen in anderen Mitgliedstaaten und dient auf diese Weise der Gewährleistung von **Freizügigkeit** für mitgliedstaatliche Titel auf dem Gebiet der Europäischen Union.[10] 3

III. Anwendungsbereich

Nach dem **Wortlaut** von Abs. 1 erfasst die Norm nur den Umgang mit gerichtlichen Anordnungen, die im ersuchten Staat **unbekannt** sind und deshalb durch vergleichbare 4

---

1 Dazu BGH 5.4.1990 NJW 1990, 3084; BGH 4.3.1993 BGHZ 122, 16 = NJW 1993, 1801; OLG Naumburg 3.11.1999 BeckRS 1999, 17236; *Geimer/Schütze* EuZVR Art. 38 a.F. Rdn. 19 ff.; *Kropholler/von Hein* Art. 38 a.F. Rdn. 12 f.
2 Zur Unvollständigkeit der Regelung unten Rdn. 6.
3 Unter Bezugnahme auf die Schlussanträge des Generalanwalts *Cruz Villalón* 7.10.2010 C-235/09 ECLI:EU:2010:595 Rdn. 67.
4 Verordnung (EG) Nr. 40/94 vom 20. Dezember 1993 über die Gemeinschaftsmarke; inzwischen Verordnung (EU) 2017/1001 vom 14. Juni 2017 über die Unionsmarke.
5 EuGH 12.4.2011 C-235/09 EuGHE 2011, I-2801 Rdn. 56, 59.
6 EuGH aaO.
7 Gemeinsam mit Art. 53, 55 und 56.
8 Musielak/Voit/*Stadler* Art. 54 Rdn. 1; Thomas/Putzo/*Hüßtege* Art. 54 Rdn. 1. Anders die Begründung zum deutschen Regierungsentwurf für § 1114 ZPO in BT-Drs. 18/823 S. 22: Art. 54 diene „allein dem Zweck, den vollstreckbaren Inhalt eines Titels im Rahmen des Möglichen durch Auslegung zu ermitteln". Davon ist im Wortlaut der Norm allerdings nicht die Rede, dazu sogleich Rdn. 5.
9 Als eine Art „kupiertes Anerkennungsverfahren", *Schlosser/Hess* Art. 54 Rdn. 1, oder „Restexequatur-Verfahren", *ders.* IPRax 2011, 125, 129.
10 Geimer/Schütze/*Peiffer/Peiffer* IRV Art. 54 Rdn. 3.

Maßnahmen substituiert und auf diese Weise angepasst werden müssen. Diese Anpassung im engeren Sinne betrifft vor allem die Vollstreckung von Leistungen, die nicht in einer Geldzahlung bestehen.[11]

5   Als eigentliche Schwierigkeit bei der Vollstreckung mitgliedstaatlicher Titel haben sich allerdings nicht solche unbekannten, sondern **unbestimmte Anordnungen** erwiesen, die – jedenfalls aus der Perspektive des deutschen Zwangsvollstreckungsrechts – der **Konkretisierung** bedürfen, namentlich Verurteilungen zu Zinsen ohne Angabe von Zinssätzen und -perioden.[12] Um solchen praktischen Problemen abzuhelfen, hat der Verordnungsgeber den Inhalt der **Bescheinigung** gemäß Art. 53 in Anhang I erheblich erweitert und die „Konkretisierungslast" damit – richtigerweise – zu einem guten Teil im Ursprungsstaat verortet.[13] Unklar ist, ob für verbleibende Fälle, in denen eine Konkretisierung unbestimmter Anordnungen des Ursprungsgerichts notwendig wird, Art. 54 gelten soll oder aber eine Ergänzung im Ursprungsstaat erfolgen muss.

6   Der systematische Zusammenhang der „Schnittstellenregelungen" in Art. 53, Art. 54 und Art. 55 spräche eher dafür, dass diese Normen Divergenzen und Lücken zwischen Urteilstenor und Vollstreckungsregeln abschließend erfassen sollten. Andererseits sollte die Neufassung der Verordnung die grenzüberschreitende Vollstreckung mitgliedstaatlicher Urteile weiter erleichtern und nicht erschweren,[14] was der Fall wäre, wenn für im Vollstreckungsverfahren notwendige Konkretisierungen die Ursprungsgerichte zuständig wären. Auch ergeben sich die Anforderungen an die Bestimmtheit regelmäßig aus dem Recht des Vollstreckungsstaates.[15] Schließlich stellt die Konkretisierung einer gerichtlichen Anordnung durch die Organe des ersuchten Staates gegenüber einer Anpassung im engeren Sinne die weniger einschneidende Maßnahme dar. Deshalb sollte Art. 54 **jede Art von Ergänzung eines Titels** erfassen, die über die Informationen in der Bescheinigung hinaus erforderlich ist, um Vollstreckungsmaßnahmen im ersuchten Staat durchzuführen.[16]

IV. Durchführung von Anpassung und Konkretisierung

7   **1. Zuständigkeit.** Nachdem das Exequaturverfahren als naheliegende Instanz für die Anpassung und Konkretisierung von ausländischen Titeln entfallen ist, überlässt die Verordnung die Bestimmung der Zuständigkeit für solche Maßnahmen dem **Recht des ersuchten Staates**.[17] Findet sich darin keine besondere Zuständigkeitsregelung, dann kann sich der Gläubiger nur an die Zwangsvollstreckungsorgane des ersuchten Staates halten.

---

11   *Schlosser/Hess* Art. 54 Rdn. 1; Geimer/Schütze/*Peiffer/Peiffer* IRV Art. 54 Rdn. 8; BeckOK ZPO/*Thode* § 1114 ZPO Rdn. 8; unten Rdn. 23 ff.
12   Vgl. die Rechtsprechungsnachweise in Rdn. 27.
13   Vgl. Art. 53 Rdn. 29 ff.
14   Vorschlag für eine Verordnung über die gerichtliche Zuständigkeit und die Anerkennung und Vollstreckung von Entscheidungen in Zivil- und Handelssachen (Neufassung) vom 14.12.2010, KOM(2010) 748 endg. Nr. 3.1.1.; vgl. auch Erwägungsgrund (26).
15   BGH 4.3.1993 NJW 1993, 1801, 1802.
16   Im Ergebnis wohl einhellige Auffassung: Rauscher/*Leible* Art. 54 Rdn. 5; Geimer/Schütze/*Peiffer/Peiffer* IRV Art. 54 Rdn. 11 (jeweils für analoge Anwendung); vgl. auch *von Hein* RIW 2013, 97, 110; *Gössl* NJW 2014, 3479, 3481; Thomas/Putzo/*Hüßtege* Art. 54 Rdn. 1; Zöller/*Geimer* Art. 54 Rdn. 1; *Schlosser/Hess* Art. 54 Rdn. 3; wohl auch BeckOK ZPO/*Thode* § 1114 ZPO Rdn. 10.
17   Der Wortlaut von Art. 54 Abs. 1 würde eine Zuständigkeit des Ursprungsstaates nicht einmal ausschließen. Erwägungsgrund (28) S. 2 stellt jedoch klar, dass die Behörden und Gerichte des ersuchten Staates gemeint sind; i.e. auch Rauscher/*Leible* Art. 54 Rdn. 9; Geimer/Schütze/*Peiffer/Peiffer* IRV Art. 54 Rdn. 13; BeckOK ZPO/*Thode* § 1114 ZPO Rdn. 13.

In Deutschland entscheiden von vorneherein die jeweils vom Gläubiger beauftragten **Vollstreckungsorgane** über Anpassung und Konkretisierung ausländischer Titel (§ 1114 ZPO).[18] Der Gesetzgeber hat von der Möglichkeit, hierfür zentrale Zuständigkeiten etwa bei den Oberlandesgerichten einzuführen,[19] keinen Gebrauch gemacht.[20] Das ist *de lege lata* nicht zu ändern aber bedauerlich,[21] weil Fragen der Anpassung und Konkretisierung über die bloße Auslegung eines Titels hinausgehen[22] und häufig eine Befassung mit ausländischem Recht erforderlich machen.[23] Auch drohen, wenn der Gläubiger mit dem ausländischen Titel etwa parallel beim Vollstreckungsgericht eine Kontenpfändung und beim Gerichtsvollzieher eine Sachpfändung beantragt, divergierende Ergebnisse der Anpassung oder Konkretisierung.[24] Diese können nur durch Rechtsbehelfe des Schuldners oder des Gläubigers (§ 1114 Abs. 2 ZPO) wieder beseitigt werden. 8

Etwas entschärft wird das Fehlen einer zentralen richterlichen Zuständigkeit durch die Möglichkeit des Rechtspflegers beim Vollstreckungsgericht, eine Anpassungsfrage dem **Richter vorzulegen**, wenn eine Anwendung ausländischen Rechts im Raum steht (§ 5 Abs. 2 RPflG).[25] Auch der Gerichtsvollzieher kann ausländische Titel bei Zweifeln über die Zulässigkeit der Vollstreckung dem Richter vorlegen (§ 41 Abs. 4 S. 2 GVGA).[26] 9

2. Verfahren. Anpassungen oder Konkretisierungen bedürfen keines ausdrücklichen Antrags des Vollstreckungsgläubigers. Das Vollstreckungsorgan – oder die sonst von den Mitgliedstaaten dafür zuständig erklärte Stelle – muss sie, soweit nötig und möglich, **von Amts wegen** vornehmen.[27] Das folgt schon aus der durch den EuGH statuierten[28] und in Art. 54 Abs. 1 konkretisierten **Pflicht**[29] des ersuchten Mitgliedstaates, eine effiziente Zwangsvollstreckung für Titel aus anderen Mitgliedstaaten zu ermöglichen.[30] 10

Das Vollstreckungsorgan muss sich zunächst auf den Inhalt der vorgelegten **Bescheinigung** gemäß Art. 53 und Anhang I stützen. Zusätzliche Angaben etwa zur konkreten Berechnung von Zinsen oder Kosten muss der Gläubiger im Ausgangspunkt nicht machen.[31] Jedoch kann das Vollstreckungsorgan gemäß **Abs. 3**, und als Ausnahme zu 11

---

18 Thomas/Putzo/*Hüßtege* Art. 54 Rdn. 3; Rauscher/*Leible* Art. 54 Rdn. 9; BeckOK ZPO/*Thode* § 1114 ZPO Rdn. 14.
19 *Geimer* FS Schütze (2014) 109, 118; Schlosser/*Hess* Art. 54 Rdn. 3.
20 Dazu BT-Drs. 18/823 S. 22.
21 Zurecht kritisch dazu *Geimer* FS Schütze (2014) 109, 118 ff.; *ders.* Int. Zivilprozessrecht Rdn. 3174z; Zöller/*ders.* Art. 54 Rdn. 2; Musielak/Voit/*Stadler* Art. 54 Rdn. 2; Schlosser/*Hess* Art. 54 Rdn. 2 und 6; Geimer/Schütze/*Peiffer*/Peiffer IRV Art. 54 Rdn. 15; BeckOK ZPO/*Thode* § 1114 ZPO Rdn. 15; *Gössl* NJW 2014, 3479, 3481.
22 Übersehen in der Gesetzesbegründung, BT-Drs. 18/823 S. 22.
23 Musielak/Voit/*Stadler* Art. 54 Rdn. 2.
24 Geimer/Schütze/*Peiffer*/Peiffer IRV Art. 54 Rdn. 15; BeckOK ZPO/*Thode* § 1114 ZPO Rdn. 15.
25 Schlosser/*Hess* Art. 54 Rdn. 3.
26 Damit werden etwa notwendige Anpassungs- oder Konkretisierungsmaßnahmen allerdings eher verzögert als, wie vom Gesetzgeber beabsichtigt, beschleunigt; Schlosser/*Hess* Art. 54 Rdn. 3; Geimer/Schütze/*Peiffer*/Peiffer IRV Art. 54 Rdn. 16.
27 *Geimer* IZPR Rdn. 3174z; wohl auch Geimer/Schütze/*Peiffer*/Peiffer IRV Art. 54 Rdn. 15; vgl. BGH 4.3.1993 NJW 1993, 1801, 1802 zum EuGVÜ.
28 EuGH 12.4.2011 C-235/09 EuGHE 2011, I-2801 Rdn. 56, 59; dazu oben Rdn. 2.
29 „[…] **ist** […] soweit möglich […] anzupassen"; „[…] **shall**, to the extent possible, be adapted […]"; „[…] **deve** ser adaptada, na medida do possível […]"; weniger deutlich allerdings andere Sprachfassungen: „[…] est adaptée autant que possible […]"; „[…] wordt […] zoveel als mogelijk in overeenstemming gebracht […]".
30 Vgl. *Geimer* IZPR Rdn. 3174z m.w.N.; Rauscher/*Leible* Art. 54 Rdn. 2; BGH 4.3.1993 NJW 1993, 1801, 1802 zum EuGVÜ.
31 Art. 42 Abs. 1 Buchst. b) verweist auf Angaben zu Kosten und Zinsen **in** der Bescheinigung („enthält"); anders *Gössl*, NJW 2014, 3974, 3981 f.

Art. 42 Abs. 4,³² eine **Übersetzung** der Entscheidung (Art. 57) verlangen, was für Anpassungen und Konkretisierungen, die sich nicht schon aus der Bescheinigung ergeben, regelmäßig notwendig sein wird.³³

12 Eine besondere **Beteiligung** des Vollstreckungsschuldners oder -gläubigers bei der Anpassung oder Konkretisierung ist nicht vorgesehen, so dass das Vollstreckungsorgan auch ohne Anhörung der Vollstreckungsbeteiligten entscheiden kann. Allerdings ist dann im Rechtsbehelfsverfahren (Abs. 2) rechtliches Gehör zu gewähren. Umgekehrt darf das Vollstreckungsorgan die Beteiligten aber zu Auskünften und Erläuterungen auffordern, etwa zur Ermittlung und Feststellung des Inhalts ausländischen Rechts durch Vorlage von übersetzten Rechtsnormen (entsprechend § 293 ZPO). Auch kann das Organ – und muss, wenn es nötig ist –³⁴ nach eigenem Ermessen Auskünfte und Gutachten bei Dritten einholen und sonst alle ihm zur Verfügung stehenden Erkenntnisquellen nutzen.³⁵ Es darf – und muss, wenn es nötig ist – eigene Berechnungen etwa von dynamischen Zahlungsanordnungen anstellen³⁶ und wahlweise oder zusätzlich solche Berechnungen vom Vollstreckungsgläubiger verlangen.

13 **3. Entscheidung.** Die **Form** der Entscheidung über die Anpassung oder Konkretisierung eines Titels ist nicht geregelt und steht im Ermessen des Vollstreckungsorgans. Das Vollstreckungsgericht wird in der Regel durch Beschluss entscheiden, der zwar keiner förmlichen Begründung bedarf, vernünftigerweise aber erläutert sein sollte. In jedem Fall ist die Entscheidung den Beteiligten mit Rechtsbehelfsbelehrung **zuzustellen**, weil anderenfalls eine Anfechtung gemäß Abs. 2 nicht möglich wäre.

14 **4. Wirkungen.** Die Anpassung oder Konkretisierung der mitgliedstaatlichen Entscheidung schafft, auch wenn sie durch Beschluss erfolgt, **keinen zusätzlichen Titel** oder Rechtsgrund für die Vollstreckung im Inland. Grundlage dieser Vollstreckungsmaßnahmen ist seit der Abschaffung des Exequaturverfahrens die ausländische Entscheidung selbst. Andererseits lässt eine Anpassung oder Konkretisierung diese ausländische Entscheidung als solche unberührt. Sie führt nicht etwa zu einer Abänderung dieses Titels und gilt **ausschließlich im Vollstreckungsstaat**. Anpassung und Konkretisierung stellen gleichsam eine verbindliche Auslegung der mitgliedstaatlichen Entscheidung ausschließlich für die Zwecke der Zwangsvollstreckung im Empfangsstaat dar.

15 **5. Maßstab und Grenzen.** Die für die Anpassung und Konkretisierung zuständigen Stellen des ersuchten Mitgliedstaates sind verpflichtet, alles Zumutbare zu unternehmen, was ihnen nach dem für sie geltenden Recht erlaubt ist, insbesondere alle zur Verfügung stehenden Erkenntnisquellen zu nutzen, um die Vollstreckung eines mitgliedstaatlichen Titels zu ermöglichen. Sie können mithin die Vollstreckung eines Titels nicht schon dann verweigern, wenn dieser unbekannte oder unbestimmte Anordnungen enthält, sondern erst dann, wenn sich im Recht des ersuchten Staates keine auch nur annähernd vergleichbaren Anordnungen oder Maßnahmen finden lassen oder sich auch bei gebotener Anstrengung kein hinreichend bestimmter Entscheidungsinhalt ermitteln

---

32 *Schlosser/Hess* Art. 54 Rdn. 7.
33 Musielak/Voit/*Stadler* Art. 54 Rdn. 2 plädert für die zurückhaltende Einforderung von Übersetzungen.
34 Unten Rdn. 15.
35 MünchKomm/*Gottwald* Art. 54 Rdn. 6; *Kropholler/von Hein* Art. 38 a.F. Rdn. 12.
36 Und dabei mehr als nur „leichte Rechenoperationen" ausführen, wie *Gössl* NJW 2014, 3479, 3481 für ausreichend hält.

lässt.[37] Bloße Mühen der Konkretisierung eines unbestimmten ausländischen Tenors sind nach der Verordnung kein Grund für die Ablehnung der Zwangsvollstreckung.

Entscheidend für die Auswahl der inländischen Maßnahme, die eine unbekannte ausländische Anordnung im Wege der Anpassung ersetzen soll, ist die **Vergleichbarkeit der Wirkungen**. Der in Art. 54 Abs. 1 ebenfalls angegebene Maßstab der „Verfolgung ähnlicher Ziele und Interessen" dürfte eher als Hilfestellung bei der Suche nach inländischen Maßnahmen zu verstehen sein. 16

Das Ergebnis der Anpassung (oder auch der Konkretisierung) eines ausländischen Titels im ersuchten Staat darf nicht über die Wirkungen hinausgehen, die dem Titel im Ursprungsstaat zukommen (**Abs. 1 S. 2**). Die Wirkungen, die der Urteilsstaat dem Urteil beimisst, bilden gleichsam die **„Obergrenze"** der Urteilswirkungen zulasten des Schuldners in den übrigen Mitgliedstaaten. Dieser Grundsatz[38] würde im Übrigen als Ausprägung des Prinzips der Wirkungserstreckung[39] auch ohne ausdrückliche Anordnung gelten.[40] 17

Eine „Untergrenze" für die Urteilswirkungen im ersuchten Staat besteht dagegen nicht.[41] Soweit eine Anpassung oder Konkretisierung im ersuchten Staat endgültig nicht möglich ist, kann und muss die Vollstreckung **abgelehnt** werden.[42] Ist sie nur in der Weise möglich, dass die Wirkungen, die der Titel im Ursprungsstaat hat, im ersuchten Staat teilweise erzielt werden, dann ist der Titel dort in diesem eingeschränkten Umfang zu vollstrecken.[43] Die Vollstreckungsorgane des ersuchten Staates trifft insoweit ein **Optimierungsgebot**. 18

Schließlich dürfen Anpassung und Konkretisierung selbstverständlich nicht zu einer Überprüfung der ausländischen Entscheidung in der Sache (*révision au fonds*) führen.[44] 19

6. Rechtsbehelfe. Maßnahmen der Anpassung – und entsprechend auch der Konkretisierung – im ersuchten Staat können auf Antrag eines Beteiligten **überprüft** werden (**Abs. 2**). Die Ausgestaltung der Rechtsbehelfe ist den Mitgliedstaaten überlassen, es muss aber eine **gerichtliche Prüfung** vorgesehen sein,[45] in welcher den Beteiligten rechtliches Gehör gewährt wird. 20

In Deutschland gelten gemäß § 1114 ZPO die allgemeinen Rechtsbehelfe gegen Vollstreckungsmaßnahmen. Die **Erinnerung** (§§ 1114 Nr. 1, 766 ZPO) ist gegen Anpassungs- oder Konkretisierungsmaßnahmen des Gerichtsvollziehers eröffnet.[46] Bei Maßnahmen des Vollstreckungsgerichts ist schon in rein nationalen Vollstreckungsfällen umstritten, wann die Erinnerung (§ 766 ZPO) und wann die sofortige Beschwerde (§§ 793, 567 ff. ZPO) eröffnet ist.[47] Der Gesetzgeber hat diese Streitfrage in § 1114 Nr. 1 und 2 ZPO nicht entschieden.[48] Art. 54 Abs. 2 spricht für einen Vorzug der **sofortigen Beschwerde**, gibt diese aber nicht 21

---

37 *Baur/Stürner/Bruns* Rdn. 55.24; *Geimer/Schütze* EuZVR Art. 38 a.F. Rdn. 19; *Rauscher/Leible* Art. 54 Rdn. 7.
38 Sozusagen „*ne ultra iudicata*".
39 Dazu Wieczorek/Schütze/*Loyal* Art. 36 Rdn. 9 ff.
40 EuGH 28.4.2009 C-420/07 EuGHE 2009, I-3571 Rdn. 66; *Schlosser/Hess* Art. 54 Rdn. 2; *Rauscher/Leible* Art. 54 Rdn. 8; MünchKomm/*Gottwald* Art. 54 Rdn. 4.
41 Anders offenbar Thomas/Putzo/*Hüßtege* Art. 54 Rdn. 2; BeckOK ZPO/*Thode* § 1114 ZPO Rdn. 11 f.
42 Vgl. BGH 4.3.1993 BGHZ 122, 16 = NJW 1993, 1801; *Geimer/Schütze* EuZVR Art. 38 a.F. Rdn. 19; *Kropholler/von Hein* Art. 38 a.F. Rdn. 13.
43 Vgl. Art. 54 Abs. 1: „soweit möglich".
44 *Geimer* IZPR Rdn. 3174z.
45 *Rauscher/Leible* Art. 54 Rdn. 10.
46 *Gössl* NJW 2014, 3974, 3983.
47 Dazu Wieczorek/Schütze/*Spohnheimer* § 766 ZPO Rdn. 12 f.
48 Vgl. *Geimer/Schütze/Peiffer/Peiffer* IRV Art. 54 Rdn. 18.

vor, weil auch im Erinnerungsverfahren ein Gericht entscheidet.[49] In der Regel wird die Anpassung oder Konkretisierung aber als Entscheidung, nicht als bloße Vollstreckungsmaßnahme zu qualifizieren sein, so dass dann nach h.M. nur die sofortige Beschwerde statthaft ist.[50] Alternativ kann auch eine **Feststellungsklage** erhoben werden.[51]

22   **7. Kosten.** Besondere Gerichts- und Rechtsanwaltsgebühren sind für das Verfahren zur Anpassung und Konkretisierung nicht vorgesehen. Die Tätigkeit der Vollstreckungsorgane und etwaiger Verfahrensbevollmächtigter der Beteiligten wird daher mit den Gebühren für das Zwangsvollstreckungsverfahren **abgegolten**. Auslagen für die Ermittlung ausländischen Rechts zählen zu den notwendigen Vollstreckungskosten (§ 788 ZPO). Für die Gebühren der Rechtsbehelfe Erinnerung und sofortige Beschwerde gelten die allgemeinen Regelungen.[52]

8. Fallgruppen

23   **a) Unbekannte Anordnungen.** Die Anpassung ist zunächst für solche in der ausländischen Entscheidung angeordnete Maßnahmen nötig, die im Recht des Vollstreckungsstaates nicht bekannt sind. Dazu zählt etwa die zwangsweise Begründung oder Änderung **dinglicher Rechte**, die im Entscheidungsstaat existieren, jedoch nicht oder nicht in derselben Form im Vollstreckungsstaat.[53] So kann eine italienische Autohypothek in Deutschland in Sicherungseigentum umzudeuten sein.[54] Umgekehrt ist die Eintragung einer Zwangshypothek zulasten eines Grundstücks nicht in jedem Mitgliedstaat vorgesehen und muss gegebenenfalls im ausländischen Vollstreckungsstaat durch eine dort bekannte Rechtsfolge ersetzt werden.[55]

24   Ein **Garantieurteil** nach französischem Recht kann in Deutschland gegen den Garantieverpflichteten als Zahlungstitel vollstreckt werden, jedenfalls dann, wenn der Garantieberechtigte den Hauptgläubiger befriedigt hat.[56] Ob das der Fall ist, hat das inländische Vollstreckungsorgan zu prüfen.

25   Ordnet die ausländische Entscheidung zur Durchsetzung einer Handlungs- oder Unterlassungverfügung ein **Zwangsgeld** an, ist dieses Zwangsmittel im Vollstreckungsstaat aber nicht bekannt, so haben die dortigen Vollstreckungsorgane andere Zwangsmittel heranzuziehen oder festzusetzen, die in möglichst vergleichbarer Weise geeignet sind, die angeordnete Handlung oder Unterlassung herbeizuführen.[57] Allerdings darf die **Höhe** eines im Ursprungsstaat lediglich dem Grunde nach angeordneten Zwangsgeldes **nicht** durch Konkretisierung im ersuchten Staat festgesetzt werden. **Art. 55** stellt insoweit abschließende autonome Anforderungen an die Bestimmtheit mitgliedstaatlicher Titel.[58]

26   Die Verurteilung zur **Leistung Zug um Zug** ist in ausländischen Rechtsordnungen teilweise unbekannt und bedarf daher dort gegebenenfalls der Anpassung im Rahmen

---

49 Anders *Gössl* NJW 2014, 3974, 3982: europarechtskonforme Auslegung.
50 *Schlosser/Hess* Art. 54 Rdn. 4; Geimer/Schütze/*Peiffer/Peiffer* IRV Art. 54 Rdn. 19.
51 *Schlosser/Hess* Art. 54 Rdn. 4; *Gössl* NJW 2014, 3974, 3982; a.A. Musielak/Voit/*Stadler* Art. 54 Rdn. 3.
52 Zu diesen Wieczorek/Schütze/*Spohnheimer* § 766 Rdn. 84, § 793 Rdn. 30 f.
53 Thomas/Putzo/*Hüßtege* Art. 54 Rdn. 2.
54 So für das Kollisionsrecht BGH NJW 11.3.1991 NJW 1991, 1415.
55 Vgl. Rauscher/*Leible* Art. 54 Rdn. 3.
56 OLG Hamburg 5.3.1993 IPRax 1995, 391 im Anschluss an BGH 16.5.1991 NJW 1992, 627, 628; OLG Düsseldorf 27.11.1996 RIW 1997, 330; *Mansel* IPRax 1995, 362, 363.
57 EuGH 12.4.2011 C-235/09 EuGHE 2011, I-2801 Rdn. 52 ff.
58 Rauscher/*Leible* Art. 54 Rdn. 6; *Geimer*/Schütze EuZVR Art. 38 a.F. Rdn. 20.

des Vollstreckungsverfahrens, beispielsweise durch Hinterlegung der Gegenleistung. Ob die angebotene Gegenleistung ordnungsgemäß erbracht oder angeboten ist, muss das Vollstreckungsorgan gegebenenfalls durch Hinzuziehung von Sachverständigen prüfen.[59]

b) Fehlende Bestimmtheit. Ist ein ausländischer Entscheidungstenor nach Maßstäben des deutschen Vollstreckungsrechts nicht hinreichend bestimmt, dann kann nicht ohne weiteres die Vollstreckung verweigert werden. Vielmehr ist zunächst zu prüfen, ob die ausgeurteilte Leistung oder Verpflichtung nicht aus der Entscheidung heraus – etwa aus ihren Gründen – oder aber auf Grundlage ausländischer Normen oder sonst in objektiver Weise ohne Rückgriff auf entscheidungsexterne Dokumente oder Sachverhalte konkretisiert werden kann.[60] Diese Aufgabe obliegt nach der Abschaffung des Exequaturverfahrens den Vollstreckungsorganen im Empfangsstaat. So ist beispielsweise die Verpflichtung zur Rückzahlung eines zur Abwendung der Vollstreckung aus einem französischen vorinstanzlichen Urteil bezahlten Betrags nach Aufhebung dieses Urteils durch das Revisionsgericht in Deutschland vollstreckbar, auch wenn das Revisionsgericht diese Rechtsfolge nicht ausdrücklich anordnet, sondern sie sich aus einer Bestimmung des französischen Zivilprozessrechts ergibt.[61] Andererseits darf die Formulierung des ausländischen Tenors keine eigenen Sachverhaltsermittlungen oder eine Subsumtion durch die Vollstreckungsorgane erforderlich machen, auch weil darin ein Verstoß gegen das Verbot der Überprüfung in der Sache liegen könnte (Art. 52).[62]

c) Gesetzliche Zinsen. Eine Verurteilung zu „gesetzlichen Zinsen" ohne weitere Angaben[63] war nach der Konzeption der Brüssel I-VO im **Exequaturverfahren** zu konkretisieren und für vollstreckbar zu erklären, wenn sich der Betrag der auf diese Weise festgesetzten Zinsen durch Prüfung der einschlägigen ausländischen Normen ermitteln ließ.[64] Dabei waren auch Zinssteigerungen bei längerem Verzug oder eine in der ausländischen Entscheidung vorgesehene Kapitalisierung der Zinsen mit der Konsequenz einer Verzinsung der rückständigen Zinszahlungen zu berücksichtigen.[65] Abzulehnen war die Konkretisierung lediglich dann, wenn aus der ausländischen Entscheidung nicht hervorging, nach welcher Rechtsordnung die Zinsen bestimmt werden sollten.[66]

27

28

---

59 OLG Celle 9.11.2000 BeckRS 2000, 30142285 dagegen OLG Hamm 30.4.2010 BeckRS 2010, 13469.
60 Vgl. BGH 6.11.1985 NJW 1986, 1440 f.; BGH 5.4.1990 NJW 1990, 3084, 3085; BGH 4.3.1993 BGHZ 122, 16; Stein/Jonas/*Oberhammer* Art. 40, 41 a.F. Rdn. 17.
61 *Geimer*/Schütze EuZVR Art. 38 a.F. Rdn. 29; *Smyrek* RIW 2005, 695, 696; MünchKomm/*Gottwald* Art. 54 Rdn. 6; a.A. LG Stuttgart 27.10.2004 RIW 2005, 709, 710.
62 Vgl. etwa OLG Karlsruhe 8.1.2002 IPRax 2002, 527, 528 zur Vollstreckung von Unterhalt, der im Falle eines „ernsthaften und zielstrebigen Studiums" gewährt wurde; dazu *Atteslander-Dürrenmatt* IPRax 2002, 508, 510.
63 Typischerweise in französischen oder italienischen Urteilen.
64 BGH 5.4.1990 NJW 1990, 3084, 3085; BGH 4.3.1993 BGHZ 122, 16 = NJW 1993, 1801; OLG Celle 29.2.1988 RIW 1988, 565; OLG Hamburg 18.6.1993 RIW 1994, 424; OLG Hamm 28.12.1993 RIW 1994, 243; OLG Düsseldorf 27.11.1996 RIW 1997, 330; OLG Frankfurt/Main 9.4.1998 RIW 1998, 474; OLG Frankfurt/Main 2.2.2000 RIW 2000 463, 464; OLG Zweibrücken 15.12.2004 IPRax 2006, 49; *Mansel* IPRax 1995, 362, 364; *H. Roth* IPRax 2006, 22.
65 OLG Frankfurt/Main 9.4.1998 RIW 1998, 474; allerdings keine automatische Berechnung von Zinseszinsen, wenn dafür nach der ausländischen *lex causae* ein gesonderter Antrag erforderlich gewesen wäre: OLG Frankfurt/Main 2.2.2000 RIW 2000, 463, 464.
66 OLG Köln 15.9.2004 IPRax 2006, 51: In der Hauptsache war UN-Kaufrecht angewendet worden, welches Verzugszinsen aber nicht regelt; *Kropholler*/von Hein Art. 38 a.F. Rdn. 16; a.A. *H. Roth* IPRax 2006, 22, 24: Das Gericht hätte alternativ den deutschen und den französischen Zinssatz zugrunde legen und den geringeren festsetzen sollen.

29 Die Konkretisierung eines Zinsausspruchs ist nach der Verordnung 2012 grundsätzlich Aufgabe des **Ursprungsgerichts**, spätestens im Zusammenhang mit der Ausstellung der **Bescheinigung** gemäß Art. 53. Nach Art. 42 Abs. 1 Buchst. b ist die Vorlage der Bescheinigung, „die [...] gegebenenfalls relevante Angaben zu [...] der Berechnung der Zinsen enthält", Voraussetzung für die Zwangsvollstreckung im Empfangsstaat.

30 Geht aus der Bescheinigung hervor, dass in der Entscheidung Zinsen „nicht angegeben" sind,[67] und ist auch aus dem Entscheidungstenor kein Zinsausspruch ersichtlich, dann ist kein Raum für eine Konkretisierung gesetzlicher Zinsen im Vollstreckungsstaat.[68] Wenn der Gläubiger damit nicht einverstanden ist, muss er einen Rechtsbehelf gegen die Bescheinigung im Ursprungsstaat einlegen.[69]

31 Enthält die Bescheinigung Angaben zu gesetzlichen Zinsen, bedürfen diese unter Umständen noch weiterer Konkretisierung:[70] Nach Art. 42 Abs. 1 Buchst. b sind lediglich Angaben zur Berechnung solcher Zinsen zu machen. Die Berechnung selbst obliegt den Vollstreckungsorganen im Empfangsstaat.[71] Dabei müssen diese die – idealerweise in der Bescheinigung aufgeführten – ausländischen Rechtsnormen für die Berechnung der gesetzlichen Zinsen anwenden. Das Exequaturverfahren steht nach seinem Wegfall für eine solche Konkretisierung nicht mehr zur Verfügung. Der Gerichtsvollzieher kann sich also nicht (mehr) darauf zurückziehen, die Vollstreckung eines Anspruchs auf gesetzliche Zinsen könne von ihm mangels Konkretisierung nicht vorgenommen werden.[72]

32 **d) Wertsicherungsklauseln.** Für sog. Wertsicherungsklauseln, mit welchen etwa nach italienischem Recht dem Gläubiger über die Festsetzung von Verzugszinsen hinaus ein Inflationsausgleich gewährt wird, gilt dasselbe wie für die Anordnung gesetzlicher Zinsen: Das Vollstreckungsorgan hat hierzu gegebenenfalls eigene Auskünfte einzuholen und kann solche vom Gläubiger verlangen, etwa zur Ermittlung des einschlägigen ausländischen Wertsicherungsindexes.[73]

33 **e) Kosten.** Auch Entscheidungsbestandteile zur Erstattung von gerichtlichen oder außergerichtlichen Kosten können der Konkretisierung durch die Vollstreckungsorgane im Empfangsstaat bedürfen. So ist der Ausspruch, dass Kosten „zuzüglich der gesetzlichen Mehrwertsteuer" zu erstatten sind, auch dann hinreichend bestimmbar und damit vollstreckbar, wenn weder der Betrag der Mehrwertsteuer noch deren Satz angegeben ist. Vielmehr ist dieser Satz durch die Vollstreckungsorgane im Empfangsstaat zu ermitteln und daraus der konkret vollstreckbare Betrag zu errechnen.[74]

34 Keiner Konkretisierung oder Anpassung zugänglich und daher nicht vollstreckbar sind dagegen unbezifferte Kostengrundentscheidungen.[75] Die Kostenfestsetzung kann

---

67 Vgl. den missverständlichen Wortlaut von Nr. 4.6.1.5.1.1.
68 Insoweit etwas anders als unter der Brüssel I-VO, dazu OLG Frankfurt/Main 9.4.1998 RIW 1998, 474.
69 Enthält der Tenor dagegen einen Zinsausspruch und versäumt lediglich die Bescheinigung, diesen anzugeben, dann kann der Gläubiger im Vollstreckungsstaat auch die Vollstreckung der Zinsen verlangen; vgl. Art. 53 Rdn. 40.
70 Dazu im Einzelnen *Gössl* NJW 2014, 3479.
71 *Gössl* NJW 2014, 3479, 3481; zurecht kritisch Zöller/*Geimer* Art. 54 Rdn. 2.
72 So noch OLG Frankfurt/Main 24.9.2008 BeckRS 2008, 24556, allerdings zu einem deutschen Tenor.
73 BGH 4.3.1993, BGHZ 122, 16; *Geimer*/Schütze EuZVR Art. 38 a.F. Rdn. 26; *Kropholler/von Hein* Art. 38 a.F. Rdn. 16.
74 OLG Zweibrücken 15.12.2004 IPRax 2006, 49, 50; *Geimer*/Schütze EuZVR Art. 38 a.F. Rdn. 22; *Schack* IZVR 939.
75 OLG Saarbrücken 11.8.1989 IPRax 1990, 232; OLG Hamm 28.12.1993 RIW 1994, 243, 245; Geimer/*Schütze* EuZVR Art. 38 a.F. Rdn. 28; *Kropholler/von Hein* Art. 38 a.F. Rdn. 13; a.A. *Smyrek* RIW 2005, 695, 696.

nicht zum Bestandteil des Zwangsvollstreckungsverfahrens im Empfangsstaat werden, sondern muss im Ursprungsstaat erfolgen.

f) Fremdwährung. Lautet der mitgliedstaatliche Titel auf eine andere Währung als 35 Euro, dann ist der Urteilsbetrag im Rahmen des Zwangsvollstreckungsverfahrens im Inland durch das Vollstreckungsorgan zum Zeitpunkt der Zahlung oder Befriedigung in Euro umzurechnen, sofern der Schuldner nicht, wozu er berechtigt ist, direkt in der ausgeurteilten Fremdwährung bezahlt (§ 244 Abs. 2 BGB).[76] Lautet der ausländische Titel dagegen auf Zahlung eines bestimmten Eurobetrages in Fremdwährung, etwa von 100.000 Euro in schwedischen Kronen,[77] dann soll nach dem Bundesgerichtshof nicht etwa der Euro-Betrag im Inland vollstreckt werden können; vielmehr sei nach der *lex causae* zu ermitteln, auf welchen Zeitpunkt die Umrechnung des Eurobetrages in die ausländische Währung, im Beispiel in schwedische Kronen, zu erfolgen hat.[78] Der ausländische Währungsbetrag als Ergebnis dieser Umrechnung wäre dann wiederum vom inländischen Vollstreckungsorgan zum Tageskurs am Tag der Zahlung oder Befriedigung in Euro zurückzurechnen.

g) Unterhalt. Bei der Vollstreckung von nicht endgültig bezifferten Unterhaltsforde- 36 rungen haben die Vollstreckungsorgane im Empfangsstaat – entsprechend der Vorgehensweise bei unbestimmten Zinsforderungen (oben Rdn. 31) – Indexierungen, die Hinzurechnung von Sonderbeträgen oder eine Orientierung am aktuellen Einkommen des Unterhaltsschuldners nach der vom Ursprungsgericht angewendeten *lex causae* zu beachten.[79] Allerdings sind Unterhaltsentscheidungen vom Geltungsbereich der Verordnung 2012 ausgenommen (Art. 1 Abs. 2 Buchst. e), so dass sich die Frage seither unter der EuUntVO stellt.[80]

V. Auslegung

Die Organe des Vollstreckungsstaates sind berechtigt und auch dazu verpflichtet, 37 den Tenor der mitgliedstaatlichen Entscheidung und die dazu ergangene Bescheinigung auszulegen, soweit dies für die Durchführung von Zwangsvollstreckungsmaßnahmen erforderlich ist. Bei im Vollstreckungsstaat unbekannten Anordnungen bildet die Auslegung der Entscheidung die **Grundlage für die Anpassung** der Anordnung an die rechtlichen Rahmenbedingungen im Vollstreckungsstaat.[81] Die **Konkretisierung** unbestimmter Anordnungen setzt das Verständnis dessen voraus, welche bestimmte Rechtsfolge angeordnet werden sollte, welches wiederum durch Auslegung zu gewinnen ist.

---

76 *Geimer*/Schütze EuZVR Art. 38 a.F. Rdn. 24; Zöller/*ders.* § 722 ZPO Rdn. 55; *Kropholler/von Hein* Art. 38 a.F. Rdn. 16; vgl. auch § 130 Nr. 4 GVGA; zum Ganzen *Bachmann*, Fremdwährungsschulden in der Zwangsvollstreckung, 1994.
77 Nach manchen ausländischen Prozessordnungen können Zahlungsurteile nur in der dortigen Landeswährung, nicht in Fremdwährung ergehen.
78 BGH 28.6.1984 IPRax 1985, 101, 102; BGH 21.2.1985 IPRax 1986, 157, 158; *Geimer*/Schütze EuZVR Art. 38 a.F. Rdn. 25; *Kropholler/von Hein* Art. 38 a.F. Rdn. 16.
79 Vgl. etwa OLG Düsseldorf 22.1.2001 FamRZ 2001, 1019, 1020; *Geimer*/Schütze EuZVR Art. 38 a.F. Rdn. 23; Zöller/*ders.* § 722 ZPO Rdn. 59 f.
80 Verordnung (EG) Nr. 4/2009 vom 18.12.2008 ABl. EU 2009, L 7/1.
81 Der dt. Gesetzgeber nimmt sogar an, dass Art. 54 hauptsächlich die Auslegung einer ausländischen Entscheidung regelt, BT-Drs. 18/823 S. 22. Das ist insoweit nicht falsch, als die Anpassung einer ausländischen Entscheidung diese Entscheidung selbst nicht etwa abändert, sondern methodisch durchaus als Auslegungsvorgang betrachtet werden kann (vgl. oben Rdn. 14).

38   Die Übergänge zwischen unbestimmten und unklaren Anordnungen sind fließend. Auch **Unklarheiten** im Entscheidungstenor (oder in der Bescheinigung gemäß Art. 53) sind jedoch soweit wie möglich von den Organen des Vollstreckungsstaates durch Auslegung zu beseitigen. Im Exequaturverfahren sollte dies nach h.M. durch Klarstellung in der Entscheidung über die Vollstreckbarerklärung geschehen.[82] Diese Aufgabe liegt nach Abschaffung des Exequaturverfahrens unmittelbar bei den **Vollstreckungsorganen**. So hat das Vollstreckungsorgan zum Beispiel, wenn aus dem Tenor und der Bescheinigung unklar ist, ob mehrere Verpflichtete als Gesamt- oder als Teilschuldner verurteilt wurden, das Gewollte mithilfe einer Übersetzung der Entscheidungsgründe (Art. 42 Abs. 4) zu ermitteln. Auch die Identität der Parteien – praktisch eine häufige Ursache von Unklarheiten – ist bei missverständlicher Bezeichnung durch Auslegung des Gesamttexts der Entscheidung zu klären.[83]

39   Ebenfalls zulässig und geboten ist die **berichtigende Auslegung** einer mitgliedstaatlichen Entscheidung durch die Organe des Vollstreckungsstaates bei offenkundigen Fehlern in der Parteibezeichnung oder im Tenor.[84] Ein Verstoß gegen das Verbot der *révision au fond* liegt darin schon deshalb nicht, weil Gegenstand der Anerkennung nicht einzelne Formulierungen der ausländischen Entscheidung sind, sondern die Entscheidung im Ganzen einschließlich ihrer Gründe. Klärt das Vollstreckungsorgan Widersprüche zwischen Tenor und Gründen auf, so wird damit nicht das Urteil in der Sache überprüft.

40   Lautet etwa der Tenor der ausländischen Entscheidung, die im Inland vollstreckt wird,[85] auf Zahlung von € 100.000, während Klageantrag und Urteilsbegründung der Entscheidung jeweils eindeutig von Zahlungsansprüchen in Höhe von € 10.000 ausgehen, so kann der Vollstreckungsschuldner im Vollstreckungsverfahren – etwa im Wege der Vollstreckungserinnerung – Unzulässigkeit der Zwangsvollstreckung geltend machen, soweit diese über € 10.000 hinausgeht. Das Vollstreckungsorgan kann (und muss) sich in diesem Fall gemäß Art. 42 Abs. 4 der Verordnung eine Übersetzung der Entscheidung vorlegen lassen und die vom Vollstreckungsschuldner behauptete Diskrepanz prüfen. Verbleiben danach allerdings Zweifel daran, was tatsächlich gemeint war, bleibt dem Vollstreckungsschuldner nur die Berichtigung im Ursprungsstaat.

41   Eine **Grenze** der Auslegung ausländischer Titel bildet das **Verbot der Überprüfung in der Sache** (*révision au fond*; Art. 52). So darf das Vollstreckungsorgan im Rahmen der Auslegung keine eigenen Sachverhaltsermittlungen anstellen oder die Rechtsanwendung des Ursprungsgerichts prüfen. Die Auslegung ist auch nur insoweit zulässig, als sie auf Grundlage des Titels selbst einschließlich der Entscheidungsgründe oder auf Grundlage allgemein zugänglicher, leicht und sicher feststellbarer anderer Urkunden, auf die der Titel verweist, möglich ist.[86] Zusätzlich sollte auch der Rückgriff auf Rechtsnormen des Ursprungsstaates eröffnet sein, wenn diese die Bedeutung eines Urteilsausspruchs erhellen.

---

82 BGH 5.2.2009 EuZW 2009, 391; OLG Hamburg 18.6.1993 RIW 1994, 424; *K. Sieg* RIW 1994, 973, 974; *Kropholler/von Hein* Art. 38 a.F. Rdn. 16. *Geimer/Schütze* EuZVR Art. 38 a.F. Rdn. 27; zur EuVTVO BGH 26.11.2009 NJW 2010, 2137; OLG Stuttgart 20.4.2009 NJW-RR 2010, 134, 135 f.
83 BGH 5.2.2009 EuZW 2009, 391; BGH 26.11.2009 NJW 2010, 2137; OLG Hamburg 18.6.1993 RIW 1994, 424; OLG Stuttgart 20.4.2009 NJW-RR 2010, 134, 135 f.; *K. Sieg* RIW 1994, 973, 974; vgl. auch BGH 23.10.2003 BGHZ 156, 335 zum autonomen deutschen Recht.
84 OLG Stuttgart 20.4.2009 NJW-RR 2010, 134, 135 f.; *Kropholler/von Hein* Art. 38 a.F. Rdn. 16. *Geimer/Schütze* EuZVR Art. 38 a.F. Rdn. 27.
85 Und entsprechend die Bescheinigung gemäß Art. 53.
86 BGH 26.11.2009 NJW 2010, 2137, 2138 zur EuVTVO gegen BGH 23.10.2003 BGHZ 156, 335, 339, der den Rückgriff auf Umstände außerhalb des Titels für nationale Zusammenhänge großzügiger erlaubt hatte.

Artikel 55

In einem Mitgliedstaat ergangene Entscheidungen, die auf Zahlung eines Zwangsgelds lauten, sind im ersuchten Mitgliedstaat nur vollstreckbar, wenn die Höhe des Zwangsgelds durch das Ursprungsgericht endgültig festgesetzt ist.

Schrifttum

Bruns, Zwangsgeld zugunsten des Gläubigers – ein europäisches Zukunftsmodell? ZZP 118 (2005) 3

Übersicht

I.	Entstehungsgeschichte — 1	1.	Kumulation von Zwangsgeldern — 14
II.	Normzweck — 2	2.	Keine Naturalexekution im Ursprungsstaat — 18
III.	Anwendungsbereich — 4		
IV.	Endgültige Festsetzung im Ursprungsstaat — 9	3.	Zwangsgeldvollstreckung im Dreieck — 19
V.	Vollstreckung nach dem Recht des Vollstreckungsstaates — 13		

I. Entstehungsgeschichte

Die Norm entspricht fast wortgleich den Vorgängerregelungen zur Vollstreckung **1** von Zwangsgeldern in Art. 43 EuGVÜ und Art. 49 Brüssel I-VO und findet sich in gleicher Form im LugÜ 2007 (Art. 49). Allerdings wurde die englische Version von Art. 55 gegenüber der missglückten Fassung in Art. 49 Brüssel I-VO[1] korrigiert und die Bezugnahme auf ein laufendes oder wiederholtes Zwangsgeld („*periodic payment*") gestrichen. In allen Sprachversionen wurden die „Gerichte des Ursprungsmitgliedstaates" durch das „Ursprungsgericht" ersetzt.[2] Nicht geklärt wurden die weiteren umstrittenen Anwendungsfragen (unten Rdn. 11, 14 ff.).

II. Normzweck

Die Regelung soll zum einen die Vollstreckung der gerichtlichen Anordnung von **2** **Handlungen**, die nicht in einer Geldleistung bestehen, oder von **Unterlassungen** in anderen Mitgliedstaaten erleichtern. Sie knüpft daran an, dass solche Anordnungen in den meisten Rechtsordnungen durch die Androhung von Geldzahlungen mit Sanktionscharakter für den Fall der Zuwiderhandlung in Form von Zwangs- oder Ordnungsgeldern oder Strafzahlungen durchgesetzt werden. Zwangsvollstreckungsmaßnahmen als solche sind grundsätzlich nicht Gegenstand der Entscheidungsanerkennung unter der Verordnung.[3] Vielmehr werden sie stets nach dem Recht des Vollstreckungsstaates angeordnet (Art. 41 Abs. 1 S. 1). Hiervon lässt Art. 55 systematisch eine Ausnahme zu, indem er erlaubt, festgesetzte Zwangsgelder in anderen Mitgliedstaaten wie Geldleistungen zu vollstrecken.[4] Vor

---

[1] Dazu Rauscher/*Mankowski* Art. 55 Rdn. 6; Zweifel an der korrigierenden Auslegung der englischen Version von Art. 49 Brüssel I-VO bei Stein/Jonas/*Oberhammer* Art. 49 a.F. Rdn. 3.
[2] Zu einer Auswirkung unten Rdn. 19.
[3] Etwa die gerichtliche Kontenpfändung oder andere gerichtliche Vollstreckungsmaßnahmen; dazu *Geimer*/Schütze EuZVR Art. 32 a.F. Rdn. 39; Stein/Jonas/*Oberhammer* Art. 32 a.F. Rn. 7 m.w.N.
[4] Geimer/Schütze/*Peiffer*/Peiffer IRV Art. 55 Rdn. 1 und 11; Rauscher/*Mankowski* Art. 55 Rdn. 3.

diesem Hintergrund könnte die Norm auch als Aspekt der Rechtshilfe in der Zwangsvollstreckung betrachtet werden.[5]

3   Zum anderen soll es allerdings im Gegenzug dem Ursprungsgericht obliegen, die Höhe des Zwangsgeldes abschließend festzusetzen. Das entlastet die Organe des Vollstreckungsstaates davon, diese Sanktion selbst festzulegen, und zwar nach dem Recht des Ursprungsstaates.

III. Anwendungsbereich

4   Die Norm sollte verordnungsautonom ausgelegt werden und für alle Arten von Sanktionen in Form von Geldleistungen für die Nichtbeachtung einer gerichtlichen Handlungs- oder Unterlassungsanordnung gelten. Erfasst sind also **Zwangs- und Ordnungsgelder** und funktional **entsprechende Erscheinungsformen** indirekter Vollstreckungsmittel wie Bußgelder für *„contempt of court"* mit Ausnahme der Zwangs- oder Ordnungshaft.[6] Da es an einer allgemeinen Definition des Zwangsgeldes durch die Verordnung oder den EuGH fehlt, verbleiben freilich Unsicherheiten in der Qualifikation der einzelnen mitgliedstaatlichen Konzepte.

5   Jedenfalls spielt es für die Einordnung als Zwangsgeld im Sinne von Art. 55 keine Rolle, ob **Leistungsberechtigter**, wie nach dem französischen und niederländischen Konzept, der Gläubiger selbst oder, wie nach dem deutschen Ansatz, der Fiskus ist.[7] Auch bei einem staatlich vereinnahmten Zwangsgeld handelt es sich nicht um eine öffentlich-rechtliche Forderung, die aus dem Anwendungsbereich der Verordnung fiele; entscheidend ist, dass damit ein zivilrechtlicher Anspruch durchgesetzt werden soll.[8]

6   Weiter kann es nach der Leitentscheidung des EuGH[9] im Grundsatz keinen Unterschied machen, ob, wie nach dem deutschen Konzept, ein an den Fiskus abzuführendes Zwangsgeld für diesen durch den Gläubiger beigetrieben wird oder ob hierbei ausschließlich staatliche Organe tätig werden.[10] Dasselbe gilt für das Ordnungsgeld gemäß § 890 ZPO, obwohl dieses im Unterschied zum Zwangsgeld den Charakter einer (zivilrechtlichen) Strafe hat.[11] Problematisch ist die Anwendung von Art. 55, soweit zivilrechtliche Handlungs- und Unterlassungspflichten tatsächlich **strafrechtlich** sanktioniert sind.[12] Eine Auslandsvollstreckung von Kriminalstrafen auf Grundlage der Verordnung ist ausgeschlossen.

7   Ebenfalls unerheblich ist, in welchem **Mitgliedstaat** ein Tun oder Unterlassen des Schuldners bewirkt werden soll. So steht es beispielsweise einem französischen Gericht, wenn dieses nach der Verordnung zuständig ist, frei, ein Zwangsgeld für die Fälle an-

---

5   Stein/Jonas/*Oberhammer* Art. 49 a.F. Rdn. 1.
6   Vgl. Geimer/Schütze/*Peiffer*/*Peiffer* IRV Art. 55 Rdn. 5; Thomas/Putzo/*Hüßtege* Art. 55 Rdn. 3.
7   EuGH 18.10.2011 C-406/09 EuGHE 2011, I-9773; *Stadler* IPRax 2003, 430, 431; Musielak/Voit/*Stadler* Art. 55 Rdn. 2; Rauscher/*Mankowski* Art. 55 Rdn. 4; Geimer/Schütze/*Peiffer*/*Peiffer* IRV Art. 55 Rdn. 4; *Kropholler/von Hein* Art. 49 a.F. Rdn. 1; Thomas/Putzo/*Hüßtege* Art. 55 Rdn. 1; *Giebel* IPRax 2009, 324, 326.
8   EuGH 18.10.2011 C-406/09 EuGHE 2011, I-9773; BGH 25.3.2010 NJW 2010, 1883, 1884f. zur EuVTVO; Rauscher/*Mankowski* Art. 55 Rdn. 5; Geimer/Schütze/*Peiffer*/*Peiffer* IRV Art. 55 Rdn. 4; MünchKomm/*Gottwald* Art. 55 Rdn. 4; Stein/Jonas/*Oberhammer* Art. 49 a.F. Rdn. 2; *Schack* IZVR 1081.
9   EuGH 18.10.2011 C-406/09 EuGHE 2011, I-9773.
10   Geimer/Schütze/*Peiffer*/*Peiffer* IRV Art. 55 Rdn. 4; Rauscher/*Mankowski* Art. 55 Rdn. 5; Thomas/Putzo/*Hüßtege* Art. 55 Rdn. 3; zweifelnd Stein/Jonas/*Oberhammer* Art. 49 a.F. Rdn. 2; a.A. OLG München 3.12.2008 IPRax 2009, 342, 343.
11   Vgl. dazu *Schack* IZVR 1083f.
12   So offenbar in der Schweiz im Hinblick auf Art. 49 LugÜ 2007, dazu Stein/Jonas/*Oberhammer* Art. 49 a.F. Rdn. 2.

zuordnen, dass der Schuldner eine Handlung, zu welcher er sich verpflichtet hat, in Deutschland nicht vornimmt oder dass er dort gegen eine Unterlassungsverfügung verstößt. Ein Verstoß gegen Völkerrecht liegt darin nicht.[13]

Schließlich sind von Art. 55 Zwangsgelder unabhängig davon erfasst, ob sie in einem ordentlichen Gerichtsverfahren oder im Wege des **einstweiligen Rechtsschutzes** verhängt werden. Voraussetzung ist lediglich, dass die Handlungs- oder Unterlassungsverfügung vollstreckbar ist (Art. 42 Abs. 2 Buchst. b ii)). 8

IV. Endgültige Festsetzung im Ursprungsstaat

Tatbestandsvoraussetzung für die Vollstreckung ausländischer Zwangsgelder im Inland ist, dass deren Höhe durch das ausländische Gericht **abschließend festgesetzt** ist. Wann eine solche endgültige Festsetzung vorliegt, richtet sich grundsätzlich nach dem Recht des Ursprungsstaates.[14] Allerdings muss für die Organe des Vollstreckungsstaates ohne weiteres erkennbar sein, in welcher **konkreten Höhe** das Zwangsgeld festgesetzt und zu vollstrecken ist.[15] Einfache Rechenoperationen wie die schlichte Addition mehrerer feststehender Geldbeträge zu einem Gesamtbetrag sind dem Vollstreckungsorgan dabei zuzumuten. **Nicht ausreichen** kann es dagegen, wenn das Ursprungsgericht lediglich die Berechnungsgrundlage festsetzt und der konkrete Zwangsgeldbetrag dann im Vollstreckungsstaat anhand von Tatsachen, etwa der Dauer einer Zuwiderhandlung, ermittelt werden müsste.[16] 9

Nach diesen Maßstäben kann die bloße Androhung eines **Ordnungsgeldes** nach deutschem Recht (§ 890 ZPO) in anderen Mitgliedstaaten nicht vollstreckt werden. Erforderlich ist die Festsetzung des konkreten Betrags (§ 891 S. 1 ZPO). Dasselbe gilt für die „*astreinte*" nach französischem Recht, bei welcher ebenfalls zwischen der Androhung und der Festsetzung („*liquidation*") unterschieden wird und erst die Festsetzung gemäß Art. 55 vollstreckbar ist.[17] 10

Unklar ist der Umgang mit dem Zwangsgeld nach niederländischem Recht („*dwangsom*"). Nach diesem Konzept gilt die Sanktion schon mit der ersten gerichtlichen Anordnung als endgültig festgesetzt, also vor einer Verletzung durch den Schuldner. Deshalb wird eine Vollstreckung der *dwangsom*-Anordnung nach Art. 55 teilweise für allgemein zulässig erachtet.[18] Voraussetzung muss aber jedenfalls sein, dass die konkrete Höhe des verfallenen Zwangsgeldes bereits aus der Anordnung selbst hervorgeht.[19] Das wird häufig nicht der Fall sein, weil nach niederländischem Recht typischerweise der Gläubiger die Höhe des zu zahlenden Zwangsgeldes im Vollstreckungsverfahren angibt und der Schuldner sich dann dagegen zur Wehr setzen muss. In dieser Konstellation kann in der vorangegangenen Anordnung keine **endgültige** Festsetzung im Sinne von Art. 55 gese- 11

---

[13] OLG Köln 3.6.2002 IPRax 2003, 446 f., dazu *Stadler* IPRax 2003, 430, 432; *Schlosser/Hess* Art. 55 Rdn. 10; *Kropholler/von Hein* Art. 49 a.F. Rdn. 1; a.A. *Bruns* ZZP 118 (2003) 3, 16.
[14] *Geimer/Schütze/Peiffer/Peiffer* IRV Art. 55 Rdn. 6 ff.; MünchKomm/*Gottwald* Art. 55 Rdn. 2.
[15] OLG Köln 17.3.2004 RIW 2004, 868, 870; Musielak/Voit/*Stadler* Art. 55 Rdn. 1; Rauscher/*Mankowski* Art. 55 Rdn. 8 f.; Thomas/Putzo/*Hüßtege* Art. 55 Rdn. 4; *Kropholler/von Hein* Art. 49 a.F. Rdn. 1.
[16] Musielak/Voit/*Stadler* Art. 55 Rdn. 1; Rauscher/*Mankowski* Art. 55 Rdn. 9; anders offenbar OLG Oldenburg 22.7.2003 BeckRS 2003, 07026, wo laut mitgeteiltem Sachverhalt (auch) ein Zwangsgeld für jeden Tag der Nichtbefolgung angeordnet war, aber nicht feststand, an wievielen Tagen die Entscheidung nicht befolgt wurde.
[17] Dazu *M. Peiffer* Grenzüberschreitende Titelgeltung in der EU (2012) Rdn. 991 ff.; *Schlosser/Hess* Art. 55 Rdn. 2 und 7; Rauscher/*Mankowski* Art. 55 Rdn. 9.
[18] OLG Oldenburg 22.7.2003 BeckRS 2003, 07026; *Geimer*/Schütze EuZVR Art. 49 a.F. Rdn. 1; Zöller/ *Geimer* Art. 55 Rdn. 2; *Kropholler/von Hein* Art. 49 a.F. Rdn. 1.
[19] Rauscher/*Mankowski* Art. 55 Rdn. 11; MünchKomm/*Gottwald* Art. 55 Rdn. 1.

hen werden.[20] Dies gilt insbesondere für zwangsgeldbewehrte Unterlassungsverfügungen. Hier kann es nicht den Vollstreckungsorganen im Vollstreckungsstaat überlassen bleiben zu entscheiden, ob die Behauptung des Gläubigers zutrifft, der Schuldner habe eine Verletzungshandlung begangen.[21] Genügt die *dwangsom*-Anordnung diesen Maßstäben nicht, kann der Gläubiger entweder einen bestätigenden Gerichtsbeschluss in den Niederlanden veranlassen oder eine Zwangsvollstreckung nach dem Recht des Vollstreckungsstaates anstreben (unten Rdn. 13 ff.).

12 Ein beim Schuldner erfolgreich beigetriebener Zwangsgeldbetrag steht demjenigen zu, der dazu nach dem Recht des **Ursprungsstaates** berechtigt ist,[22] gegebenenfalls also dem Gläubiger selbst.

V. Vollstreckung nach dem Recht des Vollstreckungsstaates

13 Der Gläubiger einer Handlungs- oder Unterlassungsverpflichtung ist nicht auf ein Vorgehen gemäß Art. 55 festgelegt. Ihm steht vielmehr auch die Möglichkeit offen, eine ausländische gerichtliche Anordnung, soweit diese nach der Verordnung anerkannt wird, nach den **Regeln des inländischen Vollstreckungsrechts** durchzusetzen.[23] Zuständig ist in diesem Fall das Vollstreckungsgericht am Ort der Zwangsvollstreckung.[24] Zwischen beiden Möglichkeiten – Zwangsgeldfestsetzung im Ursprungsstaat und Vollstreckung als Geldleistung gemäß Art. 55 im Zweitstaat oder aber Erwirkung und Durchsetzung des Zwangsgeldes im Vollstreckungsstaat – hat der Gläubiger nach ganz h.M. ein **Wahlrecht**.[25]

14 **1. Kumulation von Zwangsgeldern.** Umstritten ist, ob ein **paralleles Vorgehen** des Gläubigers sowohl im Wege der Vollstreckung eines ausländischen Zwangsgeldes als auch durch Erwirkung eines Zwangsgeldes nach dem Recht des Vollstreckungsstaates zulässig ist und ob ein solches zu einer **Kumulation** von Zwangsgeldern für dieselbe Handlung oder Unterlassung des Schuldners führen kann.

15 So könnte man annehmen, dass bereits die Anordnung einer Zwangsmaßnahme im Ursprungsstaat die Anordnung weiterer Zwangsmaßnahmen im Zweitstaat **sperrt**, dort dann also nur noch das festgesetzte Zwangsgeld des Ursprungsstaates gemäß Art. 55 beigetrieben werden könnte.[26] Dafür spricht, dass andernfalls der Schuldner für ein und dieselbe Missachtung einer gerichtlichen Anordnung doppelt sanktioniert werden könnte, wobei es sich bei einem Zwangsgeld nach deutschem Verständnis nicht um eine Strafe, sondern um ein Druckmittel handelt und deshalb das Verbot der Doppelbestrafung (*ne bis in idem*) nicht greift.

16 Andererseits ist im Wortlaut von Art. 55 nicht angelegt, dass er die normalen Optionen des Gläubigers für eine Vollstreckung in anderen Mitgliedstaaten einschränken soll-

---

[20] Vgl. OLG Köln 17.3.2004 RIW 2004, 868, 870; Rauscher/*Mankowski* Art. 55 Rdn. 11.
[21] *Schlosser/Hess* Art. 55 Rdn. 3; *Kropholler/von Hein* Art. 49 a.F. Rdn. 1.
[22] Geimer/Schütze/*Peiffer/Peiffer* IRV Art. 55 Rdn. 11; a.A. *Lindacher* in FS H. Gaul (1997) 399, 407 f.
[23] BGH 10.2.2000 WM 2000, 635, 637; *Schlosser*-Bericht Nr. 212; *Remien*, Rechtsverwirklichung durch Zwangsgeld (1992) 329; Geimer/Schütze/*Peiffer/Peiffer* IRV Art. 55 Rdn. 13; Rauscher/*Mankowski* Art. 55 Rdn. 12; im Grundsatz auch Stein/Jonas/*Oberhammer* Art. 49 a.F. Rdn. 4.
[24] *Schlosser/Hess* Art. 55 Rdn. 12; Geimer/Schütze/*Peiffer/Peiffer* IRV Art. 55 Rdn. 13.
[25] *Stadler* IPRax 2003, 430, 431; Rauscher/*Mankowski* Art. 55 Rdn. 1; *Geimer*/Schütze EuZVR Art. 49 a.F. Rdn. 1; Geimer/Schütze/*Peiffer/Peiffer* IRV Art. 55 Rdn. 2 m.w.N.; *Schlosser/Hess* Art. 55 Rdn. 5; Thomas/Putzo/*Hüßtege* Art. 55 Rdn. 1; Zöller/*Geimer* Art. 55 Rdn. 3; *Kropholler/von Hein* Art. 49 a.F. Rdn. 2 f.; MünchKomm/*Gottwald* Art. 55 Rdn. 8.
[26] Dazu tendierend („wahrscheinlich") *Remien*, Rechtsverwirklichung durch Zwangsgeld (1992) 330.

te,[27] und der Gläubiger hat ein legitimes Interesse an einer effektiven Durchsetzung seines Anspruchs. Deshalb soll ein kumulatives Vorgehen nach h.M. **zulässig** sein.[28] Dabei soll das Vollstreckungsorgan des Zweitstaates bei der Festsetzung eines weiteren Zwangsgeldes den Grundsatz der **Verhältnismäßigkeit** berücksichtigen und sicherstellen, dass die Gesamtbelastung des Schuldners aus beiden Zwangsgeldern im Hinblick auf die durchzusetzende Handlung oder Unterlassung angemessen bleibt.[29]

In der Tat sollte es dem Gläubiger nicht verwehrt sein, sich – durchaus im Sinne eines *forum shopping* – um eine bestmögliche Durchsetzung seines titulierten Anspruchs in den Mitgliedstaaten zu bemühen. Deshalb sollte ihm grundsätzlich der Weg eröffnet sein, für denselben Titel Zwangsgelder in **unterschiedlichen Mitgliedstaaten** zu beantragen und auch festsetzen zu lassen. Allerdings führt eine vorbehaltlose Addition von Zwangsgeldern zu keinem sinnvollen Ergebnis, weil zu unterstellen ist, dass bereits jede Rechtsordnung für sich in vernünftiger Weise festlegt, in welchem Umfang ein Zwangsgeld angemessen ist, und deshalb mehrfaches Zwangsgeld – aus Sicht jeder einzelnen Rechtsordnung – *per se* als unangemessen betrachtet werden müsste. Für die von der h.M. verlangte „Gesamtverhältnismäßigkeitsprüfung" fehlen die Maßstäbe. Deshalb sollten in einem Mitgliedstaat bereits **bezahlte** oder erfolgreich beigetriebene Zwangsgelder schlicht auf weitere Zwangsgelder, die wegen derselben Handlung oder Unterlassung des Schuldners in einem anderen Mitgliedstaat festgesetzt und vollstreckt werden, **angerechnet** werden. Der Schuldner sollte also im Rahmen der Vollstreckung des zweiten Zwangsgeldes solche Beträge zum Abzug bringen können, die er bereits in einem anderen Mitgliedstaat auf ein erstes Zwangsgeld wegen desselben Verstoßes entrichtet hat.[30] Auf diese Weise setzt sich die schärfste Rechtsordnung durch, ohne zu einer noch darüber hinausgehenden Belastung des Schuldners zu führen. 17

2. Keine Naturalexekution im Ursprungsstaat. Die Vollstreckung einer im Ursprungsstaat erlassenen gerichtlichen Handlungs- oder Unterlassungsanordnung nach dem Vollstreckungsrecht eines anderen Mitgliedstaates ist auch dann möglich, wenn das Vollstreckungsrecht des Ursprungsstaates selbst keine Zwangsmittel zur Durchsetzung einer Naturalerfüllung des Schuldners vorsieht.[31] Auch insoweit eröffnet die Verordnung eine legitime Möglichkeit des *forum shopping*. 18

3. Zwangsgeldvollstreckung im Dreieck. Eine weitere Möglichkeit des *forum shopping* wäre dem Gläubiger eröffnet, wenn er die Handlungsanordnung eines Gerichts im Ursprungsstaat zunächst in einem geeigneten Zweitstaat nach dem dortigen – schärferen – Vollstreckungsrecht mit einem – hohen – Zwangsgeld versehen lassen und sodann dieses gemäß Art. 55 in einem dritten Mitgliedstaat, in welchem der Schuldner über 19

---

27 *Kropholler/von Hein* Art. 49 a.F. Rdn. 3.
28 *Geimer/Schütze* EuZVR Art. 49 a.F. Rdn. 4; *Kropholler/von Hein* Art. 49 a.F. Rdn. 3; Rauscher/Mankowski Art. 55 Rdn. 12f.; Geimer/Schütze/*Peiffer/Peiffer* IRV Art. 55 Rdn. 17; *Schlosser/Hess* Art. 55 Rdn. 5; a.A. Stein/Jonas/*Oberhammer* Art. 49 a.F. Rdn. 4.
29 *Kropholler/von Hein* Art. 49 a.F. Rdn. 3; Geimer/Schütze/*Peiffer/Peiffer* IRV Art. 55 Rdn. 17; *Schlosser/Hess* Art. 55 Rdn. 5.
30 In diese Richtung wohl auch MünchKomm/*Gottwald* Art. 55 Rdn. 9: keine doppelte Vollstreckung von Zwangsgeld.
31 *Schlosser/Hess* Art. 55 Rdn. 12; *M. Peiffer*, Grenzüberschreitende Titelgeltung in der EU (2012) Rdn. 1075; Geimer/Schütze/*Peiffer/Peiffer* IRV Art. 55 Rdn. 18; anders Stein/Jonas/*Oberhammer* Art. 49 a.F. Rdn. 3 Fn. 7: nur dann, wenn im Ursprungsstaat indirekte Vollstreckung als solche vorgesehen ist.

Vermögen verfügt, vollstrecken könnte.[32] Ein solches Vorgehen erscheint nicht von vorneherein illegitim.[33] Es wäre aber nicht mit dem **Wortlaut** von Art. 55 vereinbar, der eine Zwangsgeldfestsetzung gerade durch das **Ursprungsgericht** voraussetzt. Ursprungsgericht ist ausschließlich dasjenige Gericht, welches die **Entscheidung erlassen** hat, deren Anerkennung geltend gemacht oder deren Vollstreckung beantragt wird (Art. 2 Buchst. f), also nicht das Vollstreckungsgericht eines Zweitstaates.

Artikel 56

Der Partei, die in einem Mitgliedstaat eine in einem anderen Mitgliedstaat ergangene Entscheidung vollstrecken will, darf wegen ihrer Eigenschaft als Ausländer oder wegen Fehlens eines Wohnsitzes oder Aufenthalts im ersuchten Mitgliedstaat eine Sicherheitsleistung oder Hinterlegung, unter welcher Bezeichnung es auch sei, nicht auferlegt werden.

I. Entstehungsgeschichte

1   Art. 56 entspricht bis auf eine sprachliche Anpassung den Vorgängernormen in Art. 45 EuGVÜ und in Art. 51 Brüssel I-VO sowie Art. 51 LugÜ 2007. Letztlich geht sie auf das Vorbild in Art. 17 des Haager Übereinkommens über den Zivilprozess 1954 zurück,[1] wo die Befreiung von der Sicherheitsleistung allerdings noch von der Staatsangehörigkeit des Antragstellers abhängig gemacht wird.

II. Normzweck

2   Die Vorschrift soll den Vollstreckungsgläubiger, der weder Angehöriger des Vollstreckungsstaats ist noch dort seinen Wohnsitz oder gewöhnlichen Aufenthalt hat, von einer in manchen mitgliedstaatlichen Prozessordnungen offenbar noch vorgesehenen Pflicht zur Sicherheitsleistung befreien, die gerade aus der Ausländereigenschaft des Gläubigers folgt. Diese *ratio* deckt sich teilweise mit dem allgemeinen unionsrechtlichen Diskriminierungsverbot in Art. 18 AEUV,[2] geht aber darüber hinaus.

III. Anwendungsbereich

3   In **persönlicher** Hinsicht gilt das Verbot der Anordnung einer Sicherheitsleistung nicht nur für Vollstreckungsgläubiger, die EU-Bürger sind oder ihren gewöhnlichen Aufenthalt im Urteilsstaat oder überhaupt in einem anderen Mitgliedstaat der EU haben. Sie greift für alle grenzüberschreitenden Vollstreckungen im Anwendungsbereich der Verordnung unabhängig von Staatsangehörigkeit und Wohnsitz oder Aufenthalt des Gläubigers ein,[3] also etwa auch dann, wenn ein chinesisches Unternehmen Voll-

---

32 Dafür Stein/Jonas/*Oberhammer* Art. 49 a.F. Rdn. 5.
33 So aber *Geimer*/Schütze EuZVR Art. 49 a.F. Rdn. 3; *Schlosser* in FS Leipold (2009) 435, 446; Rauscher/*Mankowski* Art. 55 Rdn. 7 und 14; Geimer/Schütze/*Peiffer*/*Peiffer* IRV Art. 55 Rdn. 20.

1 Jenard-Bericht zu Art. 45 EuGVÜ; dazu auch MünchKomm/*Gottwald* Art. 51 a.F. Rdn. 1.
2 *Geimer*/Schütze EuZVR Art. 51 a.F. Rdn. 5; Zöller/*Geimer* Art. 56 Rdn. 1; Rauscher/*Mankowski* Art. 56 Rdn. 2 zur Rechtsprechung des EuGH.
3 BGH 25.7.2002 WM 2003, 47; *Geimer*/Schütze EuZVR Art. 51 a.F. Rdn. 1; Rauscher/*Mankowski* Art. 56 Rdn. 3; Geimer/Schütze/*Peiffer*/*Peiffer* IRV Art. 56 Rdn. 2; *Kropholler*/von Hein Art. 51 a.F. Rdn. 2;

streckungsmaßnahmen aus einem in Österreich erstrittenen Titel in Deutschland beantragt.

In **sachlicher** Hinsicht gilt Art. 56 nach der Abschaffung des Exequaturverfahrens zunächst einmal für das eigentliche (nach autonomem Recht durchgeführte) **Zwangsvollstreckungsverfahren**. Unklar ist, ob darüber hinaus auch ein isoliertes **Anerkennungsfeststellungsverfahren** des Vollstreckungsgläubigers gemäß Art. 36 Abs. 2 erfasst wäre.[4] Der Wortlaut spricht eher dagegen, weil die Partei, die ein Anerkennungsfeststellungsverfahren einleitet, nicht zwingend „vollstrecken will", wie Art. 56 vorauszusetzen scheint.[5] Allerdings steht die Vorschrift systematisch im Abschnitt 4 bei den „Gemeinsamen Vorschriften", die sowohl für Anerkennung als auch für Vollstreckung gelten. Auch gibt es keinen vernünftigen sachlichen Grund, weshalb der Gläubiger in einem Anerkennungsfeststellungsverfahren weniger schutzwürdig sein sollte als im Vollstreckungsverfahren. Deshalb sollte Art. 56 auch im Anerkennungsfeststellungsverfahren Anwendung finden.[6]

Die grundsätzlich denkbare spiegelbildliche Anwendung auf etwa angeordnete Sicherheitsleistungen des Vollstreckungsschuldners im **Versagungsverfahren** gemäß Art. 46 ff. ist dagegen durch den Wortlaut ausgeschlossen. Daher ist das chinesische Unternehmen, welches als Schuldner Antrag auf Versagung der Vollstreckung eines österreichischen Urteils in Deutschland stellt, trotz Art. 56 zur Sicherheitsleistung gemäß § 110 ZPO verpflichtet.[7]

Für das **Erkenntnisverfahren** gilt Art. 56 ohnehin nicht.[8]

IV. Wirkungen

Art. 56 blockiert die Anwendung von solchen Bestimmungen des mitgliedstaatlichen Rechts, die einen Vollstreckungsgläubiger **ausschließlich deshalb** zur Sicherheitsleistung im Anerkennungsfeststellungs- oder im Zwangsvollstreckungsverfahren verpflichten, weil der Gläubiger nicht Bürger des Vollstreckungsstaats ist oder seinen Wohnsitz oder gewöhnlichen Aufenthalt nicht im Vollstreckungsstaat hat. Ausgeschlossen sind **in solchen Fällen** alle Arten von Sicherheitsleistung, also Sicherheit für die Kosten des Anerkennungsfeststellungsverfahrens oder der Zwangsvollstreckung ebenso wie Sicherheit für mögliche Schäden des Vollstreckungsschuldners, etwa bei vorläufig vollstreckbaren Titeln.

Dagegen befreit Art. 56 den Vollstreckungsgläubiger **nicht** von Sicherheitsleistungen, wenn diese **allgemein** und unabhängig von Staatsangehörigkeit, Wohnsitz oder gewöhnlichem Aufenthalt verlangt werden. Daher gelten etwa §§ 89 und 709 S. 1 ZPO ohne weiteres auch für die Zwangsvollstreckung aus ausländischen Urteilen in Deutschland,[9] ebenso – natürlich – Sicherheitsanordnungen nach der Verordnung selbst (Art. 44 Abs. 1b).[10]

Schlosser/Hess Art. 56 Rdn. 1; Thomas/Putzo/*Hüßtege* Art. 56 Rdn. 1; Stein/Jonas/*Oberhammer* Art. 51 a.F. Rdn. 1; MünchKomm/*Gottwald* Art. 51 a.F. Rdn. 2.
4 Dagegen *Geimer*/Schütze Art. 51 a.F. Rdn. 1 unter Verweis auf Art. 51 EuEheVO und Geimer/Schütze/ *Paraschas* IRV Art. 51 EuEheVO Rdn. 2.
5 Deutlicher insoweit allerdings Art. 51 EuEheVO: „Die Partei, die in einem Mitgliedstaat **die Vollstreckung [...] beantragt**, [...]".
6 A.A. Geimer/Schütze Art. 51 a.F. Rdn. 1.
7 Zur Anwendung von § 110 ZPO in einzelnen Verfahrensarten Wieczorek/*Schütze* § 110 ZPO Rdn. 6 ff.
8 Rauscher/*Mankowski* Art. 56 Rdn. 1.
9 Geimer/Schütze EuZVR Art. 51 a.F. Rdn. 3; Geimer/Schütze/*Peiffer/Peiffer* IRV Art. 56 Rdn. 3; Rauscher/ *Mankowski* Art. 56 Rdn. 2; *Schlosser/Hess* Art. 56 Rdn. 2.
10 Geimer/Schütze EuZVR Art. 51 a.F. Rdn. 3; Rauscher/*Mankowski* Art. 56 Rdn. 2; Geimer/Schütze/ *Peiffer/Peiffer* IRV Art. 56 Rdn. 3.

9 Hat der Antrag eines Schuldners auf Versagung der Vollstreckung (Art. 46 ff.) Erfolg, dann muss dieser seinen Anspruch auf Erstattung der **Kosten des Versagungsverfahrens** gegen den Vollstreckungsgläubiger ggf. in einem Drittstaat beitreiben, wenn der Vollstreckungsgläubiger kein Vermögen im Geltungsbereich der Verordnung hat.[11] Das ist aber keine Folge von Art. 56, sondern der Abschaffung des Exequaturverfahrens und auch hinnehmbar, weil einer Beitreibung der Kostenerstattung gegen den Vollstreckungsgläubiger selbst im EU-Urteilsstaat in der Regel die Aufrechenbarkeit des dort rechtskräftigen Titels entgegenstünde.

Artikel 57

(1) Ist nach dieser Verordnung eine Übersetzung oder Transliteration erforderlich, so erfolgt die Übersetzung oder Transliteration in die Amtssprache des betreffenden Mitgliedstaats oder, wenn es in diesem Mitgliedstaat mehrere Amtssprachen gibt, nach Maßgabe des Rechts dieses Mitgliedstaats in die oder in eine der Verfahrenssprachen des Ortes, an dem eine in einem anderen Mitgliedstaat ergangene Entscheidung geltend gemacht oder ein Antrag gestellt wird.

(2) Bei den in den Artikeln 53 und 60 genannten Formblättern kann eine Übersetzung oder Transliteration auch in eine oder mehrere andere Amtssprachen der Organe der Union erfolgen, die der betreffende Mitgliedstaat für diese Formblätter zugelassen hat.

(3) Eine Übersetzung aufgrund dieser Verordnung ist von einer Person zu erstellen, die zur Anfertigung von Übersetzungen in einem der Mitgliedstaaten befugt ist.

I. Entstehungsgeschichte

1 Abs. 3 entspricht im Wesentlichen[1] Art. 55 Abs. 2 S. 2 Brüssel I-VO und LugÜ 2007 sowie Art. 48 Abs. 2 EuGVÜ. Der übrige Inhalt hat keine unmittelbaren Vorgängernormen, geht aber auf Vorbilder in Art. 20 Abs. 2 EuVTVO und Art. 21 Abs. 2b) EuMahnVO zurück.

II. Normzweck und Anwendungsbereich

2 Die Vorschrift regelt einheitlich Formalitäten und die zugelassenen Sprachen für Übersetzungen oder Transliterationen von Urkunden, welche im Zusammenhang mit einer grenzüberschreitenden Anerkennung oder Vollstreckung nach der Verordnung vorzulegen sind (Art. 37 Abs. 2, 42 Abs. 3, 43 Abs. 2, 47 Abs. 3, 54 Abs. 3). Diese Anforderungen sind **abschließend**. Die mitgliedstaatlichen Gerichte und Behörden dürfen keine weitergehenden Anforderungen stellen und für die Anerkennung oder die Vollstreckung mitgliedstaatlicher Titel keine Übersetzungen verlangen, wenn dies in der Verordnung nicht vorgesehen ist.[2]

3 Die Vorschrift gilt allerdings **nicht für das Erkenntnisverfahren**, weil die Verordnung für dieses Übersetzungsfragen nicht regelt. Im Vollstreckungsversagungsverfahren

---

11 Dazu kritisch *Geimer*/Schütze EuZVR Art. 51 a.F. Rdn. 7; Rauscher/*Mankowski* Art. 56 Rdn. 3.

1 Allerdings Wegfall des Beglaubigungserfordernisses, dazu unten Rdn. 8.
2 Thomas/Putzo/*Hüßtege* Art. 57 Rdn. 1.

(Art. 46 ff.) und im Anerkennungsfeststellungsverfahren (Art. 36 Abs. 2) erfasst sie nur die zur Vollstreckung anstehende Entscheidung selbst (Art. 47 Abs. 3), nicht dagegen weitere Dokumente, die der Antragsteller oder der Antragsgegner etwa zu Beweiszwecken vorlegen. Dafür ist gemäß Art. 47 Abs. 2 das autonome Verfahrensrecht der Mitgliedstaaten einschlägig.

III. Zugelassene Sprachen

Übersetzungen nach der Verordnung sind in die Amtssprache oder eine der Amtssprachen des Mitgliedstaates vorzunehmen, in welchem die ausländische Entscheidung **vollstreckt oder anderweitig verwendet** werden soll („betreffender Mitgliedstaat" = **Vollstreckungsstaat**); zwischen mehreren Amtssprachen des Vollstreckungsstaates (etwa in Belgien oder Finnland) entscheidet dessen autonomes Recht (**Abs. 1**). 4

Für die **Formblätter** nach Art. 53 und 60 kann ein Mitgliedstaat durch Mitteilung an die Kommission gemäß Art. 75 Buchst. d auch weitere Sprachen zulassen, die nicht Amtssprache in diesem Mitgliedstaat aber Amtssprache der Unionsorgane sind (**Abs. 2**), beispielsweise Englisch in Schweden, Finnland oder Estland. Welche Sprachen auf diese Weise zugelassen wurden, ist dem Europäischen Gerichtsatlas für Zivilsachen[3] zu entnehmen. Deutschland hat von dieser Möglichkeit keinen Gebrauch gemacht (§ 1113 ZPO). 5

IV. Transliteration

Transliteration ist die Umschreibung lateinischer in kyrillische oder griechische Schriftzeichen und umgekehrt. Die isolierte Transliteration – ohne Übersetzung – ist nur für die Formblätter nach Art. 53 (Anhang I) oder Art. 60 (Anhang II) von Bedeutung, wenn ein solches beispielsweise die Parteinamen in kyrillischen Buchstaben wiedergibt, aber in Deutschland ohne Übersetzung verwendet werden soll.[4] Die Transliteration eines Urteils ist ohne Übersetzung sinnlos. 6

V. Form und Mängel

Übersetzungen oder Transliterationen müssen von einem **zugelassenen Übersetzer** angefertigt sein (**Abs. 3**). Der Übersetzer muss schon nach dem Wortlaut nur in **irgendeinem Mitgliedstaat** zugelassen sein,[5] nicht notwendig im Vollstreckungsstaat oder im Urteilsstaat. Er muss nach Sinn und Zweck der Vorschrift gerade für Übersetzungen von der Ausgangs- in die Zielsprache zugelassen sein, dies aber nicht zwingend in einem Mitgliedstaat, in welchem Ausgangs- oder Zielsprache Amtssprache sind. Die Zulassung setzt auch nicht zwingend einen hoheitlichen Bestellungsakt (etwa die Vereidigung) voraus, wenn etwa nach mitgliedstaatlichem Recht für die Befugnis zu amtlichen Übersetzungen bereits der Erwerb eines Übersetzerdiploms genügt.[6] 7

Nach Art. 55 Abs. 2 Brüssel I-VO war noch ein **Beglaubigungsvermerk des Übersetzers** erforderlich, auf welchen Gerichte im Vollstreckungsstaat nach h.M. aber ver- 8

---

[3] https://e-justice.europa.eu/content_european_judicial_atlas_in_civil_matters-321-en.do; vgl. außerdem die Übersicht bei Wieczorek/Schütze/*Garber/Neumayr* Art. 75 Rdn. 3.
[4] Vgl. Geimer/Schütze/*Peiffer/Peiffer* IRV Art. 57 Rdn. 5; *Schlosser/Hess* Art. 57 Rdn. 3.
[5] *Geimer*/Schütze EuZVR Art. 55 a.F. Rdn. 13; Geimer/Schütze/*Peiffer/Peiffer* IRV Art. 57 Rdn. 10; Rauscher/*Staudinger* Art. 57 Rdn. 2; Thomas/Putzo/*Hüßtege* Art. 57 Rdn. 3.
[6] Dafür sprechen die deutsche, englische („qualified"), spanische („cualificadas") und portugiesische („qualificadas") Sprachfassung.

zichten konnten.[7] Art. 57 Abs. 3 der Neufassung sieht eine solche Beglaubigung **nicht** mehr vor;[8] sie kann daher grundsätzlich auch nicht mehr verlangt werden. Allerdings bedeuten Unterschrift und Stempel des Übersetzers kaum Mehraufwand und sind daher in der Praxis weiterhin zu empfehlen. Unabhängig davon können Vollstreckungsschuldner, Vollstreckungsorgan oder das Gericht des Vollstreckungsversagungsverfahrens bei Zweifeln an der Befugnis des Übersetzers hierfür einen **Nachweis** fordern. Dann bedarf es über den Beglaubigungsvermerk des Übersetzers hinaus sogar eines Belegs für dessen amtliche Zulassung.

9   Liegen die förmlichen Voraussetzungen von Abs. 3 vor, darf eine Übersetzung nicht pauschal zurückgewiesen werden. Die Tätigkeit eines zugelassenen Übersetzers garantiert aber nicht Fehlerfreiheit. Für **Beanstandungen** des Vollstreckungsschuldners und **Korrekturen** gilt das Verfahrensrecht des Vollstreckungsstaates (Art. 41 Abs. 1 S. 1, Art. 47 Abs. 2), in Deutschland § 142 Abs. 3 ZPO. Ist eine Übersetzung ganz oder teilweise unverständlich, können die Vollstreckungsbehörde oder das Gericht trotz Art. 57 Abs. 3 dem Vorlegenden Nachbesserung aufgeben und, wenn diese nicht erfolgreich ist, die Übersetzung zurückweisen.[9]

VI. Kosten

10   Zu den Kosten der Übersetzung enthält die Verordnung keine Regelung. Sie sind Teil der **Vollstreckungskosten**, deren Verteilung und Beitreibung sich nach dem Verfahrensrecht des Vollstreckungsstaats richtet (Art. 41 Abs. 1 S. 1, 47 Abs. 2).[10]

KAPITEL IV
Öffentliche Urkunden und gerichtliche Vergleiche

Artikel 58

(1) Öffentliche Urkunden, die im Ursprungsmitgliedstaat vollstreckbar sind, sind in den anderen Mitgliedstaaten vollstreckbar, ohne dass es einer Vollstreckbarerklärung bedarf. Die Zwangsvollstreckung aus der öffentlichen Urkunde kann nur versagt werden, wenn sie der öffentlichen Ordnung (ordre public) des ersuchten Mitgliedstaats offensichtlich widersprechen würde.
Die Vorschriften des Kapitels III Abschnitt 2, des Abschnitts 3 Unterabschnitt 2 und des Abschnitts 4 sind auf öffentlichen Urkunden sinngemäß anzuwenden.
(2) Die vorgelegte öffentliche Urkunde muss die Voraussetzungen für ihre Beweiskraft erfüllen, die im Ursprungsmitgliedstaat erforderlich sind.

Schrifttum

Christoph Fischer Die neue Brüssel-Ia-Verordnung in der Notariatspraxis, NotBZ 2015, 130–135; *ders.* Auswirkungen der EuGVO-Reform auf die Notariatspraxis, MittBayNot 2015, 184–185; *Kohler/Buschbaum*

---

7   BGH 26.9.1979 BGHZ 75, 167, 170; *Kropholler/von Hein* Art. 55 a.F. Rdn. 3; *Geimer*/Schütze EuZVR Art. 55 a.F. Rdn. 14.
8   Geimer/Schütze/*Peiffer/Peiffer* IRV Art. 57 Rdn. 11; *Schlosser/Hess* Art. 57 Rdn. 6; konsequenterweise weicht deshalb auch § 1113 ZPO insoweit von § 1083 ZPO ab.
9   *Geimer*/Schütze EuZVR Art. 55 a.F. Rdn. 15, Rauscher/*Staudinger* Art. 57 Rdn. 2.
10   *Geimer*/Schütze EuZVR Art. 55 a.F. Rdn. 16; Geimer/Schütze/*Peiffer/Peiffer* IRVArt. 57 Rdn. 12.

Die „Anerkennung" öffentlicher Urkunden, IPRax 2010, 313–316; *Leutner* Die vollstreckbare Urkunde im europäischen Rechtsverkehr, Berlin 1997; *Joachim Münch* Die vollstreckbare Notariatsurkunde im Anwendungsbereich der VO (EG) Nr. 805/2004, in: Ludwig Bittner u.a. (Hrsg.), FS Rechberger, Wien/New York 2005, S. 395–412; *Rechberger* Die Vollstreckung notarieller Urkunden nach der EuGVVO, in: Österreichische Notarkammer (Hrsg.), FS Weißmann, Wien 2003, S. 771–788; *Reithmann* Urkunden ausländischer Notare in inländischen Verfahren, IPRax 2012, 133–136; *Seebach* Das notarielle Zeugnis über die unbeschränkte Zwangsvollstreckung aus ausländischen Notarkurkunden nach EuGVVO und AVAG, MittBayNot 2013, 200–207; *Rolf Stürner* Die notarielle Urkunde im europäischen Rechtsverkehr, DNotZ 1995, 343–360; *Ulrici* Anerkennung und Vollstreckung nach Brüssel Ia, JZ 2016, 127; *Wolfsteiner* Die vollstreckbare Urkunde, 4. Aufl., München 2018, §§ 5, 53.

Übersicht

I.	Allgemeines —— 1		V.	Vollstreckung ohne Vollstreckbarerklärung —— 13
II.	Öffentliche Urkunden —— 5		VI.	Versagung der Vollstreckung
III.	Vollstreckbarkeit im Ursprungsmitgliedstaat		1.	Ordre public als einziger Versagungsgrund —— 16
	1. Ausgangspunkt —— 6		2.	Verfahren —— 19
	2. Maßgeblicher Zeitpunkt —— 9		3.	Einwendungen gegen den titulierten Anspruch —— 20
	3. Vollstreckung trotz fehlender Vollstreckbarkeit —— 11			
IV.	Beweiskraft —— 12			

I. Allgemeines

Art. 58 ordnet die unionsweite[1] Vollstreckbarkeit öffentlicher Urkunden eines Mitgliedstaats ohne vorherige Vollstreckbarerklärung an (Abs. 1 UAbs. 1 Satz 1), erlaubt als einzigen Versagungsgrund den offensichtlichen Widerspruch zum ordre public des Vollstreckungsstaats (Abs. 1 UAbs. 1 Satz 2), verweist auf die Regelungen über die Vollstreckung gerichtlicher Entscheidungen (Abs. 1 UAbs. 2) und erklärt die Vorschriften des Ursprungsmitgliedstaats über die Beweiskraft für maßgeblich (Abs. 2). 1

Beinhaltet die vollstreckbare öffentliche Urkunde eine haftungsbegründende Erklärung des Schuldners, die auf Zahlung einer Geldsumme gerichtet ist, kann der Gläubiger alternativ[2] auch nach der VO (EG) Nr. 805/2004 (EuVTVO) vorgehen (vgl. Art. 3 Abs. 1 lit. d, 4 Nr. 2, 3 EuVTVO) und nach Bestätigung als **Europäischer Vollstreckungstitel** ebenfalls ohne Vollstreckbarerklärung direkt vollstrecken (vgl. Art. 5 EuVTVO). Unter der EuVTVO wird nicht auf offensichtliche ordre public-Verstöße hin überprüft. 2

Art. 58 entspricht in seiner Anlage Art. 50 des EuGVÜ 1968. In Parallele zur Behandlung gerichtlicher Entscheidungen bedurfte es indes seinerzeit der Erteilung einer Vollstreckungsklausel; es genügte jedweder Widerspruch zum ordre public. Im Übereinkommen über den Beitritt Spaniens und Portugals trat für öffentliche Urkunden wie für gerichtliche Entscheidungen an die Stelle der Vollstreckungsklausel das Vollstreckbarerklärungsverfahren.[3] Die VO (EG) Nr. 44/2001 behielt, wiederum für gerichtliche Entscheidungen wie öffentliche Urkunden, das Vollstreckbarerklärungsverfahren bei, verschob aber die Geltendmachung von Versagungsgründen ins Rechtsbehelfsverfahren und ließ als Versagungsgrund bei öffentlichen Urkunden nur noch den *offensichtlichen* Wider- 3

---

1 Dänemark beteiligt zwar nicht an der Verordnung. Aufgrund des Abkommens v. 19.10.2005 zwischen der EG und Dänemark über die gerichtliche Zuständigkeit und die Anerkennung und Vollstreckung von Entscheidungen in Zivil- und Handelssachen, ABl. EG Nr. L 299, S. 62, gilt die Verordnung aber auch im Verhältnis zu Dänemark, vgl. Bekanntmachung v. 21.3.2013, ABl. EU 2013, Nr. L 79, S. 4, und v. 13.8.2014, ABl. EU 2014 Nr. L 240, S. 1; *Rolf Wagner* NJW 2015, 1796.
2 Vgl. Art. 27 EuVTVO; *Fischer* MittBayNot 2015, 184, 185; *ders.* NotBZ 2014, 130, 134.
3 Art. 14 des Beitrittsübereinkommens v. 26.5.1989, ABl. EG Nr. L 285, S. 1, 5.

spruch zum ordre public ausreichen.[4] Ein Abs. 2 ordnete behördliche Urkunden über Unterhaltsvereinbarungen oder -verpflichtungen den öffentlichen Urkunden zu;[5] mit Inkrafttreten der VO (EG) Nr. 4/2009 (EuUntVO) konnte diese Vorschrift wieder entfallen (vgl. Art. 48 EuUntVO). Schließlich führte die VO (EG) Nr. 44/2001 ein Formblatt ein, auf das der damalige Abs. 4 Satz 2 verwies; diese Regelung findet sich heute in Art. 60.

4   Den öffentlichen Urkunden gelten im begleitenden Bericht zum Übereinkommen von 1968 von *Paul Jenard* eine gute halbe Seite,[6] im begleitenden Bericht zum Beitrittsübereinkommen von 1978 von *Peter Schlosser* eine Randnummer.[7]

II. Öffentliche Urkunden

5   Der Begriff der öffentlichen Urkunde ist nunmehr in **Art. 2 lit. c** definiert als „ein Schriftstück, das als öffentliche Urkunde im Ursprungsmitgliedstaat förmlich errichtet oder eingetragen worden ist und dessen Beweiskraft i) sich auf die Unterschrift und den Inhalt der öffentlichen Urkunde bezieht und ii) durch eine Behörde oder eine andere hierzu ermächtigte Stelle festgestellt worden ist". Die zirkuläre Dopplung von „öffentliche Urkunde" ist unschön, aber unschädlich.[8] Die Notwendigkeit einer Errichtung unter Beteiligung einer Behörde oder anderen ermächtigten Stelle, insbesondere eines Notars,[9] wird nun ausdrücklich festgehalten. Beteiligte Behörde muss eine Behörde eines anderen als des Mitgliedstaats sein, in dem vollstreckt werden soll; über den auf Territorialität abstellenden Wortlaut von Art. 2 lit. c, d hinaus werden auch zulässigerweise im Ausland aufgenommene Urkunden eines Konsuls dessen Entsendestaat zugerechnet.[10] Der Wortlaut des Art. 2 lit. c lässt nicht erkennen, dass eine Beteiligung des Schuldners in Gestalt einer Zustimmung oder Unterwerfungserklärung notwendig ist;[11] vollstreckbare Urkunden ohne solche Beteiligung dürften mithin ebenfalls erfasst sein, sofern sie nach dem Recht des Ursprungsmitgliedstaats vollstreckbar sind. Die Urkunden müssen sich auf Gegenstände beziehen, die in den in Art. 1 umschriebenen sachlichen Anwendungsbereich der Verordnung fallen.[12] In der praktischen Anwendung macht die Feststellung des Vorliegens einer öffentlichen Urkunde dank der Bescheinigung i.S.d. Art. 60 geringe Schwierigkeiten.

III. Vollstreckbarkeit im Ursprungsmitgliedstaat

6   **1. Ausgangspunkt.** Die Urkunde – genauer: der konkret in Rede stehende Anspruch – muss im Ursprungsmitgliedstaat vollstreckbar sein; hierfür bedarf es etwa nach deutschem Recht der Unterwerfungserklärung (§ 794 Abs. 1 Nr. 5 ZPO). Ein Doppelexequatur drittstaatlicher Urkunden scheidet damit aus. Die Vollstreckbarkeit wird im Formblatt i.S.d. Art. 60 sub Nr. 5.1 bestätigt. Unschädlich ist es, wenn der Ursprungsmit-

---

4   Art. 57 VO (EG) Nr. 44/2001, ABl. EG 2001 Nr. L 12, S. 1, 13.
5   Ebenso Art. 4 Nr. 3 lit. b EuVTVO.
6   ABl. EG Nr. C 59 v. 5.3.1979, S. 56.
7   ABl. EG Nr. C 59 v. 5.3.1979, S. 136 Rdn. 226.
8   Vgl. schon zum ähnlichen Art. 4 Nr. 3 lit. a EuVTVO *Münch* in: FS Rechberger, S. 395, 405.
9   EuGH, Urt. v. 17.6.1999 – Rs C-260/97, Unibank ./. Christiansen, ECLI:EU:C:1999:312; OLG Karlsruhe, Beschl. v. 30.1.2007 – 9 W 41/06, FamRZ 2007, 469.
10 Art. 5 lit. f, 6 ff. Wiener Übereinkommen über konsularische Beziehungen vom 24.4.1963, BGBl. 1969 II, S. 1588, 1594 ff.; *Münch* in: FS Rechberger, S. 395, 399.
11 Vgl. *Gottwald* in: MünchKomm Bd. 3, 5. Aufl. 2017, Art. 58 Brüssel Ia-VO Rdn. 5.
12 *Jenard*-Bericht (Fn. 6), S. 56; s. für öffentliche Urkunden auf dem Gebiet des Erbrechts Art. 60 VO (EU) Nr. 650/2012 (EuErbVO).

gliedstaat vor der inländischen Vollstreckung noch die Erteilung einer Vollstreckungsklausel und deren Zustellung verlangt, da die Verordnung mit der Bescheinigung i.S.d. Art. 60 und deren Zustellung (Art. 58 Abs. 1 UAbs. 2 i.V.m. Art. 43 Abs. 1) ein Pendant vorsieht.

Von **weiteren Vollstreckungsvoraussetzungen**, etwa dem Eintreten einer Bedingung, werden vollstreckbare Urkunden selten abhängig gemacht. Ist das aber einmal so, müssen sie erfüllt sein.[13] Denn im Vollstreckungsstaat findet kein Verfahren mehr statt, in dem das Gegebensein oder Fehlen der weiteren Voraussetzungen geprüft werden könnte.[14] Zwar verlangt das Formblatt für öffentliche Urkunden unter 5.1 nicht ausdrücklich die Erklärung, eventuelle weitere Voraussetzungen seien erfüllt, während das Formblatt für gerichtliche Entscheidungen unter 4.4 eine solche Erklärung ausdrücklich einfordert. Für öffentliche Urkunden kann aber nichts anderes gelten. Auch für weitere Vollstreckungsvoraussetzungen reicht als Nachweis die die Vollstreckbarkeit bestätigende Bescheinigung i.S.d. Art. 60 aus.[15] Der implizite Verweis auf das Klauselerteilungsverfahren in § 1111 Abs. 1 Satz 2 ZPO setzt dies um. 7

Eine generelle **Anfechtung der Vollstreckbarkeit** durch Klagen, mit denen die Vollstreckung aus der öffentlichen Urkunde für unzulässig erklärt und der Gläubiger zur Herausgabe des Titels verurteilt wird,[16] ist nur im Ursprungsmitgliedstaat, nicht im Vollstreckungsmitgliedstaat möglich. 8

2. Maßgeblicher Zeitpunkt. Maßgeblicher Zeitpunkt, zu dem die Vollstreckbarkeit gegeben sein muss, ist der Zeitpunkt, zu dem im Vollstreckungsmitgliedstaat eine Vollstreckungsmaßnahme durchgeführt werden soll. 9

Hat die Urkunde ihre Vollstreckbarkeit **in der Zwischenzeit verloren**, kann der Schuldner im Vollstreckungsstaat gem. Abs. 1 UAbs. 2 i.V.m. Art. 44 Abs. 2 die Aussetzung des Vollstreckungsverfahrens beantragen. Nach § 1116 Satz 1 ZPO wird dann die Zwangsvollstreckung entsprechend § 775 Nr. 1, 2, § 776 ZPO eingestellt oder beschränkt. § 1116 ZPO verlangt hierzu vom Schuldner die Vorlage einer Entscheidung eines Gerichts des Ursprungsmitgliedstaats über die Nichtvollstreckbarkeit oder die Beschränkung der Vollstreckbarkeit, die gegebenenfalls übersetzt werden muss. Nach dem Wortlaut muss es sich nicht notwendigerweise um die Entscheidung handeln, die diese Folgen erst anordnet; eine feststellende Entscheidung reicht aus. Da indes Art. 44 Abs. 2 gar nicht vorgibt, wie die Aussetzung der Vollstreckbarkeit im Ursprungsmitgliedstaat nachzuweisen ist, ist über § 1116 ZPO hinaus auch jeder andere Nachweis zuzulassen. 10

3. Vollstreckung trotz fehlender Vollstreckbarkeit. Wurde trotz fehlender Vollstreckbarkeit im Ursprungsmitgliedstaat vollstreckt, so lag der Vollstreckung kein wirksamer Vollstreckungstitel zugrunde. Gegen die einzelne Vollstreckungsmaßnahme ist dann die Erinnerung gem. § 766 ZPO statthaft. Schadensersatz wegen ungerechtfertigter Vollstreckung (vgl. § 28 AVAG) kann, da der Vollstreckung kein inländisches Erkenntnis mehr vorausgeht, nunmehr nur noch nach dem Recht des Ursprungsmitgliedstaats und vor dessen Gerichten begehrt werden. 11

---

13 Dies muss auch für eine nur Zug um Zug geschuldete Leistung gelten, da ansonsten der Gerichtsvollzieher ggf. nach fremdem Recht die Gegenleistung in einer Weise anbieten müsste, die Annahmeverzug begründet.
14 Vgl. *Pohl* IPRax 2013, 109, 113 Fn. 64.
15 A.A. *Ulrici* JZ 2016, 127, 132.
16 Siehe etwa BGH NJW 2015, 1181 (Titelgegenklage und Klage auf Herausgabe des Titels analog § 371 BGB).

IV. Beweiskraft

12 Nach Abs. 2 richten sich die Anforderungen an die Beweiskraft der Urkunde – gemeint sind die förmlichen Errichtungsvoraussetzungen – nach dem Recht des Ursprungsmitgliedstaats; strengere oder laxere Anforderungen der lex fori executionis bleiben unbeachtet.

V. Vollstreckung ohne Vollstreckbarerklärung

13 Im Interesse weiterer Vereinfachung innerhalb des europäischen Justizraums schafft die Verordnung für öffentliche Urkunden ebenso wie für Entscheidungen (Art. 39) das Erfordernis der Vollstreckbarerklärung gänzlich ab. Zu den Vollstreckungstiteln aus einem Mitgliedstaat, die nach der Verordnung zu vollstrecken sind und damit unter den neuen § 794 Abs. 1 Nr. 9 ZPO fallen, gehören auch öffentliche Urkunden.

14 Gem. § 1112 ZPO bedarf der unter der Verordnung vollstreckbare Titel in Abweichung von § 9 AVAG auch keiner Klausel. Einen gewissen Ersatz stellt die **Bescheinigung** i.S.d. Art. 60 dar.[17] Sie tritt bei öffentlichen Urkunden an die Stelle der Bescheinigung i.S.d. Art. 53, ist demnach der Vollstreckungsbehörde zusammen mit einem Exemplar der Urkunde vorzulegen (vgl. Abs. 1 UAbs. 2 i.V.m. Art. 42 Abs. 1) und vor Vollstreckungsbeginn zuzustellen (Abs. 1 UAbs. 2 i.V.m. Art. 43 Abs. 1 Satz 1). Die Vollstreckung selbst erfolgt nach inländischem Recht (Abs. 1 UAbs. 2 i.V.m. Art. 41 Abs. 1). Eine Postanschrift oder einen bevollmächtigten Vertreter im Vollstreckungsstaat braucht der Gläubiger nicht zu haben (Art. 1 UAbs. 2 i.V.m. Art. 41 Abs. 2).

15 Gem. Art. 43 Abs. 2 kann der Schuldner, der seinen Wohnsitz in einem vom Ursprungsmitgliedstaat verschiedenen Mitgliedstaat hat, eine **Übersetzung** einer zu vollstreckenden Entscheidung verlangen. Für öffentliche Urkunden gilt dies gem. Abs. 1 UAbs. 2 sinngemäß. Allerdings wird das Übersetzungsverlangen missbräuchlich sein, wenn es sich um eine Urkunde handelt, an der der Schuldner selbst mitgewirkt hat.

VI. Versagung der Vollstreckung

16 **1. Ordre public als einziger Versagungsgrund.** Gem. Abs. 1 UAbs. 1 Satz 2 darf die Vollstreckung nur versagt werden, wenn sie dem ordre public des Vollstreckungsstaats offensichtlich widersprechen würde. Hieran sind **strenge Anforderungen** zu stellen. Die Vollstreckung einer Geldforderung dürfte regelmäßig[18] nicht ordre public-widrig sein.

17 Die Prüfung der Versagung setzt voraus, dass es sich überhaupt um eine **echte, wirksame und vollstreckbare öffentliche Urkunde** handelt. Dies ist – da die Verordnung keine dem Art. 59 Abs. 2 EuErbVO entsprechende Vorschrift enthält – inzident ebenfalls zu prüfen.

18 Die für Art. 57 Abs. 1 Satz 2 VO (EG) Nr. 44/2001 angenommene Ausdehnung des Prüfungsumfangs auf **Fehler des Gerichts**, das in erster Instanz die Vollstreckbarerklärung ausgesprochen hat,[19] muss unter der Verordnung mangels Vollstreckbarerklärung entfallen.

---

17 Vgl. BT-Drucks. 18/823, S. 16.
18 Ohne diese Einschränkung unter Verweis auf die EuVTVO *Fischer* NotBZ 2014, 130, 131.
19 Siehe nur *Mäsch* in: Kindl/Meller-Hannich/Wolf, Gesamtes Recht der Zwangsvollstreckung, 2. Aufl., Baden-Baden 2013, Art. 57 EuGVVO [a.F.] Rdn. 19.

2. Verfahren. Eine Versagung setzt gem. Abs. 1 UAbs. 2 i.V.m. Art. 46 einen Antrag 19
des Schuldners voraus, der in Deutschland an das Landgericht des Schuldnerwohnsitzes, bei Fehlen eines solchen an das Landgericht des Vollstreckungsorts zu richten ist (§ 1115 Abs. 1, 2 ZPO) und über den vom Vorsitzenden einer Zivilkammer des Landgerichts durch Beschluss entschieden wird (§ 1115 Abs. 4 ZPO). Anwaltlicher Vertretung bedarf es nicht (vgl. § 78 Abs. 3 Alt. 2 i.V.m. § 1115 Abs. 3 ZPO). Rechtsbehelf (Art. 49) ist die sofortige Beschwerde (§ 1115 Abs. 5 Satz 1 ZPO), weiterer Rechtsbehelf (Art. 50) die Rechtsbeschwerde (§ 1115 Abs. 5 Satz 3 ZPO).

3. Einwendungen gegen den titulierten Anspruch. Die Verordnung äußert sich 20
nicht zu Einwendungen gegen den titulierten Anspruch selbst. Zur VO (EG) Nr. 44/2001 war umstritten, ob Einwendungen gegen den Anspruch schon im Vollstreckbarerklärungsverfahren geltend gemacht werden können, wie dies § 12 AVAG vorsieht.[20] Mit der Abschaffung des Vollstreckbarerklärungsverfahrens kann nur noch fraglich sein, ob solche Einwendungen in einem Verfahren, in dem der Schuldner die Versagung der Anerkennung beantragt, berücksichtigt werden können. Eine dahingehende Regelung enthält Buch 11 Abschnitt 7 der ZPO nicht, weshalb die Vollstreckung nicht deshalb versagt werden darf.

Möglich bleibt indes die Erhebung einer gesonderten **Vollstreckungsabwehrklage** 21
gem. § 795 Satz 1 i.V.m. § 767 ZPO.[21] Die internationale Zuständigkeit der Gerichte des Vollstreckungsstaats folgt hierfür aus Art. 24 Nr. 5. Örtlich ausschließlich zuständig ist gem. §§ 1117 Abs. 1, 1086 Abs. 1 ZPO das Gericht am Wohnsitz oder Sitz des Schuldners, bei fehlendem inländischen Wohnsitz oder Sitz das Gericht des Vollstreckungsorts. Für die sachliche Zuständigkeit gelten die allgemeinen Regeln (§§ 23, 71 GVG).[22] Der Schuldner kann gegen mitgliedstaatliche öffentliche Urkunden in – auch von der Verordnung (Abs. 1 UAbs. 2 i.V.m. Art. 41 Abs. 1 Satz 2) vorgesehener – Parallele zu inländischen öffentlichen Urkunden (§ 797 Abs. 4 ZPO) nicht nur nachträglich entstandene, sondern auch von Anfang an bestehende Einwendungen geltend machen, § 1117 Abs. 2 ZPO.[23]

Die Vollstreckungsabwehrklage kann mit einem Antrag auf Versagung wegen ordre 22
public-Verstoßes **verbunden** werden.[24] Für beide Anträge ist dasselbe Landgericht zuständig (§ 1115 Abs. 1, 2/§§ 1117 Abs. 1, 1086 Abs. 1 ZPO).

Artikel 59

Gerichtliche Vergleiche, die im Ursprungsmitgliedstaat vollstreckbar sind, werden in den anderen Mitgliedstaaten unter denselben Bedingungen wie öffentliche Urkunden vollstreckt.

Schrifttum

Siehe bei Art. 58.

---

20 Ausführlich BGH, Beschl. v. 14.3.2007 – XII ZB 174/04, BGHZ 171, 310 Rdn. 22 ff.
21 Vgl. Erw.-Gr. 30.
22 BT-Drucks. 18/823, S. 23.
23 HK-ZPO/*Saenger* 7. Aufl. 2017, § 1117 Rdn. 3; *Ulrici* JZ 2016, 127, 136 f.; für Unionsrechtswidrigkeit aber *Oberhammer* in: Stein/Jonas, Bd. 10, 22. Aufl. 2011, Art. 57 Rdn. 29.
24 Vgl. Erw.-Gr. 30.

Art. 59 Brüssel Ia-VO — Kapitel IV. Öffentliche Urkunden und gerichtliche Vergleiche

Übersicht

I. Allgemeines — 1
II. Gerichtliche Vergleiche — 5
III. Vollstreckbarkeit im Ursprungsmitgliedstaat
   1. Ursprungsmitgliedstaat — 8
   2. Vollstreckbarkeit — 9
IV. Vollstreckung ohne Vollstreckbarerklärung; Versagung der Vollstreckung — 10

I. Allgemeines

1 Art. 59 stellt im Ursprungsmitgliedstaat vollstreckbare gerichtliche Vergleiche den vollstreckbaren öffentlichen Urkunden gleich. Damit gilt auch für sie die unionsweite[1] Vollstreckbarkeit ohne vorherige Vollstreckbarerklärung (Art. 59 i.V.m. Art. 58 Abs. 1 UAbs. 1 Satz 1); einziger Versagungsgrund ist wiederum der offensichtliche Widerspruch zum ordre public des Vollstreckungsstaats (Art. 59 i.V.m. Art. 58 Abs. 1 UAbs. 1 Satz 2); die Regelungen über die Vollstreckung gerichtlicher Entscheidungen finden entsprechende Anwendung (Art. 59 i.V.m. Art. 58 Abs. 1 UAbs. 2). Dass sich die förmlichen Errichtungsvoraussetzungen nach dem Recht des Ursprungsmitgliedstaats richten, folgt schon aus dem lex fori-Grundsatz, kann aber auch auf Art. 59 i.V.m. Art. 58 Abs. 2 gestützt werden.

2 Auch bei vollstreckbaren gerichtlichen Vergleichen, die auf Zahlung einer Geldsumme gerichtet sind, kann der Gläubiger alternativ (vgl. Art. 27 EuVTVO) eine Bestätigung als **Europäischer Vollstreckungstitel** beantragen (vgl. Art. 3 Abs. 1 lit. a Alt. 2 EuVTVO) und dann ebenfalls ohne Vollstreckbarerklärung direkt vollstrecken (vgl. Art. 5 EuVTVO). Unter der EuVTVO wird nicht auf offensichtliche ordre public-Verstöße hin überprüft.

3 Vorläufer des Art. 59 waren Art. 51 EuGVÜ 1968 und Art. 58 VO (EG) Nr. 44/2001. Diese Vorschriften enthielten noch die heute in Art. 2 lit. b zu findende Einschränkung auf Vergleiche, die „vor einem Richter" bzw. „vor einem Gericht" „im Laufe eines Verfahrens (ab)geschlossen" wurden. Der in der VO (EG) Nr. 44/2001 in einem Satz 2 enthaltene Verweis auf ein Formblatt findet sich jetzt in Art. 60.

4 Der begleitende Bericht zum Übereinkommen von 1968 von *Paul Jenard* weist in seinen zwei Absätzen zu Prozessvergleichen auf das deutsche und niederländische Recht und die mit diesen Ländern geschlossenen Abkommen hin.[2] Der begleitende Bericht zum Beitrittsübereinkommen von 1978 von *Peter Schlosser* äußert sich nicht zu Prozessvergleichen.[3]

II. Gerichtliche Vergleiche

5 **Art. 2 lit. b** definiert nunmehr den gerichtlichen Vergleich als „einen Vergleich, der von einem Gericht eines Mitgliedstaats gebilligt oder vor einem Gericht eines Mitgliedstaats im Laufe eines Verfahrens geschlossen worden ist". Ob ein Vergleich wirksam gebilligt bzw. geschlossen wurde, richtet sich nach der lex fori des befassten Gerichts.

6 Die zweite Alternative der Definition, die bislang direkt in den Vorgängernormen enthalten war, bezeichnet den klassischen **Prozessvergleich** in einem anhängigen Rechtsstreit, der in Gegenwart oder unter schriftsätzlicher Einbeziehung des Gerichts geschlossen wurde.

---

1 Zu Dänemark Art. 58 Fn. 1.
2 ABl. EG Nr. C 59 v. 5.3.1979, S. 56.
3 Vgl. ABl. EG Nr. C 59 v. 5.3.1979, S. 136 Rdn. 226.

Die erste Alternative lässt jetzt auch die bloße gerichtliche Billigung eines Vergleichs 7
ausreichen, der **außerhalb eines anhängigen Rechtsstreits** geschlossen wurde. Stets muss es sich aber um einen Vergleich handeln. Hierunter ist nach autonomer Auslegung ein Rechtsgeschäft zu verstehen, das eine Unsicherheit oder einen Streit zwischen den Parteien beseitigt; ob wie nach § 779 BGB *gegenseitiges* Nachgeben gefordert werden kann, ist zweifelhaft. „Billigung" ist das positive Ergebnis jeder Art inhaltlicher Prüfung, mag diese Prüfung auch nur auf wenige Gesichtspunkte beschränkt sein; eine rein administrative Tätigkeit wie eine bloße Entgegennahme oder Registrierung reicht jedoch nicht aus. Damit ist beim deutschen Anwaltsvergleich nicht schon die Niederlegung bei Gericht gem. § 796a Abs. 1 ZPO, wohl aber die Vollstreckbarerklärung durch das Gericht gem. § 796b ZPO eine Billigung, da dieser gem. § 796a Abs. 3 ZPO eine gerichtliche Prüfung der Wirksamkeit des Vergleichs und seiner Vereinbarkeit mit dem ordre public vorangeht. Da Art. 2 lit. b ausdrücklich die Billigung durch ein Gericht verlangt, ist fraglich, ob auch eine Vollstreckbarerklärung durch den Notar gem. § 796c Abs. 1 ZPO „Billigung" sein kann. Da der Notar als neutrales Organ der Rechtspflege dieselbe Prüfung wie ein Gericht vornimmt (§ 796c Abs. 1 Satz 2 ZPO), dürfte er funktional einem Gericht gleichzusetzen sein.

III. Vollstreckbarkeit im Ursprungsmitgliedstaat

1. Ursprungsmitgliedstaat. Ursprungsmitgliedstaat ist der Staat, dessen Gericht 8
den Vergleich gebilligt hat bzw. vor dessen Gericht der Vergleich geschlossen wurde. Anforderungen der nationalen Prozessrechte wie z.B. § 796b Abs. 1 ZPO, nach dem nur das Gericht für vollstreckbar erklären und mithin i.S.d. Verordnung „billigen" kann, welches für die Geltendmachung des zu vollstreckenden Anspruchs zuständig wäre, bleiben jedoch unberührt. Ein „Doppelexequatur" in dem Sinne, dass eine drittstaatliche Billigung in einem Mitgliedstaat ausdrücklich anerkannt und der Vergleich deshalb in einem anderen Mitgliedstaat vollstreckt würde, findet zwar nicht statt; wohl aber kann ein Gericht eines Mitgliedstaats die Billigung eines Vergleichs aussprechen, der auch von einem Drittstaat gebilligt wurde.

2. Vollstreckbarkeit. Der Vergleich muss in dem Staat, vor dessen Gericht er ge- 9
schlossen oder von dessen Gericht er gebilligt wurde, vollstreckbar sein. Bedarf es hierzu einer Vollstreckbarerklärung, so muss diese erfolgt sein. Die Vollstreckbarkeit wird im Formblatt i.S.d. Art. 60 sub Nr. 5.1 bestätigt. Eine nach dem Recht des Ursprungsmitgliedstaats vor Vollstreckungsbeginn eventuell noch erforderliche Erteilung und Zustellung einer Klausel sind hingegen nicht zu verlangen, da wiederum die Bescheinigung i.S.d. Art. 60 dieselbe Funktion erfüllt (vgl. Art. 58 Rdn. 6). Im Übrigen gilt das zu öffentlichen Urkunden Gesagte entsprechend (Art. 58 Rdn. 7 ff.).

IV. Vollstreckung ohne Vollstreckbarerklärung; Versagung der Vollstreckung

In Parallele zu den gerichtlichen Entscheidungen sind gerichtliche Vergleiche wie 10
öffentliche Urkunden ohne Vollstreckbarerklärung vollstreckbar. Eine Versagung der Vollstreckung ist nur wegen offensichtlichen Verstoßes gegen den ordre public möglich; mit dem Antrag auf Versagung kann aber eine Vollstreckungsabwehrklage verbunden werden. Im Einzelnen gilt das zu öffentlichen Urkunden Gesagte entsprechend (Art. 58 Rdn. 13 ff.).

Artikel 60

Die zuständige Behörde oder das Gericht des Ursprungsmitgliedstaats stellt auf Antrag eines Berechtigten die Bescheinigung mit einer Zusammenfassung der in der öffentlichen Urkunde beurkundeten vollstreckbaren Verpflichtung oder der in dem gerichtlichen Vergleich beurkundeten Parteivereinbarung unter Verwendung des Formblatts in Anhang II aus.

Schrifttum
Siehe bei Art. 58.

Übersicht

I. Allgemeines —— 1
II. Inhalt der Bescheinigung —— 4
III. Ausstellung der Bescheinigung
    1. Zuständige Stelle —— 5
    2. Antrag des Berechtigten —— 7
    3. Verfahren —— 9

I. Allgemeines

1   Vor der Vollstreckung einer ausländischen Entscheidung ist nach Art. 42 eine Bescheinigung i.S.d. Art. 53 vorzulegen, nach Art. 43 eine Bescheinigung i.S.d. Art. 53 zuzustellen. Die von Art. 58 Abs. 1 UAbs. 2 angeordnete sinngemäße Anwendung dieser Vorschriften auf öffentliche Urkunden lässt an die Stelle der Bescheinigung i.S.d. Art. 53 die Bescheinigung i.S.d. Art. 60 treten; gem. Art. 59 gilt dies auch für gerichtliche Vergleiche. Art. 60 verweist auf das Formblatt in Anhang II, das etwas kürzer und einfacher ist als das nach Art. 53 zu verwendende Formblatt in Anhang I. Die Änderung der Formblätter kann gem. Art. 77 durch delegierte Rechtsakte der Kommission geschehen. Seit Erlass der Verordnung wurden die Formblätter bislang einmal ersetzt, um der Einführung des Euro in Lettland, dem EU-Beitritt Kroatiens und der Umsetzung durch Dänemark Rechnung zu tragen.[1]

2   Unter der EuVTVO sind für die Bestätigung als **Europäischer Vollstreckungstitel** ebenfalls in den Anhängen zu dieser Verordnung Formblätter vorgesehen. Für gerichtliche Vergleiche (Art. 24 EuVTVO) und öffentliche Urkunden (Art. 25 EuVTVO) gibt es dort gesonderte Formblätter (Anhänge II und III), die etwas weniger präzise sind.

3   Das EuGVÜ kannte noch keine Formblätter. Eingeführt wurden sie mit der VO (EG) Nr. 44/2001. Für öffentliche Urkunden galt gem. Art. 57 Abs. 4 Satz 2 das Formblatt in Anhang VI, für gerichtliche Vergleiche gem. Art. 58 Satz 2 das Formblatt in Anhang V. Im Formblatt wurde auf den in Anlage beizufügenden Wortlaut der Verpflichtung bzw. des Vergleichs verwiesen.

II. Inhalt der Bescheinigung

4   Für öffentliche Urkunden und gerichtliche Vergleiche gibt es eine einheitliche Bescheinigung. Nr. 1 des Formblatts verlangt eine Angabe der die Bescheinigung ausstellenden Stelle. Nr. 2 gilt für öffentliche Urkunden und sieht die Angabe der beurkunden-

---

[1] Delegierte Verordnung (EU) 2015/281 der Kommission vom 26. November 2014 zur Ersetzung der Anhänge I und II der Verordnung (EU) Nr. 1215/2012 des Europäischen Parlaments und des Rates über die gerichtliche Zuständigkeit und die Anerkennung und Vollstreckung von Entscheidungen in Zivil- und Handelssachen, ABl. EU 2015 Nr. L 54, S. 1.

den Stelle sowie die Bezeichnung der Urkunde nach Datum und Nummer vor; Nr. 3 gilt für gerichtliche Vergleiche und fragt Gericht, Datum und Aktenzeichen ab. In Nr. 4 sind Gläubiger, Schuldner und ggf. weitere Parteien zu bezeichnen. Nr. 5 verlangt zuerst eine Bestätigung der Vollstreckbarkeit und versucht sodann, den Inhalt der zu vollstreckenden Verpflichtung standardisiert zu erfassen. Ausführlich wird dabei die praktisch besonders wichtige verzinsliche Geldforderung erfasst; für nichtmonetäre Forderungen wird nur eine Kurzdarstellung der Verpflichtung und eine Angabe des Vollstreckungsschuldners verlangt.

III. Ausstellung der Bescheinigung

1. Zuständige Stelle. Die Verordnung überlässt die Bestimmung der Stelle, die für die Ausstellung der Bescheinigung zuständig ist, den Mitgliedstaaten. Eine Mitteilung oder Notifizierung ist nicht vorgesehen. 5

In Deutschland sind gem. § 1110 ZPO die Gerichte oder Notare zuständig, die auch eine vollstreckbare Ausfertigung des Titels zu erteilen haben. Für gerichtliche Vergleiche ist mithin gem. §§ 795 Satz 1, 724 Abs. 2 ZPO grundsätzlich das Gericht des ersten Rechtszugs zuständig; für Anwaltsvergleiche das hypothetisch zuständige Gericht bzw. der Notar (§§ 796a Abs. 1, 797 Abs. 1 bzw. §§ 796c Abs. 1, 797 Abs. 6, Abs. 2 ZPO). Für vollstreckbare Urkunden sind gem. § 797 Abs. 1 bzw. Abs. 2 ZPO das verwahrende Gericht oder der verwahrende Notar zuständig. 6

2. Antrag des Berechtigten. Berechtigter ist jeder, der auf Grund der Urkunde oder des Vergleichs vollstrecken kann. Zulässig ist der Antrag freilich nur, soweit die Bescheinigung für die zu seinen Gunsten vollstreckbare Verpflichtung begehrt wird. 7

Für den Antrag des Berechtigten verlangen weder die Verordnung noch die ZPO eine besondere **Form**; er kann also schriftlich oder zur Niederschrift der Geschäftsstelle gestellt werden. 8

3. Verfahren. Für das Verfahren macht die Verordnung keine Vorgaben.[2] § 1111 Abs. 1 Satz 1 ZPO sieht grundsätzlich eine Ausstellung ex parte vor, was ebenso wenig Bedenken begegnet wie die optionale Schuldneranhörung in den Fällen des § 1111 Abs. 1 Satz 2 ZPO. Denn die Zustellung der Bescheinigung sichert dem Schuldner in jedem Fall die Möglichkeit einer Gegenwehr.[3] Die amtswegige Zustellung gem. § 1111 Abs. 1 Satz 3 ZPO verpflichtet ggf. auch den Notar dazu, die Zustellung in die Wege zu leiten.[4] 9

KAPITEL V
Allgemeine Vorschriften

Artikel 61

Im Rahmen dieser Verordnung bedarf es hinsichtlich Urkunden, die in einem Mitgliedstaat ausgestellt werden, weder der Legalisation noch einer ähnlichen Förmlichkeit.

---

2 Dazu *Ulrici* JZ 2016, 127, 132f.
3 Vgl. BT-Drucks. 18/823 S. 20.
4 Näher *Fischer* NotBZ 2015, 130, 133f.

Art. 62 Brüssel Ia-VO — Kapitel V. Allgemeine Vorschriften

1   Die Vorschrift geht zurück auf Art. 56 Brüssel I-VO/LugÜ/Art. 49 EuGVÜ. Während diese noch auf die Anerkennung und Vollstreckbarerklärung beschränkt waren, gehört Art. 61 jetzt zu den allgemeinen Vorschriften und ist dementsprechend in seinem Wortlaut erweitert.

2   Art. 61 betrifft alle Urkunden, die in einem Mitgliedstaat errichtet und im Anwendungsbereich der Verordnung eingesetzt werden. Für die Verwendung solcher Urkunden in anderen Mitgliedstaaten befreit Art. 61 vom Zwang zu förmlichen Echtheitsnachweisen, wie z.B. Legalisation oder Apostille,[1] um formale Hürden für die Titel- und Urkundenfreizügigkeit abzubauen. Damit sind ausländische Urkunden, die im Anwendungsbereich der Verordnung eingesetzt werden, inländischen Urkunden gleichgestellt und haben (bei Verwendung in Deutschland) unter den Voraussetzungen von § 437 ZPO die Vermutung der Echtheit für sich.[2] § 438 Abs. 1 ZPO gilt nicht.[3]

3   Art. 61 betrifft beispielsweise die Urkunden des Art. 37 (bzw. Art. 47 Abs. 3), Bescheinigungen unter Verwendung der Formblätter (Art. 53; § 1111 ZPO),[4] Übersetzungen (Art. 57 Abs. 3; § 1113 ZPO) sowie die öffentlichen Urkunden und Vergleiche der Art. 58 ff. (so auch bisher die Rechtslage über Art. 57 Abs. 4 Brüssel I-VO). Wie bisher sind auch öffentliche Urkunden zum Nachweis von Verfahrensvollmachten erfasst, soweit sie Verfahren betreffen, die von der Brüssel Ia-VO geregelt werden (also nicht das Erkenntnisverfahren, wohl aber das Vollstreckungs[versagungs]verfahren).[5]

Artikel 62

(1) Ist zu entscheiden, ob eine Partei im Hoheitsgebiet des Mitgliedstaats, dessen Gerichte angerufen sind, einen Wohnsitz hat, so wendet das Gericht sein Recht an.

(2) Hat eine Partei keinen Wohnsitz in dem Mitgliedstaat, dessen Gerichte angerufen sind, so wendet das Gericht, wenn es zu entscheiden hat, ob die Partei einen Wohnsitz in einem anderen Mitgliedstaat hat, das Recht dieses Mitgliedstaats an.

Schrifttum

Hau Die Verortung natürlicher Personen – Ein Beitrag zum Allgemeinen Teil des Europäischen Zivilverfahrensrechts, Gedächtnisschrift Wolf, 2011, S. 409; *Hess* Die allgemeinen Gerichtsstände der Brüssel I-Verordnung, Liber Amicorum Walter F. Lindacher, 2007, S. 53; *Spellenberg* Internationale Zuständigkeit kraft Wohnsitzes oder gewöhnlichen Aufenthalts, FS Kerameus, 2009, 1307.

Übersicht

I. Einführung —— 1	III. Rechtsvergleichende Hinweise —— 10
II. Inhalt der Regelung —— 3	

I. Einführung

1   Art. 62 bestimmt, nach welchem Recht zu beurteilen ist, ob eine **natürliche Person** im Mitgliedstaat des angerufenen Gerichts (Abs. 1) oder in einem anderen Mitgliedstaat

---

[1] *Mansel/Coester-Waltjen/Henrich/Kohler* IPRax 2011, 335, 336.
[2] Rauscher/*Staudinger* Art. 61 Brüssel Ia-VO Rdn. 1.
[3] Stein/Jonas/*Berger* § 438 Rdn. 15 f.
[4] Kindl/Meller-Hannich/Wolf/*Mäsch* 3. Aufl. 2015, Art. 54 Rdn. 4.
[5] Rauscher/*Staudinger* Art. 61 Brüssel Ia-VO Rdn. 1.

ihren Wohnsitz hat (Abs. 2), wann immer es für die Anwendung einer Brüssel Ia-Vorschrift auf den Wohnsitz ankommt (bspw. Art. 4 ff., aber auch Art. 39 ff.). Art. 62 behält damit den alten **kollisionsrechtlichen Ansatz** von Art. 59 Brüssel I-VO/LugÜ/Art. 52 EuGVÜ bei: Wo eine Partei als wohnhaft anzusehen ist, legt die Verordnung nicht selbst fest; das bestimmt sich nicht nach europaweit einheitlichen Regeln, sondern nach den besonders vielfältigen[9] autonomen Regeln der Mitgliedstaaten (in Deutschland: §§ 7 ff. BGB). Da Art. 62 eine dynamische Verweisung ist, sind die Mitgliedstaaten frei, ihre **autonomen Wohnsitzregeln** zu ändern, solange sie damit nicht durch die Hintertür einen exorbitanten Gerichtsstand schaffen würden, wie er durch Art. 5 Abs. 2 untersagt ist.[10]

Der kollisionsrechtliche Ansatz steht ganz im Gegensatz zu den europäisch-verordnungsautonomen Regeln zum gewöhnlichen Aufenthalt, an den Schwesterverordnungen zur Brüssel Ia-VO (Art. 3 Brüssel IIa-VO; Art. 3 EuUntVO; Art. 4 EuErbVO) genauso anknüpfen wie das Europäische Kollisionsrecht (u.a. Art. 19 Rom I-VO; Art. 23 Rom II-VO). Auch deshalb wird eine Abkehr vom Wohnsitz- zum Aufenthaltsprinzip gefordert.[11] Entsprechende Überlegungen wurden aber schon bei der Schaffung des EuGVÜ angestellt.[12] Allerdings ist Art. 62 keinesfalls eine überholte Einzelbestimmung, da verschiedene, auch neuere Rechtsakte auf ihn verweisen und ihm damit durchaus eine **zentrale Stellung** einräumen (vgl. etwa Art. 4 Nr. 15 EuKontPfVO; Art. 6 Abs. 1 lit. d EuVTVO; Art. 3 Abs. 2 EuMahnVO/EuBagatellVO, Art. 2 Abs. 3 Mediations-Richtlinie,[13] Art. 2 Abs. 2 Prozesskostenhilfe-Richtlinie).[14]

II. Inhalt der Regelung

Art. 62 gilt für **Parteien** (Kläger wie Beklagte, aber auch Streitverkündungsempfänger für Art. 65 Abs. 1 S. 2), die **natürliche Personen** sind. Art. 62 gilt daher auch für Kaufleute, selbst wenn sie in einem Handelsregister eingetragen sind.[15] Für Gesellschaften und juristische Personen gilt hingegen Art. 63, der einen verordnungsautonomen und damit Brüssel Ia-weit einheitlichen Sitzbegriff festlegt.[16]

Art. 62 ist eine Sachnormverweisung, beruft unmittelbar also die **zivilprozessualen bzw. zivilrechtlichen Wohnsitzbestimmungen eines Mitgliedstaats** unter Umgehung von dessen Kollisionsrecht.[17] Der autonome Gesetzgeber ist frei, den Wohnsitz an formalen Kriterien oder etwa am Aufenthalt festzumachen.[18] Das angerufene Gericht prüft, ob die jeweilige Person nach dem Recht des Mitgliedstaats, in dem für die jeweilige Brüssel Ia-Vorschrift der Wohnsitz liegen müsste, ihren Wohnsitz dort begründet oder aufgegeben hat (für Wohnsitz in Deutschland nach §§ 7 ff. BGB;[19] für Wohnsitz in Öster-

---

9 Hess/*Pfeiffer*/Schlosser The Brussels I Regulation 44/2001 (Heidelberg-Report), 2008, Rdn. 172; *Spellenberg* FS Kerameus, 2009, 1307, 1316 f.
10 Rauscher/*Staudinger* Art. 62 Brüssel Ia-VO Rdn. 1; *Leipold* FS Lüke, 1997, 353, 365.
11 *Hau* GS Wolf, 409, 424; *Hess* FS Lindacher, 53, 59; Rauscher/*Staudinger* Art. 62 Brüssel Ia-VO Rdn. 9; Stein/Jonas/*Wagner* Art. 59 EuGVVO Rdn. 2 f. Dagegen *Spellenberg* FS Kerameus, 2009, 1307, 1325 ff.
12 *Jenard*-Bericht zum EuGVÜ, ABl. EG 1979 Nr. C 59/1, 15 f.; *Hau* GS Wolf, 409, 414.
13 RL 2008/52/EG v. 21.5.2008 über bestimmte Aspekte der Mediation in Zivil- und Handelssachen, ABl. Nr. L 136 S. 3.
14 RL 2003/8/EG v. 27.1.2003 zur Verbesserung des Zugangs zum Recht bei Streitsachen mit grenzüberschreitendem Bezug durch Festlegung gemeinsamer Mindestvorschriften für die Prozesskostenhilfe in derartigen Streitsachen, ABl. Nr. L 26, S. 41, ber. ABl. Nr. L 32, S. 15.
15 OLG Sachsen-Anhalt, 21.6.2013 – 10 U 49/12, juris-Rdn. 28.
16 *Hess* FS Lindacher, 53, 56.
17 *Hau* GS Wolf, 409, 416.
18 Missverständlich BGH, NJW-RR 2018, 290, 291 Rdn. 20.
19 OLG Celle, 30.10.2013 – 18 UF 208/12, juris-Rdn. 28 ff.; *Spellenberg* FS Kerameus, 2009, 1307, 1310 ff.

reich nach § 66 Abs. 1, § 68 JN). Hat eine Partei mehrere Wohnsitze, so genügt der, auf den es ankommt.[20] Die Beweislast richtet sich nach der *lex fori*.

5 Da die Anwendung der Brüssel Ia-Zuständigkeiten grundsätzlich voraussetzt, dass der Beklagte seinen Wohnsitz in einem Mitgliedstaat hat (Art. 5 f.), kommt Art. 62 schon bei der Prüfung ihres **räumlich-persönlichen Anwendungsbereichs** ins Spiel.[21] Dabei gilt amtswegige Prüfung gemäß Art. 27 f.[22] Art. 62 Abs. 2 sperrt den Rückgriff auf § 16 ZPO, wenn ein inländischer Wohnsitz nicht festgestellt werden kann.[23]

6 Stellt sich am Ende heraus, dass überhaupt **kein aktueller Wohnsitz des Beklagten** festgestellt werden kann (weder in einem Mitgliedstaat noch in einem Drittstaat), so kann nach dem EuGH im Sinne des Justizgewährungsanspruchs des Klägers der zuletzt bekannte Wohnsitz in einem Mitgliedstaat ausreichen, um die Brüssel Ia-VO anzuwenden.[24] Damit hat der EuGH immerhin eine verordnungsautonome Ersatzbestimmung geschaffen, die mitgliedstaatliche Ersatzregelungen (wie etwa § 16 ZPO)[25] verdrängt.

7 Ob ein **beschränkt Geschäftsfähiger** (etwa Minderjähriger) einen Wohnsitz begründen kann, ist nicht als Aspekt der Geschäftsfähigkeit zu qualifizieren (also nicht nach dem Personalstatut zu ermitteln), sondern eine Frage des über Art. 62 zu bestimmenden Wohnsitzstatuts[26] (in Deutschland: §§ 8, 11 BGB; in Österreich: §§ 71, 66 Abs. 1 JN). Die Vorfrage, ob die Person beschränkt geschäftsfähig ist, ist allerdings selbstständig nach dem Personalstatut anzuknüpfen (Art. 7 EGBGB; § 12 öIPRG).

8 Durch die Unterschiedlichkeit der nationalen Wohnsitzkonzepte kann es zur **Wohnsitzhäufung** oder zu **Wohnsitzlücken** kommen, wenn etwa eine Rechtsordnung objektive, die andere aber subjektive Aspekte betont.[27] Soweit ein Gerichtsstand an den Wohnsitz anknüpft, kann es dann zu Kompetenzkonflikten kommen. Der sich aus einer mehrfachen Wohnsitzzuständigkeit nach Art. 4 ergebende positive Kompetenzkonflikt ist mit den allgemeinen Instrumentarien zu bewältigen (zunächst Wahl des Klägers bzw. Gelegenheit zum *forum shopping* und im Fall paralleler Verfahren Art. 29 ff.).[28] Sieht das Recht jedes betroffenen Mitgliedstaats den Wohnsitz hingegen im jeweils anderen Staat, so kann es in Einzelfällen einen sog. negativen Kompetenzkonflikt geben, der jedenfalls dann misslich ist, wenn in keinem dieser Staaten eine konkurrierende Zuständigkeit nach Art. 7 ff. eröffnet ist, die sich ggf. erweitern ließe. Unter den verschiedenen Vorschlägen[29] zur Füllung dieser Lücke ist der hilfsweise Rückgriff auf den gewöhnlichen Aufenthalt[30] sicherlich am meisten auf der Höhe der Zeit, was der EuGH per Vorabentscheidung aber klären müsste.

9 Für die Brüssel Ia-VO kommt es nur darauf an, ob ein Wohnsitz in einem Mitgliedstaat besteht oder nicht (Art. 6 Abs. 1, Art. 21 Abs. 2); in welchem **Drittstaat** ein Wohn-

---

20 Stein/Jonas/*Wagner* Art. 59 EuGVVO Rdn. 9.
21 Rauscher/*Staudinger* Art. 62 Brüssel Ia-VO Rdn. 2.
22 Rauscher/*Staudinger* Art. 62 Brüssel Ia-VO Rdn. 3.
23 OLGR Köln 2008, 98.
24 EuGH 17.11.2011 C-327/10 EU:C:2011:745 – Hypoteční/Lindner, Rdn. 36 ff. (vorerst beschränkt auf den Fall, dass der Beklagte die Verpflichtung hatte, seinem Vertragspartner jede Adressänderung mitzuteilen), m. Anm. *Grimm* GPR 2012, 87, 88.
25 OLGR Hamm 2006, 206.
26 Rauscher/*Staudinger* Art. 62 Brüssel Ia-VO Rdn. 5; MünchKomm/*Gottwald* Art. 62 VO 1215/2012 Rdn. 12. Anders noch ganz früher Art. 52 Abs. 3 EuGVÜ, *Jenard*-Bericht, ABl. EG 1979 Nr. C 59/1, 17.
27 *Hau* GS Wolf, 409, 420.
28 MünchKomm/*Gottwald* Art. 62 VO 1215/2012 Rdn. 7.
29 Für Annahme der Rückverweisung durch die *lex fori* Schlosser/*Hess* Art. 62 EuGVVO Rdn. 4. Für Eröffnung einer ungeschriebenen Notzuständigkeit *Erecinski/Weitz* FS Kaissis, 2012, 187, 192 f. mwN.
30 *Kropholler/von Hein* Art. 59 EuGVO Rdn. 9; Stein/Jonas/*Wagner* Art. 59 EuGVVO Rdn. 20. Für Nachw. ins frz. Recht *Hess* FS Lindacher, 53, 58 Fn. 35.

sitz besteht, ist für ihre Anwendung unerheblich, so dass sich Art. 62 insoweit zurückhält.

III. Rechtsvergleichende Hinweise

Das Recht des Vereinigten Königreichs kennt keinen Wohnsitz im Sinne des kontinentaleuropäischen Konzepts, sondern anstatt dessen das „**domicile**". Sofern nach Art. 62 also das englische, walisische, schottische oder nordirische Recht gilt, sind die Bestimmungen über das *domicile* heranzuziehen, die für den Rechtsverkehr in Zivil- und Handelssachen eigens in s. 41ff. des Civil Jurisdiction and Judgment Act 1982[31] geregelt sind.[32] 10

Artikel 63

(1) Gesellschaften und juristische Personen haben für die Anwendung dieser Verordnung ihren Wohnsitz an dem Ort, an dem sich
a) ihr satzungsmäßiger Sitz,
b) ihre Hauptverwaltung oder
c) ihre Hauptniederlassung befindet.

(2) Im Falle Irlands, Zyperns und des Vereinigten Königreichs ist unter dem Ausdruck „satzungsmäßiger Sitz" das *registered office* oder, wenn ein solches nirgendwo besteht, der *place of incorporation* (Ort der Erlangung der Rechtsfähigkeit) oder, wenn ein solcher nirgendwo besteht, der Ort, nach dessen Recht die *formation* (Gründung) erfolgt ist, zu verstehen.

(3) Um zu bestimmen, ob ein Trust seinen Sitz in dem Mitgliedstaat hat, bei dessen Gerichten die Klage anhängig ist, wendet das Gericht sein Internationales Privatrecht an.

Schrifttum

Olano Der Sitz der Gesellschaft im Internationalen Zivilverfahrens- und Insolvenzrecht der EU und der Schweiz, Diss. Basel 2004; *Ringe* „Überseering im Verfahrensrecht" – Zu den Auswirkungen der EuGH-Rechtsprechung zur Niederlassungsfreiheit von Gesellschaften auf das Internationale Zivilprozessrecht, IPRax 2007, 388; *Thole* Die internationale Zuständigkeit deutscher Gerichte bei Klagen gegen Scheinauslandsgesellschaften, IPRax 2007, 519; *Wagner* Scheinauslandsgesellschaften im Europäischen Zivilprozessrecht, in: Lutter (Hg.), Europäische Auslandsgesellschaften in Deutschland, 2005, S. 223.

Übersicht

I. Einführung
   1. Überblick —— 1
   2. Im Zusammenhang stehende Vorschriften —— 3
   3. Entstehungsgeschichte —— 4
   4. Einfluss auf die örtliche Zuständigkeit —— 5

II. Inhalt der Regelung
   1. Absatz 1 —— 6
   2. Trusts (Absatz 3) —— 13

---

31 1982 c. 27. An die Brüssel Ia-VO angepasst durch die Civil Jurisdiction and Judgments (Amendment) Regulations 2014 (2014 No. 2947).
32 Näher *Dicey/Morris/Collins* The Conflict of Laws, 15. Aufl. 2012, Chapter 6.

I. Einführung

1. Überblick. Art. 63 Abs. 1 und 2 sehen eine Definition des Sitzes vor, die immer dann zugrunde zu legen ist, wenn eine Brüssel Ia-Vorschrift auf den „Wohnsitz" einer Partei abstellt und diese Partei eine Gesellschaft oder juristische Person ist (bspw. Art. 4 ff., aber auch Art. 39 ff.); für natürliche Personen gilt Art. 62. Im Gegensatz zu Art. 62 wählt Art. 63 Abs. 1 und 2 einen **verordnungsautonomen Ansatz**, was die Rechtslage berechenbarer macht. Art. 63 Abs. 1 und 2 legen also für alle Mitgliedstaaten fest, wo eine Gesellschaft oder eine juristische Person für die Zwecke der Verordnung ihren Sitz hat, ohne dass es dafür auf das Recht der Mitgliedstaaten ankommt.[1]

Für die Verortung eines Trusts sieht Art. 63 Abs. 3 hingegen eine **kollisionsrechtliche Lösung** vor, anders als bei Art. 62 aber keine Sachnorm-, sondern eine sog. Gesamtverweisung; Absatz 3 beruft also das Kollisionsrecht des relevanten Mitgliedstaats (erst dieses entscheidet, nach welchem Recht sich der Sitz des Trusts bestimmt).

2. Im Zusammenhang stehende Vorschriften. Art. 17 Abs. 2 erweitert Art. 63 für den Verbrauchergerichtsstand (insb. Art. 18 Abs. 1 Var. 1), indem er eine (Zweig-)Niederlassung oder Agentur eines Unternehmens, das seinen Sitz nach Art. 63 an sich in einem Drittstaat hat, als Sitz innerhalb eines Mitgliedstaats fingiert.[2] Neben dem allgemeinen Gerichtsstand aus Art. 4, 63 gibt es noch einen besonderen Gerichtsstand für Streitigkeiten aus dem Betrieb einer Zweigniederlassung, einer Agentur oder einer sonstigen Niederlassung im jeweiligen Mitgliedstaat.[3] Art. 24 Nr. 2 Satz 2 ordnet für den von ihm geregelten Gerichtsstand eine Art. 63 vorrangige Sitzbestimmung über eine kollisionsrechtliche Gesamtverweisung an.[4] Wie im Fall von Art. 62 (dort Rdn. 2) verweisen auch andere europäische Rechtsakte auf Art. 63 (vgl. etwa Art. 4 Nr. 15 EuKontPfVO; Art. 3 Abs. 2 EuMahnVO/EuBagatellVO, Art. 2 Abs. 3 Mediations-Richtlinie).[5]

3. Entstehungsgeschichte. Die Muttervorschrift (Art. 53 EuGVÜ) sah noch eine Lösung vor, wie sie heute nur noch für Trusts gilt (Art. 63 Abs. 3), nämlich eine Verweisung auf das Internationale Privatrecht der Mitgliedstaaten, das durch den Gegensatz von Sitz- und Gründungstheorie geprägt war;[6] die Zeit für eine EuGVÜ-weit einheitliche Lösung war damals noch nicht reif.[7] Erst Art. 60 Brüssel I-VO führte die heutige Lösung ein.[8]

4. Einfluss auf die örtliche Zuständigkeit. Art. 4 Brüssel Ia-VO regelt nur die internationale, nicht die örtliche Zuständigkeit.[9] Da § 17 ZPO wesentlich enger als Art. 63 Brüssel Ia-VO ist,[10] kann es dort aber zu einem Normenmangel kommen. Dieser ist aufzu-

---

1 BGH NJW-RR 2018, 290, 291.
2 *Mankowski* RIW 2014, 625, 627.
3 *Wagner* in Lutter, 223, 254 ff.
4 *Ringe* IPRax 2007, 388, 391 ff.; *Kindler* NZG 2010, 576, 577.
5 RL 2008/52/EG v. 21.5.2008 über bestimmte Aspekte der Mediation in Zivil- und Handelssachen, ABl. Nr. L 136 S. 3.
6 Näher *Wagner* in Lutter, 223, 242 ff.
7 *Jenard*-Bericht, ABl. EG 1979 Nr. C 59/1, 57; *Schnyder* FS Schütze, 1999, 767, 768 ff.
8 KOM(1999) 348, S. 27; Art. 63 Abs. 3 wurde (damals als Art. 53 Abs. 2) mit dem Beitritt des Vereinigten Königreichs zum EuGVÜ eingefügt, 1. Beitrittsübereinkommen 1978, ABl. EG 1978 L 304/1 (zur Brüssel I-VO: KOM(2000) 689, S. 2 f.).
9 MünchKomm/*Gottwald* Art. 4 VO 1215/2012 Rdn. 3.
10 *v. Hein* IPRax 2008, 112, 113 f.

lösen, indem die Sitzdefinition von Art. 63 auch auf Ebene der örtlichen Zuständigkeit angewandt wird (vgl. § 17 Abs. 1 S. 2 „wenn sich nichts anderes ergibt").[11]

II. Inhalt der Regelung

1. Absatz 1. Der Begriff der Gesellschaft erfasst auch Personenzusammenschlüsse, die nicht vollrechtsfähig sind, solange sie als solche verklagt werden können, also passiv **parteifähig** sind.[12] Mit der juristischen Person sind nicht nur die Kapitalgesellschaften, sondern auch Stiftungen und Vereine erfasst.[13] Art. 63 hat keinen Einfluss darauf, ob ausländische Gesellschaften oder juristische Personen am Gerichtsort als (teil-)rechtsfähige Parteien anerkannt werden; das bestimmt sich nach dem am Forum geltenden – freilich selbst europarechtlich beeinflussten – Internationalen Privatrecht.[14] 6

Die Kriterien für die Sitzbestimmung stehen im Verhältnis der **Alternativität** (vgl. lit. b „oder"); die damit verbundene **Erweiterung der allgemeinen Gerichtspflichtigkeit** von Gesellschaften im Brüssel Ia-Raum (Art. 4) ist gewollt.[15] Befinden sich die verschiedenen Anknüpfungen in mehreren Mitgliedstaaten, ist eine Verdoppelung oder Verdreifachung des allgemeinen Gerichtsstands möglich, wobei der Kläger einen wählen darf.[16] Durch diese Multiplikation sind Zuständigkeitskonflikte nicht ausgeschlossen,[17] wobei Parallelprozesse immerhin durch Art. 29 ff. vermieden werden. Die Parteien können aber durch Gerichtsstandsvereinbarung (Art. 25) Rechtssicherheit schaffen, indem sie sich auf einen oder mehrere ausschließliche Gerichtsstände verständigen. 7

Wegen der Alternativität der Anknüpfungen ist eine **Scheinauslandsgesellschaft** über Art. 4, 63 auch in dem Mitgliedstaat allgemein gerichtspflichtig, auf den ihr Satzungssitz verweist, selbst wenn sie dort keine Tätigkeit ausübt.[18] Da die Anwendung des Brüssel Ia-Zuständigkeitsrechts keinen Bezug zu einem weiteren Mitgliedstaat voraussetzt, gilt Art. 63 auch für Scheinauslandsgesellschaften, die in Drittstaaten inkorporiert sind: diese sind dann jedenfalls in dem Mitgliedstaat gerichtspflichtig, in dem sie ihre Hauptverwaltung haben. Über ihre Gerichtspflichtigkeit im Drittstaat entscheidet dessen Rechtsordnung: Soweit diese an den Satzungssitz anknüpft, ist also auch eine solche Gesellschaft sowohl im Mitgliedstaat der Hauptverwaltung als auch im Drittstaat allgemein gerichtspflichtig.[19] 8

Die Anknüpfungsmomente wurden bewusst in Anlehnung an das europäische Primärrecht gewählt[20] und sollen daher wie dort auszulegen sein (heute: Art. 54 Abs. 1 AEUV; zuvor: Art. 48 EGV-Nizza).[21] Zu beachten ist aber die gegenüber dem Primärrecht eigene Zwecksetzung von Art. 63, der nicht fragt, welcher Gesellschaft die europäische Niederlassungs*freiheit* zusteht, sondern danach, welche Gesellschaft gerichts*pflichtig* ist (was nach Rdn. 7 eher umfangreich gewollt ist).[22] 9

---

11 *Wagner* in Lutter, 223, 251. Ähnlich *Ringe* IPRax 2007, 388, 390 f.; *Thole* IPRax 2007, 519, 523 f.
12 *Jenard*-Bericht, ABl. EG 1979 Nr. C 59/1, 57; *Thole* IPRax 2007, 519, 520; *Kropholler/von Hein* Art. 60 EuGVO Rdn. 1. Vgl. etwa § 50 Abs. 2 ZPO.
13 *Jenard*-Bericht, ABl. EG 1979 Nr. C 59/1, 57.
14 Rauscher/*Staudinger* Art. 63 Brüssel Ia-VO Rdn. 4; *Wagner* in Lutter, 223, 226 ff.
15 *Kropholler/von Hein* Art. 60 EuGVO Rdn. 2. Für die Vereinbarkeit mit der primärrechtlichen Niederlassungsfreiheit *Ringe* IPRax 2007, 388, 390.
16 BGH NJW-RR 2018, 290, 291; Stein/Jonas/*Wagner* Art. 60 EuGVVO Rdn. 4.
17 Zum Ziel, sie durch die einheitliche Definition zu vermeiden, KOM(1999) 348, S. 27.
18 BGH NJW-RR 2018, 290, 291 f.
19 *Wagner* in Lutter, 223, 252.
20 KOM(1999) 348, S. 27.
21 BGH NJW-RR 2018, 290, 291; BAG NJW 2008, 2797, 2798; Rauscher/*Staudinger* Art. 63 Brüssel Ia-VO Rdn. 1.
22 *Olano* S. 92.

10 Danach gilt, dass der **satzungsmäßige Sitz (lit. a)** der formal im Gesellschaftsvertrag genannte ist, selbst wenn dort keine Geschäftstätigkeit ausgeübt wird (und selbst wenn dies nach dem nationalen Gesellschaftsrecht unzulässig wäre).[23] Absatz 2 trifft eine Sonderregelung für in Rechtsordnungen wie Irland, Zypern oder das Vereinigte Königreich inkorporierte Gesellschaften, die keinen „satzungsmäßigen Sitz" kennen und deren Gesellschaftsverträge diesen dann auch nicht notwendigerweise vorsehen.[24] An die Stelle des satzungsmäßigen Sitzes tritt für solche Gesellschaften dann das *registered office* oder – jeweils subsidiär – eines der anderen in Absatz 2 genannten Anknüpfungsmomente. Art. 63 Abs. 1 lit. b und c gelten auch für solche Gesellschaften.

11 Die **Hauptverwaltung** befindet sich an dem Ort, wo die Willensbildung und die unternehmerische Leitung der Gesellschaft erfolgt.[25] Das korreliert meist mit dem Sitz der Organe und ist unabhängig davon, ob dieser förmlich als Niederlassung registriert ist oder ob dort ein Großteil der Geschäftstätigkeit ausgeübt wird.[26] Buchhaltung, Korrespondenz, Vertrieb u.ä. gelten als sekundäre Verwaltungsaufgaben, die auf die Willensbildung und die unternehmerische Leitung keinen erheblichen Einfluss haben und daher für die Bewertung eines Betriebs als Hauptverwaltung nicht erforderlich sind.[27]

12 Die **Hauptniederlassung** liegt in dem Mitgliedstaat, von dem aus die Gesellschaft mit dem Markt in Kontakt tritt und den Großteil ihres nach außen gerichteten Geschäftsverkehrs tätigt („tatsächlicher" Sitz der Gesellschaft).[28] Hier sind Personal und Sachmittel der Gesellschaft in erheblichem Maß konzentriert.[29]

13 **2. Trusts (Absatz 3).** Abs. 3 verweist für die (für Art. 7 Nr. 6 erforderliche) Bestimmung des Sitzes eines Trusts auf das internationale Privatrecht des angerufenen Gerichts. Erst dieses bestimmt die Rechtsordnung, die festlegt, wo der Trust zu verorten ist.[30] Dafür müssten im Wege der Qualifikation zunächst die einschlägigen Regeln des internationalen Privatrechts ermittelt werden, da Trusts vielfältige Gebilde mit unterschiedlichen Zwecken sind und verschiedene Sachbereiche wie u.a. das Vertrags-, Sachen-, Erb-[31] oder Gesellschaftsrecht berühren können.[32] Trifft das hierüber ermittelte Truststatut aber keine Aussage zum Sitz des Trusts, wird vorgeschlagen, auf den Sitz des *trustee* abzustellen oder subsidiär auf den Ort der Belegenheit der Verwaltungsunterlagen.[33] All das kann dadurch vereinfacht werden, dass in die Trust-Bedingungen eine ausschließliche Gerichtsstandsvereinbarung aufgenommen wird (Art. 25 Abs. 3, 4).

---

23 BGH NJW-RR 2018, 290, 291 f.; *Kropholler/von Hein* Art. 60 EuGVO Rdn. 2. **A.A.** *Olano* S. 91–95, der nicht jeden nur formell gewählten Sitz akzeptieren will.
24 Stein/Jonas/*Wagner* Art. 60 EuGVVO Rdn. 20.
25 BGH NJW-RR 2008, 551, 552; BAG NJW 2008, 2797; BAG NZA-RR 2010, 604, 606.
26 Rauscher/*Staudinger* Art. 63 Brüssel Ia-VO Rdn. 1.
27 BAG NJW 2008, 2797, 2799; BAG NZA-RR 2010, 604, 606.
28 BAG NZA-RR 2010, 604, 606.
29 BAG NZA-RR 2010, 604, 606; LG Nürnberg-Fürth NJW-RR 2009, 1655; *Olano* S. 109; *Thole* IPRax 2007, 519, 522.
30 Das englische Recht sieht dazu vor: „A trust is domiciled in a part of the United Kingdom if and only if the system of law of that part is the system of law with which the trust has its closest and most real connection." (The Civil Jurisdiction and Judgments Order 2001, Schedule 1 § 12); Stein/Jonas/*Wagner* Art. 60 EuGVVO Rdn. 22.
31 Das könnte dann auch die Frage betreffen, ob überhaupt der sachliche Anwendungsbereich der Brüssel Ia-VO eröffnet ist (Art. 1 Abs. 2 lit. f).
32 MünchKomm-BGB/*Wendehorst* Art. 43 EGBGB Rdn. 48 ff. Zum EuGVÜ: *Conrad* Qualifikationsfragen des Trust im Europäischen Zivilprozeßrecht, 2001.
33 *Schlosser/Hess* Art. 63 EuGVVO Rdn. 7.

Artikel 64

Unbeschadet günstigerer innerstaatlicher Vorschriften können Personen, die ihren Wohnsitz im Hoheitsgebiet eines Mitgliedstaats haben und die vor den Strafgerichten eines anderen Mitgliedstaats, dessen Staatsangehörigkeit sie nicht besitzen, wegen einer fahrlässig begangenen Straftat verfolgt werden, sich von hierzu befugten Personen vertreten lassen, selbst wenn sie persönlich nicht erscheinen. Das Gericht kann jedoch das persönliche Erscheinen anordnen; wird diese Anordnung nicht befolgt, so braucht die Entscheidung, die über den Anspruch aus einem Rechtsverhältnis des Zivilrechts ergangen ist, ohne dass sich der Angeklagte verteidigen konnte, in den anderen Mitgliedstaaten weder anerkannt noch vollstreckt zu werden.

Schrifttum

Mankowski Zivilverfahren vor Strafgerichten und die EuGVVO, FS Machacek/Matscher, 2008, S. 785; *Schoibl* Adhäsionsverfahren und Europäisches Zivilverfahrensrecht, FS Sprung, 2001, S. 321.

Vorgängervorschriften von Art. 64 sind die wortgleichen Art. 61 Brüssel I-VO/LugÜ **1** und Art. II des Protokolls zum EuGVÜ.[1]

Art. 64 HS. 1 statuiert ein Recht, sich ohne persönliches Erscheinen vor den Strafge- **2** richten eines Vertragsstaats verteidigen zu dürfen, wenn in dem Verfahren neben der strafrechtlichen Anklage zugleich die zivilrechtliche Haftung aus der Straftat verhandelt wird.[2] Er gewährleistet damit einen **Mindeststandard** an Verfahrensfairness und verhindert, dass der Angeklagte, um zivilrechtliche Nachteile zu vermeiden, sich der strafrechtlichen Verfolgung im Ausland (mit dem Risiko der Inhaftierung) aussetzen müsste, obwohl ihn sein Heimatland nicht ausliefern würde.[3]

Art. 64 steht dabei im Zusammenhang mit Art. 7 Nr. 3. Dieser eröffnet für das **Adhä- 3 sionsverfahren** eine internationale Zuständigkeit für zivilrechtliche Ansprüche bei dem Strafgericht, zu dem Anklage erhoben wurde, und ergänzt dabei das Brüssel Ia-Zuständigkeitssystem mit den strafrechtlichen Zuständigkeiten der Mitgliedstaaten (etwa durch Gerichtsstände am Wohnsitz des Opfers).[4] Will ein solchermaßen im Ausland strafrechtlich verfolgter und zugleich zivilrechtlich in Haftung genommener Angeklagter das Strafverfahren vermeiden (etwa weil er auf ein Strafverfahren im Inland besteht oder sich hierzulande nicht strafrechtlich zu verantworten hätte), so würde ihm infolge der Adhäsion auch eine zivilrechtliche Verurteilung in Abwesenheit drohen, die über die Brüssel Ia-Regeln in seiner Heimat vollstreckt werden könnte. Das ist dann unbillig, wenn sich der Angeklagte nicht verteidigen konnte (etwa weil infolge Missachtung des persönlichen Erscheinens nicht einmal sein Prozessvertreter gehört wurde).[5] Hier setzt Art. 64 HS. 1 an, indem er zwar neben dem Recht auch die Obliegenheit schafft, einen Prozessvertreter zu benennen, andererseits aber **von der Last befreit, persönlich zu**

---

1 ABl. EG 1998 Nr. C 27, S. 24.
2 EuGH 28.3.2000 C-7/98 EU:C:2000:164 – Krombach/Bamberski, Rdn. 41.
3 *Mankowski* FS Machacek/Matscher, 2008, 785, 792f.; *Schoibl* FS Sprung, 2001, 321, 330.
4 *Hau* EWiR 2000, 441, 442 spricht insoweit von einem „Freibrief".
5 So geschehen im Fall von EuGH 28.3.2000 C-7/98 EU:C:2000:164 – Krombach/Bamberski nach damaligem frz. Strafprozessrecht (dazu *Schoibl* FS Sprung, 2001, 321, 331) auf Vorlage von BGH IPRax 1998, 205 m. Anm. *Piekenbrock* ebd. 177.

erscheinen.⁶ Art. 64 HS. 2 sichert diese Befreiung ab, indem er den anderen Mitgliedstaaten erlaubt, die Anerkennung oder Vollstreckung des zivilrechtlichen Teils der Entscheidung zu verweigern, wenn das persönliche Erscheinen angeordnet wurde, der Angeklagte dem aber nicht folgen wollte und sich deshalb nicht verteidigen konnte.

4 Art. 64 gilt nicht für jedes Strafverfahren, dessen Entscheidung sich einmal auf ein Zivilverfahren auswirken kann, sondern nur für solche Strafverfahren, bei denen es zugleich oder später auch um die **zivilrechtliche Haftung aus dem Sachverhalt der Straftat** geht.⁷ Art. 64 ist dabei aber nicht auf Art. 7 Nr. 3 beschränkt; die internationale Zuständigkeit des ausländischen Strafgerichts für den zivilrechtlichen Anspruch kann etwa auch aus Art. 7 Nr. 2 folgen.⁸

5 Art. 64 beschränkt den Schutz auf durch Fahrlässigkeit begangene Straftaten sowie auf die Strafverfolgung von Mitgliedstaaten, denen der Angeklagte **nicht angehört**.⁹ Zudem wird die Verweigerung der Anerkennung und Vollstreckung lediglich in das **Ermessen der Gerichte** der Mitgliedstaaten gestellt.¹⁰ Allerdings formuliert Art. 64 ausdrücklich nur einen Mindeststandard und lässt eine im Sinne des Angeklagten **günstigere Regelung durch die Mitgliedstaaten** zu.¹¹ Auch wenn die Vorschrift v.a. auf Straßenverkehrsdelikte abzielte, ist der Begriff der **fahrlässigen Straftat** verordnungsautonom als jede Straftat auszulegen, deren gesetzliche Definition weder ausdrücklich noch nach der Natur des umschriebenen Delikts beim Angeklagten hinsichtlich des strafbaren Verhaltens Vorsatz voraussetzt.¹²

6 Im Hinblick auf die grundrechtliche Bedeutung des Rechts auf eine Verteidigung darf Art. 64 nicht so ausgelegt werden, dass er im Falle einer **vorsätzlichen Straftat** die Anerkennung und Vollstreckung des zivilrechtlichen Anspruchs gebieten würde. Vielmehr kann hier ein Zweitgericht immer noch im Rahmen des *ordre-public*-Vorbehalts (Art. 45 Abs. 1 lit. a) berücksichtigen, dass das ausländische Strafgericht einen Prozessvertreter nur deshalb abgewiesen hat, weil der Angeklagte die Anordnung persönlichen Erscheinens missachtet hat.¹³

Artikel 65

(1) Die in Artikel 8 Nummer 2 und Artikel 13 für eine Gewährleistungs- oder Interventionsklage vorgesehene Zuständigkeit kann in den Mitgliedstaaten, die in der von der Kommission nach Artikel 76 Absatz 1 Buchstabe b und Artikel 76 Absatz 2 festgelegten Liste aufgeführt sind, nur geltend gemacht werden, soweit das einzelstaatliche Recht dies zulässt. Eine Person, die ihren Wohnsitz in einem anderen Mitgliedstaat hat, kann aufgefordert werden, nach den Vorschriften über die Streitverkündung gemäß der genannten Liste einem Verfahren vor einem Gericht dieser Mitgliedstaaten beizutreten.

---

6 *Hau* EWiR 2000, 441, 442.
7 EuGH 26.5.1981 C-157/80 EUGHE 1981, 1391 – Rinkau, Rdn. 20 f.; *Mankowski* FS Machacek/Matscher, 2008, 785, 793.
8 *Mankowski* FS Machacek/Matscher, 2008, 785, 793.
9 Kritisch Rauscher/Staudinger Art. 62 Brüssel Ia-VO Rdn. 1; *Mankowski* FS Machacek/Matscher, 2008, 785, 794 f.
10 Gemeint sind die Gerichte; der Gesetzgeber muss also nicht etwa Art. 64 HS. 2 erst umsetzen, *Kropholler/von Hein* Art. 61 EuGVO Rdn. 3; *Schoibl* FS Sprung, 2001, 321, 332.
11 *Mankowski* FS Machacek/Matscher, 2008, 785, 794.
12 EuGH 26.5.1981 C-157/80 EUGHE 1981, 1391 – Rinkau, Rdn. 16; *Schoibl* FS Sprung, 2001, 321, 332 f.
13 EuGH 28.3.2000 C-7/98 EU:C:2000:164 – Krombach/Bamberski, Rdn. 44.

(2) Entscheidungen, die in einem Mitgliedstaat aufgrund des Artikels 8 Nummer 2 oder des Artikels 13 ergangen sind, werden nach Kapitel III in allen anderen Mitgliedstaaten anerkannt und vollstreckt. Die Wirkungen, welche die Entscheidungen, die in den in der Liste nach Absatz 1 aufgeführten Mitgliedstaaten ergangen sind, gemäß dem Recht dieser Mitgliedstaaten infolge der Anwendung von Absatz 1 gegenüber Dritten haben, werden in den allen Mitgliedstaaten anerkannt.

(3) Die in der Liste nach Absatz 1 aufgeführten Mitgliedstaaten übermitteln im Rahmen des durch die Entscheidung 2001/470/EG des Rates[1] errichteten Europäischen Justiziellen Netzes für Zivil- und Handelssachen („Europäisches Justizielles Netz") Informationen darüber, wie nach Maßgabe ihres innerstaatlichen Rechts die in Absatz 2 Satz 2 genannten Wirkungen der Entscheidungen bestimmt werden können.

Schrifttum

Dätwyler Gewährleistungs- und Interventionsklage nach französischem Recht und Streitverkündung nach schweizerischem und deutschem Recht im internationalen Verhältnis, Diss. St. Gallen 2005; *Geimer* Das Forum interventionis und der natürliche Richter, MDR 2016, 928; *v. Hoffmann/Hau* Probleme der abredewidrigen Streitverkündung im Europäischen Zivilrechtsverkehr, RIW 1997, 89; *Köckert* Die Beteiligung Dritter im internationalen Zivilverfahrensrecht, Diss. Regensburg 2010; *Kraft* Grenzüberschreitende Streitverkündung und Third Party Notice, Diss. Tübingen 1997; *Mansel* Gerichtpflichtigkeit von Dritten: Streitverkündung und Interventionsklage (Deutschland), in: Bajons/Mayr/Zeiler (Hg), Die Übereinkommen von Brüssel und Lugano, Wien 1997, S. 177; *ders.* Gerichtsstandsvereinbarung und Ausschluß der Streitverkündung durch Prozeßvertrag, ZZP 109 (1996) 61; *ders.* Streitverkündung und Interventionsklage im Europäischen internationalen Zivilprozeßrecht, in Hommelhoff/Jayme/Mangold (Hrsg.), Europäischer Binnenmarkt, 1995, 161; *Schlosser* Interventionsklagen in Deutschland? FS Coester-Waltjen, 2015, S. 733; *ders.* Vollstreckung eines französischen Garantieurteils bei gesellschaftsrechtlicher Rechtsnachfolge und andere vollstreckungsrechtliche Fragen des EuGVÜ, IPRax 1995, 362; *v. Paris* Die Streitverkündung im europäischen Interventionsrecht, Diss. Berlin 2011; *Rechberger* Der österreichische Oberste Gerichtshof als (Ersatz-)gesetzgeber, FS Schütze, 1999, 711; *Roth* Zur Überprüfung der Voraussetzungen einer Streitverkündung im Vorprozess (Art. 65 EuGVO), IPRax 2003, 515; *Spellenberg* Drittbeteiligung im Zivilprozeß in rechtsvergleichender Sicht, ZZP 106 (1993), 283; *Stürner* Die erzwungene Intervention Dritter im europäischen Zivilprozess, FS Geimer, 2002, S. 1307.

Übersicht

I. Einführung —— 1
II. Systematik und Entstehungsgeschichte —— 2
III. Gewährleistungs- und Interventionsklagen (Abs. 1 Satz 1, Abs. 2 Satz 1) —— 7
IV. Grenzüberscheitende Streitverkündung (Abs. 1 Satz 2, Abs. 2 Satz 2) —— 9
  1. Anwendungsbereich —— 9
  2. Verkündung des Streits an auslandsansässige Parteien (Absatz 1 S. 2) —— 11
    a) Funktion —— 11
    b) Räumlich-persönlicher Anwendungsbereich —— 12
    c) Ausschluss durch Prozessvertrag —— 13
    d) Prüfung der Voraussetzungen der Streitverkündung —— 14
    e) Missbrauch —— 16
  3. Wirkungen der erfolgten Streitverkündung im Zweitstaat —— 17
    a) Räumlicher Anwendungsbereich —— 18
    b) Gegenstand der Anerkennung —— 19
    c) Anerkennungsverfahren —— 21
    d) Voraussetzungen der Anerkennung —— 23
    e) Wirkung der Streitverkündung auf in anderen Mitgliedstaaten anhängige Prozesse —— 25

---

1 ABl. L 174 vom 27.6.2001, S. 25.

Art. 65 Brüssel Ia-VO —— Kapitel V. Allgemeine Vorschriften

I. Einführung

1   Die Einbeziehung Dritter in einen Zivilprozess, etwa für den Regress, ist in den Mitgliedstaaten unterschiedlich ausgestaltet. Prozessrechte des deutschen Rechtskreises, wie die deutsche oder österreichische[2] ZPO, ermöglichen es, nach Streitverkündung oder Nebenintervention die Wirkungen der Hauptentscheidung auf einen Dritten zu erstrecken, ohne dass er Partei des Rechtsstreits wird. Andere Prozessordnungen, vor allem die romanischen und englischen Prozessrechte, ermöglichen, den Dritten zur Partei des Rechtsstreits zu machen, und sehen eigene Klagen gegen den Dritten am Ort des Hauptprozesses vor (sog. Gewährleistungs- oder Interventionsklagen).[3] Gleichwohl kennen diese Prozessordnungen ebenso Institute, die als Streitverkündung zu qualifizieren sind,[4] während – umgekehrt – in Deutschland mit der von der Rechtsprechung entwickelten Drittwiderklage ein der Interventionsklage vergleichbares Instrument zur Verfügung steht.[5] Art. 65 greift diese Unterschiede auf, Abs. 1 in zuständigkeitsrechtlicher Hinsicht und Abs. 2, was ihre grenzüberschreitende Wirkung angeht. Er weitet die Gerichtspflichtigkeit im Brüssel Ia-Raum deutlich aus, da Dritte in einen Hauptprozess einbezogen werden können, der in einem anderen Mitgliedstaat geführt wird, selbst wenn dort für eine isolierte Klage gegen den Dritten gar keine Zuständigkeit nach der Brüssel Ia-VO bestünde.[6]

II. Systematik und Entstehungsgeschichte

2   Für die Anwendung von Art. 65 muss der sachliche und räumlich-persönliche Anwendungsbereich der Brüssel Ia-VO eröffnet sein (Art. 1 Rdn. 1; Art. 6).[7] Die Sätze 1 von Art. 65 Abs. 1 und 2 betreffen die Zuständigkeit für Gewährleistungs- oder Interventionsklagen und sind gemeinsam mit Art. 8 Nr. 2 oder Art. 13 anzuwenden. Die Sätze 2 von Art. 65 Abs. 1 und 2 betreffen die grenzüberschreitende Streitverkündung.

3   Ein Drittbeteiligungsinstitut ist **als Gewährleistungs- bzw. Interventionsklage zu qualifizieren**, wenn mit der Bindung des Dritten an die Entscheidung des Hauptprozesses auch deren Vollstreckbarkeit für oder gegen den Dritten erreicht werden kann.[8] Für die **Streitverkündung** ist demgegenüber eine Drittbindung ohne Vollstreckbarkeit charakteristisch.

4   Die Sätze 1 von Art. 65 Abs. 1 und 2 sind in der Brüssel Ia-VO bei den allgemeinen Vorschriften platziert, weil sie für zwei verschiedene Gerichtsstände (Art. 8 Nr. 2 und 13) die gleiche Aussage treffen. Demgegenüber erklärt sich die Verortung der Regeln über die Streitverkündung im allgemeinen Teil nur aus dem thematischen Zusammenhang mit der Interventions- und Gewährleistungsklage. Es handelt sich aber um eine **beson-**

---

2   *Rechberger* FS Schütze, 1999, 711, 720 ff.
3   Zu den unterschiedlichen Systemen *Hess*/Pfeiffer/Schlosser, The Brussels I Regulation 44/2001 (Heidelberg-Report), 2008, Rdn. 217 ff.; *Spellenberg* ZZP 106 (1993), 283; *Stürner* FS Geimer, 2002, 1307. Näher zum frz., engl. und US-amerikanischen Recht *Köckert* (2010) S. 29 ff., 76, 87 f.; zum englischen Recht auch *Kraft* (1997) S. 250 ff.
4   *Stürner* FS Geimer, 2002, 1307, 1311.
5   Zu neueren Entwicklungen in der deutschen Rechtsprechung hin zu einer Interventionsklage *Schlosser* FS Coester-Waltjen, 2015, 733. De lege ferenda für die Drittklage in Deutschland *Stürner* FS Geimer, 2002, 1307, 1313; Stein/Jonas/*Wagner* Art. 65 EuGVVO Rdn. 4. Nach *Geimer* IPRax 2002, 69, 74, stehe das Festhalten am Streitverkündungsmodell im grenzüberschreitenden Verkehr in Widerspruch zu Art. 18 AEUV (ebenso Zöller/*ders.* Art. 65 Rdn. 2); dagegen aber *Hess* EuZPR, § 6 Rdn. 90.
6   *Hess* EuZPR, § 6 Rdn. 87.
7   *Köckert* S. 92.
8   Auch zum Folgenden: *Mansel* in Hommelhoff/Jayme/Mangold (Hrsg.) 161, 183 f.; *Köckert* S. 87 f. und 88 f.

dere Regelung für die Streitverkündung, die in den anderen Kapiteln der Brüssel Ia-VO nicht normiert ist (ihre Erwähnung in der dt. Fassung von Art. 13 Abs. 3 beruht auf einem Übersetzungsfehler; in Wirklichkeit ist dort die Regress- bzw. Gewährleistungsklage gemeint, während die Zulässigkeit der Streitverkündung nach der *lex fori* in den Fällen des Art. 13 Abs. 3 aus Art. 65 Abs. 1 S. 2 folgt).[9] Art. 65 Abs. 3 ist wie Art. 75 eine binnenorganisatorische Vorschrift für den Aufbau des EJN.

Art. 65 ist etwas sperrig formuliert, da die Mitgliedstaaten, die grundsätzlich keine **5** Interventions- oder Gewährleistungsklage kennen, abstrakt benannt werden, nämlich unter **Bezugnahme auf die kraft Art. 76 geführte Liste** (über EUR-Lex auffindbar).[10] Die Vorgängervorschrift war Art. 65 Brüssel I-VO. Ihr Wortlaut war klarer, da sie explizit die betroffenen Staaten (damals nur Deutschland, Österreich und Ungarn) benannte. Allerdings hat der heutige Verweis auf die „verordnungsexterne" Liste den Vorteil, dass er eine Aktualisierung erlaubt, ohne die Verordnung ändern zu müssen. Auch in anderer Hinsicht ist die **Neufassung flexibler**: Der mit Art. 65 Abs. 1 Satz 1 Brüssel Ia-VO eingeführte Zusatz („soweit das einzelstaatliche Recht dies zulässt") trägt dem Befund Rechnung, dass viele Rechtsordnungen beide Grundmodelle der Drittbeteiligung kennen (Rdn. 1), und ermöglicht es, die Gewährleistungs- oder Interventionsgerichtsstände in jedem Mitgliedstaat anzuwenden, der hierfür eine entsprechende Klage vorsieht.[11] Art. 65 Abs. 1 Satz 2 weist diese Flexibilität im Wortlaut noch nicht auf, ist aber dennoch auf Streitverkündungsvorschriften aus Mitgliedstaaten anwendbar, die (weil sie grundsätzlich die Interventionsklage kennen) nicht in der Liste aufgeführt sind (Rdn. 10).

Die Parallelvorschrift im **Lugano-Übereinkommen 2007** befindet sich dort in Art. II **6** des 1. Protokolls (i.V.m. Anhang IX zum LugÜ).[12] Im Gegensatz zu den übrigen Vorschriften des LugÜ ist diese Vorschrift anders als seine Brüssel I-Entsprechung konzeptioniert und formuliert. Sie hat allerdings den gleichen Inhalt wie der alte Art. 65 Brüssel I-VO; Art. II Abs. 1 S. 2 des Protokolls meint die Streitverkündung, obwohl in der deutschen Fassung von der „Klage" gegen den Dritten die Rede ist.[13]

III. Gewährleistungs- und Interventionsklagen (Abs. 1 Satz 1, Abs. 2 Satz 1)

Art. 8 Nr. 2 und Art. 13 sehen besondere Zuständigkeiten für gegen Dritte gerichtete **7** Interventions- oder Gewährleistungsklagen (zum Begriff Art. 8 Rdn. 37) vor. Art. 65 Abs. 1 S. 1 stellt klar, dass diese Zuständigkeiten nur gelten, wenn die *lex fori* solche Klagen überhaupt kennt, weil es in die Kompetenz der Mitgliedstaaten fällt, die Art und Weise der Einbeziehung Dritter zu regeln, und weil die Brüssel Ia-VO die verschiedenen Prozessrechte lediglich koordiniert.

Art. 65 Abs. 2 S. 1 verordnet die Freizügigkeit der aus solchen Klagen hervorgehen- **8** den Entscheidungen auch für die Mitgliedstaaten, die diese Klagen nicht kennen.[14] Folglich sind Verurteilungen aus Interventions- oder Gewährleistungsklagen in *allen* Mit-

---

9 *Schlosser/Hess* Art. 13 EuGVVO Rdn. 2; vgl. auch Stein/Jonas/*Wagner* Art. 11 EuGVVO Rdn. 17.
10 Die Dokument-Nr. 32012R1215 führt zur Brüssel Ia-VO, dort unter „Informationen zum Dokument" der folgende Link: „Anzeige aller Dokumente, für die dieser Rechtsakt Rechtsgrundlage ist". Stand Juli 2018 gilt ABl. EU 2015 C-390/10, dort Liste 2 S. 11 (Deutschland [§§ 68 und 72–74 ZPO], Estland, Kroatien, Lettland, Litauen, Ungarn, Österreich, Polen und Slowenien). Gegenüber der ersten Fassung sind – entsprechend früh geäußerter Zweifel (Magnus/*Mankowski* Art. 65 Rdn. 10) – Malta und Zypern also aus der Liste genommen worden.
11 So für die Drittwiderklage dt. Rechts *Schlosser* FS Coester-Waltjen, 2015, 733, 739 ff.
12 Kroatien ist dort bislang noch nicht aufgeführt.
13 Dasser/Oberhammer/*Domej* LugÜ, 2. Aufl. 2011, Art. II Prot. 1 Rdn. 2 mit Fn. 5.
14 *Mansel* IPRax 1995, 362, 363; *Geimer* MDR 2016, 928.

gliedstaaten gem. Art. 36ff. anzuerkennen und zu vollstrecken.[15] Absatz 2 Satz 1 hat dabei v.a. klarstellenden Charakter. Die allgemeinen Anerkennungsvoraussetzungen und -hindernisse bleiben unberührt; ebenso bleibt es bei Art. 45 Abs. 3.[16]

IV. Grenzüberscheitende Streitverkündung (Abs. 1 Satz 2, Abs. 2 Satz 2)

9   **1. Anwendungsbereich.** Art. 65 betrifft nur die Grenzüberschreitung der Streitverkündung. Voraussetzungen und Wirkungen der Streitverkündung richten sich nach dem Recht des Mitgliedstaats, von dem sie ausgeht.[17] Dort kann die Streitverkündung natürlich auch durch staatsvertragliche Normen geregelt sein.[18]

10   Trotz des Bezugs auf die Liste sind Art. 65 Abs. 1 S. 2 und Abs. 2 S. 2 **keine abschließende Regelung**. Auf nicht genannte Streitverkündungsvorschriften eines gelisteten Mitgliedstaats sind sie genauso analog anzuwenden wie auf Streitverkündungsinstrumente aus Mitgliedstaaten, die Interventions- oder Gewährleistungsklagen kennen und daher nicht auf der Liste stehen.[19] In verordnungsautonomer Auslegung des Begriffs der Streitverkündung (Rdn. 3) ist Art. 65 auch auf die Nebenintervention nach § 66 ZPO anzuwenden.[20] Ob die in der Liste von den Mitgliedstaaten ausgedrückte Qualifikation als Streitverkündung i.S.v. Art. 65 (und nicht als Gewährleistungs- oder Interventionsklage) bindend ist,[21] ist seit der Brüssel Ia-Fassung von Art. 65 und ihrem flexiblen, verordnungsautonomen Ansatz zweifelhaft.

2. Verkündung des Streits an auslandsansässige Parteien (Absatz 1 S. 2)

11   **a) Funktion.** Art. 65 Abs. 1 S. 2 lässt zu, dass Dritten, die in einem anderen Mitgliedstaat sitzen, im Hauptprozess nach der *lex fori* (in Deutschland also §§ 72ff. ZPO) der Streit verkündet werden darf, ohne dass für die Ansprüche gegen den Dritten am Ort des Hauptprozesses eine Brüssel Ia-Zuständigkeit gegeben sein müsste.[22]

12   **b)** Der **räumlich-persönliche Anwendungsbereich** von Art. 65 Abs. 1 S. 2 richtet sich zunächst nach dem der Brüssel Ia-Zuständigkeitsvorschriften, also grundsätzlich nach dem Sitz des Beklagten im Hauptprozess. Wenn der Beklagte des Hauptprozesses seinen Sitz in einem Drittstaat hat, beurteilen sich die grenzüberschreitenden Aspekte der Streitverkündung nach dem autonomen internationalen Zivilverfahrensrecht der Mitgliedstaaten.[23] Wenn der Beklagte in einem Mitgliedstaat ansässig ist, kommt Art. 65 Abs. 1 S. 2 ins Spiel.[24] Er sieht dabei einschränkend vor, dass auch der Streitverkün-

---

15   *Köckert* S. 177.
16   *v. Paris* S. 55 f.
17   *Hess* EuZPR, § 6 Rdn. 89; Magnus/*Mankowski* Art. 65 Rdn. 12 u. 13.
18   Zu Interventionsvorschriften im CMR (BGBl. 1961 II, 1120, und 1980 II, 721) und den Anhängen zum COTIF (BGBl. 2002 II 2149) Wieczorek/Schütze/*Mansel* § 68 Rdn. 19.
19   *Mansel* in Hommelhoff/Jayme/Mangold (Hrsg.) 161, 196 f. u. 212; Magnus/*Mankowski* Art. 65 Rdn. 20; *Köckert* S. 90 f. (für die als Streitverkündung zu qualifizierende frz. *intervention forcée mise en cause commun de jugement* und die *intervention volontaire accessoire*).
20   Stein/Jonas/*Wagner* Art. 65 EuGVVO Rdn. 7; *Köckert* S. 89 f.; für das EuGVÜ noch per Analogie *Mansel* in Hommelhoff/Jayme/Mangold (Hrsg.) 161, 200.
21   Bejahend Magnus/*Mankowski* Art. 65 Rdn. 10, 11.
22   *Mansel* in Hommelhoff/Jayme/Mangold (Hrsg.) 161, 187 f.; *Roth* IPRax 2003, 515, 516; Kropholler/ von Hein Art. 6 EuGVO Rdn. 22. **A.A.** (pro Abhängigkeit von der internationalen Zuständigkeit) *v. Paris* S. 125 ff.
23   Dazu Wieczorek/Schütze/*Mansel* § 68 Rdn. 11, 20 ff.
24   Magnus/*Mankowski* Art. 65 Rdn. 12.

dungsempfänger seinen Sitz (Art. 62 f.) in einem anderen Mitgliedstaat haben muss. Das schließt zum einen rein innerstaatliche Fälle aus. Zum anderen bleibt die Entscheidung, ob einer drittstaatsansässigen Person der Streit verkündet werden kann, obwohl für eine Klage gegen sie keine Zuständigkeit bestünde, dem autonomen Verfahrensrecht eines Mitgliedstaats überlassen.[25]

c) Ausschluss durch Prozessvertrag. Eine verbreitete Meinung in der Literatur geht davon aus, dass eine ausschließliche **Gerichtsstandsvereinbarung** es nicht unterbinde, der jeweils anderen Partei außerhalb des vereinbarten Forums den Streit zu verkünden, weil die Streitverkündung keine Zuständigkeit im engeren Sinne voraussetze.[26] Überzeugender ist die Gegenauffassung, da der Streitverkündungsempfänger andernfalls außerhalb des vereinbarten Forums gerichtpflichtig würde (und wegen Art. 65 Abs. 2 S. 2 faktisch gehalten wäre, dort den Rechtsstreit zu führen),[27] was eine Gerichtsstandsvereinbarung nach der Interessenlage gerade verhindern soll.[28] Erkennt man die ausschließende Wirkung der Gerichtsstandsvereinbarung insoweit an, so muss bereits das Erstgericht eine ihm zur Kenntnis gelangte Gerichtsstandsvereinbarung von Amts wegen berücksichtigen und die Zustellung des Verkündungsschriftsatzes ablehnen bzw. analog § 71 ZPO einen Zwischenstreit zulassen, falls es erst durch den Empfänger von der Vereinbarung erfährt (zur sonstigen Prüfpflicht des Erstgerichts Rdn. 14).[29] Die Gerichte des Mitgliedstaats, in dem es gem. Art. 65 Abs. 2 S. 2 auf die Wirkungen einer gleichwohl erfolgten Streitverkündung ankommt, dürfen die ausschließliche Gerichtsstandsvereinbarung wegen Art. 45 Abs. 3 nicht mehr berücksichtigen.[30]

d) Prüfung der Voraussetzungen der Streitverkündung. Die Voraussetzungen der Streitverkündung nach §§ 72 f. ZPO werden im deutschen Recht grundsätzlich erst im Folgeprozess durch das „Zweitgericht" geprüft.[31] Mit dem (vor dem Hintergrund des neuen Art. 65 Abs. 3 inzwischen schwächeren) Argument, dass ein ausländisches Zweitgericht Schwierigkeiten bei der Anwendung deutschen Prozessrechts habe, wird für den internationalen Kontext jedoch gefordert, dass das Erstgericht diese Arbeit übernehme und im Fall eines ausländischen Streitverkündungsempfängers die Zulässigkeit sogleich feststelle.[32] Nach hier vertretener Auffassung gilt: Von Art. 65 wird diese Frage nicht determiniert, so dass jede Prozessordnung dies für sich zu entscheiden hat (zur Ausnahme Rdn. 13).[33] Eine Prüfung durch das Erstgericht wäre aber jedenfalls äußerst kritisch zu sehen, wenn sich der Streitverkündungsempfänger am Hauptprozess nicht beteiligt. Mit

---

25 *v. Paris* S. 71; Zum EuGVÜ: *v. Hoffmann/Hau* RIW 1997, 89, 90. **A.A.** Magnus/*Mankowski* Art. 65 Rdn. 14.
26 *Geimer/Schütze* EuZVR A.1 Art. 23 Rdn. 196; Rauscher/*Mankowski* Art. 25 Brüssel Ia-VO Rdn. 237; Schlosser/*Hess* Art. 25 EuGVVO Rdn. 36.
27 *Mansel* ZZP 109 (1996) 61.
28 *v. Hoffmann/Hau* RIW 1997, 89, 90–92; Stein/Jonas/*Wagner* Art. 65 EuGVVO Rdn. 6; *Kraft* S. 113, 116 ff.; *v. Paris* S. 78–92; *Stürner* FS Geimer, 2002, 1307, 1314. Im Ergebnis ebenso, jedoch *de lege fori*: *Mansel* in: Bajons/Mayr/Zeiler (Hg), S. 177, 196 ff.
29 *v. Hoffmann/Hau* RIW 1997, 89, 94. **A.A.** *Mansel* ZZP 109 (1996) 61, 71 f.
30 *v. Hoffmann/Hau* RIW 1997, 89, 93 f. Anders *Mansel* ZZP 109 (1996) 61, 75, der im Ausschluss der Streitverkündung einen Prozessvertrag sieht, der sich nicht auf die Zuständigkeit, sondern die Zulässigkeit der Streitverkündung auswirke.
31 Stein/Jonas/*Jacoby* § 72 Rdn. 13.
32 *Hess* EuZPR, § 6 Rdn. 89; *v. Hoffmann/Hau* RIW 1997, 89, 92 ff.; Stein/Jonas/*Wagner* Art. 65 EuGVVO Rdn. 12. **A.A.** OLG Köln IPRax 2003, 531; *Roth* IPRax 2003, 515, 516 f.
33 Der Vorschlag der Kommission, das in der Brüssel Ia-VO zu regeln (KOM [2010] 748, S. 58), ist gerade nicht umgesetzt worden.

der neuen Brüssel Ia-VO sollte überlegt werden, die Prüfung der Voraussetzungen der Streitverkündung in das Anerkennungsverfahren zu verlagern, soweit es schon im Erststaat beginnt (§§ 1110 f. ZPO, Art. 53, 37 Abs. 1 lit. b Brüssel Ia-VO). Das würde gewährleisten, dass das Prozessrecht vom damit vertrauten Erstgericht geprüft wird, aber nur dann, wenn es wirklich darauf ankommt. Der Streitverkündungsempfänger müsste dann allerdings zwingend gehört werden (§ 1111 Abs. 1 S. 2 analog mit Ermessensreduktion).

15 Art. 28 Abs. 2 gilt für die Streitverkündung nicht analog, wenn die *lex fori* (wie § 68 HS. 2 Var. 1 ZPO) sicherstellt, dass der Dritte durch Vorgänge vor seinem Beitritt nicht belastet wird.[34]

16 **e) Missbrauch.** Wurde der Hauptprozess nur angestrengt, um den Streitverkündungsempfänger den für diesen international zuständigen Gerichten zu entziehen, ist die Streitverkündung analog Art. 8 Nr. 2 HS. 2[35] unzulässig.[36] Zwar kann in den Fällen, in denen der Folgeprozess schon angestrengt ist oder benötigt wird, kaum von einer „Entziehung" gesprochen werden;[37] übrig bleiben aber die zahlreichen Fälle, in denen im Hinblick auf die Anerkennung der Interventionswirkungen ein Folgeprozess *de facto* nicht mehr nötig ist.[38]

17 **3. Wirkungen der erfolgten Streitverkündung im Zweitstaat.** Absatz 2 Satz 2 sieht eine Anerkennung von Streitverkündungswirkungen in allen anderen Mitgliedstaaten vor. Die Wirkungen einer im deutschen Verfahren erfolgten Streitverkündung gemäß der §§ 74, 68 ZPO werden im ausländischen Folgeprozess also anerkannt, und zwar unabhängig davon, ob sie auf einem Beitritt des Verkündungsempfängers (§§ 74 Abs. 1, 68 ZPO), allein auf der Streitverkündung (§ 74 Abs. 3, 68 ZPO) oder auf § 72 Abs. 3 ZPO[39] beruhen.[40] Das kann für die nicht beteiligte ausländische Partei, die die Dimension der Wirkungen der deutschen Streitverkündung bis dahin ggf. nicht erkannt hat, durchaus gefährlich sein.[41] Damit eine solche Anerkennung in der Praxis leichter funktioniert,[42] sollen die Mitgliedstaaten nach Abs. 3 Informationen über die Streitverkündungswirkungen für das EJN bereitstellen.

18 **a) Räumlicher Anwendungsbereich.** Anders als für Absatz 1 Satz 2 ist für Absatz 2 S. 2 nicht der Sitz des Streitverkündungsempfängers maßgeblich, sondern, entsprechend den Art. 36 ff., die Herkunft der Entscheidung aus einem Mitgliedstaat, deren Anerkennung in einem anderen Mitgliedstaat begehrt wird.[43] Die Anerkennung von Interventionswirkungen drittstaatlicher Entscheidungen bestimmt sich nach dem autonomen Verfahrensrecht der Mitgliedstaaten.[44]

---

34 Wieczorek/Schütze/*Mansel* § 72 Rdn. 12.
35 Beachte die exaktere Formulierung im englischen Text von Art. 8.
36 Magnus/*Mankowski* Art. 65 Rdn. 15; *Kraft* S. 113; *v. Paris* S. 75 f.; dagegen *Mansel* ZZP 107 (1996), 61, 74.
37 *Mansel* ZZP 109 (1996) 61, 74.
38 *v. Paris* S. 75 f.; allg. *Hess* EuZPR, § 6 Rdn. 90.
39 öOGH 20.1.2004 4 Ob 252/03t (zur Wirkung einer StrVerk. dt. Rechts in Österreich).
40 *Roth* IPRax 2003, 515, 516.
41 *Mansel* in Hommelhoff/Jayme/Mangold (Hrsg.) 161, 163.
42 Zu den dabei auftretenden Problemen *Hess*/Pfeiffer/Schlosser, The Brussels I Regulation 44/2001 (Heidelberg-Report), 2008, Rdn. 230 f.
43 Schon zum EuGVÜ: *Mansel* in Hommelhoff/Jayme/Mangold (Hrsg.) 161, 213 f.
44 Wieczorek/Schütze/*Mansel* § 68 Rdn. 26, 32; *Götze* Vouching In und Third-Party Practice, Diss. Freiburg 1993, 121 ff.

b) Gegenstand der Anerkennung ist die Entscheidung eines Mitgliedstaats und dabei deren Bindungswirkung für einen Dritten, die nach dem Recht des Mitgliedstaats aus einem freiwilligen Beitritt oder einer Streitverkündung resultiert (**Interventionswirkung**).[45] Absatz 2 S. 2 ist im Grunde deklaratorischer Natur, da solche Wirkungen ohnehin nach Art. 36 ff. anerkennungsfähig wären.[46]

Entsprechend dem anerkennungsrechtlichen Grundsatz der **Wirkungserstreckung**[47] sind die Interventionswirkungen so anzuerkennen, wie sie das ausländische Recht vorsieht, unabhängig davon, ob der Zweitstaat solche Wirkungen kennt oder ob sie weniger weit oder weiter als vergleichbare Interventionswirkungen des Zweitstaats reichen.[48] Weitreichendere Wirkungen können keinesfalls dadurch kupiert werden, dass man die Streitverkündung in §§ 68, 74 Abs. 3 ZPO durch ausländische Institute substituiert.[49] Unerheblich ist, ob der Erststaat die Interventionswirkungen materiell- oder prozessrechtlich ausgestaltet.[50]

c) Anerkennungsverfahren. Art. 65 unterwirft die Interventionswirkungen grundsätzlich der verfahrensrechtlichen Anerkennung, die sich nach Art. 36 ff. richtet.[51] Das Formular aus Art. 37 Abs. 1 lit. b, 53 berücksichtigt die Streitverkündung nicht, lässt aber ggf. unter Punkt 4.6.3. („sonstige Entscheidungsarten") Angaben zur Streitverkündung zu; dafür ist der Streitverkündungsempfänger analog § 1111 Abs. 1 S. 2 ZPO anzuhören (Rdn. 14).

Bei der Ermittlung der Voraussetzungen und Wirkungen der ausländischen Rechtsinstitute durch das Zweitgericht will das EJN eine Hilfe leisten (Abs. 3), was aber nichts daran ändert, dass sie wie ausländisches Recht zu ermitteln sind (in Deutschland: § 293 ZPO). Zur Prüfung von Voraussetzungen und Feststellung der Wirkungen bereits im Erststaat beachte aber Rdn. 14 und 21.

d) Voraussetzungen der Anerkennung. Soweit das Erstgericht die Voraussetzungen der Streitverkündung noch nicht festgestellt hat (Rdn. 14), muss das Zweitgericht diese prüfen, und zwar nach dem Recht des Erststaates.

Darüber hinaus ist auf Antrag des Anerkennungsgegners die Anerkennung zu versagen, wenn eines der Hindernisse aus Art. 45 vorliegt. Die Anerkennung ist danach zu versagen, wenn die Interventionswirkung aus besonderen Einzelfallgründen offensichtlich mit dem *ordre public* des Zweitstaates unvereinbar ist (Art. 45 Abs. 1 lit. a), dem Streitverkündungsempfänger analog Art. 45 Abs. 1 lit. b kein rechtliches Gehör gewährt worden ist (Streitverkündungsschrift ist als „gleichwertiges Schriftstück" iSv. lit. b anzusehen)[52] oder die Interventionswirkung mit der Bindungswirkung einer anderen gemäß Art. 45 Abs. 1 lit. c, d vorrangigen Entscheidung unvereinbar ist.[53] Einzig Art. 45 Abs. 1 lit. e ist nicht anwendbar (zu Gerichtsstandsvereinbarungen Rdn. 13).[54] Die Anerkennungsfähigkeit der Entscheidung im Verhältnis der Parteien des Hauptprozesses sollte

---

45 Mansel in Hommelhoff/Jayme/Mangold (Hrsg.) 161, 212 f.
46 Stein/Jonas/*Oberhammer* Art. 33 EuGVVO Rdn. 12.
47 Linke/Hau IZVR, 6. Aufl. 2015, Rdn. 12.6 ff.
48 Rauscher/*Leible* Art. 36 Brüssel Ia-VO Rdn. 11.
49 Mansel in Hommelhoff/Jayme/Mangold (Hrsg.) 161, 210 f.
50 Mansel in Hommelhoff/Jayme/Mangold (Hrsg.) 161, 209 f.
51 Stein/Jonas/*Wagner* Art. 65 EuGVVO Rdn. 9.
52 Mansel in Hommelhoff/Jayme/Mangold (Hrsg.) 161, 218 f.; nicht überzeugend die Bedenken von Köckert S. 191.
53 Roth IPRax 2003, 515, 516; *Köckert* S. 192 f.
54 Mansel in Hommelhoff/Jayme/Mangold (Hrsg.) 161, 222; *Köckert* S. 194.

einzig dann von Bedeutung sein, wenn sie auf Antrag einer der Parteien tatsächlich versagt worden ist oder wenn der *ordre public* verletzt ist.[55]

25   e) Wirkung der Streitverkündung auf in anderen Mitgliedstaaten anhängige Prozesse. Einer selbstständigen Klage gegen den Streitverkündungsempfänger steht die in einem anderen Mitgliedstaat im Hauptprozess erfolgte Streitverkündung nicht entgegen; Art. 29/33 sind nicht anwendbar.[56] Allerdings ist die Streitverkündung für das Gericht der Klage ein Anlass, nach Art. 30/34 die Aussetzung zugunsten des Hauptprozesses zu prüfen.[57]

KAPITEL VI
Übergangsvorschriften

Artikel 66

(1) Diese Verordnung ist nur auf Verfahren, öffentliche Urkunden oder gerichtliche Vergleiche anzuwenden, die am 10. Januar 2015 oder danach eingeleitet, förmlich errichtet oder eingetragen bzw. gebilligt oder geschlossen worden sind.

(2) Ungeachtet des Artikels 80 gilt die Verordnung (EG) Nr. 44/2001 weiterhin für Entscheidungen, die in vor dem 10. Januar 2015 eingeleiteten gerichtlichen Verfahren ergangen sind, für vor diesem Zeitpunkt förmlich errichtete oder eingetragene öffentliche Urkunden sowie für vor diesem Zeitpunkt gebilligte oder geschlossene gerichtliche Vergleiche, sofern sie in den Anwendungsbereich der genannten Verordnung fallen.

Schrifttum

Becker/Müller Intertemporale Urteilsanerkennung und Art. 66 EuGVVO, IPRax 2006, 432; *Czernich/Geimer* Streitbeilegungsklauseln im internationalen Vertragsrecht: Handbuch (2017); *Garber/Neumayr* Europäisches Zivilverfahrensrecht (Brüssel I/IIa u.a.), JbEuR 2013 (2013) 211; *Hau* Brüssel Ia-VO – Neue Regeln für die Anerkennung und Vollstreckung ausländischer Entscheidungen in Zivil- und Handelssachen, MDR 2014, 1417; *von Hein* Die Neufassung der Europäischen Gerichtsstands- und Vollstreckungsverordnung (EuGVVO), RIW 2013, 97; *Hess* Gerichtsstandsvereinbarungen zwischen EuGVÜ und ZPO, IPRax 1992, 358; *ders.* Die intertemporale Anwendung des Europäischen Zivilprozessrechts in den EU-Beitrittsstaaten, IPRax 2004, 374; *Jayme/Kohler* Europäisches Kollisionsrecht 2004: Territoriale Erweiterung und methodische Rückgriffe, IPRax 2004, 481; *Kondring Voraussetzungen, Wirkung,* Wirksamkeit und Rechtswirkung der Zustellung: Eine scheinbar babylonische Begriffsverwirrung um das auf die internationale Zustellung anwendbare Recht. Zugleich ein Beitrag zur entgegenstehenden Rechtshängigkeit, IPRax 2007, 138; *Martiny/Ernst* Der Beitritt Polens zum Luganer Übereinkommen, IPRax 2001, 29; *Mayr* Ab wann ist das Luganer Übereinkommen anzuwenden?, wbl 1996, 381; *Mosser* Kroatien in der EU – Rechtshilfe, Anerkennung und Vollstreckung, RZ 2013, 277; *Neumayr* Grundlegendes zur Brüssel I-Verordnung, vor allem zur internationalen Zuständigkeit, ERA-Forum 2005, 172; *Plavec* Die Abschaffung des Exequaturverfahrens durch die Neufassung der EuGVVO, ecolex 2015, 9; *Rauscher* Intertemporale Anwendung des Art. 21 EuGVÜ, IPRax 1999, 80; *Schoibl* Zum zeitlichen Anwendungsbereich und zum Ratifikationsstand des Brüsseler Übereinkommens und zum Konkurrenzverhältnis der beiden Europäischen Gerichtsstands-

---

[55] Weitergehender, allerdings zum noch anders gestalteten EuGVÜ *Mansel* in Hommelhoff/Jayme/Mangold (Hrsg.) 161, 217.
[56] Für eine *analoge* Anwendung aber *v. Paris* S. 149 ff.
[57] OLGR Karlsruhe 2003, 360 Rdn. 10; zu inländ. Sachverhalt: OLG Hamm NJW-RR 1994, 1343; *Hess* EuZPR, § 6 Rdn. 159.

und Vollstreckungsübereinkommen EuGVÜ – LGVÜ, ÖJZ 2000, 481; *Scholz* Alles neu im Europäischen Zivilprozessrecht? ecolex 2015, 4; *Senoner/Weber-Wilfert* EuGVVO neu – praxisrelevante Aspekte: Neue Regeln für die Zuständigkeit, Anerkennung und Vollstreckung bei Verfahren ab 10.1.2015, RZ 2015, 50; *Sujecki* Zur Anwendbarkeit der EuGVVO in den neuen Mitgliedstaaten der Europäischen Union, EuZW 2012, 288; *Thomale* Brüssel I und die EU-Osterweiterung: Zum raumzeitlichen Anwendungsbereich der EuGVVO, IPRax 2014, 239; *Thorn* Gerichtsstand des Erfüllungsortes und intertemporales Zivilprozessrecht, IPRax 2004, 354; *Wagner* Zum zeitlichen Anwendungsbereich des Lugano-Übereinkommens, ZIP 1994, 81.

Übersicht

I. Allgemeines —— 1
II. Zeitlicher Anwendungsbereich für gerichtliche Verfahren und für in diesen Verfahren ergehende Entscheidungen —— 5
   1. Anwendbarkeit der Zuständigkeitsbestimmungen und die Bestimmungen über die Prüfung der Zuständigkeit —— 5
   2. Anwendbarkeit der Bestimmungen über die Anerkennung und Vollstreckung
      a) Allgemeines —— 9
      b) Voraussetzung: Anwendbarkeit der Brüssel Ia-VO im Erst- und im Zweitstaat —— 12
   3. Gerichtsstandsvereinbarungen —— 13
   4. Rechtshängigkeit und in Zusammenhang stehende Verfahren —— 15
   5. Öffentliche Urkunden und Prozessvergleiche —— 28
   6. Folgen der Nichtanwendbarkeit —— 28

I. Allgemeines

Art. 66 bestimmt den **intertemporalen Anwendungsbereich der Verordnung.** **1** Nach dem **Grundsatz der Nichtrückwirkung von Rechtsnormen**[1] wird in Abs. 1 normiert, dass die revidierte Fassung nur auf Verfahren, öffentliche Urkunden oder gerichtliche Vergleiche anzuwenden ist, die **am 10.1.2015 oder danach** eingeleitet, förmlich errichtet oder eingetragen bzw. gebilligt oder geschlossen worden sind; der Zeitpunkt des formellen Inkrafttretens der Verordnung, d.h. der 9.1.2013 (vgl. dazu Art. 81; zu den Ausnahmen s. Art. 81 Rdn. 3), ist demgegenüber nicht maßgeblich.

Die Bestimmungen der Brüssel Ia-VO über die **Anerkennung und Vollstreckung** **2** gelten – wie sich aus Abs. 1. und e contrario aus Abs. 2 ergeben – nur für gerichtliche Entscheidungen, die in Verfahren ergehen, die am oder nach dem 10.1.2015 **eingeleitet** worden sind (s. dazu Rdn. 9 ff.). Entscheidend ist das Datum der Einleitung des Verfahrens, nicht das Datum der Entscheidung: Das Ergehen der Entscheidung am 10.1.2015 oder danach bewirkt – für sich alleine betrachtet – nicht, dass diese nach den Bestimmungen der Brüssel Ia-VO anerkannt und vollstreckt wird.[2] Zur Anerkennung und Vollstreckung öffentlicher Urkunden oder gerichtlicher Vergleiche s. Rdn. 27.

Für Staaten, die **nach dem 10.1.2015 der EU beitreten** werden, wird – sofern die **3** jeweilige Beitrittsakte keine abweichende Regelung enthält[3] – i.d.R. der **Tag ihres Beitritts** maßgebend sein.[4] Hinsichtlich der Anwendbarkeit der Bestimmungen über die

---

1 *Mayr* in: *Mayr* Handbuch Rdn. 3.18; *Slonina* in: *Burgstaller/Neumayr/u.a.*, IZVR Art. 66 EuGVVO Rdn. 1; *Wallner-Friedl* in: *Czernich/Kodek/Mayr* Brüssel Ia-VO[4] Art. 66 Rdn. 1; zu Art. 66 EuGVVO a.F. vgl. *Borrás/Spegele* in: *Simons/Hausmann* Brüssel I-Verordnung Art. 66 Rdn. 1; *Kropholler/von Hein* Art. 66 EuGVO Rdn. 2; s. dazu auch RIS-Justiz RS0117841.
2 *Slonina* in: *Burgstaller/Neumayr/u.a.*, IZVR Art. 66 EuGVVO Rdn. 1.
3 Allgemein auch *Jayme/Kohler* IPRax 2004, 485.

Anerkennung und Vollstreckung erscheint es denkbar, dass in den jeweiligen Beitrittsakten **individuelle Regelungen** vorgesehen werden, deren Inhalt sich an Art. 66 Abs. 2 Brüssel I-VO orientiert[5] und die somit insbesondere eine Anerkennung und Vollstreckung von nach dem Beitrittstermin ergangenen Entscheidungen aus noch vor dem Beitritt eingeleiteten Verfahren, für die das Zuständigkeitsrecht der Brüssel Ia-VO noch nicht maßgeblich war, zulassen, sofern das Gericht des Erststaates aufgrund von Vorschriften zuständig war, die mit den Zuständigkeitsvorschriften der Brüssel Ia-VO oder eines Übereinkommens übereinstimmen, das im Zeitpunkt der Klageerhebung zwischen dem Ursprungsmitgliedstaat und dem Mitgliedstaat, in dem die Entscheidung geltend gemacht wird, in Kraft stand.

4 Fraglich ist, ob auch der Zeitpunkt, zu dem sich der **maßgebliche Sachverhalt** ereignet hat, Bedeutung zukommt. Der EuGH hat in der Rs „*Pula Parking d.o.o./Tederahn*"[6] unter Berufung auf die Schlussanträge des Generalanwalts[7] ausgesprochen, dass es für die Eröffnung des zeitlichen Anwendungsbereichs der Brüssel Ia-VO ohne Bedeutung ist, wann sich der maßgebliche Sachverhalt ereignet hat. Entscheidend ist ausschließlich der Zeitpunkt der Verfahrenseinleitung. Dies gilt auch dann, wenn sich der maßgebliche Sachverhalt vor Beitritt des Gerichtstaates zur EU ereignet hat, vorausgesetzt der Gerichtstaat ist im Zeitpunkt der Verfahrenseinleitung Mitgliedstaat der EuGVVO.[8] Der Generalanwalt hat in den Schlussanträgen ausgeführt, dass „*es bei [...] Verfahrensbestimmungen in der Natur der Sache liegt, dass neue unionsrechtliche Vorschriften auch auf vor dem Beitritt liegende Sachverhalte Anwendung finden.*" Auch in der Rs „*Sanicentral/Collin*"[9] – die Entscheidung betraf einen Arbeitsvertrag, der vor dem Inkrafttreten des EuGVÜ geschlossen und beendet worden war – sprach der EuGH aus, dass für die Anwendbarkeit der Zuständigkeits- und Vollstreckungsvorschriften „*die einzige notwendige und gleichzeitig ausreichende Voraussetzung [...] [ist], dass die Klage nach [dem Inkrafttreten der Verordnung] erhoben worden ist.*" Diese Ansicht ist betreffend die Zuständigkeitsvorschriften überzeugend, jedoch für Vollstreckungsvorschriften problematisch, denn es ist durchaus legitim, sich nicht auf ein Verfahren einzulassen, wenn die daraus hervorgehende Entscheidung nicht anzuerkennen und zu vollstrecken sein wird. Das Vertrauen auf den Fortbestand dieser Rechtslage ist schützenswert und darf beim Neubeitritt eines Staates zur Europäischen Union nicht konterkariert werden. Auch der EuGH akzeptiert bei Neubeitritten, dass Friktionen mit dem Vertrauensschutz zu vermeiden sind, indem keine Neubewertung zurückliegender Ereignisse erfolgen darf. So hat er in der Rs „*VG Vodoopskrba/Vladica*"[10] seine Zuständigkeit zur Entscheidung über ein Vorabentscheidungsersuchen aus dem Grund verneint, dass das nationale Gericht um eine Auslegung des Unionsrechts in Bezug auf materielle Bestimmungen eines Vertrags ersucht hatte, der vor dem Beitritt Kroatiens zur EU geschlossen und offenbar teilweise ausgeführt worden war. Nach dem EuGH hätte seine Entscheidung gegebenenfalls zu einer Neubewertung zurückliegender Ereignisse aus der Zeit vor dem Beitritt geführt.

---

4 Vgl. BGHZ 173, 40 = NJW 2007, 3501.
5 Siehe auch *Slonina* in: Burgstaller/Neumayr/u.a., IZVR Art. 66 EuGVVO Rdn. 4.
6 EuGH 9.3.2017, Rs C-551/15, *Pula Parking d.o.o./Tederahn* ECLI:EU:C:2017:193.
7 Generalanwalt *Bobek* Schlussanträge vom 27.10.2016, EuGH Rs C-551/15, *Pula Parking d.o.o./Tederahn* ECLI:EU:C:2016:825; vgl. auch Generalanwalt *Bobek* Schlussanträge vom 28.7.2016, EuGH Rs C-256/15, *Nemec/Slowenien* ECLI:EU:C:2016:619 m.w.N.
8 EuGH 9.3.2017, Rs C-551/15, *Pula Parking d.o.o./Tederahn* ECLI:EU:C:2017:193.
9 EuGH 13.11.1979, Rs 25/79, *Sanicentral/Collin* ECLI:EU:C:1979:255.
10 EuGH 57.112.20146, Rs C-254686/145, *VG Vodoopskrba/VKladicafurić* ECLI:EU:C:2016:927.

II. Zeitlicher Anwendungsbereich für gerichtliche Verfahren und für in diesen Verfahren ergehende Entscheidungen

1. Anwendbarkeit der Zuständigkeitsbestimmungen und die Bestimmungen über die Prüfung der Zuständigkeit. Die Brüssel Ia-VO gilt nur für Verfahren, die am oder nach dem 10.1.2015 eingeleitet worden sind. Der Zeitpunkt der Verfahrenseinleitung bestimmt sich nicht nach der jeweiligen lex fori des Mitgliedstaates,[11] sondern **in analoger Anwendung des Art. 32** (s. dazu die Kommentierung dort);[12] wengleich der in der genannten Bestimmung verwendete Begriff „Anrufen" – auch in den anderen Sprachfassungen – nicht mit dem in Art. 66 normierten Begriff „Einleiten" übereinstimmt.[13] 5

Sofern das Verfahren vor diesem Zeitpunkt eingeleitet worden ist, sind grundsätzlich die Bestimmungen der Brüssel I-VO maßgeblich (zu den Ausnahmen s. Rdn. 29). 6

Da für die Anwendbarkeit der Brüssel Ia-VO der Zeitpunkt der Verfahrenseinleitung maßgebend ist, tritt eine **Heilung einer** nach dem anwendbaren Verfahrensrecht bestehenden **internationalen Unzuständigkeit nicht** dadurch ein, dass die **revidierte Fassung eine entsprechende Zuständigkeit** des Staates, in dem die Klage erhoben worden ist, zwar vorsieht, das Verfahren allerdings bereits vor dem 10.1.2015 eingeleitet worden ist. Die Bestimmungen der Brüssel Ia-VO sind für dieses Verfahren nämlich nicht anzuwenden.[14] Wurde das Verfahren vor dem 10.1.2015 eingeleitet und ist die internationale Zuständigkeit für die Entscheidung über die Klage nach dem anwendbaren Verfahrensrecht gegeben, bleibt aus demselben Grund der Staat, dessen Gerichte angerufen worden sind, selbst dann international zuständig, wenn die internationale Zuständigkeit nach der Neufassung nicht mehr gegeben wäre;[15] dies gilt auch dann, wenn die Zuständigkeit als exorbitant ausgeschlossen wäre.[16] 7

Fraglich ist, ob für **Klagen und Widerklagen** – Widerklagen sind alle Klagen, die vom Beklagten gegen den Kläger in dem vom Kläger eingeleiteten (Haupt-)Verfahren erhoben werden und die auf eine Verurteilung des Klägers abzielen[17] – hinsichtlich des intertemporalen Anwendungsbereiches unterschiedliche Zeitpunkte relevant sein können.[18] Zwar setzt der in Art. 8 Nr. 3 normierte Gerichtsstand der Widerklage nicht voraus, dass es sich bei dem für die Hauptklage angerufenen Gericht um dasjenige am **(Wohn-)Sitz des Beklagten bzw. des Widerbeklagten** handelt, vielmehr genügt es, dass das Gericht **aufgrund** einer anderen **Zuständigkeitsbestimmung** der Verordnung – etwa aufgrund eines Wahlgerichtsstands nach Art. 7, einer Gerichtsstandsvereinbarung oder 8

---

11 So aber zur EuGVVO a.F. *Becker/Müller* IPRax 2006, 433; *Borrás/Spegele* in: *Simons/Hausmann* Brüssel I-Verordnung Art. 66 Rdn. 9 ff.; *Wagner* RIW 1998, 501; OLG Düsseldorf OLGR 2006, 625.
12 *Zöller/Geimer* Art. 66 EuGVVO Rdn. 1; *Hess* in: *Schlosser/Hess* Art. 66 EuGVVO Rdn. 2; *Mayr* in: *Mayr* Handbuch Rdn. 3.20; *E. Pfeiffer/M. Pfeiffer* in: *Geimer/Schütze* IRV 538 Art. 66 VO (EG) Nr. 1215/2012 Rdn. 4; *Senoner/Weber-Wilfert* RZ 2015, 50; Musielak/Voit/*Stadler* Art. 66 EuGVVO n.F. Rdn. 1; *Wallner-Friedl* in: *Czernich/Kodek/Mayr* Brüssel Ia-VO⁴ Art. 66 Rdn. 4; **a.A.** Saenger/*Dörner* Art. 66 EuGVVO Rdn. 2; wie hier zur EuGVVO a.F. *Geimer/Schütze* EuZVR Art. 66 EuGVVO Rdn. 2; Stein/Jonas/*Oberhammer* Art. 66 EuGVVO Rdn. 6; *Pörnbacher* in: *Geimer/Schütze* IRV 540 Art. 66 VO (EG) Nr. 44/2001 Rdn. 8; *Sujecki* EuZW 2012, 288; BGH NJW 2004, 1652 = WM 2004, 1102; BGHZ 2005, 165 = WM 2006, 151; OGH IPRax 2007, 134 (*Kondring* 138); die Frage offen lassend BGHZ 167, 83 = WM 2006, 1401; BGH WM 2014, 1614.
13 *Slonina* in: *Burgstaller/Neumayr/u.a.*, IZVR Art. 66 EuGVVO Rdn. 8; so bereits zur EuGVVO a.F. *Geimer/Schütze* EuZVR Art. 66 EuGVVO Rdn. 2.
14 *Hess* in: *Schlosser/Hess* Art. 66 EuGVVO Rdn. 2; *Prütting/Gehrlein/Schinkels* ZPO⁷ Art. 66 EuGVVO Rdn. 2; Rauscher/*Staudinger* Art. 66 Brüssel Ia-VO Rdn. 3; *Wallner-Friedl* in: *Czernich/Kodek/Mayr* Brüssel Ia-VO⁴ Art. 66 Rdn. 2; vgl. auch BGH IPRax 1992, 377 = NJW 1993, 1070.
15 *Mayr* wbl 1996, 382; *Wallner-Friedl* in: *Czernich/Kodek/Mayr* Brüssel Ia-VO⁴ Art. 66 Rdn. 2.
16 *Kropholler/von Hein* Art. 66 EuGVO Rdn. 2.
17 EuGH 13.7.1995 Rs C-341/93, *Danværn/Otterbeck* ECLI:EU:C:1995:239; s. dazu auch Art. 8 Rdn. 56.
18 So ausdrücklich *Slonina* in: *Burgstaller/Neumayr/u.a.*, IZVR Art. 66 EuGVVO Rdn. 9.

einer bereits erfolgten rügelosen Einlassung des Beklagten auf das Verfahren – zuständig ist, während eine **Zuständigkeit nach innerstaatlichem Recht nicht** ausreicht, um bei diesem Gericht, gestützt auf Art. 8 Nr. 3, eine Widerklage zu erheben.[19] Zweck der Verordnung ist es nämlich nicht, eine Zuständigkeit für eine Widerklage zu begründen, wenn sie für die Hauptklage gar nicht anwendbar ist.[20] Daraus ist abzuleiten, dass für eine Widerklage, die am 10.1.2015 oder danach erhoben wird, nicht der in Art. 8 Nr. 3 normierte Gerichtsstand der Widerklage gilt, wenn die Hauptklage vor dem 10.1.2015 erhoben worden ist: Die Zuständigkeit für die Widerklage ergibt sich in diesem Fall nämlich nicht aus der Brüssel Ia-VO, sondern wegen der Maßgeblichkeit des Datums der Einbringung der Hauptklage auch für die Widerklage aus der Brüssel I-VO. Sofern der Beklagte seine Ansprüche nicht mittels Widerklage in dem vom Kläger eingeleiteten Verfahren geltend macht, sondern eine Klage in einem eigenen Verfahren erhebt, gilt für dieses Verfahren, sofern es am 10.1.2015 oder danach eingeleitet wird, die Brüssel Ia-VO.

2. Anwendbarkeit der Bestimmungen über die Anerkennung und Vollstreckung

9   **a) Allgemeines.** Die die Anerkennung und Vollstreckung einer gerichtlichen Entscheidung betreffenden Bestimmungen der revidierten Fassung finden Anwendung, wenn die **Entscheidung in einem am 10.1.2015 oder danach eingeleiteten Verfahren ergangen** ist.

10   Der Zeitpunkt, zu dem eine Entscheidung ergangen ist, d.h. an dem sie nach außen wirksam geworden ist, wird nach der lex fori des Urteilsstaates bestimmt;[21] ein für alle Mitgliedstaaten einheitlicher Zeitpunkt, wie etwa der Eintritt der formellen Rechtskraft, besteht nicht.[22] Da nach Art. 66 der **Zeitpunkt der Verfahrenseinleitung maßgeblich** ist, führt das bloße Ergehen der Entscheidung am oder nach dem 10.1.2015 nicht zu einer Anerkennung und Vollstreckung der Entscheidung nach den Bestimmungen der Neufassung.[23] Für Entscheidungen, die in einem vor diesem Zeitpunkt eingeleiteten Verfahren ergehen, sind – zumindest grundsätzlich (zu den Ausnahmen s. Rdn. 29) – die Bestimmungen der Brüssel I-VO maßgeblich. Nach hM findet das AVAG, obwohl es mit Wirkung zum 10.1.2015 in den entsprechenden Teilen aufgehoben wurde, insoweit weiterhin Anwendung; dadurch können Rechtslücken vermieden werden.[24]

11   Im Unterschied zu Art. 66 Abs. 2 Brüssel I-VO, nach dem die Verordnung unter bestimmten Voraussetzungen auch für Entscheidungen gilt, die vor Inkrafttreten der Verordnung eingeleitet worden sind, enthält die revidierte Fassung keine entsprechende

---

19 Art. 8 Rdn. 58 f.; Saenger/*Dörner* Art. 8 EuGVVO Rdn. 10; MünchKomm/*Gottwald* Art. 8 EuGVO Rdn. 25 f.; *Kropholler/von Hein* Art. 6 EuGVO Rdn. 36; *Simotta* in: *Fasching/Konecny* ZPG V/1² Art. 6 EuGVVO Rdn. 65; **a.A.** *Auer* in: *Geimer/Schütze* IRV 540 Art. 6 VO (EG) Nr. 44/2001 Rdn. 59; *Eickhoff* Gerichtsbarkeit 100 f.; *Müller* in: *Dasser/Oberhammer* LugÜ² Art. 6 Rdn. 99; *Rohner/Lerch* in: *Oetiker/Weibel* LGVÜ Art. 6 Rdn. 78; *Schmaranzer* in: *Burgstaller/Neumayr/u.a.*, IZVR Art. 6 EuGVO Rdn. 17; *Schlosser* FamRZ 1973, 430; Musielak/Voit/*Stadler* Art. 8 EuGVVO n.F. Rdn. 7; *M. Stürner* IPRax 2007, 21 Fn. 3; *Winter* Ineinandergreifen 103 ff.
20 *Kropholler/von Hein* Art. 6 EuGVO Rdn. 36; *Simotta* in: *Fasching/Konecny* ZPG V/1² Art. 6 EuGVVO Rdn. 65; s. auch OLG StuttgArt. BeckRS 2008, 14160.
21 *Kropholler/von Hein* Art. 66 EuGVO Rdn. 4; *Pörnbacher* in: *Geimer/Schütze* IRV 540 Art. 66 VO (EG) Nr. 44/2001 Rdn. 9; Rauscher/*Staudinger* Art. 66 Brüssel Ia-VO Rdn. 9; *Slonina* in: *Burgstaller/Neumayr/u.a.*, IZVR Art. 66 EuGVVO Rdn. 16.
22 *Mayr* wbl 1996, 385; *Slonina* in: *Burgstaller/Neumayr/u.a.*, IZVR Art. 66 EuGVVO Rdn. 16.
23 *Slonina* in: *Burgstaller/Neumayr/u.a.*, IZVR Art. 66 EuGVVO Rdn. 1 und 11.
24 *Hau* MDR 2014, 1420; Musielak/Voit/*Stadler* Art. 66 EuGVVO n.F. Rdn. 1. Siehe auch OLG München BeckRS 2015, 17628

Norm. Dadurch entsteht im europäischen Binnenmarkt – zumindest für einen längeren (Übergangs-)Zeitraum – ein komplexes **Parallelsystem der Urteilsanerkennung und -vollstreckung**,[25] welches in der Praxis Schwierigkeiten bereiten könnte. Hintergrund sind wohl die Vorbehalte der Mitgliedstaaten gegenüber der nach der revidierten Fassung bestehenden Möglichkeit der unmittelbaren Vollstreckung, denen mit einer restriktiven Übergangsregelung begegnet wurde.[26] Pragmatisch betrachtet wäre eine Erweiterung des Anwendungsbereiches der Neufassung nach dem Vorbild des Art. 66 Abs. 2 Brüssel I-VO vertretbar gewesen, weil die Zuständigkeitsbestimmungen der Neufassung ganz wesentlich auf den Regelungen des EuGVÜ und der Brüssel I-VO beruhen und auf deren richtige Anwendung vertraut werden kann (vgl. ErwGr. 26).[27]

b) Voraussetzung: Anwendbarkeit der Brüssel Ia-VO im Erst- und im Zweitstaat. 12
Dem Wortlaut des Art. 66 kann nicht entnommen werden, ob es hinsichtlich der Anwendbarkeit der Bestimmungen der Verordnung über die Anerkennung und Vollstreckung ausreicht, wenn die Verordnung bei Verfahrenseinleitung im Erststaat anwendbar gewesen ist oder ob die Verordnung zu diesem Zeitpunkt auch im Zweitstaat anwendbar gewesen sein muss. Die Frage stellt sich derzeit nicht, weil die Neufassung in allen Mitgliedstaaten der Verordnung seit demselben Zeitpunkt anwendbar ist, doch ab dem Beitritt neuer Mitgliedstaaten wird die Frage von praktischer Bedeutung sein. Sofern keine ausdrücklichen Sonderregelungen bestehen, erscheint es sinnvoll, die Grundsätze der Entscheidung des EuGH in der Rs „*Wolf Naturprodukte GmbH/SEWAR*"[28] auf diesen Fall zu übertragen.[29] Maßgeblich ist, dass die Verordnung zum Zeitpunkt der Gerichtsanhängigkeit **sowohl im Erststaat als auch im Zweitstaat anwendbar ist**. Ist die Brüssel Ia-VO nur im Erststaat anzuwenden, bestünde die Gefahr, dass sich das angerufene Gericht gegenüber einen Beklagten mit Wohnsitz im Zweitstaat, der noch kein Mitgliedstaat der Brüssel Ia-VO ist, auf einen exorbitanten Gerichtsstand stützt, um seine Zuständigkeit zu begründen (vgl. Art. 5 Abs. 2), die erlassene Entscheidung müsste im Zweitstaat nach Anwendbarkeit der Brüssel Ia-VO nach deren Bestimmungen anerkannt und vollstreckt werden. Die unmittelbare Anerkennung und Vollstreckung dient den Interessen des Klägers, indem ihm eine schnelle, sichere und effiziente Vollstreckung der im Erststaat zu seinen Gunsten erlassenen Gerichtsentscheidung ermöglicht wird. Dies ist allerdings nur insoweit gerechtfertigt, als die anzuerkennende bzw. zu vollstreckende Entscheidung in Übereinstimmung mit den Zuständigkeitsregeln der Brüssel Ia-VO ergangen ist, die die Interessen des Beklagten insbesondere dadurch schützen, dass er vor den Gerichten eines anderen Mitgliedstaats als dem seines Wohnsitzes grundsätzlich nur gem. den in den Art. 7 bis 9 der Brüssel Ia-VO aufgestellten Ausnahmeregeln über die Zuständigkeit verklagt werden kann.[30] Zwar hindert der Umstand, dass sich das Gericht des Erststaates auf einen exorbitanten Gerichtsstand stützt, grundsätzlich nicht die Anerkennung und Vollstreckung der Entscheidung,[31] allerdings kann ein Beklagter mit (Wohn-)Sitz in einem Mitgliedstaat den Schutz, der ihm durch die Zuständigkeitsvorschriften der Brüssel Ia-VO gewährt wird, auch tatsächlich in

---

25 *Plavec* ecolex 2015, 9; *Scholz* ecolex 2015, 4; krit. *Hess* in: *Schlosser/Hess* Art. 66 EuGVVO Rdn. 1 f.
26 *Hess* in: *Schlosser/Hess* Art. 66 EuGVVO Rdn. 2.
27 Vgl. auch EuGH 21.6.2012, Rs C-514/10, *Wolf Naturprodukte GmbH/SEWAR* ECLI:EU:C:2012:367.
28 EuGH 21.6.2012, Rs C-514/10, *Wolf Naturprodukte GmbH/SEWAR* ECLI:EU:C:2012:367.
29 So auch zur Neufassung Saenger/*Dörner* Art. 66 EuGVVO Rdn. 1; *Wallner-Friedl* in: *Czernich/Kodek/Mayr* Brüssel Ia-VO[6] Art. 66 Rdn. 6.
30 EuGH 21.6.2012, Rs C-514/10, *Wolf Naturprodukte GmbH/SEWAR* ECLI:EU:C:2012:367; vgl. auch *Kropholler/von Hein* Art. 66 EuGVO Rdn. 2 sowie *Sujecki* EuZW 2012, 289.
31 Zur möglichen Überprüfung der Zuständigkeit des Erststaates im Zweitstaat s. Art. 45 Abs. 1 lit. e und die Kommentierung dort.

Anspruch nehmen, indem er etwa die Unzuständigkeit des angerufenen Gerichts einwendet;[32] diese Möglichkeit hat ein Beklagter mit (Wohn-)Sitz in einem Drittstaat nicht, weil auch ein exorbitanter Gerichtsstand zur internationalen Zuständigkeit führen kann. Aus diesem Grund schließt der EuGH, dass die Bestimmungen der Brüssel I-VO für die Anerkennung und Vollstreckung einer gerichtlichen Entscheidung nur dann zum Tragen kommen, wenn sie zum Zeitpunkt der Erlassung dieser Entscheidung sowohl im Ursprungsmitgliedstaat als auch im ersuchten Mitgliedstaat in Kraft waren. U.E. sollte auf den Zeitpunkt der Gerichtsanhängigkeit abgestellt werden; der EuGH führt diesen Zeitpunkt in Rdn. 28, nicht aber im Spruch der Entscheidung an. Liegen nämlich die Zuständigkeitsvoraussetzungen im Zeitpunkt der Gerichtsanhängigkeit vor, bleibt nach dem Grundsatz der perpetuatio fori das angerufene Gericht auch bei veränderten Umständen weiterhin zuständig; bei Gerichtsanhängigkeit muss der Beklagte daher die Möglichkeit haben, einen exorbitanten Gerichtsstand rügen zu können.

13   **3. Gerichtsstandsvereinbarungen.** Beruht die Zuständigkeit des angerufenen Gerichts auf einer Gerichtsstandsvereinbarung, hat das Gericht die revidierte Fassung anzuwenden, wenn das **Verfahren am oder nach dem 10.1.2015 eingeleitet** worden ist. Der **Zeitpunkt des Abschlusses der Gerichtsstandsvereinbarung ist unerheblich**.[33] Der EuGH hat nämlich in der Rs *„Sanicentral/Collin"*[34] ausgesprochen, dass sich die Wirksamkeit der Gerichtsstandsvereinbarung **nach dem Zeitpunkt der Klageerhebung** richtet, weil eine Gerichtsstandsvereinbarung nur eine **Zuständigkeitsoption** ist, die ohne rechtliche Folgen bleibt, solange kein gerichtliches Verfahren eingeleitet sei, und die erst dann Wirkungen entfalte, wenn eine Klage erhoben werde. Daher können die vor dem 10.1.2015 getroffenen Gerichtsstandsvereinbarungen, die nach der maßgeblichen lex fori unwirksam sind, im Fall der Einleitung eines gerichtlichen Verfahrens nach dem 9.1.2015 wirksam werden. Dies erscheint unbedenklich, weil das Vertrauen einer Partei in die Unwirksamkeit einer von ihr geschlossenen Gerichtsstandsvereinbarung kaum schützenswert ist.[35] Allerdings wird eine zum Abschlusszeitpunkt nach der maßgeblichen lex fori wirksame Gerichtsstandvereinbarung nachträglich unwirksam, wenn bei Klageerhebung Wirksamkeitsvoraussetzungen von Art. 25 nicht vorliegen. Wenngleich dies zu Recht als misslich empfunden wird[36] – das Ergebnis erscheint nämlich im Hinblick auf den Vertrauensschutz und der Rechtssicherheit bedenklich –, wird diese Konsequenz von der herrschenden Lehre[37] hingenommen. Überzeugender erscheint es, dass eine wirksam getroffene Gerichtsstandsvereinbarung ihre Wirksamkeit nicht verliert.[38] Eine Art. 25 Brüssel Ia-VO unterliegende Gerichtsstandsvereinabrung sollte demnach nur dann unwirksam sein, wenn sie weder im Zeitpunkt ihres Abschlusses noch im Zeitpunkt der Klageerhebung wirksam war.[39]

---

32   Vgl. auch *Sujecki* EuZW 2012, 289.
33   Stein/Jonas/*Oberhammer* Art. 66 EuGVVO Rdn. 7; vgl. auch *Pörnbacher* in: *Geimer/Schütze* IRV 540 Art. 66 VO (EG) Nr. 44/2001 Rdn. 6; EuGH 13.11.1979, Rs 25/79, *Sanicentral/Collin* ECLI:EU:C:1979:255.
34   EuGH 13.11.1979, Rs 25/79, *Sanicentral/Collin* ECLI:EU:C:1979:255.
35   *E. Pfeiffer/M. Pfeiffer* in: *Geimer/Schütze* IRV 538 Art. 66 VO (EG) Nr. 1215/2012 Rdn. 8; *Simotta* in: *Fasching/Konecny* ZPG V/1² Art. 23 EuGVVO Rdn. 52.
36   Vgl. die Kritik bei *Mayr* in: *Mayr* Handbuch Rdn. 3.23 sowie *Slonina* in: *Burgstaller/Neumayr/u.a.*, IZVR Art. 66 EuGVVO Rdn. 10.
37   *Gebauer* in: *Gebauer/Wiedmann* Zivilrecht² Kap. 27 Art. 66 Rdn. 276; *Hess* IPRax 1992, 358; *Martiny/Ernst* IPRax 2001, 29; Stein/Jonas/*Oberhammer* Art. 66 EuGVVO Rdn. 7; *Pörnbacher* in: *Geimer/Schütze* IRV 540 Art. 66 VO (EG) Nr. 44/2001 Rdn. 6.
38   *Garber* in: *Czernich/Geimer* Streitbeilegungsklauseln 210.
39   *Garber* in: *Czernich/Geimer* Streitbeilegungsklauseln 210.

Im Vergleich zur Rechtslage nach der Brüssel I-VO wird der räumlich-persönliche An- **14** wendungsbereich der die Gerichtsstandsvereinbarung betreffenden Bestimmung (Art. 23 Brüssel I-VO; nunmehr Art. 25) erweitert: Wird die Zuständigkeit eines Mitgliedstaates oder der Gerichte eines Mitgliedstaats vereinbart, bestimmen sich die Voraussetzungen für die Zulässigkeit und die Wirksamkeit dieser Gerichtsstandsvereinbarung nach Art. 25, und zwar unabhängig davon, ob sich der (Wohn-)Sitz der Parteien in einem Mitgliedstaat oder einem Drittstaat befindet.[40] Im Unterschied zur Rechtslage zur Brüssel I-VO[41] ist es daher nicht erforderlich, dass eine der Parteien einen (Wohn-)Sitz in einem Mitgliedstaat hat. Daher ist für eine Gerichtsstandsvereinbarung, die von Personen mit (Wohn-)Sitz in einem Drittstaat geschlossen wird, Art. 25 maßgeblich, wenn das Verfahren am 10.1.2015 oder danach eingeleitet wird.[42] Sofern das Verfahren vor diesem Zeitpunkt eingeleitet wird, beurteilt sich die Wirksamkeit der Gerichtsstandsvereinbarung nach der lex fori des angerufenen Gerichts.[43]

4. Rechtshängigkeit und in Zusammenhang stehende Verfahren. Der zeitliche **15** Anwendungsbereich der Bestimmungen über die Rechtshängigkeit und im Zusammenhang stehende Verfahren wird in Art. 66 nicht explizit geregelt;[44] die Bestimmung gilt allerdings auch für Fragen der Rechtshängigkeit.[45]

Freilich – und völlig unstrittig – ist die Neufassung immer dann anzuwenden, wenn **16** **zwei „denselben Anspruch" i.S.d. Art. 29 betreffende Verfahren** in verschiedenen Mitgliedstaaten **jeweils am oder nach dem 10.1.2015 eingeleitet werden**.[46] Demgegenüber findet Art. 29 **keine Anwendung,** wenn **beide Verfahren** noch **vor dem 10.1.2015** eingeleitet werden.[47] In diesem Fall sind die Bestimmungen der Brüssel I-VO maßgeblich (s. Rdn. 28 f.).

Fraglich ist, ob die Anwendbarkeit der Art. 29 ff. voraussetzt, dass beide konkurrie- **17** rende Verfahren nach Anwendbarkeit der Brüssel Ia-VO anhängig gemacht wurden. Mangels ausdrücklicher Regelung wird der **intertemporale Anwendungsbereich** der in den europäischen Verordnungen enthaltenen Lis-pendens-Regelungen divergierend beurteilt.

Nach einer zur EuEheVO ergangenen Entscheidung des österr. OGH[48] setzt die An- **18** wendung des die Rechtshängigkeit regelnden Art. 11 EuEheVO (nunmehr Art. 19 EuEheKindVO) voraus, dass sowohl das erste Verfahren als auch das zweite Verfahren nach Inkrafttreten der VO eingeleitet worden ist. Wird das erste Verfahren vor Inkrafttreten der VO, das zweite Verfahren hingegen erst nach diesem Zeitpunkt eingeleitet, ist Art. 11 EuEheVO für das später angerufene Gericht unbeachtlich; als Begründung führt der OGH den in Art. 42 EuEheVO normierten Grundsatz der Nichtrückwirkung von Rechtsnormen an. Auch aus dem Wortlaut des Art. 11 EuEheVO, der die Anhängigmachung von Verfahren vor den Gerichten verschiedener Mitgliedstaaten voraussetzt, könnte geschlossen

---

40 Vgl. nur *Garber/Neumayr* JbEuR 2013, 218 sowie *Scholz* ecolex 2015, 4.
41 *Simotta* in: *Fasching/Konecny* ZPG V/1² Vor Art. 2 EuGVVO Rdn. 40 sowie Art. 23 EuGVVO Rdn. 14 ff. mit zahlreichen weiteren Nachweisen.
42 *Slonina* in: *Burgstaller/Neumayr/u.a.*, IZVR Art. 66 EuGVVO Rdn. 10; *Rauscher/Staudinger* Art. 66 Brüssel Ia-VO Rdn. 7.
43 *Rauscher/Staudinger* Art. 66 Brüssel Ia-VO Rdn. 7.
44 Vgl. auch zur a.F. *Stein/Jonas/Oberhammer* Art. 66 EuGVVO Rdn. 16.
45 *Thomas/Putzo/Hüßtege* Art. 66 Rdn. 3.
46 *Slonina* in: *Burgstaller/Neumayr/u.a.*, IZVR Art. 66 EuGVVO Rdn. 26.
47 *Slonina* in: *Burgstaller/Neumayr/u.a.*, IZVR Art. 66 EuGVVO Rdn. 26.
48 4 Ob 61/05g ZfRV-LS 2005/21; anders österr. OGH 7 Ob 188/02a IPRax 2003, 456 (zustimmend *Hau* 461); s. dazu auch *Garber* EvBl 2013, 603 f. (Entscheidungsanm.).

werden, dass die Mitgliedstaateigenschaft bereits zum Zeitpunkt der Einleitung des ersten Verfahrens bestanden haben muss.[49] Der **EuGH** hat in der – das EuGVÜ betreffenden – Rs *„von Horn/Cinnamond"*[50] allerdings gegenteilig entschieden. Nach der genannten Entscheidung hat das Gericht, bei dem das zweite Verfahren anhängig gemacht worden ist, den die Rechtshängigkeit regelnden **Art. 21 EuGVÜ auch** dann **anzuwenden, wenn über denselben Anspruch in** einem **Vertragsstaat** ein **Verfahren anhängig** ist, das **vor Inkrafttreten des EuGVÜ eingeleitet** worden ist; das zweite Gericht hat daher das Verfahren zu unterbrechen, bis das erste Gericht über seine Zuständigkeit entschieden hat. Sofern dessen Zuständigkeit feststeht, hat sich das zweite Gericht für unzuständig zu erklären.

19   Dies gilt allerdings **nur unter** der **Voraussetzung**, dass das **zuerst angerufene Gericht aufgrund von Vorschriften zuständig** war, **die mit** den **Zuständigkeitsnormen des EuGVÜ oder** mit denen **eines** zum Zeitpunkt der Erhebung der früheren Klage zwischen den beiden Staaten geltenden **Übereinkommens übereinstimmen** und die im ersten Verfahren erlassene Entscheidung daher im anderen Vertragsstaat nach dem EuGVÜ anerkannt werden kann (s. Art. 54 Abs. 2 EuGVÜ). Entsprechen die Zuständigkeitsnormen demgegenüber nicht dem EuGVÜ bzw. einem Übereinkommen, hat das zweite Gericht das Verfahren fortzusetzen. Dadurch soll gewährleistet werden, dass die Parteien auch in diesem Staat, in dem die Entscheidung nicht nach dem EuGVÜ anerkannt werden kann, ein Verfahren durchführen können. Die Prüfung der Frage, ob die genannten Zuständigkeitsnormen gewahrt wurden, obliegt in diesem Fall ausnahmsweise dem zuletzt angerufenen Gericht.

20   Die Entscheidung des EuGH betraf zwar Art. 21 EuGVÜ, aufgrund der wachsenden Zahl von Verordnungen im europäischen Zivilverfahrensrecht erscheint es allerdings **zunehmend wichtig, auf** eine **einheitliche Anwendung der vom EuGH entwickelten Grundsätze zu achten**.[51] Daher muss die vom EuGH in der Rs *„von Horn/Cinnamond"*[52] vorgenommene Auslegung auch im Anwendungsbereich der Brüssel Ia-VO, der EuEheVO bzw EuEheKindVO, der EuUVO etc. berücksichtigt werden.[53] Wird daher das erste Verfahren vor Anwendbarkeit der Brüssel Ia-VO, das zweite erst nach diesem Zeitpunkt eingeleitet, hat das später angerufene Gericht Art. 29 Brüssel Ia-VO anzuwenden und das Verfahren vorläufig auszusetzen.[54] Bejaht das zuerst angerufene Gericht seine Zuständigkeit und kann diese Entscheidung nach der Brüssel Ia-VO anerkannt bzw. vollstreckt werden, hat sich das zuletzt angerufene Gericht für unzuständig zu erklären; andernfalls ist das zuletzt eingeleitete Verfahren fortzusetzen.

21   Wird das erste Verfahren vor dem 10.1.2015 eingeleitet und gilt für dieses Verfahren die Brüssel I-VO (s. dazu auch Rdn. 28 f.), hat das nach diesem Zeitpunkt angerufene zweite Gericht – in Übereinstimmung mit der zu den Übergangsvorschriften des EuGVÜ entwickelten Rechtsprechung des EuGH[55] – die Neufassung (d.h. Art. 29 ff.) anzuwenden. Das später angerufene Gericht hat das Verfahren auszusetzen, bis das zuerst angerufene Gericht über seine Zuständigkeit entschieden hat. Hat das zuerst angerufene Gericht seine Zuständigkeit bejaht, muss sich das zweitangerufene Gericht nach der Brüssel Ia-VO (grundsätzlich, zu den weiteren Einschränkungen s. die folgenden Rdn.) für unzuständig

---

[49] *Kaller-Pröll* in: *Fasching/Konecny* ZPG V/2² Art. 64 EuEheKindVO Rdn. 14.
[50] EuGH 9.10.1997, Rs C-163/95, *von Horn/Cinnamond* ECLI:EU:C:1997:472.
[51] *Garber* EvBl 2013, 604 (Entscheidungsanm.); s. auch *Slonina* in: *Burgstaller/Neumayr/u.a.*, IZVR Art. 66 EuGVVO Rdn. 31.
[52] EuGH 9.10.1997, Rs C-163/95, *von Horn/Cinnamond* ECLI:EU:C:1997:472.
[53] *Garber* EvBl 2013, 604 (Entscheidungsanm.).
[54] *Senoner/Weber-Wilfert* RZ 2015, 50.
[55] EuGH 9.10.1997, Rs C-163/95, *von Horn/Cinnamond* ECLI:EU:C:1997:472.

erklären. Der Umstand, dass die Grundlage für die Zuständigkeitsprüfung durch das zuerst angerufene Gericht die Brüssel I-VO bildet, hindert die Aussetzung und die Unzuständigkeitserklärung nach den Bestimmungen der Brüssel Ia-VO nicht.

Sofern für das erste Verfahren die Brüssel I-VO gilt, bedarf es (zunächst) nicht der weiteren, vom EuGH in der Rs „*von Horn/Cinnamond*"[56] vorgenommenen Einschränkung (s. Rdn. 19): Die Entscheidung ist ohne jede Nachprüfung[57] der Zuständigkeit anzuerkennen und zu vollstrecken; eine Zuständigkeitsprüfung zwischen Brüssel I-VO und der revidierten Fassung ordnet Art. 66 Abs. 2 nicht an, sodass die Einschränkung keine Anwendung findet.[58] **22**

Das später angerufene Gericht hat das Verfahren auszusetzen, bis das zuerst angerufene Gericht über seine Zuständigkeit entschieden hat. Hat das zuerst angerufene Gericht seine Zuständigkeit bejaht, muss das zweitangerufene Gericht sich nach der Brüssel Ia-VO für unzuständig erklären. **23**

Da die Pflicht zur Aussetzung oder Unzuständigkeitserklärung des zweitangerufenen Gerichts voraussetzt, dass die Entscheidung aus dem Staat, in dem das Gericht zuerst angerufen wurde, im Zweitstaat anzuerkennen bzw. zu vollstrecken ist, ist in jenem Fall, in dem für das erste Verfahren nicht die Brüssel I-VO gilt, zu prüfen, ob die Entscheidung im Zweitstaat im Sinne des Art. 33 Abs. 1 anzuerkennen ist; die Grundsätze der Entscheidung des EuGH in der Rs „*von Horn/Cinnamond*"[59] finden daher sinngemäß Anwendung. Das später angerufene Gericht hat das Verfahren auszusetzen, bis das zuerst angerufene Gericht über seine Zuständigkeit entschieden hat. Hat das zuerst angerufene Gericht seine Zuständigkeit bejaht und kann die Entscheidung im Zweitstaat anerkannt bzw. vollstreckt werden, muss das zweitangerufene Gericht sich nach der Brüssel Ia-VO für unzuständig erklären. Kann die Entscheidung im Zweitstaat nach Art. 66 Abs. 2 Brüssel Ia-VO i.V.m. Art. 66 Abs. 2 lit. b a.F. nicht anerkannt bzw. vollstreckt werden, würde also die Fortsetzung des zuerst eingeleiteten Verfahrens unter dem alten Recht wegen der dort maßgeblichen Zuständigkeitsnormen (Art. 66 Abs. 2 a.F.) in dem Mitgliedstaat, dessen Gericht später angerufen wurde, nicht anerkennungsfähig sein, so darf das zweitangerufene Gericht sich nicht nach Art. 29 n.F. für unzuständig erklären, auch wenn das zuerst angerufene Gericht seine Zuständigkeit bejaht hat. **24**

Friktionen bereitet die Anwendung der Bestimmungen der revidierten Fassung allerdings im Fall des **Art. 31 Abs. 2 Brüssel Ia-VO**,[60] wonach unter der Voraussetzung, dass ein Gericht eines Mitgliedstaats angerufen wird, das gemäß einer Vereinbarung nach Art. 25 ausschließlich zuständig ist, das Gericht des anderen Mitgliedstaats das Verfahren so lange auszusetzen hat, bis das auf der Grundlage der Vereinbarung angerufene Gericht erklärt hat, dass es gemäß der Vereinbarung nicht zuständig ist. Da die Bestimmung erst in der Neufassung geschaffen wurde, kann die Situation eintreten, dass **25**

---

56 EuGH 9.10.1997, Rs C-163/95, *von Horn/Cinnamond* ECLI:EU:C:1997:472.
57 Zur möglichen Überprüfung der Zuständigkeit des Erststaates im Zweitstaat s. Art. 45 Abs. 1 lit. e und die Kommentierung dort.
58 *Slonina* in: *Burgstaller/Neumayr/u.a.*, IZVR Art. 66 EuGVVO Rdn. 28 f.; **a.A.** Thomas/Putzo/*Hüßtege* Art. 66 Rdn. 3, nach dessen Auffassung Abs. 1 leg. cit. dahingehend auszulegen ist, dass, wenn in zwei verschiedenen Mitgliedstaaten Klagen wegen desselben Anspruchs erhoben worden sind, von denen die erste vor Anwendbarkeit der EuGVVO zwischen diesen Staaten, die zweite nach Anwendbarkeit der Verordnung erhoben wurde, das später angerufene Gericht Art. 29 Abs. 3 anzuwenden hat, wenn das zuerst angerufene Gericht sich auf Grund einer Vorschrift für zuständig erklärt hat, die mit den Zuständigkeitsvorschriften des Kapitels II oder eines im Zeitpunkt der Klageerhebung bestehenden bilateralen Abkommens übereinstimmt; **a.A.** auch Rauscher/*Staudinger* Art. 66 Brüssel Ia-VO Rdn. 14a, nach dessen Auffassung die Zuständigkeit des Erststaates zu überprüfen ist.
59 EuGH 9.10.1997, Rs C-163/95, *von Horn/Cinnamond* ECLI:EU:C:1997:472.
60 Vgl. auch Prütting/Gehrlein/*Schinkels* ZPO[7] Art. 66 EuGVVO Rdn. 4.

die Bestimmung für das zuerst angerufene Gericht nicht maßgeblich ist, während das zweite Gericht nach dem System der Neufassung ebenfalls nicht aussetzen soll.[61] Wird nämlich noch vor dem 10.1.2015 entgegen einer Gerichtsstandsvereinbarung zuerst das nicht vereinbarte Gericht in einem anderen Mitgliedstaat angerufen, so hat es grundsätzlich (zu den Ausnahmen s. Rdn. 29) die Bestimmungen der Brüssel I-VO anzuwenden und kann nicht nach Art. 31 Abs. 2 n.F. vorgehen, vielmehr hat das Gericht selbst über die Wirksamkeit der Gerichtsstandsvereinbarung zu entscheiden. Das am oder nach dem 10.1.2015 angerufene Gericht hat – trotz des Umstandes, dass sich aus Art. 31 Abs. 2 und 3 der vor diesem Gericht anwendbaren Brüssel Ia-VO die ausschließliche Prüfungskompetenz des prorogierten Gerichts ergibt – sein Verfahren auszusetzen, bis das zuerst angerufene Gericht über die Wirksamkeit der Gerichtsstandsvereinbarung entschieden hat.[62] Erklärt sich das zuerst angerufene Gericht für zuständig (und damit die Gerichtsstandsvereinbarung für unwirksam), ist das vereinbarte Gericht hieran gebunden und kann seine Zuständigkeit nicht mehr (in Anwendung der Brüssel Ia-VO) bejahen, weil es die Rechtshängigkeit des zuerst eingeleiteten Verfahrens anzuerkennen hat.[63] Erklärt sich das zuerst angerufene Gericht hingegen für unzuständig und die Gerichtsstandsvereinbarung für wirksam, kann das vereinbarte und nach dem 10.1.2015 angerufene Gericht nicht nochmals die Prüfung der Wirksamkeit der Gerichtsstandsvereinbarung vornehmen, weil nach der Entscheidung des EuGH in der Rs „*Gothaer Allgemeine Versicherung AG u.a./Samskip GmbH*"[64] auch Prozessurteile anzuerkennen sind; dies gilt auch dann, wenn sie sich nur vorfrageweise mit der Gültigkeit der Gerichtsstandsvereinbarung befassen.[65]

26 Sofern für den Erststaat die Bestimmungen der Brüssel I-VO nicht maßgeblich sind – etwa weil die Vereinbarung der Zuständigkeit der Gerichte des anderen Mitgliedstaates von zwei Parteien mit (Wohn-)Sitz in einem Drittstaat geschlossen wurde[66] –, kann die Entscheidung bezüglich der Wirksamkeit der Gerichtsstandsvereinbarung im Zweitstaat nicht nach der Brüssel I-VO anerkannt werden; das Gericht des Zweitstaates ist – sofern das innerstaatliche Recht bzw. ein anwendbarer bi- oder multilateraler Anerkennungs- und Vollstreckungsvertrag keine abweichende Regelung enthält – nicht an die Entscheidung des Erststaates gebunden; das angerufene Gericht, das die Neufassung der EuGVVO anzuwenden hat,[67] hat nach der Brüssel Ia-VO die Wirksamkeit zu prüfen.[68]

27 **5. Öffentliche Urkunden und Prozessvergleiche.** Nach Art. 66 Abs. 1 gilt die revidierte Fassung der Verordnung für öffentlichen Urkunden i.S.d. Art. 58 und für Prozessvergleiche nach Art. 59, sofern diese am oder nach dem 10.1.2015 errichtet bzw. geschlossen oder genehmigt wurden. Für vor diesem Zeitpunkt errichtete öffentliche Urkunden und geschlossene bzw. genehmigte Prozessvergleiche ist – zumindest grundsätzlich (s. Rdn. 28 f.) – die Brüssel I-VO anzuwenden.

28 **6. Folgen der Nichtanwendbarkeit.** Für Verfahren, die vor diesem Zeitpunkt eingeleitet worden sind, für vor diesem Zeitpunkt förmlich errichtete oder eingetragene öffent-

---

[61] Prütting/Gehrlein/*Schinkels* ZPO⁷ Art. 66 EuGVVO Rdn. 4.
[62] Prütting/Gehrlein/*Schinkels* ZPO⁷ Art. 66 EuGVVO Rdn. 4.
[63] Prütting/Gehrlein/*Schinkels* ZPO⁷ Art. 66 EuGVVO Rdn. 4.
[64] EuGH 15.11.2012, Rs C-456/11, *Gothaer Allgemeine Versicherung AG u.a./Samskip GmbH* ECLI:EU:C:2012:719.
[65] Prütting/Gehrlein/*Schinkels* ZPO⁷ ZPO⁷ Art. 66 EuGVVO Rdn. 4.
[66] Vgl. nur *Garber/Neumayr* JbEuR 2013, 218 sowie *Scholz* ecolex 2015, 4.
[67] Vgl. nur *Garber/Neumayr* JbEuR 2013, 218 sowie *Scholz* ecolex 2015, 4.
[68] Prütting/Gehrlein/*Schinkels* ZPO⁷ ZPO⁷ Art. 66 EuGVVO Rdn. 4.

liche Urkunden sowie für vor diesem Zeitpunkt gebilligte oder geschlossene gerichtliche Vergleiche gelten nach Art. 66 Abs. 2 weiterhin die **Bestimmungen der Brüssel I-VO**, wenngleich diese durch Art. 80 aufgehoben worden sind.

Aus dem in Art. 66 Abs. 2 normierten Verweis auf die Brüssel I-VO folgt freilich nicht automatisch die Anwendbarkeit der genannten Verordnung; vielmehr wird in Art. 66 Abs. 2 **auch auf** den **Anwendungsbereich der Verordnung** – insbesondere deren intertemporalen Anwendungsbereich (s. Art. 66 Brüssel I-VO)[69] – verwiesen, sodass bei Nichtvorliegen des Anwendungsbereiches der Brüssel I-VO **die Bestimmungen des EuGVÜ, bi- oder multilateraler Übereinkommen oder der innerstaatlichen Rechtsordnung** maßgeblich sein können.[70]

29

KAPITEL VII
Verhältnis zu anderen Rechtsinstrumenten

Artikel 67

Diese Verordnung berührt nicht die Anwendung der Bestimmungen, die für besondere Rechtsgebiete die gerichtliche Zuständigkeit oder die Anerkennung und Vollstreckung von Entscheidungen regeln und in Unionsrechtsakten oder in dem in Ausführung dieser Rechtsakte harmonisierten einzelstaatlichen Recht enthalten sind.

Schrifttum

Antomo Aufwind für internationale Gerichtsstandsvereinbarungen – Inkrafttreten des Haager Übereinkommens, NJW 2015, 2919; *Bittmann* Das Gemeinschaftsgeschmacksmuster im Europäischen Zivilprozessrecht, IPRax 2012, 414; *Borges* Die europäische Klauselrichtlinie und der deutsche Zivilprozess, RIW 2000, 933; *ders.* AGB-Kontrolle durch den EuGH, NJW 2001, 2061; *Buchberger* Die Entscheidung des EuGH in der Rs „Oceano/Quintero" – der effet d'exclusion von Richtlinien, ÖJZ 2000, 441; *Eichel* Das Haager Übereinkommen über Gerichtsstandsvereinbarungen auf dem Weg zur Ratifikation und zum Inkrafttreten, GPR 2014, 159; *Feiler/Forgó* EU-Datenschutz-Grundverordnung (2017); *Garber* Die Stellung des Verbrauchers im Europäischen Zivilprozessrecht: Ein Vergleich zwischen EuGVVO, EuVTVO, EuMahnVO und EuBagatellVO, ÖJZ 2011, 197; *Garber/Neumayr* Der Verbraucher im europäischen Zivilverfahrensrecht – aktuelle Entwicklungen und Entscheidungen, in Jb ZVR 2011 (2011) 125; *Hau* Vorgaben des EuGH zur Klausel-Richtlinie, IPRax 2001, 96; *ders.* Vorgaben des EuGH zur Klausel-Richtlinie, IPRax 2001, 96; *Heinig* Die AGB-Kontrolle von Gerichtsstandsklauseln – zum Urteil Pannon des EuGH, EuZW 2009, 885; *ders.* Die Konkurrenz der EuGVVO mit dem übrigen Gemeinschaftsrecht, GPR 2010, 36; *Kayser* Gegenmaßnahmen im Außenwirtschaftsrecht und das System des europäischen Kollisionsrechts (2001); *Klauser* Google, Facebook & Co: Zivilrechtliche Ansprüche von Verbrauchern bei rechtswidriger Datenverarbeitung und deren Durchsetzung – Rechtslage gemäß DSG 2000, DSGVO und dem neuen österreichischen DSG idF des DSAnpG 2018 samt Anregungen zur Änderung/Ergänzung, in *Leupold* (Hrsg), Forum Verbraucherrecht 2017 (2017) 67; *Kohler* Kollisionsrechtliche Anmerkungen zur Verordnung über die Gemeinschaftsmarke,

---

[69] Art. 66 EuGVVO a.F. stellt auf den Zeitpunkt des Inkrafttretens ab; die Verordnung trat am 1.3.2002 in Kraft, in Dänemark am 1.7.2007 (vgl. das zwischen der EG und Dänemark geschlossene Abkommen über die gerichtliche Zuständigkeit und die Anerkennung und Vollstreckung von Entscheidungen in Zivil- und Handelssachen (ABl. [EU] 2013 L 79 S. 4), in Estland, Lettland, Litauen, Malta, Polen, Slowakei, Slowenien, Tschechien, Ungarn und Zypern am 1.5.2004, in Bulgarien und Rumänien am 1.1.2007 und in Kroatien am 1.7.2013.
[70] Saenger/*Dörner* Art. 66 EuGVVO Rdn. 7; *Slonina* in: *Burgstaller/Neumayr/u.a.*, IZVR Art. 66 EuGVVO Rdn. 4.

Art. 67 Brüssel Ia-VO — Kapitel VII. Verhältnis zu anderen Rechtsinstrumenten

FS Everling (1995) 651; *Kropholler/Blobel* Unübersichtliche Gemengelagen im IPR durch EG-Verordnungen und Staatsverträge, FS Sonnenberger (2004) 453; *Leible* Gerichtsstandsklauseln und EG-Klauselrichtlinie, RIW 2001, 422; *Mankowski* Seerechtliche Vertragsverhältnisse im Internationalen Privatrecht (1995); *ders.* EuGVVO, Brüssel Ia-VO und Spezialübereinkommen, TranspR 2014, 129; *Mayer* Missbräuchliche Gerichtsstandsvereinbarungen in Verbraucherverträgen, GPR 2009, 220; *Pfeiffer* Gerichtsstandsklauseln und EG-Klauselrichtlinie, FS Schütze (1999) 671; *Reinisch* Blockiermaßnahmen der EU gegen extraterritoriale Rechtsakte, ecolex 1997, 900; *ders.* Rechtsgrundlage der „Blockierverordnung" gegen extraterritoriale Rechtsakte, ecolex 1997, 991; *Sydow* Europäische Datenschutzgrundverordnung (2017); *Wagner* Normenkonflikte zwischen den EU-Verordnungen Brüssel I, Rom I und transportrechtlichen Rechtsinstrumenten, TranspR 2009, 103.

Übersicht

I. Allgemeines —— 1
II. Grundsatz und Ratio —— 3
III. Anwendungsvoraussetzungen —— 5
IV. Beispiele —— 6

I. Allgemeines

1 Die Bestimmung regelt das **Verhältnis der Brüssel Ia-VO zu**
1. **anderen Rechtsakten der EU**, die für besondere Rechtsgebiete die gerichtliche Zuständigkeit, die Anerkennung und Vollstreckung von Entscheidungen regeln, dazu zählen Verordnungen (Art. 288 Abs. 2 AEUV), Richtlinien (Art. 288 Abs. 3 AEUV), Beschlüsse (Art. 288 Abs. 4) und Übereinkommen, die von der EU geschlossen worden sind (Art. 216 AEUV)[1] sowie
2. **den darauf beruhenden Normen der innerstaatlichen Rechtsordnungen**, die der Umsetzung des Unionsrechtsakts dienen; erfasst sind Richtlinien-Umsetzungsakte der Mitgliedstaaten.[2]

2 Innerstaatliche Normen sind freilich nur unter der Voraussetzung, dass es sich bei den in Betracht kommenden Bestimmungen tatsächlich um Umsetzungsbestimmungen handelt, vom Anwendungsbereich des Art. 67 erfasst; für „überschießende" Umsetzungsbestimmungen gilt Art. 67 demnach nicht.[3]

II. Grundsatz und Ratio

3 In Art. 67 wird das Verhältnis zwischen der Brüssel Ia-VO und den Unionsrechtsakten sowie den darauf beruhenden Normen der innerstaatlichen Rechtsordnungen nach dem Grundsatz ***„lex specialis derogat legi generali"***[4] geregelt; die anderen Unionsrechtsakte, die für besondere Rechtsgebiete die gerichtliche Zuständigkeit oder die Anerkennung und Vollstreckung von Entscheidungen regeln, bzw. die hierzu von den nationalen Gesetzgebern erlassenen Umsetzungsbestimmungen haben daher **Vorrang gegenüber** den Bestimmungen der **Brüssel Ia-VO**. Nicht maßgeblich ist, ob der be-

---

[1] Vgl. etwa *Klauser* in: *Fasching/Konecny* ZPG V/1² Art. 67 EuGVVO Rdn. 3.
[2] *Geimer/Schütze* EuZVR Art. 67 EuGVVO Rdn. 1; *Pörnbacher* in: *Geimer/Schütze* IRV 540 Art. 67 VO (EG) Nr. 44/2001 Rdn. 2.
[3] *Slonina* in: *Burgstaller/Neumayr/u.a.*, IZVR Art. 67 EuGVVO Rdn. 1.
[4] *Hess* in: *Schlosser/Hess* Art. 67 EuGVVO Rdn. 1; *E. Pfeiffer/M. Pfeiffer* in: *Geimer/Schütze* IRV 538 Art. 67 VO (EG) Nr. 1215/2012 Rdn. 4; *Slonina* in: *Burgstaller/Neumayr/u.a.*, IZVR Art. 67 EuGVVO Rdn. 1; Stein/Jonas/*Oberhammer* Art. 67 EuGVVO Rdn. 1; *Wallner-Friedl* in: *Czernich/Kodek/Mayr* Brüssel Ia-VO⁴ Art. 67 Rdn. 1; vgl. auch Gebauer/Wiedmann/*Gebauer* Zivilrecht² Kap. 27 Art. 67 Rdn. 280.

treffende Rechtsakt vor oder nach Inkrafttreten der Brüssel Ia-VO erlassen worden ist.[5] Ebenso wenig ist entscheidend, dass im betreffenden Rechtsakt selbst ein Vorrang gegenüber den Bestimmungen der Brüssel Ia-VO angeordnet wird.[6]

Der Regelung liegt die Annahme zugrunde, dass den **Besonderheiten** der vom Anwendungsbereich des anderen Unionsrechtsaktes erfassten speziellen Rechtsmaterien **besser Rechnung getragen** werden kann als in der Brüssel Ia-VO.[7]   4

III. Anwendungsvoraussetzungen

Die Anwendung des Art. 67 setzt voraus, dass der in Betracht kommende Unionsrechtsakt bzw. die innerstaatlichen Umsetzungsnormen – zumindest mittelbar[8] – die gerichtliche Zuständigkeit und/oder die Anerkennung und Vollstreckung für Materien, die vom Anwendungsbereich der Brüssel Ia-VO erfasst wären, regeln;[9] andernfalls besteht nämlich keine Kollision.[10]   5

Welche Reichweite der Unionsrechtsakt beansprucht, ergibt sich aus dem jeweiligen Rechtsakt oder ist durch dessen Auslegung zu ermitteln.[11]

IV. Beispiele

Vorrang gegenüber der Brüssel Ia-VO genießen etwa: 6
- **Rl** 93/13/EWG des Rates vom 5.4.1993 **über missbräuchliche Klauseln in Verbraucherverträgen**,[12-13]
- Art. 101ff. der **VO** (EG) Nr. 2100/94 des Rates vom 27.7.1994 **über** den **gemeinschaftlichen Sortenschutz**,[14]
- Art. 6 der **Rl** des Rates 96/71/EG vom 16.12.1996 **über die Entsendung von Arbeitnehmern ins Ausland**;[15] die Richtlinie ermöglicht dem Arbeitnehmer die in der Entsenderichtlinie normierten Mindestarbeitsbedingungen auch in dem Mitgliedstaat,

---

5 Saenger/*Dörner* Art. 67 EuGVVO Rdn. 1; *Kropholler*/*von Hein* Art. 67 EuGVO Rdn. 2; Rauscher/*Mankowski* Art. 67 Brüssel Ia-VO Rdn. 1; *Pörnbacher* in: Geimer/*Schütze* IRV 540 Art. 67 VO (EG) Nr. 44/2001 Rdn. 1.
6 Rauscher/*Mankowski* Art. 67 Brüssel Ia-VO Rdn. 1; *Slonina* in: Burgstaller/Neumayr/u.a., IZVR Art. 67 EuGVVO Rdn. 1.
7 *Klauser* in: Fasching/Konecny ZPG V/1² Art. 67 EuGVVO Rdn. 2; Rauscher/*Mankowski* Art. 67 Brüssel Ia-VO Rdn. 1.
8 Rauscher/*Mankowski* Art. 67 Brüssel Ia-VO Rdn. 2; *Slonina* in: Burgstaller/Neumayr/u.a., IZVR Art. 67 EuGVVO Rdn. 2.
9 Rauscher/*Mankowski* Art. 67 Brüssel Ia-VO Rdn. 2.
10 Rauscher/*Mankowski* Art. 67 Brüssel Ia-VO Rdn. 2.
11 ArbG Wiesbaden NZA-RR 2000, 321, 322.
12 ABl. (EG) 1993 L 95 S. 29.
13 Die Frage, ob die Richtlinie vom Anwendungsbereich des Art. 67 erfasst ist, ist strittig, weil die Einbeziehungs- und Inhaltskontrolle allgemeiner Geschäftsbedingungen keine unmittelbar die Zuständigkeit betreffende Frage darstellt, sondern als ein Aspekt des allgemeinen Schuldvertragsrechts zu qualifizieren ist. Allerdings hat der EuGH Gerichtsstandsvereinbarungen an der genannten Richtlinie gemessen (EuGH 27.6.2000, Rs C-240/98 bis C-244/98, *Océano Grupo Editorial SA/Rocío Murciano Quintero u.a.* ECLI:EU:C:2000:346). In der genannten Rs war zwar nicht die EuGVVO, sondern mitgliedstaatliches Recht anwendbar, dennoch liegt der Schluss nahe, dass der EuGH die Richtlinie auch im Rahmen der EuGVVO beachtet (wie hier Rauscher/*Mankowski* Art. 67 Brüssel Ia-VO Rdn. 2; *Heinig* GPR 2010, 41f.; *Leible* RIW 2001, 429ff.; Stein/Jonas/*Oberhammer* Art. 67 EuGVVO Rdn. 2; *Pfeiffer* FS Schütze 672f.; *Slonina* in: Burgstaller/Neumayr/u.a., IZVR Art. 67 EuGVVO Rdn. 3; **a.A.** Geimer/*Schütze* EuZVR Art. 68 EuGVVO Rdn. 5; vgl. zum Ganzen Garber/*Neumayr* Jb ZVR 2011, 146ff.
14 ABl. (EG) 1994 L 227 S. 1.
15 ABl. (EG) 1997 L 18 S. 1.

in dessen Hoheitsgebiet der Arbeitnehmer entsandt ist bzw war, durchzusetzen; die in Art. 21 normierten Zuständigkeitsbestimmungen werden dadurch nicht verdrängt, sondern lediglich um den in der Richtlinie normierten Gerichtsstand **ergänzt**,[16] in Deutschland wurde die Bestimmung mit § 15 AEntG umgesetzt;
- **VO** (EG) 1996/2271 des Rates vom 22.11.1996 **zum Schutz vor den Auswirkungen der extraterritorialen Anwendung von einem Drittland erlassener Rechtsakte sowie auf darauf beruhenden oder sich daraus ergebenden Maßnahmen**;[17] da Art. 4 leg. cit. die Nichtanerkennung bestimmter drittstaatlicher Entscheidungen regelt und daher vom Anwendungsbereich der Brüssel Ia-VO nicht erfasst wird, gilt Art. 67 nicht;[18] demgegenüber ist Art. 6, der für Schadenersatzansprüche i.S.d. genannten Verordnung einen Vermögensgerichtsstand vorsieht, vorrangig anzuwenden;[19]
- Art. 79 ff. der **VO** (EG) Nr. 6/2002 des Rates vom 12.12.2001 **über das Gemeinschaftsgeschmacksmuster**;[20]
- Art. 123 ff. der **VO** (EU) 2017/1001 des Europäischen Parlaments und des Rates vom 14.6.2017 über die Unionsmarke,[21]
- Art. 79 Abs. 2 DSGVO.[22]

7 Ferner regelt Art. 67 das Verhältnis der Brüssel Ia-VO
- zur **EuVTVO**,
- zur **EuMahnVO**,
- zur **EuBagatellVO**[23] sowie
- zur **EuKoPfVO** und
- zur **EuSchMaVO**.

8 Die genannten Unionsrechtsakte können auch ein Wahlrecht zur Brüssel Ia-VO vorsehen (wie etwa Art. 27 EuVTVO)[24] oder auf die Bestimmungen der Brüssel Ia-VO verweisen (wie etwa – zumindest zum Teil – hinsichtlich der Bestimmung der Zuständigkeit für die Erlassung eines europäischen Zahlungsbefehls nach der EuMahnVO). Nach Art. 6 Abs. 1 EuMahnVO bestimmt sich die internationale Zuständigkeit grundsätzlich nach den hierfür geltenden Vorschriften des Unionsrechts, insbesondere nach den Normen der Brüssel Ia-VO.[25] Nur in jenen Fällen, in denen (1) die Forderung einen Vertrag betrifft, den ein Verbraucher mit einem Unternehmer zu einem Zweck abgeschlossen hat, der nicht der beruflichen oder gewerblichen Tätigkeit dieser Person zugerechnet werden kann, und (2) der Verbraucher im Europäischen Mahnverfahren der Antragsgegner ist, wird die internationale Zu-

---

16 Dazu *Garber* in: *Burgstaller/Neumayr* IZVR Art. 20 EuGVVO Rdn. 8 sowie Art. 21 EuGVVO Rdn. 44.
17 ABl. (EG) 1996 L 309 S. 1.
18 Rauscher/*Mankowski* Art. 67 Brüssel Ia-VO Rdn. 2; **a.A.** *Pörnbacher* in: *Geimer/Schütze* IRV 540 Art. 67 VO (EG) Nr. 44/2001 Rdn. 1.
19 *Burgstaller/Neumayr* in: *Burgstaller/Neumayr* IZVR Art. 67 EuGVVO Rdn. 2.
20 ABl. (EG) 2002 L 3 S. 1.
21 ABl. (EU) 2017 L 154 S. 1; entsprechendes galt für Teile der Vorgängerverordnungen: Art. 94 ff. der Verordnung (EG) Nr. 207/2009 des Rates vom 26.2.2009 über die Gemeinschaftsmarke (ABl. (EG) 2009 L 78 S. 1) sowie Art. 90 ff. der Verordnung (EG) Nr. 40/94 des Rates vom 20.12.1993 über die Gemeinschaftsmarke (ABl. [EG] 1994 L 11 S. 1; s. dazu Stein/Jonas/*Oberhammer* Art. 67 EuGVVO Rdn. 2).
22 *Klauser* in: *Leupold* Forum Verbraucherrecht 2017 93; *Feiler/Forgó* Art. 79 EU-DSGVO Rdn. 8; *Kreße* in: *Sydow* Europäische Datenschutzgrundverordnung Art. 79 Rdn. 33.
23 Zu den drei zuerst genannten s. auch Stein/Jonas/*Oberhammer* Art. 67 EuGVVO Rdn. 2; *Prütting/Gehrlein/Schinkels* ZPO⁷ Art. 67 EuGVVO Rdn. 1.
24 *Hess* in: *Schlosser/Hess* Art. 67 EuGVVO Rdn. 1.
25 Dazu ausführlich *Garber* ÖJZ 2011, 203.

ständigkeit eigenständig geregelt. Nach Art. 6 Abs. 2 EuMahnVO ist für die Erlassung eines Zahlungsbefehls in diesem Fall ausschließlich der Mitgliedstaat zuständig, in dessen Hoheitsgebiet der Verbraucher im Zeitpunkt der Klageerhebung seinen Wohnsitz hat. Für die Bestimmung der internationalen Zuständigkeit ist nur der Wohnsitz, nicht aber der gewöhnliche Aufenthalt des Verbrauchers maßgebend. Sofern die in Art. 6 Abs. 2 EuMahnVO normierten Voraussetzungen kumulativ vorliegen, werden die Zuständigkeitsbestimmungen der Brüssel Ia-VO gänzlich verdrängt.[26] Liegen die Voraussetzungen des Art. 6 Abs. 2 vor, werden auch die Zuständigkeitsbestimmungen des Art. 24 sowie die Bestimmungen hinsichtlich der Voraussetzungen einer wirksamen Gerichtsstandsvereinbarung verdrängt.[27]

Da die Anwendung des Art. 67 voraussetzt, dass sich die jeweiligen Normen **inhaltlich überschneiden**, gilt die Bestimmung **nicht** für Verordnungen, welche Rechtsgebiete betreffen, die nach Art. 1 Abs. 2 vom Anwendungsbereich der Brüssel Ia-VO ausgenommen sind,[28] dazu zählen insbesondere die **EuEheKindVO**, die **EuUnterhaltsVO**, die **EuInsVO**, die **EuErbVO**, die **EuEheGüterVO**, die **EuPartnerGüterVO**, die **EuZustellVO** und die **EuBeweisaufnahmeVO**.[29] 9

Art. 67 gilt auch für Normenkonflikte in speziellen Übereinkommen, die die EU im Rahmen ihrer Außenkompetenz mit Drittstaaten abschließt;[30] diese gehen als Rechtsakte der EU, sofern sie für besondere Rechtsgebiete die gerichtliche Zuständigkeit, die Anerkennung und Vollstreckung von Entscheidungen regeln, der Brüssel Ia-VO vor. Dies gilt etwa für das **Montrealer Übereinkommen vom 28.5.1999 zur Vereinheitlichung bestimmter Vorschriften über die Beförderung im internationalen Luftverkehr**[31] sowie das **Haager Übereinkommen vom 30.6.2005 über Gerichtsstandsvereinbarungen** (HGÜ).[32] Nach Art. 26 Abs. 4 HGÜ bleibt die Anwendung der Brüssel Ia-VO unberührt, wenn keine der Parteien ihren Aufenthalt in einem Vertragsstaat des HGÜ hat, der nicht Mitgliedstaat der Brüssel Ia-VO ist (lit. a), und sofern es um die Anerkennung und Vollstreckung von Entscheidungen zwischen Mitgliedstaaten der Brüssel Ia-VO geht (lit b).[33] 10

Auf die Abgrenzung von Brüssel Ia-VO und LGVÜ ist Art. 67 nicht anzuwenden, weil es sich bei den vom LGVÜ erfassten Zivil- und Handelssachen nicht um „besondere Rechtsgebiete" i.S.v. Art. 67 handelt. Die Abgrenzung der Anwendungsbereiche ergibt sich vielmehr ausschließlich aus Art. 73. 11

Artikel 68

(1) Diese Verordnung tritt im Verhältnis zwischen den Mitgliedstaaten an die Stelle des Brüsseler Übereinkommens von 1968, außer hinsichtlich der Hoheitsge-

---

26 Dazu ausführlich *Garber* ÖJZ 2011, 202 ff. m.w.N.
27 Dazu ausführlich *Garber* ÖJZ 2011, 204 f. m.w.N.
28 *Hess* in: *Schlosser/Hess* Art. 67 EuGVVO Rdn. 2.
29 Vgl. auch Thomas/Putzo/*Hüßtege* Art. 67 Rdn. 2; Rauscher/*Mankowski* Art. 67 Brüssel Ia-VO Rdn. 2; *Pörnbacher* in: *Geimer/Schütze* IRV 540 Art. 67 VO (EG) Nr. 44/2001 Rdn. 3.
30 *Hess* in: *Schlosser/Hess* Art. 67 EuGVVO Rdn. 3.
31 ABl. (EG) 2001 L 194 S. 39; so zutreffend Stein/Jonas/*Oberhammer* Art. 71 EuGVVO Rdn. 3.
32 Abrufbar unter http://www.hcch.net/upload/conventions/txt37de.pdf (1.3.2018). Die EU hat – nach Mexiko und den USA und vor Singapur – am 1.4.2009 dieses Übereinkommen unterzeichnet (ABl. [EU] 2009 L 133 S. 1; nachfolgend hat bisher noch China, Montenegro und die Ukraine unterzeichnet) und nunmehr auch ratifiziert (Beschluss des Rates zur Genehmigung des Haager Übereinkommens über Gerichtsstandsvereinbarungen, ABl. [EU] 2014 L 353 S. 5), sodass das Übereinkommen am 1.10.2015 (vorerst nur) in Mexiko und in der EU in Kraft getreten ist. In Singapur ist es am 1.10.2016 in Kraft getreten. Dazu ausführlich *Eichel* in: *Czernich/Geimer* Streitbeilegungsklauseln 327 ff.
33 *Antomo* NJW 2015, 2920; *Eichel* in: *Czernich/Geimer* Streitbeilegungsklauseln 330 ff.

biete der Mitgliedstaaten, die in den territorialen Anwendungsbereich des genannten Übereinkommens fallen und aufgrund der Anwendung von Artikel 355 AEUV von dieser Verordnung ausgeschlossen sind.

(2) Soweit diese Verordnung die Bestimmungen des Brüsseler Übereinkommens von 1968 zwischen den Mitgliedstaaten ersetzt, gelten Verweise auf dieses Übereinkommen als Verweise auf die vorliegende Verordnung.

Übersicht

I.	Grundsätzliche Derogation des EuGVÜ – Abs. 1 —— 1		2.	Räumlicher Anwendungsbereich der Brüssel Ia-VO —— 2
	1. Allgemeines —— 1		II.	Verweis auf EuGVÜ – Abs. 2 —— 7

I. Grundsätzliche Derogation des EuGVÜ – Abs. 1

1. Allgemeines. Die Brüssel I-VO ersetzte mit ihrem Inkrafttreten am 1.3.2002 in allen Mitgliedstaaten die Bestimmungen des EuGVÜ (Art. 68 Brüssel I-VO Die revidierte Fassung tritt ab dem Zeitpunkt ihrer Anwendbarkeit, d.h. mit 10.1.2015, an die Stelle der Brüssel I-VO (s. Art. 80 und die Kommentierung dort; s. allerdings auch Art. 66 Abs. 2 und die Kommentierung dort) und – wie sich aus Art. 68 Abs. 1 ausdrücklich ergibt – des EuGVÜ. Sofern in Teilen der Mitgliedstaaten die Brüssel Ia-VO nach Art. 355 AEUV nicht anzuwenden ist, gilt in diesen Gebieten weiterhin das EuGVÜ, sofern der räumliche Anwendungsbereich des Übereinkommens diese Gebiete erfasst (vgl. auch ErwGr. 9). Eine Erstreckung des Anwendungsbereiches auf bestimmte Gebiete erfolgte allerdings nur in wenigen Fällen; lediglich auf Aruba, in den französischen Überseeterritorien, Mayotte und Saint-Pierre-et-Miquelon gilt das EuGVÜ. Sofern der zeitliche Anwendungsbereich der Brüssel I-VO und Brüssel Ia-VO nicht eröffnet ist, sind die Bestimmungen des EuGVÜ maßgeblich – freilich unter der Voraussetzung, dass dessen Anwendungsbereich eröffnet ist.

2. Räumlicher Anwendungsbereich der Brüssel Ia-VO. Aus Art. 68. Abs. 1 folgt auch, dass der Anwendungsbereich der Brüssel Ia-VO dem Anwendungsbereich des Unionsrechts entspricht. Die Bestimmungen der Brüssel Ia-VO finden nach Art. 355 AEUV auch in den französischen Überseedepartements Guadeloupe, Französisch-Guayana, Martinique, Réunion, Saint Barthélemy und Saint Martin, auf den portugiesischen Inseln Azoren und Madeira und auf den zu Spanien gehörenden Kanarischen Inseln Anwendung. Ferner gelten sie in den spanischen Enklaven Ceuta und Melilla in Afrika und in dem zum Vereinigten Königreich gehörenden Gibraltar.

Die Brüssel Ia-VO gilt hingegen nicht auf Grönland[1] und den Färöer,[2] auf der der britischen Krone unterstellten Isle of Man und auf den ebenfalls der britischen Krone unterstellten Kanalinseln, auf den zum Vereinigten Königreich gehörenden Britischen Jungferninseln, den Cayman Islands, den Falklandinseln, den Südlichen Sandwichinseln, den Turks- und Caicos-Inseln und den Pitcairninseln sowie auf Anguilla, Bermuda, Montserrat, Südgeorgien, Saint Helena, Ascension and Tristan da Cunha, die ebenfalls zum Vereinigten Königreich gehören, in Französisch-Polynesien, den Französischen Süd- und Ark-

---

[1] Siehe Art. 8 des zwischen der EG und Dänemark geschlossenen Abkommens über die gerichtliche Zuständigkeit und die Anerkennung und Vollstreckung von Entscheidungen in Zivil- und Handelssachen (ABl. [EU] 2013 L 79 S. 4).

[2] Siehe Art. 8 des zwischen der EG und Dänemark geschlossenen Abkommens über die gerichtliche Zuständigkeit und die Anerkennung und Vollstreckung von Entscheidungen in Zivil- und Handelssachen (ABl. [EU] 2013 L 79 S. 4).

tisgebieten, in dem zu Frankreich gehörenden Neukaledonien und Nebengebieten und auf Wallis und Futuna, die ebenfalls zu Frankreich gehören, sowie auf den früheren Niederländischen Antillen (Aruba, Bonaire, Curaçao, Saba, St. Eustatius und St. Maarten).

Auf Aruba, in den französischen Überseeterritorien, Mayotte und Saint-Pierre-et-Miquelon gilt die Brüssel Ia-VO nicht, wohl aber das EuGVÜ (s. Rdn. 1). 4

In **Zypern**, das zum 1.5.2004 der EU beigetreten ist, ist die **Anwendung der Brüssel Ia-VO** allerdings **nur eingeschränkt** möglich. Nach Art. 1 Abs. 1 des Protokolls über Zypern wird die Anwendung des Besitzstandes, zu dem auch die Brüssel Ia-VO gehört, in den Teilen der Republik Zypern ausgesetzt, in denen die Regierung der Republik Zypern keine tatsächliche Kontrolle ausübt.[3] Da der Nordteil der Insel nicht von der Regierung Zyperns kontrolliert wird, ist dieses Territorium nicht von der Brüssel Ia-VO erfasst, es werden dort keine Zuständigkeiten begründet oder Urteile nach der Brüssel Ia-VO anerkannt und vollstreckt. Allerdings schließt dies nach Auffassung des EuGH[4] nicht aus, dass die internationale Zuständigkeit, die etwa durch die Belegenheit eines Grundstücks im ausgeschlossenen Gebiet „für Zypern" begründet wird, im von der Regierung kontrollierten Gebiet nach Art. 24 Nr. 1 (vgl. Art. 22 Nr. 1 EuGVÜ) ausgeübt wird. Gem. Art. 355 Abs. 5 lit. b AEUV findet die Brüssel Ia-VO auf den Hoheitszonen des Vereinigten Königreichs auf Zypern, Akrotiri und Dhekelia keine Anwendung.[5] 5

Die Brüssel Ia-VO gilt nicht im Vatikanstaat, in Andorra, Monaco und San Marino, weil es sich bei diesen Staaten um souveräne Staaten handelt, die nicht Mitgliedstaaten der EU sind. 6

II. Verweis auf EuGVÜ – Abs. 2

Wird in anderen Rechtsakten – etwa in anderen Verordnungen, in Staatsverträgen oder in den innerstaatlichen Rechtsordnungen der Mitgliedstaaten – auf das EuGVÜ verwiesen, gelten die **Verweise als Verweise auf die revidierte Fassung der Brüssel Ia-VO**, soweit die Verordnung die Bestimmungen des EuGVÜ ersetzt.[6] Eine vergleichbare Regelung sieht Art. 80 Satz 2 auch für Bezugnahmen auf die Brüssel I-VO vor; diese gelten als Verweise auf die entsprechenden Vorschriften der revidierten Fassung, wobei Anhang III die Auffindbarkeit der entsprechenden Norm erleichtern soll (s. Art. 80 Rdn. 4). 7

Nicht erforderlich ist, dass mit der revidierten Fassung der Brüssel Ia-VO inhaltsgleiche Vorschriften erlassen worden sind.[7] Wird etwa in einer Bestimmung auf die Gerichtsstände des EuGVÜ verwiesen, gilt dies als Verweis auf alle Gerichtsstände der Brüssel Ia-VO, selbst wenn diese nicht den Gerichtsständen des EuGVÜ entsprechen. Daher wird in diesem Fall etwa auch auf den Gerichtsstand des Art. 7 Nr. 4 verwiesen. 8

Wenngleich in Art. 68 nicht zwischen den Arten der Verweisung unterschieden wird, muss es sich bei dem Verweis um einen **dynamischen Verweis** handeln. Statische Verweise beziehen sich weiterhin auf das EuGVÜ.[8] 9

---

3 Protokoll Nr. 10 über Zypern der Akte über die Bedingungen des Beitritts der Tschechischen Republik, der Republik Estland, der Republik Zypern, der Republik Lettland, der Republik Litauen, der Republik Ungarn, der Republik Malta, der Republik Polen, der Republik Slowenien und der Slowakischen Republik und die Anpassungen der die Europäische Union begründenden Verträge (ABl. [EU] 2003 L 236 S. 955).
4 EuGH 28.4.2009, Rs C-420/07, *Apostolides/Orams* ECLI:EU:C:2009:271.
5 Siehe dazu Rauscher/*Mankowski* Art. 68 Brüssel Ia-VO Rdn. 13.
6 Siehe z.B. zur mittlerweile außer Kraft getretenen VO über die Gemeinschaftsmarke (ABl. [EG] 2009 L 78 S. 1) österr. OGH 17 Ob 22/07w und zur VO über das Gemeinschaftsgeschmacksmuster (ABl. [EG] 2002 L 3 S. 1) österr. OGH 4 Ob 43/07p.
7 So aber Thomas/Putzo/*Hüßtege* Art. 68 Rdn. 2.
8 *Geimer/Schütze* EuZVR Art. 68 EuGVVO Rdn. 2; Rauscher/*Mankowski* Art. 68 Brüssel Ia-VO Rdn. 18.

10 So wurde etwa in Art. 25 Abs. 1 EuInsVO a.F. für die Anerkennung und Vollstreckung sonstiger Entscheidungen auf Art. 31ff. EuGVÜ verwiesen. Dieser Verweis gilt bis zum Außerkrafttreten der EuInsVO a.F. als dynamischer Verweis, sodass die Art. 32ff. Brüssel I-VO bzw. die Art. 36 Brüssel Ia-VO Anwendung finden;[9] in der Neufassung (s. Art. 32.ff. EuInsVO) wird in Art. 32 EuInsVO auf die Brüssel Ia-VO in ihrer revidierten Fassung verwiesen.

11 Auch der Verweis in Art. 6 RL 96/71/EG (über die Entsendung von Arbeitnehmern ins Ausland) auf das EuGVÜ ist als Verweis auf die Brüssel Ia-VO zu verstehen.

12 Sofern in Rechtsakten, die nach Inkrafttreten der Brüssel I-VO erlassen worden sind, nicht auf die Brüssel I-VO, sondern auf das EuGVÜ verwiesen wird (wie etwa in Art. 79 der VO über das Gemeinschaftsgeschmacksmuster),[10] gelten die Verweise i.d.R. als Verweise auf die Brüssel Ia-VO, dies gilt insbesondere dann, wenn anzunehmen ist, dass es der europäische Gesetzgeber versäumt hat, einen Rechtsakt an die aktuelle Rechtslage anzupassen und nicht die alte Rechtslage versteinern wollte.[11]

Artikel 69

Diese Verordnung ersetzt unbeschadet der Artikel 70 und 71 im Verhältnis zwischen den Mitgliedstaaten die Übereinkünfte, die sich auf dieselben Rechtsgebiete erstrecken wie diese Verordnung. Ersetzt werden insbesondere die Übereinkünfte, die in der von der Kommission nach Artikel 76 Absatz 1 Buchstabe c und Artikel 76 Absatz 2 festgelegten Liste aufgeführt sind.

Schrifttum

Garber Einstweiliger Rechtsschutz nach der EuGVVO (2008); *Wannenmacher* Die Außenkompetenz der EG im Bereich des internationalen Zivilverfahrensrechts (2003); *Sawczuk* Bilaterale Verträge und das Problem des polnischen Beitritts zum Lugano-Übereinkommen, FS Schütze (1999) 733.

1 Die Brüssel Ia-VO **ersetzt** in ihrem Anwendungsbereich im Verhältnis zwischen den Mitgliedstaaten[1] die von den Mitgliedstaaten abgeschlossenen **völkerrechtlichen Verträge**, die sich auf **dieselben Rechtsgebiete wie die Verordnung** beziehen. Daher werden insbesondere die von den Mitgliedstaaten untereinander geschlossenen bi- (und multi-)[2]lateralen Anerkennungs- und Vollstreckungsverträge verdrängt.[3] Aufgrund des Anwendungsvorranges der Brüssel Ia-VO werden die Bestimmungen der Verträge auch in jenen Fällen verdrängt, in denen die Anerkennung und/oder Vollstreckung der Entscheidung nicht nach der Brüssel Ia-VO, sondern nur nach den Normen der Anerken-

---

9 Rauscher/*Mankowski* Art. 68 Brüssel Ia-VO Rdn. 19.
10 ABl. (EG) 2002 L 3 S. 1.
11 So zutreffend *Slonina* in: *Burgstaller/Neumayr/u.a.*, IZVR Art. 68 EuGVVO Rdn. 8; s. auch österr. OGH 4 Ob 43/07p; vgl. allerdings *Rauscher/Leible* Art. 68 Brüssel Ia-VO Rdn. 17, der insofern zur Vorsicht mahnt.

1 Betroffen sind demnach nicht Übereinkünfte, an denen Drittstaaten oder Organisationen beteiligt sind (*Sawczuk* FS Schütze 743).
2 Wenngleich in der Aufzählung keine multilateralen Verträge genannt sind, sind auch solche erfasst, sofern nur Mitgliedstaaten der Verordnung Vertragsstaaten des jeweiligen Vertrages sind. Zur nicht abschließenden Aufzählung in der von der Kommission erstellten Liste s. Rdn. 3; zum Verhältnis der EuGVVO zu multilateralen Verträgen, an denen auch Drittstaaten beteiligt sind, s. Art. 71 und die Kommentierung dort.
3 Rauscher/*Mankowski* Art. 69 Brüssel Ia-VO Rdn. 1.

nungs- du Vollstreckungsverträge möglich wäre. Ein **Rückgriff auf** die **„anerkennungsfreundlichen" Bestimmungen** der Anerkennungs- du Vollstreckungsverträge ist daher im Anwendungsbereich der Brüssel Ia-VO **unzulässig**;[4] das **Günstigkeitsprinzip** findet daher im Anwendungsbereich der Brüssel Ia-VO **keine Anwendung**.

Sofern der **Anwendungsbereich der Brüssel Ia-VO nicht eröffnet** ist, sind die **Verträge weiterhin anwendbar**;[5] diesen wird daher **nicht in** ihrer **Gesamtheit derogiert**; zu den weiteren Ausnahmen s. Art. 70, 71 und die Kommentierung dort. 2

Im Unterschied zu Art. 69 Brüssel I-VO werden die durch die Verordnung verdrängten Übereinkünfte nicht in der Bestimmung selbst genannt, sondern in der revidierten Fassung wird **auf die von** der **Kommission festgelegten Listen**, welche die von den Mitgliedstaaten notifizierten Übereinkommen enthalten (vgl. auch Art. 76 Abs. 1 lit. c), verwiesen (s. dazu Art. 76 Rdn. 5). Die Aufzählung ist **nicht abschließend** (arg.: insbesondere).[6] Trotz des normativen Charakters der im Amtsblatt veröffentlichen Listen werden daher auch Übereinkünfte, die von den Mitgliedstaaten nicht notifiziert wurden, von der Verordnung verdrängt. Die von der Kommission festgelegten Listen haben daher lediglich klarstellende Funktion.[7] 3

Ein **Abschluss neuer Verträge zwischen den Mitgliedstaaten** über entsprechende Angelegenheiten des internationalen Zivilverfahrensrechts wäre aufgrund der vollkommenen Vergemeinschaftung dieses Rechtsgebietes **unzulässig**.[8] 4

Artikel 70

(1) Die in Artikel 69 genannten Übereinkünfte behalten ihre Wirksamkeit für die Rechtsgebiete, auf die diese Verordnung nicht anzuwenden ist.

(2) Sie bleiben auch weiterhin für die Entscheidungen, öffentlichen Urkunden und gerichtlichen Vergleiche wirksam, die vor dem Inkrafttreten der Verordnung (EG) Nr. 44/2001 ergangen, förmlich errichtet oder eingetragen bzw. gebilligt oder geschlossen worden sind.

Wie bereits bei Art. 69 ausgeführt (Art. 69 Rdn. 2) sind die von den Mitgliedstaaten abgeschlossenen **völkerrechtlichen Verträge außerhalb** des **zeitlichen, geographischen und sachlichen Anwendungsbereichs** der Verordnung weiterhin anzuwenden. 1

---

4 Geimer/*Schütze* EuZVR Art. 69 EuGVVO Rdn. 1; Rauscher/*Mankowski* Art. 69 Brüssel Ia-VO Rdn. 3; *Slonina* in: *Burgstaller/Neumayr/u.a.*, IZVR Art. 69, 70 EuGVVO Rdn. 1; BGH NJW 1993, 2668; s. dazu auch *Garber* Rechtsschutz 223 f.
5 Thomas/Putzo/*Hüßtege* Art. 69 Rdn. 1; Stein/Jonas/*Oberhammer* Art. 69, 70 EuGVVO Rdn. 1; vgl. auch Gebauer/Wiedmann/*Gebauer* Zivilrecht² Kap. 27 Art. 69 Rdn. 283; *Klauser* in: *Fasching/Konecny* ZPG V/1² Art. 69 EuGVVO Rdn. 4 sowie *Pörnbacher* in: *Geimer/Schütze* IRV 540 Art. 70 VO (EG) Nr. 44/2001 Rdn. 1.
6 Vgl. auch zu Art. 69 EuGVVO a.F., in der die vom Vereinigten Königreich geschlossenen Verträge nicht genannt wurden. Dies dürfte wohl darauf zurückzuführen gewesen sein, dass das Vereinigte Königreich wegen Art. 69 EGV und dem dazu gehörigen Protokoll zunächst nicht automatisch als Mitgliedstaat i.S.d. EuGVVO a.F. anzusehen war. Offenbar infolge eines Redaktionsversehens (Rauscher/*Mankowski* Art. 69 Brüssel Ia-VO Rdn. 8) wurde das noch vor der Erlassung der EuGVVO erfolgte opting-in des Vereinigten Königreichs bei der Texierung zunächst nicht berücksichtigt. Die mit dem Vereinigten Königreich bestehenden Abkommen wurden daher im Zuge einer Berichtigung nachgetragen (ABl. [EG] 2001 L 307 S. 28).
7 *Slonina* in: *Burgstaller/Neumayr/u.a.*, IZVR Art. 69, 70 EuGVVO Rdn. 3.
8 Stein/Jonas/*Oberhammer* Art. 69, 70 EuGVVO Rdn. 1; s. dazu ausführlich *Wannenmacher* Außenkompetenz *passim*.

2   Sofern etwa der sachliche Anwendungsbereich der Brüssel Ia-VO nicht eröffnet ist, weil **keine zivil- und handelsrechtliche Streitigkeit i.S.d. Art. 1** vorliegt, kann auf einen allenfalls bestehenden völkerrechtlichen Vertrag zurückgegriffen werden.[1] Da der Begriff der Zivil- und Handelssache i.S.d. Art. 1 Brüssel Ia-VO unionsrechtlich autonom auszulegen ist (s. dazu Art. 1 Brüssel Ia-VO Rdn. 18 ff.), ist es möglich, dass er von dem in einen völkerrechtlichen Vertrag verwendeten Begriff abweicht.[2] Der BGH[3] hat zu Recht eine Rechtsmaterie, welche der EuGH nicht als Zivil- und Handelssache i.S.d. Art. 1 EuGVÜ (nunmehr Art. 1) qualifiziert hat,[4] als Zivil- und Handelssache i.S.d. deutsch-belgischen Übereinkommens[5] eingeordnet, das – mangels Anwendbarkeit des EuGVÜ (nunmehr der Brüssel Ia-VO) – Anwendung finden konnte.

3   Auch in den **nach Art. 1 Abs. 2 vom Anwendungsbereich der Brüssel Ia-VO ausgenommenen Rechtsmaterien** bleiben die völkerrechtlichen Verträge anwendbar;[6] dies gilt freilich nur, sofern nicht andere Unionsrechtsakte – wie die EuEheKindVO oder die EuErbVO – Anwendung finden, die den betreffenden völkerrechtlichen Vertrag verdrängen.[7]

4   Sofern eine Entscheidung (etwa bezogen auf einzelne Ansprüche) **nur z.T. vom Anwendungsbereich der Brüssel Ia-VO**, z.T. von einem völkerrechtlichen Vertrag erfasst wird, kann **nur** der **Teil, für den** die **Brüssel Ia-VO gilt**, nach den Bestimmungen der Brüssel Ia-VO anerkannt und vollstreckt werden, für den anderen Teil sind die Normen des völkerrechtlichen Vertrags maßgeblich.[8] Über eine mögliche Verbindung von zwei Verfahren entscheidet das innerstaatliche Recht des Vollstreckungsmitgliedstaates.[9] In Deutschland kann das zuständige Gericht nach § 9 AVAG eine einheitliche Vollstreckungsklausel erteilen, wenn das bilaterale Übereinkommen unter § 1 Abs. 1 AVAG fällt;[10] andernfalls ist für den Teil, der von einem völkerrechtlichen Vertrag erfasst wird, ein selbstständiges Vollstreckbarerklärungsverfahren nach dem einschlägigen Ausführungsgesetzen erforderlich.[11]

5   Die Übereinkünfte gelten nach Abs. 2 ebenfalls für Entscheidungen, öffentliche Urkunden und gerichtliche Vergleiche, die vor dem Inkrafttreten der Brüssel I-VO,[12] d.h. vor

---

1   Saenger/*Dörner* Art. 70 EuGVVO Rdn. 1; Stein/Jonas/*Oberhammer* Art. 69, 70 EuGVVO Rdn. 1; *Slonina* in: Burgstaller/Neumayr/u.a., IZVR Art. 69, 70 EuGVVO Rdn. 1.
2   *Borrás/Spegele* in: *Simons/Hausmann* Brüssel I-Verordnung Art. 70 Rdn. 1; Gebauer/Wiedmann/*Gebauer* Zivilrecht² Kap. 27 Art. 70 Rdn. 284; MünchKomm/*Gottwald* Art. 70 EuGVO Rdn. 1; *Klauser* in: Fasching/Konecny ZPG V/1² Art. 70 EuGVVO Rdn. 2; *Pörnbacher* in: *Geimer/Schütze* IRV 540 Art. 70 VO (EG) Nr. 44/2001 Rdn. 1.
3   BGH NJW 1978, 1113 = RIW 1978, 56.
4   EuGH 14.7.1977 Rs 9 und 10/77, *Bavaria Fluggesellschaft und Germanair/Eurocontrol* ECLI:EU:C:1977:132.
5   Abkommen zwischen der Bundesrepublik Deutschland und dem Königreich Belgien über die gegenseitige Anerkennung und Vollstreckung von gerichtlichen Entscheidungen, Schiedssprüchen und öffentlichen Urkunden in Zivil- und Handelssachen vom 30.6.1958 (BGBl. 1959 II 766 und 1960 II 2408) mit dem deutschen Ausführungsgesetz vom 26.6.1959 (BGBl. I 425, geändert durch das SchiedsVfG).
6   *Hess* in: Schlosser/Hess Art. 70 EuGVVO Rdn. 1; Rauscher/*Mankowski* Art. 70 Brüssel Ia-VO Rdn. 1; *Wallner-Friedl* in: Czernich/Kodek/Mayr Brüssel Ia-VO⁴ Art. 72 Rdn. 1.
7   *Klauser* in: Fasching/Konecny ZPG V/1² Art. 70 EuGVVO Rdn. 2; *Slonina* in: Burgstaller/Neumayr/u.a., IZVR Art. 69, 70 EuGVVO Rdn. 1.
8   *Borrás/Spegele* in: *Simons/Hausmann* Brüssel I-Verordnung Art. 70 Rdn. 3; *Hess* in: Schlosser/Hess Art. 70 EuGVVO Rdn. 2; Rauscher/*Mankowski* Art. 70 Brüssel Ia-VO Rdn. 3; *Slonina* in: Burgstaller/Neumayr/u.a., IZVR Art. 69, 70 EuGVVO Rdn. 1; BGH NJW 1933, 2688.
9   *Borrás/Spegele* in: *Simons/Hausmann* Brüssel I-Verordnung Art. 70 Rdn. 3.
10 *Borrás/Spegele* in: *Simons/Hausmann* Brüssel I-Verordnung Art. 70 Rdn. 3; *Geimer/Schütze* EuZVR Art. 70 EuGVVO Rdn. 13.
11 *Geimer/Schütze* EuZVR Art. 70 EuGVVO Rdn. 12.
12 Hinsichtlich Dänemark wird in Art. 2 Abs. 2 lit. e des zwischen der EG und Dänemark geschlossenen Abkommens über die gerichtliche Zuständigkeit und die Anerkennung und Vollstreckung von Entscheidungen in Zivil- und Handelssachen (ABl. [EG] 2005 L 299, 62) ausdrücklich angeordnet, dass anstelle des in Art. 70 genannten Zeitpunktes der Tag des Inkrafttretens des Abkommens, d.h. der 1.7.2007,

dem 1.3.2002, ergangen, förmlich errichtet oder eingetragen bzw. gebilligt oder geschlossen worden sind, sofern – wenngleich dies nicht ausdrücklich normiert wird – die Brüssel I-VO nicht gem Art. 66 Abs. 2 Brüssel Ia-VO auf diese anzuwenden ist.

Artikel 71

(1) Diese Verordnung lässt Übereinkünfte unberührt, denen die Mitgliedstaaten angehören und die für besondere Rechtsgebiete die gerichtliche Zuständigkeit, die Anerkennung oder die Vollstreckung von Entscheidungen regeln.

(2) Um eine einheitliche Auslegung des Absatzes 1 zu sichern, wird er in folgender Weise angewandt:
a) Diese Verordnung schließt nicht aus, dass ein Gericht eines Mitgliedstaats, der Vertragspartei einer Übereinkunft über ein besonderes Rechtsgebiet ist, seine Zuständigkeit auf eine solche Übereinkunft stützt, und zwar auch dann, wenn der Beklagte seinen Wohnsitz im Hoheitsgebiet eines Mitgliedstaats hat, der nicht Vertragspartei einer solchen Übereinkunft ist. In jedem Fall wendet dieses Gericht Artikel 28 dieser Verordnung an.
b) Entscheidungen, die in einem Mitgliedstaat von einem Gericht erlassen worden sind, das seine Zuständigkeit auf eine Übereinkunft über ein besonderes Rechtsgebiet gestützt hat, werden in den anderen Mitgliedstaaten nach dieser Verordnung anerkannt und vollstreckt.

Sind der Ursprungsmitgliedstaat und der ersuchte Mitgliedstaat Vertragsparteien einer Übereinkunft über ein besonderes Rechtsgebiet, welche die Voraussetzungen für die Anerkennung und Vollstreckung von Entscheidungen regelt, so gelten diese Voraussetzungen. In jedem Fall können die Bestimmungen dieser Verordnung über die Anerkennung und Vollstreckung von Entscheidungen angewandt werden.

Schrifttum

Álvarez Rubio La regla de especialidad en el artículo 57 del Convenio de Bruselas de 1968m An Der Mar XII (1995) 273; *Aminoff* Article 71 of the Brussels I Regulation and the application of transport law conventions in the light of some judgments of the European Court of Justice, JFT 2014, 420; *Attal* Droit international privé communautaire et conventions internationales: une délicate articulation, Pétites affiches 2010 no. 238 S. 32; *Barnert* Positive Kompetenzkonflikte im internationalen Zivilprozessrecht – Zum Verhältnis zwischen Art. 21 EuGVÜ und Art. 31 CMR, ZZP 118 (2005) 81; *Brunner* Unterschiedliche Rechtsprechung in Bezug auf die Durchbrechung der Haftungsbeschränkung und die Frage der Sperrwirkung von negativen Feststellungsklagen gemäß CMR – Ein unglückliches Zusammenspiel, TranspR 2013, 99; *Cizek/Lederer* Internationale Streitanhängigkeit im Lichte der CMR, RdW 2006, 489; *Clarke/Yares* COntracts of Carriage by Land and Air[2] (2008); *Csoklich* Einige Fragen zur Zuständigkeit nach CMR und EuGV-VO, RdW 2003, 129, 186; *ders.* Wahl des Gerichtsstandes nach der CMR und Rechtshängigkeitseinrede (Österreich), Europäisches TranspR 2005, 609; *Dißars* Das Verhältnis der Zuständigkeitsnormen der CMR zum EuGVÜ/LugÜ, TranspR 2001, 388; *Domej* Effet uttile und Vorrang der Spezialübereinkommen, FS Mayer (2011) 41; *Dörfelt* Gerichtsstand sowie Anerkennung und Vollstreckung nach dem Bunkeröl-Übereinkommen, IPRax 2009, 470; *Eichel* Das Haager Übereinkommen über Gerichtsstandsvereinbarungen auf dem Weg zur Ratifikation und zum Inkrafttreten, GPR 2014, 159; *Espinosa Calabuig* ¿La desarmonización de la armonización euro-

---

gilt. Der Zeitpunkt gilt – wenngleich Art. 70 bzw. das neue Abkommen (ABl. [EU] 2013 L 79 S. 4) keine abweichende Bestimmung enthält – für Dänemark weiterhin. Für die nach dem 1.3.2002 beitretenden Staaten ist der Zeitpunkt, zu dem die EuGVVO a.F. in diesem Staat in Kraft getreten ist, maßgeblich.

pea? A prop´sito del convenio de Ginebra de 12 de Marzo de 1999 sobre embargo preventivo de buques y su relación con los reglamentos Bruselas I y Bruselas I bis, RDIPP 2013, 645; *Ferrari* „Forum shopping" trotz internationaler Einheitsachrechtkonventionen, RIW 2002, 169; *Frauenberger-Pfeiler* Transnationale Deliktsklagen, ecolex 1997, 74; *Fremuth* Gerichtsstände im grenzüberschreitenden Speditions- und Luftfrachtverkehr, TranspR 1983, 35; *Garber/Neumayr* Europäisches Zivilverfahrensrecht (Brüssel I/IIa u.a.), JbEuR 2011 (2011) 255; *dies.* Europäisches Zivilverfahrensrecht (Brüssel I/IIa u.a.), JbEuR 2012 (2012) 235; *Gqja* Sui rapporti fra la Convenzione di Bruxelles e le altre norme concernenti la giurisdizione ed il riconoscimento di sentenze straniere, Riv. dir. int. priv. proc. 1991, 253; *Geimer* Anerkennung und Vollstreckung *polnischer* Vaterschaftsurteile mit Annexentscheidung über den Unterhalt etc., IPRax 2004, 419; *Girsch* Internationale Streitanhängigkeit im grenzüberschreitenden Straßengüterverkehr, ecolex 2006, 622; *Grothe* Gerichtsstandsprobleme bei Regressansprüchen von Transportversicherern im internationalen Speditionsgeschäft, FS Schirmer (2005) 151; *Haak* Naar een *vrij* verkeer van CMR-vonnissen in Europa, NTHR 2009, 69; *ders.* Europäische Lösung der deutschniederländischen. Kontroverse in der CMR-Interpretation? TranspR 2009, 189; *Haubold* Internationale Zuständigkeit nach CMR und EuGVÜ/LugÜ, IPRax 2000, 91; *ders.* CMR und Europäisches Zivilverfahrensrecht: Klarstellungen zu internationaler Zuständigkeit und Rechtshängigkeit, IPRax 2006, 224; *Herber* Probleme um Art. 31 CMR – endlich ein Ende des Missbrauchs durch negative Feststellungsklage des Frachtführers? TranspR 2003, 19; *Heuer* CMR und EuGVÜ: Nochmals zur Frage der internationalen Zuständigkeit (Art. 31 Abs. 1 CMR/Art. 20 EuGVÜ) und zur Einrede der Rechtshängigkeit bei negativer Feststellungsklage (Art. 31 Abs. 2 CMR/Art. 21 EuGVÜ), TranspR 2002, 221; *Hoeks* CMR of EEX? Van samenloop, litispendentie en het vrij verkeer van beslissingen in Europa. Hof van Justitie EU 4 mei 2010, zaak C-533/08 (TNT Express/AXA), NIPR 2011, 469; *van der Klooster* Het TNT/AXA-Arrest – de oplossing van een probleem of *het* probleem van een oplossing, IPR in de Spiegel van Paul Vlas (2012) 113; *Kropholler/Blobel* Unübersichtliche Gemengelagen im IPR durch EG-Verordnungen und Staatsverträge, FS Sonnenberger (2004) 453; *Kuijper* The Changing Status of Private International Law Treaties of the Member States in Relation to Regulation No. 44/2001 – Case No. C-533/08, TNT Express Nederland BV v. AXA Versicherung AG, (2011) 38 Legal Issues of Economic Integration, Issue 89; *Kuypers* Eenheid en verdeeldheid in Europa: EEX-Verordening versus CMR en het vrij verkeer van vonnissen, NTER 2011, 13; *Lamont-Black* Uniform interpretation of EU jurisdiction rules in jeopardy? Interaction of specialised conventions with the Brussels I Regime and the mutation of TNT v AXA, JFT 2014, 422; *Laviani* Coordinamento tra convenzioni internazionali: l'art. 57 della convenzione di Bruxelles del 1968 nelle iposti di litispendenza, Riv. dir. int. priv. proc. 2004, 157; *Legros* Les conflits de normes en matière de contrats de transport internationaux de marchandises, Clunet 134 (2007) 799, 1081; *Loewe* Erläuterungen zur CMR, ETR 1976, 503; *Magrone* Trasporto merci: Convenzione ad hoc applicabile solo se prevedibile e in grado di limitare liti parallele, Guida dir 2010/21, 96; *Majoros* Konflikte zwischen Staatsverträgen auf dem Gebiet des Privatrechts, RabelsZ 46 (1982) 84; *Mankowski* Seerechtliche Vertragsverhältnisse im Internationalen Privatrecht (1995); *ders.* Spezialabkommen und EuGVÜ, EWS 1996, 301; *ders.* Im Dschungel der für die Vollstreckbarkeitserklärung ausländischer Unterhaltsentscheidungen einschlägigen Übereinkommen und ihrer Ausführungsgesetze, IPRax 2000, 188; *ders.* Der europäische Erfüllungsortgerichtsstand des Art. 5 Nr. 1 lit. b EuGVVO und Transportverträge, TranspR 2008, 67; *ders.* EuGVVO, Brüssel Ia-VO und Spezialübereinkommen, TranspR 2014, 129; *de. Meij* Samenloop van CMR-Verdrag en EEX-Verordening (2003); *Müller/Hök* Die Zuständigkeit deutscher Gerichte und die Vollstreckbarkeit inländischer Urteile im Ausland nach der CMR, RIW 1988, 774; *Otte* Zur Einrede der Rechtshängigkeit bei negativer Feststellungsklage, TranspR 2004, 347; *Pauknerová* International Conventions and Community Law: Harmony and Conflicts, in Liber Fausto Pocar (2009) 793; *Pesce* Le convenzioni internazionali in materie particolari ed il conflitto con la Convenzione di Bruxelles 27 settembre 1968 e con la Convenzione di Lugano 16 settembre 1988 in materia di litispendenza, Dir. mar. 95 (1993) 675; *Philipp* The Brussels Convention and Arrest of Ships, FS Lalive 1993, 151; *Ramming* Zur Zuständigkeit deutscher Gerichte für Ansprüche wegen Ölverschmutzungsschäden, TranspR 2007, 13; *Rauch* Kollidierende Voraussetzungen bei der Vollstreckung ausländischer Unterhaltsentscheidungen, IPRax 1981, 199; *Rauscher* Ein Code of EC-Conflict Law? FS Machacek/Matscher (2008) 665; *Ringbom* EU Regulation 44/2001 and its Implications fort he International Maritime Liability Conventions, Journal of Maritime Law and Commerce Vol. 35 (2004) 1; *Rühl* Das Haager Übereinkommen über die Vereinbarung gerichtlicher Zuständigkeiten: Fortschritt oder Rückschritt? IPRax 2005, 410; *Rüfner* Lis alibi pendens under the CMR, (2001) LMCLQ 460; *Schinkels* Verhältnis von Art. 31 CMR und EuGVÜ sowie Einbeziehung der ADSp gegenüber einer italienischen AG, IPRax 2003, 517; *Schmidt* Die negative Feststellungsklage im Anwendungsbereich der CMR – grundsätzliche Überlegungen,

TranspR 2013, 377; *Schulz* Internationale Gerichtszuständigkeit nach der EuGVVO am Beispiel des Transportrechts, HanseLR 2005, 147; *Shariatmadari* Die internationale Zuständigkeit bei Nichteinlassung des Beklagten zur Sache und die Einrede der Rechtshängigkeit bei negativer Feststellungsklage im Rahmen des Art. 31 CMR im Lichte der neueren Rechtsprechung des EuGH und des BGH, TranspR 2006, 105; *Stein* Samenloop van executieverdragen, in: Offerhauskring vijfentwintig jaar (1987) 185; *Tagaras* L'applicabilité des conventions de La Haye dans le cadre de la Convention de Bruxelles, Rev. Belge. Dr. int. 1991, 479; *Tuo* Alcune riflessioni sulla portata applicativa della CMR, Riv. dir. int. priv. proc. 2004, 193; *dies.* Giurisdizione ed efficacia delle decisioni sul sequestro conservativo: tra regolamento Bruxelles I e convenzioni internazionali, Dir. mar. 2011, 1223; *dies.* Regolamento Bruxelles I e convenzioni su materie particolari: tra obblighi internazionali e primauté del diritto dell'Unione Europea, RDIPP 2011, 377; *Vassalli di Dachenhausen* Il coordinamento ra convenzioni di diritto internazionale privato e processuale (1993); *Vettorel* Una pronuncia della Corte di Giustizia sui rapporti fra I regolamento (CE) n. 44/2001 e le convenzioni in materie particolari, Riv. dir. int. 2010, 826; *Volken* Konventionskonflikte im internationalen Privatrecht (1977); *Wagner* Normenkonflikte zwischen den EG-Verordnungen Brüssel I, Rom I und Rom II und transportrechtlichen Rechtsinstrumenten, TranspR 2009, 103; *Waldner* Die internationale Zuständigkeit der Schweizerischen Gerichte zur Beurteilung von Klagen der Opfer nuklearer Zwischenfälle, SZIER 2011, 5; *Wesołowski* The unclear relations between CMR and European Union law in respect of jurisdiction and enforcement of foreign judgements, ETL 2011, 133; *Wünschmann* Geltung und gerichtliche Geltendmachung völkerrechtlicher Verträge im Europäischen Gemeinschaftsrecht (2003).

Übersicht

I.   Allgemeines ——— 1
II. Anwendungsbereich ——— 2
III. Allgemeine Grundsätze und Ratio ——— 6
IV. Umfang des Vorrangs ——— 9
V.   Beispiele ——— 13
VI. Einschränkungen des Vorrangs durch die Rechtsprechung des EuGH ——— 15
VII. Authentische Auslegung ——— 19
VIII. Internationale Zuständigkeit ——— 20
  1. Drittwirkung des Übereinkommens ——— 20
  2. Zuständigkeitsbestimmungen ——— 21
  3. Zuständigkeitsprüfung ——— 24
  4. Rechtshängigkeit ——— 27
IX. Anerkennung und Vollstreckung ——— 29
  1. Allgemeines ——— 29
  2. Staatsvertragliche Verpflichtung zur Nichtanerkennung ——— 32

I. Allgemeines

Art. 71 regelt das **Verhältnis der Brüssel Ia-VO zu multilateralen Übereinkommen**, die für **besondere Rechtsgebiete** – wie etwa den gewerblichen Rechtsschutz und das See-, Schifffahrts- und Luftrecht – Regelungen hinsichtlich der **gerichtlichen Zuständigkeit**, der **Rechtshängigkeit**[1] und/oder der **Anerkennung und Vollstreckung von Entscheidungen** enthalten. Ob die Übereinkommen auch einheitliche Kollisionsnormen oder einheitliches Sachrecht enthalten, ist nicht maßgeblich; Art. 71 findet auch in diesem Fall Anwendung.[2] 1

II. Anwendungsbereich

Die Bestimmung erfasst nur **die von** einem oder mehreren **Mitgliedstaaten geschlossenen multilateralen Verträge**[3] sowie die **von einem Mitgliedstaat mit einem** 2

---

1 Art. 71 gilt grundsätzlich auch für die Rechtshängigkeitsregeln, wenngleich diese nicht ausdrücklich in der Bestimmung genannt werden (s. dazu auch Rdn. 27 f.).
2 *Domej* in: FS Mayer 46; *Klauser* in: *Fasching/Konecny* ZPG V/1² Art. 71 EuGVVO Rdn. 4; *Kropholler/ von Hein* Art. 71 EuGVO Rdn. 1.
3 Vgl. nur *Domej* in: FS Mayer 42; *Rauscher/Mankowski* Art. 71 Brüssel Ia-VO Rdn. 1 und Rdn. 6.

Drittstaat geschlossenen **bilateralen Verträge**,⁴ wobei im zuletzt genannten Fall auch Art. 72 zu beachten ist (s. dazu die Kommentierung dort). Das Verhältnis zwischen internationalen Übereinkommen zu besonderen Rechtsgebieten, die von der EG (und nicht von den Mitgliedstaaten) abgeschlossen wurden, regelt Art. 67 (s. Kommentierung dort); das Verhältnis zu den von zwei Mitgliedstaaten geschlossenen bilateralen Verträgen bestimmen Art. 69 und 70 (s. Kommentierung dort), sowie Art. 72 (s. Kommentierung dort).⁵

3   Art. 71 erfasst nicht das LGVÜ 2007, weil es sich dabei nicht um ein von den Mitgliedstaaten, sondern von der Gemeinschaft abgeschlossenes Übereinkommen mit Drittstaaten handelt und weil es keine Spezialmaterie i.S.d. Art. 71 betrifft, sondern denselben allgemeinen Charakter hat wie die Brüssel Ia-VO.⁶ Für das LGVÜ gilt die Sonderregelung des Art. 73.⁷

4   Seit dem Vertrag von Amsterdam sind die Mitgliedstaaten nicht mehr befugt, neue Übereinkommen, die vom Anwendungsbereich des Art. 71 erfasst wären, abzuschließen (vgl. Art. 3 Abs. 2, Art. 216 AEUV).⁸ Ein dennoch erfolgter Neuabschluss würde nicht mehr zu einem Vorrang dieses Spezialübereinkommens führen.⁹ Dies folgt auch aus dem Umstand, dass im Unterschied zu Art. 57 EuGVÜ in Art. 71 nicht mehr normiert wird, dass „Übereinkommen (...) unberührt (bleiben), denen die Vertragsstaaten angehören oder *angehören werden*";¹⁰ vielmehr beschränkt sich der Anwendungsbereich der Bestimmung nach ihrem ausdrücklichen Wortlaut auf Übereinkommen, denen die Mitgliedstaaten angehören. Die Vorschrift gilt daher **nur für bereits bestehende Übereinkommen**.¹¹ Kann die EU allerdings einem multilateralen Übereinkommen mangels einer entsprechenden Beitrittsklausel nicht beitreten, weil diese Möglichkeit nur souveränen Staaten zukommt (vgl. etwa Art. 57 KSÜ und Art. 12 Bunkeröl-Übereinkommen),¹²¹³ müssen die Mitgliedstaaten – sofern der EU eine ausschließliche Kompetenz zum Abschluss des Übereinkommens zukommt – ermächtigt werden, das Übereinkommen zu zeichnen und zu ratifizieren.¹⁴ In diesem Fall ergibt sich der Vorrang des Übereinkommens – das formal nicht als sekundäres Unionsrecht, sondern als mitgliedstaatliches Recht anzusehen ist¹⁵ – aus Art. 67.¹⁶ Inhaltlich würde es widersprüchlich erscheinen, wenn die EU die Mitgliedstaaten auffordern würde, eine völkerrechtliche Bindung einzugehen, das Spezialübereinkommen allerdings keinen Vorrang vor den Bestimmungen der Brüssel Ia-VO

---

4   *Domej* in: FS Mayer 42; *Geimer/Schütze* EuZVR Art. 71 EuGVVO Rdn. 18; Rauscher/*Mankowski* Art. 71 Brüssel Ia-VO Rdn. 6.
5   *Hess* in: *Schlosser/Hess* Art. 71 EuGVVO Rdn. 1.
6   *Slonina* in: *Burgstaller/Neumayr/u.a.*, IZVR Art. 71 EuGVVO Rdn. 2.
7   *Slonina* in: *Burgstaller/Neumayr/u.a.*, IZVR Art. 71 EuGVVO Rdn. 2.
8   *Domej* in: FS Mayer 43 m.w.N.; vgl. auch Gebauer/Wiedmann/*Gebauer* Zivilrecht² Kap. 27 Art. 71 Rdn. 286 sowie *Geimer/Schütze* EuZVR Art. 72 EuGVVO Rdn. 5.
9   Stein/Jonas/*Oberhammer* Art. 71 EuGVVO Rdn. 1.
10   Hervorhebung von den Verfassern.
11   *Borrás/Spegele* in: *Simons/Hausmann* Brüssel I-Verordnung Art. 71 Rdn. 19; Stein/Jonas/*Oberhammer* Art. 71 EuGVVO Rdn. 1.
12   BGBl. 2006 II 578.
13   Siehe dazu etwa *Garber/Neumayr* JbEuR 2012, 244 f.
14   Vgl. etwa Entscheidung des Rates vom 19. September 2002 zur Ermächtigung der Mitgliedstaaten, im Interesse der Gemeinschaft das Internationale Übereinkommen über die zivilrechtliche Haftung für Schäden durch Bunkerölverschmutzung von 2001 („Bunkeröl-Übereinkommen") zu unterzeichnen, zu ratifizieren oder diesem beizutreten (2002/762/EG), ABl. (EG) 2002 L 256 S. 7.
15   Anders allerdings wohl *Ringbom* Journal of Maritime Law and Commerce Vol. 35 (2004) 12.
16   Demgegenüber tritt Rauscher/*Mankowski* Art. 71 Brüssel Ia-VO Rdn. 27 für eine analoge Anwendung des Art. 71 ein; s. auch *Dörfelt* IPRax 2009, 471; *Kropholler/von Hein* Art. 71 EuGVO Rdn. 2; *Ramming* TranspR 2006, 14 f.

hätte, sodass die Mitgliedstaaten ihre völkerrechtliche Verpflichtung nicht einhalten können.[17]

Eine Ausnahme von der Beschränkung des Anwendungsbereichs des Art. 71 Brüssel 5
Ia-VO auf bereits bestehende Spezialübereinkommen gilt – bei Vorliegen bestimmter Voraussetzungen – für Übereinkommen die im Rahmen des regionalen Zusammenschlusses der Benelux-Staaten geschlossen wurden. Art. 350 AEUV erlaubt es nämlich Belgien, Luxemburg und den Niederlanden, dem Unionsrecht widersprechende im Rahmen des regionalen Zusammenschlusses geltende Rechtsvorschriften in Kraft zu lassen, sofern
– die im Rahmen der regionalen Zusammenarbeit geltenden Vorschriften weiter fortgeschritten sind, als die Errichtung des Binnenmarktes,[18]

und die Abweichung vom Unionsrecht für das Funktionieren der Benelux-Regelung unerlässlich ist.[19]

III. Allgemeine Grundsätze und Ratio

Nach Art. 71 lässt die Verordnung – nach dem Vorbild zahlreicher bilateraler Verträ- 6
ge[20] – die für besondere Rechtsgebiete geschlossenen Übereinkünfte **unberührt**, d.h. diese sind daher **vorrangig** anzuwenden.[21] Der Vorrang erstreckt sich **auch** auf die jeweiligen innerstaatlichen **Umsetzungsbestimmungen**.[22] Dies gilt freilich nur unter der Voraussetzung, dass es sich bei den in Betracht kommenden Bestimmungen tatsächlich um Umsetzungsbestimmungen handelt; für „überschießende" Umsetzungsbestimmungen gilt Art. 71 demnach nicht.[23] Werden die Bestimmungen eines Übereinkommens von einem Staat hingegen lediglich ins innerstaatliche Recht übernommen, ohne dass der Staat das Übereinkommen ratifiziert, ist Art. 71 nicht anzuwenden.[24]

Nicht maßgeblich ist, ob in der betreffenden Spezialübereinkunft ein Vorrang gegen- 7
über den Bestimmungen des EuGVÜ bzw. der Brüssel Ia-VO angeordnet wird. Die Übereinkünfte gehen der Brüssel Ia-VO selbst dann vor, wenn nicht alle betroffenen Mitgliedstaaten dem jeweiligen Übereinkommen angehören.[25] Aus Art. 72 Abs. 2 lit. a folgt nämlich,

---

17 So zutreffend *Dörfelt* IPRax 2009, 471.
18 Zu Art. 233 EWG, dessen Wortlaut zunächst in Art. 306 EG und dann in Art. 350 AEUV übernommen wurde EuGH 16.5.1984, Rs 105/83, *Pakvries BV/Minister van Landbouw en Visserij* ECLI:EU:C:1984:178; EuGH 2.7.1996, Rs C-473/93, *Kommission/Grossherzogtum Luxemburg* ECLI:EU:C:1996:263; zu Art. 350 AEUV EuGH 14.7.2016, Rs C-230/15, *Brite Strike Technologies Inc./Brite Strike Technologies SA*, ECLI:EU:C:2016:560.
19 EuGH 11.8.1995, Rs C-367/93 bis C-377/93, *F. G. Roders BV/Inspecteur der Invoerrechten en Accijnzen* ECLI:EU:C:1995:261; EuGH 14.7.2016, Rs C-230/15, *Brite Strike Technologies Inc./Brite Strike Technologies SA*, ECLI:EU:C:2016:560.
20 Vgl. etwa Art. 14 des deutsch-italienischen Abkommens über die Anerkennung und Vollstreckung gerichtlicher Entscheidungen in Zivil- und Handelssachen (RGB 1937 II 145), Art. 16 des deutsch-belgischen Abkommens über die gegenseitige Anerkennung und Vollstreckung von gerichtlichen Entscheidungen, Schiedssprüchen und öffentlichen Urkunden in Zivil- und Handelssachen (BGBl. 1959 II 766).
21 Saenger/*Dörner* Art. 71 EuGVVO Rdn. 1.
22 *Klauser* in: *Fasching/Konecny* ZPG V/1² Art. 71 EuGVVO Rdn. 4; Rauscher/*Mankowski* Art. 71 Brüssel Ia-VO Rdn. 3; Stein/Jonas/*Oberhammer* Art. 71 EuGVVO Rdn. 4; *E. Pfeiffer/M. Pfeiffer* in: Geimer/Schütze IRV 538 Art. 71 VO (EG) Nr. 1215/2012 Rdn. 7; *Pörnbacher* in: Geimer/Schütze IRV 540 Art. 71 VO (EG) Nr. 44/2001 Rdn. 1.
23 Rauscher/*Mankowski* Art. 71 Brüssel Ia-VO Rdn. 3.
24 *Klauser* in: *Fasching/Konecny* ZPG V/1² Art. 71 EuGVVO Rdn. 4; *Mankowski* EWS 1996, 302; Rauscher/*Mankowski* Art. 71 Brüssel Ia-VO Rdn. 3.
25 *Hess* in: Schlosser/Hess Art. 71 EuGVVO Rdn. 1; *Wallner-Friedl* in: Czernich/Kodek/Mayr Brüssel Ia-VO⁴ Art. 71 Rdn. 1; **a.A.** OLG Hamm TranspR 2001, 397.

dass es für die Anwendung eines Spezialübereinkommens in Fragen der internationalen Zuständigkeit ausreicht, wenn nur ein einziger Mitgliedstaat dem Übereinkommen angehört, nämlich jener Staat, dessen Gericht im Erkenntnisverfahren angerufen wurde. Nach dieser Vorschrift sind Entscheidungen des nach einem Spezialübereinkommen zuständigen Gerichts in allen anderen Brüssel Ia-VO Mitgliedstaaten auch dann nach den Regeln der Brüssel Ia-VO anzuerkennen bzw zu vollstrecken, wenn diese dem Spezialübereinkommen nicht angehören (s. dazu Rdn. 29). Im Erkenntnisverfahren wendet ein Mitgliedstaat das in Betracht kommende Übereinkommen freilich nur dann an, wenn er auch Vertragsstaat des Übereinkommens ist.

8   Grund für den Vorrang der Spezialübereinkommen ist, dass die Mitgliedstaaten **nicht gezwungen** werden sollen, bestehende **internationale Verpflichtungen** – insbesondere zu Drittstaaten – **zu verletzen** (vgl. auch ErwGr 35).[26] Ferner werden die jeweiligen Materien in den Spezialübereinkünften **i.d.R. sachgerechter** geregelt werden[27] als in der Brüssel Ia-VO, weil diese Regeln unter Berücksichtigung der Besonderheiten der Rechtsgebiete, auf die sie sich beziehen, aufgestellt wurden.[28] Aus diesem Grund sollen die Spezialregelungen auch im Verhältnis zwischen den Mitgliedstaaten anwendbar bleiben.

IV. Umfang des Vorrangs

9   Die Spezialübereinkünfte enthalten i.d.R. keine umfassende Kodifikation aller in der Brüssel Ia-VO geregelten Fragen, sondern regeln nur bestimmte Teilbereiche. Die Brüssel Ia-VO wird von dem jeweiligen Spezialübereinkommen **nur insofern verdrängt, als** das **Übereinkommen entsprechende Regelungen enthält**, die **nicht fakultativ oder bloß ergänzend** sind. Die **Bestimmungen der Verordnung** finden daher **subsidiär Anwendung**, wenn das Übereinkommen (1) eine Frage **überhaupt nicht regelt**,[29] (2) **ausdrücklich auf** das **nationale Recht des Mitgliedstaates verweist**[30] – in diesem Fall verdrängen die Bestimmungen der Brüssel Ia-VO aufgrund ihres Anwendungsvorrangs die Bestimmungen des autonomen Rechts des Mitgliedstaates[31] – oder (3) **nur fakultative bzw. ergänzende Regelungen** enthält und den Parteien ein Wahlrecht einräumt; auch in diesem Fall verdrängen die Bestimmungen der Brüssel Ia-VO das innerstaatliche

---

26   *Grothe* FS Schirmer 155; *Mankowski* EWS 1996, 302; Stein/Jonas/*Oberhammer* Art. 71 EuGVVO Rdn. 2; *Pörnbacher* in: *Geimer/Schütze* IRV 540 Art. 71 VO (EG) Nr. 44/2001 Rdn. 1; *Wallner-Friedl* in: *Czernich/Kodek/Mayr* Brüssel Ia-VO[4] Art. 71 Rdn. 1.
27   Häufig wurden die Regelungen auch von dafür geschaffenen internationalen Organisationen ausgearbeitet (vgl. etwa *Pörnbacher* in: *Geimer/Schütze* IRV 540 Art. 71 VO (EG) Nr. 44/2001 Rdn. 1).
28   *Domej* in: FS Mayer 44; Saenger/*Dörner* Art. 71 EuGVVO Rdn. 2; *Kropholler/von Hein* Art. 71 EuGVO Rdn. 4; *Mankowski* EWS 1996, 302; Rauscher/*Mankowski* Art. 71 Brüssel Ia-VO Rdn. 2; Stein/Jonas/*Oberhammer* Art. 71 EuGVVO Rdn. 2; *Wallner-Friedl* in: *Czernich/Kodek/Mayr* Brüssel Ia-VO[4] Art. 71 Rdn. 1; EuGH 6.12.1994, Rs C-406/92, *Tatry/Maciej Rataj* ECLI:EU:C:1994:400; EuGH 28.10.2004, Rs C-148/03, *Nürnberger Allgemeine Versicherungs AG/Portbridge Transport International BV*, ECLI:EU:C:2004:677; OLG Hamm TranspR 2001, 397.
29   Sieht ein Übereinkommen daher etwa Bestimmungen über die gerichtliche Zuständigkeit vor, regelt aber nicht die Rechtshängigkeit, gelten für die Rechtshängigkeit die Bestimmungen der EuGVVO; s. auch Saenger/*Dörner* Art. 71 EuGVVO Rdn. 2; MünchKomm-HGB/*Jesser-Huß* Art. 31 CMR Rdn. 11; Stein/Jonas/*Oberhammer* Art. 71 EuGVVO Rdn. 9; *Mankowski* EWS 1996, 303; vgl. auch Gebauer/Wiedmann/*Gebauer* Zivilrecht[2] Kap. 27 Art. 71 Rdn. 287; Stein/Jonas/*Oberhammer* Art. 71 EuGVVO Rdn. 9; EuGH 6.12.1994, Rs C-406/92, *Tatry/Maciej Rataj* ECLI:EU:C:1994:400; allgemein auch OLG Hamm TranspR 2001, 397.
30   Rauscher/*Mankowski* Art. 71 Brüssel Ia-VO Rdn. 31; *Müller/Hök* RIW 1988, 776; *Slonina* in: *Burgstaller/Neumayr/u.a.*, IZVR Art. 71 EuGVVO Rdn. 6.
31   *Domej* in: FS Mayer 42; *Haubold* IPRax 2000, 94; Rauscher/*Mankowski* Art. 71 Brüssel Ia-VO Rdn. 31.

Recht des Mitgliedstaates. Sofern ein Bereich umfassend und abschließend geregelt ist, werden die Bestimmungen der Brüssel Ia-VO vollständig verdrängt.[32]

Ob einer Regelung ausschließlicher oder fakultativer Charakter zukommt, bestimmt sich nach dem Übereinkommen bzw. ist mittels Auslegung des Übereinkommens zu ermitteln.[33] **10**

Die Brüssel Ia-VO findet auch dann ergänzend Anwendung, wenn **nur einzelne Aspekte eines Bereichs** geregelt werden.[34] Enthält ein Übereinkommen daher zwar allgemeine Rechtshängigkeitsregeln, ohne den Zeitpunkt des Eintritts der Rechtshängigkeit[35] und/oder den Umfang des Streitgegenstands zu bestimmen, muss für die ungeregelten Fragen auf die Bestimmungen der Brüssel Ia-VO und deren Auslegung durch den EuGH zurückgegriffen werden.[36] Ein weiteres Beispiel für eine nur zum Teil geregelte Frage ist **Art. 31 CMR**, der – unter der Voraussetzung, dass die im Übereinkommen normierten Gerichtsstände nicht ausgeschlossen werden[37] – zwar den Abschluss von Gerichtsstandsvereinbarungen ermöglicht, allerdings keine bestimmte Formvorschrift normiert. Sofern – wie von der herrschenden Lehre[38] angenommen – hinsichtlich der Formvorschriften eine Regelungslücke im Übereinkommen besteht, ist ergänzend auf Art. 25 Brüssel Ia-VO zurückzugreifen, sodass die Gerichtsstandsvereinbarung in einer nach Art. 25 normierten Form geschlossen werden muss, um gültig zu sein. Denkbar – und u.E. überzeugender – erscheint es allerdings, dass die CMR bewusst keine Formvorschriften enthält, um hinsichtlich des Abschlusses von Gerichtsstandsvereinbarungen Formfreiheit zu gewähren;[39] in diesem Fall darf Art. 25 nicht ergänzend angewandt werden.[40] **11**

Sofern das Spezialübereinkommen (wie etwa Art. 31 Abs. 1 CMR) nur die internationale, nicht aber die örtliche Zuständigkeit regelt, ist eine **„Mischung" von Gerichtsständen** aus Übereinkommen (in internationaler Hinsicht) und Brüssel Ia-VO (in örtlicher Hinsicht) allerdings **nicht möglich**.[41] Die Brüssel Ia-VO regelt die örtliche Zuständigkeit nämlich bloß als Annex zur sich aus derselben Regelung ergebenden internationalen Zuständigkeit[42] und will die örtliche Zuständigkeit nicht isoliert regeln.[43] **12**

---

32 So wird etwa in Art. 31 CMR die internationale Zuständigkeit abschließend geregelt, sodass insofern die Bestimmungen der EuGVVO keine Anwendung finden (MünchKomm-HGB/*Jesser-Huß* Art. 31 CMR Rdn. 12; dänischer Oberster Gerichtshof 10.9.2003, ETR 2004, 74; zu den Zuständigkeitsbestimmungen der CMR ausführlich MünchKomm-HGB/*Jesser-Huß* Art. 31 CMR Rdn. 16 ff.).
33 *Geimer/Schütze* EuZVR Art. 71 EuGVVO Rdn. 12 f.; *Mankowski* EWS 1996, 303; Rauscher/*Mankowski* Art. 71 Brüssel Ia-VO Rdn. 31; *Rauch* IPRax 1981, 201.
34 Vgl. allgemein *Barnert* ZZP 118 (2005) 90 („Das EuGVÜ [nunmehr die EuGVVO, Anmerkung der Verfasser] ist daher funktionell auf die Schließung von Regelungslücken in einem besonderen Übereinkommen gerichtet").
35 *Slonina* in: *Burgstaller/Neumayr/u.a.*, IZVR Art. 71 EuGVVO Rdn. 16.
36 *Barnert* ZZP 118 (2005) 90.
37 Rb. van koophandel Antwerpen Dr. europ. des transports 1976, 691. Das Gericht stellte hier zutreffend fest, dass daher nicht nach Art. 17 EuGVÜ (nunmehr Art. 25 EuGVVO) die ausschließliche Zuständigkeit eines vereinbarten Gerichtes begründen werden kann; vgl. auch OLG Oldenburg TranspR 2000, 128.
38 Vgl. auch *Dißars* TranspR 2001, 388; *Haubold* IPRax 2000, 93 f.; Gebauer/Wiedmann/*Gebauer* Zivilrecht² Kap. 27 Art. 71 Rdn. 287; *Geimer/Schütze* EuZVR Art. 72 EuGVVO Rdn. 13; *Hess* in: Schlosser/Hess Art. 71 EuGVVO Rdn. 5; *Slonina* in: *Burgstaller/Neumayr/u.a.*, IZVR Art. 71 EuGVVO Rdn. 14; *Wallner-Friedl* in: *Czernich/Kodek/Mayr* Brüssel Ia-VO⁴ Art. 71 Rdn. 2.
39 *Loewe* ETR 1976, 579.
40 *Fremuth* TranspR 1983, 38; *Majoros* RabelsZ 46 (1982) 107 f.; Rauscher/*Mankowski* Art. 71 Brüssel Ia-VO Rdn. 41; *Müller/Hök* RIW 1988, 774 f.; Stein/Jonas/*Oberhammer* Art. 71 EuGVVO Rdn. 10; LG Aachen RIW 1976, 588; OLG Oldenburg TranspR 2000, 128; zum Meinungsstand ausführlich MünchKomm-HGB/*Jesser-Huß* Art. 31 CMR Rdn. 25 mit zahlreichen weiteren Nachweisen).
41 *Slonina* in: *Burgstaller/Neumayr/u.a.*, IZVR Art. 71 EuGVVO Rdn. 13; **a.A.** *Dörfelt* IPRax 2009, 472.
42 *Slonina* in: *Burgstaller/Neumayr/u.a.*, IZVR Art. 71 EuGVVO Rdn. 13.
43 *Slonina* in: *Burgstaller/Neumayr/u.a.*, IZVR Art. 71 EuGVVO Rdn. 13.

V. Beispiele

13 Als Beispiele[44] können folgende Spezialübereinkommen genannt werden:[45]
- Revidierte Mannheimer Rheinschiffahrtsakte vom 17.10.1868 nebst Revisionsübereinkommen vom 20.10.1963[46] und Zusatzprotokollen;
- Internationales Abkommen vom 10.4.1926[47] zur einheitlichen Festlegung von Regeln über die Immunität von Staatenschiffen nebst Zusatzprotokoll vom 24.5.1934;[48]
- Warschauer Übereinkommen vom 12.10.1929 zur Vereinheitlichung von Regeln über die Beförderung im internationalen Luftverkehr nebst Änderungsprotokoll vom 28.9.1955[49] und Zusatzabkommen vom 18.9.1961[50] sowie Zusatzprotokollen;[51]
- Brüsseler Internationales Abkommen vom 10.5.1952 zur Vereinheitlichung von Regeln über die Zuständigkeit bei Schiffszusammenstößen auf See;[52]
- Brüsseler Internationales Übereinkommen vom 10.5.1952 zur Vereinheitlichung von Regeln über den Arrest in Seeschiffe;[53]
- Römisches Abkommen vom 7.10.1952 über die Regelung der von ausländischen Flugzeugen verursachten Flur- und Gebäudeschäden;[54]
- Londoner Abkommen vom 27.2.1953 über deutsche Auslandsschulden;[55]
- Haager Übereinkommen vom 1.3.1954 über das Verfahren in bürgerlichen Rechtssachen;[56]
- Genfer Übereinkommen vom 19.5.1956 über den Beförderungsvertrag im internationalen Straßengüterverkehr (CMR);[57]
- Übereinkommen vom 27.10.1956 über die Schiffbarmachung der Mosel;[58]
- Europäisches Übereinkommen vom 30.9.1957 über die internationale Beförderung gefährlicher Güter auf der Straße (ADR);[59]
- Pariser Übereinkommen vom 29.7.1960 über die Haftung gegenüber Dritten auf dem Gebiet der Kernenergie nebst Pariser Zusatzprotokoll vom 28.1.1964 einschließlich des Brüsseler Zusatzübereinkommens vom 31.1.1963;[60]

---

44 Es handelt sich dabei nicht um eine abschließende Aufzählung.
45 Vgl. auch *Schlosser*-Bericht Rdn. 57; da Unterhaltspflichten vom Anwendungsbereich der EuGVVO ausgenommen worden sind, sind das im Bericht genannte „Haager Übereinkommen vom 15.4.1958 über die Anerkennung und Vollstreckung von Entscheidungen auf dem Gebiet der Unterhaltspflicht gegenüber Kindern" (BGBl. 1961 II 1006) und das „Haager Übereinkommen vom 2.10.1973 über die Anerkennung und Vollstreckung von Unterhaltsentscheidungen" (BGBl. BGBl. 1986 II 826) nicht mehr vom Anwendungsbereich des Art. 71 erfasst.
46 Bekanntmachung der Neufassung in BGBl. 1969 II 597.
47 RGBl. 1927 II 404.
48 RGBl. 1936 II 303.
49 BGBl. 1958 II 292; Bekanntmachung der Neufassung in BGBl. 1958 II 312.
50 BGBl. 1963 II 1160.
51 Beachte aber das nachfolgende Montrealer Übereinkommen vom 28.5.1999 zur Vereinheitlichung bestimmter Vorschriften über die Beförderung im internationalen Luftverkehr (ABl. [EG] 2001 L 194 S. 39; s. dazu Art. 67 Rdn. 10).
52 BGBl. 1972 II 663.
53 BGBl. 1972 II 655.
54 In Deutschland nicht in Kraft.
55 BGBl. 1953 II 333.
56 BGBl. 1958 II 577.
57 BGBl. 1961 II 1120.
58 BGBl. 1956 II 1838.
59 BGBl. 1969 II 1491.
60 Bekanntmachung der Neufassung in BGBl. 1985 II 963.

- Übereinkommen vom 13.12.1960 über die Zusammenarbeit zur Sicherung der Luftfahrt „EUROCONTROL" samt Protokollen und Zusatzprotokollen;[61]
- Brüsseler Übereinkommen vom 25.5.1962 über die Haftung der Inhaber von Reaktorschiffen nebst Zusatzprotokoll;[62]
- Wiener Übereinkommen vom 21.5.1963 über die Haftung von Atomschäden;[63]
- Übereinkommen vom 25.1.1965 über die Eintragung von Binnenschiffen samt Protokoll Nr. 2 über die Sicherungsbeschlagnahme und die Zwangsvollstreckung betreffend Binnenschiffe;[64]
- Haager Übereinkommen vom 15.11.1965 über die Zustellung gerichtlicher und außergerichtlicher Schriftstücke im Ausland in Zivil- oder Handelssachen;[65]
- Brüsseler Internationales Übereinkommen vom 27.5.1967 zur Vereinheitlichung von Regeln über die Beförderung von Reisegepäck im Seeverkehr;[66]
- Brüsseler Internationales Übereinkommen vom 27.5.1967 zur Vereinheitlichung von Regeln über Schiffsgläubigerrechte und Schiffshypotheken;[67]
- Haager Übereinkommen vom 18.3.1970 über die Beweisaufnahme im Ausland in Zivil- oder Handelssachen;[68]
- Europäisches Übereinkommen vom 16.5.1972 über Staatenimmunität;[69]
- Genfer Übereinkommen vom 1.3.1973 über den Vertrag über den Internationalen Landtransport von Reisenden und Gepäck (CVR);[70]
- Münchener Übereinkommen vom 5.10.1973 über die Erteilung europäischer Patente (Europäisches Patentübereinkommen) nebst Zusatzprotokoll;[71]
- Protokoll vom 5.10.1973 über die gerichtliche Zuständigkeit und die Anerkennung von Entscheidungen über den Anspruch auf Erteilung des Europäischen Patents;[72]
- Athener Übereinkommen vom 13.12.1974 über den Transport von Passagieren und Gepäck zur See;[73]
- Luxemburger Übereinkommen vom 15.12.1975 über das europäische Patent für den Gemeinsamen Markt;[74]
- Hamburger UN-Übereinkommen vom 31.3.1978 über die Beförderung von Gütern auf See;[75]
- Übereinkommen vom 9.5.1980 über den Internationalen Eisenbahnverkehr (COTIF) in der Fassung des Änderungsprotokolls vom 3.6.1999 mit Anhang A Einheitliche Rechtsvorschriften über die Internationale Eisenbahnbeförderung von Personen und

---

[61] BGBl. 1962 II 2274; zum Beitritt der Europäischen Gemeinschaft zum Übereinkommen s. ABl. (EG) 2004 L 304 S. 210.
[62] BGBl. 1975 II 977.
[63] In Deutschland nicht in Kraft; vgl. aber das Gemeinsame Protokoll vom 21.9.1988 über die Anwendung des Wiener Übereinkommens und des Pariser Übereinkommens (BGBl. 2001 II 202).
[64] In Deutschland nicht in Kraft.
[65] BGBl. 1977 II 1453; s. aber Art. 20 Abs. 1 EuZustellVO.
[66] In Deutschland nicht in Kraft.
[67] In Deutschland nicht in Kraft.
[68] BGBl. 1977 II 1472; s. aber Art. 21 Abs. 1 EuBeweisaufnahmeVO.
[69] BGBl. 1990 II 35.
[70] In Deutschland nicht in Kraft.
[71] BGBl. II 1976 649.
[72] BGBl. 1976 II 982.
[73] Von Deutschland nicht ratifiziert. Das Protokoll aus 2002 ist noch nicht in Kraft.
[74] BGBl. 1979 II 833.
[75] In Deutschland nicht in Kraft.

Gepäck (CIV) und Anhang B Einheitliche Rechtsvorschriften für den Vertrag über die Internationale Eisenbahnbeförderung von Gütern (CIM);[76]
- Übereinkommen der Vereinten Nationen vom 24.5.1980 über den internationalen multimodalen Gütertransport;[77]
- Internationales Übereinkommen vom 27.11.1992 über die zivilrechtliche Haftung für Ölverschmutzungsschäden nebst Internationalem Übereinkommen von 1992 über die Errichtung eines Internationalen Fonds zur Entschädigung von Ölverschmutzungsschäden;[78]
- Internationales Übereinkommen vom 23.3.2001 über die zivilrechtliche Haftung für Bunkerölverschmutzungsschäden (Bunkeröl-Übereinkommen).
- [79] Benelux-Übereinkommens über geistiges Eigentum (Marken und Muster oder Modelle) vom 25.2.2005[80]

14 Art. 71 gilt nicht für Normenkonflikte in speziellen Übereinkommen, die die EU im Rahmen ihrer Außenkompetenz mit Drittstaaten abschließt;[81] hierfür gilt Art. 67, wonach Rechtsakte der EU, sofern sie für besondere Rechtsgebiete die gerichtliche Zuständigkeit, die Anerkennung und Vollstreckung von Entscheidungen regeln, der Brüssel Ia-VO vorgehen. Dies gilt etwa für das **Montrealer Übereinkommen vom 28.5.1999 zur Vereinheitlichung bestimmter Vorschriften über die Beförderung im internationalen Luftverkehr**[82] sowie das **Haager Übereinkommen vom 30.6.2005 über Gerichtsstandsvereinbarungen.**[83]

VI. Einschränkungen des Vorrangs durch die Rechtsprechung des EuGH

15 Der in Art. 71 normierte Grundsatz des Vorrangs von Spezialübereinkommen wurde durch die Rechtsprechung des EuGH in der Rs *„TNT Express Nederland B/AXA Versicherung AG"*[84] erheblich eingeschränkt. Die Anwendung des Spezialübereinkommens dürfe – so der EuGH – nicht die Grundsätze beeinträchtigen, auf denen die justizielle Zusammenarbeit in Zivil- und Handelssachen in der Union beruht. Zu diesen Grundsätzen zählen
- die **Vorhersehbarkeit der zuständigen Gerichte** im hohen Maße,
- die **Förderung der geordneten Rechtspflege**,
- die **Vermeidung der Gefahr von Parallelverfahren**,
- die **Rechtssicherheit für die Bürger**,
- der **freie Verkehr von Entscheidungen in Zivil- und Handelssachen**,
- das **gegenseitige Vertrauen in die Justiz**.

---

76 BGBl. 2002 II 2142.
77 In Deutschland nicht in Kraft.
78 BGBl. 1996 II 686.
79 BGBl. 2006 II 578.
80 EuGH 14.7.2016, Rs C-230/15, *Brite Strike Technologies Inc./Brite Strike Technologies SA*, ECLI:EU:C:2016:560.
81 Hess in: *Schlosser/Hess* Art. 67 EuGVVO Rdn. 3.
82 ABl. (EG) 2001 L 194 S. 39; so zutreffend Stein/Jonas/*Oberhammer* Art. 71 EuGVVO Rdn. 3.
83 Abrufbar unter http://www.hcch.net/upload/conventions/txt37de.pdf (1.3.2018).
84 EuGH 4.5.2010, Rs C-533/08, *TNT Express Nederland B/AXA Versicherung AG*, ECLI:EU:C:2010:243; bestätigt in EuGH 19.12.2013, Rs C 452/12, *Nipponkoa Insurance Co. (Europe) Ltd/Inter-Zuid Transport BV*, ECLI:EU:C:2013:858; EuGH 4.9.2014, Rs C- C-157/13, *Nickel & Goeldner Spedition GmbH/„Kintra" UAB* ECLI:EU:C:2014:2145.

16 Die Anwendung darf nicht „zu weniger günstigen Ergebnissen im Hinblick auf das Ziel des reibungslosen Funktionierens des Binnenmarkts führen (...) als die Bestimmungen der (...) Verordnung." Im Rahmen der Prüfung, ob einem Spezialübereinkommen Vorrang zukommt, ist daher ein „**Günstigkeitsvergleich**",[85] „**Binnenmarkttest**"[86] bzw. eine Prüfung der „**Europakompatibilität**"[87] bzw der „**Europareife**"[88] durchzuführen; die anzuwendenden Vorschriften des in Betracht kommenden Übereinkommens sind mit den Bestimmungen der Brüssel Ia-VO zu vergleichen.[89] Nur unter der Voraussetzung, dass die Bestimmungen nicht weniger günstig sind als die der Verordnung selbst, gelangt das Übereinkommen zur Anwendung. So stellt etwa eine in einem Übereinkommen vorgesehene allgemeine[90] und verpflichtende Nachprüfung der Zuständigkeit des Erststaates durch einen anderen Mitgliedstaat eine in Bezug auf den Grundsatz des gegenseitigen Vertrauens weniger günstige Regelung dar, die daher auch im Rahmen der Spezialübereinkommen ausgeschlossen ist.[91]

17 Durch den **Günstigkeitsvergleich** wird zwar – wie *Domej*[92] zutreffend feststellt hat – der *effet utile* des Unionsrechts gewahrt, das durch die Brüssel Ia-VO geschaffene Niveau als Mindeststandard etabliert,[93] allerdings wird die Rechtssicherheit und Vorhersehbarkeit der Gerichtsstände erheblich beeinträchtigt, obwohl der EuGH in der genannten Rs das Postulat der Rechtssicherheit und Vorhersehbarkeit der Gerichtsstände besonders hervorhebt.[94] Ferner werden die Mitgliedstaaten zu einer Verletzung ihrer völkerrechtlichen Pflichten gezwungen.[95]

18 Im Rahmen eines Vorabentscheidungsersuchen zu Art. 71 i.V.m. den Spezialübereinkommen kann der EuGH über diese Vereinbarkeit entscheiden, wobei er nicht zur Entscheidung über die Übereinkommen selbst zuständig ist, wohl aber zur Entscheidung über die Bedeutung des Vorrangs nach Art. 71 und die aus ihm resultierenden Anforderungen auch an die Auslegung der Übereinkommen.[96] Über diesen beeinflusst der EuGH mittelbar auch die Auslegung der Übereinkommen.[97]

VII. Authentische Auslegung

19 Um eine **einheitliche Auslegung** zu gewährleisten,[98] präzisiert Art. 71. Abs. 2 Unterabs. 2 lit. a in welchem Verhältnis die in diesen Übereinkommen enthalten Zu-

---

85 *Slonina* in: *Burgstaller/Neumayr/u.a.*, IZVR Art. 71 EuGVVO Rdn. 7 und Rdn. 20; *Wallner-Friedl* in: *Czernich/Kodek/Mayr* Brüssel Ia-VO⁴ Art. 71 Rdn. 3; ähnlich Musielak/Voit/*Stadler* Art. 71 EuGVVO n.F. Rdn. 2 („Günstigkeitsvorrang der EuGVVO").
86 *Garber/Neumayr* Jb 2011, 274; *Slonina* in: *Burgstaller/Neumayr/u.a.*, IZVR Art. 71 EuGVVO Rdn. 7 und Rdn. 12.
87 *Domej* in: FS Mayer 54.
88 *Mayr* in: *Mayr* Handbuch Rdn. 3.146.
89 *Hess* in: *Schlosser/Hess* Art. 71 EuGVVO Rdn. 2.
90 Zur möglichen Überprüfung der Zuständigkeit des Erststaates im Zweitstaat s. Art. 45 Abs. 1 lit. e und die Kommentierung dort.
91 *Slonina* in: *Burgstaller/Neumayr/u.a.*, IZVR Art. 71 EuGVVO Rdn. 9.
92 In: FS Mayer 41 insbesondere 48; vgl. auch Rauscher/*Mankowski* Art. 71 Brüssel Ia-VO Rdn. 12.
93 Rauscher/*Mankowski* Art. 71 Brüssel Ia-VO Rdn. 13.
94 *Domej* in: FS Mayer 54; Rauscher/*Mankowski* Art. 71 Brüssel Ia-VO Rdn. 22; *Mayr* in: *Mayr* Handbuch Rdn. 3.146; Stein/Jonas/*Oberhammer* Art. 71 EuGVVO Rdn. 8; *Slonina* in: *Burgstaller/Neumayr/u.a.*, IZVR Art. 71 EuGVVO Rdn. 10 und Rdn. 12.
95 Rauscher/*Mankowski* Art. 71 Brüssel Ia-VO Rdn. 18 f.
96 *Slonina* in: *Burgstaller/Neumayr/u.a.*, IZVR Art. 71 EuGVVO Rdn. 7.
97 *Slonina* in: *Burgstaller/Neumayr/u.a.*, IZVR Art. 71 EuGVVO Rdn. 7.
98 Rauscher/*Mankowski* Art. 71 Brüssel Ia-VO Rdn. 35; OLG Dresden IPRax 2000, 121 (*Haubold* 91) = TranspR 1999, 62.

ständigkeitsregeln zu den Bestimmungen der Brüssel Ia-VO stehen; in Abs. 2 Unterabs. 1 lit. b wird das Verhältnis der in diesen Übereinkommen enthaltenen Regeln über die Anerkennung von Entscheidungen zu den Vorschriften der Brüssel Ia-VO konkretisiert. Abs. 2 stellt eine **authentische Interpretation** durch den europäischen Gesetzgeber dar.[99]

VIII. Internationale Zuständigkeit

20   **1. Drittwirkung des Übereinkommens.** Gem Art. 71 Abs. 2 Unterabs. 1 lit. a muss ein Gericht eines Mitgliedstaates die in einem Spezialübereinkommen enthaltenen Zuständigkeitsbestimmungen **auch dann** vorrangig anwenden, **wenn** der **Beklagte seinen (Wohn-)Sitz in** einem **Mitgliedstaat** hat, der nicht gleichzeitig Vertragspartei des Übereinkommens ist. Dadurch wird der in Art. 5 normierte Grundsatz, wonach Personen, die ihren (Wohn-)Sitz im Hoheitsgebiet eines Mitgliedstaates haben, vor den Gerichten eines anderen Mitgliedstaates nur gemäß den Vorschriften der Art. 7 bis 26 verklagt werden können, durchbrochen[100] bzw. wird der numerus clausus der besonderen Gerichtsstände der Brüssel Ia-VO durch die im betreffenden Spezialübereinkommen enthaltenen Gerichtsstände ergänzt.[101] Ob ein Übereinkommen tatsächlich Anwendung findet, wenn sich der (Wohn-)Sitz des Beklagten in einem Mitgliedstaat, der nicht Vertragsstaat des Übereinkommens ist, befindet und ob der Beklagte mit (Wohn-)Sitz in einem Nichtvertragsstaat des Übereinkommens im Gerichtsstaat geklagt werden kann, bestimmt sich nach dem Übereinkommen.[102] Eine Art. 67 Abs. 4 LGVÜ entsprechende Regelung, wonach die Anerkennung oder Vollstreckung grundsätzlich[103] versagt werden kann, wenn der Zweitstaat nicht an das Übereinkommen gebunden ist und die Person, gegen die die Anerkennung oder Vollstreckung geltend gemacht wird, ihren (Wohn-)Sitz in diesem Staat hat, enthält die Brüssel Ia-VO nicht.

21   **2. Zuständigkeitsbestimmungen.** Der Erststaat, der an ein entsprechendes Übereinkommen gebunden ist, kann sich auf alle im Übereinkommen normierten Gerichtsstände stützen.[104] Dies gilt selbst dann, wenn ein vergleichbarer innerstaatlicher Gerichtsstand als exorbitant ausgeschlossen wäre (etwa Gerichtsstand des Vermögens) oder der Gerichtsstand keinem in der Brüssel Ia-VO normierten Gerichtsstand entspricht (etwa Gerichtsstand des Mess- und Marktortes).

22   Freilich sind für den Erststaat nur solche Übereinkommen zu beachten, die die internationale Entscheidungszuständigkeit normieren (compétence directe), nicht dagegen solche, die nur Regeln über die internationale Anerkennungszuständigkeit (compétence indirecte) enthalten.[105]

---

99 Rauscher/*Mankowski* Art. 71 Brüssel Ia-VO Rdn. 35; *Mayr* in: *Mayr* Handbuch Rdn. 3.147; *Pörnbacher* in: *Geimer/Schütze* IRV 540 Art. 71 VO (EG) Nr. 44/2001 Vor Rdn. 1 (Entstehungsgeschichte) und Rdn. 4.
100 Saenger/*Dörner* Art. 71 EuGVVO Rdn. 3; Rauscher/*Mankowski* Art. 71 Brüssel Ia-VO Rdn. 36.
101 *Geimer/Schütze* EuZVR Art. 71 EuGVVO Rdn. 15; *Pörnbacher* in: *Geimer/Schütze* IRV 540 Art. 71 VO (EG) Nr. 44/2001 Rdn. 5.
102 *Slonina* in: *Burgstaller/Neumayr/u.a.*, IZVR Art. 71 EuGVVO Rdn. 11.
103 Möglich ist allerdings, dass die Entscheidung anderweitig nach dem Recht des Zweitstaates anerkannt oder vollstreckt werden kann.
104 OLG Dresden IPRax 2000, 121 (*Haubold* 91) = TranspR 1999, 62.
105 *Geimer/Schütze* EuZVR Art. 71 EuGVVO Rdn. 7; vgl. auch *Slonina* in: *Burgstaller/Neumayr/u.a.*, IZVR Art. 71 EuGVVO Rdn. 13.

Fraglich ist, ob und – bejahendenfalls – in welchem Maße die vom EuGH in der Rs **23** „*TNT Express Nederland B/AXA Versicherung AG*"[106] entwickelten Einschränkungen (s. dazu Rdn. 15 ff.) die Zuständigkeitsbestimmungen einschränken.

3. Zuständigkeitsprüfung. Nach Art. 71 Abs. 2 Unterabs. 1 lit. a hat das Gericht **in 24 jedem Fall Art. 28** anzuwenden. Lässt sich der Beklagte daher nicht auf das Verfahren ein, hat das Gericht von Amts wegen seine Zuständigkeit zu prüfen und sich für unzuständig zu erklären, wenn es nicht zuständig ist. Art. 28 ist auch dann anzuwenden, wenn die Zuständigkeitsprüfung selbst nach dem Spezialübereinkommen zu erfolgen hat. Die Bestimmung dient dem **Schutz des Beklagten**.[107] Es wird gewährleistet, dass bei Säumnis des Beklagten das Gericht seine Zuständigkeit von Amts wegen zu prüfen hat, um eine gerichtliche Inanspruchnahme vor unzuständigen Gerichten zu verhindern.[108] Zu beachten ist allerdings, dass das Gericht zu Unrecht die Zuständigkeit bejahen kann, weshalb es in der Praxis ratsam ist, dass der Beklagte die Unzuständigkeit des angerufenen Gerichtes rügt.

Die **Zuständigkeitsprüfung erfolgt** – wie der EuGH in der Rs „*Nürnberger Allgemei-* **25** *ne Versicherungs AG/Portbridge Transport International BV*"[109] zutreffend festgestellt hat – **auf Grundlage des anwendbaren Spezialübereinkommens**.[110] Da in Art. 28 Abs. 1 auf die Zuständigkeitsbestimmungen der Brüssel Ia-VO verwiesen wird, wurde – insbesondere von Teilen der deutschen Rechtsprechung[111] – angenommen, dass in jenen Fällen, in denen sich der Beklagte nicht auf das Verfahren einlässt, die Zuständigkeit nicht nach dem Spezialübereinkommen, sondern nach der Brüssel Ia-VO zu prüfen ist. Die Auffassung ist seit der Entscheidung des EuGH allerdings überholt. Diese Auslegung würde auch dem Sinn des Art. 71 widersprechen,[112] der Beklagte hätte nämlich die Möglichkeit, durch bloße Nichteinlassung auf das Verfahren die Zuständigkeitsbestimmungen des Spezialübereinkommens auszuhebeln.[113] Der Verweis auf die Zuständigkeitsbestimmungen der Verordnung ist daher als Verweis auf die des Spezialübereinkommens zu verstehen.[114]

Ist das angerufene Gericht nach dem Spezialübereinkommen unzuständig, nach **26** der Brüssel Ia-VO allerdings zuständig, hat es sich – sofern es sich bei der im Spezialübereinkommen angeordneten Zuständigkeit um eine ausschließliche handelt – dennoch für unzuständig zu erklären. Es genügt daher nicht, dass das Gericht nur aufgrund der Brüssel Ia-VO, nicht aber aufgrund des Spezialübereinkommens zustän-

---

106 EuGH 4.5.2010, Rs C-533/08, *TNT Express Nederland B/AXA Versicherung AG*, ECLI:EU:C:2010:243; bestätigt in EuGH 19.12.2013, Rs C 452/12, *Nipponkoa Insurance Co. (Europe) Ltd/Inter-Zuid Transport BV*, ECLI:EU:C:2013:858; EuGH 4.9.2014, Rs C-157/13, *Nickel & Goeldner Spedition GmbH/„Kintra" UAB* ECLI:EU:C:2014:2145.
107 OLG Hamm TranspR 2001, 397; BGH MDR 2003, 1068 = NJW-RR 2003, 1347; vgl. auch *Pörnbacher* in: *Geimer/Schütze* IRV 540 Art. 71 VO (EG) Nr. 44/2001 Rdn. 5.
108 *Pörnbacher* in: *Geimer/Schütze* IRV 540 Art. 71 VO (EG) Nr. 44/2001 Rdn. 5.
109 EuGH 28.10.2004, Rs C-148/03, *Nürnberger Allgemeine Versicherungs AG/Portbridge Transport International BV*, ECLI:EU:C:2004:677.
110 *Dißars* TranspR 2001, 387 ff.; Stein/Jonas/*Oberhammer* Art. 71 EuGVVO Rdn. 13.
111 OLG Dresden IPRax 2000, 121 (abl. *Haubold* 91) = TranspR 1999, 62; OLG München TranspR 2001, 399; LG Oldenburg TranspR 2001, 402; LG Flensburg TranspR 2001, 401.
112 Gebauer/Wiedmann/*Gebauer* Zivilrecht² Kap. 27 Art. 71 Rdn. 289.
113 Gebauer/Wiedmann/*Gebauer* Zivilrecht² Kap. 27 Art. 71 Rdn. 289; Rauscher/*Mankowski* Art. 71 Brüssel Ia-VO Rdn. 43; *Pörnbacher* in: *Geimer/Schütze* IRV 540 Art. 71 VO (EG) Nr. 44/2001 Rdn. 5; OLG Hamm TranspR 2001, 397; OLG Schleswig TranspR 2002, 76; OLG Karlsruhe NJW-RR 2002, 1722; OLG Hamburg TranspR 2003, 23.
114 BGH MDR 2003, 1068 = NJW-RR 2003, 1347; BGH NJW-RR 2004, 497 = MDR 2004, 761 = VersR 2004, 1024.

dig wäre.[115] Andernfalls würde man das Spezialübereinkommen „aushebeln". Die Bestimmungen der Brüssel Ia-VO sind nur insofern zu beachten, als die Regelungen im Spezialübereinkommen nicht abschließend sind.

27   **4. Rechtshängigkeit.** Der allgemeine Vorrang der Regelungen in Spezialübereinkommen gilt grundsätzlich auch für die in dem Übereinkommen enthaltenen Rechtshängigkeitsregeln, wenngleich diese in der Art. 71 nicht ausdrücklich genannt werden.[116] Sofern das Spezialübereinkommen keine Regelungen enthält, sind die Bestimmungen der Art. 29 ff. anzuwenden.[117] Enthält ein Übereinkommen allgemeine Rechtshängigkeitsregeln, ohne den Zeitpunkt des Eintritts der Rechtshängigkeit[118] und/oder den Umfang des Streitgegenstands zu bestimmen, muss für die ungeregelten Fragen auf die Bestimmungen der Brüssel Ia-VO und deren Auslegung durch den EuGH zurückgegriffen werden.

28   Freilich ist auch hier ein **Günstigkeitsvergleich** i.S.d. Rechtsprechung des EuGH in der Rs „*TNT Express Nederland B/AXA Versicherung AG*"[119] (s. dazu Rdn. 15 ff.) durchzuführen, wobei im Zusammenhang mit der Rechtshängigkeit vor allem die „**Vermeidung von Parallelverfahren**" zu beachten ist:[120] Aus diesem Ziel ergeben sich auch Vorgaben für die Auslegung der Rechtshängigkeitsregeln der Spezialübereinkommen, die nicht weniger günstig sein dürfen als die der Brüssel Ia-VO: Die bislang umstrittene Auslegung der Rechtshängigkeitsregel des Art. 31 Abs. 2 CMR bei Kollision einer früher erhobenen negativen Feststellungsklage mit einer späteren Leistungsklage hat der EuGH[121] im Sinne eines strikten Prioritätsprinzips entschieden, sodass die zuerst erhobene negative Feststellungsklage eine Rechtshängigkeitssperre für spätere Leistungsklagen bewirkt.[122] Die – insbesondere von der deutschen Rechtsprechung[123] vertretene – gegenteilige Auffassung ist daher überholt.[124]

IX. Anerkennung und Vollstreckung

29   **1. Allgemeines.** Die Anerkennung und Vollstreckung von Entscheidungen, die von einem Gericht erlassen wurden, das seine Zuständigkeit auf ein Spezialübereinkommen gestützt hat, erfolgt i.d.R. gem Art. 71 Abs. 2 lit. b nach den Regeln der Brüssel Ia-VO. Die Bestimmungen der Brüssel Ia-VO sind daher auch dann anzuwenden, wenn der Zweitstaat kein Vertragsstaat des betreffenden Übereinkommens ist. Art. 71 Abs. 2 lit. b hat lediglich

---

115   A.A. *Wallner-Friedl* in: *Czernich/Kodek/Mayr* Brüssel Ia-VO⁴ Art. 71 Rdn. 7; ähnlich auch MünchKomm/*Gottwald* Art. 70 EuGVO Rdn. 5.
116   *Slonina* in: *Burgstaller/Neumayr/u.a.*, IZVR Art. 71 EuGVVO Rdn. 16.
117   Stein/Jonas/*Oberhammer* Art. 71 EuGVVO Rdn. 18; *Slonina* in: *Burgstaller/Neumayr/u.a.*, IZVR Art. 71 EuGVVO Rdn. 16.
118   *Slonina* in: *Burgstaller/Neumayr/u.a.*, IZVR Art. 71 EuGVVO Rdn. 16.
119   EuGH 4.5.2010, Rs C-533/08, *TNT Express Nederland B/AXA Versicherung AG*, ECLI:EU:C:2010:243; bestätigt in EuGH 19.12.2013, Rs C 452/12, *Nipponkoa Insurance Co. (Europe) Ltd/Inter-Zuid Transport BV*, ECLI:EU:C:2013:858; EuGH 4.9.2014, Rs C-157/13, *Nickel & Goeldner Spedition GmbH/„Kintra" UAB* Slg. 2014, I- ECLI:EU:C:2014:2145.
120   Stein/Jonas/*Oberhammer* Art. 71 EuGVVO Rdn. 18.
121   EuGH 19.12.2013, Rs C 452/12, *Nipponkoa Insurance Co. (Europe) Ltd/Inter-Zuid Transport BV*, ECLI:EU:C:2013:858.
122   Zöller/*Geimer* Art. 71 EuGVVO Rdn. 2; *Slonina* in: *Burgstaller/Neumayr/u.a.*, IZVR Art. 71 EuGVVO Rdn. 18.
123   BGHZ 157, 66 = LMK 2004, 75 (*Rauscher*) = NJW-RR 2004, 397 = TranspR 2004, 77; BGH NJW-RR 2004, 497 = MDR 2004, 761 = VersR 2004, 1024; zu diesen Entscheidungen ausführlich und zu Recht krit. *Barnert* ZZP 118 (2005) 81; **a.A.** österr. OGH 10 Ob 147/05y ecolex 2006/268 (*Girsch* 622).
124   Zöller/*Geimer* Art. 71 EuGVVO Rdn. 2.

klarstellende Funktion, weil die die Anerkennung und Vollstreckung betreffenden Bestimmungen der Brüssel Ia-VO unabhängig davon anzuwenden sind, auf welcher Norm der Erststaat seine Zuständigkeit gestützt hat.[125] Unklar ist, ob eine Nachprüfung der Zuständigkeit im Interesse der Wahrung der ausschließlichen Gerichtsstände nach Art. 24 und zum Schutz von Versicherungsnehmern, Verbrauchern und Arbeitnehmern nach Art. 10 ff. zulässig ist und ein Verstoß gegen die genannten Zuständigkeitsbestimmungen zu einer Versagung der Anerkennung und Vollstreckung führen kann, wenn sich die von der Brüssel Ia-VO abweichende Zuständigkeit aus dem Spezialübereinkommen ergibt.[126]

Sind **sowohl Erst- als auch Zweitstaat Vertragsstaaten des Spezialübereinkommens** und **enthält** das **Übereinkommen Regelungen zur Anerkennung und Vollstreckung**, sind **diese vorrangig anzuwenden**. Allerdings kann der Gläubiger, der die Vollstreckung der Entscheidung begehrt, sich in diesem Fall auch für die Anwendung der Bestimmungen der Verordnung entscheiden;[127] ihm wird daher ein Wahlrecht eingeräumt. Dies gilt selbst dann, wenn das Übereinkommen seine vorrangige Anwendung verlangt.[128]   30

Auch für die Regelungen über die Anerkennung und Vollstreckung gilt ein **Günstigkeitsvergleich** i.S.d. Rechtsprechung des EuGH in der Rs „*TNT Express Nederland B/AXA Versicherung AG*"[129] (s. dazu Rdn. 15 ff.); nach diesem ist der Vorbehalt nach Art. 71 von vornherein auf Spezialübereinkommen beschränkt, die die Urteilsfreizügigkeit und das gegenseitige Vertrauen unter mindestens ebenso günstigen Bedingungen gewährleisten wie die Brüssel Ia-VO. Für die Vollstreckung von Entscheidungen aus einem Vertragsstaat des Spezialübereinkommens, der zugleich Mitgliedstaat i.S.d. Brüssel Ia-VO ist, sind abweichende Anerkennungs- und Vollstreckungsvoraussetzungen damit praktisch ausgeschlossen,[130] weil das nach der Brüssel Ia-VO geschaffene System der unmittelbaren Anerkennung und Vollstreckung ausländischer Entscheidungen das für den Gläubiger günstigste und effektivste ist.   31

2. Staatsvertragliche Verpflichtung zur Nichtanerkennung. Sofern ein Spezialübereinkommen eine Verpflichtung zur Nichtanerkennung einer ausländischen Entscheidung enthält, ist die Bestimmung wohl nicht anzuwenden;[131] die Anerkennung und Vollstreckung der ausländischen Entscheidung darf daher nicht versagt werden (zur Ausnahme nach Art. 72 s. die Kommentierung dort). Dies folgt u.E. aus der Entscheidung des EuGH in der Rs „*TNT Express Nederland B/AXA Versicherung AG*",[132] wonach die Anwendung des Spezialübereinkommens nicht den Grundsatz des freien Verkehrs von Ent-   32

---

125 Stein/Jonas/*Oberhammer* Art. 71 EuGVVO Rdn. 14.
126 Verneinend *Slonina* in: Burgstaller/Neumayr/u.a., IZVR Art. 71 EuGVVO Rdn. 19.
127 *Mankowski* IPRax 2000, 189; *Slonina* in: Burgstaller/Neumayr/u.a., IZVR Art. 71 EuGVVO Rdn. 21.
128 Saenger/*Dörner* Art. 71 EuGVVO Rdn. 5; *Mankowski* IPRax 2000, 189; *Pörnbacher* in: Geimer/Schütze IRV 540 Art. 71 VO (EG) Nr. 44/2001 Rdn. 8; *Rauch* IPRax 1981, 201.
129 EuGH 4.5.2010, Rs C-533/08, *TNT Express Nederland B/AXA Versicherung AG*, ECLI:EU:C:2010:243; bestätigt in EuGH 19.12.2013, Rs C 452/12, *Nipponkoa Insurance Co. (Europe) Ltd/Inter-Zuid Transport BV*, ECLI:EU:C:2013:858; EuGH 4.9.2014, Rs C- C-157/13, *Nickel & Goeldner Spedition GmbH/„Kintra" UAB* ECLI:EU:C:2014:2145.
130 Siehe auch *Hess* in: Schlosser/Hess Art. 71 EuGVVO Rdn. 8; *Slonina* in: Burgstaller/Neumayr/u.a., IZVR Art. 71 EuGVVO Rdn. 20 f.
131 Geimer/Schütze EuZVR Art. 72 EuGVVO Rdn. 4; anders allerdings in Rdn. 74; **a.A.** *Schlosser*-Bericht Rdn. 246.
132 EuGH 4.5.2010, Rs C-533/08, *TNT Express Nederland B/AXA Versicherung AG*, ECLI:EU:C:2010:243; bestätigt in EuGH 19.12.2013, Rs C 452/12, *Nipponkoa Insurance Co. (Europe) Ltd/Inter-Zuid Transport BV* ECLI:EU:C:2013:858; EuGH 4.9.2014, Rs C- C-157/13, *Nickel & Goeldner Spedition GmbH/„Kintra" UAB* ECLI:EU:C:2014:2145.

scheidungen beeinträchtigen darf (s. dazu Rdn. 15 ff.). Sofern die Anerkennung und Vollstreckung der Entscheidung als so störend empfunden wird, dass sie den Grundwerten des Zweitstaates widerspricht, bietet sich die Möglichkeit, die Anerkennung und Vollstreckung bei ordre public-Widrigkeit zu versagen, ausreichend Schutz.[133]

Artikel 71a

(1) Für die Zwecke dieser Verordnung gilt ein gemeinsames Gericht mehrerer Mitgliedstaaten gemäß Absatz 2 („gemeinsames Gericht") als ein Gericht eines Mitgliedstaats, wenn das gemeinsame Gericht gemäß der zu seiner Errichtung geschlossenen Übereinkunft eine gerichtliche Zuständigkeit in Angelegenheiten ausübt, die in den Anwendungsbereich dieser Verordnung fallen.

(2) Jedes der folgenden Gerichte ist für die Zwecke dieser Verordnung ein gemeinsames Gericht:
a) das mit dem am 19. Februar 2013 unterzeichneten Übereinkommen zur Schaffung eines Einheitlichen Patentgerichts („EPG-Übereinkommen") errichtete Einheitliche Patentgericht und
b) der mit dem Vertrag vom 31. März 1965 über die Gründung und die Satzung des Benelux-Gerichtshofs (im Folgenden „Benelux-Gerichtshof-Vertrag") errichtete Benelux-Gerichtshof.

Schrifttum

De Miguel Asensio The Unified Patent Court Agreement and the Amendment to the Brussels I Regulation (Recast), in *Honorati* (Hrsg.), Luci e ombre del nueva sistema UE di tutela brevettuale (2014) 153; *ders.* Regulation (EU) No. 542/2014 and the Internatonal Jurisdiction of the Unified Patent Court, IIC 2014, 868; *Garber/Neumayr* Europäisches Zivilverfahrensrecht (Brüssel I/IIa u.a.), JbEuR 2014 (2014) 199; *dies.* Europäisches Zivilverfahrensrecht (Brüssel I/IIa u.a.), JbEuR 2015 (2015) 175; *Kur* Durchsetzung gemeinschaftsweiter Schutzrechte: Internationale Zuständigkeit und anwendbares Recht, GRUR-Int. 2014, 749; *Leistner* Vollstreckung von Urteilen des Einheitlichen Patentgerichts in Deutschland, GRUR 2016, 217; *Luginbühl/Stauder* Die Anwendung der revidierten Zuständigkeitsregeln nach der Brüssel I-Verordnung auf Klagen in Patentsachen, GRUR-Int. 2014, 885; *Mankowski* Die neuen Regeln über gemeinsame Gerichte in Art. 71a–71d Brüssel Ia-VO, GPR 2014, 330; *Mansel/Thorn/Wagner* Europäisches Kollisionsrecht 2013: Atempause im status quo, IPRax 2014, 1; *Philipp* EuGVVO: Anpassungen im Zusammenhang mit dem Übereinkommen über ein Einheitliches Patentgericht, EuZW 2014, 406; *R. Wagner* Aktuelle Entwicklungen in der justiziellen Zusammenarbeit in Zivilsachen, NJW 2015, 1796; *Wohlmuth* Änderungen bei gerichtlichen Zuständigkeiten in grenzübergreifenden europäischen Patentverletzungsfällen, sic! 2015, 299.

I. Allgemeines

1   Mit der VO (EU) Nr. 542/2014 des Europäischen Parlaments und des Rates vom 15. Mai 2014 zur Änderung der Verordnung (EU) Nr. 1215/2012 bezüglich der hinsichtlich des Einheitlichen Patentgerichts und des Benelux-Gerichtshofs anzuwendenden Vorschriften[1] wurden die Art. 71a–71d nachträglich in die Neufassung der Brüssel Ia-VO eingefügt. Wie bereits aus dem Titel der VO (EU) Nr. 542/2014 hervorgeht, enthalten die zusätzlich eingefügten Bestimmungen Sonderregelungen betreffend das Verhältnis der

---

[133] *Kropholler/von Hein* Art. 72 EuGVO Rdn. 17.

[1] ABl. EU 2014 L 163/1.

Brüssel Ia-VO zu Übereinkommen über ein europäisches Einheitliches Patentgericht (EPG)[2] sowie zum Benelux-Gerichtshof-Vertrag.[3]

Das in Art. 71a Abs. 2 lit. a genannte, mit Stand 30.9.2016 noch nicht in Kraft getretene **Übereinkommen über das EPG** vom 19. Februar 2013 schafft eine eigenständige europäische Gerichtsbarkeit mit ausschließlicher Zuständigkeit in Bezug auf Europäische Patente und europäische Patente mit einheitlicher Wirkung (einheitliche Patente). Das EPG tritt in seinem Anwendungsbereich an die Stelle der Gerichte der Vertragsstaaten. 2

Der in Art. 71a Abs. 2 lit. b angeführte **Benelux-Gerichtshof** entscheidet über Vorabentscheidungsersuchen der Gerichte der Benelux-Staaten und über die Auslegung von gemeinsamem Benelux-Einheitsrecht. Aufgrund des Protokolls vom 15. Oktober 2012 können ihm weitere Streitigkeiten übertragen werden,[4] wobei an den Bereich des gewerblichen Rechtsschutzes gedacht ist.[5] Insoweit tritt der Benelux-Gerichtshof an die Stelle der Gerichte der drei Vertragsstaaten. Solange diese erweiterten Kompetenzen fehlen, haben die Art. 71a–71d auch in Bezug auf den Benelux-Gerichtshof noch keinen Anwendungsbereich.[6] 3

II. Zweck der Norm

Die Zuständigkeitsregeln der Brüssel Ia-VO beziehen sich traditionell auf die Gerichte der Mitgliedstaaten (siehe Art. 2 und 3).[7] ErwGr. 11 zur Brüssel Ia-VO erwähnt allerdings bereits den Benelux-Gerichtshof beispielhaft als ein „gemeinsames Gericht", dessen Entscheidungen gem. der Brüssel Ia-VO anerkannt und vollstreckt werden sollen. 4

Die Art. 71a–71d ergänzen nun explizit „gemeinsame Gerichte" und **stellen diese den Gerichten der Mitgliedstaaten gleich**, allerdings nur insoweit, als das „gemeinsame Gericht" seine Zuständigkeit auf einem Rechtsgebiet ausübt, das in den Anwendungsbereich nach Art. 1 Brüssel Ia-VO fällt (siehe Art. 1 Rdn. 18 ff.). 5

Art. 71a Abs. 1 definiert den Begriff des „gemeinsamen Gerichts"; Abs. 2 zählt zwei „gemeinsame Gerichte" auf, nämlich das Einheitliche Patentgericht und den Benelux-Gerichtshof. Abs. 2 zeigt, dass es nicht möglich ist, dass Brüssel Ia-VO-Mitgliedstaaten die Liste der „gemeinsamen Gerichte" autonom erweitern.[8] 6

III. Zeitlicher Anwendungsbereich

Gem. Art. 2 VO (EU) Nr. 542/2014 gelten die Art. 71a–71d – so wie die meisten Bestimmungen der Brüssel Ia-VO – ab dem 10. Januar 2015 (siehe auch Art. 81). Das Übereinkommen über ein Einheitliches Patentgericht tritt nach seinem Art. 89 erst in Kraft, wenn es von 13 Mitgliedstaaten ratifiziert wurde, was bis 30.9.2016 noch nicht geschehen ist.[9] 7

---

2 Übereinkommen vom 19. Februar 2013 über ein Einheitliches Patentgericht, ABl. EU 2013 C 175/1.
3 Der Gerichtshof mit dem Sitz in Brüssel geht auf den am 1. Jänner 1974 in Kraft getretenen Vertrag zwischen Belgien, Luxemburg und den Niederlanden vom 31. März 1965 in der Fassung des Protokolls vom 15. Oktober 2012 zurück. Das letztgenannte Protokoll eröffnete die Möglichkeit, dem Benelux-Gerichtshof die Zuständigkeit für besondere Angelegenheiten zuzuweisen, die in den Anwendungsbereich der EuGVVO fallen.
4 *Mansel/Thorn/Wagner* IPRax 2014, 7.
5 *Hess* in: *Schlosser/Hess* EU-ZPR⁴ Art. 71a EuGVVO Rdn. 4.
6 *R. Wagner* NJW 2015, 1796.
7 Zum Fehlen einer Definition des Begriffs „Gericht" in der EuGVVO siehe etwa *Mankowski* GPR 2014, 331.
8 *Hess* in: *Schlosser/Hess* EU-ZPR⁴ Art. 71a EuGVVO Rdn. 2.
9 Zum Ratifikationsstand des Übereinkommens siehe http://www.consilium.europa.eu/en/documents-publications/agreements-conventions/agreement/?aid=2013001 (abgefragt 1.3.2018).

IV. Räumlicher Anwendungsbereich

8   Das Vereinigte Königreich und Irland haben mitgeteilt, dass sie sich an der VO (EU) Nr. 542/2014 beteiligen (siehe ErwGr. 14 der VO [EU] Nr. 542/2014). Entsprechend der Mitteilung Dänemarks an die Kommission vom 2. Juni 2014 finden die Bestimmungen der Verordnung (EU) Nr. 542/2014 auch auf die Beziehungen zwischen der Europäischen Union und Dänemark Anwendung.[10]

9   Das Übereinkommen über ein Einheitliches Patentgericht wurde von 25 EU-Mitgliedstaaten unterzeichnet. Spanien, Kroatien und Polen haben das Übereinkommen nicht unterzeichnet.

Artikel 71b

Die Zuständigkeit eines gemeinsamen Gerichts wird wie folgt bestimmt:
1. Ein gemeinsames Gericht ist zuständig, wenn die Gerichte eines Mitgliedstaats, der Partei der Übereinkunft zur Errichtung des gemeinsamen Gerichts ist, nach Maßgabe dieser Verordnung in einem unter die betreffende Übereinkunft fallenden Rechtsgebiet zuständig wären.
2. In Fällen, in denen der Beklagte seinen Wohnsitz nicht in einem Mitgliedstaat hat und diese Verordnung die ihn betreffende gerichtliche Zuständigkeit nicht anderweitig begründet, findet Kapitel II, soweit einschlägig, ungeachtet des Wohnsitzes des Beklagten Anwendung.
Einstweilige Maßnahmen einschließlich Sicherungsmaßnahmen können bei einem gemeinsamen Gericht auch dann beantragt werden, wenn für die Entscheidung in der Hauptsache die Gerichte eines Drittstaats zuständig sind.
3. Ist ein gemeinsames Gericht hinsichtlich eines Beklagten nach Nummer 2 in einem Rechtsstreit über eine Verletzung eines Europäischen Patents, die zu einem Schaden innerhalb der Union geführt hat, zuständig, kann dieses Gericht seine Zuständigkeit auch hinsichtlich eines aufgrund einer solchen Verletzung außerhalb der Union entstandenen Schadens ausüben.
Diese Zuständigkeit kann nur begründet werden, wenn dem Beklagten gehörendes Vermögen in einem Mitgliedstaat belegen ist, der Vertragspartei der Übereinkunft zur Errichtung des gemeinsamen Gerichts ist und der Rechtsstreit einen hinreichenden Bezug zu einem solchen Mitgliedstaat aufweist.

Schrifttum

Siehe die Angaben bei Art. 71a.

1   Art. 71b schreibt vor, dass die Vorschriften über die **internationale Zuständigkeit in den Art. 4–28 Brüssel Ia-VO** anzuwenden sind, wenn ein gemeinsames Gericht angerufen wird. Die internationale Zuständigkeit des gemeinsamen Gerichts ist begründet, wenn einer der drei aufgezählten Tatbestände gegeben ist.

2   Nach **Nr. 1** tritt im Anwendungsbereich einer Übereinkunft, mit der ein gemeinsames Gericht errichtet wird, das gemeinsame Gericht **an die Stelle** eines an sich nach den allgemeinen Regeln der Brüssel Ia-VO zuständigen Gerichts eines Mitgliedstaats, der

---

10   ABl. EU 2014 L 240/1.

Partei der Übereinkunft ist. Eine Person kann daher auch dann vor einer Kammer des Einheitlichen Patentgerichts oder vor dem Benelux-Gerichtshof geklagt werden, wenn sich die Kammer bzw der Benelux-Gerichtshof in einem anderen Mitgliedstaat befindet als die einzelstaatlichen Gerichte, die in der Brüssel Ia-VO als zuständig bezeichnet werden.[1] So kann eine Klage gegen eine Person mit Wohnsitz in den Niederlanden auch vor der zuständigen Zentral-, Regional- oder Lokalkammer in Deutschland, Frankreich, Großbritannien oder in jedem anderen Mitgliedstaat, in dem eine Regional- oder Lokalkammer eingerichtet wird, verklagt werden.[2] Umgekehrt sind das Einheitliche Patentgericht und der Benelux-Gerichtshof nicht zuständig, wenn kein einzelstaatliches Gericht eines Mitgliedstaats auf der Grundlage der Brüssel Ia-VO zuständig wäre.[3]

Nr. 2 ist insofern bemerkenswert, als – abweichend von Art. 4, 62 f – die internationale Zuständigkeit des „gemeinsamen Gerichts" nach den Art. 7–26 auch auf Beklagte mit Sitz in **Drittstaaten** ausgedehnt wird, sofern nicht ohnedies bereits eine Zuständigkeit auf Grundlage der Brüssel Ia-VO gegeben wäre (z.B. Art. 11 Abs. 2, Art. 21 Abs. 2).[4] Laut ErwGr. 6 der VO (EU) 542/2014 gewährleisten nämlich die von der Brüssel Ia-VO aufgestellten Anforderungen an die Zuständigkeitstatbestände eine enge Verbindung des Verfahrens zum Hoheitsgebiet der Mitgliedstaaten. Hintergrund der expliziten Regelung für Beklagten mit Sitz in einem Drittstaat ist, dass die gemeinsamen Gerichte – anders als Mitgliedstaatsgerichte – gegenüber Beklagten, die keinen (Wohn-)Sitz in einem Mitgliedstaat haben, keine gerichtliche Zuständigkeit auf der Grundlage nationalen Rechts ausüben können.[5]

Relevant ist die Ausdehnung auf Beklagte mit Sitz in Drittstaaten vor allem für deliktische Ansprüche wegen Verletzung des europäischen Patents (Art. 7 Nr. 2) und Klagen gegen Streitgenossen (Art. 8 Nr. 1), die nicht alle einen Wohnsitz in einem Mitgliedsstaat haben müssen.[6] In Betracht kommen auch noch die Anwendung des Niederlassungsgerichtsstands des Art. 7 Nr. 5 oder des Widerklagegerichtsstands des Art. 8 Nr. 3 sowie die Regelungen über Gerichtsstandsvereinbarungen und rügelose Einlassung.[7]

Drittstaaten sind alle Nicht-EU-Staaten, nicht hingegen die **LGVÜ-Vertragsstaaten**. Dies ergibt sich aus dem von Art. 73 Abs. 1 angeordneten Vorrang des LGVÜ gegenüber der Brüssel Ia-VO.[8]

Über die EuGH-Rsp. hinausgehend begründet Art. 71b Nr. 2 Unterabs. 2 eine Zuständigkeit des gemeinsamen Gerichts für die **Anordnung einstweiliger Maßnahmen** und Sicherungsmaßnahmen (Art. 35) auch dann, wenn in der Hauptsache ein Gericht eines Drittstaats zuständig ist.

Falls ein gemeinsames Gericht in einem Rechtsstreit über eine Verletzung eines Europäischen Patents, die zu einem Schaden innerhalb des Unionsgebiets geführt hat, hinsichtlich eines Beklagten mit Sitz in einem Drittstaat zuständig ist, ermöglicht Art. 71b **Nr. 3** Satz 1 – in Erweiterung von Art. 7 Nr. 2 – die Geltendmachung auch eines außerhalb des Unionsgebiets entstandenen Schadens, falls ein **hinreichender Bezug** zu ei-

---

1 *De Miguel Asensio* IIC 2014, 873; *Luginbühl/Stauder* GRUR-Int. 2014, 885 f.
2 *Mankowski* GPR 2014, 332.
3 *Garber/Neumayr* JbEuR 2014, 214; *dies.* JbEuR 2015, 184 f.
4 Thomas/Putzo/*Hüßtege* ZPO[36] Art. 71b EuGVVO Rdn. 3.
5 *Garber/Neumayr* JbEuR 2014, 214; *Mankowski* GPR 2014, 335; *Wallner-Friedl* in: *Czernich/Kodek/Mayr* Brüssel Ia-VO[4] Art. 72 Rdn. 3.
6 *Stadler* in *Musielak/Voit* ZPO[13] Art. 71a–71d EuGVVO n.F. Rdn. 1.
7 *Mankowski* in: *Rauscher* EuZPR/EuIPR I[4] Art. 71b Brüssel Ia-VO Rdn. 12.
8 *Hess* in: *Schlosser/Hess* EU-ZPR[4] Art. 71b EuGVVO Rdn. 4; im Ergebnis ebenso *De Miguel Asensio* IIC 2014, 875 und *Mankowski* GPR 2014, 335; **a.A.** *Luginbühl/Stauder* GRUR-Int. 2014, 887, die in einem Beispiel die Schweiz als Drittstaat ansehen.

nem Mitgliedstaat besteht, der Vertragsstaat der Übereinkunft über ein gemeinsames Gericht ist und dem Beklagten gehörendes **Vermögen** in einem solchen Mitgliedstaat belegen ist. Als Beispiele für einen hinreichenden Bezug zu einem Mitgliedstaat nennt ErwGr. 7 der VO (EU) 542/2014, dass „der Kläger[9] dort seinen Wohnsitz hat oder dort Beweismittel für den Rechtsstreit vorliegen". Das gemeinsame Gericht soll allerdings nach ErwGr. 7 der VO (EU) 542/2014 prüfen, ob das im Europäischen Justizraum belegene Vermögen eine Vollstreckung ermöglicht.[10]

Artikel 71c

(1) Die Artikel 29 bis 32 finden Anwendung, wenn ein gemeinsames Gericht und ein Gericht eines Mitgliedstaats, der nicht Vertragspartei der Übereinkunft zur Errichtung des gemeinsamen Gerichts ist, angerufen werden.

(2) Die Artikel 29 bis 32 finden Anwendung, wenn während des Übergangszeitraums gemäß Artikel 83 des EPG-Übereinkommens das Einheitliche Patentgericht und ein Gericht eines Mitgliedstaats angerufen werden, der Vertragspartei des EPG-Übereinkommens ist.

Schrifttum

Siehe die Angaben bei Art. 71a.

1 Die Gleichstellung der gemeinsamen Gerichte mit Gerichten der Mitgliedstaaten (Art. 71a Abs. 1) impliziert, dass die **Koordinationsregeln** zur Rechtshängigkeit und zu verbundenen Verfahren (Art. 29–32) auch im Verhältnis zwischen diesen Gerichten gelten.[1] Art. 71c ist für diejenigen EU-Mitgliedstaaten relevant, die nicht Vertragsstaat des EPG-Übereinkommens sind,[2] das sind – nach Stand 30.9.2016 – Spanien, Kroatien und Polen, die das EPG-Übereinkommen nicht unterzeichnet haben.

2 Art. 71c erklärt die Art. 29 bis 32 für anwendbar, nicht aber die auf Drittstaatssachverhalte bezogenen Art. 33 und 34. Ersichtlich geht der Unionsgesetzgeber vom **Vorrang der europäischen Verfahren** aus.[3]

3 Abs. 2 bezieht sich auf die Geltung der Art. 29–32 während der **siebenjährigen Übergangsphase** nach dem Inkrafttreten des EPG-Übereinkommens, in der Patentinhaber zwischen dem EPG und den nationalen Schutzsystemen wählen können (Art. 83 EPG-Übereinkommen).

4 Zu dem umstrittenen Verhältnis zwischen das Patent betreffenden Einspruchs-, Nichtigkeits- und Löschungsverfahren, Prioritätsstreitigkeiten oder Klagen auf Feststellung der Unwirksamkeit eines Patents und dem Verletzungsprozess siehe Art. 24 Rdn. 34f. Nach h.A. besteht zwischen Nichtigkeits- und Verletzungsklage **keine Identi-**

---

[9] In der deutschen Sprachfassung ist unzutreffenderweise vom „Beklagten" die Rede. Die anderen Sprachfassungen nehmen – zutreffenderweise – auf den Kläger („ищецът", „el demandante", „žalobce", „sagsøger", „hageja" ....) Bezug. Ein Abstellen auf den Wohnsitz des Beklagten wäre wenig zielführend, weil es in der Bestimmung ja gerade um Beklagte geht, die nicht in einem Mitgliedstaat ihren Sitz haben.
[10] *Hess* in: *Schlosser/Hess* EU-ZPR[4] Art. 71b EuGVVO Rdn. 7.

[1] *Hess* in: *Schlosser/Hess* EU-ZPR[4] Art. 71c EuGVVO Rdn. 1.
[2] *Leistner* GRUR 2016, 218.
[3] *Hess* in: *Schlosser/Hess* EU-ZPR[4] Art. 71c EuGVVO Rdn. 2.

tät des Streitgegenstands, weshalb auch keine Pflicht zur Aussetzung des Verfahrens nach Art. 29 Abs. 1 besteht.[4]

Artikel 71d

Diese Verordnung findet Anwendung auf die Anerkennung und Vollstreckung von
a) Entscheidungen eines gemeinsamen Gerichts, die in einem Mitgliedstaat, der nicht Vertragspartei der Übereinkunft zur Errichtung des gemeinsamen Gerichts ist, anerkannt und vollstreckt werden müssen, und
b) Entscheidungen der Gerichte eines Mitgliedstaats, der nicht Vertragspartei der Übereinkunft zur Errichtung des gemeinsamen Gerichts ist, die in einem Mitgliedstaat, der Vertragspartei dieser Übereinkunft ist, anerkannt und vollstreckt werden müssen.

Wird die Anerkennung und Vollstreckung einer Entscheidung eines gemeinsamen Gerichts jedoch in einem Mitgliedstaat beantragt, der Vertragspartei der Übereinkunft zur Errichtung des gemeinsamen Gerichts ist, gelten anstelle dieser Verordnung alle die Anerkennung und Vollstreckung betreffenden Bestimmungen der Übereinkunft.

Schrifttum

Siehe die Angaben bei Art. 71a.

Art. 71d regelt in **lit. a** die Anerkennung und Vollstreckung von Urteilen der gemeinsamen Gerichte in Mitgliedstaaten, die nicht Vertragsstaaten des betreffenden Übereinkommens sind, und erklärt die Regeln der Art. 36ff. Brüssel Ia-VO für anwendbar (ErwGr. 10 der VO [EU] Nr. 542/2014). In Patentsachen werden demnach Entscheidungen des EPG in Spanien, Kroatien und Polen nach der Brüssel Ia-VO anerkannt und vollstreckt werden; sie werden also behandelt wie im Anwendungsbereich der Brüssel Ia-VO ergangene Entscheidungen aus einem anderen Mitgliedstaat.[1] 1

Lit. b enthält eine spiegelbildliche Regelung für Entscheidungen aus Mitgliedstaaten, die nicht Vertragsstaat des gemeinsamen Gerichts sind:[2] In den dem gemeinsamen Gericht übertragenen Rechtsgebieten sind in Bezug auf die Anerkennung und Vollstreckung ebenfalls die Art. 36ff. anzuwenden (ErwGr. 11 der VO [EU] Nr. 542/2014). 2

Der letzte Satz bekräftigt den – von Art. 69 abweichenden – **Vorrang der Übereinkunft** vor der Brüssel Ia-VO, wenn die Anerkennung und/oder Vollstreckung einer Entscheidung eines gemeinsamen Gerichts in einem Vertragsstaat der Übereinkunft begehrt wird.[3] 3

---

4 Z.B. *Luginbühl/Stauder* GRUR-Int. 2014, 891f.

1 *Leistner* GRUR 2016, 218.
2 Spanien, Kroatien und Polen haben das EPG-Übereinkommen nicht unterzeichnet.
3 *Leistner* GRUR 2016, 218.

Artikel 72

Diese Verordnung lässt Vereinbarungen unberührt, durch die sich die Mitgliedstaaten vor Inkrafttreten der Verordnung (EG) Nr. 44/2001 nach Artikel 59 des Brüsseler Übereinkommens von 1968 verpflichtet haben, Entscheidungen der Gerichte eines anderen Vertragsstaats des genannten Übereinkommens gegen Beklagte, die ihren Wohnsitz oder gewöhnlichen Aufenthalt im Hoheitsgebiet eines Drittstaats haben, nicht anzuerkennen, wenn die Entscheidungen in den Fällen des Artikels 4 des genannten Übereinkommens nur in einem der in Artikel 3 Absatz 2 des genannten Übereinkommens angeführten Gerichtsstände ergehen können.

Schrifttum

Garber/Neumayr Europäisches Zivilverfahrensrecht (Brüssel I/IIa u.a.), JbEuR 2013 (2013) 211; *Nadelmann* Jurisdictional improper fora in treaties on recognition of judgments: The common Market Draft, Columbia Law Review 1967, 995 ff.; *ders.* The Common Market judgments convention and The Hague Conference recommendation: What steps next? Harvard Law Review 1969, 1282; *Wannenmacher* Die Außenkompetenz der EG im Bereich des internationalen Zivilverfahrensrechts (2003).

1   Gem. Art. 5 können die innerstaatlichen Zuständigkeitsbestimmungen der Mitgliedstaaten – insbesondere die als exorbitant bezeichnet sind (s. dazu Art. 5 Rdn. 8 sowie Art. 76 Rdn. 5) – gegen Personen mit (Wohn-)Sitz in einem Mitgliedstaat nicht geltend gemacht werden. Diese Zuständigkeitsbestimmungen bleiben für Beklagte, deren (Wohn-)Sitz sich in einem Drittstaat befindet, allerdings – zumindest im Grundsatz[1] – weiterhin anwendbar. Eine auf **Grundlage dieser Zuständigkeitsbestimmung** beruhende Entscheidung ist **in allen anderen Mitgliedstaaten anzuerkennen und zu vollstrecken**, wodurch die Wirkung der exorbitanten Gerichtsstände noch weiter verstärkt wird.[2]

2   Um die Diskriminierung von Drittstaatangehörigen einzuschränken,[3] ermöglichte Art. 59 EuGVÜ den Vertragsstaaten des Übereinkommens, mit Drittstaaten völkerrechtliche Verträge abzuschließen, in denen sie sich dazu verpflichten konnten, Entscheidungen aus anderen Vertragsstaaten nicht anzuerkennen und zu vollstrecken, sofern das angerufene Gericht seine Zuständigkeit auf einen nach Art. 3 Abs. 2 EuGVÜ exorbitanten Gerichtsstand gestützt hatte. Die Brüssel Ia-VO sieht zwar – wie bereits die a.F. – keine entsprechende Befugnis der Mitgliedstaaten mehr vor,[4] bestimmt allerdings in Art. 72, dass die

---

[1]   Zu den Ausnahmen s. Art. 6 Rdn. 3 sowie *Garber/Neumayr* JbEuR 2013, 218.
[2]   *Geimer/Schütze* EuZVR Art. 72 EuGVVO Rdn. 1; Zöller/*Geimer* Art. 72 EuGVVO Rdn. 2; vgl. auch *Klauser* in: *Fasching/Konecny* ZPG V/1² Art. 72 EuGVVO Rdn. 1; Stein/Jonas/*Oberhammer* Art. 72 EuGVVO Rdn. 2.
[3]   Zu den in einigen Drittstaaten erfolgten Protesten s. *Nadelmann* Columbia Law Review 1967, 995 ff.; *ders.* Harvard Law Review 1969, 1282 ff.
[4]   Art. 72 bestimmt als Zeitpunkt, bis zu welchem der Abschluss von entsprechenden Vereinbarungen zulässig war, den des Inkrafttretens der EuGVVO a.F., d.h. den 1.3.2002 (s. auch Zöller/*Geimer* Art. 72 EuGVVO Rdn. 4). Hinsichtlich Dänemarks wird in Art. 2 Abs. 2 lit. e des zwischen der EG und Dänemark geschlossenen Abkommens über die gerichtliche Zuständigkeit und die Anerkennung und Vollstreckung von Entscheidungen in Zivil- und Handelssachen (ABl. [EG] 2005 L 299, 62) ausdrücklich angeordnet, dass anstelle des in Art. 72 genannten Zeitpunktes der Tag des Inkrafttretens des Abkommens, d.h. der 1.7.2007, gilt. Der Zeitpunkt gilt – wenngleich Art. 72 bzw. das neue Abkommen (ABl. [EU] 2013 L 79 S. 4) keine abweichende Bestimmung enthält – für Dänemark weiterhin. Für die nach dem 1.3.2002 beitretenden Staaten ist der Zeitpunkt, zu dem die EuGVVO a.F. in diesem Staat in Kraft getreten ist, maßgeblich.

unter der **Geltung des EuGVÜ geschlossenen völkerrechtlichen Verträge** weiterhin **anzuwenden** sind. Wenngleich durch die Bestimmung der **Grundsatz der Freizügigkeit der Entscheidungen eingeschränkt** wird, wird **verhindert**, dass die Mitgliedstaaten zu einer **Verletzung bestehender völkerrechtlicher Verträge** gezwungen werden.[5]

Eine solche völkerrechtliche Verpflichtung hat Deutschland im Verhältnis zu Norwegen übernommen (s. Art. 23 des deutsch-norwegischen Vertrags über die gegenseitige Anerkennung und Vollstreckung gerichtlicher Entscheidungen und anderer Schuldtiteln in Zivil- und Handelssachen vom 17.6.1977),[6] der Vertrag ist seit Inkrafttreten des LGVÜ allerdings weitestgehend gegenstandslos. Von Bedeutung sind die zwischen dem Vereinigten Königreich und Kanada[7] sowie zwischen dem Vereinigten Königreich und Australien[8] geschlossenen Vereinbarungen, die u.a. dazu führen, dass am deutschen Vermögensgerichtsstand nach § 23 ZPO ergangene Entscheidungen gegen Personen mit Wohnsitz in Kanada oder Australien im Vereinigten Königreich nicht anerkannt bzw. vollstreckt werden können.[9] 3

Um festzustellen, ob die Zuständigkeit des angerufenen Gerichts des Erststaates auf einem exorbitanten Gerichtsstand beruht, darf der Zweitstaat, der an ein entsprechendes Übereinkommen mit einem Drittstaat gebunden ist, die **internationale Zuständigkeit des Erststaates überprüfen**, sofern sich der (Wohn-)Sitz des Beklagten in dem betreffenden Drittstaat befindet, während die Nachprüfung der internationalen Zuständigkeit des Erststaates bei der Anerkennungs- und Vollstreckung in einem Mitgliedstaat ergangenen Entscheidung ansonsten grundsätzlich ausgeschlossen ist (zu den Ausnahmen s. Art. 45 Abs. 1 lit. e und die Kommentierung dort).[10] 4

Nach Art. 72 sind die gem Art. 59 geschlossenen, völkerrechtlichen Verträge zwar weiterhin anwendbar, die **Bestimmung ermächtigt** die **Mitgliedstaaten** aber **nicht, neue Vereinbarungen abzuschließen**.[11] Seit Inkrafttreten des Vertrags von Amsterdam 5

---

5   Saenger/*Dörner* Art. 72 EuGVVO Rdn. 1; *Kropholler/von Hein* Art. 72 EuGVO Rdn. 1; Stein/Jonas/*Oberhammer* Art. 72 EuGVVO Rdn. 4; vgl. auch *Gebauer* in: *Gebauer/Wiedmann* Zivilrecht² Kap. 27 Art. 72 Rdn. 291; Schlosser/Hess/HessEuZPR Art. 72 EuGVVO Rdn. 1.
6   BGBl. 1981 II 341.
7   Vgl. Art. IX Abs. 1 der Convention between Canada and the United Kingdom of Great Britain and Northern Ireland providing for the Reciprocal Recognition and Enforcement of Judgments in Civil and Commercial Matters, welche die britischen Gerichte zur Nichtanerkennung in anderen Mitgliedstaaten gegen Personen mit Wohnsitz oder gewöhnlichem Aufenthalt in Kanada ergangener Entscheidungen i.S.d. Art. 59 EuGVÜ verpflichtet. Das Abkommen ist auch auf Entscheidungen erstreckt worden, die unter dem LGVÜ ergangen sind, vgl. MünchKomm/*Gottwald* Art. 72 EuGVO Rdn. 3; abgedruckt in *Jayme* IZVR für Gesamteuropa 532. Ein Entwurf eines britisch-US-amerikanischen Abkommens sah eine entsprechende Verpflichtung gegenüber US-Bürgern vor, das Übereinkommen ist allerdings nicht in Kraft getreten (s. dazu MünchKomm/*Gottwald* Art. 72 EuGVO Rdn. 3).
8   Vgl. Art. 3 Abs. 1 der Reciprocal Enforcement of Foreign Judgments (Australia) Order 1994 (1994 No. 1901, Agreement between the Government of the United Kingdom of Great Britain and Northern Ireland and the Government of Australia on the reciprocal recognition and enforcement of judgments in civil and commercial matters), die die britischen Gerichte zur Nichtanerkennung in anderen Mitgliedstaaten gegen Personen mit Wohnsitz in Kanada ergangener Entscheidungen i.S.v. Art. 59 EuGVÜ verpflichtet; eine Erstreckung auf Entscheidungen aus Nur-LGVÜ-Staaten hat hier nicht stattgefunden, vgl. MünchKomm/*Gottwald* Art. 72 EuGVO Rdn. 3; abgedruckt in *Jayme* IZVR für Gesamteuropa 533f. Der Entwurf zu einem britisch-US-amerikanischen Anerkennungs- und Vollstreckungsabkommen hat eine entsprechende Verpflichtung vorgesehen, dieser ist allerdings nie in Kraft getreten (MünchKomm/*Gottwald* Art. 72 EuGVO Rdn. 3).
9   Zu den von Österreich geschlossenen Übereinkünften s. *Slonina* in: *Burgstaller/Neumayr/u.a.*, IZVR Art. 72 EuGVVO Rdn. 5.
10   Stein/Jonas/*Oberhammer* Art. 72 EuGVVO Rdn. 4.
11   KOM(1999) 348 endg. 28; Schlosser/Hess/*Hess* EuZPR Art. 72 EuGVVO Rdn. 2; Rauscher/*Mankowski* Art. 72 Brüssel Ia-VO Rdn. 2; Wallner-Friedl in: *Czernich/Kodek/Mayr* Brüssel Ia-VO⁴ Art. 72 Rdn. 3.

ist nur die Europäische Gemeinschaft befugt, solche Verträge abzuschließen.[12] Zwar haben Rat und Kommission erklärt, dass sie „besonderes Augenmerk auf die Möglichkeit der Aufnahme von Verhandlungen richten (werden), die darauf abzielen, internationale Übereinkommen zu schließen, die es gestatten, in Bezug auf Personen, die ihren Wohnsitz in Drittstaaten haben, die Folgen des Kapitels III der VO bei Entscheidungen, die auf Grund bestimmter Zuständigkeitskriterien ergehen, abzumildern,"[13] allerdings bestehen – soweit ersichtlich – derartige Übereinkommen auf Unionsebene bisher nicht.

Artikel 73

(1) Diese Verordnung lässt die Anwendung des Übereinkommens von Lugano von 2007 unberührt.

(2) Diese Verordnung lässt die Anwendung des Übereinkommens von New York von 1958 unberührt.

(3) Diese Verordnung lässt die Anwendung der bilateralen Übereinkünfte und Vereinbarungen zwischen einem Drittstaat und einem Mitgliedstaat unberührt, die vor dem Inkrafttreten der Verordnung (EG) Nr. 44/2001 geschlossen wurden und in dieser Verordnung geregelte Angelegenheiten betreffen.

Schrifttum

Zu Abs. 1: *Wagner/Janzen* Das Luganer Übereinkommen vom 30.10.2007, IPRax 2007, 298.

Zu Abs. 2: *Carducci* Arbitration, Anti-suit Injunctions and Lis Pendens under the European Jurisdiction Regulation and the New York Convention, Arbitration International 2011, 171; *Domej* Alles klar? – Bemerkungen zum Verhältnis zwischen staatlichen Gerichten und Schiedsgerichten unter der neu gefassten EuGVVO, FS Gottwald (2014) 97; *dies.* EuGVVO-Reform: Die angekündigte Revolution, ecolex 2011, 124; *dies.* Die Neufassung der EuGVVO: Quantensprünge im europäischen Zivilprozessrecht, RabelsZ 78 (2014) 508; *Garber/Neumayr* Europäisches Zivilverfahrensrecht (Brüssel I/IIa u.a.), JbEuR 2013 (2013) 211;*Gómez Jene* Internationale Schiedsgerichtsbarkeit und Binnenmarkt, IPRax 2005, 84; *Hau* Positive Kompetenzkonflikte im Internationalen Zivilprozessrecht (1996); *Hauberg Wilhelmsen* The Recast Brussels Regulation and Arbitration: Revisited or Revised? Arb Int 2014, 169; *Hess* Die Reform der Verordnung Brüssel I und die Schiedsgerichtsbarkeit, FS von Hoffmann (2011) 648; *ders.* Schiedsgerichtsbarkeit und europäisches Zivilprozessrecht, JZ 2014, 538; *Illmer* Anti-suit injunctions zur Durchsetzung von Schiedsvereinbarungen in Europa – der letzte Vorhang ist gefallen, IPRax 2009, 312; *ders.* Schieflage unter der Brüssel I-VO – die Folgen von West Tankers vor dem englischen Court of Appeal, IHR 2011, 108; *ders.* Brussels I and Arbitration Revisited. The European Commission's Proposal COM(2010) 748 final, RabelsZ 75 (2011), 645; *Koller* Schiedsgerichtsbarkeit und EuGVVO – Reformansätze im Kreuzfeuer der Kritik, Jb ZVR 2010 (2010) 177; *Lenaerts/Stapper* Die Entwicklungen der Brüssel I-Verordnung im Dialog des Europäischen Gerichtshofs mit dem Gesetzgeber, RabelsZ 78 (2014) 252; *Mankowski* Die Schiedsausnahme des Art. 1 Abs. 2 lit. d Brüssel Ia-VO, IHR 2015, 189; *Schlosser* „Brüssel I" und Schiedsgerichtsbarkeit, SchiedsVZ 2009, 129; *Steindl* Die EuGVVO 2012 und die Schiedsgerichtsbarkeit – Bestandsaufnahme und Ausblick, FS Torggler (2013) 1181.

Zu Abs. 3: *Grolimund* Drittstaatenproblematik des europäischen Zivilverfahrensrechts, Jb ZVR 2010 (2010) 79; *Wannenmacher* Die Außenkompetenz der EG im Bereich des internationalen Zivilverfahrensrechts (2003).

---

12 Siehe auch *Klauser* in: *Fasching/Konecny* ZPG V/1² Art. 72 EuGVVO Rdn. 6; Rauscher/*Mankowski* Art. 72 Brüssel Ia-VO Rdn. 2; dazu ausführlich *Wannenmacher* Außenkompetenz *passim*.
13 Gemeinsame Erklärung des Rates und der Kommission, ABl. EG 2001 L 12/1; Nr. I.1., abgedruckt in IPRax 2001, 259 ff. sowie bei *Borrás/Spegele* in: *Simons/Hausmann* Brüssel I-Verordnung Art. 71 Rdn. 22.

Übersicht

I. Allgemeines —— 1	ausländischer Schiedssprüche von 1958 —— 4
II. Verhältnis zum LGVÜ —— 2	IV. Verhältnis zu mit Drittstaaten geschlossenen bilateralen Übereinkommen —— 6
III. Verhältnis zum New Yorker Übereinkommen über die Anerkennung und Vollstreckung	

I. Allgemeines

Um bestehende internationale Verpflichtungen der Mitgliedstaaten nicht zu konterkarieren,[1] wird in Art. 73 normiert, dass auch die Neufassung der Brüssel Ia-VO die Anwendung **1**
(1) des **LGVÜ 2007**,
(2) des **New Yorker Übereinkommens über die Anerkennung und Vollstreckung ausländischer Schiedssprüche von 1958**, das von allen Mitgliedstaaten ratifiziert wurde, und
(3) von **bilateralen Staatsverträgen zwischen Mitgliedstaaten und Drittstaaten**, die vor Inkrafttreten der Brüssel I-VO am 1.3.2002 abgeschlossen worden sind und Materien betreffen, die vom Anwendungsbereich der Brüssel Ia-VO erfasst sind, unberührt lässt.

II. Verhältnis zum LGVÜ

Da durch die Neufassung der Brüssel Ia-VO die Bestimmungen der Verordnungen vom LGVÜ inhaltlich (erneut) abweichen – insbesondere durch die Schaffung der Möglichkeit der unmittelbaren Vollstreckung ausländischer Entscheidungen im Anwendungsbereich der Brüssel Ia-VO –, ist die Abgrenzung beider Rechtsakte von großer praktischer Relevanz. **2**

Das Verhältnis zwischen LGVÜ und Brüssel Ia-VO wird in **Art. 64 LGVÜ** geregelt, **3** der Verweis auf die Brüssel I-VO gilt nach Art. 80 Satz 2 als Verweis auf die revidierte Fassung der Verordnung. Nach Art. 64 Abs. 2 LGVÜ ist das Übereinkommen anzuwenden:
– in Fragen der gerichtlichen Zuständigkeit, wenn der Beklagte seinen Wohnsitz im Hoheitsgebiet eines Staates hat, in dem das LGVÜ, aber nicht die Brüssel Ia-VO bzw. das EuGVÜ gilt, oder wenn die Gerichte eines solchen Staates nach Art. 22 oder 23 LGVÜ zuständig sind,
– bei Rechtshängigkeit oder im Zusammenhang stehenden Verfahren im Sinne der Art. 27 und 28, wenn Verfahren in einem Staat anhängig gemacht werden, in dem das LGVÜ, nicht aber die Brüssel Ia-VO bzw. das EuGVÜ gilt, und in einem Staat in dem sowohl das LGVÜ als auch die Brüssel Ia-VO bzw. das EuGVÜ gilt,
– in Fragen der Anerkennung und Vollstreckung, wenn entweder der Ursprungsstaat oder der ersuchte Staat nicht die Brüssel Ia-VO bzw. das LGVÜ anwendet.

III. Verhältnis zum New Yorker Übereinkommen über die Anerkennung und Vollstreckung ausländischer Schiedssprüche von 1958

Entgegen dem Vorschlag im Heidelberg-Report[2] ist die Schiedsgerichtsbarkeit nicht **4** vom sachlichen Anwendungsbereich der Brüssel Ia-VO erfasst. Auch das Vorhaben der

---

[1] Saenger/*Dörner* Art. 73 EuGVVO Rdn. 1.
[2] Rdn. 130 ff.; s. dazu auch Garber/Neumayr JbEuR 2014, 217; *Koller* Jb ZVR 2010, 184 ff.; *Mankowski* IHR 2015, 189 ff.; *Lenaerts/Stapper* RabelsZ 78 (2014) 283 ff.

Europäischen Kommission, die Schiedsgerichtsbarkeit besser mit der staatlichen Gerichtsbarkeit zu verzahnen,[3] wird in der revidierten Fassung der Brüssel I-VO nicht umgesetzt.[4] Da bereits aus Art. 1 Abs. 2 lit. d folgt, dass die **Schiedsgerichtsbarkeit vom sachlichen Anwendungsbereich der Verordnung ausgenommen** ist, hat Art. 73 Abs. 2, wonach die Brüssel Ia-VO die Anwendung des New Yorker Übereinkommens über die Anerkennung und Vollstreckung ausländischer Schiedssprüche von 1958 unberührt lässt, keinen eigenständigen Regelungsgehalt (vgl. auch ErwGr. 12).[5] Dies entspricht – wenngleich die Brüssel I-VO keine Art. 73 Abs. 2 entsprechende Regelung enthält – der bisherigen Auffassung in Lehre und Rechtsprechung. Der Vorrang des New Yorker Übereinkommens wurde allerdings unterschiedlich begründet, etwa weil dieses als lex specialis angesehen wurde, weil der Ausschlussgrund des Art. 1 Abs. 2 lit. d Brüssel I-VO ohnehin eine Kollision verhindert oder weil auf Art. 71 Brüssel I-VO hätte zurückgegriffen werden können.[6]

5 Die Bestimmung normiert zwar lediglich einen Vorbehalt zugunsten des New Yorker Übereinkommens, die Aufzählung ist allerdings nicht abschließend; vielmehr verdrängen auch alle anderen Übereinkommen, die die Schiedsgerichtsbarkeit betreffen, – wie etwa das Europäische Übereinkommen vom 21.4.1961 über die Handelsschiedsgerichtsbarkeit[7] – die Bestimmungen der Brüssel Ia-VO.[8]

IV. Verhältnis zu mit Drittstaaten geschlossenen bilateralen Übereinkommen

6 Um bestehende internationale Verpflichtungen der Mitgliedstaaten nicht zu konterkarieren,[9] wird in Art. 73 normiert, dass die Neufassung der EuGVVO die Anwendung von bilateralen Staatsverträgen zwischen Mitgliedstaaten und Drittstaaten, die vor Inkrafttreten der Brüssel I-VO am 1.3.2002[10] abgeschlossen worden sind und Materien betreffen, die vom Anwendungsbereich der EuGVVO erfasst sind, unberührt lässt, was nur im Sinne eines Vorrangs (i.S.v. Art. 71) (vgl. auch ErwGr. 36) verstanden werden kann. Dies gilt freilich wiederum nur für solche Staatsverträge, die vor dem Inkrafttreten der EuGVVO abgeschlossen worden waren, also zu einem Zeitpunkt, zu dem noch die Mitgliedstaaten und nicht die Gemeinschaft die Kompetenz für den Abschluss bilateraler Staatsverträge über die internationale Zuständigkeit sowie die Anerkennung und Vollstreckung zivilrechtlicher Entscheidungen hatten.[11] Nach zutreffender Auffassung[12] sollten die vom EuGH in der Rs *„TNT Express Nederland"*[13] zum Vorbehalt nach Art. 71 entwickelten Einschränkungen auch im Rahmen des Art. 73 Abs. 3 gelten (s. dazu Art. 71 Rdn. 15ff.).

---

3 KOM(2010) 748 endg. 4, 10.
4 Siehe dazu EuGH 13.5.2015, Rs C-536/13, *Gazprom/Litauen* ECLI:EU:C:2015:316.
5 *Schlosser/Hess/Hess* EuZPR Art. 73 EuGVVO Rdn. 7; Rauscher/*Mankowski* Art. 73 Brüssel Ia-VO Rdn. 6ff. sowie Rdn. 12; *Slonina* in: Burgstaller/Neumayr/u.a., IZVR Art. 73 EuGVVO Rdn. 11.
6 Zum Meinungsstand s. *Slonina* in: Burgstaller/Neumayr/u.a., IZVR Art. 73 EuGVVO Rdn. 14.
7 BGBl. II 1964, S. 426.
8 Rauscher/*Mankowski* Art. 73 Brüssel Ia-VO Rdn. 12.
9 Vgl. auch ErwGr 36; so auch Saenger/*Dörner* Art. 73 EuGVVO Rdn. 1.
10 Für Dänemark gilt der Tag, an dem das zwischen der EG und Dänemark geschlossene Abkommen über die gerichtliche Zuständigkeit und die Anerkennung und Vollstreckung von Entscheidungen in Zivil- und Handelssachen in Kraft getreten ist, d.h. der 1.7.2007. Für die nach dem 1.3.2002 beitretenden Staaten ist der Zeitpunkt, zu dem die EuGVVO a.F. in diesem Staat in Kraft getreten ist, maßgeblich.
11 Siehe auch *Klauser* in: Fasching/Konecny ZPG V/1² Art. 72 EuGVVO Rdn. 6; Rauscher/*Mankowski* Art. 72 Brüssel Ia-VO Rdn. 2; dazu ausführlich *Wannenmacher* Außenkompetenz *passim*.
12 *Slonina* in: Burgstaller/Neumayr/u.a., IZVR Art. 73 EuGVVO Rdn. 18.
13 EuGH 4.5.2010 Rs C-533/08, *TNT Express Nederland* ECLI:EU:C:2010:243.

KAPITEL VIII
Schlussvorschriften

Artikel 74

Die Mitgliedstaaten übermitteln im Rahmen des Europäischen Justiziellen Netzes für Zivil- und Handelssachen eine Beschreibung der einzelstaatlichen Vollstreckungsvorschriften und -verfahren, einschließlich Angaben über die Vollstreckungsbehörden, sowie Informationen über alle Vollstreckungsbeschränkungen, insbesondere über Schuldnerschutzvorschriften und Verjährungsfristen, im Hinblick auf die Bereitstellung dieser Informationen für die Öffentlichkeit.
Die Mitgliedstaaten halten diese Informationen stets auf dem neuesten Stand.

Schrifttum

Fornasier Auf dem Weg zu einem europäischem Justizraum – Der Beitrag des Europäischen Justiziellen Netzes für Zivil- und Handelssachen, ZEuP 2010, 477; *Göth-Flemmich* Das Europäische Justizielle Netz für Zivil- und Handelssachen, RZ 2002, 273; *Melin* Das Europäische Justizielle Netz für Zivil- und Handelssachen: Ein EU-Instrument zur Verbesserung der justiziellen Zusammenarbeit auf dem Prüfstand, DRiZ 2010, 22; *Saupe* Europäisches Justizielles Netz, öAnwBl 2010, 357.

Art. 74 verpflichtet die Mitgliedstaaten, **bestimmte Detailinformationen über ihr innerstaatliches Vollstreckungsrecht** – wie etwa die Angaben der zuständigen Vollstreckungsbehörden – zu übermitteln. Die Aufzählung der in Art. 74 erfolgten Angaben – Nennung der zuständigen Vollstreckungsbehörden sowie Informationen über alle Vollstreckungsbeschränkungen, insbesondere über Schuldnerschutzvorschriften und Verjährungsfristen – ist nicht abschließend, sondern stellt lediglich ein Mindestmaß der mitzuteilenden Informationen dar. Darüber hinaus können die Mitgliedstaaten weitere Angaben zum innerstaatlichen Vollstreckungsrecht übermitteln. Übermittelt ein Mitgliedstaat keine Informationen, hat dies – bedauerlicherweise – keine Sanktionen zur Folge. 1

Die Informationen werden **über** das **Europäische Justizielle Netz für Zivil- und Handelssachen veröffentlicht**.[1] Dadurch wird eine Unterrichtung der Öffentlichkeit gewährleistet,[2] wodurch die Rechtsverfolgung erheblich erleichtert wird.[3] Die Parteien können sich nämlich über bestimmte innerstaatliche Fragen informieren, ohne dass eine u.U. zeit- und kostenaufwändige Untersuchung der innerstaatlichen Rechtsordnungen erforderlich ist. Die Veröffentlichung führt auch zu einer Transparenz der Vollstreckungsverfahren aller Mitgliedstaaten.[4] 2

Die Mitgliedstaaten haben ihre Angaben bei Bedarf zu **aktualisieren**. Nur dadurch kann gewährleistet werden, dass das Ziel des Europäischen Justiziellen Netzes für Zivil- und Handelssachen – die rasche Information der Gläubiger – erreicht wird. 3

---

[1] Abrufbar unter http://ec.europa.eu/civiljustice/enforce_judgement/enforce_judgement_gen_de.htm (1.3.2018).
[2] Saenger/*Dörner* Art. 74 EuGVVO Rdn. 1.
[3] *Mayr* in: Czernich/Kodek/Mayr Brüssel Ia-VO⁴ Art. 74 Rdn. 1; *Slonina* in: Burgstaller/Neumayr/u.a., IZVR Art. 74 EuGVVO Rdn. 1.
[4] *Slonina* in: Burgstaller/Neumayr/u.a. IZVR Art. 74 EuGVVO Rdn. 1.

Artikel 75

Die Mitgliedstaaten teilen der Kommission bis zum 10. Januar 2014 mit,
a) an welches Gericht der Antrag auf Versagung der Vollstreckung gemäß Artikel 47 Absatz 1 zu richten ist;
b) bei welchen Gerichten der Rechtsbehelf gegen die Entscheidung über den Antrag auf Versagung der Vollstreckung gemäß Artikel 49 Absatz 2 einzulegen ist;
c) bei welchen Gerichten ein weiterer Rechtsbehelf gemäß Artikel 50 einzulegen ist und
d) welche Sprachen für die Übersetzung der Formblätter nach Artikel 57 Absatz 2 zugelassen sind.

Die Angaben werden von der Kommission in geeigneter Weise, insbesondere über das Europäische Justizielle Netz für Zivil- und Handelssachen, der Öffentlichkeit zur Verfügung gestellt.

1 Die Mitgliedstaaten haben der Kommission Angaben, welche die innerstaatliche Regelung bestimmter Fragen der Anerkennung und Vollstreckung ausländischer Entscheidungen betreffen, mitzuteilen. Im Unterschied zur Brüssel I-VO werden die Angaben nicht in Anhängen zur Verordnung veröffentlicht, sondern diese sind der Öffentlichkeit über das Europäische Justizielle Netz für Zivil- und Handelssachen[1] zur Verfügung zu stellen. Dadurch soll sichergestellt werden, dass sich die Parteien über bestimmte innerstaatliche Fragen, deren Regelung die Verordnung dem innerstaatlichen Recht überlässt, informieren können, ohne dass eine u.U. zeit- und kostenaufwändige Untersuchung der innerstaatlichen Rechtsordnungen erforderlich ist. Durch die Veröffentlichung aller Angaben der Mitgliedstaaten auf einer Webseite wird die Rechtsverfolgung erheblich erleichtert. Die Aufzählung der relevanten Informationen ist allerdings nicht vollständig, um die Vollstreckung für den Gläubiger zu erleichtern, wäre es etwa sinnvoll gewesen, auch die zuständigen Vollstreckungsbehörden der Mitgliedstaaten (vgl. Art. 42) zu nennen. Zwar verpflichtet Art. 74 die Mitgliedstaaten, bestimmte Detailinformationen über ihr innerstaatliches Vollstreckungsrecht – wie etwa die Angaben der zuständigen Vollstreckungsbehörden – zu übermitteln, allerdings führt ein Verstoß gegen diese Verpflichtung zu keiner Sanktion (s. dazu auch Art. 74 Rdn. 1).

2 Art. 75 sieht – im Gegensatz zu Art. 76, der bestimmte Notifizierungspflichten normiert – allerdings nicht vor, dass die Angaben zwingend auch im Amtsblatt zu veröffentlichen sind. Dies ist bedauerlich, weil ein Abdruck der Angaben im Amtsblatt zu einer Erhöhung der Rechtssicherheit geführt hätte.

3 Die im Europäischen Justiziellen Netz für Zivil- und Handelssachen veröffentlichten Angaben der Mitgliedstaaten lauten (Stand 29.7.2016):[2]

	lit a	lit b	lit c	lit d
Belgien	Tribunal de première instance (Gericht erster Instanz)	Cour d'appel (Appellationshof)	Cour de Cassation (Kassationshof)	–

---

[1] Abrufbar unter https://e-justice.europa.eu/content_recast-350-de.do (1.3.2018).
[2] Abrufbar unter https://e-justice.europa.eu/content_recast-350-de.do (1.3.2018).

	lit a	lit b	lit c	lit d
Bulgarien	Окръжния съд" (Okrashnija sad = Provinzgericht)	Софийски апелативен съд" (Sofiiski apelatiwen sad = Berufungsgericht von Sofia) im Wege des Gerichts erster Instanz	Върховния касационен съд" (Warchownija kasazionen sad = Oberstes Kassationsgericht)	–
Dänemark	Byretten (Stadtgericht)	Landsretten (Landgericht)	Højesteret (Oberster Gerichtshof)	Dänisch, Finnisch, Isländisch, Norwegisch, Schwedisch
Deutschland	Landgericht	Oberlandesgericht	Bundesgerichtshof	–
Estland	Maakohus (Landgericht)	Ringkonnakohus (Bezirksgericht), im Wege des Gerichts erster Instanz	Riigikohuś (Oberster Gerichtshof)	Estnisch, Englisch
Finnland	Käräjäoikeus/ Tingsrätt (Amtsgericht)	Hovioikeus/Hovrätt (Rechtsmittelgericht)	Korkein oikeus/ Högsta domstolen (Oberster Gerichtshof)	Finnisch, Englisch
Frankreich	Juge de l'exécution (Vollstreckungsrichter) oder Tribunal d'instance (Amtsgericht) oder Tribunal de Grande Instance (Landgericht)	Cour d'appel (Appellationsgerichtshof)	Cour de cassation (Kassationshof)	–
Griechenland	Μονομελές Πρωτοδικείο (Monomeles Protodikeio = Gericht erster Instanz)	Εφετείο (Epheteio = Berufungsgericht)	Άρειος Πάγος (Areios Pagos = Oberster Gerichtshof)	–
Irland	High Court	Court of Appeal	– (ausnahmsweise Supreme Court)	–
Italien	Tribunale ordinario (Gericht)	Corte d'appello (Appellationsgericht)	Corte di Cassazione (Kassationshof)	–
Kroatien	Općinski sud (Amtsgericht) in Zivilsachen und Trgovački sud (Handelsgericht) in Handelssachen	Županijski sud (Gespannschaftsgericht) im Wege des erstinstanzlichen Gerichts	–	–

Art. 75 Brüssel Ia-VO — Kapitel VIII. Schlussvorschriften

	lit a	lit b	lit c	lit d
Lettland	Rajona (pilsētas) tiesa (Bezirks- bzw Stadtgericht)	Apgabaltiesā (Regionalgericht) im Wege des erstinstanzlichen Gerichts	–	–
Litauen	Lietuvos apeliacinis teismas (Berufungsgericht)	Lietuvos apeliacinis teismas (Berufungsgericht)	Lietuvos Aukščiausiasis Teismas (Oberster Gerichtshof)	–
Luxemburg	Tribunal d'arrondissement (Bezirksgericht)	Cour d'appel (Appellationsgerichtshof)	Cour de cassation (Kassationsgerichtshof)	Luxemburgisch, Französisch, Deutsch
Malta	First Hall of the Civil Court	Court of civil appeal	Court of civil appeal	Maltesisch, Englisch
Niederlande	Rechtbank (Bezirksgericht)	Gerechtshof (Berufungsgericht)	Hoge Raad der Nederlanden (Oberster Gerichtshof)	–
Österreich	Bezirksgericht	Landesgericht im Wege des Bezirkgerichts	Oberster Gerichtshof im Wege des Bezirksgerichts	–
Polen	Sąd okręgowy (Bezirksgericht)	Sąd apelacyjný (Appellationsgericht) im Wege des Sąd okręgowy	Sąd Najwyższy (Oberstes Gericht) im Wege des Sąd apelacyjný	–
Portugal	Tribunal de comarca (Amtsgericht)	Tribunal da relação (Rechtsmittelgericht)	Supremo Tribunal de Justiça (Oberstes Gericht)	–
Rumänien	Tribunalul (Landgericht)	Curtea de apel (Berufungsgericht)	Înalta Curte de Casație și Justiție (Oberster Gerichts- und Kassationshof)	–
Schweden	Tingsrätt (Amtsgericht)	Hovrätt (Rechtsmittelgericht)	Högsta domstolen (Oberster Gerichtshof)	Schwedisch, Dänisch, Englisch
Slowakei	Okresný súd (Bezirksgericht)	Krajský súd (Regionalgericht), im Wege des Okresný súd	Najvyšší súd Slovenskej republiky (Oberstes Gericht), im Wege des Okresný súd	Slowakisch, Tschechisch
Slowenien	Okrožno sodišče (Bezirksgericht)	Okrožno sodišče (Bezirksgericht)	Vrhovno sodišče Republike Slovenije (Oberster Gerichtshof)	Slowenisch (und Minderheitensprachen)

	lit a	lit b	lit c	lit d
Spanien	Juzgado de Primera Instancia (Gericht erster Instanz)	Audiencia provincial (Provinzgericht)	Tribunal Supremo (Oberster Gerichtshof)	–
Tschechien	Okresní soud (Bezirksgericht)	Krajský soud (Regionalgericht), im Wege des Okresní soud	Nejvyšší soud (Oberster Gerichtshof)	Tschechisch, Slowakisch
Ungarn	a törvényszék székhelyén működő járásbíróság (Bezirksgericht am Sitz des Gerichtshofs); im Sprengel Pest Budakörnyéki Járásbíróság, in Budapest Budai Központi Kerületi Bíróság	Törvényszék (Gerichtshof)	Kúria (im Wege des erstinstanzlichen Gerichts)	–
Vereinigtes Königreich England und Wales	High Court of Justice (Enforcement Section, Queen's Bench Division)	High Court of Justice (Enforcement Section, Queen's Bench Division)	Court of Appeal (Civil Division) oder Supreme Court	–
Nordirland	High Court of Justice	High Court of Justice	Court of Appeal oder Supreme Court	–
Schottland	Court of Session	Court of Session	UK Supreme Court	–
Gibraltar	Supreme Court of Gibraltar	Court of Appeal for Gibraltar	kein Rechtsmittel zulässig	–
Zypern	Επαρχιακό Δικαστήριο (Eparchiako Dikastärio = Bezirksgericht)	Ανώτατο Δικαστήριο Κύπρου (Anotato Dikastärio Kypru = Oberster Gerichtshof)	–	Griechisch und Englisch

Artikel 76

(1) Die Mitgliedstaaten notifizieren der Kommission
a) die Zuständigkeitsvorschriften nach Artikel 5 Absatz 2 und Artikel 6 Absatz 2,
b) die Regeln für die Streitverkündung nach Artikel 65 und
c) die Übereinkünfte nach Artikel 69.
(2) Die Kommission legt anhand der in Absatz 1 genannten Notifizierungen der Mitgliedstaaten die jeweiligen Listen fest.

(3) Die Mitgliedstaaten notifizieren der Kommission alle späteren Änderungen, die an diesen Listen vorgenommen werden müssen. Die Kommission passt diese Listen entsprechend an.

(4) Die Kommission veröffentlicht die Listen und alle späteren Änderungen dieser Listen im *Amtsblatt der Europäischen Union*.

(5) Die Kommission stellt der Öffentlichkeit alle nach den Absätzen 1 und 3 notifizierten Informationen auf andere geeignete Weise, insbesondere über das Europäische Justizielle Netz, zur Verfügung.

1 Die Mitgliedstaaten haben der Kommission bestimmte, für die praktische Anwendbarkeit der Verordnung erforderliche Angaben zu notifizieren. Dazu zählen bestimmte innerstaatliche Vorschriften und Regelungen wie die Zuständigkeitsbestimmungen des Art. 5 Abs. 2 und des Art. 6 Abs. 2, die Regeln für die Streitverkündigung nach Art. 65 sowie die zwischen den Mitgliedstaaten geltenden und den Anwendungsbereich der Brüssel Ia-VO betreffenden Übereinkünfte.

2 Anhand der erfolgten Notifizierungen hat die Kommission Listen zu erstellen und diese – sofern später Änderungen notifiziert werden – zu aktualisieren.

3 Die Angaben sind der Öffentlichkeit über das Europäische Justizielle Netz für Zivil- und Handelssachen[1] zur Verfügung zu stellen. Die von den Mitgliedstaaten notifizierten Informationen sind – im Unterschied zu den Angaben nach Art. 75 – auch im Amtsblatt zu veröffentlichen.

4 Die Angaben nach Art. 76 wurden im ABl. (EU) 2015 C 4 S. 2 veröffentlicht und wurden im ABl. (EU) 2015 C 390 S. 10 aktualisiert.

5 Die Angaben in ihrer aktuellen Fassung lauten:

Liste 1:

Innerstaatliche Zuständigkeitsvorschriften im Sinne von Artikel 5 Absatz 2 und Artikel 6 Absatz 2:
- in Belgien: entfällt;
- in Bulgarien: Artikel 4 Absatz 1 Nummer 2 des Gesetzbuches über Internationales Privatrecht;
- in Dänemark: Artikel 246 Absätze 2 und 3 des Rechtspflegegesetzes;
- in Deutschland: § 23 der Zivilprozessordnung;
- in Estland: Artikel 86 (Zuständigkeit an dem Ort, an dem sich das Eigentum befindet) der Zivilprozessordnung, soweit die Klage nicht an das Eigentum der Person geknüpft ist; Artikel 100 (Antrag auf Beendigung der Anwendung von Standardbedingungen) der Zivilprozessordnung, soweit die Klage bei dem Gericht einzureichen ist, in dessen örtlicher Zuständigkeit die Standardklausel angewandt wurde;
- in Finnland: Kapitel 10 § 18 Absatz 1 Unterabsätze 1 und 2 der Prozessordnung;
- in Frankreich: Artikel 14 und 15 des Zivilgesetzbuches;
- in Griechenland: Artikel 40 der Zivilprozessordnung;
- in Irland: Vorschriften, nach denen die Zuständigkeit durch Zustellung eines verfahrenseinleitenden Schriftstücks an den Beklagten während dessen vorübergehender Anwesenheit in Irland begründet wird;
- in Italien: Artikel 3 und 4 des Gesetzes Nr. 218 vom 31. Mai 1995;

---

[1] Abrufbar unter https://e-justice.europa.eu/content_brussels_i_regulation_recast-350-de.do (1.3.2018).

- in Kroatien: Artikel 54 des Gesetzes über die Lösung von Kollisionen mit Vorschriften anderer Länder in bestimmten Beziehungen;
- in Lettland: Artikel 27 Absatz 2, Artikel 28 Absätze 3, 5, 6 und 9 des Zivilprozessgesetzes;
- in Litauen: Artikel 783 Absatz 3, Artikel 787, Artikel 789 Absatz 3 der Zivilprozessordnung;
- in Luxemburg: Artikel 14 und 15 des Zivilgesetzbuches;
- in Malta: Artikel 742, 743 und 744 der Gerichtsverfassungs- und Zivilprozessordnung (Kapitel 12 der maltesischen Gesetze) und Artikel 549 des Handelsgesetzbuchs (Kapitel 13 der maltesischen Gesetze);
- in den Niederlanden: entfällt;
- in Österreich: § 99 der Jurisdiktionsnorm;
- in Polen: Artikel 1103 Absatz 4 der Zivilprozessordnung und Artikel 1110 der Zivilprozessordnung, sofern diese die Zuständigkeit ausschließlich aufgrund eines der folgenden Kriterien bestimmen: Der Kläger besitzt die polnische Staatsbürgerschaft, hat seinen Wohnsitz, gewöhnlichen Aufenthalt oder Sitz in Polen;
- in Portugal: Artikel 63 Absatz 1 der Zivilprozessordnung, soweit er die extraterritoriale gerichtliche Zuständigkeit vorsieht, z.B. die Zuständigkeit des Gerichts am Sitz der Zweigniederlassung, der Agentur, des Amtes, der Delegation oder der Vertretung (sofern diese sich in Portugal befindet), wenn der Antrag der Hauptverwaltung zugestellt werden soll (sofern diese sich im Ausland befindet), und Artikel 10 der Arbeitsprozessordnung, soweit er die extraterritoriale gerichtliche Zuständigkeit vorsieht, beispielsweise die Zuständigkeit des Gerichts am Wohnsitz des Antragstellers in einem Verfahren, das ein Arbeitnehmer wegen eines Arbeitsvertrags gegen einen Arbeitgeber angestrengt hat;
- in Rumänien: Artikel 1065–1081 unter Titel I „Internationale Zuständigkeit der rumänischen Gerichte" in Buch VII „Internationales Zivilverfahren" des Gesetzes Nr. 134/2010 über die Zivilprozessordnung;
- in Schweden: Kapitel 10 § 3 Satz 1 der Prozessordnung;
- in der Slowakei: § 37 bis § 37e des Gesetzes Nr. 97/1963 über Internationales Privatrecht und die entsprechenden Verfahrensvorschriften;
- in Slowenien: Artikel 58 des Gesetzes über Internationales Privat- und Zivilprozessrecht;
- in Spanien: entfällt;
- in der Tschechischen Republik: Gesetz Nr. 91/2012 über Internationales Privatrecht, insbesondere Artikel 6;
- in Ungarn: Artikel 57 Buchstabe a der Gesetzesverordnung Nr. 13 von 1979 über Internationales Privatrecht;
- im Vereinigten Königreich:
  a) die Zustellung eines verfahrenseinleitenden Schriftstücks an den Beklagten während dessen vorübergehender Anwesenheit im Vereinigten Königreich;
  b) das Vorhandensein von Vermögenswerten des Beklagten im Vereinigten Königreich;
  c) die Beschlagnahme von Vermögenswerten im Vereinigten Königreich durch den Kläger;
- in Zypern: Artikel 21 des Gerichtsgesetzes (Gesetz Nr. 14/60).

Dieselben Grundsätze gelten für Gibraltar.

Liste 2:

Vorschriften über die Streitverkündung im Sinne von Artikel 65:
- in Belgien: entfällt;
- in Bulgarien: entfällt;
- in Dänemark: entfällt;
- in Deutschland: § 68 und §§ 72 bis 74 der Zivilprozessordnung;
- in Estland: § 212 bis § 216 der Zivilprozessordnung;
- in Finnland: entfällt;
- in Frankreich: entfällt;
- in Griechenland: entfällt;
- in Irland: entfällt;
- in Italien: entfällt;
- in Kroatien: Artikel 211 des Zivilprozessgesetzes,
- in Lettland: Artikel 78, 79, 80, 81 und 75 des Zivilprozessgesetzes;
- in Litauen: Artikel 46 und 47 der Zivilprozessordnung;
- in Luxemburg: entfällt;
- in Malta: entfällt;
- in den Niederlanden: entfällt;
- in Österreich: § 21 der Zivilprozessordnung;
- in Polen: Artikel 84 und 85 der Zivilprozessordnung, die die Streitverkündung betreffen;
- in Portugal: entfällt;
- in Rumänien: entfällt;
- in Schweden: entfällt;
- in der Slowakei: entfällt;
- in Slowenien: Artikel 204 des Zivilprozessgesetzes, der die Streitverkündung regelt;
- in Spanien: entfällt;
- in der Tschechischen Republik: entfällt;
- in Ungarn: §§ 58 bis 60 Buchstabe a des Gesetzes III von 1952 über die Zivilprozessordnung, die die Streitverkündung betreffen;
- im Vereinigten Königreich: entfällt;
- in Zypern: entfällt.

Liste 3:

Übereinkünfte im Sinne von Artikel 69:
- in Belgien:
  - das am 8. Juli 1899 in Paris unterzeichnete belgisch-französische Abkommen über die gerichtliche Zuständigkeit, die Anerkennung und die Vollstreckung von gerichtlichen Entscheidungen, Schiedssprüchen und öffentlichen Urkunden;
  - das am 28. März 1925 in Brüssel unterzeichnete belgisch-niederländische Abkommen über die Zuständigkeit der Gerichte, den Konkurs sowie die Anerkennung und die Vollstreckung von gerichtlichen Entscheidungen, Schiedssprüchen und öffentlichen Urkunden;
  - das am 2. Mai 1934 in Brüssel unterzeichnete britisch-belgische Abkommen zur gegenseitigen Vollstreckung gerichtlicher Entscheidungen in Zivil- und Handelssachen mit Protokoll;

- das am 30. Juni 1958 in Bonn unterzeichnete deutsch-belgische Abkommen über die gegenseitige Anerkennung und Vollstreckung von gerichtlichen Entscheidungen, Schiedssprüchen und öffentlichen Urkunden in Zivil- und Handelssachen;
- das am 16. Juni 1959 in Wien unterzeichnete belgisch-österreichische Abkommen über die gegenseitige Anerkennung und Vollstreckung von gerichtlichen Entscheidungen, Schiedssprüchen und öffentlichen Urkunden auf dem Gebiet des Zivil- und Handelsrechts;
- das am 6. April 1962 in Rom unterzeichnete belgisch-italienische Abkommen über die Anerkennung und Vollstreckung von gerichtlichen Entscheidungen und anderen vollstreckbaren Titeln in Zivil- und Handelssachen;
- der am 24. November 1961 in Brüssel unterzeichnete belgisch-niederländisch-luxemburgische Vertrag über die gerichtliche Zuständigkeit, den Konkurs, die Anerkennung und die Vollstreckung von gerichtlichen Entscheidungen, Schiedssprüchen und öffentlichen Urkunden, soweit er in Kraft ist;

— in Bulgarien:
- das am 2. Juli 1930 in Sofia unterzeichnete Abkommen zwischen Bulgarien und Belgien über bestimmte justizielle Fragen;
- das am 23. März 1956 in Sofia unterzeichnete Abkommen zwischen der Volksrepublik Bulgarien und der Föderativen Volksrepublik Jugoslawien über gegenseitige Rechtshilfe, das zwischen Bulgarien, Slowenien und Kroatien noch in Kraft ist;
- der am 3. Dezember 1958 in Sofia unterzeichnete Vertrag zwischen der Volksrepublik Bulgarien und der Volksrepublik Rumänien über Rechtshilfe und Rechtsbeziehungen in Zivil-, Familien- und Strafsachen;
- das am 4. Dezember 1961 in Warschau unterzeichnete Abkommen zwischen der Volksrepublik Bulgarien und der Volksrepublik Polen über die Rechtshilfe in Zivil-, Familien- und Strafsachen;
- das am 16. Mai 1966 in Sofia unterzeichnete Abkommen zwischen der Volksrepublik Bulgarien und der Volksrepublik Ungarn über die Rechtshilfe in Zivil-, Familien- und Strafsachen;
- das am 10. April 1976 in Athen unterzeichnete Abkommen zwischen der Volksrepublik Bulgarien und der Hellenischen Republik über die Rechtshilfe in Zivil- und Strafsachen;
- das am 25. November 1976 in Sofia unterzeichnete Abkommen zwischen der Volksrepublik Bulgarien und der Tschechoslowakischen Sozialistischen Republik über die Rechtshilfe und die Schlichtung von Beziehungen in Zivil-, Familien- und Strafsachen;
- das am 29. April 1983 in Nikosia unterzeichnete Abkommen zwischen der Volksrepublik Bulgarien und der Republik Zypern über die Rechtshilfe in Zivil- und Strafsachen;
- das am 18. Januar 1989 in Sofia unterzeichnete Abkommen zwischen der Volksrepublik Bulgarien und der Regierung der Französischen Republik über die gegenseitige Rechtshilfe in Zivilsachen;
- das am 18. Mai 1990 in Rom unterzeichnete Abkommen zwischen der Volksrepublik Bulgarien und der Italienischen Republik über die Rechtshilfe und die Vollstreckung von Entscheidungen in Zivilsachen;
- das am 23. Mai 1993 in Sofia unterzeichnete Abkommen zwischen der Republik Bulgarien und dem Königreich Spanien über die gegenseitige Rechtshilfe in Zivilsachen;

- das am 20. Oktober 1967 in Sofia unterzeichnete Abkommen zwischen der Volksrepublik Bulgarien und der Republik Österreich über Rechtshilfe in bürgerlichen Rechtssachen und über Urkundenwesen;
- in Dänemark: das am 11. Oktober 1977 in Kopenhagen unterzeichnete Übereinkommen zwischen Dänemark, Finnland, Island, Norwegen und Schweden über die Anerkennung und Vollstreckung gerichtlicher Entscheidungen in Zivil- und Handelssachen;
- in Deutschland:
  - das am 9. März 1936 in Rom unterzeichnete deutsch-italienische Abkommen über die Anerkennung und Vollstreckung gerichtlicher Entscheidungen in Zivil- und Handelssachen;
  - das am 30. Juni 1958 in Bonn unterzeichnete deutsch-belgische Abkommen über die gegenseitige Anerkennung und Vollstreckung von gerichtlichen Entscheidungen, Schiedssprüchen und öffentlichen Urkunden in Zivil- und Handelssachen;
  - das am 6. Juni 1959 in Wien unterzeichnete deutsch-österreichische Abkommen über die gegenseitige Anerkennung und Vollstreckung von gerichtlichen Entscheidungen, Vergleichen und öffentlichen Urkunden in Zivil- und Handelssachen;
  - das am 14. Juli 1960 in Bonn unterzeichnete deutsch-britische Abkommen über die gegenseitige Anerkennung und Vollstreckung von gerichtlichen Entscheidungen in Zivil- und Handelssachen;
  - das am 30. August 1962 in Den Haag unterzeichnete deutsch-niederländische Abkommen über die gegenseitige Anerkennung und Vollstreckung gerichtlicher Entscheidungen und anderer Schuldtitel in Zivil- und Handelssachen;
  - das am 4. November 1961 in Athen unterzeichnete deutsch-griechische Abkommen über die gegenseitige Anerkennung und Vollstreckung von gerichtlichen Entscheidungen, Vergleichen und öffentlichen Urkunden in Zivil- und Handelssachen;
  - das am 14. November 1983 in Bonn unterzeichnete deutsch-spanische Abkommen über die Anerkennung und Vollstreckung von gerichtlichen Entscheidungen und Vergleichen sowie vollstreckbaren öffentlichen Urkunden in Zivil- und Handelssachen;
- in Estland:
  - das am 11. November 1992 in Tallinn unterzeichnete Abkommen über Rechtshilfe und Rechtsbeziehungen zwischen der Republik Litauen, der Republik Estland und der Republik Lettland;
  - das am 27. November 1998 in Tallinn unterzeichnete Abkommen zwischen der Republik Estland und der Republik Polen über Rechtshilfe und Rechtsbeziehungen in Zivil-, Arbeits- und Strafsachen;
- in Finnland:
  - das am 11. Oktober 1977 in Kopenhagen unterzeichnete Übereinkommen zwischen Dänemark, Finnland, Island, Norwegen und Schweden über die Anerkennung und Vollstreckung gerichtlicher Entscheidungen in Zivilsachen;
  - das am 17. November 1986 in Wien unterzeichnete finnisch-österreichische Abkommen über die Anerkennung und die Vollstreckung von Entscheidungen in Zivilsachen;
- in Frankreich:
  - das am 8. Juli 1899 in Paris unterzeichnete belgisch-französische Abkommen über die gerichtliche Zuständigkeit, die Anerkennung und die Vollstreckung

- von gerichtlichen Entscheidungen, Schiedssprüchen und öffentlichen Urkunden;
- das am 18. Januar 1989 in Sofia unterzeichnete Abkommen zwischen der Regierung der Volksrepublik Bulgarien und der Regierung der Französischen Republik über die gegenseitige Rechtshilfe in Zivilsachen;
- der am 10. Mai 1984 in Paris unterzeichnete Vertrag zwischen der Regierung der Französischen Republik und der Regierung der Tschechoslowakischen Sozialistischen Republik über die Rechtshilfe und die Anerkennung und Vollstreckung gerichtlicher Entscheidungen in Zivil-, Familien- und Handelssachen;
- das am 28. Mai 1969 in Paris unterzeichnete französisch-spanische Abkommen über die Anerkennung und die Vollstreckung von gerichtlichen Entscheidungen, Schiedssprüchen und öffentlichen Urkunden in Zivil- und Handelssachen;
- das am 28. Mai 1969 in Paris unterzeichnete Abkommen vom 25. Februar 1974 in Form eines Notenwechsels zur Auslegung der Artikel 2 und 17 des Abkommens zwischen Frankreich und Spanien über die Anerkennung und die Vollstreckung von gerichtlichen Entscheidungen, Schiedssprüchen und öffentlichen Urkunden in Zivil- und Handelssachen;
- das am 18. Mai 1971 in Paris unterzeichnete Abkommen zwischen der Regierung der Sozialistischen Föderativen Republik Jugoslawien und der Regierung der Französischen Republik über die Anerkennung und die Vollstreckung gerichtlicher Entscheidungen in Zivil- und Handelssachen;
- das am 31. Juli 1980 in Budapest unterzeichnete Abkommen zwischen der Volksrepublik Ungarn und der Französischen Republik über die Rechtshilfe in Zivil- und Familiensachen und über die Anerkennung und Vollstreckung gerichtlicher Entscheidungen sowie die Rechtshilfe in Strafsachen und die Auslieferung;
- das am 3. Juni 1930 in Rom unterzeichnete französisch-italienische Abkommen über die Vollstreckung gerichtlicher Urteile in Zivil- und Handelssachen;
- das am 15. Juli 1966 in Wien unterzeichnete französisch-österreichische Abkommen über die Anerkennung und Vollstreckung von gerichtlichen Entscheidungen und öffentlichen Urkunden auf dem Gebiet des Zivil- und Handelsrechts;
- das am 5. November 1974 in Paris unterzeichnete Abkommen zwischen der Sozialistischen Republik Rumänien und der Französischen Republik über die Rechtshilfe in Zivil- und Handelssachen;
- das am 18. Januar 1934 in Paris unterzeichnete britisch-französische Abkommen über die gegenseitige Vollstreckung gerichtlicher Entscheidungen in Zivil- und Handelssachen mit Protokoll;
- in Griechenland:
  - das am 4. November 1961 in Athen unterzeichnete Abkommen zwischen dem Königreich Griechenland und der Bundesrepublik Deutschland über die gegenseitige Anerkennung und Vollstreckung von gerichtlichen Entscheidungen, Vergleichen und öffentlichen Urkunden in Zivil- und Handelssachen;
  - das am 18. Juni 1959 in Athen unterzeichnete Abkommen zwischen der Föderativen Volksrepublik Jugoslawien und dem Königreich Griechenland über die gegenseitige Anerkennung und Vollstreckung gerichtlicher Entscheidungen;
  - das am 8. Oktober 1979 in Budapest unterzeichnete Abkommen zwischen der Volksrepublik Ungarn und der Hellenischen Republik über die Rechtshilfe in Zivil- und Strafsachen;

- das am 24. Oktober 1979 in Athen unterzeichnete Abkommen zwischen der Volksrepublik Polen und der Hellenischen Republik über die Rechtshilfe in Zivil- und Strafsachen;
- der am 22. Oktober 1980 in Athen unterzeichnete Vertrag zwischen der Hellenischen Republik und der Tschechoslowakischen Sozialistischen Republik über die Rechtshilfe in Zivil- und Strafsachen, der zwischen der Tschechischen Republik, der Slowakei und Griechenland noch in Kraft ist;
- das am 5. März 1984 in Nikosia unterzeichnete Abkommen zwischen der Republik Zypern und der Hellenischen Republik über die rechtliche Zusammenarbeit in Zivil-, Familien-, Handels- und Strafsachen;
- das am 19. Oktober 1972 in Bukarest unterzeichnete Abkommen zwischen der Sozialistischen Republik Rumänien und dem Königreich Griechenland über die Rechtshilfe in Zivil- und Strafsachen;
- das am 10. April 1976 in Athen unterzeichnete Abkommen zwischen der Volksrepublik Bulgarien und der Hellenischen Republik über die Rechtshilfe in Zivil- und Strafsachen;
- in Irland: entfällt;
- in Italien:
  - das am 3. Juni 1930 in Rom unterzeichnete französisch-italienische Abkommen über die Vollstreckung gerichtlicher Urteile in Zivil- und Handelssachen;
  - das am 9. März 1936 in Rom unterzeichnete deutsch-italienische Abkommen über die Anerkennung und Vollstreckung gerichtlicher Entscheidungen in Zivil- und Handelssachen;
  - das am 17. April 1959 in Rom unterzeichnete niederländisch-italienische Abkommen über die Anerkennung und Vollstreckung gerichtlicher Entscheidungen in Zivil- und Handelssachen;
  - das am 6. April 1962 in Rom unterzeichnete belgisch-italienische Abkommen über die Anerkennung und Vollstreckung von gerichtlichen Entscheidungen und anderen vollstreckbaren Titeln in Zivil- und Handelssachen;
  - das am 7. Februar 1964 in Rom unterzeichnete britisch-italienische Abkommen über die gegenseitige Anerkennung und Vollstreckung gerichtlicher Entscheidungen in Zivil- und Handelssachen und das am 14. Juli 1970 in Rom unterzeichnete Zusatzprotokoll;
  - das am 16. November 1971 in Rom unterzeichnete italienisch-österreichische Abkommen über die Anerkennung und Vollstreckung von gerichtlichen Entscheidungen in Zivil- und Handelssachen, von gerichtlichen Vergleichen und von Notariatsakten;
  - das am 22. Mai 1973 in Madrid unterzeichnete italienisch-spanische Abkommen über die Rechtshilfe und die Anerkennung und Vollstreckung gerichtlicher Entscheidungen in Zivil- und Handelssachen;
  - der am 6. Dezember 1985 in Prag unterzeichnete Vertrag zwischen der Tschechoslowakischen Sozialistischen Republik und der Italienischen Republik über die Rechtshilfe in Zivil- und Strafsachen, der zwischen der Tschechischen Republik, der Slowakei und Italien noch in Kraft ist;
  - das am 11. November 1972 in Bukarest unterzeichnete Abkommen zwischen der Sozialistischen Republik Rumänien und der Italienischen Republik über die Rechtshilfe in Zivil- und Strafsachen;
  - das am 28. April 1989 in Warschau unterzeichnete Abkommen zwischen der Volksrepublik Polen und der Italienischen Republik über die Rechtshilfe und die Anerkennung und Vollstreckung gerichtlicher Entscheidungen in Zivilsachen;

- das am 18. Mai 1990 in Rom unterzeichnete Abkommen zwischen der Volksrepublik Bulgarien und der Italienischen Republik über die Rechtshilfe und die Anerkennung und Vollstreckung von Entscheidungen in Zivilsachen;
- das am 3. Dezember 1960 in Rom unterzeichnete Abkommen zwischen der Föderativen Volksrepublik Jugoslawien und der Republik Italien über die gegenseitige justizielle Zusammenarbeit in Zivil- und Verwaltungssachen, das zwischen Slowenien, Kroatien und Italien noch in Kraft ist;
- in Kroatien:
  - das Abkommen zwischen der Föderativen Volksrepublik Jugoslawien und der Volksrepublik Bulgarien vom 23. März 1956 über die gegenseitige Rechtshilfe;
  - der Vertrag zwischen der Sozialistischen Föderativen Republik Jugoslawien und der Tschechoslowakischen Sozialistischen Republik vom 20. Januar 1964 zur Schlichtung der Rechtsbeziehungen in Zivil-, Familien- und Strafsachen;
  - das Abkommen zwischen den Regierungen der Sozialistischen Föderativen Republik Jugoslawien und der Französischen Republik vom 18. Mai 1971 über die Anerkennung und Vollstreckung von Entscheidungen in Zivil- und Handelssachen;
  - das Abkommen zwischen der Föderativen Volksrepublik Jugoslawien und dem Königreich Griechenland vom 18. Juni 1959 über die gegenseitige Anerkennung und Vollstreckung gerichtlicher Entscheidungen;
  - der Vertrag zwischen der Sozialistischen Föderativen Republik Jugoslawien und der Volksrepublik Ungarn vom 7. März 1968 über die gegenseitige Rechtshilfe;
  - der Vertrag zwischen der Föderativen Volksrepublik Jugoslawien und der Volksrepublik Polen vom 6. Februar 1960 über die Rechtshilfe in Zivil- und Strafsachen;
  - der Vertrag zwischen der Volksrepublik Rumänien und der Föderativen Volksrepublik Jugoslawien vom 18. Oktober 1960 über Rechtshilfe;
  - das am 3. Dezember 1960 in Rom unterzeichnete Abkommen zwischen der Föderativen Volksrepublik Jugoslawien und der Republik Italien über die gegenseitige justizielle Zusammenarbeit in Zivil- und Verwaltungssachen;
  - der am 16. Dezember 1954 in Wien unterzeichnete Vertrag zwischen der Föderativen Volksrepublik Jugoslawien und der Republik Österreich über die justizielle Zusammenarbeit;
  - der Vertrag zwischen der Republik Kroatien und der Republik Slowenien vom 7. Februar 1994 über die Rechtshilfe in Zivil- und Strafsachen;
- in Lettland:
  - die Vereinbarung vom 11. November 1992 über Rechtshilfe und Rechtsbeziehungen zwischen der Republik Litauen, der Republik Estland und der Republik Lettland;
  - das Abkommen vom 23. Februar 1994 zwischen der Republik Lettland und der Republik Polen über Rechtshilfe und Rechtsbeziehungen in Zivil-, Familien-, Arbeits- und Strafsachen;
- in Litauen:
  - das am 11. November 1992 in Tallinn unterzeichnete Abkommen über Rechtshilfe und Rechtsbeziehungen zwischen der Republik Litauen, der Republik Estland und der Republik Lettland;
  - das am 26. Januar 1993 in Warschau unterzeichnete Abkommen zwischen der Republik Litauen und der Republik Polen über Rechtshilfe und Rechtsbeziehungen in Zivil-, Familien-, Arbeits- und Strafsachen;

- in Luxemburg:
  - das am 29. Juli 1971 in Luxemburg unterzeichnete luxemburgisch-österreichische Abkommen über die Anerkennung und Vollstreckung von gerichtlichen Entscheidungen und öffentlichen Urkunden auf dem Gebiet des Zivil- und Handelsrechts;
  - der am 24. November 1961 in Brüssel unterzeichnete belgisch-niederländisch-luxemburgische Vertrag über die gerichtliche Zuständigkeit, den Konkurs, die Anerkennung und die Vollstreckung von gerichtlichen Entscheidungen, Schiedssprüchen und öffentlichen Urkunden, soweit er in Kraft ist;
- in Malta: entfällt;
- in den Niederlanden:
  - das am 28. März 1925 in Brüssel unterzeichnete belgisch-niederländische Abkommen über die Zuständigkeit der Gerichte, den Konkurs sowie die Anerkennung und die Vollstreckung von gerichtlichen Entscheidungen, Schiedssprüchen und öffentlichen Urkunden;
  - das am 17. April 1959 in Rom unterzeichnete niederländisch-italienische Abkommen über die Anerkennung und Vollstreckung gerichtlicher Entscheidungen in Zivil- und Handelssachen;
  - das am 30. August 1962 in Den Haag unterzeichnete deutsch-niederländische Abkommen über die gegenseitige Anerkennung und Vollstreckung gerichtlicher Entscheidungen und anderer Schuldtitel in Zivil- und Handelssachen;
  - das am 6. Februar 1963 in Den Haag unterzeichnete niederländisch-österreichische Abkommen über die gegenseitige Anerkennung und Vollstreckung von gerichtlichen Entscheidungen und öffentlichen Urkunden auf dem Gebiet des Zivil- und Handelsrechts;
  - das am 17. November 1967 in Den Haag unterzeichnete britisch-niederländische Abkommen über die gegenseitige Anerkennung und Vollstreckung gerichtlicher Entscheidungen in Zivilsachen;
  - der am 24. November 1961 in Brüssel unterzeichnete belgisch-niederländisch-luxemburgische Vertrag über die gerichtliche Zuständigkeit, den Konkurs, die Anerkennung und die Vollstreckung von gerichtlichen Entscheidungen, Schiedssprüchen und öffentlichen Urkunden, soweit er in Kraft ist;
- in Österreich:
  - das am 6. Juni 1959 in Wien unterzeichnete deutsch-österreichische Abkommen über die gegenseitige Anerkennung und Vollstreckung von gerichtlichen Entscheidungen, Vergleichen und öffentlichen Urkunden in Zivil- und Handelssachen;
  - das am 20. Oktober 1967 in Sofia unterzeichnete Abkommen zwischen der Volksrepublik Bulgarien und der Republik Österreich über Rechtshilfe in bürgerlichen Rechtssachen und über Urkundenwesen;
  - das am 16. Juni 1959 in Wien unterzeichnete belgisch-österreichische Abkommen über die gegenseitige Anerkennung und Vollstreckung von gerichtlichen Entscheidungen, Schiedssprüchen und öffentlichen Urkunden auf dem Gebiet des Zivil- und Handelsrechts;
  - das am 14. Juli 1961 in Wien unterzeichnete britisch-österreichische Abkommen über die gegenseitige Anerkennung und Vollstreckung gerichtlicher Entscheidungen in Zivil- und Handelssachen und das am 6. März 1970 in London unterzeichnete Protokoll;
  - das am 6. Februar 1963 in Den Haag unterzeichnete niederländisch-österreichische Abkommen über die gegenseitige Anerkennung und Vollstreckung von

gerichtlichen Entscheidungen und öffentlichen Urkunden auf dem Gebiet des Zivil- und Handelsrechts;
- das am 15. Juli 1966 in Wien unterzeichnete französisch-österreichische Abkommen über die Anerkennung und Vollstreckung von gerichtlichen Entscheidungen und öffentlichen Urkunden auf dem Gebiet des Zivil- und Handelsrechts;
- das am 29. Juli 1971 in Luxemburg unterzeichnete luxemburgisch-österreichische Abkommen über die Anerkennung und Vollstreckung von gerichtlichen Entscheidungen und öffentlichen Urkunden auf dem Gebiet des Zivil- und Handelsrechts;
- das am 16. November 1971 in Rom unterzeichnete italienisch-österreichische Abkommen über die Anerkennung und Vollstreckung von gerichtlichen Entscheidungen in Zivil- und Handelssachen, von gerichtlichen Vergleichen und von Notariatsakten;
- das am 16. September 1982 in Stockholm unterzeichnete österreichisch-schwedische Abkommen über die Anerkennung und die Vollstreckung von Entscheidungen in Zivilsachen;
- das am 17. Februar 1984 in Wien unterzeichnete österreichisch-spanische Abkommen über die Anerkennung und die Vollstreckung von gerichtlichen Entscheidungen, Vergleichen und vollstreckbaren öffentlichen Urkunden in Zivil- und Handelssachen;
- das am 17. November 1986 in Wien unterzeichnete finnisch-österreichische Abkommen über die Anerkennung und die Vollstreckung von Entscheidungen in Zivilsachen;
- der am 16. Dezember 1954 in Wien unterzeichnete Vertrag zwischen der Föderativen Volksrepublik Jugoslawien und der Republik Österreich über die justizielle Zusammenarbeit;
- das am 11. Dezember 1963 in Wien unterzeichnete Abkommen zwischen der Volksrepublik Polen und der Republik Österreich über die gegenseitigen Beziehungen in Zivilsachen und über Urkunden;
- das am 17. November 1965 in Wien unterzeichnete Abkommen zwischen der Sozialistischen Republik Rumänien und der Republik Österreich über die Rechtshilfe in Zivil- und Familiensachen sowie über die Gültigkeit und Zustellung von Schriftstücken mit Protokoll;
- in Polen:
  - das am 6. März 1959 in Budapest unterzeichnete Abkommen zwischen der Volksrepublik Polen und der Volksrepublik Ungarn über die Rechtshilfe in Zivil-, Familien- und Strafsachen;
  - das am 6. Februar 1960 in Warschau unterzeichnete Abkommen zwischen der Volksrepublik Polen und der Föderativen Volksrepublik Jugoslawien über die Rechtshilfe in Zivil- und Strafsachen, das derzeit zwischen Polen und Slowenien und zwischen Polen und Kroatien in Kraft ist;
  - das am 4. Dezember 1961 in Warschau unterzeichnete Abkommen zwischen der Volksrepublik Bulgarien und der Volksrepublik Polen über Rechtshilfe und Rechtsbeziehungen in Zivil-, Familien- und Strafsachen;
  - das am 11. Dezember 1963 in Wien unterzeichnete Abkommen zwischen der Volksrepublik Polen und der Republik Österreich über die gegenseitigen Beziehungen in Zivilsachen und über Urkunden;
  - das am 24. Oktober 1979 in Athen unterzeichnete Abkommen zwischen der Volksrepublik Polen und der Hellenischen Republik über die Rechtshilfe in Zivil- und Strafsachen;

- der am 21. Dezember 1987 in Warschau unterzeichnete Vertrag zwischen der Tschechoslowakischen Sozialistischen Republik und der Volksrepublik Polen über die Rechtshilfe und die Schlichtung von Rechtsbeziehungen in Zivil-, Familien-, Arbeits- und Strafsachen, der zwischen Polen und der Tschechischen Republik sowie zwischen Polen und der Slowakei noch in Kraft ist;
- das am 28. April 1989 in Warschau unterzeichnete Abkommen zwischen der Volksrepublik Polen und der Italienischen Republik über die Rechtshilfe und die Anerkennung und Vollstreckung von Entscheidungen in Zivilsachen;
- das am 26. Januar 1993 in Warschau unterzeichnete Abkommen zwischen der Republik Polen und der Republik Litauen über Rechtshilfe und Rechtsbeziehungen in Zivil-, Familien-, Arbeits- und Strafsachen;
- das am 23. Februar 1994 in Riga unterzeichnete Abkommen zwischen der Republik Lettland und der Republik Polen über Rechtshilfe und Rechtsbeziehungen in Zivil-, Familien-, Arbeits- und Strafsachen;
- das am 14. November 1996 in Nikosia unterzeichnete Abkommen zwischen der Republik Zypern und der Republik Polen über die rechtliche Zusammenarbeit in Zivil- und Strafsachen;
- das am 27. November 1998 in Tallinn unterzeichnete Abkommen zwischen der Republik Estland und der Republik Polen über Rechtshilfe und Rechtsbeziehungen in Zivil-, Arbeits- und Strafsachen;
- der am 15. Mai 1999 in Bukarest unterzeichnete Vertrag zwischen Rumänien und der Republik Polen über die Rechtshilfe und die Rechtsbeziehungen in Zivilsachen;
- in Portugal: das am 23. November 1927 in Lissabon unterzeichnete Abkommen zwischen der Tschechoslowakischen Republik und Portugal über die Anerkennung und Vollstreckung gerichtlicher Entscheidungen;
- in Rumänien:
  - der am 3. Dezember 1958 in Sofia unterzeichnete Vertrag zwischen der Volksrepublik Rumänien und der Volksrepublik Bulgarien über die Rechtshilfe in Zivil-, Familien- und Strafsachen;
  - der am 11. Juli 1994 in Bukarest unterzeichnete Vertrag zwischen Rumänien und der Tschechischen Republik über die Rechtshilfe in Zivilsachen;
  - das am 19. Oktober 1972 in Bukarest unterzeichnete Abkommen zwischen der Sozialistischen Republik Rumänien und dem Königreich Griechenland über die Rechtshilfe in Zivil- und Strafsachen;
  - das am 11. November 1972 in Bukarest unterzeichnete Abkommen zwischen der Sozialistischen Republik Rumänien und der Italienischen Republik über die Rechtshilfe in Zivil- und Strafsachen;
  - das am 5. November 1974 in Paris unterzeichnete Abkommen zwischen der Sozialistischen Republik Rumänien und der Französischen Republik über die Rechtshilfe in Zivil- und Handelssachen;
  - der am 15. Mai 1999 in Bukarest unterzeichnete Vertrag zwischen Rumänien und der Republik Polen über die Rechtshilfe und die Rechtsbeziehungen in Zivilsachen;
  - der am 18. Oktober 1960 in Belgrad unterzeichnete Vertrag zwischen der Volksrepublik Rumänien und der Föderativen Volksrepublik Jugoslawien über die Rechtshilfe (ebenfalls anwendbar: der Vertrag zwischen der Volksrepublik Rumänien und Slowenien sowie der Vertrag zwischen der Volksrepublik Rumänien und Kroatien, an die sich Slowenien und Kroatien für gebunden erklärt haben);

- der am 25. Oktober 1958 in Prag geschlossene Vertrag zwischen der Volksrepublik Rumänien und der Tschechoslowakischen Republik über die Rechtshilfe in Zivil-, Familien- und Strafsachen (ebenfalls anwendbar: der Vertrag zwischen der Volksrepublik Rumänien und der Slowakei, an den sich die Slowakei für gebunden erklärt hat);
- das am 17. November 1997 in Bukarest unterzeichnete Abkommen zwischen Rumänien und dem Königreich Spanien über die gerichtliche Zuständigkeit und die Anerkennung und Vollstreckung von Entscheidungen in Zivil- und Handelssachen;
- der am 7. Oktober 1958 in Bukarest unterzeichnete Vertrag zwischen der Volksrepublik Rumänien und der Volksrepublik Ungarn über die Rechtshilfe in Zivil-, Familien- und Strafsachen;
- das am 17. November 1965 in Wien unterzeichnete Abkommen zwischen der Sozialistischen Republik Rumänien und der Republik Österreich über die Rechtshilfe in Zivil- und Familiensachen sowie über die Gültigkeit und Zustellung von Schriftstücken mit Protokoll;
- in Schweden:
  - das am 11. Oktober 1977 in Kopenhagen unterzeichnete Übereinkommen zwischen Dänemark, Finnland, Island, Norwegen und Schweden über die Anerkennung und Vollstreckung gerichtlicher Entscheidungen in Zivilsachen;
  - das am 16. September 1982 in Stockholm unterzeichnete österreichisch-schwedische Abkommen über die Anerkennung und die Vollstreckung von Entscheidungen in Zivilsachen;
- in der Slowakei:
  - das am 25. November 1976 in Sofia unterzeichnete Abkommen zwischen der Tschechoslowakischen Sozialistischen Republik und der Volksrepublik Bulgarien über die Rechtshilfe und die Schlichtung von Rechtsbeziehungen in Zivil-, Familien- und Strafsachen;
  - der am 23. April 1982 in Nikosia unterzeichnete Vertrag zwischen der Tschechoslowakischen Sozialistischen Republik und der Republik Zypern über die Rechtshilfe in Zivil- und Strafsachen;
  - der am 29. Oktober 1992 in Prag unterzeichnete Vertrag zwischen der Tschechischen Republik und der Slowakischen Republik über die von Gerichten geleistete Rechtshilfe sowie die Schlichtung bestimmter rechtlicher Beziehungen in Zivil- und Strafsachen;
  - der am 10. Mai 1984 in Paris unterzeichnete Vertrag zwischen der Regierung der Tschechoslowakischen Sozialistischen Republik und der Regierung der Französischen Republik über die Rechtshilfe und die Anerkennung und Vollstreckung gerichtlicher Entscheidungen in Zivil-, Familien- und Handelssachen;
  - der am 22. Oktober 1980 in Athen unterzeichnete Vertrag zwischen der Tschechoslowakischen Sozialistischen Republik und der Hellenischen Republik über die Rechtshilfe in Zivil- und Strafsachen;
  - der am 20. Januar 1964 in Belgrad unterzeichnete Vertrag zwischen der Tschechoslowakischen Sozialistischen Republik und der Sozialistischen Föderativen Republik Jugoslawien über die Schlichtung von Rechtsbeziehungen in Zivil-, Familien- und Strafsachen;
  - der am 28. März 1989 in Bratislava unterzeichnete Vertrag zwischen der Tschechoslowakischen Sozialistischen Republik und der Volksrepublik Ungarn über die Rechtshilfe und die Schlichtung von Rechtsbeziehungen in Zivil-, Familien- und Strafsachen;

- der am 21. Dezember 1987 in Warschau unterzeichnete Vertrag zwischen der Tschechoslowakischen Sozialistischen Republik und der Volksrepublik Polen über die Rechtshilfe und die Schlichtung von Rechtsbeziehungen in Zivil-, Familien-, Arbeits- und Strafsachen;
- der am 25. Oktober 1958 in Prag unterzeichnete Vertrag zwischen der Tschechoslowakischen Republik und der Volksrepublik Rumänien über die Rechtshilfe in Zivil-, Familien- und Strafsachen;
- der am 4. Mai 1987 in Madrid unterzeichnete Vertrag zwischen der Tschechoslowakischen Sozialistischen Republik und dem Königreich Spanien über die Rechtshilfe und die Anerkennung und Vollstreckung gerichtlicher Entscheidungen in Zivilsachen;
- der am 6. Dezember 1985 in Prag unterzeichnete Vertrag zwischen der Tschechoslowakischen Sozialistischen Republik und der Italienischen Republik über die Rechtshilfe in Zivil- und Strafsachen;
- in Slowenien:
  - der am 16. Dezember 1954 in Wien unterzeichnete Vertrag zwischen der Föderativen Volksrepublik Jugoslawien und der Republik Österreich über die justizielle Zusammenarbeit;
  - das am 3. Dezember 1960 in Rom unterzeichnete Abkommen zwischen der Föderativen Volksrepublik Jugoslawien und der Republik Italien über die gegenseitige justizielle Zusammenarbeit in Zivil- und Verwaltungssachen;
  - das am 18. Juni 1959 in Athen unterzeichnete Abkommen zwischen der Föderativen Volksrepublik Jugoslawien und dem Königreich Griechenland über die gegenseitige Anerkennung und Vollstreckung gerichtlicher Entscheidungen;
  - das am 6. Februar 1960 in Warschau unterzeichnete Abkommen zwischen der Föderativen Volksrepublik Jugoslawien und der Volksrepublik Polen über die Rechtshilfe in Zivil- und Strafsachen;
  - der am 20. Januar 1964 in Belgrad unterzeichnete Vertrag zwischen der Sozialistischen Föderativen Republik Jugoslawien und der Tschechoslowakischen Sozialistischen Republik über die Schlichtung von Rechtsbeziehungen in Zivil-, Familien- und Strafsachen;
  - der am 19. September 1984 in Nikosia unterzeichnete Vertrag zwischen der Sozialistischen Föderativen Republik Jugoslawien und der Republik Zypern über die Rechtshilfe in Zivil- und Strafsachen;
  - das am 23. März 1956 in Sofia unterzeichnete Abkommen zwischen der Föderativen Volksrepublik Jugoslawien und der Volksrepublik Bulgarien über die gegenseitige Rechtshilfe;
  - der am 18. Oktober 1960 in Belgrad unterzeichnete Vertrag zwischen der Föderativen Volksrepublik Jugoslawien und der Volksrepublik Rumänien über Rechtshilfe mit Protokoll;
  - der am 7. März 1968 in Belgrad unterzeichnete Vertrag zwischen der Sozialistischen Föderativen Republik Jugoslawien und der Volksrepublik Ungarn über die gegenseitige Rechtshilfe;
  - der am 7. Februar 1994 in Zagreb unterzeichnete Vertrag zwischen der Republik Kroatien und der Republik Slowenien über die Rechtshilfe in Zivil- und Strafsachen;
  - das am 18. Mai 1971 in Paris unterzeichnete Abkommen zwischen der Regierung der Sozialistischen Föderativen Republik Jugoslawien und der Regierung der Französischen Republik über die Anerkennung und die Vollstreckung gerichtlicher Entscheidungen in Zivil- und Handelssachen;

- in Spanien:
  - das am 28. Mai 1969 in Paris unterzeichnete spanisch-französische Abkommen über die gegenseitige Anerkennung und Vollstreckung von gerichtlichen Entscheidungen, Schiedssprüchen und öffentlichen Urkunden in Zivil- und Handelssachen;
  - das am 28. Mai 1969 in Paris unterzeichnete Abkommen vom 25. Februar 1974 in Form eines Notenwechsels zur Auslegung der Artikel 2 und 17 des Abkommens zwischen Frankreich und Spanien über die Anerkennung und die Vollstreckung von gerichtlichen Entscheidungen, Schiedssprüchen und öffentlichen Urkunden in Zivil- und Handelssachen;
  - das am 22. Mai 1973 in Madrid unterzeichnete italienisch-spanische Abkommen über die Rechtshilfe und die Anerkennung und Vollstreckung gerichtlicher Entscheidungen in Zivil- und Handelssachen;
  - das am 14. November 1983 in Bonn unterzeichnete deutsch-spanische Abkommen über die Anerkennung und Vollstreckung von gerichtlichen Entscheidungen und Vergleichen sowie vollstreckbaren öffentlichen Urkunden in Zivil- und Handelssachen;
  - das am 17. Februar 1984 in Wien unterzeichnete österreichisch-spanische Abkommen über die Anerkennung und die Vollstreckung von gerichtlichen Entscheidungen, Vergleichen und vollstreckbaren öffentlichen Urkunden in Zivil- und Handelssachen;
  - der am 4. Mai 1987 in Madrid unterzeichnete Vertrag zwischen der Tschechoslowakischen Sozialistischen Republik und dem Königreich Spanien über die Rechtshilfe sowie die Anerkennung und Vollstreckung gerichtlicher Entscheidungen in Zivilsachen, der zwischen der Tschechischen Republik, der Slowakei und Spanien noch in Kraft ist;
  - das am 23. Mai 1993 in Sofia unterzeichnete Abkommen zwischen der Republik Bulgarien und dem Königreich Spanien über die gegenseitige Rechtshilfe in Zivilsachen;
  - das am 17. November 1997 in Bukarest unterzeichnete Abkommen zwischen Rumänien und dem Königreich Spanien über die gerichtliche Zuständigkeit und die Anerkennung und Vollstreckung von Entscheidungen in Zivil- und Handelssachen;
- in der Tschechischen Republik:
  - das am 25. November 1976 in Sofia unterzeichnete Abkommen zwischen der Tschechoslowakischen Sozialistischen Republik und der Volksrepublik Bulgarien über Rechtshilfe und die Schlichtung von Rechtsbeziehungen in Zivil-, Familien- und Strafsachen;
  - der am 23. April 1982 in Nikosia unterzeichnete Vertrag zwischen der Tschechoslowakischen Sozialistischen Republik und der Republik Zypern über Rechtshilfe in Zivil- und Strafsachen;
  - der am 22. Oktober 1980 in Athen unterzeichnete Vertrag zwischen der Tschechoslowakischen Sozialistischen Republik und der Hellenischen Republik über Rechtshilfe in Zivil- und Strafsachen;
  - der am 4. Mai 1987 in Madrid unterzeichnete Vertrag zwischen der Tschechoslowakischen Sozialistischen Republik und dem Königreich Spanien über die Rechtshilfe und die Anerkennung und Vollstreckung gerichtlicher Entscheidungen in Zivilsachen;
  - der am 10. Mai 1984 in Paris unterzeichnete Vertrag zwischen der Regierung der Tschechoslowakischen Sozialistischen Republik und der Regierung der Franzö-

sischen Republik über die Rechtshilfe und die Anerkennung und Vollstreckung gerichtlicher Entscheidungen in Zivil-, Familien- und Handelssachen;
- der am 28. März 1989 in Bratislava unterzeichnete Vertrag zwischen der Tschechoslowakischen Sozialistischen Republik und der Volksrepublik Ungarn über die Rechtshilfe und die Schlichtung von Rechtsbeziehungen in Zivil-, Familien- und Strafsachen;
- der am 6. Dezember 1985 in Prag unterzeichnete Vertrag zwischen der Tschechoslowakischen Sozialistischen Republik und der Italienischen Republik über die Rechtshilfe in Zivil- und Strafsachen;
- der am 21. Dezember 1987 in Warschau unterzeichnete Vertrag zwischen der Tschechoslowakischen Sozialistischen Republik und der Volksrepublik Polen über die Rechtshilfe und die Schlichtung von Rechtsbeziehungen in Zivil-, Familien-, Arbeits- und Strafsachen im Sinne des am 21. Dezember 1987 in Warschau unterzeichneten Vertrags zwischen der Tschechischen Republik und der Republik Polen zur Änderung und Ergänzung des Vertrags zwischen der Tschechoslowakischen Sozialistischen Republik und der Volksrepublik Polen über die Rechtshilfe und die Schlichtung von Rechtsbeziehungen in Zivil-, Familien-, Arbeits- und Strafsachen (Mojmírovce, 30. Oktober 2003);
- das am 23. November 1927 in Lissabon unterzeichnete Abkommen zwischen der Tschechoslowakischen Republik und Portugal über die Anerkennung und Vollstreckung gerichtlicher Entscheidungen;
- der am 11. Juli 1994 in Bukarest unterzeichnete Vertrag zwischen der Tschechischen Republik und Rumänien über Rechtshilfe in Zivilsachen;
- der am 20. Januar 1964 in Belgrad unterzeichnete Vertrag zwischen der Tschechoslowakischen Sozialistischen Republik und der Sozialistischen Föderativen Republik Jugoslawien über die Schlichtung von Rechtsbeziehungen in Zivil-, Familien- und Strafsachen;
- der am 29. Oktober 1992 in Prag unterzeichnete Vertrag zwischen der Tschechischen Republik und der Slowakischen Republik über die von Gerichten geleistete Rechtshilfe sowie die Schlichtung bestimmter rechtlicher Beziehungen in Zivil- und Strafsachen;
- in Ungarn:
  - das am 16. Mai 1966 in Sofia unterzeichnete Abkommen zwischen der Volksrepublik Ungarn und der Volksrepublik Bulgarien über die Rechtshilfe in Zivil-, Familien- und Strafsachen;
  - das am 30. November 1981 in Budapest unterzeichnete Abkommen zwischen der Volksrepublik Ungarn und der Republik Zypern über die Rechtshilfe in Zivil- und Strafsachen;
  - der am 28. März 1989 in Bratislava unterzeichnete Vertrag zwischen der Tschechoslowakischen Sozialistischen Republik und der Volksrepublik Ungarn über die Rechtshilfe und die Schlichtung von Rechtsbeziehungen in Zivil-, Familien- und Strafsachen in Bezug auf die Tschechische Republik und die Slowakische Republik;
  - das am 31. Juli 1980 in Budapest unterzeichnete Abkommen zwischen der Volksrepublik Ungarn und der Französischen Republik über die Rechtshilfe in Zivil- und Familiensachen und über die Anerkennung und Vollstreckung gerichtlicher Entscheidungen sowie die Rechtshilfe in Strafsachen und die Auslieferung;
  - das am 8. Oktober 1979 in Budapest unterzeichnete Abkommen zwischen der Volksrepublik Ungarn und der Hellenischen Republik über Rechtshilfe in Zivil- und Strafsachen;

- der am 7. März 1968 unterzeichnete Vertrag zwischen der Volksrepublik Ungarn und der Sozialistischen Föderativen Republik Jugoslawien über die gegenseitige Rechtshilfe in Bezug auf die Republik Kroatien und die Republik Slowenien;
- das am 6. März 1959 in Budapest unterzeichnete Abkommen zwischen der Volksrepublik Ungarn und der Volksrepublik Polen über die Rechtshilfe in Zivil-, Familien- und Strafsachen;
- der am 7. Oktober 1958 in Bukarest unterzeichnete Vertrag zwischen der Volksrepublik Ungarn und der Volksrepublik Rumänien über die Rechtshilfe in Zivil-, Familien- und Strafsachen;

— im Vereinigten Königreich:
- das am 18. Januar 1934 in Paris unterzeichnete britisch-französische Abkommen über die gegenseitige Vollstreckung gerichtlicher Entscheidungen in Zivil- und Handelssachen mit Protokoll;
- das am 2. Mai 1934 in Brüssel unterzeichnete britisch-belgische Abkommen über die gegenseitige Vollstreckung gerichtlicher Entscheidungen in Zivil- und Handelssachen mit Protokoll;
- das am 14. Juli 1960 in Bonn unterzeichnete deutsch-britische Abkommen über die gegenseitige Anerkennung und Vollstreckung von gerichtlichen Entscheidungen in Zivil- und Handelssachen;
- das am 14. Juli 1961 in Wien unterzeichnete britisch-österreichische Abkommen über die gegenseitige Anerkennung und Vollstreckung gerichtlicher Entscheidungen in Zivil- und Handelssachen und das am 6. März 1970 in London unterzeichnete Protokoll;
- das am 7. Februar 1964 in Rom unterzeichnete britisch-italienische Abkommen über die gegenseitige Anerkennung und Vollstreckung gerichtlicher Entscheidungen in Zivil- und Handelssachen und das am 14. Juli 1970 in Rom unterzeichnete Zusatzprotokoll;
- das am 17. November 1967 in Den Haag unterzeichnete britisch-niederländische Abkommen über die gegenseitige Anerkennung und Vollstreckung gerichtlicher Entscheidungen in Zivilsachen;

— in Zypern:
- der 1982 geschlossene Vertrag zwischen der Tschechoslowakischen Sozialistischen Republik und der Republik Zypern über die Rechtshilfe in Zivil- und Strafsachen;
- das 1981 geschlossene Abkommen zwischen der Republik Zypern und der Volksrepublik Ungarn über die Rechtshilfe in Zivil- und Strafsachen;
- das 1984 geschlossene Abkommen zwischen der Republik Zypern und der Hellenischen Republik über die rechtliche Zusammenarbeit in Zivil-, Familien-, Handels- und Strafsachen;
- das 1983 geschlossene Abkommen zwischen der Republik Zypern und der Volksrepublik Bulgarien über die Rechtshilfe in Zivil- und Strafsachen;
- der 1984 geschlossene Vertrag zwischen der Republik Zypern und der Sozialistischen Föderativen Republik Jugoslawien über die Rechtshilfe in Zivil- und Strafsachen, das nun auch zwischen Zypern und Slowenien in Kraft ist;
- das 1996 geschlossene Abkommen zwischen der Republik Zypern und der Republik Polen über die rechtliche Zusammenarbeit in Zivil- und Strafsachen.

Artikel 77

Der Kommission wird die Befugnis übertragen, gemäß Artikel 78 in Bezug auf die Änderung der Anhänge I und II delegierte Rechtsakte zu erlassen.

Schrifttum

Siehe die Kommentierung bei Art. 78.

Artikel 78

(1) Die der Kommission übertragene Befugnis zum Erlass delegierter Rechtsakte unterliegt den Bedingungen dieses Artikels.

(2) Die Befugnis zum Erlass delegierter Rechtsakte gemäß Artikel 77 wird der Kommission auf unbestimmte Zeit ab dem 9. Januar 2013 übertragen.

(3) Die Befugnisübertragung gemäß Artikel 77 kann vom Europäischen Parlament oder vom Rat jederzeit widerrufen werden. Der Beschluss über den Widerruf beendet die Übertragung der darin genannten Befugnisse. Der Beschluss tritt am Tag nach Veröffentlichung des Beschlusses im *Amtsblatt der Europäischen Union* oder zu einem späteren, in dem Beschluss festgelegten Zeitpunkt in Kraft. Er berührt nicht die Gültigkeit bereits in Kraft getretener delegierter Rechtsakte.

(4) Sobald die Kommission einen delegierten Rechtsakt erlässt, übermittelt sie ihn gleichzeitig dem Europäischen Parlament und dem Rat.

(5) Ein gemäß Artikel 77 erlassener delegierter Rechtsakt tritt nur in Kraft, wenn weder das Europäische Parlament noch der Rat innerhalb einer Frist von zwei Monaten nach Übermittlung dieses Rechtsakts an das Europäische Parlament und den Rat Einwände erhoben hat oder wenn vor Ablauf dieser Frist sowohl das Europäische Parlament als auch der Rat der Kommission mitgeteilt haben, dass sie keine Einwände zu erheben beabsichtigen. Diese Frist wird auf Initiative des Europäischen Parlaments oder des Rates um zwei Monate verlängert.

Schrifttum

Garber/Neumayr Europäisches Zivilverfahrensrecht (Brüssel I/IIa u.a.), JbEuR 2014 (2014) 199.

1   Auf Grundlage des Art. 290 AEUV, der es ermöglicht, in Gesetzgebungsakten der Kommission die Befugnis zu übertragen, Rechtsakte ohne Gesetzescharakter mit allgemeiner Geltung zur Ergänzung oder Änderung bestimmter nicht wesentlicher Vorschriften des betreffenden Gesetzgebungsaktes zu erlassen, wird die **Kommission** in Art. 77 **ermächtigt, Änderungen des Anhangs I** (Bescheinigung über eine Entscheidung in Zivil- und Handelssachen) und **des Anhangs II** (Bescheinigung über eine öffentliche Urkunde/einen gerichtlichen Vergleich in einer Zivil- oder Handelssache) **durch delegierte Rechtsakte** vorzunehmen. Die Ermächtigung bezieht sich nur auf die Änderungen der Anhänge I und II,[1] wobei allerdings keine grundlegenden Inhaltsveränderungen vorgenommen werden dürfen.[2] Aufgrund der in Art. 77 ausdrücklich erfolgten Beschrän-

---

1   *Slonina* in: *Burgstaller/Neumayr/u.a.* IZVR Art. 77, 78 EuGVVO Rdn. 1.
2   *Slonina* in: *Burgstaller/Neumayr/u.a.* IZVR Art. 77, 78 EuGVVO Rdn. 1; vgl. auch *Schmidt* in: *von der Groeben/Schwarze/Hatje* Europäisches Unionsrecht[7] Art. 290 AEUV Rdn. 25.

kung der Befugnis dürfen weder Anhang III[3] noch Bestimmungen der Verordnung durch delegierte Rechtsakte angepasst, ergänzt oder geändert werden. Hinsichtlich der Bestimmungen der Verordnung entspricht dies Art. 290 AEUV, wonach die wesentlichen Aspekte dem Gesetzgebungsakt vorbehalten bleiben müssen.[4] Hinsichtlich des Anhangs III, der eine **Konkordanztabelle** enthält, um das Auffinden der entsprechenden Bestimmung der revidierten Fassung zu erleichtern (s. dazu Art. 80 Rdn. 4), hielt man eine entsprechende Regelung zur Anpassung wohl für entbehrlich, weil die Tabelle nicht geändert werden sollte. Durch die Neueinfügung von Bestimmungen – wie es etwa durch die „VO (EU) Nr. 542/2014 des Europäischen Parlaments und des Rates vom 15. Mai 2014 zur Änderung der Verordnung (EU) Nr. 1215/2012 bezüglich der hinsichtlich des Einheitlichen Patentgerichts und des Benelux-Gerichtshofs anzuwendenden Vorschriften"[5] geschah (eingefügt wurden Art. 71a bis Art. 71d) – wäre eine entsprechende Regelung sinnvoll gewesen.

Nach ErwGr. 37 soll durch die Übertragung der Befugnis sichergestellt werden, dass „die im Zusammenhang mit der Anerkennung oder Vollstreckung von Entscheidungen, öffentlichen Urkunden und gerichtlichen Vergleiche nach dieser Verordnung zu verwendenden Bescheinigungen **stets auf dem neuesten Stand** sind."[6] Demnach soll gewährleistet werden, dass die Anhänge I und II in einem vereinfachten Verfahren geändert werden können, um rasch auf aktuelle Entwicklungen – etwa den Beitritt eines neuen Staates – zu reagieren.[7] **2**

Die Delegation legt dabei (zulässigerweise)[8] die **Art der delegierten Rechtsetzung** durch die Kommission nicht fest; es ist demnach nicht zwingend erforderlich, dass zur Änderung der Anhänge eine delegierte Verordnung erlassen wird,[9] wenngleich dies der Rechtssicherheit entsprechen würde. **3**

In **Art. 78 Abs. 2 bis 5** werden die **Einzelheiten des Erlassverfahrens** geregelt; dazu zählen **4**
- die **zeitliche Geltung** (Abs. 2),
- die **Möglichkeit des Widerrufs** der Ermächtigung **durch** das **Europäische Parlament** oder den **Rat** und die Folgen eines solchen Widerrufs (Abs. 3),
- die **Pflicht zur Übermittlung** des delegierten Rechtsakts **an** das **Europäische Parlament** und den **Rat** (Abs. 4),
- die **Möglichkeit der Erhebung von Einwänden** gegen den jeweiligen Rechtsakt **durch** das **Europäische Parlament** oder den **Rat** sowie die **Frist** für die Erhebung von Einwänden (Abs. 5), geregelt.

Das Erlassverfahren entspricht den Vorgaben des Art. 290 Abs. 2 und 3 AEUV.[10] **5** Wenngleich weder Art. 290 AEUV[11] noch Art. 78 eine Pflicht zur Konsultation enthält, wird in ErwGr. 37 betont, dass es „besonders wichtig (ist), dass die Kommission bei ihren

---

3 Anders (möglicherweise irrtümlich) Saenger/*Dörner* Art. 77 EuGVVO Rdn. 1.
4 Dazu ausführlich *Schmidt* in: *von der Groeben/Schwarze/Hatje* Europäisches Unionsrecht[7] Art. 290 AEUV Rdn. 25 ff.
5 ABl. (EU) 2014 L 163 S. 1.
6 Hervorhebungen durch die Verfasser.
7 *Schmidt* in: *von der Groeben/Schwarze/Hatje* Europäisches Unionsrecht[7] Art. 290 AEUV Rdn. 22.
8 Siehe dazu *Schmidt* in: *von der Groeben/Schwarze/Hatje* Europäisches Unionsrecht[7] Art. 290 AEUV Rdn. 16 ff.
9 *Slonina* in: *Burgstaller/Neumayr/u.a.*, IZVR Art. 77, 78 EuGVVO Rdn. 1.
10 Saenger/*Dörner* Art. 74 EuGVVO Rdn. 1.
11 *Schmidt* in: *von der Groeben/Schwarze/Hatje* Europäisches Unionsrecht[7] Art. 290 AEUV Rdn. 39.

6 Eine Änderung der Anhänge I und II auf Grundlage der Art. 77, 78 erfolgte durch die **Delegierte Verordnung (EU) 2015/281** der Kommission vom 26.11.2014 zur Ersetzung der Anhänge I und II der Brüssel Ia-VO.[12] Eine Änderung war erforderlich, weil Kroatien der Europäischen Union zum 1.7.2013 beigetreten ist[13] und in den Formblättern auch auf Kroatien und die kroatische Währung (kroatische Kuna) verwiesen werden musste. Da Dänemark der Kommission mit Schreiben vom 20.12.2012 gem. Art. 3 Abs. 2 des Abkommens zwischen der Europäischen Union und Dänemark mitgeteilt hat, dass es die revidierte Fassung der Brüssel I-VO umsetzen wird,[14] wurden in den geänderten Formblättern auch Verweise auf Dänemark und dessen Währung (dänische Krone) aufgenommen. Ferner wurden in den geänderten Anhängen die Verweise auf die frühere lettische und die frühere litauische Währung (lettische Latas und litauische Litas) gestrichen, weil Lettland zum 1.1.2014 und Litauen zum 1.1.2015 den Euro eingeführt haben.

Artikel 79

Die Kommission legt dem Europäischen Parlament, dem Rat und dem Europäischen Wirtschafts- und Sozialausschuss bis zum 11. Januar 2022 einen Bericht über die Anwendung dieser Verordnung vor. Dieser Bericht enthält auch eine Bewertung der Frage, ob die Zuständigkeitsvorschriften weiter ausgedehnt werden sollten auf Beklagte, die ihren Wohnsitz nicht in einem Mitgliedstaat haben, wobei der Funktionsweise dieser Verordnung und möglichen Entwicklungen auf internationaler Ebene Rechnung zu tragen ist. Dem Bericht wird gegebenenfalls ein Vorschlag zur Änderung dieser Verordnung beigefügt.

Schrifttum

Adolphsen Der Gewerbliche Rechtsschutz in der Reform der EuGVO, Jb ZVR 2010 (2010) 109; *Czernich* Reform des Rechts der Gerichtsstandsvereinbarungen im europäischen Zuständigkeitsrecht, Jb ZVR 2010 (2010) 97; *Bach* Drei Entwicklungsschritte im europäischen Zivilprozessrecht, ZRP 2011, 97; *Dickinson* The Proposal for a Regulation of the European Parliament and of the Council on Jurisdiction and the Recognition and Enforcement of Judgments in Civil and Commercial Matters (Recast) ('Brussels I bis' Regulation), Sydney Law School Legal Studies Research Paper No 11/58 (2011) (abrufbar unter: http://papers.ssrn.com/sol3/papers.cfm?abstract_id=1930712 [1.3.2018]); *Domej* EuGVVO-Reform: Die angekündigte Revolution, ecolex 2011, 124; *ders*. Die Neufassung der EuGVVO: Quantensprünge im europäischen Zivilprozessrecht, RabelsZ 78 (2014) 508; *Garber* Einstweiliger Rechtsschutz nach der revidierten Brüssel-VO, in *Grimm/Ladler* EU-Recht im Spannungsverhältnis zu den Herausforderungen im Internationalen Unternehmens- und Wirtschaftsrecht: Tagungsband zum 12. Graduiertentreffen im Internationalen Wirtschaftsrecht (2012) 191; *Garber/Neumayr* Europäisches Zivilverfahrensrecht (Brüssel I/IIa u.a.), JbEuR 2011 (2011) 255; *dies*. Europäisches Zivilverfahrensrecht (Brüssel I/IIa u.a.), JbEuR 2013 (2013) 211; *Grolimund* Drittstaatenproblematik des europäischen Zivilverfahrensrechts, Jb ZVR 2010 (2010) 79; *Heinze* Choice of Court Agreements, Coordination of Proceedings and Provisional Measures in the Reform of the Brussels I Regulation, RabelsZ 75 (2011) 582; *Hess/Pfeiffer/Schlosser* The Brussels I Regulation (EC) No 44/2001 (2008); *Illmer* Brussels I and Arbitration Revisited: The European Commission's Proposal COM(2010) 748 final, RabelsZ

---

12 ABl. (EU) 2015 L 54 S. 1.
13 Siehe dazu *Garber/Neumayr* JbEuR 2014, 201.
14 ABl. (EU) 2013 L 79 S. 4.

75 (2011) 646; *Kodek* Einstweilige Maßnahmen im Europäischen Justizraum – Bilanz und Zukunftsperspektiven, Jb ZVR 2010 (2010) 151; *Koller* Schiedsgerichtsbarkeit und EuGVVO – Reformansätze im Kreuzfeuer der Kritik, Jb ZVR 2010 (2010) 177; *Leible* Wegfall des Exequaturs und Änderung der Anerkennungsversagungsgründe, ecolex 2011, 708; *Magnus/Mankowski* The Proposal for the Reform of Brussels I, ZVglRWiss 110 (2011) 252; *Mankowski* Die Brüssel I-Verordnung vor der Reform, in *Verschraegen* Interdisziplinäre Studien zur Komparatistik und zum Kollisionsrecht I (2010) 31; *McGuire* Reformbedarf der Rechtshängigkeitsregel? Jb ZVR 2010 (2010) 133; *Netzer* Status quo und Konsolidierung des Europäischen Zivilverfahrensrechts (2011); *Oberhammer* Freier Urteilsverkehr durch Abschaffung des Vollstreckbarerklärungsverfahrens und der Anerkennungsversagungsgründe, Jb ZVR 2010 (2010) 69; *ders.* Schwerpunkt: Reform der Brüssel I-Verordnung (EuGVVO), Jb ZVR 2010 (2010) 65; *ders.* The Abolition of Exequatur, IPRax 2010, 197; *Weber* Universal Jurisdiction and Third States in the Reform of the Brussels I Regulation, RabelsZ 75 (2011) 619; *Weller* Der Kommissionsentwurf zur Reform der Brüssel I-VO, GPR 2012, 34.

Art. 79 verpflichtet die Kommission die Neufassung der Brüssel I-VO durch einen **Bericht** über ihre Anwendung zu **evaluieren**; rechtliche Grundlage der Bestimmung bildet Art. 17 Abs. 1 Satz 3 EUV, wonach die Kommission die Einhaltung der Verträge und die Anwendung des Unionsrechts überwacht. **1**

Der zu erstellende Bericht soll – im Unterschied zu Art. 73 a.F. – nicht fünf,[1] sondern **sieben Jahren nach deren Anwendbarkeit** vorgelegt werden. Dem Bericht soll gegebenenfalls ein **Vorschlag zur Änderung** beigefügt werden; Änderungsvorschläge sind zu erwarten, um die Verordnung den aktuellen Entwicklungen und den bis dahin ergangenen Entscheidungen des EuGH anzupassen. **2**

Im Unterschied zu Art. 73 Brüssel I-VO und zu anderen Verordnungen des Europäischen Zivilverfahrensrechts (vgl. etwa Art. 65 Brüssel IIa-VO, Art. 32 EuMahnVO und Art. 28 EuBagatellVO) wird eine konkret zu prüfende Frage vorgegeben. Im Bericht soll nämlich die Frage, ob die **Zuständigkeitsbestimmungen** auch **für Beklagte mit (Wohn-)Sitz in einem Drittstaat** im Grundsatz[2] anwendbar sein sollen, neuerlich untersucht werden. Eine solche Ausdehnung der Zuständigkeitsbestimmungen wurde bereits im Entwurf der Kommission zur Neufassung der Brüssel I-VO vorgeschlagen, aber nur zum Teil in die Endfassung übernommen.[3] **3**

Freilich bewirkt Art. 79 nicht, dass die Verordnung vor Ablauf der Frist nicht geändert werden dürfte. **4**

---

1 Die Kommission hätte bis zum 1.3.2007 einen Bericht über die Anwendung der EuGVVO a.F. vorlegen müssen; trotz der vorgegebenen Frist wurde der Bericht erst am 21.4.2009 gemeinsam mit einem Grünbuch über die Überprüfung der EuGVVO a.F. vorgelegt (KOM [2010] 748 endg.; s. dazu *Bach* ZRP 2011, 97; *Dickinson* Sydney Law School Legal Studies Research Paper No 11/58 [2011]; abrufbar unter: http://papers.ssrn.com/sol3/papers.cfm?abstract_id=1930712 [1.3.2018]; *Domej* ecolex 2011, 124; *Garber* in: *Grimm/Ladler* EU-Recht 191; *Garber/Neumayr* JbEuR 2011, 264ff.; *Heinze* RabelsZ 75 [2011] 582; *Illmer* RabelsZ 75 [2011] 646; *Leible* ecolex 2011, 708; *Magnus/Mankowski* ZVglRWiss 110 [2011] 252; *Mankowski* in: *Verschraegen* Interdisziplinäre Studien I, 31; *Netzer* Status quo 1ff.; *Oberhammer* IPRax 2010, 197; *Weber* RabelsZ 75 [2011] 619; *Weller* GPR 2012, 34; s. auch *Adolphsen* Jb ZVR 2010, 109; *Czernich* ebd. 97; *Grolimund* ebd. 79; *Kodek* ebd. 151; *Koller* ebd. 177; *McGuire* ebd. 133; *Oberhammer* ebd. 65; *ders.* ebd. 69). Der Bericht wurde nach Erstellung des Heidelberg-Reports (*Hess/Pfeiffer/Schlosser* The Brussels I Regulation (EC) No 44/2001 [2008]) – eine im Auftrag der Europäischen Kommission erstattete wissenschaftliche Studie –, des am 21.4.2009 publizierten Berichts an das Europäische Parlament, den Rat und den Europäischen Wirtschafts- und Sozialausschuss über die Anwendung der EuGVVO (KOM[2009] 174 endg.) sowie des Grünbuchs vom 21.4.2009 zur Überprüfung der EuGVVO (KOM[2009] 175 endg.) veröffentlicht.
2 Zu den Ausnahmen s. etwa Art. 6 Rdn. 3 sowie *Garber/Neumayr* JbEuR 2013, 218.
3 Zum Entwurf der Kommission s. *Garber/Neumayr* JbEuR 2011, 265f.; s. dazu auch *Grolimund* Jb ZVR 2010, 79 (79, insbesondere 92ff.); zur endgültigen Fassung s. *Garber/Neumayr* JbEuR 2013, 217f.

Artikel 80

Die Verordnung (EG) Nr. 44/2001 wird durch diese Verordnung aufgehoben. Bezugnahmen auf die aufgehobene Verordnung gelten als Bezugnahmen auf die vorliegende Verordnung und sind nach Maßgabe der Entsprechungstabelle in Anhang III zu lesen.

Schrifttum

Hager-Rosenkranz Vergleichstabelle zur EuGVVO 2012, Zak 2015, 28.

1 Mit Anwendbarkeit der revidierten Fassung der Brüssel I-VO wird die **alte Fassung aufgehoben**. Zu beachten ist allerdings, dass nach Art. 66 Abs. 2 die alte Fassung weiterhin für Entscheidungen, die in vor dem 10.1.2015 eingeleiteten gerichtlichen Verfahren ergangen sind, für vor diesem Zeitpunkt förmlich errichtete oder eingetragene öffentliche Urkunden sowie für vor diesem Zeitpunkt gebilligte oder geschlossene gerichtliche Vergleiche gilt, sofern sie in deren Anwendungsbereich fallen.

2 Wird in anderen Rechtsakten – etwa in anderen Verordnungen, in Staatsverträgen oder in den innerstaatlichen Rechtsordnungen der Mitgliedstaaten[1] – auf die Brüssel I-VO verwiesen (vgl. etwa Art. 64 LGVÜ), gelten die **Verweise als Verweise auf die revidierte Fassung**. Eine ausdrückliche Anpassung anderer Rechtsakte ist daher nicht erforderlich. Die Anpassung und Änderung der jeweiligen Verweise wäre zwar erheblich aufwendiger gewesen, allerdings bewirkt sie eine nicht unerhebliche Beeinträchtigung der Rechtssicherheit; dies gilt insbesondere für einen Rechtsanwender, der nur gelegentlich mit Fragen des Europäischen Zivilverfahrensrechts betraut ist.[2]

3 Wenngleich in Art. 80 nicht zwischen den Arten der Verweisung unterschieden wird, muss es sich bei dem Verweis um einen **dynamischen Verweis** handeln.[3] Statische Verweise beziehen sich weiterhin auf die a.F.; dem europäischen Gesetzgeber fehlt hinsichtlich der Normen in völkerrechtlichen Verträgen und der innerstaatlichen Bestimmungen der Mitgliedstaaten die Kompetenz zur Änderung eines statischen Verweises.

4 Aufgrund der in der Neufassung teilweise erfolgten Änderung der Nummerierung ist der Brüssel Ia-VO im Anhang III eine **Konkordanztabelle** beigefügt.[4] Dadurch wird das Auffinden der entsprechenden Bestimmung der revidierten Fassung erheblich erleichtert.[5]

Artikel 81

Diese Verordnung tritt am zwanzigsten Tag nach ihrer Veröffentlichung im *Amtsblatt der Europäischen Union* in Kraft.
Sie gilt ab dem 10. Januar 2015, mit Ausnahme der Artikel 75 und 76, die ab dem 10. Januar 2014 gelten.

---

1 *Slonina* in: Burgstaller/Neumayr/u.a. IZVR Art. 80 EuGVVO Rdn. 2.
2 Vgl. die Kritik bei Geimer/Schütze/*Pörnbacher* IRV 540 Art. 68 VO (EG) Nr. 44/2001 Rdn. 2.
3 Im Ergebnis auch Rauscher/*Staudinger* Art. 80 Brüssel Ia-VO Rdn. 1.
4 Eine praktisch nützliche kommentierte Konkordanztabelle findet sich auch bei *Hager-Rosenkranz* Zak 2015, 28.
5 *Schlosser/Hess/Hess* EuZPR Art. 80 EuGVVO Rdn. 1.

Diese Verordnung ist in allen ihren Teilen verbindlich und gilt gemäß den Verträgen unmittelbar in den Mitgliedstaaten.

Die Brüssel Ia-VO ist am 9.1.2013, zwanzig Tage nach ihrer am 20.12.2012 erfolgten Veröffentlichung im Amtsblatt der EU,[1] in Kraft getreten. Sie ist – vorbehaltlich des Art. 66 und des Unterabs. 2 (s. dazu Rdn. 3) – grundsätzlich seit 10.1.2015 anwendbar (s. auch die Kommentierung bei Art. 66). Als Verordnung ist sie – wie sich bereits aus Art. 288 Abs. 2 AEUV ergibt, Abs. 3 hat demnach lediglich deklaratorische Bedeutung[2] – in allen Teilen verbindlich und unmittelbar anwendbar.

Durch die lange Zeitspanne zwischen Inkrafttreten der Verordnung und deren Anwendbarkeit soll gewährleistet werden, dass sich die Rechtsunterworfenen über die in der Neufassung erfolgten Änderungen informieren können[3] und die Mitgliedstaaten allenfalls erforderliche Anpassungsbestimmungen erlassen können.[4]

Lediglich Art. 75 und 76 stehen seit 10.1.2014 in Geltung. Art. 75, wonach die Mitgliedstaaten verpflichtet sind, der Kommission bestimmte Angaben zum innerstaatlichen Recht mitzuteilen, galt daher ab demselben Tag, an dem die Mitgliedstaaten ihrer Mitteilungspflicht spätestens hätten nachkommen müssen, was wenig sinnvoll erscheint.[5]

---

1 ABl. (EU) 2012 L 351 S. 1.
2 *Klauser* in: *Fasching/Konecny* ZPG V/1[2] Art. 76 EuGVVO Rdn. 1; *Kropholler/von Hein* Art. 76 EuGVO Rdn. 2; *Rauscher/Staudinger* Art. 81 Brüssel Ia-VO Rdn. 1.
3 Vgl. auch zur EuBagatellVO Geimer/Schütze/*Pfeiffer* IRV 575 Art. 29 EuGFVO Rdn. 2; *Rauscher/Varga* EuZPR Art. 29 EG-BagatellVO Rdn. 2.
4 Vgl. auch zur EuBagatellVO *Sujecki* in: *Gebauer/Wiedmann* Zivilrecht[2] Kap. 35 EuGFVO Rz. 97; krit. *Rauscher/Varga* EuZPR Art. 29 EG-BagatellVO Rdn. 2, der zu Recht ausführt, dass es nicht erforderlich ist, eine Regelung in Kraft zu setzen, um eine Vorbereitungszeit für die Praxis zu gewährleisten, sondern dass die bloße Veröffentlichung des Rechtsaktes im Amtsblatt, die dem Zeitpunkt des Inkrafttretens rechtzeitig vorausgeht, genügt, um dieses Ziel zu erreichen. Dass sich der Zeitpunkt des Inkrafttretens nicht mit dem Zeitpunkt der Anwendbarkeit deckt, entspricht auch der Vorgehensweise in anderen europäischen Verordnungen (s. etwa Art. 72 Brüssel IIa-VO, Art. 33 EuVTVO, Art. 33 EuMahnVO, Art. 29 EuBagatellVO.
5 *Slonina* in: *Burgstaller/Neumayr/u.a.*, IZVR Art. 81 EuGVVO Rdn. 1, der die Regelung als „ungeschickt" bezeichnet; krit. auch zur vergleichbaren Regelung der EuBagatellVO *Rauscher/Varga* EuZPR Art. 25 EG-BagatellVO Rdn. 2 und Art. 29 EG-BagatellVO Rdn. 2.

Anhang I

BESCHEINIGUNG ÜBER EINE ENTSCHEIDUNG IN ZIVIL- UND HANDELSSACHEN

Artikel 53 der Verordnung (EU) Nr. 1215/2012 des Europäischen Parlaments und des Rates über die gerichtliche Zuständigkeit und die Anerkennung und Vollstreckung von Entscheidungen in Zivil- und Handelssachen

1. URSPRUNGSGERICHT
1.1. Bezeichnung:
1.2. Anschrift:
1.2.1. Straße und Hausnummer/Postfach:
1.2.2. PLZ und Ort:
1.2.3. Mitgliedstaat:
   AT ☐ BE ☐ BG ☐ CY ☐ CZ ☐ DK ☐ DE ☐ EE ☐ EL ☐ ES ☐ FI ☐ FR ☐ HR ☐ HU ☐ IE ☐ IT ☐ LT ☐ LU ☐ LV ☐ MT ☐ NL ☐ PL ☐ PT ☐ RO ☐ SE ☐ SI ☐ SK ☐ UK ☐
1.3. Telefon:
1.4. Fax:
1.5. E-Mail (falls verfügbar):
2. KLÄGER (^{1})
2.1. Name, Vorname/Name der Firma oder Organisation:
2.2. Identifizierungsnummer (falls vorhanden und falls verfügbar):
2.3. Geburtsdatum (TT/MM/JJJJ) und Geburtsort oder, bei juristischen Personen, Datum der Gründung/Erlangung der Rechtsfähigkeit/Registrierung (falls relevant und falls verfügbar):
2.4. Anschrift:
2.4.1. Straße und Hausnummer/Postfach:
2.4.2. PLZ und Ort:
2.4.3. Land:
   AT ☐ BE ☐ BG ☐ CY ☐ CZ ☐ DK ☐ DE ☐ EE ☐ EL ☐ ES ☐ FI ☐ FR ☐ HR ☐ HU ☐ IE ☐ IT ☐ LT ☐ LU ☐ LV ☐ MT ☐ NL ☐ PL ☐ PT ☐ RO ☐ SE ☐ SI ☐ SK ☐ UK ☐ Sonstige (bitte angeben (ISO-Code)) ☐
2.5. E-Mail (falls verfügbar):
3. BEKLAGTE(R) (^{2})
3.1. Name, Vorname/Name der Firma oder Organisation:
3.2. Identifizierungsnummer (falls vorhanden und falls verfügbar):
3.3. Geburtsdatum (TT/MM/JJJJ) und Geburtsort oder, bei juristischen Personen, Datum der Gründung/Erlangung der Rechtsfähigkeit/Registrierung (falls relevant und falls verfügbar):
3.4. Anschrift:
3.4.1. Straße und Hausnummer/Postfach:
3.4.2. PLZ und Ort:
3.4.3. Land:
   AT ☐ BE ☐ BG ☐ CY ☐ CZ ☐ DK ☐ DE ☐ EE ☐ EL ☐ ES ☐ FI ☐ FR ☐ HR ☐ HU ☐ IE ☐ IT ☐ LT ☐ LU ☐ LV ☐ MT ☐ NL ☐ PL ☐ PT ☐ RO ☐ SE ☐ SI ☐ SK ☐ UK ☐ Sonstige (bitte angeben (ISO-Code)) ☐
3.5. E-Mail (falls verfügbar):

4. ENTSCHEIDUNG

4.1. Datum (TT/MM/JJJJ) der Entscheidung:

4.2. Aktenzeichen der Entscheidung:

4.3. Ist die Entscheidung ergangen, ohne dass sich der Beklagte auf das Verfahren eingelassen hat?

4.3.1. ☐ Nein

4.3.2. ☐ Ja (bitte das Datum (TT/MM/JJJJ) angeben, zu dem das verfahrenseinleitende Schriftstück oder ein gleichwertiges Schriftstück dem Beklagten zugestellt wurde):

4.4. Die Entscheidung ist im Ursprungsmitgliedstaat vollstreckbar, ohne dass weitere Bedingungen erfüllt sein müssen:

4.4.1. ☐ Ja (bitte gegebenenfalls das Datum (TT/MM/JJJJ) angeben, zu dem die Entscheidung für vollstreckbar erklärt wurde):

4.4.2. ☐ Ja, aber nur gegenüber folgender/folgenden Person(en) (bitte angeben):

4.4.3. ☐ Ja, aber nur für einen Teil/Teile der Entscheidung (bitte angeben):

4.4.4. ☐ Die Entscheidung enthält keine vollstreckbare Verpflichtung.

4.5. War die Entscheidung dem/den Beklagten zum Zeitpunkt der Ausstellung der Bescheinigung bereits zugestellt worden?

4.5.1. ☐ Ja (bitte das Datum der Zustellung (TT/MM/JJJJ) angeben, falls bekannt):

4.5.1.1. Die Entscheidung wurde in der/den folgenden Sprache(n) zugestellt:

BG ☐ ES ☐ CS ☐ DK ☐ DE ☐ ET ☐ EL ☐ EN ☐ FR ☐ HR ☐ GA ☐ IT ☐ LV ☐ LT ☐ HU ☐ MT ☐ NL ☐ PL ☐ PT ☐ RO ☐ SK ☐ SL ☐ FI ☐ SV ☐ Sonstige (bitte angeben (ISO-Code)) ☐

4.5.2. ☐ Dem Gericht nicht bekannt

4.6. Tenor der Entscheidung und zugesprochene Zinszahlung:

4.6.1. Entscheidung über eine Geldforderung ([3])

4.6.1.1. Kurzdarstellung des Streitgegenstands:

4.6.1.2. Das Gericht hat:

.... (Name, Vorname(n)/Name der Firma oder Organisation) ([4])

angewiesen, eine Zahlung zu leisten an:

.... (Name, Vorname(n)/Name der Firma oder Organisation)

4.6.1.2.1. Wurde mehr als eine Person bezeichnet, die für den Anspruch haftet, kann jede der bezeichneten Personen für den gesamten Betrag in Anspruch genommen werden:

4.6.1.2.1.1. ☐ Ja

4.6.1.2.1.2. ☐ Nein

4.6.1.3. Währung:

☐ Euro (EUR) ☐ bulgarischer Lew (BGN) ☐ tschechische Krone (CZK) ☐ dänische Krone (DKK) ☐ kroatische Kuna (HRK) ☐ ungarischer Forint (HUF) ☐ polnischer Zloty (PLN) ☐ Pfund Sterling (GBP) ☐ rumänischer Leu (RON) ☐ schwedische Krone (SEK) ☐ Sonstige (bitte angeben (ISO-Code)):

4.6.1.4. Hauptforderung:

4.6.1.4.1. ☐ Einmalzahlung

4.6.1.4.2. ☐ Ratenzahlung (⁵)

Fälligkeit (TT/MM/JJJJ)	Betrag

4.6.1.4.3. ☐ Regelmäßige Zahlung

4.6.1.4.3.1. ☐ Täglich

4.6.1.4.3.2. ☐ Wöchentlich

4.6.1.4.3.3. ☐ Sonstige (bitte Häufigkeit angeben):

4.6.1.4.3.4. Ab Datum (TT/MM/JJJJ) oder Ereignis:

4.6.1.4.3.5. Falls zutreffend, bis (Datum (TT/MM/JJJJ) oder Ereignis):

4.6.1.5. Zinsen (falls zutreffend)

4.6.1.5.1. Zinsen:

4.6.1.5.1.1. ☐ Nicht in der Entscheidung angegeben

4.6.1.5.1.2. ☐ Ja, in der Entscheidung folgendermaßen angegeben:

4.6.1.5.1.2.1. Betrag:

oder:

4.6.1.5.1.2.2. Zinssatz ... %

4.6.1.5.1.2.3. Zinsen sind fällig ab .... (Datum (TT/MM/JJJJ) oder Ereignis) bis .... (Datum (TT/MM/JJJJ) oder Ereignis) (⁶)

4.6.1.5.2. ☐ Gesetzliche Zinsen (falls zutreffend), zu berechnen gemäß (bitte entsprechendes Gesetz angeben):

4.6.1.5.2.1. Zinsen sind fällig ab .... (Datum (TT/MM/JJJJ) oder Ereignis) bis .... (Datum (TT/MM/JJJJ) oder Ereignis) (⁶)

4.6.1.5.3. ☐ Kapitalisierung der Zinsen (falls zutreffend, bitte angeben):

4.6.2. Entscheidung über die Anordnung einer einstweiligen Maßnahme, einschließlich Sicherungsmaßnahme:

4.6.2.1. Kurzdarstellung des Streitgegenstands und der angeordneten Maßnahme:

4.6.2.2. Die Maßnahme wurde von einem Gericht angeordnet, das in der Hauptsache zuständig ist

4.6.2.2.1. ☐ Ja

4.6.3. Sonstige Entscheidungsarten:

4.6.3.1. Kurzdarstellung des Streitgegenstands und der Entscheidung des Gerichts:

4.7. Kosten (⁷):

4.7.1. Währung:

☐ Euro (EUR) ☐ bulgarischer Lew (BGN) ☐ tschechische Krone (CZK) ☐ dänische Krone (DKK) ☐ kroatische Kuna (HRK) ☐ ungarischer Forint (HUF) ☐ polnischer Zloty (PLN) ☐ Pfund Sterling (GBP) ☐ rumänischer Leu (RON) ☐ schwedische Krone (SEK) ☐ Sonstige (bitte angeben (ISO-Code)):

4.7.2. Dem/den folgenden Schuldner(n) wurden die Kosten aufgegeben:

4.7.2.1. Name, Vorname/Name der Firma oder Organisation: (⁸)

4.7.2.2. Wurden mehr als einer Person die Kosten aufgegeben, kann jede der bezeichneten Personen für den gesamten Betrag in Anspruch genommen werden:

4.7.2.2.1.	☐ Ja	
4.7.2.2.2.	☐ Nein	
4.7.3.	Folgende Kosten werden geltend gemacht: (^{9})	
4.7.3.1.	☐ Die Kosten wurden in der Entscheidung in Form eines Gesamtbetrags festgesetzt (bitte Betrag angeben):	
4.7.3.2.	☐ Die Kosten wurden in der Entscheidung in Form eines Prozentsatzes der Gesamtkosten festgesetzt (bitte Prozentsatz der Gesamtkosten angeben):	
4.7.3.3.	☐ Die Haftung für die Kosten wurde in der Entscheidung festgelegt, und es handelt sich um folgende Beträge:	
4.7.3.3.1.	☐ Gerichtsgebühren:	
4.7.3.3.2.	☐ Rechtsanwaltsgebühren:	
4.7.3.3.3.	☐ Zustellungskosten:	
4.7.3.3.4.	☐ Sonstige Kosten:	
4.7.3.4.	☐ Sonstige (bitte angeben):	
4.7.4.	Zinsen auf Kosten:	
4.7.4.1.	☐ Nicht zutreffend	
4.7.4.2.	☐ In der Entscheidung angegebene Zinsen	
4.7.4.2.1.	☐ Betrag:	
	oder	
4.7.4.2.2.	☐ Zinssatz … %	
4.7.4.2.2.1.	Zinsen sind fällig ab …………… (Datum (TT/MM/JJJJ) oder Ereignis) bis ………… (Datum (TT/MM/JJJJ) oder Ereignis) (^{6})	
4.7.4.3.	☐ Gesetzliche Zinsen (falls zutreffend), zu berechnen gemäß (bitte entsprechendes Gesetz angeben):	
4.7.4.3.1.	Zinsen sind fällig ab …………… (Datum (TT/MM/JJJJ) oder Ereignis) bis ………… (Datum (TT/MM/JJJJ) oder Ereignis) (^{6})	
4.7.4.4.	☐ Kapitalisierung der Zinsen (falls zutreffend, bitte angeben):	

Geschehen zu: …

Unterschrift und/oder Dienstsiegel des Ursprungsgerichts:

(^{1}) Betrifft die Entscheidung mehr als einen Kläger, sind die betreffenden Angaben für sämtliche Kläger einzutragen.
(^{2}) Betrifft die Entscheidung mehr als einen Beklagten, sind die betreffenden Angaben für sämtliche Beklagten einzutragen.
(^{3}) Betrifft die Entscheidung allein eine Kostenfeststellung im Zusammenhang mit einem Anspruch, der Gegenstand einer vorherigen Entscheidung war, ist Ziffer 4.6.1 nicht auszufüllen und zu Ziffer 4.7 überzugehen.
(^{4}) Wurde mehr als eine Person angewiesen, eine Zahlung zu leisten, sind die betreffenden Angaben für sämtliche Personen einzutragen.
(^{5}) Es sind die betreffenden Angaben für die einzelnen Ratenzahlungen einzutragen.
(^{6}) Bei mehr als einem Zinszeitraum sind die betreffenden Angaben für sämtliche Zinszeiträume einzutragen.
(^{7}) Dieser Punkt betrifft auch Fälle, in denen die Kosten in einer gesonderten Entscheidung zugesprochen werden.
(^{8}) Bei mehr als einer Person sind die betreffenden Angaben für sämtliche Personen einzutragen.
(^{9}) Falls mehrere Personen für die Kosten in Anspruch genommen werden können, ist die Aufschlüsselung für jede Person gesondert einzutragen.

Anhang II

BESCHEINIGUNG ÜBER EINE ÖFFENTLICHE URKUNDE/EINEN GERICHTLICHEN VERGLEICH ([1]) IN EINER ZIVIL- ODER HANDELSSACHE

Artikel 60 der Verordnung (EU) Nr. 1215/2012 des Europäischen Parlaments und des Rates über die gerichtliche Zuständigkeit und die Anerkennung und Vollstreckung von Entscheidungen in Zivil- und Handelssachen

1. GERICHT ODER SONST BEFUGTE STELLE, DAS/DIE DIE BESCHEINIGUNG AUSSTELLT
1.1. Bezeichnung:
1.2. Anschrift:
1.2.1. Straße und Hausnummer/Postfach:
1.2.2. PLZ und Ort:
1.2.3. Mitgliedstaat:

AT ☐ BE ☐ BG ☐ CY ☐ CZ ☐ DK ☐ DE ☐ EE ☐ EL ☐ ES ☐ FI ☐ FR ☐ HR ☐ HU ☐ IE ☐ IT ☐ LT ☐ LU ☐ LV ☐ MT ☐ NL ☐ PL ☐ PT ☐ RO ☐ SE ☐ SI ☐ SK ☐ UK ☐

1.3. Telefon:
1.4. Fax:
1.5. E-Mail (falls verfügbar):
2. ÖFFENTLICHE URKUNDE
2.1. Stelle, die die öffentliche Urkunde errichtet hat (wenn dies eine andere Stelle als diejenige ist, die die Bescheinigung ausstellt)
2.1.1. Name und Bezeichnung dieser Stelle:
2.1.2. Anschrift:
2.2. Datum (TT/MM/JJJJ), zu dem die öffentliche Urkunde durch die unter Ziffer 2.1 genannte Stelle errichtet wurde:
2.3. Nummer der öffentlichen Urkunde (falls zutreffend):
2.4. Datum (TT/MM/JJJJ), zu dem die öffentliche Urkunde in dem Ursprungsmitgliedstaat eingetragen wurde (nur auszufüllen, wenn das Datum der Eintragung für die Rechtswirkung der Urkunde maßgeblich ist und dieses Datum ein anderes als das unter Ziffer 2.2 angegebene Datum ist):
2.4.1. Nummer der Eintragung (falls zutreffend):
3. GERICHTLICHER VERGLEICH
3.1. Gericht, das den gerichtlichen Vergleich gebilligt hat oder vor dem der gerichtliche Vergleich geschlossen wurde (wenn dies ein anderes Gericht als dasjenige ist, das die Bescheinigung ausstellt)
3.1.1. Bezeichnung des Gerichts:
3.1.2. Anschrift:
3.2. Datum (TT/MM/JJJJ) des gerichtlichen Vergleichs:
3.3. Aktenzeichen des gerichtlichen Vergleichs:
4. PARTEIEN DER ÖFFENTLICHEN URKUNDE/DES GERICHTLICHEN VERGLEICHS:
4.1. Name(n) des/der Gläubiger(s) (Name, Vorname(n)/Name der Firma oder Organisation) ([2]):
4.1.1. Identifizierungsnummer (falls vorhanden und falls verfügbar):
4.1.2. Geburtsdatum (TT/MM/JJJJ) und Geburtsort oder, bei juristischen Personen, Datum der Gründung/Erlangung der Rechtsfähigkeit/Registrierung (falls relevant und falls verfügbar):
4.2. Name(n) des/der Schuldner(s) (Name, Vorname(n)/Name der Firma oder Organisation) ([3]):
4.2.1. Identifizierungsnummer (falls vorhanden und falls verfügbar):
4.2.2. Geburtsdatum (TT/MM/JJJJ) und Geburtsort oder, bei juristischen Personen, Datum der Gründung/Erlangung der Rechtsfähigkeit/Registrierung (falls relevant und falls verfügbar):
4.3. Ggf. Name der anderen Parteien (Name, Vorname(n)/Name der Firma oder Organisation) ([4]):

4.3.1. Identifizierungsnummer (falls vorhanden und falls verfügbar):

4.3.2. Geburtsdatum (TT/MM/JJJJ) und Geburtsort oder, bei juristischen Personen, Datum der Gründung/Erlangung der Rechtsfähigkeit/Registrierung (falls relevant und falls verfügbar):

5. VOLLSTRECKBARKEIT DER ÖFFENTLICHEN URKUNDE/DES GERICHTLICHEN VERGLEICHS IM URSPRUNGSMITGLIEDSTAAT

5.1. Die öffentliche Urkunde/der gerichtliche Vergleich ist im Ursprungsmitgliedstaat vollstreckbar:

5.1.1. ☐ Ja

5.2. Inhalt der öffentlichen Urkunde/des gerichtlichen Vergleichs und Zinsen

5.2.1. Öffentliche Urkunde/gerichtlicher Vergleich über eine Geldforderung

5.2.1.1. Kurzdarstellung des Gegenstands:

5.2.1.2. Gemäß der öffentlichen Urkunde/dem gerichtlichen Vergleich muss:

.... (Name, Vorname(n)/Name der Firma oder Organisation) ([5])

eine Zahlung leisten an:

.... (Name, Vorname(n)/Name der Firma oder Organisation)

5.2.1.2.1. Wurde mehr als eine Person bezeichnet, die für den Anspruch haftet, kann jede der bezeichneten Personen für den gesamten Betrag in Anspruch genommen werden:

5.2.1.2.1.1. ☐ Ja

5.2.1.2.1.2. ☐ Nein

5.2.1.3. Währung:

☐ Euro (EUR) ☐ bulgarischer Lew (BGN) ☐ tschechische Krone (CZK) ☐ dänische Krone (DKK) ☐ kroatische Kuna(HRK) ☐ ungarischer Forint (HUF) ☐ polnischer Zloty (PLN) ☐ Pfund Sterling (GBP) ☐ rumänischer Leu (RON) ☐ schwedische Krone (SEK) ☐ Sonstige (bitte angeben (ISO-Code)):

5.2.1.4. Hauptforderung:

5.2.1.4.1. ☐ Einmalzahlung

5.2.1.4.2. ☐ Ratenzahlung ([6])

Fälligkeit (TT/MM/JJJJ)	Betrag

5.2.1.4.3. ☐ Regelmäßige Zahlung

5.2.1.4.3.1. ☐ Täglich

5.2.1.4.3.2. ☐ Wöchentlich

5.2.1.4.3.3. ☐ Sonstige (bitte Häufigkeit angeben):

5.2.1.4.3.4. Ab (Datum (TT/MM/JJJJ) oder Ereignis:

5.2.1.4.3.5. Gegebenenfalls bis .... (Datum (TT/MM/JJJJ) oder Ereignis)

5.2.1.5. Zinsen (falls zutreffend)

5.2.1.5.1. Zinsen:

5.2.1.5.1.1. ☐ Nicht in der öffentlichen Urkunde/dem gerichtlichen Vergleich angegeben

5.2.1.5.1.2. ☐ Ja, in der öffentlichen Urkunde/dem gerichtlichen Vergleich folgendermaßen angegeben:

5.2.1.5.1.2.1. Betrag:

oder

5.2.1.5.1.2.2. Zinssatz … %

5.2.1.5.1.2.3. Zinsen sind fällig ab .... (Datum (TT/MM/JJJJ) oder Ereignis) bis .... (Datum (TT/MM/JJJJ) oder Ereignis) ([7])

5.2.1.5.2. ☐ Gesetzliche Zinsen (falls zutreffend), zu berechnen gemäß (bitte entsprechendes Gesetz angeben):

5.2.1.5.2.1. Zinsen sind fällig ab .... (Datum (TT/MM/JJJJ) oder Ereignis) bis .... (Datum (TT/MM/JJJJ) oder Ereignis) ([7])

5.2.1.5.3. ☐ Kapitalisierung der Zinsen (falls zutreffend, bitte angeben):

5.2.2. Öffentliche Urkunde/gerichtlicher Vergleich über eine nichtmonetäre vollstreckbare Verpflichtung:

5.2.2.1. Kurzdarstellung der vollstreckbaren Verpflichtung

5.2.2.2. Die unter Ziffer 5.2.2.1 genannte Verpflichtung ist vollstreckbar gegen die folgende(n) Person(en) ([8]) (Name, Vorname(n)/Name der Firma oder Organisation):

Geschehen zu: …

Stempel und/oder Unterschrift des Gerichts oder zuständigen Behörde, welche die Bescheinigung ausstellt:

([1]) Unzutreffendes in der gesamten Bescheinigung jeweils streichen.
([2]) Bei mehreren Gläubigern sind die betreffenden Angaben für sämtliche Gläubiger einzutragen.
([3]) Bei mehreren Schuldnern sind die betreffenden Angaben für sämtliche Schuldner einzutragen.
([4]) Ggf. sind die betreffenden Angaben für sämtliche anderen Parteien einzutragen.
([5]) Wurde mehr als eine Person angewiesen, eine Zahlung zu leisten, sind die betreffenden Angaben für sämtliche Personen einzutragen.
([6]) Es sind die betreffenden Angaben für die einzelnen Ratenzahlungen einzutragen.
([7]) Bei mehr als einem Zinszeitraum sind die betreffenden Angaben für sämtliche Zinszeiträume einzutragen.
([8]) Bei mehr als einer Person sind die betreffenden Angaben für sämtliche Personen einzutragen."

Anhang III

Entsprechungstabelle

Verordnung (EG) Nr. 44/2001	Diese Verordnung
Artikel 1 Absatz 1	Artikel 1 Absatz 1
Artikel 1 Absatz 2 Einleitung	Artikel 1 Absatz 2 Einleitung
Artikel 1 Absatz 2 Buchstabe a	Artikel 1 Absatz 2 Buchstaben a und f
Artikel 1 Absatz 2 Buchstaben b bis d	Artikel 1 Absatz 2 Buchstaben b bis d
—	Artikel 1 Absatz 2 Buchstabe e
Artikel 1 Absatz 3	—
—	Artikel 2
Artikel 2	Artikel 4
Artikel 3	Artikel 5
Artikel 4	Artikel 6
Artikel 5, einleitende Worte	Artikel 7, einleitende Worte

Verordnung (EG) Nr. 44/2001	Diese Verordnung
Artikel 5 Nummer 1	Artikel 7 Nummer 1
Artikel 5 Nummer 2	—
Artikel 5 Nummern 3 und 4	Artikel 7 Nummern 2 und 3
—	Artikel 7 Nummer 4
Artikel 5 Nummern 5 bis 7	Artikel 7 Nummern 5 bis 7
Artikel 6	Artikel 8
Artikel 7	Artikel 9
Artikel 8	Artikel 10
Artikel 9	Artikel 11
Artikel 10	Artikel 12
Artikel 11	Artikel 13
Artikel 12	Artikel 14
Artikel 13	Artikel 15
Artikel 14	Artikel 16
Artikel 15	Artikel 17
Artikel 16	Artikel 18
Artikel 17	Artikel 19
Artikel 18	Artikel 20
Artikel 19 Nummern 1 und 2	Artikel 21 Absatz 1
—	Artikel 21 Absatz 2
Artikel 20	Artikel 22
Artikel 21	Artikel 23
Artikel 22	Artikel 24
Artikel 23 Absätze 1 und 2	Artikel 25 Absätze 1 und 2
Artikel 23 Absatz 3	—
Artikel 23 Absätze 4 und 5	Artikel 25 Absätze 3 und 4
—	Artikel 25 Absatz 5
Artikel 24	Artikel 26 Absatz 1
—	Artikel 26 Absatz 2
Artikel 25	Artikel 27
Artikel 26	Artikel 28
Artikel 27 Absatz 1	Artikel 29 Absatz 1
—	Artikel 29 Absatz 2
Artikel 27 Absatz 2	Artikel 29 Absatz 3
Artikel 28	Artikel 30
Artikel 29	Artikel 31 Absatz 1

Verordnung (EG) Nr. 44/2001	Diese Verordnung
—	Artikel 31 Absatz 2
—	Artikel 31 Absatz 3
—	Artikel 31 Absatz 4
Artikel 30	Artikel 32 Absatz 1 Buchstaben a und b
—	Artikel 32 Absatz 1 Unterabsatz 2
—	Artikel 32 Absatz 2
—	Artikel 33
—	Artikel 34
Artikel 31	Artikel 35
Artikel 32	Artikel 2 Buchstabe a
Artikel 33	Artikel 36
—	Artikel 37
—	Artikel 39
—	Artikel 40
—	Artikel 41
—	Artikel 42
—	Artikel 43
—	Artikel 44
Artikel 34	Artikel 45 Absatz 1 Buchstaben a bis d
Artikel 35 Absatz 1	Artikel 45 Absatz 1 Buchstabe e
Artikel 35 Absatz 2	Artikel 45 Absatz 2
Artikel 35 Absatz 3	Artikel 45 Absatz 3
	Artikel 45 Absatz 4
Artikel 36	Artikel 52
Artikel 37 Absatz 1	Artikel 38 Buchstabe a
Artikel 38	—
Artikel 39	—
Artikel 40	—
Artikel 41	—
Artikel 42	—
Artikel 43	—
Artikel 44	—
Artikel 45	—
Artikel 46	—
Artikel 47	—
Artikel 48	—

Verordnung (EG) Nr. 44/2001	Diese Verordnung
–	Artikel 46
–	Artikel 47
–	Artikel 48
–	Artikel 49
–	Artikel 50
–	Artikel 51
–	Artikel 54
Artikel 49	Artikel 55
Artikel 50	–
Artikel 51	Artikel 56
Artikel 52	–
Artikel 53	–
Artikel 54	Artikel 53
Artikel 55 Absatz 1	–
Artikel 55 Absatz 2	Artikel 37 Absatz 2, Artikel 47 Absatz 3 und Artikel 57
Artikel 56	Artikel 61
Artikel 57 Absatz 1	Artikel 58 Absatz 1
Artikel 57 Absatz 2	–
Artikel 57 Absatz 3	Artikel 58 Absatz 2
Artikel 57 Absatz 4	Artikel 60
Artikel 58	Artikel 59 und Artikel 60
Artikel 59	Artikel 62
Artikel 60	Artikel 63
Artikel 61	Artikel 64
Artikel 62	Artikel 3
Artikel 63	–
Artikel 64	–
Artikel 65	Artikel 65 Absätze 1 und 2
–	Artikel 65 Absatz 3
Artikel 66	Artikel 66
Artikel 67	Artikel 67
Artikel 68	Artikel 68
Artikel 69	Artikel 69
Artikel 70	Artikel 70
Artikel 71	Artikel 71
Artikel 72	Artikel 72

Verordnung (EG) Nr. 44/2001	Diese Verordnung
—	Artikel 73
Artikel 73	Artikel 79
Artikel 74 Absatz 1	Artikel 75 Absatz 1 Buchstaben a, b und c und Artikel 76 Absatz 1 Buchstabe a
Artikel 74 Absatz 2	Artikel 77
—	Artikel 78
—	Artikel 80
Artikel 75	—
Artikel 76	Artikel 81
Anhang I	Artikel 76 Absatz 1 Buchstabe a
Anhang II	Artikel 75 Buchstabe a
Anhang III	Artikel 75 Buchstabe b
Anhang IV	Artikel 75 Buchstabe c
Anhang V	Anhang I und Anhang II
Anhang VI	Anhang II
—	Anhang III